RECUEIL ALPHABÉTIQUE

DES

QUESTIONS DE DROIT

QUI SE PRÉSENTENT LE PLUS FRÉQUEMMENT

DANS LES TRIBUNAUX.

VERSAILLES, I. JACOB, IMPRIMEUR DE LA PRÉFECTURE, etc., etc.

RECUEIL ALPHABÉTIQUE

DES

QUESTIONS DE DROIT

QUI SE PRÉSENTENT LE PLUS FRÉQUEMMENT

DANS LES TRIBUNAUX;

OUVRAGE DANS LEQUEL SONT FONDUS ET CLASSÉS LA PLUPART DES PLAIDOYERS ET RÉQUISITOIRES DE L'AUTEUR, AVEC LE TEXTE DES ARRÊTS DE LA COUR DE CASSATION QUI S'EN SONT ENSUIVIS.

TROISIÈME ÉDITION, CORRIGÉE ET AUGMENTÉE.

PAR M. MERLIN, *ancien Procureur-Général à la Cour de Cassation.*

TOME SIXIÈME.

SOC. — WISS.

A PARIS,

CHEZ { GARNERY, LIBRAIRE, RUE DU POT-DE-FER, F. S.-G. N.° 14.
{ ALPH. GARNERY, LIBRAIRE, RUE DE LA HARPE, N.° 50.

M. DCCCXX.

RECUEIL ALPHABÉTIQUE

DES

QUESTIONS DE DROIT

QUI SE PRÉSENTENT LE PLUS FRÉQUEMMENT

DANS LES TRIBUNAUX,

TROISIÈME ÉDITION, CORRIGÉE ET AUGMENTÉE.

TOME SIXIÈME.

SOC — USS

A PARIS,

CHEZ ...

M. DCCC.

RECUEIL ALPHABÉTIQUE

DES

QUESTIONS DE DROIT

QUI SE PRÉSENTENT LE PLUS FRÉQUEMMENT DANS LES TRIBUNAUX.

SOCIÉTÉ. — §. I. 1.° *Une société dont il n'existe point d'acte rédigé par écrit, peut-elle être prouvée par d'autres titres ?*

2.° *Avant le Code de commerce, une société dont l'acte n'avait pas été enregistré dans la forme prescrite par l'ordonnance de 1673, était-elle obligatoire ?*

Ces deux questions se sont présentées à l'audience de la section civile de la cour de cassation, le 22 messidor an 9, entre les filles Brast, demanderesses, et Pierre Peros, défendeur.

« Dans le fait (ai-je dit) Pierre Peros était porteur de deux billets à ordre, souscrits par Pierre Brast, sous la raison de *veuve Normand et fils*, et montant ensemble à 1755 fr. À défaut de payement de ces deux billets à leurs échéances respectives, Pierre Peros a fait citer la veuve Normand et Pierre Brast son fils, pour se voir condamner solidairement à en acquitter la valeur; et il s'est fondé sur ce qu'il existait, entre la veuve Normand et son fils, un véritable contrat de société.

» Pendant les premières procédures qui ont suivi cette citation, Pierre Brast est décédé ; et il est à remarquer que ni sa veuve ni ses filles n'ont été assignées en reprise d'instance. La veuve Normand a donc défendu seule à la demande de Pierre Peros ; et elle a soutenu qu'il n'avait jamais existé de société entre elle et son fils.

» Le 6 pluviôse an 7, jugement du tribunal civil de Lot et Garonne, qui décide que la veuve Normand a été associée au commerce de Pierre Brast, la condamne comme telle au payement des 1755 francs réclamés par Pierre Peros; et attendu le décès de Pierre Brast, déclare *n'y avoir lieu de prononcer dans son intérêt*, sauf à Pierre Peros à agir contre ses héritiers, ainsi et comme il avisera.

» Appel de ce jugement au tribunal civil du

département du Lot, de la part de la veuve Normand, qui bientôt vient à décéder. Le 25 germinal an 7, Pierre Peros fait citer en reprise d'instance les filles de Pierre Brast, non-seulement comme héritières de la veuve Normand, leur aïeule, mais encore comme héritières de Pierre Brast lui-même.

» La cause portée à l'audience, les filles de Pierre Brast observent qu'elles ne comparaissent que comme héritières de la veuve Normand, et nullement comme héritières de Pierre Brast, leur père; que, dans le fait, *elles veulent être héritières* de celui-ci; que d'ailleurs, le jugement dont est appel n'a rien prononcé à l'égard de leur père; qu'elles n'ont pas été parties dans ce jugement, en leur prétendue qualité d'héritières de Pierre Brast; qu'elles ne peuvent donc pas l'être davantage en cause d'appel. En conséquence, elles concluent à ce que le jugement du tribunal de Lot et Garonne soit réformé, en ce qu'il a condamné la veuve Normand à payer les deux billets dont il s'agit; et à ce qu'en leur qualité d'héritières de cette même veuve, elles soient déchargées des poursuites de Pierre Peros, sauf à ce dernier à se pourvoir, ainsi qu'il trouvera convenir, contre l'hérédité de Brast. — De son côté, Pierre Peros conclut simplement à ce que, sans avoir égard à l'appel interjeté par la veuve Normand, le jugement du tribunal de Lot et Garonne soit exécuté contre les filles Brast, tant comme héritières de la veuve Normand elle-même, que comme héritières de Pierre Brast, leur père.

» L'affaire en cet état, le tribunal du Lot avait à juger deux questions distinctes : Les filles Brast devaient-elles être condamnées comme héritières de la veuve Normand, leur aïeule ? Devaient-elles l'être comme héritières de Pierre Brast ?

» La première question dépendait entièrement du fait de la société que Pierre Peros soutenait avoir existé entre la veuve Normand et son fils;

2   SOCIÉTÉ, § I.

et en dernière analyse, elle se réduisait à savoir s'il avait été bien ou mal jugé à l'égard de la veuve Normand, par le tribunal de Lot et Garonne.

» La seconde question en contenait réellement deux : l'une, si les filles Brast étaient héritières de leur père ; l'autre, si en les supposant telles, on pouvait les condamner en cette qualité sur l'appel, tandis qu'elles n'avaient pas été parties en cause principale, et quand le jugement de première instance avait expressément déclaré n'y avoir lieu de prononcer à l'égard de leur père, attendu son décès.

» Mais, comme l'on voit, de ces deux questions, c'était la seconde qui devait être décidée la première : car si les filles Brast ne pouvaient pas être parties sur l'appel, comme héritières de Pierre Brast, il était bien inutile d'examiner si, dans le fait, elles étaient ou non héritières de celui-ci.

» Cependant le tribunal civil du département du Lot a commencé par déclarer, dans un de ses considérant, que les filles Brast étaient héritières de leur père ; et ce qu'il y a de plus extraordinaire, c'est qu'après avoir ainsi envisagé les filles B. ast comme héritières de leur père, il a fini par reconnaître dans son dispositif, qu'elles ne devaient pas être condamnées en cette qualité ; et qu'il a ordonné que le jugement du tribunal de Lot et Garonne serait exécuté contre elles, que comme héritières de la veuve Normand, leur aïeule.

» Ainsi, le tribunal civil du département du Lot a, par son dispositif, sinon corrigé, du moins rendu sans effet ce qu'il y avait d'irrégulier dans la rédaction de ses considérant ; et quoique son jugement offre à cet égard une contradiction bizarre, on ne peut cependant pas en tirer une ouverture de cassation.

» Aussi les filles Brast, en se pourvoyant en cassation contre ce jugement, ont-elles dirigé tous leurs efforts contre la solution qu'il avait donnée à la première des deux questions principales, c'est-à-dire, contre la portion du jugement qui, en confirmant celui de première instance, déclarait qu'il y avait eu société de commerce entre la veuve Normand et son fils.

» Elles ont prétendu d'abord qu'en prononçant ainsi, le tribunal civil du département du Lot avait violé l'art. 1 du tit. 4 de l'ordonnance de 1673, suivant lequel toute société doit être rédigée par écrit ; et il ne peut être reçu aucune preuve par témoins, soit contre, soit outre le contenu en l'acte de société, ni sur ce qui serait allégué avoir été dit avant, lors ou depuis l'acte, encore qu'il s'agît d'une somme ou valeur moindre de 100 livres.

» Mais, pour écarter ce premier moyen, il suffit d'observer, que si l'ordonnance de 1673 a, par l'article sur lequel il repose, entendu exclure la preuve purement testimoniale de l'exis-

tance d'une société de commerce, très-certainement il n'est pas entré dans son intention d'empêcher que l'on suppléât par des preuves par écrit quelconques, pourvu qu'elles fussent décisives, au défaut d'acte précis et formel d'association.

» C'est ainsi que, quoique, par l'art. 2 du tit. 20 de l'ordonnance de 1667, il soit dit que de toutes choses excédant la somme ou valeur de 100 livres, il sera passé acte devant notaires ou sous signatures privées, et ne sera reçu aucune preuve par témoins contre ni outre le contenu aux actes....., jamais on n'a prétendu inférer de là qu'un contrat de louage, par exemple, ne peut être prouvé autrement que par un acte formel contenant location, et que l'on fût dans l'impossibilité de suppléer à cet acte par des lettres missives, des reconnaissances, des aveux judiciaires, en un mot, par des pièces probantes, quelles qu'elles fussent.

» Le tribunal du Lot n'a donc pas violé l'art. 1 du tit. 4 de l'ordonnance de 1673, précisément en ce qu'il a jugé existante une société dont l'acte n'était pas rapporté.

» Sans doute, il l'aurait violé, s'il eût fondé sur la seule preuve testimoniale, le fait de l'existence de cette société. Mais, vous l'avez remarqué, il s'en faut beaucoup que le tribunal du Lot ait été réduit à n'invoquer qu'une preuve de cette nature.

» Ce qui a principalement déterminé sa décision,

» C'est, 1.º que, par acte du 2 mars 1787, la veuve Normand et son fils avaient en commun pris à bail un moulin à blé de six meules, genre d'exploitation qui entraîne toujours un commerce de grains et de farines ;

» C'est, en second lieu, que l'existence d'une société pour commerce de grains et de farines, entre la veuve Normand et son fils, était constatée par un jugement du tribunal civil de Valence, du 12 floréal an 3 ;

» C'est, en troisième lieu, qu'il avait été dirigé une foule de poursuites contre la raison de commerce veuve Normand et fils, et que la veuve Normand n'avait pas pu les ignorer, puisqu'elle avait constamment demeuré avec son fils tout le temps qu'avait duré le commerce de grains et de farines, fait sous cette raison ;

» C'est, en quatrième lieu, qu'il avait été rendu par le tribunal de commerce de Montauban et par d'autres tribunaux, divers jugemens dans l'intérêt du commerce de la veuve Normand et fils, TANT EN DEMANDANT QU'EN DÉFENDANT ;

» C'est, en cinquième lieu, que l'existence de la société était encore prouvée par un jugement du tribunal de Lot et Garonne du 5 pluviôse an 7, rendu entre la veuve Normand et les cit. Delmas frères.

» Et certes, en voilà beaucoup plus qu'il n'en faut pour mettre le jugement du tribunal du Lot à l'abri du reproche de contravention à l'art. 1 du tit. 4 de l'ordonnance de 1673.

» Mais, au moins, disent les demanderesses, les art. 2 et 6 du même titre ont été violés par ce jugement. En effet, l'art. 2 porte que *l'extrait des sociétés entre marchands et négocians sera registré au greffe de la juridiction consulaire, s'il y en a, sinon en celui de l'hôtel commun de la ville; et s'il n'y en a point, au greffe des juges des lieux, et l'extrait inséré dans un tableau exposé en lieu public; le tout, à peine de nullité des actes et contrats passés tant entre les associés qu'avec leurs créanciers et ayant-cause;* Et l'art. 6 ajoute : *Les sociétés n'auront effet à l'égard des associés, leurs veuves et héritiers, créanciers et ayant-cause, que du jour qu'elles auront été enregistrées et publiées au greffe du domicile de tous les contractans, et du lieu où ils auront magasin.*

» De son côté, le défendeur convient qu'il est impossible d'accorder les dispositions de ces deux articles avec le jugement attaqué; mais il se retranche dans l'usage général où l'on est, suivant lui, depuis plus d'un siècle, de ne pas enregistrer les actes de société, et même de juger valables et obligatoires les actes de société non enregistrés.

» Ici, deux points à examiner : l'usage dont excipe le défendeur, est-il aussi constant, aussi général qu'il le soutient? Cet usage a-t-il pu déroger aux dispositions de l'ordonnance du mois de mars 1673 ?

» Sur le premier point, l'annotateur de Bornier et Jousse, sur l'ordonnance de 1673, attestent que les dispositions des art. 2 et 6 du tit. 4 de cette loi, sont tombés en désuétude, et ne s'observent plus.

» Serres, professeur de droit à Montpellier, dans ses *Institutions au droit français*, pag. 513, rapporte ces mêmes dispositions, et ajoute : « Mais rien de tout cela n'est observé aujourd'hui; en sorte que les sociétés, quoique non registrées ni publiées, n'en sont pas moins valables, entre les associés et leurs héritiers, qu'à l'égard de leurs créanciers ».

» L'auteur du *Praticien des consuls* tient le même langage.

» Denizart, au mot *Société*, assure que « la conservation de Lyon a attesté, par un acte de notoriété du 9 mars 1729, que l'usage de Lyon, *autorisé par la jurisprudence des arrêts*, est de ne pas regarder comme une nullité, le défaut d'enregistrement de la société ».

» Brillon, dans son *Dictionnaire des arrêts*, au même article, n. 2, dit que le lundi 21 juillet 1680, à l'audience tenue à la grand'-chambre (du parlement de Paris), il a été jugé, contre la disposition précise de l'art. 6 du titre *des Sociétés*, de l'ordonnance de 1673,

» que, nonobstant le défaut d'enregistrement, » les sociétés, qui sont d'ailleurs constantes, » doivent être exécutées ». — Ainsi, à peine y avait-il huit ans que l'ordonnance était promulguée, que déjà on contrevenait à sa disposition, et que déjà les contraventions s'étaient assez multipliées, pour former un usage auquel les tribunaux croyaient ne pouvoir refuser leur indulgence.

» L'arrêt du même parlement, du 23 février 1763, que rapporte Denizart, à l'endroit cité, prouve que cet usage s'est maintenu constamment dans le ressort de cette cour....

» La Peyrère, lettre T, n. 25, dit avoir vu juger au parlement de Bordeaux, *que bien qu'il n'apparaisse point d'acte de la société* (et par conséquent qu'il n'en existe ni enregistrement ni affiche) *la preuve d'icelle est recevable par écrit et témoins conjointement.*

» Hoüard, dans son *Dictionnaire de droit normand*, au mot *Société*, assure que telle est également la jurisprudence du parlement de Rouen.

» Il existe pareillement trois arrêts du parlement de Douay, des 11 août 1775, 21 mars 1780, et 1.er juin 1781, qui décident, de la manière la plus positive, que des actes de société non enregistrés n'en sont pas moins obligatoires, et n'en doivent pas moins avoir tout leur effet, soit à l'égard des associés entre eux, soit à l'égard de leurs créanciers (1).

» Enfin, la question a été décidée de même par un arrêt du parlement de Rennes, du 4 août 1746, confirmé contradictoirement au conseil d'État, le 3 mai 1752. — En voici l'espèce telle qu'elle est rapportée au Journal des audiences de Bretagne, tome 3, chap. 160.

» Le 28 août 1741, Lorry, négociant à Nantes, et Jean Duboucher, négociant à Madrid, passèrent à Paris un acte sous seing-privé, par lequel ils contractèrent entre eux une société de commerce. Jean Duboucher mourut le 13 juillet 1742; le 7 septembre 1744, Riberolle et Bressant, négocians à Paris et à Lyon, assignèrent Lorry au consulat de Nantes, pour être condamné à leur payer des lettres de change créées par Jean Duboucher, sous la raison de *Jean Duboucher et compagnie.*

» La défense de Lorry fut, 1.° que l'acte de société n'ayant point été enregistré ni inséré dans un tableau, suivant l'art. 2 du tit. 4 de l'ordonnance de 1673, il était nul, et ne pouvait produire aucune action; 2.° qu'en supposant la société revêtue de toutes ces formes, elle ne serait qu'en commandite, et que Lorry ne pourrait être tenu qu'à la perte de ce qu'il avait mis dans la société.

---

(1) *V.* le *Répertoire de jurisprudence*, au mot *Société*, sect. 3, §. 2, art. 1.

» Sur ces moyens, Lorry fut déchargé par sentences du consulat de Nantes, des 24 décembre 1744 et 9 janvier 1745.

» Appel au parlement de Rennes, de la part des créanciers. — « L'omission des formalités » prescrites par l'ordonnance du commerce (di- » saient-ils), ne peut jamais être alléguée par » un associé, pour le dégager des obligations » contractées par la société. Cela est contre l'es- » prit et l'objet de la loi, qui n'a eu en vue que » le bien et l'utilité du commerce. Elle a voulu » prévenir les fraudes que des négocians en so- » ciété pouvaient pratiquer, en supprimant le » contrat de leur société; mais elle n'a pas voulu » anéantir les engagemens contractés sur la cer- » titude d'une société dont l'acte paraît; ce se- » rait faire valoir contre des créanciers, une loi » faite uniquement en leur faveur pour assurer » l'état des sociétés, et pour que, sur la foi d'un » ou deux négocians qui signent seuls des lettres » ou billets de change, on soit certain de con- » tracter avec plusieurs associés, quoique leurs » noms ne paraissent pas. — La nullité que la » loi prononce, faute d'avoir rempli les for- » malités extérieures, n'est pas une nullité abso- » lue et de droit... Elle ne peut être employée » contre des créanciers qui ont contracté sur la » foi de la société; ce serait faire triompher la » négligence, ou peut-être la mauvaise foi des » associés. — Enfin (continuaient les appelans), » le système de Lorry est contraire à la con- » fiance publique, si nécessaire dans le com- » merce. Un négociant étranger qui ignore les » lois de France, un Français même, ne peut » pas, à chaque instant que se consomme une » opération, s'informer et vérifier si des lettres » ou billets de change sont consentis par des » associés d'une société enregistrée. Il sera » réduit à refuser le papier qu'on lui présen- » tera, jusqu'à ce qu'il ait fait vérifier à 2 ou » 300 lieues de son domicile, si les formalités » ont été observées. Ce système est aussi cho- » quant que destructif du commerce ».

» A ces raisons les appelans joignaient des actes de notoriété des villes les plus commer- çantes, qui attestaient que la formalité de l'en- registrement ne s'y pratiquait pas; et ils prou- vaient d'ailleurs que la société dont il s'agissait, n'avait aucun des caractères de la société en commandite.

» Par arrêt du 4 août 1746, la grand'chambre du parlement de Rennes réforma les sentences de Nantes, et condamna Lorry au payement des lettres de change.

» Lorry, s'étant pourvu au conseil, fit d'abord casser cet arrêt sur sa simple requête; mais les créanciers ayant formé opposition à l'arrêt de cassation il en intervint un autre, le 3 mai 1732, par lequel Lorry fut débouté de son recours, et l'arrêt du parlement de Rennes confirmé dans tous ses points.

» Voilà, comme vous le voyez, une jurispru- dence bien établie; et cependant on ne peut se dissimuler qu'elle ne soit contraire au texte de l'ordonnance de 1673. Il reste donc à examiner qui doit l'emporter ici ou de la loi ou de l'usage qui la contrarie.

» Cette question revient à celle de savoir si l'usage peut abroger la loi; et sur ce point, nous trouvons, dans le droit romain, deux textes qui semblent se contredire.

» La loi 32, 1, D. de legibus, décide que l'usage peut l'emporter sur les actes de l'autorité législative.

» Et la loi 2, C. quæ sit longa consuetudo, dé- clare que l'usage, quelque respectable qu'il soit, ne peut jamais prescrire contre la raison ni contre la loi...

» La contrariété qui existe entre ces deux textes du droit romain, se rencontre également dans la pratique et dans la jurisprudence des tribunaux.

» D'un côté, combien de lois, on ne dit pas des Romains (parce qu'elles n'ont de force parmi nous, qu'autant que le consentement des peuples leur en donne), mais de nos législateurs même, qui n'ont jamais été exécutées, et qui ont été abolies par des usages contraires à leurs disposi- tions...

» Eh! n'avons-nous pas vu des arrêts de rè- glement des anciennes cours supérieures éprou- ver le même sort? L'arrêt du parlement de Paris qui proscrit l'émétique, subsiste encore; celui qui condamne Boissot, médecin, pour avoir écrit qu'il fallait saigner le malade du côté où il souffrait le plus, n'a jamais été révoqué; mais ils le sont l'un et l'autre par l'usage et par la raison.

» Il en est de même d'une infinité de dispo- sitions de nos coutumes. Par exemple, l'art. 634 de la coutume de Bretagne portait que les faux-monnayeurs seraient bouillis, puis pen- dus, et long-temps avant qu'il fût abrogé par le Code pénal de 1791, le chancelier d'Agues- seau, dans une lettre du 2 septembre 1742, demandait si quelqu'un eût osé prononcer une condamnation pareille à celle que dictait ce texte.

» L'art. 34 de la même coutume rendait le seigneur responsable des dépens, dommages et intérêts auxquels son procureur d'office avait été condamné sur un appel relevé contre le pro- cureur-général; et cette disposition avait été si bien abrogée par l'usage et la jurisprudence, qu'un arrêt du parlement de Rennes du 29 juillet 1784, rendu à la première chambre des enquêtes, avait confirmé une sentence de la juridiction de Saint-Malo, du 13 juillet 1783, par laquelle un particulier avait été débouté de la demande qu'il avait formée contre l'évê- que de la même ville, en répétition des frais payés sur les poursuites de son procureur-fiscal, dont un arrêt rendu contradictoirement avec le ministère public, l'avait déchargé.

» D'un autre côté, combien d'usages n'a-t-on pas vu proscrire, malgré leur ancienneté, parce qu'ils étaient contraires ou au texte ou à l'esprit, soit des ordonnances, soit des coutumes approuvées par le législateur ?

» Avant l'abolition du régime féodal, il était d'usage en Artois de n'accorder aux seigneurs le tiers des biens communaux provenans de leur concession, que lorsque ces biens contenaient au moins cent vingt arpens. Cet usage était attesté par des sentences en forme d'actes de notoriété, des 20 juillet 1733, 12 juillet 1748 et 21 juillet 1751; mais il était contraire à l'esprit de l'ordonnance des eaux et forêts de 1669, qui, faisant dépendre des besoins et par conséquent du nombre des habitans, l'exercice du droit de triage, supposait nécessairement que ce droit ne pouvait être refusé, en aucun lieu, sous prétexte que les objets sur lesquels il devait tomber, n'avaient pas telle ou telle étendue, et que partout il fallait comparer la contenance de ces biens avec les besoins auxquels ils étaient destinés. — Aussi cette jurisprudence a-t-elle été proscrite par un arrêt du parlement de Paris, du 7 août 1779, rendu à la grand'chambre, sur les conclusions du cit. d'Aguesseau, alors avocat-général, entre les habitans de Lambres-lès-Douay, et Vandermaer, leur seigneur, appelant d'une sentence du conseil provincial d'Artois, du 3 août 1775.

» Le Recueil de Pollet, part. 3, §. 128, nous offre un arrêt du parlement de Douay du 21 novembre 1686, qui a rejeté un usage local, parce qu'il était contraire aux dispositions de la coutume de la châtellenie de Lille.

» On voit dans les *Commentaires sur la coutume de Bretagne*, publiés par Poullain-Duparcq, tom. 3, pag. 855, que telle est également la jurisprudence du parlement de Rennes.

» Que conclure de tout cela ? Faut-il souscrire aux arrêts qui soumettent tout à l'empire de l'usage, ou s'attacher rigoureusement à ceux qui font toujours fléchir l'usage devant la loi ? Ni l'un ni l'autre : il y a, ce semble, un milieu entre ces deux extrêmes.

» D'abord, il est universellement reconnu qu'un usage abusif, c'est-à-dire, qui blesse les mœurs, la décence, la sûreté publique, qui préjudicie, de quelque manière que ce soit, à la société, ou qui, sans être nuisible, est simplement déraisonnable et absurde, ne peut jamais l'emporter sur la loi, et que, dans tous les temps, on peut en secouer le joug. Chaque siècle, chaque peuple a ses erreurs, qui sont comme l'épidémie de l'esprit humain; on ne ferait jamais un pas vers la vérité, si l'on ne soumettait jamais l'usage à l'examen.

» Par la raison contraire, une loi qui renferme quelqu'un de ces inconvéniens, tombe aisément en désuétude. De là vient, comme l'observe le chancelier d'Aguesseau dans sa lettre citée, du 2 septembre 1742, « qu'il y a bien des choses » qu'on a conservées dans la rédaction ou dans » la réformation des coutumes, par respect ou » par prévention pour d'anciennes traditions, » qui ne doivent plus tirer à conséquence depuis » que la législation s'est perfectionnée, et qui » sont censées suffisamment abrogées par l'es- » prit général des lois, et par l'usage commun » de toute la France, qui en est le plus sûr in- » terprète ».

» Dans les choses indifférentes à l'ordre public, et sur lesquelles la raison ne réclame pas fortement pour un parti plutôt que pour l'autre, il y a sur le pouvoir de l'usage, une distinction à faire.

» Ou l'usage qui se trouve en opposition avec une loi, est concentré dans une partie du territoire de cette loi, ou il est commun à tout ce territoire.

» Au premier cas, l'usage doit céder à la loi, parce que n'ayant pas pour lui la volonté générale du peuple, il ne peut pas l'emporter sur un acte qui n'est que l'expression de cette volonté elle-même. C'est ce qu'expliquent l'arrêt du parlement de Paris du 7 août 1779, l'arrêt du parlement de Douay du 21 novembre 1686, et la jurisprudence du parlement de Rennes dont nous parlions tout à l'heure. C'est d'ailleurs à cette espèce que paraît devoir se rapporter la loi 2, C. *quæ sit longa consuetudo*.

» Dans le second cas, la disposition écrite du législateur, doit, au contraire, céder à l'usage; ainsi le décide expressément la loi 32, D. *de legibus*, et la raison qu'elle en donne est aussi juste que tranchante... (1).

» C'est ce que reconnaît formellement le chancelier d'Aguesseau dans sa lettre du 29 octobre 1736 au premier président du parlement de Toulouse: « Toutes les lois sont su- » jettes à tomber en désuétude; et il est bien » certain que quand cela est arrivé, on ne peut » plus tirer un moyen de cassation d'une loi qui » a été abrogée tacitement par un usage con- » traire ».

» Mais on ne peut rien de plus savant ni de mieux raisonné que ce qu'a écrit là-dessus le président Bouhier, dans ses *Observations sur la coutume de Bourgogne*, chap. 13, n. 33: — « Je demeure » d'accord (dit-il), que non-seulement la juris- » prudence la plus invétérée, mais que les lois » elles-mêmes peuvent être abrogées par un » usage contraire.... Mais comme on pourrait » aisément se tromper dans l'application de ce « principe, il est nécessaire de peser mûrement

---

(1) J'omets ici les développemens que j'ai placés dans un réquisitoire du 23 brumaire an 11, rapporté à l'article *Opposition aux jugemens par défaut*, §. 7.

» ce qu'on doit entendre, en ce cas, par ce
» mot *d'usage*, et les qualités qu'il doit avoir
» pour opérer un effet d'une aussi grande im
» portance..... — Il y a deux sortes d'usage :
» l'un est une coutume de faire certaines choses,
» ou d'une certaine manière, sans qu'il y ait
» eu sur cela de contradiction, du moins,
» qui ait été suivie de jugement; l'autre, est
» une coutume, qui, non-seulement a été
» controversée, mais qui, de plus, a été
» suivie de quelques jugemens contradictoires.
» — A l'égard de la première espèce d'usage,
» je ne crois pas que raisonnablement on puisse
» lui attribuer le droit d'abroger la loi. C'est
» un point sur lequel Dumoulin et d'Argentrée,
» quoique le plus souvent d'avis contraire,
» sont parfaitement d'accord. Le dernier va
» même jusqu'à dire que mille ans de non-usage
» ne sauraient anéantir la force du statut : *Semel*
» *scriptâ consuetudine, etiamsi mille annis nemo*
» *eâ utatur, tamen semper habitu obtinet......*
» Et quoiqu'il se trouve quelques jurisconsultes
» d'avis contraire, leurs raisons ne paraissent
» d'aucune considération.—Supposons en effet,
» par exemple, qu'en notre province, les femmes
» mariées se soient ingérées pendant long-temps
» de faire toutes sortes d'actes, sans autorité de
» leurs maris, et que personne ne s'en soit plaint
» en justice, croira-t-on que la disposition con-
» traire de notre coutume soit abrogée? Je ne
» pense pas que personne puisse le dire. Et
» quoique nous n'ayons pas tout-à-fait autant de
» respect pour les lois romaines, il est pourtant
» vrai qu'à l'égard de celles qui ont été reçues
» parmi nous de toute ancienneté, nous ne les
» regarderions pas non plus comme abrogées,
» parce que les particuliers auraient long-temps
» discontinué de s'y conformer; car notre juris-
» prudence ne se règle point sur ce qu'il plaît à
» chacun de faire, mais sur des principes fixes
» et autorisés par les cours de justice. C'est ce
» qui a donné lieu à Dumoulin d'établir cette
» règle : *Nec obstat de usu quorumdam priva-*
» *torum : quia est abusus imperitorum, qui non*
» *facit jus nec interpretationem juris; quia si*
» *in quæstionem deducatur, non observatur, sed*
» *reprobatur à peritis.* A quoi s'accorde d'Ar-
» gentrée, en parlant de ces sortes d'usages. —
» Ainsi, nous pouvons fort bien appliquer à
» cette espèce d'usage, cette règle de l'ancienne
» coutume de Beauvaisis : *La différence qui est*
» *entre coutumes et usages, si est, que toutes*
» *coutumes si font à tenir. Mais il y a de tex*
» *usages que qui vaurait plaider encontre, et*
» *mener jusqu'au jugement, l'usage si serait de*
» *nulle valeur.* — Cela nous conduit à la seconde
» espèce d'usage, savoir, celui qui, après avoir
» été contredit, a été confirmé par quelques
» jugemens. Or, il faut convenir que l'autorité
» des choses jugées est très-considérable pour
» établir une coutume. Car encore que les juge-

» mens par eux-mêmes ne fassent pas coutume,
» ils servent néanmoins beaucoup pour la prou-
» ver : *Judicatarum rerum auctoritas, licet non*
» *inducat consuetudinem, inductam tamen probat;*
» *quod magnum quidpiam est*, comme dit le
» président Favre. Et c'est ce qui a donné lieu
» à la loi 38, D. *de legibus*, qui porte que, quand
» on allègue une coutume, la première chose
» qu'on doit éclaircir, c'est s'il y a eu à ce sujet
» quelque jugement contradictoire : *Cùm de*
» *consuetudine civitatis, vel provinciæ confidere*
» *quis videtur, primùm illud explorandum ar-*
» *bitror, an etiam contradicto aliquandò judicio*
» *consuetudo firmata sit.* D'où il suit que les
» jugemens servant de preuves de la coutume,
» et la coutume ayant la force d'abroger les
» lois, ce sont en quelque manière les jugemens
» qui opèrent cette abrogation. Cette distinction
» entre les deux espèces d'usages est nettement
» approuvée par Cujas (sur le livre des fiefs,
» *lib. 2, tit. 1*) ».
» Ainsi parle Bouhier, et il résulte des arrêts
multipliés dont nous avons eu l'honneur de vous
rappeler les dates et les espèces, que nous nous
trouvons ici, par rapport au non enregistrement
des actes de société, dans l'hypothèse où ce ma-
gistrat-jurisconsulte reconnaît que l'usage peut
abroger la loi.
» Faut-il s'étonner après cela, que même
l'ancien gouvernement ait approuvé, en rejetant
la requête en cassation de l'arrêt du parlement
de Rennes, du 4 août 1746, la jurisprudence
confirmative de la désuétude des art. 2 et 6 du
tit. 4 de l'ordonnance de 1673?
» Eh! comment cette jurisprudence aurait-elle,
dans le nouvel ordre des choses, moins de faveur
qu'elle n'en avait avant la révolution? Assurément lorsque le peuple français a déclaré, le 21
décembre 1792, par l'organe de la Convention
nationale, que les anciennes lois *non abrogées*
continueraient provisoirement d'être exécutées,
il n'a pas entendu faire revivre des dispositions
législatives qu'il avait lui-même abolies depuis
plus d'un siècle par un usage universel et non
interrompu.
Et remarquons bien qu'en général, c'est surtout dans les matières de commerce que l'usage
mérite une grande considération. Vous savez
avec quelle indulgence tous les tribunaux et
même l'ancien gouvernement avaient connivé à
la désuétude dans laquelle étaient tombées, et les
dispositions de l'ordonnance de 1673 relatives à
la cote et au parafe des livres des marchands,
et les articles de la même loi concernant les endossemens en blanc apposés aux lettres et billets
de change; et quel a été le motif de cette indulgence? Il n'y en a pas eu d'autre que la faveur
extrême du négoce, la nécessité d'en faciliter,
de simplifier toutes les opérations, et le préjudice irréparable qui résulterait d'un attache-
ment trop scrupuleux à des formalités qu'on a

de bonne foi regardées généralement comme superflues.

» Or, ce motif s'applique dans toute sa force au non-enregistrement des sociétés de commerce, et c'en est assez pour que nous croyions obligés de vous proposer le rejet du moyen de cassation que tirent les demanderesses des art. 2 et 6 du tit. 4 de l'ordonnance de 1673.

» Reste celui qu'elles font consister en ce que le jugement attaqué a admis pour preuve de la société une enquête faite par le juge de paix de Valence, le 11 germinal an 7, enquête dans laquelle ont été omises les formalités prescrites par les art. 7 et 8 du tit. 16 de l'ordonnance de 1667, et qui ne peut d'ailleurs être considérée que comme une de ces enquêtes à futur, qui sont prohibées par le titre 13 de la même loi.

» Mais à cet égard, il suffira d'observer que ce n'est pas à la réquisition de Pierre Peros qu'il a été procédé à cette enquête : — Pierre Peros ne s'en est servi que comme d'un simple certificat, comme d'une attestation extrajudiciaire ; et les demanderesses peuvent d'autant moins tirer de là un moyen de nullité, que, devant le tribunal du Lot, elles n'ont opposé aucune espèce d'exception ni de défense contre cette production.

» Par ces considérations, nous estimons qu'il y a lieu de rejeter la requête en cassation, et de condamner les demanderesses à l'amende ».

Sur ces conclusions, arrêt du 22 messidor an 9, au rapport de M. Audier-Massillon, par lequel,

« Considérant, sur le premier moyen, que l'art. 1 du tit. 4 de l'ordonnance de 1673, qui exige que les sociétés soient rédigées par écrit, ne concerne que les associés entre eux, et qu'il ne peut être opposé à un créancier qui a contracté sous la foi d'une société publiquement reconnue ;

» Considérant que les art. 2 et 3 du même titre, qui déclarent nuls les actes et contrats passés tant entre les associés qu'avec leurs créanciers, à défaut d'enregistrement et de publication des actes de société, sont tombés en désuétude et sont abrogés par l'usage général du commerce, confirmés par la jurisprudence constante des tribunaux ;

» Considérant, sur le second moyen, que le procès-verbal du juge de paix de Valence, du 11 germinal an 7, n'est pas une enquête, mais seulement un acte de notoriété ; qu'il n'a pas été la principale base des jugemens de première instance et d'appel ; et que l'existence de la société était établie par une foule d'actes émanés des associés eux-mêmes, sous la raison de commerce veuve Normand et fils, et par nombre de jugemens rendus par le tribunal de commerce de Montauban et autres tribunaux, dans l'intérêt du commerce de la veuve Normand et fils, tant en demandant qu'en défendant ;

» Le tribunal rejette la demande en cassation. ... ».

J'ai trouvé depuis un arrêt de la même section, du 4 nivôse précédent, qui se rapporte à la même matière.

Dans le fait, le 26 février 1789, contrat de société pour le commerce de draperie et de mercerie, entre Brun père et fils, Marty et Jean-Baptiste Petit.

Le 15 avril 1791, Brun père souscrit, sous le nom social, au profit des sœurs Negré, trois billets montant ensemble à 3,665 livres, et payables à des époques éloignées.

Le 11 thermidor an 6, jugement du tribunal de commerce de Montauban, qui condamne solidairement et par corps les quatre associés au payement de ces billets.

Sur l'appel, jugement confirmatif du tribunal civil du département du Lot, en date du 27 floréal an 7.

Recours en cassation de la part de Jean-Baptiste Petit. L'un de ses moyens consistait à dire que le contrat de société du 26 février 1789, n'avait pas été enregistré (ce qui était reconnu), et qu'ainsi le jugement dont il se plaignait, avait violé l'ordonnance de 1673, en donnant effet à ce contrat en faveur des sœurs Negré.

Mais ce recours a été rejeté, au rapport de M. Basire et sur les conclusions de M. Lecoutour, « attendu que l'omission de la formalité prescrite par l'art. 6 du tit. 4 de l'ordonnance de 1673, ne peut profiter à Petit, à qui l'exécution de cette formalité était personnellement imposée ; que cette formalité n'a d'ailleurs pour objet que de constater l'existence des sociétés de commerce, et que cet objet était rempli, dans l'espèce, par l'aveu de Petit lui-même ; qu'enfin, la nullité résultant du défaut d'enregistrement des actes de société, ne peut être objectée que par ceux à qui l'on oppose ces actes qui ne sont pas de leur fait et qui blessent leurs intérêts ».

Voici un troisième arrêt qui est intervenu le 13 vendémiaire an 10, sur la première des deux questions proposées en tête de ce paragraphe.

Le tribunal de commerce de Toulouse avait jugé, en faveur du sieur Mony contre le sieur Lebret, qu'il avait existé entre eux une société de commerce, quoique l'on n'en représentât point d'acte ; et le tribunal civil du département de la Haute-Garonne avait confirmé ce jugement. Sur le recours en cassation formé par les héritiers Lebret, ceux-ci invoquaient l'art. 1 du tit. 4 de l'ordonnance de 1673. Le sieur Mony répondait que cet article n'empêchait pas de constater par des preuves par écrit quelconques, l'existence des sociétés de commerce dont le titre constitutif n'était pas représenté.

Par l'arrêt du 13 vendémiaire an 10, rendu au rapport de M. Liborel, la demande en cassation des héritiers Lebret a été rejetée,

« Attendu que le jugement attaqué a décidé que la société dont il s'agissait, était suffisamment établie par les actes qui avaient été produits par les parties, et que ce n'est que vis-à-vis des tiers que l'art. 1 du tit. 4 de l'ordonnance de 1673 exige que toute société soit rédigée par écrit ».

§. II. 1.° *L'existence d'une société anonyme de commerce peut-elle être prouvée par des lettres missives et par d'autres renseignemens ?*

2.° *En supposant cette société constante, l'associé qui ne s'est pas obligé personnellement envers le tiers par lequel ont été fournis à son associé des fonds dont leur entreprise commune a profité, peut-il être actionné directement par ce tiers ? peut-il l'être solidairement ?*

« Telles sont (ai-je dit à l'audience de la cour de cassation, section des requêtes, le 28 germinal an 12), les principales questions qu'offre à votre examen la demande de François Billaud, en cassation d'un jugement du tribunal d'appel de Limoges, du 6 prairial an 11, confirmatif d'un jugement du tribunal de commerce de la même ville, du 9 nivôse précédent.

» Le rapport que vous venez d'entendre, vous a suffisamment détaillé les faits, ils se réduisent à ceci.

» Le 18 fructidor an 10, Pierre Alloncle, marchand de bœufs, demeurant à Azerables, tire, à l'ordre de J.-B. Bernard, sur François Billaud, demeurant à Laumone, et alors à Paris, une lettre de change de 2000 livres tournois, payable le 14 brumaire an 11. J.-B. Bernard transporte cette lettre de change à Voisin, qui, à l'échéance, la fait protester faute de payement. Assigné en remboursement par Voisin devant le tribunal de commerce de Limoges, Bernard y cite en garantie Pierre Alloncle et François Billaud. Pierre Alloncle, de son côté, y cite également François Billaud, *pour être condamné* (porte dans sa première partie, le jugement du tribunal d'appel), *à le garantir comme associé et comme détenteur des fonds.*

» A l'audience du tribunal de commerce, Billaud soutient n'avoir jamais été l'associé d'Alloncle, mais seulement son commissionnaire pour vendre à Paris les bœufs qu'Alloncle achetait et y faisait conduire. Il offre en conséquence de rendre compte de sa gestion; il prétend n'être tenu à rien de plus, sauf à verser dans les mains de Bernard ou de Voisin ce dont il pourrait se trouver reliquataire par l'arrêté du compte; et pour appuyer la dénégation qu'il fait de la qualité d'associé dont on cherche à l'investir, il invoque le désaveu qu'Alloncle lui-même en a

donné peu de temps auparavant, dans l'assemblée de ses créanciers réunis à l'occasion de sa faillite.

» A cet égard, et ici nous empruntons encore les termes du jugement attaqué, «Billaud a été » convaincu de mauvaise foi par sa propre cor- » respondance, de laquelle est résultée la preuve » qu'il avait concouru aux achats et à l'envoi des » marchandises; qu'il avait donné des ordres; » qu'il avait reçu les bœufs envoyés par Alloncle; » qu'il les avait vendus et en avait reçu le prix; » qu'il avait participé aux pertes et aux béné- » fices; qu'il avait dirigé les affaires communes, » et que, soit en vendant, soit en achetant, soit » en payant, il avait toujours agi en nom col- » lectif; que différentes lettres ont été produites » de part et d'autre; et qu'il a passé pour cons- » tant entre les parties, que la créance réclamée » était relative au commerce de bœufs d'Alloncle » et Billaud ».

» D'après ces données, le tribunal de commerce et le tribunal d'appel de Limoges déclarent Billaud associé d'Alloncle pour le commerce de bœufs; ordonnent qu'ils se rendront réciproquement compte de leurs recettes, de leurs dépenses et de toutes leurs opérations relatives à ce commerce; autorisent Bernard à assister à ce compte et à y faire, pour son intérêt, toutes les observations qu'il jugera convenables; condamnent Billaud par corps, *personnellement pour la moitié et solidairement pour le tout,* à garantir et indemniser Bernard des condamnations obtenues contre celui-ci par Voisin; et sursoient à statuer sur la demande en garantie d'Alloncle contre Billaud, jusqu'après l'apurement du compte à rendre.

» Contre ces jugemens, Billaud vous propose deux moyens de cassation, qu'il puise, l'un dans l'art. 1, l'autre dans l'art. 7 du tit. 4 de l'ordonnance du mois de mars 1673.

» Et d'abord, suivant lui, l'art. 1 a été violé par les jugemens dont il se plaint, en ce qu'ils ont regardé comme constante une société dont il n'existe point d'acte écrit.

» Nous ne dirons pas, sur ce moyen, avec le tribunal d'appel de Limoges, que la disposition de l'article dont il s'agit, ne comprenant que la *société générale* et la *société en commandite,* ne peut pas être étendue à la *société anonyme;* car, d'un côté, la société anonyme est elle-même une sorte de société générale, lorsque, comme dans notre espèce, elle embrasse tout un genre de commerce, un cours d'affaires successives, et qu'elle a pour objet d'en mettre en commun les profits et les pertes; de l'autre, il ne paraît pas que la société que l'on suppose avoir existé entre Alloncle et Billaud, ait, à proprement parler, le caractère d'une société anonyme, puisque, d'après le jugement attaqué lui-même, Alloncle et Billaud étaient publiquement connus comme associés l'un à l'autre pour le commerce de bœufs.

» Mais nous dirons avec le tribunal d'appel de Limoges, «qu'Alloncle et Billaud étant en » faillite, les créanciers ne peuvent pas être » failliie, les créanciers ne peuvent pas être » obligés au rapport d'un acte de société sous- » trait peut-être par leur débiteur; qu'ils ne peu- » vent pas être victimes de la négligence et de » la mauvaise foi de celui qui ne remplit pas » ses engagemens; et qu'ils ont le droit d'établir » la société par tous les moyens que la loi ne » défend pas; qu'au surplus, la preuve par té- » moins est simplement proscrite; et que, pour » toutes sortes de sociétés, comme dans toutes » les affaires civiles qui présentent les plus » grands intérêts, les preuves écrites sont tou- » jours admissibles».

» En effet, l'art. 1.er du tit. 4 de l'ordonnance de 1673 ne fait que répéter, pour les sociétés générales ou en commandite, la disposition de l'art. 2 du tit. 20 de l'ordonnance de 1667, relative aux conventions dont l'objet excède 100 francs;

» Et comme en ordonnant que *de toutes choses excédant la somme ou valeur de 100 liv., il sera passé actes devant notaires ou sous signatures privées ; comme en déclarant qu'il ne sera reçu aucune preuve par témoins contre ni outre le contenu auxdits actes*, l'ordonnance de 1667 n'entend pas empêcher que l'on ne prouve par des lettres missives ou par tout autre genre de preuve qui n'est pas purement testimoniale, un contrat de prêt, un mandat, une vente ou un louage;

» De même aussi l'ordonnance de 1673, en prescrivant de rédiger par écrit les contrats de société, et en défendant de recevoir *aucune preuve par témoins contre et outre le contenu en l'acte* d'association, ne s'oppose certainement pas à ce qu'à défaut d'acte d'association, une société soit prouvée, soit par d'autres écrits émanés des associés eux-mêmes, soit par leurs aveux judiciaires, soit par toute autre voie non expressément prohibée.

» C'est ce que la section civile a jugé d'une manière bien positive, en rejetant, sur nos con- clusions, le 22 messidor an 9, la demande des filles Brast en cassation d'un jugement du tri- bunal civil du département du Lot... : (1).

Il ne peut donc y avoir ici aucun doute sur le principe, que le seul objet de l'art. 1.er du tit. 4 de l'ordonnance de 1673, est d'empêcher qu'on n'établisse, par une preuve purement testimoniale, l'existence d'une société générale ou en commandite; et dès-là, il est clair que cet article n'aurait pu être violé par le jugement que vous dénonce François Billaud, qu'autant

qu'une preuve purement testimoniale eût été la seule base sur laquelle se serait fondé le tribunal d'appel de Limoges, pour déclarer François Billaud associé de Pierre Alloncle.

» Or, comment une preuve purement testi- moniale aurait-elle pu servir de base au jugement attaqué? Il n'a été produit ni entendu aucun témoin, soit devant le tribunal de commerce, soit devant le tribunal d'appel de Limoges. Et d'ailleurs, ces deux tribunaux trouvaient dans la correspondance du demandeur, dans la fausseté manifestement prouvée de ses assertions les plus importantes, dans l'impuissance où il s'est re- connu lui-même d'indiquer le salaire qui eût dû, en le supposant simple commissionnaire, lui être assigné par Alloncle, et surtout dans les comptes de *Dumont*, son agent à Paris, des motifs plus que suffisans pour décider avec la plus ferme assurance, qu'il avait existé une société entre Alloncle et lui. — Enfin, voulût-on aller jusqu'à dire qu'ils se seraient trompés, du moins ils ne se seraient trompés que sur un point de fait; et une erreur de fait n'est pas, ne peut pas être, un moyen de cassation.

» Mais si ces tribunaux ont respecté l'art. 1.er, n'ont-ils pas du moins violé l'art. 7 du tit. 4 de l'ordonnance de 1673? L'art. 7 ne leur comman- dait-il pas de décharger François Billaud, par cela seul que la lettre de change dont on lui de- mandait le payement, n'avait été souscrite par Pierre Alloncle qu'en son nom privé, par cela seul qu'elle ne portait point la raison sociale, *Pierre Alloncle et compagnie.*

» L'affirmative serait incontestable, si le produit de cette lettre de change n'avait pas été employé au profit de la société. Mais nous ver- rons bientôt que telle n'est point l'espèce de la cause actuelle, et qu'il est, au contraire, bien établi dans les jugemens attaqués, que la société a profité de la somme entière qu'Alloncle s'était procurée par la traite dont il s'agit.

» La question se réduit donc à ce point : l'art. 7 du tit. 4 de l'ordonnance de 1673 n'est-il pas censé dire que les créanciers de la société seront sans action, et surtout sans action solidaire, contre l'associé auquel ils n'auront à opposer que la signature individuelle de son associé, ou la preuve du versement de leurs fonds dans la caisse sociale ?

» Or, sur ce point, il est une observation simple, mais importante : c'est que, par rap- port aux créanciers qui ont contracté avec un particulier seul et stipulant en son nom indi- viduel, l'associé de ce particulier ne peut être considéré que comme membre d'une société anonyme. La chose est sans difficulté, s'il n'existe en effet qu'une société anonyme entre l'un et l'autre; mais elle est également sensible, lors- qu'il existe entre eux une société publiquement connue; car, même en ce cas, les créanciers ne

---

(1) *V.* le §. précédent.

peuvent pas être censés avoir contracté avec la société qu'ils connaissaient; et si, par le fait, les fonds qu'ils ont fournis à un de ses membres personnellement, ont tourné au profit de la société, l'autre membre qui n'a point traité et au nom duquel on n'a point traité avec eux, est nécessairement à leur égard de la même condition que si la société leur était absolument inconnue, que si la société était parfaitement anonyme.

» Notre question revient donc à celle-ci : l'art. 7 du tit. 4 de l'ordonnance de 1673 prive-t-il de toute action contre l'associé anonyme qui a profité de leurs fonds, les créanciers envers lesquels son associé s'est obligé seul et en son nom privé ?

» Pour bien juger si tels sont véritablement l'objet et le sens de l'art. 7, il importe, quoique du premier abord cela paraisse étranger à la question, il importe de rechercher quels sont l'objet et le sens de l'art. 8, qui dit : *Les associés en commandite ne seront obligés que jusqu'à la concurrence de leurs parts.* Résulte-t-il de cet article que les créanciers d'une société en commandite sont, dans tous les cas, sans action contre les associés commanditaires ?

» Pothier, dans son *Traité du contrat de société*, chap. 6, §. 2, soutient l'affirmative : « Dans les sociétés en commandite (dit-il), n'y » ayant que l'associé principal qui fasse seul en » son nom les contrats de la société, c'est une » conséquence qu'il n'y a que lui seul qui s'o- » blige; et que les associés en commandite ne » sont point tenus des dettes de la société en- » vers les créanciers avec qui l'associé principal » ou connu, a contracté.... Ils n'en sont tenus » qu'envers leur associé principal et connu qui » les a contractées, devant le en acquitter cha- » cun pour la part qu'il a en la société, jusqu'à » concurrence des fonds qu'il a mis en la so- » ciété ». — La raison qu'en donne Pothier est » qu'un créancier n'a d'action que contre celui » avec qui il a contracté, et non contre ceux qui » ont profité du contrat, suivant la loi 15, C. » *si certum petatur*, et n'a, à l'égard des autres » associés, que la voie de saisir entre leurs mains » ce qu'ils doivent à son débiteur pour raison » de cette affaire ».

« Mais défions-nous de cette doctrine. Quoique appuyée sur l'autorité d'un grand nom, il est possible qu'elle ne soit qu'une erreur.

» Pour en juger sainement, voyons quelles obligations impose la qualité d'associé en commandite, à celui qui en est revêtu. Nous les trouvons écrites dans le texte précis de l'ordonnance de 1673. Contentons-nous de laisser parler la loi.

» *Tous associés* (porte l'art. 7 du tit. 4), *seront obligés solidairement aux dettes de la société, encore qu'il n'y en ait qu'un qui ait signé, au cas qu'il ait signé pour la compagnie et non autrement. — Les associés en commandite* (ajoute l'article suivant), *ne seront obligés que jusqu'à concurrence de leur part.*

» D'après cette règle, n'est-il pas clair que tout associé en commandite est obligé au payement des dettes jusqu'à concurrence de sa part ? Il faut donc qu'il paye de cette manière, ou qu'il rapporte sa *part*, c'est-à-dire, la somme d'argent qui compose sa mise.

» Le moyen de ne pas se rendre à une disposition aussi claire? Osons-le dire : prétendre, comme le fait Pothier, que les associés en commandite ne sont tenus à rien envers les créanciers de la société, c'est argumenter contre la loi même.

» Et comment argumente-t-on? D'une manière peut-être spécieuse, mais bien sûrement inconcluante. — Les associés commanditaires, dit-on, sont obligés envers l'associé principal à supporter les charges de la société jusqu'à concurrence de leur part : ils sont tenus de lui faire raison des dettes qu'il a contractées pour elle, et de l'en acquitter au prorata des fonds qu'ils y ont versés; mais ils ne doivent rien aux créanciers.

○ Reprenons l'ordonnance : examinons de plus près les art. 7 et 8 destinés à régler les obligations des associés ordinaires et en commandite, relativement au payement des dettes : et certainement nous n'y verrons rien qui ne résiste à cette idée.

» L'art. 8 soumet les associés commanditaires au payement des dettes jusqu'à concurrence de leur part; il ne fait aucune distinction; il ne dit pas qu'ils seront tenus des dettes envers l'associé principal, et qu'ils ne le seront point envers les créanciers. Or, c'est un principe qu'on ne doit pas distinguer quand la loi ne distingue pas; et s'il est un cas où ce principe doive s'appliquer, c'est certainement celui-ci.

» Que disons-nous? Cette distinction serait en contradiction directe avec le texte de la loi. En effet, l'ordonnance déclare que les associés commanditaires seront obligés au payement des dettes. A qui paye-t-on naturellement une dette? C'est à son créancier sans doute, et non à son co-débiteur. Les termes de la loi ne peuvent donc s'appliquer naturellement qu'aux créanciers de la société. Si le législateur s'était ainsi exprimé pour dire seulement qu'envers son associé principal, l'associé commanditaire doit supporter les charges de la société à concurrence de sa mise, il se serait servi de termes tout-à-fait impropres et même ridicules.

» Mais rapprochons maintenant cet art. 8 de l'art. 7 avec lequel il a une relation essentielle. L'art. 7 parle des associés ordinaires; il les soumet au payement des dettes de la société solidairement. On ne contestera pas sans doute que cette disposition ne soit relative aux créanciers de la société.

» L'article suivant parle des associés commanditaires ; il détermine la manière dont ils seront, à leur tour, tenus des dettes ; il règle la différence qu'on doit mettre, à cet égard, entre eux et les associés ordinaires. Quelle est cette différence ? C'est qu'ils ne seront soumis au payement des dettes, que jusqu'*à concurrence de leurs parts* ; au lieu que les premiers y sont obligés solidairement. L'ordonnance, dit-elle, qu'ils ne seront point tenus aux dettes envers les créanciers, qu'ils ne seront obligés, à cet égard, que de compter avec leurs associés, et de supporter les pertes de la société jusqu'à la concurrence de leur mise ? Non ; elle suppose, au contraire, que les associés ordinaires et les associés en commandite seront tenus d'acquitter les dettes de la même manière, avec la seule différence que les premiers seront obligés *solidairement*, et les autres au prorata de leurs parts.

» On pénètre aisément le motif de cette différence. Les associés ordinaires sont solidaires, parce que le commerce se fait sous leur nom collectif, et que tous ont part à la gestion des affaires communes. Au contraire, l'associé en commandite étant exclu de l'administration des affaires qui n'est confiée qu'à l'associé principal, il n'était pas juste que celui-ci fût maître de l'engager et de le ruiner à son insu. Voilà pourquoi l'ordonnance a voulu que l'associé ne pût obliger son commanditaire que jusqu'à concurrence de sa part ; voilà pourquoi elle a voulu que le commanditaire ne fût pas exposé à de plus grands risques que ceux qu'il voudrait bien courir, et qu'il pût mesurer sur sa mise l'étendue des pertes qu'il pouvait appréhender. Par ce tempérament, elle a concilié les intérêts de l'associé en commandite et ceux des créanciers.

» Tel est l'esprit de l'art. 8. Sa disposition est claire, elle est positive, elle est faite pour imposer silence à toute opinion contraire ou différente.

» Cependant on insiste encore. L'associé en commandite, dit-on, n'est point obligé envers les créanciers au payement des dettes, puisqu'il ne paraît point dans les actes qui concernent la société, et que par conséquent les créanciers ne contractent point avec lui.

» Quel est donc celui que vous pouvez regarder comme votre débiteur ? Très-sûrement, c'est ou celui qui s'est obligé personnellement envers vous, ou celui qui s'y est obligé par le fait d'un tiers ayant pouvoir de le faire, et qui a usé de ce pouvoir.

» Or, la dernière partie de cette disjonctive s'applique précisément aux associés commanditaires ; ils ne paraissent point, à la vérité, dans les contrats qui intéressent la société ; mais l'associé principal sous le nom duquel elle s'exerce,

auquel ils ont confié l'administration des affaires communes, contracte et agit pour la société ; il a donc le pouvoir d'obliger ses co-associés envers les créanciers ; ses co-associés contractent donc réellement avec les créanciers par son ministère.

» Il y a cette différence entre la société générale et la société en commandite, que, dans la première, chacun des associés a le pouvoir de contracter pour la société, et peut par conséquent engager ses associés, lorsqu'il s'oblige pour elle ; au lieu que, dans la société en commandite, la gestion des affaires de la société n'est confiée qu'à l'associé principal, qui, en cette qualité, peut obliger son associé jusqu'à concurrence de la part de ce dernier, dont il est le mandataire à cet égard. Dans l'une et dans l'autre, il faut qu'il paraisse que la dette a été contractée pour la société ; cette preuve, s'il s'agit d'une société ordinaire, se trouve dans la circonstance que l'un des associés a signé pour lui et pour ses associés ; mais la même preuve ne peut pas avoir lieu dans la société en commandite ; comme il est de la nature de cette société que l'associé commanditaire ne se montre point, et que toutes les opérations se fassent au nom seul de l'associé principal, il serait contradictoire qu'on l'obligeât à signer pour lui et pour son associé ; il faut prouver, par d'autres moyens, que la dette a été contractée pour la société, que la somme dont il s'agit, a été portée dans le commerce qui en est l'objet. Et quand on trouve cette preuve dans les actes relatifs à la société, par exemple, lorsque la dette a été reconnue dans les comptes que les associés ont faits entre eux, ou de quelque autre manière que ce soit, alors l'associé en commandite est tenu de l'acquitter.

» Mais, qu'est-il besoin de tant de raisonnemens pour établir une vérité que le législateur lui-même a consacrée avec tant de précision ? Encore une fois, les art. 7 et 8 de l'ordonnance de 1673 décident deux choses : l'une, que les associés ordinaires sont tenus solidairement envers les créanciers des dettes contractées par la société ; l'autre, qu'envers les créanciers, les associés en commandite ne sont tenus que jusqu'à la concurrence de leurs parts ; et assurément une disposition aussi formelle ne peut pas être effacée par l'opinion de Pothier, opinion d'ailleurs isolée et contredite par Savary, par Bornier, par Jousse et par Bourjon.

» Ce dernier auteur, liv. 3, tit. 7, chap. 5, sect. 2, s'occupe *des engagemens des associés à l'égard des créanciers*, et voici comment il s'exprime, n. 8 et 12 : « Les engagemens que » l'un des associés contracte et qu'il souscrit » pour lui et compagnie, réfléchissent contre tous » les autres, et ils sont tenus solidairement. » Cette réflexion d'engagement cesse en certains » cas ; l'associé en commandite ne peut être en

» gagé par le fait des autres; au-delà des fonds
» qu'il a mis dans la société; c'est la nature d'une
» telle société limitée à ces fonds....; de là il
» s'ensuit qu'*en abandonnant ces fonds sur les-*
» *quels la poursuite des créanciers de la société*
» *est limitée à son égard*, il ne peut être actionné
» de leur part.... Voyez l'ordonnance du com-
» merce : *cette décharge résulte de sa disposi-*
» *tion*. ». Ainsi parle Bourjon, et il est évident
qu'il regarde l'associé en commandite comme
engagé *envers les créanciers* jusqu'à la concurrence de ses fonds; il est évident qu'il regarde
les créanciers eux-mêmes comme autorisés à le
poursuivre personnellement jusqu'à cette concurrence; et ce qu'il y a de remarquable, c'est
qu'il ajoute immédiatement : *on le juge ainsi au*
châtelet.

» Maintenant que nous voilà bien fixés sur le
sens de l'art. 8 du tit. 4 de l'ordonnance de 1673;
maintenant qu'il est bien démontré que cet article soumet directement les associés commanditaires aux actions des créanciers de la société,
examinons quelle est, par rapport aux créanciers de la société, la condition des associés
anonymes.

» Sans doute, elle doit être la même que
celle des associés en commandite; car s'il y a une
différence entre les uns et les autres, elle ne consiste que dans la quotité de leurs obligations.
Dans l'une comme dans l'autre espèce, il n'y a
qu'une partie qui traite avec les tiers; ceux que
cette personne s'est associés demeurent inconnus.
Mais dans l'une, l'associé n'est tenu que jusqu'à
la concurrence de sa mise, au lieu que dans l'autre,
il est obligé indéfiniment. Ainsi, tout commanditaire est, par cela seul, associé anonyme; mais
tout associé anonyme n'est pas commanditaire.
La société anonyme est le genre; la société en
commandite est l'espèce.

» Dès-lors, qu'importe, relativement à notre
objet, qu'on soit associé anonyme, ou associé
commanditaire? Qu'on prenne l'une ou l'autre
qualité, la question est toujours la même; et la
différence ne devient intéressante que dans le
cas où la mise qu'on a apportée à la société, ne
suffit pas pour en acquitter les dettes.

» Cependant, Savary et Jousse prétendent
que quoiqu'un commanditaire soit très-cons-
tamment tenu envers les créanciers de la société,
il en est autrement de l'associé anonyme, qui,
suivant eux, ne peut jamais être obligé qu'envers le marchand dans le commerce duquel il a
un intérêt secret.

» Mais, on le sent, il n'est pas possible de
différencier à ce point deux espèces d'associés
qui ne sont, comme nous l'avons dit, distingués l'un de l'autre que par la *quotité* de leurs
engagemens, dont au surplus la nature est la
même.

» En convenant donc que les associés commanditaires sont obligés envers les créanciers
de la société, jusqu'à concurrence de leur mise,
Savary et Jousse auraient dû convenir aussi que
les associés anonymes étaient tenus envers les
mêmes créanciers indéfiniment. La première de
ces deux propositions admise, la seconde s'ensuivait nécessairement.

» Pothier a senti cette inconséquence; mais
en l'évitant, il est tombé dans une erreur dont
l'ordonnance aurait pourtant bien dû le garantir.

» Demandez-lui si l'associé anonyme peut
être actionné par les créanciers de sa société?
Il vous répondra que non, parce que les créanciers, suivant-lui, ne peuvent agir que contre
ceux avec lesquels ils ont contracté, et que, dans
l'espèce, il n'y a de contrats qu'entre eux et la
personne avec qui existe la société anonyme.

» Poussez plus loin la question, et dites : il
en sera donc de même de l'associé commanditaire? Pothier vous répondra que oui; parce
qu'en effet l'associé commanditaire ne contracte
pas plus que l'associé anonyme avec les créanciers de la société.

» Mais Pothier oublie que l'art. 8 du tit. 4 de
l'ordonnance de 1673 soumet les associés commanditaires aux poursuites directes des créanciers, jusqu'à concurrence de leur mise.

» Ainsi, en voulant assimiler l'associé anonyme à l'associé commanditaire, sans cependant
abandonner, par rapport au premier, l'opinion
de Savary et de Jousse, Pothier heurte de front
la lettre même de l'ordonnance; tant il est vrai
qu'on s'égare toujours quand on veut substituer
des idées systématiques au texte de la loi.

» Que devait donc dire Pothier, en soutenant, comme il l'a fait fort judicieusement,
qu'on doit ranger sur la même ligne le commanditaire et l'associé anonyme?

» Ce qu'il devait dire? précisément tout le
contraire de ce qu'il a enseigné : plier son opinion à l'ordonnance, et non pas l'ordonnance à
son opinion.

» Ainsi, au lieu de dire : l'associé anonyme
n'est point tenu envers les créanciers, donc le
commanditaire ne l'est pas non plus; — Il devait dire : l'ordonnance m'apprend que le commanditaire peut être actionné par les créanciers
jusqu'à concurrence de sa mise; donc l'associé
anonyme peut l'être indéfiniment.

» Cette manière de raisonner est en effet le
seul moyen de suppléer au silence de l'ordonnance de 1673, sur les obligations des associés
anonymes. Puisqu'il n'y a point de différence,
quant à leur nature, entre la société anonyme
et la société en commandite, on ne peut pas
prendre, pour déterminer les droits de l'une,
de règle plus sûre que les dispositions de l'ordonnance relatives à l'autre. Telle est d'ailleurs
la marche que nous traçent les jurisconsultes

remains pour ces sortes de cas : *Non possunt omnes articuli sigillatim legibus aut senatus consultis comprehendi ; sed cùm in aliquâ causâ sententia eorum manifesta est, is qui jurisdictioni præest, ad similia procedere atque ità jus dicere debet* (loi 12 , D. *de legibus*).

» Mais, va-t-on nous dire, que deviendra donc le principe qui ne permet d'agir que contre ceux avec lesquels on a contracté ? Que deviendra l'art. 7 du tit. 4 de l'ordonnance de 1673, qui déclare, même par rapport aux sociétés ordinaires et en nom collectif, que les associés ne *sont obligés solidairement aux dettes de la société, lorsqu'il n'y en a qu'un qui a signé, qu'au cas qu'il ait signé pour la compagnie et non autrement ?*

» C'est à cet argument que nous attendent les partisans du système de Pothier. Mais s'il est invincible à leurs yeux, il aura bien peu de prise sur les esprits sages qui, au lieu de morceler la loi, savent en embrasser toutes les parties d'un même coup-d'œil, et faire sortir de leur rapprochement la véritable intention du législateur.

» L'ordonnance de 1673 ne dit pas seulement, art. 7, que les associés ordinaires ne seront soumis *solidairement* aux obligations subies par l'un d'eux, que lorsque celui-ci aura signé *pour la compagnie* ; elle dit encore, art. 8, que les associés en commandite sont tenus jusqu'à *concurrence de leur part* ; quoique bien sûrement celui par lequel ont été contractées les obligations qu'il s'agit de remplir, ne les ait pas contractées au nom de la société qui n'est pas connue.

» Voilà deux dispositions à concilier, et pour peu qu'on y réfléchisse, on n'y trouvera pas grande difficulté. Il suffit, pour tout éclaircir, de remonter au principe et à la cause finale de l'assujettissement des associés envers les créanciers avec qui leurs co-associés ont contracté sans leur intervention.

» Dans la société ordinaire, le contrat seul, dès qu'il est formé en nom collectif, oblige tous les associés : pourquoi ? parce que tous se sont donné réciproquement pouvoir de s'obliger ; qu'ils se sont, à cet égard, constitués procureurs les uns des autres, et qu'ils ont annoncé au public que tout ce qui serait fait avec l'un d'eux, serait censé l'être avec tous. Ainsi, dès qu'en empruntant une somme, vous en donnez une reconnaissance signée *et compagnie*, il n'importe au prêteur que vous la versiez dans la caisse de votre société, ou que vous l'employez à vos affaires particulières. Dans un cas comme dans l'autre, il y aura action contre tous vos associés, parce que tous sont censés avoir contracté directement avec lui, et chacun d'eux sera obligé solidairement à sa dette.

» Dans la société anonyme, c'est autre chose. Ce qui fonde, dans le cas où elle a lieu, l'action des tiers contre les associés inconnus, ce n'est

point le contrat fait avec le maître extérieur de leur société, mais bien l'emploi des choses provenantes de ce contrat.

» On en sent la raison : lorsque je prends un intérêt secret dans un commerce, dans une entreprise quelconque, mon intention est bien de m'obliger pour tout ce qui concerne ce commerce, cette entreprise ; mais je suis fort éloigné de penser à m'engager au-delà. Il faut donc, pour établir solidement contre moi une action résultante du fait de mon associé, prouver que ce fait est relatif au commerce, à l'entreprise qui est l'objet de la société ; et sans cette preuve, l'action manque de fondement.

» Aussi, cette action n'est-elle pas *de contractu*, mais *de in rem verso* ; et elle n'a point d'autre principe que cette règle du droit naturel, qui défend à tout homme de s'enrichir aux dépens d'autrui.

» C'est ce qui prouve clairement la loi 82, D. *pro socio*. Le titre d'associé, dit-elle, ne suffit pas pour obliger celui qui en est revêtu, aux dettes de son associé ; il faut de plus, lorsque le contrat n'a pas été fait au nom de la société, que les deniers en aient été employés aux affaires communes : *Jure societatis per socium ære alieno socius non obligatur, nisi in communem arcam pecuniæ versæ sint.*

» Mais, par une conséquence nécessaire du même principe, quand on justifie de l'emploi des deniers au profit de la société, quand il est prouvé que les deniers empruntés par l'un des associés en son nom seul, ont été versés dans la caisse commune, *in communem arcam*, chacun des associés est tenu, et le fait de l'un est regardé comme le fait de l'autre : *per socium ære alieno socius obligatur.*

» Telle est l'interprétation que donne à la loi citée, Voët, dans son Commentaire sur les pandectes, titre *pro socio*, n. 13 et 14. Il commence par établir les différences de la société ordinaire d'avec la société que nous appelons *anonyme*. Il arrive souvent, dit-il, que les associés contractent et administrent par l'organe d'un seul d'entre eux, ou d'un commis qui signe et traite pour la compagnie. Souvent aussi, ils administrent et contractent tous indifféremment, mais en nom collectif ; et alors ils sont tous considérés comme *instituteurs* ou commis les uns des autres. *Inspiciendum erit utrùm . . . . . uni ex suo numero, vel etiam institori extraneo, demandaverint totam societatis curam ac administrationem, an denique partitis per partes ac regiones operis pro diviso, singuli susceperint societatis tractationem.* Voilà la société ordinaire.

» Mais quelquefois, ajoute-t-il, les associés administrent et contractent, comme si chacun d'eux était seul intéressé, *communiter et per se societatem pro indiviso exercent.* Et c'est bien là ce qu'on entend par société anonyme ; car, suivant Jousse, sur le tit. 4 de l'ordonnance de

1673, « ceux qui font ensemble cette société,
» travaillent chacun de leur côté sous leurs
» noms particuliers, et ils se rendent récipro-
» quement compte les uns aux autres des profits
» et des pertes qu'ils ont faits, qu'ils partagent
» et supportent en commun ».

» Voët examinant donc en quoi conviennent
et diffèrent ces deux espèces de société, remarque d'abord une première différence entre
l'une et l'autre. Après quoi il en indique une
seconde, qui consiste précisément en ce que,
dans la société ordinaire, tous les associés sont
tenus solidairement, soit que les emprunts faits
en nom collectif aient ou n'aient pas été employés au profit commun; au lieu que, dans la
société anonyme, la preuve de cet emploi est
nécessaire pour fonder l'action du créancier
contre ceux des associés qui n'ont pas contracté
avec lui. C'est, ajoute-t-il, de ce dernier cas que
doit être entendue la loi 82 du titre *pro socio*.
Voici ses termes : *Præter primam hanc differentiam inter eos qui per se communiter ac pro
indiviso, quique ex adverso per unum ex suo numero, aut per institorem extraneum, vel partitâ
inter se societatis administratione, sibi invicem
institores sunt, insuper et altera est : puta, quòd
si plures societatem pro indiviso simul execue-
rint, jure societatis per socium ære alieno socius
non obligetur, nisi in communem arcam pecuniæ
versæ sint, cùm neque socium alterum fecerit
institorem, neque cùm ad contrahi jusserit; ac
proindè non ultrà ex facto ejus obligetur, quàm
quatenus inde ad ipsum pervenit; IDQUE SECUN-
DUM JUS COMMUNE QUO NEMO SINE SUA VOLUN-
TATE EX ALIENO CONTRACTU OBLIGATUR, NISI
LOCUPLETIOR INDÈ FACTUS SIT (Arg. l. 3, §. 9,
D. de in rem verso); Ac de hoc casu puto intelligendum esse Papinianum, in lege 82, D.
h. t., cum ex adverso reliquis in casibus, quibus vel unus sociorum, vel extraneus, vel socii
sibi invicem, partitis societatis curis et gestione,
institores sunt, parùm referat ad socios singulos
in solidum obligandos, utrùm pecunia aut res
aliæ societati creditæ sociis reliquis communi-
catæ, ac ità in arcam communem versæ fuerint,
nec ne; sed sufficiat societatis intuitu pecuniam
bonâ fide creditam fuisse.*

» Il est donc bien constant que, dans le cas
d'une société anonyme, l'associé qui emprunte
ou qui achète seul et en son nom singulier, ne
laisse pas de lier ses associés secrets, dès qu'il
existe des preuves de l'emploi des deniers ou des
marchandises, au profit de la société.

» Et il ne faut pas croire que cette doctrine
soit particulière à Voët, nous la retrouvons encore dans les observations de Mornac, sur la
loi 82, D. *pro socio*. Ce jurisconsulte nous apprend qu'il a vu proposer au palais, la question
de savoir si Mévius étant en société avec Titius
et plusieurs autres, les emprunts qu'il a faits

obligent ses associés, sans qu'il soit prouvé que
les deniers ont été employés à leur profit commun. Et cette question, comment l'a-t-on résolue ? Il faut distinguer, a-t-on dit : ou Mévius
a déclaré, dans la reconnaissance qu'il a souscrite, *cautionis instrumento*, qu'il a emprunté
pour sa compagnie; et alors nul doute que les
associés ne soient tenus, sans distinguer s'il est
prouvé ou point que l'emploi en a été fait au
profit de la société; cela est encore moins susceptible de difficulté, quand la société est publiquement connue. *Distinctio autem in eo est :
aut enim cautionis instrumento adjectum fuit ac-
ceptam esse eam pecuniam in causam societatis,
tunc obligatur procul dubio societas : utiloque
alio probationis subsidio opus est. Fraus enim
decipientis in publico homines innoxium esse non
debet, maximè si innotescat publicè illa societas.
Ou, au contraire, il n'est point dit dans l'acte,
que l'emprunt était pour la société; et dans ce
cas, Mévius est seul obligé par le contrat; mais les
autres seront tenus comme lui, s'il y a preuve
de l'emploi des deniers au profit de la société.
Sin verò nihil de eo sibi instrumento cautionis
caverit creditor, solus obligatus est Mævius, nec
cæteri : nisi versum aliundè in societatem probaverit.* Voilà, dit Mornac, ce qui a été arrêté
dans une conférence du palais. *Ità in delibe-
ratione forensi.*

» Bourjon, à l'endroit déjà cité, enseigne absolument la même chose. Après avoir dit que les
engagemens souscrits par un associé *pour lui et
compagnie*, réfléchissent contre tous ses associés
solidairement, parce qu'au moyen de cette souscription, l'objet de ces engagemens est présumé
fondu dans la société; il ajoute : « Cela aurait
» lieu principalement pour les achats et marchés
» qui ont trait à la société, lorsqu'ils sont ainsi
» souscrits, *pour lui et compagnie;* dans ce cas,
» la présomption est incontestable, *et militerait
» même sans la mention :* en effet, cet engage-
» ment solidaire a lieu même pour les engage-
» mens qui ne seraient pas ainsi souscrits, mais
» qui manifesteraient par eux-mêmes qu'ils sont
» pour la société; par exemple, pour un bail
» de quelques bâtimens ou pour un com-
» merce pour lequel la société a été contractée;
» si les autres ont approuvé tacitement cet en-
» gagement, en ne réclamant contre icelui,
» aussitôt qu'ils l'ont connu : lorsqu'il y a cette
» approbation tacite, l'engagement devient
» commun. *Telle est encore la jurisprudence* ».

» Ajoutons qu'il en a été ainsi jugé par deux
arrêts du parlement de Douay, des 20 mars 1782
et 20 mars 1783.

» Par contrat du 20 avril 1779, Pagniez et
Labbé s'étaient obligés solidairement, moyennant un prix convenu, de construire un moulin
à vent dans la commune de Vielly, pour le
compte de l'abbé de Carondelet.

» Pour l'exécution de ce contrat, il fallait des bois ; Lenglet, marchand à Engle-Fontaine, les avait fournis, et n'avait traité à cet égard qu'avec Pagniez. Le mémoire qu'on représentait de ses livraisons était ainsi intitulé : *État des bois livrés pour le moulin de Vielly, appartenant à M. de Carondelet, entrepris par Louis Pagniez.*

» Le 20 septembre 1779, Lenglet transporta sa créance à Sénéchal. Il était dit, dans l'acte de cession, qu'elle provenait *de livraisons faites à Pagniez, pour la construction du moulin de Vielly.*

» Il résultait bien de là que Lenglet n'avait contracté qu'avec Pagniez, et qu'il ne connaissait pas Labbé.

» Cependant Sénéchal s'étant pourvu contre celui-ci, pour le faire condamner solidairement, comme associé de Pagniez au payement des bois dont il s'agissait, il est intervenu à Cambray deux sentences qui ont effectivement prononcé cette condamnation.

» Labbé s'en est rendu appelant au parlement de Douay ; et pour tirer de son appel le fruit qu'il se croyait en droit d'en attendre, il a réduit sa défense à deux propositions :

» La première, que le contrat du 20 avril 1779 n'établissait point de société entre lui et Pagniez ; qu'il ne le constituait que co-obligé de celui-ci envers l'abbé de Carondelet ; et qu'il n'existait aucune autre preuve qu'il eût eu la moindre part à l'entreprise, si ce n'est comme simple ouvrier ;

» La seconde, que quand même il eût été associé de Pagniez, il suffisait que Lenglet n'eût pas contracté avec la société, mais avec Pagniez seul, pour qu'il fût sans action à son égard, et qu'il demeurât réduit à n'avoir d'autre débiteur que Pagniez même.

» De ces deux moyens, le deuxième n'a fait aucune impression, parce qu'il était prouvé que les bois avaient été achetés et livrés pour la construction entreprise par Pagniez et Labbé : mais le premier a d'abord entraîné la pluralité des voix, et par arrêt du 20 mars 1782, Labbé a été renvoyé de la demande de Sénéchal, *en affirmant que de lui à Pagniez, il n'était intéressé que pour son travail, et ne devait qu'en recevoir le salaire purement et simplement.*

» Il était par là jugé bien clairement que, pour décharger Labbé des poursuites dirigées contre lui, il ne suffisait pas que la livraison des bois dont il était question, eût été faite à Pagniez seul et en son nom privé ; et que, s'il ne résultait pas de l'affirmation du premier qu'il n'avait point été associé du second, il devait être condamné.

» On sent déjà combien ce préjugé est décisif pour notre question ; mais ce n'est pas tout.

» Sénéchal se flattant d'avoir prouvé suffisamment la société qui était mise en dénégation par Labbé, a pris contre cet arrêt la voie de *révision,*

c'est-à-dire, d'appel aux chambres assemblées.

» Et en effet, il a établi par différentes pièces, notamment par les aveux judiciaires de Labbé, que celui-ci avait été l'associé de Pagniez pour la construction du moulin ; et de là, il a conclu qu'il était indifférent que Lenglet, dont Sénéchal était cessionnaire, n'eût pas livré nommément à la société. — « Cette objection (a-t-il dit), ne » serait bonne que dans le cas où les bois livrés » par Lenglet, n'auraient pas été employés au » profit de la société ; on pourrait lui dire alors » qu'il n'a pas livré nommément à la société. — » Mais il est constant que les bois dont il de» mande le payement, ont été employés à la » construction du moulin que Labbé et Pagniez » ont entreprise en société ; et en ce cas, il est » de principe incontestable, que les associés sont » solidairement tenus au payement de ce qui a » contourné au profit de la société : *Jure socie» tatis per socium ære alieno socius non obli» gatur, nisi in communem arcam pecuniæ » versæ sint ».*

» On voit par ces détails, que Labbé, en plaidant sa cause, plaidait précisément le système de Pothier ; et que réciproquement, Sénéchal, en réfutant les moyens de Labbé, établissait les fondemens de l'opinion embrassée par Voët, Mornac et Bourjon.

» Qu'a donc prononcé le parlement de Douay ? Par arrêt rendu le 29 mars 1783, chambres assemblées, il a déclaré qu'erreur était intervenue dans celui du 20 mars 1782, et il a, en conséquence, confirmé les deux sentences du juge ordinaire de Cambray, qui avaient condamné Labbé, comme associé, au payement de la dette de Pagniez.

» Il a donc jugé solennellement qu'un associé anonyme peut être poursuivi par le créancier avec qui son associé a contracté seul et comme simple particulier, pourvu que la chose ait été employée au profit de la société.

» Que nous reste-t-il maintenant à faire pour nous assurer définitivement si les jugemens des tribunaux de commerce et d'appel de Limoges doivent être annullés ou maintenus ? Une seule chose : c'est de vérifier si, dans les débats qui ont précédé ces jugemens, il a été constaté que la société existait entre Billaud et Alloncle, avait profité de la somme fournie par Voisin et Bernard en échange de la traite du 18 fructidor an 10.

» Or, voici ce que nous lisons à cet égard dans le jugement du tribunal de commerce : « consi» dérant que, dans l'espèce actuelle, il est cer» tain que, d'une part, Alloncle n'a rien fait seul; » que, de l'autre, Billaud a participé, d'une » manière très-active, à toutes les affaires de la » société, et n'a fourni aucune portion des fonds

» nécessaires aux achats, et qu'Alloncle con-
» tractait seul pour la société, au vu et su de
» Billaud; que cela était notoire et connu de
» tous; que ceux qui prêtaient à Alloncle ou le
» cautionnaient, ont eu juste sujet de croire
» qu'il agissait pour la société, et qu'effective-
» ment cela est démontré dans la cause; qu'*il
» passa pour constant que la somme prêtée par
» Voisin, sous le cautionnement de Bernard, a
» été employée en achat de bœufs*; et qu'il serait
» souverainement injuste que Bernard qui a
» cautionné Alloncle, dans la ferme persuasion
» que le prix des marchandises serait employé
» à payer des dettes, fût privé de tout recours
» contre celui qui *a reçu les marchandises ache-
» tées avec cet argent, qui les a revendues, qui
» en a touché le prix*, et qui cependant a laissé
» protester la lettre de change tirée sur lui ».
» Le jugement du tribunal d'appel nous offre
les mêmes faits, et il nous les offre comme
avoués par les parties. Dans le récit qu'il contient de la procédure devant les premiers juges,
il dit qu'*il passa pour constant*, entre les parties
que la créance réclamée était relative au commerce de bœufs d'Alloncle et de Billaud. Et dans
ses motifs, il considère *que les fonds empruntés
de Voisin, sous le cautionnement de Bernard,
ont été employés en achat de bœufs, et que ces
bœufs ont été envoyés à Billaud qui les a vendus
et en a reçu le prix*.
» Il ne reste donc aucune espèce de doute sur
le point de fait : il est prouvé, il est convenu, il
est jugé, que la somme représentée par la lettre
de change du 18 fructidor an 10 a été employée
au profit de la société d'Alloncle et de Billaud;
dès-là, nécessité d'appliquer à la cause les lois
romaines qui décident, les auteurs qui enseignent, les arrêts qui jugent, que, dans la société anonyme, chaque membre qui souscrit un
engagement en son nom individuel, oblige solidairement tous les autres membres, lorsqu'il
y a preuve du versement de la somme provenue
de cet engagement, dans la caisse sociale.
» Par ces considérations, nous estimons qu'il
y a lieu de rejeter la requête du demandeur et
de le condamner à l'amende ».

Arrêt du 28 germinal an 12, au rapport de
M. Delacoste, qui prononce, conformément à
ces conclusions,
« Attendu qu'en décidant que l'art. 1 du tit. 4
de l'ordonnance de 1673 ne pouvait être opposé aux créanciers qui réclament le remboursement des créances par eux faites à deux marchands notoirement reconnus comme associés
pour le commerce des bestiaux, et comme ayant
tous deux employé les fonds réclamés aux opérations de ce commerce entrepris en société prouvée par leurs écrits, les juges n'ont ni violé ni
faussement appliqué cet article de l'ordonnance,
vû qu'il n'exige d'acte de société écrite que pour

les sociétés générales et en commandite, et qu'il
ne s'agit ici que d'une société anonyme ;
» Attendu qu'en condamnant le demandeur
à rendre compte et à payer, comme associé de
son oncle failli, d'après ses propres écrits et ses
reconnaissances, sans employer la preuve testimoniale, les mêmes juges n'ont pas contrevenu
à l'art. 7 du même titre de la même ordonnance,
puisqu'en jugeant, en fait, que le demandeur
s'était reconnu associé d'Alloncle, il a, par une
juste conséquence, décidé, en fait et en droit,
que les lettres de change tirées par ce dernier,
chargé de faire les emplettes, sur son neveu,
chargé de la vente à Paris et de la recette du
produit, étaient reconnues pour le compte de
la société, par le demandeur lui-même ».

§. III. *Un associé qui a accepté une lettre de
change tirée sur lui, pour les affaires de la
société, par son associé, lequel s'en trouve
encore porteur au moment de la dissolution
de la société même, peut-il en refuser le
payement, jusqu'à ce que, par le résultat du
compte à rendre, il soit constaté lequel des
deux associés doit à l'autre?*

V. l'article *Lettre de change*, §. 6.

§. IV. *Lorsque, par un contrat d'association,
les fonds de la société sont divisés en actions,
avec faculté à chaque associé de céder à qui
il lui plaira tel nombre de ses actions qu'il
jugera à propos, les cessionnaires d'actions
deviennent-ils, par cela seul, co-propriétaires des fonds sociaux et membres de la
société?*

V. l'article *Action, Actionnaire.*

§. V. *Un associé peut-il poursuivre, en son nom
seul, la cassation d'un jugement rendu par
défaut contre la société dont il fait partie, et
contradictoirement avec lui, comme membre
de cette société?*

Sur cette question portée le 30 ventôse an 11,
à l'audience de la cour de cassation, section civile, j'ai donné des conclusions ainsi conçues;
« Le cit. et la dame Carondelet soutiennent
que les cit. Deschuytener et consorts ne peuvent
pas, comme membres de la société Cha.bon-
nière de la Hestre et de Hayne-Saint-Pierre, et
sans un pouvoir spécial de cette société, poursuivre la cassation du jugement du tribunal d'appel de Bruxelles du 12 messidor an 9.
» Ils se fondent sur l'art. 12 d'un traité passé
le 10 octobre 1782, entre tous les associés, et
par lequel il est dit qu'*aucuns procès ou contestations ne pourront être soutenus ou intentés, que
l'objet n'en ait été préalablement expliqué et*

proposé à la société, et qu'il n'y ait eu délibéra-
tion à ce sujet, suivant la forme prescrite.

» Ils se fondent encore sur divers jugemens
postérieurs à celui dont le sort vous est en ce
moment soumis; ils prétendent que ces jugemens ayant décidé que les cit. Deschuytener et
consorts étaient non-recevables à demander, au
nom de la société, le rabattement du défaut prononcé contre elle le 12 messidor an 9, il en résulte nécessairement que les cit. Deschuytener
et consorts sont sans qualité pour représenter la
société et agir pour elle; et de là, suivant eux,
naît inévitablement la conséquence que les cit.
Deschuytener et consorts sont également sans
qualité pour attaquer, par la voie de cassation,
le jugement dont il s'agit.

» Sans doute, C. M., vous avez déjà apprécié
toute cette argumentation, et déjà vous vous
êtes dit à vous-mêmes qu'elle est en opposition
manifeste avec l'esprit des lois du Hainaut, et
avec l'autorité de la chose jugée.

» Avec l'esprit des lois du Hainaut, car voici
ce que portent les art. 6 et 9 du chap. 48 des
chartes générales : « Pour passer procuration (à
» l'effet de *poursuivre et défendre les droits des*
» *biens* d'une communauté d'habitans), il suf-
» fira du mayeur, prévôt, vicomte ou leur
» lieutenant, aussi quatre échevins, du moins,
» avec la plus grande et saine partie des manans,
» promettant d'accomplir le jugé sur obligation
» d'eux et leurs biens, aussi des biens de ladite
» communauté ». — Voilà bien le pendant de
la clause du réglement de 1782, par laquelle il
est dit que, pour pouvoir plaider au nom de la
société, il faudra une délibération prise à la
majorité des voix des associés.

» Mais voici ce qu'ajoutent les chartes générales : *Si les gens de la loi et la plupart des ma-*
nans ne voulaient passer procuration pour agir et
défendre à la garde du droit de la communauté,
un particulier ou plusieurs, sommation préala-
blement faite aux gens de loi et autres manans,
pourraient la faire à leurs dépens, sans néan-
moins que telles procédures puissent préjudicier
au surplus de la communauté.

» Vous voyez, C. M., que, par cet article,
un seul membre d'une commune, c'est-à-dire,
d'une société politique, est admis à plaider en
son nom, à défaut de la société elle-même, et
malgré l'acquiescement de celle-ci aux prétentions élevées entre elle.

» Quelle raison y aurait-il, d'après cela, de
repousser, comme non-recevable, un membre
d'une société conventionnelle, qui se présente
pour défendre ses intérêts individuels, contre un
adversaire aux prétentions duquel la majorité
de ses associés a crû devoir souscrire? Il n'y a
évidemment aucune disparité entre ce cas et
celui qu'ont prévu et réglé les chartes générales.

» La fin de non-recevoir que vous proposent

le cit. et la dame de Carondelet, est donc,
comme nous l'avons dit, en opposition avec
l'esprit des lois du Hainaut.

» Nous avons ajouté que qu'elle est également en
opposition avec l'autorité de la chose jugée : et
en effet, vous vous rappelez que par son exploit
introductif du 1.er ventôse an 5, le cit. de Carondelet avait conclu à ce que la société fût *condam-*
née solidairement entre tous ses membres, à lui
payer le vingtième, d'une sorte, et le onzième,
d'autre sorte, du charbon qu'elle avait extrait
depuis floréal an 3; que, sur l'assignation donnée par cet exploit à la société, elle ne comparut point, mais que les cit. Deschuytener et
consorts, se présentèrent comme membres de
la société même; et que, par un jugement du
27 du même mois de ventôse an 5, il fut ordonné que *cédule de citation serait accordée*
aux cit. Deschuytener et consorts, *pour faire*
intervenir avec eux la société, à péril qu'il serait
accordé défaut contre elle, si elle ne comparais-
sait pas, si mieux n'aimaient les cit. Deschuytener et consorts, *lors pour le défaut de compa-*
raître au nom de la société, emprendre et plaider
pour elle, à leurs risques et périls.

» Il a donc été jugé dès-lors, non-seulement
que les cit. Deschuytener et consorts avaient
qualité pour plaider contre le cit. de Carondelet,
sans l'intervention de la société; mais qu'il ne
pourrait même pas être donné défaut contre la
société, si les cit. Deschuytener et consorts voulaient, dans le cas où elle s'obstinerait à ne pas
comparaître, *emprendre et plaider pour elle, à*
leurs risques et périls.

» Et remarquons bien que ce jugement n'a
jamais été attaqué par le cit. de Carondelet; il a
donc acquis l'autorité de la chose jugée.

» Le 29 thermidor suivant, la cause revient à
l'audience ; la société ne comparait pas encore,
et le cit. de Carondelet demande défaut contre
elle.

» De leur côté, les cit. Deschuytener et consorts s'opposent à ce que le défaut soit accordé.
Ils se fondent à la fois, et sur ce qu'en thèse générale, ils sont en droit de prendre le fait et cause
de la société dont ils sont membres, et sur ce que,
dans le cas particulier, ils ont de la société elle-
même une mission pour la représenter.

» Là-dessus, jugement qui, *attendu que les*
membres d'une société sont solidaires les uns
pour les autres ; et qu'un des sociétaires est fondé
à prendre le fait et cause de la société ; ordonne,
avant de disposer sur la demande en défaut, que
les cit. Deschuytener et consorts vérifieront
qu'ils ont les qualités suffisantes pour représenter
la société.

» Ce jugement, que le cit. de Carondelet n'a
pas plus attaqué que le précédent, décide encore
bien clairement que les cit. Deschuytener et
consorts ont qualité pour plaider contre leur

adversaire. Il ne déroge même pas à la disposition du premier jugement, par laquelle il était déclaré qu'il ne pourrait pas être pris défaut contre la société, si les cit. Deschuytener et consorts voulaient, lorsqu'il en serait question, prendre son fait et cause et plaider pour elle à leurs risques et périls; seulement il renvoie à prononcer définitivement sur cet objet, lorsqu'il aura été vérifié si, comme l'allèguent ceux-ci, ils ont réellement des pouvoirs de la société pour la défendre.

» Enfin, le 13 frimaire an 6, les cit. Deschuytener et consorts ne représentent aucun pouvoir de la société; mais soutenant qu'ils sont recevables à prendre son fait et cause, jugement intervient, qui, *attendu que les cit.* Deschuytener et consorts *ont déclaré emprendre pour la société*, déclare le cit. de Carondelet *non-recevable dans sa demande en défaut, et ordonne de contester au fond.*

» Le cit. de Carondelet appelle de ce jugement à la suite de celui qui, en définitive, avait rejeté sa demande au fond.

» Il en appelle, non, en tant qu'il avait été, par ce jugement, reconnu de nouveau que les cit. Deschuytener et consorts avaient qualité pour plaider contre lui; mais seulement, et ceci est consigné en termes exprès dans le jugement attaqué, *en tant qu'il avait été déclaré nonrecevable dans sa demande en défaut* contre la société.

» Le 11 germinal an 9, jugement du tribunal d'appel de Bruxelles, qui, sur la non-comparution de la société, donne défaut contre elle; *et, avant d'en prononcer le profit, ordonne aux membres comparaissans de contester au fond.*

» Voilà donc une distinction bien marquée entre le droit des cit. Deschuytener et consorts, de plaider comme membres de la société contre le cit. de Carondelet, et leur ancienne prétention d'empêcher, par la prise des fait et cause de la société, qu'il ne fût donné à sa charge.

» Cette prétention, le jugement du 11 germinal an 9 la condamne; et par là il réforme implicitement le jugement de première instance du 13 frimaire an 6.

» Mais en même temps, il consacre itérativement la disposition des jugemens des 25 ventose et 29 thermidor an 5, par laquelle les cit. Deschuytener et consorts étaient reconnus parties capables pour plaider contre le cit. de Carondelet, sans l'assistance de la société; et il la consacre si bien, qu'avant d'adjuger au cit. de Carondelet, le profit du défaut qu'il lui accorde contre la société, il ordonne aux cit. Deschuytener et consorts *de contester au fond*, afin que, si au fond ceux-ci proposent des moyens victorieux, la demande du cit. de Carondelet soit rejetée, non-seulement à leur égard, mais même à l'égard de la société défaillante, parce qu'un défendeur même défaillant ne doit pas être condamné, si la demande formée contre lui est injuste.

» Il est donc décidé par un jugement en dernier ressort, par un jugement que le cit. de Carondelet n'a jamais attaqué, par un jugement qu'il n'attaque même pas en ce moment, que les cit. Deschuytener et consorts ont qualité pour *contester au fond.*

» Mais s'ils ont eu qualité pour contester au fond devant le tribunal d'appel, par quelle étrange bizarrerie seraient-ils sans qualité pour exercer le recours en cassation contre le jugement définitif de ce tribunal? Et comment le cit. de Carondelet pourra-t-il expliquer la contradiction qu'il y a, de sa part, à vous proposer une fin de non-recevoir tirée d'un prétendu défaut de qualité de ses adversaires, et à laisser subsister le jugement du 11 germinal an 9, qui reconnaît formellement que ses adversaires ont qualité?

» Inutile d'objecter que le jugement définitif subsistant contre la société, ce serait vainement que les cit. Deschuytener et consorts le feraient casser dans leur intérêt, puisqu'étant solidaires avec chacun des autres membres de la société, il faudrait toujours que le jugement définitif demeurât exécutoire contre eux; ni plus ni moins que contre leurs sociétaires condamnés par défaut.

» Si deux personnes étaient, par un jugement en dernier ressort, condamnées solidairement à payer une somme, certainement il serait bien permis à l'une d'elles de se pourvoir en cassation sans le concours de l'autre; seulement il résulterait de l'acquiescement donné par celle-ci à sa condamnation, qu'en cas de cassation du jugement, elle serait tenue de payer la somme entière sans répétition contre son consort.

» Il en est de même ici. Sans doute, la cassation du jugement définitif du tribunal d'appel de Bruxelles, si elle vient à être prononcée, n'empêchera pas que ce jugement ne conserve toute sa force contre la société; mais elle mettra le cit. de Carondelet dans l'impossibilité d'exécuter ce jugement contre les cit. Deschuytener et consorts; et par conséquent les cit. Deschuytener et consorts ont un véritable intérêt à provoquer cette cassation.

» Le cit. de Carondelet, il est vrai, n'y perdra rien, parce qu'au moyen de la condamnation solidaire qu'il a obtenue, il reprendra sur la société elle-même la part contributoire des cit. Deschuytener et consorts; mais les cit. Deschuytener et consorts y gagneront beaucoup : ils seront déchargés de leur part contributoire, même envers la société; et celle-ci ne pourra rien répéter contre eux, parce qu'elle devra s'imputer l'acquiescement qu'elle aura donné au jugement définitif.

» Par ces considérations, nous estimons qu'il y a lieu de rejeter la fin de non-recevoir proposée par les défendeurs, en tant qu'elle a pour objet d'écarter la demande en cassation formée par Deschuytener et consorts en leur nom, et de continuer la cause à un autre jour sur le fond ».

Ces conclusions ont été adoptées par arrêt du 3o ventôse an 11, au rapport de M. Ruperou,

« Attendu que, tant par les jugemens de première instance passés en force de chose jugée, en date des 27 ventôse et 17 germinal an 5, que par le jugement rendu sur appel, le 12 messidor an 9, contre lequel de Carondelet et sa femme n'ont pas réclamé, il a été jugé que Deschuytener, Bernardin Morlet et consorts avaient individuellement, comme associés solidaires, qualité pour contester la demande intentée par de Carondelet à la société en masse ;

» Que par conséquent ils ont la même qualité pour demander et poursuivre, en leur nom personnel, la cassation dudit jugement du 12 messidor an 9, par lequel ils ont été *individuellement* condamnés ».

On peut voir à l'article *Mines*, §. 1, quelles ont été les suites de cette affaire.

§. VI. *Y a-t-il société entre le propriétaire d'un fonds et les particuliers à qui il cède le droit d'en extraire certaines matières, sous la condition qu'il sera admis à délibérer avec eux sur le mode de leur exploitation, et qu'il aura une part déterminée dans ses produits bruts ?*

V. le plaidoyer et l'arrêt du 16 ventôse an 12, rapportés à l'article *Mines*, §. 1.

§. VII. *Le croupier (c'est-à-dire, celui à qui, dans une société, l'un des associés a cédé une part déterminée de son intérêt, et qui, par cette raison, en est l'associé particulier et en sous ordre), est-il tenu de contribuer aux pertes causées à son cédant par l'insolvabilité des associés de celui-ci ?*

V. l'article *Croupier.*

§. VIII. *La contrainte par corps a-t-elle lieu entre associés ?*

V. l'article *Étranger*, §. 4.

§. IX. *D'après l'art. 1865 du Code civil, la faillite de l'un des associés dissout-elle de plein droit la société ; ou donne-t-elle seulement à ses associés le droit d'en provoquer la dissolution ; et dépend-il, en conséquence, de ceux-ci de forcer les créanciers du failli à demeurer* *en société avec eux, jusqu'au terme convenu par l'acte d'association ?*

Au premier aspect, cette question paraît devoir se résoudre en faveur des associés du failli.

En effet, il n'en est pas de la faillite d'un associé, comme de sa mort.

Que sa mort dissolve la société de plein droit, c'est tout simple : sa mort est un événement naturel, inévitable, indépendant de sa volonté, et dont ni sa prudence ni sa bonne conduite ne peuvent le garantir ; ses associés ont dû en calculer la chance, en contractant avec lui.

Mais sa faillite est un fait qui lui est personnel : elle peut, il est vrai, n'être que l'effet d'accidens malheureux ; mais c'est lui qui, par des opérations plus ou moins bien combinées, s'est volontairement exposé à ces accidens ; lui seul par conséquent en est responsable. Or, un fait que ses associés ont le droit de lui imputer personnellement, peut-il être, pour lui et pour ceux qui exercent ses droits, un moyen légal de rompre ses obligations envers ses associés ? et si de ce que ses associés perdent, par sa faillite, l'assurance qu'il payera sa part des dettes, en cas d'insuffisance de l'avoir social ; de ce que, dès-lors, ne trouvant plus, ni en lui, ni dans l'union de ses créanciers, la garantie sur laquelle ils ont dû compter ; lorsqu'ils l'ont admis ; on doit inférer qu'ils ont le droit de demander la dissolution de la société ; on ne saurait équitablement conclure de là que le même droit puisse être exercé, soit par le failli, soit par ses créanciers.

Mais ce raisonnement, tout spécieux qu'il paraît, est-il bien d'accord avec le texte et l'esprit de la loi ?

L'art. 1865 du Code civil porte que *la société finit* par cinq causes différentes : 1.º *l'expiration du temps pour lequel elle a été contractée* ; 2.º *l'extinction de la chose, ou la consommation de la négociation* ; 3.º *la mort naturelle de quelqu'un des associés* ; 4.º *la mort civile, l'interdiction ou* la déconfiture *de l'un d'eux* ; 5.º *la volonté qu'un seul ou plusieurs expriment de n'être plus associés.*

Chacune de ces cinq causes opère le même effet, et la *société finit* par l'une comme par les autres. Or, ces mots, la *société finit*, quelle idée présentent-ils ? celle du droit de demander la dissolution de la société ? non, mais bien celle de cette dissolution même opérée *ipso facto.* Il ne dépend donc pas d'un des associés, dans un cas soumis à l'action de l'une de ces cinq causes, de se refuser à la dissolution de la société : la société se dissout donc, soit qu'il le veuille, soit qu'il ne le veuille pas.

Voilà ce que nous dit clairement l'art. 1865 ; et il le dit en termes homogènes pour les cinq causes ; il le dit par conséquent d'une manière qui ne permet pas de l'expliquer, par rapport à l'une de ces cinq causes, autrement qu'il ne doit l'être par rapport à une autre.

Mais si nous remontons à la source de cet article, c'est-à-dire, aux lois romaines dont il n'est qu'un extrait, la chose deviendra encore beaucoup plus claire, notamment pour le cas de *déconfiture* ou faillite; et nous demeurerons alors bien convaincus qu'il n'existe point de différence, à cet égard, entre la dissolution par *déconfiture* ou faillite, et la dissolution par mort.

Item (porte le §. 8 du tit. 26 du liv. 3 des institutes de Justinien) *si quis ex sociis mole debiti prægravatus, bonis suis cesserit, et ideò propter publica aut privata debita, substantia ejus veneat, solvitur societas; sed hoc casu, si adhuc consentiant in societatem, nova videtur incipere societas.*

Assurément si la faillite de l'un des associés ne faisait que donner aux autres le droit de demander la dissolution de la société, la société continuerait, malgré cette faillite, tant que les associés du failli n'en auraient pas demandé la dissolution : elle continuerait par conséquent dans leur intérêt et au préjudice du failli, qui demeurerait obligé envers ses associés, quoique ceux-ci fussent en droit de rompre leurs obligations envers lui; et par une suite nécessaire, si ses associés ne demandaient pas la dissolution, la continuation de leurs relations sociales ne pourrait pas être regardée comme une nouvelle association formée entre eux; elle ne serait que le prolongement de leur association première.

Eh bien ! la loi romaine dit au contraire qu'en ce cas, *nova videtur incipere societas.*

Donc la société a été rompue de plein droit par la faillite.

Donc il ne dépend pas des associés du failli de la continuer malgré lui ou malgré ses créanciers qui sont à ses droits.

Donc ils ne peuvent pas, d'après la faillite de leur associé, s'opposer à la dissolution de leur société.

J'avoue que je ne trouve aucune réponse à ce raisonnement.

§. X. *Quel est, en cas de dissolution d'une société par la faillite de l'un des associés, l'effet de la clause du contrat de société portant que celui des associés qui aura provoqué ou causé la dissolution de la société, payera aux autres telle somme? Les associés du failli peuvent-ils, en vertu de cette clause, se faire colloquer dans la distribution de ses biens, comme créanciers de la somme stipulée? Le peuvent-ils, si cette somme, au lieu d'être stipulée par le contrat même de société, l'a été par un acte séparé? Le peuvent-ils, si le contrat de société ayant été passé devant notaires, l'acte séparé l'a été sous seing-privé?*

Je crois qu'ils le peuvent dans tous les cas.

En effet, que pourrait-on d'abord leur objecter, lorsque la somme a été stipulée par le contrat même de société ?

Prétendrait-on que la stipulation est nulle ? Pourquoi le serait-elle? Non-seulement aucune loi ne s'oppose à ce que, dans le contrat de société, il soit stipulé une indemnité au profit de l'un des contractans, pour le cas où la société viendrait à être dissoute par le fait de l'autre, avant le terme fixé pour sa durée; mais les art. 1225 et suivans du Code civil autorisent expressément les stipulations qui déterminent à l'avance la somme de ces sortes d'indemnités; et les stipulations de cette nature qui, sous l'ancienne jurisprudence, n'étaient que comminatoires, sont aujourd'hui de rigueur, ainsi que l'a jugé un arrêt de la cour de cassation, du 26 avril 1808.

Dirait-on que la stipulation pénale dont il s'agit, n'est pas applicable au cas arrivé de la dissolution de la société par la faillite de l'un des associés? Cela serait bon, si cette clause ne se référait qu'au cas où l'un des associés viendrait à renoncer intempestivement à la société, ou, en d'autres termes, au cas prévu et réglé par l'art. 1870 du Code civil. Mais dans l'espèce proposée, l'acte ne se borne pas à imposer la peine à *celui qui aura provoqué* cette dissolution; elle l'impose également à celui qui, sans la provoquer, l'aura *causée*; et bien certainement ce mot *causée* ne peut s'appliquer qu'à la quatrième des causes déterminées par l'art. 1865 du Code civil, c'est-à-dire, au cas où, sans renoncer formellement à la société, il en amène indirectement la dissolution par un fait qui lui est personnel et qui a son principe plus ou moins prochain dans sa volonté même, tel que sa *mort civile* ou sa *déconfiture.*

Si la somme a été stipulée par un acte séparé, fût-il même sous seing-privé, et le contrat de société eût-il été passé devant notaires, quel prétexte imaginerait-on pour en empêcher l'exécution ?

Dirait-on qu'il n'est pas obligatoire? Pourquoi ne le serait-il pas?

Serait-ce parce qu'il n'est pas compris dans le contrat de société? Mais qu'importe cette circonstance? Si l'on pouvait l'assimiler à une contre-lettre, il n'aurait sans doute aucun effet contre les tiers; mais les créanciers du failli ne sont pas des tiers par rapport à ses associés : ils sont à ses droits, ils le représentent, ils sont donc tenus de respecter les titres qui sont obligatoires pour lui-même. Mais il y a plus : ce n'est pas même une contre-lettre; c'est tout simplement une addition à l'acte social et qui ne déroge en rien à cet acte, il ne fait qu'y ajouter.

Objecterait-on qu'il est sous seing-privé? Mais d'abord, les actes sous seing-privé sont, entre les parties qui les ont signés et ceux qui représentent ces parties, aussi obligatoires que les actes publics. En second lieu, ceux des créanciers du failli qui n'ont que des titres sous seing-privé, n'en sont pas moins admis dans les répartitions : on ne pourrait les écarter, qu'en prouvant que leurs titres sont anti-datés, et qu'ils ont été fabriqués, après l'ouverture de la faillite, en fraude de la masse.

SOCIÉTÉ D'ACQUÊTS. 1.° *Avant le Code civil, la société d'acquêts était-elle, dans l'ancien ressort du parlement de Bordeaux, entièrement semblable à la communauté de biens en usage dans les pays coutumiers ?*

2.° *Y avait-il, pour la veuve qui voulait renoncer à la société d'acquêts, un délai fatal pour le faire ?*

3.° *La veuve qui, avant sa renonciation, s'était obligée comme associée aux acquêts de son mari, pouvait-elle, après avoir renoncé, et en vertu du sénatus-consulte velléien, se faire décharger de ses obligations ?*

Ces questions sont traitées dans le plaidoyer suivant, que j'ai prononcé à l'audience de la section des requêtes, le 22 ventôse an 9, sur une demande en cassation formée par le sieur Lagarélie.

« Le jugement du tribunal d'appel de Bordeaux, du 14 thermidor an 8, dont on vous demande la cassation, doit son origine à une suite d'affaires qui avaient eu lieu, avant 1789, entre le demandeur et François-Marie-Claude Dupin, receveur des tailles à Périgueux.

» Celui-ci, avant sa mort, s'était pourvu au châtelet, contre le demandeur, pour le faire condamner au payement d'une somme de 120,000 liv. qu'il lui avait avancée.

» Après son décès, sa veuve reprit la cause; et dès l'année suivante, en 1790, elle obtint la condamnation à laquelle il avait conclu primitivement.

» En quelle qualité l'obtint-elle ? C'est ce que nous ignorons; mais elle pouvait l'obtenir comme tutrice de ses enfans mineurs; car cette qualité lui avait été déférée immédiatement après la mort de son mari. Elle pouvait aussi, ce semble, l'obtenir comme associée aux acquêts faits par son mari; car, par son contrat de mariage passé à Bordeaux, il avait été stipulé *qu'il y aurait société d'acquêts entre les époux, telle qu'elle se pratique aux pays de droit écrit,* LESQUELS APPARTIENDRAIENT AUX ENFANS, *la jouissance du tout réservée à l'époux survivant.* Et ce qui porte à croire que c'est en l'une comme en l'autre qualité, que la veuve Dupin avait obtenu contre le demandeur la condamnation dont il s'agit, c'est que depuis elle a pris ces deux qualités à la fois dans un acte passé en conséquence de cette condamnation, le 14 juillet 1793.

» Par cet acte, le demandeur a pris, pour le payement des 120,000 liv. qu'il était condamné à payer, des arrangemens qui ont eu depuis tout leur effet. Il a en même temps stipulé que la veuve Dupin et ses enfans seraient tenus de le décharger d'un cautionnement de 19,000 liv., auquel il s'était obligé en faveur du défunt. Et cette stipulation, la veuve Dupin l'a souscrite solidairement avec ceux de ses enfans qui étaient majeurs; elle l'a souscrite en renonçant, comme eux, aux bénéfices de division et de discussion; elle l'a souscrite enfin en sa qualité de tutrice de ses enfans encore mineurs, *et pour elle personnellement comme associée aux acquêts avec son mari, et encore comme usufruitière de ce dernier, par leur contrat de mariage.*

» Comme nous venons de le dire, l'acte du 14 juillet 1793 a eu tout son effet de la part du demandeur : la veuve Dupin et ses enfans ont reçu les 120,000 liv. qu'il leur devait.

» Mais il n'en a pas été de même de la part de la veuve Dupin et ses enfans. L'engagement qu'ils avaient contracté de rapporter au demandeur la décharge de son cautionnement, est demeuré sans exécution; et en conséquence, le demandeur a été poursuivi par le créancier des 19,000 liv.

» Le demandeur les a fait assigner en garantie solidaire devant le tribunal civil du département de la Dordogne. Là, ils lui ont opposé des actes du 18 germinal an 7, par lesquels ils avaient déclaré renoncer, savoir, la veuve à la société d'acquêts, et les enfans à la succession de leur père.

» Le 24 floréal suivant, jugement qui établit entre la veuve et les enfans une distinction importante.

» Il décharge les enfans des poursuites du demandeur, attendu l'usage général du ressort du ci-devant parlement de Bordeaux, qui autorise les enfans à répudier pendant trente ans la succession de leur père, même après l'avoir acceptée, à la charge seulement de rapporter un état du mobilier, d'en affirmer l'exactitude, et de rétablir l'hérédité telle qu'elle était à son ouverture.

» Mais il condamne la veuve à fournir au demandeur, la décharge qu'elle lui avait promise; il la condamne, tout en reconnaissant qu'elle n'a point fait cette promesse *en son propre et privé nom,* mais seulement *comme commune aux acquêts;* et il se fonde, d'une part, sur le principe général, que la veuve qui a accepté la communauté, ne peut être admise à y renoncer, qu'en rapportant un bon et loyal inventaire fait dans les délais prescrits par l'ordonnance de 1667; de l'autre, sur le fait particulier à l'espèce, que la veuve Dupin ne rapporte, au lieu d'un inventaire solennel, qu'un simple état sans authenticité.

» Appel de la part de la veuve Dupin; et le 14 thermidor an 8, jugement du tribunal d'appel de Bordeaux, qui infirme, restitue la veuve Dupin contre l'acte du 14 juillet, 1793, à la charge de rendre compte de son administration, quand elle en sera requise, et déboute le demandeur de son action récursoire.

» Les motifs de ce jugement sont 1.°, que, ni le laps de temps, ni le défaut d'inventaire authentique, ne peuvent être opposés à la renonciation de la veuve Dupin ; 2.° que la veuve Dupin n'a pas perdu, même en traitant avec le demandeur, comme associée aux acquêts, le droit de renoncer à la société; 3.° que le sénatus-consulte velléïen frappe de nullité l'engagement solidaire que la veuve Dupin a contracté pour ses enfans.

» A l'appui du premier de ces trois motifs, le jugement expose qu'il est d'usage certain dans le ressort du ci-devant parlement de Bordeaux, que la veuve associée aux acquêts avec son mari, peut renoncer à la société pendant les trente années qui suivent le décès du mari, époque à laquelle la société a été dissoute de plein droit; qu'à la différence des pays coutumiers dans lesquels la veuve qui veut renoncer à la communauté, ne peut y être admise qu'en rapportant un inventaire public, parce que, dans ces pays, la société se continue jusqu'à la confection de l'inventaire, qui, par cette raison, doit avoir une date certaine; on n'exige à Bordeaux, de la part de la veuve qui veut renoncer à la société, que le rapport d'un simple état des objets qui existaient au décès du mari, état que la veuve est obligée d'affirmer par serment, sauf la preuve des omissions, qui demeure réservée aux parties intéressées, et le droit de se faire rendre compte de l'administration des objets de la société; que l'une des raisons de la différence de cet usage, est prise de ce qu'à Bordeaux, la société étant dissoute par le seul fait de la mort du mari, on n'a besoin que de connaître les effets existans à cette époque, connaissance qui peut aussi bien être acquise par un état sous seing-privé, que par un inventaire public; que cet usage a toujours été maintenu dans l'ancien ressort du parlement de Bordeaux, malgré la disposition de l'art. 5 du tit. 7 de l'ordonnance de 1667, qui, ne parlant que des veuves communes en biens, n'est applicable et n'a jamais été appliquée en effet qu'à la communauté coutumière, absolument différente, par sa nature, ses effets et les principes qui la régissent, de la simple société contractée en pays de droit écrit, dans laquelle la femme ne peut pas être exposée à perdre sa dot et les autres droits qui lui sont propres; que c'est par cette raison que quelques auteurs appellent cette société léonine; que d'ailleurs l'ordonnance ne fait courir le délai qu'elle établit contre la veuve commune, que du jour qu'elle a été assignée; que l'on trouve les preuves de ces différens points d'usage, dans les auteurs qui ont recueilli les monumens de la jurispru-

dence du ci-devant parlement de Bordeaux, et dans les attestations des anciens jurisconsultes.

» Voilà comment le jugement attaqué justifie le premier de ses trois motifs principaux. Voici maintenant de quelle manière il établit le second : « Considérant que, quoique la veuve Dupin, tutrice de ses enfans mineurs, ait administré et traité pour des objets de la société avec le cit. Lagarélie, antérieurement à sa renonciation, elle ne peut pas avoir perdu, pour cela seul, le droit de la faire; — Que l'usage et la jurisprudence du pays dans lequel elle avait contracté, et où elle avait toujours vécu, lui assurant le droit de renoncer pendant trente ans, elle a eu raison de croire qu'elle avait la faculté d'en user, puisqu'il ne lui était point interdit d'administrer et de traiter, jusqu'à ce qu'elle fût déterminée à user de la faculté qui lui était accordée; que le système contraire serait destructeur du droit de renoncer pendant trente ans : car il faudrait de deux choses l'une, ou que la femme renonçât immédiatement après la mort de son mari, ou que, jusqu'à ce qu'elle jugeât à propos de faire cette renonciation, elle livrât les objets de la société à un abandon absolu; — Que ce système, déjà étrange par lui-même, pourrait d'autant moins être adopté dans l'hypothèse, qu'indépendamment de sa qualité d'associée aux acquêts, la veuve Dupin avait celle de tutrice de ses enfans mineurs, sur la tête desquels le contrat de mariage affectait la propriété des acquêts: qualité qui lui imposait l'indispensable obligation d'administrer les acquêts, de faire tous les actes qui pouvaient rendre à en procurer le recouvrement dans l'intérêt des mineurs; — Qu'il est de principe consacré par la jurisprudence, que, dans les pays de communauté, lorsque la veuve ajoute à la qualité de commune, une autre qualité, telle que celle d'héritière ou tutrice, elle n'est pas censée faire acte de commune, en appréhendant les biens (Bourjon, arrêt du 16 février 1679, au Journal du palais); que, puisqu'il en est ainsi dans les pays de communauté, où la veuve est obligée de faire un inventaire public, et où, dans la plupart des coutumes, elle est obligée de faire sa renonciation dans un bref délai, il en doit être de même, à plus forte raison, en pays de droit écrit, où la veuve associée aux acquêts, a trente ans pour renoncer à la société, en rapportant un simple état assermenté ».

» A l'égard de son troisième motif, le jugement attaqué l'exprime très-succinctement. Il y est dit « que la veuve Dupin, tutrice de ses enfans mineurs, ne pouvait pas s'engager valablement pour eux; que, par ce même traité, fait avec le cit. Lagarélie, s'étant engagée solidairement pour ceux de ses enfans majeurs entrés dans le traité, elle est fondée à invo-

» quer le bénéfice du sénatus-consulte velléien, » pour se faire restituer contre l'un et l'autre » engagement ».

» Tels sont les développemens que donne le jugement attaqué à chacun de ses trois motifs.

» Le demandeur propose trois moyens de cassation : l'un de pure forme, dans lequel il paraît lui-même ne pas avoir beaucoup de confiance, et deux qu'il puise dans le fond de la cause.

» Dans la forme, dit le demandeur, j'ai été jugé par le tribunal d'appel de Bordeaux ; *sans avoir été cité devant lui*.

» On pourrait répondre : qu'importe que vous ayez été cité, dès que vous avez comparu, dès que vous avez plaidé vos moyens de défense, dès que le jugement n'a été rendu qu'après une discussion contradictoire ? Mais il y a plus : le demandeur ne justifie, en aucune manière, qu'il n'a pas été cité devant le tribunal d'appel de Bordeaux ; et le jugement attaqué énonce formellement que l'affaire n'a été portée devant ce tribunal, que sur une opposition formée par le demandeur lui-même à un premier jugement par défaut, émané du ci-devant tribunal civil du département de la Gironde, et en vertu d'une *nouvelle assignation*.

» Ecartons donc le moyen de forme du demandeur, et occupons-nous d'abord de celui qu'au fond il tire des art. 1 et 5 du tit. 7 de l'ordonnance de 1667.

» Suivant le demandeur, le jugement attaqué viole les dispositions de ces deux articles, en ce qu'il admet la renonciation d'une veuve qui n'avait point fait inventaire dans les trois mois du décès de son mari, qui s'était mise de fait en possession des biens de la communauté, et qui en avait joui, comme veuve commune, pendant dix ans.

» Mais déjà vous avez remarqué que le jugement lui-même prévient cet argument, et le détruit à l'avance, par deux raisons également décisives : la première, qu'on ne peut pas appliquer à la simple société d'acquêts, en usage dans quelques pays de droit écrit, et qui est purement conventionnelle, les dispositions de l'ordonnance de 1667 concernant la communauté légale des pays coutumiers ; la seconde, que l'ordonnance de 1667 elle-même ne contient pas, relativement à la communauté proprement dite, la disposition que le demandeur croit y avoir lue.

» Sur chacune de ces raisons, il nous reste peu de choses à ajouter aux développemens qui se trouvent dans le jugement attaqué.

» Nous nous bornerons, sur la première, à mettre sous vos yeux les autorités propres à justifier les assertions que contient ce jugement.

» Lapeyrère, lettre C, n° 18, s'exprime ainsi : « En toute communauté coutumière, il y a

» continuation, si le survivant ne fait point inventaire. *Apud nos morte solvitur societas ;* ce qui s'observe dans tout le ressort où la coutume n'est point contraire : et c'est ainsi qu'il fut jugé au rapport de M. Sabourin, le père, dans une affaire de Bayonne ». — Il répète la même chose au n. 58. « Il est (dit-il) d'un usage constant et qui a été attesté, que la communauté d'acquêts entre les mariés, finit par la mort de l'un d'iceux, quoique le survivant n'ait pas fait d'inventaire ». — Au n. 25, il agite la question de savoir comment, à défaut d'inventaire, le survivant des époux associés peut faire conster de ce qui composait le société à l'époque de sa dissolution ; et voici sa réponse : « j'ai toujours vu pratiquer et juger que le père et la mère en sont quittes, en baillant par description les biens qu'ils avaient lors de la société finie, en se purgeant sur la vérité d'icelle ». Il rapporte même un arrêt du 2 avril 1680, qui l'a ainsi jugé, en rejetant la prétention d'un fils à jurer *in litem* contre son père survivant : prétention qu'il fondait sur ce que celui-ci n'avait point fait inventaire à l'époque où la société d'acquêts s'était dissoute par la mort de sa femme.

» Salviat, dans son recueil intitulé *Jurisprudence du parlement de Bordeaux*, au mot *acquêts*, dit qu'il existe une grande différence entre la société d'acquêts usitée dans ce ressort, et la communauté coutumière. Il cite trois attestations du barreau entier de Bordeaux, du mois de mai 1662, du 11 juin 1672 et du 31 juillet 1715, portant « qu'il a toujours été jugé et observé dans ce parlement, qu'il n'y a point de communauté entre mari et femme, si elle n'est stipulée ; il n'y en a point de contumière, mais seulement conventionnelle ». Il en cite une autre du 18 février 1674, dans laquelle il est dit « que si les acquêts ne sont pas suffisans pour payer les dettes de la société, les biens propres du mari sont subsidiairement obligés et hypothéqués pour achever de les acquitter ». — Et il ajoute aussitôt : « Si le mari est tenu de fournir du sien pour satisfaire aux dettes, rien de si juste : étant le maître de la société, il doit s'imputer d'en avoir contracté autant ; mais la femme ne doit pas être punie de la dissipation ou de la négligence de son mari ; si c'est elle qui survit, et que les dettes excèdent la valeur des acquêts, elle n'est pas tenue de consommer son bien pour les liquider ». — L'auteur rapporte trois attestations du même barreau, des 4 décembre 1688, 1er août 1691 et 3 juillet 1717, qui assurent « qu'il dépend de la femme, après la mort du mari, de renoncer à la société, pour conserver tous ses droits dotaux. Cette renonciation (continue-t-il), n'est autre chose qu'une déclaration que fait la femme, qu'elle n'entend prendre aucune part aux acquêts : elle

» n'exige aucune des formalités rigoureuses pres-
» crites dans les pays coutumiers ». — Et il confirme cette proposition, par quatre actes de notoriété du barreau de Bordeaux, des 17 juin
1672, 23 juillet 1688, janvier 1695 et 26 août
1698, lesquels attestent « qu'il s'observe in-
» concussamment dans ce parlement, que la
» société des conjoints, stipulée dans leur con-
» trat de mariage, finit par le décès de l'un des
» conjoints, bien que le survivant n'ait pas fait
» d'inventaire...., quoique même le survivant
» ait convolé aux secondes noces...., et qu'on
» l'accuse d'avoir diverti ou recélé partie des
» effets de la succession du prédécédé; sans pré-
» judice néanmoins aux enfans, ou autres parties
» intéressées en la succession, d'agir contre le
» survivant pour raison des omissions qu'il
» pourrait avoir faites dans ledit inventaire, ou
» du recélé, et d'en établir la preuve ».

» Voilà des preuves suffisantes que la société
d'acquêts, telle qu'elle est admise dans le ressort
du ci-devant parlement de Bordeaux, diffère, à
beaucoup d'égards, de la communauté coutumière; et c'en est déjà assez pour ne pas appliquer
à celle-là les dispositions des lois qui ne frappent
que sur celle-ci.

» Mais il y a plus, et c'est ici la seconde
raison sur laquelle se fonde le jugement attaqué,
l'ordonnance de 1667 elle-même ne dit pas
précisément que la veuve est réputée commune,
et perd le droit de renoncer, lorsqu'elle a laissé
écouler trois mois sans faire inventaire; elle ne
dispose que pour le cas où la veuve est poursuivie
en justice, avant d'avoir renoncé; elle veut
qu'alors la veuve prenne qualité dans le délai
qu'elle détermine, ou même à l'instant, si ce
délai se trouve expiré à l'époque de l'assignation
qui lui est donnée; mais elle ne dit pas ce qui
aura lieu tant que la veuve ne sera pas poursuivie; elle ne dit pas si, dans cette position, la
veuve peut ou ne peut pas renoncer après un
certain temps : elle s'en rapporte là-dessus aux
coutumes et aux usages locaux; et dès-là, de
quelque manière que l'on juge à cet égard, on
peut bien se trouver en contravention à telle
coutume ou à tel usage; mais à l'ordonnance de
1667, jamais.

» Aussi le journal du palais nous fournit-il un
arrêt du 16 février 1679, par lequel il a été jugé
dans la coutume de Paris, qu'une veuve est recevable à renoncer à la communauté, après en
avoir géré et administré les effets en qualité
de tutrice, sans inventaire, pendant plusieurs
années,

» Dans notre espèce, la veuve Dupin avait
renoncé, avant les poursuites du demandeur, à
la société d'acquêts qui avait existé entre elle et
son mari, et que la mort de ce dernier avait dissoute dès 1789. Ainsi, nulle raison, nul prétexte
de lui appliquer les dispositions de l'ordonnance
de 1667, dont il est ici question.

» Mais il reste au demandeur un autre moyen
qui présente plus de difficulté : c'est celui
qu'il tire des lois relatives au sénatus-consulte
velléien.

» Ce n'est pas qu'il puisse y avoir ici le plus
léger doute sur l'inapplicabilité de celles de ces
lois qui refusent le bénéfice du sénatus-consulte
velléien à la femme coupable de fraude envers
le créancier dont elle a cautionné la créance ;
car rien ne prouve, rien même ne fait présumer,
qu'il y ait eu, dans l'espèce, fraude ou dol de
la part de la veuve Dupin, et, à tout prendre,
le jugement du tribunal d'appel de Bordeaux
ne pourrait jamais être cassé pour avoir, à cet
égard, jugé en faveur de la négative.

» Mais ce jugement n'a-t-il pas violé les lois
3 et 13, D. ad senatûs-consultum velleianum,
aux termes desquelles la femme ne peut pas réclamer le sénatus-consulte velléien, lorsqu'elle
a traité en son nom et dans sa propre affaire?
Car enfin, ce n'est pas seulement comme tutrice
de ses enfans mineurs, qu'elle s'est obligée envers le cit. Lagarîle à le faire décharger de son
cautionnement de 19,000 liv., elle s'y est
encore obligée en son nom, comme associée
aux acquêts avec son mari, et encore comme
usufruitière de ce dernier, par leur contrat de
mariage.

» Deux réponses :
» D'abord, s'il est vrai qu'à considérer les
choses dans l'état où elles étaient le 11 juillet
1793, date de l'obligation dont il s'agit, la veuve
Dupin a contracté cette obligation pour elle-
même, pour ses propres affaires, il est vrai aussi
qu'eu égard à l'état où les choses ont été ensuite
placées par la renonciation de la veuve Dupin,
cette obligation est devenue étrangère aux affaires
propres de celle-ci, et que, par l'événement,
elle n'a plus été, de sa part, que le cautionnement de la dette d'autrui.

» Cela résulte nécessairement, et d'un point
de fait, et d'un point de droit.

» Le point de fait est que la veuve Dupin
n'était pas, avant l'acte du 14 juillet 1793,
obligée personnellement envers le demandeur,
et qu'elle ne pouvait l'être que comme associée
aux acquêts de son mari.

» Le point de droit est qu'en renonçant ensuite aux acquêts de son mari, elle s'est mise à
couvert de toutes les poursuites des créanciers
de la société, comme elle a perdu sur les biens
de la société tous les droits qu'elle aurait pu y
prétendre ; et que les affaires de la société sont
par là censées, tant activement que passivement,
n'avoir jamais été les siennes.

» Ainsi, il est clair que, par l'effet de sa renonciation, la veuve Dupin doit être considérée
comme n'ayant jamais eu aucun droit dans la
société d'acquêts; et cette conséquence en amène
une autre non moins palpable : c'est que la veuve
Dupin, en s'obligeant, le 14 juillet 1793, envers

le cit. Lagarélie, s'est obligée pour une affaire qui ne la regardait pas personnellement ; or, s'obliger pour une affaire non personnelle, c'est cautionner ; et le sénatus-consulte velléien déclare nuls les cautionnemens des femmes.

» Dira-t-on qu'il faut, en cette matière, s'attacher à l'état où étaient les choses à l'époque de l'obligation ; que le demandeur avait acquis, par cette obligation, un droit certain ; et qu'il n'a pas pu le perdre par une renonciation postérieure de la veuve Dupin à la qualité d'associée ? L'objection est spécieuse, mais elle ne paraît pas concluante.

» Il est constant que la veuve Dupin, au moment où elle a signé l'obligation dont il s'agit, était encore dans l'état d'une veuve qui délibère ; il est constant aussi que tout ce qu'elle a fait dans cet état, elle l'a fait, non pour elle-même absolument, mais pour la société ; et comme il était alors incertain si elle accepterait définitivement la société, ou si elle y renoncerait ; il était, par une suite nécessaire, également incertain si ce qu'elle faisait, était son affaire propre, ou seulement celle de la société. Donc, en s'obligeant envers le demandeur, comme veuve associée aux acquêts, elle ne s'est obligée pour elle-même qu'autant qu'elle eût accepté la société. Donc le demandeur n'a acquis de droit sur elle, considérée comme obligée dans sa propre affaire, que pour le cas d'acceptation ; donc, ce cas n'étant pas arrivé, le droit conditionnel que le demandeur avait acquis sur la veuve Dupin considérée comme obligée dans sa propre affaire, s'est converti en un droit définitif acquis sur la veuve Dupin, considérée comme obligée pour autrui ; donc ; en d'autres termes, la veuve Dupin est, par sa renonciation, devenue simple caution de la société, comme de ses enfans ; Donc, c'est à juste titre que le tribunal d'appel de Bordeaux lui a appliqué le bénéfice du sénatus-consulte velléien.

» Inutilement citerait-on l'exemple d'une femme qui, pendant la durée de la communauté, se serait obligée solidairement avec son mari ; inutilement dirait-on que si, par la suite, cette femme vient à renoncer, son obligation n'en subsiste pas moins, et qu'elle a seulement contre la communauté, et au besoin contre les biens propres de son mari, une action pour s'en faire indemniser. Inutilement voudrait-on ajouter que, par parité de raison, la veuve qui, pendant les trente ans qu'elle avait pour délibérer, s'est obligée personnellement comme associée aux acquêts, n'en demeure pas moins, après sa renonciation, soumise à l'engagement qu'elle a contracté, sauf son recours sur les biens de la société, et au besoin sur les propres de son mari.

» Cette comparaison, loin de prouver contre

Tome VI.

le jugement du tribunal de Bordeaux, ne fait qu'en mettre le bien jugé dans un plus grand jour.

» En effet, dans quelles contrées regarde-t-on comme subsistante contre la femme, nonobstant sa renonciation postérieure à la communauté, l'obligation qu'elle a souscrite conjointement avec son mari ? Dans celles-là, et dans celles-là seulement, où a été publié l'édit de 1606 portant abrogation du sénatus-consulte velléien. Quant à celles où le sénatus-consulte velléien et l'authentique *si qua mulier* sont encore en pleine vigueur, la femme y est admise sans difficulté à réclamer, après la mort de son mari, contre les obligations qu'elle a contractées solidairement avec lui, parce qu'au moyen de sa renonciation à la communauté, il se trouve que ce n'est pas pour sa propre affaire, mais pour celle de son mari qu'elle s'est obligée.

» Salviat, dans l'ouvrage que nous avons déjà cité, au mot *Velléien*, rapporte un acte de notoriété du 5 avril 1699, qui atteste que, dans le ressort du parlement de Bordeaux, les femmes peuvent, dans les dix ans du décès de leurs maris, se faire décharger, par la voie de restitution en entier, *des obligations qu'elles ont contractées conjointement et solidairement avec leurs maris.* Védel, sur Catellan, liv. 5, ch. 17, nous a conservé un arrêt du parlement de Toulouse de l'année 1729, par lequel le bénéfice du sénatus-consulte velléien a été accordé à une femme qui s'était obligée solidairement avec son mari, quoique, devenue veuve, elle eût ratifié son obligation.

» Denizart en cite un autre du parlement de Paris, du 25 octobre 1766, par lequel la femme Lallemand, domiciliée à Coutances, a été déchargée par le bénéfice du sénatus-consulte velléien, de la demande du nommé Héleine, porteur d'une obligation notariée qu'elle avait souscrite à son profit, conjointement avec son mari.

» Nous étions donc bien fondés à dire que l'exemple d'une femme qui s'est obligée avec son mari, loin de prouver contre, prouve fortement pour la décision adoptée par le tribunal d'appel de Bordeaux.

» Mais jusqu'à présent nous avons raisonné par rapport à la veuve Dupin, comme si elle était dans la classe ordinaire des veuves qui ont été en société d'acquêts avec leurs maris ; cependant il s'en faut beaucoup qu'elle puisse leur être assimilée, et c'est de là que va dériver notre seconde réponse aux lois objectées par le demandeur, qui refusent le bénéfice du sénatus-consulte velléien aux femmes obligées pour leurs propres affaires.

» Rappelons-nous que, par le contrat de mariage de la veuve Dupin, il était dit que les acquêts faits pendant la durée de la société matri-

4

moniale, *appartiendraient aux enfans, la joui-
sance du tout réservée à l'époux survivant.* Or,
quel a dû être l'effet de cette clause? C'est qu'au
moment de la dissolution de la société par la
mort du mari, tous les biens qui la composaient, ont passé immédiatement sur la tête des
enfans, et que la veuve n'est restée propriétaire de rien.

» Ecoutons Lapeyrère, lettre C, n. 2 : « La
» propriété des acquêts réservée aux enfans par
» le contrat de mariage, leur appartient si in-
» commutablement, qu'après le décès de l'un
» des conjoints, le survivant ne peut les aliéner
» ni les hypothéquer au préjudice desdits enfans;
» c'est un point certain de jurisprudence ». Le
même auteur ajoute, à la vérité, que les enfans
ne peuvent prendre les acquêts à eux réservés
par le contrat de mariage, qu'en payant les
dettes de la société, et il rapporte un arrêt de
1709 qui l'a ainsi jugé; mais cette observation
ne détruit pas, ou plutôt elle confirme implicitement, le principe qui vient d'être posé; et il est
si vrai que, par l'effet de cette réserve des acquêts
aux enfans, la femme est censée, au moment
de son veuvage, n'avoir jamais rien eu dans la
société, et n'est en conséquence nullement tenue
de ses dettes, que, dans le cas d'insuffisance des
acquêts pour payer les créanciers, Lapeyrère
les renvoie à se pourvoir, non contre la femme,
mais sur les biens propres du mari; ce qui est
également établi par un acte de notoriété du 18
février 1674, rapporté dans le recueil de Salviat,
au mot *Acquêts.*

» Salviat, sous le même mot, cite plusieurs
autres actes de notoriété qui attestent « que,
» lorsqu'il y a dans le contrat de mariage une
» société de meubles et acquêts stipulée entre les
» conjoints, avec réserve desdits acquêts en
» faveur des enfans qui naîtront dudit mariage,
» cette réserve est regardée comme une donation
» faite auxdits enfans ».

» La veuve Dupin n'a donc eu, après la mort
de son mari, aucune part dans les acquêts qui
avaient été faits pendant le mariage; elle n'a
donc pas pu, après la mort de son mari, prendre
la qualité d'associée à ces acquêts; si donc elle
l'a prise de fait, c'est une erreur qui ne peut
pas la priver du bénéfice du sénatus-consulte
velléien; il serait en effet bien absurde d'étendre
les lois qui privent de ce bénéfice les femmes
obligées dans leur propre affaire, aux femmes
qui, croyant s'obliger dans leur propre affaire,
se sont obligées réellement dans l'affaire d'autrui.

» Ainsi, la veuve Dupin n'a pas même eu
besoin de sa renonciation à la société d'acquêts,
pour se faire décharger de l'obligation qu'elle
avait contractée par l'acte du 14 juillet 1793;
cette obligation a dû être anéantie par cela seul
que la veuve Dupin l'avait contractée comme
propriétaire de la moitié des acquêts, tandis que

cette moitié appartenait à ses enfans, comme
celle de son mari; et que, par conséquent, au lieu
de s'engager pour elle-même, elle ne s'était
engagée que pour ses enfans; et que, par une
conséquence ultérieure, au lieu d'obligée directe
et principale, elle ne s'était rendue que caution;
ce qui la plaçait manifestement dans le sénatus-
consulte velléien.

» Il importe peu que le contrat de mariage
de la veuve Dupin lui réservât l'usufruit des acquêts dont il assurait la propriété à ses enfans.
Jamais l'usufruit n'assujettit la personne à laquelle il est dévolu, aux dettes de celle de
qui viennent les biens qu'il affecte. Sans doute,
l'usufruitier ne peut jouir des biens qu'à concurrence de ce qui en reste, les créanciers payés;
mais les créanciers n'ont contre lui aucune
action directe. Si donc une veuve usufruitière
s'oblige personnellement, comme telle, envers
un créancier de son mari, elle s'impose une
obligation que la loi ne fait pas peser sur elle;
elle se l'impose, non pour son propre compte,
mais pour le compte des héritiers de son époux
décédé; elle se l'impose, en un mot, par forme
de cautionnement, ce qui la ramène toujours
au sénatus-consulte velléien.

» Par ces considérations, nous estimons qu'il
y a lieu de rejeter la requête du demandeur ».

Ainsi jugé, le 22 ventôse an 9, au rapport de
M. Gandon,

« Attendu, sur le premier moyen au fond,
que les art. 1 et 5 du tit. 7 de l'ordonnance
de 1667 ne sont relatifs qu'aux veuves communes en biens; qu'ils ne fixent des délais pour
faire inventaire et délibérer, qu'aux veuves
appelées par des créanciers de la communauté;
que, hors ce cas, on n'en peut induire que les
veuves soient exclues de renoncer à la communauté, faute d'inventaire dans un délai; et que
les obligations et les droits des veuves pour accepter ou renoncer, ne sont établis que par les
coutumes qui admettent la communauté;

» Que, dans l'espèce, il ne s'agissait point de
communauté, mais d'une *société d'acquêts*,
convention qui se règle par des principes différens
de ceux qui régissent les communautés légales;
que l'usage et la jurisprudence, dans l'ancien
territoire du parlement de Bordeaux, admettaient
les veuves associées aux acquêts à renoncer pendant trente ans à cette société, à la seule charge
de fournir et d'affirmer l'état de la succession, et
de rendre compte de l'hérédité, et que la veuve
Dupin avait renoncé avant d'être appelée;

» Attendu, sur le second moyen, que la veuve
Dupin, en traitant le 14 juillet 1793, tant en son
nom personnellement, comme associée aux acquêts et usufruitière, que comme tutrice, ne
s'obligeait personnellement que dans l'hypothèse
éventuelle qu'elle ne renonçât pas à la société

d'acquêts, dans laquelle société sa part était l'u-sufruit de ces mêmes acquêts; que postérieure-ment elle a renoncé à cette société, et qu'ainsi son obligation a été réduite à une intercession pour autrui; qu'on ne peut dire qu'elle ait trompé le demandeur, qui ne pouvait méconnaître la faculté de renoncer, à laquelle était subordonné le maintien de l'obligation contractée à son profit; qu'on ne peut dire aussi que la veuve Dupin ait retiré aucun bénéfice de son obligation, puis-qu'elle est obligée de rendre compte de ce qu'elle à reçu;

» De tout quoi il résulte, 1.º qu'il n'y a aucune contravention aux art. 1 et 5 du tit. 7 de l'or-donnance de 1667; 2.º que le bénéfice du sé-natus-consulte velléien a été justement appliqué à la veuve Dupin ».

SOEUR. — §. I. 1.º Les sœurs sont-elles com-prises sous la dénomination de frères ?

2.º Les frères sont-ils compris sous la déno-mination de sœurs ?

Les lois romaines décident nettement que les sœurs sont comprises sous la dénomination de frères, à moins qu'il ne résulte clairement, soit de l'ensemble de la phrase dans laquelle on a employé le mot frères, soit de tout autre docu-ment, que l'on n'a pas voulu y comprendre les sœurs.

Tres FRATRES, Titius et Mœvius et SEIA communem hereditatem inter se diviserunt, ins-trumentis interpositis..... Sed posteà duo de FRATRIBUS, id est, Mœvius et SEIA......, cognoverunt pecuniam auream à fratre suo esse substractam.... (loi 35, D. de pactis),

Lucia et TITIA FRATRES, emancipati à patre, adulti curatores acceperunt..... (loi 38, D. familiæ erciscundæ).

Quæsitum est an quod heredes fratribus rogati essent restituere, etiam ad sorores pertineret? Respondit pertinere, nisi aliud sensisse testatorem probetur. (loi 93, §. 3, D. de legatis 3.º).

C'est sur le même fondement qu'il est décidé, par plusieurs lois placées sous le titre de verbo-rum significatione, savoir,

Par la loi 40, et par la loi 101, §. 3, que la femme esclave, ancilla, est comprise sous la dé-nomination de l'homme esclave, servus;

Par la loi 52, que la patrone est comprise sous la dénomination de patron;

Par les lois 106 et 122, que la fille est com-prise sous la dénomination de fils;

Par la loi 152, que la femme est comprise sous la dénomination d'homme;

Et par la loi 163, que le mot latin puella est compris sous celui de puer.

Et en général, dit la loi 195 du même titre,

pronunciatio sermonis in sexu masculino ad utrum-qué sexum plerùmque porrigitur.

En est-il, à cet égard, de la langue française comme de la langue latine? Ecoutons nos juris-consultes.

Thaumas, dans son Dictionnaire de droit civil, au mot Frères, s'exprime ainsi : frères comprennent les sœurs. Et au mot Sœurs, il dit également : sœurs sont comprises sous le nom de frères.

« Les sœurs (dit Despeisses, Traité des suc-cessions, part. 1, tit. 3, sect. 1 et 3), sont com-prises sous le nom de frères, aux legs, de même qu'aux fidéicommis......; mais les frères ne sont pas compris sous le nom de sœurs ».

Laroche-Flavin, liv. 6, tit. 61, art. 1, rap-porte un arrêt du parlement de Toulouse, par lequel il a été jugé « qu'un legs de mille écus fait à chacun des frères du testateur, s'étendait à une sœur aussi bien qu'à un frère, parce que la sœur est comprise sous cette dénomination ».

Et Graverol, son annotateur, dit, comme Despeisses, que « les sœurs et filles sont comprises sous les noms de frères et fils »; mais que les frères et les fils ne le sont pas sous les noms de sœurs et filles.

Pothier, Traité des donations testamentaires, chap. 7, règle 21, enseigne que « le genre mas-culin renferme ordinairement le féminin; par exemple (ajoute-t-il), lorsque.... je fais un étranger légataire,...., et que je le charge de restituer, après sa mort, ce que je lui laisse à mes frères; par ces termes, mes frères, je suis censé avoir compris mes sœurs ».

Cambolas, liv. 5, chap. 33, propose la ques-tion de savoir si les frères utérins succèdent avec la mère aux biens du frère; et il rapporte, comme la décidant pour la négative, un arrêt du par-lement de Toulouse, qui adjuge à une mère la succession de sa fille, à l'exclusion de deux sœurs utérines de celle-ci. Il suppose donc bien évidemment que le mot frères comprend les sœurs.

Ailleurs (liv. 1, chap. 44), à l'occasion d'un arrêt qui, pour une partie d'une succession, pré-fère une sœur germaine à une sœur consanguine, le même magistrat observe que « le droit nou-veau préfère les frères conjoints des deux côtés à ceux qui ne le sont que d'un côté ».

Une tante est assassinée par une de ses nièces; on demande que la sœur de celle-ci soit déclarée indigne de la succession, pour n'avoir pas pour-suivi la meurtrière; Un arrêt rejette cette de-mande; et quelle est la raison qu'en donnent Albert, au mot Indignité, art. 1, et Furgole, des testamens, chap. 6, sect. 3, n. 340? c'est qu'accuser un frère est un crime,

Henrys, liv. 6, quest. 13, demande « si la prérogative du double lien est considérable entre les enfans des *frères* » ; et il rend compte d'un arrêt qui juge que oui : cet arrêt n'est cependant pas rendu en faveur des enfans d'un *frère*, mais en faveur des enfans d'une *sœur*.

§. II. *Dans quels cas, avant la loi du 8 avril 1791, la sœur était-elle exclue par son frère, dans la coutume de Nivernais, de la succession d'un parent collatéral?*

V. l'article *Succession*, §. 5.

SOLDE. *La solde des matelots est-elle saisissable?*

V. l'article *Gens de mer*.

SOLIDARITÉ. — §. I. *Les créanciers des émigrés, en devenant, par la loi du 1.er floréal an 3, créanciers directs de l'État, ont-ils conservé leurs actions solidaires contre les co-obligés primitifs à leurs créances?*

V. l'article *Émigré*, §. 1.

§. II. *Les experts ont-ils, pour leurs honoraires, une action solidaire contre chacune des parties pour lesquelles ils ont opéré?*

V. l'article *Expert*, §. †.

§. III. *La disposition de la loi du 20 août 1792, qui abolit la solidarité entre co-débiteurs de cens et autres redevances, est-elle applicable aux rentes purement foncières?*

V. l'article *Rente foncière, Rente seigneuriale*, §. 5.

§. IV. *En cas de société anonyme, l'associé qui ne s'est pas obligé personnellement envers le tiers par lequel ont été fournis à son associé des fonds dont leur entreprise commune a profité, peut-il être actionné directement par ce tiers? peut-il l'être solidairement?*

V. l'article *Société*, §. 2.

§. V. *L'exception de cession d'actions* (exceptio cedendarum actionum), *que l'art. 2037 du Code civil accorde à la caution, peut-elle être également opposée par le débiteur solidaire, qui n'est poursuivi que pour sa part?*

Suivant l'art. 2037 du Code civil, « la caution » est déchargée, lorsque la subrogation aux » droits, hypothèques et priviléges du créancier » ne peut plus, par le fait de ce créancier, » s'opérer en faveur de la caution ». Pothier avait établi le même principe, d'après

les lois romaines, dans son *Traité des obligations*, n. 557.

Et il avait ajouté : « il faut dire à l'égard des » débiteurs solidaires, ce que nous avons dit à » l'égard des fidéjusseurs ».

Cela paraît, au premier abord, résoudre notre question en faveur du débiteur solidaire à qui le créancier s'est mis, par son propre fait, hors d'état de céder ses droits, ses hypothèques ou ses priviléges contre son co-débiteur.

Et c'est effectivement la pensée de Pothier, mais elle ne s'étend pas aussi loin qu'on pourrait le croire à la simple lecture du passage cité. Voici en effet ce que Pothier lui-même ajoute immédiatement après :

« Lorsque plusieurs personnes contractent » une obligation solidaire, elles ne s'obligent » chacune, *au total*, que dans la confiance » qu'elles ont du recours qu'elles auront contre » les autres, en payant *le total*. C'est pourquoi, » lorsque le créancier, par son fait, les a privés » de ce recours, en se mettant hors d'état de » pouvoir céder ses actions contre l'un d'eux » qu'il a déchargé, il ne doit plus être rece- » vable à agir solidairement contre les autres, » si ce n'est sous la déduction des portions pour » lesquelles ils auraient eu recours contre celui » qu'il a déchargé ».

Il est donc évident que, selon Pothier, le débiteur solidaire ne peut opposer l'exception *cedendarum actionum*, que dans le cas où il est poursuivi pour le *total* de la dette par le créancier qui s'est mis dans l'impuissance de lui céder ses actions ; et que, même dans ce cas, cette exception ne lui procure pas une libération pleine, mais seulement la décharge de la part pour laquelle il aurait un recours contre son co-débiteur, si le créancier pouvait encore lui céder ses actions contre celui-ci.

Que, dans ce cas, et jusqu'à cette concurrence, l'exception *cedendarum actionum* appartienne au débiteur solidaire comme à la caution, cela est tout simple : le débiteur solidaire n'est, dans ce cas et jusqu'à cette concurrence, que la caution de son co-débiteur. L'art. 2037 du Code civil lui est donc applicable comme à la caution proprement dite.

Mais appliquer cet article au débiteur solidaire qui n'est poursuivi que pour sa part, ou le lui appliquer, même dans le cas où il est poursuivi pour plus de sa part, à l'effet de le décharger d'une plus forte portion de la dette que celle qui, de lui à son co-débiteur, pesait sur ce dernier, ce serait méconnaître absolument l'esprit de cet article et violer les dispositions particulières aux obligations solidaires qui sont écrites dans les art. 1200, 1203 et 1204.

Voici un arrêt de la cour de cassation, d 13 février 1816, qui le juge ainsi formellement nous le tirons du *bulletin civil* de cette cour.

« Le 3 germinal an 2, le sieur Carré avait vendu au sieur Forgeron et à la demoiselle Lion, son épouse, une maison située à Orléans, au prix de 16,000 livres dont 1000 livres payées comptant ; le surplus ne devait être payé qu'à certaine époque ; et jusques-là, les acquéreurs devaient servir une rente annuelle de 600 livres.

» Forgeron et sa femme étaient communs en biens ; ils s'obligèrent solidairement au payement du prix, et sur l'hypothèque de tous leurs biens présens et à venir.

» Carré assura son hypothèque par des inscriptions.

» La femme Forgeron mourut laissant deux enfans, dont un la survécut peu de temps.

» Le 6 juin 1806, partage de la communauté entre le père et les enfans, héritiers de leur mère.

» Le père eut dans son lot la maison acquise de Carré, et une autre petite maison acquise postérieurement et attenant à la première : il fut chargé de payer seul la rente de 600 livres et de rembourser les 15,000 livres dues sur le prix de la vente faite par Carré. *Les enfans renoncèrent à toute hypothèque sur les biens de leur père.*

» Le 4 juillet suivant, Forgeron père paya à Carré l'année dernièrement échue de la rente de 600 livres. Dans la quittance qu'il reçut, il fut dit *seul propriétaire des maisons à lui échues par le partage, et à ce moyen, seul débiteur de la rente de 600 livres au principal de 15,000 livres.*

» Par cette quittance, Carré réserva la solidarité, mais il restreignit son hypothèque aux deux maisons, et en dégagea tous les autres biens qui y étaient affectés.

» Forgeron père fit mal ses affaires.

» N'étant point servi de sa rente, Carré suivit l'expropriation forcée des deux maisons contre Forgeron père : il ne fut pas entièrement rempli de ce qui lui était dû ; et restant créancier de 4848 francs, il fit commandement à la demoiselle Forgeron et au sieur Laprime, son mari, de lui payer cette somme.

» La dame Laprime s'est opposée au commandement : elle a prétendu, 1.° qu'elle avait cessé d'être obligée ; 2.° que quand son obligation aurait continué, elle en serait déchargée.

» Elle établissait cette seconde assertion, sur ce que, si Carré n'avait pas renoncé à ses hypothèques, elle aurait un recours assuré sur les immeubles de son père ; que la renonciation par Carré aux hypothèques, avait rendu ce recours sans effet ; que Carré s'étant mis hors d'état de céder ses actions avec les droits, priviléges et hypothèques qui y étaient attachés, il ne pouvait exiger d'elle une somme que, par son fait, il l'avait mise dans l'impossibilité de recouvrer sur celui qui devait l'en libérer.

» L'arrêt rendu par la cour d'Orléans (le 2 juillet 1813,), a annullé le commandement fait par Carré, attendu que celui-ci s'était mis par son fait hors d'état de céder ses actions avec les hypothèques qui y avaient été attachées.

» La fausse application de l'art. 2037 du Code civil et la violation des art. 1200, 1203 et 1204 ont déterminé l'arrêt qui suit :

» Ouï le rapport de M. le conseiller Gandon, les observations de Delagrange, avocat du demandeur, celles de Coste, avocat des défendeurs, et les conclusions de M. Henri Larivière, avocat-général ;

» La cour a ordonné qu'il en serait délibéré en la chambre du conseil, et après en avoir délibéré ;

» Considérant que la cour d'Orléans a reconnu qu'il n'y avait pas de novation, et qu'en effet si, par l'acte du 4 juillet 1806, Carré a restreint son hypothèque aux deux maisons, et a renoncé à celle qu'il avait sur tous les autres biens, il a réservé la solidarité vers ses débiteurs, et conséquemment son action personnelle ; que, si, dans le même acte, Forgeron père a été dit seul propriétaire des maisons, et a ce moyen, seul débiteur de la rente, cette énonciation conforme aux conventions faites entre le père et ses enfans, le 6 juin, n'emportait aucune renonciation de Carré à son action personnelle contre les enfans Forgeron, vers lesquels il réservait même la solidarité ; d'où il résulte d'abord, que l'arrêt du 2 juillet 1813, qui a rejeté les poursuites de Carré, n'est fondé que sur la considération que Carré ne pouvait céder à la femme Laprime son action contre les représentans Forgeron avec l'hypothèque qui y était attachée ;

» Et vu les art. 1200, 1203, 1204 et 2037 du Code civil ;

» Considérant que l'art. 2037 n'admet l'exception de la cession d'actions qu'en faveur des cautions ;

» Que les co-débiteurs solidaires ne peuvent être considérés comme cautions, que pour la somme qui leur est demandée au-delà de celle dont ils sont tenus à raison de la part qu'ils ont eue dans la cause de la dette ;

» Que la femme Forgeron, mère de la défenderesse, avait acquis conjointement avec son mari, et s'était obligée solidairement avec lui ; que la défenderesse, héritière pure et simple de sa mère, et ayant accepté la communauté d'entre celle-ci et son époux, a succédé à l'obligation virile de sa mère intéressée pour moitié dans la cause de la dette ;

» Que Carré, ne répétant vers la défenderesse que la somme de 4848 francs, lui demandait beaucoup moins que la moitié de la dette, c'est-à-dire, moins que la portion virile dont sa mère était tenue dans l'obligation qu'elle avait contractée solidairement avec son mari ; que conséquemment la défenderesse n'était pas recherchée comme caution, et qu'elle ne pouvait exiger que Carré lui cédât son action avec les hypothèques qui y avaient été attachées, et auxquelles il avait renoncé; que cependant, faute à ce dernier de pouvoir faire cette cession, la cour d'Orléans a rejeté comme nulles ses poursuites contre la défenderesse : d'où résulte la fausse application de l'art. 2037, et par suite la violation des autres articles cités qui assurent les droits du créancier contre son débiteur solidaire;

» Par ces motifs, la cour casse et annulle... »

SOMMATION. *La citation en conciliation sur une demande en payement, équivaut-elle à une sommation de payer, et suffit-elle, lorsqu'avant son échéance, elle est suivie d'offres réelles de la part des débiteurs, pour constituer celui-ci en demeure ?*

V. l'arrêt de la cour de cassation, du 14 juin 1814, rapporté au mot *Emphytéose*, §. 3, n. 2.

SOUSTRACTION DE TITRES. *V.* l'article *Suppression de titres.*

SPOLIATION. *L'héritier du mari peut-il compenser, jusqu'à due concurrence, la dot qu'il doit rendre à sa veuve, avec la valeur des effets qu'elle a soustraits de la maison maritale ?*

V. le plaidoyer du 2 ventôse an 11, rapporté à l'article *Dot*, §. 5.

STIPULATION POUR AUTRUI. 1.º *Dans quels cas peut-on valablement stipuler pour autrui ?*

2.º *Dans quels cas ces sortes de stipulations, lorsqu'elles sont valables, peuvent-elles être révoquées par les parties qui les ont faites ?*

3.º *L'indication de payement stipulée dans un contrat de vente au profit d'un créancier du vendeur, pouvait-elle, sous le régime hypothécaire de 1771, être révoquée par le vendeur lui-même, avant que le créancier l'eût acceptée, et après que l'acquéreur avait pris sur son contrat, des lettres de ratification au sceau desquelles le créancier indiqué n'avait pas formé opposition ?*

Les 6 mai 1785, 11 janvier et 24 juin 1787, actes notariés par lesquels la veuve Lorimier constitue, au profit de Jean-François Morand, Isidore Chaillot, François Dinville, Joseph Brulé, Nicolas Hubert et Marie-Cécile Chesnel, des rentes viagères qu'elle affecte spécialement sur sa terre d'Etoges.

Le 21 fructidor an 3, Claude Lorimier, son fils et unique héritier, vend la terre d'Etoges à Camille Pernon, qui l'acquiert pour lui ou son command.

Le 16 brumaire an 4, contrat notarié entre Claude Lorimier et François Labrousse, par lequel celui-ci, moyennant la somme de 270,000 liv. que lui compte le premier, se charge, 1.º de lui payer une rente viagère de 5143 boisseaux de blé, mesure d'Etoges, en nature ou en valeur, *suivant les mercuriales de Montmirail et de Sézanne près Etoges*; 2.º d'acquitter à sa décharge un douaire annuel de 4000 liv., et les rentes viagères créées par les actes des 5 mai 1785, 11 janvier et 24 juin 1787, au profit des six personnes ci-dessus nommées.

Le 11 nivôse suivant, Camille Pernon obtient sur son contrat d'acquisition du 21 fructidor an 3, et toujours tant pour lui que pour son command, des lettres de ratification qui sont scellées sans opposition de la part de ces six personnes.

Le 9 pluviôse de la même année, Camille Pernon déclare pour command François Labrousse.

Le 13 du même mois, acte notarié, par lequel « Camille Pernon désirant pouvoir disposer librement du domaine d'Etoges, sans être gêné dans cette disposition, par les droits et hypothèques acquis au cit. Lorimier, par l'acte du 16 brumaire dernier, demande que le cit. Lorimier y donne son consentement formel, pour suppléer à ce qui ne se trouve point exprimé dans ledit contrat »;

Et Claude Lorimier, de son côté, « reconnaissant qu'il a entendu, lors de la passation de ce contrat, accorder au cit. Labrousse la faculté de cette libre disposition, et que son consentement, quoique non stipulé, a été néanmoins une condition entendue et convenue entre eux, déclare consentir que le domaine d'Etoges ne soit point frappé des droits, actions et hypothèques acquis au cit. Lorimier par le contrat du 16 brumaire, à raison des rentes viagères que le cit. Labrousse s'est obligé d'acquitter par ledit contrat, tant en fonds et capitaux, que pour les arrérages et autres accessoires et obligations qui y sont stipulés; mais qu'au contraire, lesdits biens en demeurent affranchis... ».

Le 26 du même mois, François Labrousse vend à Ferdinand Daragond la terre d'Etoges, à l'exception d'un bois de 630 arpens, connu sous le nom de *Bois de Rilland*.

Ferdinand Daragond prend sur son contrat des lettres de ratification qui sont scellées sans opposition.

En floréal an 4, Claude Lorimier et François Labrousse transmettent à chacun des propriétaires des rentes viagères constituées par les actes des 5 mai 1785, 11 janvier et 24 juin 1787, un extrait de la convention du 16 brumaire, par laquelle François Labrousse s'est chargé d'acquitter ces rentes; et leur annoncent qu'à l'avenir ils devront s'adresser à celui-ci pour le payement des arrérages.

Le 11 messidor an 5, François Labrousse, pour se libérer des sommes considérables qu'il doit à François Lafontaine-Grandcourt, lui vend le *bois de Rilland*, précédemment distrait du domaine d'Etoges.

François Lafontaine-Grandcourt ne prend point de lettres de ratification sur ce contrat.

En fructidor an 5, frimaire an 6, germinal, floréal et prairial an 7, Jean-François Morand, Isidore Chaillot, François Dinville, Joseph Brulé, Nicolas Aubert et Marie-Cécile Chesnel prennent des inscriptions sur le *bois de Rilland*, pour la conservation des hypothèques de leurs rentes viagères.

Le 28 thermidor an 7, ils citent François Lafontaine au tribunal civil du département de la Seine, pour se voir condamner hypothécairement à payer les arrérages échus de ces rentes, et à en continuer la prestation à l'avenir.

Les 24 brumaire et 24 frimaire an 8, jugemens par défaut, qui leur adjugent leurs conclusions. Appel.

François Lafontaine soutient qu'il a été mal jugé, 1.° parce que François Labrousse, son vendeur, a purgé les hypothèques des six rentiers, par le défaut d'opposition de ceux-ci aux lettres de ratification prises sur le contrat du 21 fructidor an 3; 2.° parce que Claude Lorimier, débiteur primitif des six rentes viagères, avait, par l'acte du 15 pluviôse an 4, déchargé le domaine d'Etoges de toute hypothèque pour raison de ces rentes, et que, par là, il avait fait cesser l'exception que les six rentiers auraient pu tirer de la convention du 16 brumaire précédent.

Les rentiers répondent qu'au moyen de la convention du 16 brumaire an 4, François Labrousse, représenté aujourd'hui par François Lafontaine, doit être considéré comme ayant acquis le domaine d'Etoges à la charge d'acquitter leurs rentes; qu'ils doivent par conséquent être assimilés à des créanciers délégués par un contrat de vente sur lequel sont ensuite obtenues des lettres de ratification; et que, dès-là, ils n'ont pas besoin, pour conserver leurs hypothèques, de former opposition au sceau des lettres du 11 nivôse an 4; que telle était, par rapport aux créanciers délégués, l'interprétation donnée par la jurisprudence des arrêts aux dispositions de l'édit de juin 1771; que l'acte du 13 pluviôse an 4 est, à leur égard, *res inter alios acta*, et qu'il n'a pas pu leur enlever des hypothèques qui leur étaient légitimement acquises.

Le 9 fructidor an 10, la cour d'appel de Paris confirme les deux jugemens par défaut du tribunal de première instance, « Attendu que Labrousse ayant contracté, par l'acte du 16 bru-

maire an 4, l'obligation personnelle de payer les rentes et pensions léguées et données par la défunte Lorimier, en a fait sa propre dette, suivant que lui-même en a donné avis aux différens créanciers par sa lettre du 29 floréal an 4, et n'a pas pu purger, par les lettres de ratification, l'hypothèque résultante sur tous ses biens, dudit acte du 16 brumaire an 4 ».

François Lafontaine se pourvoit en cassation, et propose pour moyens tout ce qu'il avait dit devant la cour d'appel.

« Ces moyens (ai-je dit à l'audience de la section civile, le 6 messidor an 12) présentent à votre examen des difficultés assez épineuses.

» Il n'y en aurait cependant aucune, et le jugement attaqué devrait incontestablement être maintenu, si, par l'acte du 15 pluviôse an 4, Claude Lorimier n'avait pas déchargé la terre d'Etoges des hypothèques dont elle avait été grevée par l'acte passé entre lui et François Labrousse, le 16 brumaire précédent;

» Car alors, le demandeur aurait beau dire qu'à l'époque du 16 brumaire an 4, François Labrousse n'était pas encore propriétaire du domaine d'Etoges, et qu'il ne l'est devenu que par la déclaration de command faite à son profit, le 9 pluviôse suivant; il aurait beau dire que les lettres de ratification, du 11 nivôse de la même année, ont purgé les hypothèques résultantes du fait des vendeurs, et de celui de sa mère qu'il représentait, pour la conservation desquelles il n'avait pas été formé d'opposition au sceau; il aurait beau inférer de là que, faute d'opposition, les défendeurs ont perdu, par le sceau des lettres du 11 nivôse, les hypothèques qu'ils tenaient du testament et des donations de la veuve Lorimier, mère du vendeur de François Labrousse.

» On lui ferait une réponse aussi simple que péremptoire.—Soit, lui diraient les défendeurs, nous avons perdu l'hypothèque que nous avaient conférée les actes des 5 mai 1785, 11 janvier et 24 juin 1787; mais nous en avons acquis une nouvelle par l'acte que François Labrousse a souscrit le 16 brumaire an 4; car, par cet acte, et en vertu du régime hypothécaire qui existait alors, François Labrousse a affecté tous ses biens présens et à venir, à l'obligation qu'il s'est imposée d'acquitter nos rentes viagères; dès-là, si réellement François Labrousse n'a commencé que le 9 pluviôse an 4, d'être propriétaire du domaine d'Etoges, au moins nous avons hypothèque sur ce domaine, à compter du 9 pluviôse an 4; et le bois de Rillant, qui faisait alors partie de ce domaine, n'ayant été depuis purgé de notre hypothèque par aucun moyen légal, il est clair que François Lafontaine, ici demandeur en cassation, n'a pu acquérir ce bois de François Labrousse, qu'avec la charge de notre hypothèque.

» Et vainement, dans cette supposition, le demandeur répliquerait-il que, par l'acte du 16 brumaire an 4, François Labrousse ne s'est engagé à rien envers les défendeurs ; que, par cet acte, il a bien contracté l'obligation de payer leurs rentes viagères, à l'acquit de Claude Lorimier ; mais qu'il ne l'avait contractée qu'envers Claude Lorimier lui-même ; que, conséquemment , Claude Lorimier seul avait été investi par cet acte, du droit de poursuivre François Labrousse pour le payement de ces rentes ; qu'il n'était résulté de cet acte aucune action, et par suite aucune hypothèque, en faveur des défendeurs.

» Ce raisonnement eût été bon dans l'ancien droit romain ; mais il est sans fondement, et dans le dernier état de ce droit, et encore plus dans notre jurisprudence.

» Dans l'ancien droit romain, c'était un principe rigoureusement observé, que nul ne pouvait stipuler pour l'intérêt d'autrui. Cependant on pouvait faire entrer l'intérêt d'autrui dans une convention, non comme objet direct, mais comme condition ou mode. Ainsi, vous ne pouviez pas, à la vérité, stipuler de moi directement, et par convention principale ; que je donnerais cent écus à un tiers ; mais vous pouviez, en me faisant une donation, y apposer la charge de donner moi-même, à un tiers, une somme de cent écus. Quel était alors l'effet de cette stipulation ? Il en résultait bien que, faute par moi d'accomplir la charge dont vous aviez grevé votre donation, vous pouviez répéter contre moi ce que vous m'aviez donné ; et la loi vous attribuait pour cela une action que l'on appelait *condictio ob causam dati, causâ non secutâ*. Mais le tiers, en faveur duquel vous m'aviez imposé cette charge, n'avait contre moi aucune espèce d'action pour me demander les cent écus.

» Cette législation a été changée par une ordonnance des empereurs Antonin et Verus, qui est rappelée dans la loi 3, C. *de donationibus quæ sub modo.* Lorsqu'une donation, y est-il dit, avait été faite à la charge qu'après un certain temps, la chose donnée serait restituée à un tiers, et que celui-ci n'était point intervenu au contrat, le défaut de restitution, d'après les principes de l'ancien droit, n'ouvrait qu'au profit du donateur ou de ses héritiers, l'action en répétition de la chose donnée: *quoties donatio ita confertur, ut post tempus id quod donatum est, alii restituatur ; veteris juris auctoritate rescriptum est, si is in quem liberalitatis compendium conferebatur, stipulatus non sit, placiti fide non impletâ, ei qui liberalitatis auctor fuit, vel heredibus ejus condictitiæ actionis persecutionem competere.* Mais des considérations d'équité ayant depuis porté les empereurs à accorder au tiers qui n'a point paru dans le contrat, une action utile

pour faire exécuter la disposition du donateur qui le concerne, non-seulement il peut agir lui-même à cet effet, mais son héritier le pourra comme lui, s'il vient à mourir avant d'avoir intenté ses poursuites. *Sed cùm posteà benignâ juris interpretatione divi principes* (1) *ei qui stipulatus non sit, utilem actionem, juxtà donatoris voluntatem, competere admiserint ; actio quæ sorori tuæ, si in rebus humanis ageret, competebat tibi accommodabitur.*

» Ainsi, dans le dernier état de la législation romaine, la stipulation faite pour un tiers donnait à celui-ci une action contre la partie qui l'avait souscrite, lorsqu'elle était entrée dans le contrat, comme charge, mode ou condition ; et la preuve que notre jurisprudence lui avait attribué le même effet, avant même que l'art. 1121 du Code civil eût renouvelé, à cet égard, la disposition de la loi citée du Code de Justinien, c'est que cette disposition se retrouve dans l'art. 11 de l'ordonnance du mois de février 1731 : « Lorsqu'une donation (y est-il dit), aura
» été faite en faveur du donataire et des enfans
» qui en naîtront, ou qu'elle aura été chargée
» de substitution au profit desdits enfans, ou
» *autres personnes nées ou à naître*, elle vaudra
» en faveur desdits enfans ou *autres personnes*,
» par la seule acceptation dudit donataire,
» encore qu'elle ne soit pas faite par contrat
» de mariage, et que les donateurs soient des
» collatéraux ou des étrangers ».

» De là vient que jamais on n'a douté, parmi nous, que les indications de payement, faites par un contrat de vente au profit des créanciers du vendeur, ne donnassent action à ces créanciers contre l'acquéreur qui s'était obligé de les payer.

» Mais si de ces principes nous devons conclure que, par l'acte du 16 brumaire an 4, les demandeurs ont acquis une action personnelle contre François Labrousse ; si nous devons en conclure que, par l'effet de cet acte, le domaine d'Etoges a été frappé d'hypothèque au profit des défendeurs, dès le moment où le demandeur en cassation est forcé de convenir que François Labrousse en est devenu propriétaire, c'est-à-dire, à compter du 9 pluviôse an 4, jour de la déclaration de command faite en sa faveur par Camille Pernon ; —Ne devons-nous pas en même temps reconnaître que l'acte du 13 pluviôse an 4 a révoqué celui du 16 brumaire précédent, sinon quant à l'action personnelle qui en avait résulté, du moins quant à l'hypothèque qui s'en était ensuivie ?

» Cette question revient à celle de savoir si, en thèse générale, l'obligation qui a été, pour

---

(1) Ces termes, *divi principes*, désignent les empereurs Antonin et Verus. *V.* Cujas, sur le Code, liv. 8, tit. 55.

le compte d'un tiers, insérée comme charge, condition ou mode, dans le contrat fait entre deux parties, peut être révoquée, soit par celle des deux parties qui l'a stipulée, soit par leur consentement mutuel.

» Elle ne peut certainement plus l'être, après l'acceptation du tiers au profit duquel l'un des contractans l'avait stipulée; et c'est ce que décide expressément l'article déjà cité du Code civil.

» Mais n'est-elle pas essentiellement révocable, tant que le tiers ne l'a pas acceptée? L'affirmative ne peut être douteuse pour les actes postérieurs à la publication du Code civil; car défendre, comme le fait le Code civil, de révoquer la stipulation insérée dans un contrat au profit d'un tiers, après qu'*il a déclaré vouloir en profiter*, c'est bien évidemment en permettre la révocation, tout le temps qu'une pareille déclaration n'a pas été faite pour le tiers.

» Il reste donc à savoir si cette disposition du Code civil est introductive d'un droit nouveau, ou si elle n'est que la confirmation de l'ancien droit.

» Nous devrions la regarder comme introductive d'un droit nouveau, si nous nous en tenions à la doctrine de Paul de Castres (sur la loi 122, §. 2, D. *de verborum obligationibus*); de Joannes Lupus (sur le titre *de donationibus inter virum et uxorem*, §. 54); de Benedicti (sur le chapitre *Raynutlus*, aux mots *si absque liberis* 2, *de fideicom.*, n. 23); de Fachinæus (*controv. jus. lib.* 8, *cap.* 89), Ces auteurs soutiennent, en effet, que la condition insérée au profit d'un tiers dans un contrat, ne peut pas, même avant que le tiers ait manifesté, par un acte extérieur, son intention d'en recueillir l'effet, être révoquée par celle des parties contractantes qui l'a stipulée. Leur raison est que cette condition étant, par la loi, reconnue obligatoire, elle confère, par cela seul, au tiers absent, un droit certain, et que nul ne peut, sans sa volonté expresse, être dépouillé d'un droit qui est une fois acquis légitimement. Ils invoquent d'ailleurs, à l'appui de leur doctrine, la loi dernière, D. *de pactis*, suivant laquelle la caution qui a été libérée par la remise que le créancier avait faite de sa créance au débiteur principal, ne peut plus être regrevée de cette créance, par la renonciation du débiteur principal à la remise qu'il en avait obtenue.

» Mais l'opinion contraire compte un plus grand nombre de partisans. Tels sont notamment Bartole, Arétin, Imola, Alexandre, de Cumes (*Cumanus*), Jason, Socin et Duaren, dans leurs commentaires sur le digeste, loi 122, §. 2, *de verborum obligationibus*; Decker, *lib.* 1, *dissert.* 4, n. 52; Covarruvias, *lib.* 1, *variar. resolut.*, *cap.* 14, n. 13; le président Favre, sur la loi 36, D. *de pactis*; Peregrini, *de fideicommissis*, art. 51, n. 46; Tiraqueau, *de jure primogenituræ*, quest. 8, n. 4 et 5; Ferrières, sur Guy-Pape, quest. 222; Charondas, dans ses *Pandectes du droit français*,

liv. 2, chap. 21, Tulden, sur le Code, liv. 8, tit. 55; Ricard, *des donations*, part. 1, n. 873; Voët, sur le digeste, titre *de donationibus*, n. 43; et Furgole, dans ses *Questions remarquables sur la matière des donations*, quest. 5, n. 32. Elle a aussi été adoptée par deux arrêts : l'un rendu au parlement de Paris, en 1572, et rapporté dans le commentaire de Chopin, sur la coutume de cette ville, liv. 2, tit. 3, n. 10; l'autre du sénat de Chambéry, du 19 novembre 1592, rapporté dans le Code du président Favre, liv. 8, tit. 37, déf. 2.

» On peut d'ailleurs la justifier par des textes très-précis du droit romain, et d'abord par la loi qui forme le principal fondement de l'opinion contraire, c'est-à-dire, par la loi 3, C. *de donationibus quæ sub modo*. « Car (dit Furgole), » suivant cette loi, l'action n'est acquise au » tiers absent que sur le fondement de la volonté » du donateur, *juxtà donatoris voluntatem*; » ainsi, il est évident que c'est cette même vo- » lonté qui établit le droit de l'absent; il faut » donc que le donateur y persévère; que, s'il » change, il ne reste plus aucun titre au tiers » absent, aucun droit, ni action sur les biens » donnés. Cela se fortifie par la décision de la » loi 3, D. *de servis exportandis*, et de la loi 1, » C. *si mancipium ita fuerit alienatum*, qui, » nonobstant la faveur de la liberté, veulent » que, quand un esclave a été vendu ou donné » à la charge qu'après un certain temps, il se- » rait libre, cet esclave n'acquière la liberté que » dans le cas que le vendeur ou le donateur » n'ont pas changé de volonté, et n'ont pas ré- » voqué la convention : *Si tamen is qui vendi- » dit in eâdem voluntate perseveret, si modò » patroclus non contrariæ voluntatis fuerit*, di- » sent ces lois; ce qui suppose, d'une manière- » bien claire, que le donateur a la liberté de » changer de volonté et de révoquer la charge » ou la substitution, tandis que les choses sont » encore entières ».

» Objecterait-on que ces deux lois sont fondées sur le principe de l'ancien droit romain qui ne donnait au tiers absent aucune action pour l'accomplissement des clauses stipulées à son profit dans un contrat?

» Mais, d'une part, ces lois elles-mêmes prou- vent démonstrativement le contraire : elles por- tent en toutes lettres que l'esclave dont l'af- franchissement a été imposé pour condition à l'acheteur ou au donataire à qui il a été livré, acquiert de plein droit sa liberté, par le seul laps du temps où il a été convenu qu'il en jouirait; ce qui ne permet pas de douter que la faveur de la liberté n'eût déterminé même les anciens législateurs romains à s'écarter pour elle, de la rigueur du principe qui défendait de stipuler pour des tiers

» D'un autre côté, la seconde des lois dont il s'agit, est de l'empereur Alexandre, et par conséquent postérieure, d'un grand nombre d'années, à celle des empereurs Antonin et Vérus, rappelée dans la loi 3, C. *de donationibus quæ sub modo*, qui la première a attribué une *action utile* au tiers absent, pour l'exécution des charges imposées en sa faveur à un donataire.

» Il est donc bien impossible que ces deux lois soient motivées sur autre chose que la maxime consacrée par l'art. 1121 de notre Code civil, et d'après laquelle le tiers absent, au profit duquel il a été stipulé une condition dans un contrat, peut, par le seul changement de la volonté du stipulant, être privé de l'effet de cette condition, tant qu'il ne l'a pas acceptée.

» Du reste, c'est bien mal à propos que les partisans du système contraire se prévalent de la dernière, D. *de pactis*. Cette loi, il est vrai, décide que la renonciation du débiteur principal à la remise qu'il avait obtenue du créancier, ne fait pas revivre l'obligation du fidéjusseur que cette remise avait éteinte; mais qu'a-t-elle de commun avec la question de la révocabilité ou irrévocabilité de la condition insérée dans un contrat au profit d'un tiers absent? Elle ne parle pas d'une remise stipulée au profit du fidéjusseur personnellement, elle parle d'une remise stipulée en faveur de la dette; et cette remise ayant pour le fidéjusseur le même effet qu'un payement en espèces, il est évident que le fidéjusseur est aussi irrévocablement libéré par l'une, qu'il le serait par l'autre; il est évident que le débiteur principal ne peut pas plus faire cesser sa libération, en renonçant à la remise, qu'il ne le pourrait en retirant des mains du créancier, l'argent qu'il lui aurait précédemment payé; il est évident, en un mot, que, pour conserver l'effet de la libération qu'il a une fois acquise, le fidéjusseur n'a pas besoin de recourir aux règles des stipulations faites par forme de condition, de charge ou de mode, pour l'intérêt des tiers absens.

» Mais si ces stipulations étaient révocables d'après le droit romain, comme elles le sont aujourd'hui d'après notre Code civil, n'avaient-elles pas cessé de l'être avant que notre Code civil eût, sur cette matière, remis le droit romain en vigueur? N'avaient-elles pas cessé de l'être par l'art. 11 du tit. 1 de l'ordonnance du mois d'août 1747? N'étaient-elles pas en conséquence irrévocables à l'époque où ont été passés, entre François Labrousse et Claude Lorimier, les actes qui sont l'objet de la discussion actuelle?

» Non, Messieurs; et pour nous en convaincre, il suffit de ne pas perdre de vue le principe, que les lois nouvelles qui dérogent à l'ancien droit, ne peuvent être étendues hors de leurs termes précis, ni appliquées à d'autres cas que ceux sur lesquels elles frappent expressément.

» A la vérité, l'art. 11 du tit. 1 de l'ordonnance de 1747 déclare que « les substitutions » faites par un contrat de mariage ou par une » donation entre-vifs bien et dûment acceptée, » ne pourront être révoquées ni les clauses » d'icelles changées, augmentées ou diminuées » par une convention ou disposition posté- » rieure, même du consentement du dona- » taire ».

» Mais comme l'observent Furgole et Thevenot, sur cet article, c'est là une innovation à l'ancien droit, et par conséquent elle doit être restreinte aux actes pour lesquels elle a été faite. On ne peut donc pas en induire que, dans l'intervalle de la publication de l'ordonnance de 1747 à celle du Code civil, les conditions non emportant fidéicommis, stipulées dans des contrats au profit de tiers absens, aient perdu leur caractère de révocabilité.

» Aussi, pour ne parler en ce moment que de celle de ces conditions qui est le plus commune dans les contrats de vente, n'a-t-on jamais douté, depuis l'ordonnance de 1747, que l'indication de payement stipulée par un vendeur au profit de son créancier, ne pût être révoquée, sinon par le vendeur seul, au moins de concert avec l'acquéreur, tant que le créancier ne l'avait pas acceptée. .... (1).

» Mais de là conclurons-nous que Claude Lorimier a pu, le 13 pluviôse an 4, décharger François Labrousse de l'hypothèque dont il l'avait grevé au profit des défendeurs? L'affirmative semblerait au premier abord ne devoir éprouver aucune difficulté. Les défendeurs n'étaient pas intervenus dans l'acte du 16 brumaire, par lequel François Labrousse s'était obligé envers Claude Lorimier, à payer leurs rentes viagères; ils n'avaient donc acquis par cet acte, envers François Labrousse, d'autre qualité que celle des créanciers indiqués; ils n'avaient donc contre François Labrousse, que les droits de tiers absens, au profit desquels il a été stipulé une condition dans un contrat; Claude Lorimier qui avait stipulé pour eux l'indication de payement, demeurait donc maître de la révoquer; il demeurait donc, à plus forte raison, maître de la modifier et d'en diminuer les avantages; il pouvait donc, en la conservant, déclarer qu'elle n'affecterait plus hypothécairement le domaine d'Etoges.

» Prenons garde cependant à ces conséquences: quelque spécieuses qu'elles soient, elles pourraient n'être que des erreurs.

» Oui, sans doute, l'indication de payement stipulée dans un contrat de vente, au profit d'un créancier qui ne l'a pas acceptée, peut, en thèse générale, être révoquée par le vendeur; et con-

---

(1) *V.* l'article *Transfert.*

séquemment, en thèse générale, le vendeur peut la modifier et la dépouiller des hypothèques dont il l'avait enrichie à l'insu et sans la participation de son créancier. Mais le vendeur conserve-t-il, encore cette faculté, après que l'acquéreur à qui il avait imposé la charge de payer son créancier, a rempli les formalités nécessaires pour purger les hypothèques que celui-ci avait précédemment et en vertu de son propre titre, sur l'immeuble vendu?

» Ici se présente, comme vous le voyez, la question de savoir quel est, par rapport au créancier indiqué par un contrat de vente, l'effet du défaut d'opposition au sceau des lettres de ratification prises sur ce contrat?

» Cette question a partagé les jurisconsultes; mais peut-être a-t-on trop confondu, en la traitant, les deux points de vue différens sous lesquels doit être envisagé le créancier indiqué par le contrat de vente, qui n'a pas formé opposition au sceau des lettres de ratification. Peut-être n'a-t-on pas assez distingué sa condition à l'égard des créanciers opposans, d'avec sa condition à l'égard de l'acquéreur.

» Envers les créanciers opposans, il est difficile de concevoir comment on a pu soutenir que l'indication de payement dans le contrat de vente, tenait lieu d'opposition.

» Nous savons bien qu'on a argumenté de quatre arrêts du parlement de Paris, des 24 mars 1676, 1.er août 1686, 9 août 1690 et 17 juillet 1758, qui l'avaient, dit-on, ainsi jugé pour les décrets volontaires auxquels l'édit de 1771 a substitué les lettres de ratification.

» Mais 1.° ces arrêts sont-ils bien précisément dans l'espèce? Il est d'autant plus permis d'en douter, que D'héricourt qui a écrit après les trois premiers, et Pothier qui a écrit après le quatrième, ont enseigné, comme principe constant, l'un dans son *Traité de la vente des immeubles*, chapitre dernier, n.re 4, l'autre dans son *Introduction au titre 21 de la coutume d'Orléans*, n. 172, et dans son *Traité de la procédure civile*, tom. 1, chap. 2, que les créanciers opposans seulement, dans l'ordre d'un décret volontaire, priment les créanciers indiqués ou même délégués par le contrat, qui ont négligé de former opposition.

» 2.° La jurisprudence de ces prétendus arrêts a été formellement condamnée par l'art. 1 de la déclaration du 17 juin 1703, lequel porte que *tous créanciers, même ceux qui auront été délégués par le contrat de vente d'un office, seront tenus de s'opposer au sceau des lettres de provisions, pour la conservation de leurs droits* dans l'ordre du prix; et cette disposition est ici d'autant plus remarquable, que l'art. 7 de l'édit de juin 1771 assimile les effets du sceau des lettres de ratification aux effets du sceau des provisions d'offices.

» 3.° L'art. 19 de ce dernier édit n'admet aucun créancier non opposant à concourir dans l'ordre avec les créanciers opposans; il veut, sans distinction, sans exception quelconque, que les créanciers opposans soient toujours colloqués en première ligne.

» 4.° Comme l'observe Grenier, sur l'art. 15 du même édit, n. 2, « il est infiniment intéres-
» sant que les créanciers opposans connaissent
» quels sont les créanciers qui prétendent droit
» au prix, parce que c'est cette circonstance qui,
» dirige les créanciers, pour savoir s'ils doivent
» enchérir ou non. Or, les créanciers ne peuvent
» se connaître entre eux, que par la voie des
» oppositions dont ils retirent des extraits.…
» Vainement dirait-on que la mention du con-
» trat sur les affiches, peut donner connaissance
» aux créanciers non délégués, de ceux qui le
» sont : ce moyen est sans fondement : on ne fait
» jamais mention sur les affiches, des déléga-
» tions contenues au contrat, et cette mention
» n'est pas nécessaire; il suffit que les affiches
» contiennent le nom du vendeur, celui de
» l'acquéreur, la désignation de l'objet vendu,
» le prix et les principales conditions de la
» vente ».

» 5.° Enfin, ce qui est plus décisif encore, le 7 floréal an 4, au rapport de M. Bailly et sur les conclusions de M. Bayard, et le 17 pluviôse an 5, au rapport de M. Schwendt, et sur les conclusions de M. Abrial, vous avez cassé un jugement du tribunal de district de la campagne de Lyon, du 13 frimaire an 3, qui avait préféré à des créanciers opposans, un créancier antérieur en hypothèque non opposant, mais délégué par le contrat de vente.

» Envers l'acquéreur, c'est toute autre chose. Le créancier indiqué par le contrat de vente, n'en conserve pas moins son action, et par conséquent son hypothèque contre lui, quoiqu'il n'ait pas formé opposition au sceau de ses lettres. Vous l'avez ainsi jugé, le 28 ventôse an 8, en cassant, au rapport de M. Rataud, un jugement du tribunal civil du département de l'Oise, du 13 fructidor an 6, qui, faute que les héritiers Lethuilier, d'avoir formé opposition au sceau des provisions de l'office de la grande et petite voirie de Rouen, vendu en 1777, par Agasse à Clément, avec indication de payement à leur profit, avait décidé que Clément n'était plus leur débiteur hypothécaire.

» A la vérité, l'acquéreur peut, en ce cas, invoquer, contre le créancier indiqué par le contrat de vente, la disposition générale et indéfinie de l'art. 7 de l'édit de 1771, suivant laquelle *les lettres de ratification purgent les hypothèques à l'égard DE TOUS LES CRÉANCIERS des vendeurs qui ont négligé de faire opposition dans la forme prescrite*. Mais le créancier indiqué par le contrat de vente, écartera facilement cette objection, en observant que si, par son défaut d'opposition au sceau, il a perdu son hypothèque primitive, c'est-à-dire, l'hypothèque qu'il avait du chef du vendeur, il n'a pas du moins perdu celle que lui a donnée le contrat de vente même, en imposant à l'acquéreur l'obligation de le payer; qu'en effet, l'acquéreur n'a pas pu, par ses lettres de ratification, purger ses engagemens personnels; que ses lettres de ratification n'ont purgé que les *dettes des précédens propriétaires*, et que telle est la disposition expresse de l'art. 7 de l'édit.

» Et vainement l'acquéreur argumentera-t-il de la décharge de l'indication de payement qu'il aura obtenue de son vendeur, après le sceau de ses lettres de ratification. Quoiqu'en général (dit Grenier, sur l'art. 15, n. 3), l'indication de payement ne doive être considérée que comme un mandat toujours révocable à la volonté du vendeur, tant que le créancier indiqué ne l'a pas accepté formellement, *néanmoins je pense que, dans ce cas particulier; c'est-à-dire, après l'obtention des lettres de ratification, l'acquéreur ne pourrait pas se dispenser de payer le créancier simplement indiqué, qui n'aurait pas formé d'opposition.* On ne pourrait pas tolérer que le vendeur et l'acquéreur présentassent au créancier l'indication, *comme un leurre pour empêcher son opposition; et qu'après avoir ensuite purgé son hypothèque par les lettres, ils le privassent du prix.*

» Ainsi, que le vendeur soit maître de révoquer l'indication de payement, et par suite d'en anéantir l'hypothèque, tant que les lettres de ratification ne sont pas scellées, à la bonne heure : mais l'admettre encore à l'exercice de cette faculté, après que le créancier indiqué, en se reposant sur la clause du contrat qui charge l'acquéreur de sa créance, a, de bonne foi, laissé obtenir et sceller les lettres sans opposition, ce serait rendre le créancier indiqué victime de la confiance qu'on lui a inspirée, ce serait faire triompher la fraude, ce serait couronner l'œuvre de l'iniquité.

» Si donc, dans notre espèce, l'indication de payement stipulée par le vendeur Claude Lorimier, au profit des défendeurs, l'avait été dans le contrat de vente du 21 fructidor an 3, il n'y aurait nul doute qu'elle ne fût devenue irrévocable, par le sceau des lettres de ratification prises le 11 nivôse an 4, sur ce contrat; il n'y aurait par conséquent nul doute que l'hypothèque dont elle aurait grevé le domaine d'Etoges, dans la personne de l'acquéreur, ne se fût conservée sur la partie de ce domaine qui a été depuis transférée à François Lafontaine; et par une conséquence ultérieure, il ne peut plus y avoir de difficulté pour maintenir le jugement attaqué par celui-ci, qu'à raison de ce que l'indication de payement n'a pas été stipulée par le contrat de vente, de ce qu'elle l'a été

par un acte séparé, du 16 brumaire an 4, et de ce qu'au moment où elle l'a été par cet acte, François Labrousse n'avait pas encore été déclaré *command* par Camille Pernon.

» Mais d'abord, il est certain que, relativement à l'effet de cette indication de payement, François Labrousse doit être considéré comme ayant été propriétaire du domaine d'Etoges, dès le 21 fructidor an 3, jour où Camille Pernon en a fait l'acquisition *pour lui ou son command.*

» Il en serait autrement, sans doute, si la déclaration de command faite à son profit le 9 pluviôse an 4, par Camille Pernon, l'eût été après le délai qu'avait déterminé la loi alors en vigueur : car, dans cette hypothèse, ce ne serait pas une déclaration de command, ce serait une revente que Camille Pernon aurait véritablement souscrite; et dès-là, François Labrousse ne pourrait être réputé propriétaire, qu'à dater du 9 pluviôse an 4.

» Mais nous ne devons pas oublier qu'à cette époque, la loi du 13 septembre 1791 était encore dans toute sa force, et que, par cette loi, à laquelle il n'a été dérogé que par celle du 14 thermidor an 4, *le délai pour faire et accepter les déclarations de command ou élections d'ami*, avait été *fixé dans toute la France, pour toute espèce de biens* ET POUR TOUS EFFETS, *à six mois, à compter de la date des ventes ou adjudications contenant les réserves en vertu desquelles elles auraient été faites.*

» Or, quel est l'effet d'une déclaration de command faite et acceptée dans le terme légal? C'est que celui au profit duquel on l'a faite et qui l'accepte, est censé avoir acheté lui-même directement; c'est qu'elle ne forme avec le contrat d'acquisition, qu'un seul et même titre : *Ità ut*, dit le président Favre, dans son Code, liv. 4, tit. 34, déf. 1, *licet non in continenti, sed distinctis temporibus contractuque separatio fiat electio, unus tamen contractus, una emptio esse intelligatur; emptorisque jure non tam qui elegit, quàm qui electus est, censeatur;* c'est que la personne déclarée command, est censée avoir reçu la propriété des mains immédiates du vendeur, *quoniam,* dit le président Favre, *unica tantùm dominii translatio est, quæ fit à venditore in electum tanquam verum emptorem;* c'est enfin, comme l'explique elle-même la loi du 13 septembre 1791, que le command ne *peut être recherché ni poursuivi, soit hypothécairement, soit autrement, par qui que ce soit, du chef de l'acquéreur qui l'a déclaré tel;* et que par conséquent, l'acquéreur qui l'a déclaré tel, est censé n'avoir jamais été saisi de la propriété du bien.

» Ainsi, aux yeux de la loi, François Labrousse était propriétaire du domaine d'Etoges, il l'était même déjà depuis deux mois, lorsque par l'acte du 16 brumaire an 4, il s'est obligé envers Claude Lorimier, vendeur, à payer les rentes viagères des défendeurs. Et non - seulement, il en était, dès - lors, propriétaire aux yeux de la loi, mais il l'était aussi de fait; et c'est comme propriétaire du domaine d'Etoges, qu'il a traité, le 16 brumaire an 4, avec Claude Lorimier. C'est ce qui résulte assez clairement de la clause de cet acte, par laquelle *la mesure d'Etoges* et les mercuriales des marchés les plus voisins d'*Etoges* sont désignées comme devant régler le taux et la valeur pécuniaire de la rente en grains que Claude Lorimier stipule pour son propre compte, de François Labrousse.

» Mais ce qui lève à cet égard toute espèce de doute, c'est la déclaration que fait Claude Lorimier dans l'acte du 13 pluviôse de la même année, *que, lors de la passation du contrat du 16 brumaire, il avait entendu accorder au cit. Labrousse la libre disposition de la terre d'Etoges.*

» Cela posé, il ne nous reste plus à résoudre qu'une seule question : c'est celle de savoir si, relativement aux lettres de ratification, l'indication de payement consignée dans un acte séparé du contrat de vente, doit avoir, pour le créancier au profit duquel elle a été stipulée, le même effet que si elle était consignée dans le contrat de vente même? Eh! pourquoi ne l'aurait-elle pas?

» Si, dans notre espèce, l'indication du payement avait été faite par le contrat de vente du 21 fructidor an 3, il en serait résulté pour les défendeurs une action personnelle contre François Labrousse; cette action personnelle aurait affecté hypothécairement tous les biens de François Labrousse et conséquemment le domaine d'Etoges,

» De là, l'impossibilité dans laquelle se serait trouvé François Labrousse, de purger, par ses lettres de ratification du 11 nivôse suivant, les droits personnels et hypothécaires que les défendeurs eussent acquis contre lui par son contrat de vente.

» Eh bien! tout ce qu'eût fait, dans cette hypothèse, le contrat de vente du 21 fructidor an 3, l'acte du 16 brumaire an 4 l'a fait également. Par cet acte, François Labrousse s'est obligé personnellement envers les défendeurs; par cet acte, les défendeurs ont acquis une hypothèque sur tous les biens de François Labrousse; François Labrousse a donc été, par cet acte, comme il eût pu l'être par le contrat de vente, placé dans une position à ne pouvoir s'aider de ses lettres de ratification contre les défendeurs.

» Et qu'on ne dise pas que, si une indication de payement stipulée par le contrat de vente, était devenue irrévocable par le sceau des lettres de ratification, il n'a pas pu en être de même de l'indication de payement stipulée par l'acte du 16 brumaire.

» Ce qui, dans l'hypothèse d'une indication de payement faite par le contrat de vente, en eût assuré l'irrévocabilité après le sceau des lettres de ratification, c'est la confiance que les défendeurs auraient dû y avoir; c'est l'assurance qu'elle leur aurait donnée qu'il était inutile pour eux de former une opposition, à l'effet de conserver et leur action personnelle contre François Labrousse, et leur action hypothécaire sur tous ses biens. Or, cette confiance, les défendeurs ont dû l'avoir également dans l'indication de payement faite par l'acte du 16 brumaire; cette assurance, l'indication de payement faite par l'acte du 16 brumaire, a dû la leur donner ni plus ni moins que si elle eût été stipulée par le contrat de vente.

» Dira-t-on que si l'indication de payement eût été stipulée par le contrat de vente, les défendeurs auraient pu en avoir connaissance par l'affiche du contrat même au bureau des hypothèques : au lieu que l'acte du 16 brumaire n'ayant été ni dû être affiché, les défendeurs n'ont pas dû le connaître; et que, dès là, le motif qu'ils auraient pu avoir pour ne pas former opposition en cas d'indication de payement stipulée par le contrat de vente, ne peut pas s'appliquer à l'indication de payement stipulée par l'acte du 16 brumaire?

» Mais déjà nous avons vu que, pour obtenir des lettres de ratification, l'édit de 1771 n'exige point l'affiche du contrat entier, et que, dans l'usage, on n'a jamais affiché les délégations ni les indications de payement dont étaient chargés les acquéreurs. Si donc, par le contrat de vente du 21 fructidor an 3, François Labrousse eût été soumis à payer les rentes viagères des défendeurs, comme il l'a été par l'acte du 16 brumaire an 4, les défendeurs n'en auraient pas été instruits par l'affiche de ce contrat. Ce n'est donc point de la formalité de l'affiche que, dans cette hypothèse, serait dérivée, pour les défendeurs, la dispense de former opposition. Cette dispense n'aurait donc pu alors dériver que de la connaissance extrajudiciaire que les défendeurs seraient, de droit, présumés avoir acquise de l'indication de payement stipulée à leur profit par le contrat de vente. Or, il est évident que les défendeurs ont pu tout aussi bien acquérir extrajudiciairement la connaissance de l'indication de payement stipulée à leur profit par l'acte du 16 brumaire.

» Ainsi, de ce chef, nulle raison de différence entre l'indication de payement stipulée par l'acte du 16 brumaire, et celle qui aurait pu l'être par le contrat de vente.

» Et après tout, MM., le contrat de vente et l'acte du 16 brumaire ne doivent-ils pas être ici considérés comme un seul et même titre? Qu'est-ce que l'acte du 16 brumaire réduit à sa juste valeur? Rien autre chose que la conversion d'une partie du prix fixé par le contrat de vente, en plusieurs rentes viagères, l'une en grains pour

Claude Lorimier, les autres en argent pour les défendeurs.

» Si donc on est forcé de convenir que les lettres de ratification du 11 nivôse an 4 n'auraient pas purgé l'hypothèque qui eût été acquise aux défendeurs sur les biens de François Labrousse, par une indication de payement consignée dans le contrat de vente, on doit nécessairement convenir aussi qu'elles n'ont pas purgé l'hypothèque qu'avait procurée aux défendeurs sur les mêmes biens, l'indication de payement consignée dans l'acte du 16 brumaire an 4.

» Par ces considérations, nous estimons qu'il y a lieu de rejeter la demande en cassation, et de condamner le demandeur à l'amende ».

Sur ces conclusions, arrêt du 6 messidor an 12, au rapport de M. Boyer, qui,

« Attendu que, quoique, par le contrat de vente du domaine d'Etoges et du bois Rilland en dépendant, passé le 21 fructidor an 3, par Lorimier au profit de Pernon, l'acquéreur n'eût pas été spécialement chargé du payement des rentes viagères dues aux défendeurs et affectées sur l'immeuble vendu, cet immeuble était néanmoins resté soumis, dans les mains de l'acquéreur, à l'hypothèque des créanciers desdites rentes;

» Que cette hypothèque n'a pas été purgée par les lettres de ratification prises le 11 nivôse an 4 par cet acquéreur, et que Labrousse, au profit de qui Pernon a fait, le 9 pluviôse suivant, sa déclaration de command, ne peut pas exciper contre ces créanciers du bénéfice desdites lettres de ratification, ni se prévaloir du défaut d'opposition de la part desdits créanciers au sceau desdites lettres, puisque, par un acte antérieur, celui du 16 brumaire an 4, acte passé en forme authentique, ledit Labrousse s'était personnellement soumis au payement des rentes dues auxdits créanciers, et que, d'après cet acte, les lettres de ratification postérieures n'ont pu purger, contre cet acquéreur lui-même, l'hypothèque résultante de son obligation personnelle, circonstance qui dispensait les créanciers de former leurs oppositions au sceau desdites lettres;

» Qu'en vain on oppose, dans l'intérêt du demandeur en cassation, l'acte du 13 pluviôse an 4, par lequel Lorimier, expliquant ou modifiant l'acte du 16 brumaire précédent, a déclaré que, par celui-ci, il n'avait pas entendu affecter la terre d'Etoges et ses dépendances aux obligations imposées par ledit acte à Labrousse;

» Qu'en effet, cette déclaration, étrangère aux créanciers qui n'y ont aucunement concouru, n'a pas pu les priver des droits résultans pour eux de l'acte du 16 brumaire an 4;

» Que d'ailleurs, l'effet de cet acte du 16 brumaire an 4 ayant été, ainsi qu'on l'a observé ci-dessus, de conserver l'hypothèque des créan-

ciers, sans que ceux-ci fussent tenus de s'opposer au sceau des lettres de ratification, la bonne foi de ces créanciers serait évidemment trompée, si l'acte du 13 pluviôse an 4, postérieur auxdites lettres de ratification, pouvait avoir l'effet d'anéantir celui de l'acte du 16 brumaire, et de rendre nécessaire l'opposition des créanciers au sceau des lettres;

» Enfin, que postérieurement même et aux lettres de ratification et à l'acte du 13 pluviôse an 4, Labrousse par de lettres missives des 17 et 29 floréal de la même année, a reconnu de nouveau son obligation personnelle envers lesdits créanciers;

» Que, d'après tous ces faits, le jugement attaqué a pu, sans contrevenir aux art. 7 et 15 de l'édit du mois de juin 1771, décider que le bois Rilland, dépendant du domaine d'Etoges, était nonobstant le défaut d'opposition des défendeurs au sceau des lettres de ratification du 11 nivôse an 4, resté soumis à l'hypothèque desdits créanciers, et que ceux-ci avaient pu poursuivre l'effet de cette hypothèque contre Lafontaine-Grandcourt, devenu depuis acquéreur de ce bois, et qui n'a pas pris des lettres de ratification sur son acquisition;

» Rejette la demande en cassation du sieur Lafontaine-Grandcourt.... ».

SUBROGATION. — §. I. *La subrogation stipulée par une quittance, aux droits et hypothèques du créancier remboursé, emporte-t-elle cession et transport de la créance de celui-ci?*

Cette question, que j'ai traitée dans le *Répertoire de jurisprudence*, aux mots *Subrogation de personne*, sect. 2; §. 1, s'est présentée, en 1810, à la cour de cassation. Voici les faits.

Le 20 avril 1792, le sieur Radix de Sainte-Foix vend à M. de T. P. un terrain situé aux Champs-Elysées, à Paris, moyennant une somme de 77,281 livres 13 sous 4 deniers, convertie en une rente de 3,091 livres 5 sous, que le sieur de Sainte-Foix délègue à C. P. C. D., son vendeur originaire, pour se libérer d'autant envers lui.

Le sieur Bellanger, architecte, est chargé par M. de T. P. de construire une maison sur ce terrain. Il commence ses travaux, après avoir pris les mesures nécessaires pour s'assurer le privilège accordé par la loi aux constructeurs de bâtimens; mais bientôt l'émigration de M. de T. P. le force de les suspendre.

Le 18 fructidor an 3, M. de T. P. est rayé de la liste des émigrés.

Le même jour, le sieur Bellanger fait sa soumission au domaine de rembourser le capital et les arrérages échus de la rente due par M. de T. P. à la république, subrogée, par droit de confiscation, à C. P. C. D.

En conséquence, le 14 nivôse an 4, acte ainsi conçu :

« En présence des notaires publics, à Paris, soussignés, Louis-Pierre Herbin, receveur des domaines nationaux, au bureau établi dans la section du Temple, demeurant à Paris, en son bureau, rue des Fossés et, section du Temple, n.º 52, a reconnu avoir reçu de F. J. Bellanger, architecte à Paris, à ce présent, qui a présentement payé à la nation, entre les mains dudit Herbin, en assignats nationaux, comptés et réellement délivrés à la vue des notaires soussignés, à l'acquit et décharge de C. M. T. P., la somme de 77,281 liv. 13 s. 4 d., montant du prix principal de la vente faite à ce dernier par C. P. M. Radix de Sainte-Foix, de deux portions de terrain se joignant, situées à Paris, aux Champs-Élysées, par contrat passé devant Coupery, l'un des notaires soussignés, qui en a minute, et son confrère, le 20 avril 1792, dûment enregistré ; par lequel contrat, ledit T. P., pour se libérer du prix, a constitué 3,091 liv. 5 s. de rente perpétuelle sur le pied de 4 pour 100, au profit dudit Radix da Sainte-Foix, qui, par le même contrat, en a fait la délégation au profit de C. P. D., pour se libérer envers lui de pareille, 3,091 liv. 5 s. de rente perpétuelle à prendre en 6,400 l. de même rente perpétuelle, constituée par ledit Radix de Sainte-Foix, au profit dudit D., par contrat passé devant Arnould jeune, notaire à Paris, et son confrère, le 17 novembre 1779, par privilége sur ledit terrain, ladite rente stipulée remboursable par le contrat originaire, à la volonté dudit Radix de Sainte-Foix, moyennant le capital y énoncé ; de laquelle somme de 77,281 liv. 13 s. 4 d., ledit Herbin, en sadite qualité, quitte et décharge ledit Bellanger, et par suite ledit T. P., et s'en charge envers la nation. Le présent payement est ainsi fait par ledit Bellanger, de ses deniers personnels, à l'acquit et décharge dudit T. P., pour conserver audit Bellanger ses créances privilégiées sur ledit terrain, à cause des bâtimens qu'il a fait construire et établir sur ledit terrain, et des ouvrages de terrasses et jardinages qu'il a fait faire, et qui s'élèvent, suivant les mémoires réglés, à 80,000 liv. ou environ, lesquels mémoires et travaux de terrain lui sont dus. Et attendu que le présent payement est ainsi fait par ledit Bellanger de ses deniers, ledit Herbin, en sadite qualité, subroge ledit Bellanger dans *les droits, actions, priviléges et hypothèques acquis à la nation sur ledit terrain,* contre ledit T. P., comme étant la nation aux droits de D., émigré ; la présente subrogation est ainsi consentie de la part dudit Herbin, sans aucune garantie de la part de la nation, restitution de deniers ni recours quelconques, et sous la réserve de tous les droits de la nation ».

Huit ans après, le sieur Bellanger somme M. de T. P. « d'avoir à lui payer 31,024 liv. d'arrérages échus de la rente de 3,091 liv. qu'il a achetée en son nom, pour lui et de ses deniers personnels, et qui lui est due, comme subrogé aux droits de la nation représentant le C. D ».

En réponse à cette sommation, M. de T. P. fait offrir réellement au sieur Bellanger « 513 liv. 5 s. pour le montant du capital et des intérêts de cette même rente, évaluée d'après l'échelle de dépréciation des assignats du département de la Seine ».

Le sieur Bellanger repousse cette offre, et se pourvoit devant le tribunal de première instance du département de la Seine.

M. de T. P. lui oppose une consultation de M. Grappe, qui établit ainsi sa défense :

« Le sieur Bellanger, qui a éteint la dette ancienne et primitive de M. T. P., en payant *à son acquit et décharge,* voudrait la ressusciter aujourd'hui. Il soutient que la clause de subrogation insérée dans la quittance, a transformé le remboursement en un véritable transport ; qu'il est cessionnaire de tous les droits de la créance entière qui appartenait à la république, et qu'il peut exiger le service et le remboursement de la rente, de la même manière qu'elle aurait pu le faire, en sorte que, pour un payement qu'il a fait en assignats, et dont la valeur ne s'élève pas à 600 francs, il serait devenu propriétaire d'une rente, aux intérêts annuels de plus de 3,000 francs.

» Mais tout s'élève contre une prétention de cette nature. La quittance du 14 nivôse an 4 suffit pour en faire sentir la frivolité.

» Toutes les lois proclament cette maxime, que l'effet naturel du payement est d'éteindre la dette. L'art. 1234 du Code civil l'a consacrée en termes formels.

» L'obligation du débiteur est anéantie par le payement, soit que le payement soit fait par lui-même, ou par toute autre personne, à son insu et même contre son gré : *Solvendo quisque pro alio, licet invito et ignorante, liberat eum* (loi 39, D. *de negotiis gestis*).

» Or, le sieur Bellanger ne s'est pas contenté d'acquitter le capital de la rente ; il a déclaré qu'il le payait *à l'acquit et décharge,* de M. de T. P. ; cette énonciation formelle est exprimée deux fois dans la quittance ; et pour qu'il ne restât aucun doute sur l'extinction de la dette primitive ; le receveur des domaines nationaux a cru devoir énoncer par une clause surabondante, la libération du débiteur : *de laquelle somme de 77,281 livres 13 sous 4 deniers, ledit Herbin, en sadite qualité, QUITTE ET DÉCHARGE ledit Bellanger, et par suite ledit T. P.*

» Ainsi l'obligation qui s'était formée par la création de la rente, a cessé ; l'ancienne dette de M. de T. P. a été anéantie ; et l'action qu'elle donnait contre lui, a disparu.

» Comment donc cette même action, cette

même rente, pourrait-elle se trouver aujourd'hui dans les mains du sieur Bellanger? Je l'ai achetée, dit-il, parce que la subrogation que j'ai stipulée, contient une vente réelle, un véritable transport à mon profit.

» Mais les termes de la quittance réfutent cette prétention. La preuve qu'il n'a pas voulu acheter la rente, c'est qu'il a déclaré qu'il en remboursait le capital, qu'il le payait *à l'acquit et décharge* de M. de T. P., *pour acquitter* M. de T. P. Comment une rente qui ne subsistait plus, que le remboursement du capital avait éteinte, aurait-elle pu faire la matière d'une vente? Ignore-t-on que le concours de trois choses est nécessaire à la formation de ce contrat : le consentement, *la chose* et le prix.

» Il est vrai que, si la dette, si les premiers engagemens de M. de T. P. ont été détruits par le payement fait à l'acquit et décharge, le même payement en a fait naître de nouveaux. Ces nouveaux engagemens l'ont soumis à l'obligation de rendre au sieur Bellanger la valeur de tout ce que celui-ci avait payé pour lui.

» Cette obligation ne dérive pas d'un contrat, puisque les contrats ne se forment que par le consentement des parties, et que M. de T. P., qui était absent et qui n'avait laissé aucune procuration au sieur Bellanger, ne peut pas être supposé avoir donné son consentement à un payement qu'il ignorait. Mais cette obligation prend sa source dans l'équité, qui ne permet pas qu'on s'enrichisse au préjudice d'autrui, et que les services que nous recevons, soient onéreux à ceux qui nous les rendent. Il est donc intervenu ici un quasi-contrat, d'où sont résultés des droits et des actions mutuels que les lois romaines appellent *negotiorum gestorum* : le sieur Bellanger a donc été un véritable *negotiorum gestor*, puisque, sans mandat, il a géré l'affaire d'autrui. Alors, tout ce qu'il peut demander, c'est d'être *indemnisé de toutes les dépenses utiles ou nécessaires qu'il a faites*. Ce sont les termes de l'art. 1375 du Code civil; *V.* aussi le §. 1 des *Institutes* de Justinien, *de obligationibus quæ quasi ex contractu*, et le titre entier du digeste *de negotiis gestis.*

» Voici donc le double effet du remboursement fait par le sieur Bellanger *à l'acquit et décharge* de M. de T. P. : l'ancienne obligation de M. de T. P. envers la nation, s'est éteinte, mais il s'en est formé une nouvelle de sa part envers le sieur Bellanger. Or, quand il s'agit de régler l'effet d'une obligation contractée dans le cours du papier-monnaie, la loi veut que les assignats soient réduits à la valeur d'opinion qu'ils avaient *au temps du contrat;* telle est la disposition de l'art. 1 de la loi du 5 messidor an 5. M. de T. P, n'est donc obligé que de rendre au sieur Bellanger la valeur que l'opinion attachait aux assignats à l'époque du remboursement, c'est-à-dire, la valeur déterminée par l'échelle de réduction.

» Mais, dit le sieur Bellanger, comment aurais-je entendu gérer l'affaire de M. de T. P., puisqu'alors il était considéré comme émigré, et que la sévérité des lois portées contre les émigrés ne permettait guère d'espérer son retour dans sa patrie.

» A l'époque du remboursement, M. de T. P. était déjà rétabli dans l'intégrité de ses droits et dans la possession de ses biens, puisque le décret de la Convention nationale, qui l'a rayé de la liste des émigrés, est antérieur de quatre mois au remboursement. Ainsi, le sieur Bellanger, en gérant les affaires de M. de T. P., avait la certitude de recouvrer toutes les avances qu'il faisait pour lui.

» En second lieu, en faisant les affaires de M. de T. P., le sieur Bellanger faisait très-bien les siennes. Il avait une hypothèque sur le terrain des Champs-Élysées pour ses constructions dont il a porté la valeur, dans la quittance du 14 nivôse, à 80,000 francs; mais il était précédé, dans son hypothèque, par la république, pour la rente que devait M. de T. P. Le prix du terrain pouvait ne pas suffire au payement de l'une et de l'autre créances : en éteignant la créance de la république avec une monnaie sans valeur, il donnait tout d'un coup à son hypothèque une valeur, une sûreté qu'elle n'avait pas auparavant; et quand même il n'aurait dû recevoir le payement des avances qu'il faisait pour son débiteur, il n'en faisait pas moins pour lui-même une excellente affaire puisqu'avec une misérable somme de 300 francs, il éteignait une hypothèque de près de 80,000 francs qui précédait la sienne, et qui, probablement, la rendait illusoire et sans effet.

» Ses intentions et ses vues sont d'autant moins douteuses, qu'il les a manifestées en termes formels dans la quittance; il a déclaré qu'il payait à l'acquit et décharge de M. de T. P., *pour conserver ses créances privilégiées sur le terrain, à cause des bâtimens qu'il a fait construire*. Il est donc évident qu'il effectuait le remboursement, non pour acquérir la créance de la nation, mais pour l'éteindre et pour écarter une créance dont les droits étaient antérieurs aux siens.

» C'est donc en vain qu'il cherche à se prévaloir de la subrogation consentie en sa faveur dans la quittance, et à prouver que cette subrogation contient un véritable transport à son profit de la créance de la république.

» On pourrait se dispenser de lui montrer la différence réelle que la nature des choses et les lois mettent entre le transport et la subrogation; il suffira toujours de lui opposer son propre titre et l'intention qu'il y a manifestée; il a exprimé de la manière la plus claire, la volonté d'éteindre la dette de M. de T. P., et d'anéantir les droits dont l'exercice pouvait nuire aux siens; et même les rendre illusoires. Mais encore unefois des droits qui ne subsistent plus, ne peuvent pas être aliénés.

» Il en est du transport d'une créance éteinte, comme de la vente d'une chose qui n'existe plus. Or, l'art. 1601 du Code civil nous dit que, *si au moment de la vente, la chose vendue était périe en totalité, la vente serait nulle.*

» Sans doute, on trouve quelques auteurs qui ont confondu le transport avec la subrogation, et qui ont attribué à l'une tous les effets de l'autre. Mais outre que cette opinion est en opposition manifeste avec les vrais principes; et que les arrêts qu'ils allèguent, sont loin de la justifier, comme nous allons le prouver, ils n'ont raisonné que sur une hypothèse qui n'est pas la nôtre : ils ont supposé que celui qui faisait le remboursement, le faisait en son nom personnel, et non pas à l'acquit et décharge du débiteur.

» S'ils avaient eu à juger d'une quittance semblable à celle du 14 nivôse an 4, à coup sûr ils n'auraient pas vu un transport dans la subrogation qu'elle contient.

» Nous l'avons déjà dit, les obligations, les dettes et les actions s'éteignent par le payement; il est indifférent, pour la libération du débiteur, que le payement soit fait par lui-même ou par toute autre personne. On demande à présent comment la subrogation pourrait transmettre un droit, une action anéantie? La cession, le transport en est tout aussi impossible, que si la dette n'avait jamais existé.

» Quel est donc l'effet de la subrogation? C'est de transmettre les sûretés, les accessoires de l'ancienne obligation; c'est de donner à la nouvelle qui se forme par le remboursement, l'hypothèque et les priviléges qui appartenaient à la première. Ainsi, lorsque les lois disent que le second créancier qui paye le premier, lui succède, elles n'entendent pas, elles ne peuvent pas entendre, qu'il le représente comme un héritier représente le défunt, ni comme le cessionnaire représente son cédant; elles auraient dit une absurdité; elles veulent dire, elles disent en effet, que le second succède à l'hypothèque et aux priviléges du premier créancier.

» La loi 2, C. *de his qui in priorum*, dit en effet que le second créancier prend la place du premier : *ejus locum cui pecuniam numerasti, consecutus ejus.* Elle ne donne pas au nouveau créancier l'action, la créance de l'ancien, mais seulement sa place et le même rang, le même ordre d'hypothèque : aussi la même loi dit-elle en termes formels au nouveau créancier, qu'il a succédé à l'hypothèque, au privilége du précédent, *privilegio ejus successisti.*

» Ainsi, la subrogation ne ressuscite pas l'action primitive anéantie par le payement,

pour la donner au créancier subrogé; elle ne lui attribue que les accessoires de l'ancienne action, le privilége et les hypothèques; la première action ne peut être transmise que par l'effet d'un transport et d'une vente.

» C'est une distinction très-réelle que les meilleurs jurisconsultes ont très-bien saisie. Loyseau, dans son *Traité des offices*, liv. 3, chap. 2, n. 9, observe que les lois qui parlent de l'action du second créancier, ne disent pas que *secundus creditor succedit in actionem primi; mais elles disent communément, in locum primi, id est, in ordinem hypothecæ.* Aussi, il en conclut que l'extinction de la première créance fait disparaître les hypothèques dont elle était frappée.

» Dumoulin, en parlant de la subrogation dans son *Traité de usuris*, quest. 49, fait la même observation : *Licet creditor dicat se cedere, vendere jus suum; tamen hoc non intelligitur fieri ad transferendum dominium, sed solùm hypothecam in cessionarium, quia non censetur emere, et pecuniam dare dominii acquirendi causâ, sed gratiâ servandi pignoris.*

» Pothier tient le même langage dans son Introduction au titre *des arrêts et exécutions* de la coutume d'Orléans : *De là il suit*, dit-il, *que lorsque le créancier d'une rente en a reçu le rachat, quoiqu'il ait subrogé à ses droits celui qui a fourni les deniers, néanmoins la rente est véritablement éteinte. Les droits d'hypothèque que les créanciers de ce créancier avaient dans cette rente, le sont aussi; en cela la subrogation diffère du transport.*

» M. Merlin, dans le *Répertoire de jurisprudence*, au mot *Subrogation*, expose avec la plus grande clarté les véritables effets de la subrogation et leur différence avec ceux du transport. On voit par là, dit-il, *qu'il faut bien prendre garde de confondre la cession proprement dite, avec la subrogation. Et en effet y eut-il jamais rien de plus différent? Tous nos livres sont pleins de leurs diversités essentielles. La cession est toujours l'ouvrage du créancier, la subrogation est souvent l'ouvrage du débiteur, quelquefois même l'effet de la loi seule. La cession transfère la dette même; la subrogation en transmet seulement quelques prérogatives. Le créancier est garant de la cession, il ne l'est point de la subrogation. La cession passe avec les charges du créancier, la subrogation les anéantit. Tel veut une cession pour se procurer un garant, et tel une subrogation pour conserver les hypothèques du créancier qu'il paye. En un mot, donner à la subrogation toute la force de la cession, c'est identifier deux droits qui n'ont pas le moindre rapport ensemble.*

» Si ces principes doivent s'appliquer à tous les remboursemens faits avec la subrogation, l'application doit s'en faire surtout à celui qui, en acquittant la dette d'autrui, a déclaré en termes formels qu'il payait à l'acquit et décharge du débiteur, et pour le libérer.

» Qu'oppose le sieur Bellanger à des principes aussi évidens et à des autorités aussi respectables? Il dit que, dans la subrogation il n'y a qu'une simple mutation de personnes; que le nouveau créancier prend la place de l'ancien, et qu'il en exerce par conséquent tous les droits et l'action toute entière.

» Il est faux que la subrogation n'opère qu'une mutation de personnes; il se fait un changement dans l'action, dans le droit fondamental du premier créancier; cette action est éteinte et fait place à la nouvelle, qui prend sa naissance dans le nouveau prêt ou dans le remboursement. Encore une fois, la subrogation ne donne au second créancier que les accessoires, le gage et les sûretés du premier: elle fait succéder l'un à la place de l'autre dans l'ordre et dans le rang des hypothèques et des privilèges; mais elle ne donne pas à celui-là la même action, puisque cette action s'est évanouie par l'effet du payement.

» Mais, ajoute le sieur Bellanger, comment concilier l'extinction de la dette et la résolution du contrat avec le maintien de l'hypothèque? Ce droit d'hypothèque est accessoire au contrat; puisque le contrat ne subsiste plus, l'hypothèque doit disparaître avec lui.

» Le jurisconsulte Paul s'est fait la même objection dans la loi 36, D. *ff. de fidejussoribus et mandatoribus*: il y répond en disant que le premier créancier qui en subroge un autre, *non in solutum accipit, sed quodammodo nomen debitoris vendidit;* c'est de là qu'est venue la maxime triviale, *magis emisse nomen quàm solvisse videtur.*

» Mais le jurisconsulte ne dit pas que l'ancien créancier qui a consenti une subrogation, a fait une vente réelle; il dit seulement *quodammodo vendidit.* Comme le payement avait éteint la créance, il ne restait plus rien qui pût servir de matière à l'ancienne hypothèque; mais, puisque l'équité exigeait que l'ancienne hypothèque fût maintenue en faveur du nouveau créancier, on suppose, par une de ces fictions très-communes en jurisprudence et surtout dans les lois romaines, que l'ancien créancier, en recevant son payement, avait fait une sorte de vente, et qu'ainsi la créance acquittée n'avait pourtant pas été anéantie. Mais c'était une pure fiction qui ne pouvait pas atténuer la vérité ni ressusciter une dette éteinte, et dont tout l'effet se bornait à conserver à la nouvelle dette l'ancienne hypothèque.

» C'est ce que Dumoulin a très-bien expliqué dans le passage que nous avons rapporté. Pothier, celui des jurisconsultes modernes qui peut-être a le mieux connu l'esprit des lois romaines,

nous dit aussi que ce n'est là qu'une fiction de droit, parce qu'en effet le payement, *quoique fait avec subrogation, est un* VÉRITABLE PAYEMENT, *et que ce n'est que* PAR UNE FICTION *que celui qui se fait subroger au créancier, est plutôt censé avoir acheté de lui sa créance que l'avoir payée;* MAGIS EMISSE NOMEN QUAM SOLVISSE VIDETUR.

» Cette fiction est surtout nécessaire à celui qui a payé à l'acquit et décharge du débiteur et pour opérer sa libération; ce n'est que par le moyen de cette fiction, qu'il peut conserver l'hypothèque du créancier.

» Le sieur Bellanger oppose en vain l'ordonnance de Henri IV de 1609. Cette ordonnance, loin de fournir des moyens à l'appui de son système, en démontre toute la frivolité.

» Un édit de Charles IX de 1576 avait fixé au denier douze le taux des rentes et des intérêts. En 1601, Henri IV réduisit l'intérêt des rentes au denier seize. Les débiteurs trouvaient alors de l'avantage à créer des rentes nouvelles pour acquitter les anciennes; les anciens créanciers qui ne voulaient pas être remboursés, refusaient de subroger les prêteurs à leurs hypothèques. Ce refus s'arrêtait ni les débiteurs ni les prêteurs dans les pays de droit écrit, parce que les lois romaines permettent de stipuler la subrogation sans la participation de l'ancien créancier (loi 1, C. *de his qui in priorum*).

» Henri IV jugea convenable d'introduire dans les pays coutumiers la jurisprudence des lois romaines: en conséquence, il voulut par son ordonnance de 1609, que *ceux qui fourniront leurs deniers aux débiteurs des rentes constituées au denier douze, avec stipulation expresse de pouvoir succéder aux hypothèques des créanciers qui seront acquittés de leurs deniers, soient et demeurent subrogés de droit aux droits, hypothèques, noms, raisons et actions des anciens créanciers, sans autre cession transport d'iceux.*

» Mais qu'a fait cette ordonnance? Elle s'est bornée, comme elle le dit elle-même, à faire participer les pays coutumiers aux avantages accordés par le droit romain: or, nous avons prouvé que les lois romaines ne maintenaient pas, dans la subrogation, l'ancienne dette, et qu'elles ne conservaient que les anciennes hypothèques et les anciens privilèges.

» En second lieu, si l'ordonnance de 1609 avait maintenu l'ancienne action, l'ancienne créance, elle aurait manqué le but qu'elle se proposait d'atteindre; elle n'aurait accordé aucun avantage aux débiteurs, puisque, par la subrogation, ils n'auraient fait que changer de créanciers, et que cette mutation ne leur eût apporté aucun soulagement.

» La créance ancienne créance était anéantie, et qu'il ne restait que la nouvelle, c'est que les débiteurs, au lieu d'une rente au d nier douze, n'en payaient désormais qu'une au denier seize. Conçoit-on à présent que le sieur Bellanger ait cru trouver dans cette ordonnance des moyens à l'appui de ses prétentions ?

» Il en faut dire autant de l'arrêt de réglement de 1690 qu'il oppose, et qui n'a fait que donner plus d'étendue aux dispositions de l'ordonnance de 1609. Cet arrêt ne s'est pas borné à conserver au nouveau créancier tous les priviléges et les hypothèques de l'ancien sur le débiteur ; il l'a subrogé encore *aux actions, droits, hypothèques et priviléges de l'ancien créancier sur les biens de tous ceux qui sont obligés à la dette, ou de leurs cautions.* Mais on ne trouve pas dans ce réglement un seul mot d'où l'on puisse conclure qu'avec les anciens droits et les anciens priviléges, il ait voulu conserver l'ancienne action ; car le mot *action* employé dans cet arrêt, comme dans l'ordonnance de 1609, ne désigne évidemment que l'action qui résulte des hypothèques, des priviléges et des cautionnemens.

» Les arrêts opposés par le sieur Bellanger, ne sont pas plus favorables à ses prétentions. Celui du 28 avril 1679 a jugé que, lorsqu'n débiteur rembourait la dette commune avec des deniers empruntés, celui qui avait prêté les deniers avec subrogation, avait tout à la fois l'ancienne hypothèque sur les biens du débiteur qui avait emprunté, et le droit de poursuivre l'autre co-débiteur. Cette question faisait la matière d'un doute, et l'on voit par la sixième consultation de Duplessis, tome 1, page 653, que ce jurisconsulte avait embrassé une opinion différente.

» L'arrêt du 15 mai 1679 a décidé que l'étranger, c'est-à-dire, celui qui n'est pas créancier lui-même, et qui a payé avec subrogation, mais sans le consentement du débiteur, avait également une action contre tous les autres co-obligés.

» C'est de ces deux arrêts rapportés au Journal du palais, que l'auteur de cette compilation, ensuite Renusson et quelques jurisconsultes après eux, ont conclu que la subrogation valait cession et transport. Mais pourquoi se sont-ils exprimés de cette manière ? C'est parce que les lois romaines ne donnent au subrogé que les hypothèques et priviléges du premier créancier, tandis que ces arrêts lui attribuent encore toutes les anciennes actions, soit contre les cautions, soit contre les autres débiteurs. Mais lorsque ces jurisconsultes ont conclu de ces arrêts que la subrogation transmettait l'ancienne créance, ils sont tombés dans une erreur manifeste, et ce n'est pas là ce que ces arrêts ont jugé.

» En effet, ils ont seulement décidé, et l'arrêt de réglement de 1690 a seulement statué, que la subrogation transmettait au nouveau créancier toutes les sûretés, tous les accessoires de l'ancienne créance, c'est-à-dire, les priviléges, les hypothèques et toutes les actions, soit contre les cautions, soit contre les co-débiteurs. C'est ainsi que le déclare également l'art. 1252 du Code civil : *La subrogation*, dit-il, *établie par les articles précédens, a lieu tant contre les cautions que contre les débiteurs.* Mais il n'est décidé, ni par cet article, ni par les arrêts allégués, que le nouveau créancier devienne propriétaire de l'ancienne créance, et que la subrogation vaille cession et transport.

» Voyez en effet les différences essentielles qui se trouvent entre le transport et la subrogation.

» Le transport n'apporte aucun changement à l'ancienne dette ; loin de l'anéantir, il la fait passer tout entière dans les mains du cessionnaire, telle qu'elle est transmise dans le même état qu'elle était auparavant, sans altération, sans novation, avec tous les droits qui appartenaient au cédant.

» Dans la subrogation, au contraire, la dette primitive est éteinte ; celui qui a prêté les deniers au débiteur, ou qui a payé à l'acquit et décharge de celui-ci s'est subrogé, non pas à l'ancienne créance qui ne subsiste plus, et que le payement a fait disparaître, mais uniquement aux accessoires de l'ancienne dette, à tous les droits qui en formaient le gage et la sûreté. Que peut-il donc prétendre ? Ce n'est pas l'ancienne créance, puisqu'elle a été anéantie par le remboursement. Il ne peut demander que la valeur de ce qu'il a fourni, et les accessoires et de la dette qu'il a payée ? Voilà tout ce qu'exige l'équité, et les lois ne lui en accordent pas davantage.

» En effet, la loi 16, D. *qui potiores in pignore,* nous dit en termes formels que le troisième créancier qui a payé le premier, ne lui succède et ne lui est subrogé que pour la même quantité, c'est-à-dire, pour la même somme, la même valeur qu'il lui a payée : *Planè cùm tertius creditor primum de suâ pecuniâ dimisit, in locum ejus substituitur in eâ quantitate, quam superiori exsolvit.* Il est vrai que la question proposée dans cette loi, n'est pas la même que nous examinions ; mais la maxime que nous venons de rapporter, et que le jurisconsulte Paul invoque pour résoudre la première, n'en est pas moins un de ces principes lumineux que l'équité et le bon sens ont consacrés, et qui doivent servir à la solution de toutes les difficultés de la même nature.

» Que nous importe, après tout, l'opinion de quelques auteurs modernes qui, dans un temps où les signes monétaires avaient une valeur fixe et n'éprouvaient aucune variation, auraient attribué à la subrogation tous les effets du transport ? Cette opinion ne peut plus être suivie, lorsque la valeur des anciennes monnaies et des nouvelles a été rompue, lorsqu'on a payé une ancienne dette avec des assignats qui n'avaient aucun prix.

» Aussi cette opinion a été rejetée par les lois nouvelles qui ont statué sur les obligations contractées durant le papier-monnaie, et qui, par conséquent, doivent avoir la plus grande influence sur le jugement de la contestation actuelle. Elles ont formellement adopté la distinction que nous avons établie entre le transport et la subrogation ; et les effets qu'elles donnent à l'un et à l'autre sont tout-à-fait différens.

» L'art. 10 de la loi du 11 frimaire an 6 est ainsi conçu : *Quand le débiteur aura emprunté une somme en papier-monnaie pour se libérer envers un ancien créancier, le capital ainsi prêté sera soumis à l'échelle de réduction du jour de la nouvelle obligation, sans que le nouveau créancier qui a fourni le montant puisse se prévaloir, quant à ce, de la subrogation aux droits, ainsi qu'à l'hypothèque de l'ancien créancier qui a été remboursé, de ses deniers. — Il en sera usé de même à l'égard du co-obligé qui s'est fait subroger aux droits d'un créancier commun, en payant la part d'un autre co-débiteur.*

» Citons tout d'un coup l'art. 11 dont se prévaut le sieur Bellanger : *la réduction ci-dessus n'est pas applicable,* 1.° AUX SIMPLES CESSIONS ET TRANSPORTS DE DETTES ; 2.° *aux endossemens d'effets négociables ;* 3.° *aux délégations et indications de payement, même aux délégations acceptées. Dans tous ces cas et sauf les exceptions légales, les cessionnaires et délégataires peuvent faire valoir en entier les droits des cédans ou délégans contre les débiteurs cédés ou délégués.*

» Ces deux articles expliquent tout, décident tout, et jugent sans retour la question actuelle.

» S'il était vrai, d'après le système du sieur Bellanger, que toute subrogation fût un véritable transport, verrait-on l'art. 10 ordonner la réduction dans le cas de la subrogation, et l'art. 11 en affranchir le cas du transport ?

» Les motifs qui ont inspiré le législateur, sont d'une équité frappante : dans les temps ordinaires, et lorsque les monnaies n'éprouvent aucun changement, ou lorsque les monnaies n'éprouvent aucune dégradation, on peut sans inconvénient ne pas s'attacher à la différence qui règne entre la subrogation et le transport. Qu'un homme acquitte, au nom d'un débiteur, une dette de mille écus, valeur métallique, avec une monnaie de même valeur, il lui est dû, par l'effet de son remboursement, une somme de mille écus en argent ; tout comme si, au lieu de rembourser l'ancienne créance, il l'avait achetée.

» Mais s'il a payé une ancienne dette avec une monnaie dont la valeur réelle était très-inférieure à la valeur de la dette qu'il acquittait,

ce n'est plus la même chose que si, au lieu d'éteindre la dette il l'avait achetée. Dans le premier cas, l'ancienne obligation s'est évanouie et a fait place à la nouvelle qui naît du remboursement ; celui qui a payé, nous dit Dumoulin, n'a pas entendu acheter une créance, il n'a voulu que libérer le débiteur, et succéder aux hypothèques du créancier. Or, l'esprit des lois qui ont été portées sur les obligations contractées durant le papier-monnaie, est d'accorder au créancier la valeur de tout ce qu'il a fourni. Rien de plus équitable que ce principe ; c'est celui que les lois romaines adoptaient déjà en matière de subrogation : *creditor qui primum de suâ pecuniâ dimisit, in locum ejus substituitur in eâ quantitate quam superiori exsolvit.*

» Dans la vente, au contraire, et dans le transport d'une créance, il ne se fait pas de substitution d'une obligation à une autre. Le cessionnaire entend acquérir la créance avec tous les avantages qui appartenaient au cédant ; le transport n'apporte aucun changement, aucune novation dans l'obligation primitive. L'acquéreur peut donc en exiger le payement de la même manière que le vendeur aurait pu le faire. Si elle a été créée avec des écus, il peut en demander le payement en écus ; si elle a été créée en assignats, il faut considérer non le moment du transport qui en a été fait, mais l'époque de sa création.

» Un autre motif venait encore à l'appui de la distinction judicieuse qu'on trouve dans les deux articles cités de la loi du 11 frimaire an 6, Un créancier à qui l'on offrait son payement, était dans la double nécessité de le recevoir, et de ne pouvoir exiger au-delà de ce qui lui était dû. Mais on ne pouvait pas l'obliger à vendre sa créance ; il était le maître de la garder, et d'y mettre tout le prix qu'il voulait. Il pouvait donc arriver que, durant le papier-monnaie, l'acquéreur eût fait une sorte de marché à forfait, et payé une ancienne créance avec une quantité d'assignats bien supérieure à sa valeur nominale. Cette considération suffisait pour attribuer au transport de plus grands avantages qu'à la subrogation.

» Cette réflexion doit s'appliquer surtout aux remboursemens faits à la nation dans le temps où le sieur Bellanger a fait le sien, c'est-à-dire, lorsque le cours des assignats avait cessé d'être forcé entre particuliers par les lois des 25 messidor an 3 et 12 frimaire an 4.

» Malgré ces décrets, la nation continuait à recevoir les remboursemens des créances et des rentes qui lui appartenaient ; mais on conçoit la différence qu'il y avait entre un remboursement qu'on lui faisait et la vente qu'elle aurait pu faire. Elle recevait son remboursement en assignats, valeur nominale ; au lieu qu'elle aurait pu vendre plusieurs millions une rente au capital de 80,000 fr. , et l'acquéreur aurait fait encore un bon marché ; car , après avoir acheté une rente de la nation, il pouvait , dès le même jour , et sur le fondement des lois des 25 messidor et 12 frimaire , en refuser le remboursement.

» Ainsi , les principes, l'équité et les termes de l'art. 10 de la loi du 11 frimaire an 6, tout se réunit pour appliquer au sieur Bellanger la disposition de cet article.

» Mais , nous dit-il , cet article n'a soumis à la réduction que les assignats que le débiteur a empruntés lui-même , et qu'il a donnés ensuite à son créancier. C'est ici une exception à la règle générale qui donne aux subrogations les mêmes effets qu'aux transports; la loi ne parle pas du cas où le remboursement a été fait par un second créancier de ses propres deniers , sans la participation et à l'insu du débiteur. Or , il est de principe qu'une exception doit être renfermée rigoureusement dans ses limites , et qu'on ne doit pas l'étendre à des cas que la loi n'a pas formellement exprimés.

» Tout ce raisonnement ne repose que sur des erreurs et des subtilités.

» 1.° Nous avons prouvé que le droit commun mettait une grande différence entre les subrogations et les transports , puisque la subrogation qui se fait par le moyen du remboursement , fait évanouir la première obligation , l'ancienne créance ; tandis que le transport la conserve dans toute son intégrité , dans le même état où elle était auparavant. Ainsi, les art. 10 et 11 de la loi du 11 frimaire an 6, loin de s'être écartés du droit commun , en ont suivi rigoureusement les principes.

» 2.° Quand on admettrait que , dans la règle générale , toute subrogation vaut transport , les deux articles l'ont rejetée. Après avoir , dans l'art. 10 , soumis à la réduction les remboursemens faits avec subrogation, la loi nous dit , dans l'article suivant , que cette réduction ne s'applique pas aux *simples cessions* et transports de dettes. Tels sont en effet les termes qu'elle emploie : SIMPLES *transports et cessions.* Elle s'est servie de ces expressions, pour que l'on ne confondît pas le transport que quelques auteurs attribuent à la subrogation , avec le simple transport, avec le transport proprement dit , avec un acte qui ne contient aucun remboursement , et qui est une véritable vente.

» 3.° La distinction que voudrait faire le sieur Bellanger entre le payement fait par le débiteur et celui qui est fait par un second créancier, est illusoire. Si le débiteur, au lieu de gérer ses affaires par lui-même , avait emprunté et subrogé par le ministère d'un fondé de pouvoirs , il serait impossible de soutenir que son nouvel emprunt n'est pas soumis à

l'échelle de réduction. Or, qu'un étranger sans mission aille payer au nom du débiteur , *à l'acquit et décharge* du débiteur , pour *acquitter* le débiteur , n'est-ce pas la même chose que s'il avait agi avec procuration. Dans le premier cas , celui qui a payé était un mandataire; dans le second , c'était un gérant , un *negotiorum gestor.* Tous les deux ont agi pour autrui, au nom et pour le compte du débiteur; comment donc mettre une différence dans les effets de leur administration , et ne pas appliquer dans l'un et l'autre cas la disposition des mêmes lois ?

» Le sieur Bellanger cherche une explication favorable à son système dans l'art. 10 de la loi du 16 nivôse an 6 , mais il suffira de rappeler cet article pour montrer que jamais exemple ne fut plus mal choisi , ni loi plus mal appliquée. Cet article est conçu dans les termes suivans : *Toutes délégations et indications de payement résultant de contrats de vente passés pendant le cours du papier-monnaie, obligent l'acquéreur à rapporter au vendeur les quittances des créanciers délégués ; aux droits desquels il demeure réciproquement subrogé , lorsqu'ils ont été remboursés de ses deniers. Dans le cas ci-dessus prévu , l'acquéreur a la faculté de résilier, s'il se croit lésé ; et tout ce qu'il a payé au vendeur où à sa décharge lui sera remboursé d'après l'échelle de dépréciation , selon les époques de chaque payement.*

» Voici les cas exposés et résolus dans cet article. Une vente est faite pendant le cours du papier-monnaie. Chargé par son contrat de payer au créancier du vendeur , l'acheteur le paye en effet ; en vertu du droit commun , et par une disposition particulière de cet article , l'acheteur est subrogé aux droits du créancier. Mais , dans la suite , après la suppression du papier-monnaie , l'acquéreur qui se croit lésé , fait usage de la liberté qui lui est accordée par cette loi, et demande la résolution de son contrat. Alors, le vendeur doit lui restituer tout ce que l'acheteur a payé, soit à lui-même , *soit à sa décharge ;* mais comme l'acheteur est subrogé aux droits du créancier qu'il a payé, on pouvait douter si l'acheteur devait être remboursé de la même manière que le créancier aurait dû l'être , ou si l'acheteur devait subir une réduction d'après la valeur des assignats à l'époque du remboursement.

» Dans le système du sieur Bellanger, cette question ne pouvait pas faire la matière d'un doute , puisque, suivant lui , la subrogation transmet à celui qui paye, tous les droits et l'ancienne action du créancier. Il fallait déclarer, dans ce système , que l'acheteur , exerçant dans toute leur plénitude les droits du créancier , serait aussi payé lui-même sans réduction. Cependant cet article décide tout le contraire ; il veut que l'achéteur soit remboursé d'*après l'échelle de dépréciation, selon les époques de chaque payement*. Il est donc démontré, par cet article même dont le sieur Bellanger a voulu se prévaloir, que la subrogation ne donne pas au subrogé le droit d'être payé de la même manière que le premier créancier aurait dû l'être, si ce créancier n'avait pas touché son remboursement.

» Terminons par une réflexion toute aussi décisive que les précédentes.

» Quand on admettrait pour un moment que toute subrogation contient un véritable transport de la dette, les lois concernant la vente des biens des émigrés, ne permettraient pas d'appliquer cette doctrine à la subrogation consentie en faveur du sieur Bellanger.

» La loi du 3 juin 1793, avait soumis à des formalités sévères la vente *des immeubles des émigrés* ; elle voulait que la vente s'en fît au plus offrant et dernier enchérisseur ; et par-devant l'administration de district de la situation des biens.

» Or, suivant l'art. 94 de la coutume de Paris, qui régissait la rente dont il s'agit, les rentes constituées à prix d'argent sont *réputées immeubles*.

» Veut-on considérer les rentes comme meubles, et les soumettre aux mêmes règles ? Il fallait alors suivre les formalités établies par l'art. 2 de la loi du 2 septembre 1792, qui porte que *les meubles des émigrés seront vendus à la criée, à la poursuite et diligence du procureur-syndic du district, après les affiches et publications ordinaires*.

» Au reste, une loi particulière avait été portée sur les rentes constituées en argent, et appartenant à la nation ; c'est la loi du 13 septembre 1792. L'art. 1 s'explique en ces termes : Toutes les rentes constituées en argent, *appartenant à la nation, et dont la perception et la régie ont été confiées à la régie nationale, seront mises en vente sans délai dans la forme des biens nationaux*.

» C'était donc par l'administration du district, c'était dans la forme établie pour la vente des autres biens nationaux, que les rentes appartenant à la nation devaient être vendues. Comment donc soutenir que, sans publications, sans enchères, sans observer aucune formalité, un simple receveur des domaines nationaux ait pu vendre une rente appartenant à la nation ? Cette vente serait frappée de nullité par deux motifs : d'un côté, parce que le receveur était sans pouvoirs et sans caractère ; de l'autre, parce qu'il n'avait rempli aucune des formalités établies par la loi. Concluons donc, ou que la subrogation consentie par le sieur Herbin est sans effet, ou qu'elle ne contient pas un transport et qu'elle n'a transmis au sieur Bellanger que les priviléges et les hy-

pothèques de l'ancien créancier, mais qu'elle ne lui donne pas le droit d'être payé de la même manière, et dans les mêmes valeurs que l'ancien créancier aurait dû l'être ; le sieur Herbin était bien autorisé à recevoir un remboursement, mais ses fonctions ne lui donnaient pas le droit de faire un transport, et bien moins encore de le faire sans formalités.

» C'est donc en vain que le sieur Bellanger invoque l'arrêt de la cour de cassation, du 2 prairial an 12. Cet arrêt a été rendu dans des circonstances particulières qui ne permettent pas d'en tirer une règle générale.

» Devaux, créancier originaire, avait reçu, il est vrai, son remboursement des mains d'un tiers, à l'acquit des débiteurs et avec subrogation à ses droits : mais il obtint ensuite une rétrocession de tous ses droits de la part de celui qui l'avait payé. La cour de cassation a jugé que Devaux, ainsi ressaisi de sa créance, devait être payé comme s'il n'avait pas reçu son remboursement. Mais c'était ici l'ancien créancier qui se présentait avec son titre primitif, et qui avait pour lui toute la faveur, toutes les considérations de l'équité. Outre que les débiteurs étaient demeurés étrangers au remboursement dont ils se prévalaient, l'effet de ce remboursement devait être considéré comme anéanti par la rétrocession faite au profit de l'ancien créancier.

» D'ailleurs, ce créancier avait pu faire une subrogation avec transport, tandis que cette faculté était interdite à un receveur des domaines nationaux.

» Il est donc démontré que la prétention du sieur Bellanger est repoussée par son propre titre, par les anciens principes et par les lois nouvelles ».

Sur ces raisons, jugement contradictoire du 29 août 1807, par lequel,

« Considérant qu'il s'agit dans la cause, de déterminer entre le sieur Bellanger et M. de T., les effets du remboursement opéré le 14 nivôse an 4, par le sieur Bellanger, entre les mains d'un agent du gouvernement, pour le compte de la nation, du capital d'une rente de 3,091 liv. 5 sous, affectée sur les biens de M. de T. ; que ce remboursement ayant été fait pendant l'existence du papier-monnaie, c'est à la loi du 11 frimaire an 6 qu'il faut recourir, puisqu'elle fixe le mode de remboursement des obligations contractées pendant la dépréciation du papier-monnaie ; qu'en se pénétrant du sens et de l'esprit des art. 10 et 11 de la même loi, lesquels articles ont été respectivement invoqués par les parties, on reconnaît facilement que la loi a distingué deux cas : celui où la somme fournie en papier-monnaie par le nouveau créancier, a été employée par le débiteur, à se libérer envers un ancien créancier ; dans le cas de libération, le nouveau créancier doit souffrir la réduction dans sa créance, nonobstant la subrogation aux droits et hypothèques de l'ancien créancier; l'autre cas est celui des cessions, transports, délégations et indications de payement faits au profit d'un tiers; dans toutes ces conventions, la loi autorise les cessionnaires et les délégataires à faire valoir, en entier, les droits des cédans ou délégans, contre les débiteurs cédés ou délégués; que l'on doit attribuer le motif de cette différence entre le payement de la dette originaire, avec subrogation au profit de celui qui fournit les deniers pour le remboursement, avec le cas où la rente est seulement cédée ou transportée, à cette grande considération, que, dans le premier cas, la dette primitive est réellement éteinte, et qu'il ne subsiste, par l'effet de la subrogation, que les privilèges et hypothèques; tandis que, dans le cas de cession ou transport, il ne s'opère aucune extinction, mais une simple mutation dans la personne du créancier;

» Considérant que, dans le cas particulier, la dette primitive a été valablement éteinte par le remboursement que le sieur Bellanger a fait à l'acquit de M. de T.; que, dès-lors, il est dans le cas prévu par l'art. 10 de la loi du 11 frimaire an 6; que la réduction que cet article prononce, ne pourrait éprouver aucune contradiction, si M. de T. avait paru à la quittance, et déclaré qu'il payait des deniers du sieur Bellanger, qu'il ne peut résulter, contre lui, aucun motif de l'assujettir au remboursement en espèces de la somme fournie en papier-monnaie, à raison de ce qu'il était absent, puisqu'il répugnerait à l'équité et à la raison, que le remboursement fait par le sieur Bellanger, en l'absence du débiteur, devînt à celui-ci plus onéreux que s'il eût été présent et eût lui-même fait le payement des deniers du sieur Bellanger;

» Considérant que la dernière partie de l'art. 10 veut que le co-obligé qui a payé avec subrogation le créancier commun, éprouve la réduction dans son recours contre le co-débiteur dont il a payé la part; que le sieur Bellanger ne se trouve pas dans une position si favorable que celle d'un co-obligé qui paye à l'acquit de son co-débiteur, dans la crainte de poursuites; qu'il s'est présenté chez le receveur des domaines nationaux, pour opérer le remboursement, dans la vue d'éteindre une dette qui le primait; que, si la loi l'autorisait à faire ce remboursement, ce n'était qu'en suppléant le consentement du débiteur pour l'extinction de cette dette, en sorte qu'il ne pouvait toujours produire, relativement au débiteur, que les effets déterminés par la loi, dans le cas de son consentement exprès;

» Considérant que l'art. 11 de la loi précitée ne peut être d'aucune utilité au sieur Bellanger, puisque, dans l'espèce, il ne s'agit pas de rente cédée volontairement par le créancier, mais d'une rente éteinte par le remboursement du capital; qu'il peut d'autant moins y avoir de doute à cet égard, que le receveur des domaines nationaux avait bien le pouvoir de recevoir le remboursement, mais la loi lui interdisait la faculté de faire une cession; d'où il résulte qu'il y a nécessité d'appliquer au remboursement fait par le sieur Bellanger, la disposition de l'art. 10 de la loi de frimaire an 6;

» Le tribunal déclare bonnes et valables les offres réelles faites par M. de T., le 4 germinal an 13, de la somme de 518 livres tournois; tenu le sieur Bellanger de les recevoir et d'en donner bonne et valable quittance et décharge; sinon, autorise M. de T. à déposer la somme offerte à la caisse d'amortissement, aux risques, périls et fortune dudit Bellanger... ».

Le sieur Bellanger appelle de ce jugement; mais par arrêt du 5 avril 1808,

« La cour (de Paris), considérant que c'est par une fiction de droit que celui qui rembourse la dette d'un autre, hors sa présence, sans subrogation consentie par le créancier, est réputé acquérir la créance; mais que cette fiction cesse toutes les fois qu'il est démontré, par les circonstances, que le créancier et le tiers remboursant n'ont pu avoir l'intention, l'un de vendre, et l'autre d'acheter la créance; que, dans le fait, c'est au nom de M. de T. et en son acquit, que Bellanger a fait au receveur du domaine le remboursement de la rente dont il s'agit; qu'il n'a fait ce remboursement en assignats qu'en nivôse de l'an 4; et qu'à cette époque, et même dès le 12 frimaire précédent, aucun créancier de capitaux dus par obligations publiques ou privées, antérieurement au 1er vendémiaire de la même année, ne pouvait être forcé à recevoir son remboursement en assignats; que le gouvernement d'alors avait fait une exception à cette règle générale, en faveur de ses débiteurs; mais qu'il ne l'avait faite que pour eux; de manière que, si le receveur du domaine n'avait pas cru que le remboursement offert par Bellanger, était pour T. P., débiteur de la rente, et devait lui profiter, il ne l'aurait ni reçu ni pu recevoir; qu'il n'aurait pu y avoir lieu qu'à une vente de la rente au profit de Bellanger ou de tous autres; mais cette vente n'aurait pu être faite qu'avec des formalités qui n'ont point été observées, et dont l'omission démontre que ce n'est point une cession et transport que le receveur du domaine a entendu faire dans la quittance qu'il a donnée;

» Considérant en outre que postérieurement au remboursement fait par Bellanger, l'administration des domaines prétendant que ce remboursement était nul, était tellement dans l'opinion que c'était de T. P. et pour son compte, qu'elle l'avait reçu des mains et des deniers d'un tiers, que c'est lui seul qu'elle a poursuivi pour en faire prononcer la nullité, comme c'est lui seul qui a défendu à sa prétention;

» Faisant droit sur l'appel interjeté par Bellanger, du jugement rendu au tribunal civil du département de la Seine, le 29 août dernier, et adoptant au surplus aucuns des motifs (qui ont déterminé les premiers juges), a mis et met l'appellation au néant, ordonne que ce dont est appel sortira effet, condamne Bellanger en l'amende; et néanmoins donne acte à T. P. des offres faites sur le barreau, par Tripier, son défenseur, assisté de Héloin, son avoué...., de payer à Bellanger la somme de 15,000 francs à titre de récompense de ses peines et soins relativement au remboursement dont il s'agit....».

Recours en cassation contre cet arrêt de la part du sieur Bellanger.

Par arrêt du 21 mars 1810, au rapport de M. Cochard,

« Attendu 1.º que la cour d'appel de Paris ayant jugé que la quittance du 14 nivôse an 4, donnée par l'agent du fisc au sieur Bellanger, ladite quittance portant en termes précis qu'il portait quitte et déchargeait M. de T. P. de la somme de 77,291 livres envers le gouvernement; que, conçue dans cette forme, elle ne présentait qu'un titre d'extinction totale de la créance qui en était l'objet, et qu'elle ne contenait ni cession ni transport d'icelle en faveur du sieur Bellanger, cession et transport qui aurait exigé d'autres formalités, et que ledit agent n'avait d'ailleurs ni titre ni caractère suffisans pour stipuler légalement;

» Ayant décidé en conséquence que la clause de subrogation à tous les droits, priviléges et hypothèques du créancier originaire, stipulée en faveur dudit sieur Bellanger dans ladite quittance, était restreinte à la subrogation de la seule hypothèque et du seul privilége en dérivant, affectés sur les biens dudit sieur de T., pour la sûreté du recouvrement des sommes payées à son acquit;

» Attendu qu'en le jugeant ainsi, ladite cour n'a fait que donner à un acte qui lui était soumis, l'interprétation qui lui a paru la plus conforme, soit au sens qu'il présentait naturellement à l'esprit, soit à l'intention des parties;

» De tout quoi il résulte qu'elle n'a pu contrevenir à aucune loi;

» Par ces motifs, la cour rejette le pourvoi du demandeur....».

§. II. *De la subrogation qui, dans l'ancienne jurisprudence, résultait du bail à rente.*

V. l'article *Rente foncière*, §. 3.

§. III. *Pour conserver au subrogataire d'une créance privilégiée ou hypothécaire, le privilége ou l'hypothèque de cette créance, est-il* nécessaire que l'acte de subrogation soit inscrit au bureau des hypothèques?

La négative résulte, par argument à simili, d'un arrêt de la cour de cassation, du 27 pluviôse an 11, cité dans le plaidoyer du 20 floréal suivant, qui est rapporté aux mots *inscription sur le grand livre*, §. 3. *V.* d'ailleurs l'article *Inscription hypothécaire*, §. 11.

SUBSTITUTION FIDÉICOMMISSAIRE. —

§. I. *Avant la loi du 14 novembre 1792, les substitutions fidéicommissaires valaient-elles, dans la coutume de Nivernais, par forme de legs?*

J'ai soutenu la négative dans les deux premières éditions du *Répertoire de jurisprudence*, au mot *Substitution fidéicommissaire*, sect. 1; mais j'ai annoncé en même temps que Coquille avait établi une doctrine contraire.

Et c'est ce qui a engagé en 1785 un anonyme à proposer dans la *Gazette des tribunaux*, tom. 19, pag. 30, la question de savoir à laquelle des deux opinions on devait se tenir.

M. Guyot-Sainte-Hélène a répondu à cette question dans les termes suivants.

» Quant à l'institution testamentaire, point de difficulté, l'avis de Coquille est bon.... — Quant à la substitution, c'est toute autre chose. Les coutumes d'Auvergne, chap. 12, art. 53, de Bourbonnais, 324, et de la Marche, 353, déclarent que, faite par testament, la substitution *ne vaut ni par légat ni autrement*; c'est aussi cette disposition qu'il faut lire dans celle de Nivernais. Cela se prouve en quatre mots. — L'institution testamentaire vaut, à Nevers, comme legs; ainsi, les mots *ni autrement*, qu'on ne peut supposer avoir été mis, sans objet, sans dessein et en pure perte, dans l'article dont il s'agit, ne regardent point l'institution; ils regardent donc absolument la substitution; ils en prononcent donc la nullité absolue. — Si cela ne paraît pas d'abord aussi clair qu'il devait l'être, il faut s'en prendre au rédacteur, qui, suivant pied à pied les coutumes ci-dessus citées, et ne voulant faire qu'un seul article de ce qui en forme deux, s'est embarrassé dans la matière, au point qu'il est devenu presque inintelligible. — Nous connaissons cependant une consultation de quatre avocats très-éclairés du bailliage de Nevers, qui décide conformément à l'avis de Coquille; nous connaissons même trois arrêts, dont l'un confirme, les deux autres statuent sur des substitutions testamentaires. Mais outre que la consultation ci-dessus n'atteste et ne prouve point l'usage, c'est que le premier des arrêts cités est rendu contre des créanciers qui n'ont point droit au bénéfice de l'article dont il s'agit; c'est que la substitution qui a occasionné les deux autres, n'était point contestée. Ainsi la question est entière ». (*Gazette des tribunaux*, tom. 18, pag. 361).

À la vue de cette réponse, j'ai voulu m'assurer de l'usage de la province de Nivernais, tant sur les institutions d'héritier que sur les substitutions testamentaires. On a déjà vu à l'article *Héritier*, ce que m'a écrit sur le premier objet le doyen des avocats de Nevers; voici ce que contient la même lettre par rapport au second :

» Sur la seconde question concernant la substitution d'héritier par testament, soit à la suite d'une institution d'héritier, soit sans institution précédente, je pense également qu'elle doit avoir son exécution pour tout ce dont le testateur avait droit de disposer, suivant l'art. 1.er du même chapitre *des testamens*, *des codicilles* de notre coutume. Et comment pourrait-on être d'un avis contraire, lorsqu'il est constant que, dans tous les cas, la substitution est ou une institution, ou une condition et une charge de l'institution, et qu'il est certain qu'on peut imposer à sa libéralité et à tout ce dont on peut disposer, telles charges qu'on juge à propos, et que tout dépend de la volonté du testateur? J'ai vu nombre de substitutions de l'une et l'autre espèce par testament; jamais aucune n'a été contredite ni attaquée, sinon pour les retranchemens et distractions dont les dispositions testamentaires sont susceptibles. Tel fut toujours notre usage, notre jurisprudence : voilà ce que je puis attester ».

Cet usage, cette jurisprudence doivent sans contredit l'emporter sur l'avis de M. Guyot de Sainte-Hélène, qui, au surplus, n'est fondé que sur une interprétation inexacte des termes *ni autrement*. Ces termes ne signifient pas qu'une substitution ne vaut ni comme telle, ni à tout autre titre; mais bien qu'on ne peut substituer, soit par testament, soit par un autre acte. Le seul contexte de l'art. 10 prouve que le rédacteur n'a pas voulu dire autre chose, et cela ne touche nullement à la question de savoir si une substitution d'héritier, nulle comme telle, doit ou ne doit pas être exécutée, soit comme legs, si elle est faite par testament, soit comme donation simple, si elle est faite par un acte entrevifs.

§. II. *Quel est l'effet des conjectures, dans les substitutions fidéicommissaires créées avant l'ordonnance du mois d'août* 1747?

Cette question, et une autre qui est indiquée sous les mots *Rente constituée*, §. 4, sont traitées dans le plaidoyer suivant, que j'ai prononcé à l'audience de la cour de cassation, section des requêtes, le 11 ventôse an 11, sur le recours formé par la veuve d'Anselme-Albéric Bourdon,

contre un arrêt de la cour d'appel de Douay, du 24 floréal an 10, rendu en faveur du sieur et de la dame Franqueville.

« La demanderesse attaque, comme contraire à l'ordonnance du mois d'août 1747, comme violant *la loi du testament*, et comme renfermant un excès de pouvoir, la disposition du jugement du tribunal d'appel de Douay, du 24 floréal an 10, qui la déboute de sa prétention au tiers des rentes échues à Amé Bourdon, son beau-père, par le partage fait entre lui et son frère aîné, le 7 août 1746.

» Pour bien apprécier les moyens de cassation qui vous sont proposés à cet égard, il importe de nous fixer exactement sur les faits.

» La demanderesse, en vertu de l'*entravestissement par lettres* ou don mutuel, qui avait été passé à Arras, entre elle et Anselme-Albéric-François Bourdon, son mari, le 17 septembre 1790, est devenue, par le décès de celui-ci, arrivé le 1.er octobre 1792, propriétaire de toutes les rentes réputées meubles, dont il avait lui-même la libre propriété.

» Par la coutume d'Arras, les rentes constituées sont rangées dans la classe des effets mobiliers; et comme c'est la loi du domicile du créancier d'une rente, qui en détermine la nature par rapport à lui, nul doute qu'Anselme-Albéric-François Bourdon n'ait possédé comme meubles, les rentes qui étaient échues à Amé Bourdon, son père, par le partage du 7 août 1646, et que ce dernier lui avait ensuite transmises.

» Nul doute par conséquent que, si ces rentes n'étaient grevées, dans sa personne, d'aucune de ces substitutions fidéicommissaires, qui n'ont été abolies que par la loi du 14 novembre 1792, c'est-à-dire, six semaines après sa mort, il ne les ait transmises en pleine propriété à la demanderesse.

» Mais aussi, nul doute que la demanderesse ne soit sans droit à ces rentes, si elles n'étaient possédées par son mari, qu'à la charge d'une substitution. — Ainsi, ces rentes étaient-elles ou n'étaient-elles pas fidéicommissées dans la personne du mari de la demanderesse? Voilà toute la question.

» Vous vous rappelez, C. M., qu'Anselme-Albéric-François Bourdon, mari de la demanderesse, était né d'un premier mariage d'Amé Bourdon, et que celui-ci avait encore eu d'un second mariage deux autres enfans, François-Norbert Bourdon et la dame Franqueville. Vous vous rappelez encore qu'Amé Bourdon était le frère puîné de François Bourdon d'Haucourt, et que le père commun de l'un et de l'autre était Jean-Jérôme Bourdon. Vous savez enfin, que c'est de Jean-Jérôme Bourdon que proviennent les rentes litigieuses, et que c'est par un testament du 31 janvier 1742, qu'il en a

7

disposé entre ses deux fils. C'est donc à ce testament que nous devons nous attacher, pour savoir si Jean-Jérôme Bourdon a voulu qu'elles fussent grevées de fidéicommis dans la personne de son petit-fils Anselme-Albéric-François, mari de la demanderesse.

» Ce testament contient, par rapport aux rentes dont Jean-Jérôme Bourdon était propriétaire, deux dispositions qu'il faut bien distinguer.

» Jean-Jérôme Bourdon avait des rentes sur le domaine de la ville de Cambray; il en avait d'autres sur différens particuliers.

» Par une première disposition, divisée en deux clauses qui présentent le même résultat, Jean-Jérôme Bourdon donne par préciput à Amé Bourdon, son fils puîné, les rentes sur le domaine et celle sur Hilarion Lechien, « pour » appartenir, après son décès, à ses enfans de » son second mariage, que je fais (dit-il), » héritiers les uns des autres; voulant qu'à leur » défaut, lesdites rentes succèdent et retournent » à Anselme-François, mon petit-fils, » leur frère de père; et en cas qu'il meure sans » enfans, à mon fils aîné d'Haucourt ».

» Cette première disposition, comme le remarque très-bien la demanderesse, en présente plusieurs qu'il est essentiel de bien saisir. 1.° Legs au profit d'Amé Bourdon, des rentes sur le domaine de la ville de Cambray et sur Hilarion Lechien. 2.° Charge de substitution directe et immédiate au profit des enfans du second lit seulement. 3.° Substitution réciproque de ces mêmes enfans entre eux. 4.° Éventuellement, et au défaut des enfans du second lit, ses frères et sœurs consanguins, Anselme-Albéric-François Bourdon, mari de la demanderesse, est appelé à recueillir le fidéicommis. 5.° Enfin, dans le cas de décès d'Anselme-Albéric-François Bourdon, sans enfans, celui-ci est chargé de transmettre le fidéicommis éventuel à son oncle François Bourdon-d'Haucourt.

» Vient ensuite la seconde disposition, dans laquelle sont comprises les autres rentes du testateur; et voici dans quels termes elle est conçue: « Je veux que toutes les autres rentes que celles » ci-dessus qui tomberont à mon fils Amé, dans » le partage qui en sera fait entre lui et mon fils » François d'Haucourt, tiennent nature d'im» menbles, et appartiennent après sa mort à ses » enfans, tant du premier que du second lit, » et soient assujetties aux conditions que j'or» donne pour celles du domaine et celle due par » Lechien ».

» Ici, comme vous le voyez, le testateur fidéicommise encore, dans la personne de son fils Amé, les rentes qu'il lui laisse; mais ce n'est pas seulement en faveur de ses enfans du second lit, c'est aussi en faveur d'Anselme-Albéric-François Bourdon, son fils de premières noces.

» Voilà donc une substitution à laquelle Anselme-Albéric-François Bourdon est appelé concurremment avec son frère et sa sœur consanguins, François-Norbert Bourdon et la dame Franqueville.

» Mais qu'arrivera-t-il, si, après avoir recueilli leur part dans cette substitution, François-Norbert Bourdon et la dame Franqueville, enfans du second lit d'Amé Bourdon, viennent à mourir sans enfans? Indubitablement, la part de chacun d'eux, dans les rentes fidéicommissées, retournera à Anselme-Albéric-François Bourdon, leur frère consanguin. Cela résulte de la clause qui termine cette disposition fidéicommissaire: et soient assujetties aux conditions que j'ordonne pour celles du domaine et celle due par Lechien.

» Que si, au contraire, les enfans du second lit survivent au fils du premier, et que celui-ci ne laisse pas d'enfans, que deviendra sa part dans les rentes fidéicommissées? Elle retournera, suivant le jugement du tribunal d'appel de Douay, aux enfans du second lit, parce qu'étant assujetties aux conditions ordonnées pour les rentes dues par le domaine et par Lechien, elles se trouvent frappées de la clause de la première disposition, qui rend les appelés à celles-ci héritiers les uns des autres; et par conséquent cette clause leur devient commune dans toute son étendue.

» Mais, s'il en faut croire la demanderesse, les simples lumières de la droite raison devaient conduire le tribunal d'appel de Douay à un jugement tout opposé. Une disposition, dit-elle, qui renvoie à une autre, ne l'augmente point, elle n'y ajoute rien; seulement elle en fait l'application, elle la rend commune au cas pour lequel ce renvoi est fait. Or, par la première disposition à laquelle renvoie la seconde, Anselme-Albéric-François Bourdon n'était grevé de rien envers les enfans du second mariage de son père; il ne l'était qu'envers son oncle François Bourdon-d'Haucourt. La seconde disposition ne le grève donc également qu'envers ce dernier: elle ne le grève donc pas envers ses frère et sœurs consanguins. Et comme François Bourdon-d'Haucourt était mort avant lui, il est clair qu'il est lui-même décédé propriétaire libre de la portion des rentes dont il s'agit. Le tribunal d'appel de Douay a donc créé, en faveur des enfans du second lit, une substitution qui n'existait pas.

» Il faut convenir, C. M., que ce raisonnement a quelque chose de spécieux. Cependant, si nous saisissons bien l'esprit des deux dispositions du testateur, il sera difficile de ne pas reconnaître que le tribunal d'appel de Douay a bien jugé.

» Sans doute, par la première disposition, par celle qui concerne les rentes dues par le domaine et par Hilarion Lechien, Anselme-Albéric-François Bourdon n'est grevé qu'en faveur de son oncle, François Bourdon-d'Haucourt; il ne l'est pas en faveur de ses frère et sœur consanguins. Mais pourquoi? Parce qu'il n'est appelé qu'au défaut de ceux-ci; parce que ses frère et sœur consanguins sont seuls appelés aux rentes dues par le domaine et par Hilarion Lechien; parce qu'il ne peut pas être grevé en leur faveur, d'objets auxquels il n'aura droit que par la transmission qu'ils lui en auront faite par le décès de chacun d'eux.

» Mais par la seconde disposition, il est appelé aux autres rentes concurremment avec ses frère et sœur consanguins. Il ne serait donc pas étonnant qu'il fût grevé en leur faveur, comme ils le sont à son profit; et il ne s'agit plus que de savoir si telle a été l'intention du substituant.

» Or, qu'a dit le substituant? Je veux que mes autres rentes appartiennent, après la mort de mon fils Amé, *à ses enfans tant du premier que du second lit, et soient assujetties aux conditions que j'ordonne pour celles du domaine et celle due par Lechien.* Et ces conditions, quelles sont-elles? C'est notamment, et par-dessus tout, que les appelés *seront héritiers les uns des autres.*

» A la vérité, les appelés à l'égard desquels la première disposition s'explique ainsi, sont les enfans du second lit seulement; mais aussi, par la seconde disposition, le fils du premier mariage est appelé comme les enfans du deuxième. Il est donc bien naturel d'appliquer, dans la seconde disposition, au fils du premier mariage, la condition que la première disposition impose aux enfans du second.

» Et il y a ici une raison bien déterminante, non-seulement pour légitimer, mais même pour forcer, pour nécessiter cette application, ou si l'on veut, cette extension.

» Certainement on ne présumera jamais que Jean-Jérôme Bourdon ait voulu que, dans la succession de son petit-fils Anselme-Albéric-François, Bourdon-d'Haucourt, son oncle, pût être préféré à ses frère et sœur consanguins. C'est cependant à cette présomption outrageante pour la nature, que conduit directement le système de la demanderesse; car, dans ce système, Anselme-Albéric-François Bourdon n'étant grevé qu'en faveur de Bourdon-d'Haucourt, son oncle, il est évident que, si Bourdon-d'Haucourt ne fût pas mort avant lui, il eût succédé aux rentes litigieuses, à l'exclusion de Norbert-François Bourdon et de la dame Franqueville.

» Et peut-il entrer dans la pensée d'un homme raisonnable, que le testateur, après avoir témoigné une affection si particulière pour les enfans du second mariage de son fils Amé, en les appelant seuls au fidéicommis dont il le grevait par rapport aux rentes comprises dans sa première disposition, ait ensuite cherché à les exclure pour toujours de la portion de ses autres rentes à laquelle il appelait leur frère consanguin Anselme-Albéric-François? Peut-il entrer

dans la pensée d'un homme raisonnable, qu'il ait voulu faire passer cette portion de rentes à un oncle d'Anselme-Albéric-François, dans le cas où celui-ci eût laissé un frère et une sœur, un frère et une sœur qui devraient lui être plus chers qu'un oncle, un frère et une sœur que le testateur lui-même avait signalés comme ses enfans de prédilection?

» Nous osons le dire, C. M., le tribunal d'appel de Douay n'aurait pas pu juger autrement qu'il l'a fait, sans fouler aux pieds l'intention manifeste du testateur.

» Mais, au surplus, quand cette intention ne serait pas aussi évidente, quand le tribunal d'appel de Douay aurait suppléé, par une conjecture plus ou moins probable, à l'expression littérale d'un fidéicommis en faveur des frère et sœur consanguins du mari de la demanderesse, aurait-il pour cela, comme on le prétend, violé les dispositions de l'ordonnance du mois d'août 1747?

» C'est demander, en d'autres termes, s'il a dû appliquer l'ordonnance de 1747 à un testament fait en 1742, c'est-à-dire, s'il a dû violer l'art. 55 du tit. 2 de cette ordonnance elle-même, qui refuse expressément tout effet rétroactif à celles de ces dispositions *qui concernent la validité ou l'interprétation des actes portant substitution.*

» Du reste, qui est-ce qui ignore que les lois romaines, les seules qui, avant l'ordonnance de 1747, régissaient la ville de Cambray, en matière de substitutions, donnaient aux conjectures, dans les fidéicommis, la plus grande latitude? Qui est-ce qui ignore que la loi 7, C. *de fideicommissis*, laissait entièrement à l'arbitrage du juge, la question de savoir si l'intention de faire un fidéicommis était suffisamment annoncée? *Voluntatis defuncti quœstio in œstimatione judicis est :* tels étaient les termes de cette loi. Les lois 64, D. *de legatis,* 2.°, et 57, §. 1. D. *ad trebellianum,* portaient la même chose; et la première est celle raison : c'est, disait-elle, qu'il ne s'agit, eu cette matière, que de chercher une volonté purement précaire : *In causâ fideicommissi, utcumque precaria voluntas quœritur, conjectura potuit admitti:* Aussi Cujas, tome 1, page 390, ne manque-t-il pas d'observer, d'après ces textes, que, *in causâ fideicommissariæ substitutionis, conjectura voluntatis sufficit, etiamsi verba non sufficiant.*

» Et qu'on ne vienne pas nous opposer l'art. 17 de l'édit perpétuel de 1611, qui, devançant, à cet égard, l'ordonnance de 1747, a voulu, pour les provinces ci-devant belgiques, que les testateurs qui voudraient faire des substitutions, expliquassent *clairement par instrument qu'ils en feraient dresser, leurs volontés et intentions, lesquelles voulons,* a-t-il ajouté, *être* PONCTUELLEMENT *suivies.* Ce n'est pas dans une des provinces ci-devant belgiques, qu'a été fait le testament dont il est ici question. Il a été fait à Cambray; et vous savez, C. M., qu'avant les conquêtes de Louis XIV, la ci-devant province de Cambrésis était, comme le pays de Liége, une portion intégrante de l'empire d'Allemagne; que les appels des jugemens rendus par les tribunaux de cette contrée, se portaient, non à Bruxelles, non à Malines, mais à la chambre impériale de Spire, ainsi que le déclare expressément la coutume, tit. 27, art. 2; et qu'enfin, jamais l'édit perpétuel de 1611 n'a fait loi dans le ci-devant Cambrésis.

» Et après tout, il ne faut pas croire que l'édit de 1611 ni même l'ordonnance de 1747 aient proscrit toutes les conjectures dans les fidéicommis. L'édit de 1611 donne lui-même la preuve du contraire, en déclarant, art. 8, que les enfans mis dans la condition, seront par cela seul, censés appelés ; et l'ordonnance de 1747, tout en proscrivant pour l'avenir cette interprétation, l'a néanmoins consacrée pour le cas où les enfans placés dans la condition, seraient chargés de restituer à d'autres. Preuve évidente, dit Thévenot-d'Essaules, dans son *Traité des substitutions fidéicommissaires*, page 92, que, même depuis l'ordonnance de 1747, il ne faut pas, *pour admettre ou pour étendre les fidéicommis*, *une disposition littérale et expresse; que la preuve tacite et par induction suffit encore, et que cette preuve se rencontre toutes les fois que l'induction est évidente et inévitable.*

Or, dans notre espèce, nous avons démontré que, du testament de Jean-Jérôme Bourdon, du 31 janvier 1742, il sort une *induction évidente et inévitable* que son intention a été de grever le mari de la demanderesse envers ses frère et sœur consanguins. Il a donc été, sous tous les rapports, bien jugé par la disposition du jugement attaqué qui déboute la demanderesse de sa prétention au tiers des rentes échues à Amé Bourdon, par le partage fait entre lui et François Bourdon-d'Haucourt, son frère aîné, le 7 août 1746.

» Les mêmes raisons justifient la disposition de ce jugement, qui concerne deux capitaux; l'un de 4500, l'autre de 2500 florins, réclamés par la demanderesse, et que Jean - Jérôme Bourdon avait fidéicommissés dans les mêmes termes que les rentes dont nous venons de parler.

» Il en est encore de même, sous le rapport du fidéicommis, d'un autre capital de 10,000 florins, que Jean-Jérôme Bourdon avait promis à son fils Amé, par le contrat de son premier mariage.

» Mais la demanderesse attaque encore par un autre moyen, la disposition du jugement du tribunal d'appel, qui rejette sa prétention à ce capital; et pour apprécier ce moyen, il faut nous reporter au contrat du premier mariage même d'Amé Bourdon, ainsi qu'au testament de Jean-Jérôme Bourdon, son père.

» Jean-Jérôme Bourdon, en mariant son fils Amé, le 7 octobre 1722, avec la demoiselle Delacharité, mère du mari de la demanderesse, s'oblige, par un acte séparé, de lui payer, *sitôt le mariage consommé, la somme de 10.000 florins une fois, pour faire partie de son portement,* terme du pays qui répond à celui *d'apport.*

» Ensuite, par le contrat de mariage passé le même jour et au même instant, il est dit : « A l'égard des portemens de l'un et de l'autre » des futurs marians, iceux ont déclaré en être » appaisés et de s'en tenir pour contens, no- » tamment de la promesse faite à cet instant au » futur mariant, par ledit sieur Bourdon, par- » devant les notaires soussignés en dehors, pour » ne faire qu'un avec le présent acte, sans vou- » loir qu'il en soit fait aucune autre spécifica- » tion plus particulière ».

» Le contrat de mariage ajoute : « les biens » des futurs marians, tant en fonds de terres, » maisons; que lettres de rentes héritières qui leur » appartiennent actuellement, ensemble ceux » de même nature qui leur écherront et succè- » deront pendant leur conjonction, où ils soient » situés et assis, sortiront nature de propres à » eux et aux leurs de leur côté et ligne, non à » l'effet d'induire de là aucune substitution mais » seulement pour empêcher que le survivant ne » puisse succéder, jouir ni autrement profiter » de ceux que délaissera le premier mourant, » ni même devenir héritier de ses enfans, quant » à ce ».

» Ce contrat, comme vous le voyez, distingue deux choses, les apports des futurs époux et leurs propres.

» Les apports ne sont pas spécifiés; seulement on voit par l'acte séparé du même jour, que celui d'Amé Bourdon était de 10,000 florins. Mais observons bien que cette somme de 10,000 florins doit être payée à Amé Bourdon immédiatement après la célébration du mariage. Ainsi, ce n'est pas une rente que son père lui constitue à raison de cette somme, c'est un capital exigible qu'il lui promet. Et de là il suit nécessairement qu'on ne peut pas appliquer à cette somme de 10,000 florins, la clause par laquelle il est stipulé que les rentes dont chacun des futurs époux se trouvera propriétaire au moment du mariage, lui tiendront nature de propres à lui et aux siens de son côté et ligne. On voit, à la vérité, par le testament de Jean-Jérôme Bourdon, du 31 janvier 1742, qu'à cette époque, la somme de 10,000 florins n'était pas encore payée en entier à Amé Bourdon, et que son père lui *faisait la rente de ce qui en restait dû.* Mais est-ce à dire pour cela que les 10,000 florins avaient été constitués en rente, et surtout qu'ils l'avaient été dès le moment de la célébration du mariage d'Amé Bourdon? Non; il en résulte seulement que Jean-Jérôme Bourdon, se trouvant gêné, avait engagé son fils à lui accorder des facilités pour se libérer envers lui, et que, pour l'indemniser du retard qu'il lui faisait éprouver dans la jouissance de son capital, il lui en avait payé les intérêts. Ce qui restait dû des 10,000 florins à l'époque du décès de Jean-Jérôme Bourdon, père d'Amé, ne formait donc pas dans les mains de celui-ci une rente constituée, mais une somme véritablement exigible.

» Il est vrai que, par son testament, Jean-Jérôme Bourdon défend à son fils Amé d'exiger de son frère François d'Haucourt, le remboursement de cette somme; mais cette défense elle-même prouve que par soi cette somme était exigible, c'est-à-dire, qu'elle avait jusqu'alors conservé son caractère primitif de simple créance.

» Cependant la demanderesse, en supposant que c'était une rente qui avait été constituée à Amé Bourdon par l'acte du 7 octobre 1722, c'est-à-dire, par le contrat de son premier mariage, prétend que les 10,000 florins ont dû, dans la succession de celui-ci, appartenir par préciput à son fils de premières noces, Anselme-Albéric-François; et voici comment elle raisonne :

» Par l'art. 20 du tit. 22 de la coutume de Cambray, les *terres, maisons et héritages de mainferme portés au premier et noble mariage, ou au jour d'icelui échus, sont de telle nature qu'aux enfans dudit mariage, en doit succéder et appartenir la juste moitié, tant du côté paternel que maternel hors part; et en l'autre moitié lesdits enfans doivent partir tête à tête avec les autres enfans des autres mariages subséquens.* Or, dit la demanderesse, la rente de 10,000 florins en capital, qui a formé l'apport du père de mon mari lors de son premier mariage, devait, aux termes de ses conventions matrimoniales, lui tenir nature de propre à lui et aux siens de son côté et ligne; elle était donc, par cela seul, réputée *héritage;* et dès-là, elle a dû, dans la succession de mon beau-père, suivre le sort des *héritages portés au premier et noble mariage;* elle a dû par conséquent lui appartenir pour moitié par préciput, et a dû encore prendre le tiers de l'autre moitié à l'encontre de son frère et de sa sœur consanguins.

» Nous nous persuaderions difficilement, C. M., que la demanderesse ait compté sérieusement, devant le tribunal d'appel, sur le succès d'une pareille prétention; et ce qui nous étonne, c'est de la lui voir reproduire devant vous.

» Car enfin, pour que le tribunal d'appel de Douay eût, comme elle le soutient, violé l'art. 20 du tit. 22 de la coutume de Cambray, il faudrait deux choses : la première, que le capital de

10,000 florins dont il s'agit, eût formé, dans la personne d'Amé Bourdon, lors de son premier mariage, une rente constituée; la seconde, que les rentes constituées fussent comprises dans la disposition de la coutume.

» Or, d'une part, il est bien démontré qu'Amé Bourdon n'a pas apporté à son premier mariage, une rente de 10,000 florins en capital, mais bien un capital exigible de 10,000 florins.

» D'un autre côté, l'art. 20 du tit. 22 de la coutume de Cambray ne parle que des *terres, maisons et héritages de mainferme,* c'est-à-dire, des biens-fonds tenus en censive; des immeubles réels qui n'étaient ni francs-alleux ni fiefs. Et certainement une rente constituée n'est ni une terre, ni une maison, ni un héritage; c'est encore moins une censive. Ce n'est même pas, dans la coutume de Cambray, un immeuble incorporel : c'est un simple effet mobilier, et la coutume elle-même le dit expressément : *rentes héritières constituées par vendition à prix d'argent et à rachat sur hypothèque d'héritages, sont réputées meubles, et tiennent nature de meubles;* ce sont les termes de l'art. 1er du tit. 16.

» Qu'importe, au surplus, que, par le premier contrat de mariage d'Amé Bourdon, les rentes apportées par chacun des époux soient stipulées propres à chacun d'eux? Une pareille stipulation n'a pu imprimer à leurs rentes respectives, la qualité d'héritages réels, encore moins la qualité de mainferme plutôt que celle de fiefs ou de francs-alleux, encore moins les assujettir au préciput établi en faveur des enfans du premier lit, par l'art. 20 du tit. 22 de la coutume. Et elle la leur a d'autant moins imprimée dans l'espèce, que le contrat de mariage d'Amé Bourdon limite lui-même l'effet de cette stipulation de propres à empêcher que le survivant ne puisse succéder, jouir ni profiter des rentes que délaissera le premier mourant, ni même devenir héritier de ses enfans, quant à ce.

» Tout se réunit donc pour repousser le recours de la veuve Bourdon, contre la disposition du jugement du tribunal de Douay, qui rejette sa prétention relative aux 10,000 florins dont il s'agit.

Sur ces conclusions, arrêt du 11 ventôse an 11, au rapport de M. Lombard, par lequel,

« Attendu que le tribunal d'appel, en jugeant que le testament de Jean-Jérôme Bourdon, du 31 janvier 1742, renferme une substitution réciproque entre les enfans du premier et du second lit d'Amé, son fils, n'a fait qu'interpréter des clauses susceptibles de difficulté; d'où il suit que, de quelque manière qu'il ait décidé, il n'a contrevenu à aucune loi;

» Qu'au surplus, le tribunal d'appel, en refusant d'accorder à titre de prélèvement, la moitié des 10,000 florins que Jean-Jérôme Bourdon avait promis de payer à Amé, son fils, dans son contrat de mariage du 7 février 1722, et un tiers sur l'autre moitié de cette somme, n'aurait pas contrevenu à l'art. 20 du tit. 22 de la coutume de Cambray, qui, s'il comprend les rentes constituées, n'embrasse pas la créance d'un simple capital;

» Le tribunal rejette la requête...... ».

V. encore le paragraphe suivant.

§. III. 1.º *Cette clause*, je donne à un tel ET à ses enfans à naître ; *forme-t-elle, dans une donation entre-vifs, un fidéicommis en faveur des enfans que le donataire pourra avoir par la suite ?*

2.º *Si le donateur avait dit,* je donne à un tel ou à ses enfans à naître, *y aurait-il substitution fidéicommissaire ?*

Le 23 février 1737, contrat de mariage passé au Puy, entre Jean-Gabriel Jouve et Marie-Gabrielle Laurenson.

Par cet acte, Charles Jouve-Ladevèze, chanoine, oncle de l'époux, lui donne et cède dès-à-présent, par donation entre-vifs, tous les droits et prétentions qu'il peut avoir sur les biens de son père et de sa mère.

Par une seconde disposition de ce contrat, il est dit : « De plus, en faveur du présent mariage, ledit Charles Jouve-Ladevèze a aussi donné, par même donation que dessus, audit Jean-Gabriel Jouve-Ladevèze, son neveu, acceptant, *ou à un ou plusieurs enfans qui seront procréés du présent mariage,* toutefois au choix dudit Charles Jouve-Ladevèze, prêtre, la moitié du jardin planté en verger qu'il a............ en cette ville......., sous la réserve des fruits pendant sa vie ».

De ce mariage est né seulement un fils nommé Pierre-François.

Jean-Gabriel Jouve-Ladevèze, son père, s'est remarié avec Jeanne Pichot, et a laissé de ce second mariage un fils nommé Charles-Louis, qu'il a institué son héritier universel.

Il est mort le 21 avril 1773.

Le 28 juin 1774, Pierre-François-Jouve-Ladevèze forme contre Charles-Louis, son frère, une demande en désistement de la moitié du jardin comprise dans la donation contractuelle du 23 février 1737. Il soutient que cet immeuble lui appartient exclusivement, attendu le fidéicommis dont le donateur avait, à cet égard, grevé leur père commun, et par la raison qu'il s'y trouvait seul appelé, à défaut d'autres enfans du premier mariage.

Charles-Louis Jouve-Ladevèze prétend, de son côté, que le contrat de mariage du 23 février 1737 ne renferme point de fidéicommis; que la clause, *ou à un ou plusieurs enfans qui seront procréés du présent mariage,* ne confère à l'enfant du premier lit aucun droit à exercer sur l'immeuble donné, après que le père commun des parties l'a recueilli comme donataire, et en a joui comme tel.

Sur cette contestation, sentence de la sénéchaussée du Puy, qui appointe les parties en droit.

Le demandeur étant décédé, ses enfans reprennent l'instance; et le 28 pluviôse an 7, jugement contradictoire du tribunal civil du département de la Haute-Loire, qui,

« Attendu que le contrat de mariage de Jean-Gabriel Jouve-Ladevèze, du 23 février 1737, contient deux donations bien distinctes de la part de Charles Jouve-Ladevèze;

» Que la première comprend, avec dessaisissement actuel et acceptation particulière, tous les droits et prétentions que pouvait avoir le donateur sur les biens des père et mère du futur époux;

» Que la seconde comprend la moitié du jardin planté en verger, dont Charles Jouve-Ladevèze fait donation à son neveu, acceptant comme dessus, ou à un ou plusieurs enfans qui seront procréés du présent mariage, toutefois au choix dudit Charles Ladevèze, prêtre, sous la réserve de l'usufruit pendant sa vie;

» Que cette seconde donation a fait naître la difficulté de savoir si, d'après le mot *ou* dont s'est servi le notaire, en exprimant la volonté du donateur, l'effet de cette seconde donation doit tourner au profit du donataire seul, ou bien à son profit et à celui de ses enfans qui seront procréés du présent mariage; ce qui opérerait une substitution fidéicommissaire ;

» Qu'en comparant les termes de la première donation avec ceux de la seconde, on trouve une grande différence dans la volonté du donateur; puisque, dans la première, il dit seulement qu'il donne à Jean-Gabriel Jouve, son neveu, sans y appeler les enfans qu'il pourra avoir du présent mariage; tandis que, dans la seconde donation, il est expressément dit qu'il donne à Jean-Gabriel Jouve Ladevèze, son neveu, *ou à un ou à plusieurs enfans qui seront procréés du présent mariage;*

» Que, si le donateur n'eût eu en vue que son neveu seul, il n'aurait pas fait dans le même acte deux donations, et que tous les objets donnés eussent été compris dans la même clause ; que la loi 4, C. *de verborum et rerum significatione,* est la seule qui doive servir de base à la décision de la question; que, d'après les termes de cette loi, la donation de la moitié du jardin aujourd'hui réclamée par les enfans

Ladevèze, doit être regardée comme faite à Jean-Gabriel Jouve-Ladevèze, *et à un ou à plusieurs enfans qui seront procréés de son mariage ;*

« Qu'une pareille donation ne peut être regardée que comme une substitution fidéicommissaire, et non comme une substitution vulgaire ;

» Qu'il n'est provenu qu'un seul enfant du mariage du donataire avec Gabrielle Laurenson ; que, dès-lors, Charles Jouve-Ladevèze, prêtre, n'avait pas de choix à faire ;

» Faisant droit sur la demande en désistement de la moitié de jardin, condamne Charles-Louis Jouve-Ladevèze, oncle, à se désister en faveur de ses neveux, de la moitié de ce jardin, à restituer les jouissances... et aux dépens ».

Appel de ce jugement à la cour de Riom, qui en adopte les motifs et le confirme, le 28 prairial an 9.

Recours en cassation contre l'arrêt confirmatif.

À cette époque, rendu momentanément à la vie privée, j'ai été consulté par les enfans et héritiers de Pierre-François Jouve-Ladevèze, sur le résultat que pouvait avoir ce recours.

J'ai répondu, le 30 frimaire an 10, que ce résultat n'était nullement à craindre pour eux ; et voici comment j'ai développé mon opinion.

« Le tribunal d'appel de Riom a décidé, en confirmant le prononcé des premiers juges, que la donation de la moitié de jardin dont il s'agit, n'avait été faite à Jean-Gabriel Jouve-Ladevèze, qu'à la charge d'un fidéicommis en faveur des enfans à naître de son mariage avec Marie-Gabrielle Laurenson.

» A-t-il, par cette décision, porté atteinte à quelque loi ? Telle est la seule question qui sera et pourra être soumise au tribunal de cassation, par le recours de Charles-Louis Jouve-Ladevèze.

» Pour résoudre cette question, il faut d'abord se bien fixer sur la date du contrat de mariage qui est jugé contenir fidéicommis.

» Ce contrat est du 23 février 1737, c'est-à-dire, d'une époque antérieure, de plus de dix ans, à l'ordonnance des substitutions.

» Ce n'est donc ni l'esprit, ni la lettre de cette ordonnance que l'on doit prendre pour guides dans la recherche du sens dans lequel doivent être entendus les termes employés par l'auteur de la donation.

» Ainsi, en vain, devant le tribunal de cassation, argumenterait-on contre les enfans Ladevèze, comme on l'a fait devant le tribunal d'appel de Riom, de l'intention manifestée par le préambule de cette loi, d'exiger qu'à l'avenir les donateurs et testateurs, lorsqu'ils feront des fidéicommis, expliquent leur volonté d'une ma-

nière plus expresse qu'ils ne le faisaient précédemment.

» Les enfans Ladevèze répondraient avec avantage, que de là même il suit que le législateur, en proscrivant, pour l'avenir, les conjectures dans les fidéicommis, les y a laissé subsister avec tous leurs effets pour le passé.

» Aussi doit-on appliquer à la donation consignée dans le contrat de mariage du 23 février 1737, toutes les maximes du droit romain concernant les conjectures en matière de fidéicommis.... (1).

» Ces principes posés, examinons le contrat de mariage du 23 février 1737, et voyons si des termes dans lesquels est conçue la donation qu'il renferme d'une moitié de jardin, le tribunal d'appel de Riom a pu conclure avec fondement que cette donation contenait un fidéicommis en faveur des enfans à naître du mariage alors prochain du donataire.

» Arrêtons-nous d'abord à une observation fort importante : c'est que, si la donation était faite aux futurs époux *et à un ou à plusieurs enfans qui seront procréés du présent mariage, au choix du donateur,* il y aurait évidemment fidéicommis.

» Cette vérité, qui doit être d'une grande influence dans la cause, a été niée et fortement combattue devant le tribunal d'appel par le demandeur en cassation ; mais il nous sera facile de la démontrer.

» Il y a fidéicommis, toutes les fois qu'il existe une disposition par laquelle, en gratifiant quelqu'un, on le charge de rendre l'objet de la libéralité à un tiers que l'on en gratifie en second ordre.

» Ainsi, dans une disposition fidéicommissaire, il entre nécessairement trois personnes, celle qui donne, celle qui est gratifiée à la charge de rendre, et celle à qui l'on doit rendre.

» La disposition fidéicommissaire renferme donc, à proprement parler, deux donations, l'une au profit de celui qui doit rendre, l'autre au profit de celui à qui doit être rendu l'objet donné.

» Mais le second donataire ne devant recueillir qu'après le premier, ces donations doivent être *successives.* Il faut, dit *Peregrinus* (*de fideicommissis,* art. 17, n. 11), que les deux gratifiés soient appelés à recueillir successivement et non pas concurremment, *ordine successivo et non conjunctivo seu simultaneo.*

» Par conséquent, (ajoute *Thévenot-d'Essaules,* dans son *Traité des substitutions fidéicommissaires,* imprimé en 1778, page 71), si je dis : j'institue un tel et ses enfans, il est clair qu'*il n'y a point de fidéicommis, vu que rien*

_____

(1) *V.* le §. précédent.

n'indique l'ordre successif. Le père et les enfans sont gratifiés conjointement, ordine simultaneo, pour concourir et partager ensemble.

» Mais, continue le même jurisconsulte, « si » je dis : *j'institue un tel et après lui ses enfans,* » il y aura fidéicommis, puisque les enfans sont » appelés pour recueillir après leur père, et » non pas concurremment avec lui. De même, » si je dis : *j'institue un tel et ses héritiers,* il y » aura fidéicommis au profit des héritiers ; car » les mots, *ses héritiers,* supposent que le pre- » mier gratifié sera mort, quand ceux-ci auront » droit de recueillir ; le titre d'héritier d'un tel » ne pouvant être acquis que par son décès. » Autre chose serait, s'il y avait : *j'institue un* » *tel, pour lui, ses hoirs et ayant-cause.* Alors » il n'y aurait point de substitution en faveur » des héritiers ou successeurs de l'institué. Les » mots, *pour lui, ses hoirs et ayant-cause,* ne » seraient censés relatifs qu'à la transmission » ou translation qui a lieu de droit au profit » des héritiers ou successeurs. L'instituant se- » rait réputé n'avoir point eu d'autre intention. » Si cependant il était dit, *pour lui et ses hoirs* » *mâles,* il y aurait substitution au profit des » hoirs mâles ; car alors la disposition ne pour- » rait s'entendre autrement, puisque l'ordre » des successions légitimes y serait inter- » verti ».

» Voilà, s'il nous est permis d'employer cette expression, les avenues et les alentours de notre question bien éclaircis. Maintenant entrons dans la question elle-même : que doit-on décider à l'égard d'une donation faite à *un tel et à ses en-fans à naître ?.*

» Si cette donation est faite par un testament (répond *Thévenot-d'Essaules,* pag. 72) ; « il » faudra distinguer. Les enfans qui se trouve- » ront nés lors du décès du testateur, qui est » le moment où le legs prend force, viendront » au legs concurremment avec leur père, n'y » ayant rien qui nécessite à leur égard l'ordre » successif. Il y aura seulement fidéicommis » au profit des enfans qui naîtront après le décès » du testateur, attendu qu'ils n'ont pu con- » courir au moment où le legs a pris force ; et » que néanmoins ils sont dans la vocation ».

» Mais, dit encore le même auteur (et c'est ici l'endroit décisif pour notre espèce), « posons » qu'il soit dit dans une donation entre-vifs, » *Je donne à un tel et à ses enfans à naître ;* » cela formera-t-il un fidéicommis en faveur des » enfans à naître ? Oui, car le père étant saisi » par la donation, et ses enfans ne pouvant » l'être, puisqu'ils n'existent pas, il en résulte » nécessairement l'ordre successif. La propriété » ne pouvant être en suspens, le père est pro- » priétaire du tout, à la charge de rendre à ses » enfans, s'il lui en survient ».

» Et qu'on ne s'imagine pas que ce juriscon-sulte ne s'explique ainsi que relativement aux dispositions antérieures à l'ordonnance du mois d'août 1747 ; ce qu'il ajoute, à la suite immé-diate du passage que l'on vient de transcrire, prouve démonstrativement le contraire : « Je » ne m'arrêterai pas davantage (dit-il), à don- » ner des exemples des termes qui peuvent » contenir implicitement l'ordre successif ; je » me borne à observer qu'on ne doit supposer » cet ordre successif, qu'autant qu'il y a impos- » sibilité d'admettre la vocation par concurrence, » surtout *depuis l'ordonnance des substitutions ;* » qui rejette absolument les fidéicommis par » conjectures ».

» Ainsi, même depuis l'ordonnance de 1747, la donation entre-vifs faite *à un tel et à ses enfans à naître,* renferme en faveur de ceux-ci, une substitution fidéicommissaire, parce qu'elle contient *l'ordre successif,* c'est-à-dire, le signe essentiellement caractéristique du fidéicommis.

» Mais, dit-on, ce n'est que dans la donation ainsi faite par un père à son fils, que cette doc-trine peut être admise ; elle n'a pas lieu dans la donation faite par un collatéral.

» Eh ! quel serait donc le fondement d'une pareille différence ? Que le donateur soit un ascendant ou un parent collatéral, la donation *à un tel et à ses enfans à naître,* contient tou-jours *l'ordre successif ;* elle emporte donc néces-sairement fidéicommis dans l'un comme dans l'autre cas.

» Aussi avons-nous remarqué que Thévenot-d'Essaules ne fait à cet égard aucune distinction entre la ligne directe et la ligne collatérale.

» Et Vedel (sur Catellan, liv. 2, chap. 14), que le demandeur en cassation invoquait devant le tribunal d'appel, comme soutenant l'opinion contraire, dit expressément : « Cette maxime » que la donation au futur époux et à ses enfans, » comprend les enfans comme véritables dona- » taires, et comme appelés *ordine successivo* » par fidéicommis après leur père, a lieu, soit » que la donation ait été faite par un ascendant, » soit par un collatéral ou étranger, parce que » les enfans qui sont compris dans la disposition, » n'étant pas encore nés, ne peuvent pas con- » courir ni faire part ».

» C'est aussi en termes généraux et compre-nant le donateur ascendant comme le donateur étranger ou collatéral, que s'explique Serres, dans ses *Institutions au droit français,* liv. 2, tit. 7, §. 2 : « Lorsqu'une donation entre-vifs, dit- » il, est faite à une telle personne et à ses enfans » nés ou à naître, dans ce cas, les enfans sont, » sans contredit, regardés comme donataires » en degré subordonné, et sont censés appelés » à la donation, *ordine successivo,* après leur » père ».

» On sait, au surplus, que la jurisprudence du parlement de Toulouse (dans le ressort du-quel est née la contestation actuelle), était aussi uniforme que constante sur l'effet de toute donation à un tel et à ses enfans à naître, d'emporter l'ordre successif, et par suite le fidéicommis. Il existe à cet égard trois arrêts très-précis.

» Maynard, liv. 5, chap. 91, en cite un du mois de mai 1578, rendu à son rapport, par lequel il a été jugé, conformément à la doctrine du docteur Étienne Bertrandi, tome 3, conseil 176, *donationem factam filio favore matrimonii et filiis suis descendentibus ex matrimonio, intelligi ordine successivo.*

» Il est vrai que, dans cette espèce, la donation avait été faite par un ascendant; mais ce n'est point là ce qui a déterminé l'arrêt. L'arrêt n'a eu pour motif que cette maxime établie par Maynard, au commencement du chapitre cité, que, « de droit, les substitutions fidéicommis-» saires sont faites, induites, présupposées et » ramenées à l'effet, non-seulement par pa-» roles expresses et formelles, mais encore par » clauses et paroles laissées, enveloppées et en-» trelacées, par lesquelles la volonté du testa-» teur, quant à ce, soit quasi déclarée, conjec-» turée et manifestée ». Et il est inutile d'observer que cette maxime s'applique aussi bien à la donation faite par un étranger ou par un colla-téral, qu'à la donation faite par un ascendant.

» Un autre arrêt non moins formel, est celui que rapporte Catellan, liv. 2, chap. 14, sous la date du 15 mai 1648. Voici les termes de ce magistrat : « La donation au futur époux et à ses » enfans, comprend les enfans comme vérita-» blement donataires et comme étant appelés » *ordine successivo*, pour recueillir la donation » après leur père; et contient un fidéicommis » en leur faveur.... C'est ainsi que cette ques-» tion fut décidée (au parlement de Toulouse) » le 15 mai 1648. Un père mariant Jean, son » fils, donne dans le contrat de mariage cer-» tains biens au futur époux et à ses enfans. *Un* » *oncle fait aussi certaines donations à ce futur* » *époux et à ses enfans.* Jean ayant eu de ce » mariage Bernard et Françoise, mariant Ber-» nard, lui donne la moitié de ses biens, et » promet de l'instituer en l'autre moitié. Après » la mort de Jean, Françoise, sa fille, fait ins-» tance contre Bernard, son frère, en délaisse-» ment de la moitié des biens donnés à Jean, » son père, et dit que la donation étant faite à » Jean et à ses enfans, contient une substitution » fidéicommissaire en faveur de tous les enfans » qui sont tous appelés par égales portions. Au » contraire, Bernard répliquait que la donation » faite à Jean, son père, et à ses enfans, ne » contenait en faveur des enfans de Jean, qu'une » substitution vulgaire, qui avait expiré en la » personne du père, lequel, ayant survécu aux » donateurs, avait recueilli l'effet de la dona-» tion. Jugeant du procès, on convint que si, » dans un testament, la libéralité était faite à » Jean et à ses enfans, il y aurait seulement une

substitution vulgaire; mais qu'étant question » d'une donation entre-vifs, faite à celui qui se » marie, et à ses enfans à naître, elle ne pouvait » contenir qu'une substitution fidéicommis-» saire ».

» Qu'oppose à cet arrêt le demandeur en cassation? Une seule chose; c'est que la dona-tion qui en était l'objet, avait été faite par un ascendant. Mais il ne fait pas attention que, dans cette espèce, il y avait deux donations, l'une émanée du père du futur époux, l'autre faite à celui-ci par son oncle, et que toutes deux ont été jugées contenir fidéicommis en faveur des enfans à naître. Cet arrêt a donc bien nettement rejeté la distinction imaginée par le demandeur.

» Le troisième arrêt que nous avons annoncé, est du 30 août 1706; il est rapporté (dans le *Journal du palais de Toulouse*, tom. 3, pag. 245), par Dejuin, l'un des juges qui ont concouru à le rendre.

» Le 30 août 1647, Jean Meilhac premier donne, par contrat de mariage, à Jean Meilhac second, son fils, ET AUX ENFANS QUI SERONT PROCRÉÉS DUDIT MARIAGE, *la moitié de ses biens présens et à venir, et l'autre moitié à la fin de ses jours, pour desdits biens pouvoir faire et dis-poser par ledit Meilhac fils et donataire, comme de sa chose propre, tant en la vie qu'en la mort.*

Question de savoir si cette clause renferme une substitution fidéicommissaire. Sentence de la sénéchaussée de Nîmes qui juge pour la né-gative. Appel par Jean Meilhac troisième. Il se fonde sur ce que la donation n'était pas faite seulement à Jean Meilhac second, mais en-core à ses enfans; et il cite Catellan, Maynard et Dumoulin. Jugeant ce grief (dit le magis-» trat cité), on est convenu *que la clause de* » *donation faite au père et aux enfans, contient* » *un fidéicommis en faveur des enfans, quand* » *on ne peut pas présumer le contraire par une* » *clause subséquente;* or, dans cette espèce, on » a cru que la faculté accordée au donataire de » disposer des biens comme de sa chose » propre, tant en la vie qu'en la mort, faisait » présumer que le donateur n'avait pas pré-» tendu faire un fidéicommis. Il a donc passé à » débouter Jean Meilhac de son grief, et en » même temps de la demande en ouverture de » la substitution; cependant la chose a souffert » grande difficulté, *plusieurs des juges regar-* » *dant cette dernière clause comme une clause* » *de style* ».

» Voilà qui prouve bien clairement, et que le parlement de Toulouse tenait invariablement à la maxime dont il est ici question, et que cette maxime n'admettait, dans sa jurisprudence, aucune distinction entre le donateur ascendant et le donateur étranger ou collatéral; car De-juin ne distingue nullement entre l'un et l'autre,

il parle au contraire de la manière la plus générale, quand il dit qu'*on est convenu que la clause
de donation faite au père et aux enfans, contient un fidéicommis en faveur des enfans.*

» Mais, dit-on, il y a dans le recueil de Cambolas, liv. 3, chap. 49, des arrêts du parlement
de Toulouse même, qui décident que la donation en faveur d'un mariage et des enfans à
naître de ce mariage, ne contient pas de substitution fidéicommissaire en faveur de ceux-ci.

» Oui, ces arrêts existent; mais on aurait
bien dû, en les citant d'après Cambolas, remarquer avec ce magistrat, qu'il en est autrement
*quand la donation est faite expressément aux
enfans, c'est-à-dire, non-seulement en leur faveur, mais à eux.*

» En effet, dit Serres, à l'endroit ci-dessus
indiqué: « Il ne faut pas confondre le cas où
» une donation est faite en contrat de mariage
» au futur époux et à ses enfans à naître, avec
» le cas où la donation est faite au futur époux
» en contemplation ou en faveur du mariage et
» des enfans qui en naîtront; car, dans ce der-
» nier cas, les enfans n'ont aucun droit aux
» biens donnés; ils ne sont pas regardés comme
» appelés de leur chef à la donation en degré
» même subordonné, et ne sont considérés tout
» au plus que comme la cause impulsive, et non
» l'objet final de la donation; en sorte que le
» père peut aliéner et disposer à son gré des
» biens donnés, sans que les enfans puissent s'en
» plaindre ni révoquer les aliénations ».

» Catellan fait précisément la même distinction. Voici comment il s'explique liv. 2, chap. 14:
« La donation faite dans le contrat de mariage
» au futur époux, en contemplation du ma-
» riage et des enfans qui en proviendront, ou
» même faite en faveur du mariage et en préci-
» put et avantage des enfans qui en descen-
» dront, ne regarde point les enfans, et ne leur
» donne aucun droit de leur chef aux biens
» donnés, et ne contient aucun fidéicommis en
» leur faveur. Cette donation se termine unique-
» ment à la personne du futur époux; les en-
» fans en sont tout au plus la cause impulsive,
» et non la cause finale. C'est la doctrine de
» Bolive, liv. 4, chap. 5, et de Cambolas, liv. 3,
» chap. 49, confirmée par les arrêts que ces
» auteurs rapportent. Mais la donation faite au
» futur époux et à ses enfans, comprend les en-
» fans comme véritablement donataires, et
» comme étant appelés *ordine successivo*, pour
» recueillir la donation après leur père, et con-
» tient un fidéicommis en leur faveur ».

» Cela posé, il ne nous reste plus, pour justifier le jugement du tribunal d'appel de Riom,
que de prouver qu'entre le cas d'une donation
faite à un tel *ou* à ses enfans à naître, et le cas
d'une donation faite à un tel *et* à ses enfans à

naître, il n'existe, en point de droit, aucune
espèce de différence.

» Or, là-dessus, écoutons Catellan à l'endroit
déjà cité: « Ce que je viens de dire, que la do-
» nation faite en faveur du futur époux et de
» ses enfans, contient un fidéicommis en faveur
» des enfans, doit avoir lieu, lorsque la dona-
» tion est faite *au futur époux* ou *à ses enfans*,
» comme il fut jugé, après partage de la pre-
» mière à la deuxième chambre des enquêtes,
» et vidé à la grand'chambre.... moi compar-
» titeur. Valada, mariant François Valada, son
» fils, donne dans le contrat, certains biens à ce
» fils *ou* à ses enfans. De ce mariage naissent
» trois enfans. François Valada fils meurt après
» son père, et ses biens sont généralement saisis.
» Ses trois enfans demandent la distraction des
» biens donnés par leur aïeul à leur père et à
» eux, et l'obtiennent par l'arrêt que je rap-
» porte. La raison de la décision est prise de ce
» que la donation faite au futur époux et à ses
» enfans, contient un fidéicommis en faveur des
» enfans, comme j'ai déjà dit : or, il en doit
» être de même lorsque la donation est faite au
» futur époux ou à ses enfans; parce que.....
» par la loi *cùm quidam*, 4, C. *de verborum et
» rerum significatione*, si l'institution, legs, fidéi-
» commis ou donation est faite à un tel ou à un
» tel, la disjonctive est prise pour copulative ».

» Le demandeur en cassation a, devant le
tribunal d'appel, beaucoup disserté, beaucoup
argumenté contre cet arrêt et contre les motifs
qui l'ont dicté. Il ne nous sera pas difficile de répondre à toutes ces objections. Commençons
par poser les principes fondamentaux de la matière.

» Les lois romaines nous ont appris, et notre
propre usage nous a confirmé, que souvent la
disjonctive ou s'emploie pour la copulative ET,
comme souvent aussi la conjonctive ET s'emploie
pour la copulative ou.

» La loi 53, D. *de verborum significatione*,
nous offre une décision du jurisconsulte Paul,
ainsi conçue : *Sæpè ita comparatum est ut conjuncta pro disjunctis accipiantur, et disjuncta
pro conjunctis.* Ainsi, la loi des douze tables disait : *Uti quisque legassit super pecuniá tutelâve rei suæ, ita jus esto*; et Paul décide que,
par *tutelâve*, il faut entendre *tutelâque : cùm
dicitur* (ce sont ses termes) *super pecuniá tutelâve rei suæ, tutor separatim sine pecuniá dari
non potest.* Et lorsque nous disons, continue
Paul, *quod dedi aut donavi*, la particule *aut*
doit s'entendre dans le sens conjonctif : *et cùm
dicimus quod dedi aut donavi, utraque conti-
nemus.*

» Mais quelle sera la boussole qui dirigera le
juge dans l'application de cette règle ? Il ne peut
pas y en avoir d'autre que le sens naturel de la

phrase dans laquelle se trouve intercalée, soit la disjonctive *ou*, soit la copulative *et*.

» Ainsi, lorsque je m'oblige à vous livrer un champ ou une maison, il est bien évident que je ne vous donne pas à la fois la maison et le champ, mais seulement l'un ou l'autre, à mon choix.

» Mais si je donne à vous ou à vos enfans telle maison, vos enfans sont incontestablement appelés à la donation, comme vous-même; et il n'y a de difficulté que sur le point de savoir, s'ils y sont appelés à titre de substitution vulgaire, s'ils y sont appelés par fidéicommis, ou s'ils le sont comme co-donataires.

» Or, à cet égard, il faut distinguer : ou vos enfans existent au moment de la donation; ou ils n'existent pas encore.

»Au premier cas, ils ne sont appelés ni comme substitués vulgairement, ni comme fidéicommissaires; ils le sont comme co-donataires, et ils doivent concourir avec vous au partage de la chose donnée. C'est la décision expresse de la fameuse loi *cùm quidam*, C. *de verborum et rerum significatione*.

» Comme ce texte a été invoqué de part et d'autre devant le tribunal d'appel de Riom, et que, de part et d'autre, il a donné lieu à de grands débats qui se renouvelleront vraisemblablement devant le tribunal de cassation, il ne sera pas inutile de le transcrire ici en entier.

» Un particulier (dit *Justinien*, auteur de cette loi), voulant faire une institution, un legs, un fidéicommis, donner la liberté à des esclaves, pourvoir à la tutelle de ses enfans, s'était exprimé en ces termes : *J'institue pour mon héritier tel ou tel; je donne et lègue telle chose à tel ou tel; je veux que tel ou tel de mes esclaves soit libre; je nomme pour tuteur à mes enfans tel ou tel*. Question de savoir quel devait être l'effet d'une institution, d'un legs, d'un fidéicommis, d'un affranchissement, d'une dation de tutelle ainsi exprimés? Devait-on regarder ces actes comme nuls? Devait-on en accorder le profit ou en imposer la charge au premier des deux appelés disjonctivement, qui se trouverait en possession? Devait-on les admettre tous deux au bénéfice, ou leur faire subir à tous deux le fardeau de la disposition? Et, dans ce dernier cas, fallait-il établir un ordre successif de l'un à l'autre? Ou devait-on les admettre concurremment? *Cùm quidam sic vel institutionem, vel legatum, vel fideicommissum, vel libertatem, vel tutelam scripsisset, ille aut ille mihi heres esto; vel illi aut illi do, lego; vel dari volo, vel illum aut illum liberum, aut tutorem esse volo vel jubeo; dubitabatur utrùmne inutilis sit hujus modi institutio et legatum et fideicommissum et libertas et tutoris datio? An occupantis melior conditio sit? An ambo in hujusmodi lucra vel munera vocentur? An et secun-*

dum aliquem ordinem admittantur? An uterque omnimodo?

» Les uns voulaient que, dans le cas d'une institution ainsi conçue, le premier nommé fût considéré comme seul institué, et que le second ne le fût que comme substitué vulgairement : *cùm alii in institutionibus primum quasi institutum admitti; secundum quasi substitutum.*

» D'autres prétendaient que, dans le cas d'un legs ou fidéicommis exprimé de cette manière, le dernier nommé devait seul recueillir, comme ayant pour lui la disposition la plus récente du testateur : *alii in fideicommissis posteriorem solùm fideicommissum accepturum existimaverint, quasi recentiore voluntate testatoris utentem.*

» Mais, pour retracer une à une, toutes les disputes qui se sont élevées à cet égard entre tant d'écrivains, il ne faudrait rien moins qu'un gros volume; car non-seulement les jurisconsultes, mais même les ordonnances impériales qu'ils ont rapportées chacun en faveur de son opinion, se sont divisés et ont varié sur cette matière. *Et si quis eorum altercationes sigillatim exponere maluerit, nihil prohibet non leve libri volumen extendere, cùm non solùm juris auctores, sed etiam ipsæ principales constitutiones quas ipsi auctores retulerint, inter se variasse videntur.*

» Il nous paraît donc plus raisonnable, en écartant tout ce chaos d'opinions et d'argumens, de déclarer que la particule *ou* sera, dans le cas proposé, entendue dans le sens de la particule *et*; en sorte qu'elle sera réputée copulative et considérée comme une sorte de *paradiazeuxe* (terme grec qui répond à *fausse disjonction*); au moyen de quoi, le premier appelé sera admis, sans que le second soit pour cela exclu. *Melius itaque nobis visum est, omni hujus modi verbositate explosâ, conjunctionem aut ipse et accipi, ut videatur copulativo modo esse prolata et magis sit paradiazeusis, ut et primam personam inducat et secundam non repellat.*

» Car, de même, par exemple, que, dans l'action possessoire appelée *quod vi aut clam*, la disjonctive *aut* est évidemment prise pour la conjonction *et*; de même aussi dans toutes ces sortes d'institutions, de legs, de fidéicommis, d'affranchissemens, de dations de tutelles, la disposition du testateur doit être entendue de manière que les deux individus qu'il a ainsi nommés, viennent également et par égales portions, à l'hérédité, au legs, au fidéicommis; que tous deux soient appelés à la liberté; que tous deux soient appelés à la tutelle. Par là, personne ne sera privé de l'effet de la libéralité du testateur; et il sera d'autant mieux pourvu aux intérêts des pupilles, intérêts qui ne pourraient que souffrir beaucoup des doutes que nous laisserions subsister à cet égard. *Quemadmodum enim (verbi gratiâ) in interdicto* QUOD VI AUT

CLAM, AUT *conjunctio pro* ET *apertissimè posita est; ità et in omnibus hujusmodi casibus, sive institutionum, sive legatorum, sive fideicommissorum, vel libertatum, seu tutelarum, hoc est intelligendum ut ambo veniant œquâ lance ad hereditatem, ambo similiter legata accipiant, fideicommissum in utrumque dividatur, libertas utrumque capiat, tutoris ambo fungantur officio, ut sic nemo defraudetur à commodo testatoris, et major providentia pupillis inferatur : ne, dùm dubitatur apud quem debeat esse tutela, in medio res pupillorum depereant.*

» Mais nous ne faisons cette déclaration que pour le cas où ce sont des personnes qui se trouvent comprises dans une phrase conçue de la manière ci-dessus exposée; si donc, dans une disposition testamentaire, il n'y a d'appelé qu'un seul individu, et que les choses qui en sont l'objet, soient ainsi laissées : *Je donne, je lègue, je laisse par fidéicommis à un tel,* TELLE OU TELLE CHOSE, alors on appliquera à cette disposition les anciennes règles et les décisions de l'ancien droit (1), auxquelles nous n'entendons porter aucune atteinte ni innover en aucune manière, par la présente ordonnance. *Sic hæc quidem sancimus, cùm in personas hujusmodi proferatur scriptura. Sin autem una quidem est persona, res autem ita derelictæ sunt, illam aut illam rem tibi do, lego, per fideicommissum relinquo, tunc secundùm veteres regulas et antiquas definitiones, vetustatis jura maneant incorrupta, nullâ innovatione ex hâc constitutione introducendâ.*

» Ce que nous voulons aussi avoir lieu dans les contrats. *Quod etiam in contractibus locum habere censemus.*

» Voilà comment s'explique la loi *cùm quidam,* et l'on voit qu'elle se réduit à deux dispositions.

» La première, que, dans toute phrase, soit d'un testament, soit d'un contrat (2), qui défère une même chose à telles *ou* telles personnes, la particule disjonctive *ou* doit être réputée copulative, et qu'en conséquence, toutes les personnes nommées dans cette phrase, doivent être considérées comme appelées à la chose donnée, léguée, vendue, etc. *Melius nobis visum est......Conjunctionem* AUT *pro* ET *accipi, ut videatur copulativo modo esse prolata..... ut et primam personam inducat et secundam non repellat.*

» La seconde disposition est que, si les per-

sonnes ainsi appelées ensemble et unies par la particule *ou* réputée copulative, existent toutes à l'époque, soit du testament, soit du contrat, on doit les regarder comme appelées actuellement et par égales portions, à la chose qui forme l'objet de l'un ou de l'autre acte.

» Car, remarquons-le bien, c'est de personnes actuellement existantes que parle Justinien, quand il dit : *In omnibus hujusmodi casibus, sive institutionum, sive legatorum, sive fideicommissorum vel libertatum, seu tutelarum, hoc est intelligendum, ut ambo veniant œquâ lance....*

» Et ce qui le prouve invinciblement, c'est que, dans la loi *cùm quidam,* Justinien s'occupe principalement de l'institution d'héritier, qui ne pouvait avoir lieu qu'en faveur de personnes vivantes à l'époque du décès du testateur(1); de l'affranchissement qui, certes, ne pouvait pas atteindre des êtres non encore nés, puisqu'ils ne pouvaient pas encore être esclaves; enfin de la dation de tutelle, qui, par la nature et l'essence même de son objet, ne pouvait imposer ce fardeau qu'à des hommes actuellement existans, et même parvenus à l'âge de majorité.

» Que faut-il donc décider à cet égard dans le cas où, parmi les personnes appelées à une même chose et unies par la particule *ou,* il en a qui n'existent pas encore au moment où se fait la disposition, soit testamentaire, soit contractuelle?

» C'est ici, comme l'on voit, le second des cas que nous avons ci-dessus distingués. Justinien ne l'a pas compris dans la loi *cùm quidam ;* seulement il résulte de la première partie de cette loi que, dans ce cas, comme dans celui d'une disposition faite au profit ou à la charge de personnes actuellement existantes, la disjonctive *ou* doit être entendue dans le sens de la conjonctive *et.* Quelle raison, d'ailleurs, y aurait-il de ne pas assimiler entièrement, sur ce point, l'un des deux cas à l'autre?

» Mais le silence de Justinien sur le cas dont il s'agit, ne nous laisse point sans ressource pour résoudre notre question; elle est même toute résolue par la combinaison de deux maximes qui, désormais, doivent être regardées comme incontestables :

» L'une, qu'entre la donation faite à un tel *et* à un tel, et la donation faite à un tel *ou* à un tel, il n'y a ni ne peut y avoir aucune ombre de différence;

» L'autre, que par la donation entre-vifs faite à un tel *et* à ses enfans à naître, ceux-ci sont appelés, non comme substitués vulgairement, non

---

(1) Suivant ces règles et ces décisions, il n'y avait de donné, légué ou fidéicommissé, que l'une des choses ainsi exprimées, l'option appartenant alors, soit à l'héritier, soit au légataire ou fidéicommissaire, d'après les distinctions établies par les lois du digeste.

(2) *Quod etiam in contractibus locum habere censemus,* dit la loi.

(1) *V.* la lettre de M. le chancelier d'Aguesseau au parlement d'Aix, du 23 novembre 1737, concernant l'art. 49 de l'ordonnance de 1735.

comme co - donataires actuels, mais comme fidéicommissaires.

» Il résulte, en effet, du rapprochement de ces deux maximes, que ce n'est ni comme substitués vulgairement, ni comme co-donataires actuels, mais seulement comme fidéicommissaires, que les enfans peuvent être censés appelés dans le cas d'une donation entre-vifs faite *à un tel ou à ses enfans à naître.*

» ILS NE LE SONT PAS COMME SUBSTITUÉS VULGAIREMENT. Par l'effet de la donation entre-vifs acceptée par le père des enfans à naître, celui-ci se trouve immédiatement saisi de la chose donnée; et par là même, la porte se trouve irrévocablement fermée à toute substitution vulgaire. On sait, et la loi 4, C. *de impuberum et aliis substitutionibus,* établit clairement que la substitution vulgaire n'étant faite que pour le cas où le premier appelé ne recueillerait pas la disposition, elle s'évanouit nécessairement dès que la disposition a été acceptée par le premier appelé.

» ILS NE LE SONT PAS COMME CO-DONATAIRES ACTUELS; car, pour être actuellement donataire, il faut exister. Celui qui n'existe pas, ne peut être saisi de rien; et cependant il est de l'essence de la donation entre-vifs, que le donataire en recueille l'effet à l'instant même où elle reçoit sa perfection.

» C'EST DONC COMME FIDÉICOMMISSAIRES QU'ILS SONT APPELÉS; et il faut bien qu'ils le soient comme tels, d'après les principes ci-dessus retracés par Thévenot-d'Essaules. Répétons les termes de cet auteur, ils sont décisifs : « Le père » étant saisi par la donation, et les enfans ne » pouvant l'être, puisqu'ils n'existent pas, il en » résulte nécessairement l'ordre successif. La » propriété ne pouvant être en suspens, le père » est propriétaire du tout à la charge de rendre » à ses enfans, s'il lui en survient ».

» Arrêtons - nous particulièrement à cette grande maxime, *la propriété ne peut être en suspens.* Elle est également établie par Peregrinus (de *fideicommissis,* art. 4o, n.º 6) : *rerum dominia,* dit-il, *in pendenti stare nequeunt;* et Thévenot-d'Essaules y revient encore, pag. 188 : « les jurisconsultes romains (ce sont ses termes), » étaient si éloignés d'admettre la suspension » de propriété, que, pour éviter cet inconvé- » nient, ils avaient imaginé de personnifier » l'hérédité, en la rendant propriétaire de » biens, jusqu'à ce que l'héritier le devint par » l'adition (1) ».

» Nous devons donc mettre cette maxime au rang des vérités les mieux démontrées.

» Et quelle en est la conséquence, relativement à la donation entre-vifs faite à un futur époux ou à ses enfans à naître? Bien évidemment il en résulte que la propriété de la chose donnée, étant sortie des mains du donateur, et ne pouvant pas reposer sur la tête d'enfans qui n'existent pas encore, c'est sur la tête du futur époux qu'elle se fixe immédiatement.

» Le futur époux devient donc propriétaire de la chose donnée, à l'instant même où il accepte la donation.

» Que peuvent signifier, d'après cela, ces mots ajoutés à la donation, *ou à ses enfans à naître?*

» Signifient-ils que les enfans à naître recueilleront la donation, si leur père ne la recueille? Non, nécessairement non. Le futur époux, encore une fois, recueille immédiatement la donation, il devient propriétaire de la chose donnée, par le seul effet, par l'effet immédiat de son acceptation; il est donc impossible, métaphysiquement impossible, que les enfans à naître ne soient placés dans la donation, que pour la recueillir au défaut de leur père.

» Il faut cependant donner un sens, un effet quelconque, à ces mots, *ou à ses enfans à naître;* et le seul moyen d'arriver à ce but, c'est de dire que la particule *ou* doit s'entendre comme s'il y avait *et,* que les enfans sont appelés pour recueillir après leur père, que leur père est à leur égard une sorte d'entrepositaire qui doit faire arriver jusqu'à eux l'objet de la donation; qu'ils doivent jouir de la chose donnée après que leur père l'aura possédée; et par une conséquence aussi simple qu'irrésistible, que leur père est grevé de fidéicommis en leur faveur.

» Qu'opposera à cette conséquence le demandeur en cassation? Sans doute, il y opposera les mêmes objections qu'il a inutilement fait valoir devant le tribunal d'appel. Voyons donc quelles sont ces objections.

» *Première objection.* La loi *cùm quidam,* sur laquelle vous vous appuyez pour convertir, dans la donation du 23 février 1737, la disjonctive *ou* en conjonctive, n'est relative qu'aux dispositions testamentaires, et par conséquent inapplicable aux actes entre-vifs. Il est vrai qu'à la fin de cette loi il est dit : *quod etiam in contractibus locum habere censemus;* mais ces termes ne se réfèrent qu'à la disposition immédiatement précédente, dont l'objet est de maintenir les anciennes règles par rapport aux dispositions par lesquelles un testateur donne *telle ou telle chose.*

» *Réponse.* 1.º Les enfans Ladevèze n'ont pas précisément besoin de la loi *cùm quidam,* pour faire maintenir le jugement du tribunal d'appel de Riom; il leur suffit que, même d'après les lois du digeste, et notamment la loi 53, *de verborum significatione,* la disjonctive *ou* doive être

_____

(1) *Hereditas personam defuncti sustinet* (loi 34, D. de acquirendo rerum dominio)... dominii quod hereditatis fuit (loi 3o, D. *de legatis* 2.º).

convertie en copulative, toutes les fois que le sens de la phrase l'exige.

» 2.º Ces expressions, *quod etiam in contractibus locum habere censemus*, qui terminent la loi *cùm quidam*, de quel droit le demandeur les restreint-il à la disposition immédiatement précédente? Il y serait fondé, sans doute, si cette disposition formait dans la loi un paragraphe séparé. Mais la loi toute entière n'est composée que d'un seul contexte; il est donc bien naturel d'en faire refluer les derniers termes sur l'intégrité de la loi elle-même.

» 3.º La disposition de la loi qui précède immédiatement les termes, *quod etiam in contractibus locum habere censemus*, cette disposition n'est là que pour faire exception à la règle généralement posée par Justinien dans le corps de la loi. Si donc il était vrai que les termes, *quod etiam in contractibus locum habere censemus*, se référassent à la disposition immédiatement précédente, que signifieraient-ils? très-certainement ils signifieraient que l'exception établie par cette disposition, est commune aux contrats et aux testamens. Or, que l'on nous apprenne donc comment Justinien aurait pu excepter les contrats, comme les testamens, de la règle générale précédemment établie, si cette règle générale n'eût pas été elle-même commune aux testamens et aux contrats? Aussi Godefroy, dans une de ses notes sur la loi *cùm quidam*, dit-il expressément: *Disjunctiva posita inter personas honoratas vel gravatas, tam in ultimis voluntatibus quàm in* CONTRACTIBUS, *pro conjunctivâ habetur.*

» *Deuxième objection.* Vous prétendez appliquer la loi *cùm quidam* à un fidéicommis créé par un acte entre-vifs; mais il est notoire que, dans le droit romain, on ne pouvait fidéicommisser que par testament.

Réponse. Il est vrai que, par l'ancien droit romain, les testamens étaient les seuls actes par lesquels on pût fidéicommisser. On accordait bien au donateur entre-vifs une action pour répéter la chose donnée, quand le donataire n'accomplissait pas la charge de rendre; mais on refusait toute action au tiers en faveur duquel cette charge était apposée. C'est ce que nous apprend la loi 3, C. *de donationibus quæ sub modo* (1). Mais cette même loi annonce que, depuis quelque temps, et par l'effet des ordonnances, le substitué par donation entre-vifs avait l'action *utile* pour demander l'exécution du fidéicommis (2); et elle maintient formellement cette nouvelle jurisprudence.

» Et remarquez que cette loi est de beaucoup antérieure à la loi *cùm quidam*. Celle-ci est de l'an 531; celle-là de l'an 290. Ainsi, nul doute que la loi *cùm quidam* n'ait été faite pour les fidéicommis contractuels, comme pour les fidéicommis testamentaires.

Troisième objection. La loi *cùm quidam* parle de deux personnes indifférentes, et entre lesquelles il n'y a ni sujet ni raison de préférence. Elle n'est point applicable, suivant Paul de Castres, Alexandre, Fusarius, Duperrier, etc., au cas où la disjonctive *ou* se trouve entre des personnes *inter quas cadit ordo affectionis.* Or, dans notre espèce, on ne saurait douter que le donateur n'ait voulu préférer son neveu aux enfans qui pouvaient naître de son mariage.

» *Réponse.* Eh, sans doute, le donateur a préféré son neveu à ses futurs petits-neveux! Aussi l'a-t-il appelé en première ligne; aussi a-t-il voulu qu'il jouît avant eux; mais que conclure de là? Précisément ce que nous soutenons, que le donateur a établi *un ordre successif* de son neveu à ses futurs petits-neveux, et que, par une conséquence nécessaire, il a substitué fidéicommissairement ceux-ci à celui-là.

» Que nous importe, d'après cela, l'exception que Fusarius, Alexandre, Duperrier et Paul de Castres mettent, de leur propre autorité, à la disposition générale de la loi *cùm quidam*, pour le cas où il existe entre les personnes appelées ensemble par la disjonctive *ou*, ce qu'ils nomment *ordo caritatis et affectionis?*

» Nous dirons cependant que cette exception n'est pas admise par tous les auteurs; elle est combattue, et, nous osons le dire, complettement réfutée par Furgole, sur l'art. 19 de l'ordonnance de 1747. « C'est la loi (dit-il, après de longs » développemens qu'il serait inutile de transcrire » ici), c'est la loi qui, par sa toute puissance, » détermine le sens des paroles, comme s'il y » avait une conjonctive, lorsque l'alternative se » trouve entre plusieurs personnes; et il n'y » a point de doute que la loi ne doive prévaloir » sur les fausses opinions des auteurs qui s'en » sont éloignés pour mettre à la place leurs » imaginations ».

» *Quatrième objection.* Vedel sur Catellan, liv. 2, chap. 14, dit que, *pour ce qui concerne la donation faite au futur époux et à ses enfans, la disjonctive* ou *n'est convertie en copulative et, par ordre de succession, que quand la donation part de la main d'un ascendant.* Or, dans notre espèce, c'est de la main d'un collatéral qu'est partie la donation.

» *Réponse.* A coup sûr Vedel est dans l'erreur, si, sans convertir la particule *ou* en copulative, il n'est pas plus possible, dans le cas

---

(1) *Quoties donatio itâ conficitur ut post tempus, quod donatum est, alii restituatur, veteris juris auctoritate rescriptum est, si is in unum liberalitatis compendium conferebatur, stipulatus non sit, placiti fide non impleta, ei qui liberalitatis auctor fuit... condictitiæ actionis persecutionem competere.*

(2) *Sed cùm postea benignâ juris interpretatione, divi principes ei qui stipulatus non sit, utilem actionem juxta donatoris voluntatem, competere admiserint, actio.... tibi accommodabitur.*

d'une disposition faite par un collatéral, que dans le cas d'une disposition faite par un ascendant, de donner un sens raisonnable, d'attribuer un effet quelconque, à la clause qui appelle *un tel ou ses enfans à naître*. Or, nous l'avons déjà dit, si dans cette clause, vous ne prêtez pas une acception conjonctive à la particule *ou*, il est métaphysiquement impossible, de quelque main que parte la disposition entre-vifs, de lui donner un sens qui ait la moindre apparence de raison; et soit que le donateur tienne au futur époux par les liens de la paternité, soit qu'il n'ait avec lui que des rapports de parent collatéral ou d'ami, il faut toujours revenir à cette vérité aussi palpable que constante, qu'après avoir, par sa donation acceptée et par conséquent consommée, saisi le donataire de la propriété de la chose donnée, il ne peut avoir appelé des enfans non encore existans à cette même propriété, que par ordre successif, ou, en d'autres termes, à titre de fidéicommis.

» Aussi voyons-nous que Furgole ne fait, sur cette matière, aucune distinction entre le cas d'une donation faite par un ascendant, et celui d'une donation faite par un étranger.

» Serres confond et identifie également les deux cas, lorsqu'après avoir établi qu'une donation étant faite à une telle personne et à ses enfans à naître, *les enfans sont, sans contredit, regardés comme donataires en degré subordonné, et sont censés appelés à la donation* ordinaire successivo *après leur père;* il ajoute : *on juge la même chose, lorsque la donation est faite à un tel ou à ses enfans, cette particule disjonctive* ou *se convertissant en la conjonctive et, et contenant pareillement un fidéicommis tacite au profit desdits enfans après père ou mère.*

» *Cinquième objection.* Vous supposez que, dans la donation du 27 février 1737, la clause dont il s'agit, ne présenterait aucun sens plausible, si l'on n'y substituait la conjonction *et* à la disjonctive *ou;* il n'y a cependant rien de plus simple que de donner à cette clause, entendue à la lettre, un sens tout-à-fait raisonnable : c'est à dire qu'elle renferme une substitution vulgaire; et en effet il est évident que le donateur qui ne se dépouillait pas, puisqu'il se réservait l'usufruit, n'a employé la disjonctive *ou,* que pour demeurer le maître, en cas de prédécès de son neveu, et, dans ce cas seulement, de désigner parmi ses futurs petits-neveux, celui ou ceux qui devraient recueillir l'effet de la donation.

» *Réponse.* Il y a là autant d'erreurs que de mots.

» 1.º Le donateur s'est réservé l'usufruit, cela est vrai; mais conclure de là, comme le fait le demandeur en cassation, qu'il ne s'est pas dessaisi de la propriété, c'est une absurdité rare, pour ne pas dire monstrueuse. C'était la conséquence directement contraire qu'il fallait

en tirer : car la réserve de l'usufruit suppose nécessairement l'entier et actuel délaissement de la propriété nue. Eh! comment d'ailleurs aurait-il conservé une propriété dont il faisait, pour nous servir des propres termes du contrat, DONATION ENTRE-VIFS, PURE, PARFAITE ET IRRÉVOCABLE ?

» 2.º Ce n'est pas seulement pour le cas de prédécès de son neveu, que le donateur se réserve le droit de choisir entre ses enfans à naître, celui qui devra recueillir après lui l'effet de la donation : il se le réserve purement et simplement; il se le réserve dans les termes les plus généraux; il se le réserve par conséquent pour l'exercer même pendant la vie de son neveu; et assurément si le neveu eût eu plusieurs enfans, et que le donateur en eût choisi un du vivant de leur père, celui sur lequel serait tombé son choix, aurait eu la préférence sur ses frères, ni plus ni moins que si l'élection eût été faite qu'après la mort du neveu, donataire en première ligne.

» 3.º Faut-il répéter que les premiers principes s'élèvent contre l'idée d'une substitution vulgaire, dans une donation entre-vifs acceptée par le donataire ? Faut-il répéter que la seule acceptation du donataire fait manquer la condition essentielle et *sine quâ non*, de laquelle dépend toute substitution vulgaire? Il est pénible d'être obligé de revenir sur des vérités aussi simples, sur des règles aussi élémentaires.

» *Sixième objection.* Mais vous ne faites point attention qu'il s'agit ici d'une donation par contrat de mariage; et, dans un contrat de mariage, on peut *donner et retenir.* Ces deux bases posées, n'est-il pas clair que l'intention du donateur a été de demeurer maître de sa moitié de jardin, pour en transférer la propriété, soit à son neveu, soit à l'un ou plusieurs de ses enfans, suivant qu'il lui paraîtrait convenable ?

» *Réponse.* Non certes, cela n'est pas clair, et c'est déjà beaucoup; car pour casser le jugement qui a décidé le contraire, il faudrait que la chose fût claire comme le jour.

» Mais c'est trop peu dire : il est clair, plus clair que le jour même, que telle n'a pas été l'intention du donateur. 1.º Encore une fois, le donateur ne s'est réservé que l'usufruit; il s'est donc exproprié; il n'a donc pas conservé le droit de disposer de la propriété au préjudice de son neveu, en choisissant par la suite l'un de ses enfans à naître, pour la recueillir même du vivant de leur père. 2.º A qui se réfèrent dans le contrat, les mots *toutefois au choix de Charles Ladevèze,* prêtre? Ils se réfèrent au membre de phrase qui les précède immédiatement, et avec lequel ils ne font qu'un seul contexte, c'est-à-dire, aux mots *ou à un ou plusieurs enfans qui seront procréés du présent mariage.* Le donateur ne s'est donc pas réservé, par ces termes, la faculté de choisir entre son neveu et un ou plusieurs de ses enfans : les droits du neveu étaient invariablement fixés par l'acceptation qu'il venait de faire de la donation *pure, parfaite et irrévocable* de son oncle.

» *Septième objection.* Supposons la loi *cùm quidam* applicable à la cause dont il s'agit. Dans cette hypothèse, le tribunal civil de la Haute-Loire, par son jugement confirmé par le tribunal d'appel de Riom, aura violé cette loi elle-même ; car, d'après la règle qu'elle établit, les enfans devaient être considérés comme donataires actuels avec leur père ; et le bien donné devait être censé leur avoir appartenu conjointement avec celui-ci, dès le moment de la donation.

» *Réponse.* Nous avons déjà détruit cette objection, en observant que la loi *cùm quidam* contient deux dispositions bien distinctes ; que, par l'une, elle établit la nécessité de convertir la disjonctive *ou* en copulative, lorsqu'elle se trouve entre plusieurs personnes appelées à une même chose; que, par l'autre, elle déclare que chacune de ces personnes doit prendre sa portion virile dans la chose donnée; — Mais que si, comme on n'en peut douter, la première de ces dispositions est applicable aux donations faites *à telles personnes ou à leurs enfans à naître*, il n'en peut pas être de même de la seconde, puisque des enfans non encore nés ne peuvent pas concourir avec leur père, et que de là résulte pour eux la nécessité de les considérer comme appelés à recueillir après lui, c'est-à-dire, comme fidéicommissaires.

» Ajoutons que Furgole (sur l'art. 19 de l'ordonnance de 1747) confirme par son autorité et par celle du président Favre, tout ce que nous avons dit à cet égard ; après avoir prouvé que, dans le cas d'une donation faite en faveur *d'un tel et de ses enfans actuellement existans*, les enfans doivent concourir avec leur père, il ajoute : « Si les enfans appelés conjointement » avec leur père, ne sont pas encore nés ou » conçus...... comme la disposition en faveur » des enfans ne peut pas se vérifier et ne doit » pas être inutile, et que, s'ils n'existent pas..., » ils ne peuvent pas concourir, il faut qu'ils » soient appelés, non par la vulgaire seulement, » mais successivement par la fidéicommissaire, » comme s'explique fort bien M. le président » Favre, dans son Code, liv. 6, tit. 8, déf. 9, » parce que, d'un côté, la vulgaire ne peut avoir » lieu que quand ceux qui sont appelés, exis- » tent, *esse enim debet cui datur* (loi 14, D. *de* » *jure codicillorum*) ; d'autre part..... s'ils » n'existent pas, les paroles indiquent le trait » du temps auquel ils pourront concourir par » leur existence : par conséquent, afin que la » disposition qui regarde les enfans, ne soit pas » inutile, il faut la prendre dans le sens de la » fidéicommissaire. ⁄. Selon certains auteurs,

» entre autres M. Maynard, liv. 5, chap. 31, » lorsque les enfans sont appelés avec leur père » par la disjonctive *ou*, ils ne sont censés ap- » pelés que par la vulgaire ; car si le testateur » appelle *Titius ou ses enfans*, il s'exprime de » manière à faire entendre qu'il ne veut ap- » peler que *Titius ou bien ses enfans*, par l'al- » ternative, et non en tel et les autres par » concours, ni par ordre successif en vertu de » la fidéicommissaire.... Mais les auteurs qui » ont raisonné ainsi, n'ont pas fait attention » qu'il y a un texte précis dans le droit, savoir, » la loi 4, C. *de verborum significatione*, qui a » déclaré d'une manière expresse et précise, » que, quand plusieurs personnes sont com- » prises dans la même disposition par l'alter- » native ou la disjonctive, comme s'il est dit : » Je lègue à *Titius* ou à *Mœvius* telle chose, » j'institue *Titius* ou *Mœvius*, je substitue tel » ou tel ; c'est tout de même que si le testa- » teur avait dit : le lègue à Titius et à Mœvius » telle chose ; j'institue Titius et Mœvius ; je » substitue tel et tel ; en sorte que tous sont » appelés conjointement et par concours, de » même que s'ils avaient été conjoints par la » copulative ; pourvu néanmoins qu'ils soient » vivans et existans, lorsque la disposition doit » être exécutée, comme nous l'avons expliqué » pour le cas de la vocation simultanée par la » copulative.... Voilà pourquoi il faut appli- » quer au cas où deux ou plusieurs personnes » sont appelées à la même disposition par la » disjonctive ou l'alternative, ce que nous avons » dit par rapport à celles qui sont appelées à » la même disposition par la copulative ».

» *Huitième objection.* Dans les espèces dont s'occupe la loi *cùm quidam*, il n'y a qu'une seule disjonctive, et dans le contrat de mariage de 1737, il s'en trouve deux : *a donné... audit Jean-Gabriel Jouve-Ladevèze, son neveu ac- ceptant.... ou à un ou plusieurs des enfans qui seront procréés du présent mariage.....* Dans votre système, il faut ou que les deux disjonc- tives subsistent, ou que l'une et l'autre soient converties en copulatives : au premier cas, point de fidéicommis ; au second, le grand-oncle au fidéicommis sont appelés à la fois *et un et plu- sieurs enfans*, ce qui présente un sens inadmis- sible par son absurdité même.

» *Réponse.* Le demandeur se serait épargné cette objection, s'il eût bien voulu lire jusqu'au bout la clause de laquelle il argumente. La voici : entier : « A donné.... audit Jean-Gabriel » Jouve-Ladevèze, son neveu, acceptant et » remerciant comme dessus, ou à un ou plu- » sieurs des enfans qui seront procréés du pré- » sent mariage, toutefois au choix dudit sieur » Charles de Ladevèze, prêtre, la moitié du » jardin, etc. ».

» Il est évident par ces mots, *toutefois au choix dudit sieur Charles de Ladevèze, prêtre,* que l'intention de celui-ci n'a pas été de donner en seconde ligne à un et à plusieurs de ses futurs petits-neveux, *mais bien à un* ou *plusieurs d'entre eux*, qu'il se réservait de désigner par la suite.

» Il serait donc absurde de donner un sens copulatif à la disjonctive *ou* placée dans ce membre de phrase; et l'on ne pourrait l'interpréter ainsi, que par une très-fausse application de la loi *cùm quidam*, dont l'auteur n'a jamais pensé à convertir la particule *ou* en copulative, quand elle serait employée dans les dispositions par lesquelles le testateur ou donateur aurait expressément retenu l'option entre les deux individus qu'il aurait appelés alternativement.

» Mais s'ensuit-il de là que l'on ne doive pas entendre, dans le sens copulatif, la première particule *ou* qui se trouve dans la phrase dont il s'agit? Non certainement, et tout, au contraire, commande cette interprétation. Elle est commandée par l'impérieuse nécessité de donner un effet, quel qu'il soit, à la vocation des enfans à naître. Elle est commandée par la certitude que, sans cette interprétation, la vocation des enfans n'aurait ni effet ni sens quelconque. Elle est commandée surtout par une loi qui, par sa toute-puissance, nous l'avons déjà dit d'après Furgole, *détermine le sens des paroles, comme s'il y avait une conjonctive, lorsque l'alternative se trouve entre plusieurs personnes.*

» Tout se réunit donc pour justifier le jugement du tribunal d'appel de Riom, et pour assurer aux enfans Ladevèze le rejet de la demande tendante à le faire casser ».

Cette demande a été effectivement rejetée par arrêt contradictoire du 17 messidor an 11, au rapport de M. Bailly, ainsi conçu :

« Vu la loi 64, D. *de legatis* 1.º, qui porte : *in causâ fideicommissi, utcumquè precaria voluntas quæreretur, conjectura potuit admitti ;* la loi, C. *de fideicommissis*, qui dit : *voluntatis defuncti quæstio in æstimatione judicis est ;* la loi 53, D. *de verborum significatione*, dont voici les termes : *Sæpè ità comparatum est, ut conjuncta pro disjunctis accipiantur et disjuncta pro conjunctis ;* la loi 4, C. *de verborum et rerum significatione ;*

» Considérant que la donation dont il s'agit, était une donation *entre-vifs* faite au *futur époux ou à ses enfans à naître du présent mariage ;* que l'étendue d'une telle libéralité et la question de savoir si elle renfermait ou non une substitution *fidéicommissaire*, dépendaient de la manière d'entendre *la volonté du donateur*, d'après les termes dans lesquels elle était exprimée et auxquels les parties donnaient deux sens opposés; que l'interprétation de ces termes et la déclaration de cette volonté étaient abandonnées aux lumières et à la conscience des juges du fond; que le tribunal d'appel de Riom a pu, sans violer

Tome VI.

aucune loi, juger, comme il l'a fait, que la volonté de Jouve-Ladevèze avait été de donner à Jean-Gabriel Jouve-Ladevèze, son neveu, futur époux, ET *à ses enfans à procréer* de son mariage avec Marie-Gabrielle Laurenson; et que ce point de fait ainsi jugé, l'application faite de la totalité de la donation aux enfans de Pierre-François Jouve - Ladevèze, en leur qualité de représentant le fils unique né du mariage de Jean-Gabriel Jouve-Ladevèze, avec la demoiselle Laurenson, à l'exclusion des enfans procréés du second mariage du même donataire avec la demoiselle Pichot, est parfaitement régulière et conforme à la loi ;

» Considérant, sous un autre rapport, qu'en décidant que le donateur était, à l'époque de la donation, propriétaire de la *totalité* du jardin y énoncé, les juges d'appel de Riom n'ont également décidé qu'un *fait*, dont la décision était laissée à leur sagesse; et qu'en adjugeant, par suite, la moitié de ce jardin aux frères et sœurs Jouve-Ladevèze, défendeurs à la cassation, ils se sont conformés au texte formel de l'acte du 23 février 1737;

» D'où il suit que le jugement attaqué ne contient ni contravention aux lois qui prescrivent l'exécution des contrats, ni fausse application ou violation d'aucune autre loi;

» Le tribunal rejette.... »,

§. IV. 1.º *Y a-t-il substitution fidéicommissaire dans un contrat par lequel plusieurs co-propriétaires par indivis d'un immeuble, voulant en conserver entre eux successivement la totalité, s'en font une donation entre-vifs, mutuelle et irrévocable, les uns aux autres, avec accroissement entre eux, à mesure que chacun d'eux viendra à mourir ?*

2.º *Y a-t-il substitution fidéicommissaire dans la clause d'un testament par laquelle le testateur, en instituant des mineurs légataires universels, ordonne que les parts de ceux d'entre eux qui décéderont en minorité, appartiendront aux survivans ?*

3.º *Y a-t-il substitution fidéicommissaire dans la clause d'un testament par laquelle le testateur en instituant légataires universels tous ses neveux, y compris ceux qui ne seront conçus qu'après sa mort, ordonne que ses biens resteront indivis jusqu'à la majorité du plus jeune d'entre eux, que ceux-là seuls viendront au partage qui atteindront leur majorité complette, et que les parts de ceux qui décéderont auparavant, accroîtront à ceux qui les survivront ?*

I. Le sieur Lemoine avait un frère connu sous le nom de Lemoine-d'Herly, et quatre sœurs.

Le sieur Lemoine-d'Herly et deux des sœurs sont décédés avant la loi du 14 novembre 1792.

L'une des deux autres sœurs est morte en l'an 3.

Elle laissait pour héritiers *ab intestat* sa sœur survivante et le sieur Lemoine, son frère.

Ainsi, il n'était pas douteux que le sie r Lemoine n'eût droit à la moitié de tous les biens libres qu'elle avait laissés.

Mais il fut question de savoir si elle avait possédé comme bien libre, et si en conséquence elle avait transmis à ses héritiers *ab intestat*, la moitié du domaine de Migeau, ou si, au contraire, la totalité de ce domaine n'appartenait pas à la sœur survivante.

La difficulté dérivait d'un acte du 19 juillet 1780, par lequel les quatre sœurs et le sieur Lemoine d'Herly, co-propriétaires de ce domaine qu'ils avaient acheté ensemble en 1777, de leur mère commune, *voulant en conserver entre eux* SUCCESSIVEMENT *la totalité*, s'étaient fait une *donation entre-vifs, mutuelle et irrévocable les uns aux autres ; avec accroissement entre eux ; à mesure du décès du premier mourant d'eux, ce respectivement par chacun d'eux ;* des parts et portions qui leur appartenaient, *faisant un cinquième au total.*

Le tribunal civil du département de la Seine avait jugé, le 9 fructidor an 5, que cette donation était nulle, d'après l'art. 15 de l'ordonnance de 1731, parce qu'elle portait, de la part de chacun de ses auteurs, sur un bien que chacun d'eux devait, en cas de survie, recueillir, d'abord dans la succession du premier mourant, ensuite dans celle du second, puis dans celle du troisième, enfin dans celle du quatrième, et par conséquent sur un *bien à venir.* Mais sur l'appel de la demoiselle Lemoine, un arrêt de la cour d'appel de Paris, du 15 fructidor an 8, a infirmé le jugement du tribunal civil de la Seine, et rejeté la prétention du sieur Lemoine.

Le sieur Lemoine, à son tour, a attaqué cet arrêt, et en a demandé la cassation.

Son premier moyen consistait à dire que l'acte du 19 juillet 1780 contenait un fidéicommis graduel et réciproque ; et cette assertion le conduisait à la conséquence invincible, suivant lui, que la cour d'appel avait violé tout à la fois l'art. 34 de l'ordonnance de 1747, et l'art. 2 de la loi du 14 novembre 1792, portant abolition des substitutions fidéicommissaires.

« Une première question se présente à ce sujet (ai-je dit, en portant la parole sur cette affaire à la section des requêtes) : c'est de savoir si, en supposant l'existence d'un fidéicommis dans l'acte du 19 juillet 1780, le sieur Lemoine, qui n'en a pas dit un mot devant le tribunal de première instance, ni devant celui d'appel, est recevable à s'en faire un moyen devant le tribunal de cassation.

» Il semble, au premier aspect, que le sieur Lemoine ne peut pas reprocher à ses juges de n'avoir pas vu dans l'acte dont il s'agit, ce qu'il n'y avait pas vu lui-même.

» Cependant si les juges ont pris pour un *contrat commutatif et aléatoire* (ce sont leurs propres termes), ce qui n'était véritablement qu'une substitution ; si, par là, ils ont fait valoir comme une obligation légale, une disposition que la volonté du législateur leur commandait de regarder comme non-avenue ; si enfin ils ont, par erreur de droit, pris le change sur la substance d'un acte qu'ils avaient sous les yeux, et dont les défenses respectives des parties les mettaient dans la nécessité de déterminer fixement le caractère ; — Qui peut douter que l'on ne puisse soumettre à votre examen leur manière de voir, et provoquer votre censure suprême sur la méprise dans laquelle ils ont pu tomber ?

» Bien sûrement, la condition du sieur Lemoine ne peut pas, parce qu'il a été condamné contradictoirement, être pire que s'il se fût laissé condamner par défaut ; il serait absurde de donner à celui qui s'est complettement refusé à éclairer par sa défense, la religion d'un tribunal d'appel, plus d'avantage qu'à celui qui s'est présenté devant ce tribunal, qui lui a exposé tous les faits de la cause, qui lui en a soumis tous les actes, et qui, sur les moyens de droit, n'a pas dit tout ce qu'il aurait pu dire.

» Or, si le sieur Lemoine, assuré que le tribunal d'appel avait sous les yeux la pièce fondamentale de sa demande, l'acte du 19 juillet 1780, s'était reposé du succès de sa réclamation sur les lumières de ce tribunal, et qu'il se fût laissé juger par défaut, très-certainement il serait recevable à se pourvoir devant vous, et à présenter comme moyen de cassation celui qu'il emploie aujourd'hui en première ligne.

» Pourquoi donc en serait-il autrement dans la position où il se trouve ? Le bon sens seul se révolte à la seule idée d'une pareille différence ; mais ce n'est pas tout : elle est également condamnée par l'un des premiers principes de l'ordre judiciaire.

» S'il y a, en effet, dans l'ordre judiciaire une maxime constante, c'est celle qui établit que les juges sont obligés de suppléer d'office les moyens de droit que peuvent omettre les parties ; et c'est la disposition expresse de la loi unique, C. *ut quæ desunt advocatis partium judex suppleat.*

» Il n'y a donc aucun doute que le sieur Lemoine ne soit recevable à vous proposer son premier moyen de cassation ; et dès-là, il est de notre devoir d'examiner quel est le mérite de ce moyen.

» D'abord est-il vrai, comme le soutient le sieur Lemoine, qu'il y ait dans l'acte du 19 juillet 1780, une substitution fidéicommissaire ?

» Ni le mot *Substitution,* ni le mot *Fidéicommis* ne se trouvent dans cet acte. Mais qu'importe le mot, si la chose y est ? C'est une vérité généralement reconnue, dit Peregrinus, dans son Traité *de fideicommissis*, art. 1, n. 47, qu'il n'y a point d'expressions spécialement déterminées pour établir la substitution fidéicommissaire; et la loi 2, C. *communia de legatis et fideicommissis*, est là-dessus très-formelle : *omne verbum*, dit-elle, *significans testatoris legitimum sensum fideicommittere, utile atque validum est.* Il est même indifférent que le substituant se soit servi de termes impropres; dès qu'il en résulte suffisamment qu'il a voulu substituer fidéicommissairement, il faut alors abandonner même le sens propre des mots, *à significatione verborum recedi oportet, cùm manifestum est aliud sensisse testatorem*, dit la loi 59, D. *de legatis* 3.°

» Et qu'on ne dise pas que ces maximes sont limitées aux fidéicommis testamentaires. Si les lois que nous venons de citer, ne parlent que des fidéicommis testamentaires, c'est que les testamens étaient, dans l'ancien droit romain, les seuls actes par lesquels il fût permis de substituer fidéicommissairement. Par le droit nouveau consigné dans la loi 3, C. *de donationibus quæ sub modo*, la même faculté fut attribuée aux donateurs entre-vifs; et l'ordonnance de 1747 approuve expressément cette extension : « la » matière des donations et celle des testamens » (y est-il dit, dès le préambule) ont fait le sujet » de nos ordonnances des mois de février 1731 » et août 1735; nous nous sommes proposé d'é- » tablir la même uniformité de jurisprudence à » l'égard des substitutions fidéicommissaires, *qui* » *peuvent se faire également par l'un et par* » *l'autre genre de disposition* ». Mais en transplantant ainsi les substitutions fidéicommissaires dans les donations entre-vifs, on leur y conserva leur première nature; et suivant la remarque de *Peregrinus*, art. 51, n. 19, ils demeurèrent sujets, dans les donations mêmes, à toutes les règles qui les gouvernaient dans les testamens; sauf qu'à la fin nos fidéicommis entre-vifs devinrent irrévocables. Ainsi, de même que dans les testamens, on pouvait substituer fidéicommissairement par toutes sortes de termes, de même aussi on le pouvait dans les donations entre-vifs; et dans celles-ci comme dans ceux-là, dès que la volonté de substituer était manifeste, on ne pouvait élever aucune difficulté sur le plus ou le moins de justesse des expressions qui avaient été employées à cet effet.

» Dans l'espèce, les auteurs de la donation du 19 juillet 1780, ne se sont servis ni du mot *substitution* ni du mot *fidéicommis*; ils ont, au contraire, employé le mot *accroissement* qui présente une idée toute différente : mais, encore une fois, qu'importe le mot ? examinons la chose.

» Il y a fidéicommis toutes les fois que, dans un acte de libéralité, la personne gratifiée est chargée de rendre à une personne gratifiée en second ordre, la chose qui lui a été donnée. Il y a fidéicommis toutes les fois

qu'il y a deux donataires appelés successivement, l'un qui reçoit directement de la main du donateur, l'autre qui ne reçoit du donateur que par le canal du premier donataire. Il y a fidéicommis toutes les fois que le donataire direct sert en quelque sorte d'entrepôt pour faire arriver l'objet de la donation, au donataire substitué. En un mot, il y a fidéicommis toutes les fois que le donateur a voulu que le second donataire n'arrivât à la chose donnée, qu'après qu'elle aurait été possédée pendant un temps quelconque par le premier; dès que ce vœu paraît, il y a charge de rendre, et par conséquent substitution fidéicommissaire.

» Or, ici, que voyons-nous ? Cinq co-propriétaires par indivis d'un immeuble, se font réciproquement donation de leurs portions dans ce bien. Ainsi, chacun donne et reçoit un cinquième. Mais on ne se borne point à ce premier degré de disposition : chacun des cinq donateurs veut qu'à la mort du premier des cinq donataires, le cinquième qui lui a été donné, accroisse aux quatre donataires qui resteront; il veut qu'à la mort du second des cinq donataires, le cinquième qui lui a été donné, et le quart du cinquième donné au premier mourant, accroissent aux trois autres donataires; il veut qu'à la mort du troisième des cinq donataires, le cinquième qui lui a donné, le quart du cinquième donné au premier mourant, et le tiers du cinquième donné au second mourant, accroissent aux deux donataires qui lui survivront; il veut enfin qu'à la mort du quatrième des cinq donataires, le cinquième qui lui a été donné, le quart qu'il a pris dans le cinquième du premier mourant, le tiers qu'il a recueilli dans le cinquième du second, et la moitié qui lui est échue, par le décès du troisième mourant, dans le cinquième de celui-ci, accroissent à celui qui restera le dernier, et qui, par ce moyen, se trouvera propriétaire de la totalité de l'immeuble.

» Voilà donc une donation dans laquelle les donataires directs sont réciproquement appelés à recueillir les portions les uns des autres, à les recueillir dans un ordre successif, à les recueillir après que chacun d'eux en aura joui jusqu'à son décès; cette donation renferme donc un véritable fidéicommis, ou jamais fidéicommis n'a été consigné dans une donation.

» Cela posé, le tribunal d'appel de Paris a-t-il pu ordonner que l'acte du 19 juillet 1780 fût, au mépris de l'ordre des successions *ab intestat*, exécuté en faveur du dernier vivant des cinq donataires, ou, ce qui est la même chose, en faveur du substitué aux quatre donataires prédécédés.

» Non : car, d'un côté, l'art. 30 de l'ordonnance de 1747 veut que « toutes les substitutions » faites, soit par contrat de mariage ou *autre*

» *acte entre-vifs*, soit par disposition à cause
» de mort, *en quelques termes qu'elles soient
» conçues*, ne puissent s'étendre au-delà de
» deux degrés de substitués, outre le dona-
» taire, ou autre qui aura recueilli le premier
» les biens du donateur ou testateur »; et certainement il résulte de cette disposition, que
le fidéicommis contenu dans l'acte du 19 juillet 1780, s'était éteint à la mort du quatrième
des cinq co-donataires; car le premier mourant
ayant possédé comme donataire direct, le second mourant avait nécessairement possédé
comme premier substitué, et par conséquent,
avait rempli le premier degré de la substitution. Le troisième mourant avait, par la même
raison, possédé comme second substitué, et
avait par suite rempli le deuxième degré. Ainsi,
au décès du troisième mourant, tout ce qu'il
tenait directement de la donation, et tout ce
qu'il avait recueilli par la mort des deux
mourans antérieurs, s'est trouvé dégagé des
liens du fidéicommis, et conséquemment soumis
à la loi des successions *ab intestat*.

» Nous venons de dire que le premier mourant avait possédé comme donataire direct; et
c'est une vérité qui se sent d'elle-même; car d'a-
près la donation mutuelle que contient l'acte
du 19 juillet 1780, ce n'est plus sa portion
originaire dans le domaine commun, que le
premier mourant a possédée jusqu'à son décès;
il n'a plus possédé, postérieurement à cet
acte, que ce qui lui avait été donné dans ce
domaine, par chacun de ses quatre co-donateurs et co-donataires; quant à son cinquième
originaire, il l'avait donné, il s'en était dessaisi :
il ne pouvait donc plus le posséder.

» Ainsi, nul doute que le premier degré de
la substitution n'ait été réellement rempli par
le second mourant des co-donataires, comme
le deuxième l'a été par le troisième mourant.

» Mais, d'un autre côté, quand on voudrait
faire abstraction de la personne du premier
mourant, et ne considérer comme donataire
direct que le second mourant; quand on voudrait par suite considérer le troisième mourant
comme n'ayant rempli que le premier degré
de la substitution; et quand, par une conséquence ultérieure, on irait jusqu'à supposer
que le quatrième mourant eût commencé,
après la mort du troisième, a jouir comme
grevé, au moins on ne pourrait disconvenir
qu'il a été ensuite affranchi des liens du fidéicommis, par la loi du 14 novembre 1792.

» Ainsi, ou c'est la loi du 14 novembre 1792, ou
c'est l'art. 30 de l'ordonnance de 1747, qui a été
violé par le jugement du tribunal d'appel de Paris.

» Ou plutôt ce jugement a violé l'une et l'autre, puisqu'au mépris de l'une et de l'autre, il
a décidé que le quatrième mourant n'avait possédé qu'à la charge de rendre au survivant des
cinq co-donataires, et attribué au survivant des

cinq co-donataires la totalité de ce qu'avait laissé
le quatrième mourant.

» Et sur quoi s'est-il fondé pour juger d'une
manière aussi étrange? Il s'est fondé sur ce que,
par l'acte du 19 juillet 1780, la propriété de
l'immeuble qui en était l'objet, avait été donnée
en entier à un seul des contractans; qu'à la vérité, le donataire de la totalité de cet immeuble n'était pas encore connu au temps de l'acte,
mais que l'événement de la survie l'avait fait
connaître; qu'ainsi, le prédécès des autres
contractans n'avait pas augmenté son droit, et
n'avait fait que le manifester à l'instant où
il leur avait survécu.

» Dans tout cela, rien que d'exact; mais il
faut y ajouter un mot qui se trouve dans l'acte
même du 19 juillet 1780: c'est qu'à la mort de
chacun des cinq donateurs, *les survivans devaient être successivement saisis* de sa part dans
l'immeuble; c'est que le dernier vivant ne devait arriver à la propriété du total que par
l'intermédiaire de la saisine successive de chacun des co-donataires qui seraient morts immédiatement ou médiatement avant lui : « Voulant
» (ce sont les propres termes de l'acte), que
» les survivans en soient successivement saisis,
» de manière que le dernier vivant d'eux soit
» et demeure propriétaire et possesseur de
» la totalité ». Or, nous l'avons déjà dit,
dès qu'il y a ordre successif dans la vocation, il
y a fidéicommis, parce que le premier qui recueille est nécessairement chargé de rendre au
second, le second au troisième, et ainsi de suite.

» Le tribunal d'appel de Paris s'est encore
fondé sur ce que les contrats de la nature de
celui du 19 juillet 1780, n'ont rien de contraire
aux lois ni aux mœurs; et qu'ils sont reconnus
valables par l'ordonnance de 1731, qui, par une
disposition expresse, les assujettit à l'insinuation.

» Sans doute, les donations mutuelles sont
valables en elles-mêmes; mais quand elles contiennent substitution, leur effet ne peut pas s'é-
tendre au-delà des deux degrés fixés par l'art. 30
de l'ordonnance de 1747; et la substitution
ne peut plus avoir lieu depuis la loi du 14
novembre 1792.

» Enfin, le tribunal d'appel s'est fondé sur
ce que ces sortes de contrats « ne contiennent
» même pas une véritable donation, dont l'es-
» sence est purement gratuite, tandis que les
» prétendus donateurs ne se constituent tels
» que dans l'espérance de recueillir l'effet entier
» de toute la donation soumise par eux à une
» chance dont chacun d'eux espère profiter; ce
» qui rend ces contrats véritablement commu-
» nicatifs et aléatoires ».

» Ici, comme vous le voyez, le tribunal d'appel se met en opposition avec lui-même et avec
la loi :

» *Avec lui-même :* car dans le motif précédent,
il avait reconnu que l'acte du 19 juillet 1780

était une donation véritable, puisqu'il avait cité l'ordonnance de 1731, qui, par une disposition expresse, l'assujettissait à l'insinuation;

» *Avec la loi* : car l'art. 20 de l'ordonnance de 1731, en assujettissant à l'insinuation les *donations mutuelles, quand même elles seraient entièrement égales,* condamne bien clairement l'opinion de Ricard, qui, dans son *Traité du don mutuel,* chap. 4, avait enseigné que les donations réciproques, entièrement égales, devaient être considérées comme des contrats onéreux; et il donne la préférence à la doctrine de Ferrière, qui, sur l'art. 280 de la coutume de Paris, avait soutenu que la donation réciproque était proprement une libéralité qui se faisait entre deux ou plusieurs personnes au profit du survivant.

» Au surplus, nul doute qu'on ne puisse substituer par toutes sortes de donations entre-vifs; nul doute, par conséquent, qu'on ne le puisse par une donation mutuelle, comme par une donation simple.

» On sent, d'après cela, qu'il devient inutile de discuter les deux autres moyens de cassation du demandeur.

» Dès que l'acte du 19 juillet 1780 est reconnu contenir une substitution, il est évident qu'on ne peut pas, pour ce qui excède le cinquième actuel de chacun des co-donateurs, le considérer comme une donation de biens à venir, et par suite, comme prohibée par l'art. 15 de l'ordonnance de 1731.

» Mais aussi, il est évident que ce n'est que par l'effet de la substitution qu'il peut et doit ne pas être envisagé comme tel; et que, cessant la substitution, l'art. 15 de l'ordonnance de 1731 en exigerait impérieusement l'annullation.

» C'est aussi parce que l'acte du 19 juillet 1780 contient une substitution, qu'il ne peut pas, pour ce qui excède le cinquième directement donné à chacun des co-donataires, être attaqué pour cause de défaut d'acceptation, et par conséquent de contravention à l'art. 5 de la même ordonnance; car, cessant la substitution, l'on ne pourrait pas appliquer à cet acte la disposition de l'art. 11, aux termes duquel l'acceptation du donataire direct suffit pour faire valoir la substitution dont est grevée la donation.

» Par ces considérations, nous estimons qu'il y a lieu d'admettre la requête du cit. Lemoine ».

Ces conclusions n'ont pas été suivies. Par arrêt rendu le 12 pluviôse an 9, contre l'avis de M. Poriquet, rapporteur, et de plusieurs autres juges, la requête du sieur Lemoine a été rejetée,

« Attendu, sur le premier moyen, que l'acte du 19 juillet 1780 contient simplement une donation faite au survivant des frères et sœurs Lemoine, de la maison et des biens qui leur appartenaient, avec rétention d'usufruit et clause de société commune et continuée jusqu'au décès du pénultième d'entre eux; que cet acte n'offre aucun caractère de substitution, soit dans son expression, soit dans l'intention secrète qu'on voudrait y supposer; que cette idée de substitution fondée sur ce que la donation est faite avec droit d'accroissement des uns aux autres, à mesure du décès du premier mourant d'eux, disparaît, si l'on considère que le droit d'accroissement ne fut stipulé que pour renforcer la disposition, mais qu'au fond la stipulation en était inutile et ne portait sur rien, puisque chacun des frères et sœurs Lemoine ayant déjà, et par l'acte, donné au dernier vivant tout ce qui lui appartenait, faisant un cinquième des objets désignés, aucun d'eux ne pouvait plus transmettre, et rien ne pouvait plus accroître aux autres; que la clause, *voulant que les survivans soient successivement saisis et mis en possession,* ne prouve pas davantage, puisqu'elle-n'est évidemment relative qu'à l'usufruit réservé, la propriété étant déjà transférée à celui qui survivrait; que ce n'est pas de l'interprétation plausible dont un acte est susceptible, qu'on peut déduire cette violation formelle des lois, qui seule peut donner lieu au recours en cassation; qu'ainsi, dans l'espèce, l'acte du 19 juillet 1780 ne présentant, dans sa qualification, dans son essence et dans la volonté connue des parties, qu'une donation permise, on ne peut pas dire que le jugement qui l'a confirmée, ait contrevenu aux art. 30 et 34 de l'ordonnance de 1747, concernant les substitutions, ni aux lois de 1792 qui les ont abolies;

» Attendu que le deuxième moyen, tiré de ce que l'acte du 19 juillet 1780, pris comme donation, était également nul, aux termes de l'art. 15 de l'ordonnance de 1731, *en ce que la donation qu'il contient, porterait sur des biens à venir,* n'est ni plus exacte ni même fondée, par le motif déduit ci-dessus, que chaque frère et sœur ayant littéralement donné au dernier d'entre eux qui survivrait, tout ce qui lui appartiendrait, faisant un cinquième des objets possédés en commun, il est évident que la donation n'a porté que sur un bien présent et actuel, sur ce que chacun possédait alors, sur ce dont il pouvait disposer, dont il a disposé en effet; et qu'ainsi, ne pouvant plus y avoir de transmission successive des uns aux autres, sauf l'accroissement de jouissance, on ne peut pas dire qu'il eût donné aucun bien à venir;

» Attendu que le troisième moyen manque absolument en fait, l'acte contenant la donation, en contenant aussi l'acceptation expresse et respective de la part de tous ceux à qui elle pouvait échoir; qu'ainsi, à cet égard, il n'y a pas non plus dans le jugement attaqué, de violation des art. 5 et 6 de l'ordonnance de 1731 ».

On ne peut que rendre hommage à la sagesse des magistrats qui mettent une circonspection aussi sévère à admettre des demandes en cassation de jugemens en dernier ressort.

Mais il est permis de croire que si, dans cette affaire, la cour d'appel eût décidé qu'il y avait fidéicommis dans l'acte du 19 juillet 1780, et qu'alors la demoiselle Lemoine eût attaqué son arrêt, il eût été maintenu sans aucune difficulté.

Et elle l'aurait probablement ainsi jugé, si la question se fût présentée avant la loi du 14 novembre 1792. Mais cette loi ayant aboli les substitutions antérieures, il était assez naturel que l'on cherchât à en restreindre l'effet rétroactif par tous les modes d'interprétation qui pouvaient s'accommoder avec la nature et les clauses des actes.

A plus forte raison pourrait-on, aujourd'hui que les substitutions fidéicommissaires non-seulement sont prohibées, mais même emportent la nullité des dispositions qu'elles modifient, interpréter dans le même sens une donation entre-vifs du genre de celle dont il s'agissait dans l'espèce précédente, c'est-à-dire, n'y voir qu'une donation mutuellement faite de la propriété à chacun des donataires, sous la condition qu'il survivra tous les autres, et qu'à défaut d'accomplissement de cette condition, il ne sera qu'usufruitier : condition qui n'a rien de contraire à la maxime, que la propriété ne peut pas rester en suspens, puisqu'elle n'empêche pas que la propriété ne réside, dès le moment de la donation, sur la tête de chaque donataire mutuel, et qu'elle a seulement l'effet de la résoudre, lorsqu'elle vient à manquer. Cette interprétation serait parfaitement d'accord avec un principe que j'ai développé dans des conclusions du 5 juin 1809, rapportées dans le *Répertoire de jurisprudence*, aux mots *substitution fidéicommissaire*, sect. 8, n. 7, savoir, que, dans le doute sur le sens d'une clause, il faut s'attacher au sens d'après lequel l'acte dont elle fait partie, doit avoir son effet, plutôt qu'à celui d'après lequel cet acte devrait être annulé.

II. Le même principe nous donnera la clé de la seconde question.

Si on la décidait d'après le droit romain, il ne serait pas douteux que l'on ne dût considérer comme renfermant une substitution fidéicommissaire, la clause d'un testament par laquelle le testateur, en instituant des mineurs légataires universels, ordonnerait que les parts de ceux d'entre eux qui décéderont en minorité, appartiendront aux survivans.

Mais, sous le Code civil, on peut dire que, pour ne pas interpréter l'institution d'héritier dans un sens qui la rendrait nulle, il faut, en entrant dans l'esprit du testateur, la diviser mentalement en deux dispositions différentes : l'une, qui embrasse collectivement tous les institués ; l'autre, qui se rapporte à chacun d'eux individuellement ; que la première est pure et simple ; mais que la seconde est subordonnée, dans la personne de chaque institué, à la condition résolutoire, *s'il ne meurt pas avant la majorité de tous ;* que, par l'effet de cette condition, ceux qui viennent à mourir avant la majorité du plus jeune, sont censés n'avoir jamais été saisis de la propriété, parce que, dans les testamens, la condition résolutoire rétroagit, aussi bien que la condition suspensive, jusqu'au jour de la mort du testateur, comme elle rétroagit dans les contrats, jusqu'au jour où l'obligation a été formée ; qu'ainsi, chacun des institués est bien saisi de la propriété à l'instant même où le testateur rend le dernier soupir, mais qu'il ne l'est que sous une condition qui, si elle arrive, fera réputer sa saisine comme non-avenue ; qu'il suit de là que l'institution est conditionnelle pour chacun d'eux ; mais que faire dépendre d'une condition la transmission d'une propriété, ce n'est point faire une substitution ; qu'il ne peut y avoir substitution, que lorsqu'il y a vocation *ordine successivo*, et par conséquent lorsqu'on ne peut parvenir aux biens donnés que par un possesseur intermédiaire.

III. Mais n'y a-t-il pas substitution proprement dite, lorsque le testateur, en instituant ses neveux, y compris ceux qui ne seront conçus qu'après sa mort, ordonne que tous ses biens resteront indivis jusqu'à la majorité du plus jeune, que ceux-là seuls viendront au partage, qui atteindront leur majorité complète, et que les parts de ceux qui décéderont en minorité, accroîtront à ceux qui les survivront?

Cette question revient, en d'autres termes, à celle de savoir si le testateur peut disposer de cette manière, sans grever de substitution ceux de ses neveux qui se trouveront ou qui conçus à son décès, au profit de ceux qui pourront n'être conçus qu'après?

Il le pourrait sans doute, s'il était en son pouvoir d'instituer directement ceux de ses neveux qui ne seront conçus que postérieurement à l'ouverture de sa succession.

Mais d'après l'art. 906 du Code civil, nul n'est capable de recevoir par testament, s'il n'est conçu lors du décès du testateur.

Les neveux du testateur, dans l'espèce proposée, ne peuvent donc être, de sa part, l'objet d'aucune disposition directe. Il ne peut donc pas les instituer directement.

Et cependant il veut qu'ils viennent au partage de ses biens concurremment avec leurs frères ou cousins-germains conçus avant sa mort.

C'est donc comme s'il disait en terme exprès :

« Je charge mes neveux conçus au temps de ma
» mort, de conserver et de rendre à leurs frères
» ou cousins-germains qui ne seront conçus
» qu'après, la partie de mes biens qui sera
» nécessaire pour composer à ceux-ci des lots
» égaux aux leurs ». C'est, par conséquent,
comme s'il disait : « Je substitue mes neveux
» non encore conçus au moment de ma mort,
» à ceux qui le seront à cette époque, jusqu'à la
» concurrence de ce qu'il faudra détacher des
» lots des seconds, pour mettre les premiers de
» niveau avec eux ».

En effet, du moment que, ne pouvant pas
instituer directement ses neveux non encore
conçus au moment de sa mort, il veut cependant
qu'ils concourent au partage de ses biens, il est
impossible de ne pas considérer les neveux conçus
au moment de sa mort, comme les entreposi-
taires qui doivent faire arriver jusqu'à eux les
parts qu'il leur assigne ; il est impossible que les
neveux conçus après sa mort, reçoivent immédiatement leurs parts de ses mains propres ; il
est impossible qu'ils reçoivent leurs parts d'autres
mains que de celles de leurs frères ou cousins-
germains ; et, par une conséquence nécessaire,
il est impossible que ceux-ci ne soient pas grevés
de substitution en faveur de ceux-là.

Qu'importe, dès-lors, que le mot *substitution*
ne se trouve pas dans le testament ? Il y a nécessairement substitution, toutes les fois qu'il y a,
outre les donataires qui reçoivent directement
des mains du donateur, d'autres donataires à
qui, soit par la volonté expresse de celui-ci,
soit par la nature des choses, la donation ne
peut arriver que par l'intermédiaire des donataires directs ; et telle est visiblement notre
espèce.

Qu'il n'y eût pas substitution, s'il n'y avait
d'appelés que ceux qui existaient au moment du
décès du testateur, cela est tout simple. Mais
dès qu'avec eux sont aussi appelés ceux qui
naîtront après ; dès que ceux qui naîtront après ;
ne peuvent pas être appelés directement ; dès
qu'ils sont incapables de recevoir, et que le testateur ne peut pas les relever de cette incapacité ;
dès qu'il les appelle, malgré cela, par une disposition directe ; dès qu'il veut qu'ils concourent
au partage ; il faut, de toute nécessité, convenir
qu'il fait autre chose que ce qu'il dit réellement ;
que son intention est qu'ils recevront des mains
de ceux qui sont nés avant sa mort, ce qu'ils ne
peuvent pas recevoir des siennes ; et qu'il établit,
dès les uns aux autres, un *ordre successif*, une
chute, une *transmission*.

Soutenir le contraire, ce serait dire, en
d'autres termes, qu'il veut que sa disposition
reste sans effet à l'égard des neveux qui naîtront
après sa mort ; car elle ne peut s'accomplir
que par l'interposition des neveux conçus auparavant.

Et en vain le soutiendrait-on effectivement
pour arriver à un raisonnement qui consisterait
à dire que les neveux conçus après la mort du
testateur, ne viendront à sa succession, ni
comme institués directement, ni comme substitués ; qu'ils n'y viendront pas comme institués
directement, parce que la loi les en déclare
incapables ; qu'ils n'y viendront pas comme
substitués, parce que le testateur n'a pas manifesté clairement son intention de les appeler à
ce titre ; qu'ainsi, ils n'y viendront point du
tout ; que tout ce qui résulte de leur incapacité
de venir comme institués, c'est que leur institution est nulle ; mais que cette nullité, ce n'est
qu'à leurs co-institués qu'appartient le droit de
la faire valoir.

Ce ne serait là qu'une vaine et frivole défaite.

Que dirait-on de la clause d'une donation
entre-vifs, par laquelle le donateur, au lieu
d'user de la faculté que lui laisse l'art. 951 du
Code civil, de stipuler le retour à son profit,
en cas de prédécès du donataire, le stipulerait
au profit d'un tiers ? Et que répondrait-on à
l'héritier du donateur qui viendrait soutenir
que la donation est nulle, parce qu'elle renferme virtuellement une substitution au profit
du tiers appelé illégalement au droit de retour ?

En serait-on quitte pour dire que la stipulation du droit de retour est nulle, mais que la
donation n'en demeure pas moins valable, parce
que le donateur n'ayant pas exprimé littéralement la volonté de faire une substitution, l'on
ne peut pas réputer telle une simple clause de
retour ?

Non certes, et l'héritier du donateur répliquerait victorieusement, avec l'arrêt de la cour
de cassation, du 22 juin 1812 (1), que, si la
clause de retour ne contient pas le mot *substitution*, elle en renferme au moins la substance.

Eh bien ! il en est de même ici. Le testateur
n'a pas dit expressément : « Je charge la masse
» collective de mes neveux existans à l'époque
» de mon décès, de conserver et de rendre à
» mes neveux qui naîtront après, une portion
» de mes biens, ou même le tout, s'ils viennent
» à naître avant la majorité du plus jeune de
» ceux-ci » ; mais il l'a dit en termes équipollens ;
et il est nécessairement censé l'avoir dit, puisque
ce n'est que par voie de substitution que peut
être exécutée l'institution qu'il a faite de ceux
de ses neveux qui ne seraient conçus qu'après
sa mort.

Que, lorsqu'une clause est susceptible de deux
interprétations, dont l'une lui donnerait l'effet
d'une substitution, tandis que l'autre aboutirait
à un tout autre résultat, on préfère la seconde

_____

(1) *Répertoire de jurisprudence*, aux mots *Substitution fidéicommissaire*, sect. 8, n° 10.

interprétation à la première, rien, comme je l'ai dit au n.º précédent, de plus conforme au principe qui veut que, dans le doute, on entende toujours les actes dans le sens qui en assure la validité.

Mais ici que prétend-on? Interpréter l'institution des neveux à naître, dans un sens qui exclue l'idée d'une substitution? Non, ce n'est point là qu'en dernière analyse on veut en venir. Il est trop évident que cette institution ne peut être exécutée qu'en la convertissant en substitution, et que, par conséquent, elle équipolle à une substitution expresse, Mais on veut considérer l'institution comme non-écrite; on veut l'effacer du testament; on veut exécuter le testament, comme si elle n'y était pas. Oh! cela est impossible. Interprétez, tant qu'il vous plaira et comme il vous plaira, ce qui est écrit; mais ne le supprimez pas. Le testateur n'a écrit l'institution, que parce qu'il la voulait; et vous ne pouvez pas diviser sa volonté : ou abandonnez-la tout-à-fait, ou prenez-la telle qu'elle est; il n'y a point de milieu pour vous : or, telle qu'elle est, elle renferme essentiellement une substitution; c'est donc comme substitution qu'il a voulu qu'elle fût exécutée; et vous n'échapperez pas à cette conséquence irrésistible, en disant que l'institution est nulle, parce que ce serait, en d'autres termes, soutenir qu'elle n'est pas écrite dans le testament; parce que, dès qu'elle est écrite dans le testament, il faut qu'elle y reste, sans qu'aucune puissance humaine ait le droit de l'en retirer; parce que, dès qu'elle y reste, il faut que, malgré tous vos efforts, la nullité qui la vicie, se communique à toute la disposition dont elle forme une partie intégrante.

Il serait vraiment bien commode à des institués sous la charge d'une substitution, de pouvoir dire à l'héritier *ab intestat* : « La charge » que vous a imposée le testateur, est nulle, » dites-vous; eh! que nous importe? Nous n'en » demeurons pas moins institués ».

Mais ce n'est point ainsi que l'entend la loi : Il y a substitution (répond-elle) donc l'institution est nulle; vous ne pouvez pas séparer ce qui, de la part du testateur, ne forme qu'un tout indivisible.

§. V. *A quoi doit profiter l'abolition des substitutions fidéicommissaires prononcée par la loi du 14 novembre 1792, lorsque le testateur, décédé avant la publication de cette loi, s'est ainsi exprimé :* J'institue un tel héritier de tous mes biens immeubles, pour en jouir seulement pendant sa vie; mon intention étant qu'après sa mort, ces mêmes biens retournent à un tel; et en cas que celui-ci meure sans enfans, je lui substitue un tel? *Est-ce l'héritier institué qui, par l'effet de l'abolition des substitutions, devient propriétaire incommutable*

des biens? ou demeure-t-il simple usufruitier; et dans ce cas, est-ce en faveur de la personne appelée immédiatement après lui, ou bien est-ce au profit de l'héritier ab intestat *que la substitution est abolie?*

Le 17 décembre 1793, Jean-François Defassin et Anne-Marie Vinrox, son épouse, domiciliés dans le pays de Liége, font un testament conjonctif par lequel, après avoir institué celui des deux qui survivra l'autre, héritier universel de tous leurs biens, ils ajoutent : « et après la mort du dernier vivant de nous deux, nous appelons notre sœur Marie-Françoise Defassin, veuve Deroncy, pour héritière de tous nos biens immeubles....., et des acquêts que le survivant aurait faits en viduité, *pour en jouir pendant sa vie;* et pour, après sa mort, retourner iceux biens immeubles à notre neveu Deroncy, fils puîné de ladite dame; et en cas que le dernier nommé ne laisse pas d'enfans mâles...., nous lui substituons notre cousin Albert Degrady... ».

Par le même acte, ils lèguent à Jean-Lambert et Nicolas-Henry Defassin, leurs frères et beaux-frères, chacun une rente viagère de 600 florins, *à payer par leur héritier immobilier qui aura la jouissance de leurs biens, et dont le premier canon écherra un an après le décès du survivant.*

Jean-François Defassin meurt le 7 mars 1794; sa veuve le suit de près; elle meurt le 3 octobre suivant.

La veuve Deroncy se met en possession de tous les biens. Son frère Jean-Lambert Defassin paraît vouloir l'inquiéter, et lui propose, pour terminer toute difficulté, un arrangement qui modifie les dispositions des deux testateurs; elle lui répond en ces termes, le 14 août 1795 : « Je ne puis rien changer au testament conjonctif de mon frère et de sa femme, puisque je ne suis qu'*usufruitière* de leurs biens ».

Peu de temps après, le 9 vendémiaire an 4, le pays de Liége est réuni définitivement à la France; et le.... f. ima re suivant, la loi du 14 novembre 1792 y est publiée.

D'après cette loi, la veuve Deroncy se regardant comme propriétaire libre de tous les biens que lui a transmis le testament conjonctif du 17 décembre 1793, en vend une partie par contrats des 5 floréal an 9 et 24 nivôse an 10.

Les choses en cet état, Jean-Lambert Defassin, son frère, la fait assigner en déchéance d'usufruit : il se fonde sur l'art. 23 du chap. 6 de la coutume de Liége, suivant lequel, « qui » fait transport ou aliénation absolue et per- » pétuelle des biens immeubles dont il est tant » seulement usufructuaire, *faisant*, comme on » dit, d'*humier propriété*, forfait son droit d'hu- » mier, et se consolide tel usufruit avec le droit » de propriété ».

La veuve Deroncy soutient que, par le testament du 17 décembre 1793, elle est investie de la propriété des biens des deux testateurs, sous la charge de les rendre, lorsqu'elle viendra à mourir, à son fils puîné; que la loi du 14 novembre 1792 l'a affranchie de cette charge, qu'ainsi, elle est actuellement propriétaire libre.

Le 4 germinal an 10, jugement du tribunal civil de l'arrondissement de Liége, qui le décide ainsi. Appel.

Le 19 frimaire an 11, la cour d'appel de Liége, « attendu que, par le testament conjonctif de Jean - François Defassin et d'Anne - Marie Vinrox, son épouse, la dame intimée a été instituée héritière de tous les biens immeubles des testateurs; que, quoique immédiatement après l'institution, il soit dit : *pour en jouir seulement pendant sa vie, et pour, après sa mort, retourner iceux immeubles à notre neveu Deroncy*, il n'en est pas moins vrai que les testateurs ont laissé la propriété de leurs biens immeubles à la dame intimée, leur héritière, grevée, à la vérité, des substitutions énoncées audit testament; qu'en effet, ces mots, *pour après sa mort retourner iceux biens*, dénotent clairement que les testateurs ont entendu que la propriété laissée à la dame intimée, serait réversible après sa mort; et que, s'ils ont dit qu'elle ne jouirait desdits biens que pendant sa vie, ça été pour établir d'autant mieux la substitution et pour faire entendre que la dame intimée n'aurait qu'une jouissance telle qu'ont ordinairement les personnes qui sont grevées de substitution; attendu que, par l'effet des lois qui ont aboli les substitutions, la propriété de la dame intimée a été dégagée des liens auxquels elle avait été assujettie, et est demeurée dans ses mains disponible et entière; déclare avoir été bien jugé, mal et sans griefs appelé. . . . ».

Jean-Lambert Defassin se pourvoit en cassation, et soutient, 1.° que la cour d'appel de Liége, en jugeant la veuve Deroncy propriétaire, de simple usufruitière qu'elle était, a violé les lois romaines qui prescrivent impérieusement l'exécution des actes de dernière volonté : *uti quisque legassit, ita jus esto*; 2.° qu'elle a fait une fausse application de la loi du 14 novembre 1792; 3.° que, par suite, elle a contrevenu à l'art. 23 du tit. 6 de la coutume de Liége.

« Le sort de ces trois moyens (ai-je dit à l'audience de la section des requêtes, le 19 nivôse an 12), est subordonné à deux questions: l'une, si le demandeur avait qualité pour actionner la veuve Deroncy; l'autre, si par le testament conjonctif du 17 décembre 1793, la veuve Deroncy a été appelée à la propriété des biens des deux testateurs, avec charge de substitution fidéicommissaire au profit de son fils puîné, ou si elle

n'a été investie que du titre et des droits de simple usufruitière.

» La première question n'a été ni discutée ni jugée par le tribunal d'appel; il l'a regardée comme inutile; mais elle l'a été par le tribunal de première instance, et par cette raison, il ne sera pas hors de propos d'en dire quelque chose.

» Du premier abord, il semble qu'en effet le demandeur soit sans qualité; et cela paraît résulter de deux considérations également décisives.

» D'un côté, le demandeur ne se présente que comme héritier *ab intestat* de Jean-François Defassin. Mais ce n'est pas dans la succession de celui-ci, c'est dans celle de Marie - Anne Vinrox, sa veuve, que la dame Deroncy a recueilli les biens litigieux. Par le testament conjonctif du 17 décembre 1793, qui n'est attaqué ni dans la forme ni au fond, Jean - François Defassin et Anne-Marie Vinrox s'étaient institués réciproquement héritier universel l'un de l'autre; et par l'événement du prédécès de Jean-François Defassin, c'est Anne-Marie Vinrox qui a profité de cette institution. Dès ce moment, tous les biens de Jean-François Defassin sont passés dans la propriété d'Anne - Marie Vinrox; ils sont donc devenus étrangers à Jean - Lambert Defassin, considéré comme héritier *ab intestat* de son frère.

» D'un autre côté, si la dame Deroncy n'est pas devenue propriétaire de ces biens par le décès d'Anne-Marie Vinrox, qui est-ce qui l'est devenu d'après le testament du 17 décembre 1793? Ce n'est pas Jean-Lambert Defassin à qui les testateurs n'avaient assigné qu'une rente viagère de 600 florins; mais c'est le fils puîné de la dame Deroncy elle-même. La dame Deroncy ne pourrait donc essuyer de contestation sur sa qualité de propriétaire ou d'usufruitière, que de la part de son fils puîné; et son fils puîné ne réclamant rien contre elle, son fils puîné la reconnaissant pour propriétaire, nul autre ne paraît avoir le droit de l'inquiéter.

» Mais ces raisons si spécieuses à la première vue, s'évaporeront bientôt au creuset d'une mûre réflexion.

» D'abord, s'il était vrai que la dame Deroncy n'eût été appelée par les testateurs qu'à un simple usufruit, il serait aussi que son fils puîné n'eût pas été saisi immédiatement, après la mort d'Anne-Marie Vinrox, de la propriété des biens litigieux, puisque, par le testament du 17 décembre 1793, ce n'est qu'après le décès de sa mère que les biens litigieux doivent lui *retourner*; le décès de sa mère serait donc pour lui, dans cette hypothèse, la condition de l'accomplissement de laquelle dépendrait l'exercice de son droit de retour, ou, ce qui est la même chose, l'ouverture du legs auquel il a été appelé par les testateurs. Tant que sa mère vit, il n'a sur les biens légués qu'une simple expectative;

et pendant tout ce temps, la propriété repose nécessairement sur la tête des héritiers *ab intestat*. C'est donc aux héritiers *ab intestat*, qu'appartiennent, pendant tout ce temps, les actions résultant de la qualité de propriétaire; elles continueront même de leur appartenir, lorsque le legs sera ouvert par la mort de la dame Deroncy, tant que le légataire n'aura pas accepté son legs et n'en aura pas obtenu la délivrance.

» Il ne s'agit donc plus que de savoir quels sont, dans cette hypothèse, les héritiers *ab intestat* à qui appartiennent, quant à présent, les biens litigieux, Or, il est facile de démontrer que ce sont, non seulement les parens les plus proches d'Anne-Marie Vinrox, mais encore les parens les plus proches de Jean-François Defassin.

» En effet, ce n'est pas purement et simplement que Jean-François Defassin a institué Anne-Marie Vinrox son héritière universelle, dans le cas arrivé où elle le survivrait ; il ne l'a instituée qu'en instituant après elle la dame Deroncy, et à la charge qu'après la mort de la dame Deroncy, les biens retourneraient à son fils puîné. Anne-Marie Vinrox était donc grevée de substitution fidéicommissaire, soit en faveur de la dame Deroncy directement, soit en faveur du fils puîné de la dame Deroncy, sous la condition néanmoins qu'il survivrait à sa mère. Ce n'est donc pas dans la succession d'Anne-Marie Vinrox que se trouve la portion des biens litigieux qui provient de Jean-François Defassin; cette portion existe encore dans la succession de Jean-François Defassin lui même ; et par conséquent c'est aux héritiers *ab intestat* de Jean-François Defassin, que la loi en défère la saisine, jusqu'à l'accomplissement de la condition de laquelle dépend le legs du fils puîné de la dame Deroncy.

» Et vainement a-t-on dit dans le jugement de première instance, qu'Anne-Marie Vinrox aurait pu révoquer le testament conjonctif du 17 décembre 1793, et disposer à son gré de la totalité des biens de son mari, comme de la totalité de ses propres biens. Cela est vrai, mais il n'en faut point conclure que les biens provenans de Jean-François Defassin, doivent être en ce moment considérés comme existans dans la succession d'Anne-Marie Vinrox.

» Il est certain, et Méan le prouve dans sa *déf.* 23, que, lorsque par un testament conjonctif, deux personnes s'instituent réciproquement héritières l'une de l'autre, et instituent un tiers après la mort de la dernière vivante d'elles, la dernière vivante, en recueillant l'effet de l'institution réciproque, contracte, comme héritière grevée, l'obligation de restituer, en mourant, au tiers institué, tous les biens de son co-testateur et les siens propres.

» Il est certain encore, et c'est un principe élémentaire du droit romain, que *gravanti succeditur, non gravato*.

» À la vérité, dans notre espèce, Anne Marie Vinrox avait, par une clause expresse du testament du 17 décembre 1793, le pouvoir de disposer, après la mort de son mari, de tous les biens de l'un et de l'autre. Mais tout ce qui résulte de cette clause, c'est que la substitution dont était grevée Anne-Marie Vinrox, était ce qu'on appelle en droit *fideicommissum cùm liberâ*, ou, si l'on veut, *fideicommissum de eo quod supererit*. Cette substitution, elle aurait pu la réduire à rien par des dispositions contraires ; mais elle ne l'a point fait. La substitution s'est donc maintenue dans toute sa force, jusqu'à la mort d'Anne-Marie Vinrox, arrivée plus de deux ans avant la publication de la loi du 14 novembre 1792; elle a donc conservé les biens provenans de Jean-François Defassin dans la succession de celui-ci. Jean Lambert peut donc, comme héritier *ab intestat* de ces mêmes biens, exercer à leur égard toutes les actions qui dérivent de la propriété, si vraiment la propriété n'en a pas été transmise directement à la dame Deroncy par le décès d'Anne-Marie Vinrox. Nous ne pouvons donc qu'applaudir au parti qu'a pris le tribunal d'appel de Liége de ne pas s'arrêter au défaut de qualité que les premiers juges avaient opposé à Jean-Lambert Defassin ; et cette conséquence amène naturellement notre seconde question, celle de savoir si, par le testament du 17 décembre 1793, la veuve Deroncy a été appelée immédiatement à la propriété des biens des deux testateurs, sous la charge d'une substitution, ou si elle ne l'a été qu'à un simple usufruit.

» La clause du testament du 17 décembre 1793, qui concerne la veuve Deroncy, contient deux dispositions qu'il faut bien distinguer : l'une, qui institue la veuve Deroncy héritière de tous les biens immeubles des deux testateurs; l'autre, qui veut que la veuve Deroncy ne jouisse de ces biens que pendant sa vie, et qu'après sa mort ils retournent à son fils puîné.

» De ces deux dispositions, la première emporte naturellement et par soi une transmission de propriété ; léguer un effet quelconque, c'est vouloir que cet effet appartienne au légataire, et il n'appartiendrait pas au légataire, si celui-ci n'en avait pas le domaine proprement dit.

» Mais cette première disposition n'est-elle pas dénaturée par la seconde? Non, car il est de principe que, dans un testament, toutes les clauses doivent s'expliquer de manière à avoir chacune son effet ; et il est bien évident que, dans notre espèce, la première disposition n'aurait pas l'effet qu'emportent les termes dans lesquels elle est conçue, si elle était restreinte par la seconde à un simple usufruit.

» Sans doute, si les testateurs avaient dit : *nous instituons la veuve Deroncy héritière de l'usufruit de tous nos biens immeubles*, le legs ne comprendrait évidemment qu'une jouissance viagère. Mais ce n'est pas ainsi que les testateurs se sont exprimés; ils ont commencé par léguer leurs biens immeubles, et par conséquent la propriété comme l'usufruit de ces mêmes biens, à la veuve Deroncy; et s'ils ont ajouté que la veuve Deroncy n'en aurait que la jouissance pendant sa vie, ils ont tout de suite expliqué à quelle fin ils entendaient la restreindre à cette jouissance: c'est, ont-ils dit, pour que nos biens retournent, après la mort de la veuve Deroncy, à son fils puîné. Ils ont donc, par là, grevé de substitution fidéicommissaire les immeubles qu'ils laissaient à la veuve Deroncy; mais par là même, ils ont confirmé, dans la personne de la veuve Deroncy, la qualité de propriétaire qu'ils lui avaient conférée par leur première disposition.

» C'est ainsi que Voët, sur le digeste, titre *de usufructu*, n. 12, résout une espèce semblable qu'il se propose. Lorsqu'un testateur, dit-il, commence par léguer, non l'usufruit, mais des biens en général, il est censé léguer la propriété de ces biens, encore qu'il ajoute que le légataire n'en jouira que pendant sa vie et qu'il ne pourra les aliéner en aucun cas: *si ab initio testator non dixerit se* USUMFRUCTUM, *sed se* BONA *Titio relinquere; etsi posteà addiderit,* EA A TITIO, QUAMDIU VIXERIT, POSSIDENDA ESSE, TITIUMQUE....... NULLO MODO... LICENTIÁM ALIENANDI HABITURUM, *clausula illa non impedit quominùs proprietas legata censeatur.* En effet, continue Voët, la propriété une fois donnée par le legs pur et simple *des biens*, ne peut pas être censée ôtée, soit par la prohibition d'aliéner, soit par la clause que le légataire jouira pendant sa vie: car ce ne sont pas des choses contradictoires, que d'être propriétaire et de ne l'être que pour un temps limité, pour la durée de la vie, par exemple, et de ne pouvoir pas aliéner; cela se voit tous les jours dans les fidéicommis qui doivent s'ouvrir par la mort du grevé. Ce serait donc une erreur d'inférer de ces sortes de clauses ajoutées au legs des biens, autre chose que l'institution d'un fidéicommis ou l'équivalent imposée au légataire de rendre après sa mort: *quippè quæ (proprietas) data dùm bona relinquebantur, videri non potest adempta ex eo quod alienandi potestas adimitur posteà, neque etiam ex clausulâ* POSSIDENDI QUAMDIU *vixerit, aut simili: non enim inter hæc pugna est aliquem dominium esse, et tamen alienandi potestate destitui, atque etiàm temporarium tantùm, quamdiù vixerit, dominium habere; ut potè quod utrumque in rebus ex fideicommisso post mortem gravati restituendis quotidianum est; adeòque erraveris si ex ejusmodi adjectionibus aliud collegeris, quàm fideicommissi onus, et post mortem honorati restituendi necessitatem.*

» Ainsi s'explique Voët, et ce qu'il dit mérite ici d'autant plus de considération, que ce n'est, à proprement parler, que la répétition de deux lois romaines qui décident dans le même sens la question sur laquelle porte sa doctrine.

» Un testateur avait légué à Seïa des effets d'or et d'argent; ensuite, il avait ajouté: Je vous charge, Seïa, de rendre à tel et tel, après votre mort, tout ce que je vous ai légué en or et en argent, mon intention étant que vous n'en ayez que l'usufruit votre vie durant: *Species auri et argenti Seïæ legavit, et ab eâ petiit in hæc verba: à te, Seïa, peto ut quidquid tibi specialiter in auro, argento, legavi, id cùm morieris reddas, restituas illi et illi: quarum rerum ususfructus, dùm vives, tibi sufficiet.* Après la mort du testateur, il fut question de savoir si la légataire n'avait droit qu'à l'usufruit de l'or et de l'argent. Et il fut répondu qu'elle en avait la propriété grevée de fidéicommis: *quæsitum est an ususfructus auri et argenti solus legatariæ debeatur? Respondit, verbis quæ proponerentur, proprietatem legatam addito onere fideicommissi.* (Loi 15, D. *de auro, argento..... legalis*).

» Une somme d'argent avait été léguée à Titius, à la charge qu'après sa mort, elle retournerait à Mévius; et le testateur avait ajouté que Titius n'aurait que l'usage de cette somme. Question de savoir si, par cette disposition, Titius n'était en effet que légataire de l'usage, ou s'il l'était en même temps de la propriété, à la charge de la restituer à Mévius? Les empereurs Sévère et Antonin décidèrent que le testateur lui avait légué la propriété, et que l'énonciation de l'usage n'avait eu d'autre objet que de marquer d'autant mieux le fidéicommis dont cette propriété était grevée: *cùm pecunia erat relicta Titio, ita ut post mortem legatarii ad Mævium rediret; quanquàm adscriptum sit ut usum ejus Titius haberet, proprietatem tamen ei legatam; usûs mentionem factam, quia erat restituenda ab eo pecunia post mortem ejus, divi Severus et Antonius rescripserunt.* (Loi 12, D. *de usufructu earum rerum quæ usu consumuntur*).

» Et inutilement viendrait-on vous dire que, dans l'espèce actuelle, les auteurs du testament conjonctif du 17 décembre 1793 n'ont pas chargé la veuve Deroncy de rendre à son fils puîné les biens qu'ils lui laissaient.

» Ils ne l'ont pas chargée expressément de les rendre, mais, ils ont fait l'équivalent, en ordonnant qu'à sa mort ces biens retourneraient à son fils puîné; ce mot *retourner*, n'est pas moins caractéristique du fidéicommis que les mots *rendre*, *restituer*; il désigne, comme ceux-ci, ce que les jurisconsultes appellent *tractum temporis*, le trait du temps; il établit, comme ceux-ci, un ordre successif de la veuve Deroncy à son fils puîné; et par conséquent,

comme ceux-ci, il prouve que l'intention des
testateurs a été que la veuve Deroncy possédât
les biens comme grevée de substitution fidéicommissaire. C'est d'ailleurs ce que décide textuellement la seconde des deux lois citées.

» Par ces considérations, nous estimons qu'il
y a lieu de rejeter la requête du demandeur
et de le condamner à l'amende de 150 francs
envers le trésor public ».

Sur ces conclusions, arrêt du 19 nivôse an 12,
au rapport de M. Oudot, par lequel,

« Attendu qu'il est de principe, en droit,
que, lorsqu'un testateur institue un héritier
dans ses biens, ou lorsqu'il dispose en les
donnant en tout ou en partie, par simple legs
à quelqu'un, une telle institution ou un tel legs
confère la propriété des objets donnés, lors
même que le testateur aurait restreint sa libéralité à l'usufruit de ces objets, et ordonné
qu'ils retourneraient à une tierce-personne
après la mort de l'héritier ou du légataire ;

» Qu'en pareil cas, la propriété des choses
données est considérée comme grevée de fidéicommis ;

» Que ces principes sont appuyés sur le texte
précis des lois romaines, et notamment sur la
loi 15; au digeste, de auro et argento ; et sur
la loi 12, aussi au digeste, de usufructu earum
rerum quæ usu consumuntur ;

» Qu'il résulte de ces principes, que le testament du 17 décembre 1793 a réellement
conféré la propriété des biens de Joseph-Pierre
Defassin et d'Anne-Marie Vinrox à la veuve
Deroncy ;

» Qu'il n'y a par conséquent dans le jugement attaqué aucune contravention aux dispositions du testament, ni à celles de la loi
des 25 octobre et 14 novembre 1792, ni enfin à
celles de la coutume de Liége ;

» Le tribunal rejette la demande en cassation..... ».

§. VI. *Quel doit être, aujourd'hui, dans un testament, l'effet d'une clause ainsi conçue :
« Je donne et lègue à Titius... tous les biens
» dont il m'est permis de disposer par la loi...
» pour par lui en jouir et disposer, à compter
» du jour de mon décès, en usufruit seulement
» sa vie durant. Je veux qu'après le décès
» de Titius, le legs universel que je viens de
» lui faire, appartienne en toute propriété et
» jouissance à ses enfans »* ?

Certainement il n'y a point de substitution
dans ces clauses, si le testateur n'a légué à Titius
que l'usufruit de ses biens disponibles; car, dans
cette hypothèse, la nue-propriété de ses biens
aurait été acquise, dès l'instant de son décès,
aux enfans de Titius; et l'on sait qu'il ne peut

pas exister de fidéicommis sans vocation par ordre successif.

Mais si le testateur a légué à Titius la propriété, en même temps que l'usufruit, de ses
biens, il n'y a nul doute que les enfans de
Titius ne soient appelés que comme fidéicommissaires ; car, dans cette hypothèse, la propriété ne pourrait leur être acquise que par le
décès de leur père; il y aurait conséquemment,
de leur père à eux, un ordre successif de vocation; et c'est là précisément ce qui caractérise
le fidéicommis.

Il y a, en effet, fidéicommis toutes les fois
qu'il existe une disposition par laquelle, en gratifiant quelqu'un, on le charge de rendre l'objet
de la libéralité à un tiers que l'on en gratifie en
second ordre ; ou, ce qui est la même chose,
toutes les fois qu'on donne à deux personnes
dont l'une ne doit recueillir qu'après l'autre;
en un mot, toutes les fois que les deux gratifiés
sont appelés à recueillir successivement et non
pas concurremment, *ordine successivo et non
conjunctivo seu simultaneo*, dit Peregrinus, *de
fideicommissis*, art. 17, n. 1.

La question porte donc toute entière sur ce
point : Titius n'est-il légataire que de l'usufruit, ou bien est-il aussi légataire de la propriété, à la charge de la conserver et de la
transmettre à ses enfans?

Du premier abord, Titius semble n'être appelé qu'à un legs d'usufruit : *pour par lui en
jouir et disposer en usufruit seulement sa vie
durant*.

Mais si l'on considère que le testateur commence par léguer à Titius *tous les biens dont il
lui est permis de disposer par la loi*; si l'on considère que les enfans de Titius ne doivent recueillir, non-seulement la *jouissance*, mais la
propriété, qu'après la mort de leur père ; si
l'on considère surtout que ce qu'ils doivent
recueillir, en toute propriété et jouissance,
après la mort de leur père, c'est précisément
le *legs universel* qui vient d'être fait à leur
père lui-même ; il deviendra impossible de ne
pas voir dans Titius un légataire universel de
la propriété, à la charge de la conserver et
transmettre à ses enfans.

Il n'importe que le testateur ait déclaré qu'il
ne jouirait et disposerait qu'*en usufruit seulement sa vie durant*. Ce n'est là, de la part du
testateur, qu'une disposition *accessoire*. Sa disposition *principale* est dans la clause par laquelle il lègue à Titius tous ses biens libres : par
cette disposition, il rend incontestablement
Titius propriétaire. Il le rend si bien tel, que,
dans la phrase suivante, il qualifie lui-même de
legs universel la disposition par laquelle il vient
d'appeler Titius à la généralité de ses biens; et
certainement ce ne serait pas un legs universel,
si Titius ne devait être qu'usufruitier. Il le rend

si bien tel, que les enfans de Titius ne doivent, d'après sa volonté expresse, recueillir ce legs universel, même quant à la propriété, que postérieurement au décès de leur père.

C'est au surplus, comme on l'a vu dans le §. précédent, la décision expresse de deux lois romaines.

Et cette décision est d'autant plus remarquable, elle a ici d'autant plus de force, que, dans le droit romain, il n'y avait aucune loi prohibitive qui obligeât les testateurs de recourir à des expressions, en quelque sorte frauduleuses, pour masquer sous l'apparence d'un legs d'usufruit, le legs d'une propriété grevée de substitution fidéicommissaire.

Les testateurs, dans le droit romain, pouvaient à leur gré substituer fidéicommissairement, et même étendre jusqu'aux degrés les plus éloignés, les fidéicommis qu'il leur plaisait d'établir ; ils n'avaient par conséquent aucun intérêt de chercher à voiler, sous la dénomination d'usufruit, la propriété qu'ils voulaient laisser à quelqu'un, avec la charge de la rendre à un tiers.

Et cependant, comme on vient de le voir, lorsqu'ils faisaient un legs à telle personne, avec déclaration qu'après la mort de cette personne, la chose léguée passerait à telle autre ; à l'effet de quoi, la personne gratifiée en première ligne, n'aurait que l'usufruit ; ce n'était pas un simple usufruit qu'ils étaient censés léguer à celle-ci, mais une véritable propriété grevée d'une substitution fidéicommissaire ; pourquoi ? Nous l'avons déjà dit, parce que, dans cette hypothèse, la disposition directe et principale portait sur la propriété ; parce que la propriété ne devait passer au gratifié en second ordre, qu'après la mort du gratifié en première ligne ; parce que de là résultait, dans les deux vocations, un ordre successif essentiellement caractéristique du fidéicommis ; parce que la mention de l'usufruit était censée n'avoir été ajoutée à ces dispositions, que pour assurer d'autant plus l'effet de la substitution.

Ces raisons, qui seules avaient porté les législateurs romains à interpréter dans ce sens les clauses dont il s'agit, se sont singulièrement agrandies dans notre législation ; d'abord par les entraves qu'elle a mises à la faculté de substituer, en restreignant les substitutions à trois degrés, ensuite par l'abolition totale qu'elle a faite de cette faculté.

Si l'on eût pu, sous la première époque de notre législation, esquiver, par l'emploi du mot *usufruit*, la défense de substituer au delà de trois degrés, les testateurs n'eussent jamais manqué de disposer de manière que l'institué, tout propriétaire qu'il eût été sous la charge de rendre, n'eût paru qu'un simple usufruitier ; et par cette tournure frauduleuse, ils eussent

étendu jusqu'au quatrième degré des fidéicommis qui, d'après la loi, devaient s'éteindre au troisième.

De même, si l'on pouvait aujourd'hui disposer efficacement, comme le testateur dont il s'agit dans l'espèce proposée, la loi du 14 novembre 1792 et l'art. 896 du Code civil seraient perpétuellement éludés. Tous les jours, on verrait des testateurs, des donateurs échapper à la prohibition que font ces lois de substituer fidéicommissairement.

Mais si, de ce que le testament dont il s'agit dans l'espèce proposée, contient une substitution fidéicommissaire, il s'ensuit qu'il ne confère aucun droit aux substitués, et que la vocation de ceux-ci doit être regardée comme non écrite, s'ensuit-il également que les héritiers du testateur puissent attaquer le legs universel fait à Titius, et le faire déclarer nul, soit quant à l'usufruit, soit quant à la propriété ?

Il faut distinguer : ou l'auteur de ce testament est mort depuis la publication de la loi du 13 floréal an 11, formant aujourd'hui le titre *des donations* et *testamens* du Code civil, ou il était mort auparavant.

Dans le premier cas, le legs universel est nul pour le tout (1) : « Toute disposition par laquelle le donataire, l'héritier institué, ou le légataire, sera chargé de conserver et de rendre à un tiers, sera nulle, même à l'égard du donataire, de l'héritier institué ou du légataire » (*Art.* 896 *du Code civil*).

Mais dans le second cas, Titius doit posséder en propriétaire libre, les biens compris dans son legs universel.

Il est constant, en effet, qu'avant le Code civil, la nullité de la charge apposée à un legs, ne rendait pas le legs nul ; et qu'il en résultait, seulement pour le légataire, une dispense d'accomplir cette charge.

C'est ce que prouve la loi 8, C. *de legatis.* Un testateur ne sachant pas que l'engagement solennel dans la milice, empêchait les soldats d'être tuteurs, avait légué à un militaire une somme d'argent, à la charge de gérer la tutelle de ses enfans : on demandait si le légataire étant incapable d'être tuteur, pouvait prétendre son legs ; la loi répond qu'il le peut.

Voilà ce que j'ai dit dans la première édition de ce recueil. Je n'y ai rien changé dans la seconde ; mais j'aurais dû dans l'une et dans l'autre, ajouter à la doctrine que j'y ai professée, une modification importante qui résulte des principes établis dans les conclusions du 5 juin 1809, rappelées ci-dessus, §. 4, n.º 1.

_____

(1) *V.* le *Répertoire de jurisprudence*, aux mots *Substitution fidéicommissaire*, sect. 1, §. 14, n. 2.

C'est que les règles conjecturales du droit romain d'après lesquelles ou jugeait avant le Code civil, qu'il y avait substitution fidéicommissaire dans tel ou tel cas, ne font plus loi; que par conséquent les juges ne sont plus aujourd'hui obligés de considérer comme substitution proprement dite, une disposition par laquelle un testateur, en léguant tous ses biens à quelqu'un, déclare qu'il n'en aura que l'usufruit, et qu'à sa mort, ils retourneront à la personne qu'il désigne; qu'un arrêt qui jugerait qu'en effet une pareille disposition n'emporte point la charge de conserver et de rendre, ne pourrait pas être atteint par la cassation; et qu'on devrait même plutôt le regarder comme ayant bien jugé, parce que, dans le doute, on doit s'en tenir à l'interprétation qui tend à valider l'acte.

§. VII. *Dans quel cas, celui qui, avant la loi du 14 novembre 1792, a été immédiatement appelé par le substituant à jouir comme usufruitier, des biens grevés de fidéicommis, est-il censé avoir rempli le premier degré de la substitution fidéicommissaire?*

Cette question, qui a beaucoup d'analogie avec les deux précédentes, a été parfaitement discutée dans une affaire qui a été portée en 1800, à la cour de cassation. — En voici l'espèce.

Le 27 juin 1704, Jacques Bérulle fait un testament, dans lequel il s'exprime ainsi : « A l'égard du surplus de ses biens meubles et immeubles qui se trouveront lui appartenir au jour de son décès, le testateur veut et ordonne que la disposition en soit faite en la manière suivante. C'est à savoir, qu'à l'égard des terres de Foissy, Miby, Flassy, Riguy, Cérilly, et tous les autres biens qu'il possède ès environs, Pierre Bérulle, son frère, premier président du parlement de Grenoble, *en ait l'usufruit* sa vie durant; et après son décès, *le même usufruit* appartiendra au fils aîné dudit premier président, neveu du testateur, *pour en conserver le fonds et propriété,* au profit des enfans aînés mâles qui naîtront en légitime mariage dudit fils aîné, et de ses enfans mâles, en faveur desquels il fait une substitution graduelle desdites terres, *jusqu'au quatrième degré,* gardant et observant toujours l'ordre de primogéniture, de mâle en mâle. Et si ledit fils aîné dudit premier président décède sans enfans mâles, le testateur appelle à ladite substitution son frère puîné et ses enfans aînés mâles; et à défaut dudit puîné, le troisième, ou autre enfant mâle, issu dudit premier président, recueillera les biens de ladite substitution, aux conditions ci-dessus ».

Après avoir ainsi disposé, le testateur décède.

Pierre Bérulle, *premier du nom*, son frère, jouit, pendant tout le reste de sa vie, des biens compris dans la disposition que l'on vient de transcrire.

Après son décès, Pierre Bérulle, *second du nom*, son fils aîné, en jouit également pendant toute sa vie.

Enfin, après le décès de Pierre Bérulle, *second du nom*, Pierre Amable-Thomas Bérulle, son fils aîné, se met sans difficulté en possession des mêmes biens.

Le 31 mai 1779, celui-ci marie Amable-Pierre-Albert Bérulle, son fils aîné, avec Marie-Blanche-Rosalie Hue-de-Miromesnil.

Il paraît que son intention était d'assurer à ce fils aîné, tous les biens compris dans la substitution fondée par le testament du 27 juin 1704. Mais on était dans l'incertitude si tous les degrés de cette substitution étaient épuisés, c'est-à-dire, si Bérulle I.er en avait ou non rempli le premier degré, et si, en conséquence, Pierre-Amable-Thomas Bérulle était propriétaire libre, ou s'il était encore grevé au profit d'Amable-Pierre-Albert Bérulle, son fils aîné.

Dans cette incertitude, Pierre-Amable-Thomas Bérulle fait à son fils aîné, et par son contrat de mariage même, une donation ainsi conçue : « Dans le cas où il serait décidé que la substitution des objets composant la terre de Bérulle et celle de Cérilly, faite par le testament de Jacques Bérulle, grand-oncle dudit Bérulle, reçue par Bonhomme, notaire à Paris, le 27 juin 1704, se trouve terminée dans la personne dudit Bérulle, père dudit futur époux, comme ayant parcouru tous les degrés fixés ou restreints par les ordonnances; ledit Bérulle, père, sous la réserve de la jouissance pendant sa vie, fait, par ces présentes, donation entre-vifs et irrévocable, à la charge de la substitution ci-après mentionnée, audit futur époux, son fils aîné, s'il le survit, ou, dans le cas contraire, à l'aîné mâle de sa descendance masculine, non-seulement des objets composant la terre de Bérulle et celle de Cérilly, tels qu'ils ont été recueillis par lui audit titre de substitution, mais encore des acquisitions des différentes terres de celle de Rigny, faites tant par ledit Bérulle que par ses auteurs ».

Suivent quelques clauses, par lesquelles le donateur grève de substitution les objets qu'il donne, et cependant se réserve la faculté de les aliéner ou échanger. Puis le donateur ajoute : « S'il est, au contraire, jugé que les degrés de substitution faite par le testament dudit feu Jacques Bérulle, ne sont pas épuisés dans la personne dudit Bérulle, père, les donations et substitutions faites ci-dessus de la terre de Bérulle et de celle de Cérilly n'auront pas lieu; et ledit futur époux les recueillera au titre de la vocation portée audit testament de Jacques Bérulle;

mais audit cas, ledit Bérulle père fait ici donation, sous la réserve de l'usufruit pendant sa vie, audit futur époux, son fils, des acquisitions faites, tant par ledit Bérulle père, que par ses auteurs, des différentes portions de la terre de Rigny ».

Le 6 thermidor an 2, est mort Amable-Pierre-Albert Bérulle, donataire éventuel des biens énoncés dans ce contrat. Il laissait plusieurs enfans mineurs, dont l'aîné se nommait Armand-Amable-Marie. C'est à celui-ci qu'étaient dévolus les droits qui avaient pu appartenir à son père, d'après le contrat de mariage du 31 mai 1779.

Le 17 germinal an 5, décès de Pierre-Amable-Thomas Bérulle, aïeul de cet enfant, et auteur de la donation portée dans l'acte dont on vient de parler.

Alors s'élève, devant le tribunal civil du département de la Seine, entre ce même enfant d'une part, les mineurs Mauléon, ses cousins germains, et François Bérulle, son oncle, de l'autre, la question de savoir si la donation doit avoir son effet.

Ceux-ci soutiennent, 1.º que la donation est radicalement nulle, parce que leur père, en la faisant, s'est réservé le pouvoir d'aliéner les biens qui en forment l'objet, et que donner et retenir ne vaut; 2.º qu'en tout cas, elle est devenue caduque, quant aux biens substitués par le testament fait en 1704, par Jacques Bérulle; parce qu'elle n'a été faite que pour le cas où la substitution serait jugée avoir parcouru tous ses degrés, et que, dans le fait, elle ne les avait pas parcourus.

Le tuteur du mineur Bérulle répond au premier moyen, que la règle donner et retenir ne vaut, n'a pas lieu dans les donations faites en faveur de mariage; au second moyen, que les trois degrés de la substitution avaient été remplis dans la personne de Pierre-Amable-Thomas Bérulle; puisque le premier l'avait été par Pierre Bérulle I, et le deuxième par Pierre Bérulle II; que d'ailleurs, quand même Pierre-Amable-Thomas Bérulle n'eût pas été propriétaire libre, il aurait cependant pu faire valablement la donation du 31 mai 1779, et qu'il était démontré qu'il l'avait voulu.

Il ajoute que les mineurs Mauléon et François Bérulle sont non-recevables : les mineurs Mauléon, parce que leur mère avait, par son contrat de mariage du 14 mai 1780, déclaré qu'au moyen de la dot qui lui était constituée par Pierre-Amable-Thomas Bérulle, son père, elle ne pourrait rien prétendre, à quelque titre que ce fût, dans les autres biens de celui-ci, ni pareillement dans ceux qu'il avait assurés à son fils aîné, par son contrat de mariage du 31 mai 1779; et François Bérulle, parce qu'en le mariant, le 13 prairial an 3, Pierre-Amable-Tho-

mas Bérulle lui avait garanti l'intégralité de ses droits dans sa succession future, sauf les avantages précédemment assurés à feu Amable-Pierre-Albert Bérulle, fils aîné, et à ses enfans mâles, suivant le contrat de mariage du 31 mai 1779; le futur époux déclarant avoir une parfaite connaissance de ce contrat, et en consentir, en tant que de besoin, l'exécution pleine et entière.

Il est inutile de rappeler ici les développemens que le mineur Bérulle donnait à sa réponse au premier moyen de ses adversaires, et à sa fin de non-recevoir. Sa réponse au premier moyen était inexpugnable, quant aux biens qui se trouvaient libres dans la personne de Pierre-Amable-Thomas Bérulle, à l'époque du contrat de mariage de son fils aîné, du 31 mai 1779; et à l'égard de sa fin de non-recevoir, elle tombait d'elle-même, d'après les dispositions de l'art. 11 de la loi du 17 nivôse an 2, même en les restreignant aux successions non encore échues à cette époque, successions auxquelles la loi du 18 pluviôse an 5 les déclarait expressément applicables.

Mais voici comment le mineur Bérulle cherchait à établir, en réponse au second moyen de ses adversaires, que Pierre-Amable-Thomas Bérulle était propriétaire libre, à l'époque de la donation du 31 mai 1779.

« C'est un principe constant que, même avant l'ordonnance de 1747, les substitutions étaient limitées à trois degrés.... C'est en vain que les testateurs ou donateurs auraient voulu, par des subtilités, par une fraude de langage, éluder cette loi impérieuse; les tribunaux, tout favorables qu'ils étaient aux substitutions fidéicommissaires appliquaient sévèrement les lois prohibitives de leur trop grande extension.

» Jacques Bérulle, auteur du testament de 1704, ne pouvait donc ordonner que trois degrés de substitution.

» Or, ces trois degrés se sont terminés dans la personne de Pierre-Amable-Thomas Bérulle, auteur de la donation contestée.

» En effet, Pierre Bérulle I, frère du testateur, a joui des biens qui font l'objet du testament; il a rempli le premier degré.

» Pierre Bérulle II a joui des mêmes biens; il a consommé le second degré.

» Pierre-Amable-Thomas Bérulle a recueilli les biens, toujours en vertu du testament de 1704, après le décès de son père Pierre II; il a donc rempli le troisième degré; il était donc propriétaire libre : il a donc pu disposer.....

» Mais, dit-on, Pierre I n'était qu'un usufruitier; Pierre II a donc été le premier appelé à la propriété : c'est donc dans la personne de Pierre II, qu'a été rempli le premier degré de la substitution.

» C'est une chose bien étrange que cette distinction des droits de Pierre I et de Pierre II. Que penser de cette distinction, lorsqu'on lit textuellement dans le testament de 1704, que le testateur veut que Pierre I ait l'*usufruit* des biens désignés, et qu'après son décès, *le même usufruit* appartienne à Pierre II, son fils aîné ? Ces mots, *le même usufruit*, attestent bien clairement que c'est le même genre de droit, le même genre de jouissance qui appartiendront à l'un et à l'autre.

» Nos adversaires reconnaissent que Pierre II, bien qu'il ne soit appelé par le testateur qu'à un simple usufruit, a cependant joui comme propriétaire grevé; ils reconnaissent qu'à son égard, le mot *usufruit* n'était vraiment qu'une parole, une apparence destinée à déguiser le degré de substitution que devait recueillir, sous le nom d'usufruitier, Pierre Bérulle, second du nom. Comment serait-il donc possible que l'usufruit de Pierre I fût lui-même autre chose ? l'usufruit de l'un et l'usufruit de l'autre sont les mêmes.

» Mais pourquoi ces deux usufruits sont-ils réellement, et quelque langage qu'ait employé le testateur, de véritables propriétés grevées ? C'est qu'ils sont suivis de ces termes essentiellement indicatifs d'une substitution : *pour en conserver le fonds et propriété aux enfans aînés mâles qui naîtront*, etc.

» Qu'est-ce qu'un fidéicommis ? C'est un droit actuel, conféré à telle personne, sur tels biens, à la charge, soit d'en *conserver*, soit d'en *remettre* la propriété à tel autre. On ne peut ni conserver ni remettre la propriété à quelqu'un, sans l'avoir soi-même. Laisser l'usufruit à quelqu'un, à la charge d'en *remettre* ou d'en *conserver* la propriété à tel ou tel, c'est faire un fidéicommis.

» Les mineurs Mauléon et François Bérulle avouent que les mots, *pour conserver la propriété*, indiquent essentiellement un propriétaire grevé de substitution ; mais ils ne veulent appliquer ces mots qu'au second usufruit ; ils prétendent que ces mots ne régissent que le deuxième membre de la phrase.

» Mais, encore une fois, le second usuf. est *le même* que le premier. Si donc le second usufruitier est grevé de la charge de remettre, il faut bien que le premier le soit également.

» Supposons que Pierre II eût prédécédé son père et laissé des enfans mâles, que serait alors devenu l'usufruit de Pierre I ? Pierre I n'eût-il pas été, comme l'eût été son fils, s'il eût survécu, chargé de *conserver le fonds et la propriété* à ceux qui y avaient été appelés par le testateur ? On ne saurait le nier, Pierre II ne devait avoir de droits qu'après le décès de son père. Si donc son père lui survivait, c'était son père qui devenait chargé de *conserver la propriété* aux substitués ; son père était donc le vrai fidéicommissaire.

» Si l'on eût pu éluder, par le mot *usufruit*, la prohibition de substituer au delà de trois degrés, les donateurs et les testateurs se seraient peu embarrassés de l'existence des lois qui restreignaient à trois degrés l'étendue et efficacité des substitutions. En effet, ils auraient indiqué un premier usufruit, puis un second, puis un troisième ; et ils auraient terminé leurs usuf-uits. ainsi graduels et successifs, par la formule, *pour en conserver la propriété* à telle génération, aux enfans ou petits-enfans qui naîtraient de tel individu. Ainsi, une, deux, trois générations se seraient écoulées, jouissant sous le titre d'usufruit ; seraient venues ensuite trois autres générations qui auraient joui, comme grevées de fidéicommis ; et par là, on aurait pu étendre facilement à six, sept et huit degrés, le nombre des jouissances successives, en vertu d'une seule disposition.

» Il faut donc reconnaître que, dans une substitution, l'usufruitier à côté duquel il n'existe pas un nu-propriétaire, est lui-même qu'un propriétaire véritable, grevé de fidéicommis ; et que, par conséquent, le premier degré de la substitution se remplit dans sa personne

» C'est, en effet, ce que décide expressément la loi du 9 fructidor an 2. Voici comme elle s'exprime : (Sur la vingtième question tendante) *à ce que la loi détermine la date et les effets d'une substitution directe, faite au profit de* L'AÎNÉ ENFANT *que laissera un citoyen désigné, avec disposition d'*USUFRUIT *au profit de celui-ci* ; (La Convention nationale considérant) QU'AU NOM PRÈS, *une telle disposition ne présente* QU'UNE SUBSTITUTION *dont l'usufruitier se trouverait grevé envers l'aîné de ses enfans,* ET DOIT SUIVRE LES MÊMES RÈGLES... ; *décrète qu'il n'y a pas lieu à délibérer.*

» Donc l'usufruit légué à Pierre Bérulle, premier du nom, a formé dans sa personne une véritable propriété grevée.

» Donc Pierre Bérulle I a rempli le premier degré de la substitution fondée par le testament de 1704.

» Donc Pierre Bérulle II a rempli le second degré.

» Donc Pierre-Amable-Thomas Bérulle était propriétaire libre, lorsqu'il a fait la donation du 31 mai 1779 ».

Après ces développemens, le mineur Bérulle allait plus loin : il supposait Pierre-Amable-Thomas Bérulle encore grevé du fidéicommis à l'époque de la donation dont il s'agissait ; et dans cette supposition, il soutenait que la donation devait encore avoir son plein effet.

» C'est un principe incontestable, disait-il, qu'un grevé de substitution est propriétaire ; qu'il peut en conséquence, vendre, donner, hypothéquer les biens soumis à la substitution, sauf les droits des appelés ; et que, si la substitution devient caduque avant son ouverture, tout ce qu'il a fait est valable.

» Pierre-Amable-Thomas Bérulle a donc pu donner, même en le supposant encore grevé de substitution, le 31 mai 1779; et, comme la substitution, dans cette hypothèse, est devenue caduque en sa personne, par la force de la loi du 14 novembre 1792, il est clair que sa donation ne peut être attaquée par personne.

» Elle est cependant attaquée par les mineurs Mauléon et par François Bérulle. Ils ne disconviennent pas que leur père aurait *pu donner* purement et simplement à leur frère aîné; mais ils prétendent qu'il n'a *voulu lui donner* que dans un seul cas, dans celui où tous les degrés de la substitution se seraient trouvés remplis le 31 mai 1779; et que ce cas n'étant point arrivé, la donation est devenue caduque.

» C'est surtout dans l'interprétation des contrats de mariage, qu'il faut bannir toute subtilité, toute équivoque. Le premier devoir des jurisconsultes et des tribunaux est de consulter le sens véritable, l'intention vraie et sincère; la volonté pure de celui qui a disposé; de suivre cette intention, cette volonté, et de ne pas négliger la réalité pour saisir de vaines apparences.

» Or, que voit-on dans le contrat de mariage du 31 mai 1779? On y voit un père qui veut que son fils aîné recueille les biens désignés par cet acte; qui le veut absolument et dans tous les cas; qui le veut, soit qu'il y ait, soit qu'il n'y ait pas substitution. — Ce père place son fils sous le double avantage de deux titres, dont l'un doit être le supplément de l'autre. Si la substitution est terminée, la donation existe, et le fils recueillera en qualité de donataire. Si la substitution existe encore, la donation, à la vérité, sera nulle; mais alors le fils recueillera comme substitué.

» Supposer que le père a entendu qu'il serait possible que son fils ne recueillît point du tout; supposer que ce n'est pas blesser ses intentions évidentes, que de dire au donataire: « vous ne » recueillerez pas comme substitué, car les » substitutions sont abolies; vous ne recueillerez » pas non plus en vertu de la donation, car la » donation n'est pas le supplément nécessaire » de la substitution »; c'est renverser, c'est détruire dans sa base le contrat de mariage du 31 mai 1779. Deux familles se sont alliées, des enfans sont nés sous la foi d'un droit certain dans tous les cas, sous la foi d'un double titre dont l'un devait avoir tout son effet, en cas d'inefficacité ou de nullité de l'autre. Si les donataires ne recueillent pas en vertu de la donation, ils recueilleront en vertu de la substitution; s'ils ne recueillent pas en vertu de la substitution, ils recueilleront en vertu de la donation; c'est là l'alternative voulue par Pierre - Amable-Thomas Bérulle père, accepté par les époux,

acceptée par leurs familles respectives, et sans laquelle le mariage n'aurait pas été contracté.

» Vainement dirait-on que le donateur n'a voulu donner que dans le cas où il ne remplirait pas le troisième degré de la substitution; qu'il n'a pas prévu l'inefficacité de la substitution par d'autres moyens que celui-là; et que par conséquent, hors ce cas, sa volonté de donner cesse absolument; qu'il a même exprimé son intention que la donation fût nulle, s'il était décidé qu'au moment où il la faisait, la substitution durait encore.

» Sans doute, le donateur ne prévoyait pas l'abolition future des substitutions; sans doute, il ne prévoyait pas la loi de 1792; mais il prévoyait le cas où la substitution *serait terminée en sa personne* : cette crainte de la terminaison du fidéicommis, ce danger que le fidéicommis n'attribuât pas à son fils aîné la propriété des biens venus du testateur Jacques Bérulle, voilà quels ont été les motifs de la donation. Qu'importe donc que la substitution se soit terminée en sa personne par l'épuisement des trois degrés, ou par l'effet de l'abolition qu'en a prononcée une loi générale? Dans l'un comme dans l'autre cas, son fils ne recueillera pas en vertu de la substitution; mais c'est précisément pour tenir lieu de la substitution, que la donation contractuelle a été faite.

» C'est ainsi que l'a entendu François Bérulle lui-même, l'un de nos adversaires, puisque, le 13 prairial an 3, c'est-à-dire, long-temps après l'abolition des substitutions fidéicommissaires, et à une époque où il savait bien que son frère aîné ne pouvait pas recueillir comme substitué, il a consenti l'exécution pleine et entière de la donation du 31 mai 1779, dont il a déclaré avoir une parfaite connaissance.

» L'auteur de la donation, Pierre - Amable-Thomas Bérulle, a pareillement manifesté par une procuration du 30 messidor an 4, dix mois avant sa mort, la manière dont il entendait le contrat de mariage du 31 mai 1779. Il y a déclaré formellement que les biens compris dans la donation faite par ce contrat, *appartenaient exclusivement* à son fils aîné, *seul donataire d'iceux* ».

Tels étaient les moyens du mineur Bérulle. Ceux de François Bérulle et des mineurs Mauléon se retrouveront en substance dans les conclusions qu'a données sur cette affaire M. Moûricault, alors commissaire du gouvernement près le tribunal civil du département de la Seine, depuis membre du tribunal, et aujourd'hui maître des comptes. Voici comment il s'est expliqué :

« Pour être censé institué dans une substitution, il faut avoir quelque chose à rendre; la loi romaine est précise et claire: *rogo ut reddas, jubeo ut reddas*. Ordre ou prière, rien de plus

indifférent; mais ce qui ne l'est pas, c'est qu'il
y ait charge de rendre : sans cela, point d'insti-
titution.

» Pierre I, frère du testateur, est-il chargé
de rendre? Non ; car, que lui a laissé le testateur? Un simple usufruit. Pierre II, à qui *le
même usufruit* a été légué, serait - il dans le
même cas ? Non, car le testateur a ajouté ces
mots : *pour en conserver le fonds et propriété
au profit des aînés mâles.....*

» C'est donc Pierre II, et Pierre II seul, qui
a été chargé de conserver et de rendre; lui seul
est donc institué. S'il est institué, Pierre-Amable-
Thomas *de cujus* n'était que le premier substitué ; et par une conséquence nécessaire, la
substitution n'était pas épuisée dans la personne
de celui-ci (lors du contrat de mariage du 31 mai
1779).

» On oppose que Pierre I n'était pas moins
chargé de conserver et de rendre que Pierre II.
Les principes élémentaires de la construction
grammaticale repoussent cette prétention. *Pour
conserver et rendre* ne s'applique qu'à la deuxième partie de la phrase; et dans cette seconde
partie, il n'est question que de Pierre II.

» On ajoute que, si Pierre II était mort avant
Pierre I, c'est celui-ci qui aurait rendu : pure
pétition de principe. En aucun cas, Pierre I
n'avait à rendre; sa jouissance était un simple
usufruit, sans charge de conserver; lui mort,
tout s'éteignait avec lui. Peu importait qu'il
survécût ou non à Pierre II, son fils; quand il
lui aurait survécu, Pierre II, en mourant, n'en
aurait pas moins transmis, au premier substitué,
la nue-propriété qu'il avait conservée comme
institué. La privation où il aurait été durant sa
vie, de l'usufruit dont il ne pouvait jouir qu'a-
près Pierre I, n'aurait pas empêché qu'il n'eût
rempli le degré de l'institution; ce qu'il avait
été chargé de conserver et de rendre, aurait
passé dans le même état à celui que l'ordre de
la substitution appelait immédiatement à recueillir : ce dernier l'eût reçu aux mêmes charges
et conditions; et l'usufruit n'aurait été réuni à
la propriété, qu'après le décès de Pierre I, dont
l'existence plus ou moins longue ne pouvait
influer en rien sur le cours de la substitution.

» On oppose la loi 12, D. *de usufructu earum
rerum quæ usu consumuntur.*

» Mais l'espèce de cette loi n'a nulle ressemblance avec celle dont il s'agit ici. Suivant la loi,
la somme était léguée à Titius; mais il ne devait
en avoir que l'usage. Que conclure de là? C'est
qu'il devait conserver la somme, sans pouvoir
en disposer, et pour qu'elle retournât après sa
mort à Mévius; il était donc chargé de rendre.

» Dans notre espèce, au contraire, le testateur n'a point dit : je lègue mes biens à Pierre I,
pour qu'ils retournent après sa mort à Pierre II,
ou à tel et tel; il a dit seulement : je lui lègue
l'usufruit; et quand il vient à parler de Pierre II,

il ne se contente pas de cette expression, il
ajoute : *pour en conserver le fonds et la propriété.*

» La loi 15, D. *de auro et argento legato*, que
le mineur Bérulle invoque, serait, avec bien
plus d'avantage, invoquée par ses adversaires :
*A te, Seïa, peto ut quidquid specialiter tibi in
auro et argento legavi, id cùm morieris reddas;
quarum rerum ususfructus, dùm vives, tibi sufficiet.*

» Ce n'est point là ce que Jacquec Bérulle a
dit à Pierre I; mais c'est précisément ce qu'il a
dit à Pierre II. Je demande, mon neveu, que
vous vous contentiez de l'usufruit de mes biens,
et que vous en conserviez le fonds pour le rendre,
après votre mort, au premier enfant mâle qui
naîtra de vous.

» Peregrinus, Alciat, Mantica et Cambolas,
dont le mineur Bérulle a imploré les suffrages,
supposent toujours dans les espèces qu'ils citent,
à l'appui de leur opinion, que le légataire de
l'usufruit est chargé de rendre; c'est de cette
supposition qu'ils partent, pour en conclure
que la propriété est censée léguée à l'usufruitier.
Toutes ces autorités, tous ces exemples sont applicables à Pierre II, et nullement à Pierre I.
L'arrêt du ci-devant parlement de Paris du 16
juin 1699, et celui du ci-devant parlement de
Toulouse du 4 décembre 1695, ont été rendus
dans ce sens-là, et conformément aux vœux non
équivoques des lois romaines que je viens de
citer.

» Tout concourt donc, jusqu'aux argumens
du mineur Bérulle, à prouver que Pierre II est
l'institué, et que Pierre-Amable-Thomas *de
cujus* était grevé de substitution, comme substitué immédiat....

» La décision du corps législatif sur la vingtième question de la loi du 9 fructidor an 2,
loin de contrarier, ne fait que confirmer à tous
égards, ce que nous avons établi. Les deux espèces sont faciles à rapprocher et à comparer.
Dans la nôtre, il y a une personne chargée exclusivement de conserver; c'est Pierre II : nul
doute, alors, que c'est à lui que la substitution
a commencé. Dans l'espèce que le corps législatif a eue en vue, l'usufruitier n'est pas moins
chargé de conserver, quoique implicitement;
car la question porte ces mots : *à ce que la loi
détermine la date et les effets d'une institution
directe faite au profit de l'aîné mâle des enfans
que laissera un citoyen désigné dans une disposition d'usufruit, au profit de celui-ci.* La loi
répond qu'*au nom près, une telle disposition ne
présente qu'une substitution dont l'usufruitier
est grevé envers l'aîné des enfans, et doit suivre
les mêmes règles.*

» Et en effet, il faut, dans toute substitution, qu'il y ait une personne chargée de conserver et de rendre; or, dans l'espèce de la loi,
l'usufruitier seul pouvait être dans ce cas, puisqu'on n'avait chargé aucun autre. Et si, dans

antre espèce, Jacques Bérulle n'eût pas dit quelle personne il chargeait de conserver et de rendre; il est certain que Pierre I se serait trouvé dans le cas du citoyen désigné dans la question portée dans la loi du 9 fructidor an 2. Mais Jacques Bérulle s'est expliqué de la manière la plus claire; il a dit que c'était Pierre II qu'il chargeait de ce soin; dès-lors, plus de difficulté.

» D'un autre côté, ni la loi ni les principes, rien en un mot, ne s'opposait à ce que Pierre II remplît son degré avec la nue-propriété qu'il conservait, tandis que Pierre I jouissait du simple usufruit : c'est ce qui est arrivé. Pierre II mort, le degré de l'institution a fini; Pierre-Amable-Thomas *de cujus*, son fils, a donc rempli le premier des deux degrés autorisés par les ordonnances de Moulins et d'Orléans....

» De cette série de raisonnemens, il me paraît évidemment résulter que la donation du 31 mai 1779 doit être considérée comme non avenue, par rapport aux biens alors grevés de substitution.....La condition résolutoire qu'y a apposé le donateur lui-même étant arrivée, la donation disparaît.

» Que dis-je? ce n'est pas même, à proprement parler, une condition. En 1779, à l'époque où la donation a été faite, son sort était déjà invariablement fixé par les principes; seulement la connaissance en était suspendue jusqu'au moment où une décision judiciaire le rendrait notoire. Et en effet, si vous décidez que la donation doit avoir lieu, ce ne sera pas à compter de votre jugement qu'elle sera valable, mais à compter de sa date. De même, si vous déclarez qu'elle ne peut pas avoir lieu, elle devra être considérée comme n'ayant jamais eu d'existence; car il est de principe que les conditions qui se réfèrent au passé ou au présent, ne sont pas suspensives (1).

» En vain le mineur Bérulle se retranche-t-il dans le principe, que le grevé de substitution est propriétaire, qu'il peut aliéner, sauf les droits du substitué, et que l'aliénation qu'il a faite devient irrévocable, si, à sa mort, la substitution est devenue caduque.

» Le principe n'a pas été contesté par les héritiers, et ne peut être en effet la matière d'un doute; mais ce qui n'est pas moins évident, c'est qu'il faut prendre l'acte du 31 mai 1779, tel qu'il est : il n'est pas plus permis d'y ajouter un seul mot, que d'en retrancher quelque chose. Il n'y a lieu d'interpréter les clauses, que quand elles présentent quelque obscurité. Ici, Pierre-Amable-Thomas s'explique d'une manière si lucide, que tout commentaire sur ce qu'il a dit, au lieu de l'éclaircir davantage, ne ferait que lui donner une obscurité qu'il n'a pas.

(1) Domat, liv. 3, tit. 1, sect. 8.

» L'argument du mineur Bérulle serait bon, si son aïeul eût dit qu'il entendait donner, au cas que la substitution n'eût pas d'effet après lui, quelle qu'en fût la cause; mais il n'a prévu qu'un seul cas; et ce cas, il l'a déterminé à l'épuisement de la substitution dans sa personne, il n'en a point prévu d'autre. Il est impossible de suppléer à cette omission, d'ajouter à un cas prévu, un cas non prévu; autrement, ce serait plus faire que n'a fait le donateur lui-même, qui est législateur en cette partie, et qui a tracé le cercle dans lequel la question doit se renfermer ».

D'après ces raisons, M. Mouricault a conclu à ce qu'il fût dit que la substitution de 1704 n'était pas épuisée à l'époque de la donation du 31 mai 1779, et à ce qu'en conséquence cette donation fût déclarée comme non avenue.

Après un délibéré, jugement du 28 ventôse an 7, qui,

« Faisant droit sur les demandes respectives des parties :

» Attendu que le caractère de la substitution consiste essentiellement dans la charge imposée au légataire, de conserver et de rendre la propriété;

» Attendu que cette condition n'a pas été imposée à Pierre Bérulle, premier du nom, mais seulement à son fils aîné; d'où il résulte que Pierre Bérulle, premier du nom, n'était qu'un simple usufruitier; attendu que, si l'usufruitier, dénommé tel dans un testament, peut être réellement un grevé de substitution; s'il est vrai de dire, d'après les principes et d'après la loi du 9 fructidor an 2, qu'il ne faut pas juger des actes d'après les expressions qui s'y rencontrent, mais d'après l'essence même de leurs dispositions; s'il est vrai de dire qu'un testateur, en employant le mot d'*usufruit*, aurait pu multiplier les degrés de substitution, et éluder l'ordonnance de 1747; il est vrai de dire aussi que tous ces principes sont sans application à la cause, 1.° parce que Pierre I vivait en même temps que Pierre II, et parce que le testateur avait marqué l'usufruit et la substitution; 2.° parce que, pendant la durée de l'usufruit, le premier degré de substitution s'écoulait en la personne de Pierre Bérulle, second du nom; d'où il suit que Pierre Bérulle, second du nom, a rempli le premier degré; d'où il suit que la substitution n'était pas éteinte, lorsque Pierre-Amable-Thomas Bérulle a fait la donation dont il s'agit;

» Mais considérant, d'un autre côté, que si la substitution n'était pas éteinte, lorsque Pierre-Amable-Thomas Bérulle a fait cette donation, il n'en est pas moins devenu propriétaire des biens donnés, par l'effet de la loi du 14 novembre 1792, qui a aboli les substitutions;

» Considérant que la volonté absolue, la

volonté impérieuse et clairement énoncée du donateur a été de transmettre les biens dont il s'agit, et d'en investir son fils par tous les moyens possibles, c'est-à-dire, soit à titre de substitution, soit à titre de donation;

» Considérant que, si le donateur n'a vu le terme de la substitution, que dans l'épuisement des degrés, c'est que tout autre cas était hors de la prévoyance humaine; considérant que l'essence des actes est dans la volonté des personnes qui disposent, et que la volonté de Pierre-Amable-Thomas Bérulle est toute entière dans cette disposition : *Si mon fils ne peut recueillir en vertu de la substitution, qu'il recueille en vertu de la donation*; d'où il suit que le fils n'ayant pu recueillir en vertu de la substitution, à cause de la loi du 14 novembre 1792, il doit nécessairement recueillir en vertu de la donation;

» Considérant que toute objection raisonnable doit être fondée sur le principe certain que le donateur n'a voulu donner que dans un cas particulier; mais que personne ne peut mieux expliquer sa volonté que le donateur lui-même;

» Considérant que, par l'acte du 30 messidor an 4, postérieurement à l'abolition des substitutions, Pierre-Amable-Thomas Bérulle a manifesté clairement la volonté générale et indéterminée qu'il avait eue en 1779, de donner, et de comprendre virtuellement dans sa disposition, le cas dont il s'agit.....;

» Le tribunal déclare la donation valable...».

Les mineurs Mauléon et François Bérulle ont interjeté appel de ce jugement; et le 24 messidor de la même année, le tribunal civil du département de Seine et Oise, statuant sur cet appel, conformément aux conclusions de M. Brillat-Savarin, alors commissaire du gouvernement près ce tribunal, aujourd'hui conseiller à la cour de cassation,

« Adoptant les motifs du jugement dont est appel, par lesquels il a été établi que la substitution faite par le testament de Jacques Bérulle, du 27 juin 1704, n'était pas éteinte lorsque Pierre-Amable-Thomas Bérulle a fait la donation portée au contrat de mariage d'Amable-Pierre-Albert Bérulle, du 31 mai 1779;

» Mais attendu qu'une clause expresse de cette donation porte que, s'il est jugé que les degrés de la substitution faite par le testament de Jacques Bérulle, ne sont pas épuisés dans la personne de Bérulle père, ladite donation, en tant qu'elle comprendrait les biens grevés de ladite substitution, n'aurait pas lieu; et qu'au contraire, la donation dont il s'agit, a été déclarée, par le jugement dont est appel, avoir conservé son effet, sans distinguer les biens substitués des biens libres;

» Dit qu'il a été mal jugé par ledit jugement..., émendant et faisant droit sur la demande formée par les héritiers Bérulle, à fin de nullité de la donation dont il s'agit, pour tous les biens qu'elle renferme;

» En ce qui touche la partie de la donation qui avait pour objet ceux desdits biens encore substitués;

Attendu qu'elle n'a été faite et consentie par le donateur, que dans le seul cas où il serait décidé que la substitution d'iceux se trouverait terminée dans sa personne, à l'époque de la donation;

» Attendu que les lois nouvelles, en abolissant les substitutions pour l'avenir, et rendant la liberté de disposer aux propriétaires alors grevés, n'ont pu donner effet et valeur à une donation faite dans un temps où les substitutions étaient en vigueur, seulement sous la condition que les biens seraient décidés non grevés; qu'aucune donation légale postérieure n'a été faite par Pierre-Amable-Thomas Bérulle, et qu'on ne peut attribuer ce caractère aux consentemens qu'il est présumé avoir donnés à son exécution; qu'au contraire l'effet de la loi relative aux substitutions, du 14 novembre 1792, a été de remettre librement en ses mains les biens substitués, et dont il n'avait pas voulu que la donation qu'il en avait faite, eût lieu; qu'ainsi, lesdits biens faisaient partie de sa succession au jour de son décès;

» Déclare comme non faite ni avenue, la donation de la terre de Bérulle et de celle de Cérilly, que ledit Pierre-Amable-Thomas Bérulle avait recueillies à titre de substitution, et qui en étaient encore grevées en sa personne, au mois de mai 1779;

» Ordonne que ces biens feront partie de la masse active de sa succession, pour être partagés, comme le surplus des biens qui en dépendent, entre ses héritiers....».

Le mineur Bérulle s'est pourvu en cassation contre ce jugement; mais sa requête a été rejetée par arrêt du 4 nivôse an 8, rendu au rapport de M. Chasle, et sur les conclusions de M. Lecoutour,

« Attendu que, d'après les termes du testament de Jacques Bérulle, du 27 juin 1704, par lequel le testateur a déclaré faire une substitution au profit du fils aîné de Pierre Bérulle, second du nom, fils aîné de Pierre Bérulle, premier du nom, et de ses enfans mâles; les juges du tribunal de Seine et Oise ont pensé que l'intention du testateur avait été d'instituer pour héritier de la nue-propriété des biens mentionnés au testament, Pierre Bérulle, second du nom, auquel il n'avait légué qu'un simple usufruit; d'où lesdits juges ont conclu qu'Amable-Pierre-Albert Bérulle, marié en 1779, père du demandeur, était le second appelé à recueillir la substitution, et que Pierre-Amable-Thomas Bérulle, aïeul du demandeur, était encore grevé de substitution en 1779; qu'en pensant et décidant ainsi, les juges du tribunal de Seine et Oise n'ont point violé les lois sur les substitutions qui les permettaient jusqu'à deux degrés;

» Attendu que les mêmes juges qui ont considéré que la donation faite par le contrat de mariage du 31 mai 1779, par Pierre-Amable-Thomas Bérulle, au profit d'Amable-Pierre-Albert Bérulle et de son fils aîné, demandeur en cassation, ne devait avoir lieu, aux termes de cet acte, que dans le cas où il serait décidé que la substitution faite en 1704, était terminée dans la personne de Pierre-Amable-Thomas, ayant pensé et décidé que ladite substitution n'étant pas terminée dans la personne dudit Pierre-Amable-Thomas, la donation dont il s'agit ne pouvait avoir son effet, n'ont encore violé aucune loi;

» Attendu que les contrats de mariage et autres actes postérieurs au contrat de mariage du 31 mai 1779, n'ont rien ajouté aux clauses de cet acte auquel ils se réfèrent; que les renonciations qu'ils contiennent, supposent la validité de la donation faite en 1779;

» Attendu enfin que la loi du 18 pluviôse an 5 ne contient aucune disposition qui soit applicable à l'espèce actuelle, et qu'elle ne maintient que les actes valides d'ailleurs et légitimement faits; qu'enfin, le jugement attaqué ne contient aucune contravention formelle aux lois. »

§. VIII. 1.º *La révocation d'une substitution fidéicommissaire peut-elle s'établir par de simples inductions?*

2.º *Celui qui étant à la fois héritier ab intestat et héritier fidéicommissaire d'une personne décédée, a plaidé pendant plusieurs années contre un créancier de la succession, sur le fond même de sa créance, est-il, par cela seul, censé avoir recueilli les biens comme héritier ab intestat, ou peut-il encore soutenir ne les avoir recueillis que comme substitué, surtout lorsque la créance qu'il a contestée, était de nature à pouvoir, en certains cas, affecter les biens grevés de substitution?*

3.º *Avant l'ordonnance de 1747 (et même depuis, dans les lieux où elle n'a pas été publiée), le grevé qui mourait sans accepter la disposition du substituant, ou sans s'immiscer de fait dans la possession des biens fidéicommissés graduellement, remplissait-il un degré de la substitution? Le remplissait-il notamment, en vertu de la règle, la mort saisit le vif, lorsqu'il était héritier ab intestat du substituant?*

4.º *Avant l'ordonnance de 1747 (et même depuis, dans les lieux où elle n'a pas été publiée), la femme du grevé avait-elle sur les biens substitués, un recours subsidiaire pour le recouvrement de sa dot?*

5.º *L'avait-elle pour le recouvrement des propres fiefs qui lui étaient échus pendant le mariage?*

Le 9 avril 1699, Jacques-Bernard Liot et Marguerite Levaillant, son épouse, domiciliés à Saint-Omer, font un testament conjonctif par lequel, 1.º ils ordonnent que tous les biens qu'ils laisseront à leur décès, seront partagés également entre tous leurs enfans, et substituent ceux-ci les uns aux autres, jusqu'au troisième degré; 2.º ils assignent à leur fils aîné (Antoine-Joseph Liot), pour son droit d'aînesse, ainsi que pour toute portion héréditaire, les domaines de Witternesse et de Maugré, qu'ils se proposent d'acquérir incessamment, à la charge que ces biens seront pareillement grevés de substitution jusqu'au troisième degré, et qu'il n'en pourra jouir qu'après la mort du dernier des co-testateurs qui s'en réservent expressément l'usufruit; 3.º ils défendent à tous leurs enfans de vendre, aliéner ou hypothéquer aucune partie de leurs biens, tant que durera le fidéicommis dont ils les grèvent; et cependant ils dérogent à cette prohibition, *seulement pour cause légitime de dot, ou d'entrée en religion, ou pour autre juste cause qui sera certifiée par le procureur du roi,*

Le 30 août 1699, décès de Marguerite Levaillant, testatrice.

Des sept enfans qui existaient à cette époque, deux des puînés meurent peu de temps après. L'aîné, Antoine-Joseph Liot, meurt lui-même en 1709, laissant un enfant mineur nommé Philippe-François-Joseph.

La succession de Marguerite Levaillant était encore indivise : il s'agit de la partager entre ses quatre enfans restans et leur neveu Philippe-François-Joseph Liot, représentant son père, leur frère aîné. Des contestations s'élèvent, et le 24 février 1712, une transaction les termine.

Par cet acte, auquel intervient Jacques-Bernard Liot, père et aïeul commun des parties, il est réglé, 1.º que les droits du mineur Liot, *héritier substitué* de son père, tant sur la succession de son aïeule paternelle, que sur celle de ses deux oncles aînés, seront restreints à la moitié des terres de Witternesse et de Maugré; 2.º qu'il ne lui reviendra également que l'autre moitié de ces terres dans la succession à échoir de son aïeul Jacques-Bernard Liot; 3.º que tous les autres biens dépendans de l'une et de l'autre successions, appartiendront à ses quatre oncles; le tout néanmoins à la charge des fidéicommis et substitution portés dans ledit testament qui sera exécuté pour tout ce à quoi il n'est pas dérogé par ces présentes; 4.º que Jacques-Bernard Liot, père et aïeul commun, conservera l'usufruit de la totalité des terres de Witternesse et de Maugré.

En 1723, décès de Jacques-Bernard Liot. Son petit-fils, Philippe-François-Joseph Liot, prend possession des deux terres dont il avait joui jusqu'alors.

Le 3 juin 1732, il épouse Marie-Augustine Petitpas, et par le contrat de mariage, « il est conditionné que les apports respectifs, ensemble tous dons, legs et hoiries qui seront faits et advenus aux futurs époux, tiendront nature de biens fonds à leur côté et ligne, tant par leur trépas que par la mort de leurs enfans. . . . Et qu'en cas de survie avec ou sans enfans, la future épouse reprendra tous les biens par elle portés audit mariage, dons, legs et hoiries qui lui seront faits et advenus, ou la valeur de ce qui en serait vendu, chargé, racheté ou autrement aliéné ».

Pendant ce mariage, la dame Liot recueille la succession mobilière de Pierre-Auguste Petitpas de la Moussery, son oncle.

Le 6 septembre 1738, elle perd son mari, qui lui laisse une fille nommée Marie-Angélique Liot. Elle renonce à la communauté, et meurt elle-même trois mois après.

Sa fille ne lui survit pas long-temps : elle décède le 11 février 1740, à l'âge de quatre ans.

Louis-François-Ignace Liot, son grand-oncle paternel, se met en possession des terres de Witternesse et de Maugré. Il avait pour cela deux qualités : la première, comme aîné des héritiers des propres paternels; la deuxième, comme aîné des appelés par la substitution insérée dans le testament conjonctif de 1699.

En 1741, il est assigné à la requête d'Ignace Deliot-Desroblets, héritier, par sa femme, des propres maternels de la mineure Liot, pour voir déclarer exécutoire contre lui et sur ses biens; le contrat de mariage du 3 juin 1732; et pour être condamné en conséquence au payement de la valeur des propres fictifs que Marie-Thérèse-Augustine Petitpas avait eu le droit de reprendre sur la succession de son mari, droit qu'elle avait transmis à sa fille Marie-Angélique Liot.

De là un procès, qui, après avoir été successivement porté au bailliage d'Aire, au conseil provincial d'Artois et au parlement de Paris, n'était pas encore terminé à l'époque de l'établissement de l'ordre judiciaire actuel.

Les seules choses qu'il importe de remarquer sur tout ce qui s'était passé dans ce long intervalle, sont : 1.° qu'Ignace Deliot-Desroblets avait renoncé à la succession mobilière de Marie-Angélique Liot; que cette succession était demeurée vacante, et qu'il en avait reçu, à compte des propres fictifs dont il réclamait le payement, une somme de 22,332 livres; 2.° que, par là, les propres fictifs avaient été jugés se réduire à la somme de 39,488 livres; 3.° que, par arrêt du parlement de Paris, du 12 avril 1756, confirmatif d'une sentence du conseil d'Artois, du 31 décembre 1753, il avait été jugé que cette créance n'avait pas été éteinte par confusion dans la personne de la mineure Marie-Angélique Liot, et qu'elle faisait partie de sa succession aux propres maternels.

La cause reportée en cet état à la cour d'appel de Douay, entre les héritiers d'Ignace Deliot-Desroblets et ceux de Louis-François-Ignace Liot, il s'y est agi de savoir, 1.° si c'était comme héritier ou comme fidéicommissaire, que celui-ci avait appréhendé, en 1740, les terres de Witternesse et de Maugré; 2.° si, dans le cas où il eût voulu les appréhender comme fidéicommissaire, il en eût eu le droit; question qui en renfermait deux : l'une, si la substitution créée par le testament de 1699, n'avait pas été anéantie par la transaction de 1712; l'autre, si cette substitution n'avait pas parcouru son troisième degré, dans la personne de Marie-Angélique Liot; 3.° si, en admettant que Louis-François-Ignace eût pu appréhender, et eût appréhendé en effet, comme fidéicommissaire, la totalité des terres de Witternesse et de Maugré, ses héritiers n'en devaient pas moins, d'après les lois qui, disait-on, accordent à la femme, pour le recouvrement de sa dot, un recours subsidiaire sur les biens fidéicommissés dans la personne de son mari, restituer aux héritiers de Marie-Augustine Petitpas, ce qui leur était dû à raison de ses propres fictifs, déduction faite des meubles et effets mobiliers délaissés par son mari.

Par un premier arrêt du 12 messidor an 10, la cour d'appel de Douay a rejeté l'exception de chose jugée; que les héritiers de Deliot-Desroblets prétendaient tirer de la sentence du conseil d'Artois du 31 décembre 1753, pour établir que c'était comme héritier et non comme fidéicommissaire, que Louis-François-Ignace Liot avait recueilli, en 1740, les terres de Witternesse et de Maugré; et elle a ordonné aux parties de plaider au fond.

Le 8 fructidor suivant, second arrêt, qui juge 1.° que Louis-François-Ignace Liot n'a pris, à aucune époque, la qualité d'héritier de Marie-Augustine Liot, sa petite-nièce; 2.° que c'est en vertu de la substitution qu'il a appréhendé les deux terres, et qu'il en a eu le droit; 3.° que les biens substitués n'étaient passibles de recours, de la part de la femme du grevé, qu'à raison de la dot qu'elle avait apportée en mariage; que, dans l'espèce, les propres fictifs dont les représentans de Marie-Augustine Petitpas réclamaient le recouvrement, ne consistaient pas dans ses apports, mais uniquement dans les effets mobiliers qui lui étaient échus pendant sa communauté avec Philippe-François-Joseph Liot, son mari; qu'en tout cas, il n'était pas justifié que tous les biens libres de Philippe-François Joseph

Liot eussent été discutés et entièrement épuisés; qu'ainsi, les représentans de Marie-Augustine Petitpas n'avaient, pour la répétition de ses propres fictifs, aucune action sur les biens que son mari avait possédés à charge de substitution. En conséquence, les héritiers de Deliot-Desroblets sont déboutés de leurs demandes.

Ceux-ci se pourvoient en cassation contre les deux arrêts, et proposent six moyens : deux de forme et quatre tirés du fond de la cause.

« Pour écarter le premier moyen de forme (ai-je dit à l'audience de la cour de cassation, section des requêtes, le 16 fructidor an 12.), il suffit d'observer que l'ordonnance de 1667 ne fait pas loi à Douay....

» Le second n'est pas mieux fondé.

» Il est certain que la sentence du conseil d'Artois, du 31 décembre 1755, ne prononce rien sur le point de savoir si c'est comme héritier ou comme fidéicommissaire, que Louis-François-Ignace Liot a recueilli les terres de Witternesse et de Maugré....

» Il est certain que, dans aucun acte de la procédure antérieure à cette sentence, Louis-François-Ignace Liot n'avait pris la qualité d'héritier de sa petite-nièce Marie-Angélique Liot.

» Il est certain qu'il avait, au contraire, avant cette sentence, annoncé que, quand il en serait temps, il saurait bien prouver qu'il ne possédait les terres de Witternesse et de Maugré qu'en vertu d'une substitution, et qu'à ce titre, il n'était passible d'aucune des dettes de la succession de sa petite-nièce.

» Il est certain que, depuis cette sentence, Louis-François-Ignace Liot, loin de se reconnaître héritier, a constamment soutenu n'être que fidéicommissaire.

» Il est certain, en un mot, que tous les jugemens rendus avant que l'affaire fût dévolue à la cour d'appel de Douay, l'ont été sur des incidens étrangers à la qualité d'héritier.

» Eh ! comment, d'après cela, se flatte-t-on de vous faire décider que la cour d'appel de Douay a contrevenu à l'autorité de la chose jugée? Qu'allègue-t-on pour établir cette contravention prétendue? Rien autre chose que de simples inductions, et encore n'ont-elles aucune ombre de fondement. Car de ce que Louis-François-Ignace Liot, au lieu de se retrancher purement et simplement dans sa qualité de fidéicommissaire, a contesté long-temps, et sur l'existence et sur l'étendue de l'action en reprise des propres fictifs de la mère de sa petite-nièce, peut-on conclure en bonne logique? Qu'il s'est reconnu héritier de sa petite-nièce même? Point du tout. On peut seulement en conclure qu'il a craint qu'on ne le prétendît, en sa qualité de fidéicommissaire, soumis subsidiairement à cette action; qu'il a prévu qu'on pourrait exercer sur

les biens substitués dont il était possesseur, le recours subsidiaire auquel ces biens étaient assujettis pour cause de dot; et qu'il n'était pas bien sûr du succès des raisons qu'il pourrait employer pour écarter ce recours subsidiaire. C'est donc ici le cas de la maxime consacrée par la loi 43, D. de regulis juris, qu'en se défendant par un moyen, on ne se prive pas du droit d'en opposer un autre, à moins qu'une loi expresse n'y mette obstacle : Nemo ex his qui negant se debere, prohibetur etiam aliâ defensione uti, nisi lex impedit.

» Au fond, les quatre moyens des demandeurs se réduisent à ces trois propositions :

» 1.° Par la transaction du 24 février 1712, les terres de Witternesse et de Maugré avaient été déchargées, pour moitié, de la substitution dont elles avaient été grevées en totalité par le testament conjonctif du 9 avril 1699; et cependant la cour d'appel de Douay a jugé que cette substitution avait continué, après la transaction du 24 février 1712; d'affecter la totalité des deux terres; la cour d'appel de Douay a donc créé une substitution qui n'existait pas; elle a donc violé la transaction du 24 février 1712.

» 2.° Aux termes de l'art. 15 de l'édit perpétuel des archiducs Albert et Isabelle, de 1611, la substitution qui, en vertu du testament du 9 avril 1699, avait continué, après la transaction du 24 février 1712, de grever la moitié des deux terres, ne pouvait avoir effet que trois fois, y comprise l'institution première, et au profit de trois personnes, en ce, comptée la première instituée. Or, elle avait eu trois fois son effet, lorsque est décédée la mineure Marie-Angélique Liot; elle l'avait eu en faveur d'Antoine-Joseph Liot, son aïeul, fils aîné des auteurs du testament du 9 avril 1699; elle l'avait eu en faveur de Philippe-François-Joseph Liot, son père; elle l'avait eu en faveur de Marie-Angélique Liot elle-même. Elle était donc épuisée en 1740, au moment où les biens qui en avaient été grevés en 1699, sont parvenus à Louis-François-Ignace Liot. Louis-François-Ignace Liot n'a donc pas pu recueillir comme substitué. La cour d'appel de Douay a donc, en jugeant le contraire, violé l'art. 15 de l'édit perpétuel de 1611. Elle a fait plus : en le jugeant ainsi, d'après les art. 36 et 37 du tit. 1 de l'ordonnance de 1747, sur le fondement qu'Antoine-Joseph Liot n'avait pas rempli le premier degré de la substitution, elle a violé l'art. 52 du tit. 2 de cette même ordonnance, qui interdit tout effet rétroactif des dispositions contenues dans les art. 36 et 37 du tit. 1.

» 3.° En supposant que les terres de Witternesse et de Maugré fussent encore frappées de substitution, qu'elles le fussent même encore en totalité, lorsque Louis-François-Ignace Liot les a recueillies en 1740, Louis-François-Ignace Liot n'en eût pas moins été passible, à défaut

d'autres biens, du recours subsidiaire que la novelle 39 accorde à la dot sur les fonds grevés de
fidéicommis. La novelle 39 a donc été violée par
la cour d'appel de Douay.

» Voilà, Messieurs, les trois propositions des
demandeurs ; notre devoir est de les discuter
successivement.

» Et d'abord, est-il prouvé bien clairement
que la transaction du 24 février 1712 avait
dégagé de la substitution créée par le testament
conjonctif du 9 avril 1699, la portion des fiefs
de Witternesse et de Maugré qui provenait de
Jacques-Bernard Liot, l'un des auteurs de ce
testament ? Nous disons : *est-il prouvé bien
clairement* ; car, si la transaction du 24 février
1712 ne s'explique pas là-dessus d'une manière
positive ; si elle n'abolit pas textuellement, pour
la portion dont il s'agit, la substitution que le
testateur Jacques-Bernard Liot avait voulu lui
imposer en 1699, il est évident que la cour
d'appel n'a fait, en proscrivant le système du
demandeur, qu'user du droit qui lui appartient
essentiellement d'interpréter un acte soumis à
son examen ; il est évident que son arrêt ne pourrait pas être cassé, même dans la supposition
qu'elle eût donné à cet acte une explication qui
prêtât à quelque critique ; il est évident, en un
mot, qu'il n'y aurait alors dan-son arrêt qu'un
mal jugé, c'est-à-dire, un vice qui, lorsqu'il
ne concourt pas avec la violation expresse d'une
loi, ne peut jamais former une ouverture de
cassation.

» Eh bien ! non-seulement la cour d'appel
n'a pas dû voir clairement, dans la transaction
du 24 février 1712, ce que les demandeurs
prétendent y avoir vu eux-mêmes ; mais elle a
dû y voir clairement tout le contraire. D'une
part, en effet, la transaction du 24 février 1712
maintient, en termes exprès, le fidéicommis
créé par le testament du 9 avril 1699 ; et c'est
en vain que l'on cherche à restreindre ce qu'elle
en dit à la succession de la testatrice Marguerite
Levaillant : la transaction prouve elle-même
que ce qu'elle en dit, est commun à tous les
biens des deux co-testateurs, puisqu'elle déclare
en toutes lettres que *le testament sera exécuté
pour tout ce à quoi il n'est pas dérogé.* D'un
autre côté, il n'était pas nécessaire, pour conserver la substitution dans son intégrité, que la
transaction du 24 février 1712 en manifestât
expressément l'intention. Il est de principe que
le changement de volonté ne se présume point
de la part d'un testateur, et que ce qu'un testateur a une fois voulu, il est censé l'avoir voulu
jusqu'au dernier soupir, à moins qu'il ne l'ait
révoqué, soit expressément, soit par un acte
incompatible avec sa première disposition. Or,
de révocation expresse, il n'y en a point dans la
transaction du 24 février 1712 ; les demandeurs
en conviennent. De clause incompatible avec la

substitution, il n'y en a pas davantage. La substitution n'est donc révoquée, dans aucune de ses
parties, par la transaction du 24 février 1712 ;
la cour d'appel de Douay a donc très-bien jugé
à cet égard.

» Mais la substitution n'était-elle pas épuisée
en 1740, quant à la portion des terres de Witternesse et de Maugré qui provenait de Marguerite Levaillant ? ou, en d'autres termes,
Antoine-Joseph Liot n'en avait-il pas, quant à
cette portion, rempli le premier degré avant sa
mort arrivée, comme l'on sait, en 1709 ? Les
demandeurs soutiennent l'affirmative ; et, pour
la justifier, ils emploient deux moyens, l'un de
droit, l'autre de fait.

» Dans le droit, disent-ils, Antoine-Joseph
Liot, en vertu de la règle, *le mort saisit le vif*,
avait été mis de plein droit, par le décès de sa
mère, en possession de la nue-propriété de la
portion que sa mère lui avait laissée, à charge
de fidéicommis, dans les terres de Witternesse
et de Maugré. Le fidéicommis avait donc eu
son premier effet dans la personne d'Antoine-
Joseph Liot ; il l'avait eu par la seule puissance de
la saisine légale ; il l'avait eu, parce qu'Antoine-
Joseph Liot n'avait, pour devenir
possesseur des biens substitués, ni d'accepter la
disposition qui lui déférait ces biens, ni de les
appréhender de fait.

» En raisonnant ainsi, MM., les demandeurs
ne se dissimulent pas qu'ils ont contre eux le
texte formel de l'ordonnance de 1747, qui veut,
tit. 1, art. 36 et 37, que le grevé de substitution
ne soit censé avoir recueilli l'effet de la disposition faite en sa faveur, que lorsqu'il l'a acceptée,
soit expressément par des actes, ou par des
demandes formées en justice, soit tacitement,
en s'immisçant dans la possession des biens
substitués ; que, s'il meurt sans avoir manifesté
son acceptation de l'une ou de l'autre de ces
deux manières, il ne fasse pas nombre, et qu'en
conséquence les degrés de substitution ne soient
comptés qu'après lui. Mais ils prétendent que
ces dispositions ne sont rien moins que conformes à l'ancienne législation, qu'elles sont
absolument nouvelles, et que par suite elles ne
sont pas applicables à un grevé de substitution
dont le droit avait été ouvert dès 1699, et qui
était mort dès 1709.

» Est-il donc vrai que, par les lois antérieures
à l'ordonnance de 1747, l'institué faisait nombre
pour les degrés de substitution, par cela seul
qu'il avait survécu au testateur, sans néanmoins
avoir accepté son institution, soit en termes exprès, soit tacitement et de fait ? Non, messieurs ;
et, pour ne parler d'abord, entre les lois antérieures à l'ordonnance de 1747, que de l'édit
perpétuel de 1611, il est certain que l'art. 15 de
cet édit n'avait fait que devancer la disposition
des art. 36 et 37 de l'ordonnance de 1747 elle-

même, lorsqu'il avait statué que les substitutions n'auraient EFFET que *trois fois* et AU PROFIT DE *trois personnes*, en ce compté *la première instituée*; car quoi de plus clair, quoi de plus décisif que ces mots, *effet*, *au profit*? Ils prouvent évidemment que les archiducs Albert et Isabelle entendaient que l'institué ne fût censé avoir rempli le premier degré du fidéicommis, que pens le cas où il aurait *profité* de l'institution, que dans le cas où l'institution aurait eu un *effet réel* dans sa personne.

» Les ordonnances d'Orléans et de Moulins ne s'expliquaient pas, à beaucoup près, aussi nettement, elles se bornaient à dire que les substitutions ne pourraient à l'avenir s'étendre *outre et plus avant deux degrés*, *après l'institution; icelle non comprise*; et cependant Ricard, dans son *Traité des substitutions*, part. 1, n. 787, n'hésitait pas à leur donner l'interprétation que l'ordonnance de 1747 a sanctionnée depuis.

« Dans l'ordre de la succession *ab intestat* (ce » sont les termes de ce jurisconsulte), la loi 4, » §. dernier, D. *unde liberi*, décide que, si le » fils du premier degré ne vient point à la suc- » cession, son siège n'est point du tout consi- » déré; et les biens de la succession passent à ses » petits-enfans, comme si leur père n'avait pas » été au monde : *Si filius emancipatus non pe- » tierit bonorum possessionem, ita integra sunt » omnia nepotibus; atque si filius non fuisset.* Ce » qui doit aussi avoir lieu dans les substitutions, » qui sont une image de la succession *ab intestat*; » étant en effet à présumer que l'ordonnance a » entendu parler des degrés effectifs, et qu'elle » n'a voulu comprendre en sa disposition que » les personnes qui recueilleraient actuellement » le profit du fidéicommis; et les règles mêmes » veulent que des lois qui sont correctives du » droit commun, comme sont ces deux ordon- » nances d'Orléans et de Moulins, soient plutôt » restreintes qu'étendues ». Et avec quel avantage Ricard n'aurait-il pas pu ajouter que l'art. 124 de l'ordonnance du mois de janvier 1629 décidait la question, en voulant que *chacun de ceux qui auraient* APPRÉHENDÉ ET RECUEILLI *le fidéicom- mis, fissent un degré ?* Car si, pour faire un degré, il fallait *appréhender et recueillir*, il était bien impossible que l'institué qui n'avait ni ap- préhendé, ni recueilli, ni même accepté, fût compté au nombre des trois personnes auxquelles la disposition fidéicommissaire devait se res- treindre.

» Et qu'importe que, dans notre espèce, l'insti- tué fût héritier *ab intestat*, et qu'en cette qua- lité, il eût été saisi, de plein droit, par la mort de sa mère, des biens que la loi des successions lui déférait.

» D'abord, même dans les successions *ab in- testat*, la règle *le mort saisit le vif*, n'a pas un effet aussi absolu que le prétendent les deman- deurs; elle est modifiée par une autre règle qui

dit, *n'est héritier qui ne veut*; et de véritable, le seul résultat de ces deux maximes, est que l'hé- ritier présomptif, lorsqu'il accepte la succession, est censé avoir acquis dès le moment où elle a été ouverte, la possession de tous les objets qui la composent. On ne peut donc pas en inférer qu'il a recueilli, qu'il a appréhendé de fait une hérédité sur l'acceptation ou la répudiation de laquelle il ne s'est expliqué en aucune manière.

» Ensuite, c'est évidemment déplacer la règle *le mort saisit le vif*, que d'en faire l'application aux biens dont il a été disposé par testament, même en faveur d'un héritier *ab intestat*. D'après l'art. 74 de la coutume d'Artois, les *testamens n'engendrent saisine ou réalisation sur les biens du testateur*. L'héritier présomptif à qui le tes- tateur a fait un prélegs, n'est donc pas, en vertu du testament, saisi de ce qui lui a été légué; il faut donc qu'il en demande la délivrance à ses co-héritiers. Le prélegs ne peut donc pas être censé avoir un *effet* en sa faveur, s'il est mort sans en avoir demandé la délivrance.

» Et qu'on ne dise pas que, dans notre espèce, il s'agissait de biens féodaux qui, par la loi des successions *ab intestat*, devaient appartenir à Antoine-Joseph Liot, en sa qualité d'aîné. Cette circonstance est absolument insignifiante. Comme successeur *ab intestat*, Antoine-Joseph Liot n'au- rait pas été grevé de fidéicommis : il ne pouvait être grevé de fidéicommis que comme appelé par testament; et puisque, comme appelé par testament, il n'était pas saisi de plein droit, il fallait bien qu'en cette qualité, il demandât à lui-même, considéré comme héritier *ab intestat*, la délivrance des objets que le testament avait grevés de substitution. Or, cette délivrance, comment pouvait-il se la demander ainsi à lui- même? Il ne pouvait se la demander que par une déclaration de sa volonté, que par l'acceptation expresse ou implicite du testament qui lui im- posait la charge d'un fidéicommis. Or, encore une fois, il est décédé sans avoir accepté ex- pressément, ni par le fait, le testament de son père et de sa mère; il est donc décédé sans avoir été saisi comme institué, comme héritier testa- mentaire, comme grevé de substitution; la subs- titution n'a donc eu aucun *effet* dans sa personne; il n'en a donc pas rempli le premier degré.

» Mais, disent les demandeurs, et c'est ici leur second moyen pour établir que le premier degré de la substitution avait été rempli par Antoine-Joseph Liot, il est prouvé par la tran- saction du 24 février 1712, que ce particulier avait accepté la disposition de son père et de sa mère; car c'est comme son *héritier substitué* que Philippe-François-Joseph Liot, son fils, paraît et stipule dans cet acte; il ne serait évident que le fils n'aurait pas pu être l'*héritier substitué* du père, si le père n'eût pas accepté la disposi- tion grevée de fidéicommis.

» Etait-il donc au pouvoir de Philippe-François-Joseph Liot de diminuer, en prenant une fausse qualité, le nombre des degrés qu'avait encore à parcourir la substitution dont il était grevé? Non certainement. Il ne pouvait pas plus la modifier dans ses effets et dans sa durée, qu'il ne pouvait la supprimer entièrement.

» Et inutilement dirait-on que Louis-François-Ignace Liot, son oncle, y a consenti, en lui laissant prendre cette qualité mensongère.

» Sans doute, Louis-François-Ignace Liot aurait pu, par une clause formelle de la transaction, consentir, pour son propre compte, à ce que le fidéicommis qui avait encore deux degrés à décrire, n'en décrivît plus qu'un seul; car, dit Cujas sur la loi 114, §. 2, D. de legatis 1.º, il n'y a nul doute qu'on ne puisse, par un pacte fait avec le grevé, renoncer à l'expectative d'une substitution non encore ouverte : Spem fideicommissi posse pactione remitti certum est; et ce principe a été formellement consacré par l'art. 28 du tit. 1 de l'ordonnance de 1747.

» Mais Louis-François-Ignace Liot ne peut certainement pas être censé avoir renoncé à l'un des deux degrés restans de la substitution, par cela seul qu'il a laissé prendre à son neveu, dans le préambule de la transaction de 1712, la qualité d'héritier substitué du père de celui-ci. Une pareille renonciation ne peut jamais s'établir sur des inductions aussi légères : Il faut, dit Thévenot d'Essaules dans son Traité des Substitutions fidéicommissaires, pag. 389, qu'elle résulte clairement et indubitablement de ce qui a été fait par l'appelé; et c'est, comme l'observe le même auteur, ce que décide textuellement la loi 34, §. 2, de legatis 2.º, au digeste : Modestinus respondit fideicommissum amissum non esse..... NISI EVIDENTER APPARUERIT omittendi fideicommissi causâ hoc eum fecisse. Et Furgole confirme bien positivement cette doctrine, quand il dit, sur l'art. 28 du tit. 1 de l'ordonnance de 1747, qu'il faut que la renonciation au fidéicommis se trouve dans le dispositif de l'acte, suivant M. Maynard, liv. 5, chap. 96, et l'arrêt qu'il rapporte.

» Or, est-ce dans le dispositif, de la transaction de 1712, que se trouve l'énonciation de laquelle les demandeurs prétendent induire que Louis-François-Ignace Liot a renoncé à l'un des degrés restans du fidéicommis dont il y était question? Non, Messieurs, cette énonciation ne se trouve que dans le préambule de la transaction même; et encore comment s'y trouve-t-elle? Quel sens, quel objet y a-t-elle par sa propre teneur? Bien évidemment elle n'y signifie rien. Qu'Antoine-Joseph Liot eût ou n'eût pas accepté le testament contenant substitution, Philippe-François Joseph Liot, son fils, ne pouvait pas plus, dans un cas que dans l'autre, prendre la qualité d'héritier substitué de son père; il ne le

pouvait point en cas de non-acceptation, puisqu'alors il venait prendre de son propre chef, il venait recevoir immédiatement des mains de la testatrice décédée, la moitié des terres de Maugré et de Witternesse. Il ne le pouvait pas davantage en cas d'acceptation, puisqu'alors ce n'eût pas été à son père, mais à la testatrice, son aïeule, qu'il eût succédé : gravanti, succeditur, non gravato.

» Il reste donc que les rédacteurs de la transaction de 1712 ne se sont pas entendus eux-mêmes, quand ils y ont fait figurer Philippe-François-Joseph Liot comme héritier substitué de son père; et assurément une énonciation aussi irréfléchie, aussi vicieuse, aussi fausse dans toutes les hypothèses possibles, ne peut pas devenir aujourd'hui une preuve, soit qu'Antoine-Joseph Liot eût accepté la disposition de sa mère, soit que l'on eût acquiescé en 1712 à ce qu'il fût considéré comme l'ayant acceptée.

» Au surplus, de quoi s'agit-il dans cette partie de la cause? d'une pure question de fait. Il importe donc peu que la cour d'appel de Douay l'ait jugée bien ou mal. Si elle l'a bien jugée, qu'a-t-on à dire? Si elle l'a mal jugée, elle n'a du moins violé aucune loi; et ce seul mot tranche toute difficulté.

» Devons-nous maintenant nous arrêter à tout ce que vous disent les demandeurs pour prouver qu'au moins pour les parts des deux oncles prédécédés du mineur Philippe-François-Joseph Liot, la substitution était déjà, en 1712, parvenue, dans la personne de celui-ci, à son deuxième degré? Nous croyons cela parfaitement inutile, et il y en a deux raisons également évidentes : la première, que le fait de l'acceptation prétendue des deux oncles prédécédés en 1712, n'est pas mieux justifié que ne l'est celui de l'acceptation prétendue d'Antoine-Joseph Liot, père du mineur; la seconde, que les deux oncles prédécédés n'étaient pas appelés par le testament aux terres de Witternesse et de Maugré, qu'Antoine-Joseph Liot y était seul appelé, que lui seul devait les recueillir à la charge d'un fidéicommis graduel; et que conséquemment les oncles prédécédés n'auraient pas pu faire part dans les deux terres, même en acceptant, de la manière la plus expresse, les dernières volontés de leur mère.

» Ainsi, des trois propositions dans lesquelles se résolvent, au fond, les moyens de cassation des demandeurs, en voilà deux de réfutées complettement. Passons à la troisième, et voyons si, comme les demandeurs le soutiennent, Louis-François-Ignace Liot, en recueillant comme substitué, en 1740, les terres de Maugré et de Witternesse, aurait été soumis subsidiairement à la restitution des propres fictifs de la mère de la mineure Marie-Angélique Liot, sa petite-nièce : voyons si, comme les demandeurs le soutiennent, la cour d'appel de Douai a violé les lois, en jugeant que Louis-François-Ignace Liot n'était pas tenu, même subsidiairement, à cette restitution.

» Pour placer à cet égard les demandeurs dans la position la plus favorable qu'ils puissent désirer, nous ferons abstraction des deux principaux motifs qui ont déterminé en cette partie l'arrêt attaqué, c'est-à-dire, et du motif tiré de ce que le recours subsidiaire accordé par les lois romaines pour la *dot*, n'a jamais été étendu jusqu'au propres fictifs échus à la femme pendant le mariage ; et du motif tiré de ce que, dans l'espèce particulière de la cause, il n'est pas prouvé que tous les biens libres du père de la mineure Marie-Angélique Liot eussent été discutés avant l'exercice du recours subsidiairement formé contre le fidéicommissaire. Mais nous demanderons si, même dans la double supposition qu'il s'agissait de la dot proprement dite de Marie-Augustine Petitpas, et qu'il avait été fait par elle ou par les héritiers maternels de sa fille, une entière discussion de tous les biens libres de son mari, l'arrêt attaqué aurait contrevenu à quelque point de législation ?

» Il est d'abord certain que, pour juger si Marie-Augustine Petitpas était en droit de répéter sa prétendue dot sur les biens qui étaient substitués dans la personne de son mari, ce n'est pas à l'ordonnance de 1747 que nous devons nous attacher ; que nous ne devons, d'après l'art. 55 du tit. 2 de cette ordonnance elle-même, consulter à cet égard que les lois sous l'empire desquelles la substitution a été faite, lois qui d'ailleurs étaient encore les mêmes, soit en 1738, lorsqu'est mort le mari de la dame Petitpas, soit en 1740, lorsque la substitution s'est ouverte par le décès de sa fille, au profit de Louis-François-Ignace Liot.

» Or, ces lois quelles étaient-elles ? Il n'y en avait pas d'autres, sur cette matière, que le droit romain. Et les lois romaines que nous disent-elles là-dessus ? Disposent-elles comme l'ordonnance de 1747 ? Accordent-elles à la femme, pour le recouvrement de sa dot, un recours subsidiaire sur les biens que son mari possédait avec la charge d'un fidéicommis ?

» Nullement : elles ne veulent que deux choses : la première, que la femme grevée de fidéicommis, puisse se constituer une dot sur les biens qu'elle possède sous cette charge ; la seconde, que le mari grevé de fidéicommis, puisse constituer à son épouse une *donation à cause de noces*, c'est-à-dire, un augment ou un douaire sur les biens fidéicommissés dans sa personne.

» Le premier de ces deux points est décidé par la loi 20. §. 4, D. *ad trebellianum*. Et ils le sont tous deux par le chap. 1. de la novelle 39. Mais nulle part, il n'est dit que la restitution de

la dot reçue par le mari grevé de substitution, pourra se prendre sur les biens substitués, à défaut de biens libres. Das-là, sur quoi pourrait-on se fonder, pour attribuer à l'action en restitution de la dot, un privilège aussi important ? Il ne peut exister de privilège qu'en vertu d'une loi formelle et expresse. Partout où les lois spéciales se taisent, c'est le droit commun qui domine. Et le vœu du droit commun est que les biens substitués ne puissent être aliénés par le grevé, ni entamés par ses créanciers personnels.

» Aussi voyons-nous les plus judicieux des auteurs qui ont écrit sur le droit romain, dénier à la femme du grevé toute action récussoire pour sa dot sur les biens frappés de fidéicommis.

» Fachinæus, célèbre professeur de l'université d'Ingolstadt, dans ses *Controversiæ juris*, liv. 4, chap. 47, pose ainsi la question : *utrùm res restitutioni ex fideicommisso subjectæ alienari possint ex causâ restitutionis dotis uxori gravati?* Il embrasse la négative avec Angélus sur la novelle 39 ; Jason, sur l'authentique *res quæ ;* Alciat, sur la loi 1, D. *soluto matrimonio ;* et Socin, le jeune, en son conseil 119 ; et cette opinion, dit-il, me paraît appuyée sur un fondement bien solide : car pourquoi, lorsqu'il s'agit, de la part d'une fille grevée, de se constituer une dot, ou, de la part d'un fils grevé, de constituer un augment à son épouse, le fidéicommis ordonné par le père de l'un ou de l'autre, n'y fait-il pas obstacle ? C'est parce que le père qui a établi le fidéicommis, était tenu, aux termes de la loi dernière, C. *de dotis promissione*, de doter sa fille et de constituer un augment à l'épouse de son fils ; de là, en effet, il résulte qu'il n'a pas pu fidéicommisser ses biens, au préjudice de l'une ni de l'autre obligation ; et qu'en les fidéicommissant, il a dû en réserver une portion suffisante pour fournir, soit à la dot de sa fille, soit à l'augment de sa bru. Mais cette raison cesse, lorsqu'il s'agit de restituer la dot que le fils grevé a reçue en se mariant après la mort de son père ; car, suivant la décision expresse de la loi 22, §. 12, D. *soluto matrimonio*, le beau-père ne peut pas être actionné pour la restitution de la dot de sa bru, à moins qu'il ne l'ait reçue lui-même, ou qu'il n'ait autorisé son fils à la recevoir, ou qu'il ne jouisse du pécule de son fils. — Et comment une action qui ne peut pas être intentée contre le père, pourrait-elle l'être contre celui au profit duquel le père a fidéicommissé ses biens ? L'appelé au fidéicommis n'est ni débiteur, ni héritier du débiteur ; on ne peut donc pas s'en adresser à lui. *Fundamentum verò illud videtur mihi solidum, quia cùm de dote constituendâ agitur filiæ restitutionis onere gravatæ, vel de donatione propter nuptias pro filio qui similiter onere fideicommissi gravatus est, justum est ut resti-*

uendi onus non impediat dotis et donationis prop-
ter nuptias constitutionem; quia pater qui resti-
tutionem injunxit, dotem dare filiæ suæ, et
propter nuptias donationem pro filio suo consti-
tuere tenebatur. L. ult. C. de dotis promissione.
Quamobrem in præjudicium dictæ dotis et dona-
tionis restitutionem injungere non poterat, sed
excipere debebat tantùm ex bonis, quantùm ad
dotem et donationem requirebatur. Hæc ra-
tio locum non habet, cùm de dote restituendâ
agitur, quàm filius post mortem patris accepit;
quia pater ad restituendam dotem non tenetur,
nisi fuerit ei data et soluta, vel filio jussu patris,
vel peculium habeat ipsius filii. L. 22, §. 12, D.
soluto matrimonio. Et cùm pater non teneatur,
certum est non fieri etiam eum cui res resti-
tuendæ sunt; consequenter nihil proponitur cur
ex his rebus, quæ ad alium spectant jure fidei-
commissi, dotis restitutio fieri possit, aut eam
ob causam ad alium spectantes alienari. Neque
enim regulis juris congruum est, ut is qui nec de-
bitor est, nec debitoris heres, onus dotis solven-
dæ cogatur sustinere.

» Ainsi, parle le jurisconsulte que nous avons
cité; et vous allez voir, Messieurs, qu'il est parfaitement d'accord avec celui des auteurs français qui avait le plus approfondi la matière des
substitutions avant l'ordonnance de 1747. « La
» difficulté est grande (dit Ricard, *Traité*
» *des substitutions fidéicommissaires*, part. 2,
» n. 105), de savoir si la novelle 39 s'entend
» seulement pour la constitution de la dot de
» la part de la femme, lorsque c'est elle qui est
» chargée de fidéicommis, ou pour la donation
» à cause de noces de la part du mari, lorsque
» le fidéicommis est dû de son chef, et même
» si les biens chargés de restitution en la per-
» sonne du mari, sont obligés à la femme,
» pour la restitution de la dot qu'elle lui a
» baillée ? Je n'ignore pas que l'opinion com-
» mune est pour l'affirmative, et que les arrêts
» des cours souveraines l'ont ainsi présupposé,
» lorsque les occasions s'en sont présentées, ne
» voyant pas que la question en ait été parti-
» culièrement agitée en jugement. Toutefois
» j'estime que l'opinion contraire est plus con-
» forme à l'intention de la loi, et beaucoup
» mieux fondée en raison. Car, premièrement
» quiconque examinera les termes de la no-
» velle (39), trouvera que, dans le dispositif,
» elle ne parle que de la *constitution*, et non
» pas de la *restitution;* et même le mot *obliga-*
» *tionem* qui a été inséré dans l'authentique et
» qui semble faire quelque chose pour l'autre
» opinion, *ad dotis sive propter nuptias dona-*
» *tionis obligationem*, ont été changés, la no-
» velle portant le mot *oblationem*, qui fait pour
» mon avis. Joint qu'elle ne parle de la dot et
» de la donation à cause de noces, qu'avec une
» alternative, et non pas cumulativement,
» comme elle ferait si la femme pouvait, non

» seulement prendre la donation à cause de
» noces sur l'espèce de biens dont nous parlons,
» mais encore la répétition de sa dot. Et ce que
» là novelle, dans le préambule, parle de la ré-
» pétition de la dot, sert pour l'établissement
» de mon avis, bien loin que ceux de l'opinion
» contraire en puissent tirer avantage, faisant
» voir que l'empereur ayant songé à cette ré-
» pétition, il n'en a néanmoins point parlé dans
» sa disposition, et dans le lieu où il était ques-
» tion de l'établir; ce qui montre qu'il l'a omis
» à dessein : et s'il en a parlé dans la préface de
» sa loi, ce n'a été que pour exciter la com-
» misération, et pour dire que la femme dont
» il parlait, étant à la veille de perdre sa dot et
» sa donation à cause de noces, il y avait lieu,
» par un remède extraordinaire, de lui sauver
» du moins celle-ci, de sorte que, par cette
» seule considération, l'on peut dire que cette
» novelle étant introductive d'un droit nou-
» veau, elle ne doit pas être étendue hors les
» termes de sa disposition ».

» Tulden, qui était professeur de droit à Louvain et conseiller au grand conseil de Malines,
tient absolument la même doctrine dans son
commentaire sur le Code, titre *Communia lega-*
torum. — D'après le chap. 1 de la novelle 39,
dit-il, la fille et le fils grevés de fidéicommis peuvent, l'une se doter, l'autre constituer un augment à son épouse, sur les biens qu'ils possèdent
à charge de fidéicommis; et leur pouvoir, à cet
égard, ne dérive pas tant de la volonté présumée
du testateur, que de l'autorité de la loi elle-même,
qui, par cette faveur, cherche à encourager les
mariages, et attache à la qualité de père, relativement à la donation de ses enfans, une obligation qu'il ne peut pas plus méconnaître dans
ses dispositions de dernière volonté; que dans
ses dispositions entre-vifs; en sorte que non-seulement la légitime, mais tout ce qui y manque
pour former une dot ou un augment propor-
tionné à l'état des personnes, se trouve, de plein
droit, dégagé des liens du fidéicommis : *Idque*
non tam ex presumptâ testatoris voluntate, quàm
ex ipsâ auctoritate juris, nuptias tali favore
promoventis, constringitisque patrem ad com-
petentem dotationem liberorum non minùs in tes-
tamento, quàm inter vivos; ità ut non legitima
tantùm, sed quod insuper ad justum modum dotis
aut donationis propter nuptias pro conditione
personarum requiritur, liberetur ab omni onere
fideicommissi. — De là il suit, continue Tulden,
que c'est à tort que quelques-uns ont voulu
étendre la disposition de la novelle 39, au cas de
la restitution de la dot : *His consequens est, quod*
hæc novella constitutio non rectè à quibusdam
extenditur ad casum restituendæ dotis. — Car
régulièrement le beau-père n'est pas tenu de restituer la dot de sa bru; son héritier ne l'est donc
pas davantage, ni par suite le bien qu'il a fidéicommissé. *Nam regulariter à socero repeti dos*

nequit. (L. 22, §. 12, D. *soluto matrimonio*); *proindè nec heres ejus, aut bona fideicommissaria obligantur ad restitutionem dotis.* — Car si vous considérez la personne de la bru, le beau-père n'est pas tenu de la doter. Si vous vous arrêtez au fils, les dettes qu'il a contractées, ne peuvent pas se prendre sur ceux de ses biens qui sont grevés de fidéicommis : *Etenim sive nurum intuemur, eam dotare non tenetur socer : sive filium inspicimus, ejus œs alienum non deducitur de bonis fideicommissariis.* — Il est vrai (continue toujours Tulden), que la novelle a été faite à l'occasion d'un procès qui s'était élevé sur notre question même; mais elle annonce que ce procès avait été terminé d'une autre manière : *Constitutio quidem ex hâc controversiâ sumpsit originem, sed dicit illi formam fuisse datam utique aliam.* — Et par là se résoud l'objection tirée de la maxime, *quod eadem sint principia dissolvendœ rei, quœ constituendœ;* car il ne s'agit ici que de la cause finale, que nous avons démontrée n'être pas la même; et en effet, ce n'est pas précisément la faveur de la dot, mais bien l'obligation du père de doter sa fille, qui motive la disposition de la novelle : *Non enim hîc de formâ vel causâ efficiente agitur, sed de causâ finali, quam ostendimus non esse eandem. Neque enim simpliciter favor dotis, sed contemplatio officii paterni in dotando expressit constitutionem.*

» Du reste, il importe peu que l'opinion contraire ait été, non pas adoptée, mais, comme le dit Ricard, *présupposée* par plusieurs arrêts des anciennes cours de justice de France. Tout ce que ces arrêts prouvent, c'est que la question n'avait pas été examinée, avant qu'ils prononçassent sur ces corollaires ; et certes, il est toujours temps, en pareil cas, de revenir aux véritables principes. On sent assez, d'ailleurs, que l'arrêt attaqué en ce moment, ne pourrait pas être cassé pour avoir refusé un recours subsidiaire dans un cas où la loi le refusait en effet, quoique les anciennes cours de justice se fussent fait une sorte d'habitude de l'accorder.

» Enfin, ce qui lève toute espèce de difficulté, c'est que le droit romain n'a jamais eu force de loi et n'a jamais valu que comme raison écrite dans la partie du ressort de la cour d'appel de Douay qui formait ci-devant la province d'Artois. Les lettres-patentes de Charles-Quint, du 3 mars 1544, confirmatives de la coutume générale de cette comté, ne renvoient pas au droit romain, comme le font presque toutes les coutumes de Flandre, la décision des cas sur lesquels elle ne s'est pas expliquée; et Maillart, dans ses notes sur ces lettres-patentes, n. 117, a soin de conclure de cette différence, que, *dans les cas non décidés par la coutume d'Artois, l'on ne doit pas avoir recours aux coutumes de Flandre, préférablement à celles de France, parce que la Flandre se sert du droit romain* dans les cas non décidés par les coutumes de son ressort, au lieu que l'*Artois* est un pays purement coutumier et du ressort ancien de la France. Ainsi, quand on supposerait, contre toute évidence, que la novelle 39 accordait à la femme du grevé, un recours subsidiaire pour la restitution de sa dot; quand on supposerait que Marie-Augustine Petitpas s'est trouvée, après la mort de son mari, dans une position à pouvoir profiter du bénéfice de cette novelle, il demeurerait toujours constant que cette novelle n'était pas pour la cour d'appel de Douay, une loi dont il lui fût défendu de s'écarter; et dès-là, nul moyen de cassation à tirer de cette novelle pour les demandeurs.

» Dira-t-on que le testament conjonctif du 9 avril 1699 devait, à cet égard, tenir lieu de la novelle, et qu'en permettant aux grevés d'aliéner *pour cause de dot en faveur de mariage,* il faisait de la disposition de la novelle une loi domestique, qui devait au moins lier la cour d'appel de Douay?

» Mais, 1.º le testament ne permet aux grevés qu'une chose : il ne leur permet que de se doter eux-mêmes sur les biens fidéicommissés; il ne leur permet pas d'affecter ces mêmes biens à la restitution des dots qu'ils auront reçues de leurs épouses, ou du moins il ne s'explique pas là-dessus d'une manière précise; et c'en est assez pour que nous devions interpréter la permission qu'il accorde, dans le même sens que Fachinœus, Richard et Tulden interprètent la novelle 39 : c'en est assez par conséquent pour que nous devions restreindre cette permission au cas où les grevés auraient à se doter eux-mêmes aux dépens de la substitution.

» 2.º Cette permission, dans le testament du 9 avril 1699, n'est pas pure et simple : les testateurs ne l'accordent, qu'à la charge par les grevés de ne pouvoir en user que de l'avis et du consentement des officiers du ministère public du lieu de leur domicile : *Permettons aussi que, pour cause légitime de dot en faveur de mariage ou d'entrée en religion, ou autre juste cause, qui* SERA CERTIFIÉ PAR LESDITS SIEURS PROCUREURS DU ROI, *ils puissent charger ou aliéner nosdits biens à proportion de ce qu'il conviendra.* Or, le procureur du roi du domicile de Philippe-François-Joseph Liot a-t-il consenti en 1732, à ce que celui-ci hypothéquât les terres de Witternesse et de Maugré, à la restitution de la prétendue dot de Marie-Augustine Petitpas? A-t-il du moins *certifié* que la nécessité de garantir cette prétendue dot, était, pour Philippe-François-Joseph Liot, une *juste cause* de charger ces deux terres? Les demandeurs conviennent que non; et par là même, ils sont aussi forcés de convenir que la condition sous laquelle Philippe-François-Joseph Liot était autorisé à hypothéquer les deux terres, n'a pas été remplie.

» Et vainement les demandeurs prétendent-ils que ces termes du testament, *qui sera certifiée par lesdits procureurs du roi*, ne se rapportent qu'à ceux qui les précèdent immédiatement, *ou autre juste cause*. Vainement prétendent-ils, que le testament n'assujetissait pas le grevé à faire certifier par le procureur du roi, la *cause légitime de dot en faveur de mariage ou d'entrée en religion*.

» Pour nous convaincre intimement du contraire, nous n'avons besoin que de nous reporter à la clause subséquente, où, après avoir assigné à Antoine-Joseph Liot, leur fils aîné, les terres de Witternesse et de Maugré, les testateurs ajoutent : *à la charge que lesdites deux terres seront substituées et fidéicommissées de la même manière que tous nos autres biens, sans qu'il puisse les vendre, charger et aliéner, si ce n'est ès cas ci-devant exprimés, à l'intervention desdits sieurs procureurs du roi*. Il est bien clair, d'après cela, que l'intervention du procureur du roi était requise dans tous les cas ci-devant exprimés, et par conséquent dans le cas où il s'agirait d'aliéner ou charger les biens *pour cause légitime de dot en faveur de mariage ou d'entrée en religion*, comme dans le cas où il s'agirait de les aliéner ou charger *pour autre juste cause*.

» Par ces considérations, nous estimons qu'il y a lieu de rejeter la requête des demandeurs ».

Ces conclusions ont été adoptées par arrêt du 16 fructidor an 12, au rapport de M. Liger-Verdigny,

« Attendu...... 2.º que Louis-François Liot cumulait deux qualités, celle de fidéicommissaire, et celle d'héritier aux propres paternels ;

» Que la défense par lui proposée dans l'une de ces deux qualités, ne devait point être considérée comme une abnégation des droits inhérens à l'autre qualité ;

» Que, pour opérer une fin de non-recevoir, il faudrait une *renonciation expresse*, suivant la loi 43, D. *de regulis juris* ;

» Que d'ailleurs, il a été décidé en point de fait par la cour d'appel, que tous les actes de procédures et jugemens sont intervenus sur des incidens étrangers à la qualité d'héritier ;

» 3.º Qu'il a été décidé, en point de fait, par la cour d'appel, que la transaction du 24 février 1712 ne contient aucune révocation de la substitution ;

» 4.º Que la cour d'appel, en ne comprenant point, dans la supputation des degrés, Jacques, Gertrude et Antoine-Joseph Liot, par le motif qu'il n'y avait eu, de leur part, ni *acception*, ni *immixtion*, leur décès étant arrivé avant l'extinction de l'usufruit réservé par les testateurs, a

fait, dans l'espèce, une juste application des lois qui régissent les substitutions ;

» 5.º Enfin, que, ne s'agissant pas, ainsi que l'a décidé la cour d'appel, du recouvrement de *droits dotaux*, mais de propres fictifs échus pendant le mariage, les biens grevés de substitution n'étaient point passibles de l'acquit de cette créance ».

§. IX. *L'héritier grevé de fidéicommis universel, peut-il retenir et s'approprier les objets qu'il a acquis par prescription, pendant sa jouissance ?*

Il faut distinguer si ces objets sont des biens-fonds que le défunt avait commencé de posséder, ou des legs qu'il avait faits par son testament, ou des dettes dont il était tenu, ou des légitimes dues à quelques-uns de ses héritiers.

Au premier cas, ce n'est pas l'héritier grevé, mais l'hérédité, qui profite de la prescription ; et le premier est obligé, en restituant la succession, d'y comprendre les fonds qu'il a achevé de prescrire pendant sa jouissance. C'est ce qu'enseignent Péregrinus, *de fidéicommissis*, art. 10, n. 11 ; et Vedel, sur Catellan, liv. 7, chap. 7. On peut en voir les raisons dans le *Répertoire de jurisprudence*, à l'article *Légitime*, sect. 8, §.2, art. 2, quest. 1, n.2.

Au second cas, l'héritier grevé est censé avoir payé les dettes dont il s'est libéré par la prescription, et il peut les répéter contre l'hérédité qu'il en a ainsi déchargée. C'est ce que le parlement de Toulouse a jugé par arrêt du 14 février 1682, dans une espèce où la prescription avait couru vingt-sept ans avant la mort du testateur : en sorte qu'il n'avait plus fallu au grevé que trois années pour l'accomplir (1).

_____

(1) Catellan, liv. 7, chap. 7, nous retrace les motifs de cet arrêt.

« La difficulté (dit-il), était à cause du laps de vingt-sept ans, qui s'étaient écoulés pendant la vie du testateur, pendant lesquels la prescription avait couru en sa faveur, et parce qu'il restait peu de jours, *paucissimi dies*, au temps de sa mort, pour achever la prescription, trois ans étant peu de temps par rapport aux vingt-sept ans. On disait donc que, comme la prescription commencée avant le mariage, ne nuit point au mari contre qui elle s'accomplit, lorsque *paucissimi dies supersunt* (*V. Prescription*, §. 6, art. 3) ; aussi la prescription ne doit pas profiter à l'héritier, lorsqu'au temps du décès il reste peu de jours pour l'accomplir : d'autant qu'on doit plus facilement présumer que la dette a été payée par le défunt, pendant les vingt-sept ans, que par l'héritier pendant les trois années. Il semble moins dangereux de considérer les derniers temps en faveur des héritiers ; car il est à craindre que, supprimant les quittances privées qui pourraient avoir été faites au défunt, ils allèguent la prescription

Il en serait autrement, si l'héritier grevé, après avoir fait inventaire, renonçait à la succession. Quand même la prescription aurait couru entièrement sur sa tête, sans avoir commencé sur celle du substituant, il n'en serait pas moins tenu de laisser dans l'hérédité, les dettes passives qui se seraient éteintes par cette voie. Le parlement de Toulouse l'a ainsi décidé par arrêt du 20 août 1667, rapporté dans le Recueil de Catellan, à l'endroit cité. On en conçoit aisément la raison. La renonciation de l'héritier greve après l'inventaire, le fait considérer, dès le principe de sa jouissance, comme un simple administrateur : or, bien sûrement, celui qui administre le patrimoine d'autrui, ne peut pas porter en dépense les dettes qui ont été prescrites pendant sa gestion, et le profit de cette prescription n'appartient qu'au maître du bien administré.

pour la faire céder à leur profit. On ajoutait que comme le laps de dix ans, pendant lesquels le fils demeure séparé de son père, a un effet rétroactif, et fait présumer que ce fils est hors de la puissance de son père depuis le premier jour de cette séparation; ainsi la prescription de trente ans doit avoir un effet rétroactif au commencement des trente ans, et faire présumer, dès ce temps-là, le payement ou la libération ; et c'est par cette raison, sans doute, que la cessation du payement de la rente constituée libère le débiteur de cette rente, non-seulement du capital, mais des arrérages, quoique la demande de ces arrérages ne soit pas prescrite, à compter du terme de chaque payement, ce qui ne peut être que parce qu'on présume le payement ou la libération, du jour que la prescription a commencé. D'où l'on concluait que la prescription dans le cas présent, ayant été commencée par le défunt, c'est à lui qu'il fallait attribuer le payement présumé. Enfin, on appuyait l'avis contraire à l'arrêt, de l'autorité de Duperier, qui, au liv. 3, ch. 20, décide que le fonds que le testateur a commencé de prescrire, et dont la prescription s'est accomplie en la main de l'héritier, doit être rendu au substitué, et que la prescription d'une dette passive qui a commencé pendant la vie du testateur, et s'est accomplie pendant la jouissance de l'héritier, doit céder au profit, non de l'héritier, mais de l'hérédité, parce qu'il se peut faire, dit cet auteur, que le créancier, par quelque motif de restitution ou de libéralité envers le défunt, n'a pas voulu lui demander.

» Nonobstant ces raisons, fut rendu l'arrêt que je rapporte en faveur de l'héritier chargé de rendre, qui avait vu accomplir la prescription pendant sa jouissance, quoique si fort avancée par le défunt. On crut que les trois années qui avaient couru pendant la jouissance de cet héritier, n'étaient pas *paucissimi dies*, ces deux mots *paucissimi dies* ayant l'un et l'autre une signification très-resserrée, qui réduit naturellement le temps à un terme très-court, qui ne peut comprendre, dans le cas d'un mari ci-dessus allégué, que le temps qui n'a pas suffi pour exiger, et ne pourrait donc marquer au cas présent que le temps qui n'a pas suffi pour payer, à quoi on ne peut pas nier que trois ans ne puissent suffire ; mais que le cas du mari est bien différent de

Ce que nous disons des dettes passives, s'applique sans difficulté aux legs.

À l'égard des légitimes, la question est controversée; et le parlement de Grenoble la jugeait tout autrement que celui de Toulouse.

Rabot, conseiller en la première de ces cours, assure, dans une note sur la décision 303 de Guy-Pape, qu'il y a été jugé, entre Philibert et Louis de Castellanne, qu'une légitime prescrite pendant la jouissance de l'héritier grevé, devait demeurer dans l'hérédité par droit d'accroissement; et pour qu'on ne se méprenne pas sur l'espèce de cet arrêt, il en rapporte les termes : *Legitima, non petita an devenirat gravato, an acquiratur, et sic fideicommissario restituenda...? Curia judicavit accrevisse hereditati, et in esse hereditatis permansisse ad utilitatem heredis et fideicommissarii respective : hæc sunt verba arresti.*

celui-ci ; et que, si la prescription, quoique achevée contre le mari, ne doit pas lui nuire alors, c'est parce que les raisons ordinaires sur cette matière, cèdent à l'injustice et au tort que l'on ferait au mari, de le rendre responsable de la prescription d'une somme que la brièveté de son temps a rendu inexigible pour lui. On ajoutait qu'il suffit à l'héritier de rendre l'hérédité en l'état qu'elle est lors du décès du testateur : la dette n'étant pas alors prescrite, l'hérédité en était déchargée; qu'il faut regarder le seul moment auquel la prescription s'accomplit, puisque c'est alors que la libération s'acquiert, tout le temps qui a précédé n'étant pas considérable, puisqu'il est vrai que, pendant tout ce temps, la dette demeure, et le créancier peut en demander le payement. Ce seul dernier moment de la prescription met le sceau à la libération, comme le seing des parties met le sceau et donne la force au contrat, qui, jusqu'à la signature, n'est pas obligatoire. Les raisons alléguées au contraire, ne semblent pas bien positivement conclure. La libération des arrérages de la rente constituée, qui se fait en même temps que la libération du capital prescrit, ne prouve pas que le payement soit présumé fait du temps qu'on a commencé de prescrire. C'est une suite de la force de payement que l'on donne à la prescription ; le payement du capital comprend les arrérages de la rente, lorsque le créancier ne les a point réservés : c'est un accessoire qui suit le capital entraîne. Et à l'égard de restitution ou libéralité présumée, faite au substituant par le créancier, il est aisé de répondre que les libéralités ne cherchent point à se cacher et à se couvrir du voile du silence ; que celui qui donne, ne manque pas de s'en faire l'honneur, et surtout de s'en faire un mérite auprès de celui à qui il donne ; et qu'il est naturel au donateur et au donataire de vouloir assurer la donation, ce que le seul silence ne fait pas. Cette dernière considération est plus forte à l'égard de la restitution ; le même principe qui l'a fait faire, demande qu'on l'assure. S'il y a des raisons pour la tenir cachée, il y a assez de voies pour le faire, sans la rendre assurée ; aussi la seule présomption et la seule idée de payement a toujours été attachée à la prescription, non jamais la présomption de donation et de restitution, choses moins naturelles, comme moins ordinaires, que le payement d'une dette ».

Expilly (arrêt 224), nous fournit trois décisions semblables du même tribunal. Il cite d'abord un arrêt qui paraît antérieur à celui dont il est fait mention par Rabot; et après avoir dit un mot sur ce dernier, il ajoute que la même chose a encore été jugée les 13 avril 1612 et 2 décembre 1616.

Cependant il trouve la jurisprudence du parlement de Toulouse plus régulière. Je la suivrais volontiers, dit-il, dans le cas où la prescription a été accomplie sur la tête de l'héritier grevé; et il est à remarquer que ce cas est le seul sur lequel tombe la question.

Voici, au surplus, les arrêts qui établissent cette jurisprudence.

Ferrière, sur Guy-Pape, décision 323, en cite un du 2 avril 1597. Les termes en sont très-formels : *Déclare la cour appartenir à l'héritier grevé, les légitimes à lui acquises par les quittances de ses frères et par laps de temps.*

Catellan, liv. 7, chap. 7, en rapporte un du 8 juillet 1696 qui juge de même, et tout à la fois décide que l'héritier grevé ne peut pas, sur le fondement de la prescription acquise à son profit, exiger en corps héréditaires, les légitimes que le défunt a assignées en argent (1).

Le magistrat auteur du Journal du parlement de Toulouse, tome 3, page 489, rapporte trois autres arrêts des 16 juillet 1716, 14 juillet 1718 et 10 septembre 1727, qui jugent encore *que les légitimes prescrites cèdent au profit de l'héritier, et non de l'hérédité.*

L'annotateur de Guy-Pape (Ferrière), et Vedel, quoique attachés tous deux au parlement de Toulouse, censurent vivement cette jurisprudence.

Qu'est-ce que la légitime, dit le premier? Rien autre chose qu'une quote du patrimoine du défunt. Si les enfans à qui elle est due, ne la demandent pas, elle accroît donc à la masse des biens. Dès lors, l'héritier qui ne la paye pas, n'en profite que par droit d'accroissement. Or, ce qu'un grevé de substitution prend à ce titre, il ne peut pas le retenir, et est obligé d'en faire la restitution au fidéicommissaire. Cela résulte de la loi *totam*, D. *de acquirendâ hereditate.* D'ail-

leurs, c'est un principe général que l'accroissement se fait à la chose et non à la personne : la loi 1, C. *quandò non petuntur partes,* le décide ainsi formellement.

« On peut ajouter (ce sont les termes de Vedel), que la demande des légitimes est plus réelle que personnelle, puisqu'elle tend à un partage de biens-fonds entre l'héritier et les légitimaires, qui ont droit de se faire expédier leur quote-part de tous les biens; qu'ainsi, l'accroissement des portions abandonnées se fait de plein droit à la chose, ou pour mieux dire, que l'abandon de ces portions est un vrai relâchement que les légitimaires ont fait de leur portion héréditaire à la masse de l'hérédité, de laquelle ils n'ont pas voulu la séparer ; d'où il faut conclure que l'héritier grevé ne peut répéter sur le fidéicommissaire ces portions héréditaires ; à la différence des dettes passives de l'hérédité purement personnelles, qui, étant réputées meubles de leur nature, ne peuvent accroître à l'hérédité par l'abandon des créanciers, et dont l'héritier grevé est censé avoir fait le payement en argent comptant, suivant la maxime *præscribens solventi similis est* ».

Ferrière et Vedel ne sont pas les seuls auteurs qui aient adopté cette opinion ; on compte encore au nombre de ses partisans, Peregrinus, art. 35; Cancerius, *variarum resolutionum,* part. 1, chap. 3, *de legitimâ,* n. 8; Duperrier, liv. 3, chap. 20; et nous conviendrons qu'il ne nous paraît pas possible de donner une réponse satisfaisante aux raisons sur lesquelles elle est appuyée.

§. X. 1.º *Celui qui, avant la loi du 14 novembre 1792, était grevé de substitution au profit de ses enfans, pouvait-il disposer, soit de la totalité, soit d'une partie des biens substitués, en faveur de l'un d'eux, et en exclure les autres ? ou était-il tenu de laisser à chacun sa portion ab intestat dans ces biens ?*

2.º *Celui qui, ayant, à une époque antérieure à la même loi, reçu des biens à la charge de n'en pouvoir avantager personne, au préjudice de ses enfans, instituait contractuellement l'un de ceux-ci héritier pour sa part légale dans sa succession, était-il censé, par là, assurer à cet enfant une portion ab intestat dans ses biens substitués ? et cet enfant pouvait-il en effet y prétendre cette portion, à titre d'héritier contractuel, lorsque le père n'avait disposé de ces biens au profit d'aucun étranger, mais seulement en faveur d'un autre de ses enfans ?*

Le 22 mai 1706 et le 10 novembre 1710, testamens par lesquels Antoinette d'Oyenbrugge institue Philippe-François Vander Noot, comte

(1) Voici les motifs de cette décision particulière : « La prescription (dit Catellan) ne doit pas avoir d'autre effet que de rendre à celui qui prescrit *solventi similem.* Si l'héritier avait payé le legs en argent, il ne pourrait demander le payement en corps héréditaires, que le légitimaire lui-même ne pourrait demander, après avoir reçu son legs en argent. L'héritier qui prescrit, ne saurait avoir plus de droit : il y a même bien lieu de douter s'il est à la place du légitimaire, pour autre chose que pour la rétention de la somme prescrite. Porter l'effet et la force de la prescription plus loin, comme semble le faire Ferrière sur Guy-Pape, n'est-ce pas mal à propos donner la force de la cession expresse de droits, à l'inaction et au silence » ?

de Duras, son mari, domicilié, comme elle, eu Brabant, héritier universel de ses biens, avec faculté de les aliéner et d'en disposer comme il lui plaira.

Le 13 mars 1717, se trouvant mère de trois enfans, elle fait un codicille par lequel, après avoir confirmé ses deux testamens elle ajoute : « bien entendu que mon héritier ne pourra avantager personne des biens que je délaisserai, au préjudice de mes enfans actuels, tenant lesdits avantages et dons pour nuls et de nulle valeur, à l'avantage de mesdits enfans actuels; donnant en outre, autant que de besoin, à mon héritier institué par mes prédits testamens, le plein pouvoir et autorité, et cela tant étant veuf que remarié, de purger les biens à délaisser par moi, tant ceux situés en cette province de Brabant, pays de Liége, qu'ailleurs, des charges y affectées, ainsi que de terminer tous procès déjà mus et encore à mouvoir; et de vendre, à cet effet, telles parties de biens qu'il sera trouvé, en quelque sorte, convenir ».

Elle meurt quelque temps après, laissant les mêmes trois enfans, savoir : Philippe-Joseph-Louis Vander Noot, Jean-Joseph-Philippe Vander Noot, connu depuis sous le nom de *baron de Meldert*, et Anne-Philippine Vander Noot.

Le 8 avril 1737, Philippe-François Vander Noot, comte de Duras, mariant sa fille Anne-Philippine à Henri-René d'Yves, baron d'Osticle, lui constitue en dot des biens provenans de feue son épouse, et déclare « qu'il ne lui préjudiciera en rien, au regard de la portion qui pourrait lui compéter dans sa succession, en rapportant ce qu'elle aura eû en avancement de son port de mariage, dudit seigneur, comte de Duras, son père ».

Le 30 janvier 1742, le comte de Duras, à la suite de quelques contestations que lui avait suscitées Philippe-Joseph-Louis Vander Noot, son fils aîné, fait avec lui une transaction par laquelle il est convenu « qu'après la mort de Philippe-François Vander Noot, comte de Duras, il suivra à son fils aîné, Philippe-Joseph-Louis, ou à ses enfans, un juste tiers des biens et rentes, tant fiefs qu'autres, délaissés par la dame d'Oyenbrugge, sa mère, renonçant pour le surplus à tous ses biens maternels; que Philippe-Joseph Louis Vander Noot ne pourra aliéner ce tiers, ni le charger en aucune manière, soit à titre de légitime ou autrement, mais qu'il demeurera sujet à fidéicommis en faveur de ses enfans ou autres descendans; et qu'à l'égard des biens de la succession future dudit Vander Noot, comte de Duras, les parties demeureront, de part et d'autre, dans leur entier ».

Philippe-Joseph-Louis Vander Noot, meurt avant son père, et laisse trois enfans, Jean-

Joseph-Philippe, Anne-Louise, et Anne-Thérèse, mariée au baron d'Anweghem.

Le 2 décembre 1755, Philippe-François Vander Noot, comte de Duras, fait un testament par lequel 1.° il donne quelques biens, à titre d'institution particulière, aux trois enfans de son fils aîné, prédécédé; et en cas qu'ils ne veuillent pas s'en contenter, les réduit à leur légitime; 2.° il donne à la dame d'Yves, aussi à titre d'institution particulière, entre laquelle et sa légitime elle sera tenu d'opter, les biens qu'il lui a constitués en dot par son contrat de mariage; 3.° il donne à son fils cadet, Jean-Joseph-Philippe, baron de Meldert, presque tous les biens qui lui sont provenus de la dame d'Oyembrugge, son épouse, et l'institue son héritier universel, à la charge qu'en cas de mort de celui-ci sans enfans, « tous les biens immeubles, terres, seigneuries, rentes et autres, à lui laissés par les présentes, succéderont à son petit-fils, son enfant mâle, ou le représentant mâle, délaissé par son fils aîné ». Il meurt en 1759.

Le 15 mars 1760, le tuteur des enfans mineurs de Philippe-Joseph-Louis Vander Noot, petits-enfans du testateur, la baronne d'Anweghem, leur sœur, et la dame d'Yves, leur tante, présentent au conseil souverain de Brabant une requête par laquelle, en renonçant au testament dont on vient de rappeler les dispositions, ils concluent, contre le baron de Meldert, à ce qu'il soit tenu de leur abandonner, *leur juste portion filiale, sur le pied de la succession* AB INTESTAT, tant dans les biens provenans du testateur lui-même, que de ceux qui lui étaient advenus par les dispositions testamentaires de la dame d'Oyenbrugge, son épouse.

Le 19 octobre 1762, le tuteur et la dame d'Yves renouvellent et précisent leurs conclusions.

Le tuteur détermine d'abord les droits distincts et séparés du mineur Jean-Joseph-Philippe Vander Noot, comte de Duras, et de ses deux sœurs, et il demande qu'il leur soit délivré conjointement *une portion filiale* dans les biens recueillis par leur aïeul du chef de la dame d'Oyenbrugge, sauf au premier à faire valoir contre ses deux sœurs les prérogatives féodales attachées à sa qualité de mâle et d'aîné.

La dame d'Yves conclut, de son côté, « à ce qu'il soit déclaré qu'il lui compète une portion filiale dans tous les biens délaissés par son père, et auxquels les filles ont droit de succéder; et de plus, qu'il lui compète une portion filiale dans les biens qui étaient succédés à son père du chef de la dame d'Oyembrugge, sa mère ».

Le 2 juillet 1763, le tuteur fait signifier, pour les trois mineurs Vander Noot, une requête connue en Brabant sous le nom d'*in scriptis*, par laquelle, après avoir énuméré tous les biens provenans de la dame d'Oyen-brugge, il demande que le baron de Meldert soit condamné à leur délaisser le tiers de ces biens, avec les prérogatives féodales pour Jean-Joseph-Philippe Vander Noot.

Le 22 mai 1765, arrêt du conseil de Brabant, qui adjuge au mineur Jean-Joseph-Philippe Vander Noot, comte de Duras, la terre de Carloo et ses dépendances, avec les fruits qui en sont échus depuis la mort de Philippe-François Vander Noot, comte de Duras, son aïeul; et déclare que les autres biens et rentes provenans des père et mère de celui-ci, doivent être partagés conformément à leur testament conjonctif du 28 octobre 1710, selon les lois et coutumes de la situation, entre le baron de Meldert, la dame d'Yves et les enfans de Philippe-Joseph-Louis Vander Noot, fils aîné; que, dans ce partage, le mineur Jean-Joseph-Philippe Vander Noot exercera, envers ses sœurs; tous les droits de masculinité et d'aînesse dans les fiefs; qu'il appartient aux trois enfans mineurs de Philippe-Joseph-Louis Vander Noot, une portion légitimaire dans tous les biens libres de Philippe-François Vander Noot, comte de Duras, leur aïeul; qu'il leur appartient également le tiers des biens délaissés par leur aïeule, la dame d'Oyenbrugge.

Le 3 avril 1767, le baron de Meldert meurt sans enfans, après avoir institué héritiers universels les trois enfans de son frère aîné Philippe-Joseph-Louis, et les deux enfans de la dame d'Yves, sa sœur.

Le 19 janvier 1768, la dame d'Yves présente une requête au conseil de Brabant contre ses propres enfans et contre ceux de Philippe-Joseph-Louis-Vander Noot, son frère aîné. Elle y expose « qu'elle se trouve dépourvue, dans la succession de ses *parens*, de la part et portion qu'en icelle lui revient, tant sur le pied de l'arrêt du 22 mai 1765, que de son contrat de mariage; que rien n'est plus raisonnable que les successions soient, premièrement et avant tout, liquidées, et que la suppliante obtienne une fois ce que le droit et la coutume lui attribuent en icelles; qu'il lui appartient indubitablement une *juste portion filiale*, au moins sur le pied de la succession *ab intestat* ».

Et le 6 février suivant, elle conclut à ce qu'il soit déclaré « qu'il compète à la suppliante, dans la succession de Philippe-François Vander Noot, son père, une portion filiale, sur le pied de la succession *ab intestat*, et d'après les coutumes des situations respectives, des biens délaissés par sondit père, avec ordonnance aux ajournés ou ceux que cela pourra concerner, de procéder sur ce pied avec la suppliante, à l'exécution, division et partage d'iceux ».

Le 22 novembre de la même année, arrêt par défaut, qui « déclare qu'il compète à la dame

d'Yves, dans la succession de Philippe-François Vander Noot, son père, une portion filiale, sur le pied de la succession *ab intestat* ».

Le 5 août 1769, Joseph-Philippe Vander Noot, comte de Duras, encore mineur (il était né le 27 janvier 1746), est autorisé par un arrêt du conseil de Brabant, rendu sur la requête de sa mère, à poursuivre le procès concernant la succession de son aïeul Philippe-François, *comme s'il était majeur*.

Le 16 mai 1770, il présente au même tribunal une requête par laquelle il déclare ne pas accepter la portion héréditaire que le baron de Meldert lui a laissée par son testament, et demande que la substitution créée par le testament de Philippe-François Vander Noot, son aïeul, soit déclarée ouverte à son profit.

Le 18 mai 1772, arrêt qui, en réservant de statuer sur les conclusions de cette requête, ordonne aux parties de procéder incontinent au partage ordonné par l'arrêt du 22 mai 1766.

Le 10 janvier 1775, Jean-Joseph-Philippe Vander Noot, comte de Duras, demande par une requête présentée au conseil de Brabant, « d'être relevé, pour autant que de besoin, des faits, actes, actions ou renonciations par lesquels son tuteur aurait impugné le testament de Philippe-François Vander Noot, ou par lesquels il y aurait renoncé ou contrevenu, auquel testament il déclare, en ce cas, être prêt de se conformer en tout, nonobstant l'arrêt du 22 mai 1765, du profit duquel arrêt, toujours en ce cas-là, il déclare se désister; avec ordonnance aux héritiers du baron de Meldert de contester, sur ce pied, les conclusions prises par sa requête du 15 mars 1770 ». Cette demande est renvoyée devant un commissaire.

Le 16 du même mois, Jean-Joseph-Philippe Vander Noot, comte de Duras, fait citer devant ce commissaire, Ferdinand, et Anne-Thérèse d'Yves, héritiers de la dame d'Yves, leur mère.

Ceux-ci répondent, le 12 avril suivant, entre autres choses, que la demande en restitution formée par le comte de Duras, n'est qu'un accessoire de la demande qu'il a déjà formée par sa requête du 16 mai 1770, et que le conseil de Brabant a jugé, le 18 mars 1772, ne pouvoir être instruite qu'après qu'il aura été procédé au partage ordonné par l'arrêt du 22 mai 1765; « qu'il doit suffire au comte de Duras d'être tenu *hic et nunc* pour diligent, quant au temps utile pour impétrer, *casu quo*, le secours des lois en matière de relèvement; sans qu'on entre en discussion sur le projet de savoir s'il y a réellement lieu à relèvement ». Et ils concluent à ce que le comte de Duras soit déclaré, quant à présent, mal fondé et non-recevable.

Le 18 mai 1782, le comte de Duras acquiert, par transaction, tous les droits de ses deux sœurs dans les biens délaissés par Philippe-François

Vander Noot, leur aïeul, par la dame d'Oyenbrugge, leur aïeule, et par le baron de Meldert,
leur oncle.

Le 23 floréal an 10 (4 mai 1802), il fait assigner le sieur et la demoiselle d'Yves, devant
le tribunal de première instance de Bruxelles,
« pour voir ordonner qu'il sera procédé, en
exécution des arrêts du conseil de Brabant, des
22 mai 1765 et 18 mai 1772, au partage des
biens délaissés par Philippe-François Vander
Noot, comte de Duras; qu'en conséquence, les
sieur et demoiselle d'Yves seront tenus de s'expliquer sur la nature et la situation des biens,
et sur la disposition des coutumes dans lesquelles
ils sont situés; et faute par eux de ce faire, voir
adjuger au demandeur les conclusions prises
dans l'écrit d'*in scriptis* du 2 juillet 1763, et répétées dans l'arrêt du 22 mai 1765; au reste,
voir dire que le fidéicommis établi sur la portion
du baron de Meldert, et ouvert, par son décès
sans enfans, en faveur du demandeur, sera exécuté ».

Le comte de Duras meurt peu de temps après
cette assignation, et avant qu'elle ait eu aucune
suite, laissant pour héritière une fille unique
mariée à Louis de Ligne.

Le 7 floréal an 13 (27 avril 1805), la dame
de Ligne, assistée de son mari, reprend l'instance, et invoque, à l'appui des conclusions
prises par son père, dans son exploit du 23 floréal an 10, les lettres de restitution en entier
qu'il avait obtenues le 10 janvier 1775.

Les sieur et demoiselle d'Yves répondent
1.° que les lettres ont été obtenues trop tard;
que le comte de Duras n'aurait pu les obtenir
que dans les quatre ans de sa majorité; qu'il
était devenu majeur par l'effet des *lettres de
majorité* qui lui avaient été accordées le 5 août
1769; qu'ainsi, le délai dans lequel il eût pu se
pourvoir en restitution, était expiré dès le 5
août 1773.

2.° Qu'au surplus, il avait renoncé à ses lettres
de restitution en entier, par son exploit du 23
floréal an 10.

Au fond, ils soutiennent qu'il doit être fait
un premier partage, comme si le baron de Meldert était vivant; que ce ne sera qu'après cette
opération, qu'on pourra s'occuper du partage
des biens du baron de Meldert, et du fidéicommis dont il pouvait être grevé; qu'enfin, il doit
leur être expédié, pour les droits paternels et
maternels de leur mère, 1.° un tiers des biens
provenus à Philippe-François Vander Noot, du
chef de ses père et mère, ainsi que de ceux dont
il avait la libre disposition; 2.° un tiers des
biens délaissés par la dame d'Oyenbrugge.

Le 14 janvier 1808, jugement par forclusion,
qui, sans s'expliquer sur les lettres de restitution obtenues le 10 janvier 1775, par le comte
de Duras, déclare, entre autres choses, « qu'il

sera attribué par le partage aux sieur et demoiselle d'Yves, la portion filiale qui compétait à
leur mère dans les biens indivis, délaissés par
Philippe-François Vander Noot, y compris
nommément les biens qu'il avait hérités tant
de son épouse, la dame d'Oyenbrugge, que de
ses père et mère, à l'exception de la terre de
Carloo, adjugée par l'arrêt de 1765 à Jean-Joseph-Philippe Vander Noot (père de la dame de
Ligne), laquelle portion filiale sera déterminée
sur le pied de la succession *ab intestat*, et suivant les coutumes de la situation des biens ».

La dame de Ligne appelle de ce jugement.

Par arrêt du 31 août de la même année,
« Attendu qu'il est jugé par les arrêts du
conseil de Brabant, en date du 22 mai 1765 et
du 22 novembre 1768, que la mère des sieur et
demoiselle d'Yves avait droit à un tiers dans la
succession de Philippe-François Vander Noot;
que, dans les procès sur lesquels ces arrêts sont
intervenus, non-seulement les biens propres à
Philippe-François Vander Noot, étaient déduits
en justice, mais aussi les biens que lui avait
laissés la dame d'Oyenbrugge, son épouse; que
par conséquent ces arrêts ayant disposé, tant
sur ces biens que sur ses propres; que les deux
patrimoines étant confondus sur le chef de Philippe-François, comme il les considérait lui-
même lors du mariage de sa fille Anne-Philippine, laquelle était chargée de rapporter à sa
succession un bien provenu de sa mère, les juges
n'ont pas pu distinguer;

» Attendu que les parties ont donné suite aux
arrêts précités, en s'occupant du partage ordonné par ces arrêts, immédiatement avant la
mort du baron de Meldert;

» Que le père de la dame de Ligne ayant
obtenu du conseil de Brabant, le 5 août 1769,
des lettres de majorité, à l'effet de pouvoir suivre le procès de la succession de son aïeul, a
présenté tardivement, le 10 janvier 1775, requête en relèvement de ce qui avait été fait par
son tuteur; qu'aussi le père de la dame de Ligne n'a fait postérieurement fruit de cette requête, comme il appert par ses conclusions prises
au mois de mai 1802.... ;

La cour (d'appel de Bruxelles) met l'appellation au néant.... ».

Recours en cassation de la part de la dame de
Ligne.

« Elle fonde ce recours, (ai-je dit à l'audience
de la section des requêtes, le 7 septembre 1809,)
quant à la disposition de l'arrêt qui rejette les
lettres de restitution en entier obtenues par son
père, le 10 janvier 1775, sur la loi 7, C. *De
temporibus in integrum restitutionis*, sur la loi
dernière, C. *de repudiandâ vel abstinendâ hereditate*, et sur le placard du 2 novembre 1735;
et elle le fonde, quant à la disposition qui adjuge aux sieur et demoiselle d'Yves, les tiers des

biens provenans d'Antoinette d'Oyenbrugge, leur aïeule maternelle, sur la violation des lois romaines relatives tant à l'exception de chose jugée qu'à la distinction entre les biens libres et les biens grevés de substitution.

» Vous avez donc à décider si ces diverses lois ont été, en effet, violées par l'arrêt qu'elle vous dénonce.

» Sur le premier objet : il se présente une question qui paraît n'avoir pas été agitée devant la cour de Bruxelles, et qui, cependant, était préalable à celle dont cette cour s'est occupée : c'est de savoir si, d'après l'art. 29 de l'édit perpétuel de 1611, les mineurs ne devaient pas, dans la Belgique, comme dans l'ancien territoire français, avoir dix ans, à compter de leur majorité, pour se faire relever des différens actes par lesquels ils avaient été lésés dans leur jeune âge.

» Vous sentez en effet, Messieurs, que, si cette question était résolue pour l'affirmative, nous devrions regarder comme oiseuse celle qui a été agitée devant la cour de Bruxelles; puisque, même en faisant courir contre le père de la dame de Ligne, le délai de la restitution en entier du jour où il avait obtenu du conseil de Brabant des lettres de majorité, c'est-à-dire, du 5 août 1769, ce délai, s'il avait dû être de dix années, n'aurait pas été, à beaucoup près, révolu le 10 janvier 1775, jour où le père de la dame de Ligne s'est pourvu en restitution.

» L'art. 29 de l'édit perpétuel de 1611 porte *que toutes restitutions et annullations de contrats ou autres actes quelconques, fondées sur lésion, pour grande qu'elle soit, dol, circonvention, crainte ou violence, se prescriront par le laps de dix ans continus, à compter dès le jour que iceux seront faits, ou que la crainte ou violence ou empêchement de droit ou de fait cessera.*

» Au premier abord, il paraît difficile de ne pas conclure de cet article, que le délai accordé aux mineurs à l'effet de se faire restituer en entier pour cause de lésion, doit être de dix ans; et que ce délai ne doit courir, à leur égard, que du jour où cesse pour eux l'*empêchement de droit,* c'est-à-dire, du jour de leur majorité.

» Et c'est effectivement la conséquence qu'en tire Dumées dans sa *Jurisprudence du Hainaut français,* pag. 128 : « La restitution du chef de » minorité (dit-il), est aussi fondée sur la lésion : » *Non restituitur minor ut minor, sed ut læsus.* » Ainsi, cette espèce de restitution est tacite- » ment comprise dans l'article ci-dessus de l'édit » perpétuel; il n'est pas à présumer que les ar- » chiducs (Albert et Isabelle, auteurs de cet édit), » aient voulu faire une distinction entre les dif- » férentes espèces de restitution. »

» Cependant, Stokmans, conseiller au conseil de Brabant, qui écrivait peu de temps après la publication de l'édit de 1611, n'hésite pas à dire dans son recueil d'arrêts, §. 112, que les mineurs n'ont que quatre ans après leur majorité pour se pourvoir en restitution : *Datur quadriennium ab impletâ majore ætate ad postulandam restitutionem.*

» Tulden, magistrat de la même cour, dans son commentaire sur le Code de Justinien, liv. 2, tit. 53, professe la même doctrine, et la justifie assez au long. Après avoir remarqué que l'édit perpétuel de 1611, se borne à circonscrire dans l'espace de dix ans, le délai de la restitution en entier, pour cause de lésion, de dol ou de violence, sans parler expressément de la restitution pour cause de minorité, comme l'avaient fait précédemment en France, les ordonnances de Louis XII et de François I.er, de 1510, 1533 et 1539, il demande si, dans la Belgique, on doit, par rapport aux mineurs, s'en tenir au droit romain qui n'accorde que quatre ans, ou si l'on doit étendre jusqu'à eux la disposition de l'édit de 1611; et quelle est la réponse ? *Quod novâ lege expressum non est, intelligitur relictum statui juris antiqui.* Il en donne deux raisons. La première, c'est que les auteurs de l'édit de 1611, ayant eu devant les yeux, lorsqu'ils l'ont rédigé, les ordonnances françaises qui comprennent expressément dans leur disposition la restitution en entier pour cause de minorité, on ne peut pas présumer qu'ils l'eussent passée sous silence, si leur intention eût été de la soumettre à la même prescription : *Eo magis quòd conditores edicti, haud dubiè respicientes ad illas Francorum constitutiones, non possint videri per oblivionem transmisisse minorem ætatem, sed consulto proposito exclusisse, et reliquisse præscriptioni juris romani satis contractæ.* La seconde, c'est que le but des auteurs de l'édit de 1611 n'a pas été d'étendre les prescriptions établies, en matière de rescision, par les lois romaines, mais bien plutôt de les resserrer; et qu'une disposition était nécessaire à cet effet de leur part, relativement à l'action rescisoire pour cause de lésion, qui auparavant ne se prescrivait que par trente ans : *Namque ad minuendas lites voluerunt contrahere, non ampliare præscriptiones veteres; ex quippe erant 30 annorum circà læsionem.*

» Libert Chrystin, dans ses notes, sur le Traité de Bugnyon, *de legibus abrogatis,* liv. 1, ch. 28, soutient la même opinion : *Edictum enim perpetuum anni 1611, tantùm de rescisione loquitur ex capite doli, vis, metûs et læsionis, nullâ minoris ætatis mentione factâ; unde quod novâ lege expressum non est, intelligitur relictum statui juris antiqui.*

» Tel est encore le sentiment de Gudelin, *de jure novissimo,* liv. 3, ch. 14, u. 16; de Paul Chrystin, dans son recueil d'arrêts du grand conseil de Malines, tome 2, décis. 121, n. 8; et de Patou, sur la coutume de Lille, tome 1, page 489.

» Ce dernier auteur, après avoir répété les

raisons de Tulden, se fait une objection qu'il réfute aussitôt : « En vain, dirait-on (ce sont » ses termes), que les mineurs sont moins favo- » risés que les majeurs, puisque ceux-ci ont » dix ans pour le relief, au lieu que les mineurs » n'en auraient que quatre. On répond qu'en » récompense, les mineurs sont restitués pour » toute lésion, quelque modique qu'elle soit ; » au lieu qu'il faut une lésion énorme et d'outre » moitié, pour donner ouverture au relief des » majeurs. D'ailleurs, avant l'édit de 1611, le » mineur qui n'avait que quatre ans pour se » faire relever, voyait bien, sans se plaindre, » que le majeur pouvait l'être pendant trente » ans ? Pourquoi ne pourrait-il point lui en » souffrir à présent dix ? Il doit se réjouir qu'on » ne lui a rien retranché, comme on l'a fait au » majeur ; et en cela, l'on peut dire que sa » condition est plus avantageuse que celle du » majeur ».

» Enfin, la jurisprudence des arrêts a mis le sceau à cette doctrine : écoutons Deghewiet, dans ses *Institutions au droit belgique*, part. 2, tit. 1, §. 4, n. 24 : « Il faut que la restitution en » entier, à titre de minorité, soit intentée dans » les quatre ans depuis la majorité de droit, et » non pas dans les dix ans dont parle l'édit per- » pétuel de 1611, comme quelques prâticiens » l'ont cru mal à propos..... Le parlement de » Flandre en a ainsi décidé par arrêt du 4 mai » 1671, entre Robert Domton et la veuve de » Pierre de Broïde, comme je l'ai su de M. Hen- » derick, qui avait été du jugement. Le même » parlement s'y est encore conformé par arrêt » rendu au rapport de M. Lambert-d'Engle- » marets, le 6 juillet 1714, entre le sieur Dégi- » lior et le sieur de Redex. J'ai extrait ce dernier » arrêt des remarques de M. l'avocat-général » Waymel-du-Parcq ».

» Mais cette jurisprudence n'est-elle pas con- damnée, dans la Belgique ci-devant autrichienne, par le placard de l'empereur Charles VI, du 2 novembre 1735, que vous cite la demande- resse ?

» Ce n'est pas encore le moment d'examiner si, antérieurement au Code civil, ce placard faisait loi dans le Brabant. Nous devons, quant à présent, le supposer, et nous borner à bien peser les termes de cette loi : « Ayant été infor- » més que des disputes et des procès se sont » élevés sur la manière d'entendre l'art. 29 de » l'édit perpétuel de 1611, et notamment sur » la question de savoir si la prescription décen- » nale dont il est parlé dans ledit art. 29 doit » avoir lieu, et si elle doit commencer à courir » à compter de la date des contrats, contre les » mineurs mariés avant l'âge de vingt-cinq ans » accomplis, ainsi que contre ceux qui, par » dispense, auraient été promus aux charges » publiques, et qui, d'après ces circonstances,

» sont réputés majeurs d'après des lois et des » coutumes particulières ? Nous, voulant pré- » venir de pareils disputes et procès, avons » pour le bien-être de nos sujets, trouvé bon » de déclarer, par forme d'interprétation, » comme nous déclarons en effet par les pré- » sentes ; que, ni l'intention des princes, nos » prédécesseurs, qui ont rendu ladite loi, ni la » nôtre n'est ni n'a jamais été que la prescrip- » tion décennale dont il s'agit, puisse s'appli- » quer aux mineurs de vingt-cinq ans, quoique » ceux-ci soient mariés, ou réputés majeurs, » d'après quelque loi, coutume ou dispense ; » qu'au contraire ladite prescription ne com- » mence et n'a pu commencer à courir contre » de pareils mineurs, qu'à compter du jour où » ils ont atteint l'âge de vingt-cinq ans accom- » plis, notre volonté royale étant que la loi qui » a été faite en leur faveur, puisse tourner à » leur préjudice ».

» Vous voyez, Messieurs, que l'objet de cette loi n'est pas de décider si les mineurs, même réputés majeurs, ont, dans tous les cas, dix ans à compter du jour où ils ont atteint leur majo- rité pleine, pour se faire restituer contre les actes qu'ils ont faits en minorité ; mais unique- ment de décider quel est, dans le cas où, en vertu de l'art. 29 de l'édit de 1611, les majeurs ont dix ans pour se faire restituer, le point de départ de ces dix ans, à l'égard des mineurs qui ont acquis une majorité imparfaite, soit par mariage, soit par toute autre voie légale ; mais uniquement de décider si, à leur égard, ces dix ans commencent à courir du jour où ils ont acquis cette majorité imparfaite, ou s'ils ne commencent à courir que du jour où ils ont at- teint leur vingt-cinquième année accomplie ; et que de ce deux partis, c'est au deuxième que le législateur donne la préférence.

» Ainsi, il résulte bien de cette loi que, dans le cas où un mineur veut se faire restituer pour des causes qui autoriseraient un majeur à recourir au bénéfice de restitution, il lui suffit de se pourvoir avant la révolution de sa trente-cin- quième année ; mais on ne peut pas en inférer que, dans les cas où un mineur veut se faire res- tituer comme mineur, c'est-à-dire, pour cause d'une lésion modique et telle qu'un majeur ne pourrait pas en exciper, il ne lui soit pas néces- saire de se pourvoir dans les quatre ans de sa pleine majorité.

» Ce n'est pas, au surplus, de nous-mêmes, que nous proposons cette distinction entre les cas où un mineur implore le bénéfice de resti- tution en entier comme mineur, et ceux où il implore, soit pour cause de dol, soit pour cause de violence, soit pour cause de lésion énorme, en un mot pour toute cause qui donnerait à un majeur le droit de l'implorer également. Cette distinction était reçue dans la jurisprudence belgique, et nous en trouvons la preuve dans le

commentaire déjà cité de Patou, sur la coutume de Lille. Après avoir, dans le passage que nous venons de mettre sous vos yeux, établi que les mineurs, dans les cas où ils demandent à être restitués comme mineurs, ou en d'autres termes, pour cause de lésion modique, doivent se pourvoir dans les quatre ans de leur majorité, ce jurisconsulte ajoute : «On doit néanmoins ob-
» server que, si le mineur avait été lésé outre
» moitié ; ou qu'il eût contracté par dol,
» crainte, circonvention ou violence, il aurait,
» à l'exemple des majeurs, dix ans pour se faire
» relever, parce qu'alors, ce ne serait point
» comme à un mineur que la restitution devrait
» être accordée, mais comme à un lésé outre
» moitié, ou pour les autres causes pour les-
» quelles les majeurs sont restitués. Enfin, sa
» condition, dans ce cas, ne devrait point être
» plus mauvaise que celle d'un majeur ».

» La conséquence de tous ces détails est que la cour de Bruxelles n'a pas erré, lorsqu'elle a supposé que le père de la dame de Ligne avait dû se pourvoir en restitution dans les quatre ans de sa majorité ; et que, si elle a bien jugé, ou du moins si elle n'a violé aucune loi, en déclarant qu'il ne s'était pourvu qu'après l'expiration de ces quatre ans, son arrêt est, sous ce rapport, inattaquable.

» Mais en déclarant qu'il ne s'était pourvu qu'après l'expiration de ces quatre ans, a-t-elle bien jugé, ou du moins n'a-t-elle violé aucune loi ?

» Elle a, s'il en faut croire la demanderesse, violé la loi 7, C. *de temporibus in integrum restitutionis*, et la loi 6, C. *de repudiandâ vel abstinendâ hereditate*.

» Mais d'abord, la loi 6, C. *de repudiandâ vel abstinendâ hereditate*, se borne à énoncer que, par le nouveau droit, le terme de quatre ans a été substitué à celui d'une année que l'ancien droit accordait aux mineurs, après leur majorité, à l'effet de se pourvoir en restitution. Cette loi ne fait donc que se référer à la loi 7, C. *de temporibus in integrum restitutionis*. C'est donc à celle-ci que nous devons uniquement nous attacher.

» Or, celle-ci, que porte-t-elle ?

» Pour le bien entendre, nous devons remarquer qu'avant Justinien, le délai de la restitution en entier était fixé primitivement à une année ; que, dans la suite, on l'avait étendu à quatre ans, pour la ville de Rome, pour celle de Constantinople et pour l'Italie, et qu'il n'était demeuré restreint à un an que pour les provinces.

» Par la loi dont il s'agit, Justinien abolit ces différences, et veut que partout l'action en restitution en entier ne puisse prescrire que par quatre ans : *supervacuam differentiam utilis anni in integrum restitutionis in nostrâ republicâ sepa-*

rantes, sancimus, et in antiquâ Româ, et in hâc almâ urbe, et in Italiâ, et in aliis provinciis, quadriennium continuum tantummodò numerari EX DIE EX QUO UTILIS ANNUS CURREBAT, *et id tempus totius loci esse commune; ex differentiâ enim locorum aliquod induci discrimen, satis nobis absurdum visum est. Quod non solùm in minorum restitutionibus (quibus utilis annus incipit currere, ex quo vicesimi sexti anni dies illuxerit), sed etiam in majorum hoc idem adhiberi sancimus.*

» Voilà tout ce que dit cette loi ; et il faut convenir qu'à la première vue, elle paraît justifier la critique que fait la demanderesse de l'arrêt de la cour de Bruxelles ; il faut convenir qu'à la première vue, elle semble n'admettre pour point de départ de la prescription qu'elle établit, que le moment où commence à luire le premier jour de la vingt-sixième année du ci-devant mineur : *quibus utilis annus incipit currere, ex quo vicesimi sexti anni dies illuxerit.*

» Mais faisons-y bien attention : dans cette partie de son texte, la loi ne s'occupe que du cas le plus ordinaire ; elle se contente de rappeler la règle générale qui, dans l'ancien droit, faisait courir l'année du jour de l'accomplissement de la majorité parfaite ; elle est loin d'exclure, par là, pour le nouveau délai qu'elle accorde, les exceptions que l'ancien droit lui-même avait apportées à cette règle, elle les confirme de la manière la plus positive ; les quatre ans, dit-elle, ne commenceront à courir que du jour où, jusqu'à présent, a couru l'année : *quadriennium continuum tantummodò numerari ex eo die ex quo utilis annus currebat.*

» Il ne s'agit donc plus que de savoir de quelle époque, avant Justinien, l'année courait contre les mineurs qui obtenaient ce que les lois romaines appellent *veniam ætatis*, des lettres de bénéfice d'âge, ou comme on parlait en Brabant, des *lettres de majorité*; si elle courait du jour où ces lettres leur avaient été accordées, et avaient été entérinées par le juge ; ou si elle ne courait que du jour où ils avaient acquis leur majorité pleine et parfaite.

» Et cette question n'en est pas une. Par la loi 5, C. *de temporibus in integrum restitutionis*, l'empereur Constantin décide nettement que c'est du jour où le mineur a commencé à jouir de l'effet du bénéfice d'âge, que court le délai dans lequel il est tenu de se pourvoir en restitution : *ea quæ de temporibus in integrum restitutionum legibus cauta sunt, custodiri convenit; et si fortè quis ex beneficio nostro ætatis veniam fuerit consecutus, ex eo die quo indulgentia nostra in judicio competenti fuerit intimata, eique administratio rei propriæ commissa, ad persequendas in integrum restitutionum finiendasque causas jure tempus habeat præstitutum.*

» Il est vrai que, depuis cette loi, Justinien a déclaré, par la loi 3, C. *de his qui veniam œtatis*, que le bénéfice d'âge accordé à un mineur, ne l'habiliterait ni à aliéner, ni à hypothéquer ses immeubles.

» Mais il n'a pas dérogé, par celle-ci, à celle-là ; et en voulons-nous une preuve sans réplique ? Nous la trouverons dans la date même de la loi 3, C. *de his qui veniam œtatis*, comparée avec celle de la loi 7, C. *de temporibus in integrum restitutionis*, par laquelle Justinien renvoie à la loi de Constantin, pour la détermination du terme où commence à courir le délai de la restitution en entier. La loi 3, C. *de his qui veniam œtatis*, est de l'année 529; et la loi 7, C. *de temporibus in integrum restitutionis*, est de l'année 531. Ainsi, lorsque Justinien déclarait par celle-ci, en se référant à la loi de Constantin, que, pour les mineurs qui obtiendraient des lettres de bénéfice d'âge, le délai de la restitution en entier courrait du jour même de l'entérinement de ces lettres, il y avait déjà deux ans qu'il avait rendu les lettres de bénéfice d'âge, impuissantes pour faire cesser l'incapacité des mineurs, d'aliéner et d'hypothéquer leurs immeubles. L'incapacité dans laquelle les lettres de bénéfice d'âge laissent les mineurs qui les ont obtenues, d'aliéner et d'hypothéquer leurs immeubles, n'empêche donc pas que, pour tout ce qui a été fait par leurs tuteurs avant l'obtention de ces lettres, le délai de la restitution en entier ne commence à courir du jour même où ces lettres ont été entérinées par le juge. C'est donc très-mal raisonner que de dire : le mineur qui a obtenu des lettres de bénéfice d'âge, ne peut ni aliéner, ni hypothéquer ses immeubles; donc le délai de la restitution en entier ne peut pas courir contre lui, relativement à ce qui a été fait dans ses intérêts, antérieurement à l'obtention et à l'entérinement de ces lettres.

» Ainsi Voët, sur le digeste, titre *de in integrum restitutionibus*, n. 19, établit-il nettement que, suivant le dernier état du droit romain, le délai de la restitution court contre les mineurs qui ont obtenu des lettres de bénéfice d'âge, du jour même où ils ont commencé à jouir de l'effet de ces lettres : *quamvis verò continua sint quadriennii tempora, non tamen eodem modo in omnibus restitutionum causis, dinumeratio instituitur; etenim in minorennitate quidem initium quadriennii est ex eo tempore quo minor major factus est, AUT VENIAM ÆTATIS IMPETRAVIT.*

» Avant lui, Cujas avait dit la même chose, dans ses Paratitles du Code, liv. 2, tit. 52, *ex die quo insinuaverint veniam œtatis*.

» Brunnemann, sur le même titre, avait également dit : *tempus restitutionis petendæ incipit currere ei qui veniam œtatis impetravit.*

» Mais, dit la demanderesse, cette législation a été abolie dans la Belgique, par le placard de l'empereur Charles VI, du 2 novembre 1735.

» Oui, elle l'a été dans les parties de la Belgique où ce placard a été publié. Mais ce placard a-t-il été publié dans le Brabant, a-t-il jamais été reçu dans cette partie de la Belgique.

» Le silence que la demanderesse a gardé sur ce placard, devant la cour de Bruxelles, est déjà une forte présomption pour la négative. Mais à cette présomption viennent se joindre des preuves directes et formelles.

» Le Brabant avait, pour l'exercice du pouvoir législatif, une constitution toute différente des autres parties de la Belgique. Dans celles-ci, la volonté du prince formait seule la loi; mais, dans le Brabant, la loi ne pouvait résulter que du concours de la volonté du prince, avec la délibération parfaitement libre du conseil souverain de cet État.... (1).

» Cela posé, il ne reste plus qu'à savoir si le placard du 2 novembre 1735 a été vérifié par le conseil de Brabant; et il est certain qu'il ne l'a pas été. Témoin ce que nous a écrit là-dessus, le 1.er de ce mois, M. Mercx, (ancien conseiller au conseil de Brabant même) en sa qualité de premier substitut du procureur-général à la cour de Bruxelles, remplaçant ce magistrat pendant son absence : — « Sur le doute proposé par
» votre lettre du 28 août, de savoir si le placard
» du 2 novembre 1735, interprétatif de l'art. 29
» de l'édit perpétuel de 1611 ; *a jamais fait loi*
» *sous le ressort du ci-devant conseil souverain*
» *de Brabant*, j'ai l'honneur de vous dire que
» tout indique qu'il n'y a jamais été *placeté* ni
» *publié dans la forme brabançone;* que consé-
» quemment il n'a pas eu force de loi en Bra-
» bant. D'abord, le mandat ordinaire pour le
» *placet* ou homologation et publication en
» Brabant, ne s'y trouve pas : *Mandons et or-*
» *donnons à nos chers et féaux le chancelier et*
» *gens de notre conseil ordonné en Brabant,*
» *gouverneur de Limbourg*, etc. Il n'est revêtu,
» ni du paraphe du chancelier de Brabant, ni
» de la signature du greffier de ce conseil, ni
» de son sceau. Cette interprétation du 2 no-
» vembre 1735, est donc, quant au Brabant,
» de la même catégorie que toutes ces inter-
» prétations très-nombreuses qui ont été don-
» nées, soit par le souverain, soit par son
» conseil privé, sur divers autres articles de
» l'édit perpétuel. A défaut de *placet*, elles
» n'étaient considérées que comme raison écrite,
» par le conseil de Brabant, pour cette pro-
» vince, celle de Limbourg et le pays d'outre
» Meuse; elles n'assujettissaient pas les juges
» du Brabant à *s'y conformer comme lois,*
» tandis que leur publication suffisait pour leur

(1) V. le *Répertoire de jurisprudence*, aux mots *Substitution fidéicommissaire*, sect. 7, §. 3, art. 4, n. 3; et *Testament*, sect. 2, §. 3, art. 8.

» donner force de loi, dans les autres provinces » de la ci-devant Belgique ».

» Il importe peu, d'après cela, que le placard du 2 novembre 1735 soit inséré dans la collection des *placards du Brabant*, tome 7, page 87. Cette collection, ouvrage d'un simple particulier, ne donne par elle-même aucune autorité aux lois qu'elle renferme ; et de ce que le placard du 2 novembre 1735 est compris dans cette collection, il ne s'ensuit nullement qu'il ait été revêtu par le conseil de Brabant, de la formalité indispensable du *placet*. Bien loin de là, de ce qu'il se trouve dans le recueil des placards de Brabant, tel qu'il est mot pour mot dans le recueil des *placards de Flandre*, on doit nécessairement conclure qu'à l'époque de son émanation, il n'en a pas été fait pour le Brabant un exemplaire spécial ; qu'il n'a pas été originairement adressé aux chancelier et membres du conseil souverain de ce pays, et par conséquent qu'il n'a pas acquis, dans le Brabant, le caractère de loi.

» Mais après tout, admettons que le placard du 2 novembre 1735 fût, pour la cour de Bruxelles une loi dont il ne lui était pas permis de s'écarter, ou, ce qui revient au même pour le résultat, admettons que les lois romaines fussent, sur notre question, conformes à la décision de ce placard, quoique bien évidemment elles lui soient contraires ; dans cette double hypothèse, ne trouverons-nous pas dans l'espèce sur laquelle a été rendu l'arrêt de la cour de Bruxelles, une circonstance qui devrait, au besoin, couvrir, soit la violation du placard, soit la violation des lois romaines.

» Oui, Messieurs, cette circonstance existe; et quoique la cour de Bruxelles ne lui ait peut-être pas donné assez de développemens, elle l'a cependant indiquée. *Le père de la dame de Ligne*, a-t-elle dit, *n'a pas fait postérieurement à la requête en restitution, fruit de cette requête, comme il appert par ses conclusions prises au mois de mai 1802.* Et en effet, on voit, par les conclusions que le ci-devant comte de Duras a prises dans son exploit du 4 mai 1802 (23 floréal an 10), non-seulement qu'il n'a pas persisté, par cet exploit, dans la demande en restitution qu'il avait formée le 10 janvier 1775, mais encore qu'il s'en est désisté.

» Car il y a désistement d'une demande, toutes les fois que, même sans l'abandonner littéralement, on en forme une qui la contrarie, comme il y a abrogation d'une loi, toutes les fois que, sans la prononcer en termes exprès, le législateur ordonne par une loi nouvelle le contraire de ce que porte la loi précédente.

» Or, il est impossible d'accorder les conclusions de l'exploit du 23 floréal an 10, avec les conclusions de la requête en restitution du 10

janvier 1775. Par celles-ci, le père de la dame de Ligne demandait qu'on le relevât de sa renonciation au testament de son aïeul, *auquel testament il déclare* (disait-il), *en ce cas*, c'est-à-dire, en cas qu'il obtînt la restitution en entier, *être prêt de se conformer en tout, nonobstant l'arrêt du 22 mai 1765*, DU PROFIT DUQUEL ARRÊT, *toujours en ce cas-là*, IL DÉCLARE SE DÉSISTER ; et, par l'exploit du 23 floréat an 10, au contraire, il fait assigner les sieur et demoiselle d'Yves, *pour voir ordonner qu'il sera procédé en exécution des arrêts du conseil de Brabant, des 22 mai 1765 et 18 mai 1772, au partage des biens délaissés par Philippe-François Vander Noot.... et.... voir adjuger au demandeur les conclusions.... répétées dans l'arrêt du 22 mai 1765*. — Assurément le père de la dame de Ligne a bien rétracté par cet exploit, le désistement qu'il avait donné *du profit de cet arrêt*, par sa requête en restitution du 10 janvier 1775.

» Il a donc, par cela même, rétracté sa demande en restitution, puisqu'il n'avait formé sa demande en restitution que pour écarter les fins de non-recevoir qu'on aurait pu tirer contre lui de cet arrêt.

» La cour de Bruxelles a donc bien jugé, en repoussant, comme elle l'a fait, la demande en restitution formée par la requête du 10 janvier 1775.

» Le premier moyen de cassation de la dame de Ligne est donc sans fondement.

» Mais en déclarant qu'il avait été jugé par les arrêts des 22 mai 1765 et 22 novembre 1768, que le sieur et demoiselle d'Yves avaient droit au tiers des biens provenans de la dame d'Oyenbrugge, la cour de Bruxelles n'a-t-elle pas violé les lois relatives à l'exception de chose jugée ; et en leur faisant délivrance de ce tiers, n'a-t-elle pas violé les lois qui établissent un mur de séparation entre les biens libres et les biens grevés de substitution ?

» La demanderesse soutient l'affirmative, et c'est l'objet de son second, comme de son troisième moyen.

» Mais, sur l'un comme sur l'autre, nous dirons : de trois choses l'une : ou les arrêts du conseil de Brabant des 22 mai 1765 et 22 novembre 1768 ont effectivement jugé qu'un tiers des biens de la dame d'Oyenbrugge était acquis aux sieur et demoiselle d'Yves ; ou ils ont jugé que le sieur et demoiselle d'Yves n'y avaient aucun droit ; ou ils n'ont rien prononcé là-dessus, et ils ont laissé la question intacte.

» Au premier cas, c'est-à-dire, s'ils ont jugé que le sieur et demoiselle d'Yves avaient droit au tiers de ces biens, il ne pouvait plus y avoir de contestation sur ces biens devant la cour de Bruxelles ; et la cour de Bruxelles a dû, comme elle l'a fait, ordonner le délaissement de ce tiers au profit des sieur et demoiselle d'Yves.

» Au second cas, c'est-à-dire, s'ils ont jugé que les sieur et demoiselle d'Yves n'avaient aucun droit à ce tiers, la cour de Bruxelles n'a pas, comme le prétend la demanderesse, violé les lois relatives à l'exception de la chose jugée, elle a fait beaucoup plus; elle a porté atteinte à l'autorité de la chose jugée elle-même; elle a rendu un arrêt directement contraire à ceux du conseil de Brabant. Et quelle est la voie qui, dans cette hypothèse, est ouverte à la demanderesse? Le recours en cassation? Non, Messieurs; le recours en cassation n'est ouvert, pour cause de contrariété d'arrêts rendus entre les mêmes parties, sur le même objet et d'après les mêmes moyens, que dans le cas où ces arrêts sont émanés de tribunaux différens; et le recours en requête civile est le seul qui puisse atteindre un arrêt dont on se plaint sur le fondement qu'il est contraire à un autre arrêt précédemment émané du même tribunal, entre les mêmes parties, sur les mêmes moyens et pour le même objet. Les art. 480 et 504 du Code de procédure civile sont là-dessus très-formels.

» Or, ce n'est pas de tribunaux différens que sont émanés, d'une part, les arrêts des 22 mai 1765 et 22 novembre 1768; de l'autre, l'arrêt qui vous est en ce moment dénoncé; c'est par le même tribunal que ces trois arrêts sont censés avoir été rendus; car la cour de Bruxelles représente le conseil de Brabant; elle en tient la place, elle lui est subrogée, elle ne fait avec lui, dans le sens des articles cités du Code de procédure, qu'une seule et même cour de justice.

» Le recours en cassation de la dame de Ligne doit donc être rejeté dans cette seconde hypothèse, comme il doit l'être dans la première.

» Au troisième cas, c'est-à-dire, si les arrêts des 22 mai 1765 et 22 novembre 1768 n'ont ni accueilli ni repoussé la prétention des sieur et demoiselle d'Yves au tiers des biens provenans de la dame d'Oyenbrugge, s'ils ont laissé la question absolument indécise, nous devons faire abstraction des motifs de l'arrêt de la cour de Bruxelles, du 31 août 1808; nous devons nous attacher au seul dispositif de cet arrêt; nous devons examiner si, dans son dispositif, cet arrêt n'est pas parfaitement conforme aux principes du droit romain, à ces principes qu'on lui reproche d'avoir méconnus et violés.

» Quelle est la nature de la substitution établie par le codicile de la dame d'Oyenbrugge, du 13 mars 1717? Cette substitution est-elle pure et simple, ou, en d'autres termes, la dame d'Oyenbrugge est-elle censée avoir dit: Je charge mon mari de conserver et de rendre à mes enfans la fortune que je lui laisse? Ou bien est-elle conditionnelle, et, en d'autres termes, la dame d'Oyenbrugge est-elle censée avoir dit:

J'appelle mes enfans à la fortune que je laisse à mon mari, en cas qu'il en dispose au profit d'un étranger?

» Si la substitution est pure et simple, les biens qui en sont l'objet, n'ont sans doute jamais fait partie de la succession de Philippe-François Vander Noot; et sans doute, ils ne sont pas compris dans la promesse que Philippe-François Vander Noot a faite à la dame d'Yves, en la mariant, de lui conserver, dans sa succession, la portion qu'elle devrait y prendre ab intestat.

» Mais le tiers n'en est pas moins acquis à la dame d'Yves, représentée aujourd'hui par ses enfans; mais la cour de Bruxelles n'en a pas moins bien jugé en déclarant ce tiers acquis aux enfans de la dame d'Yves: pourquoi? parce que, si la dame d'Yves n'a pas eu droit à ce tiers, comme héritière contractuelle de son père, elle y a eu droit comme substituée fidéi-commissairement à celui-ci.

» Et en effet, il est certain que, lorsque plusieurs personnes sont purement et simplement appelées ensemble à une substitution, il n'est pas au pouvoir du grevé d'en gratifier l'une au préjudice des autres, et que toutes doivent venir par têtes au partage égal. Cela est si vrai que, même dans le cas où le testateur a appelé collectivement sa *famille* à une substitution pure et simple, le grevé ne peut pas choisir, dans cette famille, un parent pour recueillir la substitution exclusivement aux autres parens; et qu'il est obligé de laisser les biens à tous ceux qui composent la famille dans les plus prochains degrés. — « Si le fidéicommis est pur et simple » (dit Ricard, *Traité des substitutions*, chap. 7, » part. 1), et fait en termes exprès et dispo- » sitifs de la famille, il ne dépend, en façon » quelconque, de celui qui est chargé de res- » tituer, de favoriser l'un au préjudice de » l'autre; et comme la famille en général est » expressément appelée, il ne peut pas y avoir » d'autre prérogative entre ceux qui la com- » posent, que celui du degré: de sorte que ceux » qui sont dans le degré le plus proche de la » famille, viennent tous également, en ce cas, » à la substitution ».

» Et telle est, comme l'observe Ricard, la décision expresse de la loi 32, §. 6, D. *de legatis* 2.º : *in fideicommisso quòd familiæ relinquitur, ii ad petitionem ejus admitti possunt, qui nominati sunt, aut post eos omnes extinctos, qui ex nomine defuncti fuerint eo tempore quo testator moreretur, et qui ex his primo gradu procreati sunt, nisi specialiter defunctus ad ulteriores voluntatem suam extenderit.*

» De là, l'arrêt du parlement de Grenoble, du 16 décembre 1529, rapporté par Chorier, dans sa *Jurisprudence de Guy-Pape*, tit. 3, sect. 3, art. 6, et par lequel il a été jugé qu'un père étant chargé d'un fidéicommis envers ses *enfans collectivement, ne peut nommer et choisir l'un d'eux pour le recueillir au préjudice des autres.*

» Nous pouvons donc le répéter avec confiance, si c'est d'une substitution pure et simple que la dame d'Oyenbrugge a grevé Philippe-François Vander Noot; si la disposition de la dame d'Oyenbrugge doit être entendue dans le même sens que si elle eût dit : *Je charge mon héritier institué de conserver et de rendre ma succession à mes enfans*, Philippe-François Vander Noot n'a pu disposer, au préjudice de la dame d'Yves, d'aucune partie de cette succession; et la dame d'Yves, tout en prenant le tiers des biens de Philippe-François Vander Noot, *vi contractûs*, en qualité d'héritière contractuelle, a pu et dû prendre le tiers des biens de la dame d'Oyenbrugge *vi fideicommissi*, en qualité de substituée.

» Voulons-nous, au contraire, regarder la substitution établie par la dame d'Oyenbrugge comme conditionnelle, comme subordonnée à l'éventualité de dispositions à faire par Philippe-François Vander Noot au profit d'étrangers, en un mot, comme si la dame d'Oyenbrugge eût dit : *En cas que mon mari dispose au profit d'étrangers, des biens que je lui laisse, j'appelle mes enfans à ces biens ?* alors, la dame d'Yves devra prendre le tiers de ces biens, non plus *vi fideicommissi*, mais *vi contractûs;* alors ces biens seront réputés avoir toujours fait partie du patrimoine de Philippe-François Vander Noot ; et Philippe-François Vander Noot ayant assuré à la dame d'Yves, en la mariant, le tiers de sa succession future, lui aura, par cela seul, assuré le tiers des biens que la dame d'Oyenbrugge lui avait laissés; pourquoi? Parce que la condition de laquelle dépendait la substitution créée par la dame d'Oyenbrugge, n'est pas arrivée; parce que Philippe-François Vander Noot n'a disposé au profit d'étrangers d'aucune partie des biens qui ne se trouvaient substitués que pour le cas où des étrangers en auraient été gratifiés par ses dispositions; parce qu'à défaut de disposition de sa part au profit d'étrangers, la substitution ne s'est jamais réalisée; parce que la substitution ne s'étant jamais réalisée, étant toujours restée conditionnelle, Philippe-François Vander Noot a toujours possédé comme *siens*, jamais comme *substitués*, les biens que la dame d'Oyenbrugge lui avait transmis; parce que l'inaccomplissement, comme l'accomplissement, des conditions testamentaires ayant toujours un effet rétroactif au décès du testateur, Philippe-François Vander Noot s'est trouvé, en mourant, par rapport aux biens que lui avait transmis la dame d'Oyenbrugge, dans le même état que si la dame d'Oyenbrugge les lui eût laissés purement et simplement; parce que, dès-lors, il est censé avoir possédé ces biens comme libres, au moment où il a

marié la dame d'Yves, et conséquemment les avoir compris, pour un tiers, dans l'institution par laquelle il a appelé contractuellement la dame d'Yves à sa propre succession.

» Il importe peu, d'après cela, d'examiner dans laquelle de ces deux hypothèses se trouve la substitution dont il s'agit : il importe peu d'examiner si cette substitution est, ou pure et simple, ou conditionnelle, puisque, dans l'une comme dans l'autre hypothèse, la dame d'Yves aura toujours droit, quoiqu'à des titres différens, au tiers des biens de la dame d'Oyenbrugge, puisque, dans l'une comme dans l'autre hypothèse, la cour de Bruxelles aura toujours bien jugé.

» Nous dirons cependant que, de ces deux hypothèses, c'est à la seconde que l'on doit se tenir; et c'est une vérité facile à démontrer.

» La dame d'Oyenbrugge n'a pas dit purement et simplement : *Je charge mon mari de restituer à mes enfans les biens que je lui laisse;* mais elle a dit : *Je défends à mon mari de disposer des biens que je lui laisse, au préjudice de mes enfans.*

» Si elle s'était bornée à dire, *je défends à mon mari de disposer des biens que je lui laisse,* sa prohibition eût été sans effet; car la simple défense d'aliéner, de disposer, est nulle; elle n'est valable qu'autant qu'elle est faite en faveur des personnes désignées par le testateur ; et alors, ces personnes sont censées substituées en cas que l'aliénation ou la disposition prohibée par le testateur, ait lieu. Alors par conséquent, il y a, de la part du testateur, non pas une substitution pure et simple, mais une substitution conditionnelle.

» C'est ce qu'établit parfaitement Ricard, à l'endroit cité, n. 340 : « Encore que nous ayons
» dit ci-dessus (ce sont ses termes), que la pro-
» hibition d'aliéner vaut fidéicommis, pourvu
» qu'il paraisse suffisamment en faveur de qui
» le défunt a eu intention de le faire, soit que
» la disposition soit expresse, ou seulement par
» énonciation ; il faut pourtant prendre garde
» qu'il y a grande différence entre ces deux
» espèces. Si la disposition est expresse, et que
» le testateur, après avoir défendu au légataire
» l'aliénation des choses qu'il lui a données, ait
» formellement déclaré, en termes dispositifs,
» qu'il entendait qu'elles passassent à sa famille,
» à ses descendans, ou en autres termes à peu
» près semblables qui aient le même effet, pour
» lors la substitution est pure et simple en fa-
» veur de ceux qui y sont appelés, lesquels
» doivent la recueillir après la mort de celui qui
» est chargé, soit qu'il aliène les biens qui lui
» ont été donnés, soit qu'il les conserve, parce
» qu'en ce cas, la disposition en faveur des fi-
» déicommissaires, subsiste d'elle-même, et est
» distincte de la prohibition d'aliéner : de sorte
» que l'une ne peut pas servir de condition à

» l'autre ; et conséquemment le fidéicommis ne » laisse pas de subsister, quoique le légataire » n'aliène pas ; la prohibition n'étant consi- » dérée, dans cette espèce, que comme une » confirmation de la disposition. — Que si la » disposition n'est pas expresse, mais que le fi- » déicommis soit présumé, et vienne seulement » par la conséquence des termes dont s'est servi » le testateur dans la prohibition d'aliéner, soit » par la forme d'énonciation ou de raison, » comme s'il a dit, *je défends d'aliéner hors* » *de la famille*, ou *je défends d'aliéner, afin* » *de conserver l'héritage légué dans la famille*, » pour lors, comme le fidéicommis se rencontre » principalement dans la prohibition, et que » l'un est joint avec l'autre, il s'ensuit néces- » sairement que la prohibition sert de condi- » tion au fidéicommis, et qu'il ne doit consé- » quemment avoir lieu qu'en cas que le léga- » taire aliène et qu'il contrevienne à la défense » que lui a faite le testateur ». Ricard cite à l'appui de cette doctrine, la loi 69, §. 3, D. *de legatis* 2.º ; la loi 77 et la loi 114, §. 17, D. *de legatis* 3.º ; la loi 54, D. *Ad legem falcidiam ;* et la loi 4, C. *de fideicommissis.*

» Thevenot d'Essaules enseigne la même chose dans son *Traité des substitutions fidéicommis- saires*, chap. 59 : « Quand le fidéicommis (dit-il), » est fait par cette simple défense *d'aliéner hors* » *de la famille*, est-il pur ou conditionnel ? » Il est facile de voir que le fidéicommis alors » est conditionnel, n'étant fait que pour un cas » futur et incertain, qui est le cas d'aliénation » hors de la famille. Ce fidéicommis n'aura » donc effet et ne s'ouvrira, qu'autant que le » grevé disposerait au profit d'étrangers..... » C'est ce que les docteurs appellent *fideicom-* » *missum in casu contra-actionis*, ou *coptra-* » *factionis* ».

» Donc Philippe-François Vander Noot n'a été grevé de fidéicommis par son épouse, que sous une condition qui ne s'est point accomplie ; donc il est censé n'en avoir pas été grevé ; donc les biens de son épouse sont tombés dans sa propre succession, donc il en appartient un tiers à la dame d'Yves, comme héritière contrac- tuelle de Philippe-François Vander Noot.

» Ces conséquences sont assez évidentes par elles-mêmes : une comparaison va les mettre dans un nouveau jour.

» Il en est du fidéicommis subordonné à la condition, *si le grevé dispose au profit d'étran- gers*, comme du fidéicommis subordonné à la condition, *si le grevé meurt sans enfans.*

» Or, si, étant institué héritier avec la charge de conserver la succession de la rendre à Pierre, en cas que je meure sans enfans, j'aliène les biens de la succession, et que je laisse des enfans à ma mort, très-certainement l'aliéna- tion sera valable, parce qu'elle sera censée avoir eu pour objet, dès son principe, des biens dont j'étais propriétaire absolu. Par la même raison, si, dans cette position, j'institue l'un de mes enfans, par son contrat de mariage, héritier dans une moitié, dans un tiers ou dans un quart de ma succession future, et que mon enfant vienne à me survivre, très-certainement dans cette institution entrera la moitié, le tiers ou le quart des biens que le testateur m'avait laissés avec la charge de les restituer à Pierre en cas que je mourusse sans enfans, parce qu'au moyen de l'inaccomplissement de la condition de la- quelle dépendait cette charge, cette charge est censée n'avoir jamais pesé sur ces biens, parce que ces biens sont censés m'avoir appartenu librement, dès l'époque où j'ai fait l'institution contractuelle.

» Et pourquoi n'en serait-il pas de même dans notre espèce ? La condition, *si mon héritier ins- titué dispose au profit d'étrangers*, ne ressemble- t-elle pas à cet égard, en tout point, à la con- dition, *si mon héritier institué meurt sans enfans ;* et si, par l'effet de l'inaccomplissement de celle- ci, la substitution est censée n'avoir jamais existé, l'inaccomplissement de celle-là ne doit-elle pas également la faire considérer comme non écrite ?

» Disons donc que, si la cour de Bruxelles avait pu regarder les arrêts des 22 mai 1765 et 22 novembre 1768 comme muets sur la préten- tion de la dame d'Yves au tiers des biens pro- venans de la dame d'Oyenbrugge, elle aurait dû statuer sur cette prétention comme elle a jugé que ces arrêts y avaient statué eux-mêmes ; elle aurait dû accueillir cette prétention comme elle a jugé que ces arrêts l'avaient accueillie ; et que par conséquent la dame de Ligne est sans intérêt dans la critique qu'elle fait de l'arrêt de la cour de Bruxelles, sous le rapport des règles concer- nant l'exception de chose jugée.

» Mais nous devons aller plus loin encore ; nous devons dire que, quand même les arrêts des 22 mai 1765 et 22 novembre 1768, entendus dans le sens que leur donne celui de la cour de Bruxelles, ne seraient pas aussi bien calqués qu'ils le sont réellement sur les vrais principes de la matière ; quand même il nous paraîtrait évident que la question aurait dû être jugée en 1765 et en 1768, d'une manière diamétralement opposée à celle dont l'arrêt de la cour de Bruxel- les décide qu'elle l'a été à ces époques, l'arrêt de la cour de Bruxelles ne pourrait encore être cassé, ni comme ayant appliqué faussement l'exception, ni comme ayant violé l'autorité de la chose jugée.

» Et effectivement, Messieurs, qu'aurait fait, dans cette supposition, la cour de Bruxelles ? Elle aurait donné aux deux arrêts dont il s'agit, l'interprétation qui lui aurait paru la plus con- forme et à leur texte et aux circonstances dans lesquelles ils ont été rendus ; elle n'aurait par conséquent fait qu'user du droit qui lui appartenait essentiellement de fixer le sens dans lequel doivent être entendus ces arrêts; et par conséquent encore, nulle ouverture, de ce chef, à la cassation de l'arrêt qu'elle a rendu elle-même.

» Inutilement en effet la demanderesse, tout en soutenant que la dame d'Yves n'était point partie dans l'arrêt du 22 mai 1765, cherche-t-elle à faire ressortir le soin avec lequel cet arrêt distingue, par rapport aux enfans de Philippe-Louis-Joseph Vander Noot, les biens personnels de Philippe-François Vander Noot, leur aïeul, de ceux qu'il avait recueillis en vertu du testament et du codicille de la dame d'Oyenbrugge, son épouse. Inutilement cherche-t-elle à conclure de cette distinction, uniquement relative aux enfans de Philippe-Louis-Joseph Vander Noot, que l'arrêt du 22 mai 1765, dans lequel on la trouve écrite, n'a pas pu confondre, par rapport à la dame d'Yves, les biens provenans de la dame d'Oyenbrugge, avec les biens personnels de Philippe-François Vander Noot.

» 1.° Il n'est pas vrai que la dame d'Yves n'ait point été partie dans l'arrêt du 22 mai 1765; et cet arrêt prouve lui-même le contraire par la manière dont il débute : « Vu au conseil souve-
» rain ordonné en Brabant (porte-t-il), la re-
» quête y présentée, le 15 mars 1760, par les
» supplians (c'est-à-dire, par le tuteur des enfans
» mineurs de Philippe-Louis-Joseph Vander
» Noot, et la baronne d'Anweghem, leur sœur),
» conjointement avec Anne-Philippe Vander
» Noot, douairière, comtesse d'Yves. . . . . ».

» 2.° On ne peut du moins nier que la dame d'Yves n'ait été partie dans l'arrêt du 22 novembre 1768, puisque c'est sur sa propre requête qu'il a été rendu, après que ses adversaires s'étaient laissés forclore.

» 3.° On peut encore moins disconvenir que, dans la requête sur laquelle a été rendu l'arrêt du 22 novembre 1768, la dame d'Yves parlait des biens provenans de la dame d'Oyenbrugge, comme ne formant qu'un seul patrimoine avec les biens personnels de Philippe-François Vander Noot; et si, de là, comme on n'en peut douter, il résulte que, dans les conclusions qu'elle a prises à la suite de cette requête, la dame d'Yves a entendu, en demandant le tiers de la succession de Philippe-François Vander Noot, demander le tiers des biens provenans de la dame d'Oyenbrugge; on peut bien aussi en conclure, sans aller contre le texte formel de cet arrêt, que le conseil de Brabant a entendu, par cet arrêt, adjuger à la dame d'Yves le tiers des biens provenans de la dame d'Oyenbrugge, en même temps que le tiers des biens provenans de Philippe-François Vander Noot.

» 4.° Rien de plus insignifiant ici que la distinction que fait l'arrêt du 22 mai 1765, relativement aux enfans de philippe-Louis-Joseph

Vander Noot, entre les biens personnels de Philippe-François Vander Noot, et les biens provenans de la dame d'Oyenbrugge. Les enfans de Philippe-Louis-Joseph Vander Noot étaient, par rapport aux biens provenans de la dame d'Oyenbrugge, dans une position totalement distincte de celle où se trouvait la dame d'Yves.

» Ces biens étaient relativement aux enfans de Philippe-Louis-Joseph Vander Noot, liés d'un véritable fidéicommis. La transaction du 30 janvier 1742 les avait reconnus grevés de ce lien, dans la personne de leur aïeul, en faveur de leur père, et dans la personne de leur père en leur faveur. Il était donc bien naturel, il était même nécessaire de distinguer, à leur égard, dans l'arrêt du 22 mai 1765, les droits qu'ils avaient, comme héritiers fidéicommissaires reconnus par transaction, aux biens provenans de la dame d'Oyenbrugge, des droits qu'ils avaient, comme légitimaires, aux biens personnels de Philippe-François Vander Noot.

» Relativement à la dame d'Yves, au contraire, les biens provenans de la dame d'Oyenbrugge, n'avaient été grevés que d'une substitution conditionnelle et dont la condition avait failli; ils étaient conséquemment censés n'avoir jamais été grevés de cette substitution; ils étaient conséquemment censés avoir toujours existé dans les mains de Philippe-François Vander Noot, comme parties intégrantes de son patrimoine libre; ils étaient conséquemment censés compris dans la promesse que Philippe-François Vander Noot avait faite à la dame d'Yves, en la mariant, de lui conserver sa portion ab intestat dans sa succession.

» Dans ces circonstances et par ces considérations, nous estimons qu'il y a lieu de rejeter la requête de la demanderesse, et de la condamner à l'amende ».

Arrêt du 7 septembre 1809, au rapport de M.° Ruperou, par lequel,

« Attendu, sur le premier moyen, qu'il résulte des erremens de la procédure, que le père de la demanderesse en cassation a renoncé à sa demande de relièvement, ainsi que l'a décidé l'arrêt attaqué;

» Attendu sur le second et troisième moyens, que la cour d'appel de Bruxelles, en accordant aux sieur et demoiselle d'Yves, le tiers des biens provenans de la dame d'Oyenbrugge, leur aïeule, n'a fait qu'une juste application des arrêts du conseil de Brabant et des titres;

» La cour rejette. . . . . ».

§. XI. *Avant la loi du 17 nivôse an 2, les biens que le défunt avait recueillis comme dernier appelé à une substitution fidéicommissaire, fondée par un parent collatéral, devaient-ils, dans la coutume du chef-lieu de Mons, se partager dans sa succession comme propres ou comme acquêts ?*

V. le plaidoyer et l'arrêt du 2 germinal an 9, rapportés à l'article *Condition de manbournie,* §. 1.

§. XII. 1.° *Peut-il être statué aujourd'hui, sans conclusions du ministère public, sur les contestations qui dérivent des substitutions abolies par la loi du 14 novembre 1792 ?*

2.° *Sous l'ordonnance du mois d'août 1647, les substitués étaient-ils tenus, pour pouvoir évincer les tiers-acquéreurs, de se faire envoyer en possession, même dans le cas où ils recueillaient librement la substitution ?*

3.° *Un tiers-acquéreur peut-il encore aujourd'hui, comme sous l'ordonnance du mois d'août 1747, opposer au substitué qui le poursuit en éviction, le défaut d'envoi en possession préalable ?*

Le 1.er août 1722, contrat de mariage par lequel Alphonse-Ferdinand-François de Hamal, l'un des futurs époux, se constitue en dot sa terre de Vierves, située dans le pays de Liége, et déclare « que tous ses biens immeubles, tant féodaux, censaux, qu'allodiaux, de même que toute sa vaisselle d'or et d'argent, seront et demeureront chargés et vinculés de fidéicommis réel, graduel et perpétuel, en faveur de ses fils, petits-fils et arrière-petits-fils, ne soit qu'il trouve à propos d'en disposer autrement, de quoi il se réserve la faculté ».

Le 15 octobre 1756, il fait son testament ; et en instituant Philippe-Maximilien-Alphonse de Hamal, son fils aîné, héritier de sa terre de Vierves, il le charge expressément « de se conformer en tout et partout au fidéicommis masculin, réel, graduel et perpétuel, établi par le susdit contrat de mariage ».

Philippe-Maximilien-Alphonse de Hamal recueille en effet la terre de Vierves, et en jouit jusqu'à sa mort.

Il laisse deux enfans, Philippe et Benoît. La terre de Vierves est transmise sans difficulté à Philippe.

Le 5 décembre 1780, Philippe, n'ayant point d'enfans ni d'espérance d'en avoir, passe devant notaire, à Liége, un acte par lequel, du consentement de son frère Benoît, il adopte Ferdinand, l'aîné des enfans de celui-ci, et l'institue « son héritier, comme son propre enfant, de tous ses biens immeubles, acquêts et conquêts présens ; le tout pour et en faveur du mariage à conclure par ledit seigneur Ferdinand, du gré et consentement des deux seigneurs pères adoptif et légitime ».

Le 26 mai 1781, contrat de mariage entre Ferdinand de Hamal et la demoiselle d'Horion, nièce du prince régnant de Liége. Philippe de Hamal, oncle et père adoptif du futur époux, n'y paraît pas, mais l'acte d'adoption est énoncé dans l'acte, et il y est joint.

Le 5 mars 1784, décès de Philippe de Hamal, oncle et père adoptif de Ferdinand.

Le 17 du même mois, Ferdinand se présente devant un notaire à Huy, « et considérant la lésion énormissime qui lui résulterait des effets de l'acte d'adoption du 5 décembre 1780, auquel il n'a alors acquiescé que par esprit de déférence pendant sa minorité, sans connaissance aucune des affaires du seigneur adoptant, déclare renoncer audit acte et ne lui vouloir donner aucune suite ; déclare de plus renoncer à la succession mobilière dudit feu seigneur adoptant, se réservant néanmoins de faire valoir et exercer tous titres et droits qui peuvent lui compéter à la charge de ladite succession v.

Le 12 mai 1789, décès de Ferdinand de Hamal, laissant trois enfans en minorité, sous la tutelle de leur mère.

Le 9 vendémiaire an 4, le pays de Liége est réuni à la France.

Quelques mois après, la loi du 14 novembre 1792, portant abolition des substitutions fidéicommissaires, y est publiée.

Le 28 germinal an 11, la veuve de Ferdinand de Hamal, en qualité de tutrice de Charles François, son fils aîné, fait assigner Benoît de Hamal, son beau-père, devant le tribunal civil de Rocroy, « pour voir dire et ordonner que, tant le contrat de mariage de la requérante avec son défunt mari, passé par-devant Jacquis, notaire à Liége, présens témoins, le 26 mai 1781, que l'acte d'adoption fait en faveur dudit défunt par Philippe-Alphonse-Maximilien-Joseph-Guislain de Hamal, son oncle, et du consentement de l'assigné, passé devant le même notaire, présens témoins, le 5 décembre 1780, seront exécutés selon sa forme et teneur ; en conséquence, sans s'arrêter ni avoir égard au prétendu acte de renonciation à ladite adoption, faite par sondit défunt mari, par autre acte reçu par Auceau, notaire, aussi présens témoins, le 13 mars 1784, lequel sera déclaré nul et de nul effet, que la totalité des biens-immeubles, tant ceux étant alors libres, que ceux alors fidéicommissés, possédés et délaissés à son décès par Philippe-Alphonse-Maximilien-Joseph-Guislain de Hamal, appartiennent en propriété à sondit fils, comme ayant succédé aux droits acquis à son père le 12 mai 1789, aux termes de la législation lors existante, *sauf l'usufruit* des deux tiers en faveur de l'assigné ».

Pendant l'instruction, Charles-François de Hamal atteint sa majorité ; il intervient personnellement dans l'instance, et poursuit contre son aïeul l'action intentée par sa mère.

Le 27 floréal an 12, jugement qui, « sans s'arrêter ni avoir égard à l'acte de renonciation du 13 mars 1784, lequel est déclaré nul et comme non-avenu, ordonne que l'acte d'adoption ci-dessus daté sera exécuté selon sa forme et teneur, sauf les modifications stipulées par le contrat de mariage du 26 mai 1781, lequel sera aussi exécuté selon sa forme et teneur ; en conséquence, déclare que la totalité des biens immeubles, tant de ceux étant alors libres, que de ceux alors grevés de fidéicommis, qui étaient possédés et ont été délaissés à son décès par Philippe-Alphonse-Maximilien-Joseph Guislain de Hamal, appartient en propriété au demandeur, *sauf seulement l'usufruit* et jouissance des deux tiers à Benoît de Hamal ».

Le 2 fructidor suivant, Benoît de Hamal appelle de ce jugement : il meurt le 12 août 1807. Sa veuve ses enfans, frères et sœurs puînés de Ferdinand, reprennent l'instance.

Le 22 juillet 1809, arrêt de la cour d'appel de Metz, rendu *sans conclusions du ministère public ;* qui, « au principal, renvoie les appelans des demandes originaires formées par Charles-François de Hamal, intimé, contre Benoît de Hamal, leur père et mari, sauf les droits de l'intimé dans la succession dudit Benoît de Hamal, son aïeul, dont l'exercice lui est réservé ; les défenses contraires réservées aux appelans ».

Charles-François de Hamal se pourvoit en cassation contre cet arrêt.

« Quatre moyens de cassation (ai-je dit à l'audience de la section des requêtes, le 23 août 1810), vous sont proposés dans cette affaire.

» Et d'abord, disent les demandeurs, en statuant sur l'appel de Benoît de Hamal, sans conclusions préalables du ministère public, la cour de Metz a violé les lois qui veulent que le ministère public soit entendu sur toutes les affaires dans lesquelles il s'agit, soit de substitutions fidéicommissaires, soit d'adoptions, ou qui intéressent l'*ordre général.*

» Le succès de ce premier moyen est subordonné à trois questions. 1.º L'art. 49 du tit. 2 de l'ordonnance de 1747 était-il, dans l'espèce, obligatoire pour la cour de Metz ? 2.º De ce que les art. 354, 355 et 356 du Code civil veulent que le ministère public soit entendu sur les demandes en permission d'adopter, s'ensuit-il que la cour de Metz n'a pas pu prononcer, sans conclusions du ministère public, sur les effets de l'acte d'adoption du 5 décembre 1780. 3.º En prononçant à la fois sur les effets de cet acte, et sur ceux de la substitution créée par le contrat de mariage du 1.er août 1722 et le testament du 25 octobre 1756, la cour de Metz a-t-elle jugé des questions d'*ordre général ?*

» Sur le premier point, il semblerait d'abord

que l'on pût écarter la disposition de l'art. 49 du tit. 2 de l'ordonnance de 1747, par la seule considération que cette ordonnance n'a jamais eu force de loi dans le pays de Liége. En effet, c'est dans le pays de Liége que sont situés les biens litigieux ; c'est dans le pays de Liége qu'était domicilié et qu'est mort le dernier possesseur de ces biens ; c'est dans le pays de Liége que sont domiciliées toutes les parties. Et à la première vue, il paraîtrait que les lois du pays de Liége dussent seules régler la forme dans laquelle a dû être jugée la contestation dont il s'agit.

» Mais prenons-y garde : il n'en est pas, dans un procès, de la forme d'instruire et de juger, comme du fond du droit. Le fond du droit dépend toujours de la loi du pays où le procès a pris naissance ; mais la forme d'instruire et de juger ne dépend que de la loi du pays où l'on plaide. *Communis est omnium sententia* (dit Aufrerius, sur l'ancien style du parlement de Paris, chap. 2, *de adjornamentis*), *ut serventur consuetudines et leges fori, cùm quæritur de ordinandâ lite.* Ainsi, poursuit le même auteur, *si in foro actoris est una (forma), in foro rei alia, et in foro judicis alia, servabitur consuetudo fori in quo agitur.*

» Or, que des conclusions du ministère public soient ou ne soient pas nécessaires dans le jugement d'un procès, cela tient uniquement à la forme d'instruire et de juger ; cela ne peut par conséquent dépendre que de la loi du lieu où le procès s'instruit et se juge. Et dès-là, il est clair que, si la disposition de l'ordonnance de 1747 qui voulait que le ministère public fût entendu dans toutes les contestations relatives aux substitutions fidéicommissaires, avait encore force de loi dans l'ancien territoire français, à l'époque où a été rendu l'arrêt attaqué, la cour de Metz a dû se conformer à cette disposition, ni plus ni moins que si les biens litigieux étaient situés dans l'ancien territoire français, et que les parties y eussent leur domicile.

» Mais la disposition de l'ordonnance de 1747 n'était-elle pas abrogée à l'époque où a été rendu l'arrêt que vous dénonce aujourd'hui le demandeur ? Oui, sans doute, elle l'était, et depuis long-temps.

» D'une part, la loi du 24 août 1790 avait fixé les cas où les officiers du ministère public devaient à l'avenir être entendus, et n'y avait pas compris celui où il serait question de substitutions fidéicommissaires. *Ils seront entendus,* avait-elle dit, tit. 8, art. 3, dans toutes les *causes des pupilles, des mineurs, des interdits, des femmes mariées, et dans celles où les propriétés et les droits, soit de la nation, soit d'une commune, seront intéressés ; ils seront chargés, en outre, de veiller pour les absens indéfendus.*

» D'un autre côté, si l'art. 49 du tit. 2 de l'ordonnance de 1747 avait pu survivre à la loi du 24 août 1790, elle aurait du moins été abrogée par la loi du 14 novembre 1792. En abolissant les substitutions fidéicommissaires, la loi du 14 novembre 1792 avait nécessairement rendu sans objet la disposition par laquelle le législateur avait ordonné en 1747, qu'il ne pourrait *être rendu aucun jugement sur ce qui concernait les substitutions fidéicommissaires, que sur les conclusions du ministère public.*

» Quels avaient été les motifs de cette disposition? Écoutons Sallé sur l'article cité de l'ordonnance dont il s'agit : « On ne peut rendre » régulièrement aucun jugement où le roi, le » public, l'église et les mineurs soient intéressés, » sans le concours du ministère public. Notre » article assujettit à la même formalité les juge- » mens concernant les substitutions fidéicom- » missaires. Deux raisons paraissent y avoir » déterminé le législateur. — Premièrement, » les précautions que l'ordonnance a prises pour » la sûreté et la stabilité des substitutions, et » les règles qu'elle a prescrites à cet effet, font » maintenant une portion du droit public, qui » intéressant essentiellement le repos et la con- » servation générale des familles, exige par cette » raison l'attention du ministère public. — En » second lieu, il pourrait être dangereux de » laisser le possesseur actuel des biens substi- » tués, seul maître de diriger les actions con- » cernant la substitution. N'ayant qu'une jouis- » sance momentanée, peut-être un plus grand » intérêt pourrait l'engager à sacrifier les droits » de ceux qui sont appelés après lui, s'il n'avait » un surveillant capable de veiller sur sa con- » duite, et d'arrêter les effets de sa mauvaise » volonté. Et si l'état d'impuissance où sont » les mineurs, et la crainte que leurs intérêts » ne fussent trahis par ceux mêmes qui sont » chargés de les défendre, ont donné lieu de » régler que les contestations où ils sont inté- » ressés, ne peuvent être jugées sans le ministère » public, à combien plus forte raison a-t-on dû » exiger la même formalité pour les substitu- » tions, où souvent ceux qui doivent recueillir » après le grevé, ne sont point encore nés, ou » du moins ne peuvent agir jusqu'à ce que leur » droit soit ouvert ».

» Or, de ces deux motifs, le premier a évidemment cessé par l'abolition des substitutions fidéicommissaires. *La sûreté et la stabilité* de ces dispositions n'a plus dû occuper, il est même impossible qu'elle ait encore occupé, le législateur, alors qu'il prohibait ces dispositions elles-mêmes, alors qu'il les abolissait même pour le passé. Les règles que le législateur avait prescrites pour donner cette *sûreté*, cette *stabilité*, ont donc, dès-lors, cessé de faire *une portion du droit public.* Le ministère public a donc dû, dès-lors, demeurer étranger à l'observation de ces règles.

» Il en est de même du second motif. La loi du 14 novembre 1792 ne laissant subsister d'action que pour les substitutions ouvertes à l'époque de sa publication, il ne pouvait plus être à craindre que l'on sacrifiât les droits non encore ouverts des substitués; il n'y avait donc plus aucune raison de placer sous la surveillance du ministère public des actions qui ne pouvaient plus intéresser que la personne même à laquelle l'exercice en appartenait.

» C'est donc ici le cas de la maxime, *ratione legis cessante, cessat lex.* L'art. 49 du tit. 2 de l'ordonnance de 1747 aurait donc été abrogé par la loi du 14 novembre 1792, si déjà il ne l'eût été par la loi du 24 août 1790.

» Et vainement chercherait-on à nous opposer l'arrêt de la section civile du 3 janvier dernier, qui a jugé, au rapport de M. Boyer, qu'un tiers acquéreur peut encore aujourd'hui, comme avant la loi du 14 novembre 1792, exciper contre le substitué qui le poursuit en éviction, du défaut d'envoi en possession préalable. Fixons-nous bien sur l'espèce de cet arrêt.

» Une substitution créée par un testament du 2 juin 1755, s'ouvre en 1790 au profit du sieur Dubouzet.

» Le 30 septembre de la même année, le sieur Dubouzet obtient, non de celui de la situation des biens, mais de celui du domicile de l'héritier grevé, une ordonnance d'envoi en possession; et il l'obtient, sans avoir joint à sa requête les pièces qui, aux termes de l'art. 35 du tit. 2 de l'ordonnance de 1747, doivent y être jointes et même visées, à peine de nullité.

» En 1805, le sieur Dubouzet prétend évincer le sieur Dijon de la terre de Podenas, qui avait été vendue par décret, en 1769, sur l'héritier grevé, et qu'un arrêt de 1768 avait jugé, contradictoirement avec l'héritier grevé, ne pas faire partie des biens frappés de la substitution. Dans cette vue, il forme une tierce-opposition à l'arrêt d'adjudication de 1769, et il prend une requête civile contre celui de 1768.

» Le sieur Dijon lui répond qu'il est non-recevable, et il se fonde sur l'art. 40 du tit. 1.ᵉʳ de l'ordonnance de 1747, lequel est ainsi conçu : « Le fidéicommissaire, même à titre universel, » ne sera point saisi de plein droit. Mais il sera » tenu d'obtenir la délivrance ou la remise du » fidéicommis..., sans qu'il puisse évincer les » tiers-possesseurs des biens compris dans la » substitution, qu'après avoir obtenu ladite dé- » livrance ou remise, et après avoir satisfait à » ce qui sera prescrit par les art. 35, 36 et 37 » du tit. 2 de la présente ordonnance ». D'après cet article, disait le sieur Dijon au sieur Dubouzet, vous deviez obtenir, avant de pouvoir m'actionner, non-seulement un jugement de délivrance du fidéicommis, mais encore une ordonnance d'envoi en possession; car l'art. 35 du tit. 2 auquel il se réfère, défend à tous ceux qui seront grevés de substitution *ou qui prendront leur place*, de se mettre en possession des biens substitués, avant d'y avoir été autorisés par le juge de la situation. Or, l'ordonnance d'envoi en possession que vous avez obtenue en 1790, est nulle de deux chefs : elle est nulle, parce-qu'elle a été rendue par un autre juge que celui de la situation de la terre de Podénas; elle est nulle, parce que vous n'aviez pas joint à votre requête les pièces dont le même art. 35 du tit. 2 prescrit, à peine de nullité, la jonction et le *visa*.

» Le sieur Dubouzet réplique que les formalités prescrites par l'ordonnance de 1747, pour l'envoi en possession et la remise du fidéicommis, n'étaient imposées qu'aux substitués chargés de rendre; que, devant recueillir librement la substitution, il avait été dispensé de ces formalités; qu'au surplus, relativement aux tiers-acquéreurs, elles tenaient au mode d'exercice de l'action en éviction, et que, dès-là, on devait se régler, non par l'ordonnance de 1747 abrogée par la loi du 14 novembre 1792, mais par la loi en vigueur au moment même où l'éviction était poursuivie.

» Le 21 août 1808, arrêt de la cour de Paris, qui déclare le sieur Dubouzet non-recevable.

» Recours en cassation fondé sur deux moyens: fausse application de l'art. 40 du tit. 1.er et de l'art. 35 du tit. 2 de l'ordonnance de 1747, qui ne distinguent, suivant le sieur Dubouzet, que le cas où le substitué est lui-même grevé de substitution; violation de la loi du 14 novembre 1792, qui a fait disparaître, avec les substitutions fidéicommissaires, toutes les règles qui y étaient relatives.

» Par arrêt du 3 janvier 1810, « attendu que » l'ordonnance des substitutions ne distinguant » pas, dans son précepte relatif aux formalités » de l'envoi en possession, le cas où celui qui » doit recueillir les biens substitués, est tenu de » les rendre à un appelé ultérieur, du cas où il » les recueille librement et sans charge de res- » titution, l'arrêt attaqué n'a pu violer la loi en » exigeant, du demandeur en cassation, l'ob- » servation desdites formalités, abstraction faite » du point de savoir s'il est, ou non, grevé de » restitution; — Attendu que la loi de 1792, » abolitive des substitutions, n'a porté aucune » atteinte aux droits ouverts antérieurement à » sa publication, soit au profit des substitués, » pour réclamer l'effet des substitutions, soit » au profit des tiers-acquéreurs, pour opposer » auxdits substitués l'inobservation de formali- » tés à eux imposées par l'ordonnance des subs- » titutions; et qu'en réclamant le bénéfice d'une » législation aujourd'hui abolie, les appelés ne » peuvent se soustraire aux conditions pres- » crites par cette même législation; — La cour » rejette.... ».

» Vous voyez, Messieurs, que, dans cette es- pèce, il ne s'agissait pas, comme ici, d'une sim- ple forme de procéder et de juger, toujours et essentiellement dépendante de la loi du temps où se fait l'instruction et se rend le jugement, mais qu'il y était question du droit acquis à un tiers-possesseur, sous l'ordonnance de 1747, de ne pouvoir être évincé qu'après l'observation de certains préliminaires.

» Le droit d'évincer les tiers-acquéreurs, n'ap- partenait aux substitués, que par la volonté de la loi. La loi avait donc pu subordonner, pour eux, l'exercice de ce droit aux conditions qu'elle avait jugé à propos de leur imposer. Elle avait donc pu dire à ceux qui acquéraient des biens grevés de substitution : « Vous ne pourrez être » évincés qu'après que les substitués auront ob- » tenu un jugement de délivrance et une ordon- » nance d'envoi en possession »; et les acqué- reurs ayant, sur sa parole, traité dans cette confiance, il est clair qu'une loi postérieure n'a- vait pu les priver de l'avantage qu'elle leur avait assuré. Le sieur Dubouzet ne pouvait donc pas évincer le sieur Dijon, même après la loi du 14 novembre 1792, sans avoir préalablement obtenu une ordonnance d'envoi en possession.

» Ici, rien de semblable; nul droit acquis à aucune des parties, avant la loi du 14 novem- bre 1792, de ne plaider que sous la surveillance du ministère public, et de n'être jugée que sur ses conclusions, par conséquent, nul motif, nul prétexte, pour faire survivre à la loi du 14 no- vembre 1792, la disposition de l'art. 49 du tit. 2 de l'ordonnance de 1747.

» Mais allons plus loin : admettons que cette disposition fasse encore loi pour les substitutions qui étaient ouvertes avant le 14 novembre 1792; s'ensuitera-t-il que l'arrêt attaqué par le de- mandeur, doit être cassé?

» Oui, telle en serait la conséquence, si l'art. 49 du tit. 2 de l'ordonnance de 1747 attachait expressément la peine de cassation aux arrêts qui seraient rendus, en matière de fidéicommis, sans conclusions préalables du ministère public. Mais ce n'est pas sous peine de cassation, c'est sous peine de rétractation par la voie de la re- quête civile, que cet article prescrit l'audition du ministère public dans toutes les affaires où il s'agira de fidéicommis. « Il ne pourra (porte- » t-il). être rendu aucun jugement sur ce qui » concerne les substitutions fidéicommissaires..., » que sur les conclusions de nos avocats et pro- » cureurs en première instance, et sur celles de » nos avocats et procureurs-généraux en nos » cours... voulons qu'il y ait ouverture de re- » *quête civile contre les arrêts qui seront rendus* » *sans conclusions de nosdits avocats et procu-* » *reurs-généraux* ». Et nous devons ajouter que l'ordonnance de 1747 n'aurait pas pu disposer autrement, qu'elle n'aurait pas pu reprimer par la cassation, le mépris de la règle qu'elle prescrivait, sans s'écarter du principe général, écrit dans l'ordonnance de 1667, tit. 35, art. 34, qu'il ne pourrait résulter du défaut d'audition du ministère public, *dans les affaires où la loi* exigeait *son intervention*, qu'une ouverture de requête civile.

» A la vérité, ce principe, que nous retrouvons encore dans l'art. 480 du Code de procédure, a été momentanément abrogé par la loi du 27 novembre 1790, institutive de la cour de cassation. A la vérité, de ce que, dans l'art. 3 de cette loi, il était dit que *la violation des formes de procédure prescrites à peine de nullité, donne ouverture à la cassation*; de ce que, par l'art. 2 de la loi du 4 germinal an 2, il était ajouté que la peine de nullité serait de plein droit sous-entendue dans toutes les lois faites depuis 1789, sur la forme de procéder en matière civile, on a conclu, et avec beaucoup de raison, que le défaut de conclusions du ministère public dans les affaires où son audition était commandée par les lois faites depuis 1789, donnait ouverture à la cassation des arrêts entachés de ce défaut.

» Mais y a-t-il, dans les lois faites depuis 1789, quelque disposition qui prescrive l'audition du ministère public dans les affaires où il s'agirait de fidéicommis? Nous avons déjà vu que non. Donc si l'art. 49 du tit. 2 de l'ordonnance de 1747 n'avait été abrogé, ni par la loi du 24 août 1790, ni par celle du 14 novembre 1792, du moins il ne pourrait résulter de cet article qu'une ouverture de requête civile; donc le moyen de cassation que le demandeur prétend tirer de cet article, serait toujours mal fondé.

» Voyons maintenant si les art. 354, 355 et 356 du Code civil imposaient à la cour de Metz l'obligation de ne prononcer sur les effets de l'acte d'adoption du 5 décembre 1780, qu'après avoir entendu le procureur-général.

» Que portent ces articles? Rien autre chose, si ce n'est que les jugemens par lesquels les tribunaux déclarent qu'il y a ou qu'il n'y a pas lieu à l'adoption, doivent être précédés des conclusions du ministère public.

» Mais, 1.º de quelle adoption s'agit-il dans ces articles? De l'adoption introduite par le Code dont ces articles font partie, de l'adoption proprement dite, de l'adoption qui confère à l'adopté des droits déterminés par le Code civil, de l'adoption qui emporte prohibition de mariage entre l'adoptant, l'adopté et ses descendans, entre les enfans adoptifs de la même personne, entre l'adopté et les enfans qui peuvent survenir à l'adoptant, entre l'adopté et l'époux de l'adoptant, entre l'adoptant et l'époux de l'adopté. Or, qu'a de commun cette adoption avec celle qui a été stipulée par l'acte du 5 décembre 1780, sans

le concours de l'autorité publique, et qui, de l'aveu du demandeur lui-même, n'a pu, par cette raison, avoir que l'effet d'une institution d'héritier?

» 2.º Les articles cités du Code civil n'exigent l'intervention du ministère public que dans les jugemens préalables à l'adoption introduite par ce Code, et uniquement relatifs à la question de savoir si elle doit ou non être permise; ils ne l'exigent pas dans les jugemens à rendre sur les contestations auxquelles l'adoption peut donner lieu, soit entre l'adoptant et l'adopté, soit entre celui-ci et les héritiers de celui-là; et à combien plus forte raison ne peut-on pas s'étayer de ces mêmes articles, pour soutenir que l'intervention du ministère public était nécessaire dans une contestation à laquelle avait donné lieu une adoption qui ne ressemblait en rien à celle du Code civil?

» Par là se trouve résolue à l'avance notre troisième question, celle de savoir si, en prononçant sur les effets de l'adoption dont il s'est agi devant la cour de Metz, cette cour a prononcé sur des objets d'*ordre général*, et si en conséquence, d'après l'art. 1.ᵉʳ du tit. 8 de la loi du 24 août 1790, elle a pu le faire sans conclusions du parquet?

» En effet, dès que l'adoption du 5 décembre 1780 avait eu lieu sans le concours de l'autorité publique, dès qu'elle n'était réellement qu'une institution d'héritier, dès que la substitution fidéicommissaire des 1.ᵉʳ août 1722 et 25 octobre 1756 se trouvait abolie par la loi du 14 novembre 1792, dès qu'en conséquence, elle ne pouvait pas prétendre à la protection spéciale dont le législateur avait honoré les dispositions de cette nature dans l'ordonnance de 1747, il était bien impossible que la cour de Metz les considérât l'une et l'autre comme tenant à l'*ordre général*; et qu'elle leur fît l'application de l'art. 1.ᵉʳ du tit. 8 de la loi du 24 août 1790.

» Que signifient d'ailleurs, dans cet article, les termes par lesquels il est dit que les fonctions des officiers du ministère public consistent, entre autres choses, à *faire observer dans les jugemens à rendre, les lois qui intéressent l'ordre général*? Ils signifient sans doute que ces officiers doivent figurer dans toutes les affaires où l'ordre général se trouve intéressé! mais ces affaires, quelles sont-elles? Il y en a de deux sortes. Dans les unes, le ministère public doit agir d'office : ce sont les procès criminels, et les affaires civiles où il n'y a d'intéressé que l'ordre public, telles que les contraventions des notaires aux lois qui règlent les devoirs de leurs fonctions. Dans les autres, le ministère public n'a que le droit de faire des réquisitions à la suite des plaidoiries des parties privées; et nous l'avons déjà remarqué, la loi elle-même détermine spécifiquement

quelles sont ces affaires; elle déclare formellement, art. 3, qu'il n'y aura nécessité d'entendre
le ministère public que dans les causes des mineurs, des interdits, des femmes mariées, de
l'Etat, des communes et des absens indéfendus.

» Le premier moyen de cassation des demandeurs ainsi écarté, les trois autres qui sont tirés
du fond de la cause, ne nous occuperont pas
long-temps.

» Suivant le demandeur, l'arrêt dont il se
plaint, en le déboutant de sa prétention à la
propriété exclusive des biens compris dans la
substitution fidéicommissaire des 1.er août 1722
et 25 octobre 1756, a violé 1.° l'art. 3 de la loi
du 14 novembre 1792, qui conserve les anciens
fidéicommis en faveur de ceux au profit desquels
ils s'étaient ouverts avant la publication de cette
loi; 2.° l'art. 1.er de la loi du 18 pluviôse an 5,
qui maintient les institutions contractuelles antérieures, soit à la loi du 7 mars 1793, soit à
celle du 5 brumaire an 2; 3.° les art. 3 et 4 du
chap. 1.er de la coutume de Liége, qui déclarent
irrévocables les donations et les institutions stipulées par contrat de mariage.

» Ce moyen serait digne d'une grande attention, si le demandeur avait réclamé les biens
dont il s'agit, comme lui étant dévolus par la
mort de son aïeul, Benoît de Hamal. Dans cette
hypothèse, il pourrait dire que, par l'art. 15 de
son contrat de mariage du 26 mai 1781, Ferdinand de Hamal, son père, a été institué par
Benoît de Hamal, héritier de tous ses biens
présens et à venir; que les biens qui, à l'époque de ce contrat, étaient fidéicommissés dans
la personne de Philippe de Hamal, se sont
trouvés à la mort de Benoît de Hamal, dans sa
pleine et libre propriété; et que par conséquent
ils sont tombés dans l'institution contractuelle
dont Benoît de Hamal avait gratifié son père,
en le mariant.

» Mais ce n'est point dans la succession de
Benoît de Hamal, que le demandeur a prétendu
prendre les biens fidéicommissés dont il s'agit;
il a prétendu les prendre dans celle de Philippe
de Hamal; il a prétendu les y prendre à l'exclusion de Benoît de Hamal, son aïeul; et il l'a
prétendu sur le fondement que, par l'acte d'a-
doption du 5 décembre 1780, combiné avec le
contrat de mariage du 26 mai 1781, Philippe
de Hamal avait interverti l'ordre de vocation au
fidéicommis, et avait voulu, du consentement
de Benoît de Hamal lui-même, qu'après sa mort,
Ferdinand le recueillît immédiatement et à l'exclusion de celui-ci.

» Cette interversion, cette volonté résultent-
elles donc de l'acte d'adoption et du contrat de
mariage de Ferdinand? La cour de Metz a jugé
en fait que non: et, en interprétant ainsi ces
deux actes, non-seulement elle n'a violé aucune
loi, mais elle nous paraît avoir bien jugé.

» La chose peut être douteuse relativement à
la portion de ces mêmes biens dont Benoît de
Hamal a abandonné la *jouissance* à son fils, par
son contrat de mariage; et il est certain que si,
par ces mots, *la jouissance*, Benoît de Hamal
avait désigné la propriété lui idée qui alors résidait
dans les mains de tout grevé de substitution, le
demandeur aurait eu le droit de réclamer cette
portion contre Benoît de Hamal lui-même :
mais la cour de Metz a, non pas jugé (car la
question ne lui était pas soumise, et elle l'a laissée
entière), mais déclaré par ses motifs, que ces
mots ne désignaient, dans le contrat de mariage
qu'un simple usufruit; et en le déclarant ainsi,
quelle loi a-t-elle violée? aucune. Le deuxième
moyen de cassation du demandeur est donc, à
tous égards, insoutenable.

» Le troisième est tiré de l'art. 1 de la coutume
de Liége, portant que le mari *ne peut faire
quittance ni rien rendre à son père ou mère, ou
celui qui promis ou donné lui aura*, par contrat
de mariage, *si ce n'est au gré de la femme et de
la plus grande partie de ses manbours*. Cet article,
dit le demandeur, a été violé par la cour de
Metz, en ce qu'elle a jugé valable la renonciation que mon père avait faite seul et de sa
propre autorité, le 13 mai 1784, au bénéfice
de l'adoption du 5 décembre 1780.

» Quel est donc l'objet de cet article? C'est
d'empêcher que les avantages accordés aux futurs époux, par leur contrat de mariage, ne
soient frauduleusement neutralisés par des con-
tres-lettres; c'est de prévenir les pactes secrets
par lesquels un fils s'engagerait, en se mariant,
de rendre à son père la totalité ou une portion
de ce que son père aurait paru lui donner pour
son établissement; et à cet égard, la coutume
de Liége ne faisait qu'énoncer et organiser un
principe qui était reconnu dans toute la ci-
devant Belgique, comme dans toute la France,
et que l'art. 1396 du Code civil a formellement
consacré.

» Mais de même que, dans aucune partie de
la Belgique, dans aucune partie de la France,
on ne s'est jamais avisé de conclure de ce principe, qu'il ne fût pas au pouvoir d'un héritier
contractuel de renoncer, sans le concours de sa
femme, à une succession qu'il trouve obérée;
de même aussi l'art. 1 de la coutume de Liége
ne peut porter aucune atteinte à la répudiation
que Ferdinand de Hamal a faite en 1784 d'une
adoption, c'est-à-dire, d'une institution d'héritier, dans laquelle il ne trouvait, au lieu des
avantages qu'il s'en était promis, qu'*une lésion
énormissime*.

» Le quatrième moyen n'exige qu'un mot. Il
consiste à dire que la cour de Metz a déclaré
l'acte d'adoption nul, par le défaut des formalités
requises par les lois romaines dans ces sortes

d'actes; et qu'en l'annullant sous ce prétexte, elle a fait une fausse application de ces lois, en même temps qu'elle a violé les art. 2 et 4 de la coutume de Liége, relatifs aux *promesses de succéder* écrites dans les contrats de mariage.

» Où le demandeur a-t-il donc pris que l'acte d'adoption du 5 décembre 1780 est annullé par l'arrêt qu'il vous dénonce? Cet arrêt dit bien que l'acte d'adoption n'a jamais pu valoir comme tel, parce que l'autorité publique n'y avait pas concouru (vérité trop claire et trop sensible pour que l'on puisse la contester); mais il ajoute aussitôt que l'acte d'adoption aurait pu valoir comme institution contractuelle, et c'est précisément ce que soutient le demandeur. Le demandeur ne s'est donc pas entendu lui-même en vous proposant ce moyen.

» Nous estimons qu'il y a lieu de rejeter la requête, avec amende ».

Par arrêt du 23 août 1810, au rapport de M. Botton-Castellamonte,

« Attendu, sur le moyen de forme, que, quoique l'ordonnance de 1747 défendît de rendre des jugemens sur les substitutions fidéicommissaires, sans les conclusions du ministère public; néanmoins les art. 1 et 3 de la loi du 24 avril 1790, et même l'art. 83 du Code de procédure civile, n'énoncent plus les substitutions dans l'énumération des matières sur lesquelles l'audition du ministère public est nécessaire; que les art. 354, 356 et 357 du Code civil, relatifs aux conclusions du ministère public en matière d'adoption, n'ont trait qu'aux adoptions introduites et autorisées par ce même Code, et peuvent d'autant moins s'étendre à l'espèce d'adoption dont il s'agit, que le demandeur lui-même ne la regarde que comme une institution contractuelle; que ces seules observations suffisent pour écarter le moyen de forme;

» Sur le fond, attendu 1.° que l'arrêt dénoncé, en interprétant les actes du 5 décembre 1780 et du 21 mars 1781, s'est borné à décider que Ferdinand de Hamal n'a pas dû succéder immédiatement à Philippe, son oncle, dans les biens soumis au fidéicommis d'Alphonse, à l'exclusion de Benoît, père dudit Ferdinand; que, quoique dans les motifs de l'arrêt, la cour de Metz ait dit que la cession du tiers de ces biens, faite par Benoît à Ferdinand, ne l'a été qu'à titre de simple usufruit, il paraît néanmoins que cette question n'avait pas été proposée par les parties, ni formellement décidée par le dispositif du même arrêt; que, d'ailleurs, il n'y aurait là encore qu'une simple interprétation de l'acte du 21 mars précité; que ces interprétations ne peuvent fournir matière à la cassation; que, cela posé, la cour d'appel de Metz n'a pu violer ni l'art. 3 de la loi de 1792, ni l'art. 1 de la loi du 18 pluviôse an 5, ni les art. 3 et 4 de la coutume de Liége.

» Attendu 2.° que l'arrêt dénoncé a refusé au père du demandeur le droit de succéder immédiatement à son oncle, non pas sur le fondement de la nullité de l'acte de 1780, considéré comme une espèce d'institution contractuelle, mais bien parce qu'il n'a pas trouvé dans cet acte la vocation immédiate de Ferdinand au fidéicommis d'Alphonse; d'où il suit que l'art. 4, ch. 2, de la coutume de Liége est étranger à l'espèce; et quant à la renonciation de Ferdinand, attendu que l'art. 1.er de la même coutume n'est point applicable au cas où l'on renonce à une succession dont l'acceptation serait lésive;

» Attendu 3.° qu'il n'a pas été question, devant la cour d'appel, des droits qui peuvent compéter au demandeur, sur la succession de Benoît, son aïeul, soit en vertu du contrat de mariage de Ferdinand, soit en vertu d'autres titres, et que ces droits au contraire lui ont été réservés par l'arrêt dénoncé;

» La cour rejette le pourvoi.... ».

§. XIII. *La substitution fidéicommissaire de ce quod supererit (de ce dont le donataire ou légataire n'aura pas disposé), est-elle comprise dans l'art. 896 du Code civil; et en conséquence, emporte-t-elle la nullité de la disposition principale qu'elle modifie ?*

Non, et par une raison bien simple : c'est que, dans cette substitution, il y a bien *charge de rendre*, mais non pas *charge de conserver*, et que l'art. 896 du Code civil lui-même exige qu'il y ait concours de l'une et de l'autre charge, pour qu'il y ait lieu à l'application de la défense qu'il fait de substituer.

C'est au surplus ce qu'a jugé, en 1816, un arrêt de la cour supérieure de justice de Bruxelles.

Le 24 août 1801, Pierre Lissens et Jeanne Maeschalk, son épouse, domiciliés à Bruxelles, font un testament conjonctif par lequel, en dérogeant, suivant la faculté que leur en donne la coutume de cette ville, au réglement de leurs gains respectifs de survie, contenu dans leur contrat de mariage, du 4 avril 1793, s'instituent réciproquement *héritiers universels*, avec plein *droit d'institution et de libre disposition*, et ajoutent « qu'après le décès du survivant, la moitié » de la succession existante alors, soit mobilière, » soit immobilière, succédera aux parens les » plus proches du testateur pour moitié, et » l'autre moitié aux parens les plus proches de » la testatrice, avec défense à leurs héritiers » ainsi substitués de molester le survivant pour » la formation d'un état et inventaire du prédé- » cédé, à peine d'être privés de la portion de » l'hérédité qui leur écherrait après la mort des » deux testateurs ».

Pierre Lissens meurt en 1808, et par conséquent sous le Code civil.

Le 26 décembre 1809, sa veuve vend à Charles
Desmets la totalité du mobilier; et par testament
du 31 mars 1811, elle l'institue son héritier universel.

Après la mort de cette veuve, les héritiers de
Pierre Lissens font assigner Charles Desmets au
tribunal de première instance de Bruxelles,
pour voir dire que le testament du 24 août 1801,
quoique fait sous l'empire des anciennes lois,
doit néanmoins, quant au fond de ses dispositions, être jugé d'après le Code civil, ainsi que
l'ont décidé plusieurs arrêts de la cour de cassation (1); qu'ainsi, il est soumis à la disposition
de l'art. 896 du Code qui annulle toute institution d'héritier, toute donation, tout legs auquel
est apposée une substitution; que l'institution
d'héritier qu'il contient, de la part de Pierre
Lissens, au profit de son épouse, est modifiée
par une substitution en faveur de ses héritiers
légitimes; que par conséquent cette institution
est nulle; et que, dès-lors, tous les biens qui
composaient la succession de Pierre Lissens,
doivent leur être renseignés et rendus.

Charles Desmets répond que la charge de conserver et de rendre à un tiers qui forme, aux
termes de l'art. 896 du Code civil, l'essence de
la substitution qu'il prohibe et qui emporte la
nullité de l'institution, est incompatible avec la
faculté de disposer librement que les deux époux
se sont mutuellement conférée par leur testament
conjonctif; qu'à la vérité, le droit romain offre
divers exemples de fidéicommis de eo quod supererit; mais que cette espèce de fidéicommis
n'est point atteinte par la prohibition contenue
dans l'art. 896; qu'on objecterait inutilement
que les lois des pandectes attachaient à cette
espèce de fidéicommis, l'obligation de conserver
au substitué telle quotité des biens du testateur
qui serait jugée équitable par des arbitres,
et que Justinien avait, par une de ses novelles,
fixé cette quotité au quart (2); que ces règles,
purement arbitraires, n'avaient pas survécu au
Code civil.

Le 31 décembre 1813, jugement qui déclare
nulle l'institution d'héritier dont il s'agit, et condamne Charles Desmets à rendre la succession
de Pierre Lissens à ses héritiers légitimes.

Mais sur l'appel de Charles Desmets, arrêt
du 7 février 1816, par lequel :
« Attendu que l'art. 896 du Code civil, en
proscrivant les institutions comme les substitutions, a eu pour but politique d'empêcher que
de grandes masses de biens ne s'accumulassent

sur le même chef; que le législateur a encore
vu dans les substitutions fidéicommissaires, que
le grevé n'est choisi que comme un moyen de
transmission, sans jouir de la grande affection
du substituant qui transporte toute la propriété
sur la tête de celui qu'il appelle à recueillir l'effet
de cette vocation;

» Attendu que, dans l'espèce, Pierre Lissens
et Jeanne Maeschalk ont changé leur contrat de
mariage pour les gains nuptiaux de survie et
par les dispositions insérées dans l'acte du 24 août
1801; que le survivant des époux y est nommé
*héritier unique et universel du prédécédé, avec
plein droit d'institution et libre disposition;* que
la clause suivante qui a pour objet la succession
existante au décès du survivant dont une moitié
succèdera, y est-il dit, sur les parens du testateur et l'autre sur les parens de la testatrice,
n'est donc pas une disposition par laquelle le
survivant est chargé *de conserver et de rendre,*
et par conséquent ne peut être envisagée
comme une substitution fidéicommissaire proprement dite, dans le sens de l'art. 896 du Code
civil;

» D'où il suit nécessairement que l'institution
est valable et que les intimés ne sont point
fondés à agir en délaissement et abandon des
biens meubles et immeubles composant la succession de feu Pierre Lissens, pour cause de
prétendue caducité de la disposition qu'il a faite
en faveur de Jeanne Maeschalk, sa femme survivante;

» La cour met le jugement dont appel au
néant; émendant, déclare les intimés, demandeurs originaires, pour avoir agi et conclu à
charge des appelans ainsi et de la manière qu'ils
l'ont fait, non fondés ni recevables; libre néanmoins aux intimés d'agir autrement, s'ils s'y
croient fondés ; condamne les intimés aux
dépens...... (1) ».

§. XIV. *L'héritier institué ou le légataire universel peut-il être, sous le Code civil, forcé
par l'héritier ab intestat de répondre à un interrogatoire sur faits et articles tendans à
établir que son institution ou son legs universel a été verbalement grevé par le testateur
d'une substitution fidéicommissaire ?*

Il est certain que, si l'héritier *ab intestat*
prétendait prouver, par l'interrogatoire sur
faits et articles du légataire universel, une disposition verbale du défunt qui, dans le cas où
elle serait écrite et revêtue des solennités requises par la loi, ne serait que nulle, qui, dans
ce cas, *vitiaretur et non vitiaret*, il ne devrait pas

---

(1) *Répertoire de jurisprudence,* aux mots *Institution
d'héritier,* sect. 1, n. 7.

(2) *Répertoire de jurisprudence,* sect. 10, §. 9.

(1) *Jurisprudence de la cour supérieure de Bruxelles,*
année 1816, tome 1, page 205.

être écouté, et le légataire universel serait en droit de ne pas répondre.

C'est ainsi que, sous l'empire de l'ordonnance de 1735 dont l'art. 1.er annullait toute disposition testamentaire qui ne serait que verbale, mais à une époque où les substitutions fidéicommissaires étaient valables, lorsque, faites au profit de personnes capables de recevoir, elles étaient consignées dans des testamens en bonne forme, il a été jugé par un arrêt du conseil, portant cassation d'un arrêt du parlement de Bordeaux de 1739, qui avait décidé le contraire, que l'on ne pouvait pas exiger de l'héritier institué son affirmation sur l'existence d'un fidéicommis dont on prétendait qu'il avait été chargé verbalement par le testateur (1).

Pourquoi, en pareil cas, le légataire universel n'est-il pas obligé d'affirmer que le testateur ne l'a pas chargé verbalement de telle disposition? Parce que son aveu même n'effacerait pas la nullité dont cette disposition, si elle avait eu lieu, se trouverait frappée par l'absence des formes qui en constituent l'essence, et qu'à défaut d'allégation d'aucun motif frauduleux qui eût porté le testateur à ne faire cette disposition que verbalement, le testateur serait censé ne l'avoir faite verbalement qu'avec l'intention qu'elle n'eût aucun effet.

Mais ce n'est pas sur une disposition de cette nature, que porte notre question. L'héritier *ab intestat* ne demande pas l'affirmation du légataire universel sur une disposition qui n'est que nulle; il la demande sur une disposition qui, non-seulement est nulle, mais qui emporte la nullité de l'institution qu'elle modifie; sur une disposition qui *vitiatur et vitiat*, par cela seul qu'elle porte le caractère d'une substitution aujourd'hui prohibée; et l'on conçoit facilement qu'il n'en peut pas être d'une telle disposition comme de celle dont il s'agissait dans l'espèce jugée à Bordeaux en 1739.

Dans cette espèce, la substitution prétendue faite verbalement, n'était que nulle: on ne l'alléguait que pour en réclamer l'exécution; et on l'alléguait par conséquent, sans intérêt, puisque l'aveu même qu'en eût fait l'héritier institué, ne l'eût pas obligé à l'exécuter. C'était donc le cas de la maxime, *frustrà probatur quod probatum non relevat*.

Mais une disposition qui, tout-à-la-fois, *vitiatur et vitiat*, ce n'est pas pour en demander l'exécution qu'on l'allègue : on ne l'allègue que pour faire annuller l'institution d'héritier à laquelle on soutient que le testateur l'a ajoutée verbalement; on ne l'allègue que comme un moyen frauduleusement concerté entre le testateur et l'héritier institué, pour éluder la prohibition

de la loi ; et comment, dès lors , l'héritier institué pourrait-il se refuser à l'affirmation que l'on exige de lui sur l'existence ou l'inexistence de cette disposition ?

Dira-t-il qu'en faisant cette prétendue disposition verbalement, le testateur savait bien qu'il ne serait pas tenu de l'exécuter?

On lui répondra qu'il n'en est pas moins vrai que le testateur ne l'a institué héritier que par l'impulsion de la confiance qu'il a eue en lui; qu'il s'est reposé sur sa bonne foi de l'exécution de sa volonté, quelque contraire qu'elle fût à celle du législateur; qu'il s'est formé, par là, entre lui et le testateur, un pacte illicite et frauduleux; que ce pacte a beau être dénué de moyens d'exécution; que son inefficacité n'empêche, ni qu'il n'ait été le motif déterminant de l'institution d'héritier, ni que l'institué ne puisse se croire obligé, en conscience, de l'exécuter avec une religieuse fidélité; que par conséquent l'institution d'héritier ne pourrait avoir son effet, qu'autant que la preuve de ce pacte viendrait à manquer; et que, puisque c'est pour parvenir à cette preuve qu'on l'interroge sur faits et articles, il faut de toute nécessité qu'il réponde.

C'est en raisonnant ainsi, que l'on jugeait constamment, avant le Code civil, que l'héritier institué ne pouvait pas se refuser à la prestation du serment qui lui était déféré sur le point de savoir si le testateur ne l'avait pas chargé verbalement de remettre la succession, soit en totalité, soit en partie, à une personne incapable dont il fût le prête-nom.

Il y en a deux arrêts célèbres du parlement de Paris qui sont rapportés dans le répertoire de *jurisprudence* aux mots *fidéicommis tacite* n. 4, et qui ont été rendus en 1716, c'est-à-dire, dans un temps où, à la vérité, n'existait pas encore l'ordonnance de 1735 qui annulle toute disposition testamentaire non rédigée par écrit, mais où déjà, et depuis très-long-temps, le parlement de Paris, devançant cette loi par sa jurisprudence, s'était fait une règle invariable de ne plus reconnaître aucun testament verbal (1).

La même chose a été jugée sous le Code civil. Voici dans quelle espèce.

Le sieur Jonery avait, par un testament olographe, institué le sieur Cognac son légataire universel.

Le sieur Teulot, héritier ab intestat, ayant des raisons de croire que le sieur Cognac n'était qu'une personne interposée pour faire passer la succession à des incapables, a demandé qu'il fût interrogé sur faits et articles.

Le légataire universel a soutenu qu'aucune disposition testamentaire ne pouvant valoir

---

(1) *Répertoire de jurisprudence*, au mot *Testament*, sect. 2, §. 1, art. 2, n. 3.

(1) Ricard, *Traité des donations*, part. 1, n. 1497.

qu'autant qu'elle est écrite, la preuve vocale d'un fidéicommis tacite n'était pas admissible; et il a inféré de là qu'il ne pouvait pas être obligé de subir l'interrogatoire auquel concluait le sieur Teulot.

Le 9 mars 1814, jugement du tribunal de première instance de Rhodez, qui ordonne au sieur Cognac de répondre aux faits et articles posés par son adversaire.

Appel de la part du sieur Cognac. Le 27 juillet de la même année, arrêt confirmatif de la cour royale de Montpellier.

Recours en cassation; et le 18 mars 1818, arrêt contradictoire de la section civile de la cour de cassation qui le rejette, « attendu que l'inter» rogatoire sur faits et articles ne peut être assi» milé à la preuve testimoniale, puisque son ad» mission, qui peut toujours être demandée, » n'autorise qu'une interpellation à la bonne » foi de la partie interrogée, au lieu d'admettre » contre elle le témoignage d'autrui (1) ».

Ces arrêts ont évidemment jugé qu'encore que toute disposition testamentaire purement verbale soit nulle, l'héritier institué ne laisse pas d'être tenu de se purger, par serment, sur le fait allégué par l'héritier ab intestat, que le testateur lui a imposé verbalement une condition qui, si elle lui avait été réellement imposée, emporterait la nullité de l'institution.

Et l'on voit que ce principe n'est pas moins applicable au cas où une substitution fidéicommissaire est alléguée avoir été imposée par le testateur à l'héritier institué, qu'à celui où il est articulé que l'héritier institué a été chargé verbalement par le testateur de remettre immédiatement, soit la totalité, soit une partie de la succession, à un incapable.

Dans un cas comme dans l'autre, en effet, il y a fraude à la loi qui n'est pas moins sévère lorsqu'elle prononce la nullité de toute disposition contenant charge de conserver et de rendre, qu'elle ne l'est lorsqu'elle déclare nulle toute disposition faite au profit d'un incapable, par interposition de personne. Et dès-là, il ne peut y avoir ni raison ni prétexte pour dispenser, dans le premier cas, l'héritier institué d'une affirmation à laquelle il peut être refuser dans le second.

SUCCESSIBLE. — §. I. *Avant le Code civil, devait-on considérer comme déguisé ou frauduleux, l'avantage fait à l'ascendant du successible, à son époux, à son communier?*

V. l'article *Avantages entre héritiers présomptifs*, §. 2.

§. II. *Est-ce avantager indirectement un successible, que de le cautionner envers un tiers? — Le cautionnement, en pareil cas, est-il obligatoire pour les co-héritiers du successible cautionné? Quelle était, à cet égard, la jurisprudence de la ci-devant Normandie et du ci-devant Maine, pour le cautionnement de la dot, du douaire et des autres conventions matrimoniales?*

V. le plaidoyer et l'arrêt du 17 fructidor an 12, rapportés à l'article *Transfert*.

§. III. *Les ventes faites à des successibles, avec réserve d'usufruit, sous l'empire de la loi du 17 nivôse an 2, sont-elles valables, ou doivent-elles être annulées comme ventes à fonds perdus déguisées?*

V. l'article *Vente à fonds perdus*.

SUCCESSION. — §. I. *Avant le Code civil, la seule abstention suffisait-elle, de la part de l'héritier présomptif, pour qu'il fût censé n'avoir pas accepté la succession?*

J'ai traité cette question à l'article *Héritier*, §. 1, et je n'y ajouterai qu'une note écrite en 1784, par M. Mourot, jurisconsulte distingué de Pau, concernant la jurisprudence du ci-devant parlement de Navarre sur cette matière.

« Les *rustiques* jouissent en Béarn et en Soules, du privilège de pouvoir répudier, quoiqu'ils n'aient point fait inventaire, si d'ailleurs ils ne se sont pas immiscés. Ils ne sont assujettis qu'à rapporter de simples états des biens qu'ils ont trouvés dans l'hérédité; les créanciers peuvent débattre ces états, s'il y a de l'infidélité et de l'inexactitude.

» Il en est autrement en Navarre; l'art. 37 de la rubrique 27 du titre *des testamens et successions*, prescrit la nécessité de l'inventaire, sans distinction des personnes ni de leur état.

» Un règlement des états de Navarre, de l'année 1717, homologué par un arrêt du parlement, du 21 février 1721, porte « que les héritiers légitimes ou testamentaires seront obligés à délibérer dans les quatre mois du for, et à faire inventaire dans le même délai. S'ils ne le font, ils seront censés héritiers purs et simples, et privés du bénéfice d'inventaire.

» Il est évident que cette disposition se référait aux règles du droit commun; cependant on s'est accoutumé pendant long-temps à en tirer une conséquence injuste autant qu'absurde, en désirant l'inventaire de la part des héritiers légitimes, quoiqu'ils ne se fussent pas immiscés et qu'ils se fussent entièrement abstenus. On citait même des arrêts qui avaient accueilli un système aussi déraisonnable.

(1) Recueil de M. Sirey, 1818, part. 1, pag. 274.

» Mais la question s'étant représentée à l'audience du 12 juillet 1783, entre le sieur Barneche de Larceveau et Jean d'Etchemendigaray de Jaxu, le parlement, conformément aux conclusions de M. de Faget-Baure. avocat-général, a admis la répudiation faite par d'Etchemendigaray de l'hérédité de son père, quoiqu'il n'eût pas fait d'inventaire. Il était justifié que ce particulier s'était abstenu ; il vivait d'ailleurs séparément de son père à l'époque de la mort de ce dernier et auparavant ».

§. II. *Lorsqu'entre deux parties qui se disputent une succession, il est intervenu un jugement qui les a déclarées toutes deux parentes du défunt, mais qui en même temps a déclaré l'une plus proche que l'autre, et que ce jugement est passé en chose jugée, un tiers peut-il, en prouvant qu'il est parent dans un degré plus éloigné que la partie qui a succombé comme moins proche, être admis à prouver que la partie qui a triomphé, n'est point du tout parente, et, par là, évincer celle-ci ?*

V. le plaidoyer et l'arrêt du 6 thermidor an 11, rapportés à l'article *Religionnaires*, §. 2.

§. III. *L'abolition du régime féodal a-t-elle, de plein droit, et à compter de la publication de la loi du 15 mars 1790, soumis au partage égal les censives qui, dans certaines coutumes, étaient sujettes à des préciputs en faveur des aînés ou des puînés ?*

V. le plaidoyer du 9 ventôse an 11, rapporté à l'article *Féodalité*, §. 3.

§. IV. *Avant la loi du 8 avril 1791, les enfans du premier mariage prenaient-ils, dans les rentes constituées régies par la coutume de Cambray, la part avantageuse que cette coutume leur attribuait dans les immeubles réels ?*

V. le plaidoyer du 11 ventôse an 11, rapporté à l'article *Substitution fidéicommissaire*, §. 2.

§. V. 1.° *Avant la loi du 8 avril 1791, la sœur, dans la coutume de Nivernais, était-elle exclue par son frère, toutes les fois qu'ils venaient ensemble à la succession d'un collatéral quelconque ; ou ne l'était-elle que dans le cas où ils venaient ensemble à la succession d'un frère ou d'une sœur ?*

2.° *L'était-elle du moins lorsqu'ils se trouvaient dans les termes de la représentation admise par cette coutume, et qu'ils venaient ensemble, soit par le secours de la représentation même, soit de leur propre chef, à la succession d'un oncle ou d'une tante ?*

En 1788, décès de Joseph Chammorot-d'Ou-

vernay, laissant pour plus proches parens, une sœur (la veuve Ursin), un neveu (Joseph Chammorot), et une nièce mariée au sieur Godin. Ce neveu et cette nièce étaient frère et sœur.

La coutume de Nivernais n'admettant la représentation que pour les immeubles (chap. 34, art. 13), tous ses biens mobiliers ont été recueillis sans difficulté par la veuve Ursin. Mais à l'égard des immeubles, une contestation s'est élevée entre la dame Godin et Joseph Chammorot. La dame Godin en réclamait la moitié, Joseph Chammorot prétendait avoir le tout. Ils se fondaient l'un et l'autre sur l'art. 14 du ch. 34 de la coutume qui est ainsi conçu : « En succession collatérale, le frère forclot sa sœur ; et aussi ses enfans, soit mâles ou femelles, forcloent leur tante, sœur de leur père, et les enfans descendans d'elle, soit mâles ou femelles : à savoir, forcloent leurdite sœur des immeubles, et non pas des meubles qui appartiennent à leurdite tante, comme plus prochaine de la chair du défunt. Et quant aux enfans d'elle décédée lors du trépas d'icelui défunt, ils sont forclos par leurs cousins et cousines descendans du frère, tant des meubles que des immeubles, comme représentant leur père. Et en toutes autres successions collatérales, sera gardé et observé le droit commun ».

Cette contestation portée au tribunal civil de l'arrondissement de Nevers, jugement du 21 ventôse an 10, qui, « attendu qu'il s'agit de succession collatérale, et qu'en succession collatérale, le frère forclot sa sœur ; que telle est le vœu de l'art. 14 du chap. 34 de la coutume de Nivernais qui régit les parties.... ; déclare Cosme Godin et Marie Chammorot, son épouse, non-recevables dans leurs demandes.... ».

Les sieur et dame Godin appellent de ce jugement ; et le 29 thermidor an 11, .

« Considérant que la question ne peut se décider par une disposition isolée de l'art. 14 du chap. 34 de la coutume de Nivernais ; que, pour juger sainement de l'esprit et du sens qu'il renferme, il faut le prendre dans son ensemble et en rapprocher les dispositions des art. 13 et 16 qui le précèdent ou le suivent immédiatement ; qu'il est évident qu'il a voulu mettre des bornes à la forclusion, puisque après avoir spécifié les trois cas où il l'admet, il se termine en statuant qu'*en toutes autres successions collatérales, sera observé le droit commun ;* qu'il résulte du surplus de ses dispositions rapprochées de l'art. 13, que la forclusion a les mêmes bornes que la représentation, puisqu'il n'établit la forclusion qu'en faveur du frère contre sa sœur ; qu'en faveur des enfans du frère, soit mâles ou femelles, contre la tante, sœur de leur père et du défunt ; qu'en faveur des mêmes enfans du frère, aussi soit mâles ou femelles, contre leurs cousins et cousines issus de leur tante ; et que ces trois cas sont exactement renfermés dans les limites de la représentation déterminées par l'art. 13, qui porte qu'*en succession collatérale, représentation a lieu entre frères et sœurs et enfans de frères et sœurs*, ET NON ULTRA: que cette conséquence acquiert un nouveau degré d'évidence, lorsqu'on voit que la forclusion, comme la représentation, n'a pas lieu pour les *meubles qui appartiennent*, disent ces articles, *au plus prochain de la chair du défunt;* lorsqu'on voit que les enfans du frère sont appelés par l'art. 14 à forclore leurs cousins et cousines issus de leur tante, *comme représentant leur père;* lorsqu'on voit enfin, par l'identité des expressions dont on s'est servi dans ces deux articles, pour faire connaître le degré de parenté des concurrens avec celui de la succession duquel il s'agit, que la forclusion, comme la représentation, n'a lieu que lorsque ceux qui se présentent à une succession collatérale, sont entre eux, et avec le défunt, frères et sœurs, ou enfans de frères et sœurs.

» Considérant, d'un autre côté, que le frère qui est appelé à forclore sa sœur, en vertu de la première disposition de l'art. 14, est nécessairement le frère du défunt, 1.° parce que l'art. 16, relatif au double lien, qui contient aussi une espèce de forclusion également renfermée dans les bornes de la représentation, le décide formellement, en statuant que *frères germains, en succession l'un de l'autre, sont préférés à frères utérins et paternels;* 2.° parce que, s'il n'était pas le frère du défunt, il ne serait pas avec lui dans les termes de la représentation, qui servent de limites à la forclusion; 3.° parce que la forclusion n'a lieu dans ce cas qu'en vertu du droit personnel qui ne peut exister qu'autant que sa sœur et lui sont frère ou sœur du défunt.

» Considérant d'ailleurs que la forclusion établie dans les deux autres cas spécifiés par cet article, n'est pas prononcée en faveur du frère contre sa sœur, mais en faveur des enfans du frère, *soit mâles soit femelles,* contre leur tante et ses enfans; que le motif de la forclusion, dans ces deux cas, est fondé sur ce qu'ils *représentent leur père, frère du défunt;* et qu'aux termes du droit, les filles, comme les enfans mâles, représentent leur père; que d'ailleurs il serait absurde que le frère pût, dans ces deux cas, opposer à sa sœur un privilège qu'elle partage avec lui, et dont elle jouirait seule, s'il n'existait pas;

» Considérant en outre que la forclusion est moins un privilège de masculinité, qu'un partage que la loi municipale a voulu faire à la branche issue du frère, au préjudice de celle issue de la sœur; puisque, par ces mots, *et aussi les enfans (du frère), soit mâles ou femelles, forcloent leur tante, sœur de leur père, et aussi les enfans descendans d'elle,* elle l'admet indis-

tinctement en faveur de tous les enfans du frère, et même au profit de ses filles contre les enfans mâles de sa sœur;

» Considérant enfin que la forclusion étant une disposition exorbitante et rigoureuse, loin de l'étendre des cas spécifiés à d'autres cas qui ne le sont pas, on doit au contraire la resserrer dans les justes bornes où la loi a voulu la restreindre; ·

» Le tribunal (d'appel de Bourges) dit qu'il a été mal jugé....., émendant....., ordonne que, par experts....., il sera procédé au partage..... ».

Recours en cassation de la part de Joseph Chammorot.

« Cette affaire (ai-je dit à l'audience de la section des requêtes, le 9 fructidor an 12), vous présente deux questions intimement liées l'une à l'autre : la première, si le droit que la coutume de Nivernais attribuait au frère d'exclure la sœur, lorsqu'ils venaient ensemble à une succession collatérale, s'étendait à tous les degrés indistinctement, ou s'il était renfermé dans les bornes de la représentation; la seconde, si, dans les bornes de la représentation même, ce droit avait lieu lorsque le frère et la sœur ne venaient à la succession que comme représentant leur père, ou s'il était restreint au cas où ils succédaient sans concurrens et de leur propre chef.

» La cour d'appel de Bourges a jugé ces deux questions au désavantage du demandeur; et le demandeur soutient que, par le jugement qu'elle a porté sur l'une et sur l'autre, elle a violé les dispositions de l'art. 14 du chap. 34 de la coutume.

» D'abord, dit-il, rien de plus général que les termes par lesquels débute cet article : *En succession collatérale, le frère forclot sa sœur.* Il n'y a là ni distinction ni réserve. La sœur est exclue par le frère, toutes les fois qu'ils viennent ensemble à une succession collatérale. Que ce soit la succession d'un frère, d'un oncle, d'un cousin germain, d'un cousin issu de germain, d'un cousin au sixième, au dixième, au vingtième degré, il n'importe : dans tous les cas, *le frère forclot sa sœur;* le juge ne doit ni peut distinguer, quand la loi ne distingue pas.

» Effectivement, Messieurs, il n'y aurait pas de distinction à faire dans cette partie de l'art. 14, si, par les dispositions qui la précèdent dans l'art. 13, et par celles qui la suivent dans l'art. 14 même, la coutume ne manifestait pas la volonté de restreindre aux degrés dans lesquels elle limite la représentation, l'exercice du privilège qu'elle accorde au frère d'exclure sa sœur. C'est ainsi que, quand la coutume de Normandie, art. 309, dit que *les frères excluent les sœurs,* elle entend que cette exclusion aura lieu dans les successions de parens les plus éloignés, comme dans les successions des parens les plus proches; et elle l'entend si bien, que, par le même article, elle veut indéfiniment que les *descendans des frères excluent les descendans des sœurs étant en pareil degré*.

» Mais la coutume de Nivernais, nous offre des dispositions toutes différentes; et il est impossible, en combinant ce qu'elle dit sur la représentation dans l'art. 13, avec l'ensemble de l'art. 14, de n'être pas convaincu de cette vérité.

» Par l'art. 13, elle déclare que la représentation aura lieu dans les successions collatérales *entre frères et sœurs et enfans des frères et sœurs du défunt* ET NON ULTRA; et lorsque par l'art. 14, elle établit un droit de forclusion en faveur de la masculinité, elle a soin de le restreindre à trois cas : celui du concours du frère avec la sœur, celui du concours des enfans du frère avec leur tante, et celui du concours des enfans de la sœur avec les enfans du frère.

» Elle fait plus, elle ajoute qu'*en toutes autres successions collatérales, le droit commun doit être gardé et observé* : qui signifie bien clairement que, hors des termes de la représentation bornée par l'art. 13 aux degrés des frères, des sœurs et de leurs enfans, il ne doit plus y avoir de privilège pour la masculinité.

» Ce n'est pas tout. Il est tellement dans l'esprit de la coutume, de faire marcher de front le privilège de la masculinité et la représentation, qu'elle fait cesser l'un, même dans les degrés désignés par l'art. 13, pour les biens qui ne sont pas soumis à l'autre. En effet, l'art. 13 excepte de la représentation *les meubles qui adviennent*, dit-il, *au plus prochain de la chair*; et l'art. 14 veut en conséquence que la tante *forclose* des immeubles par les enfans de son frère, en vertu du droit qu'ils ont de le représenter, *les exclue elle-même des meubles, comme plus prochaine de la chair du défunt*.

» Enfin, ce qui achève de démontrer la subordination absolue du privilège de la masculinité au droit de représentation, c'est que, par le même art. 14, la coutume veut que celui-ci l'emporte sur celui-là; c'est que, par cet article, elle veut que les filles du frère, *comme représentant leur père*, excluent les fils de la sœur.

» Inutile, après cela, de dire que, dans la première partie de cet article, la coutume s'exprime en termes généraux : *En succession collatérale, le frère forclot la sœur*; et qu'à ces mots, *le frère*, elle n'ajoute pas, *du défunt ?*

» D'une part, cet article n'est évidemment que la suite, et, comme le dit Coquille, l'*appendice* de l'art. 13, dans lequel les mots *du défunt*, sont employés en toutes lettres; il est donc bien naturel de les sous-entendre dans l'art. 14. D'un autre côté, l'art. 14 lui-même démontre, par sa propre contexture, que c'est du *frère du défunt* qu'il entend parler. Après avoir dit que

le frère forclot sa sœur, il ajoute : *Et aussi les enfans du frère forcloent leur tante, sauf dans les meubles qui lui appartiennent comme plus prochaine de la chair DU DÉFUNT*. Ici, bien sûrement c'est des enfans *du frère du défunt* qu'il s'agit. Eh! comment voudrait-on que, dans la première partie de l'article, le *frère du défunt* ne fût pas également l'objet de la disposition de la coutume? L'expression *et aussi* qui lie cette première partie à la suivante, n'annonce-t-elle pas, ne prouve-t-elle pas démonstrativement, que, dans l'une comme dans l'autre partie, c'est le *frère du défunt* que la coutume a en vue?

» Par là se trouve réfuté à l'avance l'argument que le demandeur prétend tirer de l'art. 9 du tit. 7 de l'ancienne coutume de Nivernais, aux termes duquel, *en succession collatérale, le mâle* excluait *la femelle en pareil degré, tant qu'il y avait hoir mâle, ou hoir descendant de lui, soit ledit hoir mâle ou femelle descendant de lui*. Si cette disposition se retrouvait en termes semblables ou équipollens, dans la nouvelle coutume, nul n'oserait contredire le système du demandeur; mais elle ne s'y retrouve, comme le porte le procès-verbal de la nouvelle coutume elle-même, qu'avec des *modifications et restrictions*. Et ces *restrictions*, ces *modifications*, en quoi consistent-elles? Vous venez de le voir, Messieurs : elles consistent en ce que le privilège attribué par l'ancienne coutume à la masculinité, n'a plus lieu dans toutes les successions collatérales, mais seulement dans celles où peut s'exercer le droit de représentation.

» Et il ne faut pas s'étonner que les rédacteurs de la nouvelle coutume de Nivernais aient ainsi restreint et modifié ce privilège; ils avaient dans leur voisinage un exemple qui devait naturellement les porter à cet adoncissement du sort des filles. La coutume de Bourbonnais qui avait été rédigée pour la première fois en 1493 (deux ans après la rédaction de l'ancienne coutume de Nivernais), et pour la deuxième en 1520, leur offrait dans ses premières comme dans ses dernières dispositions, un article qui restreignait expressément aux *termes de la représentation*, le droit qu'elle accordait aux mâles d'exclure des successions collatérales, les *filles mariées et appannées*; et ils devaient se porter d'autant plus facilement à adopter cette restriction; que, comme l'attestent et le prouvent Berroyer et Delaurière dans leur *Bibliothèque des coutumes*, pag. 249, la même coutume avait anciennement régi le Bourbonnais et le Nivernais.

» Mais, objecte le demandeur, l'usage des premiers temps qui ont suivi la réformation faite en 1634 de la coutume de Nivernais, était conforme à mon système, et cet usage mérite ici la plus grande considération.

» Il la mériterait en effet, s'il n'eût pas, dès-lors, éprouvé de contradiction de la part des rédacteurs de cette loi municipale. Mais Coquille, dans sa 241.ᵉ *question*, nous apprend que Guillaume Bourgoin, son oncle, l'un des deux conseillers du parlement de Paris qui avaient été choisis par François I.ᵉʳ pour commissaires à la réformation de la coutume, avait, dès ce temps-là même, manifesté une opinion contraire à cet usage. « L'ancienne coutume » de 1491 (dit-il), porte qu'en succession collatérale, le mâle forclot la femelle en pareil » degré : celle de 1534 dit que le frère forclot » sa sœur, et que les enfans du frère forcloent » leur tante et ses enfans. Long-temps durant, » on a pratiqué cet article ainsi cruement en » toutes successions collatérales, *etiam* hors » les termes de représentation, ce qui est bien » rude et déraisonnable. Pourquoi, les mo- » dernes examinant de plus près l'article comme » il est conçu et comme étant *appendice du* » *précédent*, et aussi par le témoignage d'aucuns » dignes de foi *qui ont rapporté avoir ainsi* » *entendu de M. Guillaume Bourgoin, l'un des* » *commissaires à la rédaction de ladite cou-* » *tume*, ont estimé que cette forclusion était » seulement ès-termes de représentation, c'est- » à-dire, quand le défunt a laissé ses frères et » sœurs ou enfans de frères et sœurs; et suivant » cette opinion, les avocats de notre temps ont » conseillé, et les juges ont jugé.... Donc » est bienséant de dire que cette exclusion de » la sœur par son frère, est seulement ès-termes » de représentation, c'est-à-dire, quand ce sont » frères et sœurs et enfans de frères et sœurs » du défunt ».

» Le même auteur, dans son Commentaire sur la coutume, chap. 34, art. 14, développe les raisons de droit qui justifient cette interprétation; il en donne cinq, et voici la quatrième : « La quatrième raison est qu'aucun de nos plus » anciens disent avoir entendu de ceux qui » furent directeurs de cette rédaction de cou- » tume, que, lors d'icelle, il avait été entendu » que cet article devait avoir lieu seulement » dedans les degrés de représentation ».

» A entendre le demandeur, ce sont là autant de mensonges de Coquille; Coquille n'a écrit ces assertions que de *mauvaise foi*; et cependant il les écrivait, non en 1603 comme l'avance le demandeur (puisqu'il était mort dès 1603), mais en 1591, époque assez rapprochée de 1534, pour qu'alors il existât encore beaucoup de personnes qui avaient connu les rédacteurs. Or, il est bien difficile de penser que Coquille eût osé, sur un fait aussi intéressant pour toutes les familles du Nivernais, invoquer à faux et publiquement le témoignage de ces personnes. Il est bien difficile de penser qu'il eût pu prendre sur lui d'assurer que les avocats dans leurs consultations, et les juges dans leurs jugemens, se conformaient à la doctrine qu'appuyait ce témoignage, si effectivement ce n'eût pas été dans ce sens que (pour nous servir de ses propres termes), les avocats eussent *conseillé*, si ce n'eût pas été dans ce sens que les juges eussent *jugé*.

» D'ailleurs, s'il eût voulu sur ce point en imposer au public, qu'aurait-il eu besoin de citer vaguement des témoins étrangers? Il n'aurait eu qu'à dire que c'était à lui-même que son oncle Bourgoin avait exprimé son opinion sur le véritable esprit de la coutume; car il l'avait connu dans sa jeunesse; il lui avait même servi de secrétaire pendant trois ans.

» Enfin, quel était cet homme à qui le demandeur ne craint pas d'imputer une mauvaise foi aussi insigne et aussi mal adroite? Etait-ce un particulier obscur et n'ayant rien à ménager avec l'opinion de ses concitoyens? Non, c'était un ancien député aux états-généraux de Blois, c'était le procureur-général du duché de Nivernais, c'était un jurisconsulte si généralement estimé, dit Loysel dans ses Opuscules, que *le palais de Paris l'allait souvent chercher jusqu'en son pays pour lui faire faire des écritures et des mémoires, et pour avoir son avis;* c'était enfin un homme à qui Henri IV offrit dans son conseil une place qu'il eut la modestie de refuser.

» Mais, au moins, objecte encore le demandeur, si la jurisprudence du Nivernais était, du temps de Coquille, conforme à son opinion, elle a changé depuis, et j'en trouve la preuve dans les arrêts qui, depuis, ont consacré l'avis que je défends.

» Quels sont donc ces arrêts? Le demandeur en invoque six; mais vous allez voir qu'il peut tout au plus en invoquer deux, et que leur autorité est au moins balancée par d'autres jugemens.

» Le premier des six arrêts cités par le demandeur, nous est retracé dans une note de Thomas Chauvelin, sur l'art. 14 du chap. 34 de la coutume de Nivernais; et cette note, qui est insérée dans le coutumier général de Baudot de Richebourg, voici comment elle est conçue : « Arrêt du 6 septembre 1608, au rapport de » M. Portail, en la seconde, *confirmatif d'une* » *sentence de Messieurs des requêtes du palais*, » du 29 mars précédent, au profit de Jacques » Devonet, d'une part, et Marguerite Devouet, » d'autre, pour la succession de Marguerite » Debuissière, leur nièce; et ainsi (il a été jugé), » qu'en la succession de celle-ci, le mâle forclot » la femelle et descendans d'elle ».

» Si cet arrêt est fidèlement rapporté, nous devons convenir qu'il a jugé (contre l'opinion de Coquille, embrassée, dans notre espèce, par la cour d'appel de Bourges), que la *forclusion* des femelles par les mâles n'est pas renfermée dans les termes de la représentation; car jamais les oncles et les tantes ne peuvent, d'après l'art. 13

de la coutume, venir par représentation à la succession de leur nièce. Mais remarquons bien que cet arrêt n'a fait que confirmer une sentence des requêtes du palais, c'est-à-dire, de juges qui n'étaient pas familiarisés avec la coutume de Nivernais, et qu'il l'a confirmée à une époque où les questions de Coquille n'étaient pas encore imprimées (elles ne l'ont été, pour la première fois, qu'en 1611); à une époque où ses *Institutions au droit français*, ne venaient que de paraître (la première édition de cet ouvrage est de 1607); à une époque où il n'y avait encore que trois ans que paraissait son *Commentaire*.

» C'en est assez, sans doute, pour qu'il soit permis de croire que cet arrêt n'a pas été suffisamment réfléchi.

» Le second arrêt nous a encore été conservé par Thomas Chauvelin : « Jugé (dit ce scho-
» liaste), au profit de Louis Delachassaigne,
» contre Françoise Delachassaigne, que le frère
» excluait sa sœur en la succession de Françoise
» Nige, tante, par sentence du bailli de Niver-
» nais, du 2 juin 1618, confirmé par arrêt du 8
» février 1629 ».

» *Voilà notre espèce*, s'écrie le demandeur; point du tout. Le demandeur et la dame Godin, sa sœur, ne viennent à la succession de François Chammorot-d'Ouvernay, leur oncle, que par droit de représentation; car, sans le secours de la représentation, ils seraient exclus par la veuve Ursin, leur tante. Louis et Françoise Delachassaigne, au contraire, venaient de leur propre chef à la succession de leur tante Françoise Nige; et nous verrons tout-à-l'heure, en discutant la deuxième question de cette cause, que d'après les propres termes de la coutume, il existe entre ces deux cas, une différence véritablement incommensurable.

» Le troisième arrêt est intervenu dans la même espèce que celui de 1620. Il s'agissait, comme nous l'apprend Brodeau dans sa note sur l'art. 14 du chap. 34 de la coutume de Nivernais, insérée pareillement dans le coutumier général de Richebourg, de la succession d'un oncle que se disputaient Jean Sacré, son neveu, et Perrette Sacré, sœur de celui-ci. Les premiers juges avaient décidé que le neveu excluait la nièce, et leur sentence fut confirmée le 30 décembre 1627, sur les conclusions de M. l'avocat général Talon, avec ordre de publier l'arrêt au bailliage de Nevers.

» Mais aurait-on jugé de même, si comme dans notre espèce, Jean et Perrette Sacré, frère et sœur, avaient eu pour concurrens dans la succession de leur oncle, soit une tante, soit des enfans d'une tante, sœur du défunt? Nous croyons pouvoir assurer que non; et ce, qu'il n'y a du moins de bien constant, c'est que ce n'est point là ce qu'a jugé l'arrêt du 30 décembre 1627.

» Il en est de même de celui que le demandeur date du 15 juin 1694, et qu'il dit avoir puisé dans le coutumier général, où il ne se trouve pourtant pas. Il a, dit le demandeur, confirmé *une sentence de Nevers, qui jugeait que la demoiselle Brisson était forclose par ses frères de la succession de l'oncle commun*. Mais, encore une fois, les frères de la demoiselle Brisson auraient-ils obtenu sur elle le même avantage, si, comme le demandeur, ils avaient eu une tante encore vivante, et si leur sœur eût pu leur dire, comme la dame Godin le dit au demandeur, qu'appelée avec eux par la coutume, à exclure cette tante, elle ne pouvait pas recevoir d'eux une exclusion qu'elle les aidait elle-même à lui donner? C'est là, vous le voyez clairement, Messieurs, une question que n'a ni jugée ni pu juger le prétendu arrêt de 1694. Cet arrêt est donc absolument étranger à la cause actuelle.

» Même observation sur le cinquième arrêt, que Brillon, au mot *Succession*, n. 60, cite, comme ayant jugé, le 15 juin 1695, en confirmant une sentence du bailliage de Nevers, *que le frère issu de la sœur pouvait forclore sa propre sœur dans la succession de leur oncle commun*. Et encore est-il à remarquer que cet arrêt a étendu, d'une manière bien étrange, la disposition de l'art. 14 de la coutume. Par cette disposition, les filles du frère excluent les fils de la sœur : et comme il résulte de là, ainsi que l'a très-bien observé la cour d'appel de Bourges, que la forclusion, entre les enfans du frère et de la sœur, n'est point un privilége personnel à la masculinité, mais un avantage accordé par la loi municipale à la descendance du frère; il en résulte nécessairement aussi que cet avantage, ce privilége, ne peuvent jamais avoir lieu entre les enfans de la sœur.

» Reste le sixième arrêt, celui du 14 mars 1713, qui a jugé entre les sieurs de la Tournelle et la dame Dubreuil, leur sœur, que celle-ci était exclue par ceux-là de la succession de leur neveu commun, tué à la bataille de Malplaquet.

» Le demandeur a raison de dire que cet arrêt a rejeté l'opinion de Coquille, puisqu'à l'exemple du premier, de celui du 6 septembre 1608, il a admis le privilége de la forclusion coutumière, hors des termes de la représentation. Mais était-ce, pour la cour d'appel de Bourges, une autorité qui dût céder à l'évidence des moyens qui justifient cette opinion? Et là cour d'appel de Bourges, aura-t-elle violé la coutume, précisément parce qu'elle aura préféré l'avis d'un commentateur célèbre et nourri dans les principes du droit municipal de la province, à un ou deux arrêts du parlement de Paris? Mais le parlement de Paris lui-même avait, à cet égard, devancé la cour d'appel de Bourges; il avait lui-même jugé, sinon le 30 août 1636 (car le demandeur nie l'existence de l'arrêt qu'on lui oppose sous cette date), du moins le 2 avril 1784, *que le neveu n'excluait pas la tante, dans la succession du cousin germain.*

» Voulez-vous savoir d'ailleurs ce que pensait de l'arrêt de 1713, le savant et profond Delaurière? Voulez-vous savoir si ce flambeau de notre ancien droit coutumier était, ou non, d'accord avec Coquille? Ecoutez-le, dans le tom. 3 de son commentaire, sur la coutume de Paris, pag. 378. Après avoir rapporté le texte de l'art. 14 du chap. 34 de la coutume, il ajoute : « Le sens » de cet article est 1.º que, quand un homme » décède sans enfans, laissant un frère et une » sœur, le frère exclut la sœur; 2.º que les enfans » de ce frère, mâles ou femelles, *en le représen-* » *tant,* excluent pareillement leur tante, sœur » de leur père et de leur oncle défunt, de la suc- » cession des immeubles, et non des meubles qui » lui appartiennent comme plus proche parente; » 3.º qu'ils excluent aussi les enfans descendans » d'elle, soit mâles ou femelles, leurs cousins et » cousines, tant des meubles que des immeubles, » comme représentant leur père, frère de leur » oncle défunt; et enfin, qu'en toutes autres suc- » cessions collatérales, on suit le droit commun, » suivant lequel les femelles succèdent avec les » mâles..... Le sieur de la Tournelle (con- » tinue Delaurière, page 380), ayant été tué à » Malplaquet, et n'ayant laissé pour présomptifs » héritiers, que deux oncles et une tante, frères » et sœur, la question fut de savoir si les deux » oncles succéderaient à l'exclusion de la com- » tesse Dubreuil, leur sœur. Les deux oncles, » frères de la dame comtesse Dubreuil, allé- » guaient, en leur faveur, ces paroles qui sont » au commencement de l'art. 14 : *en succession* » *collatérale, le frère forclot sa sœur.* Nous » sommes, disaient-ils, en ligne collatérale, et » vous êtes notre sœur; par conséquent nous » vous excluons. La comtesse répliquait que le » frère n'excluait sa sœur que *dans les termes de* » *représentation;* et elle alléguait en sa faveur, » ces mots de la fin de l'article, que, *dans toutes* » *les autres successions collatérales, on suivait* » *le droit commun,* selon lequel les femelles » succèdent avec leurs mâles. Mais, *comme le* » *sort de cet article est d'être mal-entendu,* il » fut décidé que la dame comtesse Dubreuil, » exclue par ses frères, ne succéderait pas à son » neveu; ce qu'on remarque ici afin qu'un tel » jugement ne soit jamais tiré à conséquence ». Et dans le fait, Messieurs, cet arrêt a été si peu tiré à conséquence, même par le parlement de Paris, que, comme nous venons de l'observer, cette cour a jugé le contraire le 2 avril 1784.

» Le bailliage de Nevers ne s'était pas atta- ché davantage, soit à l'arrêt de 1608, soit à celui de 1713; et ce qui le prouve d'une manière sans réplique, c'est qu'indépendamment des sen- tences de 1659, 1663 et 1684 que le demandeur convient lui avoir été opposées par la dame

Godin, et que nous ne connaissons pas plus qu'il ne dit les connaître, il existe un acte de notoriété de ce tribunal, du 18 décembre 1779, qui atteste « que la jurisprudence du bailliage » de Nevers est que l'art. 14 s'interprète par » l'art. 13 qui le précède, et dont il ne doit pas » être séparé; que la forclusion en faveur des » mâles, n'a lieu que dans les degrés de re- » présentation marqués par cet art. 13, c'est-à- » dire, entre frères et sœurs, et enfans de frères » et de sœurs du défunt seulement; et qu'en » toutes autres successions collatérales, le droit » commun est observé suivant le vœu dudit » art. 14; que c'est ainsi que la question a été » jugée, lorsqu'elle s'est présentée, notamment » le 28 juin 1757, par sentence rendue sur pro- » ductions respectives, au rapport du lieute- » nant particulier ».

» Il y a aussi une sentence du même bailliage, du 23 mai 1780, qui, de l'aveu du demandeur, juge *que les cousins germains n'excluent pas la tante;* et nous ne devons pas négliger de mettre sous vos yeux la partie du plaidoyer de l'avocat général du duché de Nivernais, qui est rappelée dans le jugement de première instance, comme extraite du vu de cette sentence même : « Est- » ce pour tous les cas de succession collatérale » (disait ce magistrat), que cette forclusion est » établie? Quel est ce *frère* qui forclot sa *sœur.* » Quels sont les *enfans du frère* qui forcloent » leur tante et ses enfans? Sont-ce les frères, à » quelque degré qu'ils soient parens du défunt? » Non, assurément, il s'en faut beaucoup, l'ar- » ticle porte que lui son espèce : ce frère est » celui qui peut être représenté par ses enfans; » et les enfans du frère sont ceux qui peuvent » représenter et qui représentent leur père : » *leurs cousins et cousines descendans du frère* » *comme représentant leur père.* Or, quels sont » les enfans qui, dans notre coutume, peuvent, » en succession collatérale, représenter leur » père? Ce sont les neveux ou nièces du défunt ». Vous concevez, Messieurs, quelle impression ont dû faire sur le bailliage de Nivernais, des raisons aussi lumineuses, et en même temps aussi simples.

» Cependant, s'il en faut croire le deman- deur, le bailliage de Nivernais n'a pas persisté dans cette jurisprudence; il l'a abrogée solen- nellement en 1784.

« En 1784! Mais quel jour, et dans quel mois? Le demandeur n'en sait rien, chose assez étrange pour un prétendu jugement rendu avec tant de solemnité : tout ce qu'il sait, c'est que la question se présentait dans *l'affaire de Sainte-Marie;* c'est qu'il y fut jugé *que le frère même issu de femelle, excluait sa sœur dans la suc-cession de l'oncle commun;* c'est que cela fut jugé *sans avoir égard à la représentation,* termes que le demandeur a soin d'imprimer en italique, comme pour faire entendre qu'il les a extraits de la prétendue sentence de 1784.

» Mais de ces termes même, il résulte que la question s'était élevée dans une espèce où il y avait lieu à la représentation ; il en résulte que la représentation était alléguée, on ne sait sur quel fondement, pour écarter le privilége de masculinité réclamé par un neveu contre sa sœur ; il en résulte par conséquent que cette prétendue sentence n'a ni rejeté ni pu rejeter l'opinion de Coquille.

» Du reste, s'il est vrai qu'à l'exemple de l'arrêt de 1695, rapporté par Brillon, cette sentence ait accordé le privilége de masculinité à un neveu *issu de femelle* contre sa sœur, nous devons le dire sans hésiter, elle a, comme l'arrêt de 1695, jugé contre l'esprit de la coutume; parlons plus juste, elle a jugé contre son texte formel. Mais c'est un point étranger à la question qui nous occupe en ce moment, et il est inutile de nous y arrêter.

» Tenons donc pour bien constant que la cour d'appel de Bourges, loin de violer la loi municipale des parties, en a saisi le véritable sens, lorsqu'elle a jugé que le droit de forclusion accordé au frère contre la sœur, ne s'étend point au-delà des termes de la représentation ; que, si la jurisprudence a varié à cet égard dans le parlement de Paris, du moins on ne peut citer que deux arrêts contre un; et que, quant au bailliage de Nevers, il a, depuis plus de deux siècles, constamment prononcé en faveur de l'opinion à laquelle le parlement de Paris a été forcé de revenir en 1784, après l'avoir proscrite en 1608 et 1713.

» Et il ne faut pas que le demandeur se prévaille avec tant d'avantage de la décision qu'il a obtenue des premiers juges. Que les premiers juges soient présumés bien connaître leur ancienne loi municipale, soit, mais la cour d'appel de Bourges a dans son sein plusieurs magistrats qui doivent la connaître aussi, et tels sont notamment MM. Sautreau, Ballard, Guilleraud et Morin, qui sont nés dans le ci-devant Nivernais, qui y ont exercé des fonctions judiciaires pendant un grand nombre d'années, et dont les trois premiers ont même été députés au corps législatif par le département de la Nièvre.

» Mais, dit le demandeur, pourquoi tant disputer sur le point de savoir si la coutume restreint le principe de masculinité dans les mêmes limites que la représentation? Je me trouve précisément dans ces limites; c'est même par droit de représentation, c'est comme représentant notre père commun, que ma sœur et moi sommes venus à la succession de notre oncle. Dès-là, que m'importe l'opinion de Coquille? Je veux bien l'admettre avec la cour d'appel de Bourges; et c'est parceque la cour d'appel de Bourges l'a admise, que je soutiens

qu'elle a mal jugé, qu'elle s'est contredite elle-même, qu'elle a violé la lettre comme l'esprit de la coutume. — Ici se présente, comme vous le voyez, Messieurs, la seconde question que nous avons annoncée; et déjà vous remarquez que le demandeur ne la résoud à son avantage, que par le secours d'une équivoque.

» Sans doute, pour exercer le droit de forclusion attaché par la coutume à la masculinité, il faut être dans les degrés de la représentation ; c'est-à-dire, frère ou neveu du défunt. Mais de ce qu'un héritier mâle se trouve dans les degrés de la représentation, s'ensuit-il nécessairement qu'il doive exclure se sœur? Oui, s'il est frère du défunt. Oui encore, suivant les arrêts de 1620, 1627, 1694 et 1695, si, étant neveu du défunt, il n'a point d'autre concurrent que sa sœur; si lui et elle viennent de leur propre chef à la succession; en un mot, s'ils n'ont ni oncle, ni tante, ni cousin germain, ni cousine germaine. Dans ces deux cas, point de difficulté, au moins d'après la jurisprudence : *le frère forclot sa sœur.*

» Nous disons, *d'après la jurisprudence* : car si, pour le deuxième cas, la question était encore entière, si les quatre arrêts de 1620, 1627, 1694 et 1695 ne l'avaient pas décidée uniformément en faveur du frère, si surtout le second de ces arrêts n'était pas en forme de réglement, nous ne balancerions pas à soutenir que le frère ne doit pas exclure sa sœur de la succession d'un oncle, à laquelle ils viennent sans le secours de la représentation. Alors en effet, le frère ne se trouve dans aucun des trois cas où la coutume veut que la forclusion ait lieu.

» Pour adopter l'opinion contraire, il faut aller jusqu'à supposer que, quand la coutume dit, *le frère forclot sa sœur,* elle n'entend point le frère du défunt; mais cette supposition, nous l'avons complettement réfutée par l'ensemble des dispositions de l'art. 14; elle est d'ailleurs victorieusement détruite par le peu de paroles que nous avons citées des conclusions de l'avocat général du duché de Nivernais, du 23 mai 1780; et Delaurière était si profondément convaincu de sa fausseté, qu'il y revient jusqu'à trois fois, dans le troisième tome de son Commentaire sur la coutume de Paris. Déjà, nous vous avons rapporté ce qu'il dit à la page 378 ; voici maintenant comme il s'exprime à la page 96, après avoir copié les art. 13 et 14 du chap. 34 : « Ces articles, comme on le voit, ordonnent » six choses : la première... ; en second lieu, » que le frère exclut sa sœur *dans la succession* » *du frère prédécédé........* Et à la page 100 : » Ce dernier article (l'art. 14) pose trois cas : le » premier est lorsqu'un frère ou une sœur meu-» rent, et laissent pour héritiers présomptifs un » frère et une sœur survivans, le frère exclut en » cas forclot sa sœur. *C'est ainsi que la première* » *partie de cet article doit être entendue, comme* » *il résulte de la suite......* ». Aussi, à la page 97, établit-il formellement que, même dans les termes de la représentation, *le frère succède avec la sœur*, hors des trois cas marqués par la coutume; c'est-à-dire, comme il l'exprime lui-même, hors le cas où un frère est mort laissant un frère et une sœur, hors le cas du concours d'une sœur et d'un neveu ou d'une nièce, fils ou fille du défunt, et hors le cas où le défunt n'a laissé que des neveux ou nièces, fils ou filles d'un frère et d'une sœur. Et pourquoi, hors ces trois cas, la sœur doit-elle succéder avec le frère? Parceque la coutume veut expressément que, hors ces trois cas, *le droit commun soit gardé et observé.*

» C'est donc par une infraction manifeste du texte de la coutume, que les arrêts de 1620, 1627, 1694 et 1695 ont admis le privilége de forclusion en faveur du frère venant avec sa sœur seulement, à la succession d'un oncle qui n'avait laissé ni sœur ni neveu ou nièce issus d'une sœur. Mais, encore une fois, ce n'est point là notre espèce; et il ne s'agit ici que de savoir si, dans la succession d'un oncle à laquelle ils ne peuvent venir que par représentation, parcequ'ils ont pour concurrente une sœur du défunt, le frère et la sœur doivent partager également, ou si le premier doit exclure la seconde.

» Or, à quel titre, dans cette espèce, le frère exclurait-il sa sœur? Il n'est dans aucun des trois cas d'exclusion déterminés par la coutume; c'est donc par le *droit commun* que la succession doit être réglée; par conséquent, point d'exclusion. Vouloir que l'exclusion ait lieu dans cette espèce, parceque les quatre arrêts dont nous venons de parler, l'ont étendue au cas où le frère et la sœur succèdent de leur propre chef à un oncle commun, c'est, en d'autres termes, vouloir que la coutume éprouve une seconde infraction, précisément parcequ'elle en a éprouvé une première; c'est méconnaître le principe établi par la loi 14, *de legibus*, au digeste : *quod contrà rationem juris receptum est, non est producendum ad consequentias.*

» Eh! comment la sœur pourrait-elle être exclue dans ce cas, elle qui, par représentation de son père, frère du défunt, jouit du privilége de masculinité comme son frère lui-même? elle qui, si elle n'avait point de frère, exclurait sa tante et même les enfans mâles de sa tante? elle, que la coutume appelle textuellement, avec son frère, à l'exercice du droit d'exclusion qu'ils tiennent tous deux de leur qualité d'enfans du frère de la personne décédée?

» Et inutilement vient-on vous dire que dans cette phrase, *les enfans, soit mâles ou femelles, forcloent leur tante*, la coutume établit par la particule *ou* un ordre de préférence qui se règle par celui de l'écriture; que les *mâles* étant nommés les premiers, c'est à eux qu'appartient, en première ligne, le droit d'exclure leur tante;

et que *les femelles* ne peuvent exercer ce droit qu'à leur défaut. Comme l'a très-judicieusement observé M. le rapporteur, la coutume condamne elle-même cette explication. Après avoir dit que les *enfans du frère, soit mâles ou femelles, forcloent leur tante*, elle ajoute qu'ils *forcloent* pareillement les enfans de leur tante, *soit mâles ou femelles;* et certainement dans cette addition, la particule *ou* n'établit aucun ordre de priorité; elle est évidemment synonyme de la conjonction *et*. Si donc, par cette addition, les femelles sont exclues concurremment avec les mâles, par quelle bizarrerie, dans la première disposition, les femelles ne seraient-elles pas appelées concurremment avec les mâles, à exclure leur tante et ses enfans?

» Enfin, ce qui tranche toute difficulté, c'est que, par la volonté expresse de la coutume, l'effet de la représentation n'est pas seulement de rapprocher la sœur au degré de son père; mais encore de lui transmettre fictivement son sexe, et de la faire considérer comme mâle.

» On pourrait objecter, il est vrai, l'exemple de l'art. 324 de la coutume de Paris, qui porte: *les enfans du fils aîné, soit mâles ou femelles, survivant leur père, venant à la succession de leur aïeul ou aïeule, représentant leurdit père au droit d'aînesse.* On pourrait dire que, de l'aveu de tous les commentateurs, ces mots, *soit mâles ou femelles*, n'empêchent pas que l'aîné mâle des petits-enfans ne prenne son droit d'aînesse dans la portion qui leur est adjugée en vertu du droit d'aînesse de leur père. Et de là on pourrait vouloir inférer que, par identité de raison, ces mêmes mots ne doivent pas, dans la coutume de Nivernais, empêcher le frère d'exercer contre sa sœur, le droit d'exclusion qu'il tient de sa qualité de mâle. Mais cette conséquence serait sans fondement, et voici pourquoi. L'art. 324 de la coutume de Paris ne se borne pas à déclarer que *les enfans du fils aîné, soit mâle ou femelle, représentent leur père au droit d'aînesse ;* il ajoute que, *s'il n'y a que filles, elles représentent leur père toutes ensemble, pour une tête audit droit d'aînesse ; SANS DROIT D'AINESSE ENTRE ELLES.* Or, refuser le droit d'aînesse aux filles *entre elles*, dans le droit d'aînesse qu'elles recueillent par représentation de leur père, c'est supposer manifestement que, dans le concours, soit de plusieurs mâles, soit d'un seul mâle et d'une ou plusieurs filles, l'aîné mâle doit prendre son droit d'aînesse, à l'égard de ses frères et de ses sœurs, dans le droit d'aînesse de leur père commun. *Exclusio unius est inclusio alterius.* Ce n'est donc point par la seule vertu de la particule *ou*, qui, dans l'article cité, sépare les mots *mâles* et *femelles*, que l'aîné des petits-enfans, dans la coutume de Paris, exerce son droit d'aînesse contre ses co-représentans; c'est par l'effet d'une disposition particulière du même article; et dès-là, nul argument à tirer pour notre espèce, de la manière dont cet article a toujours été entendu.

» Par ces considérations, nous estimons qu'il y a lieu de rejeter la requête du demandeur ».

Sur ces conclusions, arrêt du 9 fructidor an 12, au rapport de M. Génevois, par lequel,

« Vu les art. 13, 14 et 16 du chap. 34 de la coutume de Nivernais, et attendu que de la combinaison de ces articles, il résulte qu'en succession collatérale, la forclusion établie par la coutume, en faveur du frère contre sa sœur, doit avoir les mêmes bornes que la représentation ; et que cette forclusion ne peut avoir lieu que lorsque le frère qui veut s'en prévaloir, est le frère du défunt de la succession duquel il s'agit ; que, par conséquent, la cour d'appel séant à Bourges n'a aucunement violé les dispositions de la coutume, et n'a point fait de fausse application des articles précités, en ordonnant, dans l'espèce, le partage de la succession immobilière de Joseph Chammorot, entre Joseph Chammorot et Marie-Anne Chammorot, sa sœur, neveu et nièce dudit Joseph, défunt ;

» La cour rejette.... ».

§. VI. *Les enfans d'un aîné qui était marié ou veuf avec enfans, à l'époque de la publication des lois des 15 mars 1790 et 8 avril 1791, peuvent-ils exercer, dans les successions ouvertes postérieurement à ces époques et à la mort de leur père, le droit d'aînesse, les avantages et le droit d'exclusion coutumière que ces deux lois conservaient à celui-ci ?*

Adrien Blondel avait eu, d'un premier lit, deux filles ; et d'un second lit, un garçon, nommé Charles, et une fille.

Charles avait été marié avant l'abolition du droit d'aînesse résultant du privilége de la masculinité, de la qualité des personnes et des biens, avec l'expectative personnelle et immédiate de ce droit, dans la succession d'Adrien, son père.

Charles meurt le 16 mai 1791, laissant deux filles : Adrien Blondel décède le 23 août de la même année.

Il s'agit de partager sa succession entre ses petites-filles, enfans de Charles Blondel ; ses petites-filles, enfans de ses deux filles du premier lit ; et sa fille du second lit.

Les enfans de Charles Blondel réclament l'avantage qu'aurait eu leur père, en vertu de la coutume du pays de Caux, s'il était vivant.

Les deux autres branches d'héritiers prétendent que le partage doit se faire par égales portions ; elles excipent de la suppression du droit d'aînesse ; elles allèguent que l'exception établie par la loi du 15 mars 1790, était person-

nelle aux individus favorisés par l'ancienne législation, et qu'elle ne peut profiter à leurs descendans, s'ils ne sont pas eux-mêmes vivans au moment de l'ouverture de la succession.

Les enfans de Charles Blondel répondent que l'art. 11 de la loi du 18 pluviôse an 5 appelle au bénéfice de l'exception, par droit de représentation, les enfans des père et mère décédés depuis la promulgation de la loi du 15 mars 1790.

Le 15 nivôse an 8, jugement du tribunal civil du département de la Seine inférieure, qui rejette la prétention des enfans de Charles Blondel. Ceux-ci s'en rendent appelans.

Le 21 thermidor an 9, arrêt de la cour d'appel de Rouen, qui, *vu l'art. 11 de la loi du 18 pluviôse an 5, et attendu que cette loi n'était qu'interprétative de celle du 8 avril 1791, puisqu'autrement elle aurait un effet rétroactif ;* ordonne que les enfans de Charles Blondel auront, par représentation de leur père, dans la succession d'Adrien Blondel, leur grand-père, le préciput et autres avantages, conformément à l'ancienne coutume de Caux.

Recours en cassation de la part des deux autres branches d'héritiers. Mais, le 6 frimaire an 11, arrêt de la section civile, au rapport de M. Henrion, qui,

« Attendu qu'à l'époque de la publication de la loi du 8 avril 1791, Charles Blondel vivait encore, qu'il avait des enfans, et que ses enfans ont survécu à Adrien Blondel, leur aïeul ;

» Qu'aux termes de cette loi du 8 avril 1791 et de celle antérieure du 15 mars 1790, les mariés ou les veufs avec enfans pouvant seuls réclamer le bénéfice des exceptions qu'elles établissent, il faut reconnaître qu'en admettant ces exceptions, ces lois ont eu pour principal objet l'intérêt des enfans issus de mariages contractés sous le régime de l'inégalité des partages ; et qu'ainsi, le jugement attaqué, en adjugeant aux défenderesses la portion avantageuse que leur père aurait prise dans la succession de leur aïeul, s'il lui eût survécu, loin d'avoir violé ces lois, en a saisi l'esprit et rempli l'objet ;

» Attendu enfin que, quand même la manière dont l'art. 6 de la loi du 8 avril 1791 est rédigé, présenterait quelque doute, il serait levé par cette disposition de l'art. 11 de la loi du 18 pluviôse an 5 : *ainsi que les enfans de ces mêmes personnes décédées depuis lesdites époques des 15 mars 1790 et 8 avril 1791, disposition qui s'adapte si parfaitement à l'espèce, que le tribunal d'appel ne pouvait se dispenser d'en appliquer, comme il l'a fait, le bénéfice aux enfans de Charles Blondel ;

» Rejette la demande en cassation... ».

§. VII. *L'enfant d'un aîné mort avant les lois des 13 mars 1790 et 8 avril 1791, mais qui était lui-même marié ou veuf avec enfans, à l'époque de la publication de ces lois, peut-il exercer dans les successions ouvertes depuis, les droits d'aînesse et les avantages que ces deux lois conservaient aux aînés alors mariés ou veufs avec enfans ?*

Du mariage de Charles-Amaury Gouyon-Marcé avec Françoise Boschier, étaient nés quatre enfans, Amaury, Jean-Amaury, Adélaïde et Émilie.

Amaury Gouyon, l'aîné de ces quatre enfans, est décédé le 18 septembre 1791; et c'était de sa succession qu'il s'agissait dans l'affaire dont nous allons parler.

Avant lui, et dès 1785, était mort Jean-Amaury, son frère, laissant une fille (la dame Marcé), qu'il avait mariée en 1771, comme son aînée et principale héritière.

Adélaïde et Émilie étaient pareillement décédées, l'une avant lui, l'autre après, et toutes deux avaient laissé des enfans.

La succession était ouverte dans la ci-devant Bretagne; et comme le défunt, son frère, ses sœurs et leurs enfans respectifs avaient appartenu , avant la révolution, à ce qu'on appelait alors l'ordre de la noblesse; il n'est point douteux que cette succession n'eût été sujette au *partage noble*, si elle eût pu être encore régie par la coutume.

Il n'est pas douteux par conséquent que, dans cette hypothèse, la dame Marcé, fille et représentante de Jean-Amaury, n'eût dû prendre, à elle seule, les deux tiers des biens de son oncle, tandis que les enfans d'Adélaïde et Émilie n'auraient eu droit tous ensemble qu'au tiers restant.

Mais, on l'a déjà dit, la succession ne s'était ouverte que le 18 septembre 1791, c'est-à-dire, long-temps après la publication de la loi du 8 avril précédent, et plus long-temps encore après celle du 15 mars 1790.

Cependant la dame Amaury a soutenu que ces lois ne devaient pas l'empêcher d'exercer sur la succession, les droits et avantages que la coutume avait attribués à sa qualité d'héritière aînée.

« J'étais mariée (a-t-elle dit) avant la publication des lois des 15 mars 1790 et 8 avril 1791. Je suis donc, à ce titre, comprise dans l'exception par laquelle ces lois elles-mêmes limitent la suppression qu'elles prononcent du droit d'aînesse. Et il n'importe que cette exception ait été abrogée par la loi du 4 janvier 1793; car elle ne l'a été que pour les successions qui s'ouvriraient à l'avenir; et, encore une fois, c'est le 18 septembre 1791 que s'est ouverte la succession d'Amaury Gouyon ».

Par arrêt du 29 germinal an 9, la cour d'appel de Rennes a rejeté la prétention de la dame Marcé, et a, en conséquence, ordonné le par-

tage égal des biens d'Amaury Gouyon, entre les trois branches des descendans de son frère et de ses sœurs.

La dame Marcé s'est pourvue en cassation contre cet arrêt; et le 26 floréal an 11, au rapport de M. Lasaudade, la section civile, adoptant les conclusions de M. Pons, a prononcé en ces termes :

« Vu les art. 443, 444 et 445 de la coutume de la ci-devant Bretagne, l'art. 9 de la loi du 15 mars 1790, et l'art. 9 de la loi du 8 avril 1791 ;

» Considérant que la demanderesse en cassation n'a jamais été puînée dans l'ordre de la succession dont il s'agit ; que son père qu'elle représente, n'était point son co-héritier présomptif aîné ; et qu'à titre de représentation, elle ne faisait avec son père qu'*una eademque persona*; d'où il suit que le jugement attaqué, en faisant à la demanderesse une fausse application de l'art. 9 de la loi du 8 avril 1791, a violé à son égard la disposition précise des art. 443, 444, 445 de la coutume de Bretagne, et celle de l'art. 9 de la loi du 15 mars 1790;

» Le tribunal casse et annulle... ».

§. VIII. *L'art. 77 de la loi du 17 nivôse an 2, en restreignant dans la même ligne le droit d'exclusion qu'il accordait à ceux qui descendaient de l'ascendant plus proche du défunt, avait-il entendu circonscrire l'exercice de ce droit dans chaque ligne ou branche d'héritiers, ou seulement le renfermer dans l'ensemble des branches formant chaque ligne ou côté paternel ou maternel du défunt? — Ou, en d'autres termes, la refente a-t-elle lieu dans les successions collatérales ouvertes sous l'empire de la loi du 17 nivôse an 2 ?*

La cour de cassation ayant à prononcer sur cette question en l'an 6, a cru devoir en référer au corps législatif par arrêt du 24 germinal.

Le conseil des cinq-cents l'a renvoyée à une commission qui, après l'avoir long-temps médité, a proposé, par l'organe de M. Jaqueminot, un projet de résolution contraire au système de la refente.

Ce projet a été discuté par un grand nombre d'orateurs, qui l'ont alternativement appuyé et combattu.

Enfin, il a été rejeté par un arrêté d'ordre du jour, du 8 nivôse an 7.

Et le 18 germinal suivant, la cour de cassation a jugé la question en faveur de la refente.

Un arrêt semblable a été rendu par défaut le 18 messidor de la même année, en faveur de Jean-Baptiste François; mais le sieur Boulla et son épouse, au désavantage desquels il avait cassé un jugement du tribunal civil du département de la Lys, du 12 floréal an 6, y ayant formé opposition, la question a été examinée de nouveau ; et le 12 brumaire an 9, après une plaidoirie très-contradictoire et un long délibéré, il est intervenu, au rapport de M. Basire, un arrêt par lequel ;

« Attendu que la transmission des biens par succession, quoique subordonnée aux lois positives, a toujours eu pour règle fondamentale, la présomption naturelle de l'affection du défunt en faveur de ses parens les plus proches ; et que la loi du 17 nivôse elle-même a pris en considération cette présomption naturelle dans ses dispositions sur les différentes espèces de successions ;

» Attendu que la représentation n'est qu'une exception à cette règle fondamentale, et une fiction de la loi par laquelle le représentant remonte au degré de celui qu'il représente, pour succéder en son lieu et place, de la même manière qu'il ferait s'il était vivant, et eu égard à la proximité, ou, en cas de concurrence, à l'égalité de son degré avec le défunt ;

» Que la seule différence qui existe entre la représentation simple, et la représentation à l'infini, consiste en ce que la représentation simple s'arrête en remontant à un degré déterminé, tel que celui de frère du défunt, et en descendant au premier degré des descendans ; au lieu qu'en vertu de la représentation à l'infini, tous les descendans d'un même auteur indéfiniment peuvent remonter indéfiniment jusqu'à cet auteur, soit oncle, grand-oncle, lorsque celui qu'ils représentent pourrait lui-même succéder par la proximité ou l'égalité de son degré, s'il vivait ;

» Que la fente, ou division de la succession collatérale en deux lignes, n'est elle-même qu'une exception à la règle fondamentale de cette matière, exception qui, loin d'être un effet et une conséquence nécessaire de la représentation à l'infini, exclut au contraire toute idée de représentation, par le mur de séparation qu'elle élève entre les lignes ;

» Que la refente, qui serait une nouvelle exception, est encore moins une conséquence nécessaire de la fente et de la représentation à l'infini, mais une exception qui ne peut, ainsi que la fente, avoir lieu que comme un droit positif, établi par une disposition expresse ;

» Qu'il résulte de ces principes, que, pour admettre la refente, d'après la loi du 17 nivôse an 2, il faudrait trouver dans cette loi une disposition expresse qui l'eût autorisée entre les branches de la même ligne, comme elle a autorisé expressément la fente entre les deux lignes paternelle et maternelle ; ou qu'il faudrait au moins y trouver des dispositions expresses qui donnassent à la représentation à l'infini, un caractère et un effet différens de ceux qui résultent de sa nature et de son objet ;

» Que, quand il s'agit de fixer le sens d'une loi, il n'est plus permis aux magistrats de lui supposer un tel esprit ou une telle intention ; que la volonté et l'intention de la loi ne peuvent résulter que de ses expressions et de ses dispositions littérales ;

» Qu'aucune disposition de la loi du 17 nivôse ne présente la conséquence que le demandeur en a voulu faire résulter, et qu'il faudrait y trouver écrite ; que tous les articles de cette loi, au contraire, résistent à ces conséquences, au lieu de les autoriser ;

» Que l'art. 77, qui établit la représentation à l'infini, en détermine à l'instant même l'effet, en posant pour règle générale que ceux qui descendent des ascendans les PLUS PROCHES du défunt, excluent ceux qui descendent des ascendans PLUS ÉLOIGNÉS de la même ligne ;

» Que le mot ligne, appliqué à la succession collatérale, ne désignant que la manière dont le collatéral est lié au défunt, et tout collatéral n'étant jamais lié à un défunt que de deux manières, où par le père ou par la mère de ce défunt, il s'ensuit que le sens propre du mot ligne en cette matière, est d'indiquer uniquement le lien paternel, ou celui maternel ; et que c'est forcer le sens naturel du terme, que de vouloir comprendre dans cette expression prise au singulier, non-seulement les lignes paternelle et maternelle, mais encore les branches de chacune de ces lignes, branches qui ne font que des ramifications ou divisions du lien paternel ou maternel, auxquelles on est obligé de donner les dénominations arbitraires de lignes secondaires, par opposition à la dénomination de lignes principales, que l'on donne aux deux premières ;

» Que si le mot ligne pouvait en lui-même présenter quelque équivoque, ce serait dans la loi qui l'emploie, qu'il faudrait chercher le sens dans lequel elle l'a employé, puisqu'il ne peut y avoir de meilleur dictionnaire de la loi, que la loi elle-même ;

» Que l'art. 90 suffirait, à cet égard, pour lever tous les doutes ; que cet article, qui n'est que le complément de tout le système de la représentation admise par la loi, et qui n'a pour objet que d'indiquer l'effet de la distinction des lignes qu'elle a établie dans l'art. 77, fixe évidemment le sens de ces mots, de la même ligne, lorsque la loi se contente d'appliquer cet effet de la distinction à la ligne paternelle et à la ligne maternelle en ces termes : à défaut de parens de l'une des lignes paternelle ou maternelle, les parens de l'autre ligne succèderont pour le tout; puisque, si les législateurs avaient eu, dans l'art. 77, l'intention de diviser, non-seulement ces deux lignes, mais encore de diviser les branches de chacune de ces lignes, et de regarder ces branches comme autant de nouvelles lignes, ils auraient dû, et ils n'auraient pas manqué d'ajouter : « il en est de même à

» défaut des parens des aïeux et aïeules, des
» bisaïeux et bisaïeules, à l'égard desquels les
» parens de l'une ne peuvent succéder qu'à
» défaut des parens de l'autre » ;

» Que, loin que les articles intermédiaires qui
se trouvent entre les art. 77 et 90, puissent contredire la conséquence qui résulte de ces deux
articles rapprochés, il suffit de les suivre avec
quelque attention, pour connaître qu'ils ne peuvent que confirmer cette conséquence ;

» Qu'en effet, tous ces articles intermédiaires
ne sont que le développement de la règle générale posée dans l'art. 77, dont la loi fait l'application à divers exemples dans lesquels elle ne
fait que tirer la conséquence de l'exclusion ou
de la vocation qui résultent de la loi ;

» Que s'il s'agit, dans les art. 78, 79, 80 et 81,
de faire l'application de l'exclusion à la règle de
la distinction des lignes, la loi ne considère que
la ligne du père et celle de la mère, et dans
chaque ligne exclut toujours les descendans de
l'ascendant le plus éloigné, par les descendans
de l'ascendant le plus proche. Les descendans
du *père*, dit la loi, art. 78, excluent tous les
descendans des aïeul et aïeule *paternels;* à défaut
de descendans du *père*, les descendans des aïeul
et aïeule *paternels* excluent tous les autres descendans des bisaïeul et bisaïeule *de la même
ligne,* art. 79. Les art. 78 et 80 répètent la même
chose pour les descendans de la *mère,* qui excluent ceux des aïeul et aïeule *maternels*, et
pour les autres descendans des bisaïeul et
bisaïeule de *la même ligne,* lesquels sont de
même exclus par les descendans des aïeul et
aïeule *maternels;* l'art. 81 ne fait qu'étendre la
même règle à tous les degrés supérieurs ;

» Que s'il s'agit, dans les art. 83, 84, 85 et
86, d'expliquer la vocation et le mode de partage, la loi n'établit encore la division par moitié
qu'entre les descendans du *père* ou de la *mère*,
entre les descendans de l'aïeul et aïeule *paternels*
ou *maternels*, pour attribuer aux uns *la portion
paternelle*, et aux autres *la portion maternelle*,
expressions qui ne désignent toujours que les
deux lignes paternelle et maternelle, et qui ne
partagent jamais la portion paternelle ou maternelle, qu'entre des branches en égal degré ;

» Que c'est par suite de cette exclusion, toujours restreinte aux degrés inégaux, et de cette
vocation commune, restreinte aux branches
égales, que l'art. 82 ne partage la succession
qu'en autant de parties *qu'il y a de branches
appelées à la recueillir;* que l'art. 88 ne partage
en parties égales, que dans la *subdivision de
chaque branche entre les enfans d'un même chef;*
que ces deux articles forment une nouvelle
preuve que la loi n'a pas compris les branches
sous le mot *ligne*, puisqu'il est impossible de
supposer que la même loi ait employé ces deux
mots différens, *ligne* et *branche,* pour signifier
la même chose, puisqu'il est évident que la loi

n'emploie ici le mot *branche,* que dans sa signification propre ;

» Que l'équivoque qui a été élevée sur la seconde partie de l'art. 86, ne peut jamais con-
trebalancer les décisions positives qui résultent,
non-seulement des art. 77 et 90 réunis, mais encore des autres articles qui précèdent le 86.º;
que tout le monde convient qu'il y a déjà un
premier vice de rédaction dans cet article, où il
faut suppléer dans la première partie, après ces
mots, *n'a pas laissé*, ceux-ci, *d'héritiers descendans* d'aïeul ou d'aïeule; et qu'on ne peut
jamais prendre dans cet article le mot *ou*, dans
le sens disjonctif, quand on considère qu'il a
pour corrélatif l'art. 79 qui exclut collectivement les *descendans des bisaïeul et bisaïeule* ,
par les descendans des *aïeul* ET *aïeule;*

» Que ce qui achève de repousser l'opinion
favorable à la refente, est l'impossibilité où l'on
se trouverait d'appliquer, dans ce système, l'une
des dispositions de l'art. 76, ainsi conçue : *Ils
(les collatéraux) succèdent même au préjudice
de ses ascendans* (des ascendans du défunt),
*lorsqu'ils descendent d'eux ou d'autres ascen-
dans au même degré;*

» Il a été clairement décidé par l'art. 51 de la
loi du 22 ventôse an 2, et par l'art. 11 de celle
du 9 fructidor suivant, que ces mots qui terminent l'art. 76, *ou d'autres ascendans au même
degré,* ne pouvaient s'appliquer au cas où l'ascendant dont ne descend pas le collatéral et que
ce dernier veut exclure, comme étant au même
degré que celui dont il descend, appartenait à
une ligne différente ;

» Cette décision des lois des 22 ventôse et 9
fructidor an 2 est fondée sur ce principe, que la
loi du 17 nivôse avait établi une telle séparation
entre la ligne paternelle et la ligne maternelle,
que les parens de l'une de ces lignes ne pouvaient
succéder aux parens de l'autre, qu'à défaut de
parens dans cette dernière, soit ascendans, soit
collatéraux ;

» Si, conformément au système du demandeur,
la loi avait établi entre les branches ou lignes
secondaires de la même ligne paternelle ou maternelle, la même séparation qu'elle a établie
entre ces deux lignes principales, il suivrait de
la décision portée par les lois des 22 ventôse et 9
fructidor, qu'au moyen de cette séparation, qui,
d'après les vues supposées à la loi, devrait produire dans l'un et l'autre cas, les mêmes conséquences et les mêmes effets, jamais les parens
d'une branche ou ligne secondaire ne pourraient
succéder à la portion attribuée à une branche ou
ligne secondaire, qu'à défaut absolu de parens
dans celle-ci; car il est physiquement impossible,
dans cette hypothèse, de trouver un cas où
le collatéral, qui exclut l'ascendant dont il descend, pût exclure un autre ascendant dont il ne
descend point; parce qu'on trouvera toujours à

chaque degré supérieur de l'ascendant, des branches ou lignes secondaires divergentes, et aussi étrangères l'une à l'autre, que le soutau premier degré les lignes paternelle et maternelle; et que, dès-lors, la moitié déférée par la loi à la ligne, paternelle, devant se diviser entre la branche ou ligne secondaire de l'aïeul et celle de l'aïeule dans cette ligne paternelle, cette refente établira une telle séparation entre ces deux branches ou lignes secondaires, que les parens de la branche ou ligne secondaire de l'aïeul ne pourront succéder à la portion exclusivement attribuée à la branche ou ligne secondaire de l'aïeule, qu'à défaut absolu de parens dans cette dernière branche ou ligne secondaire; puisque le même principe,. d'après lequel les lois de ventôse et fructidor an 2 ont rejeté l'application de ces mots qui terminent l'art. 76, *ou autres ascendans au même degré*, dans le cas où l'ascendant et le collatéral ne sont pas de la même ligne, s'opposerait à l'application de ces mêmes mots dans le cas où l'ascendant et le collatéral ne seraient pas de la même branche ou ligne secondaire; d'où il suit, comme il est dit plus haut, que, dans le système de la refente, l'art. 76 ne pourrait jamais recevoir d'application; et qu'ainsi il faudrait rayer de cet art. 76, ces mots, *ou autres ascendans au même degré;* ce qui est légalement impossible, tant que la disposition qu'ils expriment n'est pas rapportée;

» Qu'enfin, étant obligé d'opter entre l'une ou l'autre des deux interprétations que l'on prétend donner aux art. 77 et suivans de la loi du 17 nivôse, il serait contraire aux principes d'admettre celle de ces deux interprétations qui est inconciliable avec l'art. 76 de la même loi, et de rejeter l'interprétation avec laquelle cet art. 76 se concilie parfaitement;

» Par ces motifs, le tribunal rejette la demande de Jean-Baptiste François ».

Peu de temps avant cet arrêt, la question s'était aussi présentée à la section des requêtes, sur la demande en cassation formée par Marie-Françoise Lecacheux et consorts, contre un jugement du tribunal civil du département de la Seine inférieure, du 3 thermidor an 7, qui avait décidé en faveur de la refente. La section des requêtes avait été partagée, le 11 vendémiaire an 9; et le 5 frimaire suivant, cinq nouveaux juges ont été appelés pour vider le partage. Après un rapport fait par M. Vasse, avec le même soin et le même développement que si la question eût encore été indécise, j'ai dit :

« La question sur laquelle vous avez à prononcer en ce moment, occupe depuis plusieurs années les jurisconsultes et les magistrats; elle a divisé le tribunal de cassation lui-même, qui l'a jugée deux fois en sens contraire; et vous êtes aujourd'hui appelés, soit à confirmer dé-

finitivement le parti qu'il a pris par le premier de ses jugemens, soit à préparer la voie à un troisième jugement confirmatif du second.

» Dans le fait, Marie-Josephe Calais est décédée au Hâvre, le 5 floréal an 3. Comme elle ne laissait point d'héritiers en ligne directe, sa succession s'est d'abord partagée en deux portions égales, l'une pour la ligne paternelle, l'autre pour la ligne maternelle. Ainsi le prescrivait l'art. 83 de la loi du 17 nivôse an 2.

» Il a fallu ensuite partager chacune de ces portions dans la ligne à laquelle la loi la déférait; et à cet égard, nulle espèce de contestation entre les héritiers de la ligne paternelle.

» Mais dans la ligne maternelle, une difficulté majeure s'est élevée. Comme il n'existait point de descendans de la mère de la défunte, il a fallu remonter plus haut, et rechercher s'il y avait des descendans de son aïeul et de son aïeule maternels. Il ne s'en est point trouvé; il a donc fallu remonter jusqu'à leurs bisaïeux dans la même ligne, et là se sont rencontrées Marie-Françoise, Marie-Anne-Françoise, et Marie-Anne Lecacheux, petites-filles de Jacques Lecacheux, bisaïeul maternel de la défunte. A ce titre, elles paraissaient avoir le droit exclusif de prendre, dans la succession dont il s'agissait, la moitié déférée à la ligne maternelle. En effet, il n'y avait point d'autres descendans qu'elles, soit de Jacques Lecacheux et sa femme, soit d'autres ascendans du même degré; et dès-là, elles ne pouvaient avoir de concurrence à craindre que de la part des descendans, soit d'un trisaïeul, soit d'un ascendant encore plus éloigné de Marie-Josephe Calais; or, cette concurrence, comment auraient-elles pu la redouter, tandis que, par les art. 80 et 81 de la loi du 17 nivôse an 2, les descendans du trisaïeul maternel sont exclus par les descendans du bisaïeul, comme les descendans du bisaïeul le sont par les descendans de l'aïeul, comme les descendans de l'aïeul le sont par ceux de la mère? Cependant, Anne-Thérèse Hérouard, descendante de Denis Quetteville, trisaïeul paternel de la défunte, est venue se présenter pour concourir avec les citoyennes Lecacheux, et prendre le seule la moitié de ce que les citoyennes Lecacheux croyaient ne devoir partager qu'entre elles trois. Elle a prétendu que la partie de la succession attribuée à la ligne maternelle, devait remonter fictivement jusqu'à Denis-François Quetteville et Marie-Françoise Lecacheux, grand-père et grand'mère maternels; que, si ceux-ci eussent existé, ils auraient eu droit de la recueillir chacun pour moitié; qu'ainsi, il devait s'opérer, dans leur degré une subdivision semblable à celle qui s'était faite entre la ligne du père et la ligne de la mère de la défunte; et que l'effet de cette subdivision était d'attribuer à la branche du grand-père maternel et à celle de la grand'mère maternelle, à l'exclusion l'une de l'autre, et sans considération entre elles de la proximité, une moitié chacune dans la moitié à recueillir.

» Ce système a été accueilli par un jugement du tribunal civil du département de la Seine inférieure, du 3 thermidor an 7, confirmatif d'une décision arbitrale du 24 pluviôse de la même année.

» Les citoyennes Lecacheux demandent la cassation de ce jugement; et c'est eu délibérant sur leur recours, le 11 vendémiaire dernier, qu'est intervenu, à la section des requêtes, le partage qu'il s'agit aujourd'hui de vider.

» Nous ne nous arrêterons pas à l'examen de la régularité du recours en cassation : outre qu'elle est par elle-même assez manifeste, il est bien constant que ce n'est point là-dessus que les opinions se sont divisées dans la section des requêtes; nous aborderons donc tout de suite la question majeure, l'unique question, sur laquelle il nous paraît que vous ayez à délibérer en ce moment, celle de savoir si le jugement attaqué contrevient ou non à la loi du 17 nivôse an 2.

» Ce jugement est motivé, d'abord, sur les art. 85, 86 et 87 de la loi du 17 nivôse elle-même, qui portent : — « Si le défunt n'a pas » laissé d'héritiers descendans de sa mère, la » portion de sa mère sera partagée entre les des- » cendans de l'aïeul maternel et ceux de l'aïeule » maternelle. — Il en sera de même si le défunt » n'a pas laissé d'aïeul ou d'aïeule, soit dans » l'une, soit dans l'autre branche; les descen- » dans du bisaïeul et ceux de la bisaïeule pren- » dront chacun une moitié dans la portion qui » aurait appartenu à l'aïeul ou à l'aïeule. — Il » en sera de même encore pour les descendans » des degrés supérieurs, lorsque le bisaïeul ou » la bisaïeule n'auront pas laissé de descendans ».

» Tels sont les textes qui forment le premier motif du jugement attaqué; et sans doute, il n'est pas facile de deviner comment le tribunal de la Seine inférieure a pu en conclure, contre la disposition précise et formelle des art. 77, 80 et 81, que la descendante d'un trisaïeul de la défunte dût concourir avec les descendantes de son bisaïeul.

» Rien, en effet, de plus positif que les art. 77, 80 et 81 : — « La représentation a lieu jus- » qu'à l'infini, en ligne collatérale. Ceux qui » descendent des ascendans les plus proches du » défunt, excluent ceux qui descendent des as- » cendans plus éloignés de la même ligne. — A » défaut de descendans de la mère, les descen- » dans des aïeul et aïeule maternels excluent » tous les autres descendans des bisaïeux et bis- » aïeules de la même ligne. — La même exclu- » sion a lieu en faveur des descendans des bis- » aïeux et bisaïeules ou ascendans supérieurs, » contre ceux des ascendans d'un degré plus » éloigné dans la même ligne ».

» Il résulte bien clairement de ces trois ar- ticles, que les descendans du trisaïeul sont ex- clus par les descendans du bisaïeul; or, c'est d'un trisaïeul de la défunte que descend la cit. Hérouard, tandis que les citoyennes Lecacheux descendent d'un de ses bisaïeux; les citoyennes Lecacheux sont donc appelées par ces articles, à l'exclusion de la cit. Hérouard.

» Que peuvent contre ce raisonnement, les art. 85, 86 et 87, invoqués par le tribunal de la Seine inférieure ? Pour bien entendre ces ar- ticles, il faut les lier avec les trois précédens; car ils ne forment tous six qu'un ensemble des- tiné à régler le mode de partage de chaque moitié des successions collatérales entre les des- cendans d'ascendans du même degré.

» L'art. 82 commence par établir que, par l'effet de la représentation à l'infini, les repré- sentans entrent dans le degré, dans la place et dans tous les droits du représenté; que la suc- cession se divise en autant de parties qu'il y a de branches appelées à la recueillir, et que la subdivision se fait de la même manière entre ceux qui en font partie.

» De ce principe, l'art. 83 tire la conséquence suivante : « Si donc les héritiers du défunt des- » cendent, les uns de son père, les autres de sa » mère, une moitié de la succession est attri- » buée aux héritiers paternels, et l'autre moitié » aux héritiers maternels ». Ainsi, voilà chaque succession collatérale assujettie à ce qu'on ap- pelle la fente en deux lignes ; la loi en fait deux parts : elle en assigne une aux parens du côté du père, et l'autre aux parens du côté de la mère.

» L'art. 84 ajoute : « Si le défunt n'a pas » laissé d'héritiers de son père, la portion pa- » ternelle sera attribuée, pour une moitié, aux » descendans de l'aïeul paternel, et pour une » autre, aux descendans de l'aïeule paternelle ».

» Et l'art. 85 continue, en disant que, « si le » défunt n'a pas laissé d'héritiers descendans de » sa mère, la portion de sa mère sera pareille- » ment partagée entre les descendans de l'aïeul » maternel, et ceux de l'aïeule maternelle ». Ce n'est là, comme vous le voyez, C. M., que l'application du principe établi par les art. 77, 78, 79, 80 et 81, que, soit dans la ligne pa- ternelle, soit dans la ligne maternelle, le des- cendant de l'ascendant le plus proche exclut toujours le descendant de l'ascendant plus éloi- gné; et certes, ce principe n'est pas facile à concilier avec le système adopté par le tribunal de la Seine inférieure.

» Vient ensuite l'art. 86, qui déclare que, « si le défunt n'a pas laissé d'aïeul ou d'aïeule, » soit dans l'une, soit dans l'autre branche, les » descendans du bisaïeul et ceux de la bisaïeule » prendront chacun une moitié dans la portion » qui aurait appartenu à l'aïeul ou à l'aïeule ». Là-dessus deux observations.

» D'abord, il est généralement reconnu qu'il y a, dans cet article, une omission essentielle, et qu'il faut lire, non pas comme le porte le texte littéral, *si le défunt n'a pas laissé d'aïeul ou d'aïeule, mais si le défunt n'a pas laissé d'héritiers descendans d'aïeul ou d'aïeule.* Autrement en effet, cet article n'aurait plus, avec ceux qui le précèdent et celui qui le suit immédiatement, la liaison que le législateur a évidemment voulu établir; et puis, il est hors de doute que, dans ce même article, l'objet du législateur n'est pas de régler ce qui doit avoir lieu dans le cas où le défunt n'a laissé ni aïeul ni aïeule, puisqu'il l'a fait par l'art. 71, mais bien de régler ce qui doit avoir lieu dans le cas où, parmi les parens du défunt, il n'en existe point qui descendent, soit de son grand-père, soit de sa grand'mère.

» Ensuite, que signifient, dans le même article, ces mots, *soit dans l'une, soit dans l'autre branche?* Pour bien les entendre, il faut se reporter aux deux articles précédens, c'est-à-dire, aux art. 84 et 85.

» Le premier, comme nous l'avons vu, décide que, si le défunt n'a pas laissé d'héritiers descendans de son père, la moitié de sa succession attribuée à ses parens du côté de celui-ci, appartiendra pour une moitié aux descendans de l'aïeul paternel, et pour l'autre aux descendans de l'aïeule paternelle.

» Le second prescrit le même ordre de succéder entre les parens maternels, dans le cas où il n'existe pareillement point de descendans de la mère; la portion maternelle doit alors être partagée entre les descendans de l'aïeul maternel et ceux de l'aïeule maternelle.

» Il était naturel, après cela, il était même nécessaire de prévoir le cas où il n'existerait point, dans l'hypothèse de l'art. 84, de descendans de l'aïeul paternel ou de l'aïeule paternelle; et dans l'hypothèse de l'art. 85, de descendans de l'aïeul maternel ou de l'aïeule maternelle.

» C'est à régler ce cas qu'est appelé l'art. 86. Il aurait pu le diviser sa disposition en deux paragraphes, l'un pour le cas d'inexistence de descendans des aïeux paternels, l'autre pour le cas d'inexistence de descendans des aïeux maternels; et il aurait dit: — « §. 1. Si le » défunt n'a pas laissé d'héritiers descendans de » son aïeul ou de son aïeule paternels, les des- » cendans du bisaïeul et ceux de la bisaïeule » paternels, prendront chacun une moitié dans » la portion attribuée à la ligne paternelle. » — §. 2. Pareillement si le défunt n'a pas » laissé d'héritiers descendans de son aïeul ou » de son aïeule maternels, les descendans du » bisaïeul et ceux de la bisaïeule maternels » prendront chacun une moitié dans la portion » attribuée à la ligne maternelle ».

» Mais au lieu de développer ainsi la disposition qu'il avait en vue et qui n'était que le

corollaire immédiat et nécessaire des deux articles précédens, le législateur a cru devoir économiser les mots, et il a dit simplement : « Il en sera de même, si le défunt n'a pas laissé » d'héritiers descendans de l'aïeul ou de l'aïeule, » soit de l'une, soit de l'autre branche ».

» Ces termes se rapportent évidemment, il est même impossible de ne pas les faire rapporter, aux deux articles qui précèdent; et puisque de ces deux articles, l'un règle le cas où il n'existe point d'héritiers descendans du père, l'autre le cas où il n'existe point d'héritiers descendans de la mère; puisque le premier, à défaut d'héritiers descendans du père, appelle les héritiers descendans des aïeux paternels, et que le second, à défaut d'héritiers descendans de la mère, appelle les héritiers descendans des aïeux maternels, il est clair que l'art. 86 n'a eu et n'a pu avoir, en s'exprimant comme il l'a fait, d'autre intention que d'appliquer au cas d'inexistence de descendans des aïeuls paternels, la même règle que l'art. 84 avait établie pour le cas d'inexistence de descendans du père; et au cas d'inexistence de descendans des aïeux maternels, la même règle que l'art. 85 avait établie pour le cas d'inexistence de descendans de la mère; il est clair, en un mot, que l'art. 86 n'a voulu qu'une chose : c'est que les descendans des bisaïeux paternels doivent succéder à défaut des descendans des aïeux paternels, comme les descendans des aïeux paternels succèdent à défaut des descendans du père; et que les descendans des bisaïeux maternels doivent succéder à défaut des descendans des aïeux maternels, comme les descendans des aïeux maternels succèdent à défaut des descendans de la mère.

» Ainsi, les termes de cet article, *soit dans l'une, soit dans l'autre branche,* répondent à ceux-ci, *soit dans la ligne paternelle, soit dans la ligne maternelle;* et le sens qui en résulte, en les combinant avec les autres termes du même article, est qu'à défaut de descendans de l'aïeul paternel ou de l'aïeule paternelle, la descendance du bisaïeul paternel et celle de la bisaïeule paternelle sont appelées chacune à la moitié de la portion paternelle; comme à défaut de descendans de l'aïeul maternel ou de l'aïeule maternelle, la descendance du bisaïeul maternel et celle de la bisaïeule maternelle sont appelées chacune à la moitié de la portion maternelle.

» Or, cet article ainsi expliqué, et il est impossible qu'il le soit autrement, quelle est la conséquence qui en résulte? C'est que les descendans des bisaïeux paternels ne sont appelés qu'à défaut de la descendance de l'aïeul paternel ou de l'aïeule paternelle; c'est aussi que les descendans des bisaïeux maternels ne sont appelés qu'à défaut de la descendance de l'aïeul maternel ou de l'aïeule maternelle; c'est, par une suite nécessaire, que, tant qu'il y a des descendans de l'aïeul paternel *ou* de l'aïeule paternelle, il n'y a rien à réclamer pour les descendans des bisaïeux paternels; comme il n'y a rien à réclamer pour les descendans des bisaïeux maternels, tant qu'il y a des descendans de l'aïeul maternel *ou* de l'aïeule maternelle; c'est, par une suite ultérieure et non moins évidente, de l'alternative *ou* employée par la loi, qu'il n'est pas nécessaire qu'il y ait des descendans, soit de l'aïeul paternel et tout à la fois de l'aïcule paternelle, mais seulement de l'un deux, pour fermer la porte aux descendans des bisaïeux paternels, soit de l'aïeul maternel et tout à la fois de l'aïcule maternelle, mais seulement de l'un des deux, pour fermer la porte aux descendans des bisaïeux maternels; c'est en un mot, que l'art. 86 n'est, en d'autres termes, que la répétition, ou, si l'on veut, l'application du principe posé par les art. 77, 78, 80 et 81, que les descendans d'un ascendant moins éloigné succèdent toujours à l'exclusion de la descendance des ascendans supérieurs; c'est enfin que l'art. 86 ne justifie pas et qu'il détruit, au contraire, le système adopté par le jugement qu'attaquent les demanderesses.

» L'art. 87 ne dit rien de plus que l'art. 86; il ne fait qu'adapter la disposition de celui-ci aux *descendans des degrés supérieurs, lorsque le bisaïeul ou la bisaïeule n'ont pas laissé de descendans* : et vous remarquez, C. M., qu'il emploie également l'alternative *ou; le bisaïeul ou la bisaïeule*. Il confirme donc le principe que la descendance de l'un des deux suffit pour exclure la descendance, soit des trisaïeux, soit des ascendans plus éloignés encore.

» Or, encore une fois, les demanderesses descendent d'un bisaïeul de Marie-Josephe Calais; la cit. Hérouard, au contraire, ne descend que d'un de ses trisaïeux; la cit. Hérouard est donc exclue par les demanderesses.

» Mais, dit le tribunal de la Seine inférieure, et c'est ici son second motif, ce n'est que *dans la même ligne*, aux termes de l'art. 81, que les descendans d'un bisaïeul excluent les descendans d'un trisaïeul; or, la ligne *Lecacheux* et la ligne *Quetteville* ne sont pas la même; on ne peut donc pas appliquer à la ligne *Quetteville*, l'exclusion que l'art. 81 ne prononce, en faveur des demanderesses, que relativement à la ligne *Lecacheux*.

» Ainsi, suivant le tribunal de la Seine inférieure, le mot *ligne*, dans la loi du 17 nivôse an 2, ne s'entend pas seulement d'une suite de parens, soit du côté paternel, soit du côté maternel; outre les deux lignes de parens qu'elle suppose à chaque défunt, l'une du chef de son père, l'autre du chef de sa mère, elle reconnaît encore des lignes secondaires.

» Mais que de raisons s'élèvent contre cette extension arbitraire du texte de la loi!

» 1.º La fente des biens en deux lignes forme une exception à la règle générale par laquelle la loi appelle les collatéraux les plus proches du chef de ceux qu'ils représentent; elle confirme par conséquent cette règle hors le cas précisément excepté : *exceptio firmat regulam in casibus non exceptis;* et certainement, c'en est déjà assez pour qu'il ne soit pas permis d'étendre cette exception d'un cas exprimé à un cas non exprimé.

» 2.º Ordonner la division des biens d'un défunt en deux lignes, l'une du père, l'autre de la mère, ce n'est pas l'ordonner en quatre lignes, savoir : la première, la ligne de son père; la seconde, la ligne de sa mère; la troisième, la ligne de sa grand'mère paternelle; et la quatrième, la ligne de sa grand'mère maternelle; et ainsi de suite d'ascendans en ascendans jusqu'à l'infini.

» 3.º Si la loi eût voulu admettre cette subdivision, elle ne se serait pas bornée à dire que la succession se partage en deux lignes; elle aurait ajouté, comme la coutume de Bretagne l'avait fait, art. 593 : *et pour ce que la ligne vient de plusieurs ramages, les biens doivent être répartis à chacun ramage;* or, la loi n'a rien dit de semblable; et cependant ni la disposition de la coutume de Bretagne, ni la manière dont elle l'exprime, n'étaient inconnues aux rédacteurs de la loi.

» 4.º La loi n'aurait pas pu adopter la subdivision qui avait été introduite par la coutume de Bretagne, sans contredire, de la manière la plus choquante, ses propres dispositions.

» Pour ne pas trop nous étendre à cet égard, bornons-nous à citer les art. 70 et 72. L'art. 70 porte qu'à *défaut des pères et mères, les aïeuls et aïeules ou les survivans d'entre eux succèdent, s'il n'y a pas de descendans de quelqu'un d'entre eux.* Et l'art. 72 ajoute que, *dans tous les cas, les ascendans sont toujours exclus par les héritiers collatéraux qui descendent d'eux ou d'autres ascendans au même degré.*

» Supposons, d'après le premier de ces articles, que Marie-Françoise Lecacheux, aïeule maternelle de la défunte, vive encore : bien sûrement elle excluera Anne-Thérèse Hérouard, puisque celle-ci ne descend, ni d'elle, ni d'un autre ascendant au même degré; cependant, Anne-Thérèse Hérouard est étrangère à la prétendue ligne *Lecacheux;* ainsi, la prétendue ligne *Lecacheux* prendra à elle seule la totalité de la portion maternelle de la succession; elle la prendra nonobstant l'existence d'un individu de la prétendue ligne *Quetteville;* et certes, rien n'est plus opposé à l'idée que la loi attache partout au mot *ligne;* car partout où elle emploie ce mot, c'est pour désigner une classe d'héritiers qui ne peut pas être exclue par une autre, et dont la portion ne peut être dévolue à celle-ci, que par l'entière extinction de tous les individus qui composent celle-là.

» Mais poussons plus loin notre hypothèse : supposons que Marie-Anne Lefebvre, épouse de Jacques Lecacheux, et par conséquent bisaïeule maternelle de la défunte, soit encore vivante en ce moment : supposons encore qu'il ne reste personne de sa descendance; certainement, elle emportera seule la totalité de la portion maternelle de la succession; et la cit. Hérouard, quoique descendante de Denis Quetteville, trisaïeul maternel de la défunte, n'aura rien à y prétendre, puisque l'ascendant vivant exclut toujours les descendans d'un autre ascendant plus éloigné; voilà donc encore un cas où la prétendue ligne *Quetteville* verra un individu qui lui est étranger, envahir en sa présence la totalité d'une succession.

» Mais ce n'est pas tout. Si, avec la supposition que nous venons de faire de l'existence actuelle de Marie-Anne Lefebvre, épouse de Jacques Lecacheux, nous faisons concourir le fait de la co-existence des cit. Lecacheux, ses petites-filles, qu'arrivera-t-il. Les cit. Lecacheux excluront leur grand'mère, en vertu de la règle établie par l'art. 72; elles exclueront donc aussi la cit. Hérouard, d'après la maxime, *si vinco vincentem te, à fortiori te vinco;* or, dès qu'il en serait ainsi dans le cas de l'existence actuelle de leur grand'mère, pourquoi n'en serait-il pas de même dans le cas où leur grand'mère n'existe plus ? Ne la *représentent-ils* pas, dans toute l'énergie, dans toute l'étendue de ce mot ? Et la loi elle-même ne dit-elle pas que, *par l'effet de la représentation, les représentans entrent dans la place, dans le degré* ET DANS TOUS LES DROITS *du représenté ?*

» Mais chose étrange ! la représentation qui fournit aux cit. Lecacheux, une arme si puissante, si victorieuse, est précisément ce que le tribunal de la Seine inférieure leur oppose pour troisième motif de sa décision.

» Par l'art. 77, dit ce tribunal, la représentation ayant lieu à l'infini en ligne collatérale, il s'ensuit que la cit. Hérouard représente *Denis-François Quetteville, aïeul maternel;* qu'elle entre dans sa place, dans son degré et dans tous ses droits; et conséquemment qu'elle doit recueillir le quart qui lui eût appartenu dans la portion maternelle de la succession dont il s'agit.

» A la lecture de cette partie du jugement attaqué, on croirait que la cit. Hérouard descend de ce *Denis-François Quetteville;* mais point du tout; elle descend de l'aïeul de celui-ci, c'est-à-dire, de *Denis Quetteville,* trisaïeul de la défunte. Or, comment le tribunal de la Seine inférieure a-t-il pu dire que la cit. Hérouard représentait un individu dont elle ne descend pas ? C'est la première fois, sans doute, qu'on a porté aussi loin l'oubli de tous les principes.

» Qu'est-ce en effet que la représentation, si ce n'est le principe en vertu duquel le descendant prend la place de son ascendant décédé, et en exerce tous les droits ?

» Ouvrez tous les auteurs qui ont écrit sur la représentation, vous n'en trouverez pas un seul qui attache à ce mot une autre idée.

» Loysel en a même fait une des maximes de notre droit coutumier : *où représentation a lieu infiniment,* dit-il, *ce qui échet au père échet au fils.*

» Guyné, dans son *Traité de la représentation,* ne cesse de répéter que l'avantage de la représentation infinie, ne consiste *qu'à donner aux héritiers de chaque ligne, le droit d'aller en remontant chercher le chef et l'origine de sa ligne jusqu'au lieu où elle a fourché la dernière fois, pour exercer tous ses droits.*

» Et c'est ce qu'a exprimé Duplessis, d'une manière encore plus énergique, en disant qu'au cas de la représentation, *l'on succède du chef de l'ascendant au temps de la souche, et que la subdivision de ce qu'on a pris en vertu de son droit, se fait entre les représentans par réflexion à lui, comme d'un bien de la souche.*

» Mais qu'est-il besoin de recourir aux auteurs pour déterminer le sens du mot *représentation ?* La loi du 17 nivôse an 2 a pris soin elle-même de l'expliquer.

» Après avoir établi les règles de la représentation, pour les différens cas qui font l'objet des art. 83 à 37, elle ajoute, art. 88 : « Ces rè- » gles de représentation seront suivies dans la » subdivision de chaque branche. On partagera » d'abord la portion qui est attribuée à cha- » cune, en autant de parties égales que le *chef* » *de cette branche* aura laissé d'enfans ». C'est donc le *chef* de la branche que représentent ceux qui en descendent.

» L'art. 89 n'est pas moins positif : « La loi » n'accorde aucun privilége au double lien ; » mais si des parens collatéraux *descendent* tout » à la fois des *auteurs* de plusieurs branches ap- » pelées à la succession, ils recueilleront cumu- » lativement la portion à laquelle ils sont ap- » pelés dans chaque branche ». La représenta- tion ne consiste donc qu'à prendre la place et à exercer les droits *des auteurs* dont on descend.

» L'art. 50 du décret du 22 ventôse an 2 est encore plus formel. Une pétition avait été présentée à la Convention nationale, pour qu'il fût déclaré si, dans les partages qui auraient lieu en successions collatérales, en cas de décès de tous les héritiers du premier degré, ceux du deuxième succéderaient toujours *par représentation de leurs auteurs.* Et l'article cité répond « que les règles ont paru devoir être communes » en ligne directe et collatérale; à un sem- » blé plus simple et plus moral qu'en tous » genres de successions et sans égard à des pré- » cédés, l'on suivît toujours la condition de *son*

» *auteur*, en venant par représentation là où » cet auteur vivant eût été. le premier succes- » sible ; qu'au surplus, ne s'agissant ici que de » l'interprétation de la loi du 17 nivôse, ses di- » vers articles combinés ne laissent aucun doute » sur ce point ».

» C'est donc en oubliant, ou plutôt en mé- prisant, et les principes élémentaires qui cons- tituent l'essence de la représentation, et les dis- positions de la loi qui ont consacré ces prin- cipes, que le tribunal de la Seine inférieure s'est permis de dire que la cit. Hérouard représentait, non pas son bisaïeul Denis Quetteville, mais Denis-François Quetteville, *son cousin au cin- quième degré ;* et encore une fois, jamais une idée aussi bizarre n'a été consignée dans un ju- gement.

» Le tribunal de la Seine inférieure aurait parlé le véritable langage de la loi, s'il eût dit que la cit. Hérouard représentait Denis Quette- ville, son bisaïeul et troisième aïeul de la dé- funte.

» Mais il a bien senti qu'en faisant cet aveu, il se serait mis en contradiction avec son sys- tème de *refente.* Rien, en effet, de plus pérem- toire contre ce système, que les règles de repré- sentation établies par la loi.

» Nous l'avons déjà dit, l'art. 82 met en prin- cipe général, et il n'en excepte absolument au- cun cas, que, *par l'effet de la représentation, les représentans entrent dans la place, dans le degré et dans les droits du représenté.*

» Il faut donc ici procéder entre les citoyennes Lecacheux et la cit. Hérouard, comme si les personnes qu'elles représentent respectivement, vivaient encore. La lumière du jour n'est pas plus claire que cette vérité.

» Or, quelles sont les personnes que repré- sentent les citoyennes Lecacheux, ou, ce qui est la même chose, quelles sont les personnes auxquelles elles doivent remonter, pour prouver la source de leur parenté avec la défunte? Ce sont Jacques Lecacheux et sa femme, leur grand-père et grand'mère.

» Quelles sont, d'un autre côté, les per- sonnes que représente la cit. Hérouard, ou, ce qui est la même chose, quelles sont les per- sonnes auxquelles elle doit remonter, pour trouver la source de sa parenté avec la défunte? Ce sont Denis Quetteville et sa femme, ses bi- saïeux.

» Eh bien ! supposons Jacques Lecacheux et sa femme, d'une part, Denis Quetteville et sa femme, de l'autre, encore vivans : supposons qu'ils se disputent la portion maternelle de la succession de Marie Josephe Calais : à qui cette portion sera-t-elle adjugée? Ce sera certaine- ment à Jacques Lecacheux et à sa femme, puis- qu'ils sont bisaïeux de la défunte ; et par con- séquent d'un degré plus proche que Denis Quet- teville et sa femme, ses trisaïeux. L'art. 71 de

la loi veut, en effet, qu'*à défaut d'aïeuls ou aïeules, les ascendans supérieurs soient appelés à la successions, suivant la proximité du degré:*

» Le moyen, après cela, d'admettre la pré- tention de la cit. Hérouard? Elle représente des personnes qui seraient exclues par Jacques Le- cacheux et sa femme; elle ne peut donc pas ne pas être exclue elle-même par les représentans de ceux-ci, c'est-à-dire, par les citoyennes Leca- cheux, qui sont à la place de Jacques Lecacheux et de sa femme, qui entrent dans leur degré, qui exercent tous leurs droits.

» Cette seule réflexion est, comme nous l'avons dit péremptoire contre le système de la *refente.* Nous pourrions en ajouter beaucoup d'autres qui ne le sont pas moins; nous pourrions surtout invoquer les motifs aussi lumineux que tran- chans sur lesquels est basé le jugement de la section civile, du 12 brumaire dernier ; mais où l'évidence paraît dans tout son jour, les détails sont inutiles : nous en avons dit beaucoup plus qu'il n'en faut pour vous convaincre de la néces- sité de proscrire une opinion aussi contraire au texte et à l'esprit de la loi, que subversive du repos des familles et de la stabilité des proprié- tés; nous n'en dirions jamais assez pour deve- lopper tous les raisonnemens qui s'opposent à son adoption.

» Nous estimons qu'il y a lieu d'admettre la requête des demanderesses ».

Sur ces conclusions, arrêt du 5 frimaire an 9, qui, en effet, admet le recours de Marie-Fran- çoise Lecacheux et consorts ; et l'affaire portée en conséquence à la section civile, arrêt contra- dictoire, le 13 floréal an 10, au rapport de M. Basire, par lequel,

« Vu l'art. 77 de la loi du 17 nivôse an 2... ; et attendu que tous les collatéraux qui descen- dent d'ascendans maternels d'un défunt, quoi- que ces ascendans soient de diverses branches, sont cependant de la même ligne respective- ment au défunt, c'est-à-dire, de la ligne ma- ternelle ;

» Attendu qu'on ne peut dire que ces colla- téraux soient de lignes différentes, que lors- qu'on les considère entre eux, mais non pas lorsqu'on les considère respectivement au défunt, par rapport auquel ils sont tous dans la ligne maternelle ;

» Attendu que ces mêmes collatéraux ne doi- vent être considérés que dans leur rapport avec le défunt, puisque la parenté avec celui-ci est l'unique base du droit à sa succession ;

» Attendu que, quand les législateurs ont inséré dans l'article précité, ces mots *de la même ligne,* ils ont entendu parler de la même ligne respectivement au défunt; qu'indépen- damment de la lettre de cet article, cela résulte encore de l'ensemble de la loi dont il fait partie;

et qu'ainsi, le jugement attaqué a contrevenu audit article, en admettant la défenderesse qui ne descend que d'un trisaïeul maternel de la fille Calais, à concourir dans sa succession avec les demanderesses qui descendent d'un bisaïeul également maternel de cette fille ;

» Le tribunal casse et annulle.... ».

Vingt-cinq jours après avoir admis le recours de Marie-Anne Lecacheux, contre un jugement favorable au systême de la refente, la section des requêtes a eu à statuer sur le recours de Jeanne Navarria et consorts, contre un jugement qui avait proscrit ce systême. Ce jugement avait été rendu le 13 ventôse an 8, par le tribunal civil du département de Maine et Loire. Après le rapport de la cause fait par M. Riols, je me suis expliqué en ces termes :

« Cette affaire vous présente absolument la même espèce et la même question qui ont donné lieu au partage vidé le 5 frimaire dernier ; il s'agit encore de savoir si le collatéral, dans la ligne paternelle, qui descend d'un bisaïeul du défunt, doit exclure le collatéral de la même ligne, qui ne descend que d'un trisaïeul : ou si celui-ci peut concourir avec le premier, et réclamer, dans la position attribuée à la ligne paternelle, une portion particulière, comme affectée à la branche du trisaïeul.

» Le jugement dont on vous demande la cassation, a décidé que le descendant du bisaïeul devait exclure le descendant du trisaïeul.

» Ainsi, les mêmes motifs par lesquels vous vous êtes déterminés à admettre, le 5 frimaire, le recours des citoyennes Lecacheux contre le jugement qui avait adopté le systême de la refente, s'élèvent aujourd'hui pour faire rejeter le recours des demandeurs contre le jugement qui a proscrit ce systême.

» Nous ne répéterons donc pas ici tout ce que nous avons cru devoir dire sur cette matière, à l'audience du 5 frimaire.

» Mais il ne sera pas inutile, pour faire cesser absolument toute espèce de lutte sur le sens de l'art. 86 de la loi du 17 nivôse an 2, de revenir encore un moment sur le systême général de cette loi.

» Vous savez, C. M., qu'après avoir, par l'art. 77, établi la représentation infinie, en ligne collatérale, elle lui donne, par l'art. 82, l'effet de faire entrer le représentant dans la place, dans le degré et dans tous les droits de l'ascendant qu'il représente.

» D'après ce principe, supposons que, dans la succession de Jean Goupilleau dont il est ici question, se soit trouvé un grand-père paternel, et que Jean Goupilleau eût aussi laissé du même côté, un bisaïeul, père de sa grand'mère paternelle ;

» A qui, dans ce cas, aurait appartenu la

succession ? Très-certainement elle aurait appartenu au grand-père paternel, à l'exclusion du bisaïeul, son beau-père. Cela résulte des art. 69, 70 et 71. L'art. 69 porte que le père et la mère ou le survivant d'entre eux, succèdent à défaut de descendans, de frères, de sœurs ou de descendans de frères ou de sœurs. L'art. 70, partant du même principe, veut qu'à défaut de pères et mères, les aïeuls et aïeules ou les survivans d'entre eux succèdent, s'il n'y a pas de descendans de quelqu'un d'entre eux. Et ce n'est qu'à défaut d'aïeuls ou d'aïeules, que les ascendans supérieurs sont appelés par l'art. 71, suivant la proximité du degré ; de manière que l'existence du seul grand-père paternel suffit pour exclure le bisaïeul, père de la grand'mère paternelle.

» Par la même raison, et d'après les termes même de l'art. 71, si Jean Goupilleau eût été survécu par le père de son aïeul paternel, c'est-à-dire, par son bisaïeul paternel, et par le grand-père de sa grand'mère paternelle, c'est-à-dire, par l'un de ses trisaïeux paternels, il est clair que le trisaïeul paternel eût été exclu par le bisaïeul du même côté.

» Mais Jean Goupilleau, au lieu d'être survécu par un trisaïeul paternels, l'a été par des parens collatéraux qui descendent, les uns de celui-ci, les autres de celui-là.

» Eh bien ! la loi veut que, par l'effet de la représentation, les uns et les autres soient traités dans sa succession, comme l'eussent été les ascendans dont ils descendent respectivement.

» Et puisque le bisaïeul aurait exclu le trisaïeul, il est évident que les descendans du premier doivent également exclure les descendans du second.

» Il est impossible, nous osons le croire, de nier cette conséquence ; et assurément elle est décisive contre le systême de la refente en deux lignes.

» Au surplus, puisqu'on semble, dans cette cause, faire une sorte d'appel à ceux qui ont pris part à la loi du 17 nivôse an 2, pour expliquer dans quel sens ils l'ont alors entendue, nous devons déclarer au tribunal que, sans avoir coopéré précisément et manuellement à la rédaction de cette loi, nous avons assisté, dans le comité de législation, à toutes les conférences dans lesquelles on a délibéré et arrêté les bases; que l'idée de la refente en deux lignes a toujours été aussi éloignée de l'intention du comité, qu'elle l'est de toutes les saines notions d'économie politique; et que cependant la plupart des membres du comité connaissaient très-bien ce systême, puisqu'il avait été combattu par l'un d'eux dans un ouvrage qui alors était encore récent; et que d'ailleurs il avait été depuis peu discuté avec le plus grand éclat dans une affaire qui avait pris naissance dans la coutume d'Anjou, et qui avait été portée successivement au parlement de Paris, au conseil d'Etat, et enfin au parlement de Rouen, où il avait été rejeté par un arrêt solennel (1).

Nous devons dire aussi que le cit. Cambacérès présidait alors le comité, et que c'est d'après son avis qu'a été intentée par les parties en faveur desquelles a prononcé le jugement de la section civile du 12 brumaire dernier, l'affaire qui a donné lieu à ce jugement si profondément délibéré et si bien motivé.

» Par ces considérations, nous estimons qu'il y a lieu de rejeter la requête des demandeurs ».

Arrêt du 1.er nivôse an 9, qui prononce conformément à ces conclusions,

« Attendu que tous les collatéraux qui descendent d'ascendans paternels du défunt, quoique ces ascendans soient de diverses branches, sont cependant de la même ligne avec le défunt, c'est-à-dire, de sa ligne paternelle ;

» Attendu que l'on ne peut dire que ces collatéraux sont de lignes différentes, que lorsqu'on les considère respectivement entre eux, et non pas quand on les considère respectivement au défunt, par rapport auquel ils sont tous dans la ligne paternelle ;

» Attendu que ces mêmes collatéraux ne doivent être considérés que dans leur rapport avec le défunt, puisque la parenté avec celui-ci est l'unique base du droit à sa succession ;

» Attendu que, quand les législateurs ont dit, art. 17 de la loi de nivôse : *La représentation a lieu jusqu'à l'infini en ligne collatérale*; *ceux qui descendent des ascendans les plus proches du défunt, excluent ceux qui descendent des ascendans plus éloignés de la même ligne*, ils ont entendu parler de la même ligne avec le défunt, de la même ligne respectivement au défunt; et qu'ainsi, le jugement attaqué n'a fait que se conformer à cet article, en décidant que les demandeurs en cassation, descendans d'un trisaïeul du défunt dans sa ligne paternelle, étaient exclus de sa succession par les descendans d'un bisaïeul dans la même ligne ».

La question s'est encore représentée, le 11 du même mois, à la même section. Il s'agissait de la succession de M. de Trudaine, ex-conseiller d'Etat. Le sieur Pedillon qui prétendait y venir par droit de refente, attaquait un jugement du tribunal civil du département de Seine et Oise qui l'avait repoussé. Il traita la question comme si elle eût encore été entière, et il la traita avec une grande profondeur. Mais tous ses efforts furent inutiles; par arrêt du 11 nivôse an 9, sur les conclusions de M. Jourde, sa requête fut rejetée.

_____
(1) *V.* le *Répertoire de jurisprudence*, aux mots *Représentation* (droit de), sect. 2, n. 12.

Cette longue suite d'arrêts uniformes n'a pas empêché la cour d'appel de Bruxelles d'en rendre un contraire, le 27 messidor an 10; mais il a été cassé le 4 ventôse an 11, au rapport de M. Cochard.

§. IX. 1.° *L'exception apportée en faveur des tiers-acquéreurs, par la loi du 3 vendémiaire an 4, à l'abrogation de l'effet rétroactif de la loi du 17 nivôse an 2, peut-elle être invoquée par un donataire universel de l'héritier en faveur duquel cette dernière loi avait disposé rétroactivement ?*

2.° *L'art. 60 de la loi du 17 nivôse an 2 est-il applicable à la donation que l'héritier rappelé par l'effet rétroactif de cette loi, mais réintégré de fait dans la possession de l'hérédité, en a faite par contrat de mariage avant l'abrogation de l'effet rétroactif même ?*

3.° *La prescription annale établie par l'art. 9 de la loi du 23 ventôse an 2, peut-elle être suppléée par le juge, lorsque la partie intéressée à la faire valoir, ne l'oppose pas ?*

4.° *A-t-elle couru contre un héritier réintégré de fait dans l'hérédité ?*

V. l'article *Effet rétroactif de la loi du 17 nivôse an 2.*

§. X. 1.° *Le condamné à mort par un jugement révolutionnaire de 1794, a-t-il transmis sa succession à celui qui était alors son héritier présomptif ? — En conséquence, est-ce aux ayant-droits de celui-ci qu'a dû être faite, en exécution de la loi du 21 prairial an 3, la restitution des biens confisqués momentanément sur le condamné ? — Le bénéfice de cette restitution n'appartient-il pas plutôt à celui qui, à l'époque où elle a été ordonnée, se trouvait, parmi les parens du condamné, le plus proche et habile à lui succéder ?*

2.° *Quels sont, dans le sens de l'art. 2 de la loi du 5 décembre 1814, relative à la remise des biens confisqués pour cause d'émigration, les héritiers ou ayant-cause de l'ancien propriétaire, à qui ces biens doivent être rendus ?*

La première question est traitée dans le plaidoyer et jugée par l'arrêt du 23 thermidor an 10, rapportés à l'article *Confiscation*, §. 1. Sur la seconde, *V.* l'article *Émigré*, §. 17.

§. XI. *Pour exclure des enfans de la succession de leur père, sur le fondement qu'avant leur naissance, il était mort civilement par l'effet d'un jugement qui l'avait condamné par contumace à une peine emportant la mort civile, est-il nécessaire de représenter ce jugement et le procès-verbal de son exécution ? Peut-on, par des présomptions, par des actes énonciatifs, par les reconnaissances du prétendu condamné lui-même, par des arrêts rendus entre d'autres parties, et basés sur le fait de sa mort civile, suppléer à la représentation de ce jugement et de ce procès-verbal ?*

« Ces questions (ai-je dit à l'audience de la cour de cassation, section des requêtes, le 29 frimaire an 12), ces questions qui ont été agitées pendant six audiences au tribunal d'appel de Lyon, se reproduisent devant vous avec tout l'intérêt qu'elles ont excité devant ce tribunal; et vous avez à décider si, par la manière dont il les a jugées, il a respecté ou enfreint les lois qui devaient lui servir de boussole.

» Vous connaissez les faits qui les ont amenées.

» Vous savez qu'Antoine Desverneys, né à Lyon du mariage d'André Desverneys avec Angélique Baron, perdit son père en 1712, avant d'avoir atteint sa majorité ; que sa mère épousa en secondes noces Joseph Nivelle-Delachaussée ; que ne pouvant ou ne voulant pas vivre avec son beau-père, il le quitta, se retira dans la ci-devant Bresse, y obtint, le 30 mai 1730, des lettres de bénéfice d'âge, et fit assigner son beau-père en reddition du compte de sa tutelle.

» Vous savez que, peu de temps après (le 10 août 1732), il eut le malheur, dans une partie de chasse, de tuer Claude Perron, garde de la seigneurie de Montellier ; que de là s'ensuivit, par contumace, un procès criminel dont le résultat, suivant les adversaires des demandeurs, fut un jugement de mort rendu par le présidial de Bourg, le 5 avril, et exécuté en effigie le 5 octobre 1735.

» Vous savez que, dans l'intervalle de l'une à l'autre de ces deux dernières époques, Antoine Desverneys, réfugié à Lyon, y épousa, le 28 avril 1735, Adrienne Decolony ; et que, cinq mois et demi après la célébration de ce mariage, le 13 octobre 1735, Adrienne Decolony mit au monde une fille, nommée Etiennette, qui fut baptisée comme enfant *légitime* des deux époux, et mourut au mois d'octobre de l'année suivante.

» Vous savez que, quatre mois après la naissance de cet enfant, le 16 février 1736, Antoine Desverneys, par le ministère d'un fondé de pouvoirs, vendit, devant un notaire de Lyon, à Joseph Bonamour, une maison située à la Croix-Rousse ; et que, par une clause expresse du contrat, il chargea l'acquéreur d'en employer le prix au payement des frais nécessaires pour *parvenir à la réhabilitation.*

» Vous savez que, le lendemain, 17 février 1736, le châtelain de Montellier, celui même qui avait fait les premiers actes de l'instruction criminelle contre Antoine Desverneys, homologua, sur des conclusions du procureur fiscal, un avis de parens qui autorisait le tuteur des mineurs Perron à se désister *de toutes procédures extraordinaires faites, poursuivies et jugées contre ledit Antoine Desverneys,* moyennant 1500 livres de dommages-intérêts qui furent à l'instant payées par le fondé de pouvoirs de celui-ci.

» Vous savez qu'immédiatement après, Antoine Desverneys passa en Amérique; et que, le 15 novembre de la même année, Nivelle, son beau-père, le considérant comme mort civilement, rendit son compte de tutelle à Angélique Baron et à Catherine Desverneys, mère et sœur d'Antoine Desverneys, et comme telles, suivant lui, ses héritières de droit.

» Vous savez qu'Antoine Desverneys revint bientôt d'Amérique à Lyon ; et que, le 29 novembre 1739, Adrienne Decolony, son épouse, accoucha d'un enfant, nommé Jean-François-Henry, qui fut baptisé comme leur fils *légitime.*

» Vous savez que, dans l'intervalle, un procès s'était élevé entre Adrienne Decolony, son épouse, d'une part, Nivelle, son beau-père, et Angélique Baron, sa mère, de l'autre ; que, dans ce procès, Adrienne Decolony se présentait comme héritière d'Etiennette Desverneys, sa fille, morte en octobre 1736 ; et qu'elle réclamait, à ce titre, les biens dépendans de l'hérédité de son mari, attendu, disait-elle, que, par sa mort civile, il l'avait transmise à sa fille Etiennette.

» Vous savez que Nivelle et Angélique Baron étant décédés, l'un, en 1742, l'autre, en 1744, Louise-Angélique Nivelle leur fille, mariée à Gabriel Cheissac, reprit l'instance, et prétendit qu'Antoine Desverneys n'avait pas eu d'autre héritier que sa mère ; que son mariage ayant été contracté postérieurement à sa condamnation par contumace, n'avait pu produire aucun effet civil ; que conséquemment sa fille Etiennette n'avait pas joui des avantages de la légitimité; et que, par une conséquence ultérieure, il n'avait pas pu lui transmettre sa succession.

» Vous savez qu'Adrienne Decolony opposait à ces raisonnemens l'antériorité de son mariage et de la conception de sa fille Etiennette à l'exécution en effigie du jugement qui avait condamné son mari à mort, et que de ce fait non contesté par son adversaire, elle concluait que la mort civile de son mari ne devait dater que du 5 octobre 1735; que la femme Cheissac, au contraire, soutenait que la mort civile d'Antoine Desverneys devait dater du 5 avril 1735, jour de sa condamnation, et par suite de vingt-trois jours avant la célébration de son mariage; que d'ailleurs elle attaqua incidemment ce mariage par appel comme d'abus; et que, par arrêt rendu à la grand'chambre du parlement de Paris, le 5 juillet 1746, il fut prononcé en ces termes : « La » cour, faisant droit sur l'appel comme d'abus » interjeté par les parties de Daugy (Cheissac et » sa femme), dit qu'il n'y a abus; condamne les » appelans à l'amende; en tant que touche l'ap- » pel simple interjeté par les parties de Daugy » des sentences et ordonnances de la séné- » chaussée de Lyon, sans s'arrêter à leur re- » quête, a mis et met l'appellation et ce dont » est appel au néant; émendant, évoquant le » principal et y faisant droit, condamne les » parties de Daugy à rendre compte à la » partie de Simon (Adrienne Decolony), par- » devant le lieutenant-général de la séné- » chaussée de Lyon, des biens de la succession » d'Antoine Desverneys, à l'affirmer véritable » pardevant ledit juge et à en payer le reliquat, » ensemble les intérêts et intérêts des intérêts » comme deniers pupillaires; condamne les- » dites parties de Daugy à remettre à ladite » partie de Simon tous les papiers et titres de » ladite succession, et à lui laisser la libre » jouissance de la propriété des biens meubles »-et immeubles, en quelques lieux qu'ils soient » situés; à lui rendre et restituer tous les fruits » sur le pied des baux, sinon, suivant l'esti- » mation à dire d'experts, dont les parties » conviendront pardevant ledit lieutenant gé- » néral de Lyon, sinon par lui pris et nommés » d'office; condamne les parties de Daugy en » tous les dépens, tant des causes principales » que d'appel et demandes ».

» Vous savez que, dans la vu de cet arrêt, il n'est fait mention ni du jugement de comdam- nation d'Antoine Desverneys à la peine de mort, ni du procès-verbal d'exécution de ce jugement en effigie; que seulement on y voit les deux parties s'accorder, par leurs conclu- sions, à qualifier Antoine Desverneys de *mort civilement.*

» Vous savez que, dans l'année qui a suivi la prononciation de cet arrêt, le 30 novembre 1747, il fut baptisé à Lyon un troisième enfant d'An- toine Desverneys et d'Adrienne Decolony; qu'il fut nommé *Jean-Baptiste* et qualifié de *fils légitime;* que, le 13 avril 1752, Antoine Des- verneys mourut et fut enterré à la Croix- Rousse, dans le tombeau réservé à sa famille; que, le 26 octobre suivant, sa veuve accoucha d'une fille, nommée Marie-Anne-Charlotte, qui fut baptisée comme fruit posthume du mariage d'Antoine Desverneys et d'Adrienne Decolony; et que, le 22 avril 1754, elle se remaria à Jacques Prades.

» Vous savez que dans le compte rendu par la femme Cheissac à Adrienne Decolony, il s'éleva des contestations sur lesquelles il fut prononcé le 14 avril 1767, par une sentence de la sénéchaussée de Lyon, dans laquelle est visé, entre autres pièces, un *certificat délivré par Perrier,* greffier civil et criminel au bail- liage et siége présidial de Bourg, contenant que, par sentence rendue en la chambre du conseil, le 5 avril 1735, le nommé *Antoine Desverneys, bourgeois de la Croix Rousse, faubourg de Lyon, aurait été déclaré atteint et convaincu d'avoir assassiné Claude Perron, laboureur de Montellier; pour raison de quoi il aurait été condamné à être pendu, et ce par effigie; et que cette sentence fut exécutée suivant sa forme et teneur, le 5 octobre 1735.*

» Vous savez que, sur l'appel de cette sen- tence porté au parlement de Paris, la femme Cheissac fit signifier à Adrienne Decolony, le 25 mai 1777, une requête dans laquelle il était dit : *La trente-deuxième pièce du* QUINZE *avril* 1735 *, est emploi de la sentence du* QUINZE *avril* 1735 *qui condamne Antoine Desverneys à être pendu; la trente-troisième est* EMPLOI *de l'exécution de cette sentence qui se fit par effigie le 5 octobre suivant.*

» Vous savez que, par arrêt rendu à la troisième chambre des enquêtes, le 23 juillet 1779, il fut donné acte à la femme Cheissac de l'emploi qu'elle faisait du compte rendu par son père, le 15 novembre 1736, *de la gestion et administration* qu'il avait eue *de la personne et des biens d'Antoine Desverneys, condamné à mort par sentence de Bourg en Bresse du* QUINZE *avril* 1735, *et exécuté en effigie le 5 octobre suivant;* que, par le même arrêt, la dépense du compte est calculée depuis la sortie d'Antoine Desverneys de la maison de Nivelle, son beau- père, *jusqu'audit jour* QUINZE *avril* 1735; et que l'on fait pareillement courir *jusqu'audit jour* QUINZE *avril* 1735, les intérêts d'une partie de cette dépense, ainsi que les prestations du douaire d'Angélique Baron.

» Vous savez qu'Adrienne Decolony mourut le 16 mai 1780; que, quelque temps auparavant, et dès le 15 avril 1776, Jean-Baptiste Desver- neys, troisième enfant de son premier mariage, s'était marié à Lyon, *comme fils légitime de défunt Antoine Desverneys, écuyer,* et *d'A- drienne Decolony;* que précédemment encore, ce même Jean-Baptiste Desverneys s'étant en- rôlé dans un régiment d'infanterie, avait ob- tenu, comme *noble,* l'annullation de son enrôle- ment.

» Vous savez que, le 21 pluviôse an 6, les enfans de ce même Jean-Baptiste Desverneys et les autres descendans d'Antoine Desverneys ont fait assigner en délaissement d'une maison située à la Croix-Rousse, appelée *le Chariot d'or,* et dépendante, suivant eux, de la succession de celui-ci, Françoise Desplante, femme Gleyze, qui la possédait comme héritière de Nicolas Vernier, son premier mari, à qui la femme

Cheissac en avait fait donation par acte notarié du 3 mars 1781.

» Vous savez qu'à cette demande, la femme Gleyze et son mari ont opposé trois moyens différens : le premier, que les demandeurs n'étaient ni ne pouvaient être héritiers d'Antoine Desverneys, puisqu'il était mort civilement avant leur naissance ou celle de leurs auteurs ; le second, que rien ne prouvait que la maison réclamée par eux, fît partie de la succession d'Antoine Desverneys ; le troisième, qu'en tout cas, il s'était écoulé, depuis le commencement de la possession de la femme Cheissac, donatrice de Nicolas Vernier, un temps plus que suffisant pour opérer la prescription pleine et entière de leur action.

» Vous savez que, contre le premier de ces moyens, les enfans Desverneys ont fait valoir le défaut de représentation, tant du prétendu jugement de condamnation de leur père, que du procès-verbal de son exécution ; qu'ils ont combattu les deux autres par des pièces et par des circonstances qui paraissaient devoir les écarter, au moins pour une portion considérable de l'immeuble litigieux ; et que, pour justifier d'autant mieux leur réponse au premier, ils ont produit deux certificats du greffier du tribunal civil du département de l'Ain, séant à Bourg, l'un du 16 germinal an 7, l'autre du 14 fructidor de la même année, et portant « que vérification » faite des minutes des procédures criminelles » instruites au ci-devant bailliage et présidial » de Bourg, il ne s'est trouvé dans les liasses de » procédures de l'année 1735, aucune procédure » instruite ni jugement rendu contre Antoine » Desverneys ; que (d'ailleurs) depuis l'année » 1779 qu'il est greffier du ci-devant bailliage et » présidial de Bourg, et successivement du tri- » bunal de district de Bourg, il n'a été fait » aucun déplacement des minutes déposées au » greffe du bailliage de Bourg, et qu'elles sont » constamment restées au même dépôt ».

» Vous savez que, par jugement du 14 fructidor an 8, le tribunal civil de l'arrondissement de Lyon, s'attachant au premier moyen de la dame Gleyze, et sans statuer sur les deux autres, a déclaré les demandeurs sans droit et sans qualité, attendu « 1.º que, par l'arrêt du 5 juillet » 1746, la succession d'Antoine Desverneys a » été réglé définitivement et en dernier ressort; » 2.º que d'après cet arrêt, la succession d'An- » toine Desverneys a été déférée à Adrienne » Decolony, femme Desverneys, comme héri- » tière d'Étiennette Desverneys, fille décédée » en pupillarité, d'Antoine Desverneys, mort » civilement ».

» Vous savez que les enfans Desverneys ont appelé de ce jugement au tribunal d'appel de Lyon ; qu'ils ont joint à leur appel une tierce-opposition, tant à l'arrêt du 5 juillet 1746, qui avait adjugé à Adrienne Decolony, leur mère, la succession d'Antoine Desverneys, leur père, encore vivant à cette époque, qu'à la sentence de la sénéchaussée de Lyon, du 14 avril 1767; et que, sur cette tierce-opposition, ils ont fait citer le préfet du département du Rhône, comme devant, selon eux, représenter, pour le compte de l'état et par le droit de déshérence, Adrienne Decolony, dont ils avaient répudié l'hérédité.

» Enfin, vous connaissez le jugement rendu sur le tout par le tribunal d'appel de Lyon, le 6 floréal an 11 : « Considérant (porte-t-il), qu'il » résulte des dispositions de l'arrêt du parlement » de Paris, du 5 juillet 1746, de celles de la sen- » tence de la sénéchaussée de Lyon, du 14 avril » 1767, *de celles de l'acte signifié par Adrienne* » *Decolony, le 22 mai 1770*, et du dispositif de » l'arrêt du 23 juillet 1779, qu'Antoine Desver- » neys est mort dans un état de mort civile ; le » tribunal dit qu'il a été bien jugé, mal appelé, » et que ce dont est appel sortira son plein et » entier effet ».

» Qu'est-ce que *l'acte signifié par Adrienne Decolony, le 22 mai 1770*, dont il est parlé dans ce jugement ? Nous n'en avons jusqu'à présent trouvé aucune trace dans les pièces que nous avons parcourues, et les demandeurs ne l'ont pas produit ; mais il en est fait mention dans la partie de l'arrêt même qui retrace sommairement la plaidoirie de la dame Gleyze et de son mari : « Dans une signification faite le 22 mai 1770 » (y est-il dit), non-seulement cette femme » (Adrienne Decolony) prend le titre d'héritière » médiate d'Antoine Desverneys, mort civile- » ment, mais elle déclare qu'elle a donné copie » du jugement portant condamnation à mort de » son époux et du certificat du greffier attestant » l'exécution ».

» Vous remarquez, au surplus, C. M., que le tribunal d'appel de Lyon ne statue en aucune manière sur la tierce-opposition formée par les demandeurs à l'arrêt du parlement de Paris, du 5 juillet 1746, et à la sentence de la sénéchaussée de Lyon, du 14 avril 1767. C'est assurément un vice de rédaction, et les demandeurs ne manquent pas de s'en prévaloir ; mais en résulte-t-il pour eux un moyen de cassation ? Nous ne le pensons pas. Une omission de prononcer ne peut donner ouverture qu'à la requête civile ; et dès qu'elle donne ouverture à la requête civile, elle ne peut pas servir de motif pour casser un jugement.

» Par là tombent les moyens que tirent les demandeurs, et de ce que le tribunal d'appel de Lyon n'a rien statué à l'égard du préfet du département du Rhône, et de ce qu'il n'a pas jugé toutes les questions qu'il avait posées dans la troisième partie de son jugement.

» Ce n'est pas avec plus de fondement qu'ils

emploient pour moyen de cassation, la circonstance que le jugement attaqué a été rendu *sections réunies.* Déjà plusieurs fois nous avons en occasion de vous parler d'un réglement fait par le tribunal d'appel de Lyon, en exécution de l'art. 27 de la loi du 27 ventôse an 8, et provisoirement approuvé au nom du gouvernement, par le ministre de la justice. Vous y avez remarqué un article portant que le tribunal jugera, sections réunies, les questions d'état et celles qui intéresseront la république; et par cette raison, la section des requêtes a rejeté, le 18 brumaire an 11, au rapport de M. Vasse, le recours de la commune de Jasseron, contre un jugement du tribunal d'appel de Lyon rendu sections réunies, entre la république et cette commune.

» Il ne reste donc plus aux demandeurs que les moyens qu'ils puisent dans le fond de la cause; et à cet égard, nous n'avons à examiner qu'une seule question, celle de savoir si le tribunal d'appel de Lyon a violé quelque loi en jugeant à la fois, et qu'Antoine Desverneys était décédé en état de mort civile, et que, par cela seul qu'il était décédé en état de mort civile, ses enfans étaient inhabiles à lui succéder.

» Il semble, au premier abord, que, par cette manière de prononcer, il ait contrevenu à la loi générale qui appelle les enfans à la succession de leur père même décédé en état de mort civile, à moins qu'on ne prouve qu'ils n'ont été conçus que postérieurement à sa mort civile elle-même; car le tribunal d'appel n'a point déterminé par son jugement l'époque à laquelle Antoine Desverneys était, suivant lui, mort civilement; il serait donc possible, d'après son jugement, qu'Antoine Desverneys ne fût mort civilement qu'après la conception ou la naissance, sinon de tous les demandeurs, au moins de quelques-uns d'entre eux.

» Mais cette difficulté s'évanouira bientôt, si l'on rapproche du jugement du tribunal d'appel, les actes de naissance des enfans d'Antoine Desverneys. Le jugement du tribunal d'appel donne pour première preuve de la mort civile d'Antoine Desverneys, l'arrêt du parlement de Paris du 5 juillet 1746, qui adjuge sa succession à Adrienne Decolony, comme confondue dans celle d'Etiennette Desverneys, leur fille légitime, morte en 1736. Il décide donc qu'Antoine Desverneys était mort civilement dès l'année 1736. Or, c'est depuis l'année 1736 que sont nés tous ceux des enfans qui réclament aujourd'hui sa succession: la naissance du plus âgé ne remonte qu'au 29 novembre 1739. L'arrêt de la cour d'appel décide donc que tous les demandeurs sont nés pendant la mort civile de leur père; il est donc inattaquable sous le rapport qui, au premier apperçu, semblait devoir en nécessiter la cassation.

» Mais a-t-il pu juger Antoine Desverneys mort civilement, sans que la sentence de sa prétendue condamnation par contumace, sans que le procès-verbal de l'exécution de cette sentence, fussent rapportés? A-t-il pu admettre comme pièces équipollentes à ces deux actes, l'arrêt du 5 juillet 1746, la sentence du 14 avril 1767, l'acte signifié à la requête d'Adrienne Decolony, le 22 mai 1770; et l'arrêt du 23 juillet 1779? Voilà ce que nous avons à examiner, voilà ce qui doit fixer toute notre attention.

» Et d'abord, peut-on, relativement aux effets qui peuvent résulter d'un jugement de condamnation, remplacer ce jugement même par la preuve, soit testimoniale, soit littérale, soit confessionnelle, qu'il a existé?

» Cette question importante a occupé nos législateurs, et ils l'ont décidée négativement pour le cas où il ne serait pas constant que le jugement prétendu adiré a reçu son exécution. L'art. 9 de la loi du 29 floréal an 2 et le Code des délits et des peines du 3 brumaire an 4, liv. 2, tit. 15, art. 554, portent que, *dans tous les cas et* POUR TOUS EFFETS, *le jugement de condamnation non-exécuté, qui n'est représenté ni en minute, ni en expédition ou copie authentique, est considéré comme n'ayant jamais existé.* Et il ne faut pas croire que la disposition de ces lois n'ait pour objet que les jugemens rendus sur déclaration de jurés: elle est générale, elle n'est limitée par aucune exception; et ce qui prouve d'ailleurs qu'elle s'applique aux jugemens rendus avant, comme aux jugemens rendus depuis l'institution du jury, c'est que l'art. 7 de la première de ces lois déclare que, *si la procédure égarée en tout ou en partie avait été instruite dans la forme qui avait lieu* AVANT L'INSTITUTION DES JURÉS, *elle sera recommencée en entier dans la forme prescrite par les lois relatives à cette institution; et ce qui pourra rester de la procédure, servira seulement de renseignement.*

» Si donc le prétendu jugement du présidial de Bourg qui a, dit-on, condamné Antoine Desverneys à être pendu en effigie, n'a pas été exécuté, rien ne peut aujourd'hui en remplacer, soit la minute, soit l'expédition, soit la copie authentique, qui seules pourraient faire foi de son existence. Et il devrait être *considéré comme n'ayant jamais existé,* même dans le cas où il serait prouvé que le greffe du présidial de Bourg a été ou incendié ou pillé depuis sa prétendue prononciation; car c'est précisément pour ce cas qu'ont été faites les lois des 29 floréal an 2 et 3 brumaire an 4: elles ont été faites, comme elles le disent elles-mêmes, pour le cas où, *par l'effet d'un incendie, de l'invasion des ennemis de la république, ou de toute autre cause, des minutes de jugemens rendus pour ou contre des accusés, et non encore exécutés, ou des procédures criminelles encore indécises, ont été détruites, enlevées ou autrement égardes, et qu'il n'est pas possible de les rétablir dans leurs dépôts.* Et à combien plus forte raison n'en doit-il pas être de même dans la circonstance où il est constaté par deux certificats du greffier de Bourg, que, depuis vingt-cinq ans qu'il est en fonctions, il n'y a eu dans son greffe ni incendie ni déplacement de minutes.

» Mais les dispositions des lois que nous venons de rappeler, se trouveront ici sans application, si la prétendue sentence dont il s'agit, a été exécutée. La question que vous avez à résoudre, gît donc toute entière dans ce seul point : le tribunal d'appel a-t-il pu juger, d'après les pièces qu'il a prises pour bases, que la prétendue sentence dont il s'agit, avait reçu son exécution?

» Une vérité que l'on ne saurait révoquer en doute, c'est que l'exécution d'un jugement criminel est un acte judiciaire.

» Une autre vérité non moins constante, et qui est d'ailleurs proclamée par tous les auteurs, notamment par Despeisses, tome 2, *de la preuve par titres*, n. 8, par Boiceau, *Traité de la preuve par témoins*, chap. 10, n. 8, et par Danty dans ses additions au même ouvrage, n. 62, qui même est écrite littéralement, comme nous le verrons bientôt, dans l'art. 55 de l'ordonnance de Moulins; c'est que les actes judiciaires ne peuvent être prouvés que par eux-mêmes, c'est-à-dire, par la production qui en est faite, ou en minutes, lorsque le juge en a ordonné l'apport, ou en expéditions, ou en copies authentiques.

» L'exécution de la prétendue sentence de condamnation d'Antoine Desverneys, ne peut donc être prouvée légalement que par le procès-verbal qui en a dû être dressé au moment même où elle s'est opérée. Et ce qui doit bien nous convaincre que telle a été l'intention du législateur, c'est qu'il a expressément ordonné ce procès-verbal, c'est qu'il en a formellement désigné le rédacteur officiel, c'est qu'il a impérativement chargé ce rédacteur de l'inscrire à la suite de la minute du jugement même : *Le procès-verbal d'exécution*, porte l'art. 13 du tit. 17 de l'ordonnance de 1670, *sera mis au pied du jugement, signé du greffier seulement*.

» Et qu'on ne vienne pas dire qu'en fait de jugemens par contumace, l'exécution doit toujours se présumer. Pour qu'elle se présumât toujours, il faudrait qu'elle fût une conséquence matériellement nécessaire de la condamnation; et certainement on conçoit très-bien qu'un jugement puisse être rendu, sans que pour cela il soit exécuté. La prononciation du jugement et son exécution sont deux actes séparés; et la loi a si peu entendu que l'existence de l'un emportât la preuve de l'existence de l'autre, qu'après avoir réglé la forme du jugement, elle a réglé celle de son exécution. Combien d'ailleurs n'y

a-t-il pas d'exemples de jugemens par contumace qui n'ont pas été exécutés! Nos livres sont remplis d'arrêts qui ont jugé que le défaut d'exécution d'un jugement de mort par contumace, laisse au condamné tous les avantages de la vie civile. Arrêts du parlement de Paris, dès 4 mars 1623 et 22 mars 1653, rapportés par Brodeau sur Louet, lettre C., §. 47, et dans le *Journal des audiences*. Arrêts du parlement de Bordeaux, des 28 avril 1664, 16 juillet 1666, 18 août 1668 et 20 août 1701, rapportés par Lapeyrère, lettre C, n. 187, et lettre P, n. 66 et 67, édition de 1707; arrêt du parlement d'Aix, du 11 mai 1733, rapporté par Julien sur les *Statuts de Provence*, tome 2, page 589; arrêt du parlement de Rennes, du 3 juillet 1664, rapporté par Hévin sur l'art. 288 de la coutume de Bretagne.

» Ici, d'ailleurs, nous sommes dans une espèce bien plus favorable aux demandeurs. Le jugement qu'on leur oppose, n'existe pas; et d'après la disposition expresse des lois de floréal an 2 et brumaire an 4, il ne pourrait être présumé avoir existé, que par l'effet de la preuve de son exécution. Donc, point de preuve d'exécution, point de présomption légale de l'existence du jugement. Eh! comment voudrait-on après cela que l'exécution pût se présumer de droit ? Comment pourrait-on sérieusement baser la preuve de l'exécution, sur un jugement qui, par cela seul qu'on ne prouve pas qu'il a été exécuté, doit, suivant la loi elle-même, *être considéré comme n'ayant jamais existé?*

» Mais, a dit le tribunal d'appel, la preuve que le jugement a existé, et qu'il a reçu son exécution, c'est que, le 5 juillet 1746, le parlement de Paris a adjugé à Adrienne Decolony la succession d'AntoineDesverneys encore vivant; c'est que la sentence de la sénéchaussée de Lyon du 14 avril 1767 vise, entre autres pièces, un certificat du greffier de Bourg, constatant qu'Antoine Desverneys a été condamné à mort le 5 juillet 1735, et exécuté en effigie le 6 octobre suivant; c'est que, le 22 mai 1770, Adrienne Decolony a déclaré par un exploit fait à sa requête, avoir précédemment signifié le jugement même de condamnation de son mari, et un certificat du greffier de Bourg, attestant l'exécution de ce jugement; c'est enfin, que, dans l'arrêt du parlement de Paris du 23 juillet 1779, il est dit formellement qu'Antoine Desverneys a été condamné et exécuté en avril et octobre 1735.

» Voilà, au premier coup-d'œil, un concours bien imposant d'actes propres à remplacer, et l'expédition du jugement, et le procès-verbal de son exécution. Mais il se présente une première observation qui suffit pour les écarter tous en masse.

» Si Antoine Desverneys vivait encore, et

que, cité en témoignage devant un tribunal, on lui opposât comme moyen de reproche, sa prétendue condamnation à mort par contumace, que feraient les juges ? Ils feraient, ou du moins ils devraient faire ce que leur prescrit l'art. 55 de l'ordonnance de Moulins ; ils ordonneraient à la partie qui alléguerait ce reproche, de le justifier, ou par la production du jugement, ou par la preuve testimoniale (en établissant préalablement la perte de la minute) ; et à défaut de l'une ou de l'autre , ils déclareraient le reproche calomnieux : « Les preuves de tonsure » et profession de vœu monacal (ce sont les » termes de l'article cité), seront reçues par » lettres, et non par témoins ; comme aussi les » preuves des jugemens condamnatoires ou » absolutoires dont on voudra s'aider pour re- » proches ou salvations, ès matières où lesdits » témoignages auront lieu, sauf si la perte des » registres était alléguée, dont la preuve en tout » cas sera reçue ». Ainsi, Antoine Desverneys assigné comme témoin en justice, serait admis à y déposer, nonobstant l'allégation et les pièces énonciatives de sa prétendue condamnation à mort ; il serait par conséquent jugé jouir encore, dans toute leur plénitude, des droits de citoyen français.

» Et si Antoine Desverneys, toujours dans la supposition qu'il vécût encore, se présentait pour recueillir la succession d'un homme dont il se trouverait le plus proche parent, oserait-on, de bonne foi, sur le fondement des arrêts de 1746 et 1779, de la sentence de 1767 et de la signification de 1770, lui contester son état et le soutenir mort civilement ? Avec quel avantage ne repousserait-il pas une pareille exception ? Vous prétendez, dirait-il, que j'ai été condamné à mort en 1735 ! Mais où est le jugement qui m'a condamné en effet ? où est le procès-verbal d'exécution de ce prétendu jugement ? Vous ne produisez ni l'un ni l'autre, et vous voulez y suppléer par des actes qui me sont étrangers ! Ces actes seraient impuissans contre moi, s'il était seulement permis de me fermer, comme témoin, le temple de la justice ; et ils pourraient suffire pour me faire déclarer incapable de succéder ! Je serais jugé mort civilement en matière de succession, tandis que l'on serait forcé de me reconnaître citoyen pour déposer dans une enquête judiciaire ! Ah ! ne prêtez pas à la loi des contradictions aussi absurdes ; ne lui supposez pas la bizarre, la monstrueuse intention de me traiter à la fois, et comme mort civilement au préjudice de mes propres intérêts, de mes intérêts les plus chers et les plus sacrés, et comme jouissant de tous mes droits de cité, lorsqu'il ne s'agirait que d'un tiers en faveur duquel je serais appelé à porter témoignage. En un mot, ou rapportez le titre de ma condamnation et la preuve légale de son exécution régulière, ou cessez de vous opposer à l'exercice de mon droit

de succéder, dont vous ne prouvez pas que j'aie jamais été dépouillé.

» Nous osons le dire, C. M., il n'est point de juge qui osât, dans cette hypothèse, prononcer contre Antoine Desverneys. Mais ses enfans sont-ils moins favorables que lui ? Et un moyen qui serait victorieux dans sa bouche, pourrait-il n'être dans la leur qu'un vain sophisme ? Des actes qui ne pourraient pas remplacer contre lui le titre qui pût seul le faire juger mort civilement, pourraient-ils avoir plus de force contre eux ? Ne sont-ils donc pas investis de tous les droits qu'il avait au moment de sa mort ? Ne sont-ils donc pas, aux yeux de la loi, une seule et même personne avec lui ? Ne sont-ils donc pas ses enfans ?

» Et après tout, que signifient ces actes qui ont paru si décisifs contre eux au tribunal d'appel de Lyon ? Spécieux, tant que l'on voudra, pour leur ensemble, ils ne résistent pas au choc d'une discussion analytique ; et s'ils peuvent un moment faire illusion à l'homme, ils ne sauraient faire impression sur le juge. Daignez nous suivre, C. M., dans l'examen que nous allons en faire, vous serez bientôt convaincu de cette vérité.

» D'abord, qu'a jugé l'arrêt du 5 juillet 1746 ? A coup-sûr, il n'a jugé, il n'a pu juger que ce qui était mis en question par les parties entre lesquelles il a été rendu. Or, ces parties mettaient-elles en question si Antoine Desverneys était mort civilement ? Non, elles en convenaient ; ou plutôt, elles le supposaient toutes deux, parce que toutes deux faisaient dépendre de sa prétendue mort civile, le droit qu'elles réclamaient à sa succession.

» Mettaient-elles en question si le prétendu jugement rendu contre lui, avait été exécuté le 5 octobre 1735 ? Non encore ; c'était également un point convenu entre elles, et il était également de leur intérêt commun de le supposer. Il n'y avait donc de contesté entre elles que le point de savoir si sa mort civile devait dater du jour de sa condamnation, qu'elles fixaient de concert au 5 avril 1735, ou seulement du jour de son exécution en effigie, qu'elles fixaient de concert au 5 octobre de la même année. C'est donc sur ce seul point qu'a prononcé l'arrêt du 5 juillet 1746 ; l'arrêt du 5 juillet 1746 n'a donc prononcé que sur une conséquence de la prétendue mort civile d'Antoine Desverneys ; il n'a donc pas jugé qu'Antoine Desverneys fût mort civilement.

» Si, au lieu de dire au parlement de Paris qu'Antoine Desverneys était mort civilement, soit le 5 avril, soit le 5 octobre 1735, sa femme et la dame Cheyssac étaient venues lui dire qu'il était descendu au tombeau, soit à l'une, soit à l'autre époque ; et que, d'après leur allégation simultanée de son prétendu décès, le parlement de Paris eût jugé laquelle des deux était son héritière de droit, l'arrêt pourrait-il aujourd'hui faire preuve de sa mort effective à l'une de ces deux époques? Le pourrait-il surtout si, postérieurement au 5 avril ou 5 octobre 1735, on voyait des actes signaler Antoine Desverneys comme vivant encore; si, postérieurement à sa prétendue mort énoncée dans l'arrêt, on le voyait contracter un mariage solennel, en faire inscrire les fruits sur les registres publics, enfin mourir réellement dans un temps beaucoup plus rapproché de nous? Eh bien! depuis même le 5 octobre 1735, date de la prétendue exécution en effigie de son jugement de condamnation, Antoine Desverneys a fait plusieurs actes de vie civile : il a pris, dans les registres destinés à constater l'état des citoyens, la qualité d'*écuyer*, qui alors ne pouvait certainement pas appartenir à un homme mort civilement; il a fait inscrire sur les registres des enfans qui y ont été qualifiés de *légitimes*; et en mourant, il a reçu dans une église tous les honneurs funèbres, il a été enseveli dans le tombeau de ses pères. Donc l'arrêt de 1746 ne prouve pas plus sa mort civile au 5 octobre, qu'il ne pourrait faire preuve de sa mort naturelle à la même époque. Donc le tribunal d'appel de Lyon a tiré de cet arrêt une conséquence fausse et erronée. Donc cet arrêt ne peut pas justifier le tribunal d'appel de Lyon du reproche de contravention à la loi du 19 floréal an 2, à l'art. 554 du Code des délits et des peines, et au principe consacré par l'art. 55 de l'ordonnance de Moulins, que la preuve des *jugemens condamnatoires* ne peut être faite que par la production des jugemens eux-mêmes.

» Objectera-t-on que, postérieurement à l'arrêt de 1746, Antoine Desverneys a laissé jouir sa femme des biens que cet arrêt lui avait adjugés, et que, par là, il s'est lui-même reconnu mort civilement?

» Mais, d'une part, Antoine Desverneys aurait eu beau se reconnaître mort civilement; s'il ne l'était pas en effet, sa reconnaissance, comme nous l'établirons plus particulièrement ci-après, ne pourrait pas nuire à son état, encore moins à celui de ses enfans.

» D'un autre côté, tout ce que l'on peut raisonnablement conclure du silence d'Antoine Desverneys, relativement à l'arrêt qui lui donnait un héritier de son vivant, c'est qu'il a souffert qu'on le crût mort civilement, mais non pas qu'il se soit lui-même reconnu tel; et l'on conçoit assez qu'il avait de fortes raisons, même en le supposant encore dans la pleine et légitime possession de la vie civile, pour ne pas réclamer à une époque aussi voisine de celle de l'homicide qu'il avait eu le malheur de commettre. Dans cette hypothèse, en effet, soit qu'en 1735, il eût été condamné à mort par contumace, soit qu'il ne l'eût pas été, il avait grand intérêt de ne pas donner l'éveil à la justice sur son existence à Lyon. Condamné, il ne pouvait pas venir dire

aux tribunaux : *je n'ai pas été exécuté en effigie;* c'eût été de sa part une provocation insensée à une exécution corporelle. Non condamné, il ne pouvait pas davantage leur dire : *j'ai été poursuivi, mais je n'ai pas été jugé;* c'eût été le moyen de se faire juger réellement; et l'impossibilité où il s'était mis lui-même en transigeant avec la partie civile, de nier son crime, ne lui présageait que trop la manière dont on l'eût jugé. Il n'avait donc pas d'autre parti à prendre que de se taire; et certainement par le silence dans lequel il s'est renfermé, il n'a pas reconnu sa prétendue mort civile; il a seulement ajourné sa réclamation à un temps où il pourrait la former sans péril pour sa tête, temps qu'il n'a pas atteint, puisqu'il est mort en 1752, c'est-à-dire, à une époque où il ne s'était pas encore écoulé vingt ans depuis l'homicide de Claude Perron, où par conséquent il n'avait pas encore pu prescrire, suivant la législation alors en vigueur, l'action publique à laquelle il était en butte.

» Si l'arrêt du 5 juillet 1746 ne prouve rien, ni par lui-même, ni par le silence dont il a été suivi de la part d'Antoine Desverneys, quelle preuve prétendra-t-on tirer de la sentence de la sénéchaussée de Lyon, du 14 avril 1767?

» Dira-t-on que, par son dispositif, elle juge les contestations élevées entre Adrienne Decolony et la dame Cheyssac sur l'exécution de l'arrêt de 1746, et que par conséquent elle imprime de plus fort sur la tête d'Adrienne Decolony la qualité d'héritière de son époux, par l'effet de la mort civile de celui-ci. Mais ce n'est encore là qu'une décision hypothétique : suite nécessaire de l'arrêt de 1746, elle ne peut pas plus que lui, prouver un fait qu'elle n'a pas jugé plus que lui.

» Dira-t-on que, dans son préambule, elle vise un certificat du greffier de Bourg, qui atteste et l'existence du jugement de condamnation du 5 avril 1735, et son exécution en date du 5 octobre suivant?

» Que prouve donc ce visa? Sans contredit il prouve que, le 14 avril 1767, il a passé sous les yeux de la sénéchaussée de Lyon une pièce qui lui a paru être le certificat énoncé.

» Mais 1.° il ne prouve pas, il ne peut pas prouver contre des tiers, que ce certificat fût véritablement du greffier de Bourg. Aucune des parties n'avait intérêt de vérifier ni de contester la signature de cet officier; toutes convenaient du fait attesté sous son nom; on ne peut donc pas dire qu'en visant l'attestation prétendue de cet officier, la sénéchaussée de Lyon l'ait jugée son ouvrage.

» 2.° Ce certificat, quand il serait vraiment émané du greffier de Bourg, quelle foi pourrait-il faire de son contenu? Sans doute, un greffier un notaire méritent pleine croyance, ils la méritent du moins jusqu'à inscription de faux, lorsqu'ils attestent la conformité des expéditions qu'ils délivrent, aux minutes existantes dans leurs dépôts. Mais quand ils se bornent à déclarer sous leur signature, que tel jugement a été rendu, que tel acte a été passé en tel temps, ils ne sont plus officiers publics, ils ne sont que simples témoins, et leurs certificats ne peuvent être considérés que comme des attestations extrajudiciaires.

» Écoutons Chorier, dans sa jurisprudence de Guy-Pape, page 208 : *le certificat du notaire qu'il a reçu un contrat, duquel même il y marque la date et rapporte la substance, ne prouvera rien, comme il fut jugé pour Claude de Grimaud, par arrêt* (du parlement de Grenoble) *de l'an 1447, contre Valentin Baquelier.*

» Rousseaud de la Combe, article *Preuve*, sect. 2, n. 9, dit également : *certificat du notaire d'avoir reçu quelque acte, ne fait foi.*

» Telle est aussi la doctrine de Despeisses, tom. 2, pag. 520, n. 34.

» Et ces autorités s'appliquent ici avec d'autant plus de justesse, que le certificat dont il s'agit, à en juger du moins par l'énonciation qu'en contient la sentence de 1767, n'atteste pas qu'il existe actuellement dans le greffe de Bourg une sentence qui a condamné Antoine Desverneys à la peine de mort, et un procès-verbal qui en constate l'exécution par effigie; mais seulement qu'Antoine Desverneys a été condamné, et que sa condamnation a été exécutée; en sorte que le greffier laisse ignorer s'il parle les pièces sous les yeux, ou d'après les oui-dire.

» 3.º Enfin, ce certificat n'est pas représenté dans l'instance actuelle; la dame Cleyze et son mari ont même avoué leur impuissance de le reproduire; et certainement, il ne peut pas être ici remplacé par la mention qui en est faite dans la sentence de 1767. Règle générale, *non creditur referenti, nisi constet de relato;* et il ne faut pas croire que cette règle ne soit que le produit de l'imagination des interprètes : les interprètes ne l'ont pas imaginée, ils l'ont puisée dans les textes les plus positifs des lois romaines. *Commemorationem* (porte la loi dernière, D. *de probationibus*), *commemorationem in chirographo pecuniarum quæ ex aliâ causâ deberi dicuntur, factam, vim obligationis non habere. — Et hoc insuper jubemus* (ajoute la novelle 119, ch. 9), *ut si quis in aliquo documento alterius faciat mentionem documenti : nullam ex hâc memoriâ fieri exactionem, nisi aliud documentum cujus memoria in secundo facta est, proferatur, aut alia secundùm leges probatio exhibeatur...... hoc enim etiam in veteribus legibus invenitur.*

» Et sur ce fondement (dit Papon, liv. 9, tit. 8, n. 19), par un arrêt du parlement de Paris du 1.ᵉʳ février 1538, prononcé en robes rouges à la pâques suivante, des acquéreurs furent *déboutés de la vente* à eux faite *par un soi-disant procureur, faute d'avoir montré la procuration, nonobstant que la teneur d'icelle fût insérée en ladite vente, à quoi la cour n'eût aucun égard.*

» Voyez donc, C. M., à quelles erreurs il a fallu que le tribunal d'appel de Lyon s'abandonnât, pour accorder sa confiance au certificat visé dans la sentence de 1767! Il a regardé comme pièce probante contre un tiers, un acte dont la signature n'avait pas même été vérifiée au moment de sa production. Il a considéré comme émané d'un officier public, un certificat que l'officier public dont il portait la signature, n'avait pu donner que comme personne privée. Il a tiré de ce certificat la preuve de l'existence d'un jugement que le greffier de Bourg n'attestait pas même avoir vu, et d'une exécution dont ce même greffier ne disait même pas qu'il eût été, dans le temps, dressé procès-verbal. Et ce certificat qui, mis sous ses propres yeux, n'aurait pas même pu équipoller à la déclaration d'un témoin unique déposant en justice sous la foi du serment; ce certificat qu'il n'a vu que par les yeux de la sénéchaussée de Lyon, il y a ajouté foi, au mépris des lois les plus expresses, de la jurisprudence la plus constante des tribunaux, de la doctrine la plus universelle des auteurs. — Et le résultat de toutes ces méprises est de méconnaître, de fouler aux pieds les dispositions de l'ordonnance de Moulins, de la loi du 19 floréal an 2, du Code du 3 brumaire an 4, qui n'admettent que les jugemens eux-mêmes pour preuves des condamnations pénales qu'ils ont prononcées.

» Si de la sentence de 1767 et du certificat qu'elle vise, nous passons à la troisième pièce sur laquelle s'est fondé le tribunal d'appel de Lyon, c'est-à-dire, l'acte signifié par Adrienne Decolony, le 22 mai 1770, qu'y trouverons-nous ? Que dans cet acte, Adrienne Decolony prend *le titre d'héritière médiate d'Antoine Desverneys, mort civilement,* et qu'elle y déclare avoir *donné copie du jugement portant condamnation à mort de son époux, et du certificat du greffier attestant l'exécution.* Mais que peut-on inférer de tout cela ?

» 1.º En prenant la qualité d'héritière d'Antoine Desverneys, mort civilement, Adrienne Decolony n'a fait que suivre les erremens de l'arrêt du 5 juillet 1746, qui lui avait conféré ce titre : elle n'a donc rien ajouté à cet arrêt : si donc cet arrêt ne peut pas, comme nous l'avons démontré, établir contre ses enfans la mort civile de leur père, il est impossible d'attribuer plus d'effet à la qualité qu'il lui avait donnée et qu'elle a prise en conséquence.

» 2.º La déclaration que fait Adrienne Decolony, d'avoir précédemment donné copie du jugement portant condamnation à mort de son époux, prouverait bien contre elle-même qu'en effet elle avait donné cette copie; mais contre des tiers, que peut-elle prouver? Rien autre chose, si ce n'est que, le 22 mai 1770, Adrienne Decolony a reconnu avoir précédemment signifié un jugement qui condamnait son mari à mort; elle ne peut pas prouver contre des tiers, qu'Adrienne Decolony avait réellement fait cette signification. Elle prouverait encore bien moins que cette signification, si elle avait été faite, était celle d'un jugement en forme authentique.

» 3.º Quant à la prétendue signification énoncée dans ce même acte, *du certificat du greffier attestant l'exécution*, il s'en faut beaucoup que l'on puisse l'opposer aux enfans d'Antoine Desverneys : ceux-ci peuvent, au contraire, en tirer un très-grand avantage; car de ce que, pour attester l'exécution du prétendu jugement rendu contre leur père, on a été obligé de recourir à un certificat du greffier, il résulte assez évidemment qu'il n'existait point de procès-verbal d'exécution; et si ce procès-verbal n'existait point, si la formalité impérieusement requise par l'ordonnance de 1670, pour constater l'exécution, n'avait pas été remplie, bien certainement l'exécution était, aux yeux de la loi, réputée n'avoir jamais eu lieu; et, par une conséquence nécessaire, jamais Antoine Desverneys n'était mort civilement, puisque ce n'est pas la condamnation, mais l'exécution seule, qui opère la mort civile.

» Reste l'arrêt du 23 juillet 1779; et vous allez voir, C. M., que, soit que l'on remonte à la requête de la dame Cheyssac, du 25 mai 1777, énoncé dans le vu de cet arrêt, soit que l'on s'attache au dispositif de l'arrêt même, il ne peut en sortir que des inductions aussi insignifiantes pour la dame Gleyze, qu'elles sont favorables aux enfans Desverneys.

» Par sa requête de production, du 25 mai 1777, la dame Cheyssac déclare faire *emploi*, sous-les n.ºs 32 et 33, de la sentence de condamnation d'Antoine Desverneys, et (ce qui est singulièrement à remarquer), non pas du procès-verbal de l'exécution, mais *de l'exécution* elle-même. Or, que signifie ce mot *emploi* dans une requête de production? Nous en appelons à tous ceux qui ont quelque connaissance de l'ancienne forme de procéder au parlement de Paris : il signifie que l'on n'a pas en son pouvoir, la pièce dont on veut faire emploi; il signifie qu'on ne la produit pas. Il est donc prouvé par la requête même du 25 mai 1777, que le prétendu jugement de condamnation n'a pas été produit lors de l'arrêt du 23 juillet 1779. Il y a plus : il est prouvé par cette requête, que la dame Cheyssac n'a pas osé, à cette époque, articuler qu'il eût été dressé un procès-verbal d'exécution de ce prétendu jugement.

» A l'égard du dispositif de l'arrêt, il énonce, à la vérité, qu'Antoine Desverneys a été condamné à mort et exécuté en effigie, mais il ne fait que l'énoncer, il ne le juge pas; et pourquoi ne le juge-t-il pas? Parce que ce point de fait n'était pas contesté entre les parties; parce que les parties ne faisaient, sur ce point de fait, que s'en référer à ce qu'elles avaient allégué simultanément lors de l'arrêt de 1746; en un mot, parce que, d'un côté, Adrienne Decolony était, comme en 1746, intéressée à faire réputer son mari mort civilement, puisque c'était pour elle le seul moyen de conserver sa succession; et que, de l'autre, la dame Cheyssac n'avait plus, d'après l'arrêt de 1746, le moindre intérêt de lui contester la qualité d'héritière d'Antoine Desverneys.

» Et vainement dirait-on qu'en 1779, Adrienne Decolony n'était plus dans la même position qu'en 1746; qu'en 1746, elle avait à craindre, en s'élevant contre l'idée de la mort civile de son mari, d'éveiller sur lui l'attention des magistrats vengeurs de l'ordre public; qu'en 1779, elle était, par la mort naturelle de son mari, dégagée de toute inquiétude sur cet objet; qu'ainsi alors elle devait, si son mari n'avait pas été condamné et exécuté, en faire elle-même la déclaration, et délaisser à ses enfans la succession de leur père; et que, puisqu'elle ne l'a pas fait, puisqu'au contraire, elle a persisté à se dire héritière de son mari, et à agir comme telle sur le fondement de sa mort civile; on doit en conclure qu'Antoine Desverneys était, en effet, mort civilement dès 1735.

» Vous sentez, C. M., que ce n'est point par des présomptions de cette nature, que l'on peut suppléer aux titres constitutifs de la mort civile. Et dans le fait, que, pour s'approprier la fortune de ses enfans, qu'elle pouvait avoir oubliés dans les bras de son second mari, ou même seulement pour se mettre à l'abri, de la part de la dame Cheyssac, de la répétition de tous les dépens du procès qu'elle avait soutenus contre elle, en prenant une fausse qualité, Adrienne Decolony ait continué, après la mort naturelle d'Antoine Desverneys, de se conduire et de plaider comme son héritière médiate, cela prouve bien qu'elle voulait toujours faire passer Antoine Desverneys pour mort civilement; mais cela ne prouve nullement qu'il le fût en effet. Qu'importe l'opinion qu'elle a eue ou qu'elle a manifestée de l'état de son mari? Qu'importe que, par un oubli plus ou moins coupable de ses premiers devoirs, elle ait voulu sacrifier l'état de ses enfans, soit à l'envie de les dépouiller de leurs biens, soit à la crainte d'attirer sur elle des condamnations dispendieuses de frais de procédure? Qu'importe enfin qu'elle ait été de bonne ou mauvaise foi, dans la conduite qu'elle a tenue, après son second mariage, envers la mémoire de son premier époux? Ce n'est pas son opinion, ce ne sont pas ses procédés, qui doivent déterminer la décision des tribunaux ; la justice ne connaît d'autre règle que la loi, et la loi nous dit que la prétendue condamnation d'Antoine Desvern<y>s ne peut être prouvée que par le jugement même qui l'a prononcée : la loi nous dit que l'exécution de ce prétendu jugement, ne peut être constaté que par le procès-verbal qui a dû en être tenu dans le temps.

» Et ne sait-on pas que, même dans les affaires du plus léger intérêt, les jugemens rendus, les déclarations faites entre deux parties, ne peuvent jamais préjudicier à des tiers ? N'est-ce pas un des premiers principes du droit, que *res inter alios acta, res inter alios judicata, aliis obesse non potest* ? Et ce seul principe ne suffit-il pas aux enfans Desverneys, pour écarter les inductions que l'on tire contre eux, non-seulement de l'arrêt de 1779, mais encore de celui de 1746, mais encore de la sentence de 1767, mais encore de l'acte signifié par Adrienne Decolony, le 22 mai 1770 ?

» On peut objecter, nous le savons, quoique le tribunal d'appel de Lyon ne l'ait point fait en termes formels, on peut objecter la maxime ou plutôt le brocard de droit : *in antiquis enunciativa probant.*

» Mais d'abord il ne suffit pas, de l'aveu de tous les interprètes, qu'une énonciation soit ancienne, pour faire foi contre des tiers. *Non enim*, dit à ce sujet Dumoulin, sur l'art. 5 de l'ancienne coutume de Paris, n. 75, *non enim potest antiquitas de novo inducère in totum probationem quœ nulla est ;* elle peut seulement corroborer une preuve qui existe déjà indépendamment de l'énonciation, *sed eam demùm quœ aliqua est, coadjuvare.* Or, dans notre espèce, supprimez les énonciations qui se trouvent dans les pièces citées par le tribunal d'appel, quelle preuve restera-t-il de la mort civile d'Antoine Desverneys ? Aucune.

» En second lieu, tous les auteurs sont également d'accord que les énonciations anciennes ne peuvent faire foi contre des tiers, que lorsqu'elles sont confirmées par une possession constante et non interrompue. Or, dans notre espèce, il s'en faut beaucoup qu'il y ait contre Antoine Desverneys et ses enfans, une possession constante de tous ses droits de cité ; et après sa mort, ses enfans en ont fait comme lui. Son fils Jean-Baptiste, entre autres, a fait, en 1771, casser, comme noble, un enrôlement dans les troupes ; et il s'est marié en 1776, comme *fils légitime d'Antoine Desverneys, écuyer.*

» En troisième lieu, les énonciations anciennes

ne peuvent faire foi contre des tiers, que lorsqu'elles sont uniformes. Or, trouvons-nous ce caractère d'uniformité dans les énonciations que l'on oppose aux enfans Desverneys ? Vous allez en juger.

» La chose la plus importante à rechercher, dans les énonciations relatives au prétendu jugement de condamnation d'Antoine Desverneys à la peine de mort, c'est certainement sa date ; car si ces énonciations ne s'accordent pas sur sa date, il résultera nécessairement de leur discordance à cet égard, que ceux qui les ont consignées dans les actes où elles sont aujourd'hui écrites, n'avaient pas, au moment où ils les écrivaient, le jugement de condamnation sous les yeux, et qu'ils n'en ont parlé qu'au hasard.

» Eh bien ! parmi les actes énonciatifs de ce jugement, qu'a cités le tribunal d'appel de Lyon, il n'y en a que deux qui le datent, et comment le datent-ils ? De deux manières différentes. Suivant le certificat visé dans la sentence du 14 avril 1767, ce jugement a été rendu le 5 avril 1735 ; et suivant l'arrêt du 23 juillet 1779, ce n'est pas le 5, mais le 15 avril qu'il a été rendu. Lequel croire des deux ? La loi 14, C. *de fide instrumentorum*, va répondre à cette question : *Scripturæ diversæ fidem sibi invicem derogantes, ab unâ eâdemque parte prolotæ, nihil firmitatis habere possunt.*

» Dira-t-on que, du moins, la sentence de 1767 et l'arrêt de 1779, sont d'accord dans l'énonciation qu'elles font de la date de l'exécution du jugement, et que l'une et l'autre fixent cette date au 5 octobre 1735.

» Oui ; mais aussi ni dans l'une ni dans l'autre, il n'est parlé de procès-verbal d'exécution ; et si l'on veut à toute force qu'il puisse être suppléé à la production de ce procès-verbal par des actes énonciatifs, au moins faut-il que ces actes énoncent le procès-verbal lui-même. Ce n'est pas tout : le procès-verbal, suivant l'ordonnance de 1670, doit être *mis au pied de la minute du jugement.* Si donc le procès-verbal d'exécution d'Antoine Desverneys eût été produit lors de la sentence de 1767 et de l'arrêt de 1779, il n'eût pu l'être qu'avec une expédition du jugement qui l'avait précédé. Or, conçoit-on que, si cette expédition eût été produite, on eût daté le jugement, dans l'une, du 5, et dans l'autre, du 15 avril ? — Ce n'est pas tout encore. L'art. 21 du tit. 25 de l'ordonnance de 1670 voulait que les jugemens fussent exécutés le même jour qu'ils avaient été prononcés, par cet art. n'est pas assez que, dans les procès instruits par contumace, ils devaient être réputés prononcés du moment qu'ils avaient été délibérés, rédigés et signés. Est-il donc vraisemblable qu'un jugement rendu, soit le 5, soit le 15 avril 1735, n'ait été exécuté que le 5 octobre suivant, six mois après ? Et, si un retard aussi extraordinaire est hors de toute vraisemblance, que deviennent des énonciations qui ne rappellent pas le procès-verbal prescrit par l'ordonnance, c'est-à-dire, la pièce essentiellement requise pour constater une exécution, des énonciations qui se rattachent à un jugement dont la date est incertaine, des énonciations qui sont contrariées par les actes de vie civile qu'a faits Antoine Desverneys, tant par lui-même que par ses enfans, depuis la prétendue exécution qui seule aurait pu le faire mourir civilement ?

» Voulez-vous, au surplus, C. M., juger par les pièces mêmes de la cause actuelle, de la foi que méritent en général les énonciations ? reportez-vous au jugement de première instance, du 14 fructidor an 8. Vous y verrez la dame Gleyze et son mari énoncer que *l'arrêt du 5 juillet 746 rappelle le jugement de mort et le procès-verbal d'exécution.* Cependant l'arrêt du 5 juillet 1746 ne dit pas un mot de l'un ni de l'autre.

» Il est donc prouvé, par le fait même de la dame Gleyze et de son mari, qu'en général les énonciations sont des guides peu sûrs; et c'est assurément une raison bien puissante de nous attacher rigoureusement à la loi qui veut qu'au préjudice des tiers, il ne soit ajouté aucune foi aux énonciations : *non creditur referenti, nisi constet de relato.*

» Mais voici une énonciation d'un autre genre, et qui cependant n'a pas été relevée par le tribunal d'appel de Lyon. Antoine Desverneys lui-même a énoncé dans un acte public, dans un contrat de vente du 16 février 1736, qu'il était à la poursuite de sa *réhabilitation.* Il s'est donc alors reconnu mort civilement.

» Cet argument est, au premier abord, très-spécieux; mais examiné avec attention, non-seulement il ne prouve rien *contre,* mais il prouve beaucoup *pour* l'état d'Antoine Desverneys; et c'est peut-être ce qui explique pourquoi le tribunal d'appel de Lyon ne l'a pas employé.

» Nous disons d'abord qu'il ne prouve rien contre l'état d'Antoine Desverneys : et en effet, de ce qu'on aurait persuadé à Antoine Desverneys qu'il avait été rendu à Bourg, une sentence qui le condamnait à mort, s'ensuivrait-il nécessairement que cette sentence existât ? Supposé même que cette sentence existât réellement, de ce qu'Antoine Desverneys aurait cru qu'elle suffisait, indépendamment de son exécution, pour le constituer en mort civile, s'ensuivrait-il que la mort civile l'eût effectivement atteint ? Enfin, supposé qu'il fût assez instruit pour savoir que la mort civile ne pouvait être que le résultat de l'exécution de son prétendu jugement de condamnation, de ce qu'on lui aurait insinué que ce jugement avait été exécuté, s'ensuivrait-

il qu'en effet ce jugement avait reçu son exécution?

» Et encore, remarquons bien que, dans le contrat de vente du 16 février 1736, il n'exprime pas quelle est la nature du jugement contre lequel il va se pourvoir en *réhabilitation.* Est-ce un jugement de mort, est-ce un jugement de bannissement à temps, est-ce un jugement de blâme? L'acte n'en dit rien; l'acte n'est donc point, de sa part, une reconnaissance de mort civile.

» Mais plaçons à cet égard Antoine Desverneys dans l'hypothèse la moins favorable : admettons que, par le contrat dont il s'agit, il a reconnu dans les termes les plus exprès, qu'il était alors déchu de tous les droits de cité, qu'il était alors ce que le droit romain appelle esclave de la peine, *servus pœnæ*; sera-ce une raison pour le considérer comme tel ? Non assurément; l'état des citoyens ne dépend ni de leurs déclarations, ni de leurs aveux, ni de leurs conventions; il ne dépend que de la loi. *Conventio privata aliquem servum facere non potest,* dit la loi 37, D. *de liberali causâ.* La loi 6 du même titre dit également : *si volens scripsisses servum te esse, non liberum, nullum juri tuo præjudicium comparasti.* Et la loi 24 ajoute que les aveux faits en jugement, n'ont pas, à cet égard, plus d'efficacité que les aveux extra-judiciaires : *interrogatam et professam apud acta se esse ancillam, hujusmodi factum libertatis defensionem non excludit.* — Il y a plus : si un père, esclave de fait, agissant publiquement comme tel, s'obstine à ne pas employer les moyens qu'il a de faire reconnaître sa liberté, ses enfans peuvent le faire réintégrer malgré lui, dans son état d'homme libre; et réciproquement, le père peut en user de même, dans le cas où son fils se trouverait illégalement réduit à la condition d'esclave : *Si quandò is qui in possessione servitutis constitutus est, ligitare de suâ conditione non patiatur, quòd fortè sibi suoque generi vellet aliquam injuriam inferre, in hoc casu æquum est quibusdam dari licentiam pro illo litigare, ut putaparenti... : Vice versâ dicemus liberis parentum etiam invitorum eandem facultatem dari : neque enim modicâ filii ignominia est, si parentem servum habeat :* ce sont les termes de la loi 1, D. *de liberali causâ.*

» Il y a plus encore. Non-seulement les reconnaissances les plus formelles ne peuvent pas rendre esclave celui qui, étant né libre, n'a rien fait pour perdre légalement sa liberté, mais la possession la plus longue ne peut pas même produire cet effet : *sold temporis longinquitate* (dit la loi 3; *de longâ temporis prescriptione. quæ adversùs libertatem non competit,* au Code), *sold temporis longinquitate, etiamsi sexaginta annorum curriculum excesserit, libertatis jura minimè mutilari oportere congruit æquitati.*

» Enfin, dit encore la loi 11, C. *de ingenuis*

manumissis, si un titre contraire à la liberté naturelle n'a pas précédé la possession de servitude, cette possession ne nuit en rien à l'état de l'homme né libre : *si vestram possessionem nullus præcessit titulus, necquidquam statui vestro derogatum est.*

» Viendra-t-on dire que ces décisions uniquement relatives à l'esclavage qui était admis dans la législation romaine, ne peuvent pas s'appliquer à la mort civile, qui, parmi nous, résulte de certaines condamnations pénales? Mais certainement, parmi nous comme chez les Romains, il est de principe que nul ne peut, par le seul effet de sa volonté, subir une peine qu'il n'a point encourue : *nemo auditur perire volens.* Certainement un homme qui se présenterait au bagne de Brest ou de Toulon, pour y subir la peine des fers à laquelle il déclarerait avoir été condamné par un jugement qui ne serait pas représenté, n'y serait pas reçu et ne pourrait pas l'être. Comment donc pourrait-on réputer mort civilement sur sa seule parole, un homme qui viendrait se dire condamné à une peine emportant la mort civile? Comment pourrait-on lui faire supporter l'accessoire de la peine, tandis qu'on ne pourrait lui infliger la peine elle-même? Comment admettrait-on la conséquence, tandis que l'on serait irrésistiblement forcé de rejeter le principe?

» Mais c'est trop long-temps nous arrêter à une hypothèse hautement démentie par l'acte sur lequel on la fonde ; c'est trop long-temps supposer que, par l'acte du 16 février 1736, Antoine Desverneys s'est reconnu condamné à une peine emportant la mort civile. — Si Antoine Desverneys eût été mort civilement le 16 février 1736, il eût été alors dépouillé de tous ses biens ; et comme l'a jugé le parlement de Paris, dans cette supposition, son hérédité eût été ouverte au profit de sa fille Etiennette qui vivait encore, et n'est décédée qu'au mois d'octobre suivant. Cependant Antoine Desverneys a fait, le 16 février 1736, l'acte le plus éclatant de propriétaire ; il a exercé dans toute sa plénitude le *jus utendi et abutendi* qui forme le plus bel attribut de la propriété ; il a vendu une partie de son patrimoine, il l'a vendue pardevant notaires ; il l'a vendue dans sa ville natale, dans une ville où il devait être bien connu, dans une ville très-peu distante de celle où l'on prétend qu'il avait été frappé de mort civile quatre mois auparavant ; dans une ville, par conséquent, où il était moralement impossible que sa condamnation et son exécution ne fussent pas notoires, si réellement il eût été condamné, si réellement il eût été exécuté ; enfin, il l'a vendue à un acquéreur qui, dès le lendemain, en a versé le prix dans les mains du tuteur des enfans de Claude Perron ; à un acquéreur qui se serait bien gardé de payer avec une précipitation aussi indiscrète, si Antoine Desverneys eût passé pour

mort civilement à cette époque, si le mot *réhabilitation* employé dans le contrat de vente et qu'il se sera sans doute fait expliquer, s'était référé à un jugement de mort par contumace, et surtout à un jugement exécuté en effigie. — Donc l'acte du 16 février 1736, loin de prouver la mort civile d'Antoine Desverneys, en détruit jusqu'au plus léger soupçon. Donc le titre que la dame Gleyze et son mari opposaient aux demandeurs, était pour ceux-ci une preuve irréfragable que l'état de leur père n'avait jamais reçu aucune atteinte. Donc, en négligeant ce titre, en lui préférant des actes étrangers à Antoine Desverneys et à ses enfans, le tribunal d'appel de Lyon a fait précisément l'inverse de ce que lui commandaient les principes.

» Objectera-t-on qu'il ne s'agit pas ici de savoir si les principes ont été violés par le tribunal d'appel de Lyon, que son jugement ne pourrait être cassé que pour contravention formelle à une loi expresse, et qu'aucune loi expresse ne se trouve en opposition directe avec son jugement?

» Mais n'est-ce pas une loi bien expresse, que l'art. 55 de l'ordonnance de Moulins, qui veut que les *jugemens condamnatoires* ne puissent être prouvés que par eux-mêmes? N'est-ce pas une loi bien expresse, que l'art. 9 de la loi du 19 floréal an 2, suivant lequel tout jugement non exécuté, qui n'est représenté ni en minute ni en expédition ou copie authentique, doit être *considéré comme n'ayant jamais existé*? N'est-ce pas une loi bien expresse, que l'art. 554 du Code des délits et des peines, qui renouvelle cette disposition véritablement sacrée? N'est-ce pas une loi bien expresse, que l'art. 17 du tit. 17 de l'ordonnance de 1670, qui, par cela seul qu'il exige un procès-verbal d'exécution à la suite des jugemens de mort par contumace, annonce assez que l'exécution de cessortes de jugemens ne peut être prouvée que par un procès-verbal dressé dans la forme qu'il détermine? Ne sont ce pas des lois bien expresses, que ces décisions du droit romain, c'est-à-dire, du droit municipal de Lyon, qui réputent comme non-avenus à l'égard des tiers, les jugemens dans lesquels ils n'ont pas été parties ; qui défendent de leur opposer des actes dans lesquels ils n'ont point parlé ; qui déclarent incapables de faire foi contre eux, des titres simplement référés dans des contrats qui leur sont étrangers?

» Eh bien! toutes ces lois ont été méprisées par le tribunal d'appel de Lyon : le tribunal d'appel de Lyon les a toutes violées ; et toutes réclament l'annullation de son jugement.

» Nous estimons, en conséquence, qu'il y a lieu d'admettre la requête des demandeurs ».

Ces conclusions ont été adoptées par arrêt

du 29 frimaire an 12, au rapport de M. Liger-Verdigny.

Mais la cause portée à la section civile, il y est intervenu, le 26 thermidor an 12, sur délibéré, au rapport de M. Cochard et contre l'avis de plusieurs magistrats, un arrêt qui a rejeté la demande en cassation, avec amende et dépens.

Cet arrêt est ainsi conçu :

« Considérant, sur le premier moyen de cassation proposé par les demandeurs, que la nation n'ayant point accepté la succession d'Adrienne Decoloni, et le préfet n'ayant aucun intérêt dans l'instance où les demandeurs l'avaient appelé, le procureur général n'avait pas à développer ses moyens, ni l'arrêt à les déduire ;

» Considérant, sur le deuxième moyen, que l'arrêt ayant décidé la question principale de manière à rendre inutiles toutes celles que le tribunal d'appel s'était proposées subsidiairement, il n'était pas nécessaire qu'il s'en occupât ;

» Considérant, sur le troisième moyen, que le tribunal n'ayant décidé la cause en sections réunies, que d'après un arrêté antérieur et général, qui n'avait pas été désapprouvé par les autorités supérieures, il ne peut y avoir de nullité de sa part à l'avoir exécuté dans cette cause particulière ;

» Considérant, sur les quatrième et cinquième moyens, que le tit. 15 du Code des délits et des peines ne parle que de la manière de procéder à l'égard d'un individu existant, contre lequel il a existé une procédure criminelle, ou qu'on prétend condamné par un jugement antérieur et non exécuté, et dont les pièces ou le jugement même se trouvent enlevés ou détruits ; car si l'individu condamné par un jugement non exécuté, ou seulement poursuivi pour un crime, était déjà décédé, il n'y aurait plus lieu à poursuite criminelle contre lui ; mais qu'ici il s'agit d'un individu décédé depuis 45 ans, et dont le jugement a si bien été exécuté de la manière qu'il devait l'être, que deux arrêts contradictoires ont jugé que sa mort civile avait daté du jour de son exécution par effigie, et non du jour de sa condamnation ;

» Considérant que ni le Code des délits et des peines ni aucune autre loi n'ont dit que le procès-verbal d'exécution ne pût être suppléé, dans les actes anciens, par des preuves équivalentes ; que l'art. 55 de l'ordonnance de Moulins ne parle que des témoins vivans contre lesquels on objecterait des jugemens par conséquent rendus à une époque rapprochée, qui leur auraient fait perdre leur existence civile, et que la cour de cassation ne peut annuler un jugement que pour contravention à une loi formelle ;

» Considérant d'ailleurs que la règle donnée par l'art. 554 du Code des délits et des peines, ne fait que renouveler un principe déjà bien connu et suivi dans la jurisprudence, savoir,

qu'une condamnation ne peut être prouvée que par la représentation d'un jugement ou d'une expédition en forme de ce jugement, si la minute est perdue ; mais que cette règle générale souffre une exception, lorsqu'il s'agit d'un jugement rendu depuis long-temps et toujours exécuté contre un individu décédé depuis longues années ; qu'alors, à défaut du titre, la preuve qu'il a existé peut se faire par des énonciations contenues dans des actes anciens, et par son exécution même, et que la force de ces preuves est nécessairement laissée à l'arbitrage des juges ; mais que les preuves se montrent dans le degré le plus capable de convaincre dans le cas actuel où il s'agit d'un jugement rendu depuis 69 ans, visé avec son exécution dans une multitude de pièces anciennes ; où la condamnation même d'Antoine Desverneys a donné lieu à un arrêt célèbre qui a fixé la jurisprudence sur le point de savoir de quelle époque datait la mort civile ; où il serait absurde de supposer que le parlement de Paris se fût occupé de fixer l'époque de cette mort civile d'Antoine Desverneys, sans que sa condamnation et son exécution eussent été constantes ; où Antoine Desverneys a vu sa succession contestée et adjugée devant lui, sans y opposer la moindre réclamation ; où Henri, l'un de ses enfans, né avant la mort d'Etiennette sa sœur, et par conséquent habile à lui succéder conjointement avec sa mère, n'a cependant point réclamé sa portion, parce qu'il était né après la mort civile encourue par son père ; où tant ledit Henri que ses autres frères et sœurs nés après l'exécution, par effigie, de leur père, et déjà majeurs à l'époque de l'arrêt de 1779, qui adjugea le domaine du Charriot-d'Or à leur tante, ne se sont point opposés dans le temps à l'exécution de cet arrêt ; où enfin c'est après 23 ans d'une jouissance paisible des défendeurs, et à l'âge de plus de 60 ans, que les demandeurs viennent, pour la première fois, élever des doutes sur l'existence du jugement de 1735 et de son exécution ;

» Considérant que ce faisceau de preuves n'est point détruit par les moyens employés par les demandeurs ; que l'art. 20 du tit. 25 de l'ordonnance de 1670 voulait bien que les jugemens fussent exécutés le même jour qu'ils auraient été rendus, mais qu'il ne prononçait pas la nullité de l'exécution si elle était faite après, ni que l'existence de ce procès-verbal dans une ancienne procédure ne pût être prouvée par d'autres actes ; que rien n'est moins constant que la jouissance des droits civils de la part d'Antoine Desverneys après sa condamnation et son exécution par effigie ; qu'enfin, les certificats délivrés par le greffier de l'Ain ne prouvent rien, parce qu'ils prouvent trop, en ce qu'ils attestent qu'il n'existe dans les registres de l'an 1735, aucune procédure criminelle contre Desverneys ; tandis qu'il est bien certain que du moins il a été instruit contre lui à cette époque une procédure, et que dès que cette procédure a été détruite ou soustraite, rien n'empêche de croire que le jugement et l'exécution ont pu être détruits ou soustraits de même?

» La cour rejette le pourvoi.... ».

§. XII. *Quel a été l'effet de l'émigration par rapport à la capacité de succéder?*

V. l'article *Emigré*, §. 15 et 17.

§. XIII. *L'enfant qui était conçu hors du mariage au moment où s'est ouverte la succession d'un de ses parens collatéraux, acquiert-il des droits à cette succession par l'effet de la légitimité dont l'investit le mariage contracté avant sa naissance, entre son père et sa mère?*

Cette question était pendante à la cour de cassation, lorsque je l'ai placée ici dans la deuxième édition de ce recueil; et j'ai annoncé en même temps qu'on la trouverait à l'article *Succession* dans les *Additions* qui seraient imprimées à la fin du tome 5; mais le tome 5 ayant été publié avant que la question fût jugée, j'ai été obligé de la renvoyer à la 4.ᵉ édition du *Répertoire de jurisprudence*, où on la trouvera sous le mot *Succession*, sect. 1, §. 2, art. 5.

§. XIV. *Les frères consanguins et les descendans des frères consanguins d'une personne qui n'a laissé ni enfans ni père ni mère, excluent-ils, de la succession, les parens collatéraux de la ligne maternelle? et de même les frères utérins et les descendans des frères utérins d'une personne qui n'a laissé ni enfans ni père ni mère, excluent-ils les parens collatéraux de la ligne paternelle?*

L'art. 750 du Code civil paraît ne laisser aucun doute sur l'affirmative; « en cas de prédécès des père et mère d'une personne morte sans postérité (dit-il), *ses frères ou sœurs, ou leurs descendans*, sont appelés à la succession, à l'exclusion des ascendans et des autres collatéraux ». De quels frères, de quelles sœurs, est-il question dans cet article? des *frères*, des *sœurs* en général, et par conséquent des frères ou sœurs d'un seul côté, comme des frères ou sœurs germains. Cet article est donc applicable aux premiers ni plus ni moins qu'aux seconds.

Cependant on oppose à cette doctrine des objections fort spécieuses. Voici notamment celles que je trouve dans un mémoire publié, il y a quelques années, dans une affaire qui était pendante au tribunal de première instance de Gand.

« Le Code civil, titre *des successions*, chap. 3.

des divers ordres de successions, sect. 1, contient les *dispositions générales.*

» La troisième disposition générale de cette section se trouve dans l'art. 733, ainsi conçu : « Toute succession échue à des ascendans ou » à des collatéraux se divise en deux parts » égales, l'une pour les parens de la ligne pa- » ternelle, l'autre pour les parens de la ligne » maternelle ».

» D'après cette seule disposition générale, un doute pourrait rester si le privilége du double lien est adopté ou rejeté, c'est-à-dire, si les parens germains représentant les deux lignes paternelle et maternelle, ont le privilége d'exclure les parens qui ne sont que d'une ligne seulement. C'est pour prévenir ce doute que le même article, dans sa seconde partie, ajoute : « Les parens utérins et con- » sanguins ne sont pas exclus par les ger- » mains, mais ils ne prennent part que dans » leur ligne...».

» Cette disposition générale, en déterminant que le double lien n'a point de privilége, statue en même temps que les parens utérins et consanguins ne succèdent que dans leur ligne.

» Mais l'art. 733 y met une exception : *sauf ce qui sera dit à l'art. 752.*

» Il faut donc pour connaître quelle est cette exception, recourir à l'art. 752; le voici : « Le » partage de la moitié ou des trois quarts dévolus » aux frères et sœurs, aux termes de l'article » précédent, s'opère entre eux par égales por- » tions, s'ils sont tous du même lit; s'ils sont » de lits différens, la division se fait par moitié » entre les deux lignes paternelle et maternelle » du défunt, les germains prennent part dans » les deux lignes, et les utérins et consanguins, » chacun dans leur ligne seulement; s'il n'y a » de frères ou sœurs que d'un côté, ils suc- » cèdent à la totalité, à l'exclusion de tous » autres parens de l'autre ligne ».

» Mais comme cet article dit, *le partage de la moitié ou des trois quarts dévolus aux frères et sœurs, AUX TERMES DE L'ARTICLE PRÉCÉDENT,* il est évident que l'art. 752 n'est que la suite de l'art. 751, lequel porte sur le cas où le père et la mère, ou l'un d'eux seulement, concourent avec les frères et sœurs à la succession de leur enfant prédécédé.

» Et de tout cela, il résulte que toute succession se divise en deux parts égales, l'une pour la ligne paternelle, l'autre pour la ligne maternelle, sauf que cette division linéaire n'a pas lieu lorsque les père et mère ou l'un d'eux seulement concourent avec les frères et sœurs à la succession du défunt.

» Il fallait en effet, pour ce cas, une disposition particulière; car le père et la mère ou l'un d'eux succédant, en ce cas, pour la moitié ou pour un quart, le grand principe de la division linéaire qui affecte à chaque ligne la moitié de la succession, ne pouvait plus recevoir d'application; et une règle spéciale était nécessaire pour déterminer comment seraient partagés la moitié ou les trois quarts restans.

» Et c'est l'art. 752 indiqué par l'art. 733, qui a prescrit le mode du partage pour ce cas spécial.

» Mais il devait arriver souvent que les frères ou sœurs utérins ou consanguins concourussent avec les père et mère, ou l'un deux, sans qu'il existât de frères ou sœurs germains; et qu'ainsi, dans le degré de frères, il n'y eût que l'une des lignes représentée. Il était donc indispensable de régler quelle portion dans la moitié ou les trois quarts restans, auraient les utérins ou consanguins; et c'est ce qui a été fait, en ces termes, par la dernière phrase de l'art. 752 : *S'il n'y a de frères ou sœurs que d'un côté, ils succèdent à la totalité, à l'exclusion de tous les autres parens de l'autre ligne.*

» La voilà donc bien clairement désignée l'exception à la règle générale posée dans l'art. 733, par les mots, *sauf ce qui sera dit à l'art. 752,* lequel, comme l'on voit, donne la totalité du restant aux utérins ou consanguins, à l'exclusion des parens de l'autre ligne.

» Nous disons la totalité du restant, et non la totalité de la succession : car si les utérins ou consanguins avaient la totalité de la succession, les père et mère ou l'un d'eux, n'auraient rien, ce qui est directement contraire à l'art. 751.

» En effet, la phrase, *ils succèdent à la totalité, à l'exclusion de tous les autres parens de l'autre ligne,* comprend deux cas : 1.° celui du concours des utérins et consanguins avec les père et mère ou l'un d'eux; 2.° celui ou les utérins et consanguins ne concourent pas avec les père et mère ou l'un d'eux.

» Or, s'il était vrai que le mot, *totalité,* désignât la totalité de la succession, il s'ensuivrait que, dans l'un comme dans l'autre cas, les frères et sœurs utérins ou consanguins obtiendraient la totalité de la succession; ce qui est évidemment faux, puisque l'art. 751 décide clairement que, *si les père et mère de la personne morte sans postérité lui ont survécu, ses frères et sœurs ou leurs représentans ne sont appelés qu'à la moitié de la succession; et que si le père ou la mère seulement a survécu, ils sont appelés à recueillir les trois quarts :* ce qui est inconciliable avec l'idée de leur attribuer, en tous cas, la totalité de la succession.

» D'ailleurs en disant, *à l'exclusion de tous autres parens de l'autre ligne,* la loi fait clairement entendre par le mot *autres,* que cette exclusion n'est pas illimitée; et que le père ou mère survivant de l'autre ligne n'est pas exclu; de sorte que cette phrase revient au même que celle-ci : *à l'exclusion de tous autres que le père ou la mère de l'autre ligne.*

Tome. VI.

» Que les mots, *ils succèdent à la totalité,* signifient la totalité ou les trois quarts restans, c'est ce que prouvent encore évidemment les termes, *la division se fait par moitié entre les deux lignes,* disposition dans laquelle il ne s'agit pas *de la moitié* de la totalité de la succession, mais de la moitié de cette moitié ou de ces trois quarts dévolus aux frères et sœurs, *aux termes de l'article précédent.*

» Ainsi, le mot *totalité* n'est, dans cet article, relatif qu'au mot *moitié;* et comme les deux moitiés constituent cette totalité, il est clair que la *totalité* dont parle cet article, n'est que la totalité de ces moitiés ou de ces trois quarts de la succession.

» Et si nous recherchons le motif pour lequel la loi a donné aux utérins ou consanguins, en cas de concours avec les père et mère ou l'un d'eux, la totalité de cette moitié ou de ces trois quarts, nous trouvons que c'est parce que, si elle eût disposé autrement, il serait souvent arrivé que ces frères et sœurs n'eussent pas obtenu la moitié de la totalité de la succession;

» Car le père du défunt vivant encore, les frères utérins n'auraient pas la moitié de la succession; d'abord, le père emporterait un quart, et si la division linéaire devait avoir lieu, les trois quarts restans seraient partagés en deux moitiés, l'une pour la ligne paternelle, l'autre pour la ligne maternelle ; de sorte que les utérins n'auraient que la moitié des trois quarts.

» Le législateur a donc considéré que, dans ce cas, le grand principe de division linéaire ne pouvant avoir lieu, et le père ayant déjà un quart de la succession, il convenait d'attribuer tout le reste aux demi-frères, plutôt que d'aller rechercher d'autres parens plus éloignés.

» Mais le motif qui a forcé, pour ce cas spécial, de favoriser les demi-frères, ne se rencontre pas, quand il n'existe ni père ni mère du défunt; rien n'empêche donc alors de donner une application entière au grand principe de la division linéaire.

» Que ce soit là véritablement l'intention du législateur, c'est ce qui résulte des élémens du Code civil, c'est-à-dire, du projet du Code même.

» Au livre 3, tit. 1, chap. 3, sect. 1.re, *dispositions générales,* art. 27, il est dit : « Néanmoins toute succession échue à des ascendans » ou à des collatéraux, se divise en deux parts » égales, l'une pour les parens de la ligne » paternelle, l'autre pour les parens de la ligne » maternelle, sauf les deux cas énoncés aux » art. 46 et 47; ci-après; disposition qui est reproduite dans l'art. 733 du Code;

» En examinant les art. 46 et 47, on trouve le cas où les père et mère, ou l'un d'eux, concourent à la succession avec les frères et sœurs

20

du défunt, de la même manière que cela a lieu dans l'art. 752 du Code.

» La *rubrique* qui précède les art. 46 et 47, est ainsi conçue : *De la succession des ascendans, dans le cas où le défunt laisse des frères et sœurs ou des descendans d'eux.*

» L'art. 46 porte : *lorsque le défunt a laissé des frères et sœurs ou des descendans d'eux, ils excluent tous les ascendans autres que le père et la mère, encore que lesdits frères et sœurs ne soient que des consanguins ou utérins.* — *La succession se divise en deux portions égales, dont une moitié est déférée au père et à la mère, qui la partagent entre eux également, et l'autre moitié est déférée aux frères ou sœurs ou descendans d'iceux.*

» L'art. 47 ajoute : *si le père ou la mère est prédécédé, le quart qui lui aurait appartenu se réunit à la moitié qui est déférée aux frères et sœurs ou à leurs descendans, lesquels ont, en ce cas, les trois quarts de la succession.*

» Les art. 46 et 47 indiqués par l'art. 27 du projet du Code, pour exception de la règle générale de la division linéaire, sont devenus les art. 751 et 752 du Code civil décrété.

» En examinant ensuite le projet du Code, relativement au cas où les frères et sœurs viennent à la succession sans père ou mère du défunt, on s'apperçoit d'abord que les frères ou sœurs utérins ou consanguins ne prennent part que dans la moitié attribuée à leur ligne.

» Voici quelles sont, sur ce cas, ses dispositions.

» *Section V. des successions collatérales.* — *Art.* 49. *Si le défunt ne laisse ni descendans, ni père ni mère, la succession est déférée en premier ordre et en entier aux frères et sœurs germains survivans et descendans d'eux.* — *Art.* 50. *Le double lien n'a pas le droit d'exclure;* LA SUCCESSION SE DIVISE TOUJOURS EN DEUX PARTS, *la moitié pour la ligne paternelle, l'autre moitié pour la ligne maternelle; les frères et sœurs germains prennent leur part dans l'une et l'autre moitié; les consanguins et utérins* NE LA PRENNENT QUE DANS LA MOITIÉ ATTRIBUÉE À LEUR LIGNE.

» Une autre réflexion va encore éclaircir l'esprit et l'intention du législateur.

» La loi du 17 nivôse an 2 n'avait pas, dans son 89.e article, décidé si les demi-frères devaient prendre, dans les successions, une part égale aux germains, et si, à défaut de germains, ils succéderaient également dans l'autre ligne.

» En conséquence, il fut proposé à la Convention nationale, « d'expliquer si le frère » utérin et consanguin doit, d'après les nou- » veaux principes, prendre, dans la succession » de son frère, une part égale à celle qu'y » prendra le frère germain en cas de concours; » et si, dans l'absence de frères germains et de

» tous descendans d'eux, il prendra, non-seu- » lement la moitié affectée à sa ligne, mais encore » la moitié affectée à l'autre ligne, au préjudice » des ascendans qui pourraient appartenir à » cette dernière ligne ».

» Et par l'art. 51 de la loi du 22 ventôse an 2, il fut répondu « que l'abolition du double lien » doit être sainement entendue; qu'il en résulte, » bien que le frère germain n'exclut pas géné- » ralement, comme par le passé, l'utérin ou » le consanguin, mais qu'en restituant à celui- » ci ses droits naturels, la loi n'a ni pu ni dû les » étendre; qu'ainsi, et dans tous les cas, la » succession se divisant en deux parts, il aura » un droit égal à celui du frère germain dans la » moitié affectée à sa ligne, mais ne concourra » pas avec ce dernier dans les biens de l'autre » ligne, *à laquelle il est étranger*, non plus qu'il » n'y succédera quand il n'y aurait que des » ascendans ou même des oncles ou grands- » oncles; le droit de succéder d'une ligne à » l'autre ne commençant que là où les parens » de l'une des deux manquent, selon que le » tout résulte de la loi du 17 nivôse ».

» En cas de doute, ne doit-on pas supposer que le même esprit a dirigé le législateur, lorsqu'il a interprété une loi obscure, et lorsqu'il a fait une loi nouvelle? Ne doit-on pas présumer que le législateur a suivi, dans le Code civil, les mêmes principes qu'il avait adoptés en l'an 2? Et peut-on croire qu'il les ait changés, sans que les discussions du conseil d'État et les discours des orateurs du gouvernement en aient fait une mention quelconque; enfin sans une disposition bien claire et positive » ?

Tels sont les principaux argumens que l'on emploie pour soutenir que les frères et sœurs d'un seul côté ne peuvent, à défaut du père et de la mère du défunt, prétendre qu'aux biens de leur ligne.

Mais écoutons la réponse qu'y a faite M. Chabot, dans son commentaire sur le titre des *successions* du Code.

« 1.º Suivant les art. 746, 748 et 749 (dit-il page 132), les ascendans ne sont appelés à succéder, que lorsqu'il n'existe ni frère ni sœur du défunt, ni descendans de frères ou sœurs; il n'y a d'exception qu'en faveur des père et mère. De même, suivant les art. 750, 751, 752 et 753, tant qu'il existe des frères ou sœurs, ou descendans d'eux, les autres collatéraux ne sont pas appelés, *et aucun des articles cités ne distingue si les frères et sœurs sont utérins ou consanguins.* Il est donc certain que le législateur a voulu placer tous les frères et sœurs en *général*, même les utérins ou consanguins, ainsi que tous leurs descendans, sur une ligne plus favorable que tous les autres parens, à l'exception seulement des père et mère.

» Mais on résiste à cette intention formelle du législateur, si on applique aux frères et sœurs la bipartition établie par l'art. 733, puisqu'en ce cas ils doivent être souvent appelés en concours avec des parens très-éloignés.

» L'art. 733 règle bien en général les successions échues aux ascendans et aux collatéraux; mais l'exception en faveur des frères et sœurs, ainsi que de leurs descendans, se trouve dans tous les articles que nous avons cités, notamment dans l'art. 750.

» Et ce qui prouve encore, de la manière la plus évidente que le législateur a eu la volonté d'admettre l'exception, même en faveur des frères et sœurs *d'un seul côté*, c'est que, dans le projet du Code, art. 49 du titre *des successions*, correspondant à l'art. 750 du Code civil, on avait placé le mot *germains*, après les mots *frères et sœurs*; de sorte que, dans le sens de cet article, les frères et sœurs germains étaient les seuls qui eussent le droit d'exclure tous les autres parens; et qu'au contraire, dans la rédaction de l'art. 750, on a supprimé le mot *germains*, suppression qui ne peut avoir eu d'autre motif que de généraliser la disposition, et de l'étendre aux frères et sœurs d'un seul côté, comme aux frères et sœurs germains.

» 2.° Il ne peut être raisonnable de soutenir que le Code civil qui, par l'art. 752, accorde au frère d'un seul côté les trois-quarts de la succession, lorsqu'il est en concours avec le père ou avec la mère du défunt, n'ait voulu lui accorder que la *moitié* de cette même succession, lorsqu'il ne se trouve en concours qu'avec un parent bien plus éloigné que le père et la mère; en sorte qu'il aurait plus de bénéfice à partager avec le père ou avec la mère du défunt, qu'avec un aïeul, avec un grand-oncle, avec un cousin, *même au dernier des degrés successibles*, et que ce cousin aurait, en concours avec le frère utérin ou consanguin, la moitié de la succession, pendant que le père ou la mère, qui mérite cependant plus de faveur, n'aurait que le quart.

» Supposer que la loi ait voulu donner une portion plus forte à un parent très-éloigné, qu'au père ou à la mère du défunt; supposer qu'elle ait voulu donner plus au frère d'un seul côté, lorsque le père ou la mère a survécu, que dans le cas où, l'un et l'autre étant morts, il ne se trouve que des arrières petits-cousins jusqu'au douzième degré, ce serait évidemment prêter à la loi une injustice et une absurdité qui contrarieraient tout le système que nous avons développé jusqu'à présent, et ne permettraient plus de dire que l'ordre des successions se trouve établi sur l'ordre même des affections naturelles et légitimes.

» Tels sont les motifs qui ont déterminé le plus grand nombre des jurisconsultes en faveur

de l'opinion qui attribue aux frères et sœurs d'un seul côté, ainsi qu'à leurs descendans, la totalité de la succession, sans aucune division entre les deux lignes, lorsque le défunt n'a laissé ni postérité, ni père ni mère, ni frères ou sœurs *germains*, ou descendans d'eux.

» Cette opinion se trouve confirmée par la décision de trois tribunaux, celui de Châteaudun, dont le jugement est du 6 pluviôse an 12, celui de Gand, dont le jugement est du 14 ventôse même année; et celui de Bruxelles, dont l'arrêt est du 28 thermidor suivant, et a été rendu après une discussion solennelle.

» Il faut donc tenir pour règle constante, d'après les art. 750 et 752 du Code, que la division linéaire n'a pas lieu, lorsqu'il y a des frères ou sœurs, même d'un seul côté, ou des descendans d'eux, et qu'il ne se trouve ni frères ou sœurs *germains*, ni descendans d'eux. Seulement, dans le cas de l'art. 752, c'est-à-dire, lorsque le père et la mère ont survécu, ou l'un d'eux, ils prennent d'abord la part qui leur est attribuée dans la succession; mais, dans ce cas, tout le surplus des biens, et, lorsqu'il n'y a ni père ni mère, la totalité de la succession, appartiennent aux frères et sœurs, même d'un seul côté, ainsi qu'à leurs descendans, sans division ni partage entre les deux lignes.

» En un mot, tel est le privilège de la fraternité *en général*, que, dans tous les cas, elle exclut tous les parens de l'une et de l'autre ligne qui ne peuvent représenter des frères ou sœurs, et tous les ascendans soit paternels, soit maternels, à l'exception seulement des pères et mères du défunt.

» Telle est aussi l'opinion de M. Maleville, dans son *Analyse raisonnée de la discussion du Code civil au conseil d'Etat*: « l'art. 750 (dit-il), parle des frères et sœurs en général; elle comprend donc aussi bien les consanguins et utérins que les germains, dès qu'elle ne les désigne pas autrement. Il est même démontré qu'elle a entendu les comprendre tous, puisque, dans l'art. 752, elle règle le cas auquel ces frères se trouveraient de divers lits. Il est donc incontestable que, tant les frères et sœurs consanguins et utérins que les germains, excluent tous les collatéraux, et tous les ascendans autres que les père et mère; et qu'ils prennent toute la succession. — N'importe que l'art. 733 ait dit que toute succession se divise en deux parts, et que les parens consanguins et utérins ne prenaient part que dans leur ligne, sauf ce qui serait dit en l'art. 752. Cette induction n'est qu'un raisonnement qui doit disparaître devant la disposition de l'art. 750 qui veut que les frères et sœurs succèdent seuls, à l'exclusion de tous ascendans et collatéraux ».

La cour de cassation a consacré cette opinion par un arrêt dont voici l'espèce.

« En 1806, Jean-Baptiste Olivier est mort sans enfans ni ascendans.

Ses plus proches parens étaient, du côté paternel, Joseph Dehagnin, fils de sa sœur consanguine, décédée avant lui; et du côté maternel, les frères et sœur Blanwart, ses cousins et cousine.

Question de savoir à qui doit appartenir la succession.

Joseph Dehagnin la réclame toute entière, en qualité de descendant d'une sœur consanguine du défunt.

Les frères et sœur Blanwart en demandent la moitié qu'ils prétendent être affectée à leur ligne, Joseph Dehagnin ne pouvant, selon eux, et d'après l'art. 733 du Code civil, prendre part que dans la ligne paternelle.

Le 30 mars 1808, jugement du tribunal civil de Valenciennes, adjuge à Joseph Dehagnin la totalité de la succession, «attendu qu'aux termes de l'art. 750 du Code, en cas de prédécès des père et mère d'une personne morte sans postérité, ses frères ou sœurs ou leurs descendans sont exclusivement appelés à lui succéder, et que cet article ne fait aucune distinction entre les frères et sœurs germains, et les frères et sœurs consanguins ou utérins ».

Appel; et le 3 novembre suivant, arrêt de la cour de Douay qui, «adoptant les motifs des premiers juges, met l'appellation au néant ».

Les frères et sœur Blanwart se pourvoient en cassation, et dénoncent cet arrêt comme appliquant à faux l'art. 750, et violant l'art. 733.

Par arrêt du 27 décembre 1809, au rapport de M. Zangiacomi,

« Considérant qu'aux termes de l'art. 750 du Code civil, lorsqu'un individu meurt sans postérité, et sans père ni mère, ses frères et sœurs ou leurs descendans sont appelés à la succession, à l'exclusion des autres collatéraux;

» Que cet article parlant indistinctement des frères et sœurs, comprend nécessairement les germains, les consanguins et les utérins;

» Que l'on peut d'autant moins en douter, que, dans le projet du Code civil, cet article avait été restreint aux frères et sœurs *germains;* et que ce mot *germains* supprimé lors de la discussion, ne se trouve plus dans le texte de la loi;

» Que vainement on oppose que des frères et sœurs consanguins et utérins n'appartiennent qu'à la ligne paternelle ou maternelle; et qu'aux termes de l'art. 733, les successions collatérales doivent être partagées également entre ces deux lignes;

» Que, dans la nécessité de concilier cet art. 733 avec la disposition claire et évidente du 750.º, il faut indispensablement admettre

que le premier de ces articles est modifié par le second; qu'ainsi, le partage entre les deux lignes, établi en principe général, cesse d'avoir lieu, lorsque des frères consanguins ou utérins se présentent à une succession collatérale, sans concours avec des germains, et que ces deux dispositions se concilient, comme la règle avec l'exception;

» Que c'est vainement encore qu'argumentant de quelques mots de l'art. 733, on oppose que cet article n'est soumis qu'à la seule exception contenue en l'art. 752, et que c'est mal à propos qu'on en cherche une seconde dans l'art. 750;

» Qu'il résulte de ce qui précède, que l'art. 750 dispose comme le 752.ᵉ, par exception à l'art. 733; qu'étant impossible d'entendre l'art. 750 dans un sens autre que celui ci-dessus expliqué, on ne peut, sous aucun prétexte, en éluder l'application;

» Qu'enfin, il résulte de l'art. 752, qu'en cas de concours avec le père ou avec la mère du défunt, les frères consanguins ou utérins recueillent les trois quarts de la succession, sans partage avec les collatéraux; que si cette disposition n'est pas textuellement applicable à l'espèce actuelle, l'esprit dans lequel elle a été rédigée, prouve du moins qu'il a été dans l'intention du législateur, de favoriser d'une manière particulière les frères et sœurs, même lorsqu'ils sont de différens lits, et de leur donner, dans tous les cas, le droit d'exclure les autres collatéraux; qu'il serait en effet contraire à la raison et à la justice, qu'en cas de survie du père ou de la mère du défunt, le frère utérin ou consanguin recueillit les trois quarts de la succession, à l'exclusion de tous les collatéraux même les plus proches, et qu'en cas de prédécès du père ou de la mère du défunt, il n'eût que moitié de la succession, et que l'autre moitié fût, à son préjudice, dévolue à des collatéraux qui pourraient n'être qu'au douzième degré;

» La cour rejette.... ».

§. XV. 1.º *Quelle est en France, d'après le traité de commerce du 11 janvier 1787, l'autorité des jugemens rendus par les tribunaux russes, entre deux Français se disputant, comme héritiers d'un Français mort en Russie, des biens mobiliers qui se trouvent en France?*

2.º *La règle de droit qui veut que les meubles suivent en succession la loi du domicile du défunt, est-elle applicable au cas où le défunt ayant eu son domicile dans une souveraineté, a laissé des meubles dans une autre?*

Je dois répéter, sur ces questions, la même observation que j'ai faite au §. 13, sur celle qui y est présentée. *V.* le *Répertoire de jurispru-*

dence, au mot *Jugement*, §. 7 *bis*, dans les *Additions* qui forment le 15.ᵉ volume de la 4.ᵉ édition.

§. XVI. *Avant la loi du 17 nivôse an 2 ; les biens que le défunt avait recueillis comme dernier appelé à une substitution fidéicommissaire, fondée par un parent collatéral, devaient-ils, dans la coutume du chef-lieu de Mons, être partagés dans sa succession comme propres ; ou devaient-ils l'être comme acquêts ?*

V. l'article *Condition de manbournie*, §. 1.

§. XVII. *La demande en restitution d'une somme que le défendeur a touchée en qualité d'héritier ; et que le demandeur soutient lui appartenir, sur le fondement que c'est lui qui est héritier, doit-elle être considérée comme une pétition d'hérédité ? Le jugement qui intervient sur cette demande, a-t-il l'autorité de la chose jugée pour le surplus de la succession ? Un pareil jugement peut-il être rendu en dernier ressort par un tribunal de première instance ?*

V. l'article *Héritier*, §. 8.

§. XVIII. *Avant le Code civil, celui qui, étant majeur, avait une fois fait acte ou pris la qualité d'héritier, pouvait-il ensuite être admis à répudier la succession ?*

V. le plaidoyer rapporté à l'article *Héritier*, §. 3.

SUCCESSION FUTURE (PACTE SUR UNE). — §. I. 1.º *Un testament conjonctif par lequel, à une époque où cette manière de tester était permise, deux époux ont disposé de biens réservés ou affectés à l'enfant de l'un d'eux, et se sont institués réciproquement héritiers universels, a-t-il été vicié par l'intervention de cet enfant, qui l'a prouvé sous la condition que le dernier vivant lui laisserait sa succession ?*

2.º *Le pacte qui s'est formé, par là, entre cet enfant et les deux co-testateurs, est-il devenu irrévocable par la mort de l'un de ceux-ci ?*

Le 5 juillet 1786, Jean-Baptiste Decort et Elizabeth Moons, son épouse, veuve de Christin Langkpaep, de qui elle avait un fils nommé Jean-Joseph), ont fait, dans la commune d'Edeghem, située près d'Anvers, où ils étaient domiciliés, un testament conjonctif par lequel, « venant à la disposition de tous et chacun de leurs biens, tant meubles qu'immeubles, héréditaires ou acquêts, or, argent monnayé et non monnayé, actions, dettes, créances et dépen-

dances, partout et en quelque lieu qu'ils soient situés ou qu'ils seront trouvés, aucuns exceptés ni réservés, déduction faite de toutes dettes légitimes et charges de leur mortuaire ; tous cesdits biens eux testateurs ont donné, laissé et fait, comme ils font par cette, à l'un et l'autre réciproquement, c'est-à-dire, le prédécédant au survivant d'eux, en pleine propriété, et avec libre disposition pour pouvoir les dépenser, vendre, changer, et en faire tout ce qu'il plaira à lui ou à elle. Les testateurs s'y instituent ainsi mutuellement, et le ou la nommant par cette son héritier ou héritière unique et universel, avec plein droit d'institution ; *bien entendu cependant, et sous cette condition expresse, que les biens, soit peu ou beaucoup, que le survivant d'eux délaissera après son décès, succèderont après la mort dudit survivant, à Jean-Joseph Langkpaep,* fils de la testatrice, conçu en premier mariage avec le susdit Christin Langkpaep, et Anne-Marie Decleyn, son épouse, en pleine propriété et libre disposition, y instituant et substituant par cette le susdit *pleno institutionis et substitutionis jure ;* à la charge et condition, cependant, que ledit devra et sera tenu de donner et remettre aux enfans du frère et des sœurs du testateur une somme de 2000 florins, pour être divisée entre eux par têtes...... C'est ce que les testateurs ont dit et déclaré être leur testament conjoint et ordonnance de dernière volonté.... *Comparut aussi à cette fin le susdit Jean-Joseph Langkpaep, et a déclaré d'agréer, approuver et accepter par cette, sur le même pied que dessus, ce testament, et pour autant qu'il regarde la succession de sa mère ».*

Elisabeth Moons est morte en 1788. Le testament a reçu son exécution ; en conséquence, Jean-Baptiste Decort a recueilli tous les biens que lui avait laissés son épouse, et il en a joui, en propriétaire libre, jusqu'à sa mort arrivée le 15 germinal an 8.

A cette époque, Jean Joseph Langkpaep a réclamé, en vertu du testament conjonctif, l'universalité des biens qui se trouvaient dans sa succession. Il a seulement offert aux neveux de Decort, et à leurs représentans, la somme de 2000 florins que le testament leur assignait.

Ceux-ci ont prétendu, au contraire, que la succession de Decort devait leur appartenir toute entière, 1.º parce que, par le testament conjonctif du 5 juillet 1786, chacun des époux n'avait disposé que de ses propres biens ; qu'ainsi, le survivant avait pu le révoquer ; qu'à la vérité, Decort n'avait pas fait une révocation expresse de cet acte ; mais que la loi l'avait faite pour lui (*art. 47 de la loi du 22 ventôse an 2) ;* 2.º parce que ce testament contenait, en faveur de Langkpaep, une substitution fidéicommissaire ; que cette substitution n'était pas encore ouverte au moment où avait été publiée, dans la ci-devant Belgique, la loi du 14 novembre

1792; que par conséquent, elle avait été abolie
et rendue sans effet par cette loi.

Par jugement du 2 germinal an 9, le tribunal
civil de l'arrondissement d'Anvers a considéré

« Que la femme Elisabeth Moons fut mariée
en premières noces, duquel mariage il fut pro-
créé Jean-Joseph Langkpaep;

» Que, par le décès de Christin Langkpaep,
sa veuve a convolé en secondes noces avec Jean-
Baptiste Decort; et que c'est pendant ce mariage,
que, ces époux, par une disposition à cause de
mort, se sont réciproquement institués héritiers
de tout ce que pouvait posséder chacun d'eux,
pour que le tout profitât au survivant d'entre
eux, et avec la faculté au survivant de vendre,
aliéner et disposer comme il aviserait, mais sous
la condition que ce qui pourrait rester de la
masse des biens confondus, reviendrait en propriété à Langkpaep le fils, intervenant à ce
dernier acte comme acceptant;

» Que la veuve Langkpaep se trouvant avoir
un enfant, d'après les dispositions de l'édit perpétuel, de celui des secondes noces, et de toutes
les lois anciennes, ne pouvait donner à son
second mari, soit le bien qu'elle avait reçu de
son premier mari, soit le sien propre, *en ce
qu'ils étaient dévolus à sondit fils;* que ladite
veuve Langkpaep ne pouvait tout au plus favoriser son second mari que d'une portion
filiale;

» Que ladite veuve Langkpaep et femme Decort, en faisant l'acte de dernière volonté susdit, a *prétérit* son susdit fils Jean-Joseph Langkpaep; que, par tous les motifs ci-dessus, cette
disposition de dernière volonté entre les susdits
époux, du 5 juillet 1786, est absolument nulle;
que la présence de Jean-Joseph Langkpaep au
susdit acte, et même sa ratification, n'ont pu
valider une disposition nulle de sa nature ».

En conséquence, ce tribunal, sans avoir
égard au testament conjonctif, a adjugé aux
héritiers de Jean-Baptiste Decort, les biens provenans de son propre chef, qu'il avait laissés;
et a maintenu Jean-Joseph Langkpaep dans ceux
qui provenaient, tant de Christin Langkpaep,
son père, que d'Elisabeth Moons, sa mère;
sauf à lui à se pourvoir ainsi qu'il trouverait convenir, pour la restitution des fruits perçus par
Jean-Baptiste Decort, depuis le décès de sa
mère même.

Toutes les parties ont appelé de ce jugement;
et le 28 ventôse an 10, « attendu que l'acte du
5 juillet 1786, qualifié de testament, n'est, dans
sa nature, qu'un véritable contrat anomal, qui,
à la mort d'Elisabeth Moons, a reçu sa pleine
et irrévocable exécution, au profit de Jean-
Baptiste Decort »; la cour d'appel de Bruxelles, en réformant la décision des premiers
juges, a débouté les héritiers Decort de leurs
demandes.

Les héritiers Decort se sont pourvus en cassation; et la cause portée à l'audience de la section des requêtes, le 29 messidor an 11, j'ai
dit :

« La disposition que contient, en faveur de
Jean-Joseph Langkpaep, le testament conjonctif du 5 juillet 1786, a-t-elle été révoquée par la
loi du 14 novembre 1792? Si elle n'a pas
été révoquée par cette loi, ne l'a-t-elle pas été
du moins par celle du 17 nivôse an 2, ou si l'on
veut, par l'art. 47 du décret du 22 ventôse suivant, qui annule toute disposition universelle
à cause de mort, dont l'auteur a survécu à la
promulgation des lois nouvelles sur les successions? Telles sont les deux questions qu'offre à
votre examen le recours des héritiers Decort.

» La première est résolue par le seul texte du
testament conjonctif du 5 juillet 1786. A la vérité, par cet acte, le premier mourant des testateurs substitue Jean-Joseph Langkpaep au survivant qu'il institue; et cette substitution, si
elle était nécessaire à Jean-Joseph Langkpaep
pour arriver à la succession du premier mourant, serait aujourd'hui sans effet, d'après
l'abolition que la loi du 14 novembre 1792 a
faite des fidéicommis. Mais Jean-Joseph Langkpaep n'est pas seulement appelé par le premier
mourant, à titre de substitution; il est encore
appelé par le survivant, à titre d'institution
directe; et d'une part, cette institution n'a pas
été révoquée par la loi du 14 novembre 1792;
de l'autre, elle suffit seule et par elle-même,
pour assurer à Jean-Joseph Langkpaep l'universalité des biens du premier mourant, puisqu'en l'instituant dans tous les biens qu'il laissera à son décès, le survivant l'institue nécessairement dans ceux qu'il aura recueillis par le
décès du premier mourant, comme dans ceux
qui lui sont propres et personnels.

» La seconde question n'est pas aussi facile à
résoudre.

» Ce n'est pas qu'il y ait, en thèse générale,
le plus léger doute sur la révocabilité d'un testament conjonctif de la part du survivant des
époux, lorsque, comme dans l'espèce actuelle,
les deux testateurs n'ont pas confondu et identifié
leurs patrimoines respectifs; lorsque, comme
dans l'espèce actuelle, on ne peut pas les considérer comme ayant, par un consentement
mutuel, disposé simultanément des biens l'un
de l'autre; lorsque, comme dans l'espèce actuelle, ils sont censés n'avoir disposé chacun
que de son propre patrimoine (1).

» Mais la difficulté vient de ce qu'ici le testament du 5 juillet 1786 contient un mélange de
convention, et forme, comme l'a dit le tribunal
d'appel, un *contrat anomal.*

_____

(1) *V.* l'article *Testament conjonctif,* §. 1.

» On ne peut douter en effet, que, par ce testament, Jean-Baptiste Decort ne se soit obligé, en cas de survie à sa co-testatrice, de laisser à Jean-Joseph Langkpaep, tous les biens dont il se trouverait saisi au moment de sa mort.

» Jean-Joseph Langkpaep avait trois sortes de droits à exercer sur la succession de sa mère. 1.° Il pouvait, aux termes de l'art. 27 de l'édit perpétuel de 1611, demander la distraction des biens que sa mère avait recueillis à titre de gain nuptial, par le décès de Christin Langkpaep, et dont elle avait perdu, par son second mariage, le droit de disposer au préjudice de son fils. 2.° Il pouvait, par droit de *dévolution*, se faire adjuger même les biens propres à sa mère, acquis ou échus à celle-ci avant la mort de Christin Langkpaep : car, d'un côté, il est constant, et Stockmans l'atteste formellement dans son traité *de jure devolutionis*, chap. 2, n. 3, que la dévolution avait lieu dans plusieurs communes des environs d'Anvers ; de l'autre, le jugement de première instance, qui n'est à cet égard contredit ni par le jugement du tribunal d'appel, ni même par les demandeurs en cassation, met en fait que les biens propres d'Elisabeth Moons étaient *dévolus à son fils*. 3.° Enfin il avait sur les biens libres de sa mère, une action en distraction de légitime, sauf à y imputer ce qu'il aurait prélevé par droit de dévolution (1).

» Jean-Joseph Langkpaep pouvait donc empêcher, en grande partie, l'effet de la disposition par laquelle sa mère appelait éventuellement Jean-Baptiste Decort à tous les biens qu'elle laisserait en mourant.

» Eh bien ! ce qu'il pouvait faire, non-seulement il ne l'a point fait, mais il a renoncé, dans le testament même du 5 juillet 1786, au droit de le faire. Il a, par sa comparution dans ce testament et par la déclaration qu'il y a consignée, approuvé et accepté la disposition universelle que faisait sa mère au profit de Jean-Baptiste Decort, sous la condition que Jean-Baptiste Decort n'aurait pas d'autre héritier que lui. Jean-Baptiste Decort s'est donc obligé, en acceptant lui-même cette disposition, de laisser sa propre succession à Jean-Joseph Langkpaep.

» Mais cette obligation était-elle valable ? Etait-il libre à Jean-Baptiste Decort de l'exécuter ou de ne l'exécuter pas ? c'est à ce point que se réduit en dernière analyse toute cette affaire. Si Jean-Baptiste Decort a pu ne pas exécuter l'engagement qu'il avait contracté par le testament dont il s'agit envers Jean-Joseph Langkpaep, point de doute que cet engagement n'ait été annullé par l'art. 47 de la loi du 22 ventôse an 2. Si, au contraire, cet engagement a été vraiment

obligatoire pour lui, s'il n'a pas été sujet à révocation de sa part, il est évident que la loi du 22 ventôse an 2 ne l'a pas annullé, et que par suite il a été bien jugé par le tribunal d'appel de Bruxelles.

» Or, de savoir si Jean-Baptiste Decort s'est valablement obligé de laisser sa succession à Jean-Joseph Langkpaep, c'est une question qui présente deux difficultés. Le testament conjonctif du 5 juillet 1786 n'est-il pas nul dans sa totalité, par cela seul que Jean-Joseph Langkpaep y est intervenu, et l'a approuvé ? c'est la première. Si ce testament n'est pas nul dans sa totalité, ne l'est-il pas du moins, ou en tout cas n'est-il pas révocable, en ce qui concerne l'engagement qu'il impose à Jean-Philippe Decort, de laisser sa succession à Jean-Joseph Langkpaep ? c'est là seconde.

» Sur la première difficulté, il y a dans le droit romain une disposition qui semble, au premier abord, devoir entraîner l'entière annullation du testament conjonctif. C'est celle qui, d'accord avec l'art. 9 de l'ordonnance de 1735, veut que tout testament soit fait d'un seul contexte, *uno contextu*, dit le §. 3 des Institutes, titre *de testamentis ordinandis*; et que par conséquent, il n'y ait ni intervention ni mélange d'aucun contrat : car *verba* CONTRAXERUNT, GESSERUNT, *ad testandi jus non pertinent* ; ce sont les termes de la loi 20, D. *de verborum significatione*.

» Cependant observons bien l'exception qu'apporte à cette règle la loi 21, D. *qui testamenta facere possunt* : il faut, dit-elle, que le testament soit fait d'un seul contexte, *uno contextu actûs testari oportet*. Tester d'un seul contexte, c'est ne mêler aucun acte qui y soit étranger : *est autem* UNO CONTEXTU, *nullum actum alienum testamento intermiscere*. Mais si l'on insère dans le testament un acte qui a rapport à ses dispositions, le testament n'en est pas moins valable : *quòd si aliquid pertinens ad testamentum facit*, *testamentum non vitiatur*.

» Godefroy, dans sa glose sur ce texte, se fait cette question : suit-il de là qu'un testament serait nul, si l'on y entre-mêlait un contrat : *non igitur poterit in testamento donari, promitti per stipulationem, celebrari contractus* ? Cela paraît ainsi décidé, répond-il, par la loi 20, *de verborum significatione*; cependant tous les interprètes, à l'exemple d'Accurse, réclament contre cette conséquence, et le docteur Ferretus assure que leur opinion est communément suivie tant dans les écoles que dans les tribunaux : *sed post Accursium tamen omnes interpretes reclamant, eamque communem opinionem in scholis et foro receptam esse, ait Ferretus*. Julius Clarus, continue-t-il, modifiant cet avis, ou plutôt le réduisant à ses vrais termes, enseigne que le testament n'est pas nul, lorsque le contrat que l'on y insère, n'est pas absolument étranger aux dispo-

(1) V. le *Répertoire de jurisprudence*, aux mots *Dévolution coutumière*, §. 2, n. 23.

sitions testamentaires : *scribit hanc regulam juris obtinere, quandò conventiones et contractus qui testamento inseruntur, non sunt penitùs extranei ab ipso testamento.* Cette doctrine est en effet littéralement calquée sur la décision de la loi que nous venons de citer ; *quòd si aliquid pertinens ad testamentum faciat, testamentum non vitiatur.*

» Dans notre espèce, ce n'était point une chose étrangère au testament conjonctif d'Elisabeth Moons et de Jean-Baptiste Decort, que le consentement donné par Jean-Joseph Langkpaep à ce que la première disposât des biens qui étaient ou *réservés* ou *dévolus* par la loi à celui-ci. Ce consentement était nécessaire pour valider la disposition que faisait de ces biens Elisabeth Moons. L'intervention de Jean-Joseph Langkpaep dans ce testament, le consentement qu'il y a exprimé, l'acceptation qu'il en a faite, le pacte qui s'est formé par là entre lui et son beau-père, avaient donc un rapport direct avec le testament même ; c'était donc *aliquid pertinens ad testamentum* ; il n'en est donc pas résulté de vice de forme pour le testament : *testamentum non vitiatur.*

» Et après tout, si ce testament eût été nul dans son principe, bien certainement il serait par la suite devenu valable, ou du moins il eût dû être considéré comme tel dans son exécution : car il n'a été attaqué, ni par Jean-Baptiste Decort, qui au contraire en a recueilli tout l'effet, ni par Jean-Joseph Langkpaep, qui au contraire a laissé jouir paisiblement son beau-père de tous les biens dont sa mère avait disposé en faveur de celui-ci ; et l'on sent assez qu'il n'appartient pas aux héritiers de Jean-Joseph Decort d'impugner aujourd'hui un testament qu'il a confirmé en l'exécutant, et auquel il a été redevable de la propriété des biens qu'ils réclament eux-mêmes de son chef.

» Mais si ce testament n'est pas nul dans sa totalité, ou, ce qui revient au même, si aujourd'hui il ne peut plus être, dans sa totalité, déclaré nul, doit-on, peut-on regarder comme valable, comme obligatoire, comme irrévocable, la promesse implicite qu'il renferme de la part de Jean-Baptiste Decort, de laisser sa succession à Jean-Joseph Langkpaep ? C'est la seconde difficulté que nous avons à résoudre.

» Le droit romain l'a décidée clairement pour la négative. Toute convention, dit la loi 4, C. *de inutilibus stipulationibus*, qui a pour objet une succession future, est contraire aux bonnes mœurs, et par conséquent nulle : *ex eo instrumento nullam vos habere actionem in quo contra bonos mores de successione futurâ interposita fuit stipulatio ; manifestum est ; cùm omnia quæ contra bonos mores, vel in pactum vel in stipulationem deducuntur, nullius momenti sint.* Celui qui n'est pas appelé par la loi à une succession, dit la loi 5, C. *de pactis conventis*, n'y peut être

appelé que par un testament ; si donc on stipulait, dans un contrat de mariage, que le mari succéderait aux biens paraphernaux de sa femme, la convention serait sans effet : *hereditas extraneis testamento datur. Cùm igitur affirmas dotali instrumento pactum interpositum esse vice testamenti, ut, post mortem mulieris, bona ejus ad te pertinerent, quæ dotis titulo tibi non sunt obligata, intelligis nullâ te actione posse convenire heredes seu successores ejus, ut tibi restituantur quæ nullo jure debentur.* De là vient encore, la loi 15, C. *de pactis*, qu'un père n'est point lié par la promesse qu'il fait à sa fille, en la mariant, de lui laisser dans sa succession, une part égale à celle de ses autres enfans : *pactum quod dotali instrumento comprehensum est, ut si pater vitâ fungeretur, ex æquâ portione ea quæ nubebat cum fratre heres patris sui esset, neque ullam obligationem contrahere, neque libertatem testamenti faciendi mulieris patri potuit auferre.*

» Il y a cependant, même dans le droit romain, deux cas où sont admis les pactes relatifs aux successions des personnes vivantes.

» La loi 19, C. *de pactis*, déclare que, quoiqu'on ne puisse pas faire valoir, même comme donation à cause de mort, l'écrit par lequel deux particuliers sont convenus que le survivant succéderait au prédécédé, *licet inter privatos hujusmodi scriptum quo comprehenditur ut qui supervixerit, alterius rebus potiatur, ne donationis quidem mortis causâ gestæ efficaciter speciem ostendat ;* cependant, une pareille convention produit son effet entre militaires, par la raison que les militaires n'ont besoin d'aucune solennité pour tester, et que leur simple volonté passe pour testament, quand ils y persévèrent jusqu'au dernier soupir : *cùm voluntas militum quæ super ultimo vitæ spiritu, deque familiaris rei decreto quoquomodo, contemplatione mortis, in scripturam deducitur, vim postremi judicii obtineat.*

» La loi 30 du même titre porte que, si des héritiers présomptifs sont convenus de partager d'une certaine manière, une succession qui doit un jour leur échoir, leur convention sera obligatoire pour chacun d'eux, pourvu que celui à qui ils doivent succéder, l'approuve et persévère jusqu'à sa mort dans son approbation : *nisi forte et ipse de cujus hereditate pactum est, voluntatem suam eis accommodaverit, et in eâ usque ad extremum vitæ spatium perseveraverit.*

» Ni l'une ni l'autre de ces lois d'exception ne peut s'appliquer au pacte que renferme le testament du 5 juillet 1786, puisque, d'une part, ni Decort ni Langkpaep n'étaient militaires lorsqu'ils l'ont fait, et que, d'un autre côté, il n'existait entre eux aucun rapport de successibilité *ab intestat.* D'ailleurs, par chacune de ces lois, les pactes de succéder qu'elles autorisent, ne valent que comme testamens ; et déjà nous avons observé que, si la convention renfermée dans le testament du 5 juillet 1786, ne pouvait valoir, de la part de Jean-Baptiste Decort, que comme disposition de dernière volonté, elle devrait, par cela seul, être considérée comme révoquée par l'art. 47 de la loi du 22 ventôse an 2.

» Ainsi, encore une fois, nul doute que le droit romain ne décide contre Langkpaep, et en faveur des héritiers Decort, la question, soit de la validité ou invalidité, soit de la révocabilité ou irrévocabilité, de la convention dont il s'agit.

» Mais en jugeant, à cet égard, contre les lois romaines, le tribunal d'appel de Bruxelles a-t-il jugé contre des lois qui liaient impérativement les parties, et avaient sur elles une autorité véritablement législative? C'est là, en dernière analyse, le nœud de la difficulté qui vous occupe.

» Tout le monde convient que les dispositions du droit romain, sur les pactes de succéder, n'ont plus lieu dans les contrats de mariage, et que dans ces sortes d'actes, ils sont à la fois obligatoires et irrévocables.

» On convient aussi assez généralement qu'un pacte de succession réciproque est valable entre deux personnes associées l'une à l'autre dans tous leurs biens respectifs. C'est ce qu'enseignent Dumoulin, sur l'art. 216 de la coutume de la Marche; Bugnyon, dans ses *Lois abrogées*, liv. 1, chap. 226; Masuer, dans sa Pratique, tit. 28, n.° 9; et Fergole, sur l'art. 13 de l'ordonnance de 1731. C'est aussi ce qu'a jugé un arrêt du parlement de Paris du 12 décembre 1562, rapporté dans le recueil de Papon.

» Mais, ici, il n'est question ni de contrat de mariage, ni d'acte d'association universelle; il ne s'agit que d'une simple convention intercalée dans un testament; et nous ne trouvons dans les monumens de notre ancienne jurisprudence, rien qui puisse soustraire cette convention à l'empire des lois romaines.

» A la vérité, il y a, dans le Recueil de Stockmans, §. 44, un arrêt de révision du conseil de Brabant, du 25 mai 1647, qui a jugé obligatoire et irrévocable, une convention par laquelle deux frères, en partageant une succession qui leur était échue en commun, avaient réglé la manière dont l'un succéderait à l'autre, en cas de mort sans enfans, dans les biens qui composaient leurs lots respectifs. Mais dans cette espèce, les deux frères n'avaient pas disposé de leurs hérédités futures; ils n'avaient disposé que de choses singulières et déterminées; et Stockmans prouve très-bien qu'ils n'avaient fait en cela rien qui ne fût d'accord avec les lois romaines : *jure communi*, dit-il, et tel a été le motif de l'arrêt qu'il rapporte, *valent pacta*

quibus duo paciscentes de bonis suis post mortem alterutrius disponunt, si scilicet verba conventionis sonent, non ipsam hereditatem aut in successionem universalem, sed in certa bona.

» Ici, au contraire? Jean-Baptiste Decort a promis de laisser toute sa succession à Jean-Joseph Langkpaep; il a donc fait ce que défendaient, ce que défendent encore les lois romaines; et si les lois romaines sont de véritables lois pour le pays dans lequel sont situés les biens litigieux, il est impossible que le jugement attaqué échappe à la cassation.

» Or, sur ce point de fait, nous avons cru devoir consulter le tribunal civil de l'arrondissement d'Anvers; et la réponse qu'il nous a faite le 20 messidor an 11, par l'organe de son vice-président, se réduit à ces deux points : la commune d'Edeghem est régie par la coutume de Santhoven; et cette coutume renvoie expressément au droit romain la décision des cas sur lesquels elle ne s'est pas expliquée.

» Nous estimons, en conséquence, qu'il y a lieu d'admettre la requête des demandeurs. »

Ces conclusions, quoique fondées sur des principes avoués par tous les juges, n'ont pas été suivies : l'esprit d'équité qui avait déterminé la décision de la cour d'appel de Bruxelles, l'a emporté sur la rigueur du droit; et par arrêt rendu sur délibéré, au rapport de M. Gandon, le 30 messidor an 11, la requête en cassation a été rejetée;

« Attendu que, quoique suivant les principes du droit, les testamens doivent être faits d'un seul contexte, cependant l'intervention d'un tiers ne les vicie pas, lorsqu'elle a pour objet les choses mêmes, ou quelques-unes des choses dont le testament dispose; que, dans le testament du 5 juillet 1786, fait par Elisabeth Moons, conjointement avec Jean-Baptiste Decort, son second époux, celle-ci disposa des biens sur lesquels Jean-Joseph Langkpaep, fils de son premier mariage avec Christia Langkpaep, avait des droits, disposition qu'elle n'eût pu valoir dans sa généralité, sans le consentement que donna son fils; que, dès-lors, le testament renferma un contrat anomal, comme le dit le jugement rendu par le tribunal d'appel séant à Bruxelles; que ce contrat a eu sa pleine et entière exécution au profit de Decort, après la mort d'Elisabeth Moons, qu'aucune loi ne s'opposait à ce qu'il fût exécuté après la mort de Decort, au profit de Jean-Joseph Langkpaep, qui jusqu'alors avait souffert de l'exécution; que celui-ci n'a rien demandé, et qu'il ne lui a été rien accordé à titre de substitution; et qu'ainsi, les lois abrogatives de cette manière de disposer, n'ont point été violées ».

§. II. *Le partage anticipé que les héritiers présomptifs d'un homme encore vivant, font de*

son hérédité future, sans son consentement ex-
près, est-il valable et obligatoire entre les
parties majeures qui l'ont signé ?

V. l'article *Partage,* §. 2.

§. III. *Après la prononciation du jugement qui*
rejette la demande en nullité d'un testament,
les juges peuvent-ils interpeller l'héritier ins-
titué présent à l'audience, de s'expliquer sur
l'effet qu'il entend donner à la promesse qu'il
a faite verbalement à plusieurs d'entre eux,
de laisser, après sa mort, aux héritiers légi-
times du testateur, les biens compris dans son
institution ?

V. l'article *Testament,* §. 15.

SUCCESSION VACANTE. §. I. 1.º *Quel est*
l'effet de l'inscription hypothécaire, prise sur
les biens d'une succession vacante ?

2.º *Est-elle valable, lorsqu'elle est prise*
avant la renonciation de l'héritier présomptif ?

3.º *Doit-on, à cet égard, distinguer entre*
l'inscription prise dans les dix jours qui ont
précédé la renonciation, et l'inscription prise
antérieurement ?

4.º *Celui qui se trouve créancier d'une suc-*
cession vacante, en vertu d'un jugement obtenu
contre le défunt personnellement, doit-il, s'il
n'a pris inscription qu'après la mort de celui-
ci, être rangé dans la classe des créanciers
chirographaires ?

I. Les trois premières questions se sont présentées dans l'espèce suivante.

Le 11 nivôse an 3, contrat de mariage notarié, entre Jean-François Moran, négociant à
Lille, département du Nord, et Adélaïde Tirant.
Les reprises dotales et le douaire de celle-ci,
en cas de renonciation à la communauté, sont
fixés à la somme de 21,600 livres.

Le 13 nivôse an 6, autre contrat notarié, par
lequel Jean-François Moran reconnaît devoir à
Eugène Prevost, négociant à Paris, une somme
de 9,369 livres 5 sous tournois; affecte et hypothèque spécialement, à la sûreté de sa dette,
des terres à labour situées dans la commune
d'Ascq, arrondissement de Lille; et consent qu'à
cet effet, Eugène Prevost fasse enregistrer la
grosse de ce contrat au greffe du tribunal civil
du département du Nord, formalité qui, d'a-
près la loi du 19 septembre 1790, remplaçait
alors celle du *nantissement* nécessaire, dans cette
contrée, pour donner hypothèque.

Cette formalité est effectivement remplie
le 23 du même mois; et par là, Eugène Prevost
devient créancier hypothécaire de Jean-François Moran.

Le 2 pluviôse an 7, Jean-François Moran décède.

Le lendemain, sa veuve fait inscrire son contrat de mariage au bureau des hypothèques de
Lille, à l'effet d'acquérir hypothèque sur les
biens du défunt, qu'elle désigne, et parmi lesquels se trouvent les terres hypothéquées à Eugène Prevost, par l'acte du 13 nivôse an 6.

Le 8 du même mois, Eugène Prevost prend,
au même bureau, une inscription, pour sûreté
de sa créance de 9,369 livres 5 sous, *résultante*
(y est-il dit) *d'un acte passé devant Doyen,*
notaire à Lille, le 13 nivôse an 6.

Le 14 du même mois, la veuve Moran renonce
à la communauté; et sa renonciation est immédiatement suivie, tant de l'apposition des scellés sur la succession que les héritiers présomptifs n'acceptent pas ou répudient, que de la nomination d'un curateur à cette succession, considérée dès-lors comme vacante et abandonnée.

Le curateur fait vendre les biens, et la distribution du prix donne lieu à deux contestations.

1.º Eugène Prevost, voulant faire valoir son
inscription hypothécaire du 8 pluviôse an 7, et
en reporter l'effet au 23 nivôse an 6, date de
l'enregistrement de son titre au greffe du tribunal civil du département du Nord, ou du moin
et subsidiairement au 8 pluviôse an 7, même, le
curateur et la veuve Moran se réunissent pour
soutenir que son inscription est nulle, et qu'elle
n'a pu, ni lui conserver son hypothèque du 23
nivôse an 6, ni lui en conférer une nouvelle.

2.º La veuve Moran prétendant à son tour
être colloquée comme créancière hypothécaire,
à dater du 3 pluviôse an 7, jour de l'inscription
qu'elle a prise sur les biens de son mari décédé,
le curateur soutient qu'elle n'a pas pu, par cette
inscription, acquérir une hypothèque, parce
qu'elle ne l'a pas (ainsi que le prescrivait une
déclaration du 1.er mars 1742, rendue spécialement pour les femmes de marchands du ressort du ci-devant parlement de Douay), fait
publier et enregistrer au tribunal de commerce
de Lille.

En conséquence, le curateur demande que,
sans s'arrêter aux réclamations respectives des
deux prétendus créanciers hypothécaires, le
prix dont il est question lui soit remis, pour
être distribué entre les créanciers chirographaires de la succession, au marc le franc.

Le 4 floréal an 10, jugement du tribunal civil
de l'arrondissement de Lille, qui prononce conformément aux conclusions de curateur.

« Attendu, en ce qui concerne Eugène Prevost, qu'il n'a pas pu, ni, d'après l'art. 5 de la
loi du 11 brumaire an 7, acquérir une hypothèque nouvelle par une inscription prise dans les
dix jours qui ont précédé la faillite de la succession de Jean-François Moran; ni, d'après

l'art. 4e de la même loi, conserver son ancienne hypothèque par une inscription qui n'en rappelle pas la date;

» Et en ce qui concerne la veuve Moran, attendu qu'elle n'a point fait publier son inscription au tribunal de commerce de Lille; que, par là, elle a manqué à une forme dont la déclaration du 1.er mars 1742 lui prescrivait l'observation à peine de nullité; que cette forme n'a pas été abolie par l'art. 56 de la loi du 11 brumaire an 7; qu'en effet, cet article n'abroge que les lois, coutumes et usages relatifs à la constitution des hypothèques, et au mode de les purger; que la déclaration du 1.er mars 1742 ne concerne ni l'une ni l'autre; qu'elle ne prescrit qu'une précaution pour éviter entre marchands, les fraudes dans les prises d'hypothèques pour l'intérêt des femmes; qu'à la vérité, les registres des conservateurs des hypothèques établis par la loi du 11 brumaire an 7, sont publics; mais que ceux où, avant cette loi, s'inscrivaient les hypothèques que l'on prenait en pays de nantissement, l'étaient aussi; que ce genre de publicité n'a pas paru suffisant à la déclaration de 1742, et qu'elle a voulu y ajouter un moyen de plus de prévenir toute surprise, en ordonnant la publication et l'enregistrement des hypothèques des femmes de marchands, dans le lieu que les marchands sont présumés fréquenter le plus ».

La veuve Moran appelle de ce jugement, et ne fait intimer que le curateur à la succession de son mari. Celui-ci emploie, sur cet appel, un nouveau moyen : il prétend que l'inscription prise le 3 pluviôse an 7, par la veuve Moran, doit être déclarée nulle, parce qu'alors Jean-François Moran n'existait plus, et que depuis sa succession a été abandonnée.

Le 18 prairial an 10, arrêt par lequel,

« Considérant qu'il importe peu que Moran fût mort, lorsque sa veuve, pour obtenir hypothèque sur les biens par lui délaissés, a fait inscrire son contrat de mariage au bureau de la conservation des hypothèques, puisqu'il est de principe que l'hérédité d'un défunt le représente; qu'ainsi, on peut acquérir les mêmes droits contre elle qu'on aurait pu obtenir contre lui; que d'ailleurs la loi du 11 brumaire an 7, art. 17, n.º 5, suppose cette faculté; que vainement allègue-t-on contre cette inscription, que Moran était insolvable lors de sa mort, et qu'ainsi il ne pouvait être pris valablement hypothèque sur ces biens; puisque, lors de la prise d'hypothèque de sa veuve, qui a précédé de dix jours l'apposition des scellés, aucune poursuite n'avait été faite par la généralité des créanciers du défunt; de sorte que chacun d'eux en particulier pouvait encore veiller à la conservation de ses droits;

» Que la non publication de l'hypothèque au tribunal de commerce ne peut l'invalider, puisque la loi du 11 brumaire an 7, seule applicable à cette matière, ne prescrit point cette formalité; que la déclaration du 1.er mars 1742 se trouve abrogée par l'art. 56 de celle du 11 brumaire; que d'ailleurs, en supposant la non-existence de cet article, il ne serait pas moins vrai que la déclaration précitée ne pourrait plus avoir d'effet, étant de principe que la loi cesse, lorsque son motif, ainsi que dans l'espèce, vient à cesser; qu'en effet on voit par le préambule de cette déclaration, qu'elle n'a été portée que pour obvier aux fraudes qui résultaient de la non publicité des hypothèques qui se prenaient en Flandre, inconvénient auquel la loi du 11 brumaire a paré;

» Qu'au surplus, en supposant même qu'en effet la déclaration de 1742 ne fût point abrogée, il ne serait pas moins vrai que l'hypothèque prise par l'appelante, devrait être déclarée bonne et valable, puisque cette déclaration n'est relative qu'aux femmes des marchands, et non à leurs veuves;

» Le tribunal (d'appel de Douay) déclare qu'il a été mal jugé....; émendant, ordonne que la veuve Moran sera colloquée, pour toucher, jusques et à la concurrence de la somme de 21,400 francs, à la date de son hypothèque.......».

Eugène Prevost appelle aussi de son côté, du jugement du tribunal de Lille; et il fait intimer à la fois la veuve Moran et le curateur à la succession vacante.

Le 22 fructidor an 10, arrêt de la cour d'appel de Douay, qui, attendu la non-comparution de l'appelant, donne défaut contre lui, et déclare qu'il a été bien jugé.

Opposition à cet arrêt dans le délai fixé par la loi. A cette opposition, Eugène Prevost joint une tierce-opposition à l'arrêt du 18 prairial précédent. La cause portée à l'audience, il conclut à ce que, faisant droit sur son appel du jugement du 4 floréal an 10, le curateur soit déclaré non-recevable dans ses conclusions, ou qu'au besoin il en soit débouté; à ce qu'il soit (lui Prevost) colloqué à la date du 23 nivôse an 6, jour de l'enregistrement de son obligation au greffe du tribunal civil du Nord; et à ce que le curateur et la veuve Moran soient condamnés aux dommages-intérêts et aux frais des deux instances.

La veuve Moran conclut à ce qu'Eugène Prevost soit débouté de l'une et de l'autre oppositions.

Le curateur s'en rapporte à la prudence des juges.

Le 23 vendémiaire an 11, arrêt qui déboute Eugène Prevost de son opposition à l'arrêt par défaut du 22 fructidor an 10.

« Attendu que, si l'on considère son inscription hypothécaire, comme faite pour acquérir une nouvelle hypothèque, elle a été faite évidemment dans les dix jours de la faillite de Jean-François Moran, négociant à Lille ; qu'en effet, cette inscription a été prise le 8 pluviôse an 7, tandis que, six jours après, c'est-à-dire, le 14 pluviôse, sa succession a été abandonnée, et sa faillite réputée ouverte, tant par la renonciation de la veuve à la communauté qui avait existé entre elle et son mari, que par l'apposition des scellés qui a été faite ledit jour, et qui fut suivie de la convocation des créanciers et de la nomination du curateur ; qu'enfin, Jean-François Moran est décédé négociant, et, par conséquent, d'après l'ordonnance de commerce de 1673, toute hypothèque prise dans les dix jours de sa faillite, doit être considérée comme non-avenue ;

» Que, si l'on considère l'inscription du cit. Prevost, comme faite à fin de conserver une hypothèque précédemment obtenue, il est encore évident qu'il n'a pas rempli les formalités voulues par la loi du 11 brumaire an 7 ; qu'en effet, la loi du 11 brumaire an 7 ayant voulu, art. 37, que les droits d'hypothèque ou privilége existans lors de sa publication, qui n'auraient pas encore été inscrits en exécution et dans les formes de la loi du 9 messidor an 3, le fussent dans les trois mois qui suivraient ladite publication........ ; il est évident que le cit. Prevost aurait dû faire inscrire ou rappeler au moins dans son bulletin, l'hypothèque qu'il prétend avoir obtenue précédemment, par la transcription de son titre de créance au greffe du tribunal civil du département ; que ce n'est qu'à cette condition que l'art. 38 conserve aux anciennes hypothèques, le rang et la date de leur première constitution ;

Que c'est en vain que l'on a invoqué l'art. 40 de la loi du 11 brumaire, qui dit que, pour conserver par l'inscription les hypothèques antérieures à la loi, le créancier n'est point tenu de représenter l'expédition du titre de sa créance ; qu'il suffit qu'il produise deux bordereaux contenant les indications prescrites par les art. 17 et 21 de la même loi, qui se contentent d'exiger la mention du titre, ou à défaut, de l'époque de l'hypothèque ; que d'abord, cet art. 40, loin de favoriser les prétentions de l'appelant, démontre au contraire que ce que la loi a exigé, n'a pas été tant le titre de la créance, que le titre constitutif de l'hypothèque ; et pour concilier ensemble les deux art. 40 et 17, dont l'un dispense d'exhiber le titre, lorsque l'autre semble l'exiger, il suffit de considérer que tout le tit. 3 dont l'art. 40 fait membre, est relatif aux anciennes hypothèques, tandis que le premier dont l'art. 17 fait partie, concerne la constitution de nouvelles hypothèques ; et que, s'il suffit, dans certaines occasions, de rappeler le titre, ce ne peut être que dans les pays où tout acte passé devant notaire, tout jugement don-

nait hypothèque, du jour de sa date sans transcription ultérieure dans les registres publics ; mais qu'il n'en est pas de même dans les pays de nantissement, où les titres ou contrats authentiques ne donnaient d'hypothèque que lorsqu'ils étaient suivis d'œuvres de loi ;

» Qu'il est évident, par conséquent, aux termes de la loi du 11 brumaire, et principalement des art. 37, 38, 39 et 40, sainement entendus et combinés avec l'art. 17, que pour conserver son hypothèque acquise par la transcription dans les registres du tribunal civil, le cit. Prevost aurait dû rappeler la date de cette hypothèque, plutôt que la date de son titre ; et par une conséquence ultérieure, que sa nouvelle inscription ne pouvant avoir d'effet rétroactif, n'est censée avoir été faite que le 8 pluviôse an 7, c'est-à-dire, dans les dix jours de la faillite de Jean-François Moran...... »

Il est à remarquer que cet arrêt ne statue pas sur la tierce-opposition d'Eugène Prevost à celui du 18 prairial an 10.

Eugène Prevost se pourvoit en cassation, et soutient 1.° qu'en préférant à son inscription du 8 pluviôse an 7, celle que la veuve Moran avait prise la 3 du même mois, la cour d'appel de Douay a violé l'art. 37 de la loi du 11 brumaire an 7 ; 2.° qu'en déclarant cette inscription absolument nulle, sur le fondement qu'elle avait été prise dans les jours antérieurs à la nomination d'un curateur à la succession de Jean-François Moran, la cour d'appel de Douay a fait une fausse application de l'art. 1 du tit. 11 de l'ordonnance de 1673, de la déclaration du 18 novembre 1702, et de l'art. 5 de la loi du 11 brumaire an 7.

« Pour nous mettre à portée de bien apprécier ces deux moyens (ai-je dit à l'audience de la section civile, le 29 messidor an 12), nous devons commencer par nous fixer avec précision sur les points que vous avez à juger.

» Devant le tribunal civil de l'arrondissement de Lille, trois questions étaient agitées entre les parties. La veuve Moran a-t-elle acquis hypothèque par son inscription du 3 pluviôse an 7, et doit-elle être colloquée à cette date ? c'était la première. Eugène Prevost a-t-il conservé, par son inscription du 8 pluviôse an 7, l'hypothèque qu'il avait acquise le 23 nivôse an 6, et doit-il en conséquence être colloqué au 23 nivôse an 6 même ? c'était la seconde. Si Eugène Prevost n'a pas conservé son hypothèque du 23 nivôse an 6, du moins n'en a-t-il pas acquis une nouvelle, par son inscription du 8 pluviôse an 7, et ne doit-il pas subsidiairement être colloqué à cette dernière date ? c'était la troisième.

» Le tribunal de Lille a jugé ces trois questions pour la négative ; mais sur l'appel, la première a été décidée dans le sens contraire, et en faveur de la veuve Moran : par jugement du 18 prairial an 10, rendu contradictoirement avec le curateur de la succession vacante, le tribunal d'appel de Douay a déclaré la veuve Moran créancière hypothécaire, à dater du 3 pluviôse an 7, et a ordonné qu'elle serait colloquée comme telle.

» Il est vrai qu'une tierce-opposition a été formée à ce jugement par Eugène Prevost.

» Mais, d'abord, à quelle fin l'a-t-elle été ? Nous ne pouvons l'apprendre que par les conclusions qu'a prises Eugène Prevost devant le tribunal d'appel. Or, ces conclusions tendaient uniquement à ce qu'il fût déclaré créancier hypothécaire, à dater du 23 nivôse an 6, jour de l'enregistrement de son titre au greffe du tribunal civil du département du Nord. Il ne demandait donc pas que la veuve Moran fût privée de l'effet de son inscription du 3 pluviôse an 7 ; il demandait seulement que l'inscription qu'il avait lui même prise le 8 du même mois, fût reportée au 23 nivôse an 6 ; ou, en d'autres termes, il demandait seulement qu'on le colloquât en ordre d'hypothèque, avant la veuve Moran. Il a donc acquiescé au jugement du 18 prairial an 10, en tant que, par ce jugement, la veuve Moran était reconnue créancière hypothécaire, à dater du 3 pluviôse an 7. C'est donc un point irrévocablement jugé qu'à dater du 3 pluviôse an 7, la veuve Moran est véritablement créancière hypothécaire de la succession de son mari.

» Ensuite, le tribunal d'appel n'a pas statué sur la tierce-opposition d'Eugène Prevost au jugement du 18 prairial an 10 ; c'est sans doute, de sa part, une omission assez étrange ; mais ce n'est pas une raison pour casser son arrêt. Une omission de prononcer ne peut former qu'une ouverture de requête civile, et une ouverture de requête civile ne peut pas être convertie en moyen de cassation. Aussi, Eugène Prevost n'élève-t-il devant vous aucune espèce de contestation sur la validité de l'inscription prise par la veuve Moran, le 3 pluviôse an 7.

» Mais de là, que s'ensuit-il, par rapport aux deux autres questions qui ont été discutées devant le tribunal de première instance ? Il faut, à cet égard, distinguer l'intérêt de la veuve Moran, d'avec l'intérêt du curateur à la succession vacante, c'est-à-dire, de la partie qu'Eugène Prevost a lui-même considérée, tant en première instance qu'en cause d'appel, comme le représentant des créanciers chirographaires, et conséquemment de la partie à laquelle il ne peut plus aujourd'hui contester cette qualité.

» Dans l'intérêt de la veuve Moran, il ne s'agit plus ici que de savoir si le tribunal d'appel de Douay a violé la loi, en décidant que, par son inscription du 8 pluviôse an 7, Eugène

Prevost n'avait pas conservé son hypothèque du 23 nivôse an 6 ; et si vous vous déterminez pour la négative, le jugement du tribunal d'appel doit être maintenu à l'égard de la veuve Moran.

» Il n'en est pas de même dans l'intérêt du curateur, ou, ce qui est la même chose, des créanciers chirographaires ; car, si le tribunal d'appel avait violé la loi en décidant qu'Eugène Prevost n'a pas acquis une hypothèque nouvelle par son inscription du 8 pluviôse an 7 ; s'il avait violé la loi en refusant de colloquer Eugène Prevost après la veuve Moran, nul doute que son jugement ne dût être cassé en cette partie.

» Vous avez donc ici deux questions à examiner ; et d'abord le tribunal d'appel a-t-il violé ou faussement appliqué les art. 17, 37 et 40 de la loi du 11 brumaire an 7, en jugeant que l'inscription du 8 pluviôse suivant n'avait pas conservé à Eugène Prevost l'hypothèque qu'il avait acquise le 23 nivôse an 6, par l'enregistrement de son contrat au greffe du tribunal civil du département du Nord ?

» Sur ce point, Eugène Prevost avait d'abord passé en quelque sorte condamnation dans son mémoire. Il s'était borné à dire que la discussion en était inutile ; et c'était assez reconnaître que le résultat de cette discussion ne pouvait pas lui être favorable. Aujourd'hui, il revient sur ses pas ; et sans examiner s'il y est encore recevable, nous croyons pouvoir établir qu'il ne peut obtenir, en cette partie, la cassation du jugement qu'il attaque.

» En effet, que devait faire Eugène Prevost pour prendre, après la publication de la loi du 11 brumaire an 7, une inscription conservatrice de son hypothèque du 23 nivôse an 6 ? Il devait, suivant l'art. 40 de cette loi, présenter au bureau des hypothèques deux bordereaux contenant les indications prescrites par l'art. 17 ; il fallait, par conséquent, d'après le n.° 3.° de l'art. 17, que ses deux bordereaux indiquassent la date de son titre.

» Mais, que signifie ce mot titre dans l'art. 17 ? Il signifie, non le contrat primitif par suite duquel le créancier a acquis une hypothèque qu'il réalise, qu'il consomme par l'inscription, mais l'acte qui a rendu ce contrat hypothécaire. Sans doute, dans l'objet de la loi, il arrive souvent que le contrat primitif et l'acte hypothécaire ne sont qu'une seule et même chose. Ainsi, quand la loi dit, art. 8, que l'hypothèque existe, mais à la charge de l'inscription, 1.° pour une créance consentie par un acte notarié ; 2.° pour celle résultant d'une condamnation judiciaire ; elle déclare bien nettement qu'en acte notarié, qu'un jugement, emportent d'eux-mêmes hypothèque ; et il est clair que, pour remplir le vœu de l'art. 17, il suffit d'indiquer

cet acte, ce jugement, dans les deux bordereaux.

» Mais il arrive aussi fréquemment que le contrat primitif n'est pas hypothécaire par lui-
même, qu'il ne le devient que par le secours
d'un autre acte, et que, par suite, le titre de
l'hypothèque est tout-à-fait distinct du titre de
l'obligation. Par exemple, si ce billet sous seing-
privé est reconnu par un jugement, le titre hypothécaire ne consistera pas dans un billet, il ne
consistera que dans le jugement qui en renfer-
mera la reconnaissance ; et si, après que ce billet
a été ainsi élevé au rang des contrats authentiques, le créancier à qui il appartient veut
prendre inscription, bien certainement il faudra
qu'il énonce dans son bordereau la date de la
reconnaissance qu'il en aura obtenue en justice.

» Or, avant la loi du 11 brumaire an 7, les
contrats notariés ne produisaient pas plus d'hypothèques dans les pays de nantissement, que
les billets sous seing-privé n'en produisaient dans
tout le reste de la France ; et de même qu'avant
la loi du 11 brumaire an 7, les billets sous seing-
privé, dans tout le reste de la France, ne devenaient des titres hypothécaires que par leur reconnaissance judiciaire, de même aussi, à cette
époque, les contrats notariés ne devenaient des
titres hypothécaires, dans les pays de nantissement, que par la formalité de l'enregistrement
au greffe, substituée par la loi du 19 septembre
1790 à la dessaisine, à la déshéritance, à la
mise de fait, à la plainte à loi, à la saisie par
clain, etc.

» On ne peut donc satisfaire à l'art. 17 de la
loi du 11 brumaire an 7, relativement aux hypothèques précédemment acquises en pays de
nantissement, qu'en indiquant dans les deux
bordereaux, non la date du contrat notarié que
l'on a précédemment fait enregistrer au greffe,
mais la date de cet enregistrement même.

» Et la preuve que telle a été l'intention de la
loi du 11 brumaire an 7, c'est la manière dont
elle s'exprime dans les art. 37 et 39. Par l'art. 37,
elle veut que *les droits d'hypothèque existans
lors de la publication de la présente, soient inscrits dans les trois mois.* Par l'art. 39, elle déclare que *les hypothèques qui n'auraient pas été
inscrites avant l'expiration des trois mois, n'auront effet qu'à compter de l'inscription qui en
serait requise postérieurement.* C'est donc *le droit
d'hypothèque*, c'est donc *l'hypothèque* elle-
même que l'on doit inscrire. Il faut donc inscrire
le titre constitutif de l'hypothèque ; il faut donc,
dans les ci-devant pays de nantissement, inscrire
l'acte d'enregistrement au greffe ; il faut donc
indiquer dans les deux bordereaux la date de cet
enregistrement. Si donc vous n'indiquez point
cette date dans l'inscription que vous prenez,
votre inscription est nulle, et vous êtes sans titre
hypothécaire, puisque, d'une part, votre ancienne *hypothèque* se trouve n'être pas inscrite ;

et que, de l'autre, aux termes de l'art. 38, les
anciennes hypothèques ne peuvent conserver
leur effet que par une inscription régulière.

» Et en vain dirait-on que le défaut d'indication de la date de votre ancienne hypothèque,
ne pourrait être relevé que par le porteur d'une
inscription prise après la vôtre ; en vain dirait-on
que du moins vous devez conserver votre rang
de créancier hypothécaire contre les créanciers
qui n'ont jamais eu d'hypothèque.

» La loi ne distingue pas, et nous ne devons
pas être plus sages que la loi. Elle ne maintient
les anciennes hypothèques, qu'à la charge de les
faire inscrire dans le délai qu'elle détermine ; elle
annulle donc toutes les anciennes hypothèques
qui n'auront pas été inscrites dans ce délai ; les
anciennes hypothèques non inscrites dans ce
délai, ne peuvent donc pas plus être opposées
aux créanciers chirographaires, qu'aux créanciers inscrits postérieurement ; il a donc été bien
jugé, sous ce rapport, par le tribunal d'appel
de Douay.

» Mais il est un autre aspect sous lequel le
jugement de ce tribunal doit être examiné : car
Eugène Prevost, par cela seul qu'il était porteur d'un contrat notarié qui affectait spécialement à sa créance des fonds de terre situés dans
la commune d'Ascq, pouvait, en thèse générale,
prendre hypothèque sur ces biens, en vertu de
l'art. 3 de la loi du 11 brumaire an 7 ; et il s'agit
de savoir s'il l'a fait valablement par son inscription du 8 pluviôse an 7, considérée
en elle-même et indépendamment de la relation
qu'elle peut avoir avec l'enregistrement du
23 nivôse an 6 ?

» L'affirmative ne serait susceptible d'aucun
doute, si Jean-François Moran eût encore été
en vie le 8 pluviôse an 7. Mais il était mort à
cette époque, et la difficulté vient de ce que,
cinq jours après, sa succession a été constituée
en état de déconfiture, par l'apposition des
scellés à la requête d'un masse des créanciers,
et par l'établissement d'un curateur.

» Cette difficulté n'en serait pourtant pas une,
si nous devions nous en rapporter à la disposition de l'art. 2146 du Code civil. Suivant cet
article, *les inscriptions ne produisent aucun
effet*, non seulement lorsqu'elles *sont prises dans
le délai pendant lequel les actes faits avant l'ouverture des faillites, sont déclarés nuls*, mais
encore lorsqu'elles ont été prises postérieurement à l'ouverture d'une succession *qui n'est
acceptée que par bénéfice d'inventaire* ; et l'on
sent que ce qu'il dit d'une succession acceptée
par bénéfice d'inventaire, doit, à bien plus
forte raison, être étendu à la succession qui est
totalement abandonnée, et à laquelle la justice
est forcée d'établir un curateur.

» Ainsi, d'après l'esprit de cet article, il suffirait qu'Eugène Prevost n'eût pris son inscription

que depuis l'ouverture de la succession de Jean-François Moran, pour qu'elle dût rester sans effet. Et il n'importerait qu'au moment où elle a été prise, la succession de Jean-François Moran ne fût pas encore répudiée; il n'importerait qu'à ce moment, un curateur n'y fût pas encore établi : elle n'en aurait pas moins été annullée par le seul fait de la nomination subséquente d'un curateur à cette succession : elle n'en serait pas moins devenue caduque, même dans le cas où le curateur à cette succession n'eût été nommé que vingt, trente ou quarante jours après.

» Mais les dispositions du Code civil ne peuvent pas rétroagir sur le passé; et elles ne pourraient être applicables à l'espèce actuelle, qu'autant qu'elles se trouveraient en harmonie avec la jurisprudence qui était en vigueur à l'époque où a été prise l'inscription dont il s'agit. Or, cette jurisprudence, quelle était-elle ?

» Lebrun, *Traité des successions*, liv. 4, ch. 2, sect. 1, n. 12, dit que « la mort fixe » l'état des biens et des dettes d'un homme; » c'est pourquoi (ajoute-t-il), dans notre droit, » ceux qui sont simples créanciers chirogra- » phaires, lors de la mort de leur débiteur, ne » peuvent jamais devenir créanciers hypothé- » caires de sa succession, mais seulement dans » l'héritier ». Voilà bien le même principe qui se retrouve dans l'art. 2146 du Code civil; et si ce principe était indistinctement vrai dans notre ancienne jurisprudence, il en résulte nécessairement que les inscriptions prises sur les biens d'un débiteur après sa mort, devaient toujours demeurer sans effet, lorsqu'elles étaient suivies, soit de la répudiation absolue de tous ses héritiers, soit de leur acceptation par bénéfice d'inventaire, quelle que fût d'ailleurs l'époque de cette répudiation absolue et de cette acceptation.

» Il est cependant un cas où, dans le ressort du ci-devant parlement de Douay, l'ancienne jurisprudence n'admettait pas ce principe : c'est celui où l'inscription était prise plus de dix jours avant la manifestation légale de la déconfiture de la succession, c'est-à-dire, soit avant que la succession eût été acceptée par bénéfice d'inventaire, soit avant que, sur l'abstension ou la renonciation des héritiers présomptifs, la masse des créanciers eût été saisie et mise en possession de l'hérédité, par l'établissement d'un curateur; et voici comment on raisonnait à cet égard.

» Par la règle, *le mort saisit le vif*, disait-on, la succession est dévolue de plein droit, non à la masse des créanciers, mais à l'héritier du défunt. Ainsi, tant que l'héritier n'a pas renoncé, tant qu'il n'est pas forclos de prendre qualité, en un mot, tant qu'il n'est pas dessaisi de la succession, la succession, quoique jacente, est toujours censée lui appartenir; et dès-là, rien ne peut empêcher les créanciers de prendre leurs sûretés hypothécaires sur les biens qui la composent.

» C'est ce qu'ont jugé plusieurs arrêts du parlement de Douay, non pour les inscriptions hypothécaires qui n'existaient pas encore aux époques où ils ont été rendus, mais, ce qui revient au même, pour les hypothèques qui s'acquéraient par *mise de fait, clain* ou *plainte à loi*.

» Joseph Dupont, marchand à Lille, avait fait exploiter une mise de fait sur les biens de l'hérédité jacente de claire Brigitte Dubar, qui était décédée sa débitrice. Plusieurs mois après, l'héritier apparent de celle-ci renonça à la succession; un curateur y fut établi, et alors s'éleva la question si Joseph Dupont devait être colloqué comme créancier hypothécaire. Sentence de la gouvernance de Lille, du 17 février 1702, qui prononce en faveur de Joseph Dupont; et, sur l'appel, arrêt du 6 juin 1704, qui la confirme.

» Le sieur Vandermaër, prévôt de Lille, étant mort le 19 juin 1750, sa veuve se hâta de pratiquer des mises de fait pour sûreté de sa dot et de son douaire. Dans la suite, les héritiers présomptifs, poursuivis par les autres créanciers pour prendre qualité, renoncèrent à la succession. Question de savoir si la veuve avait acquis hypothèque par ses mises de fait. Par arrêt du 8 mai 1751, il fut ordonné qu'elle serait colloquée comme créancière hypothécaire.

» Mais il est à remarquer que, dans ces deux espèces, il y avait un intervalle considérable entre l'exploitation des mises de fait, et la manifestation de la déconfiture de la succession. Qu'eût-il donc fallu décider, si cet intervalle n'eût pas été de dix jours, et que le débiteur eût été marchand ? La question s'est présentée deux fois dans cette hypothèse au parlement de Douay.

» François Clais, marchand à Lille, étant mort au commencement de novembre 1724, Marie-Françoise Potteau, sa veuve, renonça à la communauté le 7 du même mois. Le même jour, en vertu de son contrat de mariage qui lui assurait des reprises, elle fit saisir par *clain* tous les biens de la succession. Le surlendemain 9, les créanciers firent nommer un curateur à la succession elle-même. Le 23 avril 1725, sentence des échevins de Lille, qui colloque la veuve Clais en ordre d'hypothèque, en vertu de son *clain*. Opposition de la part des créanciers chirographaires. Sentence du 29 novembre 1726, qui les déboute. Appel. Par arrêt du 29 novembre 1728, les deux sentences sont infirmées, et la veuve Clais rangée dans la classe des simples créanciers chirographaires.

» Jean-Baptiste Hellin, marchand à Lille, meurt sans avoir jamais essuyé ni condamnation ni protêt, et néanmoins avec une fortune très-équivoque. Son fils n'accepte ni ne répudie la succession. Pendant qu'il délibère, Nollet, créancier de vingt mille et quelques cents livres, fait pratiquer, le 31 mars 1756, une mise de fait sur tous les biens de l'hérédité. Le 2 avril suivant, le fils du défunt renonce personnellement à la succession, et l'accepte comme tuteur d'un de ses enfans encore mineur. Le 5 du même mois, les autres créanciers, pour écarter la préférence hypothécaire qui résulterait de la mise de fait de Nollet, obtiennent des échevins de Lille une sentence sur requête, qui, à leurs risques et périls, déclare le défunt et son héritier faillis, ordonne l'apposition des scellés, et nomme un curateur à la succession. Procès entre eux et Nollet. Celui-ci soutient qu'il est permis d'acquérir hypothèque sur les biens d'une hérédité non encore acceptée, et que sa mise de fait ne peut pas être neutralisée par une faillite imaginaire, ouvrage des créanciers eux-mêmes. On répond que, par la déclaration du 27 mars 1718, qui rend commune au ressort du parlement de Douay celle du 18 novembre 1702, toute hypothèque acquise par contrat ou jugement sur les biens d'un débiteur, dans les dix jours qui précèdent l'ouverture de la faillite, est nulle, comme non-avenue et sans effet; qu'à la vérité, cette loi ne parle pas de l'hypothèque acquise par mise de fait, mais que la raison est la même à cet égard que pour l'hypothèque acquise par jugement, puisque la mise de fait se pratique malgré et contre le débiteur, comme le jugement s'obtient malgré et contre lui; que, du reste, Nollet ne peut pas critiquer la déclaration de faillite prononcée sur la requête des créanciers chirographaires; qu'elle est approuvée par le silence de l'héritier, et que celui-ci serait seul recevable à la contester. Sur ces débats, sentence du 3 août 1751, qui, *sans avoir égard à la déclaration de faillite, décrète la mise de fait pratiquée par Nollet.* Les créanciers chirographaires appellent de ce jugement ; et après une instruction très-approfondie, arrêt du 14 août 1759, qui, « avant faire droit, or- » donne aux parties de se retirer par devers le » roi, pour avoir l'interprétation de sa volonté » sur la déclaration du 27 mars 1718 ».

Quel a été l'objet de ce renvoi ? C'est ce que l'arrêt ne nous apprend pas. Il a pu être motivé sur le doute que la déclaration du 27 mars 1718 fût applicable à la simple déconfiture d'une hérédité; mais il a pu aussi l'être sur le doute que la disposition de cette loi, bornée aux hypothèques acquises par contrats et par jugemens, pût être étendue aux hypothèques acquises par mise de fait.

Quoi qu'il en soit, il paraît que le renvoi n'a pas eu de suite, et que l'interprétation désirée par le parlement de Douay, n'a pas eu lieu. La question de savoir si l'on doit, en matière d'hypothèque, assimiler la déconfiture

d'une succession à une faillite, est donc restée entière.

On l'a depuis résolue par la loi du 9 messidor an 3, et voici comment. L'art. 11 de cette loi porte que « les jugemens rendus dans les dix » jours antérieurs à la faillite, banqueroute ou » cessation publique de payement d'un com- » merçant, ne sont point susceptibles d'hypo- » thèque ». Et l'art. 12 ajoute : « ne sont pa- » reillement susceptibles d'aucune hypothèque » les condamnations obtenues contre l'hérédité » acceptée sous bénéfice d'inventaire, ou le » curateur à la succession vacante ».

Il y a, comme vous le voyez, entre ces deux articles, deux différences très-importantes.

L'art. 11 ne parle que des condamnations obtenues contre les commerçans. L'art. 12 parle des condamnations obtenues contre l'hérédité, soit bénéficiaire, soit vacante, de toute personne commerçante ou non.

L'art. 11 fait remonter aux dix jours qui précèdent la faillite, banqueroute ou cessation publique de payement, la paralysie dont il frappe, relativement aux effets hypothécaires, les condamnations obtenues contre un marchand failli. L'art. 12 ne fait nullement rétroagir à cet égard, soit l'acceptation d'une hérédité sous bénéfice d'inventaire, soit l'établissement d'un curateur à la succession vacante; et par conséquent il tient pour valables, quant aux effets hypothécaires, les jugemens rendus même la veille, soit de cette acceptation, soit de cet établissement.

Au surplus de ces deux articles, nous ne retrouvons que le premier dans l'art. 5 de la loi du 11 brumaire an 7; mais nous l'y retrouvons agrandi, en quelque sorte, par un mot qui rend sa disposition commune à tous les débiteurs, même à ceux qui ne sont pas marchands. « L'ins- » cription (porte-t-il), qui serait faite dans les » dix jours avant la faillite, banqueroute ou ces- » sation publique de payement *d'un débiteur*, » ne confère point hypothèque ».

Il n'est point là question, comme vous le remarquez, de l'inscription prise, soit sur une hérédité bénéficiaire, soit sur le curateur à une succession vacante, encore moins de l'inscription prise dans les dix jours antérieurs, soit à l'acceptation d'une hérédité sous bénéfice d'inventaire, soit à la nomination d'un curateur. Que devons-nous conclure du silence de la loi du 11 brumaire an 7 sur ces deux points importans? Que devons-nous conclure surtout de l'abrogation générale que fait cette loi, art. 56, de toutes les dispositions de celle du 9 messidor an 3?

Ce serait aller bien loin, que d'en conclure qu'on peut prendre inscription sur les biens d'une succession vacante, après qu'il y a été établi un curateur. Très-certainement une succession à laquelle il a été établi un curateur, est en déconfiture ouverte; or, il a été reconnu dans tous les temps que les biens en état de déconfiture sont le gage commun de tous les créanciers, qu'ils leur sont dévolus à tous également, que tous ont un droit acquis et incommutable à en partager entre eux le produit par contribution, et l'on ne peut pas présumer que les rédacteurs de la loi du 11 brumaire an 7 aient eu, en omettant d'y insérer l'art. 12 de celle du 9 messidor an 3, l'intention d'abroger un principe aussi constant, aussi universellement reçu, aussi évidemment fondé en raison.

» On ne peut pas présumer davantage qu'ils aient voulu faire entendre, par l'omission de cet article, que l'on pût prendre inscription sur les biens d'une hérédité bénéficiaire. Le moyen, en effet, de concevoir qu'ils aient eu seulement la pensée d'habiliter à donner ou à laisser prendre hypothèque sur de pareils biens, un héritier qui ne l'est que de nom, qui n'a que les pouvoirs d'un simple administrateur, qui ne peut pas même payer un créancier avant l'autre, et dont les payemens, lorsqu'il se permet d'en faire, peuvent, aux termes du §. 6 de la loi 22, C, *de jure deliberandi*, être révoqués par le créancier auquel ils font préjudice? Le moyen de concevoir qu'ils aient voulu, par là, abroger, non-seulement la maxime consacrée par l'art. 12 de la loi du 9 messidor an 3, mais encore la jurisprudence antérieure qui y était conforme?

» Nous disons que la jurisprudence antérieure à la loi du 9 messidor an 3, était conforme à l'art. 12 de cette loi, et c'est une vérité facile à établir.

» Le président Maynard, liv. 2, chap. 42, après avoir rappelé la disposition de l'ordonnance de François Ier, qui donne hypothèque aux *cédules* ou obligations sous seing-privé, du jour qu'elles ont été reconnues en justice, s'explique en ces termes : « Étant donc telles reconnaissances de cédules poursuivies après la mort du débiteur et pendant l'instance de distribution de ses biens contre ses héritiers par bénéfice d'inventaire, ou bien, au défaut d'iceux, contre le curateur donné aux biens vacans et mis en générale disposition; si, par telles ou semblables reconnaissances, les créanciers chirographaires pourront prétendre hypothèque qui les puisse préférer les uns aux autres pour le payement de leurs dettes? Cette question s'étant présentée en la cour de Toulouse, au procès de la distribution de feu Durand de Fayac, le procès fut porté en la seconde chambre des enquêtes, nous y opinant..., et après départi à la grand'chambre, jugé et arrêté, au mois de juin 1577, telles et semblables preuves et reconnaissances de cédules et écritures privées ne produire aucun avantage aux créanciers qui les auraient poursuivies après la mort de ceux qui les avaient faites, et pendant l'instance, après leur décès, de la distribution de leurs biens; ainsi que tous,

» après les vrais hypothécaires, viendraient à la distribution des deniers *in tributum*, qui est au sol la livre, et à la déconfiture qu'on appelle. » Ce que, comme conforme au droit commun, fut suivi depuis sans aucune difficulté en autre instance de distribution des biens de feu François Rahon, en la grand'chambre, nous y opinant; et fut trouvé notable et de conséquences ».

» Rousseaud de la Combe, dans son recueil d'arrêts, chap. 15, en rapporte un du parlement de Paris, du 23 août 1737, qui juge absolument de même. En 1699, contrat de mariage passé à Liège par-devant notaires, entre Borier et la demoiselle Bellevarres. En 1721, décès de Borier. Sa succession, ouverte en France, est acceptée sous bénéfice d'inventaire. Le 29 novembre 1721, la veuve obtient contre les héritiers bénéficiaires une sentence qui les condamne à lui payer ses reprises et conventions matrimoniales. Dans la suite, les biens sont vendus à la requête des créanciers; et alors s'élèvent, relativement à la veuve, deux questions également intéressantes : la première, si par son contrat de mariage passé en pays étranger, elle a acquis hypothèque sur les biens de son mari situés en France; la seconde, si au moins elle n'est pas devenue créancière hypothécaire par l'effet de la sentence qu'elle a obtenue le 29 novembre 1721. Par l'arrêt cité, ces deux questions sont jugées contre la veuve; et Rousseaud de la Combe, en le rappelant encore dans sa *Jurisprudence civile*, au mot *Hypothèque*, sect. 2, n. 4, en tire cette conséquence : « *Nota*. La mort du débiteur rend l'état de sa succession certain entre ses créanciers; ainsi, quoique, depuis son décès, quelqu'un de ses créanciers chirographaires ait fait reconnaître son billet avec le curateur à la succession vacante, même avec l'héritier (par bénéfice d'inventaire), cela ne lui donne aucune préférence ni hypothèque sur les biens du défunt ».

» Enfin, cette jurisprudence a été trouvée si sage, si conforme aux vrais principes, qu'elle a été expressément consacrée, comme nous l'avons déjà dit, par l'art. 2146 du Code civil.

» Pourquoi donc les rédacteurs de la loi du 11 brumaire an 7 n'y ont-ils pas rappelé expressément la disposition de l'art. 12 de celle du 9 messidor an 3? C'est, ou parce que cette disposition leur aura paru inutile d'après l'extension qu'ils avaient donnée à l'art. 11 de cette dernière loi; ou, ce qui est bien plus vraisemblable, parce qu'ils auront trouvé que, même avec cette extension, elle n'allait pas encore assez loin. Ceci va s'expliquer, pour ainsi dire, de soi-même.

» Par l'art. 11 de la loi du 9 messidor an 3, il n'y avait que les *commerçans* sur les biens desquels on ne pût pas acquérir hypothèque dans les dix jours antérieurs à leur faillite, banqueroute ou cessation publique de payement; mais l'art. 5

de la loi du 11 brumaire an 7 a étendu cette disposition à tous les débiteurs marchands ou non marchands. Ainsi, d'après la loi du 11 brumaire an 7 tout débiteur, quel qu'il soit, qui se trouve non-seulement en *faillite*, ou *banqueroute* proprement dite, mais encore en *cessation publique de payement*, c'est-à-dire, en déconfiture, ne peut plus ni donner ni laisser prendre hypothèque sur ses biens. Or, tel est incontestablement l'état d'une hérédité qui est mise sous la main de la justice, ou par un bénéfice d'inventaire, ou par un établissement de curateur. — Donc la loi du 11 brumaire an 7 n'a pas abrogé, mais a, au contraire, étendu la disposition de l'art. 12 de la loi du 9 messidor an 3, en faisant remonter aux dix jours antérieurs, soit à l'obtention du bénéfice d'inventaire, soit à la nomination du curateur, la défense que fait celle-ci de prendre inscription sur l'hérédité régie par un curateur ou par un héritier bénéficiaire; donc il était inutile que la loi du 11 brumaire an 7 rappelât expressément la disposition de l'art. 12 de la loi du 9 messidor an 3; donc cette seule considération a pu motiver le silence de la première sur la nullité des inscriptions prises dans les dix jours antérieurs à la répudiation ou à l'acceptation bénéficiaire d'une hérédité.

» Mais pour admettre que tel ait été le motif de silence, il faut supposer que, dans l'esprit des rédacteurs de la loi du 11 brumaire an 7, les inscriptions prises sur une hérédité jacente, plus de dix jours avant sa répudiation ou son acceptation bénéficiaire, devaient produire hypothèque; il faut supposer qu'ils ont approuvé, avec la modification résultante de l'art. 5 de cette loi, la jurisprudence du ci-devant parlement de Douay, qui faisait valoir les hypothèques prises sur une hérédité jacente, tant qu'elle n'était pas répudiée expressément ou acceptée sous bénéfice d'inventaire.

» Et, il faut le dire franchement, il n'est pas à présumer que les rédacteurs de la loi du 11 brumaire an 7 aient donné leur assentiment à une pareille jurisprudence, non-seulement parce qu'il est probable qu'ils ne la connaissaient pas, mais encore et principalement parce qu'elle était contraire aux principes.

» A la vérité, par la règle *le mort saisit le vif*, l'héritier acquiert de plein droit la propriété et la possession de tous les biens du défunt; mais il faut pour cela qu'il le veuille, et qu'il en manifeste la volonté par une déclaration expresse, ou par le fait; car *nul n'est héritier qui ne veut*. Et si, au lieu d'accepter la succession à laquelle il est appelé, il la répudie, les effets de sa répudiation se reportent au moment même du décès, il est censé n'avoir jamais été saisi de rien, et la succession est considérée comme vacante et abandonnée dès le premier instant de son ouverture. Par la même raison, s'il accepte sous bénéfice d'inventaire, cette acceptation rétroagit jusqu'à

l'ouverture de l'hérédité, et c'est comme héritier bénéficiaire qu'il est réputé avoir recueilli les biens dès le principe. Ainsi, dans l'un et l'autre cas, la succession est censée avoir été en déconfiture du moment où elle a été ouverte. Dans l'un et l'autre cas, toute acquisition d'hypothèque est devenue impossible à compter dès ce moment; dans l'un et l'autre cas, il est indifférent qu'une hypothèque ait été prise avant ou dans les dix jours qui ont précédé, soit la répudiation, soit l'acceptation sous bénéfice d'inventaire.

» Le tribunal d'appel de Douay aurait donc bien jugé, s'il eût déclaré nulle l'inscription prise par la veuve Moran le 3 pluviôse an 7, c'est-à-dire, plus de dix jours avant l'établissement d'un curateur à la succession de son mari; mais nous n'avons pas à nous occuper du jugement qu'il a rendu à cet égard. Ce qu'il importe seulement de remarquer, c'est qu'en prononçant la nullité de l'inscription prise le 8 du même mois par Eugène Prevost, il n'a violé aucune loi, et qu'il a, au contraire, bien jugé, quoique par de mauvais motifs.

» Nous estimons en conséquence qu'il y a lieu de rejeter la demande en cassation, et de condamner le demandeur à l'amende ».

Arrêt du 4 thermidor an 12, sur délibéré, au rapport de M. Lasaudade, qui,

« Attendu que, suivant les lois des pays de nantissement, l'obligation consentie à Prevost par Moran devant notaires, le 13 nivôse an 6, ne lui conférait point d'hypothèque; que cette hypothèque n'a été acquise que par la transcription de ladite obligation faite au greffe du tribunal civil du département du Nord, le 23 du même mois;

» Que, pour conserver cette ancienne hypothèque, Prevost aurait dû, aux termes des art. 17 et 40 de la loi du 11 brumaire an 7, indiquer dans son inscription, non pas seulement l'obligation du 13 nivôse an 6, qui est le titre de sa créance, mais spécialement la transcription de cette obligation au greffe du tribunal civil, qui seule lui conférait hypothèque, ce qu'il n'a pas fait;

» Attendu, d'autre part, que, lorsque Prevost a pris inscription le 8 pluviôse an 7, la déconfiture de la succession de Moran était constante; que, dans cet état, aux termes de la jurisprudence ancienne, aucun créancier ne pouvait faire sa condition meilleure au préjudice des autres; d'où il suit que le jugement attaqué, en déclarant nulle et sans effet l'inscription prise par Prevost dans cette circonstance, n'a violé aucune loi;

» Attendu que le défaut de prononcer sur la tierce-opposition et sur le mérite de la préférence accordée à la veuve Moran, ne pouvait donner ouverture qu'à la requête civile et non à la cassation;

» Rejette le pourvoi..... ».

V. l'article *Nantissement*, §. 1 ; et le plaidoyer rapporté aux mots *Inscription hypothécaire*, §. 3.

II. La quatrième question s'est élevée, non entre les créanciers d'une succession vacante, mais, ce qui revient au même, entre les créanciers d'une faillite.

Le 11 floréal an 13, le sieur Berges, négociant à Bordeaux, obtient un jugement qui condamne le sieur Ollié, marchand de la même ville, à lui payer une somme de 1575 fr.

Le 20 messidor suivant, faillite du sieur Ollié.

Le 29 thermidor de la même année, le sieur Berges prend, en vertu du jugement du 11 floréal, une inscription hypothécaire sur les biens du failli.

Le 5 vendémiaire an 14, concordat entre le failli et ses créanciers chirographaires.

Le 29 brumaire suivant, jugement du tribunal de commerce de Bordeaux qui homologue ce concordat.

Le sieur Berges est ensuite assigné devant le même tribunal, à la requête du sieur Ollié, pour voir déclarer ce jugement commun avec lui.

Il répond qu'étant créancier hypothécaire en vertu d'un jugement antérieur à l'ouverture de la faillite, il ne peut pas être tenu d'accéder au concordat.

Le sieur Ollié réplique que le jugement du 11 floréal an 13 n'aurait pu devenir un titre hypothécaire, que par une inscription prise avant l'ouverture de la faillite.

Jugement qui, attendu que le sieur Berges est resté dans la classe des créanciers chirographaires, déclare l'homologation du concordat commune avec lui.

Appel de la part du sieur Berges ; et le 16 octobre 1807, arrêt de la cour de Bordeaux qui met l'appellation au néant.

Le sieur Berges se pourvoit en cassation et expose ainsi ses moyens :

« Avant la loi du 11 brumaire an 7, une condamnation judiciaire conférait hypothèque ; et de la date du jugement dépendait le rang du créancier.

» Mais, sous l'empire de cette loi, l'hypothèque conventionnelle ou judiciaire n'existait qu'*à la charge de l'inscription* ; et le rang des créanciers hypothécaires était réglé, non par la date de leur titre, mais par celle de l'inscription.

» La loi de brumaire an 7 distinguait, relativement à l'inscription, les hypothèques des priviléges. *L'hypothèque*, disait l'art. 2, NE PREND RANG, ET LES PRIVILÉGES N'ONT D'EFFET, *que par l'inscription*. Donc les *priviléges* étaient essentiellement subordonnés à leur publicité par l'inscription ; mais, quant aux *hypothèques*, l'inscription n'était nécessaire que pour fixer le rang entre les divers créanciers hypothécaires ; elle pouvait d'ailleurs produire d'autres effets.

» Le Code civil, en adoptant une partie des dispositions de la loi de brumaire an 7, a mieux marqué la différence qu'il y a entre le droit d'hypothèque en soi, et le rang que l'hypothèque doit avoir.

» D'abord, ce Code, comme la loi de brumaire, distingue les hypothèques des priviléges ; comme elle, il dit qu'entre les créanciers, les *priviléges ne produisent d'effet* que par l'inscription (art. 2106) ; et que l'hypothèque *n'a de rang que du jour de l'inscription* (art. 2134).

» Il déclare que l'hypothèque est de l'essence d'une condamnation judiciaire, qu'elle *résulte* d'un jugement (art. 2123).

» Un jugement peut donc, sans le secours de l'inscription, produire hypothèque ; mais si le créancier qui a obtenu ce jugement, a négligé de prendre inscription, il est primé par tout autre créancier hypothécaire inscrit.

» C'est ce qui résulte de l'art. 2134, portant : « entre les créanciers, l'hypothèque, soit légale, » soit judiciaire, soit conventionnelle, *n'a de* » *rang que du jour de l'inscription* ».

» Voilà l'effet de l'inscription ; elle sert à fixer le *rang* que les créanciers hypothécaires doivent avoir entre eux.

» Ainsi, si un créancier porteur d'un jugement en forme, en vertu duquel il n'a pas pris inscription valable, vient en concours avec des créanciers hypothécaires inscrits, il ne pourra être *rangé* parmi eux ; mais, en perdant cet avantage du *rang*, il ne perd pas son hypothèque ; il doit venir immédiatement après les créanciers inscrits, et par conséquent avant les simples créanciers chirographaires.

» L'art. 5 de la loi de brumaire disait que l'inscription faite dans les dix jours avant la faillite d'un débiteur, *ne confère point hypothèque* ; ce qui supposait que l'hypothèque ne pouvait exister sans inscription prise en temps utile.

» On retrouve la même disposition dans l'art. 2146 du Code civil ; mais on y remarque une modification qui écarte cette supposition.

» Ce Code déclare que les inscriptions prises dans les dix jours qui précèdent l'ouverture de la faillite, *ne produisent aucun effet.*

» Or, comme le seul effet que produit une inscription, est d'assigner le rang que l'hypothèque doit avoir, il faut en conclure seulement que celles prises dans ce délai, doivent être considérées non-avenues.

» Mais, résulte-t-il de là qu'un créancier hypothécaire, non-inscrit avant ce délai, est assimilé aux créanciers chirographaires ? non sans doute.

» Il y a, sur ce point, cette différence entre la loi de brumaire et le Code civil, que, d'après les termes de la loi de brumaire, l'existence de l'hypothèque étant subordonnée à l'inscription, l'inscription était nécessaire pour la *conférer*; et que, dans le Code, l'hypothèque résultant des dispositions générales des art. 2117 et 2123, l'inscription prise dans les dix jours avant la faillite, ne peut *produire aucun effet*, c'est-à-dire, assigner au créancier le *rang* que son hypothèque pouvait avoir.

» S'il en était autrement, on confondrait des choses que le législateur a voulu séparer; on assimilerait les *hypothèques* aux *priviléges*; on placerait celles-là sur la même ligne que ceux-ci, quoiqu'il ait, relativement à l'inscription, essentiellement distingué les unes des autres.

» Objectera-t-on que, si le créancier hypothécaire non inscrit devait être préféré aux simples créanciers chirographaires, il serait mieux traité qu'un créancier privilégié qui aurait négligé de prendre inscription.

» Il serait facile de repousser cette objection.

» Plus un droit est grand, plus les conditions que la loi impose pour l'exercer, doivent être rigoureusement observées.

» Le privilége est un droit sacré relativement au débiteur; mais, à l'égard des tiers, il est un droit exorbitant, puisque l'inscription du titre qui le constitue, donne au créancier la prééminence du rang au préjudice de tous autres créanciers inscrits, même avant lui; et c'est précisément parce que cette faveur pouvait être exercée au détriment de plusieurs créanciers hypothécaires, que la loi a voulu que l'inscription seule en assurât l'effet, et qu'elle a expressément subordonné tout privilège à l'observation de cette formalité.

» Objectera-t-on encore que, d'après l'art. 2135 du Code civil, l'hypothèque n'existant, indépendamment de l'inscription, qu'au profit des mineurs et autres, il faut en conclure qu'elle n'existe généralement qu'*à la charge de l'inscription*.

» La réponse serait encore facile. L'art. 2135 fait une exception à la règle établie par l'art. 2134. Celui-ci détermine le rang des hypothèques entre elles, et le subordonne à la date de l'inscription; et celui-ci admet des exceptions sur ce point. Eh bien! Ceux en faveur desquels l'art. 2135 fait ces exceptions, peuvent, sans inscription, venir prendre à la date de leur titre un rang utile, un rang que tout autre individu ne pourrait remplir qu'en prenant inscription; et c'est ce qu'il faut entendre quand la loi dit que *l'hypothèque existe indépendamment de toute inscription au profit des mineurs*.

» Enfin, pour prouver jusqu'à l'évidence que l'hypothèque est indépendante de l'inscription, il suffit de lire l'art. 834 du Code de procédure. Cet article est ainsi conçu : Les créanciers

» qui, ayant une hypothèque, aux termes des art. 2123, 2127 et 2128 du Code civil n'auront pas fait inscrire leurs titres antérieurement aux aliénations qui seront faites à l'avenir des immeubles hypothéqués, ne seront tenus à requérir la mise aux enchères, conformément aux dispositions du chap. 8, tit. 18, liv. 3, du Code civil, qu'en justifiant de l'inscription qu'ils auront prise depuis l'acte translatif de propriété, et au plus tard dans la quinzaine de la transcription de cet acte ».

» Voilà une différence bien établie entre l'hypothèque proprement dite et l'inscription; et de cette différence, il résulte que le droit d'hypothèque peut exister sans inscription.

» En effet, dire, comme l'art. 824 du Code de procédure, qu'on a une hypothèque, aux termes des art. 2123, 2127 et 2134 du Code civil, quoiqu'on n'ait pas fait encore inscrire le titre de créance, c'est reconnaître que le créancier, par exemple, porteur d'une condamnation, doit être considéré comme créancier hypothécaire de son débiteur ».

» L'arrêt de la cour d'appel de Bordeaux viole donc tous les principes consacrés, en matière d'hypothèques, par le Code civil. Il contrevient donc aussi, par suite, à l'art. 8 du tit. 11 de l'ordonnance du commerce du mois de mars 1673, qui affranchit les créanciers hypothécaires de toute composition, remise et atermoiement ».

À ces moyens, M. l'avocat-général Jourde a opposé les principes établis par M. Tarrible dans le *Répertoire de jurisprudence*, à l'article *Inscription hypothécaire*, §. 2, et desquels il résulte que l'inscription est nécessaire pour compléter le droit d'hypothèque et le rendre efficace.

Par arrêt du 19 décembre 1809, au rapport de M. Bailly.

« Vu les art. 2134 et 2135 du Code civil;

» Et attendu qu'aux termes du premier de ces articles, l'hypothèque n'a de rang entre les créanciers, que *du jour de l'inscription*, et que le second ne donne l'*existence*, INDÉPENDAMMENT de toute inscription, qu'aux hypothèques des mineurs et des femmes mariées;

» Vu aussi l'art. 2146 du même Code, qui veut que les inscriptions ne produisent *aucun effet*, si elles sont prises dans le délai pendant lequel les actes faits avant l'ouverture des faillites, sont déclarés nuls; d'où il suit qu'à plus forte raison, elles ne peuvent en produire *aucun*, quand elles sont prises *après* que les faillites sont ouvertes;

» Considérant, en fait, que l'hypothèque prétendue par le sieur Berges, en vertu du jugement par lui obtenu contre le sieur Ollié, le

11 floréal an 13, n'a été *inscrite* que le 29 thermidor suivant, vingt-un jours après l'ouverture de la faillite dudit Ollié; et qu'en privant de rang et d'effet une telle hypothèque tardivement inscrite, l'arrêt dénoncé n'a violé, ni les dispositions du Code civil, ni l'art. 8 du tit. 11 de l'ordonnance du commerce, qu'il faut aujourd'hui concilier avec le principe de publicité, qui est une des premières bases du système hypothécaire;

» La cour rejette.... ».

§. II. *Les biens dépendans d'une succession vacante, deviennent-ils de plein droit nationaux, ou ne prennent-ils ce caractère que lorsque la succession est acceptée par l'Etat? — Ces biens sont-ils censés, tant que la succession est vacante, avoir éprouvé une mutation par décès? En conséquence, le curateur à la succession vacante est-il tenu d'en faire la déclaration et d'en payer le droit de mutation au bureau de l'enregistrement?*

Le 14 ventôse an 9, décès d'ami Bouvier, huissier à Genève. Le 21 prairial suivant, son fils mineur renonce à sa succession. Le même jour, Louis Bourgeois est nommé curateur à cette succession, comme vacante par la répudiation de l'héritier.

Le 28 pluviôse an 10, contrainte à fin de déclaration des biens meubles et immeubles délaissés par Ami Bouvier, et de payement du droit de mutation dû pour les transmissions par décès.

Le 10 germinal suivant, jugement du tribunal civil de l'arrondissement de Genève, qui décharge le curateur de la contrainte, « attendu que l'art. 32 de la loi du 22 frimaire an 7 ne soumet, en cas de décès, au droit proportionnel d'enregistrement, que les héritiers, légataires ou donataires, et nullement les hoiries vacantes ».

Recours en cassation de la part de la régie de l'enregistrement.

« La question que vous offre ce recours (ai-je dit à l'audience de la section civile, le 9 prairial an 12), n'est pas nouvelle: plusieurs fois elle s'était présentée, sous l'ancien régime, relativement au droit de centième denier que le droit d'enregistrement remplace aujourd'hui, et qui ne différait de celui-ci, pour les mutations par décès, qu'en ce qu'il n'était point dû en succession directe, mais seulement en succession collatérale.

» Le 6 janvier 1770, l'intendant de Bordeaux avait débouté l'adjudicataire général des fermes, de la demande qu'il avait formée contre le curateur à la succession vacante de Pierre Escourre, décédé sans enfans en 1767, du centième

denier des biens immeubles qui dépendaient de cette succession. Il l'en avait débouté sur le fondement que la succession était vacante, *et qu'à défaut de translation de propriété, il ne pouvait pas y avoir ouverture au droit.*

» Le fermier a appelé de cette décision; et voici, d'après le vu de l'arrêt qui a prononcé sur son appel, dans quels termes il a établi ses griefs. — « Le curateur à une succession vacante, » représente l'héritier; quoiqu'il soit considéré » comme administrateur, c'est en lui que résident les actions actives et passives. *Le mort* » *saisit le vif* à l'instant même; et la propriété » ayant cessé d'appartenir au défunt dès le » même moment, il s'ensuit qu'il y a mutation » de propriété dans la personne de celui qui re- » présente l'héritier. La mutation est si cons- » tante, qu'il est de principe indubitable, en » matière féodale, que le curateur à une suc- » cession vacante ne peut être reçu en qualité » d'homme vivant et mourant, sans avoir payé » le droit de relief de son chef; et que fante d'y » avoir satisfait, le seigneur est en droit d'exer- » cer la saisie féodale. Ce principe, attesté par » Ferrière sur Bacquet, chap. 14, a été con- » firmé par un arrêt du parlement de Paris, du » 5 juin 1736, rendu en faveur du marquis de » Roye, seigneur de la Ferté-au-Col, contre les » créanciers et le curateur à la succession va- » cante du duc de la Vieuville, mort sans en- » fans. — Le conseil a également jugé, toutes » les fois que la question s'est présentée, que le » droit de centième denier était dû en pareil » cas, et qu'il devait être acquitté par préfé- » rence à tous créanciers, singulièrement par » un arrêt du 28 juin 1723, qui a condamné les » créanciers de la succession vacante du marquis » de Chamlay, mort sans enfans, au payement » du centième denier des meubles qui en dé- » pendaient, ainsi qu'à la peine du triple droit » encourue. — Le roi, par sa réponse à l'art. 10 » du cahier des Etats de Bourgogne, du 16 juin » 1740, a confirmé encore la perception du » centième denier des biens des successions va- » cantes....; et par arrêt du 9 mars 1745, le » conseil a réformé une ordonnance de l'inten- » dant de Bourges qui était contraire à ces prin- » cipes ».

» A ces moyens d'appel, le curateur à la succession vacante de Pierre Escourre et le syndic des créanciers unis opposaient une réponse ainsi conçue: — « Le curateur à une succession va- » cante ne représente point le défunt, il n'est » que le tuteur de l'hérédité. Les romains avaient » des esclaves qu'ils nommaient *servi hereditarii;* » et le §. 2; aux Institutes, *de heredibus insti- » tuendis,* définit parfaitement le rôle des cu- » rateurs aux successions vacantes. L'hérédité » vacante représente la personne du défunt et » non celle de l'héritier, suivant la loi 1, §. 2, » D. *de curatore bonis dando;* et comme une

» hérédité ne peut jamais se discuter ni s'admi-
» nistrer elle-même, on lui donne un curateur,
» comme on le donne au ventre et au pupille
» qui n'a point de tuteur. Si donc l'hérédité va-
» cante ne représente que le défunt et non pas
» l'héritier, il n'y a point, dans la personne
» du curateur aux biens vacans, de mutation qui
» puisse produire des droits. Ce n'est pas assez
» d'ailleurs que représenter le défunt ; il faut,
» pour opérer une mutation translative *de manu*
» *in manum,* le représenter comme héritier ; il
» faut figurer l'héritier, parce que l'héritier seul,
» ou le légataire qui, en ce cas, est l'héritier tes-
» tamentaire, prend la chose, la prend pour lui
» et représente de son chef. Il est incontestable
» que le curateur est absolument étranger au
» défunt. — Si l'art. 151 de la coutume de Paris
» ouvre l'action de retrait sur les curateurs aux
» successions vacantes, c'est décider que l'héri-
» tage ne leur a pas appartenu, et le considérer
» comme s'il sortait des mains du défunt en qui
» il était propre. — Ainsi, il n'y a point de mu-
» tation en la personne du curateur ; et s'il n'y a
» point de mutation, il n'y a point lieu au droit
» de centième denier, qui n'est dû que pour la
» mutation en ligne collatérale. — Loyseau dit
» du curateur au fief déguerpi, qu'il n'y a point
» de mutation en sa personne, parce que, quand
» la coutume dit, *pour toute mutation, il y a ra-*
» *chat,* cela s'entend des mutations entières et
» parfaites, *quœ sunt ex utrâque parte.* — La-
» lande rapporte, sur l'art. 4 de la coutume d'Or-
» léans, un arrêt solennel du 1600 qui l'a jugé
» de même. — Si l'on donne le curateur aux
» biens vacans pour homme vivant et mou-
» rant, c'est en considération de l'intérêt des
» seigneurs, qui, par la discussion des biens
» d'une succession vacante, perdent souvent
» l'espérance de les voir adjuger ; et il n'y a ce-
» pendant de mutation que de la personne du
» défunt à l'acquéreur sur le curateur ; c'est
» comme si le défunt avait vendu lui-même.
» Loyseau, *Traité du déguerpissement,* liv. 6,
» chap. 5, n. 18, tient qu'il n'est pas dû de
» relief par le curateur au fief déguerpi, *parce*
» *que bien qu'il y ait ouverture du fief par le dé-*
» *laissement de l'ancien vassal, si est-ce qu'il*
» *n'y a encore aucune mutation actuelle du fief,*
» *dont aucun n'est fait seigneur ; et de ce que le*
» *curateur en fait la foi, ce n'est pas qu'il en*
» *soit seigneur ni qu'il demeure vassal, mais seu-*
» *lement il est vicaire et substitué, en attendant*
» *que, par la vente, il y ait un vassal.* — Du-
» moulin, sur le §. 22 du tit. 1.er de l'ancienne
» coutume de Paris, gl. 1, n. 5, distingue aussi
» l'ouverture de la mutation ; et il dit que l'ou-
» verture donne le droit de saisir, mais que la
» mutation acquiert le droit, s'il en est dû par
» la qualité de la mutation. — C'est ainsi qu'ont
» pensé Dumoulin, Loyseau et Guyot, les plus
» grands feudistes ; l'arrêt de 1600 l'a jugé de

» même. — L'arrêt de 1736 est isolé ; il a été
» rendu sans doute, ou trop précipitamment, ou
» dans des circonstances qu'on ignore. On ose
» seulement assurer que tous les auteurs se sont
» élevés contre une pareille décision, et que si
» la question s'élevait de nouveau, il n'y aurait
» pas de parlement qui ne la jugeât contre la
» teneur de cette décision. — Les arrêts du con-
» seil de 1723 et 1745 et la décision de 1740
» existent sans doute ; mais on peut croire que
» les espèces ne ressemblent en rien à celle dont
» il s'agit. Le fait est d'autant moins douteux,
» qu'il n'y a, aux termes des réglemens, que
» les héritiers en ligne collatérale, donataires,
» légataires, institués, substitués et autres nou-
» veaux possesseurs de biens immeubles, qui
» soient obligés à des déclarations et à payer le
» centième denier : or, un curateur à une suc-
» cession vacante n'est ni héritier, ni donataire,
» ni possesseur des biens immeubles ; ainsi, la
» loi s'élève contre la demande de l'adjudica-
» taire des fermes, et il y a de la justice à l'en
» débouter ».
» Telle était la défense du curateur à la succession vacante et du syndic des créanciers unis
de Pierre Escourre. Voici maintenant la réplique
du fermier : « Si, avant l'arrêt du parlement
» de Paris, du 5 juin 1736, il a paru qu'il y
» eût quelque diversité dans les opinions des
» auteurs, sur les effets que devait produire la
» nomination d'un curateur à une succession
» vacante, ce n'a été qu'aux yeux de ceux qui
» ont confondu ce curateur avec celui créé, soit
» aux biens d'un absent, soit à des biens déguer-
» pis, soit à un fief saisi de la part des créanciers
» du vassal. Ils ont appliqué à ces différens cu-
» rateurs les mêmes règles, d'où ils ont tiré de
» mêmes conséquences. Il y a cependant une
» distinction essentielle entre le curateur à une
» succession vacante et les autres. Cette distinc-
» tion a été remarquée par les auteurs qui ont
» approfondi la matière : ils ont, en consé-
» quence, reconnu que, quand le vassal est vi-
» vant, comme dans le cas de déguerpissement,
» d'abandon, de saisie et même d'abandon, le
» curateur l'est seulement à la chose, c'est-à-dire
» aux biens ; mais, lorsque le fief est ouvert
» par la mort du vassal, le seigneur peut, après
» quarante jours, saisir faute d'homme, si les
» héritiers, ou si les créanciers, en cas de renon-
» ciation de la part des héritiers, ne font faire la
» foi et hommage et payer le relief ou rachat
» par le curateur à la succession, qui devient
» l'homme du seigneur et vassal provisionnel. —
» Auzanet, sur l'art. 34 de la coutume de Paris,
» et Bacquet, *Traité des droits de justice,* ont
» reconnu que le curateur à la succession vacante
» devait faire l'hommage et payer le relief. —
» Chopin, sur la coutume d'Anjou, liv. 2, titre
» *des rachats,* estime pareillement que le cura-
» teur à la succession vacante doit le droit de

» rachat, parce qu'il n'y a point d'autre vassal, » et qu'il est en la place des héritiers qui sont » sujets à ce droit. — Ferrière est du même avis » dans son commentaire sur Bacquet; il s'ex- » plique encore disertement dans son Diction- » naire de droit, où, après avoir distingué les » divers curateurs, il dit que celui aux biens va- » cans n'est pas réputé propriétaire, le débiteur » vivant l'étant jusqu'à l'adjudication par décret; » mais que, quoique le curateur à une succession » vacante ne soit pas réellement propriétaire, » néanmoins comme il est de l'intérêt du sei- » gneur d'avoir un vassal ou un homme qui le » représente, celui qui lui est donné pour et au » lieu du vassal, doit faire la foi et hommage, » parce qu'il tient lieu d'homme vivant et mou- » rant; et il doit payer le droit de relief à cause » de la mutation. — Loyseau, invoqué par les » parties, n'est point d'un avis contraire; ce qu'il » dit, n'est relatif qu'au déguerpi; et l'on ne cite » plus de cet auteur que son avis sur les effets du » déguerpissement. — L'arrêt du 24 juillet 1600, » rapporté par Lalande sur l'art. 4 de la coutume » d'Orléans, ne fut aussi rendu que dans le cas » du déguerpissement; et l'on en doit croire » Guyot, qui, en rappelant cet arrêt, dit qu'il » a disertement jugé en conformité du principe » de Loyseau, en son liv. 6, *des effets du dé-* » *guerpissement*. — Par la distinction du vassal » mort et du vassal vivant, on reconnaît ce que » représente le curateur; il est hors de doute que » celui aux biens déguerpis représente le dernier » possesseur qui a déguerpi; et il est également » certain que le curateur à la succession vacante » ne pouvant représenter un homme mort, re- » présente effectivement l'héritier qui a renoncé, » et auquel il est subrogé comme vassal provi- » sionnel. Distinction chimérique d'ailleurs que » cette représentation; car si l'on dit que le cu- » rateur représente le défunt, ce n'est pas que » l'on puisse prétendre qu'il passe pour la per- » sonne même du défunt; il ne le représente que » comme l'héritier le représenterait; ce n'est que » la renonciation de cet héritier qui a occasionné » sa création, non pour disposer des biens à son » gré, mais pour représenter l'héritier à tous » autres égards. — Si, pour jeter des doutes sur » la question, on a affecté de l'embrouiller en » confondant toutes les espèces de curateurs; il » n'est plus permis d'en former depuis l'arrêt du » parlement de Paris, du 5 juin 1736....., » arrêt dont toutes les circonstances sont rap- » portées avec les moyens des parties dans le » *Traité des fiefs* de Guyot, tome 2, chap. 4, » sect. 6, page 104 et suivantes; on y voit qu'il » ne fut point rendu avec précipitation, puisque » après plusieurs plaidoiries de part et d'autre, » la cause fut appointée au conseil et jugée en- » suite..... Il s'agissait de savoir s'il était dû » *rachat* d'un fief situé dans la coutume de Meaux » et dépendant de la succession vacante du

duc de la Vieuville; et comme l'art. 138 de » cette coutume ne donne le rachat que lorsqu'il » y a mutation de fief hors la ligne directe, on » contestait qu'il y eût une mutation en la per- » sonne du curateur, et en conséquence que le » droit de rachat fût dû; mais l'arrêt, en jugeant » pour l'affirmative, fait tomber tous les rai- » sonnemens qui tendent à dire qu'il n'y a pas » de mutation dans ce cas. — Il est donc incon- » testable que, par la mort du possesseur sans » enfans, et quoique sa succession devienne va- » cante par la répudiation de ceux que la loi » appelait à lui succéder, il y a une mutation » qui donne ouverture aux droits seigneuriaux; » d'où il résulte que le droit de centième denier » est également dû. Ce ne sont pas, en effet, » les seuls nouveaux possesseurs qui sont assu- » jettis à ce droit; l'édit du mois d'août 1700 » ordonne, en termes positifs, qu'il sera payé à » toute mutation de biens immeubles, soit par » vente ou autre titre translatif de propriété, » soit par succession en ligne collatérale; il est » en cela conforme à l'art. 18 de la déclaration » du 19 juillet 1704. — Or, dans l'espèce particu- » lière, il y a mutation, comme on vient de l'é- » tablir; et cette mutation est opérée à titre de » succession, ouverte en ligne collatérale, par » la mort de Pierre Escourre sans enfans. Il faut » donc en conclure que le droit de centième de- » nier est dû, et que si cette question n'avait pas » encore été jugée au conseil....., on ne pour- » rait absolument la décider d'une autre manière. » — Il n'est pas même nécessaire, pour opérer le » droit de centième denier, qu'il soit nommé un » curateur à la succession ouverte en ligne colla- » térale et devenue vacante, parce que, dès le » moment de cette ouverture, le droit est ac- » quis; c'est une charge de la succession qui » n'intéresse point personnellement le curateur; » il n'est tenu d'y satisfaire que comme admi- » nistrateur et sur la chose même; en sorte que, » si l'on se dispensait de nommer un curateur, » les régisseurs ou autres administrateurs des » biens ne seraient pas moins tenus de satisfaire » au payement du droit ».

» Sur ces moyens respectifs des parties, arrêt du 14 août 1770, par lequel, « vu l'édit du » mois d'août 1706, l'art. 18 de la déclaration » du 19 juillet 1704, les arrêts du conseil des » 28 juin 1723 et 9 mars 1745, et la réponse » de S. M., du 16 juin 1740, à l'art. 10 du ca- » hier des Etats de Bourgogne; ouï le rap- » port...; le roi, en son conseil, sans s'arrêter » à l'ordonnance de l'intendant de Bordeaux du » 6 janvier 1770, ordonne que le centième de- » nier de tous les immeubles dépendans de la » succession vacante de Pierre Escourre, sera » payé dans un mois pour tout délai.....».

» Vous voyez, Messieurs, que cet arrêt, eu égard au temps dont il porte la date, est rédigé dans une forme peu commune : non-seulement on a l'attention d'y insérer tous les moyens respectifs des parties, mais on le motive encore sur les dispositions des lois relatives au droit de centième denier; on a soin même d'y viser des jugemens antérieurs qui ne permettent pas de douter que telle n'ait été jusqu'alors la jurisprudence invariable du conseil; et cette jurisprudence on la maintient, on la consacre de nouveau par la condamnation du curateur à la succession vacante de Pierre Escourre. Cet arrêt doit donc être considéré, moins comme une décision portée sur une espèce particulière, que comme une sorte de réglement général, donné en interprétation des lois qu'il rappelle.

» Mais cette interprétation, devons-nous l'appliquer au droit d'enregistrement? Nous le devons, sans doute, si le droit d'enregistrement est régi par des lois semblables à celles qui avaient établi le droit de centième denier : car il n'est pas permis de croire qu'en employant pour le droit d'enregistrement, les mêmes dispositions qui avaient créé le droit dont il tient actuellement la place, nos assemblées nationales aient voulu que ces dispositions fussent entendues, par rapport à l'un, dans un sens différent de celui qu'on leur avait constamment donné par rapport à l'autre. Or, voici ce que portaient, relativement au droit de centième denier, les lois sur lesquelles était fondée la jurisprudence dont nous venons de vous reproduire les monumens.

» Édit de décembre 1703, art. 25 : « Voulons que les *nouveaux possesseurs des biens immeubles à titre successif*, soient tenus de faire leurs déclarations auxdits greffes des insinnations, des biens immeubles *qui leur seront advenus par succession*, et ce dans les six mois, du jour de l'ouverture desdites successions; ce que nous n'entendons néanmoins avoir lieu dans les cas de succession en ligne directe, si ce n'est dans les coutumes où il est dû quelques droits aux seigneurs pour les mutations en ligne directe; auquel cas néanmoins ne sera payé par lesdits successeurs en ligne directe, que moitié dudit droit de centième denier ».

» *Déclaration du 19 juillet 1704, art. 18:* Pour prévenir toutes contestations sur l'art. 25 de notredit édit (de décembre 1703), *concernant les biens immeubles qui adviennent par succession*, voulons et entendons que *les nouveaux possesseurs à titre successif* de biens et héritages nobles ou roturiers soient tenus d'en faire leurs déclarations auxdits greffes, dans les six mois du jour de l'ouverture desdites successions, et d'en payer les droits d'enregistrement sur le pied porté par les art. 24 et 25 de notredit édit ».

» *Même déclaration, art. 21 :* « En interprétant l'article 24 de notre édit du mois de décembre 1703, concernant les titres translatifs

de propriété des biens immeubles, voulons qu'à toutes mutations desdits biens par contrats de vente, échange, décrets, donations entre-vifs ou à cause de mort, legs, *successions collatérales*, ou autrement, en quelque manière que ce soit, *les nouveaux possesseurs* soient tenus de payer le centième denier pour chacun desdits biens, soit qu'ils soient mouvans ou tenus en censive d'un ou de différens seigneurs ».

» *Édit du mois d'août 1706 :* « Voulons qu'à l'avenir, les droits de centième denier, ordonnés être payés par notre édit du mois de décembre 1703 soient payés à *toutes mutations de biens immeubles qui arriveront, soit par vente, échange, donation, adjudication par décret, ou autre titre translatif de propriété, soit par succession en ligne collatérale.... Dispensons et déchargeons du payement des droits de centième denier, tous les biens immeubles qui écherront ci-après en ligne directe ».

» Telles étaient les dispositions de nos anciennes lois sur le droit de centième denier dû pour les mutations par décès.—Écoutons maintenant nos lois nouvelles sur le droit d'enregistrement auquel les mêmes mutations sont assujetties.

» *Loi du 5 décembre 1790, art. 2, §. 4:* «À défaut d'actes sous signature privée, contenant translation de nouvelle propriété, il sera fait enregistrement de la déclaration que les propriétaires et les usufruitiers seront tenus de fournir, de la consistance et de la valeur de ces immeubles, soit qu'ils les aient *recueillis par succession*, ou autrement, en vertu des lois et coutumes, ou par l'échéance des conditions attachées aux dispositions éventuelles ». — *Art.* 12 : « Les déclarations des *héritiers légataires* et donataires éventuels de biens immeubles, réels ou fictifs, prescrites par la quatrième section de l'art. 2 du présent décret, seront faites au plus tard dans les six mois qui suivront le jour de l'événement de la *mutation par décès* ou autrement ».

» *Loi du 22 frimaire an 7, art. 4:* « Le droit proportionnel est établi pour...toute transmission de propriété, d'usufruit ou de jouissance des biens meubles et immeubles, soit entre-vifs, soit par décès ». — *Art.* 27 : « Les *mutations de propriété ou d'usufruit par décès* seront enregistrées au bureau de la situation des biens. Les *héritiers, donataires ou légataires*, leurs tuteurs ou curateurs, seront tenus d'en passer déclaration détaillée, et de la signer sur le registre........». —*Art.* 32 : « Les droits des déclarations des *mutations par décès*, seront payés par les héritiers, donataires ou légataires ».

» Quelle différence y a-t-il entre ces dispositions et celles des édits et déclarations de 1703,

1704 et 1706? aucune. Dans les unes comme dans les autres, il est parlé des mutations par décès, des nouveaux possesseurs à titre successif, des héritiers, des légataires. Si donc il a été perpétuellement jugé que, d'après celles-ci, les curateurs aux successions vacantes devaient payer le droit de centième denier, comment ne jugerait-on pas aujourd'hui qu'ils sont, d'après celles-là, sujets au droit d'enregistrement?

» Dira-t-on que la jurisprudence du conseil, sur le droit de centième denier, n'avait pas interprété, mais étendu arbitrairement les lois relatives à ce droit, et que, par cette raison, elle ne doit pas aujourd'hui être appliquée à l'enregistrement? Dira-t-on que c'est ici le cas de la maxime, *quod contrà rationem juris introductum est, non est producendum ad conséquentias* ?

» Mais d'abord, vous avez vu que le conseil n'avait fait qu'adapter aux lois institutives du droit de centième denier, l'interprétation qu'un arrêt célèbre du parlement de Paris, du 5 juin 1736, avait données aux dispositions des coutumes concernant le droit seigneurial de *rachat;* et nous devons observer ici, avec Denizart, au mot *Relief,* n. 55, que cet arrêt avait été précédé, de la part d'un magistrat aussi intègre qu'éclairé, de la part de M. l'avocat-général Chauvelin, d'une discussion approfondie, dont le résultat était que les curateurs aux successions vacantes devaient le rachat ni plus ni moins que les héritiers proprement dits.

» Ensuite, est-il donc si difficile de justifier, et la jurisprudence du conseil sur le centième denier, et la jurisprudence du parlement de Paris sur le rachat? Est-il donc si difficile de prouver qu'il n'y a, dans l'une et l'autre, rien d'arbitraire, rien qui ne s'accorde parfaitement avec les principes, rien par conséquent qui n'en nécessite l'application à l'enregistrement?

» Que portent les lois de 1703, 1704 et 1706, relatives au centième denier? Que portent les coutumes, au sujet du droit de rachat? Que portent, sur le droit d'enregistrement, les lois des 19 décembre 1790 et 22 frimaire an 2? Deux choses qu'il faut bien distinguer : elles déterminent les cas où il y a ouverture à ces divers droits, et elles distinguent les personnes par qui ces divers droits doivent être acquittés.

» Sans contredit, en déterminant les cas où il y a ouverture au droit, elles disposent d'une manière absolue; mais en désignant les personnes qui doivent acquitter le droit, elles ne disposent que par forme de démonstration, *demonstrationis causâ;* et leurs dispositions à cet égard sont si peu limitatives, les personnes non désignées par elles, comme assujetties au droit, peuvent si peu se prévaloir de ce défaut de désignation expresse pour ne pas acquitter le droit, lorsqu'elles jouissent des biens qui en sont grevés, que, dans l'art. 32 de la loi du 22 frimaire

an 7, il est dit positivement que *la nation aura action sur les revenus des biens à déclarer, en quelques mains qu'ils se trouvent, pour le payement des droits dont il faudrait poursuivre le recouvrement.* — Il importe donc peu que la loi, en désignant les personnes qui doivent acquitter le droit, ne parle que des héritiers, des légataires, de leurs tuteurs ou curateurs, et des exécuteurs testamentaires. Encore une fois, ces désignations ne sont pas exclusives; elles ne peuvent conséquemment pas soustraire à l'action nationale, le curateur à la succession vacante, qui jouit des biens de cette succession; et en effet les biens de cette succession sont sujets au droit, comme les biens d'une succession acceptée.

» La question se réduit donc toute entière à ce seul mot : Y a-t-il ouverture au droit d'enregistrement, pour cause de mutation par décès, lorsque la succession demeure vacante? Or, que faut-il pour qu'il y ait, en ce cas, ouverture au droit d'enregistrement? Il faut qu'il y ait *mutation par décès,* et il ne faut rien de plus : car c'est de la *mutation par décès* que les lois des 5 décembre 1790 et 22 frimaire an 7 font naître le droit dont il s'agit. Examinons donc s'il y a mutation par décès, lorsque la succession demeure vacante.

» Nous ne devons pas le dissimuler; un grand jurisconsulte, Dumoulin, sur l'art. 22 de l'ancienne coutume de Paris, a pensé, relativement au droit de rachat, que, pour qu'il y eût mutation par décès, il fallait tout à la fois, et que le fief eût cessé d'être dans une main, dans celle du vassal décédé, et qu'il eût passé dans une autre, dans celle de l'héritier. Consuetudo, dit-il, *loquitur in mutatione plenâ ex parte utriusque extremi, videlicet quando feudum ab uno recedit et transit seu transfertur in alium.* Mais déjà nous avons vu que, par un arrêt rendu en très-grande connaissance de cause, le 5 juin 1736, le parlement de Paris a condamné cette doctrine, comme l'avaient fait auparavant Bacquet, Chopin, Auzanet, le lieutenant civil Lecamus et Ferrière.

» Cette doctrine ne peut donc pas être une loi pour nous; et nous pouvons, sans témérité, la soumettre au creuset de la critique.

» Quel est, par rapport à la propriété, l'effet de la mort du propriétaire? *mors omnia jura solvit* : le propriétaire, en perdant la vie, perd donc tous ses biens; tous ses biens sortent donc de sa main.

» Mais en sortant de sa main, que deviennent-ils? Si son héritier accepte immédiatement la succession, ils passent à l'instant même dans la main de son héritier. Si son héritier délibère, et cependant finit par accepter, ils sont encore censés lui avoir été transmis dès le moment où le défunt a cessé de vivre. Jusques-là, point de difficulté.

Tome VI. 23

» Si l'héritier renonce, ou (ce qui, pour notre objet, revient au même), si, sans s'expliquer, il laisse écouler le délai que la loi lui accorde pour délibérer, à qui les biens appartiennent-ils? C'est ici le siége de la question. Et à cet égard; il est une vérité trop constante, quoi qu'en dise le défendeur, pour qu'on puisse sérieusement la méconnaître : c'est que la propriété ne peut jamais rester en suspens. *Rerum dominia* (dit Peregrinus, dans son Traité de *fidéicommissis*, art. 40, n°. 6); *IN PENDENTI stare nequeunt.* « Et cette vérité (ajoute Thé- » venot d'Essaules, dans son *Traité des substi- » tutions fidéicommissaires*, pag. 189, est in- » contestable dans notre usage; on y a toujours » tenu pour règle indubitable, que la propriété » ne peut pas être en suspens, et qu'il faut né- » cessairement qu'elle soit assise sur la tête de » quelqu'un ». Les biens qui sont sortis par mort de la main de leur précédent possesseur, ont donc un propriétaire, même après que l'héritier présomptif a renoncé; puisque, s'ils n'en avaient point, leur propriété resterait en suspens, ce qui est légalement impossible.

» Mais ce propriétaire, quel est-il? C'est un être moral que la loi appelle *hérédité*. « Les » jurisconsultes romains (dit encore à ce sujet » Thévenot d'Essaules, page 188), étaient si » éloignés d'admettre la suspension de pro- » priété, que, pour éviter cet inconvénient, ils » avaient imaginé de *personifier l'hérédité*, en » la rendant *propriétaire des biens*, jusqu'à ce » que l'héritier le devînt par l'adition ». C'est effectivement ce qui résulte de la loi 80, D. *de legatis* : Si, dit-elle, le légataire accepte le legs qui lui a été laissé purement et simplement, c'est sur sa tête que passe directement la propriété qui a d'abord résidé dans l'hérédité, et qui n'a jamais été transmise à l'héritier : *Si purè res relicta sit, et legatarius non repudiavit defuncti voluntatem, rectâ viâ dominium, QUOD* HEREDITATIS FUIT; *ad legatarium transit, nunquàm factum heredis.* La loi 34, D. *de acquirendo rerum dominio*, est encore plus expresse: *hereditas*, ce sont ses termes, *defuncti personam sustinet.* Enfin, la loi 31, §. 1, D. *de heredibus instituendis*, décide également qu'avant l'acceptation de l'héritier, *antè aditam hereditatem*, l'hérédité est considérée comme propriétaire des biens qui la composent, *hereditatem dominam esse*, et qu'elle tient la place du défunt, *defuncti locum obtinere.*

» L'hérédité est donc, avant l'acceptation de l'héritier, dans le même rapport avec le défunt, que le défunt l'est avec l'héritier après l'acceptation de celui-ci. De même donc que l'héritier, après son acceptation, représente le défunt, de même aussi le défunt, avant l'acceptation, est représenté par l'hérédité; de même donc que l'héritier, par son acceptation, est censé, par l'effet de cette représentation, avoir reçu des mains du défunt les biens que ce dernier a laissés, de même aussi, avant l'acceptation, le défunt est censé avoir transmis à l'être moral qu'on appelle *hérédité*, les biens dont il a été dépouillé par sa mort; de même donc, enfin, que l'héritier devient, par son acceptation, propriétaire à la place du défunt, de même aussi c'est à la place du défunt que l'hérédité est propriétaire avant l'acceptation. Donc, avant l'acceptation comme après, il y a mutation par décès; donc, avant l'acceptation comme après, il y a transmission de propriété par mort; donc, avant l'acceptation comme après, le droit d'enregistrement est dû, le droit d'enregistrement est exigible, lorsqu'une fois il s'est écoulé plus de six mois depuis l'ouverture de la succession.

» Nous disons, *depuis l'ouverture de la succession*, et nous ne sommes à cet égard que l'écho de l'art. 24 de la loi du 22 frimaire an 7; car c'est du jour *du décès* que cet article fait courir le délai de six mois qu'il accorde pour l'enregistrement des déclarations des biens *échus, ou transmis par décès* même. Or, vous sentez quel nouveau degré de force et d'évidence cette disposition ajoute au principe que nous venons d'établir!

» En faisant courir du jour du décès, les six mois qu'elle accorde pour faire la déclaration, la loi décide bien clairement que ce n'est pas du jour où l'héritier a pris qualité, que ce délai doit courir : elle décide par conséquent que ce délai court, alors même que l'héritier n'a point pris qualité; et par conséquent encore, elle décide que le droit est exigible, soit que l'héritier prenne qualité, soit qu'il renonce, soit qu'il s'abstienne; en un mot, qu'il est exigible dans le cas où la succession demeure vacante, comme dans le cas où elle est acceptée par l'héritier présomptif.

» Objectera-t-on que la succession, par cela seul qu'elle est vacante, appartient à l'État, et que par suite l'État ne peut pas se devoir à lui-même un droit d'enregistrement?

» Il est vrai que l'État est appelé, à défaut de parens et d'époux survivant qui veuillent accepter la succession, à la recueillir lui-même, et à s'en approprier tous les biens; mais c'est pour lui un droit purement facultatif; la maxime, *n'est héritier qui ne veut*, s'applique à l'État comme aux particuliers; et la conséquence qu'elle amène nécessairement, c'est que les biens dont est composée une succession répudiée par les parens et par l'époux survivant, ne deviennent pas de plein droit nationaux; qu'ils ne le deviendraient que dans le cas où l'État prendrait la qualité d'héritier. Cette qualité n'étant pas prise par l'État, ils demeurent dans le domaine de l'être moral qu'on appelle *hérédité*.

» Vainement chercherait-on à éluder cette conséquence par les termes dont se sert le Code civil, pour déférer à l'État les successions qui ne sont acceptées ni par les parens successibles ni par l'époux survivant. Nous lisons, il est vrai, dans le Code civil, art. 767, qu'*à défaut de conjoint survivant, la succession est* ACQUISE *à la république.* Mais nous y lisons en même temps, art. 767, qu'à défaut de parens successibles, *les biens de la succession du défunt* APPARTIENNENT *au conjoint non divorcé qui lui survit.* Nous y lisons en même temps, art. 734, que, dans les successions collatérales, *la moitié dévolue à chaque ligne,* APPARTIENT *à l'héritier ou aux héritiers les plus proches en degré.* Et comme il est évident que par le mot, *appartient,* le Code civil n'entend pas rendre héritiers malgré eux, soit les époux survivans, soit les parens collatéraux, il est également certain que, par les termes *est acquise,* il n'entend pas rendre l'Etat héritier nécessaire des personnes dont les successions sont répudiées par tous ceux qui pourraient y prétendre avant lui.

» Aussi voyez avec quelle précision le Code civil lui-même trace la ligne de démarcation entre le cas où les agens de l'Etat acceptent pour lui la succession qui lui est dévolue, et celui où ils s'en abstiennent !

» Au premier cas, les art. 769 et 770 veulent que l'administration des domaines fasse apposer les scellés, qu'elle fasse faire un inventaire, et qu'elle obtienne, après trois publications et affiches, un jugement d'envoi en possession.

» Dans le second cas, au contraire, l'art. 790 suppose qu'il doit être établi un *curateur à la succession vacante,* et c'est dans cette supposition qu'il dit : « Tant que la prescription du » droit d'accepter n'est pas acquise contre les » héritiers qui ont renoncé, ils ont la faculté » d'accepter encore la succession, si elle n'a » pas déjà été acceptée par d'autres héritiers ; » sans préjudice néanmoins des droits qui peu- » vent être acquis à des tiers sur les biens de la » succession, soit par prescription, *soit par » actes valablement faits avec le curateur à la » succession vacante* ».

» Inutile, après cela, de nous arrêter à l'argument que l'on pourrait tirer du principe établi par l'art. 3 du liv. 3., que *les biens qui n'ont pas de maître, appartiennent à la nation.* Cet article est évidemment inapplicable aux biens d'une succession vacante : ces biens ne sont pas sans maître, ils en ont un légal dans la succession elle-même, *hereditas domina est ;* et encore une fois, il résulte de la combinaison des art. 769, 770 et 790, que les successions vacantes n'appartiennent à l'Etat que lorsqu'il veut bien les accepter et les recueillir.

» Elle n'est pas nouvelle, au surplus, cette différence entre une succession qui demeure vacante, et une succession qui, du moment où elle devient vacante, est acceptée par le fisc. Elle était reconnue dans notre ancienne jurisprudence (sous l'empire de laquelle s'est ouverte,

ce qui est à remarquer, la succession dont il s'agit dans l'espèce actuelle) ; et nous la trouvons écrite en caractères extrêmement lumineux dans le commentaire de Dumoulin sur l'art. 22 de l'ancienne coutume de Paris. Voici dans quels termes la pensée de ce jurisconsulte a été rendue par M. Henrion, pag. 96 de son *Traité des fiefs de Dumoulin, analysé :* « Le proprié- » taire d'un fief meurt sans héritiers, ou ceux » qui le sont répudient la succession. Le fief » étant ouvert, le seigneur peut saisir féodale- » ment. *Le fisc vient ensuite qui s'empare de » cette succession vacante ;* alors il y a change- » ment de vassal, et de cet instant seulement le » relief est dû au seigneur. *Si le fisc lui-même » rejette cette succession, à cause des dettes » dont elle est chargée,* le fief restant ouvert, » le seigneur jouira de tous les fruits en vertu » de la saisie ; mais les créanciers pourront le » forcer à donner main-levée, en lui présen- » tant la foi par le ministère d'un curateur à la » chose abandonnée ».

» Loin de nous donc l'idée que les successions vacantes appartiennent de plein droit à l'Etat ; et dès-là, plus de prétexte pour ne pas aujourd'hui assujettir à l'enregistrement, comme elles s'étaient autrefois au centième denier, les successions vacantes que l'Etat n'accepte point.

» Aussi avez-vous cassé, le 18 nivôse dernier, au rapport de M. Coffinhal et sur les conclusions de M. Jourde, un jugement du tribunal civil de l'arrondissement de Montpellier, du 19 ventôse an 10, qui avait déchargé du droit de mutation, réclamé par la régie de l'enregistrement, Charles Busson, l'un des créanciers de la succession vacante de Jean-Pierre Paridier, et chargé de la régie des biens qui en dépendaient : — « Vu (avez-vous dit), les art. 4, 27 » et 32 de la loi du 22 frimaire an 7 ; — Consi- » dérant que l'instant du décès du précédent » propriétaire fixe celui de l'ouverture de la » succession, ainsi que du droit d'enregistre- » ment ; et que ce n'est pas un motif d'en refu- » ser ni même d'en différer le payement après le » délai prescrit par la loi, soit que ceux qui sont » habiles à succéder, n'aient pas encore pris de » qualité, soit que la succession ne soit acceptée » que par le bénéfice d'inventaire, soit qu'elle » soit répudiée et reste vacante, ou qu'elle soit » administrée par un curateur ; avec d'autant » plus de raison que le droit devant être payé » sur la valeur des biens sans aucune déduction » des dettes ni charges, la renonciation ordi- » nairement déterminée par elles, ne peut, ni » faire cesser le droit ouvert par le seul fait du » décès, ni en modifier la perception ; — Le » tribunal casse et annulle..... ».

» Nous estimons, par les mêmes motifs, qu'il y a lieu de prononcer également la cassation du jugement du tribunal de Genève, du 10 germinal an 10 ».

» Conformément à ces conclusions, arrêt du 9 prairial an 12, au rapport de M. Gandon, qui,

« Vu les art. 4, 24, 27 et 32 de la loi du 22 frimaire an 7.; considérant qu'il résulte de ces dispositions de la loi, que le droit d'enregistrement est ouvert par le décès, puisque l'art. 24 fait courir le délai pour faire la déclaration et acquitter le droit, du jour du décès, et non du jour de l'adition de l'hérédité; et que l'art. 39 punit de la peine d'un demi-droit en sus, celui qui n'a pas satisfait dans ce délai, à ce qu'exige l'art. 24;

» Considérant que le curateur à une succession vacante, représente l'hérédité qui est un être moral, et au nom de laquelle hérédité il exerce toutes les actions actives et passives dont le défunt a été nécessairement dépouillé par l'événement de son décès; qu'ainsi il y a transmission de propriété du défunt à son hérédité;

» Considérant enfin, que les dettes dont une hérédité est grevée, dettes qui sont presque toujours la cause de la répudiation ou de l'abstention des successions, ne peuvent, ni faire cesser le droit de mutation ouvert par le décès, ni en modifier la perception, puisque ce droit est dû sur la valeur brute des biens sans déduction des charges;

» Casse et annulle.... ».

Il a été rendu depuis un grand nombre d'arrêts semblables. *V.* le *Répertoire de jurisprudence*, aux mots *Enregistrement* (*droit d'*), §. 43.

SUICIDE. *La complicité de suicide est-elle un crime punissable aux termes de la loi? En d'autres termes, peut-on poursuivre et punir comme coupable d'assassinat celui qui connaissant l'intention d'une personne de se suicider, lui a fourni les instrumens nécessaires pour exécuter son projet?*

Le 6 février 1815, en vertu d'un arrêt de la cour de Metz qui accuse Catherine Lhuillier d'avoir assassiné son mari, et la renvoie devant la cour d'assises du département de la Moselle, le procureur-général de cette cour dresse un acte d'accusation dont voici le résumé : « En conséquence, Catherine Lhuillier est accusée d'avoir homicidé son mari, le 16 du mois de novembre dernier, en profitant de l'état de faiblesse dans lequel l'avaient réduit les douleurs violentes et corrosives qu'il avait éprouvées la veille, pour lui passer une corde au col avec laquelle elle l'a étranglé, avec les circonstances que l'homicide a été commis volontairement et avec préméditation.

Le 23 du même mois, après les débats, le président de la cour d'assises pose ainsi la question à résoudre par les jurés :

« L'accusée Catherine Lhuillier est-elle coupable d'avoir, le 16 novembre dernier, commis un homicide sur la personne de Louis François, son mari; avec toutes les circonstances comprises dans le résumé de l'acte d'accusation, savoir, que l'homicide a été commis 1.º volontairement, 2.º avec préméditation »?

Le défenseur de l'accusée demande qu'à cette question, soit ajoutée celle-ci : « L'accusée a-t-elle agi par imprudence, en ce qu'elle aurait fourni à son mari les instrumens pour se détruire, sans avoir réfléchi aux suites que cela pourrait avoir?

Le ministère public s'oppose à ce que cette question soit présentée au jury, parce qu'elle tend à changer l'objet de l'accusation; et conformément à son avis, le président déclare qu'il n'y a rien à ajouter à la question qu'il a posée.

Cela fait, le jury délibère, et déclare que « l'accusée est coupable de l'homicide de Louis François, son mari, comme y ayant coopéré en lui fournissant les moyens nécessaires à sa destruction; qu'elle l'a fait volontairement et avec préméditation ».

Sur cette déclaration, le ministère public requert que la peine de mort soit appliquée à Catherine Lhuillier, comme coupable du crime de complicité d'assassinat.

Le défenseur de l'accusée soutient au contraire qu'elle doit être absoute, parce que le suicide n'étant pas qualifié par la loi de crime, la complicité du suicide ne peut pas être punie comme criminelle.

Arrêt qui, « attendu que la déclaration du jury porte textuellement que Catherine Lhuillier est coupable d'homicide sur la personne de Louis François, son mari; que le jury déclare également que l'homicide a été commis volontairement et avec préméditation; que l'explication surérogatoire et non demandée que le jury a donné des motifs de la conviction pour la culpabilité de Catherine Lhuillier, ne change, ne dénature et n'atténue pas ses déclarations affirmatives sur le fait de l'homicide et des circonstances qui caractérisent un crime capital que la loi qualifie d'assassinat; vu les art. 295, 296 et 302 du Code pénal; condamne Catherine Lhuillier à la peine de mort.... ».

Catherine Lhuillier se pourvoit en cassation contre cet arrêt.

« Les moyens de cassation qui vous sont proposés dans cette affaire (ai-je dit à l'audience de la section criminelle, le 27 avril 1815), nous paraissent offrir à l'examen de la cour trois questions : la première, si, dans la forme, le président de la cour d'assises a pu rejeter seul, et sans le concours des autres magistrats, la demande de l'accusée tendante à ce qu'il fût ajouté une question à celle qu'il avait posée ; la seconde, si, d'après la déclaration du jury, telle qu'elle était conçue et en la prenant dans son entier, la cour d'assises a pu légalement prononcer la peine de mort contre Catherine Lhuillier ; la troisième, si cette déclaration a pu être divisée par la cour d'assises, et si la cour d'assises a pu en retrancher, comme *surérogatoire*, l'explication que le jury avait donnée des motifs de sa conviction.

» Sur la première question, il n'est pas douteux qu'en thèse générale, il n'y ait lieu à cassation pour excès de pouvoir et incompétence, toutes les fois que le président d'une cour d'assises, de sa seule autorité et sans consulter les autres juges, a rejetté les réclamations élevées, soit par le ministère public, soit par l'accusé, contre la manière dont il avait posé les questions à résoudre par le jury.

» Mais cette règle que vous avez proclamée par plusieurs arrêts, n'est applicable, comme vous l'avez jugé le 5 novembre 1812, au rapport de M. Busschop et sur nos conclusions, qu'au cas où les réclamations élevées contre la position des questions sont d'une telle nature, que, si elles avaient été accueillies, il eût pu en résulter un changement dans la réponse que le jury a faite aux questions posées par le président.

» Or, dans notre espèce, le jury a fait, pour l'accusée, par sa réponse à la question posée par le président, tout ce qu'il eût pu faire en sa faveur, s'il eût répondu directement à la question que la réclamation de l'accusée tendait à faire poser en seconde ligne.

» Si la question réclamée par l'accusée eût été soumise au jury par le président, qu'eût dû faire le jury ? Il eût dû décider si l'accusé avait fourni à son mari les instrumens propres à se suicider ; si c'était en les lui fournissant qu'elle s'était rendue, envers lui, coupable d'homicide, et si elle l'avait fait par imprudence, ou volontairement et avec préméditation.

» Eh bien ! le jury a d'office décidé tout cela ; il a décidé que l'accusée s'était rendue coupable d'homicide envers son mari, mais qu'elle ne l'avait fait qu'en lui fournissant les instrumens qui avaient servi à la destruction ; qu'elle les lui avait fournis volontairement et avec préméditation ; et que par conséquent elle ne les lui avait pas fournis par imprudence.

» Catherine Lhuillier a donc obtenu, par le résultat de la déclaration du jury, tout ce qu'elle aurait pu obtenir, si la question dont elle avait réclamé la position, eût été effectivement posée. Il n'est donc résulté, pour elle, aucun préjudice du refus que lui a fait le président de la cour d'assises de poser cette question. Elle n'est donc pas recevable à critiquer ce refus devant vous.

» Mais la cour d'assise a-t-elle pu, d'après la manière dont le jury avait répondu à la question posée par le président, et en prenant sa réponse à la lettre, prononcer contre Catherine Lhuillier, la peine portée par l'art. 302 du Code pénal ? C'est le second point que nous avons à examiner.

» L'affirmative serait incontestable, si, par la réponse du jury, Catherine Lhuillier était purement et simplement déclarée convaincue d'avoir homicidé son mari, de l'avoir homicidé volontairement, de l'avoir homicidé avec préméditation.

» Mais ce n'est point là ce que porte la réponse du jury : elle porte que *l'accusée est coupable de l'homicide de son mari, y ayant coopéré en lui fournissant, volontairement et avec préméditation, les moyens nécessaires à sa destruction* ; et conséquemment elle se réduit à dire, en d'autres termes, que l'accusée n'est pas *auteur*, mais seulement *complice* de l'homicide de son mari, et qu'elle s'en est rendue complice, en fournissant à son mari, qui s'est homicidé lui-même, les moyens d'exécuter son funeste dessein.

» Si le mari de Catherine Lhuillier, en se suicidant, a commis un crime, nul doute que Catherine Lhuillier ne soit, d'après cette réponse, condamnée très-légalement. Car, d'un côté, l'art. 59 du Code pénal veut que, hors le cas où la loi en dispose autrement, les complices d'un crime soient punis des mêmes peines que les auteurs de ce crime ; et de l'autre, l'art. 60 du même Code déclare complice d'un crime, *ceux qui auront procuré des armes, des instrumens ou tout autre moyen qui aura servi à l'action, sachant qu'ils devaient y servir.*

» Mais le suicide est-il un crime qualifié par la loi ? Non : la religion le condamne, mais la loi ne le punit pas.

» Inutile de dire que, si elle ne le punit pas dans la personne de son auteur, c'est par suite du principe général que la mort éteint le crime ; et que cette considération ne peut pas empêcher que le suicide ne soit puni dans la personne de ses complices.

» Cela serait bon, si la loi ne laissait impuni que le suicide consommé.

» Mais elle laisse également impunie la tentative du suicide qui a reçu un commencement d'exécution et dont l'effet a été empêché par une cause indépendante de la volonté de l'homme qui voulait se donner la mort.

» L'impunité du suicide ne dérive donc pas du principe que la mort éteint le crime ; elle tient donc uniquement à la volonté qu'a eue la loi d'effacer le suicide de la liste des crimes dans laquelle il était inscrit par l'ancienne législation.

» Aussi est-il sans exemple que l'on ait puni, comme coupable de complicité de meurtre ou d'assassinat, l'individu qui n'a fait que procurer à un suicide les instrumens de sa propre destruction.

» Et cependant il n'est pas rare de voir rendre d'aussi cruels services à des hommes pour qui la vie est devenue un insupportable fardeau. Combien de fois n'a-t-on pas vu, notamment, des pères, des fils, des époux, se porter dans les prisons d'où leurs enfans, leurs pères, leurs maris, leurs femmes, ne devaient sortir que pour monter à l'échafaud; et là, leur présenter le poignard ou le poison comme un moyen de salut contre l'ignominie, les encourager, les déterminer même à s'en servir pour terminer leur déplorable existence, et se glorifier ensuite d'avoir ainsi arrêté l'action vengeresse de la loi, sans que jamais la justice les ait poursuivis, sans que jamais elle les ait recherchés.

» Il n'est donc pas possible, en prenant la déclaration du jury telle qu'elle est, de justifier l'arrêt attaqué du reproche de fausse application de la loi pénale.

» Et de là, la nécessité d'examiner notre troisième question, celle de savoir si la cour d'assises a pu diviser la déclaration du jury, et en retrancher, comme *surérogatoire*, l'explication que le jury y avait ajoutée d'office, sur la manière dont l'accusée lui paraissait avoir coopéré à l'homicide de son mari.

» Mais proposer cette question, c'est la résoudre pour la négative. Les juges ne sont, aux termes de l'art. 62 de la constitution du 22 frimaire an 8, que les applicateurs de la loi pénale aux faits déclarés par les jurés. Ils sont, dans l'application de la loi pénale, rigoureusement tenus de prendre les faits tels que les jurés les ont déclarés. Ils ne peuvent donc, ni rien ajouter, ni rien retrancher, à ces faits. Ils transgressent donc les limites de leur compétence, lorsque, soit pour absoudre, soit pour condamner, ils ajoutent ou retranchent aux faits déclarés par les jurés.

» Sans doute, les jurés transgressent eux-mêmes les limites de leurs attributions, lorsqu'ils se permettent d'intercaler dans leurs réponses, des faits ou des circonstances sur lesquels le président de la cour d'assises ne les a pas interrogés. Sans doute, leurs réponses doivent être calquées littéralement sur les questions qui leur ont été proposées par le président; et sans doute, il suit de là que, dans notre espèce, les jurés n'ont pas pu, au lieu de répondre simplement par *oui* ou par *non*, à la question que le président leur avait proposée, répondre en même temps une question d'une autre nature, et dont l'accusé avait inutilement réclamé la position.

» Mais de là même, que devait conclure la cour d'assises? elle devait en conclure que les jurés n'avaient pas rempli leur mission, qu'ils avaient fait ce qu'ils n'avaient ni dû ni pu faire; que ce qu'ils eussent pu et dû faire, ils ne l'avaient pas fait.

» Et par conséquent elle devait, en annullant la déclaration des jurés, renvoyer les jurés dans leur chambre pour donner une nouvelle déclaration, pour répondre cathégoriquement à la question posée par le président.

» Et par conséquent encore, il y a lieu, en cassant l'arrêt qui vous est dénoncé, de mettre la nouvelle cour d'assises devant laquelle vous renverrez la réclamante, à portée de réparer, en cette partie, l'erreur dans laquelle est tombée la cour d'assises du département de la Moselle: c'est à quoi nous concluons ».

Par arrêt du 27 avril 1815, au rapport de M. Basschop.

» Vu l'article 410 du code d'instruction criminelle.... ».

» Considérant que la déclaration du jury ne peut servir de base à une condamnation que lorsqu'elle contient l'affirmation claire et précise d'un fait punissable, d'après les lois pénales;

» Que dans l'espèce, il a été proposé au jury conformément au résumé de l'acte d'accusation, la question suivante. « L'accusée Catherine Lhuillier est-elle coupable d'avoir, le 16 novembre dernier, commis un homicide sur la personne de Louis-François, son mari, avec toutes les circonstances comprises dans le résumé de l'acte d'accusation, savoir, 1.° Que l'homicide a été commis volontairement, 2.° avec préméditation;

» Qu'au lieu de répondre cathégoriquement à cette question, comme le lui prescrivait l'art. 345 du Code d'instruction criminelle, le jury a déclaré que l'accusée était coupable de l'homicide commis volontairement et avec préméditation, en ajoutant (ce qui ne lui était point demandé) que l'accusée avait coopéré audit homicide, en fournissant à son mari les moyens nécessaires à sa destruction;

» Que de cette réponse qui caractérisait dans le même fait tout à la fois et le crime d'assassinat, et la complicité d'un fait de suicide qui n'est puni par aucune loi pénale, il résultait une contradiction qui ne laissait plus d'élémens pour asseoir un arrêt, soit de condamnation, soit d'absolution.

» Que la cour d'assises, au lieu d'annuler cette déclaration irrégulière et de renvoyer les jurés dans leur chambre pour en faire une nouvelle, a laissé subsister ladite déclaration, et l'a prise pour base de la condamnation à la peine capitale, qu'elle a prononcée contre l'accusée; que cette condamnation contient donc une fausse application des lois pénales;

» D'après ces motifs, la cour, faisant droit au pourvoi de Catherine Lhuillier, casse et annulle l'arrêt de la cour d'assises du département de la Moselle, du 23 février 1815....».

SUISSE. *Les suisses sont-ils sujets, en France, à l'arrestation provisoire autorisée par la loi du 10 septembre 1807 ?*

V. l'article *Étranger*, §. 4.

SUPPLÉANT (JUGE). — §. I. *Avant le Code de commerce, l'assistance non nécessaire des suppléans à un jugement rendu par une juridiction commerciale, en emportait-elle la nullité ?*

Cette question et deux autres qui sont indiquées sous les mots *Jugement*, §. 15, et *Tribunal de commerce*, §. 2, font la matière du plaidoyer suivant, qui devait être prononcé le 4 pluviôse an 12, à l'audience de la section des requêtes.

« Du rapport que vous venez d'entendre, il résulte,

» Que des contestations s'étant élevées entre Lannux et Dubernard, commissionnaires à Séville en Espagne, d'une part, et les cit. Grandin et Delon, négocians à Paris, de l'autre, sur le prix, le poids et la qualité de laines achetées par les premiers en l'an 5, pour le compte des seconds; ces contestations ont été portées au tribunal de commerce de Paris, qui, par jugement du 8 vendémiaire an 7, a renvoyé les parties devant des experts qu'il a qualifiés d'*arbitres*, pour les entendre, donner leur avis, et en cas de partage d'opinions, désigner un *tiers arbitre*;

» Qu'en exécution de ces jugemens, le cit. Janvert a été nommé arbitre par Lannux, et le cit. Paris pour les cit. Grandin et Delon;

» Que les choses en cet état, Lannux et Dubernard ont obtenu des juges de Séville, des lettres rogatoires pour faire procéder devant divers tribunaux espagnols, à une enquête tendante à constater notamment quels étaient en 1797 les prix communs des laines, dans les lieux où ils avaient acheté à cette époque celles qu'ils avaient envoyées aux cit. Grandin et Delon;

» Que cette enquête a été faite, et que les procès-verbaux en ont été remis par Lannux et Dubernard, à leur arbitre Jauvert;

» Que Jauvert et Paris s'étant trouvés d'avis différens, le tribunal de commerce a, par jugement du 8 fructidor an 7, nommé le cit. Bagueneau pour les départager;

» Que celui-ci était sur le point de prononcer, après avoir examiné toutes les pièces avec les cit. Paris et Jauvert, lorsque ce dernier fut récusé par les cit. Grandin et Delon;

» Qu'alors jugement est intervenu, le 18 frimaire an 8, par lequel il a été ordonné que

Paris et Jauvert rédigeraient leurs rapports, soit conjointement, soit séparément;

» Que Paris et Jauvert ont effectivement rédigé chacun un rapport séparé; et qu'après en avoir ordonné la communication aux parties, le tribunal de commerce a rendu, le 22 prairial an 9, un jugement contradictoire par lequel, en déboutant les cit. Grandin et Delon de leur opposition à un précédent jugement par défaut, il les a condamnés à payer à Lannux et Dubernard, une somme de 225,390 fr.;

» Que les cit. Grandin et Delon ont appelé de ce jugement, mais qu'il a été confirmé par le tribunal d'appel de Paris, le 28 prairial an 10; et que du point de savoir si, en le confirmant, il a violé quelque loi, dépend le sort de la demande en cassation qui vous est soumise;

» A l'appui de cette demande, quatre moyens sont employés par les cit. Grandin et Delon.

» Et d'abord, ils prétendent que le tribunal d'appel eût dû, d'après l'art. 29 de la loi du 6 mars 1791, annuller le jugement du tribunal de commerce du 22 prairial an 9, parce qu'à ce jugement avaient assisté deux suppléans dont la présence n'était pas nécessaire. Ils pourraient ajouter que, dans une espèce semblable, un jugement du tribunal de commerce d'Angoulême, a été cassé par la section civile, le 7 brumaire an 4.

» Malgré le poids que donne cette cassation au premier moyen des demandeurs, on peut raisonnablement douter si l'art. 29 de la loi du 6 mars 1791, comprend dans sa disposition les suppléans des tribunaux de commerce. Une chose bien certaine, c'est que cet article ne parle que des suppléans des tribunaux ordinaires; et il était bien impossible qu'il s'occupât de ceux des tribunaux de commerce, puisqu'à l'époque du 6 mars 1791, les tribunaux de commerce n'avaient pas encore de suppléans; la nomination de ces juges subsidiaires n'ayant été autorisée pour eux que par la loi du 16 juillet 1792.

» Cette observation ne résout cependant pas toute la difficulté. Pesons bien les termes de la loi du 16 juillet 1792 : « L'assemblée nationale » considérant que plusieurs tribunaux de com» merce se trouvent journellement dans l'im» possibilité de remplir l'objet de leur établisse» ment pour le cas d'absence ou récusation de » plusieurs juges, la loi du 24 août 1790, rela» tive à leur formation; ne les ayant pas auto» risés à se nommer des suppléans; décrète,.... » que, dans toutes les villes où il y a des tribu» naux de commerce, il pourra être nommé » quatre suppléans, en se conformant pour leur » nomination, aux formalités prescrites pour » l'élection des juges desdits tribunaux de com» merce ».

» Vous voyez que la nomination des suppléans n'a été autorisée, pour les tribunaux de commerce, qu'afin de faire cesser l'*impossibilité* où se trouvaient ces tribunaux de *remplir l'objet de leur établissement;* lorsque plusieurs juges étaient absens ou récusés. Les suppléans n'ont donc été créés que pour la même fin qui avait motivé la création des suppléans dans les tribunaux de districts; ils semblent donc n'avoir été créés que pour remplacer les juges absens ou récusés, dans les cas où, par le défaut de ceux-ci, les tribunaux de commerce se trouveraient paralysés; ils semblent donc n'avoir été créés que pour siéger dans ces tribunaux, dans le cas où leur présence serait nécessaire. — Donc, lorsqu'ils y siègent, sans que leur présence soit nécessaire, ils semblent aller au-delà du but de leur institution, ils semblent outrepasser les termes de la loi à laquelle ils doivent leur existence, ils semblent commettre un véritable excès de pouvoir. Donc, tout jugement auquel ils concourent en pareil cas, semble devoir être annullé.

» Mais prenons garde à toutes ces conséquences; quelque bien liées qu'elles paraissent entre elles au premier coup d'œil, une réflexion très-simple nous fera bientôt sentir qu'elles vont trop loin.

» La loi du 16 juillet 1792 s'explique sur les suppléans des tribunaux de commerce, à peu près comme le faisait l'art. 5 du titre 2 de celle du 24 août 1790 sur les suppléans des tribunaux de district : « Il sera nommé (portait cette der- » nière loi), des suppléans.... pour servir d'as- » sesseurs, en cas d'empêchement momentané » de quelques-uns des juges ».

» Certainement on aurait pu faire, d'après cette disposition, tous les raisonnemens que nous faisions tout à l'heure, d'après la loi du 16 juillet 1792. Cependant le législateur lui-même a re-connu depuis qu'elle n'était pas assez précise, pour autoriser les tribunaux à en conclure que les suppléans ne pussent pas être appelés lorsque leur présence ne serait pas rigoureusement nécessaire; et comment l'a-t-il reconnu? En faisant de ce principe l'objet d'une disposition nouvelle, en ordonnant par l'art. 29 de la loi du 6 mars 1791, « que les suppléans ne seraient » appelés par le tribunal, que dans le cas où leur » assistance serait nécessaire à la validité des » jugemens ».

» Or, encore une fois, la loi du 6 mars 1791 est étrangère aux suppléans des tribunaux de commerce; il n'y a rien de plus pour ceux-ci dans la loi du 16 juillet 1792, qu'il n'y avait, pour les suppléans des tribunaux de district, dans la loi du 24 août 1790. Les suppléans des tribunaux de commerce sont donc encore aujourd'hui ce qu'étaient les suppléans des tribunaux de district avant la loi du 6 mars 1791; on ne peut donc pas plus conclure de la loi du 16 juillet 1792, qu'on ne le pouvait de celle du 24 août 1790, qu'il y ait nullité dans un juge-ment auquel a concouru un suppléant appelé sans nécessité.

» Qu'importe que l'on ait constamment re-gardé comme nuls, les jugemens des tribunaux de paix et de simple police auxquels il interve-nait plus de deux assesseurs avec le juge de paix? — Il n'y a aucune analogie entre ces jugemens et celui dont il est ici question.

La loi ne reconnaît pour tribunal de paix ou de police, que celui qui est composé d'un juge de paix et de deux de ses assesseurs. C'est ce nombre de juges qui caractérise la formation de tout tribunal de cette nature; il ne peut être ni moindre ni plus élevé.

» Les tribunaux de commerce sont, au con-traire, dans une position bien différente; ils sont régulièrement composés de cinq juges, et ils peuvent juger au nombre de trois.

» Ainsi, lorsqu'en l'absence de deux juges d'un tribunal de commerce, on appelle un ou deux suppléans, le tribunal se trouve encore dans les termes de sa composition. Ses membres auraient pu juger au nombre de trois, mais ils le peuvent aussi au nombre de quatre et de cinq; ainsi, l'appel des suppléans ne contrarie en rien l'organisation du tribunal, et leur présence ne la trouble, ne l'altère nullement.

» Et combien ces raisons n'acquièrent-elles pas de force, lorsqu'on se reporte aux anciennes lois qui régissaient les juridictions consulaires!

» L'édit du mois de juillet 1549, portant érection de celle de Toulouse, et enregistré au parlement de Languedoc, le 23 décembre de la même année, vous présente cette disposition bien remarquable : *aux jugemens desquels pro-cès et différends pourront iceux prieur et consuls appeler tels personnages qu'ils verront être à faire.*

» Les lettres-patentes du 27 mars 1551, en interprétant cette disposition, avaient permis « auxdits prieur et consuls prendre avec eux » tel nombre de marchands, soit de vingt, plus » grand ou moindre, et selon qu'ils verraient » raisonnable, pour procéder à leurs jugemens » en fait de marchandise ».

» Mais, pour qu'ils pussent user de cette faculté, ne fallait-il pas qu'ils en fussent requis expressément par les parties?

» Ce qui semblait devoir le faire penser ainsi, c'est que, d'une part, l'art. 1 du tit. 12 de l'ordonnance de 1673 avait rendu commun à toutes les juridictions consulaires de France, l'édit du mois de novembre 1563, particulier, dans son origine, à celle de Paris; et que, de l'autre, l'art. 3 de cet édit voulait que toutes les affaires fussent jugées par trois membres du tribunal, *appelés avec eux, si la matière y était sujette, et s'ils en étaient* REQUIS PAR LES PARTIES, *tel nombre de personnes de conseil qu'ils avise-raient.*

» Aussi est-il intervenu, le 15 décembre 1722, une déclaration qui porte : « Nous sommes

» informés que, nonobstant que les juridictions » consulaires qui sont dans les autres villes, » aient été établies à l'instar de celle de Paris, » et doivent se conformer à ce qui a été prescrit » par l'édit de novembre 1563, les anciens juges » et consuls des juridictions consulaires de Tou- » louse, Montpellier et quelques autres villes, » prétendent être en droit de s'immiscer, con- » jointement avec ceux qui sont en charge, » dans la connaissance et le jugement des procès, » quoiqu'ils n'y aient point été appelés ; ce qui » cause plusieurs brigues et cabales très-con- » traires au bien de la justice.....; et voulant » arrêter le cours de cet abus, et rétablir une » règle uniforme dans toutes les juridictions » consulaires......; à ces causes.........., vou- » lons......... que les juges et consuls en charge » aient seuls la connaissance, la décision et le » jugement des procès et différends de leur com- » pétence. Faisons très-expresses inhibitions et » défenses aux juges et consuls anciens de s'y » immiscer, *s'ils n'y sont expressément et* » *nommément appelés par les juges et consuls* » *qui seront en charge, lorsque la matière y* » *sera sujette* ET QUE LES PARTIES L'AURONT » REQUIS ».

» Mais à cette déclaration il en a succédé une autre du 26 juin 1723, qui l'a modifiée, ou, si l'on veut, expliquée de manière à remettre les choses dans leur premier état : « Nous sommes » informés (y est-il dit), que la dernière clause » de ladite déclaration (de celle du 15 décembre » 1722), a donné lieu à quelques juridictions » consulaires, notamment aux prieur et consuls » de la bourse commune des marchands établie » à Toulouse, de représenter que les défenses » faites aux anciens juges et consuls de s'im- » miscer dans le jugement des procès et différends » de la compétence des juridictions consulaires, » s'ils n'y étaient appelés par les juges et consuls » en charge, lorsque la matière le requerrait » et que les parties l'auraient demandé, sem- » blaient donner atteinte à la faculté qu'ont ces » juridictions, par les édits de leur création et » arrêts rendus en conséquence, d'appeler au » jugement des procès telles personnes que les » juges et consuls en charge aviseraient, sur- » tout *les marchands de la retenue*, c'est-à-dire, » ceux destinés à aider les juges et consuls dans » l'administration de la justice, ainsi qu'il se » pratique en la juridiction consulaire de Tou- » louse ; et que cette clause, dans les termes » qu'elle est conçue, pourrait produire le mau- » vais effet d'éloigner et rendre plus difficiles » les jugemens des procès, en ce que la partie » mal fondée et qui voudrait chicaner, pourrait » refuser de consentir qu'il fût appelé d'autres » juges, pour décider avec ceux qui sont en » charge ; pour décider avec ceux qui sont en » charge, et ne voudraient pas convenir des » juges qu'il faudrait appeler. — *Quoiqu'en* » *général les défenses* portées par notredite

Tome VI.

» déclaration, *ne puissent s'appliquer aux mar-* » *chands et négocians que les juges et consuls* » *en charge sont en droit d'appeler, pour les* » *aider à rendre la justice,* néanmoins comme » les termes dans lesquels la dernière clause de » cette déclaration est conçue, laissent quelque » ambiguïté dans le sens dans lequel elle doit » être entendue, il nous a paru nécessaire de » nous expliquer sur cela plus disertement. — » A ces causes......, voulons que notredite » déclaration du 15 décembre 1722, soit exécutée » selon sa forme et teneur ; ce faisant, que les » juges et consuls en charge auront seuls la » connaissance, la décision et le jugement » des procès de leur compétence. Faisons très- » expresses inhibitions et défenses aux juges et » consuls anciens de s'y immiscer, à moins » qu'ils ne soient expressément et nommément » appelés par les juges et consuls en charge ; ce » que ceux-ci seront libres de faire, lorsqu'ils » estimeront que la matière et le bien de la » justice le requerront ».

» Par cette déclaration, les membres des juridictions commerciales ont été maintenus bien clairement dans la faculté d'appeler, de leur propre mouvement et sans réquisition des parties, non-seulement les anciens juges et consuls, mais encore *des marchands et négo-* *cians* qui n'ont jamais exercé de fonctions judi- ciaires.

» Or, cette déclaration n'a été ni abrogée ni modifiée par les lois nouvelles, qui n'ont fait que substituer à l'ancienne dénomination des juridictions consulaires, celle de tribunaux de commerce. Elle a donc par cela seul conservé toute son autorité.

» Aussi existe-t-il trois jugemens formels du tribunal de cassation, qui déclarent valables des jugemens de tribunaux auxquels avaient assisté des suppléans, sans que leur présence y fût nécessaire.

» Le premier a été rendu à la section civile, le 22 frimaire an 9, au rapport du cit. Rousseau, entre les cit. Lacroix et Huvé, négocians. Il rejette la demande en cassation, formée contre un jugement du tribunal d'appel de Paris, con- firmatif d'un jugement du tribunal de commerce de la même ville, auquel avait assisté l'ancien des deux suppléans, le tribunal étant complet.

» Le second a été rendu à la même section, le 13 vendémiaire an 10, au rapport du cit. Liborel, entre les héritiers Lebret et le cit. Mony. Les héritiers Lebret attaquaient un jugement du tri- bunal civil du département de la Haute-Garonne, qui en avait confirmé un autre du tribunal de commerce de Toulouse. Ils l'attaquaient princi- palement sur ce que le jugement du tribunal de commerce de Toulouse avait été rendu par trois juges et un suppléant. Ils inféraient de là que le suppléant appelé pour concourir à ce jugement, sans que sa présence fût nécessaire,

24

avait commis un excès de pouvoir; que le tribunal civil de la Haute-Garonne avait dû, en conséquence, annuller ce jugement; et qu'en le confirmant au contraire, il avait violé l'art. 29 de la loi du 6 mars 1791. Mais ce moyen a été rejeté par le jugement dont il s'agit, « attendu » que la loi du 6 mars 1791 n'est pas applicable » aux tribunaux de commerce ».

» Le troisième jugement a été rendu à la section des requêtes, le 14 vendémiaire an 11, sur les conclusions du cit. Pons.

» Le second moyen des demandeurs consiste à dire qu'en ordonnant, le 18 frimaire an 8, que les arbitres Jauvert et Paris rédigeraient leurs rapports, sans l'intervention du tiers-arbitre nommé par son jugement du 8 fructidor an 7, le tribunal de commerce a rétracté ce dernier jugement, et par conséquent violé l'autorité de la chose jugée.

» Mais, de quelle nature était le jugement du 8 fructidor an 7? Bien sûrement c'était un jugement préparatoire. Or, il est de principe qu'un jugement préparatoire peut être rétracté par le tribunal même qui l'a rendu. Les lois romaines sont formelles à cet égard; et leurs dispositions ont été confirmées par plusieurs de vos jugemens, notamment par celui de la section civile, du 23 nivôse an 11, rendu contre le cit. Fanyau; et par celui de la section des requêtes, du 25 ventôse suivant, rendu contre Joseph Dasson.

» Le troisième moyen est tiré de l'art. 15 du tit. 5 de la loi du 24 août 1790. Suivant les demandeurs, cet article a été violé de deux manières par le tribunal d'appel : il l'a été d'abord, en ce que le tribunal d'appel n'a pas posé la question de savoir si l'enquête faite en pays étranger, sans commission préalable du tribunal de commerce de Paris, devait ou non être rejetée du procès; il l'a été ensuite, en ce que le tribunal d'appel n'a pas motivé son jugement.

» Mais 1.º le tribunal d'appel a posé, non-seulement la question de savoir si Lannux et Dubernard étaient fondés dans leurs demandes, non-seulement la question de savoir si les cit. Delon et Grandin étaient fondés dans leurs contre-prétentions, mais encore celle de savoir si le tribunal de commerce avait bien ou mal jugé; et certainement ces trois questions renfermaient implicitement celle de savoir si l'enquête faite en Espagne, pouvait justifier les demandes de Lannux et de Dubernard; celle de savoir si cette enquête pouvait être opposée aux contre-prétentions des cit. Delon et Grandin; celle de savoir si le tribunal de commerce avait pu prendre cette enquête pour base de sa décision. — 2.º Le tribunal d'appel a déclaré par son jugement, qu'il adoptait les motifs de

celui du tribunal de commerce; et ces motifs, il les a consignés en toutes lettres dans son jugement même. Le tribunal d'appel n'a donc violé, sous aucun rapport, l'art. 15 du tit. 5 de la loi du 24 août 1790.

» Le quatrième moyen vous est présenté comme un attentat à la souveraineté de la nation française, et comme une infraction manifeste de l'art. 121 de l'ordonnance de 1629. C'est, selon les demandeurs, avoir attenté à l'une et enfreint l'autre, que d'avoir admis, comme pièce probante en France, une enquête faite en pays étranger, devant des juges étrangers, et sur la seule réquisition d'un tribunal étranger. Ce n'est pas tout. Cette enquête n'était point contradictoire; il y avait été procédé en l'absence des demandeurs et sans les y appeler : il y a donc encore, et de ce chef, contravention à l'art. 7 du tit. 16 de l'ordonnance de 1667.

» Pour parvenir à une juste appréciation de ce moyen, le premier pas à faire est de bien déterminer les points sur lesquels le tribunal de commerce a pris l'enquête espagnole pour base de son jugement. Ces points se réduisent à quatre.

» 1.º Le tribunal de commerce a invoqué l'enquête, en même temps que la reconnaissance unanime des deux arbitres Jauvert et Paris, dans leurs rapports respectifs, pour établir qu'en fait de commerce de laines, les négocians n'obtiennent pas, dans l'usage le plus général, un *rendement* aussi avantageux que celui dont avaient joui les cit. Grandin et Delon. 2.º Il l'a invoquée pour établir *que, suivant l'usage constant du pays*, ce qu'on appelle le *kaidas* des laines lavées, *reste au profit du* lavoir. 3.º Il l'a invoquée pour établir *que le prix général des laines est, à Séville et aux environs, de 50 et au plus de 60 réaux l'arrobe*. 4.º Il l'a invoquée pour établir que le lavage des laines, *d'après le prix généralement établi dans tous les lavoirs*, est de 5 à 6 réaux.

» Ce n'est donc pas sur des faits personnels, soit aux cit. Grandin et Delon, soit à Lannux et Dubernard, que le tribunal de commerce a invoqué l'enquête. Il ne l'a invoquée que sur des points d'usage, relatifs au commerce des laines en Espagne.

» Cela posé, on voit déjà que ce n'est pas comme *enquête* proprement dite, mais comme *actes de notoriété*, comme *parères*, qu'il a envisagé les dépositions des témoins entendus devant des juges espagnols, à la requête de Lannux et Dubernard; et déjà, par conséquent, on voit qu'en tirant de ces dépositions la preuve des points d'usage qu'elles attestent, il n'a pas violé l'art. 7 du tit. 16 de l'ordonnance de 1667; que, quand même d'ailleurs il l'aurait violé en effet, ce ne serait pas une raison pour casser le jugement qui a confirmé le sien.

» Nous disons d'abord qu'il n'a pas violé cet article, et c'est une vérité très-sensible.

» Cet article porte que si, dans les juridictions commerciales, les parties se trouvent *contraires en faits*, elles seront admises respectivement à faire entendre leurs témoins à l'audience de ces juridictions, en présence l'une de l'autre; mais 1.º dans l'espèce actuelle, les demandeurs ne produisent aucune pièce de laquelle il résulte que, devant le tribunal de commerce de Paris, ils aient contesté les points d'usage dont il s'agit? 2.º En supposant qu'ils les aient réellement contestés, ce qui est assez vraisemblable, était-ce le cas d'en ordonner la preuve dans la forme prescrite par l'art. 7 du tit. 16 de l'ordonnance de 1667? On pouvait le faire, sans doute; mais qu'on y fût strictement obligé, c'est ce que nous ne saurions croire. Tous les jours, lorsqu'il n'est question que de constater des points d'usage admis dans le commerce, les parties rapportent, ou des actes de notoriété, ou des parères, auxquels les juges ont plus ou moins d'égard, d'après leurs lumières et leur conscience, sans que jamais on attaque leurs jugemens, sous le prétexte que ces actes de notoriété, que ces parères ont été donnés en l'absence de l'une des parties, et sans l'appeler. Ces actes de notoriété, ces parères ne sont alors que des *consultations ;* et l'on sent assez qu'une consultation de négocians peut, aussi bien qu'une consultation d'hommes de loi, mériter l'attention des juges, quoiqu'elle ne soit pas donnée contradictoirement avec toutes les parties intéressées.

» Nous disons ensuite que, quand même les faits qui ne portent que sur des points d'usage, seraient compris dans la disposition de l'art. 7 du tit. 16 de l'ordonnance de 1667; que, quand même, par conséquent, le tribunal de commerce de Paris aurait contrevenu à cet article, en admettant comme pièces probantes, des attestations non contradictoires, ce ne serait pas encore une raison pour casser le jugement confirmatif de la décision de ce tribunal; et en effet, cet article ne prononce pas la nullité des jugemens rendus sur des preuves faites dans une forme différente de celle qu'il prescrit; or, vous savez que, d'après la loi du 4 germinal an 2, on ne peut jamais suppléer la peine de nullité dans les dispositions de nos anciennes ordonnances relatives aux formes de la procédure. Et si on ne le peut pas dans les causes ordinaires, à combien plus forte raison ne le peut-on pas dans les affaires commerciales, dans ces affaires où, pour nous servir des termes de l'édit du mois de novembre 1563, l'on n'est pas *astreint aux subtilités des lois et ordonnances ;* dans ces affaires où, comme le porte le procès-verbal de l'ordonnance de 1667, page 109, les jugemens se forment *selon les différentes circonstances,* et sur les *adminicules* qu'elles fournissent.

» Mais si le jugement confirmatif de celui du tribunal de commerce, ne peut pas être cassé pour contravention à l'ordonnance de 1667, comment pourrait-il l'être pour violation de l'art. 121 de l'ordonnance de 1629?

» Sans doute, cet article serait violé, et il y aurait vraiment attentat à la souveraineté nationale, si l'on admettait en France, comme un titre exécutoire ou comme ayant l'autorité de la chose jugée, un arrêt ou une sentence rendu contre un citoyen français par un tribunal étranger. Mais ici, de quoi s'agit-il? Uniquement de savoir si le tribunal de commerce de Paris a pu avoir égard à des actes de notoriété, à des parères, donnés sur des points d'usage d'Espagne, devant des juges espagnols. Certes, il n'y a là rien qui blesse la souveraineté nationale, rien qui contrarie le texte ni l'esprit de l'ordonnance de 1629. Si, dans un procès élevé en France sur la question de savoir, soit de combien de jours est composée chaque *usance* dans les lettres de change tirées sur l'Espagne; soit dans quel délai, les lettres de change tirées sur l'Espagne, doivent être protestées faute de payement, on produisait un acte de notoriété délivré par le juges de Madrid ou de Cadix, l'ordonnance de 1629 serait-elle violée par le jugement qui interviendrait d'après ce genre de preuve? Personne n'oserait certainement soutenir l'affirmative. Eh bien! voilà, par équipollence, ce qui s'est fait dans l'espèce actuelle. Ce n'est point par les juges espagnols, mais c'est en leur présence, qu'ont été délivrés les actes de notoriété sur lesquels le tribunal de commerce de Paris a en partie motivé son jugement; et assurément, des attestations qui auraient pu être données devant un notaire ou sous seings-privés, et qui, dans l'une ou l'autre forme, auraient encore pu être prises en considération par le tribunal de commerce de Paris, n'ont pas perdu toute croyance par cela seul qu'elles ont été données en justice. Elles n'ont été données en justice que par surabondance de solennité; et c'est bien ici, ou ce ne sera jamais, le cas de la maxime, *quod abundat non vitiat.*

» N'oublions pas d'ailleurs ce que dit Emérigon dans son *Traité des assurances*, ch. 4, sect. 8 : « Quoique les jugemens rendus par les tribu- » naux étrangers, n'aient aucune autorité contre » les Français, cependant les enquêtes prises et » d'autres preuves dûment authentiquées par le » juge étranger, sont admises parmi nous dans » les affaires civiles concernant le commerce. » Ainsi jugé par arrêt du parlement d'Aix du » 16 décembre 1745, en faveur du sieur Poivre, » marchand de Marseille, contre Blanc, patron » de tartane. Il s'agissait d'une enquête prise » par le juge de Nice, au sujet de certaines » balles de laines mouillées. Il a été rendu » plusieurs autres jugemens semblables ».

» Par ces considérations, nous estimons qu'il

y a lieu de rejeter la requête des demandeurs, et de les condamner à l'amende ».

Il n'a pas été statué sur ces conclusions ; le 4 pluviôse an 12, à l'audience même où elles devaient être prononcées, les sieurs Grandin et Delon se sont désistés de leur demande en cassation.

Du reste, le Code de commerce a depuis décidé, art. 627, que les suppléans des tribunaux de commerce ne pourraient être appelés qu'à l'effet de completter le nombre de juges nécessaire pour rendre un jugement.

§. II. *Les suppléans des juges de paix les remplacent-ils valablement en toute matière ? Peuvent-ils, notamment en l'absence de ceux-ci, tenir les audiences de police ?*

« A l'audience du tribunal de police d'Anvers, le 3 juin dernier, cinq causes en matière de police entre diverses parties avaient été appelées ; ce tribunal composé alors du premier suppléant en l'absence du juge de paix, s'était déclaré incompétent sous le prétexte que, lorsqu'il s'agit d'affaires où il peut être question d'appliquer quelque peine, la loi n'autorise pas les suppléans à remplir les fonctions des juges de paix, quoiqu'ils soient malades ou absens, ou autrement empêchés. — Contravention à la loi du 29 ventôse an 9, que la cour de cassation a réformée par l'arrêt du 7 juillet 1809, dont la teneur suit :
» Ouï M. Lombard-Quincieux..... ; vu les art. 1, 2 et 3 de la loi du 29 ventôse an 9 ; attendu que si, d'après l'art. 151 du Code des délits et des peines, le tribunal de police devait être composé du juge de paix et de deux de ses assesseurs, la loi du 29 ventôse an 9 y a dérogé, en prescrivant que chaque juge de paix remplira seul les fonctions, soit judiciaires, soit de conciliation ou autres, attribuées aux justices de paix par les lois actuelles, et qu'en cas de maladie, d'absence ou autre empêchement, ses fonctions seront remplies par un suppléant ; et attendu que, par les jugemens rendus par le tribunal de police d'Anvers, le 3 juin dernier, le premier suppléant du juge de paix de cette ville, siégeant en l'absence de ce juge, s'est, sur le motif qu'aucune loi n'a investi les suppléans des justices de paix, du pouvoir et de la qualité nécessaires pour composer le tribunal de police en l'absence du juge de paix, déclaré incompétent pour connaître de la demande de François Dumercie, en réparation d'injures verbales contre Catherine Michelsens, veuve Boots, et deux de ses enfans, et a prolongé les causes de Decominck, Wormans frères, Joussens et Gerard - Lambrechts à la prochaine audience, pour y être instruites par le juge apte pour en connaître ; que, par ce refus d'exercer un pouvoir et une juridiction que la

loi avait attribués à sa qualité de premier suppléant, il y a eu déni de justice et contravention à la loi du 29 ventôse an 9 ; la cour faisant droit au pourvoi du commissaire de police de la ville d'Anvers, casse et annulle lesdits jugemens du 3 juin dernier..... ». (*Bulletin criminel de la cour de cassation.*)

SUPPOSITION D'ÉTAT. *Enoncer, dans l'acte de naissance d'un enfant, que son père et sa mère sont mariés, tandis que, dans le fait, ils vivent en concubinage, est-ce commettre un crime de faux et de supposition d'état ?*

Cette question est déjà traitée et suffisamment approfondie à l'article *Faux*, §. 3 ; mais nous croyons devoir y revenir, pour observer que ceux-là se tromperaient grandement, qui, sur la foi d'un nouvel ouvrage périodique, croiraient que l'opinion adoptée par les arrêts de la section criminelle de la cour de cassation, des 18 et 26 brumaire an 12, a été proscrite depuis par cette cour entière, dans le *consultis classibus* qui a précédé les deux arrêts du 10 messidor de la même année, rapportés à l'article *Question d'état*, §. 2.

Il n'y a, en effet, aucune ombre de ressemblance entre les espèces sur lesquelles ont été rendus les deux arrêts du 10 messidor an 12, et les espèces jugées par ceux des 18 et 26 brumaire précédent.

Dans celles-ci, des pères avaient fait inscrire leurs enfans naturels comme nés de leurs concubines, qu'ils avaient faussement qualifiées de légitimes épouses. Dans celles-là, des enfans nés de concubines avaient été inscrits, sur la présentation de leurs pères, comme fruits de leur mariage avec leurs véritables épouses, nommément désignées.

Il n'y avait donc dans les unes, qu'un simple mensonge sur la qualité des mères des enfans naturels ; tandis que, dans les autres, il y avait substitution de mères qui ne l'étaient pas, aux mères véritables.

Dans le premier cas, le simple mensonge sur la qualité des mères, *quoique répréhensible,* a été jugé, par les arrêts des 18 et 26 brumaire an 12, ne pas constituer un crime de faux.

Et dans le second cas, la substitution de mères qui ne l'étaient pas, aux mères véritables, a été jugée par les arrêts du 10 messidor suivant, *constituer, non pas seulement une énonciation mensongère, mais un faux caractérisé... qui a pour objet et pour résultat d'opérer une filiation autre que celle de la loi et de la nature, conséquemment une suppression d'état.*

On voit combien sont décisifs ces mots, *non pas seulement une énonciation mensongère :* il en résulte évidemment que, si la question se fût présentée en messidor, dans les mêmes termes qu'en brumaire, elle eût été jugée dans le même sens.

SUPPRESSION DE DÉPÔT. *V.* l'article *Suppression de titres.*

SUPPRESSION D'ÉTAT. — §. I. 1.° *Avant le Code civil, le délit de suppression d'état pouvait-il être poursuivi par l'action criminelle, sans qu'au préalable la question d'état eût été jugée définitivement par les tribunaux civils ?*

2.° *La preuve acquise par la voie criminelle, de la suppression d'état, pouvait-elle servir à faire juger quel était l'état qui avait été supprimé ?*

3.° *Quel était, contre les possesseurs des biens dont l'enfant devait jouir par suite de l'état que l'on reconnaissait lui avoir été enlevé, l'effet du jugement criminel rendu contre l'auteur de la suppression d'état ?*

V. l'article *Tribunal d'appel*, §. 5.

§. II. 1.° *La fausseté des noms sous lesquels un enfant prétend avoir été inscrit dans son acte de naissance, peut-elle, d'après les art.* 323 *et* 327 *du Code civil, être prouvée par la voie criminelle, avant le jugement définitif sur la question d'état de cet enfant ?*

2.° *Lorsqu'il n'y a pas de contestation liée sur l'état d'un enfant, le ministère public peut-il poursuivre d'office le délit de suppression ou de supposition de cet état ?*

V. l'article *Question d'état*, §. 1 et 2.

§. III. *Celui qui, en présentant un enfant à l'officier de l'état civil, en désigne la véritable mère et le véritable père, mais prend faussement, et signe le nom de celui-ci, commet-il un crime de suppression d'état ? Peut-il être poursuivi criminellement comme faussaire, avant que la question d'état de cet enfant ait été jugée par les tribunaux civils ?*

Ces questions se sont présentées, le 25 novembre 1809, devant la cour de justice criminelle et spéciale du département de la Côte-d'Or. Voici dans quels termes elle y a statué par arrêt du même jour.

« Vu.... les pièces d'une procédure instruite contre Louis-Antoine Franchoi, cordonnier, demeurant à Dijon; — Notamment la dénonciation faite par Jean-Frédéric Martin, cordonnier, demeurant à Neufchâtel, travaillant actuellement à Dijon, et reçue le 28 août 1809, par le substitut magistrat de sûreté de l'arrondissement de Dijon; — L'acte de naissance de Jean-François Martin,

né à Dijon le 23 mars 1808, du mariage contracté à Neufchâtel en Suisse, vers la fin du mois d'avril 1800, entre ledit Martin et Henriette-Guillaume, son épouse; ledit acte de naissance dressé par l'officier de l'état civil de la commune de Dijon, le 24 dudit mois de mars; — Le passeport délivré par le maire de la ville de Lyon, le 15 avril 1809, à Jean-Frédéric Martin, cordonnier à Dijon, pour aller à Châlons, département de Saône et Loire; — Les procès-verbaux de description desdits actes de naissance et passeport argués de faux, dressés par le commis-greffier de la cour, les 28 septembre et 20 novembre 1809; — Les interrogatoires subis par le prévenu, les 31 août, 30 septembre, 2 et 24 novembre 1809;

» Ouï le procureur-général en ses conclusions ;

» Considérant que Louis-Antoine Franchoi est prévenu d'avoir, dans des intentions criminelles, et sous le nom supposé de Jean-Frédéric Martin, cordonnier à Dijon, représenté à l'officier de l'état civil de ladite commune un enfant du sexe masculin, dont il s'est dit être père, né le 23 mars 1808, du mariage contracté à Neufchâtel en Suisse, vers la fin du mois d'avril 1800, entre lui déclarant et Henriette-Guillaume son épouse, et auquel il a déclaré donner les prénoms de Jean-François ;

» Qu'en conséquence de ces présentation et déclaration, l'officier de l'état civil de Dijon a dressé, en présence des témoins voulus par la loi, le 24 dudit mois de mars, l'acte de naissance dont il s'agit ; lequel a été signé par ledit Franchoi des nom et prénoms *J. F. Martin*, nom et prénoms qu'il s'était donné dès le courant de 1807, époque à laquelle il amena du domicile de Jean-Frédéric Martin, cordonnier audit Neufchâtel, Henriette Guillaume, femme de ce dernier, et les papiers duquel il se servait ;

» Qu'il est encore prévenu de s'être fait délivrer, dans des intentions criminelles, par le maire de la ville de Lyon, le 15 avril 1809, un passeport sous le nom supposé de Jean-Frédéric Martin, cordonnier à Lyon, et de l'avoir signé de ce nom;

» Et enfin d'avoir, toujours dans des intentions criminelles, fait usage de ce passeport, sachant qu'il était faux, en le faisant viser par le secrétaire-général du commissariat général de police à Lyon, le même jour 15 avril 1809, par le commissaire de police de Châlons, le 8 mai suivant, pour aller à Beaune, et par le commissaire de police de cette dernière ville, le 12 du même mois, pour aller à Paris ; que ces délits imputés au prévenu Louis-Antoine Franchoi, portent tous les caractères du crime de faux prévu par les art. 41 et 44 du tit. 2 de la seconde partie du Code pénal ;

» Que la connaissance en est attribuée à la cour de justice criminelle et spéciale, par l'art. 2 de la loi du 23 floréal an 10 ;

» Qu'aux termes de l'art. 5 de la même loi, la poursuite, l'instruction et le jugement des délits de cette espèce doivent avoir lieu conformément aux dispositions contenues au tit. 3 de la loi du 18 pluviôse an 9;

» Que l'art. 24, tit. 3, de cette dernière loi, veut que la cour juge sa compétence;

» Par ces motifs, la cour se déclare compétente pour connaître des crimes de faux imputés audit Louis-Antoine Franchoi; ordonne en conséquence que l'affaire dont il s'agit, demeure par elle retenue pour être instruite et jugée conformément aux dispositions de lois ci-dessus citées ».

Cet arrêt transmis à la cour de cassation, le défenseur d'Antoine Franchoi présente, pour le faire annuller, des observations ainsi conçues:

« Deux faux basent l'accusation: Passeport délivré à Lyon le 15 avril 1809, à Franchoi, sous le faux nom de Martin; c'est le premier; acte de naissance d'un enfant présenté à l'officier public de Dijon, le 24 mars 1808, par Franchoi, qui a dit s'appeler Martin, et être le père de cet enfant, et qui a signé l'acte sous ce faux nom; c'est le deuxième.

» Par rapport au premier, l'art. 17 de la loi du 28 mars 1792 l'a prévu, et ne le punit que d'une peine correctionnelle.

» On a, à la vérité, élevé souvent la question de savoir si cette loi avait, à cet égard, dérogé aux dispositions du Code pénal sur le faux; mais la cour de cassation n'a jamais décidé la négative sur ce point, que dans les cas où il s'agissait de conscrits réfractaires, qui, à la faveur de faux passeports, échappaient à la conscription, ou d'accusés, ou de condamnés qui évitaient, par le même moyen, l'arrestation ou la peine qu'ils avaient encourue.

» Mais Franchoi n'est dans aucun de ces cas. Il semble donc que la loi du 28 mars 1792 soit la seule qui lui soit applicable; et de là incompétence de la cour spéciale pour connaître du délit.

» Par rapport au second, il constitue une suppression d'état: à supposer que cet enfant qui a été baptisé sous le nom de Martin, qui est réellement le mari de la mère, n'ait pas pour père ce mari; car, si Martin ne peut le désavouer, parce que la mère l'aurait conçu dans le temps où elle cohabitait avec lui, on ne voit pas qu'il y ait eu suppression d'état, ni que le faux commis par Franchoi fût celui qui est prévu par le Code pénal.

» Mais dans le cas où il y aurait eu réellement suppression d'état, les art. 326 et 327 du Code civil empêchent que, dans l'état actuel des choses, la cour spéciale soit compétente, parce qu'aucun tribunal civil n'a encore été saisi de la question d'état. La jurisprudence de la cour de cassation est définitivement fixée à cet égard, et

semble ne laisser aucun doute sur la vérité de la proposition ».

Par arrêt du 28 décembre 1809, au rapport de M. Vergès,

« Considérant que Louis-Antoine Franchoi est prévenu d'avoir commis le crime de faux en écriture authentique et publique; qu'il est prévenu, en effet, d'avoir, dans des intentions criminelles, pris faussement par écrit les nom et prénoms de Jean-Frédéric Martin, cordonnier, habitant à Neufchâtel, et d'avoir signé ce faux nom et ces faux prénoms au bas de l'acte de naissance d'un enfant par lui présenté à l'officier de l'état civil de Dijon, le 24 mars 1808;

» Considérant que les faux noms pris par écrit avec signature, dans des intentions criminelles, constituent, d'après la loi du 7 frimaire an 2, le crime de faux; que la connaissance de ce crime est attribuée, par l'art. 2 de la loi du 23 floréal an 10, aux cours de justice criminelle spéciale;

» Considérant que ledit Louis-Antoine Franchoi est prévenu de s'être fait délivrer, le 15 avril 1809, par le maire de la ville de Lyon, un passeport sous le nom supposé de Jean-Frédéric Martin, et d'avoir signé ce passeport de ce nom et de ces prénoms;

» Qu'il est prévenu d'avoir fait usage de ce passeport, sachant qu'il contenait la déclaration et la signature d'un faux nom;

» Considérant que les faits relatifs à cette prévention, paraissant se lier à ceux relatifs à la première, et avoir eu pour objet d'accréditer et de consolider la prise du faux nom, la cour de justice criminelle spéciale s'est légalement déclarée compétente;

» La cour confirme, sous ces rapports, l'arrêt de compétence rendu le 25 novembre 1809, par la cour de justice criminelle spéciale du département de la Côte-d'Or, à la charge dudit Louis-Antoine Franchoi ».

SUPPRESSION DE TITRES. — §. I. 1.° Peut-on, avant d'avoir prouvé par la voie civile, qu'il a existé un testament, une obligation, une contre-lettre, une quittance ou tout autre titre, poursuivre, par la voie criminelle, les auteurs et les complices de la suppression que l'on prétend en avoir été faite?

2.° Le peut-on notamment, lorsqu'on impute le délit de suppression à la personne entre les mains de laquelle on soutient avoir mis en dépôt le titre supprimé?

3.° Si cette personne avoue le dépôt et la suppression du titre, mais soutient n'avoir supprimé le titre qu'en vertu d'une condition verbalement apposée au dépôt, peut-on diviser son aveu, tenir le dépôt pour constant et juger que le titre a été supprimé illégalement? Y *a-t-il, à cet égard, quelque différence entre l'ancienne législation et les dispositions du Code civil?*

Le 23 germinal an 4, Sara Clarck, veuve Hulm, loue pour neuf ans à Christophe Potter, une manufacture de faïence située à Montereau.

Par un autre acte du même jour, elle lui vend tous les ustensiles, toutes les matières premières, tous les objets fabriqués qui existent dans cette manufacture; et elle le charge d'en payer le prix à différens créanciers qu'elle lui indique.

En pluviôse an 7, à défaut du payement des loyers et du prix de la vente, la veuve Hulm, remariée à Pierre-Merlin-Hall, fait saisir le mobilier de la manufacture. Les ouvriers, les fournisseurs et d'autres créanciers de Potter, forment opposition à cette saisie.

Le 6 ventôse suivant, pour éviter la vente judiciaire des objets saisis, une transaction est passée devant notaires, entre Merlin-Hall et sa femme, les créanciers opposans et Potter. Par cet acte, 1.º le bail de la manufacture est résilié; 2.º Potter cède à Merlin-Hall et sa femme tout le mobilier de la manufacture, moyennant la somme de 8000 francs; 3.º cette somme est compensée, jusqu'à due concurrence, avec celle de 104,070 francs dont Potter demeure redevable envers les créanciers indiqués par le contrat de vente du 23 germinal an 4; 4.º Merlin-Hall et sa femme donnent main-levée de leur saisie; 5.º les créanciers opposans se désistent de leurs oppositions, et Merlin-Hall s'oblige de leur payer dans deux ans ce qui leur est dû par Potter.

Mais par une contre-lettre sous seing-privé du même jour, il est convenu que Potter conservera l'administration de la manufacture, sous les conditions suivantes : 1.º qu'il sera tenu de payer dans deux ans les créanciers indiqués par le contrat du 23 germinal an 4; 2.º qu'il les payera sur les bénéfices de la manufacture; 3.º que si, au bout de deux ans, il n'a pu les payer avec ces bénéfices, il lui sera accordé un nouveau délai de trois mois pour s'acquitter envers eux; 4.º qu'à défaut de payement dans ce dernier délai, la transaction notariée recevra son exécution.

Les deux doubles de cette contre-lettre sont déposées, sous cachet, entre les mains du sieur Champagne et du sieur Fauquez.

Le 13 messidor an 8, Potter cite au bureau de paix les sieurs Champagne, Merlin-Hall et sa femme, pour se concilier sur la demande qu'il se propose de former contre eux à ce que le premier soit tenu de déposer chez un notaire la contre-lettre qui lui a été confiée en ventôse an 7, et à ce que le jugement à intervenir soit déclaré commun avec les seconds.

Le 18 du même mois, procès-verbal de non conciliation. Le sieur Champagne y déclare

n'avoir aucune connaissance de la prétendue contre-lettre, et Merlin-Hall ne connaître que la transaction notariée du 6 ventôse an 7.

Le 5 prairial an 9, Potter rend une plainte en suppression de la contre-lettre, et il la dirige, 1.º contre les sieurs Champagne et Fauquez; 2.º contre Merlin Hall et sa femme; 3.º contre les sieurs Dyvoire et Vary, qui avaient été présens au dépôt de l'acte.

Il ajoute contre Merlin-Hall et sa femme en particulier, une plainte spéciale en spoliation des registres et papiers de la manufacture de Montereau.

Champagne, Merlin-Hall, sa femme, Dyvoire et Vary, interrogés sur ces plaintes par le magistrat de sûreté, exposent que, lors de la rédaction de la contre-lettre, il avait été convenu verbalement qu'elle n'aurait point d'effet, si Potter ne payait pas à ses créanciers personnels les billets qu'il avait souscrits le même jour à leur ordre; et qu'en cas de protêt d'un seul de ces billets, la contre-lettre serait supprimée; que telle avait été la condition *sine quâ non* de la contre-lettre; que c'était par ce motif que les deux doubles en avaient été déposés en mains tierces; que les dépositaires avaient été expressément chargés par les deux parties, de brûler l'un et l'autre double, sur la seule représentation qui leur serait faite du protêt de l'un des billets; que le cas prévu était arrivé; que Potter n'avait payé aucun des billets qu'il avait souscrits le 6 ventôse an 7; que Merlin-Hall avait été obligé de les acquitter pour lui; que les dépositaires avaient en conséquence averti Potter que la contre-lettre serait brûlée, s'il ne remboursait pas Merlin-Hall; et qu'enfin, le 11 germinal an 8, après différens délais qu'ils lui avaient successivement accordés, ils avaient obéi à la loi de leur mandat, en livrant aux flammes les deux doubles de la contre-lettre.

Le sieur Fauquez ne pouvant, pour cause de maladie, comparaître devant le magistrat de sûreté, se présente devant un notaire de Montereau, commis pour recevoir ses réponses; et là, après avoir rendu compte des circonstances de la négociation du 6 ventôse an 7, il déclare que Champagne était venu chez lui accompagné de Merlin-Hall, qui lui avait remis un des paquets contenant la contre-lettre, et lui avait dit « qu'il y avait un cas où les dépositaires étaient chargés, et même obligés, sans en prévenir les parties, de brûler cet écrit'; c'était si les dépositaires avaient connaissance que Potter ne payât pas exactement les billets à ordre qu'il avait souscrits au profit de plusieurs créanciers personnels de lui Potter, qui étaient opposans à la saisie mobilière; qu'il avait fait mention de cette *loi du dépôt*; sur l'enveloppe du paquet remis entre ses mains; que Champagne et lui avaient acquis la certitude que Potter n'avait pas satisfait à ses engagemens; ils s'étaient déterminés, après lui avoir donné plusieurs avertissemens et délais, à accomplir la condition sous laquelle le dépôt avait été fait v.

Ces déclarations sont confirmées par plusieurs témoins, et ne sont contredites que par un seul.

L'affaire en cet état, est portée à l'audience correctionnelle du tribunal de première instance de Fontainebleau, où il intervient, le 29 nivôse an 10, un jugement préparatoire dont l'annullation prononcée, le 26 germinal suivant, par la cour de justice criminelle du département de Seine et Marne, entraîne le renvoi du fond au tribunal de première instance de Melun. Pendant que le fond s'y instruit, le sieur Fauquez vient à mourir.

Le 4 thermidor an 10, jugement du tribunal de première instance de Melun, qui, sans avoir égard à la fin de non-recevoir que les prévenus opposaient à Potter, sur ce qu'il s'était d'abord pourvu par action civile, en les citant au bureau de paix, et sans statuer sur l'exception qu'ils faisaient résulter de l'art. 2 du tit. 20 de l'ordonnance de 1667, les décharge des plaintes et demandes de Potter, et condamne celui-ci à 600 francs de dommages-intérêts envers Champagne, à pareille somme envers Dyvoire et Vary, et aux dépens; le tout,

« Attendu qu'il résulte de l'instruction que, le 6 ventôse an 7, il a été remis à Champagne, à titre de dépôt volontaire, deux paquets cachetés et paraphés, dont l'un devait être remis à Fauquez, avec la condition, par les dépositaires, de brûler ces paquets, dans le cas de protêt de l'un ou de plusieurs des billets souscrits le même jour par Potter, tant au profit de ses créanciers opposans à la saisie, qu'à celui de Champagne, pour raison d'une fourniture de cent cordes de bois, que celui-ci devait faire à la manufacture;

» Que l'acquiescement de Potter et Merlin au dépôt en mains tierces, des deux doubles d'une contre-lettre que chacun d'eux avait intérêt de garder, indique suffisamment l'existence de conditions verbales dont l'exécution était confiée à ces dépositaires, le cas prévu arrivant;

» Qu'il résulte des pièces produites, que cinq des billets souscrits par Potter, le jour du dépôt de la contre-lettre, ont été protestés; que, par suite de ces protêts, des jugemens ont été obtenus contre Potter; que ces cinq billets ont été acquittés par Merlin; ce qui établit que le cas prévu par la condition du dépôt, est arrivé;

» Que ce n'est que sur la représentation de ces protêts et jugemens par Merlin aux dépositaires, et sept mois après le dernier protêt et jugement, que les dépositaires se sont déterminés à exécuter la condition du dépôt, en brûlant les deux paquets, le 11 germinal an 8;

» Qu'au moyen de l'anéantissement de la contre-lettre, l'acte ostensible, passé devant Jauvet, le 6 ventôse, devant avoir son exécution, *Merlin était libre de disposer de effets mobiliers, titres et papiers de la manufacture;*

» Qu'enfin, il résulte de la série des faits ci-dessus, qu'il n'existe au procès aucun délit;

» Que Champagne n'a fait qu'exécuter les conditions du dépôt; que Dyvoire et Vary étaient étrangers aux clauses de la contre-lettre, ainsi qu'au dépôt et à la condition qui y était opposée;

» Que conséquemment Dyvoire et Vary ont été mal à propos impliqués dans la plainte de Potter ».

Appel de ce jugement, tant de la part de Potter que de celle du procureur-général de la cour de justice criminelle du département de Seine et Marne.

Sur cet appel, les prévenus reproduisent les deux fins de non-recevoir qu'ils avaient proposées en première instance. Potter soutient qu'ils y sont non-recevables, ou, qu'en tout cas, ils doivent en être déboutés.

Le 21 pluviôse an 12, arrêt de la cour de justice criminelle qui prononce en ces termes:

« En ce qui concerne la fin de non-recevoir présentée par Potter, et tirée du prétendu acquiescement donné par Merlin-Hall et consorts au jugement du tribunal de police correctionnelle de l'arrondissement de Melun; considérant que ce jugement n'ayant pas prononcé sur le mérite des fins de non-recevoir opposées à Potter, ne les a point rejetées; qu'ainsi, Merlin-Hall et consorts n'ont donné aucune adhésion à une disposition qui n'existait pas; rejette la fin de non-recevoir;

» En ce qui concerne les fins de non-recevoir opposées à Potter par Merlin-Hall et consorts; sur la première, considérant que la citation en conciliation n'est pas une action civile, mais un préliminaire à cette action; que cette citation était nécessaire pour s'assurer de la nature de l'action à intenter, et du tribunal auquel elle devait être portée; que d'ailleurs l'exercice de l'action civile par les parties ne peut arrêter l'action publique, qui appartient au commissaire du gouvernement; rejette ladite fin de non-recevoir;

» En ce qui touche la deuxième fin de non-recevoir tirée de l'art. 2 du tit. 20 de l'ordonnance de 1667; attendu que le fait imputé aux prévenus, est, par sa nature, un délit qui, d'après les dispositions de l'art. 12 de la loi du 25 frimaire an 8, doit être poursuivi par voie de police correctionnelle; que, si le fait et l'objet du dépôt étaient contestés, il y aurait lieu seulement à renvoyer devant les juges civils, pour faire statuer sur la question principale et préalable de leur existence, en se réservant par le tribunal de statuer sur la plainte après l'événement de la contestation civile; que ces principes sont consacrés par un jugement rendu le 12 messidor an 11, par le tribunal de cassation, inséré dans le septième Bulletin, n. 170; mais que, dans l'espèce, le fait et l'objet du dépôt sont avoués; qu'ainsi, il ne reste rien à juger par les tribunaux civils, et par conséquent point d'application de l'article de l'ordonnance de 1667 ci-dessus indiqué; que si, en général, on doit admettre la déclaration du dépositaire sur la loi et les conditions du dépôt, cette maxime ne peut être invoquée dans l'espèce, parce que les deux dépositaires ont perdu toute croyance en commençant par nier l'existence de la contre-lettre dont il s'agit; et parce qu'ils ne sont point d'accord entre eux sur les conditions du dépôt; rejette ladite fin de non-recevoir;

» Et prononçant sur le fond, attendu qu'il résulte de l'examen des pièces et des débats, que la prétendue convention de brûler la contre-lettre avant l'expiration du délai qui y était écrit en faveur de Potter, et au cas échéant, n'a jamais existé; qu'en supposant qu'il en eût existé une, dans l'incertitude où se trouverait le tribunal, par suite des contradictions des deux dépositaires sur la nature de la prétendue condition, il ne pourrait au plus ajouter foi qu'à celle énoncée dans la déclaration que Fauquez, l'un des dépositaires, a faite devant Jauvet, notaire à Montereau, de laquelle il dit avoir, le jour même du dépôt, en présence de Champagne et Merlin-Hall, fait mention sur l'enveloppe, et retenu copie pour son renseignement personnel; mais que le cas indiqué par Fauquez, dans cette déclaration, n'est point arrivé; que par conséquent la contre-lettre déposée entre les mains de Champagne et de Fauquez, n'aurait pas dû être brûlée;

» Faisant droit, tant sur l'appel interjeté par le commissaire du gouvernement, que par Potter, du jugement du tribunal correctionnel de l'arrondissement de Melun, et vu les art. 201 et 204 du Code des délits et des peines, annule ledit jugement, déclare que le dépôt de la contre-lettre du 6 ventôse an 7, fait entre les mains de Champagne et Fauquez, a été violé par le brûlement qui en a été fait dans les premiers jours du mois de germinal an 8; que l'un des auteurs de cette violation a été le cit. Champagne, qui, sur la réquisition de Merlin-Hall, en sa présence, hors celle de Potter, et sans que ledit Potter eût été légalement appelé, a brûlé le dépôt qui lui avait été confié; qu'il n'est pas constant que Champagne ait profité en aucune manière de cette violation, ni qu'il ait agi dans le dessein de nuire à autrui; que seulement il a commis une imprudence grave, soit en admettant, sur la parole de Merlin-Hall, une convention verbale qui n'a point été faite, soit en supposant qu'il y en eût aucune, en ne vérifiant pas si la condition

sous laquelle elle aurait été faite, était arrivée, soit encore en n'appelant pas légalement à l'anéantissement de la contre-lettre, le cit. Potter qu'elle intéressait, et qui la lui avait confiée; renvoie Champagne de la plainte contre lui rendue par Potter; et comme l'imprudence grave commise par Champagne, n'est pas du ressort du tribunal; que, si elle peut donner lieu à des dommages-intérêts contre Champagne, à raison du préjudice qu'elle a pu causer à Potter, et si celui-ci se croit fondé à en demander, les tribunaux civils sont les seuls qui puissent y statuer, renvoie sur cet objet les parties par-devant les juges qui doivent en connaître, défenses réservées au contraire;

» En ce qui touche Sara Clarck, femme de Merlin-Hall, considérant qu'il n'est pas constant qu'elle ait coopéré au brûlement de la contre-lettre dont il est question, ni même qu'elle en ait été instruite, et que par conséquent elle n'est pas convaincue d'être complice de la violation du dépôt; renvoie la femme Merlin-Hall de la plainte contre elle rendue, sans préjudice des actions civiles qui pourraient compéter contre elle à Potter;

» En ce qui concerne Dyvoire et Vary, considérant qu'il n'est pas constant qu'ils aient contracté en aucune manière directe avec Potter, ni qu'ils aient coopéré personnellement, directement ou indirectement au brûlement qui a été fait; qu'ainsi, ils ne sont pas convaincus d'être complices de la violation du dépôt; les renvoie de la plainte contre eux rendue par Potter;

» En ce qui touche Merlin-Hall, considérant qu'il résulte des débats, qu'il a d'abord nié l'existence d'une contre-lettre signée de lui et de sa femme; que, lorsqu'il en a postérieurement avoué l'existence, il l'a fait en y ajoutant celle d'une convention verbale qui n'a jamais existé; qu'il est également constant que, dans la supposition de l'existence de cette contre-lettre, il en a imposé aux dépositaires, en leur présentant comme l'événement de la condition portée en cette convention, le protêt fait le 1.er floréal an 7, d'une créance que lui-même avait éteinte en payant le cit. Mérat, et débitant Potter sur ses livres; qu'il est aussi que c'est en sa présence, sur sa réquisition et ses insinuations, que le dépôt a été brûlé; que ce brûlement a été poursuivi et obtenu par lui de l'imprudence des dépositaires, dans le dessein de nuire à Potter; que Merlin-Hall a aidé et assisté les auteurs de la violation du dépôt, dans l'acte même qui l'a consommé; qu'il l'a fait sciemment, pour son profit, et dans le dessein de nuire à Potter; appliquant audit Merlin-Hall la disposition de l'art. 12 de la loi du 25 frimaire an 8, et celle de l'art. 1 du tit. 3 de la deuxième partie du Code pénal, condamne ledit Merlin-Hall en une année d'emprisonnement;

» Et attendu que le brûlement de la contre-lettre avait pour objet et a eu pour effet de s'emparer par Merlin-Hall, de la manufacture; qu'il résulte de l'examen des pièces et des débats, que Merlin-Hall, en s'emparant indûment de cette manufacture de faïence de Montereau, a fait éprouver à Potter des pertes considérables; qu'il en résulte également que le prix de 8000 fr. porté en l'acte de résiliation comme celui des marchandises existantes en magasin au 6 ventôse an 7, est évidemment au-dessous de leur valeur véritable; que Merlin-Hall lui-même l'a reconnu dans l'apperçu qu'il a fourni au cit. Dyvoire, le...... et dans lequel il a fixé à 48,410 livres 11 sous 6 deniers, les marchandises qui étaient en magasin le 6 ventôse; que cette fixation elle-même doit être encore inférieure à la véritable, puisque, depuis le 16 ventôse, Merlin-Hall s'était permis de diminuer de deux cinquièmes le prix des marchandises; qu'on peut d'ailleurs d'autant plus croire que cette somme est fort inférieure à la véritable valeur desdites marchandises, que Merlin-Hall, gérant, pour Potter, la manufacture, salarié par lui, s'est permis de s'emparer indûment des copies du procès-verbal de saisie faite sur Potter, et descriptif des marchandises saisies; qu'il les a soustraites malgré l'opposition du surveillant établi par Potter; qu'il n'a jamais voulu représenter l'original de ce procès-verbal qui était entre ses mains, puisque c'était sa femme qui avait fait faire la saisie; en conséquence, faisant droit sur la demande en dommages et intérêts formée par Potter, condamne Merlin-Hall en 90,000 francs de dommages et intérêts envers ledit Potter, si mieux n'aime, suivant l'état de ces dommages et intérêts qui sera donné par Potter, auquel cas les parties feront prononcer sur lesdits dommages et intérêts par-devant les juges qui doivent en connaître;

» En ce qui touche la demande formée par Potter, en reddition de compte de la gestion de Merlin-Hall, en restitution des produits de la manufacture, et en réintégration de sa jouissance de ladite manufacture; considérant que la contre-lettre ayant été indûment brûlée, la déclaration de Potter sur le contenu en icelle doit être uniquement admise; qu'ainsi, le brouillon rapporté par Royer, doit être considéré comme la contre-lettre elle-même; le tribunal déclare que le brouillon de contre-lettre représenté par le témoin Royer devant le magistrat de sûreté...., contient les intentions des parties, et est véritablement la minute dès deux doubles qui ont été confiés à Champagne et à Fauquez; ordonne que Merlin-Hall et sa femme seront tenus de le signer avec Potter, faute de quoi le présent jugement vaudra lesdites signatures; que ledit acte sera exécuté selon sa forme et teneur, après toutefois qu'il aura été soumis aux formalités du timbre et de l'enregistrement; en conséquence, pour l'exécution des clauses de ladite contre-lettre, renvoie les parties devant les juges qui doivent en connaître;

» En ce qui concerne les dommages et intérêts demandés audit Potter par Champagne, Sara Clark, femme Merlin, Dyvoire et Vary, rejette ladite demande.... ».

Quatre recours en cassation sont dirigés contre cet arrêt, le premier par Merlin-Hall, le second par son épouse, le troisième par Champagne, et le quatrième par Potter.

« Nous n'avons sur celui-ci qu'une seule observation à faire (ai-je dit à l'audience de la section criminelle, le 20 fructidor an 12); c'est qu'il est non-recevable, faute de consignation d'amende.

» A l'égard du second et du troisième, Potter prétend les écarter par une fin de non-recevoir qu'il oppose également à Champagne et à la dame Merlin-Hall. Suivant lui, Champagne et la dame Merlin-Hall n'étant condamnés à aucune peine, à aucune réparation civile, sont par cela seul sans intérêt pour attaquer l'arrêt du 21 pluviôse; et dès qu'ils sont sans intérêt, ils sont nécessairement sans action.

» Un seul mot nous paraît suffire pour repousser cette fin de non-recevoir : l'arrêt du 21 pluviôse juge, tant contre Champagne que contre la dame Merlin-Hall, que la contre-lettre du 6 ventôse an 7 n'a pas dû être anéantie; qu'elle est demeurée obligatoire, nonobstant la destruction des actes qui en contenaient la rédaction; et qu'ils peuvent tous deux être poursuivis devant les tribunaux civils, l'un pour les dommages-intérêts qui ont résulté de l'anéantissement de ces actes, l'autre pour l'exécution des clauses qui étaient écrites dans ces actes même. Champagne et la dame Merlin-Hall sont donc tous deux intéressés à faire réformer cet arrêt; la fin de non-recevoir que leur oppose Potter, porte donc sur une base absolument fausse.

» Au fond, quatre moyens de cassation vous sont proposés, un particulier à Merlin-Hall, et trois qui lui sont communs avec son épouse et Champagne.

» Le moyen particulier à Merlin-Hall, consiste à dire que les principaux accusés, Fauquez et Champagne, ayant été déchargés, l'un par sa mort, l'autre par l'arrêt attaqué, de la peine portée par l'art. 12 de la loi du 25 frimaire an 8, cette peine n'a pas pu être infligée à son prétendu complice; qu'il est contradictoire de punir le complice d'un délit, et d'en laisser les auteurs jouir de l'impunité; que d'ailleurs, Merlin-Hall n'a ni provoqué la destruction de la contre-lettre, ni aidé et assisté Champagne et Fauquez à la détruire; qu'il leur en a seulement donné le conseil; et que par conséquent il n'y a dans sa conduite aucun des traits qui, suivant l'art. 1 du dernier titre du Code pénal, forme le caractère de la complicité.

» Ce moyen n'a sans doute fait sur vous aucune impression.

» D'un côté, la mort de Fauquez a bien éteint l'action criminelle à son égard ; mais elle a laissé cette action intacte envers Merlin-Hall ; et si, pour justifier une proposition aussi évidente, il était besoin de quelque autorité, nous vous rappellerions le décret de la Convention nationale du 26 messidor an 2, qui, sur un référé du tribunal criminel du département du Doubs, déclare *qu'il n'y a rien, soit dans le Code pénal, soit dans toute autre loi, qui puisse faire douter si le complice d'un criminel doit être puni, lorsqu'il est convaincu, quoique l'auteur principal du crime soit mort avant sa condamnation ; que c'est se jouer de la justice, que d'en arrêter le cours par de semblables doutes, et consumer sans fruit le temps de la représentation nationale, que de lui proposer à résoudre des questions pour la solution desquelles les lois n'offrent aucune difficulté.*

» D'un autre côté, l'absolution de Champagne, motivée sur ce qu'en détruisant la contre-lettre, il avait été plus imprudent que coupable, a-t-elle dû entraîner l'absolution de Merlin-Hall, considéré comme provocateur, comme aide de cette destruction ? C'est demander en d'autres termes, si celui qui provoquerait ou aiderait un homme en démence, un enfant, à commettre un homicide, devrait profiter de l'absolution qui serait prononcée en faveur de l'enfant, de l'homme en démence.

» Enfin, l'arrêt attaqué déclare constant, en point de fait, que Merlin-Hall n'a pas seulement conseillé la destruction de la contre-lettre, mais qu'il l'a *poursuivie*, expression qui, assurément, répond bien à celle de *provoquée*, et qu'il en a *aidé et assisté les auteurs dans l'acte même qui l'a consommée*. Que veut-on de plus pour justifier l'arrêt en cette partie ?

» Quant aux trois moyens qui sont communs à Merlin-Hall, à son épouse et à Champagne, il y en a deux, savoir le second et le troisième, qui ne peuvent par eux-mêmes et pris chacun isolément, mériter aucune espèce de considération.

» D'abord, en effet, les demandeurs ont beau dire qu'en jugeant le *brouillon* de la contre-lettre représenté par le témoin Royer, conforme à la contre-lettre elle-même, qu'en ordonnant aux parties de la signer, et qu'en déclarant qu'à défaut de leurs signatures, son jugement en tiendrait lieu, la cour de justice criminelle de Seine et Marne a *violé la loi du contrat*, ou plutôt a créé un contrat qui n'existait pas, et a par conséquent commis un excès de pouvoir ; il est évident que ces dispositions ne sont, dans l'arrêt attaqué, que la conséquence nécessaire de celle qui déclare que la contre-lettre n'a pas été légitimement détruite ; et que la cour de justice criminelle de Seine et Marne n'a fait,

à cet égard, que ce que pourrait et devrait faire un tribunal civil sur la demande d'un créancier à qui son débiteur aurait enlevé son titre de créance.

» Ensuite, comment les demandeurs peuvent-ils se flatter d'établir que l'arrêt du 21 pluviôse a fait une fausse application de l'art. 12 de la loi du 25 frimaire an 8 ? Ils conviennent que cet article aurait été justement appliqué par l'arrêt du 21 pluviôse, s'il était constant que la contre-lettre eût été déposée entre les mains de Champagne et de Fauquez, *à la charge de la rendre ou représenter ;* et ce n'est que parce qu'ils ont, selon eux, prouvé le contraire devant la cour de justice criminelle, qu'ils accusent cette cour d'avoir appliqué à faux la peine portée par la loi contre tout dépositaire qui détruit la chose confiée à sa garde. Mais, sans doute, Messieurs, vous penserez que, sur ce point de fait, si la cour de justice criminelle était compétente pour le constater, et si elle l'a constaté légalement, son arrêt ne donne aucune prise à la cassation ; vous penserez sans doute que, dans cette double hypothèse, l'application de l'art. 12 de la loi du 25 frimaire an 8 devenait pour les juges de la cour de justice criminelle, le corollaire aussi simple qu'inévitable du fait reconnu et proclamé par eux, que le dépôt de la contre-lettre avait eu lieu sans la condition que les prévenus soutenaient y avoir été apposée verbalement ; vous penserez sans doute que, dans cette double hypothèse, les juges ont rempli relativement à ce fait, le ministère de jurés, et que leur décision est inattaquable en cette partie.

» C'est donc à l'examen de cette double hypothèse, que toute la cause se trouve réduite ; et cet examen ne doit être, comme vous le voyez, que celui des deux branches du premier moyen de cassation des demandeurs.

» Nous disons *des deux branches :* car, par leur premier moyen de cassation, les demandeurs soutiennent à la fois et que la cour de justice criminelle n'a pas acquis légalement la preuve du dépôt dont il s'agit, et qu'elle n'était pas compétente pour rechercher cette preuve, pour la déduire des débats ouverts devant elle.

» De ces deux propositions, la première, considérée isolément et sans aucun rapport avec la seconde, vous paraîtra sûrement n'être qu'une erreur.

» Il est vrai qu'aux termes de l'art. 2 du tit. 20 de l'ordonnance de 1667, il doit être *passé acte de toutes choses excédant la somme ou valeur de cent livres, même pour dépôt volontaire.* Mais tout ce que l'on peut conclure de cette disposition, c'est que le dépôt volontaire ne peut pas être prouvé par témoins ; et jamais on n'a eu la prétention d'en inférer que l'aveu du dépositaire ne puisse pas, à cet égard, remplacer la preuve par écrit. Or, dans notre espèce, le dépôt était avoué par les demandeurs ; la disposition de l'ordonnance de 1667 n'a donc pas été violée par l'arrêt qui, d'après l'aveu des demandeurs, a déclaré constant le fait du dépôt.

» Il est vrai encore que les demandeurs n'avouaient pas purement et simplement le dépôt, et qu'ils ajoutaient à leur aveu des explications qui, si elles avaient été admises avec l'aveu même, en auraient enlevé tout l'avantage à leur adversaire. Mais si, en séparant ces explications de leur aveu, la cour de justice criminelle a jugé contre l'opinion presque unanime des auteurs qui enseignent qu'en thèse générale, l'aveu judiciaire est indivisible, elle n'a, du moins, jugé contre le texte d'aucune disposition législative; car alors n'existait pas encore l'art. 1356 du Code civil, qui, tout en voulant que l'aveu judiciaire fasse *pleine foi contre celui qui l'a fait*, veut en même temps qu'il ne puisse *être divisé contre lui* ; et non-seulement il est certain qu'aucune loi antérieure au Code civil, n'avait consacré ce principe ; mais le contraire avait été soutenu par des jurisconsultes d'un grand poids; voici notamment ce qu'avait dit, à cet égard, le savant Berroyer, dans ses notes sur les arrêts de Bardet, tom. 1.er, pag. 617... (1).

» Nous devons donc le dire hautement, si un tribunal civil eût jugé comme l'a fait la cour de justice criminelle de Seine et Marne, son jugement serait à l'abri de la cassation, soit parce qu'en admettant l'aveu des demandeurs pour preuve d'un dépôt volontaire, il n'aurait pas contrevenu à l'art. 2 du tit. 20 de l'ordonnance de 1667 ; soit parce qu'en divisant cet aveu, il n'aurait violé aucune des lois existantes à cette époque, et qu'il se serait seulement écarté d'une doctrine qui, toute raisonnable qu'elle est, n'était pourtant pas sans contradicteurs avant la promulgation du Code civil. Nous devons donc le dire hautement, le premier moyen de cassation des demandeurs manque de fondement dans sa première branche.

» Mais que penserez-vous, Messieurs, de la seconde? Jugerez-vous que la cour de justice criminelle a pu, sans excéder les limites de ses attributions, connaître du fait et des conditions du dépôt, en même temps que du prétendu délit résultant de la destruction de la chose déposée? Ou bien, déciderez-vous que le fait et les conditions du dépôt étaient de la compétence exclusive des tribunaux civils? Déciderez-vous que les tribunaux civils auraient dû statuer sur le fait et les conditions du dépôt, avant que les tribunaux criminels pussent juger que la destruction de la chose déposée formait un véritable délit? Telle est la question sur laquelle nous sommes appelés par notre ministère à vous

présenter nos vues; et l'avoir proposée, c'est déjà en avoir fait sentir l'extrême importance.

» Au premier aspect, il n'est personne qui ne se dise à soi-même qu'en matière de délits, la compétence des juges criminels n'est circonscrite par aucune borne, n'est modifiée par aucune réserve, n'est limitée par aucune exception ; que, dès qu'un délit est articulé, les juges criminels peuvent le rechercher, le poursuivre, non-seulement dans l'acte qui, à proprement parler, le constitue et en renferme la substance; mais encore dans tous les faits, dans toutes les circonstances, même de pur intérêt civil, dont le concours est nécessaire pour qu'il ait pu être commis.

» Ainsi, lorsqu'un titre est argué de faux, les juges criminels ne sont pas obligés, pour convaincre et punir le faussaire, d'attendre que les juges civils aient déclaré le faux constant.

» Ainsi, lorsqu'un débiteur en faillite est accusé d'avoir souscrit des billets simulés en fraude de ses créanciers légitimes, les juges criminels peuvent connaître de la simulation de ces billets; et s'ils les jugent simulés en effet, ils peuvent, en les annullant, condamner aux peines de la banqueroute frauduleuse, non-seulement le prétendu débiteur qui les a signés, mais encore les créanciers supposés qui les ont reçus de lui (1).

» Ainsi, lorsqu'un particulier en accuse un autre de lui avoir surpris une obligation ou une quittance, par dol et escroquerie ; les juges criminels peuvent décider si en effet c'est d'un fait de dol et d'escroquerie que dérive l'obligation ou la quittance; et, dans le cas de l'affirmative, déclarer nulle la quittance et l'obligation.

» Et pourquoi n'en serait-il pas de même dans l'hypothèse de l'accusation portée contre un dépositaire, d'avoir détruit la chose qu'il a reçue en dépôt? Pourquoi les juges criminels, qui tiennent de la loi le pouvoir de juger le délit de destruction de la chose déposée, ne tiendraient-ils pas également d'elle le pouvoir de juger s'il y a eu un dépôt? S'il n'y avait pas eu de dépôt, la chose déposée n'aurait pas pu être détruite. Comment donc la loi pourrait-elle attribuer aux juges criminels la connaissance du délit de destruction de la chose déposée, sans leur attribuer simultanément la connaissance du dépôt même? La connaissance du délit de destruction est la *fin* de la loi ; la connaissance du dépôt est le *moyen* sans lequel ne peut avoir lieu la connaissance du délit; il faut donc que l'une entraine l'autre : *qui vult finem vult medium*.

» Il y a pourtant une différence très-sensible

---

(1) *V.* l'article *Confession.*

(1) *V.* l'article *Simulation*, §. 1.

entre ce cas et ceux de faux, de simulation frauduleuse et d'escroquerie. En cas de faux, de simulation et d'escroquerie, le délit réside dans l'acte même qui a été falsifié, simulé ou escroqué; c'est cet acte même qui forme le siége et la matière du délit : il est donc impossible de séparer le délit d'avec l'acte; et de là, le pouvoir qu'ont nécessairement les juges criminels de prononcer sur le délit. Dans notre espèce, au contraire, le délit n'est point dans le dépôt, il est dans un acte postérieur, il est dans la destruction de la chose confiée au dépositaire; il n'y a donc point ici de raison d'indivisibilité; et de ce qu'ici les juges criminels peuvent statuer sur le délit, il ne s'ensuit pas nécessairement qu'ils puissent aussi statuer sur le dépôt.

» Mais faisons un pas de plus, et bientôt nous rencontrerons des cas qui paraissent très-analogues à notre espèce, et dans lesquels, tout aussi bien que dans ceux de faux, de simulation et d'escroquerie, les juges criminels n'ont pas besoin, pour asseoir leur compétence, d'une décision préalable des juges civils.

» Un testament a été, après la mort du testateur, supprimé par son héritier naturel. Le légataire qui, par ce délit, est privé de la libéralité du défunt, peut-il rendre plainte devant les juges criminels, sans que les juges civils aient préalablement décidé que le testament a existé, et qu'il contenait une disposition en sa faveur? Nous ne croyons pas que l'affirmative puisse souffrir aucun doute.

» Voilà donc une espèce où le délit ne se confond, ne s'identifie pas avec le titre dont l'existence est déniée, et où cependant la compétence des juges criminels n'éprouve nulle contradiction.

» Un débiteur a soustrait à son créancier l'obligation qu'il lui avait passée, et qui formait le seul titre de sa créance. Le créancier peut-il, tout de suite, l'actionner criminellement? et le juge criminel peut-il recevoir sa plainte, avant que le juge civil ait prononcé sur l'existence primitive de l'obligation? Il y a dans le Recueil de Salviat, quest. 14, un arrêt de la tournelle du parlement de Bordeaux, qui juge pour l'affirmative, et qui, en conséquence, non-seulement déclare le débiteur coupable du délit de soustraction du titre, mais encore le condamne à exécuter envers son créancier l'obligation qu'il lui avait enlevée. Nous ne craignons pas d'ailleurs d'assurer que jamais on n'a jugé le contraire, et nous en avons pour garant ce que disait à l'audience du parlement de Paris, le 2 août 1706, M. l'avocat-général Joly-de-Fleury, dans un plaidoyer rapporté sous cette date, au Journal des audiences : « Jamais (ce sont ses » termes), on n'a cru devoir empêcher, non- » obstant la disposition de l'ordonnance (de » Moulins et de celle de 1667), d'informer de

» la soustraction d'une obligation. Toute la dif- » ficulté qui peut rester dans ce principe, est » dans le cas que le fait de la vérité de la pièce » et celui de la soustraction se peuvent lier et » unir ensemble, et que l'un s'établit nécessai- » rement par l'autre. Alors, il faut examiner » quel est le véritable motif et le principal objet » de la preuve : lorsque c'est le délit qui forme » l'objet principal de la demande, c'est de la » preuve de ce délit que résulte la vérité de » l'obligation; c'est un accessoire qui doit suivre » naturellement l'objet principal, et qui peut » être établi sur la preuve par témoins du » délit.... ».

» Voilà donc encore un cas où le délit est absolument distinct du titre sur lequel il a été commis, et où néanmoins il ne peut y avoir la plus légère difficulté sur la compétence directe et immédiate des juges criminels.

» Devons-nous donc assimiler à ce cas et au précédent, celui qui fait la matière de la contestation actuelle? Déjà, Messieurs, vous avez jugé que non; le 12 messidor an 11 au rapport de M. Rataud, vous avez cassé un jugement du tribunal criminel du département de la Nièvre, qui avait admis la plainte de Rollin, contre Lasne-de-Vareilles, en suppression d'un titre confié à celui-ci; et vous l'avez cassé, « attendu » que le fait imputé à Rollin, d'avoir détourné » à son profit un acte sous seing-privé qui lui » avait été confié par Lasne-de-Vareilles, et » qui établissait qu'une acquisition d'environ » deux cents arpens de terre avait été faite par » eux en commun, serait Lien, par sa na- » ture, un délit qui, d'après les dispositions » de l'art. 12 de la loi du 25 frimaire an 8, » devrait être poursuivi par voie de police cor- » rectionnelle; mais que, dans l'espèce, le fait » du dépôt, l'existence de la convention et de » l'acte qui l'établissait, ont été contestés par » le prévenu, qui se prévalait d'un acte no- » tarié duquel il résultait qu'il était seul acqué- » reur; qu'alors s'élevait une autre question » principale et préalable, qui rentrait évidem- » ment dans la compétence exclusive des tri- » bunaux civils, et ne pouvait être jugée que » conformément aux dispositions de la loi ci- » vile; qu'autrement, ce serait introduire, en » matière de conventions, la preuve testimo- » niale, dans les cas où la loi générale la pro- » hibe formellement; que, dans cet état, la » poursuite à raison du délit, devait être né- » cessairement subordonnée à l'événement de » la contestation à porter devant les tribunaux » civils, et qu'ainsi, en ordonnant qu'il serait, » de suite, procédé à l'instruction criminelle » et au jugement sur le fait de la plainte, le tri- » bunal criminel du département de la Nièvre, » a, par le jugement attaqué, violé les règles » de compétence établies par la loi ».

» Rien, assurément, de plus formel que cet

arrêt : il juge très-positivement que, lorsque sur une plainte en suppression de chose déposée, le fait du dépôt est nié par le prévenu, ce fait constitue une question préjudicielle, dont la connaissance appartient aux tribunaux civils; et que, tant que les tribunaux civils n'y ont pas statué définitivement, les juges correctionnels doivent surseoir à l'instruction de la plainte. Mais plus cette décision est imposante par son grand caractère, plus il importe d'examiner si elle peut se concilier avec les principes que nous venons d'établir sur les cinq cas que nous avons passés en revue, c'est-à-dire, sur le faux, la simulation frauduleuse, l'escroquerie, la suppression d'un testament par l'héritier auquel il porte préjudice, et la soustraction d'un titre de créance par le débiteur qui l'a signé.

» Qu'elle puisse se concilier, qu'elle se concilie même très-bien, avec les maximes qui régissent les trois premiers cas, c'est ce que nous avons déjà prouvé par la différence essentielle qui existe entre ces trois cas et celui de la suppression d'une chose déposée.

» Dans les cas de faux, de simulation et d'escroquerie, le délit est, par sa nature, comme par l'époque où il a été commis, inséparable de l'acte qui en a été l'objet. Dans le cas de suppression de la chose déposée, le délit et le fait du dépôt sont indépendans l'un de l'autre, non pas à la vérité, en ce sens que le délit puisse avoir été commis, si le dépôt n'a pas eu lieu; mais du moins en ce sens que le dépôt puisse avoir eu lieu sans que le délit ait été effectué. Ainsi, rien d'étonnant que, dans les trois premiers cas, les juges criminels soient compétens d'emblée, et qu'ils ne le soient pas dans celui dont il est ici question.

» Mais concilierons-nous aussi facilement votre arrêt du 12 messidor an 11, avec ce que nous avons dit sur les deux autres cas? Oui, Messieurs; et pour y parvenir, nous n'aurons besoin que d'un principe sur lequel il ne peut s'élever aucune contradiction sérieuse.

» Ce principe est qu'il ne peut y avoir lieu à l'action criminelle, que dans les matières susceptibles de la preuve par témoins. Vous le savez, les procès criminels, quel que soit leur objet, admettent nécessairement tous les genres de preuves et par conséquent la preuve par témoins comme la preuve par écrit. *Dans chacun des cas* (porte l'art. 82 du Code des délits et des peines), où il y a lieu d'instruire sur un délit, *le juge de paix dresse des procès-verbaux*, ENTEND DES TÉMOINS, *recueille les preuves par écrit et rassemble les pièces de conviction.* Une foule d'autres dispositions du même Code concourent également à établir qu'on peut, qu'on doit entendre des témoins dans toutes les affaires qui s'instruisent criminellement; et cela est si vrai, qu'on ne saurait pas

citer une seule loi, soit ancienne, soit moderne, qui défendît la preuve testimoniale dans un procès criminel, de quelque nature qu'il fût.

» Mais de là même il suit évidemment que partout où la preuve testimoniale est interdite, il ne peut y avoir lieu à l'action criminelle, puisque admettre en pareil cas l'action criminelle, ce serait forcer le juge qui en serait saisi, à repousser un genre de preuve qui appartient essentiellement à tous les procès de sa compétence.

» Cela posé, on voit tout de suite pourquoi l'action criminelle est admissible, sans autre préliminaire, dans le cas de suppression d'un testament par un héritier naturel, aussi bien que dans celui de la soustraction d'un titre de créance par le débiteur que ce titre obligeait; et pourquoi elle ne l'est pas, au moins immédiatement, dans le cas de destruction d'une chose déposée sans reconnaissance par écrit. C'est que, dans les deux premiers cas, la suppression du testament, la soustraction du titre de créance, peuvent être prouvées directement par témoins; au lieu que, dans le troisième, la destruction de la chose déposée ne peut être prouvée par témoins, qu'après que le fait même du dépôt a été constaté par écrit.

» Nous disons d'abord que, dans les deux premiers cas, on peut prouver par témoins la suppression du testament et la soustraction du titre de créance; et c'est une vérité qui porte, pour ainsi dire, sa démonstration avec elle-même.

» Quel est le fondement de la prohibition de la preuve testimoniale dans les matières où cette preuve est interdite par l'ordonnance de Moulins, par celle de 1667 et par le Code civil? C'est que, dans ces matières, il n'a tenu qu'à celui qui veut recourir à la preuve testimoniale, de se procurer une preuve par écrit. Or, a-t-il été libre au légataire de se procurer une preuve par écrit de la suppression du testament qui contenait un legs en sa faveur? A-t-il été libre au créancier de se procurer une preuve par écrit de la soustraction du titre? non certainement. Ils ne sont donc ni l'un ni l'autre dans le cas de la prohibition de la preuve par témoins; ils sont donc, au contraire, l'un et l'autre dans le cas de la règle établie par Pothier, *des obligations*, n. 750, *qu'on est admis à la preuve testimoniale des choses dont on n'a pu se procurer une preuve littérale*, à quelques sommes qu'elles puissent monter.

» Aussi Ricard, part. 3, n. 6, n'hésite-t-il pas à dire que l'ordonnance de Moulins *n'est nullement contraire* à la preuve par témoins du *fait de suppression* d'un testament par l'héritier naturel, *puisque ce fait ne consiste en aucune convention; et qu'il a été impossible à celui qui s'en plaint, d'en stipuler un écrit.*

» Aussi, M. l'avocat-général Joly de Fleury établit-il dans le plaidoyer déjà cité du 2 août 1706, que ni l'ordonnance de Moulins ni celle de 1667 ne s'opposent à ce qu'on prouve par témoins la soustraction d'un titre de créance, et voici comment il s'explique à ce sujet : « On » ne peut observer avec trop d'exactitude cette » sage disposition de l'art. 54 de l'ordonnance » de Moulins, renouvelée par l'ordonnance de » 1667, touchant la preuve par témoins. Le » danger était trop grand de soumettre à la dé- » position de témoins souvent prévenus, quel- » quefois même corrompus, l'état et la fortune » des hommes. Il a fallu que les lois, en excluant » cette sorte de preuve, en introduisissent une » autre qui fût moins suspecte ; c'est par cette » raison qu'elles ont ordonné, par une première » disposition, qu'*il serait passé des actes devant* » *notaires ou sous seing-privé, de toutes choses* » *excédant la somme de cent livres.* Et cette » sûreté étant établie, elles ont voulu, par un » seconde disposition, qu'*il ne fût accordé aucune* » *preuve par témoins contre et outre les contrats* » *et autres actes.* — Mais cette dernière disposi- » tion est une suite et une conséquence nécessaire » de la première ; et il est hors de doute que, » lorsque la première disposition doit cesser, la » seconde ne peut subsister. — Or, quand la loi a » voulu qu'il fût passé des actes de toutes choses » excédant la valeur de cent livres, elle n'a pu cer- » tainement comprendre dans sa disposition que » les choses dont on peut passer des actes, c'est- » à-dire, des choses qui tombent en convention, » qui peuvent faire la matière d'un contrat. La » loi, toujours sage dans ses dispositions, n'a » pas voulu réduire les hommes à pratiquer une » chose impossible ; c'est pour cela que les choses » qui ne peuvent se réduire par écrit, qui ne » sont pas susceptibles de convention, n'ont » jamais été comprises dans cette disposition ; » tels sont les faits qui arrivent entre une ou » plusieurs personnes, au préjudice d'un tiers » qui n'a pu être partie; tels sont, en particulier, » tous les délits qui, bien loin de pouvoir faire » la matière d'un acte, se commettent toujours » avec la précaution du secret, sous le voile » duquel on cherche à éviter la punition que les » crimes peuvent mériter. — Si, dans ce cas, » il n'est pas possible d'avoir des actes pour le » prouver, et que la première disposition de » l'ordonnance ne puisse avoir lieu, on ne peut » douter que la seconde disposition n'y ait au- » cune application ; elle ne défend la preuve » par témoins, que parce qu'elle enjoint de » passer des actes ; elle ne peut donc la défendre » dans les cas où il n'est pas possible d'avoir » cette sûreté....; (et dans le fait) jamais on n'a » cru devoir empêcher, nonobstant la disposition » de l'ordonnance, d'informer de la soustraction » d'une obligation ». Vous voyez, Messieurs, que M. Joly de Fleury fait marcher de front la

faculté de prouver par témoins la soustraction d'un titre de créance, et la faculté d'*informer* de cette même soustraction. Il est donc bien vrai, comme nous l'avons avancé, que l'action cri- minelle n'est ouverte contre le fait de soustrac- tion d'un titre de créance, que parce que ce fait est susceptible de la preuve testimoniale.

» Nous avons dit, en second lieu, que l'on ne peut prouver par témoins la destruction d'une chose déposée, qu'après que le fait même du dépôt a été constaté par écrit; et cette assertion est tout aussi facile à justifier que la précédente.

» Sans doute, par cela seul que la destruction d'une chose déposée est un délit, par cela seul que la partie qui s'en plaint, n'a pas pu s'en pro- curer une preuve littérale, on peut la prouver par témoins. Mais elle suppose nécessairement un fait préalable, elle suppose nécessairement un dépôt qui l'a devancée : car point de dépôt, point de destruction possible de la chose dépo- sée ; point de dépôt, point de délit. Or, il n'en est pas du dépôt en cette hypothèse, comme de la soustraction du testament, comme de la sous- traction du titre de créance. Celui qui a confié un dépôt, a pu et dû, au moment où il le con- fiait, en retirer une reconnaissance par écrit ; et cette reconnaissance, il doit encore l'avoir en sa possession, à moins, ce que ne fait pas dans notre espèce le sieur Potter, à moins qu'il n'accuse son prétendu dépositaire de la lui avoir soustraite. Si donc il ne représente pas cette reconnaissance, nul moyen légal pour lui de prouver le dépôt; il ne pourrait le prouver que par témoins; et la loi lui interdit, à cet égard, la preuve testimoniale. Mais, encore une fois, dès qu'il n'y a point de dépôt, il est impossible d'admettre l'idée de la destruction de la chose prétendue déposée. Ainsi, l'inadmissibilité de la preuve testimoniale du dépôt entraîne irrésisti- blement l'inadmissibilité de la preuve testimo- niale du fait de la chose prétendue déposée ait été détruite par le dépositaire ; et nous ne sau- rions trop le répéter, si la preuve testimoniale est inadmissible pour établir cette prétendue destruction, il répugne aux premiers principes que cette prétendue destruction puisse faire l'ob- jet d'une procédure criminelle.

» S'il en était autrement, que deviendraient l'art. 2 du tit. 20 de l'ordonnance de 1667 et l'art. 1920 du Code civil? Vainement ces lois auraient-elles interdit la preuve testimoniale du dépôt volontaire. Rien ne serait aussi facile que d'éluder leurs dispositions, en prenant la voie criminelle, en accusant celui à qui l'on préten- drait avoir confié un dépôt, de l'avoir fait dis- paraître; en invoquant contre lui l'art. 12 de la loi du 25 fimaire an 8; et l'on sent assez que c'est à quoi ne manquerait jamais celui qui pré- tendrait avoir confié un titre ou un objet quel- conque à titre de dépôt, sans s'en faire donner une reconnaissance par écrit. Il faut donc de deux choses l'une, ou dire que l'ordonnance de 1667 et le Code civil ne contiennent que des dispositions illusoires sur la manière de prouver les dépôts volontaires (ce qui serait souverainement absurde), ou admettre pour principe, qu'on ne peut pas, par l'emploi détourné d'une procédure criminelle, faire accueillir, sur le fait d'un dépôt volontaire, une preuve par témoins qui serait rejetée dans une instance civile.

» C'est effectivement ce qu'établissait M. l'avocat-général Joly de Fleury, dans son plaidoyer du 2 août 1706 : « Ce n'est donc point » (disait-il), la voie civile ou la voie criminelle » que la partie a choisie, qui décide pour y » appliquer l'ordonnance ou pour s'en écarter : » on peut poursuivre légitimement par la voie » civile, des délits dont la preuve par témoins » peut être admissible; on ne peut introduire » contre les règles, par la voie criminelle, une » preuve indirecte d'un fait qui ne peut être » prouvé par témoins; c'est la nature du fait » dont on demande la preuve par témoins, qui » doit entièrement décider ».

» Et voilà pourquoi, Messieurs, dès longtemps avant votre arrêt du 12 messidor an 11, la jurisprudence des parlemens était invariablement fixée sur cette maxime, qu'*il n'est pas permis d'employer la voie criminelle, pour se procurer indirectement*, en fait de dépôt volontaire, *une preuve testimoniale qui est réprouvée par la loi*: les nouveaux éditeurs de Denizart nous en donnent l'assurance, à l'article *Dépôt*; et ils la confirment par un arrêt du parlement de Dijon, du 5 juillet 1670, et par cinq autres du parlement de Paris, des 7 avril 1664, 16 mars 1723,.... mars 1724, 22 mai 1765 et 9 août 1766 (1).

» Il n'en faut donc pas douter : si, dans la cause actuelle, le dépôt de la contre-lettre eût été nié purement et simplement par les prévenus, leur dénégation aurait lié les mains aux juges criminels; et les juges criminels auraient dû surseoir à toute procédure, jusqu'à ce que le fait du dépôt eût été constaté légalement par les juges civils. Ainsi le voulait la règle rappelée par votre arrêt du 12 messidor an 11; et la cour de justice criminelle du département de Seine et Marne l'a elle-même reconnu en termes exprès par le jugement qui vous est dénoncé.

» Mais il reste à savoir, et cette dernière partie de la cause n'est pas la moins importante, il reste à savoir si l'aveu que les prévenus ont fait

du dépôt dès les premiers pas de la procédure criminelle, n'a pas levé tout obstacle à l'instruction ultérieure de cette procédure; s'il n'a pas rendu inutile le renvoi préalable aux juges civils, de la question relative au fait du dépôt; s'il n'a pas investi les juges criminels du pouvoir de statuer eux-mêmes sur cette question.

» Déjà nous avons vu que la prohibition de la preuve testimoniale est le seul motif de la nécessité où sont les juges criminels, lorsqu'on porte devant eux une plainte en suppression de la chose déposée, de surseoir à toute procédure jusqu'à ce qu'un jugement civil ait prononcé sur le fait du dépôt. Votre arrêt du 12 messidor an 11 s'explique là-dessus très-clairement, et il est véritablement impossible d'assigner une autre cause à ce point de jurisprudence.

» Mais de là il suit que, dans les cas où cesse la prohibition de la preuve testimoniale, dans les cas où cette prohibition devient sans objet, dans ces cas aussi doit cesser l'entrave que cette prohibition met à l'exercice des pouvoirs délégués aux juges criminels; dans ces cas aussi, par conséquent, doit cesser l'obligation des juges criminels de renvoyer aux tribunaux civils le jugement préalable de la question du dépôt.

» Il n'y a donc pas de renvoi à faire aux tribunaux civils, il n'y a donc pas de sursis à ordonner de la part des juges criminels, lorsque le plaignant rapporte une preuve par écrit du dépôt, lorsque le prévenu avoue purement et simplement le dépôt, lorsqu'enfin, par l'effet d'une circonstance quelconque, on n'a pas besoin de la preuve testimoniale pour établir le fait du dépôt; et c'est encore une fois, ce qui résulte de la manière dont est motivé votre arrêt du 12 messidor an 11.

» Il n'y a donc pas non plus de renvoi à faire aux juges civils, il n'y a donc pas non plus de sursis à ordonner de la part des juges criminels, dans le cas où il existe un commencement de preuve par écrit du dépôt; car alors la preuve testimoniale est permise pour compléter ce commencement de preuve; et alors par conséquent cesse la cause qui, dans l'hypothèse d'un dépôt nié sèchement et non prouvé par titre, paralyse, ou plutôt suspend, l'action de la justice criminelle (1).

» La cour de Seine et Marne n'aurait donc pas violé les règles de sa compétence, elle n'aurait donc pas commis d'excès de pouvoir, si elle avait pu, sans contrevenir à aucune loi, donner à l'aveu des prévenus l'effet d'un aveu pur et simple; ou si du moins elle avait pu,

---

(1) Il existe plusieurs arrêts semblables de la cour de cassation. Le *Répertoire de jurisprudence*, au mot *Dépôt*, §. 1, n. 6, et *Usure*, n. 4, en retrace trois des 5 décembre 1806, 21 mars 1811 et 2 décembre 1813; et le *Journal des Audiences de la cour de cassation*, année 1815, page 369, en rapporte un quatrième du 5 mai 1815.

(1) *V*. le *Répertoire de jurisprudence*, au mot *Dépôt*, §. 1, n. 6, dans les *Additions* qui composent le tome 15 de la 4.ᵉ édition. *V*. aussi les arrêts de la cour de cassation, des 2 décembre 1813 et 5 mai 1815, qui sont cités à la note précédente.

sans contrevenir à aucune loi, donner à cet aveu l'effet d'un commencement de preuve par écrit.

» Or, nul doute qu'elle n'ait pu faire l'un et l'autre.

» D'abord, nous avons déjà remarqué que l'art. 1356 du Code civil était la première loi qui eût interdit la division des aveux judiciaires; que cette loi n'était pas encore promulguée au moment où a été rendu l'arrêt attaqué par les demandeurs, encore moins au moment où a commencé la procédure terminée par cet arrêt; et que, si, avant la promulgation de cette loi, le parti de l'indivisibilité des aveux judiciaires avait réuni le grand nombre des auteurs, et avait été embrassé par le plus grand nombre des arrêts, ce ne serait pas une raison pour donner aujourd'hui à cette loi un effet rétroactif, en l'invoquant comme moyen de cassation contre les jugemens qui s'en sont écartés.

» Qu'on dise donc, tant que l'on voudra, que l'arrêt attaqué par les demandeurs, a mal jugé en divisant leur aveu : mal juger n'est pas violer une loi; la cour de cassation n'est pas instituée pour réviser au fond les arrêts des cours de justice; sa seule mission consiste à casser ceux qui contrarient expressément les actes du pouvoir législatif.

» Et d'ailleurs pour juger ainsi, pour diviser ainsi l'aveu des demandeurs, d'après les circonstances particulières de la cause, la cour de justice criminelle ne trouvait-elle pas des autorités suffisantes, même parmi les anciens sectateurs du parti de l'indivisibilité des aveux judiciaires? Ils conviennent tous que l'aveu judiciaire peut être divisé dans deux cas : lorsque dans une de ses parties, il renferme quelque mensonge; et lorsqu'il existe contre celui qui l'a fait, des présomptions de mauvaise foi....(1).

» Or, les demandeurs ne s'étaient-ils pas eux-mêmes placés précisément dans ces deux cas? Cités en l'an 8 au bureau de conciliation, pour y représenter la contre-lettre, qu'ont-ils répondu? Que la contre-lettre avait été anéantie par suite de la condition qui en avait accompagné le dépôt? Point du tout. Ils ont nié qu'il eût jamais existé de contre-lettre; ils ont soutenu n'en avoir aucune connaissance; ils ont prétendu ignorer ce que voulait leur dire Potter. Si, aux yeux des demandeurs, ce n'est point là de la mauvaise foi, si les demandeurs croient qu'il leur a été permis d'outrager à ce point la vérité, il faut du moins convenir que la cour de justice criminelle de Seine et Marne a pu en prendre une opinion toute différente; et que, si, en partant de là pour diviser les aveux faits depuis par les demandeurs, elle a mal jugé, elle n'a du moins contrevenu à aucune loi.

» Ce n'est pas tout. Merlin-Hall n'a pas seulement nié l'existence de la contre-lettre devant le bureau de conciliation en l'an 8, il l'a encore niée en comparaissant, pour la première fois, le 12 prairial an 9, devant le magistrat de sûreté. — « A lui demandé (porte son premier interrogatoire), si par le conseil de tels hommes » de loi, il n'a pas été fait (le 6 ventôse an 7), » un arrangement sous seing-privé servant de » contre-lettre à l'acte public; a répondu qu'il » n'a point connaissance d'aucun acte de cette » nature. — A lui observé qu'il ne paraît pas » dire la vérité, puisqu'il est déjà prouvé par » l'instruction qui a déjà eu lieu sur la plainte » du cit. Potter, que cet acte a existé, qu'il a » été fait en deux doubles, dont l'un a été dé- » posé dans les mains du cit. Champagne, et » l'autre dans celles du cit. Fauquez; a répondu » qu'il persiste dans sa dénégation ».

» Ce n'est pas tout encore. Cinq jours après ce premier interrogatoire, qui avait été suivi d'un mandat de dépôt décerné contre Merlin-Hall, celui-ci a demandé d'être interrogé de nouveau, et cette fois, instruit que tout était découvert; il a enfin avoué, en rétractant sa déclaration précédente, que la contre-lettre avait existé et avait été détruite; mais il a en même temps soutenu qu'elle renfermait, dans son propre texte, une clause par laquelle les dépositaires étaient autorisés à la brûler dans les cas prévus.

» Cependant la suite de l'instruction a prouvé que rien de semblable n'avait été écrit dans la contre-lettre, et que seulement le sieur Fauquez, l'un des dépositaires, avait annoté sur l'enveloppe du double qu'on lui en avait remis, qu'elle devait être brûlée dans telle circonstance.

» Voilà donc encore un fait sur lequel Merlin-Hall en a imposé à la justice; et c'était assurément beaucoup plus qu'il n'en fallait pour autoriser la cour de Seine et Marne à diviser son aveu.

» Mais quel a dû être, pour les demandeurs, l'effet de la division des aveux qu'ils avaient faits, ou plutôt, il faut le dire, que la justice leur avait arrachés?

» Devant un tribunal civil, la division de leurs aveux aurait pu entraîner, tout de suite et sans preuve ultérieure, leur condamnation définitive : témoins trois des quatre arrêts que nous citions il n'y a qu'un instant.

» Elle aurait pu aussi motiver une admission à la preuve orale du fait qui, dans les aveux des demandeurs, tendait à leur justification; car il n'est point douteux et il ne saurait l'être pour personne, que, par leurs aveux précédés de dénégations mensongères et accompagnés de variations plus ou moins choquantes, les demandeurs n'eussent fourni contre eux-mêmes des présomptions très-fortes et équipollentes à un grave commencement de preuve par écrit.

26

» Eh bien ! ce n'est pas seulement d'après leurs aveux, ce n'est pas seulement d'après les dénégations qui les avaient précédés, ce n'est pas seulement d'après les variations qui les avaient accompagnés, ce n'est pas seulement d'après l'ensemble de leur conduite, que la cour de justice criminelle les a condamnés; c'est encore d'après une preuve par témoins dont elle a comparé et balancé tous les élémens; d'après une preuve par témoins dont elle a jugé bien ou mal (il n'importe, car nous ne saurions trop le répéter, ce n'est pas du bien ou du mal jugé de l'arrêt attaqué qu'il peut être ici question), dont elle a jugé bien ou mal que le résultat était à l'avantage de Potter.

» La cour de justice criminelle n'a donc fait que ce qu'eût pu faire un tribunal civil. Elle n'a donc ni excédé ses pouvoirs ni violé les dispositions de l'ordonnance de 1667; et par ces considérations, nous estimons qu'il y a lieu, en ce qui concerne le recours de Potter, de le déclarer non-recevable; en ce qui concerne le recours de Merlin-Hall, de Sara Clarck, son épouse, et de Champagne, de le rejeter, et de condamner toutes les parties à l'amende.».

Arrêt du 20 fructidor an 12, au rapport de M. Lachèze, qui,

« Attendu que Christophe Potter n'a point consigné l'amende ni justifié de son indigence, la cour le déclare non-recevable dans le pourvoi par lui exercé contre l'arrêt de la cour de justice criminelle de Seine et Marne, du 21 pluviôse dernier, le condamne en ladite amende;

» Statuant sur le pourvoi d'Antoine Merlin-Hall et Sara Clarck, sa femme, et de François-Gratien Champagne;

» Attendu qu'aucune disposition de la loi n'a limité ni circonscrit l'exercice des actions et la recherche des preuves en matière criminelle, lorsque les faits dénoncés présentent le caractère de délits; qu'à la vérité, lorsqu'un délit présuppose une convention antérieure dont la preuve testimoniale n'est pas admise par la loi, il serait inutile et il est par suite défendu de prouver le délit par témoins, tant que la convention n'est pas prouvée par une autre voie légale, parce que le défaut de preuve légale de la convention entraîne nécessairement la conséquence que le délit n'a pas été commis; mais que de là il ne résulte pas que la plainte et les premiers actes de la procédure criminelle relative à un pareil délit, soient nuls; qu'il en résulte seulement que, si le prévenu, dans son premier interrogatoire, dénie la convention présupposée par l'imputation du prétendu délit, et si cette convention n'est pas prouvée par écrit, ou s'il n'en existe pas un commencement de preuve littérale, la procédure criminelle doit être suspendue, jusqu'à ce que les juges civils

aient prononcé sur le fait de l'existence préalable de cette même convention; que tel est le résultat de la combinaison du principe qui admet la preuve par témoins de tout délit, tant avec la disposition de l'art. 2 du tit. 20 de l'ordonnance de 1667 qui défend cette preuve pour toute convention dont l'objet excède 100 fr., qu'avec la disposition de l'art. 3 du même titre qui la permet, lorsqu'il y a commencement de preuve écrite, et avec la règle qui assimile la preuve confessionnelle à la preuve par écrit; que, dans l'espèce particulière où les aveux consignés dans les interrogatoires des prévenus, ont pu être réputés des commencemens de preuves par écrit, et où la cour de justice criminelle a décidé en fait que les dépositaires avaient perdu toute croyance, parce qu'ils avaient commencé par nier l'existence de la contre-lettre, et parce qu'ils n'étaient pas d'accord sur les conditions du dépôt, cette même cour n'a contrevenu à aucune loi et n'a point excédé sa compétence, en discutant, d'après les interrogatoires des accusés, d'après les déclarations des témoins et les autres circonstances du procès, les preuves de l'existence du dépôt et de sa suppression;

» Sur la première partie du second moyen, attendu que les faits déclarés constans par le jugement attaqué, caractérisent le délit prévu par l'art. 12 de la loi du 25 brumaire an 8;

» Sur la seconde partie du même moyen proposé par Merlin-Hall seul, attendu que la disposition de l'art. 1 du tit. 3 du Code pénal relatif aux complices, s'applique avec justesse aux faits déclarés par le jugement, et que cette application ne saurait être écartée par la non-condamnation à la peine publique contre l'auteur principal;

» Sur le troisième moyen, attendu que, d'après les clauses de la contre-lettre, il ne paraît pas que le délai de deux ans et trois mois qui y avait été stipulé, fût-il expiré lors de la plainte, dût dépouiller Potter de toute espèce d'intérêt à la représentation de cette contre-lettre;

» Sur le quatrième, attendu que, par la disposition qui admet comme minute de la contre-lettre supprimée, un projet présenté par l'un des témoins rédacteurs, et discuté dans les débats, la cour de justice criminelle ne s'est point écartée des dispositions de l'article cité de la loi du 25 frimaire an 8;

» Par ces motifs, rejette..... ».

Voyez encore, sur cette matière, le plaidoyer des 18 et 19 brumaire an 13, rapporté à l'article *Tribunal d'appel*, §. 5.

§. II. *Peut-on prouver par témoins la suppression d'un testament?*

V. l'article *Testament*, §. 15.

SURENCHÈRE. — §. I. 1.° *Les créanciers d'un vendeur avaient-ils, sous l'empire de l'édit du mois de juin 1771, le droit de surenchérir jusqu'au sceau des lettres de ratification, et après les deux mois de l'exposition publique du contrat de vente ?*

2.° *Le contrat de vente qui, avant la loi du 11 brumaire an 7, avait été exposé pendant deux mois, peut-il encore être surenchéri après la transcription qui en a été faite conformément à cette loi ?*

V. l'article *Lettres de ratification*, §. 4.

§. II. *Quel est, par rapport à la régie de l'enregistrement, l'effet d'une surenchère qui suit une vente dont cette administration prétend que le prix n'a pas été porté par le contrat à sa vraie valeur ?*

Un arrêt de la cour de cassation du 3 mai 1809, rapporté dans le *Répertoire de jurisprudence*, au mot *Surenchère*, n. 8, a jugé que la surenchère ne forme pas obstacle à l'expertise que la loi du 22 frimaire an 7 autorise la régie à provoquer, toutes les fois qu'elle estime que le prix énoncé dans le contrat, est au-dessous de la valeur réelle du bien vendu.

C'est ce qu'a encore jugé un autre arrêt de la même cour, du 27 juin de la même année.

« Le sieur Hensé et sa femme avaient vendu, par un acte notarié du 28 mai 1807, une maison aux sieurs Jean-Baptiste et Pierre Jullien Barsd, au prix de 48,772 francs. — Ce prix ayant paru inférieur à la vraie valeur vénale, la régie se pourvut au tribunal de Paris, pour qu'il fût procédé à l'expertise, en conformité de l'art. 17 de la loi du 22 frimaire an 7. — Mais le tribunal, par jugement du 15 juin 1808, ordonna qu'il serait sursis à la demande en expertise, attendu qu'il y avait eu surenchère, et qu'une surenchère était le véritable moyen de constater judiciairement la vraie valeur vénale d'un immeuble, sans qu'il fût besoin en l'état de procéder à une estimation par experts à l'égard des sieurs Barsd, dont l'acquisition était encore incertaine et éventuelle pour eux.

» Sur quoi, ouï le rapport de M. Botton-Castellamonte, et les conclusions de M. Giraud, substitut du procureur-général; — Vu les art. 17, 18 et 59 de la loi du 22 frimaire an 7; et attendu qu'il résulte des dispositions et de la combinaison de ces articles, que l'expertise est le moyen spécial indiqué par la loi pour connaître la vraie valeur d'un immeuble vendu; — Que cette expertise doit être ordonnée dans les dix jours de la demande; — Que tout ce qui tend à suspendre la perception du droit, est interdit généralement et dans tous les cas; — Et que le droit d'enregistrement a été ouvert et est devenu exi-

gible au moment de l'acquisition, quels qu'aient été les événemens survenus depuis, sauf au premier acquéreur, en cas d'éviction par suite d'une surenchère, d'exercer son recours contre celui qui deviendrait propriétaire en son lieu et place. — D'où il suit que le jugement dénoncé, en prononçant un sursis sous le prétexte d'une surenchère, a violé les art. 17, 18 et 59 de la loi précitée ; — La cour casse et annulle le jugement rendu par le tribunal de Paris, le 15 janvier 1808...» (*Bulletin civil de la cour de cassation*).

SURCHARGE. — §. I. 1.° *Un testament olographe est-il nul, par cela seul qu'il s'y trouve des mots surchargés ?*

2.° *Un testament olographe est-il nul, lorsque le mot qui désigne la date du jour où il a été écrit, se trouve surchargé de manière qu'il est impossible de décider si c'est, par exemple, le* six *ou le* dix *de tel mois que le testateur a disposé ?*

V. le plaidoyer et l'arrêt du 11 juin 1810, rapportés à l'article *Testament*, §. 15.

§. II. *Lorsque, dans un acte notarié, il se trouve plusieurs surcharges non approuvées, le notaire encourt-il autant d'amendes de 50 fr., qu'il y a de surcharges dans cet acte? ou ne doit-il, pour toutes, qu'une seule amende de 50 fr.*

V. l'article *Notaire*, §. 8.

SURVEILLANCE. *V.* l'article *Hiérarchie judiciaire*.

SUSPENSION D'UN FONCTIONNAIRE PUBLIC. *La règle* non bis in idem *s'oppose-t-elle à ce qu'un juge, après avoir été condamné à une peine correctionnelle, soit suspendu de ses fonctions pour cause du même fait ?*

Cette question, déjà jugée pour la négative par un arrêt du 8 décembre 1809, rapporté aux mots *Non bis in idem*, l'a encore été de même par un autre arrêt plus récent et ainsi conçu :

« Le procureur-général expose qu'il est chargé par le gouvernement de requérir contre un juge de paix l'exercice du pouvoir censorial dont la cour est investie par l'art. 82 du sénatus-consulte du 16 thermidor an 10.

» Par jugement du 26 juillet 1809, le tribunal correctionnel de l'arrondissement de Limoux a déclaré Jean-Nicolas-Aimé P..., juge de paix du canton de Couiza, et Arnaud Artigues *coupables d'avoir, dans le mois de mars 1805, par dol et à l'aide d'un crédit imaginaire, escroqué une somme de 1200 fr. à Marie Baruteau, veuve Rougé, pour l'espérance chimérique qu'avec cette somme, ils procureraient un congé à Louis Rougé, fils de ladite Baruteau, conscrit de l'an 13 ; et* en conséquence, les a condamnés chacun à une amende de 1200 fr. et à un emprisonnement de trois mois.

» Le sieur P.... a appelé de ce jugement ; mais, par arrêt du 26 août de la même année, *considérant qu'il résulte de la procédure, qu'il s'était rendu coupable d'escroquerie en matière de conscription,* la cour de justice criminelle du département de l'Aude *l'a démis de son appel.*

» Il a cru être plus heureux en s'adressant à la cour : vaine tentative ; sa demande en cassation a été rejetée le 16 décembre 1809.

» Le sieur P.... a donc dû subir les peines prononcées contre lui ; et sans doute, dans ce moment, il les a subies en effet.

» Mais si, d'après cela, il a repris ses fonctions de juge de paix, s'ensuit-il qu'il doive les continuer, et par là, déconsidérer et avilir de plus en plus une magistrature qui est spécialement instituée pour commander par l'exemple, pour être l'organe de la candeur et de la bonne foi ?

» Non. L'art. 82 du sénatus-consulte du 16 thermidor an 10, offre un moyen d'arrêter ce scandale : il autorise la cour à suspendre *les juges de leurs fonctions, pour cause grave ;* et sans doute, c'est ici, ou ce ne sera jamais, le cas d'appliquer cette mesure salutaire. Déjà, d'ailleurs, dans un cas semblable, la cour l'a appliquée, par arrêt du 8 décembre 1809, à un juge de paix du département de la Creuse.

» Ce considéré, il plaise à la cour, vu le jugement du tribunal correctionnel de Limoux, du 26 juillet 1809, l'arrêt de la cour de justice criminelle du département de l'Aude, du 26 août suivant, et l'art. 82 du sénatus-consulte du 16 thermidor an 10, ordonner que Jean-Nicolas-Aimé P... demeurera suspendu des fonctions de juge de paix du canton de Couiza, et que l'arrêt à intervenir lui sera signifié à la diligence de l'exposant.

» Pour justifier du contenu au présent réquisitoire, l'exposant y joint les jugement et arrêts cités, ainsi que toutes les pièces de la procédure sur laquelle ils sont intervenus.

» Fait au parquet le 9 juillet 1810. *Signé* Merlin.

» Ouï le rapport de M. Zangiacomi, conseiller, et les conclusions de M. le procureur-général ;

» Vu le jugement rendu par le tribunal de police correctionnelle de Limoux, le 26 juillet 1809, l'arrêt de la cour de justice criminelle du département de l'Aude en date du 26 août suivant, et

l'arrêt de la cour de cassation du 16 décembre même année ;

» Vu l'art. 82 du sénatus-consulte du 16 thermidor an 10, portant : « La cour de cas-» sation présidée par le grand-juge, a droit » de censure et de discipline sur les tribunaux » d'appel et les tribunaux criminels. Elle peut, » pour cause grave, suspendre les juges de leurs » fonctions, les mander près le grand-juge pour » rendre compte de leur conduite ».

» Considérant que cette disposition est évidemment applicable au juge de paix P....., convaincu, par arrêt, d'escroquerie, condamné à une amende de 1200 fr. et à un emprisonnement de trois mois ;

» La cour, faisant droit sur le réquisitoire du procureur-général, suspend P... de ses fonctions de juge de paix du canton de Coniza ; ordonne que le présent arrêt lui sera signifié à la diligence du procureur-général.

» Jugé et prononcé à l'audience publique de la cour de cassation, sections réunies, sous la présidence de S. E. le grand-juge, ministre de la justice, le vendredi 27 juillet 1810 ».

SUSPICION LÉGITIME. — §. I. *Quelles sont les bases sur lesquelles doit porter une demande en renvoi d'un tribunal à un autre pour cause de suspicion légitime ?*

Cette question déjà traitée à l'article *Récusation*, §. 3, s'est représentée, le 16 août 1810, à l'audience de la section des requêtes de la cour de cassation.

« Le procureur-général de la cour de justice criminelle du département de la Haute-Vienne (ai-je dit à cette audience), demande qu'une procédure en banqueroute frauduleuse, commencée par son substitut, magistrat de sûreté dans l'arrondissement de Limoges, contre un négociant de la ville de Limoges même, soit renvoyée, pour cause de suspicion légitime, devant un autre directeur du jury, et en cas d'accusation admise, devant une autre cour de justice criminelle.

» Et il expose que les fauteurs et complices du prévenu de cette banqueroute frauduleuse, sont nombreux et actifs ; qu'ils ont, et qu'il a, comme eux, beaucoup d'amis et de parens dans la ville de Limoges ; que, dès-là, il est à craindre que si cette affaire se juge sur les lieux, le vœu de la justice, ne soit trompé, et que des jurés prévenus ou séduits par la fausse direction qu'il est si facile, dans une ville toute commerçante, de donner, sur cette matière, à l'opinion publique, ne déclarent innocent un homme dont la justice réclame hautement la punition.

» Que faut-il de plus, Messieurs, pour vous déterminer à ordonner le renvoi que vous demande ce magistrat ?

» Vous ne le savez que trop : quelque important qu'il soit pour l'ordre public, que les banqueroutes frauduleuses soient constatées et sévèrement punies, il est extrêmement difficile de les atteindre; et une funeste expérience nous apprend tous les jours que les créanciers eux-mêmes à qui ces crimes portent le plus grand préjudice, sont les premiers; les uns par faiblesse, les autres par séduction, d'autres par la crainte d'être eux-mêmes poursuivis à leur tour lorsque seront consommées les banqueroutes qu'ils méditent pour leur propre compte, à provoquer l'impunité des coupables auteurs de leur ruine.

» Il n'est qu'un moyen de parer à ces abus, et faire cesser un fléau qui détruit toute espèce de crédit et tue le commerce : c'est d'user, pour peu que les circonstances s'y prêtent, du pouvoir que vous attribue l'art. 65 de l'acte constitutionnel du 22 frimaire an 8.

» Nous estimons en conséquence, qu'il y a lieu de prononcer le renvoi requis par le procureur-général de la Haute-Vienne .».

Par arrêt du 16 août 1810, au rapport de M. Botton, la cour, statuant tant sur la demande du procureur-général de la Haute-Vienne que sur l'intervention du prévenu, *attendu les circonstances particulières de l'affaire dont il s'agit*, a renvoyé le prévenu et la procédure devant le directeur du jury de Poitiers, et en cas d'accusation admise, devant la cour de justice criminelle du département de la Vienne.

§. II. *Y a-t-il lieu a renvoi pour cause de suspicion légitime, lorsque tous les membres d'un tribunal ont été injuriés par l'une des parties? La partie qui les a injuriés, peut-elle, sous ce prétexte, les récuser comme s'ils l'avaient injuriée elle-même?*

« Le procureur-général expose que, dans une affaire correctionnelle pendante au tribunal de première instance de Pistoie, département de l'Arno, le cours de la justice est suspendu par une récusation qui est dirigée contre tous les membres de ce tribunal, et sur laquelle par conséquent il n'appartient qu'à la cour de cassation de prononcer.

» Le 15 juin dernier, un mandat de dépôt a été décerné par le juge d'instruction du tribunal de première instance de Pistoie, contre Ernesto Spampani, prévenu de divers faits d'escroquerie.

» Le 22 du même mois, Ernesto Spampani a présenté aux président et juges du même tribunal, une requête par laquelle il a déclaré les récuser tous, sur le fondement que, parmi les papiers saisis dans son domicile, à la suite de son arrestation, il se trouvait *des rapports et notes sur les qualités* de ces magistrats et du procureur; qu'ainsi injuriés et compromis par son

fait, ils ne peuvent pas conserver à son égard, l'impartialité et l'impassibilité qu'il avait droit d'attendre d'eux; et que dès-là, ils ne peuvent pas demeurer ses juges.

» Le 19 juillet suivant, le tribunal, après avoir entendu le ministère public, a rendu un jugement par lequel, — « Vu les pièces du procès instruit » contre Ernesto Spampani, lesquelles, pour au-» tant qu'elles contiennent des médisances contre » presque tous les anciens employés tant civils » qu'ecclésiastiques de la Toscane, et pour au-» tant qu'elles sont dirigées contre quelques in-» dividus de ce tribunal, et généralement contre » icelui, peuvent servir à dénoter la mauvaise » humeur que Ernesto Spampani avait contre » les fonctionnaires publics ci-dessus désignés; » mais ne valent pas pour mettre en évidence » et existence la partialité ou passibilité que » Ernesto Spampani suppose que le tribunal » puisse avoir contre lui; — Les membres qui le » composent, conjointement avec le procu-» reur, n'ayant aucun intérêt particulier de » s'occuper de la présente cause, reconnaissent » aussi que les raisons déduites par Ernesto » Spampani, sont insuffisantes pour produire » dans leur esprit aucune passibilité; — Et in-» dividuellement ils déclarent que, dans aucun » temps ni en aucune circonstance, ils ne se » sont laissés influencer par des causes étran-» gères aux affaires qu'ils ont traitées, et qu'ils » ne trouvent rien dans lesdites pièces qui ait » pu les engager à s'éloigner des principes » d'honnêteté et de justice qui ont toujours » dicté leurs résolutions; et qu'ils n'y ont con-» sulté et ne consultent que les lois, les maximes » qui y sont analogues et leur conscience; — » Considérant que la déclaration de Ernesto » Spampani contient la récusation de ce tribu-» nal, récusation dont pourtant il n'a pu con-» naître le sujet; — Vu l'art. 65 de l'acte cons-» titutionnel du 22 frimaire an 8, et l'art. 148 » de la déclaration de la junte, du 19 août 1808, » insérée au Bulletin de Toscane, n. 32; — Le » tribunal de police correctionnelle de l'arron-» dissement de Pistoie, réuni en la chambre du » conseil, faisant droit au réquisitoire de M. le » procureur, ordonne qu'à sa diligence, soient » transmises à la cour de cassation les pièces du » procès concernant Ernesto Spampani, pour » être par elle pourvu ce que de raison ».

» Les choses en cet état, il s'agit de savoir si des injures écrites par Ernesto Spampani contre les membres du tribunal de première instance de Pistoie, peuvent autoriser ce particulier à récuser tous ces magistrats, et à requérir, sur ce fondement, le renvoi de l'affaire instruite contre lui à un autre tribunal.

» L'art. 378 du Code de procédure détermine les cas où un juge peut être récusé; et parmi ces cas se trouve celui où il y a eu, de la part du récusant, *aggressions, injures ou menaces verbalement ou par écrit, depuis l'instance ou dans les six mois précédant la récusation proposée.*

» Mais, de ce que les juges du tribunal de première instance de Pistoie pourraient être récusés par Ernesto Spampani, dans le cas où ils l'auraient attaqué, injurié ou menacé, s'ensuit-il qu'ils peuvent également l'être sous le prétexte qu'Ernesto Spampani les a injuriés eux-mêmes? Non sans doute, et bien loin de là. En indiquant comme causes légitimes de récusation, les injures qu'un juge se permet contre la partie, la loi fait entendre assez clairement qu'il n'en est pas de même des injures que la partie se permet contre un juge : *qui de uno dicit, de altero negat.*

» Il n'est qu'un cas où un juge injurié par la partie, serait récusable de ce chef : c'est celui où les injures proférées ou écrites contre le juge, auraient amené une inimitié capitale entre lui et l'auteur de ces injures; car l'inimitié capitale est mise par l'article cité du Code de procédure, au nombre des causes de récusation. Mais dans l'espèce dont il s'agit, les membres du tribunal de Pistoie déclarent eux-mêmes qu'ils n'ont conservé contre Ernesto Spampani aucun ressentiment des injures qu'il s'est permises contre eux; et assurément leur déclaration doit suffire pour lever tous les doutes.

» Ce considéré, il plaise à la cour, vu l'art. 65 de l'acte constitutionnel du 22 frimaire an 8, et l'art. 378 du Code de procédure, déclarer la récusation proposée par Ernesto Spampani contre tous les magistrats composant le tribunal de première instance de Pistoie, impertinente et inadmissible ; en conséquence, ordonner que, sur les faits d'escroquerie à lui imputés par le mandat de dépôt du 15 juin dernier, circonstances et dépendances, Ernesto Spampani sera tenu de procéder devant ledit tribunal, suivant les derniers erremens.

» Pour justifier du contenu au présent réquisitoire, l'exposant y joint toutes les pièces de la procédure dont il s'agit, avec la lettre par laquelle le grand-juge, ministre de la justice, les lui a transmises.

» Fait au parquet, le 17 août 1810. *Signé* Merlin.

» Ouï le rapport de M. Charles Minier, ensemble M. le procureur-général de la cour qui a déclaré persister dans son réquisitoire;

» Attendu que les motifs proposés par Ernesto Spampani pour obtenir son renvoi du tribunal de première instance de Pistoie, département de l'Arno, à un autre tribunal, ne sont pas mis par la loi au nombre de ceux qui peuvent légitimer une demande en récusation ;

» La cour déclare la récusation proposée par Ernesto Spampani contre tous les magistrats composant le tribunal de première instance de Pistoie, impertinente et inadmissible ; ordonne

en conséquence que, sur les faits d'escroquerie à lui imputés par le mandat de dépôt du 15 juin dernier, circonstances et dépendances, Ernesto Spampani sera tenu de procéder devant ledit tribunal suivant les derniers erremens.

» Ainsi jugé et prononcé à l'audience publique de la cour de cassation, section des requêtes, le jeudi 23 août 1810 ».

SYNDIC DE CRÉANCIERS. *V.* les articles *Bail*, §. 12, *Direction de créanciers et Union de créanciers.*

TABLEAU DES INTERDITS. — §. I. 1.° *La disposition de l'art. 502 du Code civil qui déclare nuls les actes passés postérieurement au jugement portant interdiction ou nomination d'un conseil, par un interdit ou sans l'assistance du conseil, est-elle applicable au cas où ce jugement n'a pas été inscrit dans les tableaux affichés dans l'auditoire du tribunal et dans les études de tous les notaires de l'arrondissement ?*

2.° *Est-elle applicable au cas où ce jugement a été inscrit dans le tableau affiché dans l'auditoire du tribunal, et notifié aux notaires du lieu du domicile de celui qu'il a interdit ou à qui il a nommé un conseil, mais où il n'a pas été notifié aux autres notaires de l'arrondissement, ou, ce qui revient au même, d'après les art. 92 et 175 du décret du 16 février 1807, au secrétaire de la chambre de ces officiers ?*

Le 23 thermidor an 11, Omer-Athanase Masse, manufacturier à Saint-Omer, présente au tribunal de première instance de cette ville, une requête par laquelle, en exposant que Jean-Louis Masse, son fils, encore mineur, mais touchant à sa majorité, se livre journellement à des dépenses excessives, et affiche un penchant irrésistible à la dissipation de toute sa fortune, il demande qu'il soit nommé à ce jeune homme un conseil judiciaire sans l'assistance duquel il ne puisse, dès le moment où il sera devenu majeur, plaider, transiger, emprunter, aliéner ni grever ses biens.

Le 30 du même mois, après l'accomplissement de toutes les formalités prescrites par l'art. 514 du Code civil, jugement contradictoire qui nomme le sieur Winocq Picquart conseil de Jean-Louis Masse, et défend à celui-ci de plaider, de transiger, d'emprunter, de recevoir aucun capital mobilier, d'en donner décharge, d'aliéner ses biens ni de les grever d'hypothèques, sans l'assistance de ce conseil.

Ce jugement est expédié le 7 fructidor de la même année.

Dans les trois jours suivans, Jean-Louis Masse est inscrit au tableau des interdits placé dans l'auditoire du tribunal de première instance de Saint-Omer.

Le 12 du même mois, le jugement est signifié à Jean-Louis Masse, à son avoué et à tous les notaires de la ville ; mais il ne l'est pas aux autres notaires de l'arrondissement (1).

Par contrats passés devant notaires à Lillers, petite ville de l'arrondissement du tribunal de première instance de Béthune, le 28 messidor et le 4 fructidor an 13, Jean-Louis Masse, sans être assisté de son conseil, vend, sous faculté de rachat, au sieur Berthier-Warnier, demeurant à Lillers même, divers immeubles situés dans l'arrondissement d'Hazebrouck ; et il en touche le prix.

Le 3 frimaire an 14, il se présente devant un notaire de la ville d'Aire, laquelle ressortit au tribunal de première instance de Saint-Omer ; et là, hors la présence du sieur Berthier-Warnier, il déclare renoncer à la faculté de rachat qu'il s'est réservée par les contrats de vente des 28 messidor et 4 fructidor an 13.

Le 4 novembre 1807, le sieur Berthier-Warnier fait assigner le sieur de Wynter, l'un des fermiers des biens compris dans ces contrats, devant le tribunal de première instance d'Hazebrouck, pour se voir condamner au payement de fermages arriérés.

Jean-Louis Masse et son conseil interviennent et demandent que les deux contrats soient déclarés nuls, conformément à l'art. 502 du Code civil.

Le sieur Berthier-Warnier répond que cet article ne peut pas lui être appliqué, parce que le jugement du 30 thermidor an 11 n'a pas été suivi de toutes les formalités prescrites par l'art. 501 ; et il forme, au besoin, une tierce-opposition à ce jugement.

Le 5 février 1808, jugement ainsi conçu :

« 1.º Berthier-Warnier est-il recevable et fondé dans sa demande au payement des fermages ? 2.º La tierce-opposition par lui formée contre le jugement de Saint-Omer, doit-elle être rejetée avec amende, dommages-intérêts et dépens ?

» En ce qui concerne la demande principale, considérant, en fait, qu'un jugement du tribunal civil de Saint-Omer, en date du 30 thermidor an 11, interdit à Jean-Louis Masse toute aliénation de ses immeubles sans l'assistance d'un conseil qui lui est nommé par le même jugement ; et, en droit, qu'aux termes de l'art. 502 du Code civil, ce jugement doit opérer du jour de son émission ; que, dès-lors, et suivant le §. 2

du même article, les actes de vente consentis par ledit Jean-Louis Masse au profit de Berthier-Warnier, les 28 messidor et 4 fructidor an 13, sans que ce même Masse ait été assisté du sieur Picquart son conseil judiciaire, sont nuls de plein droit, et ne peuvent produire aucun effet ; d'où il suit que ledit Berthier-Warnier est tout à la fois sans qualité et sans action pour réclamer les fermages dont il s'agit ;

» Considérant que l'inobservation d'une partie des formalités requises pour la publicité du jugement sur référé, peut d'autant moins empêcher l'effet de ce jugement par rapport à Berthier-Warnier, que les contrats d'achat dont il se prévaut, n'ont point été passés dans l'arrondissement de Jean-Louis Masse, son vendeur ; et que, lors de l'acte de ratification passé à Aire par ledit Masse, toujours en l'absence de son conseil judiciaire, ledit Berthier avait une pleine connaissance de l'incapacité du même Masse ;

» Et en ce qui touche la tierce-opposition incidemment formée par Berthier-Warnier du susdit jugement du 30 thermidor an 11, considérant que, lors de ce jugement, il n'existait aucun motif qui dût y faire appeler Berthier-Warnier, et qu'en tout cas, Masse, son auteur, a été partie audit jugement ; qu'ainsi, la tierce-opposition ne peut être admise sous aucun rapport ;

» Par ces motifs, le tribunal déclare Berthier-Warnier non-recevable dans l'une et l'autre de ses demandes, et le condamne aux dépens ».

Le sieur Berthier-Warnier appelle de ce jugement ; et par arrêt du 1.er juin de la même année,

« Considérant que les dispositions des art. 501 et 502 du Code civil sont corrélatives ; et que conséquemment la nullité prononcée par ledit art. 502, est subordonnée à l'observation des formalités prescrites par ledit art. 501 ;

» Considérant que les dispositions dudit art. 501 n'ont pas été complètement remplies à l'égard du jugement portant nomination de conseil, et dont il s'agit, dans le temps prescrit par ledit article, avant la passation des actes de vente et de ratification dont il s'agit ; qu'en conséquence, ces actes ne sont point frappés de nullité ;

» La cour (d'appel de Douay) met l'appellation au néant ; émendant, sans avoir égard à la demande en intervention de Masse fils et de Winocq Picquart, dont ils sont déboutés, condamne de Wynter au payement des deux années de fermages dont il s'agit, et aux intérêts depuis la demande judiciaire ».

Jean-Louis Masse et son conseil se pourvoient en cassation contre cet arrêt.

« L'art. 502 du Code civil a-t-il été violé par

---

(1) A cette époque, les chambres de notaires n'existaient pas encore.

l'arrêt que vous dénoncent Jean-Louis Masse et son conseil (ai-je dit à l'audience de la section civile, le 16 juillet 1810) : telle est la question qui se présente aujourd'hui à votre examen.

» Cet article, vous le savez, porte que *l'interdiction ou la nomination d'un conseil aura son effet du jour du jugement*; et que *tous actes passés postérieurement par l'interdit, ou sans l'assistance du conseil, seront nuls de droit.*

» Dans notre espèce, il y avait environ deux ans qu'avait été rendu le jugement qui nommait un conseil à Jean-Louis Masse, lorsque celui-ci a passé, au profit du défendeur, sans l'assistance de ce conseil, les deux contrats de vente que la cour d'appel de Douay a déclarés valables. Ces deux contrats étaient donc *nuls de droit.* La cour d'appel de Douay a donc violé, en les déclarant valables, l'art. 501 du Code civil.

» Voilà comment raisonne Jean-Louis Masse; et ce raisonnement, nous devons le dire, paraît sans réplique.

» On le combat cependant d'une manière très-spécieuse. Il ne faut pas, dit-on, séparer l'art. 502 de l'art. 501. Ces deux articles sont, suivant l'expression de la cour d'appel, *corrélatifs*; et le second ne peut avoir lieu qu'autant que le premier a reçu sa pleine exécution, c'est-à-dire, qu'autant que *le jugement portant interdiction ou nomination d'un conseil, a été, à la diligence des demandeurs, levé, signifié à partie et inscrit, dans les dix jours, sur les tableaux qui doivent être affichés dans la salle de l'auditoire et dans les études des notaires de l'arrondissement.* Or, il est bien vrai que le jugement du 30 thermidor an 11 a été inscrit, dans les dix jours de sa prononciation, sur le tableau affiché dans l'auditoire du tribunal civil de Saint-Omer; mais il est vrai aussi qu'il n'a pas été, dans le même espace de temps, signifié à Jean-Louis Masse, et qu'il ne l'a été que le 12 fructidor an 11, deux jours après l'expiration du délai fixé par la loi; il est vrai aussi qu'il n'a été notifié aux notaires de la ville de Saint-Omer, que le même jour; il est vrai aussi qu'il n'existe aucune preuve, ni qu'il ait jamais été inscrit sur les tableaux de ces officiers, ni même qu'il ait jamais été notifié aux autres notaires de l'arrondissement. Donc, comme l'a dit la cour d'appel de Douay, *les dispositions de l'art. 501 n'ont pas été complettement remplies à l'égard du jugement* du 30 thermidor an 11. Donc les contrats de vente dont il s'agit, *ne sont pas frappés de la nullité* prononcée par l'art. 502.

» Toute cette défense repose, comme vous le voyez, sur une assertion qu'il importe extrêmement d'apprécier, savoir, que la nullité prononcée par l'art. 502, est subordonnée à l'exacte observation des formalités prescrites par l'art. 501. Car si cette assertion est vraie, l'arrêt de la cour d'appel de Douay doit incontestablement être maintenu; comme il doit incontestablement être cassé, si elle est fausse.

» Pour que cette assertion fût vraie, le concours de deux conditions serait absolument nécessaire. Il faudrait que, dans l'art. 501, on pût sous-entendre la clause, *faute de quoi, le jugement sera réputé non-avenu*; il faudrait que, dans l'art. 502, on pût suppléer cette autre clause ; *pourvu que les formalités prescrites par l'article précédent, soient exactement observées.*

» Mais, peut-on ainsi, par une interprétation purement doctrinale, ajouter à ces deux articles des dispositions aussi essentielles ?

» Et d'abord, l'art. 501 serait-il bien d'accord avec la raison, base éternelle de toutes les lois, s'il était dans son intention de rendre comme non-avenu le jugement d'interdiction ou de nomination d'un conseil, par le seul défaut d'avoir été levé, signifié et inscrit dans les dix jours de sa prononciation ? Qu'à raison de ce seul défaut, l'art. 501 eût déclaré que le jugement resterait sans effet, tant que les formalités qu'il prescrit n'auraient pas été observées, il n'y aurait là rien que de naturel et de concordant avec la marche ordinaire des dispositions législatives. Mais déclarer qu'à raison de ce seul défaut, l'interdit serait à jamais libre, qu'à raison de ce seul défaut celui à qui il aurait été nommé un conseil, serait à jamais affranchi de sa surveillance, ou du moins que ce défaut ne pourrait être réparé que par une nouvelle procédure en interdiction ou nomination de conseil, et par l'obtention d'un nouveau jugement, c'eût été, de la part du législateur, une disposition purement capricieuse; c'est par conséquent ce qu'on ne peut pas supposer sans insulter à sa sagesse; et cependant il faut aller jusques-là, pour donner à l'art. 501 le sens que lui a prêté l'arrêt de la cour d'appel de Douay : car l'art. 501 ne se borne pas à ordonner que le jugement soit levé, signifié et inscrit sur les tableaux de l'auditoire et des notaires; il veut encore que tout cela soit fait dans les dix jours; et il n'y a pas plus de raison pour attacher la peine d'annihilation du jugement à l'omission totale ou partielle de ces formalités, qu'il n'y en aurait pour la faire résulter du seul retardement apporté à leur entier accomplissement.

» Vous voyez déjà, MM., que le système de la cour d'appel de Douay ne tend à rien moins qu'à faire dire tacitement à la loi, ce qu'elle n'aurait pas pu raisonnablement dire en termes exprès. Mais ce n'est pas tout.

» Voulût-on prétendre que l'art. 501 doit être entendu en ce cens, que le jugement d'interdiction ou de nomination d'un conseil doit rester sans effet, jusqu'à ce qu'il ait été levé, signifié à partie et inscrit sur tous les tableaux indiqués par cet article, il resterait encore à savoir si cette interprétation, quoique plus raisonnable que la précédente, n'excède pas toujours les pouvoirs du magistrat ; et il ne serait pas difficile de prouver qu'elle les excède réellement.

» Dire qu'un jugement d'interdiction ou de nomination d'un conseil restera sans effet tant que telles et telles formalités n'auront pas été remplies, et dire que jusqu'alors il sera considéré comme s'il n'existait pas, comme nul, c'est absolument la même chose.

» Or, la peine de nullité, soit perpétuelle, soit temporaire, peut-elle être suppléée dans les lois qui ne la prononcent pas textuellement ?

» Elle peut, elle doit l'être, dans les lois qui déterminent les formalités constitutives de la substance des actes. Ainsi, bien que le Code de procédure civile ne déclare pas expressément nul le jugement qui ne contiendrait, ni le fait, ni les conclusions des parties, ni les motifs des juges, un pareil jugement n'en devrait pas moins être annullé, parce qu'il manquerait de tout ce qui constitue essentiellement une sentence ou un arrêt. Ainsi, quoique le Code civil ne déclare pas expressément nul le jugement d'interdiction qui ne serait pas précédé de l'avis d'un conseil de famille, de l'interrogatoire du défendeur et d'une instruction contradictoire à l'audience, un pareil jugement n'en devrait pas moins être annullé, parce que, sans ces préliminaires, une interdiction ne serait qu'un attentat monstrueux à la liberté civile, parce que ces préliminaires tiennent essentiellement à la substance de l'interdiction.

» Mais hors ce cas, la peine de nullité ne peut jamais être sous-entendue dans une loi ; et les juges ne peuvent jamais la prononcer, sans ajouter à la loi elle-même, sans faire ce qui n'appartient qu'au législateur.

» Or, peut-on regarder comme des formalités constitutives de la substance d'un jugement d'interdiction ou de nomination d'un conseil, celles qui sont prescrites par l'art. 501 ?

» Comment le pourrait-on ? Ces formalités ne doivent et ne peuvent être remplies qu'après que le jugement a été rendu, qu'après qu'il a été prononcé à l'audience, qu'après qu'il a reçu toute sa perfection. Ces formalités sont donc extrinsèques au jugement ; elles ne tiennent donc pas à sa substance.

» Ainsi, les principes généraux sur la théorie des nullités s'opposent ici à ce qu'on supplée, dans l'art. 501, une clause irritante qui n'y est pas écrite.

» Et il ne faut pas dire que ces principes ont pu, dans la rédaction de cet article, échapper au législateur ; il ne faut pas dire que le législateur a pu les perdre momentanément de vue.

» 1.° Le législateur connaissait, en rédigeant

cet article, les réglemens qui existaient, sur cette matière, dans l'ancienne jurisprudence ; il connaissait l'arrêt du parlement de Normandie, du 31 janvier 1597, qui voulait que les jugemens d'interdiction fussent *écrits en tableaux qui seraient affichés aux tabellionages des ville et lieu du domicile de l'interdit*, sur PEINE DE NULLITÉ ; il connaissait les arrêts du parlement de Paris, des 18 mars 1614, 23 décembre 1621, 4 août 1718 et 17 juillet 1764, qui avaient réglé la même chose pour les sentences d'interdiction émanées du châtelet. Pourquoi donc n'a-t-il pas, comme ces réglemens, ajouté à sa disposition la peine de nullité ? C'est évidemment parce qu'il ne l'a pas voulu.

» 2.° Le législateur a prescrit, dans l'art. 1445, pour les jugemens de séparation de biens entre époux, des formalités semblables à celles que prescrit l'art. 501 pour les jugemens d'interdiction. Et comment s'exprime-t-il dans l'art. 1445 ? « Toute séparation de biens doit, avant son » exécution, être rendue publique par l'affiche » sur un tableau à ce destiné, dans la principale » salle du tribunal de première instance ; et de » plus, si le mari est marchand, banquier ou » commerçant, dans celle du tribunal de com- » merce du lieu de son domicile ; *et ce à peine* » *de nullité de son exécution* », termes qui équivalent à ceux-ci, *à peine de nullité du juge- ment* ; car l'art. 1444 déclare expressément que *la séparation de biens, quoique prononcée en justice, est nulle, si elle n'a point été exécutée* par les moyens qu'il détermine. — Pourquoi donc le législateur ne s'est-il pas exprimé de même dans l'art. 501 ? Pourquoi donc n'y a-t-il pas dit également, *à peine de nullité du jugement d'interdiction* ? C'est toujours par la même raison, c'est parce qu'il ne l'a pas voulu.

» 3.° Pour nous former une idée exacte de l'esprit dans lequel a été rédigé l'art. 501 du Code civil, comparons-le avec l'art. 67 du Code de commerce, relatif à la séparation contractuelle de biens entre époux commerçans.

» L'ordonnance du mois de mars 1673, tit. 8, art. 1, soumettait ces sortes de stipulations à la même formalité que les anciens réglemens avaient prescrite pour les jugemens d'interdiction ; et elle appliquait à l'omission de cette formalité, la même peine de nullité dont les jugemens d'interdiction étaient frappés par ces réglemens : « Dans » les lieux où la communauté de biens entre mari » et femme est établie par la coutume ou l'usage » (portait-elle), la clause qui y dérogera dans » les contrats de mariage des marchands gros- » siers ou détailleurs et des banquiers, sera pu- » bliée à l'audience de la juridiction consulaire, » s'il y en a, sinon, dans l'assemblée de l'hôtel » commun des villes, et insérée dans un tableau » exposé en lieu public, *à peine de nullité* ; et la » clause n'aura lieu que du jour qu'elle aura » été publiée et enregistrée ».

» Les commissaires-rédacteurs du projet de Code de commerce crurent devoir proposer le renouvellement de cette disposition, et ils en firent l'objet d'un article ainsi conçu : « à défaut » d'exécution de cette formalité (*celle de la* » *publication*), dans le délai prescrit par l'article » précédent (*le délai de dix jours*), la sépara- » tion de biens ne peut être opposée aux créan- » ciers ».

» La section de l'intérieur du conseil d'Etat adopta cet article et le présenta au conseil.

» Mais le conseil l'ayant discuté, le rejeta et se borna à dire, art. 67 : « tout contrat de ma- » riage entre époux dont l'un sera commerçant, » sera transmis par extrait, dans le mois de sa » date, aux greffes et chambres désignés par » l'art. 872 du Code de procédure civile, pour » être exposé au tableau, conformément au » même article. Cet extrait annoncera si les » époux sont mariés en communauté, s'ils sont » séparés de biens, ou s'ils ont contracté sous le » régime dotal ».

» Ainsi, comme l'observe l'auteur de l'*Esprit du Code de commerce*, c'est-à-dire, le rédacteur même du procès-verbal de la discussion de ce Code, tom. 1, pag. 299, « la nullité prononcée » par l'ordonnance (de 1673), et proposée par » la commission et par la section, n'a pas été » admise ».

» Voilà donc une disposition qui prescrit, pour les séparations contractuelles de biens, une formalité parallèle à la formalité prescrite par l'art. 501 du Code civil, et qui la prescrit, sans y ajouter, sans qu'on puisse y suppléer, la peine de nullité. Comment donc des juges pourraient-ils se permettre de suppléer la peine de nullité dans l'art. 501 du Code civil?

» On objectera peut-être que l'art. 501 du Code civil diffère de l'art. 67 du Code de commerce, en ce que le premier n'est suivi d'aucune disposition qui garantisse l'accomplissement des formalités qu'il prescrit; au lieu que le second est suivi immédiatement d'un texte qui en assure suffisamment l'exécution. En effet, l'art. 68 porte que « le notaire qui aura reçu le contrat » de mariage, sera tenu de faire la remise » ordonnée par l'article précédent, sous peine » de 100 francs d'amende, et même de destitu- » tion et de responsabilité envers les créanciers, » s'il est prouvé que l'omission soit la suite d'une » collusion ».

» Mais d'une part, de ce que l'art. 501 du Code civil pourrait être négligé impunément, il ne s'ensuivrait pas que l'on pût y suppléer la peine de nullité.

» D'un autre côté, l'art. 501 du Code civil n'a été arrêté au conseil d'Etat, que sous la réserve de lui donner, par un réglement positif, la sanction dont il manque par lui-même. C'est ce qu'atteste l'orateur du gouvernement,

M. Emmery, dans l'*exposé des motifs* de cette partie du Code : « Le jugement portant inter- » diction ou nomination d'un conseil (dit-il), » doit être rendu à l'audience publique. On » impose au demandeur l'obligation de le faire » lever, signifier à partie, et inscrire, dans les » dix jours, sur les tableaux qui doivent être » affichés dans la salle de l'auditoire et dans les » études des notaires de l'arrondissement. Ces » précautions sont prises dans l'intérêt des tiers : » *il faudra, pour en assurer l'exécution, des-* » *cendre dans quelques détails qui seraient au-* » *dessous de la majesté de la loi;* il y sera » pourvu par des réglemens d'administration » publique, dès que le notariat sera tout-à-fait » organisé ».

» Il y a donc une parité absolue entre l'esprit dans lequel a été rédigé l'art. 67 du Code de commerce, et l'esprit dans lequel a été rédigé l'art. 501 du Code civil. L'art. 67 du Code de commerce a été rédigé sous la réserve d'y ajouter, par l'article suivant, une mesure qui en assurât l'exécution; et l'art. 501 du Code civil a été sous la réserve d'y ajouter, par un réglement d'administration publique, une mesure qui produisît le même effet.

» Qu'importe que ce réglement ne soit pas encore fait (car il ne peut pas être censé l'avoir été par les art. 92 et 175 du décret du 16 février 1807, puisque ces articles n'ont pas pour objet *d'assurer l'exécution* de l'art. 501 du Code, mais seulement de *diminuer les frais de cette exécution*); qu'importe, disons-nous, que ce réglement ne soit pas encore fait? Le plus ou le moins de célérité à faire ce réglement, ne peut rien changer à l'esprit dans lequel a été rédigé l'art. 501; et l'absence de ce réglement ne peut pas faire suppléer, dans l'art. 501, une peine de nullité que l'annonce fait au corps législatif de ce réglement, suppose et prouve manifestement n'avoir pas été dans la pensée du législateur.

» En effet, si, dans la pensée du législateur, l'art. 501 eût emporté par lui-même la peine de nullité, il n'en aurait pas fallu davantage pour en assurer l'exécution. L'exécution en aurait été suffisamment garantie, par cela seul qu'à défaut d'accomplissement des formalités qu'il prescrit, le jugement d'interdiction ou de nomination d'un conseil serait resté sans effet. L'orateur du gouvernement n'a donc pu dire qu'*il faudra, pour en assurer l'exécution, entrer dans quelques détails qui seraient au-dessous de la majesté de la loi*, sans dire implicitement que la peine de nullité ne peut y être sous-entendue.

» Ainsi, tout ce qui résulte du défaut actuel de sanction dans l'art. 501, tout ce qui résulte de ce qu'en attendant le réglement promis pour assurer l'exécution de cet article, on peut omettre impunément les formalités qu'il prescrit pour donner aux jugemens d'interdiction la plus grande publicité, c'est que notre jurisprudence se trouve encore, sur cette matière, au même point où elle était chez les Romains, au même point où elle était dans une grande partie de la France avant le Code civil.

» Chez les Romains, les jugemens d'interdiction n'étaient ni publiés ni affichés; et ils n'en recevaient pas moins leur pleine exécution contre les tiers qui contractaient avec des interdits.

» Les arrêts de réglement du parlement de Paris, ceux du parlement de Rouen, et les dispositions de quelques coutumes en avaient disposé autrement; mais ces réglemens, ces statuts coutumiers étaient renfermés dans leurs ressorts respectifs, et de droit commun, les jugemens d'interdiction n'avaient besoin ni de publication ni d'affiche, pour avoir leur entier effet à l'égard des tiers. Écoutons Serres dans ses *Institutions au droit français*, ouvrage composé spécialement pour le ressort du parlement de Toulouse : « À » l'égard des prodigues (dit-il), le même juge- » ment qui leur donne un curateur, leur interdit » aussi l'administration de leurs biens; en sorte » que tous les actes ou contrats qu'on pourrait » ensuite passer avec eux, sont nuls et invalables; » *on prend même QUELQUEFOIS la précaution* » *de faire signifier aux syndics des notaires le* » *jugement d'interdiction* ». Le mot *quelquefois* annonce bien clairement que cette précaution n'était prescrite par aucune loi, et que, dès-là, elle n'était pas rigoureusement nécessaire.

» Sans doute, ce défaut de loi pouvait alors entraîner des inconvéniens; mais il n'appartenait qu'au législateur d'y pourvoir, et il ne l'avait point fait.

» Sans doute, aujourd'hui encore, le défaut de sanction dans l'art. 501 du Code civil, peut être, pour des tiers de bonne foi, une cause de surprise; mais il n'appartient encore qu'au législateur d'y pourvoir; il a promis d'y pourvoir en effet, et nous ne pouvons pas, sous le prétexte qu'il n'a pas encore rempli sa promesse, lire dans l'art. 501 une peine de nullité que cette promesse même démontre n'y être pas sous-entendue.

» Nous pourrions nous arrêter ici; car, dès que les formalités prescrites par l'art. 501, ne sont pas à peine de nullité, il est bien clair que la peine de nullité prononcée par l'art. 502 contre tous les contrats passés par l'interdit ou celui à qui il a été nommé un conseil, ne peut pas être subordonnée à l'accomplissement de ces formalités; il est bien clair qu'on ne peut pas sous-entendre dans l'art. 502 la clause, *pourvu que les formalités prescrites par l'article précédent, aient été exactement observées;* il est bien clair que la seconde des conditions que nous avons dit être indispensablement nécessaires pour le maintien de l'arrêt attaqué, ne peut pas se rencontrer ici.

« Mais l'art. 502 peut ajouter de nouvelles lumières à celles que nous venons de voir jaillir de la discussion de l'art. 501; il est donc de notre devoir d'y jeter un coup-d'œil.

» *L'interdiction ou la nomination d'un conseil aura son effet du jour du jugement. Tous actes passés postérieurement par l'interdit, ou sans l'assistance du conseil, seront nuls de droit.* Tels sont les termes de l'art. 502.

» D'abord il n'y a rien, dans ces termes, qui lie la disposition qu'ils expriment, avec celle qui est consignée dans l'article précédent; la disposition qu'ils expriment, est donc, par la manière dont elle est conçue, indépendante de l'art. 501. Et comment, d'après cela, les magistrats de la cour d'appel de Douay ont-ils pu voir, dans l'art. 501, la condition *sine quâ non* de l'art. 502? Comment ont-ils pu, dans l'art. 502, convertir en disposition conditionnelle, une disposition qui, par elle-même, est absolue?

» Si le législateur avait voulu faire ainsi dépendre la disposition de l'art. 502, de l'accomplissement intégral des formalités prescrites par l'art. 501, il l'aurait dit; et non-seulement il ne l'a point dit, mais il a dit positivement tout le contraire; et voici comment:

» Si l'effet de l'interdiction ou de la nomination d'un conseil était subordonné à l'accomplissement des formalités prescrites par l'art. 501, de quel jour cet effet aurait-il lieu? du jour, du seul jour où toutes ces formalités se trouveraient remplies. C'est ainsi que, par l'article cité de l'ordonnance de 1673, il était réglé que la séparation contractuelle de biens entre époux commerçans, n'aurait lieu que du jour où elle aurait été publiée et enregistrée.

» Eh bien! l'art. 502 déclare en toutes lettres que *l'interdiction ou la nomination du conseil aura son effet du jour du jugement:* elle aura donc son effet avant que le jugement ait été levé, avant qu'il ait été signifié à partie, avant qu'il ait été inscrit sur les tableaux de l'auditoire et des études des notaires; elle aura donc son effet avant que les formalités prescrites par l'art. 501, aient été remplies : son effet est donc indépendant de ces formalités.

» Et cet effet quel est-il par rapport aux tiers? c'est la nullité de *tous actes passés postérieurement* à la prononciation du jugement *par l'interdit, ou sans l'assistance du conseil.* La nullité de ces actes n'est donc pas subordonnée à l'accomplissement des formalités prescrites par l'art. 501. Cette formalité doit donc être prononcée, soit que ces formalités aient été remplies, soit qu'elles ne l'aient pas été.

« Et à quelle inconséquence ne nous conduirait pas le système de la cour d'appel de Douay?

» Qu'un interdit pour cause d'imbécillité fasse un emprunt en sortant de l'audience où le jugement de son interdiction vient d'être prononcé;

qu'un prodigue vende toutes ses propriétés, en sortant de l'audience où il vient de lui être nommé un conseil : bien sûrement la nullité de cet emprunt, de cette vente, est acquise à l'un et à l'autre : c'est pour l'un et l'autre un droit certain et inaltérable; et ce droit, ils le transmettront à leurs héritiers.

» Qu'arriverait-il cependant, dans le système de l'arrêt attaqué, si le demandeur en interdiction ou en nomination d'un conseil, ne remplissait pas, dans les dix jours suivans, les formalités prescrites par l'art. 501 ? Ce qui arriverait? c'est que l'emprunt et la vente, qui, dans leur principe, étaient *nuls de droit*, deviendraient valables.

» Ainsi, la négligence ou la mort inopinée du demandeur en interdiction ou en nomination de conseil, priverait l'interdit ou le prodigue du droit qui lui était acquis à la nullité de son emprunt ou de sa vente ! le droit acquis à l'interdit ou au prodigue, se trouverait à la merci d'un tiers ou du hasard ! Ainsi serait violée l'une des maximes fondamentales de toute législation, *quod nostrum est facto alterius nobis auferri non potest*. Quelles injustices ! quelles absurdités !

» On nous a cité l'opinion de M. Maleville, qui, sur l'art. 501, dit que *le défaut d'affiches du jugement d'interdiction rendrait les parens non-recevables à quereller un acte qu'un tiers aurait passé de bonne foi avec l'interdit.*

» Mais, remarquez-le bien, M. Maleville ne va pas jusqu'à dire qu'à défaut d'affiches, l'interdit lui-même ne pourrait pas, par le ministère de son tuteur, provoquer l'annulation d'un contrat ruineux qu'il aurait souscrit postérieurement à son interdiction.

» M. Maleville ne va pas jusqu'à dire que les parens eux-mêmes, devenus héritiers de l'interdit, seraient non-recevables à quereller un acte qu'il eût souscrit depuis le jugement non affiché, dans le cas où ce jugement aurait été provoqué par le ministère public ou par l'époux de l'interdit; et il ne pourrait pas aller aussi loin, sans s'écarter du texte de l'art. 501 lui-même, qui n'impose qu'aux *demandeurs* en interdiction les formalités qu'il prescrit; car il serait souverainement déraisonnable de faire peser sur d'autres que ceux-ci, la peine d'une négligence qui leur serait absolument personnelle.

» L'opinion de M. Maleville est donc ici très-indifférente. Qu'elle soit fondée ou qu'elle ne le soit pas, elle ne peut recevoir aucune application à notre espèce, puisque, dans notre espèce, ce n'est point par le demandeur en nomination d'un conseil à la personne de Jean-Louis Masse, puisqu'au contraire c'est par Jean-Louis Masse lui-même, que sont attaqués les contrats de vente dont il s'agit.

» Par ces considérations, nous estimons qu'il y a lieu de casser et annuller l'arrêt de la cour

d'appel de Douay, du 1.er juin 1808, et d'ordonner qu'à notre diligence l'arrêt à intervenir sera imprimé, et transcrit sur les registres de cette cour ».

Arrêt du 16 juillet 1810, au rapport de M. Cochard, par lequel,

« Considérant que l'incapacité résultant d'un jugement portant nomination d'un conseil judiciaire, ne peut être opposée au tiers qui aurait contracté avec celui auquel ledit conseil a été nommé, que dans le cas où ce jugement aurait reçu la publicité voulue par la loi et dans les formes qu'elle a prescrites;

» Considérant que, dans l'espèce, cette publicité n'a pas eu lieu ; que par conséquent Berthier-Warnier a pu contracter valablement avec Masse; d'où il suit que la cour d'appel de Douay, en maintenant comme valides les actes des 28 messidor et 4 fructidor an 13, et 3 frimaire an 14, n'a pu contrevenir à aucune loi;

» La cour rejette le pourvoi..... ».

Cet arrêt n'a pas, à beaucoup près, passé tout d'une voix ; et il ne répond nullement aux raisonnemens qui combattent l'opinion qu'il adopte.

§. II. *Le défaut d'inscription d'un jugement d'interdiction ou de nomination de conseil dans l'auditoire du tribunal et dans toutes les études des notaires de l'arrondissement où l'interdit a contracté depuis, emporte-t-il la nullité de son obligation, lorsque d'ailleurs ce jugement avait précédemment reçu toute la publicité requise dans l'arrondissement où il avait été rendu?*

Un jugement en dernier ressort du tribunal de commerce de Rouen, du 19 janvier 1818, avait adopté l'affirmative, en condamnant par corps le sieur Isabelle fils, à payer une lettre de change de 160 francs qu'il avait acceptée dans l'arrondissement de Rouen, après l'accomplissement dans l'arrondissement du Havre où était son domicile de droit, des formalités prescrites par le Code civil pour assurer la publicité d'un jugement du tribunal de ce dernier arrondissement qui lui avait nommé un conseil judiciaire.

Mais sur le recours en cassation du sieur Isabelle lui-même, arrêt est intervenu, le 29 juin 1819, au rapport de M. Minier, par lequel,

« Vu les art. 501, 502 et 513 du Code civil....;

» Considérant que, dans l'espèce, la nomination d'un conseil a été provoquée par le sieur Isabelle père dans l'intérêt de son fils; qu'un conseil de famille a été convoqué en exécution d'un jugement rendu par le tribunal du Havre; que ce conseil a été d'avis unanime qu'il était urgent de donner un conseil audit sieur Isabelle fils dans son intérêt personnel et dans celui de ses enfans; que cette nécessité a été reconnue par lui-même, ainsi que cela résulte de l'interrogatoire par lui subi devant le tribunal du Havre et qui a précédé le jugement rendu par ce même tribunal, le 4 août 1813, par lequel il lui a été donné un conseil;

» Considérant qu'après ce jugement, toutes les formalités prescrites par l'art. 501 ont été rigoureusement observées; qu'il a notamment été inscrit sur le tableau affiché dans la salle de l'auditoire du Havre et dans les études de tous les notaires de l'arrondissement;

» Considérant que c'est à l'observation de ces seules formalités que la loi attache l'effet que doit produire la nomination d'un conseil, effet qui consiste à annuller de droit tous les actes passés sans l'assistance du conseil par celui à qui il en a été donné un, à partir du jour du jugement qui l'a nommé;

» Considérant que les articles cités n'exigent pas que les formalités précédemment rappelées soient renouvelées dans tous les arrondissemens où il plairait à l'interdit de contracter sans l'assistance de son conseil; d'où il suit qu'en supposant, contre le texte précis de l'art. 501, que la publication aurait dû être faite à Rouen antérieurement à l'acceptation de la lettre de change qui faisait l'objet du procès, le tribunal de commerce de Rouen a commis un excès de pouvoir (1), et par suite, violé les art. 501, 502 et 503 du Code civil;

» Par ces motifs, la cour cassé et annulle.....».

TAILLE. V. l'article Bail, §. 7.

TAILLE A VOLONTÉ. V. l'article Mainmorte (droit de).

TASQUE. V. l'article Terrage.

TAXE DE DÉPENS. — §. I. 1.° Les taxes de dépens en matière sommaire, sont-elles susceptibles d'opposition après les trois jours de la signification du jugement à avoué?

2.° Le délai de trois jours commence-t-il à courir contre la partie condamnée aux dépens, avant qu'elle ait pu obtenir copie de la taxe?

3.° Peut-on, lorsque le délai de l'opposition est expiré, se pourvoir en cassation contre une taxe de dépens?

V. le plaidoyer et l'arrêt du 28 mars 1810, rapportés au mot Serment, §. 1.

(1) C'est toujours avec un nouveau regret que je vois de prétendus excès de pouvoir qui n'ont pas même l'apparence de ce que la loi entend par ces mots, se mêler dans les motifs les mieux fondés des arrêts de la cour de cassation. V. Assignation, §. 5, n. 2, dans les Additions au tome 1.er de cette édition.

§. II. Un jugement rendu en matière sommaire, peut-il être cassé sur le fondement que la liquidation des dépens ne se trouve que dans la minute et non dans l'expédition?

Non, car la minute du jugement est en règle par cela seul que l'on y a porté la liquidation des dépens; et comment pourrait-on casser un jugement à raison d'une irrégularité qui ne se trouve que dans l'expédition? Le jugement réside essentiellement dans la pièce qui en forme la minute. Les vices de l'expédition peuvent bien donner lieu à quelques actions, à quelques exceptions, en faveur de la partie contre laquelle des poursuites sont exercées en vertu de l'expédition même; mais ces actions, ces exceptions, n'atteindront jamais la substance du jugement; on les fera même cesser, en levant une nouvelle expédition.

Cependant le sieur Dessous Lalande a, depuis peu, entrepris de faire casser un jugement en dernier ressort du tribunal civil de l'arrondissement de Clamecy, qui le condamnait à payer au sieur Bouquerot, avoué, avec dépens, le montant de quelques frais, dont il avait fait l'avance; et cela, sous le prétexte que le sieur Bouquerot avait fait expédier ce jugement avant d'avoir liquidé les frais de la procédure sur laquelle il était intervenu, et que la liquidation de ces frais n'avait été inscrite sur la minute qu'après que l'expédition lui avait été délivrée et qu'il en avait fait signifier la copie à sa partie adverse.

« 1.° (disait-il), l'art. 543 du Code de procédure veut que la liquidation des dépens en matière sommaire, soit faite par le jugement qui les adjuge; dès que le jugement lui-même doit renfermer cette liquidation, il est essentiel qu'elle se trouve dans l'expédition comme dans la minute; car ce n'est que par l'expédition délivrée à la partie qui a obtenu gain de cause, et par la copie qu'elle en signifie à l'autre partie, que toutes les deux peuvent s'assurer si le jugement renferme les énonciations et les formalités prescrites.

» 2.° L'art. 1 du décret du 16 février 1807, en rappelant la disposition de l'article cité du Code de procédure, détermine la manière de l'exécuter; et veut qu'à cet effet, l'avoué qui a obtenu la condamnation, remette, dans le jour, au greffier, l'état des dépens adjugés, pour que la liquidation en soit insérée dans le dispositif de l'arrêt ou du jugement.

» 3.° Enfin, ce n'est que dans les matières ordinaires où la liquidation des dépens doit être faite par l'un des juges, que l'art. 2 du même décret permet d'expédier et de délivrer le jugement avant que la liquidation soit faite; et rendre cette disposition commune aux matières sommaires, ce serait méconnaître la ligne de démarcation formellement tracée par le Code et par le décret du 16 février 1807 ».

Par arrêt du 2 mai 1810, au rapport de M. Pajon,

« Attendu que la taxe des dépens en matière sommaire, quoique prescrite par le Code de procédure civile, ne peut néanmoins se prononcer à l'audience, et qu'il suffit qu'elle soit énoncée dans la minute du jugement, ce que le demandeur ne dénie pas avoir eu lieu dans l'espèce de la cause;

» La cour rejette..... ».

§. III. *Avant le Code de procédure civile, une taxe de dépens faite sur des états non communiqués, était-elle susceptible d'opposition?*

V. l'article *Dépens*, §. 4.

TAXE D'ENTRETIEN DES ROUTES. — §. I.

Quelles étaient, avant la loi du 24 avril 1806, qui a supprimé la taxe d'entretien des routes, les attributions respectives de l'autorité administrative et du pouvoir judiciaire, pour les contestations qui s'élevaient au sujet de cette taxe?

Voici les observations que j'ai faites à ce sujet, en portant la parole à l'audience de la cour de cassation, section des requêtes, le 3 pluviôse an 10, sur une demande en cassation formée par mon prédécesseur, en vertu d'ordre du gouvernement, contre deux jugements rendus par la justice de paix de St.-Denis, les 18 et 23 floréal an 9, entre le sieur Claye et le fermier de la taxe d'entretien des routes:

« Est-ce au pouvoir judiciaire ou à l'autorité administrative, qu'il appartient de décider si tel citoyen, en franchissant avec sa voiture ou son cheval, pour arriver à son habitation, une barrière placée à un point quelconque de sa commune, contracte ou ne contracte pas l'obligation de payer le droit déterminé par le tarif de la taxe d'entretien des routes? Telle est la question que vous présente cette affaire.

» Pour la résoudre, il faut bien saisir les dispositions et l'esprit des lois des 3 nivôse an 6 et 14 brumaire an 7.

» La loi du 3 nivôse an 6 distingue deux sortes de perceptions à faire en conséquence de ses dispositions : celle des droits qu'elle tarife suivant les différentes espèces de voitures et le nombre des chevaux, mulets, ou autres bêtes de somme ou de trait; et celle des amendes.

» Sur le premier objet, la loi attribue toute juridiction à l'autorité administrative. Cela résulte des art. 45, 46, 47 et 48, lesquels sont ainsi conçus : — « *Art.* 45. Les contestations *civiles* » résultant de l'établissement de la taxe d'en- » tretien, seront jugées administrativement. — » *Art.* 46. Les contestations qui pourraient s'é-

» lever à une barrière, *sur l'application du tarif* » *et sur la quotité* de la taxe exigée par le rece- » veur, seront portées *devant l'agent municipal* » le plus voisin, et par lui décidées sommaire- » ment sans frais et sans formalités. — *Art.* 47. » Néanmoins les préposés à la recette ne pour- » ront être distraits ni déplacés de leur bureau » pour suivre lesdites contestations; ils ne seront » tenus que d'adresser à *l'agent municipal*, un » exposé sommaire de leur demande, ou de » donner pouvoir à un citoyen pour les défendre. » — *Art.* 48. L'agent municipal pourra se trans- » porter au bureau, lorsqu'il le croira nécessaire » pour connaître les faits ».

» Il est bien évident que, d'après ces dispositions, il n'appartient qu'à l'agent municipal de prononcer, non-seulement sur les contestations relatives à la quotité du droit, mais encore sur celles où il s'agit de savoir si un droit quelconque est ou n'est pas dû, si le tarif est applicable à tel ou tel individu placé dans telle ou telle circonstance, allant vers tel point, ou venant de tel autre. D'une part, en effet, l'art. 46 comprend dans sa disposition tous les différends qui s'élèvent sur *l'application du tarif*, comme ceux qui ne roulent que sur la *quotité de la taxe*; et de l'autre, il est clair que l'une et l'autre espèce de différends rentrent également dans la clause des contestations *civiles* dont l'art. 45 attribue indistinctement la connaissance à l'autorité administrative.

» A l'égard des amendes, la loi du 3 nivôse an 6 ne détermine pas expressément quelle autorité qui aura le droit de les prononcer; seulement elle les fixe pour certains cas à 25 francs; pour d'autres à 50 francs, et pour d'autres encore à 100 francs (art. 9, 10, 11 et 13). Mais ces amendes sont des peines; et dès-là, le droit de les prononcer ne peut appartenir qu'aux tribunaux. Aussi voyons-nous que c'est dans les tribunaux que l'art. 50 suppose résider le pouvoir exclusif de statuer sur les *délits commis contre* les préposés à la perception de la taxe; et que, parmi ces délits, il s'en trouve que l'art. 11 punit d'une amende de 50 francs. La loi du 3 nivôse an 6 est donc censée, sur ce point, s'en référer à l'art. 233 de la constitution de l'an 3, qui délègue aux tribunaux correctionnels la connaissance exclusive de tous les délits dont la peine n'est ni infamante ni afflictive, et néanmoins excède la *valeur de trois journées de travail* ou trois jours d'emprisonnement. Et c'est en effet ainsi que la loi a été exécutée pendant près de deux ans, relativement à la poursuite et au jugement des amendes.

» Mais on s'est bientôt aperçu que cette marche entraînait des inconvéniens aussi graves que multipliés. Les tribunaux correctionnels siégeant à de grandes distances de la plupart des barrières, il en résultait, pour les préposés, des déplacemens qui nuisaient au service; et pour la répression des délits, des longueurs qui favorisaient les contrevenans.

» Il était cependant impossible, en maintenant les amendes au taux auquel les avait élevées la loi du 3 nivôse an 6, d'en ôter la connaissance aux tribunaux correctionnels : la constitution de l'an 3 s'y opposait. Et d'un autre côté, l'intérêt public s'opposait aussi à ce qu'on les réduisît à la valeur de trois journées de travail ; car c'eût été enhardir les infracteurs et ouvrir la porte à une foule de contraventions journalières.

» Entre ces deux partis, la loi du 14 brumaire an 7 a pris un milieu propre à concilier avec l'intérêt public, le respect pour le texte littéral de la constitution d'alors. Elle a déclaré, art. 18, que « les *amendes* prononcées pour fraude et » contravention aux lois relatives à la taxe d'en» tretien des routes, seraient converties en une » *taxe fixe*, équivalente au montant desdites » amendes, et indépendantes des droits réglés » par le tarif ».

» Ainsi, la dénomination de *taxe fixe* a été substituée à celle d'*amende* ; et, quoique sous un nom différent, ce fût toujours la même chose, cependant le corps législatif s'est cru autorisé, par ce seul changement, à distraire de la compétence exclusive des tribunaux correctionnels, et à attribuer à des juges plus rapprochés des barrières, la connaissance et le jugement de certaines contraventions auxquelles la loi du 3 nivôse an 6 avait attaché des peines pécuniaires.

» De là, l'art. 25 de la loi du 14 brumaire an 7, qui porte : « Le juge de paix du canton » prononcera sans appel et en dernier ressort, » lorsque, *non compris le droit*, la taxe fixe » n'excédera pas 50 francs ; et pour le surplus, » il renverra aux tribunaux compétens ».

» Que signifient, dans cet article, les termes, *lorsque*, NON COMPRIS LE DROIT ? Veulent-ils dire que le juge de paix pourra statuer en dernier ressort, et sur le droit et sur la taxe fixe, quoique l'un et l'autre réunis excédent 50 francs ? Pour leur prêter ce sens, il faudrait supposer que la loi du 14 brumaire an 7 a voulu déroger, en cette matière, à la règle générale établie par la loi du 24 août 1790 ; que, dans tout ce qui s'élève au-dessus de 50 francs, les tribunaux de paix ne peuvent juger qu'à la charge de l'appel ; et il n'est pas vraisemblable qu'une telle dérogation soit entrée dans les vues du législateur : c'eût été introduire, dans l'ordre judiciaire, une bigarrure qu'aucun motif raisonnable n'eût pu justifier.

» Il faut donc donner un autre sens aux mots *non compris le droit;* et pour le trouver, il n'est pas besoin de grands efforts d'imagination; il suffit de se reporter au mode de jugement que la loi du 3 nivôse an 6 a institué pour le *droit* d'entretien des routes. Vous vous rappelez, C. M.,

que toutes les contestations relatives à ce droit, tant pour savoir s'il est dû, que pour savoir jusqu'à quelle quotité il est exigible, sont déléguées par cette loi à l'autorité administrative. Ces mots, *non compris le droit*, signifient donc que le juge de paix, en prononçant sur l'amende déguisée sous le nom de *taxe fixe*, ne doit pas s'occuper du *droit*; et pourquoi ne doit-il pas s'en occuper ? Parce que ce n'est pas à lui qu'en appartient la connaissance ; parce que c'est à l'autorité administrative que la connaissance en est attribuée par la loi du 3 nivôse an 6 ; parce qu'enfin les dispositions de la loi du 3 nivôse an 6, sur le mode de jugement des *contestations civiles* auxquelles peut donner lieu le droit d'entretien des routes, sont maintenues dans leur parfaite intégrité.

» Voilà, il n'en faut pas douter, ce qu'entend l'art. 25 de la loi du 14 brumaire an 7, par les mots, *non compris le droit;* et ce qui porte cette vérité au plus haut degré d'évidence, c'est la manière dont s'explique l'art. 29 : « Les décisions » (porte-t-il), rendues administrativement par » l'agent municipal ou son adjoint, dans les cas » prévus par les art. 45, 46, 47 et 48 de la loi » du 3 nivôse, seront exécutées sans recours ». Il résulte bien clairement de là, que les art. 45, 46, 47 et 48 de la loi du 3 nivôse an 6 n'ont reçu, des dispositions de la loi du 14 brumaire an 7, aucune espèce d'atteinte, et qu'ils subsistent encore dans toute leur vigueur. Or, encore une fois, de ces quatre articles, le premier veut sans réserve, sans exception quelconque, que *les contestations CIVILES résultantes de l'établissement de la taxe d'entretien, soient jugées administrativement;* et encore une fois, l'art. 46 soumet au jugement exclusif de l'agent municipal, toutes les contestations qui pourraient s'élever et sur la *quotité du droit* et sur *l'application du tarif.*

» Donc la loi du 14 brumaire an 7 n'a rien changé à la ligne de démarcation que la loi du 3 nivôse an 6 avait tracée entre l'autorité administrative et le pouvoir judiciaire, par rapport aux contestations élevées au sujet ou à l'occasion du droit dont il s'agit. Elle a bien transféré des tribunaux correctionnels aux juges de paix, la connaissance des fraudes et des contraventions punissables par voie d'amende de 50 francs et au-dessous ; mais elle a laissé le pouvoir judiciaire en général dans la même circonscription qui avait été établie en nivôse an 6, et ce qui, en nivôse an 6, avait été délégué à l'autorité administrative, est demeuré dans le domaine de celle-ci.

» Donc le tribunal de paix de S.-Denis a excédé ses pouvoirs et entrepris sur l'autorité administrative; et lorsque, par son jugement du 18 floréal an 9, il s'est déclaré compétent pour connaître de la question de savoir si le cit. Claye devait payer le droit, en passant avec sa voiture et ses chevaux par la barrière dite *du Pont de Cron*, pour arriver à sa maison ; et lorsque, par un second jugement du 23 du même mois, il a décidé cette question en faveur du cit. Claye.

» Donc il y a lieu de casser ces deux jugemens pour violation des art. 45 et 46 de la loi du 3 nivôse an 6, pour fausse application de l'art. 25 de la loi du 14 brumaire an 7, pour contravention à l'art. 29 de la même loi, en un mot, pour usurpation de pouvoir ; et c'est à quoi nous concluons, en persistant dans les fins du réquisitoire du 29 frimaire dernier ».

Sur ces conclusions, arrêt, au rapport de M. Boyer, le 3 pluviôse an 10, qui,

« Attendu que, d'après la combinaison des lois des 3 nivôse an 6 et 14 brumaire an 7, relatives à la taxe d'entretien des routes, les contestations civiles relatives à l'application du tarif, sont de la compétence de l'autorité administrative ;

» Faisant droit sur le réquisitoire du commissaire du gouvernement du 29 frimaire dernier ;

» Annulle pour excès de pouvoir et usurpation de l'autorité administrative, les jugemens rendus par le tribunal de paix de la commune de Saint-Denis, les 18 et 23 floréal de l'an 9, entre le cit. Remy Claye et le fermier de la taxe d'entretien des routes aux barrières de cette commune, lesquels seront regardés comme non-avenus..... ».

Des arrêts semblables ont été rendus par la même section, sur mes réquisitoires, et dans le seul intérêt de la loi, le 14 pluviôse et le 13 ventôse an 10.

Il y en a aussi deux de la section civile du 22 nivôse an 11 : l'un a été rendu, comme les deux précédens, sur mon réquisitoire, et l'autre l'a été sur le recours du sieur Chevremont contre un jugement d'une des justices de paix de Rouen.

§. II. *Avant la loi du 24 avril 1806, était-ce aux juges civils ou aux tribunaux correctionnels qu'appartenait la connaissance des injures proférées et des violences exercées contre les préposés à la perception des droits de passe ?*

« Le commissaire du gouvernement près le tribunal de cassation expose qu'il est chargé par le gouvernement d'appeler la censure du tribunal sur un jugement rendu en dernier ressort, le 23 fructidor an 10, par le tribunal civil de l'arrondissement de Morlaix, département du Finistère.

» Il paraît par ce jugement même et par les pièces y annexées, que le cit. Rivereux, officier du génie, passant à cheval, le 24 thermidor an 10, à la barrière dite de Pouthoux,

placée à l'une des extrémités de la commune de Morlaix, les préposés à la perception de la taxe d'entretien des routes, se présentèrent pour recevoir de lui le droit fixé par le tarif; qu'il s'y refusa, sur le fondement qu'il était militaire, et voyageait pour cause du service public, par ordre de ses supérieurs ; que, pour justifier cet ordre, il exhiba sa feuille de route ; que les préposés n'ayant pas égard à sa réclamation, il se rendit auprès du sous-préfet qui, par une lettre adressée sur-le-champ aux préposés eux-mêmes, décida que cet officier devait passer sans payer aucun droit ; que cependant les préposés dressèrent contre lui un procès-verbal, par lequel ils lui imputèrent de les avoir injuriés grossièrement ; que ce procès-verbal a été remis au juge de paix, qui l'a déposé au greffe du tribunal civil de l'arrondissement de Morlaix ; et que c'est en conséquence de ce dépôt, qu'a été rendu le jugement dont il s'agit.

» La première question qu'avait à juger ce tribunal, était celle de sa propre compétence ; et pour la juger en sa faveur, il a considéré que l'amende encourue pour insulte envers les préposés à la perception de la taxe d'entretien des routes, est fixée à cent francs par l'art. 11 de la loi du 3 nivôse an 6; que, d'après la lettre circulaire du ministre de la justice, du 28 frimaire an 7, *cette demande convertie en taxe fixe* (par la loi du 14 brumaire an 7), *doit être considérée comme une amende pour contravention aux lois sur la taxe d'entretien des routes ; et qu'à raison de sa quotité, elle doit être prononcée par les tribunaux civils.*

» Ainsi, le tribunal civil de Morlaix a pensé que, par cela seul que la loi du 14 brumaire an 7 avait converti en taxes fixes les amendes pour fraude et contravention, prononcées par la loi du 3 nivôse an 6, la connaissance des délits prévus par l'art. 11 de cette dernière loi, avait cessé d'appartenir aux officiers de police, aux directeurs du jury, et par suite, aux tribunaux correctionnels.

» Et il faut convenir que cette opinion avait été adoptée par la lettre circulaire du ministre de la justice, qui est citée dans le jugement dont il s'agit.

» Mais le tribunal civil de Morlaix aurait dû faire attention, d'une part, que cette lettre ministérielle avait été révoquée par une autre du 21 fructidor an 7; de l'autre, que les cas prévus par l'art. 11 de la loi du 3 nivôse an 6, ne sont pas précisément des fraudes et contraventions au droit de passe, mais les injures dites, les insultes faites à des agens de la république, injures et insultes qui constituent des délits distincts, et qui, par la qualité des personnes envers lesquelles ils sont commis, rentrent de plein droit, aux termes de l'art. 19

du tit. 2 de la loi du 22 juillet 1791, dans les attributions de la police correctionnelle.

» Aussi la question s'étant présentée au tribunal de cassation, sur le recours du commissaire du gouvernement près le tribunal civil du département de la Gironde, qui s'était déclaré incompétent pour connaître de ces sortes d'injures et d'insultes, le tribunal de cassation n'a fait aucune difficulté de rejeter ce recours et de confirmer le jugement contre lequel il était dirigé. Ce rejet a été prononcé le 8 fructidor an 7, « attendu que l'art. 18 de la loi du 14 brumaire » dernier ne convertit en taxes fixes que les » amendes encourues pour fraude et contraven- » tion aux lois relatives à la taxe d'entretien » des routes, c'est-à-dire, les amendes de 25 » et 50 francs prononcées par les art. 9 et 10 » de la loi du 3 nivôse an 6, contre ceux qui » n'ont pas une plaque à leur voiture, ou qui » se refusent au payement du droit, et non » celles encourues pour insultes et mauvais » traitemens envers les préposés, cas qui est » l'objet du procès, et qui est celui prévu » par l'art. 11 de la loi du 3 nivôse an 6, » et aussi celles de 15 et 25 francs pro- » noncées par les art. 19 et 20 de la loi » du 14 brumaire de l'année suivante; que de » l'art. 26 de la même loi du 14 brumaire » dernier, il résulte clairement qu'il a été dans » l'esprit du législateur d'attribuer certains » cas aux tribunaux de police correctionnelle, » puisque cet article, après avoir dit que les » procès-verbaux des inspecteurs et percep- » teurs de la taxe d'entretien des routes, feront » foi jusqu'à inscription de faux en matière » de fraude et de contravention, ajoute ces » mots : et en matière de police correctionnelle, » jusqu'à preuve contraire, pour certains cas » prévus par ces deux lois, et que ces cas sont : » 1.° lorsqu'il s'agit d'appliquer la peine de » 100 fr. d'amende contre celui qui insulte et » maltraite les préposés à la taxe d'entretien » des routes; 2.° lorsqu'il s'agit de peines plus » graves, si ces insultes et mauvais traitemens » ont été suivis de violences, d'excès tels qu'il » y échût peine plus forte; qu'enfin, les procès- » verbaux des inspecteurs et percepteurs devant » faire foi jusqu'à inscription de faux pour tout » ce qui doit être décidé par voie civile et seu- » lement en matière de fraude et de contra- » vention au droit de passe, tandis que, pour » les cas dévolus à la police correctionnelle, » la preuve contraire peut détruire l'effet du » procès-verbal, quant aux insultes et mauvais » traitemens, sans avoir besoin de passer à l'ins- » cription de faux; on ne peut, tant que la loi » ne s'en sera pas expliquée clairement, enlever » aux tribunaux correctionnels le droit que la » loi générale de leur institution leur donne de » connaître de tous délits passibles d'une amende » au-dessus de trois journées de travail ou d'un

» emprisonnement de plus de trois jours, et » priver les citoyens de la faculté que leur laisse » l'art. 26 de la loi du 14 brumaire dernier, » de détruire par la preuve contraire, les faits » consignés dans un procès-verbal des pré- » posés, par rapport aux insultes et mauvais » traitement qui y seraient articulés ; que l'art. » 25 de la même loi ne parlant que des amendes » de 50 francs qui, converties en taxes fixes, » peuvent être appliquées par le juge de paix » du canton, en renvoyant pour le surplus aux » tribunaux compétens, sans d'autre explica- » tion; on doit pour ce surplus se référer aux » lois générales sur les attributions particu- » lières des tribunaux ; qu'en conséquence, le » tribunal civil du département de la Gironde, » en se déclarant, par son jugement du 2 floréal » dernier, incompétent et obtempérant au dé- » clinatoire de Jacques Favereau a suivi le » vœu de la loi ; puisqu'il s'agissait d'appliquer » la peine d'une amende de 100 francs ; ce qui » était de la compétence du tribunal de police » correctionnelle ».

» D'après un jugement aussi formel et aussi bien motivé, l'exposant ne doit pas hésiter à requérir, et il requiert, en effet, qu'il plaise au tribunal de cassation, vu l'art. 80 de la loi du 27 ventôse an 8, l'art. 11 de la loi du 3 nivôse an 6, les art. 18 et 26 de la loi du 14 brumaire an 7, casser et annuller, pour l'in- térêt de la loi, le jugement du tribunal civil de l'arrondissement de Morlaix, du 23 fructidor an 10, et ordonner qu'à la diligence de l'expo- sant, le jugement de cassation à intervenir sera imprimé et transcrit sur les registres dudit tri- bunal.... Signé Merlin.

» Ouï le rapport fait par Jean-Aimé Dela- coste, l'un des juges.....;

» Attendu qu'il résulte du procès-verbal, que le cit. Rivereux n'est pas poursuivi comme prévenu de fraude ou contravention à la per- ception du droit de passe, mais comme ayant proféré des injures grossières contre les pré- posés à cette perception, et les ayant menacés;

» Que le jugement dénoncé atteste que c'est là le résultat des faits sur lesquels le tribunal avait à examiner sa compétence;

» Attendu que l'art. 18 de la loi du 14 bru- maire an 7 n'a converti en taxes fixes que les amendes prononcées par la loi du 3 nivôse an 6, pour fraude et contravention; que ces amendes pour fraude et contravention, ne sont ni dans la lettre ni dans l'esprit de la loi, celle pro- noncée par l'art. 11 de celle du 3 nivôse, contre tout individu qui injurie ou maltraite les pré- posés ; que cette dernière amende, infligée par cet article, est tellement considérée par le légis- lateur comme peine d'un délit, qu'il a ajouté, et de plus graves, le cas echéant ; que l'art. 25 de la loi du 14 brumaire an 7, en renvoyant pour le surplus aux tribunaux compétens, et l'art. 26 de la même loi, en décidant que les procès-verbaux des préposés font preuve jusqu'à inscription de faux en matière de fraude et contravention, et en ajoutant *en matière de police correctionnelle jusqu'à preuve contraire*, ont suffisamment écarté les doutes qu'on a pu élever sur la latitude de la disposition de l'art. 18; que ces articles ont décidé que l'attribution donnée par les lois organisatrices de la police correctionnelle, était conservée pour le surplus des cas prévus pour faire acquitter le droit de passe, et qu'il n'était pas dérogé à la compétence des tribunaux pour les poursuites qui tend. aient à faire constater des injures ou des voies de fait;

» Attendu que, d'après ces dispositions des deux lois et le résultat reconnu du procès-verbal des préposés contre le cit. Riverieux, le tribunal civil de l'arrondissement de Morlaix n'a pu se déclarer compétent, et prononcer, comme tel, une condamnation pour injures et menaces;

» Vu l'art. 80 de la loi du 27 ventôse an 8. l'art. 11 de la loi du 3 nivôse an 6, les art. 18, 25 et 26 de la loi du 14 brumaire an 7;

» Le tribunal, faisant droit sur le réquisitoire du commissaire du gouvernement, casse et annulle, pour l'intérêt de la loi, le jugement rendu le 23 fructidor an 10, par le tribunal civil de l'arrondissement de Morlaix, département du Finistère......

» Fait et jugé à l'audience du tribunal de cassation, section des requêtes, le 23 ventôse an 11....... ».

TÉMOIN. — §. I. *Dans les lieux où était reconnu valable, avant la loi du 6 octobre 1791, tout contrat passé devant un notaire et deux témoins, suffisait-il, avant la loi du 25 ventôse an 11, que l'un des deux témoins sût signer, lorsque les parties contractantes ou l'une d'elles ne le savaient pas?*

V. l'article *Signature*, §. 1.

§. II. *Un témoin est-il censé signer, lorsqu'incapable de le faire par lui-même, il se laisse conduire la main, et que, par la manière dont on dirige les traits de la plume qu'on lui fait tenir, on parvient à figurer toutes les lettres qui composent son nom?*

Cette question s'est présentée en 1783, dans un tribunal inférieur du ci-devant Cambresis, La sentence a déclaré nul le testament dont il s'agissait, et il a été ensuite sévi contre le notaire, par un arrêt du parlement de Douay, du 24 mars 1784, rendu sur un procès criminel instruit à la requête du ministère public.

§. III. *Peut-on, à l'aide d'une plainte en faux principal, ou d'une inscription de faux incident, prouver, par la déposition des témoins mêmes d'un testament ou de tout autre acte notarié, qu'ils n'ont pas assisté à la confection entière de cet acte?*

J'ai cité dans le *Répertoire de jurisprudence*, aux mots *Témoin instrumentaire*, §. 2, n. 7, trois arrêts du parlement de Paris, des 19 février 1639, 7 avril 1684 et 16 juin 1745, qui jugent pour la négative.

Dans une cause semblable, Perodou, notaire, fut déchargé par arrêt du même parlement, du 15 mai 1746, d'une accusation de faux intentée contre lui, et uniquement fondée sur les dépositions des témoins instrumentaires de l'acte dont il s'agissait.

L'année suivante, le 19 août, pareil arrêt au sujet du testament de Claude Balme. Il est rapporté, ainsi que le précédent, par Serpillon, dans son *Code du faux*, pag. 430 et suivantes, édition de 1774.

Le même principe a été invoqué et développé avec beaucoup d'étendue, dans une instance jugée au même parlement, en 1779. Voici les faits qui avaient donné lieu à la contestation:

Le 22 octobre 1773, Varenne fait un testament devant Degaune, notaire à Avize, en présence de deux témoins. Daverton y est institué légataire universel. L'acte est ainsi terminé: « Ce qui fut fait et passé à Cramant, dans la chambre du testateur...., par moi notaire soussigné, et en présence du sieur Gilles Doublet, demeurant à Vertus, étant en ce moment chez ledit sieur testateur, *et de Louis Pointe..*, demeurant à Avize, *appelés à l'effet des présentes*; lesquels ont souscrit la minute comme témoins, au défaut d'un autre notaire; ledit testateur a signé avec nous, et paraphé toutes les pages du présent testament, et auquel lecture a été faite et refaite, mot après autre, par moi notaire, en présence desdits témoins; et a dit avoir tout ce que dessus bien et au long entendu, et a dit n'avoir rien à y changer, ni à ajouter, et y persister ».

Le lendemain 23, décès du testateur. Le 11 décembre suivant, les héritiers prennent la voie criminelle contre le testament. Ils exposent par leur plainte, « que deux heures avant le testament, le testateur était à l'agonie, ne parlait plus, n'a pu conséquemment dicter son testament...; que l'énonciation qu'il a dictée est fausse....; que Louis Pointe, l'un des témoins, n'était pas présent, lorsqu'on a dicté, lu et relu le testament; qu'il ne l'a point vu écrire ni signer; qu'il est seplement monté à six heures du soir, dans l'appartement; qu'il en est descendu sur-le-champ, ayant trouvé le sieur Varenne sans parole; que Pointe n'a signé le testament que le lendemain, et qu'alors le testateur était mort...;

que des personnes intéressées ont mis tout en œuvre auprès de Pointe, pour le solliciter à ne pas dire qu'il n'avait signé qu'après la mort....».

Un grand nombre de témoins déposent sur cette plainte; mais tous ne parlent que d'ouï-dires émanés de Pointe.

Cependant, par sentence du 30 avril 1779, Deganne, notaire, est « déclaré dûment atteint et convaincu d'avoir assuré que Pointe avait été présent dans tout le temps de la rédaction du testament...... d'être véhémentement suspect de ne l'avoir fait signer audit Pointe, que le lendemain de la mort du testateur ». En conséquence, il est interdit de ses fonctions pendant un an. Gilles Doublet et Louis Pointe sont pareillement déclarés « atteints et convaincus d'avoir, contre la vérité, attesté que Louis Pointe était présent..., pendant toute la rédaction du testament »; et ils sont admonestés. Daverton et Deganne interjettent appel de cette sentence, et de toute la procédure qui en était la base.

« La solennité d'un testament (disent-ils), peut-elle dépendre du parjure d'un témoin instrumentaire, assez peu délicat pour démentir, dans le cours d'une instruction criminelle, la vérité que sa signature avait garantie dans un acte authentique ? Si l'affirmative de cette question pouvait être adoptée, ce serait altérer la foi publique, ébranler les fortunes, rendre les propriétés incertaines, et surtout exposer au danger inévitable du faux témoignage, l'état, l'honneur, peut-être même la vie des officiers publics, auxquels le ministère des témoins est nécessaire pour la rédaction de leurs actes. Pointe, l'un des témoins instrumentaires au testament de Varenne, a osé (avant que les héritiers fussent instruits que le défunt avait testé), menacer que, pour cent écus, il ferait casser ses dernières dispositions; qu'il dirait n'avoir signé l'acte qu'après la mort du testateur. C'est ce Pointe qui a été l'instigateur de la plainte, et qui, mettant son témoignage à prix, a réalisé ses menaces, a démenti au procès ce qu'attestait sa signature authentiquement reçue au pied de l'acte. De bonne foi, est-ce sur la parole d'un pareil témoin, qu'un notaire peut être inculpé? »

Sur ces raisons, appuyées d'un grand nombre d'autorités, arrêt du 31 août 1779, au rapport de M. Robert de Saint-Vincent, qui « met les appellations et ce dont a été appelé au néant, émendant, faisant droit sur les conclusions du procureur-général du roi, et ayant aucunement égard aux requêtes et demandes desdits Daverton, Deganne et Doublet..., sans s'arrêter à celles de.... héritiers dudit feu Pierre-Philibert Varenne, dont ils sont déboutés, déclare la plainte dudit jour 11 décembre 1778 et toute la procédure extraordinaire qui l'a suivie, ensemble la sentence définitive du 30 avril dernier,

nulles; déclare pareillement nul et vexatoire, l'emprisonnement de Pierre-Louis Deganne...; ordonne que ses écrous seront rayés et biffés...; ordonne que le testament fait par Pierre-Philibert Varenne, reçu par Deganne, notaire à Avize, et témoins, le 22 octobre 1778, sera exécuté selon sa forme et teneur; en conséquence, que ledit Daverton sera et demeurera saisi, en sa qualité d'exécuteur testamentaire, des biens et effets de la succession dudit Pierre-Philibert Varenne, à l'effet d'accomplir et d'exécuter ledit testament; comme aussi fait délivrance audit Daverton, du legs universel à lui fait par ledit testament....; ordonne que les inventaires faits après le décès dudit Varenne, ensemble tous les titres et pièces inventoriés seront remis audit Daverton...; ordonne pareillement que le testament dudit Varenne..... sera exécuté à l'égard d'Alexandrine-Antoine Varenne....; condamne lesdits héritiers Varenne solidairement en 1,200 livres de dommages-intérêts envers ledit Daverton; en 3,000 livres aussi de dommages et intérêts envers ledit Deganne; et en 500 livres envers ledit Doublet; ordonne que les termes injurieux auxdits Daverton et Doublet, répandus dans les différens mémoires et requêtes desdits héritiers Varenne seront, et demeureront supprimés; condamne lesdits héritiers Varenne aux dépens envers toutes les parties....; permet auxdits Daverton, Deganne et Doublet, de faire imprimer et afficher l'arrêt ».

Voici une autre espèce dans laquelle un célèbre avocat-général a professé le même principe.

Le 22 juillet 1784, le sieur Veltier, marchand à Montenay, fait, au profit de sa femme, un testament qui est reçu par le sieur Clouard, notaire du duché de Mayenne, à la résidence d'Ernée, et en présence de trois témoins, savoir, Simié, Plu et Marpault. Il meurt le 31 du même mois.

Le 4 août suivant, Le sieur Duval de la Bérangerie et la demoiselle Veltier, héritiers légitimes du testateur, présentent au juge d'Ernée une plainte par laquelle ils arguent le testament de faux, en ce que trois témoins qui y sont énoncés comme présens à son entière confection, ne se sont trouvés qu'à la clôture.

Une information s'ouvre sur cette plainte, et à peine est-elle achevée, que le juge renvoie à l'audience.

Sur l'appel des parties plaignantes, qui n'intiment que le procureur-général, arrêt du 4 mai 1785, qui « met l'appellation, et ce dont est appel au néant; émendant, ordonne que le procès sera continué, fait et parfait jusqu'à sentence définitive inclusivement, sauf l'appel; et qu'à la requête de la Bérangerie, le notaire, les témoins, et la veuve Veltier seront assignés pour être ouïs sur les faits résultans des charges et informations et autres sur lesquels il voudra les faire interroger ».

En exécution de cet arrêt, de nouveaux témoins sont entendus. Le notaire et les témoins subissent leur interrogatoire. La veuve Veltier meurt.

Les choses en cét état, le sieur Clouard, notaire, appelle de la plainte et de tout ce qui s'en est ensuivi; forme une tierce opposition à l'arrêt du 4 mai 1785, et conclut à ce qu'il plaise à la cour, déclarer la procédure nulle, évoquer le principal, et le décharger de l'accusation.

La cause portée à l'audience de la tournelle, M. l'avocat-général Séguier a dit que « le testament le plus authentique est celui que le testateur a écrit lui-même et tout seul, parce que, dès qu'il s'agit de sa seule volonté, personne ne peut mieux la connaître et l'expliquer que lui-même.

» Mais (a-t-il ajouté), lorsque, ne pouvant ou ne voulant pas mettre lui-même par écrit ses intentions, il se sert, pour les rédiger, d'une plume étrangère, la loi exige le ministère et l'intervention de deux officiers publics, ou d'un notaire et de plusieurs témoins, tantôt plus, tantôt moins, suivant la différente disposition des coutumes; et elle exige leur intervention pour qu'ils puissent certifier que chaque disposition, quoique tracée par une main qui n'est pas celle du testateur, a cependant été la pure et simple expression de sa volonté. Mais, pour qu'ils puissent certifier cela de chaque disposition, il faut qu'ils les aient entendües toutes; et que leur signature atteste que, quand le testament a été relu en leur présence, ils n'y ont trouvé que ce que le testateur avait ordonné lui-même. Telle est l'étendue du témoignage qui résulte de leur signature........

» Ainsi, recevoir un testament, n'est pas seulement recevoir la signature du testateur et et des témoins au bas d'un acte rédigé d'avance, d'après ses intentions connues ou précédemment écrites; c'est écrire ses intentions sous sa dictée, et les lui relire pour les lui faire ratifier, et puisque les testamens doivent être reçus par deux notaires, ou par un notaire en présence de témoins, il s'ensuit que le second notaire ou les témoins doivent être présens à la dictée comme à la lecture du testament, puisque l'un et l'autre sont également parties intégrantes de sa reception.....

» Ainsi, quand un notaire et des témoins attestent par leur signature, qu'un testament a été reçu par et devant eux, ils déclarent solennellement qu'ils ont été présens à la confection entière du testament; qu'ils l'ont entendu dicter et relire; qu'ils l'ont vu signer par le testateur et les uns par les autres.

» Telle est, nous le répétons, l'étendue nécessaire de leur témoignage. Voyons à présent de quel poids il doit être, jusqu'à quel point et de quelle manière il peut être attaqué.

» Dès que les signatures sont reconnues, les actes sont la loi invariable, non-seulement des parties contractantes, mais encore de ceux qui les ont signés. A l'égard même d'un acte fait par écritures privées, si l'une des parties veut l'attaquer, même par la voie de faux, on ne l'en croira pas, ni aucun de ceux qui y ont stipulé, sur leur déclaration que le contenu de cet acte n'est pas conforme à la convention. Et pourquoi? Parce que la signature dément perpétuellement la déclaration; et qu'il faut que ceux qui affirment un fait à la justice, n'aient pas déjà attesté le contraire. Lorsqu'un acte reçu par un notaire en présence de témoins, est argué de faux, ce ne sont pas non plus les notaire et témoins que l'on peut faire entendre pour prouver cette fausseté, parce que leur déposition serait en contradiction avec ce qui constate leur signature; il faut toujours des témoins étrangers qui prouvent la prévarication des premiers.

» Mais si l'on pouvait déroger, dans des circonstances particulières, à des principes si évidemment fondés en raison, ce ne pourrait jamais être à l'égard d'un testament; les témoins ne peuvent dire, sans impliquer contradiction avec eux-mêmes, qu'ils n'ont pas assisté à la confection du testament, parce qu'ils signent qu'ils y ont été présens; qu'ils ne l'ont pas entendu dicter, parce qu'ils signent qu'ils l'ont entendu; qu'il n'a pas été relu, parce qu'ils signent que la lecture en a été faite en leur présence. On ne peut absolument recevoir ni déclaration ni déposition d'un témoin instrumentaire; sa déclaration n'est point juridique; elle est déclarée nulle par la loi, sans qu'il y ait à examiner si elle est contraire ou conforme à son premier témoignage. Elle n'y ajoute aucune force, si elle contient les mêmes faits; elle ne l'ébranle point, si elle en contient de contraires.

» D'ailleurs, quelle inégalité n'y a-t-il pas entre la foi due au témoin, lorsqu'il signe un testament comme revêtu d'un caractère légal, comme exerçant une fonction publique; et celle qu'on pourrait ajouter, soit à la déclaration extrajudiciaire du même homme, redevenu une personne privée, soit même à ce qu'il déclare sous la religion du serment, lorsqu'il est interrogé par la justice? Pour sentir cette énorme différence, il suffirait de considérer que la loi ne permet pas même de douter de ce qu'il a attesté dans la première qualité jusqu'à l'inscription de faux; au lieu qu'elle permet toujours au juge, qu'elle lui recommande même de mesurer la croyance qu'il donnera au témoin qui dépose, sur sa condition, ses mœurs, ses qualités personnelles.

» Et si les mœurs du témoin doivent influer sur la foi due à sa déposition, quelle idée présente de lui-même, le témoin instrumentaire qui vient démentir le contenu de l'acte qu'il a signé? Lorsqu'il signait le testament, la loi qui consacrait son ministère, le présumait honnête et digne de toute croyance. Le testateur, qui l'appelait, confirmait, par sa confiance, cette présomption de probité. Mais, à l'instant même où il ouvre la bouche pour déposer contradictoirement à ce testament qu'il a signé, il se place dans l'alternative inévitable d'être ou d'avoir été un parjure. La justice, indignée, voit évidemment que l'homme qui lui parle, est un imposteur; sa seule certitude est de savoir si c'est dans le moment actuel ou à l'époque précédente qu'il l'a trompée; et cette incertitude même fait qu'elle ne peut prononcer la fausseté du premier acte, sur la seule confiance de cet être vil, parce que c'est peut-être en disant que l'acte est faux, qu'il commet son mensonge: il est donc impossible d'admettre le témoignage d'un pareil homme, qui, par son propre fait, est convaincu d'être indigne de toute foi.

» D'un autre côté, si les faits de dictée, lecture et signature du testament en présence des témoins énoncés dans le texte même de cet acte solennel, ne sont pas réellement conformes à la vérité, les témoins instrumentaires, non plus que le notaire, n'ont aucun subterfuge pour échapper au crime; ils ne peuvent avoir été ni trompés ni surpris, s'être trompés ou avoir péché par inadvertance; ils sont, dans toute l'étendue du terme, coupables de faux. Et, lorsqu'en s'inscrivant en faux contre un testament, on prétend qu'il a été rédigé en tout ou en partie hors la présence des témoins, on dénonce, par là même, à la justice, le notaire et les témoins, comme coupables d'un crime, et d'un crime qui, par la disposition de la loi, est capital.

» Ces principes ont motivé la disposition de l'arrêt du 4 mai dernier, par laquelle, en ordonnant la continuation du procès, la cour a en même temps décrété de soit ouï et M.e Clouard et les trois témoins. Si la sagesse de la cour a jugé pouvoir, sur les charges qui lui ont été lues alors, ne pas prononcer un décret plus rigoureux, toujours a-t-elle jugé que le titre de la plainte ne portait pas seulement sur la pièce arguée de faux, mais renfermait essentiellement et par sa nature, une accusation de faux personnelle contre le notaire et les trois témoins. La cour a jugé qu'ils ne pouvaient être entendus que comme accusés.

» La rigueur de ces mêmes principes nous fait une loi de regarder comme devant être rejetées, six dispositions de l'information qui avait précédé cet arrêt du 4 mai, comme faites par des témoins qui n'ont pas dû être appelés ni pu être entendus : ce sont d'abord celle de Simié, Plu et Marpault. Ces trois hommes, témoins instrumentaires du testament, étaient accusés du moment que la plainte en faux a

été reçue : par la même raison, il faut rejeter celles de la femme Simié, de Pierre Plu et sa femme, frère et belle-sœur de Louis Plu......, dont la parenté, à un degré aussi proche, ne les rend pas moins incapables que les accusés même de porter témoignage en cette affaire.

» Sur les douze dépositions qui restent, il y en a quatre qui ne portent pas véritablement sur le fait en question......».

M. l'avocat-général a ensuite lu et discuté les autres dépositions; il a prouvé, qu'à l'exception d'une seule qui était insignifiante, elles ne portaient que sur des ouï-dire des trois témoins instrumentaires. Ainsi (a-t-il continué), « aucun témoin *de visu*. Tous parlent d'après la déclaration de trois des accusés; aucune preuve ou commencement de preuve, soit écrite, soit verbale, qui ne soit pas fournie par ces accusés, et qui ne se confonde avec leur déclaration; enfin, tout se réduit à leur confession, soit hors jugement, soit dans leur interrogatoire.—Mais s'il y a jamais eu lieu de faire valoir la maxime, *non auditur perire volens*, c'est surtout dans ce cas-ci, où les accusés sont leurs seuls accusateurs à eux-mêmes, et les seuls témoins de leur prétendu délit, où le complice qu'ils veulent se donner, proteste constamment de son innocence, où un acte auquel ils ont donné eux-mêmes l'authenticité, dément leur propre confession, et détruit, par la présomption de la loi, la vraisemblance même du crime dont ils ne craignent pas de se décharger.—Ils sont donc innocens malgré eux, ou plutôt malgré la faiblesse qu'ils ont eue de se prêter à paraître coupables. On ne peut les juger autrement, si l'on veut statuer sur le fond même de la contestation ».

De tous ces développemens, M. l'avocat-général a conclu qu'il y avait lieu d'évoquer le principal et de juger sur-le-champ. « Supposons d'avance (a-t-il dit), que les trois accusés qui conviennent n'avoir pas été présens, continueront de l'avouer: Supposons plus encore, que M.e Clouard n'osera plus soutenir sa dénégation, et confessera aussi le faux qui lui est imputé. Eh bien! que jugerait-on alors? Ce que la cour peut juger dès à présent : qu'il ne tient pas aux témoins qui ont signé un testament, ni au notaire qui l'a rédigé, de faire tomber la foi qui lui est due, en démentant ce qu'ils ont attesté d'une manière authentique : qu'il ne suffit pas qu'ils consentent à passer pour faussaires, qu'ils se reconnaissent pour tels; qu'il faut encore qu'ils en soient convaincus, c'est-à-dire, que des preuves distinctes de leur propre témoignage, se réunissent à leur aveu, et que leur confession complette la preuve; car elle ne peut jamais la faire à elle seule : *Non auditur perire volens*. Et si cela est vrai, lorsque l'accusé seul qui s'avoue coupable, est intéressé dans le jugement qu'il va subir, cette maxime doit prévaloir bien davantage, lorsqu'à la condamnation des pré-

tendus coupables est.lié le sort d'un acte qui
intéresse d'autres parties ».

Par arrêt du...... février 1786, « la cour
reçoit la partie de Rimbert (le sieur Clouard), tiers-opposant à l'arrêt du 4 mai 1785; reçoit
le procureur - général du roi opposant audit
arrêt pour les nommés Simié, Plu et Marpault;
faisant droit sur lesdites opposition et tierce-opposition, ensemble sur l'appel interjeté par
la partie de Rimbert, met les appellations et
ce dont est appel, au néant; émendant, évoquant le principal et y faisant droit, renvoie
ladite partie de Rimbert, et les nommés Simié,
Plu et Marpault, de l'accusation portée contre
eux...... (1) ».

Il existe des arrêts semblables du parlement de
Dijon, qui sont retracés par Serpillon, à l'endroit
déjà cité.

Le premier a été rendu au sujet du testament
olographe du sieur Courtot, avocat à Beaune,
dont la souscription avait été reçue par les
sieurs Gourdier père et fils, notaires, et signée
par les sieurs Teinturier et Lardelot, témoins.
« Les moyens des héritiers présomptifs qui
avaient formé une inscription de faux, furent
admis par sentence du 7 décembre 173. Ces
moyens étaient que les témoins n'avaient jamais
su avoir signé au testament de Courtot; qu'ils
s'en étaient ainsi expliqués dans des termes non
suspects; qu'ils ne l'avaient appris, que lors-qu'on leur en avait fait des reproches, et qu'ils
avaient dit avoir été trompés par le notaire
Gourdier. Teinturier, l'un d'eux, déposait que
l'acte lui avait été présenté tout dressé; qu'il
ne l'avait vu ni écrire ni signer. L'autre déclarait qu'il n'y avait eu que du blanc au-dessus de
ce qu'il avait signé; et néanmoins il ne pouvait
se souvenir s'il avait signé en blanc, ou si on lui
avait caché l'acte avec un autre papier blanc.
Ces témoins, suivant leurs dispositions, n'avaient été appelés qu'après la rédaction de l'acte,
ils n'avaient pas vu le testateur. Ainsi, à s'en
rapporter à leurs dépositions, le testament devait être cassé; il fut cependant confirmé par
arrêt du parlement de Dijon, du 30 août 1736. »

Marguerite Bruchet, femme de François Nicod, marchand à Chagny, avait fait, le 5 octobre 1744, une donation en présence d'un notaire
et de deux témoins, nommés Jam et Payel; l'acte fut impugné de faux; les moyens admis
par sentence du bailliage de Châlons-sur-Saône,
du 29 mars 1753, étaient « 1.° que François
Nicod, mari, avait lui-même dicté la donation,
sans que sa femme, donatrice, eût déclaré au

notaire ses intentions; 2.° que l'acte était commencé, lorsque le sieur Payel, l'un des témoins,
était arrivé; que le sieur Nicod avait prié le sieur
Payel, d'aller avertir le sieur Jam; que Payel
était sorti pour y aller, et que lorsqu'ils étaient
revenus l'un et l'autre, l'acte était presque consommé; 3.° que l'acte avait été presque entièrement écrit, clos et signé, sans que la lecture
en eût été faite à la donatrice, qui n'avait pas
été requise de signer ».

Les deux témoins instrumentaires avaient été
décrétés. Payel, l'un d'eux, avait répondu qu'il
était arrivé près d'une demi-heure avant Jam,
dans la chambre de la donatrice; que, lorsqu'il
y était entré, le notaire tournait le feuillet de
l'acte, parce que la première page était déjà
écrite; que le notaire écrivait de mémoire; qu'il
était placé à l'un des bouts de la chambre, près
d'une fenêtre, tandis que le lit de la malade
était à l'autre bout; que le mari se promenait,
allant du lit de la malade au notaire, auquel
cependant il ne dictait pas; que la malade ne
disait mot; qu'il ne lui avait pas entendu dire
quelles étaient ses intentions; et que lorsque
Jam était arrivé, la dernière page était commencée.

Les réponses de Jam furent pareillement que,
lorsqu'il était arrivé, le notaire avait déjà écrit
une partie de la première page, qu'il ne se rappelait pas si cet officier écrivait de mémoire,
ou si la donatrice dictait; que le mari avait toujours été présent et que lecture ayant été faite
de l'acte, la testatrice avait fait ajouter quelque
chose.

Plusieurs témoins avaient déposé d'une conversation que Payel avait eue dans un cabaret,
et qui était conforme à ses réponses.

Il y avait encore deux témoins qui avaient tenu
à peu près le même langage que les témoins instrumentaires; mais l'un d'eux avait varié au
récolement et à la confrontation ». — Par sentence du bailliage de Châlons-sur-Saône, la donation avait été déclarée fausse; mais, dit Serpillon, « le parlement de Dijon ayant rejeté
les dépositions des témoins instrumentaires, la
donation fut confirmée par arrêt du 15 mai
1756 ».

François Tronquet, mort le 17 février 1748,
âgé de 22 ans, avait fait un testament le jour de
son décès; il avait institué son oncle héritier
universel, et n'avait légué que la somme de
10 liv. à chacune de ses sœurs. Celles-ci formèrent contre l'acte une inscription de faux, dont
les moyens furent, « 1.° que, dans le temps
de la rédaction du testament, le testateur était
en délire; 2.° que les témoins n'y avaient pas
été présens tous ensemble; que le notaire, aussitôt son arrivée, avait commencé le testament,
et que les témoins étaient survenus ensuite séparément, l'acte étant déjà beaucoup avancé;

(1) Nouvelle édition du *Recueil de Denizart*, tome 8, page 472.

3.º que le testateur n'avait prononcé aucune parole de son testament, et que les témoins n'avaient entendu nommer l'héritier que par le notaire; 4.º que François Tronquet, institué héritier et sa femme, allaient tour-à-tour auprès du malade, et revenaient dire au notaire ce qu'il fallait écrire; 5.º que l'un des témoins avait conduit la main du testateur pour le faire signer.».

Ces moyens de faux ayant été admis par sentence du 13 février 1755, il y eut une information composée de dix témoins; il en résultait *que le testament avait été fait en l'absence des témoins qui n'avaient pas entendu le testateur déclarer ses volontés.*

Mais *deux de ces témoins étaient ceux qui avaient signé le testament;* les huit autres n'avaient déposé que ce qu'ils avaient ouï dire de ceux-ci.

Sur l'appel de la sentence du juge des lieux, il en intervint une qui confirma la première avec dépens, en déclarant le testament faux.

Mais au parlement de Dijon, par arrêt du 11 août 1759, les deux sentences furent réformées, Tronquet fut déchargé avec dépens de l'accusation intentée contre lui, et il fut ordonné que le testament serait exécuté selon sa forme et teneur ».

» On voit, continue Serpillon, que la jurisprudence du parlement de Dijon, est conforme à celle du parlement de Paris..... Les arrêts ont jugé constamment que, quoique les réponses et déclarations des notaires et témoins soient contraires aux termes et aux expressions de l'acte, elles ne peuvent seules en détruire la foi. Il en est de même des discours qu'ils peuvent avoir tenus dans le public; il y en avait des preuves complettes, lors de plusieurs arrêts : *malgré ces preuves, les dispositions ont été si exactement confirmées que l'on ne croit pas qu'il y ait eu un arrêt contraire.*..., Il est de l'intérêt public que le sort des actes ne puisse dépendre de la séduction de ceux qui, après leur avoir donné la forme d'authenticité, seraient les maîtres de les anéantir ».

Cette jurisprudence, à l'appui de laquelle on peut encore citer un arrêt du parlement d'Aix, du 16 juin 1753 (1), mais qui, même sous l'an-

_____

(1) Par arrêt du 16 juin 1753, au rapport de M. de Gras père, il a été jugé, en grand'chambre, qu'un testament étant attaqué sur le fondement de la démence du testateur, lors, avant et après le testament, les témoins qui avaient signé au testament, ne pouvaient être entendus, de sorte que leurs dépositions furent rejetées en jugeant les objets (*réproches*), et ce encore qu'ils eussent été entendus dans l'enquête faite par la partie qui soutenait la validité du testament. Ce qui fut ainsi jugé à cause des conséquences préjudiciables au

cien régime, éprouvait beaucoup de contradictions (1), ne peut plus s'accorder avec les principes de la législation actuelle, qui admet à déposer, tant eu matière criminelle qu'en matière civile, tous les témoins qu'aucune loi expresse ne repousse.

Écoutons M. le procureur-général Legoux, portant la parole à l'audience de la cour spéciale du département de la Seine, les 1er, 2, 3, 4 et 5 août 1810, sur l'accusation de faux intentée contre l'acte de souscription du testament mystique de Georges Tönninges.

« Loin de faire la critique de cet arrêt (celui du parlement de Paris du mois de février 1786), il est très-possible qu'assis parmi les juges, nous en eussions été d'avis. Prononçant alors uniquement sur une information écrite, sans voir ni entendre les témoins, et ayant à balancer leur repos des familles, si pareils témoins, après avoir signé un testament où il était dit que le testateur était sain d'esprit, pouvaient être entendus en justice, pour ou contre un pareil fait. Leur déposition en faveur du testament serait inutile, puisque le testament ayant la présomption en sa faveur, et ne la tirant que de la force du seing du notaire et des témoins, ce même notaire et les témoins ne sauraient lui donner une nouvelle force par leurs dépositions dans une enquête. Il serait au contraire de la plus dangereuse conséquence, de faire déposer les témoins d'un testament contre le testament qu'ils ont signé, pour désavouer ou contredire ce qu'ils ont signé ou attesté par leur présence ; puisqu'on pourrait, par ce moyen, détruire les actes les plus solennels ». *Traité des successions* de Montvallon, tome 1, page 473.

(1) Aux autorités que cite à ce sujet le *Répertoire de jurisprudence*, aux mots *Témoin instrumentaire*, §. 2, n. 7, on peut ajouter les suivantes.

Cujas, liv. 3, chap. 38 de ses *Observations*, parlant de la loi 1.re C. *de testibus*, qui fait, comme l'art. 1341 du Code civil, céder la preuve par témoins à la preuve littérale, *contra scriptum testimonium, testimonium non scriptum non fertur*, dit que cette règle n'empêche pas qu'un témoin instrumentaire ne puisse être contraint de déposer sur la vérité de l'acte qu'il a souscrit en cette qualité: *qui instrumento testis adfuerit, post, lite motâ, non potest defugere testimonium.*

Godefroy, dans ses notes sur la même loi, après avoir dit que la fausseté d'un acte peut être prouvée par témoins, ajoute : *idem testes qui in instrumento interfuerunt, ejus falsitatem possunt arguere; eoque casu vivâ vox (quam tamen nunutam esse juramento vult Justinianus, novell. 73 cap. 3) praefertur scripturae.*

Auselmo, sur l'art. 14 de l'édit perpétuel des archiducs Albert et Isabelle de 1611, §. 13, admet aussi, en cas d'inscription de faux contre un testament, les témoins instrumentaires à déposer contre la teneur de cet acte, que le notaire n'en a pas fait la lecture au testateur.

C'est, ce qu'enseignent pareillement Winants, dans son Recueil d'arrêts du conseil de Brabant, décis. 174, n. 4; et à Sande, dans son Recueil d'arrêts du conseil de Frise, liv. 4, tit. 1, défin. 5.

déclaration écrite avec les dénégations constantes du notaire, il se peut que nous eussions été bien plus touchés de ses raisons, que des déclarations peut-être mal motivées de ces témoins.

» Car, à Dieu ne plaise, Messieurs, que nous pensions qu'il faille, dans tous les cas, s'en rapporter à la déposition des témoins instrumentaires. Ne voyons-nous pas tous les jours que des témoins, tout en affirmant une chose, vous laissent, soit par leur ton, soit par leurs exagérations, absolument convaincus du contraire? Et cela n'est-il pas arrivé dans les débats actuels.....?

» L'affirmation des témoins ne force donc pas toujours, à beaucoup près, la conviction : *Solâ testatione probatam, nec aliis legitimis adminiculis causam adprobatam, nullius esse momenti certum est* (Loi 4, C. de testibus).

» Il faut faire attention à la manière dont le témoin motive son témoignage : *illud etiam spectare debet judex, an testis aliquam dicti suî rationem reddat* (Pandectes de Pothier, *de testibus*, n. 16).

» Il faut examiner ses mœurs, son état, son caractère, la dépendance dans laquelle il peut être de celui en faveur duquel il dépose.

» Or, savons-nous aujourd'hui quelle était la moralité des témoins du testament reçu par le notaire Clouard, et si cette connaissance n'a pas influé, dans le temps, sur l'opinion des juges?

» Les arrêts alors n'étaient pas motivés, comme ils le sont aujourd'hui; en sorte que rien n'est plus hasardeux que de vouloir donner des motifs déterminés aux décisions de ces temps-là, à moins qu'ils n'aient jugé de simples questions de droit.

» Le fait, au contraire, était tout dans le procès de Clouard. Aussi voyons-nous que M. l'avocat-général, entrant dans l'examen des preuves, n'y trouve rien qui vienne à l'appui de la déclaration des témoins instrumentaires : *tout se réduit*, disait-il, *à leur confession.*

» Et, sans doute, ces témoins par eux-mêmes ne méritaient aucune confiance; sans doute, il y avait, dans l'espèce, des particularités qui les accusaient de mauvaise foi, puisque M. l'avocat-général disait qu'ils se plaçaient dans l'alternative inévitable d'être ou d'avoir été parjures, et que la seule incertitude se bornait à savoir si c'était au moment actuel, ou lors de l'acte, qu'ils avaient voulu tromper,

» *Ils n'ont*, ajoutait-il, *aucun subterfuge pour échapper au crime; ils ne peuvent avoir été ni trompés ni surpris, s'être trompés, ou avoir péché par inadvertance. Ils sont, dans toute l'étendue du terme, coupables du faux.*

» Ah! il paraissait bien juste que si, même au temps de l'acte, ces témoins ne pouvaient avoir été ni trompés ni surpris, que si l'on voyait qu'a-

lors ils n'avaient point *péché par inadvertance*, on n'eût point d'égard à leurs témoignages contredits par le notaire.

» Mais voudrait-on, par hasard, généraliser les expressions de M. l'avocat-général? Voudrait-on lui faire dire qu'en aucun cas les témoins signataires d'un acte ne peuvent avoir été ni trompés, ni surpris sur son contenu, ni avoir péché par ignorance et par inadvertance?

» Certes, il serait offensant pour notre illustre prédécesseur, qu'on osât lui reprocher d'avoir si peu connu et les hommes et les choses. Mais c'est à nous qu'appartient l'honneur de défendre ses opinions contre de semblables insinuations. Pouvait-il donc ignorer ce que nous savons tous, que souvent les témoins appelés par les notaires, sont des hommes simples, des artisans sans nulle instruction, uniquement occupés de leurs travaux manuels, et incapables de saisir, à la lecture d'un acte qui leur est indifférent, les clauses, les formules et les expressions qu'il contient? Il est sensible d'abord que des gens de travail, arrachés subitement à leurs occupations, et amenés dans une maison opulente, y sont plutôt frappés de ce qu'ils voient que d'une lecture monotone. Et si c'est près d'un moribond, tous leurs sens alors sont captivés par ce lugubre spectacle; en sorte qu'il est comme impossible qu'ils donnent aucune attention à la lecture d'un formulaire écrit en style de palais, et que bien certainement ils ne comprendraient qu'avec de grands efforts et de longues explications, quand même ils pourraient l'écouter.

» Cependant ils signent de confiance, sans savoir ce qu'ils font, sans en connaître l'importance, et dans la persuasion que nul ne veut les tromper. Oseraient-ils d'ailleurs s'en défendre et s'y refuser? Se permettraient-ils, eux qui ont le sentiment de leur incapacité, de faire des observations au notaire dont ils respectent la science, le langage, les lumières et la gravité? Il doit donc arriver souvent que leur signature ne soit autre chose qu'un acte de soumission et d'ignorance.

» Lors donc que M. l'avocat-général a dit que les témoins ne pouvaient avoir été ni *trompés*, ni *surpris*, ni *avoir péché par inadvertance*; il est clair qu'il n'a pu parler que du cas particulier sur lequel il s'expliquait. Autrement, et s'il était possible qu'il eût voulu poser un principe général, alors il faudrait bien l'avouer, ce prétendu principe, contraire à l'expérience, contraire à des vérités de fait renouvelées chaque jour, serait absolument insoutenable.

» Mais une fois démontré que des témoins ignorans peuvent avoir signé sans mal ce un acte faux, pourquoi, lorsqu'il s'agit d'un faux qui a pu frapper leurs sens et qui leur est personnel, la justice devrait-elle rejeter, sans examen, la déclaration qu'elle en exige?

» Ne serait-ce pas une idée bien bizarre que de leur faire subir des interrogatoires, et de poser en principe qu'on ne doit faire aucun cas de leurs aveux? Évitons, Messieurs, ces extrêmes, ces propositions absolues qui ne supportent point l'examen de la raison.

» En matière de preuves, tout dépend des circonstances, et il est vrai de dire que, pour leur évaluation il n'est pas de mesure fixe : *Quæ argumenta , ad quem modum probandæ cuique rei sufficiant, nullo certo modo satis definiri potest.* (Loi 3, §. 2, D. *de testibus*).

» Mais ce qu'il y a de sûr, du moins, c'est qu'en thèse générale, de tous les genres de preuves, le moins suspect, est celui qui résulte des aveux des accusés; en sorte que, quoiqu'on fasse, et après bien des détours, il faut encore en revenir aux instructions de M. d'Aguesseau qui semble présenter dans les termes suivans (1) le résumé des vrais principes : « Toutes les fois » qu'on peut concevoir un soupçon légitime sur » la vérité d'un acte, et que ce doute tombe » sur la présence des témoins; il est des premiers » élémens de la procédure de mettre ce témoins » en décret *pour découvrir la vérité, s'il est pos-* » *sible , par leurs interrogatoires.* Par une suite » nécessaire, il faut aussi entendre le notaire ju- » ridiquement, c'est-à-dire , comme accusé ou » comme soupçonné; *et ce n'est souvent* QUE *par* » *la comparaison de ces interrogatoires, par les* » *différences ou par les contrariétés qui s'y trou-* » *vent, que l'on parvient à éclaircir un fait* » *obscur et difficile à approfondir* ».

» Quelle sagesse dans ces instructions! M. d'A- guesseau , imbu des vrais principes des lois , ne tranche point ; il ne dit pas d'une manière ab- solue qu'il faille entendre les témoins et les no- taires pour ajouter une foi aveugle à leurs réponses.

» Encore moins, dit-il, qu'il faille les inter- roger inutilement et sans qu'il soit permis de se décider d'après leurs aveux; il sait trop bien que le faux est de sa nature un crime mysté- rieux et caché, qui dès-lors resterait impuni, au grand détriment de la société, si l'on ne pouvait en obtenir la preuve par les aveux des coupables; il veut donc *qu'on interroge les no-* *taires et les témoins pour découvrir, s'il* EST POSSIBLE , *la vérité par leurs interrogatoires;* il reconnaît que, sans cette ressource, il aurait indulgence plénière pour les plus dangereux des faussaires, puisque, attendu la facilité qu'ils ont de commettre le crime, et d'en faire perdre la trace, *ce n'est souvent que par la comparaison de leurs interrogatoires , par les différences ou les contrariétés qui s'y trouvent, que l'on parvient à découvrir un fait obscur et difficile à appro- fondir.*

» Ainsi , tout est abandonné , suivant le pré- cepte des lois , à la prudence et à l'intégrité des juges à qui seuls il appartient d'apprécier la foi que l'on peut, dans chaque affaire, ajouter aux témoins : *Divus Adrianus rescripsit eum qui ju- dicat magis posse scire quantá fides habenda sit testibus.*

» Or, comme le nombre des témoins qui dé- posent d'un fait, est souvent l'un des élémens de conviction , nous ne sommes point surpris, Messieurs, que , dans les anciens pays coutu- miers de la France , où les testamens n'étaient pas assujettis à de plus grandes formalités que celles des conventions et des contrats , et où, dès-lors , il suffisait, notamment à Paris , ainsi qu'en Bourgogne, que le notaire fût assisté *de deux témoins ;* nous ne sommes pas surpris, disons-nous, qu'on y fît , dans le fait , de grandes difficultés pour convaincre un notaire de faux sur la seule déclaration des deux témoins instru- mentaires. Mais, dans les pays de droit écrit où les testamens doivent être reçus en présence de *sept témoins ,* ce nombre peut offrir au notaire , ainsi qu'à la justice , une garantie complète de la vérité des faits sur lesquels ils sont unanimes; or, telle est précisément l'hypothèse dans la- quelle nous sommes placés aujourd'hui.

» D'ailleurs , et quelle qu'ait été , dans notre ancien droit , la jurisprudence à cet égard, nos principes aujourd'hui sont bien constans sur le même point. *Nulle distinction,* comme l'a décidé plusieurs fois la cour de cassation , *nulle distinc- tion à faire entre les preuves admissibles en ma- tière de faux , et celles qui servent à constater les autres délits. Les témoins qui peuvent être admi- nistrés pour établir le crime de faux , ne sont dès-lors reprochables que dans les cas prévus et spécifiés par l'art.* 258 *de la loi du 3 brumaire an* 4 *;* et par conséquent les témoins instrumen- taires de l'acte restent dans la classe de tous les autres témoins dont la véracité doit être appré- ciée d'après les règles générales.

» Et pour ce qui est du cas où nous nous trouvons, il n'est pas même possible de pré- texter, comme on le disait autrefois, *que les témoins soient placés dans l'alternative inévitable* D'ÊTRE *ou* D'AVOIR ÉTÉ *parjures ;* car, s'ils ont coopéré, par *le fait matériel* de leur signature, au complément de l'acte faux, la justice sait ce- pendant à quoi s'en tenir sur la moralité de cette action. Les témoins ne se présentent pas à votre audience dans cette situation humiliante , où il eût d'avance été permis de voir en eux des im- posteurs, et la seule incertitude eût été de savoir si c'était dans le moment actuel ou à l'époque du testament qu'ils avaient voulu tromper.

» Le caractère de leur action a été examiné, pesé, lors de l'arrêt de compétence confirmé par la cour de cassation ; et il a été dès-lors irré- vocablement jugé que ces témoins, trompés , surpris eux-mêmes au temps de l'acte, avaient signé sans malice et sans nulle intention d'en imposer à personne. Ils sont donc aujourd'hui *integri statûs* et *integræ famæ ;* et l'on ne pourrait, sans injure, sans manquer à l'autorité de la chose jugée, leur reprocher l'erreur involontaire de leur part, dans laquelle on les a fait sciemment et méchamment tomber.

» Ce n'est donc plus que par les moyens ordinaires et communs à tous les témoins, qu'on peut tenter maintenant d'affaiblir leurs témoignages ; autrement, ils ont capacité pour faire preuve entière et parfaite des faits dont ils déposent ; et quelle que fût l'ancienne jurisprudence par rapport aux témoins instrumentaires, il est du moins certain que, dans l'état actuel des choses, elle ne leur est pas applicable ».

§. IV. *Avant la loi du 6 octobre 1791, un acte que le statut local voulait être fait par un notaire, en présence de deux témoins, pouvait-il l'être sans témoins, par deux notaires ?*

V. l'article *Signature*, §. 1.

§. V. 1.º *Un mariage contracté sous l'empire de la loi du 20 septembre 1792, est-il valable, quoique l'acte qui en a été dressé après la célébration, ne contienne ni la mention du domicile, ni celle de la profession de quelques-uns des témoins ?*

2.º *Est-il valable, quoique parmi les témoins, il se soit trouvé une femme ?*

V. l'article *Mariage*, §. 4.

§. VI. *Les juges à qui la loi confère le droit d'accorder des sauf-conduits aux personnes condamnées par corps, lorsqu'elles sont citées en justice comme témoins, peuvent-ils les étendre au-delà du temps nécessaire pour que ces personnes puissent porter témoignage ?*

V. l'article *Sauf-conduit.*

§. VII. 1.º *Est-il nécessaire, dans un jugement de police qui rejette l'opposition d'une partie à l'audition des témoins produits par l'autre, de citer la loi qui justifie ce rejet ?*

2.º *Les tribunaux de police peuvent-ils entendre les témoins reprochés par l'une des parties, sauf à avoir, à leurs dépositions, tel égard qu'il appartiendra ?*

V. l'article *Injure*, §. 3.

§. VIII. *Les jugemens des conseils de guerre doivent-ils, à peine de nullité, contenir la mention expresse que les témoins qui ont été* entendus, ont prêté serment, avant de déposer ?

V. l'article *Informations.*

TENTATIVE DE CRIME. *V.* l'article *Banqueroute*, §. 1.

TERRAGE. — §. I. 1.º *Les lois des 25 août 1792 et 17 juillet 1793 ont-elles supprimé les terrages, agriers, persières, tasques, ou champarts, qui, avant l'abolition du régime féodal, formaient entre les mains des personnes à qui ils étaient dus, des fiefs purement passifs, mais mouvans du seigneur du territoire dans lequel s'en faisait la perception ?*

2.º *Ont-elles supprimé indistinctement tous ceux de ces droits qui, à l'époque de l'abolition du régime féodal, étaient perçus au profit des seigneurs des lieux où ils se percevaient ? Y a-t-il, à cet égard, quelque distinction à faire entre les pays de franc-alleu naturel, et les pays où était admise la règle* NULLE TERRE SANS SEIGNEUR *?*

3.º *La coutume d'Auvergne était-elle allodiale ? Quel était l'effet de son allodialité par rapport à la nature des droits de persière, terrage ou champart, perçus dans son territoire par un seigneur haut-justicier qui réunissait à cette qualité celle de seigneur direct de quelques parties de sa haute-justice ?*

4.º *Pouvait-on, avant le Code civil, prouver par un seul titre récognitif, l'existence d'un droit de terrage, agrier, champart ou persière ?*

La première de ces questions n'est pas résolue, comme on l'a avancé dans quelques ouvrages périodiques, par l'arrêt de la cour de cassation, du 26 pluviôse an 11, rapporté à l'article *Rente-foncière*, §. 11 ; car, dans l'espèce de cet arrêt, il n'était nullement prouvé que les ducs de Deux-Ponts, de qui avait été tenue en fief jusqu'en 1789 la *rente colongère* réclamée par le sieur Schawenbourg, eussent jamais été seigneurs, même en partie, de la commune d'Ammerschwir ; et je dois rappeler ici que, dans le plaidoyer sur lequel cet arrêt a été rendu, j'ai perpétuellement supposé le contraire.

La difficulté reste donc entière ; et pour la résoudre il faut consulter d'autres principes que ceux sur lesquels s'est fondée la cour de cassation dans l'affaire du sieur Schawenbourg

Il est constant que, par cela seul qu'un particulier tenait en fief d'un seigneur territorial, un agrier, un champart ou un terrage à percevoir dans l'étendue de sa seigneurie, il était censé en devoir la possession originaire à la concession que lui en avait faite ce seigneur, par la voie de l'inféodation.

A la vérité, il aurait pu ne le tenir de lui qu'en *fief offert* ou *de reprise;* mais à défaut de preuve, il était censé le tenir en *fief de tradition;* car c'était par la tradition que s'étaient créés la plupart des fiefs, et c'était comme fiefs de tradition qu'ils étaient tous considérés, tant que la qualité de fief offert n'était pas justifiée.

C'est ce qu'établissent, comme de concert, tous les jurisconsultes qui ont écrit sur cet objet.

Plusieurs, il est vrai, soutiennent que les fiefs tenus des seigneurs ecclésiastiques, doivent, dans le doute, être rangés dans la classe des fiefs de pure oblation, et que c'est à celui qui les prétend fiefs de tradition, à prouver qu'ils le sont réellement. Ils se fondent, et sur la présomption déjà assez grave, qui résulte, suivant eux, du grand nombre de fiefs que l'histoire et les anciennes chartes nous apprennent avoir été créés par l'hommage que des propriétaires faisaient volontairement de leurs biens libres et purement allodiaux, soit a un évêque, soit à un chapitre, soit à un monastère, soit même à un saint ou à une sainte; et sur la présomption encore beaucoup plus forte qu'ils tirent de l'incapacité dans laquelle était l'église d'aliéner ses immeubles, incapacité qui les conduit naturellement à dire que ce n'est point par aliénation de la part de l'Eglise, mais par oblation de la part des propriétaires, qu'a dû être imprimée la qualité de fiefs aux biens tenus de l'Eglise à foi et hommage.

Mais cette opinion a été condamnée par les plus savans interprètes. Spener, dans son Traité *de nœvis feudalis jurisprudentiæ,* §. 6, et son annotateur Jenichen (1) la réfutent de la manière la plus lumineuse.

On ne peut nier, dit Jenichen, que, dans le principe, les évêques et les autres prélats n'aient eu la liberté de donner en fief les biens dépendans de leurs bénéfices : *Non dubium est quin ubique olim et antiquiùs episcopis et prælatis fuerit licitum feuda in ipsis ecclesiasticis bonis constituere.* C'est ce que prouvent différens textes du livre *de usibus feudorum,* cités par ces auteurs. Le pape Urbain II, continue Jenichen, a bien tenté, dans une décrétale qui est rapportée dans le même livre, de les priver de ce droit; mais cette décrétale n'a jamais en force de loi, même en Allemagne. Et nous devons ajouter que, quand même elle aurait été reçue dans toute l'Europe, encore faudrait-il, pour en conclure que tel fief mouvant de l'Eglise n'a pas été créé par tradition, commencer par prouver

que la création en est postérieure à la décrétale d'Urbain II.

Je ne disconviens pas, dit de son côté Spener, que plusieurs des fiefs tenus de l'Eglise, ont été constitués par oblation; mais ce n'est pas une raison pour présumer que tous l'ont été de même. C'est une exception dont la preuve retombe nécessairement sur celui qui s'en prévaut : *Ut negemus enim minimè quædam ecclesiastica feuda; ex prædiorum terrarumque spontaneâ oblatione, quam innata sacrarum rerum veneratio dederat, orta esse; hoc tamen ab iis videtur probandum qui rem postulant... Undè hæc colligitur veritas, non ecclesiastica feuda sine probatione pro oblatis habenda.*

Du reste, Jenichen démontre très-bien qu'en thèse générale et abstraction faite de ce qu'il pourrait y avoir de particulier à l'Eglise, la présomption de la qualité de fief de tradition doit l'emporter sur celle de la qualité de fief offert.

Ce n'est point, dit-il, par une présomption douteuse, c'est par ce qu'il y a de plus certain dans la nature de la chose, que l'on doit décider : *Favere potuerunt jura dubiæ presumptioni, sed favere jubentur certiori naturæ rei.* Et puisqu'il est de la nature des fiefs d'être de tradition, puisque les fiefs sont, dans les anciens monumens, qualifiés de *bénéfices,* il faut bien que tout fief soit réputé tel jusqu'à la preuve contraire : *Hoc ergò indè colligitur, quoniam hæc est feudorum natura, ut data est beneficiaria sint, pro talibus eâ rectè haberi; donec altera pars contrariæ intentionis suæ rationes satis probaverit.* Cela résulte du principe que les conventions douteuses doivent s'expliquer par le droit commun et par la coutume, qui est la plus sûre interprète des lois, et que l'on doit s'en tenir au droit commun, tant qu'il ne paraît pas qu'il y ait été dérogé : *Dubiæ scilicet contrahentium conventiones ex jure communi, aut consuetudine, quæ est optima legum interpres, explicandæ sunt* (arg. cap. 8, X, *de consuetudine*). *Et jure communi standum, donec ei derogatum apparet; quam regulam definiri reperio ex lege 27, C. de testamentis, et lege 82, §. ult., C. de appellationibus.* Ainsi, dès qu'il ne conste pas d'une oblation faite, on ne peut pas la présumer; on doit croire au contraire, d'après le droit commun féodal, à la manière la plus usitée de constituer des fiefs, que l'oblation n'a pas eu lieu : *ut adeoque dùm non constet de factâ oblatione, ea non facta ex jure feudali communi aut generaliori consuetudine censeatur.* Et ici revient très-bien ce que nous lisons dans le livre des fiefs, que c'est au vassal à prouver ce qu'il prétend avoir été stipulé contre le droit commun dans l'investiture primitive : *Non indè abire mihi videtur scriptum II, F. 2: Si VASALLUS PACTUM SPECIALE CONTRA FEUDI*

---

(1) *Thesaurus juris feudalis,* tom. I, édition de Francfort, 1750.

CONSUETUDINEM ALLEGAT, VELUT DE FILIARUM
SUCCESSIONE (*aut, quod idem fuerit, de feudi
oblatione factâ*, LICEAT EI TENOREM, SI POTEST,
SICUT INVESTITURAM PROBARE : QUOD SI IN PROBA-
TIONE DEFECERIT, VEL CESSAVERIT, CONCEDATUR
DOMINO HOC DENEGARE JURAMENTO PRÆSTITO.

Tenons donc pour constant que le terrage,
le champart, l'agrier qu'un particulier, avant
1789, tenait en fief d'un seigneur et percevait
dans sa seigneurie, doit, jusqu'à la preuve du
contraire, être présumé avoir appartenu originairement à ce seigneur, et n'être sorti de ses
mains que par inféodation.

Cela posé, la question de savoir si cet agrier,
ce champart, ce terrage sont abolis par les lois
des 25 août 1792 et 17 juillet 1793, doit évidemment recevoir la même solution qu'elle
recevrait, si ces droits étaient encore dans la
main du seigneur qui les a inféodés ; car en les
inféodant, le seigneur n'a point changé le
caractère qu'ils avaient primitivement de lui
aux redevables ; l'inféodation qu'il en a faite,
est, à l'égard des redevables, *res inter alios
acta* ; si donc ces droits étaient seigneuriaux
avant l'inféodation, ils sont demeurés tels depuis
l'inféodation (1) ; et réciproquement, si avant
l'inféodation, ils n'étaient pas seigneuriaux,
s'ils n'étaient que fonciers, ils ont, depuis l'inféodation, conservé leur nature primordiale de
droits fonciers, ils n'ont pas été convertis par
l'inféodation en droits seigneuriaux.

Nous voilà donc reportés à l'examen de la
nature qu'avaient ces droits dans la main du
seigneur avant l'inféodation, ou, ce qui est la
même chose, à la question de savoir si, par
les lois des 25 août 1792 et 17 juillet 1793, ces
droits auraient été abolis au préjudice du seigneur, dans le cas où il ne les eût pas inféodés
avant la suppression du régime féodal.

Or, cette question ne peut, à défaut de
titres, être résolue que par la distinction que
nous avons faite à l'article *Rente foncière,
Rente seigneuriale*, §. 10, entre les pays de
franc-alleu et les pays non allodiaux. C'est ce
que la cour de cassation a décidé dans l'espèce
suivante.

Le 3 vendémiaire an 7, Jacques-Alexis Dela-

(1) Cette assertion, que je reproduis ici telle que je
l'avais consignée dans la première édition, m'a paru
depuis trop générale. En l'examinant de près, j'ai trouvé
qu'elle ne pouvait se soutenir que relativement au cas
où le seigneur, en inféodant son champart seigneurial,
avait en même temps inféodé la seigneurie directe du
fonds sujet à ce droit ; et la cour de cassation l'a ainsi
jugé par plusieurs arrêts rendus sur mes conclusions.
V. l'article *Rente foncière*, §. 22 ; et le *Répertoire de
jurisprudence*, aux mots *Champart*, n. 3 ; *Rente seigneuriale*, §. 2, n. 11 et 12 ; et *Terrage*, n. 2 et 3.

salle et Marguerite de Roquelaure, son épouse
ci-devant seigneurs hauts-justiciers de Blanzat,
dans la Limagne d'Auvergne, près Clermont,
font assigner au tribunal civil du département
du Puy-de-Dôme, Blaise Jacoux, Jean Mouly,
et plusieurs autres particuliers, possesseurs de
deux *tenemens* situés dans l'étendue de leur
ci-devant justice, pour se voir condamner *solidairement* à leur payer les arrérages échus depuis 1793, des droits de *persière* ou champart
dont ils soutiennent que ces tenemens sont
grevés à leurs profit, et à en continuer le
payement à l'avenir.

A l'appui de cette demande, ils produisent
deux reconnaissances notariées, du 10 mai 1772.

Par l'un de ces actes, quinze habitans de
Blanzat déclarent et confessent « *tenir, porter
et posséder,* et leurs auteurs et prédécesseurs
avoir de tout temps et ancienneté *tenu, porté
et possédé de M. Simon, baron de Tubœuf, de
Blanzat,* chevalier conseiller honoraire au parlement de Paris, chevalier de l'aigle rouge de
Brandebourg, un tenement de vignes......,
situé dans la *justice de Blanzat,* au terroir de
Charbonnier, marqué au plan, n. 518, planche
20 *bis*, joignant la vigne de Denis Grosgrain...
de midi et nuit (occident) ; et les vignes de
Pierre Jacoux..... de septentrion ; celle de
Jean Bane, celle de François et Jean Salmt,
mouvant de la censive dudit seigneur...., aussi
de septentrion ; *à la persière à la huitième
portion des fruits croissans en ladite vigne.*

Par l'autre acte, vingt-cinq habitans de
Blanzat font la même déclaration relativement
à « un tenement de terres, charmes (*friches*)
et rochers situés dans les *appartenances et justice
de Blanzat,* au terroir de Bansillon, vulgairement appelé *les terres de dessus le grand
bois.....,* marqué au plan, n. 483, planche 19,
joignant un chemin commun faisant la séparation *du tenement de Bansillon, mouvant de
la censive de la reine* (1), *autrefois persiérale
dudit seigneur de Blanzat,* d'orient ; autre
tenement de terre de *la même mouvance de la
reine,* aussi autrefois de la persière dudit
seigneur de Blanzat, de midi ; les terres des
habitans de Nohanent, un tertre séparant la
justice de Blanzat de celle de Nohanent entre
deux, d'occident ; les terres de Jacques Debas...,
mouvant de la directe de Blanzat, de bise, et
partie d'occident........ ». Ils reconnaissent
que ce tenement est grevé entre leurs mains
d'une *persière à la cinquième et sixième partie
des fruits, c'est à-dire, de onze portions deux
des fruits croissant dans ledit héritage.*

Il est dit, par l'un et l'autre acte, que la

(1) Cette reine était sans doute Catherine de Mé-
dicis, qui avait hérité de sa mère le comté de Clermont.

persière est *portable au cuvage du seigneur de Blanzat, après avoir toutefois averti ledit seigneur ou ses préposés pour faire le compte des fruits et partage d'iceux.* Les détenteurs promettent *de bien entretenir et cultiver lesdits héritages, en bons pères de famille; faute de quoi, et en cas de non-culture pendant trois années consécutives, il sera loisible audit seigneur, ses hoirs ou ayant cause, seigneurs et barons dudit Blanzat, de se mettre en possession desdits héritages, sans autre forme ni figure de procès.*

Les sieur et dame Delasalle, pour prouver qu'ils sont aux droits du sieur de Tubœuf, au profit duquel ces déclarations avaient été souscrites en 1772, produisent un contrat notarié du 21 février 1788, par lequel celui-ci leur a vendu « *la terre et baronnie de Blanzat, ayant haute, moyenne et basse justice, consistant en un château, terres....., plus une* DIRECTE *composée de 177 setiers de grains de toute espèce, de 150 pots de vin, 200 gelines, 96 livres en argent, droits, cens, rentes et devoirs seigneuriaux, clauses de faute, amende, et toute autre dépendance; droits de chasse et de pêche dans l'étendue de la justice de ladite seigneurie; plus un droit de persière en grains, et un autre droit de persière en vins; et généralement tout ce qui appartenait alors au sieur de Tubœuf, à cause de sadite terre et baronnie de Blanzat, sans aucune exception ni réserve* ». Et ils observent que, par le même acte, il est dit que la terre de Blanzat *est en franc-alleu, à l'exception du pré du Gars, dont un quartelet est asservi à un droit de cens de deux coupes et demie, envers le seigneur de Tournoise.*

Le 26 pluviôse an 10, jugement par défaut, *faute de plaider*, qui prononce conformément aux conclusions des sieur et dame Delasalle. Appel.

La cause portée à la cour de Riom, Blaise Jacoux, Barthélemy Drouilhat et Antoine Salacru exposent qu'ils ne possèdent actuellement, et que depuis 1793 n'ont jamais possédé, aucune des parties des deux tenemens prétendus grevés des droits de persière réclamés par les sieur et dame Delasalle. Les autres appelans se défendent tant en la forme qu'au fond. Dans la forme, ils prétendent qu'ils ont été mal assignés. Au fond, ils invoquent les lois des 25 août 1792 et 17 juillet 1793, comme ayant supprimé les droits dont il s'agit; et ils ajoutent que, quand même ces droits seraient considérés comme des redevances purement foncières, on devrait encore les en décharger, parce que les sieur et dame Delasalle ne produisent, pour en justifier l'existence, qu'une seule déclaration.

Arrêt du 8 nivôse an 11, qui, avant faire droit à l'égard de Blaise Jacoux, Barthélemy Drouilhat et Antoine Salacru, ordonne qu'il sera prouvé tant par titres que par témoins, qu'ils ont pos-

sédé pendant toutes ou quelques années réclamées par l'exploit de demande, des parties quelconques des tenemens affectés aux deux droits de persière; « et en ce qui touche les autres appelans, dit qu'il a été bien jugé par les jugemens dont est appel, ordonne néanmoins qu'ils ne seront exécutés que pour la portion des fruits qui regarde chaque tenancier, sans solidarité; condamne lesdits appelans à l'amende et aux dépens ».

Le 25 ventôse suivant, second arrêt qui, statuant définitivement à l'égard de Blaise Jacoux, et d'après la preuve faite par les sieur et dame Delasalle, qu'il est l'un des possesseurs actuels des tenemens grevés de la persière en vins, lui déclare commun l'arrêt du 8 nivôse.

Recours en cassation contre ces deux arrêts.

« Les moyens de cassation employés par les demandeurs (ai-je dit à l'audience de la section civile, le 24 vendémiaire an 13), donnent lieu à quatre questions principales : la première, s'il y a lieu de casser, et surtout de casser purement et simplement, les arrêts des 8 nivôse et 25 ventôse an 11, sur le seul fondement que, bien qu'ils déchargent les appelans de la solidarité prononcée par les jugemens de première instance, ils ne laissent pas de les condamner à l'amende et aux dépens; la seconde, s'il y a lieu de les casser, pour avoir déclaré valables dans la forme, les exploits de demande des sieur et dame Délasalle; la troisième, s'il y a lieu de les casser, pour avoir jugé que les droits de persière dont il s'agit, considérés comme redevances purement foncières, étaient suffisamment justifiés par les reconnaissances du 10 mai 1772; la quatrième, s'il y a lieu de les casser, pour avoir jugé que ces droits n'avaient rien de seigneurial, et n'étaient pas, en conséquence, compris dans l'abolition prononcée par les lois des 25 août 1792 et 17 juillet 1793.

» La première question nous paraît n'offrir aucune difficulté quant à la condamnation *aux dépens*. Sans doute, s'il y avait eu contestation sur la solidarité, les appelans auraient dû être déchargés d'une portion des frais. Mais la vérité est que la solidarité, prétendue d'abord par les sieur et dame Delasalle, n'a fait la matière d'aucune discussion, soit en première instance, soit en cause d'appel. Dès-là, nulle raison pour faire supporter de ce chef aucune portion des frais aux sieur et dame Delasalle. Dès-là, par conséquent, point de moyen de cassation à tirer, pour les demandeurs, de l'art. 1 du tit. 31 de l'ordonnance de 1667.

» A l'égard de la condamnation *à l'amende*, il nous suffira d'observer que, si elle était illégale, il n'en pourrait résulter d'ouverture de cassation que dans l'intérêt du fisc. Et en effet, ce n'est pas au profit des sieur et dame Delasalle, que

cette condamnation est prononcée ; elle leur est
même absolument étrangère : le fisc seul doit en
recueillir tout l'avantage, si elle subsiste ; le fisc
seul, par conséquent, doit et peut en supporter
l'annullation, si, dans le fait, il y a lieu de l'annuller : *eadem esse debet ratio commodi et
incommodi*. Il y a plus : le fisc seul aurait qualité pour discuter avec les demandeurs, la légalité ou l'illégalité de cette condamnation ; et
c'est ce que vous avez jugé, le 13 fructidor
an 10, au rapport de M. Doutrepont. Le sieur
Arlès et la veuve Michel avaient appelé respectivement d'un jugement du tribunal de commerce de Lyon du 5 vendémiaire an 8. Par arrêt
du 8 fructidor suivant, la cour d'appel de Lyon
avait dit qu'il avait été bien jugé, à l'égard de
l'une comme de l'autre partie, et n'avait condamné ni l'une ni l'autre à l'amende. C'était,
de sa part, une contravention manifeste à
l'art. 10 du tit. 10 de la loi du 24 août 1790 ;
et le sieur Arlès ne manqua pas d'en tirer un
moyen de cassation, non pas en tant que cette
contravention avait été commise à son avantage
(car il avouait lui-même n'être pas recevable
à se plaindre d'avoir été trop bien traité par le
jugement qu'il attaquait), mais en tant qu'elle
avait été commise en faveur de la veuve Michel,
en tant que vous aviez fait à la veuve
Michel de l'amende qu'elle avait encouru.
Mais ce moyen n'a fait sur vous aucune impression ; vous l'avez rejeté, *attendu* (avez-vous
dit), *que, quand même l'amende aurait dû être
prononcée, comme elle ne devait pas appartenir
au demandeur, il ne peut pas se faire de cette
omission un moyen de cassation*. Et vous sentez,
Messieurs, que le même motif s'applique au cas
inverse de celui où se trouvait le sieur Arlès.
Si le fisc seul est partie capable pour attaquer
un jugement qui a illégalement dispensé un
appelant de l'amende, il faut bien aussi qu'il soit
seul partie capable pour défendre aux attaques
dirigées contre un jugement qui a condamné à
l'amende un appelant que la loi en dispensait.
Or, ici le fisc n'est pas en cause ; ce n'est pas
contre lui qu'est formée la demande en cassation
sur laquelle vous avez à statuer ; nous n'avons
donc pas à nous occuper de cette partie des
moyens des demandeurs ; et nous devons d'autant moins nous y arrêter, que ce n'est pas sur
les conclusions des demandeurs, car ils n'en
avaient pas pris à cette fin, mais de son pur
office, que la cour d'appel de Riom les a déchargés de la solidarité à laquelle les premiers
juges les avaient condamnés.

» La seconde question, c'est-à-dire, celle qui
est relative à la forme des deux exploits de demande des sieur et dame Delasalle, n'est pas
plus difficile à résoudre que la première.

» D'abord, les demandeurs ont fourni leurs
défenses devant les premiers juges, sans exciper

du défaut d'indication, soit de la consistance,
soit des tenans et aboutissans des héritages sur
lesquels étaient réclamés des droits de persière ;
ils ont donc par là couvert ce défaut prétendu ;
et dès-lors, point de contravention, de la part
de la cour d'appel de Riom, à l'art. 3 du tit. 7
de l'ordonnance de 1667.

» Ensuite, les sieur et dame Delasalle avaient
donné, avec leur exploit, copie des déclarations
du 10 mai 1772 ; et par là, ils avaient complettement rempli le vœu de l'art. 6 du tit. 2 de la
même ordonnance.

» Vous ne trouverez sans doute guère plus
de difficulté dans la troisième question : elle
consiste, comme vous vous le rappelez, à savoir
si la cour d'appel de Riom a violé quelque loi,
en jugeant les déclarations du 10 mai 1772,
suffisantes pour prouver l'existence et la légitimité des droits litigieux, considérés comme
redevances purement foncières.

» Nous savons bien que ces déclarations ne
sont pas, quoi qu'en ait dit la cour d'appel de
Riom, conçues dans la forme que Dumoulin
qualifie de dispositive, *in formâ dispositivâ* ; et
cela résulte, comme l'observent très-justement
les demandeurs, du seul fait qu'elles ne relatent
pas la teneur ni même la date des titres primitifs.

» Nous savons encore que l'art. 1337 du Code
civil s'est armé, contre les titres récognitifs,
d'une très-grande sévérité ; et qu'aux termes de
cet article, ils ne dispensent de la représentation du titre primordial dont ils ne relatent point
la teneur, que dans le cas où il s'en trouve *plusieurs conformes, soutenus de la possession, et
dont l'un ait trente ans de date*.

» Mais cette disposition du Code civil n'a été
décrétée que le 17 pluviôse an 12, et conséquemment elle ne peut pas être invoquée contre deux
arrêts qui l'ont précédée, l'un de plus d'un an,
l'autre de plus de onze mois.

» Dira-t-on que cette disposition n'a fait que
renouveler les anciennes lois sur le mérite des
titres récognitifs? Mais ces anciennes lois, où
sont-elles ? Nulle part. Il existe, à la vérité,
dans le Code de Justinien, une loi (c'est la 22.e
du titre *de agricolis et censitis*), qui décide que
nul ne peut être déclaré esclave de la glèbe, ou
serf mainmortable, sur le fondement d'une déclaration unique qu'il en aurait donnée. Mais
cette loi annonce elle-même qu'elle ne dispose
ainsi qu'en faveur de la liberté individuelle, et
par suite du principe du droit ancien, qui voulait que nul ne pût préjudicier à son état par ses
aveux même écrits et signés de sa main, s'ils
n'étaient fortifiés par d'autres preuves : *cùm ip-
simus, dit-elle, nostra jura nolle præjudicium
generare cuiquàm CIRCA CONDITIONEM, neque
ex confessionibus, neque ex scripturâ, nisi*

etiam ex aliis argumentis aliquod accesserit incrementum......; et plus bas : melius etenim est... pluribus capitulis CONDITIONES ostendi, et non solis confessionibus neque scripturis HOMINES FORTÈ LIBEROS ad deteriorem detrahi fortunam. Or, on sent assez, et Sudre en fait expressément l'observation dans ses notes sur le *Traité des droits seigneuriaux* de Boutaric, p. 10, qu'un pareil texte est *très-étranger*, lorsqu'il ne *s'agit point de l'état des personnes, mais de fonds de terre, dont l'état mérite bien moins de faveur.* Le président Favre fait la même remarque dans son Code, liv. 7, tit. 1, déf. 19 : *intellige* (dit-il, en parlant de la règle établie par cette loi, et appliquée à ce qu'il appelle l'hommage taillable), *intellige de homagio personali; nam si de rei conditione ageretur, unica recognitio sufficeret;* et il cite Mathæus *de afflictis*, Benedicti, Jason, comme enseignant la même doctrine. Il y revient encore, liv. 4, tit. 14, déf. 10, et voici comment il s'explique : *multùm interest an de prædii, an de personæ jure et conditione tractetur. Etsi enim prædia quoque omnia præsumentur libera, et, ut loquuntur, allodialia, unica tamen professio et recognitio sufficit ut probentur feudalia vel emphyteutica; quia domino prædii licet rei suæ conditionem facere deteriorem, multò magis ex suá confessione et enuntiatione probationem adversario præbere; nulla enim fortior probatio est, quàm quæ fit per confessionem partis.*

» Cette doctrine a pourtant été combattue par d'autres auteurs, notamment par Bartole; et parmi ceux qui l'ont adoptée, il en est qui, comme Dumoulin, l'ont restreinte en ce sens, qu'un seul titre reconnaît équivaut au titre primordial contre celui qui l'a signé et ses successeurs à titre universel; mais qu'elle ne prouve rien contre ses successeurs à titre singulier.

» Mais, dit Raviot sur Perrier, quest. 338, l'une et l'autre opinion est « *contraire au droit* » *commun.* C'est le consentement (ajoute-t-il), » qui forme le contrat; il en résulte ce lien civil » qui produit l'obligation et l'action, l'obliga-» tion de la part de celui qui promet, l'action » pour celui à qui la promesse est faite. Ainsi, » la simple reconnaissance qui n'est que l'aveu » du droit et la confession de la dette, est un » acte parfait, lorsqu'il est accepté : c'est la loi » des conventions, et c'est l'une des premières » règles sur lesquelles est fondé le commerce des » hommes, et sur lesquelles les sociétés sont éta-» blies... Quant à la distinction de Dumoulin, » *inter contrahentem et tertium possessorem,* elle » est plus subtile que solide. Le fonds passe tou-» jours *cum onere ad tertium possessorem.* Si ce-» lui qui a fait la reconnaissance, est obligé, » son successeur particulier, le tiers-détenteur, » l'est-il moins » ?

» Guy-Pape, quest. 272, assure que ces principes dont il se déclare le défenseur, étaient,

de son temps, reconnus par tous les tribunaux du Dauphiné; et nous trouvons dans le recueil, de Basset, tom. 1, liv. 3, tit. 3, ch. 2, un arrêt du parlement de Grenoble, du 19 novembre 1661, qui, de l'avis de toutes les chambres, juge *qu'une reconnaissance, non relative à aucune autre, peut servir de titre valable pour exiger les redevances portées par cette reconnaissance.*

» Qu'importe que des arrêts contraires aient été rendus par d'autres cours, notamment par le parlement de Bordeaux (1) ? D'une part, ils n'ont pour objet que des droits seigneuriaux, et ici nous supposons qu'il s'agit de redevances purement foncières. D'un autre côté, quand ils auraient jugé de même pour des droits absolument fonciers, que pourrait-on en conclure? Rien autre chose sinon qu'avant la publication du Code civil, la jurisprudence était incertaine sur cette matière; et assurément les arrêts de la cour d'appel de Riom ne pourraient pas être cassés pour avoir préféré, sur l'opinion du président Favre à celle de Bartole, soit la jurisprudence du parlement de Grenoble à celle du parlement de Bordeaux.

» Mais au moins, disent les demandeurs, la cour d'appel de Riom a violé les lois relatives à la forme essentielle des actes notariés; car le notaire qui a reçu les deux reconnaissances d'après lesquelles nous avons été condamnés, était en même temps fermier de la terre de Blanzat; et d'ailleurs, il manque à l'une de ces reconnaissances la signature de deux des parties qui y sont dites l'avoir signée.

» Sur la première de ces objections, nous n'examinerons pas, si, *dans le droit,* la qualité de fermier de la terre de Blanzat eût formé, dans la personne du notaire qui a reçu les deux reconnaissances, un obstacle à ce qu'il leur imprimât un caractère authentique. Mais nous dirons que, *dans le fait,* rien ne prouve que ce notaire fût en même-temps fermier de la terre de Blanzat. Il est vrai que les demandeurs l'ont articulé devant la cour d'appel de Riom; mais ils n'en ont ni rapporté ni même offert la preuve. Il est vrai encore que les sieur et dame Delasalle n'ont rien avoué ni désavoué à cet égard; mais aussi n'avaient-ils, à cet égard, ni aveu ni désaveu à faire : n'étant pas interrogés sur faits et articles, ils ont très-bien pu garder le silence sur un point qu'en leur qualité de tiers-acquéreurs, ils devaient ignorer; et ce silence ne peut pas plus, de leur part, être considéré comme aveu que comme désaveu : *qui tacet non utique fatetur, verum tamen est eum non denegare,* dit la loi 142, D. *de regulis juris.*

» Quant à la deuxième objection, elle porte,

(1) V. Lapeyrère, lettre R, n. 29.

comme vous le savez, sur la clôture de l'expédition de la reconnaissance relative à la persière en grains. « Fait et passé (y est-il dit), au châ» teau de Blanzat, en présence de Charles Pas» quier, laboureur, habitant dudit lieu. *soussi-* » *gné avec lesdits Bouchon et Paulet*, et encore » en présence de Jean Pasquier, qui et les autres » confessans ont déclaré ne savoir signer de » ce enquis, le 10 mai 1772. *Et à la minute* » *ont signé Pasquier et Degeorge, notaire* » *royal* ». De ce que l'expédition n'énonce à la fin comme signataires de la minute, que le notaire Degeorge et le témoin Pasquier, les demandeurs concluent que la minute n'est signée ni de Bouchon ni de Paulet. Mais là-dessus trois observations

» 1.º Si la minute était réellement destituée des signatures de Bouchon et de Paulet, ce ne serait pas une raison pour annuller la reconnaissance en entier. Elle serait nulle sans doute à l'égard de Paulet et de Bouchon, mais elle serait valable à l'égard des autres parties : *utile non vitiatur per inutile.* Si donc il y avait lieu de casser de ce chef les arrêts attaqués, ce ne serait du moins que dans l'intérêt de Bouchon et de Paulet, ou de ceux des demandeurs qui les représentent.

» 2.º Est-il bien vrai que Bouchon et Paulet n'aient pas signé la minute? Le contraire nous paraît prouvé par ces termes que l'expédition rappelle comme faisant partie de la minute même, *soussigné avec lesdits Bouchon et Paulet.* Et cette preuve n'est pas détruite par la mention que fait l'expédition du témoin Pasquier et du notaire Degeorge, comme ayant *signé la minute* : l'expédition ne dit pas qu'ils l'ont signée seuls ; elle ne dit pas que Bouchon et Paulet, annoncés dans le corps de l'acte comme signataires, ne le sont cependant point ; elle se tait sur leur compte ; et il est très-permis de croire que son silence à leur égard n'est qu'un oubli de l'expéditionnaire. Ce qu'il y a du moins de certain, c'est que les demandeurs n'ont pas fait tout ce qu'il leur était possible de faire pour constater que Bouchon et Paulet n'avaient pas signé la minute : ils auraient pu compulser la minute entre les mains du notaire qui l'a en dépôt ; et puisqu'ils ont négligé un moyen aussi simple de mettre la vérité au grand jour, nous sommes autorisés à en regarder l'omission comme un hommage rendu à l'exactitude de l'assertion consignée dans le corps même de la minute, que Bouchon et Paulet y ont apposé leurs signatures.

» 3.º Enfin, la cour d'appel de Riom ne s'est pas seulement fondée pour condamner les demandeurs, sur les reconnaissances de 1772 : elle a encore étayé leur condamnation sur le *fait constant des perceptions antérieures* (ce sont ses propres termes) ; et elle aurait pu la baser encore sur le fait non moins constant, reconnu

d'ailleurs devant vous par toutes les parties, que, depuis 1772, les *perceptions* se sont continuées sans interruption ni difficulté jusqu'en 1793. Or, mettons, si l'on veut, de côté les déclarations de 1772 ; ne nous attachons qu'au seul fait de la longue et paisible possession dans laquelle le sieur et dame Delasalle étaient en 1793, de percevoir les droits de persière qu'on leur dispute aujourd'hui : et certainement il n'en faudra pas davantage pour les faire maintenir dans la pleine jouissance de ces droits, au moins dans l'hypothèse qui nous occupe en ce moment, c'est-à-dire, dans la supposition que ces droits n'aient rien de seigneurial et soient purement fonciers, puisqu'il est aujourd'hui, comme il a toujours été, de règle que des droits purement fonciers peuvent s'acquérir par prescription ni plus ni moins que les immeubles corporels.

» Mais la supposition à laquelle nous venons de nous livrer, est-elle exacte? ou, en d'autres termes, les droits de persière réclamés par le sieur et dame Delasalle, n'ont-ils vraiment rien de seigneurial? et en admettant qu'ils aient été légitimement perçus tout le temps qu'a duré le régime de la féodalité, ne devons-nous pas les regarder comme abolis par les lois des 25 août 1792 et 17 juillet 1793? C'est ici, Messieurs, la quatrième, la grande question de la cause; et les conséquences majeures que doit en avoir la solution, nous imposent l'obligation de la traiter avec d'autant plus de développement, qu'elle est par elle-même très-compliquée.

» Elle se subdivise, en effet, comme vous avez déjà pu l'observer, en plusieurs ramifications; et d'abord, les droits de persière dont il s'agit, ne doivent-ils pas être réputés seigneuriaux, par le seul effet de l'art. 1.ᵉʳ du chap. 31 de la coutume d'Auvergne, aux termes duquel *tout cens ou rentes dû et assis sur fonds et héritages certains, emporte directe seigneurie, s'il n'appert du contraire?* Ce serait ici le lieu de discuter ce premier point; mais pour le faire avec toute la clarté que nous désirons y mettre, il faut entrer dans des détails qui seraient en ce moment prématurés. Nous croyons donc devoir en renvoyer l'examen après celui des autres branches de la question principale.

» En second lieu, ces droits de persière ne doivent-ils pas être présumés seigneuriaux, par cela seul que le titre constitutif n'en est pas rapporté? Pour établir l'affirmative, les demandeurs invoquent l'art. 5 de la loi du 25 août 1792, et l'art. 4 de la loi du 11 floréal an 3. Mais que portent donc ces deux textes?

» Le premier abolit sans indemnité *tous les droits féodaux et censuels, toutes les redevances seigneuriales en argent, grains, volailles, cire, denrées ou fruits de la terre, servis sous les dénominations de....: champart, tasque, terrage, agrier,* etc., qui ne seront pas *justifiés* par titres primordiaux *avoir pour cause une concession de fonds.* Mais il n'abolit ces *droits,* qu'autant qu'ils sont *féodaux* ou *censuels;* il n'abolit ces *redevances,* qu'autant qu'elles sont *seigneuriales.* Il n'abolit donc pas les droits purement fonciers, les redevances purement foncières. Et dès qu'on ne peut pas leur appliquer l'abolition qu'il prononce, bien évidemment on ne peut pas non plus leur appliquer la clause par laquelle il n'excepte de cette abolition que le cas de preuve directe, authentique et primordiale d'une concession de fonds. En deux mots, il ne dispose que pour les droits reconnus féodaux ou censuels, que pour les redevances reconnues seigneuriales, et vouloir argumenter de sa disposition relativement à des droits qui sont prétendus être purement fonciers, ou à des redevances qui sont prétendues être purement foncières, c'est vouloir résoudre la question par la question elle-même.

» A l'égard de l'art. 4 de la loi du 11 floréal an 3, il faut, pour le bien apprécier, le comparer avec le préambule et avec les autres dispositions de la même loi. Le préambule est ainsi conçu : *La Convention nationale, après avoir entendu le rapport de son comité des finances, section de la liquidation, décrète.* Ces termes annoncent déjà que le législateur n'est occupé que de mesures financières, qu'il n'a en vue que les intérêts du trésor public, et que ce n'est pas pour régler les droits des particuliers entre eux qu'il va disposer. Viennent ensuite trois articles qui portent, le premier, que *les propriétaires des rentes foncières dues par la république, qui n'ont pu faire la production des titres constitutifs desdites rentes, seront admis à la liquidation; s'ils ont rapporté trois titres récognitifs joints à la preuve de la possession actuelle de leurs rentes;* le second, *que ceux qui n'ont pu rapporter ces trois titres, seront admis à la liquidation, s'ils justifient d'une possession quarantenaire, appuyée d'un titre récognitif ou de propriété;* le troisième, *que lesdits propriétaires feront au liquidateur la déclaration qu'ils ne retiennent ni directement ni indirectement aucun titre, et s'engageront à représenter ceux qu'ils trouveront, à peine d'être déchus de toute répétition envers la république.* Assurément toutes ces mesures sortent de la sphère du droit commun, qui, à l'époque de la confection de cette loi, régissait les rentes foncières dues de particuliers à particuliers. A l'époque de la confection de cette loi, il n'y eu avait aucune qui, pour justifier l'existence d'une rente foncière entre particuliers, exigeât, soit la production de trois titres récognitifs, soit la preuve d'une possession quarantenaire, appuyée d'un titre récognitif ou de propriété, soit la déclaration de ne retenir directement ou indirectement aucun titre, soit l'engagement de re-

présenter ceux qu'on pourrait retrouver par la suite. Tout, à cet égard, est droit nouveau; et ce droit nouveau n'est introduit qu'en faveur du fisc, que pour garantir le trésor public des surprises que l'on pourrait faire au liquidateur. Non seulement il n'y a là rien qui puisse être appliqué aux rentes foncières dues de particuliers à particuliers, mais ce que là loi prescrit à l'égard des rentes foncières dues par la république, prouve que, même pour celles-ci, il n'est pas nécessaire de rapporter le titre constitutif. Aussi l'art. 4, c'est-à-dire, le texte invoqué par les demandeurs, n'exige-t-il le rapport du titre constitutif, que dans le cas où il *n'est pas évident que la rente à liquider est d'une origine purement foncière;* et, comme l'on voit, tout ce qu'il est permis, en bonne logique, d'inférer de là, c'est que, relativement au particulier qui se prétend créancier de la république d'une rente foncière, la présomption est toute en faveur de la république elle-même; c'est que le poids de la preuve directe que cette rente est effectivement foncière, retombe entièrement sur le prétendu créancier. Mais c'est encore une exception dont l'intérêt fiscal est le seul motif; cette exception ne peut donc pas être entendue hors de ses termes précis; elle ne peut donc pas être tirée à conséquence entre particuliers.

» Et c'est ce que la cour a jugé solennellement dans deux espèces. Le 3 pluviôse an 10, au rapport de M. Boyer, elle a rejeté la demande de Sébastien Flecten et consorts en cassation d'un jugement qui les condamnait à payer une rente foncière; et elle l'a rejetée, sur le fondement qu'ils n'avaient pas *justifié* que cette rente *participât aucunement aux caractères* de rente féodale. Et le 26 pluviôse an 11, au rapport de M. Lombard, elle a rejeté une demande semblable de Jean-François Marquès et consorts, par le motif qu'ils n'avaient pas *justifié* que la rente dont il s'agissait, eût *un caractère véritable et certain de féodalité.*

» Mais si, en thèse générale, une rente foncière n'est pas présumée, entre particuliers, avoir été féodale dans son origine, n'en est-il pas autrement lorsque cette rente consiste dans un droit de champart ou persière, et que ce droit est réclamé par un ci-devant seigneur? Tel est le troisième point de vue sous lequel notre quatrième question doit être envisagée.

» Or, à cet égard, il est une première vérité très-constante : c'est que le champart n'est pas essentiellement seigneurial; et ce qui le prouve jusqu'à la dernière évidence, c'est que les lois romaines parlent du champart comme d'un droit purement foncier; c'est que la loi du 25 août 1792 elle-même reconnaît, art. 17, qu'il existe des *champarts qui ne tiennent point à la féodalité.*

» Quant au point de savoir si un champart qui, avant l'abolition de la féodalité, était possédé par un seigneur, ne formait pas dans sa main un droit seigneurial, il faut distinguer.

» Ou ce champart se percevait dans un pays allodial, c'est-à dire, dans un pays où tout bien était, de droit, présumé franc-alleu, s'il n'était prouvé fief ou censive; ou il se percevait dans un pays soumis à la règle, *nulle terre sans seigneur.*

» Au premier cas, le champart, quoique possédé par un seigneur, n'était pas réputé seigneurial, parce que, pour avoir ce caractère, il eût fallu que les héritages sur lesquels il se percevait, eussent été concédés par le seigneur qui en faisait la perception, sous la réserve du domaine direct; et que jamais, dans ces contrées, le domaine direct n'était présumé avoir été séparé du domaine utile; parce que, dans ces contrées, cette séparation qui constituait essentiellement la seigneurie, ne pouvait être prouvée que par titres. C'est ce qu'enseignent en effet tous les auteurs des pays allodiaux. D'Olive, liv. 2, ch. 24, après avoir dit que les cens présuppose absolument la seigneurie directe, ajoute qu'il en est autrement du champart. Graverol. sur le *Traité des droits seigneuriaux* de Laroche, dit que *le champart n'est point incompatible avec la directe :* « Il était donc » bien éloigné de penser (comme l'observe fort » judicieusement Boutaric, dans son *Traité des* » *droits seigneuriaux*, ch. 5, n. 3, que le cham- » part pût emporter de lui-même la directe sur » l'héritage ». Bretonnier sur Henrys, tome 1, liv. 1, quest. 34, et les nouveaux éditeurs de Denizart, au mot *Champart*, enseignent pareillement que, dans les pays allodiaux, le champart n'emporte point la directe seigneuriale, s'il n'y en a des titres exprès.

» Au second cas, si le champart était la seule redevance que le seigneur perçût sur les héritages qui y étaient assujettis et qui faisaient partie de son enclave, il tenait lieu de *cens* et il en avait toutes les prérogatives, notamment celle de l'imprescriptibilité. C'est ce qu'attestent Charondas, sur l'art. 73 de la coutume de Paris; Bacquet, dans son *Traité des droits de francs-fiefs*, ch. 7, n. 17; Loyseau, *du déguerpissement*, liv. 1, chap. 5, n. 9 et 11; et c'est ce qu'ont jugé des arrêts du parlement de Paris de 1537, 1573, 1577, 1589, 1593, 1603 et 1738, cités par Brodeau sur Louet, lettre C, §. 19, Montholon, §. 61, Guyot sur l'art. 55 de la coutume de Mantes, et les nouveaux éditeurs de Denizart, à l'endroit que nous venons d'indiquer.

» Si le champart se trouvait joint à un cens, les auteurs des pays non-allodiaux faisaient une sous-distinction.

» Ou il était prouvé que le champart avait été constitué avant le *cens*, et alors ils le réputaient seigneurial, parce qu'en effet, dans ce cas, il était lui-même un cens véritable, et que le *cens* qu'on y avait ajouté après coup, n'en avait que le nom.

» Ou il était incertain lequel des deux droits avait été créé avant l'autre; et alors ces auteurs les considérant comme établis simultanément par l'acte de concession primitive des fonds soumis au champart en même temps qu'au cens, ils ne regardaient comme seigneurial que le cens proprement dit, et le champart n'était à leurs yeux qu'une rente purement foncière.

» Mais cette sous-distinction n'était pas admise dans les pays allodiaux; on y tenait pour maxime, dit Boutaric, à l'endroit déjà cité, que « bien » loin que le champart cessât d'être considéré » comme seigneurial, parce qu'il était joint avec » une censive, c'était cette jonction avec une » censive qui devait lui attribuer plus ouverte- » ment le caractère de prestation seigneuriale ». Basset établit la même chose par rapport au Dauphiné, tome 2, liv. 6, tit. 8, chap. 2.

» Et c'est en adoptant cette jurisprudence, que les lois du 2 octobre 1793 et 7 ventôse an 2 ont enveloppé dans l'abolition du cens proprement dit, les redevances foncières et par conséquent les champarts qui, par les actes d'accensement, avaient été constitués par addition au cens.

» Ainsi, il importe peu, dans l'état actuel de notre législation, qu'en pays non-allodial, le champart ait été perçu seul, ou qu'il l'ait été conjointement avec un cens, et que, dans ce dernier cas, il ait été établi en même temps que le cens, ou qu'il l'ait été auparavant. Dans toutes ces hypothèses, il est aboli par la loi du 17 juillet 1793, parce que, dans toutes, il est de droit présumé, ou seigneurial, ou constitué simultanément avec un cens récognitif de la seigneurie.

» Mais par la raison contraire, en pays allodial, le champart ne peut être considéré comme frappé de suppression, même au préjudice d'un ci-devant seigneur, qu'autant qu'il est prouvé avoir été originairement seigneurial, ou, ce qui est la même chose, qu'autant qu'il est prouvé avoir pour cause primitive une concession de fonds avec réserve de la seigneurie directe.

» À cette distinction, d'une haute importance sans doute, les demandeurs opposent le décret du 6 messidor an 2; et quoique ce décret ne parle que des rentes foncières, ils soutiennent qu'on doit l'appliquer aux champarts.

» Là-dessus, nulle difficulté : le champart est à la rente foncière, ce que l'espèce est au genre. Ainsi, point de doute que si, en pays allodial, la rente foncière est présumée seigneuriale, par cela seul qu'elle est due à un ci-devant seigneur, il n'en doive être de même du champart; mais par identité de raison, il ne peut être douteux que, dans les pays allodiaux, le champart dû à un ci-devant seigneur, ne doive être présumé non seigneurial, si, dans les mêmes pays, on regarde, jusqu'à preuve contraire, comme non seigneuriale la rente foncière due à un ci-devant seigneur.

» Or, entre ces deux partis, la cour s'est déjà prononcée, et déjà elle a décidé que le décret du 6 messidor an 2 n'est applicable qu'aux pays non allodiaux, comme en effet c'est pour un pays non allodial qu'il a été rendu. Pour vous rendre la chose plus sensible, permettez, Messieurs, que nous vous rappelions mot à mot les conclusions que nous avons données sur l'affaire dans laquelle est intervenue cette décision véritablement intéressante...... (1).

» Vous voyez, Messieurs, que cet arrêt (du 3 pluviôse an 10), combiné avec le décret du 6 messidor an 2, justifie parfaitement la distinction que nous avons faite à l'égard de la rente foncière due à un ci-devant seigneur, entre les pays allodiaux et les pays non allodiaux. D'après cela notre premier soin, dans la cause actuelle, doit être d'examiner si la coutume d'Auvergne était ou non allodiale.

» Qu'elle fût allodiale en ce sens qu'il existait des francs-alleus dans son territoire, et qu'elle-même en reconnaissait l'existence, c'est ce qu'il est impossible de nier à la vue des textes de cette loi municipale où il est fait mention de ces sortes de biens, notamment de l'art. 19 du ch. 16, de l'art. 19 du ch. 17, de l'art. 2 et de l'art. 67 du ch. 31.

» Mais était-elle allodiale en ce sens que le franc-alleu s'y présumât de plein droit, que toutes les terres y fussent dans le doute censées franches, et qu'on y tînt pour maxime, *nul seigneur sans titre?* Voilà le point de la difficulté.

» La coutume de Paris faisait aussi mention des francs-alleus ; et comme celle d'Auvergne, elle ne s'expliquait pas sur la classe dans laquelle devait être rangé un bien qu'aucun titre ne qualifiait ni d'alleu, ni de censive, ni de fief. Cependant on n'a jamais prétendu que la coutume de Paris fût allodiale dans le second des deux sens que nous venons d'énoncer. Pourquoi n'en serait-il pas de même de la coutume d'Auvergne ? Ainsi raisonne Dubost, dans sa *Jurisprudence du conseil sur les droits de franc-fief*, tome, 2, page 395. Mais défions-nous de cet auteur fiscal ; outre qu'il est seul, absolument seul de son avis, on sent assez qu'il a trop légèrement effleuré la matière pour en être cru sur parole.

» La coutume de Bourbonnais ne s'explique pas plus clairement sur l'allodialité que celle d'Auvergne : elle se contente de dire, art. 392, qu'il y a trois sortes d'héritages, les fiefs, les francs-alleus et les rotures ; et sous ce pretexte, Dubost n'hésite pas à dire, page 493, que *la coutume de Bourbonnais n'est certainement pas allodiale.* Mais son assertion est démentie

par tous les auteurs qui ont écrit sur cette coutume ; et quoiqu'elle ait été confirmée par un arrêt du 24 septembre 1616, rapporté par Brillon au mot *Franc-alleu*, elle a été condamnée par un trop grand nombre d'autres rendus auparavant et depuis, pour qu'il soit possible de conserver encore le moindre doute sur l'allodialité naturelle du ci-devant Bourbonnais. Le plus ancien de ces arrêts est du 7 mai 1608 : M. Henrion le cite dans ses *Dissertations féodales*, article *Alleu*, §. 23, comme lui étant *parfaitement connu, pour en avoir eu sous les yeux une expédition authentique.* Il y en a un autre du 6 septembre 1713, qu'on trouve dans le commentaire d'Auroux sur la coutume de Bourbonnais, art. 22, aux additions ; un troisième, du 15 juillet 1749, et un quatrième, du 7 mars 1786, tous deux d'autant plus remarquables, qu'ils ont été rendus contre l'administration des domaines : M. Henrion, qui les rapporte fort au long, assure qu'ils ont été précédés de la discussion la plus solemnelle.

» D'où vient donc, sur l'allodialité, une différence aussi frappante entre la coutume de Bourbonnais et celle de Paris, tandis que l'une et l'autre se contentent de reconnaître l'existence des francs-alleus dans leurs territoires respectifs ? Elle vient uniquement de la possession, qui, dans la première, a toujours été en faveur des propriétaires contre les seigneurs, et qui, dans la seconde, a toujours été en faveur des seigneurs contre les propriétaires.

» La coutume du ci-devant duché de Bourgogne ne parle des francs-alleus que comme celle d'Auvergne, comme celle de Bourbonnais : comme celle de Paris, elle en suppose l'existence, sans décider si, dans le doute, les biens doivent être présumés tels. Mais comme en Bourbonnais, on a toujours tenu dans la ci-devant Bourgogne, que l'allodialité y est de droit ; et cette jurisprudence a été sanctionnée par un arrêt de réglement du conseil du 4 juillet 1693, fondé tant sur la possession du pays, que sur les lois romaines qui, à défaut du texte de la coutume, formaient son Code supplémentaire.

» Or, cette double raison s'applique également à la ci-devant province d'Auvergne. D'une part, en effet, dit Chabrol sur l'art. 19 du ch. 17 de sa coutume, *le droit écrit y est qualifié de droit commun, pour la partie même qui se régit par le droit coutumier ; et on y a recours, lorsque la coutume qui n'en est regardée que comme l'exception, ne s'est pas expliquée.* D'un autre côté, la possession du pays, en cette matière, est justifiée par les témoignages les plus formels, par la jurisprudence la plus constante, et même par les actes de l'ancien gouvernement.

» Masuer, qui écrivait sur les usages de l'Auvergne, avant la rédaction de la coutume de cette province, dit en sa *Practica forensis*, tit. 26, n. 33, que le seigneur était obligé, s'il en était requis, de faire la *vue et montrée* des héritages sur lesquels il prétendait un cens : *dominus directus tenetur rem pro quá prætendit censum sibi ei deberi, de eá facere ventam, si petatur*. « Il ne suppose donc pas (comme » l'observe Chabrol à l'endroit déja cité) un » seigneur sans titres, dès-lors, la condition » présumée des héritages est d'être allodiaux ; » les deux maximes, *nulle terre sans seigneur* » et *nul seigneur sans titres*, sont contradic- » toires. S'il est certain que dans la coutume » d'Auvergne, il faut un titre particulier pour » établir la directe, on ne peut donc pas y » reconnaître la maxime, *nulle terre sans sei-* » *gneur* ».

» Et remarquons encore, avec le même au- teur, que Masuer *était un des officiers du duc d'Auvergne, qui aurait eu le principal intérêt à faire reconnaître une seigneurie féodale univer- selle dans la province*. Le suffrage de Masuer est donc du plus grand poids en cette matière. Et vainement les demandeurs cherchent-ils à le ranger dans leur parti, sur le fondement que, sous le titre *de judicibus*, n. 43, il dit : *omnia quæ sunt in territorio seu districtu alicujus do- mini censentur esse de suo feudo et dominio, et etiam de suá jurisdictione.* « Cela ne détruit » point (répond Chabrol), son attestation sur » le franc-alleu, dont il parle en différens en- » droits de ses ouvrages comme d'un droit » certain... (Il en résulte bien que) la pré- » somption générale attribue au seigneur (d'un » territoire circonscrit), la seigneurie directe » ou féodale, *par préférence à un autre qui* » *la réclame*, mais cette présomption ne lui » donne le droit ni d'évincer un propriétaire, » ni de lui faire supporter une redevance sans » titre : d'ailleurs il faut concilier ensemble les » différens passages de cet auteur ».

» Depuis la rédaction de la coutume, c'est- à-dire, depuis l'année 1510, tous ceux qui ont écrit sur ses dispositions, se sont unani- mement accordés à en reconnaître l'allodialité de droit.

» Aymon, le plus ancien de ses commen- tateurs, dit expressément : *omnia bona præsu- muntur libera et allodialia, nisi probentur feu- dalia.*

» Basmaison dit également que « tout héri- » tage, de sa première nature, est franc » et allodial..... La coutume (ajoute-t-il), » maintient en cette liberté naturelle les héri- » tages situés dans son district, pour charger » de la preuve du contraire ceux qui prétendent » des fiefs, des cens et autres servitudes, s'ils » n'en font pas apparoir.... Sous le bénéfice » de la coutume (ajoute-t-il encore), celui qui » tient un héritage enclos ou environné d'autres

» héritages asservis à certaines redevances, peut » alléguer franchise et liberté des servitudes et » charges foncières auxquelles les autres héri- » tages sont assujettis, de sorte qu'on ne peut » pas tirer à conséquence et juger de la con- » dition d'un fonds limitrophe par celle des » autres héritages qui le confinent ; d'autant » que, par la division et la distinction des » possessions, chacun est laissé en la liberté » de charger son fonds et de le tenir franc ».

» André Dapchon pense absolument de même : » Quant au seigneur qui prétend cens, directe, » fiefs ou autres charges, il faut qu'il montre » titre et droit constitué ; autrement, le bien » ou héritage demeurera franc, quitte et al- » lodial ; et il ne suffit pas de dire, pour le » seigneur, que l'héritage est situé dans sa sei- » gneurie et justice ; car cela ne sert d'aucune » preuve, s'il ne conste autrement du droit : » ce qui est contre l'abus que plusieurs sei- » gneurs ou leurs prédécesseurs ont fait ci- » devant, de vouloir contraindre les défen- » deurs à montrer leur franchise et liberté, ce » qu'ils ne sont tenus de faire ».

» Enfin Chabrol, tout seigneur qu'il était de plusieurs terres considérables situées en Au- vergne, n'a pas élevé le plus léger doute sur l'allodialité de sa province : il a fait plus, il l'a complètement démontrée, il l'a mise dans le plus grand jour.

» Et ce ne sont pas seulement les auteurs de cette contrée qui en ont soutenu et proclamé l'allodialité de droit. Elle a aussi pour défen- seurs et pour témoins Lathaumassière, *Traité du franc-alleu*, chap. 4 ; Brodeau sur Louet, lettre C, §. 21, n. 22 ; le premier président Salvaing, de *l'usage des fiefs*, pag. 277 ; Tronçon, sur l'art. 18 de la coutume de Paris, au mot *Franc- alleu* ; Ferrière, sur le même article, n. 23 ; et M. Henrion, dans ses *Dissertations féodales*, au mot *Alleu*, §. 24, voici les termes de ce dernier jurisconsulte : « La coutume d'Auvergne » est, comme celle de Bourbonnais, dans le » nombre des coutumes allodiales, et par les » mêmes motifs, c'est-à-dire : l'usage, la juris- » prudence, le suffrage des auteurs, et différens » articles de la coutume, qui sans être néces- » sairement exclusifs de la règle *nulle terre sans* » *seigneur*, peuvent cependant être regardés » comme supposant la règle contraire, *nul sei-* » *gneur sans titre* ».

» Quant à la jurisprudence des anciens tribu- naux, elle nous est attestée par Chabrol, en ces termes : « L'édit du mois d'août 1692 admet » pour preuve du franc-alleu, la jurisprudence » des cours et tribunaux, or, rien n'est plus » notoire que cette jurisprudence par rapport » à l'Auvergne ; on y juge constamment suivant » la maxime, *nul seigneur sans titre*. La posses- » sion de la province et ses usages sont certains ; » ils n'ont pas de commencement connu ».

— « Peut-être serait-il à désirer (dit à ce sujet
» M. Henrion), que Chabrol fût entré dans
» quelques détails sur ces jugemens; mais l'as-
» sertion d'un jurisconsulte aussi versé dans
» les lois et les usages de sa province, ne per-
» met pas de révoquer en doute leur existence ».

» Il y a plus : Chabrol lui-même rapporte le
texte d'un arrêt du conseil du 8 mars 1740, qui
décide formellement que le franc-alleu est de
droit en cette contrée.

» Il serait trop long de vous le lire en entier,
mais nous croyons devoir vous rétracer mot
pour mot le compte qu'en rend Dubost, dans
sa *Jurisprudence du conseil, sur les droits de
franc-fief*, tom. 2, pag. 496 : « Vallon et Dumas
» avaient acquis, par contrat du 20 mai 1733,
» quarante-deux œuvrées de vigne, situées près
» la ville de Riom, moyennant 215 livres de
» rente viagère. Par l'ordonnance de M. l'in-
» tendant, du 16 juin 1736, ils avaient été con-
» damnés à payer le droit de franc-fief pour 35
» œuvrées, les 7 autres étant dans la censive
» de l'abbaye de Montpeyroux. Appel. Ils ont
» soutenu qu'ils n'étaient point sujets au droit
» de franc-fief, attendu que les 35 œuvrées étaient
» en franc-alleu roturier. Le fermier a dit qu'ils
» étaient sujets au droit seigneurial de bandie,
» consistant en 6 deniers par chaque œuvrée;
» que d'ailleurs, la vente avait été faite à la
» charge des cens auxquels la vigne pouvait
» être sujette, *si cens y a ;* ce qui prouvait que
» le vendeur était dans le doute que cette vigne
» fût sujette à aucun cens : d'où il a conclu
» qu'elle était noble. *L'inspecteur général du
» domaine* disait que le droit de bandie n'était
» qu'un droit de justice, et non un droit féodal;
» et que les biens étant situés *dans la coutume
» d'Auvergne qui admet le franc-alleu*, ils ne
» devaient point être sujets au droit de franc-
» fief. Sur ce, décision du 8 mars 1740, qui
» porte: *Sans s'arrêter à l'ordonnance de M. l'in-
» tendant, François Vallon et Pierre Dumas dé-
» chargés des droits de franc-fief des 35 œu-
» vrées de vigne* ».

» Ce n'est pas tout. Dubost rapporte encore
un autre arrêt du conseil qui, l'année précédente, avait également *jugé*, ce sont ses termes,
pour l'allodialité de la coutume d'Auvergne :
« Claude Henri (dit-il), avait retiré lignagè-
» rement, sur Gabriel Chardon, plusieurs hé-
» ritages vendus par contrat du 30 mars 1725,
» et déclarés être en franc-alleu. Il avait été
» rendu, le 26 septembre 1738, une première
» décision qui avait ordonné que, dans un mois,
» Henri prouverait que les biens en question
» étaient en franc-alleu roturier, sinon que l'or-
» donnance de M. l'intendant serait exécutée.
» Henri a représenté que la coutume d'Auver-
» gne étant allodiale, il ne pouvait prouver par
» titres la franchise de ses héritages. Il a seule-

» ment représenté un certificat des officiers de
» la baronie d'Ollergues, du 4 décembre 1738,
» par lequel ils attestent que les héritages en
» question sont partie dans la censive d'Oller-
» gues, et l'autre partie en franc-alleu roturier.
» Le fermier a répondu que ce certificat était
» insuffisant, et qu'il fallait justifier l'allodialité
» de ces héritages par un titre particulier, ou
» prouver que le franc-alleu roturier avait été
» établi en Auvergne par un réglement du con-
» seil, semblable à celui rendu pour le Lan-
» guedoc. Par décision du conseil du 10 juin
» 1739, Henri a été déchargé du droit de franc-
» fief ».

» Il est vrai, s'il en faut croire le même auteur, qu'il était intervenu précédemment (le 16
janvier 1737) un autre arrêt qui, en condamnant Guillaume Combe à payer un droit de
franc-fief, avait décidé que la coutume d'Auvergne *n'était point allodiale*. Mais, 1.° Dubost
ne rappelle que très-vaguement l'espèce de cet
arrêt. 2.° Il convient lui même que les conclusions de l'inspecteur général du domaine étaient
en faveur de Guillaume Combe. 3.° On sent
assez qu'en matière fiscale, un arrêt du conseil
qui décharge, prouve infiniment plus en faveur
de l'allodialité, que ne prouveraient contre elle
deux arrêts qui condamneraient; or, ici c'est
tout le contraire : nous avons deux arrêts de
décharge contre un arrêt de condamnation ; et
puis, l'arrêt de condamnation étant antérieur
aux deux arrêts de décharge, ce sont précisément ceux-ci qui forment le dernier état de la
jurisprudence.

» Enfin, les actes de l'ancien gouvernement
mettent le sceau à l'allodialité de la ci-devant
province d'Auvergne. Un édit du mois de décembre 1611 avait obligé tous les possesseurs
de francs-alleus situés dans les pays où l'allodialité n'était point de droit, à obtenir du roi des
lettres de confirmation, et à lui payer une finance. Eh bien ! cet édit n'a eu aucune exécution en Auvergne : c'est Chabrol qui l'atteste, tom. 2, pag. 892 : « En 1673 et 1674
» (continue le même auteur), le commissaire
» départi à Riom, autorisa une recherche des
» biens allodiaux ; il ordonna que les posses-
» seurs en donneraient une déclaration. Mais
» la province ayant eu recours au roi, et lui
» ayant exposé ses droits et sa possession, ce
» magistrat reçut des ordres de ne pas aller
» plus avant. Les fermiers du roi demandèrent
» des droits d'échange en 1673 ; les possesseurs
» qui alléguaient que leurs héritages étaient al-
» lodiaux, furent déchargés du droit, sans qu'on
» exigeât d'eux aucun titre ; et il en fut de
» même en 1740. Après l'édit du mois d'août
» 1692 (qui avait renouvelé les dispositions de
» celui de 1641), le droit de la province essuya
» encore une contradiction ; mais elle repré-
» senta avec succès sa possession et ce qui s'é-

» tait passé en 1673; et les poursuites cessèrent ».

» A cette mas e de preuves de l'allodialité naturelle de la coutume d'A vergne, les demandeurs opposent le fait qu'en Auvergne, comme dans les pays non allodiaux, les seigneurs jouissaient du d.oit de dé h. rence, de celui de confiscation, de celui de s'approprier les biens vacans, et de celui de triage sur les biens communaux. Mais quelle analogie y a-t-il entre l'exercice de ces quatre espèces de droits, et la question de l'allodialité? Le droit de déshérence, le droit de confiscation, le droit aux biens vacans, le droit de triage ne tenaient ni à la mouvance féodale, ni à la directe censuelle; ils dépendaient uniquement de la justice; aussi n'y avait-il pas un seul des pays allodiaux où ils ne fussent en pleine vigueur. Chabrol, tom. 1, pag. 48, prouve nommément par une foule d'arrêts, que le droit de triage s'exerçait dans la ci-devant Bourgogne qui bien constamment était allodiale; et il en conclut que « l'allodialité n'est » pas un obstacle au triage; en effet (ajoute-t- » il), dans les provinces allodiales; comme dans « les autres, les vacans appartiennent également » au seigneur haut-justicier; on peut dire que » c'est par une suite ou une connexité évidente, » qu'ils ont le triage sur les biens communaux ». Ainsi, l'objection des demandeurs ne tend à rien moins qu'à établir qu'avant la révolution, il n'y avait point en France de pays réellement allodial, prétention qui assurément tombe d'elle-même.

» Disons donc que l'allodialité était de droit en Auvergne, qu'elle y a toujours été reconnue, qu'elle n'y a jamais souffert d'attaque dont elle n'ait triomphé, qu'elle a constamment formé l'un des points fondamentaux du droit municipal de cette province; et de là tirons la conséquence, que, si la cause actuelle n'offre pas de titres particuliers qui, plaçant le seigneur de Blanzat dans un cas d'exception, justifie que les héritages grevés à son profit d'un droit de champart, relevaient de lui en fiefs ou en censives, ces héritages seront présumés avoir formé dans sa main de véritables alleus, avant qu'il en fît la concession moyennant ce droit.

» Mais cette conséquence ne va-t-elle pas se tourner contre les sieur et dame Delasalle, ne va-t-elle pas provoquer la cassation des arrêts qu'ils ont obtenus? La question paraît étrange au premier abord, et cependant elle naît tout naturellement de la manière dont les demandeurs se défendaient devant la cour d'appel de Riom.

» Devant la cour d'appel de Riom, les demandeurs disaient : *point de seigneur sans titre;* et sans doute ils ajoutaient, ou du moins ils pouraient ajouter : « donc vous, seigneur, pos- » sédiez comme allodiaux, avant la concession » que vous nous avez faite, les héritages sur » lesquels vous réclamez le droit qui en a été » le prix; donc, en nous les concédant moyen- » nant ce droit, vous en avez retenu la seigneu- » rie directe; donc ce droit était seigneurial » dans votre main; donc il est aujourd'hui sup-» primé ». Et nous devons dire que l'art. 2 du chap. 31 de la coutume semble justifier ce raisonnement; car il porte en toutes lettres, que celui *qui acquiert cens ou rente sur héritage quitte et allodial, il acquiert la directe seigneurie, posé que de la directe ne soit fait aucune mention.* Ces mots *cens ou rente,* sont très-remarquables; il en résulte très-clairement que, pour acquérir, ou plutôt pour se réserver la *directe seigneurie* d'un héritage allodial, il n'est pas nécessaire, en le concédant, d'y retenir un *cens,* et qu'il suffit d'y retenir une *rente* quelconque. rente qui est essentiellement foncière. et sous la dénomination de laquelle est certainement compris le droit de *persière* ou champart.

» Mais qu'est-ce qu'entend la coutume, dans cet article, par les mots, *directe seigneurie?* Entend-elle la *directe seigneurie* qui suppose une mouvance féodale? ou bien n'entend-elle que le *dominium directum,* qui, aux termes du droit romain, est toujours retenu par le bailleur à emphytéose, et en reconnaissance duquel le concessionnaire de l'alleu qui fait la matière de ce contrat, lui paye une redevance annuelle emportant à chaque mutation un droit de lods, *laudimium ?*

» Si c'est dans ce second sens que doivent être entendus les termes dont il est question, bien évidemment l'article dont ils font partie, ne peut pas être opposé aux arrêts attaqués par les demandeurs; car la directe purement emphytéotique n'a pas été comprise dans l'abolition du régime féodal; et les rentes récognitives de cette directe subsistent encore aujourd'hui dans toute leur étendue. C'est ce qui a été jugé par l'arrêt de la cour, du 26 pluviôse an 11, que nous avons déjà cité. Jean-François Marques et consorts, pour établir que la rente colongère dont le sieur Schawenbourg leur demandait le payement, était seigneuriale dans le sens des lois de 1792 et 1793, se prévalaient de ce que, par le jugement même qu'ils attaquaient, il était dit que le sieur Schawenbourg avait sur leurs fonds un droit de *directe.* Mais nous avons observé que ce mot *directe* ne désignait que le *dominium directum* de l'emphytéose romaine, qu'elle n'avait rien de commun avec la directe seigneuriale proprement dite, et que si celle-ci avait été supprimée avec la féodalité qui en était la source, l'autre subsistait encore et subsisterait tant que la loi civile n'ôterait pas au propriétaire d'un alleu la faculté d'en aliéner le domaine utile, et de s'en réserver le domaine direct. En conséquence, par l'arrêt dont il s'agit, la cour a rejeté la demande en cassation de Marquès et consorts.

» Or, que dans l'art. 2 du chap. 31 de la coutume d'Auvergne, les mots *directe seigneurie* ne puissent s'entendre que de la directe emphytéotique, c'est ce qui résulte nécessairement du principe si bien démontré par M. Henrion, article *Alleu*, §. 6, et consacré par les lois les plus formelles, notamment par l'édit du mois d'août 1692, et par la déclaration du 2 janvier 1769 (1), que le propriétaire d'un franc-alleu n'a jamais pu le concéder ni en fief ni en censive; et que, quelque clause qu'il ait employée à cet effet, la redevance qu'il a retenue, ne peut jamais former dans sa main qu'une rente emphytéotique. C'est aussi ce que reconnaît Chabrol sur la coutume d'Auvergne, tom. 2, pag. 889 : « Il y a (dit-il) en Auvergne, un » grand nombre de cens épars, qui relèvent » d'aucun seigneur; la raison en est que les » propriétaires des héritages allodiaux ont la » liberté de les concéder à cens, et la coutume » porte, en l'art. 2 du tit. 31, que la première » rente imposée sur un fonds auparavant allo- » dial, emporte la directe seigneurie. Il est » évident que le cens imposé sur de pareils » héritages, ne peut pas être d'une qualité » différente que ces héritages même. Le pro- » priétaire d'un héritage allodial, qui impose » un cens en directe seigneurie, ne peut pas » se créer un fief de sa propre autorité; il ne » saurait se procurer, par ce moyen, le droit » de chasse dans un domaine qu'il possède en » franc-alleu, et préjudicier au seigneur haut- » justicier. Il faut donc dire que le cens imposé » sur un héritage allodial, n'est qu'un franc- » alleu roturier comme l'héritage même. Le » franc-alleu d'Auvergne (continue Chabrol), » n'est point d'une nature différente de celui » du Dauphiné : or, M. de Salvaing, ch. 54, » assure que c'est une erreur de croire qu'en » Dauphiné, il n'y a point de cens et rente qui » ne relèvent en fief d'un seigneur. Il établit » son sentiment sur un arrêt du 16 décembre » 1649 ». — Nous devons ajouter que cet arrêt a été rendu en forme de réglement, et que, pour nous servir des termes de Salvaing lui-même, « il a eu pour fondement deux raisons : » l'une, qu'en Dauphiné (comme en Au- » vergne), le fief n'est jamais présumé.....; » la seconde, que les fonds et héritages étant » réputés allodiaux de leur nature, s'il arrive » qu'ils soient albergés et baillés en emphy- » téose, il n'est point de doute que le cens ou » rente emphytéotique ne retienne la franchise » du fond qui la doit ».

» Il en serait autrement sans doute, si le

franc-alleu concédé moyennant un cens, était *noble* dans la main du bailleur, c'est-à-dire, si le bailleur le possédait avec un droit de justice qui y fut inhérent : car alors, par l'effet de cette concession, il serait converti en censive proprement dite; et le cens formerait pour le bailleur, une redevance véritablement seigneuriale. Mais tels n'ont pas pu être dans la personne du seigneur de Blanzat, les héritages qu'il a concédés aux demandeurs sous la charge d'un droit de persière. A la vérité, le seigneur de Blanzat était haut-justicier; mais sa haute-justice n'était ni ne pouvait-être inhérente au domaine foncier qu'il possédait en franc-alleu : elle en était nécessairement séparée : pourquoi? Chabrol va nous l'apprendre : « La distinction » du franc-alleu noble et du franc-alleu roturier » (dit-il, tom. 2, pag. 889), ne convient » point à la coutume d'Auvergne; on n'y » connaît point de franc-alleu qui ait une » justice, une censive ou un fief dépendant de » lui; ainsi, on ne doit admettre dans cette » province que le franc-alleu roturier : les cou- » tumes qui en distinguent de deux sortes, » exigent, pour constituer le franc-alleu noble, » qu'il y ait une mouvance : or, il n'en existe » aucune de cette qualité en Auvergne; donc il » n'y en a point de noble ».

» Et il n'importe que, par le contrat de vente du 21 février 1788, il soit dit que la terre de Blanzat *est en franc-alleu*. De deux choses l'une : ou cette énonciation ne se réfère qu'au domaine foncier, et dans ce cas elle n'est que l'expression du droit commun du pays; ou elle se réfère également à la haute-justice et à la seigneurie, et dans cette hypothèse, elle ne prouve rien : car l'allodialité d'une seigneurie, d'une justice, n'a jamais pu s'établir, même dans les pays allo-diaux, que par un titre formel de concession du monarque. Cela est écrit en toutes lettres, dans le célèbre arrêt du conseil, du 22 mai 1677, confirmatif de l'allodialité du Languedoc; et c'est ce qui résulte encore des trois arrêts, l'un du 4 juillet 1693, les deux autres du 6 février 1694, qui ont maintenu l'allodialité des coutumes de Bourgogne, de Chaumont et de Troyes.

» Elle ne doit donc pas, comme elle le paraissait à la première vue, elle ne doit donc pas se tourner contre les sieur et dame Dela-salle, cette vérité maintenant si évidente, que le seigneur de Blanzat est présumé avoir possédé en franc-alleu roturier les héritages qu'il a anciennement concédés aux demandeurs moyennant des droits de persière; et il en résulte, au contraire, la conséquence invin-cible, que ces droits de persière n'ont jamais été dans sa main le prix d'une inféodation ni d'un acensement, qu'ils n'ont jamais eu dans sa main le caractère de droits féodaux ni censuels.

» Mais cette conséquence n'est-elle pas en op-

---

(1) *V.* l'article *Rente foncière*, *Rente seigneuriale*, §. 14.

position diamétrale avec l'art. 1 du chap. 31 de la coutume d'Auvergne, c'est-à-dire, avec l'article sur lequel les demandeurs paraissent insister aujourd'hui avec tant de confiance, et qui déclare que *tout cens ou rente dû et assis sur fonds et héritages certains, emporte directe seigneurie, s'il n'appert du contraire?* Telle est la question que nous avons annoncée en première ligne, le moment de la résoudre est arrivé, et vous pressentez déjà, Messieurs, qu'au point où nous en sommes, la solution ne sera pas difficile.

» Remarquons d'abord que la coutume parle des rentes en général comme des cens, et que de sa disposition il résulte que tout particulier à qui il est dû une rente sur un héritage déterminé, est par cela seul, et jusqu'à la preuve du contraire; réputé avoir la *seigneurie directe* de cet héritage; c'est déjà sans doute une bien forte raison de croire que ces mots, *seigneurie directe*, n'ont pas, dans l'article cité, le sens que leur attribuent les demandeurs : car s'il en était ainsi, il y aurait en Auvergne autant de seigneurs proprement dits, que de créanciers de rentes foncières; idée absurde et conséquemment fausse.

» Remarquons ensuite que cet article, tel qu'il est rédigé, et tel que l'ont entendu les rédacteurs, s'applique aussi bien aux rentes constituées en argent, qu'aux rentes créées par bail d'héritages. « Il est hors de doute (dit Chabrol, tom. 3, pag. 644), qu'aujourd'hui le » cens ou la rente foncière ne peut s'acquérir » que par le bail à cens; mais l'on ne peut » désavouer qu'avant la rédaction de la cou- » tume, et même jusqu'à l'ordonnance du 29 » novembre 1561 (c'est-à-dire, pendant cin- » quante-un ans après la rédaction de la cou- » tume), il n'ait été d'usage d'acquérir à prix » d'argent des cens en directe et des rentes » foncières, sans bail de fonds, et sur des » héritages qui appartenaient déjà au déten- » teur : c'était la forme de contracter, et elle » n'était pas improuvée; j'en ai vu une foule » d'exemples, et j'en citerai quelques-uns. » Effectivement Chabrol cite des contrats de constitution de cens en directe à prix d'argent, de 1202, 1235, 1242, 1246, 1254, 1256, 1258, 1261, 1270, 1283, 1308, 1324, 1343, 1344, 1347, 1350, 1354, 1377, 1395, 1397, 1452, 1466, 1474 et 1528. Assurément on ne persuadera à personne que l'intention de la coutume ait été d'assimiler à un seigneur véritable, d'ériger en propriétaire de fief, celui qui, moyennant une somme d'argent délivrée au possesseur d'un fonds, avait acquis sur ce fonds une rente en argent ou en denrées; et c'est encore une preuve bien claire que, dans l'article dont il s'agit, la coutume n'a pas entendu, dans le sens que lui prêtent les demandeurs, les termes *directe seigneurie.*

» Que signifient-ils donc ces termes si décisifs aux yeux des demandeurs? Ils signifient, dans l'art. 1er, la même chose que dans l'art. 2 : ils désignent, dans l'un comme dans l'autre, la directe emphytéotique; et ce qui le prouve d'une manière sans réplique, c'est que l'art. 2 n'est, par la manière même dont il est rédigé, que la conséquence immédiate de l'art. 1er. *ET PAR AINSI*, porte-t-il, *qui acquiert cens ou rente sur héritage quitte et allodial, il acquiert la directe seigneurie; posé que, de la directe ne soit fait aucune mention.* Aussi Chabrol observe-t-il que *cet article est l'explication du précédent.* Et dans le fait, il serait bien impossible de concilier l'allodialité de la coutume d'Auvergne avec l'interprétation que donnent les demandeurs à l'art. 1er. Point de milieu en effet : ou il faut dire que la coutume d'Auvergne n'est pas allodiale; proposition que l'on n'oserait plus soutenir sérieusement; ou, en la reconnaissant pour allodiale, il faut nécessairement en conclure que, dans cette coutume, le bail à cens seigneurial ne se présume pas; il faut nécessairement en conclure qu'une rente foncière n'est pas présumée être le prix d'un bail à cens seigneurial; il faut nécessairement en conclure que toute rente foncière est présumée être le prix, ou d'une somme d'argent, ou de la succession d'un héritage allodial en emphytéose.

» Il nous reste maintenant à examiner si cette présomption n'est pas, dans la cause actuelle, détruite par les actes qui ont été produits devant la cour d'appel de Riom.

» Elle ne l'est certainement point par les reconnaissances notariées du 10 mai 1772; puisqu'au contraire, par le soin que prennent ces reconnaissances de distinguer la *justice* d'avec la *directe* de Blanzat, de placer dans l'une les héritages sujets à la persière, et de leur donner pour confins des héritages situés dans l'autre, elles font clairement entendre que les héritages relèvent bien de la persière, relèvent bien du seigneur de Blanzat, considéré comme haut-justicier, mais qu'ils ne sont pas tenus de lui en censives, encore moins en fiefs.

» Elle ne l'est pas davantage par le contrat de vente du 21 février 1788; car bien qu'il y soit énoncé que les deux droits de persière dont il est ici question, font partie de la *terre et baronnie de Blanzat*, cela ne peut évidemment signifier qu'une chose : savoir, que ces droits sont possédés par le seigneur de Blanzat, conjointement avec sa seigneurie proprement dite; et la preuve qu'on ne peut l'entendre autrement, c'est que, par le même contrat, on range aussi au nombre des dépendances de la terre et baronnie de Blanzat, un pré que l'on déclare cependant être tenu en censive d'un seigneur voisin; c'est que d'ailleurs, par l'une des reconnaissances du 10 mai 1772, il est dit que le seigneur de Blanzat avait anciennement d'autres droits de persière sur deux *tenemens mouvans de la censive de la reine*, droits qui certainement, d'après la règle *cens sur cens ne vaut*, ne pouvaient pas être seigneuriaux dans sa main, et que cependant il regardait alors comme des annexes de sa seigneurie.

» Nous aurions les mêmes observations à faire sur les énonciations contenues dans l'exploit du 29 mai 1728, que les demandeurs ont produit tout récemment, si cet exploit eût été mis sous les yeux de la cour d'appel de Riom. Mais les demandeurs le produisant pour la première fois devant vous, nous sommes, par cela seul, dispensés de vous en entretenir.

» C'est aussi pour la première fois que les demandeurs cherchent devant vous à se prévaloir de ce que, dans l'une des reconnaissances du 10 mai 1772, il est dit que le tenement sur lequel se perçoit la persière en grains, est en partie composé de *charmes*, expression qui, dans la ci-devant Auvergne comme dans le ci-devant Bourbonnais, équipolle à celle de *friches*. Les demandeurs tirent de là deux conséquences: la première, que le seigneur de Blanzat n'avait originairement possédé ces *charmes*, que par l'effet du droit qu'il avait, comme haut-justicier, de s'emparer des biens vacans; la seconde, qu'il n'a pu les concéder à la charge d'une persière, que par un bail à cens proprement dit.

» Il y aurait bien des choses à dire sur la première de ces conséquences; mais quand nous l'admettrions, la seconde n'en serait pas plus exacte. Sans doute, les biens qui advenaient à un seigneur haut-justicier par l'exercice de l'un des droits inhérens à sa qualité, ne pouvaient exister dans sa main que comme fiefs. Mais ces fiefs, il pouvait les concéder par bail à rente pur et simple, sans réserve de la seigneurie directe; et assurément alors, la rente qu'on lui payait pour prix de sa concession, n'avait rien de seigneurial. Il est vrai que, si les choses s'étaient ainsi passées à l'égard du tenement dont il s'agit, la commune de Blanzat pourrait, d'après la loi du 10 juin 1793, évincer le sieur et dame Delasalle de leurs droits de persière; mais les demandeurs n'y gagneraient rien; ce qu'ils sont condamnés à payer aux sieur et dame Delasalle, il faudrait qu'ils le payassent à la commune; ils changeraient de créanciers, et voilà tout.

» Par ces considérations, nous estimons qu'il y a lieu de rejeter la demande en cassation et de condamner les demandeurs à l'amende ».

Arrêt du 24 vendémiaire an 13, sur délibéré, au rapport de M. Ruperou, qui,

« Attendu qu'il est constant en fait, d'abord, que la nature, la consistance, les tenans et aboutissans des biens ont été déclarés; ensuite, que les juges d'appel se sont préalablement occupés de la prétendue nullité des exploits introductifs;

» Attendu que ces mêmes juges n'ont violé aucune loi, en décidant qu'une seule reconnaissance suffisait pour établir une rente, puisqu'avant le Code civil, auquel le jugement attaqué est antérieur, il n'existait point de loi qui eût décidé le contraire;

» Attendu que les demandeurs en cassation ayant été condamnés sur la principale question du procès, et n'ayant pas même appelé du chef relatif à la solidarité, qui n'a été réformé que d'office, c'est justement qu'ils ont été condamnés aux dépens;

» Que d'ailleurs le chef particulier concernant l'amende, pourrait seulement donner lieu à une action contre le fisc, et ne pourrait pas autoriser la cassation du jugement au fond;

» Attendu, sur le moyen pris du fond de l'affaire, que la commune d'Auvergne était *purement allodiale*, ainsi que cela résulte de la combinaison de plusieurs de ses articles et de la jurisprudence constante du pays;

» Que par conséquent toutes les redevances dues sur les biens situés dans le ressort de cette coutume, qui était soumise à la maxime *nul seigneur sans titre*, étaient de leur nature réputées *purement foncières*, à moins que le contraire ne fût positivement stipulé, par acte valable;

» Qu'il est d'autant moins permis de supposer qu'en Auvergne, les redevances connues sous le nom de *persières*, étaient exceptées de cette conséquence générale résultante de l'allodialité, et réputées de leur nature seigneuriales ou censuelles, que, de l'aveu des demandeurs, il n'en est pas dit un mot dans les divers titres de la coutume qui concernent les droits féodaux et seigneuriaux, et qui en font une longue énumération, et qu'en outre, la cour d'appel met en fait, ce qui n'est pas contesté non plus, qu'il est de principe reconnu qu'à la différence du cens dont la coutume ne permettait de demander que les trois dernières années d'arrérages, on pouvait au contraire demander vingt-neuf années d'arrérages ou fruits de la *persière*;

» Que l'art. 5 de la loi du 25 août 1792 n'oblige que les propriétaires des droits *féodaux* ou *censuels* à représenter le titre primitif; et que l'art. 17 dispose que les rentes et champarts *purement fonciers* ne sont point compris dans la disposition de cet art. 5; que, si ce même art. 17 ajoute, *et autres redevances qui ne tiennent point à la féodalité, et qui sont dues par des particuliers à des particuliers non seigneurs ni possesseurs de fiefs*, on ne saurait induire de ces dernières expressions, non-seulement que le législateur ait dit, mais encore qu'il ait entendu dire, que désormais et par dérogation aux lois antérieures, toutes les rentes purement foncières, lorsqu'elles se trouveront dues à des ci-devant *seigneurs* ou *possesseurs* de fiefs, seront présumées féodales, et obligeront les propriétaires à représenter le titre primitif;

» Attendu enfin, que, par aucune des clauses des actes produits au procès, il n'est établi que les deux perrières dont il s'agit, eussent un caractère féodale ou seigneurial.

» Par ces motifs, rejette le pourvoi des demandeurs en cassation..... ».

§. II. *Les lois des 25 août 1792 et 17 juillet 1793, ont-elles aboli les agriers et champarts, les terrages, en un mot, les droits compris sous la dénomination générique de rentes foncières, qui, avant l'abolition du régime féodal, formaient entre les mains des personnes à qui ils étaient dus, des fiefs purement passifs et mouvans de seigneurs étrangers au territoire dans lequel ils se percevaient?*

Dans la première partie du paragraphe précédent, il était question des champarts perçus dans l'enclave de qui ils étaient tenus en fief; ici, c'est des champarts perçus hors de cette enclave qu'il s'agit; et la différence des uns et des autres est très-grande.

Comme on l'a vu dans le paragraphe précédent, le champart tenu en fief du seigneur dans l'enclave duquel s'en faisait la perception, était, par cela seul, présumé de droit avoir originairement appartenu à ce seigneur, et n'être sorti de ses mains que par inféodation. Ce seigneur, avant de l'inféoder, avait pu le posséder de deux manières, ou comme une redevance allodiale et purement foncière, ou comme une redevance seigneuriale. Il était présumé, dans les pays allodiaux, l'avoir possédé comme redevance allodiale, parce que les héritages qui s'en trouvaient grevés, étaient, de droit, réputés francs-alleus. Mais dans les pays non allodiaux, il était présumé l'avoir possédé comme redevance seigneuriale, parce que les héritages qui s'en trouvaient grevés, étaient, de droit, réputés sortis de sa main, soit par bail à fief, soit par bail à cens. Tel est le résumé de tout ce que nous avons établi dans le paragraphe précédent.

Maintenant, il s'agit de savoir s'il en doit être de même du champart qui se percevait hors de l'enclave du seigneur de qui il était tenu en fief.

De deux choses l'une: ou le seigneur de qui le champart était tenu en fief, exerçait la seigneurie directe sur les fonds assujettis à cette redevance, ou il n'avait sur ces fonds aucun droit de seigneurie.

Au premier cas, la question doit se résoudre par les principes exposés dans le paragraphe précédent; car le propriétaire de la directe d'héritages épars, n'était pas moins seigneur que le propriétaire de la directe d'héritages renfermés dans un espace circonscrit et limité; et par conséquent, si ces héritages sont situés en pays non allodial, l'ancien propriétaire du champart auquel ils sont soumis, doit être présumé ne l'avoir acquis, avant l'inféodation qu'il en a faite, que par la réserve qu'il en avait stipulée en inféodant ou acensant les fonds qui le doivent.

Au second cas, il en doit être tout autrement. Le champart n'étant pas seigneurial de sa nature, on ne peut pas le réputer tel, ou, ce qui est la même chose, on ne peut pas le considérer comme représentatif d'une concession de fonds par bail à fief ou à cens, lorsque ni celui à qui il appartient actuellement, ni celui à qui il appartenu précédemment et qui l'a inféodé, n'ont sur les héritages qui en sont grevés, aucun droit de directe ni de seigneurie quelconque.

Comment donc l'ancien propriétaire de ce champart a-t-il pu l'inféoder, s'il n'était pas seigneur direct des fonds assujettis à cette redevance? Il a pu l'inféoder, ou par concession de sa part, ou par oblation de la part de son vassal.

Si l'inféodation s'est faite par l'oblation du vassal, bien évidemment elle ne prouve pas que les fonds sujets au champart, aient été originairement inféodés ou acensés sous la charge de cette redevance; elle prouve seulement que l'auteur de l'oblation jouissait primitivement d'une prestation foncière, qu'il en jouissait librement, qu'elle formait dans sa main un franc-alleu incorporel, et qu'il a bien voulu en faire hommage à un seigneur étranger, pour s'assurer sa protection.

Si l'inféodation s'est faite par la concession du seigneur, elle ne prouve pas davantage que, dans la main de celui-ci, le champart fût le prix d'une concession en fief ou en censive des héritages qui en sont encore aujourd'hui chargés; elle prouve seulement que, propriétaire d'une redevance foncière et allodiale, il a cru pouvoir la concéder en fief, et par ce moyen en faire un fief passif dans la personne de son concessionnaire.

Ainsi, dans l'une comme dans l'autre hypothèse, le champart n'indique aucun rapport de féodalité ni de seigneurie, soit entre les héritages qui en sont grevés et son ancien propriétaire qui l'a baillé à fief, soit entre ces mêmes héritages et son possesseur actuel qui l'a tenu en fief jusqu'en 1789. Par conséquent, dans l'une comme dans l'autre hypothèse, ce champart est maintenu comme rente purement foncière, par l'art. 2 de la loi du 17 juillet 1793.

V. au surplus le paragraphe suivant.

§. III. *Doit-on regarder comme seigneurial et, par suite, comme aboli par la loi du 17 juillet 1793, un droit de terrage ou champart qui, avant cette loi, était perçu par des particuliers non seigneurs des fonds assujettis à ce droit, mais dans la main desquels il formait un fief? Doit-on le regarder comme tel dans la quadruple circonstance où il est prouvé, 1.º qu'une partie de ce terrage a autrefois appartenu aux seigneurs directs des fonds qui en étaient grevés ; 2.º que le seigneur lui-même était soumis à ce droit envers ses co-champarteurs ; 3.º qu'une partie des fonds chargés de ce droit, était tenue de lui en fief; 4.º qu'une autre partie de ces mêmes fonds relevait d'autres seigneurs qui n'avaient aucune part au droit de terrage ?*

« Telle est (ai-je dit à l'audience de la cour de cassation, section civile, le 17 floréal an 12), la question à la fois importante et compliquée, que présente à votre examen le recours exercé par le préfet du département du Nord et par le cit. Thobois, contre un jugement du tribunal d'appel de Douay, du 9 fructidor an 10.

» Dans le fait, avant l'abolition du régime féodal, le cit. Thobois jouissait, concurremment avec d'autres particuliers, d'un droit de terrage ou champart qu'il tenait, comme eux, en fief du roi, en sa qualité de comte souverain du Hainaut.

» Un aveu et dénombrement fourni au bureau des finances de Lille, et reçu par un jugement de ce tribunal, du 17 mai 1754, énonce que le cit. Thobois « tient directement de Sa Majesté,
» à cause de son pays et comté de Hainaut, *un fief*
» *ample qui consiste en deux droits de terrage,*
» savoir, l'un nommé vulgairement *le terrage de*
» *Saint-Géry*, en neuf gerbes de chacun cent
» de blés, avoine et autres grains croissans sur
» les héritages qui y sont assujettis, *dont le*
» *seigneur de Rieux* ou son arrentataire prend
» *pour sa part une gerbe et demie*, et la dame
» de Querrenaing, aujourd'hui le sieur Moulin,
» et le dénombrant (Thobois), à cause de sondit
» fief, les sept gerbes et demie restantes; et
» l'autre terrage, nommé vulgairement le *com-*
» *mun fief*, consistant en neuf gerbes du cent,
» tant blé que mars et autres grains, desquelles,
» *à cause du terrage de Sa Majesté*, ledit dé-
» nombrant (Thobois) en prend gerbe et demie,
» à cause de l'arrentement de Sadite Majesté, et
» il partage par égales portions trois gerbes avec
» ledit sieur Moulin, prenant par tiers; faisant
» quatre gerbes et demie; et des autres quatre
» gerbes et demie, restant des neuf, ledit dé-
» nombrant en prend trois gerbes *en action*
» (c'est-à-dire, comme étant aux droits) du
» seigneur comte de Clairmont, et le reste ap-
» partient au terrage de Cauchi ».

» Le dénombrement ajoute que ces deux terrages se lèvent « sur 1478 mencaudées (mesure
» équipollente à environ deux tiers d'arpent),
» de terres à labour situées *à Rieux*, et sur les
» frontières de *Villers-Cauchi*, *Avesnes-les-*

» *Aubert*, *Cagnoncle et Quenhaud*, châtellenie
» de Bouchain, et plusieurs cantons ».

» Trois choses sont à remarquer dans ce dénombrement : la nature des deux terrages, la
situation des biens qui en sont grevés, la qualité
des co-terrageurs anciens et actuels.

» 1.º Les deux terrages forment, dans la main
de leurs possesseurs, un fief que le dénombrement
qualifie de *fief ample*, et qui relève immédiatement du roi-comte de Hainaut. De savoir ce
que signifie cette dénomination de *fief ample*,
c'est une question prématurée quant à présent;
nous y reviendrons.

» 2.º Les fonds grevés des deux droits de terrage, sont, suivant le dénombrement, situés
partie à Rieux, partie à Villers-Cauchi, partie
à Avesnes-les-Aubert, partie à Cagnoncle, et
partie à Quenhaud. Il importe de bien distinguer ces différentes situations. Rieux est une
commune qui, à l'exception d'un hameau connu
sous le nom de Hamel-les-Rieux, et relevant
du ci-devant comté de Cambresis, a toujours
fait partie du Hainaut. Il en est de même de
Villers-Cauchi; et cependant il y a, par rapport
à la contestation actuelle, une différence assez
intéressante entre ces deux communes : c'est que
Rieux n'avait pas d'autre seigneur que le roi-
comte de Hainaut, au lieu que Villers-Cauchi
dépendait d'un seigneur particulier. Quant aux
communes d'Avesnes-les-Aubert et de Cagnoncle,
le canton de Quenhaud excepté, elles faisaient
partie du ci-devant comté de Cambresis, et
elles relevaient, à ce titre, de l'archevêque de
Cambray, qui, avant les conquêtes de Louis XIV,
exerçait, comme prince de l'empire d'Allemagne,
tous les droits de supériorité territoriale, à l'instar
de l'évêque de Liége et des autres grands vassaux de cet empire; ce qui est si vrai, que les
lettres-patentes approbatives de la coutume de
Cambresis, sont l'ouvrage de l'archevêque Louis
de Berlaymont, et que par l'art. 2 du tit. 27 de
cette coutume, la chambre impériale de Spire
est désignée comme le juge d'appel des tribunaux les plus éminens du pays.

» Nous disons que les communes d'Avesnes-
les-Aubert et de Cagnoncle faisaient partie du
ci-devant comté de Cambresis, et nous devons
ajouter que ce fait, dont vous sentirez bientôt
toute l'importance, est tout aussi notoire au tribunal d'appel de Douay, que l'est au tribunal
d'appel de Paris la soumission du faubourg de
Saint-Germain à la coutume de Paris même.
Mais ce n'est pas tout; il est encore prouvé par
la table des lieux régis par la coutume de Cambray, imprimée en 1776, à la suite de la dernière
édition de cette coutume : dans cette table, en
effet, figurent en toutes lettres les communes de
Cagnoncle et d'Avesnes-les-Aubert.

» 3.º Quant à la qualité des co-terrageurs, le
dénombrement de 1754 la détermine avec précision. Vous y avez vu que, dans le terrage dit *de*

Saint-Géry, il appartient une gerbe et demie sur neuf, au *seigneur de Rieux*, c'est-à-dire, au roi-comte de Hainaut, ou à *son arrentataire*; ce qui prouve très-clairement qu'avant 1754, le seigneur de Rieux avait possédé une portion de ce terrage, et qu'en 1754, il avait aliéné cette portion par arrentement. Le dénombrement ajoute que les sept gerbes et demie restantes se partagent entre le nommé Moulin et le *dénombrant* (Thobois). Venant ensuite au terrage appelé *le commun fief*, et qui consiste également en neuf gerbes du cent, Thobois déclare qu'il lui en appartient une et demie, *à cause de l'arrentement de Sa Majesté*, c'est-à-dire, que le roi lui a arrenté la portion qu'il avait à cette concurrence dans les neuf gerbes; qu'il partage par moitié dans trois autres gerbes avec le nommé Moulin; que des quatre gerbes et demie restantes, il en prend trois comme acquéreur des droits du comte de Clairmont, et que le surplus appartient au seigneur de Cauchi.

» Ainsi, dans l'un comme dans l'autre terrage, le roi, seigneur de Rieux, a pris anciennement une gerbe et demie; et cette gerbe et demie, il l'a aliénée, dans le premier, au profit d'un *arrentataire* que le dénombrement ne désigne pas, dans le second, au profit de la famille Thobois.

» Les autres portions de ces deux terrages appartiennent à des particuliers qui les tiennent en fief du roi, comme comte de Hainaut, et non comme seigneur de Rieux, mais qui ne paraissent avoir aucun droit de seigneurie sur les fonds grevés de l'un et de l'autre droit. Voilà ce qui résulte du dénombrement de 1754.

» Et il est à remarquer que tout ce qu'il énonce sur ces différens points, se trouve dans un contrat notarié du 30 décembre 1698, par lequel Eugène-Hyacinthe Deswasières et Françoise Delannoy, son épouse, vendent à Jean-François Thobois un *fief tenu du pays et comté de Hainaut*, consistant *en deux droits de terrage*; « l'un de neuf gerbes, nommé vulgairement le » *terrage de Saint-Géry*, dont le seigneur du » lieu prend pour sa part une gerbe et demie, » madame de Querrenaing et les vendeurs les » sept gerbes et demie restantes, chacun par » moitié; l'autre, nommé vulgairement le *com-* » *mun fief*, consistant en neuf gerbes, dans le- » quel ledit seigneur de Rieux, ladite dame de » Querrenaing et les vendeurs prennent quatre » gerbes et demie par tiers, faisant à chacun » une gerbe et demie, à l'encontre du comte » de Clairmont et du seigneur de Cauchi, pour » l'autre moitié desdites neuf gerbes ».

» Cependant, ni ce contrat ni le dénombrement de 1754 n'expliquent comment la famille Thobois est devenue propriétaire de la portion qui appartenait ci-devant au roi, seigneur de Rieux, dans le terrage nommé le *commun fief*. Mais il est suppléé à leur silence par un jugement du bureau des finances de Lille, du 16 avril 1717; et l'analyse de ce jugement devient ici d'autant plus indispensable, qu'il doit en jaillir de nouveaux traits de lumière sur des faits extrêmement propres à déterminer la nature du droit dont il s'agit.

» On y voit d'abord que, le 14 avril 1704, Aubert Lefebvre avait acquis du roi, par engagement, la seigneurie de Rieux; et que, fondé sur l'article de son contrat qui lui assurait la jouissance exclusive de tous les droits dépendans de cette seigneurie, il avait, par requête du 3 juin 1716, revendiqué contre Jean-François Thobois, cultivateur à Rieux, un droit de terrage dont celui-ci jouissait indûment depuis l'année 1688, et qui consistait *en une gerbe du cent* sur le territoire de Rieux même.

» Le 26 du même mois de juin 1716, Jean-François Thobois répond à cette requête, que, par un procès-verbal d'adjudication du 26 mai 1687, passé devant l'intendant de Hainaut, il a acquis du roi, moyennant une redevance annuelle, les bâtimens et les terres de la ferme de Rieux, avec toutes leurs *dépendances*, au nombre desquelles était compris, depuis un temps immémorial, ainsi que le prouvent d'anciens baux qui remontent jusqu'à Charles-Quint, le droit de terrage revendiqué par Aubert Lefebvre; que l'intendant de Hainaut, consulté sur ce point par Thobois après son adjudication, a ainsi expliqué le mot *dépendances*; qu'en conséquence, Thobois a constamment joui comme propriétaire par acquisition, du même droit de terrage dont il avait précédemment joui comme fermier; qu'au surplus, le contrat d'engagement dont se prévaut Aubert Lefebvre, ne fait nulle mention de ce droit; que cependant l'expression de ce droit y eût été *d'autant plus nécessaire, qu'il y avait plusieurs propriétaires pour les autres parties dudit terrage, preuve certaine qu'il n'était pas seigneurial, puisqu'en ce cas il serait entièrement étranger à la seigneurie de Rieux*.

» Jean-François Thobois ajoute que, quand même ce terrage eût été originairement seigneurial dans sa totalité, Aubert Lefebvre n'en serait pas mieux fondé dans sa réclamation; qu'en effet, par son propre contrat d'engagement, il était dit que le roi n'y comprenait pas *les rentes seigneuriales et foncières ci-devant aliénées*; que le terrage, en le supposant seigneurial, est une véritable *rente seigneuriale et foncière*; qu'ainsi, il résulte du propre titre d'Aubert Lefebvre, que le roi, avant de lui engager la seigneurie de Rieux, avait aliéné le terrage qui en avait ci-devant dépendu; que par conséquent, sous tous les rapports, la demande d'Aubert Lefebvre doit être rejetée.

» Le 29 juillet 1716, Aubert Lefebvre, par une écriture de *réplique*, soutient que le mot *dépendances*, employé dans le procès-verbal d'adjudication de 1687, qui forme le titre de

Jean-François Thobois, ne·peut pas comprendre le terrage qui·lui avait été précédemment affermé, avec les bâtimens et les terres composant la ferme de Rieux. Il en donne différentes raisons, et notamment celle-ci : « Bien loin » (ce sont ses termes), que le droit de terrage » compris dans l'adjudication qui a été faite au » profit du défendeur (Jean-François Thobois), » l'on observe du titre par lui produit, que les » terres (du roi, seigneur de Rieux), lui·étaient » vendues et arrentées à *la charge des droits de* » *dîme et terrage ;* il est donc obligé lui-même » de payer le terrage; ses propres terres n'en » sont point exemptes, et à plus forte raison » ne peut-il point avoir de terrage sur les » autres ».

» A cet argument, Jean-François Thobois répond, le 7 août 1716, par une écriture intitulée *duplique,* que déjà il a observé, « dans » son mémoire de défense, qu'il y avait plu-» sieurs ayant-droit de terrage à Rieux, et que, » lorsqu'il était dit dans ses titres (c'est-à-dire, » dans l'adjudication de 1687, que les terres » lui étaient vendues ou arrentées *à la charge* » *des droits de dîmes et de terrage,* ce n'était » point du terrage appartenant au roi, puis-» qu'il s'ensuivrait de là que S. M. aurait dû » à elle-même un droit de terrage, ce qui ne » se pouvait pas, selon la maxime, *res sua* » *nemini servit.* Les terres appartenantes alors » au roi, pouvaient devoir dîme et terrage » aux autres en ayant-droit; c'était de ce ter-» rage-là dont parlaient les titres du défendeur » (Jean-François Thobois); mais le terrage dû » au roi, s'étendait aussi sur les autres terres, » et c'est une preuve que ce n'était pas une » dépendance de la seigneurie de Rieux, puis-» qu'encore un coup, le roi aurait dû à lui-» même un terrage sur ses propres terres. Oui, » le défendeur est obligé de payer le terrage aux » autres terrageurs, et en même-temps en droit » de le recevoir concurremment avec eux; pour » la part qu'il a acquise, comme appartenante » au roi..... ».

» A ces écritures respectives, en succèdent d'autres dans lesquelles les deux parties s'attachent de plus en plus à soutenir chacune son système. Jean-François Thobois insiste principalement sur les baux de la ferme de Rieux, faits sous Charles-Quint, dans lesquels le terrage appartenant à l'empereur, est énoncé comme *revenant,* c'est-à-dire, comme annexé, à cette ferme. Il fait·remarquer surtout le bail de 1547, dans lequel l'empereur, après avoir énuméré les objets qui y sont compris, ajoute, *sans qu'ils soient jamais dépendans de notre seigneurie de Rieux ;* et il en tire la conséquence, que le terrage litigieux n'a jamais été seigneurial, mais purement foncier; que, par suite, il ne peut pas avoir été compris par les commissaires de

Louis XIV, dans l'engagement qu'ils ont souscrit en 1704, au profit d'Aubert Lefebvre.

» De son côté, Aubert Lefebvre observe que cet argument prouve trop, et que conséquemment il ne prouve rien; qu'en effet, les baux accordés par Charles-Quint aux auteurs de Jean-François Thobois, ne comprenaient pas seulement les bâtimens de la ferme, les terres à labour et le terrage, mais encore les corvées, qui certainement étaient seigneuriales; que Jean-François Thobois ne prétendait rien aux corvées, et qu'il n'en avait jamais joui en vertu de son adjudication de 1687; qu'ainsi, on ne pouvait pas non plus inférer des mêmes baux, que le terrage ne fût pas un droit dépendant de la seigneurie de Rieux; et que si, dans le bail de 1547, il était dit que les objets affermés ne dépendraient jamais de cette seigneurie, cela signifiait seulement qu'ils ne seraient pas soumis à l'inspection du régisseur de la seigneurie même; qu'on ne pouvait voir là qu'un arrangement intérieur d'administration; et qu'il n'en pouvait résulter aucune conséquence pour la détermination de la nature des biens et des droits compris dans le bail.

» Telles étaient les raisons que s'opposaient réciproquement Aubert Lefebvre et Jean-François Thobois, devant le bureau des finances de Lille. Par le jugement cité, qui les rappelle toutes dans le plus grand détail, et qui paraît être resté sans appel, il a été prononcé en ces termes : « Nous avons déclaré le demandeur » (Aubert Lefebvre), non fondé dans les con-» clusions de sa requête, et le condamnons aux » dépens ».

» Ainsi, il a été jugé bien nettement que Jean-François Thobois était devenu par son adjudication de 1687, propriétaire de la portion du terrage qui appartenait au roi, seigneur de Rieux, et que le roi en était totalement exproprié, lorsqu'il avait, en 1704, engagé la seigneurie de Rieux à Aubert Lefebvre.

» Mais, comme vous le voyez, rien ne prouve qu'en prononçant ainsi, le bureau des finances de Lille ait entendu décider que la portion domaniale du terrage n'avait pas formé, dans la main du roi, un droit seigneurial. Jean-François Thobois pouvait tout aussi bien obtenir gain de cause dans la supposition contraire : il lui suffisait pour cela de prouver que l'intendant de Hainaut avait eu l'intention de comprendre cette portion de terrage, seigneuriale ou non, dans l'adjudication qu'il lui avait faite en 1687, de la ferme de Rieux et de ses *dépendances.*

» Une chose, au surplus, qui mérite de notre part une grande attention, c'est que, dans les diverses écritures que rappelle et analyse le jugement du bureau des finances, il est avoué de part et d'autre que, par l'adjudication de 1687, Jean-François Thobois était chargé par le commissaire du roi, d'acquitter les droits de terrage dont étaient grevées envers ses co-champarteurs, les terres domaniales qu'il acquérait. Ainsi, on ne peut pas douter qu'avant 1687, le roi, seigneur de Rieux, ne fût lui-même soumis, sur ses propres terres, au droit de terrage dont il est ici question; et cela, jusqu'à concurrence des portions qui appartenaient, dans ce droit, aux particuliers avec lesquels il en partageait l'exercice et la jouissance sur les terres des autres. On ne peut pas douter non plus que, depuis 1687, la famille Thobois n'ait continué de payer le même droit à ses co-terrageurs, sur les terres qu'elle avait acquises du roi.

» Tel était l'état des choses, lorsque parurent les lois des 25 août 1792 et 17 juillet 1793.

» Il paraît que, vers cette époque, le cit. Thobois fut inscrit sur la liste des émigrés, que toutes ses propriétés furent mises sous la main de la nation, et que, dès ce moment, les redevables du droit de terrage cessèrent de l'acquitter; mais le cit. Thobois, ayant obtenu un brevet d'amnistie et par suite la main-levée de son séquestre, s'est pourvu contre André Dérieux, cultivateur à Cagnoncle, pour le faire condamner, comme possesseur de trois pièces de terres situées dans le territoire de la commune de Rieux, à lui payer le terrage auquel elles avaient été assujetties de temps immémorial, et qu'elles n'avaient cessé d'acquitter que depuis l'année 1793.

» Par un premier jugement du 4 ventôse an 10, le tribunal civil de l'arrondissement de Cambray a ordonné au cit. Thobois « de justi» fier que le terrage dont il s'agit, avait tout » autre cause qu'une concession féodale, et de » rapporter le titre primordial et constitutif de » ce droit ».

» Le cit. Thobois s'est trouvé dans l'impossibilité de représenter un pareil titre; et en conséquence, par un jugement définitif du 22 germinal suivant, il a été débouté de sa demande.

» Sur l'appel, le préfet du département du Nord est intervenu pour demander, conjointement avec le cit. Thobois, la réformation de ce jugement, et pour conclure séparément à ce que les arrérages échus antérieurement à la levée obtenue par le cit. Thobois du séquestre apposé sur ses biens, fussent adjugés à la république.

» Par jugement du 9 fructidor an 10, le tribunal d'appel de Douay a reconnu, en fait, qu'avant l'abolition du régime féodal, l'une des trois pièces de terre sur lesquelles était réclamé le terrage, avait relevé, à titre de fief, de la seigneurie de Rieux.

» Cette circonstance avait fourni au cit. Thobois un moyen qu'il vous reproduit encore, et que nous nous réservons d'apprécier. Mais, sans s'arrêter à ce moyen, non plus qu'aux autres,

le tribunal d'appel de Douay a confirmé le jugement de première instance, « attendu que, par » le titre d'acquisition de ce terrage faite par » Jean-François Thobois, aïeul de l'appelant, » le 30 décembre 1698, on voit que ce terrage » se partageait avec le ci-devant seigneur du » lieu, et qu'il était, de même que le surplus de » ladite seigneurie, tenu en fief du ci-devant » roi, à cause de son comté de Hainaut; qu'il » est donc à présumer que ce terrage, qui se » percevait sur 13 à 1400 mencaudées de terre, » était seigneurial, et prenait sa source dans la » puissance féodale, de même que la portion » qui est restée entre les mains du ci-devant » seigneur, et qu'il a conséquemment été aboli » par l'art. 5 de la loi du 25 août 1792....; que » l'appelant ne rapportant point le titre pri» mordial (exigé par cet article), il doit être » débouté de sa demande, comme il l'a été par » les premiers juges, sans qu'il puisse se pré» valoir de l'art. 17 de la même loi...., puis» qu'il est possesseur de fief et d'une portion de » redevances seigneuriales dont le seigneur » primitif a toujours conservé une partie; qu'on » ne peut douter que cette dernière partie ne » soit supprimée sans indemnité, et qu'il en est » de même, par conséquent, de celle possédée » par l'appelant, puisque una et eadem res » non potest diverso jure censeri ».

» C'est de ce jugement que le cit. Thobois, et après lui, le préfet du département du Nord, vous ont demandé la cassation. Trois moyens sont employés à l'appui de leur recours : violation de la chose jugée, fausse application et violation de la loi du 25 août 1792; contravention aux chartes générales du Hainaut.

» De ces trois moyens, les deux derniers rentrent visiblement l'un dans l'autre, et n'en forment réellement qu'un seul. Quant au premier, on le fait résulter du jugement du bureau des finances de Lille du 16 avril 1717; et déjà vous avez vu qu'il n'est rien moins que certain que ce jugement ait décidé la question de savoir si le terrage litigieux était ou non un droit seigneurial; d'ailleurs, il n'a pas été rendu avec André Dérieux, et il ne peut conséquemment lui être opposé. Ainsi, le premier moyen de cassation que l'on vous présente, ne peut mériter aucune espèce de considération, et nous devons nous renfermer dans l'examen de celui que composent le second et le troisième.

» Commençons par rappeler les faits essentiels. Il en est six qui résultent des pièces que nous venons de parcourir; le premier, que jusqu'en 1789, le cit. Thobois a possédé, comme fief relevant immédiatement du roi à cause de son comté de Hainaut, le droit de terrage qu'on lui conteste aujourd'hui; le second, que le cit. Thobois n'a cependant jamais eu aucun droit de seigneurie sur les terres qui lui payaient terrage; le troisième, qu'une portion de ce terrage a anciennement appartenu au roi, seigneur de Rieux; le quatrième, que le roi était lui-même soumis à ce droit sur ses propres terres, envers ses co-terrageurs; le cinquième, qu'une partie des fonds soumis au terrage envers le roi et ses co-terrageurs, était tenue en fief du roi à cause de sa seigneurie de Rieux; le sixième, que la partie de ces mêmes fonds qui était située dans les communes de Villers-Cauchi, de Cagnoncle et d'Avesnes-les-Aubert, ne relevait pas du roi à titre de seigneurie, et qu'elle dépendait de seigneurs particuliers.

» Tous ces faits ne sont pas reconnus expressément par le jugement du tribunal d'appel de Douay. Ce jugement reconnaît bien, 1.° que le cit. Thobois possédait son terrage comme fief; 2.° que le seigneur de Rieux en avait autrefois possédé une portion, 3.° que l'adversaire du cit. Thobois tenait en fief de la seigneurie de Rieux, l'une des trois pièces de terre sur lesquelles le cit. Thobois réclame son droit de terrage; 4.° que le cit. Thobois n'avait jamais été seigneur direct de ces mêmes pièces de terre ni d'aucune autre; mais il garde le silence sur les deux autres faits; et de là naît une première question, celle de savoir si l'allégation de ces deux faits est recevable devant vous, soit de la part du cit. Thobois, soit de la part du préfet du département du Nord.

» Si ce jugement était rédigé avec tout le soin que commande l'art. 15 du tit. 5 de la loi du 24 août 1790, s'il contenait exactement les quatre parties prescrites par cet article, si surtout il retraçait avec précision les circonstances de la cause et les moyens employés de part et d'autre, nous ne balancerions pas à dire que de son silence sur les faits dont il s'agit, doit résulter la preuve légale que ces faits n'ont pas été articulés, encore moins justifiés, devant le tribunal d'appel.

» Mais pouvons-nous tirer une pareille conséquence d'un jugement qui, par son laconisme outré sur les faits de la cause, et par son silence absolu sur les moyens employés par les parties devant le tribunal d'appel, mériterait, à la rigueur, d'être cassé comme violant l'article cité de la loi du 24 août 1790? Ce serait, nous osons le dire, donner une extension bien dangereuse à l'indulgence déjà trop grande, peut-être, avec laquelle, depuis quelque temps, le tribunal de cassation envisage les lacunes qui ne se rencontrent que trop souvent dans la rédaction des jugemens en dernier ressort; et il nous semble, au contraire, que cela seul que le tribunal d'appel de Douay n'a pas mis dans son jugement tout ce qu'il devait y mettre, on doit inférer que les parties qui s'en plaignent, ont le droit d'être crues sur parole, quand elles viennent vous dire: Voilà des titres que j'ai produits devant les juges

de Douay, et que les juges de Douay ont méprisés.

» Remarquons d'ailleurs que des deux faits dont il s'agit, il en est un qui est prouvé avoir été articulé et justifié devant le tribunal d'appel de Douay : c'est le fait que le roi était, sur ses propres terres, sujet envers ses co-champarteurs, au droit de terrage dont il jouissait concurremment avec eux sur les terres des autres; car nous voyons par la correspondance officielle du préfet du département du Nord avec le commissaire du gouvernement près le tribunal d'appel, que celui-ci a fait valoir à l'audience, le jugement du bureau des finances de Lille du 16 avril 1717; et vous n'avez pas oublié que, dans le vu de ce jugement, il est énoncé et reconnu que, par le procès-verbal d'adjudication de 1687, Jean-François Thobois avait acquis du roi la ferme de Rieux et les terres qui en dépendaient, à la charge du droit de terrage dont elles étaient grevées.

» Ainsi, des six faits sur lesquels repose la demande en cassation du préfet du département du Nord et du cit. Thobois, il n'en reste plus qu'un dont on ne trouve aucune trace d'allégation ni de preuve devant le tribunal d'appel; c'est le fait que le terrage litigieux se percevait, non-seulement dans la commune de Rieux, dont le roi était seigneur, mais encore dans celle de Villers-Cauchi, où le roi n'exerçait aucun droit de seigneurie, mais encore surtout dans celles de Cagnoncle et d'Avesnes-les-Aubert, qui étaient également soumises à des seigneurs particuliers, et qui même, avant les conquêtes de Louis XIV, faisaient partie d'une souveraineté indépendante de celle du Hainaut. Conclurons-nous de là que ce fait doit être, devant vous, écarté de la cause soumise à votre examen? Non, car, 1.° ce fait n'est pas nié par le défendeur; le défendeur se borne à combattre les conséquences qu'en tirent le préfet du département du Nord et le cit. Thobois; 2.° ce fait est clairement justifié par le dénombrement de 1754; et il est bien permis de croire que le cit. Thobois n'aura pas manqué de produire devant le tribunal d'appel, une pièce aussi importante. Observons d'ailleurs qu'au tribunal d'appel de Douay, les affaires qui se jugent sur plaidoiries, ne sont précédées d'aucune espèce d'instruction par écrit, ni de signification de pièces. Le tribunal d'appel de Douay suit en cela l'usage qui était établi au parlement de Flandre, et cet usage avait sa source dans le défaut absolu de loi et de règlement sur la manière d'instruire les causes d'audience; car l'ordonnance de 1667 n'a jamais été publiée dans le département du Nord, et elle n'y est remplacée en cette partie par aucune disposition législative ni réglementaire. Ce n'est donc que par les jugemens du tribunal d'appel de Douay, qu'il peut être constaté que telle pièce a été produite à l'audience de ce tribunal; mais si, comme dans l'espèce actuelle, ces jugemens sont absolument muets sur les moyens qui ont été employés dans les plaidoiries, à coup sûr leur silence, déjà répréhensible sous ce rapport, ne peut pas être considéré comme une preuve négative de la non-allégation d'un fait, de la non-production d'un acte.

» Ainsi, nous devons, dans la discussion de cette affaire, tenir pour constant que le dénombrement de 1754 a été produit devant le tribunal d'appel de Douay; et par conséquent que ce tribunal a eu sous les yeux la preuve que les fonds ci-devant soumis au terrage aujourd'hui en litige, étaient situés partie à Rieux, partie à Villers-Cauchi, partie à Cagnoncle, et partie à Avesnes-les-Aubert.

» Voyons maintenant si, d'après ce fait et les cinq autres que nous rappelions tout à l'heure, le tribunal d'appel de Douay a pu rejeter la demande du cit. Thobois, sans appliquer à faux et violer les lois de la matière.

» Et d'abord, de ce que le titre constitutif du droit de terrage dont il s'agit, n'est pas représenté, s'ensuit-il que ce droit de terrage doit être regardé comme originairement seigneurial ?

» Le défendeur soutient l'affirmative; suivant lui, toute prestation réelle doit être présumée féodale dans son origine, et c'est à celui qui prétend la conserver comme purement foncière, à prouver que telle était effectivement sa nature primitive.

» Mais ce système nous paraît en opposition directe avec l'art. 17 de la loi du 25 août 1792, aux termes duquel, « ne sont point compris dans » le présent décret, les rentes, champarts et » autres redevances qui ne tiennent point à la » féodalité, et qui sont dues à des particuliers » non seigneurs ou possesseurs de fiefs ». Il résulte, en effet, de cette disposition, que l'on ne peut pas appliquer aux particuliers non seigneurs ni possesseurs de fiefs, l'art. 5 de la même loi par lequel sont abolis tous les champarts, tous les droits seigneuriaux, qui ne seront pas prouvés par titres primitifs, être le prix d'une concession de fonds. Il en résulte, par conséquent, que les particuliers non seigneurs ni possesseurs de fiefs, ne sont pas tenus de rapporter les titres constitutifs de leurs champarts, de leurs droits fonciers quelconques; et par conséquent encore il en résulte que tout champart, tout droit foncier doit être présumé non seigneurial, si c'est à un non seigneur qu'il est dû.

» Mais cette présomption peut-elle être invoquée ici par le cit. Thobois? La négative paraît, au premier abord, incontestable. C'était comme fief que le cit. Thobois possédait son droit de terrage; il en faisait hommage au roi-comte de Hainaut; il était donc *possesseur de fief;* son droit de terrage était donc féodal.

» Oui, sans doute, ce droit était *féodal* dans la personne du cit. Thobois; mais l'était-il dans le sens qu'attachent à ce mot les lois de 1789, 1790, 1791, 1792 et 1793?

» Cette question, C. M., n'est pas nouvelle pour le tribunal de cassation. Elle s'est présentée à l'audience de la section des requêtes, le 26 pluviôse an 11, dans l'affaire des cit. Marquès contre le cit. Schawembourg. Les premiers demandaient la cassation d'un jugement du tribunal d'appel de Colmar, qui avait décidé, en faveur du second, qu'une rente *colongère* tenue par celui-ci en fief du duché de Deux-Ponts, n'avait pas été abolie par la loi du 17 juillet 1793, parce qu'elle n'avait formé, dans les mains du cit. Schawembourg, qu'un *fief passif;* parce que jamais il n'avait existé, entre le cit. Schawembourg et les redevables de cette rente, le moindre rapport de féodalité ni de seigneurie; parce qu'enfin l'intention de la loi du 17 juillet 1793 n'avait été que d'anéantir, en faveur des redevables de droits seigneuriaux, le lien féodal qui les avait jusqu'alors attachés à leurs ci-devant seigneurs. Les cit. Marquès soutenaient qu'en prononçant ainsi, le tribunal d'appel de Colmar avait violé la loi. Mais, au rapport du cit. Lombard, et sur nos conclusions, leur requête a été rejetée, *attendu qu'ils n'avaient pas justifié que la rente colongère dont ils étaient redevables, eût un caractère véritable et certain de féodalité.*

» Ainsi, dans notre espèce, rien à conclure contre le cit. Thobois, de ce qu'il possédait comme fief le droit de terrage dont il est question. Oui, il le possédait comme fief; mais c'était pour lui un fief purement passif; cette qualité de fief n'était pour lui aucune charge; elle ne lui conférait aucune supériorité, aucune puissance, sur les terres assujetties à son terrage; en un mot, son terrage était féodal de lui au comte de Hainaut. il ne s'ensuit nullement qu'il eût le même caractère de lui aux redevables de ce droit.

» Mais si, sous ce premier aspect, la réclamation du cit. Thobois paraît juste et en harmonie même avec la loi du 17 juillet 1793, il en est un second sous lequel cette loi semble la condamner : c'est que, par les titres du cit. Thobois lui-même, il est prouvé qu'avant 1687, le roi-seigneur de Rieux possédait une portion du terrage dont il s'agit; qu'en 1687, une partie de cette portion a été arrentée à la famille Thobois, et que le surplus l'a été depuis à une autre famille.

» Il est certain, en effet, que le seigneur de Rieux, en aliénant la portion de terrage, n'en a pas changé la nature par rapport aux redevables; que si, dans sa main, elle était, de la part des redevables, récognitive de sa seigneurie, elle n'a pas perdu ce caractère en passant par vente, inféodation ou bail à rente, dans la main d'un particulier (1), que par conséquent, dans cette hypothèse, les redevables ont toujours continué de la payer en reconnaissance de la seigneurie directe du seigneur de Rieux ; que, par une conséquence ultérieure, elle a été, dans cette même hypothèse, abolie par la loi du 17 juillet 1793, au préjudice de l'aliénataire du seigneur de Rieux, comme elle l'eût été au préjudice du seigneur de Rieux lui-même, s'il ne l'eût pas aliénée.

» Mais de ce qu'avant 1687, une portion de ce terrage appartenait au seigneur de Rieux, suit-il nécessairement qu'il la possédait comme récognitive de sa seigneurie? Non, répond le cit. Thobois, car le terrage n'est pas, de sa nature, un droit seigneurial ; il ne l'est, ni par le droit commun, ni par les dispositions des chartes générales de Hainaut. On ne peut donc, tant qu'il n'est pas prouvé avoir un caractère de seigneurie, le considérer que comme une prestation purement foncière.

» Non, certainement, le terrage n'est pas seigneurial de sa nature ; et cela est si vrai, qu'en Hainaut, il se prescrit par vingt-un ans de cessation du payement (chap. 107, art. 8), quoique les droits seigneuriaux soient imprescriptibles (même chapitre, art. 12).

» Mais que doit-on conclure de cette maxime? Sans contredit, il en résulte que l'on n'est pas présumé seigneur direct d'un bien, par cela seul qu'on y perçoit un droit de terrage; et c'est ce qui a été jugé, pour le Hainaut même, en grande connaissance de cause, par un arrêt de révision du parlement de Douay, du 22 janvier 1785, entre le seigneur de Potelles et la dame Buhat.

» Poussera-t-on plus loin cette conséquence? L'étendra-t-on jusqu'à dire que le terrage possédé par un seigneur, ne forme jamais dans sa main un droit seigneurial? Ni le droit commun ni les chartes générales n'autorisent une semblable extension.

» Dans les pays non allodiaux, et le Hainaut était bien constamment un pays non allodial, puisque tous les biens y étaient réputés fiefs, jusqu'à la preuve du contraire (chap. 102, art. 2), dans les pays non allodiaux, le champart que percevait un seigneur sur les fonds de sa directe, était, par le droit commun, réputé cens, et comme tel imprescriptible...

» Il est vrai que, lorsque le même fonds devait à la fois un cens et un champart, et que l'on ne prouvait pas que le champart eût été constitué avant le cens, celui-ci était seul réputé seigneurial, et l'autre purement foncier (2).

» Mais, d'une part, on ne voit pas, dans notre espèce, que les terres sur lesquelles le seigneur de Rieux percevait son terrage, lui dussent d'autres prestations. Le cit. Thobois l'a bien allégué dans ses mémoires; mais il n'en a fourni aucune preuve.

» D'un autre côté, quand il serait prouvé que le seigneur de Rieux percevait sur les terres sujettes à son terrage, des rentes qui, soit sous le nom de cens, soit sous toute autre dénomination, eussent été récognitives de sa seigneurie, la condition du seigneur de Rieux, ou, ce qui est la même chose, du cit. Thobois qui le représente, n'en serait pas ici plus favorable : pourquoi? parce que la loi du 17 juillet 1793, telle qu'elle est interprétée par les décrets du 2 octobre suivant et du 7 ventôse an 2, abolit, non-seulement le sens proprement dit, mais encore les redevances foncières (et par conséquent les droits de champart), qui ont été constitués additionnellement au cens.

» Il est vrai que, par un jugement de la section des requêtes, du 3 pluviôse an 10 (1), rendu au rapport du cit. Boyer et sur nos conclusions, il a été décidé qu'une rente foncière n'est pas réputée avoir été seigneuriale dans son origine, quoique, dans son origine, elle ait été due à un ci-devant seigneur.

» Mais prenons garde à l'espèce dans laquelle a été rendu ce jugement : il a été rendu pour une rente foncière dont étaient grevés des héritages situés dans la ci-devant Alsace ; et comme la ci-devant Alsace est un pays allodial, il n'en fallait pas davantage pour faire retomber sur la partie qui alléguait la féodalité originaire de la rente, la preuve directe de son assertion ; car dans les pays allodiaux, ni le bail à fief, ni le bail à cens ne se présumaient; il fallait les prouver, ou par des titres primitifs, ou par des reconnaissances, ou par des actes de possession. Mais il en était tout autrement dans les pays non allodiaux ; là, tout était présumé venir de la concession du seigneur, en sa qualité de seigneur ; et par une suite nécessaire, la rente foncière que possédait un seigneur, était présumée le prix d'une concession seigneuriale : là, par conséquent, on doit réputer abolie toute redevance qui, avant la révolution, appartenait à un seigneur ; et c'est ce qu'a expressément décidé un décret du 6 messidor an 2...

» Il n'en faut donc point douter : s'il était bien constant que tout le droit de terrage aujourd'hui en litige eût autrefois appartenu au seigneur de Rieux, ce droit serait aujourd'hui présumé avoir été originairement seigneurial dans sa totalité; et il serait, comme tel, aboli par les lois des 25 août 1792 et 17 juillet 1793.

» Mais telle n'est pas, à beaucoup près, l'espèce de la cause. Rien ne prouve que le seigneur de Rieux ait jamais joui de la totalité de ce terrage; et c'est dans ce défaut de preuve, que gît toute la difficulté qui vous occupe; car, nous l'avons déjà remarqué, les portions de terrage dont jouissait le seigneur de Rieux avant 1687, ne formaient qu'un seul et même droit avec les autres portions qui existaient alors, et ont continué depuis d'exister dans les mains de divers particuliers non seigneurs. Ainsi, deux présomptions de droit se trouvent ici en opposition l'une avec l'autre. D'un côté, les portions de terrage dont le seigneur jouissait avant 1687, sont présumées seigneuriales, par cela seul qu'elles étaient dues à un seigneur dans un pays où tous les biens-fonds étaient présumés venir de lui par bail à fief ou bail à cens. D'un autre côté, les portions de terrage qui, avant 1687, appartenaient à des particuliers non seigneurs, sont par cela seul présumées n'avoir jamais eu aucun caractère de féodalité. Cependant il n'est pas possible qu'un même droit ait été originairement seigneurial et non seigneurial; comme l'a très-bien dit le tribunal d'appel de Douay, *una et eadem res non potest diverso jure censeri*; et puisqu'il a été un temps où toutes ces portions de terrage étaient réunies dans une seule et même main, il faut bien que, dans le principe, la totalité du droit ait été ou seigneuriale ou non seigneuriale; ou, pour dire la même chose en d'autres termes, il faut bien que, dans le principe, la totalité du droit ait résidé, ou dans la main du seigneur de Rieux, qui en aura dans la suite aliéné différentes portions, ou dans la main d'un particulier non seigneur entre les héritiers duquel il se sera partagé, et dont l'un des successeurs aura transmis sa part au seigneur de Rieux, soit par vente, soit par déshérence, soit par confiscation.

» Il reste donc à savoir quel est, dans cette alternative, le parti qui doit l'emporter, à défaut de preuve. Il semblerait, au premier abord, que la balance dût pencher en faveur des redevables, puisque, dans le doute, les principes veulent que l'on prononce contre le créancier. Mais il y a une distinction à faire, et elle est essentielle.

» Lorsqu'il est douteux si une dette a été contractée ou si elle l'a été valablement, la cause du prétendu débiteur est la plus favorable, et il doit être absous. Mais quand il est certain que la dette a existé et qu'il s'agit de cevoir si elle est éteinte, c'est au débiteur qui en allègue l'extinction, à le prouver; et s'il ne prouve pas le fait duquel il en fait dériver l'extinction prétendue, il doit être condamné : *reus excipiendo fit actor*.

» Or, ici, quelle est la dette réclamée par le cit. Thobois? C'est un droit de terrage. L'ancienne existence de ce droit est-elle contestée?

Non; le cit. Dérieux avoue l'avoir anciennement dû, il avoue l'avoir payé sans interruption jusqu'à la loi du 25 août 1792; mais il soutient que, par la loi du 25 août 1792, ce droit a été aboli. Que doit-il prouver pour établir qu'en effet la loi du 25 août 1792 a frappé ce droit de suppression? Il doit prouver que ce droit a originairement appartenu en totalité au seigneur de Rieux. Mais cette preuve, la représente-t-il? Non. Il ne peut donc pas être écouté; il doit donc être traité comme le serait un débiteur qui soutiendrait avoir éteint sa dette par un payement dont il ne rapporterait pas la quittance. Il doit donc être condamné.

» Nous pourrions nous arrêter ici; car déjà vous devez être intimement convaincus que le tribunal d'appel de Douay a fait une fausse application des lois des 25 août 1792 et 17 juillet 1793. Cependant il ne sera pas inutile de parcourir les divers argumens que le cit. Thobois fait valoir à l'appui de celui que nous venons d'examiner. Nous ne les trouvons pas tous également décisifs; mais leur discussion ne laissera pas de jeter un nouveau jour sur la cause.

» Le cit. Thobois se prévaut d'abord de ce que plusieurs des fonds de terre sur lesquels il réclame le terrage, étaient ci-devant tenus en fief de la seigneurie de Rieux. Le fait est constant, et le jugement attaqué le met lui-même à l'abri de toute contradiction. Mais qu'en peut-il résulter? Il en résulte, suivant le cit. Thobois, que le terrage dont ces fonds sont grevés, ne peut pas être assimilé à un cens; car Dumoulin, sur l'art. 12 du chap. 5 de la coutume de Nivernais dit, et c'est une vérité universellement reconnue, que *eadem res non potest, sive ab uno, sive à diversis, teneri in feudum et censum simul: imò*, ajoute-t-il, *hoc esset repugnans et incompatibile*.

» Mais de ce que le terrage prétendu par le cit. Thobois sur les biens ci-devant tenus en fief de la seigneurie de Rieux, ne peut pas être assimilé à un cens, c'est-à-dire, à une redevance constituée pour prix de la concession d'un immeuble en censive, s'ensuit-il qu'on ne peut pas le considérer comme prestation récognitive d'une concession en fief? Pour que cela fût possible, il faudrait qu'il répugnât à la nature des fiefs d'être concédés moyennant un droit de champart. Or, on sent qu'il a été bien libre au seigneur de Rieux de se créer des vassaux par l'inféodation d'une partie de son domaine foncier, en leur imposant la charge d'une prestation annuelle, soit en argent, soit en grains, soit en fruits bruts; et non-seulement il n'y a rien dans cette idée qui choque l'essence des fiefs, mais on voit, en parcourant les feudistes, que la chose n'était pas sans exemple.

» Tous les feudistes reconnaissent que, parmi les droits qu'un seigneur peut se réserver dans

l'inféodation qu'il fait d'une partie de son domaine, on doit en distinguer de trois sortes, les
essentiels, les *naturels* et les *accidentels*. La
fidélité, disent-ils, est le seul droit féodal qui
soit de l'essence du fief; elle suffit seule pour
imprimer le caractère de la féodalité. Les droits
naturels féodaux sont *l'obligation de porter la
foi* (signe extérieur du lien moral, du devoir dans
lequel consiste la fidélité), le *quint*, le *relief*, la
saisie féodale, la *commise*, le *retrait féodal*, etc.;
on les nomme *droits naturels féodaux*, parce
que, bien que, sans eux, le fief puisse exister,
néanmoins ils dérivent de sa nature, et sont de
droit commun. Les *droits accidentels* sont ceux
qui ne dérivant ni de l'essence ni de la nature
du fief, ne sont néanmoins contraires ni à l'une
ni à l'autre, et peuvent avoir lieu en vertu d'une
convention particulière, prouvée par titre ou
par possession. *Telles sont*, dit Hervé, dans sa
Théorie des matières féodales, tom. 1er, pag. 385,
LES RENTES, *les corvées*, *les banalités*. Il n'est
donc pas contre l'essence ni même contre la nature d'un fief, que le seigneur, en le concédant,
l'ait assujetti à une *rente*; et le bon sens nous
dit assez que s'il a pu l'assujettir à une rente, il
a bien pu aussi l'assujettir à un droit de champart.
Au surplus, ce que dit là-dessus Hervé, n'est que
la répétition de ce qu'avait écrit Dumoulin dans
la préface de son Commentaire sur le titre *des
fiefs* de la coutume de Paris, n. 114. *Si in in-
feudatione*, ce sont les termes de ce grand jurisconsulte, *res sit concessa in feudum...,
retentâ certâ annuâ pensitatione, erit verum
feudum*.

» Eh ! comment le cit. Thobois pourrait-il
méconnaître cette doctrine, tandis que ses
propres titres lui en offrent l'application dans
sa famille ? C'est en fief qu'a été concédée à son
aïeul, en 1687, la portion de terrage qu'il a alors
acquise du roi; et cependant le cit. Thobois paye
encore au domaine, pour prix de cette concession, une redevance annuelle. Donc, même
d'après les titres du cit. Thobois, une redevance
annuelle peut très-bien s'allier avec une concession en fief. Donc, le seigneur de Rieux a pu
anciennement concéder en fief une partie de son
domaine, à la charge d'un droit de terrage. Donc
là circonstance que, parmi les fonds sur lesquels
le cit. Thobois réclame son droit de terrage, il
s'en trouve plusieurs qui étaient ci-devant tenus
en fief de la seigneurie de Rieux, ne prouve
nullement que ce droit de terrage n'ait pas été
originairement seigneurial.

» Mais, au moins, dit encore le cit. Thobois,
il est constant que le seigneur de Rieux devait
lui-même le terrage sur une partie des terres qui
composaient son domaine seigneurial; et de là
il suit évidemment que ce terrage n'était pas
récognitif d'un droit de seigneurie; car s'il eût
eu ce caractère, bien certainement le seigneur
de Rieux ne l'aurait pas payé lui-même à ses

co-terrageurs, qui n'avaient aucun droit de seigneurie dans son territoire.

» Ce raisonnement est spécieux, mais c'est là
tout son mérite. Le seigneur de Rieux aurait
très-bien pu, après avoir inféodé ses terres
moyennant un droit de champart, aliéner quelques portions de ce droit, et ensuite réacquérir,
soit par rachat, soit par retrait féodal, soit par
déshérence, soit par confiscation, une partie des
fonds compris dans son inféodation primitive;
et il est sensible que, dans ce cas, la partie de
fonds qui serait ainsi rentrée dans sa propriété
n'y serait rentrée qu'avec la charge du droit de
champart, non pas envers lui-même, puisque
res sua nemini servit, mais envers les particuliers à qui il en eût précédemment concédé des
portions.

» Ce n'est pas avec plus de fondement que le
cit. Thobois argumente de ce que les particuliers
co-champarteurs du seigneur de Rieux tenaient
leurs portions de terrage en fief, non du seigneur
de Rieux même, mais du comte de Hainaut. Cet
argument perd toute sa force dès que l'on fait
attention que le seigneur de Rieux et le comte
de Hainaut n'étaient qu'une seule et même personne.

» A la vérité, la seigneurie de Rieux pouvait
avoir et avait, en effet, des mouvances distinctes
de celles du comté de Hainaut; et l'on ne pouvait pas regarder comme vassaux immédiats du
comté de Hainaut les vassaux immédiats de la
seigneurie de Rieux; de même qu'on ne pouvait
pas, en France, considérer comme relevant directement de la couronne, les fiefs qui relevaient
du roi à cause de son comté de Paris.

» A la vérité, il semble, au premier coup
d'œil, résulter de là que ce n'est point par inféodation d'une partie du domaine de la seigneurie
de Rieux qu'a été constitué le droit de terrage
dont il s'agit; puisque, dans cette hypothèse,
le droit de terrage dont il s'agit aurait formé
une dépendance immédiate de la seigneurie de
Rieux, et qu'en concédant ce même droit en
fief, le seigneur de Rieux aurait dû le concéder,
non comme comte de Hainaut, mais comme
seigneur de Rieux.

» A la vérité enfin, il semble, au premier
coup d'œil, que, dans cette même hypothèse,
les concessionnaires du droit de terrage auraient
dû le tenir en fief de la seigneurie de Rieux, et
non du comté de Hainaut.

» Mais toutes ces inductions, quelque apparentes qu'elles soient, s'évanouissent devant un
fait consacré par les monumens les plus authentiques de l'histoire, et notamment par le placard
de Charles-Quint, du 15 décembre 1515, *pour
l'entretenement des autorités de la cour de Mons*;
c'est que le comté de Hainaut était, avant les
conquêtes de Louis XIV, et depuis le quinzième
siècle, une souveraineté absolument indépendante. Il est évident, en effet, que le comte de

Hainaut pouvait déroger aux règles ordinaires des mouvances féodales, et qu'il était le maître, en inféodant diverses portions du terrage dépendant de sa seigneurie de Rieux, d'imposer à ses concessionnaires la condition de les tenir en fief de son comté de Hainaut; comme, en France, le roi pouvait, en inféodant des droits dépendans de son comté de Paris, charger ses concessionnaires de les tenir directement en fief de la couronne. Or, ce que le comte de Hainaut a pu faire, qui nous assurera qu'il ne l'a pas fait?

» Le cit. Thobois cherche encore à se faire un moyen de ce que le fief que constituaient dans ses mains les portions de terrage qu'il possédait par inféodation du comte de Hainaut, n'était pas un *fief lige*, mais un *fief ample*; qualité que lui donne effectivement l'aveu et dénombrement de 1754. A entendre le cit. Thobois, le *fief ample* différait du *fief lige*, en ce que celui-ci ne pouvait avoir été créé que par concession de fonds de la part du seigneur à son vassal, au lieu que celui-là ne pouvait former que ce qu'on appelait communément un *fief offert*, un *fief d'oblation*. Et de cette définition du *fief ample*, le cit. Thobois conclut que le droit de terrage aujourd'hui en litige n'a jamais été le prix d'une concession de fonds de la part du seigneur de Rieux; que c'était dans le principe un droit purement foncier; que les propriétaires de ce droit ont bien voulu s'en dessaisir entre les mains du comte de Hainaut, pour en recevoir immédiatement de lui l'investiture, et le tenir désormais en fief de son comté; mais que, par là, ils ont fait de ce droit un fief *passif* à leur égard, ils n'en ont pas fait un fief *actif* à l'égard des redevables; et que, depuis comme avant la création de ce fief, de pure *oblation*, les redevables n'ont jamais dû le terrage comme récognitif de seigneurie; qu'ils ne l'ont jamais dû que comme prestation purement foncière.

» Ce raisonnement serait véritablement sans réplique, si quelque chose pouvait justifier la définition que donne le cit. Thobois des mots *fief ample*; c'est-à-dire, si ces mots étaient bien constamment synonymes de *fief d'oblation* ou *fief offert*. Il est certain, en effet, et la section des requêtes l'a ainsi jugé, le 26 pluviôse an 11, dans l'affaire des cit. Marquès contre le cit. Schawembourg, qu'une redevance cidevant possédée à titre de *fief offert* ou de *fief d'oblation*, n'a, envers les fonds qui en sont grevés, aucun caractère de féodalité; et qu'elle n'est pas abolie, même par la loi du 17 juillet 1793.

» Mais où est la preuve que ce qu'on nommait, en Hainaut, *fief ample*, fût ce qu'on appelait ailleurs *fief offert*? Il n'existe là-dessus aucune espèce de renseignemens, soit dans les chartes générales, soit dans les auteurs qui ont

écrit sur ces lois, soit dans les anciens monumens de la féodalité.

» Les chartes générales se bornent, dans le ch. 100, à opposer le *fief ample* au *fief lige*. « Le seigneur (disent-elles, art. 8), ne sera » reçu à prouver par son serment quelque fief » être *lige*, mais devra le vérifier par témoins » ou lettres, comme en autre cas; et en faute » de preuve, ledit fief sera tenu pour *ample*. » — Le bailli (ajoutent-elles, art. 15), ne » pourra, au préjudice de son seigneur, altérer » ou libérer un fief, en le déclarant *ample* s'il » est *lige*, et réciproquement le déclarant *lige* » s'il était trouvé *ample*; comme ne pourront » aussi faire les seigneurs et héritiers dudit fief » impuissans d'aliéner; et en tel cas, les titres » plus anciens seront préférés ». Voilà tout ce que disent les chartes générales; elles ne définissent ni le *fief lige* ni le *fief ample*.

» Sans doute elles entendent par *fief lige*, ou, ce qui est la même chose, par fief emportant obligation étroite, le fief qui doit l'*hommage lige*; et, conséquemment, par *fief ample*, ou, ce qui est la même chose, par fief d'oblation plus large, le fief qui n'est pas *fief lige*, le fief qui n'oblige pas à l'*hommage lige* le vassal entre les mains duquel il se trouve.

» Mais en quoi différaient, par le droit commun, le fief et l'hommage lige d'avec le fief et l'hommage non lige? On ferait un gros volume de tout ce que les feudistes ont écrit là-dessus.

» Suivant les uns, le fief lige ne différait du fief non lige qu'en ce que le premier obligeait le vassal à faire personnellement le service militaire pour le comte de son suzerain, au lieu que le second ne l'astreignait à ce service que par procureur. Ainsi pensent Chantereau Lefebvre, cité par le cit. Henrion, dans son *Analyse du Traité des fiefs, de Dumoulin*, page 39, et Hervé, dans sa *Théorie des matières féodales*, tome 1, page 363. Suivant d'autres, au contraire, le fief lige était celui dont le possesseur était, par son investiture, tenu d'aider et assister le suzerain, tant à la guerre que dans sa cour, *envers et contre tous*; et le fief non lige, celui dont la possession n'entraînait pas les mêmes assujettissemens. Et nous voyons, par le *Thesaurus juris feudalis* d'Ienichen, imprimé à Francfort en 1750, tome 1, page 114, que telle est l'acception qu'ont encore ces mots en Allemagne: *ligium feudum est, in quo vassallus domino fidelitatem contrà omnes sine exceptione promittit; contrà, non ligium feudum erit, quandò vassallus non indistinctè, sed hoc vel illo excepto, ad fidelitatem domino præstandam se obligat.*

» Une chose, au surplus, très-remarquable, c'est que le président Boulé, dans son *Institution au droit coutumier de Hainaut*, pages 84 et 87, ne fait consister la différence entre le fief *mple* et le fief *lige*, qu'en ce que le premier doit seulement, pour relief, un droit de *cambrelage*, fixé par l'art. 6 du ch. 37 des chartes générales, à la modique somme de 32 *patars* ou 40 sous; au lieu que le second doit, en outre, à la mort du vassal, le *cheval d'armes* et les *armures* du défunt, telles qu'elles sont décrites par les chartes générales, ch. 100, art. 1.

» Mais, ce qui est encore bien plus décisif, c'est que les feudistes allemands s'accordent tous à dire qu'un fief non lige ne doit point, par cela seul, être réputé fief d'oblation; et leur doctrine mérite, à cet égard, d'autant plus de considération dans le ci-devant Hainaut, que cette contrée a formé très-long-temps, et jusque dans le quatorzième siècle, un fief immédiat de l'empire germanique, ainsi que le prouvent différentes chartes rapportées dans les *Annales du Hainaut*, par Vinchant; dans l'*Histoire du Hainaut*, par le père Delevarde; dans l'*Histoire de Mons*, par de Boussut; dans l'*Histoire de Valenciennes*, par Doutreman (1).

» Voici, au surplus, comment s'explique Hertius, dans son Traité *de feudis oblatis*, page 365 du tome 1 de ses OEuvres, imprimées à Francfort en 1737. Après avoir défini le fief d'oblation, *feudi species ubi quis rem quam de suo alteri obtulit, ab hoc, velut domino, ex pacto receptam, in posterum ipse heresque ejus sub feudali nexu tenet;* il ajoute que ces sortes de fiefs sont susceptibles des mêmes divisions que les fiefs de concession qu'il appelle. *feuda data.* Il retrace plusieurs de ces divisions, et continue ainsi : *præterea quædam ligia sunt, quædam talia non sunt.* Car, dit-il encore, Dumoulin n'a avancé qu'une fable, quand sur l'art. 1 du tit. 7 de la coutume de Paris, il a assuré qu'en Allemagne le fief d'oblation était toujours considéré comme fief simple, et que le fief de concession l'était toujours, comme fief lige. Ce qui prouve que Dumoulin s'est trompé, c'est qu'il existe un grand nombre d'exemples de fiefs liges qui sont en même temps fiefs d'oblation : *Nam fabulosum est quod Molinæus annotavit, germanos, cùm quis allodialia offert domino, ut ipse ea feudario jure recognoscat, feudum simplex et voluntarium, sin autem dominus de suo largiatur, feudum ligium vocare; quandòquidem non pauca exempla etiam oblatis feudis ligios homines constitutos docent.* Hertius justifie son assertion par des chartes de 1163, 1199, 1204, 1220, 1270, 1308 et 1371, dans lesquelles on voit des possesseurs de francs-alleus en faire hommage à des seigneurs pour les tenir d'eux en fiefs liges.

» Nous trouvons la même doctrine dans le *Thesaurus feudalis* d'Ienichen, tom. 2, pag. 966. Quelques-uns, y est-il dit (et c'est sans doute à Dumoulin que l'on fait allusion), pensent qu'il n'y a que les fiefs de concession qui puissent être liges : *quidam, præter vinculum, quo soli est obstrictus domino vassallus adhuc necessariò requirunt ut dominus feudum de suo concedat* : mais cette opinion est évidemment fausse; il n'y a aucune espèce de raison pour que les fiefs d'oblation ne puissent pas être liges, tout aussi bien que les chefs de concession; et, dans le fait, la chose est prouvée par un grand nombre d'exemples : *hujus autem opinionis falsitas vel ex eo apparet quòd nulla planè ratio subest cur feuda oblata non æquè ligia esse ac data possint, prout pluribus constat exemplis.*

» Mais voici un autre argument que vous propose le cit. Thobois, et qui nous paraît mériter une grande attention. C'est celui qu'il fait résulter de la circonstance que, parmi les fonds soumis à son droit de terrage, il s'en trouve une partie qui n'a jamais relevé de la seigneurie de Rieux, mais bien de celle de Villers-Cauchi en Hainaut, et de celles de Cagnonele et d'Avesnes-les-Aubert en Cambresis.

» Il paraît impossible, en effet, de ne pas inférer de cette circonstance, que le droit de terrage réclamé par le cit. Thobois, n'a jamais été payé en reconnoissance d'une seigneurie directe, et conséquemment qu'il n'a jamais été seigneurial, même dans le territoire de Rieux.

» Pour qu'il fût seigneurial dans le territoire de Rieux, il faudrait qu'il le fût également dans ceux de Villers-Cauchi, de Cagnoncle et d'Avesnes-les-Aubert; car, quoique sous deux dénominations différentes, c'est le même, absolument le même droit qui, jusqu'en 1792, s'est perçu dans ces trois territoires; et c'est tellement le même, qu'il ne formait dans ces trois territoires qu'un seul fief; cela est prouvé par le dénombrement de 1754.

» Or, comment le seigneur de Rieux aurait-il pu posséder originairement, dans des territoires étrangers et sur des fonds qui ne relevaient de lui sous aucun rapport, un terrage récognitif de sa seigneurie?

» Pour qu'un terrage soit récognitif de la seigneurie, il faut qu'il ait été constitué au moment même de la concession que le seigneur a faite d'une partie du gros de son fief; il faut, par conséquent, que le seigneur ait, avant cette concession, possédé comme portion intégrante de son fief, les fonds sur lesquels il s'est réservé un droit de terrage.

» Si donc un seigneur jouit d'un terrage sur des fonds qui n'ont jamais fait partie du gros de son fief, très-certainement ce terrage n'est pas, dans sa main, un droit seigneurial; et s'il

---

(1) *V.* le *Répertoire de jurisprudence*, article *Hainaut.*

l'aliène, ce ne sera pas comme droit seigneurial, ce sera comme droit purement foncier,
que ses concessionnaires le posséderont ; car il
ne peut pas, en le leur transmettant, en
changer la nature.

» Eh bien ! conçoit-on comment le seigneur
de Rieux aurait anciennement pu posséder
comme portion intégrante du gros de son
fief, les fonds qui, dans les territoires de Villers-Cauchi, d'Avesnes-les-Aubert et de Cagnoncle, ont été, jusqu'en 1792, assujettis à un
droit de terrage, soit envers lui, soit envers les
particuliers en faveur desquels il avait disposé
de ce droit ? Il n'a jamais été seigneur d'aucun
de ces trois territoires ; il n'a jamais eu, dans
aucun de ces trois territoires, ni fief, ni justice, ni ombre de seigneurie quelconque : il
n'a donc jamais pu inféoder ni acenser un seul
pouce de terre dans ces territoires ; il n'a donc
jamais pu y créer à son profit un terrage seigneurial.

» Peut-être dira-t-on qu'il l'aurait pu à Villers-Cauchi, parce que cette commune dépendant du Hainaut, il aurait pu, en sa qualité de
comte de Hainaut et par droit de souveraineté,
retirer à soi la mouvance immédiate des fonds
qu'il pouvait posséder à Villers-Cauchi, les
rattacher à sa seigneurie de Rieux, et ensuite
les inféoder ou acenser, moyennant un terrage,
avec les autres fonds de cette seigneurie.

» Nous n'examinerons pas jusqu'à quel point
cette opération eût été légalement possible.
Mais une chose bien certaine, c'est qu'elle aurait
été de toute impossibilité, relativement aux
fonds que le seigneur eût possédés à Cagnoncle
et à Avesnes-les-Aubert : pourquoi ? Parce que
Cagnoncle et Avesnes-les-Aubert n'étaient pas
seulement étrangers à la seigneurie de Rieux,
mais qu'ils l'étaient encore à la souveraineté du
Hainaut. Nous l'avons déjà dit, Cagnoncle et
Avesnes-les-Aubert sont de la ci-devant province
de Cambresis, et jamais la ci-devant province
de Cambresis n'a reconnu la souveraineté des
comtes de Hainaut. Le seigneur de Rieux n'aurait donc pas pu, même comme souverain du
Hainaut, inféoder ou acenser des fonds de terre
situés à Avesnes-les-Aubert et à Cagnoncle ; il
n'aurait donc pas pu concéder ces fonds à la
charge d'un champart seigneurial. Le champart
qu'il y a long-temps possédé et qu'il a ensuite
transmis à la famille Thobois, n'a donc jamais
été récognitif de sa seigneurie ; et encore une
fois, si ce n'était pas en reconnaissance de sa
seigneurie qu'on lui payait le champart à Cagnoncle et à Avesnes-les-Aubert, ce n'était pas
non plus en reconnaissance de sa seigneurie
qu'on le lui payait à Rieux, puisque le champart de Rieux ne formait, dans la famille Thobois, qu'un seul et même fief avec le champart
d'Avesnes-les-Aubert et celui de Cagnoncle.

» Mais, dira-t-on, si ce n'est pas par inféodation ou acensement que le seigneur de Rieux
s'était primitivement réservé ce terrage, si ce
terrage n'existait primitivement dans sa main
que comme un droit foncier, comment a-t-il
pu ensuite le convertir en fief et le concéder
comme *fief ample* à des particuliers ? La chose
n'est pas difficile à expliquer.

» Déjà nous avons parlé des fiefs d'*oblation* ;
et ce que nous en avons dit, va donner la clef
du problème qu'il s'agit ici de résoudre.

» Sans contredit, pour créer un fief *par tradition*, il fallait posséder comme seigneur, le
fonds même qui en devenait la matière ; ou,
en d'autres termes, il fallait posséder ce fonds
noblement.

» Mais il n'en était pas de même, quand il
ne s'agissait que de créer un fief *par oblation* ;
on pouvait, par cette voie, donner le caractère
du fief à un bien situé, à un droit perçu, dans
une seigneurie étrangère ; et voici comment.

» Le propriétaire d'un héritage, d'un droit
foncier, d'un terrage, par exemple, voulait, dans
ces temps à demi-barbares où les lois civiles
étaient sans force, et où l'on ne reconnaissait de
puissance que celle qui dérivait de l'ordre féodal, se faire un protecteur, se procurer un patron qui pût le défendre contre l'oppression dont
il était sans cesse menacé. Que faisait-il pour y
parvenir ? Il allait trouver un seigneur voisin, et
lui disait : voilà un héritage, un droit foncier,
un champart dont je jouis dans tel territoire ;
je viens vous en faire hommage, rendez-le moi
pour le tenir de vous en fief ; et par ce moyen,
je serai votre vassal. Sa proposition acceptée,
son héritage, son champart changeait de nature
dans ses mains : il le possédait désormais comme
fief ; mais ce n'était qu'un fief *offert*, qu'un fief
purement passif de lui à son seigneur d'adoption ; et le nouveau vassal n'acquérait par là
aucun droit de féodalité ni de seigneurie sur les
fonds assujettis à son champart.

» Ce que l'on faisait ainsi pour un héritage
qui était situé, pour un droit foncier qui se percevait, dans un territoire étranger, on pouvait
le faire également pour un héritage qui était situé, pour un droit foncier que l'on percevait,
dans le territoire même du seigneur à qui l'on
s'attachait de cette manière ; et c'est ce qui explique pourquoi, dans notre espèce, le terrage
de Cagnoncle et d'Avesnes-les-Aubert ne formait qu'un fief avec le terrage de Rieux : c'est
que le propriétaire de l'un et de l'autre les possédant comme redevance purement foncière, a
fait hommage de l'un et de l'autre simultanément au comte de Hainaut, qui les lui a rendus
à titre de fief d'oblation.

» C'est ce qui explique encore pourquoi ce
fief n'était pas *lige*, mais *ample*. Nous avons déjà
observé que la qualité de fief non *lige*, ou,
ce qui est la même chose, de fief *ample*, n'em-

portait pas nécessairement l'idée d'un fief d'oblation; mais c'est ici le lieu d'ajouter que les fiefs d'oblation n'étaient jamais *liges*, qu'ils étaient toujours *amples* dans le sens des chartes du Hainaut, c'est-à-dire, non *liges* ou simples, quand ils avaient pour objet des biens situés ou des droits exercés dans une seigneurie étrangère à celle du seigneur d'adoption. Alors, en effet, ils formaient ce que les feudistes allemands appellent *feudà extrà curtem*, des fiefs dont la matière était située hors de la *cour*, juridiction ou territoire du seigneur; et nous lisons dans Gœbel, *de feudis extrà curtem* (1), section 2, qu'un fief *extrà curtem* ne peut jamais être lige, parce que le seigneur du territoire où est située la chose possédée à ce titre, est toujours excepté de la promesse que fait le vassal à son seigneur d'adoption, de le servir fidèlement envers et contre tous: *Feudum extrà curtem*, dit ce jurisconsulte, *retinet integram feudi naturam; ligium tamen esse nequit, quòd dominus territorialis in promissione fidelitatis contrà omnes et singulos semper exceptus est.* Gribner enseigne la même chose dans sa dissertation *de dominio directo in territorio alieno* (2), §. 6 : *utrùm proprium sit feudum*, dit-il, *quod extrà curtem est an improprium, controversià videtur non magnæ utilitatis... Varium et multiplex esse potest, non tamen ligium : in hoc enim territorii dominus semper est exceptus.*

» Ce n'est pas tout. Dans ce que nous venons de dire, se trouve encore l'explication d'un point fort important dans la cause actuelle, celui de savoir pourquoi le terrage du cit. Thobois était tenu en fief, non de la seigneurie de Rieux, mais du comté de Hainaut. On sent, en effet, que le propriétaire de ce terrage, qui le premier a eu l'idée d'en faire un *fief d'oblation*, a dû dans le choix d'un protecteur adoptif, opter de préférence pour le plus puissant. Peut-être alors la seigneurie de Rieux n'était-elle pas encore réunie patrimonialement au comté de Hainaut; mais suppose qu'elle le fût déjà, le terrageur avait intérêt de s'attacher plutôt au comte de Hainaut, considéré comme tel, qu'au seigneur de Rieux, comte de Hainaut. Le comte de Hainaut pouvait aliéner sa seigneurie de Rieux, il pouvait même, suivant la disposition expresse de l'art. 7 du chap. 107 des chartes générales, qui ne sont que l'expression de l'ancien droit du pays, il pouvait même la perdre par une prescription de quarante ans: et dans l'un comme dans l'autre cas, le terrageur n'aurait plus trouvé dans le seigneur de Rieux, un suzerain assez puissant pour le protéger d'une manière efficace. Il était donc bien naturel qu'il fît

hommage de son champart, non au seigneur de Rieux, mais au comte de Hainaut.

» Par là encore, se trouve expliquée, en faveur du cit. Thobois, la circonstance qui a le plus influé sur le jugement dont il se plaint : nous voulons parler de la part qu'avait anciennement le seigneur de Rieux dans le terrage en litige : c'est que, postérieurement à l'hommage primitivement fait de ce droit au comte de Hainaut, le champarteur en aura aliéné une portion au profit du seigneur de Rieux; c'est, si l'on veut, que, depuis cette époque, le terrage tenu en fief du comte de Hainaut, aura souffert un démembrement par le partage qui s'en sera fait entre les héritiers d'un précédent possesseur, et que la portion de l'un de ces héritiers aura passé au seigneur de Rieux, soit par vente, soit par déshérence ou confiscation.

» Mais expliquerons-nous également, dans ce système d'*oblation*, comment le seigneur de Rieux pouvait être lui-même assujetti, sur ses propres terres, au champart que ses co-terrageurs tenaient en fief du comte de Hainaut ? Oui, et rien de plus facile.

» De deux choses l'une : ou le seigneur de Rieux possédait déjà, avant l'oblation, les terres qui depuis ont été, dans sa main, soumises au champart, ou il ne les possédait pas encore. S'il les possédait déjà, ni l'oblation faite par son co-champarteur au comte de Hainaut, ni l'inféodation qui s'en est ensuivie, n'ont dû affranchir ses terres de la redevance dont elles étaient précédemment chargées. S'il ne les possédait pas encore à cette époque, nécessairement il les a acquises depuis; et l'on sent bien qu'il n'a pu les acquérir qu'avec leurs charges.

» Tout s'accorde donc parfaitement avec l'idée que le champart dont il s'agit, n'est devenu fief que par *oblation*; et cette idée n'est pas une supposition hasardée, c'est la conséquence directe et nécessaire de la circonstance que le champart dont il s'agit, s'est toujours perçu dans deux communes indépendantes, non-seulement de la seigneurie de Rieux, mais même du comté de Hainaut, dans deux communes où le seigneur de Rieux n'a jamais eu l'ombre de seigneurie, dans deux communes où le comte de Hainaut n'a jamais exercé le moindre droit de souveraineté.

» Or, nous l'avons déjà dit, et c'est une vérité trop constante, trop palpable, pour qu'il soit nécessaire d'y insister : si ce champart n'a jamais été qu'un fief d'oblation, il n'a jamais été seigneurial envers les redevables; et dès-là, non-seulement le tribunal d'appel de Douay a faussement appliqué l'art. 5 de la loi du 25 août 1792, qui ne supprime que les champarts seigneuriaux, mais il a encore violé, et l'art. 17 de la même loi, et l'art. 2 de la loi du 17 juillet 1793, qui maintiennent expressément toutes les redevances purement foncières.

(1) Cet ouvrage se trouve dans le *Thesaurus juris feudalis* d'Ienichen, tom. 2.

(2) *Ibid.*

» Nous estimons, en conséquence, qu'il y a lieu de casser et annuller le jugement dont il s'agit ».

Arrêt du 17 floréal an 12, au rapport de M. Rousseau, qui,

« Vu l'art. 5 et l'art. 17 de la loi du 25 août 1792;

» Attendu que, s'il est des cas où le terrage ou champart possédé par le seigneur direct des fonds qui y sont assujettis, est réputé seigneurial, il est au moins certain que, dans les mains d'un particulier non-seigneur, il est, par le droit commun, considéré comme une prestation purement foncière et non-seigneuriale, si le contraire n'est pas prouvé par titre ou établi par le statut local;

» Attendu que la coutume du Hainaut, loin de déroger à cet égard au droit commun, regarde le terrage comme *matière de propriété* (art. 3 du chap. 9); qu'il résulte des dispositions de cette coutume, qu'il est sujet à prescription, et que les droits seigneuriaux sont imprescriptibles; d'où il suit qu'en général le terrage y est considéré comme un droit foncier;

» Attendu que les lois nouvelles n'ont point détruit cette présomption; qu'en supprimant le terrage seigneurial, elles ont expressément conservé celui de nature foncière; que l'art. 17 de la loi ci-dessus citée excepte formellement le champart qui ne tient point à la féodalité, et qui est dû par des particuliers à des particuliers non-seigneurs ou possesseurs de fiefs; que, dans l'espèce, c'est un particulier qui demande à un autre particulier, non-relevant de lui, un droit de terrage;

» Qu'à la vérité, le ci-devant seigneur de Rieux, l'un des territoires dans lesquels ce droit a été constamment perçu jusqu'en 1792, en possédait lui-même une quotité, concurremment avec le cit. Thobois et d'autres particuliers; mais qu'on ne peut inférer de là que la totalité du droit ait été originairement seigneuriale; qu'en effet, ce droit n'aurait pu être seigneurial que dans la double supposition qu'il aurait été constitué pour prix de la concession des fonds qui y étaient assujettis, et que ces fonds eussent fait, avant cette concession, partie du gros fief de Rieux; qu'il est impossible que de ces deux conditions, la seconde se rencontre ici, puisque les fonds sujets au droit ne relevaient pas tous de la seigneurie de Rieux, mais qu'il en relevait une portion considérable, tant de la seigneurie de Villers-Cauchi, située en Hainaut comme celle de Rieux, mais absolument indépendante de cette dernière; que de celles de Cagnoncle et d'Avesnes-les-Aubert, situées dans le ci-devant Cambresis, contrée qui, avant les conquêtes de Louis XIV, reconnaissait un autre souverain, et à plus forte raison, un

autre ordre de suzeraineté que le ci-devant Hainaut;

» Qu'ainsi, les fonds assujettis au droit de terrage dont il s'agit, ne pouvaient pas appartenir au gros du fief de Rieux, avant la concession qui a pu en être faite pour prix de ce droit; que, dès-lors, on doit nécessairement présumer que, s'ils ont été concédés pour prix de ce droit, ils l'ont été par bail à rente foncière; que cette présomption légale n'est pas effacée par la circonstance que le demandeur tenait ce droit en fief du ci-devant roi, parce que cette tenure féodale, relativement au roi, n'emportait aucune seigneurie du demandeur sur les possesseurs qui devaient le terrage, et dont il est constant que les fonds relevaient de différens seigneurs; que ce n'est que passivement que le demandeur tenait en fief le terrage, comme il aurait tenu tous autres fonds ou droits immobiliers; que, lorsque l'art. 17 de la loi du 25 août 1792 parle des possesseurs de fiefs, il ne peut s'entendre sainement que des possesseurs de fiefs dominans, et non des propriétaires de fiefs servans; qu'il suit de là et des motifs ci-dessus, que le tribunal d'appel a contrevenu à l'art. 17 ci-devant rapporté, dont il a fait une fausse application, et à en même temps contrevenu à l'art. 5 de la même loi, qui ne supprime que le terrage de nature féodale;

» Casse et annulle ».

TERRES VAINES ET VAGUES. *V.* l'article *Vacans.*

TERRIER. *La loi du 9 septembre 1792 prive-t-elle de leurs actions contre les ci-devant seigneurs, les feudistes qui, sous le régime féodal, avaient traité avec eux pour le renouvellement de leurs terriers?*

V. le plaidoyer du 7 frimaire an 12, rapporté à l'article *Notaire.*

TESTAMENT. — §. I. *Avant le Code civil, à quel âge pouvait-on tester dans la coutume du chef-lieu de Valenciennes?*

J'ai établi, dans le *Répertoire de jurisprudence,* au mot *Testament,* sect. 1, §. 1, art. 3, n. 3, que l'on devait suivre dans cette coutume, les dispositions du droit écrit; et qu'en conséquence, on pouvait y tester, dès qu'on avait atteint l'âge de puberté, fixé par les lois, à quatorze ans pour les mâles, et à douze ans pour les filles.

Mais j'ai indiqué, au même endroit, deux arrêts du parlement de Douay, des 9 juillet 1762 et 21 mars 1763, que l'on citait en faveur de l'opinion contraire, en avertissant que je ne connaissais pas bien l'espèce du second,

Depuis, je me suis assuré qu'il n'avait pas jugé la question, et que les juges s'étaient déterminés par ce dilemme : « Ou l'on doit suivre ici les chartes générales du Hainaut, ou il faut s'attacher à la coutume de Valenciennes. Au premier cas, le testament est nul, parce que le testateur n'avait pas l'âge requis : au second, ses dispositions n'en seront pas plus valables, puisqu'il était soumis à la puissance paternelle, et par conséquent incapable de tester ». Cette manière de raisonner ne faisait, comme l'on voit, qu'éluder la difficulté : ainsi, l'arrêt dont il s'agit n'a rien jugé de positif.

Depuis encore, le conseil souverain de Mons, c'est-à-dire, le tribunal qui devait être le plus fortement prévenu en faveur des dispositions des chartes générales du Hainaut, a jugé que, dans le chef-lieu de Valenciennes, il ne fallait pas avoir atteint l'âge de dix-huit ans pour tester. C'est ce que m'a annoncé dans le temps, le jurisconsulte même qui a fait rendre cet arrêt : pour qu'on ne se méprenne point sur les faits, je conserverai ici les propres termes dans lesquels il a bien voulu m'en faire part :

« En ouvrant le tome 17 de l'édition in-4.° de votre ouvrage, au mot *Testament*, page 106, note 2, je vois avec satisfaction, le parti que vous embrassez, relativement à l'âge auquel on peut tester dans la coutume de Valenciennes. Voici un arrêt du conseil souverain du Hainaut qui vous y confirmera davantage.

» Le 13 juin 1780, Marie-Agnès Ruse, fille à marier, sans père ni mère, demeurant au village d'Obigies, chef-lieu de Valenciennes, fit son testament, selon la forme prescrite par les lois de ce pays, par lequel elle disposait seulement de quelques meubles en faveur de Marie-Rose Drouillon : elle mourut vers la fin de juillet de la même année, âgée de dix-sept ans et quelques mois. Le 14 janvier 1782, Jean Portois, à titre de Marie Frémont, sa femme, tante maternelle de la testatrice, présenta requête au conseil souverain de Mons, et conclut à la nullité du testament. Ses moyens étaient que la coutume de Valenciennes, art. 26, défend l'aliénation de leurs biens aux mineurs de vingt ans ; qu'elle ne prescrit point l'âge pour tester ; mais qu'à son défaut, on doit suivre l'art. 2 du chap. 32 des chartes du Hainaut, qui requiert dix-huit ans. M'étant chargé de défendre la Drouillon, je soutenais que le droit romain était la loi qu'on devait suivre, au défaut de la coutume de Valenciennes, dans les matières dont traite cette coutume, et nommément celle des testamens, si disparate des règles contenues à cet égard dans la coutume générale ; que l'homologation de la coutume de Valenciennes, de 1540, disait que, *s'il advenait aucuns cas qui ne fussent comprins èsdictes coustumes et usaiges, ou que par iceulx ils ne se puissent décider ou déterminer, que on se règle*

selon la disposition du droit escript....., et que l'interprétation s'en fasse selon le droit escript et non autrement. Au premier moyen, le demandeur opposait la règle 3 de Challine et les raisons qui y sont décidées. Enfin, par arrêt du 7 juin 1783, il fut débouté de ses fins et conclusions avec dépens ».

§. II. *Avant le Code civil, un pubère non emancipé pouvait-il tester dans la coutume du chef-lieu de Valenciennes ?*

J'ai soutenu la négative dans le *Répertoire de jurisprudence*, à l'endroit déjà cité, §. 2.

Je dois ajouter que cette opinion est singulièrement fortifiée par le dilemme qui, comme on vient de le voir, a déterminé l'arrêt du 21 mars 1763 ; il prouve évidemment que le parlement de Douai n'a pas alors regardé les fils de famille comme habiles à tester dans la coutume de Valenciennes.

Il y a mieux : j'ai appris depuis que, le 7 mai 1779, le conseil provincial de Tournai avait déclaré nul un testament fait par une fille non-émancipée, qui avait son domicile et ses biens dans la partie autrichienne du chef-lieu de Valenciennes. Il est vrai que, dans cette espèce, la testatrice n'avait que douze ans accomplis ; mais cette circonstance n'a dû influer en rien sur le jugement, puisque, comme on l'a vu dans le §. précédent, une fille pouvait alors tester à cet âge, dans la coutume dont il s'agit. Aussi MM. Moreau, Grendal de Dainville et d'Epinoy, anciens avocats à Valenciennes, ne s'étaient-ils point arrêtés à cette particularité, dans la consultation qu'ils avaient donnée sur le testament dont il était question : ils avaient estimé qu'on ne pouvait pas opposer à cet acte, le défaut d'âge de la testatrice.

§. III. 1.° *Avant le Code civil, pouvait-on indéfiniment prouver par témoins qu'un testateur était en démence, lorsqu'il avait fait son testament ?*

2.° *Pour être admis à prouver que le testateur était en démence, est-il nécessaire de s'inscrire en faux contre l'assertion du notaire qu'il a trouvé le testateur sain d'esprit ?*

I. « Les cit. Bysson et consorts (ai-je dit à l'audience de la section des requêtes, le 22 nivôse an 6), vous demandent la cassation d'un jugement du tribunal civil du département de la Loire, du 27 thermidor an 7, qui leur a refusé la faculté indéfinie de prouver par témoins la démence de *Lagardette*, avant la confection, au moment de la confection et depuis la confection de son testament ; et vous avez examiné si, par ce refus, le tribunal civil de la Loire a violé ;

33

comme ils le prétendent ; les dispositions des lois romaines qui forment le Code supplémentaire de son ressort.

» Sur cette question, il est un principe constant : c'est qu'un furieux, un insensé, un imbécille, ne peut pas tester. Qu'est-ce en effet qu'un testament? C'est la déclaration des dernières volontés; mais celui qui n'a pas l'usage de sa raison, n'a point de volonté, ou n'en a qu'une fantasque et indigne des égards de la loi; il ne peut donc pas faire de testament.

» Cette maxime n'est pas bornée aux personnes attaquées de fureur, de folie, de démence ou d'imbécillité; elle s'applique encore aux prodigues, parce que la loi les considère comme furieux quant à leurs biens, *furiosum bonorum suôrum facient exitum*. Mais il y a entre les premiers et les seconds, une différence très-remarquable. Le furieux n'a pas besoin d'être interdit par le juge, pour perdre le droit de tester. Ce n'est pas l'autorité du magistrat, c'est la nature elle-même qui prononce son incapacité. Le juge ne fait que la déclarer, et elle est établie, indépendamment de son ministère, dès le commencement de la démence. Il n'en est pas de même à l'égard du prodigue. Quoique la cause de son interdiction, dans l'esprit du droit romain encore observé parmi nous (1), soit tirée d'une sorte de raison naturelle, qui ne souffre pas qu'on remette la destinée d'une famille entre les mains d'un homme qui n'a la propriété de son bien que pour la perdre, et qui n'en use que pour en abuser; cependant, comme cette raison ne peut pas, d'elle-même, produire une incapacité, il faut que l'autorité de la loi civile y intervienne; et tant que le prodigue n'a pas été frappé d'interdiction par le juge, il jouit de la liberté commune à tous les hommes.

» Cette différence, qui n'a pas besoin de preuve, est clairement marquée dans les §. 1 et 2 du titre des Institutes, *quibus non est permissum facere testamentum*. Un furieux, dit Justinien, dès le moment qu'il est en cet état, ne peut pas plus tester qu'un impubère; l'un a perdu le jugement, l'autre ne l'a pas encore : *testamentum facere non possunt impuberes, quia nullum eorum animi judicium est; item furiosi, quia mente carent.* Mais un prodigue ne perd ce pouvoir que du jour qu'on lui ôte l'administration de ses biens : *Prodigus cui bonorum suorum administratio interdicta est, testamentum facere non potest; sed id quod antè fecerit quàm interdictio bonorum suorum ei fiat, ratum est.*

» Ainsi, en fait d'incapacité de tester, résultant du défaut de facultés intellectuelles, il faut bien distinguer entre le prodigue et le furieux.

A l'égard du prodigue, si le testament est antérieur à l'interdiction, il est valable : En vain demanderait-on à prouver que la cause de l'interdiction, c'est-à-dire, la prodigalité et le désordre des affaires, a précédé le testament; on n'y serait pas reçu, parce que, quand ces faits seraient vérifiés, le testament n'en aurait pas moins tout son effet. Quelque certains qu'ils soient, ils peuvent bien servir de fondement à une interdiction, mais ils ne l'emportent pas de plein droit. Au contraire, lorsqu'il s'agit du testament d'un furieux, quoiqu'il soit fait avant l'interdiction prononcée, on peut demander à faire preuve, même par témoins, que le testateur était attaqué de fureur, lorsqu'il a disposé; parce que, dans cette occasion, c'est le fait; c'est la démence, c'est la fureur même qui prononce, pour ainsi dire, l'interdiction.

» Tels sont, sur cette matière, les principes du droit romain. Sont-ils encore en vigueur parmi nous? Ne peut-on pas dire qu'ils étaient bons chez les Romains qui admettaient indistinctement la preuve testimoniale; mais que parmi nous il en doit être autrement, parce que nos lois s'opposent à ce qu'on affaiblisse l'autorité d'un acte par ce genre de preuve?

» Point du tout. Dans le testament, comme dans les autres actes, il faut distinguer deux choses, l'intérieur de la disposition et la capacité de celui qui l'a fait. Sans doute, lorsqu'il ne s'agit que de l'acte, de la vérité de ce qu'il contient, des formes dont il est revêtu, il est de règle générale qu'on n'admet pas la preuve par témoins contre ce qui y est écrit, parce qu'il prouve lui-même; et d'une manière authentique, tout ce qu'on a besoin de savoir à cet égard. Mais quand il est question de la capacité du testateur, l'acte ne la prouve pas, il la suppose seulement; et dès-lors, il faut bien qu'on en cherche la preuve hors de cet acte.

» En vain le notaire qui a reçu le testament, déclare-t-il que le testateur lui a paru sain d'entendement et d'esprit. Le notaire est bien l'instrument, l'organe, l'interprète du testateur, mais il n'est pas juge de sa capacité; et comment pourrait-il l'être, lui qui ne voit le testateur qu'un moment? Pénétrerait-il en un instant dans le fond du cœur et dans le secret de son ame? La folie et la sagesse sont également invisibles, si on les considère en elles-mêmes; elles ne se découvrent que par les paroles et les actions extérieures, et souvent ces actions sont suspendues pendant un intervalle beaucoup plus considérable qu'il ne faut pour faire un testament. Telles sont les maximes qu'a professées le célèbre avocat-général d'Aguesseau, dans son plaidoyer du 10 juillet 1696, au sujet du testament de l'abbé d'Orléans; et elles n'ont jamais été contredites par aucun jurisconsulte de poids (1).

_____

(1) *V.* l'article *Prodigue* : il y est prouvé que l'interdiction pour cause de prodigalité n'a été abolie que par le Code civil.

_____

(1) On lit dans un arrêt de la cour de cassation, du

» Aussi existe-t-il des arrêts sans nombre qui ont permis de faire preuve par témoins, que des testateurs avaient perdu la raison à l'époque de la confection de leurs testamens, quoiqu'ils n'eussent été interdits qu'après.

» C'est donc par les seuls principes du droit romain que doit se décider ici la question de savoir si le tribunal civil de la Loire a pu refuser aux demandeurs la preuve par témoins qu'ils offraient de la démence du testateur *Lagardette*, avant, pendant et après la confection de son testament.

» Que ce genre de preuve soit admis par le droit romain, c'est ce qui ne peut être révoqué en doute : la démence est un fait, et tout fait, d'après le droit romain, peut être prouvé par témoins. Le tribunal civil de la Loire n'aurait donc pas violé le droit romain, en admettant la preuve offerte par les demandeurs; mais l'a-t-il violé en refusant cette preuve? De ce qu'il n'a pas fait ce que le droit romain l'autorisait à faire, s'ensuit-il qu'il a contrevenu aux dispositions de ce droit?

» Pour qu'une pareille conséquence fût juste, il faudrait que le droit romain ne se bornât pas à permettre la preuve de la démence; il faudrait qu'il obligeât le juge de l'admettre, toutes les fois que le fait de la démence est articulé.

» Or, existe-t-il dans le droit romain des dispositions qui aillent jusques-là? Nous n'y trouvons que deux lois dans lesquelles il soit parlé de la preuve de la démence du testateur. Ce sont la loi 27, D. *de conditionibus institutionum*, et la loi 5, C. *de codicillis*.

» Dans la première, nous voyons un testament qui contenait une disposition absurde et extravagante : le testateur avait commandé à son héritier de jeter ses cendres dans la mer. On demande si l'héritier est obligé de remplir cette condition, et la loi répond qu'il faut commencer par examiner si le testateur jouissait de

sa raison, quand il a imposé à son héritier une condition aussi bizarre; mais que, si l'héritier institué peut dissiper ce soupçon par des preuves évidentes, il doit être admis à la succession, sans que l'héritier *ab intestat* puisse la lui contester, et sans être tenu d'obéir à cette volonté absurde du testateur : *Hoc priùs inspiciendum est ne homo qui talem conditionem posuit, neque compos mentis esset; igitur si perspicuis rationibus hæc suspicio amoveri potest, nullo modo legitimus heres de hereditate controversiam facit scripto heredi.*

» Dans la seconde loi, au contraire, un père avait fait une disposition sage; son fils ne pouvait attaquer le testament que par la démence dont il l'accusait; et la loi décide que c'est à lui à prouver ce fait : *Asseverationi tuæ mentis eum compotem fuisse negantis, fidem adesse probari convenit.*

» Voilà, nous le répétons, les deux seules lois romaines dans lesquelles il soit question de la preuve de la démence opposée à un testament; et, comme vous le voyez; elles se prononcent rien sur le point de savoir si le juge est tenu d'admettre cette preuve, toutes les fois qu'elle est offerte; elles règlent seulement, par une distinction très-judicieuse, le cas où cette preuve, lorsqu'elle est admise, doit être à la charge de l'héritier institué, et le cas où elle doit être à la charge de l'héritier *ab intestat*.

» Ou le testament contient des dispositions raisonnables, qui forment une présomption de la sagesse du testateur; et alors c'est à celui qui l'attaque, à prouver la démence qu'il allègue. Ou, au contraire, le testament, par lui-même, fait naître des soupçons très-violens de folie et d'égarement d'esprit; et en ce cas, c'est à l'héritier institué à soutenir son titre par la preuve de la sagesse du testateur.

» C'est à cette distinction que se réduisent toutes les dispositions expresses du droit romain sur la preuve de la démence, en matière de testament. Car des trois lois romaines que citent les demandeurs comme ayant été violées par le jugement qu'ils attaquent, il n'y en a pas une seule qui contienne un mot de ce qu'ils leur font dire, ni même qui ait le moindre rapport avec les testamens impugnés du chef de démence.

» On ne peut donc pas dire que le droit romain impose aux juges l'obligation d'admettre la preuve par témoins, toutes les fois que le fait de la démence est articulé. Et c'est sur ce fondement que d'Aguesseau établissait, dans son plaidoyer déjà cité, du 10 juillet 1696 *que l'on ne doit pas faire* de l'admissibilité de cette preuve, *une maxime si générale, que l'on ne puisse jamais refuser la preuve par témoins de la démence d'un testateur. La contrariété qui se trouve sur ce point*, ajoutait-il, *dans la jurisprudence des arrêts, suffit pour établir la véritable maxime*

---

18 juin 1816, « qu'il est constant en droit que deux » choses essentielles sont à distinguer dans un testa- » ment, la vérité de l'acte, et la capacité de celui qui » l'a fait; que la première est certaine, incontestable » et prouvée par l'acte même; qu'il n'en est pas ainsi » de la seconde; que l'acte suppose seulement la capa- » cité du testateur, et ne la prouve pas; que, pour » prétendre le contraire, il faudrait investir le notaire » d'une autorité que la loi ne lui a pas conférée, le » constituer juge de l'état et de la capacité du testa- » teur; que le tribunal de..., en déclarant inadmis- » sible la preuve offerte par les demandeurs, que la » testatrice était en démence et dans le délire lors- » qu'elle a fait son testament, et que l'inscription de » faux était la seule voie qui leur fût ouverte, a contre- » venu aux principes de droit de tout temps en vigueur, » et notamment à l'art. 901 du Code civil, qui exige » que, pour faire un testament, il faut être sain d'es- » prit », (*Jurisprudence de la cour de cassation*, année 1817, page 169).

que l'on doit suivre dans la décision de ces questions. Il y en a qui l'admettent, et c'est assez pour montrer qu'en général, la preuve est admissible. Il y en a qui la rejettent, et leur autorité fait voir qu'elle n'est pas toujours admissible.

» Disons donc qu'il ne peut y avoir ni loi ni règle générale dans ces sortes de questions; que le sort des contestations de ce genre dépend toujours de faits particuliers à chaque espèce; et que les décisions judiciaires peuvent varier à chaque instant, sans que les principes changent.

» Et de là résulte une conséquence fort simple: c'est que jamais un jugement qui rejette la preuve par témoins de la démence d'un testateur, ne peut être de ce chef sujet à cassation, puisque jamais il ne peut être en opposition avec une loi expresse et impérative.

» Et bien loin que, dans notre espèce, il y ait lieu de casser le jugement du 27 thermidor an 7, pour avoir refusé la preuve offerte par les demandeurs, on pourrait, au contraire, soutenir avec une grande apparence de raison, que, s'il eût admis cette preuve, il y aurait nécessité de le casser.

» Il aurait en effet, dans cette hypothèse, contrevenu à la règle générale consignée dans le droit romain, et renouvelée par les lois françaises, que *contra scriptum testimonium, testimonium non scriptum non admittitur* : car, il existait au procès des preuves écrites et authentiques, des preuves solennelles et irréfragables, de la capacité du testateur avant, pendant et depuis la confection de son testament, puisqu'alors il était maire de la commune de Monistrol, qu'il exerçait publiquement les fonctions de cette place, qu'il les exerçait avec une intelligence égale à son zèle, et que tout cela est constaté par des délibérations du corps municipal, prises sous sa présidence, signées de lui comme de ses collègues, et dont une est même rédigée de sa propre main.

» Et ici s'applique naturellement ce que disait encore d'Aguesseau dans son plaidoyer du 10 juillet 1696: « La sagesse ou la démence (ce
» sont ses termes), sont deux qualités de l'esprit
» aussi invisibles que l'esprit même; et comme
» nous ne connaissons l'esprit des autres hommes, que par leurs paroles ou leurs actions
» extérieures, ce n'est aussi que par cette voie
» que l'on peut découvrir les dispositions de ce
» même esprit. Mais parmi ces actions, qui
» sont, pour ainsi dire, les signes naturels des
» affections de l'ame, il en est qui sont tellement personnelles, si attachées, si inhérentes,
» pour ainsi dire, si étroitement unies à la personne même, qu'il est impossible de supposer
» qu'elle les ait faites, sans reconnaître sa sagesse
» et sa capacité. Par exemple, qu'un magistrat
» ait rempli exactement tous les devoirs de la
» justice; qu'il ait exercé toutes les fonctions de
» la magistrature publiquement, sagement,

» continuellement; pourrait-on douter, en ce
» cas, qu'il n'eût eu assez de lumière et de jugement pour faire une dernière disposition; et
» admettrait-on là preuve par témoins contre
» une présomption aussi forte et aussi invincible
» que celle que nous proposons? Il en serait de
» même de toute autre fonction publique faite
» dans le temps même du testament. la nature
» de ces fonctions ne permet pas que l'action de
» celui qui les remplit puisse être suppléée par
» un ministère étranger ».

» Ainsi parlait d'Aguesseau, et il est inutile de vous faire observer avec quelle justesse sa doctrine s'applique à l'espèce actuelle. Il est évident que l'exercice public des fonctions de maire avant, pendant et depuis la confection du testament, formé de la sagesse du testateur, une preuve littérale et solennelle, qui doit exclure toute preuve par témoins du contraire.

» Mais il se présente une objection assez sérieuse. Sans doute, peut-on dire, la preuve par témoins de la démence du testateur ne peut pas être admise contre des actes authentiques qui constatent le bon état de sa raison et de son entendement à l'époque où il a disposé. Mais du moins la preuve qui résulte des actes authentiques, peut être détruite par la confession de la partie intéressée: car les lois romaines donnent à la confession le même effet qu'à un jugement : *confessus pro judicato habetur*. Or, la veuve Lagradette a reconnu elle-même, et par une lettre du 22 avril, et par ces dires consignés au procès-verbal de l'assemblée de parens du 10 mai 1792, que son mari avait, dès les premiers jours du mois de mars précédent, manifesté des symptômes d'aliénation d'esprit. Donc, de l'aveu de la dame Lagardette elle-même, c'est-à-dire, de l'héritière instituée, le testateur ne jouissait plus de toute sa raison, soit lors du premier testament qui est du 17 mars 1792 : soit lors du second qui est du 6 avril de la même année. Donc, en confirmant, au mépris de cet aveu, les dispositions testamentaires de Lagardette, le jugement du tribunal civil de la Loire a, au moins, contrevenu aux lois romaines qui assimilent la preuve par confession à l'autorité de la chose jugée.

» Telle est dans toute sa force l'objection que nous avons annoncée, et qui d'ailleurs n'est pas proposée par les demandeurs en cassation. Voici nos réponses.

» 1.º La prétendue lettre de la dame Lagardette du 22 avril 1792 n'est pas produite; ainsi nous ne pouvons pas en apprécier le contenu. Quant au procès-verbal de l'assemblée de parens du 10 mai de la même année, le jugement constate qu'il n'a pas été produit en forme probante. C'est déjà plus qu'il n'en faut pour écarter toutes les inductions que les demandeurs pourraient tirer de l'une et de l'autre pièce.

» 2.° La dame Lagardette n'est pas seule intéressée au maintien du testament de son mari. La mère du testateur a été également l'objet de ses libéralités, et certainement elle ne peut pas perdre, par l'effet des prétendus aveux de la dame Lagardette, le fruit de ses dispositions, qui à son égard, ne sont combattues par aucune preuve légale. Or, pourrait-on juger le testament valable en faveur de la mère du testateur, sans le juger en même temps valable en faveur de sa veuve? Il est évident que le testateur ne peut pas être réputé à la fois en bon sens et en démence.

» 3.° Pour établir le fait de la démence du testateur, il ne suffit pas de l'alléguer vaguement; il faut détailler les faits particuliers dont on prétend le faire dériver. Or, la dame Lagardette, soit dans sa prétendue lettre du 22 avril, soit dans le procès-verbal de l'assemblée de parens du 10 mai 1792, n'a rien articulé de précis, elle n'y a rien circonstancié qui se rapporte directement à l'époque des dispositions testamentaires de son mari; ce qu'elle a dit de vague à cet égard, ne peut donc pas être pris pour un véritable aveu de la démence de son mari à cette époque, ce n'est véritablement de sa part qu'un moyen employé pour faire plus facilement adopter par la famille de son mari, alors bien constamment reconnu pour fou, l'idée qu'elle avait de le faire séquestrer provisoirement dans un hôpital, de l'y faire traiter, et par là de le soustraire à la ruine dont le menaçaient ses dissipations journalières.

» 4.° Enfin, les lois romaines qui donnent à la confession toute la force de la chose jugée, ne s'entend que de la confession faite dans l'instance même dans laquelle la partie adverse en tire avantage; et cela est si vrai que d'autres lois citées par Voët, titre *de confessis*, n. 7, établissent que l'aveu fait en jugement dans une affaire, ne forme, dans une autre instance, qu'une présomption grave. Or, ici ce n'est point dans l'instance en nullité du testament de son mari, que la dame Lagardette a reconnu que son mari avait l'esprit aliéné avant la confection de cet acte; elle n'a fait cet aveu que dans une instance où il était question, non pas précisément de savoir si son mari avait joui de sa raison à l'époque de la confection de son testament, mais s'il en jouissait au moment où l'aveu même se faisait, et si en conséquence il y avait lieu de prendre des mesures extraordinaires pour le priver de sa liberté. On ne peut donc pas appliquer à cet aveu, quel qu'il soit, la disposition que nous avons citée des lois romaines; et dèslà, il devient impossible de tirer de ce même aveu, un moyen de cassation contre le jugement qui n'y a pas eu égard ».

J'ai conclu, par ces motifs, au rejet de la requête des demandeurs, et c'est ce qui a été prononcé par arrêt du 22 nivôse an 9, au rapport de M. Zangiacomi, « attendu qu'en rejettant la preuve vocale du fait allégué de la démence, le tribunal de la Loire n'a violé aucune loi, puisqu'il n'en est aucune qui l'obligeât nécessairement à admettre cette preuve; que, dans l'espèce, le tribunal de la Loire, trouvant le fait de la démence détruit par des actes authentiques, a pu et dû préférer la preuve écrite qui résultait de ces actes, à la preuve testimoniale qui était offerte par les demandeurs ».

V. le *Répertoire de jurisprudence*, au mot *Testament*, sect. 1, §. 1, art. 1.

§. IV. *Les testamens faits sous l'empire de la loi du* 17 *nivôse an* 2, *ont-ils été, quant à leur forme, soumis aux dispositions des lois antérieures?*

V. le plaidoyer du 25 fructidor an 11, rapporté à l'article *Don mutuel*, §. 5.

§. V. *Avant le Code civil, était-il nécessaire que l'officier public devant lequel un testateur déclarait ses dernières volontés, fît une mention expresse du soin qu'il avait eu de se conformer à la loi, en les écrivant lui-même?*

Cette question s'est présentée en 1784 au parlement de Douay.

Le sieur Corbie de Neuvireuille, domicilié à Lille, avait fait, en cette ville, le 28 février 1776, un testament par lequel il avait partagé ses biens entre ses neveux et ses nièces, pour le cas seulement où son fils unique, qui n'avait encore que cinq ans, viendrait à décéder en bas âge ou sans avoir disposé.

Ce cas est arrivé : le 6 août 1782, un coup de vent a précipité et englouti dans une rivière, le jeune Corbie de Neuvireuille.

Ses héritiers collatéraux ne se sont pas entendus sur la manière de partager ses biens. Les demoiselles du Chastel, nièces du testateur, ont demandé l'exécution du testament. Le comte du Chastel, leur frère, a prétendu, au contraire, qu'il était nul; il a pris des conclusions précises pour qu'il fût déclaré tel, et subsidiairement dans le cas seulement où il ne jugerait valable, il a requis acte de ce qu'il renonçait aux biens libres de son oncle, pour s'en tenir aux réserves coutumières.

Le moyen de nullité qu'opposait le comte du Chastel, résultait de ce que le testament ne portait point qu'il eût été écrit par l'un des deux notaires qui l'avaient reçu; mais seulement que le testateur l'avait *fait, dicté et nommé aux notaires.*

« Tout ce qui est de la forme substantielle d'un acte (disait-il), doit être prouvé, non seulement par la minute de l'acte, mais encore par les expéditions qui peuvent en être délivrées.

On ne peut se dissimuler que l'ordonnance de 1735 en voulant, art. 23, qu'un testament soit écrit par l'un des deux notaires, à peine de nullité, n'ait en même temps voulu qu'on pût s'assurer avec facilité si cette formalité essentielle et de rigueur avait été remplie; or, il n'y a que deux moyens d'avoir cette assurance.

» Le premier, le plus aisé et le plus simple, est que les notaires attestent eux-mêmes qu'ils ont rempli le vœu du législateur, en déclarant que l'un d'eux a écrit les dernières volontés du testateur, l'autre présent. Cette déclaration est un témoignage authentique de la vérité; on en est convaincu, et par la minute, et par les copies authentiques de l'acte. En un mot, elle ne peut souffrir d'atteinte que par la voie de l'inscription de faux.

» Le second moyen, moins sûr, plus difficile, aussi coûteux qu'embarrassant, et presque impossible dans la pratique, serait la vérification par la reconnaissance et par la comparaison d'écritures, que le testament est effectivement écrit de la main de l'un des notaires qui l'ont reçu. Ainsi, il s'élève une difficulté à Lille sur un testament fait à Marseille ou en Amérique, ou réciproquement; on envoie à Lille la grosse de cet acte, et il n'y est fait aucune mention que la formalité requise par l'art. 23 de l'ordonnance de 1735, ait été remplie; l'une des parties soutient que le défaut de mention rend l'acte imparfait ou nul : comment l'autre établira-t-elle la validité de cet acte? Elle ne pourra certainement le faire que par la vérification de l'écriture de la minute, comparé à d'autres écritures authentiques des deux notaires qui ont reçu le testament, pour reconnaître s'il est écrit par l'un d'eux. Nous n'avons pas besoin d'insister sur cette preuve équivoque, et sur les inconvéniens qu'elle entraîne, pour la faire proscrire.

» Mais ces inconvéniens à part, trois moyens invincibles se réunissent pour établir que les notaires doivent faire une mention expresse de l'intention qu'ils ont eue de remplir toutes les formalités requises par l'art. 23 de l'ordonnance de 1735, et à l'observation desquelles l'art. 47 a attaché la peine de nullité. Ces trois moyens sont l'ordonnance même, l'usage et les lois postérieures, surtout celles qui sont particulières au ressort du parlement de Douay.

» 1.º Il est certain que l'ordonnance préfère le témoignage des notaires, sur l'accomplissement des formalités qu'elle prescrit, à tout autre genre de preuves; cela résulte de l'art. 23. Si le législateur avait pensé, en exigeant que l'un des notaires écrivît les volontés du testateur, que la preuve pût en être faite autrement que par son propre témoignage, il aurait certainement permis de le prouver par comparaison d'écritures. Il ne l'a point fait, il l'a donc défendu tacitement.

» 2.º Dans l'usage général de la France, on ne s'est point trompé sur l'intention et la volonté du législateur; elle a été interprétée et accomplie uniformément par la mention expresse que tous les notaires font exactement, dans les actes de dernière volonté, qu'ils ont été écrits par l'un d'eux, l'autre présent. On n'a jamais eu recours, et personne n'a jamais pensé qu'on dût recourir, à la preuve par comparaison d'écritures : le seul témoignage des notaires a toujours suffi pour satisfaire aux dispositions de la loi.

» 3.º Une loi solennelle, sollicitée par le parlement de Douay et enregistrée en son greffe, ne permet aucun doute sur la manière de prouver que les formalités prescrites par la loi, sont observées. Les notaires de la ville de Valenciennes avaient pris la mauvaise habitude de faire parler le testateur dans l'acte qui contenait ses dernières dispositions, quoique reçu par des personnes publiques; par conséquent il rendait seul témoignage que les formalités requises pour la validité des testamens, avaient été observées : de sorte, comme le dit le législateur, que la fonction de ceux qui les observaient, se trouvait bornée à écrire et signer les testamens, *sans qu'il y eût, de leur part, aucune énonciation qui leur fût personnelle.*

» Pour rétablir l'uniformité entre les usages suivis dans le reste de la France, et celui qu'il avait plu aux notaires de Valenciennes d'adopter, une déclaration rendue le 16 mai 1763 a ordonné qu'*à l'avenir les notaires et tous autres, qui recevraient des testamens ou autres dispositions de dernière volonté dans la ville et banlieue de Valenciennes, et autres lieux du ressort de la cour du parlement de Flandre*, SOIENT TENUS DE FAIRE EUX-MÊMES ET EN LEUR NOM, *la mention de* L'ACCOMPLISSEMENT DES FORMALITÉS REQUISES, TANT PAR L'ORDONNANCE DU MOIS D'AOUST 1735... CE QUI SERA OBSERVÉ, A PEINE DE NULLITÉ.

» Observons bien que l'ordonnance de 1735 n'ordonne expressément la mention que de quelques-unes des formalités qu'elle prescrit; qu'elle garde le silence sur la preuve des autres; qu'elle n'oblige pas davantage les officiers publics qui reçoivent les dernières volontés, à faire mention qu'ils ont rempli les autres formalités requises par les coutumes de la situation des biens. Mais l'usage général attesté par le législateur, était que les notaires assurassent par une mention expresse, constatée par leurs signatures, par celles des témoins et du testateur, qu'ils avaient observé les formalités prescrites, tant par l'ordonnance de 1735, que par les autres lois et les coutumes de France. C'est cet usage général que le législateur consacre et érige en loi par la déclaration du 16 mai 1763, et dont il ordonne la rigoureuse observation, A PEINE

DE NULLITÉ, sans avoir aucun égard au témoignage du testateur lui-même ».

À ces moyens, qui ont reçu dans la discussion un développement considérable, les demoiselles du Chastel opposaient une défense très-concise. Elles distinguaient, dans l'art. 23 de l'ordonnance de 1735, deux sortes de formalités : les unes, dont ce texte ordonne aux notaires de faire une mention expresse : les autres à l'égard desquelles il ne prescrit rien de semblable, et qu'on ne peut par conséquent, sans vouloir être plus sage que la loi, assujettir à la nécessité de cette mention.

À l'égard de la déclaration de 1763, voici ce qu'elle disait en substance : « Les testateurs de Valenciennes avaient pris la place des notaires, et attestaient eux-mêmes que les formalités dont l'ordonnance de 1735 avait prescrit la mention, étaient accomplies ; tel est l'abus qu'a corrigé la déclaration de 1763, en exigeant que les notaires fissent eux-mêmes et en leur nom, la mention de l'accomplissement de ces mêmes formalités ; elle n'a donc pas changé ni modifié l'ordonnance de 1735 ; elle n'a donc point confondu la distinction établie entre les formalités dont la mention est nécessaire, et celles dont elle n'exige pas cette mention ; ce n'est donc que quant aux premières, que la déclaration a aboli l'usage local de Valenciennes, où les testateurs avaient usurpé les fonctions essentiellement attribuées aux notaires ; elle n'a donc pas ajouté aux formalités prescrites par l'ordonnance ».

Ces raisons ont prévalu sur celles du comte du Chastel. Par arrêt du 27 février 1784, rendu à la deuxième chambre, le testament a été jugé valable ; il a été donné acte au comte du Chastel de sa déclaration subsidiaire de s'en tenir aux réserves coutumières, et il a été condamné aux dépens.

§. VI. 1.° *Un testament entièrement écrit, daté et signé de la main du testateur, peut-il être considéré comme non olographe, sur le fondement que le testateur l'a qualifié de testament clos et secret, et qu'il l'a revêtu d'une enveloppe cachetée ?*

2.° *Le testament mystique qui ne peut valoir comme tel, par défaut d'acte valable de suscription, peut-il valoir comme olographe, lorsqu'il est entièrement écrit, daté et signé de la main du testateur ?*

3.° *Avant le Code civil, les testamens purement olographes étaient-ils valables dans les coutumes qui admettaient cette manière de disposer, mais en la grevant de quelques formalités particulières ? Ces formalités additionnelles étaient-elles encore nécessaires depuis l'ordonnance de 1735, ou celle-ci les avait-elle abrogées ?*

Le 18 octobre 1789, Dominique Casaubon décède à Baïonne. Sous les scellés apposés immédiatement après sa mort, se trouve un paquet cacheté sans inscription. Ouverture faite de ce paquet, paraît un acte entièrement écrit, daté et signé de la main du défunt, et contenant ce qui suit : « Je charge mon héritier et héritière ci-après nommés, de payer annuellement les frais de deux obits que j'entends fonder en ce moment à perpétuité, comme je les fonde dans ce *testament clos et secret*, écrit de ma propre main, et sans qu'il soit besoin de recourir à aucune autre formalité ». Après cette première disposition, le testateur institue pour héritiers dans la moitié de sa succession, ses *trois petits-neveux Lataulade*, fils de *Lataulade de Laas*, et dans l'autre moitié la dame Case-Major, sa nièce ; et il termine ainsi son testament : « je casse, révoque et annulle tous les autres testamens, codicilles ou donations que je pourrais avoir faits ci-devant de bouche ou par écrit ; voulant et entendant que le présent soit mon seul et véritable testament ; que, s'il ne peut valoir pour tel, par quelque défaut de solennité, d'explication ou autrement, il vaille pour codicile ou pour donation à cause de mort, en telle sorte que ma volonté soit suivie et exécutée. Et après l'avoir lu et relu, j'ai trouvé qu'il contenait mes vraies intentions. Je déclare donc et persévère et que je l'ai écrit sur du papier marqué en six feuillets, chacun de deux pages, dont dix entièrement écrites, et celle-ci en partie, toutes signées de ma main. À Baïonne, le..... ».

Le père des mineurs Lataulade ne fait aucune démarche pour obtenir l'exécution de ce testament. En conséquence, les dame Casaubon et Case-major, sœur et nièce du défunt, partagent la succession *ab intestat*.

Neuf ans après ce partage, le 8 messidor an 6, Félix Lataulade, devenu majeur, fait assigner, tant en son nom que comme curateur de ses frères, la dame Case-major et la dame Planter, héritière de la dame Casaubon, devant le tribunal du département des Basses-Pyrénées, pour voir dire que le testament de Dominique Casaubon sera exécuté selon sa forme et teneur.

La dame Case-Major, qui réunit à sa qualité d'héritière *ab intestat* celle d'héritière testamentaire, se déclare sans intérêt et s'en rapporte à la prudence des juges. La dame Planter soutient que le testament est nul.

Le 27 prairial an 9, jugement par lequel, « Considérant que la coutume de Baïonne, tit. 11, *des testamens*, art. 4, admet les testamens olographes par cette disposition entière et isolée : *testament écrit de la main du testateur*,

*posé qu'il n'y ait aucun témoin, est bon et va-
lable ;*

» Que l'art. 5 du même titre n'a pu altérer ni
dénaturer l'essence du testament olographe
établi par l'art. 4, que cet art. 5 portant que
*toutefois et dorénavant, au dos, il y aura deux
témoins signés ou un notaire, lesquels, après le
décès du testateur ; reconnaîtront leurs seings
devant le maire ou son lieutenant,* est une formalité surabondante dont l'omission ne peut
emporter aucune nullité, et ne peut rendre incertaine la volonté du testateur clairement manifestée dans le testament dont il s'agit ;

» Qu'antérieurement à la rédaction de la coutume, l'usage des testamens olographes existait
dans la coutume de Baïonne, ce qui s'infère de
l'art. 4 conçu d'une manière positive ; et que
l'art. 5, commençant par ces mots, *toutefois du
consentement des habitans de la ville,* est ; par
son énonciation, un pur acte de précaution qui
ne peut être réputé intrinsèque ni essentiel à la
validité de la disposition ;

» Attendu que, pour opérer cet effet, les art. 5
et 4 auraient dû faire une disposition une et indivisible ; que l'art. 4 validant les testamens écrits
de la main du testateur sans témoins, il serait
absurde et contradictoire que, par l'article suivant, la signature de deux témoins dût être une
formalité nécessaire et qui emportât nullité,
tandis que ni l'un ni l'autre article ne la pro-
nonçaient pas ; que la faculté alternative de la
signature de deux témoins ou d'un notaire, contenue dans l'art. 5, détruit, par son énonciation, tout caractère de légalité ;

» Attendu que, dans aucun acte quelconque,
un notaire ne peut signer sans l'assistance de
deux témoins, et que réciproquement deux témoins ne peuvent valider un acte, sans l'intervention d'un notaire, ce qui exclut toute idée
d'un testament mystique ou solennel ; que la
reconnaissance des seings des deux témoins signés, ou de celui du notaire signateur devant
le maire ou son lieutenant, désigne bien clairement une formalité de cérémonie qui n'a aucun
caractère légal ;

» Attendu qu'un maire et son lieutenant n'ont
et ne peuvent avoir aucun caractère judiciaire ;
que la volonté du testateur n'est pas équivoque,
qu'elle est formellement et textuellement manifestée par les mots insérés au commencement
de son testament, *écrit de ma propre main, et
sans qu'il soit besoin de recourir à aucune autre
formalité,* ainsi que les mêmes expressions écrites à la fin du même testament : *déclare qu'il
veut et entend que le présent soit son seul et véritable testament ; que, s'il ne peut valoir pour
tel, par quelque défaut de solennité, d'explication ou autrement, il vaille pour codicille ou donation à cause de mort, en telle sorte que sa volonté soit sacrée et accomplie ;*

Que, d'après l'art. 47 de l'ordonnance de

1735, l'omission des formalités prescrites par la
coutume, n'emporte pas la nullité des actes,
mais laisse aux juges la faculté d'avoir, pour
les moyens allégués contre les actes, tel égard
qu'il appartiendra ; mais que les dispositions de
cet article ne peuvent se rapporter qu'à la reconnaissance de l'intention du testateur ; règle
générale qui doit déterminer les tribunaux dans
leurs décisions ; enfin, que l'art. n'ayant établi
ni distinction ni exception, reconnaît valides
les testamens olographes entre toutes personnes,
sans aucune différence d'ascendans, descendans,
collatéraux et autres ;

» Le tribunal civil de l'arrondissement de
Baïonne condamne les dames Case-Major et
Planter à délaisser à Félix Lataulade, la moitié
de l'hérédité de Dominique Casaubon, avec restitution des fruits ».

Appel, et le 14 prairial an 10, la cour de
Pau, après avoir posé deux questions de pure
forme, y ajoute celles-ci : « 3.º Dominique Casaubon a-t-il voulu faire un testament olographe ou un testament mystique ; et dans ce dernier cas, en a-t-il observé les formalités ? 4.º La
coutume de Baïonne admet-elle les testamens
purement olographes » ?

Sur la troisième question, elle considère.

« Que Dominique Casaubon n'a pas déclaré,
dans le testament dont il s'agit, vouloir faire un
testament olographe ; quoique, dans l'usage général, cette déclaration soit toujours insérée dans
les testamens de ce genre ; qu'on pouvait néanmoins dire qu'il a testé dans le genre de testament dont il a observé les formalités, et qu'il a
observé celles des testamens olographes, si celles-
ci ne faisaient partie de celles qui sont nécessaires
pour les testamens mystiques, ainsi qu'on le recueille des art. 9, 20 et 23 de l'ordonnance de
1735 : si d'ailleurs tout ne tendait à prouver,
même les propres expressions du testateur, qu'il
a voulu faire un testament mystique..........;

» Que les notes écrites de la main du testateur,
relatives aux formalités à observer pour les testamens mystiques, et les divers projets de testament trouvés parmi ses papiers à son décès,
ne seraient que des présomptions insuffisantes
pour décider dans quel genre de testament il a
voulu disposer, s'il ne l'avait manifesté lui-
même en employant le mot technique de l'ordonnance ; que le testateur ordonnant le payement de deux obits, déclare qu'il les fonde par
ce testament clos et secret écrit de sa propre
main, sans qu'il soit besoin de recourir à aucune
autre formalité ;

» Que, dès que le testateur a déclaré qu'il faisait un testament secret, il n'est pas possible de
révoquer une volonté clairement manifestée ;

» Que la qualification que le testateur donne
au testament qu'il fait, est le plus sûr guide
pour connaître le genre de testament dans lequel il a voulu disposer ;

» Que, dans l'espèce, le testateur a qualifié le testament dont il s'agit, de clos et secret, qui est précisément celui qui est désigné par l'art. 9 de l'ordonnance de 1735; ce qui l'obligeait à suivre les formalités qui sont propres à ce genre de testament et d'y faire apposer un acte de suscription aux termes de l'article ci-dessus énoncé; que ne l'ayant pas fait, ce testament est frappé de nullité, d'après les dispositions de l'art. 47 de la même ordonnance ;

» Que c'est en vain qu'on a cherché à exciper de ce qu'à la suite de la déclaration du testateur qu'il faisait un testament clos et secret, il ajouta ces mots : *écrit et signé de ma main, sans qu'il soit besoin de quelque autre formalité*....; que ces mots ne peuvent être entendus que des formalités nécessaires pour le testament clos et secret qu'il disait vouloir faire ; qu'il n'était pas d'ailleurs au pouvoir du testateur qui déclarait faire un testament clos et secret, de se dispenser des formalités voulues par la loi ;

» Que, si on avait besoin d'une preuve supplétive de l'intention de Dominique Casaubon, pour le genre de testament qu'il avait choisi, elle résulterait de l'état où il laissa l'enveloppe qui couvrait le testament; car il ne fit que la cacheter, sans y apposer quelque note ni signature, ce qui indiquerait qu'il l'avait ainsi préparé pour faire mettre l'acte de suscription dans le cas où il persisterait dans les dispositions qu'il renfermait; car les divers projets de testament trouvés parmi ses papiers, prouvent son irrésolution ».

Passant ensuite à la quatrième question, la cour de Pau rappelle le texte des art. 4 et 5 du tit. 11 de la coutume de Bayonne, et elle considère :

« Qu'il est évident que ces deux articles sont relatifs et connexes;

» Que pour s'en convaincre, il suffit d'observer que le mot *toutefois*, qui commence l'art. 5, est une conjonction qui lie les pensées, en marquant entre elles une différence ou une opposition qui fait que l'une contrebalance l'autre, ou que la seconde ajoute quelque chose à la première; que cette conjonction qui, par cette raison, est appelée adversative, indique l'idée qui la caractérise, puisque le mot *adversatif* signifie contraire, opposé; que, d'après cela, il est démontré que l'art. 5 est opposé à l'art. 4, quoique liés ensemble par l'adverbe *toutefois*, qui marque aussi une opposition entre eux.......;

» Qu'il s'infère de ces deux articles, que le quatrième a disposé pour le passé, c'est-à-dire, pour les testamens existans à l'époque de la rédaction de la coutume, et l'art. 5 pour l'avenir;

» Qu'il faut en conclure qu'avant la rédaction de la coutume, on admettait à Bayonne des testamens, pourvu qu'ils fussent écrits de la main du testateur, quand bien même ils n'auraient été ni signés ni datés;

» Que les rédacteurs de la coutume, convaincus que ce mode était abusif, le maintinrent néanmoins par l'art. 4 pour le passé, et établirent, par l'art. 5, un autre testament pour l'avenir;

» Que c'est contre le texte de cette coutume qu'on a prétendu qu'elle admettait le testament olographe proprement dit, puisque l'art. 5 précité peut être considéré comme réglant un acte de suscription, quoique moins solennel que celui prescrit par l'ordonnance, ainsi que le chancelier d'Aguesseau l'avait décidé pour la coutume de Bourgogne; ce qui ne peut convenir au testament olographe, qui est défini par les auteurs un testament écrit, daté et signé de la main du testateur ;

» Que cette définition a encore été adoptée par l'art. 20 de l'ordonnance de 1735, qui répète les mêmes expressions pour les formalités à remplir pour faire un testament olographe;

» Que, dès que l'art. 5 de la coutume de Bayonne qui a disposé pour l'avenir, exige d'autres formalités pour le testament dont il parle, il est évident qu'il a rejeté la forme du testament purement olographe, qui est l'ouvrage d'une seule personne; et que celle qu'il indique, devrait être regardée par les plus favorables, comme mixte, puisque, pour sa perfection, il faut le concours de plus d'une personne;

» Que c'est une erreur de prétendre que, si les formes indiquées par les art. 4 et 5 pouvaient être envisagées comme appartenantes aux testamens mystiques; ces articles seraient en opposition avec l'art. 2 qui a réglé cette forme de disposition......;

» Que, pour demeurer convaincu que cet art. 2 ne peut être appliqué aux testamens mystiques, il ne faut qu'en rappeler les dispositions : *testament fait devant un notaire public, par lui rédigé en écrit et signé en présence de deux témoins*, est bon et valable, *soit par manière de testament solennel ou nuncupatif*; qu'il résulte de cet article, que le testament dont il parle, doit être rédigé par écrit par le notaire et signé en présence de deux témoins, ce qui est opposé au testament mystique qui est secret;

» Que cette coutume n'admet pas des testamens purement olographes, puisque le testament dont elle parle à l'art. 5, exige des formalités qui excèdent celles qui sont requises pour les testamens olographes, et que l'art. 5 ne dispose que pour le passé;

» Que le non-usage des testamens olographes dans la ville de Bayonne prouverait encore cette vérité; or, la dame Planter a défié le cit. Lataulade de rapporter un seul testament olographe fait dans cette ville depuis la rédaction de la coutume ».

» En conséquence, la cour de Pau infirme le jugement du tribunal civil de Bayonne, et déclare nul le testament dont il s'agit.

Félix Lataulade se pourvoit en cassation, et soutient 1.° que la cour d'appel a faussement interprété les dispositions de la coutume de Bayonne, en déclarant *mystique* un testament qui, par sa forme, était véritablement *olographe* ; 2.° qu'elle a contrevenu aux dispositions de l'ordonnance de 1735, en jugeant que ce testament, quand même on le supposerait olographe, ne pourrait valoir comme tel dans la coutume de Bayonne ; 3.° qu'elle a violé *la loi testamentaire*.

» De ces trois moyens (ai-je dit à l'audience de la section des requêtes, le 28 thermidor an 11), le troisième rentre visiblement dans le second ; car si le testament de Dominique Casaubon était nul, il est évident que le tribunal d'appel de Pau n'a pas violé *la loi testamentaire*, en le déclarant tel ; et s'il était valable, le tribunal d'appel de Pau n'a violé *la loi testamentaire*, qu'en violant, soit les dispositions de la coutume de Bayonne, soit les dispositions de l'ordonnance de 1735. Nous n'avons donc réellement que deux moyens à discuter.

» Le premier vous présente deux questions : l'une, si Dominique Casaubon a voulu faire un testament olographe ou un testament mystique ; l'autre, si un testament que le testateur a voulu faire dans la forme mystique, et qu'il a laissé imparfait dans cette forme, peut et doit valoir comme olographe ; dans les lieux où cette manière de disposer est reçue, lorsqu'il est entièrement écrit, daté et signé de la main du testateur ?

» Sur la première question, il est un principe qu'il ne nous paraît pas possible de contester sérieusement : c'est qu'un testateur est toujours censé avoir voulu tester dans la forme qu'il a réellement observée ; et que, s'il y a des doutes sur son intention, on doit les expliquer par le fait, c'est-à-dire, par la forme à laquelle il s'est tenu. Cela est surtout nécessaire ; lorsqu'entendue dans un sens plutôt que dans l'autre, son intention aurait pour résultat l'annullation de son testament ; car, dit la loi 12, *de rebus dubiis*, au digeste, *quoties in actionibus aut in exceptionibus ambigua oratio est, commodissimum est id accipi quo res de quâ agitur, magis valeat quàm pereat.*

» Rapprochons ce principe des motifs qui ont déterminé le tribunal d'appel de Pau à juger que Dominique Casaubon avait voulu faire, non un testament olographe, mais un testament mystique.

» Le tribunal d'appel commence par observer que Dominique Casaubon *n'a pas déclaré, dans l'acte dont il s'agit, vouloir faire un testament olographe, quoique, dans l'usage général, cette déclaration soit toujours insérée dans les testamens de ce genre.*

» Mais d'abord, l'usage que le tribunal d'appel

qualifie de *général*, n'a rien moins que ce caractère ; et il n'est aucun de vous, C. M., qui n'ait vu un grand nombre de testamens olographes dans lesquels il n'existait point de déclaration semblable.

» Ensuite, que signifie le mot grec olographe? C'est le synonyme de ceux-ci : *écrit de la seule main du testateur*, OLOGRAPHA MANU, comme le disent les empereurs Valentinien et Théodose, dans leur quatrième novelle insérée dans le Code théodosien.

» Eh bien! Dominique Casaubon a déclaré que son testament était *écrit de sa propre main* ; il a donc déclaré que son testament était olographe ; et il n'importe assurément que, pour le déclarer, il ait employé une expression française au lieu d'un terme grec.

» Le tribunal d'appel observe ensuite que Dominique Casaubon a qualifié son testament de *secret*; que le mot *secret* est, par rapport aux actes de dernière volonté, synonyme de *mystique* ; et que cela est si vrai, que les mots *testament mystique ou secret* se trouvent dans l'art. 9 de l'ordonnance de 1735.

» L'observation est exacte en fait ; mais, d'une part, il n'est pas défendu à un testateur qui dispose dans la forme olographe, de déclarer que son testament restera *secret* jusqu'à sa mort ; et bien certainement si, dans la coutume de Paris, où l'on ne connaissait pas les testamens mystiques avant la loi du 13 floréal dernier, un testateur avait dit, en faisant un testament olographe, qu'il faisait un testament *secret*, on ne se serait pas avisé pour cela de quereller ses dispositions. D'un autre côté, Dominique Casaubon a manifesté bien clairement son intention de ne pas disposer dans la forme mystique, puisqu'après avoir énoncé que son testament *clos et secret* était *écrit de sa propre main*, il a ajouté aussitôt : *sans qu'il soit besoin de recourir à aucune autre formalité*. Il est vrai que ce dernier membre de sa phrase peut aussi bien se rapporter à la fondation qu'il fait de deux obits, qu'au testament dans lequel il consigne cette fondation ; mais il suffit que la chose soit douteuse, pour qu'on doive l'interpréter dans le sens le plus favorable au testament : *Quoties ambigua oratio est, commodissimum est id accipi quo res de quâ agitur, magis valeat quàm pereat.* Il est encore vrai qu'il n'aurait pas dépendu de Dominique Casaubon de s'affranchir des formalités du testament mystique, si c'eût été vraiment un testament mystique qu'il eût voulu faire ; mais de cela seul qu'il a déclaré ces formalités inutiles pour donner à son testament la perfection légale, il résulte évidemment qu'il n'a pas voulu faire un testament mystique.

» Mais, dit encore le tribunal d'appel de Pau, Dominique Casaubon a clos et cacheté son testament, et il n'a rien écrit sur l'enveloppe; il a donc réservé l'intégralité de l'enveloppe pour y faire mettre l'acte de suscription prescrit pour le testament mystique, dans le cas où il persisterait dans sa volonté. C'est donc dans la forme mystique qu'il a voulu tester.

» Comme si un testament olographe ne pouvait pas être cacheté tout aussi bien qu'un testament mystique! comme si une précaution prise par le testateur pour assurer le secret de son testament pendant sa vie, pouvait en changer le caractère et le dénaturer! comme si Dominique Casaubon n'avait pas tout dit, n'avait pas suffisamment exprimé son intention de tester dans la forme olographe, par cette clause, *sans qu'il soit besoin de recourir à aucune autre formalité!*

» Mais après tout, supposons à Dominique Casaubon la volonté primitive de faire un testament mystique; son testament ne pouvant pas valoir comme tel, ne vaudra-t-il pas du moins comme testament olographe, si d'ailleurs les testamens olographes étaient reçus à Bayonne en 1789? Le tribunal d'appel de Pau ne s'est pas expliqué sur cette question; il a supposé qu'elle se résolvait d'elle-même pour la négative, et cependant il existe en faveur de l'opinion contraire des raisons et des autorités d'un très-grand poids.

» La loi 3, D. *de testamento militis*, met en principe, non-seulement pour les testamens militaires, mais encore pour toute espèce de testamens, que l'on ne doit jamais présumer qu'en choisissant une manière de tester, le testateur ait voulu s'y enchaîner tellement, que, dans le cas où il n'en remplirait pas exactement toutes les formes, ses dernières volontés restassent sans effet: *nec credendus est quisquam genus testandi eligere ad impugnanda judicia sua.* Il est donc bien naturel, il est même dans le vœu de cette loi, de faire valoir dans la forme que le testateur a suffisamment remplie, le testament qu'il avait d'abord annoncé vouloir faire dans une autre forme qu'il a laissée imparfaite.

» C'est effectivement ce que décide, relativement aux testamens olographes, l'art. 126 de l'ordonnance de 1629: « Les testamens appelés olographes (porte-t-il), écrits et signés » de la main du testateur seront valables par » tout notre royaume, sans qu'il soit besoin de » plus grande solennité, laquelle toutefois, si » elle est apportée, n'y fera préjudice, non plus » que le défaut qui se pourrait rencontrer » esdites solennités, si ledit testament est » olographe ».

» Et qu'on ne vienne pas objecter que cet article ne faisait pas loi dans le ressort du parlement de Bordeaux, et par conséquent à Bayonne. Non, il n'y faisait pas loi, en tant qu'il étendait à toute la France l'usage des testamens olographes en faveur de parens collatéraux ou d'étrangers; car l'arrêt d'enregistrement de l'ordonnance de 1629 au parlement de Bordeaux, porte qu'il n'aura lieu que dans les testamens entre enfans; mais il y faisait loi, en tant qu'il déclarait valables les testamens qui, de fait, se trouveraient revêtus de la forme olographe, quoique le testateur eût voulu d'abord leur donner une autre forme. Il faisait donc loi à Bayonne, même pour les testamens olographes faits en faveur d'étrangers ou de parens collatéraux, si, à Bayonne, on pouvait, ce que nous examinerons tout-à-l'heure, disposer en faveur de collatéraux ou d'étrangers dans la forme olographe.

» Il est vrai que Ricard, partie 1, n. 1609, tient « pour maxime générale, qu'il est né-
» cessaire que le testament soit parfait en la for-
» me en laquelle le testateur a commencé de dis-
» poser; et que, quoique cet acte ait des solennités
» suffisantes pour valoir en une autre forme
» permise par la loi ou par la coutume, il
» ne laissera pas de demeurer sans effet, s'il n'est
» accompagné de celles qui sont requises pour
» l'accomplissement de l'espèce de testament
» en laquelle il a voulu disposer ».

» Mais 1.º cette doctrine de Ricard est, comme vous venez de le voir, formellement condamnée par la loi 3, D. *de testamento militis*: elle l'est, surtout à Bayonne, par l'art. 126 de l'ordonnance de 1629.

» 2.º Ricard ne fonde son opinion que sur la loi dernière, C. *de codicillis*, sur la loi 19, C. *de fideicommissis*, et sur le §. dernier, aux Instituts, *de fideicommissariis hereditatibus*, qui établissent qu'un testament imparfait ne peut pas, sans le secours de la clause codicillaire, être converti en codicille, bien qu'il contienne toutes les formalités prescrites pour le codicille proprement dit. Mais ni ces lois, ni l'ordonnance de 1735 qui adopte entièrement leurs dispositions, ne disent qu'un testament nul dans une forme, ne peut pas être converti en testament d'une autre forme; et il y a une grande distance d'un cas à l'autre. Dans le cas prévu par ces lois, le testateur n'a pas voulu faire un codicille, ou, en d'autres termes, il n'a pas voulu faire un héritier fidéicommissaire; ce serait donc ajouter à sa volonté que de faire valoir comme codicille, le testament qu'il a commencé et qu'il n'a pas revêtu de toute sa perfection. Dans notre espèce, au contraire, le testateur a voulu faire un testament; c'est donc se conformer à sa volonté que de faire valoir comme testament, l'acte qu'il a fait et qui en a réellement le caractère. Peut-on (en effet, dit Banuelier, dans ses notes sur le *Traité des testamens* de Davot, tome 5, page 200), « peut-
» on présumer qu'un testateur, en choisissant

» une forme de disposer, ait voulu s'y fixer et
» faire ostentation de science? Non ce choix lui
» fut indifférent, et il n'eut d'autre objet que de
» disposer d'une manière qui pût avoir son exé-
» cution. Il faut donc présumer que la volonté
» du défunt a été pour la conversion dont il s'a-
» git, en cas qu'elle devînt nécessaire; et qu'il
» s'en serait clairement expliqué, s'il eût prévu
» la contestation. N'y aurait-il pas un peu trop
» de subtilité à prendre un autre parti? Je ne
» laisse pas aussi (continue Bannelier) de dis-
» tinguer, avec l'ordonnance de 1735, entre la
» forme testamentaire et la forme codicillaire...
» Si le défunt ayant disposé dans une forme tes-
» tamentaire, l'acte ne peut valoir en aucune
» des formes prescrites pour ce genre de dispo-
» sition......, je le tiens pour nul, quand il
» serait dans une forme qui aurait pu valoir à
» titre de codicille, à moins.... qu'il ne ren-
» ferme la clause codicillaire.... (Mais) si le
» défunt a disposé (valablement dans une forme
» testamentaire), j'admets la conversion de
» l'une des formes testamentaires dans une autre:
» par exemple, le testateur domicilié dans les
» pays de droit écrit de ce ressort (de celui du
» parlement de Dijon) ayant testé de sa propre
» main, dans la forme mystique, mais ayant
» manqué à quelqu'une des formalités requises
» dans l'acte de suscription, l'acte pourra valoir
» comme olographe simple (en vertu de l'art. 126
» de l'ordonnance de 1629, qui pour ces pays,
» a été enregistré purement et simplement au
» parlement de Dijon), s'il ne peut valoir
» comme mystique ou solennel. L'ordonnance
» de 1735 a prescrit des formes, tant pour les
» pays de droit écrit que pour les pays de cou-
» tume. Il importe peu si l'une des formes tes-
» tamentaires semble avoir été préférée par le
» testateur, pourvu que l'acte puisse valoir dans
» une des formes qui sont requises pour le genre
» testamentaire....... Je suis autorisé (c'est
» toujours Bannelier qui parle), dans la diffé-
» rence que je fais entre ces deux sortes de dis-
» positions de dernière volonté, les unes testa-
» mentaires, les autres codicillaires, par l'ordon-
» nance même de 1735, dont l'art. 67 est conçu
» en ces termes: Si l'héritier institué par un tes-
» tament qui contient la clause codicillaire, n'a
» prétendu faire valoir la disposition du testa-
» ment que comme codicille seulement; ou s'il
» n'a agi qu'en conséquence de ladite clause, il
» ne sera reçu à soutenir ladite disposition en
» qualité de testament. Mais s'il a agi d'abord
» en vertu du testament, il pourra se servir en-
» suite de la clause codicillaire.... Cet article
» en se servant indifféremment du terme de testa-
» ment, nous laisse entendre que pourvu qu'il
» ne soit toujours question que de testament, il
» importe peu s'il est mystique ou olographe
» simple, pourvu qu'il puisse valoir dans l'une

» des formes testamentaires qui sont en vigueur
» dans le pays ».

» 3.º Ricard lui-même convient, n. 1917, que
son opinion « n'étant fondée que sur les con-
» jectures de la volonté du testateur, qui n'est
» pas (suivant lui) présumé avoir eu intention
» de disposer en une autre forme que celle qu'il
» a choisie lorsqu'il a déclaré le contraire, et
» qu'il entendait que son testament valût en la
» meilleure forme que faire se pourrait, il doit
» avoir effet, pourvu qu'il soit accompagné des
» formes de l'une des espèces de testamens reçus
» par la loi ou par la coutume du pays ». Or,
c'est là précisément ce qu'a voulu Dominique
Casaubon: je veux, a-t-il dit, que, si mon présent testament ne peut valoir pour tel, par
quelque défaut de solennité, il vaille pour codicille ou pour donation à cause de mort, en telle
sorte que ma volonté soit suivie et exécutée.

» Objectera-t-on que, même dans cette espèce, un ancien arrêt du sénat de Chambéry,
rapporté par le président Favre, en son Code,
liv. 6, tit. 5, déf. 4, a jugé qu'un testament nul
comme testament nuncupatif, ne pouvait pas
valoir comme testament écrit, quoiqu'il en contînt toutes les formalités?

» Mais cette décision, que le président Favre
est presque forcé d'avouer être contraire au
principe établi par la loi 3, D. de testamento militis, cette décision est combattue par un grand
nombre d'arrêts plus récens, qui, même sans le
secours de la clause codicillaire, ont admis la
conversion d'une espèce de testament dans une
autre.

» Le recueil de Dolive, liv. 5, chap. 5,
nous en offre trois du parlement de Toulouse,
des 15 mars 1631, 22 mai 1632 et 23 juillet 1644,
qui ont fait valoir comme testamens nuncupatifs,
des actes nuls comme testamens écrits.

» La Peyrère, lettre T. n. 46, en rapporte
un semblable du parlement de Bordeaux, du 5
septembre 1672.

» En voici un du parlement de Metz, du 12
septembre 1730, qui rentre plus particulièrement dans notre espèce. Lespéroux avait fait à
Thionville un testament écrit en entier et signé
de sa main, et il l'avait déposé clos et cacheté
entre les mains d'un notaire qui en avait dressé
acte en présence de deux témoins, le tout conformément aux règles prescrites par la coutume
du lieu pour les testamens mystiques. Après la
mort du testateur, le testament fut trouvé, non
pas chez le notaire, ce qui lui faisait perdre son
caractère de testament mystique, mais dans le
cabinet même du testateur, et cependant intact,
entier et non décacheté. Question de savoir si
cet acte devait être exécuté comme testament
olographe. L'arrêt cité, rendu sur la plaidoirie
de Gabriel, qui le rapporte en son Recueil d'ob-

servations détachées, tome 2, page 610, a jugé pour l'affirmative.

» L'espèce suivante approche encore bien plus de la nôtre. Le 28 septembre 1747, Pierre Baron, domicilié à Saint-Rambert, dans le ci-devant Bugey (où, comme nous l'avons déjà observé, l'art. 126 de l'ordonnance de 1629 est dans toute sa vigueur), fait, écrit et signe de sa propre main, un testament qu'il qualifie de *mystique*, et qu'il cachète, mais auquel il néglige de faire apposer l'acte de suscription prescrit par l'art. 9 de l'ordonnance de 1735. Après sa mort, procès sur la validité de ce testament. « Il était (dit Bannelier, tome 5, page 406) » sous une enveloppe dans la forme de testa-» ment mystique: il était contesté sous l'aspect » de testament mystique; eh bien! on le dé-» pouilla de l'enveloppe, on en fit abstraction; » et il fut déclaré bon sous l'aspect d'olographe » simple ». L'arrêt fut rendu au parlement de Dijon, le 1.er août 1748; et nous voyons à la page 10 du *Supplément aux notes*, qui termine le 1.er volume des observations de Raviot sur Perrier, que l'héritier *ab intestat*, s'étant pourvu au conseil contre cet arrêt, fut débouté de sa demande en mars 1751 (1) ».

(1) C'était sur un testament fait et sur un arrêt rendu avant le Code civil, que je m'expliquais ainsi.

Sous le Code civil, deux jurisconsultes célèbres ont traité la même question et l'ont résolue en sens inverse l'un de l'autre. M. Grenier, dans son *Traité des Donations*, part. 2, n. 276, soutient (d'après le principe de Ricard et sans répondre aux raisons que j'ai données ci-dessus pour établir que les lois romaines sur lesquelles il le fonde, ne le justifient nullement) que le testament nul comme mystique, ne peut pas valoir comme olographe, lors même qu'il est entièrement écrit, daté et signé de la main du testateur; et M. Toullier, dans son *Droit civil français*, liv. 3, tit. 2, chap. 5, n. 480, soutient, au contraire, d'après la maxime, ce qui abonde ne vicie point, « qu'un testament olographe, entière-» ment écrit, daté et signé de la main du testateur, ne » devient pas nul, lorsqu'ayant été revêtu des forma-» lités du testament mystique, l'acte de suscription se » trouve annullé par un vice de forme ».

Ce qui m'étonne, c'est que ni l'un ni l'autre n'ait fait attention à l'art. 979 du Code civil lui-même qui me paraît décider la question dans le sens du premier, et condamner la jurisprudence antérieure à laquelle, comme on l'a vu plus haut, l'art. 126 de l'ordonnance de 1629 prêtait un puissant appui. Voici, en effet, comme s'exprime cet article, l'un de ceux qui roulent sur le testament mystique:

« En cas que le testateur ne puisse parler, mais qu'il » puisse écrire, il pourra faire un testament mystique, » à la charge que le testament sera entièrement écrit, » daté et signé de sa main, qu'il présentera au » notaire et aux témoins, et qu'au haut de l'acte de » suscription, il écrira, en leur présence, que le papier » qu'il présente, est son testament: après quoi, le » notaire écrira l'acte de suscription dans lequel il » sera fait mention que le testateur a écrit ces mots en

». Ainsi, non-seulement le tribunal d'appel de Pau a violé ce que le demandeur appelle *la loi testamentaire*, en déclarant *mystique* un testament que Dominique Casaubon avait fait et

» présence du notaire et des témoins; et sera, au sur-» plus, observé tout ce qui est prescrit par l'art. 976 ».

L'objet de cet article, comme le prouve très-bien M. Toullier, n. 476 et 477, n'est certainement pas d'établir que le muet qui sait écrire, ne peut pas tester dans la forme purement olographe, mais uniquement de régler la manière dont il doit s'y prendre pour tester dans la forme mystique. Eh bien! la loi veut que, pour cela, le muet commence par écrire entièrement, dater et signer le testament qu'il veut faire, dans la seconde de ces formes, c'est-à-dire, par lui donner la forme d'un testament olographe; et non contente de ce préliminaire, qui pourtant suffirait pour assurer l'exécution de la volonté du testateur s'il n'avait pas en vue la forme mystique, elle veut encore qu'il présente son testament au notaire et aux témoins, qu'il en constate lui-même la présentation au haut de l'acte de suscription, et que cet acte soit d'ailleurs revêtu de plusieurs autres formalités. Et si quelqu'une de ces formalités est omise, quel sera le sort du testament? Il sera nul, dit l'art. 1001. Il sera nul; il ne vaudra donc pas comme testament olographe; et pourquoi la loi ne veut-elle point que, dans ce cas, il vaille comme tel? c'est évidemment parce qu'elle ne considère le testament écrit, daté et signé de la main du muet, que comme un projet; qu'elle suppose au testateur l'intention de subordonner l'exécution de ce projet à l'accomplissement de toutes les formalités requises pour la perfection d'un testament mystique; en un mot, qu'elle adopte d'une manière absolue le principe de Ricard, et qu'elle dit avec Godefroy, sur la loi 14, *de testamentis*, au Code: *præsumitur testator justas solemnitates omittens, justas, id est, solemnis voluntatis pœnituisse, et perlusorium actum facere voluisse.* Peu importe que l'omission des formalités qui manquent à l'acte de suscription, ne soit pas son fait propre et qu'elle provienne de l'inattention du notaire: le fait du notaire est, à cet égard, le fait du testateur. Le testateur n'est pas censé ignorer que le notaire a omis des formalités essentielles au genre de testament qu'il a adopté; et par cela seul qu'il les laisse omettre ou qu'il n'en fait pas réparer immédiatement l'omission, il est censé avoir abandonné son projet de tester. Voilà ce qui résulte manifestement de la combinaison de l'art. 1001 avec l'art. 976.

Peut-être eût-il été plus raisonnable d'adopter la distinction que propose l'auteur de la *Jurisprudence de la cour supérieure de Bruxelles*, année 1815, page 244, entre le cas où l'imperfection du testament mystique proviendrait du fait du testateur, et le cas où elle n'en proviendrait pas. « Un exemple (dit-il) ex-» pliquera mieux notre idée. Un testateur écrit, date, » et signe son testament qu'il veut faire dans la forme » mystique. Il le présente clos et scellé au notaire et » aux témoins, et remplit, quant à lui, toutes les for-» malités que la loi lui impose. Il est indubitable que » ce testateur a voulu faire un testament en bonne » forme. Si l'acte de suscription est nul par la faute du » notaire ou des témoins, le testament vaudrait comme » olographe, par le motif que le testateur qui écrit, » date et signe son testament mystique, et qui le » confirme entre les mains d'un homme public, peut-

voulu faire dans la forme purement olographe; mais (dans la supposition que la coutume de Bayonne admit les dispositions purement olographes), en déclarant nul ce testament pré- tendu mystique et cependant revêtu de toutes les conditions requises dans une disposition olographe, il aurait encore violé un principe consacré par la loi 3, D. *de testamento militis*,

---

» être présumé avoir voulu cumuler les deux formes, » pour mettre ses volontés dernières à l'abri de toute » attaque; présomption autorisée par la loi 3, D. *de* » *testamento militis*. Mais si ce testateur, après avoir » écrit, daté et signé son testament mystique, ne le » présente point à un notaire, et qu'il le laisse néan- » moins subsister; en ce cas, la présomption de la loi » romaine n'a plus la même force; elle manque par sa » base; il n'est plus certain que le testateur ait voulu » faire un testament valable dans une forme quel- » conque; en ne le présentant point au notaire, il » paraît qu'il doit être présumé l'avoir abandonné dans » les termes d'un projet; car en faisant un testament » mystique, il annonce la volonté bien prononcée d'en » confirmer le contenu par-devant notaire; et en » n'exécutant point cette volonté, il semble qu'il doit » être censé y avoir renoncé. Mais, dira-t-on, il l'a » laissé subsister. Qu'importe? il a pu n'y voir qu'un » projet. Combien de projets non réalisés restent sans » voir le jour! Si, d'un côté, le testateur pouvait ma- » nifester son intention par la suppression de l'écrit » qu'il avait destiné à devenir son testament mystique, » de l'autre, ne pouvait-il faire connaître son intention » contraire, en convertissant lui-même, d'un seul mot, » son testament mystique en testament olographe? Au » milieu de ce doute, ne doit-on pas suivre la pré- » somption établie par Godefroy, sur la loi 14, C. *de* » *testamentis*, et dire avec ce jurisconsulte: *tolerabilius* » *est inutilem reddi testatoris voluntatem, quàm aliquid* » *admitti quod adversùs ejus voluntatem faciat* »?

Je le répète, le Code civil eût peut-être dû adopter cette distinction; mais loin de l'adopter, il l'a rejetée formellement, puisque la nullité que prononce l'art. 1001, s'applique indistinctement à l'omission de toutes les formalités prescrites par l'art. 979, et qu'elle ne frappe pas moins sur le cas où des formalités essentielles ont été omises dans l'acte de suscription, qu'à celui où il n'y a pas même eu d'acte de suscription dressé, qu'à celui où le testateur n'a pas présenté à un notaire assisté de témoins en nombre légal, le testament qu'il avait entièrement écrit, daté et signé de sa main.

Il ne faut pourtant point conclure de là que tout testament que le testateur a qualifié de mystique en l'écrivant, le datant et le signant de sa main, soit, par cela seul, nul comme testament olographe, s'il n'est pas revêtu de toutes les formes prescrites par les art. 976, 977, 978 et 979. Il a pu ne le qualifier de mystique, que parce que son intention était de le tenir secret; et si l'ensemble du testament même s'accorde avec cette idée, si rien n'y annonce clairement que le testateur ait eu le projet de le présenter à un notaire et à des témoins, pour le faire revêtir d'un acte de suscription, on ne doit pas lui supposer des vues ultérieures qu'il n'a pas manifestées, ni faire dépendre l'exécution de son testament de conditions qu'il n'y a point exprimées en termes précis.

C'est notamment par ce motif qu'a été confirmé, en 1815, le testament qu'avait laissé, à sa mort en 1812, le sieur François-Joseph Chamot, prêtre.

Parmi les papiers du défunt, s'était trouvée une en- veloppe non cachetée ayant pour suscription ces mots: « Ici sont contenues mes dernières volontés en » forme de testament mystique ou secret, selon que la » loi le permet ». Sous cette enveloppe était renfermé un testament entièrement écrit, daté et signé de la main du sieur Chamot. Il débutait ainsi: « Je fais mon testament écrit de » ma main, contenant mes dispositions de dernière » volonté en la manière suivante, pour avoir lieu à » titre et sous la forme de testament mystique ou » secret ». Et immédiatement après sa signature, le testateur avait ajouté: « Désignant M. Campain pour » en délivrer des copies à qui on demandera ».

Les héritiers *ab intestat* ont demandé la nullité de ce testament, sous le prétexte que le défunt ne lui avait pas donné la forme mystique, après y avoir exprimé l'intention de tester dans cette forme.

L'affaire portée au tribunal de première instance de Charleroy, jugement qui déclare le testament valable, attendu

« Que le Code civil ne prescrit pas au testateur l'obligation de faire mention qu'il a voulu faire un testament olographe;

» Que d'ailleurs, ces expressions du testament du sieur Chamot, *écrit de ma main*, ont le même sens qu'*olographe*;

» Que le testateur ayant rempli toutes les formes voulues pour le testament olographe, il faut plutôt s'attacher à la substance qu'aux mots, et recourir à la volonté présumée du testateur, plutôt que d'inférer d'un seul mot, d'une fausse dénomination, que le testateur ait voulu suspendre ses dispositions jusqu'à la confection de l'acte de suscription;

» Qu'il est apparent que le testateur ne connaissait pas la valeur du mot *mystique*, et qu'il lui a donné la même signification qu'au *secret* auquel il est joint, sans vouloir, par là, placer son testament dans la classe des testamens mystiques proprement dits;

» Que, si le testateur avait eu l'intention de revêtir son testament de la formalité de la suscription par un notaire, il aurait eu tout le temps de le faire depuis le 28 septembre 1812, date du testament, jusqu'à l'époque de sa mort, arrivée le 30 décembre de la même année;

» Que, si le testateur avait changé de volonté, il n'aurait pas laissé subsister son testament;

» Que l'enveloppe non cachetée qui renfermait le testament et surtout la suscription de la main du testateur eussent été inutiles, si le testateur avait eu l'intention de faire un testament mystique;

» Que l'on trouve à la fin du testament ces mots: *Je déclare que toutes les dispositions ci-dessus sont faites sans induction ni suggestion de personne, mais de ma libre et propre volonté; me dessaisissant dès-à-présent, pour l'époque de mon décès;* que cette clôture fait assez sentir la volonté du testateur de faire son testament dès- lors, sans le faire dépendre de la suscription d'un notaire;

» Que, dans la supposition que le testament fût mystique, qu'il fût revêtu d'un acte de suscription par un notaire, mais qu'il ne pût valoir comme tel, par un par une disposition expresse de l'art. 126 de l'ordonnance de 1629, et par la jurisprudence la plus générale des ci-devant parlemens de droit écrit.

» Mais la supposition que nous avons faite jusqu'à présent, est-elle exacte? est-il vrai que les testamens purement olographes étaient admis, en 1789, dans la coutume de Bayonne? est-il vrai, qu'en se décidant à cet égard pour la négative, le tribunal d'appel de Pau ait faussement interprété les dispositions de la coutume de Bayonne et violé celles de l'ordonnance de 1735? C'est la question que nous présente le 2.e moyen de cassation du demandeur, et c'est à cette question que doit se rattacher tout ce qu'il nous reste à dire sur l'affaire qui fixe actuellement votre attention,

» Le demandeur ne disconvient plus de-

vant vous, comme il le faisait en première instance, qu'avant l'ordonnance de 1735, les testamens écrits et signés de la main du testateur, ne fussent sans effet dans la coutume de Bayonne, s'ils n'étaient revêtus d'un acte de suscription reçu par un notaire ou par deux témoins. Cela est d'ailleurs trop clairement démontré dans le jugement du tribunal d'appel de Pau, pour qu'il soit possible d'élever encore là-dessus la plus légère difficulté.

» Mais, suivant le demandeur, l'ordonnance de 1735 a dérogé sur ce point à la coutume de Bayonne; et, pour s'en convaincre, il suffit de comparer les art. 2, 4 et 5 du tit. 11 de cette coutume, avec les art. 19, 20, 47 et dernier de l'ordonnance de 1735. D'une part, en effet, dit-il, l'art. 2 du tit. 11 de la coutume de Bayonne porte que *testament fait devant notaire public, par lui rédigé en écrit, signé en présence de*

---

défaut de forme dans l'acte de suscription, il pourrait néanmoins valoir comme testament olographe, puisqu'il contient tout ce qui est requis pour ce genre de testament, et qu'on doit faire valoir dans la forme que le testateur a suffisamment remplie, le testament qu'il avait d'abord annoncé vouloir faire dans une autre forme qu'il a laissée imparfaite;

» Que le Code civil ne dit pas qu'un testament nul dans une forme, ne peut être converti en testament d'une autre forme ».

Les héritiers *ab intestat* ont appelé de ce jugement à la cour supérieure de justice de Bruxelles; mais par arrêt du 11 mars 1815,

« Considérant que, fût-il vrai que le prêtre Chamot eût eu l'intention d'exprimer ses volontés dernières dans la forme mystique, il est néanmoins certain que l'acte du 28 septembre 1812 dont il s'agit au procès, ayant été écrit en entier, daté et signé de sa main, est valable comme testament olographe, à moins d'établir qu'il ne serait qu'un simple projet;

» Considérant que, loin que ce fait soit établi au procès, toutes les circonstances le repoussent et prouvent que le testateur, en qualifiant son testament de *secret et de mystique*, a attribué à ces termes une signification qu'il leur donnait par opposition à ceux d'*authentique et public*, et n'a nullement entendu s'en servir dans le sens de la loi; et que, dans le fait, c'est olographiquement qu'il a testé;

» Pour le surplus, adoptant *aucuns des motifs* du premier juge, la cour met l'appel au néant, avec amende et dépens ».

Par la même raison, s'il résultait de la teneur même d'un testament écrit, daté et signé de la main du testateur, que c'est dans la forme olographe que le testateur a voulu tester, la loi ne serait pas violée, si cet acte était maintenu comme testament olographe, quoique le testateur, après l'avoir écrit, daté et signé, eût cherché à le faire revêtir de quelques-unes des formes particulières au testament mystique.

C'est ce qu'a jugé un arrêt de la cour de cassation dont voici l'espèce.

Le 14 août 1808, le sieur de Bréchard fait un testa-

ment en forme olographe. Quelque temps après, il le revêt d'une enveloppe sur laquelle il écrit ces mots : *Testament olographe ou ordonnance de dernière volonté de Louis-François de Bréchard d'Achens, pour n'être ouvert qu'après son décès;* et il la présente, en cet état, à un notaire et six témoins. Le notaire paraphe cette enveloppe et dresse, pour en constater la présentation et le dépôt, un acte qui contient toutes les formalités prescrites par l'art. 976 du Code civil, sauf qu'il est écrit, non sur l'enveloppe même, mais sur un papier séparé, circonstance qui, aux termes de l'art. 976 même, en emporte la nullité.

Après la mort du sieur de Bréchard, ses héritiers attaquent le testament, et soutiennent que, d'après la présentation que le défunt, après l'avoir mis sous enveloppe, en a faite lui-même à un notaire, en présence de témoins, pour le faire revêtir d'un acte de suscription, ce n'est que comme mystique qu'on peut le considérer.

Le 14 août 1812, jugement qui, adoptant ce moyen, déclare le testament nul.

Mais sur l'appel, arrêt de la cour de Bourges, du 10 août 1813, qui le déclare valable comme olographe, « attendu qu'il renferme toutes les formalités exigées » pour les testamens de cette espèce, et que, bien que » la plupart des formes prescrites pour les testamens » mystiques, y ayent été suivies, ce n'est pourtant » point un testament de cette dernière espèce que le » sieur de Bréchard a eu l'intention de faire; qu'en » effet, il l'a qualifié lui-même de *testament olographe* » sur l'enveloppe dont il est revêtu; et que ce n'est » point sur cette enveloppe, mais sur un papier séparé, » que l'acte de dépôt en a été dressé ».

Les héritiers *ab intestat* se pourvoient en cassation; mais par arrêt du 6 juin 1815; au rapport de M. Rousseau,

« Attendu qu'en déclarant olographe le testament dont il s'agit, quoique le testateur, lors du dépôt qu'il en a fait, se soit servi de quelques formes qui appartiennent aux testamens mystiques, la cour d'appel n'a fait qu'apprécier l'acte de dernière volonté et l'intention du testateur ce qui ne peut former ouverture à cassation....;

» Par ces motifs, la cour rejette le pourvoi....»

*deux témoins, est bon et valable, soit par ma-
nière de testament solennel ou nuncupatif.* Dans
cet article, la coutume admet, en termes exprès,
deux sortes de testamens. le *nuncupatif* et le
solennel; elle admet donc le testament *mystique;*
car tous les auteurs s'accordent à ranger le testament *mystique* dans la classe des testamens
solennels. Par l'art. 4, la coutume va plus loin :
elle déclare que l'on pourra tester, non-seulement dans la forme mystique et nuncupative,
mais encore dans la forme olographe. Voilà
donc trois manières de tester reçues dans cette
coutume : la forme olographe, la forme non-
cupative et la forme mystique. Il est vrai que,
par l'art. 5, la coutume exige, pour la validité du
testament olographe, qu'il soit endossé de la signature d'un notaire ou de deux témoins. Mais
cette formalité extrinsèque qu'elle ajoute aux
formalités constitutives du testament olographe,
n'était plus nécessaires en 1789; elle avait été abrogée par les art. 19, 20, 47 et dernier de l'ordonnance de 1735 : par l'art. 19, qui maintient
l'usage des testamens olographes dans tous les
pays et les lieux où il a été admis jusqu'à présent;
par l'art. 20, qui, pour la validité des testamens olographes, se contente qu'ils soient entièrement écrits, datés et signés de la main du
testateur; par l'art. 47, qui veut que *toutes les
dispositions de la présente ordonnance, concernant la forme des testamens, soient exécutées à
peine de nullité;* enfin, par le dernier article,
qui abroge *toutes ordonnances, lois, coutumes,
statuts et usages différens ou contraires aux dispositions contenues en la présente.*

» Tout ce raisonnement porte, comme vous
le voyez, sur la supposition que la coutume de
Bayonne admet trois sortes de testamens, le
nuncupatif, le mystique et l'olographe; et, nous
devons en convenir, si cette supposition est
vraie, les conséquences qu'en tire le demandeur,
se trouveront parfaitement justes.

Mais examinons attentivement l'art. 2 du
tit. 11 de la coutume, et bientôt nous reconnaî-
trons la fausseté de cette supposition; bientôt
nous demeurerons convaincus que la coutume
n'admet pas de testament *mystique,* séparé de
celui qu'il plaît au demandeur d'appeler *olographe.*

» Ce qui distingue essentiellement le testament mystique du testament nuncupatif, c'est
que le testateur peut, ou l'écrire lui-même, ou
le faire écrire par un autre, en l'absence de l'officier public et des témoins, qui ne doivent intervenir que dans l'acte de suscription. L'art. 9
de l'ordonnance de 1735 est là-dessus bien formel; et sa disposition n'est, à cet égard, que
l'écho littéral des lois romaines.

» Or, est-ce d'un testament de cette espèce
que parle l'art. 2 du tit. 11 de la coutume de
Bayonne? Non; il ne parle que du testament

*fait devant un notaire public, et rédigé en écrit
par cet officier, en présence de deux témoins,*
c'est-à-dire, du testament nuncupatif écrit.

» Pourquoi donc, après avoir dit qu'un testament fait dans cette forme, sera valable,
l'article ajoute-t-il ces mots : *soit par manière
de testament solennel ou nuncupatif?* Pourquoi?
par une raison très-simple. Les lois romaines
admettaient deux sortes de testamens solennels
non mystiques : le testament nuncupatif proprement dit, ou, en d'autres termes, le testament
purement oral; et le testament *in scriptis,*
c'est-à-dire, le testament qui était rédigé,
sous la dictée du testateur, par une personne
publique, en présence de sept témoins. La coutume abroge l'usage des dispositions purement
orales, ou, ce qui est la même chose, des dispositions nuncupatives, des dispositions non
écrites; mais elle veut que le testament dont
elle prescrit la forme, ait, dans son territoire,
le même effet que les lois romaines attribuaient
au testament nuncupatif et au testament *in
scriptis;* et voilà pourquoi elle déclare qu'un
testament fait devant un notaire et *rédigé par
lui en écrit,* vaudra, *soit par manière de testament solennel* ou de testament écrit devant une
personne publique, *soit par manière de testament nuncupatif* ou de testament purement oral.
C'est là, il est impossible d'en douter, tout ce
que veut dire, tout ce que dit réellement la
coutume dans l'art. 2; et encore une fois, il
n'est point du tout question du testament mystique dans cet article.

» Rien de plus facile, d'après cela, que de
nous fixer sur la nature du testament qu'elle
autorise par les art. 4 et 5.

» Est-ce un testament mystique proprement
dit? Non, car le testateur est obligé de l'écrire
lui-même; il ne peut pas le faire écrire par un
autre.

» Est-ce un testament purement olographe?
Non encore, car il ne suffit pas, pour sa validité, que le testateur l'écrive, le date et le signe
de sa propre main; il faut, de plus, qu'il le
fasse endosser de la signature d'un notaire ou de
celles de deux témoins.

» C'est donc un testament qui tient à la fois
du caractère du testament mystique et du caractère du testament olographe; c'est donc un
testament mixte.

» Mais, quelle a été, sur cette manière de
tester, l'influence de l'ordonnance de 1735?
Cette ordonnance l'a-t-elle abrogée totalement?
Ne l'a-t-elle conservée que comme testament
mystique? ou bien l'a-t-elle maintenue comme
testament purement olographe? Le rédacteur
de l'ordonnance elle-même va répondre à cette
question.

» La coutume de Bourgogne, tit. 7, art. 8
et 9, admet deux manières de tester : l'une,

par-devant deux notaires, ou par-devant un notaire et deux témoins; l'autre, *sous l'écriture et signature du disposant, auquel cas il sera tenu d'appeler un notaire et deux témoins, et déclarer, en leur présence, que le contenu en ladite écriture est la disposition de ses biens, qu'il entend avoir lieu, sans que ledit disposant soit tenu lire ou faire entendre le contenu en ladite disposition auxdits notaires et témoins, afin qu'elle demeure secrète; et sera, ladite déclaration, écrite et signée, tant par ledit notaire que témoins, au pied ou au dos de ladite écriture.* Ces dispositions quadrent parfaitement, comme vous le voyez, avec celles de la coutume de Bayonne; elles n'en diffèrent que par un plus grand développement sur le mode de leur exécution.

» Eh bien! lorsque l'ordonnance de 1735 fut présentée au parlement de Dijon, pour y être enregistrée, les commissaires nommés par cette compagnie, pour l'examiner, doutèrent si, par cette loi, il était dérogé à la forme de tester *sous l'écriture et signature du disposant*, telle qu'elle était réglée par la coutume; et si, en conséquence, les testamens purement olographes devraient, à l'avenir, être admis en Bourgogne, parti dans lequel ils voyaient beaucoup d'inconvéniens locaux; ou si, on les y maintenant, le législateur avait entendu qu'ils demeurassent simplement assujettis à la solennité d'un acte de suscription devant un notaire et deux témoins, ou, enfin, si, dans cette même hypothèse, il avait voulu les faire revêtir d'un acte de suscription tel qu'il est prescrit par l'art. 9 de l'ordonnance.

» Ces doutes furent proposés au chancelier d'Aguesseau, avec prière de trouver bon que, pour les lever, il fût inséré dans l'arrêt d'enregistrement une clause de non dérogation aux art. 8 et 9 du tit. 7 de la coutume.

» Que répondit le chancelier? Nous l'apprenons par sa lettre du 29 juillet 1736 : « Je » distinguerai deux sortes de dispositions de la » coutume de Bourgogne : les unes, auxquelles » le roi n'a pas eu la moindre pensée de déro- » ger, parce que S. M. les a considérées comme » appartenant plutôt au droit local qu'au droit » romain en général, qui a été le principal » objet de sa nouvelle ordonnance; les autres, » qui doivent céder à l'autorité de cette loi, » parce qu'elles font partie du même droit ro- » main, qui, ayant reçu différentes interpréta- » tions dans ce qui regarde les testamens, a eu » besoin que le roi y fît cesser une diversité de » jurisprudence contraire au bien de la justice, » pour rétablir dans les jugemens une parfaite » uniformité de décision. Je mets, dans la pre- » mière classe, la forme de tester telle qu'elle » est réglée par les art. 8 et 9 du titre 7 de la » coutume de Bourgogne. Bien loin que l'or- » donnance déroge à ces articles, on peut dire,

» au contraire, qu'elle les autorise, en effet, » comme MM. les commissaires l'observent. La » forme prescrite par votre coutume a quelque » chose de mixte, qui tient en partie de celle » du testament olographe, et en partie de celle » du testament secret ou mystique. Elle em- » pêche, par conséquent, qu'on ne puisse dire » que les testamens purement olographes, c'est- » à-dire, ceux que la seule *écriture, ou signa- » ture du testateur, rend valables, sans aucune » autre formalité, sont reçus et autorisés dans » le duché de Bourgogne.* Il n'y a plus, après » cela, qu'à lire l'art. 19 de la nouvelle ordon- » nance, et en faire une juste application. Cet » article porte : *l'usage des testamens olographes » continuera d'avoir lieu dans les pays et dans » les cas où ils ont été admis jusqu'à présent* ; » or, comme je viens de le dire, les testamens » purement olographes n'ont pas été admis en » Bourgogne, puisqu'il ne suffit pas qu'un tes- » tament soit écrit et signé par le testateur, » pour rendre sa disposition valable, et qu'il » faut nécessairement y ajouter la forme d'une » déclaration ou reconnaissance par-devant no- » taire; ainsi, l'art. 19, qui peut seul faire » naître le doute de MM. les commissaires, » suffit seul pour le résoudre. J'ajoute que si, » dans votre province, on considère, *avec » raison*, les testamens olographes, tels qu'ils » y sont admis, comme participans à la forme » du testament mystique ou secret, le véri- » table esprit de la nouvelle ordonnance devient » encore moins douteux sur ce point. D'un » côté, la reconnaissance que votre coutume » exige approche fort de la déclaration qui » doit être faite suivant l'art. 9 de la nouvelle » ordonnance, par le testateur, lorsqu'il suit » la forme mystique; de l'autre, l'art. 4 de la » nouvelle loi porte expressément que les *tes- » tamens mystiques ou secrets continueront » d'avoir lieu dans les pays de droit écrit et » autres, où cette forme de tester est autorisée » par les statuts ou coutumes.* — Ainsi, que » la coutume de Bourgogne a emprunté de la » forme du testament mystique, établie par le » droit romain, subsiste en son entier; et, par » conséquent, il est également vrai de dire que » l'art. 19 de l'ordonnance ne déroge point à » vos usages sur les testamens olographes, et » que l'art. 4 les autorise, au contraire, par la » disposition générale qu'il contient ».

« D'après ces observations, le chancelier d'Aguesseau répond à la consultation que lui avaient faite les commissaires du parlement de Dijon, pour savoir si le gouvernement approuverait que, dans l'enregistrement de l'ordonnance de 1735, on insérât des réserves propres à conserver, en Bourgogne, la forme des testamens olographes, telle qu'elle a été réglée par la coutume, et voici comment est conçue sa réponse : « Puisque, à cet égard, la nouvelle or-

» dounance ne déroge en aucune manière à la
» coutume de Bourgogne, comme je vous l'ai
» fait voir, plus que suffisamment dans cette
» lettre, qui vous est un sûr garant des véri-
» tables intentions du roi, les réserves sur ce
» point seraient entièrement inutiles; et, dès
» le moment qu'elles auraient ce défaut, elles
» se aient, non-seulement indécentes, mais dan-
» gereuses, parce qu'elles supposeraient sans
» fondement que le roi aurait voulu déroger
» sans nécessité aux coutumes, sur les forma-
» lités qui sont du ressort de cette espèce de
» lois ».

» Éclairé par cette réponse sur la volonté
du législateur, le parlement de Dijon enregistra
l'ordonnance de 1735; et nous voyons, par la
teneur de l'arrêt qu'il rendit à ce sujet, le 9
août 1736, qu'aucune réserve n'y fut insérée,
concernant la forme des testamens olographes.

» Aussi ne s'est-on jamais avisé, dans son
ressort, de soutenir que l'ordonnance de 1735
eût affranchi les testamens olographes de la nécessité d'un acte de suscription pour avoir leur
effet; et il existe, entre autres, deux arrêts qui
supposent bien manifestement le contraire.

» Le premier, que Sallé date vaguement
de 1748, mais qui est réellement du 30 octobre
1747, a été rendu au conseil sur un testament
fait par Chartraire de Givry en faveur de Monti-
gny, trésorier des états de Bourgogne. Ce
testament était en forme olographe, et on ne
critiquait rien à son intérieur; mais l'acte de
suscription, au lieu d'avoir été reçu par un
notaire en présence de deux témoins, ainsi que
le prescrit littéralement la coutume, l'avait été
par deux notaires, ce que l'on prétendait revenir au même. L'héritier ab intestat soutenait,
au contraire, qu'en fait de formes, la coutume
n'admettait point d'équipollence; qu'avant l'ordonnance de 1735, les actes de suscription reçus
par deux notaires, étaient nuls; que plusieurs
arrêts l'avaient ainsi jugé; et que l'ordonnance
de 1735 n'ayant dérogé en rien à la coutume
sur cette matière, il fallait s'en tenir à l'ancienne jurisprudence. Effectivement, par l'arrêt
cité, rapporté par Bannelier, tom. 5, page 394,
le testament de Chartraire de Givry a été déclaré nul.

» Le second arrêt a été rendu au parlement
de Dijon, le 8 mai 1760 : il casse, dit encore
Bannelier, tom. 8, page 245, le testament olographe de la demoiselle Pothier, sur le défaut
de signature dans l'acte de suscription, quoiqu'elle eût signé la disposition secrète.

» Et une chose bien remarquable pour notre
espèce, c'est que le président Bouhier, qui écrivait, plusieurs années après la publication de
l'ordonnance de 1735, qui même la cite et en
discute plusieurs dispositions, n'hésite pas d'appliquer, à la coutume de Bayonne, tous les développemens dans lesquels nous venons d'entrer

relativement à celle de Bourgogne : « Ce qui
» vient d'être dit de notre coutume (ce sont
» ses termes, ch. 28, n. 19), doit être appliqué
» aux autres qui ont jugé à propos d'ajouter,
» aux testamens olographes, quelques forma-
» lités extrinsèques, comme sont celles de
» Berry, de Bayonne et de Tournai, car il n'y
» a pas de raison de différence; et comme elles
» n'ont permis l'usage des testamens ologra-
» phes, qu'à la charge de remplir ces forma-
» lités, les domiciliés dans ces coutumes, qui
» n'y satisfont pas, retombent dans le droit
» commun, lequel ne permet point cette forme
» de tester ».

» En voilà plus qu'il n'en faut pour justifier
le jugement attaqué par le demandeur; et nous
estimons, en conséquence, qu'il y a lieu de rejeter la requête en cassation ».

Ces conclusions ont été adoptées par arrêt du
28 thermidor an 11, au rapport de M. Vallée.

« Attendu, sur le premier moyen, que l'art. 5,
titre 11, des successions, de la coutume de
Bayonne, soumettant à la validité des testamens, dont il est parlé dans l'art. 4 précédent,
ces mêmes testamens à la formalité d'une suscription de deux témoins ou d'un notaire, il
s'ensuit que les testamens dont il est question
dans ces articles ne sont pas purement olographes, mais qu'ils sont mixtes, tenant également de la nature des testamens mystiques,
et de la nature des testamens olographes; que,
dans l'espèce, Dominique Casaubon a disposé,
par le testament écrit, daté et signé par lui,
sans que ce testament soit souscrit au dos de
la signature d'un notaire ou de deux témoins;
qu'ainsi, en déclarant nul ce testament, le jugement attaqué a fait une juste interprétation de
la coutume de Bayonne.

» Sur le second moyen, que la disposition de
la coutume de Baïonne étant un statut local,
et l'ordonnance de 1735 n'ayant nullement dérogé, quant à ce, aux dispositions des statuts
locaux, les contraventions aux dispositions de
l'ordonnance ci-dessus dite, ne peuvent être
justement alléguées dans l'espèce.

» Sur le troisième moyen, que, pour la validité de son testament, le testateur est obligé de
tester dans les formes voulues par les lois; que,
comme dans l'espèce, le testament n'est pas revêtu des formalités requises, on ne peut pas dire
que la loi testamentaire ait été violée ».

§. VII. Les testamens olographes sont-ils classés
parmi les actes authentiques, et font-ils foi
jusqu'à inscription de faux, que tout ce qu'ils
contiennent est écrit de la main des testateurs?

V. le §. suivant, et l'article Testament conjonctif, §. 2.

§. VIII. *Quel a été, pendant la réunion de Genève à la France, l'effet des testamens faits précédemment, par des Génevois décédés depuis?*

Jacques Mercier, génevois, avait fait, avant la réunion de Genève à la France, un testament olographe par lequel il instituait le sieur Mercier, son neveu, et le sieur Déntaud, ses héritiers universels.

Le 28 nivôse an 6, il avait fait, pardevant notaires, un codicille dans lequel ce testament était rappelé. Le 26 floréal suivant, ratification du traité qui réunit Genève à la France.

Cet événement est suivi à Genève, de la publication de nos lois nouvelles sur les successions et sur les dispositions gratuites.

Quelque temps après, décès de Jacques Mercier. La dame Bardonnex, son héritière *ab intestat*, demande la nullité de son testament.

Jugement du tribunal civil du département du Léman qui rejette cette demande. La dame Bardonnex en appelle, mais sans succès. La cour d'appel de Lyon le confirme le 7 thermidor an 8.

La dame Bardonnex se pourvoit en cassation. La cause portée à l'audience de la section des requêtes, j'ai d'abord discuté et détruit un moyen de forme que la dame Bardonnex faisait valoir, et sur lequel on peut consulter l'article *Conclusions du ministère public*; ensuite, j'ai ajouté:

« Au fond, la demanderesse soutient, d'une part, que le jugement attaqué a violé les lois des 17 nivôse et 22 ventôse an 2, en décidant, en thèse générale, qu'un testament même authentique, fait avant la réunion du territoire génevois à la France, devait avoir son exécution, quoique son auteur ne fût décédé qu'après la publication de ces lois à Genève; de l'autre, que ce même jugement a fait une fausse application de l'art. 7 du traité de réunion, en jugeant que le testament de Jacques Mercier avait une date certaine antérieure à ce traité.

» Ainsi, deux questions à résoudre : l'une, si le testament de Jacques Mercier, supposé revêtu d'une date certaine antérieure à la réunion, doit être considéré comme annullé par la publication postérieurement faite à Genève, des lois des 17 nivôse et 22 ventôse an 2; l'autre, si ce testament ne porte pas véritablement une date d'après laquelle on puisse assurer qu'il a été fait avant la réunion et non après.

» Sur la première question, il est certain que la loi du 17 nivôse an 2 a interdit, pour l'avenir, toute institution testamentaire d'héritier.

» Il est également certain que, par l'art. 47 de la loi du 22 ventôse an 2, il a été déclaré que la loi du 17 nivôse précédent avait anéanti tous les testamens antérieurs à sa publication dont les auteurs n'étaient décédés qu'après.

» Et nous devons ajouter que cette déclaration a été, quant aux dispositions universelles contenues dans ces testamens, maintenue expressément par l'art. 4 de la loi du 18 pluviôse an 5.

» Ainsi, la loi du 17 nivôse an 2, celle du 22 ventôse suivant et celle du 18 pluviôse an 5 ayant été publiées à Genève avant le décès de Jacques Mercier, il semble nécessaire d'en conclure que le testament de Jacques Mercier, même en le supposant antérieur à leur publication, a été anéanti de plein droit par leur publication même.

» Cependant le jugement attaqué décide que ce testament a conservé son effet, malgré ces lois; et il le décide, d'après l'art. 7 du traité de réunion, par lequel il est dit que « tous les actes » publics, soit judiciaires, soit notariés, tous » les écrits privés et les livres des négocians, » *ayant date certaine* antérieurement à la rati- » fication des présentes, auront leur force et » sortiront tout leur effet, suivant les lois de » Genève ».

» La demanderesse soutient que cet article ne peut pas s'entendre des testamens; et elle se fonde sur le principe général, qu'un testament est censé n'acquérir son existence effective que par la permanence de la volonté du testateur jusqu'à son décès; principe d'où elle conclut que si, à l'époque du décès du testateur, sa volonté se trouve en opposition avec la loi alors existante, le testament ne peut pas être exécuté, quand même il aurait une date certaine avant la publication de cette loi.

» Mais ne peut-on pas répondre que raisonner ainsi, c'est résoudre la question par la question elle-même?

» Il est certain que c'est d'après le principe général invoqué par la demanderesse, que la loi du 22 ventôse an 2 a déclaré que la loi du 17 nivôse avait, de plein droit, anéanti tous les testamens dont les auteurs avaient survécu à sa disposition.

» Mais il s'agit précisément de savoir si, par l'art. 7 du traité, les rédacteurs de cette convention politique n'ont pas mis les testamens à l'abri des dispositions de la loi du 22 ventôse an 2.

» Sans contredit, ils ont *pu* le faire; l'ont-ils *voulu?* C'est là que gît toute la difficulté.

» On peut, sur ce point, soutenir le pour et le contre avec une égale apparence de raison; mais dans ce choc de probabilités invoquées de part et d'autre, il est un principe qui doit prédominer; c'est que tout contrat est présumé avoir eu dans l'intention des parties qui l'ont signé, le sens qu'elles y ont attaché elles-mêmes dans l'exécution de ce contrat : *talis præsumitur*

*præcessisse titulus, qualis apparet usus et pos-
sessio.*

» Or, d'un côté, les commissaires qui avaient
stipulé dans le traité, au nom du peuple génevois, attestent par deux déclarations consignées
dans le jugement du tribunal de Lyon, « qu'en
» réservant par l'art. 7 de ce traité, que les actes
» publics et écrits privés des Génevois, ayant
» date certaine antérieurement à la ratification,
» sortiront tout leur effet, suivant les lois de
» Genève, l'on n'a pas moins eu en vue les tes-
» tamens.... que les actes et écrits faits entre-
» vifs. »; et ce qui prouve que les citoyens de
Genève l'ont ainsi entendu, c'est que, depuis la
réunion effectuée, il ne s'est élevé aucune réclamation autre que celle de la demanderesse, contre l'exécution des testamens faits antérieurement
par des personnes dont le décès n'est arrivé que
postérieurement à cette époque.

» D'un autre côté, il est constant que l'art. 7
a été entendu dans le même sens par le gouvernement français.

» Témoin la lettre du ministre de la justice du
15 nivôse an 7, par laquelle, en répondant à
l'administration centrale du département du
Léman, qui lui avait transmis une pétition d'un
grand nombre de citoyens de Genève, tendante
à lever les doutes que quelques hommes de loi
avaient cherché à répandre sur l'application
de l'art. 7 du traité aux testamens, il lui mande
qu'il a conféré avec le ministre des relations extérieures sur l'objet de cet article; que, sans
doute, depuis la ratification du traité, un Génevois ne peut plus disposer que conformément
aux lois de la république; qu'ainsi, un testament ayant une date certaine, mais postérieure
à la ratification, ne vaudrait pas dans ses rapports avec les anciennes lois de Genève; mais
que, quant au testament ayant date certaine
antérieure à la ratification du traité, la disposition de l'art. 7 lui est positivement applicable.

» Témoin encore la conduite de la régie de
l'enregistrement et la décision du ministre des
finances sur la question de savoir si les testamens
antérieurs à la réunion, mais dont les auteurs
n'étaient morts que depuis, pouvaient avoir
leur exécution, sans avoir été enregistrés. La
régie soutenait la négative, et elle s'appuyait,
comme la demanderesse, sur le principe qu'un
acte de dernière volonté n'acquiert une existence
définitive que par le décès du testateur. Les
Génevois se retranchaient sur l'art. 7 du traité:
ils soutenaient que cet article n'exceptant pas de
sa disposition générale et indéfinie, les testamens, les codicilles et les autres actes à cause de
mort, il n'y avait aucune raison pour ne pas les
y comprendre, et que la foi publique le voulait
ainsi. La question fut débattue dans une conférence entre le ministre et la régie; et voici dans
quels termes le résultat en est annoncé par une
lettre de la régie même au directeur des domaines

du département du Léman, en date du 13 vendémiaire an 8 : « Nous avons de nouveau examiné
» la question de savoir si les testamens faits an-
» térieurement à la réunion de Genève à la
» France, et dont les testateurs étaient décédés
» postérieurement à la loi du 26 floréal an 6
» (portant ratification du traité), étaient dans
» le cas d'être enregistrés pour avoir leur exécu-
» tion, et nous avons reconnu que les dispo-
» sitions de l'art. 7 du traité leur étaient appli-
» cables...... Nous avons communiqué cette
» opinion au ministre des finances; et, par sa
» lettre du 6 du courant, il nous a marqué que
» la sienne y était parfaitement conforme, et
» que les droits d'enregistrement, qui pou-
» vaient avoir été perçus dans l'hypothèse dont
» il s'agit, devaient être restitués. Ainsi, les ins-
» tances engagées pour des droits de cette
» espèce, doivent être abandonnées ». Assurément, quand une administration aussi attentive
que la régie de l'enregistrement à poursuivre les
droits du trésor public, abandonne ainsi une
prétention qui devait être très-productive, il
faut bien qu'elle ait acquis la conviction intime
que le gouvernement français, en traitant avec
le peuple génevois, avait véritablement voulu
donner à l'art. 7, le sens général et indéfini dans
lequel l'a depuis encore entendu le tribunal
d'appel de Lyon.

» Sans doute, les décisions ministérielles ou
administratives ne lient pas les tribunaux; et s'il
en était autrement, le pouvoir judiciaire ne
serait qu'une vaine ombre d'autorité. Mais quand
il s'agit de déterminer le sens d'un contrat souscrit par le gouvernement, et que les organes du
gouvernement lui-même, c'est-à-dire, les ministres, reconnaissent, par des actes officiels, que
le contrat a un tel objet, qu'il a été rédigé dans
tel esprit; lors surtout qu'ils le reconnaissent au
préjudice du gouvernement lui-même, au nom
duquel ils parlent; lorsqu'enfin ils s'accordent,
dans cette reconnaissance, avec les parties en
faveur desquelles le gouvernement a pris l'engagement dont il est question de fixer l'étendue;
bien sûrement alors les décisions ministérielles
méritent toute l'attention des tribunaux; et elles
doivent être pour eux, ce que seraient dans un
procès relatif à l'interprétation d'un contrat de
vente, les déclarations et la conduite subséquentes du vendeur et de l'acheteur.

» Concluons donc, que, si le testament de
Jacques Mercier porte une date certaine antérieure à la réunion, le jugement attaqué n'a
fait, en le déclarant valable, qu'appliquer la
disposition de l'art. 7 du traité, et que cette
application est à l'abri de toute censure.

» Mais est-il vrai que ce testament ait une
date certaine antérieure à la réunion ?

» Le jugement attaqué prononce pour l'affirmative, quoique le testament soit olographe;

et il se fonde, dans le fait, sur l'énonciation qui se trouve de la date de cet acte dans un codicille notarié du 18 janvier 1797 répondant au 28 nivôse an 6; dans le droit, sur le décret du 13 messidor an 3, suivant lequel *lorsqu'un acte ou plusieurs actes authentiques réfèrent un acte sous seing-privé, ou prouvent son exécution, cet acte sous seing-privé a acquis une date assurée, comme il l'aurait par le décès de l'un des contractans ou signataires.*

» La demanderesse ne conteste ni l'existence ni l'authenticité du codicille du 28 nivôse an 6; mais elle s'élève contre l'application que fait le jugement, du principe consacré par décret du 13 messidor an 3, à la mention que contient ce codicille du testament de Jacques Mercier. Pour qu'un acte sous sein-privé, dit-elle, acquière une date certaine par l'énonciation qui en est faite dans un acte authentique, il faut que cet acte authentique en réfère, non seulement la date, mais encore les dispositions, de manière qu'il soit impossible que l'acte représenté ne contienne pas d'autres dispositions que celui qui se trouve référé dans l'acte authentique, et c'est ce que prouve; ajoute la demanderesse, l'art. 3 de la loi du 1.er floréal an 3; en effet, continue-t-elle, cet article porte que la certitude de la date de l'antériorité des titres souscrits par les émigrés, à l'époque de leur émigration, sera établie entre autres, *par des actes passés par des officiers publics, dans lesquels pourraient se trouver rélatés des titres sous signature privée, à la charge des émigrés;* ET DONT L'IDENTITÉ SERA RECONNUE. Il faut donc, conclut de là la demanderesse, que l'identité du titre sous seing-privé que l'on représente, avec le titre relaté dans l'acte authentique, soit *reconnue*, et que par conséquent elle ne puisse pas être *méconnue.* Or, pour remplir cette condition, il faut que toutes clauses essentielles de l'acte sous seing-privé, soient référées dans l'acte authentique; sans quoi l'identité ne serait pas constante, et rien ne serait plus facile que d'éluder la loi. Or, dans l'espèce, point de relation des clauses essentielles du testament olographe dans le codicille notarié; l'institution d'héritier surtout n'y est énoncée en aucune manière; donc le codicille notarié ne peut pas garantir la certitude de l'antériorité de la date du testament au traité de réunion.

» Tel est: dans toute sa force, l'argument de la demanderesse contre l'application que fait le jugement attaqué, tant du décret du 13 messidor an 3, que de l'art. 7 du traité de réunion, au testament de Jacques Mercier. Mais il se présente plusieurs réponses qui parraissent également décisives.

» La première, c'est qu'il est, en quelque sorte, de l'essence du testament olographe, de demeurer secret jusqu'à la mort de son auteur, et qu'on ne peut pas en subordonner la vali-

dité à une condition qui en changerait le caractère; que, dès-là, si, pour fixer la date d'un pareil testament, une loi vient exiger qu'il soit relaté dans un acte passé devant notaires, il est impossible de supposer qu'elle ait voulu que cette rélation en rappelât les causes les plus importantes.

» La deuxième, c'est que, dans l'espèce, on ne représente, et l'on n'articule même pas qu'il ait existé, aucun autre testament de Jacques Mercier que celui dont il est ici question; et que par conséquent le testament dont il est ici question, est nécessairement le même dont Jacques Mercier a fait mention dans son codicille notarié du 28 nivôse an 6.

» La troisième enfin c'est que, quand le même testament de Jacques Mercier ne serait pas relaté dans le codicille notarié du 28 nivôse an 6, il n'en aurait pas moins par soi une date certaine et authentique.

» Cette dernière proposition peut, au premier coup d'œil, paraître un paradoxe: et le jugement attaqué ne l'a point prise pour base de sa décision, quoiqu'elle fût soutenue avec chaleur par les parties en faveur desquelles il a prononcé; mais il est facile de prouver qu'elle est dans les vrais principes.

» Il y avait, avant la révolution, plusieurs cas où pouvait se présenter, et il en est encore où peut se présenter aujourd'hui, la question de savoir si un testament olographe doit avoir son effet, lorsque sa date n'a pas été authentiquement constatée dans le temps où il fallait qu'il fût passé pour être valable.

» Par exemple, dans la coutume de Normandie, il fallait que le testateur survécût trois mois à ses dispositions, pour qu'elles eussent leur effet. Un testament olographe qui n'avait pas été reconnu pardevant notaires trois mois avant la mort du testateur, était-il pour cela nul et caduc? Un particulier entrait dans un monastère et y faisait profession: après son changement d'état, il paraissait de lui un testament olographe qui était daté d'un temps antérieur; ce testament était-il valable? Un particulier est interdit pour cause de prodigalité: après sa mort, on trouve un testament olographe qui, à en juger par la date qu'il porte, est antérieur à son interdiction; ce testament doit-il être exécuté?

» L'ordonnance de 1735 a touché cette question, mais elle ne la décidée que dans un point; et sans doute, en gardant le silence sur les autres cas où elle peut se présenter, le législateur a eu l'intention de la laisser entière en thèse générale.

» L'art. 21 porte: *lorsque ceux ou celles qui auront fait des testamens, codicilles ou autres dispositions olographes voudront faire des vœux solennels de religion, ils seront tenus de recon-*

naître lesdits actes pardevant notaires, avant que de faire lesdits vœux : sinon, lesdits testamens, codicilles ou autres dispositions demeureront nuls et de nul effet.

» Voilà ce qu'avait décidé le législateur pour les testamens olographes qui paraissaient après une émission des vœux monastiques ; voyous ce que les principes nous dicteront pour les autres cas.

» La question se réduit, comme l'on voit à un seul point, à celui de savoir si le testament olographe fait foi de sa date. Comme acte sous seing-privé, il ne devrait pas la faire; mais doit-on l'envisager sous cet aspect ? Pesons bien les termes de l'art. 289 de la coutume de Paris : *pour réputer un testament solennel, il est nécessaire qu'il soit écrit et signé de la main du testateur.* La coutume ne regarde donc pas ce testament comme un acte sous seing-privé ; elle le répute *solennel*; et en effet, confiant au testateur et son autorité pour disposer et un caractère pour rédiger sa volonté, elle le tire par là de la classe des simples particuliers; elle l'érige en législateur, en ministre de sa propre loi, en officier public dans cette partie; or, dans les principes, on regarde les actes passés par des personnes publiques, comme des preuves inaltérables de ce qu'ils contiennent : où peut donc être la raison de douter de la vérité de la date d'un testament olographe, tant qu'on ne l'attaque point par une inscription en faux ?

» Une autorité bien précise confirme cette doctrine ; c'est *Ricard*, des donations, part. 1, n. 1560. *Il n'y a (dit-il) aucune différence à faire pour la date, entre le testament olographe et les autres espèces de testamens passés pardevant notaires. La date du testament olographe assure la capacité du testateur au temps du testament.*

» Et il existe des arrêts très-précis, qui confirment positivement cette doctrine.

» Un héritier soutenait, dans la coutume de Normandie, que le testament dont il demandait la nullité, était antidaté, et qu'il avait été fait dans les trois mois de survie : il exposait des présomptions qui tendaient à le faire penser ainsi; et demandait la permission de les fortifier par la preuve testimoniale. Par arrêt du 21 juin 1622, rapporté dans le commentaire de Basnage, sur l'art. 422 : le parlement de Rouen a ordonné purement et simplement l'exécution du testament.

» Christophe Millon avait été interdit pour cause de prodigalité; après sa mort, il parut un testament olographe dont la date remontait à un temps antérieur à la sentence d'interdiction. Les héritiers le soutinrent nul par différens moyens, notamment par le défaut d'authenticité de sa date, et parce qu'il avait été,

selon eux, copié sur un projet suggéré. La cause fut plaidée à la quatrième chambre des enquêtes du parlement de Paris, mise en délibéré, et jugée le 12 août 1719. Les juges, dit Brillon, au mot *Testament*, n. 12, opinèrent *tous pour la validité du testament*, sous le rapport de l'authenticité de la date, mais s'en étant fait représenter la minute, ils reconnurent qu'elle avait été copiée sur un projet suggéré à une personne âgée; et par ce seul motif, ils déclarèrent le testament nul.

» Nous pourrions multiplier ces autorités (1) ; mais en voilà plus qu'il n'en faut pour prouver qu'un testament olographe fait, par lui-même, foi de sa date.

» Et par ces considérations, nous estimons qu'il y a lieu de rejeter la demande en cassation, et de condamner la demanderesse à 150 francs d'amende ».

Arrêt du 11 frimaire an 9, au rapport de M. Cassaigne, qui adopte ces conclusions,

« Attendu 1.° que l'art. 7 du traité de réunion du pays de Genève à la France, du 28 floréal an 6, portant que *les actes publics et écrits privés ayant date certaine antérieurement à la ratification du traité, auront leur force et sortiront leur effet suivant les lois de Genève*, comprend dans sa disposition les testamens ayant date certaine antérieure à ladite ratification ; qu'indépendamment de ce que cela résulte de la généralité des termes dudit article, c'est ainsi qu'il a été entendu dans l'exécution ;

» Attendu 2.° que le testament de Jacques Mercier, du 14 juillet 1796, se trouvant relaté sous sa qualité de testament olographe et sous sa date, en même temps que pour partie de ses dispositions, dans son codicille public du 18 janvier 1797, antérieur à la ratification dudit traité, il avait, par cela même une date certaine antérieure à cette ratification, et se trouvait, dès-lors, compris dans la disposition de l'art. 7 dudit traité ».

§. IX. *Dans les testamens nuncupatifs faits avant le Code civil, était-il nécessaire à peine de nullité, que la mention de la lecture qui devait terminer l'acte, fût conçue de manière à constater que cette lecture avait été faite par le notaire, et qu'elle avait été adressée par lui au testateur ?*

Cette question est traitée dans le plaidoyer suivant, que j'ai prononcé à l'audience de la cour de cassation, section des requêtes, le 14 floréal an 11.

_____

(1) *V.* le *Répertoire de jurisprudence*, au mot *Testament*, sect. 2, §. 4, art. 4.

« Philippe-Joseph Oudart a terminé sa carrière par deux dispositions solennelles de dernière volonté : l'une, en date du 22 octobre 1792, qu'il a qualifiée de *testament*; l'autre, en date du 15 novembre suivant, à laquelle il a donné le nom de *codicille*.

» Le testament est clos en ces termes : « Lecture faite au comparant testateur de son » présent testament, par l'un desdits notaires, » l'autre présent, il a déclaré l'avoir bien entendu, » qu'il contient ses intentions et volontés der- » nières..... Ainsi fait, dicté, testé, nommé » et rédigé à Cambray, dans la chambre à cou- » cher du testateur, l'an 1792...., le 22 » octobre, vers midi, et a le testateur signé avec » nous. Et à l'instant ledit testateur ajoute qu'il » veut et entend qu'aussitôt après son décès, » il soit distribué aux pauvres de cette ville, » jusqu'à concurrence de cent mencauds de blé » convertis en pain..... Lecture faite audit » testateur de la présente addition, a également » déclaré l'avoir bien entendue, et qu'il en veut » et ordonne l'exécution comme faisant partie » de ses volontés; et a signé avec nous, les jour, » mois et an susdits. *Signé* Oudart; et comme » notaires, *Desjardins* et *Levavasseur* ».

» A l'égard du codicille, les notaires y débutent par annoncer que Philippe-Joseph Oudart les a requis de leur représenter son testament et de lui en réitérer la lecture; et que cela fait, il leur a dicté de nouvelles dispositions qu'il entend y ajouter. Ils transcrivent ces dispositions, et ils terminent ainsi : « Lecture faite au » comparant testateur de son présent codicille » par l'un des notaires soussignés, l'autre présent, » il a dit l'avoir bien entendu, qu'il contient » ses intentions et volontés dernières, et qu'il » y persiste; ayant à l'instant ajouté qu'il donne » et lègue aux enfans du cit. Mallet, son exécu- » teur testamentaire, sept mencaudées de » terres labourables aux terroirs de Bantigny et » de Cuvillers.... Lecture faite de la présente » addition, ensemble du codicille qui précède, » a déclaré le tout bien entendu, qu'il » contient ses intentions et volontés dernières, » voulant que le tout soit exécuté selon sa forme » et teneur, *ainsi que sondit testament*, autant » qu'il n'y a pas été dérogé par le présent. — » Ainsi fait, testé, dicté et rédigé à Cambray, » dans la chambre à coucher du testateur, le 15 » novembre 1792, et a le comparant testateur » signé avec nous. *Signé* Oudart; et comme » notaires, *Desjardins* et *Levavasseur* ».

» Vous remarquez, C. M, que ces deux actes sont terminés de la même manière; que, dans l'un comme dans l'autre, les notaires déclarent avoir fait eux-mêmes au testateur la lecture des premières dispositions qu'ils ont écrites sous sa dictée; que, dans l'un comme dans l'autre, la mention de cette lecture est suivie de dispositions additionnelles de la part du testateur;

que, dans l'un comme dans l'autre, il est dit que lecture a été faite au testateur de ces dispositions additionnelles ; mais qu'il n'est pas exprimé que ce sont les notaires qui ont fait cette lecture.

» Vous remarquez encore que, par le second de ces actes, c'est-à-dire, par le codicille, le testateur déclare confirmer son testament dans tous ses points, hors ceux auxquels il vient de déroger.

» Vous savez d'ailleurs que Claude Driancourt et consorts, héritiers *ab intestat* de Philippe-Joseph Oudart, ont attaqué à la fois le testament et le codicille; et sans doute, vous êtes bien convaincus qu'ils devaient, ou obtenir l'annullation de l'un et l'autre, ou être déboutés, à l'égard de l'un, comme à l'égard de l'autre, de leur demande en nullité.

» Cependant, par une sorte de bizarrerie dont nous cherchons tout à l'heure la clef, le jugement du tribunal d'appel de Douay, du 24 ventôse an 10, a annullé le testament et confirmé le codicille.

» Il a annullé le testament, d'après l'art. 23 de l'ordonnance de 1735, « attendu que cet acte » semble contenir deux parties distinctes, dont » l'une est terminée par une clôture conforme à » celle voulue par la loi, mais qui ne se trouve » pas signée par le testateur ni par les notaires, » quoiqu'elle en fasse mention expresse; l'autre » est une addition signée à la vérité, mais avec » la simple mention de lecture de ladite addi- » tion, sans qu'il soit dit que les deux notaires y » aient assisté; que, si l'on considère l'addition » comme un acte différent et indépendant du » testament qui le précède, ce testament, en ce » cas, n'est signé ni par le testateur ni par les » notaires, et ne se trouve conséquemment pas » dans la forme voulue par la loi, à peine de » nullité; que, si l'on regarde que l'addition et » le testament ne font qu'un seul et même corps » d'acte, en ce cas ce testament entier n'a point » été lu au testateur, après son entière confec- » tion, comme le prescrit impérieusement la loi, » à peine de nullité; que, de quelque manière » qu'on veuille considérer le testament dont il » s'agit, il doit donc être déclaré nul ».

» A l'égard du codicille, le tribunal d'appel l'a confirmé purement et simplement, sans en donner aucun motif, sans même avoir posé préalablement aucune question à ce sujet.

» Les demandeurs observent, avec beaucoup de raison, qu'il y a entre ces deux parties du jugement, une double contradiction.

» Et en effet, d'une part, si le codicille était valable, le testament, quoique nul par lui-même, devait cependant être confirmé. Car le testateur avait déclaré, par le codicille, vouloir que son testament fût exécuté. Or, la loi 2, §. dernier, D. *de jure codicillorum*, décide que, si, après avoir fait un testament nul par défaut de forme, une personne fait un codicille qui en ordonne l'exécution, le testament doit valoir comme codicille : *hereditas testamento inutiliter data non potest codicillis quasi hereditas confirmari; sed ex fideicommisso petitur, salvâ ratione legis falcidiæ.* Et nous trouvons deux arrêts qui consacrent cette décision : l'un du parlement de Paris, du 22 janvier 1665, rapporté par Soëfve, tome 2, centurie 3, chap. 40; l'autre du parlement de Toulouse, du 13 septembre 1727, rapporté par Furgole, dans son *Traité des testamens*, chap. 12, n. 53.

» D'un autre côté, si le codicille était valable, quoique l'addition qui en suit la première clôture, ne porte pas que la lecture qu'elle énonce en avoir été faite au testateur, l'ait été par les notaires, on ne pouvait pas, sans une contradiction manifeste, annuller le testament sous le prétexte que les notaires n'y avaient pas énoncé que c'était par eux qu'avait été faite la lecture de l'addition dont la première clôture y est pareillement suivie.

» Comment donc le tribunal d'appel de Douay a-t-il pu se contredire ainsi lui-même? Après y avoir bien réfléchi, nous croyons pouvoir assurer que c'est par le fait des demandeurs eux-mêmes; et cela est facile à expliquer.

» Les demandeurs s'étaient d'abord pourvus devant le tribunal du district de Cambray, et y avaient conclu à être envoyés, comme héritiers ab intestat, *en propriété et jouissance de tous les biens meubles et immeubles composant la succession* de Philippe-Joseph Oudart.

» Pour justifier ces conclusions, ils prétendirent d'abord que les héritiers institués et les légataires devaient, avant tout, opter entre le testament olographe du 20 novembre 1788, et les testament et codicille solennels des 22 octobre et 15 novembre 1792.

» Ils soutenaient ensuite que le testament solennel du 22 octobre 1792 était nul par vice de forme, en ce que, de l'addition qui en suivait la première clôture, il résultait un défaut de mention que la lecture de l'acte entier eût été faite par les notaires.

» Ils ajoutaient qu'en tout cas, il avait été suggéré; ils articulaient des faits de suggestion et en offraient la preuve.

» Du reste, et ceci est à remarquer, ils n'alléguaient ni vice de forme, ni moyen de nullité quelconque contre le codicille du 15 novembre 1792; seulement ils le qualifiaient, comme le testament du 22 octobre précédent, d'*acte injuste et dénaturé.*

» Par jugement du 27 juillet 1793, le tribunal du district de Cambray les a admis à la preuve des faits de suggestion qu'ils avaient articulés.

» Les héritiers institués et les légataires ont appelé de ce jugement, et ont conclu à ce qu'il plût au tribunal d'appel déclarer qu'il avait été mal jugé; émendant, sans s'arrêter, ni à la

demande en permission de faire preuve des faits de suggestion, ni à celle qui tendait à les obliger *actuellement d'opter entre le testament olographe et le testament solennel*, ni aux nullités de forme qui avaient été alléguées en première instance, débouter les intimés de leurs fins et conclusions; ordonner en conséquence que le testament solennel et le codicille dont il s'agissait, seraient exécutés selon leur forme et teneur.

» De leur côté, Claude Driancourt et consorts ont conclu à ce qu'il plût au tribunal d'appel les recevoir appelans *à minimâ*, c'est-à-dire, incidemment, du jugement du tribunal du district de Cambray; ce faisant, dire qu'il avait été mal jugé, bien appelé, *en ce que le jugement admettait à vérifier la captation, et qu'il ne déclarait pas purement et simplement nul le testament solennel, ainsi que le testament olographe; émendant, les déclarer nuls; et subsidiairement, dire qu'il avait été bien jugé et mal appelé, ordonner* l'exécution du jugement dont était appel, et renvoyer les parties devant les premiers juges, pour y être procédé à la preuve des faits de suggestion.

» Vous voyez, C. M., qu'à la vérité, en première instance, Driancourt et consorts se plaignaient du codicille du 15 novembre 1792, comme du testament du 22 octobre précédent; mais que le testament seul a été l'objet de leurs attaques directes et proprement dites; que c'est au testament seul qu'ils ont reproché le vice de forme qu'ils faisaient consister dans le défaut de mention expresse que les notaires eussent fait eux-mêmes la lecture de la disposition additionnelle de cet acte; que c'est contre le testament seul qu'ils ont dirigé leur demande en permission de faire preuve de faits de suggestion; qu'en cause d'appel, ils ont bien conclu à la nullité du testament olographe du 20 novembre 1788, et du testament solennel du 22 octobre 1792; mais qu'ils n'y ont également pris aucune sorte de conclusions contre le codicille du 15 novembre de cette dernière année.

» D'après cela, comment le tribunal d'appel aurait-il pu annuller ce codicille? Bien évidemment, c'eût été, de sa part, juger *ultrà petita*; et il ne pouvait pas, même pour éviter les contradictions qui se trouvent dans son jugement, se permettre un tel excès de pouvoir. Il est même douteux que les parties l'aient mis à portée d'appercevoir ces contradictions; car c'est à l'audience qu'il a prononcé, et rien ne prouve qu'on lui ait donné lecture du codicille.

» Au surplus, admettons, pour un moment, que Driancourt et consorts aient conclu à la nullité du codicille, comme à celle du testament; admettons, pour un moment, que les deux contradictions qui existent dans le jugement, ne puissent pas leur être imputées. Qu'en résultera-t-il?

» Dira-t-on que l'une de ces contradictions, c'est-à-dire, celle qui existe, entre l'annulation du testament et la confirmation du codicille par lequel l'exécution du testament même, est expressément ordonnée, forme pour Driancourt et consorts une ouverture de requête civile ?

» Mais, d'abord, une ouverture de requête civile n'est pas un moyen de cassation; et il est évident au contraire que Driancourt et consorts ne peuvent pas se faire un moyen de cassation de ce qui ne pourrait être pour eux, qu'une ouverture de requête civile.

» Ensuite, ce n'est certainement pas par Driancourt et consorts que pourrait être proposée l'ouverture de requête civile dont il s'agit; car si le tribunal d'appel s'est contredit, en déclarant nul un testament maintenu par le codicille qu'il a confirmé, qui est-ce qui profite de cette contradiction ? Ce sont Driancourt et consorts. Driancourt et consorts ne sont donc pas recevables à tirer de cette contradiction un moyen d'attaque contre le jugement du tribunal d'appel ?

» Il en est de même de l'autre contradiction, c'est-à-dire, de celle qui consiste à avoir confirmé le codicille du 15 novembre et annulé le testament du 22 octobre, quoique tous deux terminés par des dispositions additionnelles dont les notaires n'avaient pas énoncé avoir eux-mêmes fait la lecture au testateur; car, s'il y a un mal jugé, s'il y a une infraction de la loi, dans l'une des deux parties de ce jugement, ce n'est pas dans celle qui confirme le codicille du 15 novembre, c'est, au contraire, dans celle qui annule le testament du 22 octobre; et cela est facile à démontrer.

» Par les art. 5 et 23 de l'ordonnance de 1735, le législateur prescrit trois choses par rapport à la lecture des actes de dernière volonté. Il veut que cette lecture soit faite, après l'entier achèvement de ces actes. Il veut qu'elle soit faite au testateur. Il veut qu'elle soit faite par les notaires à qui le testateur a dicté ses dispositions.

» Sans contredit, il faut que ces trois formalités soient remplies, et l'inaccomplissement d'une seule doit faire regarder le testament comme non-avenu.

» Mais est-il nécessaire que le testament fasse une mention expresse de l'accomplissement de chacune de ces trois formalités ? Le texte de la loi va répondre à cette question : *Lesquels notaires ou bien l'un d'eux écriront les dernières volontés du testateur, telles qu'il les dictera,* ET LUI EN FERONT LECTURE, DE LAQUELLE IL SERA FAIT MENTION EXPRESSE, *sans néanmoins qu'il soit nécessaire de se servir précisément de ces termes,* dicté et nommé, lu et relu sans suggestion, *ou autres requis par les coutumes.* C'est, comme vous le voyez, de la *lecture* et de la lecture seulement, que le législateur exige la mention formelle. Il ne dit pas qu'il sera néces-

saire d'exprimer que cette lecture a été faite au testateur; il ne dit pas qu'il sera nécessaire d'exprimer que cette lecture a été faite par les notaires.

» De là que devons-nous conclure? Écoutons Furgole, chap. 2, sect. 5, nos 86 : «Nous observerons que le défaut des formalités que l'ordonnance de 1735 veut être observées dans les testamens et autres dispositions de dernière volonté, produit une nullité qui rend le testament ou autre disposition inutile et comme non écrite. Il y en a dont l'ordonnance veut qu'il soit fait mention dans le testament, comme par exemple qu'il en a été fait lecture. Si les formalités de cette espèce ne sont pas constatées par le testament même, il sera nul de plein droit; mais à l'égard des autres formalités dont l'ordonnance n'exige pas en termes exprès qu'il soit fait mention dans le testament, comme, par exemple, que les dispositions ont été dictées et prononcées par le testateur, que les dispositions seront écrites de la main du notaire qui aura reçu le testament, *il ne sera pas nul, quoique le testament n'en parle pas* ».

» Bannelier, en ses notes sur les *Traités du droit français* de Davot, tom. 5, pag. 465, dit également : «De ce qu'il n'est pas précisément requis par l'ordonnance de 1735, qu'on emploie le mot *lu*, s'il s'ensuit que, pourvu qu'on dise que la lecture a été faite, ce ne serait pas une nullité, si on omettait ces mots, *par l'un des notaires, l'autre présent* ».

» La jurisprudence des anciens tribunaux vient appuyer et justifier complètement cette doctrine.

» Corbie de Neuvireuil avait fait à Lille, le 28 février 1776, un testament qui avantageait les demoiselles Duchastel. Le comte Duchastel à qui ces avantages faisaient préjudice, en demanda la nullité, sur le fondement que le testament ne portait point qu'il eût été écrit par l'un des deux notaires qui l'avaient reçu, mais seulement que le testateur l'avait *fait, dicté et nommé aux notaires.* Par arrêt du 22 janvier 1784, rendu au parlement de Douay, après une instruction très-approfondie de part et d'autre, le testament fut jugé valable.

» Le 25 juin 1778, le parlement de Dijon a confirmé le testament de Marc Mugnier ainsi terminé : *fait, lu, relu et passé à Verjux, dans une chambre basse du domicile du sieur testateur, en présence de....* On prétendait que cette clause, qu'elle était conçue, ne prouvait pas suffisamment que la lecture eût été adressée au testateur, ni même qu'elle eût été faite en sa présence. Le légataire répondait que les art. 5 et 23 de l'ordonnance de 1735 exigeaient deux choses : 1.° qu'il fût fait lecture de l'acte au testateur, 2.° qu'il fût fait mention de cette lecture, *de laquelle lecture il sera fait mention* : *l'ordonnance* (ajoutait-il), *ne porte pas qu'il sera expressément énoncé que cette lecture a été faite au testateur.* Et l'arrêt cité l'a jugé ainsi.

» Il existe aussi, sur cette matière, plusieurs arrêts du parlement de Grenoble.

» Le plus ancien est du 29 mai 1742; il confirme le testament du nommé Beaumont, à la fin duquel il était dit simplement : *fait et publié audit lieu, dans la maison du domicile du testateur, en présence de.* . . . On soutenait que l'acte était nul, parce qu'il ne faisait pas mention qu'il eût été lu en entier, ni même qu'il l'eût été au testateur, et que le mot *publié* n'équipollait à celui de *lu*. L'arrêt n'a eu aucun égard à ces moyens.

» La partie contre laquelle cet arrêt avait été rendu, en a demandé la cassation au conseil ; et nous apprenons par une lettre du chancelier d'Aguesseau, du 30 décembre 1742, au premier président du parlement de Grenoble, quel a été le sort de cette tentative. « La question décidée » par cet arrêt (y est-il dit), se réduit à savoir » si le terme de *publier* renfermait suffisamment » dans son sens la lecture qui doit être faite au » testateur, suivant les art. 5 et 23 de la der- » nière ordonnance sur les testamens ». Vous voyez déjà que le chancelier ne trouve de diffi- culté que dans l'emploi du mot *publié*, au lieu du mot *lu*; et que, si le testament eût porté *fait et lu*, au lieu de *fait et publié*, cet acte lui eût paru conforme à l'esprit de l'ordonnance, quoi- que d'ailleurs il n'y fût pas énoncé que la lecture avait été faite par le notaire. « Quelque spécieux » (continue la lettre), que fussent les moyens » de la demanderesse en cassation, le conseil du » roi ne crut pas néanmoins qu'ils fussent assez » décisifs pour lui donner lieu de détruire un » pareil arrêt, soit parce que la question qu'on » avait agitée au parlement de Grenoble sur la » signification du terme *publier*, pouvait être » regardée comme une question problématique » et susceptible de différentes opinions, en sorte » que la décision du parlement de Grenoble ne » portait pas le caractère d'une contravention » précise et formelle à la loi; soit parce qu'il » paraissait qu'il avait été vérifié en première » instance, que les notaires de Grenoble et des » environs avaient toujours été en usage, soit » avant ou depuis l'ordonnance de 1735, de se » servir du terme *publier*, pour exprimer la » lecture qu'ils avaient faite au testateur de sa » disposition. C'est même cette dernière raison » qui a prévalu véritablement dans l'esprit de » MM. du conseil, pour faire rejeter la demande » en cassation. On a cru que le parlement de » Grenoble avait été plus en état qu'aucun autre » tribunal, de juger du sens que l'usage du pays » et le style des notaires avaient attaché au » terme de *publier*.... Mais en même temps » que l'on crut devoir laisser subsister l'arrêt

» qui était attaqué, tout le conseil pensa qu'il » était cependant nécessaire de réformer l'ex- » pression impropre et trop vague dont les no- » taires de Grenoble ou des environs avaient » accoutumé de se servir, et de les ramener à » un style plus conforme à l'esprit et aux termes » mêmes du législateur ».

» Ici, le chancelier d'Aguesseau entre dans quelques détails, pour prouver que le terme *pu- blié* ne peut pas avoir par lui-même un sens identique avec le mot *lu*; que d'ailleurs il ne dé- signe pas « une lecture relative à la personne du » testateur, et ordonnée directement et princi- » palement par rapport à lui; c'était là (conti- » nue-t-il), le défaut essentiel du testament que » le parlement de Grenoble a confirmé, et qui, » dans la grande rigueur, aurait dû être déclaré » nul, à en juger par la signification du terme » *publié*, et sans y joindre les autres circons- » tances qui pouvaient faire juger que, dans » l'esprit du notaire, le terme de *publié* renfer- » mait celui de *lu au testateur ;* mais il est encore » plus sûr, pour prévenir tous les jugemens ar- » bitraires et dépendans de différentes circons- » tances, d'obliger les notaires à s'exprimer » d'une manière qui fasse entendre clairement » que le testament en entier a été lu au testa- » teur, après qu'il a eu achevé de le dicter ».

» Deux choses sont à remarquer dans ce pas- sage. D'abord, le chef de la justice, le rédacteur même de l'ordonnance de 1735, incline pour que la mention de la lecture soit faite de ma- nière qu'il en résulte la preuve que cette lecture a été adressée au testateur. Cependant il con- vient que si, dans le testament dont il s'agit, le mot *lu* eût été substitué au mot *publié*, l'acte eût été inattaquable. Ensuite, pour plus grande sûreté, il désire qu'on oblige les notaires à s'ex- primer en termes qui annoncent clairement, non qu'ils ont eux-mêmes fait la lecture (il ne va pas, il ne croit pas pouvoir aller jusque-là, sans ajouter à la loi), mais que la lecture a été faite au testateur.

» Et dans cette vue, il invite le parlement de Grenoble à rendre un arrêt en forme de régle- glement *pour faire cesser tout style impropre ou imparfait sur un point si important ;* et il recom- mande que le procureur-général, avant de pré- senter son réquisitoire à cette fin, lui en envoie le projet. *Il me mettra par là*, dit-il, *en état de mieux juger de la rédaction qu'il en aura faite, et qui peut être importante dans la matière pré- sente.*

» En conséquence de cette lettre, le procu- reur général de Grenoble a présenté, et sans doute après en avoir concerté la rédaction avec le ministre, un réquisitoire par lequel il a exposé que, pour « prévenir les contestations auxquelles » les différentes interprétations de ce mot uni- » que *publié*, et les diverses circonstances du

» fait pourraient donner lieu, il serait néces-
» saire d'obliger les notaires de se conformer
» plus exactement à l'esprit et aux termes mê-
» mes du législateur, en s'exprimant d'une ma-
» nière qui fasse entendre clairement que le tes-
» tament, après avoir été dicté par le testateur,
» lui a été lu en entier en présence des témoins ».
Ce sont là, comme vous le remarquez, les propres termes dont s'était servi le chancelier dans
sa lettre au premier président; et il en résulte
évidemment que le rédacteur de l'ordonnance
ne voulait autre chose qu'une mention positive
de la lecture faite au testateur, sans exiger que
les notaires énonçassent qu'ils eussent eux-mêmes
fait cette lecture.

» A la vérité, l'arrêt que le parlement de
Grenoble a rendu sur ce réquisitoire, le 5 mars
1743, semble aller un peu plus loin : il ordonne aux notaires « de s'exprimer, au sujet
» de la lecture des testamens, d'une manière
» qui ne puisse laisser douter qu'ils sont faits au
» testateur en présence des témoins, après que
» le testateur a achevé de dicter le testament,
» soit en déclarant qu'elle a été par eux faite
» au testateur, soit en disant qu'ils ont lu, ou
» récité, ou répété mot à mot au testateur
» toutes les dispositions du testament entier,
» soit en se servant d'autres expressions qui
» marquent clairement qu'ils ont fait au testa-
» teur, en présence des témoins, lecture du
» testament entier, le tout à peine de nullité,
» de 300 livres d'amende et d'interdiction.... ».
Mais on se tromperait étrangement, si l'on
inférait de là que le parlement de Grenoble lui-
même eût entendu attacher la peine de nullité
au défaut de mention expresse que la lecture
faite au testateur, l'eût été par les notaires.

» Cela résulte de deux arrêts de ce tribunal,
des 23 mars 1778 et 17 février 1782.

» Le premier confirme un testament dont la
fin était ainsi conçue : « ceci est de la demoi-
» selle testatrice son dernier testament nuncu-
» patif, qu'elle veut et entend qu'il vaille par
» ce droit, par celui de codicille, et par tout
» autre qu'il pourra mieux valoir, nous re-
» quérant acte de tout son contenu que nous
» lui avons octroyé; fait, lu et stipulé mot à
» mot tout au long, sans divertir à autres actes,
» audit Saint-Donat, dans la maison qu'habite
» la demoiselle Chamel, en présence de.... ».

» Le second ordonne l'exécution d'un autre
testament terminé par cette clause : ainsi fait,
passé, lu et publié dans la maison dudit Vincent, testateur ; signé avec les témoins susnommés.

» Ces deux arrêts ont donc jugé valables,
ainsi que l'a fait également celui du parlement
de Dijon, du 25 juin 1778, des testamens qui,
bien loin d'énoncer que la lecture qui en avait
été faite, l'eût été par le notaire, n'énonçaient
même pas qu'elle l'eût été au testateur.

» Sur ce dernier point, ils étaient rigoureusement calqués sur le texte de l'ordonnance,
qui n'exige pas autre chose que la lecture; mais
ils n'étaient conformes, ni à la lettre du chancelier d'Aguesseau, du 30 décembre 1742, ni à
l'arrêt de réglement du 5 mars 1743, lesquels
en ajoutant à la loi, déclaraient qu'elle avait
entendu assujettir les notaires à constater que
c'était aux testateurs qu'ils avaient fait la lecture
de leurs dispositions. Cependant, nous ne voyons
pas que ces arrêts aient été attaqués, encore
moins qu'ils l'aient été avec succès.

» Nous devons pourtant convenir que, sur le
même point, c'est-à-dire, sur la mention de
la lecture adressée au testateur lui-même, il a
été rendu, le 7 août 1783, pour le ressort du
ci-devant parlement de Toulouse, une déclaration qui a exigé en loi l'opinion que cette
mention est absolument nécessaire ; mais aussi
il résulte clairement de cette déclaration, que
les notaires ne sont pas strictement obligés
d'énoncer que c'est par eux que la lecture a été
faite. Voici dans quels termes elle est conçue :
« Le feu roi, en confirmant l'usage des testa-
» mens nuncupatifs écrits, dans les pays où
» cette forme de tester était autorisée par les
» statuts ou coutumes, a ordonné, par l'art. 5
» de l'ordonnance du mois d'août 1735, que le
» notaire ou tabellion écrirait les dispositions
» desdits testamens, à mesure qu'elles seraient
» prononcées par le testateur; qu'il serait en-
» suite fait lecture du testament entier audit
» testateur, de laquelle lecture il serait fait
» mention par ledit notaire ou tabellion, afin
» de constater que le testateur a été assuré,
» par la lecture de son testament entier, de
» l'exactitude du notaire à recueillir ses véri-
» tables volontés, telles qu'il les a énoncées.
» Nous sommes informés néanmoins que plu-
» sieurs notaires du ressort de notre parlement
» de Toulouse, en recevant des testamens nun-
» cupatifs écrits, ont cru remplir le vœu et
» satisfaire à la disposition de l'art. 5 de l'ordon-
» nance de 1735, en ne faisant mention de la
» lecture faite au testateur, que par les mots :
» fait, lu et récité en présence des témoins.
» Nous sommes également informés que cette
» formule a donné lieu à des demandes en
» nullité de quelques testamens ; et que notre
» parlement de Toulouse, jugeant qu'elle n'éta-
» blissait pas assez précisément que la lecture
» avait été faite au testateur, a prononcé la
» nullité des testamens terminés par cette énon-
» ciation ; et comme en effet, le vœu de la loi
» ne serait pas véritablement rempli par une
» lecture qui pourrait n'avoir été faite qu'en
» présence des témoins, nous avons jugé à
» propos de ramener pour l'avenir tous les
» notaires à une exécution plus exacte de l'art. 5
» de l'ordonnance de 1735.. A ces causes, vou-
» lons et nous plaît que l'art. 5 de l'ordonnance

» du mois d'août 1735; soit exécuté selon sa » forme et teneur; en conséquence enjoignons » à tous notaires... de lire en entier au testateur » les testamens nuncupatifs qu'ils recevront, et » de faire expressément mention que ladite lec- » ture du testament en entier a été faite au » testateur en présence des témoins, ce qui sera » observé, à peine de nullité. Validons néan- » moins...; les testamens reçus avant le jour de » la publication des présentes...: dans lesquels » il ne serait pas clairement exprimé que la lec- » ture en a été faite au testateur ».

» Vous voyez, C. M., que, par cette décla- ration, le législateur adopte (comme vient encore de le faire le Code civil), l'opinion du chancelier d'Aguesseau sur la nécessité de la mention que c'est au testateur que la lecture a été faite; mais vous voyez aussi qu'il se contente de cette mention; qu'il n'y ajoute pas, pour les notaires, l'obligation d'exprimer qu'ils ont eux- mêmes lu les testamens; qu'il ne trouve dans la clause, *fait, lu et récité en présence des témoins*, d'autre vice que de ne pas constater une lecture relative à la personne du testateur; et que cette clause lui paraîtrait suffisante, si les mots *au testateur* s'y trouvaient intercalés.

» Cette déclaration proscrit donc implicite- ment l'interprétation que le tribunal d'appel de Douay a donnée, en ce qui concerne le testament du 22 octobre 1792, aux art. 5 et 23 de l'ordon- nance de 1735; et elle confirme au contraire celle qu'il a donnée, sinon d'intention, au moins de fait, aux mêmes articles, en ce qui concerne le codicille du 15 novembre suivant.

» Nous avons donc eu raison de dire que, si le tribunal d'appel de Douay s'est contredit par la manière dont il a prononcé sur ces deux actes, du moins c'est aux demandeurs que profite sa contradiction, et que, dès-là, ils ne sont pas recevables à s'en plaindre devant vous.

» Nous estimons, en conséquence, qu'il y a lieu de rejeter leur requête; et de les condamner à l'amende de 150 francs ».

Ces conclusions ont été adoptées par arrêt du 14 floréal an 11, au rapport de M. Doutrepont, « attendu qu'en supposant même que le tribunal d'appel de Douay se soit conformé aux dispo- sitions de l'art. 23 de l'ordonnance de 1735, en déclarant nul le testament solennel du 22 octobre 1792, il ne s'ensuit pas qu'il ait dû frapper de la même nullité le codicille du 15 novembre suivant, parce qu'il n'apparaît d'au- cune partie du jugement dénoncé, que les demandeurs aient opposé quelque vice de forme à ce codicille ».

On voit que cet arrêt élude la question et ne la juge pas. Mais il en a été rendu depuis peu un autre qui la décide de la manière la plus positive, et conformément à la doctrine que

j'avais professée dans mes conclusions du 14 flo- réal an 11.

Le 21 prairial an 8, le sieur Delahaye-Dela- lande fait, à Argentan, devant un notaire et deux témoins, un testament nuncupatif qui est ainsi terminé : « telles sont les intentions du » testateur auxquelles il a déclaré persister, » *lecture faite*; dont acte. Fait et passé à Ar- » gentan..... ».

Il décède le 26 décembre 1814. Les légataires en faveur desquels il a disposé, demandent la délivrance de leurs legs. Son héritier soutient que le testament est nul, parce qu'il ne cons- tate pas que la lecture dont il fait mention, ait été adressée au testateur.

Le 11 juin 1818, arrêt de la cour royale de Caen qui, en effet annulle ce testament, comme n'exprimant pas assez clairement que c'est au testateur qu'a été faite la lecture dont il contient la mention; et comme ne remplissant point, par suite, le vœu de l'art. 23 de l'ordonnance de 1735.

Mais sur le recours en cassation des léga- taires, arrêt contradictoire du 15 décembre 1819, au rapport de M. Boyer, par lequel :

« Vu l'art. 23 de l'ordonnance de 1735 sur les testamens....;

» Attendu, en ce qui touche le prétendu défaut de mention expresse de la lecture faite au testateur, que, dans l'article précité de l'or- donnance, le législateur, loin de prescrire, pour cette mention, des termes exclusifs et sacra- mentels, a, au contraire, formellement déclaré qu'il n'en exigeait aucun; qu'il suit de là que, pour remplir le vœu de la loi, il suffit que la mention de la lecture faite au testateur résulte clairement des expressions employées dans l'acte, ce qui se rencontre évidemment dans l'espèce, d'après le rapprochement et la liaison des mots *lecture faite*, avec ceux énonciatifs de la décla- ration du testateur de *persister* dans sa volonté précédemment écrite;

» Qu'en vain les défendeurs ont objecté qu'il ne s'agissait ici que d'une simple interprétation d'acte, opération dans laquelle la cour royale de Caen a pu errer sans que son erreur donne matière à la cassation de son arrêt; qu'il s'agit au contraire de savoir si une formalité prescrite par la loi à peine de nullité, a été remplie ainsi et comme le veut la loi; ou ce qui est la même chose, si le testament attaqué est valable ou nul dans sa forme; ce qui constitue une véritable question de droit dont la décision étant recon- nue erronée, tombe dans le domaine de la cas- sation.....;

» La cour casse et annulle..... ».

§. X. *La mention faite à la fin d'un testament par acte public, qu'il a été fait au testateur* lecture du présent testament, *suffit-elle pour prouver qu'il a été lu en entier ?*

« Un jugement du tribunal d'appel de Bordeaux, du 4 floréal an 9 (ai-je dit à l'audience de la cour de cassation, section des requêtes, le 8 messidor an 11), en réformant un jugement du tribunal civil du département de la Gironde, du 16 frimaire an 8, a déclaré valable, en faveur de Jacques Fellonneau, et au désavantage de Marie Fellonneau, sa sœur, le testament que Léonard Fellonneau, père commun des deux parties, avait fait, dans la commune de Dabzac, le 30 août 1783, et qui était ainsi terminé : « Lecture faite à voix haute et intelligible par » ledit notaire, en présence desdits témoins, » audit testateur, de *son présent testament,* il » a déclaré l'avoir bien entendu ; qu'il contient » sa volonté, dont il requiert acte pour valoir » après son décès ; octroyé, fait et passé..... » en présence de..... (*suivent sept noms*), » tous témoins connus et requis, qui, avec le » testateur, ont *déclaré ne savoir signer,* de » ce interpellés, sauf..... (*suivent deux noms* » de *témoins*), qui ont signé avec le notaire ».

» Marie Fellonneau soutient qu'en confirmant ce testament, le tribunal d'appel de Bordeaux a violé deux dispositions de l'art. 5 de l'ordonnance de 1735 : l'une, qui veut que le testament nuncupatif solennel soit lu *en entier* au testateur, après que celui-ci l'a dicté et que le notaire l'a écrit ; l'autre, qui, pour la perfection de ce testament, exige que le testateur le signe, lorsqu'il sait signer.

» La première de ces dispositions, dit Marie Fellonneau, a été méprisée par le jugement dont je me plains ; car le testament du 30 août 1783 n'énonce pas qu'il en ait été fait lecture *en entier* au testateur.

» La seconde l'a été également ; car le testateur n'avait point signé ses dernières dispositions, et cependant il savait signer : je le prouve par quatorze actes, dont le plus ancien est son propre contrat de mariage de 1734, et le plus récent de 1751.

» De là, suivant Marie Fellonneau, deux moyens de cassation, dont le succès ne peut pas être douteux.

» Mais n'ont-ils pas été réfutés à l'avance par les motifs sur lesquels le tribunal d'appel de Bordeaux a basé son jugement ?

» Et d'abord, dire dans un testament, qu'il a été fait au testateur *lecture de son propre testament,* que celui-ci a *déclaré l'avoir bien entendu,* et qu'il *contient sa volonté,* n'est-ce pas dire que le testament a été lu *en entier ?* Si le testament n'avait pas été lu en entier, il ne serait pas vrai que la *lecture du testament* eût été faite ; car, faire la lecture du testament, ce n'est pas en lire seulement une partie, c'est nécessairement lire tout ce qui le compose ; c'est

le lire d'un bout à l'autre, c'est le lire mot pour mot, tel que le testateur l'a dicté, tel que le notaire l'a écrit.

» L'ordonnance exige, il est vrai, la *lecture du testament en entier,* et la mention expresse de cette lecture ; mais, comme l'observe le chancelier d'Aguesseau, dans sa lettre du 30 décembre 1742, au premier président du parlement de Grenoble, « Il n'y a rien de déterminé par la loi, » sur la forme de l'expression ; il suffit que le » fond ou la substance même de ce qui en a été » l'objet, soit exactement conservé, de quelque » manière que le notaire juge à propos de l'ex- » primer, en sorte qu'il paraisse clairement que » lecture entière de tout le testament a été » faite au testateur, avant qu'il l'eût signé ».

» Vous vous rappelez, C. M., à quelle occasion le chancelier d'Aguesseau s'exprimait ainsi : nous avons eu l'honneur de vous en rendre compte à votre audience du 14 floréal dernier (1) ; c'était au sujet d'un testament à la fin duquel il était dit simplement : *fait et publié audit lieu, dans la maison du domicile du testateur, en présence de.....* On attaquait ce testament par trois moyens : 1.° parce que le mot *publié* n'étant point synonyme de *lu,* il ne se trouvait dans l'acte aucune mention de la lecture qui avait dû en être faite ; 2.° parce que, même en donnant au mot *publié,* un sens équipollent à l'expression *lu,* dans l'acte n'énonçait pas que la lecture eût été adressée au testateur ; 3.° parce qu'il n'y était pas dit que le testament eût été lu en entier. Par arrêt du 29 mai 1742, le parlement de Grenoble ordonna l'exécution du testament ; et la lettre citée du chancelier d'Aguesseau nous apprend que la requête en cassation présentée au conseil contre cet arrêt, fut rejetée.

» Montvallon, dans son *Traité des successions,* tome 1, page 323, nous retrace un arrêt du parlement d'Aix, du 19 décembre 1743, qui juge absolument de même et dans une espèce parfaitement semblable. Le notaire (ce sont ses termes) *ayant dit* FAIT ET PUBLIÉ, *le mot* PUBLIÉ *suffisait pour montrer qu'il avait été fait mention de la lecture du testament.*

» Nous avons rapporté à votre audience du 14 floréal dernier, deux autres arrêts qui décident également que le seul mot *lu* emporte, dans un testament, l'idée d'une lecture intégrale. Le premier, rendu au parlement de Dijon, le 25 juin 1778, a déclaré valable un testament qui portait : *fait, lu, relu et passé à Verjux, dans une chambre basse du domicile du sieur testateur, en présence de....* Le second, rendu au parlement de Grenoble, le 17 février 1782, a ordonné l'exécution d'un testament que terminait une

---

(1) *V.* le §. précédent.

clause ainsi conçue : *fait, passé, lu et publié dans la maison dudit Vincent, testateur, signé avec les témoins susnommés.*

» Il est vrai que, par une déclaration du 7 août 1783, rendu pour le ressort du parlement de Toulouse, cette jurisprudence a été proclamée vicieuse; mais en quoi ? En un seul point, en ce que de la formule, *fait, lu et récité en présence des témoins*, il ne résultait pas que la lecture eût été adressée au testateur, mais seulement qu'elle avait été faite aux témoins. Cette déclaration a donc implicitement reconnu que la formule *fait, lu et récité* remplissait, quant à la lecture du *testament entier*, le vœu de l'ordonnance de 1735.

» Le premier moyen de cassation de Marie Fellonneau ne peut donc mériter aucun égard.

» Le second en mériterait davantage, s'il était prouvé que le testateur savait encore signer, lorsqu'il a fait son testament. Vous auriez alors à examiner de nouveau la question qui s'est présentée à votre audience du 19 brumaire dernier, et dans laquelle vous avez préjugé, en admettant la requête de Marie-Anne Chateau-Challon, veuve de Charles Maillart et consorts, que, de la part d'une personne qui est prouvé avoir su signer au moment même de l'acte, la déclaration de ne savoir signer emporte nullité (1).

» Mais ici, point de preuve que Léonard Fellonneau sût encore signer en 1783. On prouve bien qu'il savait signer et qu'il signait effectivement en 1734, en 1741, en 1742, en 1746, en 1747, en 1748, en 1750 et en 1751. Mais savait-il encore signer, signait-il encore en 1783? Il a lui-même déclaré le contraire dans le testament dont il s'agit; et aucune pièce n'étant produite pour infirmer sa déclaration, sa déclaration doit faire foi : elle le doit d'autant plus, qu'elle est appuyée par trente-huit déclarations semblables, faites dans autant d'actes passés par Léonard Fellonneau, dans l'intervalle de 1751 à 1783. On sent d'ailleurs qu'un simple campagnard qui, pendant trente-deux ans, a cessé d'écrire, peut facilement en avoir perdu l'habitude.

» C'est par cette considération qu'un arrêt du parlement de Paris, du 8 janvier 1783, dont nous avons détaillé l'espèce à votre audience du 19 brumaire dernier (2), a confirmé un testament dans lequel le testateur qui n'avait pas signé depuis vingt ans, avait déclaré ne savoir signer.

» C'est aussi par cette considération que nous croyons devoir conclure au rejet de la requête de la demanderesse ».

Ces conclusions ont été adoptées par arrêt du 8 messidor an 11, au rapport de M. Lachèze,

« Attendu, sur le premier moyen, qu'étant constaté en fait par le jugement attaqué, que Léonard Fellonneau avait, depuis 1751, perdu l'habitude de signer, et qu'il ne le savait plus, ce qui s'est démontré par l'inspection de trente-huit actes dans lesquels il avait déclaré ne savoir signer, la déclaration semblable faite dans son testament, ne s'écarte en rien du vœu de l'art. 5 de l'ordonnance de 1735;

» Attendu, sur le second moyen, que rien n'annonce dans ce même article, que le législateur s'y soit servi des mots *en entier*, pour en prescrire l'usage exclusif et sacramentel dans la mention de la lecture des testamens; qu'il doit suffire, pour l'exécution de cette disposition, lorsque cette mention a été faite, qu'il ne résulte pas des expressions dont le notaire s'est servi, ou de la contexture de l'acte, que le testament n'ait été lu qu'en partie; que, d'autre part, la déclaration du 7 août 1783 ne condamne les expressions dont les notaires du ci-devant parlement de Toulouse étaient dans l'habitude de se servir, qu'en ce qu'elles ne prouvaient pas que ce fût au testateur que le testament avait été lu ».

§. XI. 1.º *Lorsqu'après la clause qui énonce la lecture, le testateur ajoute d'autres dispositions, le défaut de mention que ces dispositions nouvelles ont été lues, en emporte-t il la nullité, et cette nullité reflue-t-elle sur la partie du testament qui a été réellement lue ?*

2.º *La mention de la lecture AU TESTATEUR ET AUX TÉMOINS, remplit-elle le vœu de la loi qui exige que la lecture soit faite au testateur en présence des témoins ?*

La première de ces questions a été jugée en 1785, au parlement de Grenoble.

Dans le fait, Jean Troussier avait fait son testament le 28 octobre 1763, deux ans avant sa mort, et pendant une maladie grave qui l'avait empêché de signer. Il avait d'abord légué 500 livres à chacune de ses trois filles, Marie, Madeleine et Marie-Anne; laissé ensuite l'usufruit de ses biens à Jeanne Gondrand, sa femme, jusqu'à ce que l'héritier eût 26 ans, époque où, son usufruit cessant, elle retiendrait une pension que deux parens régleraient; institué Joseph Troussier, son fils unique, son héritier universel; et enfin, déclaré qu'il voulait que son testament valût comme tel, codicille, donation à cause de mort, et de la meilleure manière qu'il pourrait valoir.

Après ces dispositions, l'acte présentait les clauses suivantes : « Lu, publié et répété en entier audit testateur et aux témoins ci-après

---

(1). *V.* l'article *Signature*, §. 3.
(2) *Ibid.*

nommés, en présence de.... tous sept de cette paroisse, témoins requis, signés, non le testateur, pour ne pouvoir, à cause de sa grande faiblesse, de ce enquis et requis. Du depuis, le testateur a fixé la pension de sa femme, après la remission de l'hérédité à son fils, à la quantité de six setiers seigle, quatre setiers méteil, et de lui entretenir une vache de laquelle elle jouira, et de tout le produit, avec son habitation, sa vie durant, dans la maison, son lit garni, la faculté de prendre des herbes au jardin, et du bois au bûcher, sans abus, un habit de trois en trois ans, et quatre barils de vin par an, ou la moitié de ce qui se percevra, au choix de l'héritier; et au lieu de la vache, le testateur a converti le produit d'icelle à trente livres de chair de cochon, dix livres de beurre, dix livres de fromage, avec une quarte de sel. Ledit testateur donne aussi 20 liv. pour faire dire des messes, un quartal de sel aux pauvres de la paroisse, 6 livres aux pénitens, qui seront employées à une croix, pour porter aux décès des confrères dans la maison, et 3 liv. à l'église; 30 sous à la chapelle du Saint-Rosaire, et 30 sous aux pénitens; et dans le cas que Madeleine Troussier, sœur de lui testateur, lui survive, qu'elle ne puisse vivre en commun avec l'héritier, il lui donne une pension annuelle et viagère de deux setiers de seigle, pour la récompenser des services qu'il a reçus d'elle; ainsi en la minute ». Suivent immédiatement les signatures de sept témoins et du notaire.

Sur la demande en nullité de ce testament, Joseph Troussier, héritier institué, disait que l'acte prouvant qu'il avait été fait d'un seul contexte, il fallait rapporter la clause où était insérée la mention de la lecture, soit aux dispositions qui précédaient cette mention et les termes *du depuis*; soit aux dispositions écrites après les mêmes mots, puisque l'acte n'avait été signé par les témoins et le notaire qu'à la fin, bien qu'il portât que le notaire et les témoins avaient signé avant les termes *du depuis*; que les testamens en général, et surtout les testamens *inter liberos*, méritaient, dans les pays de droit écrit, la plus grande faveur; que d'ailleurs, suivant la règle *utile per inutile non vitiatur*, l'institution universelle d'héritier et les legs à titre d'institution particulière d'héritier, ayant été lus au testateur, cela suffisait pour faire entretenir le testament.

Les trois filles légataires disaient, au contraire, que les termes *du depuis* placés dans l'acte immédiatement après la clause de mention de la lecture de tout ce qui précédait, étaient aussi expressifs que s'il avait été écrit, *après la lecture faite, le testateur lègue*; qu'on ne pouvait s'y méprendre; que le matériel que les 36 lignes contenant huit legs, écrites dans cet acte à la suite des mots *du depuis*, n'avaient point été lues au testateur;

que la mention antérieure de lecture ne pouvait se rapporter à ces 36 lignes écrites sans apostilles ni renvoi; qu'on ne pouvait pas même présumer que le testateur eût lui-même lu ces 36 lignes avant les signatures, puisque l'acte prouve qu'il était accablé de sa maladie, dans son lit, et qu'il n'avait pas signé à cause de sa grande faiblesse, *de ce enquis et requis*; que, suivant les auteurs les plus célèbres, notamment Dumoulin, la règle *utile per inutile non vitiatur*, est inapplicable en matière de solennité ou de forme, parce que c'est *quid individuum*; que l'art. 5 de l'ordonnance de 1735, le réglement de la cour de 1743, fait par ordre du roi (*V.* ci-devant, §. 9), exigeaient, sous peine de nullité, deux choses : 1.º la lecture en entier du testament, c'est-à-dire, de toutes ses dispositions; 2.º la mention expresse de cette lecture dans l'acte; que ce qui était écrit dans l'acte dont il s'agissait à la suite des mots *du depuis*, présentant huit différens legs, devait, sans contredit, être regardé comme des dispositions faisant partie du testament; que, cependant, le matériel de cet acte assurait aux yeux que cette partie des dispositions, contenant huit legs écrits à la suite des termes *du depuis*, n'avait pas été lue au testateur; et que conséquemment la mention de la lecture de cette partie de ses dispositions, n'était pas et ne pouvait pas être dans l'acte; que l'art. 5 de l'ordonnance, en adoptant la règle du droit romain pour les testamens nuncupatifs, et voulant en conséquence que le testateur prononçât ses dispositions en présence des témoins et que le notaire les écrivît à mesure, exigeait bien que le testament fût fait d'un seul contexte; mais que, bien loin ni de faire présumer que de cela seul qu'il aurait été fait d'un seul contexte, il fallût conclure que la mention de la lecture entière, soit qu'elle fût placée au commencement, au milieu, ou à la fin de l'acte, se rapportait à toutes les dispositions, le législateur ne s'était pas borné à prescrire qu'il fût fait *uno contextu* : mais qu'outre cette solennité, l'art. 5 de l'ordonnance et le réglement de 1743 prescrivaient, 1.º qu'il fût fait au testateur lecture de toutes les dispositions; 2.º que l'acte présentât dans son sein une mention de cette lecture, de telle manière qu'en lisant la clause de cette lecture, on ne pût pas douter, au désir du réglement de 1743, que cette lecture de toutes les dispositions avait été faite au testateur. Or, on ne pouvait pas dire que cette mention de lecture, là où elle était placée, se référât aux dispositions postérieures aux termes *du depuis*.

Le 30 avril 1785, arrêt, à l'audience de la grand'chambre, qui, sur ces motifs, casse le testament de Jean Troussier.

La question avait été jugée de la même manière, par des arrêts du même parlement, des 20 juillet 1731, au rapport de M. de Lemps

TESTAMENT, §. XI.

et du 17 juillet 1753, au rapport de M. de Char-
conne.

On trouvera dans le *Répertoire de jurisprudence*, au mot *Testament*, sect. 2, §. 3, art. 1,
n. 13, et dans le *Journal des audiences de la
cour de cassation*, année 1817, page 37, deux
arrêts de cette cour, des 30 avril 1812 et 12 novembre 1816, qui jugent de même relativement
à des testamens faits sous l'ordonnance de 1735.
Le premier de ces recueils, sect. 2, §. 3,
art. 2, n. 6 *bis*, en contient un autre du 19
avril 1809, qui applique la même décision à un
testament fait sous le Code civil.

C'est ce qu'a encore jugé, le 13 septembre
suivant, un arrêt de la même cour, qui prononce en même temps sur la seconde des questions énoncées en tête de ce paragraphe. — Je
le transcris littéralement, tel qu'il a été rédigé
par M. le rapporteur.

« La cour de cassation a rendu l'arrêt suivant entre les sieurs Guillaume et Astorq Mar-
tres, père et fils, propriétaires, habitans de la
commune de Cros de Montamat, et Antoine
Lagat, propriétaire à Aurillac, demandeurs en
cassation d'un arrêt rendu par la cour d'appel
de Riom, le 27 février 1808, d'une part : les
sieurs Antoine-Joseph Lagat et Louis-Antoine
Lagat, père et fils, propriétaires, demeurans en
la même commune de Cros de Montamat, défendeurs, d'autre part ;

» Fait. Le 15 ventôse an 13, Jeanne Lagat
fit son testament pardevant notaire. L'acte commence en ces termes : *Pardevant nous Giraud
Combt...., présens les témoins ci-après.* Suivent les legs. L'acte est ainsi terminé : *et nousdit notaire ayant fait lecture d'icelui (le testament), plusieurs fois, mot à mot et en entier,
à la testatrice et aux témoins, ladite Lagat,
testatrice, a dit et déclaré que le présent testament contient son unique vouloir et dernière volonté qu'elle nous a dictés mot à mot et de sa
propre bouche et de la main du notaire
soussigné, et nous a requis acte du présent, en
présence de..... (les témoins) soussignés avec
nous, et la testatrice a déclaré ne savoir le faire,
par nous de ce requise d'après la loi. Et sur la
seconde lecture, avant la signature, la testatrice
déclare donner aux pauvres de Cros 9 décalitres
94 centilitres de blé-seigle, délivrables après son
décès, présens et soussignés les témoins ci-dessus.*

» Les demandeurs ont attaqué ce testament
comme nul, et le 11 avril 1807, jugement du
tribunal d'Aurillac qui le déclare nul, conformément à l'art. 1001 du Code civil. Les motifs
sont 1.º que, suivant l'art. 972 du Code civil,
il doit être donné lecture au testateur du testament, en présence des témoins, et qu'il doit
être du tout fait mention expresse; que cette
mention ne se trouve pas dans le testament de

Jeanne Lagat; 2.º que l'interprétation donnée
par l'arrêt de la cour de cassation, du 18 frimaire
an 14, à cet article, ne reconnaît pour équiva-
lens aux termes précis qu'elle exige, que des
termes identiques; — 3.º que dire qu'un testament a été lu à la testatrice et aux témoins, ou
faire mention qu'il a été lu à l'une, en présence
des autres, présente un sens très opposé.

» La cour d'appel a infirmé ce jugement et
déclaré le testament valable, parce que la loi
qui est sacramentelle, quant aux dispositions,
ne l'est pas quant aux expressions dont on doit
se servir pour en remplir le vœu; que les dispositions portées par l'art. 972, ont été observées; que le testament a été lu par le notaire à
la testatrice et aux témoins; qu'il en a été fait
mention expresse, et que même, aussitôt après
la lecture, les témoins ont été dénommés et désignés par leurs professions; que les mots, *lecture
faite à la testatrice et aux témoins*, remplissent
le vœu de la loi.

» Le pourvoi est fondé sur les art. 972 et 1001
du Code civil. La loi, disent les demandeurs,
n'admet pas d'équivalent; elle veut que la lecture du testament soit faite au testateur, en présence des témoins, et qu'il soit fait mention
expresse de cette présence des témoins lors de
la lecture du testament au testateur, mais
que de cette lecture. Lire un testament au testateur
et aux témoins ne présente pas la même idée
que lire ce testament en présence des témoins.
— Or, la loi n'ordonne pas seulement la lecture
du testament aux testateurs et aux témoins,
mais cette lecture à l'un en présence des autres.
Admettre l'un pour l'autre, c'est supposer qu'il
suffit que le notaire donne à chacun séparément
lecture de l'acte, tandis que la loi a une disposition contraire. — Dans le testament en question, on voit bien la présence des témoins,
lorsque la testatrice dicte ses volontés; mais il
n'est pas fait mention de cette présence, lors de
la lecture qui en a été faite. — D'ailleurs, le testament fini, la testatrice fait un legs aux pauvres : elle ne dicte pas au notaire cette nouvelle
disposition : celui-ci fait simplement mention
de la volonté de la testatrice à cet égard. Après
cette nouvelle disposition, il ne donne pas lecture à la testatrice, en présence des témoins,
du testament. Cet acte n'est donc pas dans la
forme voulue par la loi. — Les demandeurs opposent ensuite la cour de Riom à elle-même :
ils citent un arrêt de la cour qui, selon eux,
décide le contraire dans une espèce toute semblable; ils citent aussi un arrêt de la cour, du
18 frimaire an 14.

» Les défendeurs répondent : le droit français n'admet pas les subtilités du droit romain;
en France, on s'attache plus au fond qu'aux
formes. Les formes prescrites pour la confection
des actes, sont de rigueur, mais elles ne sont
pas sacramentelles : ce ne sont pas des formules

qu'il faille suivre mot à mot. Si on les remplit, n'importe de quelle manière, la loi est satisfaite. Ce principe a été constamment et généralement adopté; il a dicté l'ordonnance de 1735, art. 23, et l'art. 972 du Code civil.—Or, la cour d'appel déclare que les expressions, *lecture faite à la testatrice et aux témoins*, remplissent le vœu de la loi. Ce sera un mal jugé, si l'on veut, mais un mal jugé ne donne pas ouverture à cassation.—D'ailleurs le testament relate qu'il en a été donné une première, puis une seconde lecture; s'il y a des doutes sur la première lecture, il ne peut en exister quant à la seconde; et celle-ci ayant été donnée en présence des témoins, comme l'acte le relate, il n'y a plus d'équivoque. Ainsi, y eût-il du doute que la première lecture ait été faite en présence des témoins, comme ceux-ci étaient présens lors de la seconde lecture, la loi est satisfaite.—En vain les demandeurs prétendent-ils qu'après la seconde lecture, la testatrice a fait une nouvelle disposition qui vient à la suite de la mention de cette seconde lecture; qu'on ne voit pas que cette disposition ait été dictée au notaire ou à la testatrice, ni qu'il en ait été donné lecture à celle-ci en présence des témoins, et qu'alors l'acte est nul.—En effet, 1.º le moyen n'ayant été proposé ni en première instance ni sur l'appel, on ne peut le proposer en cassation. 2.º La nullité, fût-elle acquise, ne frapperait que contre la nouvelle disposition, et contre celles qui la précèdent.—Enfin, l'arrêt de la cour que l'on invoque n'a aucun trait à l'espèce; et, quant à l'arrêt de la cour de Riom que l'on prétend mettre en opposition avec elle-même, il n'est pas produit.

» Sur quoi, ouï le rapport de M. Vallée, les observations de Mathias pour les demandeurs, celles de Boucherau pour les défendeurs, et M. Pons, substitut du procureur-général, dans ses réquisitions (1).

_____

(1) Voici, mot pour mot, comment ce magistrat s'est expliqué sur les deux moyens de cassation qui ont déterminé l'arrêt.

« Le testament de Jeanne Lagat du 15 ventôse an 13, est-il valide, comme conforme à l'art. 972 du Code; ou nul, comme y étant contraire?

» Le tribunal de première instance l'avait jugé nul, la cour d'appel l'a déclaré valide.

» Son arrêt vous est dénoncé par le motif qu'il a violé l'article cité.

» M. le rapporteur vous a remis cet article sous les yeux. Je crois devoir vous le rappeler encore : *Si le testament* (dit le législateur) *est reçu par deux notaires, il leur est dicté par le testateur, et doit être écrit par l'un des deux notaires, tel qu'il est dicté. S'il n'y a qu'un notaire, il* (le testament) *doit être également dicté par le testateur et écrit par ce notaire. Dans l'un et dans l'autre cas, il doit en être donné lecture au testateur, en présence des témoins.*

Tome VI.

» Vu les art. 972 et 1001 du Code civil, lesquels disposent : — Art. 972. *Si le testament est reçu par deux notaires, il leur est dicté par le testateur et il doit être écrit par l'un de ces notaires, tel qu'il est dicté. S'il n'y a qu'un notaire, il doit également être dicté par le testateur, et écrit par le notaire. Dans l'un et l'autre cas, il doit en être donné lecture au testateur, en présence des témoins* .... *il est fait du tout mention expresse. —* Art. 1001. *Les formalités auxquelles les divers testamens sont assujettis par les dispositions de la présente section et de la précédente, doivent être observées, à peine de nullité;*

» Considérant que, pour la validité du testament, aux termes de l'art. 972, il faut qu'il en soit donné lecture au testateur, en présence des témoins, et que mention expresse en soit faite dans l'acte;

» Considérant qu'il ne résulte pas du testament en question que lecture en ait été donnée à la testatrice en présence des témoins, notamment de la disposition par laquelle celle-ci lègue aux pauvres de la commune de Cros une certaine quantité de blé-seigle; qu'ainsi, en déclarant valable ledit testament, la cour d'appel de Riom a fait une fausse application de l'art. 972

_____

» C'est de cette dernière disposition de l'article, que le réclamant tire son moyen.

» Suivant lui, la mention de la lecture faite au testateur en présence des témoins, ne se trouve pas énoncée dans le testament comme elle devait l'être.

» Les juges d'appel ont pensé qu'elle y était par équivalent; que ces expressions, *lecture faite à la testatrice et aux témoins*, accomplissaient le vœu de la loi.

» Mais s'il est vrai que la mention qu'une lecture de testament faite à la testatrice et aux témoins, ne soit pas rigoureusement la même que la mention de la lecture faite à l'une en présence des autres; s'il est possible qu'on ait lu le testament à la testatrice et aux témoins *séparément*, il est clair que l'arrêt querellé se sera écarté du texte de la loi qui n'admet point d'équivalent; que, d'ailleurs, il n'y en avait pas dans l'espèce; et que, par là, il se sera exposé à la cassation.

» S'il était possible, au reste, qu'il pût y échapper sous ce premier aspect, il n'y échapperait pas sous un autre qui présente, selon nous, une violation incontestable.

» Vous avez vu qu'après avoir dicté son testament, la testatrice voulut faire un legs aux pauvres; mais ce n'est plus elle qui dicte cette disposition, c'est le notaire, qui se contente d'en faire la mention, et il n'y joint pas celle de la lecture qu'il a dû en donner à la testatrice en présence des témoins. Un testament ne forme qu'un seul contexte, les formalités qui doivent l'accompagner pour une disposition, doivent être observées pour toutes. Dans celui dont il s'agit, il en est une survenue après coup, qui n'a été lue ni à la testatrice ni aux témoins. Il n'en faut pas davantage pour invalider l'ensemble du testament. Les juges d'appel n'ont pu le déclarer valable que par une double violation de la loi ».

du Code civil, et par suite violé la disposition de l'art. 1001 ;

» La cour casse et annulle l'arrêt de la cour d'appel de Riom, en date du 27 février 1808.....».

§. XII. *Un testament revêtu des formes prescrites par la loi qui était en vigueur au temps de sa confection, est-il annullé par une loi subséquente qui, du vivant du testateur, prescrit d'autres formes?*

Le 28 nivôse an 9, Robert-Charles Dudekun fait, à Bruxelles, en présence d'un notaire et de deux témoins, un testament par lequel il dispose en faveur d'Eléonore et Justine Limminghe, ses nièces. Le 25 ventôse an 10, il fait, dans la même ville et dans la même forme, un second testament qui ajoute de nouvelles libéralités aux précédentes. Il meurt le 19 prairial an 11, près d'un mois après la promulgation des articles du Code civil, concernant les formalités des dispositions à cause de mort.

Victoire-Amélie Desenfant, veuve Devillers, sa nièce, attaque les deux testamens, et soutient qu'ils sont nuls, parce qu'ils ne sont pas revêtus des formes prescrites par le nouveau Code.

Le 5 fructidor an 11, jugement du tribunal de première instance de Bruxelles qui la déboute de sa demande et ordonne l'exécution des deux testamens.

Appel, et le 15 frimaire an 12,

« Considérant que la loi du 13 floréal an 11, qui prescrit les formalités à suivre pour la validité des testamens, ne touche nullement à ceux faits avant sa promulgation, conformément aux règles lors d'usage, et n'ordonne point qu'ils soient recommencés en cas de survie du testateur; qu'en principe, un acte est valable ou nul, dès l'instant de sa confection, suivant que les parties se sont conformées ou ont contrevenu aux lois existantes, quand elles ont contracté;

» Que les dispositions nouvelles du Code, relatives à la forme des testamens, n'ont pu et n'ont dû être observées qu'à dater de sa promulgation;

» Enfin, en fait, que les testament et codicille dont il s'agit, sont revêtus des formes déterminées par les lois anciennes; et notamment par l'édit perpétuel de 1611;

» Le tribunal (d'appel de Bruxelles) dit qu'il a été bien jugé.....».

La dame Devillers se pourvoit en cassation. Elle emploie pour moyen principal tout ce qu'elle a dit devant la cour d'appel, et subsidiairement elle y ajoute qu'en tout cas les testamens dont il s'agit, devraient être annullés, parce qu'à l'époque où ils ont été faits, l'ordonnance de 1735 à laquelle ils ne sont pas conformes, faisait loi à Bruxelles.

« Le moyen subsidiaire que vous présente la demanderesse (ai-je dit à l'audience de la section des requêtes, le 1.er brumaire an 13), repose sur une base absolument fausse. L'ordonnance de 1735 n'a jamais été publiée à Bruxelles; elle ne pouvait donc pas y faire loi, à l'époque où Robert-Charles Dudekun a testé. C'est une vérité si claire par elle-même, et d'ailleurs si nettement justifiée par l'art. 2 de la loi du 3 brumaire an 4, particulière à la Belgique, qu'il est difficile de concevoir comment la demanderesse a pu la méconnaître.

» Quant à son moyen principal, il vous présente une question d'un grand intérêt, mais sur laquelle vous ne trouverez vraisemblablement aucune difficulté. Il s'agit de savoir si un testament passé dans une forme qui, à l'époque de sa confection, était régulière, devient nul et sans effet, lorsqu'avant la mort de son auteur, une loi nouvelle a changé cette forme et l'a remplacée par une autre.

» On vous dit pour l'affirmative, qu'un testament n'est, pendant la vie de son auteur, qu'un projet de disposition; qu'il ne confère aucun droit à personne; qu'il reçoit, en quelque sorte, l'être par la mort même du testateur; qu'ainsi, tant que le testateur est vivant, le testament n'a point d'existence réelle; qu'on ne peut donc, pour savoir s'il est en bonne forme, consulter que la loi du moment où le testateur a cessé de vivre; et que conséquemment si, avant de cesser de vivre, le testateur a été soumis à une loi qui, sur la forme de tester, différait de celle qui avait présidé à ses premières dispositions, ses premières dispositions ont, par cela seul, perdu tout leur effet.

» On pourrait, comme vous le voyez, Messieurs, faire le même raisonnement à l'égard d'un testateur qui, après avoir disposé dans le lieu de son domicile actuel, suivant la forme qu'il y a trouvée en vigueur, transférerait son domicile dans un autre lieu où la forme de tester serait différente, et y mourrait sans avoir refait son testament. A coup sûr, dans cette hypothèse, le testament resterait valable, nonobstant la mort subséquente du testateur sous l'empire d'une loi nouvelle. Et pourquoi n'en serait-il pas de même dans notre espèce?

» Il faut bien distinguer dans tous les actes de la vie civile, ce qui tient à leur forme purement probante, d'avec ce qui est relatif à la capacité requise pour les faire et au fond de leurs dispositions.

» Pour tout ce qui concerne la capacité des parties et le fond des dispositions, il est de principe qu'on doit s'attacher principalement aux lois qui existent au moment où naît et s'acquiert le droit dérivant des actes. *Actus pen-*

dens, necdùm usquequaque perfectus (dit Wesel sur les nouvelles ordonnances d'Utrecht, art. 22, n. 29), *omninò regitur constitutione novâ sub quâ complementum accepit ex quo jus oritur.* Ainsi, pour savoir si un testateur a pu disposer et s'il n'a pas transgressé les bornes légitimes, on doit consulter la loi du jour où il est décédé, parce que c'est ce jour seulement qu'a pu naître le droit de ses héritiers institués ou de ses légataires (1).

» Mais dans tout ce qui tient à la forme purement probante, il n'y a et il ne peut y avoir d'autre loi à suivre que celle du lieu et du moment où l'acte se passe. Une fois l'acte passé dans une forme probante, non-seulement il prouve d'une manière authentique tout ce qu'il contient, mais le droit de le prouver lui est irrévocablement acquis; et il ne peut pas plus perdre ce droit, qu'il ne peut être dépouillé de la forme dans laquelle il a été passé, l'observation de cette forme et le droit de faire preuve étant deux corrélatifs inséparables l'un de l'autre. *Jus probationis* (dit Balde, sur le titre *de summâ trinitate,* au Code n. 81), *oritur à principio; undè posteà ex quo jus est ortum, non tollitur mutatione loci.* « En effet (ajoute Boullenois, dans son » *Traité des statuts réels et personnels,* tome 2, » page 68), il n'est ici question que de l'effet de » la preuve et de l'authenticité de l'acte. Or, cet » effet *inest suæ causæ et titulo; et tunc sicut ti-* » *tulus est utilis, ità effectus est indivisibilis,* (ce » sont encore les termes de Balde, à l'endroit » cité).

» Saisissons bien cette idée aussi profonde que lumineuse : dès que l'acte est revêtu d'une forme probante qui lui assure son effet, cet effet est indivisible: *tunc sicut titulus est utilis, ità effectus est indivisibilis.* Il y aurait cependant, si l'on admettait le système de la demanderesse, bien des occasions où cet effet serait divisé.

» Supposons, par exemple, qu'un Suisse possessionné en France, en Allemagne, et en Helvétie, passant par Bruxelles en l'an 9, y ait fait un testament dans la forme réglée par l'édit perpétuel de 1611; qu'il se soit ensuite retiré dans son pays et qu'il y soit mort après la promulgation du Code civil en France : très-certainement ses dispositions auront leur effet sur les biens qu'il aura laissés en Helvétie et en Allemagne; car dans l'une et dans l'autre contrée, on ne s'attachera qu'à la forme déterminée par la loi du moment où il a testé; et on n'ira pas imaginer qu'en ne renouvelant pas son testament après la publication d'une loi nouvelle qui a pu ne pas parvenir jusqu'à lui, il est censé l'avoir révoqué. Pourquoi donc ses dispositions ne seraient-elles pas également exécutées en France? Est-il pos-

sible de diviser ainsi la foi due à un acte authentique? Est-il possible que tel acte prouve dans un lieu et ne prouve pas dans un autre?

» Supposons encore un Français possessionné en France et en Bavière, qui, passant par Munich, y fasse un testament devant notaires dans la forme locale, revienne ensuite en France, et y meure après qu'une nouvelle loi bavaroise a changé la forme de tester. Bien sûrement, ses dispositions seront exécutées en France, puisque l'art. 999 du Code civil permet à tout Français qui se trouve en pays étranger, *d'y tester par acte authentique, avec les formes usitées dans le lieu où l'acte sera passé;* et il serait sans doute bien étrange que son testament ne reçût pas aussi son exécution en Bavière.

» Au surplus, toute supposition à part, il a été constamment reconnu que les testamens n'étaient pas annullés par l'effet des lois nouvelles qui, du vivant des testateurs, prescrivaient des formes différentes de celles dont ils avaient été valablement revêtus.

» Paul de Castres, sur la loi 29, C. *de testamentis,* établit ce principe de la manière la plus positive : *Si hodiè,* dit-il, *fiat statutum quòd in testamentis servetur certa solemnitas, aliàs non valeant; si sint aliqua jam facta sine illâ solemnitate, nihilominùs valebunt, licet testator potuerit mutare et solemnitatem illam servare, quià non arctatur ad hoc.*

» Le même principe est enseigné par Vasquius, *de successionibus,* n. 9; voici ses termes: *Testamentum non vitiatur, si posteà fiat lex novam formam dans testamentis, licet testator testamentum mutare potuerit.... quià sufficit quòd actus qui factus fuit antè legem novam, fuerit sine culpâ, et testamentum quod anteà fecit prædictus testator fuerit legitimè factum et secundùm jus quod tunc vigebat. Et ità cùm testamentum prædictum fuerit legitimè factum, non meretur pœnam annullationis ipsius.* Vasquius ajoute que telle est également l'opinion de Balde sur la loi *si quis heredem,* C. *de institutionibus sub conditione factis.*

» Et Wesel, sur les nouvelles ordonnances d'Utrecht, art. 22, n. 35, en fait expressément l'application à l'art. 17 de ces lois qui exige que les témoins testamentaires soient âgés de dix-huit ans; cet article, dit-il, ne préjudicie pas à la validité des testamens faits auparavant, en présence de témoins âgés de quatorze années seulement: *Nec infirmabitur testamentum secundùm præcepta juris veteris à teste quatuordecim annis majore subscriptum, ex eo quod articulus 17 testamentariis testibus grandiorem, octodecim scilicet annorum, ætatem præfinit.*

» Du reste, ces jurisconsultes n'ont pas créé, de leur propre autorité, le principe sur lequel ils fondent leur doctrine; ils l'ont puisé dans deux lois romaines qui l'avaient proclamé long-temps avant eux. Par la loi 29, C. *de testamentis*, Justinien assujettit les testateurs à quelques nouvelles formalités; mais en même temps il déclare que sa disposition ne sera obligatoire que pour les testamens qui seront faits à l'avenir; et il en donne une raison qui, par sa généralité, est applicable à toutes les espèces du même genre: *quæ posterùm tantùmmodo observari censemus, ut quæ testamenta post hanc novellam nostri numinis legem conficiuntur, hæc cùm tali observatione procedant. Quid enim antiquitas peccavit, quæ præsentis legis inscia, pristinam secuta est observationem?* Le même législateur dans le ch. 1 de sa novelle 66, revient encore sur cette loi; il détermine les diverses époques où elle doit être censée avoir été suffisamment connue dans chaque partie de l'empire; et en déclarant de nouveau que les testamens faits précédemment, ne sont pas compris dans sa disposition, il ajoute que sa disposition ne doit pas même comprendre ceux de ces actes dont les auteurs ont survécu à la publication de la nouvelle loi : *Non enim* (ce sont ses termes), *infringi defunctorum volumus dispositiones, sed ratas esse per omnia declaramus ; ut si vel proximè scripta sint testamenta post positionem legis, nondùm verò contigerit constitutiones factas innoluisse, et superviventibus forte testatoribus non sunt mutata : maneant etiam sic institutiones quæ ab initio secundùm tunc certas extantes factæ sunt leges, propriam virtutem habentes, et non accusandæ eo quod tempore quo supervixerunt illi, eas non mutaverunt. Nec enim omnia sunt in nobis, nec semper quibusdam tempus fit testandi repentè ; plerùmque enim incidunt hominibus mortes, testandi eis potestatem auferentes. Quamobrem ab initio factum rectè, eo quod non fuerit mutatum, non arbitramur posteà mutari aut aliquo modo infringi; sed immutilatam manere quæ tunc placuit testatoribus sententiam valideque servari. Erit namque absurdum ut quod factum est rectè, ex eo quod tunc non erat factum, posteà mutetur.*

» C'est sur ces deux lois que s'est modelée l'ordonnance de 1735, lorsqu'elle a déclaré, art. 8o, que « les testamens dont la rédaction » ou la suscription auraient une date certaine » et authentique avant la publication des pré- » sentes......, seraient exécutés ainsi qu'ils » auraient pu ou dû l'être avant la présente » ordonnance, et ce encore que le testateur ne » fût décédé qu'après qu'elle aurait été pu- » bliée ». Et l'un des commentateurs de cette ordonnance, Sallé, fait bien voir que sa disposition n'est que la conséquence des notions les plus saines et les plus exactes du droit : « C'est un principe certain (dit-il) qu'une loi » nouvelle ne peut avoir un effet rétroactif; et » qu'elle n'assujettit que pour le temps posté- » rieur à sa promulgation : de là, les testamens » qui ont des dates authentiques antérieures à » la publication de notre ordonnance, soit par

» eux-mêmes, soit par leur dépôt chez un » officier, ne doivent point être jugés par les » dispositions qu'elle contient, mais relative- » ment à la jurisprudence qui avait lieu dans » chaque pays, avant que l'ordonnance inter- » vînt pour les fixer. Le seul cas qui aurait » pu occasionner quelques difficultés à cet » égard, aurait été si le testateur était décédé » après la publication de cette nouvelle loi ; » alors, il semble qu'on aurait pu lui reprocher » de ne s'y être pas conformé, en abrogeant » son ancien testament, et en en faisant un nou- » veau, avec toutes les formalités qu'elle exige; » mais un pareil reproche pourrait-il avoir un » fondement légitime ? Quoiqu'un testament » n'ait d'exécution qu'après le décès de son » auteur, il suffit que sa date soit authentique » avant l'ordonnance, pour en assurer l'exé- » cution. Peut-on me faire un crime de n'avoir » point observé une loi que je ne connaissais » pas, ni ne pouvais connaître lors de mon » acte ? Vouloir m'obliger à le recommencer, » parce que je survis à la publication de cette » loi, ce serait indirectement lui donner un » effet rétroactif. Aussi l'article ajoute : et » *encore que le testateur ne soit décédé qu'après » qu'elle aura été publiée* ».

» Et vainement vient-on vous dire que la disposition de cet article aurait été inutile, si elle eût été de droit; qu'en l'insérant dans son ordonnance, le législateur a implicitement déclaré que, sans cette disposition, son ordonnance eût rétroagi, quant à la forme, sur les testamens antérieurs; qu'enfin, cette disposition ne se retrouve pas dans le Code civil; et qu'en l'omettant dans le Code civil, le nouveau législateur est censé l'avoir rejetée.

» D'abord, c'est s'abuser étrangement que de regarder toutes les dispositions de l'ordonnance de 1735, comme tellement nécessaires, qu'aucune n'eût pu ; en cas d'omission, y être suppléée comme maxime de droit. Le grand objet du rédacteur de cette ordonnance, a été de prévenir les procès; et cet objet n'aurait été rempli que très-imparfaitement, s'il n'y eût pas rappelé des règles déjà connues, déjà sanctionnées par tous les suffrages ; aussi cette ordonnance est-elle remplie de dispositions de cette nature.

» Ensuite, il n'est pas étonnant que l'art. 8o de l'ordonnance de 1735 ne se retrouve pas dans le Code civil, il n'y aurait formé qu'un pléonasme, d'après le soin qu'avait pris le Code civil de déclarer, pour tous les cas indistinctement, par son deuxième article, que *la loi ne dispose que pour l'avenir*, et qu'*elle n'a point d'effet rétroactif*.

» Enfin, Messieurs, la question est décidée formellement par deux déclarations de l'ancien gouvernement de la Belgique, rendues les 12 janvier 1617 et 27 novembre 1623, sur des référés des conseils de Brabant et d'Artois, qui présentaient la question de savoir si, d'après l'art. 12 de l'édit perpétuel de 1611, on devait annuller les testamens faits avant la publication de cet édit, dans une forme différente de celle qu'il avait prescrite : « Leursdites altesses » (porte la première de ces déclarations), ayant » le tout fait voir et examiné en leur conseil » privé, ont déclaré et déclarent par cette; que » ledit art. 12 ne doit avoir lieu au regard des » testamens faits auparavant la date d'icelui » édit, *encore que les testateurs aient vécu long-* » *temps depuis* ». La seconde déclaration est conçue à peu près dans les mêmes termes (1). Et nous n'avons pas besoin d'observer que ces deux lois n'auraient pas pu, même par forme d'interprétation, disposer comme elles l'ont fait, si dès le moment où avait paru l'édit perpétuel de 1611, il n'avait pas été constant d'après les principes généraux de la matière, qu'il ne devait régler que les testamens qui seraient passés à l'avenir ; car, si par lui-même, cet édit eût dû influer sur les testamens faits avant sa publication, il n'aurait pas été au pouvoir du législateur d'en faire cesser l'effet à leur égard, et par là de priver les héritiers *ab intestat* du droit qui leur eût été irrévocablement acquis de les faire annuller.

» Il reste cependant encore à la demanderesse une objection qu'elle paraît regarder comme décisive. Les testamens que j'attaque, dit-elle, portent, à la vérité, une date antérieure à la publication de la loi du 13 floréal an 11 ; mais cette date n'est point certaine; elle n'aurait pu devenir telle, que par la formalité de l'enregistrement; et il est de fait que les testamens dont il s'agit, n'ont pas été enregistrés avant la mort de leur auteur; la loi du 22 frimaire an 7 voulait même qu'ils ne le fussent qu'après sa mort : rien ne prouve donc que ces testamens aient été faits sous l'empire de l'édit perpétuel de 1611.

» Il est vrai que la formalité de l'enregistrement ; dans les cas et dans les délais où elle est nécessaire peut seule assurer la date des actes émanés des officiers publics ; mais dans les cas et dans les délais où elle n'est pas essentiellement requise, ces actes font par eux-mêmes pleine foi de leur date. Ainsi, par le §. 3 de l'art. 70 de la loi du 22 frimaire an 7, les actes du gouvernement, ceux du corps législatif, ceux de l'administration publique non compris dans les articles précédens, ceux de l'état civil, et un grand nombre d'autres sont affranchis de la formalité de l'enregistrement; et cependant qui oserait prétendre que ces actes n'ont point de date certaine? Qui oserait prétendre que leurs dates ne sont pas authentiques? Par l'art. 20 de la même loi, le délai pour faire enregistrer les contrats notariés, est tantôt de dix, tantôt de quinze jours : dira-t-on pour cela qu'un contrat notarié qui n'a été enregistré que le dixième et le quinzième jour après sa passation, ne fait pas foi qu'il a été effectivement passé le jour même dont il porte la date ? ce serait assurément une grande absurdité. Comment donc peut-on sérieusement soutenir qu'à défaut d'enregistrement pendant la vie du testateur, un testament notarié ne fait pas foi de sa date? La loi accorde, pour le faire enregistrer, un délai de trois mois à compter du jour où le testateur a cessé de vivre. L'enregistrement qui s'en fait dans ce délai, doit donc opérer le même effet qu'opère relativement à un contrat, l'enregistrement qu'il subit le dixième ou quinzième jour après celui où il a été reçu par un notaire. L'enregistrement fait en temps utile, doit donc garantir l'authenticité de la date que porte un testament, comme il garantit celle que porte un contrat.

» Par ces considérations, nous estimons qu'il y a lieu de rejeter la requête de la demanderesse ».

Sur ces conclusions, arrêt du 1.er brumaire an 13, au rapport du M. Sieyes, qui,

« Attendu que le testament et le codicille dont il s'agit, ont été faits à Bruxelles, conformément aux formalités prescrites par l'édit perpétuel de 1611, qui régissait la Belgique au moment de leur confection; que cet édit de 1611 n'a cessé d'être la loi du pays sur cette matière, que par la promulgation de la loi du 13 floréal an 11 qui fait partie du nouveau Code civil ; que l'ordonnance de 1735 n'y a jamais été publiée ;

» Attendu, quant à la forme de ces actes, qu'ils sont et restent réguliers, lorsqu'ils sont revêtus de toutes les formalités prescrites par les lois en vigueur dans le moment de leur confection, encore que ces formalités prescrites par la suite changées ou modifiées par de nouvelles lois; que ces lois ne disposent que pour l'avenir, et ne peuvent avoir d'effet rétroactif, ainsi qu'il est dit dans l'art. 2 du titre préliminaire du Code civil....;

» Rejette le pourvoi.... ».

V. l'article *Testament conjonctif*, §. 3.

§. XIII. 1.º *Est-il nécessaire que la mention du fait que le testament a été écrit par le notaire, soit dans la clôture du testament même ; ou suffit-il qu'elle soit dans le préambule ?*

2.º *Énoncer que la lecture du testament a été faite en présence du testateur et des*

---

(1) *Anselmo*, sur l'édit perpétuel de 1611, art. 11, 12, 13 et 14, n. 1.

294 TESTAMENT, §. XIII:

témoins, *est-ce énoncer suffisamment que cette lecture a été faite au testateur ?*

Le 4 thermidor an 13, le sieur Laguerney-Sourdeval, âgé de quatre-vingt-sept ans, fait, dans la ville d'Argentan, lieu de son domicile, le testament que voici:

« Pardevant nous Jules-David-Rose-Joseph-Sophie Lepage, notaire......, est comparu le sieur...... Laguerney-Sourdeval....., lequel a dicté son présent testament et acte de dernière volonté audit notaire Lepage, soussigné, qui *a écrit la minute des présentes de sa main*, ainsi qu'il suit, en présence de...., tous quatre témoins majeurs, requis et appelés, et demeurans à Argentan. — Je donne et lègue à Pierre Roger et Marie-Anne-Victoire-Mousset, son épouse, demeurans à Argentan, et à Louise Leraitre, épouse du sieur Petit, demeurant à Argentan, *mes trois domestiques*, dans le cas où ils me survivront, la totalité de mes biens meubles et immeubles, de manière qu'ils les partagent par tiers, en sorte que ledit Roger et son épouse aient les *deux tiers*, et ladite femme Petit seulement un *tiers*, et de manière que mes héritiers ne pourront leur contester la totalité de tout mon bien mobilier et immobilier que j'entends leur donner et léguer par le présent, en récompense de leurs bons et honnêtes services; — A la charge, par lesdits légataires, de faire et payer.... (*suivent quatre legs particuliers de rentes viagères*); — Lesquels legs particuliers seront payés par chacun an, après ma mort, par mes légataires universels, en exemption de toutes retenues; — Instituant, en tant que de besoin ledit Roger, Marie-Anne-Victoire Mousset, son épouse, et ladite Louise-Leraitre, femme Petit. mes trois domestiques, mes héritiers ou légataires universels, *dans les proportions ci-dessus dites*; — Telles sont les volontés du testateur jouissant de toutes ses facultés habituelles, et dictées mot après l'autre à nous notaire soussigné; *lecture faite au testateur par nousdit notaire, dont acte.* — Fait et passé à Argentan, en notre étude, *après lecture réitérée en présence du testateur et desdits quatre témoins* ».

Le testateur décède au commencement du mois d'avril 1806.

En apposant les scellés, on trouve un testament olographe du 28 germinal an 12, contenant les mêmes dispositions que celui du 4 thermidor an 13.

Le 11 du même mois, Pierre Roger, l'un des légataires universels, présente ce testament au président du tribunal civil d'Argentan, qui en constate l'état, et en ordonne le dépôt chez un notaire.

Le 16 du même mois, les trois légataires universels obtiennent du même magistrat une ordonnance qui les envoie en possession de tous les biens de la succession.

La veuve Troley, le sieur Philippe et son épouse, se prétendant héritiers du défunt, forment opposition à la levée des scellés.

Le 20, les légataires universels leur font signifier les deux testamens et l'ordonnance d'envoi en possession. Le 5 mai, la veuve Troley, le sieur Philippe et son épouse forment opposition à cette ordonnance.

Le 27 du même mois et le 26 juillet, intervention des demoiselles Larmanger et du sieur Marette, cousins issus de germains du défunt, et comme tels, parens à un degré plus proche que la veuve Troley et les sieur et dame Philippe.

Après divers incidens dont le détail serait ici fort inutile, la cause est portée, sur le fond, à l'audience du tribunal civil d'Argentan.

Les héritiers y concluent, 1.º à ce que le testament olographe soit rejeté, comme ne pouvant concourir avec le testament public qui lui est postérieur, comme révoqué par celui-ci, et enfin parce que ni l'écriture ni la signature n'en sont reconnues et vérifiées; 2.º à ce que le testament public soit déclaré nul, faute de mention expresse que lecture en a été faite au testateur en présence des témoins; 3.º et subsidiairement, à ce qu'il leur soit permis de prouver, par témoins, vingt faits qui établissent, selon eux, que le testateur était en démence à l'époque où il a disposé, et que ses dispositions ont été captées et suggérées.

Les légataires universels concluent, de leur côté, « à ce qu'attendu qu'il est de notoriété publique en la ville d'Argentan, que le sieur Sourdeval était homme d'esprit, qu'il avait même des connaissances recherchées, qu'il avait rempli les fonctions de greffier du tribunal pendant quarante ans de sa vie; qu'il avait sa volonté très-déterminée, tellement qu'il était très-difficile de le faire changer de façon de penser, quand il en avait adopté une, et qu'il a conservé cette fermeté d'opinion et de volonté jusqu'à sa mort; attendu que tant qu'il a vécu, aucun de ses collatéraux ne s'est avisé de vouloir poursuivre ou provoquer son interdiction, parce que véritablement il a conservé toutes ses facultés intellectuelles jusqu'au dernier moment; attendu que, loin que sa volonté ait été captée par ses domestiques, et qu'ils l'aient tenu en charte privée, il est encore de notoriété publique que le sieur Sourdeval se promenait journellement, sans être accompagné de ses domestiques avec différentes personnes, sur le cours de cette ville, et que, s'il avait des bontés pour ses domestiques, il avait en même temps toute la fermeté pour leur faire exécuter ses volontés; il plaise au tribunal les maintenir dans la propriété et possession de tous les biens de la succession, conformément aux deux testamens, l'un olographe, l'autre public; en conséquence, déclarer les prétendus héritiers non recevables et mal fondés à attaquer lesdits testamens, ainsi que dans leurs conclusions tendantes à la preuve des prétendus faits de captation et de démence par eux articulés ».

A ces conclusions, les légataires universels, pour répondre à la dénégation faite par les héritiers, de l'écriture et la signature du testament olographe, en ajoutent d'autres qui tendent « à ce qu'il soit ordonné que l'écriture et la signature de ce testament seront vérifiées tant par titres que par experts et par témoins, pour, par ces derniers, établir que le sieur Sourdeval a montré et fait voir ledit testament; qu'il a consulté différentes personnes, pour savoir s'il était bon et valable; et qu'il leur a dit qu'il était en entier écrit, daté et signé de sa main ».

Le 4 avril 1807, jugement contradictoire, ainsi conçu :

« La cause offre les questions suivantes : 1.º Le testament olographe du 28 germinal an 12 peut-il concourir avec le testament public du 4 thermidor an 13, lorsque l'un et l'autre contiennent en tout les mêmes dispositions au profit des mêmes personnes ? 2.º Le testament public du 4 thermidor an 13 est-il nul, faute de mention de lecture au testateur en présence des témoins? Ou bien cette formalité se trouve-t-elle remplie par la présence constatée des témoins, pendant tout le cours du testament, dont *le notaire certifie avoir donné lecture au testateur et aux témoins?* 3.º La preuve des faits de démence, lorsque le testateur n'a point été interdit de son vivant, est-elle admissible contre un testament olographe et un testament public? 4.º la preuve de captation et de suggestion est-elle admissible dans notre législation actuelle, contre un testament olographe et contre un testament public, fait à 14 mois de distance l'un de l'autre, et contenant en tout, l'un et l'autre, les mêmes dispositions? 5.º En supposant cette preuve admissible, les faits détaillés dans les mémoires et dans les conclusions, sont-ils concluens et pertinens ? 6.º Les legs universels faits au profit des domestiques, sont-ils, d'après le Code civil, susceptibles de réduction, lorsque le testateur ne laisse ni ascendans ni descendans, mais au contraire, comme dans l'espèce, des collatéraux très-éloignés ? 7.º Doit-on ordonner la vérification du testament olographe, toutes fins et exeptions réservées ?

» Le tribunal considérant que le testament olographe et le testament public contiennent l'un et l'autre les mêmes dispositions, et sont en faveur des mêmes personnes; qu'ainsi, le dernier est confirmatif du premier; d'où il résulte qu'il n'y a pas eu de changement de volonté de la part du testateur; que conséquemment l'on ne peut pas dire que, par son dernier testament, il ait révoqué le premier; qu'il résulte, au contraire, d'après l'art. 1036 du Code civil, que ces deux testamens doivent concourir; et que, si l'un d'eux

était nul, l'autre qui serait régulier, devrait être exécuté ;

» Considérant que, d'après ces principes, si l'un ou l'autre testament était reconnu valide, les légataires devraient être maintenus dans la propriété et jouissance de leurs legs ; — Mais que, d'un côté, le tribunal ne peut, quant à présent, statuer sur le testament olographe, que les héritiers ne regardent que comme un projet de testament abandonné, et dont ils ont déclaré dans leurs plaidoiries, ne pas reconnaître l'écriture et la signature pour être celle du sieur Sourdeval ; sans qu'au préalable la minute n'en ait été déposée au greffe, et sans que la vérification en ait été faite ;

» Considérant que, d'un autre côté, il ne serait de l'intérêt d'aucune des parties que le tribunal prononçât séparément sur la validité du testament notarié ; à cause des incidens qui pourraient en résulter, et qui retarderaient nécessairement la décision au principal ;

» Considérant, à l'égard des faits de suggestion et de captation articulés, que la jurisprudence en avait toujours admis la preuve, quoique plus difficilement sur les testamens olographes ; et qu'il paraît que le Code civil s'en est rapporté, par son silence, à la prudence et à la sagesse des tribunaux ;

» Qu'en supposant qu'il fallût, pour l'admettre, certain nombre de présomptions, il en résulterait de suffisantes du grand âge du sieur de Sourdeval ; âge qui très-vraisemblablement avait influé sur son moral et son physique ; qu'il résulterait aussi des présomptions, du montant des legs ;

» Que véritablement les faits articulés considérés isolément, *ne paraîtraient pas en grande partie, bien concluans;* mais qu'il est possible que, tous dans leur ensemble, *après les explications des témoins*, forment une preuve suffisante ; qu'au surplus, il est du devoir du tribunal de ne négliger aucun moyen qui puisse tendre à éclairer sa religion ; et qu'en ordonnant aussi cet interlocutoire, il n'en résultera aucun préjudice aux parties, en leur réservant tous leurs moyens et exceptions.... ;

» Par ces motifs, le tribunal, toutes fins et exceptions réservées, tous moyens tenant et sans y préjudicier, se réservant de statuer sur le tout en jugeant définitivement, a donné acte à la dame veuve Troley et aux sieur et dame Philippe, de ce qu'ils ont déclaré s'en rapporter à justice ; a ordonné que le testament olographe sera apporté et déposé en ce greffe, pour en être dressé procès-verbal par M. Lefessier-Grandpré, président, et nommé commissaire à cet effet, et ce, en présence du ministère public, pour ensuite être nommé des experts aux fins de la vérification de l'écriture et de la signature dudit testament, et convenu de pièces de comparaison, conformément à la loi ;

» Et, à l'égard des faits de captation et de suggestion articulés, le tribunal a de même, toutes fins et exceptions réservées, et sans y préjudicier, les parens dudit sieur Leguerney appointés à en faire la preuve ;

» Les légataires appointés à la preuve du contraire, et, de leur chef, appointés à prouver et vérifier les faits articulés par eux dans leurs conclusions ci-dessus transcrites ».

Les légataires universels appellent de ce jugement ; et le 23 juillet 1807, la cour de Caen prononce en ces termes :

« En droit, 1.º Devait-on ordonner la vérification du testament olographe et la preuve des faits de suggestion, avant de statuer sur la validité du testament notarié ? 2.º Dans le cas de la négative, le testament notarié est-il nul ? — 3.º la preuve des faits articulés est-elle concluante et admissible ?

» Attendu qu'en statuant sur le sort du testament notarié, et s'il était jugé valable, la vérification du testament olographe devenait inutile ; que, sous ce rapport, le tribunal dont est appel, devait s'occuper de cette question, et que la cour doit faire ce qu'il n'a pas fait ;

» Attendu que le testament authentique est revêtu de ses formalités et conforme à la loi, et qu'il est exprimé qu'il en a été fait lecture en présence du testateur et des témoins ;

» Attendu qu'il est inutile d'examiner le testament olographe, si le testament notarié est valable ;

» Attendu que les faits sont inconcluans et quelques-uns contradictoires ;

» La Cour infirme le jugement dont est appel ; ordonne que le testament du 4 thermidor an 13, sera exécuté conformément à l'art. 1006 du Code civil ; maintient les légataires dans la possession et jouissance de l'universalité des biens dudit feu sieur Leguerney ; accorde main-levée de toutes oppositions et séquestres ; dit à tort le trouble apporté par les parens ; les condamne aux dépens des causes principale et d'appel.... ».

Les demoiselles Larmanger et le sieur Marette se pourvoient en cassation contre cet arrêt.

« Quatre moyens de cassation (ai-je dit à l'audience de la section civile, le 18 octobre 1809), vous sont proposés par les demandeurs ; — 1.º Contravention à l'art. 972 du Code civil, d'une part, en ce que le testament du 4 thermidor an 13 n'énonce pas, d'une manière suffisante, qu'il a été écrit par le notaire devant lequel il a été passé ; de l'autre, en ce qu'il n'y est pas exprimé que la lecture en a été faite *au testateur en présence des témoins*. — 2.º Contravention à l'art. 504, fausse application de l'article 901 du même Code, et violation de l'autorité de la chose jugée, en ce que la cour d'appel a repoussé la preuve des faits de suggestion articu-

lés par les demandeurs, et en ce qu'elle n'a eu aucun égard aux preuves de démence qui résultaient du testament même ; — 3.º Contravention à l'art. 1023 du même Code et déni de justice, en ce que la cour d'appel n'a pas réduit les dispositions universelles faites en faveur des domestiques, et n'a pas même débouté les héritiers de leur demande en réduction ; — 4.º Fausse application de l'art. 1006, et violation des art. 1003 et 1044 du même Code, en ce que la cour d'appel a jugé que les légataires à titre universel du sieur Sourdeval devaient jouir de la saisine que la loi n'accorde qu'aux légataires universels.

» Le premier de ces deux moyens se divise, comme vous le voyez, en deux branches.

» Et d'abord, en déclarant valable le testament du sieur Sourdeval, quoique la mention qu'il a été écrit par le notaire, ne se trouve qu'au commencement de l'acte, quoique cette mention ne soit pas répétée dans la clôture de l'acte même, la cour de Caen a-t-elle, comme on le prétend, violé la disposition de l'art. 972 du Code civil qui exige, sous la peine de nullité prononcée par l'art. 1001, que le testament public, *lorsqu'il n'y a qu'un notaire*, soit *écrit par ce notaire*, et qu'il en soit fait *mention expresse* ?

» Avant de répondre à cette question, nous devons en examiner une autre : c'est de savoir si le prétendu défaut de mention suffisante que le testament a été écrit par le notaire, n'ayant pas été articulé par les demandeurs devant la cour de Caen, les demandeurs sont recevables à s'en faire devant vous un moyen de cassation.

» Ils ne le seraient évidemment pas, si, devant la cour de Caen, ils n'avaient pas expressément conclu à l'annullation du testament dont il s'agit.

» Mais cette annullation, ils l'ont demandée dans les termes les plus exprès : elle a même été l'unique objet de la contestation sur laquelle la cour de Caen a prononcé ; seulement ils l'ont demandée pour d'autres causes que le prétendu défaut de mention suffisante du fait matériel, que le testament a été écrit par le notaire. La question est donc de savoir si un moyen de droit qui n'a pas été employé devant la cour de Caen, à l'appui de la demande en nullité formée devant cette cour, peut être employé devant vous comme ouverture de cassation.

» Cette question nous paraît dépendre du plus ou moins de latitude qu'on doit donner à l'art. 4 de la loi du 4 germinal an 2, relative aux ouvertures de cassation en matière civile.

» Cet article porte, comme vous le savez, que la violation ou l'omission des formes prescrites à peine de nullité, ne pourra, lorsque ces formes auront été occasionées ou violées par l'une des parties ou par des fonctionnaires publics agissant à sa requête, opérer une ouverture de cassation, que lorsqu'elle aura été alléguée par l'autre partie devant le tribunal dont celle-ci prétendra faire annuller le jugement pour n'y avoir pas eu égard.

» Cette disposition doit-elle être restreinte aux formes des actes de procédure ; ou bien est-elle applicable aux formes de tous les actes sans distinction ; l'est-elle surtout aux formes des actes qui constituent le titre fondamental de la demande, par exemple, aux formes d'un testament en vertu duquel on réclame une succession ou un legs, aux formes d'une donation entre-vifs en vertu de laquelle on revendique un bien quelconque, aux formes d'un procès-verbal de contravention en vertu duquel le ministère public poursuit une amende?

» Entre ces deux partis, le second devrait l'emporter, si l'art. 4 était absolument isolé, s'il formait l'unique disposition de la loi du 4 germinal an 2 ; car cet article est général, il ne fait aucune distinction.

» Mais le premier doit prévaloir, si l'on fait attention à l'ensemble de la loi, si l'on considère la relation qu'il y a entre l'art. 4 et les deux articles précédens dans lesquels il n'est question que des formes des procédures et des jugemens.

» Et c'est effectivement ce qu'a décidé la loi qui est intervenue le 7 nivôse an 5, sur un référé de la cour.

» Jean-Marie Rendu et Marie-Anne Jacquinot avaient été condamnés par le tribunal de district de Gerle, chacun à une amende de 500 francs, pour contravention aux lois sur les douanes. Ils se sont pourvus en cassation, et entre autres moyens, ils ont dit que le procès-verbal en vertu duquel la régie des douanes les avait poursuivis, et qui faisait la base du jugement du tribunal de Gerle, n'avait pas été affirmé. Ce défaut d'affirmation était constant ; mais les demandeurs en cassation ne l'avaient pas relevé en première instance, quoique d'ailleurs ils y eussent soutenu que le procès-verbal était nul. De là est née la question si *la fin de non-recevoir établie par l'art. 4 de la loi du 4 germinal an 2, frappe tous les actes indistinctement, ou si elle n'est pas limitée aux actes de la procédure ; sans y comprendre ceux qui forment le titre fondamental de l'action* ; et la cour trouvant cette question environnée de trop de difficultés pour la résoudre elle-même, a ordonné, par arrêt du 17 prairial an 2, qu'il en serait référé à la Convention nationale.

» La Convention nationale n'a pas pu s'occuper de ce référé ; mais, par la loi citée, le corps législatif y a statué en ces termes : « Les dispo-
» sitions de l'art. 4 de la loi du 4 germinal an 2,
» ne s'appliquent pas aux actes qui, étant
» indépendans de la procédure, forment le
» titre fondamental de l'action ; en conséquence,
» les nullités qui frappent les actes formant
» le titre fondamental de l'action, donnent
» ouverture à la cassation, de la même manière
» que les autres nullités contre lesquelles il
» n'y a pas de fin de non-recevoir établie par
» les lois ».

» Ce qui signifie bien clairement que ces nullités donnent ouverture à la cassation des jugemens en dernier ressort qui ont maintenu les actes qu'elles infectent, quoiqu'elles n'aient pas été proposées devant les tribunaux dont sont émanés ces jugemens.

» Aussi, Messieurs, avez-vous, par arrêt du 13 septembre dernier, cassé un arrêt de la cour de Riom, qui avait déclaré valable un testament dont la dernière disposition, contenant un legs modique, n'avait pas été lue au testateur en présence des témoins, encore que ce moyen de nullité n'eût été proposé par le demandeur en cassation, ni en première instance ni en cause d'appel.

» Ainsi, point de fin de non-recevoir à opposer au moyen de cassation que les demandeurs prétendent tirer du défaut de mention suffisante que le testament du sieur Sourdeval a été écrit, dans tout son contexte, par le notaire qui l'a reçu ; et il ne s'agit plus que de savoir si ce moyen est fondé.

» Rappelons en peu de mots les raisonnemens que les demandeurs emploient pour établir l'affirmative. — Il est de principe (disent-ils), que la preuve de l'accomplissement des formalités testamentaires, ne peut résulter que des termes clairs et précis des testamens. La loi n'admet point de preuve par induction ni par équipollence ; il faut l'expression formelle, il faut que l'acte prouve par sa propre teneur, jusqu'à inscription de faux, l'impossibilité absolue qu'il y ait eu omission de chaque formalité voulue par le Code. Ainsi, la loi veut, qu'à la simple inspection d'un testament par un notaire, on sache si le testateur l'a dicté, si le notaire l'a écrit, s'il l'a écrit d'un bout à l'autre. — Or, que nous apprend l'expédition du testament du sieur Sourdeval? Rien autre chose, si ce n'est que le testateur l'a dicté au notaire, et que le notaire en a *écrit la minute ainsi qu'il suit*. Il constate donc seulement que le notaire en a écrit le commencement ; mais il ne constate, il n'indique même pas, que le notaire ait continué de l'écrire, que le notaire l'ait écrit jusqu'à la fin. L'énonciation contenue dans le préambule d'un testament dont les dispositions remplissent ensuite deux pages, ne peut pas constater le fait matériel, que le testateur en ait dicté et que le notaire en ait écrit toutes les dispositions. On ne peut pas, dans un testament, attester d'avance, et comme déjà exécuté, ce qui n'est encore que futur. Si un notaire se contentait d'énoncer dans le préambule d'un testament, que toutes les dispositions qui vont suivre ont été lues au testateur, bien certainement le fait de la lecture de ces dispositions ne serait pas légalement constaté; pourquoi donc en serait-il autrement de l'énonciation du fait que le testament a été dicté par le testateur et écrit par le notaire? — L'art. 972 lui-même a réglé, par le classement de ses dispositions, l'ordre naturel dans lequel il veut qu'elles soient exécutées : ce n'est qu'après avoir tracé les formes, qu'il en prescrit la mention. — Et quand il n'aurait pas indiqué cette marche méthodique, la raison seule nous assurerait qu'on ne peut pas affirmer une chose avant qu'elle existe. — En exigeant une *mention expresse* de l'accomplissement des formalités qu'il prescrit, l'art. 972 exige nécessairement la certitude que ces formalités ont été remplies et qu'il est impossible qu'elles ne l'aient pas été. Or, dans l'espèce, la mention faite dans le préambule, que les dispositions formant le corps du testament, ont été écrites par le notaire, peut-elle constater que, contre tous les événemens possibles, le notaire n'a pas été empêché d'écrire toutes ces dispositions? Bien loin de là, cette mention n'est qu'un mensonge grossier, puisqu'elle atteste *au passé* un fait qui était encore dépendant de toute l'incertitude de l'avenir. — On retrouve bien à la fin du testament, une nouvelle mention que les dispositions ont été dictées par le testateur; mais on n'y voit pas un seul mot relatif à l'écriture. — Donc le testament public du 4 thermidor an 13 ne contient pas la preuve légale que le notaire l'ait écrit lui-même en entier; donc ce testament est nul; donc l'arrêt qui l'a jugé valable, doit être cassé. — Voilà, Messieurs, comment raisonnent les demandeurs.

» Mais d'abord, la loi indique-t-elle l'endroit du testament où le notaire est tenu de placer la mention que c'est de sa main que le testament a été écrit? Exige-t-elle qu'il place cette mention dans la clôture plutôt que dans le préambule de l'acte? Non. Les demandeurs prétendent donc ajouter à la loi; et pourriez-vous, Messieurs, casser un arrêt qui juge que la loi n'est, de la part des magistrats, susceptible d'aucune addition?

» Ensuite, que font le testateur, les témoins et le notaire, lorsqu'en terminant l'acte, ils y apposent leurs signatures? Le testateur et les témoins reconnaissent, le notaire atteste personnellement que tout ce qui est dit, soit dans le préambule, soit dans le corps, soit dans la clôture de l'acte, est conforme à la vérité; et par conséquent les uns reconnaissent, l'autre atteste, non-seulement que le testateur s'est mis en mesure de dicter, que le notaire s'est mis en mesure d'écrire, mais encore que le testateur a réellement dicté, que le notaire a réellement écrit, n'importe en quelle partie du testament il est énoncé que le notaire a écrit, que le testateur a dicté.

» Est-il d'ailleurs possible, dans le système des demandeurs, d'imaginer le moyen que le notaire pourrait employer, soit pour commencer, soit pour finir le testament, de manière à ne pas blesser la vérité?

» Dira-t-il dans le préambule, que le testateur lui a dicté ses dispositions, et qu'il les a écrites, telles qu'elles lui ont été dictées? Mais dans ce moment précis, le testateur n'a encore rien dicté; dans ce moment précis, le notaire n'a encore rien écrit; l'énonciation se trouvera donc fausse; le notaire pourra donc être poursuivi comme faussaire?

» Dira-t-il à la fin, qu'il a signé avec le testateur et les témoins? Mais au moment où il le dira, ni le testateur ni les témoins ni lui-même n'auront encore signé. Il faudra donc qu'avant de le dire, il fasse signer son acte par le testateur et les témoins, et qu'il le signe lui-même; qu'ensuite, il fasse mention et de sa propre signature et de celles du testateur et des témoins; et qu'enfin, il certifie cette mention par une seconde signature!

» Telles sont les conséquences du système des demandeurs; et assurément un système qui conduit nécessairement à des absurdités aussi choquantes, ne peut pas être en harmonie avec la loi.

» Au surplus, écoutons Ricard, *Traité des donations*, part. 1, n. 1518 : — «Il semble qu'il » y a lieu de soutenir que les solennités regar- » dant tout le testament en général, et qu'étant » nécessaire, par exemple, qu'il soit entièrement » dicté par le testateur, et ensuite à lui-li- er » relu, la clause qui en fait mention, ne peut » être mise qu'à la fin, d'autant que l'on ne peut » pas écrire dans la vérité, que ces formalités » ont été gardées, auparavant que toutes les » dispositions contenues au testament, aient été » achevées, et que les témoins aient reconnu si » le testateur a effectivement dicté son testament, » et si le notaire lui en a fait la lecture réitérée. » — Ç'a été pourtant avec raison que cette opi- » nion rigoureuse a été rejetée, parce que le tes- » tament étant individu, et ne se composant qu'un » acte, il acquiert sa perfection en un même » temps : tellement qu'il n'importe pas en quel » endroit du testament il soit fait mention qu'il » a été dicté, lu et relu, d'autant que cette clause, » en quelque lieu qu'elle se trouve placée, a » son rapport à tout l'acte, lequel n'est conclu » que par les signatures qui servent de sceaux, » et qui font foi de la vérité de tout ce qui est » contenu. De sorte qu'il suffit que les solen- » nités dont nous parlons, aient été observées au- » paravant les signatures; et il est indifférent que » la clause de *dicté, nommé, lu et relu*, soit au » commencement, au milieu, ou à la fin, pourvu » que la solennité ait été gardée et la clause » rédigée par écrit, auparavant que la partie, le » notaire et les témoins aient signé. Aussi la

» coutume à laquelle nous ne devons rien ajouter,
» particulièrement pour les dispositions pénales,
» telles que sont celles dont il est question,
» qui vont à annuller les actes; s'est-elle con-
» tentée de désirer en général que ces formalités
» soient observées, sans imposer la nécessité qu'il
» en fût fait mention à la fin ou au commence-
» ment du testament. Mais davantage, si la pré-
» tention de ceux qui soutiennent l'opinion con-
» traire, avait lieu, il s'en ensuivrait qu'il serait
» impossible d'exécuter l'ordonnance qui veut
» que les actes soient signés des parties et des
» témoins qui savent signer, et qu'il soit fait men-
» tion tant dans la minute que dans la grosse,
» qu'ils ont ainsi signé, parce que la signature
» étant l'accomplissement de l'acte, et la minute
» devant être achevée auparavant qu'elle soit
» signée, ce serait, à bien dire, une fausseté que
» d'écrire dans la minute, que la partie et les
» témoins ont signé auparavant qu'ils eussent
» signé actuellement; et tous les actes qui com-
» mencent, pardevant les notaires soussignés,
» etc., seraient, par la même raison, sembla-
» blement faux. — Les arrêts qui ont jugé que
» cette clause, dicté, nommé, lu et relu, pouvait
» être valablement insérée ailleurs qu'à la fin du
» testament, et même que les mots lu et relu,
» pouvaient précéder ces autres, dicté, nommé,
» quoique, dans l'ordre, le testament doive
» être dicté auparavant qu'il puisse être lu et
» relu, ont été rendus, savoir, trois en l'audience
» de la grand'chambre, le premier, le mer-
» credi 19 mai 1647, au sujet du testament du
» sieur de Morvilliers; le deuxième, le jeudi 11
» août 1650, en confirmant le testament de
» M.e Hercules Fresnoy; le troisième, le ven-
» dredi 29 mai 1655, sur l'appel d'une sentence
» de Bailly de Montmorency; et le quatrième,
» en l'audience de la seconde chambre des
» enquêtes, sur les conclusions de M. l'avocat-
» général Bignon, le 8 février 1653, en exécu-
» tion du testament de la dame de Lancy ».

» Nous n'avons sans doute pas besoin d'observer que tout ce que dit ici Ricard, et ce que
jugent les arrêts qu'il rapporte, relativement à
la mention des solennités ci-devant prescrites
par la coutume de Paris, s'applique de soi-même
à la mention des solennités que prescrit actuellement le Code civil.

» Mais nous devons ajouter que la doctrine
de Ricard et la jurisprudence des arrêts qui la
justifient, ont été sanctionnées, sous le Code
civil, par un arrêt formel de la section des
requêtes.... (1).

» En voilà sans doute plus qu'il n'en faut pour

écarter la première branche du premier moyen
de cassation des demandeurs; et il est temps de
nous fixer sur la seconde.

» Vous avez remarqué que le testament du 4
thermidor an 13 est ainsi terminé : « Telles sont
» les volontés du testateur dictées à nous notaire
» soussigné, lecture faite au testateur, par nous
» dit notaire, dont acte. Fait et passé lesdits
» jour et an, et ont le testateur et les témoins
» signé, après lecture réitérée en présence du
» testateur et desdits quatre témoins ».

» Il résulte clairement de ces expressions que
le testament a été lu deux fois : une première,
au testateur, sans mention que les témoins y
fussent présens; une seconde, en présence du
testateur et des témoins; et c'est sans doute
parce que le notaire se sera apperçu, au moment
de clorre son acte, qu'il avait omis la mention
de la présence des témoins à la première lecture,
qu'il en a fait une seconde à laquelle il a déclaré
que le testateur et les témoins avaient également
été présens.

» C'est sur cette double lecture et sur la manière dont elle est énoncée avoir été faite, que
les demandeurs fondent la seconde branche de
leur premier moyen de cassation. — L'art. 972
du Code civil, disent-ils, veut que, le testament achevé, il en soit donné lecture au testateur en présence des témoins. Il faut donc deux
choses pour que la formalité de la lecture soit
exactement remplie : il faut que la lecture soit
faite au testateur, il faut qu'elle le soit en présence
des témoins. Or, dans l'espèce, que voyons-
nous? Deux lectures, mais toutes deux irrégulières : l'une est faite au testateur, mais sans
mention de la présence des témoins; et l'autre
est faite en présence des témoins, mais non au
testateur et seulement en sa présence. Ni l'une
ni l'autre de ces deux lectures ne remplit donc le
vœu de la loi; elles sont donc toutes deux nulles.
Et qu'on ne dise pas que, dans la seconde
lecture, les mots, en présence du testateur,
équipollent à la mention expresse que c'est au
testateur que cette lecture a été faite. Ce n'est pas
sans une intention réfléchie, ce n'est pas sans un
motif déterminé, que le législateur a exigé une
lecture faite au testateur en présence des témoins.
Le testament étant un des actes les plus importans d'un citoyen, il est naturel qu'il y donne la
plus grande attention; aussi la loi veut-elle qu'il
le dicte lui-même au notaire; aussi veut-elle que
le notaire en donne lecture au testateur, afin que
celui-ci, en l'écoutant avec attention, puisse s'assurer que le notaire a écrit toute sa volonté, rien
que sa volonté. Il faut donc que le notaire, en
faisant la lecture du testament, adresse cette
lecture au testateur; il faut donc qu'il lise le
testament, non pas simplement en présence du
testateur, mais au testateur lui-même, et tel
que le testateur le lui a dicté. Cette réciprocité
d'attention exigée d'abord du notaire à ce que

lui dicte le testateur, ensuite du testateur à la lecture que lui fait le notaire, quand la loi, dans l'un et l'autre cas, se contente de la *présence des témoins*, établit évidemment la différence de la position et de l'intérêt de chacun des personnages qui concourent à la confection d'un testament : il faut toute l'attention du notaire et du testateur alternativement pour toutes les dispositions et pour chacune des dispositions; il suffit aux témoins d'entendre que le testateur dicte un testament au notaire, et que le notaire en donne lecture au testateur. Le détail de ce qui constitue cet acte *important pour le testateur*, n'intéresse les témoins que pour leur présence passive, exigée par la loi.

» Les défendeurs répondent que lire un testament *en présence du testateur* et le lire *au testateur*, ce sont deux choses absolument identiques. « A qui donc (ajoutent-ils), est-elle donnée cette » lecture *en présence du testateur et des témoins*? » Est-ce aux murs de l'appartement ».

» Et en effet, Messieurs, bien qu'on ne puisse douter que la première lecture ne soit nulle, parce que, dans la mention qu'en contient le testament, il n'est pas énoncé qu'elle ait été faite *en présence des témoins*; bien que la cour l'ait ainsi jugé, au rapport de M. Borel et sur nos conclusions, le 19 frimaire an 14, au sujet du testament du sieur Mullenberg; — Il n'en est pas moins constant que la seconde lecture doit être considérée comme valable, et parce que l'acte lui-même atteste que les témoins y ont été présens, et parce qu'il est constaté par l'acte, qu'elle a été faite *en présence du testateur*.

» Prétendre, comme le font les demandeurs, qu'un testament dont il existe une preuve authentique qu'il a été lu *en présence du testateur*, n'est point, par cela seul, prouvé authentiquement avoir été lu *au testateur* même, c'est prêter à la loi l'intention d'asservir la mention de la lecture qu'elle prescrit, à une forme absolument sacramentelle, c'est lui supposer une intention qu'elle n'a pas.

» Quel est le but de la loi, en voulant que le testament, après avoir été écrit par le notaire, sous la dictée du testateur, soit lu au testateur par le notaire? C'est de s'assurer, comme disent très-bien les demandeurs, que la volonté du testateur a été fidèlement rendue par le notaire, que le notaire a écrit toute la volonté du testateur, et qu'il n'a écrit que sa volonté.

» Or, ce but n'est-il pas aussi complettement rempli, et la preuve n'en est elle pas acquise aussi authentiquement, lorsqu'il est dit que le notaire a lu le testament *en présence du testateur et des témoins*, que s'il était dit qu'*en présence des témoins*, le testament a été *lu au testateur*? Y a-t il donc quelque différence, quant au sens, entre les mots, *lu au testateur*, et les mots *lu en présence du testateur*?

» Lire un acte à haute et intelligible voix,

c'est nécessairement le lire à tous ceux qui sont présens à cette lecture, et qui sont en état de l'entendre : lire un testament *en présence du testateur*, c'est donc nécessairement le lire au testateur.

» Sans contredit, le testament ne serait pas censé avoir été lu *au testateur*, par cela seul qu'il serait dit avoir été lu en *sa présence*, si le testateur pouvait être réputé avoir été présent à la lecture du testament, sans l'avoir entendue; mais si énoncer que le testament a été lu au testateur, c'est énoncer suffisamment que le testateur en a entendu la lecture, que veut-on de plus? Or, la loi 209, D. *de verborum significatione*, décide nettement que, pour être censé avoir été présent à un acte, il faut avoir compris tout ce qui y a été fait : *Coràm Titio aliquid facere jussus, non videtur præsente eo fecisse, nisi is intelligat; itaque si furiosus aut infans sit, aut dormiat, non videtur coràm eo fecisse. Et Godefroy*, dans sa note sur ce texte, en tire la conséquence que, faire quelque chose en présence de quelqu'un, c'est le faire *eo sciente et intelligente*. Donc lire un testament *en présence du testateur*, c'est le lire de manière que le testateur en entende la lecture : donc c'est le lire au testateur; car qu'est-ce que lire un acte à quelqu'un, si ce n'est le lire pour qu'il l'entende?

» Il est vrai, comme le soutiennent les demandeurs, qu'en général, les formalités requises par les lois dans la confection des testamens, doivent être observées exactement et à la lettre; mais, dit Ricard, part. 1. n. 1502, il ne faut pas *entendre cela superstitieusement, de manière que l'équipollence n'y puisse être du tout reçue; on doit au contraire y admettre l'équipollence, lorsqu'elle est identique, et que ce qui est employé pour accomplir les solennités de la loi, comprend son intention ADÆQUATÈ ET IDENTICÈ, de manière qu'il ne s'y puisse figurer aucune différence.*

» M. le chancelier d'Aguesseau écrivait la même chose au premier président du parlement de Grenoble, le 30 décembre 1742; et ce qu'il y a de remarquable, c'est qu'il l'écrivait au sujet de la manière d'exprimer la mention de la lecture du testament au testateur : « Il est » vrai (disait-il), qu'il n'y a point en cette ma- » tière de ces expressions qu'on peut dire être » de rigueur, et qu'on appelle *sacramentelles*, » et devenues nécessaires à peine de nullité, par » la loi qui les a consacrées en quelque manière. » L'art. 23 de l'ordonnance sur les testamens » a été fait, au contraire, pour abolir ces formules » scrupuleuses qui avaient lieu dans plusieurs » provinces, et qu'on a rejetées avec raison » comme une espèce de piege tendu aux no- » taires, et par eux au testateur même, mais » s'il n'y a rien de déterminé par la loi sur la » forme de l'expression, il faut au moins que » le fond, ou la substance de ce qui en a été

» l'objet, soit exactement conservé, de quelque » manière que le notaire juge à propos de l'ex-»primer; en sorte qu'il paraisse clairement que » la lecture entière de tout le testament a été » faite au testateur avant qu'il l'ait signé ».

» Pourquoi d'ailleurs l'art. 972 du Code civil ne se contente-t-il pas de prescrire la mention de la lecture du testament *en présence des témoins ?* Pourquoi exige-t-il en outre la mention que cette lecture a été faite au testateur ? Le motif de l'art. 972 du Code civil est incontestablement le même qui avait déterminé l'art. 5 de l'ordonnance de 1735 à prescrire également cette double mention. Or, cette double mention n'avait été prescrite, du moins implicitement, par l'art. 5 de l'ordonnance de 1735, que, pour constater que le testament avait été lu en présence du testateur comme en présence des témoins, que pour constater que le notaire n'avait pas profité, pour lire le testament aux témoins, d'un moment pendant lequel le testateur serait sorti de la chambre. C'est ce que nous apprend la déclaration rendue le 7 août 1783, pour le ressort du parlement de Toulouse. « Nous sommes informés (y est-il dit), que plu-» sieurs notaires du ressort de notre parlement » de Toulouse, en recevant des testamens nun-» cupatifs écrits, ont cru remplir le vœu et » satisfaire à la disposition de l'art. 5 de l'or-» donnance de 1735, en ne faisant mention de » la lecture au testateur, que par les mots: » *fait, lu et récité en présence des témoins.* Nous » sommes également informés que cette formule » a donné lieu à des demandes en nullité de » quelques testamens; et que notre parlement » de Toulouse, jugeant qu'elle n'établissait pas » assez précisément que la lecture avait été faite » au testateur, a prononcé la nullité des testa-» mens terminés par cette énonciation; et » comme en effet le vœu de la loi ne serait pas » véritablement rempli par une lecture *qui* » *pourrait n'avoir été faite qu'en présence des* » *témoins,* nous avons jugé à propos de ramener » pour l'avenir tous les notaires à une exécution » plus exacte de l'art. 5 de l'ordonnance de » 1735. A ces causes, nous voulons et nous » plaît que l'art. 5 de l'ordonnance de 1735 soit » exécuté selon sa forme et teneur; en consé-» quence, enjoignons à tous notaires...... de » lire en entier au testateur les testamens nun-» cupatifs qu'ils recevront, et de faire expressé-» ment mention que ladite lecture du testament » en entier a été faite au testateur en présence » des témoins, ce qui sera observé à peine de » nullité...... ».

» Ce n'est donc que par la crainte que la lecture du testament ne soit *faite qu'en présence des témoins;* ce n'est que pour empêcher qu'elle ne soit faite en l'absence momentanée du testateur, que l'ordonnance de 1735 exigeait la double mention que le testament avait été lu et *au tes-*

tateur et en présence des témoins. C'est donc par le même motif que l'art. 972 du Code civil exige cette double mention. Cette double mention est donc, légalement faite, lorsqu'il est dit que le testament a été lu *en présence du testateur et des témoins.* Les mots *en présence du testateur* sont donc alors synonymes des mots *au testateur.*

» Le premier moyen de cassation des demandeurs n'est donc pas mieux fondé dans sa seconde branche que dans la première.

» Nous ne nous arrêterons pas aussi longtemps à leur deuxième moyen. Il est évident en effet que rejeter la preuve de faits de suggestion articulés contre un testament, c'est juger, non que la suggestion n'est pas un vice capable d'annuller une disposition de dernière volonté; mais que les faits articulés ne sont ni assez graves ni assez cohérens pour que la preuve en soit admissible. Il est évident que rejeter les inductions de démence que tirent des *parens* collatéraux de ce qu'un testateur leur a préféré des domestiques attachés depuis un grand nombre d'années à son service, ce n'est violer ni l'art. 564 ni l'art. 901 du Code civil. Il est évident enfin que les légataires universels n'avaient acquiescé, ni avant ni après le jugement du tribunal civil d'Argentan, à la disposition de ce jugement qui admettait les héritiers à la preuve des faits de suggestion et démence qu'ils avaient articulés, sauf la preuve contraire; qu'ils n'y avaient pas asquiescé après, puisqu'ils en avaient interjeté appel; et qu'ils n'y avaient pas acquiescé avant, puisque la preuve qu'ils avaient offerte, ne portait, ni sur les faits de démence, ni sur les faits de suggestion, mais seulement sur la vérité de l'écriture et de la signature du testament olographe du 28 germinal an 12.

» Le troisième moyen tombe également de lui-même. De ce que, par l'art. 1023 du Code civil, il est dit que *le legs fait au créancier, ne sera pas censé en compensation de sa créance, ni le legs fait au domestique, en compensation de ses gages,* les demandeurs concluent que les domestiques sont incapables de recevoir un legs, Que n'en concluent ils aussi que le legs universel fait par un débiteur à son créancier, est nul ? Cette conséquence vaut bien celle qu'ils en tirent, et dans le vrai, elles sont aussi absurdes l'une que l'autre. Sans doute, l'art. 1023, placé sous la rubrique *des legs particuliers,* n'a pour objet que les legs particuliers faits aux créanciers et aux domestiques; mais sa disposition n'est pas exclusive; et en réglant l'effet d'un legs particulier, il n'établit ni ne suppose l'incapacité de recevoir un legs universel. Eh ! qu'importe que l'ancienne jurisprudence eût étendu jusqu'aux domestiques l'incapacité dont l'art. 131 de l'ordonnance de 1539 frappait les tuteurs, les baillistres et les autres administrateurs. Cette jurisprudence est clairement abrogée par l'art. 902 du Code civil. Qu'importe encore que l'art. 909 du Code civil déclare incapables les docteurs en médecine, les chirurgiens, les officiers de santé, les pharmaciens et les ministres du culte? La loi ne reconnaît d'incapacités que celles que son propre texte prononce, et l'art. 902 nous avertit expressément qu'elles ne peuvent pas être étendues d'une personne à une autre. Enfin, à quel propos les demandeurs viennent-ils ici vous parler de *déni de justice?* La cour d'appel a statué, en la rejetant, sur leur demande en nullité du testament du sieur Sourdeval; et si elle n'a pas statué sur la question de savoir si le legs universel fait par le sieur Sourdeval à ses domestiques, était susceptible de réduction, c'est que cette question n'avait pas été élevée par les demandeurs.

» Le quatrième moyen consiste à dire que les défendeurs sont, par le testament, institués légataires universels chacun pour un tiers; que le testateur ayant ainsi déterminé leurs portions respectives dans la chose léguée, si l'un d'eux était venu à mourir avant lui; le droit d'accroissement n'aurait pu, d'après l'art. 1044 du Code civil, avoir lieu au profit des survivans; que de là il suit qu'ils ne sont pas véritablement légataires universels, mais légataires à titre universel; que par conséquent, la cour d'appel, en les jugeant saisis de plein droit, sans demande préalable de leur part en délivrance de leurs legs, a violé les art. 1003, 1011 et 1044, et faussement appliqué l'art. 1006 du même Code.

» Mais 1.° les demandeurs ont-ils excipé devant la cour d'appel du défaut de demande en délivrance? Non, ils n'en ont pas dit le mot; et sans doute, il leur était bien libre de renoncer à leur prétendue saisine légale; or, n'y ont-ils pas renoncé, par cela seul qu'ils n'en ont pas réclamé l'effet?

» 2.° Qu'est-ce qu'une demande en délivrance de legs? C'est la demande qui tend à ce que l'héritier soit tenu d'exécuter la disposition qui renferme le legs. Eh bien! les défendeurs n'ont-ils pas, dès le commencement de la procédure, demandé que les héritiers du sieur Sourdeval fussent tenus d'exécuter son testament? Assignés sur l'opposition formée par les demandeurs à l'ordonnance du président qui les envoyait en possession de l'hérédité, n'ont-ils pas expressément conclu à ce que cette opposition fut rejetée, à ce qu'il fût ordonné que le testament serait exécuté selon sa forme et teneur, et à ce qu'en conséquence ils demeurassent saisis de l'universalité de la succession?

» 3.° Enfin, il n'est pas vrai que les défendeurs ne soient pas légataires universels dans le sens des art. 1003 et 1006 du Code; il n'est pas vrai qu'ils aient été assujettis à la demande en délivrance.

» Qu'il y ait lieu à la demande en délivrance contre l'héritier du sang dans le cas où le testateur a laissé *des héritiers auxquels une portion de ses biens est réservée par la loi*, et dans celui où le testateur n'a légué qu'une quote-part des biens dont la loi lui permettait de disposer, cela se conçoit : dans ces deux cas, le légataire, soit universel, soit à titre universel, se trouvant en concurrence avec l'héritier du sang, il est juste que l'héritier du sang ait, de préférence à lui, la possession provisoire du tout; il est juste que l'héritier du sang conserve, pour le tout, la saisine légale, jusqu'à ce qu'une demande en délivrance la fasse cesser à l'égard des portions de biens dont le testateur a valablement disposé.

» Mais lorsque l'héritier du sang n'a droit à aucune réserve, et que le testateur a épuisé toute sa fortune en dispositions universelles, à quel propos l'héritier du sang jouirait-il de l'effet de la maxime, le *mort saisit le vif?* Dépouillé de tout par le testament, à quel propos exercerait-il par provision les mêmes droits que si le testament n'existait pas?

» Aussi l'art. 1006 décide-t-il nettement que, dans le concours de ces deux cas, « le légataire » universel est saisi de plein droit par la mort » du testateur, sans être tenu de demander la » délivrance ».

» Et vainement prétend-on que les défendeurs ne sont pas légataires universels, qu'ils ne sont que légataires à titre universel; qu'ainsi cet article ne leur est pas applicable.

» Qu'est-ce qu'un legs universel? c'est, répond l'art. 1003, « la disposition testamentaire par » laquelle le testateur donne à une *ou plusieurs* » *personnes* l'universalité des biens qu'il laissera » à son décès ».

» Or, n'est-ce pas l'universalité de ses biens que le sieur Sourdeval a donnée aux défendeurs, et n'est-ce pas par une disposition testamentaire qu'il la leur a donnée? Comment, dès-là, les défendeurs ne seraient-ils pas légataires universels?

» C'est, dit-on, parce que le testateur a déterminé lui-même les parts des défendeurs, c'est parce qu'il a assigné à chacun d'eux le tiers de l'universalité de ses biens, c'est parce qu'il a exclu par là le droit d'accroissement.

» Mais d'abord, il n'est pas bien clair que le droit d'accroissement n'eût pas pu être invoqué dans notre espèce, si le cas où il peut avoir lieu, se fût présenté; et on ne répondrait peut-être pas facilement aux raisons que notre savant collègue M. Daniels a employées à votre audience du 19 octobre 1808, dans l'affaire du sieur et des demoiselles Plauté, pour établir le contraire.

» Ensuite (sans examiner ici cette question), qu'a de commun le droit d'accroissement avec les caractères constitutifs du legs universel?

L'art. 1044 du Code civil exige, pour qu'il y ait lieu au droit d'accroissement, deux conditions : l'une, que le legs dont plusieurs personnes sont gratifiées, soit fait *par une seule et même disposition ;* l'autre, que le testateur n'ait pas assigné la part de chacun des co-légataires dans la chose léguée ; et qu'exige l'art. 1003 pour qu'il y ait legs universel ? rien autre chose si ce n'est que, par une *disposition testamentaire, le testateur donne à une ou plusieurs personnes l'universalité des biens qu'il laissera à son décès.* Il peut donc y avoir legs universel, non-seulement dans l'absence de la deuxième des conditions requises pour qu'il y ait lieu au droit d'accroissement, mais même dans l'absence de la première : car l'art. 1003 n'exige pas, comme l'art. 1044, que la disposition qui nomme *plusieurs personnes* pour recueillir l'universalité des biens, soit faite *unico sermone.*

» Nous savons bien que M. Maleville enseigne le contraire sur l'art. 1010 ; mais quelque respectable que soit son autorité, elle doit céder au texte de la loi ; et il nous paraît évident qu'il est dans la lettre comme dans l'intention de l'art. 1003 du Code civil, de regarder comme légataires universels, les co-légataires à qui le testateur a donné l'universalité de ses biens, n'importe qu'entre eux il y ait ou n'y ait pas lieu au droit d'accroissement.

» M. Maleville convient lui-même que, si un testateur disait : « Je lègue à Pierre la moitié de » mes meubles, je lègue à Paul le restant de mes » biens », Paul serait considéré comme légataire universel. Cependant alors, il n'y aurait pas lieu au droit d'accroissement entre Pierre et Paul ; cependant alors Pierre et Paul seraient appelés par des dispositions séparées. Donc, de l'aveu de M. Maleville, il ne faut, pour qu'il y ait legs universel, ni qu'il puisse y avoir lieu au droit d'accroissement entre les co-légataires, ni que les co-légataires soient appelés par une seule et même disposition.

» Et il ne faut pas croire que M. Bigot-Préameneu ait dit le contraire dans l'*exposé des motifs* du titre *des donations et testamens* du Code civil. Voici ses propres termes : « Les » légataires à titre universel, comme ceux à » titre particulier, sont tenus de demander la » délivrance : mais il fallait les distinguer, parce » qu'il est juste que ceux qui recueillent ainsi à » titre universel une quote-part des biens de la » succession, soient assujettis à des charges qui » ne sauraient être imposées sur les legs parti- » culiers. Telle est la contribution aux dettes » et charges de la succession, et l'acquit des » legs particuliers, par contribution *avec ceux* » *qui recueillent, sous quelque titre que ce soit,* » *l'universalité des biens.* Lorsqu'il y aura un » légataire universel d'une quotité quelconque » de tous les biens, *on devra mettre dans cette* » *classe* celui qui serait porté dans le même

» testament pour le surplus des biens, sous le » titre de *légataire universel* ».

» A quoi se rapportent ces mots, *on devra mettre dans cette classe ?* Bien évidemment ils se rapportent à *ceux qui recueillent, sous quelque titre que ce soit, l'universalité des biens.* Ils signifient donc, non pas, comme le prétendent les demandeurs, que le légataire du surplus des biens ne sera légataire universel que de nom, et que, dans la réalité, il ne sera considéré que comme légataire à titre universel, mais qu'il sera légataire universel d'effet comme de nom ; ce qui s'accorde parfaitement, comme vous le voyez, avec la partie de la doctrine de M. Maleville que nous citions tout à l'heure.

» Par ces considérations, nous estimons qu'il y a lieu de rejeter la requête des demandeurs, et de les condamner à l'amende de 300 fr. envers le trésor public, et à une indemnité de 150 fr. envers les défendeurs ».

Par arrêt du 7 octobre 1809, au rapport de M. Gandon,

« La cour, considérant, sur le premier moyen, que l'art. 972 du Code civil ne détermine point dans quelle partie du testament le notaire fera mention qu'il a écrit lui-même le testament ; que les énonciations et les dispositions qui composent un testament, ne forment qu'un acte unique, quoique nécessairement exprimées successivement ; que les signatures apposées à la fin de cet acte, sont l'attestation que ce qui y est énoncé, est véritable, et que le tout a eu lieu, ainsi qu'il est exprimé ; et que conséquemment il n'est pas permis d'élever de doute sur l'assertion exprimée, que le notaire a écrit de sa main la minute du testament du 4 thermidor an 13 ;

» Que le notaire, en énonçant qu'il a donné lecture du testament en présence du testateur et des témoins, a satisfait au même article qui veut que le testament soit lu au testateur en présence des témoins ;

» Considérant, sur le second moyen, que l'importance de la succession et la qualité des défendeurs ne peuvent être une preuve que le testateur fût en démence ;

» Que jamais les défendeurs n'ont acquiescé au jugement qui a donné la preuve de prétendus faits de suggestion et captation ; et que, s'ils ont offert eux-mêmes une preuve par témoins, ç'a été uniquement pour la vérification de l'écriture et de la signature du testament olographe ;

» Considérant, sur le troisième moyen, que l'art. 1023 du Code n'est relatif qu'aux legs particuliers ; que de ce que le legs particulier fait à un domestique, ne se compense pas avec les gages qui lui sont dus, il ne s'ensuit nullement qu'il soit incapable de recevoir un legs universel ; que la loi, art. 902, n'admet d'incapacités que celles qu'elle déclare, et qu'elle n'en prononce aucune contre les domestiques;

» Que l'on peut d'autant moins reprocher un déni de justice à l'arrêt, en ce qu'il n'a pas ordonné la réduction des legs, que cette réduction n'avait même pas été demandée ;

» Considérant, sur le quatrième moyen, que, suivant l'art. 1003 du Code, le legs universel est la disposition testamentaire par laquelle le testateur donne à une ou plusieurs personnes, l'universalité des biens qu'il laissera à son décès. Que, suivant l'art. 1006, le légataire universel est saisi de plein droit, sans être tenu de demander la délivrance; que le testateur a donné l'universalité de ses biens aux trois défendeurs; que, dès-lors, ils ont été légataires universels; et que la cour de Caen s'est conformée à la loi, en les maintenant dans la propriété et possession des biens héréditaires;

» Par ces motifs, la cour rejette..... ».

§. XIV. 1.º *Peut-on prendre pour témoins d'un testament par acte public, des personnes qui y sont appelées à un legs, non pas nominativement, mais par relation à une qualité qu'ils ont actuellement, et sous la condition qu'ils l'auront encore à l'époque du décès du testateur ?*

2.º *Doit-on, à cet égard, considérer comme legs une disposition par laquelle le testateur charge son héritier institué de payer une certaine somme, ou de délivrer une certaine quantité de denrées aux personnes qui porteront son corps en terre ?*

3.º *La disposition par laquelle le testateur charge son héritier institué, de payer une somme d'argent, pour être employée en prières au ministre du culte qui, à l'époque de son décès, desservira telle paroisse, constitue-t-elle le desservant actuel de cette paroisse, légataire, et par conséquent incapable d'assister comme témoin au testament ?*

Le 15 brumaire an 12, Jean-François Tritsman fait, dans sa ferme de Crehen, devant le notaire Toussaint et quatre témoins, savoir, *Pierre-Henri Gustin, cultivateur, Henri Dehasque, aussi cultivateur, Gilles Debroux et Joseph Landrin, tous deux journaliers,* un testament par lequel il institue Marie-Catherine Dedrée, femme Delvigne, son héritière, « à la charge (dit-il), de donner à chacun des quatre ouvriers de la ferme où je réside, qui y seront employés au jour de ma mort, quatre mesures de seigle, et, pour les quatre, seize; à la charge aussi par mon héritière de faire célébrer 300 messes basses pour le repos de mon ame ».

Après la mort du testateur, les sieurs Massuy et consorts, héritiers *ab intestat,* font assigner la dame Delvigne et son mari au tribunal civil de l'arrondissement de Huy, pour voir dire que ce testament sera déclaré nul. Ils fondent leur demande sur la disposition de l'art. 975 du Code civil, qui déclare les *légataires, quels qu'ils soient,* incapables d'être témoins aux testamens par lesquels ils sont gratifiés; et pour appliquer cette disposition à l'espèce, ils articulent 1.º que Gilles Debroux et Joseph Landrin, deux des témoins instrumentaires du testament du 15 brumaire an 12, étaient, à l'époque de cet acte, *ouvriers de la ferme de Crehen,* et qu'ils y étaient *encore employés au jour de la mort du testateur ;* 3.º que la dame Delvigne l'a tellement reconnu elle-même, qu'elle a fait, sans difficulté, à chacun d'eux, la délivrance du legs de quatre mesures de seigle auquel il était appelé par le testament; 4.º que le fait est encore prouvé par la circonstance que, suivant l'usage du pays de la Herbaye, ils ont concouru, avec les deux autres ouvriers de la ferme, à porter en terre le corps du testateur.

A cette demande, la dame Delvigne et son mari opposent des défenses par lesquelles ils nient que Gilles Debroux et Joseph Landrin aient été employés dans la ferme, comme ouvriers, soit à l'époque du testament, soit à celle du décès du testateur.

Le 20 messidor an 12, jugement qui admet les sieurs Massuy et consorts à prouver l'un et l'autre fait, « tant par interrogatoires que par toutes autres voies de droit ».

Le 2 thermidor suivant, les sieurs Massuy et consorts font signifier à la dame Delvigne et à son mari des faits et articles auxquels ils demandent que ceux-ci soient tenus de répondre. Le même jour jugement qui déclare ces faits et articles *pertinens,* et ordonne que les sieur et dame Delvigne y répondront dans le délai de la loi. Ils y répondent en effet, mais d'une manière évasive.

Le 2 germinal an 13, les sieurs Massuy et consorts leur font signifier de nouveaux faits et articles. Le lendemain, jugement qui les déclare *pertinens.* Les sieur et dame Delvigne y font les mêmes réponses qu'aux premiers.

Le 18 avril 1806, les sieurs Massuy et consorts demandent à être autorisés à faire par témoins la preuve à laquelle ils ont été admis par le jugement du 20 messidor an 12. Le 29 du même mois, jugement qui les y autorise.

En conséquence, ils font entendre plusieurs témoins ; et leur enquête est close le 28 juillet suivant.

Onze mois après, les sieur et dame Delvigne se présentent pour faire une contre-enquête. Un jugement du 25 juin 1807 les y déclare non-recevables.

Le 28 juillet suivant, jugement définitif et par défaut, qui, « attendu que le testament dont il s'agit, est nul, du chef que deux des témoins instrumentaires sont légataires; qu'ainsi, il n'est pas dans la forme voulue par le Code civil, déclare nul et de nul effet le testament prétendu du 15 brumaire an 12, et dit en conséquence que la succession est échue *ab intestat*.

Appel de la part des sieur et dame Delvigne, tant de ce jugement que de celui du 25 juin 1807; et le 31 décembre 1808; arrêt par lequel,

« Attendu, quant à la validité du testament, que la partie intimée fonde sa demande en nullité dudit testament, sur ce que Debroux et Landrin ont été pris pour témoins; sur ce que le testateur a légué quatre mesures de seigle à chaque ouvrier de sa ferme, qui y serait encore au moment de sa mort; sur ce que ces deux individus avaient cette qualité d'ouvriers à ladite époque; et qu'ainsi, il y avait contravention à l'art. 975 du Code civil, qui défend de prendre pour témoins les légataires, à quel titre que ce soit;

» Attendu qu'à la vérité, il est statué par ledit art. 975, que les légataires, à quelque titre qu'ils soient, ne peuvent être pris pour témoins du testament; mais qu'il n'en résulte pas que le testament de Tritsman doive être annullé par ce motif; que ni Gilles Debroux ni Joseph Landrin ne peuvent, dans l'espèce, être considérés comme des légataires : 1.º Parce que ni l'un ni l'autre ne sont nominativement désignés dans le testament; 2.º Parce que, dans ce même acte, on ne leur donne pas la qualité d'*ouvriers* de la ferme, mais celle de *journaliers*, ce qui n'est pas la même chose en Herbaye où ceux-ci sont payés à la journée et en argent, et ceux-là en une quantité de grains proportionnée à la récolte; 3.º Parce que les quatre mesures de seigle dont parle le testateur, ne sont pas promises à Debroux ni à Landrin, mais aux ouvriers de la ferme qui y seraient encore au moment de la mort du testateur; qualité qu'il ne dépendait pas de ceux-ci d'avoir à cette époque, ce qui les empêchait de se regarder comme légataires, lorsqu'ils ont été appelés comme témoins; et il suffit qu'alors ils fussent habiles, pour que le testament doive être déclaré valable, indépendamment de toutes les circonstances qui ont pu arriver postérieurement; sinon, il faudrait annuller tous les testamens dont l'un ou l'autre des témoins deviendrait l'allié de l'un ou de l'autre des légataires; 4.º Parce que les quatre mesures de seigle ne doivent pas être regardées, dans l'espèce, comme un véritable legs, mais comme un simple salaire accordé ou promis à ceux qui seraient chargés de porter le testateur en terre; et cela tant à cause de la modicité de l'objet, que par ce motif, qu'il a été établi en fait par la partie intimée, que c'était la coutume dans la Herbaye de charger les ouvriers de la ferme de porter en terre le cadavre du fermier; et en outre parce que le testateur, en parlant de ces mesures de seigle, immédiatement avant d'avoir ordonné la célébration de 300 messes basses, semble lui-même indiquer que telle était sa volonté.... ;

» La cour (d'appel de Liége) met les appellations et ce dont est appel, au néant; émendant, décharge la partie appelante des condamnations prononcées contre elle; au principal, renvoie ladite partie appelante de la demande contre elle formée.... ».

Les sieurs Massuy et consorts se pourvoient en cassation contre cet arrêt.

« Contravention à l'autorité de la chose jugée, violation de l'art. 975 du Code civil, tels sont (ai-je dit à l'audience de la section des requêtes, le 17 janvier 1810) les deux moyens de cassation que vous proposent les demandeurs.

» Le premier est fondé sur l'acquiescement des sieur et dame Delvigne aux jugemens des 20 messidor et 2 thermidor an 12, 3 germinal an 13 et 18 avril 1806, qui avaient déterminé les faits de la preuve desquels dépendait le sort du testament. Ces jugemens, disent les demandeurs, ayant par là acquis l'autorité de la chose jugée, il ne restait plus à examiner qu'une seule question, celle de savoir si nous avions fait la preuve à laquelle nous avions été admis. Cependant la cour de Liége a mis cette preuve à l'écart, et a statué d'après des motifs étrangers aux faits sur lesquels cette preuve avait roulé. La cour de Liége nous a donc dépouillés d'un droit qui nous était assuré par des jugemens devenus irrévocables; elle a donc contrevenu à l'autorité de la chose jugée.

» Pour apprécier ce raisonnement et le moyen de cassation auquel il sert d'appui, nous devons nous fixer sur cette question : le tribunal de première instance aurait-il pu faire ce qu'a fait la cour d'appel ? Aurait-il pu, en définitive, laisser de côté les faits dont il avait précédemment admis la preuve; et tout en reconnaissant que la preuve de ces faits était complète, se déterminer par des motifs d'un ordre différent ?

» Sans doute, il l'aurait pu, et par une raison très-simple : c'est que les jugemens interlocutoires qui ordonnent des enquêtes, des expertises, des descentes sur les lieux, ou toute autre opération préalable à une décision définitive, ne lient jamais les tribunaux qui les ont rendus; et que le juge demeure toujours maître de revenir, lorsqu'il statue définitivement, aux points de droit ou de fait, qui, du premier abord, lui avaient paru insignifians, mais qui, examinés avec plus d'attention, lui paraissent décisifs.

» Cette règle est écrite dans la loi 19, §. 2. D. *de receptis qui arbitrium*: Un arbitre, y est-il dit peut-il réformer sa propre sentence ? *Undè videndum erit an mutare sententiam possit ?* Le jurisconsulte Sabinus pense qu'il le peut; mais

Cassius, son disciple, enseigne avec raison que cela ne doit pas s'entendre des sentences définitives, et doit être restreint aux sentences qui ne sont que préparatoires : *et Sabinus putavit quidem posse ; Cassius sententiam magistri sui benè excusat, et ait Sabinum non de eâ sensisse sententiâ quæ arbitrium finiat, non de præprataïone causæ.*

» Peu importe que, par l'art. 452 du Code de procédure civile les jugemens interlocutoires qui admettent la preuve de faits contestés, soient mis au rang des jugemens *qui préjugent le fond.* Oui, sans doute, ils le préjugent ; mais, par cela seul qu'ils ne font que le préjuger, ils ne le jugent pas ; et dès qu'ils ne le jugent pas, ils en laissent la décision absolument libre.

» Les auteurs n'ont là-dessus qu'une voix ; et telle est la jurisprudence constante de vos arrêts ..... (*V. Chose jugée*, §. 1 ; et *Interlocutoire*, §. 5).

» Et vainement les demandeurs cherchent-ils à opposer à ces arrêts ceux que la cour a rendus les 25 août et 5 octobre 1807, 11 janvier et 4 juillet 1808.

» Qu'ont décidé ces quatre derniers arrêts ? rien autre chose, si ce n'est que, depuis la mise en activité du Code de procédure civile, dont l'art. 452 soumet immédiatement à l'appel, les jugemens interlocutoires qui admettent une preuve, on ne peut plus appeler de ces jugemens après les trois mois de leur signification à personne ou domicile, bien que le fond ne soit pas encore jugé ; et que, par le laps de ce délai fatal, ils deviennent irrévocables quant à la question de savoir si la preuve qu'ils ont admise, était admissible, parce qu'en effet, sur l'admissibilité de cette preuve, ils sont véritablement définitifs.

» Mais qu'a de commun cette décision avec la conséquence que les demandeurs prétendent en tirer ? Il en résulte bien que les sieur et dame Delvigne n'auraient plus été recevables, après avoir acquiescé aux jugemens des 20 messidor et 2 thermidor an 12, 3 germinal an 13 et 18 avril 1806, à en interjeter appel pour faire juger que la preuve à laquelle ils avaient admis les sieurs Massuy et consorts, n'était pas admissible ; mais on ne peut certainement pas en conclure que le tribunal de première instance de Huy, s'était lui-même tellement lié par ces jugemens, qu'il ne lui fût plus permis, au moment où il a statué définitivement, de revenir à l'état dans lequel se trouvait la cause avant qu'il les eût rendus, et de juger comme si les faits qu'il avait d'abord regardés comme décisifs, ne l'eussent pas été.

» Cela posé, que devient le premier moyen de cassation des demandeurs ? Très-certainement la cour de Liége ne pouvait pas être plus liée par les jugemens interlocutoires du tribunal de première instance de Huy, que le tribunal de première instance de Huy ne l'était lui-même. Chargé de statuer sur l'appel du jugement définitif de ce tribunal, elle a pu et dû faire tout ce que ce tribunal pouvait et devait faire lui-même ; elle a conséquemment pu mettre à l'écart les jugemens interlocutoires de ce tribunal, ainsi que la preuve qui s'était faite en conséquence, et s'attacher uniquement aux points que ce tribunal avait d'abord négligés.

» Mais si la cour de Liége n'a pas contrevenu à l'autorité de la chose jugée, n'a-t-elle pas violé l'art. 975 du Code civil ? Ici se présente, comme vous le voyez, l'examen du deuxième moyen de cassation des demandeurs ; et, nous devons le dire, ce moyen mérite une grande attention.

» C'est d'un testament par acte public qu'il s'agit ici. Or, d'une part, l'art. 975 du Code civil porte que *les légataires, à quelque titre qu'ils soient, ne pourront être pris pour témoins du testament par acte public ;* et de l'autre, il est reconnu par la cour de Liége que, parmi les quatre témoins du testament du sieur Tritsman, il s'en trouve deux, savoir, Gilles Debroux et Joseph Landrin, à chacun desquels, en sa qualité d'ouvrier de la ferme du testateur, l'héritière instituée est chargée, par cet acte même, de donner quatre mesures de seigle.

» Comment donc la cour de Liége a-t-elle pu déclarer ce testament valable ? Comment a-t-elle pu ne pas appliquer à ce testament la nullité dont l'art. 1001 du Code civil punit toute espèce de contravention aux dispositions des articles précédens concernant les formalités des testamens ? Elle en a donné quatre raisons ; et vous allez voir, Messieurs, que de ces quatre raisons, il y en a trois qui heurtent de front tous les principes de la matière.

» La première est, dans le testament, ni Gilles Debroux ni Joseph Landrin ne sont désignés nommément comme légataires.

» Mais qu'importe ce défaut de désignation nominative ? Si Gilles Debroux et Joseph Landrin n'avaient pas assisté au testament comme témoins, et qu'en conséquence les héritiers *ab intestat* n'eussent en aucun sujet de contester la validité de cet acte, Gilles Debroux et Joseph Landrin pourraient-ils, en demandant leur legs à l'héritière instituée, être repoussés par elle, sous le prétexte que le testateur ne les a pas désignés nommément ? Non sans doute. Ils répondraient victorieusement : le testateur a appelé les quatre ouvriers qui étaient employés dans sa ferme au moment où il disposait, et qui le seraient encore au moment de son décès. Nous sommes du nombre de ces quatre ouvriers ; nous sommes donc appelés par le testateur.

» Eh ! ne voyons-nous pas tous les jours des testateurs faire des legs aux domestiques qui se trouveront à leur service le jour de leur mort; et de pareils legs ont-ils jamais été contestés, faute de désignation nominative des légataires? N'est-il pas d'ailleurs décidé textuellement par la loi 9, §. 9, D. *de heredibus instituendis* ; qu'il n'est pas nécessaire de nommer expressément l'héritier qu'on institue, et qu'il suffit de le désigner d'une manière non équivoque : *Si quis nomen heredis quidem non dixerit, sed indubitabili signo eum demonstraverit, quod penè nihil à nomine distat. . . . . , valet institutio?* La loi 34, D. *de conditionibus et demonstrationibus* ; ne dit-elle pas que *nominatim alicui legetur ità*, Lucio Titio, *an per demonstrationem corporis, vel artificii, vel officii, vel necessitudinis, nihil interest?*

» La seconde raison de la cour d'appel est que, dans le testament du sieur Tritsman, Gilles Debroux et Joseph Landrin ne sont pas qualifiés d'ouvriers de la ferme du testateur, mais de *journaliers*, ce qui n'est pas (ajoute la cour d'appel), la même chose dans le canton de la Herbaye, où les journaliers des fermes sont payés à la journée et en argent, tandis que les ouvriers le sont en grains de la récolte.

» Mais quoi ! est-ce par la qualité qu'un testament donne, soit aux légataires, soit aux témoins, que l'on doit juger de leur capacité ? Si un testament contenait un legs au profit du confesseur, du médecin ou du chirurgien du testateur, ce legs en serait-il moins nul, parce que le confesseur y serait qualifié de marchand, parce que le médecin y serait désigné comme avocat, parce que le chirurgien y serait présenté comme artiste dramatique ?

» Si un étranger, un mort civilement, un mineur, étaient pris pour témoins dans un testament, la nullité de cet acte serait-elle couverte par la précaution que l'on y aurait prise de qualifier l'étranger de Français, de masquer le mort civilement, sous la dénomination de citoyen jouissant de tous ses droits, de déclarer que le mineur est parvenu à l'âge de majorité ?

» Que la cour de Liége eût conclu de la qualité de *journaliers* attribuée par le testament à Gilles Debroux et à Joseph Landrin, qu'ils n'étaient effectivement que *journaliers*, qu'ils n'étaient pas, à proprement parler, *ouvriers* de la ferme du testateur, et que cette énonciation devait, dans les doutes que pouvait laisser l'enquête, l'emporter sur la preuve que les héritiers *ab intestat* avaient entreprise du contraire, cela se concevrait, et nous n'aurions rien à dire sur cette manière de raisonner, qui, en effet, ne pourrait être critiquée que sous le rapport du bien ou mal jugé, et n'offrirait aucune contravention aux lois.

» Mais la cour d'appel reconnaît elle-même qu'il est prouvé par l'enquête, que Gilles Debroux et Joseph Landrin étaient réellement du nombre des *quatre ouvriers* de la ferme du testateur; et qu'ils l'étaient, non-seulement à l'époque du décès de celui-ci, mais encore à celle de ses dernières dispositions; elle reconnaît elle-même que chacun des quatre ouvriers qui étaient employés, à ces deux époques, dans la ferme du testateur, est gratifié par le testament, de quatre mesures de seigle; et pour éluder l'application de l'art. 975 du Code civil, elle dit que ce n'est pas comme *ouvriers*, mais comme *journaliers*, qu'ils sont désignés dans le testament ! C'est, disons-le franchement, une défaite qui n'a pas même le mérite d'être spécieuse, c'est l'outrage le plus manifeste qu'on puisse faire à la loi.

» La troisième raison de la cour d'appel est que les quatre mesures de seigle étant données, non à Debroux et Landrin, mais aux ouvriers de la ferme qui seront encore employés au moment de la mort du testateur, Debroux et Landrin ne pouvaient pas, à l'instant même du testament, se considérer comme légataires, puisqu'il ne dépendait pas d'eux d'être encore employés dans la ferme en qualité d'ouvriers au moment où le testateur viendrait à mourir; qu'ainsi, rien ne les empêchait d'assister, comme témoins, au testament, lorsqu'ils y ont été appelés en cette qualité; et que l'incapacité qui, à cet égard, leur est survenue depuis, n'a pas pu annuler des dispositions de dernière volonté qui, dans leur principe, étaient régulières.

» Mais en raisonnant ainsi, la cour de Liége a fait une distinction que la généralité des termes de l'art. 975 du Code civil ne lui permettait pas de faire. Cet article ne distingue pas entre les légataires purs et simples et les légataires conditionnels ; il comprend donc ceux-ci, tout aussi bien que ceux-là, dans la défense qu'il contient d'employer les légataires dans les testamens en qualité de témoins.

» En disposant comme il le fait, l'art. 975 du Code civil rend commune aux légataires une règle que le droit romain avait restreinte aux héritiers institués. Si donc la disposition du droit romain qui défendait à l'héritier institué d'assister, comme témoin, au testament qui renfermait son institution, s'étendait à l'héritier institué sous condition, ni plus ni moins qu'à l'héritier institué purement et simplement, quelle raison y aurait-il de ne pas étendre également au légataire appelé sous condition, la défense que fait l'art. 975 du Code aux légataires en général d'assister, comme témoins, au testament qui le gratifie ?

» Or, consultez tous les auteurs qui ont écrit sur le droit romain, et vous n'en trouverez pas un seul qui excepte l'héritier institué sous condition, de la défense dont nous venons de parler.

» L'héritier *substitué* était bien certainement un héritier institué sous condition; car de deux choses l'une : ou il était substitué vulgairement, ou il l'était fidéicommissairement. Au premier cas, il était institué sous la condition que l'héritier institué directement ne recueillît pas la succession. Au second cas, il était appelé à la succession, sous la condition qu'il survécût à l'héritier chargé de la lui conserver et de la lui rendre. Or, l'héritier substitué était-il frappé de la même incapacité que l'héritier institué, d'assister comme témoin au testament? Voët, sur le digeste, titre *qui testamenta facere possint*, n. 9, n'en fait pas le moindre doute : *heres quoque*, dit-il, *sive directus, sive fideicommissarius, sive institutus, sive substitutus, in eo testamento testis admittendus non est*; et quels sont les textes d'après lesquels il s'explique ainsi? Ce sont le §. 10, Inst. *de testamentis ordinandis*, et la loi 20, D. *qui testamenta facere possint*, qui ne parlent que de l'héritier en général, *heres scriptus*.

» Aussi l'art. 43 de l'ordonnance du mois d'août 1735 avait-il adopté formellement sa doctrine : *Les héritiers institués ou* SUBSTITUÉS, portait-il, *ne pourront être témoins en aucun cas.*

» Il n'est donc pas permis de douter que le testament du sieur Tritsman ne fût nul, s'il contenait, au profit de Gilles Debroux et de Joseph Landrin, une disposition ainsi conçue : *Je lègue à Gilles Debroux et à Joseph Landrin chacun quatre mesures de seigle, si, dans les dix jours qui suivront mon décès, ils font telle chose.*

» Eh bien! au lieu de cette disposition, le testament contient celle-ci : *Je lègue aux quatre ouvriers actuels de ma ferme*, et par conséquent à Gilles Debroux et à Joseph Landrin, *quatre mesures de seigle, s'ils sont encore employés dans ma ferme à l'époque de mon décès.*

» Et ces deux dispositions revenant absolument au même, ces deux dispositions constituant également des legs conditionnels, il est clair que la nullité dont la première serait incontestablement frappée, vicie pareillement la seconde.

» Sans doute, si le testateur avait dit : *Je lègue aux ouvriers qui seront employés dans ma ferme à l'époque de mon décès, chacun quatre mesures de seigle*, la présence de Gilles Debroux et de Joseph Landrin au testament, ne le vicierait pas. Sans doute alors on devrait dire avec la cour de Liége, que Gilles Debroux et Joseph Landrin, n'étant pas nommés légataires, même sous condition, par le testament, rien ne pouvait les empêcher d'y assister comme témoins. Sans doute alors le legs dont ils se trouveraient gratifiés par l'effet d'un évènement qui ne dépendait pas de leur seule volonté, ne pourrait pas, en rétroagissant sur le testament, les faire considérer comme légataires, et par suite, comme incapables d'être témoins, à l'époque de la confection de cet acte. Et à cette hypothèse s'ap-

pliquerait précisément l'arrêt du 11 septembre 1809 par lequel la section civile a jugé, au rapport de M. Génevois, en cassant un arrêt de la cour d'appel de Bordeaux, que le sieur Ducluzeau, prêtre, exerçant les fonctions du culte catholique dans la commune de Nievil, avait pu assister comme témoin au testament de la veuve Cornette, quoique celle-ci eût assigné par cet acte même, une somme de 160 fr. *au ministre qui exercerait le culte catholique dans la commune de Nievil au moment de son décès*, à la charge de l'employer en prières pour le repos de son âme.

» Mais ce n'est pas ainsi que le testateur s'est expliqué dans notre espèce : le legs qu'il a fait de seize mesures de seigle, il ne l'a pas fait simplement aux quatre ouvriers qui seraient employés dans sa ferme, au moment de sa mort; il l'a fait aux quatre ouvriers qui étaient employés dans sa ferme, au moment même où il disposait, et qui, au moment de sa mort, y continueraient encore leur service. Il a donc désigné lui-même, sinon nominativement, du moins par ce qu'on appelle en droit une *démonstration* équipollente à une désignation nominative, les quatre personnes qui devaient recueillir son legs de seize mesures de seigle, et qu'il appelait à ce legs en cas qu'elles fussent encore employées dans sa ferme à l'époque de son décès. Il a donc imprimé à ces quatre personnes le caractère de légataires sous condition. Il a donc placé lui-même ces quatre personnes dans l'impuissance légale de contribuer, par leur présence, à l'authenticité de son testament; Gilles Debroux et Joseph Landrin n'ont donc pas pu assister à son testament en qualité de témoins.

» Jusqu'à présent, Messieurs, nous avons supposé, avec la cour de Liége, que la clause du testament par laquelle quatre mesures de seigle sont assignées à chacun des quatre ouvriers de la ferme du testateur, forme un véritable legs. Mais le moment est venu de discuter cette supposition; et c'est ce que fait la cour de Liége dans le quatrième motif de son arrêt. « Les
» quatre mesures de seigle (dit-elle), ne doivent
» pas être regardées, dans l'espèce, comme un
» véritable legs, mais comme un simple salaire
» accordé ou promis à ceux qui seraient chargés
» de porter le testateur en terre; et cela, tant
» à cause de la modicité de l'objet, que par ce
» motif qui a été établi en fait, que c'était la
» coutume dans la Herbaye, de charger les
» ouvriers de la ferme de porter en terre le
» cadavre du fermier; en outre, parce que le
» testateur, en parlant de ces mesures de seigle,
» immédiatement avant d'avoir ordonné la cé-
» lébration de trois cents messes, semble lui-
» même indiquer que telle était sa volonté. »

» Ici nous sommes forcés, parce qu'il s'agit d'un fait, de reconnaître, avec la cour de Liége que, par l'usage du canton de la Herbaye, les ouvriers de chaque ferme sont chargés de porter-en terre le cadavre du fermier.

» Mais d'abord peut-on raisonnablement inférer de cet usage, que Gilles Debroux et Joseph Landrin étaient appelés, par leur qualité d'ouvriers de la ferme du sieur Tritsman, à porter son corps en terre? Remarquez, MM., que le sieur Tritsman n'exploitait pas lui-même sa ferme, et qu'il en avait affermé l'exploitation au sieur et dame Delvigne. Il semblerait, dès-lors, qu'un usage qui n'était établi que pour les fermiers, ne lui fût pas applicable. Cependant la cour de Liége a jugé le contraire; et nous devons le dire, si, en cela, elle a mal raisonné, elle n'a du moins erré que sur un point de fait, elle n'a du moins violé aucune loi.

» Ensuite, résulte-t-il de l'usage dont il s'agit, que Gilles Debroux et Joseph Landrin devaient, même sans disposition expresse de la part du sieur Tritsman, recevoir chacun quatre mesures de seigle pour salaire du transport de son cadavre en terre? Observons bien que la cour de Liége elle-même ne dit pas que l'usage du canton de la Herbaye s'étendît jusque-là. Suivant cet usage, ils devaient, dumoins la cour de Liége le dit, et elle a le droit de le dire, elle a le droit d'errer en le disant, ils devaient porter en terre le corps du sieur Tritsman; mais la cour de Liége ne dit pas que, d'après ce même usage, ils dussent recevoir pour salaire chacun quatre mesures de seigle; et conséquemment il est reconnu par la cour de Liége elle-même que ni l'un ni l'autre n'eût pu exiger quatre mesures de seigle pour son salaire, si le testateur ne lui en eût conféré le droit par une disposition formelle de son testament.

» Cela posé, il paraît, à la première vue, bien difficile de ne pas considérer comme un véritable legs, la disposition du testament qui assigne à Gilles Debroux et à Joseph Landrin chacun quatre mesures de seigle. Qu'est-ce qu'un legs? C'est, répond Justinien dans ses Institutes, titre *de legatis*, §. 1", une donation qui est faite par un acte de dernière volonté et doit être exécutée par l'héritier du défunt : *Legatum est donatio quædam à defuncto relicta et ab herede præstanda*. Or, n'y a-t-il pas *donation*, toutes les fois que l'on cède ou que l'on promet une chose pour l'obtention de laquelle celui à qui ou la cède ou la promet, n'avait aucune action? La loi 29, D. *de donationibus*, ne dit-elle pas que *donari videtur quod nullo jure cogente conceditur?* Assurément Gilles Debroux et Joseph Landrin n'auraient eu, même après avoir porté en terre le corps du sieur Tritsman, aucune action pour exiger chacun quatre mesures de seigle, de son héritière instituée. Sans doute, il leur eût été dû un salaire quelconque; mais ce salaire aurait pu ne pas s'élever, et, suivant toutes les apparences, il ne se serait pas élevé à la valeur de quatre mesures de seigle. Et eût-il

équipollé à cette valeur, ce n'est pas en grains, c'est en argent qu'il eût été exigible. Donc, même dans cette supposition, ils auraient eu besoin de la volonté expresse du testateur pour se faire délivrer chacun quatre mesures de seigle en payement de leur salaire. Donc, soit que la valeur des quatre mesures de seigle égale, soit qu'elle surpasse, le salaire que Gilles Debroux et Joseph Landrin auraient pu exiger pour avoir porté en terre le corps du sieur Tritsman, la disposition par laquelle le sieur Tritsman a assigné à chacun d'eux quatre mesures de seigle, présente le caractère d'un véritable legs.

Eh! n'est-ce pas comme legs proprement dit, que vaut, suivant la décision expresse de la loi 1, §. 10, D. *ad legem falcidiam*, la disposition par laquelle un testateur donne à son créancier ce qu'il lui doit, lorsque, dans ce que le testateur donne à son créancier, il y a quelque chose de plus que dans sa dette, ou lorsqu'au lieu de ce qu'il doit précisément, il donne un autre objet? Et n'est-ce pas pour cela que la loi 7, §. 1, D. *de legatis* 3.° déclare que le créancier à qui le testateur a légué ce qu'il lui devait, peut être grevé de fidéicommis à raison de ce qu'il y a de plus dans le legs que dans la dette: *si quis creditori suo legaverit id quod debet, fideicommitti ejus non poterit, nisi commodum aliquod ex legato consequatur?*

» En admettant donc, avec la cour de Liége, que le sieur Tritsman ait eu, par son intention de charger Gilles Debroux et Joseph Landrin de porter son corps en terre, et que telle ait été la cause pour laquelle il leur a assigné à chacun quatre mesures de seigle, comment devons-nous envisager sa disposition? précisément comme un *legs modal*, comme une libéralité à laquelle est apposée la charge de faire telle chose. Et de là même il suit que cette disposition forme un legs proprement dit. Aussi la loi 1 et la loi 2, §. 19, D. *ad legem falcidiam*, décident-elles que le legs d'une somme d'argent à la charge de bâtir un sépulcre au testateur, est sujet au retranchement de la quarte-falcidie : *eum cui pecunia ad faciendum monumentum legata sit, falcidiam passurum*.

» Voilà peut-être, MM., tout ce qu'on peut dire de plus spécieux contre le quatrième motif de l'arrêt de la cour de Liége. Mais n'est-il pas un point de vue sous lequel il peut être justifié?

» Revenons aux deux lois romaines que nous venons de citer.

» Leur objet est de résoudre la question de savoir si l'on doit considérer comme legs, et par suite, comme sujet au retranchement de la quarte-falcidie, ou si l'on doit assimiler aux dettes, aux charges naturelles de la succession, ce qui est assigné par le testateur, tant pour les frais de ses funérailles, que pour lui élever un monument en forme de sépulcre ; et cette question, comment la décident-elles ? En distinguant entre la somme assignée pour les frais des funérailles, et la somme assignée pour la construction d'un monument. La première, disent-elles, doit être considérée comme une dette, comme une charge de l'hérédité et la quarte-falcidie ne doit pas en être déduite ; mais quant à la seconde, elle forme un véritable legs, et elle est passible du retranchement de la quarte-falcidie, du moins en tant qu'elle excède ce qui est nécessaire pour la construction d'un monument qui, par son peu de valeur, soit censé faire partie de la sépulture : *de impensâ monumenti nomine factâ, quæritur an deduci debeat ? et Sabinus itâ deducendum putat, si necessarium fuerit monumentum extruere. Marcellus consultus an funeris monumentique impensa, quantam testator fieri jussit, in ære alieno deduci debeat, respondit non amplius eo nomine quàm quod funeris causâ consumptum est, deducendum : nàm ejus quod in extructionem monumenti erogatum est, diversam esse causam; nec enim itâ monumenti extructionem necessariam esse ut sit funus ac sepultura: idcircò eum cui pecunia ad faciendum monumentum legata sit, falcidiam passurum; nec amplius concedendum erit, quod sufficiat ad speciem modicam monumenti.*

» La conséquence de ces lois est facile à saisir : c'est qu'on ne doit pas considérer comme un legs, mais comme une charge naturelle de la succession, la disposition par laquelle un testateur détermine les valeurs qui doivent être employées à sa sépulture.

» Et c'est ce que la section civile a jugé de la manière la plus précise par l'arrêt du 11 septembre 1809, que nous avons déjà eu l'honneur de vous rappeler.

» La dame Cornette avait institué les sieur et dame Vergnaud ses héritiers universels, à la charge de payer, dans les huit jours de son décès, au ministre du culte catholique de la commune de Nievil, la somme de 160 fr. laquelle serait employée en prières pour le repos de son ame. Au nombre des témoins instrumentaires de ce testament, se trouvait le sieur Ducluzeau, prêtre, qui, à l'époque du décès de la dame Cornette, desservait de fait la paroisse de Nivil, sans cependant avoir obtenu, à cet effet, ni provisions ni institution de l'évêque. De là, une demande en nullité qui fut accueillie par la cour de Bordeaux, sur le fondement que, d'une part, le sieur Ducluzeau était légataire, et que de l'autre, l'art. 975 du Code civil déclare les légataires incapables d'être témoins. Les sieur et dame Vergnaud se sont pourvus en cassation; et l'arrêt dont il s'agit, a cassé celui de la cour de Bordeaux, par deux motifs: l'un que ce n'était, ni au sieur Ducluzeau nommément, ni au desservant actuel de la paroisse de Nievil, que la testatrice avait ordonné

de payer la somme de 160 fr., mais qu'elle avait ordonné de la payer au prêtre qui desservirait cette paroisse au temps de son décès ; l'autre, « que la clause du testament par laquelle la testatrice charge ses légataires universels de payer, » après son décès, une somme de 160 fr. pour » être employée en prières pour le repos de son » ame . ne constitue ni un legs ni une libéralité » quelconque, mais seulement une charge de » l'hérédité; qu'il en est de ce cas comme de ce- » lui où le testateur ordonne qu'il soit payé une » somme déterminée pour les frais de la pompe » de ses funérailles : cas où il est bien évident » que l'église ou la fabrique à laquelle cette » somme est payée, ne reçoit point un legs, » mais seulement le payement d'une dette ».

» Dans notre espèce, c'est, du moins la cour de Liège l'a ainsi jugé en fait, c'est pour le transport des restes du testateur dans le cimetière, que le testateur lui-même a assigné seize mesures de seigle. C'est conséquemment pour une partie essentielle des frais de funérailles : donc la disposition du testateur qui assigne ces seize mesures de seigle aux quatre ouvriers de la ferme, ne peut pas être considérée comme un legs; donc Gilles Debroux et Joseph Landrin ne sont point légataires du sieur Tritsman; donc ils ont pu être appelés comme témoins à son testament.

» Et par ces considérations, nous estimons qu'il y a lieu de rejeter la requête des demandeurs ».

Arrêt du 17 janvier 1810, au rapport de M. Cochard, par lequel,

« Attendu, sur le premier moyen, que les jugemens interlocutoires ne lient pas les juges (1) ;

» Attendu, sur le second, que l'arrêt attaqué ayant décidé en fait, que l'usage était, dans la contrée de la Herbaye, de charger les ouvriers de chaque ferme de porter en terre le cadavre de leur maître, fermier ou propriétaire; qu'en conséquence, le legs de quatre mesures de seigle fait par le testateur aux quatre ouvriers de sa ferme, s'ils se trouvaient encore à son service à l'époque de son décès, doit moins être considéré comme un legs proprement dit, que comme une charge de l'hérédité de celui-ci, laquelle faisait partie de ses frais funéraires; d'où il suit que Gilles Debroux et Joseph Landrin ont pu être témoins dans le testament dont il s'agit, bien qu'ils eussent reçu de l'héritier la rétribution fixée par ledit testament aux quatre ouvriers de sa ferme qui s'y trouveraient encore lors de sa mort, et qu'ils fussent du nombre desdits ouvriers; et que l'arrêt attaqué n'a pu contrevenir à l'art. 975 du Code civil, qui défend d'appeler comme témoins dans un testament ou co-

---

(1) *V.* ci-après, §. 17, l'arrêt de la cour de cassation du 14 juillet 1818.

dicille les légataires, à quelque titre qu'ils le soient ; par ces motifs, la cour rejette le pourvoi..... ».

§. XV. *La disposition d'un testament fait avant la publication du Code civil, mais dont l'auteur est mort depuis, par laquelle celui-ci appelle à sa succession ceux qui lui auraient succédé par représentation à l'infini, d'après telle coutume qu'il désigne, est-elle valable et doit-elle avoir son effet ?*

Le 26 messidor an 9, Marie-Gilberte Rollet, épouse du sieur de Chazerat, domicilié à Riom, fait un testament olographe par lequel, après plusieurs legs particuliers et une disposition qui assure à son mari l'usufruit de tous ses biens, elle s'explique ainsi :

« Quant à la propriété de mes biens, mon intention étant, autant qu'il dépend de moi, de les faire retourner à ceux de mes parens qui descendent des estocs desquels ils me sont provenus, je donne et lègue tout ce dont il m'est permis de disposer, suivant la loi du 4 germinal an 8, à tous ceux de mes parens de la branche de mes aïeul et aïeule paternels, et de celle de mon aïeule maternelle, qui seraient en ordre de me succéder, suivant les règles de la représentation à l'infini, telle qu'elle avait lieu dans la ci-devant coutume d'Auvergne, pour être partagé entre les trois branches au marc le franc de ce qui m'est parvenu de chacune desdites branches, et être ensuite subdivisé dans chacune d'elles, suivant les mêmes règles de la représentation à l'infini ».

Le 14 messidor an 11, la dame de Chazerat, fait un codicille dans lequel se trouve une disposition ainsi conçue :

« La nouvelle loi (1) m'ayant accordé la faculté de disposer de la totalité de mes biens, je veux et entends que le legs universel que j'avais fait par le susdit testament, en faveur de mes parens de l'estoc de mes aïeul et aïeule paternels, et de ceux de l'estoc de mon aïeule maternelle, de tout ce dont il m'était permis de disposer, par la loi du 4 germinal an 8, ait son effet pour la totalité de mes biens, sauf les divisions et subdivisions à faire entre mesdits héritiers, de la manière expliquée audit testament ; sauf aussi mes legs particuliers, et les dispositions par moi faites en faveur de mon mari, à tout quoi il n'est rien dérogé par le présent codicille ».

Le 3 vendémiaire an 14, décès de la dame de Chazerat.

(1) La loi du 13 floréal an 11, qui forme aujourd'hui le titre des *Donations* et *Testamens* du Code civil.

Le 29 du même mois, son testament et son codicille sont déposés, en vertu d'une ordonnance du président du tribunal civil de Riom, entre les mains d'un notaire de la même ville.

Le 15 janvier 1807, deux des légataires particuliers forment contre les légataires universels, une demande en délivrance de leurs legs.

Les assignés se présentent au nombre de trente-sept.

Le 11 juin suivant, d'autres parens de la testatrice se prétendant appelés au legs universel, interviennent dans l'instance.

Tous, en se réunissant pour répondre aux deux légataires particuliers, demandent respectivement les uns contre les autres le partage de la succession de la dame de Chazerat, et concluent à toutes les opérations nécessaires pour y parvenir.

Le 28 janvier 1808, le sieur Mirlavaud, cousin germain de la défunte et son plus proche héritier maternel, présente une requête en intervention, et demande, 1.° que le legs universel porté aux testament et codicille de la dame de Chazerat soient déclarés nuls, attendu que, par sa relation à la ci-devant coutume d'Auvergne, il est en opposition avec les art. 6 et 1390 du Code civil, et avec l'art. 7 de la loi du 30 ventôse an 12 ; 2.° que la succession *ab intestat* soit partagée en deux moitiés, dont l'une pour la ligne paternelle, et l'autre pour la ligne maternelle.

Le 15 mai suivant, le sieur Mirlavaud fait donation entre-vifs au sieur Mazuel, son neveu, de la moitié de tous les droits qui lui appartiennent dans la succession de la dame de Chazerat, sous la réserve de l'usufruit, et de la faculté de poursuivre lui-même, jusqu'à arrêt définitif, sa demande en nullité du legs universel, sauf au sieur Mazuel à y intervenir, s'il le juge à propos.

Le 22 juin de la même année, jugement du tribunal civil de Riom, ainsi conçu :

« La dame de Chazerat a-t-elle pu ordonner, par une disposition générale, que ses biens retourneraient aux estocs dont ils étaient provenus ; qu'ils seraient partagés entre les trois branches de sa famille (qu'elle dénomme), suivant les règles de la représentation à l'infini, telle qu'elle avait lieu dans la ci-devant coutume d'Auvergne, et ensuite subdivisés dans chacune d'elles, suivant les mêmes règles de la représentation à l'infini ?

» En exprimant ainsi sa volonté, la dame de Chazerat a-t-elle remis en vigueur, en termes généraux, une coutume abolie ? A-t-elle subordonné sa disposition aux règles de cette coutume ? Et enfin sa volonté ainsi exprimée doit-elle être réputée non écrite, comme contraire aux lois d'ordre public ?

» Attendu la maxime constante, base de toute législation, et consacrée par l'art. 6 du Code civil, que nul ne peut, par des conventions particulières, déroger aux lois qui intéressent l'ordre public et les bonnes mœurs, puisque ce qui a été établi pour le bien de tous, ne doit pas être interverti par la volonté changeante des individus; qu'il faut reconnaître incontestablement pour lois d'ordre public, celles qui ont un rapport direct et spécial à la société en corps, dont les conséquences réfléchissent éminemment sur l'ensemble des citoyens; que, si, à quelques égards, on peut regarder toutes les lois comme ayant pour objet une certaine utilité publique, dans les unes cependant cette utilité se borne à ne régler que des intérêts privés, *pluribus ut singulis;* dans les autres, au contraire, cette utilité embrasse la société entière, elle se lie à tous les intérêts, *pluribus ut universis;* qu'ainsi, lorsque le testateur fait la distribution de ses biens, il use d'une faculté qui est toute relative à lui seul et dans son intérêt privé; mais le mode dont il se sert, l'ordre qu'il doit observer dans cette répartition, est du domaine public, qui est pour lui-même une barrière insurmontable;

» Attendu que, parmi ces lois inviolables, l'art. 1390 a placé la prohibition faite aux époux de stipuler entre eux qu'*une manière générale,* que leur association sera réglée par l'une des coutumes qui régissaient ci-devant les diverses parties de la France, qui sont abolies; qu'en effet, l'abrogation de tous ces statuts locaux, jugés nuisibles tant par leur multitude que par la bizarrerie de grand nombre de leurs dispositions, que l'avantage d'une loi uniforme, longtemps désirée et profondément sentie, entrent évidemment dans l'intérêt commun de la société; que c'est s'élever contre cet intérêt de tous, établir un Code pour soi, que de faire renaître ces lois anéanties et les tirer de l'oubli auquel le corps social les a condamnées en grande connaissance de cause;

» Attendu que les testamens, ainsi que tous autres actes ou contrats, sont indistinctement soumis à ces principes sacrés; que la faction du testament, comme disent les lois romaines, est incontestablement d'ordre public; que le premier devoir du testateur est de le reconnaître et de le respecter; que de plus, les grands motifs qui ont dicté cet art. 1390, relativement au contrat de mariage, s'appliquent naturellement au testament, que l'avantage du public, ainsi que la tranquillité des familles, ne sont pas moins compromis en rappelant en termes généraux, dans une disposition testamentaire, une coutume abolie, qu'en là reconnaissant dans un contrat de mariage; que, dans l'un comme dans l'autre cas, l'intérêt public est violé, puisque la dame de Chazerat s'est constituée au-dessus de la volonté générale, soit par son mépris étudié de la précieuse uniformité de nos lois, soit en reproduisant cette multitude infinie de coutumes, et avec elles les contestations interminables que la sagesse du législateur a voulu écarter;

» Attendu que la loi, en laissant au testateur la plus grande latitude dans la disposition de ses biens, en l'établissant l'arbitre et le souverain de ses dernières volontés, lui a cependant donné pour bornes toutes les règles qui concernent l'ordre public, les bonnes mœurs et les formalités des actes; que c'est sous ces conditions qu'il a reçu de la loi un pouvoir si étendu; qu'il perd ce pouvoir, ou du moins que ce pouvoir est rendu sans effet, dès qu'il oublie les conditions sous lesquelles il l'a reçu;

» Attendu que la dame de Chazerat a méconnu ou méprisé ces principes, lorsque, dans son testament et dans son troisième codicille, au mépris de la volonté et des intérêts de la société, elle a remis en vigueur en termes généraux, une coutume abolie, en ordonnant *que ses biens retourneraient aux estocs desquels ils étaient provenus; qu'ils seraient partagés entre les trois branches de sa famille qu'elle dénomme, suivant les règles de la représentation à l'infini, telle qu'elle avait lieu dans la ci-devant coutume d'Auvergne, et ensuite subdivisés dans chacune d'elles, suivant les mêmes règles de la représentation à l'infini;*

» Attendu que ce rappel, en termes généraux, à la coutume d'Auvergne, renferme une résistance réfléchie à la volonté et à l'utilité publique, sous deux rapports frappans : l'un, en obligeant ses héritiers de faire la recherche de la nature et de l'origine des biens dans chaque estoc, suivant la coutume d'Auvergne, contre la prohibition précise du Code; et l'autre, en astreignant ses héritiers à faire entre eux les divisions et subdivisions, suivant la représentation à l'infini, dans les principes de la même coutume d'Auvergne. Or, la coutume d'Auvergne avait, sous ces deux rapports, des maximes spéciales et particulières à elle seule, et qui s'éloignaient de toutes les autres coutumes qui avaient admis la fameuse règle, *paterna paternis, materna maternis;* et que ces principes de la coutume ont été reproduits par la dame de Chazerat dans sa famille et dans sa succession, comme un brandon de discorde et de contestation;

» Attendu qu'on objecte vainement que la coutume d'Auvergne n'est rappelée dans le testament que comme une démonstration, un pont comparatif, et non comme loi impérieuse : raisonner ainsi, c'est jouer sur les mots et abuser des termes; car comment la coutume d'Auvergne ne serait-elle dans le testament que comme mode d'indication, lorsque la dame de Chazerat veut disertement et en termes géminés, que cette coutume soit la règle du partage de ses biens; lorsque presque tous les appelés par elle ont donné à leurs conclusions la forme d'une demande en partage, d'après les maximes de la coutume d'Auvergne; lorsque, dans le fait et dans la réalité, il serait impossible à ces héritiers de faire ce partage tel qu'il est prescrit, sans être guidés par la coutume d'Auvergne? Ainsi c'est la coutume d'Auvergne à la main, qu'ils seraient obligés de rechercher quels sont les biens qui sont provenus de chacune des lignes favorisées; qu'ils seraient obligés de faire une recherche semblable pour attribuer à chaque branche, par la subdivision, les biens qui y ont aussi été rapportés; qu'il faudrait distinguer les dots mobilières ou pécuniaires qui auront fait souche par double confusion; qu'il faudrait également, dans le cas de la représentation, statuer si l'oncle et le neveu, étant en ligne égale, doivent concourir ensemble; si, au préjudice d'une renonciation, on peut venir par représentation de son auteur qui a renoncé; si, par l'effet de la représentation, le partage doit se faire par souches ou bien par têtes, et une multitude d'autres difficultés semblables: ainsi s'ouvriraient pour ces héritiers une ample carrière de débats, aux juges une multitude de questions épineuses, pour la décision desquelles la coutume d'Auvergne serait la seule régulatrice;

» Attendu qu'on ne peut pas dire que la coutume ne sera prise ici comme autorité seulement, et non comme loi nécessaire, puisque cette coutume, ses usages, sa jurisprudence seraient la seule règle sur laquelle on devrait se diriger pour suivre la volonté et les vues rétrogrades de la testatrice; que la coutume ne serait pas simple renseignement, puisque, sans elle, sans s'y renfermer, on ne pourrait opérer la distinction des biens, éclaircir leur origine, les appliquer à diverses lignés, aux différentes branches, découvrir les individus appelés par la représentation, et parvenir enfin à débrouiller les obscurités de ce partage laborieux; la coutume ne serait pas un simple mode, une condition, puisqu'en général les modes et les conditions peuvent se concevoir et s'isoler des dispositions auxquelles ils sont apposés; mais ici le mode, la condition prescrits par la dame de Chazerat, sont inséparables; car enfin, si la testatrice a institué légataires universels les trois lignes qu'elle a affectionnées, c'est principalement pour prendre les biens provenans de chacune d'elles, suivant la coutume d'Auvergne; c'est pour les subdiviser ensuite d'après les mêmes principes, d'après la même origine et nature des biens: ses vrais héritiers seront ceux qui lui seront donnés par la représentation de la coutume d'Auvergne; ainsi et forcément, la coutume d'Auvergne se lie et s'incorpore à tout ce partage, et commandera à ses opérations;

» Attendu qu'on oppose encore sans fondement que la dame de Chazerat n'a pas généralisé son rappel de la coutume d'Auvergne, puisqu'elle l'a restreint à une seule de ses dispositions; c'est une erreur: car la soumission à une cou-

tume prend évidemment la forme de disposition générale, lorsqu'elle porte sur un objet de disposition générale; or, c'est pour la nomination de ses légataires universels que la dame de Chazerat invoque la coutume d'Auvergne; c'est cette coutume en général qui réglerait leurs qualités et leurs avantages; cette disposition prend nécessairement un caractère de généralité dans ce partage; sans doute, la dame de Chazerat eût pu aisément spécialiser sa disposition; elle eût pu légitimement faire entre ses héritiers l'application de tels ou tels de ses biens, suivant sa volonté; elle eût pu, par cette voie spéciale, faire rentrer dans chaque ligne, dans chaque branche, la portion de fortune qu'elle en avait reçue; rien ne la gênait dans cette manière de disposer; par là, elle eût rempli ses intentions, respecté l'ordre public, et étouffé le germe de mille contestations dans sa famille: mais au lieu de faire ce qui lui était permis, elle a préféré de faire ce qui lui était défendu; de telles dispositions ne peuvent être protégées par la loi qu'elles offensent;

» Attendu qu'en vain on prétend excuser la dame de Chazerat, en alléguant qu'on ne peut lui faire un reproche d'avoir établi le partage de ses biens sur la représentation à l'infini, puisque cette représentation était admise par la loi du 17 nivôse an 2; cette justification ne peut être admise, 1.° parce qu'au décès de la dame de Chazerat, ce n'était plus la loi du 17 nivôse qui devait régler, soit la forme, soit le mérite de ses dernières dispositions; c'était le Code civil sous l'empire duquel elle est décédée, et que son testament olographe a reçu une date; 2.° la testatrice est loin d'avoir puisé dans la loi du 17 nivôse, la représentation qu'elle ordonne; cette loi, dans toutes les branches, sous tous les points de vue, établit la représentation sous le rapport de la proximité du sang; au contraire la coutume d'Auvergne attachait la représentation à l'origine et à la nature des biens; il fallait avoir pour auteur celui dont les biens provenaient: la loi du 17 nivôse avait, à cet égard, puisé sa représentation dans l'affection naturelle, l'avait liée aux personnes; la coutume d'Auvergne l'avait fait dépendre des usages féodaux, l'avait attachée à la glèbe plutôt qu'aux liens du sang: on ne peut donc trouver aucune analogie entre ces deux représentations, dont la source comme les effets étaient si différens;

» Attendu qu'on oppose encore sans raison, qu'on ne peut demander la nullité de la clause dont il s'agit, puisqu'elle n'est pas prononcée par la loi: c'est encore une illusion. Il y a nullité absolue dans toute disposition de loi négative-prohibitive. En prononçant, *on ne peut*, la loi use de toute sa puissance; elle impose un devoir indispensable, elle écarte tout prétexte: *Excludit potentiam juris et facti.* Or, l'art. 6 du Code dispose qu'*on ne peut déroger, par des conventions particulières , aux lois qui intéressent l'ordre public.* L'art. 1390 statue de même que *les époux ne peuvent stipuler , d'une manière générale , que leurs conventions seront réglées par l'une des coutumes abolies;* et ces termes impérieux, *on ne peut* et *ne peuvent*, renferment sans doute une prohibition énergique, une impossibilité de faire de semblables dispositions, ils prononcent implicitement une nullité insurmontable;

» Attendu que cette nullité ne peut être écartée par la disposition de l'art. 967, sur lequel on veut encore s'appuyer : cet article permet, à la vérité, au testateur de manifester sa volonté sous toute espèce de titres et de dénominations; de sorte que, soit que le testateur dispose à titre de legs , de donation , d'institution d'héritier, ou sous toute autre qualification, peu importe : sa volonté connue, si elle est conforme à la loi, *quæ legitima est*, reçoit toujours son exécution; mais disposer sous toute dénomination, n'est pas faire toutes espèces de dispositions : en permettant au testateur de se servir de toutes expressions pour dicter ses intentions, la loi ne l'a pas autorisé à disposer sous un mode et dans une latitude indéfinis; les mœurs, l'utilité publique, les formalités des actes, et tout ce qui intéresse l'ordre social, sont toujours pour lui une barrière invincible; c'est d'après ce principe tutélaire, que l'art. 900 a voulu que , dans toutes dispositions entre-vifs ou testamentaires, les conditions contraires aux lois ou aux mœurs soient réputées non écrites; c'est ce que la dame de Chazerat a méconnu ou méprisé, en faisant l'institution d'héritier universel dont il s'agit; elle a violé l'ordre public, en subordonnant sa disposition aux règles d'une coutume anéantie; elle l'a violé, en rejetant avec affectation le bienfait de la loi nouvelle; elle l'a violé, en prescrivant une forme de partage qui serait une source féconde de contestations : la justice, comme la loi, ne peuvent accueillir une telle disposition, il faut donc la regarder comme non écrite dans le testament de la dame de Chazerat....;

» En ce qui touche le partage, attendu que la succession de la dame de Chazerat s'est ouverte sous l'empire du Code; qu'ainsi, c'est par les principes de cette loi que le partage doit en être terminé;

» Par ces motifs, le tribunal, par jugement en premier ressort, reçoit le sieur Mirlavaud partie intervenante dans la contestation pendante entre les sieurs Farradesche de Gromond, fils aîné , et le sieur Sablon - Ducorail , d'une part, et les héritiers et prétendans droit à la succession de la dame de Chazerat, d'autre part; et faisant droit sur ladite intervention, ainsi que sur la demande en nullité du legs universel en propriété fait par la dame de Chazerat; sans s'arrêter ni avoir égard audit legs universel

fait au profit des trois branches d'héritiers y dénommés , et compris au testament olographe de la dame de Chazerat, du 26 messidor an 9, et codicille du 14 messidor an 11, légalement déposés, enregistrés les 25 et 29 vendémiaire an 14, lequel legs universel est déclaré nul et de nul effet, et comme non écrit dans ledit testament; ordonne que, dans la huitaine de la signification du présent jugement, il sera procédé au partage de la propriété seulement de tous les biens meubles et immeubles provenus de la dame Marie-Giberte Rollet , femme de Chazerat, pour en être délaissé moitié aux parens de la ligne paternelle, et l'autre moitié aux parens de la ligne maternelle , conformément à l'art. 733 du Code civil , sauf les soudivisions entre elles, s'il y a lieu, conformément à l'art. 734 du même Code; auquel partage tous les intéressés feront tous rapports et prélèvemens que de droit; à la charge par les héritiers des deux lignes ci-dessus , de souffrir , sur la totalité desdits biens meubles et immeubles , l'usufruit universel au profit du sieur de Chazerat, époux de ladite dame Marie-Giberte Rollet.... »

Les légataires universels interjettent appel de ce jugement, et font assigner le sieur Mazuel, donataire de la moitié des droits du sieur Mirlavaud, en déclaration d'arrêt commun.

Par arrêt du 14 août 1809, la cour de Riom prononce en ces termes sur cet appel :

« La dame de Chazerat pouvant disposer de l'universalité de ses biens , a-t-elle suffisamment exprimé son choix , en désignant ses légataires collectivement, par l'indication certaine de leur origine ?

» Le testament de la dame de Chazerat est-il parfait dans la volonté qu'elle a exprimée ? l'est-il dans la volonté de la loi ? est-il contraire à l'ordre public, aux lois politiques, et au droit naturel et civil de morale ?

» A-t-elle soumis sa propre volonté à la volonté générale de la ci-devant coutume d'Auvergne, abrogée par les lois nouvelles ?

» Etait-ce le cas d'appliquer à son testament l'art. 1390 du Code civil ?

» S'il était vrai que des termes de la représentation à l'infini, exprimés dans le testament, il dût résulter, comme le prétend le sieur Mirlavaud, que des filles forcloses ou les descendans d'elles dussent être exclus du partage, cette question peut-elle le concerner ? n'en demeurerait-il pas moins exclu lui-même de la succession par le testament ? n'excipe-t-il pas du droit d'autrui, en agitant cette question....?

» Attendu, dans le droit, que la testatrice a pu disposer à volonté de l'universalité de ses biens; qu'elle a pu choisir ses légataires entre toutes personnes capables , et les désigner collectivement ou individuellement; soit par leurs noms ou états distinctifs, soit par des indications certaines d'origine, de famille ou de parenté, également propres à les faire connaître;

» Attendu, dans le fait, qu'on ne conteste ni sa capacité personnelle, ni celle de ses légataires, ni la disponibilité de tous ses biens, ni la faculté d'en disposer à tels titres, et de les distribuer selon telles mesures qu'elle a jugées à propos, ni la forme extrinsèque de ses testament et codicilles;

» Attendu qu'il y a certitude dans sa disposition, puisqu'on convient qu'elle est de l'universalité des biens; qu'il y a certitude égale dans le nombre et les personnes légataires, en ce qu'ils sont désignés par leur qualité spécifique de descendans de trois estocs indiqués, en quelque nombre qu'ils soient, et que, sous ce rapport, leur existence individuelle n'est susceptible d'aucun doute;

» Attendu qu'un testament qui réunit tous ces caractères, est nécessairement parfait dans la volonté exprimée du testateur, puisqu'elle était libre; et qu'il est aussi nécessairement parfait dans la volonté de la loi, puisqu'il est fait sous son autorité, et qu'elle n'exige rien au-delà de ce qui a été observé.

» Attendu que celui de Marie-Gilberte Rollet de Chazeret, étant ainsi conforme, sous tous les rapports, à toutes les règles prescrites, il est impossible qu'il ne soit pas aussi conforme à l'ordre public, puisqu'il est vrai que l'ordre est toujours le résultat de l'observation de la règle;

» Attendu que, dès-lors, sa disposition universelle ne devait recevoir aucune atteinte des motifs par lesquels on l'a attaquée, et qui ont cependant déterminé les premiers juges à la déclarer nulle; que c'est en vain, et contre l'évidence du fait, qu'on lui reproche d'avoir soumis sa volonté propre à la volonté générale de la ci-devant coutume d'Auvergne, puisque, d'une part, elle a clairement et très-expressément déclaré toute sa volonté, dont aucune loi ne lui défendait de prendre l'exemple dans une coutume abrogée; que, de l'autre, loin de disposer généralement, selon le vœu de la coutume, elle s'est au contraire mise en opposition presque entière avec elle, soit dans sa disposition, en ce qu'elle est universelle, soit dans le choix de ses légataires, en ce qu'elle a donné à son mari, soit en faisant estoquer les dots au-delà de la personne des enfans, soit en ne réservant pas ses meubles et acquêts aux seuls parens paternels, soit en les confondant avec les propres de ses trois estocs, pour n'en faire qu'une seule masse, divisible indistinctement entre tous, dans la proportion des apports, soit, enfin, en ce qu'elle a laissé une succession toute testamentaire, comme elle en avait le droit, au lieu de laisser une succession *ab intestat*, comme le voulait la coutume; que c'est

par suite de cette illusion qu'on a appliqué à son testament la disposition de l'art. 1390 du Code civil, qui défend aux époux de stipuler d'une manière générale que leur association sera réglée par une des coutumes qui sont abrogées; que la première erreur qui se remarque dans cette application, c'est que l'article cité n'a rapport qu'aux contrats de mariage, et que les prohibitions ne s'étendent pas des actes exprimés à ceux qui ne le sont pas; que celle-ci s'étend si peu aux testamens, que, indépendamment de ce que l'article même prouve le contraire par son énonciation et par la rubrique sous laquelle il est placé, on le voit encore plus clairement par la comparaison des art. 911 et 1172, dont l'un, relatif aux testamens, dit que les conditions prohibées par les lois sont seulement réputées non-écrites; et l'autre, relatif aux contrats, veut qu'elles rendent la disposition nulle; qu'une autre erreur, plus étonnante que la première, vient de ce qu'on ne s'est arrêté ni au sens de l'article ni à la signification grammaticale des deux mots qui y sont employés, *manière générale*; que, cependant, on devait savoir que ce qui est général comprend indéfiniment toutes les espèces, sans en marquer aucune; car, si les espèces étaient expliquées, la *manière* cesserait d'être *générale*, n'y ayant rien de si opposé à la généralité que la spécialité; qu'ainsi un pacte d'association contractuelle, soumis d'une manière générale au régime de telle coutume, serait évidemment exclusif de toute volonté propre des contractans, et ne pourrait recevoir son effet que des termes de la coutume indiquée, comme un mandat général reçoit toute son exécution de la volonté de celui qui le remplit, par suite de la soumission entière de celui qui l'a donné; qu'alors on conçoit comment et pourquoi la loi résiste à ce que les citoyens qu'elle régit osent s'arroger la puissance de rétablir l'autorité d'une coutume qui est abolie, et prétendre faire produire un effet à une cause qui n'existe plus, mais que, de près ni de loin, on ne saurait rien remarquer dans le testament de Marie-Gilberte Rollet, qui ressemble à ce cas, puisqu'au contraire tout y est énoncé et spécifié; qu'il n'y a pas une seule disposition qui ne puisse être exécutée, indépendamment de toute coutume quelconque, par le seul fait de la volonté certaine et connue de la testatrice, par la seule autorité du Code civil, et en opposition totale à cette coutume d'Auvergne, qu'on a si singulièrement imaginé avoir été prise, *d'une manière générale*, pour règle de ce testament; qu'à la vérité, on y parle d'*estoc* et de *représentation à l'infini*, pour désigner les légataires; mais que cela même prouve la sagesse de la testatrice, qui, par l'expression la plus brève, fait connaître ses légataires de la manière la plus parfaite, sous une désignation qui a deux termes manifestement certains : l'un, les auteurs indiqués; l'autre, celui où cesse leur descendance; que lorsque, pour plus grande intelligence des règles de cette représentation, qu'elle ordonne de suivre, elle a ajouté ces mots : *selon qu'elle avait lieu dans la ci-devant coutume d'Auvergne*, on doit reconnaître d'abord qu'au moins, dans le seul endroit où elle parle de cette coutume, elle a spécialisé la règle qu'elle en empruntait, et que ce n'est plus, comme on l'a dit, *une manière générale* de s'y référer; que, dans la réalité, non-seulement elle n'a rien dit que le Code réprouve, mais qu'elle l'a dit surabondamment, en ce sens que la représentation à l'infini s'entend assez d'elle-même, pour n'avoir pas besoin d'être expliquée par un exemple; qu'ainsi, en regardant cette citation de la coutume comme vaine, en la supposant même condamnable, il en résulterait seulement qu'aux termes du Code civil, il faudrait la considérer comme non-écrite, et qu'alors la volonté de la testatrice n'en demeurant pas moins entendue, on ne pouvait l'anéantir sans violer ouvertement la loi qui en protège l'exécution; mais que c'est une erreur manifeste de penser qu'il soit défendu, en exprimant sa volonté dans un testament, de rappeler pour modèle une loi abolie, lorsque, d'ailleurs, on ne veut rien que la loi nouvelle ne permette; et, tandis qu'on ne saurait nier, et qu'on ne nie pas, en effet, que la testatrice a pu légitimement se choisir des héritiers de l'espèce et de la qualité de ceux qu'elle a désignés; qu'il suffit de lire la phrase pour être convaincu qu'elle n'a rappelé les règles de la coutume d'Auvergne, quant à la représentation à l'infini, que pour qu'on ne se trompât pas dans l'exécution de sa volonté, ou plutôt pour mieux indiquer tous ses héritiers, si bien que, quand elle n'aurait pas dit un mot de cette coutume, sa disposition n'en serait ni moins certaine, quant à ses biens, ni moins expliquée, quant à ses héritiers, puisque la représentation à l'infini, à quoi elle aurait pu se borner, n'aurait été ni la représentation de telle coutume, ni celle de telle autre, mais telle que le mot seul le signifiait, c'est-à-dire, les descendans, tant qu'il y en aurait des estocs indiqués, et que, si ces mots, *telle qu'elle avait lieu*, ajoutent réellement quelque chose à l'expression de sa pensée, du moins il est évident que ce qu'ils y ajoutent n'est qu'une explication de plus, et que, par cela même, ils témoignent plus fortement qu'elle a eu une volonté propre, déterminée et éclairée; bien loin qu'elle se soit référée *d'une manière générale* à l'autorité d'une coutume abrogée; qu'il n'est pas permis de voir des fautes où la loi n'en voit pas, et que, devant la loi, comme aux yeux de la raison, il n'y en a pas plus à citer une coutume abrogée pour exemple, qu'à rappeler qu'elle a existé, ou à répéter ce que portait tel

on tel de ses statuts; que, s'il était vrai que des termes de la représentation à l'infini, il dût résulter, comme l'objecte la partie de Bayle, que des filles forcloses, ou les descendans d'elles dussent être exclus du partage; cette question ne saurait le concerner, puisqu'il n'en demeurerait pas moins exclu lui-même de la succession par le testament; qu'ainsi il ne fait qu'exciper vainement du droit d'autrui; en agitant une question qui n'intéresserait que les héritiers testamentaires, et qu'ils n'élèvent pas; que si, pour régler les proportions du partage entre ces héritiers, il est nécessaire de remonter à l'origine des biens et d'en connaître la nature, quoique la loi ne considère ni l'un ni l'autre dans les successions *ab intestat*, il n'en résulte autre chose que ce qui résulte de la loi elle-même, c'est-à-dire, qu'il peut y avoir, selon la loi, deux espèces de successions très-différentes : l'une, *ab intestat* que la loi a réglée comme il lui a plu; l'autre, testamentaire, qu'elle a abandonnée à la volonté de ceux qu'elle a autorisés à en disposer; qu'ici, il s'agit de cette dernière espèce de succession, et que la volonté de l'homme y fait taire légalement celle de la loi;

» Attendu que, si la testatrice a été libre, comme on en convient, de distribuer ses biens selon sa fantaisie, elle a pu aussi, et à plus forte raison, les partager par des motifs qui lui ont paru de justice, entre tous les descendans de ceux dont ils lui étaient provenus; et qu'aucune loi politique, ni d'ordre public, ou de droit naturel ou civil, pas plus qu'aucune loi de morale, ne lui interdisaient de se déterminer par ce louable motif; que c'est même un des bienfaits particuliers de la faculté de tester, et qui n'a point échappé aux conseils du législateur, que, par là, on peut réparer, en certains cas, les injustices résultantes d'une loi trop générale, ou d'une affection faussement présumée;

» Attendu, enfin, que Marie-Gilberte Rollet ne pouvait pas se montrer moins attachée à la loi ancienne, qu'elle l'a fait, en la contrariant presque en tout, ni mieux marquer son respect pour les lois nouvelles qu'en usant des facultés qu'elles lui accordaient, en déclarant qu'elle ne voulait le retour de ses biens à leur source qu'autant que cela dépendait d'elle, comme cela en dépendait en effet; en ne disposant que de ce que la loi lui permettait de donner à l'époque de son testament, et du reste seulement quand une loi nouvelle le lui a permis; en ne donnant rien à des personnes prohibées, et n'attachant à ses libéralités aucune condition défendue; que toutes ses dispositions sont légitimes, puisque la loi les autorise, et que son testament est légal, puisqu'on n'en contredit pas la forme;

» La cour dit qu'il a été mal jugé par le jugement dont est appel, bien appelé; émendant, débonte la partie de Bayle (le sieur Mirlavaud) de ses demandes; ordonne que le testament sera exécuté suivant sa forme et teneur; faisant droit sur la demande en assistance de cause formée contre Mazuel, partie de Vazeille; attendu qu'il est donataire de Mirlavaud, intéressé, par conséquent, à la cause, et qu'il n'a pas plus de droit que son donateur, déclare l'arrêt commun avec lui. . . . . »

Les sieurs Mirlavaud et Mazuel se pourvoient en cassation contre cet arrêt.

« Trois moyens de cassation (ai-je dit à l'audience de la section dés requêtes, le 19 juillet 1810), vous sont proposés dans cette affaire: violation de l'art. 1390 du Code civil, portant que *les époux ne peuvent plus stipuler d'une manière générale, que leur association sera réglée par l'une des coutumes, lois ou statuts locaux qui régissaient ci-devant les diverses parties du territoire français, et qui sont abrogés par le présent Code;* violation des art. 399, 895 et 965 du même Code, qui, en exigeant que le testateur fasse personnellement ses dispositions de dernière volonté, annoncent clairement l'intention de maintenir les lois romaines qui déclarent nulle toute disposition par laquelle un testateur confie à un tiers le choix de ses héritiers; violation de l'art. 7 de la loi du 30 ventôse an 12, qui abroge *les lois romaines, les ordonnances et les coutumes générales ou locales, dans les matières qui sont l'objet des lois composant le Code civil.*

» Sur ces trois moyens, il s'élève une question préalable qui leur est commune, et dont nous devons être un mot : c'est de savoir s'ils ne doivent pas être écartés tous trois par la circonstance qu'il s'agit ici d'un testament, d'une date antérieure au Code civil.

» L'affirmative serait incontestable, si ce testament n'était attaqué que dans sa forme extrinsèque; car il est de principe que la forme extrinsèque d'un testament ne dépend que de la loi du temps, comme de la loi du lieu, où il a été fait; et vous l'avez ainsi jugé, le 1.er brumaire an 13, au rapport de M. Sieyes et sur nos conclusions, en maintenant un arrêt de la cour de Bruxelles qui avait déclaré valable un testament fait dans l'ancienne forme, le 28 nivôse an 9, par un particulier mort, le 19 prairial an 11, après la publication des articles du Code civil, relatifs aux formalités des dispositions à cause de mort (1).

» Mais ce n'est point dans sa forme extrinsèque, ce n'est point par un défaut de solennités qu'est attaqué le testament de la dame de Cha-

zerat : il n'est attaqué que dans le fond de ses dispositions ; et tout le monde sait qu'en ce qui concerne le fond des dispositions d'un testament, on ne doit s'attacher qu'à la loi du temps où le testateur est décédé. C'est ainsi que, le 18 janvier 1808, la section civile a jugé, en rejetant le recours de Jean-Pierre Rayet contre un arrêt de la cour d'appel d'Agen, du 30 avril 1806, qu'un testament fait en 1787, était nul, par cela seul qu'il renfermait une clause de substitution fidéicommissaire, prohibée par l'art. 896 du Code civil; à la publication duquel son auteur avait survécu (1).

» On ne peut donc pas douter que le Code civil ne doive être pris pour règle du fond des dispositions de la dame de Chazerat; et par conséquent, que, si le Code civil condamne la manière dont la dame de Chazerat a nommé ses légataires universels, les dispositions de la dame de Chazerat, ne soient nulles à cet égard.

» Cela posé, entrons dans l'examen des trois moyens de cassation que les demandeurs vous proposent.

» Et d'abord, en jugeant que la dame de Chazerat avait pu nommer ses légataires universels, par la seule vocation de ceux de ses parens du côté de ses aïeul et aïeule paternels, et de son aïeule maternelle, *qui seraient en ordre de lui succéder, suivant les règles de la représentation à l'infini, telle qu'elle avait lieu dans la ci-devant coutume d'Auvergne,* la cour d'appel de Riom a-t-elle violé l'art. 1390 du Code ?

» Elle l'aurait certainement violé, si cet article était applicable au testament de la dame de Chazerat; mais elle a jugé qu'il ne l'était point, et elle s'est fondée sur trois motifs :

» Le premier, que l'art. 1390 du Code n'est relatif qu'aux contrats de mariage, et que les prohibitions ne s'étendent pas des actes exprimés à ceux qui ne le sont pas;

» Le second, que cet article, fût-il commun aux testamens, ne serait pas applicable à celui de la dame de Chazerat, parce que ce n'est pas *d'une manière générale,* mais seulement pour la détermination des règles de la représentation à l'infini, que la dame de Chazerat y a déclaré s'en rapporter à la ci-devant coutume d'Auvergne.

» Le troisième, que les termes par lesquels la dame de Chazerat s'est rapportée à la ci-devant coutume d'Auvergne, ne forment dans son testament qu'une clause surabondante.

» De ces motifs, le troisième s'applique également à tous les moyens de cassation des demandeurs; et nous croyons devoir, par cette raison, en renvoyer la discussion à la suite de celle du dernier de ces moyens.

» Quant aux deux autres, il en est un, et c'est le second, qui nous paraît dénué de tout fondement.

» En effet, l'art. 1390 du Code n'est pas seulement applicable à la clause d'un contrat de mariage par laquelle les futurs époux déclareraient adopter telle coutume pour règle de tous leurs droits respectifs, il l'est aussi à la clause par laquelle ils déclareraient adopter telle coutume pour règle de tel droit matrimonial spécialement désigné ; par exemple, de la communauté ou du douaire ; car, dans un cas comme dans l'autre, les futurs époux ne spécialiseraient pas eux-mêmes leurs conventions, ils les laisseraient dans un vague qui ne pourrait être fixé que par la coutume à laquelle ils se soumettraient ; et, par conséquent, il y aurait, dans un cas comme dans l'autre, soumission *d'une manière générale* à la coutume.

» Si donc l'art. 1390 ne doit pas être restreint aux contrats de mariage, s'il est commun aux testamens, nul doute qu'il ne soit violé par une disposition testamentaire qui, pour la détermination de l'ordre dans lequel doivent venir et des parts que doivent prendre les légataires universels, renvoie à telle coutume, comme il le serait par une disposition par laquelle le testateur s'en rapporterait à cette coutume pour le réglement universel de sa succession ; nul doute, par conséquent que, dans cette hypothèse, la cour d'appel de Riom n'ait erré dans son second motif.

» Mais cette hypothèse est-elle exacte, ou, en d'autres termes, l'art. 1390 est-il véritablement commun aux testamens ; ou, en d'autres termes encore, la cour d'appel de Riom a-t-elle erré dans son premier motif comme dans le deuxième?

» Sur cette question, il y a deux choses à considérer : l'esprit dans lequel a été rédigé l'art. 1390, et l'objet auquel sa rédaction l'applique.

» L'esprit de cet article paraît manifesté par le procès-verbal du conseil d'État.

» La section de législation, disait M. Tronchet, a voulu, en proposant cet article, « empêcher les notaires de continuer à insérer dans
» leurs actes une clause usitée dans les contrats
» de mariage, lorsque les parties voulaient établir leur communauté sur d'autres principes
» que sur ceux de la coutume de leur domicile :
» on exprimait alors qu'elles se mariaient suivant telle ou telle coutume. Cette clause serait
» nulle après la confection du Code civil : puisqu'il abroge toutes les coutumes, il n'est plus
» possible de les reconnaître ; ou, si on leur
» conservait une sorte d'existence , le système
» bienfaisant de l'uniformité des lois serait dérangé. — La proposition qu'on discute (ajoutait M. Berlier), n'implique nulle contradic-

» tion avec la faculté laissée aux époux de
» régler leurs conventions comme ils le veulent :
» cette faculté n'est point ici blessée *quant à la*
» *matière* ; elle n'est restreinte que *quant à la*
» *forme*. Les époux stipuleront en détail toutes
» les conditions de leur union ; mais ils ne pourront, en termes généraux, se référer à telle
» ancienne loi ou à telle ancienne coutume :
» voilà ce que dit l'article ; et ce qu'il devait
» dire, par respect pour le nouveau Code ; et
» pour atteindre les bienfaits qu'il permet. Ne
» serait-ce pas, en effet, perpétuer l'existence
» de quatre cents et quelques lois ou coutumes
» qui régissaient la France, que de permettre
» de s'y référer pour les conventions à venir.
» Qui veut la fin, veut les moyens. Or, plus
» d'uniformité, plus de Code civil proprement
» dit, si l'on permet cette bizarre alliance. ...
» — Le droit serait hérissé (continuait M. Réal),
» d'autant plus de difficultés, qu'il faudrait
» étudier à la fois, et le droit qui a existé et le
» droit qui existe..... — En employant ces
» clauses générales (disait également M. Treilhard), les notaires peu instruits ignorent le
» sens de ce qu'ils écrivent dans leurs actes ; ils
» ne peuvent, en conséquence, l'expliquer aux
» parties. Il est bon cependant que chacun sache
» positivement ce qu'il stipule ; on doit craindre,
» d'un autre côté, que, dans certains pays, la
» routine ne fasse durer encore long-temps
» l'empire des coutumes. Il ne s'agit, au surplus,
» que d'empêcher les citoyens de les rappeler ;
» ce qui ne gêne la liberté de personne, puisque
» chacun conserve la faculté de faire passer,
» dans son contrat de mariage, les dispositions
» de la coutume qu'il prend pour règle, pourvu
» qu'il les énonce ».

» M. Berlier répétait la même chose dans son discours au corps législatif : « Le projet ne permet pas aux époux de stipuler désormais,
» d'une manière générale, que leur association
» sera réglée par l'une des coutumes, lois et
» statuts locaux qui régissaient ci-devant les
» diverses parties du territoire français, et qu'il
» abroge ; c'eût été les rejeter dans le dédale
» d'où il s'agit de les retirer, et élargir le gouffre
» que le Code civil doit fermer ».

» Voilà des motifs qui assurément s'adaptent tout aussi bien aux testamens qu'aux contrats de mariage.

» Mais le texte de loi que ces motifs paraissent avoir dicté, comprend-il ceux-là comme ceux-ci dans sa disposition ?

» Nullement ; ce texte est restreint aux contrats de mariage, et il y est restreint, non-seulement par ses propres termes, mais encore par la rubrique sous laquelle elle est placée. Dès-là, comment pourriez-vous annuler, comme violant ce texte, un arrêt qui a refusé de l'étendre aux testamens ? L'art. 66 de la constitution du 22 frimaire an 8, ne vous autorise à casser les jugemens en dernier ressort, que pour *contravention expresse aux lois;* et certes, il ne peut pas y avoir contravention expresse à l'art. 1390 du Code civil, là où l'on ne peut appercevoir qu'un refus de donner à cet article une latitude qu'il n'a pas lui-même.

» Admettons que la cour d'appel de Riom eût pu, en s'étayant sur l'identité de raison, étendre cet article aux testamens; admettons même qu'elle eût pu justifier cette extension, en invoquant, non comme disposition législative, mais comme raison écrite, les lois 12 et 13, D. *de legibus,* qui disent : *non possunt omnes articuli sigillatim, legibus, aut senatusconsultis comprehendi; sed cùm in aliquâ causâ sententia earum manifesta est, is qui jurisdictioni præest, ad similia procedere atque ità jus dicere debet; nam, ut ait Pedius, quoties lege aliquid unum vel alterum introductum est, bona occasio est. cœtera quœ tendunt ad eandem utilitatem, vel interpretatione, vel certè jurisdictione supplere.*

» Eh bien ! dans cette hypothèse, l'arrêt qui vous est dénoncé, pourra-t-il être annullé sur l'unique fondement qu'il n'a pas fait une extension qu'il eût pu faire ?

» Une question semblable a été agitée tout récemment à l'audience de la section civile. » Les sieurs Pastoris demandaient la cassation d'un arrêt de la cour d'appel de Turin, du 11 juin 1808, qui avait déclaré légitime, à raison de la bonne foi de son père et de sa mère, l'enfant né, à l'ombre d'un second mariage que Thérèse Bellone avait contracté dans la Ligurie en 1799, du vivant de son premier mari, avec Henri Pastoris. Pour établir que ni Henri Pastoris, ni Thérèse Bellone, ne pouvaient être censés avoir contracté ce mariage de bonne foi, ils alléguaient : et le fait n'était point dénié, ou plutôt il était avoué dans les termes les plus formels, que ce mariage n'avait pas été précédé des bans prescrits par les lois ecclésiastiques; ils citaient la décrétale *Cùm inhibitio,* qui, en effet, décidait que les enfans nés d'un mariage contracté sans publications préalables, entre un homme et une femme parens au degré prohibé, ne devaient pas jouir des prérogatives de la légitimité, parce que le défaut de bans ne permettait pas de présumer que leurs père et mère eussent ignoré l'empêchement qui s'opposait à leur union; et ils ne manquaient pas d'observer que, quoique cette décrétale qui, en 1799, faisait loi en Ligurie comme en Piémont, ne parlât que de l'empêchement de parenté, elle n'en devait pas moins être étendue, par identité de raison, à tous les autres empêchemens, notamment à celui qui résultait de la non-dissolution d'un mariage précédemment contracté par l'une des parties; il prouvait même que telle était l'opinion d'une foule de canonistes. — En portant la parole sur cette affaire, nous avons dit que, sans doute, la cour d'appel de Turin eût pu

donner à la décrétale *Cùm inhibitio,* l'extension que les sieurs Pastoris l'accusaient de ne lui avoir pas donnée; qu'elle n'eût même fait, par là, que se conformer à la jurisprudence du sénat de Chambéry, attestée par le président Favre; mais que ne pas étendre une loi hors de ses termes précis, ce n'était pas la violer ; et, qu'en conséquence, il y avait lieu de rejeter le recours des sieurs Pastoris.

» Par arrêt du 21 mai dernier, au rapport de M. Carnot, « attendu que les conciles n'ont » pas prononcé la nullité des mariages pour » simple défaut de publications de bans ; que » l'on peut seulement en induire, suivant les » cas, qu'ils ont été clandestinement contractés; » mais que, dans l'espèce, le vice de clandes-» tinité ne pouvant être reproché au mariage » dont il s'agit; il en résulte que le seul défaut » de publication de bans n'a pu constituer » Thérèse Bellone et Henri Pastoris en mau-» vaise foi; que, si la décrétale *Cùm inhibitio* » a été plus loin, sur ce point, que les décrets » des conciles, ce n'a été que pour le cas d'excep-» tion et pour le seul cas où les époux auraient » été parens au degré prohibé ; et que la cour » d'appel, en s'en tenant à la lettre de cette loi » d'exception, *sans l'étendre, par induction,* » au cas d'existence du premier époux réputé » mort, *n'en a pu violer ouvertement les dispo-* » *sitions...* ; la cour rejette... ».

» Dans cette espèce cependant les sieurs Pastoris avaient deux avantages qui manquent ici aux demandeurs.

» D'une part, les textes du droit romain qui autorisent les juges à étendre les lois à des cas non compris dans leurs dispositions, mais auxquels leurs motifs s'adaptent parfaitement, avaient, pour la cour d'appel de Turin, toute l'autorité de lois proprement dites, puisque le droit romain était la loi supplémentaire du Piémont et de la Ligurie, à l'époque de la célébration du mariage dont il était question.

» Ici, au contraire, ces textes n'avaient, pour la cour d'appel de Riom, que l'autorité de la raison écrite.

» D'un autre côté, nulle différence, quant au motif qui avait déterminé la disposition de la décrétale *Cùm inhibitio,* entre le cas où les époux étaient parens au degré prohibé, et le cas où l'un d'eux était engagé dans les liens d'un mariage non encore dissous. Il y avait même, pour appliquer cette disposition au second cas, une raison bien plus puissante que celle qui l'avait provoquée pour le second ; car il importe bien plus à l'ordre public de prévenir les bigamies, que les mariages entre parens à certains degrés. On pouvait donc argumenter *à fortiori* du cas sur lequel portait la décrétale *Cùm inhibitio,* à celui qui était l'objet de l'arrêt dont il s'agit.

» Ici, au contraire, bien qu'on puisse dire

des testamens comme des contrats de mariage, que, si l'on y tolérait l'usage de ne disposer ou de ne traiter que par des renvois à telles coutumes abrogées par le Code civil, ces coutumes survivraient, en quelque sorte, à leur abrogation; et que les citoyens, les jurisconsultes, les magistrats seraient obligés de les étudier encore, comme si elles avaient conservé toute leur autorité; il n'en est pas moins vrai que, relativement aux motifs de la disposition de l'art. 1390, il existe entre les contrats de mariage et les testamens, deux différences très-sensibles.

» D'abord, avant le Code civil, il était extrêmement rare que des testateurs se référassent, pour le choix de leurs héritiers ou légataires universels, à des coutumes qui, ou étaient abrogées, ou leur étaient étrangères. Il faut même sortir de l'ancien territoire français pour en trouver des exemples autres que celui de la dame de Chazerat; car les seuls, absolument les seuls auteurs qui en parlent, sont Grotius et Voët, tous deux hollandais, le premier dans sa *Manuductio ad jurisprudentiam Hollandiæ*, liv. 2, ch. 29; le second, sur le digeste, titre *de heredibus instituendis*, n. 15.

» Et au contraire, rien n'était alors plus fréquent que de voir des époux adopter, pour règle de leur association, des coutumes qui n'étaient, ni celles de leur domicile, ni celles de la situation de leurs biens.

» Est-il étonnant, d'après cela, que le législateur ait restreint aux contrats de mariage la disposition de l'art. 1390 du Code? Il l'a restreinte à ces contrats, parce que ces contrats étaient les seuls actes où il était à craindre que l'usage de ce genre d'adoption ne se perpétuât. Il ne l'a pas rendue commune aux testamens, parce qu'il n'y a pas vu le même sujet de crainte, parce qu'il a pensé que, si quelque testateur venait un jour à se singulariser en adoptant, pour le choix de ses légataires universels, une des coutumes abrogées du territoire français, ce serait une bizarrerie sans conséquence, un phénomène qui ne méritait pas qu'une loi expresse lui fit l'honneur de le proscrire par anticipation; en un mot, parce qu'il a dit, avec les lois 4 et 6, D. *de legibus* : *Ex his quæ forte uno aliquo casu accidere possunt, jura non constituuntur..... quod enim semel aut bis existit, prætereunt legislatores*.

» Ensuite, le motif énoncé dans le procès-verbal du conseil d'Etat, par ceux qui ont parlé sur l'art. 1390, est-il bien le seul qui a déterminé, soit la majorité du conseil, soit la majorité du tribunat, soit la majorité du corps législatif, à voter pour cet article?

» Nous pouvons en douter d'autant plus raisonnablement, qu'il se présentait, pour réunir tous les suffrages en faveur de cet article, une raison bien plus grave, bien plus décisive, que le motif mis en avant dans le procès-verbal du conseil d'Etat.

» En effet, il est de la plus haute importance que les conventions matrimoniales soient rédigées de manière que tous ceux avec qui l'un ou l'autre époux peut être dans le cas de traiter, connaissent, d'une manière certaine et positive, les modifications qu'elles ont faites à la loi qui, à défaut de stipulations particulières, règle l'association conjugale. Et comment auraient-ils pu acquérir cette connaissance? comment surtout auraient-ils pu être assurés de l'avoir acquise, s'ils n'avaient pu la puiser que dans des coutumes, dans des statuts locaux, abrogés et par conséquent tombés dans l'oubli? Qui d'eux n'aurait tremblé de voir un jour sortir de ces statuts, de ces coutumes, des prohibitions, des incapacités, des empêchemens, qui eussent vicié ou neutralisé les contrats qu'ils auraient pu faire avec l'un des époux? et n'est-il pas évident que, par là, on eût exposé chacun des époux au danger de ne trouver personne qui eût voulu contracter avec lui? Le même inconvénient n'était point à craindre dans les dispositions testamentaires; car de deux choses l'une : ou la coutume à laquelle un testateur se réfère, est parfaitement connue, ou elle ne l'est pas. Au premier cas, sa disposition sera exécutée; au second, elle sera sans effet, d'après cette maxime du droit romain, ou plutôt de la raison universelle : *quæ in testamento scripta essent neque intelligerentur quod significarent, ea perinde sunt atque si scripta non essent*. (Loi 2, D. *de his quæ pro non scriptis habentur*).

» Que devient, après cela, le grand argument sur lequel les demandeurs fondent principalement leur système d'extension de l'art. 1390 aux testamens? Les contrats de mariage, disent-ils, sont, par leur nature, susceptibles de toutes les clauses qui ne blessent ni les lois prohibitives ni les mœurs. Ils sont par conséquent bien plus favorables que les dispositions testamentaires. Si donc on ne peut pas, dans un contrat de mariage, se référer à une coutume abrogée, combien moins le peut-on dans un testament? Si donc la loi l'a prohibé pour l'un, à combien plus forte raison est-elle censée l'avoir prohibé pour l'autre?

» Trois vices essentiels dans cet argument.

» 1.° Il n'est pas vrai que les époux aient plus de liberté dans les contrats de mariage, que les testateurs n'en ont dans leurs dispositions à cause de mort. Si les époux peuvent, par les uns, faire toutes les stipulations qui ne contrarient pas les lois prohibitives ni ne blessent les mœurs, les testateurs peuvent également, par les autres, faire toutes les dispositions qui n'offensent pas les mœurs ni ne heurtent pas des lois prohibitives. Les contrats de mariage et les testamens sont donc, quant à la liberté des parties qui y figurent, des actes absolument parallèles. On ne peut donc pas argumenter à *fortiori* des contrats de mariage aux testamens.

» 2.° L'argument à *fortiori* n'est qu'un sophisme, toutes les fois qu'entre les deux objets qu'il tend à faire juger d'après la même règle, il se trouve une différence quelconque; et nous venons de voir qu'entre les contrats et les testamens, il existe, relativement à la question qui nous occupe, deux différences très-frappantes.

» 3.° Ce n'est point par des argumens à *fortiori* que l'on peut faire trouver dans un arrêt une contravention à une loi qui ne prévoit pas précisément le cas sur lequel il statue; et c'est une vérité dont l'arrêt de la section civile du 21 mai dernier nous fournit à la fois la preuve et l'exemple, en rejetant les moyens de cassation que les sieurs Pastoris cherchaient à tirer de la décrétale *Cùm inhibitio*.

» Enfin, Messieurs, il est une grande maxime qui doit ici écarter toute idée d'extension de l'art. 1390 du Code civil aux testamens : c'est que les lois qui disposent en sens contraire aux principes du droit, ne peuvent jamais être tirées à conséquence, ni étendues hors de leurs termes précis : *quod verò contrà rationem juris introductum est, non est producendum ad consequentias*. (Loi 13, D. *de legibus*).

» On ne peut douter en effet que la disposition de l'art. 1390 ne soit contraire aux principes du droit, et qu'en la décrétant, le législateur n'ait sacrifié les principes du droit à des considérations purement politiques. *Il est difficile*, disait M. l'archichancelier dans la discussion de cet article au conseil d'État, *de concilier cette disposition avec celle qui précède et qui laisse aux parties une liberté indéfinie dans leurs conventions matrimoniales, pourvu qu'elles ne blessent pas les mœurs..... Il ne doit y avoir de stipulations nulles que celles qui blessent les dispositions du Code civil.*

» Ces observations, il est vrai, n'ont pas empêché l'adoption de l'article qu'elles combattaient ; mais elles n'en forment pas moins une preuve irrésistible que cet article, quelque sage qu'il soit, n'est pas en harmonie, même avec les principes généraux de la matière des contrats de mariage ; et que, par une suite nécessaire, il ne peut pas être étendu au-delà de son objet.

» Le premier moyen de cassation des demandeurs ne peut donc, sous aucun rapport, être accueilli. Le deuxième est-il mieux fondé?

» Sans doute, il n'est pas plus permis à un testateur, sous le Code civil, qu'il ne l'était sous l'empire des lois romaines, de confier à un tiers la désignation de ses héritiers ou légataires universels; et il faut, sous le Code civil, comme il le fallait sous l'empire des lois romaines,

que le testateur fasse lui-même cette désignation.

» Mais est-ce à dire, pour cela, que le testateur est obligé de désigner ses héritiers ou légataires par leurs noms individuels? A cette question, écoutons la réponse des lois romaines. *Si quis nomen heredis quidem non dixerit, sed indubitabili signo eum demonstraverit, quod penè nihil à nomine distat..., valet institutio.* (Loi 9, §. 9, D. *de heredibus instituendis*). *Nominatim alicui legetur ità, Lucio Titio, an per demonstrationem corporis, vel artificii, vel officii, vel necessitudinis, nihil interest.* (Loi 34, D. *de conditionibus et demonstrationibus*). Et pourquoi cela? C'est dit la loi 6, D. *de rebus creditis*, parce que la désignation certaine et l'expression du nom sont tellement identiques dans le droit, qu'elles peuvent s'employer indifféremment l'une pour l'autre : *Nihil refert proprio nomine res appelletur, an digito ostendatur, an vocabulis quibusdam demonstretur, quatenis mutuâ vice fungantur quæ tantumdem præstant.*

» Or, n'est-ce pas désigner clairement ses héritiers ou légataires universels, que de déférer sa succession à ceux qui devraient la recueillir *ab intestat*, d'après telle loi, telle coutume, tel statut? Nous avons déjà dit que Voët et Grotius regardent l'affirmative comme une vérité irréfragable; et en effet, voici les termes du premier : *sed NEC DUBIUM quin testator rectè testamento heredes instituat per relationem ad certum statutum, veluti instituendo eos quos jus SCABINICUM vel quos jus AEDOMICUM aut loci alterius lex definit ab intestato successores, ut id colligi potest ex his quæ habet Hugo Grotius in manuductione ad jurisprudentiam Hollandiæ, lib. 2, cap. 26.*

» Mais, disent les demandeurs, et c'est leur troisième moyen, la coutume d'Auvergne, à laquelle la dame de Chazerat se réfère dans le legs universel que contient son testament, est abrogée par l'art. 7 de la loi du 30 ventôse an 12. La dame de Chazerat s'est donc mise, par la manière dont elle a exprimé son legs universel, en rébellion contre cet article. La cour d'appel de Riom a donc violé cet article, en déclarant valable le legs universel de la dame de Chazerat.

» Quoi donc! la dame de Chazerat n'aurait-elle pas pu, nonobstant l'abrogation de la coutume d'Auvergne, s'en approprier littéralement les dispositions, les transcrire dans son testament, les adapter, et à ceux de ses parens qu'elle voulait gratifier, et aux biens dont elle voulait disposer en leur faveur? Les défenseurs sont forcés de convenir qu'elle en avait le pouvoir; et si elle l'eût fait, ajoutent-ils, nous respecterions sa volonté. Mais quelle différence y a-t-il entre ce qu'elle eût fait dans cette hypothèse, et ce qu'elle a fait réellement? Il n'y en a que dans l'expression : la dame de Chazerat a dit en termes très-brefs, ce qu'elle eût pu délayer dans plusieurs phrases; et assurément une disposition qui, développée dans un long assemblage de mots, serait valable, ne peut pas être nulle, parce que la testatrice l'a exprimée avec le plus de concision qu'il lui a été possible; assurément la loi du 30 ventôse an 12, que cette disposition n'offenserait en aucune manière dans le premier cas, ne peut pas en être blessée dans le second.

» En effet, dans un cas comme dans l'autre, ce n'est point la coutume d'Auvergne qui régit la succession de la dame de Chazerat. Dans un cas comme dans l'autre, cette succession n'est régie que par la volonté de la dame de Chazerat elle-même. Dans un cas comme dans l'autre, la coutume d'Auvergne ne fait rien, c'est la volonté de la dame de Chazerat qui fait tout.

» Si la dame de Chazerat eût testé et fût morte dans un temps où la coutume d'Auvergne était encore dans toute sa vigueur, et que, par son testament, elle eût déclaré instituer légataires universels ceux de ses parens à qui cette coutume déférait la succession, à quel titre ses parens ainsi appelés, auraient-ils recueilli ses biens? comme héritiers *ab intestat*, comme saisis par la coutume? Non : ils les auraient recueillis comme légataires universels, comme appelés par la testatrice. *Tales instituti* (dit Voët à l'endroit déjà cité, n. 18, en parlant du cas où le testateur institue pour héritiers ceux qui doivent lui succéder *ab intestat*), *tales instituti, non ex vi legis, sed ex testatoris voluntate succedunt.*

» Et l'on voudrait qu'il en fût autrement dans notre espèce! on voudrait que la coutume abrogée d'Auvergne régît une succession que ne régirait pas la coutume d'Auvergne encore subsistante! on voudrait que, d'après les dispositions de la dame de Chazerat, les légataires universels de la dame de Chazerat succédassent en vertu de la coutume abrogée d'Auvergne, tandis que, si cette coutume n'était pas abrogée, ils ne pourraient, d'après les mêmes dispositions, succéder qu'en vertu de la volonté de la dame de Chazerat! c'est une véritable dérision.

» Est-ce plus sérieusement que les demandeurs opposent à l'arrêt de la cour d'appel, le principe écrit dans l'art. 6 du Code, qu'*on ne peut déroger, par des conventions particulières, aux lois qui intéressent l'ordre public et les bonnes mœurs?* Est-ce plus sérieusement que l'on vient vous dire que les successions tiennent à l'ordre public, et que c'est attenter à l'ordre public que de créer *un ordre de succession contraire à la loi?*

» Autant vaudrait-il dire qu'il y a attentat à l'ordre public, toutes les fois qu'un testateur, usant du pouvoir que lui en donne la loi, dispose de ses biens en faveur d'autres personnes que celles qui y seraient appelées par la loi elle-même, à défaut de testament.

» Car, encore une fois, ce n'est point de la coutume abrogée d'Auvergne, que les légataires universels de la dame de Chazerat tiennent leur vocation; ils ne la tiennent que de la volonté de la testatrice; et la testatrice, en se référant en peu de mots à la coutume d'Auvergne, ne l'a pas plus remise en vigueur comme loi, qu'elle ne l'eût fait en calquant, comme elle en avait incontestablement la faculté, ses dispositions personnelles sur les anciennes dispositions de cette coutume.

» Avant l'abrogation des coutumes, un testateur pouvait-il instituer légataires universels de ses meubles, ceux de ses parens qui auraient dû y succéder d'après une coutume autre que celle de son domicile? Pouvait-il instituer légataires universels de ses immeubles disponibles, ceux de ses parens qui auraient dû y succéder d'après une coutume autre que celle de leur situation? Oui, sans doute, il le pouvait : Voët et Grotius nous en donnent l'assurance, et les demandeurs eux-mêmes n'en disconviennent pas.

» Cependant on eût pu dire alors, comme le disent aujourd'hui les demandeurs, qu'en disposant ainsi, le testateur créait un ordre de succéder contraire à la loi qui devait régir sa succession; qu'ériger une coutume étrangère à sa personne et à ses biens, en loi régulatrice de sa succession; c'était faire ce qui n'appartenait qu'au législateur d'étendre l'empire d'une coutume au-delà des limites de son territoire. Mais ces objections auraient disparu devant le principe, que ce n'était pas comme loi, que c'était uniquement comme disposition de l'homme, que la coutume étrangère à la personne et aux biens du testateur, aurait régi sa succession.

» Eh bien! la dame de Chazerat a-t-elle fait autre chose? Si ce n'est pas usurper le pouvoir du législateur, que de se référer à une loi existante, mais étrangère, comment pourrait-on être censé l'usurper en se référant à une loi abrogée? Une loi existante, mais étrangère, n'a pas plus de force par elle-même, que n'en a une loi qui n'existe pas; et de même qu'il n'est permis qu'au législateur de rappeler à la vie une loi qui n'existe plus, de même aussi au législateur seul est réservé le droit de rendre obligatoire dans un pays, une loi qui n'a été faite que pour un autre pays.

» La dame de Chazerat n'a donc pas plus violé, soit l'art. 6 du Code civil, soit l'art. 7 de la loi du 30 ventôse an 12, en disposant par relation à la ci-devant coutume d'Auvergne, qu'un testateur mort il y a dix ans, n'eût violé, en disposant par relation à une coutume étrangère à son domicile et à ses biens, la maxime de droit public qui restreignait l'autorité de chaque coutume aux personnes domiciliées et aux biens situés dans son arrondissement.

» Et comment ne sent-on pas que, si l'art. 6 du Code civil, si la seule abrogation des coutumes avaient suffi pour empêcher que l'homme ne se référât, dans ses dispositions, à des coutumes abrogées, il eût été inutile que l'art. 1390 le défendît spécialement aux futurs époux? Comment ne sent-on pas de là naît, par la règle, *inclusio unius est exclusio alterius*, la conséquence que la chose est permise dans les testamens?

» Ecartons donc tous ces grands mots d'attentat à l'ordre public, de blasphème contre les lois nouvelles, que les demandeurs font sonner si haut et si mal à propos; et disons que, quand même la clause par laquelle la dame de Chazerat renvoie à la ci-devant coutume d'Auvergne le réglement de sa succession, serait absolument nécessaire pour l'exécution de sa volonté, cette clause n'offrirait rien d'illégal, rien qui ne fût la conséquence directe de la pleine liberté que le Code civil accorde à tous les testateurs auxquels il ne survit ni enfans ni ascendans.

» Mais il y a plus, ici se présente une considération qui doit faire rentrer dans le néant, non-seulement le troisième moyen de cassation des demandeurs, mais encore le premier et le second : la cour d'appel a jugé que cette clause ne forme, dans le testament de la dame de Chazerat, qu'une disposition surabondante; qu'elle y est inutile pour l'exécution de la volonté de la dame de Chazerat; que par conséquent elle ne peut pas nuire à l'exécution de cette volonté; que c'est le cas de la maxime, *utile non vitiatur per inutile*.

» Et qu'oppose-t-on à cette partie des motifs de l'arrêt de la cour d'appel? de grands détails, de longs raisonnemens qui tendent à établir que la cour d'appel s'est trompée, en interprétant ainsi le testament de la dame de Chazerat.

» Supposons-le avec les demandeurs : en résultera-t-il que l'arrêt de la cour d'appel doit être cassé ?

» Sur cette question, Messieurs, nous nous tairons pour laisser parler l'arrêt que vous avez rendu le 2 février 1808, au rapport de M. Vergès, et sections réunies sous la présidence de M. le grand-juge, ministre de la justice. « Considérant » que la cour dont l'arrêt est attaqué, en décidant que la société contractée le 24 octobre » 1800, entre Moke et Vankaneghem, s'est » simplement en commandite, s'est déterminée » d'après l'interprétation qu'elle a donnée aux » clauses du contrat social et aux lettres circulaires écrites en exécution de ce contrat; que, » par cette interprétation, qui était dans ses » attributions, cette cour n'a violé aucune loi ;

» la cour rejette le pourvoi des frères Lubert » et fils (1) ».

» Dans cette espèce, il était démontré, avec la plus grande évidence, que la cour de laquelle était émané l'arrêt dont il s'agissait, s'était trompée dans l'interprétation qu'elle avait donnée au contrat de société du 24 octobre 1800, et que ce contrat marquait, dans tous ses articles, l'intention des parties de former entre elles une société générale et en nom collectif ; mais il a suffi qu'en donnant à ce contrat une interprétation qui choquait toutes les notions reçues en matière de société, elle n'eût violé aucune loi, pour vous déterminer à maintenir cet arrêt.

» Et comment pourriez-vous aujourd'hui juger autrement ?

» C'est, dit-on, parce que les magistrats de la cour d'appel de Riom, « à qui le texte et l'esprit » de leur ancienne coutume sont familiers, et « qui, en conséquence, savent distinguer, parmi » les parens de la dame de Chazerat, ceux qui » seraient en ordre de lui succéder d'après la cou-» tume indiquée par elle, ont supposé qu'on ne » peut pas se méprendre sur les héritiers qu'elle » a voulu se donner, et que ces héritiers ainsi » que leurs droits respectifs, doivent être consi-» dérés comme suffisamment désignés dans son » testament. En un mot (continue-t-on), c'est » leur érudition coutumière, et non pas les ex-» pressions de la dame de Chazerat, qui les a » induits à dire que cette prétendue désignation » se trouve dans sa disposition, et qu'elle s'y » trouve même indépendamment de l'indication » de la coutume d'Auvergne. Au surplus, ils » ont tracé les élémens apparens de leur déter-» mination à cet égard; or, ces élémens se ré-» fèrent, non à des points de fait, mais à des » points de droit ou de coutume, sur lesquels les » juges ont faussement raisonné ».

» Et à l'appui de cette assertion, les demandeurs entrent dans de fort longs développemens pour prouver, 1.º que, « si, de la disposition » de la dame de Chazerat, on retranche la par-» tie où elle indique la coutume d'Auvergne » comme explicative de sa volonté, on ne » saura plus dans quelle acception elle aura em-» ployé le mot *estoc*; on ne saura plus s'il faut » en chercher la signification dans la classe des » coutumes de tronc commun, ou dans celle » des coutumes souchères, ou dans celle des » coutumes de côté et ligne » ; 2.º que dans la même hypothèse, on ne saura pas comment doit se régler la représentation à l'infini que la dame de Chazerat a établie entre ses parens ; que le mode de la représentation à l'infini n'était pas uniforme dans les coutumes qui l'ad-

(1) *V.* le *Répertoire de jurisprudence*, au mot *Société*, sect. 2, §. 3, art. 2, n. 2.

mettaient; qu'ici, les descendans de l'acquéreur devaient être préférés à ceux qui n'étaient parens que de son coté et ligne, tandis que là, il en était autrement; qu'ici la succession d'un défunt qui n'aurait laissé que des neveux, devait se partager par souches, tandis que là elle devait se partager par têtes; qu'ici la représentation à l'infini pouvait se faire *per saltum*, en sorte que l'on pouvait remonter à son aïeul, -lors même que la personne avec qui l'on concourait, n'avait besoin que de la représentation de son père, tandis que là, on jugeait le contraire, etc.

» Mais en admettant tout cela, quelle conséquence peut-on en tirer? il n'y en a qu'une seule de raisonnable: c'est que la cour d'appel de Riom a mal à propos considéré les mots *représentation à l'infini en ligne collatérale*, comme présentant, par eux-mêmes, un sens clair, absolu et indépendant de la commune d'Auvergne; c'est que pour trouver à ces mots un sens clair, absolu et indépendant de la coutume d'Auvergne, elle a mal à propos supposé que les ci-devant coutumes d'estoc et de représentation à l'infini étaient uniformes; c'est, si l'on veut, qu'elle a jugé contre le texte de celles de ces coutumes qui, sur le sens du mot *estoc* et sur le mode de la représentation à l'infini, s'écartaient de la coutume d'Auvergne.

» Or, casseriez-vous l'arrêt de la cour d'appel de Riom, pour avoir jugé contre le texte de coutumes qui sont abrogées? Proposer cette question, c'est la résoudre pour la négative. Les dispositions des coutumes abrogées ne forment plus des points de droit; elles ne sont plus que des faits, elles n'existent plus que comme monumens historiques de l'ancienne législation. Les cours supérieures peuvent donc les méconnaître, sans qu'on puisse, pour cela, les accuser d'avoir violé une loi quelconque; et de même que vous ne pourriez pas casser un arrêt qui eût jugé que tel événement constaté par les chartes les plus authentiques, n'est jamais arrivé; vous ne pouvez pas davantage casser un arrêt qui a jugé que toutes les coutumes d'estoc entendaient uniformément le mot *estoc* même, et que toutes les coutumes de représentation à l'infini étaient d'accord sur le mode d'exercice de ce droit.

» Par ces considérations, nous estimons qu'il y a lieu de réjeter la requête des demandeurs, et de les condamner à l'amende de 150 francs ».

Par arrêt du 19 juillet 1810, au rapport de M. Aumont,

« Attendu que l'art. 1390 du Code civil est au liv. 3, tit. 5 *du contrat de mariage et des droits respectifs des époux*; que c'est l'association des époux que cet article défend de régler d'*une manière générale*, par l'une des coutumes, lois ou statuts locaux qui régissaient ci-devant les diverses parties du territoire français, et qui

sont abrogées; que les dispositions du même Code, relatives aux testamens, sont au liv. 3, tit. 2, ch. 5, art. 967 et suivans; que la cour d'appel de Riom ne peut avoir violé l'art. 1390 du Code civil, en ne se croyant pas permis d'étendre aux testamens une disposition de ce Code faite pour les contrats de mariage;

» Attendu que Marie-Giberte Rollet, veuve de Chazerat, n'a pas confié à un tiers le soin de choisir ses légataires et de régler la distribution de sa succession; qu'elle les a désignés elle-même et d'une manière certaine; qu'elle a déterminé de même la portion revenante à chacun d'eux dans ses biens, en appelant à les partager ceux de ses parens dans les trois branches de ses aïeul et aïeule paternels et de son aïeule maternelle, qui seraient en ordre de lui succéder suivant les règles de la représentation à l'infini, telle qu'elle avait lieu dans la ci-devant coutume d'Auvergne, pour être divisés entre les trois branche au marc la livre de ce qui lui est provenu de chacune desdites branches, et être subdivisés entre chacune d'elles suivant les mêmes règles de la représentation à l'infini; qu'en confirmant un testament dont, ainsi que l'observe la cour d'appel, les dispositions *témoignent fortement que la testatrice a eu une volonté propre, éclairée et déterminée*; cette cour ne peut pas avoir violé les art. 392, 895 et 965 du Code civil;

» Attendu que le partage de la succession de Marie-Giberte Rollet entre ses légataires, aura lieu suivant les principes de la coutume d'Auvergne, non par la force de cette coutume qui n'existe plus comme loi de l'empire, mais par la volonté de ladite Rollet qui, n'ayant ni ascendans ni descendans, maîtresse conséquemment de disposer à son gré de la totalité de ses biens, a pu les distribuer par testament entre ceux de ses parens qu'elle a jugé à propos de choisir; qu'ainsi, l'arrêt attaqué ne fait pas vivre une coutume abrogée, et ne contrevient ni à l'art. 6 du Code civil, ni à l'art 7 de la loi du 30 ventose an 12;

» Attendu que la cour d'appel a jugé que la clause, *telle qu'elle avait lieu dans la ci-devant coutume d'Auvergne*, n'était, dans le testament contentieux, qu'une clause surabondante; qu'il n'y avait pas, dans cet acte, une seule disposition qui ne pût être exécutée indépendamment de toute coutume quelconque, et par le seul fait de la volonté certaine et connue de la testatrice, qu'on ne peut voir là autre chose qu'une interprétation du testament sur lequel cette cour était appelée à prononcer; que, quand elle aurait mal à propos supposé à ces expressions, *les règles de la représentation à l'infini*, un sens clair, absolu et indépendant de la coutume d'Auvergne, cette erreur ne serait la violation d'aucune loi;

» Attendu enfin qu'il serait superflu d'examiner s'il y a, dans l'arrêt de Riom, fausse application

de l'art. 25, tit. 12, de la ci-devant coutume d'Auvergne, puisque cette fausse application, fût-elle réelle, il ne peut résulter d'ouverture de cassation ni de la violation ni de la fausse application d'une coutume abrogée ;

» Par ces motifs, la cour rejette le pourvoi des demandeurs..... ».

§. XVI. 1.º *L'illisibilité de la date du jour d'un testament olographe, emporte-t-elle la nullité de ce testament ?*

2.º *Un testament olographe est-il nul, lorsqu'il est constant qu'il est daté de deux jours l'un, mais incertain lequel de ces deux jours forme sa véritable date ?*

3.º *Un testament olographe est-il nul, par cela seul qu'il s'y trouve des mots surchargés ?*

4.º *La preuve par témoins de la suppression d'un testament après le décès du testateur, est-elle admissible ?*

5.º *Après la prononciation du jugement qui rejette la demande en nullité d'un testament, les juges peuvent-ils interpeller l'héritier institué présent à l'audience, de s'expliquer sur l'effet qu'il entend donner à la promesse qu'il a faite verbalement à quelques-uns d'entre eux, de laisser, après sa mort, aux héritiers légitimes du testateur, les biens compris dans son institution ?*

Le 9 vendémiaire an 14, meurt à Basseville, près Clamecy, lieu de sa demeure ordinaire, Rose Faulquier, épouse du sieur Hereau, demeurant à Paris.

Le lendemain, en l'absence du sieur Hereau, et de ses héritiers présomptifs, les scellés sont apposés dans sa maison de Clamecy, et dans celle de Basseville.

Le 12, le sieur Hereau, arrivé dès la veille à Clamecy, fait lever les scellés dans une chambre haute et dans un cabinet, avec description.

Le 19, il les fait lever dans toute la maison, sans appeler les héritiers présomptifs, quoique presque tous présens à Clamecy.

Le 20, les scellés sont également levés à Basseville, sans description et en l'absence des héritiers présomptifs.

Le 4 brumaire suivant, le sieur Lacan, avoué à Paris, présente au président du tribunal civil de l'arrondissement de Clamecy, un paquet cacheté, sur l'enveloppe duquel sont écrits de sa main ces mots : *Cette enveloppe renferme le testament de madame Hereau, qui me l'a confié le 16 prairial an 12.*

L'enveloppe est ouverte, et il s'y trouve un testament que le procès-verbal d'ouverture énonce être du six thermidor an 9, et par lequel la dame Hereau institue son mari légataire universel. En décrivant l'état de cette pièce, le président y remarque trois surcharges, dont une porte sur le mot *six*. Cette opération terminée, le testament est déposé chez un notaire. Les 7, 8 et 9 du même mois, les scellés sont réapposés, tant à Clamecy qu'à Basseville, à la requête des héritiers présomptifs. Dans le procès-verbal de réapposition, des domestiques de la dame Hereau déclarent avoir appris d'elle-même, qu'elle avait fait en dernier lieu un testament par lequel son mari n'était légataire universel que de l'usufruit de ses biens.

Le 28, Cécile Faulquier, veuve Debazarnes, sœur de la dame Hereau, forme opposition à la levée des scellés.

Le 30, le sieur Hereau fait notifier aux héritiers présomptifs le testament de thermidor an 9.

Le 1er frimaire suivant, la dame Debazarnes demande l'apport de la minute de ce testament au greffe ; le sieur Hereau s'y oppose.

Le 8 et le 16, le sieur Hereau cite les héritiers devant le tribunal de Clamecy, pour voir ordonner la levée des scellés.—Le 26 et le 30, la dame Debazarnes fait assigner le sieur Hereau devant le même tribunal, pour voir ordonner l'apport du testament au greffe ; et cela fait, voir déclarer cet acte nul, à défaut de date certaine, ou révoqué par un testament postérieur dont elle offre de prouver l'existence. —Le 3 nivôse an 4, jugement qui déclare la dame Debazarnes non-recevable, quant à présent, dans ses demandes tendantes à l'apport de la minute du testament de thermidor an 9, à la nullité de cet acte et à la preuve de l'existence d'un second testament ; ordonne que les scellés seront levés sans inventaire ni description, hors la présence des héritiers, et que le testament recevra son exécution provisoire.

Ce jugement est exécuté le 16 janvier, quant à la levée des scellés.

Le 23, la dame Debazarnes en appelle.

Le 31, elle reprend la poursuite de son assignation du 30 frimaire an 14, en nullité du testament de thermidor an 9 ; et elle demande subsidiairement à prouver l'existence d'un second testament que le sieur Hereau a détourné.

Le 4 février, jugement qui donne acte au sieur Hereau de son consentement à l'apport du testament au greffe, acte à la dame Debazarnes de ce qu'elle n'entend pas faire vérifier l'écriture, mais attaquer son vice de date ; et en même temps ordonne l'apport de la minute au greffe, pour vérifier les surcharges.

Le 11 mars, jugement qui, « avant faire droit, tous moyens de nullité, fins de non recevoir, tous autres droits et moyens respectifs des parties réservés, permet à la dame Debazarnes de prouver, sauf la preuve contraire,

1.° qu'un testament fait, écrit, daté et signé de la main de la dame Hereau, postérieur à celui dont se prévaut son mari, a été vu et lu depuis le décès de la dame Hereau ; 2° que ce testament est du mois de prairial an 12 ; 3° qu'il contient des dispositions dérogatoires à celles exprimées dans le testament dont excipe le sieur Hereau ; 4° que les dispositions du testament de prairial an 12 sont, que les propres de la dame Hereau doivent être rendus à ses héritiers ; que l'usufruit des acquêts et conquêts seulement est légué au sieur Hereau; qu'il doit être payé à la demoiselle Ozon , lors de son établissement, une somme de 20,000 francs; que des gratifications sont accordées à plusieurs domestiques de la dame Hereau ; 5° Que le dépositaire chargé de représenter ce testament, après le décès de la dame Hereau, en a été empêché par le sieur Hereau, qui a conseillé de substituer le testament ouvert le 5 brumaire an 14 (dont la dame Hereau avait ordonné la destruction, au cas qu'il existât encore après elle), à celui du mois de prairial, qui contenait ses dernières et véritables intentions ».

Le 27 du même mois, l'audition des témoins est commencée.

Le 28, le sieur Hereau rend plainte en subornation et en faux témoignage contre le gendre de la dame Debazarnes, et contre deux témoins non encore entendus. Un mandat d'amener est décerné contre ceux-ci : cependant ils déposent, et une ordonnance du directeur du jury rapporte le mandat d'amener décerné contre eux , *sauf les poursuites ultérieures, si besoin est., tant sur la réquisition du sieur Hereau , que pour la vindicte publique.*

La dame Debazarnes se pourvoit en prise à partie contre le directeur du jury. Sa demande est rejetée, faute de preuve que la plainte en faux témoignage donnée contre les deux témoins produits à sa requête, eût précédé leurs dépositions.

Le 22 avril 1806, la dame Debazarnes, argumentant du défaut de liberté des témoins, demande la nullité de l'enquête.

Le 6 mai, jugement définitif qui, sans avoir égard à la demande de la dame Debazarnes en nullité de l'enquête , ordonne l'exécution du *testament du 6 thermidor an 9*, attendu que, d'une part , la date en est certaine, et que, de l'autre, la dame Debazarnes n'en a pas prouvé la révocation par un testament postérieur.

La dame Debazarnes appelle de ce jugement et fait joindre cet appel à celui du jugement du 2 nivôse an 14.

De son côté, le sieur Hereau appelle incidemment du jugement du 11 mars 1806.

Le 25 décembre 1807, arrêt de la cour de Bourges , qui ordonne l'apport de la minute du testament de thermidor an 9.

Le 11 janvier 1808, conclusions de la dame Debazarnes. Elle demande, 1° l'annullation du testament de thermidor an 9, la liquidation et le partage de la succession *ab intestat* de la dame Hereau; 2° la réformation du jugement du 2 nivôse an 14, en ce qu'il a ordonné la levée des scellés; 3° la réformation de celui du 6 mai 1806, en ce qu'il n'a eu aucun égard à la preuve de l'existence d'un second testament; 4° subsidiairement que l'enquête à laquelle elle a fait procéder, soit déclarée nulle, et qu'il lui soit permis de prouver les faits consignés dans le jugement du 11 mars 1806, et supplétivement, que l'avoué Lacan, qui a déposé le premier testament, a dit, de son propre mouvement , qu'il en existait un second qui serait exécuté; que le sieur Hereau a dit lui-même que la volonté de son épouse était que ses biens retournassent à sa famille; que la dame Hereau a dit à plusieurs personnes qu'elle avait fait, en l'an 12, un second testament dont elle leur a rapporté les principales dispositions.

Le 20 du même mois, arrêt ainsi conçu :

« La cause présente les questions de savoir, 1° si le testament est nul à défaut d'approbation des surcharges; 2° si la levée des scellés a dû être ordonnée sans description; 3° si l'appel du jugement du 11 mars est recevable ; 4° si la preuve testimoniale de l'existence d'un second testament a pu être ordonnée; 5° si cette preuve a été faite ; 6° si les parties peuvent être admises à recommencer l'enquête, et à poser de nouveaux faits.

» Considérant, sur la première question, qu'à la vérité, la loi sur l'organisation du notariat déclare nuls les mots surchargés dans un acte; mais qu'il conviendrait peut-être d'examiner si elle a voulu confondre les surcharges qui appartiennent à la substance de l'acte, avec celles qui, sans toucher à ses dispositions, ne sont qu'une incorrection échappée à une main peu exercée ou écrivant trop rapidement; que les premières vicient l'acte, puisque alors ses dispositions sont incertaines; mais que les secondes, la volonté des contractans n'en est pas moins nettement exprimée; et que les surcharges reprochées au testament de la dame Hereau, sont de cette dernière nature; — Qu'au surplus, le notaire n'étant que simple rédacteur des conventions des parties, la loi a dû apporter la plus extrême attention , pour qu'il lui fût impossible de changer seul le vœu des contractans par une surcharge non approuvée; mais que ce motif est étranger à l'espèce; — Qu'en effet, il s'agit d'un testament olographe, dans lequel la pensée du testateur est écrite par lui-même; — Qu'au fond, ces surcharges sont au nombre de trois, dont deux sur les mots *du et exécuté*, si légères, si peu importantes, que le retranchement des mots entiers ne changerait rien à l'acte; et qu'au surplus, on n'y a pas même insisté en plaidant; —

Que la troisième porte sur la lettre *S* du mot *six*, qui est la date de l'acte; que, suivant l'appelante, il y aurait eu *dix* au lieu de *six*; que, suivant l'intimé, la testatrice aurait d'abord fait le chiffre 6, puis transformé ce chiffre 6 en la lettre *S*, et ajouté les deux lettres qui terminent, afin que la date soit écrite en toutes lettres; mais qu'il importe peu qu'il y ait eu *six* ou *dix thermidor*, puisque, dans les deux cas, la date serait également certaine; — Que la seule crainte serait qu'une main étrangère eût changé le mot, en sorte que la date n'appartînt plus au testateur; mais qu'un jugement du 4 février 1806 fait acte de la déclaration de la dame Debazarnes, qu'elle n'entend pas faire vérifier l'écriture et signature du testament; qu'ainsi, l'écriture étant avouée, la conséquence est que le mot *six* est de la main de la dame Hereau elle-même, et que la surcharge de la lettre *S* devient indifférente;

« Considérant, sur la seconde question, qu'à la vérité, le légataire universel avait été envoyé en possession des biens compris dans le legs, mais que cette mesure est toujours sous la réserve du droit d'autrui, et n'empêche pas la critique du testament; — Que, dans l'espèce, il avait été articulé qu'il y avait eu un testament nouveau révocatoire du premier; qu'à la vérité, on n'avait pas encore dit qu'il pût être sous les scellés; mais que le devoir des juges était de mettre en usage tous les moyens d'arriver à la vérité, et par conséquent de vérifier si les papiers de la dame Hereau ne découvriraient rien à cet égard;

» Considérant, sur la troisième question, qu'aux termes de droit, l'appel incident est permis dans le cours de la procédure;

» Considérant, sur la quatrième question, que le respect dû aux dernières volontés des morts, commande le maintien de leurs dispositions; et que la faculté de tester, la seule consolation qui reste aux mourans, deviendrait illusoire, si l'on admettait trop légèrement la preuve par témoins de l'existence d'un nouveau testament ou de la révocation du premier; — Qu'à la vérité, il peut se trouver des circonstances telles qu'elles permettent d'appeler ce genre de preuve; mais que, la loi ne prescrivant rien à cet égard, c'est à la prudence des juges à peser la gravité des circonstances; — Que, suivant Ricard, il suffirait d'articuler la date du testament, ses dispositions; qu'il a été vu et lu après le décès du testateur, et qu'enfin il a été supprimé par le fait de l'héritier; mais que ces assertions reposent toutes entières sur la déclaration des témoins; qu'on peut en trouver auxquels on fera dire ce qu'on voudra; et qu'ainsi, la preuve de ces faits, quelque graves qu'ils soient, présente toujours les mêmes craintes; — Que le législateur a connu tout le danger de la preuve testimoniale, et qu'il l'a restreinte aux objets du plus modique

intérêt, et ne l'a permise dans les circonstances plus importantes, que quand il existe un commencement de preuve par écrit; qu'ainsi, en suivant son esprit, il faut à la justice une sorte de garantie de la vérité des dépositions, et qu'elle ne peut la trouver que dans les faits ou les écrits existans par eux-mêmes et indépendans des témoins; et que, dans la cause présente, on n'en trouve aucun de cette espèce; — Qu'en vain on allègue l'amitié de la dame Hereau pour ses sœurs, puisqu'en suivant l'ordre des affections, elle a dû aimer encore plus son mari; — Qu'il en est de même de tout ce qu'on a dit sur ses chagrins domestiques, puisqu'on n'en a prouvé aucun, et que les lettres de la dame Hereau donnent une idée contraire; — Que le seul fait de la cause qui pût faire quelque impression, sous ce rapport, est la levée sans description des premiers et seconds scellés; — Qu'à l'égard des premiers, elle se justifie, en considérant que ce n'étaient pas les parens qui avaient requis l'apposition des scellés, mais qu'elle avait eu lieu d'office et à cause de l'absence du sieur Hereau; qu'aucun d'eux ne s'est opposé à leur levée; qu'enfin, depuis le 19 vendémiaire, jour de cette levée, jusqu'au 6 brumaire qu'ils ont été réapposés, tous les parens sont restés tranquilles; que, de l'aveu des parties, ils se visitaient et mangeaient ensemble, ce qui écarte toute idée de soupçons; — Qu'à l'égard des seconds scellés, ils ont été levés par autorité de justice; qu'ils ne l'ont été que vingt-quatre jours après le jugement qui l'ordonnait; que les parens ne se sont pas pourvus dans l'intervalle; et que, quelle qu'ait été l'erreur des premiers juges à cet égard, la lenteur avec laquelle leur jugement a été exécuté, induit à penser qu'il n'y avait rien sous les scellés qu'il fût important de soustraire à la visite; — Qu'ainsi, n'y ayant aucun écrit, aucun fait, aucune circonstance existans par eux-mêmes, et sans le secours de la preuve testimoniale, qui annoncent l'existence d'un second testament, le devoir des juges était de suivre l'esprit de la loi qui, dans les matières graves, rejette ce genre de preuve, plutôt que de s'exposer à ses dangers;

» Considérant, sur la cinquième question, qu'il serait inutile d'examiner le mérite de l'enquête qui a été faite, et les conclusions prises à fin de la recommancer; mais que la conscience des juges, en décidant par des moyens de droit, aime encore à se rassurer par l'évidence des faits; — Qu'il était principalement question de prouver que le second testament avait été vu et lu depuis le décès de la dame Hereau, puis supprimé par M. Hereau lui-même ou à ses instigations; et que, de treize témoins entendus, onze ne disent rien sur ces deux faits; mais que seulement quelques uns parlent des dispositions annoncées par la dame Hereau en faveur de sa famille; — Que les deux autres, les sieurs A. et

D. sont les seuls qui semblent avoir cherché à établir ces deux faits; mais que, d'un côté, ils parlent de lettres du sieur Hereau et non du testament de sa femme; et que, de l'autre, il règne une telle invraisemblance dans leurs récits, qu'il est impossible de se défendre des soupçons les plus graves; — Qu'ainsi, l'enquête ne dit rien, ne donne aucune connaissance sur les deux faits principaux de l'appointement;

» Considérant, sur la sixième question, qu'en recommençant l'enquête, il faudrait, ou entendre de nouveau les mêmes témoins, et les exposer à se contredire, en annonçant des faits nouveaux, après avoir déclaré qu'ils ne savaient rien de plus que ce qu'ils ont dit; ou bien admettre d'autres témoins, et s'exposer ainsi au danger de laisser aux parties un temps indéfini pour se procurer des témoins, au lieu de les restreindre dans le délai fixé par la loi; — Qu'il est impossible d'adopter de pareilles mesures, et que la règle devant interdire des enquêtes dans une affaire de cette nature, il faudrait, à bien plus forte raison, rejeter une enquête nouvelle qui ajouterait de nouveaux dangers à tous ceux auxquels une mesure de ce genre est sujette;

» Considérant, sur la septième et dernière question, que l'appelant réussit sur l'appel des jugemens des 2 nivôse et 11 mars 1806;

» La cour a mis les jugemens des 2 nivôse et 11 mars 1806, au néant; dit au surplus qu'il a été bien jugé par celui du 6 mai suivant.

» M. le président adresse la parole à M. Hereau en ces termes : « Vous avez dit à plusieurs » membres de la cour qu'il n'y avait jamais eu » d'autre testament que celui du 6 thermidor » an 9; que, dès auparavant, vous en aviez » fait un semblable au profit de votre épouse; » mais que le don en propriété des biens qui » étaient venus à chacun de vous de vos fa- » milles, avait eu principalement pour objet de » désir de prévenir les tracasseries auxquelles » le survivant pourrait être exposé; mais que » votre épouse et vous étiez promis ver- » balement de réduire ce don des propres au » seul usufruit, et de les rendre, après la mort » du survivant, aux héritiers du prédécédé; » que vous l'aviez dit publiquement à Clamecy, » et annoncé l'intention de les rendre aux hé- » ritiers de votre épouse, après votre décès; » que depuis, ayant été accusé d'avoir soustrait » un second testament, vous aviez déclaré » qu'avant de prendre aucun engagement, » vous exigiez un désistement formel de l'ac- » tion, ne voulant pas que la promesse de » rendre les propres pût être considérée comme » une composition honteuse et le prix d'un » silence que vous auriez acheté. Maintenant » que l'arrêt qui vient d'être prononcé, a » écarté l'accusation portée contre vous, que » votre honneur se trouve pleinement justifié, » et qu'ainsi, vous n'aurez plus à craindre les

» soupçons qu'on pourrait jeter sur la conduite » que vous vous proposiez de tenir, la cour » me charge de vous demander quel sera l'effet » de la promesse verbale faite à votre épouse, » de remettre ses propres à ses héritiers après » votre décès ».

» Lequel sieur Hereau a répondu que son épouse et lui, en se donnant tous deux leurs biens par testament, étaient convenus que le survivant serait libre de rendre après son décès les propres du prédécédé à ses parens; que son intention a toujours été d'en jouir seulement pendant sa vie, comme étant le cadeau de l'amitié, et de les rendre après son décès, aux héritiers de son épouse; que, lors de l'ouverture du testament, il l'a dit à plusieurs personnes de Clamecy; et que, malgré le procès injuste qu'un des parens lui a suscité, ses dispositions, à cet égard, sont toujours les mêmes, et qu'elles ne changeront pas.

» De laquelle déclaration la cour a fait acte, et ordonné qu'elle serait portée à la suite du présent arrêt ».

La dame Debazarnes et le sieur Hereau se pourvoient respectivement en cassation contre cet arrêt.

« Les moyens de cassation que vous propose la dame Debazarnes (ai-je dit à l'audience de la section civile, le 11 juin 1810), peuvent se réduire à ces trois propositions :

» Dans la forme, la cour d'appel de Bourges, en admettant le sieur Hereau à sa délibération, en faisant ses conditions avec lui, en modelant son arrêt sur ces conditions, a violé les lois constitutives de l'essence des jugemens;

» Au fond, en refusant à la demanderesse la permission de prouver par témoins l'existence et la suppression d'un testament postérieur à celui de thermidor an 9, elle a faussement appliqué l'art. 1341 et violé l'art. 1348 du Code civil.

» Au fond encore, en déclarant valable le testament de thermidor an 9, elle a contrevenu tant aux art. 20, 38 et 47 de l'ordonnance de 1735, qui déclarent nuls les testamens non datés, qu'aux lois romaines et à l'art. 16 de la loi du 25 ventôse an 11, qui veulent que, dans toute espèce d'actes, et spécialement dans les dispositions à cause de mort, les mots surchargés soient considérés comme non écrits.

» La première de ces propositions serait incontestable en droit, si elle était prouvée en fait.

» Mais comment la dame Debazarnes prouve-t-elle que la cour de Bourges a, en effet, admis le sieur Hereau à sa délibération, qu'elle a fait ses conditions avec lui, et que l'arrêt qu'elle a ensuite rédigé, n'est que le résultat de ces conditions? Par le discours que le président a adressé au sieur Hereau lui-même, immédiatement après la pronouciation de l'arrêt; et ce discours, loin de prouver le fait allégué par la demanderesse, nous paraît le détruire complèttement : *vous avez dit à plusieurs membres de la cour qu'il n'y avait jamais eu d'autre testament que celui du 6 thermidor an 9*, etc. — Ces mots, *à plusieurs membres de la cour*, annoncent clairement qu'il n'y avait point eu de conférence entre les magistrats réunis en corps et formant la cour d'appel de Bourges, d'une part, et le sieur Hereau, de l'autre ; ils annoncent clairement que le sieur Hereau n'avait eu qu'avec plus ou moins de membres individuels de cette cour, mais isolés, mais séparés de cette cour elle-même, les entretiens dans lesquels avaient eu lieu les assertions et les promesses que le président lui rappelle.

» Iuutile d'objecter que, dans cette supposition, le président n'aurait pu rappeler les assertions et les promesses du sieur Hereau que sur la foi des juges qui les avaient entendues ; et qu'alors, il n'aurait pas pu en parler au nom collectif de la cour, comme si la cour en eût eu collectivement l'oreille frappée.

» L'observation est juste ; mais quelle en est la conséquence ? C'est que la cour de Bourges n'aurait pas dû charger son président de rappeler au sieur Hereau des assertions et des promesses dont elle n'était informée que par la confidence que lui en avaient faite quelques-uns de ses membres ; c'est qu'en chargeant son président de les lui rappeler, elle a fait une chose très-irrégulière, mais qui ne porte aucun préjudice à la dame Debazarnes, et dont la dame Debazarnes est par conséquent non-recevable à se plaindre.

» La deuxième proposition de la dame Debazarnes n'est pas mieux fondée que la première.

» D'un côté, la cour d'appel de Bourges n'a pas jugé que la preuve par témoins de l'existence et de la suppression d'un testament, fût inadmissible dans tous les cas où il n'en était pas rapporté un commencement de preuve par écrit : elle a seulement jugé que cette preuve ne doit être admise qu'avec beaucoup de précautions, et lorsque des circonstances graves la provoquent ; et assurément, elle n'a fait en cela rien qui contrarie l'art. 1348 du Code civil.

» Sans doute, de ce que, comme le dit cet article, la loi prohibitive de la preuve par témoins en toute matière au-dessus de 150 fr., *reçoit exception, toutes les fois..... qu'il s'agit de délits ou quasi-délits*, il s'ensuit bien que les juges *peuvent* admettre la preuve par témoins de la suppression d'un testament ; mais qu'ils le *doivent*, dans tous les cas, mais que, dans tous les cas, ils y soient tenus à peine de cassation, c'est ce que le Code civil ne dit pas, c'est ce

qu'il n'aurait pas pu dire sans ouvrir la porte aux plus grands abus.

» D'un autre côté, la cour d'appel de Bourges a trouvé dans les circonstances qui avaient précédé et suivi l'apposition et la levée des scellés après la mort de la dame Hereau, des présomptions de la non-existence du testament que la dame Debazarnes prétendait avoir été supprimé ; et ce n'est pas à nous à examiner si ces circonstances justifient les inductions qu'elle en a tirées : les inductions qu'elle en a tirées, pourraient, sous le rapport du bien ou mal jugé, donner lieu, devant un tribunal de révision, à une très-ample controverse ; mais devant la cour de cassation, la critique n'en est pas même permise.

» Enfin, la cour d'appel de Bourges a été plus loin : elle a discuté l'enquête à laquelle la dame Debazarnes avait fait procéder en exécution de l'appointement à faire preuve qu'elle avait obtenu en première instance : elle a trouvé, et que les faits constatés par cette enquête, étaient insignifians ; et que ceux qui auraient pu établir l'existence et la suppression du testament, l'enquête ne les constatait pas ; et que les circonstances alléguées par la dame Debazarnes pour se faire autoriser à recommencer son enquête, n'étaient pas assez graves pour l'y autoriser en effet.

» A-t-elle, sur ces trois points, violé une loi quelconque ? non, certainement. A-t-elle mal jugé ? cela ne nous regarde pas.

» Reste la troisième proposition de la dame Debazarnes, celle qui consiste à dire qu'en déclarant valable le testament de thermidor an 9, la cour d'appel des Bourges a violé, et les dispositions de l'ordonnance de 1735 qui déclarent nul tout testament non daté, et les dispositions des lois romaines et de la loi du 25 ventôse an 11, qui veulent que les mots surchargés soient considérés comme non-écrits.

» Cette proposition offre à votre examen trois questions distinctes.

» En supposant que l'on doive s'en tenir au *considérant* de l'arrêt attaqué, dans lequel il est dit qu'il importe peu que la date du testament soit du *six* ou du *dix* thermidor ; en supposant que l'arrêt attaqué laisse indécis le point de savoir si c'est du *six* ou du *dix* thermidor que le testament est daté, l'arrêt attaqué a-t-il pu, sans violer la loi, déclarer le testament valable ? c'est la première.

» Dans la réalité, l'arrêt attaqué laisse-t-il du doute sur la véritable date du testament ? Juge-t-il ou ne juge-t-il pas que le testament a pour date, soit le *six*, soit le *dix* thermidor ? c'est la seconde.

» Enfin, le testament de la dame Hereau, de thermidor an 9, a-t-il dû être déclaré nul par cela seul qu'il contient des mots surchargés ? c'est la troisième.

» La première question n'est susceptible d'aucune difficulté sérieuse.

» Que la date soit requise à peine de nullité dans les testamens, et notamment dans les testamens olographes, c'est ce qui ne peut pas faire la matière d'un problème, c'est ce que l'ordonnance de 1735 établit dans les termes les plus positifs, c'est ce que la cour d'appel de Bourges a reconnu de la manière la moins équivoque.

» Que l'action de dater un testament olographe doive essentiellement consister dans la désignation de l'année, du mois, du jour où ce testament est écrit, c'est encore une vérité incontestable, surtout depuis que l'art. 38 de l'ordonnance de 1735 a dit, sous la peine de nullité expressément prononcée par l'art. 47 de la même loi, que *tous testamens contiendront la date des jour, mois et an, et ce encore qu'ils fussent olographes.*

» Que, par une suite nécessaire, *la disposition soit nulle* (pour nous servir des expressions de Furgole, *Traité des testamens*, ch. 51, sect. 4, n. 18), *non-seulement si la date y est totalement omise ou laissée en blanc, mais encore si l'on a omis d'y marquer le jour, le mois ou l'année,* c'est ce qui est également marqué au coin de l'évidence ; *et voilà pourquoi,* dit le même auteur, *il ne suffirait pas d'avoir marqué le jour et le mois, sans marquer l'année, ni d'avoir exprimé le jour et l'an, sans marquer le mois, ni enfin d'avoir marqué le mois et l'an,* SANS MARQUER LE JOUR.

» Si donc le testament olographe dont il s'agit, pèche, soit par l'omission de l'année, soit par celle du mois, soit par celle du jour où il a été fait, point de doute qu'il ne soit nul ; point de doute qu'en le jugeant valable, la cour d'appel de Bourges n'ait violé l'ordonnance de 1735.

» Or, y trouve-t-on exprimés à la fois l'année, le mois et le jour de sa confection ?

» L'année et le mois le sont très-nettement ; mais le jour l'est-il de même ?

» Que l'intention de la testatrice ait été d'y exprimer le jour, comme l'année et le mois, cela peut être ; mais il ne s'agit pas ici de son intention, il s'agit du fait. Jamais l'intention de remplir une formalité, ne peut équipoller à l'accomplissement de la formalité elle même ; et tout récemment encore, le 4 septembre 1809, la cour a cassé, sur notre réquisitoire et dans l'intérêt de la loi, un arrêt de la cour d'appel de Metz, du 20 août 1808, qui avait déclaré valable un exploit nul dans sa forme, sous le prétexte que la partie à la requête de laquelle il avait été signifié, avait suffisamment manifesté son intention de le revêtir des solennités prescrites par la loi.

» Examinons donc si, même en supposant à la testatrice l'intention d'exprimer dans son testament le jour où elle l'a écrit, elle l'y a en effet exprimé.

» L'y aurait-elle en effet exprimé, si elle avait dit : *ainsi fait et testé le 6 ou le 10 thermidor an 9?* Non, assurément : par cela seul qu'elle aurait laissé à deviner si elle avait écrit son testament le 6 thermidor an 9, ou si elle né l'avait écrit que le 10 du même mois, le jour où elle l'avait écrit serait resté incertain ; et la chose serait revenue au même que si la testatrice, en disant, *ainsi fait et testé en thermidor an 9*, se fût bornée à la désignation de l'année et du mois, sans indiquer aucun jour.

» Eh bien ! voilà précisément ce que, par le *considérant* qui nous occupe en ce moment, la cour d'appel de Bourges suppose avoir été fait par la testatrice. A la vérité, la testatrice n'a pas dit en toutes lettres dans son testament, qu'elle l'avait écrit le *six ou le dix thermidor an 9*; mais elle y a dit l'équivalent : en faisant précéder les mots, *thermidor an 9*, d'un mot surchargé de manière qu'il est impossible de discerner si c'est le nombre *six* ou le nombre *dix* qu'il exprime, elle est nécessairement censée avoir dit : *Je ne veux pas que l'on sache si c'est le six ou le dix que j'ai testé ; je veux que celui de ces deux jours où j'ai testé, demeure inconnu.*

» Et vainement la cour d'appel de Bourges allègue-t-elle, dans le *considérant* sur lequel nous raisonnons ici, *qu'il importe peu qu'il y ait* SIX *ou* DIX *thermidor, puisque, dans les deux cas, la date serait également certaine.*

» Sans contredit, la date serait certaine, s'il y avait, *six thermidor.* Sans contredit, s'il y avait *dix thermidor*, il n'y aurait aucune incertitude sur la date. Mais est-ce *six* ou *dix* qu'on doit lire ? La cour d'appel suppose elle-même qu'on ne le sait pas et qu'on ne peut pas le savoir. Donc la date n'est pas certaine, donc le testament doit être considéré comme dénué de date.

» Plus vainement la cour d'appel de Bourges objecte-t-elle qu'il n'est pas permis de supposer *qu'une main étrangère a changé le mot, en sorte que la date n'appartient plus à la testatrice;* et que cette supposition est détruite à l'avance par le jugement du 4 février 1808, *qui fait acte de la déclaration de la dame Debazarnes qu'elle n'entend pas contester l'écriture et la signature du testament.*

» Nous admettons avec la cour d'appel de Bourges, que c'est la testatrice elle-même qui a surchargé le mot dont il s'agit, et que c'est par son fait personnel que ce mot a été écrit de manière à ne laisser aucune prise à l'œil le plus exercé pour décider si ce mot figure un *six* ou s'il figure un *dix*.

» C'est précisément parce que cette surcharge est l'ouvrage de la dame Hereau, c'est précisément parce que la dame Hereau a ainsi écrit le mot dont il s'agit, que la dame Hereau doit être censée avoir dit qu'elle avait fait son testament *le six ou le dix thermidor;* c'est précisément par cette raison, que la dame Hereau est censée n'avoir apposé à son testament qu'une date incertaine; c'est précisément par cette raison, que la dame Hereau est censée n'avoir pas donné à son testament la date du jour, comme elle lui a donné celle de l'année et du mois.

» Ce ne serait pas avec plus de fondement que l'on viendrait dire que la date n'est requise dans un testament, que pour garantir la capacité du testateur au moment où il l'a fait; que, dans notre espèce, la dame Hereau a été capable de tester pendant tout le cours du mois de thermidor an 9 : qu'ainsi, il est fort indifférent qu'elle ait testé le 6 ou le 10 de ce mois.

» Oui, il est fort indifférent que la dame Hereau ait testé le 6 ou le 10 thermidor an 9; mais ce qui ne l'est pas; c'est que la dame Hereau ait exprimé dans son testament lequel de ces deux jours elle a effectivement testé.

» Si la dame Hereau n'avait marqué dans son testament, que le mois et l'année où elle elle l'avait fait, son testament serait-il nul? Nous avons déjà vu qu'il le serait indubitablement. On pourrait cependant dire aussi qu'elle a été capable de tester pendant tout le mois de thermidor an 9.

» Et comment une considération qui serait sans force dans cette hypothèse, pourrait-elle être de quelque poids dans l'espèce qui se présente réellement? Pourquoi d'ailleurs, outre la date de l'année, la loi exige-t-elle, à peine de nullité, celle du mois et du jour, alors même qu'il ne s'élève aucun doute sur la capacité du testateur pendant toute la durée de l'année dans le cours de laquelle il a testé? Parce que ces formalités, quoique requises principalement pour garantir la capacité du testateur à l'époque où il a testé, n'en sont pas moins de rigueur dans le cas où la capacité du testateur, à cette époque, n'est pas contestée; parce que le testament gît tout en solennités; parce qu'ôtez d'un testament les solennités qui le constituent, vous lui ôtez toute son existence; parce que les solennités sont, dans un testament, la condition *sine quâ non* de la faculté que la loi accorde à l'homme de disposer de sa fortune pour un temps où il ne sera plus; parce qu'en frappant de la peine de nullité l'omission de ces solennités, la loi n'a pas distingué entre le cas où le but qu'elle a eu en les prescrivant, se trouverait rempli par des circonstances étrangères au testament, et le cas où il ne le serait point; enfin, parce que, de même qu'un testament public est nul, à défaut de mention expresse qu'il a été écrit par le notaire en présence duquel il a été fait, bien qu'il soit très-constant, bien qu'il soit reconnu par l'héritier *ab intestat,* que c'est cet officier

qui l'a écrit, de même aussi un testament quelconque doit être nul à défaut d'énonciation claire et précise du jour où il a été fait, bien qu'on ne prétende pas que le testateur a pu être, ce jour-là même, incapable de tester.

» Disons donc qu'à s'en tenir au *considérant* dans lequel la cour de Bourges s'est efforcée d'établir que le testament est valable, même en admettant l'impossibilité de discerner si c'est du *six* ou du *dix* thermidor qu'il porte la date, l'arrêt de la cour de Bourges doit être cassé, comme enfreignant les art. 38 et 47 de l'ordonnance de 1735.

» Mais, et ici se présente notre deuxième question, l'arrêt de la cour de Bourges laisse-t-il indécis le point de savoir si c'est du 6 ou du 10 thermidor qu'est écrit le testament de la dame Hereau?

» Sur cette question, deux choses sont à remarquer.

» D'abord, à la suite du *considérant* que nous venons de discuter, la cour de Bourges dit en propres termes, *que l'écriture étant avouée, la conséquence est que le mot six est de la main de la dame Hereau elle-même;* et c'est déjà une grande présomption que, dans le *considérant* qui précède cette phrase, la cour de Bourges n'a raisonné qu'hypothétiquement : c'est déjà une grande présomption que la cour de Bourges a en effet reconnu que le mot *six* formait la vraie date du testament de la dame Hereau.

» Ensuite, par le dispositif de son arrêt, la cour de Bourges confirme le jugement de première instance du 6 mai 1806. Or, ce jugement, que décide-t-il par rapport à la date du testament litigieux?

» Il décide nettement, et par ses motifs et par son dispositif, que ce testament est du *six* thermidor an 9.

» Il le décide par ses motifs; car il dit expressément que *les dates de l'autorisation* accordée par le sieur Hereau à son épouse pour tester, *et du testament, sont parfaitement indiquées; qu'elles ont une même fixité, et qu'elles se trouvent du même jour six thermidor an 9.*

» Il le décide par son dispositif; car il ordonne, en ce qui touche le testament dudit jour *six thermidor an 9,* qu'il sera suivi d'exécution, pour sortir son plein et entier effet, suivant sa forme et teneur.

» Qu'oppose-t-on, de la part de la dame Debazarnes, à cette double décision?

» On oppose, premièrement, que le dispositif du jugement du 6 mai 1806 ne fait qu'énoncer la date du testament, et qu'il ne la juge pas.

» Mais il l'énonce d'après un débat qui roulait uniquement sur sa *fixité;* il l'énonce d'après un *considérant* qui établit qu'elle est véritablement du *six* thermidor; il l'énonce donc d'une manière qui ne permet pas de douter que son intention n'ait été de la juger; il la juge donc réellement par l'énonciation qu'il en contient.

» On oppose en second lieu, que, dans le *considérant* qui établit que la date est véritablement du *six* thermidor, les premiers juges n'arrivent à cette conséquence que par des raisonnemens dépourvus de logique.

» Mais qu'importe que les raisonnemens des premiers juges soïent ou ne soient pas concluans en cette partie? Que les premiers juges aient bien ou mal raisonné, toujours est-il certain qu'ils ont reconnu, qu'ils ont décidé, en fait, que la date du testament *est parfaitement indiquée;* qu'elle a une *fixité* constante, *et qu'elle se trouve du six thermidor an* 9; et que faut-il de plus pour mettre à l'abri de la cassation l'arrêt qui confirme ce jugement?

» Maintenant, abordons notre troisième question. Le testament de la dame Hereau a-t-il dû être déclaré nul, par cela seul qu'il contient des mots surchargés?

» Ici, la dame Debazarnes invoque la loi 1, D. *de his quæ in testamento delentur,* et l'art. 16 de la loi du 25 ventôse an 11.

» Mais, 1.° les lois romaines n'ont jamais eu d'autorité législative dans le ci-devant Nivernais; elles n'y ont jamais été considérées que comme raison écrite. Il serait donc fort indifférent que, dans notre espèce, la cour d'appel de Bourges se fût écartée de la loi 1, D. *de his quæ in testamento delentur.*

» 2.° Que dit cette loi? Trois choses : que les ratures, lorsqu'elles sont l'ouvrage du testateur, et que le testateur les a faites à dessein, *consulto,* neutralisent la disposition raturée; que, lorque le testateur les a faites sans dessein, *inconsulto;* et que néanmoins, il en résulte une illisibilité absolue de la disposition raturée, cette disposition est comme non-avenue; qu'enfin, les ratures faites inconsidérément par le testateur, et qui n'empêchent pas de lire la disposition raturée, ne portent aucune atteinte à cette disposition.

» Et que peut-on ici conclure de tout cela?

» D'abord, les surcharges qui se trouvent dans le testament de la dame Hereau, sont-elles l'ouvrage de la dame Hereau elle-même? On doit le croire jusqu'à la preuve du contraire; et cette preuve, non-seulement la dame Debazarnes ne l'a point entreprise, mais elle y a implicitement renoncé, en déclarant qu'elle n'entendait point *contester l'écriture et signature du testament.*

» La dame Debazarnes prétend qu'en inférant de cette déclaration, qu'elle avait reconnu la dame Hereau auteur des surcharges, la cour d'appel de Bourges a violé l'art. 1356 du Code civil, qui défend de diviser l'aveu judiciaire; mais il est évident que la cour d'appel de Bourges

n'a point divisé la déclaration de la dame Debazarnes, et qu'elle s'est bornée à en tirer une conséquence fort naturelle.

» Ensuite, ces surcharges, la dame Hereau les a-t-elle faites à dessein d'annuller son testament? Rien ne le prouve, rien ne permet de le présumer.

» Enfin, ces surcharges empêchent-elles de lire les mots surchargés? La cour d'appel de Bourges a jugé que non; et il ne nous appartient pas d'examiner si, à cet égard, elle a jugé bien ou mal (1).

» 3.° Quant à l'art. 16 de la loi du 25 ventôse an 11, il dit, à la vérité, que les mots *surchargés, interlignés ou ajoutés, seront nuls;* mais il ne le dit que pour les actes reçus par des notaires; et prétendre qu'on doit l'appliquer à un testament olographe, et surtout à un testament olographe antérieur à cette loi, c'est un système qui n'a d'autre mérite que sa singularité.

» La demande en cassation de la dame Debazarnes est donc, sous tous les rapports, dénuée de fondement.

» Quant à celle du sieur Hereau, elle ne porte que sur la partie de l'arrêt du 20 janvier 1808, qui contient le discours que le président lui a adressé à la suite de la prononciation de l'arrêt même, la réponse qu'il y a faite sur-le-champ, et le dispositif par lequel la cour d'appel de Bourges donne acte de cette réponse.

» Le sieur Hereau attaque cette partie de l'arrêt, et comme renfermant un excès de pouvoir, et comme tendant à lui faire faire son testament à l'audience de la cour d'appel de Bourges.

» D'abord, en effet, on ne peut nier qu'il n'y ait excès de pouvoir dans cette partie de l'arrêt.

» En décidant les questions qui se présentaient à juger entre le sieur Hereau et la dame Debazarnes; en prononçant sur les appels que l'un et l'autre avaient respectivement interjetés des jugemens du tribunal civil de Clamecy, des 2 nivôse an 14, 3 mars et 6 mai 1806, la cour d'appel de Bourges avait consommé tout son ministère, *functa erat officio;* elle ne pouvait donc plus sonder la conscience du sieur Hereau pour en tirer des déclarations en faveur de son adversaire; elle a donc fait, en interrogeant le sieur Hereau, après la prononciation de l'arrêt rendu à son profit, en s'érigeant par là en conciliatrice publique et officielle des deux parties qu'elle venait de juger, un acte absolument étranger à l'autorité dont elle était investie par la loi; elle a donc transgressé les limites dans lesquelles la loi circonscrivait l'exercice de cette autorité.

(1) *V.* le *Répertoire de jurisprudence,* au mot *Surcharge.*

» Or, quel doit être le sort d'un arrêt qui présente un tel abus de pouvoir ? bien sûrement un tel arrêt doit être cassé.

» L'art. 88 de la loi du 27 ventôse an 8 nous attribue le droit de requérir, d'office et pour le seul intérêt de la loi, la cassation de tout *jugement en dernier ressort, contraire aux lois, ou aux formes de procéder, ou DANS LEQUEL UN JUGE AIT EXCÉDÉ SES POUVOIRS, et contre lequel cependant aucune des parties n'ait réclamé dans le délai fixé;* et par cette attribution, il décide bien nettement deux choses : la première, que, *dans le délai fixé*, la partie lésée par un jugement en dernier ressort *dans lequel un juge a excédé ses pouvoirs*, peut, sur ce seul fondement, en provoquer la cassation; la seconde, que la cassation doit en être prononcée, comme s'il avait violé, ou le texte formel d'une loi sur le fond, ou une forme de procédure emportant la peine de nullité.

» Ensuite, à quel propos l'arrêt donne-t-il acte de la réponse du sieur Hereau au discours du président ?

» De deux choses l'une : ou il en donne acte pour que les héritiers de la dame Hereau puissent s'en prévaloir à la mort du sieur Hereau; ou il en donne acte sans but, sans objet quelconque.

» Au premier cas, il suppose à la réponse du sieur Hereau un effet qu'elle ne peut pas avoir; et, par là, il viole, non-seulement l'art. 893 du Code civil, aux termes duquel *on ne peut disposer de ses biens, à titre gratuit, que par donation entre-vifs ou par testament;* mais encore l'art. 1130 du même Code qui déclare nulle toute stipulation relative à une succession future. Le testament de la dame Hereau étant jugé valable, le sieur Hereau est nécessairement propriétaire libre de tous les biens que son épouse a laissés; et dès qu'il en est propriétaire libre, il est impossible qu'il s'impose, par une déclaration faite devant un tribunal, l'obligation de les transmettre, en mourant, aux héritiers de son épouse elle-même. Il est par conséquent impossible qu'une pareille déclaration vaille, soit comme disposition gratuite, soit comme promesse de disposer gratuitement.

» Au second cas, l'arrêt fait une chose absolument inutile, et qui cependant peut devenir funeste : il plante, pour ainsi dire, à l'avance, le germe d'un procès entre les héritiers du sieur Hereau et ceux de son épouse; et c'est, de la part des juges qui ont rendu cet arrêt, un abus manifeste du pouvoir que la loi leur a confié.

» Il ne peut donc y avoir aucun doute sur la nécessité d'annuler la partie de l'arrêt du 20 janvier 1808, qui est attaqué par le sieur Hereau.

» Mais l'annullation de cette partie de l'arrêt doit-elle entraîner l'annullation de l'arrêt entier ?

» Elle devrait l'entraîner, sans doute, s'il y avait connexité entre la partie de l'arrêt attaquée par la dame Debazarnes, et la partie de l'arrêt attaquée par le sieur Hereau.

» Et sans doute il y aurait connexité entre les deux parties de l'arrêt, si, comme le soutient la dame Debazarnes, l'une était la condition de l'autre; si, comme le soutient la dame Debazarnes, la cour de Bourges n'avait donné gain de cause au sieur Hereau, qu'en considération de la promesse qu'il avait faite à la cour elle-même, de laisser, après sa mort, aux héritiers légitimes de son épouse, les biens compris dans le testament de thermidor an 9.

» Mais, nous l'avons déjà dit, ce n'est pas à la cour de Bourges, c'est seulement à quelques-uns de ses membres que le sieur Hereau est annoncé dans l'interpellation du président, avoir fait la promesse dont il s'agit. Dès-lors, sur quel fondement prétendrait-on que c'est cette promesse qui a déterminé la cour de Bourges à ordonner l'exécution du testament de thermidor an 9 ? L'arrêt n'en dit pas le mot ; et on peut d'autant moins le supposer, que la partie de l'arrêt qui ordonne l'exécution du testament de thermidor an 9, forme à elle seule un tout indépendant par soi de l'interpellation qui la suit.

» Vous savez, Messieurs, qu'il n'en est pas des jugemens comme des contrats. Dans un contrat, toutes les clauses sont tellement corrélatives, tellement censées consenties en considération les unes des autres, que la rétractation d'une partie de ces clauses emporte nécessairement la rétractation de l'autre partie. *Unius ejusdemque contractûs capita singula alia aliis inesse videntur per modum conditionis, quasi expressum esset, hæc ità faciam, si et alter faciat quæ promisit.* Ce sont les termes de Grotius, *de jure belli et pacis*, liv. 3, chap. 19, n. 14. Mais, dit Julien, sur les statuts de Provence, tom. 2, pag. 211, « Il en est autrement d'un jugement rendu en » contradictoires défenses; les divers chefs qu'il » contient, sont autant de jugemens différens et » indépendans les uns des autres : *tot capita, tot* » *sententiæ.* Sur ce fondement, on juge que la » requête civile étant impétrée et ouverte envers » un chef d'un arrêt, les autres chefs qui en sont » indépendans, subsistent. Les arrêts rapportés » dans le Recueil de Boniface, tom. 1, liv. 7, » tit. 6, chap. 2, et tom. 3, liv. 3, tit. 4, chap. 1, » l'ont ainsi jugé. Il y a un arrêt semblable » du parlement de Paris, du 31 juillet 1685, » rapporté dans le *Journal du palais*. Et c'est » ainsi que le parlement d'Aix le jugea par » arrêt du 22 décembre 1738, en faveur de » l'acteur de l'université d'Aix, pour qui je » plaidais ». Et nous devons ajouter que cette jurisprudence est érigée en loi par l'art. 482 du Code de procédure civile

» Par ces considérations, nous estimons qu'il y a lieu de joindre les deux demandes en cassation, de rejeter celle de la dame Debazarnes, et faisant droit sur celle du sieur Hereau, casser et annuller la disposition de l'arrêt du 20 janvier 1808 qui en est l'objet ».

Par arrêt rendu le 11 juin 1810, au rapport de M. Carnot,

» La cour joint les pourvois de la dame Debazarnes et du sieur Hereau contre l'arrêt du 25 janvier 1808;

» Et attendu, sur le premier moyen invoqué par ladite dame, qu'en rejetant la demande en nullité qu'elle avait formée contre l'enquête à laquelle elle avait fait procéder, et qu'elle faisait résulter du dol personnel du sieur Hereau, la cour d'appel de Bourges n'a fait qu'une simple appréciation des faits qui sort du domaine de la cassation;

» Attendu que si dans les *considérant* de son arrêt, la cour d'appel a déclaré que n'existant aucun commencement de preuve par écrit d'un testament révocatoire de celui du 6 thermidor an 9, la preuve testimoniale des faits posés par la réclamante était inadmissible, la cour d'appel n'en a pas moins confirmé le jugement qui avait ordonné cette preuve et apprécié celles résultantes de l'enquête à laquelle il avait été procédé ;

» Attendu, sur le second moyen, que la cour d'appel de Bourges n'a pas déclaré en point de droit qu'un testament olographe serait valable quand même il ne porterait qu'une date incertaine, et que, si elle a dit dans ses *considérant* que quand celui de la dame Hereau porterait la date du 6 ou celle du 10 thermidor an 9, il n'en serait pas moins daté et dans une forme légale, elle ne l'a dit ainsi que d'une manière hypothétique, puisqu'elle, a confirmé purement et simplement la sentence d'appel qui donnait au testament la date fixe du 6 thermidor an 9;

» Attendu, sur le troisième moyen, que la loi romaine n'était pas celle qui régissait le domicile de la testatrice, mais bien la coutume de Nevers, dans le ressort de laquelle le droit romain n'avait pas force de loi; que d'ailleurs la loi romaine invoquée ne recevait dans l'espèce aucune application; que d'autre part, la loi de ventôse an 11 ne s'était occupée que des actes notariés, et qu'un testament olographe quoique solennel et faisant foi par lui-même de sa date, n'était pas un acte notarié; qu'au surplus, il n'était pas possible de supposer qu'un testament fait en l'an 9, ait pu violer les dispositions d'une loi promulguée seulement en l'an 11,

» Rejette ces trois premières ouvertures de cassation ;

» Et attendu, sur la quatrième, qu'en requérant acte de l'interpellation faite au sieur Hereau par le président de la cour d'appel et de la réponse faite par ce dernier, la réclamante s'est rendue non-recevable à attaquer cette disposition de l'arrêt du 25 janvier 1808, comme le sieur Hereau s'est lui-même rendu non-recevable à attaquer, ladite disposition, en répondant volontairement à l'interpellation qui lui a été faite (1).

» La cour déclare tant ladite dame Debazarnes que le sieur Hereau non-recevables dans leur pourvoi contre cette disposition dudit arrêt.....;

» Mais vu l'art. 88 de la loi du 27 ventôse an 8;

» Et attendu qu'il résulte dudit article que le procureur-général peut déférer à la cour et requérir l'annullation des arrêts, lorsque les parties ne se sont pas pourvues dans le délai de la loi, quand celui qui les a rendus, a excédé ses pouvoirs; et que, dans l'espèce particulière, les parties n'ont déclaré leur pourvoi qu'après s'y être rendues non-recevables, ce qui fait rentrer l'affaire dans les dispositions dudit art. 88;

» Attendu, au fond, qu'après avoir consommé ses pouvoirs en prononçant sur les appellations dont elle se trouvait saisie, la cour d'appel de Bourges s'est permis de donner acte de l'interpellation faite par le président au sieur Hereau et de la réponse faite par ce dernier à ladite interpellation, ce qui a été, de sa part, un excès de pouvoir d'autant plus grand que cet acte tendait évidemment à faire disposer le sieur Hereau d'une partie de ses biens dans une forme réprouvée par la loi ;

» La cour, faisant droit au réquisitoire de M. le procureur-général, casse et annulle cette disposition dudit arrêt du 25 janvier 1807, *dans l'intérêt de la loi* (2). . . »

_____

(1) Est-il bien exact de supposer que le sieur Hereau eût pu se dispenser de répondre à cette interpellation? pouvait-il déclarer, en face de la cour d'appel, qu'il se pourvoyait en cassation? L'eût-il même fait, sa déclaration eût-elle suspendu l'exécution de l'arrêt? *V.* Ac. quiescement, §. 3.

(2) Je n'avais pas requis, *dans l'intérêt de la loi,* l'annulation de cette disposition de l'arrêt de la cour d'appel de Bourges; je ne l'avais requise que dans l'intérêt privé de la partie qui la demandait. La cour suprême pouvait-elle, d'après l'art. 88 de la loi du 27 ventôse an 8, intervertir ainsi l'objet des conclusions du ministère public? Question délicate, qu'elle n'a tranchée aussi brusquement, que parce qu'en adoptant d'office, et, j'ose le dire, avec assez de légèreté, une fin de non-recevoir que les adversaires du sieur Hereau ne lui avaient pas opposée, et qui n'avait subi aucune espèce de discussion, elle s'était placée dans l'alternative ou de laisser subsister un monstrueux excès de pouvoir, ou d'employer, pour le réprimer, un expédient au moins douteux.

§. XVII. *Un testament par acte public, dont les témoins n'entendent pas la langue dans laquelle les dispositions en sont dictées et écrites, est-il valable ?*

La négative ne peut être douteuse pour quiconque ne consulte que sa raison.

A quoi servent en effet, dans un testament, des témoins qui voient le testateur parler et le notaire écrire, mais qui ne comprennent ni ce que l'un dit ni ce que l'autre écrit? Il est évident qu'ils n'y remplissent pas l'objet de la loi. Pourquoi et à quelle fin la loi veut-elle qu'il intervienne des témoins dans un testament? Parce qu'elle ne se fie pas au notaire seul, parce qu'elle craint que le notaire ne dénature ou n'altère les dispositions que le testateur lui dicte, parce qu'elle a besoin d'une garantie de l'exactitude du notaire, et qu'elle ne peut trouver cette garantie, suivant l'expression de Ricard (*Traité des donations*, part. 1, n. 1606) que dans des *contrôleurs* qu'elle place à côté de lui. Mais si ces *contrôleurs* ne sont là que comme des statues, les vues de la loi seront trompées; et par suite, il n'y aura point de testament.

A ces idées si simples, si naturelles, on oppose 1.º des dispositions du droit romain, 2.º l'art. 980 du Code civil, 3.º des raisons d'inconvéniens, 4.º des arrêts. — Discutons successivement ces objections.

Art. I. *Examen de la question d'après le Droit romain.*

La loi 20, §. 9, D. *qui testamenta facere possint*, nous offre un lambeau des écrits du jurisconsulte Ulpien, dans lequel il est dit que, pour la validité d'un testament, il n'est pas nécessaire que les témoins comprennent les paroles du testateur; que c'est ce qui résulte d'un rescrit de l'empereur Marc-Aurèle, adressé à Didius Julianus, au sujet d'un témoin qui, ne sachant pas le latin, avait été appelé à un testament; et que dès-là, il suffit que le témoin conçoive sensiblement quelle est la nature de l'acte auquel il est présent: *non tamen intelligentiam sermonis exigimus ; hoc enim divus Marcus Didio Juliano, in teste qui latinè nesciverat, rescripsit; nam si vel sensu percipiat cui rei adhibitus sit, sufficere.*

Le jurisconsulte Paul dit également dans ses *sentences* imprimées à la suite du corps de droit civil, liv. 3, tit. 5, §. 15: *ex his qui ad testamentum adhibentur, si qui sint qui latinè nesciant, vel non intelligant, sed tamen sentiant cui rei sint adhibiti, non vitiant testamentum.*

Mais à quelle espèce de testament ces décisions se rapportent-elles?

Qu'on les rapporte au testament mystique, cela se conçoit: elles ne font alors qu'établir une règle qu'on retrouve dans la constitution des empereurs Théodose et Valentinien qui forme la loi 21, C. *de testamentis*, savoir, qu'il n'est pas nécessaire que les témoins appelés à un testament mystique, en connaissent le contenu : *nec ideò infirmari quòd testes nesciant quæ in eo scripta sunt testamento.*

Mais le moyen de supposer que Paul et Ulpien, dans les passages dont il s'agit, eussent en vue les testamens nuncupatifs?

Tout le monde sait que, dans le droit romain, et la loi du Code que je viens de citer, décidait expressément, §. 2, que ces testamens pouvaient n'être pas rédigés par écrit, et que le testateur pouvait les confier à la seule mémoire des témoins : *per nuncupationem quoque, hoc est, sine scripturâ, testamenta non aliùs valere sancimus* (disaient les empereurs Théodose et Valentinien) , *quàm si septem. testes simul uno eodemque tempore collecti, testatoris voluntatem testamentum sine scripturâ facientis, audierint.*

Or, conçoit-on que des témoins qui n'auraient pas compris les dispositions du testateur, eussent pu en rendre un compte tant soit peu exact? cela eût été bon pour les legs qui pouvaient être faits, en forme codicillaire, par de simples signes, *solo nutu*, mais impraticable pour l'institution d'héritier; et personne n'ignore que, dans l'ancien droit romain, la nullité de l'institution d'héritier entraînait celle des legs qui étaient faits par le même acte.

Aussi n'est-il pas douteux que l'on ne doive restreindre aux testamens mystiques, les décisions consignées dans la loi 20, D. *qui testamenta facere possint*, et dans le tit. 5 du liv. 3 *des sentences* de Paul. C'est d'ailleurs ce qu'un jurisconsulte dont les mémoires et les consultations ont fait tant d'honneur à l'ancien barreau de Toulouse et à celui de la cour de cassation (M. Mailhe), a parfaitement démontré dans une dissertation qu'il me permet de placer ici, et à laquelle je crois d'autant plus indispensable de ne rien retrancher, quoiqu'elle soit un peu longue, que l'erreur qu'elle réfute, a servi de base, même sous le Code civil, à des arrêts de cours souveraines.

« Pour bien nous entendre (ce sont les termes de M. Mailhe), il faut d'abord jeter un coup-d'œil sur les divers modes de tester, qui s'étaient succédés chez les Romains.

» L'empereur Justinien, dans ses institutes, au §. 1.er du titre *de testamentis ordinandis*, nous apprend qu'anciennement ; c'est-à-dire, antérieurement à la loi des douze tables, l'usage avait introduit deux sortes de testamens, savoir, le testament *calatis comitiis*, et le testament *in procinctu.*

» Ce dernier était propre et particulier aux soldats; lorsqu'ils entraient ou qu'ils étaient en campagne. La forme en est ignorée. On sait seulement que le soldat testateur déclarait verbalement sa volonté en présence de ses compagnons d'armes. Au surplus, comme c'était là un testament privilégié, de même que celui qui fût connu dans la suite sous le nom de *testament militaire*, il est tout-à-fait indifférent pour notre question.

» Le premier était celui que tout citoyen romain, père de famille, pouvait faire devant le peuple assemblé et convoqué pour cet effet; et c'est de là qu'il avait tiré son nom de testament *calatis comitiis* : il était sanctionné par le peuple lui-même; et par là, il devenait une véritable loi qui ne pouvait être révoquée que par un autre acte de la puissance publique.

» Survint, en l'an de Rome 383, la loi des douze tables, qui, d'une part, donnait aux pères de famille le droit de disposer de leurs biens à leur gré, et qui, d'une autre part, voulait que toute aliénation, pour être pleinement autorisée par le droit civil, se fît par mancipation, *per mancipationem*, c'est-à-dire, par une vente en forme solennelle. Et comme les assemblées du peuple, *calata comitia*, n'avaient lieu qu'en temps de paix, et deux fois par an seulement, et qu'il arrivait de là qu'on mourait souvent sans avoir pu tester, les jurisconsultes, pour remédier à cet inconvénient, établirent une autre forme de testament, à laquelle ils appliquèrent la mancipation, ou vente solennelle, consacrée par la loi des douze tables, et qu'ils appelèrent testament *per æs et libram*. — Voici comment, selon Théophile, se faisait ce testament dans son origine : cinq citoyens étaient appelés comme témoins, devant lesquels celui qui devait être l'héritier, et qu'on appelait *Emptor familiæ*, achetait du testateur sa famille, c'est-à-dire, son hérédité; et un autre citoyen, appelé *libripens*, tenait à la main une balance pour peser l'airain qui était censé le prix de la vente. En même temps, le testateur déclarait ce qu'il voulait qu'on fît après sa mort, et désignait les legs dont il entendait charger son héritier. — Il paraît que, jusque-là, le testament *per æs et libram* était purement nuncupatif : mais il en résulta bientôt les plus graves inconvéniens, en ce que les héritiers, ainsi ouvertement nommés, qui étaient assurés de recueillir la succession, en devançaient souvent l'époque, en attentant à la vie du testateur qui, en outre, était exposé au ressentiment de ses héritiers naturels. Pour y obvier, on abandonna la forme nuncupative; et le testament *per æs et libram* ne se fit plus que par écrit, de telle manière qu'on continua bien d'observer la solennité de la vente pour se conformer à la loi des douze tables; mais que la vente n'était plus faite qu'à un tiers acheteur fictif, tandis que le nom du véritable héritier et les autres dispositions du testateur étaient écrits sur des tablettes de cire closes, et restaient secrets jusqu'après sa mort. *Progressu autem*

temporis, (dit Vinnius sur le §. précité des instituntes) *cùm, ut credibile est, quod veterum simplicitas et probitas anteà non consideraverat, experimentis compertum esset, eam rem testatori periculosam esse; atque insuper etiam causam odii in testatorem, invidiæ in heredem legitimis successoribus præbere : receptum est, ut palàm quidem solemnitatis adimplendæ causâ familiæ emptor adhiberetur, sed qui, ut manceps fiduciarius, heredi seorsùm in tabulis clausis scripto, mortuo testatore, familiam remanciparet.* — *Huberus*, sur le même §., dit aussi : *Quid autem testator post mortem fieri vellet, quis foret heres, scriptum erat in tabulis* privatim, secreto *à testore compositis.* — Les divers auteurs qui ont parlé du testament *per æs et libram*, ne sont à l'égard de cette forme mystique, que les échos les uns des autres. — Et dès-là, toute la nuncupation du testament *per æs et libram*, se réduisait à une simple formule que prononçait le testateur, et qui se trouve dans les fragmens d'Ulpien, tit. 20, §. 9, en ces termes : « La formule de la nuncupation est prononcée par le » testateur comme il suit : le testateur, tenant » à la main les tables de son testament, dit : je » donne, je lègue, je teste, ainsi qu'il est écrit » sur ces tablettes de cire. Romains, soyez en » témoins ». *Nuncupatur testamentum in hunc modum, tabulas testamenti testator tenens ità dicit : hæc uti his tabulis cerisve scripta sunt, ità do, ità lego, ità testor, itàque vos, Quirites, testimonium præbitote.* — Terrasson, dans son *Histoire de la jurisprudence romaine*, part. 2, §. 7, atteste, avec plusieurs autres auteurs, « qu'en prononçant les derniers mots de cette » formule, le testateur touchait les témoins par » le bout de l'oreille, et que c'était là unique- » ment à quoi ils servaient ». — Au reste, plusieurs auteurs soutiennent que ce testament *per æs et libram*, n'avait jamais été nuncupatif, et que, dans son principe même, il s'écrivait sur des tables closes, sauf que l'acheteur lui-même était originairement l'héritier, qu'il le savait, ainsi que le *libripens* et les témoins, et que là était l'inconvénient ou le danger. Quoi qu'il en soit à cet égard, tous les auteurs conviennent que, s'il avait été purement nuncupatif dans son origine, l'usage s'était bientôt introduit de l'écrire sur des tables qu'on avait soin de clore et de tenir secrètes. — Il est donc bien constant que le testament écrit, *per æs et libram*, rentrait essentiellement dans la nature du testament clos ou mystique.

» Dans la suite, les préteurs introduisirent un nouveau mode de tester, et plus simple et plus rapide. Ils supprimèrent la mancipation ouverte fictive, ainsi que la formule de nuncupation, dont nous venons de parler. Mais aux cinq témoins qui étaient requis dans le testament *per æs et libram*, ils en ajoutèrent deux autres, dont l'un remplaçait le *libripens*, et l'autre, *l'emptor familiæ*; et ils voulurent que le testament fût revêtu du cachet des sept témoins, formalité qui, jusqu'alors, n'avait pas été nécessaire, comme l'observe Justinien, au §. précité. — Et quoique (dit Ulpien, tit. 28, §. 6), un tel testament ne fût pas avoué par la loi des douze tables ou par le droit civil, le préteur accordait la possession des biens selon les tables, c'est-à-dire, selon les tables du testament, pourvu que sept témoins, tous citoyens romains, y eussent apposé leurs cachets (1). — Le même Ulpien, dans la loi 22, §. 7, D. *qui testamenta facere possunt*, ajoute que les tables testamentaires ne sont censées cachetées ou scellées, qu'autant que les cachets se trouvent apposés sur le linge ou la toile qui sert d'enveloppe à ces tables (2). — Ainsi, le testament prétorien n'était également qu'un testament écrit, clos ou secret.

» Enfin, les empereurs Théodose et Valentinien, frappés des abus et des fraudes qu'entraînait ou pouvait entraîner un mode trop facile de tester, portèrent, en 439, une constitution ou novelle, par laquelle ils prescrivirent des formalités ultérieures, pour assurer d'autant mieux les volontés des testateurs.

» C'est de cette novelle (connue sous le nom de novelle 9 de Théodose), qu'a été tirée la loi 21, au Code, *de testamentis*, que Cujas range parmi les lois les plus célèbres et les plus importantes. Par cette loi, les formalités du testament écrit furent réglées en ces termes : « Nous permettons à ceux qui font un testament par écrit, soit qu'il ait été écrit de leur main ou de celle de tout autre, et qui désirent que les dispositions en soient inconnues ou secrètes, de le montrer scellé ou lié, ou seulement clos et enveloppé, à sept témoins, citoyens romains, mâles et pubères, qui doivent avoir été priés à cet effet, et de le leur présenter pour qu'ils y apposent simultanément leurs sceaux ou cachets, et leurs signatures. Il faut d'ailleurs que le testateur déclare que l'écrit qu'il leur présente, contient son testament, et qu'il y appose aussi son cachet et sa signature en leur présence. Cela fait, et si les témoins l'ont signé et scellé en un seul et même temps, le testament sera valable, sans qu'on puisse l'attaquer sur le fondement que les témoins en ignorent les dispositions. — Que si le testateur ne sait ou ne peut signer, nous voulons qu'il soit appelé un huitième témoin qui signera pour lui, et que les mêmes formalités soient d'ailleurs observées. — Il n'est pas

nécessaire que l'action de dicter ou d'écrire le testament coïncide avec l'emploi du ministère des témoins, ou qu'il y ait unité de temps à cet égard : mais il suffit que le testament, quoique déjà dicté ou écrit en l'absence des témoins, soit revêtu de leurs signatures et de leurs sceaux dans un seul et même temps, et sans mélange d'aucun acte étranger. — Le testament se termine par les signatures des témoins et par l'apposition de leurs sceaux. » Un testament que les témoins n'ont pas signé et scellé, est imparfait », et par conséquent, nul, à moins qu'il ne s'agisse d'un testament entre enfans, cas auquel le testament serait valable, quoiqu'imparfait, ainsi que le déclare le §. 1.er de la même loi.

Cette même loi, §. 2, régla la forme du testament nuncupatif : « Nous voulons (dit-elle) qu'un testament nuncupatif, c'est-à-dire, non écrit, ne soit valable qu'autant que sept témoins, priés et présens en un seul et même temps, comme il a été dit ci-dessus, auront entendu la déclaration verbale des volontés du testateur ».

Justinien s'occupa spécialement du testament écrit et du testament nuncupatif dans ses Instilutes, titre *de testamentis ordinandis*.

Au §. 3 de ce titre, §. qui a pour rubrique *de testamento scripto*, il rappelle que, par l'effet de la réunion du droit civil et du droit prétorien au droit impérial, opérée tant par l'usage que par les constitutions des empereurs, ce testament devait être fait de suite et sans interruption, en présence de sept témoins qui y apposassent leurs cachets; qu'ainsi, les formalités actuelles du testament écrit prenaient leur source dans trois différens droits, savoir : la présence des témoins pour la confection du testament en un seul et même temps, dans le droit civil; les signatures du testateur et des témoins, dans les constitutions impériales; les cachets et le nombre des témoins, dans l'édit du préteur.

« Dans cet état de la législation, et abstraction faite du testament militaire dont nous n'avons pas à nous occuper, les Romains ne connaissaient, à proprement parler, comme l'observe Furgole (*Traité des testamens*, chap. 2, n. 15), que deux sortes de testamens, savoir : le testament écrit, et le testament nuncupatif.

» Retenons bien que, dans le droit romain, le testament écrit ne s'entendait que du testament clos ou mystique.

» Et en effet, soit qu'on considère ce testament comme fait selon l'ancienne forme du droit civil *per œs et libram*, ou selon celle que le préteur y avait substituée; soit qu'on l'envisage dans sa formation dernière selon le droit civil et le droit prétorien fondus dans les constitutions impériales, il était de sa nature que les témoins en ignorassent les dispositions. — Et toutefois, il dépendait, sans doute, du testateur de leur en

---

(1) *Etiamsi jure civili non valeat testamentum, forte quod familiæ mancipatio vel nuncupatio defuit, si signatum testamentum sit, non minus quàm septem civium romanorum signis, bonorum possessio datur.*

(2) *Signatas tabulas accipi oportet, et si linteo quo tabulæ involutæ sunt, signa impressa fuerint.*

donner connaissance ; mais son testament n'en conservait pas moins sa nature de testament écrit, et il n'en restait pas moins clos : tout comme le testament fait sans écrit conservait sa nature de testament nuncupatif, quoiqu'on pût y employer l'écriture, *probationis causâ*. Nous aurons à revenir sur ce point.

» Ainsi fixés sur les divers modes de tester, qui avaient été successivement pratiqués chez les Romains, voyons s'il n'était pas essentiel que les témoins entendissent la langue que parlait le testateur, sinon à l'égard du testament écrit, du moins et nécessairement à l'égard du testament nuncupatif.

» La loi 20, D. *qui testamenta facere possint*, tirée d'Ulpien. (*lib.* 1, *ad Sabinum*) déclare, *in principio*, qu'on ne peut pas être employé comme témoin dans le testament où l'on est institué héritier, mais que celui qui n'y est que légataire, ou celui dont le nom ne s'y trouve écrit que comme devant être tuteur testamentaire, peut y être témoin...... *qui testamento heres instituitur, in eodem testamento testis esse non potest quod in eo, qui tutor* SCRIPTUS *est, contra habetur : hi enim testes possunt adhiberi, si aliud eos nihil impediat : ut putà si impubes, si in potestate sit testatoris.*— Là, il est évidemment question du testament écrit.

» La même loi, dans son §. 8, dit que, selon l'opinion des anciens, ceux qui sont employés pour l'observation des formalités testamentaires, doivent rester présens jusqu'à l'entière confection du testament. *Et veteres putaverunt eos, qui propter solemnia testamenti adhibentur, durare debere, donec suprema contestatio (testatio) peragatur.*

» Immédiatement après, elle ajoute, §. 9 et dernier : « nous n'exigeons pas cependant que les » témoins entendent la langue dans laquelle se » fait le testament : c'est ce que l'empereur Marc- » Aurèle a dit dans un rescrit adressé à Didius » Julianus, au sujet d'un témoin qui n'entendait » pas le latin ; car il suffit que le témoin con- » çoive ou connaisse par le simple bon sens » pour quelle chose il est employé ou appelé ». Et Paul, dans ses sentences (*liv.* 3, *tit.* 5, §. 15), disait la même chose.

» Il résulte bien de là, que la question de savoir si les témoins devaient, ou non, entendre la langue du testateur, avait été décidée pour la négative.

» Mais il reste à voir si cette décision était indistinctement applicable au testament écrit et au testament nuncupatif, ou si elle ne s'appliquait pas au premier, à l'exclusion du second.

» D'abord, si nous remontons, soit au temps de l'empereur Marc-Aurèle, qui cessa de vivre l'an de J. C. 181, et qui avait donné le rescrit dont se compose le §. 9 de la loi 20, soit au

temps d'Ulpien qui avait recueilli ce rescrit dans son livre 1.er sur Sabin, soit au temps de Paul qui fut à-peu-près contemporain d'Ulpien, et dont la sentence précitée avait probablement été déterminée par ce même rescrit, il est certain que, non-seulement à ces époques, mais encore plusieurs siècles auparavant, ou même long-temps après, et jusqu'à ce que les empereurs eurent amalgamé les formalités testamentaires introduites par le droit civil et par le droit prétorien, avec celles qu'ils avaient eux-mêmes établies par leurs constitutions, les Romains pouvaient tester à leur choix, ou selon le droit prétorien, ou selon l'ancien droit civil, c'est-à-dire, *per œs et libram.* — Et peu importe qu'Ulpien, dans ses fragmens, tit. 20, §. 2, ait dit que, de son temps, et depuis l'abolition du testament *calatis comitiis*, et du testament *in procinctu*, le testament *per œs et libram* était seul en usage : cela doit s'entendre en ce sens ; que les deux premiers testamens qui appartenaient au droit civil, étant abolis, et vu que le testament prétorien provenait d'un droit mixte, il ne restait du pur droit civil que le testament *per œs et libram* (1) ; ou bien (ce qui est à-peu-près la même chose), en ce que le testament prétorien était improprement appelé testament, attendu que celui qui s'y trouvait institué, obtenait, non pas l'hérédité proprement dite, mais la possession des biens (2).

» Ainsi, la décision d'Ulpien dans le §. 9 de la loi 20 précitée, et la sentence de Paul, relativement aux témoins qui ignoraient la langue parlée par le testateur, ne pouvaient s'appliquer qu'au testament *per œs et libram*, et tout au plus aussi au testament prétorien, mais non pas au testament que les empereurs organisèrent par l'amalgame du droit civil et du droit prétorien avec le droit impérial, attendu que cet amalgame n'eut lieu que long-temps après le siècle d'Ulpien et de Paul.

» Il est même certain que la décision d'Ulpien, dont la sentence de Paul n'est qu'une version, ne pouvait pas s'appliquer au testament prétorien qui se faisait sans mancipation et sans nun-

___

(1) *Nimirùm* (dit Vinnius sur le §. 1 du titre cité des Institutes) *ex testamentis, quæ ad jus civile pertinebant, scilicet prioribus illis duobus abolitis : nam secundùm formam à prætore introductam, et juris mixti, eo tempore testamenta quoque fieri solita, multis auctoritatibus doceri potest....* Sur quoi Vinnius cite une loi tirée d'Ulpien lui-même, une autre tirée de Paul, et l'autorité de Cicéron qui avait vécu plusieurs siècles avant ces deux jurisconsultes.

(2) *Quamvis enim et prætoria testamenta tunc frequentarentur, ea tamen non nisi impropriè hoc nomen sustinebant, cùm ex eis non hereditas, sed bonorum possessio daretur.* Heineccius, dans son *Syntagma antiquit. roman. jurispr. illustr.* lib. 2, tit. 10, §. 14.

cupation, mais bien et uniquement au testament *per æs et libram*, dans lequel seul intervenaient la mancipation et la nuncupation dont parle Ulpien au §. 9 du titre 20 de ses fragmens, ci-dessus rapporté. — Et néanmoins, pour ne laisser rien à désirer, et pour prévenir toute objection, nous continuerons de faire porter notre discussion sur le testament prétorien en même temps que sur le testament *per æs et libram*, discussion qui a pour objet de prouver que la décision d'Ulpien ne s'appliquait et ne pouvait s'appliquer qu'au testament écrit qui était mystique de sa nature...

» On a vu qu'en ce qui concerne le testament *per æs et libram*, qui se faisait en présence de cinq témoins, autres que le *libripens* et l'*emptor familiæ*, le nom de l'héritier, les legs ou toutes autres dispositions du testateur, étaient écrits sur des tablettes closes; que c'était donc là un testament écrit, mystique ou secret.

» Quant au testament prétorien, on a également vu que le préteur exigeait simplement la présence de sept témoins, qui, d'après Ulpien lui-même, devaient apposer leurs cachets sur la toile dans laquelle étaient enfermées les tables testamentaires; et c'est à ce testament aussi écrit et mystique, que le préteur accordait la possession directe des biens *secundùm tabulas*.

» Cependant, quoique le préteur ne connût pas le testament nuncupatif ou non écrit (1), et qu'en effet, l'idée d'accorder la possession des biens conformément aux tables sur lesquelles étaient écrites ou gravées les dispositions testamentaires, semblât exclure l'idée d'un testament nuncupatif ou sans tables, auquel cette possession pût s'appliquer, nous devons convenir que, par un esprit d'équité naturelle, le préteur accordait la possession *utile* des biens *secundùm tabulas* en exécution d'un testament nuncupatif fait devant sept témoins. — Et si l'on veut, nous admettrons aussi que le testament *per æs et libram*, considéré comme purement nuncupatif, et que nous avons supposé tel dans son origine, mais qui du moins, et très-certainement, n'avait pas tardé à être converti en testament avec la formule rapportée par Ulpien, n'était pas entièrement tombé en désuétude, malgré les inconvéniens ou les dangers y attachés.

» Mais les historiens et les juristes s'accordent pour dire que le testament nuncupatif (sans expliquer s'ils parlent du testament *per æs et libram*, ou du testament prétorien), était très-rare non-seulement du temps d'Ulpien, mais encore bien long-temps auparavant; qu'il répugnait aux Romains de confier leurs dernières volontés à la foi de témoins dont tel ou tel pou-

vait d'ailleurs mourir avant le testateur, et par cela seul, rendre un pareil testament comme non-avenu; qu'en conséquence, ceux-là seuls testaient par nuncupation, qui, surpris par les approches imminentes d'une mort imprévue, n'avaient ou ne croyaient pas avoir le temps de faire un testament par écrit. Voilà pourquoi, au rapport de Suétone dans la vie de Caligula (chap. 38), cet empereur appelait *railleur* celui qui survivait à son testament nuncupatif : *Derisores vocabat, quòd post nuncupationem vivere perseverarent.*

» Et déjà cette considération serait un motif de croire qu'en disant qu'il n'était pas nécessaire que les témoins comprissent l'idiome du testateur, Ulpien et Paul n'appliquaient ou n'entendaient appliquer leur décision, qu'au testament écrit qui était généralement usité, et nullement au testament nuncupatif qui ne se pratiquait que dans des cas extraordinaires.

» Mais nous espérons établir, sous plusieurs rapports, que cette décision ne se réfère effectivement et ne peut se référer qu'au testament écrit *per æs et libram*.

» 1.° Cujas a inséré en entier dans le premier tome de ses Œuvres, les cinq livres des sentences de Paul. Eh bien! après la sentence 15 du tit. 5, liv. 3, dans laquelle il est dit que le testament n'est pas nul par cela seul que les témoins n'entendent pas le latin, vient la sentence 16 qui porte : « Il est à propos que les témoins » employés dans le testament marquent, cha- » cun de sa main, et leurs noms, et le nom de » celui sur le testament duquel ils apposent leurs » cachets » : *singulos testes, qui in testamento adhibentur, proprio chirographo adnotare convenit, quis, et cujus testamentum signaverit.*

» La place que cette sentence 16 occupe immédiatement à la suite de la sentence 15, au titre 5, *de testamentis*, n'indique-t-elle pas que, dans la sentence 15 comme dans la sentence 16, Paul n'a parlé ni voulu parler que du testament écrit? Et cette indication ne se convertit-elle pas en preuve, si l'on considère que, dans les divers livres de ses sentences, ce jurisconsulte s'est souvent et formellement occupé du testament écrit ou secret, et qu'il y a même consacré un titre exprès (le titre 6 du livre 4.) au mode d'ouverture, de publication et de dépôt des tables testamentaires; tandis qu'on n'y trouve aucune mention, du moins explicite, du testament nuncupatif?

» 2.° La loi 20, D. *qui testamenta facere possint*, s'occupe spécialement du testament écrit *per æs et libram;* et ce n'est que dans la loi 21 du même titre, qu'il est question du testament nuncupatif.

» D'abord, la loi 20, *in princip.*, ci-dessus rapportée, témoigne qu'elle a pour objet le testament écrit, quand elle dit que celui dont le

(1) *Prætor non novit testamenta non scripta*, dit Cujas sur le §. 13 du titre précité des Institutes.

nom est *écrit* dans le testament, comme devant être tuteur, peut y être témoin.

» Elle dit en même temps qu'on ne peut pas être témoin dans le testament où l'on est institué héritier ; et en cela, elle abroge un usage contraire qui avait existé anciennement, mais qui assurément n'avait pu exister qu'à l'égard du testament écrit : car il serait absurde de supposer qu'en aucun temps, l'héritier nommé par un testament nuncupatif eût pu être témoin dans ce testament même. Aussi Cujas, en expliquant cette loi, dit-il qu'anciennement l'héritier dont le nom n'était écrit que secrètement sur les tables testamentaires, pouvait être témoin dans le testament *per æs et libram ;* au lieu que l'*emptor familiæ* n'avait jamais pu l'être, par la raison, sans doute, que, quoiqu'héritier fictif, il aurait trop ouvertement paru être témoin dans sa propre cause. *Et ad testamentum quidem per æs et libram heres* SECRETÒ *in tabulis scriptus olim adhiberi poterat, non etiam familiæ emptor. . . .*

» Après quelques observations ultérieures sur le testament écrit *per æs et libram,* et sur les caractères qui le distinguent du testament prétorien, Cujas aborde les §§. 8 et 9 de la même loi. Il dit que, par le mot *Veteres,* qui commence le §. 8, Ulpien entendait les anciens juristes qui avaient écrit sur le testament *per æs et libram. Veteres eos vocat auctores Juris, qui de testamento per æs et libram scripserunt.* — Il dit que, dans ce testament, il intervenait deux choses ; savoir : la vente de l'hérédité, et la nuncupation du testament. *In eo duæ res interveniebant familiæ mancipatio, et nuncupatio testamenti.* Et en quoi consistait cette nuncupation ? nous l'avons déjà dit, elle consistait en ce que le testateur, les tables de son testament à la main, devait prononcer la formule rapportée par Ulpien, et ci-dessus transcrite, *hæc uti his tabulis cerisve scripta sunt, ità do, etc.* — Au bas de cette formule, Ulpien ajoutait : par nuncupation, on entend aussi l'action de tester, ou l'entière confection du testament. *Quæ nuncupatio, et testatio vocatur.* Et Cujas, en expliquant ces derniers mots d'Ulpien, dit *et hæc postrema nuncupatio etiam testatio dicebatur auctore Ulpiano ; atque ità testationem hic accipi oportet, dùm ait Veteres existimasse testes perseverare debere, donec suprema contestatio peragatur. . . .* — C'est donc bien évidemment du testament écrit *per æs et libram,* qu'il s'agit dans le §. 8.

» De là, Cujas passe immédiatement au §. 9. Il remarque avec Ulpien, qu'il n'était pas nécessaire que les témoins entendissent le latin que parlait le testateur ; et il observe que le doute à cet égard était provenu de ce que du temps d'Ulpien, et conséquemment avant que l'empereur Théodose eut permis de tester en grec (1), les testamens ne pouvaient s'écrire qu'en latin, et que, par suite, les solennités mêmes du testament *écrit* ne pouvaient se pratiquer ou se prononcer qu'en cette même langue. *Linguæ latinæ peritiam ab eis (testibus) non exigemus, quâ de re monet nos Ulpianus, quoniam antè Theodosium non nisi latinè testamenta* SCRIPTA *valebant, idque erat etiam ex testamenti* SCRIPTI *solemnitatibus.* Et quelles étaient ces solennités ? c'étaient comme on vient de le voir, la mancipation ou la vente de l'hérédité, et la formule de nuncupation que le testateur devait prononcer devant les témoins, pendant qu'il tenait à la main les tables de son testament. Cujas ne pouvait pas dire plus clairement que, dans le §. 9, comme dans le §. 8 de la loi 20, il ne s'agit que du testament écrit *per æs et libram ;* d'autant mieux, que, dans sa dissertation sur cette loi, il ne parle du testament nuncupatif que pour dire qu'à la différence du testament écrit dont les dispositions sont essentiellement secrètes, celles du testament nuncupatif dont il traitera sur la loi suivante, doivent être déclarées de vive voix aux témoins : *Et eæ quidem sunt testamenti scripti solemnitates, quod eleganter harmenopulus* μυστικη διαθηκη *vocat, quia in eo solemniter secreta voluntatis conferuntur, nec testibus enuntiantur. . . . . ; testamentum non scriptum, de quo dicetur in lege proximâ, testibus enuntiatur necessariò.*

» 3.° Comparons le §. 9 de là loi 20, dont nous venons de parler, avec la loi 21 du même titre du Digeste.

» Cette dernière loi qui est aussi tirée d'Ulpien (*liber 2, ad Sabinum*), déclare que les héritiers doivent être nommés hautement, de manière que leur nomination soit entendue. *Heredes palàm ità ut exaudiri possint, nuncupandi sunt.* — La même loi dit ensuite que le testateur peut donc, ou nommer ses héritiers par nuncupation, ou les instituer par écrit, *licebit ergò testanti vel nuncupare heredes, vel scribere* (et par ces mots *heredes scribere,* la loi 21 se réfère évidemment au testament écrit qui a déjà été l'objet de la loi 20). — Mais (dit immédiatement la loi 21), s'il nomme ses héritiers par nuncupation, il doit les nommer hautement. *Sed si nuncupat, palàm debet.* — Que signifie ici ce mot *palàm*, se demande le jurisconsulte ? *Quid est palàm ?* — Il signifie, répond-il, que les héritiers doivent être nommés, non pas dans un lieu public, mais de manière que leur nomination puisse être entendue et qu'elle soit entendue en effet, non pas de tout le monde, mais des témoins. *Non utique in publicum, sed ut exaudiri possit : exaudiri autem non ab omnibus, sed à testibus.* — Il

_____

(1) *V.* le §. 4 de la loi 21, au Code, *de testamentis.*

ajoute que, s'il y a un plus grand nombre de témoins que la loi n'en exige, il suffit que la nomination soit entendue du nombre requis par la loi. *Et si plures fuerint testes adhibiti, sufficit solemnem numerum exaudire.*

» Cujas, sur cette loi, dit que le testament *per œs et libram* pouvait se faire, non-seulement par écrit; mais encore par simple nuncupation, et que les anciens avaient aussi usé du mode purement nuncupatif. Il en donne pour exemple le testament d'Horace qui, au moment où la présence de la mort ne lui laissait plus le temps nécessaire pour l'apposition des cachets sur les tables de son testament, nomma à haute voix l'empereur Auguste son héritier.

» Il faut donc, dit Cujas, en répétant les premiers termes de la loi, que le testateur déclare ses dispositions à haute voix, et de manière qu'elles soient entendues des sept témoins; et c'est en cela que le testament nuncupatif diffère essentiellement du testament écrit : car, ajoute t-il, le testament écrit est secret et mystique; et il en est tout autrement du testament nuncupatif : *Heredes palàm ità ut exaudiri possint, nuncupandi sunt. Palàm igitur, id est, exaudientibus testibus septem. Et hoc maximè distat testamentum per nuncupationem à testamento scripto : nam testamentum scriptum secretum et mysticum est : testamentum quod nuncupatur, non item.*

» Et de cette différence même résulte précisément la conséquence immédiate, que, si, à l'égard du testament écrit, il n'est pas nécessaire que les témoins entendent la langue parlée par le testateur, il est absolument indispensable qu'ils l'entendent à l'égard du testament nuncupatif.

» Pourquoi n'était-il pas nécessaire que les témoins entendissent la langue du testateur à l'égard du testament écrit *per œs et libram?* c'est, dit Ulpien, parce qu'il suffit que le témoin *sensu percipiat,* (ou *sentiat,* comme le dit aussi Paul) *cui rei adhibitus sit.*

» En effet, le testament écrit existait par lui-même sur les tables clauses et secrètes : de sorte que si, après la mort du testateur, les témoins étaient appelés pour être présens à l'ouverture des tables, il suffisait qu'ils déclarassent avoir vu le testateur tenant les tables clauses à la main, et avoir compris qu'elles contenaient son testament. Leur appel à cet effet était même si peu nécessaire que, si quelques-uns d'entre eux se trouvaient absens ou décédés, on n'en procédait pas moins à l'ouverture, et le testament n'en était pas moins valable.

» Le testament nuncupatif, au contraire, n'existait que dans la mémoire des témoins, et conséquemment il ne pouvait acquérir une consistance réelle, qu'autant qu'après la mort du

testateur, les témoins allaient le constater par leurs dépositions devant le juge. Or, comment auraient-ils pu le constater, si chacun d'eux n'en avait pas clairement entendu les dispositions?

» L'idée d'appliquer la décision d'Ulpien au testament nuncupatif, eût donc été trop inconséquente et trop absurde.

» 4.° Nous pourrions ajouter, s'il en était besoin, ou si cette idée avait pu être admise, que le nouveau droit romain aurait dérogé à l'ancien.

» Ulpien, en effet, n'avait donné sa décision que pour le testament écrit *per œs et libram;* et ce testament fut aboli par les constitutions impériales.

» Les lois du Code de Justinien réorganisèrent, comme on l'a vu plus haut, le testament écrit et le testament nuncupatif; et la publication de ce Code fut postérieure à celle du Digeste. « Les empereurs (dit Furgole, *Traité des testamens,* chap. 2, n. 13), introduisirent » une autre espèce de testament, appelé nuncupatif. Il n'était pas nécessaire de le rédiger » par écrit; mais il suffisait que le testateur » déclarât sa volonté en présence de sept témoins convoqués pour cela : loi 21, §. 2; » loi 26, *Cod., de testam.; et* §. 14, *Instit.* » *de testam. ordin.* — La forme du testament » nuncupatif (chap. 2, sect. 1, n. 15, 16 » et 17) n'est pas si solennelle par le droit » romain, que celle du testament par écrit; » l'écriture n'y est point requise, quoiqu'on » puisse l'y employer *probationis causâ :* loi 4. » ff. *de fide instrum.;* ni la signature des témoins, ni les sceaux........ Cette forme » consiste en ce que le testateur, après avoir » fait assembler sept témoins dans le même » temps et même lieu, doit déclarer sa volonté à ces témoins, de manière *qu'ils l'entendent bien...* Il suffit donc que le testateur » déclare sa volonté au sept témoins, c'est-à-dire, » qu'il explique le nom des personnes qu'il veut » gratifier de son bien, soit à titre d'institution, » de legs, ou de fidéicommis, et les autres parties de sa disposition...... loi 26, *Cod. de* » *testam.* — Lorsque toutes ces formalités » (même sect., n. 21) étaient remplies, le testament était bon et très-efficace, nonobstant » le défaut d'écriture : §. 14, *Instit. de testam.* » *ordin.;* et il ne restait qu'à en faire la preuve » par la résomption judiciaire des témoins qui » avaient assisté à la nuncupation, et entendu la » disposition du testateur. — Tous les témoins » (chap. 2, sect. 5, n. 5) doivent déposer, » non-seulement sur toutes les dispositions déclarées par le testateur, telles qu'ils les ont » entendues, loi dern., *Cod. de testam.,* ne » suffisant pas même qu'ils s'en rapportent à » l'écrit qui peut avoir été dressé pour servir » de mémoire; mais encore ils doivent dire que

» le testateur les a déclarées ou prononcées en
» leur présence et celle des autres témoins ».

» Il était tellement indispensable que les
témoins eussent bien entendu les dispositions
du testament nuncupatif pour pouvoir en rendre,
après la mort du testateur, un compte exact et
fidèle, que, si quelqu'un d'eux venait à mourir,
avant que cet objet fût rempli, le testament était
comme non-avenu. Cela résulte de la nature
même des choses; et c'est ce qu'ont remarqué,
entre plusieurs autres auteurs, Furgole et Vinnius. *Nuncupativi autem testamenti* (dit ce dernier sur le §. 14 du titre précité des Institutes)
*fides tota pendet à depositione testium, quibus
mortuis aut aliquibus eorum cùm non sint, aut
pauciores sint, quam requiruntur, qui sisti iterum
possint et in judicio testimonium dicere, necesse
est irritam fieri defuncti voluntatem.*

» Tout s'oppose donc à ce que la décision
d'Ulpien et la sentence de Paul puissent être
appliquées au testament nuncupatif.

» Et quel nouveau degré de force les observations qui précèdent, n'acquièrent-elles pas,
quand on sait que ces deux jurisconsultes ne
décidèrent pas même de leur chef, qu'ils ne
firent que recueillir un simple rescript de l'empereur Marc-Aurèle, c'est-à-dire, une décision
donnée sur une question particulière; décision
qui, dans son principe, n'avait force de loi qu'en
faveur de la personne qui l'avait obtenue; décision qui ne peut avoir été insérée dans le digeste
que parce qu'elle portait, ou qu'on la considérait comme portant uniquement sur le testament écrit?

» 5.° Aussi tous les auteurs qui ont directement abordé la question, ont-ils regardé cette
décision comme inapplicable au testament nuncupatif.

» Voici d'abord comment s'explique à cet
égard Huberus sur le titre précité des Institutes:
*eadem ratio, quæ surdos et mutos repellit, vide-
batur obstare omnibus sermonem defuncti ob
linguæ imperitiam non intelligentibus. Ideò enim
testes adhibentur, ut si posteà de veritate rei
gestæ controversia oriatur, testes quid viderint
ac audiverint referre queant ; id autem non
magis ab eo qui linguam non callet quàm surdo
quovis prestari potest. Scriptum tamen est in
lege 20, §. 9, ff. hoc tit Intelligentiam sermonis
in teste non exigendam, ideòque cum, qui latinè
non norit, rectè fieri testem; divus Marcus rescripsit, additâ ratione,* SI VEL SENSU PERCIPIAT
QUIS, CUI REI ADHIBITUS SIT SUFFICERE. *Potest
enim per interpretem scilicet referri quid in
actu testandi sit gestum ; cùm necessarium non
sit visum ut omnes circumstantiæ à testibus com-
memorentur. Utique hæc res in testamento
scripto conciliari potest,* IN NUNCUPATIVO HAUD
PERINDE ; NEC DE EO DICTA LEX 20, §. 9, ACCI-
PIENDA VIDETUR.

» Nous ne dissimulerons pas que l'annotateur

d'Huberus s'est emparé de cette idée d'un interprète, énoncée par ce dernier, pour prétendre
que cette idée peut s'appliquer au testament
nuncupatif, comme au testament écrit.

» A cela, l'auteur a répondu : *Vocem* PERCI-
PIENDI *ad circumstantias, non ad dicta pertinere
volui, quæ in mystico sive clauso testamento
nulla de negotio ipso proferuntur. Ut autem in
nuncupativo testatio ipsa per interpretem testibus
exponatur, nec subtilitas unici contextûs, neque
natura negotii ferre videtur......*

» L'annotateur a répliqué ; et il faut bien
remarquer que, dans sa réplique, il commence
par reconnaître qu'Ulpien ne donna sa décision
que pour le testament écrit et mystique *per æs
et libram* : *facilè mihi persuadeo jurisconsultum
in lege 20, §. 9, cogitasse de testamento scripto
et mystico quod per æs et libram fiebat.*

» Il persiste cependant à dire que, tout
comme, selon Huberus, le fait de la mancipation, et la formule de nuncupation que devait
prononcer le testateur en tenant à la main les
tables de son testament, pouvaient être expliqués aux témoins par un interprète, de même
les témoins pouvaient employer un interprète
pour entendre les dispositions du testament
nuncupatif.... Mais n'a-t-il donc pas vu que
dans l'hypothèse même où la loi aurait prescrit
la voie d'un interprète, à l'égard du testament
écrit, cette voie ne pourrait pas être étendue
d'un cas où elle aurait été praticable à un cas
tout différent? N'a-t-il pas vu qu'aux termes des
lois précitées concernant le testament nuncupatif,
les témoins devaient nécessairement entendre
les dispositions du testateur par leurs propres
oreilles, et non par celles d'un autre?

» C'est d'ailleurs surabondamment qu'Huberus
a parlé d'interprète à l'égard du testament écrit.
La loi ne demandait pas. Il suffisait à ses yeux
que les témoins vissent le testateur, et qu'ils
conçussent par la seule force du sens commun
à quel objet ils étaient employés. — Et en effet,
pour être témoin dans un testament, il fallait
nécessairement être citoyen romain. Or, tout
citoyen romain, quoique né grec, par exemple,
et ne connaissant pas la langue latine, devait
connaître la loi, devait savoir comment se
faisait un testament écrit *per æs et libram*, ou
quelles solennités on y observait, devait donc
concevoir, par le simple bon sens, que, pendant
que le testateur, tenant des tables closes à la
main, faisait avec ses lèvres les mouvemens qui
caractérisent l'action de parler, il prononçait
la formule de nuncupation rapportée par Ulpien,
et que c'était son testament qui se trouvait écrit
sur ces tables. Aussi la loi n'en exigeait-elle pas
davantage. Rien n'empêchait pourtant que, pour
plus grande précaution, on expliquât la matière,
par un interprète ou autrement, ce que faisait
ou devait faire le testateur. Mais reste toujours
que, puisque la loi se contentait que le témoin

comprît à l'aide du simple sens commun ce à quoi il était employé, elle se contentait aussi qu'il pût rendre témoignage de ce qu'il aurait compris de cette manière; et c'est ce qu'a très-bien remarqué la glose, en disant avec Bartole : *Testis.... et debet testificari de eo quod sensu percepit.*

» Il n'était donc pas nécessaire qu'à l'égard du testament écrit, on expliquât rien aux témoins, pas même par signes, quoique cela pût très-bien se faire. — Et l'on n'oserait pas sans doute prétendre que le droit romain permît de faire un testament nuncupatif par signes (1). Cependant l'idée en aurait peut-être été moins absurde que celle de faire transmettre aux témoins, par un interprète, les volontés du testateur : car il aurait été rigoureusement possible que le testateur fît des signes assez démonstratifs pour mettre les témoins en état d'affirmer ses volontés par eux-mêmes : au lieu que, dans l'hypothèse de l'emploi d'un interprète, ils n'auraient pu les affirmer que sur la foi de cet interprète même; et la loi ne s'en rapportait qu'aux témoins eux-mêmes, au nombre qu'elle en avait prescrit, à leur foi directe, immédiate, et à leur unanimité.

» L'opinion de l'annotateur d'Huberus est d'ailleurs contraire à celle de tous les auteurs.

» La glose, sur le §. 9, de la loi 20, D. *qui testamenta facere possint*, et sur ces mots *non tamen intelligentiam sermonis exigimus*, fait cette remarque : *Dic quod nec ipse intelligit, scilicet seriem testamenti, et sic de testamento in scriptis loquitur. Secùs in alio, ut infrà, lege proximâ in principio.*

» Consultons aussi Vinnius; il nous dira sur le §. 6 du titre précité des Institutes : *Surdus quid dicatur sensu non percipit : imò nec moneri potest, quòd testator acturus sit, plurimumque qui surdus, idem est mutus. Testes autem in dicendo testimonio interrogandi (per legem 1, ff. testam. quemadm. aper.) ; nec testimoniis, sed testibus credendum (L. 1, §. 2, ff. de testib.). Hinc etiam intelligitur, cur potiùs quàm surdus, admittatur qui sermonem testatoris non intelligit : nimirum quia hic aliâ linguâ moneri potest, cui rei adhibeatur, et ipse testimonium dicere : singula enim percipere nihil necesse est (d. L. 20, §. 9, h. T.) ; utique cùm testamentum per scripturam fit. Nam in nuncupativo hoc locum habere non puto, in quo totum negotium palàm explicatur, auribusque et sermoni testium permittitur.* — Et sur le §. 14 du même titre, après avoir dit qu'à l'égard du testament nuncupatif, le

testateur doit déclarer ses volontés *clarè et intelligenter, sic ut à testibus exaudiri et intelligi possit*, il ajoutera : *proindè quod in testamento scripto necessarium non est, in nuncupativo omninò necessarium putamus, ut testes intelligentiam habeant sermonis testatoris..... et eo jure utimur*, continue-t-il, en faisant allusion à la jurisprudence hollandaise.

» Interrogeons Hotomanus, sur le §. 6 de ce même titre ; il répondra : *Dubitari potest, quamobrem is qui testatoris linguam ac sermonem quo testamentum scribitur non intelligit, potiùs quàm surdus admittatur. Opinor, quia plurimum qui surdus, idem et mutus est : deindè, quia in testimonio dicendo interrogandus est. Prætereà dùm intelligatur, quid negotii geratur (hoc est, cui rei testis adhibeatur, cujus testatoris gratiâ, quoque ordine res geratur), nihil necesse est singula percipi. Nam testamentum non lectum testes obsignant. Atqui moneri hospes sic potest, quid testator sit acturus : surdus verò non potest. Quæ tamen in scriptis, non etiam nuncupatis testamentis locum habere videntur, cùm illorum testimonium ferè ex tabulis ipsis constet, horum ex testium ipsorum auditione ac sermone.*

» Interrogeons Heineccius, dans ses *recitationes in Elementa juris civilis* ; il répondra, §. 499 : *cùm pleraque, quæ adhuc diximus, magis ad SCRIPTUM quàm ad nuncupativum testamentum pertineant, superest quæstio, quid præcipuè in nuncupativis testamentis requiratur ? septem testes adesse debent...., æquè ac in testamento scripto. Ii non solùm testatorem videre debent, uti in scripto,* VERUM ETIAM EUMDEM AUDIRE ET INTELLIGERE. HINC NON POTEST HIC ADHIBERI TESTIS *surdus, nec peregrinus* LINGUÆ TESTATORIS IGNARUS. *Ratio est, quia hic non ex scripturâ, sed ex testimonio testium præsentium constare potest, quid testator voluerit; undè et in testamento nuncupativo testes, mortuo testatore, jurejurando obstringi solent. Quomodo verò jurabit peregrinus, hanc fuisse voluntatem testatoris, quam non intellexit ?*

» Au reste, et comme l'observe Furgole (chap. 2, sect. 2, n. 23 et 24), pour remédier à l'inconvénient résultant de ce que le testament nuncupatif ne pouvait valoir qu'autant qu'il était affirmé par les dépositions des témoins après la mort du testateur, que souvent quelqu'un des témoins venait à prédécéder, et que dès-là, le testament devenait inutile, l'usage s'était introduit en France de faire dresser par un notaire, avec les formalités prescrites par les lois romaines, un acte des volontés nuncupatives du testateur, afin de donner à ces volontés une forme authentique et probante. Mais, ajoute Furgole, ce testament *retenait toujours le nom et la nature de testament nuncupatif.*

» Et cet usage avait été converti en loi par

---

(1) On pouvait seulement, aux termes de la loi 22, au Code, *de fideicomm.*, laisser un fidéicommis par signes, *nutu* ; et encore cela ne s'entendait-il que des fidéicommis faits séparément ou hors du testament, comme l'observe Cujas dans sa consultation 36.

l'ordonnance d'Orléans, et par l'ordonnance de 1735, qui voulaient que les testamens nuncupatifs fussent écrits.

» Par son art. 1.er, cette dernière ordonnance déclarait nulles toutes dispositions testamentaires qui ne seraient faites que verbalement, et défendait d'en admettre la preuve. — Par son art. 9, elle fixait les formalités du testament mystique ou secret, lesquelles (sauf la nécessité de l'apposition des sceaux des sept témoins, qui fut retranchée) étaient celles prescrites par la loi 21, au Code, *de testamentis*.

» Par son art. 5, elle réglait les formalités du testament nuncupatif, qui consistaient en ce que, conformément au §. 2 de la même loi du Code de Justinien, les dispositions de ce testament devaient être prononcées intelligiblement, en présence au moins de sept témoins (y compris le notaire), et sans divertir à autres actes, et en ce que, de plus, le notaire devait écrire lui-même ces dispositions à mesure qu'elles étaient prononcées, donner ensuite lecture du testament au testateur, faire mention de cette lecture, signer le testament, et le faire signer par le testateur, ou s'il ne savait ou ne pouvait signer, en faire mention, et le faire également signer par les témoins. — Ce n'était donc là que le testament nuncupatif des Romains, sauf qu'il était nuncupatif écrit, ainsi qu'il était dit dans le même art. 5. — Et comme il se composait essentiellement de la nuncupation du testateur, c'est-à-dire, de la déclaration verbale de ses volontés, on conçoit que les témoins devaient nécessairement entendre la langue dans laquelle il était dicté, écrit et lu, de même qu'ils devaient l'entendre auparavant à l'égard du testament nuncupatif non écrit.

» Aussi Ricard, qui écrivait sous l'empire de l'ordonnance d'Orléans, soutenait-il fortement cette doctrine, dans son *Traité des donations et des testamens*, part. 1, n. 1603, 1604, 1605 et 1606 (1).

» Même décision dans Furgole qui, de tous les juristes, est celui qui a le mieux approfondi la matière des testamens, et qui écrivait sous l'ordonnance de 1735. — La sect. 1.re du chap. 3 de son traité, est consacrée à poser les règles générales concernant les témoins testamentaires; et ces règles, au nombre de neuf, sont puisées dans cette ordonnance conférée avec le droit romain, à l'esprit duquel, dit-il, l'ordonnance s'était exactement attachée, et qui devait continuer d'être observée, hors le cas d'une dérogation formelle. — Or, voici la règle qu'il pose relativement à notre question : « Cinquième » règle. Il n'est pas nécessaire que le témoin » entende la langue du testateur, *non tamen in-* *telligentiam sermonis exigimus*, loi 20, §. 9, » D. *qui testamenta facere possint ;* ce qu'il faut » entendre du testament écrit (1), où il n'est » pas nécessaire que le témoin connaisse la vo- » lonté du testateur : car il en devrait être autre- » ment du testament nuncupatif *pour la vali-* » *dité duquel il est nécessaire que le témoin en-* » *tende la volonté du testateur de sa propre* » *bouche ;* et c'est cette nuncupation qui fait » l'essence de la disposition, loi 21, §. 2, et loi » dernière, au Code, *de testamentis* ». — C'était dire nettement que sous l'empire de l'ordonnance, comme sous celui du pur droit romain, un testament nuncupatif aurait été nul, si les témoins ou quelqu'un d'entr'eux n'avait pas entendu la langue, dans laquelle il avait été dicté, écrit et lu ; d'autant mieux que Furgole a soin de remarquer les points de droit romain, auxquels l'ordonnance de 1735 avait dérogé, et qu'il est bien loin d'énoncer aucune idée de dérogation en ce qui concerne la cinquième des règles par lui posées relativement aux témoins ».

Il résulte bien clairement de toute cette discussion, que la loi d'Ulpien ne pouvait pas s'appliquer, soit dans le droit romain, soit sous l'empire de nos anciennes ordonnances, même aux testamens nuncupatifs qui étaient rédigés par écrit, ou, en d'autres termes, aux testamens que le Code civil appelle *testamens par acte public*.

Et en effet, comment la leur aurait-on appliquée d'abord dans le droit romain ?

Dans le droit romain, l'écriture n'était dans ces sortes de testamens, qu'une formalité accessoire : la solennité testamentaire résidait toute entière dans la *nuncupation*; c'est-à-dire, dans la prononciation que faisait le testateur, à haute et intelligible voix, de ses dispositions; et il fallait que cette nuncupation se fît en présence des témoins. Or, comment aurait-elle pu être censée faite en leur présence, lorsqu'ils ne la comprenaient pas ? La loi 209, D. *de verborum significatione* ne déclarait-elle pas que pour qu'on pût dire avoir été présent à un acte ; il fallait avoir compris tout ce qui y avait été fait (*coram Titio aliquid facere jussus, non videtur præsente eo fecisse, nisi id intelligat ?*

Sans doute, dans un testament mystique, où

---

(1). V. le *Répertoire de jurisprudence*, aux mots *Témoin instrumentaire*, §. 2, n. 3-24°.

(1) Furgole désigne le testament mystique, tantôt sous le simple nom de *testament écrit* (comme Justinien dans ses Institutes, comm. Cujas, Vinnius, etc.), tantôt sous le nom de *testament écrit et solennel*, tantôt sous celui de *testament solennel*; et le testament que les Romains appelaient testament *nuncupatif* ou *non écrit*, il le désigne sous cette simple dénomination de *testament nuncupatif*, alors même qu'il parle du testament *nuncupatif écrit*, tel qu'il était organisé par l'ordonnance de 1735.

les témoins n'avaient à constater que le fait de la présentation qui leur était faite de l'écrit contenant les dispositions du testateur, et la clôture qui s'en faisait sous cachet devant eux, ils pouvaient très-bien, sans comprendre les paroles que prononçait le testateur en le leur présentant, acquérir, par ses gestes, une connaissance suffisante de l'objet qu'il avait en vue, et rendre ensuite témoignage de la manière dont les choses s'étaient passées.

Mais dans un testament nuncupatif même écrit, il était de toute nécessité que les dispositions du testateur fussent prononcées devant eux ; et comment auraient-elles pu être censées prononcées devant eux, s'ils ne les comprenaient pas ?

Comme le remarque très-bien M. Mailhe, dans la dissertation que je viens de transcrire, Ulpien lui-même, d'un écrit duquel a été tirée la loi 20, §. 9, D. *qui testamenta facere possint,* disait, dans un autre écrit d'où a été extraite la loi suivante du même titre, que, dans un testament nuncupatif, il fallait que le testateur déclarât *manifestement* et de manière à pouvoir être entendu par les témoins, quels étaient les héritiers qu'il voulait instituer : *heredes palàm, ità ut exaudiri possint, nuncupandi sunt...... Sufficit solemnem numerum exaudire.*

Or, je le demande à tout homme de bonne-foi, les témoins d'un testament nuncupatif, auraient-ils été censés entendre quels héritiers le testateur voulait instituer, s'ils n'avaient pas compris la langue dans laquelle il les désignait ? Que, même en ignorant sa langue, ils eussent compris et distingué les noms propres qu'il prononçait, à la bonne-heure. Mais ces noms à quel effet les prononçait-il ? Était-ce pour gratifier de simple legs ceux qui les portaient ? était-ce pour leur conférer une tutelle ? était-ce pour les instituer héritiers? était-ce, au contraire, pour les déshériter? Tout cela devait être pour eux de pures énigmes.

En second lieu, quels changemens nos anciennes ordonnances avaient-elles faits au droit romain, en ce qui concernait les testamens nuncupatifs? Elles n'en avaient fait qu'un seul : elles avaient converti en obligation rigoureuse, ce qui était, dans le droit romain, qu'une pure faculté : elles avaient exigé que les testamens nuncupatifs fussent rédigés par écrit. Et qu'avaient-elles fait par là ? Rien autre chose que substituer au mode incertain et fragile qu'autorisait le droit romain pour prouver que les témoins avaient entendu et compris les dispositions prononcées par le testateur, un mode beaucoup plus simple et plus sûr. Chez les Romains, les dispositions orales du testateur et l'observation des formalités qui devaient en précéder et accompagner la prononciation, étaient confiées à la mémoire des témoins qui, après sa mort, se réunissaient devant le juge, lequel, sur le compte qu'ils lui en rendaient, en dressait procès-verbal ; et de là, résultaient deux inconvéniens. D'une part, les témoins pouvaient

mourir avant le testateur ; et dans ce cas, ses dispositions, faute de preuves, restaient sans effet. De l'autre, quoiqu'il fût difficile que sept citoyens s'entendissent pour supposer un testament nuncupatif auquel n'avait pas pensé le défunt à qui ils l'imputaient, cela n'était pourtant pas impossible. Pour parer à ces inconvéniens, nos coutumes et l'ordonnance de 1735 avaient voulu, comme le veut encore le Code civil, qu'au lieu d'attendre la mort du testateur pour rendre témoignage de ses dispositions nuncupatives, les témoins les certifiassent à l'instant même où il les aurait prononcées, et qu'ils en scellassent la certification par leurs signatures au bas de son testament; elles avaient voulu qu'ils attestassent par leurs signatures tout ce qui s'y trouverait énoncé, c'est-à-dire, que le testament avait été dicté par le testateur et écrit par le notaire en leur présence, tel qu'il avait été dicté ; que le notaire leur en avait donné lecture, aussi bien qu'au testateur, et qu'ils y avaient retrouvé toutes les dispositions dont la dictée avait frappé leurs oreilles. Mais par là-même, elles avaient nécessairement voulu qu'ils comprissent ces dispositions et que par conséquent ils entendissent la langue dans laquelle le testateur les avait exprimées, tout comme, chez les Romains, il était de toute nécessité que les témoins du testament purement nuncupatif entendissent la langue parlée par le testateur, pour pouvoir en rendre témoignage au juge.

Aussi de tous les auteurs qui ont écrit sur les testamens sous l'empire de nos anciennes ordonnances, n'y en a-t-il pas un seul qui contredise la doctrine professée par Ricard et Furgole dans les passages ci-dessus cités : il y en a, au contraire, un très-grand nombre qui l'appuient et la confirment.

Roussaud de la Combe, dans sa *jurisprudence civile*, au mot *témoins*, sect. 4, n. 5 et 15, dit que « les témoins doivent entendre la langue dans » laquelle le testateur dicte ses dispositions, les » témoins étant appelés *probationis causâ et non* » *solemnitatis* ».

Bourjon, dans son *droit commun de la France*, tom. 2, tit. 2, §. 4, s'exprime à peu près dans les mêmes termes : « Les témoins doivent enten- » dre la langue dans laquelle le testament a été » rédigé, *à peine de nullité*..... En effet, s'ils ne » l'entendaient pas, comment pourraient-ils en » attester la vérité ».

Despeisses, titre *des testamens*, part. 2, sect. 4, n. 101, et Ferrières, sur la coutume de Paris, art. 289, glose 4, n. 10, tiennent le même langage.

En un mot, c'était une opinion générale en France et même dans les pays de droit écrit, avant le Code civil, que la loi d'Ulpien était inapplicable au testament qui, d'après la forme que le testateur avait choisie pour exprimer ses dernières volontés, devait être dicté par lui au notaire en présence des témoins.

Eh! comment y serait-elle applicable aujourd'hui que les lois romaines ont perdu en France toute espèce d'autorité législative? Elle n'y pourrait plus valoir que comme *raison écrite*; et assurément la raison s'oppose, aujourd'hui comme précédemment, à ce qu'on l'applique à des testamens par acte public.

Art. II. *Examen de la question d'après le Code civil.*

Observons d'abord que le *testament par acte public* du Code civil, n'est pas autre chose que le *testament nuncupatif* du droit romain, et le *testament nuncupatif écrit* de l'ordonnance de 1735.

On a vu plus haut que, dans le droit romain, la forme essentielle du testament nuncupatif consistait, de la part du testateur, à prononcer ses dispositions ouvertement, *palàm*, de manière à être entendu par les sept témoins qu'il y avait appelés.

L'ordonnance de 1735, en maintenant cette manière de tester, n'avait fait qu'y ajouter impérativement une formalité de plus qui, dans le droit romain, était de pure faculté : elle avait voulu que les dispositions du testament nuncupatif fussent rédigées par écrit : « lorsque le testateur voudra faire un testament nuncupatif » écrit (avait-elle dit, art. 5), il en *prononcera* » *intelligiblement toutes les dispositions en présence au moins de sept témoins*, y compris le » notaire, lequel écrira lesdites dispositions à » mesure qu'elles seront prononcées par le testateur..... ».

L'art. 23 de la même ordonnance n'exigeait que la présence de deux notaires ou d'un notaire et de deux témoins dans les testamens nuncupatifs des pays de coutume; mais il voulait également que le testateur dictât ses dispositions au notaire qui les écrivait; or, qu'est-ce que *dicter*? C'est, répond le dictionnaire de l'académie française, *prononcer mot à mot ce qu'un autre écrit en même temps*. La dictée prescrite par l'art. 23 de cette ordonnance, n'était donc que l'action de *prononcer intelligiblement* prescrite par l'art. 5, ou, en d'autres termes, que la nuncupation du droit romain.

Ce n'est donc aussi que la *nuncupation* du droit romain, ce n'est donc aussi que l'action de *prononcer intelligiblement*, que le Code civil a en vue, quand il dit, art. 971 et 972, que le testament par acte public sera reçu, ou par deux notaires *en présence de deux témoins*, ou par un notaire *en présence de quatre témoins*, qu'il sera *dicté par le testateur*, et *écrit par le notaire tel qu'il a été dicté*. Le testament par acte public n'est donc, sous le Code civil, que ce qu'était le testament nuncupatif sous le droit romain,

lorsqu'il était rédigé par écrit, que ce qu'il était et devait toujours être sous l'ordonnance de 1735.

Il en diffère cependant en ce qu'il n'exige pas un aussi grand nombre de témoins que l'ordonnance de 1735, d'accord avec les lois romaines, en requérait pour les pays de droit écrit; et qu'au contraire, il en exige plus que cette ordonnance n'en prescrivait pour les pays coutumiers.

Mais cette différence, purement accessoire, ne lui ôte nullement son caractère essentiel de testament nuncupatif; et c'est ce que prouve clairement la raison pour laquelle *l'exposé des motifs du titre des donations et testamens* nous apprend qu'elle a été introduite dans le Code civil : « quant aux testamens par acte public (y est-il dit), on a pris un terme moyen entre les solennités prescrites par le droit écrit et celles usitées dans les pays de coutume. Il suffisait dans ces pays qu'il y eût deux notaires, ou un notaire et deux témoins. Dans les pays de droit écrit, les testamens nuncupatifs écrits devaient être faits en présence de sept témoins au moins, y compris le notaire. La liberté de disposer ayant été en général beaucoup augmentée dans les pays de coutume, il était convenable *d'ajouter aux précautions prises pour constater la volonté des testateurs*; mais en exigeant *un nombre de témoins plus considérable que celui qui est nécessaire pour atteindre à ce but*, on eût assujetti ceux qui disposent à une grande gêne, et peut-être les eût-on exposés à se trouver souvent dans l'impossibilité de faire ainsi dresser leurs testamens. Ces motifs ont déterminé à régler que le testament par acte public sera reçu par deux notaires en présence de deux témoins, ou par un notaire en présence de quatre témoins ».

Si donc, sous l'ordonnance de 1735, il était nécessaire, suivant Furgole, Roussaud de la Combe et Bourjon, s'il l'était même, suivant Despeisses et Ferrière, sous l'ordonnance d'Orléans de 1560 et nos anciennes coutumes, que les témoins du testament nuncupatif entendissent la langue dans laquelle il était dicté et écrit, comment pourrait-il en être autrement aujourd'hui?

C'est, dit-on, parce que l'art. 980 du Code civil n'exige d'autres qualités dans les témoins employés aux testamens, que celles de *mâles*, *majeurs*, *sujets du roi et jouissant des droits civils*.

Mais que fait le législateur dans cet article? rien de plus que ce qu'avaient fait les art. 39 et 40 de l'ordonnance de 1735 : comme ces deux articles, il détermine les qualités *civiles et politiques des témoins*; et comme eux, il se tait sur leurs qualités *accidentelles*.

Quelle raison y aurait-il, dès-lors, de tirer de l'art. 980 du Code civil, en faveur de la capacité des témoins qui n'entendent pas la langue dans laquelle le testament est dicté, écrit et lu, une conséquence que l'on n'a jamais pensé à faire sortir des art. 39 et 40 de l'ordonnance de 1735?

Pourquoi d'ailleurs, dans l'art. 980 du Code civil, le législateur s'est-il occupé des *qualités civiles et politiques* des témoins? parce que ces qualités sont, par elles-mêmes, fixes, absolues, indépendantes de toute circonstance; et qu'il importait d'autant plus d'établir, à cet égard, des règles uniformes pour toute la France, qu'elle comprenait alors dans son territoire des pays où, par exemple, les femmes pouvaient être témoins dans les testamens (1).

Et pourquoi ne s'est-il pas occupé des *qualités accidentelles* dont l'absence paralyserait la capacité civile et politique des témoins dans l'accomplissement de la mission à laquelle il les a appelés? Parce qu'il a dû supposer que l'on ne prendrait pour témoins testamentaires que des personnes réunissant ces qualités, parce qu'il a dû supposer que les personnes qui seraient prises pour témoins dans les testamens, auraient l'usage de tous leurs sens, qu'elles verraient tout ce qui serait fait, qu'elles entendraient tout ce qui serait prononcé devant elles. Et en effet, qui dit un *témoin*, dit nécessairement un homme qui peut rendre compte de ce qu'il a vu et entendu. Que penserait-on d'un testament où seraient intervenus des témoins aveugles, sourds, ivres ou frappés de démence? Très certainement on le déclarerait nul, quoique le Code civil ne parle, relativement aux témoins testamentaires, ni de la démence, ni de la cécité, ni de l'ivresse, ni de la surdité. Or, quelle différence y a-t-il entre un témoin sourd, ou privé de sa raison et un témoin qui ne comprend pas la langue dans laquelle le testament est écrit par le notaire, à mesure qu'il est dicté par le testateur? pas la moindre.

Aussi les magistrats et les jurisconsultes qui ont écrit sur le titre *des donations et testamens* du Code civil, sont-ils, à cet égard, parfaitement d'accord avec ceux qui avaient écrit sur nos coutumes, sur l'ordonnance d'Orléans de 1560 et sur celle de 1735.

« Les témoins (dit M. Grenier, dans son » *Traité des Donations*, part. 2, n. 255) doivent » entendre la langue en laquelle le testament a » été dicté et rédigé; celui qui n'a pu entendre » ni ce qui a été dit, ni ce qui a été lu, n'a cer- » tainement pu le comprendre, et être en état » d'en rendre compte...... La présence des » témoins aux testamens est surtout exigée pour » attester que le notaire a rendu fidèlement les » dispositions qui lui ont été dictées par le tes- » tateur. Or, des témoins qui ignoreraient la » langue française, pourraient-ils donner cette » certitude? comment pourraient-ils offrir cette

garantie si nécessaire dans les actes de dernière » volonté »?

M. de Malleville, dans son *Analyse raisonnée de la discussion du Code civil au conseil d'état,* observe d'abord, sur l'art. 972, que le notaire doit énoncer qu'il a écrit lui-même le testament, mais qu'il ne doit pas écrire en patois un testament qui lui a été dicté dans cet idiôme, et que d'ailleurs, suivant une ancienne loi, tous les testamens doivent être écrits en français. Puis il ajoute : « cette loi a donné lieu à une autre » question. Peut-on prendre pour témoins, » dans les pays réunis, des personnes qui n'en- » tendent pas le français? et non, sans doute » (répond-il): autant vaudrait-il, qu'il n'y en » eût pas ».

Même doctrine dans le *droit civil français* de M. Toullier, liv. 3, tit. 2, chap. 5, n. 393 : « ceux qui n'entendent pas la langue du testa- » teur, sont comparables aux sourds et ne peu- » vent être témoins ».

Ces auteurs ne font, comme l'on voit, que proclamer une conséquence qui découle directement de la pensée du législateur que l'orateur du gouvernement a si manifestement signalée dans l'*exposé des motifs* du titre *des donations et testamens* du Code civil, quand il a dit que la présence des témoins au testament par acte public, est une *précaution prise pour constater la volonté du testateur;* et qu'un terme moyen entre le nombre des témoins exigé par le droit romain et celui que prescrivaient les coutumes, suffit *pour atteindre à ce but.*

Elle se reproduit donc dans toute sa force, sous le Code civil, la raison qui, sous l'ordonnance de 1735, faisait généralement regarder la connaissance de la langue employée dans le testament nuncupatif écrit comme aussi indispensable dans les témoins, qu'elle l'était par le droit romain.

Mais que disons-nous *aussi indispensable?* Elle l'était bien plus sous l'ordonnance de 1735, comme elle l'est encore sous le Code civil, pour le testament nuncupatif écrit, qu'elle ne l'était dans le droit romain pour le testament purement nuncupatif.

Chez les Romains, pour imputer à un mort un testament nuncupatif qu'il n'eût pas fait, il eût fallu trouver sept témoins également auda- cieux et pervers; et cela n'était pas facile.

Parmi nous, au contraire, rien ne serait plus aisé, s'il n'était pas nécessaire que les témoins du testament par acte public comprissent la langue dans laquelle il est rédigé. Il ne s'agirait que d'avoir à sa disposition un notaire qui, n'ayant point de surveillans à craindre, substi- tuerait aux dispositions que lui dicterait le tes- tateur, des dispositions qui s'en écarteraient absolument, et ferait semblant, lorsqu'il en vien- drait à la lecture, de lire les unes en passant les autres sous silence.

---

(1) *Répertoire de jurisprudence,* aux mots *Témoin instrumentaire,* §. 1, n. 3.

Ce genre de faux n'est pas sans exemple, et ce qui le prouve, c'est que l'art. 146 du Code l'a prévu et l'a puni des travaux forcés à perpétuité.

Eh! qui pourrait concevoir que le législateur, en le prévoyant, en établissant des peines pour le punir, eût rendu impossible l'application de ces peines, en permettant d'appeler au testament que l'on voudrait ainsi forger, des témoins qui ne comprendraient ni ce qui serait dicté par le testateur ni ce qui serait écrit par le notaire?

Aussi ne l'a-t-il pas permis: il l'a, au contraire, défendu, sinon en termes exprès, du moins d'une manière qui, bien qu'implicite, ne laisse pas d'être extrêmement claire.

En effet, le Code civil n'exige pas seulement que le testateur prononce oralement ses dernières volontés en présence du notaire et des témoins : il veut encore, art. 972, à l'exemple de l'ordonnance de 1735, que le notaire, après les avoir écrites, en fasse la lecture, qu'il la fasse au testateur, que les témoins y soient présens, et que tout cela soit constaté par une mention expresse. Et comment remplir ces formalités, si les témoins n'entendent pas la langue employée dans le testament? les témoins peuvent-ils être censés présens à une lecture qu'ils ne comprennent pas? on doit du moins convenir que l'accomplissement exact et ponctuel de ces formalités est alors physiquement impossible.

Mais ne peuvent-elles pas être remplies par une sorte d'équipollence, et ne sont-elles pas censées l'être suffisamment, si le notaire, entendant à la fois la langue dans laquelle il rédige le testament, et celle que parlent les témoins, commence par faire une lecture littérale de ce qu'il a écrit, et en fait ensuite une seconde, non pas littéralement, mais par interprétation? ces deux lectures successives ne remplissent-elles pas le vœu de la loi? non, elles ne le remplissent pas, et c'est une vérité extrêmement sensible.

Tout le monde convient que, pour exécuter, en cette partie, la règle établie ou plutôt renouvelée par le Code civil, il faut que la lecture soit faite simultanément au testateur et aux témoins; et que deux lectures faites successivement, l'une au testateur en l'absence des témoins, l'autre aux témoins en l'absence du testateur, n'atteindraient pas le but de la loi.

Or, il y a nécessairement deux lectures successives et séparées dans l'opération que je suppose, puisqu'en avoir fait une première pour le testateur, le notaire en fait, par interprétation, une seconde pour les témoins.

Sans doute, le vœu de la loi ne serait qu'outre-passé, et il serait plus que suffisamment rempli par deux lectures faites successivement dans la même langue entendue par tous ceux qui figurent dans l'acte; mais comment pourrait-il l'être, dès que les témoins n'entendant pas la langue dans laquelle a été faite la première lecture, il

en est fait pour eux une seconde dans la langue qu'ils entendent?

De deux choses l'une : ou le testateur n'entend pas la langue dans laquelle cette seconde lecture est faite; ou il entend cette langue aussi bien que celle dans laquelle la première a eu lieu.

Au premier cas, les deux lectures doivent nécessairement être considérées comme faites, l'une au testateur séparé des témoins, l'autre aux témoins séparés du testateur. Soutenir le contraire, ce serait vouloir que le législateur, en prescrivant la lecture au testateur en présence des témoins, n'eût point exigé que ceux-ci comprissent ce qui serait lu à celui-là; ce serait vouloir qu'il se fût contenté d'une lecture faite au testateur en présence de témoins endormis ou frappés de léthargie; et ce serait une absurdité que condamne déjà suffisamment la loi 209, D. de verborum significatione.

Au second cas, le but que la loi s'est proposé en exigeant la lecture, est nécessairement manqué. Quel est-il ce but? C'est de constater que les témoins, en entendant la lecture du testament, se sont assurés par leurs propres oreilles, que les dispositions écrites sont parfaitement conformes aux dispositions dictées. Or, le moyen que les témoins acquièrent cette certitude, s'ils n'ont pas compris les dispositions dictées, à l'instant même où elles sont sorties de la bouche du testateur?

Dira-t-on que le testateur et le notaire sont là pour les en certiorer?

Mais d'abord, l'assurance que leur en donnent le notaire et le testateur, ne peut pas avoir plus d'effet que n'en aurait celle qu'ils auraient par eux-mêmes, s'ils comprenaient la langue dans laquelle le testament a été dicté et écrit. Or, dans cette hypothèse, il ne suffirait pas qu'ils entendissent la lecture des dispositions écrites : il faudrait encore (comme je l'établirai plus particulièrement ci-après), qu'ils eussent préalablement entendu et compris les dispositions dictées, avant qu'elles fussent rédigées par écrit.

Ensuite, quand on supposerait, quand le testament même constaterait, que les dispositions du testateur ont été interprétées aux témoins au fur et à mesure que le testateur les dictait, comme elles le sont encore après la lecture faite au testateur lui même, où serait la garantie légale de la fidélité de cette interprétation? la loi veut, encore une fois, que les témoins sachent par eux-mêmes ce qui se fait en leur présence; et elle le veut par cela seul qu'elle exige le concours des témoins avec le notaire, puisque ce concours serait évidemment inutile, si la présence des témoins pouvait n'être que matérielle. Quelle ressource y aurait-il donc pour suppléer, à cet égard, au défaut de leur connaissance personnelle, et les certiorer légalement de la fidélité d'une interprétation qu'ils ne peuvent pas vérifier personnellement? Serait-ce l'assertion du notaire qui fait l'interprétation? mais le notaire n'est point établi par la loi interprète des témoins; et il serait absurde de lui en supposer le caractère, alors qu'il est si évident que les témoins sont appelés par la loi conjointement avec lui pour partager ses fonctions, pour en surveiller l'exercice? serait-ce l'assertion du testateur qui entend l'interprétation et qui l'approuve? Non, et bien loin de là : c'est sur la foi des témoins que repose celle que la loi accorde au testateur; et l'on voudrait que la foi des témoins, au lieu d'être la base de celle du testateur, n'en fût qu'une dépendance! quoi de plus opposé aux plus simples notions de la raison naturelle! l'homme n'a point lui-même le droit de disposer de ses biens pour un temps où il ne sera plus : ce n'est qu'à la bienveillance de la loi qu'il est redevable de ce droit; mais la loi ne le lui accorde qu'à la charge d'observer rigoureusement toutes les formalités qu'elle prescrit pour s'assurer que les dispositions qu'il laissera, seront la pure expression de sa volonté. Or, cette assurance, comment la loi l'aurait-elle, si l'observation de ces formalités ne se trouvait constatée par la déclaration du testateur lui-même, si ce n'était pas sur la foi des témoins, mais sur la sienne, que reposerait la certitude de la conformité de sa dictée à l'interprétation donnée par le notaire?

Oserait-on soutenir la validité d'un testament reçu par un notaire qui, n'entendant pas la langue dans laquelle le testateur le lui aurait dicté, ne l'aurait écrit que d'après l'interprétation que les témoins lui en auraient faite? Je ne crains pas de dire que personne ne serait assez insensé pour aller jusques-là (1). C'est pourtant jusques-là qu'il faut aller pour embrasser le système que je combats; car la loi n'accorde pas

authentique? Qu'il soit reçu par un notaire et deux témoins. Ce n'est donc qu'au concours du notaire et des deux témoins, que la loi accorde le degré de confiance d'où naît l'authenticité de l'acte. Or, ce concours existe-t-il, lorsque le notaire ne sait pas par lui-même ce dont les parties conviennent devant lui? Qu'il puisse appeler un interprète, pour le lui expliquer, à la bonne heure : cet interprète, surtout s'il est assermenté, sera un autre lui-même; et le vœu de la loi qui exige le concours de trois personnes pour constater authentiquement les intentions des parties contractantes, sera rempli. Mais prendre cet interprète parmi les deux témoins qui l'assistent, c'est effectivement réduire à deux (et même à un seul, s'il n'y a qu'un des deux témoins qui entende la langue des parties), les trois témoignages que la loi exige.

M. Toullier oppose à cela deux raisons qui ne me touchent pas du tout.

La première est que l'art. 369 du Code des délits et des peines permettait de prendre, parmi les témoins ou les jurés, l'interprète dont la diversité des langues parlées par l'accusé et les témoins, peut nécessiter l'intervention dans un procès criminel.

Mais, 1.° ce que permettait, à cet égard, l'art. 369 du Code du 3 brumaire an 4, l'art. 332 du Code d'instruction criminelle de 1808 l'a défendu; et pourquoi? parce qu'il a été reconnu dans la discussion du projet de ce dernier Code, que cette permission était contraire aux principes.

2.° Cette permission n'était pas absolue : elle était subordonnée au *consentement de l'accusé et de l'accusateur public*; preuve que, sans ce consentement, il serait résulté de l'emploi d'un juré ou d'un témoin en qualité d'interprète, une nullité qui eût été de droit; et bien certainement on ne dira pas que des parties contractantes puissent, par leur consentement mutuel, déroger aux conditions desquelles la loi fait dépendre l'authenticité des actes.

La seconde raison de M. Toullier est que, d'après les réglemens existans, le notaire peut lui-même servir d'interprète ou de traducteur aux contractans qui parlent une langue étrangère, lorsqu'il l'entend.

Mais ces réglemens se bornent à dire que le notaire pourra joindre à l'acte qu'il écrira en français, une traduction en langue étrangère *à mi-marge*; ils n'ajoutent pas qu'il pourra, si les deux témoins ignorent la langue parlée par les parties contractantes, servir d'interprète à ces témoins, et les habiliter, par là, à remplir leurs fonctions. Cela est même si éloigné de l'esprit de ces réglemens, que le ministre de la justice qui les avait rédigés, écrivait, le 4 thermidor an 12, que *cette traduction n'aurait pas l'authenticité de la rédaction française* (*).

Du reste, on ne serait pas mieux fondé à m'opposer l'arrêt de la cour royale de Paris, du 23 décembre 1818, qui juge valable le testament fait en pays étranger par un Français devant un notaire de ce pays qui, n'entendant pas la langue du testateur, s'était fait expliquer ses dispositions par un interprète (**). Il est évident, et

---

(1) Que l'on n'objecte pas à ce que j'avance ici, un arrêt de la cour de cassation, du 19 décembre 1815 (rapporté dans le *Journal des audiences* de cette cour, année 1816, pag. 158), qui a jugé, en cassant un arrêt de la cour royale de Colmar, qu'une convention faite entre deux parties, peut être reçue et rendue authentique par un notaire qui n'entend pas leur langue, mais à qui l'un des témoins instrumentaires sert d'interprète.

D'abord, on ne peut pas argumenter des conventions aux testamens; et cela est si vrai que M. Toullier qui, dans le tom. 8, pag. 170, de son *Droit civil français*, reconnaît pour valable et authentique toute convention de l'espèce de celle dont il s'agissait lors de cet arrêt, ne laisse pas de décider, tom. 5, pag. 396, que *les témoins qui n'entendent pas la langue du testateur*, sont comparables à des sourds, assertion qui amène nécessairement la conséquence que le testament dans lequel serait employé un tel témoin, serait nul, encore que le notaire eût fait à ce témoin l'interprétation des dispositions du testateur.

En second lieu, casser n'est pas répondre; et l'arrêt de la cour de cassation, du 19 décembre 1815, ne répond nullement aux motifs sur lesquels reposait celui qu'il casse. Que faut-il pour qu'un acte entre-vifs soit

(*) *Répertoire de jurisprudence*, aux mots *Langue française*, n. 5.
(**) *Journal des audiences de la cour de cassation*, année 1820, part. 2, pag. 13.

plus de confiance au nota:re isolé des témoins, qu'elle n'en accorde aux témoins isolés du notaire : elle se fie au concours du notaire et des témoins agissant ensemble et sachant chacun individuellement ce qu'ils font; mais séparés, ils ne sont plus rien à ses yeux; et il faut bien les considérer comme séparés, soit lorsque, pour savoir ce qu'il fait, le notaire a besoin de l'aide des témoins, soit lorsque, pour savoir ce qu'ils font, les témoins ont besoin de l'aide du notaire.

Art. III. *Examen des inconvéniens que l'on oppose à cette doctrine.*

D'une part, les inconvéniens que présente une opinion douteuse, peuvent bien contribuer à faire penser qu'elle n'est pas conforme à l'intention du législateur. Mais quand c'est la loi elle-même qui parle, quand son esprit se manifeste, comme ici, avec le plus grand éclat, les inconvéniens ne sont plus rien au moins pour le pouvoir judiciaire : le législateur seul a le droit de les prendre en considération.

D'un autre côté, quels inconvéniens peut-il résulter, dans le pur et véritable esprit du Code civil, de la nécessité qu'il établit implicitement de n'employer dans un testament par acte public que des témoins sachant la langue dans laquelle les dispositions du testateur sont écrites? Pas le moindre; car, partout où est usité un idiôme différent de la langue française, cet idiôme est connu de tout le monde; et les notaires pouvant écrire leurs actes dans cet idiôme, il n'est pas un seul citoyen qui, y étant appelé comme témoin, ne puisse en comprendre toutes les clauses.

Tel était, dans le fait, l'état des choses, lorsqu'a été décrété, le 11 floréal an 11, le titre du Code civil *des donations et testamens*. Il ne pouvait donc pas alors entrer dans la pensée du corps législatif, que l'obligation qu'il imposait implicitement aux testateurs de n'employer pour témoins que des personnes entendant la langue dans laquelle ils disposeraient, pût entraver le moins du monde la confection des testamens; et dès-lors, à cette époque, point d'inconvénient attaché à cette obligation; dès-lors, par conséquent, point de prétexte pour dire que cette obligation n'a pas pu, comme entraînant des inconvéniens graves, entrer dans la pensée du législateur.

D'où est donc venu l'inconvénient que relèvent les antagonistes de la thèse que je défends?

Il est venu de l'arrêté du gouvernement du 24 prairial an 11 qui a interdit dans les actes

notariés, tout autre idiôme que la langue française (1).

Mais faisons y bien attention : un arrêté postérieur à la promulgation du titre *des donations et testamens* du Code civil, n'a pu changer l'esprit dans lequel les divers articles de ce titre avaient été décrétés. Il a bien rendu plus difficile l'exécution du 972ᵉ de ces articles, mais il n'a pas pu en intervertir le sens; il n'a pas pu faire qu'une manière de tester prohibée par cet article, se trouvât permise.

Ce n'est pas tout. En obligeant les notaires même basques, bas bretons, flamands ou allemands, de rédiger les testamens en français, et par conséquent de n'y employer que des témoins entendant la langue française, il n'a attaché aucune espèce de peine à l'infraction de cette règle de pure discipline; il n'a surtout pas annullé les testamens que des notaires prendraient sur eux de rédiger en allemand, en flamand, en basque, ou en bas-breton (2); il leur a encore

(1) *V.* le *Répertoire de jurisprudence*, aux mots *Langue française*, n. 2.

(2) C'est l'observation de M. Toullier, dans son *Droit civil français*, liv. 3, tit. 2, chap. 5, n. 459 : « il » n'existe (dit-il) ni peine contre les notaires qui » contreviendraient aux dispositions de l'arrêté du » 24 prairial an 11, ni nullité prononcée contre les » actes publics ou testamens rédigés en une autre » langue qu'en français; car ni les nullités ni les peines » ne peuvent se suppléer ».

Qui croirait qu'il ait pu lui-même revenir sur une doctrine aussi pure, aussi évidente? C'est cependant ce qu'il a fait, liv. 3, tit. 3, chap. 6, n. 101. Sa raison est que les anciennes lois françaises déclaraient nuls les actes publics rédigés en une autre langue qu'en français, et qu'il n'y a été dérogé par aucune loi postérieure.

Mais ces *anciennes lois françaises*, quelles sont-elles? De l'aveu de M. Toullier, il n'y en a pas d'autres qu'un édit du mois de décembre 1684 pour la Flandre maritime, un arrêt du conseil du 30 janvier 1685 pour l'Alsace, un édit du mois de février 1700 pour le Roussillon, et une déclaration du 24 mars 1754 pour le même pays.

1.ᵉ l'édit du mois de décembre 1684 n'est relatif qu'aux procédures et aux jugemens : il ne dit pas le mot des actes notariés; et je puis assurer que les notaires de la Flandre maritime ont continué, longtemps après cet édit, de rédiger leurs actes en flamand, sans que jamais il en soit résulté la moindre difficulté.

2.ᵒ L'arrêt du conseil du 30 janvier 1685 n'a jamais été revêtu de lettres patentes, ni par conséquent du caractère de loi. Il n'a même jamais été exécuté (*).

3.ᵒ Il est vrai que l'édit du mois de décembre 1700 et la déclaration du 24 mars 1754 annullaient, pour le Roussillon, les actes notariés et même les testamens reçus par des curés, qui seraient rédigés en langue catalane. Mais ce ne sont là que des lois locales; et

_____

Part. 997 du Code civil lui-même prouve que ce n'était pas d'après ce Code que l'on devait apprécier un pareil testament.

(*) *V.* le *Répertoire de jurisprudence*, aux mots *Langue française*.

moins défendu de rédiger les testamens sur une double colonne originale, l'une en français, l'autre en langue du pays.

Enfin, à tout prendre, la faculté de tester en flamand, en allemand, en basque ou en bas-breton dans la forme olographe, est demeurée entière après comme avant l'arrêté dont il s'agit (1).

Art. IV. *Examen des arrêts rendus sur cette question.*

Je trouve dans le *Manuel du droit français*, sur l'art. 980 du Code civil, une note ainsi conçue :

« Un testament par acte authentique est nul, » si les témoins ne savent pas la langue dans la-» quelle il est rédigé. Cour de Limoges, 4 fé-» vrier 1809 ».

Mais je ne me prévaus pas de cet arrêt, parce que je n'en connais pas l'espèce précise. Je me borne à passer en revue les arrêts qui ont jugé ou pourraient paraître avoir jugé le contraire.

Il y en a cinq de la cour de Bruxelles, trois de la cour de Liége, un de celle de Metz, un de celle de Nancy et deux de la cour de cassation.

On va voir qu'ils ne sont pas tous rendus dans les mêmes espèces ni motivés de même.

1.° *Arrêts de la cour de Bruxelles.*

Ces arrêts sont des 4 février 1809, 9 janvier et 6 mai 1813, 11 novembre 1814 et 11 juillet 1816; et tous, hors un seul, celui du 6 mai 1813, ont été rendus dans des espèces où il n'était pas énoncé dans les testamens, que l'interprétation en eût été donnée aux témoins qui n'entendaient pas la langue française dans laquelle ils étaient rédigés. Voyons comment ils sont motivés.

Le premier dit tout simplement, en se réfé-rant aux motifs des premiers juges, « que les » témoins qui sont intervenus au testament, » avaient toutes les qualités voulues par le Code » civil; que ledit Code civil n'exige pas que les » témoins comprennent la langue française, ce » qui est conforme au droit romain; que du » moment que la loi a voulu que tous les » actes publics fussent faits en français, » dans les départemens où un autre idiôme » était en usage, l'on doit supposer qu'elle a » proscrit en même temps tous les prétextes » qui pourraient compromettre la foi publique » de ces mêmes actes: qu'ainsi, la non-intelli-» gence de la langue française serait un de ces » prétextes qui porteraient atteinte à l'authen-» ticité qui doit caractériser les actes pu-» blics (1) » ;

Et il est aisé de sentir la futilité de ces motifs.

D'abord, j'ai déjà prouvé que le prétendu silence du Code civil sur notre question, ne signifierait rien; que c'est méconnaître le véritable esprit du Code civil, que de le regarder comme muet là-dessus; et qu'enfin, les lois romaines n'admettaient que dans les testamens mystiques, les témoins qui n'entendaient pas la langue dans laquelle ces actes étaient écrits.

Ensuite, comment peut-on supposer à l'arrêté du 24 prairial, an 11, l'intention qu'il n'énonce ni directement ni indirectement, de faire fléchir toutes les règles du Code civil devant l'obligation qu'il impose aux notaires de rédiger leurs actes en français? il est bien plus naturel, plus conforme à la raison, de penser que cet arrêté a voulu coordonner cette obligation avec les règles du Code civil, et par conséquent n'admettre dans les testamens d'autres témoins que ceux qui, entendant la langue dans laquelle ces actes seraient écrits, seraient en état de comprendre tout ce qui s'y dirait et écrirait.

N'est-il même pas évident que cela est entré dans les vues de cet arrêté? car enfin, cet arrêté n'a eu d'autre objet que de forcer les ha-

vouloir les étendre à toute la France, serait une prétention absurde.

On ne dira pas sans doute qu'à ces lois purement locales, il faut joindre l'art. 111 de l'ordonnance de François I, de 1539; car cet article dit bien qu'à l'avenir toutes les procédures, tous les jugemens, tous les contrats, tous les testamens, seront écrits en français; mais il n'y ajoute pas la peine de nullité; et encore une fois cette peine ne peut pas se suppléer dans des lois purement réglementaires.

Annuller de pareils actes sous un tel prétexte, est une idée si éloignée de l'esprit général du Droit français, que le décret de la Convention nationale du 2 thermidor an 2, qui n'a eu qu'une existence éphémère, n'attachait à la rédaction d'un acte public en une autre langue qu'en français, d'autre peine que celle de l'emprisonnement et de la destitution contre le notaire; et l'on sait assez, non-seulement que la peine de nullité ne se supplée point, mais que même cette peine est censée remise, par cela seul que le législateur en prononce une autre contre l'infraction à sa volonté (*).

J'ajoute qu'un arrêt de la cour d'appel de Bruxelles, du 13 décembre 1808, a jugé valable, nonobstant l'arrêté du 24 prairial an 11, et *attendu qu'il ne contient point de sanction pénale*, un testament rédigé en langue flamande et reçu par un notaire en présence de quatre témoins, le 17 août 1807 (**).

(1) J'ajoute, pour les pays qui ont été détachés de la France par le traité de mai 1814 et où le Code civil français est encore en vigueur, que l'arrêté du 24 prairial an 11 y est abrogé.

(*) *V.* le *Répertoire de jurisprudence*, au mot *Nullité*, §. 3, n. 3.
(**) *Décisions notables de la cour d'appel de Bruxelles*, tom. 16, pag. 156.

(1) *Décisions notables de la cour d'appel de Bruxelles*, tom. 16, pag. 161.

bitans des parties de la France où la langue française n'était pas d'un usage général, de se familiariser avec cette langue et d'oublier peu à peu leur idiôme local.

Aussi ce premier arrêt a-t-il fait si peu d'impression, même dans le ressort de la cour d'appel de Bruxelles, que, lorsque la question s'y est représentée quelques années après, le tribunal de première instance d'Audenarde n'a pas hésité à rejeter l'opinion qui avait d'abord prévalu; que, sur l'appel, le ministère public a conclu à la confirmation de la sentence; et qu'après une première plaidoirie, il y a eu partage d'opinions (1).

Il faut convenir, au surplus, que l'arrêt qui, a vidé ce partage, est motivé avec plus d'art que celui de 1809; mais on va voir qu'il ne présente réellement que des subtilités.

Il débute par un principe dont la fausseté est généralement reconnue. « Les solennités et les » formes substantielles des testamens (dit il) » sont exclusivement déterminées par le Code » civil ». Sur ce pied-là, un testament par acte public qui ne serait point daté, serait donc valable! car le Code civil ne dit pas un mot de la nécessité de dater les testamens par acte public.

Il avance ensuite que ni l'art. 980 du Code civil qui détermine les qualités des témoins testamentaires, ni aucun autre article du même Code n'exigent, dans ces témoins, la connaissance de la langue dans laquelle le testament est rédigé. Cependant, un peu plus bas, que, malgré le silence du Code civil sur les sourds, les sourds ne peuvent pas être témoins dans un testament. D'où peut donc venir cette différence?

Elle vient, suivant l'arrêt, de ce que les sourds ne peuvent entendre, ni le testateur dictant ses dispositions au notaire, ni le notaire les relisant au testateur, deux formalités essentielles dans les testamens; au lieu qu'un témoin ignorant la langue parlée par le testateur et écrite par le notaire, n'en est pas moins en état d'entendre matériellement la dictée faite par l'un et la lecture faite par l'autre; et ici, je trouve deux grandes erreurs, l'une de fait, l'autre de droit.

Dans le fait, quoiqu'un témoin sourd ne puisse entendre ni la dictée du testateur ni la lecture du notaire, il peut très-bien voir le testateur faire, avec les lèvres, les mouvemens qui caractérisent l'action de parler, et en combinant l'idée de ces mouvemens avec l'attention que le notaire met à écrire au fur et à mesure que ces mouvemens s'effectuent, en conclure,

avec la plus grande certitude (surtout si sa surdité n'est pas née avec lui, si elle n'est qu'accidentelle), que le testateur dicte ses dispositions au notaire et que le notaire les écrit sous sa dictée. Il peut très-bien aussi, et par les mêmes moyens, lorsque le testament est tout rédigé, voir le notaire le relire au testateur, et le testateur, après la lecture achevée, ouvrir la bouche et parler avec des signes ou une attitude qui annoncent son approbation. Et si, nonobstant tout cela, la présence d'un témoin sourd vicie le testament, qu'on nous dise pourquoi il ne serait pas de même d'un témoin qui n'entend pas la langue dans laquelle le testament est dicté et écrit. Quelle différence y a-t-il entre le premier et le second? pas la moindre. L'un *voit* parler, sans rien entendre; l'autre *entend* parler, sans comprendre ce qui se dit; et tous deux savent, à n'en pas douter, que le testateur a dicté et que le notaire a lu.

Dans le droit, comment l'arrêt dont il s'agit, peut-il affirmer que les témoins n'ont à remplir, dans un testament, qu'un ministère matériel; que, dès qu'ils peuvent certifier que le testateur a dicté, que le notaire a d'abord écrit et ensuite lu, tout est dit; et qu'il n'est pas nécessaire qu'ils puissent rendre compte de ce qui a été dicté et lu?

Le rédacteur de l'ordonnance de 1735, le chancelier d'Aguesseau, les envisageait sous un point de vue bien différent; et c'est ce que prouve très-clairement son plaidoyer du 15 mars 1698. Après avoir rappelé les dispositions du droit romain d'après lesquelles il suffisait d'avoir atteint l'âge de puberté pour être capable de tester, de s'obliger et d'être témoin tant dans les testamens et dans les contrats, qu'en justice, il ajoute: « parmi nous, » comme l'âge de disposer de ses biens par testament est beaucoup plus reculé, on distingue deux sortes de témoins : les uns que » l'on appelle témoins instrumentaires, c'est-» à-dire, ceux qui, par leurs signatures, » *assurent la vérité et la foi des actes.....* » Parce que *leurs fonctions approchent de celles* » *des notaires, et qu'ils partagent avec eux la* » *confiance de la loi*, on ne se contente pas » qu'ils aient atteint l'âge de puberté; on désire » qu'ils aient le même âge qui est requis pour » faire un testament. La capacité du témoin » doit suivre et imiter celle du testateur ».

Les témoins testamentaires ne sont-ils donc plus sous le Code civil, ce qu'ils étaient aux yeux de M. d'Aguesseau? Le Code civil n'exige-t-il donc plus leur présence dans les testamens, pour en *assurer*, non-seulement la *foi*, la forme authentique, mais encore la *vérité*? Ne fait-il donc plus *approcher leurs fonctions de celles des notaires*? Ne leur fait-il donc plus *partager avec les notaires la confiance de la loi*? Ah! que l'on veuille bien relire le passage cité plus haut,

(1) *Ibid.*, tome 27, page 193.

art. 2, de l'*exposé des motifs* du titre des *donations et testamens* du Code civil, et que l'on nous dise s'il y a rien de plus opposé à l'idée que la présence des témoins au testament n'aurait pour objet que de certifier que le testateur a dicté, que le notaire a écrit sous sa dictée n'importe quoi, et qu'il a ensuite lu ce qu'il avait écrit.

Eh quoi ! ne peut-on pas s'inscrire en faux contre un testament, non-seulement en ce qu'il constate que la dictée en a été faite par le testateur et que le notaire l'a lu, après l'avoir écrit, mais encore en ce qu'il constate que les dispositions écrites sont parfaitement conformes à celles qui ont été dictées et lues ? On le peut, sans contredit; car, nous l'avons déjà dit (art. 2), il n'est ni impossible ni sans exemple que des notaires lisent, ou du moins fassent semblant de lire, dans les testamens qu'ils reçoivent, des dispositions différentes de celles qu'ils ont écrites. Or, ce cas arrivant, à quoi serviraient les témoins qui n'auraient compris, ni le testateur dictant, ni le notaire lisant ? en quoi différeraient-ils de témoins absolument sourds ?

Mais, objecte l'arrêt, l'art. 972 du Code civil ne dit pas que le testament doit être lu aux témoins par le notaire : il dit seulement que le notaire doit le lire *au testateur en présence des témoins*.

Vain subterfuge. Que signifie cette disposition de l'art. 972 ? Rien autre chose si ce n'est que le testament doit être lu au testateur et aux témoins simultanément. Nulle différence entre ces expressions, *lire à quelqu'un* et *lire en présence de quelqu'un;* et cela est si vrai que, comme on l'a vu plus haut, §. 13, la cour de cassation a maintenu, le 18 octobre 1809, un arrêt de la cour d'appel de Caen qui avait déclaré valable un testament terminé par la mention, *non qu'il* avait été lu *au testateur en présence des témoins*, mais qu'il avait été lu *en présence du testateur et des témoins*. L'héritier légitime prétendait que cette mention ne remplissait pas le vœu de la loi, parce que, suivant lui, il en résultait bien que le testateur avait été présent à la lecture, mais non pas qu'il l'eût entendue. La cour suprême ne s'est pas plus arrêtée à cette cavillation que ne l'avait fait la cour d'appel de Caen. Elle a donc solennellement reconnu qu'exprimer qu'un acte a été lu en présence de quelqu'un, c'est exprimer, en termes parfaitement synonymes, qu'il lui a été lu à lui-même et qu'il l'a très-bien compris. Par là, conséquemment, elle a implicitement décidé que, dans l'art. 972 du Code civil, les mots *en présence des témoins*, sont synonymes de *aux témoins;* et que le vœu de cet article ne peut être rempli que par une lecture faite en présence de témoins qui entendent et comprennent ce qui est lu devant eux.

Enfin l'arrêt de la cour d'appel de Bruxelles du

9 janvier 1813, invoque subsidiairement le droit romain. Suivant lui, la règle générale était, dans le droit romain, que les témoins testamentaires n'avaient pas besoin de comprendre l'idiôme dans lequel le testateur prononçait ses dernières volontés; et la preuve en est que la loi 20, §. 9, D. *qui testamenta facere possint*, exprime cette règle en termes indéfinis.

Mais encore une fois, il est démontré que cette loi doit être restreinte, par la nature même des choses, au testament mystique; et s'il en fallait une nouvelle preuve, je la trouverais dans la loi 21, C. *de testamentis*. On sent en effet que, si, de droit commun, il n'était pas nécessaire que les témoins connussent exactement tout le contenu d'un testament nuncupatif, cette loi n'établirait pas, pour le testament mystique, un privilège spécial consistant en ce que *non ideò infirmatur quòd testes nesciant quæ in eo scripta sunt testamento.*

L'arrêt du 6 mai 1813 ne fait que répéter en d'autres termes les motifs de celui du 9 janvier précédent (1); mais il y ajoute une considération particulière qu'il puise dans le fait constaté par le testament dont il s'agit, que le notaire après l'avoir rédigé en français, langue absolument ignorée du testateur et des témoins, l'a relu en flamand : « attendu de plus que, dans l'espèce, » le testament fait mention qu'il a été dicté en » flamand et relu par traduction en cette lan- » gue; qu'ainsi, les témoins auraient, en tout » cas, connu la langue de la testatrice et com- » pris ses dispositions ». — Du reste, pas un seul mot qui réponde notamment à l'objection résultant de ce que, par là même, il était prouvé que les témoins n'avaient acquis, ni par la dictée, ni par la lecture, aucune certitude que ce qui était écrit, fût parfaitement conforme à ce qui avait été dicté et lu.

L'arrêt du 11 novembre 1814 a été rendu, comme ceux des 4 février 1809 et 9 janvier 1813, dans une espèce où manquait la particularité que l'on vient de remarquer dans le troisième. Le testament d'Antoine Coucke, reçu par un notaire en présence de quatre témoins, le 25 octobre 1806, était conçu dans la forme ordinaire ; et les héritiers ab intestat en ont demandé la nullité, en offrant de prouver que les témoins n'entendaient pas la langue du testateur. Le tribunal de première instance de Courtrai les a effectivement admis à cette preuve. Mais sur l'appel de l'héritier institué, arrêt qui réforme cet interlocutoire et ordonne l'exécution du testament,

« Attendu que les lois qui prescrivent les qua- » lités et conditions des témoins instrumentaires, » n'exigent point textuellement qu'ils sachent » la langue française, et qu'à défaut de cette

(1) *Ibid.*, tome 28, page 271.

» connaissance, elles ne prononcent point la
» peine de nullité;

» Attendu que la présence des témoins, telle
» qu'elle est déterminée aux art. 971 et 972 du
» Code civil, a pour but de donner une sorte de
» garantie contre la contrainte ou la suggestion
» auxquelles les testateurs pourraient se trouver
» exposés; que, pour obtenir cette assurance,
» il n'est point indispensablement nécessaire que
» les témoins connaissent l'idiome dans lequel
» le testament est écrit et lu au testateur en leur
» présence;

» Attendu que, dans la législation actuelle,
» les témoins ne font point la promesse, comme
» dans les testamens purement nuncupatifs des
» Romains, de rendre témoignage des disposi-
» tions uniquement orales du testateur (1) ».

Ces motifs diffèrent un peu, comme l'on
voit, de ceux des trois arrêts précédens; mais
ils n'en sont pas plus solides.

1.º Qu'importe que la loi n'exige pas, à
peine de nullité, que les témoins d'un testament entendent la langue dans laquelle il est
écrit et lu? elles n'exigent pas non plus, à peine
de nullité, qu'ils aient la faculté de l'ouie, celle
de la vue et l'usage de leur raison. Oserait-on
dire pour cela que des sourds, des aveugles, des
hommes frappés de démence, pussent être valablement employés comme témoins dans un
testament?

2.º Si l'on est forcé de se départir de l'étrange
système que la présence des témoins au testament n'a d'autre objet que de certifier l'exact
accomplissement des solennités prescrites par la
loi; si l'on est forcé de convenir qu'elle a aussi
*pour but de donner une sorte de garantie contre
la contrainte ou la suggestion;* comment ne pas
convenir que la même franchise qu'elle n'a pas
moins pour but d'assurer la parfaite conformité des dispositions dictées aux dispositions
écrites, et de celle des dispositions lues aux
dispositions écrites et dictées?

3.º En avançant que, chez les Romains, les
témoins des testamens purement nuncupatifs,
s'engageaient envers le testateur à *rendre témoignage de ses dispositions purement orales,*
on avoue implicitement que c'est à tort que,
dans les arrêts de 1809 et de 1813, on a parlé de
la loi 20, §. 9, D. *qui testamenta facere possint,*
comme applicable aux testamens faits dans cette
forme. Mais où a-t-on puisé cette prétendue
règle des testamens purement nuncupatifs du
droit romain? où a-t-on vu que, hors le cas
(rappelé par Ulpien dans le passage de ses fragmens qui est transcrit ci-dessus), de présentation
purement verbale d'un testament mystique aux
témoins, il ait jamais été nécessaire à Rome que

les témoins fussent interpellés par le testateur
de rendre témoignage de sa volonté? ce qu'il y
a de certain, c'est que la constitution des empereurs Théodose et Valentinien, de 439, qui
avait réglé définitivement la forme des testamens nuncupatifs, ne prescrivait rien de semblable, et qu'elle exigeait seulement que le testateur déclarât aux témoins que son intention
était de tester oralement : *per nuncupationem
quoque, hoc est, sine scriptis, testamenta non
aliàs valere sancimus, quàm si septem testes
simul uno eodemquè tempore collecti testatoris
voluntatem ut testamentum sine scripturâ facientis audierint* (loi 21, §. 2, C. de testamentis).
Et encore est il à remarquer que Justinien, non-
seulement supprima la nécessité de cette déclaration, mais même, voulut expressément que
le testament purement nuncupatif fût absolument dégagé de toute autre formalité que la
prononciation des dernières volontés du testateur : *in testamentis sine scriptis faciendis* OMNEM
FORMALEM OBSERVATIONEM PENITUS AMPUTAMUS,
*ut postquam septem testes convenerint, satis sit
voluntatem testatoris vel testatricis simul omnibus
manifestari, significantis ad quos substantiam
suam pervenire velit, vel quibus legata dare,
vel fideicommissa, vel libertates disponere ;
etiamsi non antè hujusmodi dispositionem præ-
dixerit testator vel testatrix illa formalia verba,
ideò eosdem testes convenisse, quòd sine scriptis
suam voluntatem vel testamentum componere
censuit* (loi 26, C., même titre).

Quant à l'arrêt du 11 juillet 1816, il s'en faut
beaucoup qu'il renforce les précédens : il semble, au contraire, reconnaître qu'ils ont tous
mal jugé. Les deux chambres qui l'ont rendu,
avaient à prononcer, dans la forme établie dans
les Pays-Bas depuis leur séparation de la France,
sur un recours en cassation qui avait été exercé
contre l'arrêt du 9 janvier 1813; et voici comment elles l'ont fait :

« Attendu que le testament dont il s'agit, a
» été reçu par un notaire en présence de quatre
» témoins, ainsi que le requiert l'art. 971 du
» Code civil;

» Que cette loi, non plus que l'art. 972 du
» même Code également invoqué par les de-
» mandeurs, ne détermine pas, au moins, en
» termes exprès, quel est le véritable objet de
» la présence des témoins;

» Que c'est sur le silence de la loi qui a donné
» lieu à la question agitée entre les parties, si
» un testament par acte public peut être vala-
» blement reçu en présence de témoins qui
» n'entendent pas la langue dans laquelle il est
» rédigé;

» Attendu, dans cet état de choses, que,
» quand il serait vrai que l'opinion adoptée par
» l'arrêt attaqué, serait la moins probable, tout
» ce qu'on pourrait en déduire, c'est que cet

(1) *Jurisprudence de la cour supérieure de Bruxelles,*
année 1814, tome 2, page 131.

» arrêt présenterait un mal jugé, mais non qu'il
» aurait violé les art. 971 et 972 du Code civil;
» Par ces motifs, la cour rejette le pour-
» voi..... (1) ».

Je laisse à penser si des magistrats qui s'expliquent ainsi sur un arrêt dont on leur demande la cassation, et que l'honneur de leur
propre compagnie semble les solliciter à maintenir, ne sont pas censés avouer que, s'ils n'ont
pas la force de le casser, ils n'ont du moins pas
celle d'en adopter les principes.

2.° *Arrêts de la cour de Liége, et premier arrêt
de la cour de cassation.*

Les trois arrêts de la cour de Liége dont on
s'appuie contre l'opinion que je professe avec
MM. Grenier, Malleville et Toullier, ont été
rendus le 23 juillet 1806, le 24 novembre de la
même année, et le 31 janvier 1817.

Mais je remarque d'abord que le premier (dont
l'espèce se trouve dans le *Répertoire de jurisprudence*, aux mots *Langue française*, n. 5) est
absolument étranger à la question.

Qu'a-t-il jugé en effet? que l'on devait tenir
pour valable un testament dicté en allemand
par une femme qui ne savait que cette langue,
et écrit en français par un notaire en présence
d'un de ses confrères et de deux témoins à qui
les deux langues étaient familières.

Et sur quel fondement a-t-il ainsi jugé?
« attendu (ce sont ses propres termes) que l'ar-
» rêté du 24 prairial an 11 prescrit impérieuse-
» ment et sans distinction que tous les actes pu-
» blics soient rédigés en langue française; qu'un
» testament reçu par deux notaires en présence
» de deux témoins, est un acte public; qu'on ne
» peut donc attaquer la validité du testament
» dont il s'agit, par le motif qu'il aurait été
» dicté en allemand par la testatrice, et écrit
» en langue française par le notaire Quirini,
» surtout dès qu'il a été lu et interprété à la
» testatrice, en présence du second notaire et
» des témoins y dénommés, *connaissant tous
» deux les langues allemande et française*;
» d'où il résulte que les formes prescrites par
» l'art. 972 du Code civil, ont été suffisamment
» exécutées.

On voit que cet arrêt insiste avec un soin
particulier, sur la circonstance que les deux témoins entendaient, aussi bien que les deux notaires, les langues française et allemande; et c'est
une assez bonne raison pour croire qu'il aurait
jugé tout autrement, si les deux témoins n'a-
vaient entendu que l'une des deux langues.

En effet quelle différence entre l'espèce de
cet arrêt et l'hypothèse qui nous occupe?

: (1) *Jurisprudence de la cour supérieure de Bruxelles,*
année 1816, tome 1, page 36.

Dans l'espèce de cet arrêt, la testatrice avait
prononcé ses dispositions dans une langue qui
était entendue par les deux notaires et les deux
témoins; et quoiqu'elles eussent été écrites dans
une autre langue qu'elle ne comprenait pas
elle-même, la loi n'en trouvait pas moins, dans
les deux témoins et les deux notaires, de sûrs
garans de la parfaite conformité des dispositions
écrites aux dispositions dictées. Il en était de ce
cas, comme de celui où un testateur ne sait ni
lire ni écrire. Le testateur qui ne sait ni lire ni
écrire, n'a, par lui-même, aucun moyen de
s'assurer que ce qui est écrit, rend fidèlement
ce qu'il a prononcé : il faut qu'il s'en tienne à
l'assurance que lui en donnent les deux notaires
et les deux témoins; et la loi répond à la confiance qu'elle lui commande, en maintenant son
testament. La même confiance est commandée
au testateur qui ne sait pas la langue dans laquelle sont écrites ses dispositions, mais qui a
la certitude qu'elles ont été comprises par les
deux notaires et les deux témoins qu'il a appelés;
elle ne doit donc pas non plus être déçue; son
testament doit donc également avoir son effet.

Mais dans notre hypothèse, les dispositions
du testateur n'ont pas été entendues par les
témoins au moment où il les a dictées; et dès-
lors, la règle qui veut que le testateur dicte ses
dispositions en présence des témoins, se trouve
déjà enfreinte; car dicter en présence de témoins qui n'entendent pas, ou dicter en l'absence de témoins qui pourraient entendre, c'est
absolument la même chose. Qu'importe que le
notaire ait interprété ces dispositions aux témoins? Il n'en est pas moins évident que les
témoins n'ont pas pu constater par eux-mêmes
la fidélité de cette interprétation, qu'ils ont été
obligés de s'en rapporter au notaire, et, si l'on
veut, au testateur, et que par conséquent ils
n'ont pas été, dans le testament, ce qu'ils devaient y être, des garans complets et absolus de
la conformité de ce qui est écrit à ce qui a été
dicté.

Au surplus, la partie contre laquelle avait été
rendu l'arrêt dont il s'agit, en a poursuivi la cassation; et voici en quels termes il a été statué
sur son recours, le 4 mai 1807 :

« Attendu que l'arrêté du 24 prairial an 11
» porte qu'un an après sa publication, les actes
» publics dans les départemens de la ci-devant
» Belgique et dans ceux de la rive gauche du
» Rhin, devront tous être écrits en langue fran-
» çaise;

» Attendu que de cette obligation prescrite
» sans distinction d'aucune espèce d'acte, il
» suit que foi doit être ajoutée aux testamens
» écrits en français par les notaires qui les re-
» çoivent dans ces départemens, même lorsque
» ces testamens sont dictés par des habitans
» qui ignorent la langue française;

» Attendu d'ailleurs que toutes les formalités

» prescrites par le Code civil, ont été remplies
» dans le testament dont la validité est pronon-
» cée par l'arrêt qu'attaque Daniel Brammerz;
» La cour rejette le pourvoi.... ».

Cet arrêt ne se borne pas, comme l'on voit,
à une approbation pure et simple du motif déterminant de celui de la cour de Liége, savoir,
qu'un testament dicté en allemand par un testateur qui n'entendait pas la langue française,
ava't pu, sans violer l'art. 972 du Code civil,
être rédigé et écrit en français : il y ajoute un
motif de plus, qui restreint véritablement l'arrêt
de la cour de Liége à son espèce précise : c'est
que *toutes les formalités prescrites par le Code
civil, ont été remplies dans le testament dont la
validité est prononcée* par cet arrêt, c'est-à-dire,
qu'il y est intervenu, outre les deux notaires,
quatre témoins qui, comme eux, ont entendu
et parfaitement compris les dispositions dictées
par le testateur, et en présence desquels il a été
fait au testateur une lecture de ses dispositions
qui leur a donné la pleine assurance de la conformité de la rédaction à la dictée.

Le second arrêt rentre absolument dans
l'espèce du premier.

Un testament avait été dicté en flamand par
une femme qui ne parlait et n'entendait que cet
idiome, et écrit en français par un notaire en
présence de quatre témoins qui entendaient et
parlaient, comme lui, ces deux langues. Voici
comment il était terminé : «Ainsi dicté et nommé
» par la testatrice à moi, notaire, et aux témoins
» soussignés, et par moi écrit d'un bout à
» l'autre, par moi, lui lu et relu, *en présence
» des mêmes témoins, qui lui ont en outre sur-
» abondamment expliqué le présent en idiome
» flamand*».

L'héritier ab intestat prétendait inférer de
cette dernière mention, que la testatrice n'avait
point compris la lecture que le notaire lui avait
faite par interprétation, puisqu'il avait fallu que
les témoins la lui interprétassent de nouveau.
Mais le légataire universel répondait, avec autant de raison que d'avantage, que l'interprétation donnée par les témoins n'avait été que
secondaire et *surabondante*, qu'elle avait bien
suivi et confirmé celle du notaire, mais qu'elle
n'en avait pas réparé la prétendue insuffisance.

Les premiers juges avaient annullé ce testament : mais sur l'appel, il a été déclaré valable,
« Attendu que l'arrêté du gouvernement, en
date du 24 prairial an 11, ordonne que tous les
actes publics seront écrits en langue française ;
qu'ainsi, la testatrice a pu dicter son testament
en idiome flamand, et que le notaire a dû l'écrire
en français, conformément à la disposition dudit
arrêté ;
» Attendu que ledit testament a été lu et relu
à la testatrice par le notaire, et que l'explication surabondante et postérieure, donnée à la

testatrice par les témoins, n'a pu le vicier (1) ».
Cet arrêt n'est donc pas plus applicable que
le précédent à notre question.

Le troisième arrêt a été rendu au sujet d'un
testament fait, le 6 juillet 1813, à Corswaren,
canton de Saint-Trond, par le sieur de Bor-
mans, et reçu en français par un notaire en
présence de quatre témoins dont il était prétendu et offert de prouver que deux n'entendaient pas la langue française.

Une particularité remarquable dans cette
espèce, c'est que l'acte ne constatait nullement
que les dispositions du testateur eussent été interprétées aux témoins par le notaire au fur et à
mesure que le testateur les avait dictées, et qu'il
y était seulement fait mention qu'après avoir
achevé sa rédaction et l'avoir lue au testateur,
le notaire en avait donné l'interprétation aux
témoins; en sorte que, pour considérer les dispositions du testateur comme ayant été dictées
au notaire en présence des témoins, il fallait,
par la plus étrange des fictions, faire rétroagir
jusqu'à la dictée, l'interprétation qui n'avait eu
lieu qu'après la lecture ; et c'en était bien sûrement assez pour faire annuller le testament.

Cependant l'arrêt du 31 janvier 1817 l'a jugé
valable.

Il pose d'abord les questions plaidées par les
parties, et voici la quatrième : « L'appelante
doit-elle être admise à prouver tant par titre que
par témoins, qu'Arnold-Van-simpen et Gode-
froid Lenaerts, deux des témoins, ne
comprenaient pas la langue française à l'époque
du testament dont il s'agit » ?

Puis statuant sur cette question, il s'exprime
ainsi :

« Attendu que le Code civil porte, art. 967 :
*toute personne peut disposer par testament, soit
sous le titre d'institution d'héritier, soit sous le
titre de legs, soit sous toute autre dénomination
propre à manifester sa volonté.* Art. 969 : *un testament pourra être olographe, ou fait par acte
public, ou dans la forme mystique;*
» Attendu que le décret du 24 prairial an 11
a ordonné que tous les actes publics seraient
rédigés en français ;
» Attendu que, si, pour la validité d'un testament par acte public ou en forme mystique (2),
on exigeait la preuve que le testateur et les témoins sussent la langue française, il en résulterait qu'en alléguant l'ignorance de cette langue,
soit dans le testateur, soit dans une partie des
témoins, on compromettrait la foi due à un
titre, et on en ferait dépendre le sort d'une

_____

(1) *Jurisprudence de la cour de cassation*, 1817, sup-
plement; pag. 20 et 21.

(2) On n'a jamais élevé de pareilles prétentions par
rapport au testament mystique.

enquête sur un fait négatif et moral, d'autant plus incertaine que l'enquête et la discussion sur ce fait pourraient n'avoir lieu que dans un temps éloigné nécessairement après le décès du testateur, et souvent après celui des témoins instrumentaires (1) ;

» Attendu qu'admettre ou exiger la preuve, soit que le testateur parlât le français, soit que les témoins le comprissent, ce serait évidemment ajouter aux formalités et conditions que la loi a prescrites pour la validité des testamens ; ce serait, ou priver la majeure partie des citoyens de la faculté de tester, ou rendre leurs dispositions incertaines ou litigieuses, quoique revêtues de toutes les formalités voulues par la loi (2) ;

» Attendu que, sous le prétexte d'inconvéniens graves possibles, les juges ne peuvent pas admettre ou créer des nullités qui ne sont pas établies par la loi, ou résultant de l'essence de l'acte (3) ;

» Attendu que, dans l'espèce, il a été donné interprétation en idiôme flamand (4) ; qu'ainsi, les témoins ont pu comprendre ce à quoi ils étaient appelés à concourir, et même les dispositions contenues audit testament ;

» Attendu que, dans le testament par acte public, la preuve des dispositions du testateur réside dans l'acte écrit par le notaire (5) et nullement dans la mémoire des témoins ; qu'ainsi, ce testament ne peut être attaqué en nullité sous le prétexte que les témoins n'auraient pas compris ou retenu les dispositions dictées par le testateur ; qu'il suffit que, par leur présence, ils aient été mis à même d'entendre et de comprendre, et qu'en signant l'acte en qualité de témoins, ils aient constaté qu'ils y ont concouru en cette qualité, et, par ce fait, attesté avoir eu la certitude morale que l'acte reçu par le notaire, contient les dispositions dictées par le testateur en leur présence et à lui lues aussi en leur présence ; que, dans les cas ordinaires, la loi a dû s'en contenter et se reposer sur la conscience et la probité des témoins ; que, dans l'espèce, l'acte n'est pas argué de faux, qu'il n'est pas même allégué que les témoins instrumentaires auraient ignoré ce à quoi ils étaient appelés à concourir, ni même

les dispositions dictées par le testateur ; qu'il n'est pas révoqué en doute qu'interprétation leur a été donnée en langue flamande (1) ; d'où il résulte qu'ils ont eu connaissance suffisante de contenu du testament ; qu'il n'existe aucune présomption de fraude ou de dol ;

» Qu'ainsi, il serait parfaitement superflu, dans l'espèce, de s'enquérir quel degré de connaissance lesdits deux témoins avaient alors de la langue française ; qu'il y a présomption que cette langue dont l'usage général était adopté depuis grand nombre d'années, n'était pas entièrement étrangère aux deux témoins sachant lire et écrire, habitans de Saint-Trond, ville de grand passage, coupée par une grande route et peu éloignée du pays Wallon (2) ; que l'allégué que Vansimpen et Lenacrts ne connaissaient pas le français, avancé par la partie appelante, a été dénié de suite par la partie intimée en première instance ; que la partie appelante a pu produire telle preuve écrite qu'elle aurait cru faire à son droit ; mais qu'elle n'est pas admissible dans sa demande formée à l'une des audiences de la cour, à faire enquête sur ce fait (3) ;

» Par ces motifs et en adoptant..... ceux énoncés dans le jugement de première instance, la cour déboute l'appelante de l'opposition par elle formée à l'arrêt par défaut..... ».

Quelque parti que l'on adopte sur la question générale, il est du moins certain que cet arrêt ne peut pas se soutenir dans le système de ceux qui, tout en prétendant que l'on peut employer dans un testament par acte public, des témoins qui n'entendent pas la langue dans laquelle il est écrit, reconnaissent qu'un pareil testament n'est valable qu'autant qu'il constate qu'il en a été fait une interprétation à ces témoins dans leur propre langue.

En effet, pour qu'il y ait tant soit peu de logique dans ce système, il faut admettre la nécessité de l'interprétation, non-seulement après la lecture, mais encore au fur et à mesure de la dictée.

---

(1) On admet bien la preuve que le testateur n'était pas sain d'esprit !

(2) J'ai déjà répondu à ces considérations.

(3) C'est précisément de l'essence du testament nuncupatif que résulte la nullité dont il s'agit ; et je crois l'avoir démontré plus haut.

(4) Oui, mais quand ? Après la lecture seulement.

(5) Oui, dans l'acte écrit par le notaire en présence de témoins qui sont là pour le contrôler, et par conséquent supposés par la loi comprendre ce que le testateur lui dicte et ce qu'il écrit sous sa dictée. Autrement, non.

---

(1) Encore une fois, cette interprétation n'avait pas été donnée au fur et à mesure de la dictée ; elle ne l'avait été qu'après la lecture.

(2) Cette présomption est bien faible aux yeux des personnes qui savent qu'à Bruxelles même, ville où la langue française est assurément bien mieux et plus généralement parlée qu'à Saint-Troud, il y a une partie des habitans à qui elle est totalement étrangère.

(3) Voilà un motif subsidiaire qui aerte n'est pas d'un grand poids, mais qui pourrait bien avoir déterminé la majorité des voix en faveur du dispositif de l'arrêt. Je dis la majorité, car je sais de science certaine que l'arrêt n'a pas, à beaucoup près, passé de toutes voix.

Or, dans l'espèce sur laquelle a prononcé l'arrêt dont il s'agit, le testament constatait bien qu'il en avait été fait interprétation après la lecture; mais il ne constatait nullement que les dispositions du testateur eussent été interprétées à mesure qu'il les avait dictées au notaire.

Vainement objecterait-on, à cet égard, que la loi n'exige pas que les témoins entendent et comprennent les dispositions du testateur au fur et à mesure qu'il les dicte.

Ce serait prétendre, en d'autres termes, que le testament peut être dicté et écrit en l'absence des témoins, et qu'il suffit que les témoins assistent à la lecture qui en est faite après l'entière rédaction, système que j'ai complettement réfuté dans le *Répertoire de jurisprudence*, au mot *Testament*, sect. 2, §. 3, art. 2, n. 4 *bis.*; et que la cour supérieure de justice de Bruxelles a hautement condamné le 16 février 1816, en rejetant la demande en cassation d'un autre arrêt de la même cour du 19 avril 1815, « Attendu que le » testament par acte public est celui qui est » reçu par deux notaires en présence de deux » témoins, ou par un notaire en présence de » quatre témoins (art. 971); que, pour que le » notaire puisse recevoir le testament, il faut » que le testateur lui communique ses disposi- » tions; que cette communication consiste dans » la dictée suivie d'une rédaction par écrit » (art. 972); d'où il suit que la présence des » témoins à la dictée et à l'écriture est indis- » pensable; que, si la loi exige cette présence » à la lecture qui n'est qu'un récolement du tes- » tament par acte public, ce ne peut être évi- » demment que pour rendre cette présence per- » manente du commencement jusqu'à la fin, » mais nullement pour la borner à la seule lec- » ture, puisqu'elle était déjà textuellement re- » quise, comme formalité substantielle, par » l'art. 971 (1) ».

Plus inutilement objecterait-on que du moins la loi ne prescrit pas nommément la mention spéciale de la présence des témoins à la dictée du testament; et que cette mention résulte suffisamment de celle que le testament a été reçu par le notaire en présence des témoins.

Je reconnais le principe; mais il n'en résulte sûrement pas que l'on doive présumer, sans qu'il soit besoin d'en faire une mention spéciale et expresse, qu'au fur et à mesure que le testateur a dicté ses dispositions devant des témoins qui n'entendaient pas sa langue, le notaire a eu soin de les leur interpréter.

En effet, s'il est vrai que la mention que le testament a été *reçu par le notaire en présence des témoins*, renferme la preuve que les témoins ont été présens à la dictée et à la rédaction du testament, il est vrai aussi qu'elle ne se rapporte qu'à un seul fait personnel du testateur (la dictée), et à un seul fait personnel du notaire (l'écriture). Si donc il intervient de la part du notaire, un fait de plus, c'est-à-dire, une interprétation des dispositions du testateur au fur et à mesure qu'il les dicte, il faut que le notaire en fasse une mention spéciale.

Eh! comment les partisans du système que je combats, pourraient-ils tenir pour présumé de droit le fait de l'interprétation au fur et à mesure de la dictée, tandis qu'ils reconnaissent eux-mêmes la nécessité d'en faire une mention expresse lorsqu'il s'agit de la lecture?

3.º *Arrêt de la cour royale de Metz.*

Le 29 avril 1812, la dame Cordonnier fait, devant un notaire et quatre témoins, dans l'arrondissement de Thionville, un testament par lequel elle institue le sieur Hesseling son légataire universel.

Après sa mort, ses héritiers en demandent la nullité: 1.º parce qu'il n'y est pas fait mention qu'il ait été écrit en présence des témoins; 2.º parce que deux des témoins n'entendaient pas la langue française.

Le sieur Hesseling répond que le testament contient la mention expresse qu'il a été *dicté en présence des témoins, et écrit au fur et à mesure par le notaire*; que l'art. 980 du Code civil détermine les qualités que doivent avoir les témoins instrumentaires du testament, et qu'il n'y comprend pas l'intelligence de la langue dans laquelle l'acte est dicté et rédigé; qu'au surplus, il est constaté par le testament même, que le notaire, après en avoir fait la lecture et avant de le faire signer par les témoins, en a interprété le contenu à ceux qui n'entendaient pas le français.

Le 2 juillet 1816, jugement du tribunal de Thionville, qui, adoptant ces trois moyens de défense, rejette la demande en nullité et ordonne l'exécution du testament.

Sur l'appel, arrêt du 19 décembre de la même année, qui confirme ce jugement, mais par quels motifs?

« Sur la première question, attendu que...., dans l'espèce, il est suffisamment constaté que les témoins ont été présens à l'écriture;

» Sur la deuxième question, attendu que la présence des témoins au testament par acte public a évidemment pour objet de procurer la certitude légale de la sincérité de l'acte, c'est-à-dire, qu'il contient véritablement l'expression de la volonté du testateur, qu'il n'y a eu ni violence, ni surprise, ni erreur;

» Attendu qu'il suit de là qu'il faut absolument que les témoins aient tout vu, tout entendu et compris; car autrement leur intervention et leur signature n'offriraient aucune

---

(1) *Jurisprudence de la cour supérieure de Bruxelles*, année 1816, page 28.

garantie : il est donc nécessaire qu'ils connaissent la langue dans laquelle le testament a été reçu et écrit ; et l'on peut dire que le défaut de cette connaissance, de leur part, établit une véritable incapacité ;

» Attendu, que, si cette espèce d'incapacité n'a pas été positivement prévue par les art. 975 et 980 du Code civil, il ne faut pas en conclure que le juge ne doive point y avoir égard ; le législateur s'étant principalement occupé des conditions et des incapacités générales et absolues ; il n'a pu ni dû entrer dans une infinité de circonstances particulières qui peuvent donner lieu à des incapacités relatives, telles que celles-ci ;

» Mais attendu, sur la troisième question, qu'il résulte de la clôture du testament dont il s'agit ; que le notaire, avant de le soumettre à la signature, en a fait l'interprétation ; et que, par là, ceux des témoins qui n'avaient pas l'usage de la langue française, ont été mis au fait de la teneur de l'acte ;

» Attendu que l'interprétation faite officiellement établit une communication légale entre ceux qui parlent des langages différens ;

» Attendu que les notaires, officiers publics et assermentés, chargés par la loi de rédiger en langue française les actes qu'ils reçoivent, lors même que les parties n'ont pas l'usage de cette langue, sont les interprètes naturels et officiels de ces mêmes actes ;

» Attendu qu'il en a toujours été ainsi, soit dans la province d'Alsace, soit dans la Lorraine allemande et le pays de Thionville ;

» Attendu que, dans l'espèce, l'interprétation que le notaire a donnée, mérite d'autant plus de confiance, qu'elle a eu lieu en présence de la testatrice, qui, selon les appelans eux-mêmes, connaissait les deux langues, et qui, s'il se fût commis des erreurs, n'aurait pas manqué de les relever ;

» Attendu qu'ainsi, le premier moyen de nullité proposé n'est d'aucune considération, et que le second, quoique fondé, se trouvant couvert au moyen de l'interprétation, il n'y a pas lieu d'avoir égard à la preuve subsidiaire offerte par les appelans ».

Cet arrêt est en parfaite harmonie avec les vrais principes sur la question examinée en thèse générale ; mais, en tant qu'il fait fléchir ces principes devant le fait que le notaire avait interprété le testament aux témoins avant de le leur faire signer, aurait-il échappé à la cassation, si les héritiers de la dame Cordonnier l'eussent attaqué par cette voie ? Je ne saurais le croire : d'une part, l'interprétation n'avait eu lieu qu'après la lecture ; et sous ce rapport, tout ce que j'ai dit plus haut sur l'arrêt de la cour de Liége de 1817, reçoit ici une application entière ; de l'autre, les dispositions de la testatrice eussent-elles été interprétées aux témoins au fur et à mesure qu'elle les avait dictées ; il serait toujours demeuré constant que les témoins ne pouvaient pas en garantir personnellement la conformité aux dispositions écrites.

4.° *Arrêt de la cour royale de Nancy et deuxième arrêt de la cour de cassation.*

Le 14 janvier 1812, le sieur Koeller, prêtre, fait dans la ville de Boulay, département de la Meurthe, devant un notaire et quatre témoins, un testament par lequel il lègue presque toute sa fortune aux sieurs Boeck, Devaux et autres.

Demande en nullité de ce testament de la part de ses héritiers légitimes, avec offre de prouver que deux des témoins qui y ont été appelés, n'avaient pas assez de connaissance de la langue française pour comprendre les dispositions du testateur.

Les légataires nient le fait, et ajoutent qu'en droit, les témoins ne sont pas appelés à un testament par acte public pour porter témoignage des dispositions qu'il contient, mais uniquement pour attester le fait matériel qu'il a été dicté par le testateur, écrit par le notaire, et lu par celui-ci.

Le 24 janvier 1816, jugement du tribunal de première instance de Nancy, qui, sans avoir égard à ce système, admet la preuve du fait articulé par les héritiers, la preuve contraire réservée aux légataires.

Point d'appel de ce jugement ; et le 22 août 1816, jugement définitif qui, attendu que des enquêtes respectives des parties il résulte que Philippe Tailleur, l'un des témoins du testament, n'avait pas, à l'époque de sa confection, assez de connaissance de la langue française pour comprendre un discours parlé en cette langue, et, par suite, les dispositions du testateur, déclare le testament nul et déboute les légataires de leur demande reconventionnelle en délivrance de leurs legs.

Les légataires appellent à la fois des deux jugemens.

Les héritiers soutiennent que cet appel est non-recevable quant au jugement interlocutoire, parce que les légataires y ont acquiescé et l'ont exécuté. Mais les légataires détruisent cette fin de non-recevoir, en invoquant la doctrine développée ci-dessus, §. 14 ; et la cause se trouve ainsi réduite à deux questions. Dans le droit, le testament est-il nul lorsque l'un des témoins n'entend pas la langue dans laquelle il a été dicté, rédigé et lu ? Dans le fait, est-il prouvé par les enquêtes que Philippe Tailleur ne savait pas assez bien le français pour comprendre les dispositions du testateur ?

Le 28 juillet 1817, arrêt qui met les parties hors de cour sur l'appel du jugement interlocutoire, et réformant le jugement définitif, déclare le testament valable ;

« Attendu qu'on doit admettre pour principe

général, que les capacités requises dans les témoins, sont relatives et co-ordonnées à la nature
des fonctions qui leur sont confiées; qu'ils ne
sont, suivant l'expression énergique du droit,
témoins *idoines et suffisans*, qu'autant qu'ils
sont aptes à bien saisir, percevoir les faits dont
ils sont appelés à rendre témoignage; qu'ainsi,
la question de la nécessité de telle ou telle autre
capacité dans la personne des témoins, se réfère
à cette question plus générale de savoir quel
est, dans la rédaction des testamens, l'objet de
la vocation des témoins; ;

». Attendu que cette question se résoudrait
mal par les dispositions des lois romaines, dont
les principes, en ce qui touche la forme des testamens, ont peu d'analogie à notre droit actuel;
que long-temps en effet, les Romains ne connurent
d'autre forme de testament que celle des testamens nuncupatifs, dont les dispositions étaient
confiées à la seule mémoire des témoins; et que,
lors même qu'ils eurent admis la forme dans laquelle concouraient la nuncupation et l'écriture, la foi principale fut encore accordée au
témoignage verbal, qui souvent était invoqué
pour expliquer, interpréter, ou étendre la disposition écrite; que ces usages s'étaient conservés dans quelques-unes de nos provinces de
France régies par le droit écrit, même depuis
l'ordonnance de Moulins, et jusqu'à la promulgation de celle de 1735; que, sous ce système
de législation, il était sans doute indispensable
que les témoins eussent une perception claire
et distincte de dispositions dont leur déclaration
devait constater la teneur; et qu'on peut croire
avec Accurse, Ricard, Furgole et autres jurisconsultes, que la disposition de la loi 20, au
digeste, *qui testamenta*, qui n'exige pas des témoins l'intelligence de la langue (ou du discours) du testateur, ne doit s'entendre que
de ceux appelés à la suscription de testamens
secrets;

». Mais que ces recherches et ces décisions sont
sans application à notre droit; qu'il n'accorde
d'effet à aucune disposition testamentaire purement verbale; que la preuve n'en serait pas
reçue; que même, en toute matière de contrats
et transactions civiles, des actes écrits doivent
être rédigés de toutes choses excédant la valeur
de 150 francs, sans qu'aucune preuve testimoniale puisse être admise de la convention verbale,
contre et outre le contenu de l'acte écrit (1);

» Que les actes écrits devenant ainsi la base
sur laquelle reposent la force et la sécurité
des transactions civiles, la législation a dû particulièrement s'occuper d'en assurer l'exactitude et la fidélité; qu'à cet effet, elle a institué
des officiers civils, chargés de les recevoir et de
les rédiger; que c'est à l'intervention de leur
ministère qu'elle attache cet effet d'imprimer
à l'acte reçu par eux le caractère de la forme
publique et de l'autorité de la justice, et cette
prérogative légale de faire, de leur contenu,
une foi tellement plénière, qu'elle ne peut être
impugnée que par la voie de l'inscription de
faux; que c'est donc sur l'intervention et sur
le caractère de l'officier public, que repose en
premier ordre la foi de l'acte authentique, la
présomption légale de sa véracité (1);

» Que cependant, pour prévenir le danger
des fraudes et suppositions en général, et en
particulier celui des surprises et des captations
auxquelles les testateurs sont plus spécialement
exposés, la loi a introduit des *solennités, des
formes extrinsèques*, destinées à assurer et protéger l'intervention libre des contractans, l'indépendance et la spontanéité de leurs conventions
et déclarations; qu'ainsi, le testament doit être
dicté par le testateur, *écrit sous sa dictée* par le
notaire, par lui *relu* au testateur, approuvé
et *signé* par ce dernier, le tout sous les yeux
et en la présence continuelle et nécessaire d'un
nombre de témoins déterminés, qui, par leurs
signatures réunies à celles du testateur et du
notaire, attestent et garantissent l'exacte observation de ces solennités; juste et unique objet de
leur intervention (2);

» Qu'il serait bien peu exact de dire que leur
ministère ainsi restreint, serait sans objet, ou
tellement illusoire qu'autant aurait valu ne les
pas appeler; qu'il est sensible au contraire que
leur intervention est parfaitement calculée pour
produire l'effet que la loi en attend, celui de
prévenir les dangers de la supposition et de

---

(1) Nos anciennes ordonnances étaient, sur tout
cela, quoi qu'en dise cet arrêt, d'accord avec nos lois
actuelles. Cependant, sous les premières, Ricard, Despeisses, Ferrière, Furgole, Roussaud de la Combe,
Bourjon, tous les auteurs enseignaient unanimement
que, dans les testamens nuncupatifs écrits, il ne
pouvait intervenir que des témoins entendant la langue
du testateur; et il n'y a pas d'exemple que les tribunaux
se soient jamais écartés de leur doctrine. Pourquoi donc
en serait-il autrement aujourd'hui?

(1) Il est pourtant bien notoire, et la cour de Nancy
va reconnaître elle-même dans l'alinéa suivant, que la
loi n'attache la présomption légale de la véracité de
l'acte, qu'au concours du notaire, soit avec un autre
notaire, soit avec deux témoins, dans les actes entre-
vifs, soit avec quatre témoins, dans les testamens. L'intervention des témoins n'est donc pas étrangère à la
véracité de l'acte. D'ailleurs, il faut bien avoir recours
aux témoins, lorsque l'acte est, quant à son contenu,
impugné par l'inscription de faux; et alors que pourrait dire un témoin qui n'aurait pas compris le contenu
de l'acte qu'il eût signé?

(2) Où est la preuve que c'est là l'*unique objet de
leur intervention*? Elle n'est sûrement pas dans la loi.
La loi appelle les témoins mêmes fins que le notaire:
elle appelle le notaire pour constater, non-seulement
l'observation des formes extrinsèques, mais encore la
véracité du fond des dispositions; elle appelle donc les
témoins aux mêmes fins.

la surprise; que, si le testateur a été *vu* et *entendu* dictant librement ses dispositions, il est prouvé qu'il n'était pas dominé par l'empire actuel de la suggestion ou de la captation; que, s'il a été entendu les *prononcer*, il jouissait d'une force de corps et d'esprit suffisante pour concevoir et expliquer sa volonté; que, si le notaire *a écrit* sous sa dictée, l'écrit n'était pas préparé et rédigé à l'avance; que, si la rédaction achevée a été *relue* au testateur, et s'il l'a approuvée, il l'a reconnue conforme à sa pensée; que, si enfin *il l'a signée* en présence de témoins et avec eux, il l'a confirmée et ratifiée comme étant l'expression de sa volonté; qu'ainsi, l'exacte observation des formes et solemnités garantit la liberté du testateur, la réalité et la spontanéité de ses dispositions; la présence des témoins garantit l'observation des formes; l'intervention de l'officier public garantit la fidélité de la rédaction, qui est de son office; et de ces garanties partielles et réunies, se composent l'authenticité et la foi légale imprimée à l'acte public (1);

» Que, dans un système contraire, et si l'on voulait supposer que les témoins (dont rien ne garantit le caractère moral) investis cependant, par une préférence bizarre, de la confiance que la loi refuserait à l'officier public (2), fussent en effet établis par elle les surveillans (3) ou les censeurs du ministère même du notaire, ils devaient être nécessairement investis des moyens et des capacités propres à les mettre en état d'exercer cette surveillance;.

» Qu'ainsi et d'abord, quant aux moyens, une méthode leur aurait été prescrite pour s'assurer que ce que le notaire relit après la rédaction, est bien conforme, en sens et en substance, à ce qui a été dicté, et encore pour s'assurer que ce que le notaire paraît lire est bien exactement ce qu'il a réellement écrit; car s'il peut être suspect de falsifier le texte dicté en écrivant, il peut l'être également de falsifier le texte écrit en relisant; que, sans cette

double confrontation du texte écrit avec le texte dicté et avec le texte relu, le témoin ne peut, en connaissance de cause, attester leur conformité; qu'ainsi, ou la loi exigerait de lui la garantie de ce qu'elle ne l'aurait pas mis à même de savoir, ou elle attacherait à sa présence une garantie fictive qu'elle saurait bien que sa présence n'offre pas (1);

» Que sous le rapport des capacités, les difficultés seraient encore plus grandes; que ce ne serait plus assez que le témoin eût l'intelligence de la langue, dans laquelle le testament serait dicté, et encore celle de la langue dans laquelle il devrait être rédigé (si ces idiomes étaient divers, comme il arrive encore fréquemment dans celles de nos provinces dans lesquelles des idiomes ou des langages locaux prédominent dans le peuple); mais qu'il faudrait encore examiner si cette intelligence des deux langues s'étendrait au-delà des choses usuelles et appartenantes à la vie commune; et ultérieurement si les facultés intellectuelles du témoin seraient elles-mêmes susceptibles de s'élever jusqu'à la perception distincte d'idées trop étrangères à ses connaissances et à ses habitudes, et à juger une identité de rédaction, qui peut différer essentiellement en sens, lorsqu'elle paraît à peine différer en expression. (2);

» Que cette recherche et cette incertitude s'étendraient bientôt des testamens à toutes les matières de conventions et transactions, même les plus compliquées; étant singulièrement à remarquer que l'art. 980 de notre Code, qui traite *spécialement* des capacités requises dans les *témoins testamentaires*, ne diffère en rien de la disposition législative, qui règle *généralement* les conditions exigées dans les témoins appelés à toutes sortes d'actes notariés; que la célèbre ordonnance de 1735, si profondément méditée pour faire cesser les abus reconnus en matière de testamens, s'exprime relativement à l'ido-

---

(1) Que l'on veuille bien relire les passages de d'Aguesseau et de l'*exposé des motifs* du titre *des donations et testamens* du Code civil, rapportés ci-dessus; et qu'on les compare avec la distinction purement systématique que fait ici l'arrêt de la cour royale de Nancy.

(2) Il n'y a point ici *préférence*, mais *partage*. Les fonctions des témoins, dit M. d'Aguesseau, *approchent de celles des notaires, et ils partagent avec eux la confiance de la loi.*

(3) Oui, c'est comme surveillans des notaires que la loi les appelle. C'est là leur véritable caractère, et ils n'ont pas d'autres fonctions (*V.* le *Droit civil français* de M. Toullier, liv. 3, tit. 3, chap. 6, sect. 1, n. 74, 75 et 76). On n'a pas oublié d'ailleurs que Ricard les qualifie de *contrôleurs de tout ce qui se passe en cette affaire.*

---

(1) Oserait-on contester à un second notaire qui se défierait de la fidélité de la rédaction faite par son confrère en sa présence, le droit de la vérifier par lui-même? Non, sans doute. Eh bien! tout ce que peut un second notaire, les témoins le peuvent également; car ils sont, comme lui, les *surveillans*, les *contrôleurs* du notaire qui écrit et lit le testament : et voilà le moyen que la loi laisse à leur disposition, pour s'assurer que le testament a été écrit et lu fidèlement.

(2) La loi n'admettant pour témoins que ceux qui savent écrire, et par conséquent lire, a dû nécessairement leur supposer les connaissances nécessaires pour discerner et comprendre parfaitement tout ce qui se dit devant eux. Les inconvéniens que relève ici l'arrêt, sont d'ailleurs très-rares, et le législateur n'a pas dû les prendre en considération : *Nam ea potius debet aptari jus quæ et frequenter et facilè, quàm quæ perrarò accidunt.* (Loi 5, D. de legibus).

néité des témoins, précisément dans les mêmes termes, et n'exige d'ailleurs pour la solennité des testaméns, que ce qui est exigé pour la validité de tous autres actes : l'intervention de deux notaires ou l'assistance de deux témoins, si un seul notaire est admis ;

» Que le Code civil a ajouté à cette disposition, ce qui prouve que la réflexion de ses rédacteurs s'est aussi fixée sur l'amélioration possible des formes testamentaires, et sur les avantages ou les inconvéniens d'ajouter à leur rigueur ; mais que, balance faite des uns et des autres, la faveur de la liberté des dispositions testamentaires a prévalu ; et que, repoussant les entraves apportées par une législation moderne, qui, alarmée du danger des surprises ou captations en matière de testament, ne les admet que sous la garantie des formes judiciaires et de l'intervention du magistrat, notre législation a pensé qu'il suffisait des formes consacrées par la sagesse des lois antérieures, en ajoutant seulement au nombre des témoins exigés pour les autres actes, qui jusqu'alors avait été adopté aussi pour les testamens ; mais que du reste aucune capacité nouvelle n'a été exigée des témoins, aucune fonction plus étendue ou plus spéciale ne leur a été départie ; qu'il faut donc tenir pour constant que les témoins ne remplissent, dans la confection des testamens, aucune autre fonction que celle qu'ils remplissent dans tous autres actes publics ; celle d'être les certificateurs des formes extrinsèques et matérielles qui gissent en faits et tombent sous leur sens, sans que, dans les uns non plus que dans les autres, ils soient appelés à prendre connaissance de la substance des dispositions ou conventions dont la perception distincte excède généralement les bornes de leurs connaissances et de leurs facultés. ;

» Qu'aussi, dans la distribution des peines, la poursuite criminelle qui s'attache à la fois au notaire et aux témoins, dans le cas où un testament aurait été signé par eux, sans qu'*ils eussent vu* le testateur, sans qu'*ils l'eussent entendu* prononcer ses dispositions ou qu'ils l'eussent vu le *présenter* à la suscription, n'atteint plus que le notaire, dans le cas où la substance de l'acte aurait été altérée dans la rédaction, comme dans celui où d'autres dispositions auraient été écrites que celles qui avaient été dictées ; en quoi la loi se conforme à la démarcation des fonctions respectives et attache l'imputabilité à l'infraction du devoir que chacun avait à remplir (1) ;

» Attendu que de ces principes ainsi établis, résulte d'abord cette conséquence relative à la question générale des capacités requises dans les témoins testamentaires, que ces capacités doivent être telles, sous le rapport des facultés physiques et intellectuelles, qu'ils aient pu voir, entendre, percevoir les faits qui se sont passés sous leurs yeux, en saisir l'objet et l'application, être en état d'en témoigner et rendre compte ; *testis debet testari de eo quod sensu aliquo percepit, et ex sensu rationem sui dicti reddere;*

» Que, passant de cette conséquence à son application à la question particulière de la nécessité dont il peut être que le témoin entende et comprenne la langue dans laquelle s'exprime le testateur, on apperçoit que le doute ne se présente que dans des suppositions extrêmes ; qu'on peut en effet se former l'hypothèse d'un particulier introduit dans une réunion, sans aucune connaissance des personnes qui la composent, ou du langage dans lequel elles s'entretiennent de l'objet de leur réunion, en sorte qu'il n'ait rien compris de ce qui se passait sous ses yeux ; que, sans doute, un tel individu ne serait pas un témoin suffisant de l'acte qu'on prétendrait avoir été passé en sa présence ; mais qu'il en serait autrement si, avec une connaissance imparfaite de la langue parlée par les personnes avec lesquelles il aurait été d'ailleurs dans l'habitude de communications journalières, il avait pu être instruit de l'objet de leur vocation, comprendre quel acte il s'agissait de rédiger, suivre le développement, la réalité et la bonne foi des formes extérieures et solennités dont on l'aurait revêtu ;

» Que tel était, dans l'état de la cause, Philippe Tailleur, dont le témoignage est principalement impugné ; que, sans habitude de la langue française, ne l'employant pas, ne l'entendant qu'imparfaitement, et trop imparfaitement sans doute, pour bien concevoir, à la lecture ou à la prononciation, le sens et la valeur des positions énoncées par le testateur, il n'était pas cependant totalement étranger à l'usage de cette langue, aussi familière, aussi vulgaire que la langue allemande dans la commune où il était né et avait constamment vécu depuis plus de soixante années ; qu'il a donc su qu'il était appelé par le sieur de Kœller, bien connu de lui, et qu'il a dû reconnaître dans la personne alitée près de laquelle il était introduit ; qu'il a dû parfaitement comprendre qu'il était appelé à la confection d'un testament, et que ce que dictait

<hr/>

(1) Qu'il n'y ait que le notaire de puni des peines portées par l'art. 146 du Code pénal, lorsqu'à l'insu des témoins qui n'usent pas de la faculté qu'ils ont de lire ce qu'il a écrit, avant d'y apposer leurs signatures, il altère dans sa rédaction les dispositions qui lui ont été

dictées par le testateur, cela est to t simple. Mais je voudrais bien savoir s'il échapperait à la cassation, l'arrêt d'une cour d'assises qui ne considérerait pas comme complices du notaire et ne punirait pas des mêmes peines que lui, des témoins qui signeraient avec lui un testament dont ils sauraient qu'il a altéré la rédaction.

le sieur de Kœller, était ses dispositions testamentaires; qu'il a pu juger de la liberté, de l'énonciation distincte avec lesquelles il les prononçait; qu'il a vu le notaire écrire, qu'il l'a entendu relire la rédaction; qu'il a vu le testateur l'approuver, la signer; qu'il a donc distinctement perçu, et avec une pleine latitude de moyens de les appliquer à leur objet, tous les faits, toutes les circonstances qu'il était important qu'il recueillît, et dont il était appelé à rendre témoignage (1);

» Qu'il faut faire état encore de cette circonstance qui réduit la cause à des termes plus spéciaux et aurait pu, peut-être, dispenser de l'envisager sous un point de vue plus général et plus abstrait; que le notaire, tous les témoins, et, à ce qu'il paraît (2), le testateur lui-même, avaient l'usage familier de la langue allemande parlée par Philippe Tailleur; qu'aucun moyen de communication réciproque ne leur a donc manqué (3), et que Tailleur a pu facilement acquérir, du fond même et de la substance des dispositions testamentaires, une perception aussi distincte que l'ont pu acquérir tous les autres

témoins (1), aussi distincte que l'auraient pu acquérir tous autres individus de la même classe appelés à les remplacer; que le défaut d'habitude de la langue française, de la part du témoin, n'atténue donc, ni la force de son témoignage, ni la solennité de l'acte, et que cette circonstance serait plutôt un prétexte qu'un juste motif d'en prononcer la nullité ».

Les héritiers du sieur Kœller se pourvoient en cassation contre cet arrêt, et proposent deux moyens : contravention à l'art. 1351 du Code civil, relatif à l'autorité de la chose jugée, en ce que l'arrêt valide un testament dont la nullité était subordonnée par un jugement interlocutoire auquel les parties avaient acquiescé, à la preuve du fait que l'un des témoins du testament n'entendait pas la langue française; contravention aux art. 971 et 972 du même Code, en ce que Philippe Tailleur a été jugé témoin capable, quoiqu'il fût bien prouvé qu'il n'avait pu comprendre, ni ce que le testateur avait dicté, ni ce que le notaire avait lu.

Par arrêt du 14 juillet 1818, au rapport de M. Rousseau,

« Sur le premier moyen, attendu qu'il s'agit d'un jugement purement interlocutoire; que l'arrêt attaqué a mis hors de cour sur l'appel de ce jugement; qu'il n'a rien jugé de contraire à la preuve admise, et que la cour royale a pu statuer sur le fond par des moyens de fait ou de droit, sans qu'il en puisse résulter une violation de chose jugée par l'interlocutoire;

» Sur le second moyen, attendu 1.° que le témoin dont il s'agit, avait les qualités requises par l'art. 980 du Code civil, et n'était dans aucun des cas d'exclusion portés par l'art. 975;

» Attendu 2.° qu'il résulte des faits et des circonstances relevées finalement par l'arrêt attaqué, que la cour royale a reconnu que le témoin dont l'idonéité était contestée, avait pu acquérir, sur le fond et la substance même des dispositions testamentaires, une perception aussi distincte que l'ont pu acquérir les autres témoins du testament; qu'en cela, elle n'a fait qu'apprécier une faculté personnelle du témoin; ce qui ne peut donner ouverture à cassation, et dispense de s'occuper des autres motifs sur lesquels la cour d'appel s'est appuyée pour valider le testament dont est question;

» La cour rejette le pourvoi,.... ».

_____

(1) Il était appelé à rendre témoignage; non-seulement de ces faits et de ces circonstances, mais encore de *la vérité* des dispositions écrites (on se rappelle que ce sont les propres termes de M. d'Aguesseau) : or, de l'aveu de l'arrêt, il n'entendait *trop imparfaitement* la langue française, *pour bien concevoir, à la lecture ou à la prononciation, le sens et la valeur des dispositions énoncées par le testateur.* Donc il ne pouvait pas rendre témoignage de la conformité des dispositions énoncées par le testateur, aux dispositions écrites par le notaire. Donc il ne pouvait pas être témoin.

(2) *A ce qu'il paraît !* Ainsi, ce n'est pas même sur des *présomptions graves, précises et concordantes* (les seules que l'art. 1353 du Code civil permet aux juges d'admettre à défaut de preuves); c'est sur une simple apparence, dont rien ne justifie la réalité, que l'arrêt se fonde pour juger qu'un témoin qui n'a pas pu, par lui-même, comprendre les dispositions dictées par le testateur, les a cependant comprises ! Si ce n'est point là de l'arbitraire tout pur, je ne m'y connais pas.

(3) Encore une supposition toute gratuite ; mais celle-ci est d'une autre nature que la précédente. Le fait qui est l'objet de la précédente, pouvait être prouvé par témoins. En supposant ce fait, l'arrêt abuse de la faculté que l'art. 1353 du Code civil confère aux juges de recourir, faute de preuves, aux présomptions non établies par la loi; mais du moins il ne viole pas ouvertement cet article. Ici, au contraire, l'arrêt suppose un fait qui ne pouvait être prouvé que par écrit, qui ne pouvait même l'être que par le testament; car ce n'était que par le testament même qu'il pouvait être constaté que le contenu en avait été interprété en langue allemande, tant au moment où le testateur en avait dicté les dispositions, qu'au moment où le notaire, après les avoir écrites, en avait donné lecture. L'arrêt viole donc, en admettant cette seconde supposition, l'art. 1353 du Code civil.

(1) Avec cette différence essentielle pourtant, que les autres témoins ne devaient cette *perception* qu'à leurs propres sens, au lieu qu'il n'eût pu l'acquérir que par l'intermédiaire de sens étrangers, circonstance qui, même dans l'hypothèse d'une interprétation que rien ne prouvait avoir eu lieu, eût dû le faire retrancher du nombre légal des témoins requis pour la perfection du testament.

En rapportant, en 1815, dans le *Répertoire de jurisprudence* (1), un arrêt de la cour de cassation, du 28 juillet 1813, qui me paraissait contraire aux principes, quoiqu'il eût été muri par une longue délibération de la section civile, j'ai osé insinuer que cet arrêt ne tiendrait pas contre un nouvel examen de la question qu'il avait jugée; et ma prédiction s'est vérifiée depuis (2).

Eh bien! j'ose prédire également que l'arrêt *de rejet* que je viens de retracer, ne fera point jurisprudence. Il ne s'attache, remarquons-le bien, qu'au dernier motif de la cour royale de Nancy : il admet la supposition hasardée sans le moindre prétexte par cette cour, non-seulement que le testateur entendait l'allemand comme le français, mais encore qu'il s'est réuni au notaire et aux trois témoins qui entendaient les deux langues, pour expliquer ses dispositions en allemand au témoin Philippe Tailleur; et il déclare qu'il ne peut résulter de là aucune ouverture à cassation! Il restait pourtant à savoir si des magistrats avaient pu, sans violer l'art. 1353 du Code civil, se permettre une pareille supposition; et ce n'était pas tout : même cette supposition admise, il restait encore à réfuter les raisons qui s'élèvent pour démontrer que, pour qu'un témoin puisse remplir dans un testament les fonctions qu'il est appelé à y partager avec le notaire, il faut qu'il ait personnellement l'intelligence nécessaire à cet effet.

A quoi se réduit donc, en dernière analyse, la jurisprudence des arrêts que l'on oppose à la doctrine uniforme de tant de jurisconsultes, et à des raisons aussi convaincantes? elle se réduit, — pour la cour de Bruxelles, à cinq arrêts dont le quatrième abandonne les motifs des trois premiers, pour leur en substituer d'autres qui ne valent pas mieux, et dont le cinquième avoue implicitement qu'ils ont tous mal jugé; — pour la cour de Liége, à un arrêt qui, même en admettant la possibilité légale de remplacer, par une interprétation faite au témoin qui n'entend pas la langue employée dans le testament, la nécessité où il est d'entendre et de comprendre les dispositions dictées, écrites et lues, serait encore en opposition avec la loi qui, non contente que chaque témoin entende et comprenne les dispositions écrites et lues, veut encore qu'il entende et comprenne les dispositions dictées; — pour la cour de Metz, à un arrêt qui, entaché du même vice que celui de la cour de Liége, reconnaît d'ailleurs et démontre parfaitement que la doctrine dont il

s'agit, est, en thèse générale, la seule qui puisse s'accorder avec l'esprit de la loi; — pour la cour de Nancy, à un arrêt qui, à la suite d'une longue série de principes souverainement vrais, se termine par une supposition que la loi condamne hautement; — enfin, pour la cour de cassation, à deux arrêts *de rejet*, dont le premier contrarie plutôt qu'il ne favorise l'opinion à laquelle on voudrait le faire servir d'appui, et dont le deuxième donne à cette opinion une latitude qui suffirait seule pour en faire sentir l'illégalité.

§. XVIII. *L'héritier ab intestat est-il encore recevable à attaquer comme nul, le testament fait à son préjudice, lorsqu'après en avoir pris connaissance, il a passé un acte par lequel, en l'absence et sans la participation de celui ou de ceux au profit desquels le défunt avait disposé, il a déclaré qu'il en approuvait les dispositions et consentait qu'elles eussent leur plein effet, sans néanmoins y exprimer le vice dont ce testament est entaché, ni manifester l'intention de réparer ce vice?*

L'acte que je suppose ici, n'est point une *exécution* du testament : il n'en est que l'*approbation*, la *confirmation*; et tout le monde sait qu'*approuver* ou *confirmer* et *exécuter* une disposition nulle, sont deux choses bien différentes.

En thèse générale, l'exécution volontaire, lorsqu'elle a été contradictoire avec la partie qui en excipe, suppose nécessairement une volonté ferme, constante et éclairée de se conformer à la disposition que l'on pourrait contester; elle emporte, par conséquent, au moins pour les actes entre-vifs (car on verra bientôt qu'il y a, à cet égard, plus de difficulté par rapport aux dispositions à cause de mort), elle emporte, disons-nous, renonciation à tous les moyens, à toutes les exceptions que l'on serait en droit d'y opposer; et à moins que celui qui a ainsi exécuté une disposition nulle, ne prouve qu'il ignorait le vice par une erreur de fait, il ne peut plus revenir sur ses pas.

Quant à la confirmation, elle produit bien le même effet, lorsqu'elle contient une déclaration expresse et acceptée (ou censée acceptée comme on l'expliquera tout-à-l'heure), par la partie intéressée, du motif sur lequel pourrait être fondée l'action en nullité de la disposition qui en est l'objet; et qu'elle annonce ouvertement l'intention de réparer le vice qui pourrait servir de base à cette action : mais si elle est pure et simple, elle laisse la disposition nulle telle qu'elle est, elle n'en couvre point la nullité.

Cette distinction n'est que le résultat de la doctrine de Dumoulin, sur l'art. 5 de l'ancienne coutume de Paris, au mot *Dénombrement*, n. 87 et suivans.

____

(1) Au mot *Transcription*, §. 3, n. 1, 2.e note.

(2) *V.* ci-après l'article *Transcription*, §. 5.

Ce grand jurisconsulte y distingue deux espèces d'actes confirmatifs : les uns, qu'il appelle *actes confirmatifs en la forme ordinaire*, et qui se font par simple relation à l'acte confirmé, que l'auteur de la confirmation suppose, sans examen, valable dans son principe : *quandò non exprimitur ad longum tenor confirmati, vel confirmans sese refert ad illud et confirmat, sicut sine pravitate, vel sicut justè et legitimè obtentum et possessum fuit ;* les autres qu'il appelle *confirmations en connaissance de cause et en forme dispositive* et qui se font, non-seulement à la suite de la teneur entière de l'acte confirmé, mais encore avec la mention formelle de la nullité qui le viciait dans son origine : *quandò enarráto toto tenore confirmati approbatur, recognoscitur et confirmatur à potestatem habente.*

Et quels sont, suivant Dumoulin, les effets de ces deux espèces d'actes confirmatifs? Ceux de la première espèce ne valident point les actes confirmés ; ils les laissent dans leur nullité primitive : *hujus modi confirmatio nihil dat, nihil novi juris confert, nec invalidum validat ; non enim fit ad finem disponendi ; sed solùm ad finem approbandi confirmabile tale quale est, et non aliter.* Il faut donc, pour valider une disposition originairement nulle, une confirmation de la seconde espèce ; et encore, dans ce cas, l'acte ne vaut-il pas, à proprement parler, comme confirmatif, mais bien plutôt comme disposition nouvelle et principale : *etiamsi confirmatum sit nullum et invalidum, validaretur per confirmationem potestatem habentis, sciens nullitatem et vitium confirmati, sed tunc propriè non dicitur confirmatio, sed nova et principalis dispositio.*

Cette doctrine que Dumoulin professait pour toutes les dispositions nulles indistinctement, est spécialement appliquée aux matières contractuelles par l'art. 1338 du Code civil, qui, en même temps, consacre dans les termes les plus précis, la différence que nous venons de signaler entre la confirmation et l'exécution.

« L'acte de confirmation ou ratification » (porte-t-il) d'une obligation contre laquelle » la loi admet l'action en nullité ou en rescision, » n'est valable que lorsqu'on y trouve la subs- » tance de cette obligation, la mention du motif » de l'action en rescision et l'intention de répa- » rer le vice sur lequel cette action est fondée.

» A défaut d'acte de confirmation ou ratifi- » cation, il suffit que l'obligation soit exécutée » volontairement après l'époque à laquelle l'obli- » gation pouvait être valablement confirmée ou » ratifiée.

» La confirmation, ratification ou exécution » volontaire dans les formes et à l'époque déter- » minées par la loi, emporte la renonciation » aux moyens et exceptions que l'on pouvait » opposer contre cet acte.... ».

Ainsi, la confirmation ou ratification et l'exécution volontaire ont cela de commun, qu'elles purgent également l'obligation nulle du vice qui l'entachait originairement. Mais elles diffèrent en ce que la seconde opère cet effet du moment que la partie à laquelle la nullité est acquise, manifeste par des faits ou des actions, la volonté d'y renoncer ; au lieu que cet effet ne résulte de la première, que lorsqu'à la connaissance du vice de l'obligation se joint une renonciation expresse au droit d'en exciper.

Il résulte déjà de ce simple aperçu que, si l'art. 1338 du Code, qui ne parle textuellement de la confirmation et de l'exécution, que relativement aux *obligations* entachées de nullité, peut et doit (ce que nous examinerons dans un instant) être étendu doctrinalement et par identité de raison aux dispositions testamentaires, il est impossible que, par l'acte que je suppose ici, l'héritier *ab intestat* ait couvert la nullité du testament fait à son préjudice.

En effet, il a bien déclaré, par cet acte, qu'il connaissait le testament, qu'il l'approuvait et qu'il en consentait l'exécution ; mais 1.° il n'y a pas inséré le motif sur lequel pouvait être fondée l'action qu'il avait pour le faire annuler ; 2.° il y a encore moins exprimé *l'intention de réparer le vice* de ce testament.

Il y a plus : y eût-il fait une mention expresse du vice de ce testament, et se fût-il littéralement référé à ce vice, quand il a déclaré qu'il en consentait l'exécution, son action en nullité n'en serait pas moins demeurée intacte, et pourquoi ? Parce que ni les légataires, ni personne pour eux, n'est intervenu à cet acte ; parce que sa déclaration n'a été acceptée ni alors, ni depuis, soit par eux, soit par qui que ce soit en leur nom ; et conséquemment parce qu'il n'a pu résulter de cet acte, aucune espèce d'engagement de sa part envers eux.

On objecterait inutilement, sur ce dernier point, que l'art. 1338 du Code civil n'exige pas que la partie intéressée à la confirmation de l'acte entaché de nullité, intervienne dans l'acte confirmatif et l'accepte.

Sans doute, il ne l'exige pas, et il y en a une raison bien simple : c'est qu'il n'est question, dans cet article, que des actes confirmatifs d'*obligations* précédemment contractées entre deux parties ; que déjà la partie au profit de laquelle est passé l'acte confirmatif, a exprimé, dans l'acte confirmé, son consentement à ce qu'il reçût sa pleine exécution ; que l'autre partie ne fait, par l'acte confirmatif, que joindre de nouveau son consentement à la même fin ; que de là résulte un concours de deux consentemens qui, pour être donnés à des époques différentes, n'en sont pas moins pour former ce qu'on appelle *vinculum obligationis* ; qu'en un mot, l'acte confirmatif est censé passé contradictoirement avec la partie qui n'y comparaît pas, par cela seul qu'il se rattache à un consentement antérieur de cette partie.

Voilà comment M. Toullier, dans son *Droit civil français*, tom. 8, pag. 285, explique, d'après un passage de Tulden, sur le titre du Code Justinien, *si major factus*, et mes conclusions du 4 thermidor an 9, rapportées au mot *Mineur*, §. 3, pourquoi l'art. 1338 fait entendre par son silence, qu'il n'est pas nécessaire que la ratification d'une obligation nulle soit faite en présence de la partie intéressée.

Mais il en est tout autrement, lorsque, comme dans l'hypothèse qui m'occupe ici, il s'agit d'une disposition à cause de mort.

Dans ce cas, en effet, il ne s'est rien passé précédemment entre l'héritier *ab intestat* et le légataire : le légataire n'avait rien stipulé de l'héritier *ab intestat*; celui-ci n'avait rien promis à celui-là ; il n'existait donc encore, au moment de l'acte confirmatif, aucun commencement d'obligation entre eux ; l'acte confirmatif est le premier anneau de la chaîne qui peut les lier l'un à l'autre; mais il ne peut pas seul former cette chaîne; il faut, pour cela, que l'acceptation du légataire vienne s'y joindre ; et dès qu'il ne s'y joint pas, cet acte ne peut être considéré que comme une simple pollicitation; or, comme le dit la loi première, *D. de pollicitationibus*, la simple pollicitation n'oblige à rien : *nuda pollicitatio obligationem non parit*, parce qu'il ne peut se former d'obligation que par le concours de deux volontés, *concursu duorum in idem placitum*.

Répétons le donc, si l'art. 1338 est applicable aux dispositions à cause de mort, comme aux *obligations* qui en forment l'objet direct, il est indubitable que l'héritier *ab intestat* ne s'est pas dépouillé, en signant l'acte que je suppose, du droit de faire annuller le testament fait à son préjudice.

Mais peut-on réellement appliquer aux dispositions à cause de mort, qui sont nulles dans la forme, les règles de confirmation et de ratification que l'on trouve écrites dans l'art. 1338 du Code civil?

A la première vue, il paraît sortir de l'art. 1339, un argument bien fort pour la négative ; car cet article porte que « le donateur ne peut » réparer, par aucun acte confirmatif, le vice » d'une donation entre-vifs; nulle en la forme, » il faut qu'elle soit refaite en la forme légale »; et l'on ne manquera pas de dire que, si l'art. 1338 n'est pas applicable aux donations entre-vifs, il ne peut pas non plus l'être aux donations à cause de mort, qu'il doit donc nécessairement être restreint aux contrats commutatifs.

Mais il faut bien faire attention à une chose : c'est que l'art. 1339 ne dispose, comme il le fait, que relativement au donateur, et que sa disposition, en ce qui concerne le donateur, est fondée sur un motif tout-à-fait particulier.

La donation entre-vifs est sans doute un contrat proprement dit, puisqu'elle ne peut s'effectuer que par le consentement de deux parties, dont l'une donne et l'autre accepte. Mais elle a un caractère spécial et qui la distingue des contrats commutatifs.

Pour les contrats commutatifs, le seul consentement des parties suffit à leur perfection ; il suffit donc aussi, de quelque manière qu'il soit exprimé, pour les purger, par un acte confirmatif, des vices dont ils ont pu être originairement entachés. Mais la donation entre-vifs est assujettie à des formes intrinsèques à défaut desquelles elle est sans effet. Le donateur ne peut donc pas, si ces formes ont été omises, y suppléer par un simple acte confirmatif : il aurait donc beau renoncer, par un acte de cette nature, à la nullité qu'opère l'absence de ces formes ; une pareille renonciation ne serait, de sa part, qu'une seconde donation destituée, comme la première, des formes qui constituent son essence, et qui par conséquent ne pourrait pas plus que la première, servir de titre à son expropriation.

Mais il est à remarquer d'abord, que cette dérogation de l'art. 1339 à l'art. 1338, ne porte que sur la confirmation expresse, sur l'acte confirmatif proprement dit; et qu'elle ne s'étend pas jusqu'aux actes d'exécution. Le donateur peut donc, comme le dit très-bien M. Toullier, tom. 8, pag. 809, « confirmer la donation nulle » dans la forme, par la ratification tacite qui » résulte de l'exécution volontaire..... (1). Il » est de principe (continue-t-il, pag. 810) que » l'exécution volontaire d'un acte nul, en cou- » vre la nullité, et rend non-recevable à l'atta- » quer, lorsque la nullité n'en est pas fondée » sur l'intérêt public ou sur le respect dû aux » bonnes mœurs. Telle est la règle générale éta- » blie par l'art. 1338, sur la ratification ; et » l'art. 1339 n'a fait d'exception à ses disposi- » tions à l'égard des donations, qu'en ce qui » concerne les *actes confirmatifs*, c'est-à-dire, » les actes de confirmation exprès, consignés » par écrit, et non en ce qui concerne la ratifi- » cation tacite qui s'opère par l'exécution vo- » lontaire de l'obligation. Ainsi, comme nous » l'avons déjà remarqué, la ratification tacite

_____

(1) J'avais avancé le contraire dans des conclusions du 9 novembre 1814, qui sont rapportées dans le *Répertoire de jurisprudence*, au mot *Testament*, sect. 2, §. 5 ; mais je ne l'avais avancé qu'en passant ; je n'avais point examiné à fond ce point de droit qui ne tenait que très-indirectement à l'affaire que j'avais alors à discuter, et je reconnais aujourd'hui que les raisons sur lesquelles M. Toullier appuie sa doctrine, sont sans réplique.

» qui consiste dans *l'exécution volontaire*, a
» plus de force, à certains égards, qu'un acte
» de confirmation expresse : elle n'est point as-
» sujettie aux formalités exigées pour les ratifi-
» cations expresses ».

Une autre observation non moins importante,
c'est que, relativement aux héritiers du donateur, la règle établie par l'art. 1338, reprend
toute sa généralité; et que, si, après sa mort,
ils font une confirmation motivée de la donation entre-vifs, ils en couvrent la nullité ni plus
ni moins que s'ils l'exécutaient volontairement.

C'est ce que déclare nettement l'art. 1340 :
« La confirmation ou ratification, ou exécution
» volontaire d'une donation par les héritiers ou
» ayant-cause du donateur, après son décès,
» emporte leur renonciation à opposer, soit les
» vices de forme, soit toute autre exception ».

De quelle *confirmation*, de quelle ratification
est-il question dans cet article? C'est bien évidemment de la *confirmation*, de la ratification
dont il a été parlé dans l'art. 1338; c'est donc de
la *confirmation* ou ratification qui est précédée
ou accompagnée de la manifestation expresse
d'une parfaite connaissance du vice de l'acte et
de l'intention de le couvrir; et c'est ce que je
crois avoir démontré dans les conclusions du 9
novembre 1814, citées dans la note précédente.

De tout cela il résulte bien clairement que, si
l'art. 1338 du Code civil peut être appliqué aux
dispositions à cause de mort, comme aux dispositions contractuelles, il n'y a nul doute que
l'acte qui est l'objet de ce paragraphe, n'a
pas couvert la nullité du testament, puisque,
d'une part, il ne peut, sous aucun rapport, être
considéré comme *l'exécution* du testament
même, et que, de l'autre, la confirmation qu'il
en renferme, n'est ni précédée ni accompagnée,
tant de la déclaration expresse que l'héritier *ab
intestat* connaissait la nullité des dispositions
du défunt, que d'une manifestation quelconque
de son intention de renoncer à l'exception résultant de cette nullité.

Examinons donc si les dispositions à cause
de mort sont susceptibles de l'application de
l'art. 1338 du Code civil.

Elles n'en sont certainement pas susceptibles,
vi legis, puisqu'il ne s'agit dans cet article que
des obligations; et par cette raison, l'on ne
pourrait pas, comme je l'ai soutenu dans les
conclusions citées plus haut, en tirer un moyen
de cassation contre un arrêt qui eût jugé l'héritier *ab intestat* recevable à impugner un
testament qu'il eût approuvé ou exécuté en
connaissance de cause.

Mais ne sont-elles pas susceptibles de l'application de cet article *ex identitate rationis?*

Fulgole, qui écrivait long-temps avant que
ces articles fussent décrétés, mais à une époque
où était universellement reçue la doctrine de

Dumoulin sur laquelle ils sont calqués, n'hésite
pas, dans son *Traité des Testamens*, chap. 6,
sect. 3, n. 142, à se prononcer pour la négative :
« comme le remarquent (dit-il) Paul de Castre
» et M. le président Favre, la validité ou l'in-
» validité du testament ne dépend pas de la
» volonté ni de l'approbation des parties inté-
» ressées : elle dépend absolument de la loi : ce
» qui constitue une différence notable entre les
» testamens et les contrats; vu que les contrats
» dépendant absolument de la volonté et de la
» convention des parties, on peut rendre valides
» par l'approbation, ceux qui étaient nuls et
» inefficaces dans leur principe; mais il n'en est
» pas de même des testamens qui ne peuvent
» être valables, qu'autant que la loi les reconnaît
» pour bons. Voilà pourquoi on ne peut pas
» prendre un argument de l'approbation ou
» ratification des contrats, pour en faire l'ap-
» plication et l'extension aux testamens ».

On apperçoit déjà la conséquence à laquelle
ce principe va nous conduire par rapport à la
question actuelle; c'est que, si l'on ne peut
étendre l'art. 1338 du Code civil aux dispositions
testamentaires à l'effet d'en conclure qu'un
testament nul dans la forme est validé par la
confirmation ou ratification qu'en fait l'héritier
ab intestat, on peut du moins l'y étendre à
l'effet d'en conclure, par argument *à fortiori,*
qu'une confirmation ou ratification qui serait
insuffisante pour valider un contrat nul, le
serait à plus forte raison pour couvrir la nullité
d'un testament.

En effet, comme je le disais dans les conclusions du 9 novembre 1814, la partie qui confirme
ou ratifie un contrat à titre onéreux dont elle
pourrait demander la nullité, ne perd pas tout
par la confirmation ou ratification qu'elle en
fait : le contrat qu'elle confirme ou ratifie, étant
commutatif, elle conserve nécessairement les
avantages qu'elle en a tirés. Au lieu que l'héritier
ab intestat qui confirme ou ratifie le testament
qu'il pourrait faire déclarer nul, renonce gratuitement à un droit qui lui est acquis; il se
dépouille, sans avoir reçu préalablement aucune
indemnité; il s'exproprie, sans aucun retour de
la part de l'héritier institué ou du légataire à
qui il fait le sacrifice de son droit. Et comme
la renonciation gratuite à un droit acquis ne se
présume jamais, il doit être bien plus difficile
de présumer que l'héritier *ab intestat* a confirmé
ou ratifié un testament entaché de nullité, qu'il
ne l'est de présumer qu'une partie contractante
à titre onéreux a ratifié la convention dont elle
aurait pu faire prononcer l'annulation. Si donc
l'approbation ou ratification d'une partie contractante à titre onéreux, ne couvre la nullité
d'une convention, que lorsqu'elle renferme à
la fois et la mention expresse du vice d'où
résultait cette nullité et l'intention manifeste de
réparer ce vice, à plus forte raison doit-il en

être de même de la confirmation ou ratification que fait l'héritier *ab intestat* d'un testament nul.

Mais voyons quelles étaient, sur cette matière, les dispositions des lois romaines.

D'abord, quant à l'exécution volontaire, elles faisaient une distinction fort remarquable entre l'institution d'héritier et les simples legs.

Quand l'institution d'héritier était nulle par le défaut de formes suffisantes dans le testament qui la contenait, l'héritier *ab intestat* avait beau l'exécuter contradictoirement avec l'héritier institué; il n'en était pas moins recevable à en demander l'annullation.

La loi 5, D. *de his quæ ut indignis auferuntur*, déclare que l'héritier *ab intestat* peut faire annuller le testament pour vice de forme, même après avoir reçu de l'héritier institué le legs que le testateur lui avait laissé en l'excluant de l'hérédité: *Post legatum acceptum, non tantùm licebit falsum arguere testamentum, sed et non jure factum contendere.* Assurément recevoir un legs des mains de l'héritier institué, c'est bien exécuter contradictoirement avec celui-ci, le testament qui contient tout à la fois et ce legs et l'institution d'héritier. Cependant cette exécution purement volontaire de la part de l'héritier *ab intestat*, n'élève contre lui aucune fin de non-recevoir.

La loi 4, C. *de juris et facti ignorantiâ*, établit la même chose par rapport à l'héritier *ab intestat* qui a exécuté de fait l'institution d'héritier contradictoirement avec l'institué, en partageant avec lui la succession que le testateur leur avait déférée à tous deux par un testament vicieux dans la forme: *si post divisionem factam, testamenti vitium in lucem emerserit, ex his quæ per ignorantiam confecta sunt, præjudicium tibi non comparabitur. Ostende igitur hoc.... testamentum.... juris ratione stare non posse, ut infirmatâ scripturâ quæ vice testamenti prolata est, solidam successionem obtineas.*

Et il ne faut pas croire que, dans cette espèce, il ne soit question que d'une erreur de fait qui ait donné lieu à l'exécution volontaire du testament de la part de l'héritier *ab intestat*. Non-seulement la loi ne distingue point entre l'erreur de fait et l'erreur de droit, mais les interprètes sont généralement d'accord qu'elle s'applique au cas où il y a eu erreur de droit, comme à celui où il n'y a eu qu'erreur de fait: *idem si in jure erraverit*, dit Accurse, dans la grande glose. Voët, dans son traité de *Familiâ erciscundâ*, chap. 14, n. 12; paraît d'abord en douter: *de juris errore non idem fortè videri posset dicendum, cùm regula prodita sit ejus quod per juris ignorantiam datum aut solutum est, cessare repetitionem;* mais, ajoute-t-il, *his non obstantibus, probabilius est rectè desiderari posse rescisionem divisionis cum eo celebratæ quem posteà coheredem esse non constitit.* Comme, par exemple, si l'héritier *ab intestat*, après avoir partagé la succession avec un étranger institué conjointement avec lui par un testament, venait à prouver qu'il y a dans cet acte un vice de forme auquel il n'avait d'abord pas pris garde: *veluti si processerit ad divisionem cum alio in eodem quidem testamento, verùm inutiliter instituto, dummodo docuerit dispositionem testamentariam cujus vitium antè non animadverterat, juris auctoritate destituî respectu coheredis.*

Il en était autrement des simples legs: quoique nuls dans la forme, ils étaient validés par l'exécution volontaire que l'héritier *ab intestat* donnait au testament dont il n'avait ignoré la nullité que par une erreur de droit; et cet héritier n'était plus recevable à les répéter, après en avoir fait la délivrance au légataire. C'est ce qui résulte notamment de la loi 9, §. 5, D. *de juris et facti ignorantiâ*, et de la loi 38, D. *de fideicommissariis libertatibus*. Ainsi, le droit romain disposait par rapport aux legs, comme le fait l'art. 1340 du Code civil par rapport à la donation entre-vifs; mais il est à remarquer que, comme l'art. 1340 du Code civil, il exigeait, pour la ratification d'un legs nul dans la forme, un fait contradictoire entre l'héritier *ab intestat* et le légataire, c'est-à-dire, une délivrance du legs faite au second par le premier, ce qui était parfaitement conforme à la définition que les instituts de Justinien nous donnent du legs: *legatum est donatio quædam à defuncto relicta, ab herede præstanda.*

Et il est tellement vrai que, si le legs n'était ratifié par cette délivrance, c'était uniquement parce qu'étant contradictoire entre l'héritier qui l'accordait et le légataire qui la recevait, elle formait entre eux une convention tacite d'exécuter les dispositions du défunt, quoiqu'irrégulières; que tous les interprètes du droit romain s'accordaient à dire que cette ratification ne profitait qu'au légataire à qui le legs nul avait été délivré; en sorte que, s'il y en avait d'autres à qui l'héritier n'eût pas également accordé délivrance, ils ne pouvaient pas se prévaloir contre lui, pour exiger leurs legs, de l'approbation non contradictoire avec eux qu'il avait donnée au testament. *Sed numquid* disait Accurse, sur la loi 16, §. 1, C. *de testamentis*) *si unum in totum solvit, in aliis sibi præjudicat? Respondeo quòd non. Cæterùm* (disait également Barry, *de successionibus*, liv. 10, tit. 12, n. 3) *licet heres solverit sciens uni legatario legatum ex minùs solemni testamento, non ideò cogitur alia aliis solvere.* C'est ce que décidait aussi Julius Clarus, liv. 3, au mot *testamentum*, §. 90, en ajoutant que telle était l'opinion commune, *et est communis opinio.*

D'où venait cette différence entre l'institution d'héritier et le legs? Pourquoi l'une n'était-elle pas validée comme l'autre par l'exécution volontaire que lui donnait l'héritier *ab intestat*, lors même que cette exécution résultait d'un fait contradictoire entre lui et l'héritier institué conjointement avec lui-même ? C'est (répond Furgole, à l'endroit cité, n. 144) que le legs ne dépendait que de la une volonté du défunt ; et que, dès que cette volonté était volontairement exécutée par l'héritier *ab intestat*, rien ne manquait à sa perfection ; au lieu que l'institution d'héritier dépendait de solennités spéciales ; qu'à défaut de ces solennités, elle n'était rien ; et que l'héritier *ab intestat* ne pouvait lui donner, par le seul fait de l'exécution volontaire qu'elle recevait, de sa part, entre lui et l'héritier institué, une consistance qu'elle n'avait pas par elle-même.

Les raisons de cette différence ne subsistent plus dans notre jurisprudence. D'une part, les formalités qui, dans notre jurisprudence, sont essentiellement constitutives de l'institution d'héritier, ne le sont pas moins des legs proprement dits ; les legs proprement dits ne sont plus aujourd'hui l'ouvrage de la volonté nue du testateur : ils ne peuvent plus exister que par l'accomplissement littéral de toutes les formalités que la loi impose au testateur comme condition *sine quâ non* de l'expression de sa volonté. D'un autre côté, l'institution d'héritier n'est elle-même qu'un simple legs qui, pour être universel, ne change pas pour cela de nature.

Que devons-nous conclure de là ? Faut-il aujourd'hui raisonner par rapport à l'institution d'héritier, comme on raisonnait dans le droit romain, par rapport aux simples legs ; et dire, en conséquence, que la nullité en est couverte par l'exécution volontaire que lui donne l'héritier *ab intestat* en mettant l'héritier institué en possession de l'hérédité ? Ou, au contraire, faut-il raisonner par rapport aux simples legs, comme on raisonnait dans le droit romain par rapport à l'institution d'héritier ; et, en conséquence, dire que les legs nuls ne sont pas validés par la délivrance qu'en fait l'héritier *ab intestat* ; que l'héritier *ab intestat* peut les répéter comme choses indûment payées ; et qu'encore qu'une erreur de droit ait donné lieu au paiement, la répétition n'en doit pas moins être accueillie, parce que le Code civil, ainsi que le prouve fort bien M. Toullier, dans son *Droit civil français*, tome 6, page 87, admet en général la *condictio indebiti*, lors même que le paiement a été fait par erreur de droit ?

Cette question dépend d'une autre qui est fort controversée entre les interprètes : c'est de savoir s'il y a, pour l'héritier *ab intestat*, obligation naturelle d'exécuter une disposition à cause de mort qui est nulle dans la forme ?

Si l'on se détermine pour la négative, avec Balde, sur la loi 10, C. *de juris et facti ignorantiâ* ; avec Cynus, Fulgosius et Jason, sur la loi 1.re, D. *de juris et facti ignorantiâ* ; avec Covarruvias, sur le chap. 10, aux décrétales, *de*

testamentis, n. 9 ; avec Vasquius, *de successionibus*, liv. 1, §. 1, n. 22 ; point de doute que l'on ne doive, par une conséquence nécessaire, et d'après les principes établis par le Code civil relativement à la *condictio indebiti*, admettre l'héritier *ab intestat* à répéter les legs nuls qu'il a payés par erreur de droit, et à faire annuller l'institution d'héritier qu'il a exécutée par une erreur de cette nature.

Mais si, adoptant avec Julius Clarus, liv. 3, §. *testamentum*, question 90, l'opinion de beaucoup d'autres interprètes, on fait résulter une obligation naturelle, même d'un testament dénué de ses formes les plus importantes, il est clair que l'on doit attribuer à l'exécution donnée volontairement par l'héritier *ab intestat*, soit aux legs, soit à l'institution d'héritier que contient un pareil testament, l'effet d'en couvrir la nullité et de lui interdire toute répétition.

Et c'est effectivement à ce parti que se range M. Toullier, à l'endroit cité, page 76. C'est aussi ce qu'ont jugé une foule d'arrêts (1).

Au surplus, ce n'est que pour d'autant mieux éclaircir la matière, que je me suis arrêté à cette question. Car ce n'est étrangère à l'hypothèse qui est l'objet de ce paragraphe, puisque, par l'acte que je suppose, l'héritier *ab intestat* n'a pas fait aux légataires la délivrance de leurs legs.

Mais, pour rentrer directement dans notre hypothèse, examinons comment on devrait apprécier, d'après le droit romain, l'acte par lequel un héritier *ab intestat* déclare, après la mort du parent qui l'a exclu de sa succession, approuver et confirmer son testament ; et pour simplifier encore davantage la question, souvenons-nous que si ce testament contient une institution d'héritier, elle ne peut être considérée que comme un simple legs.

Il existe là-dessus trois textes qui ont particulièrement fixé l'attention des interprètes.

Le premier est la loi 62, D. *de condictione indebiti*. Un testateur avait, par son testament, chargé son héritier d'un fidéicommis particulier qui se trouvait nul. L'héritier connaissant parfaitement la nullité dont cette disposition était entachée, n'en avait pas moins, sur la stipulation du légataire, promis solennellement de l'exécuter. Question de savoir si sa promesse était obligatoire ? La loi répond qu'oui : *Fideicommissum in stipulationem deductum, tametsi debitum non fuisset, quia tamen à sciente, fidei explendæ causâ promissum esset, debetur.*

On voit donc, dans cette espèce, l'héritier ne s'était pas borné à une simple approbation,

(1) *V.* les conclusions déjà citées du 9 novembre 1814, et l'arrêt de la cour de cassation, du 13 mars 1816, rapporté dans le *Journal des audiences* de cette cour, année 1816, page 349.

qu'il avait formellement promis au légataire d'accomplir la volonté du défunt, et qu'il avait employé, à cet effet, les formes de la stipulation, manière de contracter qui, dans le droit romain, exigeait des solennités toutes particulières. Cette décision s'accorde donc parfaitement avec la partie de l'art. 1338 du Code civil qui attribue à l'acte confirmatif d'une obligation nulle, l'effet d'en couvrir la nullité, lorsqu'il contient la mention expresse du vice dont cette nullité dérive, et qu'il manifeste l'intention de le réparer; mais aussi rien à conclure ici de cette décision pour le cas où, comme dans notre hypothèse, il n'y a eu, de la part de l'héritier *ab intestat*, qu'une approbation ou confirmation non motivée et surtout non acceptée par la légataire.

La loi 16, §. 1, C. *de testamentis*, paraît, au premier aspect, attacher plus d'importance au simple acte approbatif. L'héritier testamentaire ou *ab intestat* (dit-elle), qui a volontairement reconnu des legs, des fidéicommis ou des affranchissemens nuls aux yeux de la loi, s'est, par cela seul, imposé l'obligation de les exécuter : *qui ex testamento vel ab intestato heres extiterit etsi voluntas defuncti circà legata, seu fidéicommissa, seu libertates, legibus non sit subnixa, tamen si suâ sponte agnoverit, implendi eam necessitatem habet.*

Mais qu'est-ce qu'entend cette loi par le mot *agnoverit ?*

Il y a pour l'héritier, répond Accurse, dans sa grande glose deux manières de reconnaître la volonté irrégulière du défunt. Il la reconnaît, en payant le legs nul, avec pleine connaissance de sa nullité; il la reconnaît encore, lorsque, sachant que le legs est nul, il promet de le payer: AGNOVERIT, *scilicet solvendo, sciens voluntatem non valere; vel promittendo, sciens similiter non valere.*

A l'appui de sa dernière assertion relative au cas où l'héritier promet de payer, nonobstant la nullité, Accurse cite la loi dernière, C. *ad legem falcidiam;* et il importe de remarquer la disposition de cette loi. Comme il est certain, dit-elle, que l'héritier qui, pour remplir religieusement les dernières volontés du défunt, a payé en entier les legs sur lesquels il aurait pu déduire la *quarte falcidie*, n'est plus recevable à réclamer cette quarte, sous le prétexte qu'elle lui est assurée par la loi; nous voulons qu'il en soit de même s'il a promis aux légataires de les payer intégralement : *cùm certum sit herédem qui plenam fidem testatori exhibet, in solidum legata dependentem, non posse postea rationem legis falcidiæ prætendentem repetitione uti, quia videtur voluntatem testatoris sequi : jubemus hoc simili modo firmum haberi, et cautionem super integrâ legatorum solutione fecerit.*

Je traduis ces derniers mots, *et si cautionem... fecerit*, par ceux-ci : « s'il a promis aux léga-

taires de les payer intégralement »; et l'on va voir, dans un instant qu'en effet *facere cautionem*, est dans le langage des lois romaines, synonime de *promettre à quelqu'un sur sa stipulation*, et par conséquent de *promettre par une convention proprement dite.*

Il est donc bien clair qu'en disant que l'héritier reconnaît ou approuve un legs nul, par cela seul qu'il promet de l'acquitter, *promittendo*, Accurse veut parler d'une promesse faite au légataire lui-même.

Mais ce qui fait encore bien mieux ressortir le fond de la pensée d'Accurse, c'est qu'il ajoute aussitôt : « Autrement, si l'héritier se borne à dire » extra judiciairement : *j'approuve ce que mon » père a fait*, sans y joindre ou une promesse » de payer, ou un paiement effectif, il ne pré- » judicie nullement à ses droits ». *Alioquin, si, extrà judicium, dicat :* APPROBO QUOD FECIT PATER MEUS, *non promittendo vel solvendo, non præjudicat sibi.*

Doneau (*Donellus*) s'explique encore là-dessus plus clairement, sur le texte dont il est ici question, c'est-à-dire, sur la loi 16, §. 1, C. *de testamentis*. L'héritier (dit-il) est censé reconnaître la volonté du défunt, en payant le legs nul ou en promettant de le payer : *agnoscere voluntatem intelligitur heres, aut præstando legatum, aut promittendo.* Il la reconnaît en promettant de payer le legs, s'il fait cette promesse sur la stipulation du légataire ou du fidéicommissaire, et c'est ce que décide la loi dernière, C. *ad legem falcidiam;* car l'expression *cautio* dont elle se sert, n'est autre chose qu'une promesse revêtue des formes de la stipulation. *Promittendo obligatur heres, si stipulanti legatario vel fideicommissario promittat se soluturum.* L. ult, C. *ad legem falcidiam, ubi constitutio scripta est de eo qui cautionem legati non debiti emisit;* CAUTIO STIPULATIO EST. Mais si l'héritier déclare hors la présence des légataires, qu'il reconnaît et approuve la volonté du défunt, cette déclaration ne sera, pour ceux-ci, d'aucun effet. Car il ne peut pas être obligé sans convention; or, une pareille reconnaissance ne peut pas être considérée comme une convention, puisqu'une convention ne peut résulter que du consentement donné à la même chose par deux ou plusieurs personnes : *quid si heres absentibus legatariis, dixerit se agnoscere voluntatem defuncti, ea res legatario non proderit : nam... sinè pacto non obligatur : superior autem agnitio et pollicitatio pactum esse non potest, cùm pactum sit duorum pluriumve in idem placitum consensus.*

Un célèbre magistrat de la Belgique, Tulden, sur le même titre du code, n.° 9, exprime la même idée en peu de mots : le legs nul est validé (dit-il), si l'héritier approuve la volonté du défunt, en déclarant qu'il l'exécutera, quelque défectueuse qu'elle soit, pourvu qu'il fasse cette déclaration en présence des légataires : *si heres expressè approbet, dicendo se satisfacturum qualicumque voluntati defuncti,* UTIQUE PRÆSEN-TIBUS LEGATARIIS. Et il cite comme professant la même doctrine, Sichardus, sur le code, et Busius sur le digeste.

Mais qu'est-il besoin de l'autorité des interprètes pour prouver que, dans la loi 16, §. 1, C. *de testamentis*, le mot *agnoverit*, lorsqu'il n'y a pas de paiement du legs nul, ne peut s'entendre que d'une promesse faite en forme de convention, au légataire, d'exécuter la volonté du défunt ? Le troisième texte qu'il nous reste à citer, va mettre cette vérité dans le plus grand jour.

C'est la loi 23, C. *de fideicommissis.* S'il n'est pas constant (dit-elle) que votre père ait fait un testament, ou si celui qu'il a fait, manque de quelque formalité essentielle ; si d'ailleurs vous ne vous êtes pas soumis à sa volonté, soit en délivrant les objets qu'il a légués, soit en les promettant par transaction et sur la stipulation des légataires, et que, par ce moyen, les choses soient encore entières, on ne peut pas vous contraindre à les payer : *si veritas vel solemnitas juris deest, nec amplexus patris voluntatem relicta dedisti, vel transactionis causâ stipulantibus promisisti, negotiumque integrum est, ad solutionem urgeri non potes.*

Ainsi plus de doute qu'à défaut de délivrance d'un legs nul, la simple approbation que l'héritier donne à ce legs hors la présence du légataire, n'en couvre pas la nullité, et que l'héritier ne peut la couvrir efficacement que par la promesse qu'il fait au légataire qui l'accepte, de le payer comme s'il était valable.

On n'opposera sans doute pas à cette doctrine l'arrêt du conseil de Brabant du mois d'octobre 1644, que rapporte Stockmans, §. 21.

Le seigneur de Droogenbosch avait, par un testament nul dans la forme, disposé de tous ses biens en faveur de ses enfans naturels qui étaient en minorité ; et il les avait, à cet effet, institués ses héritiers universels.

Henri Dubois, son frère, à qui il n'avait rien laissé, demanda la tutelle de ces enfans, sous l'offre d'administrer les biens que leur père leur avait transmis par son testament ; et elle lui fut déférée avec cette clause expresse. Après avoir en effet administré ces biens pendant quelques années, Henri Dubois mourut. Alors ses héritiers réclamèrent contre le testament du sieur de Droogenbosch, et demandèrent que sa succession fût déclarée avoir été ouverte *ab intestat* au profit de son frère.

Les enfans naturels opposèrent l'approbation que Henri Dubois avait donnée, en administraut, en leur nom, les biens de leur père, au testament qui les leur avait déférés.

Les héritiers de Henri Dubois répondirent que cette approbation ne pouvait être d'aucun

effet, parceque elle n'avait pas été donnée dans la forme d'une convention : *contrà dicebatur testamentum imperfectum et destitutum solemnibus, non convalescere approbatione heredis, nisi approbatio contineat speciem conventionis de implendo ; sic qui.... dixit, absente institutó, se approbare tale testamentum, nihil agit,* comme l'enseigne (disait-on) Doncau et les autres docteurs, sur la loi 16, C. *de testamentis.*

Cette défense ne fut pas accueillie par l'arrêt cité, mais pourquoi ? uniquement parce que le principe sur lequel on la fondait, n'était pas applicable à l'espèce. En effet, dit Stockmans, il ne faut point de convention pour approuver un testament nul, lorsqu'il y a de la part de l'héritier *ab intestat,* un fait qui en emporte l'approbation : *et citra conventionem approbatur testamentum invalidum et minus solemne, re ipsâ et facto,* Ainsi, celui qui, d'après un testament nul, paye un legs, ne peut plus le répéter : *sic qui solvit, ex imperfecto testamento, legatum, non potest repetere.* Or ici, que trouvet-on dans la conduite de Henri Dubois envers ses neveux ? Ce n'est pas une approbation vague, c'est une approbation précise et spécifique, puisqu'en demandant, en qualité de tuteur, la régie des biens légués aux enfans naturels, non-seulement il a reconnu que le legs en était valable, mais même il est censé, conformément à l'esprit de la loi 39, D. *de donationibus inter virum et uxorem,* en avoir fait lui-même la délivrance aux légataires, ou du moins les avoir tenus pour délivrés par lui entre leurs mains : *hic vero videtur approbatio in specie esse ; qui enim petit bona pupillo relicta regere ut tutor, hoc ipso agnoscit bona legitimè et validè relicta esse, et sic quasi ipse tradidisse intelligitur, vel pro traditis habere. Facit lex* 39, D. *de donationibus inter virum et uxorem.*

On conçoit sans peine pourquoi Stockmans parle ici de délivrance, c'est que, suivant la règle alors en vigueur, qui ne faisait valoir l'institution d'héritier que comme un legs universel, toujours sujet à délivrance, en quelque degré que fût l'héritier *ab intestat,* les enfans naturels du sieur Droogenbosch n'avaient pu jouir, par les mains de leur tuteur, des biens compris dans leur institution, qu'après en avoir obtenu la délivrance de l'héritier *ab intestat* de leur père. Or, cet héritier *ab intestat,* quel était-il ? C'était précisément leur tuteur. Leur tuteur était donc censé, en régissant les biens pour leur compte, en avoir reçu la délivrance pour eux en sa qualité, et l'avoir reçue de lui-même agissant en son nom privé.

Que signifie donc ici l'arrêt de 1644 ? Rien autre chose, si ce n'est que l'héritier *ab intestat* qui délivre un legs nul dans la forme, renonce au droit d'en demander la nullité : cet arrêt ne porte donc aucune atteinte au principe, que, lorsqu'il n'y a pas de délivrance ou d'exécution

372 TESTAMENT CONJONCTIF, §. I.

volontaire du legs défectueux, une simple approbation donnée en l'absence du légataire, et sans convention expressément faite avec lui, suffit pour en couvrir la défectuosité.

Au surplus, *V*. les articles *Disponibilité, Doute, Héritier, Institution d'héritier, Légataire, Legs, Mort civile, Révocation de testament, Suppression de titre* et *Témoins.*

TESTAMENT CONJONCTIF. — §. I. *Dans les pays où, avant le Code civil, les testamens conjonctifs étaient autorisés, le survivant de deux co-testateurs pouvait-il révoquer pour sa part leurs dispositions communes?*

Le 31 janvier 1789, François-Joseph Darbre et Marie-Hélène Demerbe, son épouse, domiciliés à Malines, pays de Liége, font, par-devant notaire, un testament conjonctif, par lequel, entre autres dispositions, ils instituent héritiers universels, dans tous leurs biens meubles et immeubles, Etienne-François Demerbe, frère de la testatrice, et Marie-Anne Scohier, son épouse, nièce du testateur.

Ils déclarent, à l'égard des immeubles, que les institués en jouiront, *après le décès du testateur;* ce qui suppose que le survivant des testateurs doit en conserver la jouissance intégrale jusqu'à sa mort. Mais à l'égard des meubles, ils ne donnent aux institués que *ce qui se trouvera au décès du dernier vivant des testateurs.*

L'acte est terminé par cette clause : *se réservant lesdits testateur et testatrice le pouvoir de changer le tout ou partie, conjointement et non séparément.*

Le 9 mars 1793, décès de la testatrice. Le 23 vendémiaire an 9, le testateur décède à son tour, et sa succession devient le sujet d'une contestation entre Goffin, son neveu, et Marie Anne Scohier, veuve d'Etienne-François Demerbe, sa nièce.

Guillaume Goffin en réclame la moitié, en vertu de l'art. 9 de la loi du 17 nivôse an 2. Marie-Anne Scohier prétend la garder tout entière, en vertu du testament du 31 janvier 1789.

Et le nœud de la difficulté consiste à savoir si ce testament doit être exécuté. Il paraît devoir l'être, s'il est devenu irrévocable dès le 9 mars 1793, par le décès de la testatrice Marie-Hélène Demerbe, et si dès-lors les héritiers institués ont eu un droit acquis aux biens des deux instituans. Mais si le testateur François-Joseph Darbre est demeuré maître de la révoquer, il a perdu toute sa force, il est retombé dans le néant, par cela seul que François-Joseph Darbre ne l'a pas renouvelé depuis la publication de la loi du 17 nivôse an 2. C'est une vérité reconnue

par les deux parties, et qu'ont d'ailleurs formellement consacrée les lois des 22 ventôse an 2 et 18 pluviôse an 5.

La cause portée devant le tribunal de l'arrondissement de Charleroi, jugement du 7 germinal an 9, qui prononce en faveur de Guillaume Goffin, et cela, par deux motifs distincts, dont l'un s'applique aux biens qui pourraient être provenus de la testatrice Marie Hélène Demerbe; et l'autre, à tous les biens dont le testateur François-Joseph Darbre se trouvait en possession au moment de sa mort.

Pour établir que les biens provenans de Marie-Hélène Demerbe, ont passé, par le décès de celle-ci, dans le domaine de François-Joseph Darbre, son mari et son co-testateur, le tribunal civil de Charleroi commence par rappeler l'art. 1 du chap. 1 de la coutume de Liége, aux termes duquel, « l'homme, par mariage, est fait maître et seigneur absolu de tous les biens meubles et immeubles, crédits et actions de sa femme, et encore de tous biens obvenus et acquis durant son mariage, et a puissance d'en disposer entre-vifs, comme du sien propre, sans aveu ni consentement, et en demeure maître, après le décès d'icelle sans enfans; le tout ne fût qu'il y eût paction ou provision contraire ». Le tribunal de Charleroi rappelle aussi l'art. 13 du ch. 11 de la même coutume, qui, par réciprocité, donne à la femme survivante sans enfans, la pleine propriété de tous les biens de son mari. Il conclut de ces deux textes, « que les conjoints étant solidairement propriétaires des biens l'un de l'autre, et étant réputés ne faire qu'un en deux personnes, ils doivent aussi être réputés ne faire qu'un seul testament indivisiblement ». Il convient qu'il en serait autrement, s'il y avait *paction au contraire*; mais il observe que, dans l'espèce, Joseph-François Darbre et Marie-Hélène Demerbe n'avaient fait entre eux aucune stipulation dérogatoire au droit de *mainplevie*. « D'où il suit (ajoute-t-il), que le mari superstite continue dans le domaine, maîtrise et propriété des biens venans du côté de sa femme, en vertu de la loi, et qu'il n'y a pas lieu à appréhension des biens d'icelle, à cause de leur testament conjonctif; la cause légale de sa propriété étant plus favorable que l'éventuelle testamentaire ».

Après avoir ainsi raisonné par rapport aux biens qui pourraient être provenus de Marie-Hélène Demerbe, le tribunal de Charleroi s'occupe de la généralité des biens dont François-Joseph Darbre s'est trouvé possesseur à la mort de sa femme. Il suppose, comme un point constant, que Marie-Anne Scohier, héritière instituée par le testament conjonctif du 31 janvier 1789, avait acquis sur tous ces biens, par la mort de la testatrice Marie-Hélène Demerbe, *un droit expectatif irrévocable;* mais il ne considère ce droit *que comme un fidéicommis à la charge du survivant, en faveur de l'héritière instituée;* et comme la loi du 14 novembre 1792 a aboli toutes les substitutions fidéicommissaires, il en tire la conséquence que François-Joseph Darbre, originairement grevé de substitution par l'effet de la mort de sa co-testatrice, est devenu libre de disposer avant la loi du 17 nivôse an 2; conséquence qui naturellement le conduit à dire que la loi du 17 nivôse an 2 doit régir sa succession comme s'il n'y avait pas eu de testament conjonctif.

Sur l'appel, la cause a été portée à la cour de Bruxelles; et là, après une plaidoirie contradictoire, la question à juger a été posée en ces termes : « le testament conjonctif du 31 juin 1789 est-il, au décès de l'épouse co-testatrice, arrivé le 9 mars 1793, devenu irrévocable pour l'universalité des biens compris dans cette disposition » ?

« Sur quoi (a dit la cour d'appel), considérant que les co-testateurs ont, d'un consentement mutuel, disposé confusément et indivisément de la masse entière de leurs biens; qu'ils ont ajouté à leur testament la clause de ne pouvoir le changer que *conjointement et non séparément; que*, selon les usages du pays de Liége, un tel testament conjonctif devient irrévocable pour le tout à la mort du prédécédé des testateurs, parce que c'est là une obligation que les époux co-testateurs se sont respectivement imposée, et à laquelle il n'était point en leur pouvoir de déroger séparément, parce que l'un et l'autre des époux co-testateurs, par son consentement, s'est privé de la faculté de changer la disposition faite de leur consentement mutuel, autrement que de commun accord; que les coutumes de Liége admettent la renonciation à la faculté de tester ; que les lois des 17 nivôse, 22 ventôse, 9 fructidor an 2, et 18 pluviôse an 5, ne sont point applicables aux dispositions de leur nature devenues irrévocables antérieurement à leur publication; déclare qu'il a été mal jugé, émendant, déboute l'intimé des conclusions par lui prises en première instance. ».

« C'est contre ce jugement (ai-je dit à l'audience de la cour de cassation, section des requêtes, le 14 vendémiaire an 11), que Guillaume Goffin se pourvoit en cassation ; et nous avons à examiner si, comme le soutient celui-ci, il viole à la fois les dispositions de la coutume de Liége, les lois des 17 nivôse an 2, 22 ventôse et 9 fructidor de la même année, et celle du 18 pluviôse an 5.

« Nul doute qu'il ne viole ces dernières lois, si, d'après la coutume de Liége, François-Joseph Darbre s'est trouvé maître, après la mort de son épouse, de révoquer le testament conjonctif du 31 janvier 1789. Ainsi, toute la discussion doit porter sur ce seul point : le testament conjonctif du 31 janvier 1789 était-il ou n'était-il pas révocable, de la part de François-Joseph Darbre, après le décès de sa co-testatrice ?

» Or, sur cette question, quel est le vœu général du droit commun des pays qui admettent encore les testamens conjonctifs ? quel est le vœu particulier de la coutume de Liége? Voilà ce que notre ministère nous appelle à rechercher en ce moment.

» De droit commun, pour savoir si le co-testateur survivant peut révoquer, pour ses propres biens, le testament conjonctif auquel il a concouru, on distingue deux cas différens. Ou par ce testament les deux testateurs ont disposé chacun de ses propres biens, ou ils ont disposé chacun des biens l'un de l'autre. Au premier cas, le testateur survivant peut révoquer, mais il ne le peut pas dans le second.

» Écoutons là-dessus Pollet, dans son recueil d'arrêts du parlement de Douay, part. 1, §. 32 : « C'est un principe dont il n'est pas permis de » douter, que le testament conjonctif demeure » révocable par le survivant, pour ce qui regarde » la disposition de ses biens, à moins que les » testateurs n'aient expliqué qu'ils disposaient » chacun de tous les biens, tant de l'un que de » l'autre, ou que cela ne résulte de la disposition. » — Lorsque les testateurs disposent chacun » généralement de tous les biens l'un de l'autre, » le testament devient irrévocable par la mort » du premier mourant, en vertu du consente- » ment qu'ils se donnent mutuellement de dis- » poser des biens l'un de l'autre. On peut donner, » à cause de mort, les biens d'un autre, et lorsque » celui dont on donne les biens, consent à la » donation, il est censé les donner lui-même à » cause de la mort du vrai donateur; si l'on » aime mieux, son consentement à la force d'un » contrat. De quelque manière qu'on le prenne, » il est certain que la donation devient parfaite, » et la chose donnée passe de plein droit au » donataire par la mort du donateur. On peut » donner à cause de la mort d'un autre; et cette » espèce de donation dépend de la mort, tant » du donateur, que de celui *cujus mortis causâ* » *donatum est*, mais d'une manière différente. » Pendant la vie de l'un et de l'autre, le donateur » rétient la faculté de révoquer la donation : si » celui dont la mort est mise en condition meurt » le premier, la donation devient parfaite, et » la chose donnée passe de plein droit au do- » nataire : si le donateur meurt le premier, la » donation devient parfaite à l'égard de ses hé- » ritiers; la liberté de la révoquer ne passe point » à eux, parce qu'elle est consommée par la » mort du donateur; mais la donation demeure » en suspens, jusqu'à la mort de celui *cujus mortis* » *causâ donatum est*. Et si le donataire meurt » aussi avant l'événement de cette condition, il » ne transmet aucun droit à ses héritiers, et la » donation demeure absolument anéantie ».

» Ici, Pollet transcrit plusieurs lois romaines desquelles il résulte que *dies incertus in testamento conditionem facit*, et que le décès du légataire ou de l'héritier institué avant l'événement de la condition, entraîne la caducité de la disposition conditionnelle. Après quoi, il continue ainsi : « Lorsque, par un testament conjonctif, » chacun dispose tant de ses biens que de ceux » du survivant, chacun donne tant à cause de sa » mort que de celle du survivant. La disposi-» tion devient irrévocable par la mort du premier » mourant, parce qu'il a disposé de tout, et que » la liberté de révoquer la donation est consom-» mée par sa mort. Mais comme celle du survi-» vant est aussi mise en condition, la donation » demeure en suspens pendant sa vie. Il n'y a » rien en cela qui ne soit conforme au droit ; » c'est la nature de la condition de tenir l'acte » en suspens. La donation conditionelle faite » entre-vifs, ne laisse pas d'être irrévocable, » nonobstant qu'il dépend de la condition, s'il » y aura donation ou point. — Du moins, il est » certain, par les principes que nous venons de » rapporter, que le survivant retient la propriété » de ses biens jusqu'à sa mort. Il s'ensuit aussi » qu'il en redevient le maître, comme il était, » avant la donation, s'il arrive que les dona-» taires meurent avant lui. — On peut objecter » contre cette seconde proposition, que le » consentement que les testateurs se donnent » mutuellement de disposer des biens l'un de » l'autre, est une espèce de contrat, par lequel » ils se promettent mutuellement de ne point » révoquer la disposition ; et que, dans les actes » entre-vifs, la stipulation qui a trait à la mort, » ne rend point l'acte conditionnel, mais qu'elle » en suspend seulement l'exécution. — Il y a » une bonne réponse. Cette espèce de contrat » n'intervient point entre les testateurs et ceux » au profit desquels ils disposent. A l'égard de » ceux-ci, le testament conjonctif ne sort point » des termes de la disposition à cause de mort : » ainsi, il n'y a nulle raison de se départir des » règles établies pour les dispositions à cause » de mort. — Nous avons dit que le testament » conjonctif, par lequel chacun dispose tant » de ses biens que de ceux de l'autre, devient » irrévocable par la mort du premier mourant. » Cette proposition pourrait souffrir de la dif-» ficulté, à cause que, suivant les principes du » droit romain, on ne peut s'imposer l'obligation » de ne pas révoquer son testament, encore » bien même qu'on s'y engagerait par serment. » Mais elle est fondée sur un usage constant, et » on n'a jamais douté que les usages ne fassent » partie de notre droit coutumier, à l'exemple » du jus non scriptum des Romains. Cet usage » tire son origine des anciennes mœurs de ce » pays. Majores nostri, dit Groenewegen, nihil » prius, nihil antiquius existimaverunt, quàm » fidem datam servare. — Suivant le droit » romain, celui qui a consenti qu'un autre pût » disposer de quelque partie de son bien, n'a » point la liberté de révoquer son consentement.

» Mais on prétend qu'on ne peut suivre cette » jurisprudence, lorsque le consentement com-» prend tous les biens de celui qui consent, » parce qu'il se trouverait privé de la faculté de » tester. Nos ancêtres ont préféré la gloire de » garder leur parole à cette vaine considéra-» tion ».

» Telles sont les maximes qu'enseignait, avant l'ordonnance de 1735, le conseiller Pollet ; il les avait puisées dans les auteurs les plus accrédités des ci-devant provinces belgiques, tels que Decker, dans ses Dissertationes juris, liv. 1, chap. 1 ; Peckius, dans son Traité de testamentis conjugum, liv. 1, ch. 43 ; le président Everard, dans ses conseils 12 et 60 ; Kinschot, dans ses réponses, ch. 24 ; Wamès, cent. 6, conseil 57 ; Stockmans, dans son recueil d'arrêts du conseil de Brabant, §. 18, etc.

» Telle a toujours été aussi la jurisprudence des tribunaux supérieurs.

» Deghewiet, dans ses Institutions au droit belgique, part. 2, tit. 4, §. 6, rapporte un arrêt du parlement de Douay, du 9 mars 1689, qui juge, en confirmant une sentence de la gouver-nance de Lille, que l'époux survivant peut ré-voquer, pour sa part, le testament conjonctif par lequel l'époux prédécédé et lui ont disposé purement et simplement de leurs biens ; Stock-mans, §. 18, dit qu'il en a été plusieurs fois jugé de même au conseil de Brabant : ex verâ juris ratione, aliquoties censuimus testamenta simul condita à conjugibus, ubi quisque de suis tantùm bonis testatur, liberè revocari posse. C'est pareil-lement la jurisprudence de la chambre impériale d'Allemagne, ainsi que nous l'apprennent Myn-singer, cent. 1., ch. 8, et Gayl, liv. 3, ch. 117 ; et ceci est d'autant plus remarquable pour la cause actuelle, que le pays de Liége ressortissait ci-devant, même encore en 1789, à la chambre impériale d'Allemagne.

» Voilà pour le premier des deux cas que nous avons distingués.

» Mais, dans le second cas, c'est-à-dire, lorsque les deux époux ont disposé confusément des biens l'un de l'autre, les arrêts ont constamment refusé au survivant la faculté de toucher au testament conjonctif, même pour sa part. Cuvelier, au mot Testament, en rapporte un du grand conseil de Malines, de l'an 1599. Dulaury, ch. 29, nous en fournit un semblable de la même cour, rendu en 1614. Deghewiet, à l'endroit déjà cité, nous en retrace un troisième du parlement de Douay, en date du 19 novembre 1679.

» Voyons maintenant en quoi la coutume de Liége s'accorde avec cette jurisprudence et en quoi elle s'en écarte. Voici ce qu'elle porte, Ch. 10, art. 4 et 5 : « Testament fait par deux » conjoints en faveur de leurs enfans communs, » ne se peut par le survivant révoquer : ainsi » doit sortir ses effets, de quel côté les biens » soient procédans. — Mais quand il n'y a enfant,

» le survivant le peut révoquer à l'égard des
» biens venans de son côté ».

» Vous remarquez, C. M., que; dans ces
deux articles; la coutume de Liége ne s'attache
pas à la distinction établie par les auteurs qui
ont écrit et par les arrêts qui ont jugé d'après le
droit commun; qu'elle ne distingue pas, comme
eux, entre le cas où les testateurs ont disposé
purement et simplement de leurs biens, et où
ils ont disposé chacun des biens l'un de l'autre;
mais seulement entre le cas où les co-testateurs
laissent des enfans et le cas où ils n'en laissent
point.

» S'ils laissent des enfans; le testament conjonctif fait en leur faveur, devient irrévocable
par le décès de l'un des époux; et la coutume ne
limitant point cette irrévocabilité au testament
par lequel les co-testateurs disposent des biens
l'un de l'autre; la coutume n'exceptant pas de
cette irrévocabilité le testament par lequel les
co-testateurs n'ont disposé que chacun de ses
propres biens; la coutume, en un mot, ne faisant
dépendre cette irrévocabilité que de l'existence
d'enfans communs aux co-testateurs, il est évident, il est clair comme le jour, dès qu'il
existe des enfans communs aux testateurs, le survivant des co-testateurs ne peut pas révoquer le
testament conjonctif, soit qu'il le testament, les
co-testateurs aient confondu en une seule
masse les biens l'un de l'autre, pour en disposer
simultanément, soit qu'ils se soient bornés à
faire porter leurs dispositions respectives sur les
biens propres à chacun d'eux.

» Mais s'ils ne laissent pas d'enfans, le dernier
vivant peut révoquer, pour sa part, le testament
conjonctif; et comme la coutume ne lui en
donne pas seulement la faculté dans le cas où,
par le testament conjonctif, les co-testateurs
n'ont disposé que chacun de ses propres biens;
comme la coutume n'excepte pas de cette faculté
le cas où, par le testament conjonctif, les co-
testateurs ont disposé simultanément des biens
l'un de l'autre; en un mot, comme la coutume
ne fait dépendre cette faculté que de la non-
existence d'enfans communs aux testateurs, il
est d'une égale évidence, il est également clair,
que, dès qu'il n'existe point d'enfans communs,
le survivant des co-testateurs peut révoquer le
testament conjonctif par lequel ils ont disposé
des biens l'un de l'autre, comme le testament
conjonctif qui ne contient, de la part de chacun d'eux, que la disposition de son propre
patrimoine.

» Voilà, il est impossible d'en douter, le véritable esprit de la coutume, voilà le seul sens
dans lequel puissent être entendus ses deux articles concernant la révocabilité des testamens
conjonctifs.

» Cependant, nous devons le dire, les commentateurs liégeois, notamment Méan, observation 77, n. 4, 6 et 7, son annotateur Louvrex,

Héeswyck, controverse 53, n. 25; et Sohet,
dans ses *Institutes*, liv. 3, tit. 25; n. 67, enseignent unanimement que, même dans cette
coutume, le testament conjonctif par lequel
deux époux ont disposé confusément des biens
l'un de l'autre, devient irrévocable par la mort
de l'un d'eux sans enfans, et que le survivant
ne peut pas y toucher, même pour ses propres
biens. Il y a plus; la doctrine de ces auteurs est
devenue, par l'usage même du pays de Liége,
une sorte de dogme que l'on n'oserait plus ni
contester, ni censurer; et cet usage mérite d'autant plus de considération, qu'étant commun à
tout le territoire de la coutume de Liége; il se
trouve précisément dans la position où l'usage
peut abroger, et à plus forte raison, modifier
la loi (1).

» Mais, en accordant au tribunal d'appel de
Bruxelles que, dans le pays de Liége, comme
dans les contrées qui ne connaissent là-dessus
que le droit commun, le survivant des co-
testateurs qui ont disposé confusément des biens
l'un de l'autre, ne peut pas révoquer, pour sa
part, le testament conjonctif fait en faveur d'é-
trangers; il reste à savoir si cette exception peut
s'appliquer au testament conjonctif dont il est
ici question : il reste à savoir si, par ce testament, François-Joseph Darbre et Marie-Hélène
Demerbe ont disposé des biens l'un de l'autre,
ou s'ils n'ont fait que disposer chacun de ses
propres biens.

» Or, à cet égard, il est un principe sur lequel tous les auteurs sont d'accord : c'est que,
dans un testament conjonctif, chacun des co-
testateurs est censé ne disposer que de son patrimoine, à moins, vous vous rappelez que ce
sont les termes de Pollet, *à moins qu'ils n'aient
expliqué qu'ils disposaient, chacun de tous les
biens, tant de l'un que de l'autre, ou que cela
ne résulte clairement de leur disposition.* Sohet
dit la même chose au n. 77 du titre cité : il doit
conster évidemment (ce sont ses propres expressions), *que les deux testateurs ont disposé des
biens l'un de l'autre.* C'est aussi ce qu'enseigne
Louvrex, dans ses notes sur Méan, *définition* 23,
notes 5 et 7. Et Stockmans, §. 18; n. 4, a soin
de nous avertir que les co-testateurs sont censés
ne disposer chacun que de ses biens propres,
s'ils n'ont pas exprimé qu'ils disposaient chacun
de l'universalité des biens, *et par conséquent des
biens l'un de l'autre,* quoique d'ailleurs ils aient
commencé par dire qu'ils se donnaient un consentement mutuel pour tester ensemble : *multò
minus irrevocabilitas mutui testamenti conjugum
indè deduci potest ex eo quòd.... dicant in principio conjuges se testari mutuo consensu vel reciprocâ permissione, si non adjecerint quemque*

---

(1) V. l'article *Opposition aux jugemens par défaut,*
§. 7.

testari de universis, et sic de alterius quoque bonis testari.

» Or, dans notre espèce, quelle preuve avons-nous que François-Joseph Darbre et Marie-Hélène Demerbe aient disposé des biens l'un de l'autre? C'est, répond le tribunal d'appel de Bruxelles, que les co-testateurs ont, *d'un consentement mutuel* (termes qui ne se trouvent même pas dans le testament), *disposé. confusément et indivisément de la masse entière de leurs biens.*

» Mais là dessus, il se présente deux observations essentielles : l'une de fait, l'autre de droit.

» Dans *le fait*, nous ne voyons, ni dans le testament, ni dans aucun autre acte de la procédure, que l'un des co-testateurs ait eu des biens distincts de ceux de l'autre. Nous n'y voyons pas qu'ils aient eu chacun son propre patrimoine. Nous devons croire, d'après cela, que tout ce qu'ils possédaient était commun entre eux, soit par l'effet d'une stipulation de leur contrat de mariage, soit parce que tout avait été acquis pendant leur communauté. Et vous savez d'ailleurs que, dans l'incertitude sur l'origine des biens possédés par deux époux dans un pays où la communauté a lieu de plein droit, on ne les répute, ni propres au mari, ni propres à la femme, mais conquêts de la communauté elle-même. Ainsi, en point de fait, nul doute que François-Joseph Darbre et Marie-Hélène Demerbe ne doivent être considérés comme ayant disposé, par leur testament conjonctif du 31 janvier 1789, de biens qui leur appartenaient en commun et par indivis. C'est d'ailleurs ce qui résulte des dispositions de la coutume de Liége elle-même. Par cela seul, en effet, qu'elles établissent le droit de *mainplévie*, elles rendent communs aux deux époux, même les biens que chacun d'eux possédait avant le mariage; et Méan a soin d'en faire la remarque dans son observation 83 : *Moribus Leodiensium,* dit-il, *utriusque conjugis patrimonium unum, jure connubii, per confusionem fit.*

» Dans *le droit*, lorsque deux co-testateurs disposent indivisément de la masse des biens communs entre eux, sont-ils, pour cela, censés disposer des biens l'un de l'autre? Non : ils sont, au contraire, censés ne disposer que chacun de sa part indivise. — C'est ce qu'établit et démontre Voët, dans son commentaire sur le Digeste, liv. 23, tit. 4, n. 63. Quoique, par le testament conjonctif, dit-il, les époux aient déclaré qu'ils disposaient en commun de tous leurs biens, comme d'une seule masse, il ne s'ensuit pas que le survivant ne puisse pas révoquer ce testament pour sa part : *Licet tali.... dispositione testamentaria..... conjuges dicantur de toto patrimonio velut unâ massâ communiter disposuisse; non tamen indè arguitur impedita mutandi licentia in conjuge ultimo superstite,*

ratione suæ partis suæque cognationis per.... testamentum mutuum cùm conjuge superstite conditum ad successionem suam vocatæ. Car alors même, il n'est pas vrai qu'il n'existe qu'un seul testament et une seule succession, ou, ce qui est la même chose, que chacun des époux ait disposé des biens de son co-testateur; ce sont, au contraire, deux testamens distincts et deux successions différentes; et les deux co-testateurs ne sont censés disposer respectivement que de leur moitié dans les biens qu'ils possèdent en commun et réunis en une seule masse : *cùm verum non sit, hîc unum esse de unâ duorum hereditate testamentum aut hâc ratione conjugem unum de conjugis alterius substantiâ ex assensu ejus testatum esse...; sed potiùs duo de duobus testatorum duorum hereditatibus testamenta sunt, disponentia de duabus partibus dimidiatis bonorum illorum quæ conjuges, sive ex pactis dotalibus, sive ex vi statutariæ communionis...., communia, velut unam unius patrimonii massam in unum collata habere voluerunt ac coadunata.* Car de même que deux associés, en vendant à un tiers, par un seul et même acte, un héritage qu'ils possèdent en commun et par indivis, ne sont censés vendre que chacun sa part, et qu'en conséquence chacun d'eux ne soit soumis que pour sa part, à la garantie de la vente; de même aussi, lorsque, par un seul et même testament, deux époux disposent de la masse commune d'un double patrimoine, la disposition de chacun d'eux n'est censée porter que sur sa portion indivise dans cette masse; et, de là, il suit que chacun d'eux retient la faculté de disposer de son propre bien autrement que l'avait réglé le testament conjonctif : *sicut enim duo socii extraneo simul vendentes uno actu prædium inter se commune atque indivisum, singuli tamen non ultrà suam partem vendidisse, nullatenis verò de socii sui parte per contractum disposuisse intelligitur; et ob id singuli quoque non ultrà suam partem de evictione, ubi illa supervenerit, obstricti sunt : ità quoque si de communi massâ patrimonii duplicis consolidati disponant simul per..... testamentum duo conjuges, singuli tamen non de totâ patrimonii communis massâ, sed tantùm de suâ parte, quam pro indiviso habebant ex eâ massâ, sibi competentem, censeri debet disposuisse. Cui deindè consentanum est, ut quisque sibi salvam retinuerit licentiam de rebus suis aliter disponendi, quàm... testamento communiter cùm prædefuncto conjuge condito, cautum erat.*

» Cette doctrine est ici d'autant moins susceptible de critique, qu'elle est expressément consacrée par un texte du droit romain qui fait loi dans toute l'Allemagne, dont le ci-devant pays de Liége faisait partie avant sa réunion au territoire français. En effet, la loi 5, §. 1 et 2, D. *de legatis* 1.°, met en principe que celui qui a disposé d'un effet ou d'un fonds commun par indivis entre lui et une autre personne, n'est censé en avoir disposé que pour sa part, quoique dans le testament il ait dit, *mon héritage*, *ma chose*, comme s'il en eût été seul propriétaire : *Labeo ait*, *cùm certa res aut persona legatur*, *et communis sit*, *totum deberi* ; *Trebatium verò respondisse partem deberi Cassius scripsit*; *quod et verius est*. — *Cùm fundus communis legatus sit*, *non adjectâ portione*, *sed MEUM nominaverit*, *portionem deberi constat*.

» Et c'est sur cette loi que s'est spécialement fondée la chambre impériale d'Allemagne, pour juger conformément au système de la révocabilité, une espèce singulièrement analogue à la nôtre, et que nous retrace Mynsinger, *cent.* 1, *obs.* 8.

» Deux époux avaient, par un testament conjonctif, ordonné que leurs acquêts appartiendraient, moitié aux plus proches parens du mari, et moitié aux plus proches parens de la femme; et en disposant ainsi, ils avaient déclaré le faire de leur consentement mutuel, et sous leur foi réciproque : *mutuo consensu ac reciprocâ fide*.

» La femme étant morte la première, le mari avait passé à de secondes noces; et il avait, en révoquant, pour sa part, le testament conjonctif, disposé en faveur de sa seconde épouse, des acquêts que cet acte assignait à ses héritiers *ab intestat*.

» Question de savoir si ces nouvelles dispositions étaient valables : *Quæsitum fuit an id jure subsisteret*. Quelques-uns des juges, dit l'arrêtiste, opinaient pour la négative, et ils se fondaient sur deux raisons : la première, que les deux époux n'avaient disposé en commun que de leur mutuel consentement; que ce consentement avait la force d'un contrat, et qu'il était par conséquent irrévocable; la seconde, que, par une clause particulière du testament dont il s'agissait, les deux co-testateurs s'étaient réservé la faculté de le révoquer du consentement l'un de l'autre; et que de là il suivait nécessairement qu'ils avaient renoncé à la faculté de le révoquer chacun séparément. Mais, nonobstant ces raisons, la majorité s'est déterminée pour la validité de la révocation faite par le mari survivant : *sed prædictis argumentis non obstantibus*, *censuerunt domini crebrioribus suffragiis*, *maritum superstitem hujusmodi revocationem jure fecisse*. Et voici sur quel fondement.

» D'abord, il est de principe que, quand un mari et sa femme testent ensemble, l'acte qu'ils font contient réellement deux testamens, parce qu'il y a autant de testamens que de testateurs : *primò*, *quia de jure duo censentur esse testamenta*, *ex quo vir et uxor simul testati sunt*; *quia tot sunt testamenta*, *quot sunt personæ testamentum facientes*. Ainsi, la chose revient au même que si chacun des époux avait disposé sé-

parément de sa moitié des acquêts, ce qui entraîne évidemment, pour l'époux survivant, la faculté de révoquer ce qu'il a fait conjointement avec le prédécédé : *et sic perindè est ut si unusquisque eorum seorsim et discretivè de semisse bonorum communium ad eum spectante disposuisset*; *et per consequens*, *superstes suam voluntatem revocare potuit*. En second lieu, dès qu'il existe réellement deux testamens renfermés en un seul acte, et que les deux époux ont testé de biens qui leur étaient communs par indivis, la loi 5, §. 2, D. *de legatis* 1.°, nous apprend que chacun d'eux n'est censé avoir disposé que de sa part, et nullement de celle de l'autre : *item ex quo duo sunt testamenta*, *testatique sunt præfati conjuges de bonis communibus per eos acquisitis*, *quilibet in dubio de suâ*, *et non de alterius portione*, *disposuisse censetur*, *per textum in lege*, etc. Il n'importe que les deux époux aient déclaré expressément qu'ils testaient de leur consentement mutuel. Sans doute, tout consentement a la force d'un contrat; mais que résulte-t-il du consentement mutuel dont il s'agit ? Il en résulte que le mari n'a pas pu révoquer son consentement à ce que sa femme disposât de sa moitié dans les biens communs : *Maritum non potuisse revocare consensum uxori suæ præstitum in testamenti per eam conditi factione*. Mais il ne suit point de là que le mari n'a pas pu révoquer le testament qu'il avait fait lui-même du consentement de sa femme : *ex hoc tamen non sequitur*, *quòd nec suum proprium testamentum revocare potuerit*, *suæ uxoris consensu erectum*. Pourquoi cela ? parce que le mari n'avait pas besoin du consentement de sa femme pour disposer de sa part indivise dans les conquêts. Il importe donc peu que sa femme ait consenti à ce qu'il en disposât; ce consentement superflu ne peut pas le priver de la faculté de révoquer sa propre disposition. Donné par addition surabondante à ses droits, ce consentement n'a pas pu diminuer les droits qu'il y avait de son propre chef : *Etsi enim uxor non consensisset maritus*, *potuisset nihilominùs testari de medietate hujusmodi bonorum acquisitorum*, *pro indiviso ad eum spectante* : *ergò licet consenserit ut de suâ medietate testaretur*, *ille consensus non aufert facultatem revocandi*; *et cùm datus fuerit ad augmentum*, *non debet operari diminutionem*. Enfin, on ne doit pas s'arrêter à la clause par laquelle les co-testateurs se sont réservé le droit de révoquer conjointement leur disposition commune; car, quand on voudrait induire de là qu'ils se sont promis de ne pas la révoquer séparément, qu'en pourrait-on conclure ? Les lois déclarent, en termes exprès, qu'il y a toujours lieu à révocation, quoique le testateur se soit engagé par promesse ou même par serment, de ne pas révoquer sans le consentement d'un autre : *jure cautum est quamvis aliquis promisisset vel etiam jurasset non revocare testamen-*

48

um sine consensu alterius, tamen revocationi locum esse.

» Ainsi s'explique Mynsinger ; et , comme vous le voyez, C. M., il réfute à l'avance l'argument que , dans notre espèce, le jugement attaqué tire de la clause par laquelle François-Joseph Darbre et Marie-Hélène Demerbe se réservent *le pouvoir de changer tout ou partie conjointement et non séparément.*

» Donner un pareil effet à cette clause, c'est méconnaître, c'est violer ouvertement la loi 22, D. *de legatis* 3.°, suivant laquelle nul ne peut, par son testament, s'imposer la condition de ne pouvoir le changer par la suite : *nemo eam sibi potest legem dicere , ut à priore ei recedere non liceat.* Aussi lisons-nous dans Stockmans, §. 18, n. 4, que plusieurs fois le conseil de Brabant a jugé valablement révoqués par les époux survivans, des testamens conjonctifs qui portaient la clause formelle de n'y pouvoir déroger que du consentement mutuel des deux co-testateurs : *aliquoties censuimus testamenta simul condita à conjugibus, ubi quisque de suis tantùm bonis testatur, liberè revocari posse....; nec quidquàm facere clausulam adjectam de non revocando sine mutuo consensu, quia nemo potest sibi eam legem dicere, ut non possit à priore voluntate recedere, nec promissio ulla vel juramentum eam vim habet ut quis liberam facultatem testandi sibi adimat.*

» Comment donc le tribunal d'appel de Bruxelles a-t-il pu attribuer à la clause dont il est question, la vertu d'empêcher François-Joseph Darbre de révoquer, pour sa part, le testament conjonctif du 31 janvier 1789? C'est, porte son jugement, parce que *les coutumes de Liége admettent la renonciation à la faculté de tester.*

» Mais quelle preuve donne-t-il d'une aussi étrange assertion? Aucune.

» Et dans le fait, nous voyons bien que, dans le pays de Liége, comme partout ailleurs, on peut, par une institution contractuelle, s'ôter le droit de faire un héritier testamentaire. Nous y voyons bien aussi qu'on peut, lorsqu'on a des enfans, se priver, en faisant à leur profit un testament conjonctif, de la faculté de disposer ultérieurement à leur préjudice.

» Mais hors ces deux cas, la liberté de tester, et par suite, celle de révoquer un testament, est tout aussi générale, tout aussi illimitée dans la coutume de Liége, que dans les autres; et certainement il suffit que la coutume de Liége n'ait pas étendu plus loin que qu'elle fait, dans ces deux cas, aux principes du droit romain, pour que ces principes conservent, dans les autres cas, toute leur autorité.

» Mais, dit-on, l'usage du pays de Liége est de regarder comme irrévocable tout testament conjonctif par lequel les co-testateurs se sont imposé la loi de ne pouvoir le révoquer que de commun accord; et cet usage est attesté par Méan, *observ.* 83. On pourrait ajouter que Sohet, dans ses *Institutes* liégeoises, liv. 3, tit. 25, n. 67, dit également et en termes exprès, que *le testament conjonctif est révocable à l'égard des biens du survivant, sinon.... lorsqu'il y a clause de ne le révoquer que conjointement.*

» Si tel est effectivement l'usage, s'il est bien constant, s'il n'a jamais varié, nous n'avons plus rien à dire. L'usage a pu, dans le pays de Liége, modifier la liberté que les lois romaines accordent au testateur de révoquer, quand il lui plaît, ses dernières dispositions; et vous savez, C. M., vous avez même prouvé par une infinité de vos jugemens, que l'on ne peut pas tirer un moyen de cassation d'une loi romaine à laquelle il a été dérogé par un usage contraire.

» Mais d'abord Sohet ne fonde pas sa doctrine sur l'usage du pays de Liége; il la fonde seulement, et sur les art. 4 et 5 du chap. 10 de la coutume qui ne disent pas un mot de cela, et sur les autorités de Voët et Deghewiet qui n'en parlent pas davantage, et sur celle de Méan que nous apprécierons dans un instant.

» Ce n'est donc pas comme témoin de l'usage réclamé par les parties en faveur desquelles a prononcé le tribunal de Bruxelles, que l'on peut invoquer ici le passage de Sohet dont nous venons de vous retracer les termes; on ne peut l'invoquer que comme l'opinion individuelle d'un auteur sur la question qu'il traite. Mais à cet égard, nous devons dire que Sohet, quelque estimable que soit son ouvrage, considéré comme table des matières de la jurisprudence liégeoise, ne jouit à Liége d'aucune confiance, quand il ne fait qu'énoncer sa propre opinion sur des points de cette jurisprudence. Nous l'avons connu exerçant la profession d'avocat-procureur dans une petite justice seigneuriale du ressort du parlement de Douay, régie par la coutume de Liége ; et sans doute, ce n'était point là une école bien sûre pour s'initier dans les mystères de la législation de cette contrée.

» A l'égard de Méan, rien, au premier coup d'œil, de plus positif que ce qu'il dit dans son observation 83. *Si desint liberi*, ce sont ses termes, *superstes, quoad bona à latere suo provenientia, testamentum cum conjuge prædefuncto conjunctim factum, revocare potest, manente prædefuncti conjugis testamento irrevocabili per ejus mortem, quoad bona ejusdem.* C'est ce qu'il justifie par l'art. 5 du chap. 10 de la coutume, et par un acte de notoriété des échevins de Liége, du 18 mars 1613. Puis il ajoute, d'après un autre acte de notoriété des mêmes échevins, du mois de juin 1582 : *nisi tamen testamento communi conjugum conjuncta sit clausula facultatem continens revocandi illud conjunctim et non aliter.*

» Mais là-dessus, plusieurs observations.

» 1.° Méan cite à l'appui de sa doctrine, le

Traité *de testamentis conjugum*, de Peckius, conseiller au grand conseil de Malines, et professeur de droit en l'université de Louvain. Eh bien! nous avons vérifié le texte de Peckius, et nous pouvons vous assurer, non-seulement qu'il ne contient pas un mot de ce que lui prête Méan; mais que Peckius ne traite même pas la question.

» 2.º Méan se fonde encore sur ce que, dans le pays de Liége, on peut efficacement renoncer à la faculté de tester. Mais par quelle loi justifie-t-il ce prétendu principe? Il le justifie par l'art. 5 du tit. 2 de la coutume; or, cet article ne parle que des institutions d'héritier par contrat de mariage; et assurément de ce que, par contrat de mariage, on peut instituer irrévocablement pour héritiers, soit les futurs époux, soit les enfans à naître de leur union, il ne s'ensuit nullement que l'on puisse faire la même chose par testament.

» 3.º L'annotateur de Méan, Louvrex, beaucoup plus estimé dans le pays de Liége que Méan lui-même, dit dans sa note *h* sur ce passage, que, s'il n'était pas arrêté par une sorte de respect pour l'acte de notoriété des échevins de Liége, cité par son auteur, il aurait beaucoup de peine à se rendre à cette opinion qu'il croit avantageusement combattue par la décision 18 de Stockmans: *dubitarem tamen de hâc opinione, si non haberemus attestationem DD. Scabinorum hîc citatam, ut videre est ex Stockmans, decis. 18.*

» 4.º L'attestation des échevins de Liége qui en impose tant à Louvrex, prouve, par son seul rapprochement avec le texte de la coutume, qu'elle ne mérite aucune espèce de considération. En effet, cette attestation remonte, comme vous venez de le voir, au mois de juin 1582, et par conséquent à une époque bien antérieure à la rédaction de la coutume, qui ne date que de l'an 1642. Or, si l'usage prétendu que les échevins de Liége ont attesté en 1582, avait été aussi constant que l'assure le tribunal d'appel de Bruxelles, très-certainement nous le retrouverions dans le texte de la coutume; et cependant la coutume est absolument muette à cet égard; la coutume ne limite par aucune exception, la faculté qu'elle laisse à l'époux survivant de révoquer le testament conjonctif fait en faveur d'étrangers ou de parens collatéraux; la coutume ne déroge en aucune manière, pour ce cas, aux dispositions des lois romaines qui déclarent nulle toute renonciation à la faculté qu'a essentiellement chaque testateur de révoquer ses dernières volontés; la coutume proscrit donc implicitement le prétendu usage que les échevins de Liége avaient attesté en 1582.

» 5.º Méan lui-même a tellement senti que sa doctrine, quoique conforme à l'acte de notoriété de 1582, ne pouvait pas se soutenir, que, dans son *observation* 592, intitulée *Appendice à l'observation* 83, il l'a restreinte à ce seul sens, que la révocation faite séparément par l'un des époux

testateurs, ne peut pas nuire à l'autre époux, mais qu'elle nuit aux parens collatéraux qui étaient appelés par le testament conjonctif. *Quod enim,* dit-il, *in obs.* 83, *traditur vi clausulæ quâ non nisi conjunctim conjugibus jus disponendi relinquitur, sublatam esse facultatem disponendi separatim cuique conjugum, intelligendum est nolente et reluctante altero conjugum, quia, eorum respectu, consensus ille mutuus disponendi conjunctim solùm transit in contractum, qui invito altero revocari nequit, quæ est ratio dictæ observationis* 83. Ainsi, deux époux se seront, par un testament conjonctif, institués réciproquement héritier universel l'un de l'autre, et ils auront déclaré que ce testament ne pourra être révoqué par eux, que d'un commun accord; si l'un d'eux, à l'insu ou contre la volonté de l'autre, fait un acte révocatoire, cet acte sera nul, quant à l'époux qui ne l'a point souscrit; et en cas qu'il survive à l'époux révoquant, il exercera sur sa succession les mêmes droits que si le testament n'avait subi aucune espèce de révocation. Mais est-il question d'un testament conjonctif qui appelle des parens collatéraux, soit des deux époux, soit de l'un ou de l'autre seulement, à recueillir leurs biens respectifs après leur mort? Alors, c'est toute autre chose. La révocation, quoique faite séparément, a tout son effet contre eux; et c'est ce que Méan établit de la manière la plus positive: *non obstat,* dit-il, *quòd conjuges reservantes solùm sibi jus revocandi hanc reversionis legem conjunctim, videantur alio casu sustulisse sibi jus eam revocandi. Quia, ut suprà dictum est, hæc conditio conjuges solùm respicit; quorum præjudicio alteruter non potest disponere nisi conjunctim, quia hic consensus mutuus eorum respectu transit in contractum; consanguineos autem non concernit, quibus hæc accessoria clausula plus juris non tribuit quàm principalis conditio reversionis bonorum ad eos, ex quâ nihil illis irrevocabiliter acquiritur.* Méan ajoute qu'il en a été ainsi décidé par deux jugemens solennels rendus à Liége, en juillet 1661, l'un par les échevins, après en avoir conféré avec le conseil ordinaire, l'autre par le conseil ordinaire, après en avoir conféré avec les échevins.

» C'est aussi ce qu'enseigne Louvrex dans sa note déjà citée sur l'*observation* 83 de Méan: *revocatio separatim facta,* dit-il en parlant du cas où le testament conjonctif renferme la clause de ne pouvoir le révoquer que conjointement, *non substitit respectu conjugum, sed consanguineorum.*

» Même doctrine dans les notes de *Bastin* sur le même auteur, page 15: *ista clausula non operatur respectu tertii, et ità consanguinei non possunt impedire revocationem.*

» Enfin, C. M. nous nous sommes assurés par le témoignage d'un profond jurisconsulte de Liége, qui a siégé pendant plusieurs années au tribunal de cassation, que telle est depuis long - temps la jurisprudence des tribunaux liégeois.

» Il s'en faut donc beaucoup que l'*usage* dans lequel s'est retranché le tribunal de Bruxelles, soit favorable à son système et puisse justifier sa décision : sa décision n'est pas moins contraire à l'usage du pays de Liége, qu'aux lois proprement dites qui gouvernent cette contrée; et par ces considérations, nous estimons qu'il y a lieu d'admettre la requête du demandeur ».

Ces conclusions ont été adoptées par arrêt du 13 vendémiaire an 11, au rapport de M. Delacoste. Mais la cause portée à la section civile, arrêt y est intervenu le 17 vendémiaire an 12, au rapport de M. Ruperou, *multis contradicentibus*, par lequel,

« Considérant que l'art. 1 de la loi du 18 pluviôse an 5 maintient toutes les libéralités devenues irrévocables avant la publication de la loi du 5 brumaire an 2 ;

■ Considérant qu'il n'a été cité aucun article de la coutume de Liége qui dise qu'un testament conjonctif où les époux se sont imposé la loi de ne le changer que du consentement mutuel, demeurera cependant révocable par le survivant;

» Considérant que le tribunal d'appel atteste, au contraire, que, *suivant les usages des habitans du pays de Liége, un tel testament devient irrévocable pour le tout à la mort du prédécédé des co-testateurs*, et que rien ne prouve que cette assertion soit contraire à la vérité ;

» Par ces motifs, le tribunal rejette le pourvoi de Guillaume Goffin. . . ».

On voit que cet arrêt ne décide rien contre les principes que j'avais établis, qu'il n'a été déterminé que par le fait de l'*usage* attesté par la cour d'appel de Bruxelles, et que Guillaume Goffin n'avait pas détruit; qu'ainsi, la question venant à se représenter, on pourrait, en prouvant que cet usage n'existait réellement pas dans le pays de Liége avant l'abolition des testamens conjonctifs, reproduire avec confiance le système soutenu infructueusement par Guillaume Goffin.

§. II. 1.° *Les testamens conjonctifs olographes, lorsqu'ils étaient autorisés, devaient-ils, à peine de nullité, être écrits en entier par chacun des co-testateurs ? Comment chacun des co-testateurs devait-il procéder, à cet égard, pour remplir le vœu de la loi ?*

2.° *Un testament conjonctif par lequel deux personnes disposaient confusément de leurs biens respectifs, devenait-il tellement irrévocable par la mort de l'une d'elles, que la dernière vivante n'eût plus la faculté de disposer par testament des biens qu'elle avait acquis depuis cette mort ?*

Le 11 avril 1776, Marguerite Richir, veuve de Jacques Lecaille, et Marie-Catherine Richir, sa sœur, domiciliées à Conillet, commune du pays de Liége, font, conjointement et par le même acte, un testament olographe qui débute en ces termes : « Souhaitant *de disposer des biens que nous possédons,* nous avons jugé à propos de faire nos dispositions de dernière volonté de la manière suivante, voulant qu'elles sortent leur plein et entier effet, *sous la réserve de pouvoir les changer,* ainsi et comme nous trouverons à propos voir, *conjointement et pas autrement* ».

Mais il est à remarquer que ces mots *et pas* sont rayés sur la minute, et qu'on y a substitué l'expression *ou*, et qu'après *autrement*, on a ajouté : *selon qu'il plaira et trouvera bon la dernière vivante de nous deux testatrices.* Il paraît même que ces ratures, substitution et addition sont d'une main étrangère.

Quoi qu'il en soit, les deux sœurs déclarent *instituer la dernière vivante des deux testatrices héritière universelle, pour en jouir,* disent-elles, *la vie durante de nous deux testatrices, pour en-suite suivre relativement à la disposition suivante.* Après cette première disposition, les deux testatrices font un grand nombre de legs particuliers dont elles chargent l'héritier qu'elles vont désigner, puisqu'elles ajoutent : « venant à l'institution de notre héritier, nous déclarons nommer et instituer pour notre héritier universel, tant mobilier qu'immobilier, or, argent, bijoux, linges, argenterie et prétentions quelconques, rien réservé ni excepté, le tout situé tant à Conillet que dans tous autres pays, Jean-Baptiste Bosquet, avocat à Liége, pour en jouir de toute notre succession immédiatement après le décès de la dernière de nous deux testatrices ». L'acte est, au surplus, écrit en entier de la main de Marguerite Richir, et il est signé tant par celle-ci que par Marie-Catherine Richir.

Le 13 février 1777, décès de Marguerite Richir.

Le 26 janvier 1790, Marie-Catherine Richir fait devant notaires un testament par lequel, « usant du pouvoir qui lui est attribué par le testament conjonctif qu'elle a fait avec sa sœur..., le 11 avril 1776, elle déclare le casser, révoquer et annuller ». En conséquence, elle institue deux héritiers, savoir : Jean-Baptiste Bosquet, déjà appelé à toute sa succession par le testament conjonctif, et Victorien Barré, à qui elle assigne pour sa portion le *cense* ou la ferme *de la Couture,* dont elle avait fait l'acquisition depuis la mort de sa sœur.

Par le même acte, elle nomme pour exécuteur testamentaire, Henri Cramme, prêtre, et lui fait des legs assez considérables.

Marie-Catherine Richir a survécu près de cinq ans à ce testament; elle est morte le 30 décembre 1794, époque où les lois françaises n'étaient pas encore publiées dans le pays de Liége, qui, par conséquent, demeurait toujours soumis à ses anciennes lois, à sa coutume et à ses usages.

Alors paraissent successivement les deux testamens des 11 avril 1776 et 26 janvier 1790; et par des circonstances dont le détail est inutile ici, ce n'est qu'après l'acceptation du deuxième de la part du sieur Bosquet, que le premier vient à sa connaissance.

Le sieur Bosquet demande la nullité du deuxième, et il se fonde sur l'irrévocabilité que le premier a, suivant lui, acquise par la mort de Marguerite Richir, l'aînée des deux sœurs co-testatrices.

Le sieur Barré lui oppose d'abord la nullité du testament par rapport à Marie-Catherine Richir, qui ne l'a pas écrit en entier, et n'a fait que le signer. Il prétend ensuite que, par le premier testament, la survivante des deux testatrices est expressément autorisée à le révoquer et à en faire un autre; et là s'élève la question de savoir si c'est par les deux testatrices ou par un étranger qu'ont été faites, dans le préambule de l'acte, les ratures, substitution et addition dont il a été parlé ci-dessus. Enfin, le sieur Barré soutient que, même en supposant le testament conjonctif valable dans son principe, que, même en le supposant devenu irrévocable par la mort de Marguerite Richir, Marie-Catherine Richir n'en a pas moins pu disposer à son profit de la ferme de la Couture, puisqu'elle l'avait acquise depuis le décès de sa sœur, et que, par conséquent, cette ferme n'était entrée pour rien dans les dispositions conjonctives des deux testatrices.

Le 24 thermidor an 6, « Considérant que Marguerite et Marie-Catherine Richir ont clairement manifesté, dans le préambule de leur testament conjonctif du 11 avril 1776, que leur volonté était de disposer des biens qu'elles possédaient; que ces expressions étant conçues au temps présent, n'ont aucun trait aux biens qu'elles posséderaient par la suite; que celles dont elles se sont servies dans le reste du contenu du testament, *que le cit. Bosquet jouira de toute leur succession* et autres semblables, comme postérieures audit préambule, et n'étant en soi que l'émanation de cette même volonté prédéclarée, y sont de tout chef corrélatives; que, quoiqu'il soit vrai en thèse, que le mot *succession* contient l'universalité des biens d'un défunt, soit présens, soit futurs, il n'est pas moins constant d'ailleurs que cette universalité peut se restreindre, comme dans l'hypothèse dont il s'agit, à une masse fixe et déterminée de biens, tels que ceux que les testatrices possédaient lors de la confection de leur testament conjonctif; qu'il conste au procès que la ferme

de la Couture n'était pas à cette époque, et n'a même jamais été comprise dans la masse des biens mentionnés au prédit testament, puisque les testatrices ne la possédaient pas, et qu'elle n'a été acquise par Marie-Catherine Richir, que long-temps après le décès de Marguerite Richir, sa sœur; que cette même ferme est, par conséquent, une propriété particulière à Marie-Catherine Richir; qu'il ne conste pas d'ailleurs au procès que cette ferme fût un remploi; que tout acte qui restreint la liberté de disposer de ses biens, doit être de stricte interprétation; que tout doit militer, au contraire, en faveur de cette liberté; qu'ainsi, Marie-Catherine Richir a pu disposer de ladite ferme, par son testament du 26 janvier 1790, en faveur du cit. Barré; que le cit. Bosquet, l'un des héritiers nommés par ce testament, l'a fait *réaliser;* qu'il résulte de là une approbation de sa part, du contenu en icelui »; le tribunal civil du département de Sambre et Meuse, en confirmant un jugement du tribunal civil du département de Jemmapes; du 17 pluviôse an 6, a ordonné l'exécution du testament particulier de Marie-Catherine Richir, et a maintenu le sieur Barré dans la propriété de la ferme de *la Couture.*

Le sieur Bosquet s'est pourvu en cassation contre ce jugement, et la cause portée à l'audience de la section des requêtes, j'ai dit:

« Trois moyens de cassation vous sont proposés dans cette affaire.

» Le premier est une prétendue contravention à la loi du 3 brumaire an 2; et cette contravention, le demandeur la fait résulter de ce que le tribunal civil de Sambre et Meuse, après avoir entendu les plaidoiries, a déclaré *la cause conclue en droit,* et renvoyé à une autre audience pour la prononciation du jugement; de ce qu'il a prononcé le jugement à une autre audience que celle qui avait été indiquée; de ce qu'il n'a pas fait précéder cette prononciation d'un rapport public.

» Mais qu'a entendu ce tribunal, en déclarant *la cause conclue en droit?* Il a entendu ce qu'entendent tous les auteurs belges, liégeois et allemands; il a entendu que les débats étaient fermés, que l'affaire était en état d'être jugée; qu'il ne s'agissait plus que de la juger en effet. La cause en cet état, il pouvait, ou la juger sur-le-champ, ou la mettre en délibéré, ou nommer un rapporteur pour en faire le rapport à une nouvelle audience. Il ne l'a ni jugée sur-le-champ, ni renvoyée à un rapporteur; mais il l'a mise en délibéré; car c'est bien évidemment mettre une cause en délibéré, que de déclarer les débats fermés, et de renvoyer à un autre jour, pour la prononciation du jugement. Qu'importe, du reste, que le délibéré n'ait pas été prononcé à l'audience qui d'abord avait été indiquée à cet effet. Aucune loi n'enjoignait au tribunal de

Sambre et Meuse d'indiquer, dans son jugement de mise en délibéré, le jour où serait prononcé le jugement définitif. Il pouvait ordonner un délibéré indéfini, et prononcer quand il le trouverait à propos. Il a donc pu, par une suite nécessaire, prononcer un autre jour que celui où il avait annoncé qu'il prononcerait. Enfin, et ceci tranche toute difficulté, en prononçant à une autre audience que celle qu'il avait d'abord indiquée, il n'a nui en rien à la défense des parties, puisque les parties n'avaient plus rien à dire.

» Le second moyen du demandeur est une prétendue contravention aux dispositions de l'ordonnance de 1667, concernant la preuve par témoins. Je soutenais, dit-il, devant le tribunal civil de Sambre et Meuse, que Marie-Catherine Richir n'avait fait qu'un remploi en acquérant la ferme de *la Couture ;* qu'elle n'avait fait cette acquisition qu'au moyen des sommes qu'elle s'était procurées en vendant des biens provenans de la succession de sa sœur; et je produisais des pièces qui en contenaient la preuve. Les juges n'ont pas trouvé cette preuve suffisante; mais que devaient-ils faire, d'après leur manière de voir à cet égard? Ils devaient m'admettre à suppléer par une preuve testimoniale à ce qui pouvait manquer à ma preuve par écrit. Ainsi le voulait l'ordonnance de 1667; ils ont donc contrevenu à cette ordonnance, en décidant tout de suite que la ferme de la Couture ne devait pas être considérée comme remploi.

» Mais d'abord, l'ordonnance de 1667 ne dit pas que les juges seront tenus d'admettre la preuve testimoniale, lorsqu'il existera des commencemens de preuve par écrit; elle dit seulement qu'ils pourront l'admettre en ce cas. Elle abandonne donc à leur sagesse l'examen des circonstances desquelles peut dépendre l'admission ou le rejet de la preuve testimoniale. Ensuite, le demandeur n'a point pris de conclusions devant le tribunal de Sambre et Meuse, à ce qu'il lui fût permis de compléter sa prétendue preuve écrite par une enquête testimoniale. Enfin, quelles pièces le demandeur produit-il devant vous, pour prouver le remploi qu'il a articulé devant le tribunal de Sambre et Meuse? Il produit un compte de l'an 10, c'est-à-dire, un compte qui n'existait pas encore au moment où a été rendu le jugement dont il se plaint. Il produit le contrat d'acquisition de la ferme de la Couture, et divers actes relatifs à cette acquisition ; mais dans ce contrat, dans ces actes, il n'y a pas un mot d'où l'on puisse induire que cette acquisition n'était qu'un remploi de la part de Marie-Catherine Richir.

» Pour troisième moyen, le demandeur soutient que, par le jugement attaqué, il a été contrevenu aux dispositions des lois romaines et liégeoises, concernant l'irrévocabilité des testamens conjonctifs; et ici se présentent trois questions : 1.º le testament conjonctif du 11 avril 1776 était-il valable dans la forme? 2.º ce testament était-il devenu irrévocable par la mort de Marguerite-Richir? 3.º ce testament, en le supposant irrévocable de la part de Marie-Catherine Richir, pouvait-il empêcher celle-ci de disposer d'un bien qu'elle n'avait acquis qu'après la mort de sa co-testatrice?

» De ces trois questions, le tribunal civil du département de Sambre et Meuse n'a décidé que la troisième; mais nous n'en devons pas moins examiner les deux premières : car si le testament conjonctif était nul, ou si Marie-Catherine Richir avait pu le révoquer, inutilement le cit. Bosquet parviendrait-il à établir que la troisième question a été jugée contre le texte des lois. On lui répondrait, dans l'une ou l'autre hypothèse, que cette troisième question était surabondante; que le tribunal civil du département de Sambre et Meuse a pu se tromper en la jugeant, mais que ce n'est point par le *dispositif* de son jugement qu'il l'a jugée; qu'il ne l'a jugée que par ses *motifs ;* et qu'un dispositif mal motivé doit toujours être maintenu, quand il est bon en soi.

» Ainsi, voyons d'abord si le testament conjonctif du 11 avril 1776 était, dans son principe, valable ou nul.

» A cet égard, il est un point de fait constant : c'est que le testament dont il s'agit, n'était écrit que de la main de l'une des co-testatrices; et de là résulte nécessairement la conséquence qu'il était nul.

» La coutume de Liége, chap. 10, art. 12, ne reconnaît les testamens olographes pour valables, qu'autant qu'ils sont *écrits tout au long de la main du testateur et soussignés d'icelui.* Par le même article, il est vrai, la coutume déclare que, dans le *cas où le testament sera fait par les deux conjoints*, le testament écrit de la main d'un des conjoints et signé de l'un et de l'autre, sera aussi valable. Mais cette exception n'est évidemment accordée qu'au testament conjonctif fait par un mari et sa femme. Les mots *deux conjoints* ne peuvent pas avoir, dans cet article, un autre sens que dans les art. 4 et 5 du même chapitre, où, d'après leur relation avec les *enfans* qu'ont ou n'ont pas les *conjoints* dont il y est parlé, il est impossible que ces mots ne soient pas absolument synonymes avec *époux*. — Il faut donc qu'en tout autre cas où deux personnes testent ensemble dans la forme olographe, elles écrivent chacune le testament entier. Toute autre manière de tester conjointement sous seing-privé leur est interdite, par cela seul que la coutume ne permet de tester sous seing-privé, qu'à la charge, par le testateur, d'écrire lui-même son testament *tout au long.*

» Ce que la coutume de Liége prescrit pour la validité des testamens olographes, en exceptant ceux des époux disposant par un même acte, plusieurs de nos coutumes le prescrivent également, mais sans exception à l'égard des testamens conjonctifs qui étaient permis en France, comme dans le pays de Liége, avant l'ordonnance de 1735. Dans ces coutumes comme dans celle de Liége, il faut que le testament olographe soit entièrement écrit de la main du testateur; et l'on y a constamment tenu pour maxime que les testamens conjonctifs, dans le temps où ils étaient encore autorisés, ne pouvaient valoir en forme olographe, que lorsqu'ils étaient écrits en entier de la main de chacun des co-testateurs, et par conséquent faits doubles.

» Ecoutons Ricard, *Traité des donations*, part. 1, n. 1492 : « Au sujet du testament olographe, j'ai vu former la question de savoir » si, étant fait mutuellement entre un mari et » une femme, il était valable, le corps du testa-» ment n'étant écrit que de la main de l'un ou » de l'autre, et signé des deux? J'ai toujours été » dans la pensée, pour mon particulier, que » ce testament ne se pouvait pas soutenir.... » Car, quoique ceux qui soutiennent l'avis con-» traire, se fondent sur une raison spécieuse, sa-» voir, qu'il est impossible que deux personnes » écrivent un même testament, il y a deux ré-» ponses à cette raison, qui sont, à mon avis, » sans difficulté. L'une consiste en ce que la loi » ne se détruit point par les inconvéniens et les » obstacles qui se rencontrent de la part des par-» ticuliers, lesquels sont, au contraire, obligés » de se soumettre à la loi; de sorte que, si deux » personnes qui ont dessein de faire un testa-» ment mutuel, ne peuvent pas satisfaire à la » coutume par la voie du testament olographe, » leur dessein devrait plutôt demeurer sans » effet, que de violer la loi. Mais ils ont même » le moyen d'exécuter leur résolution, en choi-» sissant l'une des autres espèces de testamens » permises par la coutume, qui sont compati-» bles avec le testament mutuel. L'autre réponse » est fondée par ce que deux personnes peuvent » faire ensemble un testament mutuel, par une » autre voie que celle qui est proposée, en fai-» sant deux exemplaires du testament signés des » deux, mais l'un écrit par le mari, et l'autre » par la femme; moyennant quoi, il n'y a point » de difficulté qu'ils auront satisfait à la cou-» tume, et que le testament ne pourra être con-» testé en la forme. Cette question de savoir si » le testament mutuel signé des deux, mais écrit » de l'un des testateurs seulement, doit être exé-» cuté comme testament olographe, a été agitée » en l'audience de la grand'chambre, du lundi » 1.er avril 1658, au sujet d'un testament de cette » qualité, fait par le sieur Hillerin, trésorier de » France à Poitiers, et sa femme; qui était sou-» tenue par M. Hillerin, conseiller en la cour,

» son fils, contre ses deux sœurs, qui le débat-» taient de nullité. M. l'avocat-général Talon, » qui parla en la cause, conclut à ce qu'en in-» firmant la sentence de messieurs des requêtes » du palais, qui avait ordonné l'exécution du » testament, il fût, sans y avoir égard, procédé » au partage des successions également entre les » parties, et néanmoins la cause demeura ap-» pointée; mais j'ai depuis appris qu'il est inter-» venu arrêt définitif, conforme aux conclusions; » et de fait, la même question s'étant encore » présentée en cette année 1667, aux requêtes » du palais, sentence est intervenue en l'audience » contre le testament ». — Immédiatement après, Ricard ajoute « qu'en l'année 1668, » le testament olographe fait par le sieur Rin-» sant, docteur en médecine de la faculté de » Paris, et sa femme, a été déclaré nul par » sentence des requêtes du palais, confirmée » ensuite par arrêt, sur le motif qu'il n'était » écrit que de la main de l'un et signé des » deux ».

» Telle est encore la doctrine d'un jurisconsulte qui a écrit depuis l'ordonnance de 1735. Nous voulons parler de l'auteur du *Supplément aux notes* sur l'additionnaire de Perrier, tome 1, page 4 : « Si l'acte est olographe (dit-il), » il exige des précautions spéciales : 1.º il faut » que la disposition des deux conjoints soit sur » la même feuille, ou du moins sur le même » cahier ; de telle sorte qu'on ne puisse sépa-» rer l'écriture de l'un, de celle de l'écriture de » l'autre, *in unius chartæ volumine*, comme » porte la novelle 4 de Valentinien, qui a in-» troduit ce genre de disposition entre mari et » femme; 2.º que chacun des conjoints écrive » la disposition entière de tous les deux, soit » sur deux colonnes, soit à la suite l'une de » l'autre, et que tous deux signent chaque dis-» position, c'est-à-dire, que la disposition écrite » par le mari seul et contenant celle des deux » conjoints, sera signée par la femme aussi bien » que le mari, et respectivement ».

» Le même auteur nous apprend dans les additions qui terminent le tome 2 du Recueil cité, page 7, que le défaut de ces précautions a fait annuller par arrêt du parlement de Dijon, du 11 août 1751, le testament mutuel que deux époux avaient fait en forme olographe, le 20 octobre 1725.

» Inutile d'objecter, comme le faisait le cit. Bosquet devant le tribunal civil du département de Sambre et Meuse, que l'usage du pays de Liége avait étendu aux testamens conjonctifs entre frères et sœurs, l'exception accordée aux époux par l'art. 11 du chap. 10 de la coutume. Cet usage prétendu, le cit. Bosquet ne l'a point prouvé; et d'ailleurs quand on le supposerait constant, pourrait-il former un moyen de cassation pour le cit. Bosquet? Bien évidemment non. Un jugement peut bien être cassé pour avoir contrevenu à une loi, soit générale, soit locale; mais il ne peut jamais l'être pour avoir prononcé contre un point d'usage.

» Mais allons plus loin; admettons pour un moment la parfaite régularité du testament conjonctif du 11 avril 1776; et voyons si, par la mort de Marguerite Richir, ce testament est devenu irrévocable de la part de Marie-Catherine Richir.

» Sans contredit, Marie-Catherine Richir a pu le révoquer, si elle s'en était réservé le droit de concert avec sa co-testatrice.

» Or, cette réserve, nous sommes forcés de croire qu'elle l'avait faite par le testament même; cela résulte du préambule de cet acte.

» En vain, le cit. Bosquet prétend-il que ce préambule a été altéré et falsifié par Henri Chamme, après la mort de Marguerite Richir. La chose est assez vraisemblable, mais elle n'est pas prouvée légalement. Lorsqu'un faux est, d'une part, allégué contre un acte authentique, et nié de l'autre, il n'y a qu'une voie légale pour le prouver, c'est l'inscription de faux : or, cette voie, le cit. Bosquet ne l'a point prise.

» Dira-t-on que le testament du 11 avril 1776 n'était pas un acte authentique? Mais quoique fait sous seing-privé, il était authentique par cela seul que la coutume permettait de le faire dans cette forme. La coutume; en effet, assimile les testamens olographes aux testamens notariés. *Un testament écrit tout du long de la main du testateur et soussigné d'icelui, sera valable......, comme aussi est valable un testament fait devant notaire, curé ou vicaire, et deux témoins;* c'est en ces termes qu'elle s'exprime, chap. 10, art. 12 et 13. Elle fait donc, à l'égard des testamens olographes, ce que fait la coutume de Paris, par rapport aux mêmes actes, quand elle dit, art. 289 : *pour réputer un testament solennel, il est nécessaire qu'il soit écrit et signé de la main du testateur.* Ainsi, dans la coutume de Liége, comme dans celle de Paris, le testament olographe n'est pas, à proprement parler, un acte sous seing-privé; c'est un acte *solennel* : le testateur qui l'écrit, est érigé par la loi en officier public pour l'écrire...... (1).

---

(1) Ce principe est développé dans le plaidoyer du 11 frimaire an 9, rapporté à l'article *Testament*, §. 8; mais je dois reconnaître ici qu'il n'était pas applicable au testament des sœurs Richir.

En effet, un testament olographe n'est valable et n'a conséquemment le caractère d'acte authentique, que lorsqu'il est entièrement écrit de la main du testateur. Ce n'est donc que dans ce cas, qu'il peut faire foi de son contenu jusqu'à inscription de faux. Si donc il y a contestation sur le point de savoir si telle ou telle partie d'un testament olographe est écrite de la main du testateur, ce n'est point par inscription de faux, mais par simple vérification d'écriture, que l'on doit procéder.

» Et remarquons bien qu'il existe ici une raison déterminante pour faire appliquer au testament du 11 avril 1776, le principe que nous venons de développer.

» La coutume de Liége, chap. 10, art. 12, ne déclare valable le testament écrit en entier et signé de la main du testateur, que sous la condition qu'après la mort de celui-ci, son écriture et sa signature seront reconnues par deux témoins dignes de foi. Ainsi, de deux choses l'une : ou le testament du 11 avril 1776 a été reconnu dans la forme prescrite par la coutume, ou il ne l'a pas été. S'il ne l'a pas été, il est nul. S'il l'a été, pourquoi le cit. Bosquet ne produit-il pas devant vous le procès-verbal de reconnaissance? Pourquoi ne l'a-t-il produit, ni devant les premiers juges, ni devant le tribunal d'appel? C'est sans doute parce que les témoins ont déclaré que le testament, tel qu'il existe aujourd'hui, était entièrement écrit de la main de Marguerite Richir; c'est sans doute parce que leurs déclarations se trouvent en opposition avec son système.

» Qu'importe, au surplus, que des présomptions assez fortes appuyent le système du cit. Bosquet? Des présomptions peuvent bien faire admettre, elles peuvent même faire réussir une inscription de faux, mais elles ne peuvent jamais la suppléer.

» Mais allons plus loin encore. Supposons que, par le testament du 11 avril 1776, Marguerite et Marie-Catherine Richir ne se soient réservé que le droit de le révoquer *conjointement;* quel sera l'effet de cette réserve ainsi limitée?

» Si nous consultons le droit commun des pays où sont admis les testamens conjonctifs, il nous dira que ces sortes de testamens sont toujours révocables de la part du survivant des co-testateurs, lors même qu'ils contiennent la clause de ne pouvoir être révoqués que par une disposition conjonctive, à moins que les co-testateurs n'aient expressément disposé des biens l'un de l'autre.

» Si nous consultons la coutume de Liége, elle nous dira, chap. 10, art. 4 et 5, que le survivant du mari et de la femme, les seuls à l'égard desquels elle s'explique sur les testamens conjonctifs, peut toujours révoquer le testament qu'il a fait avec le prédécédé, à moins qu'il ne reste des enfans de leur mariage.

» Cela posé, dira-t-on que la coutume de Liége, dans l'hypothèse à laquelle nous voulons bien nous prêter, a été violée par le jugement dont se plaint le cit. Bosquet? Mais la coutume de Liége ne parle pas des testamens conjonctifs entre personnes qui ne sont pas unies par les nœuds du mariage; et s'il est permis de leur appliquer ce qu'elle dit des testamens conjonctifs entre époux, la conséquence qui résultera de cette extension, bien loin d'être favorable au cit. Bosquet, tournera directement contre lui.

Il aura beau réclamer les opinions des commentateurs : les opinions des commentateurs qu'il cite bien ou mal, ne sont pas des lois ; et ce n'est que pour contravention expresse à des lois positives, qu'un jugement en dernier ressort peut être cassé.

Dira-t-on que le jugement attaqué a contrevenu au droit commun ?

» Mais d'abord, le droit commun, en matière de testamens conjonctifs, de quoi se compose-t-il ? Ce n'est pas de textes précis et formels des lois romaines, car les lois romaines ne disent pas un mot des testamens conjonctifs ; c'est uniquement d'opinions d'auteurs et d'arrêts. Ainsi, juger révocable un testament conjonctif que les auteurs et les arrêts tiennent pour irrévocable, ce n'est pas juger contre les lois ; ce n'est conséquemment pas juger de manière à donner prise à la cassation.

» Ensuite, quel est le cas où les auteurs et les arrêts s'accordent à regarder un testament conjonctif comme irrévocable de la part du dernier vivant des co-testateurs ? Nous l'avons déjà dit, c'est celui-là et celui-là seul, où les co-testateurs ont expressément disposé des biens l'un de l'autre. Or, dans notre espèce, Marguerite Richir a-t-elle disposé des biens de sa sœur en même temps que des siens ? Marie-Catherine Richir a-t-elle disposé des biens de Marguerite en même temps que de son propre patrimoine ? Non ; elles ont l'une et l'autre disposé purement et simplement ; et dès-là, on doit croire, d'après ce qu'enseignent Mynsinger, Stockmans, Pollet, Voët, Louvrex, Sohet, tous les auteurs en un mot qui se sont occupés de cette matière, et dont nous vous avons mis les termes sous les yeux à votre audience du 13 vendémiaire dernier (1), on doit croire, disons-nous, qu'elles n'ont disposé chacune que des biens qui lui appartenaient personnellement, qu'elles n'ont disposé chacune que de sa portion indivise dans les biens qu'elles possédaient en commun.

» Ainsi, le jugement attaqué n'a pas même contrevenu, il n'a même fait que se conformer, à ce qu'on appelle le droit commun du pays de testamens conjonctifs, en déclarant valable le testament par lequel Marie-Catherine Richir a révoqué celui qu'elle avait fait conjointement avec sa sœur.

» Prétendra-t-on que du moins, il a rendu sans effet la clause par laquelle, dans le testament conjonctif du 11 avril 1776, les deux sœurs avaient renoncé à la faculté de le révoquer autrement que par une disposition commune ? Mais en jugeant ainsi, quelle loi a-t-il violée ? Aucune, et bien loin de là, il n'a fait qu'obéir à la loi 22, D. de legatis 3.°, suivant laquelle, nemo eam sibi potest legem dicere, ut à priori recedere non liceat.

» Jusqu'à présent, nous n'avons fait que marcher de suppositions en suppositions. Nous avons supposé valable le testament conjonctif du 11 avril 1776, et cependant il est bien constamment nul. Nous avons supposé que ce testament ne réservait pas à la dernière vivante des co-testatrices le droit de le révoquer, et cependant il contient expressément cette réserve dans une clause qui n'est pas attaquée par l'inscription de faux. Nous avons supposé qu'il n'accordait qu'aux deux sœurs la faculté de le révoquer simultanément ; et cependant, tel qu'il est, tel qu'il sera jusqu'à l'inscription de faux, il accorde expressément cette faculté à l'une et à l'autre. Dans toutes ces suppositions, assurément bien gratuites, nous avons démontré que le tribunal civil du département de Sambre et Meuse est à l'abri de la cassation ; mais ce n'est pas encore assez : il faut aller jusqu'à supposer à la fois et la validité et l'irrévocabilité d'un testament conjonctif ; il faut, dans cette supposition nouvelle, examiner si le tribunal civil du département de Sambre et Meuse a violé quelque loi, en jugeant que Marie-Catherine Richir avait pu disposer, après la mort de sa sœur, d'un bien qu'elle avait acquis après que la mort de sa sœur avait rendu leur testament irrévocable.

» Sur cette question, le tribunal de Sambre et Meuse a pensé que Marguerite et Marie-Catherine Richir n'avaient voulu disposer, par leur testament conjonctif du 11 avril 1776, que des biens dont elles se trouvaient saisies à cette époque. Il ne s'est pourtant pas dissimulé qu'elles s'étaient réciproquement instituées héritières l'une de l'autre, et qu'elles avaient formellement institué le cit. Bosquet héritier universel de la dernière vivante ; il a aussi reconnu qu'en thèse générale, l'institution d'un héritier doit se référer à tout ce qui compose la succession du testateur, et par conséquent embrasser même les biens acquis après le testament ; mais il a cru que, dans l'espèce, l'institution du cit. Bosquet devait être restreinte par le motif consigné dans le préambule du testament conjonctif, qui n'est applicable qu'aux biens actuels des co-testatrices : souhaitant, y est-il dit, disposer des biens que nous possédons.

» Cette opinion, nous devons le dire, n'est rien moins que juste. Elle contrarie deux principes de droit également notoires, également consacrés par les lois romaines : l'un, que les motifs d'une disposition testamentaire ne peuvent ni vicier ni atténuer la disposition elle-même causa legandi legato non cohæret ; l'autre, que l'hérédité d'un défunt consiste dans tout ce qu'il possédait à l'instant de sa mort : hereditas est successio in universum jus quod quis mortis tempore habuit.

» De ces deux principes, il résulte évidemment que le cit. Bosquet a été appelé par Mar-

guerite et Marie-Catherine Richir, à tous les
biens qu'elles laisseraient à leur mort. Et certainement si Marie-Catherine Richir n'avait
pas, en 1790, disposé au profit du cit. Barré,
du domaine de la Couture, ce domaine aurait
appartenu au cit. Bosquet, en vertu de l'institution que contenait en sa faveur le testament
du 11 avril 1776.

» Mais si le tribunal de Sambre et Meuse s'est
trompé dans les motifs qui ont basé son jugement, le dispositif de son jugement n'en est pas
moins exact, même sur la question qui nous
occupe en ce moment ; et la chose est facile à
saisir, en remontant au principe sur lequel se
fondent les auteurs pour établir l'irrévocabilité
d'un testament conjonctif de la part du dernier
vivant de deux testateurs qui ont disposé des
biens l'un de l'autre.

» Ce principe est, comme le dit Pollet, part.
1, §. 32, qu'on *peut donner, à cause de mort,*
les biens d'un autre ; et que, lorsque celui dont
on donne les biens, consent à la donation, il
est censé les donner lui-même à cause de la mort
du vrai donateur ; que si l'on aime mieux, son
consentement a la force d'un contrat ; que, de
quelque manière qu'on le prenne, la donation
devient parfaite, et la chose donnée passe de
plein droit au donataire par la mort du donateur.

» Ainsi, dans la supposition que nous admettons ici, le testament conjonctif du 11 avril 1776
n'est devenu irrévocable par la mort de Marguerite Richir, il n'est devenu tel par rapport
aux biens de Marie-Catherine Richir, que parce
que Marie-Catherine Richir avait consenti
que sa sœur disposât de ses biens ; que parce
que sa sœur en avait disposé effectivement ;
que parce que le décès de sa sœur avait con-
sommé, comme le dit encore Pollet, *la liberté*
qu'avait celle-ci *de révoquer sa disposition à*
cause de mort ; en un mot, que parce que les
biens de Marie-Catherine Richir étaient passés
de plein droit au cit. Bosquet, par la mort de
Marguerite.

» Mais de là même il résulte que l'effet de
cette irrévocabilité n'a pas pu s'étendre à des
biens qui n'existaient pas encore au moment de
la mort de Marguerite Richir ; car Marguerite
Richir n'a pas pu transmettre au cit. Bosquet
des biens qui, au moment de sa mort, étaient
encore dans le néant. Le cit. Bosquet ne pourrait donc pas prétendre à ces biens, comme
succédant à Marguerite Richir ; il ne pourrait
les recueillir que comme successeur de Marie-
Catherine Richir, dernière vivante ; et Marie-
Catherine Richir en ayant disposé à son exclusion, il se trouve nécessairement sans titre pour
les réclamer.

» Ainsi, même dans la supposition la plus
favorable au cit. Bosquet, le tribunal de Sambre
et Meuse a bien jugé, quoiqu'il ait mal motivé
son jugement. Nous estimons en conséquence

qu'il y a lieu de rejeter la requête du demandeur, et de le condamner à l'amende ».

Arrêt du 22 messidor an 11, au rapport de
M. Poriquet, qui adopte ces conclusions,

« Attendu, sur le premier moyen, que les
parties ont été ouïes à l'audience du 24 thermidor an 6 ;

» Attendu, sur le deuxième moyen, que le
demandeur n'avait pas même articulé ni offert
de prouver les faits à la preuve desquels il se
plaint cependant de n'avoir pas été admis ;

» Attendu enfin, sur le troisième moyen, que
le jugement dénoncé n'a statué, ni sur la question de validité, ni sur celle d'irrévocabilité du
testament conjonctif du 11 avril 1776, et a seulement décidé, en interprétant les dispositions
de ce testament, qu'il ne comprenait que les
biens lors présens des testatrices ; ce qui excluait
de l'institution d'hérédité les biens qui, comme
la ferme de la Couture, avaient été achetés par
Marie-Catherine Richir, postérieurement au
décès de la veuve Lacaille, et que, par cette
interprétation purement de fait, les juges d'appel de Sambre et Meuse n'ont contrevenu à
aucune loi ».

§. III. *Les testamens conjonctifs qui ont été faits*
avant le Code civil, dans les pays où cette
forme de disposer était en usage, ont-ils été
anéantis par la survie des testateurs à la pro-
mulgation de l'art. 968 de ce Code ?

Cette question dépend du même principe que
celle qui s'est présentée en 1813 à la cour de
cassation au sujet d'un don mutuel fait par un
seul et même acte, le 13 frimaire an 4, entre
un mari et une femme dont le premier mourant
n'était décédé qu'en septembre 1805.

On prétendait, dans cette espèce, et la cour
de Montpellier avait jugé, que la disposition de
l'art. 897 du Code civil qui prohibe les donations mutuelles entre époux par un seul et même
acte, n'est pas de pure forme, qu'elle est relative à la *capacité*, et que, par suite, elle devait
s'appliquer aux donations mutuelles antérieures
entre mari et femme, dont l'effet ne s'était
ouvert que depuis la promulgation de cet article.

Mais ce système n'a pu soutenir le choc d'une
discussion approfondie ; et par arrêt de la cour
de cassation, du 23 juin 1813, rendu sur mes
conclusions, celui de la cour de Montpellier a
été cassé à l'unanimité des voix (1).

C'est assez dire que, par la même raison, les
testamens conjonctifs qui ont été faits, avant le

_____

(1) *Répertoire de jurisprudence*, au mot *Don mutuel*,
§. 2, n. 2 *bis*, dans les *Additions* qui composent le
tome 15 de la 4.ᵉ édition.

Code civil, dans les pays dont les lois ou les usages les autorisaient, doivent recevoir leur pleine exécution, quoique les testateurs aient tous survécu, sans les révoquer, à la promulgation de l'art. 968 qui prohibe cette forme de disposer.

Et c'est ce qu'ont effectivement jugé un arrêt de la cour de Turin, rapporté dans le recueil de Denevers, année 1810, part. 2, page 27, un arrêt de la cour de Liége, rapporté dans les *décisions notables de la cour d'appel de Bruxelles*, tome 17, page 132, et un arrêt de la cour supérieure de justice de Bruxelles, du 14 janvier 1817, dont voici le prononcé :

« Attendu que le testament conjonctif querellé par les appelans, a été passé valablement au temps de sa confection ;

» Qu'ainsi, il ne s'agit, quant au moyen que les appelans proposent contre la validité du testament en question, que d'examiner si l'art. 968 du Code civil qui prohibe les testamens conjonctifs, a annullé ou rendu ce qu'on appelle en droit *irritum* ledit testament, quoique valable à l'époque de sa confection ;

» Attendu que ledit art. 968 est placé sous la rubrique du Code qui régit les formes des testamens, et ne défend au surplus les testamens de plusieurs testateurs, que lorsqu'ils sont faits dans un même acte ; de sorte que ces testateurs sont habiles à faire les mêmes dispositions, lorsque celles-ci sont faites dans des actes séparés ;

» Qu'ainsi, l'article précité ne prohibe que la forme des testamens conjonctifs, sans toucher à la capacité des testateurs ; d'où il suit que, dans l'espèce, le testament dont il s'agit, valable dans sa forme, d'après les lois de sa confection, est resté tel malgré la disposition du prédit art. 968, qui, d'après ce qui précède, ne concerne que la forme extrinsèque des testamens..... ;

» La cour met l'appel au néant, condamne les appelans à l'amende et aux dépens (1) ».

Au surplus, *V.* l'article *Succession future* (*Pacte sur une*).

TIERCE (DROIT DE). *V.* *Terrage.*

TIERCE-OPPOSITION. *V.* *Opposition (tierce).*

TIERS. — §. I. *La disposition de l'art.* 1328 *du Code civil d'après laquelle* « les actes sous seing-privé n'ont de date contre les tiers que du jour où ils sont enregistrés, du jour de la mort de celui ou de l'un de ceux qui les ont souscrits, ou du jour où leur substance est constatée dans des actes dressés par des officiers publics », *forme-t-elle un droit*

nouveau, sinon pour la *France*, au moins pour les pays actuellement étrangers où le Code civil fait encore loi ?

Que cette disposition n'ait fait, pour la France, que consacrer une règle de l'ancien droit, c'est ce qu'a reconnu bien clairement M. Jaubert, dans le rapport qu'il a fait au tribunat, le 14 pluviôse an 12, sur le chap. 5 du titre 4 du liv. 3 du Code civil.

« Ici, un exemple est nécessaire (a-t-il dit). Pierre est débiteur de Jacques. Jean porteur d'un titre exécutoire contre Pierre, forme une saisie-arrêt entre les mains d'un débiteur de Pierre. Jacques demande à concourir à la répartition des fonds. Il produit en effet un titre de créance.

» Si ce titre consiste dans un acte authentique, la date du titre ne saurait être contestée : cette date avait été assurée par la signature de l'officier public ; dans ce cas, Jacques concourra avec Jean.

» Mais si Jacques n'avait qu'un titre sous seing-privé, lorsque Jean avait formé la saisie-arrêt, pourra-t-il également l'opposer à Jean ? Jean ne pourrait-il pas lui dire qu'il n'est pas prouvé que cet acte ait existé avant la saisie-arrêt ; et que conséquemment, quant à lui, il n'y a pas preuve de l'obligation.

» L'exposition de la question prouve que le législateur marchait entre deux écueils.

» Déclarer en principe que les actes sous seing-privé faisaient foi de leur date contre les tiers, c'eût été ouvrir la porte à toutes sortes de fraudes.

» Déclarer en principe que les actes sous seing-privé n'ont point de date contre les tiers, n'est-ce pas compromettre en certains cas les intérêts des hommes de bonne foi qui n'ont pas exigé un acte public, ou parce qu'ils n'y ont pas songé, ou parce qu'ils n'ont pas voulu en faire les frais ?

» Cependant ce dernier inconvénient est moindre que celui qui résulterait du système contraire.

» La crainte des excès dans lesquels l'intérêt personnel entraîne certains hommes, a dû déterminer le législateur.

» Au reste, les contractans seront avertis ; c'est à eux à prendre leurs précautions.

» C'est donc avec une grande sagesse que le projet a rappelé cette ancienne règle, que les actes sous seing-privé n'ont pas, par eux seuls, de date contre les tiers ».

On trouvera dans le *Répertoire de jurisprudence*, aux mots *Autorisation maritale*, sect. 4, *Démission de biens*, n. 5, et *Preuve*, sect. 2, §. 2, art. 2, n. 3, diverses autorités qui justifient complettement l'antiquité de cette règle dans le droit français.

Mais on a prétendu que cette règle n'avait lieu, ni dans les ci-devant départemens de la

---

(1) *Jurisprudence de la cour supérieure de Bruxelles*, année 1817, tome 2, page 1.

rive gauche du Rhin, ni dans la Belgique; et on l'a prétendu pour affranchir du droit d'enregistrement les actes sous seing-privé qui avaient été passés dans ces pays avant que les lois relatives à ces droits y fussent publiées.

Ce système ne reposait sur aucune base, et il a été proscrit par trois arrêts de cassation, le premier rendu par la cour de cassation de France, le 8 frimaire an 12 (1), les deux autres rendus par la cour supérieure de justice de Bruxelles formée en cour de cassation, les 31 décembre 1816 et 4 octobre 1817 (2).

§. II. *Qu'est-ce qu'un* TIERS *dans le sens de l'art. 1328 du Code civil?* doit-on, en ce qui concerne la date d'un acte sous seing-privé, considérer comme tel tout AYANT-CAUSE, *ou successeur à titre particulier?*

Cette question que j'ai promis, sous l'article *hypothèque*, §. 4 *bis*, n. 7, de traiter ici, est de la plus haute importance.

M. Toullier la discute dans son *droit civil français*, liv. 3, tit. 3, chap. 6, sect. 1, n. 246 et suivans; et sa conclusion est que l'art. 1322 donnant à l'acte sous seing-privé reconnu ou légalement tenu pour reconnu par celui ou ceux à qui on l'oppose, la même foi qu'à l'acte authentique, *entre ceux qui l'ont souscrit, et entre leurs héritiers et* AYANT-CAUSE, les ayant-cause ne peuvent pas, à cet égard, être considérés comme des *tiers*.

Ainsi, j'achète aujourd'hui de Pierre, par un acte sous seing-privé que je ne fais pas enregistrer, un immeuble dont il est propriétaire. Quelque temps après, ignorant l'existence de cet acte, vous achetez de Pierre le même bien, soit par un contrat public, soit par un contrat sous seing-privé comme le mien; mais que vous faites revêtir de la formalité de l'enregistrement. Laquelle des deux ventes sera préférée? *La première, sans contredit*, répond M. Toullier. En vain m'opposerez-vous l'art. 1328 du Code civil, et votre prétendue qualité de *tiers:* je vous répondrai *avec avantage* que vous n'êtes pas plus que moi un *tiers* à l'égard de Pierre, notre vendeur commun; que nous sommes tous deux ses *ayant-cause;* et que par conséquent l'acte sous seing-privé qui prouverait entre-moi et lui que mon acquisition est antérieure à la vôtre, doit le prouver également entre vous et moi.

M. Toullier décide, d'après le même principe, que, ni l'hypothèque que vous m'avez donnée par un acte authentique, ni l'usufruit que vous m'avez constitué par un acte de la

même nature, sur un immeuble que Pierre vient ensuite prétendre, en produisant un acte sous seing-privé non-enregistré, avoir acheté de vous quelques jours auparavant, ne sont d'aucun effet, parce que je suis, comme Pierre, votre ayant-cause par rapport à cet immeuble, que par conséquent l'acte sous seing-privé qu'il représente, doit faire foi contre moi ni plus ni moins que contre vous, et qu'il en résulte la preuve que la vente que vous lui avez faite, est antérieure à la constitution de mon hypothèque ou de mon usufruit.

Si cette doctrine, qui certes heurte de front les principes constamment professés avant le Code civil, est néanmoins justifiée par l'art. 1322 de ce Code, il faut convenir qu'elle a de quoi effrayer par ses conséquences.

Mais M. Toullier ne s'est-il pas fait illusion sur le sens de cet article? Il convient, avec Pothier (*Traité des obligations*, n. 715), que, si « un » créancier légitime fait saisir les biens de son » débiteur, pour les faire vendre par expro- » priation forcée, un acquéreur par acte sous » seing-privé ne peut faire tomber la saisie ni » réclamer l'héritage saisi en vertu d'un contrat » sous seing-privé dont la date est antérieure à » la saisie, parce que le saisissant n'est point » *l'ayant-cause du débiteur*, qu'il exerce un » droit qu'il tient de la loi, et non de son débi- » teur, que c'est contre lui qu'il agit, et qu'au » contraire l'acquéreur n'est que l'ayant-cause » de son vendeur ».

Toujours guidé par son principe que *le créancier saisissant n'est point l'ayant-cause de son débiteur, relativement aux biens saisis*, que *sa créance ne lui donne qu'un droit sur la personne de ce dernier*, et qu'il *ne tient que de la loi celui qu'il exerce sur ses biens*, M. Toullier convient encore que « l'acte sous seing-privé par lequel » un débiteur condamné par défaut, déclare » à tenir le jugement pour exécuté, ne peut pas » (comme l'a expressément décidé un arrêt de la » cour de cassation du 10 novembre 1817, rap- » porté dans le *Journal des Audiences* de cette » cour, année 1818, page 1) « être opposé aux » autres créanciers qui attaquent ce jugement » comme périmé faute d'exécution dans les six » mois, afin d'anéantir l'hypothèque judiciaire » et les inscriptions prises en vertu du même » jugement ».

On sent en effet que, si les créanciers d'un débiteur ne pouvaient pas opposer le défaut de date certaine à des actes sous seing-privé non enregistrés, la disposition de l'art. 1328 du Code civil deviendrait presque illusoire et qu'à peine resterait-il d'autres *tiers* à qui cette disposition pût être appliquée.

Cependant il est certain, quoi qu'en dise M. Toullier, que les créanciers d'un débiteur sont ses *ayant-cause*, et qu'ils agissent comme tels, lors même qu'ils saisissent ses biens.

_____

(1) Recueil de M. Sirey, tom. 4, part. 2, pag. 661.

(2) *Jurisprudence de la cour supérieure de Bruxelles*, année 1816, tome 1, page 142; et année 1817, tome 1, page 29.

Qu'ils soient ses ayant-cause en général, c'est ce qu'établissent les autorités transcrites dans le plaidoyer rapporté à l'article *Opposition (tierce)*, §. 1, et l'arrêt de la cour de cassation, du 12 fructidor an 9, qui en a adopté les conclusions.

Que ce soit en qualité d'ayant-cause de leurs débiteurs, que les créanciers font saisir leurs biens, cela est encore évident. Inutilement M. Toullier dit-il qu'un créancier *n'a droit que sur la personne de son débiteur*, et que *celui qu'il exerce sur ses biens, il ne le tient que de la loi*. La loi règle, sans doute le mode d'exercice du droit qu'a le créancier sur les biens de son débiteur; mais ce n'est pas elle qui le confère : il ne dérive que de l'obligation contractée par le débiteur envers le créancier; et cette obligation affecte beaucoup plus les biens du débiteur que sa personne, puisqu'il est peu de cas où le créancier puisse s'en prendre à la personne du débiteur, en exerçant contre lui la contrainte par corps; au lieu qu'il n'en est aucun où il ne puisse s'en prendre à ses biens : « Quiconque s'est » obligé personnellement (dit l'art. 2092 du » Code civil) est tenu de remplir son engage- » ment sur tous ses biens mobiliers et immobi- » liers présens et à venir ».

Mais si un créancier est l'*ayant-cause* de son débiteur, lors même qu'il en fait saisir les biens, s'il peut, nonobstant cette qualité, méconnaître, comme *tiers*, les actes sous seing-privé de son débiteur qui n'ont point de date certaine, sous quel prétexte refuserait-on le même droit à un acquéreur? Si l'acquéreur est compris absolument et sans réserve dans l'art. 1322, il faut nécessairement que le créancier le soit aussi; et si l'on est forcé de convenir que l'art. 1328 est applicable au créancier, nonobstant l'art. 1322, il n'y a nulle raison pour ne pas convenir également que la même application doit être faite à l'acquéreur. et de bonne foi, quel sens présente, par lui-même, dans l'art. 1328, le mot *tiers*? il désigne évidemment tous ceux qui n'ont pas souscrit l'acte sous seing-privé dont parle cet article; et c'est précisément ainsi que les explique l'orateur du gouvernement dans l'*exposé des motifs* du tit. 3 du liv. 3 du Code civil : « La date portée dans un écrit sous seing- » privé (dit-il) ne fait donc foi qu'*à l'égard de* » *ceux qui ont signé*; il faut qu'*à l'égard des* » *autres*, la date soit assurée ».

Sans contredit, ceux qui représentent les signataires, sont, par rapport à la foi de la date, de la même condition qu'eux. Mais un acquéreur représente-t-il son vendeur, plus qu'un créancier ne représente son débiteur? Non : l'acquéreur, il est vrai, tient son droit de son vendeur, comme le créancier tient le sien de son débiteur; mais de même que le créancier n'est pas, pour cela, lié par les actes de son débiteur qui lui portent préjudice, de même

aussi l'acquéreur n'est pas, pour cela, tenu de garantir les faits de son vendeur qui nuisent à ses droits.

Je laisse de côté les abus monstrueux, les fraudes sans nombre auxquelles l'interprétation que M. Toullier donne à l'art. 1322, ouvrirait la porte. Mais je m'attache à un autre article du Code civil qui me paraît démentir hautement cette interprétation.

« Si le bailleur vend la chose louée (porte » l'art. 1743), l'acquéreur ne peut expulser le » fermier ou le locataire qui a *un bail authen-* » *tique ou dont la date est certaine*, à moins » qu'il ne se soit réservé ce droit par le bail ».

Il résulte clairement de là que le fermier ne peut pas opposer à l'acquéreur, un bail dont la date n'est pas certaine; et qu'il est, par conséquent compris, sous le nom de *tiers*, dans la disposition générale de l'art. 1328.

Il est cependant, comme l'acquéreur, l'*ayant-cause* de son bailleur. Pourquoi donc l'acte sous seing-privé qui a été passé entre lui et son bailleur, avant la vente, ne fait-il pas foi contre l'acquéreur?

» Est-ce par exception à l'art. 1322? M. Toullier reconnaît lui-même que non : et en effet, à quel propos le Code civil aurait-il fait une pareille exception à cet article? elle ne serait fondée sur rien, et elle ne ferait que déranger, d'une manière choquante, l'harmonie que le législateur a dû s'étudier à établir entre toutes les parties du Code.

Mais si l'art. 1743 ne fait pas exception à l'art. 1322, comment accorder la disposition de l'une avec la disposition de l'autre? c'est (dit M. Toullier) parce que « le fermier n'acquiert » point, par son bail, un droit réel sur la chose, » *jus in re*; parce que son bail ne lui donne » qu'une action personnelle contre le proprié- » taire, *jus ad rem*; parce que, dès-lors, il ne » peut opposer un bail sous seing-privé à l'ac- » quéreur de la propriété, quand même le con- » trat de celui-ci serait également sous seing- » privé; parce que le fermier n'est point » l'ayant-cause de l'ancien propriétaire, en ce » qui concerne les droits réels transmis à l'ac- » quéreur ».

Dans ce que dit là M. Toullier, je reconnais bien le bail du droit romain, mais je n'y reconnais pas du tout le bail du Code civil. Dans le droit romain, le bail ne conférait au fermier que le *jus ad rem*; et voilà pourquoi il était sans effet contre l'acquéreur qui, par le contrat de vente, était investi du *jus in re*. Mais sous le Code civil, le fermier n'a pas seulement une action personnelle contre son bailleur. Il a encore *droit dans la chose* qui lui est louée; et cela est si vrai, que l'acquéreur de la propriété est forcé d'entretenir le bail qui est trouvé avoir été fait avant le contrat de vente. Le bail est donc, relativement au fermier, un titre translatif de la jouissance temporaire, comme le contrat de vente est, relativement à l'acquéreur, un titre translatif de la jouissance perpétuelle (1). Le fermier et l'acquéreur sont donc co-ayant-cause du bailleur, pour tout le temps que doit durer la jouissance du premier, et que le second est tenu de la souffrir. Le fermier est donc, pour tout ce temps, et relativement à la jouissance qui doit durer pendant tout ce temps, dans le même rapport avec l'acquéreur, que l'acquéreur lui-même se trouverait avec un autre acquéreur.

Et cependant le titre du fermier ne fait foi contre l'acquéreur, qu'autant qu'il a une date certaine antérieure à la vente. Qu'est-ce à dire, si ce n'est que les co-ayant-cause du souscripteur d'un acte sous seing-privé, ne sont entre eux, à l'égard de cet acte, que des tiers; si ce n'est que l'art. 1328 du Code civil leur est applicable, et qu'ils peuvent en argumenter respectivement l'un contre l'autre.

Mais abordons plus directement l'art. 1322, et voyons si son texte résiste aussi ouvertement que le soutient M. Toullier, à toute interprétation qui tendrait à le faire considérer, sinon comme modifié, du moins comme expliqué dans le sens de l'ancienne jurisprudence, tant par l'art. 1328 que par l'art. 1743.

« L'acte sous seing-privé (porte-t-il), reconnu » par celui auquel on l'oppose, ou tenu pour » légalement reconnu, a, entre ceux qui l'ont » souscrit et entre leurs héritiers et ayant-cause, » la même foi que l'acte authentique ».

Je remarque d'abord que la rédaction de cet article est fort imparfaite, et qu'elle l'est sous deux rapports.

1.° Le mot entre qui y est répété deux fois, semblerait établir deux ordres distincts de personnes entre lesquelles l'acte sous seing-privé

fait foi, dès qu'il est reconnu ou légalement tenu pour reconnu par celui auquel on l'oppose; savoir, un premier ordre composé de ceux qui ont souscrit l'acte, et un second ordre composé de leurs héritiers et ayant-cause; et dès-là, il paraîtrait faire entendre qu'un pareil acte signé par A et B, fait bien foi pour l'un des deux contre l'autre, mais qu'à l'égard de leurs héritiers et ayant-cause respectifs, ce n'est qu'entre eux qu'il fait foi, en sorte que A ne pourrait pas l'opposer aux héritiers ou ayant-cause de B; comme B ne pourrait pas l'opposer aux héritiers ou ayant-cause de A, et que les héritiers ou ayant-cause de B ne pourraient pas l'opposer à A, comme les héritiers ou ayant-cause de A ne pourraient pas l'opposer à B. Assurément cette interprétation serait absurde; car il est évident que l'article dont il s'agit, ne signifie rien autre chose si ce n'est, comme l'a dit l'orateur du gouvernement dans l'exposé des motifs, que « l'acte » sous seing-privé (reconnu ou légalement tenu » pour tel) a, entre ceux qui l'ont souscrit leurs » héritiers ou ayant-cause, la même foi que s'il » était authentique »; ou, comme l'a dit M. Jaubert, dans son rapport au Tribunat, « qu'à l'égard des parties qui ont souscrit l'acte » et de leurs héritiers et ayant-cause, les actes » sous seing-privé font contre eux la même foi » que les actes authentiques »; ou encore, comme l'a dit M. Mouricault, au nom du Tribunat, à la séance du corps législatif du 17 pluviôse an 12, que « l'écrit sous seing-privé... a, » contre celui qui l'a souscrit et contre ses héri » tiers ou ayant-cause, la même foi que l'acte » authentique ». Mais toujours est-il vrai que cet article n'exprime pas exactement ce qu'il veut dire.

2.° A s'en tenir à la lettre de cet article, l'acte sous seing-privé reconnu ou légalement tenu pour tel, ne prouverait qu'entre les parties qui l'ont signé et leurs héritiers ou ayant-cause, que l'engagement dont il forme le titre, a été effectivement contracté; cependant M. Toullier reconnaît lui-même, n. 239, que l'acte sous seing-privé prouve le fait de cet engagement, même contre les tiers; et il observe très-judicieusement qu'en s'exprimant ainsi, cet article ne peut pas avoir eu pour objet de déroger à l'ancien principe (rappelé par Pothier, dans son Traité des obligations, n. 715), que l'acte sous seing-privé probat rem ipsam contre qui que ce soit.

Faudrait-il s'étonner d'après cela, qu'un article rédigé avec aussi peu d'exactitude, présentât quelque ambiguïté dans ce qu'il dit relativement aux ayant-cause; mais on va voir que, même à cet égard, il ne renferme rien que de très-clair, rien qui ne concoure, avec les art. 1328 et 1743, à condamner l'interprétation que lui donne M. Toullier.

Pour faire bien comprendre le sens dans lequel

---

(1) Écoutons M. Mouricault, dans son rapport au Tribunat sur le titre du contrat de louage du Code civil : « Mais, et c'est encore ici une innovation utile, » le bail ne sera plus résolu par la seule volonté de » l'acquéreur.... Cette faculté prenait sa source dans » les lois romaines.... A l'appui de cette jurispru » dence, on disait que le droit du locataire n'est qu'un » droit de créance personnelle; que la tradition qu'il » reçoit, ne lui transfère aucun droit dans la chose, » pas même celui de possession, puisque le bailleur » reste propriétaire, et même possède par son loca » taire; que l'acquéreur, au contraire, reçoit une pleine » transmission de propriété. Mais qu'importe ces con » sidérations? N'est-il donc pas de principe qu'on ne » peut transmettre à autrui plus de droit qu'on n'en a » soi-même? Le vendeur qui, par un bail constaté, s'est » dessaisi, pour un temps convenu, de la jouissance » de la chose, qui a promis de garantir cette jouis » sance au preneur, et dont l'obligation principale est, » en effet de faire jouir le preneur, peut-il donc » vendre ou léguer à un tiers sa propriété dégagée de » cette obligation »?

cet article doit être entendu relativement aux ayant-cause, je forme une hypothèse exactement calquée sur son texte.

Le 1.er octobre 1820, A vend à B une propriété immobilière par un acte sous seing-privé.

Le 1.er novembre suivant, B revend cette propriété par un acte de la même nature à C, qui les fait enregistrer tous deux le même jour.

Quelque temps après, paraît D qui, armé d'un acte également sous seing-privé, et daté du 15 octobre 1820, par lequel B lui a vendu la même propriété, prétend que son acquisition étant antérieure à celle de C, elle doit lui être préférée, et il invoque, à l'appui de sa prétention, l'article dont il s'agit. « Nous sommes tous deux ayant-cause de B (dit-il); l'acte que je produis est son ouvrage; il doit donc faire foi contre vous ».

Que lui répondra C? « Vous vous méprenez étrangement sur le sens de cet article. Il suppose un acte fait sous seing-privé entre deux personnes, tel qu'est, dans notre espèce, celui du 1.er octobre 1820 par lequel B a acquis de A l'immeuble que vous réclamez; et que dit-il au sujet de cet acte? qu'il fait foi, non-seulement contre A aussi bien que contre B, non-seulement contre les héritiers de l'un et de l'autre, mais encore contre leurs ayant-cause respectifs. Il dit donc, et rien de plus, que l'acte du 1.er octobre 1820 fait foi contre moi aussi bien que contre vous, tant de sa date que de tout son contenu; et cela doit être ainsi : cet acte étant le titre de la propriété de B, notre vendeur commun, il faut bien que, pour établir qu'il a eu le droit de m'en transmettre l'effet, je le reconnaisse comme vous. Mais quel rapport y a-t-il entre la foi que nous devons tous deux ajouter à ce premier acte, à cet acte fondamental de mon droit et de votre prétention, et la foi qu'il vous plaît d'attribuer contre moi à l'acte particulier par lequel vous prétendez avoir acheté, avant moi, de B la propriété que A lui avait vendue? que cet acte fasse foi entre vous et B, j'en conviens, et cela résulte des termes de l'article, entre ceux qui l'ont sous-crit. Mais pour qu'il fît également foi contre moi, il faudrait qu'il servît, comme le premier, de fondement à ma propre acquisition; il faudrait que je fusse obligé d'en argumenter, comme je suis obligé d'argumenter du premier, pour prouver que B a eu le droit de me vendre. Or, bien loin de l'invoquer comme le titre originaire de mon acquisition, je le repousse comme un titre fabriqué en fraude de mes droits. Et vainement, pour me l'opposer, vous prévalez-vous des termes subsé-quens du même article, entre leurs héritiers et ayant-cause : ces termes ne peuvent pas être séparés des précédens : ils se réfèrent donc, comme ceux-ci, à un acte primitif qui forme

le titre commun des ayant-cause de ceux qui l'ont souscrit. Ils ne se réfèrent donc nullement à un acte postérieur et spécial à l'un de ces ayant-cause. Ils ne peuvent donc pas s'appliquer à l'acte de vente que vous me présentez sous la date du 15 octobre. Cet acte vous constitue bien l'ayant-cause de B; mais il n'est rien pour moi; je suis, quant à cet acte, ce que l'art. 1328 appelle un tiers; je ne suis donc pas tenu d'en reconnaître la date ».

Il n'y a pas un mot, comme l'on voit, dans cette interprétation qui ne soit dans le plus parfait accord avec le texte littéral de l'art. 1322.

Quant à celle qui forme la base du système de M. Toullier, pour la bien juger, retranchons de l'hypothèse qui vient de nous occuper, l'acte primitif de vente sous seing-privé qui a été passé entre A et B, le 1.er octobre 1820; supposons que B, propriétaire d'un immeuble en vertu d'un titre authentique, le vende à C, le 1.er novembre 1820, par un acte sous seing-privé que celui-ci fait enregistrer sur le champ; et que D vienne ensuite inquiéter C en vertu d'un acte de vente sous seing-privé du 15 octobre précédent, mais enregistré seulement le 1.er décembre de la même année : comment, dans cette hypothèse, l'art. 1322 pourrait-il être invoqué par D?

En appliquant ses premiers termes entre ceux qui l'ont souscrit, on trouvera sans doute que l'acte sous seing-privé du 15 octobre fait foi entre D et B.

Mais quelle application pourra-t-on faire des seconds termes entre leurs... ayant-cause? où sont, d'après l'acte daté du 15 octobre, les ayant-cause de B et de D.

Je vois bien, dans la personne de D, un ayant-cause de B, en ce sens que B vend à D, et que, par là, D devient son successeur à titre singulier dans l'immeuble vendu; mais ce n'est pas sous ce rapport que l'on doit ici considérer D : on ne doit ici le considérer que comme l'un des souscripteurs de l'acte dont il s'agit.

Peu importe qu'en sa qualité de souscripteur de cet acte, il ait le droit de l'opposer aux ayant-cause de B qui ne l'ont pas souscrit eux-mêmes, il restera toujours à savoir s'il existe vraiment ici un ayant-cause de B autre que D.

Et si l'on m'objecte qu'il en existe un dans la personne de C, je remarquerai qu'en effet C est bien l'ayant-cause de B, en ce sens qu'il a acheté de lui l'immeuble maintenant en litige; mais qu'il ne l'est point en vertu de l'acte daté du 15 octobre; et qu'il ne l'est qu'en vertu de l'acte daté du 1.er novembre et enregistré le même jour.

La question se trouvera donc ainsi réduite, en dernière analyse, à ce seul point : pour qu'il y ait lieu à l'application de ces termes de l'art. 1322, entre leurs ayant-cause, ne faut-il pas que les ayant-cause de l'un des souscripteurs de l'acte doivent cette qualité à cet acte même?

M. Toullier prétend que non : il suffit , dans son opinion, qu'ils aient cette qualité relativement au même objet ; or , ici, il y a identité d'objet pour les deux ayant-cause , puisqu'ils ont tous deux acheté le même immeuble.

Mais où cela est-il écrit ? ce n'est sûrement pas dans l'art. 1322. Le texte de l'art. 1322 se prête tout aussi naturellement, et même beaucoup plus naturellement, à mon interprétation, qu'à celle de M. Toullier ; et je ne crois pas qu'entre deux interprétations dont l'une tend à renverser., et l'autre à consolider un principe qui , dans tous les temps, a été respecté comme une digue nécessaire contre la fraude, on puisse hésiter un seul moment.

Mais ce n'est pas tout : celle que je défends ici, est encore le seul moyen de mettre l'art. 1322 en harmonie non-seulement avec l'art. 1328, dans lequel il faut bien reconnaître , bon gré ou mal-gré , que les ayant-cause qui ne fondent pas leur droit sur un titre commun , sont compris sous la dénomination de *tiers*, mais de plus avec l'art. 1743, où , de deux ayant-cause du même propriétaire qui réclament , à des titres différens la jouissance temporaire du même fonds , celui qui n'a qu'un acte sous seing-privé sans date certaine , est obligé de céder à celui qui se fonde sur un acte dont la date est assurée.

Enfin , on ne peut citer aucun arrêt qui ait encore adopté l'interprétation de M. Toullier ; tandis qu'il y en a un qui l'a proscrite de la manière la plus positive : c'est celui de la cour d'appel de Bruxelles , du 15 novembre 1809 , qui est rapporté dans les *décisions notables* de cette cour, tome 18, page 196 , et dans la *jurisprudence de la cour de cassation* , année 1810, part. 2 , page 282.

TIERS-COUTUMIER. 1.° *L'espèce de légitime que la coutume de Normandie accordait aux enfans , sous. la dénomination de tiers-coutumier, a-t-elle été abolie par la loi du 17 nivôse an 2 ?*

2.° *Peut-elle encore être réclamée dans les successions ouvertes depuis la publication de cette loi, par les enfans nés de mariages contractés antérieurement ?*

3.° *Peut-elle l'être par les enfans qui, avant la publication de cette loi , en avaient fait la demande du vivant de leurs pères morts depuis , et qui avaient fondé cette demande sur l'une des causes pour lesquelles la jurisprudence normande les autorisait à se faire délivrer leur tiers-coutumier par anticipation ?*

« Le commissaire du gouvernement près le tribunal de cassation, expose que son ministère l'oblige de requérir l'annulation d'un jugement du tribunal d'appel de Caen , qui , par le point de jurisprudence qu'il tend à établir , répand le trouble et l'inquiétude dans la plupart des familles de la ci-devant Normandie.

» Ce jugement a décidé que le tiers-coutumier clairement aboli par la loi du 17 nivôse an 2 , peut cependant encore être réclamé dans les successions ouvertes depuis la publication de cette loi, par les enfans nés de mariages contractés auparavant.

» Dans le fait, Claude-Antoine Lemoine avait épousé, le 22 juillet 1749, Marie-Anne Addes. Le 20 mars 1779, Marie-Anne Addes obtint à la chancellerie , près le parlement de Rouen, des *lettres de séparation civile,* motivées sur les dissipations de son mari , et sur le désordre qui en était résulté dans sa fortune. Le 23 février 1780, ces lettres furent entérinées au bailliage de Coutances ; et Marie-Anne Addes fut, par la même sentence, renvoyée à se pourvoir devant le juge compétent pour le réglement de ses droits. Ainsi, séparée de biens d'avec son mari, la femme Lemoine le fit assigner, ainsi que ses créanciers et les acquéreurs de ses biens, devant le *vicomte* ou juge seigneurial de Gavray, et conclut contre eux à la liquidation et délivrance de son douaire, conformément aux dispositions de la coutume de Normandie. Le 15 juillet 1780, il intervint au siége de Gavray, une sentence qui ordonna la mise en cause de Guillaume Lemoine, fils des deux époux séparés. L'objet de cet interlocutoire était de faire régler le douaire de la femme Lemoine, contradictoirement avec son fils, par la raison qu'aux termes de l'art. 399 de la coutume, le fils devait avoir un jour, pour son tiers-coutumier, ce qui serait adjugé à la mère pour son douaire. Guillaume Lemoine fut en effet assigné le 15 juillet 1782; et le 15 novembre suivant , il répondit, par une écriture signifiée à toutes les parties, que son père étant vivant , il n'avait aucune qualité pour intervenir dans le procès relatif au douaire de sa mère : en conséquence, il demanda *congé de cour.* Mais le 11 novembre 1790, la contestation étant encore indécise, il revint sur ses pas : rétractant son écriture du 15 novembre 1782, il déclara vouloir rester au procès, *pour que les droits qui seraient liquidés au profit de sa mère, lui servissent un jour de tiers-coutumier.* Le 5 prairial an 2, le tribunal du district de Coutances prononça sur le douaire de la mère ; et avant faire droit sur les conclusions du fils, tendantes à ce que ce douaire lui fût adjugé pour en jouir, le cas arrivant, à titre de tiers-coutumier, ordonna qu'il en serait référé au comité de législation de la Convention nationale.

» Claude-Antoine Lemoine vivait encore à cette époque ; il ne mourut que le 2 germinal an 4. Le 18 prairial suivant, Guillaume Lemoine renonça à la succession de son père. Il forma ensuite contre les créanciers, ainsi que contre les acquéreurs des biens dont son père s'était trouvé saisi en se mariant, ou qui lui étaient depuis échus en ligne directe, une demande en distraction de son tiers-coutumier; et par là il fit revivre la question que le jugement du 5 prairial an 2 avait assoupie par un référé.

» Cette question avait deux objets, l'un principal, l'autre subsidiaire : elle tendait à savoir *principalement*, si les enfans nés de mariages antérieurs à la publication de la loi du 17 nivôse an 2, étaient recevables à réclamer le tiers-coutumier que leur accordait la coutume de Normandie, encore que leurs pères ne fussent décédés que depuis la publication de cette loi; et *subsidiairement*, si, en supposant le tiers-coutumier aboli en thèse générale, par la loi du 17 nivôse an 2, relativement aux mariages contractés avant la publication de cette loi, Guillaume Lemoine n'avait pas été placé à cet égard dans un cas d'exception, par le jugement de séparation qu'avait obtenu sa mère en 1780, et par les suites qu'avait eues ce jugement.

» Le 2 floréal an 7, jugement du tribunal civil du département de la Manche, qui décharge les acquéreurs et les créanciers de Claude-Antoine Lemoine, de la demande en tiers-coutumier formée contre eux par Guillaume Lemoine, et cependant condamne les acquéreurs aux dépens faits par celui-ci avant la promulgation de la loi du 17 nivôse an 2. — Appel de la part de Guillaume Lemoine. Le 14 ventôse an 8, jugement par défaut du tribunal civil du département de la Mayenne, qui confirme celui du 2 floréal an 7. Guillaume Lemoine forme opposition à ce jugement, et la cause est reportée au tribunal d'appel de Caen, où elle est plaidée contradictoirement. Le 25 nivôse an 10, jugement du tribunal d'appel de Caen, qui reçoit l'opposition, dit qu'il a été mal jugé par le tribunal civil de la Manche, et ordonne que les immeubles qui seront délivrés à Marie-Anne Addes pour son douaire, serviront de tiers-coutumier à Guillaume Lemoine, son fils, si mieux n'aiment les acquéreurs de ces immeubles, en payer le prix à ce dernier, conformément à la loi.

» Les acquéreurs se sont pourvus en cassation contre ce jugement, et leur demande a été admise le 26 brumaire dernier, par la section des requêtes ; mais une transaction a arrêté leurs poursuites ultérieures; et c'est ce qui oblige l'exposant, d'après l'art. 88 de la loi du 27 ventôse an 8, de réclamer, pour l'intérêt de la loi, autant que pour le repos des familles, la cassation du jugement à l'exécution duquel ils ont bien voulu consentir.

» Avant de se déterminer à cette démarche, l'exposant s'est environné de toutes les lumières qu'il lui a été possible de recueillir. Informé que le tribunal d'appel de Rouen avait, sur la question dont il s'agit, une jurisprudence tout-à-fait

opposée à celle du tribunal d'appel de Caen, il a consulté les commissaires du gouvernement près l'un et l'autre tribunal; il les a entendus tous deux, il a recueilli leurs raisons respectives, et c'est le résultat de cette discussion contradictoire qu'il vient soumettre au tribunal suprême : heureux de fournir aussi à propos aux magistrats qui le composent, l'occasion de faire cesser, dans une grande et belle portion du territoire de la république, le schisme qui divise les juges supérieurs, et paralyse presque toutes les transactions.

» La coutume de Normandie entendait, par *tiers-coutumier des enfans*, une portion des biens que le père possédait au moment où il s'était marié, ou qui lui étaient échus depuis en ligne directe. Cette portion, il ne lui était point permis de l'aliéner ni de l'hypothéquer ; et ses enfans pouvaient, en renonçant à sa succession, se la faire délivrer par ses créanciers ou acquéreurs, sans être tenus à d'autres charges que celles dont la création avait précédé le mariage duquel ils étaient issus.

» Ce tiers-coutumier, tant que la femme vivait, formait son douaire.

» Les enfans avaient aussi un droit de tiers-coutumier sur les biens de leur mère, il était même plus étendu que celui dont la coutume les faisait jouir sur les biens de leur père; car relativement à leur mère, ce droit affectait tous les biens qui lui étaient échus pendant le mariage, soit par succession directe, soit par succession collatérale, soit à titre de conquêts.

» Voici ce que portait, à cet égard, la coutume. — « *Art.* 337. La femme gagne son douaire
» au coucher; et consiste le douaire en l'usufruit
» des choses immeubles dont le mari est saisi
» lors de leurs épousailles, et de ce qui lui est
» depuis échu, constant le mariage, en ligne di-
» recte.... — *Art.* 399. La propriété du tiers
» de l'immeuble destiné par la coutume pour le
» douaire de la femme, est acquise aux enfans
» du jour des épousailles ; et..... néanmoins
» la jouissance en demeure au mari sa vie du-
» rant, sans toutefois qu'il puisse le vendre, en-
» gager ni hypothéquer ; comme en pareil cas,
» les enfans ne pourront vendre, hypothéquer ni
» disposer dudit tiers-coutumier avant la mort
» du père, et qu'ils aient tous renoncé à la suc-
» cession. — *Art.* 401. Et ne pourront les enfans
» accepter ledit tiers, si tous ensemble ne renon-
» cent à la succession paternelle et rapportent
» toutes donations et autres avantages qu'ils pour-
» raient avoir eus de lui. — *Art.* 402. Les en-
» fans partageront ledit tiers selon la coutume
» des lieux où les héritages sont assis, à laquelle
» n'est en rien dérogé pour le regard du partage,
» et sans préjudice au droit des aînés; et n'y
» pourront avoir les filles que mariage avenant.
» — *Art.* 403. Et où le père aurait fait telle
» aliénation de ses biens, que ledit tiers ne se

» pourrait prendre en essence, les enfans pour-
» ront révoquer les dernières aliénations, jusqu'à
» la concurrence dudit tiers, si mieux les acqué-
» reurs ne veulent payer l'estimation du fonds
» dudit tiers, en roture au denier 20, et en fief
» noble au denier 25 : laquelle estimation sera
» partagée également entre lesdits enfans. —
» *Art.* 404. Pareillement la propriété du tiers
» des biens que la femme a lors du mariage, ou
» qui lui écherront constant le mariage, ou lui
» appartiendront à droit de conquêt, appar-
» tiendra à ses enfans, aux mêmes charges et
» conditions que le tiers du mari ».

» D'après ces dispositions, les enfans ne pouvaient exercer leur droit de tiers-coutumier
qu'après la mort de leur père; comme la femme
ne pouvait qu'après la mort de son mari, se faire
délivrer pour son douaire, la jouissance des biens
affectés à ce droit. Mais la jurisprudence normande avait, à certains égards, assimilé en cette
matière la *mort civile* à la mort naturelle ; et par
mort civile, elle avait constamment entendu,
comme l'atteste Basnage sur l'art. 399, *non seulement la peine qui emportait le bannissement et
la confiscation des biens, mais même la séparation de biens, ou le décret des biens du mari
en intégrité, ou de la meilleure partie.*

» C'est sur cette jurisprudence que s'était fondée Marie-Anne Addes ; après avoir fait, en
1779, prononcer sa séparation de biens d'avec
Claude-Antoine Lemoine, pour demander que
le tiers des biens dont son mari avait eu la possession au moment de leur mariage, ou qui lui
étaient advenus depuis par succession directe, lui
fût délivré pour en jouir à titre de douaire. Et
c'est sur le même fondement que Guillaume Lemoine, son fils, avait conclu, le 11 novembre
1790, à ce que les biens qui seraient adjugés à
sa mère pour son douaire, lui fussent également
adjugés à lui-même pour son tiers coutumier.

» Aussi, devant le tribunal d'appel de Caen,
Guillaume Lemoine soutenait-il que son droit
de tiers-coutumier avait été ouvert avant la mort
de son père, arrivée, comme on l'a dit, le 2
germinal an 4, et même avant la publication
de la loi du 17 nivôse an 2.

» Mais indépendamment de ce moyen qui n'é-
tait pour lui que subsidiaire, il soutenait qu'en
thèse générale, la loi du 17 nivôse an 2 n'avait
aboli le tiers-coutumier qu'au préjudice des enfans nés de mariages contractés depuis sa promulgation.

» Le tribunal d'appel de Caen a adopté ces
deux moyens : il a décidé tout à la fois, et que
Guillaume Lemoine aurait eu droit au tiers-
coutumier, quand même sa mère n'eût pas été
séparée de biens avant la loi du 17 nivôse an 2 ;
et que par l'effet de la séparation de biens obtenue par sa mère, le tiers-coutumier lui avait été
irrévocablement acquis avant que la loi du 17

nivôse an 2 fût venue abroger pour l'avenir ce
mode de transmission des biens. Mais sur l'un
comme sur l'autre point, le tribunal d'appel de
Caen, a faussement appliqué les dispositions de
la coutume de Normandie, et violé celles de la
loi du 17 nivôse an 2. C'est ce que l'exposant va
démontrer.

» I. Que l'art. 61 de la loi du 17 nivôse an 2
ait aboli le tiers-coutumier, c'est une vérité qu'il
est impossible de méconnaître, puisque cet article abroge *toutes les lois, coutumes, usages et
statuts relatifs à la transmission des biens par
succession ou donation.* C'est d'ailleurs ce que
décide textuellement l'art. 49 du décret rendu le
22 ventôse an 2, en interprétation de la loi du 17
nivôse. On demandait à la Convention nationale
une loi qui prononçât *formellement sur la conservation ou l'abolition du tiers-coutumier, qui,
en certains lieux, assurait aux enfans une portion des biens de leur père, en rendant dans ses
mains cette portion non susceptible des transactions commerciales ordinaires ;* et l'article cité
répond que la loi sollicitée est inutile, parce qu'*il
ne peut y avoir qu'une législation uniforme en
France, et que l'art. 61 (de la loi du 17 nivôse)
abolissant les transmissions statutaires, la question se trouve résolue par ce seul point.* La même
décision est consignée dans le décret du 9 fructidor an 2. Des pétitionnaires avaient demandé
l'abrogation expresse des *coutumes qui consa-
craient certains modes de partage, ou admettaient des droits de choix,* ET CELLES QUI ÉTA-
BLISSAIENT UN DOUAIRE, MÊME EN FAVEUR DES
ENFANS : le décret répond, art. 24, qu'il n'est
pas besoin, pour tout cela, d'une loi nouvelle,
attendu que *l'art. 61 de la loi du 17 nivôse ramène tout à l'uniformité, par l'abolition des
coutumes sur le fait des dispositions depuis
le 14 juillet 1789 ; et qu'ainsi la question proposée se trouve déjà affirmativement décidée par
les termes généraux de la loi.*

» Mais si le droit de tiers-coutumier est aboli
par la loi du 17 nivôse an 2, comment pourrait-
il encore être exercé sur les biens d'un père qui
n'est mort que depuis la publication de cette
loi ?

» Bien sûrement le droit de tiers-coutumier
n'était en Normandie qu'un droit successif, un
mode de succéder introduit en faveur des enfans.
Cela résulte 1.° de l'obligation que l'art. 401 de
la coutume imposait aux enfans voulant
prendre leurs tiers-coutumiers de *rapporter toutes
donations et autres avantages qu'ils pourraient
avoir reçus* de leurs pères ; 2.° de la disposition
par laquelle l'art. 402 voulait que les enfans par-
tageassent *ledit tiers suivant la coutume des lieux
où les héritages étaient assis* (disposition qui se
réfère aux statuts locaux assez nombreux en
Normandie et dérogeans à la coutume générale);
3.° de la déclaration exprimée dans le même ar-

ticle, que par l'établissement du tiers-coutumier, il n'était ni *dérogé en rien* à ces statuts locaux *pour le regard des partages*, ni *préjudicié aux droits des aînés* ; 4.° de la précaution que prenait le même article de déclarer que, dans le tiers-coutumier, les filles ne pourraient *avoir que mariage avenant* : ce qui assurément caractérisait bien une hérédité normande.

» Or, pour savoir si un droit successif aboli par la loi du 17 nivôse an 2, peut encore être exercé aujourd'hui, quel est le point auquel il faut s'attacher ? A celui-ci seulement : l'individu sur les biens duquel on prétend exercer ce droit, était-il mort avant, ou n'est-il mort qu'après la publication de la loi du 17 nivôse ? S'il est mort avant, le droit était acquis ; et la loi du 17 nivôse, telle qu'elle est restreinte par celle du 9 fructidor an 3, l'a respecté. S'il est mort après, le droit n'a pas pu s'ouvrir.

» C'est ainsi que les aînés, même dans les coutumes où les pères ne pouvaient pas déroger au droit d'aînesse, lorsqu'il était en vigueur, ont été réduits par la loi du 15 mars 1790, à partager également avec leurs frères et leurs sœurs, quoiqu'avant cette loi, ils eussent, sur le préciput que leur assignait la coutume, une expectative certaine et immuable. C'est ainsi que, dans les coutumes de Hainaut, de Brabant, de Liège, de Limbourg, et dans une partie de la ci-devant Alsace (1), les enfans d'un premier lit, dont le père s'était remarié, et qui, par *droit de dévolution*, avaient le privilége de prendre hors part, dans sa succession, tous les biens dont il s'était trouvé saisi au moment de la mort de leur mère, ont été obligés, par la loi du 8 avril 1791, d'admettre leurs frères consanguins au partage par tête de ces mêmes biens, quoique leur père se fût trouvé, par l'effet de la dévolution, dans l'impuissance de les aliéner ou hypothéquer à leur préjudice : *les effets de cette loi devant avoir lieu*, comme le déclare expressément le décret du 18 vendémiaire an 2, *sur les biens meubles et immeubles qui, au moment de sa publication, étaient frappés de dévolution dans la main de l'époux survivant avec enfans.*

» Et pourquoi en serait-il autrement du tiers-coutumier ? Pourquoi l'abolition du tiers-coutumier, prononcée par la loi du 17 nivôse an 2, ne frapperait-elle pas sur les enfans nés de mariages contractés avant la publication de cette loi, comme l'abolition du droit d'aînesse frappe sur les enfans nés de mariages contractés avant la publication de la loi du 15 mars 1790, comme l'abolition du droit de dévolution frappe sur les enfans nés de mariages contractés avant la publication de la loi du 8 avril 1791 ?

» C'est, dit-on, parce que le droit de tiers-coutumier ne consistait pas, comme le droit d'aînesse, comme le droit de dévolution, dans une simple expectative, c'est parce qu'il formait, pour les enfans nés de mariages antérieurs à la loi du 17 nivôse an 2, une propriété véritable; c'est parce que cette propriété leur était *acquise*, aux termes de l'art. 399 de la coutume, *du jour des épousailles de leur père.*

» Si telle était en effet la nature du tiers-coutumier, si vraiment il rendait les enfans, même du vivant de leur père, propriétaires de la portion de ses biens qui était soumise à ce droit, il est incontestable que la loi du 17 nivôse an 2 ne l'aurait pas aboli au préjudice des enfans dont les pères vivaient encore à l'époque de la publication de cette loi ; il est incontestable qu'elle ne l'aurait aboli qu'au préjudice des enfans à naître des mariages qui seraient contractés à l'avenir.

» Toute la question se réduit donc à savoir si, d'après la coutume, la propriété du tiers-coutumier était acquise aux enfans avant la mort de leur père, ou si elle ne l'était qu'après.

» Le tribunal d'appel de Caen a décidé qu'elle leur était acquise avant la mort de leur père; et il s'est fondé, l'on doit en convenir, sur plusieurs raisons très-spécieuses.

» Il a d'abord considéré « que ces expressions » (de l'art. 399), *la propriété du tiers est acquise* » *aux enfans, du jour des épousailles*, sont » conçues en termes de présent et non en termes » d'avenir; que le législateur, pour démontrer » que la propriété reposait sur la tête des enfans, » et que leur père en était réellement dessaisi, » ajoute qu'il ne pourra ni vendre, ni engager, » ni hypothéquer ce tiers : que le seul droit » réservé au père par cet article, ne consiste » que dans une simple *jouissance* ou usufruit » détaché de la propriété; que si, par les der- » nières dispositions de l'art. 399, les enfans » sont dans l'interdiction de pouvoir, du vivant » de leur père, *vendre, hypothéquer ou disposer* » *dudit tiers*, on ne peut en conclure que cette » propriété ne leur appartient pas; que d'abord, » cette conséquence serait en opposition avec le » texte de la loi; qu'en second lieu, en mettant » cette propriété à l'abri de la dissipation des » enfans, au moins du vivant de leur père, le » législateur a montré combien elle lui parais- » sait précieuse; et que cette mesure, loin d'être » destructive de la propriété, ne tend qu'à la » conserver ».

» Il a considéré ensuite que l'art. 403, « en » donnant aux enfans le droit de révoquer les » dernières aliénations, confirme de plus en plus » cette vérité, que la propriété du tiers leur est » acquise du jour des épousailles; qu'en effet, la » révocation d'une aliénation n'est autre chose » qu'une action en revendication de propriété, et » que cette action ne peut appartenir qu'à celui » qui était propriétaire à l'instant de l'aliénation

(1) *V.* les articles *Dévolution coutumière*, et *Wissembourg.*

» faite par celui qui ne l'était pas; que la faculté
» accordée aux acquéreurs par la seconde partie
» de cet article, de pouvoir conserver leurs
» acquisitions en en payant la valeur, n'est
» point destructive de la propriété acquise aux
» enfans, puisque les acquéreurs ne peuvent être
» obligés au payement de cette valeur, que par
» la raison qu'ils sont acquis *à non domino;* et
» que, soit que l'acquéreur rende la chose ou
» en paye le prix, cette obligation alternative
» prend sa source dans la propriété acquise aux
» enfans; et que, dans ce cas, le prix est repré-
» sentatif de la chose même ».

» Il a encore considéré « que, si, pour former
» la revendication de leur tiers-coutumier, les
» enfans sont obligés de renoncer à la succession
» de leur père, on ne peut en induire qu'ils n'en
» sont pas les propriétaires du jour des épou-
» sailles : car s'ils n'en étaient pas les proprié-
» taires dès ce moment, et qu'ils ne le devinssent
» qu'au moment du décès de leur père, ce ne
» serait plus en vertu de l'art. 399 que cette
» propriété leur appartiendrait, mais par suc-
» cession de leur père; or, si la loi exige que,
» pour revendiquer le tiers, ils renoncent, il
» n'y a plus de succession; s'il n'y a pas de suc-
» cession, ce n'est donc qu'en vertu de la loi
» que la propriété du tiers leur est acquise, et
» cette loi les en investit du jour des épousailles;
» il sort donc de la renonciation exigée par la
» loi; une conséquence toute contraire à celle
» qu'on voudrait tirer : d'ailleurs, cette renon-
» ciation est indispensable par elle-même, puis-
» qu'on ne peut revendiquer un tiers quand on
» réclame le tout; si on veut se borner au tiers,
» il faut abandonner le surplus. Cet abandon
» n'est donc qu'un moyen de conserver le tiers;
» et comment ce moyen pourrait-il être destructif
» de sa fin » ?

» Il a considéré enfin, « que c'est encore une
» erreur de prétendre que les enfans ne sont pas
» propriétaires du tiers-coutumier, du jour des
» épousailles, sous le prétexte que, s'ils décè-
» dent avant leur père, ils ne transmettent point
» cette propriété; qu'en effet, ils la transmettent
» à leurs enfans, s'ils en ont; et que, s'ils n'en
» laissent pas, ils la transmettent à leurs frères
» et sœurs, à titre d'accroissement; que, si la
» loi n'a pas voulu que ce droit fût transmissible
» à d'autres collatéraux, c'est qu'il est personnel
» aux enfans et à leurs descendans; et que,
» cessant leur existence, il était plus naturel de
» le faire retourner à sa source ».

» Tels sont les argumens qu'a employés le
tribunal de Caen, pour établir « que la propriété
» du tiers appartient pleinement aux enfans, du
» jour des épousailles, ainsi que la coutume s'en
» explique littéralement, et non du jour de la
» mort du père ».

» Mais d'abord, est-il bien constant que,
dans l'art. 399, les rédacteurs de la coutume

aient attaché aux mots, *la propriété du tiers est
acquise aux enfans du jour des épousailles,* le
sens que ces expressions semblent présenter au
premier coup-d'œil? Est-il bien constant qu'ils
aient entendu à la lettre ces autres expressions
du même article, *la jouissance en demeure au
mari sa vie durant?*

» La coutume de Senlis, art. 177, emploie à
peu près les mêmes termes : « Le douaire de la
» femme (dit-elle), est réputé propre héritage
» aux enfans issus de mariage, en telle manière
» que le père, après le trépas de sa femme,
» jouira desdits héritages sujets à douaire *quant
» à l'usufruit seulement,* et lesdits enfans en
» seront *vrais seigneurs et propriétaires* ». Cependant Dumoulin, dans son apostille sur cet
article, n'hésite pas à dire que la propriété des
biens sujets au douaire, demeure sur la tête du
père, et que les enfans n'en sont saisis que par
sa mort : *intellige* (dit-il, au mot PROPRIÉTAIRES)
*in casum quo supervivant patri, non autem quòd
morientes sine liberis antè patrem possint trans-
mittere ad alios quàm ad alios liberos ejusdem
matrimonii vel nepotes ex eis. Pariter dic quòd
vivo patre non possunt alienare vel hypothecare :
et sic in veritate pater interim est magis proprietarius...... et hæc consuetudo impropriè
loquitur.* Ricard, dans son Commentaire sur la
coutume de Senlis, copie littéralement cette
observation de Dumoulin; et en l'adoptant, il
la confirme par son suffrage. On sait d'ailleurs
de quelle autorité sont les apostilles de Dumoulin sur les différentes coutumes de France : *elles
ont mérité,* dit le chancelier d'Aguesseau, tome 1,
page 397, *d'être respectées presque comme des
lois.*

» Si de la coutume de Senlis nous passons à
celle de Paris, nous y verrons qu'elle se sert
également d'expressions équipollentes à celles
qu'emploie la coutume de Normandie : « Douaire
» coutumier (dit-elle, art. 248), est de la moitié
» des héritages que le mari tient et possède au
» jour des épousailles, et de la moitié des héri-
» tages qui, depuis la consommation du ma-
» riage, et pendant icelui, échéent et advien-
» nent en ligne directe du mari. — Art. 249. Le
» douaire coutumier de la femme est *le propre
» héritage des enfans* venans dudit mariage, en
» telle manière que le père et mère desdits en-
» fans, dès l'instant de leur mariage, ne le peu-
» vent vendre, engager ni hypothéquer au pré-
» judice de leurs enfans. — Art. 250. Si les en-
» fans venans dudit mariage, ne se portent hé-
» ritiers de leur père, et s'abstiennent de pren-
» dre la succession, en ce cas ledit douaire ap-
» partient auxdits enfans purement et simple-
» ment, sans payer aucunes dettes..... créées
» depuis ledit mariage ».

» Voilà, à quelques légères différences près,
les mêmes dispositions et les mêmes termes que
dans la coutume de Normandie. Eh bien! a-t-on

jamais, dans la coutume de Paris, regardé les enfans comme *propriétaires* du douaire coutumier, du vivant de leur père? Non, et il s'en faut beaucoup.

» Si les enfans étaient, dans la coutume de Paris, *propriétaires* du douaire coutumier, du vivant de leur père, leur père ne pourrait pas les en priver pour l'une des causes d'ingratitude qui autorisent l'exhérédation; car le douaire coutumier n'est pas une donation de la part du père à ses enfans; c'est un avantage que la loi fait à ceux-ci; et il est de principe que, lorsqu'on est une fois saisi d'une propriété, à tout autre titre que celui de donation entre-vifs, on ne peut pas en être privé, même pour cause d'ingratitude. Cependant, il est certain que, dans la coutume de Paris, les enfans qui avaient encouru l'exhérédation, pouvaient être privés de leur douaire coutumier. *Fallit* (dit Dumoulin sur l'art. 137 de l'ancienne coutume), *si liberi sint ingrati, ut possint exheredari, quia tunc privari doario possunt.* « L'enfant exhérédé (dit » Lemaître sur la coutume de Paris, pag. 292), » n'a point de part au douaire; il n'y fait pas » même de part ». Renusson, dans son *Traité du douaire*, chap. 6, n. 17, enseigne également « que l'enfant exhérédé, quand son exhéréda-» tion est juste et subsiste, est exclu du douaire » de même que de l'hérédité : la raison (conti-» nue-t-il), est que le douaire est une portion » des biens du père et de son hérédité; comme » son exhérédation l'exclut de l'hérédité, elle » l'exclut pareillement du douaire».

» Si, dans la coutume de Paris, le douaire coutumier avait appartenu aux enfans du vivant de leur père, les enfans auraient pu, pour le conserver, former au décret des biens de celui-ci une opposition à fin de distraire. Cependant il est certain qu'une pareille opposition eût été jugée non-recevable. Écoutons Bacquet, dans son Traité *des droits de justice*, chap. 15, n. 71: « le douaire coutumier.... est tellement favo-» rable, que le droit d'icelui ne peut être *tollu*, » ôté ni éteint aux enfans, encore que l'héritage » sujet au douaire, ait été solennellement dé-» crété du vivant du père, et que les enfans » mineurs ou majeurs ne se soient aucunement » opposés *comme à la vérité ils ne pouvaient*, » d'autant que, du vivant du père, ils n'ont » aucun droit acquis au douaire, leur droit est » en suspens, et n'ont qu'une simple espérance » *de douaire*, sous deux conditions : s'ils sur-» vivent leur père, et s'ils renoncent à la suc-» cession ».

» Enfin, tous les auteurs qui ont écrit sur les articles cités de la coutume de Paris, s'accordent à reconnaître que ces textes ne confèrent point aux enfans, du vivant de leur père, une propriété véritable.

» Renusson, dans son *Traité du douaire*, chap. 5, n. 3, s'exprime là-dessus en ces termes:

« Quand il est dit par la coutume de Paris et » autres coutumes semblables, que le douaire » est propre aux enfans, et que les père et mère, » dès leur mariage, ne le peuvent obliger ni » hypothéquer, cela ne doit pas être entendu » purement et simplement, mais *limitativè*, si » *liberi patri supervixerint*; le douaire ne com-» mence à être ouvert et n'est acquis aux enfans » que par la mort du père ».

» Ferrière, sur l'art. 249 de la coutume, glose 1.ere, n. 4, dit également : « Quoique cet arti-» cle, le suivant et le 255.e disent généralement » et sans distinction, que la propriété du douaire » appartient aux enfans, néanmoins ils se doi-» vent entendre *limitativè*, *si liberi supervixe-» rint patri* : ou plutôt que la propriété des » biens sujets au douaire, réside toujours en la » personne du père, jusqu'à ce que le douaire » ait lieu, c'est-à-dire, que le père soit décédé, » et que les enfans, si aucuns y a pour lors, » renoncent à sa succession et se tiennent au » douaire; car, comme le douaire dépend prin-» cipalement de ces deux conditions, on ne » peut pas dire auparavant que le douaire ap-» partient aux enfans.....».

» Le même auteur, sur le même article, glose 2, n. 18, dit encore que « le défaut d'op-» position (des enfans au décret des biens de » leur père) ne peut leur être opposé, parce » que, *vivo patre*, ils n'en ont pas la propriété, » leur droit est incertain, dépendant de deux » conditions, dont l'événement ne peut arriver » qu'après la mort de leur père : savoir, s'ils » le survivront, et si, au cas qu'ils le survivent, » ils renoncent à la succession; ainsi cependant » ils n'ont qu'une simple espérance ». Plus bas, n. 32, il ajoute : « les arrêts ont jugé que le » décret ne purge point le douaire coutumier, » par une *fiction* par laquelle on présume qu'il » est fait *super non domino*, quoique VÉRITA-» BLEMENT il soit *super domino*, savoir, le père » qui en est le *propriétaire* pendant sa vie ».

» Ainsi, quoique les coutumes de Paris et de Senlis employassent, par rapport au douaire coutumier qu'elles rendaient propre aux enfans, des expressions qui, comme celles dont se servait la coutume de Normandie, semblaient conférer aux enfans une propriété véritable du vivant de leur père, il est bien constant que, dans les coutumes de Paris et de Senlis, ce n'était pas sur la tête des enfans que résidait la propriété du douaire coutumier, tant que leur père vivait, et que celui-ci conservait cette propriété jusqu'à sa mort.

» Et sur quel fondement le jugeait-on ainsi dans les coutumes de Paris et de Senlis ? On le jugeait ainsi, d'après le principe que, dans les lois, comme dans les contrats, ce n'est point à l'écorce des mots, mais à la substance des dispositions, qu'il faut s'arrêter.

» Or, ce principe, pourquoi ne l'applique-rait-on pas aussi bien au tiers-coutumier de Normandie, qu'au douaire coutumier de Paris et de Senlis? Non-seulement la coutume de Normandie ne renferme rien qui, sur ce point, tende à établir un droit contraire à celui des coutumes de Paris et de Senlis; mais elle prouve au contraire par deux de ses dispositions, qu'elle a été rédigée dans le même esprit que toutes les coutumes qui déclarent le douaire propre aux enfans.

» 1.º L'art. 85 des *placités* de 1666, qui ne forment, comme l'on sait, qu'un seul et même corps de lois avec la coutume, porte que « le » contrat par lequel les enfans, du vivant de » leur père ou autres ascendans, ont vendu » ou hypothéqué *le tiers à eux destiné par la* » *coutume*, est exécutoire sur leurs autres biens » présens et à venir, et non sur ledit tiers, en » quelques mains qu'il puisse passer, même de » l'héritier du fils, ni sur leur personne ». On sent combien sont décis.fs ces termes, *le tiers à eux destiné par la coutume* : il en résulte évidemment que la disposition de la coutume concernant ce tiers, n'était pas une *transmission*, à compter du jour du mariage, mais une simple *destination* ; et si ce n'était qu'une *destination*, il est clair que les enfans n'étaient pas propriétaires, tant que le père vivait.

» 2.º L'art. 403 de la coutume porte que, si le père a aliéné les fonds sujets au tiers-coutumier, les acquéreurs (au lieu de rendre aux enfans les biens en nature, auquel cas, suivant l'art. 402, les enfans les partageraient entre eux avec toutes les prérogatives que la coutume générale et les statuts locaux accordent aux aînés sur les puînés et aux mâles sur les filles), pourront n'en rendre que l'estimation, laquelle *se partage également entre tous les enfans*. Assurément, si les enfans étaient propriétaires du tiers-coutumier, du jour du mariage de leur père, leur père ne pourrait pas, par des aliénations subséquentes, déroger à la loi qui fixe les parts de chacun d'eux dans cette portion de ses biens. Il ne pourrait pas transmettre à un acquéreur le droit de détruire par l'offre d'une *estimation*, les privilèges de l'aînesse et de la masculinité. L'aîné devenu, par le mariage de son père, propriétaire d'une portion avantageuse dans le tiers-coutumier, ne pourrait en être privé, ni par l'aliénation du père, ni par l'offre de l'acquéreur. Les mâles devenus également propriétaires de la totalité du tiers-coutumier, avec le privilège de n'y donner qu'un *mariage avenant* à leurs sœurs, ne pourraient être forcés, ni par l'aliénation de leur père, ni par l'offre de l'acquéreur, d'associer leurs sœurs à cette propriété. En un mot, de ce que l'*estimation*, dans le cas où l'acquéreur préfère la donner après la mort du père, pour conserver le bien en nature, doit se partager d'une toute autre manière que le bien même, il suit nécessairement qu'avant la mort du père, le bien n'appartient pas aux enfans.

» Il leur appartient si peu que l'*estimation*, lorsque l'acquéreur prend le parti de la donner au lieu du tiers en essence, doit être calculée, non sur la valeur des biens à l'époque du mariage de leur père, non sur la valeur des biens à l'époque de leur naissance, mais sur la valeur des biens au moment où leur père est décédé : c'est la disposition expresse de l'art. 90 des placités de 1666. Il leur appartient si peu, que, par l'art. 76 du même statut, lorsque les immeubles du père sujets au tiers-coutumier, consistent en rentes seigneuriales, en rentes foncières, en rentes constituées à prix d'argent, les débiteurs de ces rentes sont autorisés à les rembourser entre les mains du père, sans qu'ils puissent, après sa mort, être inquiétés, pour le tiers-coutumier des enfans. Il leur appartient si peu enfin, que, par l'arrêt de réglement du parlement de Rouen du 4 mars 1733, il est expressément déclaré que les enfans n'ont, pour leur tiers-coutumier, qu'un droit d'*hypothèque* : « Les petits-fils (porte-t-il), » qui auront renoncé à la succession de leur père » décédé avant leur aïeul, et à celle de leur aïeul » et aïeule, pourront demander le tiers-coutu-» mier que leur père aurait pu prétendre sur la » succession de cet aïeul ou aïeule, s'il ne les » eût pas prédécédés, à L'HYPOTHÈQUE du con-» trat de mariage desdits aïeul et aïeule » : Si les enfans n'avaient pour leur tiers-coutumier qu'un droit d'hypothèque, bien certainement ils n'en étaient pas propriétaires.

» Aussi tous les commentateurs de la coutume de Normandie s'accordent-ils à faire sur l'art. 399 de cette loi, les mêmes observations que font Dumoulin sur l'art. 177 de celle de Senlis, et Bacquet, Renusson, Ferrière, sur l'art. 249 de celle de Paris.

» Celui de ces commentateurs qui a écrit dans le temps le plus rapproché de la rédaction de la coutume, celui qui, par conséquent, est censé en avoir mieux connu l'esprit, Bérault, sur l'art. 399, aux mots, *sans toutefois qu'il le puisse vendre*, dit que les enfans prennent le tiers-coutumier « par forme de bienfait et donation que leur en » fait la coutume, comme appraît par l'art. 401, » qui parle d'acceptation, ce qui ne convient » qu'à donation; mais la coutume (ajoute-t-il), » *hanc legem dixit ejusmodi donationi*, qu'ils » ne la puissent accepter ni en disposer avant » la mort du père, et qu'ils aient tous renoncé » à sa succession. et partant n'en peuvent pas » *être dits auparavant vrais propriétaires* : or, » quand la coutume leur donne la propriété du » jour des épousailles, c'est qu'elle leur réserve » dès-lors ce tiers, pour leur être donné après » le décès du père, s'i l lui survivent, sans pou-» voir être par lui aliéné ni hypothéqué à leur » préjudice ».

» Basnage, sur le même article (tome 2, page 126, édition de 1778), explique ainsi les termes de la coutume, *les enfans ne pourront disposer du tiers avant la mort du père* : « En » cet endroit, le terme de *mort* ne s'entend » que de la mort naturelle; parce qu'à parler » proprement, ils n'en sont et n'en deviennent » les véritables propriétaires, qu'après avoir » renoncé, ce qu'ils ne peuvent faire qu'après la » mort naturelle du père; et cet article dispose » expressément qu'ils ne pourront avoir leur » tiers qu'ils n'aient renoncé à la succession ».

» Flaust, dans son *Explication de la coutume et de la jurisprudence de Normandie*, tome 1, page 619, copie littéralement cette partie du commentaire de Basnage, et la présente comme une maxime incontestable.

» Mais personne n'a mieux, sur cet objet, développé l'esprit de la coutume, que le commentateur Pesnelle. Voici comment il entre en matière, pages 466 et 467, édition de 1771 : « Dans cet article (399) et les cinq suivans, il » est disposé de la légitime que la coutume a » réservée aux enfans sur les biens des pères et » mères : elle est appelée *douaire* ou *tiers légal*, » par le rapport qu'elle a au douaire des femmes, » ou à la quotité des biens auxquels elle consiste; » c'est une introduction faite par la coutume » réformée; c'est pourquoi, comme cette ma- » tière n'était pas bien éclaircie par l'usage, il » paraît qu'elle n'a été que comme ébauchée, » lors de cette réformation, ayant été nécessaire » de la retoucher pour lui donner une forme plus » complette qu'elle n'avait dans les principales » expressions qui la représentent dans quelques- » uns de ces articles; car il y est énoncé que *la* » *propriété de ce tiers est acquise aux enfans*, » *du jour des épousailles; que la jouissance en* » *appartient au père pendant sa vie; que les* » *enfans n'en ont la délivrance qu'après la mort* » *du père et leur renonciation à sa succession*, » et que de plus cette renonciation doit être » faite par tous les enfans ensemble : *ce qui,* » *étant entendu suivant la signification littérale* » *et ordinaire des paroles, causerait de grandes* » *erreurs dans l'esprit de ceux qui les lisent, et* » *de grandes absurdités dans la pratique*. Ce » qui sera mis en évidence par les remarques » qui seront faites sur chacun de ces articles ».

» Après cette observation générale, l'auteur entre dans les détails auxquels donnent lieu les six articles qu'il se propose d'expliquer, et arrivant à la question qui nous occupe en ce moment, il la résoud en ces termes (page 469) : « On ne peut dire, en parlant proprement, » que la propriété de ce tiers soit acquise aux » enfans absolument; car il faut qu'ils survivent » à leurs pères et mères; et s'ils prédécèdent, » le douaire est aussi bien éteint pour eux que » pour la mère mourante avant son mari, aux » termes d'une apostille de Dumoulin; de sorte

» que les contrats par lesquels les pères et mères » ont aliéné tous leurs biens, subsistent au cas » de ce prédécès des enfans. On peut ajouter » que ces mêmes contrats sont valables, au cas » même que les enfans survivent, puisque les » acquéreurs sont maintenus en la propriété et » en la possession des biens faisant partie du » tiers légal, qui leur ont été vendus par les » pères et mères, en payant l'estimation des » biens qu'ils ont acquis, suivant qu'il est expli- » qué par l'art. 403. Ce droit donc des enfans » ne consiste pas dans une propriété, mais plu- » tôt dans un engagement, par lequel le tiers » des biens des pères et des mères est tellement » hypothéqué, que les pères et les mères ne les » peuvent aliéner francs et quittes de cette lé- » gitime coutumière, même du consentement » de leurs enfans ».

» A la page suivante, Pesnelle revient encore sur cette proposition, en la comparant avec les expressions employées par l'art. 399 : « On peut » dire sur cet article (ce sont ses termes), qu'il » n'y en a point dans la coutume où il se ren- » contre tant de paroles qui aient besoin d'être » interprétées; car premièrement, le terme de » *propriété* ne se doit pas entendre absolument, » comme il a été prouvé, mais avec la condition » de survie des enfans, *non purè, sed limitativè*, » *si liberi supervixerint patri*, parce que si les » enfans meurent avant le père, ils ne transmet- » tent point à leurs héritiers collatéraux *cette* » *imaginaire propriété*, encore même qu'ils eus- » sent eu la délivrance de leur tiers aux cas qui » seront spécifiés ci-après : de sorte que le pré- » décès des enfans confirme pleinement la *véri-* » *table propriété du père*, puisque les créanciers » du père et le fisc même seraient préférés tant » aux créanciers qu'aux héritiers collatéraux » des enfans ».

» L'auteur fait des observations semblables sur les mots *immeubles* et *jouissance* dont la coutume se sert dans le même article; il prouve qu'elle n'a pas pu entendre ces mots dans leur signification littérale; et de là résulte une confirmation bien sensible de ce qu'il a dit sur le mot *propriété*.

» A la page 491, Pesnelle nous donne une preuve sans réplique de l'exactitude de sa doctrine : « Il est certain (dit-il), que, s'il se trou- » vait des meubles dans la succession des pères » et des mères, qui égalassent la valeur des im- » meubles qui pourraient être prétendus pour » le douaire, les enfans seraient obligés de s'en » contenter, et ne pourraient pas déposséder » les acquéreurs ni contester l'hypothèque des » créanciers, comme il se prouve évidemment » par l'art. 403 de la coutume; dont la raison » est qu'il suffit, pour exclure la demande du » douaire des enfans, qu'il y ait dans la succes- » sion des ascendans, le vaillant du tiers des » immeubles qu'ils possédaient lors de leur ma-

» riage, sans qu'on doive faire aucune considé-
» ration de la nature et qualité des biens qui se
» trouvent après le décès, ni de la suite par
» hypothèque, puisqu'il n'y a rien à demander
» ni à révoquer ». Certes, si les enfans étaient,
avant la mort de leur père, saisis de la propriété
du tiers des immeubles qu'il avait en se mariant
ou qu'il a depuis hérités de ses ascendans, leur
père ne pourrait pas, en leur laissant des meubles de la même valeur, les priver du droit de
revendiquer cette propriété sur les tierces personnes à qui il l'aurait vendue.

» Plus bas, Pesnelle explique ces termes de
l'art. 399, *les enfans ne pourront vendre, hypothéquer ou disposer du tiers auparavant la mort
du père* : « Leur naturelle signification (dit-il),
» est que les enfans ne peuvent vendre ni hypo-
» théquer expressément et nommément le tiers,
» parce qu'*il ne leur appartient point proprié-
» tairement*, sinon eu cas qu'ils survivent à
» leurs ascendans, ni peuvent être privés
» de la *véritable propriété* de leurs biens, par
» aucuns actes ou contrats faits par leurs des-
» cendans ».

» Plus bas encore et à la page 492, Pesnelle
ajoute que la raison pour laquelle les enfans ne
peuvent disposer du tiers-coutumier pendant la
vie de leur père, est « qu'en ce temps-là, le
» tiers n'est pas leur bien, et qu'on ne peut
» vendre ni engager les biens d'une succession
» qui n'est point échue ».

» Maintenant, rien de plus aisé que de répondre aux motifs sur lesquels est basé le jugement du tribunal d'appel de Caen, du 25 nivôse
an 10.

» 1.° Il est vrai que l'art. 399 de la coutume
s'exprime, comme le dit le tribunal d'appel, *en
termes de présent*, et non en termes d'avenir,
quand il déclare *la propriété du tiers acquise
aux enfans, du jour des épousailles*. Il est vrai
encore que cet article semble ne réserver au
père qu'une simple *jouissance ;* il est vrai enfin
que, par le même texte, la coutume ôte au
père le pouvoir de vendre et d'engager le tiers
qu'elle affecte aux enfans.

» Mais déjà il est démontré que la coutume
se sert d'expressions impropres, quand elle parle
de *propriété*, relativement aux enfans, et de
jouissance, relativement au père. Déjà il est démontré qu'avant la mort du père, la propriété
des enfans n'est, comme le dit Pesnelle, qu'*imaginaire ;* déjà il est démontré par l'art. 85 des
placités de 1666, que la coutume ne donne pas
aux enfans la propriété actuelle du tiers, mais
qu'elle la leur *destine* seulement ; déjà il est démontré par l'art. 403 de la coutume elle-même,
qu'il est impossible de concilier l'idée d'une propriété résidant sur la tête des enfans avant la
mort de leur père, et la faculté qui, après sa
mort, est laissée au tiers-acquéreur, de déroger
à leurs droits respectifs d'aînesse et de masculi-

nité, en leur offrant l'estimation des biens qu'il
a achetés, au lieu des biens mêmes en nature.

» Qu'importe, d'après cela, que le père ne
puisse pas vendre ni engager le tiers au préjudice de ses enfans ? Cette disposition de la coutume ne dit rien de plus que ce que nous lisons
dans les coutumes de Liége, de Limbourg et de
Hainaut, relativement à la *dévolution* dont elles
frappent les biens de l'homme qui, ayant des
enfans, vient à perdre sa femme : ces coutumes
lui interdisent tout acte d'aliénation et d'hypothèque ; mais résulte-t-il de là qu'elles lui ôtent
son droit de propriété, pour en investir ses enfans
avant sa mort ? Non, il en résulte seulement
qu'elles ne lui laissent qu'une *propriété bridée*.

» Et remarquons bien que, parmi ces coutumes, il en est une, celle de Liége, qui dans
les art. 15, 16, 17, 33, 35, 36 et 37 du chap. 14,
se sert, comme la coutume de Normandie,
du mot *propriété*, pour caractériser le droit que
produit la dévolution en faveur des enfans avant
la mort de leur père devenu veuf, et du mot
usufruit ; pour désigner le droit que le père
frappé de *dévolution*, conserve sur ses biens.
Ainsi, l'analogie est parfaite entre les coutumes
de dévolution et les coutumes de Normandie ;
et puisque la dévolution, quoique *engendrée*
avant la loi du 8 avril 1791 qui l'a abolie, n'a
pas survécu dans les coutumes de Liége, de Hainaut et de Limbourg, à la publication de cette
loi, il n'y a ni raison ni prétexte pour que, dans
la coutume de Normandie, le tiers-coutumier
ait survécu à la loi du 17 nivôse an 2, en faveur
des enfans qui y avaient acquis précédemment
un simple droit de *destination*. Le premier motif du tribunal d'appel de Caen tombe donc de
lui-même.

» 2.° Le motif tiré du droit que l'art. 403 de la
coutume attribue aux enfans de révoquer, après
la mort de leur père, les aliénations faites par
lui au préjudice de leur tiers légal, n'est ni plus
concluant, ni même plus spécieux.

» D'abord la coutume de Paris donnait le
même droit aux enfans douairiers ; et cependant
il est bien certain que, dans cette coutume, les
enfans n'étaient saisis, qu'après la mort de leur
père, de la propriété des biens soumis à leur
douaire. Pourquoi donc en aurait-il été autrement dans la coutume de Normandie ? Non-seulement la coutume de Normandie ne contient
pas un seul mot qui, sur ce point, tende à donner plus d'effet au tiers connu dans son ressort,
que n'en avait le douaire dans la coutume de
Paris ; mais elle renferme au contraire une disposition qui, à cet égard, permet, dans son
ressort d'argumenter *à fortiori* de la jurisprudence invariablement établie dans la coutume
de Paris. Cette disposition est celle qui laisse au
tiers-acquéreur le choix d'abandonner le bien,
ou d'en payer l'estimation. « Ce choix (dit
» Roupnel, en ses notes sur Pesnelle, page 498),

» est contraire au droit commun. A Paris et dans
» les autres coutumes qui admettent un douaire
» propre aux enfans, les douairiers ne peuvent
» être forcés de recevoir le fonds de leur douaire
» coutumier en argent : l'inconvénient en est sen-
» sible. Il est rare que des enfans puissent com-
» modément trouver dans leur voisinage, des
» fonds qui les dédommagent de ceux qu'ils
» perdent; mais la faveur que nous donnons à la
» possession, la fait prévaloir sur l'intérêt des
» enfans. On ne peut cependant s'empêcher de
» penser que cette alternative est une espèce de
» modification contre l'interdiction où est le père
» d'aliéner le tiers-coutumier ». Ainsi dans la
coutume de Paris, les enfans douairiers pouvaient révoquer purement et simplement l'aliénation que le père avait faite des fonds sujets à
leur douaire coutumier ; et néanmoins on y tenait pour maxime irréfragable, que les enfans
douairiers n'acquéraient que par la mort de leur
père, la propriété de ces mêmes fonds. Dans la
coutume de Normandie, au contraire, le tiers-
acquéreur pouvait parer à la révocation, par l'offre de la valeur du bien aliéné : et l'on voudrait
que, dans la coutume de Normandie, le droit de
révocation, subordonné par ce moyen à la volonté du tiers-acquéreur, supposât dans les enfans, du vivant de leur père une propriété actuelle, que leur supposait pas, dans la coutume
de Paris, le droit de révocation pur et simple !
Il est assurément difficile de rien imaginer de plus
incohérent.

» Ensuite il n'est pas vrai que le droit de révocation, en thèse générale, emporte, comme l'a
avancé le tribunal d'appel de Caen, l'idée d'une
aliénation faite à non domino ; bien loin de là,
il forme seul une preuve directe et démonstrative que l'aliénation a été valable dans son principe ; il forme seul une preuve directe et démonstrative que l'auteur de l'aliénation était
véritablement propriétaire ; car s'il s'agissait
d'une aliénation nulle dans son principe, s'il
s'agissait d'une aliénation dont l'auteur n'eût pas
eu dans ses mains la propriété de la chose
aliénée, ce ne serait point par *révocation* qu'il
faudrait procéder, ce serait par demande en
nullité, ce serait par revendication, ou comme
on parle en Normandie, *par clameur de loi
apparente.* Ainsi, dans la coutume de Normandie
même, la femme dont les biens dotaux ont été,
sans son consentement, aliénés par son mari,
peut les revendiquer directement sur l'acquéreur
qui, dans ce cas, ne peut les retenir sous aucun
prétexte. Mais si elle a consenti à l'aliénation
que son mari en a faite, et si par là elle a validé
cette aliénation, elle pourra bien, à défaut du
remploi que lui doit son mari, recourir sur
l'acquéreur par voie de révocation ; mais l'acquéreur aura *le choix*, suivant l'art. 540, *de lui
laisser le bien ou de lui en payer le juste prix.*
Ainsi, par l'art. 34 de l'ordonnance du mois de

février 1731, les enfans qui ne trouvent pas
dans les biens délaissés par leur père, de quoi se
remplir de leur légitime, exercent sur les détenteurs des biens qu'il a donnés, le même recours
que la coutume de Normandie accorde sur les
détenteurs des biens vendus, aux enfans qui ne
trouvent pas leur tiers-coutumier intact dans
la succession paternelle : ils font sur les biens
donnés, un retranchement semblable en tous
points, à celui que la coutume de Normandie
permet de faire sur les biens vendus, en faveur
du tiers-coutumier. Dira-t-on, pour cela, que
les biens donnés au préjudice de la légitime,
appartenaient aux enfans avant la mort de leur
père? Non assurément. Eh ! pourquoi donc en
serait-il autrement des biens vendus au préjudice
du tiers-coutumier? Il n'existe, à cet égard,
aucune différence entre les uns et les autres. Le
deuxième motif du tribunal d'appel de Caen n'est
donc pas mieux fondé que le premier.

» Le troisième est-il plus solide ? Il est puisé
dans la disposition de la coutume, qui, pour
faire jouir les enfans du tiers qu'elle leur destine,
exige de leur part une renonciation expresse à la
succession de leur père. Le tribunal d'appel conclut de cette disposition, que ce n'est point par
droit successif que les enfans prennent leur tiers;
car, dit-il, dès que les enfans ont renoncé, il n'y
a plus de succession.

» Ce n'est là qu'une vaine équivoque. Sans
doute, quand les enfans avaient renoncé, ils
n'étaient pas et ils ne pouvaient pas être héritiers. Mais reste-t-il moins vrai que ce qu'ils
prenaient à titre de tiers-coutumier, ils le prenaient par droit successif? C'était si bien par
droit successif, que le partage qui s'en faisait
entre eux, était soumis par l'art. 402, aux règles
établies dans chaque localité pour le partage des
successions ; que, d'un autre côté, les fonds
qui leur advenaient par cette voie, leur tenaient,
de l'aveu de tous les jurisconsultes normands,
nature de propres paternels, et cela par la seule
force de l'art. 247, qui portait : *les biens sont
faits propres en la personne de celui qui premier
les possède à droit successif;* qu'enfin, l'enfant
exhérédé par son père, pour cause fondée en
droit, était, par cela seul, déchu du tiers-
coutumier, ainsi que l'établissent Basnage sur
l'art. 399, et Roupnel sur Pesnelle, page 488.

» Pour quatrième motif, le tribunal d'appel
de Caen prétend que l'intransmissibilité du tiers
aux ayant-cause des enfans qui décèdent avant
leur père, n'est pas une preuve qu'en cas de survie à leur père, cette propriété ne leur est acquise que par sa mort, qu'il en résulte seulement
que c'est un droit qui leur est personnel, *et que
cessant leur existence, il est plus naturel de le
faire retourner à sa source.*

» Mais le tribunal d'appel de Caen suppose
que l'intransmissibilité du tiers n'avait lieu que
dans le cas où le père survivait aux enfans, et

c'est une grande erreur. Le tiers était intransmissible de la part des enfans, non-seulement lorsqu'ils mouraient avant leur père, mais même lorsqu'ayant survécu à leur père, ils venaient à mourir sans avoir formé leur demande en tiers-coutumier. Bérault, sur l'art. 403, rapporte un arrêt du 16 novembre 1618, qui l'a ainsi jugé solennellement. Un père, après avoir vendu presque tous ses biens, meurt et laisse deux filles en minorité. On néglige de leur établir un tuteur; elles jouissent des débris qui formaient toute l'hérédité paternelle, et décèdent encore mineures. Un cousin germain leur succède: croyant pouvoir exercer tous leurs droits, il obtient des lettres de restitution contre les actes d'héritier qu'elles ont pu faire, renonce à la succession de leur père, et demande leur tiers-coutumier. Mais l'arrêt cité le déclare non-recevable, et après l'avoir prononcé, *le premier président avertit les avocats de tenir que ce droit d'option n'était transmissible aux héritiers collatéraux.* L'annotateur de Bérault ajoute que la question se présenta de nouveau et dans la même espèce, à l'audience du 13 juillet 1653, et qu'elle y fut encore jugée de même. « Nous avons (dit encore Roupnel sur Pesnelle, page 471), un arrêt du 26 juillet 1752, qui paraît être en plus forts termes. Un particulier ayant renoncé solennellement à la succession de son père, avec déclaration de poursuivre ses droits et les actions qui lui étaient acquises par notre coutume, contre les acquéreurs des biens paternels, décéda sans avoir formé aucune demande en tiers-coutumier; et ses cousins-germains en ayant fait la demande après sa mort, y furent déclarés non-recevables par cet arrêt ». Ainsi, ce n'était point, comme l'avance le tribunal d'appel de Caen, sur un droit de réversion qui fit retourner le tiers-coutumier *à sa source*, qu'était fondée l'intransmissibilité de ce tiers aux héritiers collatéraux des enfans, puisque cette intransmissibilité avait lieu même après la mort du père, et par conséquent à une époque où il ne pouvait plus s'opérer de réversion en sa faveur. Comment donc les enfans auraient-ils pu être propriétaires avant la mort de leur père, de biens dont la mort même de leur père ne les saisissait pas de plein droit? Comment auraient-ils pu avoir, du vivant de leur père, une saisine qu'ils n'avaient même pas après son décès, s'ils n'en formaient la demande expresse?

» Tout concourt donc à démontrer que le droit de tiers-coutumier n'était pas pour les enfans une propriété actuelle, tant que leur père vivait; qu'il n'était pour eux qu'une expectative, qu'une simple espérance; que cette expectative, cette espérance ne formait pas pour eux un droit acquis, lorsqu'a paru la loi du 17 nivôse an 2; que conséquemment cette loi, en l'abolissant pour l'avenir, l'a aboli à l'égard des enfans déjà

nés, qui ne l'avaient encore ni atteint ni exercé, comme à l'égard des enfans qui naîtraient à l'avenir.

» Et ce qui achève de donner à cette démonstration le caractère d'une vérité faite pour subjuguer tous les esprits, c'est qu'elle a été sanctionnée par un jugement du tribunal de cassation, du 3 ventôse an 8, rendu au rapport du cit. Rousseau, et confirmatif d'un jugement du tribunal civil de la Seine-Inférieure, du 29 frimaire précédent, lequel en avait lui-même confirmé un du tribunal civil du département de l'Eure, du 19 thermidor an 7. — « Considérant (porte-t-il), » que l'art. 49 de la loi du 22 ventôse an 2 » établit évidemment que le tiers-coutumier est » une transmission statutaire abolie par l'art. 61 » de la loi du 17 nivôse précédent, qui ne fait » aucune exception aux coutumes, dans quel- » ques termes qu'elles soient conçues; que le » statut transmissif est si clairement abrogé par » la loi du 17 nivôse, que la question posée à » l'art. 49 de celle de ventôse, ne peut avoir en » pour objet qu'un doute *sur l'effet des trans- » missions statutaires, antécédentes à l'époque » et à l'exécution de la loi*; et qu'ainsi, la ré- » ponse ne formant pas, à cet égard, d'exception » à l'abolition générale, le législateur a résolu » la question pour tout ce qui résultait simple- » ment des statuts; que la loi du 17 nivôse, en » déclarant, par le même article, qu'a prononcé » l'abolition des transmissions statutaires, qu'il » n'y aura d'autres règles de partage que celles » qu'elle établit, tant pour les successions échues » depuis le jour de son exécution, que pour » celles à venir, *supposait nécessairement l'effet » d'une transmission statutaire antérieurement » existante*, même dans une succession ouverte » depuis; que le législateur ayant répondu, par » l'art. 34 de la loi du 9 fructidor an 2, que, » lorsque le tiers-coutumier accordé par le sta- » tut, était réglé avant l'époque de l'exécution » de la loi du 17 nivôse, il y avait alors un » contrat entre-vifs, et qu'en ce cas, il n'y avait » pas de doute pour le maintien de tels actes; » il résultait de cette réponse, combinée avec » les lois précédemment citées, *que le statut » n'était pas maintenu, lorsque le tiers-coutu- » mier non ouvert n'était pas réglé avant la loi* » par cet acte entre-vifs; ce qui se trouve en- » core confirmé par la loi du 18 pluviôse an 5, » rendue depuis la révocation de l'effet rétroac- » tif de celle du 17 nivôse, et qui, à l'art. 1, » ne maintient que les avantages résultans d'une » stipulation dans le cas qu'elle détermine; at- » tendu que, dans l'espèce, le droit n'était ni » ouvert ni réglé par contrat entre-vifs avant » la publication des lois qui en ont prononcé » l'abolition; attendu enfin, que le jugement » du 29 frimaire renferme suffisamment, dans » sa rédaction, la forme voulue par la loi; » que conséquemment le jugement attaqué n'a

» point contrevenu à la loi du 16 août 1790 et
» autres subséquentes ; ni fait une fausse appli-
» cation de la loi du 17 nivôse an 2, et de celles
» interprétatives rendues en conséquence ; par
» ces motifs, le tribunal rejette le pourvoi des
» demandeurs ».

» II. Il ne peut donc plus y avoir de difficulté sérieuse sur l'abolition du tiers-coutumier
qui n'était pas ouvert avant la publication de la
loi du 17 nivôse an 2 ; mais il reste à examiner
si, dans l'espèce actuelle, l'ouverture du tiers-
coutumier réclamé par Guillaume Lemoine,
n'avait pas précédé cette époque. Le tribunal
d'appel de Caen a jugé qu'en effet elle l'avait
précédée ; et il a tiré de là, pour Guillaume
Lemoine, un moyen subsidiaire qu'il s'agit
maintenant de discuter.

» Il a fondé ce moyen sur ce « qu'on a cons-
» tamment tenu pour maxime en Normandie,
» que la mort naturelle du père n'était pas le
» seul événement qui donnât ouverture au tiers-
» coutumier ; que l'usufruit de ce tiers, uni-
» quement réservé au père, se consolidait à la
» propriété en faveur des enfans, au préjudice
» de ses acquéreurs et créanciers, aussitôt qu'il
» cessait de pouvoir en profiter lui-même ; que
» sa mort civile, la saisie-réelle de l'universalité
» de ses biens, la séparation civile donnaient
» lieu à l'ouverture du tiers-coutumier, de
» même que la mort naturelle, et donnait aux
» enfans le droit d'en réclamer la jouissance,
» quoique le père fût encore vivant ».

» Il a ajouté que ce principe avait été reconnu par l'art. 34 de la loi du 9 fructidor an 2,
lequel, a-t-il dit, « suppose évidemment que
» le tiers pouvait s'ouvrir et se régler du vivant
» du père, avec les acquéreurs et les créanciers,
» quoique la condition de survie des enfans ne
» fût pas arrivée, et qu'il ne pût y avoir de
» renonciation à la succession du père ».

» Appliquant ensuite ce point de jurisprudence à l'espèce qu'il avait à juger, il a rappelé
le fait que la mère de Guillaume Lemoine avait
obtenu sa séparation civile en 1780 ; que, poursuivis par elle en délaissement des biens affectés
à son douaire, les créanciers et les acquéreurs
de Claude-Antoine Lemoine avaient eux-mêmes
demandé que Guillaume Lemoine fût mis en
cause, pour faire liquider contradictoirement
avec lui un douaire qui devait être la mesure
de son tiers-coutumier ; que Guillaume Lemoine
était en effet intervenu, et qu'il avait pris, le
11 novembre 1790, des conclusions tendantes à
la liquidation de son tiers.

» Il a enfin prévu l'objection qui lui a paru
pouvoir résulter de ce que ce tiers n'avait pas été
liquidé et réglé avant la loi du 17 nivôse an 2 ;
et il y a répondu que « la liquidation n'est pas
» constitutive du droit ; qu'elle ne fait qu'en

» déterminer la quotité, et en fixer l'assiette ;
» qu'en quelque temps qu'elle s'opère, elle doit
» se référer au moment où le droit s'est ouvert ;
» qu'autrement, ce serait donner aux lois qui
» ont aboli le tiers-coutumier, un effet rétro-
» actif d'un autre genre, pour priver les enfans
» de ce tiers ».

» Toute cette argumentation repose, comme
l'on voit, sur une seule base, sur la seule supposition que la séparation civile de Marie-Anne
Addes, d'avec Claude Antoine Lemoine, son
mari, a ouvert, dès l'année 1780, le droit de
tiers-coutumier en faveur de Guillaume Lemoine, leur fils ; mais cette supposition est absolument fausse.

» Il est bien vrai que, par la jurisprudence
normande, la séparation des époux donnait aux
enfans le droit de jouir, après la mort de leur
mère et du vivant de leur père, des biens destinés à leur tiers-coutumier ; mais le droit de tiers-
coutumier était-il, pour cela, ouvert en leur faveur ? Il l'était si peu, que, si leur mère venait
à se réconcilier avec leur père, et si, par ce
moyen, la séparation civile se trouvait comme
non-avenue, ils perdaient sans retour toute
expectative de jouissance anticipée. Il en était,
à cet égard, de la séparation civile, comme du
décret de l'universalité des biens du père. Dans
l'un et l'autre cas, la jurisprudence normande
accordait aux enfans, à titre de secours alimen-
taire, les fruits des biens qui devaient former
un jour leur tiers légal ; mais ces biens n'en
demeuraient pas moins dans le patrimoine du
père.

» C'est ce qu'établit nettement Pesnelle, page
475 : « Si la jouissance (dit-il), que doit avoir le
» père pendant sa vie, a été interprétée par une
» fiction qui fait réputer que le père ne vit plus,
» quand il est dépossédé de ses biens par un
» décret, on ne peut pas étendre cette fiction à
» l'égard de la clause de cet art. (399) par la-
» quelle il est déclaré que les enfans ne peuvent
» vendre ni hypothéquer leur tiers qu'après la
» mort de leur père ; car à cet égard, le terme
» de mort ne s'entend que de la naturelle, étant
» certain qu'il n'y a aucun cas auquel les enfans
» puissent aliéner ni engager leur douaire,
» pendant que leur père est in rerum naturâ,
» parce que, PENDANT CE TEMPS, CE N'EST PAS
» LEUR BIEN ».

» Basnage dit la même chose sur le même article. On a déjà cité les premiers termes du passage dans lequel il établit cette doctrine ; en
voici le complément : « et quoique, par une ex-
» plication favorable, pour ôter la jouissance
» du tiers-coutumier au père mauvais ménager
» ou décrété, on ait donné à la mort civile le
» même effet qu'à la mort naturelle ; il n'en est
» pas de même lorsqu'il est question d'ôter aux
» enfans le pouvoir d'en mal user pendant la

» vie du père : on n'entend, en ce cas, par ce
» terme de *mort*, que la mort naturelle ».

» Flaust, tom. 1, pag. 619, dit également :
» tant que le père jouit de la vie civile, le fils ne
» pourra aliéner son tiers-coutumier ; le décret
» de ses biens, la ruine totale de ses affaires, la
» séparation de biens, etc., n'ouvriront point
» le droit de vendre ou d'hypothéquer le tiers-
» coutumier. C'est alors qu'on peut dire que les
» enfans ne peuvent avoir le tiers-coutumier
» qu'après avoir renoncé, et qu'ils ne peuvent
» renoncer qu'après la mort ».

» Et c'est ce qu'a jugé un arrêt du 26 novembre 1647, rapporté en ces termes, dans les notes
sur Bérault, tom. 2, pag. 94, édition de 1766 :
« Une femme s'était fait donner le tiers des biens
» de son mari pour son douaire ; elle avait un
» garçon et une fille. La mère étant morte, le
» fils vendit ce tiers, et décéda avant son père ;
» après la mort du père, la fille attaqua la
» vente, prétendant qu'elle était nulle, n'y
» ayant eu que la mort du père qui avait donné
» ouverture à la demande du tiers-coutumier ;
» que son frère étant décédé avant son père, la
» demande en tiers-coutumier était ouverte en
» sa faveur. Par l'arrêt, le contrat fut déclaré
» nul ».

» Enfin la séparation civile et le décret des
biens opéraient si peu l'ouverture proprement
dite du tiers-coutumier, que si, après que les
enfans avaient obtenu la jouissance provisoire
de leur tiers, le père venait à décéder avec une
fortune supérieure à cette portion privilégiée
de ses biens primitifs, les enfans étaient obligés,
en acceptant sa succession, de rendre aux créanciers et aux acquéreurs, non-seulement les fonds
du tiers-coutumier, mais encore les fruits qu'ils
en avaient perçus par anticipation. C'est ce qui
a été soutenu d'une part, et convenu de l'autre,
lors d'un arrêt du 22 février 1703, rapporté
dans le *Dictionnaire de droit normand*, au mot
Séparation, n. 2.

» L'art. 34 du décret du 9 fructidor an 2 ne
contrarie nullement ces principes. La question
à laquelle il répond, tendait à ce qu'il fût *décidé
si le tiers-coutumier que le statut de la ci-devant
Normandie accordait aux enfans, était atteint
par les dispositions rétroactives de la loi du
17 nivôse, quand il avait été réglé avant le
14 juillet 1789, contradictoirement avec les parties intéressées. Et sa réponse est qu'il ne peut,
en ce cas, y avoir de doute pour le maintien de
tels actes, qui présentent indubitablement un
contrat entre-vifs, valable par sa date.* Il n'y a
là assurément rien dont on puisse inférer que le
tiers-coutumier puisse s'ouvrir avant la mort du
père, soit par sa séparation civile, soit par le
décret de tous ses biens.

» Sans doute, on doit supposer que, dans
l'espèce sur laquelle portait la question, le tiers-
coutumier n'était pas encore ouvert par le décès

du père, lors du règlement qui en avait eu lieu
avant le 14 juillet 1789 : car si le père n'eût pas
été encore en vie à cette époque, la question
n'eût pas eu d'objet, elle n'eût porté sur rien ;
elle eût été absolument illusoire.

» Mais comment un tiers-coutumier non encore ouvert par le décès du père, avait-il pu
être *réglé contradictoirement avec les parties intéressées*, et de manière que le règlement qui
s'en était fait, pût être considéré comme *un
contrat entre-vifs*, ou, en d'autres termes,
comme une de ces donations que maintenait
l'art. 1.er de la loi du 17 nivôse, lorsqu'elles se
trouvaient antérieures au 14 juillet 1789?

» Cela n'avait pu se faire que par une *démission de biens*, c'est-à-dire, par un arrangement
entre le père qui avait abandonné à ces enfans la
propriété actuelle de leur tiers, et les enfans
eux-mêmes qui l'avaient acceptée. A la vérité,
les démissions de biens étaient, dans la plus
grande partie de la France, regardées comme
révocables à la volonté du père ; mais il n'en
était pas de même en Normandie ; la jurisprudence normande, d'accord avec celle de Bretagne, considérait les démissions de biens comme
irrévocables : Basnage, sur l'art. 244 de la coutume, en rapporte un arrêt du 22 février 1676 ;
et c'est ce que confirme Boullenois, dans ses
Questions sur les démissions de biens, pag. 249 :
dans cette coutume, dit-il, *elles tiennent beaucoup de la nature des contrats*.

» Or, dans l'espèce jugée à Caen, le 25 nivôse an 10, il n'avait été fait aucun traité de
cette nature entre Guillaume Lemoine et son
père. Cette espèce ne rentrait donc, sous aucun
rapport, dans le cas prévu par l'art. 34 du décret du 9 fructidor an 2. Le tribunal d'appel de
Caen a donc fait une fausse application de cet
article.

» Ce considéré, il plaise au tribunal de cassation, vu l'art. 88 de la loi du 27 ventôse an 8,
l'art. 61 de la loi du 17 nivôse an 2, l'art. 49 du
décret du 22 ventôse suivant, les art. 24 et 34
du décret du 9 fructidor de la même année, les
art. 399, 401, 402 et 403 de la coutume de
Normandie, et l'art. 85 des placités de 1666,
casser et annuler, pour l'intérêt de la loi, le
jugement rendu le 25 nivôse an 10 par le tribunal d'appel de Caen, et ordonner qu'à la diligence de l'exposant, le jugement de cassation à
intervenir sera imprimé et transcrit sur les registres dudit tribunal.

» Fait au parquet, le 1.er prairial an 11.
Signé Merlin.

» Ouï le rapport de M. Vasse, l'un des juges.....;

» Vu la loi du 17 nivôse an 2, art. 61 ; le décret du 22 ventôse, art. 49, et celui du 9 fructidor même année, art. 24 et 34 ; — Vu aussi
les art. 399, 401, 402 et 403 de la coutume de

Normandie, ensemble les art. 85, 89 et 90 du réglement du mois d'avril 1666, dit *les placités;*

» Considérant que le statut qui assurait aux enfans nés en Normandie, le tiers des immeubles paternels du jour du mariage, en renonçant à la succession et en rapportant les donations et avantages qu'ils auraient reçus de leur père, est de la nature des dispositions statutaires que la loi du 17 nivôse an 2 a abolies pour ramener à l'uniformité les transmissions de biens, ainsi qu'il a été déclaré par les décrets du 22 ventôse et du 9 fructidor même année; que cette application de l'abolition des statuts locaux à la disposition de l'art. 399 de la coutume de Normandie sur le *tiers-coutumier*, est d'autant plus nécessaire, que cet art. 399 et l'art. 401 du texte de la coutume et les art. 89 et 90 du réglement des placités, reportant l'ouverture et les effets du tiers-coutumier à l'époque de la mort du père, montrent clairement que le droit de *tiers-coutumier* n'était qu'une créance privilégiée sur la succession, qu'une expectative conditionnellement subordonnée à la renonciation à l'hérédité, qu'un bienfait éventuel qui a été révoqué par la loi du 17 nivôse an 2, promulguée auparavant l'événement de la mort du père Lemoine, et par conséquent avant que son fils eût atteint la pleine propriété du *tiers-coutumier;*

» Par ces motifs, la cour casse et annulle, pour l'intérêt de la loi, le jugement rendu par le tribunal d'appel de Caen le 25 nivôse an 10....

» Donné et prononcé à l'audience de la cour de cassation, section civile, du 4 thermidor an 12..... ».

Quelques jours avant cet arrêt, il en était intervenu un autre qui avait décidé dans le même sens les deux premières questions proposées en tête de cet article. En voici l'espèce.

Le 29 mai 1788, mariage entre François Anquetil et Françoise Masselin, tous deux domiciliés en Normandie. Plusieurs enfans naissent de leur union.

Depuis, François Anquetil recueille les successions de ses père, et mère, et y trouve, autres biens, la *ferme de la Vallée*, située dans l'arrondissement actuel d'Avranches. Il en acquiert d'autres, et nommément la *ferme de la Cocquerie.*

Le 24 frimaire an 8, Françoise Masselin obtient au tribunal civil du département de la Manche, un jugement qui la sépare de biens d'avec son mari.

Le 27 prairial suivant, François Anquetil vend aux sieurs Gallien et Campion, ses créanciers, les fermes de la Vallée et de la Cocquerie, pour le prix de 11,000 fr., sur lequel les acquéreurs sont, par le même, autorisés à retenir 3,000 fr. *pour les remplacemens et le douaire de Françoise Masselin, épouse du vendeur,*

avec charge de faire les lots avec elle. Françoise Masselin intervient dans l'acte, l'approuve et le signe.

Le 16 messidor de la même année, les acquéreurs font transcrire leur contrat au bureau des hypothèques, et peu de jours après ils le notifient aux créanciers inscrits. Le 13 thermidor suivant, l'un de ceux-ci, René Deslandes, fait signifier une surenchère qui porte à 15,000 fr. le prix des biens vendus, et requiert en conséquence que ces deux fermes soient adjugées publiquement et en justice, avec toutes les formalités prescrites pour les expropriations forcées.

L'adjudication devait se faire au tribunal civil de l'arrondissement d'Avranches, le 5 floréal an 9. Le 3 du même mois, Françoise Masselin intervient, en qualité de tutrice de ses enfans mineurs, et revendique en leur nom le tiers-coutumier qui leur appartient, dit-elle, sur la ferme de la Vallée. Elle dépose, à cet effet, au greffe, son contrat de mariage, son jugement de séparation et son acte de tutelle.

Deslandes soutient, entre autres choses, que le tiers-coutumier est aboli par l'art. 61 de la loi du 17 nivôse an 2; que l'art. 49 de la loi du 22 ventôse suivant l'a ainsi déclaré expressément; que d'ailleurs ce droit n'était ouvert, aux termes de la coutume de Normandie, que par la mort du père, suivie de la renonciation de ses enfans à sa succession, et que, dans l'espèce, le père des mineurs Anquetil vivait encore; qu'à la vérité, la jurisprudence des arrêts avait assimilé au cas de la mort du père, celui où ses biens étaient vendus par décret, et celui où il intervenait, entre lui et la mère de ses enfans, un jugement de séparation; mais que, d'une part, une vente surenchérie ne pouvait pas être considérée comme une vente par décret; que de l'autre, le jugement de séparation dont on se prévalait pour les mineurs Anquetil, n'avait été rendu qu'en l'an 8, conséquemment à une époque où le tiers-coutumier était aboli; que d'ailleurs Françoise Masselin n'avait encore fait aucune démarche pour se faire délivrer son douaire, et que de là résultait une fin de non-recevoir contre la prétention de ses enfans à la délivrance actuelle de leur tiers-coutumier; qu'enfin, ceux-ci n'avaient pas pris inscription sur les biens de leur père avant la transcription du contrat par lequel il les avait aliénés, et que, par cela seul, ils étaient sans action contre le tiers-acquéreur.

Le 5 floréal an 9, jugement qui reçoit Françoise Masselin, en sa qualité, partie intervenante; et jugeant à bonne cause sa revendication, ordonne qu'il sera sursis à l'adjudication finale de la ferme de la Vallée, sujette au tiers-coutumier de François Anquetil.

Ses motifs sont « que François Anquetil a épousé Françoise Masselin, le 19 mai 1788; que les législateurs en établissant par la loi du 17 nivôse an 2, un nouveau mode de succéder, n'ont pu et n'ont pas voulu porter atteinte aux droits qui étaient irrévocablement acquis à des individus; que les dispositions contractuelles antérieures au 14 juillet 1789, ont été conservées par l'art. 2 de cette loi; que les avantages établis par les lois ou statuts coutumiers, doivent être assimilés aux dispositions contractuelles, puisque la raison de décider se trouve être la même; que les avantages, prélèvement, préciputs, institutions contractuelles et autres dispositions irrévocables de leur nature, antérieures à la publication de la loi du 4 mars 1793, doivent avoir leur plein et entier effet, conformément aux anciennes lois, tant sur les successions ouvertes que sur celles qui s'ouvriraient à l'avenir, suivant l'art. 1 de la loi du 18 pluviôse an 5; que le tiers-coutumier était une disposition inaliénable et qu'il était acquis aux enfans du jour des épousailles, suivant l'art. 399 de la coutume; qu'il était de jurisprudence qu'il y avait ouverture à la réclamation du tiers-coutumier, lorsqu'un père était en faillite ou faisait cession de biens; que l'art. 61 de la loi du 17 nivôse an 2, invoqué par le cit. Deslandes, n'a pu avoir d'exécution que pour l'avenir et non pour le passé; qu'autrement, il aurait un effet rétroactif, lequel était aboli par les lois de fructidor an 3, vendémiaire an 4 et 18 pluviôse an 5; que le défaut de réclamation de son douaire, de la part de Françoise Masselin, son oubli des formalités qu'elle pouvait avoir à remplir pour l'obtenir, ne peuvent préjudicier à ses enfans qui ne sont point assujettis aux mêmes formalités ».

Deslandes se pourvoit contre ce jugement à la cour d'appel de Caen, qui en adopte les motifs et le confirme, le 6 prairial an 10. Recours en cassation.

« Si nous n'avions à examiner ici (ai-je dit à l'audience de la section civile, le 28 messidor an 12), que les questions qui ont été agitées devant le tribunal d'appel, subordonnément à l'hypothèse de la non-abolition du tiers-coutumier des enfans nés de mariages antérieurs à la loi du 17 nivôse an 2, il ne serait peut-être pas difficile de résoudre ces questions au désavantage du demandeur, et par suite d'établir que sa requête doit être rejetée.

» Mais la supposition à laquelle ces questions sont subordonnées, est-elle exacte ? Est-il vrai que le tiers-coutumier ait encore lieu dans la ci-devant Normandie, et que la loi du 17 nivôse an 2, ne l'ait pas aboli à l'égard des enfans issus de mariages célébrés avant sa promulgation ?

« D'après les développemens dans lesquels nous sommes entrés sur cette question, à votre audience du 25 prairial dernier (1), il nous

(1) V. ci-après l'arrêt du 2 fructidor an 12.

reste peu de choses à dire pour appuyer l'avis que déjà nous avons cru devoir vous proposer.

» Il est reconnu entre les parties, que, si le tiers-coutumier, réclamé par les défendeurs, ne leur étaient point acquis avant la mort de leur père, l'abolition en a été prononcée par la loi du 17 nivôse an 2.

» Or, pour établir qu'il ne leur était point acquis avant la mort de leur père, nous n'avons pas besoin de vous retracer toutes les raisons que nous avons détaillées à votre audience du 25 prairial; il nous suffira de vous en rappeler quatre auxquelles il nous paraît impossible de résister: la première, que, par l'art. 403 de la coutume de Normandie, les enfans sont autorisés, en cas d'aliénation, de la part de leur père, des biens sujets à leur tiers-coutumier, non pas à revendiquer ces biens sur les tiers-acquéreurs, par l'action appelée en Normandie clameur de loi apparente, mais seulement à exercer sur ceux-ci une action révocatoire, c'est-à-dire, une action qui suppose essentiellement que l'aliénation est valable en soi, et qu'elle a été faite par le vrai propriétaire de la chose aliénée; la seconde, que, d'après le même article, les tiers-acquéreurs peuvent échapper à l'effet de cette action révocatoire, en payant aux enfans la valeur estimative des biens qu'ils ont acquis du père; la troisième, que, suivant le même article encore cette valeur doit alors se partager également entre tous les enfans, sans distinction d'âge ni de sexe, quoique, dans le cas où les biens seraient abandonnés en nature, le partage dût s'en faire avec toutes les prérogatives de l'aînesse et de la masculinité; la quatrième enfin, qu'aux termes de l'art. 90 des placités de 1666, l'estimation, que les tiers-acquéreurs sont en droit d'offrir aux enfans, doit se régler sur la valeur des biens au temps du décès du père.

» Les conséquences que nous avons tirées de ces quatre dispositions, sont encore trop présentes à vos esprits, elles y sont gravées trop profondément, pour que nous puissions nous permettre de les répéter; et nous osons croire que les diverses objections des défendeurs n'en ont pas atténué la force.

» Comment, en effet, les défendeurs ont-ils pu imaginer de dire que le droit attribué au tiers-acquéreur, par l'art. 403, de retenir le fonds du tiers-coutumier, à la charge d'en payer la valeur estimative, n'est qu'un mode de licitation introduit en sa faveur pour sortir d'indivision d'avec les enfans douairiers ?

» D'abord, l'art. 403 ne limite pas sa disposition au cas où il y a indivision entre les enfans douairiers, et le tiers acquéreur; il l'étend au contraire jusqu'au cas où le tiers-acquéreur pourrait n'avoir entre les mains, ou que ce qu'il faudrait précisément pour fournir le tiers-coutumier des enfans, ou même qu'une portion de biens insuffisante pour remplir cet objet; car il suppose que le père a aliéné successivement tous les biens sur lesquels ce tiers doit être prélevé, et il déclare que les enfans doivent attaquer, non tous les aliénataires ensemble, pour leur faire rapporter chacun sa part contributoire, mais seulement le dernier qui doit payer pour tous les précédens : or, il est sensible que souvent le dernier aliénataire ne doit rien avoir au-delà du tiers de la totalité des immeubles vendus par le père, et que plus souvent encore il n'en doit avoir qu'une portion bien inférieure au tiers.

» En second lieu, si l'art. 403 n'entendait établir qu'un mode de licitation, ce ne serait pas seulement au tiers-acquéreur *communier* qu'il permettrait de retenir le tiers des enfans, en leur payant la valeur; il accorderait nécessairement aussi aux enfans la faculté de retenir, sous la même condition, les deux tiers de l'acquéreur; car il n'a jamais existé de licitation sans cô-licitans; dans toutes les licitations possibles, c'est toujours au plus offrant que demeure la totalité du bien indivis.

» Enfin, si l'art. 403 n'offrait en résultat qu'une licitation; si, avant que cette licitation fût consommée, les enfans étaient véritablement propriétaires fonciers de leur tiers, comment la valeur de ce tiers se partagerait-elle entre eux? Bien certainement elle se partagerait comme le fonds même; cependant vous avez vu que l'art. 403 soumet cette valeur à un mode de partage tout différent; et de là, la conséquence nécessaire, que le fonds n'appartenait pas aux enfans, lorsque l'acquéreur leur en a offert et payé le tiers.

» Pour tout dire en deux mots, l'esprit de l'art. 403 est que les enfans douairiers n'ont contre l'acquéreur qu'un droit résoluble en argent; et, comme l'a très-justement observé le demandeur, *avoir un droit résoluble en argent, ce n'est pas être propriétaire, c'est n'être que créancier.*

» A cela, les défendeurs opposent que, par l'art. 540 de la coutume, la femme aussi n'a, pour la revendication de ses fonds dotaux, qu'un droit résoluble en argent.

» Mais dans quel cas la femme est-elle restreinte à ce droit par l'art. 540 ? Dans le seul cas prévu par l'art. 538, dont l'art. 540 n'est que la suite, c'est-à-dire, dans le cas où la femme s'est elle-même expropriée de ses biens dotaux, en signant l'acte par lequel son mari les a aliénés. La disposition de l'art. 540 n'est donc pas applicable au cas où les biens dotaux ont été aliénés sans le concours de la femme; et en effet, dit Houard, dans son *Dictionnaire du droit normand*, tom. 1, pag. 651, « quand » l'aliénation a été faite sans que la femme soit » intervenue au contrat, elle doit former sa » demande en réintégrande dans l'an et jour du

décès de l'époux; car si l'an et jour expirait » avant que cette demande fût faite judiciaire- » ment, elle serait obligée de prendre la voie » réelle, c'est-à-dire, celle de la *clameur de* » *loi apparente*, pour recouvrer la propriété. » La raison pour laquelle (continue-t-il), dans » le cas où la femme a signé au contrat, elle n'a » qu'une action récursoire sur les acquéreurs, » et que lorsqu'elle n'a pas accédé au contrat, » elle est obligée de prendre la voie propriétaire, » est que cette voie ne convient qu'à celui qui, » n'ayant perdu que la possession de son bien, » en réclame la propriété; or, une femme qui » signe le contrat d'aliénation de sa dot, en a » perdu, non-seulement la possession, mais » même la propriété; elle ne peut donc exiger » que les acquéreurs la lui délaissent; mais ils » sont réputés, si le mari n'a pas remplacé le » prix de l'aliénation, le devoir à la femme ». Il s'en faut donc beaucoup que les défendeurs puissent se prévaloir ici de l'exemple de la faculté accordée par l'art. 540 à l'acquéreur de biens dotaux de la femme; il est évident au contraire que cet exemple suffit pour renverser tout leur système.

» Qu'importe, d'après cela, que, par l'art. 399 de la coutume, il soit dit que la *propriété du tiers..... est acquise aux enfans;..... du jour des épousailles*, et que *néanmoins la jouissance en demeure au mari sa vie durant?*

» Déjà nous avons remarqué avec Pesnelle, que cet article n'était pas dans l'ancienne coutume; qu'il n'y a été intercalé que lors de la réformation de 1585; qu'il n'est pas étonnant que, dans une matière encore toute neuve pour eux, les réformateurs se soient servis d'expressions impropres; et que ce qui peut, du premier abord, paraître ambigu dans les mots, *la propriété est acquise, la jouissance en demeure au mari*, s'éclaircit et s'explique dans un sens absolument opposé au système des défendeurs, par la faculté que l'art. 403 donne aux tiers-acquéreurs de paralyser, par l'offre de la valeur estimative, l'action révocatoire des enfans douairiers.

» Déjà nous avons observé que ce qui éclaircit, que ce qui explique encore bien mieux dans ce sens, les ambiguités de l'art. 399 de la coutume, c'est le soin que prend l'art. 85 des placités de 1666, de ne présenter le tiers des enfans; que comme à *eux destiné par la coutume* et assurément l'interprétation qui résulte de ces termes, est aussi claire, aussi lumineuse qu'il est possible de le désirer.

» Mais plus cette interprétation est claire et lumineuse, plus il devient intéressant d'en bien définir le caractère; car si elle n'était pas elle-même une loi proprement dite, si elle n'était écrite que dans un arrêt de règlement, elle ne scrait qu'une autorité d'un grand poids, elle ne suffirait pas pour lier la conscience des magistrats.

» Comment devons-nous donc considérer ici les placités de 1666 ? Ne forment-ils qu'un arrêt de réglement, ou sont-ils une véritable loi ? Pour résoudre cette question, consultons les placités eux-mêmes..... (1).

» Il est donc clair que l'art. 85 des placités de 1666 est d'une autorité parfaitement égale à celle de l'art. 399 de la coutume ; que l'un fait loi tout aussi bien que l'autre ; que par conséquent, s'ils sont différens ou contraires, c'est le plus ancien qui doit céder au plus récent, *posteriora derogant prioribus*; et que, par une conséquence ultérieure, s'il était vrai que, dans l'art. 399 de la coutume, les mots *est acquise*, emportassent l'idée d'une propriété fixée, pendant la vie du père, sur la tête des enfans, il le serait aussi que cette anticipation de propriété a été détruite par l'art. 85 des placités de 1666; et que, d'après cet article, il n'est plus resté aux enfans, avant la mort de leur père, qu'une simple *destination*, qu'une simple expectative.

» Mais, disent les défendeurs, dans le langage de la législation normande, le mot *destiné* signifie précisément la même chose que le mot *acquis*, et la preuve en est consignée dans l'art. 399 de la coutume : suivant cet article, l'usufruit du tiers des immeubles du mari est *destiné* à la femme pour son douaire ; et cependant on convient que le douaire de la femme lui est *acquis*, même avant la dissolution du mariage.

» Pure équivoque. Le douaire ne peut, avant son ouverture, souffrir aucune altération au préjudice de la femme ; le mari ne peut pas l'en priver; la femme ne peut pas y renoncer, c'est pour elle un droit irrévocable ; mais lui est-il, à proprement parler, *acquis* pendant le mariage ? Non certes : il n'est, pendant le mariage, que ce qu'étaient pour les enfans, du vivant de leur père, les droits d'aînesse et de dévolution, c'est-à-dire, une expectative à laquelle la volonté de l'homme ne peut déroger, mais que la loi peut anéantir quand il lui plaît ; en un mot, une expectative purement statutaire, et cela est si vrai, que sans les art. 13 et 14 de la loi du 17 nivôse an 2, qui, par une faveur particulière, ont expressément conservé cet avantage aux femmes dont les maris vivaient encore au moment de sa promulgation, les femmes, comme nous le verrons bientôt, en auraient été dépouillées par le seul effet de la disposition générale que renferme l'art. 61 de cette loi.

» Autre objection. C'est, disent les défendeurs, une maxime attestée par Basnage, tome 2, page 123, édition de 1778, que la confiscation encourue par le père, ne frappe point sur le tiers-coutumier de ses enfans. Le tiers-coutumier appartient donc aux enfans du vivant de leur père.

» Mais 1.° Basnage ne dit pas précisément qu'au cas de confiscation prononcée contre le père, le fisc n'a aucun droit sur le tiers des enfans ; il dit seulement qu'il en est alors du fisc, comme des créanciers du père tombé en déconfiture, et que les enfans doivent, à l'exclusion de l'un, comme à l'exclusion des autres, jouir par anticipation des fruits des biens affectés à leurs tiers. Or, nous verrons dans un instant, que ce droit de jouissance anticipée ne suppose nullement que les enfans soient propriétaires du fonds de leur tiers, même après que leur père a été dépossédé par ses créanciers. Il ne le suppose donc pas davantage, après que le père a été dépossédé par le fisc.

» 2.° La doctrine de Basnage sur les effets de la confiscation par rapport au tiers des enfans, n'est rien moins qu'exacte. Basnage est lui-même forcé de convenir, tome 2, page 126, que, par arrêt du parlement de Rouen, du 8 mai 1662, « il a été jugé, au rapport de » M. Salet, que le tiers des enfans pouvait être » décrété pour des intérêts et dépens résultant » d'un crime commis par le père et par les en- » fans ». Il est vrai que, dans cette espèce, les enfans avaient eux-mêmes coopéré au crime de leur père. Mais, en voici une autre qui s'est présentée, qui s'est même prodigieusement multipliée de nos jours, et dans laquelle il n'y avait pas le même reproche à leur opposer. Un père émigre, tous ses biens sont en conséquence confisqués au profit de la république; ses enfans qui sont restés en France, demandent la distraction de leur tiers-coutumier : question de savoir si leur réclamation est fondée ? Vous concevez, MM., avec quel soin, avec quelle chaleur cette question a dû être traitée. Il n'a été en effet rien omis pour la défense des enfans. Mais tous leurs efforts ont été inutiles; et nous tenons du grand-juge, ministre de la justice, que, pendant qu'il était chargé du contentieux des domaines nationaux, le conseil d'État a constamment décidé, sur ses rapports, que la confiscation encourue par les pères émigrés, embrassait la totalité de leur fortune.

» Les défendeurs tireront-ils un meilleur parti de ce point de jurisprudence normande qui, dans le cas de faillite ou déconfiture du père, attribuait aux enfans la jouissance anticipée de leur tiers, à l'exclusion de ses créanciers ?

» Non : car il est certain que, nonobstant cette anticipation de jouissance, les biens affectés au tiers coutumier, demeuraient toujours dans le patrimoine du père; et c'est ce qu'explique parfaitement Pesnelle, page 475....(1).

_____

(1) *V.* l'article *Émigrés*, §. 9.

(1) *V.* ci-dessus, page 403.

» Vous sentez, d'après cela, MM., qu'il ne faut pas prendre à la lettre ces expressions que Bérault (tome 2, page 180), met dans la bouche de l'avocat général sur les conclusions duquel fut rendu l'arrêt de Desobeaux, du 15 avril 1614 : savoir, que, par la mort de la mère, séparée de biens à raison de la déconfiture de son mari, l'*usufruit* qu'elle s'était fait délivrer des biens affectés au tiers-coutumier, *se réconsolide avec la propriété* sur la tête des enfans. Ce n'est là en effet qu'une de ces manières de parler que l'on hasarde sans conséquence, dans les affaires où elles ne sont pas décisives; mais qui ne prescrivent jamais contre les fausses idées qu'elles présentent, et qu'il est toujours temps de réduire par une juste analyse, à leur véritable valeur.

» La même observation s'applique à cet autre point de jurisprudence normande, qui, suivant les défendeurs, autorisait les enfans à vendre leur tiers-coutumier pour tirer leur père d'esclavage. Ce n'est encore là qu'une confusion de mots que les défendeurs se seraient épargnée, s'ils avaient bien pesé les termes de Basnage, d'après lequel ils parlent. Basnage, tome 2, page 127, ne dit pas précisément que, pour payer la rançon de leur père détenu en captivité, les enfans peuvent vendre leur tiers; mais il dit que les obligations souscrites par les enfans pour acquitter cette rançon, sont exécutoires sur leur tiers-coutumier, après la mort de leur père; et que cela résulte, non des dispositions de la coutume de Normandie, mais de l'art. 14 du tit. 6 du liv. 3 de l'ordonnance de la marine de 1681. Assurément ce n'est pas à dire pour cela que les enfans soient propriétaires du tiers-coutumier, tant que leur père est vivant.

» Eh! comment le seraient-ils, tandis qu'aux termes de l'art. 85 des placités de 1666, ce tiers leur est seulement *destiné;* tandis surtout que, suivant la disposition expresse de l'arrêt de réglement du 4 mars 1733, ils n'ont, pour leur tiers-coutumier, qu'un droit d'*hypothèque* ?

» Mais enfin, disent les défendeurs, si, par une stipulation expresse de leur contrat de mariage, nos parens nous avaient assuré, après leur mort, le tiers de leurs immeubles présens et de ceux qui leur accroîtraient à l'avenir par succession directe, nous n'aurions eu par là qu'une expectative; et cependant cette expectative eût formé pour nous un droit *acquis*, un droit incommutable, un droit qui aurait survécu à la loi du 17 nivôse an 2. Or, telle est, en résultat, la donation qui nous fut faite par la coutume, lorsque nos pères se sont mariés; car, dans le silence de nos parens, la volonté expresse de la loi fut leur volonté tacite. Ce don du tiers eût été écrit et convenu expressément, si nos parens n'eussent été convaincus que, dans les contrats de mariage, entrent tacitement toutes les dispositions matrimoniales qui sont

dans la coutume : *in contractibus tacite veniunt quæ sunt moris et consuetudinis.* Et voilà pourquoi les art. 13 et 14 de la loi du 17 nivôse an 2 maintiennent le douaire coutumier en faveur des veuves mariées sous l'ancien régime. Voilà pourquoi encore la section des requêtes a jugé, en rejetant, par arrêt du 27 germinal an 12, une demande en cassation des enfans Butréis, que le droit de *mainplévie*, accordé par la coutume de Looz, pays de Liége, au survivant des époux, devait avoir lieu en faveur de celui-ci, dans la succession du premier mourant, ouverte depuis la publication de la loi du 17 nivôse an 2. Voilà pourquoi enfin vous avez jugé de même le 29 nivôse an 6, relativement à un droit de viduité dans la coutume de Normandie.

» Ici, Messieurs, les défendeurs vous plaident un système mêlé de vérités incontestables et de grandes erreurs: quelques détails nous sont nécessaires pour distinguer les unes d'avec les autres; nous réclamons votre indulgence.

» Oui, sans doute, dans les contrats de mariage, le silence des époux est suppléé par les dispositions de la loi, mais pour quels effets? Pour deux seulement: pour tout ce qui constitue l'état proprement dit des époux; et pour tout ce qui tient à la communauté des meubles et des conquêts.

» Ainsi, un homme et une femme domiciliés en France, s'y marient sans contrat. Il est certain que la femme sera sous la puissance de son mari, et qu'il y aura communauté de meubles et de conquêts entre l'un et l'autre. Il est certain, par conséquent, que la femme ne pourra pas, sans l'autorisation de son mari, aliéner les biens qu'elle peut avoir en pays étranger; et il est également certain que, si le mari fait en pays étranger quelques acquisitions, elles seront de plein droit communes entre lui et sa femme.

» Mais là s'arrête, pour les contrats de mariage, le principe des conventions présumées. Si on l'étendait plus loin, dit Boullenois, dans son *Traité des statuts réels et personnels,* tome 2, page 38, « il faudrait donc régler le douaire, » par rapport à des conjoints mariés et domici- » liés à Paris, par la disposition de la coutume » de Paris, en quelque endroit que le mari se » trouvât avoir des biens; en sorte que, si la » coutume de la situation n'en donnait point, » comme dans les pays de droit écrit, il faudrait » néanmoins en donner, parce que la coutume » du domicile matrimonial en donnerait un plus » ou moins fort; ou si elle en donnait sur les » biens d'une autre nature que ceux sur lesquels » la coutume de la situation le donne, il fau- » drait encore s'y conformer: en un mot, il fau- » drait en tout suivre la coutume du domicile » matrimonial, comme étant devenue une loi de » convention ». Et cependant il est de la plus grande notoriété que le statut qui accorde, refuse ou règle le douaire, est purement réel: c'est la qualité que lui attribuent unanimement tous les auteurs; et leur opinion a été consacrée par deux arrêts du parlement de Paris, le premier du 28 août 1677, rapporté au Journal des audiences; le second, du 30 décembre 1693, rapporté dans les *Mémoires* de Froland *sur les statuts*, tome 1, chap. 9.

» Ainsi, dit encore Boullenois, page 239 : « avec ce système de convention présumée, on » va tout renverser : les conjoints mariés et do- » miciliés dans la coutume de Paris, qui leur dé- » fend de se donner autrement que par don mu- » tuel, et de se donner d'autres biens que l'usu- » fruit des conquêts, ne pourraient pas se donner » les biens situés en coutumes qui leur permet- » traient des avantages plus libres et plus éten- » dus, parce que la soumission à la coutume de » Paris devenant convention, il faudrait néces- » sairement se conformer à cette coutume ». Et cependant, s'il y a dans la jurisprudence fran- çaise une maxime constante et irréfragable, c'est bien celle qui établit que le statut portant per- mission ou défense aux époux de s'avantager, est absolument réel. Ainsi l'ont jugé des arrêts sans nombre...... (1).

» De là que devons-nous conclure par rapport au douaire coutumier des femmes mariées avant la loi du 17 nivôse an 2, et devenues veuves seulement depuis ? C'est, comme nous l'avons déjà dit, que, si les art. 13 et 14 de cette loi n'y avaient pas pourvu par une disposition déroga- toire aux principes universellement reconnus jus- qu'alors, ce douaire eût dû être éteint par la dis- position générale de l'art. 61 de cette loi. Et ce n'est pas au hasard que nous avançons ceci; nous ne faisons que vous exprimer une opinion consacrée, il y a plus de deux siècles, par deux arrêts solennels du parlement de Paris. Ecoutons Louet, lettre C, §. 6 : « Françoise Quentin fut » mariée avec Pierre Pillet, en 1557, avant la » réformation de la coutume de Touraine. Son » mari décéda en 1584, après la réformation de » là coutume. Par l'ancienne coutume, le survi- » vant avait la jouissance de tous les acquêts, » moitié en propriété, moitié en usufruit, *etiam* » *liberis ex quocumque matrimonio existentibus*. » Par la coutume réformée, la jouissance de ces » acquêts appartenait au survivant, que pour » la part des enfans du second lit, et pendant leur » puberté seulement ». Question de savoir si l'on devait, pour les droits de survie de Françoise Quentin, s'en rapporter à la coutume qui était en vigueur au temps de la célébration du mariage, ou suivre celle qui régissait les biens à l'époque de la mort de Pierre Pillet. Pour le premier parti, on disait (ce sont les termes de Louet), « que les coutumes étaient comparées aux con-

» trats, pour en avoir les mêmes effets : *ut in* » *contractibus tempus contractûs, ita in statutis* » *tempus statuti spectandum erat;* que les con- » tractans ne pouvaient prévoir une réformation » de coutume et une nouvelle loi; que, par le » contrat de mariage, *jus quæsitum erat;* qu'on » ne s'était point donné la peine de stipuler ce » que la loi municipale accordait; que la cou- » tume réformée *futuris, non præteritis, dabat* » *formam negotiis;* qu'elle n'était point un droit » acquis par un contrat de mariage subsistant » de soi ». Mais ces raisons furent repoussées, et par arrêt *rendu à mon rapport*, continue Louet, le 17 octobre 1587, il fut jugé, comme il l'avait déjà été par un autre, rendu en la même cou- tume de Touraine, le 23 décembre 1580, que, *quand les futurs conjoints contractent sous la loi du statut ou de la coutume, sans y avoir de sti- pulation expresse d'un douaire préfix, cela s'en- tend de la coutume qui aura lieu lors de la dis- solution de la communauté, le droit n'en étant pas plutôt acquis.*

» Et s'il est ainsi par rapport aux époux entre eux, si jamais ils ne peuvent être censés, en se mariant dans le territoire d'une coutume, avoir, par leur silence, stipulé au profit de celui des deux qui survivra l'autre, le douaire ou le gain de survie que cette coutume accorde au survi- vant, à combien plus forte raison doit-il en être de même par rapport aux enfans ! à combien plus forte raison les enfans ne peuvent-ils pas se faire, de la célébration du mariage auquel ils doivent le jour dans une coutume qui leur ré- serve un douaire, un titre pour réclamer ce douaire comme conventionnel !

» S'il avait en effet ce caractère, s'il était pour eux une donation tacite de leurs parens, ce ne se- rait pas la coutume de la situation des biens qui en déterminerait l'existence, l'étendue et l'exer- cice; son existence, son étendue, son exercice ne dépendraient que de la loi du domicile ma- trimonial. Or, il est constant que, pour savoir s'il est dû un douaire aux enfans, sur quels biens il doit se prendre, sous quelles conditions il peut s'exercer, on ne s'est jamais rapporté à la loi du domicile matrimonial, mais toujours et uniquement à la loi de la situation des im- meubles.

» Par exemple, dit Boullenois, tom. 2, pag. 221, « si dans le lieu du domicile matrimo- » nial, le douaire coutumier est simplement » viager, mais qu'il soit propre dans le lieu de » la situation, il sera viager dans l'un et propre » dans l'autre. C'est ainsi que, par arrêt du » 7 mars 1567, rapporté par Tronçon sur » l'art. 256 de la coutume de Paris, il a été » jugé que des conjoints étant mariés et domi- » ciliés en la coutume de Meaux, où le douaire » coutumier n'est que viager à la femme, et » non propre aux enfans, leurs enfans devaient » avoir, pour douaire coutumier, la moitié

---

(1) *V.* l'article *Avantages entre époux,* §. 2.

» d'une maison en-propriété sise à Paris, appar-
» tenante à leur père ».

» Par la raison contraire et toujours sur le
même fondement, Renusson, dans son *Traité du
douaire*, chap. 5, n. 28, décide que les enfans
nés d'un mariage contracté à Paris, où le douaire
leur est propre, ne peuvent pas exercer ce droit
sur les biens que leur père possédait dans la
coutume du Maine, où il n'est que viager à la
femme.

» C'est encore sur le même principe qu'est basé
un arrêt rendu au parlement de Paris en 1690, et
qu'on trouve dans le *Journal du palais*, tome 2,
page 1002, édition *in-folio*. — César de Langan
avait épousé Charlotte de Coutandin. Il avait
des biens situés en Normandie, dans le Maine et
dans le Perche. Sa veuve avait fait vendre ceux
de Normandie pour la répétition de sa dot. Il
restait des créanciers postérieurs. Les enfans prétendaient qu'au moyen de la vente des immeubles
normands, il leur était dû, pour leur tiers-coutumier, une récompense sur ceux du Perche et du
Maine. Mais leur prétention fut rejetée, « et voici
» (dit l'auteur du Journal), quels furent les
» motifs de l'arrêt. . . : si, par le contrat de ma-
» riage de César de Langan et de Charlotte de
» Contandin, il avait été stipulé que le douaire
» de la mère serait propre aux enfans, cette sti-
» pulation aurait produit une obligation person-
» nelle contre César de Langan, à l'exécution de
» laquelle tous ses biens auraient été affectés et
» hypothéqués, en quelque pays et coutume
» qu'ils eussent pu être, parce que c'est l'effet
» de l'obligation personnelle d'affecter tous les
» biens de l'obligé, en quelque lieu qu'ils soient.
» Mais cette stipulation n'ayant point été faite
» par le contrat de mariage, et les enfans
» n'ayant pour titre que la seule disposition de
» la coutume de Normandie, il est indubitable
» que leur action ne se peut pas étendre sur
» d'autres biens que sur ceux de la même cou-
» tume ».

» Dira-t-on que du moins les époux sont censés, en se mariant, stipuler au profit de leurs
enfans à naître, tous les droits que confèrent à
ceux-ci les diverses lois territoriales sous l'empire desquelles sont situés leurs biens? Mais s'il
en était ainsi, là loi du 15 may 1790 n'aurait pas
pu abolir le droit d'aînesse au préjudice des enfans dont les père et mère vivaient encore à cette
époque. S'il en était ainsi, la loi du 3 vendémiaire
an 4 n'aurait pas pu ordonner que les dispositions de la loi du 17 nivôse au 2 seraient exécutées dans toutes les successions ouvertes depuis
sa publication. S'il en était ainsi, les enfans nés
de mariages contractés sous l'empire de la loi du 17
nivôse an 2, ne pourraient succéder aujourd'hui
que d'après cette loi; et la faculté que le Code
civil accorde aux ascendans d'avantager un ou
plusieurs de leurs descendans, serait sans effet à
leur égard. S'il en était ainsi, la *dévolution* de

laquelle la loi du 8 avril 1791 a affranchi le Hainaut, le Brabant, le Limbourg et le pays de Liége,
y exercerait encore tous ses droits entre les enfans dont les père et mère se seraient mariés avant
que cette loi fût promulguée. S'il en était ainsi,
en un mot, il faudrait encore, pendant cinquante, soixante, quatre-vingts années, recourir,
pour le réglement des successions qui s'ouvriront
à l'avenir, à toutes ces coutumes, à tous ces
statuts locaux, dont la bigarrure a si justement
provoqué l'abolition.

» Eh! n'avons-nous pas, dans l'art. 1 de la
loi du 8 pluviôse an 5, une preuve bien claire
que nos législateurs n'ont pas voulu, en établissant un nouveau mode de transmission des biens,
reconnaître, au profit des enfans, ces prétendues
conventions statutaires, ces prétendus statuts
conventionnels, sous l'empire desquels leurs
père et mère s'étaient mariés? Quels sont les
avantages que cette loi maintient en faveur de
ces enfans dans les successions qui s'ouvriront à
l'avenir? Ceux-là, et ceux-là seuls qui ont été
légitimement stipulés. Il n'y a donc que des
stipulations, c'est-à-dire, des conventions expresses, des pactes formels, qui puissent conserver aux enfans issus de mariages célébrés
avant l'abolition de nos anciennes lois, les avantages que celles-ci leur accordaient; car c'est
une véritable dérision de prétendre que ces
mots, *légitimement stipulés*, s'appliquent aux
dispositions des anciennes lois que les père et
mère n'ont pas expressément adoptées par leurs
contrats de mariage; et si votre arrêt du 3
ventôse an 8 n'avait pas déjà proscrit ce système, la saine raison, les seules lumières du bon
sens en solliciteraient hautement aujourd'hui la
proscription.

» Par ces considérations, nous estimons qu'il
y a lieu de casser et annuler le jugement dont
il s'agit ».

Arrêt du 29 messidor an 12, sur délibéré au
rapport de M. Vasse, qui,

« Vu l'art. 61 de la loi du 17 nivôse an 2, les
art. 49 du décret du 22 ventôse, 24 et 54 de
celui du 9 fructidor de la même année;

» Considérant que l'art. 399 de la ci-devant
coutume de Normandie, qui assurait aux enfans la propriété du tiers des immeubles du père,
dans les cas déterminés, est un statut de l'espèce de ceux compris dans l'abolition prononcée par la loi du 17 nivôse; que, si, aux
termes de cet article, *la propriété du tiers de
l'immeuble destiné pour le douaire de la femme*
était *acquise aux enfans, du jour des épousailles*;
néanmoins cette propriété n'était point une propriété pleine, parfaite, absolue, irrévocable;
qu'elle n'était qu'une expectative conditionnelle,
qui donnait plutôt un droit d'hypothèque sur
l'immeuble à ce destiné, le cas arrivant, qu'une

véritable propriété; que cela résulte évidemment de la disposition subséquente de l'art. 399: *en pareil cas, les enfans ne pourront vendre, hypothéquer ou disposer dudit tiers, avant la mort du père, et qu'ils aient tous renoncé à sa succession;*

» Considérant que telle était la position des mineurs Anquetil, dont le père était vivant lors de la publication de la loi du 17 nivôse an 2, et même à l'époque du jugement attaqué; qu'ainsi, leur expectative a pu leur être enlevée par une loi subséquente au mariage, et antérieure à la mort du père, sans faire produire à cette loi aucun effet rétroactif;

» Considérant que, s'il pouvait rester quelque doute sur l'application de l'art. 61 de la loi du 17 nivôse au statut de la coutume de Normandie, concernant le tiers-coutumier des enfans issus de mariages contractés antérieurement à cette loi, il serait levé par les art. 49 de la loi du 22 ventôse, 24 et 34 de celle du 9 fructidor;

» Casse et annulle...... ».

Voici un troisième arrêt qui décide encore de même les deux questions sur lesquelles avait statué le précédent.

Le 10 février 1750, mariage entre Jean Malenfant et Jeanne Delauney, domiciliés en Normandie. Le 27 décembre 1752, Jean Malenfant vend à Raphaël Sauvage, des biens situés dans la même contrée, et qu'il possédait dès avant son mariage. Il meurt le 7 vendémiaire an 7, laissant pour héritières présomptives, deux filles, Françoise Malenfant, femme Costy; et Marie Malenfant, femme Lehedon. Le 24 fructidor an 8, les dames Costy et Lehedon renoncent à la succession de leur père; et le 19 frimaire an 9, elles se pourvoient contre la veuve et les héritiers de Raphaël Sauvage, en distraction du tiers-coutumier qu'elles soutiennent leur appartenir, d'après l'art. 399 du statut normand, sur les biens compris dans le contrat de vente du 27 décembre 1752. La veuve et les héritiers Sauvage répondent que le tiers-coutumier est aboli par la loi du 17 nivôse an 2, que Jean Malenfant a survécu à la publication de cette loi, qu'ainsi il n'est point dû de tiers-coutumier à ses enfans.

Le 4 ventôse an 10, jugement du tribunal de première instance de Baïeux, qui prononce en faveur de la veuve et des héritiers Sauvage. Mais sur l'appel, « considérant que le mariage de Jean Malenfant a eu lieu le 10 février 1750; que, par la disposition de l'art. 399 de la coutume, les enfans issus de ce mariage ont été investis de la propriété du tiers-coutumier; que c'est l'expression dans le contrat de cet article......; que cet article désigne une propriété actuelle et présente, et dessaisit tellement le père, qu'il ne lui laisse qu'un usufruit; que l'art. 403 donne aux enfans, en cas d'aliénation, le droit de révoquer les dernières aliénations; que cette re-

vendication est une action qui ne peut appartenir qu'au propriétaire; que la défense faite par la fin de l'art. 399, aux enfans, d'aliéner ou hypothéquer le tiers du vivant de leur père, n'est qu'un moyen de conserver cette propriété, adopté par le législateur; que le tiers-coutumier ne peut pas, d'après l'esprit et le texte de la coutume, être considéré comme une part héréditaire, puisqu'il faut renoncer à la succession, et qu'on ne peut prendre part dans une succession à laquelle on renonce; que le tiers-coutumier est vraiment une propriété légale que les enfans ont reçue de la loi, et non une part héréditaire; que la loi du 17 nivôse an 2 n'a aboli que les usages et statuts relatifs à la transmission des biens par succession et donation; qu'il y aurait une rétroactivité évidente à dépouiller les enfans d'une propriété dont ils étaient saisis; et que l'art. 9 de la loi du 3 vendémiaire an 4 a rapporté toutes les dispositions rétroactives abrogées par la loi du 9 fructidor; — Que l'art. 1 de la loi du 18 pluviôse an 5 maintient les avantages, donations, institutions et autres dispositions irrévocables de leur nature; que le tiers-coutumier est un effet du contrat de mariage et de la volonté des contractans, suivant l'expression de la loi: *In contractibus tacitè veniunt quæ sunt moris et consuetudinis* (L. 31, S. 20, D. *de ædilitio edicto*) »; la cour d'appel de Caen déclare, par arrêt du 27 brumaire an 11, qu'il a été mal jugé, et ordonne la distraction du tiers-coutumier.

La veuve et les héritiers Sauvage se pourvoient en cassation.

La cause portée à l'audience du 25 prairial an 12, les défendeurs ont fait défaut; et la cour, après avoir entendu le rapport de M. Coffinhal, les observations de l'avocat du demandeur, et mes conclusions, qui n'étaient que la copie littérale de la première partie du réquisitoire du 1er prairial an 11, rapporté ci-dessus, a mis la cause en délibéré, pour être jugée après celle de René Deslandes, qui était contradictoire. Le délibéré a été vidé le 2 fructidor suivant, et voici dans quels termes:

« Vu l'art. 61 de la loi du 17 nivôse an 2, l'art. 49 du décret du 22 ventôse de la même année, l'art. 24 de la loi du 9 fructidor suivant, et l'art. 34 de la même loi;

» Considérant que, quoiqu'il paraisse par l'art. 399 de la coutume de Normandie, que la propriété du tiers appartenait aux enfans, du jour du mariage; néanmoins elle ne leur appartenait réellement qu'après la mort du père; que jusqu'alors, *solùm habebant spem succedendi;* que leur *action* pour le tiers ne commençait à naître que par la mort naturelle ou civile du père, étant incertain s'ils lui survivraient ou s'ils répudieraient sa succession; que, pour accepter ce tiers, ils étaient obligés de renoncer à la succession, conformément à l'art. 401 de la coutume; et que jusqu'alors, ils ne pouvaient le vendre, engager ni hypothéquer, pas même le transmettre à des collatéraux, parce qu'ils n'en étaient saisis que par leur renonciation;

» Considérant qu'on ne peut pas douter que le tiers-coutumier n'ait été atteint par l'art. 61 de la loi du 17 nivôse an 2, puisque l'art. 49 de la loi du 22 ventôse suivant déclare que c'est une disposition statutaire; et que cette décision est confirmée par l'art. 34 de la loi du 9 fructidor, qui, dans le cas proposé, ne maintient le tiers-coutumier que parce qu'il était réglé par un contrat entre-vifs fait depuis son ouverture, ce qui le mettait hors de l'espèce générale; qu'au surplus, l'art. 1 de la loi du 18 pluviôse an 5 ne maintient que les avantages résultans *d'une stipulation* dans les cas qu'elle détermine;

» La cour donne défaut contre Costy, Lehedon et leurs femmes, non-comparans; et pour le profit, casse et annulle le jugement rendu par le tribunal d'appel de Caen, du 27 brumaire an 11, et dont il s'agit, comme contraire aux lois ci-dessus citées. »

V. le *Répertoire de jurisprudence*, aux mots *Tiers-coutumier.*

TIERS-DENIER. — §. I. *Les communes qui, sous le prétexte du tiers-denier, ont été dépouillées, avant l'ordonnance des eaux et forêts de 1669, d'une partie de leurs biens communaux, peuvent-elles, d'après la loi du 28 août 1792, réclamer contre cette spoliation?*

V. l'article *Triage*, §. 1.

§. II. *Dans les ci-devant duchés de Lorraine et de Bar, la concession faite à une commune, de l'usage d'un bois, emportait-elle, à raison du droit de tiers-denier auquel cet usage était assujetti envers le concédant, la translation de la propriété du bois même? — Le cantonnement avait-il lieu dans les ci-devant duchés de Lorraine et de Bar, avant la loi du 28 août 1792? Y a-t-il lieu depuis que cette loi a aboli le droit de tiers-denier non fondé en titre?*

V. l'article *Usage (droits d')*, §. 3.

§. III. *Les bois qui sont prouvés, par titres, être tenus en tiers-denier, sont-ils, par cela seul, présumés appartenir en totalité à ceux qui en possèdent les deux tiers comme propriétaires absolus, et n'être grevés que d'un droit de tiers-denier? Juger qu'un ci-devant seigneur est propriétaire foncier de ces bois, sans qu'il prouve par titres primitifs la concession qu'il a faite des deux autres tiers, avec réserve de cette portion, est-ce contrevenir aux lois qui ont aboli tout droit de tiers-denier non prouvé avoir pour cause une concession de fonds ou de droit d'usage?*

Le 13 juin 1792, le sieur Macklot vend au

sieur Thiébault deux cantons de bois, nommés *le grand et le petit Coulange de Gournay*, situés dans le territoire de la commune de Villers-lez-Rombas, prévôté de Briey, et dans lesquels le contrat porte que le *domaine a le tiers-denier.*

Il est à remarquer que, sous le régime féodal, le sieur Macklot était seigneur foncier du lieu de la situation de ces bois, et que les ducs de Lorraine en avaient la haute-justice.

En thermidor an 4, les agens forestiers, se fondant sur l'assujettissement de ces bois au droit de tiers-denier envers le domaine, y associent une coupe de sept arpens trois-quarts, mesure de Lorraine.

Le sieur Thiébault se pourvoit devant l'administration centrale du département de la Moselle, et demande que le droit de tiers-denier auquel ses bois étaient précédemment assujettis, soit déclaré compris dans l'abolition des droits féodaux prononcée par l'art. 1 de la loi du 17 juillet 1793.

Le 4 fructidor an 8, le conseil de préfecture du département de la Moselle, qui remplace l'administration centrale, prend un arrêté par lequel il rejette la réclamation du sieur Thiébault.

Le sieur Thiébault revient à la charge; mais par un nouvel arrêté du 3 nivôse an 14,

« Considérant que toutes les écritures du pétitionnaire se réduisent à la question de savoir, si le tiers-denier ou la prestation foncière (comme on voudra l'appeler), réclamée par le domaine sur le bois Coulange-Gournay est *féodal*, dont l'affirmative est soutenue par le pétitionnaire, et la négative par le domaine, cette négative fondée, quant à celui-ci, sur l'art. 2 de la loi du 17 juillet 1793, et une décision du ministre des finances du 28 pluviôse an 7;

» Considérant que, si le tiers-denier était un attribut de la haute-justice sur les particuliers, il se trouverait classé, soit dans la coutume de Lorraine, soit dans celle de Saint-Mihel, sous les titres qui traitent de cette justice; que cependant il n'en est question en aucune manière, ce qui prouve que cette prestation sort d'une source étrangère à celle que le pétitionnaire lui suppose;

» Que, si l'on a recours à l'ordonnance forestière de Lorraine de 1707, et à la déclaration supplémentaire du 31 janvier 1724, on ne trouve rien dans aucune de leurs dispositions qui soit relatif à des particuliers; mais seulement aux communautés d'habitans tenues du tiers-denier sur leurs bois; aussi la loi du 28 août 1792 n'a-t-elle statué qu'en leur faveur;

» Considérant que, si l'on a recours au *Répertoire de jurisprudence*, au mot *Tiers-denier*, on trouve, entre autres actes anciens, qui en citent de plus anciens encore, une déclaration donnée par le duc de Lorraine, le 23 mai 1664, dans laquelle il assure que tous les bois dont jouissent *les communautés de ses Etats*, proviennent de la concession de ses prédécesseurs et de la sienne; ce qui autorise *à conclure à parité de motifs*, soit de politique ou de bienveillance, du haut-justicier envers les seigneurs fonciers, que les bois assujettis *à la prestation du tiers de leur produit, proviennent tous de l'aliénation qu'il leur en a faite originairement sous la réserve de cette portion;* qu'ainsi, et dès que l'usurpation, l'abus ou la fraude *ne peuvent se présumer de seigneur à seigneur,* on doit conclure que le bois de Coulange-Gournay n'est passé dans la propriété des seigneurs fonciers de Coulange qu'à la même condition; et que le pétitionnaire est tenu de l'accomplir, jusqu'à la preuve de l'usurpation, preuve qui nécessairement ne peut-être produite que par lui-même;

» Considérant d'ailleurs, qu'en acquérant du sieur Macklot, le pétitionnaire a reconnu la prestation du tiers du produit de ses bois, tiers qu'il n'a pas payé et qui ne pouvait pas être compris dans les 64,000 livres, prix de la vente, puisque cette somme n'a été basée que sur les propriétés réelles que le vendeur transmettait, et nullement sur la distraction du bois le grand et petit Coulange-Gournay; ce qui rend le pétitionnaire non-recevable et sans qualité dans son action, puisque le revenant-bon, s'il s'en trouvait, appartiendrait, non à lui, mais à son vendeur;

» Par ces diverses considérations, et celles rappelées en l'avis du directeur des domaines nationaux, du 15 frimaire dernier, le conseil de préfecture maintient sa décision du 4 fructidor an 8, et déclare, en y persistant, qu'il n'y a lieu à délibération; ordonne que cette même décision sortira son effet, et qu'une expédition de la présente sera adressée au directeur des domaines nationaux, qui est chargé de son exécution ».

Le sieur Thiébault se pourvoit auprès du gouvernement contre ces deux arrêtés; et le 18 juillet 1806, le chef du gouvernement rend, sur sa réclamation, le décret suivant :

« Sur le rapport de notre ministre des finances,

» Vu la réclamation du sieur Thiébault contre deux arrêtés du conseil de préfecture du département de la Moselle, des 4 fructidor an 8 et 3 nivôse an 14, par lesquels il a été statué que les bois du grand et petit Coulange-Gournay appartenans à l'exposant, *sont grevés du droit de tiers-denier envers le domaine,* et que ce droit n'est pas du nombre de ceux compris dans l'abolition du régime féodal;

» Vu lesdits arrêtés, le contrat d'acquisition du sieur Thiébault, un extrait du terrier général des domaines des ci-devant provinces de Lorraine et de Bar, duquel il résulte que les ducs de

Lorraine étaient seuls seigneurs hauts-justiciers du territoire de Rombas, prévôté de Briey, lieu de la situation du bois dont il s'agit, et l'avis du conseiller d'Etat, directeur général de l'administration des forêts;

» Vu enfin l'avis de notre conseil d'Etat, du 14 ventôse an 13, approuvé le 17;

» Considérant que, dans l'espèce, le conseil de préfecture de la Moselle était incompétent pour prononcer;

» Notre conseil d'Etat entendu, nous avons décrété et décrétons ce qui suit :

» Art. 1. Les arrêtés du conseil de préfecture du département de la Moselle, des 4 fructidor an 8 et 3 nivôse an 14, sont annullés; sauf à se pourvoir par devant les tribunaux, dans le cas où l'administration serait fondée à demander l'application des dispositions de l'art. 2 du décret du 8 juillet 1793, et de l'avis du conseil d'Etat du 17 ventôse an 13.

» Art. 2. Notre ministre des finances est chargé de l'exécution du présent décret ».

Fort de ce décret, le sieur Thiébault se met en devoir d'exploiter les bois du grand et du petit Coulange-Gournay.

L'administration forestière en fait saisir la coupe.

Le sieur Thiébault se pourvoit devant le tribunal de première instance de Briey, et conclut à ce que ces bois soient déclarés affranchis du droit de tiers-denier.

Le préfet du département de la Moselle comparaît et demande que le domaine public soit déclaré propriétaire par indivis de ces bois, jusqu'à concurrence d'un tiers.

Le sieur Thiébault se récrie contre cette demande, et soutient que la question à juger n'est pas de savoir s'il a le domaine public pour co-propriétaire, mais si le droit de tiers-denier que le domaine public a ci-devant perçu sur ses bois, *en cas de vente,* est ou n'est pas supprimé comme féodal.

Le 6 novembre 1808, jugement qui déclare le domaine public propriétaire par indivis des bois litigieux, jusqu'à concurrence d'un tiers.

Le sieur Thiébault appelle de ce jugement à la cour de Metz, et, là, il soutient, comme en première instance, que la contestation doit être ramenée au seul point de savoir s'il est dû au domaine un droit de tiers-denier sur ses bois,

« Tout s'oppose (dit-il), au système du domaine, les expressions des actes, le droit commun de la Lorraine qui établissait le tiers-denier, la décision même du conseil d'Etat qui n'a délaissé à l'administration le droit de se pourvoir que dans le cas où il se serait fondée à demander l'application des dispositions du décret du 17 juillet 1793, et de l'avis du conseil d'Etat, du 17 ventôse an 13. Or, la possibilité de faire au cas qui nous occupe, l'application de la loi dont s'agit, suppose nécessairement un simple droit de tiers-denier, mais qui a pour objet une concession primitive de fonds. Il faut, aux termes de la loi, que celui qui soutient pouvoir se placer dans la disposition de cette loi, représente le titre constitutif; c'est ce que le domaine devait faire et ce qu'il ne fait pas. Il doit être ramené à l'action qui lui est réservée par la décision du conseil d'État; il ne peut se prévaloir d'aucun autre droit, d'autant que tout, d'ailleurs, concourt à justifier que cette décision du conseil d'État est fondée en raison. L'objet en litige est nécessairement un simple droit de tiers-denier; comment ne pas le reconnaître, lorsque l'on est forcé d'avouer que les bois dont il s'agit, sont situés dans la ci-devant Lorraine où le droit de tiers-denier était fondé sur la loi générale du pays, et qu'il est consacré par le réglement sur les eaux et forêts. Les titres particuliers de l'appelant viennent encore apporter un nouveau degré d'évidence qui justifie ses prétentions. Le dénombrement fourni par Paul de Gournay en 1681, à la chambre royale de Metz, celui fourni à la chambre des comptes par Madeleine Wlchring, le 24 avril 1782, portent en termes exprès que les bois dont il s'agit, sont soumis aux droits de tiers-denier, en cas de vente. Ces expressions qui ont été vérifiées, ne laissent aucun doute sur la nature du droit dont s'agit. La propriété des bois était toute entière aux auteurs de l'appelant; les ducs de Lorraine, et après eux les rois de France, avaient seulement à percevoir sur ces bois un droit de tiers-denier, en cas de vente. On retrouve en effet cette expression de *tiers-denier* dans tous les procès-verbaux de vente et d'arpentage; jamais d'ailleurs le domaine n'a été soumis à aucune des charges qui appartiennent à la propriété, jamais il n'a payé l'impôt, jamais il n'a acquitté le payement des gardes. Les plantations à faire dans les endroits dépeuplés, n'ont jamais eu lieu aux frais du domaine. Il faut donc éloigner toute idée de propriété en sa faveur; les ducs de Lorraine n'ont jamais eu dans les bois en litige autre chose qu'un droit qu'ils ont même souvent voulu étendre, puisqu'on les a vus percevoir, outre le tiers-denier, le dixième sur les deux autres tiers, ce qui laisse assez connaître l'abus de la jouissance ».

Le préfet répond que « l'on ne rencontre dans la perception dont il s'agit, rien de ce qui appartenait au tiers-denier, autrefois connu dans la Lorraine. La loi de cette province qui consacrait ce droit (ajoute-t-il), est purement relative aux bois communaux; ce sont les bois communaux seuls qui étaient assujettis au tiers-denier; on ne rencontre rien dans le réglement général, qui laisse à penser qu'il ait été perçu sur les bois des particuliers. L'évidence du fait s'oppose à cette prétention; si le droit de tiers-denier avait été général sur les bois des particuliers, cela serait facile à

justifier; la rente en aurait été consignée dans des actes publics, et l'on ne produit rien de semblable. Les ducs de Lorraine avaient des bois qui leur appartenaient pour le tout; ils en avaient d'autres qui étaient *indivis* entre eux et leurs vassaux; ils percevaient enfin le tiers-denier sur les bois des communautés. Les bois de Coulange-Gournay étaient de la seconde classe. Il est vrai que souvent on s'est servi du mot de *tiers-denier* pour exprimer le droit de propriété des ducs de Lorraine, parce qu'il était indifférent, alors que les bois devaient être vendus, que l'on exprimât ou la chose, ou le prix qui la représentait; aussi on ne dit nulle part que les ducs ont, sur ces bois, le droit de tiers-denier, mais on dit que les *ducs y prennent le tiers-denier*, ce qui est tout différent. Dans ce dernier cas, le tiers est toujours dû, on ne peut faire aucun prélèvement, dans l'autre cas, le propriétaire prélève les bois nécessaires à son usage, et ce n'est que le prélèvement fait, que le droit de tiers-denier est dû par rapport au bois en litige. Jamais le sieur Thiébault ni ses auteurs n'ont pris leur chauffage; aussi ces bois sont-ils indistinctement désignés dans les actes comme indivis pour un tiers entre les ducs de Lorraine et le sieur Thiébault ou ses auteurs, et comme étant soumis à la répartition du tiers du prix. Il est bien vrai que, par les dénombremens cités de la part du sieur Thiébault, on s'est, en 1681 et 1782, servi de ces termes que ces bois sont soumis au droit du tiers-denier, en cas de vente; ce qui laisserait penser que, quand il n'y avait pas de vente, que, lorsqu'on en faisait l'application à son usage particulier, le domaine n'y prenait rien; mais cela est contraire à la vérité du fait, puisque jamais les auteurs du sieur Thiébault n'ont pu disposer de la moindre partie de ces bois pour leur usage particulier. Il ne faut donc pas s'attacher à des expressions qui ont pu paraître insignifiantes, alors surtout qu'une série d'actes qui se sont succédé pendant un siècle, désigne ces bois comme indivis. La possession du domaine, à cet égard, est constaté et ancienne, et elle est suffisante pour justifier son droit de propriété. On ne pourrait, d'ailleurs, concevoir comment les ducs de Lorraine auraient, sur ces bois, un droit de tiers-denier, lorsque la plupart des propriétés particulières auraient été libres. Le sieur Thiébault aurait d'autant plus de tort d'appeler à son secours l'abus de la puissance féodale, que ses auteurs étaient seigneurs, et que ces bois, pour les deux tiers, faisaient partie du domaine de leur seigneurie. La puissance féodale pesait sur la commune, elle pouvait peser sur les simples habitans; mais il est inouï que les seigneurs aient eu le droit d'appeler à leur secours les lois répressives des abus féodaux. Il n'est pas vrai non plus que le sieur Thiébault ait supporté seul les charges attachées à la propriété. Le domaine a payé la garde de ces bois; et en 1791, il a été imposé au rôle des contributions. Il ne faut pas être étonné que, dans le temps où les bois du domaine n'étaient pas soumis à l'impôt, on n'en ait pas payé pour raison de celui dont il s'agit ».

Sur ces débats, arrêt du 26 juillet 1808, ainsi conçu :

« Le domaine est-il propriétaire pour un tiers des bois en litige? Ces bois doivent-ils être envisagés comme indivis entre lui et le sieur Thiébault ; ou bien a-t-il, sur ces bois, le droit de tiers-denier, la propriété résidant toute entière sur la tête du sieur Thiébaut, de manière que le domaine soit tenu de représenter l'acte constitutif du droit qu'il a perçu?

» Sur quoi, la cour considérant que la difficulté étant réduite à une question de propriété, le domaine peut justifier celle qu'il soutient avoir, par tous les moyens qui appartiennent à la justification de la propriété ; qu'aux termes des lois nouvelles, un simple droit assis sur la propriété d'autrui, doit être justifié par la représentation du titre constitutif, si on soutient que ce droit est la concession de fonds; mais que si la difficulté s'engage, non sur l'existence d'un simple droit, mais bien sur la propriété, elle peut se justifier de toute autre manière que par la représentation du titre primitif;

» Considérant que le sieur Thiébault n'a pas justifié que la propriété exclusive des bois dont il s'agit, résidait sur sa tête; que la perception qu'ont faite les ducs de Lorraine, et après eux les rois de France, n'était que l'exercice d'un simple droit de tiers-denier; que les déclarations même de 1681 et 1782, bien qu'elles semblent annoncer l'exercice d'un simple droit, ne sont pas suffisantes pour justifier la prétention du sieur Thiébault, qu'à l'évidence du fait, l'exorbitance du droit inusité, en tant qu'il porterait sur une propriété particulière, s'oppose à ce que l'on prenne à la rigueur des expressions qui ont pu paraître indifférentes dans le temps; qu'on doit attacher aux expressions de ces aveu et dénombrement, d'autant moins d'importance, que l'un et l'autre de ces aveux ont été donnés dans un temps où la Lorraine était sortie de la main des ducs; et en effet, celui de 1681 a été donné lorsque Louis XIV était momentanément en possession de cette province, ce qui donne lieu de craindre que la vérification n'ait pas pu être faite avec la même exactitude que si elle avait eu lieu de la part des anciens propriétaires; que l'on ne justifie pas d'ailleurs qu'en aucun temps les auteurs du sieur Thiébault aient disposé pour leur profit d'aucune portion de ces bois, ce qu'ils n'auraient pas manqué de faire, s'ils n'avaient dû payer le tiers-denier en cas de vente, et n'auraient jamais manqué d'y prendre leur affouage, leur marronage et les bois nécessaires aux constructions ; que loin de là, quand ils étaient obligés

de recourir à l'exploitation de ces bois pour alimenter leur tuilerie, ils ne le faisaient qu'après avoir, par un acte de vente, assuré la perception du droit que le domaine avait à exercer; que la propriété indivise du domaine ne peut être douteuse quand on fait attention, non-seulement à la manière dont il a joui, mais encore aux expressions des actes et aux dispositions du réglement général des eaux et forêts pour la Lorraine. Quant à la jouissance du domaine, elle a toujours été la même que celle du sieur Thiébault et de ses auteurs; toujours ou à vendu les coupes, le domaine a pris le tiers du prix, et les auteurs du sieur Thiébault les deux tiers; en sorte que le domaine a possédé absolument de la même manière que ceux qui se soutiennent propriétaires à son exclusion. Les procès-verbaux de vente et d'arpentage, rédigés dans des temps anciens et non suspects, se servent de ces mots : *Bois indivis pour un tiers à son altesse royale.* Qu'on voie, à cet égard, les procès-verbaux de ventes faites en 1701, 1702, 1703, 1716 et 1717, les procès-verbaux d'arpentage faits par Bayard, arpenteur juré, le 15 avril 1758, et beaucoup d'autres; l'arrêt du conseil royal des finances portant réglement des coupes en 1762. Cet arrêt fait la preuve que l'on se servait des expressions *bois en tiers-denier,* pour exprimer des *bois indivis pour un tiers* entre le domaine et les autres propriétaires; et en effet, cet arrêt qui n'a pour objet que de régler les coupes de bois appartenant pour le tout ou pour partie aux ducs de Lorraine, contient la désignation des bois dont il s'agit: Après avoir exprimé les bois dont le tout appartenait au roi, on passe à ceux indivis, et sous le texte, *bois en tiers-denier,* on s'exprime ainsi, en parlant de ceux dont il est question : *celles à prendre dans la forêt de Coulange-Gournay appartenant pour deux tiers à la dame de Rennepont,* etc. Cette dame de Rennepont qui est un des auteurs du sieur Thiébault, n'est désignée que comme propriétaire des deux tiers, parce que l'autre tiers appartenait au roi. Cependant, dans le cours du même arrêt, on se sert distinctement des mots : *bois dans lesquels le roi prend le tiers-denier;* de telle sorte qu'il est constant que ce qui touche les bois des particuliers, l'expression, *bois en tiers-denier,* équivalait à ces mots, *bois indivis pour un tiers.* Cela est si vrai que l'arrêt dont il s'agit, n'a d'autre objet que les propriétés du roi; qu'il n'y est pas question des bois des communes, dans lesquels le roi avait le droit *de tiers-denier;*

» Considérant que ce qui vient d'être dit, est parfaitement conforme aux expressions du réglement général de 1707, qui ne reconnaît que trois sortes de bois dans lesquels le domaine avait quelque chose à prendre : ceux qui appartenaient au domaine pour le tout, ceux indivis entre le roi et ses vassaux, et les bois des communes sur lesquels on percevait le droit de tiers-denier. Il est sans réplique que ceux de cette dernière classe n'ont rien de commun avec ceux de la seconde; que c'est par conséquent par un abus d'expressions, que le sieur Thiébault essaye de les confondre; qu'on doit le décider ainsi avec d'autant plus de raison, qu'il n'est justifié d'aucune manière que le prétendu droit de tiers-denier se soit perçu sur les autres bois particuliers, situés dans le ressort de la maîtrise de Briey; que l'on désigne en plusieurs circonstances d'une manière particulière, quels sont les bois sur lesquels cette maîtrise doit exercer sa juridiction, tandis que si le droit avait été général, elle aurait indistinctement exercé cette juridiction sur tous les bois, et son droit aurait été établi par une disposition générale sans distinction;

» Considérant que, si le bois d'Ornange, appartenant à la dame Grammont, était assujetti au droit de tiers-denier, c'est parce que ce bois avait appartenu à la commune de Jœuf, qui en payait le tiers-denier en cas de vente; et que l'aliénation n'en a été autorisée par les ducs, qu'à la charge que ce droit continuerait à être perçu;

» Considérant qu'il résulte de l'aveu et dénombrement de 1782 et du contrat d'acquisition du sieur Macklot, qu'il existait à Nancy un procès relativement au tiers-denier que le domaine prétendait avoir sur le bois *Monsieur*; et que la décision en était subordonnée à la question de savoir si ce bois était entièrement patrimonial, ce qui justifie davantage que ce qu'on appelait tiers-denier, n'avait d'autre sens que la propriété du tiers;

» Considérant que le moyen employé par le sieur Thiébault, et résultant de ce que le domaine ne supportait aucune des charges attachées au bois dont il s'agit, est fondé sur une erreur, parce qu'il résulte d'une clause particulière du contrat du sieur Thiébault qu'il n'était chargé de payer les gardes que pour les deux tiers; qu'il résulte d'un certificat délivré par l'ancien receveur des domaines et bois, qu'il payait les gardes sur états arrêtés par le grand-maître des eaux et forêts, et que les gardes des bois dont il s'agit, étaient compris dans ces états; qu'il résulte d'ailleurs du registre des contributions pour l'an 1791, que le domaine y était imposé pour raison de ces mêmes bois;

» Que la propriété du domaine se justifie par tous les moyens possibles, et que les expressions de *bois en tiers-denier*, ou de *bois dans lesquels le roi prend le tiers-denier*, ne peuvent offrir l'idée d'un simple droit, tel que celui allégué par le sieur Thiébault; que tout s'oppose à sa prétention, et concourt au contraire à justifier la propriété du domaine;

» Déterminée par ces motifs et ceux exprimés

au jugement dont est appel, la cour met l'appellation au néant, avec amende et dépens ».

Le sieur Thiébault se pourvoit en cassation contre cet arrêt, et le dénonce, 1.° comme ayant mal à propos repoussé la fin de non-recevoir qui s'opposait, d'après le premier état de l'affaire et le décret du 18 juillet 1806, à ce que le domaine transformât *une question de simple redevance en une question de propriété*; 2.° comme ayant fait revivre un droit féodal, et, par là, violé l'art. 32 de la loi du 15 mars 1790, l'art. 2 de la loi du 28 août 1792, l'art. 1 de la loi du 17 juillet 1793, l'avis du conseil d'Etat, du 13 ventôse an 13, et le décret du 18 juillet 1806.

« Le premier de ces moyens (ai-je dit à l'audience de la section des requêtes, le 26 octobre 1809), n'exigera pas une longue discussion.

» Il est vrai que, dans le principe de la contestation, le domaine ne réclamait sur les bois du *grand* et du *petit Coulange de Gournay*, qu'un *droit de tiers-denier*; mais de ce que, par là, il reconnaissait alors implicitement le sieur Thiébault, propriétaire du fonds de la totalité de ce bois, s'ensuit-il que, mieux instruit par la suite, il n'a pas pu donner une autre direction à sa demande, et réclamer, au lieu d'une simple redevance, la propriété du tiers de ces mêmes bois?

» Il ne l'aurait pas pu sans doute, si les arrêtés du conseil de préfecture du département de la Moselle, des 4 fructidor an 8 et 3 nivôse an 14, avaient subsisté. Ces arrêtés subsistant, le sieur Thiébaut aurait pu dire au domaine : « Il est jugé entre nous que je ne vous dois » qu'une redevance, et que par conséquent je » suis seul propriétaire; vous ne pouvez donc » pas me contester une portion de ma propriété. » *Res judicata pro veritate habetur* ».

» Mais ces arrêtés ayant été annullés, pour cause d'incompétence, par le décret du 18 juillet 1806, et la contestation se trouvant ainsi rouverte, qu'est-ce qui a pu empêcher le domaine de changer ses conclusions, de renoncer à la redevance qui d'abord en avait été le seul objet, et de demander qu'on le déclarât propriétaire du tiers des bois?

» C'est, dit-on, que s'étant reconnu non propriétaire, il n'était plus recevable à révoquer sa reconnaissance.

» Mais si l'on pouvait assimiler cette reconnaissance à un aveu fait en justice, si l'on pouvait par conséquent appliquer à cette reconnaissance le principe consacré par l'art. 1356 du Code civil, que *l'aveu judiciaire fait pleine foi contre celui qui l'a fait*, on ne pourrait du moins pas se dispenser de lui appliquer également les deux autres règles tracées par le même article, savoir, que l'aveu judiciaire ne *peut pas être divisé*, et qu'il peut être *révoqué*, moyennant la preuve *qu'il a été la suite d'une erreur de fait.*

» Or, 1.° S'il est vrai que, devant le conseil de préfecture, le domaine s'était reconnu non propriétaire, il est vrai aussi qu'en même temps il avait prétendu avoir sur les bois litigieux un droit de tiers-denier; que le sieur Thiébault qui ne pouvait pas diviser la déclaration du domaine, ne l'avait pas acceptée telle qu'elle était; et que ne l'ayant pas acceptée, il avait perdu le droit de s'en prévaloir.

» 2.° Le domaine a prouvé qu'il était réellement propriétaire, et il l'a prouvé par des titres et par des actes de possession. Si donc, avant de rapporter cette preuve, il avait réellement reconnu qu'il n'était pas propriétaire, il a, par cette preuve, constaté qu'une erreur de fait avait motivé sa reconnaissance; il a par conséquent pu, en révoquant sa reconnaissance, revenir sur ses pas, et conclure à ce qu'on le déclarât propriétaire.

» Prétendre, comme le fait le sieur Thiébault, que le décret du 18 juillet 1806 avait fixé irrévocablement les conclusions à prendre par le domaine devant les tribunaux, que le domaine n'a pas pu s'en écarter, et qu'en l'autorisant à s'en écarter, la cour de Metz a contrevenu au décret même, c'est un système purement illusoire.

» Le décret du 18 juillet 1806 n'a qu'un seul objet : c'est de réprimer une entreprise de l'autorité administrative sur le pouvoir judiciaire; c'est d'annuller deux décisions rendues incompétemment, c'est de lever la barrière que ces deux décisions opposaient à l'action des tribunaux sur les contestations des parties. Cet objet rempli, les contestations des parties ont dû reprendre leur cours ordinaire; elles ont dû rentrer dans le droit commun; et il n'est pas besoin de répéter que, de droit commun, il est libre à toute partie de changer ses conclusions jusqu'au moment où le juge prononce.

» Lorsque la cour casse un jugement en dernier ressort pour cause d'incompétence, et qu'elle renvoie les parties devant le tribunal compétent pour les juger, les parties sont-elles, devant ce nouveau tribunal, liées par les conclusions qu'elles ont respectivement prises devant celui dont le jugement est annullé ? Non assurément; elles peuvent au contraire, devant ce nouveau tribunal, prendre des conclusions tout-à-fait nouvelles. Et pourquoi en serait-il autrement dans notre espèce ?

» Le deuxième moyen de cassation du sieur Thiébault, dégagé de tout ce qu'on y fait entrer par répétition du premier, porte sur un objet totalement étranger à la question sur laquelle a statué la cour de Metz.

En effet, la cour de Metz n'a pas jugé que la redevance ou prestation connue dans la ci-devant Lorraine et le ci-devant Barrois, sous le nom de *tiers-denier*, ne dût pas, faute de preuve par titre primordial d'une concession de fonds, être considérée comme un droit légalement présumé féodal, dans le cas où il eût précédemment appartenu, soit aux ducs de Lorraine et de Bar, en leur qualité de seigneurs, soit à un seigneur particulier.

» Mais elle a jugé que, dans l'espèce, le domaine public était propriétaire foncier du bois indivis des bois sur lesquels il n'avait, dans le principe de la contestation, réclamé que la redevance du tiers-denier.

» Et quelle loi a-t-elle violée, en la jugeant ainsi ?

» Bien sûrement elle n'a pas violé l'art. 32 du tit. 2 de la loi du 15 mars 1790; car cet article, en abolissant le droit (c'est-à-dire la redevance) de tiers-denier, que certains seigneurs s'étaient mis en possession de percevoir sur les bois dont les communes étaient propriétaires et qui ne seraient pas justifiés leur avoir été concédés sous cette condition, en ne le maintenant que sur les bois dont les communes avaient le simple usage, n'a privé ni le domaine ni les ci-devant seigneurs des droits de propriété qu'ils pouvaient avoir dans des bois possédés par indivis avec des communes, et encore moins de ceux qu'ils pouvaient avoir dans des bois possédés par indivis avec des particuliers.

» Elle n'a pas violé davantage l'art. 2 de la loi du 28 août 1792; car, d'une côté, cet article, en abolissant la redevance de tiers-denier sur les bois dont les communes ne sont qu'usagères; en n'exceptant de cette abolition que le cas où il serait prouvé par titre primitif, que cette redevance est le prix de la concession du droit d'usage, n'a pas dit, et il s'en faut beaucoup, que les bois dont la propriété avait été jusque-là indivise entre un ci-devant seigneur et un particulier, n'appartiendraient dorénavant qu'à celui-ci; et d'un autre côté, en privant le ci-devant seigneur de la redevance de tiers-denier qu'il avait jusque-là perçue, sur des bois dont les communes n'étaient qu'usagères, mais sans pouvoir prouver par titre primitif, qu'il se fût réservé cette redevance lors de la concession qu'il leur avait faite de leur droit d'usage, ce même article n'a pas converti le droit d'usage des communes en droit de propriété : il n'a pas dépouillé le ci-devant seigneur de sa qualité de propriétaire grevé de la servitude d'usage envers les communes; et la cour a cassé, le 27 nivôse an 12, au rapport de M. Babille et sur ses conclusions, un arrêt de la cour de Dijon qui avait jugé le contraire.

» Elle n'a pas non plus violé l'art. 1.er de la loi du 17 juillet 1793; car cet article, en abolissant tous les droits féodaux conservés par les lois précédentes, et conséquemment même le droit de tiers-denier, lorsqu'il porterait un caractère de féodalité, quoique d'ailleurs il fût prouvé, par titre primitif, être le prix de la concession d'un fonds ou d'un droit d'usage, n'a pas fait plus que n'avait fait l'art. 32 du tit. 2 de la loi du 15 mars 1790 : il n'a pas privé les ci-devant seigneurs de leurs propriétés indivises ; il ne les a privés que de prestations qui grevaient, soit des propriétés, soit des droits d'usage, sortis de leurs mains pour prix de ces prestations elles-mêmes.

» Enfin, elle n'a violé, ni l'avis du conseil d'État du 13 ventôse an 13, ni le décret du 18 juillet 1806, puisque l'un et l'autre ne font que se référer à la loi du 17 juillet 1793, et n'y ajoutent rien.

» Quelle loi aurait-elle donc pu violer, en jugeant que le tiers indivis des bois litigieux appartient au domaine ?

» Le sieur Thiébault n'en cite aucune. Cependant il invoque les dénombremens fournis par ses prédécesseurs à la chambre des comptes de Bar en 1681, 1698 et 1782 ; et il semble faire entendre que la chambre des comptes de Bar n'ayant pas blâmé, à ces époques, les articles de ces dénombremens où il est énoncé par les bois dont il s'agit, appartiennent aux seigneurs fonciers du lieu, à la charge du droit de tiers-denier envers le domaine du prince, il résulte de là, en sa faveur, une exception de chose jugée ; et nous devons convenir que, si cela était, il ne serait pas facile de justifier l'arrêt de la cour de Metz.

» Mais, 1.° comment la chambre des comptes de Bar aurait-elle pu blâmer le dénombrement de 1681 ? jamais il ne lui a été présenté, ou du moins la copie qu'en produit le sieur Thiébault, n'en fait aucune mention.

» 2.° Il est vrai que le dénombrement de 1698 a été reçu par la chambre des comptes de Bar ; mais il ne l'a été qu'avec la clause, *sauf tous droits de son altesse royale et l'autrui.* Et quel a été l'effet de cette clause ?

» S'il en fallait croire Dumoulin, sur le titre *des fiefs* de la coutume de Paris, §. 44, n. 27, cet effet aurait été nul, parce qu'une clause générale, indéterminée, et qui n'est point appliquée à un objet fixe et certain, ne peut ni déroger ni ajouter aux dispositions précises d'un acte.

» Mais, à cet égard, Dumoulin a été contredit par tous les auteurs qui ont écrit après lui.

» *Hæc clausula* (dit d'Argentré, sur l'ancienne coutume de Bretagne, art. 324, n. 26), *vulgò apponi solet in instrumentis receptorum homagiorum, quam Molinæus putat esse nullius momenti; ego contrà, non minimi.... Tanti esse puto ut reges et principes inter se, non sine causâ, eâ utantur. Nam etsi videatur nihil adjicere, aut in expressis nihil mutare, id tamen non semper verum est, sed valdè utilis, cùm ex actis et expressis taciti effectus consensús ultrà expressa infe-*

ruuntur, et præsumptum de talibus consensum præter expressa excludunt, veluti (et cet exemple rentre précisément dans notre espèce), *si rem forte domini propriam vasallus includeret homagio.* — « En cela (dit également Bouhier, sur » la coutume de Bourgogne, ch. 44, n. 62), » l'opinion de Dumoulin a été abandonnée par » tous les interprètes des coutumes ; non qu'ils » doutent que, pour les choses nettement expri- » mées dans le dénombrement, et dont le vassal » *a toujours été en possession,* cet acte ne fasse » pleine foi entre le seigneur et le vassal ; mais » ils tiennent une, si ce dernier y avait compris » quelque droit qui fût du domaine du seigneur » dominant ou qui lui appartînt à quelque » autre titre, ou s'il y avait quelque omission » de ses droits, ou si le vassal y avait pris » quelque qualité qui ne fût pas bien avérée, » la clause, *sauf notre droit,* serait utile au sei- » gneur féodal. En effet, il paraît y avoir de » l'équité à favoriser en cela les seigneurs aux- » quels, comme l'observe fort bien Coquille » (*quest.* 43), on pourrait faire une infinité de » surprises, surtout aux grands qui, *en telles* » *affaires, emploient leurs officiers, ou qui sont* » *distraits aux affaires de guerre ou de cour.* A » plus forte raison, ces dénombremens, quoique » reçus aux chambres des comptes, ne peuvent » ils faire aucun préjudice aux droits du roi, « lesquels sont sacrés et inaliénables, comme » chacun sait ».

» Enfin, ce qui tranche ici toute espèce de difficulté, c'est que, ni le dénombrement de 1698, ni l'arrêt de la chambre des comptes de Bar qui le reçoit, n'ont été produits par le sieur Thiébault devant la cour de Metz ; c'est que le sieur Thiébault ne peut pas se prévaloir contre l'arrêt de la cour de Metz, de titres qu'il ne l'a pas mise à même d'apprécier.

» 3.° Quant au dénombrement de 1782, le sieur Thiébault qui l'a produit devant la cour de Metz, ne vous le représente pas ; et non-seulement nous devons croire qu'il renferme, comme celui de 1698, la clause, *sauf les droits du roi et l'autrui ;* mais supposât-on même, contre toute vraisemblance, que cette clause y eût été omise, il ne pourrait encore en résulter aucun avantage pour le sieur Thiébault, parce que, comme vient de le dire le président Bouhier, « les dénom- » bremens, quoique reçus aux chambres des » comptes, ne peuvent faire aucun préjudice » aux droits du roi, lesquels sont sacrés et ina- » liénables ».

» Enfin, Messieurs, ce qui achève de dissiper tous les doutes sur la parfaite régularité de l'arrêt qui vous est dénoncé, c'est qu'il ne fait que proclamer de nouveau ce qui déjà était jugé dès 1762, par l'arrêt du conseil royal des finances de Lorraine, portant réglement des coupes ; c'est que, dans ce réglement, la dame de Rennepont, à la place de laquelle est actuellement le sieur Thiébault, n'est désignée que comme *propriétaire des deux tiers* des bois du grand et du petit Coulange de Gournay; c'est que le roi y est désigné comme propriétaire de l'autre tiers; c'est que, ni la dame de Rennepont, ni le sieur Macklot, son successeur, ni le sieur Thiébault lui-même, n'ont jamais attaqué cet arrêt.

» Et c'est ce qui répond, Messieurs, au principal argument que le demandeur fait ici valoir.

» Si vous maintenez, dit le demandeur, l'arrêt de la cour de Metz, du 26 juillet 1808, il n'est point de ci-devant seigneur qui, ayant autrefois joui d'un droit de champart sur un fonds, ne puisse aujourd'hui prétendre à la co-propriété de ce fonds même.

» Mais pour réussir dans une pareille prétention, il ne suffit pas de la former au-hasard, il faut encore la justifier. Oui, sans doute, il parviendrait à se faire déclarer co-propriétaire, le ci-devant seigneur qui justifierait que, sur tel fonds, il avait, avant 1789, un véritable droit de co-propriété, et non un pur droit de champart. Et pourquoi n'y parviendrait-il pas? Encore une fois, les lois qui, depuis 1789, ont aboli les droits féodaux ou mélangés de féodalité, n'ont eu pour objet que d'affranchir les propriétés, elles n'ont pas pensé à les faire changer de mains.

» Mais parmi les ci-devant seigneurs qui, avant 1789, jouissaient d'une quotité des fruits des héritages cultivés par leurs vassaux, combien y en a-t-il qui fussent en état de rapporter une preuve de ce genre? combien y en a-t-il même qui osassent en faire la tentative? pas un, peut-être. En conclure de la seule possibilité d'une tentative semblable, que vous devez annuler l'arrêt de la cour de Metz du 26 juillet 1808, c'est assurément une conséquence fort étrange.

» Nous estimons qu'il y a lieu de rejeter la requête du demandeur, et de le condamner à l'amende ».

Arrêt du 26 octobre 1809, au rapport de M. Bailly, par lequel,

« Considérant qu'en première instance, comme en cause d'appel, le préfet de la Moselle a soutenu que ce qui était prétendu par le sieur Thiébault n'être qu'un droit féodal de tiers-denier en cas de vente, était au contraire un vrai droit de *co-propriété* pour un tiers dans les bois du grand et du petit Coulange de Gournay; que le sieur Thiébault a discuté cette question de co-propriété, agitée au nom du domaine, sans proposer que le domaine était non-recevable à l'agiter; et qu'au surplus, le décret du 18 juillet 1806, en ordonnant le renvoi des parties devant les tribunaux, ne s'opposait nullement à ce que le domaine s'y défendît, par de nou-

veaux moyens, contre la prétention du sieur Thiébault: ce qui écarte le premier moyen;

» Considérant, sur le second, que l'arrêt attaqué a jugé que le domaine est co-propriétaire pour un tiers des bois dont il s'agit; qu'en jugeant ainsi d'après les titres respectivement produits, il n'a fait qu'interpréter ces titres; et qu'en les appliquant par suite à la question de propriété, il n'a, ni fait revivre un droit féodal, ni violé les lois abolitives de la féodalité;

» La cour rejette.... ».

TIERS-EXPERT. *Le tiers-expert est-il obligé d'adhérer à l'avis de l'un des deux experts qu'il est appelé à départager?*

Pierre-Jean Joly a soutenu l'affirmative dans une instance en cassation d'un jugement du tribunal du cinquième arrondissement de Paris, du 14 messidor an 2, qui, dans une affaire où il s'agissait de savoir s'il y avait eu lésion d'outre-moitié dans une vente, avait décidé, d'après le rapport d'un tiers-expert avec lequel ne s'accordait l'estimation d'aucun des deux autres experts, qu'effectivement cette vente était infectée d'une lésion énorme. C'était le troisième des moyens qu'il faisait valoir contre ce jugement.

Mais le 21 brumaire an 3, au rapport de M. Coffinhal, et sur les conclusions de M. Lasaudade, « considérant, sur le troisième moyen, pris de ce que le tiers-expert n'a suivi aucune des estimations des deux premiers experts, qu'aucune loi n'a prescrit cette obligation; et qu'il suffisait, dans l'espèce présente, qu'il résultât de l'opération du tiers-expert qu'il y avait lésion d'outre-moitié, quel que fût l'excédant, ce qui n'est pas équivoque »; la section civile a rejeté la demande en cassation.

TIERS-RAISIN (*droit de*). *V.* l'article *Terrage*.

TIMBRE. —— §. I. *Les registres de perception des octrois municipaux sont-ils sujets au timbre?*

V. l'article *Octrois municipaux*, §. 1.

§. II. 1.° *Les lettres de voiture sont-elles sujettes au timbre?*

2.° *Peuvent-elles être saisies, à défaut de timbre, quand on ne les produit devant aucune autorité, devant aucun officier public?*

3.° *Le négociant sur le voiturier duquel a été saisie une lettre de voiture sur papier libre, peut-il éluder la peine de la contravention, en représentant un double timbré de cette lettre de voiture?*

V. l'article *Voiture* (*lettre de*).

§. III. *Un billet de commerce venant de l'étranger, peut-il recevoir en France un endossement en blanc avant d'avoir été présenté au timbre? Cet endossement équivaut-il à la négociation défendue par la loi, tant que le billet n'est pas timbré?*

V. l'article *Endossement.*

§. IV. *Les procès-verbaux des préposés de la régie de l'enregistrement, relatifs au droit de timbre, sont-ils nuls, à. défaut d'affirmation?*

V. l'article *Procès-verbal,*. §. 1.

§. V. *Les exploits d'huissier, faits sur papier timbré à l'extraordinaire, sont-ils nuls.?*

V. l'article *Réparation d'injure,*. §. 2.

§. VI. *Un mariage contracté sous l'empire de la loi du 20 septembre 1792, est-il nul, lorsque l'acte en a été dressé,. inscrit et signé sur un registre non timbré?*

V. l'article *Mariage,* §. 3.

TITRE. — §. I. *Les juges de paix peuvent-ils connaître d'une demande en restitution de titres formée contre l'individu qui en est dépositaire ou détenteur?*

V. l'article *Justice de paix.*.

§. II. *Des actions auxquelles donnent lieu la soustraction et la suppression de titres.*

V. l'article *Suppression de titres.*

§. III. *L'action* ad exhibendum *avait-elle lieu dans le droit romain pour les titres d'immeubles? Quels sont, à cet égard, les usages de la France? Quels sont ceux du ci-devant pays de Liége? En quels cas le possesseur est-il tenu d'exhiber les titres justificatifs de sa possession?*

V. l'article *Action* ad exhibendum..

§. IV. *En fait de meubles,. possession vaut titre :. application et étendue de cette règle.*

V. les articles *Donation,* §..6, et *Revendication,* §. 1.

TITRE RÉCOGNITIF. *V.* l'article *Reconnaissance,* et l'article *Rente foncière,* §. 22.

TRADITION. *Avant le Code civil, les donations et les promesses faites aux futurs époux, par contrat de mariage, dans la coutume du haut quartier de Gueldres, étaient-elles sujettes à*
la règle, donner et retenir ne vaut? Était-il nécessaire qu'elles fussent suivies de tradition dans l'an et jour?

V. l'article *Remploi,* §. 4.

TRANSACTION. — §. I. *Lorsque, dans une instance relative à un objet sur lequel il avait été transigé précédemment, l'une des parties a demandé que la transaction fût déclarée nulle quant à cet objet, sans que l'autre ait, à son tour, conclu à ce qu'en ce cas la transaction fût annullée pour le tout, le jugement qui déclare purement et simplement la transaction nulle, et en conséquence adjuge à la partie réclamante les fins de sa demande, est-il censé annuller la transaction dans tous ses autres. points?*

V. l'article *Main-morte,* §. 2.

§. II. *Une transaction rescindée pour cause de dol et de violence à l'égard d'une des parties, conserve-t-elle son effet contre. la partie au désavantage de laquelle la rescision en a été prononcée?*

V. le plaidoyer et l'arrêt du 2 vendémiaire an 10, rapportés à l'article *Signature;* §. 2.

§. III. *Avant le Code civil, une commune pouvait-elle, par une transaction non autorisée légalement par le pouvoir législatif, abandonner un immeuble dont elle était en possession depuis un temps immémorial?*

V. le plaidoyer du 13 pluviôse an 11, rapporté à l'article *Fait du souverain,* §. 1.

§. IV. *Une transaction par laquelle une propriété litigieuse est divisée entre les deux parties plaidantes, peut-elle prouver que cette propriété appartenait originairement à l'une plutôt qu'à l'autre?*

V. le plaidoyer et l'arrêt du 8 messidor an 12, rapportés à l'article *Usage (droit d'),*. §. 2.

§. V. *Quelle est l'effet d'une transaction par laquelle, faute de bien connaître les lois relatives à la féodalité, une partie s'est obligée de continuer le payement d'une. rente abolie. par ces. lois?*

V. l'article *Rente foncière,* §. 22.

§. VI. *La transaction passée avec un héritier ou un donataire sur les droits résultans de l'une ou de l'autre qualité, forme-t-elle obstacle à ce que, par la suite, l'une ou l'autre qualité soit attaquée directement?*

V. l'article *Donation,* §. 3.

§. VII. *Des erreurs de calcul qui se glissent dans des transactions.*

V. l'article *Compte*, §. 1.

TRANSCRIPTION AU BUREAU DES HYPOTHÈQUES. — §. I. *Les partages sont-ils soumis à la transcription ?*

V. l'article *Partage*, §. 7.

§. II. *Entre deux acquéreurs d'un même bien, qui sont demandeurs en complainte l'un contre l'autre, la préférence est-elle due à celui dont le titre d'acquisition a été transcrit le premier, quoique le titre de l'autre soit antérieur en date ?*

V. l'article *Complainte.*

§. III. 1.° *Entre deux acquéreurs d'un même bien, plaidant l'un contre l'autre au pétitoire, la préférence est-elle due à celui dont le titre d'acquisition a été, sous la loi du 11 brumaire an 7, transcrit le premier, quoique le titre de l'autre soit antérieur en date ?*

2.° *La transcription d'un titre sous seing-privé, portant translation de propriété, est-elle valable ?*

3.° *Est-elle valable dans les ci-devant pays de nantissement ?*

4.° *La transcription de la procuration déposée en minute chez un notaire, en vertu de laquelle a été passé un contrat de vente, est-elle indispensablement nécessaire pour valider la transcription de ce contrat ?*

I. Les deux premières questions ont été décidées pour l'affirmative, par un arrêt de la cour d'appel de Rouen, du 23 thermidor an 9, rendu en faveur du sieur Charpentier, appelant du tribunal civil du département de l'Eure, et le sieur Signol, intimé.

Le sieur Signol s'est pourvu en cassation contre cet arrêt, et voici de quelle manière je me suis expliqué sur sa demande, à l'audience de la section des requêtes :

« Le demandeur soutient d'abord que le jugement attaqué contrevient aux lois romaines qui, dans le concours de deux acheteurs du même bien, donnent la préférence à celui qui a acheté le premier, lorsque son concurrent n'a pas été de bonne foi en acquérant lui-même, c'est-à-dire, lorsqu'en acquérant il a eu connaissance du contrat déjà passé en faveur du premier acheteur.

» Effectivement, il existe deux textes du droit romain qui, en attribuant la préférence à celui des deux acheteurs qui a le premier reçu livraison de la chose vendue, y mettent la condition qu'il ait été de bonne foi lorsqu'il a acheté : *si duobus quis separatim vendiderit, bonâ fide ementibus,* dit la loi 9, §. 4, *de publiciand in rem actione,* au digeste. *Cùm emptio venditioque sine dolo malo fieret,* dit la loi 31, §. 2, au digeste, *de actionibus empti et venditi.*

» Mais ces textes peuvent-ils fournir au demandeur un moyen de cassation digne de fixer vos regards ? Nous ne dirons pas que les lois romaines n'ont, dans la ci-devant Normandie, aucune autorité législative ; ce serait à regret que nous nous verrions forcés de repousser, par une pareille considération, l'application d'un principe essentiellement juste, et qui devrait être reconnu pour loi dans tous les pays policés. Mais nous dirons que, dans le fait, rien ne prouve que le cit. Charpentier ait été de mauvaise foi en achetant, le 5 germinal an 8, le bien que son vendeur avait précédemment vendu, ou plutôt promis de vendre au cit. Signol. En effet, quelle preuve le cit. Signol rapporte-t-il de la prétendue mauvaise foi du cit. Charpentier ? Point d'autre que la clause du contrat de celui-ci, par laquelle il est tenu de rembourser au cit. Signol les sommes qu'il pourrait avoir payées aux vendeurs ou en leur acquit. Mais cette clause ne prouve nullement que le cit. Charpentier fût instruit, en contractant, que le cit. Signol eût acheté avant lui ; elle prouve seulement qu'il a su que les vendeurs avaient reçu, ou que leurs créanciers avaient reçu pour eux, quelque argent du cit. Signol. A quel titre le cit. Signol avait-il payé cet argent ? L'acte n'en dit rien ; et s'il est vrai qu'il laisse présumer que le cit. Charpentier a été alors informé qu'il y avait eu un commencement de traité entre les vendeurs et le cit. Signol, du moins il n'en résulte pas que le cit. Charpentier ait su positivement que ce traité eût été amené à fin ; il n'en résulte conséquemment pas de preuve de mauvaise foi contre le cit. Charpentier.

» Mais du moins, dit le demandeur, j'avais pris possession avant le cit. Charpentier, des immeubles qui nous ont été vendus successivement à l'un et à l'autre. Les lois romaines voulaient donc que, par cela seul, j'eusse la préférence sur le cit. Charpentier.

» Oui, les lois romaines, partant du principe que c'est la tradition qui fait le propriétaire, veulent que, de deux acheteurs d'un même bien, celui qui, le premier, a reçu livraison de la chose vendue, soit préféré à l'autre, quoique son contrat soit postérieur en date. C'est ce que décide notamment la loi 15, C. *de rei vindicatione.*

» Mais en établissant cette règle, les lois romaines supposent que l'acheteur qui a été mis le premier en possession, avait en sa faveur un titre valable et régulier ; car l'une des maximes les plus constantes de ces lois, est que la tradition n'opère rien par elle-même, si elle n'est fondée sur un juste titre : *Nunquàm nuda traditio transfert dominium ; sed ità , si venditio aut aliqua justa causa præcesserit, propter quam traditio sequeretur :* ce sont les termes de la loi 31, D. *de acquirendo rerum dominio.*

» Or, en admettant que le demandeur ait, le premier, pris possession des immeubles litigieux, peut-on dire qu'il l'ait prise en vertu d'un titre antérieur à celui du cit. Charpentier ?

» Son titre étant sous seing-privé, ne peut avoir d'autre date que celle de son enregistrement. C'est un principe qui n'a jamais été contesté, et qui ne saurait l'être.

» Or, à quelle époque la promesse de passer contrat, dont se prévaut le demandeur, a-t-elle été enregistrée ? Elle ne l'a été que le 7 floréal an 8, c'est-à-dire, plus d'un mois après que le contrat du cit. Signol avait été, non-seulement enregistré, mais même transcrit au bureau des hypothèques.

» De quel droit, le demandeur vient-il donc prétendre que son titre est antérieur à celui du cit. Charpentier ? De quel droit, par conséquent, vient-il dire qu'il avait régulièrement et valablement pris possession, avant le cit. Charpentier, de la chose qui leur a été vendue à tous deux ? Aux yeux de la loi, le demandeur n'a acquis qu'après le cit. Charpentier ; si donc il a pris possession avant le cit. Charpentier, fait sur lequel ne s'explique point le jugement attaqué, sa prise de possession ne peut être d'aucun effet pour lui, parce que, n'étant pas précédée d'un titre légitime, elle ne peut être considérée que comme une voie de fait.

» Mais, dit le demandeur (et ici se présentent ses second et troisième moyens au fond), ce qui a déterminé le tribunal d'appel de Rouen à donner la préférence au cit. Charpentier, c'est que celui-ci avait fait, le premier, transcrire son contrat au bureau des hypothèques. Or, en jugeant ainsi, le tribunal d'appel de Rouen a tout à la fois violé les art. 3 et 27, et faussement appliqué l'art. 26 de la loi du 11 brumaire an 7. Il a violé les art. 3 et 27, en ce qu'il a regardé comme valable la transcription d'un acte sous seing-privé, tandis que ces articles n'admettent aux formalités de l'inscription et de la transcription au bureau des hypothèques, que les contrats en forme authentique. Il a aussi fait une fausse application de l'art. 26 ; car quand cet article dit qu'un contrat d'acquisition ne peut être opposé à des tiers, tant qu'il n'est pas transcrit, il entend seulement que, jusqu'à la transcription, des tiers peuvent, du chef du vendeur, prendre hypothèque sur le bien vendu ; et c'est en forcer le sens, c'est en dénaturer la disposition, que d'en conclure qu'un tiers peut s'approprier ce bien, en l'achetant une seconde fois du vendeur, avant la transcription du premier contrat.

» A ces deux moyens, il se présente d'abord

une réponse commune, c'est que, si le tribunal d'appel de Rouen n'a motivé la préférence du cit. Charpentier, que sur la priorité de la transcription de son contrat, il n'en est pas moins vrai qu'il aurait pu la motiver également sur la priorité du contrat même ; car, encore une fois, le contrat du cit. Charpentier ne peut être considéré que comme antérieur à celui du demandeur ; puisque le contrat du demandeur n'a été enregistré et n'a conséquemment acquis une date légale, que depuis l'enregistrement et même depuis la transcription de celui du cit. Charpentier. Dès-là, quand on adopterait toutes les inductions que tire le demandeur des art. 3 et 27, quand on s'en tiendrait à l'interprétation qu'il donne à l'art. 26 de la loi du 11 brumaire an 7, le système du demandeur n'en serait pas plus soutenable ; ou plutôt, il en résulterait contre lui un argument invincible. Vainement en effet viendrait-il dire : mon contrat doit être réputé transcrit avant celui du cit. Charpentier, puisque la transcription de celui du cit. Charpentier est nulle ; je dois donc avoir la préférence sur le cit. Charpentier. On lui répondrait par ses propres principes : entre deux acquéreurs du même bien, la priorité de la transcription ne donne point de préférence à l'un sur l'autre ; c'est la priorité seule du contrat qui doit décider. Or, le contrat du cit. Charpentier existait avant le vôtre.

» Mais ce n'est pas tout ; et à cette première réponse commune aux deux moyens du demandeur, il s'en joint encore deux qui s'appliquent directement, l'une au premier, l'autre au second.

» D'abord, on n'a jamais douté que l'on ne pût vendre par acte sous seing-privé, tout aussi bien que par contrat devant notaires ; et la loi du 11 brumaire an 7 a si peu dérogé à cette faculté, que par l'art. 22 de celle du 22 frimaire suivant, *les actes sous seing-privé portant transmission de propriété ou d'usufruit des immeubles,* sont nommément assujettis à la formalité de l'enregistrement.

» Inutile d'objecter qu'aux termes de l'art. 3 de la loi du 11 brumaire an 7, l'hypothèque conventionnelle ne peut être acquise par inscription, qu'au moyen, ou d'un acte passé devant notaires, ou d'un acte sous seing-privé dont la signature a été reconnue en justice, ou déclarée telle par un jugement.

» L'art. 3 de la loi du 11 brumaire an 7 n'a fait en cela que conserver l'ancien droit, suivant lequel il n'y avait que les actes notariés et judiciaires qui donnassent hypothèque ; seulement il y a ajouté la formalité de l'inscription, devenue nécessaire dans le nouveau système, pour donner aux hypothèques conventionnelles toute la publicité possible. Mais ni cet article ni aucun autre de la loi du 11 brumaire an 7 n'a dérogé à notre ancien droit, en ce qu'il permettait de vendre par acte sous seing-privé, et qu'il donnait à ces actes, lorsqu'ils étaient dûment contrôlés ou enregistrés, le même effet qu'aux contrats passés devant notaires, d'opérer toutes les mutations de propriété à titre de vente.

« Ce n'est pas avec plus de fondement que l'on objecte le mot *expédition* employé dans l'art. 27. Nous répondrons avec Levasseur dans son commentaire sur la loi du 11 brumaire an 7, pag. 98, que « la loi ne s'occupe pas dans cet article, de ré-
» gler la forme des actes translatifs de propriété;
» que si le mot *expédition* s'y trouve, c'est par
» application à l'usage de rédiger de pareils actes
» en forme authentique; mais qu'elle ne l'a pas
» employé pour exclure la faculté de les rédiger
» sous seing-privé; et que, pour décider si l'acte
» d'aliénation est dans une forme régulière,
» il faut recourir aux autres lois qui ne pronon-
» cent pas la nullité de l'acte de vente sous
» seing-privé ».

» Ajoutons que les lois ne s'abrogent pas ainsi par des inductions purement conjecturales; qu'il faut, pour les abroger, des dispositions formelles; et que, non-seulement la loi du 11 brumaire an 7 ne contient rien de semblable, mais qu'au contraire la loi du 22 frimaire suivant maintient expressément l'usage des actes sous seing-privé translatifs de propriété.

» Ajoutons encore qu'il n'a pas pu entrer dans l'intention des auteurs de la loi du 11 brumaire an 7, de mettre plus d'entraves à la transcription des contrats de vente, que l'édit du mois de juin 1771 n'en avait mis aux lettres de ratification; que bien constamment les lettres de ratification s'obtenaient sur des contrats de vente sous seing-privé, comme sur des contrats de vente en forme authentique; et que, dès-là, il n'y a nulle raison, pour que l'on ne transcrive pas aujourd'hui les uns tout aussi bien que les autres.

» Cependant on insiste encore, et l'on croit trouver dans l'art. 29 un argument sans réplique. Cet article porte: « Lorsque le titre de mutation
» constate qu'il est dû au précédent propriétaire,
» ou à ses ayant-cause, soit la totalité ou partie
» du prix, soit des prestations qui en tiennent
» lieu, la transcription conserve à ceux-ci le
» droit de préférence sur les biens aliénés; à
» l'effet de quoi, le conservateur des hypothè-
» ques fait inscription sur ses registres, des
» créances non inscrites qui en résulteraient ». Or, dit le demandeur, pour qu'il y ait lieu à *inscription*, il faut nécessairement, d'après l'art. 3, qu'il existe soit un contrat notarié, soit un acte sous seing-privé reconnu en justice; donc la loi suppose que la transcription n'a été faite qu'en vertu de l'un ou de l'autre.

» Ce raisonnement porte tout entier sur une fausse supposition. Il suppose que l'art. 3 ne permet de prendre inscription que sur une hypothèque conventionnelle, hypothèque qui ne peut effectivement être stipulée que par un con-

trat passé devant notaires, ou par un acte sous seing-privé reconnu en justice. Mais la vérité est que, par l'art. 3, il est permis de prendre inscription, même sans acte notarié, ou reconnu en justice, *pour les créances auxquelles la loi donne hypothèque*. Or, parmi ces créances, sont éminemment placées celles des vendeurs pour le prix des immeubles qu'ils ont vendus. Tout vendeur a, de plein droit, hypothèque première et privilégiée sur le bien dont il s'est exproprié, sans en toucher le prix, et voilà pourquoi l'art. 29 veut que le conservateur des hypothèques l'inscrive d'office; voilà pourquoi cet article veut que l'inscription ait lieu à son profit, par cela seul que du titre de mutation il résulte que le prix lui reste dû en tout ou en partie; voilà pourquoi cet article n'exige point, pour cela, qu'il ait pris la précaution de se réserver une hypothèque.

» Objectera-t-on que, par l'art. 100 du Code hypothécaire du 9 messidor an 3, il est dit que *la loi ne reconnaît aucune expropriation de biens territoriaux*, *faite verbalement ou par écrit, et qu'elles doivent être reçues devant des officiers publics*, *à peine de nullité.*

» Mais 1.° le Code hypothécaire du 9 messidor an 3 est abrogé, dans toutes ses dispositions, par l'art. 56 de la loi du 11 brumaire an 7; on ne peut conséquemment plus en invoquer l'art. 100.
2.° Cet art. 100 tenait comme le prouvent évidemment les art. 99 et 101, au *système cédulaire* qui formait la partie dominante du Code hypothécaire du 9 messidor an 3, et dont on ne retrouve plus aucune trace dans la loi du 11 brumaire an 7. L'art. 102 du code hypothécaire du 9 messidor an 3 défendait aux receveurs de l'enregistrement d'enregistrer les actes d'expropriation qui n'auraient pas été passés devant des officiers publics, ou que ces officiers n'auraient pas revêtus des formalités prescrites par l'art. 101; et non-seulement la loi du 11 brumaire an 7, ne contient point une semblable défense, mais la loi du 22 frimaire suivant prescrit, de la manière la plus impérative, l'enregistrement des actes d'expropriation sous seing-privé, comme l'enregistrement des actes d'expropriation reçus par des officiers publics. Ainsi, bien loin que le rapprochement des deux Codes hypothécaires de l'an 3 et de l'an 7 puisse prouver qu'il soit dans l'intention du deuxième, de prohiber la transcription des contrats de vente sous seing-privé, ce rapprochement prouve, disons mieux, ce rapprochement démontre précisément tout le traire.

» Qu'importe au surplus la possibilité que des actes sous seing-privé, soient déniés et même reconnus faux après avoir été transcrits? Ils peuvent certainement aussi l'être après avoir été enregistrés; et cependant la loi ne les dispense point, pour cela, de la formalité de l'enregistrement dans les trois mois de leur date; elle n'exige point, pour cela, que, dans ces trois mois, ils soient reconnus en justice ou devant notaires, avant de recevoir le sceau de l'enregistrement. Quelle raison y aurait-il donc de les assujettir à la nécessité d'une reconnaissance judiciaire ou notariée avant leur transcription? — Il en est d'ailleurs de la transcription d'un acte sous seing-privé qui, par la suite, est reconnu faux, comme de la transcription d'un acte notarié en qui, par la suite, on découvre le même vice; comme de la transcription d'un acte notarié qui, par la suite est reconnu émaner d'un interdit, d'un mineur, d'une femme mariée et non autorisée de son mari; comme de la transcription d'un acte notarié qui, par la suite, est reconnu avoir été signé par un vendeur non propriétaire. — Sans doute, dans tous ces cas, la transcription est nulle comme le titre transcrit. Mais vouloir conclure de là qu'un acte sous seing-privé ne peut être transcrit qu'après avoir été vérifié en justice ou pardevant un officier public, ce serait vouloir, en d'autres termes, qu'un acte notarié pût être transcrit qu'après avoir été déclaré valable par un jugement rendu en dernier ressort avec toutes les parties intéressées.

» Il ne peut donc pas y avoir de doute raisonnable sur la validité des transcriptions d'actes de vente sous seing-privé; et par là s'évanouit le moyen de cassation que le demandeur prétend tirer de ce que le tribunal d'appel de Rouen a considéré comme valable la transcription du contrat du cit. Charpentier.

» Mais dès que cette transcription était valable, comment n'aurait-elle pas assuré à Charpentier la préférence sur le demandeur, même dans le cas où il existerait en faveur du demandeur un titre d'acquisition antérieur à celui du cit. Charpentier?

» Pour qu'il en fût autrement, il faudrait que le demandeur eût pu faire valoir son contrat contre le cit. Charpentier, avant de l'avoir fait transcrire au bureau des hypothèques.

» Mais très-certainement il ne le pouvait pas, et l'art. 26 de la loi du 11 brumaire an 7 le prouve clairement : « les actes translatifs de biens et » droits susceptibles d'hypothèque, doivent être » transcrits sur le registre de la conservation des » hypothèques, dans l'arrondissement duquel les » biens sont situés. Jusque-là, ils ne peuvent être, » opposés aux tiers qui auraient contracté avec » le vendeur, et qui se seraient conformés aux » dispositions de la présente ».

» S'il faut en croire le demandeur, ces mots ne peuvent être opposés aux tiers, ne s'entendent que des créanciers du vendeur qui auraient pris inscription sur le bien vendu avant la transcription du contrat de vente; mais la preuve qu'ils doivent s'entendre même d'un second acheteur qui aurait le premier fait transcrire son contrat, c'est que la loi dit généralement : aux tiers qui auraient contracté avec le vendeur, et qui se se-

Tome VI.

raient conformés aux dispositions de la présente. Assurément on contracte avec le vendeur, en achetant de lui, comme en stipulant une créance; l'on se conforme, aux dispositions de la présente, en faisant transcrire un contrat d'acquisition, comme en faisant inscrire une obligation hypothécaire. Donc un contrat de vente non encore transcrit ne peut pas plus être opposé à un second acquéreur qui a fait transcrire le sien, qu'il ne peut l'être à un créancier postérieur au contrat de vente, qui a fait inscrire son obligation. Donc, le second acquéreur acquiert la préférence sur le premier, par la priorité de la transcription de son contrat. C'est ainsi que dans les pays de nantissement, celui des deux acquéreurs qui le premier avait pris saisine ou adhéritance, était préféré même à celui qui avait acheté le premier ; c'est ainsi que, dans le droit romain l'acquéreur qui le premier, avait reçu la tradition de la chose vendue, l'emportait sur l'acquéreur qui avait contracté avant lui; car d'après la loi du 11 brumaire an 7, la tradition, en tant qu'elle intéresse des tiers, ne s'opère plus que par la transcription, comme elle ne s'opérait dans les pays de nantissement que par la saisine ou adhéritance; et c'est ce que l'art. 28 exprime de la manière la plus positive : « La transcription trans- » met à l'acquéreur les droits que le vendeur avait » à la propriété de l'immeuble ». Ce mot transmet est décisif : il en résulte que la transcription forme l'époque précise de la translation de la propriété, et que jusque-là cette transmission n'est qu'en projet.

» C'est bien aussi pour cela que l'art. 26 déclare que, jusqu'à la transcription, les actes translatifs de propriété ne peuvent être opposés aux tiers qui auraient contracté avec le vendeur, et se seraient conformés à la loi. C'est pour cela encore qu'aux termes de l'art. 25 de la seconde loi du 11 brumaire an 7, l'adjudicataire sur expropriation forcée, ne peut prescrire les droits de propriété, qu'à compter du jour où il a fait transcrire son jugement d'adjudication. Enfin, c'est en ce sens que la loi a été entendue dans le corps législatif de qui elle est émanée. Témoin ce passage d'un rapport fait au conseil des cinq-cents, le 13 vendémiaire an 7, sur l'organisation du régime hypothécaire, pag. 4 et 12 : « La trans- » lation des propriétés immobilières s'opérera » seulement par la transcription de l'acte sur les » registres du conservateur.... Par la nouvelle » loi..., la propriété sera réputée résider sur la » tête de celui qui aura vendu, jusqu'à ce que le » possesseur actuel ait fait transcrire son titre » sur le registre des hypothèques ».

» Par ces considérations, nous estimons qu'il y a lieu de rejeter la requête en cassation, et de condamner le demandeur à l'amende de 150 fr. envers le trésor public ».

Ces conclusions ont été adoptées par arrêt

du 23 messidor an 10, rendu au rapport de M. Vermeil, et ainsi conçu:

« Considérant, sur le moyen du fond, 1.º que la solution de la question de préférence, à raison de deux ventes du même objet à deux individus différens ; n'était pas subordonnée aux lois romaines, mais à celle du 11 brumaire an 7 ; 2.º qu'une vente peut être faite par acte sous seing-privé. comme par acte devant notaires ; 3.º que, suivant les art. 26 et 28 de la loi citée, les actes translatifs de biens doivent être transcrits sur les registres du conservateur ; que, jusque-là , ils ne peuvent être opposés à des tiers qui auraient contracté avec le vendeur ; et que ce n'est que cette transcription qui transmet à l'acquéreur les droits que le vendeur avait sur la propriété de l'immeuble ; 4.º que l'acte de vente fait à Charpentier, a été le premier transcrit ; et lui a , par conséquent, assuré la propriété de la chose vendue ; d'où il résulte que le jugement attaqué n'a ni violé ni fait une fausse application de la loi du 11 brumaire an 7 ;

» Le tribunal rejette le pourvoi..... ».

II. Voici une espèce plus récente, dans laquelle la seconde des questions proposées en tête de ce paragraphe, s'est représentée avec la troisième, la quatrième, et trois autres indiquées sous les mots *Double écrit, Mandat* et *Récusation*.

Le 28 germinal an 7, J.-B. Beauvais, entrepreneur de chauffage et de l'éclairage des troupes, donne, par-devant Mathieu, notaire à Paris, qui en garde minute, procuration à Alexandre Buquet : 1.º pour acquérir en son nom, conformément à l'arrêté du directoire exécutif, du 5 nivôse précédent, tels biens nationaux qu'il jugera convenable, jusqu'à concurrence de 800,000 francs; 2.º pour payer en tout ou en partie le prix des adjudications, desquelles il sera tenu d'avertir son commettant, au fur et à mesure qu'elles lui seront faites.

Le 9 messidor suivant, seconde procuration passée devant le même notaire, qui en garde pareillement minute, par laquelle J.-B. Beauvais donne pouvoir à François-Marie Bourgeois, d'acquérir, conformément au même arrêté, tels domaines nationaux qu'il jugera à propos, de *vendre lesdits biens*, d'en recevoir le prix, et *de substituer en tout ou partie des présens pouvoirs*, une ou plusieurs personnes, de les révoquer et d'en constituer d'autres.

Le 24 nivôse an 8, Buquet, en vertu de la première de ces procurations, qui n'est pas révoquée par la seconde, acquiert de l'administration centrale du département de Jemmapes, pour le compte de Beauvais, son commettant, la ferme nationale de Lutéat et trente bonniers de terres situées dans les communes de Reves et de Gosselies, territoire de la coutume de Louvain.

Le 24 pluviôse suivant, Bourgeois passe, toujours devant le notaire Mathieu, qui le délivre en brevet, un acte par lequel, usant du pouvoir que lui confère sa procuration du 9 messidor an 7, il substitue en son lieu et place, Alexandre Buquet, à l'effet de *vendre, aux prix, charges et conditions les plus avantageuses, tout ou partie des biens nationaux acquis par J.-B. Beauvais, dans les départemens réunis et autres..... recevoir tout ou partie du prix des ventes*, etc. Cet acte enregistré à Paris, le 25 du même mois, est déposé le 11 vendémiaire an 7, chez Coppyn, notaire à Bruxelles; et celui-ci en dresse, le même jour, un acte de dépôt qui est enregistré le lendemain à Bruxelles même.

Le 11 fructidor an 8, Beauvais, *en confirmant les pouvoirs par lui précédemment donnés à Bourgeois, et même en y ajoutant,* l'autorise à acquérir tous domaines nationaux qu'il jugera convenable, vendre tout ou partie des biens adjugés audit constituant et qui le seront par la suite, fixer et recevoir le prix, en donner quittance, substituer, en tout ou partie des présens pouvoirs, une ou plusieurs personnes, les révoquer, en constituer d'autres, etc. Cette procuration est encore passée devant le notaire Mathieu, qui en garde minute.

Le 24 du même mois, par acte sous seing-privé, daté de Mons, et passé devant deux témoins qui le signent, Buquet, *au nom et comme fondé de procuration de J.-B. Beauvais, ainsi qu'il résulte de la procuration passée par le cit. François-Marie-Bourgeois; devant Coppyn, notaire à Bruxelles, le 24 pluviôse an 8, enregistrée le 25 du même mois, portant pouvoir de substituer,* vend à Augustin Delavault, receveur du droit d'enregistrement à Mons, la ferme de Lutéat, qu'il avait acquise pour le compte de Beauvais, le 24 nivôse précédent.

Par acte du même jour, également sous seing-privé, également daté de Mons, passé devant les mêmes témoins, et en y prenant les mêmes qualités, Buquet vend à Nicolas Leclerc, receveur du droit d'enregistrement à Binche, les trente bonniers qu'il avait pareillement acquis le 24 nivôse, au nom de Beauvais.

Ni l'un ni l'autre acte ne porte qu'il a été fait double. Tous deux sont enregistrés à Gosselies le 19 frimaire an 9; tous deux sont déposés, le 4 nivôse suivant, par Delavault et Leclerc, entre les mains du notaire Lejuste; résidant à Gosselies; et le 11 du même mois, tous deux sont transcrits , sur l'expédition qu'en délivre ce notaire, au bureau des hypothèques de Thuin.

Le 23 du même mois, Bourgeois révoque par-devant notaire, les pouvoirs qu'il a donnés à Buquet, le 24 pluviôse an 8, et les transfère à Jacques Chatillon, qu'il autorise en conséquence à *vendre les biens ci-après désignés* (parmi lesquels se trouvent la ferme de Lutéat et les trente bonniers que Bucquet avait déjà vendus à Delavault et Leclerc).

Le 6 pluviôse suivant, Jacques Chatillon, en vertu de cette substitution de pouvoir, vend par-devant notaire à Claire Guymont (sa nièce), les trente bonniers et la ferme de Luthéat.

Le 7 ventôse de la même année, ce contrat est transcrit au bureau des hypothèques de Thuin.

Mais Claire Guymont trouvant Delavault et Leclerc en possession des biens qu'elle croit avoir légitimement acquis, les fait assigner au tribunal civil de l'arrondissement de Charleroy, pour voir dire que, sans s'arrêter à leurs prétendus contrats d'acquisition du 24 fructidor an 8, ni aux transcriptions qui en ont été faites le 11 nivôse an 9, lesquels seront déclarés nuls, elle sera maintenue dans la propriété et possession de la ferme de Luthéat et des trente bonniers de terre.

La cause plaidée contradictoirement, le tribunal de Charleroy la réduit à quatre questions : la première, si les contrats de vente sous seing-privé, du 24 fructidor an 8, avaient pu être transcrits valablement au bureau des hypothèques ; la seconde, si ces contrats étaient nuls pour n'avoir pas été faits doubles ; la troisième, s'ils pouvaient être annulés, sur le fondement qu'ils énonçaient comme passée à Bruxelles, devant le notaire Coppyn, le 24 pluviôse an 8, une procuration qui, ce jour-là même, avait été passée à Paris, devant le notaire Mathieu, et que le notaire Coppyn avait seulement reçue en dépôt le 11 vendémiaire an 9 ; la quatrième, si l'acte de transcription du 11 nivôse an 9 était valable, quoiqu'il n'embrassât point la procuration en vertu de laquelle avaient été faites les ventes qu'il avait pour objet de consolider.

Et par jugement du 10 germinal an 10, en déboutant Claire Guymond de ses demandes, il décide ces quatre questions en faveur de Delavault et Leclerc :

La première, parce qu'aucun texte de la loi du 11 brumaire an 7 ne s'oppose à ce que les conservateurs des hypothèques transcrivent, sur leurs registres, des contrats de vente sous seing-privé non reconnus préalablement, soit en justice, soit devant notaire ;

La seconde, parce que ce n'est ni Bucquet, ni Beauvais, son commettant, qui arguent de nullité les actes du 24 fructidor an 8, pour n'avoir pas été faits doubles, et que c'est une chose étrangère à Claire Guymond ; que d'ailleurs Jacques Chatillon avait, à l'époque de la vente qu'il avait souscrite au profit de sa nièce, connaissance des ventes précédemment passées à Leclerc et à Delavault ; que cela résultait d'une lettre écrite par lui à ce dernier, le 5 germinal an 9 ; qu'une convention n'est pas nulle, pour n'avoir pas été faite double ; que la partie qui n'en a pas l'acte en son pouvoir, peut forcer l'autre qui le détient, à le produire ou à en affirmer l'inexistence ;

La troisième, parce que l'erreur commise dans l'énonciation de la procuration en vertu de laquelle Bucquet a vendu à Delavault et à Leclerc, ne tombe, ni sur la substance de cet acte, ni sur un fait qui, s'il eût été connu, aurait pu empêcher les ventes d'avoir lieu ; que, nonobstant cette erreur, il est toujours vrai de dire que la procuration existait au moment des ventes ; que, non-seulement Claire Guymont en convient, mais qu'elle le prouve elle-même par l'expédition qu'elle produit de cette procuration ; qu'enfin, cette procuration autorisait suffisamment Bucquet à vendre ;

La quatrième, parce que le défaut de transcription de cette même procuration n'aurait pu annuller la transcription des contrats de vente, que dans le cas où l'existence de cet acte n'eût pas été certaine.

Claire Guymont se rend appelante de ces jugemens à la cour d'appel de Bruxelles, et là, sans insister sur le moyen qu'elle avait prétendu tirer, en première instance, de ce que les contrats de vente du 24 fructidor an 8 n'avaient pas été faits doubles, elle en emploie un nouveau qu'elle puise dans les termes de la procuration donnée par Beauvais à Bourgeois le 9 messidor an 7 : par cette procuration, dit-elle, Bourgeois n'a reçu de Beauvais que le pouvoir de vendre les domaines nationaux dont il se rendrait adjudicataire. Or, ce n'est pas Bourgeois qui a acquis les biens litigieux ; ces biens ont été acquis par Bucquet, le 24 nivôse an 8 ; donc Bourgeois n'a pas pu transférer et n'a pas en effet transféré à Bucquet le pouvoir de vendre ces biens ; donc Bucquet était sans qualité pour vendre ; donc les ventes qu'il a faites, sont nulles.

Par arrêt du 14 fructidor an 10,

« Attendu que les art. 26 et 28 de la loi du 11 brumaire an 7 n'exigent, pour opérer la tradition réelle par le moyen de la transcription sur le registre des hypothèques, qu'un acte translatif de propriété, et que tel est un acte de vente sous seing-privé ; que l'argument tiré de la forme externe de l'acte de constitution d'hypothèque, ne conclut pas pour exiger la même forme dans le cas présent, en ce que l'on ne peut argumenter de la forme expressément voulue par le législateur dans un cas, pour la faire opérer dans un autre pour lequel il n'a pas statué ;

» Attendu qu'aucune loi n'oblige de transcrire la procuration textuellement dans un acte, mais qu'il suffit de l'y rappeler ; qu'il n'y a également aucune loi qui ordonne de transcrire cette procuration textuellement sur les registres des transcriptions ;

» Attendu que la procuration de Beauvais sur Bourgeois, en date du 9 messidor an 7, prouve que Bourgeois y est investi de tout pouvoir nécessaire pour la réussite de l'entreprise de la société, en autres termes, pour faire le plus d'argent comptant possible; qu'un des modes de cette opération était la vente des domaines achetés pour le compte de la société; partant que l'expression *lesdits biens* doit être entendue, dans la procuration, généralement de tous les domaines de la société, et non restreinte à ceux qu'aurait achetés Bourgeois même;

» Attendu que l'acte de vente sous seing-privé porte la date d'enregistrement du 19 frimaire an 9; que le pouvoir de Bucquet était déposé chez le notaire Coppyn, dès le 11 vendémiaire précédent, et partant même antérieurement à la procuration donnée à Chatillon;

» Le tribunal (d'appel de Bruxelles) déclare qu'il a été bien jugé.... ».

Recours en cassation de la part de Claire Guymont; et arrêt du 11 prairial an 11 qui admet sa requête.

« Ses moyens de cassation (ai-je dit à l'audience de la section civile, le 27 nivôse an 12), sont, 1.º que le cit. Dimartinelli, l'un des membres du tribunal d'appel avait *un différend sur la même question* que celle qu'il a concouru à juger; qu'il était obligé, par l'art. 17 du tit. 24 de l'ordonnance de 1667, d'en faire, de son propre mouvement, la déclaration à son tribunal, pour être communiquée aux parties; qu'il a gardé le silence sur ce *différend*, et que, par là, il a essentiellement vicié le jugement auquel il a pris part; 2.º qu'en confirmant le jugement de première instance, qui déclarait Claire Guymont sans qualité pour critiquer les contrats de vente du 24 fructidor an 8, le tribunal d'appel a violé la loi 3, C. *de exceptione rei venditæ*; 3.º qu'il a contrevenu, en jugeant valables des contrats de vente non faits doubles, à tous les principes qui régissent la matière des actes sous seing-privé; 4.º qu'en jugeant Bucquet investi par Beauvais du pouvoir de vendre les biens litigieux, il a enfreint les lois romaines qui défendent toute extension des mandats hors de leurs termes précis; 5.º enfin, qu'en déclarant valable la transcription de deux contrats de vente sous seing-privé, non accompagnés de la procuration sans laquelle ils ne sont rien, il a doublement violé la loi du 11 brumaire an 7.

» Le premier de ces moyens se détruit par un seul mot : il n'est pas prouvé que le cit. Dimartinelli ait jamais eu aucune espèce de *différend* sur l'acquisition qu'il avait faite de Bucquet, en vendémiaire an 9, d'un bien revendu depuis par Beauvais à un cit. Henrion; et dès-là, quand il se serait trouvé (ce qui n'est pas, à beaucoup près, comme vous l'a démontré le cit. rapporteur), quand il se serait trouvé envers le cit. Henrion, précisément dans la même position où se trouvaient Delavault et Leclerc envers la demanderesse, avant les poursuites exercées contre eux par celle-ci, qu'en résulterait-il? Le cit. Henrion ne l'inquiétait pas, il n'y avait entre lui et le cit. Henrion aucune apparence de contestation; peut-être même le cit. Henrion avait-il renoncé en sa faveur à toutes ses prétentions, ou si l'on veut, à tous ses droits; il n'était donc point dans le cas prévu par l'art. 17 du tit. 24 de l'ordonnance de 1667; il n'avait donc pas de déclaration à faire.

» Et ici s'applique avec une supériorité de raison bien facile à sentir, le jugement que vous avez rendu le 15 messidor an 11, au rapport du cit. Coffinhal. Le cit. Latteur, président du tribunal d'appel de Bruxelles, avait été récusé dans une affaire qui présentait la question de savoir si les ci-devant seigneurs du Hainaut peuvent encore, en vertu des dispositions des *chartes générales*, lever sur le produit des mines de charbons de terre, le droit connu sous le nom *d'entre-cens*; et l'on avait motivé sa récusation sur ce qu'il était actionnaire d'une mine de charbon dont les entrepreneurs pouvaient, d'un moment à l'autre, avoir le même procès à soutenir contre le ci-devant seigneur du lieu de leur exploitation. Le tribunal d'appel de Bruxelles avait déclaré la récusation *impertinente* et *inadmissible*, comme n'ayant pour base aucune des causes déterminées par la loi. On s'est pourvu en cassation contre ce jugement, et qu'avez-vous prononcé? *Considérant que le juge récusé n'avait pas de différend sur la même question*; *et que la possibilité que ce différend survienne par la suite, n'est pas prise en considération par la loi dont la disposition n'est relative qu'au différend actuellement existant; par ces motifs, le tribunal rejette le pourvoi.*

» Le deuxième moyen de la demanderesse porte sur une supposition absolument fausse. La demanderesse suppose que, par le jugement dont elle se plaint, elle a été déclarée *non-recevable* à faire valoir contre les contrats du 14 fructidor an 8, la nullité qu'elle prétend résulter de ce qu'ils n'ont pas été faits doubles; mais la vérité est, comme l'a déjà observé le cit. rapporteur, que, d'une part, le tribunal de première instance ne l'a pas déclarée *non-recevable*, mais *déboutée*; de l'autre, qu'en cause d'appel, la demanderesse n'a plus reproduit cette prétendue nullité, et que par conséquent le tribunal de Bruxelles ne l'a ni déclarée ni pu déclarer non-recevable à en exciper.

» Le troisième moyen, quand il serait fondé en soi, ne serait plus proposable devant vous : après avoir plaidé devant le tribunal d'appel sur les contrats du 24 fructidor an 8, comme s'ils eussent été en bonne forme : après avoir, par là, consenti que le tribunal d'appel fermât les yeux sur le défaut qu'elle leur avait reproché en première instance, de n'avoir pas été faits doubles, la demanderesse ne peut certainement pas aujourd'hui accuser ce tribunal de n'avoir pas eu égard à ce prétendu défaut; elle ne peut pas lui faire un crime de n'avoir pas, d'office, déclaré nuls des actes qu'elle a elle-même reconnus devant lui pour valables; des actes qui, supposés nuls en effet, auraient pu être validés par le consentement de toutes les parties qui les avaient signés.

Mais, du reste, où est-il écrit qu'un acte synallagmatique sous seing-privé n'est obligatoire que quand il a été fait double ?.....(1).

» Le troisième moyen de la demanderesse n'est donc pas mieux fondé qu'il n'est recevable. Passons au quatrième.

» Sans contredit, la loi 5, D. *mandati*; et la loi 16, C. *de procuratoribus*, ont été violées par le tribunal d'appel de Bruxelles, si Bucquet n'avait point de pouvoirs suffisans pour aliéner au nom de Beauvais, les domaines qu'il avait vendus à Delavault et à Leclerc.

» Mais d'abord, l'erreur commise dans les contrats de vente relativement à la procuration de Bucquet, peut-elle faire regarder ces actes comme faits par un homme sans pouvoir? Eh! qu'importe que la procuration donnée à Bucquet, devant Mathieu, notaire à Paris, le 24 pluviôse an 7, soit énoncée dans ces actes comme passée le même jour à Bruxelles devant le notaire Coppyn? Dès que cette procuration existait à l'époque des deux ventes; dès que l'existence en est irrévocablement constatée par le dépôt qui en a été fait dans les minutes de Coppyn, notaire; dès qu'elle l'est surtout par l'acte de dépôt que ce notaire en a dressé le 11, et qui a été enregistré à Bruxelles le 12 vendémiaire an 9, que faut-il de plus? Comme l'ont très-bien dit les juges de première instance, une erreur qui ne tombe point sur la substance de l'acte, et qui, si elle eût été connue au moment du contrat, n'en aurait pas empêché la passation, ne peut jamais nuire, soit à l'une, soit à l'autre des parties contractantes; jamais elle ne peut entraîner la nullité de l'engagement dans lequel elle s'est glissée.

» Ensuite, cette procuration n'autorisait-elle pas suffisamment Bucquet à vendre les biens aujourd'hui en litige? Non, dit la demanderesse; car Bourgeois n'a pas pu, par cette procuration, transférer à Bucquet les pouvoirs qu'il n'avait pas lui-même reçus de Beauvais : or, Bourgeois n'avait reçu de Beauvais que le pouvoir de vendre les biens dont il se rendrait lui-même adjudicataire; et ce pouvoir ne s'étendait pas jusqu'aux biens aujourd'hui en litige, puisque ce n'était pas Bourgeois qui en avait fait l'acquisition pour le compte de Beauvais.

» Mais, 1.º il est très-permis de douter que,

dans la procuration donnée par Beauvais à Bourgeois le 9 messidor an 7, les mots *vendre lesdits biens* se réfèrent uniquement aux biens que Bourgeois acquerrait par lui-même, et qu'ils n'embrassent pas également ceux qui, à cette époque, avaient déjà été acquis pour Beauvais, soit par Bucquet, soit par d'autres. En lisant cette procuration dans toute sa teneur, on y voit que Beauvais confie à Bourgeois la direction générale de tout ce qui peut contribuer à la rentrée de ses fonds; et il serait bien difficile de concilier l'intention qu'il y manifeste d'employer Bourgeois à toutes les opérations qui peuvent le faire atteindre à ce but, avec la restriction du pouvoir qu'il lui confère de vendre, aux biens dont il se rendrait lui-même adjudicataire, avec une exception à ce pouvoir pour les biens précédemment achetés. Une pareille restriction, une pareille exception, non-seulement seraient sans objet et sans motif de la part de Beauvais, mais contrarieraient directement son motif déterminant, son objet principal.

» 2.º Lorsque, dans une procuration, comme dans tout autre acte, il se trouve une clause obscure ou ambiguë, le moyen le plus sûr d'en fixer le véritable sens, est de s'attacher à l'interprétation que les parties en ont fait elles-mêmes, par la manière dont elles l'ont exécutée. *Talis enim*, dit Dumoulin, *præsumitur præcessisse titulus, qualis apparet usus et possessio*. Or, d'une part, nous voyons Bourgeois, dans son acte de substitution du 24 pluviôse an 8, donner à Bucquet le pouvoir de vendre, non pas simplement les biens nationaux que lui Bourgeois a acquis ou acquerra par la suite, mais *tout ou partie des biens nationaux acquis par BEAUVAIS*, son commettant, *dans les départemens réunis ou autres*. De l'autre, Beauvais n'a jamais désavoué cet acte de substitution, ou du moins, ce qui revient absolument au même, il ne l'a désavoué que par un acte postérieur au jugement attaqué; et dès-là, il est évident que le tribunal d'appel de Bruxelles a pu et dû croire que cet acte de substitution avait l'assentiment de Beauvais; a conséquemment pu et dû croire que Beauvais avait réellement conféré à Bourgeois, avec faculté de le déléguer, le pouvoir de vendre les biens acquis pour son compte avant la procuration du 9 messidor an 7.

» 3.º Quand nous supposerions, avec la demanderesse, que Bourgeois n'avait pas été investi par la procuration du 9 messidor an 7, du pouvoir de vendre les biens qu'il n'aurait pas achetés lui-même; quand nous supposerions, avec la demanderesse, qu'il n'avait pas encore ce pouvoir, lorsqu'il l'a délégué par sa procuration du 24 pluviôse an 8; au moins serait-il toujours constant, d'après les assertions de la demanderesse elle-même, qu'il avait réellement ce pouvoir, lorsque sa procuration du 24 pluviôse an 8 a été remise à Bucquet; car vous ne

_____
(1) Je supprime ici des développemens qui se trouvent à l'article *Double écrit*.

l'avez pas oublié, C. M., la demanderesse soutient que la procuration du 24 pluviôse an 8 avait été passée en blanc, que Bourgeois l'avait gardée dans son porte-feuille jusqu'au 1.er jour complémentaire de cette année, qu'alors seulement il l'avait remise à un citoyen Myon, et que celui-ci à son tour l'avait remise à Bucquet qui l'avait remplie de son nom dans les premiers jours de vendémiaire an 9. Or, dès le 11 fructidor an 8, c'est-à-dire, vingt jours avant que Bourgeois se dessaisît de cette procuration, Bourgeois lui-même avait reçu de Beauvais, par acte notarié, le pouvoir exprès *de vendre tout ou partie des biens adjugés à son constituant; et de substituer en tout ou partie de ce pouvoir, une ou plusieurs personnes*. Donc, lorsque Bourgeois s'est dessaisi de cette procuration, il était autorisé à vendre et à faire vendre par tel sous-mandataire qu'il jugerait à propos, les biens que se disputent en ce moment les parties plaidantes; donc, en se dessaisissant de cette procuration, il a transféré à celui dont le nom remplirait le blanc qu'il y avait laissé, le pouvoir qu'il avait de vendre ces biens; donc il a transféré ce pouvoir à Bucquet; donc Bucquet, même d'après les assertions de la demanderesse, était suffisamment autorisé à vendre ces biens aux défendeurs; donc, et toujours d'après les assertions de la demanderesse, Bucquet n'a vendu ces biens aux défendeurs qu'après en avoir reçu le pouvoir spécial, puisqu'elle soutient elle-même que les contrats de vente datés du 24 fructidor an 8 n'ont été réellement passés qu'en l'an 9.

» Nous dirons à ce sujet, qu'effectivement il est, en quelque sorte, prouvé par le contrat de vente, que c'est en l'an 9 qu'ils ont été passés, puisqu'ils énoncent une procuration déposée chez le notaire Coppyn à Bruxelles, et que le dépôt de cette procuration n'a été fait à Coppyn que le 11 vendémiaire an 9. Il y a plus: ces contrats ne peuvent, soit à l'égard de Beauvais, soit à l'égard de la demanderesse qui est à ses droits, avoir de date que du jour de leur enregistrement, c'est-à-dire, du 19 frimaire an 9. Mais de là naît une autre difficulté. Le 19 frimaire an 9, Bucquet était, à la vérité, investi par une procuration qui remontait au 7 brumaire précédent, du pouvoir de vendre tous les biens nationaux qui jusqu'alors avaient été acquis pour le compte de Beauvais, mais à ce pouvoir était attachée la condition de ne vendre *qu'à trente pour cent de perte et au-dessous*; or, c'est à plus de trente, c'est même à quarante-cinq cent de perte, qu'il a vendu aux cit. Delavault et Leclerc. Donc, dit la demanderesse, Bucquet a excédé ses pouvoirs dans la vente qu'il a faite aux cit. Leclerc et Delavault; donc cette vente est nulle; donc elle ne peut pas prévaloir sur celle qui depuis a été passée à mon profit.

» Toute cette argumentation, si spécieuse au premier coup d'œil, disparaîtra bientôt, si nous la rapprochons d'un *fait* non contesté et d'un *principe* incontestable.

» Le *fait* est que, par la procuration sous-seing-privé du 7 brumaire an 9, Bourgeois n'a pas révoqué la procuration notariée du 24 pluviôse an 8; qu'il l'a, au contraire, expressément confirmée; et qu'il n'a fait, par celle-là, que donner à Bucquet des instructions sur la conduite qu'il avait à tenir en exécution de celle-ci.

» Le *principe* est que, comme l'établit Pothier, dans son *Traité des obligations*, n. 79, « pour que je sois censé avoir contracté par le » ministère de mon procureur, et que le contrat » qu'il a fait en mon nom m'oblige, il suffit » que le contrat n'excède pas ce qui est con- » tenu dans le pouvoir qu'il a fait apparoir » à celui avec lequel il a contracté; et il ne » servirait de rien (ajoute Pothier), de rap- » porter un autre pouvoir contenant des ins- » tructions secrètes qu'il n'aurait pas suivies : » ce pouvoir me donne bien une action en » dommages et intérêts contre mon procu- » reur pour n'avoir pas suivi les instructions » secrètes que je lui avais données; mais il » ne peut me dégager envers celui avec qui » il a contracté en mon nom, conformément » au pouvoir apparent qu'il lui a représenté; » autrement, il n'y aurait aucune sûreté à » contracter avec des absens ».

» Mais, dit-on, de la circonstance que les contrats de vente dont il s'agit, ont été antidatés, il résulte qu'au moment effectif de leur signature, Delavault et Leclerc avaient connaissance des instructions secrètes que renfermait la procuration du 7 brumaire an 9. Quel motif, en effet, aurait pu porter Delavault, Leclerc et Bucquet à donner à ces actes une date antérieure à la procuration du 7 brumaire an 9, si ce n'était celui de masquer cette connaissance aux yeux de Beauvais ?

» Ce n'est point devant vous, C. M., que l'on peut proposer un pareil raisonnement : il ne tend qu'à prouver un fait de fraude; et un fait de fraude que l'on n'établit que par induction, un fait de fraude auquel n'a pas eu égard un jugement rendu en dernier ressort, ne peut pas former une ouverture de cassation.

» Nous voici parvenus au cinquième moyen de la demanderesse; il se divise, comme vous le savez, en deux branches : contravention à la loi du 11 brumaire an 7, en ce que le tribunal d'appel a jugé valable la transcription de deux contrats de vente sous seing-privé, non reconnus préalablement en justice ou devant notaire; contravention à la même loi, en ce que le tribunal d'appel a déclaré suffisante la transcription de ces deux contrats, sans celle de la procuration en vertu de laquelle Bucquet les avait signés. Tels sont les deux points qu'il nous reste à discuter.

» Sur le premier, nous ne ferons que vous répéter ce que nous avons dit à l'audience de la section des requêtes, le 23 messidor an 10, dans la cause du cit. Signol..... (1).

» Viendra-t-on dire maintenant, avec la demanderesse, que, dans la cause actuelle, il s'agit de contrats faits, de biens situés dans des ci-devant pays de nantissement; que, dans ces contrées, le nantissement ne pouvait être accordé sur un contrat de vente, qu'autant que ce contrat avait été passé devant notaire et qu'il était représenté en expédition authentique; et que par conséquent il en doit être de même de la transcription, qui, dans ces contrées, est subrogée au nantissement?

» Mais d'abord, il n'est pas vrai que, dans le temps où les formalités du nantissement étaient en vigueur, il fût partout nécessaire, pour obtenir la *réalisation* d'un contrat de vente, d'en représenter une expédition authentique : cela n'était de rigueur que dans le ressort du parlement de Douay et dans celui du conseil d'Artois.

» Dans la partie autrichienne du Hainaut, et par conséquent à Mons, où ont été passés les actes dont il est ici question, les parties traitaient rarement devant des officiers publics avant de comparaître devant les juges seigneuriaux : presque toujours elles se rendaient directement à l'audience de ceux-ci; et là, d'après leurs déclarations que l'on rédigeait par écrit ou que l'on se réservait de prouver par *record*, l'une se *déshéritait* du bien qu'elle voulait vendre, et l'autre en prenait *adhéritance*. Tel était, nous pouvons vous en donner personnellement l'assurance, tel était l'usage constant de ce pays; et c'est bien vainement que l'on vous cite, comme établissant le contraire, l'art. 2 du chap. 94 des chartes générales du Hainaut; cet article dit seulement que, *pour approuver déshéritance, convens ou œuvres de loi d'aucuns fiefs, convient le faire par lettres scellées ou record d'hommes de fiefs, et de même pour alloets. et main-fermes :* ce qui signifie, et rien de plus, que les déshéritances et adhéritances ne pourront pas se prouver par témoins particuliers, mais seulement par les actes mêmes qui en auront été dressés, ou, à défaut de ces actes, par le *record*, c'est-à-dire, par le témoignage judiciaire des *hommes de fiefs* ou juges féodaux, s'il s'agit de fiefs; des *échevins*, s'il s'agit de *main-fermes* ou censives, et d'*alloëtiers*, s'il s'agit de francs-alleux. Et la preuve que c'est là tout ce que veut dire cet article, c'est que, par le précédent, il est déclaré

que *personne ne pourra vendre, donner, changer ni en autre manière aliéner ses fiefs, que par déshéritance par devant les seigneurs ou baillis et hommes de fiefs dont ils seront tenus :* termes qui annoncent bien clairement que, pour vendre un fief, il suffisait de comparaître et de se déshériter devant la *cour féodale* du seigneur dont il était mouvant, et qu'il n'y avait nulle nécessité d'en passer préalablement un acte, soit devant notaire, soit devant tout autre officier public.

» Mais qu'est-il besoin ici de tous ces détails? La loi du 11 brumaire an 7 ne peut pas s'exécuter, dans les ci-devant pays de nantissement, d'une manière différente de celle dont on l'exécute dans les autres parties du territoire actuel de la France; elle ne peut donc pas exiger, dans ceux-là, des formalités qu'elle n'exige point dans celles-ci; on peut donc, dans ceux-là comme dans celles-ci, faire transcrire des contrats de vente sous seing privé.

» Eh ! comment voudrait-on faire dépendre les formalités de la transcription, de celles du nantissement? Les formalités du nantissement sont expressément abrogées par l'art. 56 de la loi du 11 brumaire an 7; et certes, des formalités qui n'existent plus, ne peuvent pas déterminer le mode d'exécution des formalités qui les remplacent. Les formalités qui remplacent le nantissement, sont réglées par la loi du 11 brumaire; tout ce que cette loi prescrit, est de rigueur; tout ce qu'elle ne prescrit pas, est surabondant.

» Mais si, dans notre espèce, les défendeurs ont pu faire transcrire leurs contrats sous seing-privé, n'ont-ils pas dû, au moins, faire transcrire en même temps la procuration en vertu de laquelle Bucquet avait signé ces actes au nom de leur vendeur? Et faute de l'avoir fait, la transcription dont ils se prévalent, ne doit-elle pas être regardée comme insuffisante? C'est la question que vous présente la seconde branche du dernier moyen de la demanderesse, et nous devons l'examiner sous deux aspects, c'est-à-dire, dans l'intérêt de la demanderesse personnellement et en thèse générale.

» Dans l'intérêt de la demanderesse personnellement, le défaut de transcription de la procuration de Bucquet ne peut pas être opposé aux défendeurs; pourquoi? parce que la demanderesse ne peut pas opposer à la transcription des défendeurs, un défaut, si c'en est un, qui se trouve également dans la sienne. La demanderesse a acheté, comme les défendeurs, d'un fondé de pouvoir de Beauvais; comme eux, elle s'est contentée de faire transcrire son contrat; comme eux, elle a omis de faire transcrire, avec son contrat, la procuration de celui avec qui elle avait traité; comme eux, par conséquent, elle ne peut faire valoir qu'une transcription incomplète. si la transcription du pouvoir du mandataire du vendeur doit accompagner celle du contrat de vente; et par conséquent encore, si la transcription des défendeurs est nulle, la sienne l'étant également, elle est sans titre pour les déposséder : *in pari causâ, potior et conditio possidentis*.

» Et inutilement, dans cette hypothèse, la demanderesse cherche-t-elle à établir une différence entre sa transcription et celle des défendeurs : inutilement vient-elle dire que, dans sa transcription, est relatée une procuration déposée en minute chez le notaire même qui l'a reçue, au lieu que, dans celle des défendeurs, il n'y a de relaté qu'une procuration passée à Bruxelles, le 24 pluviôse an 8, devant le notaire Coppyn, et que la procuration en vertu de laquelle Bucquet a traité avec eux, n'avait pas été passée devant le notaire Coppyn, le 24 pluviôse an 8, mais seulement déposée entre les mains de cet officier, le 11 vendémiaire an 9. Cette différence entre l'une et l'autre transcription, est absolument insignifiante. L'acte de dépôt du 11 vendémiaire an 9 énonce formellement que le notaire Coppyn avait reçu et placé la procuration de Buquet au nombre de ses *minutes*. Le notaire Coppyn avait donc, par cet acte de dépôt, adopté la procuration de Bucquet comme son propre ouvrage ; il l'avait donc fait *sienne* ; il en avait donc assuré l'existence en se l'appropriant. Et dans le fait, il n'est personne qui, après avoir appris par la lecture de la transcription des défendeurs, que la procuration de Bucquet est déposée chez le notaire Coppyn, ne puisse, nonobstant la fausse date sous laquelle elle y est énoncée, la trouver chez ce notaire, et reconnaître qu'en effet elle autorise Bucquet à vendre. Les tables alphabétiques que tiennent les notaires de leurs minutes, donnent à cet égard des facilités qui réparent, en un instant, les erreurs de dates commises dans les actes où ces minutes sont relatées.

» Mais allons plus loin ; supposons la demanderesse munie d'une transcription qui renferme à la fois et la procuration du mandataire de son vendeur, et le contrat de vente souscrit en conséquence par ce mandataire, sera-t-elle, pour cela, mieux fondée dans la critique qu'elle fait de la transcription des défendeurs ? Non, et le tribunal d'appel de Bruxelles en a donné une raison à laquelle il n'y a point de réponse : c'est qu'aucune loi n'exige textuellement que la procuration d'un vendeur soit transcrite avec le contrat de vente.

» Sans doute, la transcription serait nulle, comme le contrat de vente, si la procuration n'existait pas. Sans doute, l'énonciation de la procuration dans le contrat de vente, ne suffirait pas pour prouver l'existence de la procuration : *non creditur referenti, nisi constet de relato*. Mais ce n'est pas à dire pour cela que la procuration doive être transcrite avec le contrat même ; encore une fois, la loi ne l'exige pas,

la loi n'exige que la transcription du contrat ; la transcription du contrat suffit donc pour remplir son vœu, pourvu que d'ailleurs l'existence de la procuration soit certaine.

C'est ainsi que, dans la transcription d'un acte par lequel un tuteur aliène les biens de son pupille, il n'est pas nécessaire de comprendre le jugement qui l'a nommé tuteur.

» C'est ainsi que, dans la transcription d'un contrat par lequel un héritier dispose des biens du défunt à qui il a succédé, il n'est pas nécessaire de comprendre, soit le testament qui lui a conféré la qualité d'héritier, soit les actes qui constatent sa qualité de successeur légitime, soit l'extrait mortuaire du défunt même.

« C'est ainsi que, dans la transcription de la vente que fait un mari des biens de sa femme, dans les coutumes qui lui en donnent encore le droit, il n'est pas nécessaire de comprendre l'acte de célébration de son mariage.

» Et pour vous reporter à un ordre de choses qui n'existe plus, mais qui avait la plus grande affinité avec le système de la loi du 11 brumaire an 7 ; c'est ainsi que, sous l'empire de l'ordonnance du mois de février 1731, la nécessité d'insinuer les donations du vivant des donateurs, n'entraînait pas celle d'insinuer, soit l'autorisation du mari pour habiliter sa femme à donner ou recevoir, soit la procuration pour donner à une personne absente, soit la procuration pour accepter au nom du donataire ; parce que, comme le dit Furgole, sur l'art. 20 de l'ordonnance citée : *la loi n'exigeait que l'insinuation de l'acte de donation, qui était le seul dont il importait que les héritiers du donateur et les autres personnes qui contractaient avec lui, eussent connaissance ; et qu'il suffisait que l'acte d'autorisation et les procurations pour donner et accepter fussent énoncés dans la donation insinuée ; et qu'ils existassent, afin qu'elle fût hors d'atteinte*.

» Par ces considérations, nous estimons qu'il y a lieu de rejeter la requête de la demanderesse ».

Sur ces conclusions, arrêt du 27 nivôse an 12, au rapport de M. Lasaudade, qui rejette la demande en cassation,

« Attendu, 1.° qu'il n'est aucunement prouvé que le cit. Dimartinelli, l'un des juges qui ont coopéré au jugement dénoncé, eût, à l'époque dudit jugement, un différend sur la même question que celle dont il s'agissait entre les parties ;

» 2.° Que le tribunal de première instance n'a point jugé que la demoiselle Guymond fût non-recevable à exciper du droit de son vendeur pour attaquer, par voie de nullité, les premières ventes consenties au profit des mariés Delavault et Leclerc, mais bien qu'elle était passible de toutes les exceptions que l'on pourrait opposer à son vendeur ; que la même prétendue fin de non-recevoir n'a plus été répétée, agitée, posée en question ni jugée au tribunal d'appel, et conséquemment que son jugement n'a pu violer la loi 3, C. *de exceptione rei vendita;*

» 3.° Que la prétendue nullité résultante de ce que les actes de vente ne portent point qu'ils ont été faits doubles, rejetée par le tribunal de première instance, n'a point été relevée en cause d'appel; qu'elle n'y a point été remise en question, et qu'il n'a pas dû y être statué; qu'au surplus, nulle loi positive ne déclare absolument et indistinctement nul, tout acte de vente pour n'être point énoncé fait double, et que les nullités de droit ne peuvent être suppléées;

» 4.° Que la procuration générale et spéciale donnée par Beauvais à Bourgeois, son associé et directeur de l'entreprise, l'autorisait à revendre les domaines nationaux appartenans à la compagnie; qu'au moins le tribunal d'appel a jugé, d'après l'ensemble des actes et des circonstances, que Bourgeois était suffisamment à ce autorisé; que la procuration substituée par Bourgeois à Bucquet, le 24 pluviôse an 8, donne expressément pouvoir à celui-ci de, pour et au nom dudit Beauvais, vendre de la manière et aux prix, charges et conditions les plus avantageuses, tout ou partie *des biens nationaux acquis par ledit Beauvais dans les départemens réunis et autres en vertu de l'arrêté du directoire du 5 nivôse an 7;* que, si les actes des ventes faites aux défendeurs, quoique datés du 24 fructidor an 8, n'ont dû obtenir de date certaine à l'encontre de la demoiselle Guymond, que celle de leur enregistrement du 19 frimaire an 9, l'acte sous seing-privé, signé *Bucquet,* portant restriction et limitation des pouvoirs à lui donnés, quoique daté du 7 brumaire an 9, n'a aussi acquis de date certaine à l'égard des défendeurs, que celle de son enregistrement du 2 thermidor an 10, bien postérieure au dépôt et à la transcription des ventes dont il s'agit; que la relation faite sur le plumitif de l'audience du 17 ventôse an 10, d'une convention du 7 brumaire an 9, dont le défenseur de Delavault a fait lecture, en l'appliquant à l'acte dont il s'agit, et celle faite au jugement du 10 germinal an 10, *Delavault a dit qu'il avait été porté à traiter avec ledit Bucquet, parce qu'il savaitque Bucquet pouvait revendre à trente pour cent de perte et plus;* ne prouvent point que les défendeurs aient eu connaissance, lors de leur acquisition, de la restriction et limitation faite par ledit acte des pouvoirs illimités précédemment donnés à Bucquet; que Beauvais et Bucquet mis en cause à la requête des défendeurs, ont gardé un profond silence pendant toute la durée du procès; que ce n'est qu'après le jugement définitif du 14 fructidor an 10, et à la date du 2 nivôse an 11, que Beauvais a déclaré, dans un acte extrajudiciaire, qu'il improuvait et désavouait les ventes faites par Bucquet, *quant aux objets*

dont *il s'agit seulement;* que l'énonciation faite dans les actes de vente, qu'ils sont faits en vertu d'une procuration passée devant Coppyn, notaire à Bruxelles, le 24 pluviôse an 8, tandis qu'elle a été passée devant Mathieu, notaire à Paris, le même jour, enregistrée le même jour, est évidemment une erreur de nom et de lieu qui ne touche point sur la substance de l'acte, et qui n'aurait point empêché les parties de contracter; que l'existence de cette procuration représentée, euregistrée et déposée chez ledit Coppyn, notaire à Bruxelles, n'a jamais été méconnue; qu'un acte n'est pas nul par cela seul que l'acte qu'il réfère et duquel il dérive, n'y est point annexé, lorsqu'on peut y avoir recours;

» 5.° Que la loi du 11 brumaire an 7, tit. 2, art. 24, permet la transcription des actes translatifs de biens et droits susceptibles d'hypothèques, sans distinction des actes authentiques et des actes sous seing-privé non reconnus; que l'art. 22 de la loi du 22 frimaire an 7, sur l'enregistrement, admet les actes sous seing-privé, portant transmission de propriété de biens immeubles; que l'argument tiré de la disposition de l'art. 3 du tit. 1 de la loi du 11 brumaire an 7, portant *que l'hypothèque existe pour la créance qui résulte d'un acte privé dont la signature aura été reconnue ou déclarée telle par jugement,* n'est point applicable à l'espèce où il ne s'agit point d'hypothèque, mais de consolidation de propriété; que l'hypothèque ne peut s'acquérir par le seul consentement des parties, sans l'intervention et le ministère de l'officier public qui donne au titre l'authenticité; tandis que la propriété s'acquiert par le seul et privé consentement des parties; qu'ainsi, on ne peut argumenter d'un cas à l'autre; que le privilége accordé au vendeur à qui il reste dû, soit la totalité, soit partie du prix de la vente, par l'art. 29 de la loi du 11 brumaire, est établi par la loi, indépendamment de l'hypothèque; et qu'ainsi, sa créance peut être inscrite sans être fondée sur un acte notarié; que la signature de Bucquet apposée au bas des ventes, n'a jamais été déniée ni révoquée en doute; que le certificat d'inscription a été mis au bas de l'expédition de l'acte de vente déposé pour minute ès-mains de Lejuste, notaire, suivant le vœu dudit art. 27; que la demoiselle Guymond, qui a acquis d'un procureur fondé, et qui n'a point fait transcrire aux hypothèques la procuration donnée à Chatillon, son vendeur, ne peut pas exciper, contre les défendeurs, de ce qu'ils auraient omis de faire transcrire la procuration donnée à Bucquet, leur vendeur; que la loi du 11 brumaire n'exige la transcription que de l'acte translatif des biens et droits susceptibles d'hypothèque, que toutes lois, coutumes et usages antérieurs sur les moyens de consommer et de consolider les aliénations d'immeubles, et d'en purger les hypothèques, sont abrogés par l'art. 56 de ladite loi du 11 brumaire ; qu'ainsi, sous aucun rapport, les jugemens attaqués n'ont violé les lois ».

§. IV. *La transcription d'un contrat de vente au bureau des hypothèques, le met-elle à l'abri de toute action qui, de la part des tiers, tendrait à le faire déclarer frauduleux ou simulé?*

V. l'article *Expropriation forcée*, §. 2.

§. V. *La transcription des contrats de vente passés avant ou sous la loi du 11 brumaire an 7, a-t-elle continué, sous le Code civil, d'être nécessaire pour purger les hypothèques qui avaient été acquises antérieurement à cette loi, mais n'étaient pas encore inscrites à l'époque de la promulgation, soit de l'art. 1583, soit de l'art. 2182 de ce Code ?*

J'ai rapporté, dans le *Répertoire de jurisprudence*, au mot *Transcription*, §. 3, n. 1 (p. 102, 103 et 104 du tome 14 de la quatrième édition), deux arrêts de la cour de Cassation, des 18 mai 1810 et 28 juillet 1813, qui avaient adopté la négative, et jugé que la seule promulgation du Code civil avait eu, quant aux hypothèques acquises antérieurement à la loi du 11 brumaire an 7, mais non encore inscrites à cette époque, tout l'effet d'une véritable transcription ; mais je me suis permis d'élever des doutes sur l'exactitude du principe qui formait la base de ces arrêts.

Les raisons sur lesquelles je fondais ces doutes, ont reçu depuis un développement que je n'avais pas eu le temps de leur donner en les exposant ; et elles ont amené deux arrêts directement contraires à ceux que je m'étais borné à rapporter.

Le premier, du 19 novembre 1817, rejette le recours en cassation des héritiers du sieur Tardif contre un arrêt de la cour royale de Caen du 17 juillet 1816, « attendu que l'hypo-
» thèque de la demoiselle le Pelley a été cons-
» tituée le 9 avril 1788 ; que les immeubles af-
» fectés à cette hypothèque, ont été vendus
» le 16 novembre 1790 ; que par conséquent
» les deux contrats ont été passés sous l'empire
» de l'édit de 1771 ; que la loi du 11 brumaire
» an 7 a remplacé, par la transcription, l'ancien
» mode de purger les hypothèques, et par l'ins-
» cription, l'ancien mode de les conserver ; que,
» relativement aux hypothèques du passé, cette
» loi a voulu que la transcription faite dans le
» délai de trois mois, purgeât les hypothèques
» qui ne seraient pas inscrites dans ce délai, et
» que la transcription faite après ce délai, pur-
» geât les hypothèques non inscrites au moment
» de cette transcription ; que le Code civil ne
» contient aucune disposition qui ait dispensé
» les tiers-acquéreurs de faire transcrire leurs

» contrats pour purger les anciennes hypo-
» thèques créées sous l'empire de l'édit de 1771 ;
» qu'en décidant par conséquent que la seule
» publication du Code civil n'avait pas valu
» transcription, et que les inscriptions prises
» par la demoiselle le Pelley après la publica-
» tion de ce Code, mais antérieurement à la
» transcription du sieur Tardif, devaient pro-
» duire leur effet, la cour royale de Caen n'a
» violé ni la loi du 11 brumaire ni les disposi-
» tions du Code civil ».

Le second arrêt, du 4 janvier 1820, motive ainsi la cassation d'un arrêt de la cour royale de Besançon, du 27 juin 1817, qui avait adopté le système de ceux des 18 mai 1810 et 28 juillet 1813 :

« Vu les art. 39, 44 et 47 de la loi du 11 brumaire an 7, et l'art. 1583 du Code civil ;
» Attendu que l'hypothèque du sieur de Magnoncourt est antérieure à la loi du 11 bru-
maire an 7, et que les immeubles affectés à cette hypothèque avaient été vendus antérieurement à la publication du Code civil ; que, dès-lors, les obligations et les droits du créancier et de l'acquéreur ont dû être réglés d'après les dispositions de la loi du 11 brumaire ;
» Attendu que, d'après ces dispositions, l'acquéreur d'immeubles grevés d'hypothèque, ne pouvait les purger que par la transcription du titre qui lui en avait transmis la propriété ; que, jusqu'alors, le créancier était admis à faire inscrire son hypothèque, et que la transcription ne purgeait que les hypothèques non encore inscrites ;
» Attendu que le Code civil n'a rien changé à cette législation à l'égard des hypothèques existantes et des acquisitions faites avant sa promulgation, et que l'art. 1583 de ce Code ne dispose que pour l'avenir ; qu'ainsi, en annullant l'inscription hypothécaire du sieur de Magnoncourt sur les biens dont il s'agit, la cour royale de Besançon a violé les art. 44 et 47 de la loi du 11 brumaire an 7, et faussement appliqué l'art. 1583 du Code civil... »

La cour de cassation avait encore été plus loin dans l'intervalle de ces deux arrêts : elle avait jugé, le 9 février 1818, en maintenant un arrêt de la cour royale de Poitiers, du 31 janvier 1815, que la publication du Code civil n'avait pas purgé, sans le secours de la transcription, les immeubles acquis sous la loi du 11 brumaire an 7, des hypothèques créées sous la même loi et non inscrites (1).

TRANSFERT. — §. I. 1.º *La faculté accordée par l'art. 66 de la loi du 24 août 1793, à tout créancier direct de l'Etat, de rembourser*

---

(1) *Journal des audiences de la cour de cassation,* années 1817, page 567 ; et 1820, page 97.

avec le transfert de son inscription sur le grand-livre, ses CRÉANCIERS PERSONNELS ayant une hypothèque spéciale et privilégiée sur l'objet de la liquidation de laquelle lui est provenue cette inscription, peut-elle être exercée contre les créanciers de ces créanciers personnels, que le propriétaire de l'inscription a été chargé par le titre primitif de son obligation, de payer à la décharge de ceux-ci ?

2.° Peut-elle au moins, en ce cas, être exercée contre les créanciers personnels du propriétaire de l'inscription; et l'indication de payement qu'ils ont stipulée par le titre primitif de leur créance, n'y met-elle pas obstacle ?

3.° Peut-elle être exercée par la caution du propriétaire de l'inscription, lorsque celui-ci n'en veut pas faire usage, et tant que l'inscription n'est pas sortie de ses mains ?

Par acte du 13 novembre 1775, Jean-André Hays-Lecamus vendit, à Jean-René Collet-Duhamel, deux offices de notaires de la ville de Séez, moyennant la somme de 9000 livres, payables comptant, et sous la condition d'acquitter à sa décharge plusieurs rentes dont les capitaux s'élevaient à 37,000 livres.

Le 20 du même mois, Jean Collet, père de l'acquéreur, se porta caution solidaire de son fils envers Jean-André Hays-Lecamus. L'acquéreur s'était obligé par l'acte du 13, de fournir ce cautionnement.

En 1777, Jean Collet mourut, laissant pour héritiers deux fils, Guy-Antoine Collet et Jean-René Collet-Duhamel.

Collet-Duhamel remboursa quelques-unes des rentes dont l'avait chargé son contrat d'acquisition de 1775 : à l'égard des autres, il en paya exactement les arrérages jusqu'en l'an 8. Mais à cette époque, il cessa de les acquitter ; et en conséquence, les créanciers de ces rentes se pourvurent contre Lecamus, leur débiteur personnel.

Lecamus exerça son recours contre Collet-Duhamel, son débiteur direct, et contre François Lacouture, comme héritier, à titre de sa femme, de Guy-Antoine Collet, lequel était lui-même, comme on vient de le dire, héritier pour moitié de Jean Collet, signataire de l'acte de cautionnement du 20 novembre 1775.

Collet-Duhamel et François Lacouture se défendirent séparément. Le premier offrit de rembourser Lecamus, au moyen d'un transfert d'inscriptions sur le grand-livre, représentatives de la finance de ses offices supprimés. Le second soutint que le cautionnement souscrit par Jean-Collet, n'était obligatoire que jusqu'à la concurrence de la part héréditaire de Collet-Duhamel.

Le 15 fructidor an 8, jugement du tribunal de première instance d'Alençon, qui, vu les lois des 24 août 1793 et 24 frimaire an 6, accueille l'offre faite par Collet-Duhamel, de rembourser Lecamus en transfert d'inscriptions; et, d'après l'art. 434 de la coutume de Normandie, déclare le cautionnement de Jean Collet nul et de nul effet, en tant qu'il excède la portion héréditaire de Collet-Duhamel, son fils.

Lecamus appelle de ce jugement; et le 11 thermidor an 10, arrêt de la cour d'appel de Caen, qui en réforme les deux dispositions :

La première, parce que Collet-Duhamel ne doit plus, sur le prix de la vente de 1775, que les rentes dont il s'est chargé envers des tiers, à l'acquit de Lecamus, son vendeur; qu'il ne peut se libérer de ces rentes, qu'entre les mains des créanciers à qui elles sont dues; et que lui permettre, comme l'a fait le tribunal de première instance, de les rembourser à Lecamus, c'est dénaturer les conventions des parties;

La seconde, « 1.° parce qu'il est de principe, d'après le droit naturel, que les citoyens ont la liberté de faire tous contrats, d'arrêter telles conventions qu'ils jugent conformes à leurs intérêts, faculté qui ne reçoit de restrictions et de modifications, que celles que la loi y a apportées; 2.° que l'art. 434 de la coutume de Normandie, aux termes duquel *le père et la mère ne peuvent avantager l'un de leurs enfans plus que l'autre, soit de meubles, soit d'héritages ; parce que toutes donations par père ou mère sont réputées avancement d'hoirie, réservé le tiers en Caux*, n'est qu'une exception à ce principe, qui ne doit être étendue qu'autant que la coutume le prescrit ; 3.° que la place que cet article occupe dans la coutume, sous le titre *des donations*, et les termes dans lesquels il est conçu, prouvent que la prohibition ne comprend que les donations faites par pères ou mères à leurs enfans, et qu'elle ne répute avancement d'hoirie, et comme tels sujets à rapport, d'après une de ses autres dispositions, que les objets ainsi donnés; 4.° que, si la jurisprudence a quelquefois étendu cette prohibition aux ventes à vil prix, et aux actes par lesquels des tiers auraient été chargés par pères ou mères de transmettre à l'un de leurs enfans une propriété; on ne s'est déterminé ainsi, que parce qu'on a considéré de tels contrats et actes comme donations au préjudice des autres enfans; 5.° que, si les art. 372 et 373 de la même coutume ont limité l'effet du cautionnement fait par un père du douaire de sa bru, à la portion héréditaire de son mari, ce n'est qu'une conséquence d'un précédent article, le 377.°, qui ne lui accorde en douaire que le tiers des biens de son mari ; et que, quand on regarderait les dispositions des art. 372 et 373, comme une extension de l'art. 434, elle serait d'ailleurs consacrée par une disposition de la coutume; 6.° que de pareilles extensions et limitations ne doivent pas autoriser à faire toutes celles qu'on voudrait se permettre; que l'on a d'ailleurs tellement été en garde contre un pareil système, que le ci-devant parlement de Rouen a souvent jugé, et que les commentateurs les plus distingués ont pensé, que le cautionnement de la dot d'une bru par son beau-père, devait avoir son effet sur l'entière succession de ce dernier, et que ses autres enfans ne pouvaient, en ce cas, tirer avantage de l'art. 373, qui n'est applicable qu'au douaire, ni de l'article 434, parce que la bru était considérée comme étrangère, par rapport à son beau-père et ses beaux-frères, qualité qui donne le motif de la différence qui se rencontre entre la jurisprudence de la ci-devant Normandie et celle du ci-devant Maine, où la bru, d'après la disposition de l'art. 345 de la coutume de cette dernière province, était considérée comme étant de la famille, et comme n'ayant d'autre intérêt que celui de son mari; 7.° que le texte de la coutume et la jurisprudence normande autorisent bien le rapport à la succession et le partage entre les frères, des donations, ventes à vil prix, ou de propriétés transmises sous des noms empruntés à l'un des frères, par les père et mère communs; mais qu'aussi ce serait donner une nouvelle extension à la disposition coutumière et à la jurisprudence, que de comprendre dans la prohibition des actes avec les étrangers, autorisés par le droit naturel, et qui ne présentent aucunement l'idée d'une fraude pratiquée pour faire passer la propriété du père sur la tête de l'un de ses enfans; 8.° que l'obligation solidaire contractée comme caution envers un tiers, par le père Collet, pour son jeune fils, par le contrat de 1775, ne pouvant être atteinte par la peine prononcée par la coutume de Normandie, puisqu'on ne peut dire qu'une telle obligation soit avancement d'hoirie, sujet à rapport et partage, il suit qu'on ne peut lui appliquer la prohibition de l'art. 434 de cette coutume; 9.° que, si, dans l'espèce, il se rencontre un objet qui ait passé aux mains du fils cautionné, c'est l'objet acquis; que c'était tout au plus celui-là, où sa vraie valeur, dont le fils Collet aîné eût pu, à la mort de son père, faire réputer avancement d'hoirie, et rapporter à partage vis-à-vis de son jeune frère, ou au moins d'exiger de ce dernier, la décharge du cautionnement du père commun; qu'en ce qui concerne Lecamus, la succession de Collet père est en entier passible de sa crédité; que Collet aîné, père de l'épouse de Lacouture, qui avait la faculté de renoncer à la succession de son père, et de réclamer le tiers-coutumier qui lui était acquis par la loi, en exemption de dettes postérieures, ayant recueilli cette succession conjointement avec Collet-Duhamel, il est devenu, solidairement avec ce dernier, débiteur des rentes à charge du contrat de 1775, et obligé à en porter garantie à

Lecamus, charge qui, à son tour, a passé, avec sa succession, à l'épouse de Lacouture ».

François Lacouture et son épouse se pourvoient en cassation, et soutiennent, 1.° qu'en ordonnant l'exécution du cautionnement du 20 novembre 1775, sur leur part dans la succession de Collet père, la cour d'appel de Caen a violé l'art. 434 de la coutume de Normandie; 2.° qu'en refusant à Collet-Duhamel la faculté de se libérer en transfert d'inscriptions, elle a contrevenu à l'art. 66 de la loi du 24 août 1793 et à l'art. 83 de la loi du 24 frimaire an 6.

« Le premier de ces moyens (ai-je dit à l'audience de la section civile, le 17 fructidor an 12), vous offre la question de savoir si une loi, par cela seul qu'elle défend à un père d'avantager un de ses enfans, au préjudice des autres, est censée rendre sans effet, sur les portions héréditaires de ceux-ci, le cautionnement que le père a souscrit pour leur frère ou sœur.

» Cette question aurait pu se présenter fréquemment sous l'empire de la loi du 17 nivôse an 2, qui avait étendu à toute la France la disposition de l'art. 434 de la coutume de Normandie. Cependant nous ne voyons pas qu'elle se soit alors élevée dans aucun tribunal. Quelle en peut être la raison? C'est sans doute parce qu'il entre naturellement dans l'opinion de tout le monde, que cautionner un successible, ce n'est pas enfreindre la prohibition de l'avantage au préjudice de ces cohéritiers; c'est parce que, dans les premières idées qui se présentent à l'esprit, le cautionnement n'a pour objet direct que la sûreté de la tierce-personne avec laquelle le successible contracte; et qu'en cautionnant son successible, le fidéjusseur, bien loin de lui rien donner, acquiert contre lui une action éventuelle; soit en garantie, soit en indemnité.

» Comment donc aurait-on pu, avant la loi du 17 nivôse an 2, tirer légitimement de l'art. 434 de la coutume de Normandie, une conséquence à laquelle la loi du 17 nivôse elle-même n'a jamais donné lieu depuis sa publication? Et si l'art. 434 de la coutume de Normandie ne conduit pas directement à cette conséquence; si pour arriver à cette conséquence, il faut donner à l'art. 434 de la coutume de Normandie une extension que le droit commun réprouve, que la saine raison désavoue, comment peut-on vous présenter l'art. 434 de la coutume de Normandie, comme violé formellement par l'arrêt de la cour d'appel de Caen, du 12 thermidor an 10? comment peut-on se flatter de faire sortir de cet article une ouverture de cassation?

» On vous dit que les commentateurs et la jurisprudence des anciens tribunaux avaient interprété l'art. 434 de la coutume, dans un sens opposé à cet arrêt et conforme au jugement du tribunal de première instance d'Alençon.

» Mais d'abord, il n'est pas défendu aux cours de juger, soit contre l'opinion des commentateurs, soit contre la jurisprudence des anciens tribunaux. Dès qu'elles ne jugent pas contre la loi, leurs arrêts sont à l'abri de toute atteinte.

» Ensuite, quels sont donc ces commentateurs de la coutume de Normandie dont on accuse la cour d'appel de Caen d'avoir méprisé l'opinion? L'on n'a pu vous citer qu'Olivier-Etienne, auteur d'un *Traité des hypothèques* imprimé à Rouen en 1705; et que dit-il sur notre objet? Voici ses propres termes : « Le cautionnement qu'un père, » qui a plusieurs enfans, fait aux créanciers d'un » d'iceux, est un avantage et une donation qu'il » fait à ce fils; à raison de quoi, ce cautionne- » ment doit être réduit à la portion du fils cau- » tionné, parce que les *créanciers du fils cau-* » *tionné ne sont que des accessoires de ce fils* ». Voilà assurément une étrange raison : elle est bien digne d'un écrivain qui se permet la critique la plus amère du *Traité des hypothèques* de Basnage, *sans s'être trop attaché à l'examiner* (ce sont ses expressions littérales); d'un écrivain qui termine sa préface, en déclarant à ses lecteurs qu'il ne leur demande pour récompense de son travail, *que d'obtenir quelque part en leurs prières*; d'un écrivain qui n'a jamais joui d'aucune considération dans les tribunaux de la ci-devant Normandie.

» Quant aux autres commentateurs, tous reconnaissent que le père, en cautionnant son fils envers un étranger, oblige indéfiniment tous ses biens; et qu'il n'est, à cet égard, aucune distinction à faire entre la portion héréditaire du cautionné et les portions héréditaires de ses frères ou sœurs. Ils regardent même ce principe comme tellement sacré, qu'ils ne le discutent pas, et qu'ils examinent seulement s'il est applicable au cas où le père s'est rendu caution de la dot de l'épouse de l'un de ses enfans.

» Ecoutons notamment Pesnelle, sur l'art. 370: « Quand un père est caution solidaire de la dot » baillée à l'un de ses enfans, *ce cautionnement* » *n'est pas réputé un avancement de succession,* » ni *un avantage indirect*, pour empêcher que » la femme ou ses enfans ne puissent se faire » payer de la dot entièrement sur les biens du » père qui a cautionné; *parce que la femme et* » *ses enfans ne sont, en ce cas, que comme un* » *étranger, envers lequel il est certain qu'un* » *père peut valablement cautionner un de ses* » *enfans* ». — Flaust tient le même langage, tome 5, page 539. — Et long-temps avant eux, Basnage avait dit, sur l'art. 369, « que la femme » (de l'un des enfans) étant considérée comme » étrangère, le cautionnement du père est va- » lable à son égard, *de la même manière qu'il* » *le serait envers un autre* ».

» Ce n'est également que par rapport à la dot de la bru, et sur le point de savoir si la bru doit être, pour cet objet, assimilée à une personne étrangère, que l'on s'est permis, dans les affaires qui ont été portées au ci-devant parlement de Rouen, de révoquer en doute la validité intégrale du cautionnement souscrit par le père. Et encore est-il à remarquer que, sur deux arrêts que l'on cite, comme ayant décidé cette question, l'un rapporté par Basnage, sous la date du 29 janvier 1653, l'a jugée pour l'affirmative; qu'à la vérité, l'autre, du 14 août 1697, est cité par Laquesnerie, comme adoptant l'opinion contraire; mais que Laquesnerie ne le cite que sur la foi d'Olivier-Etienne, c'est-à-dire, d'un auteur qui ne mérite aucune croyance. Une chose encore qui ne doit pas être oubliée, c'est que, par deux arrêts des 20 août 1644 et 17 juin 1676, rapportés par Basnage, le parlement de Rouen a jugé, en reconnaissant obligatoire dans toute son étendue le cautionnement du père pour la dot de la bru, que sa part héréditaire du fils cautionné devait être discutée avant qu'on pût toucher aux autres biens; et qu'en tout cas, le fils cautionné devait indemniser ses frères de ce cautionnement.

» Il s'en faut donc beaucoup que, dans l'espèce actuelle, l'arrêt attaqué ait contrevenu même à l'opinion des commentateurs les plus estimés de la coutume de Normandie, et à ce que l'on connaît le mieux de la jurisprudence du ci-devant parlement de Rouen.

» Mais on prétend qu'il a du moins contrevenu à l'interprétation que le parlement de Paris avait donnée à l'art. 278 de la coutume du Maine, dont les dispositions s'accordent avec celles de l'art. 434 du statut normand; et à ce sujet on vous cite une série d'arrêts du 4 août 1660, de 1678, de 1681, des 24 mars et 17 août 1682, du 21 août 1683 et du 17 juillet 1767.

» Nous écarterons d'abord le dernier de ces arrêts, parce que Denizart, sur la foi duquel on s'en prévaut, convient lui-même (au mot *Caution*), que *l'espèce n'en est pas bien connue.*

» A l'égard des six autres, il est vrai que l'auteur du *Journal du palais*, tome 1, page 452, édition *in-folio*, les cite comme ayant jugé que, « dans la coutume du Maine, un père mariant » l'un de ses enfans, et s'étant conjointement » avec lui obligé à la restitution de la dot et aux » conventions matrimoniales de sa femme, ce » cautionnement ou obligation ne peut avoir » effet sur les parts et portions des autres enfans » héritiers et détenteurs des biens du père, mais » seulement sur la part et portion héréditaire » des biens du mari ».

» Mais, 1.° ces six arrêts n'ont prononcé que sur le cautionnement de la dot et des droits matrimoniaux de la bru; ainsi, tout ce qu'on pourrait supposer qu'ils eussent jugé, c'est que la bru ne doit pas être considérée comme étrangère à la famille du père fidéjusseur, et qu'elle participe à l'incapacité de son mari, de rien recevoir au-delà de sa portion héréditaire. On ne peut donc en tirer aucune conséquence pour le cas où le père s'est rendu , envers un étranger, caution d'une dette ordinaire.

» 2.° De ces six arrêts, il n'y a que celui du 21 août 1683, dont les circonstances soient parvenues jusqu'à nous. Les cinq autres sont simplement indiqués dans le *Journal du palais*, comme ayant établi précédemment la jurisprudence à laquelle il s'est conformé. Or, qu'a véritablement jugé l'arrêt du 21 août 1683? Rien autre chose, comme le dit Olivier de Saint-Vaast sur les coutumes du Maine et d'Anjou, tome 2, page 361, sinon, « que le cautionne- » ment fait pour un fils par père ou mère, pour » la sûreté de la dot et conventions matrimo- » niales de la femme, n'a effet que sur la por- » tion héréditaire du mari seulement, et non » sur la portion de ses frères et sœurs, héritiers » des père et mère coobligés, lorsqu'ils ne dé- » partent entre eux que des meubles et sommes » de deniers qui leur ont été donnés aux uns » et aux autres en avancement d'hoirie; (car) » dans l'espèce de cet arrêt, les enfans n'avaient » partagé entre eux que les meubles et deniers » dont ils avaient été avantagés; ils ne profi- » taient d'aucuns biens-fonds ni immeubles » trouvés dans la succession ». L'arrêt n'a donc fait, suivant le même auteur, que consacrer un principe érigé depuis en loi par l'art. 857 du Code civil : savoir, que les rapports auxquels sont soumis, les uns envers les autres, les enfans avantagés inégalement par le père commun, ne profitent qu'à eux personnellement, et jamais aux créanciers de la succession. Du reste, dit encore Olivier de Saint-Vaast, si, dans l'espèce jugée le 21 août 1683, les enfans avaient recueilli des immeubles dans la succession du père, « ils » se seraient trouvés susceptibles de faire va- » loir la dot de leur belle-sœur, en leur qualité » d'héritiers et détenteurs d'héritages du père » commun; et quand bien même ils eussent » renoncé, s'ils eussent été avantagés de biens- » fonds qu'ils auraient rapportés et partagés » entre eux, ils n'en auraient pas moins encore » été dans le cas d'être *interruptés*, ou de se » voir poursuivis hypothécairement pour raison » de ces héritages, si le contrat de mariage de » leur belle-sœur eût été antérieur au don à eux » fait desdits immeubles; telle est l'espèce de » l'arrêt d'Hillerin, du 14 mai 1675, rapporté » au *Journal du palais*. D'où je conclus (con- » tinue le commentateur), qu'un père ayant » cautionné son gendre, grève la part de ses » autres enfans, lorsque, outre le rapport qui » se fait entre lesdits enfans, des meubles et » argent que les autres ont reçus par leur » contrat de mariage, en qualité d'héritiers, » ils profitent des biens-fonds desdits père et » mère donateurs. Il est donc plusieurs cas où » le cautionnement fait par le père pour l'un » de ses enfans, grève la part et portion des » autres; et l'arrêt du 21 août 1683 ne fait que » confirmer cette jurisprudence, puisqu'il est » rendu dans un cas où tous les enfans ne pro- » fitaient entre eux, par le moyen du rapport, » que de mobilier et de deniers dont quelques- » uns d'iceux avaient été avantagés, lesquels » rapports et avantages ne pouvaient être éten- » dus aux créanciers ».

» Il faudrait donc, pour pouvoir appliquer à notre espèce la décision de l'arrêt de 1683, que la dame Lacouture ne se fût pas rendue héritière de Jean Collet, son aïeul, par représentation de Guy-Antoine Collet, son père; il faudrait qu'elle n'eût fait, en renonçant à la succession de son aïeul, qu'y rapporter des effets mobiliers dont elle ou son père eussent été gratifiés à titre particulier et entre-vifs par Jean Collet. Or, est-ce bien là l'espèce de la cause qui nous occupe en ce moment? Rien ne le prouve, rien même ne permet de le présumer. La dame Lacouture a paru devant les premiers juges, elle a paru devant la cour d'appel, elle paraît encore devant vous, comme co-héritière pure et simple de son oncle Collet-Duhamel, dans la succession de son aïeul; elle ne peut donc pas invoquer ici le principe sur lequel est fondé l'arrêt de 1683. La décision qu'elle attaque, est donc à l'abri de toute critique, non-seulement d'après la jurisprudence du ci-devant parlement de Rouen, mais même d'après celle du ci-devant parlement de Paris (1).

» Ce n'est pourtant pas encore à dire pour cela que sa demande en cassation doive être rejetée; car au moyen qu'elle cherche si mal-à-propos à faire sortir de l'art. 434 de la coutume de Normandie, elle en joint un autre qu'elle puise dans les lois des 24 août 1793 et 24 fri- maire an 6; et celui-ci exige un examen tout particulier.

» Deux questions se présentent à cet égard : le moyen dont il s'agit, est-il recevable dans la bouche de la dame Lacouture? c'est la première; est-il fondé? c'est la seconde.

» Le défendeur prétend d'abord que la dame Lacouture n'est pas recevable à vous proposer ce moyen. Ce n'est pas la dame Lacouture, dit-il, qui a fait devant la cour d'appel de Caen, l'offre d'un remboursement en transfert d'inscriptions; cette offre n'a été faite que par Collet-Duhamel; Collet-Duhamel pourrait donc seul être admis à se plaindre du rejet de cette offre; mais il ne s'en plaint pas : il acquiesce à l'arrêt de la cour d'appel de Caen, et son acquiescement doit fermer la bouche à la dame Lacouture.

» Ce raisonnement, Messieurs, peut éblouir

(1) *V.* l'article *Avantages aux héritiers présomptifs*, §. 7.

au premier aspect ; mais il ne soutiendra pas le choc d'une discussion tant soit peu réfléchie.

» La dame Lacouture n'a été assignée dans la cause, que comme caution de Collet-Duhamel ; les moyens que Collet-Duhamel a employés pour sa propre défense, ont donc été, de plein droit, communs à la dame Lacouture.

» Si donc il a été porté atteinte aux droits de Collet-Duhamel par l'arrêt qui a rejeté ses moyens, les droits de la dame Lacouture sont nécessairement blessés par le même arrêt ; et Collet-Duhamel a beau le respecter, la dame Lacouture n'en est pas moins recevable à se pourvoir.

» Inutile d'objecter que, devant la cour d'appel de Caen, la dame Lacouture s'est retranchée dans un moyen qui lui était absolument particulier.

» En employant ce moyen, elle n'a pas renoncé à celui que faisait valoir Collet-Duhamel ; et par cela seul qu'elle n'y a pas renoncé, la loi veut qu'elle soit considérée comme y ayant donné une adhésion expresse. Pourquoi cela ? parce que, pour nous servir des termes de Pothier, *des obligations*, part. 4, n. 61, *la dépendance de l'obligation d'une caution de celle du débiteur principal, fait regarder* la caution et le débiteur principal *comme étant la même partie, à l'égard de tout ce qui est jugé pour ou contre le débiteur principal*.

» De là vient que, lors même que la caution n'a pas figuré nommément dans l'instance sur laquelle est intervenu le jugement qui a condamné ou absous le débiteur principal, ce jugement a, pour ou contre elle, la même autorité que pour ou contre celui-ci ; et c'est ce qu'explique parfaitement Pothier (« Si le débiteur principal (ce » sont ses termes), a eu congé de la demande du » créancier, pourvu que ce ne soit pas sur des » moyens personnels à ce débiteur principal, la » caution DEPUIS POURSUIVIE , peut opposer » au créancier l'exception de la chose jugée. Si » pro servo meo fidejusseris, et mecum de pecu- » lio actum est, si posteà tecum eo nomine » agitur, excipiendum est de re judicatâ ; loi 21 , » §. 4, D. de exceptione rei judicatæ. Le » créancier ne peut, en ce cas, répliquer que » c'est res inter alios judicata ; car étant de » l'essence du cautionnement, que l'obligation » de la caution dépende de celle du débiteur » principal, qu'elle ne puisse devoir que ce » qu'il doit, qu'elle puisse opposer toutes les » exceptions in rem qui peuvent être par lui » opposées ; il s'ensuit que tout ce qui est jugé » en faveur du débiteur principal, est censé » l'être en faveur de la caution, qui doit à cet » égard être censée la même partie que lui. » Vice versâ , lorsque le jugement a été rendu » contre le débiteur principal, le créancier peut » l'opposer à la caution, et demander qu'il soit » exécutoire contre lui ».

» De là vient encore que, dans le même cas , c'est-à-dire, lorsque la caution n'a pas été partie dans le jugement rendu contre le débiteur principal, elle peut en appeler, quoiqu'il acquiesce lui-même: à sententiâ (dit la loi 5 , D. de appel- lationibus), à sententiâ inter alios dictâ appel- lari non potest, nisi ex justâ causâ ; veluti si quis in coheredum præjudicium se condemnari patitur... Item fidejussores pro eo pro quo inter- venerunt : igtur et venditoris fidejussor, emptore victo , appellabit, licet emptor et venditor ad- quiescant.

» La dame Lacouture pourrait donc, non- obstant l'acquiescement de Collet-Duhamel, appeler d'un jugement de première instance , dans lequel elle n'aurait pas été partie, et qui aurait rejeté l'offre de Collet-Duhamel par en transfert d'inscriptions. Elle pourrait donc aussi, car il y a parité absolue de raison, elle pourrait donc aussi , nonobstant l'acquiesce- ment de Collet-Duhamel, se pourvoir en cas- sation contre l'arrêt du 12 thermidor an 10, même dans le cas où elle n'y eût pas été partie ; elle serait donc , même dans ce cas , censée avoir employé pour sa propre défense, tous les moyens que Collet-Duhamel a employés pour la sienne. Et à combien plus forte raison ne doit-elle pas être admise à se pourvoir contre un arrêt qui a été rendu avec elle ? à combien plus forte raison ne doit-on pas considérer cet arrêt comme rejetant, à son préjudice, l'offre faite par Collet-Duhamel de rembourser en inscriptions sur le grand-livre ?

» Mais, dit-on, Collet-Duhamel a pu et peut encore, par suite de son acquiescement, disposer de ses inscriptions. S'il l'a fait, ou s'il vient à le faire, quel intérêt la dame Lacouture peut- elle avoir d'attaquer le jugement qui a rejeté l'offre d'un remboursement en transfert ? Evi- demment elle n'en a aucun ; son recours en cassation est donc sans objet.

» Effectivement, MM. , ce recours est sans objet, s'il est vrai que Collet-Duhamel ait actuel- lement disposé de ses inscriptions ; mais il a un objet très-réel et très-important dans l'hypo- thèse contraire. Que faudrait-il donc , pour écarter, par défaut d'intérêt, le recours de la dame Lacouture ? Il faudrait prouver qu'à l'ins- tant même où nous parlons, Collet-Duhamel n'a plus en son pouvoir les inscriptions sur le grand-livre dont il s'agit. Or , cette preuve, on ne la rapporte pas ; le recours de la dame Lacouture n'est donc pas dénué d'intérêt ; il est donc recevable.

» Mais est-il fondé, ou, en d'autres termes, les lois des 24 août 1793 et 24 frimaire an 6 ont-elles été violées par la disposition de l'arrêt du 12 thermidor an 10, qui est relative aux inscriptions offertes par Collet-Duhamel à Leca- mus ? Voilà ce qu'il nous reste à examiner.

et cette partie de la cause n'est pas la moins intéressante.

» Il est reconnu, par l'arrêt attaqué, que la créance de Lecamus sur Collet-Duhamel, provient de la vente que le premier a faite au second, le 13 novembre 1775, de plusieurs offices qui ont été supprimés en 1790; qu'elle était, par le contrat de vente même, hypothéquée spécialement et par privilége sur ces offices; que, par la suppression de ces offices, et à raison de leurs finances, Collet-Duhamel est devenu *créancier direct de la nation ; et* qu'il n'a reçu pour remboursement de ces finances, que des inscriptions sur le grand-livre.

» Cela posé, que manquait-il à Collet-Duhamel, pour pouvoir se libérer par le transfert de ces mêmes inscriptions à Lecamus? Il réunissait certainement toutes les conditions exigées par l'art. 66 de la loi du 24 août 1793 et par l'art. 83 de la loi du 24 frimaire an 6; car, d'un côté, il était *créancier direct de la nation ;* et de l'autre, les inscriptions sur le grand-livre qu'il a reçues en payement de sa créance, il les a reçues par suite de la liquidation d'offices sur lesquels Lecamus avait une hypothèque spéciale et privilégiée au moment de leur suppression.

» Nous disons qu'au moment de la suppression de ces offices, Lecamus avait sur eux une hypothèque spéciale et privilégiée ; et cette assertion, quoique contredite par Lecamus, n'en est pas moins certaine. Qu'importe en effet que Lecamus ne se soit pas trouvé opposant au sceau, à l'instant où ces offices ont été supprimés ? Le défaut d'opposition au sceau des provisions d'un office, ne privait pas le créancier non opposant de son hypothèque sur le prix de l'office même ; elle le faisait seulement colloquer après les créanciers qui avaient eu soin de former opposition ; et il conservait envers les créanciers non opposans comme lui, le rang de son hypothèque et même de son privilége. Cela était ainsi réglé par l'art. 4 de l'édit de février 1683 : « Si aucun des créanciers (portait-il) » ne s'est opposé au sceau, ou si tous les créanciers opposans au sceau étant payés, il » reste une partie du prix à distribuer, la distribution s'en fera premièrement en faveur » des créanciers privilégiés, ensuite au profit » des créanciers hypothécaires, suivant l'ordre » de leurs hypothèques ; le surplus sera distribué » entre tous les autres créanciers par contribution... ».

» Quel est donc le motif qui a pu déterminer la cour d'appel de Caen, à rejeter l'offre faite par Collet-Duhamel, de rembourser Lecamus en inscriptions ? Vous l'avez entendu, MM.; la cour d'appel de Caen a jugé que Collet-Duhamel ne pouvait pas réclamer le bénéfice de l'art. 66 de la loi du 24 août 1793, parce qu'il s'était chargé par le contrat du 13 novembre 1775, de payer à l'acquit de Le-

camus, diverses rentes dont celui-ci était débiteur envers des tiers ; et voici le raisonnement qu'elle a fait à cet égard : Collet-Duhamel ne pourrait rembourser Lecamus en inscriptions, que dans le cas où ce serait à Lecamus lui-même qu'il dût payer ce qu'il lui redoit. Or, ce n'est pas entre les mains de Lecamus qu'il doit ni qu'il peut faire ce payement ; il ne peut le faire qu'entre les mains des créanciers indiqués par le contrat du 13 novembre 1775. ainsi le veut la loi qu'il s'est imposée par ce contrat même ; il s'est donc privé à l'avance, par ce contrat, du bénéfice de la loi du 24 août 1793; la disposition de cette loi ne lui est donc pas applicable.

» Ce raisonnement est spécieux, mais est-il d'accord avec les principes ? L'est-il surtout avec le texte de la loi du 24 août 1793 ? Par le texte de cette loi, Collet-Duhamel est autorisé à rembourser en inscriptions sur le grand-livre, ses *créanciers personnels ayant hypothèque spéciale ou privilégiée sur l'objet* de la liquidation duquel ces inscriptions sont le résultat. Or, encore une fois, Lecamus avait certainement hypothèque spéciale et privilégiée sur les offices vendus par lui en 1775 à Collet-Duhamel. Il ne reste donc plus qu'à savoir si, malgré l'indication de payement stipulée par le contrat de 1775, il était encore *créancier personnel* de ce dernier.

» Et sur cette question, que nous disent les principes? Quel effet font-ils résulter de l'indication de payement, et par rapport à celui qui la stipule, et par rapport à ceux au profit desquels elle est stipulée ? Est-ce de transférer, de la tête du premier sur celle des seconds, la créance qu'elle a pour objet ? Nullement. Écoutons Pothier, *des obligations,* n. 57 : « Si, » par le contrat, je vous vends un tel héritage » pour la somme de 1000 lv. *que vous payerez* » *à Pierre,* je ne stipule point pour un autre ; » c'est pour moi et non pour Pierre que je stipule cette somme de 1000 lv : Pierre n'est » donc dans la convention, que comme une » personne à qui je donne pouvoir de la recevoir pour moi et en mon nom, c'est ce que » les Romains appelaient *adjectus solutionis* « *gratiâ*........ CE N'EST PAS EN SA PERSONNE, MAIS EN LA MIENNE, QUE RÉSIDE LA » CRÉANCE DE CETTE SOMME; lorsqu'il la reçoit, » c'est de ma part et en mon nom qu'il la » reçoit ; et en la recevant, il se forme entre » lui et moi, ou un contrat de *mandat,* si mon » intention était qu'il me rendît compte, ou » une *donation,* si mon intention était de la lui » donner » ; doctrine si vraie, si constante, que, de l'aveu de tous les jurisconsultes, l'indication de payement stipulée par un vendeur au profit de son créancier, peut toujours être révoquée par le vendeur lui-même, concurremment avec l'acquéreur, tant que le créancier ne l'a pas acceptée. Vous avez même jugé, le 24 frimaire an 10; au rapport de M. Oudot; que le vendeur poursuivi par le créancier indiqué par lui dans le contrat de vente, peut, après l'avoir payé, exiger de l'acquéreur le prix que ce dernier s'était obligé de verser, à son acquit, entre les mains du créancier indiqué ; vous l'avez ainsi jugé, en cassant un jugement du tribunal civil des Basse-Alpes, du 13 pluviôse an 8, qui avait décidé le contraire ; et vous avez motivé votre arrêt sur les lois romaines qui établissent que, *pour opérer la délégation, il faut le concours, de la volonté, 1.° du débiteur déléguant, 2.° de son débiteur délégué, 3.° de son créancier délégataire;* d'où vous avez tiré la conséquence, que le créancier du débiteur déléguant n'ayant pas accepté l'indication de payement stipulée à son profit, le débiteur délégué était toujours demeuré débiteur personnel du débiteur déléguant.

» C'est sur le même fondement que, le 3 messidor an 11, au rapport de M. Coffinhal et sur les conclusions de M. Pons, vous avez rendu un arrêt dont voici l'espèce.

» Le 2 mars 1761 ; Anne-Françoise Balland, femme Lieffroy, avait vendu à Antoine Briffault un office de procureur, moyennant une rente perpétuelle de 625 livres, au principal de 12,500 livres.

» Le 22 février 1776, Briffault avait revendu cet office à Bénigne Balland, sous la condition de payer à la femme Lieffroy, première venderesse, la rente de 625 liv. qu'elle s'était réservée par l'acte de 1761.

En 1790, l'office fut supprimé, et la finance en ayant été convertie en une inscription sur le grand-livre de 625 francs au principal de 12,500 francs, les ayant - cause de Bénigne Balland offrirent cette inscription à la femme Lieffroy, en remboursement de la rente qu'ils étaient obligés, d'après le contrat de 1776, de lui payer à l'acquit d'Antoine Briffault.

La femme Lieffroy refusa cette offre, et cependant fut condamnée à la recevoir, par arrêt de la cour d'appel de Besançon du 27 ventôse an 9.

» Mais sur son recours en cassation, vous
» avez annullé cet arrêt. « attendu (avez-vous
» dit) que l'une des conditions dont l'art. 66
» de la loi du 24 août 1793 fait dépendre la
» faculté de rembourser en inscriptions, est
» que celui à qui on offre le remboursement,
» soit *créancier personnel* de l'offrant ; que,
» dans la circonstance actuelle, cette condition exigée par la loi ne se rencontre pas,
» la femme Lieffroy n'ayant traité qu'avec
» Briffault et non pas avec Balland, dernier
» titulaire, en n'ayant pas accepté celui-ci pour
» débiteur de sa rente d'où il suit que la loi a
» été étendue d'un cas à un autre ».

» Il est donc bien démontré que, nonobstant l'indication de payement stipulée par Lecamus

dans le contrat de vente du 13 novembre 1775, Lecamus est toujours demeuré *créancier personnel* de Collet, son acquéreur ; et d'après cela, comment a-t-on pu refuser à Collet la faculté de rembourser Lecamus en inscription ?

» C'est, a-t-on dit, parce que Collet, en s'obligeant de payer à des créanciers indiqués, s'était ôté le droit de payer à son créancier personnel. Oui, il se l'était ôté, mais eu égard à l'ordre des choses qui existaient au temps du contrat ; il se l'était ôté, mais dans la supposition que les offices dont il faisait l'acquisition, ne seraient pas supprimés, ou qu'en cas de suppression, la finance lui en serait remboursée en monnaie ordinaire. Il ne se l'était pas ôté pour le cas alors imprévu et impossible à prévoir ; où il surviendrait des lois qui, d'une part supprimeraient ses offices, et, de l'autre, ne lui en restitueraient le prix qu'en rentes sur l'Etat, avec faculté de les employer au remboursement de son créancier personnel, c'est-à-dire, de Lecamus.

» Et inutilement vient-on objecter le silence de la loi du 24 août 1793 sur les clauses par lesquelles on aurait d'avance renoncé à ses dispositions.

» Il est vrai que cette loi ne déroge pas expressément aux stipulations qui contrarient le mode de remboursement qu'elle introduit ; et dès qu'elle n'y déroge pas, il semblerait que ces clauses dussent conserver leur effet ; car, règle générale, les contrats sont la loi privée des parties; et cette loi ne cesse d'exercer son empire que là où la loi publique vient y mettre obstacle.

» Mais si la loi du 24 août 1793 ne déroge pas en termes exprès et positifs, aux stipulations qui auraient pu, à l'avance, prescrire un mode de remboursement contraire à celui qu'elle autorise, n'y déroge-t-elle pas virtuellement et d'une manière implicite, disons mieux, n'y déroge-t-elle pas nécessairement..... (1) ?

» Et après tout, quand on pourrait imaginer, en cette matière, un genre quelconque de stipulations auxquelles la loi du 24 août 1793 n'aurait pas nécessairement dérogé, il serait du moins impossible de ne pas regarder cette loi comme dérogatoire à la stipulation résultante d'une simple indication de payement; cela est aussi aisé à concevoir qu'à expliquer.

» Pour ne parler ici que de notre espèce, qu'a fait Lecamus en chargeant Collet-Duhamel, par le contrat de 1775, de payer diverses rentes à son acquit? Nous l'avons déjà dit, il n'a point rendu Collet *débiteur personnel* des créanciers de ces rentes ; il est au contraire demeuré *créancier personnel* du montant de ces rentes envers Collet ;

---

(1) Ici j'ai répété les développemens qui se trouvent sur cette question, à l'article *Inscription sur le grand livre*, §. 3.

et à ce seul titre, Collet peut l'obliger, d'après le texte de la loi du 24 août 1793, de recevoir son remboursement en inscriptions; car la loi du 24 août 1793 ne distingue pas entre le créancier personnel qui a fait une indication de payement, et le créancier personnel qui n'a stipulé rien de semblable.

» Si Lecamus, au lieu de se borner, dans son contrat de vente à la stipulation d'une simple indication de payement, eût fait intervenir dans ce contrat ses propres créanciers, et qu'il leur eût par une délégation parfaite, transporté sa créance sur Collet-Duhamel avec l'hypothèque privilégiée dont elle était munie, que serait-il arrivé? Collet-Duhamel, devenu par là débiteur personnel des créanciers de Lecamus, aurait pu, d'après la loi du 24 août 1793, les rembourser par un transfert d'inscriptions. Car le délégataire, le cessionnaire du créancier personnel du propriétaire d'inscriptions, est à ce titre, créancier personnel de celui-ci; et à ce titre, celui-ci peut le forcer à recevoir son remboursement en transfert. Outre que tel est évidemment le vœu de la loi du 24 août 1793, c'est ainsi qu'elle a été constamment exécutée; et nous en avons la preuve dans trois arrêts de la cour: le premier, rendu à la section des requêtes le 12 brumaire an 9, au rapport de M. Bailly, et conformément à nos conclusions, sur le recours de Lucas; le second rendu à la même section le 27 pluviôse an 11, au rapport de M. Poriquet, sur le recours de Magny; le troisième, rendu en cette section, le 28 floréal suivant, au rapport de M. Coslinhal, en faveur des sieur et dame Bernard, contre le sieur Vaurenard, cessionnaire de la créance de leur propre créancier (1). Or, la condition de Collet-Duhamel peut-elle être, par l'effet d'une simple indication de payement, pire qu'elle serait par l'effet d'une délégation parfaite? Peut-il, parce qu'il n'est pas obligé personnellement envers les créanciers de son vendeur, être contraint à payer autrement qu'il ne pourrait l'être, si les créanciers de son vendeur avaient une action directe contre lui? Non assurément, la raison et l'équité s'accordent avec la loi pour repousser une pareille bizarrerie.

» Et par ces considérations, nous estimons qu'il y a lieu de casser et annuller l'arrêt de la cour d'appel de Caen du 12 thermidor an 10, en tant qu'il rejette l'offre de Collet-Duhamel de rembourser Lecamus en inscriptions ».

Arrêt du 17 fructidor an 12, au rapport de M. Boyer, qui,

« Vu l'art. 66 de la loi du 24 août 1793, ainsi conçu.....;

» Considérant que l'acte du 13 novembre 1775, dans lequel les créanciers des rentes hypothé-

quées sur les offices des notaires à Seez, ne sont pas intervenus et auxquels ils ne paraissent pas avoir ultérieurement adhéré, ne contient pas une délégation parfaite, mais une simple indication de payement incapable d'opérer une véritable novation;

» Que, nonobstant cette indication de payement, Lecamus, vendeur, n'est pas moins resté créancier de Collet-Duhamel, acheteur, pour la portion du prix restée dans les mains de ce dernier, et destinée au payement des rentes, et n'en a pas moins conservé une hypothèque spéciale et privilégiée sur les offices, objet de la vente dont il s'agit;

» Que, d'après cela, l'article précité de la loi du 24 août 1793 était applicable à l'espèce; et qu'aux termes de cet article, Collet-Duhamel, devenu créancier direct de la nation par la suppression et la liquidation desdits offices était autorisé à rembourser son vendeur par un transfert de l'inscription à lui délivrée;

» Considérant que le jugement attaqué, en privant Collet-Duhamel de cette faculté, a évidemment violé l'article susénoncé; et que, nonobstant le défaut de pourvoi de sa part contre ce jugement, tous les moyens de cassation qui existeraient en sa faveur, s'il se fût pourvu, compétent et doivent profiter aux mariés Lacouture, ses cautions, qui ont figuré avec lui dans les instances principale et d'appel, qui sont passibles des condamnations prononcées contre lui, et qui se sont pourvus de leur chef contre ledit jugement;

» Par ces motifs, la cour, sans s'arrêter ni avoir égard aux fins de non-recevoir proposées par le défendeur, casse et annulle le jugement rendu par le tribunal d'appel séant à Caen, le 12 thermidor an 10.... ».

§. II. *Les transferts, qui sont faits par l'État, de rentes qui lui appartiennent, sont-ils, à l'égard des tiers, soumis aux dispositions des art. 1690 et 1691 du Code civil?*

V. l'article *Transport (Cession de)*, §. 6.

Au surplus, *V.* l'article *Inscription sur le grand livre.*

TRANSIT. *Les marchandises étrangères peuvent-elles être introduites en France, pour transiter à l'étranger, sans être accompagnées du certificat d'origine prescrit par l'art. 13 de la loi du 10 brumaire an 5?*

V. l'article *Marchandises anglaises*, §. 4.

TRANSLATION DE PRISONNIERS. *V.* l'article *Président de Cours d'assises.*

TRANSPORT (CESSION ET) — §. I. 1.° *Avant le Code civil, les lois per diverses et ab*

---

(1) *V.* l'article *Inscription sur le grand livre.*

Anastasio *étaient-elles en vigueur dans la Belgique* ?

2.° *Étaient-elles applicables à la cession que faisait un débiteur à son créancier, pour se libérer envers lui* ?

V. l'article *Droits litigieux*, §. 2.

§. II. *De la discussion du débiteur cédé de la part du cessionnaire.*

V. sous les mots *Billet de commerce*, les détails dans lesquels je suis entré sur cette matière, dans un plaidoyer du 24 ventôse an 10.

§. III. *Des Cessions et Transports de droits successifs.*

V. l'article *Droits successifs (cession de)* et *Retrait successoral.*

§. IV. *Quelles différences y a-t-il entre la subrogation et le transport?*

V. l'article *Subrogation*, §. 1.

§. V. *Pour conserver au cessionnaire d'une créance privilégiée ou hypothécaire, le privilége ou l'hypothèque de cette créance, est-il nécessaire que l'acte de cession et transport soit inscrit au bureau des hypothèques?*

V. l'article *Subrogation*, §. 3.

§. VI. 1.° *Quels sont l'objet direct et le véritable sens de l'art. 1690 du Code civil? en résulte-t-il que tant que le transport, quoiqu'ayant une date certaine, qui n'est pas signifié au débiteur, les créanciers du cédant peuvent faire saisir et arrêter la créance cédée; et que, si le cédant vient à faillir avant la signification du transport, la créance cédée ne peut pas être revendiquée par le cessionnaire?*

2.° *La cession que fait l'État de rentes qui lui appartiennent, est-elle soumise à la règle générale d'après laquelle le cessionnaire n'est réputé propriétaire à l'égard des tiers, que du jour de la signification du transport au débiteur?*

3.° *Le cessionnaire d'une créance peut-il former tierce-opposition au jugement qui, postérieurement au transport, mais avant que la signification en soit faite au débiteur, a été rendu entre celui-ci et le cédant, et par lequel la créance a été déclarée éteinte?*

I. Transporter une créance moyennant un prix, c'est la vendre, la transporter gratuitement, c'est la donner. Le transport est donc, indépendamment des règles spéciales qui le con-

cernent, soumis aux règles générales de la vente et de la donation.

Or, la donation est par elle-même translative de propriété, sans qu'il soit besoin de tradition ou délivrance. Le droit romain en disposait tout autrement; mais l'art. 938 du Code civil le décide expressément ainsi.

L'art. 1583 décide la même chose par rapport à la vente. «Elle est parfaite (dit-il), et la pro- » priété est acquise de plein droit à l'acheteur à » l'égard du vendeur, dès qu'on est convenu de » la chose et du prix, quoique la chose n'ait pas » encore été livrée ni le prix payé ».

Et il est évident, d'après cela, qu'en déclarant que *le cessionnaire n'est saisi à l'égard des tiers, que par la signification du transport faite au débiteur*, l'art. 1690 n'a pas pour objet de faire, de la signification du transport au débiteur, une condition, soit de la validité intrinsèque du transport même, soit de la translation de propriété qui en résulte au profit du cessionnaire. Son unique objet est donc d'établir que, quoiqu'intrinsèquement valable et translatif de propriété, entre le cédant et le cessionnaire, le transport est néanmoins sans effet à l'égard des tiers, tant que le débiteur n'en a pas reçu la notification ou qu'il ne l'a pas prévenue par une acceptation authentique.

Mais quel est le sens qu'il attache à ces mots : *le cessionnaire n'est saisi à l'égard des tiers, que par la signification du transport au débiteur?*

Veut-il dire que, tant que le transport n'est pas signifié au débiteur, la créance cédée est toujours censée, dans l'intérêt des tiers, appartenir au cédant?

Bien évidemment il n'est pas possible de lui supposer une autre intention.

Cependant il se présente une petite difficulté:

La signification du transport n'est, relativement aux tiers, que la délivrance que le cessionnaire est censé recevoir de la chose cédée, par les mains du cédant.

Mais la délivrance est-elle nécessaire, d'après les nouvelles règles établies par le Code civil, pour que l'acquéreur soit réputé saisi à l'égard des tiers de la chose qui lui a été vendue?

Elle ne l'est certainement pas pour les choses immobilières : du moment qu'est passé, entre le vendeur et l'acquéreur d'un immeuble, le contrat par lequel le premier déclare transférer au second la propriété de ce bien, l'acquéreur en est tellement réputé saisi à l'égard des tiers, que le vendeur ne peut plus, même avant de s'en être dessaisi de fait, l'aliéner ni l'hypothéquer à son préjudice, et que, si ses créanciers antérieurs conservent jusqu'à la transcription du contrat et même pendant toute la quinzaine suivante, le droit de faire inscrire sur ce bien les hypothèques qu'ils avaient précédemment acquises, c'est par une exception qui n'est pas dans l'esprit du Code civil et n'a été introduite que par l'art. 834 du Code de procédure.

Comment donc pourrait-il en être autrement en fait de vente ou transport d'une créance?

Cela peut paraître singulier; et cependant on ne peut douter que cela ne soit. L'art. 1690 est trop positif pour que l'on n'en induise pas que le législateur a voulu établir, par rapport aux tiers, une différence entre la vente d'un immeuble et la vente d'une créance.

Mais jusqu'où devons-nous étendre les effets du défaut de saisine à l'égard des tiers, qui résulte, suivant l'art. 1690, de ce que ni le cédant ni le cessionnaire n'ont encore fait signifier le transport au débiteur?

Devons-nous en conclure que, jusqu'à la signification du transport, les créanciers du cédant peuvent faire saisir et arrêter la créance qu'il a cédée; et que le transport non-signifié avant la faillite du cédant, ne peut pas être opposé à la masse de ses créanciers?

Pourquoi non?

L'art. 108 de la coutume de Paris renfermait la même disposition que l'art. 1690 du Code civil. Eh bien! deux arrêts des 1.er juillet et 28 septembre 1592 avaient jugé que les créanciers du cédant devaient être préférés au cessionnaire sur la créance cédée, lorsqu'ils l'avaient fait saisir avant que le cessionnaire eût fait signifier le transport au débiteur (1).

Le parlement de Toulouse avait adopté, pour son ressort, la disposition de l'art. 108 de la coutume de Paris; et en conséquence, un arrêt de cette cour, du 7 août 1674, avait jugé qu'*avant l'acceptation ou signification du transport, l'obligation appartenait toujours au cédant et demeurait par conséquent sujette à l'hypothèque de ses créanciers* (2), hypothèque qui alors s'exerçait, dans le ressort de cette cour, sur les meubles et les créances comme sur les immeubles.

Quelle raison y aurait-il de ne pas appliquer à l'art. 1690 du Code civil, l'interprétation que ces arrêts avaient donnée à l'art. 108 de la coutume de Paris?

Il ne peut y en avoir qu'une, et elle est bien faible.

Ce serait de dire que le sens vague de l'article 1690 est déterminé par l'art. 1691, et que tout ce qui résulte du premier, c'est que, comme l'établit le second, « si, avant que le cédant ou » le cessionnaire ait signifié le transport au dé- » biteur, celui-ci avait payé le cédant, il sera » valablement libéré ».

Mais comment ne sent-on pas que l'art. 1691 n'a été placé à la suite de l'art. 1690, que pour lever le doute qu'eût pu laisser celui-ci sur la question de savoir si, sous le mot *tiers*, il comprenait le débiteur de la créance cédée?

Ce doute eût été sûrement bien mal fondé; mais de ce que le législateur a cru devoir le prévenir par une explication surabondante, il ne s'ensuit pas que l'on puisse regarder cette explication comme restrictive de l'art. 1690. La disposition de l'art. 1690 est générale; et appliquer, comme le fait l'art. 1691, cette disposition générale à un cas particulier, ce n'est certainement pas la restreindre.

Eh! comment l'art. 1691 restreindrait-il l'article 1690 par l'application spéciale qu'il en fait au débiteur? Sa disposition elle-même n'est pas restreinte, en ce qui concerne le débiteur, au cas où il a payé le cédant avant la signification du transport : elle est commune, ainsi que l'a jugé l'arrêt de la cour de cassation, du 16 juillet 1816, rapporté au n.º suivant, à tout ce qui se fait entre le cédant et le débiteur, et même aux jugemens rendus en faveur de l'un contre l'autre, avant que le transport ait été signifié à celui-ci; ce qui assurément forme une preuve sans réplique que l'explication donnée par l'art. 1691 à l'art. 1690, est, comme on le disait tout-à-l'heure, purement surabondante; ce qui, par conséquent, achève de démontrer que les termes de l'art. 1690, *à l'égard des tiers*, doivent être entendus et appliqués dans toute la latitude de leur sens ordinaire.

Aussi la cour royale de Paris a-t-elle jugé par arrêt du 13 décembre 1814, rapporté dans le *Journal des audiences de la cour de cassation* (1815, pag. 70 du supplément), que les créanciers d'un failli étaient fondés à retenir au profit de la masse, le montant d'une créance qu'il avait transportée par acte authentique, plusieurs mois avant l'ouverture de sa faillite, mais dont ni lui ni son cessionnaire n'avaient, avant cette époque, fait signifier le transport au débiteur.

II. Les seconde et troisième questions se sont présentées dans l'espèce suivante, que je copie littéralement, dans le bulletin civil de la Cour de Cassation.

Il s'agissait de savoir:

» 1.º Si le débiteur d'une rente qui a été cédée par le créancier, peut être valablement libéré, à l'égard du cessionnaire, par un jugement qui est intervenu entre lui et le cédant, avant que le transport ait été signifié, et qui a déclaré la rente éteinte par prescription;

» 2.º Si le cessionnaire peut être recevable à former tierce-opposition à ce jugement;

» 3.º Si ce jugement ne doit pas avoir l'autorité de la chose jugée contre la demande que forme ensuite le cessionnaire, en payement de la rente;

---

(1) *Répertoire de jurisprudence*, au mot *Transport*, n. 2.

(2) *Ibid.*

» 4.° Si les dispositions des art. 1690 et 1691 du Code civil, sont applicables aux transferts de rentes, consentis par l'Etat.

» Les religieux du prieuré de Longueville étaient propriétaires d'un moulin, appelé *le moulin de pierre*, situé en la commune d'Offranville, arrondissement de Dieppe, auquel était attaché un droit de banalité.

» Par acte passé en justice le 16 octob. 1614, ce moulin et ses dépendances furent adjugés et fieffés, par la voie des enchères, au sieur Delesnable, bourgeois de Dieppe, moyennant 120 liv. tournois et quatre mines de blé froment, le tout de rente foncière et irraquitable.

» Dans l'adjudication fut compris, au profit du feudataire, le droit de *bannette*, ou bannalité, sur les sujets des religieux du prieuré de Longueville.

» Le 9 août 1752, un sieur Gente, représentant de la famille Delesnable, revendit le même moulin, avec ses dépendances et avec le droit de banalité y attaché, à Martin Foulogne, auteur des demandeurs en cassation, moyennant une rente perpétuelle de 60 liv., et en outre à la charge par l'acquéreur de payer aux religieux du prieuré de Longueville la rente de 120 livres tournois et de quatre mines de froment.

» Pendant la révolution, la communauté de ces religieux fut détruite et ses biens furent dévolus à la nation, qui devint en conséquence propriétaire de la rente de 120 livres tournois et de quatre mines de froment.

» Le 4 prairial an 11, en exécution d'un arrêté des consuls du 27 prairial an 8, le directeur de l'enregistrement et des domaines dans le département de la Seine inférieure, transféra la propriété de cette rente aux administrateurs des hospices civils de la ville de Rouen, avec tous les arrérages qui échoiraient à compter du jour du transfert.

» Mais les administrateurs des hospices ne firent pas notifier le transfert aux débiteurs de la rente; ils négligèrent également, pendant plus de six ans, de demander le payement des arrérages de cette rente; et le payement en fut, au contraire, demandé par les agens du gouvernement, même pour un temps postérieur au transfert.

» En effet, le 15 thermidor an 13, plus de deux ans après le transfert, le directeur des domaines à Rouen décerna contre les représentans de Martin Foulogne une contrainte en payement de la somme de 2000 francs, pour dix années de ladite rente, échues les 1.er vendémiaire et 13 pluviôse précédens. Le 17 du même mois de thermidor, la contrainte fut notifiée à la requête des administrateurs de l'enregistrement et des domaines.

» Les héritiers Foulogne y formèrent opposition, et traduisirent l'administration de l'enregistrement devant le tribunal de première instance de Dieppe. Dans leur mémoire, ils expo-

sèrent que l'administration de l'enregistrement aurait dû faire donner copie des titres en vertu desquels elle réclamait la rente; qu'ils ne connaissaient pas ces titres; que seulement ils savaient que leur père et leur aïeul avaient possédé, pendant plus de cinquante ans, le moulin de pierre; qu'en supposant que la rente réclamée fût originairement due, il suffisait qu'elle n'eût pas été payée pendant plus de cinquante-un ans, pour que la réclamation de l'administration ne fût pas recevable, et que l'administration ne pût, en vertu de titres prescrits, faire revivre une rente, pour en grever des héritiers.

» A l'audience du 8 fructidor suivant, le tribunal rendit un jugement par lequel, sur la demande même du receveur au bureau de l'enregistrement de Dieppe, il renvoya la cause à la première audience d'après les vacances, et ordonna que, dans le délai d'un mois, l'administration des domaines fournirait son mémoire, et que les héritiers Foulogne répondraient dans le mois suivant.

» L'administration de l'enregistrement ne fournit pas de mémoire en réponse, et laissa rendre, par défaut contre elle, le 20 brumaire an 14, un jugement dont voici les termes : « considérant » qu'il est articulé et non méconnu que la rente » réclamée par l'administration de l'enregistre- » ment et des domaines, n'a pas été servie depuis » plus de cinquante-un ans; considérant que le » laps de temps élève une fin de non-recevoir » insurmontable contre l'administration; con- » sidérant que l'administration des domaines n'a » fourni aucun mémoire en exécution du juge- » ment du 8 fructidor dernier; qu'elle n'a produit » aucune pièce à l'appui de sa demande, et » qu'ainsi elle est censée reconnaître le principe » qui lui est opposé et souscrire à l'abandon de » son action; le tribunal décharge les héritiers » Foulogne de l'effet de la contrainte ».

» L'administration des domaines forma opposition à ce jugement, avec assignation à un jour fixe; mais elle ne déduisit pas ses moyens d'opposition, et, par acte extra-judiciaire du 5 frimaire an 14, elle notifia aux héritiers Foulogne, qu'elle se désistait de ladite opposition, ainsi que de l'assignation donnée en conséquence, qu'elle n'entendait en suivre l'effet, et qu'elle voulait que lesdites opposition et assignation fussent regardées comme nulles et non avenues.

» Le 11 du même mois de frimaire, intervint un troisième jugement, provoqué par les héritiers Foulogne, qui leur donna acte du désistement notifié par l'administration des domaines, et ordonna que le jugement du 20 brumaire précédent sortirait son plein et entier effet.

» Ce ne fut que près de quatre ans après ces divers jugemens, le 25 octobre 1809, que les administrateurs des hospices civils de Rouen notifièrent aux héritiers Foulogne le transfert, qui leur avait été consenti par le gouvernement, de

la rente de 120 livres et de quatre mines de froment, et qu'ils firent assigner ces héritiers devant le tribunal civil de Dieppe, pour les faire
condamner au payement de la somme de
1067 fr. 82 cent. pour cinq ans quatre mois et
cinq jours d'arrérages de ladite rente, et, en
outre, à passer acte de reconnaissance.

» En défenses à cette demande, les héritiers
Foulogne firent signifier aux administrateurs
des hospices les deux jugemens qu'ils avaient
obtenus, les 20 brumaire et 11 frimaire an 14,
contre l'administration des domaines, et soutinrent que, d'après ces jugemens qui avaient
déclaré la rente éteinte et prescrite, les administrateurs des hospices étaient non recevables dans
leur action.

» Les administrateurs des hospices se rendirent tiers-opposans à ces deux jugemens.

» Les héritiers Foulogne conclurent à ce que
la tierce-opposition fût déclarée non recevable,
en vertu des art. 1690 et 1691 du Code civil et
de l'art. 474 du Code de procédure civile, subsidiairement qu'elle fût déclarée mal fondée.

» Au fond, ils soutinrent, encore subsidiairement, 1.° que la rente était prescrite, 2.° qu'elle
était mélangée de féodalité.

» Par jugement du 18 juin 1812, le tribunal de
Dieppe débouta les administrateurs des hospices
de Rouen, tant de leur tierce-opposition aux
jugemens des 20 brumaire et 11 frimaire an 14,
que des fins de leur demande, mais par le motif
seulement que la rente était mélangée de féodalité.

» Sur l'appel interjeté par les administrateurs
des hospices, les héritiers Foulogne reprodui-
sirent tous les moyens qu'ils avaient proposés
en première instance, et notamment la fin de
non-recevoir contre la tierce-opposition.

» Par arrêt du 18 novembre 1813, la cour
royale de Rouen a infirmé le jugement de Dieppe
et condamné les héritiers Foulogne à payer les
arrérages de rente, réclamés par les administrateurs des hospices de Rouen, et à passer acte
de reconnaissance.

» Son motif, quant aux moyens tirés de l'autorité de la chose jugée par les jugemens des
20 brumaire et 11 frimaire an 14, et de la fin
de non-recevoir contre la tierce-opposition formée auxdits jugemens, est ainsi conçu : « at-
» tendu que, lors de ces jugemens, le gouver-
» nement n'était plus propriétaire de la rente
» dont il s'agit, mais bien les hospices de
» Rouen, au moyen du transfert qui leur en
» avait été fait le 4 prairial an 11, et que, dans
» cet état, la régie des domaines n'avait d'in-
» térêt et d'action que pour le recouvrement des
» arrérages de cette rente, antérieurs à ce trans-
» fert, et ne pouvait valablement procéder et
» contracter des erremens sur la propriété dont
» le gouvernement était dessaisi ».

» Les héritiers Foulogne ont proposé contre

cet arrêt un principal moyen de cassation,
qui a été fondé sur une violation, 1.° des
art. 1690 et 1691 du Code civil et de l'art. 474
du Code de procédure civile, en ce que l'arrêt
dénoncé a reçu la tierce-opposition des administrateurs des hospices de Rouen aux jugemens qui
avaient été rendus contre l'administration des domaines, avant que les administrateurs des hospices eussent notifié le transfert qui leur avait
été consenti ; 2.° de l'art. 1351 du Code civil,
en ce que l'arrêt avait anéanti ces jugemens, qui
avaient acquis l'autorité de la chose jugée.

» A l'appui de ce moyen, les demandeurs
ont dit :

» 1.° Qu'aux termes des art. 1690 et 1691 du
Code civil, le gouvernement, qui avait transféré
aux administrateurs des hospices de Rouen, le 4
prairial an 11, la rente dont il s'agit, était cependant resté saisi de cette rente, à l'égard des
débiteurs, tant que le transfert ne leur avait pas
été notifié ; que ce n'était que par la notification
du transfert, que les cessionnaires avaient pu
être saisis de la propriété de la rente, à l'égard
des débiteurs ; qu'ainsi, jusqu'à la notification du
transfert, le gouvernement avait pu valablement
procéder et contracter des erremens sur la propriété de la rente, à l'égard des débiteurs, et
qu'en conséquence il avait pu valablement libérer ces débiteurs, soit par un jugement, soit par
une quittance ;

» 2.° Que, jusqu'à la notification du transfert,
le gouvernement représentait, à l'égard des débiteurs de la rente, les propriétaires ou cessionnaires de cette rente ; et qu'ainsi les cessionnaires étaient non-recevables, aux termes de
l'art. 474 du Code de procédure civile, à former
tierce opposition aux jugemens rendus, les 20
brumaire et 11 frimaire an 14, entre le gouvernement et les débiteurs de la rente ;

» 3.° Que la demande formée, en 1809, par
les administrateurs des hospices de Rouen, était
précisément la même que celle sur laquelle il
avait été statué par les jugemens rendus avec
la régie des domaines, c'est-à-dire, avec le gouvernement, les 20 brumaire et 11 frimaire an 14;

» Qu'en effet la régie des domaines demandait,
en l'an 14, les arrérages de la rente, non pas
seulement jusqu'au transfert du 4 prairial an 11,
mais jusqu'au 1.er vendémiaire an 13 ; et que
les administrateurs des hospices de Rouen ont
demandé les arrérages de la même rente, pendant cinq ans quatre mois cinq jours, jusqu'au
25 octobre 1808, ce qui remonte au 5 prairial
an 12 ; qu'il y a donc déjà identité entre les deux
demandes, quant à la partie d'arrérages, du 4
prairial an 12 au 1.er vendémiaire an 13 ;

» Qu'il y a, de plus, identité entière relativement au principal et à l'existence même de la
rente ; puisque, d'une part, sur la demande
formée, en 1814, par la régie des domaines,
les demandeurs ont opposé que la rente au

principal était prescrite pour n'avoir pas été servie depuis plus de cinquante-un ans ; que c'est, en adoptant le moyen de prescription, que, le jugement, du 20 brumaire an 14, a débouté la régie des domaines de sa demande ; que la régie des domaines, en se départant de l'opposition qu'elle avait formée à ce jugement, a par-là même reconnu que la rente était prescrite et par-là même a libéré irrévocablement les demandeurs, du payement de la rente ; et que, d'autre part, la demande formée, en 1809, par les administrateurs des hospices de Rouen, ayant pour objet le service et le payement de la même rente, en vertu du transfert qui leur en a été consenti par le gouvernement, il est incontestable que c'était précisément la même demande qui avait été écartée par les jugemens des 20 brumaire et 11 frimaire an 14 ;

» Que d'ailleurs les deux demandes ont eu lieu entre les mêmes parties et formées par elles et contre elles en la même qualité, puisqu'en l'an 14 le gouvernement représentant les hospices de Rouen, à l'égard des débiteurs de la rente, à défaut de notification du transfert ;

» De tout quoi les demandeurs ont conclu qu'aux termes de l'art. 1351 du Code civil, les jugemens des 20 brumaire et 11 frimaire an 14 avaient l'autorité de la chose jugée contre la demande des administrateurs des hospices de Rouen.

» Les défendeurs ont répondu :

» 1.º Que les demandeurs étaient non-recevables à proposer encore la fin de non-recevoir qu'ils font résulter de l'art. 474 du Code de procédure civile, contre la tierce-opposition aux jugemens rendus avec la régie des domaines ; qu'en effet ils avaient présenté cette fin de non-recevoir devant le tribunal de première instance de Dieppe ; mais que ce tribunal n'y avait eu aucun égard, puisqu'il n'avait débouté les hospices de leur demande, que par le seul motif que la rente était mélangée de féodalité ; et qu'ainsi les demandeurs n'ayant pas interjeté appel du jugement rendu par le tribunal de Dieppe, n'étaient plus recevables à reproduire la fin de non-recevoir rejetée par ce jugement ;

» 2.º Que la demande formée, en 1814, par la régie des domaines, n'était pas la même que celle que les hospices avaient formée en 1809 ; puisque la rente n'avait plus le droit de demander, après le transfert du 4 prairial an 11, que les arrérages de la rente, antérieurs au transfert, et qu'aussi elle n'avait demandé que ces arrérages ; mais que les hospices n'ont demandé que les arrérages échus postérieurement au transfert, et qu'en outre ils ont demandé qu'il fût passé reconnaissance ou titre nouvel de la rente, ce qui n'avait pas été réclamé par la régie des domaines ;

» 3.º Que la disposition de l'art. 1690 du Code civil n'est pas applicable à un transfert de

rentes, consenti par l'Etat ; que cette espèce de transfert est une vente de biens nationaux ; qu'il est généralement reconnu que les domaines nationaux, leur régime et leur aliénation ont des principes qui leur sont propres et qui font exception au droit commun ; et qu'en effet, ni la loi du 21 ventôse an 8, qui a ordonné l'aliénation des rentes dues à l'Etat, ni l'arrêté du gouvernement, du 27 prairial suivant, qui a réglé la forme de la transmission de ces rentes, n'ont exigé la notification des transferts ;

» 4.º Qu'au surplus l'art. 1690 du Code civil dit bien que le cessionnaire n'est saisi, à l'égard des tiers, que par la signification du transport, faite au débiteur ; mais que les tiers mentionnés dans cette disposition, ne comprennent pas le débiteur lui-même ; que ce sont ceux qui peuvent avoir droit, du chef du créancier, à l'objet qui a été transporté ; et qu'aussi l'article mentionne séparément et différemment les tiers et le débiteur ;

» Qu'il n'y a qu'une exception relative au débiteur ; qu'elle est exprimée dans l'art. 1691, et que c'est pour le cas où, avant que le cédant ou le cessionnaire eût signifié le transport au débiteur, celui-ci aurait payé le cédant ; que, dans ce cas, le débiteur serait valablement libéré ; mais que la loi ayant précisé le cas d'exception, sa disposition doit y être renfermée, et ne peut pas s'étendre à un autre cas non-exprimé ; qu'ainsi, d'après le texte de l'art. 1691, le débiteur doit-être libéré, s'il a payé le cédant qui aura reçu au mépris du transport non-signifié ; mais qu'il ne s'ensuit pas que le cédant puisse compromettre sur la créance cédée, en faire la remise gratuitement, enfin l'anéantir par sa seule volonté ; et que c'est alors le cas de l'application de la règle, *res inter alios acta alteri nocere non potest.*

» Sur tout quoi, ouï le rapport fait le 15 de ce mois, par M. Chabot de l'Allier, commandeur de l'ordre royal de la légion-d'honneur, conseiller en la cour, les observations faites par Duprat, avocat des demandeurs, et par Champion, avocat des défendeurs, ensemble les conclusions de M. Henri Larivière, avocat-général, et après qu'il en a été délibéré cejourd'hui en la chambre du conseil ;

» Vu les art. 1351, 1690 et 1691 du Code civil et l'art. 474 du Code de procédure civile ;

» Attendu, 1.º que, sur l'appel qui avait été interjeté par les défendeurs, du jugement rendu par le tribunal de première instance de Dieppe, les demandeurs avaient le droit de reproduire, pour obtenir la confirmation du jugement, tous les moyens qu'ils avaient proposés en première instance ; qu'aussi, sur cet appel, les défendeurs n'ont pas conclu à ce que les demandeurs fussent déclarés non-recevables dans les moyens non-adoptés dans les motifs du jugement ; et qu'en effet l'arrêt dénoncé a statué sur ces moyens, en les discutant au fond, et non par fin de non-recevoir;

» 2.º Que c'était un principe établi par les lois anciennes, et qui a été confirmé par l'art. 1690 du Code civil, que le cessionnaire d'une créance n'en est saisi, à l'égard des tiers, que par la signification du transport faite au débiteur, et qu'ainsi le cédant reste toujours saisi de la propriété de la créance, à l'égard des tiers, tant que le transport n'a pas été signifié; que c'est en appliquant ce principe, que l'art. 1691 a disposé que le débiteur serait valablement libéré, s'il avait payé au cédant, avant la signification du transport; qu'il résulte conséquemment des deux articles réunis et combinés, que le cédant, puisqu'il reste saisi à l'égard du débiteur, peut procéder en justice avec ce débiteur, sur la propriété même de la créance, tant que le transport n'a pas été signifié, et qu'ainsi, par une autre conséquence également incontestable, ce débiteur peut être valablement libéré par un jugement qui est intervenu entre lui et le cédant, avant la signification du transport, comme il serait valablement libéré par une quittance que lui aurait donnée le cédant;

» 3.º Que les dispositions des art. 1690 et 1691, étant générales et sans limitation, doivent être appliquées aux transferts de rentes, consentis par l'Etat, puisqu'il n'existe aucune loi particulière qui ait prononcé une exception à l'égard de ces transferts, et que, d'ailleurs, les motifs d'intérêt public qui ont fait exiger, pour les transmissions de créances, les notifications des transports, s'appliquent évidemment aux rentes que l'Etat a transférées, et surtout à celles qu'il a transférées par de simples actes d'administration, qui ne sont pas rendus publics par l'insertion au bulletin des lois;

» 4.º Que dès-lors il est démontré que les défendeurs devaient être déclarés non-recevables, conformément à l'art. 474 du Code de procédure civile; dans la tierce-opposition qu'ils avaient formée aux jugemens rendus avec l'administration des domaines, les 20 brumaire et 11 frimaire an 14, puisqu'à défaut par eux d'avoir signifié le transfert de la rente, l'administration des domaines les représentait, lors desdits jugemens, pour la propriété de cette rente, à l'égard des débiteurs;

» 5.º Enfin, que les jugemens des 20 brumaire et 11 frimaire an 14, ayant déclaré la rente prescrite, pour n'avoir pas été servie pendant plus de cinquante-un ans, ont statué sur le principal et l'existence même de cette rente; qu'ils ont donc jugé précisément sur ce qui est devenu l'objet de la demande qu'ont formée en 1809 les défendeurs en cassation, et qu'en conséquence ils ont contre cette demande toute la force de l'autorité de la chose jugée :

» De tout quoi il suit que l'arrêt dénoncé, en déclarant recevable et bien fondée la tierce-opposition formée par les défendeurs, et en ne maintenant pas d'ailleurs l'autorité de la chose jugée, a formellement violé les art. 1351, 1690 et 1691 du Code civil, et l'art. 474 du Code de procédure civile;

» La cour, vidant le délibéré, sans s'arrêter à la fin de non-recevoir proposée par les défendeurs, casse et annulle l'arrêt rendu par la cour royale de Rouen ».

§. VII. *Quel est, contre les créanciers hypothécaires d'un immeuble, l'effet, soit de la cession et transport que le débiteur a faite, avant son expropriation, des loyers ou fermages de ce bien, soit de la quittance anticipée qu'il en a donnée au fermier ou locataire? Cette cession, cette quittance peuvent-elles empêcher que les loyers ou fermages ne courent au profit des créanciers hypothécaires, à compter du jour où doivent leur appartenir les fruits des biens qui leur sont hypothéqués?*

Si un créancier hypothécaire est tenu, lorsqu'il exerce les droits résultans de son hypothèque, de respecter les baux faits précédemment par son débiteur, il ne l'est du moins pas de laisser jouir les locataires ou fermiers, sans lui payer les loyers ou fermages échéans à compter de cette époque, ou ce qui revient au même, sans les payer à l'adjudicataire de l'immeuble affecté à sa créance, lequel, sans cela, en retiendrait le montant sur le prix de son adjudication, et, par là, diminuerait d'autant l'effet de l'hypothèque.

Cela résulte d'un principe que M. Tarrible a établi et démontré avec sa profondeur et sa sagacité ordinaires, à l'article *tiers-détenteur* du *Répertoire de jurisprudence*, n. 4, savoir, que le bail dont les loyers sont payés par anticipation, équipolle, en ce qui concerne les droits des créanciers hypothécaires, à la vente d'un droit d'usufruit pour un temps limité.

Car, de même qu'il ne peut y avoir nul doute que le créancier hypothécaire qui a acquis une hypothèque sur la pleine propriété d'un bien, ne puisse (comme le prouve très-clairement M. Tarrible, à l'endroit cité, n. 2) exercer cette hypothèque sur l'usufruit que son débiteur a ensuite transféré de ce bien à un tiers;

De même aussi, il ne peut pas être douteux que la quittance de loyers donnée par anticipation au locataire d'un bien hypothéqué, ou la cession anticipée de ces mêmes loyers, ne soit sans effet contre le créancier hypothécaire, pour les loyers qui échoient après le moment où il s'est mis en devoir d'exercer ses droits résultans de son hypothèque.

Il y a parité absolue de motifs pour l'un et l'autre cas; il doit donc y avoir parité absolue de décision.

Telle est d'ailleurs la conséquence nécessaire du principe que l'hypothèque affecte les fruits du bien hypothéqué, ni plus ni moins que le fonds du bien même.

A la vérité, tant que le créancier hypothécaire n'exerce pas les droits résultans de son hypothèque, le débiteur continue de percevoir les fruits ou les loyers et fermages qui en tiennent lieu; et il peut s'en jouer à son gré.

Mais à l'instant où le créancier hypothécaire met ses droits en mouvement, les fruits suivent le sort du fonds, et deviennent son gage comme le fonds.

C'est sur cette base que reposent l'art. 2176 du Code civil et les art. 689 et 691 du Code de procédure.

L'art. 2176 du Code civil porte que *les fruits de l'immeuble hypothéqué sont dus* au créancier hypothécaire *par le tiers-détenteur, à compter du jour de la sommation de payer ou délaisser.*

Pourquoi le créancier hypothécaire a-t-il droit aux fruits à compter du jour indiqué par cet article ? C'est évidemment parce que c'est ce jour-là qu'il met en activité les droits résultans de son hypothèque.

Il les met également en activité, lorsqu'il saisit réellement le fonds hypothéqué. Et voilà pourquoi l'art. 689 du Code de procédure déclare que *les fruits échus depuis la dénonciation de la saisie immobilière au saisi, seront immobilisés, pour être distribués avec le prix de l'immeuble par ordre d'hypothèque.* Voilà pourquoi l'art. 691 ajoute que *si les immeubles sont loués par bail ayant une date certaine avant le commandement, il en sera des loyers ou fermages échus depuis la dénonciation faite au saisi, comme des fruits mentionnés en l'art.* 689.

Ce sont là deux manières d'exercer des droits hypothécaires; mais ce ne sont pas les seules. Aussi les articles cités ne les indiquent-ils pas en termes exclusifs, ils n'en parlent que *demonstrationis causâ;* et la disposition de ces articles s'applique également, par la force du principe que j'ai dictées, au cas où le débiteur ayant aliéné volontairement l'immeuble hypothéqué, les créanciers hypothécaires se font colloquer dans l'ordre du prix.

C'est ce qu'a jugé formellement un arrêt de la cour de cassation, dont voici l'espèce.

Par actes notariés des 1.er et 7 février 1809, le sieur Binda cède et transporte à la dame Négri, les loyers à échoir jusques et y compris le 31 décembre 1810, par les sieurs Rizetti et Alessio, locataires d'une maison qui lui appartient, mais qui est grevée de plusieurs hypothèques.

Le 3 novembre 1809, le sieur Binda vend cette maison au sieur Merletti.

Le sieur Merletti fait notifier son contrat d'acquisition aux créanciers inscrits; et en conséquence, il intervient, le 9 juillet 1810, un

jugement d'ordre qui le condamne à leur payer le prix entier de la maison, *avec les intérêts à partir du jour de la vente.*

En exécution de ce jugement, le sieur Merletti paye aux créanciers inscrits le capital de son prix, avec les intérêts qui en ont couru depuis le 3 novembre 1809.

Subrogé, par là, aux droits des créanciers inscrits, ainsi que le décide expressément l'art. 1251 du Code civil, il réclame les loyers échus depuis la vente.

La veuve Négri lui oppose les cessions anticipées que le sieur Binda lui a faites de ces loyers par les actes des 1.er et 7 février 1809.

Jugement qui prononce en faveur de la veuve Négri; et sur l'appel, arrêt confirmatif du 20 février 1811, « Attendu que Merletti n'a pu acquérir de Binda que les droits que celui-ci avait sur la maison dont est cas; que Binda, lors du contrat de Merletti, n'avait plus la disponibilité des loyers par lui précédemment donnés *in solutum* à la dame Négri ».

Recours en cassation de la part du sieur Merletti; et le 5 novembre 1813, arrêt au rapport de M. Chabot, par lequel,

« Vu les art. 1251, 2091 et 2166 du Code civil;

» Attendu 1.º qu'il résulte de la disposition générale de l'art. 2166, que les créanciers qui ont acquis privilège ou hypothèque sur un immeuble, ont droit, non-seulement sur le prix de l'aliénation de cet immeuble, mais encore sur les intérêts du prix à compter du jour de l'aliénation; qu'en effet, à compter de l'aliénation faite par le débiteur, ou prononcée contre lui, le prix entier de la vente volontaire ou de l'adjudication forcée appartient et doit être distribué aux créanciers inscrits, jusqu'à concurrence de leurs créances; et que ce prix se compose, non-seulement de la somme principale qui a été fixée pour l'aliénation, mais encore des intérêts à échoir, qui sont un accessoire du principal; d'où il suit que les créanciers inscrits ont droit à ces intérêts, nonobstant toutes ventes ou cessions anticipées qui pourraient avoir été faites par le débiteur, ou de ces intérêts, ou des revenus qui les représentent; qu'autrement, le débiteur qui serait menacé d'une expropriation forcée, ou qui aurait l'intention de vendre, pourrait impunément porter préjudice aux droits de ses créanciers et s'enrichir à leurs dépens, en consentant des ventes ou cessions, à prix comptant, des revenus de l'immeuble hypothéqué, pour un grand nombre d'années à échoir; qu'aussi l'art. 2091 dispose expressément que l'antichrèse qui a été consentie par le débiteur, ne préjudicie point aux droits que des tiers pourraient avoir sur l'immeuble remis à titre d'antichrèse; et que l'antichrèse n'étant autre chose qu'une cession des fruits d'un immeuble, il est évident que la cession de revenus qui ne doivent écheoir qu'après l'aliénation de l'immeuble, ne peut pas, plus que l'antichrèse, être opposée aux tiers qui ont des droits hypothécaires sur l'immeuble aliéné;

» Que l'art. 1251 dispose que la subrogation a lieu de plein droit, au profit de l'acquéreur d'un immeuble qui emploie le prix de son acquisition au payement des créanciers auxquels cet héritage était hypothéqué;

» Que l'arrêt dénoncé a évidemment violé les articles précités, en décidant que le demandeur, qui, en vertu d'un jugement d'ordre, avait payé aux créanciers colloqués le prix entier de la maison par lui acquise, ensemble les intérêts échus depuis la vente, ne pouvait, comme exerçant les droits de ces créanciers, exiger le payement des loyers de la maison échus depuis la vente, quoiqu'ils représentent les intérêts qu'il a payés; et que la cession de ces loyers, faite par le débiteur avant la vente, au profit d'un créancier qui n'a pas été utilement colloqué par le jugement d'ordre, doit néanmoins sortir son effet, tant contre les créanciers colloqués que contre l'acquéreur;

» Par ces motifs, la cour casse et annulle...».

TRANSPORTS MILITAIRES. *L'entrepreneur général des transports militaires est-il justiciable des tribunaux de commerce, pour l'exécution des traités qu'il fait avec des particuliers ?*

V. l'article *Tribunal de commerce* , §. 5.

TRÉFONCIER. *Des titres qui donnent à un ci-devant seigneur la qualité de seigneur tréfoncier d'un marais, prouvent-ils que ce ci-devant seigneur en est propriétaire à l'exclusion de la commune qui y a fait paître ses bestiaux dans tous les temps ?*

V. l'article *Usage (droit d')* , §. 5.

TRIAGE. — §. I. 1.º *Les communes peuvent-elles, en vertu de l'art.* 8 *de la loi du 28 août* 1792 *, revendiquer les portions de leurs biens communaux qui, avant l'ordonnance des eaux et forêts de* 1669 *, avaient été distraites, par droit de triage , au profit de leurs ci-devant seigneurs?*

2.º *Peuvent-elles les revendiquer sur l'Etat subrogé aux corporations ecclésiastiques à qui les ci-devant seigneurs les avaient transportées à titre de donation ?*

3.º *Une copie collationnée en l'absence du ci-devant seigneur, d'un acte prétendu signé de lui et énonçant que tel bien lui a été abandonné par la commune pour son droit de triage , fait-elle preuve contre lui et contre ses successeurs, que c'est effectivement à titre de triage qu'il est devenu possesseur de ce bien ?*

Le 22 juin 1793, la commune de Villotte s'est pourvue contre l'Etat en délaissement d'un bois de 134 arpens, nommé la *Forêt-l'Abbé* qu'elle a prétendu lui avoir anciennement appartenu et que l'Etat possédait alors comme représentant, soit médiatement, soit immédiatement les ci-devant seigneurs de Villotte.

Pour justifier sa réclamation, elle a produit la copie que les prêtres-chapelains mipartistes-sémiprébendiers de Châtillon-sur-Seine, lui avaient fait signifier le 3 mai 1739, d'un contrat passé le 24 août 1644 entre elle et Marie Gailliard, dame de villotte.

Par cet acte, la commune avait vendu à Marie Gailliard un bois de 256 arpens, qui était énoncé tenir *à la forêt appelée* l'Abbé *, nouvellement coupée, appartenant à ladite demoiselle, laquelle lesdits habitans ont fait voir par divers titres avoir été d'ancienneté donnée en qualité de seigneur et premier habitant du lieu dans lesdits bois communaux, dont ladite demoiselle est contente, quitte lesdits habitans et se départ de toute l'action qu'elle et ses successeurs et ayant-cause pourraient intenter d'eux pour ce.*

Le 18 frimaire an 2, sentence arbitrale qui adjuge à la commune les 134 arpens de bois. Appel; et le 22 nivôse an 11, arrêt par lequel, « considérant qu'il est parfaitement vérifié par l'acte du 24 août 1644, produit par la commune de Villotte, qu'elle possédait anciennement le canton de bois dit la *Forêt-l'Abbé*, et qu'elle en a été dépouillée par l'effet de la puissance féodale......, puisque son ci-devant seigneur n'avait aucun droit de s'en emparer, soit en sa qualité de seigneur, soit en celle de premier habitant; le tribunal (d'appel de Dijon) dit qu'il a été bien jugé ».

Le préfet du département de la Côte-d'Or se pourvoit en cassation. Trois moyens sont employés à l'appui de son recours : 1.º violation de l'art. 1 de la loi du 28 août 1792, qui ne fait remonter la révocation des triages que jusqu'à l'année 1669; 2.º fausse application de l'art. 8 de la même loi, qui, rapproché de l'art. 1, ne peut évidemment être entendu des distractions de biens communaux faites au profit des seigneurs à titre de triage; 3.º contravention aux art. 3 et 13 de la même loi, qui interdisent aux communes toute réclamation contre les tiers-acquéreurs particuliers des biens qu'elles seraient d'ailleurs fondées à revendiquer sur leurs ci-devant seigneurs, si ceux-ci les possédaient encore.

« De ces trois moyens (ai-je dit à l'audience de la section civile, le 14 brumaire an 13), il en est un qui, en supposant exact le fait sur lequel il est fondé, rendrait inutile la discussion des deux autres : c'est le troisième.

» En effet, si, comme le soutient aujourd'hui

le préfet du département de la Côte-d'Or, les prêtres chapelains de Châtillon-sur-Seine, qui, de l'aveu de la commune défenderesse, n'ont jamais été seigneurs de Villotte, étaient, immédiatement avant la révolution, possesseurs du *bois-l'Abbé* ; et si en conséquence, c'est comme succédant à leurs droits en vertu de la loi du 2 novembre 1789, que la république a pris alors possession de ce bois ; — Il est évident que la république ne pourrait être considérée, relativement à ce même bois, que, comme représentant des tiers-acquéreurs ; et que, par une suite nécessaire, l'arrêt attaqué, en l'évinçant de sa possession, aurait violé les art. 3, 4 et 13 de la loi du 28 août 1792.

» Et inutilement, dans cette hypothèse, objecterait-on au préfet du département de la Côte-d'Or, que, d'après son propre exposé, les prêtres-chapelains de Châtillon-sur-Seine n'étaient pas tiers-acquéreurs à titre onéreux. Inutilement insisterait-on sur ce que, dans les art. 3, 4 et 13 de la loi du 28 août 1792, il n'est parlé que des tiers-acquéreurs par vente, bail à cens, bail à rente ou emphytéose.

» Sans examiner si ce ne serait pas donner à ces articles un sens forcé, que de les restreindre aux tiers-acquéreurs à titre onéreux; sans examiner si, dans l'art. 3 (qui commence par déclarer de la manière la plus indéfinie, que les dispositions des deux articles précédens *n'auront lieu qu'autant que des ci-devant seigneurs se trouveront en possession actuelle des portions de bois et autres biens dont les communes auront été dépossédées sous prétextes de triage ou de tiers-deniers)*; si, disons-nous, dans cet article, le mot *vendu* ne doit pas être entendu comme synonyme du terme *aliéné*, qui est beaucoup plus général; sans examiner si cette interprétation n'est pas justifiée par l'art. 4 qui assimile aux ventes énoncées dans l'art. 3, les aliénations par bail à cens, à rente ou à emphytéose; sans examiner si elle n'est pas, en quelque sorte, nécessitée par l'art. 9 de la section 4 de la loi du 10 juin 1793; qui maintient les tiers-possesseurs quarantenaires des biens enlevés aux communes par leurs ci-devant seigneurs, lorsque ces tiers-possesseurs ne sont pas *acquéreurs volontaires, ou donataires, héritiers ou légataires du fief à titre universel*, c'est-à-dire, lorsque, soit par contrat à titre onéreux, soit par pur don, ils n'ont pas acquis l'universalité du fief duquel dépendaient ces biens; en un mot, lorsque eux-mêmes ne sont pas devenus seigneurs; sans examiner tout cela, nous demanderons pourquoi les prêtres-chapelains de Châtillon-sur-Seine ne devraient pas, dans notre espèce, être envisagés comme acquéreurs à titre onéreux du *bois-l'Abbé* ?

» C'est, dit-on, parce que le préfet du département de la Côte-d'Or expose lui-même, dans son mémoire, sans néanmoins le prouver en

aucune manière, que le *bois-l'Abbé* avait été donné par les ci-devant seigneurs de Villotte aux prêtres-chapelains de Châtillon-sur-Seine, à *titre de dotation.*

» Était-ce donc faire à l'Eglise une concession purement gratuite, que de lui donner pour cause de dotation d'un nouvel établissement ? Non, car ces sortes de donations emportaient toujours l'obligation de prier pour leurs auteurs; et cette obligation était tellement regardée comme une cause onéreuse, que lorsqu'un seigneur détachait du gros de sa seigneurie un bien quelconque pour le donner à l'Eglise, il était censé par là faire un jeu de fief, parce que les prières qu'il se réservait, étaient assimilées à un cens. C'est ce que M. Henrion prouve par des détails aussi savans que lumineux, dans ses *Dissertations féodales*, article *franche-aumône*; et c'est ce qui a été jugé par un arrêt du parlement du 14 juillet 1778, qu'il rapporte dans le même article, §. 23.

» Mais au surplus, toute discussion sur ce point se trouve absolument sans objet, par le défaut de preuve du fait allégué pour la première fois devant vous par le préfet, que le *bois-l'Abbé* était dans la possession des prêtres-chapelains de Châtillon-sur-Seine à l'époque où la loi du 2 novembre 1789 a investi la république de toutes les propriétés du clergé.

» La chose reviendrait cependant au même, quant au résultat, si la possession de ce bois ne fût advenue à la république que par droit de succession à un autre corps ou établissement ecclésiastique qui n'eût pas plus été seigneur de Villotte, que ne l'étaient les prêtres-chapelains de Châtillon-sur-Seine. Et à cet égard, vous n'avez pas oublié les observations qui vous ont été faites par M. le rapporteur. Il en résulte que, par une pétition du mois de janvier 1793, la commune de Villotte a exposé à l'administration centrale du département de la Côte-d'Or, que le *bois-l'Abbé était alors possédé par la nation, comme étant aux droits de l'abbaye de Notre-Dame de Châtillon dont dépendait la terre et seigneurie de Villotte* ; il en résulte que cette énonciation n'a pas été contredite par le préfet devant la cour d'appel, quoique la pétition dans laquelle elle était consignée, lui fût bien connue et fît partie des pièces du procès; il en résulte par conséquent que le préfet, après avoir plaidé devant la cour d'appel, comme représentant, au nom de l'Etat, un monastère ci-devant seigneur de Villotte, ne peut plus aujourd'hui changer l'état de la cause, en venant prétendre, sans ombre de preuve, qu'il n'a dû plaider, qu'il n'a plaidé en effet, que comme représentant, au nom de la république, des prêtres-chapelains à qui la seigneurie de Villotte n'avait jamais appartenu.

» Du reste, on voit dans l'acte du 24 août 1644, qu'à cette époque, *le bois-l'Abbé* appartenait encore à Marie Gailliard, dame de Villotte. On ne peut donc pas conclure de sa dénomination même de *bois-l'Abbé*, qu'il eût dès-lors appartenu à l'abbaye de Notre Dame de Châtillon, ni, par suite, que cette abbaye en eût fait l'acquisition à un titre différent de celui en vertu duquel elle a depuis fait l'acquisition de la seigneurie du lieu. Et dès-là, nul doute que nous ne devions ici considérer la république comme représentant l'ancien seigneur de Villotte ; nul doute par conséquent que nous ne devions vous proposer le rejet du troisième moyen de cassation du préfet du département de la Côte-d'Or.

» Ses deux autres moyens, de la manière dont il vous les présente, n'en forment, à proprement parler, qu'un seul. La cour d'appel de Dijon, dit-il, a violé l'art. 1 de la loi du 28 août 1792, et par-là même, elle en a faussement appliqué l'art. 8 ; réciproquement, elle en a faussement appliqué l'art. 8, et par-là même elle en a violé l'art. 1. Ces deux moyens, comme vous le voyez, rentrent absolument l'un dans l'autre : aussi le préfet ne vous les propose-t-il tous deux que pour faire résoudre en sa faveur une seule question, celle de savoir si, d'après l'art. 1 de la loi du 28 août 1792, qui ne révoque que les triages adjugés ou accordés aux ci-devant seigneurs depuis 1669, la cour d'appel de Dijon a pu réintégrer la commune de Villotte dans la propriété du *bois-l'Abbé*.

» Il est cependant une autre question, il est même une question préliminaire à celle-là, qui naît tout naturellement de la manière dont le préfet s'est défendu devant la cour d'appel de Dijon.

» Devant la cour d'appel de Dijon, le préfet opposait, comme moyen principal, à la commune de Villotte, le défaut d'authenticité de la pièce qu'elle produisait pour prouver que le *bois-l'Abbé* avait anciennement fait partie de ses propriétés communales. *La commune* (disait-il, l'arrêt attaqué en fait foi), *est d'autant plus mal fondée, qu'elle ne représente pas même une expédition authentique de l'acte du 24 août 1644.* Et il inférait de là que la commune de Villotte devait être déboutée, même dans le cas où, en thèse générale, les ci-devant seigneurs pourraient être évincés des triages exercés par eux avant l'ordonnance de 1669. Ainsi, la défense du préfet présentait à la cour d'appel de Dijon deux questions différentes, l'une principale, l'autre subsidiaire. La question principale consistait à savoir si la commune de Villotte avait rempli la condition écrite dans l'art. 8 de la loi du 28 août 1792, c'est-à-dire, si elle avait *justifié* que le *bois-l'Abbé* lui eût autrefois appartenu ; et la question subsidiaire à savoir si, en supposant cette condition remplie par les habitans, l'art. 1 de la loi du 28 août 1792 ne devait pas encore faire rejeter leur réclamation.

» Ces deux questions ont été jugées par la cour d'appel de Dijon au désavantage de l'Etat, et il était naturel que le préfet les reproduisît toutes deux devant vous. Il ne l'a pourtant point fait quant à la première, et nous ignorons pourquoi. Mais ce qu'il n'a point fait, notre ministère nous permet, nous oblige même, de le faire pour lui ; chargés par la loi du 27 ventôse an 8, de défendre les intérêts de l'Etat, d'après les mémoires qui nous sont remis par ses agens, nous pouvons, nous devons suppléer aux mémoires que ses agens nous remettent, ce qui nous paraît y manquer essentiellement. Et ce qui nous paraît manquer essentiellement au mémoire du préfet du département de la Côte-d'Or, c'est le moyen qu'offre à l'Etat l'art. 8 de la loi du 28 août 1792, considéré isolément, et abstraction faite du moyen subsidiaire que l'Etat peut tirer du premier article de la même loi.

» Il est évident en effet que l'art. 8 de la loi du 28 août 1792 a été violé par la cour d'appel de Dijon, si la copie représentée par la commune de Villotte, du contrat du 24 août 1644, ne peut pas faire foi contre l'Etat, si elle ne peut pas *justifier* contre l'Etat que le *bois-l'Abbé* a fait anciennement partie des biens de cette commune ; si elle ne peut pas prouver contre l'Etat que ce bois a été anciennement distrait des biens communaux de Villote, et adjugé par droit de triage au seigneur du lieu.

» Or, que disait à cet égard la commune devant la cour d'appel de Dijon ? Nous l'apprenons par l'arrêt attaqué : voici les termes qu'il met dans la bouche du défenseur de la commune elle-même : « l'objection faite par le préfet, que
» la commune de Villotte ne représente pas une
» expédition authentique du contrat du 24 août
» 1644, n'est pas fondée. En effet, elle en re-
» présente une copie en forme, puisque c'est une
» copie qui lui fut signifiée le 3 mai 1739, par
» les représentans du ci-devant seigneur, dans
» une contestation qui les divisait alors. Cette
» copie mérite donc la même confiance que si
» c'était une expédition ; elle fait une foi pleine
» et entière, n'est point suspecte ».

» Quels étaient *les représentans du ci-devant seigneur*, qui avaient fait signifier cette copie à la commune, le 3 mai 1739? Cette copie elle-même nous les indique : c'étaient les *prêtres-chapelains* de Châtillon-sur-Seine. Ceux-ci avaient effectivement fait signifier à la commune de Villotte, le 3 mai 1739, non *une expédition*, mais *une copie collationnée par un secrétaire du roi*, du contrat de vente du 24 août 1644 ; et ils la lui avaient fait signifier, comme établissant leur droit à des rentes que la commune avait, par le contrat de 1644, constituées au profit du ci-devant seigneur de Villotte, qui depuis les leur avait transportées.

» Mais les prêtres-chapelains de Châtillon-sur-Seine étaient-ils, en 1739, les *représentans du ci-devant seigneur* de Villotte, quant an *bois-l'Abbé*? En d'autres termes, le *bois-l'Abbé* était-il, en 1739, dans la possession des prêtres-chapelains de Châtillon-sur-Seine? A coup sûr, s'ils étaient, en 1739, possesseurs du *bois-l'Abbé*, ils l'étaient encore à la fin de l'année 1789, car ils n'ont pas pu l'aliéner depuis; et dans cette hypothèse, ce serait immédiatement de leurs mains que le *bois-l'Abbé* aurait passé dans celles de l'Etat ; dans cette hypothèse , l'Etat serait ici aux droits de tiers-acquéreurs non ci-devant seigneurs de Villotte; dans cette hypothèse, en un mot, le troisième moyen de cassation du préfet reprendrait toute sa force, il serait même inexpugnable. ,

» Il faut donc reconnaître qu'en 1739, les prêtres-chapelains de Châtillon-sur-Seine ne représentaient pas , quant au *bois-l'Abbé*, le ci-devant seigneur de Villotte; qu'ils ne le représentaient que relativement à des rentes et à d'autres objets particuliers que le ci-devant seigneur de Villotte leur avaient donnés ou vendus depuis 1644; qu'enfin ils n'étaient pas, en 1739, possesseurs du *bois-l'Abbé*.

» Mais s'ils n'étaient pas possesseurs du *bois-l'Abbé*, en 1739, c'est-à-dire, à l'époque de la signification qu'ils ont fait faire à la commune, d'une copie collationnée du contrat de 1644, comment cette copie pourrait-elle aujourd'hui faire foi contre l'Etat?

» Sans doute, elle ferait foi contre les prêtres-chapelains de Châtillon eux-mêmes , s'ils étaient en cause; et elle la ferait également contre l'Etat, si c'était d'eux que l'Etat tînt la possession du *bois-l'Abbé*; parce qu'il est de principe que toute pièce signifiée ou produite par une partie, fait foi contre elle et contre ses successeurs.

» Mais si l'Etat n'est, à l'égard des prêtres-chapelains de Châtillon, qu'une partie tierce; si ce n'était pas comme représentant les prêtres-chapelains de Châtillon, qu'il possédait, en 1793, le *bois-l'Abbé*, cette copie n'est, contre l'Etat, qu'une pièce informe, et la commune de Villotte n'en peut pas tirer contre l'Etat une preuve légale, et telle que l'exige l'art. 8 de la loi du 28 août 1792; — Pourquoi? Parce que, ni cette copie, ni la copie sur laquelle elle a été dressée, n'ont été faites contradictoirement avec l'Etat, ou , ce qui revient au même, avec le seigneur de Villotte que l'Etat est censé représenter; parce que cette copie a été faite par un huissier à la seule requête des prêtres-chapelains de Châtillon, et en l'absence du seigneur de Villotte; parce que c'était également en l'absence du seigneur de Villotte, qu'avait été collationnée la copie sur laquelle a été faite celle que cet huissier a signifiée le 3 mai 1739.

» Pour vous convaincre, Messieurs, de la justesse et de la solidité de cette raison, il suffira de vous rappeler la doctrine de Dumoulin

sur la foi due aux copies, doctrine d'autant plus respectable, d'autant plus imposante, qu'elle a été adoptée dans tous ses points, par les art. 1334 et 1335 du Code civil. Pothier l'analyse, l'explique et l'embrasse en entier dans son *Traité des obligations*; n. 731. et suivans.

» Il commence par distinguer entre les copies faites et certifiées par une personne publique, et les copies simples. Ce qu'il dit des copies simples, est étranger à notre sujet.

» A l'égard des copies faites et certifiées par une personne publique, il fait une sous-distinction. Ou elles ont été faites par l'autorité du juge, partie présente ou dûment appelée; ou elles ont été faites sans l'autorité du juge; mais en présence des parties; ou elles ont été faites hors la présence des parties, et sans qu'elles y aient été appelées de l'autorité du juge.

» Dans les deux premiers cas, la copie fait la même foi contre les parties qui y ont été présentes ou dûment appelées, que ferait l'original même.

» Dans le troisième cas, qui est celui de la cause actuelle, la copie ne fait pas preuve, mais seulement un indice, contre la partie qui n'a été ni présente ni dûment appelée à sa confection. « Cette décision (dit Pothier), a lieu, selon » Dumoulin, quand même la copie serait tirée » par le même notaire qui a reçu l'original. Par » exemple, j'ai passé procuration à Pierre, pré-» sent Gomet, notaire , pour vendre ma maison » à Jacques. Pierre vend ma maison à Jacques, » en vertu de cette procuration dont copie est » insérée en fin du contrat de vente; ce tte » copie est signée de Gomet, qui atteste qu'il l'a » copiée, mot pour mot, sur l'original qu'il a » reçu. Si l'on n'a plus que cette copie à m'op-» poser, elle ne fera point une preuve pleine et » entière contre moi, que j'ai donné pouvoir de » vendre ma maison; la raison est que cette » copie prouve bien qu'il y a un original sur » lequel elle a été tirée; mais n'ayant pas été » tirée avec moi, elle ne prouve point contre » moi que l'original sur lequel elle a été tirée » qu'on ne représente point, avait tous les » caractères pour faire foi; elle ne prouve point » que ma signature, qu'on dit dans cette copie » s'être trouvée au bas de l'original, fût effecti-» vement ma signature. Il est vrai que c'est le » notaire qui a reçu l'original et qui m'a vu » signer l'original , qui l'atteste; mais , dit » Dumoulin, un notaire ne peut attester et faire » pleine foi, sinon des choses qu'il est requis » d'attester par les parties : *non potest testari*, » *nisi de eo de quo rogatur à partibus*. Il ne peut » attester que ce qu'il voit et entend, *propriis* » *sensibus*, au temps qu'il l'atteste. Or, au temps » qu'il a fait cette copie, il voyait seulement » qu'il y avait un original; mais il ne me voyait » pas le signer; il n'était pas requis par moi » d'attester qu'il y eût un original en règle,

» véritablement signé de moi, sur lequel il a
» tiré la copie, puisqu'on la suppose tirée en
» mon absence; et, par conséquent, il n'a pu
» donner à cette copie la foi de l'original ».

» Telle est en effet la doctrine de Dumoulin,
et nous devons ajouter qu'elle est littéralement
conforme à celle de Lucas de Penna, dans son
Traité *de judiciis,* chap: 77, §. 34 : *copia non
probat,* ce sont ses termes, *etiam quod extracta
sit ab eodem notario rogato.*

» Nous ne devons pourtant pas dissimuler une
objection qui s'élève contre cette doctrine, et la
voici dans toute sa force.

» L'opinion de Dumoulin repose sur un principe qui était vrai de son temps, mais qui a cessé
de l'être depuis. Dumoulin se fonde sur ce que le
notaire qui a reçu la minute d'un contrat, n'a
pas été requis par les parties contractantes d'en
délivrer l'expédition ; et comme il est incontestable que le notaire ne peut faire pleine foi que
de ce que les parties l'ont requis d'attester, *nisi
de eo de quo rogatur à partibus,* Dumoulin en
tire la conséquence qu'en délivrant une expédition, il a fait ce que les parties ne l'avaient pas
requis de faire, conséquence qui amène naturellement celle qu'une pareille expédition ne
peut faire pleine foi contre la partie qui n'a été
ni présente ni dûment appelée à sa confection
et délivrance. Effectivement, lorsque Dumoulin
enseignait cette doctrine, les notaires n'étaient,
par le titre de leur institution, chargés de rien
autre chose que de rédiger les minutes des actes,
de les faire signer par les parties, et de les signer
eux-mêmes. La conservation des minutes, la
délivrance et la signature des expéditions, étaient
alors réservées à des officiers particuliers que l'on
nommait *Gardes - notes - Tabellions ;* en sorte
qu'aussitôt un acte passé, le notaire qui l'avait
reçu et transcrit sur son répertoire, était obligé
de leur en remettre la minute. Ainsi l'avait réglé
l'édit du mois de novembre 1542, dont l'exécution fut ordonnée par un autre du mois de
janvier 1584.

» Mais un nouvel édit du mois de mai 1597
réunit les offices de notaires à ceux de gardes-
notes-tabellions, et ordonna que ceux qui en
seraient pourvus à l'avenir, porteraient le titre
de *notaires-gardes-notes et tabellions héréditaires,*
*avec pouvoir de grossoyer et faire, chacun en
droit soi, les expéditions des actes par eux faits
et passés.* Cette loi n'ayant pas eu partout sa
pleine exécution, il y a été suppléé par un édit
du mois de février 1761, qui n'a excepté de sa
disposition que les ressorts du parlement de
Douay et du conseil d'Artois, dans lesquels les
offices de notaires ont continué d'être séparés de
ceux des gardes-notes-tabellions.

» Par ce nouvel ordre de choses, les notaires
se sont trouvés investis du droit d'expédier les
actes qu'ils avaient reçus ; dès-lors, toute partie
qui s'est adressée à un notaire pour passer un
acte, a été nécessairement censée lui donner la
mission d'expédier ce même acte ; et par une
suite nécessaire du principe même de Dumoulin,
que *notarius potest testari de eo de quo rogatur
à partibus,* toute expédition délivrée par un
notaire garde-note-tabellion, a dû faire pleine
foi de son contenu contre les signataires de la
minute, quoiqu'ils n'eussent été ni présens ni
juridiquement appelés à sa confection et délivrance. Aussi, voyons-nous que, depuis l'édit
du mois de mai 1597, et dans tous les lieux où
il avait reçu son exécution, on a tellement tenu
pour maxime que les expéditions délivrées par
un notaire faisaient foi jusqu'à inscription de
faux, que l'on a constamment refusé d'ordonner
l'apport des minutes, sous prétexte de différence entre leur teneur et celle des expéditions,
tant qu'il n'y avait pas d'inscription de faux
dirigée contre les expéditions elles-mêmes. Il
existe même à ce sujet un arrêt de règlement
du 13 avril 1723, par lequel le ci-devant parlement de Paris a fait défenses aux officiers
du bailliage de Gien, d'ordonner, hors le cas
d'inscription de faux, que les minutes des actes
passés devant notaires, seraient déposées dans
leur greffe.

» Ainsi, la doctrine de Dumoulin, sur la foi
des copies faites et certifiées par un notaire sans
le concours de la partie, a cessé d'être vraie, et
elle ne peut plus être invoquée, pour les *grosses*
ou *expéditions* qu'un notaire délivre des actes
dont il a par-devers lui les minutes. Ces grosses,
ces expéditions doivent faire et font réellement
pleine foi de leur contenu, tant que, par suite
d'une inscription de faux, elles ne sont pas jugées fausses.

» Mais cette doctrine a conservé sa base et
conséquemment toute sa force, pour les copies
notarices qui n'ont pas le caractère d'*expéditions* ou *grosses,* ou, en d'autres termes, pour
les copies que le notaire a faites et certifiées,
comme *notaire* proprement dit, et non comme
tabellion.

» Or, ici de quoi s'agit-il ? Est-ce une expédition de l'acte du 24 août 1644, que représentent
les habitans de Villotte ? Non, ils ne représentent que la copie signifiée par un huissier, d'une
copie collationnée par un secrétaire du roi à une
expédition délivrée par un notaire.

» Sans contredit, les secrétaires du roi pouvaient, comme les notaires, collationner des
copies aux actes que l'on leur représentait : c'était
même la seule fonction de notaire qu'il leur fût
permis d'exercer, quoiqu'ils en portassent primitivement le titre, et qu'il leur fût encore
donné dans leurs provisions. Mais en les colla-
tionnant, ils ne pouvaient pas leur imprimer
plus de foi que ne l'auraient fait les notaires eux-
mêmes ; et dès-là, le principe qu'une copie collationnée ne fait pas foi contre le tiers qui n'y
a pas été présent ni appelé, est tout aussi appli-

cable à une collation faite par un secrétaire du roi, qu'à une collation faite par un notaire.

» Ce principe, au surplus, a été consacré par plusieurs arrêts. Il y en a un, entre autres, du parlement de Douay, du 25 novembre 1766, rendu en révision, chambres assemblées, qui, sur la simple dénégation de l'existence de l'original d'une procuration prétendue notariée, dont le nommé Théry ne représentait qu'une copie collationnée hors la présence de la partie, par le notaire qui était énoncé l'avoir reçue, a ordonné, sans qu'il y eût aucune inscription de faux, que Théry ferait preuve de l'existence de l'original de cette procuration (1). Plus anciennement, et dans les mêmes circonstances, un arrêt non moins solennel du parlement de Paris, du 1.er février 1538, prononcé en robes rouges à la Pâques suivante, avait débouté (ce sont les propres termes de Papon, liv. 9, tit. 8, n. 10), *des acquéreurs de la vente à eux faite par un soi-disant procureur, faute d'avoir montré la procuration, nonobstant que la teneur d'icelle fût insérée en ladite vente, à quoi la cour n'eut aucun égard.*

» Et qu'on ne vienne pas nous dire qu'il s'agit ici d'un acte ancien. Ancien tant que l'on voudra, un acte qui n'est pas revêtu des caractères d'authenticité requis par la loi, ne peut jamais faire preuve de son contenu : *non enim* (dit Dumoulin, sur l'art. 5 de l'ancienne coutume de Paris, n. 75), *potest antiquitas de novo inducere in totum probationem quæ nulla est;* l'ancienneté d'un acte informe peut seulement corroborer une preuve qui existe déjà indépendamment de cet acte, *sed eam demùm quæ aliqua est coadjuvare.* Or, dans l'espèce actuelle, le prétendu contrat du 24 août 1644 forme la seule preuve de la commune de Villotte : faites abstraction de ce contrat, la commune de Villotte reste sans preuve quelconque ; dénuée de ce contrat, elle ne peut plus justifier qu'elle ait été, avant 1644, dépossédée du *bois-l'Abbé* par son ci-devant seigneur; elle ne peut plus remplir la condition de laquelle l'art. 8 de la loi du 28 août 1792 fait dépendre la réintégration des communes dans ce qu'elles appellent leurs anciennes propriétés.

» Et inutile d'objecter qu'au moins la copie qu'il représente de ce contrat, forme pour elle, à raison de son ancienneté, un indice, un commencement de preuve; que Dumoulin le dit expressément, et que l'art. 1335 du Code civil le confirme.

» Ce n'est point un indice, ce n'est point un commencement de preuve, que l'art. 8 de la loi du 28 août 1792 enjoint aux communes de rapporter, pour pouvoir profiter de la faveur extraordinaire qu'il leur accorde : cet article veut que les communes *justifient* leur ancienne possession *animo domini;* et certainement elles ne la justifient pas, quand elles n'en rapportent que des indices, que des commencemens de preuve. Aussi, par trois arrêts des 17 prairial an 5, 21 et 22 messidor an 8, dont nous vous avons retracé les espèces à votre audience du 8 messidor an 12, dans l'affaire des sieurs Damas et Sainte-Maure, contre les communes d'Origny et de Bellenod (1), avez-vous cassé des jugemens qui, sur de simples présomptions et sans preuves proprement dites, avaient appliqué à des communes la disposition de l'article dont il s'agit.

» La cour d'appel de Dijon a donc violé ce même article, en jugeant sur la foi d'une copie dont il ne pouvait résulter qu'un simple indice, qu'un simple commencement de preuve, que la commune de Villotte avait été justement réintégrée par la sentence arbitrale du 18 frimaire an 2, dans la possession du *bois-l'Abbé.*

» Mais il faut aller plus loin, il faut examiner si, même en supposant à la copie du contrat de 1644 une authenticité suffisante pour faire pleine foi contre l'État, l'art. 1.er de la loi du 28 août 1792 ne devait pas garantir l'État de l'éviction qu'il a éprouvée par l'effet de l'art. 8 de la même loi.

» Sur cette question, mêlée de fait et de droit, il est un premier pas à faire, c'est de rechercher si, avant l'ordonnance des eaux et forêts de 1669, le droit de triage était connu, et si l'exercice en était légal.

» Qu'il ait été connu et exercé avant l'ordonnance de 1669, même dans le cas où les biens communaux n'avaient été concédés par le seigneur qu'à la charge d'une redevance annuelle, c'est ce que prouve le chap. 45 du liv. 9 du tom. 1.er du *Journal des audiences.* Nous y lisons que, le 24 mai 1638, à l'audience de la grand'-chambre du parlement de Paris, le seigneur d'Osoire soutint contre les habitans du même lieu, qu'il *devait droit de demander partage de la moitié dans la commune, de quarante arpens située en sa censive*; que *la propriété de la chose commune lui appartenait*; qu'*il l'avait concédée à la généralité des paroissiens d'Osoire, moyennant le cens qu'ils lui payaient, lequel ils lui portaient par déclaration et aveu*; qu'*à la vérité, par le moyen du cens créé et reconnu, il y avait eu aliénation de sa part; mais que cette aliénation l'excluait seulement de la propriété; et que, par la concession de l'usage, il pouvait encore y revenir; que les arrêts avaient jugé la même contestation en faveur de M. de Vendôme, au rapport de M. Doujat, contre les habitans de Varade; que la même chose avait été jugée au profit de M. de la Trémouille, au rapport de*

---

(1) *V.* le *Répertoire de jurisprudence*, article *Preuve*, sect. 2, §. 2.

(1) *V.* l'article *Usage*, §. 2.

M. Renard. De leur côté, les habitans opposaient le peu d'étendue de la commune dont le partage leur était demandé; et pour prouver qu'en tout cas, la prétention du seigneur était excessive, il répondait à l'arrêt obtenu par le duc de Vendôme contre les habitans de Varade, que ceux-ci n'avaient été condamnés qu'à délaisser le tiers de leurs biens communaux à leur seigneur, quoique précédemment ils eussent consenti, par un acte extrajudiciaire, à lui en abandonner la moitié; que l'avocat général Biguon, en résumant l'affaire, observa que, « dans » la question générale et dans l'usage ordinaire, » les communes de prairies et d'autres lieux de » grande étendue pourraient être partagées, » parce que l'on ne présume pas que la division » fût extrêmement préjudiciable; ce qui n'était » pas ainsi dans les communes qui étaient si » petites, comme celles qui étaient au-dessous » de cinquante arpens; de sorte qu'attendu la » modicité de la commune dont était question; » la demande du seigneur pour le partage, n'é- » tait pas juste ni favorable; et qu'il y avait lieu » de mettre, sur la prétention du seigneur, les » parties hors de cour; ce qui fut ainsi jugé par » l'arrêt ».

» Ainsi, dans cette cause, les deux parties et le ministère public reconnaissaient l'existence du droit de triage; et c'est assurément une preuve sans réplique que ce droit était alors admis par la jurisprudence.

» Le conseiller Bouguier, qui écrivait plus de trente ans avant cet arrêt, ne laisse là-dessus aucun doute. Voici comment il s'explique, lettre P, §. 1 : « A la chambre de l'édit de l'an 1603, » plaidant M. Le Bret pour le procureur-géné- » ral, fut jugé entre certaines communes; ma- » nans et habitans de trois villages, au pays » d'Auvergne, ayant droit de pâturage et com- » munes en certaines paroisses, que ce droit ne » pouvait être parti entre eux, *ut competentem* » *quisque portionem habeat;* mais il faut qu'ils » en usent en commun, sans que l'un puisse » provoquer l'autre au partage.... Les seuls sei- » gneurs sont, en cela, favorisés par les arrêts; » ils peuvent provoquer à partage leurs ma- » nans, pour leur voir assigner une part séparée » des pâturages, QUI EST ORDINAIREMENT LE -» TIERS. »

» Par un autre arrêt de la même cour, du 2 avril 1613, rapporté en forme par Filleau, part. 2, tit. 8, chap. 15, il avait été ordonné que des biens communaux concédés moyennant un cens annuel, seraient partagés par moitié entre le seigneur et les habitans; que le seigneur jouirait de sa portion en toute propriété directe et utile; mais que les habitans jouiraient de la leur, *en propriété utile* seulement, et qu'en conséquence le seigneur y conserverait son droit de *seigneurie directe, avec la redevance due à cause d'icelle* ».

» Enfin, ce qui démontre à la fois, et que le droit dont nous parlons était admis par la jurisprudence avant 1669, et que, dans l'usage le plus général, il n'en résultait pour les seigneurs que la distraction du tiers des communaux provenans de leur concession, et que l'autorité législative a consacré elle-même cette jurisprudence et cet usage; ce sont les précautions prises par Louis XIV, dans son édit du mois d'avril 1667, pour remédier aux injustices que plusieurs communes avaient éprouvées, à cet égard, durant les désordres auxquels la France avait été en proie, sous une partie du règne de Louis XIII et sous la régence qui l'avait suivi. Voici ce que porte là-dessus cette loi célèbre : « Seront tenus tous seigneurs pré- » tendant droit de tiers dans les usages, com- » munes et communaux des communautés, ou » qui en auront fait faire le triage à leur profit » depuis l'année 1630 (*vous aurez bientôt à* » *examiner si, au lieu de 1630, ce n'est pas* » 1637 *qu'il faut lire*), d'en abandonner et » délaisser la libre et entière possession, au » profit desdites communautés; nonobstant tous » contrats, transactions, arrêts, jugemens, et » autres choses à ce contraires. Et au regard des » seigneurs qui se trouveront en possession des- » dits usages, auparavant lesdites trente années, » sous prétexte dudit tiers, ils seront tenus de » représenter le titre de leur possession par- » devant les commissaires à ce députés, pour, » en connaissance de cause, y être pourvu; » et en cas que lesdits seigneurs soient et de- » meurent maintenus dans lesdits tiers, ne » pourront nui les leurs fermiers user, comme » les autres habitans, des pâturages, bois, com- » munes et autres usages, à peine de réunion » de la portion qui leur a été assignée pour leur » triage ».

» Vous voyez, MM., que, par cet édit, le législateur n'improuve pas le fond du droit de triage; mais qu'il prescrit seulement une remèdes contre l'exercice abusif qui en a été fait dans des temps orageux; que ces remèdes sont de deux sortes; qu'à l'égard des seigneurs qui n'ont obtenu leur tiers que depuis l'année 1630 ou 1637, Louis XIV leur ordonne d'en faire le délaissement aux communes; mais qu'il ne leur défend pas d'y revenir par nouvelle action; et que, sans s'expliquer là-dessus, il se réserve d'y statuer par l'ordonnance générale qu'il prépare sur les eaux et forêts; et qui, dans le fait, a paru deux ans après; que, relativement aux seigneurs qui ont obtenu leurs tiers auparavant, il prend d'autres mesures; que reconnaissant la légitimité du droit en vertu duquel ils se l'ont fait délivrer, il veut seulement soumettre à une vérification sommaire, les titres qui les leur ont attribués; et que, prévoyant que, par le résultat de cette vérification, il y aura lieu de maintenir un grand nombre de seigneurs dans leurs tiers, il leur défend d'exercer, en ce cas, aucun droit d'usage sur les portions de biens communaux qui sont demeurées aux habitans.

» Il n'est donc pas vrai, comme le soutenait la commune de Villotte devant la cour d'appel de Dijon., qu'avant l'ordonnance de 1669, le droit de triage n'eût pas été reconnu par l'autorité législative. Il est, au contraire, prouvé démonstrativement qu'avant cette époque, l'autorité législative avait imprimé à ce droit, considéré en lui-même, et abstractivement aux applications et extensions abusives qu'on lui avait données, un caractère de légalité qui mettait à l'abri de toute critique la jurisprudence par laquelle il avait été introduit.

» Cela posé, voyons ce qu'ont fait nos lois nouvelles par rapport au triage.

» Le droit de triage fut, dans l'assemblée constituante, la matière d'une discussion intéressante à tous égards. Devait-on l'abolir? c'était la première difficulté; elle fut résolue sans contradiction pour l'affirmative. Mais en abolissant ce droit, devait-on donner à son abolition un effet rétroactif? Le comité féodal proposa de n'en ordonner la suppression que pour l'avenir; et son projet, combattu par un homme qui alors ne paraissait qu'insensé, mais qui depuis devint si terrible (Robespierre.), fut érigé en loi par l'art. 30 du tit. 2 du décret du 15 mars 1790.

» Une chose au surplus très-remarquable, c'est que; dans le rapport du comité qui proposait simultanément et l'abolition du droit de triage et la restriction des effets de cette abolition à l'avenir seulement, l'édit du mois d'avril 1667 était littéralement transcrit, et qu'on y observait que cette loi ne le condamnait pas en lui-même, qu'elle indiquait seulement un remède contre les abus qu'on en avait faits.

» Ce rapport devait être, et on ne peut pas raisonnablement douter qu'il ne fût réellement, sous les yeux des membres de l'assemblée législative, qui, le 28 août 1792, proposèrent de donner à l'abolition du droit de triage, l'effet rétroactif que l'assemblée constituante lui avait expressément refusé. Ainsi, le fait vient ici se réunir à la présomption de droit résultant du principe que nul n'est censé ignorer l'existence des lois, pour établir que c'est avec la connaissance positive du contenu de l'édit du mois d'avril 1667, que l'assemblée législative a décrété, le 28 août 1792, l'abolition rétroactive du droit de triage.

» Or, cette abolition rétroactive, comment l'a-t-elle décrétée? « L'art. 4 du tit. 25 de l'or-
» donnance des eaux et forêts de 1669, ainsi
» que tous édits, déclarations, arrêts du con-
» seil et lettres-patentes qui, DEPUIS CETTE
» ÉPOQUE, ont autorisé le triage......, soit
» dans les cas, soit hors des cas permis par
» ladite ordonnance, et tous les jugemens rendus

» et actes faits en conséquence, sont révoqués,
» et demeurent, à cet égard, comme non-
» avenus ».

» Vous sentez, Messieurs, combien sont précieux, dans ce premier article de la loi du 28 août 1792, les termes, depuis cette époque. L'assemblée législative savait, ou en tout cas, elle est également présumée avoir su, que le droit de triage avait été exercé avant 1669, et qu'une loi expresse avait maintenu dans les tiers acquis en vertu de ce droit, les seigneurs qui l'avaient exercé sans abus, antérieurement à l'année 1630 ou 1637. Cependant elle ne révoque que les triages faits depuis cette époque, depuis la publication de l'ordonnance de 1669. Donc elle ne révoque pas ceux qui ont été exercés et consommés avant cette époque; donc elle leur conserve tout leur effet.

» Cette conséquence acquerra un nouveau degré de force et de lumière, si, de l'art. 1 de la loi dont il s'agit, nous passons à l'art. 2, lequel est relatif au droit de tiers-denier, c'est-à-dire, au droit qui, dans les ci-devant provinces de Lorraine, de Barrois et de Clermontois, appartient aux propriétaires de se faire délivrer par les communes à qui ils ont accordé l'usage de leurs biens, le tiers de la valeur des produits qu'elles en font vendre.

» Deux sortes d'abus s'étaient introduits dans l'exercice de ce droit. D'une part, des seigneurs s'étaient arrogé le tiers-denier sur des biens dont les communes étaient, non pas seulement usagères, mais pleinement propriétaires; et la première partie de l'art. 32 du tit. 2 de la loi du 15 mars 1790 avait fait cesser cette usurpation, en déclarant que le droit de tiers-denier continuerait d'être perçu sur le prix des ventes de bois dont les communes n'étaient qu'usagères, mais qu'il demeurait aboli à l'égard des bois possédés en propriété par les communes. D'un autre côté, des seigneurs qui jouissaient légitimement du droit de tiers-denier, parce qu'ils n'avaient concédé que l'usage de leurs biens, avaient cru pouvoir, en renonçant à ce droit, exiger le cantonnement qui leur était plus avantageux et que la jurisprudence française avait emprunté du droit romain. C'était encore une usurpation contraire aux lois particulières de ces contrées, et la seconde partie de l'article cité de la loi du 15 mars 1790 l'avait réprimée en ces termes :
« Les arrêts du conseil et lettres-patentes qui
» depuis trente ans, ont distrait, au profit de
» certains seigneurs desdites provinces, des
» portions des bois et autres biens dont les com-
» munautés jouissent à titre de propriété ou
» d'usage, sont révoqués; et les communautés
» pourront...... rentrer dans la jouissance
» desdites portions, sans aucune répétition des
» fruits perçus; sauf aux seigneurs à percevoir
» le droit de tiers-denier, dans les cas ci-dessus
» exprimés ».

» C'est sur ce second abus que l'assemblée législative a cru devoir revenir encore par l'art. 2 de la loi du 28 août 1792. En le condamnant, comme avait fait l'assemblée constituante; elle a cru devoir en faire rétroagir la proscription au-delà du terme auquel l'avait fixé la loi du 15 mars 1790 : elle a voulu que cette proscription remontât, comme celle du triage, jusqu'à l'année 1669; et voici comment elle s'est expliquée : « Les édits, déclarations, arrêts du » conseil, lettres-patentes, et tous les jugemens » rendus et actes faits en conséquence, qui » *depuis la même année seize cent soixante* » *neuf*, ont distrait, sous prétexte du droit de » tiers-denier, au profit de certains seigneurs » des ci-devant provinces de Lorraine, du » Barrois, du Clermontois et autres où ce droit » pourrait avoir lieu, des portions de bois et » autres biens dont les communautés jouissent » à titre de propriété ou d'usage, sont égale- » ment révoqués; et les communautés pour- » ront..... rentrer dans la jouissance desdites » portions..... ».

» Ainsi, tout en déclarant illégales et nulles, à compter de l'année 1669, les distractions que, sous prétexte du droit de tiers-denier, les ci-devant seigneurs de la Lorraine, du Barrois et de Clermontois avaient fait faire à leur profit d'une portion des biens communaux ou usagers des communes, la loi du 28 août 1792 n'a pas voulu que l'on poussât les recherches à cet égard, au delà de l'année 1669 elle-même; elle a par conséquent voulu que ces distractions fussent respectées, lorsqu'elles se trouveraient antérieures à cette époque; et par conséquent encore, elle a voulu que le droit de tiers-denier fût, comme le droit de triage, un titre légitime d'acquisition pour les ci-devant seigneurs, quand son exercice aurait précédé l'année 1669.

» Il y avait cependant bien moins de raison pour disposer ainsi relativement aux distractions faites par droit de tiers-denier, que relativement aux distractions faites par droit de triage; car il n'y avait eu, avant 1669, aucune époque où le droit de tiers-denier eût autorisé les seigneurs à s'approprier, en abdiquant ce droit, une portion des biens sur lesquels il s'exerçait; au lieu qu'avant 1669, le droit de triage était, pour les seigneurs, un moyen légal et reconnu tel par le législateur, de se faire adjuger une portion des biens communaux qui provenaient originairement de leur concession.

» Il n'aurait donc pas été étonnant que la loi du 28 août 1792 eût, à cet égard, traité moins favorablement les distractions faites par droit de tiers-denier avant 1669, que les distractions faites avant la même année par droit de triage; et qu'en maintenant celles-ci, comme fondées sur la législation du temps où elles avaient été opérées, elle eût révoqué celles-là, comme dénuées de cause et infectées d'un abus ineffaçable.

» Mais telle a été, en cette matière, le respect de l'assemblée législative elle-même pour la possession antérieure à l'année 1669, que, malgré la faveur qu'elle a poussée jusqu'à l'exagération pour les communes, dans la loi du 28 août 1792, elle n'a pas cru pouvoir dépouiller les ci-devant seigneurs de propriétés dont jouissaient depuis si long-temps, soit par l'abus du droit de tiers-denier, soit par l'exercice légal du droit de triage.

» Et qu'on ne dise pas, avec la cour d'appel de Dijon, que, par l'art. 8 de la même loi, elle a généralement réintégré les communes dans tous les droits de propriété et d'usage dont elles avaient été anciennement dépossédées par leurs ci-devant seigneurs; qu'on ne dise pas qu'elle les y a réintégrées nonobstant la possession la plus longue que les ci-devant seigneurs pourraient avoir en leur faveur; qu'on ne dise pas que, par cette disposition générale, elle a détruit, au préjudice des ci-devant seigneurs, la barrière qu'elle avait posée par les art. 1 et 2, contre toute recherche qui se porterait à des époques antérieures à l'année 1669. Ces objections peuvent éblouir un moment; mais soumises au creuset d'une réflexion sérieuse, elles s'évanouissent d'elles-mêmes.

» On conçoit très-bien qu'une loi délibérée aujourd'hui, déroge à une loi délibérée hier; on conçoit également que de deux lois décrétées le même jour, celle du soir déroge à celle du matin. Mais que, dans une loi faite d'un seul jet, il puisse se trouver des articles dont les uns dérogent aux autres, c'est ce qu'on ne saurait concevoir, sans accuser le législateur de folie; c'est conséquemment ce que l'on ne peut jamais se permettre de supposer. Et de là est venue la maxime que, dans une loi composée de plusieurs articles, chaque disposition doit être entendue et exécutée de manière que son effet ne soit pas éludé par une autre disposition.

» Cette maxime est surtout applicable aux lois rétroactives. Quand le législateur s'est oublié au point de franchir les bornes de sa puissance et d'ordonner des choses injustes, on doit encore présumer qu'il s'est éloigné le moins possible du terme auquel la justice lui commandait de s'arrêter; si donc, pour des objets particuliers, il a lui-même restreint à une certaine époque, la rétroactivité qu'il a établie indéfiniment et sans limites par une disposition générale, on doit croire que, pour ces objets particuliers, il a voulu que sa disposition générale demeurât sans effet; et sa disposition générale doit être considérée comme modifiée relativement à ces mêmes objets, par la disposition spéciale qui les concerne. On ne fait même en raisonnant ainsi, qu'obéir à la règle de droit qui porte : *in toto jure generi per speciem derogatur*.

» Ce n'est donc pas une dérogation aux art. 1 et 2, que nous devons voir dans l'art. 8 de la loi du 28 août 1792; c'est, au contraire, une exception à l'art. 8, que nous devons voir dans les art. 1 et 2 de cette loi.

» Nous le devons d'autant plus, que le législateur avait de justes motifs pour excepter effectivement de l'art 8, les propriétés qu'ont pour objet les art. 1 et 2.

» Pour ne parler ici que du triage, deux grandes considérations ont dû l'empêcher de faire porter sur les biens distraits à ce titre, la rétroactivité indéfinie que donne l'art. 8 à la disposition générale qu'il renferme.

» 1.º Par le triage, le seigneur n'avait repris à la commune que ce qu'il avait précédemment donné ; et il n'avait été admis à le reprendre, que parce qu'en le lui donnant, il était censé s'y être réservé, comme premier membre de la commune ; et comme étant, en cette qualité, le premier de ses propres donataires, une portion plus considérable que celle de chacun des habitans en particulier. Il n'avait donc pas, en la reprenant, *dépossédé* la commune; il n'avait fait que partager avec elle une chose indivise entre elle et lui. Tel était le fondement du droit de triage. Il n'était pas sans doute à l'abri de toute critique ; et le comité féodal de l'assemblée constituante l'a bien prouvé dans le rapport par lequel il en a provoqué la suppression pour l'avenir; mais enfin il reste toujours que ce droit était, dans son exercice, bien moins odieux que les autres moyens dont un grand nombre de seigneurs s'étaient servis pour dépouiller les communes de leurs propriétés; et d'après cela, doit-on s'étonner que le législateur ait défendu de faire remonter au-delà de 1669, la recherche des biens distraits des communaux par droit de triage, tandis qu'il ne fixait aucun terme à la recherche des biens enlevés aux communes par toute autre voie ?

» 2.º Le *triage*, dans les temps qui ont précédé l'ordonnance de 1669, était souvent confondu avec le *réglement* ou *aménagement*, c'est-à-dire, avec une opération qui, de la part du seigneur propriétaire, consistait à faire restreindre l'usage des habitans à une partie des fonds usagers, opération à laquelle, dans des temps plus rapprochés de nous, la jurisprudence, mieux éclairée par les principes du droit romain, a substitué le *cantonnement* qui, au lieu de restreindre l'usage des habitans, le convertit en une propriété déterminée. — On voit, en parcourant les anciens auteurs qu'ils prenaient fréquemment l'une de ces opérations pour l'autre ; et sans doute, leur méprise a dû être partagée par les seigneurs qui les consultaient, qui se réglaient par leurs avis. Il a donc dû arriver très-souvent que les seigneurs qui n'avaient concédé que l'usage, et qui par là avaient conservé le droit de demander l'*aménagement*, demandassent cependant le *triage*, comme s'ils eussent concédé la propriété. Mais, d'après cela, quelle injustice n'y aurait-il pas

eu, en 1792, de révoquer indistinctement tous les triages exercés et consommés avant l'ordonnance de 1669! La plupart des seigneurs qui les avaient obtenus, ayant égaré, dans ce long intervalle de temps, toutes les preuves de leur propriété , les communes se seraient fait de ces triages mêmes, un titre pour leur dénier la qualité de propriétaires, et leur appliquer celle d'usurpateurs; elles leur auraient dit : *Si vous aviez été propriétaires, vous n'auriez point demandé le triage, vous auriez conclu à un simple aménagement ; vous avez donc reconnu, en demandant le triage, que la propriété résidait dans nos mains; et il faut convenir qu'à prendre les mots dans leur sens rigoureux, un pareil argument eût été sans réplique. Mais que devait faire le législateur pour prévenir toutes les erreurs qui seraient résultées de là? Que devait-il faire pour empêcher la spoliation totale du ci-devant seigneur véritablement propriétaire, qui, antérieurement à l'ordonnance de 1669, avait, sous le nom de demande en triage, exercé une véritable action en aménagement ? Il devait faire ce qu'il a fait : il devait couvrir d'un voile impénétrable, tous les triages qui avaient précédé l'ordonnance de 1669; il devait les légitimer tous, pour ne pas en révoquer injustement une partie; comme un juge absout tous les accusés entre lesquels il est cependant assuré qu'il existe des coupables, lorsqu'il ne lui est pas possible de condamner les coupables, sans frapper avec eux des têtes innocentes.

» Enfin, Messieurs, il est une dernière considération qui ne permet pas d'élever le plus léger doute sur l'intention qu'a eue l'assemblée législative, de ne pas faire porter l'art. 8 de la loi du 28 août 1792 sur les cas décidés par les deux premiers articles de la même loi ; c'est qu'aux cas décidés par les art. 1 et 2, l'art. 7 en ajoute un autre qu'elle décide absolument de même. « Les communes (porte-t-il), sont autorisées à revendiquer la propriété et jouissance des biens-fonds qui, depuis le mois d'août 1669, auront été adjugés lors du *remembrement* de leurs bans, aux ci-devant seigneurs, à titre de *blancs*, ou *deshérence*, ainsi que ceux qui leur auront été cédés pour se rédimer de l'exercice ou effet de ce droit ». Qu'était-ce que le *remembrement* dont parle cet article? C'était un arpentage général que les seigneurs étaient, dans plusieurs provinces, autorisés à faire faire de toutes les terres situées dans leurs enclaves, et au moyen duquel ils se faisaient adjuger, comme bien vacant et par droit de deshérence, tout ce qui, dans chaque héritage particulier, excédait la contenance déterminée par les titres ou par la possession plus ou moins longue du propriétaire. Cet usage dont on trouve des traces jusque dans les établissemens de Saint-Louis, chap. 120, était même érigé en loi par l'art. 8 du tit. 1 de l'ordonnance civile de Lorraine, du mois de novembre 1707;

« Voulons pareillement (y était-il dit), que,
» dans les lettres de terrier qui seront accordées
» aux seigneurs pour la reconnaissance de leurs
» cens et droits seigneuriaux, la clause de remem-
» brement puisse être insérée, s'ils le réquièrent,
» soit pour recouvrer les héritages de leurs do-
» maines, soit pour reconnaître ceux qui pour-
» raient leur appartenir à titre de déshérence ».
Or, oserait-on dire que, par l'article de la loi du
28 août 1792, qui fait remonter jusqu'à l'année
1669 seulement, la proscription de ce droit
odieux, l'assemblée législative n'a pas excepté de
la disposition générale de l'art. 8 de la même
loi, les ci-devant seigneurs qui avaient exercé
ce droit antérieurement à l'année 1669? Oserait-
on dire que de deux articles aussi voisins, qui
se touchent de si près, qui se confondent, en
quelque sorte, l'un détruit la limitation que
l'autre apporte lui-même à sa disposition? Et si
l'on est forcé de convenir que, nonobstant la
généralité de l'art. 8, les ex-seigneurs ne peuvent
pas, d'après l'art. 7, être dépossédés des biens
qui leur étaient advenus avant l'année 1669, par
droit de remembrement, comment peut-on ne
pas convenir aussi qu'il en est de même, d'après
les art. 1 et 2, des biens qu'ils avaient acquis
antérieurement à la même année, soit par l'exercice du droit de tiage, soit par l'abus du droit
de tiers-denier? Insister plus long-temps sur une
vérité aussi palpable, ce serait vouloir ajouter à
l'évidence; cependant, Messieurs, il ne sera pas
inutile de rappeler ici les trois arrêts par lesquels vous avez professé solennellement les
mêmes principes que nous vous proposons de
consacrer aujourd'hui.

» Le premier a été rendu le 16 nivôse an 5,
au rapport de M. Lions, et sur les conclusions
de M. Bayard, entre Henri Lebascle, demandeur en cassation d'un jugement arbitral du 7
floréal an 2, et la commune de Vannaire, département de la Côte d'Or: « Vu (porte-t-il),
» l'art. 3 et l'art 8 de la loi du 28 août 1792...;
» et attendu que la cession du canton de bois
» appelé de la Frasse, faite par la transaction
» du 6 janvier 1644, de la part des habitans de
» la commune de Vannaire, au profit de Jean
» Duhan, seigneur dudit lieu a été faite à titre
» onéreux, en sorte que l'objet cédé ne pouvait
» être considéré que comme légitimement acheté
» par ce seigneur; qu'ainsi, cette cession se trou-
» vant placée dans l'exception portée par la der-
» nière disposition de l'art. 8 de la loi du 28 août
» 1792, devait être maintenue; mais qu'en sup-
» posant qu'elle ait été l'effet de la puissance
» féodale, la commune de Vannaire ne pouvait
» être réintégrée dans la propriété de l'objet cédé
» au seigneur pour son droit de triage, parce que
» l'art. 1 de la même loi n'a révoqué que les actes
» faits en conséquence de l'art. 6 du tit. 25 de
» l'ordonnance de 1669, qui autorisait ce triage
» au préjudice des communautés usagères, et que

» cette cession était antérieure à cette ordon-
» nance; d'où il suit que cet article ne pouvait
» l'atteindre; qu'ainsi, en le prenant pour base
» de la révocation que les arbitres ont prononcée
» de ladite cession, ils en ont fait une fausse ap-
» plication; par ces motifs, le tribunal, laissant
» droit sur le mémoire du cit. Lebascle, casse
» et annulle... ».

» Le second arrêt est du 6 germinal de la
même année; il a cassé, au rapport de M. Alba-
rel, et sur les conclusions de M. Lasaudade,
deux sentences arbitrales des 29 pluviôse et 15
germinal an 2, qui, entre autres dispositions,
avaient adjugé à la commune de la Chapelle-
Vieilleforêt, deux cantons de bois possédés par
Alexandre Boucher, son ci-devant seigneur,
et dont elle prétendait, sur la foi de deux actes
de 1492 et 1535, avoir été anciennement dépouillée par puissance féodale. Voici dans quels
termes il est conçu: « Vu l'art. 8 de la loi du
» 28 août 1792...; et attendu... qu'il résultait
» des actes de 1492 et 1535, que la commune de
» la Chapelle n'avait possédé qu'à titre d'usage
» les trois cents arpens de bois des grands bois
» compris dans le second chef de sa demande;
» qu'elle n'avait pas justifié qu'elle les eût possé-
» dés à titre de propriété; qu'il était, au contraire,
» justifié par un arrêt du 24 avril 1553, que ledit
» Boucher possédait lesdits trois cents arpens de
» bois, ou du moins une partie d'iceux, en vertu
» du triage qui en avait été ordonné par cet arrêt
» entre les auteurs dudit Boucher et ladite com-
» mune; que ce triage, comme antérieur à l'or-
» donnance de 1669, n'était pas du nombre de
» ceux révoqués par l'art. 1 de la loi du 28 août
» 1792; qu'ainsi, en réintégrant la commune de
» la Chapelle dans la propriété et possession des-
» dits trois cents arpens de bois, lesdits jugemens
» ont faussement appliqué à l'espèce et en même
» temps violé l'art. 8 de la loi du 28 août 1792...;
» le tribunal casse et annulle... ».

» Le troisième arrêt est intervenu le 18 du
même mois, au rapport de M. Schwendt, et sur
les conclusions de M. Lasaudade, sur la demande
de la veuve Calon et du sieur Destu, en cassation
d'un jugement arbitral du 22 floréal an 2, rendu
au profit de la coutume d'Arcy-sur-Querre. Un
arrêt du parlement de Paris du 16 décembre 1560
avait maintenu les habitans dans leurs droits
d'usage sur les deux tiers d'un bois de 900 arpens,
et avait adjugé l'autre tiers au seigneur, tant
pour l'entretien du four banal que pour la part
et portion qui lui appartenait dans ce bois, sans
que les habitans pussent y exercer aucun droit
de pâturage ni y prétendre aucun droit quelconque. Les arbitres avaient considéré cet arrêt
comme révoqué par l'art. 1 de loi du 28 août
1792, et ils avaient en conséquence réintégré
la commune dans la propriété des 300 arpens
de bois que le ci-devant seigneur avait continué,
jusqu'en 1793, de posséder paisiblement; mais,

sur le recours en cassation formé contre leur jugement, vous l'avez annullé, « vu (avez-vous » dit), l'art. 1 de la loi du 28 août 1792, et at-» tendu que, dans l'espèce, l'arrêt de 1560, qui » forme le titre des demandeurs, et qui adjuge » aux seigneurs d'alors les 300 arpens dont il » s'agit, non-seulement pour l'entretien du four » banal, mais encore expressément pour sa part » et portion dans lesdits bois d'usage, est anté-» rieur à l'ordonnance de 1669; qu'ainsi, en » considérant cette disposition de l'arrêt, soit » comme un triage, partage ou concession de » bois, elle devait être respectée et maintenue, » parce que la loi ne révoque que celles posté-» rieures à l'ordonnance de 1669; qu'ainsi, il y » a contravention à l'art. 1 de la loi du 28 août » 1792, et fausse application de l'art 8 de la même loi ».

» Ainsi Messieurs, l'autorité de votre jurisprudence vient ici concourir avec le texte littéral de la loi, pour mettre à l'abri de toute recherche les triages exercés par les ci-devant seigneurs, antérieurement à l'ordonnance des eaux et forêts du mois d'août 1669; et il ne nous reste plus qu'à tirer de cette maxime reconnue désormais pour irréfragable, le corollaire auquel nous devons nécessairement arriver, en continuant de nous prêter à la supposition que la copie représentée par la commune de Villotte, du contrat du 24 août 1644, doit faire foi contre l'Etat. Dans cette supposition, en effet il est certain que cette copie doit également faire pleine foi contre la commune de Villotte elle-même; et alors nul moyen pour cette commune d'échapper à la conséquence, que c'était par droit de triage que le bois l'Abbé, se trouvait, long-temps avant l'ordonnance de 1669, entre les mains du seigneur de Villotte.

» Il est dit par cet acte, que les habitans en vendant à Marie Gaillard un bois de 265 arpens contigu au bois l'Abbé lui ont fait voir par divers titres, que ce second bois avait été donné d'ancienneté à ses prédécesseurs, en qualité de seigneurs et premiers habitans du lieu, dans les bois communaux, que Marie Gaillard a déclaré en être contente, qu'elle a quitté les habitans, et qu'elle s'est départie de toute l'action qu'elle et ses successeurs auraient pu intenter à l'encontre d'eux, pour ce. Très-certainement, si le seigneur de Villotte n'était pas propriétaire des bois qualifiés par cette acte de communaux, il ne pouvait avoir, pour s'en faire délaisser une partie, d'autre action que celle du triage; mais aussi le succès de cette action n'était pas douteux d'après la jurisprudence qui alors était constante à cet égard. Marie Gaillard paraissait donc disposée à intenter son action en triage; et elle devait l'intenter comme seigneur et premier habitant du lieu, c'est-à-dire, à raison de la qualité que prenaient alors tous ceux qui agissaient en triage contre les communes. Qu'ont fait les habitans de Villotte? Ils

lui ont fait voir par divers titres, que son objet était déjà rempli; que le bois l'Abbé avait été d'ancienneté distrait des bois communaux, et donné à ses prédécesseurs comme seigneurs et premiers habitans du lieu. Et désarmée par ces titres, Marie Gaillard a renoncé à son action.

C'est donc par droit de triage que les prédécesseurs de Marie Gaillard avaient fait distraire à leur profit la portion des bois communaux de Villotte, que l'on nommait bois l'Abbé. Et il est à remarquer que cette distraction était déjà ancienne à l'époque du contrat de vente du 24 août 1644 : puisque, pour prouver qu'elle avait eu lieu, les habitans ont été obligés de rapporter divers titres, puisqu'ils ont eux-mêmes énoncé, ces divers titres à la main, qu'elle avait eu lieu d'ancienneté. Il est donc évident qu'elle avait précédé l'année 1631 ou 1638, c'est-à-dire, l'époque à compter de laquelle l'édit d'avril 1667 ordonne la révocation de tous les triages faits pendant les désordres des guerres civiles. Et ce qui le prouve d'ailleurs invinciblement, ce qui prouve encore que cette distraction avait été reconnue valable et légitime par les commissaires nommés en exécution de l'édit d'avril 1667, pour la révision des triages antérieurs à l'année 1631 ou 1638, c'est que, depuis l'édit d'avril 1667, les seigneurs de Villotte ou leurs ayant droit ont joui paisiblement du bois l'Abbé jusqu'en 1793.

» Le bois l'Abbé n'existait donc en 1793, entre les mains des ci-devant seigneurs de Villotte ou de leurs ayant droit, qu'en vertu d'un triage légitimé par l'édit de 1667 et maintenu par la loi du 28 août 1792. La Cour d'appel de Dijon a donc appliqué faussement l'art. 8, et violé l'art. 1 de cette dernière loi, en réintégrant la commune de Villotte dans la propriété de ce bois. — Il y a donc lieu sous tous les rapports, d'annuler son arrêt; et c'est à quoi nous concluons ».

Conformément à ces conclusions, arrêt du 14 brumaire an 13, au rapport de M. Gandon, qui, « Vu l'art. 1 de la loi du 28 août 1792;

» Considérant que les triages étaient en usage long-temps avant l'ordonnance de 1669, et que le tit. 25 de cette loi eut pour objet de défendre les communes des abus du triage, et non de créer un droit en faveur des seigneurs; que déjà, par son édit du mois d'avril 1667, le législateur avait soumis à sa révision tous les triages exercés par les seigneurs depuis trente ans; que la recherche limitée à trente ans par cet édit, était une confirmation des triages antérieurs; que l'acte produit par la commune, passé en 1644, prouve que le triage qui avait donné aux seigneurs de Villotte, la forêt l'Abbé, pour tirage, était déjà ancien, et que cela était établi par plusieurs titres; que les articles 2 et 7 de la loi du 28 août 1792 prouvent, comme l'art. 1, que quoique instruits de ce qui s'était pratiqué avant 1669, les législateurs, en 1792, ne voulurent révoquer que ce qui avait été fait postérieurement à 1669; de tout quoi, il résulte que la cour d'appel de Dijon a fait une fausse application de l'art. 8 de la loi du 28 août 1792, et a contrevenu à l'art 1. de la même loi ;

» Casse et annulle.... ».

Il a été depuis rendu plusieurs arrêts semblables. Tel est notamment celui du 12 juin 1809, dont le *Bulletin civil* de la cour de cassation nous retrace ainsi l'espèce et le dispositif.

« Dans le mois de nivôse an 2, la commune de Saint-Vinnemer avait fait citer verbalement le sieur Theveniro de Taulai, son ci-devant seigneur, devant des arbitres nommés en exécution de la loi du 2 octobre 1793, pour se faire réintégrer dans la propriété et possession des biens dont elle prétendait avoir été dépouillée par l'effet de la puissance féodale. — Le sieur Theveniro était domicilié à Paris et détenu dans les prisons ; et les citations avaient été faites à Taulai, au domicile du sieur Bourgeois, son procureur fondé, qui avait comparu devant les arbitres en ladite qualité de procureur fondé dudit sieur Theveniro, avait assisté à leurs séances, fourni des instructions verbales et des mémoires, et même signé dans le procès-verbal. — Il résultait des titres produits par la commune, que le ci-devant seigneur voulant favoriser les habitans, leur avait donné, par acte du 11 octobre 1524, la jouissance des terres, bois et prés énoncés dans cet acte, et que, par des arrangemens postérieurs, la commune avait obtenu au lieu de la jouissance d'un bois de deux cents arpens qui faisait partie des biens énoncés dans le susdit acte, la propriété des deux tiers de ce bois, montant à cent trente-trois arpens, et que les soixante-six arpens restans, étaient demeurés au seigneur pour son tiers. — Ce triage était antérieur à l'ordonnance de 1669 puisqu'il était énoncé dans un acte du 4 avril 1665, produit par la commune. — Cependant les arbitres avaient adjugé à ladite commune la propriété de ces soixante-six arpens de bois et de divers fonds qu'ils pensaient avoir fait partie des biens énoncés dans le susdit acte de 1524 ; d'où résultaient une fausse application et même une violation des art. 1 et 8 de la loi du 28 août 1792, ce qui a déterminé l'arrêt de cassation dont la teneur suit :

« Ouï le rapport fait par M. Audier-Massillon, l'un des juges... ; vu les art. 1 et 8 de la loi du 28 août 1792 ; attendu que l'art. 1 de la loi du 28 août 1792 n'annulle que les triages faits postérieurement à l'ordonnance de 1669, et par conséquent qu'il maintient les effets de ceux qui ont été opérés avant cette époque ; qu'il était reconnu au procès que le partage ou triage qui avait conservé au seigneur soixante-six arpens sur une forêt de deux cents arpens dont il avait anciennement concédé la jouissance à la commune, était antérieur à l'ordonnance de 1669 puisqu'il est

rappelé dans l'acte de 1665 sur lequel ladite commune fondait sa réclamation ; d'où il suit qu'en annullant ce triage et en donnant à la commune de Saint-Vinnemer la propriété de soixante-six arpens qu'elle n'avait jamais eue, les arbitres ont violé les art. 1 et 8 de la loi ci-dessus citée ; la cour donne défaut contre la commune de Saint-Vinnemer, et pour le profit ; casse et annulle le jugement arbitral rendu entre les parties, les 1.er et 11 ventôse et 13 germinal an 2... »

V. le *Répertoire de jurisprudence*, au mot *Triage*, n. 5.

§. II. 1.º *L'édit du mois d'avril 1667 révoquait-il les triages faits depuis 1630, ou seulement ceux qui avaient été faits depuis 1637 ?*

2.º *Les triages faits, soit depuis 1630, soit depuis 1637, qui, nonobstant l'édit du mois d'avril 1667, avaient subsisté jusqu'à la loi du 28 août 1792, ont-ils été maintenus par cette dernière loi ?*

Le 6 mars 1630, arrêt du parlement de Paris, qui ordonne que le *tiers des usages* de la commune de Champigny près Sens, sera distrait au profit du seigneur du lieu, et que les deux autres tiers seront déchargés des redevances que les habitans étaient tenus de lui payer à raison de ces usages.

Le 22 décembre 1635, cet arrêt reçoit son exécution par un partage judiciaire, qui assigne au seigneur, pour son tiers, un canton de bois de 65 arpens.

Le 16 juillet 1793, la commune de Champigny obtient un arrêté de l'administration centrale du département de l'Yonne, qui l'autorise à revendiquer ce canton de bois sur les mineurs Testu-Balincourt, leurs ci-devant seigneurs. En conséquence, des arbitres sont nommés de part et d'autre ; et le 2 nivôse an 2, ils rendent un jugement qui, « attendu que les titres représentés par la commune, sont authentiques, et qu'ils justifient suffisamment qu'elle a anciennement possédé les 65 arpens de bois dont il s'agit ; que l'arrêt du mois de mars 1630, rapporté par les mineurs Testu, justifiant que leurs prédécesseurs ont possédé lesdits bois à titre de triage, n'est point un titre légitime d'acquisition, tel qu'il est exigé par l'art. 8 de la loi du 28 août 1792, par les motifs 1.º que cette loi ne parlant que des triages faits en conséquence de l'ordonnance de 1669, a entendu rejeter ceux d'une époque antérieure. 2.º qu'en lui supposant une intention contraire, le triage ordonné par l'arrêt de 1630, serait nul, en ce qu'il a été ordonné contre les principes généraux qui refusaient aux seigneurs tout triage dans les communaux grevés envers eux de redevances censuelles ; et en ce qu'aux termes de l'art. 8 de l'édit du mois d'avril 1667, ce triage, pour obtenir quelque valeur, aurait dû être représenté par devant les commissaires à ce députés, pour, en connaissance de cause, y être pourvu : formalité qui ne paraît pas avoir été remplie ; attendu que la nullité de ce triage convertit la possession des ci-devant seigneurs en une véritable usurpation ; que les mineurs Testu possèdent lesdits 65 arpens de bois à titre universel, que leurs auteurs les ont possédés avec mauvaise foi, que cette mauvaise foi s'est perpétuée jusques dans leurs personnes ; ordonne que la commune de Champigny demeurera réintégrée dans la propriété des 65 arpens de bois dont il s'agit, et desquels elle a été dépossédée par l'effet de la puissance féodale ; et fait défenses aux mineurs Testu de l'y troubler à l'avenir ».

Le même jugement va plus loin : il condamne les mineurs Testu à restituer à la commune les fruits perçus depuis quarante ans, et il motive ainsi cette condamnation : « ce n'est point ici le cas d'appliquer la disposition de l'art. 1 de la loi du 28 août 1792, parce que cet article, en exemptant de la restitution des fruits, n'a considéré que la bonne foi des seigneurs possesseurs, fondée sur l'exécution d'une loi alors subsistante, qui ne les admettait au triage qu'autant que les communaux n'étaient pas sujets à une redevance envers eux, et parce qu'on ne peut jamais assimiler le triage porté en l'arrêt de 1630, à ceux faits en conséquence de l'ordonnance de 1669 ».

Le 4 du même mois, ce jugement est homologué par le président du tribunal du district de Sens ; et dès le 21, il est signifié au domicile du tuteur des mineurs Testu, par exploit de *Barthélemy-François Coullevrier, huissier public, demeurant à Villeneuve-la-Guyard*.

Le 21 germinal suivant, le tuteur des mineurs Testu se pourvoit en cassation contre la disposition de ce jugement qui ordonne la restitution des fruits perçus depuis quarante ans ; il observe dans sa requête que ce jugement est *non valablement signifié*, et il se réserve le droit d'en attaquer, par la suite, la disposition principale.

Le 22 vendémiaire an 10, arrêt au rapport de M. Rousseau, qui,

« Vu les art. 1 et 8 de la loi du 28 août 1792, et le décret du 6 germinal an 2, rendu en interprétation de ladite loi..... ;

» Attendu que l'action de la coutume a été particulièrement fondée sur les dispositions de la loi du 28 août 1792, qu'il résulte des dispositions de cette loi et du décret du 6 germinal an 2, que les communes en rentrant en conséquence de ladite loi, dans les droits et biens dont elles avaient été privées par l'effet des ordonnances et arrêts du conseil, ou dont elles avaient été dépouillées par les ci-devant seigneurs, ne pouvaient dans aucun cas, prétendre la restitution des fruits et revenus ; qu'il y a conséquemment violation formelle de cette loi et du décret du 6 germinal an 2, dans le jugement arbitral dont il s'agit, qui a condamné les mineurs Testu-Balincourt à la restitution des fruits et revenus perçus depuis quarante ans ; casse et annulle le jugement arbitral dont est question, rendu le 2 nivôse an 2 ;

» Et attendu que le pourvoi des mineurs Testu a été dirigé uniquement contre la disposition relative à la restitution des fruits, ordonne que les parties seront remises, à cet égard seulement, au même et semblable état où elles étaient avant ledit jugement ; renvoie en conséquence à procéder en première instance devant le tribunal de Sens ».

Le 29 frimaire suivant, les mineurs Testu-Balincourt se pourvoient en cassation contre la première disposition du jugement arbitral, et la présentent comme contraire à l'art. 1 de la loi du 28 août 1792, en ce qu'elle fait remonter jusqu'à l'année 1630 l'abrogation du droit de triage, dont cet article limite l'effet rétroactif au mois d'août 1669. Le 20 floréal de la même année, arrêt de la section des requêtes qui admet leur demande.

La cause portée à la section civile, la commune de Champigny soutient que cette demande n'est ni recevable ni fondée ; qu'elle n'est point recevable, 1.º parce qu'elle a été formée long-temps après l'expiration des trois mois qui ont suivi la signification du jugement arbitral ; 2.º parce que les mineurs Testu ont consommé, par leur premier recours en cassation, le droit qu'ils avaient d'attaquer par cette voie la décision dont ils se plaignent ; qu'elle est mal fondée, 1.º parce que l'art. 1 de la loi du 28 août 1792 ne limite pas son effet rétroactif au mois d'août 1669 ; 2.º parce que l'édit du mois d'avril 1667 avait, avant l'ordonnance publiée à cette dernière époque, annullé l'arrêt du parlement de Paris du 6 mars 1630.

Les mineurs Testu, de leur côté, opposent aux fins de non-recevoir proposées par la commune, une exception qu'ils tirent de ce que, par un premier mémoire du 19 prairial an 11, la commune a défendu purement et simplement au principal ; et sur le fond, ils persistent dans les moyens présentés par leur requête du 29 frimaire an 10.

« Notre premier soin (ai-je dit à l'audience de la section civile, le 22 brumaire an 13), doit être d'apprécier l'exception par laquelle les mineurs Testu cherchent à écarter les deux fins de non-recevoir de la commune de Champigny, et vous penserez sans doute qu'elle doit être rejetée. Il n'en est pas des fins de non-recevoir proposées par la commune de Champigny, comme de celles qui n'auraient pour base que des nullités d'exploits. Les nullités d'exploits se couvrent incontestablement par la défense au fond ; mais le défaut de s'être pourvu dans le délai fatal, forme une exception péremptoire qui peut, comme la chose jugée, comme la prescription, être opposée en tout état de cause. Il a même, à cet égard, un avantage très-remarquable, sur la prescription et sur la chose jugée : c'est que la section des requêtes le supplée et doit toujours le suppléer d'office, dans les circonstances où elle trouve matière à appliquer la fin de non-recevoir qui en résulte.

» Examinons donc les deux fins de non-recevoir que la commune de Champigny oppose aux mineurs Testu : et d'abord, est-il vrai, comme elle le prétend, que les mineurs Testu n'étaient plus dans le délai du recours en cassation, lorsqu'ils ont présenté la requête sur laquelle vous avez à statuer aujourd'hui définitivement ?

» Il est reconnu par les deux parties, que le délai du recours en cassation ne peut pas courir par l'effet d'une signification nulle dans la forme. Mais y a-t-il nullité dans la signification qui a été faite aux mineurs Testu, le 21 nivôse an 2, du jugement arbitral du 2 du même mois? Cette signification est-elle viciée par le défaut de mention, dans l'exploit qui la contient, du tribunal dans lequel avait été immatriculé l'huissier dont cet exploit est l'ouvrage ?

» L'affirmative ne souffrirait aucune difficulté, si cette signification était antérieure à la suppression des tribunaux de l'ancien régime ; car l'ordonnance de 1667 veut impérativement et à peine de nullité, tit. 2, art. 2, que les huissiers désignent, par leurs exploits, les juridictions où ils sont immatriculés.

» Il n'y aurait pas plus de difficulté sur l'opinion contraire, si la signification dont il s'agit, était postérieure à la loi du 7 nivôse an 7 ; car l'art. 1 de cette loi déclare que le défaut d'énonciation des anciennes immatricules des huissiers...., n'entraîne point la nullité de leurs actes.

» Mais alors cette signification serait nulle d'un autre chef : elle serait nulle, aux termes de la loi du 7 nivôse elle-même, parce que l'huissier n'a pas désigné dans l'exploit le tribunal dans le ressort duquel il avait droit d'instrumenter.

» La question se réduit donc à savoir si, dans l'intervalle de la suppression des tribunaux de l'ancien régime à la publication de la loi du 7 nivôse an 7, les huissiers qui avaient été immatriculés dans ces tribunaux, ont pu ne pas désigner dans leurs exploits, soit les anciennes immatricules, soit les tribunaux de nouvelle création auxquels ils se trouvaient rattachés par les lois nouvelles.

» C'est un principe très-constant que, dans tout exploit portant assignation ou signification de jugement, l'huissier doit exprimer sa qualité de manière qu'on puisse juger tout de suite et sans recherche ultérieure, s'il a ou s'il n'a pas droit d'instrumenter dans le lieu où il pose cet exploit. C'est sur ce fondement que l'art. 2 du

tit. 2 et l'art. 12 du tit. 27 de l'ordonnance de 1667 avaient exigé la mention de l'immatricule de l'huissier, dans chacun des actes par lesquels il donnerait assignation ou signifierait un jugement.

» Quels changemens a produits, à cet égard, la suppression des anciens tribunaux ? Le préambule de la loi du 7 nivôse an 7, comme contraire à l'esprit et au texte des lois républicaines, la jurisprudence qui, jusqu'alors avait annullé les exploits dans lesquels n'étaient pas rappelées les anciennes immatricules des huissiers ; et la même loi déclare que les huissiers ne sont tenus qu'à énoncer dans leurs actes, le lieu de leur résidence et le tribunal du département dans l'étendue duquel ils exercent leurs fonctions.

» Mais entend-elle, pour le passé, annuller les exploits dans lesquels les huissiers, sans énoncer le tribunal dans le ressort duquel ils avaient droit d'instrumenter, se sont contentés de faire mention de leurs anciennes immatricules? Entend-elle, pour le passé, annuller les exploits dans lesquels les huissiers n'ont désigné, ni leurs anciennes immatricules, ni le tribunal dans le ressort duquel ils avaient droit d'instrumenter ? Voilà deux questions distinctes ; et sur chacune de ces questions, nous avons l'avantage de trouver des guides sûrs dans votre propre jurisprudence.

» Le 4 pluviôse an 6, un arrêt de la section des requêtes portant admission d'un recours exercé par Decougny contre Brandin et la demoiselle Leroux, avait été signifié à ceux-ci par un huissier qui s'était dit, simplement reçu et immatriculé au ci-devant bailliage de Caudebec, autorisé à exercer ses fonctions, muni de patente, demeurant à Bolbec. Brandin et la demoiselle Leroux demandèrent la nullité de cette signification, et par suite la déchéance du recours de Decougny. Ils se fondaient sur le défaut d'énonciation, dans l'exploit, du tribunal dans le ressort duquel l'huissier était autorisé à continuer l'exercice de ses fonctions. La cause portée à votre audience, nous avons observé qu'avant la loi du 7 nivôse an 7, les huissiers avaient deux manières d'exprimer légalement leur qualité dans leurs exploits : qu'ils pouvaient l'exprimer, en rappelant leurs anciennes immatricules ; qu'ils le pouvaient également par la seule désignation du tribunal dans le ressort duquel la loi du 10 mars 1791 les autorisait provisoirement à instrumenter ; mais qu'il leur était libre d'employer l'une ou l'autre manière. En conséquence, par arrêt du 22 thermidor an 9, au rapport de M. Henrion, vous avez rejeté la demande en déchéance, attendu, avez-vous dit, que l'exploit de signification du jugement d'admission est antérieur à la loi du 7 nivôse an 7 ; et par là, vous avez résolu bien clairement la première des questions que nous proposions tout à l'heure : vous avez jugé bien clairement que la loi du 7 nivôse an 7 ne s'opposait point à ce qu'on tînt pour valable un exploit qui n'énonçait pas le tribunal dans le ressort duquel l'huissier avait conservé le droit d'instrumenter, mais qui y suppléait par la mention de son ancienne immatricule.

» Quant à la seconde question, qui est précisément celle de la cause, vous l'avez jugée le 7 ventôse an 7, après un délibéré, au rapport de M. Bayard. Caire et Ferraud avaient obtenu, à la section des requêtes, le 5 prairial an 6, un arrêt qui admettait leur recours contre un jugement rendu au profit de Vautray. Le 8 messidor suivant, ils avaient fait signifier ce jugement à leur adversaire, par l'huissier Pecoul, qui n'avait déclaré dans l'exploit, ni son ancienne immatricule, ni le tribunal dans le ressort duquel il exerçait ses fonctions. Vautray, comparaissant à votre audience, a soutenu que cette signification était nulle, et que, par suite, les demandeurs avaient encouru la déchéance. Effectivement, Messieurs, vous avez déclaré les demandeurs déchus, « attendu (ce sont les » termes de votre arrêt), que la loi du 7 ni- » vôse an 7 n'établit pas un droit nouveau, mais » explique seulement le sens des lois anciennes » combinées avec les lois nouvelles; et qu'il en » résulte, que si les huissiers, depuis la sup- » pression des anciens tribunaux, ont dû être » censés exempts d'énoncer dans leurs exploits » leurs anciennes immatricules, ils sont cepen- » dant demeurés obligés à déclarer le tribunal » dans le ressort duquel ils sont autorisés à » instrumenter....; qu'il faut qu'un huissier » exprime sa qualité, pour que l'on sache s'il » a droit ou non d'instrumenter dans l'étendue » d'un département..... ».

» Il n'est donc pas permis de douter que la signification faite aux mineurs Testu, le 21 nivôse an 2, du jugement arbitral du 2 du même mois, ne soit nulle et sans effet.

» Mais si, dès-là, cette signification n'a pas pu par elle-même faire courir contre les mineurs Testu le délai de la cassation, ce délai n'a-t-il pas du moins couru contre eux au moyen de l'emploi qu'ils ont fait, dans leur première requête en cassation du 21 germinal an 2, de la copie que cette signification avait fait parvenir entre leurs mains du jugement du 2 nivôse? Ou, en d'autres termes, les mineurs Testu, en faisant ainsi emploi de la copie signifiée, n'ont-ils pas couvert la nullité de sa signification?

» La commune de Champigny ne manque pas de soutenir l'affirmative; et il faut convenir que son système devrait être accueilli sans la moindre hésitation, si l'on pouvait faire aux copies signifiées de jugemens, l'application littérale du principe *quod produco non reprobo*, c'est-à-dire, du principe d'après lequel on ne

peut pas, en produisant une pièce, la faire valoir dans un point et la rejeter dans un autre. Car on sent assez que, d'après ce principe, les mineurs Testu n'auraient pas pu, le 21 germinal an 2, produire la copie signifiée du jugement du 2 nivôse précédent, sans reconnaître que ce jugement leur avait été précédemment signifié; et s'ils ont reconnu, le 21 germinal an 2, que ce jugement leur avait été précédemment signifié, si même ce n'est que sur la preuve de la signification préalable de ce jugement, qu'ils ont été admis à l'attaquer dans un de ses chefs par la voie de la cassation, comment peuvent-ils espérer aujourd'hui de faire regarder cette signification comme non-avenue?

» Mais, vous le savez, Messieurs, la maxime *quod produco non reprobo*, n'est pas applicable aux exploits d'huissiers. Si elle leur était applicable, très-certainement une partie assignée par un exploit informe, ne pourrait pas, en comparaissant au jour indiqué par cet exploit, et en représentant là copie qui lui en a été signifiée, conclure à ce qu'il fût déclaré nul. On lui dirait : vous êtes non-recevable à critiquer un ajournement auquel vous obtempérez et dont vous-même représentez l'acte. Cependant il n'est point douteux, qu'on ne puisse, en pareil cas, demander l'annullation de l'exploit dont on produit la copie signifiée. Vous l'avez ainsi jugé toutes les fois que l'occasion s'en est offerte, sur des demandes en déchéance de recours en cassation pour cause de défaut de signification valable des arrêts d'admission dans les trois mois de leurs dates; et c'est ce que suppose manifestement l'art. 5 du tit. 5 de l'ordonnance de 1667, lorsqu'il dit que, dans les DÉFENSES *seront employées les fins de non-recevoir*, NULLITÉ DES EXPLOITS......, *pour y être préalablement fait droit*. Si la maxime *quod produco non reprobo*, était applicable aux exploits d'huissiers, une partie à laquelle un jugement en dernier ressort aurait été signifié irrégulièrement, ne pourrait pas, après les trois mois qui se seraient écoulés depuis, se servir de la copie qu'elle en aurait entre les mains, pour faire admettre sa requête en cassation. On lui dirait : de deux choses l'une; ou la signification qui vous a été faite, est nulle, ou elle est régulière; si elle est nulle, la copie que vous représentez, n'est pas véritablement une copie signifiée du jugement dont il s'agit; vous ne pouvez donc demander la cassation de ce jugement que sur une expédition authentique. Si elle est régulière, le délai du recours en cassation est expiré, vous êtes non-recevable. Cependant, Messieurs, tous les jours vous admettez des requêtes en cassation auxquelles les demandeurs ne joignent que des copies non-valablement signifiées des jugemens qui en sont l'objet; et vous les admettez, quoique, depuis la signification non-valable de ces jugemens, il se soit écoulé plus de trois mois.

On peut donc, en matière d'exploits, séparer le
fait de la signification d'avec la régularité de la
signification même; on peut donc, en reconnaissant l'un, contester l'autre; on peut donc
employer la copie signifiée d'un jugement pour
pièce justificative d'une demande en cassation,
sans pour cela faire courir du jour où la signification en a été faite, le délai accordé par la
loi pour se pourvoir.

» Et dans le fait, Messieurs, non-seulement
les mineurs Testu-Balincourt, en joignant à
leur requête en cassation du 21 germinal an 2,
la copie qui leur avait été signifiée du jugement
du 2 nivôse de la même année, ont pu ne pas
reconnaître la signification de ce jugement pour
valable; mais ils ont encore pris la précaution de
déclarer qu'ils ne la reconnaissent pas pour telle,
et cela résulte de ce que dans leur requête même,
ils ont expressément remarqué que ce jugement
était *non-valablement signifié* (1).

» Passons à la deuxième fin de non-recevoir
de la commune de Champigny, et voyons si,
comme elle le prétend, les mineurs Testu-Balincourt ont perdu, par leur premier recours
en cassation contre une des deux dispositions du
jugement du 2 nivôse an 2, le droit d'en exercer
un second contre l'autre disposition du même
jugement.

» Il est sans doute de principe qu'on ne peut
attaquer un jugement en dernier ressort qu'une
seule fois par cassation, comme on ne peut
l'attaquer qu'une seule fois par requête civile,
comme on ne peut appeler qu'une seule fois
d'un jugement de première instance, comme
on ne peut s'inscrire en faux qu'une seule fois
contre un acte authentique, comme on ne peut
obtenir qu'une seule fois la restitution en entier
contre un engagement par lequel on est lésé.

» Mais lorsqu'un jugement contient plusieurs
dispositions, quelle loi, quelle maxime pourrait
s'opposer à ce qu'après en avoir fait casser une,
on se pourvût en cassation contre l'autre? On y
serait incontestablement non-recevable, si, en
se pourvoyant contre celle-là, on avait acquiescé
à celle-ci; mais lorsque, par le premier recours,
bien loin d'acquiescer à celle-ci, on s'est réservé
le droit de l'attaquer elle-même (et c'est ce qu'ont
fait dans notre espèce, les mineurs Testu-Balincourt), il n'y a nulle raison, nul prétexte, pour
qu'on ne puisse pas, tant que dure le délai fatal,
exercer utilement un deuxième recours contre
la disposition que d'abord on n'a pas attaquée.

_____

(1) Que serait-il arrivé, si les mineurs Testu Balin-
court n'avaient pas relevé, devant la cour de cassation,
la nullité de la signification qui leur avait été faite?
La cour de cassation aurait-elle pu, d'office, regarder
cette signification comme nulle? *V.* le plaidoyer du 23
pluviôse an 11, rapporté au mot *Appel*, §. 8, n. 5.

C'est ainsi que très-souvent on est reçu à appeler d'un jugement de première instance dans tous
ses chefs, quoiqu'on ait commencé par n'en appeler que dans un seul, et que même on l'ait fait
infructueusement. C'est ainsi qu'après avoir succombé dans une inscription de faux dirigée contre quelques clauses d'un acte authentique, on
peut prendre la même voie contre d'autres
clauses du même acte. C'est ainsi qu'après avoir
succombé dans une demande en restitution en
entier contre un chef particulier d'un contrat,
on peut en former une nouvelle contre un autre
chef du même acte; et sur ce dernier point,
nous avons pour garant de ce que nous avançons, le jurisconsulte Voët, qui, dans son Commentaire sur le digeste, titre *de in integrum res-*
titutionibus, n. 14, dit expressément : *planè si*
non ex eâdem, sed alià prorsùs causâ, licet
circà eandem rem, restitutio priùs denegata desi-
deretur, eam impetrari posse nihil vetat : cessante
tunc rei judicatæ exceptione ob causæ diversi-
tatem. Arg. l. 12, 13, 14, D. *de exceptione rei*
judicatæ.

» Ce peu de mots nous paraît suffire pour
faire disparaître la seconde fin de non-recevoir
de la commune de Champigny; et il s'agit maintenant de savoir si, au fond, le jugement du 2
nivôse an 2 a bien ou mal appliqué la loi du 28
août 1792.

» Cette question a beaucoup d'analogie avec
celle que vous avez jugée le 14 de ce mois, au
rapport de M. Gandon, en faveur de l'État, demandeur en cassation d'un arrêt de la cour d'appel de Dijon, du 22 nivôse an 11, rendu au profit
de la commune de Villotte; mais elle en diffère
à certains égards.

» L'affaire que vous avez jugée le 14 de ce
mois, avait pour objet un triage qu'un contrat
de vente de l'année 1644 énonçait comme fait et
consommé *d'ancienneté*; et qui par conséquent
remontait beaucoup au-delà du terme où s'était
arrêté l'édit du mois d'avril 1667, lorsqu'il avait
révoqué les triages ordonnés ou consentis avant
sa promulgation.

» Dans l'espèce actuelle, il s'agit d'un triage
bien moins ancien, d'un triage qui n'a été ordonné que par un arrêt du 6 mars 1630, d'un
triage dont l'exécution n'a été consommée que
par un partage du 22 décembre 1635; et il
naissent deux questions importantes : la première, si l'édit du mois d'avril 1667 a révoqué
ce triage; la seconde, si, en le supposant ainsi,
ce triage ne devrait pas encore être maintenu,
d'après l'art. 1 de la loi du 28 août 1792.

» Sur la première question, il est d'abord un
point essentiel à examiner : c'est de savoir si
c'est vraiment de l'année 1630, ou si, au contraire, ce n'est pas de l'année 1637 seulement,
que doit être entendu l'édit de 1667, quand il
ordonne à *tous seigneurs prétendant droit du*

tiers dans les usages, communes et communaux des communautés, ou qui en auront fait faire le triage à leur profit, depuis l'année 1630, d'en abandonner et délaisser la libre et entière possession auxdites communautés, nonobstant tous contrats, transactions, arrêts, jugemens et autres choses à ce contraires. A la vérité, ces mots, 1630, se trouvent et dans le Recueil de Néron, et dans tous les autres qui ont, d'après lui, copié l'édit de 1667. Ils se trouvent également dans un exemplaire détaché de cet édit, qui a été imprimé cette année-là même, par *les imprimeurs du roi*, et qui est déposé à la bibliothèque de la cour. Mais remarquons-le bien, ils ne s'y trouvent qu'en chiffres, et voici ce qui nous porte à croire qu'ils sont mal chiffrés, et qu'au lieu de 1630, on doit lire 1637; c'est que l'édit qui, par sa date, présente, entre l'année 1637 et l'époque où il a été rédigé, un intervalle de trente ans, s'exprime ainsi relativement aux triages exercés avant l'époque à laquelle il fait remonter la révocation qu'il prononce : *et au regard des seigneurs qui se trouveront en possession desdits usages auparavant lesdites trente années, sous prétexte dudit tiers, ils seront tenus de représenter le titre de leur possession pardevant les commissaires à ce députés,* etc. Ces expressions, *auparavant lesdites trente années,* supposent clairement que l'édit n'a dans la disposition immédiatement précédente, révoqué que les triages faits depuis trente ans; elles supposent donc que ce n'est pas à l'année 1630; mais seulement à l'année 1637; que se réfère la révocation dont il les frappe tous; elles supposent donc, ou plutôt elles prouvent, que ce n'est pas 1630, mais 1637, qu'il faut lire dans le texte de l'édit.

» Il n'y aurait qu'un moyen de détruire cette conséquence : ce serait de faire voir par le manuscrit de l'édit de 1667, que c'est véritablement 1630 que l'on doit y lire; mais ce manuscrit, nous l'avons inutilement cherché au *Dépôt des archives judiciaires du palais.* Nous n'y avons trouvé que la minute de l'arrêt d'enregistrement du 20 avril de cette année; et nous pouvons assurer la cour, d'après l'ordre admirable que le sieur Terrasse est parvenu à établir dans ses archives, que le texte original de l'édit n'y existe pas, qu'il n'est pas même transcrit dans les registres du ci-devant parlement de Paris, et qu'il a cela de commun avec un grand nombre d'autres lois de la même date.

» Mais au surplus, quand le texte original de l'édit porterait véritablement 1630, ce ne serait pas encore une raison pour regarder comme frappés de la révocation qui y est écrite, les triages exercés en 1630 même. L'édit ne révoque pas les triages exercés en 1630 et depuis, il ne révoque que les triages exercés *depuis l'année* 1630; et l'on sait qu'en thèse générale, nous lisons d'ailleurs dans Brillon, au mot *Délai,* n. 1, que « la préposition *depuis* est exclusive

» du terme qu'elle désigne : par exemple (dit
» cet auteur), la règle *de infirmis resignanti-*
» *bus* porte : *infrà viginti dies à die præstandi*
» *consensûs computandos*; on exclut du nombre
» des vingt jours celui du consentement prêté
» par le résignant. C'est l'avis de Dumoulin, sur
» la règle *de infirmis,* n. 327, où il allègue
» l'autorité de plusieurs docteurs ».

» Il est vrai que, dans certaines lois, notamment dans celles qui, par leur grande faveur, méritent plutôt d'être étendues que restreintes, on peut, sans violer leur texte, donner à la préposition *depuis,* un sens inclusif; et c'est ce que la cour a jugé, sections réunies, le 25 frimaire an 9 (1), au sujet d'un arrêté des représentans du peuple en mission dans la ci-devant Belgique, qui avait annullé tous les remboursemens faits en assignats, *depuis le 9 prairial an 3.* Mais ici, sans examiner si une possession décent cinquante-huit ans ne serait pas une assez puissante raison pour que l'on s'en tînt au sens le plus ordinaire du mot *depuis*, et que par suite on le considérât comme exclusif de l'année 1630, il existe dans l'édit même une phrase qui nous force absolument de lui donner ce sens et qui repousse toute autre interprétation. Cette phrase est celle qui commence par les expressions déjà citées, *et au regard des seigneurs qui se trouveront en possession desdits usages, auparavant lesdites trente années, sous prétexte dudit tiers.*

» De deux choses l'une en effet : ou, dans cette phrase, les mots, *auparavant lesdites trente années,* prouvent, ce qui est bien le plus vraisemblable, que la révocation prononcée par la phrase précédente, ne remonte pas jusqu'en 1630, mais seulement jusqu'en 1637; ou si c'est 1630 et non pas 1637 qu'il faut lire dans le texte de l'édit, ces mêmes mots sont nécessairement synonymes de ceux-ci : *auparavant les trente années écoulées depuis l'an 1600;* et bien évidemment dans cette hypothèse, l'année 1630 serait la trentième des trente années que la loi respecte; dans cette hypothèse, l'année 1630 ne serait pas, ne pourrait pas être comprise dans l'espace de temps désigné par le terme *depuis.*

» Ainsi, qu'on lise 1630 ou 1637 dans le texte de l'édit, il n'importe : dans l'une comme dans l'autre leçon, il demeurera toujours constant que l'édit ne révoque pas les triages faits en 1630, mais seulement ceux qui sont postérieurs, soit à 1630 même, soit à 1637.

» Mais ici s'élève une autre difficulté : que doit-on entendre par un triage fait en 1630? Pour en fixer la date à cette année, doit-on considérer l'époque du jugement qui l'a ordonné, ou du contrat qui l'a consenti; ou ne doit-on s'arrêter qu'à l'époque de la mise en possession

_____

(1) *V.* l'article *Papier-monnaie,* §. 3.

du ci-devant seigneur, en vertu de ce contrat ou de ce jugement? Vous sentez, Messieurs, combien cette question est intéressante pour notre espèce. Si l'on ne doit s'arrêter qu'à l'arrêt du parlement de Paris, du 6 mars 1630, qui a ordonné le triage des bois de Champigny, il demeure bien clair que ce triage n'a pas été révoqué par l'édit de 1667, puisque cet édit, dans toutes les leçons possibles, ne révoque pas les triages faits en 1630. Mais si c'est la mise en possession opérée par le partage du 22 décembre 1635, que l'on doit considérer, la chose deviendra plus douteuse : elle dépendra absolument du point de savoir si c'est depuis 1630 ou depuis 1637, que l'édit révoque les triages.

» Or, il faut en convenir, de savoir si c'est à la date de l'arrêt ou à celle de la mise en possession que l'on doit avoir égard, c'est un point sur lequel l'édit de 1667 ne s'explique pas très-nettement : parlons plus juste, le sens littéral de l'édit de 1667 paraît se référer bien plus à la date de la mise en possession, qu'à celle de l'arrêt ; et c'est surtout ce qui résulte de la seconde disposition dans laquelle il est expressément parlé *des seigneurs qui, sous prétexte dudit tiers,* SE TROUVERONT EN POSSESSION *desdits usages, auparavant lesdites trente années.* On conçoit d'ailleurs très-bien pourquoi l'édit n'a égard qu'à l'époque de la mise en possession : c'est qu'il ne s'abstient de révoquer les triages faits *auparavant lesdites trente années*, que par respect pour la prescription qu'ont pu acquérir les seigneurs au profit desquels ils ont été exercés; et l'on sait que, pour prescrire, il faut nécessairement posséder : on sait que point de possession, point de prescription. Ce qu'il y a du moins de très-certain, c'est que le jugement attaqué par les mineurs Testu, ne pourrait pas être cassé, si son sort dépendait uniquement du point que nous examinons ici : car alors, il aurait pour lui le texte littéral de la loi ; et conséquemment, il n'y aurait porté aucune atteinte, en déclarant révoqué par l'édit de 1667, un triage qui n'aurait été exécuté que postérieurement à l'époque au-delà de laquelle cesse d'agir la révocation prononcée par cet édit.

» Nous voilà donc forcés d'abandonner les hypothèses et de prendre une détermination positive sur la question de savoir si c'est 1630 ou 1637 qu'il faut lire dans l'édit, ou, en d'autres termes, si les mots *auparavant lesdites trente années*, se réfèrent aux trente années qui ont précédé l'édit même, ou si elles ne se rapportent qu'aux trente années qui ont suivi l'an 1600. Mais, Messieurs, cette question est-elle donc si difficile à résoudre? Dans les lois comme dans les contrats, il faut toujours donner aux expressions le sens qui est à la fois le plus naturel et le plus conforme au droit commun. Or, d'une part, quoi de plus naturel que de rapporter les *trente années* dont parle le législateur, aux trente

années antérieures au moment où il dispose? D'un autre côté, par le droit commun qui gouvernait la France en 1667, le terme de trente ans était celui de la prescription contre les communautés laïques; et c'est encore sur ce fondement que les art. 31 et 32 du tit. 2 de la loi du 15 mars 1790 n'ont fait remonter qu'à trente ans la révocation qu'ils ont prononcée au préjudice des ci-devant seigneurs, de certaines usurpations de biens communaux. Il est donc bien vraisemblable, c'est trop peu dire, il est donc certain, que l'édit de 1667 n'a également fait remonter la révocation des triages, qu'aux trente ans antérieurs à sa date; et dès-là, tenons pour bien constant que le triage ordonné en 1630 et exécuté en 1635, au profit du ci-devant seigneur de Champigny, n'a pas été révoqué par l'édit de 1667.

» Mais s'il n'a pas été révoqué par l'édit de 1667, il se trouve précisément dans les mêmes termes que celui dont il s'agissait dans l'espèce de votre arrêt du 14 de ce mois; et conséquemment tous les motifs qui vous ont portés à décider, le 14 de ce mois, que le triage contre lequel réclamait la commune de Villotte, n'avait pas été révoqué par la loi du 28 août 1792, se réunissent également aujourd'hui pour faire décider que cette loi n'a pas révoqué le triage contre lequel réclame la commune de Champigny.

» Et vainement cherche-t-on à établir entre les deux espèces une différence que l'on fait consister, en ce que, dans celle de Villotte, il était question d'un véritable triage; au lieu que, dans celle de Champigny, il ne pouvait pas y avoir lieu à l'exercice d'un droit de cette nature.

» Pourquoi, dans l'espèce actuelle, le droit de triage proprement dit, n'aurait-il pas pu, en 1630, être exercé par le seigneur contre la commune? C'est, dit-on, parce que le seigneur percevait, à raison des biens communaux qu'il avait anciennement concédés aux habitans de Champigny, des redevances annuelles qui étaient fixées, pour chacun de ceux-ci, à deux deniers; et qu'alors même, il n'y avait ouverture à l'action en triage, qu'au profit du seigneur qui, en concédant des biens communaux à une généralité d'habitans, ne s'y était réservé ni cens ni prestation quelconque.

» Mais, en raisonnant ainsi, on feint d'ignorer que l'ordonnance de 1669 a introduit un droit nouveau, en déclarant, tit. 25, art. 5, que le payement d'une redevance de la part des habitans, écarterait le seigneur du triage. Pour vous, Messieurs, vous n'avez pas perdu de vue les anciens arrêts que nous avons cités à votre audience du 14 de ce mois, et desquels il résulte qu'avant l'ordonnance de 1669, le seigneur pouvait, en renonçant à ses droits de cens sur les biens communaux, demander que le tiers en fût distrait à son profit; c'est notamment ce que porte en toutes lettres l'arrêt du 2 avril 1613, que nous avons rapporté d'après Filleau ; et c'est ce que prouve encore bien clairement la manière dont s'est expliqué l'avocat-général Bignon, lors de l'arrêt du 24 mai 1658.

» Au surplus il existe dans la production des mineurs Testu, une pièce qui démontre tout à la fois, et que l'arrêt du parlement de Paris du 6 mars 1630 avait ordonné un véritable triage, et que cet arrêt n'avait pas été révoqué par l'édit du mois d'avril 1667 ; c'est l'extrait d'une décision du conseil du 21 juillet 1706. Voici à quelle occasion a été rendu ce jugement. Par deux déclarations des 11 et 18 juillet 1702, Louis XIV avait ordonné que les *injustes détenteurs* de biens communaux lui payeraient une taxe équipollente à trente années de revenus ; au moyen de quoi la jouissance leur en serait continuée pendant quinze ans, au bout desquels les communes pourraient rentrer de plein droit dans les biens usurpés sur elles. En exécution de ces lois fiscales, le seigneur de Champigny avait été taxé à une somme de 500 livres ; et une contrainte lui avait été signifiée le 14 avril 1706, à l'effet de l'obliger à payer cette somme, en qualité de *propriétaire et possesseur de 65 arpens de bois taillis pris dans les usages faisant partie des communaux des habitans dudit Champigny ; ET SUR EUX USURPÉS, pour jouir comme dessus*. Le seigneur de Champigny réclama contre cette taxe ; et pour prouver que ce n'était point par usurpation, mais en vertu d'un titre légal, qu'il jouissait des 65 arpens de bois, il produisit l'arrêt du parlement de Paris du 6 mars 1630. Sa réclamation fut accueillie, et le 21 juillet suivant, il intervint au conseil une décision ainsi conçue : *décharger, attendu que c'est un triage*. Nous n'avons pas besoin de dire combien cette décision ajoute de poids aux raisons qui justifient que, dans l'édit du mois d'avril 1667, on doit lire, non pas *depuis l'année* 1630, *mais depuis l'année* 1637. On sent assez que, s'il en était autrement, que, si, par cet édit, le triage des bois de Champigny eût été révoqué, le conseil n'eût pas manqué, surtout dans la détresse où une guerre désastreuse plaçait alors les finances de l'État, de traiter le seigneur de Champigny comme *injuste détenteur*, et par suite, de maintenir la taxe de 500 livres à laquelle il avait été imposé comme tel.

» Par la tombe, au reste, l'argument que l'on fait résulter contre les mineurs Testu, de ce qu'il ne paraît pas que le triage ordonné à leur profit en 1630, ait subi l'épreuve de la vérification à laquelle l'édit de 1667 assujettit tous les triages exercés *auparavant les trente années* dont il parle. Non, sans doute, il n'est pas prouvé directement que cette vérification ait été faite : mais ne doit-on pas la présumer, d'après la possession que les seigneurs de Champigny ont paisiblement conservée pendant les 126 ans qui ont suivi

la publication de l'édit de 1667 ? Vous vous rappelez, Messieurs, ce que nous avons dit à cet égard, le 14 de ce mois, sur le triage de Villotte : non-seulement les mêmes raisons se rencontrent ici ; mais elles sont encore étayées, en faveur des mineurs Testu, par la décision du conseil du 21 juillet 1706.

» Maintenant allons plus loin, et en abordant la deuxième question de la cause, supposons que le triage ordonné en 1630, et consommé en 1635 au profit des seigneurs de Champigny, ait été révoqué par l'édit du mois d'avril 1667 : supposons que, par l'effet de cet édit, le triage précédemment obtenu par les seigneurs de Champigny, ait cessé d'être pour eux un titre légitime de propriété : en sera-t-il moins vrai que ce titre a été ensuite légitimé par le temps, et que l'art. 1er de la loi du 28 août 1792 l'a consacré pour toujours, en défendant de pousser au-delà du mois d'août 1669, la recherche des biens communaux acquis par le droit de triage ?

» On peut, nous le savons, opposer à cette idée un argument très-spécieux ; on peut dire : la loi du 28 août 1792 n'a limité au mois d'août 1669, l'effet rétroactif de la révocation des triages, que parce qu'il était inutile de révoquer de nouveau les triages qui l'avaient déjà été avant cette époque, que parce que l'édit du mois d'avril 1667 avait rendu sans effet ceux qui n'avaient été exercés que, soit depuis 1630, soit depuis 1637 ; c'est dans la ferme intention de favoriser les communes, que le législateur a révoqué les triages antérieurs à l'ordonnance des eaux et forêts ; on ne peut donc pas donner à la révocation qu'il en a faite, un sens qui tournerait contre les communes elles-mêmes : *quod in favorem alicujus introductum est, non debet in ejus odium retorqueri*; et c'est cependant ce qui arriverait ; si, de ce que le législateur a annulé, pour leur avantage, des actes valablement faits depuis un temps donné, on allait conclure qu'il a revalidé à leur préjudice des actes qui, avant ce temps, étaient déclarés nuls par une loi expresse.

» On peut même fortifier cet argument par une comparaison entre l'art. 1er de la loi du 28 août 1792 combiné avec l'édit du mois d'avril 1667, et la loi du 9 brumaire an 2 combinée avec celle du 17 mai 1790 ; voici comment :

» La loi du 9 brumaire an 2 porte, art. 1er, *tous jugemens sur procès intenté relativement aux droits féodaux ou censuels, fixes ou casuels, abolis sans indemnité, soit par le décret du 25 août 1792, SOIT PAR LES LOIS ANTÉRIEURES, rendus postérieurement à la promulgation dudit décret, sont nuls et comme non-avenus*. Il n'y a donc d'annullé par cette loi, que les jugemens rendus depuis la promulgation du décret du 25 août 1792, *sur procès intentés relativement aux droits féodaux ou censuels abolis sans indemnité* non seulement *par ce décret ;*

mais encore *par les lois antérieures*, et entre autres conséquemment par la loi du 15 mars 1790. On ne devrait donc pas, si l'on s'en tenait strictement à la lettre de la loi du 9 brumaire an 2, regarder comme non-avenus les jugemens qui avaient été rendus sur les demandes en retrait féodal ou censuel, postérieurement à la promulgation de la loi du 15 mars 1790 qui les avait abolies, et avant celle du décret du 25 août 1792.: et par conséquent on devrait, toujours en s'attachant judaïquement à la lettre de la loi du 9 brumaire an 2, en induire une dérogation à la loi du 17 mai 1790, qui déclare *nuls tous jugemens et arrêts* qui depuis la publication des lettres-patentes du 9 novembre 1789, données sur les décrets du 4 août précédent, ont adjugé des retraits féodaux ou censuels à des ci-devant seigneurs. Or, il n'est personne qui puisse de bonne foi prêter une pareille intention à la loi du 9 brumaire an 2; il est évident, pour tout homme qui ne cherche pas à se faire illusion, que cette loi n'a pas rendu aux jugemens déjà annullés par celle du 17 mai 1790, une existence qu'ils n'avaient plus au moment où elle a disposé comme elle l'a fait. Eh bien ! l'art, 1.er de la loi du 28 août 1792 n'est-il pas à l'édit du mois d'avril 1667, ce qu'est à la loi du 17 mai 1790 l'art. 1.er de la loi du 9 brumaire an 2 ? et si l'art. 1.er de la loi du 9 brumaire an 2 ne déroge pas à la loi du 17 mai 1790, comment serait-il dérogé à l'édit du mois d'avril 1667, par l'art. 1.er de la loi 28 août 1792?

» Telle est, Messieurs, dans toute sa force, l'objection que nous nous sommes faite à nous-mêmes contre l'idée, qui d'abord nous avait souri, de regarder l'art. 1 de la loi du 28 août 1792, comme effaçant par sa disposition limitative, l'annullation prononcée par l'édit du mois d'avril 1667, des triages exécutés, soit depuis 1630, soit depuis 1637. Cette objection serait-elle donc insoluble ? il faut bien qu'elle ne le soit pas, puisque, par votre arrêt du 16 nivôse an 5, dont nous avons rapporté le texte à votre audience du 14 de ce mois, vous avez solennellement décidé qu'un triage consenti par une transaction du 6 janvier 1644, au profit du ci-devant seigneur de Vannaire, formait pour celui-ci un titre qui, d'après l'art. 1 de la loi du 28 août 1792, devait mettre sa possession à l'abri de toute atteinte.

» Et en effet, il y a une grande différence entre la loi du 28 août 1792 comparée à l'édit du mois d'avril 1667, et la loi du 9 brumaire an 2, comparée à celle du 17 mai 1790.

» Lorsqu'a été faite la loi du 9 brumaire an 2, il ne s'était rien passé, il n'avait pu se passer rien, depuis la loi du 17 mai 1790, qui pût faire revivre les jugemens annullés par celle-ci, qui pût effacer de ces jugemens la tache dont celle-ci les avait empreints. Il est donc tout simple de conserver leur effet à ces deux lois, et de laisser

les jugemens rendus pendant l'intervalle de la première à la seconde, dans l'état de nullité où la première les avait placés.

» Mais lorsqu'a été faite la loi du 28 août 1792, lorsque par l'art. 1 de cette loi, le législateur a révoqué les triages adjugés ou consentis depuis la publication de l'ordonnance de 1669, il y avait cent vingt-six ans d'accumulés sur l'édit du mois d'avril 1667; et sans doute si, depuis un tel espace de temps, des actes annullés en apparence par cet édit, subsistaient encore, il était naturel, il était juste, il était nécessaire de présumer que cet édit ne les avait pas atteints, et qu'il ne les avait pas atteints, parce que, sous la dénomination extérieure de *triages*, ces actes n'avaient été, dans leur véritable substance, que des *réglemens* ou *aménagemens* entre les seigneurs propriétaires exclusifs et les communes simples usagères, réglemens et aménagemens auxquels cet édit n'avait pas touché.

» Voilà en effet ce qu'a dû présumer l'assemblée législative, lorsqu'elle a fait la loi du 28 août 1792; voilà ce qui a dû l'empêcher de rétrograder, pour les triages, au-delà de l'ordonnance de 1669; voilà le vrai motif de son silence sur les triages qu'avait auparavant annullés l'édit d'avril 1667. Et à qui persuadera-t-on qu'en faisant, le 28 août 1792, une loi aussi populaire, une loi qu'indubitablement elle voulait mettre à la portée de toutes les classes de citoyens, une loi qu'elle destinait à être lue, entendue, saisie, par chacune de ses dispositions, par tout le monde, elle n'eût pas parlé des triages exercés dans l'intervalle de trente ou trente-sept ans qui avaient précédé l'édit de 1667 si effectivement son intention eût été de les soumettre aux recherches des communes ? À qui persuadera-t-on que, cherchant, par une loi rétroactive, à faire de nombreux amis à la révolution, elle n'ait pas proclamé littéralement toute l'étendue qu'elle entendait donner à cette loi ? À qui persuadera-t-on qu'elle ait voulu dérober aux regards avides et empressés des communes, une partie du bienfait extraordinaire dont elle les gratifiait ? À qui persuadera-t-on en un mot, que tout en disant simplement, *depuis l'ordonnance du mois d'août 1669*; elle ait voulu dire, *depuis l'époque jusqu'à laquelle rétroagit l'édit du mois d'avril* 1667 ? Non, non, Messieurs, ce n'est pas ainsi que s'expriment des législateurs qui parlent à la multitude, qui ne parlent que pour elle, qui n'ont d'autre but que de capter sa bienveillance. Ils ne mettent pas tant de mystère dans les expressions qu'ils lui adressent; ils lui disent toute leur pensée.

» Par ces considérations, nous estimons qu'il y a lieu de rejeter les fins de non-recevoir de la commune de Champigny, et faisant droit au fond, casser et annuller, dans sa disposition principale, le jugement arbitral du 2 nivôse an 2 ».

Arrêt du 22 brumaire an 13, au rapport de M. Busschop, par lequel,

« Considérant, sur la première fin de non-recevoir, proposée par la commune de Champigny, contre la demande en cassation, que l'art. 5 du tit. 5 de l'ordonnance de 1667 voulant que les parties litigantes fassent valoir, dans leurs défenses, toutes les nullités d'exploits, pour y être préalablement fait droit; il résulte nécessairement des dispositions de cet article, que la seule production d'un exploit, faite par l'une des parties, ne rend point celle-ci non-recevable à en proposer les nullités, d'où il suit que les demandeurs en cassation ont pu d'abord proposer utilement toutes les nullités de l'exploit de signification du jugement attaqué;

» Considérant que cet exploit de signification, fait le 21 nivôse de l'an 2, n'énonce, ni l'ancienne immatricule de l'huissier exploiteur, ni le tribunal dans le ressort duquel cet huissier exerçait alors ses fonctions; que ce défaut d'énonciation rend ledit exploit nul, soit d'après l'ordonnance de 1667, soit d'après la loi du 7 nivôse an 7, relative aux énonciations à faire dans les actes d'huissiers; que cette nullité d'exploit n'ayant pu faire courir le délai prescrit par la loi pour se pourvoir en cassation, et aucune autre signification régulière dudit jugement n'ayant été faite jusqu'à ce jour, il s'ensuit que les demandeurs sont encore dans le délai utile pour former leurdite demande;

» Considérant, sur la seconde fin de non-recevoir, également proposée par la commune de Champigny, que le jugement arbitral du 2 nivôse de l'an 2 contient deux dispositions principales et indépendantes: savoir, 1.º celle par laquelle il réintègre ladite commune dans la possession et propriété des biens litigieux; et 2.º celle par laquelle il ordonne la restitution des fruits perçus depuis quarante ans; que, par leur premier pourvoi du 21 germinal an 2, les mineurs Testu se sont bornés à demander la cassation de la seconde disposition dudit jugement, en se réservant expressément la faculté de demander par la suite l'annullation de la première; que, sur le premier pourvoi des demandeurs, il est intervenu arrêt de cette cour, le 22 vendémiaire an 10, qui, conformément à leur demande, a cassé et annullé le jugement attaqué, seulement dans la seconde disposition relative à la restitution des fruits;

» Considérant qu'il n'existe aucune disposition dans les lois ou réglemens émanés sur la procédure à suivre en matière de cassation, qui, dans les circonstances susdites, s'oppose à ce que les mineurs Testu puissent aujourd'hui demander valablement la cassation de la première disposition dudit jugement arbitral, si d'ailleurs, comme dans l'espèce actuelle, ils sont encore dans le délai utile pour former leurdite demande;

» La cour rejette lesdites deux fins de non-recevoir;

» Et au fond, vu les art. 1, 2, 7 et 8 de la loi du 28 août 1792, sur les partages des biens communaux;

» Vu également l'art. 8 de l'édit du mois d'avril 1667, relatif au même objet;

» Considérant que la révocation des triages et partages des biens communaux, faite par les art. 1 et 2 de ladite loi de 1792, y est expressément restreinte à ceux faits depuis l'année 1669; que cette restriction se trouvant répétée dans l'art. 7 de cette même loi, on ne peut pas supposer que l'art. 8, immédiatement suivant, ait voulu étendre davantage ses dispositions; qu'ainsi, les communes ne peuvent être recevables à réclamer contre les triages faits avant 1669;

» Qu'en supposant d'ailleurs, comme l'ont pensé les arbitres, que les dispositions de ladite loi de 1792 fussent également applicables aux triages antérieurs à 1669, et qui auraient été faits dans l'intervalle de temps fixé par l'édit de 1667, il ne s'ensuivrait point que la commune de Champigny serait fondée davantage dans sa réclamation, puisque l'annullation des triages, que prononce cet édit, ne portant, en toutes lettres, que sur ceux faits *trente ans auparavant*, c'est-à-dire, depuis l'année 1637, le triage fait en 1635, dont il s'agit dans l'espèce actuelle, se trouve absolument hors de l'application dudit édit de 1667;

» D'où il suit qu'en réintégrant la commune de Champigny dans la possession et propriété des soixante-cinq arpens de bois qu'elle réclamait, comme ayant été distraits des biens communaux en vertu d'un triage fait en 1635, le jugement attaqué a violé les art. 1 et 2 de la loi du 28 août 1792, et faussement appliqué l'art. 8 de la même loi, ainsi que le susdit art. 8 de l'édit de 1667;

» Par ces motifs, la cour casse..... ».

§. III. *La prescription de cinq ans, établie par l'art. 1.er de la loi du 28 août 1792, contre l'action en revendication des triages exercés en vertu de l'ordonnance de 1669, peut-elle être opposée à une commune qui, dans les cinq ans, s'est mise elle-même, de fait, en possession des terres dont un triage l'avait précédemment dépouillée?*

Entraîné par l'opinion vulgaire que, d'après la maxime, *quæ temporalia sunt ad agendum, sunt perpetua ad excipiendum*, la prescription ne court jamais contre celui qui possède et au profit de celui qui ne possède pas; j'ai soutenu l'affirmative dans des conclusions du 9 mars 1809, et elle a été adoptée par un arrêt de la cour de cassation du même jour; rapporté dans le *Répertoire de jurisprudence*, au mot *Triage*, n. 6.

Mais, je dois le dire aujourd'hui, j'aurais conclu tout autrement, si, au lieu de m'en tenir au sens littéral de la maxime sur laquelle je me suis fondé, j'en eusse pénétré le véritable esprit, tel qu'il est développé par Henrys, question 178, *des exceptions perpétuelles*, tome 2, page 961, édition de 1771.

Je fais cette observation, non relativement à la question en elle-même, qui peut-être ne se présentera plus et n'offre par conséquent presque plus d'intérêt, mais pour avertir qu'il ne faut pas tirer à conséquence pour d'autres matières, le principe d'après lequel je l'ai résolue trop précipitamment en 1809.

V. le *Répertoire de jurisprudence*, au mot *Triage*, n. 5.

TRIBUNAL CIVIL. *V. l'article suivant.*

TRIBUNAL CORRECTIONNEL. — §. I. *Les tribunaux correctionnels peuvent-ils, inci-demment aux plaintes portées devant eux, connaître des demandes civiles formées recon-ventionnellement par les prévenus, contre les parties plaignantes?*

Cette question et trois autres qui sont indiquées sous les mots *Contrefaçon*, *Ministère pu-blic* et *Propriété littéraire*, ont été agitées à l'audience de la cour de cassation, section cri-minelle, le 29 thermidor an 12. Voici les faits.

Dans le courant de pluviôse an 12, la veuve Malassis, imprimeur à Nantes, imprime et met en vente, d'après l'autorisation verbale de l'évêque de la même ville, un ouvrage intitulé: *Publication d'une indulgence plénière en forme de jubilé, avec le mandement de M. l'évêque de Nantes, suivie d'une Instruction en forme de cathéchisme sur les indulgences et jubilé, et des prières pour la procession de l'ouverture, pour les stations et pour la clôture du jubilé. A Nantes, chez madame Malassis.*

Le 22 ventôse suivant, un commissaire de police se transporte, par ordre du substitut-magistrat de sûreté, dans les magasins de Jean Gaudin-Odiette, imprimeur, et de Nicolas Busseuil, libraire à Nantes, et y saisit plusieurs exemplaires d'une édition nouvelle du même ouvrage.

Le 25 du même mois, l'évêque de Nantes donne à la veuve Malassis une déclaration ainsi conçue: « Je soussigné reconnais avoir cédé à madame Malassis, mon imprimeur, la propriété d'une brochure intitulée: *Publication d'une in-dulgence......*, pour qu'elle la fasse imprimer et en jouisse exclusivement, comme j'aurais pu

le faire moi-même; et quoique cette cession soit faite *gratis*, je déclare cependant, et pour la fixation du droit d'enregistrement, en cas de besoin, estimer mon manuscrit la somme de 50 francs. Fait à Nantes.... ».

Le même jour, la veuve Malassis, après avoir fait enregistrer cette déclaration, cite l'impri-meur Gaudin-Odiette et le libraire Busseuil, à l'audience correctionnelle du tribunal de pre-mière instance de Nantes, pour s'y voir con-damner aux peines infligées aux contrefacteurs par la loi du 19 juillet 1793.

Le lendemain, jugement qui, vu l'art. 6 de la loi du 19 juillet 1793, et faute, par la veuve Malassis, d'avoir justifié qu'elle eût déposé deux exemplaires de l'ouvrage dont il s'agit, à la bibliothèque nationale, la déclare non-rece-vable quant à présent dans son action.

La veuve Malassis appelle de ce jugement, et fait en conséquence citer Gaudin-Odiette et Busseuil devant la cour de justice criminelle du département de la Loire inférieure.

Le 30 du même mois, elle fait à la biblio-thèque nationale le dépôt prescrit par la loi du 19 juillet 1793.

Le 3 germinal suivant, un commissaire de police saisit chez le libraire Busseuil de nou-veaux exemplaires de l'ouvrage dont il s'agit.

Le 5, la veuve Malassis fait citer Busseuil à l'audience correctionnelle du tribunal de pre-mière instance de Nantes. Busseuil, comparais-sant sur cette citation, soutient que l'ouvrage dont on a saisi chez lui des exemplaires, est une propriété publique, sur laquelle ne peut s'exer-cer le droit d'auteur; il observe d'ailleurs que la veuve Malassis a pris, dans deux imprimés étrangers à cet ouvrage, la qualité d'imprimeur-libraire du clergé, et demande que défenses lui soient faites de la prendre à l'avenir.

Le 10, jugement qui déclare Busseuil con-vaincu d'avoir débité des contrefaçons de l'im-primé ayant pour titre, *Publication d'une indul-gence....*; confisque les exemplaires contrefaits qui ont été saisis dans sa boutique; et le con-damne, envers la veuve Malassis, à une amende de 300 francs.

Busseuil appelle de ce jugement: la veuve Malassis, de son côté, en appelle aussi en ce qu'il n'a pas déclaré Busseuil convaincu d'avoir lui-même imprimé l'édition contrefaite.

Par arrêt du 18 prairial an 12, la cour de justice criminelle, statuant à la fois sur ces deux appels et sur celui que la veuve Malassis avait précédemment interjeté du jugement du 26 ventôse, « rejette les requêtes d'appel en ce qui touche la dame Malassis; et faisant droit sur l'appel de Busseuil, dit qu'il a été mal jugé..... décharge Busseuil des condamnations prononcées contre lui; ordonne que les imprimés saisis chez lui,

lui seront rendus; fait défenses à la veuve Malassis de prendre la qualité d'imprimeur du clergé...... ».

La veuve Malassis se pourvoit en cassation, et soutient, 1.º que, d'après l'art. 5 du Code des délits et des peines , du 3 brumaire an 4, le ministère public aurait dû figurer dans la procédure comme partie poursuivante; que cependant il n'y a paru que pour *donner ses conclusions ;* qu'ainsi, cet article a été violé; 2.º qu'il n'a pas été statué sur l'appel du jugement du 26 ventôse; et que, par là, il a été commis un déni de justice; 3.º que la défense de prendre la qualité d'imprimeur du clergé, est un excès de pouvoir; 4.º qu'il a été contrevenu à la loi du 19 juillet 1793, concernant les contrefaçons.

» Le premier de ces moyens (ai-je dit à l'audience de la section criminelle), nous paraît ne présenter qu'une conséquence fausse et erronée de l'art. 5 du Code du 3 brumaire an 4. Cet article dit bien que *l'action publique est exercée au nom du peuple, par des fonctionnaires spécialement établis à cet effet ;* mais il ne détermine pas le mode de l'exercice de cette action; et l'on sent assez que cette action peut aussi bien être exercée par des conclusions prises incidemment aux poursuites de la partie civile, que par un réquisitoire direct et principal. — Du reste, il est dans l'esprit des dispositions subséquentes du Code du 3 brumaire an 4, de distinguer à cet égard entre les procès de grand criminel et les affaires de police, soit simple, soit correctionnelle. Dans les uns, toutes les poursuites se font à la diligence du ministère public. La partie civile peut sans doute y intervenir; mais elle n'y joue qu'un rôle secondaire. Dans les autres, le ministère public peut agir indirectement, mais il peut aussi être devancé par la partie civile; la partie civile, suivant les art. 154 et 180 du Code, peut citer elle-même le prévenu, soit au tribunal de simple police, soit au tribunal correctionnel ; et dans ce dernier cas, le ministère public n'a que des *conclusions* à donner, pour faire appliquer au prévenu, s'il lui paraît coupable, les peines infligées par la loi. Il est même à remarquer que les art. 162 et 186 n'exigent de sa part que des *conclusions* avant le jugement définitif, dans le cas où il n'y a point de partie civile, comme dans le cas où il y en a une.

» Le second moyen ne roule que sur une erreur de fait.....

» Le troisième moyen offre à votre examen la question de savoir quels sont les cas où les tribunaux correctionnels peuvent connaître des demandes formées reconventionnellement par les prévenus contre les parties plaignantes. Car c'était une demande reconventionnelle que Busseuil avait formée contre la veuve Malassis, en concluant à l'audience du tribunal de première instance de Nantes, à ce qu'il lui fût défendu de se qualifier *seule imprimeur du clergé,* comme elle l'avait fait, non au bas de l'imprimé qui avait donné lieu au procès, mais *dans son Journal intitulé* LE PUBLICATEUR NANTAIS, *n.º du 3 germinal, et au pied de l'imprimé du mandement de M. l'évêque, pour chanter un Te Deum en réjouissance de la découverte de la conspiration contre le premier Consul.*

» Sans contredit, le tribunal correctionnel de Nantes eût été compétent pour statuer sur cette demande reconventionnelle, si le fait qui en était l'objet, eût été un délit, et si ce délit eût été placé au rang de ceux dont la justice correctionnelle peut prendre connaissance. Mais aucune loi n'a qualifié ce fait de délit, aucune loi n'en a attribué la connaissance aux juges correctionnels; et dès-là, comment le tribunal de première instance de Nantes aurait-il pu en connaître correctionnellement? Comment la cour de justice criminelle a-t-elle pu, en faisant ce qui eût dû, suivant elle, être fait par le tribunal de première instance, statuer correctionnellement sur la demande reconventionnelle de Busseuil ?

» Il est vrai qu'en thèse générale, le juge qui, d'après les règles ordinaires , est incompétent pour connaître d'une action, cesse de l'être, lorsque cette action est intentée devant son tribunal, par forme de reconvention, c'est-à-dire, lorsque le défendeur trouvant le demandeur en jugement, prend contre lui des conclusions par lesquelles il se constitue à son tour demandeur pour un objet différent de celui de la demande originaire. Mais cette règle n'a lieu que dans les matières où l'incompétence du juge n'est que *relative ;* elle n'a pas lieu dans celle où son incompétence est *absolue.* Il ne faut pas croire, dit Voët, sur le digeste, titre *de judiciis,* n. 85, que la reconvention puisse être formée devant tous les juges indistinctement : *sed nec apud omnem judicem reconventio rectè fit.* A la vérité, on peut la former devant un juge délégué ou devant un juge d'exception , comme devant un juge ordinaire, lorsqu'il a, parmi ses attributions, le pouvoir de connaître de la demande reconventionnelle : *etsi enim nihil intersit utrùm judex ordinarius an delegatus sit , aut etiam certis tantùm causis judicandis constitutus, quoties reconventio ex causâ tali fit quæ ejus potestati et cognitioni commissa est ;* cela résulte même de la loi 14, C. *de sententiis interlocutionibus,* et du chap. 1, aux décrétales, *de mutuis petitionibus.* Mais on ne doit pas étendre la faveur de la reconvention, jusqu'à la faire admettre devant des juges tellement incompétens pour connaître de son objet, que leur incompétence ne pourrait pas même être couverte par la prorogation expresse des parties : *non tamen indulgendum est reconventionem fieri apud eos de causis talibus, quæ ne ex speciali quidem jurisdictionis prorogatione possunt per eos determinari.* Ainsi, dans

les lieux où il existe des juridictions spécialement établies pour la connaissance des matières
féodales, celui qui est assigné, pour un objet
tenant à la féodalité, devant une de ces juridictions, ne peut pas y former de demande reconventionnelle pour un objet auquel la féodalité
est absolument étrangère : *veluti si de re feudali
apud judicem feudalem impetitus, eumdem de
negotio ad ordinarii judiciis notionem pertinente
tentaret vicissìm interpellare.* C'est, continue
Voët, ce qu'enseignent Carpzov, dans ses *Definitiones forenses,* part. 1, const. 7, def. 4, n. 3;
Berlich, dans ses *Practicæ conclusiones,* part. 1,
concl. 22, n. 18; Néostade, dans son Recueil
d'arrêts du haut-conseil de Hollande, §. 127;
Mynsinger, cent. 4, obs. 90; Gayl, liv. 1, obs.
40, n. 6; et Zanger, *de exceptionibus,* part. 2,
ch. 1, n. 378.

» Vous sentez, Messieurs, avec quelle justesse
cette doctrine s'applique à la cause actuelle. Les
juges criminels sont essentiellement renfermés
dans la connaissance des délits et des crimes;
leur juridiction y est tellement limitée, qu'elle
ne peut être prorogée au-delà, même par le
consentement exprès des parties, en un mot,
pour tout ce qui n'est ni délit ni crime, leur incompétence est absolue. En vain donc suppo-
serait-on à celui qui intente devant eux une
action criminelle, la volonté de se soumettre à
leur juridiction pour l'action civile qu'il aurait
à redouter de la part de son adversaire : quand
sa volonté serait en effet telle, quand il la ma-
nifesterait dans les termes les plus positifs, l'action civile de son adversaire n'en demeurerait
pas moins hors de la sphère des juges criminels;
les juges criminels n'en demeureraient pas moins
incompétens pour connaître de cette action.
Ainsi, point de reconvention pour des objets
civils devant les juges criminels; et par conséquent nécessité de casser, pour excès de pouvoir, la disposition de l'arrêt de la cour de
justice criminelle de la Loire inférieure, qui,
sur les conclusions reconventionnelles de Busseuil, décide que la veuve Malassis n'a pas le
droit de se qualifier *seule imprimeur du clergé.*

» A l'égard de la disposition de cet arrêt qui
rejette la plainte en contrefaçon de la veuve
Malassis, et contre laquelle sont dirigés les
quatrième et cinquième moyens de la demande
en cassation qui vous occupe en ce moment,
nous devons, pour la bien apprécier, en comparer les motifs avec le texte des lois de la
matière.

» Ces motifs sont « que toutes les fonctions
» ecclésiastiques sont gratuites; que tel est le
» vœu de l'art. 5 de la loi du 18 germinal an 10;
» que les mandemens, les publications d'indul-
» gences et les enseignemens qui y sont relatifs,
» sont une partie essentielle de ces fonctions;
» que ces sortes d'écrits étant l'ouvrage d'ecclé-

» siastiques salariés, ne sont point leur pro-
» priété; que le droit exclusif de les imprimer et
» de les débiter, ne peut être cédé et transporté;
» que le privilége, en détruisant la concurrence,
» pourrait être un moyen d'exaction de la part
» des cessionnaires; que la loi du 19 juillet 1793
» n'est applicable qu'aux écrits qui sont la pro-
» priété de leurs auteurs, et non à ceux qui ap-
» partiennent au public; qu'au surplus, la ces-
» sion faite à la veuve Malassis, est postérieure
» à la contrefaçon, et ne lui transmet point le
» droit d'en poursuivre les auteurs et distribu-
» teurs ».

» Ainsi, deux questions à examiner : l'une,
si, en thèse générale, les évêques sont propriétaires de leurs mandemens, si à eux seuls appartient le droit de les faire imprimer, si ce droit
est cessible de leur part; l'autre, si, dans le cas
particulier, la veuve Malassis a pu poursuivre
les contrefacteurs et les distributeurs de la contrefaçon du mandement dont il s'agit.

» La première question nous paraît résolue
par l'art. 1 de la loi du 19 juillet 1793. Cet article attribue aux *auteurs d'écrits en tout genre,*
le droit exclusif de les faire imprimer et distribuer
dans tout le territoire de la France, et d'en céder
la propriété en tout ou en partie; et si, comme
on n'en peut douter, un mandement d'évêque
est un *écrit;* si, comme on n'en peut douter
davantage, l'évêque qui a fait un mandement,
est *auteur* de cet écrit; il est également impossible de douter que l'évêque qui a fait un mandement, n'ait le droit exclusif de le faire imprimer et vendre; il est également impossible de
douter que cet évêque ne puisse céder à qui il
lui plaît, la propriété de son mandement.

» Le moyen, en effet, de soutenir le contraire?
Non-seulement ces expressions, *écrits en tout
genre,* n'exceptent rien; mais elles excluent
même toute espèce d'exception. Et vainement
vient-on dire que les évêques sont salariés par
l'Etat, que toutes leurs fonctions sont essentiellement gratuites; qu'ainsi, les mandemens qu'ils
font, appartiennent de plein droit au public. Ce
n'est pas seulement depuis la loi du 18 germinal
an 10, que les évêques sont salariés par l'Etat;
ce n'est pas seulement depuis cette loi que leurs
fonctions sont gratuites. La loi du 8 germinal
an 10 n'a fait, sur ces points, que renouveler
les dispositions des art. 3 et 12 du tit. 3 de la loi
du 24 août 1790, communément appelée *Constitution civile du Clergé.* Et qu'on ne s'imagine
pas que cette dernière loi eût cessé d'être en
vigueur à l'époque où a été faite celle du 19
juillet 1793. A la vérité, des tentatives avaient
été faites peu de temps auparavant, dans le
sein de la Convention nationale, pour détruire
le culte et décharger le trésor public des traitemens des évêques, des curés et des vicaires.
Mais elles avaient été repoussées avec éclat par
deux décrets solennels : l'un du 7 juin 1793,

portant que *tout membre de la Convention nationale qui se permettrait dans son sein, de demander la déportation des prêtres qui s'étaient soumis à la loi et étaient salariés des deniers publics, serait envoyé pour huit jours à l'Abbaye;* l'autre, du 27 du même mois, antérieur par conséquent de vingt-deux jours seulement à la loi du 19 juillet, par lequel la Convention nationale, *après avoir entendu le rapport de son comité de salut public,* avait déclaré *que le traitement des ecclésiastiques faisait partie de la dette publique.* Ce n'est même que par un décret du 18 septembre 1793, postérieur de deux mois à la loi du 19 juillet, que les traitemens des évêques ont été, non pas supprimés, mais réduits à 6000 livres. Ainsi, à l'époque où a été faite la loi du 19 juillet, les évêques étaient salariés ni plus ni moins qu'en 1790 ; et comme en 1790, toutes leurs fonctions étaient essentiellement gratuites. Certainement alors, comme en 1790, comme aujourd'hui, ils faisaient des mandemens ; si donc la loi du 19 juillet n'eût pas voulu étendre jusqu'à eux le droit exclusif qu'elle conférait aux *auteurs d'écrits en tout genre,* elle l'aurait dit et elle aurait dû le dire, pour empêcher qu'en vertu de la règle, *qui dit tout n'excepte rien,* ils ne s'attribuassent ce droit. Elle ne l'a pas fait ; elle n'a donc pas voulu les excepter de sa disposition générale ; elle a donc voulu les faire jouir de ce droit exclusif.

» Y a-t-il d'ailleurs rien de plus contraire à toutes les notions reçues, que cette idée de refuser la propriété d'un ouvrage littéraire à l'auteur qui l'a composé dans l'exercice de fonctions salariées par l'État ? Il était aussi salarié par l'État, le célèbre évêque de Clermont, dont les traits et le nom revivent au milieu de vous dans la personne de son petit-neveu (1). Il l'était, notamment pour prêcher dans la chapelle de Versailles, ces chefs-d'œuvre d'éloquence, que toute l'Europe admire dans le *Petit-Carême de Massillon.* Cependant, qui est-ce qui aurait osé lui contester la propriété de ses immortels discours ? Ils étaient aussi salariés par l'État, ce courageux Servin, ce savant Lebret, cet illustre d'Aguesseau, ce judicieux Gueydan, qui ont honoré les fonctions du ministère public dans les parlemens de Paris et d'Aix. Cependant il n'est venu à la pensée de personne, que leurs plaidoyers ne leur appartinssent pas, et qu'il fût libre à tout libraire d'obtenir un privilége pour les imprimer et vendre à son profit.

» Enfin, Messieurs, la question, si c'en est une, est spécialement décidée en faveur de l'évêque de Nantes, par une lettre du ministre des cultes, du 14 ventôse dernier; et quoique cette lettre, qui a été produite devant la cour

de justice criminelle de la Loire-inférieure, n'ait pas dû nécessairement enchaîner les suffrages des magistrats qui la composent, elle a cependant dû être pour eux une preuve non équivoque de la manière dont le gouvernement considère la loi du 19 juillet 1793, dans ses rapports avec les écrits que les évêques composent et publient par suite de leurs fonctions salariées.

» Il ne nous reste donc plus à résoudre que la difficulté particulière à cette cause, et que la cour de justice criminelle de la Loire inférieure a fait résulter de ce que *la cession faite* par l'évêque de Nantes *à la veuve Malassis,* est *postérieure à la contrefaçon de son mandement.* A cet égard, deux observations :

» 1.° Dans le fait, la contrefaçon qui a donné lieu au procès actuel, n'a point de date par elle-même ; et le seul moyen de fixer les époques où elle a été commise, c'est de consulter les procès-verbaux de saisie des exemplaires contrefaits. Or, s'il est vrai que deux de ces procès sont antérieurs au 25 ventôse an 12, date de la cession faite par l'évêque de Nantes à la veuve Malassis, il est vrai aussi qu'il en est un troisième, celui du 5 germinal, qui y est postérieur. La cour de justice criminelle de la Loire inférieure devait donc, dans son propre système, accueillir l'action de la veuve Malassis, au moins pour les exemplaires qui avaient été saisis le 3 germinal ; elle devait donc, dans son propre système, confirmer le jugement rendu le 10 du même mois par le tribunal de première instance de Nantes.

» 2.° La cession faite par l'évêque de Nantes à la veuve Malassis, ne doit pas seulement dater du 25 ventôse. Le titre qui la constate, annonce et prouve lui-même qu'elle avait été faite auparavant : *je reconnais avoir cédé.* Et en effet, l'évêque de Nantes avait, dès le mois de pluviôse, remis son mandement à la veuve Malassis ; et la veuve Malassis l'avait imprimé et mis en vente dans le courant du même mois. Sans doute, l'évêque de Nantes avait pu, en le lui remettant, s'en réserver la propriété. Il avait pu, en le lui remettant, la charger de l'imprimer, et d'en débiter les exemplaires, pour son propre compte. Mais il avait pu aussi le lui remettre avec la déclaration expresse ou implicite, qu'elle en devenait dès ce moment propriétaire. Or, à qui appartenait-il de s'expliquer sur cette alternative ? Indubitablement, c'était à l'évêque de Nantes ; et ni Busseuil ni Gaudin-Odiette n'avaient qualité pour contester l'explication qu'il avait donnée à cet égard. La veuve Malassis devait donc être considérée, envers Gaudin-Odiette et Busseuil, comme cessionnaire des droits de l'évêque de Nantes, à compter du jour où elle avait reçu des mains de ce prélat le manuscrit de son mandement. Elle avait

_____

(1) M. Audier - Massillon, rapporteur de cette affaire.

donc, envers eux, qualité pour poursuivre le délit de contrefaçon dont ils s'étaient rendus coupables ; et elle l'avait dès le 22 ventôse, jour où ont été dressés les deux procès-verbaux de saisie.

» Mais si de là il résulte que la cour de justice criminelle a évidemment violé la loi du 19 juillet 1793 ; en réformant le jugement de première instance du 20 germinal, qui condamnait Busseuil aux peines prononcées contre les débitans d'éditions contrefaites, ce n'est pas à dire pour cela qu'elle ait également violé cette loi, en confirmant le jugement du 26 ventôse, par lequel la veuve Malassis était déclarée, quant à présent, non-recevable dans son action contre Busseuil et Gaudin-Odiette.

» Par quel motif le jugement du 26 ventôse avait-il ainsi écarté, quant à présent, la réclamation de la veuve Malassis ? Par le motif qu'à cette époque, la veuve Malassis n'avait pas encore déposé à la bibliothèque nationale deux exemplaires du mandement de l'évêque de Nantes. Assurément le tribunal de première instance avait bien jugé ; l'art. 6 de la loi du 19 juillet 1793 justifiait clairement sa décision ; sa décision était donc inattaquable sous ce rapport.

» Il est vrai que, pendant l'appel, la veuve Malassis avait effectué à la bibliothèque nationale le dépôt prescrit par la loi ; et que, par là, elle avait rempli la condition faute de laquelle le tribunal de première instance l'avait déclarée non-recevable. Mais si c'était pour elle une raison suffisante de recommencer régulièrement des poursuites qu'elle avait d'abord mal intentées, ce n'en était certainement pas une d'attaquer un jugement qui avait proscrit et dû proscrire ses premières poursuites. Ce n'est pas en exécutant un jugement, que l'on peut se procurer le moyen de le faire réformer.

» Qu'importe que la cour de justice criminelle n'ait pas motivé, par cette circonstance, la confirmation du jugement du 26 ventôse ? Il n'est pas ici question des motifs de l'arrêt qui vous est dénoncé ; c'est son dispositif qu'il faut juger ; et son dispositif est, sur ce point, parfaitement conforme à l'art. 6 de la loi du 19 juillet 1793.

» Dans ces circonstances, et par ces considérations, nous estimons qu'il y a lieu, en ce qui concerne la disposition de l'arrêt attaqué qui confirme le jugement du 26 ventôse, de rejeter le recours de la veuve Malassis ; en ce qui concerne la disposition du même arrêt qui fait défenses à la veuve Malassis de se qualifier *seule imprimeur du clergé*, de la casser et annuller comme contenant excès de pouvoir; en ce qui concerne la disposition du même arrêt qui, en réformant le jugement du 10 germinal an 12, décharge Busseuil de la plainte rendue contre lui, par suite du procès-verbal de saisie, du 3 du même mois, de la casser et annuller comme contraire à l'art. 1.er de la loi du 19 juillet 1793 ».

Arrêt du 29 thermidor an 12, au rapport de M. Audier-Massillon, par lequel,

« Vu les art. 1 et 3 de la loi du 19 juillet 1793 ;

» Attendu que la loi ci-dessus rapportée assurant aux auteurs d'écrits en tout genre le droit exclusif de disposer de leurs ouvrages et d'en céder la propriété, et prohibant toute édition imprimée sans la permission des auteurs, on n'a pas pu, sans violer cette loi, contester à l'évêque de Nantes le droit de disposer de son ouvrage, et maintenir une édition qui avait été faite sans son consentement ; que c'est à tort qu'on voudrait trouver dans l'art. 5 des articles organiques de la convention du 26 messidor an 9, une exception à cette règle générale; que cet article, en déclarant que toutes les fonctions ecclésiastiques sont gratuites, sauf les oblations qui seraient autorisées par les réglemens, n'a fait qu'énoncer un principe qui a toujours été reconnu et exécuté en France ; mais que cette règle n'impose pas aux ecclésiastiques l'obligation de faire imprimer à leurs frais leurs ouvrages, et ne leur défend pas de choisir un imprimeur et de lui conférer le droit exclusif de les vendre; que les évêques étant, ainsi que tous les autres auteurs, responsables des ouvrages imprimés et distribués sous leur nom, il est impossible de leur ôter le droit d'en surveiller l'édition et de donner leur confiance à un imprimeur ; que plus les ouvrages sont d'une utilité générale et ont du rapport à l'instruction publique, plus il est essentiel d'écarter les éditions contrefaites et qui ne sont pas avouées par les auteurs ; que, bien loin que le gouvernement ait voulu priver les évêques de cette faculté accordée à tous les auteurs, il paraît par la lettre du ministre des cultes à l'évêque de Nantes, qu'il approuve que les évêques continuent d'user de cette faculté ;

» Attendu que la demande en défense de prendre la qualité d'imprimeur du clergé, ne pouvait donner lieu qu'à une action civile qui ne pouvait, dans aucun cas, être portée devant les tribunaux criminels ; qu'en y statuant, la cour de justice criminelle a commis un excès de pouvoir ;

» Et en ce qui concerne la confirmation du jugement du tribunal de police correctionnelle, du 26 ventôse, attendu que ladite cour de justice criminelle s'est conformée à l'art. 6 de la loi du 19 juillet 1793, en confirmant le jugement qui avait déclaré la veuve Malassis non-recevable en l'état, dans la plainte par elle formée contre Busseuil et Gaudin-Odiette, pour n'avoir pas satisfait à ce qui est prescrit par ladite loi, et déposé à la bibliothèque nationale deux exemplaires de l'ouvrage dont s'agit;

» La cour rejette le pourvoi en cassation de ladite veuve Malassis contre l'arrêt de ladite cour de justice criminelle du département de la Loire inférieure, du 18 prairial dernier, en ce qu'il avait rejeté l'appel de ladite veuve Malassis envers le jugement du tribunal de police correctionnelle, du 26 ventôse;

» Casse ledit arrêt, tant au chef où il a fait droit sur les inhibitions et défenses requises par Busseuil contre la veuve Malassis, qu'à celui où, statuant sur les appels respectifs des parties envers le jugement du 10 germinal, il a déchargé Busseuil des condamnations prononcées par ledit jugement, et ce pour fausse application de l'art. 5 des articles organiques de la convention du 26 messidor an 9, et par suite contravention à la loi du 19 juillet 1793 ci-dessus rapportée ».

§. II. *Lorsqu'une procédure instruite dans un arrondissement comme ayant pour objet un crime emportant peine afflictive ou infamante, est annulée sur le fondement que le fait n'a point ce caractère, et que le prévenu est renvoyé devant le juge d'instruction d'un autre arrondissement, quel est, en cas que ce juge trouve l'affaire susceptible d'être poursuivie correctionnellement, le tribunal correctionnel devant lequel il doit traduire le prévenu? Est-ce celui dont il est membre? Est-ce celui dont fait partie le juge qui a fait la procédure annullée?*

« Le procureur-général expose qu'il existe entre le directeur du jury de l'arrondissement de Strasbourg et le tribunal correctionnel de Schelestadt, un conflit négatif de juridiction sur lequel il est nécessaire que la cour interpose l'autorité dont elle est, à cet effet, investie par la loi.

» Le 25 mai 1810, le magistrat de sûreté de l'arrondissement de Schelestadt, après avoir examiné la procédure instruite contre Paul Parisot, prévenu d'avoir provoqué au duel Guillaume-Antoine Tessier, chasseur au 10.e régiment d'infanterie légère, et d'avoir coupé à celui-ci deux doigts dans le duel qui a suivi cette provocation, donne un réquisitoire tendant à ce que Paul Parisot soit traduit devant un jury d'accusation.

» Le même jour, ordonnance du directeur du jury du même arrondissement, qui prononce conformément à ces conclusions.

» En conséquence, le 1.er juin suivant, le magistrat de sûreté dresse un acte d'accusation, qui est présenté, le 5 du même mois, à un jury d'accusation convoqué spécialement à cet effet.

» Le même jour, déclaration de ce jury, portant qu'il y a lieu à accusation contre Paul Parisot.

» Sur cette déclaration, le directeur du jury rend une ordonnance, non de prise de corps, mais de translation de l'accusé dans la maison de justice du département du Bas-Rhin.

» Le 2 juillet, arrêt de la cour de justice criminelle de ce département, qui, attendu que le duel n'est qualifié crime par aucune loi, et que par conséquent, le fait imputé à Paul Parisot, ne peut pas, aux termes de l'art. 228 du Code du 3 brumaire an 4, faire la matière d'un acte d'accusation, annulle le réquisitoire du magistrat de sûreté du 25 mai, et tout ce qui s'en est ensuivi; et renvoie le prévenu, avec les pièces de la procédure, devant le directeur du jury de l'arrondissement de Strasbourg, pour recommencer l'instruction, à partir du plus ancien des actes annullés.

» Le 19 du même mois, ordonnance du directeur du jury de Strasbourg, qui, adoptant les réquisitions du magistrat de sûreté, et considérant que le fait imputé à Paul Parisot, constitue un délit passible de peines correctionnelles, renvoie le prévenu et la procédure devant le tribunal correctionnel de Schelestadt.

» En exécution de cette ordonnance, Paul Parisot est traduit à l'audience correctionnelle du tribunal civil de l'arrondissement de Schelestadt.

» Mais, par jugement du 6 août, présent mois, « considérant qu'avant de parler du fond » de l'affaire dont il s'agit, il échet d'examiner si » le tribunal correctionnel de l'arrondissement de » Schelestadt est légalement saisi; que l'arrêt » de la cour de justice criminelle du Bas-» Rhin, du 2 juillet dernier, le réquisitoire de » compétence du magistrat de sûreté de Schelestadt, du 25 mai précédent, ainsi que tous les » actes subséquens qui ont été formalisés à la » direction du jury de Schelestadt, ont été annullés, et la procédure renvoyée au directeur » du jury de Strasbourg, pour en recommencer » l'instruction...; que le magistrat de sûreté et » le directeur du jury de Strasbourg, ainsi saisis » de la connaissance de cette affaire, ayant considéré le délit imputé à Parisot, comme attribution du ressort de la police correctionnelle, » ont, par ordonnance de compétence du 19 » juillet, renvoyé cette affaire au tribunal correctionnel de l'arrondissement de Schelestadt, » afin que le prévenu y soit jugé dans ce sens; » que l'art. 219 du Code des délits et des peines » (du 3 brumaire an 4), que le directeur du jury » de l'arrondissement de Strasbourg allègue dans » son ordonnance, ne lui donne pas le pouvoir » de renvoyer les procédures dont il est saisi par » arrêt de la cour de cassation ou de justice criminelle, devant un *tribunal* correctionnel *quelconque*, mais le charge de les renvoyer devant

TRIBUNAL D'APPEL, §. I ет II.

» *le tribunal*, c'est-à-dire, devant celui de l'arrondissement auquel il est attaché, puisque c'est le but de son institution et de ses fonctions; que, malgré que le délit dont il s'agit, ait été commis dans l'arrondissement de Schelestadt, et que, par cette raison, le tribunal correctionnel de cet arrondissement aurait été originairement compétent d'en connaître dans le système de la classification actuelle de la part du magistrat de sûreté et du directeur du jury de Strasbourg, il ne l'est cependant plus au cas particulier, la cour de justice criminelle l'ayant dessaisi de la procédure, en faveur de celui de l'arrondissement de Strasbourg, si vrai que, si le magistrat de sûreté de là n'eût pas été d'accord avec le directeur du jury sur l'ordonnance de compétence, ce n'eût pas été le tribunal de Schelestadt, mais bien celui de Strasbourg, qui eût été dans le cas de prononcer sur la difficulté qui se serait élevée, à cet égard, entre ces deux magistrats; — Le tribunal (correctionnel de Schelestadt) se déclare illégalement saisi de la procédure dont il s'agit ».

» Tels sont les actes qui établissent le conflit sur lequel la cour est appelée à statuer.

» Et déjà, sans doute, la cour est frappée de la justesse des raisons que le tribunal correctionnel de Schelestadt a employées pour justifier l'illégalité du renvoi que lui avait fait le directeur du jury de Strasbourg; l'exposant ne peut que s'y référer.

» Ce considéré, il plaise à la cour, vu l'art. 65 de l'acte constitutionnel du 22 frimaire an 8, et procédant par réglement de juges, ordonner, sans avoir égard à l'ordonnance du directeur du jury de l'arrondissement de Strasbourg, du 19 juillet dernier, laquelle demeurera nulle et comme non-avenue, que Paul Parisot sera, pour raison du délit à lui imputé par ladite ordonnance, traduit devant le tribunal correctionnel de Strasbourg, pour y être jugé, sauf l'appel.

» Fait au parquet, le 29 août 1810. *Signé* Merlin.

» Ouï le rapport de M. Charles-François Lasaudade, conseiller, et les conclusions de M. Thuriot, avocat général;

» Attendu que, par l'arrêt de la cour de justice criminelle de Strasbourg, du 2 juillet dernier, la procédure instruite par le directeur du jury de Schelestadt, a été annullée; que, par le même arrêt, l'instruction a été renvoyée devant le magistrat de sûreté et le directeur du jury de Strasbourg; qu'aux termes de l'art. 15 de la loi du 7 pluviôse an 9, le renvoi ne pouvait être fait que devant le tribunal correctionnel de Strasbourg;

» La cour, sans avoir égard à l'ordonnance du directeur du jury de Strasbourg, du 19 juillet dernier, en ce qu'elle renvoie Paul Parisot devant le tribunal correctionnel de Schelestadt,

laquelle, en cette disposition, est déclarée nulle et comme non-avenue, ordonne que ledit Parisot sera traduit au tribunal correctionnel de Strasbourg, pour y être jugé, sauf l'appel, s'il y a lieu.

» Fait et prononcé à l'audience publique de la cour de cassation, section des requêtes, le 30 août 1810 ».

§. III. *Les tribunaux correctionnels peuvent-ils annuller des emprisonnemens faits, pour dettes civiles, au préjudice de sauf-conduits accordés par eux?*

V. l'article *Sauf-conduit*.

§. IV. *Quels sont les caractères distinctifs des tribunaux correctionnels d'avec les tribunaux civils? de ce qu'une loi attribue la connaissance de certaines affaires aux tribunaux de première instance, s'ensuit-il toujours qu'elle les attribue aux tribunaux civils, à l'exclusion des tribunaux correctionnels?*

V. l'article *Conscrit*, §. 3.

Au surplus, *V.* les articles *Contrefaçon*, §. 1; *Escroquerie*, §. 1; et *Directeur du jury*, §. 1.

TRIBUNAL D'APPEL. — §. I. *Un tribunal d'appel peut-il, en réformant un jugement de première instance, adjuger à l'appelant des fruits perçus et des dommages-intérêts qu'il n'avait pas demandés devant les premiers juges?*

V. l'article *Appel*, §. 14; et l'article *Revendication*, §. 1.

§. II. 1.° *Les tribunaux d'appel peuvent-ils connaître d'une demande en garantie qui n'a pas été formée en première instance?*

2.° *Peuvent-ils en connaître du consentement de toutes les parties?*

3.° *Sont-ils tenus d'en connaître, lorsque toutes les parties y consentent?*

I. « Le procureur-général expose que le tribunal d'appel d'Amiens a rendu, le 3 germinal an 11, entre Louis-Joseph Lemaire et Anne Depech-Decailly, veuve de Charles-Sigismond de Montmorency-Luxembourg-Boutheville, un jugement dont l'intérêt de la loi sollicite l'annullation. Voici les faits :

» Le 19 brumaire an 10, sur la poursuite de la veuve de Montmorency, un domaine composé de bâtimens et 320 arpens de terre, appartenant à la dame Decquevilly, est adjugé par expropriation forcée à Louis-Joseph Lemaire.

» Le 18 frimaire suivant, Louis-Joseph Lemaire fait signifier le jugement d'adjudication à Laurent Dardenne, fermier de ce domaine, par bail souscrit devant notaires, le 15 fructidor an 8; et il le somme de désemparer sur-le-champ sa ferme, afin qu'il puisse en jouir et disposer par lui-même.

» Au lieu de déférer à cette sommation, Dardenne soutient que Lemaire doit exécuter son bail, comme y serait tenue la dame Decquevilly, si elle n'était pas expropriée.

» Le 9 pluviôse an 10, jugement du tribunal de première instance de Senlis, qui, par provision, prononce en faveur de Lemaire. Appel de la part de Dardenne.

» Sur cet appel, Lemaire fait citer en garantie la veuve de Montmorency-Luxembourg. Celle-ci demande son renvoi devant les premiers juges.

» Le 3 germinal an 11, « Considérant que la » demande en garantie formée par Lemaire » contre la dame de Montmorency, a été » précédée d'une tentative de conciliation; » qu'une demande en garantie doit être portée » en la juridiction où la demande originaire » est pendante; que, conséquemment, Lemaire » a pu former sa demande en garantie devant » le tribunal d'appel où les parties sont en ins- » tance…. »; le tribunal (d'appel d'Amiens, après avoir statué sur le fond entre Dardenne et Lemaire), « sans s'arrêter ni avoir égard aux » fins de non-recevoir proposées par la dame de » Montmorency, déclare le présent jugement » commun avec elle ».

» En prononçant ainsi, le tribunal d'appel a évidemment violé la règle des deux degrés de juridiction établie par les lois des 1.er mai et 24 août 1790.

» Sans doute, la demande en garantie, considérée dans ses rapports entre celui qui la forme et son adversaire direct, n'est qu'un incident à la demande originaire. Mais considérée dans ses rapports entre le garant et le garanti, elle prend un autre caractère : c'est une demande principale, et par conséquent elle doit subir les deux degrés de juridiction.

» Cela résulte du principe consigné dans un arrêt du 27 ventôse an 8, par lequel, considérant qu'à l'égard du garant, la demande en garantie est une action principale, la cour a cassé un jugement du tribunal civil du département de la Charente, rendu entre les héritiers Sudrie et Bertrand-Pouyadon-Latour.

» Et c'est ce que la cour a jugé in terminis par un arrêt encore plus récent. Pamin avait appelé devant le tribunal d'appel d'Orléans, d'un jugement rendu par un tribunal de commerce; et sur cet appel, il avait assigné Bussière en garantie. Le tribunal d'appel d'Orléans avait déclaré l'assignation nulle, sur le fondement

que Bussière n'avait pas été partie devant les premiers juges, et que la loi du 3 brumaire an 2 prohibait toute nouvelle demande en cause d'appel. Pamin demandait la cassation de ce jugement. Par arrêt rendu à la section des requêtes, le 1.er germinal dernier, au rapport de M. Oudot, la cour a prononcé en ces termes : « attendu que la garantie exercée par le deman- » deur contre Bussière, ne l'ayant pas été en » première instance, elle ne pouvait l'être de- » vant le tribunal d'appel, sans contrevenir à la » loi du 3 brumaire an 2 ; d'où il suit qu'il n'y » a violation d'aucune loi dans le jugement » attaqué, pour n'avoir pas prononcé sur » cette garantie ; le tribunal rejette le pour- » voi…. ».

» Ce considéré, il plaise à la cour, vu la loi du 1.er mai 1790 et l'art. 7 de la loi du 3 brumaire an 2, casser et annuller, pour l'intérêt de la loi, le jugement rendu par le tribunal d'appel d'Amiens, le 3 germinal an 11, en ce qu'il a rejeté l'exception déclinatoire proposée par la veuve de Montmorency; et ordonner que l'arrêt à intervenir sera imprimé et transcrit sur les registres de la cour d'appel d'Amiens…… Signé Merlin.

» Oui le rapport de M. Vergès, l'un des juges….. ;

» Vu la loi du 1.er mai 1790, qui est ainsi conçue : Il y aura, en matière civile, deux degrés de juridiction…. ;

» Considérant que, le 19 brumaire an 10, Lemaire s'est rendu adjudicataire d'un domaine appartenant à la dame d'Ecquevilly, dont la veuve de Montmorency poursuivait l'expropriation ; qu'il s'est élevé à la suite de cette adjudication, une contestation entre l'adjudicataire et Dardenne, fermier du même domaine, en vertu d'un bail authentique du 15 fructidor an 8; que cette contestation a eu pour objet de faire décider si l'adjudicataire avait le droit d'empêcher Dardenne de jouir de son bail, sans être assujetti à remplir les conditions prescrites par l'art. 3 de la sect. 2 du tit. 1 de la loi du 6 octobre 1791 ; qu'il est intervenu, sur ce litige, le 9 pluviôse an 10, au tribunal de première instance de Senlis, un jugement qui a ordonné l'exécution provisoire de l'adjudication; que, sur l'appel émis par Dardenne de ce jugement, Lemaire a fait citer en garantie la veuve de Montmorency; que, sur cette citation, la veuve de Montmorency a demandé son renvoi devant les premiers juges, en vertu des lois qui lui assuraient deux degrés de juridiction; que néanmoins le tribunal d'appel séant à Amiens, par son jugement du 3 germinal an 11, après avoir prononcé sur le fond de l'appel entre Dardenne et Lemaire, a déclaré son jugement commun avec la dame de Montmorency; qu'en refusant d'avoir égard à la demande en renvoi formée par la dame de Montmorency, le tribunal d'appel, séant à Amiens, a formellement violé les lois du 1.er mai et du 24 août 1790, qui voulaient que les parties jouissent, dans la cause, de deux degrés de juridiction ;

» La cour, faisant droit sur le réquisitoire du procureur général, et procédant en exécution de l'art. 88 de la loi du 27 ventôse an 8, casse, pour l'intérêt de la loi, le jugement rendu le 3 germinal an 11, par le tribunal d'appel, séant à Amiens; ordonne.... ».

» Fait et prononcé à l'audience de la cour de cassation, section civile, le 7 messidor an 12..... ».

II. Si, dans cette espèce, la dame de Montmorency, au lieu de décliner la juridiction immédiate de la cour d'Amiens, s'y fût soumise, cette cour eût-elle pu légalement connaître en premier et dernier ressort de la demande en garantie du sieur Lemaire?

La négative paraît incontestable, d'après le principe reconnu par tous les auteurs, notamment par M. Toullier, dans son *Droit civil français*, titre préliminaire, sect. 8, et consacré par un arrêt de cassation du conseil du roi, du 24 octobre 1777, et par un autre de la cour de cassation, du 9 octobre 1811, que la règle des deux degrés de juridiction est d'ordre public, et que les cours d'appel n'étant instituées que pour statuer que le bien ou mal-jugé des jugemens qui leur sont déférés (1), il ne dépend pas des parties d'étendre, par leur consentement, les limites dans lesquelles la loi a circonscrit leur autorité.

Il a cependant été rendu par la cour de cassation elle-même, le 18 août 1818, un arrêt par lequel en a été maintenu un de la cour royale de Colmar qui, du consentement des parties, avait prononcé en premier et dernier ressort sur leurs demandes (2).

III. Ce qu'il y a du moins de bien constant, c'est qu'un tribunal d'appel n'est pas tenu de déférer à la prorogation que font volontairement les parties de sa juridiction, à l'effet de l'autoriser à connaître directement d'une demande en garantie qui n'a pas été préalablement soumise à un tribunal de première instance. C'est ce qu'a décidé un arrêt de la cour de cassation, du 11 février 1819 (3); et cette décision est parfaitement justifiée par un principe qui est établi

dans le *Répertoire de jurisprudence*, aux mots *Prorogation de juridiction*, n. 3.

§. III. *Avant le Code de procédure civile, était-il permis aux tribunaux de première instance, lorsqu'ils étaient juges d'appel, et aux cours d'appel proprement dites, dans les matières qui étaient respectivement de leur compétence, de recevoir l'appellation d'une sentence arbitrale rendue sur un compromis contenant la simple réserve de l'appel, sans désigner le tribunal à qui l'appel serait déféré?*

Le 25 prairial an 10, compromis par lequel Etienne et Pierre-Louis Yvonnet nomment des arbitres pour prononcer sur un différend qui les divise, et se réservent chacun la faculté d'appeler de la sentence arbitrale à intervenir, mais sans désigner le tribunal où l'appel devra être porté. Le 25 messidor an 10, les arbitres rendent leur sentence, et ordonnent qu'en cas d'appel, les parties se pourvoiront devant le tribunal d'appel de Poitiers. Etienne Yvonnet appelle de cette sentence. Pierre-Louis Yvonnet le fait assigner à la cour d'appel de Poitiers, pour voir déclarer son appel non-recevable, conformément à l'art. 5 du titre 1 de la loi du 24 août 1790. Le 1.er floréal an 11, arrêt qui, sans s'arrêter à la fin de non-recevoir, reçoit l'appel et ordonne qu'il sera plaidé au fond. Pierre-Louis Yvonnet se pourvoit en cassation.

« Si le compromis dont il est question dans cette affaire (ai-je dit à l'audience de la section des requêtes, le 19 vendémiaire an 12), eût été passé avant la loi du 27 ventôse an 8, il n'y aurait nul doute que, par son silence sur le tribunal qui devrait connaître de l'appel réservé par les deux parties, il n'attribuât à la sentence arbitrale dont il a été suivi, toute l'autorité d'un jugement en dernier ressort : l'art. 5 du premier titre de la loi du 24 août 1790 ne laisse, à cet égard, aucune espèce de difficulté.

» Mais ce compromis a été passé plus de dix ans après la promulgation de la loi du 27 ventôse an 8; et vous avez à juger si, à cette époque, pour rendre admissible l'appel qu'il réservait à chacune des parties, il fallait encore qu'il désignât le tribunal auquel cet appel serait déféré.

» La loi du 24 août 1790 exigeait deux conditions pour que l'on pût appeler d'une sentence arbitrale : 1.° réserve expresse de l'appel; 2.° désignation formelle du tribunal qui devait en connaître.

» De ces deux conditions, la première est également requise par l'art. 3 de la loi du 27 ventôse an 8 : « Il n'est point dérogé (porte cet article), » au droit qu'ont les citoyens de faire juger leurs » contestations par des arbitres de leur choix, » la décision de ces arbitres ne sera point sujette » à l'appel, s'il n'est pas expressément réservé ».

(1) *Répertoire de jurisprudence*, aux mots *Prorogation de juridiction*, n. 2.

(2) *Journal des audiences de la cour de cassation*, année 1818, page 624.

(3) *Ibid.*, année 1819, page 307.

Mais cette loi se tait sur la seconde condition, et il s'agit de savoir si elle l'abroge par son silence.

» Pour la négative, on dit qu'une loi ne peut être abrogée que de deux manières : ou par une disposition formelle, ou par la contrariété qui se trouve entre elle et une loi postérieure. Or, ici, ajoute-t-on, point d'abrogation formelle; et d'ailleurs la loi de l'an 8 ne présente rien d'incompatible, dans son exécution, avec la loi de 1790.

» Il faut, dit-on encore, distinguer deux ordres de juridictions : la juridiction volontaire ou celle des arbitres, et la juridiction forcée ou celle des tribunaux. Dès l'instant que les parties conviennent d'arbitres pour prononcer sur leurs différends, elles sortent de la ligne judiciaire. A la vérité, elles peuvent se retenir le droit d'y rentrer, par la réserve de la faculté d'appeler de la sentence arbitrale; mais cette faculté, elles ne peuvent la rendre efficace, que par la désignation, insérée dans le compromis même, du tribunal auquel elles entendent déférer l'appel. S'il en était autrement, quelles difficultés ne naîtraient pas du défaut de cette désignation! D'un côté, les deux parties peuvent être domiciliées dans deux ressorts différents; comment déterminer en ce cas la compétence de celui des deux tribunaux qui devra connaître de l'affaire? D'un autre côté, en supposant les deux parties domiciliées dans le ressort du même tribunal d'appel, si l'objet sur lequel on a compromis, n'excède pas la valeur de 1000 francs en principal ou 50 francs de rente, où portera-t-on l'appel? Sera-ce au tribunal de première instance qui peut connaître de cet objet en dernier ressort? Sera-ce au tribunal d'appel?

» Enfin, continue-t-on, l'art. 22 de la loi du 27 ventôse an 8 limite les attributions des tribunaux d'appel à la connaissance des *appels des jugemens de première instance rendus par les tribunaux d'arrondissement et par les tribunaux de commerce.* A quel titre ces tribunaux connaîtraient-ils donc des appels des sentences arbitrales? Ils ne pourraient le faire qu'en vertu du droit que leur en aurait conféré ou le compromis ou la loi. Or, on droit, la loi ne leur attribue point. Ils ne pourraient donc le tenir que du compromis. Ce droit ne leur appartient donc pas, lorsque le compromis est muet à leur égard.

» Ces raisons, il faut en convenir, sont spécieuses. Mais sont-elles sans réplique? nous ne le pensons pas.

» D'abord, il n'est pas vrai qu'une loi ne puisse être abrogée que de l'une ou de l'autre des deux manières exposées par les demandeurs en cassation. Une loi cesse d'être obligatoire, non-seulement lorsque le législateur l'a abrogée par une disposition expresse, non-seulement lorsqu'elle est suivie d'une autre loi qui lui est contraire,

mais encore lorsque l'ordre de choses pour lequel elle avait été faite, n'existe plus, et que, par là, cessent les motifs qui l'avaient dictée : *ratione legis omninò cessante, cessat lex,* disent tous les interprètes. C'est ainsi que, le 18 prairial an 10, au rapport du cit. Bailly, vous avez décidé, en maintenant un jugement du tribunal d'appel de Paris, que la disposition de la loi du 18 février 1791 par laquelle il était défendu au tribunal de district qui avait statué sur le rescindant d'une requête civile, de prononcer ensuite sur le rescisoire, sans y avoir été préalablement autorisé par les deux parties, n'est plus applicable aux tribunaux d'appel créés par la loi du 27 ventôse an 8, et que ceux-ci peuvent juger le rescisoire après le rescindant, parce que la loi du 18 février 1791 avait été *faite pour un ordre judiciaire dans lequel les tribunaux d'appel et ceux qui étaient appelés à connaître des requêtes civiles, devaient être déterminés par la volonté des parties et choisis parmi plusieurs tribunaux égaux entre eux* : ce sont, C. M., vos propres termes.

» Or, peut-on regarder comme existans encore, et l'ordre de choses pour lequel avait été fait l'art. 5 du tit. 1 de la loi du 24 août 1790, et les motifs qui avaient déterminé la disposition de cet article? Non certes; et ici s'appliquent littéralement les raisons sur lesquelles est fondé votre jugement du 18 prairial an 10.

» L'art. 5 du tit. 1.er de la loi du 24 août 1790 avait été *fait pour un ordre judiciaire dans lequel* il n'y avait point de tribunal d'appel proprement dit, dans lequel tous les tribunaux de district étaient juges d'appel les uns à l'égard des autres, dans lequel par conséquent un tribunal ne pouvait devenir juge d'appel que par le choix qu'en faisaient les parties.

» Mais cet *ordre judiciaire* est changé : la loi du 27 ventôse an 8 a créé des tribunaux d'appel, distincts des tribunaux de première instance; elle a assigné à chacun de ces tribunaux un territoire particulier; il n'est donc plus nécessaire que la volonté des parties fixe le tribunal qui doit connaître de l'appel que l'une interjette et auquel l'autre doit défendre; le motif de l'art. 5 du tit. 1.er de la loi du 24 août 1790 n'existe donc plus; on peut donc aujourd'hui recevoir l'appel d'une sentence arbitrale, quoique le compromis ne désigne pas le tribunal qui devra prononcer sur cet appel.

» Mais, dit-on, il n'y a rien de commun entre la disposition de l'art. 5 de la loi de 1790 et l'ordre que cette loi avait tracé pour les appels : dans le système de cette loi, le choix des parties pour la connaissance de l'appel d'un jugement émané d'un tribunal de district, ne pouvait rouler qu'entre sept tribunaux ; et l'art. 5 permettait aux parties qui se réservaient l'appel par un compromis, de convenir d'un tribunal d'appel entre tous les tribunaux de la France.

» Cet argument disparaîtra bientôt, si l'on fait attention que, par l'art. 2 du tit. 5 de la loi du 24 août 1790, les parties avaient, en cas d'appel des jugemens rendus par les tribunaux de district, le droit de choisir, non-seulement entre les sept tribunaux plus voisins, mais même entre tous les tribunaux du territoire français, *pour lui en déférer la connaissance.*

» Sans doute, lorsque les parties ne convenaient pas d'un tribunal pris hors du cercle des sept plus voisins, leur choix était forcé dans ce cercle même ; mais toujours est-il vrai qu'elles pouvaient, d'un commun accord, saisir de leur appel le tribunal le plus éloigné comme le tribunal le plus voisin de leur domicile ; et conséquemment qu'il y avait, à cet égard, une parité absolue entre les appels des jugemens de tribunaux de district et les appels de sentences arbitrales.

» Mais dira-t-on encore ; la loi du 24 août 1790 n'a pas, à défaut de convention entre les parties, soumis l'appel des sentences arbitrales à la même règle que l'appel des jugemens de tribunaux de district ; elle n'a pas voulu qu'alors l'appel pût être porté à l'un des sept tribunaux les plus voisins de celui du domicile du défendeur. Elle a donc établi, entre ces deux sortes d'appels, une différence indépendante de son systême d'égalité entre tous les tribunaux de district.

» Oui, elle a établi une différence entre ces deux sortes d'appels, mais il n'est pas vrai que cette différence soit étrangère à l'égalité qu'elle avait en même temps introduite. Il est évident, au contraire, qu'elle n'a établi cette différence que par suite et comme une conséquence nécessaire du parti qu'elle avait pris de n'instituer aucun tribunal d'appel déterminé. Pourquoi, en effet, n'a-t-elle pas voulu qu'à défaut de convention expresse entre les parties, l'appel d'une sentence arbitrale pût être déféré à l'un des sept tribunaux les plus voisins de celui du domicile du défendeur ? C'est parce qu'il n'y avait pas plus de raison de le déférer à l'un de ces sept tribunaux qu'au tribunal même dans le territoire duquel le défendeur était domicilié ; c'est conséquemment parce que tous les tribunaux qu'elle avait créés, étaient égaux en autorité ; c'est, en un mot, parce que, dans le plan qu'elle avait adopté, il n'existait aucun tribunal qui fût, de plein droit, tribunal d'appel.

» Donc le motif de l'art. 5 du tit. 1.er de la loi du 24 août 1790 ne peut plus s'appliquer à l'ordre judiciaire actuel. Donc cet article ne fait plus loi. Donc il a été bien jugé par le tribunal d'appel de Poitiers.

» Et vainement objecte-t-on que, par le compromis et en soumettant leurs différends à des arbitres, les parties sont sorties de la ligne judiciaire. La réponse est qu'en se réservant l'appel, les parties ont suffisamment manifesté leur intention de n'être jugées en dernier ressort que par leurs juges naturels ; que, par là, elles se sont ouvert, pour rentrer dans la ligne judiciaire, une voie que l'équité et la bonne foi ne permettent pas de leur fermer.

» Ce n'est pas avec plus de fondement que l'on se récrie sur les difficultés qui pourraient s'élever, soit dans le cas où les parties seraient domiciliées dans deux ressorts différens, soit dans celui où la sentence arbitrale porterait sur une valeur qui n'excéderait pas 1000 francs de principal ou 50 francs de rente.

» Si ces difficultés prétendues venaient à s'élever, le droit commun est là pour les résoudre. Ainsi, dans le premier cas, l'appel sera porté devant le tribunal d'appel dans le ressort duquel est domicilié le défendeur, comme avant la loi du 24 août 1790, il se portait, en pareille occurrence, au parlement dans le ressort duquel le défendeur avait son domicile. Dans le second cas, l'appel sera porté au tribunal civil de l'arrondissement, comme avant la loi du 24 août 1790, il était, dans les matières présidiales, déféré aux présidiaux : *et sera ledit appel desdits arbitres ou arbitrateurs relevé en nos cours souveraines, sinon qu'il fût question de choses dont les juges présidiaux peuvent juger en dernier ressort, auquel cas sera ledit appel relevé par devant eux ;* ce sont les termes de l'édit du mois de janvier 1561.

» Il ne nous reste plus à répondre qu'à l'argument tiré de l'art. 22 de la loi du 27 ventôse an 8, et la chose n'est pas difficile. Cet article, il est vrai, porte seulement que les tribunaux d'appel connaîtront des appels des jugemens rendus par les tribunaux d'arrondissement et par les tribunaux de commerce. Mais sa disposition est-elle absolument limitative ? La preuve qu'elle ne l'est point, c'est que, par l'art. 31, il est dit que « les causes d'appel pendantes dans » les tribunaux supprimés, seront portées dans » l'état où elles se trouveront, et par simple » citation, au tribunal d'appel dans le ressort » duquel siégeait le tribunal qui a rendu le ju » gement dont est appel ». Une autre preuve non moins convaincante, c'est qu'aucun texte de la même loi ni aucune loi postérieure n'a attribué au tribunal d'appel la connaissance des appels des anciens tribunaux qui, à l'époque du 27 nivôse an 8, n'étaient pas encore relevés ni par suite *pendans* devant aucun tribunal civil de département, et que cependant on n'oserait pas contester aux tribunaux d'appel le droit de les recevoir et de les juger.

» Par ces considérations, nous estimons qu'il y a lieu de rejeter la requête du demandeur ».

Arrêt du 19 vendémiaire an 12, au rapport de M. Chasle, qui prononce conformément à ces conclusions, « attendu que, dans l'ordre judiciaire actuel, il n'est plus nécessaire que des parties qui compromettent sur leur différend, et qui, par leur compromis, se réservent la faculté d'appeler de la décision arbitrale, désignent ledit tribunal qui devra connaître dudit appel; que cette disposition de la loi d'août 1790 n'est plus exécutable depuis la loi de ventôse an 8 ».

Plusieurs magistrats m'ont dit, en sortant de l'audience, que la question s'était déjà présentée à la même section depuis la loi du 27 ventôse an 8, et qu'elle avait été jugée de même.

Depuis il m'a été assuré qu'il avait été rendu à la section civile, deux arrêts contraires à cette jurisprudence; et j'ai cru devoir les vérifier.

Le premier a été rendu au rapport de M. Henrion, le 1.er messidor an 9.

Une difficulté s'était élevée entre les sieurs Carlier, Brindeau et Merda, négocians à Paris, d'une part, et le sieur Aubarède, de l'autre. Pour y mettre fin, il a été fait un compromis qui était terminé par la disposition suivante: « Nous réservons cependant le droit de nous pourvoir pardevant les tribunaux, dans le cas où l'un de nous ne se tiendrait pas au jugement des arbitres ».

Par sentence du 19 germinal an 7, les arbitres ont prononcé en faveur du sieur Aubarède, et ont déclaré le faire en dernier ressort.

Recours en cassation de la part des sieurs Carlier, Brindeau et Merda; fondé sur l'excès de pouvoir que les arbitres avaient, selon eux, commis en jugeant sans appel, quoique le compromis contînt la réserve expresse de porter la contestation devant les tribunaux, en cas de refus de l'une des parties d'adhérer à leur jugement.

Là-dessus, par l'arrêt cité,

« Attendu qu'aux termes de l'art. 5 du tit. 1.er de la loi du 24 août 1790, pour qu'un jugement arbitral soit sujet à l'appel, il ne suffit pas que le compromis porte que la partie condamnée aura la faculté d'en appeler; qu'il est indispensablement nécessaire que ce même compromis désigne le tribunal auquel cet appel sera déféré, et que cette disposition n'est pas abrogée par le silence que la constitution de l'an 3 garde sur ce point, par la raison que l'objet d'une constitution est de régler, non les intérêts des citoyens entre eux, mais leurs rapports avec le corps entier de la société;

» Attendu que, par le compromis en exécution duquel les arbitres ont rendu le jugement attaqué, les parties se sont contentées de stipuler que celle qui ne se tiendrait pas au jugement à intervenir, aurait la faculté d'en appeler, sans indiquer le tribunal auquel cet appel serait porté; et que par conséquent les arbitres ont pu, comme ils l'ont fait, prononcer en dernier ressort;

» Le tribunal rejette la demande en cassation, etc. ».

Le second arrêt est du 1.er nivôse an 10, et il a été rendu au rapport de M. Rousseau, entre Jean Julien et consorts, demandeurs en cassation d'un arrêt de la cour d'appel de Rennes, du 2 messidor an 8, d'une part; Julien Léon et consorts, défendeurs et défaillans, de l'autre.

Les parties avaient, par compromis passé devant le bureau de conciliation, le 30 floréal an 5, nommé purement et simplement des arbitres pour les régler sur une succession qui leur était échue en commun.

En comparaissant devant ces arbitres, elles s'étaient réciproquement réservé la faculté d'appeler de leur décision, mais elles n'étaient pas convenues du tribunal qui devrait connaître de leur appel.

Les arbitres ayant prononcé, appel de la part de Jean Julien et consorts. Julien et consorts les soutiennent non-recevables, d'après les art. 4 et 5 du tit. 1 de la loi du 24 août 1790.

Par son arrêt du 2 messidor an 8, la cour d'appel de Rennes accueille la fin de non-recevoir, et la motive, non sur l'art. 5, c'est-à-dire, sur le défaut d'indication du tribunal d'appel dans la convention faite lors de la première comparution devant les arbitres, mais sur l'art. 4, c'est-à-dire, sur ce que la réserve d'appeler n'avait été stipulée que dans un acte postérieur au compromis.

Jean Julien et consorts se sont pourvus en cassation contre cet arrêt, et ils n'ont pas eu de peine à faire juger que la cour d'appel de Rennes avait fait une fausse application de l'art. 4 de la loi du 24 août 1790, puisqu'il importait peu que la réserve d'appeler fût consignée dans un acte additionnel au compromis, ou qu'elle le fût dans le compromis originaire.

Mais il restait en faveur de l'arrêt l'art. 5, qui, bien que non appliqué par l'arrêt même, suffisait néanmoins pour le justifier. En conséquence;

« Attendu que, par les différends actes de la compromission dont il s'agit, les parties se sont bornées à faire de simples réserves d'appel, sans convenir du tribunal qui connaîtrait de cet appel;

» Que l'art. 5 du tit. 1.er de la loi du 24 août 1790 prononce textuellement que l'appel d'un jugement arbitral qu'on s'est réservé d'interjeter ne sera pas reçu, si les parties ne sont convenues d'un tribunal auquel il sera déféré; que la constitution de l'an 3 n'a pas formellement abrogé cette disposition; en gardant le silence sur ce point, parce que l'objet spécial d'un acte constitutionnel n'est pas de régler les intérêts des citoyens entre eux, mais plutôt leurs rapports avec le corps entier de la société;

» D'où il suit que les juges ont pu , sans violer aucune loi , prononcer la fin de non-recevoir contre l'appel du jugement arbitral dont il s'agit ;

» Par ces motifs , le tribunal donnant défaut des défendeurs, rejette la demande en cassation ».

On voit que ces deux arrêts ont été rendus sur des compromis passés sous la constitution de l'an 3, et qu'ils sont motivés par une raison qui ne peut pas s'appliquer aux compromis faits depuis la loi du 27 ventôse an 8.

En effet, on ne peut pas dire de l'art. 3 de la loi du 27 ventôse 8, ce qu'ils disent de l'art. 211 de la constitution de l'an 3.

Pourquoi décident-ils que l'art. 211 de l'acte constitutionnel de l'an 3 n'abroge pas , par son silence , l'art. 5 du tit. 1 de la loi du 24 août 1790 ? Parce qu'il ne forme pas une loi proprement dite, au moins pour les citoyens entre eux. Je n'examine pas si, en motivant ainsi leur décision , ils sont bien d'accord avec l'art. 211 lui-même , qui évidemment ne se rapporte qu'aux différends qu'ont entre eux de simples individus. Je dis seulement qu'en se fondant sur ce motif bon ou mauvais , ils décident implicitement qu'une loi proprement dite, qui s'exprimerait comme l'art. 211 de la constitution de l'an 3, abrogerait l'art. 5 du tit. 1 de la loi du 24 août 1790.

Eh bien ! l'art. 3 de la loi du 27 ventôse an 8 est conçu, par rapport à l'appel, dans les mêmes termes que l'art. 211 de la constitution de l'an 3. Donc, dans l'esprit des arrêts ci-dessus transcrits, l'art. 3 de la loi du 27 ventôse an 8, a abrogé l'art. 5 du tit. 1 de la loi du 24 août 1790. Donc, ces arrêts eux-mêmes insinuent que leur décision ne doit pas être étendue aux compromis postérieurs à la loi du 27 ventôse an 8.

Ajoutons que, pour prononcer comme l'ont fait ces deux arrêts, il existait, sous la constitution de l'an 3, un motif bien plus décisif que celui qu'ils adoptent, et qui n'existe plus depuis la loi du 27 ventôse an 8. Sous la constitution de l'an 3, il n'y avait pas plus de tribunaux d'appel déterminés, qu'il n'y en avait sous le régime judiciaire de 1790. Le motif de l'art. 5 du tit. 1 de la loi du 24 août subsistait donc encore sous la constitution de l'an 3 ; il fallait donc nécessairement, sous la constitution de l'an 3, suppléer au silence de l'art. 211 de cet acte, par la disposition expresse de l'art. 5 du tit. 1 de la loi du 24 août 1790. Mais encore une fois, il en a été autrement sous le régime judiciaire de l'an 8.

§. IV. *Un tribunal d'appel peut-il s'adjoindre des hommes de loi , pour se compléter ? Combien peut-il s'en adjoindre ?*

V. l'article *Hommes de loi*, §. 1.

§. V. 1.º *Quel est l'effet d'un partage d'opinions qui survient dans une cour d'appel, sur un procès criminel instruit dans l'ancienne forme, et que les anciens tribunaux avaient civilisé ? Ce partage vaut-il arrêt contre le plaignant originaire ?*

2.º *Une cour d'appel qui se trouve partie en opinions, peut-elle nommer pour départiteur le président d'une des cours de justice criminelle de son ressort ?*

3.º *Une cour d'appel peut-elle statuer en chambre du conseil, sur une requête qui lui est présentée ?*

4.º *Peut-elle statuer en chambre du conseil, sur la récusation proposée contre un de ses membres ?*

Ces questions , et plusieurs autres qui sont indiquées sous les mots *Suppression d'état , Déclaration de jugement commun, Disjonction de causes , Évocation , Partage d'opinions , Rapport et Récusation péremptoire,* se sont présentées à la cour de cassation dans une affaire célèbre, dont il est déjà parlé à l'article *Sections de tribunaux,* §. 2.

La dame Sirey, les héritiers Copeaux et les héritiers Roquelaure ayant, par suite des arrêts des 30 fructidor an 10 et 18 germinal an 11, plaidé devant la cour d'appel de Dijon , sur la validité et les résultats de la procédure criminelle qui avait été instruite en conséquence de la plainte de la dame Sirey du 27 avril 1784, il y est intervenu, le 11 floréal an 12, un premier arrêt par lequel les juges, au nombre de huit, se sont déclarés partagés sur la première question qu'ils avaient posée, et qui consistait à savoir si la dame Sirey avait pu prendre la voie criminelle, ou si elle n'avait pas dû préalablement faire juger sa réclamation d'état par la voie civile.

Le 15 prairial suivant, les héritiers Roquelaure ont présenté à la même cour une requête tendante à ce qu'il fût dit que, d'après l'art. 12 du tit. 25 de l'ordonnance de 1670, le partage valait jugement en leur faveur. Sur cette requête, arrêt du 3 messidor, en la chambre du conseil, qui déclare qu'il n'y a lieu à délibérer.

Le même jour, les héritiers Roquelaure renouvellent à l'audience les conclusions de cette requête. Second arrêt qui, en confirmant le précédent, nomme pour départiteur M. Rubat, président de la cour de justice criminelle du département de Saône et Loire, et continue la cause au 7.

Le même jour encore, les héritiers Roquelaure font signifier au greffe un acte par lequel ils récusent péremptoirement M. Rubat.

Le 7, arrêt, *en la chambre du conseil,* qui

rejette la récusation, et renvoie au 9, pour recommencer les plaidoiries.

Le 9, les héritiers Roquelaure demandent qu'il soit sursis à toute instruction ultérieure, jusqu'à ce qu'il ait été statué sur le recours en cassation qu'ils annoncent avoir formé au greffe contre les arrêts précédens. Arrêt qui, sans avoir égard à cette demande, ordonne aux parties de plaider au fond.

On plaide en effet, et après une nouvelle discussion, arrêt du 7 thermidor an 12, ainsi conçu :

« *Fait.* La dame Sirey a été baptisée par le curé de Villeroy, le 9 mai 1761; son acte de baptême porte qu'elle est née de père et mère inconnus.

» Le 27 avril 1784, elle a rendu plainte devant le lieutenant-criminel au châtelet de Paris, en suppression de son état; le même jour, elle a obtenu la permission d'informer.

» Sur l'information, composée de quinze témoins, sont intervenus deux décrets, l'un d'ajournement personnel contre Jean - Louis Copeaux, l'autre de soit-ouï contre Edme Favin. Ces deux accusés subirent leur interrogatoire les 13 et 22 septembre 1785.

» Le 3 décembre suivant, les parties furent renvoyées à l'audience. Favin étant décédé, Jean-Louis Copeaux restait le seul accusé. La dame Sirey le fit aussi assigner devant la chambre criminelle du châtelet de Paris, le 4 janvier 1786, et conclut contre lui, « à ce qu'attendu la preuve résultante de son interrogatoire et de l'information, qu'elle est fille légitime de M. et M.me de Houchin, étant née pendant leur mariage, et que Copeaux est un de ceux qui a le plus coopéré à la suppression de son état, défenses lui seraient faites de plus à l'avenir commettre de pareils délits, sous peine de punition corporelle et exemplaire; qu'il serait condamné en tels dommages et intérêts qu'il plairait au tribunal de fixer; sauf à M. le procureur du roi, dont la dame Sirey demandait la jonction, à prendre pour la vindicte publique telles conclusions qu'il jugerait à propos ».

» La dame Sirey fit aussi assigner M. et M.me de Roquelaure, celle-ci fille de M. et M.me de Houchin, tous les deux décédés, et elle conclut contre eux « à ce qu'en lui donnant acte de la dénonciation qu'elle leur faisait de la procédure criminelle, le jugement à intervenir contre Copeaux, serait déclaré commun avec eux; » qu'en conséquence, ils seraient tenus de la connaître pour fille légitime de M. et M.me de Houchin, auquel effet son acte baptistaire serait réformé sur les deux registres de la paroisse de Villeroy ».

» Le 3 février 1786, intervint sur ces conclusions une sentence de la chambre criminelle du châtelet, qui contient deux dispositions. Par la première, il est dit : « Avons converti en enquête l'information faite à la requête de la dame Sirey; lui permettons de continuer ladite information par forme d'enquête, à cet effet de donner à Copeaux copie des noms, surnoms et qualités des témoins entendus dans ladite information; sauf audit Copeaux à faire la preuve contraire ».

» Par la seconde disposition, « et à l'égard des sieur et dame de Roquelaure, attendu le décès de la marquise de Houchin, avons la cause et les parties renvoyées à se pourvoir à fins civiles, ainsi et de la manière qu'elles aviseront bon être, tous dépens, dommages et intérêts réservés ».

» Cette sentence a été signifiée, le 4 février 1786, au procureur de Copeaux et à celui de M. et M.me de Roquelaure. Le 18 du même mois, M. et M.me de Roquelaure ont interjeté appel de la première disposition qui civilisait la procédure, et permettait de continuer l'information par forme d'enquête. Bientôt après, ils ont aussi appelé incidemment des permission d'informer, informations, décrets, et de toute la procédure criminelle, dont ils ont demandé la nullité.

» La cause en cet état, portée à l'audience de la tournelle criminelle du parlement de Paris, il est intervenu, le 6 avril 1789, arrêt qui, faisant droit sur les appellations de M. et M.me de Roquelaure, a déclaré nulle et de nul effet toute la procédure instruite par-devant le lieutenant-criminel du châtelet de Paris, sauf à la dame Sirey à se pourvoir par la voie civile, ainsi qu'elle aviserait.

» Cet arrêt a été cassé, et les parties renvoyées par-devant le tribunal d'appel de Paris, où il a été rendu jugement, le 29 floréal an 10, qui, pour la seconde fois, a déclaré nulle la procédure criminelle, et renvoyé la plaignante à se pourvoir à fins civiles sur la réclamation d'état, ainsi qu'elle aviserait bon être.

» Le jugement du 29 floréal an 10 a eu le même sort que l'arrêt du parlement, il a été cassé; et la cause a été renvoyée par-devant la cour, pour être statué sur les appellations des héritiers Roquelaure, et sur les conclusions respectivement prises par les parties.

» M. et M.me de Roquelaure sont décédés pendant la durée du procès. Ils ont été représentés par leur fils, qui, étant décédé lui-même, est aujourd'hui représenté par ses héritiers.

» Copeaux est aussi décédé; et la cause a été reprise avec ses héritiers.

» La cause et les parties se trouvent au même état qu'elles étaient au parlement de Paris, avant l'arrêt du 6 avril 1789. Les conclusions prises et les moyens respectivement plaidés, ont présenté à juger les questions suivantes :

» 1.º La dame Sirey a-t-elle pu rendre plainte

de la suppression de son état ? Sa procédure criminelle est-elle régulière et valable ? 2.º Est-ce le cas d'évoquer le principal, resté indécis au châtelet de Paris, entre la dame Sirey et Jean-Louis Copeaux ? 3.º Résulte-t-il des charges, que Jean-Louis Copeaux est convaincu d'avoir supprimé à la dame Sirey l'état de fille légitime des sieur et dame de Houchin ? 4.º Doit-on faire droit sur la demande en dommages et intérêts formée par la dame Sirey contre Copeaux ? 5.º L'arrêt doit-il être déclaré commun avec les héritiers Roquelaure ? 6.º Doit-on ordonner la réformation de l'acte de baptême de la dame Sirey, l'autoriser à porter le nom de fille légitime des sieur et dame de Houchin, et condamner les héritiers Roquelaure à la reconnaître en cette qualité ? 7.º Enfin, à la charge de qui doivent être les dépens des procédures criminelle et civile, faits dans les différens tribunaux où la cause a été successivement portée ?

» La cour considérant, sur la première question, que l'action criminelle est une voie de droit ouverte à toute personne lésée par un délit ou par un crime; qu'il n'existe aucune exception à ce principe général, relativement au crime de suppression d'état; que c'est en vain que les appelans ont soutenu qu'en cette matière, la plainte en suppression d'état n'était admissible qu'autant que le plaignant avait préalablement et *préjudiciellement* fait juger au civil quel état lui avait appartenu; que ce système, érigé en loi par le Code civil, n'a aucun fondement dans le droit ancien; qu'il est réprouvé formellement par la loi 7, D. *de lege Corneliâ de falsis,* dans l'espèce de laquelle un esclave a été autorisé à rendre plainte en suppression du titre de sa liberté, sans qu'il eût été astreint à faire juger *civilement* et *préjudiciellement* que la liberté lui avait été donnée; qu'aucun arrêt ne l'a consacré, et que M. l'avocat-général Gilbert de Voisins l'a combattu avec la force de la raison et de la vérité, en portant la parole dans le procès de la demoiselle de Choiseul;

» Que le Code civil ne peut s'appliquer à la cause, parce que la procédure qu'il s'agit de juger, est antérieure à sa promulgation; et parce que les dispositions qu'il contient, relativement à la question préjudicielle, sont une innovation dans le droit, ainsi que cela est attesté par les monumens de la jurisprudence ancienne et par les observations qu'a données le tribunal d'appel de Paris sur le projet du Code civil;

» Que, dès-lors, la dame Sirey à pu rendre plainte de la suppression de son état, sans faire constater auparavant, par la voie civile, quel était l'état qu'on lui avait supprimé;

» Que c'est une erreur de prétendre qu'en matière criminelle, aucune poursuite ne peut avoir lieu, que préalablement il ne soit constant que le corps de délit existe; que cette maxime dangereuse tendrait à paralyser l'action de la justice

criminelle, par rapport à tous les délits qui ne laissent aucune trace, et dont il serait impossible par conséquent de constater l'existence avant de commencer les poursuites; que le délit doit être constaté avant la condamnation de l'accusé, mais qu'il peut être constaté par l'information, en même temps qu'elle découvre aussi le coupable;

» Qu'il suffit donc de dénoncer le crime de suppression d'état, pour autoriser les poursuites criminelles; mais qu'il faut que l'accusation soit sérieuse, que l'information tende à prouver un délit, qu'elle le constate, qu'elle signale le coupable à la justice; qu'autrement, et si la partie plaignante ne prouvait que son état, sans prouver la suppression de son état, elle serait justement soupçonnée d'avoir cherché à se procurer, par la voie criminelle, la preuve testimoniale de son état qu'on lui aurait refusé par la voie civile, et sa procédure criminelle devrait être annullée comme n'ayant point rempli le but de la plainte, la preuve d'un délit; que ces principes, avoués par la raison, ont été professés avec la plus grande force, par M. l'avocat-général Gilbert de Voisins, dans la cause de la demoiselle de Choiseul, et qu'ils ont été consacrés par l'arrêt célèbre du 19 mai 1724;

» Que l'information faite à la requête de la dame Sirey, prouve le délit qu'elle avait dénoncé à la justice; que les interrogatoires de Copeaux et Favin portent cette preuve au dernier degré de l'évidence; que la dame Sirey a donc rempli toutes les conditions qui lui étaient imposées, qu'elle a rempli le but de toute action criminelle, puisqu'elle a prouvé le délit et signalé le coupable;

» Mais est-il vrai que la procédure criminelle n'ait été qu'un jeu, qu'une comédie entre la plaignante et les accusés ? Est-il vrai que le délit fût éteint par la prescription de vingt ans au moment de la plainte, comme l'ont dit les appelans ? Et de ce que les accusés n'ont point opposé le moyen de prescription, résulte-t-il la preuve d'une collusion coupable entre eux et la plaignante ?

» Considérant que la prescription du crime dénoncé par la dame Sirey n'était point acquise en 1784, lorsqu'elle a rendu sa plainte au lieutenant-criminel du châtelet, que ce n'est pas seulement en 1761, lors du baptême de la dame Sirey, que Copeaux s'est rendu coupable de la suppression de son état; qu'il a réitéré ce délit par une foule d'actes successifs, en la plaçant dans différentes pensions sous des noms faux et qu'il savait être faux; enfin, en déclarant faussement dans le procès-verbal dressé par le lieutenant particulier au châtelet de Paris, à l'occasion du mariage de la dame Sirey, le 29 octobre 1777, qu'il s'était volontairement chargé de la nourrir, élever et entretenir depuis sa naissance; et qu'elle était fille naturelle de père et mère inconnus;

» Que c'est un principe avoué par tous les criminalistes, et confirmé par la jurisprudence constante, que la prescription ne court contre les crimes continus et successifs, qu'à compter du dernier acte criminel, *à die cessantis dilecti ;* qu'elle n'a pu courir à l'égard de Copeaux, qu'à compter de l'acte de 1777 ; qu'elle n'était donc point acquise en 1784, au moment de la plainte ;

» Que la prescription de l'intérêt civil n'est pas non plus acquise aujourd'hui, parce que, dès 1786, le procès a été civilisé, et la civilisation est devenue irrévocable par l'effet de la loi du 18 janvier 1792, qui défend au ministère public d'attaquer par la voie de l'appel les jugemens des tribunaux criminels ;

» Qu'en ce qui concerne Favin, étant prévenu d'avoir pris part à un délit continué, l'instruction pouvait se faire régulièrement contre lui, et qu'elle n'a pas été poursuivie au-delà de son interrogatoire ;

» Qu'il est donc certain que la prescription n'a jamais fourni d'exception péremptoire contre la plainte de la dame Sirey ; que dès-lors on ne peut accuser Copeaux de collusion, pour n'avoir pas proposé un moyen qui n'était pas proposable ;

» Qu'il reste constant que la dame Sirey, en donnant sa plainte, a usé d'une voie de droit ; qu'elle a rempli le but de toute action criminelle, en découvrant à la justice un délit et des coupables ; que sa procédure est donc sérieuse, qu'elle est légale et doit être confirmée ;

» Considérant, sur la seconde question, que l'art. 5 du tit. 26 de l'ordonnance de 1670 autorise les cours à évoquer, lorsque la matière est légère et qu'elle ne mérite pas une plus ample instruction ; que ces deux qualités se rencontrent ici : que la matière est légère, puisqu'il n'échet de prononcer aucune peine, puisque les accusés sont morts et le procès civilisé ; qu'il n'y a pas lieu à plus ample instruction, puisque Copeaux est forclos de faire contre-enquête, par la signification qui lui a été faite de la sentence du 3 février 1786 ; qu'enfin, la dame Sirey et Copeaux concluent simultanément à l'évocation du principal, qu'elle doit donc être ordonnée ; que les appelans n'ont aucun droit à s'opposer à cette évocation, dès que leur présence dans la cause n'a pu changer l'état des parties principales ;

» Considérant sur la troisième question, qu'il résulte des charges et informations, la preuve évidente et juridique que la dame de Houchin était enceinte au commencement de l'année 1761 ; qu'elle est accouchée dans la nuit du 8 au 9 mai ; que son enfant a été mystérieusement porté par trois de ses domestiques, au village de Villeroy, où il a été baptisé dans la même nuit ; que Copeaux et la femme Favin, ses parrain et marraine, savaient parfaitement que l'enfant était né de la dame de Houchin, et qu'au lieu de le déclarer et

de le faire inscrire sur le registre, l'acte de baptême porte que l'enfant est né de père et de mère inconnus, que cet enfant a été mis en nourrice à Villeroy, où la dame de Houchin a fait payer ses mois de nourrice ; qu'elle l'a fait amener à Paris, où elle l'a fait placer et placé elle-même successivement dans différentes pensions ; qu'elle à constamment fait les frais de sa nourriture et de son éducation, jusqu'en 1777 ; que pendant cet intervalle elle lui a prodigué les soins et les caresses d'une mère ; qu'elle a avoué qu'elle était sa mère ; que Copeaux a fait le même aveu ; que la ressemblance entre la mère et la fille était frappante ; enfin, que cette fille est la dame Sirey ; que tous ces faits, dont la plupart sont attestés par plusieurs témoignages, forment un corps de preuves indestructibles de la filiation de la dame Sirey, et de la suppression de son état ;

» Considérant, sur la quatrième question, que le tort réel que le délit de Copeaux a fait éprouver à la dame Sirey, exige une réparation ; et que cette réparation doit être une condamnation en des dommages et intérêts contre les héritiers Copeaux, la seule peine qu'on puisse leur infliger ;

» Considérant sur la cinquième question, qu'il est de principe élémentaire qu'un jugement soit commun avec toutes les parties qui sont au procès ; que les héritiers Roquelaure, en interjetant appel de la première disposition du jugement du 3 février 1786, se sont rendus volontairement parties au procès criminel dans lequel la seconde disposition du même jugement avait décidé qu'ils ne pouvaient être appelés par la dame Sirey ; que le fait seul de leur intervention spontanée doit opérer cet effet, que le jugement auquel ils ont voulu assister soit commun avec eux ; et que les conclusions surabondantes que la dame Sirey a prises en déclaration de jugement commun, constatent son adhésion à l'intervention des héritiers Roquelaure ;

» Considérant, sur la sixième question, qu'elle se décide par une conséquence naturelle et nécessaire du jugement porté sur les questions précédentes ; qu'en effet, la dame Sirey étant reconnue fille légitime des sieur et dame de Houchin, contradictoirement avec sa famille, il en résulte que sa famille doit la reconnaître en cette qualité ; qu'elle doit être autorisée à exercer tous les droits qui en dérivent, à porter le nom qui lui appartient, et que l'acte baptistère dans lequel son nom et son état ont été frauduleusement dissimulés, doit être réformé ;

» Considérant enfin sur la septième question, qui est la dernière, que la condamnation aux dépens étant une suite de celle prononcée contre Copeaux et les héritiers Roquelaure, il n'est pas douteux que tous les dépens faits en l'instance, doivent être à leur charge ;

» Par ces motifs, la cour, après en avoir délibéré pendant quatre séances consécutives, jugeant à la pluralité et suivant l'avis de M. le départiteur ; sans s'arrêter aux demandes, fins et conclusions , tant des parties de Jacquinot (les héritiers Roquelaure), que du préfet de l'Oise , qualité qu'il agit (comme représentant au nom de l'État, l'un des héritiers Roquelaure , émigré), et des parties de Roy (les héritiers Copeaux), sans s'arrêter pareillement aux appellations principale et incidente de la permission d'informer obtenue par la partie de Bouchard (la dame Sirey) , le 27 avril 1784 , ainsi que les informations, décrets et autres procédures qui s'en sont suivis, et notamment des ordonnance et jugement de civilisation des 3 décembre 1785 et 3 février 1786 ; a mis et met lesdites appellations au néant ; ordonne que ce dont est appel sortira son plein et entier effet ;

» Prononçant sur les demandes formées , tant par les parties de Roy , que par la partie de Bouchard , évoquant le principal et y faisant droit , attendu qu'il résulte des informations converties en enquête , et autres charges de la procédure, que feu Jean-Louis Copeaux avait concouru à la suppression de l'état de la partie de Bouchard , de fille légitime des sieur et dame de Houchin , condamne lesdites parties de Roy aux dommages et intérêts envers la partie de Bouchard , tels qu'ils seront liquidés sur les états et déclarations qui en seront fournis à la forme du tit. 32 de l'ordonnance de 1667 ;

» Déclare le présent arrêt commun avec les parties de Jacquinot et le préfet du département de l'Oise ;

» Ordonne que l'acte baptistère du 9 mai 1761, lequel est inscrit sur les registres de la paroisse de Villeroy , sera réformé ; que les mots, *dont les père et mère me sont inconnus* , seront rayés , et qu'à la place d'iceux , il sera fait mention que Marie-Thérèse-Jeanne-Louise-Charlotte, est issue du légitime mariage de Joseph-Aimé-Marie de Houchin et de Marie-Anne-Georgette-Toussaint de Kérouartz, son épouse ;

» En conséquence, ordonne que les appelans seront tenus de reconnaître la partie de Bouchard pour fille légitime desdits de Houchin et Kérouartz ; l'autorise à en porter le nom et à exercer les droits attachés à cette qualité ;

» Condamne tant les appelans que les parties de Roy, en tous les dépens des causes principale et d'appel, des procédures criminelle et civile, faits tant au châtelet, au parlement de Paris, au tribunal d'appel de la même ville, qu'à la cour d'appel séante à Dijon , chacun les concernant ».

Les héritiers Copeaux ont acquiescé à cet arrêt ; mais les héritiers Roquelaure en ont demandé la cassation ; et ce recours a été joint à celui qu'ils avaient déjà formé contre les cinq arrêts précédens.

« Un procès qui, depuis vingt ans, occupe les tribunaux et fixe l'attention du public (ai-je dit à l'audience de la section criminelle, les 18 et 19 brumaire an 13), est aujourd'hui, pour la sixième fois, soumis à votre examen; et vous avez à décider si les six arrêts de la cour d'appel de Dijon qui le terminent, sont conformes ou contraires aux lois, si vous devez les maintenir ou les annuler, si vous devez fermer pour toujours ou rouvrir encore l'arène judiciaire dans laquelle, pendant si long-temps, la victoire est restée flottante et incertaine.

» Vous connaissez les faits et les procédures qui ont donné lieu à ces six arrêts. Vous les retracer de nouveau , serait fatiguer inutilement votre attention ; elle nous sera trop nécessaire dans les longs développemens auxquels nous serons forcés de nous livrer , pour que nous puissions nous permettre d'en abuser dès ce premier pas. Nous entrons donc immédiatement en matière, et nous commençons par les moyens que proposent les héritiers Roquelaure contre l'arrêt du 11 floréal, en tant qu'il préjuge, et contre les arrêts du 3 messidor, en tant qu'ils décident, que le partage survenu à la première de ces époques dans la cour d'appel de Dijon, n'emporte pas jugement à leur avantage.

» Ces moyens, vous le savez, consistent à dire — Que l'appel interjeté par la dame Roquelaure, en 1786, avait pour objet de faire annuler la plainte rendue par la dame Syrey, en 1784, la permission d'informer, l'information, les décrets, et généralement toute la procédure dont cette plainte avait été suivie : — Que c'était sur cet appel que la cour de Dijon avait à statuer; qu'ainsi, elle avait à statuer sur une procédure véritablement criminelle ; — Que la cour de cassation avait ainsi considéré cette procédure par ses arrêts des 9 ventôse et 19 messidor an 6, 29 prairial an 7, 30 fructidor an 10 et 18 germinal an 11 ; — Que la cour d'appel de Dijon elle-même l'avait également envisagée sous le même point de vue, et que la preuve en résulte de la manière dont elle avait posé les questions à juger ; — Que, d'après cela, le partage déclaré par l'arrêt du 11 floréal, équipolle, aux yeux de la loi, à un rejet formel de la plainte de la dame Sirey, et à une proscription absolue de tout ce qui s'en est ensuivi ; — Que tel est le vœu des lois romaines, de l'art. 12 du tit. 25 de l'ordonnance de 1670, des lettres-patentes du 1.er mars 1768 ; Que cette règle est générale, qu'elle embrasse tous les procès de petit comme de grand criminel, qu'elle s'applique aux jugemens d'instruction comme aux jugemens définitifs, qu'elle n'admet aucune distinction entre le cas où le titre de l'accusation emporte une peine afflictive ou infamante, et le cas où il ne peut donner lieu qu'à une peine plus légère, ou même qu'à de simples dommages-intérêts ; — Que la chose a été ainsi jugée par trois arrêts du parlement de

Toulouse : le premier, du 22 juillet 1679, rapporté par Catellan, liv. 7, chap. 1; le second rendu en 1731, d'après un référé à M. le chancelier d'Aguesseau, et la réponse de ce magistrat; le troisième, de l'année 1744; qu'enfin, il a été jugé de même par trois arrêts du ci-devant conseil d'Etat privé, des 20 juin 1729, 29 septembre 1732 et 25 avril 1769.

» Telle est, Messieurs, l'analyse de tout ce que vous ont dit les demandeurs sur cette partie de la cause. Il s'agit maintenant d'apprécier leurs raisonnemens et les autorités dont ils les appuient.

» D'abord, ce n'est point dans les lois romaines que nous devons chercher la théorie du partage d'opinions dans les procès criminels. Les Romains avaient, sur le partage d'opinions, des idées toutes différentes des nôtres : ils lui donnaient la force d'un jugement d'absolution, non seulement en faveur de l'accusé en matière criminelle, mais encore en faveur de la partie défenderesse en matière civile : *Inter pares numero judices, si dissonæ sententiæ proferantur, in liberalibus quidem causis, pro libertate statutum obtinet; in aliis autem causis, pro reo : quod et in publicis judiciis obtinet.* Ainsi s'explique la loi 38, D. *de re judicatâ.*

» Notre jurisprudence s'est, depuis plusieurs siècles, écartée de cette règle en matière civile, mais elle l'a maintenue pour les procès criminels; et il importe beaucoup de savoir pourquoi elle l'y a maintenue. C'est ce que nous apprendront les arrêts qui, sur ce point, ont précédé l'ordonnance de 1670.

» Basnage, sur l'art. 143 de la coutume de Normandie, en rapporte un du parlement de Rouen, du 18 août 1631, qui est très-remarquable : « Un héritier (dit-il), était accusé par » son co-héritier, d'avoir soustrait des lettres, » de l'argent et des meubles; la cour jugeant l'in- » formation, on jugea une comparence person- » nelle. Le décrété appela d'une information » qui avait été faite par un juge des lieux, et » disait pour moyens d'appel, que l'action d'un » héritier contre son co-héritier ne pouvait être » traitée criminellement. Là-dessus, les opinions » des juges, en la chambre de la tournelle, fu- » rent partagées, les uns voulant casser ce qui » avait été fait, les autres allant à confirmer. » Les premiers soutenaient que leur avis était *mi-* » *tior sententia*, et que par conséquent il y avait » arrêt. Sur la contestation, il se fit un *consula-* » *tur* en la grand'chambre, où il fut résolu una- » nimement que *mitior sententia* ne se pouvait » entendre que quand, *in pœnalibus, humanitatis* » *ratione,* on inclinait à une moindre punition, » et non point lorsqu'il ne s'agit que de savoir » si c'est une action civile ou criminelle, de re- » jeter une plainte ou de la recevoir ».

» Nous lisons dans le recueil du président

Maynard, liv. 4. ch. 80, que, de son temps, le parlement de Toulouse jugeait pareillement qu'il pouvait y avoir partage dans *les jugemens d'ins-* *truction des procès criminels;* et que cela fut ainsi arrêté dans une réunion des chambres, le 13 mars 1566.

» Ainsi, avant l'ordonnance de 1670, ce n'était que dans les jugemens définitifs, et seulement sur la question de savoir s'il y avait lieu, ou d'absoudre l'accusé, ou de lui infliger une peine plus ou moins forte, que l'on donnait, en cas de partage, la préférence à l'opinion la plus douce. Tant qu'il ne s'agissait que de savoir s'il y avait ouverture à l'action criminelle ou seulement à l'action civile, si l'on devait décerner tel ou tel décret, ou renvoyer à l'audience, s'il échéait de régler à l'extraordinaire ou de civiliser, si une procédure criminelle était régulière ou si elle était nulle, le partage ne faisait pas arrêt en faveur du prévenu, parce que, dans ces différens cas, le prévenu n'était pas encore placé actuellement dans l'alternative, soit d'être absous ou condamné, soit d'être puni plus ou moins sévèrement.

» L'ordonnance de 1670 a été plus loin : elle a considéré les jugemens d'instruction comme pouvant, en définitive, amener contre le prévenu, des condamnations pénales; et les appréciant, non d'après leurs dispositions intrinsèques, mais d'après leurs résultats possibles, elle a voulu qu'ils fussent assimilés aux jugemens définitifs; elle a voulu que, comme ceux-ci, ils passassent à l'avis le plus doux, en cas de partage.

» A-t-elle, par là, improuvé le motif qui précédemment faisait excepter de la règle *in mitiorem,* les jugemens de pure instruction? En étendant cette règle jusqu'aux jugemens de pure instruction, a-t-elle voulu autre chose qu'épargner la chance d'une condamnation pénale, au prévenu qui obtenait la moitié des voix en sa faveur? Et en ménageant ainsi au prévenu de nouveaux moyens d'échapper à la peine dont il était menacé, a-t-elle eu l'intention d'appliquer la règle *in mitiorem* à des cas où aucune peine ne menacerait le prévenu? Nous ne craignons pas de dire que prêter de pareilles vues à l'ordonnance, c'est la calomnier, c'est insulter à la sagesse de ses rédacteurs.

» Il est, dans notre jurisprudence, de principe général qu'un jugement ne peut être formé que par la majorité des voix; et que là où les voix sont partagées, il n'y a point de jugement. Ce principe admet cependant une exception pour les procès criminels; mais cette exception doit, comme toutes les autres, être restreinte aux objets pour lesquels elle a été établie. Elle ne peut donc pas être étendue aux procès qui, bien que criminels dans leur origine, ont pris ensuite un caractère différent; aux procès qui, après avoir été intentés dans des vues de vindicte publique, n'ont plus été ni pu être poursuivis que dans des vues d'intérêt privé; aux procès enfin qui, au moment où on les juge, ne présentent plus à l'accusé originaire et à ceux qui font cause commune avec lui, le péril d'une condamnation à des peines quelconques.

» Mais, disent les demandeurs, l'art. 12 du tit. 25 de l'ordonnance de 1670 embrasse dans sa disposition les procès de petit comme de grand criminel.; et la preuve en est que, dans l'un des articles qui le précèdent, dans le sixième, il est parlé des *sentences des premiers juges qui ne contiennent que des condamnations pécuniaires.*

» Oui, sans doute, les procès de petit criminel sont compris tout aussi bien que les procès de grand criminel, dans la règle *in mitiorem.* Mais où les demandeurs ont-ils pris qu'un procès de grand criminel civilisé, devînt à ce titre *procès de petit criminel?* Dans tous les temps, on a entendu par *procès de petit criminel,* ceux où il ne peut échoir que des peines d'emprisonnement ou d'amende; et il est tout simple que la règle *in mitiorem* s'applique au prévenu qui est menacé d'une amende ou d'un emprisonnement, comme à l'accusé qui court la chance d'une condamnation à une peine afflictive ou infamante : dans l'un comme dans l'autre cas, c'est la vindicte publique qui agit; et la règle *in mitiorem* veut que, dans le doute, la vindicte publique se taise. Mais lorsqu'un procès de grand criminel est converti en procès civil, lors surtout qu'il l'est irrévocablement, il n'est plus, il ne peut plus être, question de vindicte publique; et dès-lors, où serait le motif, où serait le prétexte, d'appliquer la règle *in mitiorem* à un pareil procès? Il est vrai que, par l'art. 6 du tit. 25 de l'ordonnance de 1670, il est dit que *les sentences des premiers juges qui ne contiendront que des condamnations pécuniaires, seront* (jusqu'à certaines sommes), *exécutées par provision et nonobstant l'appel.* Mais de quelles *condamnations pécuniaires* cet article entend-t-il parler? Il le dit lui-même dans la suite de sa disposition : ce sont les condamnations à l'amende envers le ministère public, accompagnées de condamnations aux dommages-intérêts envers les parties privées. Et les demandeurs voudront inférer de là que les jugemens sur procès criminels civilisés, sont soumis à la règle *in mitiorem,* lorsqu'ils ne prononcent et ne peuvent prononcer que des dommages-intérêts, lorsqu'ils ne prononcent et ne peuvent prononcer ni amende ni peine quelconque, lorsqu'ils sont rendus entre parties purement privées, lorsqu'ils sont étrangers au ministère public considéré comme partie poursuivante! Certes, il y a loin d'un pareil texte à une conséquence aussi extraordinaire.

» Voyons cependant si cette conséquence n'est pas justifiée par les arrêts que citent les demandeurs.

» Dans l'espèce de celui qui a été rendu au conseil privé le 20 juin 1729, une plainte avait été portée par un sieur Delicterie, contre Pierre Girandeau, procureur fiscal de la terre de Labrede, et contre le célèbre Montesquieu, seigneur de cette terre. Sur cette plainte, et d'après les informations dont elle avait été suivie, le lieutenant criminel de Bordeaux avait décerné des décrets, dont Pierre Girandeau et M. de Montesquieu s'étaient rendus appelans. La cause plaidée à l'audience de la tournelle du parlement de Toulouse, le 10 février 1728, en présence de onze juges, six opinèrent à casser toute la procédure ainsi que les décrets, et condamner le sieur Delicterie aux dépens; cinq seulement furent d'avis d'un avant-faire droit qui consistait à *appointer les parties contraires en leurs faits, dépens réservés;* et comme alors la déclaration du 4 mars 1549 voulait qu'il y eût partage en matière civile, lorsqu'il ne se trouvait pas deux voix de plus d'un côté que de l'autre, la tournelle du parlement de Toulouse pensa que le partage était acquis, tant parce que, dans le fait, il n'y avait majorité que d'une seule voix, que parce que, dans le droit, il lui parut que l'appointement à preuve auquel cinq des juges avaient opiné, devait être considéré comme un jugement de civilisation. En conséquence, il fut délivré aux parties un arrêt portant qu'il y avait partage. Mais M. de Montesquieu et son procureur fiscal s'étant pourvus au conseil, arrêt y est intervenu, par lequel, « le roi...., sans s'arrêter au prétendu arrêt délivré aux parties, sous la date du » 10 février 1728, ordonne qu'il sera effacé de » supprimé comme non-avenu sur la feuille de » l'audience dudit jour, et qu'à son lieu et place » il en sera inscrit un autre en marge, conforme » à l'avis le plus doux, par lequel toute la procé- » dure criminelle sera cassée, et le sieur Delicte- » rie condamné aux dépens.... ». Que conclure de là pour notre espèce? Rien assurément. La tournelle du parlement de Toulouse, en déclarant qu'il y avait partage, avait exposé les prévenus à la chance d'une nouvelle discussion sur la validité de procédures et de décrets qui, jugés valables, pouvaient les conduire à des peines plus ou moins graves : elle avait par conséquent violé, dans son esprit comme dans son texte littéral, la disposition de l'art. 12 du tit. 25 de l'ordonnance de 1670; et par conséquent encore, elle n'avait, pour justifier son arrêt, aucun des motifs qui ont déterminé celui qu'a rendu, dans notre espèce, la cour d'appel de Dijon.

» La même observation s'applique à l'arrêt du conseil du 29 septembre 1732. Sur une plainte rendue par Antoine Ballanche, un décret d'assigné pour être ouï avait été décerné contre Jacques Marmillon et François Guerre. Ceux-ci en avaient appelé au parlement de Besançon ; et là, à la majorité de cinq juges contre quatre qui avaient opiné à réformer les décrets et à en décharger les appelans, *sauf à Ballanche à se pourvoir par voie civile*, il avait été rendu, le 8 mars 1732, un arrêt par lequel les décrets étaient confirmés purement et simplement. Marmillon et Guerre demandèrent la cassation de cet arrêt, et elle fut prononcée, avec ordre au greffier du parlement de Besançon, de leur *délivrer arrêt conforme à l'opinion des quatre juges qui avaient été d'avis de les décharger du décret d'assigné pour être ouïs*. Nous rendons hommage à cette décision, et nous, nous ferions un devoir d'en requérir une semblable dans la cause actuelle, si, comme l'avait fait le parlement de Besançon, la cour d'appel de Dijon se fût permis, sans une majorité de deux voix, de mettre en état d'accusation, soit les héritiers Roquelaure, soit les héritiers Copeaux.

» L'arrêt que l'on vous a cité sous la date du 25 avril 1769, et dont on assure qu'il existe une expédition au greffe de la cour, est-il plus concluant que les deux autres? « Il y avait (dit-on),
» au parlement de Toulouse, seconde chambre
» des enquêtes, par conséquent *chambre non-*
» *criminelle*, un procès purement civil en ouver-
» ture d'un testament mystique. On soutint que
» ce testament avait été ouvert et faussement
» recloturé; on passa à une inscription de faux
» incident, *ce qui est bien du petit criminel*,
» *puisque le procès n'est fait qu'à la pièce*. Par-
» tage eut lieu; renvoi à une autre chambre
» civile : nouveau partage. Pourvoi au conseil
» qui, après une instruction solennelle, admit
» le *in mitiorem* et ordonna l'ouverture du tes-
» tament ». Tels sont les termes dans lesquels on vous retrace l'arrêt dont il s'agit; et quoique nous n'ayons pas pu, faute d'indications suffisantes, faire les recherches nécessaires pour le vérifier, nous devons croire que la citation en est parfaitement exacte; car nous en avons trouvé un semblable dans le recueil connu sous le titre de *Table des édits et réglemens propres au ressort du parlement de Besançon ;* voici de quelle manière il y est rapporté, à l'article *Avis le plus doux*, note A : « Le 27 juillet 1774, la grand'
» chambre tombe en partage sur l'appellation
» d'une sentence qui joint au principal les
» moyens de faux incident; l'un des avis con-
» firme la sentence, et l'autre déclare les faits
» pertinens, et ordonne d'en informer. Jugé au
» conseil d'État, le 27 mars 1775, que le pre-
» mier avis, comme étant le plus doux, doit
» prévaloir ». Voilà bien la même espèce que celle dont vous parlent les demandeurs; mais là-dessus deux observations.

» 1.º Les demandeurs ne s'entendent sûrement pas eux-mêmes, quand ils disent qu'une inscription de faux incident *est du petit criminel*, et quand ils croient le prouver en ajoutant que *le procès n'est fait qu'à la pièce*. Lorsque, dans une inscription de faux incident, le procès n'est fait qu'à la pièce, quand la pièce seule est exposée à être déclarée fausse, il n'y a ni grand ni petit criminel, il n'y a qu'une contestation purement civile ; et certainement il y a partage dans le jugement de toute contestation purement civile, où il ne se trouve pas une majorité légale.

» 2.º Les demandeurs confondent la forme actuelle avec la forme ancienne de procéder dans les inscriptions de faux incident. Dans la forme actuelle, l'inscription de faux incident ne peut être instruite et poursuivie que *civilement*. Ainsi le veut expressément l'art. 535 du Code des délits et des peines; et il le veut ainsi, parce que ce genre de poursuite du faux ne peut être dirigé que contre la pièce prétendue fausse. Mais il en était autrement dans l'ancienne forme. L'ordonnance du mois de juillet 1737 voulait, tit. 2, art. 30, qu'après l'admission des moyens de faux, il en fût *informé* ; art. 42, qu'après l'information, des *décrets* fussent *prononcés tant contre le défendeur*, s'il y avait lieu, *que contre d'autres, encore qu'ils ne fussent parties dans la cause* ; et art. 45, qu'après les interrogatoires des accusés, le procès fût réglé *à l'extraordinaire*, si la matière l'exigeait. Ainsi alors, l'inscription de faux incident était, à proprement parler, une plainte contre le défendeur; et elle exposait celui-ci à tous les dangers d'une procédure véritablement criminelle. Est-il étonnant, d'après cela, que, par les arrêts des 25 avril 1769 et 27 mars 1775, le conseil ait jugé qu'en cas d'égalité de voix pour admettre ou rejeter l'inscription de faux, l'opinion du rejet devait prévaloir et faire jugement? En prononçant de cette manière, il n'a fait qu'appliquer littéralement la disposition de l'art. 12 du tit. 25 de l'ordonnance de 1670; mais il n'a ni jugé ni pu juger que cette disposition fût applicable à un cas où, comme ici, il ne peut, dans aucune hypothèse possible, intervenir de condamnation pénale contre quelque partie que ce soit.
— Et certainement si aujourd'hui une cour de justice civile s'avisait de rejeter, à voix égales, une inscription de faux incident, vous vous empresseriez de casser son arrêt, comme infracteur de la loi qui exige qu'en toute matière civile, les jugemens ne soient rendus qu'à la pluralité des voix.

» A l'égard des trois arrêts du parlement de Toulouse que les demandeurs vous ont cités, il y en a un de 1731 qui certainement n'a aucun rapport à notre espèce. L'auteur du journal du palais de cette cour nous le retrace, tome 1, page 155, comme ayant jugé, à l'occasion d'une plainte en excès, menaces et mauvais traitemens, portée devant les chambres assemblées, contre le conseiller Progean, que le partage sur la question de savoir s'il y avait lieu d'*ordonner l'enquis*, c'est-à-dire, de permettre d'informer, équipollait à un arrêt de décharge. Assurément cet arrêt a bien jugé, il a jugé suivant la lettre et l'esprit de l'ordonnance, puisque l'information, si elle eût été permise, eût pu avoir pour résultat contre le prévenu, une condamnation à une peine quelconque ; mais qu'y a-t-il de commun entre cette espèce et celle qui vous occupe actuellement ?

» L'arrêt de la même cour de 1744, ne juge ni ne prouve rien autre chose que celui de 1731. « Le sieur Gaillard (nous parlons d'après Ro-» dier, sur l'art. 1 du tit. 35 de l'ordonnance » de 1667), avait accusé la dame Delziech, son » épouse, d'adultère, et d'avoir mis au monde » un enfant qu'elle supposait être fils dudit sieur » Gaillard, quoique baptisé comme fils de père » et mère inconnus. Ledit Antoine-Charles fut » mis en cause. L'affaire portée, par appel du » sénéchal de Toulouse, à la chambre de la tour-» nelle, il fut rendu arrêt, le 2 juin 1740, qui » relaxa ladite Delziech avec dépens, et déclara » Antoine-Charles fils légitime et naturel dudit » Gaillard et de ladite Delziech. Le sieur Gail-» lard attaqua cet arrêt au conseil par la voie » de la cassation ; il en fut démis par arrêt du 31 » décembre 1742. Il demanda et obtint des lettres » de relief du temps pour attaquer l'arrêt du » parlement par requête civile ; et il impétra ces » lettres le 11 mai 1743... Il en fut démis par » arrêt du 27 mars 1744, lors duquel il y eut » une voix de plus à entériner la requête civile ; » les autres furent d'avis de la rejeter.... On » douta. lors de cet arrêt, s'il y avait partage, » ne s'agissant que d'une requête civile ; et M. le » -chancelier ayant été consulté, il fut décidé » que, s'agissant au fond d'une matière crimi-» nelle, il ne pouvait y avoir partage, et que » l'avis le plus favorable à l'accusé devait l'em-» porter ». Oui, sans doute, il devait l'empor-ter l'avis qui était le plus favorable à la dame Gaillard ; mais pourquoi ? parce que l'entéri-nement de la requête civile eût remis la dame Gaillard aux prises avec une accusation du crime d'adultère, c'est-à-dire, avec une accusation qui eût pu entraîner contre elle la peine la plus grave dont pouvait alors être frappée une femme qui comptait l'honneur pour quelque chose, la peine de la réclusion perpétuelle dans un cou-vent, avec confiscation de sa dot. Mais ici, quelle peine pouvait entraîner, soit contre les héritiers Copeaux, soit contre les héritiers Ro-quelaure, le procès que la cour d'appel de Dijon a jugé définitivement le 7 thermidor an 12 ? au-cune. Ce procès ne pouvait aboutir contre eux tous qu'à des dommages-intérêts, qu'à des resti-tutions de biens. Il ne peut donc pas être ques-tion, dans ce procès, du motif qui a fait appli-quer la règle in mitiorem à la dame Gaillard.

» Reste l'arrêt du 31 juillet 1679, rapporté par Catellan, et nous nous empressons de décla-rer que celui-ci entre absolument dans les vues des demandeurs. Le nommé Saint-Gilles avait été accusé d'homicide, et il était mort pendant l'instruction. La partie civile fit assigner la de-moiselle Saint-Gilles, sa sœur et son héritière,

en reprise de la procédure, et en condamnation aux dommages-intérêts. Celle-ci soutint que l'action criminelle étant éteinte par le décès de l'accusé, l'action en dommages-intérêts l'était pareillement. L'auteur rappelle les raisons que les deux parties s'opposaient l'une à l'autre ; ces raisons, ajoute-t-il, « partagèrent les esprits et » les avis des juges : les uns voulaient relaxer la » sœur de la demande ; les autres voulaient ci-» viliser l'affaire, et admettre en preuve du » meurtre ; mais, dans ce partage d'avis, ils » convinrent tous qu'il n'y avait pas de partage, » et qu'il était de lui-même, suivant l'ordon-» nance moderne (de 1670), départi à l'avis le » plus doux, c'est-à-dire, au relaxe de la de-» mande des dommages-intérêts ». Cet arrêt, nous devons le redire, a jugé, de la manière la plus positive, en faveur du système des deman-deurs ; mais a-t-il bien jugé ? Il serait inutile de vous répéter tout ce que nous avons dit pour établir le contraire ; mais ce qui ne l'est pas, c'est de prouver que cet arrêt n'a pas fait juris-prudence, et que son autorité est plus que ba-lancée par d'autres arrêts, non moins formels, qui ont été rendus sur la même question.

» Basnage, sur l'art. 394 de la coutume de Normandie, nous apprend que, dans un procès instruit d'abord criminellement, et ensuite civi-lisé, il fut question de savoir si l'on devait éten-dre à l'héritier coupable de soustraction d'effets provenans d'une succession commune, la dispo-sition de l'art. 84 des placités de 1666, qui prive la veuve coupable du même délit, de sa part légale dans les meubles recélés par elle. « Le » procès (dit-il), ayant été mis sur le bureau, » en la chambre de la tournelle (du parlement » de Rouen); le 2 juin 1678, les juges se trou-» vèrent partis en opinion ; M. Louvet, rappor-» teur, était d'avis que les co-héritiers fussent » privés de leurs parts aux choses recélées ; » M. Leroux d'Enneval, compartiteur, au con-» traire, était d'avis que les héritiers eussent » part aux meubles qu'ils avaient enlevés, en » les rapportant avec intérêts. Mais, avant que » de procéder au jugement du partage, l'on fit » un consulatur à la grand'chambre, pour savoir » si, sur ce fait, il pouvait y avoir partage en » la tournelle, et si la question ne tombait pas » sur la règle mitior sententia sequenda. On ré-» pondait que la cause était plus civile que cri-» minelle ; qu'il ne s'agissait point de savoir an » major sive minor sit pæna, mais seulement de » priver ou de ne pas priver un co-héritier de sa » part aux choses recélées ; que mitior sententia » ne se pouvait entendre que quand, in pœnali-» bus, humanitatis ratione, l'on inclinait à de » moindres peines ; qu'en ce fait, l'on ne pou-» vait dire la même chose, puisque l'avis le » moins rigoureux n'était pas fondé sur la com-» misération, mais sur des raisons purement » civiles. Il passa à dire qu'il y avait partage,

» quoique quelques-uns soutinssent que, par
» l'usage de la tournelle, l'on n'admettait point
» de partage aux procès qui avaient été instruits
» criminellement ».

» Vous êtes sans doute frappés, Messieurs, de la différence qui distingue cet arrêt d'avec celui de Catellan. Dans l'arrêt de Catellan, la question du partage n'a pas été discutée, on l'a tranchée sans examen. Dans celui de Basnage, où l'a soumise à une discussion solennelle; la chambre, dans laquelle elle était née, n'a pas voulu prendre sur elle de la décider, elle en a référé à la grand'chambre; et là, après avoir pesé mûrement le pour et le contre, l'avis du partage l'a emporté de presque toutes les voix, puisque Basnage dit que *quelques-uns* seulement l'avaient combattu.

» Mais cet arrêt n'est pas le seul qui ait ainsi jugé; il a été suivi, dans le même parlement, d'un autre arrêt, bien plus solennel encore. Ecoutons Houard, en son *Dictionnaire du droit normand*, article *Partage d'opinions : «* Le » 25 juin 1721, il y a eu réglement fait, les » chambres assemblées, par lequel il a été arrêté » que, dans les instances civilisées en tournelle, » il pourrait y avoir partage».

» Et remarquons bien qu'Houard écrivait ceci en 1782; qu'il parle de cet arrêt comme encore subsistant; qu'ainsi, il est très-certain que cet arrêt n'avait reçu, de la part du législateur de l'ancien régime, aucune marque d'improbation; que cependant il avait dû, par le caractère qu'il porte de *réglement*, attirer spécialement son attention; qu'ainsi, on ne peut douter que le législateur de l'ancien régime ne l'ait jugé conforme au véritable esprit de l'ordonnance de 1670; qu'ainsi, on ne peut douter qu'il ne lui ait donné tacitement sa sanction.

» Et remarquons encore que cet arrêt comprend dans sa disposition, toutes *les instances civilisées en tournelle ;* qu'il ne distingue point les instances qui, par l'effet de la mort des prévenus, ne peuvent plus redevenir criminelles, d'avec les instances qui sont encore susceptibles d'être *récriminalisées ;* que si, dans celles-ci, il peut y avoir partage; à plus forte raison en est-il de même de celles-là; et que c'est précisément à la classe de celles-là qu'appartient la procédure dont il est ici question.

» Au surplus, Messieurs, cet arrêt nous a paru d'une telle importance, que nous avons cru devoir ne pas nous tenir au compte qu'en rend l'auteur du *Dictionnaire de droit normand ;* nous en avons en conséquence fait venir de Rouen une expédition authentique, et la voici : —
« *Extrait des registres du parlement de Nor-*
» *mandie , confiés à la garde du greffier en chef*
» *de la cour d'appel de Rouen , en exécution*
» *de l'art.* 1 *de l'arrêté du gouvernement, du* 18
» *messidor an* 8. — A neuf heures, M. le premier président a dit au greffier d'assembler les

chambres, et icelles assemblées, y compris les
» requêtes du palais : — Est entré M. le procu-
» reur-général, qui a remontré à la compagnie
» qu'il s'était présenté, il y a quelques jours,
» en la tournelle, une difficulté pour savoir s'il
» y a partage dans un procès intenté d'abord
» par la voie criminelle, et ensuite civilisé de-
» vant le juge des lieux ; et pour savoir encore
» si les dépens de ce procès civilisé et les dom-
» mages-intérêts qui en peuvent résulter, sont
» solidaires; remontrant qu'il y a plusieurs ar-
» rêts qui ont jugé différemment dans cette
» espèce qui se présente assez souvent pour mé-
» riter que la cour fasse sur icelle un réglement ;
» ensuite de quoi, mondit sieur le procureur-
» général a mis ses conclusions sur le bureau et
» s'est retiré ; — Sur quoi ayant délibéré, et vu
» les susdites conclusions du procureur-général;
» — La cour, toutes les chambres assemblées,
» a décidé et arrêté qu'il y a partage , quand le
» cas y échoit, dans les affaires commencées par
» la voie criminelle et ensuite civilisées; et que
» conséquemment les dommages et intérêts et
» dépens qui en peuvent résulter , ne sauraient
» être adjugés solidairement ni par corps ;
» pourront néanmoins les juges, en ces sortes
» d'affaires, prononcer la solidité et le par corps
» pour raison desdits dommages et intérêts et
» dépens, suivant l'exigence des cas, et quand
» l'affaire le requerra. — Et afin que ce présent
» réglement soit notoire à tous juges, ordonne
» qu'à la requête du procureur-général , il en
» sera envoyé des copies ou *vidimus ,* pour y
» être lu, publié et exécuté à la diligence de ses
» substituts , qui seront tenus de certifier la
» cour, dans le mois, des diligences qu'ils auront
» pour ce faites. — A Rouen , en parlement, le
» 25 juin 1721, signé L. R. (Leroux d Enneval),
» président. — *Collationné conforme au registre*
» *de la chambre , par moi greffier en chef de la*
» *cour d'appel , soussigné.* Signé Lemonnier ».
Vous voyez, Messieurs, que cet arrêt est parfaitement conforme à la mention qu'en fait Houard.

» Du reste, le parlement de Rouen n'est pas le seul qui ait érigé en réglement formel , le principe que les procès civilisés doivent , lors même qu'on ne peut encore les reconvertir en procès criminels, être considérés en tous points, tant que dure leur civilisation, comme procès purement civils; Le parlement de Besançon avait proclamé le même principe, par l'art. 14 de son arrêt de réglement du 18 mars 1701, rapporté à la page 61 du tome 2 du Recueil des édits et réglemens particuliers au ressort de cette cour. Voici en quels termes était conçu cet article : «. Lorsqu'il s'agira de convertir les procès criminels en civils, il suffira que les gens du roi aient donné leurs conclusions sur l'information et les interrogatoires, sans qu'il soit nécessaire qu'ils en donnent d'autres au sujet de la civi-

» lisation, *ni pendant le temps que lesdits procès seront traités comme matière civile;* n'était qu'à la suite, ils fussent repris à l'extraordinaire, auquel cas seulement ils en auront communication». Ainsi, tant que les procès civilisés n'étaient pas reconvertis en procès criminels, ils étaient, suivant cet arrêt, *traités comme matière civile;* et, en conséquence, le ministère public n'avait point de conclusions à y donner; or, bien sûrement, la règle qui voulait que tous les procès criminels fussent communiqués au ministère public, était au moins aussi générale que celle qui voulait qu'en cas de partage dans le jugement des procès criminels, l'avis le plus doux prévalût.

» Que pourrions-nous ajouter, Messieurs, à un concours aussi imposant de raisons et d'autorités qui se réunissent, qui se pressent, en quelque sorte, pour justifier la décision adoptée par les arrêts de la cour d'appel de Dijon, des 11 floréal et 3 messidor? Et quel prétexte peut-il encore rester aux demandeurs pour critiquer cette décision?

» Répéteront-ils que la procédure, sur la validité de laquelle la cour d'appel de Dijon avait à statuer, était criminelle; que la section des requêtes de la cour de cassation l'avait ainsi jugé, par arrêt du 9 ventôse an 6, en renvoyant à la section criminelle la requête de la dame Sirey, en cassation de l'arrêt du parlement de Paris, du 6 avril 1789; que la section criminelle l'avait jugé de même le 19 messidor suivant, en cassant cet arrêt, et en renvoyant le fond de l'affaire devant le tribunal qui devait en connaître, pour être procédé sur l'appel de la procédure, *conformément aux lois existantes avant l'institution des jurés;* qu'elle l'avait encore jugé le 29 prairial an 7, en rejetant l'opposition du mineur Roquelaure à l'arrêt de cassation; qu'elle l'avait encore jugé le 30 fructidor an 10, en cassant le jugement du tribunal d'appel de Paris, du 29 floréal précédent; et le 18 germinal an 11, en déboutant les héritiers Roquelaure de leur opposition à ce dernier arrêt; qu'enfin, la cour d'appel de Dijon elle-même a fixé irrévocablement le caractère de cette procédure, en annonçant, dans le vu de son jugement, que les questions sur lesquelles elle devait prononcer, consistaient à savoir *si la dame Sirey avait pu rendre plainte de la suppression de son état, si sa* PROCÉDURE CRIMINELLE *était régulière et valable, s'il résultait des charges, que Jean-Louis Copeaux fût convaincu d'avoir supprimé l'état de la dame Sirey?* — Tout cela est vrai, Messieurs; oui, il est très-vrai que la cour d'appel de Dijon avait à juger si la procédure criminelle, commencée en 1784, à la requête de la dame Sirey, était valable, et que, pour le juger, il fallait qu'elle fût constituée en tribunal criminel; mais ce qui ne l'est pas, c'est que cette procédure eût conservé sa criminalité primitive,

pour les effets qu'elle pouvait produire entre les parties plaidantes; ce qui ne l'est pas, c'est que cette procédure ne fût pas devenue purement civile dans son objet; ce qui ne l'est pas, c'est que cette procédure, en demeurant soumise aux tribunaux criminels, parce qu'aux tribunaux criminels seuls appartient le droit de juger si une action commencée dans la forme qui leur est propre, a été dirigée et instruite suivant les lois particulières à cette forme, pût amener, de la part de ces tribunaux, aucune espèce de condamnation pénale; ce qui ne l'est pas, en un mot, c'est que la règle *in mitiorem*, et la commisération pour l'accusé menacé d'une peine quelconque, soient indépendantes l'une de l'autre, et que là où l'accusé n'a point de peine à appréhender, cette règle puisse encore avoir lieu.

» L'arrêt du 11 floréal et ceux du 3 messidor ont donc bien jugé, le premier en déclarant qu'il y avait partage, et les deux autres en rejetant la demande des héritiers Roquelaure, tendante, à ce qu'il fût dit que le partage valait jugement en leur faveur.

» Mais ces deux derniers arrêts sont encore attaqués par des moyens étrangers à la règle *in mitiorem*. Le premier doit être cassé, suivant les demandeurs, parce qu'il a été rendu dans l'intérieur de la chambre du conseil; et que, par là, il est en contravention à l'art. 14 du tit. 2 de la loi du 24 août 1790. Le second doit l'être, parce qu'on nommant pour départiteur M. Rubat, président de la cour de justice criminelle du département de Saône et Loire, il a violé les lois relatives au mode de vider les partages.

» Les demandeurs ont complètement raison sur le premier arrêt du 3 messidor. Quoique rendu sur requête, il a dû être *public;* l'art. 14 du tit. 2 de la loi du 24 août 1790 veut que tous les jugemens le soient; et du moment qu'il a été rendu dans la chambre du conseil, la cassation en est inévitable. Mais quel avantage les demandeurs retireront-ils de cette cassation? Aucun; et pourquoi? Parce que le second arrêt du même jour qui a été prononcé à l'audience, répète la disposition du premier, et que conséquemment il couvre, il efface, dans l'intérêt des parties privées, ce qu'il y a d'irrégulier dans celui-ci.

» Quant au second arrêt, il est d'abord constant qu'il n'aurait pu nommer pour départiteur, ni le président de la cour de justice criminelle du département de la Côte-d'Or, ni aucun des avocats ou avoués du barreau de Dijon : la preuve en est écrite dans la lettre de la cour d'appel au grand-juge, ministre de la justice, en date du 11 floréal. « Pour lever ce partage (y est-il dit), le tribunal a eu recours à l'arrêté des Consuls du 17 germinal an 9; mais par la lecture qu'il en a faite, il a reconnu que le mode indiqué était

» impraticable dans la circonstance. En effet, il
» faudrait, pour vider le partage dont il s'agit,
» appeler le onzième juge qui préside le tribu-
» nal criminel séant à Dijon ; mais ce juge a si-
» gné, comme conseil, les mémoires que les hé-
» ritiers Roquelaure ont imprimés et distribués.
» On pourrait à son défaut, prendre un dépar-
» titeur parmi les avocats ou avoués : mais tout
» le barreau de Dijon a pris un tel intérêt dans
» la fameuse cause dont il s'agit, qu'il n'est pas
» un seul des individus qui le composent, qui
» ne se soit expliqué de son opinion en faveur
» de l'une ou de l'autre des parties ».

» Il n'est pas moins constant que M. Rubat
était habile à être appelé au départage. A la
vérité, il est président de la cour de justice criminelle de Saône et Loire ; mais il est en même
temps, il est même nécessairement juge à la cour
d'appel de Dijon ; et la première de ces qualités
ne peut pas empêcher qu'en vertu de la seconde,
il ne siège à la cour d'appel ; elle ne peut pas
même l'en dispenser, lorsque sa présence y devient nécessaire pour compléter le nombre des
juges requis par la loi. C'est ce qui résulte d'un
arrêt rendu à la section des requêtes, le 4 pluviôse an 10, sur une demande en réglement de
juges, présentée par la veuve Cottin, et qui
tendait à faire renvoyer devant un autre tribunal, un procès qu'elle soutenait contre le sieur
Sélys, devant la cour d'appel de Liége : cette
demande était fondée sur ce qu'il ne restait plus,
dans la cour d'appel de Liége, que quatre juges
non récusés ; mais elle a été rejetée, au rapport
de M. Delacoste, et sur nos conclusions, *attendu* (entre autres motifs), *qu'outre les quatre
juges non récusés, il reste les trois juges qui remplissent les fonctions de présidens dans les trois
tribunaux criminels du ressort du tribunal d'appel de Liége.... que, s'il est vrai que ceux des
membres d'une section civile qui sont choisis
pour présider les tribunaux criminels, doivent
être privativement et journellement occupés de
l'importante fonction qui leur est confiée, ce serait prêter à la loi un sens et une volonté contraires à son principal objet, que de prétendre,
d'après quelques phrases de l'exposé fait des
motifs de la présentation de son projet au corps
législatif, que ces juges ne peu-
vent, dans aucun cas, même dans celui d'insuffisance de nombre de leurs collègues ; remplir des fonctions civiles ; que, s'il existait un
doute sur cette faculté qu'ils ont conservée,
puisqu'elle ne leur est pas expressément et clairement enlevée, ce doute serait levé par l'arrêté du conseil d'État du 17 germinal an 9,
qui, pour les cas de partage d'opinions en matière civile, admet les membres du tribunal ; et
n'en n'exclut pas les présidens des tribunaux
criminels.*

» Enfin un troisième fait également constant,
c'est que des deux juges de la cour d'appel de

Dijon, qui président les tribunaux criminels du
ressort, séans hors de Dijon même, le premier,
dans l'ordre du tableau, est M. Rubat.

» C'est donc sur M. Rubat qu'a dû tomber le
choix de la cour d'appel, pour les fonctions de
départiteur ; et non-seulement en lui conférant
cette qualité, l'arrêt du 3 messidor n'a contrevenu
à aucune loi, mais il n'aurait même pas pu la
conférer légitimement à un autre juge, puisque
d'une part, le président de la cour de justice criminelle de la Haute-Marne n'est placé dans l'ordre du tableau qu'après M. Rubat ; et que, de
l'autre, le président de la cour de justice criminelle de la Côte-d'Or, qui précède M. Rubat
dans ce tableau, s'était mis dans le cas de la récusation motivée, en signant des consultations
pour les héritiers Roquelaure.

» Passons à l'arrêt du 7 messidor, et voyons
si, par la manière dont il statue sur la récusation
péremptoire que les héritiers Roquelaure avaient
fait signifier, le 3 du même mois, à M. Rubat,
dans la personne du greffier, il donne quelque
prise à la cassation. Deux choses sont à distinguer dans cet arrêt, la forme et le fond.

» Dans la forme, il paraît, au premier abord,
avoir violé l'art. 14 du tit. 2 de la loi du 24 août
1790, puisqu'il est rendu, comme les deux arrêts du 3 messidor, dans la chambre
du conseil. Mais en supposant qu'il le viole en
effet, devrait-il pour cela être cassé dans l'intérêt des héritiers Roquelaure, ou ne pourrait-il
l'être que sur nos conclusions, et dans le seul intérêt de la loi ?

» Il devrait incontestablement l'être dans l'intérêt des héritiers Roquelaure, si la récusation
péremptoire proposée par eux contre M. Rubat,
suffisait seule jusqu'à ce qu'elle eût été rejetée
par un arrêt régulier, pour lui interdire l'exercice des fonctions de départiteur. Mais il en serait autrement, s'il n'était pas indispensablement
nécessaire qu'il fût statué sur cette récusation,
pour que M. Rubat pût entrer en fonctions ; si
M. Rubat a pu entrer en fonctions sans un jugement préalablement rendu sur sa récusation
péremptoire, sauf les droits des héritiers Roquelaure, dans le cas où cette récusation eût été fondée. Alors, en effet, les héritiers Roquelaure se
trouveraient sans qualité pour critiquer la forme
de l'arrêt du 7 messidor, parce qu'alors on pourrait le considérer comme n'existant pas, parce
qu'alors il y aurait lieu à l'application de la maxime, *quod abundat non vitiat.*

» Tout dépend donc ici, toujours en supposant l'art 14 du tit. 2 de la loi du 24 août 1790
violé par la forme de l'arrêt dont il s'agit, tout
dépend donc de la question de savoir si, par le
seul fait de la récusation péremptoire signifiée à
M. Rubat, le 3 messidor, M. Rubat a été constitué dans l'impuissance de juger ; et si, pour

faire cesser cette impuissance , il a été besoin d'un arrêt qui rejetât formellement la récusation.

» Or , sur cette question , que nous dit la loi du 22 vendémiaire an 4 ? Rien : elle ne parle en aucune manière de jugemens à rendre sur les récusations péremptoires ; elle ne contient pas un mot d'où l'on puisse inférer que ces jugemens soient nécessaires, et assurément il n'est pas permis de faire résulter une nullité de l'omission d'un préliminaire qu'elle n'a pas exigé. Sans doute, il est dans son intention qu'il y ait nullité ; en cas d'assistance du juge valablement récusé , au jugement de l'affaire principale : et on peut dire qu'à cet égard, elle se réfère à l'art. 2 de la loi du 4 germinal an 2 qui déclare la peine de nullité toujours sous-entendue dans les lois émanées des représentans du peuple , depuis 1789, concernant le mode de procéder et de juger en matière civile. Mais on ne peut pas lui supposer la même intention dans le cas où le juge récusé mal à propos, assiste , sans rejet préalable de sa récusation , au jugement dont on a cherché à l'écarter; elle n'a rien dit , rien réglé sur ce point ; et l'on ne peut pas suppléer dans son texte une disposition , et surtout une disposition irritante , qu'elle n'a pas cru devoir y placer.

» Objectera-t-on que l'art. 24 du tit. 24 de l'ordonnance de 1667 veut qu'il soit *procédé au jugement des récusations* ? D'abord , cet article n'a pour objet que les récusations motivées, et aucune loi ne l'a déclaré commun aux récusations péremptoires qui n'ont été introduites que plus d'un siècle après. Ensuite , le même article ne porte pas la peine de nullité ; et si , d'après cela , il est vrai que la contravention à ce qu'il prescrit, peut , aux termes de l'art. 34 du tit. 35 de la même ordonnance , former une ouverture de requête civile ; il est vrai aussi qu'elle ne peut jamais former une ouverture de cassation , ce que l'art. 14 le est la disposition précise de l'art. 3 de la loi du 4 germinal an 2.

» Mais c'est trop long-temps supposer que l'arrêt du 7 messidor puisse être cassé , même dans l'intérêt de la loi ; c'est trop long-temps supposer que cet arrêt a dû être prononcé à l'audience. L'art. 14 du tit. 2 de la loi du 24 août 1790 veut , à la vérité, que les jugemens soient *publics* , mais il ne comprend certainement pas dans sa disposition les actes des tribunaux qui ne concernent que leur discipline intérieure, qui ne règlent que le service de leurs membres, qui ne font que déterminer si tel juge doit ou ne doit pas, peut ou ne peut pas , assister à la discussion , à l'examen de telle affaire. Or , dans tous les temps , il a passé pour maxime que les récusations appartiennent à la discipline intérieure des compagnies de justice , et jamais on n'a souffert qu'elles se jugeassent publiquement. Dans le premier projet de l'ordonnance de 1667, les rédacteurs avaient inséré un article (c'était

le 28.e) qui tendait à faire juger les récusations contradictoirement. Mais le premier président du parlement de Paris observa que, si cet *article avait lieu , ce serait mettre les juges dans la place de la partie ; que cela serait fort indécent dans la justice , et que la récusation se traitait comme un fait de la discipline intérieure des compagnies , qui se devait régler entre les juges , sans la participation des parties , des gens du roi, ni de qui que ce soit ; et sur cette observation , non-seulement l'art. 28 du projet fut rayé , mais on y substitua , dans l'art. 24 de l'ordonnance , une disposition qui prescrivit de juger les récusations dans la chambre du conseil. Aussi Jousse remarque-t-il sur cet article, qu'elles *se jugent sans instruction et sans que la partie adverse de celle qui récuse , en ait connaissance.. Ces jugemens,* continue-t-il , *se rendent à la chambre , comme il est porté en la fin de cet article , et non à l'audience.* Et bien loin que la loi du 23 vendémiaire an 4 ait dérogé, pour les récusations péremptoires , à cette manière de juger les récusations motivées , elle a, au contraire , fait entendre bien clairement que tout ce qui concernait celles-là, devait ; comme celles-ci , se traiter dans l'intérieur des tribunaux ; et c'est ce qui résulte de l'art. 5 par lequel il est dit qu'*aucune des récusations péremptoires ne peut être faite en présence des juges assemblés.*

C'est aussi , Messieurs , ce que vous avez décidé dans cette affaire même , en procédant, le 27 fructidor an 12, au jugement d'une observation faite à l'audience de la veille par les héritiers Roquelaure , et qui tendait à inviter l'un des magistrats de la cour s'abstenir. Pour statuer sur cette observation , hors la présence du magistrat qui en était l'objet , et pour le faire en nombre compétent, vous avez appelé un membre de la section des requêtes; vous lui avez donné lecture , *dans la chambre du conseil ,* du procès-verbal de l'incident élevé la veille ; il a délibéré avec vous , sans avoir entendu à l'audience rien de ce qui avait été dit par les héritiers Roquelaure , et si l'arrêt qui est résulté de cette délibération , a été prononcé à l'audience , c'est uniquement parce que l'observation qui y donnait lieu , avait été publique, et que la même publicité était , par là, devenue nécessaire pour le rejeter.

» Ainsi , point de vice de forme à reprocher à l'arrêt de la cour d'appel de Dijon , du 7 messidor; d'ailleurs , nous l'avons déjà dit , fût-il vicieux dans la forme, les héritiers Roquelaure ne pourraient en tirer aucun avantage; et c'est ce qu'ils reconnaissent eux-mêmes par le silence absolu dans lequel ils se tiennent à cet égard devant vous. Mais il reste à savoir si, au fond, cet arrêt ne contrevient pas à la loi du 23 vendémiaire an 4.

» Vous seriez, nous osons le dire, forcés de

déclarer qu'il y a contrevenu, vous seriez forcés d'en prononcer l'annullation; s'il n'y avait pas, pour le justifier, d'autre motif que celui dont s'est étayée la cour d'appel de Dijon.

» La cour d'appel de Dijon a jugé que M. Rubat ne pouvait pas être récusé péremptoirement, parce qu'il avait été nommé départiteur par le grand-juge, ministre de la justice. Mais il n'y a là ni exactitude dans le fait, ni justesse dans la conséquence. Le grand-juge n'a pas délégué à M. Rubat la qualité de départiteur; il a bien écrit à la cour d'appel de Dijon. *j'ai nommé M. Rubat;* mais, à la vérité, ce n'est pas du grand-juge que M. Rubat a reçu son caractère; il ne l'a reçu que de la loi; et le grand-juge n'a fait véritablement qu'annoncer à la cour d'appel de Dijon, que M. Rubat était appelé aux fonctions de départiteur par l'ordre du tableau des magistrats dont cette cour était composée. D'un autre côté, le grand-juge n'avait eu ni l'intention ni le pouvoir de priver les héritiers Roquelaure du droit qui eût pu leur appartenir, de récuser péremptoirement M. Rubat; et de quelque manière que l'on entendît ces termes de sa lettre, *j'ai nommé M. Rubat,* il n'en pouvait résulter contre les héritiers Roquelaure, un obstacle à l'exercice d'une faculté accordée par la loi à tous les citoyens.

» Mais, ce qui devait déterminer la cour d'appel de Dijon à prononcer comme elle l'a fait, ce qui devait motiver, de sa part, le rejet de la récusation péremptoire proposée le 3 messidor an 12, par les héritiers Roquelaure, c'est que les héritiers Roquelaure étaient, le 3 messidor an 12, doublement non-recevables à récuser péremptoirement M. Rubat.

» Ils y étaient d'abord non-recevables, par cela seul qu'ils ne l'avaient pas récusé dans le terme fixé par l'art. 5 de la loi du 23 vendémiaire an 4, c'est-à-dire, *au moins trois jours francs avant celui indiqué pour le jugement.* En effet, ils ne l'avaient récusé, comme nous venons de le dire, que le 3 messidor', et le jugement avait été indiqué au 8 nivôse; car c'était le 8 nivôse que les plaidoiries avaient commencé, et il est certain que, dans le sens de la loi du 23 vendémiaire an 4, le jugement commence dès l'instant où les plaidoiries sont ouvertes. La cour l'a ainsi jugé par deux arrêts rendus à la section civile, le 1.er, le 11 germinal an 9, au rapport de M. Audier-Massillon et sur nos conclusions, en rejetant le recours des frères Bonnet contre un jugement du tribunal civil du département du Finistère; le second, le 4 nivôse an 12, au rapport de M. Coffinhal, en rejetant le recours du sieur Heymans, contre un jugement du tribunal d'appel de Paris. Ainsi, M. Rubat n'était plus récusable péremptoirement, nous ne dirons pas le 3 messidor, mais même le 8 nivôse; et c'était le 4 nivôse

qu'avait expiré à son égard le délai de la récusation péremptoire.

» Dira-t-on que le 4 nivôse, on ne pouvait pas prévoir que M. Rubat dût concourir au jugement, et prétendra-t-on inférer de là que ce n'est pas avant le 8 nivôse qu'il a dû être récusé, mais seulement avant le 7 messidor, jour où il a pris rang parmi les juges?

» L'objection disparaîtra bientôt, si l'on veut bien considérer que, dès le 4 nivôse, M. Rubat était, en sa qualité de juge de la cour de Dijon, éventuellement appelé au jugement du procès; que la loi le désignait dès-lors comme devant prendre part à ce jugement; soit dans le cas où les juges résidans à Dijon se trouveraient, par maladie ou par mort, réduits à un nombre inférieur à sept; soit dans le cas où il surviendrait un partage d'opinions; que par conséquent, dès-lors, chacune des parties a dû prévoir qu'elle aurait M. Rubat pour juge, et proposer contre lui sa récusation péremptoire. C'est ainsi que, dans les tribunaux de première instance et de commerce, le délai pour récuser les juges suppléans, court de la même époque que le délai pour récuser les juges titulaires; quoique jusqu'au jour où commencent les plaidoiries, il soit incertain s'il y aura lieu de remplacer un juge titulaire par un suppléant; quoique, jusqu'à ce jour, on ait lieu de croire qu'aucun juge titulaire ne viendra à mourir ou à s'absenter et ne tombera malade.

» A cette première fin de non-recevoir qui s'élevait contre la récusation proposée le 3 messidor an 12, par les héritiers Roquelaure, il faut en ajouter une seconde qui résultait de ce que, dès le 7 nivôse, veille de l'ouverture des plaidoiries, ils avaient consommé dans la personne de M. *Godinet,* le droit que leur attribuait la loi du 23 vendémiaire an 4, de récuser péremptoirement *un juge* quelconque de la cour d'appel de Dijon.

» Inutile de dire qu'ils n'avaient récusé péremptoirement M. Godinet que par une simple lettre, que M. Godinet n'était pas tenu de déférer à cette récusation; qu'il l'était d'autant moins, que le délai pour la récusation péremptoire, était alors expiré. Ce ne sont là que des subtilités et de vaines défaites. Quel est le but de la loi du 23 vendémiaire an 4? C'est de procurer à une partie l'avantage, la satisfaction de récuser sans motif l'un de ses juges. Or, cet avantage, cette satisfaction, les héritiers Roquelaure en ont joui envers M. Godinet. Ils ont donc profité de l'entier effet de la loi du 23 vendémiaire an 4, et certes, il ne leur sied pas, ils n'ont pas le droit de venir dire aujourd'hui qu'ils n'auraient pas dû en profiter. Ils ne peuvent donc pas aujourd'hui regarder comme non avenue la récusation péremptoire de M. Godinet, et par là se ménager le moyen d'en proposer une semblable contre M. Rubat,

» Pour rendre ceci plus sensible, supposons que M. Godinet se fût présenté, après l'arrêt du 11 floréal, pour vider le partage déclaré par cet arrêt; et qu'il eût soutenu en avoir le droit, sous le prétexte que sa récusation avait été irrégulière et tardive. Assurément les héritiers Rauquelaure l'auraient écarté, en lui disant : vous avez acquiescé à votre récusation, vous l'avez exécutée, vous n'êtes plus recevable à en critiquer la forme. Et en effet, il en est d'une récusation péremptoire ; comme d'un exploit d'assignation : qu'importe qu'un exploit d'assignation ait été donné dans une forme irrégulière ou à trop bref délai ? Du moment que la partie assignée y a obéi, du moment qu'elle en a couvert les irrégularités par son acquiescement, tout est dit, on ne peut plus le faire déclarer nul, et il produit les mêmes effets que s'il eût été originairement valable.

» Ainsi, quoique mal motivé, l'arrêt du 7 messidor est parfaitement conforme à la loi du 23 vendémiaire an 4; et c'est vainement que les héritiers Roquelaure en réclament la cassation.

» A l'égard de l'arrêt du 9 du même mois, il n'a fait, comme vous le savez, que rejeter les conclusions des héritiers Roquelaure à fin de sursis à toute discussion, jusqu'à ce que vous eussiez statué sur leur demande en cassation des arrêts des 11 floréal et 3 messidor; et il est difficile de deviner sur quoi les héritiers Roquelaure qui n'ont rien dit à cet égard dans leur mémoire ni à l'audience, ont pu baser l'espérance de le faire casser.

» De deux choses l'une en effet : ou l'arrêt du 9 messidor doit être considéré comme rendu en matière civile, ou il doit être considéré comme rendu en matière criminelle. Au premier cas, l'art. 16 de la loi du 1.er décembre 1790 est là pour dire qu'*en matière civile, la demande en cassation n'arrêtera pas l'exécution du jugement*. Au second cas, l'art. 294 du code du 3 brumaire an 4 défend, même à la partie publique, d'arrêter et de suspendre l'instruction et le jugement des procès, par des recours en cassation de jugemens incidentels. La cour d'appel de Dijon ne pouvait donc, sous aucun prétexte, ne pas rejeter le sursis demandé par les héritiers Roquelaure : son arrêt du 9 messidor est donc, à tous égards, inattaquable.

» Reste l'arrêt du 7 thermidor, qui, en vidant le partage, statue définitivement, et sur la procédure criminelle qu'il déclare valable et régulière, et sur le principal qu'il évoque, et par suite, sur l'état de la dame Sirey qu'il reconnaît fille légitime des sieur et dame de Houchin.

» Huit moyens de cassation vous sont proposés contre cet arrêt :—Contravention à l'ordonnance de Blois et à celle de 1667, en ce qu'au moyen d'une procédure criminelle, la dame Sirey a été admise à prouver par témoins un état dont elle n'avait pas de preuve littérale; —Contravention à la loi du 9 octobre 1789, en ce que l'arrêt n'a pas été précédé d'un rapport fait à l'audience; —Contravention aux règles de la compétence judiciaire, en ce que M. Rubat n'était, comme répartiteur, investi d'aucun pouvoir pour concourir au jugement des questions étrangères à celle qui avait, le 11 floréal, occasionné un partage; —Contravention à l'ordonnance de 1670, en ce que les juges se sont permis d'évoquer le principal, quoique la matière ne fût rien moins que *légère* ; — Contravention à la même loi, en ce qu'avant l'évocation du principal, il n'a pas été fait lecture des charges et informations; —Contravention à la même loi encore, en ce qu'en évoquant le principal, on a eu égard à des dépositions de témoins qui étaient nulles dans la forme; —Et encore contravention à la même loi, en ce qu'il a été prononcé sur un principal qui n'existait pas; —Enfin, contravention à l'autorité de la chose jugée, en ce que la dame Sirey avait été renvoyée à fins civiles par un jugement auquel elle avait acquiescé. —Reprenons successivement chacun de ces moyens.

» Le premier offre à votre examen deux questions absolument distinctes : l'une, si la dame Sirey a pu rendre plainte en suppression de son état, avant d'avoir fait juger par les tribunaux civils quel était l'état qui lui appartenait; l'autre, si elle a pu se servir de la preuve acquise par la voie criminelle, de la suppression de son état, pour faire juger que son état est celui de fille légitime des sieur et Dame de Houchin.

» La première question est décidée contre la dame Sirey par l'art. 327 du Code civil; mais le Code civil ne dispose que pour l'avenir, il ne peut pas faire la loi à une procédure commencée vingt ans avant sa promulgation, et nous ne devons, nous ne pouvons nous attacher ici qu'aux règles qui étaient en vigueur au moment où cette procédure a été entamée.

» Or, ces règles, quelles étaient-elles alors ? S'il en faut croire les héritiers Roquelaure, elles étaient les mêmes que nous retrouvons dans le Code civil; et alors comme aujourd'hui, la plainte en suppression d'état ne pouvait être reçue légitimement, qu'après que les juges civils avaient décidé quel était le véritable état du plaignant. Si, au contraire, nous écoutons la dame Sirey, l'art. 327 du Code civil a établi un droit tout-à-fait nouveau, et l'ancienne jurisprudence y était diamétralement opposée.

» Voyons laquelle de ces deux assertions mérite le plus de croyance; et pour nous en assurer d'autant mieux, examinons-les sous deux points de vue différens : d'abord, d'après les principes communs à tous les délits auxquels se rattachent des intérêts civils; ensuite, d'après les décisions particulières au délit de suppression d'état.

» En thèse générale, tout délit donne essentiellement lieu à une action criminelle; et il peut être poursuivi par cette voie, quoique de la preuve qu'il a été commis, il doive résulter un jugement qui prononce sur des intérêts purement civils. Nous ne répéterons pas tous les développemens dans lesquels nous sommes entrés sur ce point à votre audience du 20 fructidor an 12, dans la cause de Potter contre Merlin-Hall et Champagne (1). Nous rappellerons seulement à votre mémoire les exemples que nous avons tirés du crime de faux en écritures publiques ou privées; du crime de simulation de dettes commis par un débiteur en faillite au préjudice de ses véritables créanciers; du dol à l'aide duquel un particulier surprend une obligation à un homme qui ne lui doit rien, ou une quittance à un débiteur qu'il n'a point payé; de la soustraction qu'un débiteur fait à son créancier du titre de sa créance; enfin, de la suppression que fait un héritier du testament qui le prive en tout ou en partie de la succession à laquelle il était appelé par la loi. Dans tous ces cas, le juge criminel connaît directement du crime ou délit qui lui est dénoncé; et il n'est pas obligé d'attendre, pour instruire et juger, que les tribunaux civils aient déclaré faux, simulé, surpris par dol, soustrait ou supprimé le contrat, la quittance, le testament, le titre quelconque sur lequel s'est exercé le délit ou le crime, et qui en a été, en quelque sorte, le siége et la matière.

» Il y a cependant, comme nous l'observions à la même audience, des délits qui sortent, à cet égard, de la règle commune, et qui, dans certains cas, ne peuvent donner lieu à un jugement criminel, qu'après que les tribunaux civils ont pris connaissance de l'acte auquel ils se réfèrent. Ces délits sont ceux qui présupposent un fait ou une convention dont il n'a tenu qu'au plaignant de se procurer une preuve littérale, et qu'il ne peut, faute de cette précaution, être admis à prouver par témoins. Ainsi, la dissipation qu'un dépositaire est accusé d'avoir faite de la chose confiée à sa garde, est certainement un délit; et lorsqu'elle est prouvée, l'art. 12 de la loi du 25 frimaire an 8 veut qu'elle soit punie d'une année au moins, et de quatre années au plus d'emprisonnement. Mais comme, d'une part, elle présuppose nécessairement un dépôt; comme il ne peut pas y avoir eu de délit, si la chose prétendue dissipée n'a pas été déposée préalablement; comme, d'un autre côté, la loi ne permet pas de prouver par témoins le dépôt

volontaire dont l'objet excède une certaine somme, et que l'on ne peut pas acquérir, même par une voie détournée, la preuve testimoniale d'un fait dont on a été le maître, dans le temps où il s'est passé, de se procurer la preuve par écrit, il a été constamment jugé par les anciens tribunaux, et vous avez vous-mêmes consacré leur jurisprudence, que, dans le cas où le dépôt n'est ni avoué, ni prouvé au moins préparatoirement par écrit, le juge criminel ne peut pas instruire contre le prétendu dépositaire prévaricateur, ni le condamner comme tel.

» Voilà donc deux classes de délits bien distinctes, l'une générale, l'autre particulière. Dans la classe générale, sont les délits dont la poursuite appartient immédiatement au juge criminel, bien qu'ils aient eu pour matière des intérêts purement civils, bien que de leur preuve il doive résulter des jugemens sur les intérêts purement civils du délinquant, ou même de personnes tierces. Dans la classe particulière, sont les délits que le juge criminel peut bien poursuivre, mais qu'il ne peut juger qu'après que les faits qu'ils présupposent, ont été déclarés par le juge civil.

» Maintenant, quelle est celle de ces deux classes à laquelle appartient le crime de suppression d'état? Bien certainement il appartient à la première, si l'on ne prouve pas clairement qu'il doit être rangé dans la seconde: car, là où ne s'applique pas clairement l'exception, là subsiste dans toute son étendue, là reste dans toute sa force, la commande nécessairement la règle générale. Or, la suppression d'état présuppose sans doute un état qui a été supprimé; mais, d'une part, on ne peut pas faire à l'enfant qui se plaint de la suppression de son état, le même reproche que l'on fait avec tant de raison à celui qui se plaint de la violation d'un dépôt; on ne peut pas lui dire : *l'état dont vous prétendez que l'on vous a privé, il n'a tenu qu'à vous de, le, faire constater par écrit au moment de votre naissance.* Et quand on pourrait, avec fondement, lui tenir un langage aussi absurde, il serait au moins en droit de répondre que la plainte porte précisément sur le fait qui l'a privé de la preuve littérale de son état, fait qu'il n'a certes pas dépendu de lui de faire constater par écrit au moment où il s'est passé. Ainsi, sous ce premier rapport, point d'analogie entre la plainte en suppression d'état et la plainte en violation de dépôt. La plainte en suppression d'état doit, au contraire, sous ce premier rapport, être assimilée à la plainte en soustraction de titre de créance portée par le créancier contre son débiteur, à la plainte en lacération de testament portée par le légataire contre l'héritier *ab intestat.* Et par conséquent, sous ce premier rapport, la plainte en suppression d'état peut être reçue, peut être instruite, peut être jugée, sans qu'au préalable les tribunaux civils aient

---

(1) *V.* l'article *Suppression de titres.*

déclaré quel était l'état dont la suppression est articulée.

» D'un autre côté, pour établir qu'un état a été supprimé, il n'est pas nécessaire d'établir préalablement quel était cet état; et c'est une seconde différence qu'il y a entre la plainte en suppression d'état et la plainte en violation de dépôt. Le fait du dépôt qui forme la condition préalable et *sine quâ non* de la dissipation de la chose déposée, n'est pas un fait essentiel par soi; il peut n'avoir pas eu lieu, et c'est pour cela que la preuve littérale ou confessionnelle en est requise, avant que le juge criminel puisse condamner le prétendu violateur du dépôt. Mais tout homme naît essentiellement avec un état; tout homme, en naissant, appartient nécessairement à un père et à une mère. Si donc, par une manœuvre coupable, on a ôté à un enfant l'avantage de connaître les auteurs de ses jours, le fait seul de le lui avoir ôté, constitue un délit; et si ce délit existe réellement, il est réellement punissable, quoiqu'on ne puisse pas le rattacher à la connaissance positive du véritable état de cet enfant.

» Enfin, une troisième différence qui s'offre, au moins dans notre espèce, entre la plainte en violation de dépôt et la plainte en suppression d'état, c'est que le fait de la violation du dépôt ne peut être établi que par des preuves extérieures, que par des dépositions de témoins; au lieu que, dans notre espèce, le fait de la suppression d'état est authentiquement constaté par l'acte même qui a opéré cette suppression. Oui, Messieurs, c'est dans sa propre inscription sur les registres de naissance, que la dame Sirey trouve la preuve et irréfragable de la suppression de son état. — « L'an 1761 et le » 9 mai (c'est le curé de Villeroy qui parle), » a été baptisée une fille *dont les père et mère* » ME *sont inconnus*, sous le nom de Marie- » Thérèse-Louise-Jeanne-Charlotte. Le parrain » a été Jean-Louis Copeaux, soussigné; et la » marraine, Marie-Thérèse Ferdery, aussi » soussignée. » Il est impossible en effet de ne pas voir, à la lecture de cet acte, qu'il a été fabriqué tout exprès pour ôter à la dame Sirey jusqu'au plus faible moyen d'arriver à la connaissance de sa filiation.

» D'abord, le parrain et la marraine n'y font pas la déclaration que la loi exige d'eux, sur ce qu'ils peuvent et sont censés connaître de l'état de l'enfant qu'ils présentent à l'officier public; c'est l'officier lui-même qui, pour leur épargner un mensonge dont leur conscience est sans doute alarmée, prend sur lui de déclarer que le père et la mère de cet enfant lui sont inconnus. Et vainement cherche-t-on à insinuer que le pronom *me* n'a été intercalé dans l'acte qu'après coup et à l'instigation de la dame Sirey. Ce qu'il y a de certain, c'est que l'intercalation existe à la fois sur les deux registres; ce qu'il y a de certain,

c'est que, dès l'année 1761, sept mois après la naissance de la dame Sirey, l'un des deux registres a été déposé au greffe du bailliage de Sens; ce qu'il y a de certain, c'est qu'en 1785, d'après une commission rogatoire du lieutenant-criminel du châtelet, il a été constaté, par un procès-verbal du lieutenant-général du bailliage de Sens, dressé en présence et sur les réquisitions du procureur du roi, que les deux registres étaient parfaitement conformes l'un à l'autre; ce qu'il y a de certain, c'est que si le pronom *me* n'eût été intercalé dans l'acte de naissance qu'après le dépôt de l'un des deux registres au greffe du bailliage de Sens, il se serait trouvé, dans cette partie de l'un et de l'autre registre, des différences d'encre et d'écriture dont le procès-verbal n'aurait pas manqué de faire mention; ce qu'il y a de certain, en un mot, c'est que les deux registres prouvent, par leur extrême conformité, que le pronom *me* n'a été et n'a pu être inséré dans l'acte de naissance de la dame Sirey, que par le curé de Villeroy. Et dès-là, reste dans toute sa vérité, l'observation que fait naître dans tous les esprits cette étrange manière de rédiger un acte de naissance, l'observation que le parrain et la marraine, obligés par la loi de s'expliquer sur l'état de l'enfant, n'en ont rien dit; et que le curé, obligé par la loi de se taire à cet égard, est cependant le seul qui ait parlé.

» Ensuite, le parrain et la marraine gardent le silence sur leur domicile, circonstance dont cependant l'usage général, d'accord avec la raison, voulait que l'acte contînt une mention expresse; et pourquoi le dissimulent-ils? Indubitablement, c'est pour faire perdre leurs traces à l'enfant qui vient de naître, c'est pour empêcher qu'un jour cet enfant ne découvre qu'ils sont domestiques de la dame de Houchin.

» Enfin, la marraine qui est mariée, porte la précaution jusqu'à ne prendre que son nom de fille; elle cache avec soin le nom de Favin, son époux, que la dame de Houchin emploie également à son service intérieur.

» On ne saurait donc en douter, l'acte de naissance de la dame Sirey prouve par soi la suppression de son état; et dès-lors, nulle raison pour appliquer ici la règle du droit commun qui, par exception aux principes généralement reçus en matière de délits, suspend en certains cas l'exercice de la juridiction criminelle relativement aux crimes dont l'existence ne peut être constatée que par la preuve préalable d'un fait ou d'une convention que la loi défend de prouver par témoins, quand on a été le maître de le prouver par titre.

» Mais si cette règle de droit commun est par elle-même inapplicable à la dame Sirey, n'y a-t-il pas des lois particulières qui lui en commandent l'application? Tel est le second point de vue sous lequel nous avons promis d'examiner la question qui nous occupe en ce moment; et à cet égard, un seul mot pourrait nous suffire : c'est que les demandeurs ne citent aucune loi qui, avant la promulgation du Code civil, ait disposé conformément à l'art. 327 de ce Code; car de ce que l'art. 181 de l'ordonnance de Blois et l'art. 7 du tit. 20 de l'ordonnance de 1667 étaient généralement interprétés comme défendant d'une manière implicite, la preuve testimoniale de la filiation; de ce que, sur le fondement de ces lois, la cour a, par un arrêt rendu à la section civile, le 21 ventôse an 7, cassé un jugement du tribunal civil de Seine et Oise, qui avait admis la nommée Sophie à prouver par témoins qu'elle était fille de la dame....., il ne s'ensuit assurément pas qu'il soit défendu de poursuivre directement par la voie criminelle, et de prouver par témoins, le délit de suppression d'état qui a privé un enfant du titre légal de sa filiation; comme de ce que l'art. 2 du titre cité de l'ordonnance de 1667 interdit la preuve testimoniale de toute convention dont l'objet excède 100 livres; il ne s'ensuit pas qu'il soit défendu à un créancier de poursuivre directement par la voie criminelle, et de prouver par témoins, le vol que son débiteur lui a fait de l'acte constatant sa créance; comme de ce que l'art. 1 de l'ordonnance de 1735 prohibe la preuve testimoniale de toute disposition testamentaire, il ne s'ensuit pas qu'il soit défendu à un héritier institué ou à un légataire, de poursuivre directement par la voie criminelle, et de prouver par témoins, la lacération que l'héritier *ab intestat* a faite du testament du défunt. Et puisqu'on a fait à un Traité de la *légitimité*, publié en 1785 (1), l'honneur de vous en citer un passage dans lequel il est établi que la preuve par témoins de la filiation n'est le plus communément admissible qu'à l'aide d'un commencement de preuve par écrit, il est assez étrange qu'on ne vous en ait pas également cité les deux avant-derniers *alinéa*, qui sont ainsi conçus : « Il y » a dans le *Journal des audiences*, un arrêt du » 12 janvier 1686, qui juge, sur les conclusions » de M. l'avocat-général Talon, qu'un lieute-» nant criminel n'avait pu, en prenant connais-» sance des excès et des mauvais traitemens » commis dans la personne d'un mari et d'une » femme par un étranger qui se prétendait leur » fils, admettre l'accusé à la preuve de sa pré-» tendue filiation. ... Rousseaud de Lacombe »conclut de là que les lieutenans criminels sont » absolument incompétens pour connaître des » questions d'état. C'est une erreur; ils peuvent » en prendre connaissance toutes les fois qu'elles » sont proposées principalement, et qu'il résulte » des circonstances dans lesquelles elles se pré-

» sentent, un crime susceptible d'une instruc-» tion à l'extraordinaire. C'est ce que prouve » nettement l'art. 8 du tit. 14 de l'ordonnance de » 1670...; l'usage vient à l'appui de ce texte... ».

» Répétons-le donc avec la plus ferme assurance, il n'existe aucune loi antérieure au Code civil, dans laquelle se retrouve, soit en termes exprès, soit en termes équipollens, la disposition de l'art. 327 de ce Code, et d'après cela, il importerait bien peu que la cour d'appel de Dijon eût jugé contre la doctrine des auteurs qui avaient écrit, contre la jurisprudence des arrêts qui avaient été rendus, avant la promulgation du Code civil : dès qu'elle n'a jugé contre aucune loi, son arrêt est, par cela seul, à l'abri de toute atteinte.

» Mais nous devons aller plus loin : en faisant le procès à l'arrêt de la cour d'appel de Dijon, les demandeurs le font implicitement et même *à fortiori* à vos propres arrêts, c'est-à-dire, à la cassation que vous avez prononcée les 19 messidor an 6 et 29 prairial an 7, de l'arrêt du parlement de Paris, du 6 avril 1789; et le ministère que nous avons l'honneur de remplir auprès de la cour suprême, nous impose le devoir de prouver qu'en cassant ce dernier arrêt, non-seulement elle ne s'est pas permis un acte arbitraire, mais même elle n'a jugé que ce que loi prescrivait rigoureusement la loi dont elle n'a été, dans cette occasion, dans toutes, que le calme et froid interprète, que l'impassible organe.

» Qu'avait fait le parlement de Paris, par son arrêt du 6 avril 1789, en déclarant nulle la procédure criminelle instruite sur la plainte de la dame Sirey? Il avait jugé qu'à l'époque où cette plainte avait été rendue, il existait une loi qui, semblable à ce qu'a depuis réglé le Code civil, défendait toute action criminelle en suppression d'état, jusqu'à ce que la question d'état fût jugée par les tribunaux civils. Or, cette loi existait-elle en effet? Non. Le parlement de Paris avait donc excédé les pouvoirs qui lui étaient délégués par le législateur; il avait donc usurpé les fonctions du législateur même; et à ce seul titre, son arrêt ne pouvait pas échapper à la cassation.

» Mais il avait fait plus encore. Il avait formellement violé l'art. 8 du tit. 14 de l'ordonnance de 1670, puisque cet article range parmi les cas où un conseil peut être donné à l'accusé après la confrontation, *la supposition de part, et autres crimes où il s'agit de l'état des personnes*; puisque, par là, il reconnaît et déclare en termes bien précis, que la suppression d'état peut être poursuivie criminellement; puisqu'enfin, il ne limite cette disposition générale par aucune réserve, par aucune exception, et qu'il n'appartient pas aux juges de distinguer, quand la loi n'a pas cru devoir le faire.

(1) *V.* le *Répertoire de jurisprudence*, article *Légitimité*.

» Mais le parlement de Paris n'était-il pas autorisé par la *raison écrite*, c'est-à-dire, par les lois romaines, à juger comme il l'a fait? Né l'était-il pas surtout par une jurisprudence ancienne, uniforme, et par la même investie du caractère sacré de loi, *rerum perpetuò similiter judicatarum autoritas vim legis obtinet* (loi 38, D. *de legibus*)?

» Pour prouver que tel était le vœu des lois romaines, les demandeurs ont invoqué, devant la cour d'appel de Dijon, deux textes différens : le §. 13 du titre *de actionibus* aux Institutes, et la loi première, C. *de ordine cognitionum*. Par le premier, Justinien dit que les actions dont l'objet est de savoir si un tel est libre ou esclave, ingénu ou affranchi, si un tel est ou non père de tel enfant, sont qualifiées de *préjudicielles ;* et qu'à ce titre, elles sont plutôt réelles que personnelles *; præjudiciales in rem esse videntur, quales sunt per quas quæritur an aliquis liber an libertus sit vel servus, vel de partu agnoscendo.* Par le second, que les demandeurs ont encore reproduit à votre audience, l'empereur Alexandre déclare au nommé *Vitalius*, réclamé comme esclave par un citoyen romain, et qui prétendait être libre, qu'avant de pouvoir être admis à intenter contre son soi-disant maître, une action criminelle, il doit faire juger si en effet il est libre ou esclave, parce que, dans ce dernier cas, il serait mort civilement, et par conséquent incapable de toute action judiciaire : *Cùm et ipse confessus es, status controversiam te pati; quâ ratione postulas priusquàm de conditione constaret tuâ : accusandi tibi tribui postestatem contrà eum qui te servum esse contendit? Cùm igitur, sicut allegas, statu tui generis fretus es, juxtâ jus ordinarium, præsidem pete, qui, cognitâ priùs liberali causâ, ex eventu judicii quid de crimine statuere debeat non dubitabit.*

» Mais les demandeurs n'ont-ils pas abusé des dispositions de ces deux textes, quand ils en ont tiré la conséquence que la question d'état était *préjudicielle* même à la plainte en suppression d'état? Sans doute elle est préjudicielle à toute action qui dépend essentiellement du sort de la question d'état elle-même. Ainsi, l'enfant dont la filiation est contestée, ne pourra demander sa part dans la succession de son prétendu père, qu'après avoir fait juger qu'il en est effectivement le fils. Ainsi, la femme dont le mariage est méconnu, ne pourra réclamer sa part dans la communauté qu'elle soutient avoir existé entre elle et son époux prétendu, qu'après avoir fait juger qu'elle a été effectivement mariée avec lui. Mais vouloir inférer de là que l'enfant dont les preuves de filiation ont été détruites, que la femme dont l'acte de mariage a été frauduleusement détourné, ne pourront pas accuser les auteurs de la suppression de leur état, sans avoir fait juger préalablement, l'un sa filiation, l'autre son mariage, c'est, il faut le dire sans hésiter,

c'est prêter aux lois romaines un sens absurde; c'est leur supposer l'intention d'insulter amèrement aux victimes des manœuvres les plus criminelles, en les déclarant, faute de représenter des titres qu'on leur a ravis, non-recevables à en alléguer, à en prouver, à en poursuivre la soustraction.

» Et non-seulement ces lois n'ont pas consacré une pareille maxime, mais elles l'ont expressément condamnée : la loi 7, C. *de lege Corneliâ de falsis*, nous en offre la preuve la plus évidente. Un testateur avait légué la liberté à son esclave; mais l'héritier avait fait disparaître le testament, et par conséquent détruit le titre de l'affranchissement de ce malheureux. Question de savoir si l'esclave pouvait rendre plainte en suppression de ce titre? On lui opposait le principe général, que les esclaves sont, par le droit civil comme par le droit du préteur, considérés comme non existans; et que, dès-là, il ne pouvait agir contre son maître, tant qu'il n'aurait pas obtenu un jugement qui le déclarât libre. La question fut soumise au sage Marc-Aurèle ; et quelle fut la réponse de ce législateur philosophe? *Nullo modo servi cùm dominis suis consistere possunt, cùm nequidem omninò jure civili neque jure prætorio computantur; præterquàm quòd favorabiliter divi Marcus et Commodus rescripserunt, cùm servus quereretur quòd tabulæ testamenti quibus ei data erat libertas supprimerentur,* ADMITTENDUM AD SUPPRESSI TESTAMENTI ACCUSATIONEM.

» Et qu'on ne dise pas que, dans cette espèce, l'esclave rapportait un commencement de preuve par écrit de la suppression du testament de son maître; qu'on ne dise pas qu'on doit le supposer ainsi, pour concilier cette loi avec les autres textes du droit romain, qui décident généralement qu'en matière d'état, la preuve testimoniale est insuffisante, quand elle est isolée. Non-seulement il n'y a pas un mot dans cette loi qui puisse justifier une pareille supposition, mais le contraire est écrit en caractères lumineux dans une autre loi qui propose la même espèce et la résout dans le même sens. Il est permis aux esclaves, dit la loi 53, D. *de judiciis*, d'accuser leurs maîtres de la suppression d'un testament, et il suffit pour cela qu'ils articulent cette suppression, il suffit pour cela qu'ils assurent que, par ce testament, la liberté leur avait été léguée : *adversùs dominos servis consistere permissum est....., si suppressas testamenti tabulas* DICANT, *in quibus libertatem sibi relictam* ADSEVERANT.

» Mais, disent les demandeurs, dans cette espèce, l'esclave accusait l'héritier de son maître, d'avoir détruit un titre qu'il soutenait avoir existé; et ici nous ne voyons rien de semblable : la dame Sirey a-t-elle accusé personne d'avoir détruit son acte de naissance.

» Est-ce bien sérieusement que l'on a hasardé

cette objection? N'est-ce donc que, par la destruction matérielle d'un acte de naissance, que l'on peut supprimer l'état d'un enfant? Ne le supprime-t-on pas tout aussi efficacement, lorsqu'en connaissance de cause, on le fait inscrire sous des noms qui ne sont pas les siens, lorsqu'on le fait inscrire dans des termes choisis tout exprès pour couvrir sa filiation des plus épaisses ténèbres, lorsqu'on le fait inscrire de manière à faire de l'acte qui devait lui assurer son rang dans sa famille, un titre qui doit l'en exclure aussi long-temps qu'il subsistera? Non, non, Messieurs, ce n'est point par de telles arguties, que l'on parviendra à écarter des textes aussi formels, aussi décisifs, que le sont les lois 7, C. de lege Corneliâ de falsis et 53, D. de judiciis. Ces lois seront pour vous des témoins irrécusables de l'esprit de la législation romaine sur les plaintes en suppression d'état; elles seront pour vous la preuve démonstrative que la législation romaine était loin d'adopter le système embrassé par le parlement de Paris, dans la cause de la dame Sirey. Mais ce n'est pas tout, et vous allez voir que ce système n'est pas moins opposé à l'ancienne jurisprudence du même tribunal.

» Avant l'arrêt du 6 avril 1789, le parlement de Paris en avait rendu, sur cette matière, un très-grand nombre : les plus connus sont ceux des 4 décembre 1638, 26 février 1646, 19 janvier 1658, 12 janvier 1686, 15 août 1694, 16 février 1695, 18 et 21 février, 19 juin 1724 et 19 juillet 1786.

» L'espèce du premier nous est retracée dans le septième plaidoyer de Lemaître, défenseur de l'une des parties entre lesquelles il a été rendu. Marie Cognot avait rendu plainte devant le bailli de Saint-Germain-des-Prés, en suppression de son état de fille légitime de Joachim Cognot et de Marie Nassier. De là s'étaient ensuivis une information, un décret, des interrogatoires, et une sentence définitive qui avait enjoint à Marie Nassier, veuve Cognot, de reconnaître Marie Cognot pour sa fille, et l'avait condamnée à une amende de 80 livres, pour réparation du délit qu'elle avait commis par l'exposition et désaveu de sa personne. Marie Nassier était appelante de la permission d'informer, de l'information, du décret et de la sentence définitive; et pour justifier son appel, elle disait qu'à la vérité, la prétendue Marie Cognot représentait un acte de naissance dans lequel une fille de ce nom était dite issue du mariage de Joachim Cognot et de Marie Nassier, son épouse; mais que cet acte lui était étranger, qu'il concernait une fille véritable des sieur et dame Cognot, morte en bas âge; et que c'était de sa part une véritable usurpation, que de vouloir se l'approprier. Dans le fait, il était prouvé que Marie Cognot n'avait jamais été en

possession de l'état de fille de Joachim Cognot; qu'elle avait été long-temps servante, d'abord chez des étrangers, ensuite chez son prétendu père; qu'elle y portait le nom de Marie Croissant; que c'était sous ce nom qu'elle avait été gratifiée par Joachim Cognot d'un legs de 600 liv. en compensation de ses gages; que c'était sous ce nom qu'elle avait obtenu la délivrance de ce legs; que c'était sous ce nom qu'elle s'était mariée : et d'après toutes ces circonstances, on la traitait hautement de misérable qui avait l'effronterie de violer l'honneur d'une famille, de changer l'ordre de la nature, en supposant une fausse naissance. Il y avait donc bien dans cette espèce, une question d'état cumulée avec la procédure criminelle. Cependant, qu'a fait le parlement de Paris? a-t-il annullé la procédure criminelle comme prématurée? a-t-il jugé qu'avant de prendre la voie criminelle, Marie Cognot avait dû faire décider la question de son état par la voie civile? Point du tout : par un premier arrêt du 29 mai 1634, il a ordonné qu'à la requête de Marie, dite Cognot, les héritiers collatéraux de défunt Cognot seraient assignés pour prendre communication du procès, et répondre aux demandes, fins et conclusions de ladite Marie, dite Cognot. Et le 4 décembre 1638, faisant droit sur le tout, il a mis l'appellation et ce dont avait été appelé au néant; émendant, a déclaré Marie Cognot, fille légitime de défunt Joachim Cognot et de ladite Nassier; a enjoint à ladite Nassier de la reconnaître pour telle et la traiter filialement; a enjoint à ladite Marie Cognot de lui rendre honneur et obéissance; a maintenu ladite Marie Cognot tant à l'encontre de ladite Nassier que les héritiers collatéraux, en la possession et jouissance de tous les biens meubles et immeubles délaissés par ledit défunt Cognot, etc.

» Le second arrêt, qui est rapporté par Soefve, cent. 1, ch. 87, a reçu le gendre et la fille de la dame de Rohan, opposans à un précédent arrêt qui avait permis à cette dame d'informer de l'enlèvement et de la soustraction d'un autre enfant prétendu né de son mariage avec le duc de Rohan. Mais, pourquoi a-t-il rétracté cet arrêt, et pourquoi, en le rétractant, a-t-il jugé qu'il n'y avait pas lieu d'informer de cette prétendue suppression d'état? par la seule raison que les circonstances du fait et le silence de la dame de Rohan elle-même sur l'opposition formée à l'arrêt qu'elle avait obtenu sur sa plainte, annonçaient visiblement que cette prétendue suppression d'état était une chimère. Cet arrêt n'a donc ni décidé ni même préjugé notre question.

» Le troisième arrêt nous est retracé dans l'ordre de sa date, par le journal des audiences. Le nommé Lacroix avait pris dans un acte public la qualité du fils de M. Laporte, maître des requêtes; celui-ci en avait rendu plainte comme d'un délit de supposition d'état; Lacroix avait été en conséquence décrété de prise de corps, et il avait interjeté appel de son décret, ainsi que de la permission d'informer et de l'information. Son principal moyen consistait à dire que *l'affaire n'était pas toute criminelle, que c'était une cause mêlée d'une question d'état qu'il était préalable de juger.* Néanmoins, l'arrêt qui intervint à la tournelle, jugea la procédure valable; et évoquant le principal, condamna Lacroix à faire une réparation solennelle à M. Laporte, avec défenses de prendre à l'avenir la qualité de son fils.

» Le quatrième arrêt, celui du 12 janvier 1686, a été rendu dans des circonstances tout-à-fait particulières. Joblot, décrété d'ajournement personnel par un juge seigneurial, pour excès et mauvais traitemens commis envers la femme Marsault, en avait appelé à la chambre criminelle du bailliage de Chaumont; là, par une requête du 9 juillet 1685, il avait articulé, pour fait justificatif, qu'il était fils des sieur et dame Marsault; et il avait demandé (nous copions les propres termes d'un des plaidoyers des parties, inséré en entier dans le Journal des audiences), il avait demandé *des défenses d'exécuter le décret, jusqu'à ce que la question d'état fût réglée; à l'effet de quoi, les parties seraient renvoyées pardevant le juge de la naissance ou celui qui en devait connaître.* Les choses en cet état, la chambre criminelle du bailliage de Chaumont ne pouvait certainement pas connaître de la prétendue filiation articulée par Joblot, puisqu'il ne l'en reconnaissait pas lui-même pour juge, puisqu'il ne la saisissait pas de la question de son état, puisqu'il demandait le renvoi de cette question devant un autre tribunal. Cependant, par sentence du 2 août 1685, la chambre criminelle du bailliage de Chaumont, sans avoir vu les charges, avait accordé les défenses provisoires demandées par Joblot, et avait admis celui-ci à la preuve du fait justificatif, qui résultait, suivant lui, de sa qualité de fils des sieur et dame Marsault. On ne pouvait assurément rien de plus monstrueux que ce jugement. D'une part, il violait les dispositions de l'ordonnance de 1670, qui défendaient aux juges d'appel de donner aucune défense provisoire contre les décrets, et d'admettre les accusés à la preuve d'aucun fait justificatif, sans avoir préalablement vu les charges et informations. D'un autre côté, le bailliage de Chaumont avait implicitement jugé que, si Joblot était fils de la dame Marsault, il avait pu la maltraiter impunément; et certes, il était impossible d'outrager avec plus d'audace tout ce qu'il y a de plus saint dans la nature, tout ce qu'il y a de plus sacré dans les lois. Aussi la femme Marsault s'empressa-t-elle d'appeler de cette sentence. Pendant que, sur cet appel, on plaidait à la tournelle

du parlement de Paris, Joblot avait rendu plainte en suppression de son état devant le prévôt de Bar-sur-Aube. Celui-ci avait permis d'informer; et la femme Marsault avait appelé incidemment de la plainte, de la permission d'informer et de l'information. M. l'avocat-général Talon observa qu'il y avait *dans le procédé du lieutenant criminel beaucoup d'affectation et de précipitation; que la question d'état étant une question purement civile, elle ne pouvait être de sa compétence; que, si l'intimé avait quelques titres colorés de sa qualité, il devait, dans les règles, ordonner qu'avant faire droit sur l'appel de l'ajournement personnel décerné contre lui, les parties se pourvoiraient pour la question d'état, devant les juges qui en devaient connaître, pour ce fait et rapporté, être ordonné ce que de raison; qu'à l'égard de la permission d'informer accordée par le prévôt de Bar-sur-Aube, elle était nulle, parce que ce juge était entièrement incompétent; qu'au fond, Joblot était un imposteur; que cela résultait de toutes les circonstances du procès et de sa conduite; et qu'il y en avait une preuve physique et inexpugnable dans le fait certifié par des gens de l'art, que la femme Marsault n'avait jamais eu d'enfant.* Par l'arrêt cité, la sentence interlocutoire de la chambre criminelle du bailliage de Chaumont et la procédure du prévôt de Bar-sur-Aube furent déclarées nulles, le principal évoqué, et défense à Joblot de se dire fils de la femme Marsault. —Vous voyez, Messieurs, que dans cette affaire, le ministère public avait insinué transitoirement que la question d'état était préjudicielle au jugement de l'appel du décret d'ajournement personnel; et il faut convenir que, dans cette espèce particulière, on aurait pu le juger ainsi d'après les conclusions que Joblot lui-même avait prises dans sa requête d'appel; mais vous voyez aussi que le parlement ne s'est point attaché à cette observation, et qu'il a au contraire prononcé, par un seul et même arrêt, sur la question d'état et sur deux procédures criminelles. Cette décision n'est donc pas, à beaucoup près, favorable au système des héritiers Roquelaure; elle le condamne même implicitement.

» Les deux arrêts suivans sont plus positifs. Le 20 janvier 1686, Alexandre Delastre, demeurant à Amiens, épouse Marie-Marguerite Courtois. Le 23 février 1689, une sage-femme apporte à la paroisse des deux époux, un enfant âgé de trois ans; elle déclare le jour de sa naissance, et le fait baptiser sous le nom d'Alexandre Delastre. Le mari demeure deux ans dans la paix et le silence. En 1691, la femme se pourvoit en séparation de biens; le mari se défend; le juge d'Amiens les appointe à faire preuve. Au milieu de l'instruction, en 1693, le mari présente au lieutenant criminel de la même ville, une plainte par laquelle il expose qu'il y a plus de sept ans qu'il est marié; que, depuis, il n'a jamais eu d'enfant; que cependant il vient d'apprendre qu'on a voulu lui en supposer un; qu'il a trouvé sur les registres de sa paroisse, un acte par lequel il paraît qu'un enfant a été baptisé sous son nom; qu'on y fait naître cet enfant trois mois après son mariage; qu'on y donne Alexandre Delamarre pour parrain, et Marguerite Verret pour marraine; qu'on y déclare que le père était absent; et attendu que toutes ces énonciations fausses et calomnieuses portent le caractère de suppression d'état, il demande permission d'en informer. Il obtient cette permission et l'on informe. Sa femme en appelle au parlement de Paris, et demande à prouver 1.º qu'elle est accouchée d'un fils trois mois après son mariage; 2.º qu'elle l'a mis au monde dans la maison de son mari, en sa présence, sous ses yeux; 3.º que c'est lui qui a été chercher l'eau pour baptiser l'enfant; qu'il a témoigné par ses soins paternels, qu'il en était le père; et qu'enfin, malgré les précautions qu'il a prises pour cacher la naissance de son fils, la vérité a vaincu tous les obstacles, et toute la ville a su en même temps la réalité de l'accouchement et l'existence certaine d'un enfant. Le mari, au contraire, soutient les mêmes faits qu'il avait articulés par sa plainte. Dans cet état, arrêt intervient à la tournelle, le 13 août 1694, qui, pour assurer la vérité des faits allégués de part et d'autre, ordonne qu'il en sera informé par le lieutenant criminel d'Amiens. Et les informations faites, arrêt définitif, le 16 juillet 1695, qui, conformément aux conclusions de M. d'Aguesseau, met l'appellation et ce dont est appel au néant; émendant, évoquant le principal et y faisant droit, ordonne à Alexandre Delastre de reconnaître l'enfant dont il s'agit, pour son fils et légitime héritier. Voilà donc deux arrêts qui décident, avec autant de précision que de solennité, que la question d'état n'est point préjudicielle à la plainte en suppression d'état, et qu'il peut au contraire être statué sur l'une et l'autre par un seul jugement.

» A la vérité, dans cette espèce, comme dans la cause de Marie Cognot, jugée en 1638, on produisait des actes de naissance pour prouver la filiation contestée; et il ne s'agissait plus que de savoir, dans l'une, si l'acte de naissance représenté s'adaptait à Marie Cognot; dans l'autre, quel pouvait être l'effet d'un acte de naissance rédigé trois ans après l'accouchement de la mère et en l'absence du père prétendu. Aussi ne rapportons-nous pas ces arrêts comme ayant jugé qu'une procédure criminelle peut être intentée pour supposition ou suppression d'état, sans preuve ou commencement de preuve par écrit; mais seulement comme ayant jugé que, pour supposition ou suppression d'état, on peut se pourvoir au criminel, sans avoir préalablement fait décider la question d'état par les tribu-

naux civils. Du reste, voici une autre espèce, beaucoup plus célèbre, dans laquelle l'une et l'autre question ont été agitées solennellement.

» Le 30 juin 1723, une demoiselle âgée de vingt-six ans, connue jusqu'alors sous le nom de *Saint-Cyr*, rend plainte en suppression de son état de fille légitime du duc et de la duchesse de Choiseul. Cette plainte est suivie d'une information, sur le vu de laquelle le lieutenant criminel du châtelet de Paris renvoie à l'audience, sans décréter personne. Le 20 décembre suivant, la demoiselle de Saint-Cyr, désignant le duc de la Vallière comme le principal auteur de la suppression de son état, demande la permission de le faire assigner à l'audience du lieutenant criminel, pour être statué contradictoirement avec lui sur les résultats de l'information. Le lieutenant criminel ordonne qu'attendu la dignité de pair de France dont est décoré le duc de la Vallière, la demoiselle de Saint-Cyr se pourvoira ainsi qu'elle jugera à propos. En conséquence, l'affaire est portée au parlement, les chambres assemblées et les pairs présens. Le 18 février 1724, arrêt, sur les conclusions de M. l'avocat-général Gilbert, qui ordonne l'apport de la procédure criminelle. Le 21 du même mois, second arrêt qui, d'après le compte rendu par M. Gilbert, des charges et informations, permet à la demoiselle Saint-Cyr de faire assigner le duc de la Vallière aux fins de l'ordonnance du lieutenant criminel portant renvoi à l'audience.

» Prononcer ainsi dans une cause de cette nature, c'était assurément ne laisser aucun doute sur le principe, que l'on peut, en thèse générale, poursuivre la suppression d'état par la voie criminelle, sans avoir fait préalablement juger la question d'état par la voie civile; car il eût été bien inutile d'entendre le duc de la Vallière sur les résultats de l'information, si l'on eût pensé que l'information était nulle.

» Cependant le duc de la Vallière a soutenu qu'elle était nulle en effet; et il s'est fondé, *en droit*, sur les dispositions de l'ordonnance de 1667, relatives à la manière de constater la filiation; *en fait*, sur le défaut de preuves même testimoniales de la suppression d'état alléguée par la demoiselle Saint-Cyr.

» M. l'avocat-général Gilbert a discuté successivement ces deux moyens de défense. Sur le premier, il a commencé par établir qu'il était dans l'esprit de l'ordonnance de 1667, de n'admettre la preuve testimoniale de l'état des enfans, que lorsqu'elle était aidée, ou par un commencement de preuve par écrit, ou par de fortes présomptions résultantes de faits constans. Mais, a-t-il ajouté, « l'ordonnance de 1667, » dont nous avons jusqu'ici considéré les dispo- » sitions, ne regarde que les matières civiles, » et ne règle point les matières criminelles. Ce » qui porte le caractère de crime, est sujet à

» d'autres maximes, à d'autres lois. De là naît
» une nouvelle limitation des dispositions de
» l'ordonnance civile, sur ce qui regarde l'état
» des personnes. L'état des personnes est un
» objet civil en soi-même; mais il donne lieu de
» commettre de grands crimes. Non-seulement
» on peut se l'attribuer par erreur, mais on
» peut entreprendre aussi de l'usurper par une
» imposture criminelle. On peut le contester de
» bonne foi; mais on peut aussi être coupable,
» en le supprimant de dessein formé. D'un côté,
» la suppression de l'état d'autrui, lorsqu'elle
» est accompagnée de préméditation et de noir-
» ceur, et de l'autre côté, l'usurpation d'un
» état faux et supposé, ont toujours été mis au
» rang des crimes que la justice poursuit avec
» le plus de rigueur. Ainsi, nous ne balançons
» pas à dire que, toutes les fois qu'il s'agit de
» poursuivre sérieusement un imposteur qui se
» donne pour ce qu'il sait qu'il n'est pas, ou un
» plagiaire qui machine de supprimer l'état
» d'autrui, la disposition des ordonnances ci-
» viles ne fait point d'obstacle; on n'est plus
» astreint au genre de preuves qu'elles exigent;
» il s'agit alors de prouver un crime punissable
» et odieux; et en matière de crimes, la justice
» ne rejette aucune sorte de preuves : c'est
» même sur la preuve par témoins qu'elle se
» fonde le plus ordinairement. On a prétendu
» que, dans les accusations impliquées avec une
» question d'état, il fallait d'abord traiter la
» question d'état par la voie civile, et que ce
» n'était qu'après son événement qu'on pouvait
» passer à la poursuite criminelle. Il serait
» d'une trop funeste conséquence d'interdire
» toute accusation d'imposture ou de suppres-
» sion d'état, jusqu'à ce que l'état fût constaté
» par la voie civile. L'imposteur muni des titres
» de l'état qu'il s'attribue, serait en pleine
» sûreté, dès qu'il ne pourrait être convaincu
» que par des témoins qu'on ne pourrait faire
» entendre. Celui qui aurait entrepris de sup-
» primer l'état d'autrui, serait d'autant plus
» invulnérable, qu'il aurait pris plus de soin
» d'en dérober toutes les preuves écrites, et
» trouverait la source de l'impunité dans la con-
» sommation complète de son crime : cet excès
» n'est pas proposable; il faut éviter seulement
» un contraire excès. Rejeter indistinctement
» toutes les accusations de cette nature, tant
» que l'état n'est pas prouvé civilement; c'est
» favoriser le coupable, c'est procurer l'impu-
» nité du crime, c'est choquer ouvertement les
» premiers principes des matières criminelles.
» Mais autoriser toutes ces accusations sans dis-
» cernement et sans choix, n'est-ce point ouvrir
» la porte à un artifice dangereux, qui peut,
» sous l'apparence d'une accusation frivole,
» ne tendre en effet qu'à se procurer une
» preuve testimoniale de l'état, toujours diffi-
» cile à faire admettre par la voie civile? Cet

» artifice est fréquent dans l'usage; mais il n'a
» pas échappé à la pénétration de la justice, et
» il y a long-temps que sa prudence a trouvé le
» moyen de le réprimer. En toute matière cri-
» minelle, il faut premièrement un titre d'ac-
» cusation qualifié, et ensuite une procédure
» qui tende sérieusement à en acquérir la
» preuve. Toutes les fois qu'une plainte rendue
» en justice, présente, dans son exposé, les ca-
» ractères d'un crime qui mérite d'être pour-
» suivi, il est difficile que la justice refuse à
» l'accusateur la permission d'en informer; l'in-
» formation est une voie de droit en matière de
» crime; mais en accordant cette permission,
» la justice suppose que l'accusateur l'exécutera
» à la lettre, c'est-à-dire, qu'il s'attachera à
» instruire et à prouver ce qui fait le véritable
» titre d'accusation. Lorsque le titre d'accusa-
» tion a quelque rapport au civil, l'implication
» du civil et du criminel n'empêche pas ordi-
» nairement la justice de permettre d'abord
» d'informer; mais comme son intention n'e t
» pas d'autoriser un détour qui élude la dispo-
» sition des lois sur les matières civiles, elle est
» attentive d'avance à ce qui résultera de l'in-
» formation; et si elle reconnaît que, dans cette
» information, on ne s'est attaché qu'à faire la
» preuve du civil, et qu'on a négligé le crimi-
» nel, elle regarde le titre d'accusation comme
» une couleur employée pour la surprendre;
» elle désavoue aisément tout ce qu'elle a fait,
» et se porte à le réformer, à le détruire. Pour
» fonder une procédure criminelle, il faut un
» titre sérieux d'accusation, et l'état ne passe
» pour tel, qu'autant que les premières char-
» ges, les premières informations y répondent
» sérieusement. Ce principe est un remède effi-
» cace aux inconvéniens qu'on pourrait crain-
» dre, dans le cas où l'accusation a quelque
» rapport au civil, et surtout à ce qui regarde
» l'état des personnes ».

» Après avoir ainsi réfuté le premier moyen,
le moyen de droit du duc de la Vallière, M. l'avocat-général Gilbert a discuté le moyen de fait : ce qui offrait à son examen la question de savoir si la plaignante avait réellement prouvé ce qui formait le titre d'son accusation, s'il résultait directement de l'information que son état eût été supprimé; ou si, par l'information, elle avait seulement cherché à établir quel était son véritable état; et voici comment il s'est expliqué. « Sur la suppression d'état, nous ne trouvons dans l'information aucun fait particulier et circonstancié, ni par rapport à M. de la Vallière, ni par rapport à aucun autre. Qu'a donc prouvé la demoiselle de Saint-Cyr sur la suppression d'état? Rien autre chose que son état même. Nul vestige dans tout ce que disent les témoins, de préméditation, de complot, de démarches pour parvenir à la suppression d'état; elle n'en a donc pas fait de preuve

» directe, elle ne paraît pas même avoir essayé
» d'en faire. Les témoins qu'elle a produits, ne
» s'attachent qu'à expliquer, jusqu'au moindre
» détail, tous les faits qui peuvent servir à assu-
» rer la naissance qu'elle s'attribue. Cependant
» ce n'était pas là l'objet de l'information ; il
» s'agissait de déposer du crime de suppression
» d'état, et non d'attester la naissance. Qui ne
» voit donc que la plaignante n'a eu d'autre
» vue que d'acquérir, par cette voie détournée,
» une preuve testimoniale de son origine pré-
» tendue, que le magistrat civil lui aurait peut-
» être refusée ? L'événement nous fait connaître
» que l'on n'a eu sérieusement en vue qu'un
» objet civil. Il ne s'agit donc pas de prononcer
» un décret contre M. le duc de la Vallière ; il
» ne doit plus être accusé, il ne l'a même
» jamais été sérieusement ».

» En conséquence, M. Gilbert a conclu à ce
que la procédure criminelle fût déclarée nulle,
sauf à la demoiselle Saint-Cyr à se pourvoir par
la voie civile ; et ses conclusions ont été adoptées
par arrêt du 19 juin 1724.

» Ainsi, Messieurs, des trois arrêts rendus dans
cette cause vraiment célèbre, les deux premiers
préjugent clairement qu'il n'est pas nécessaire
que le jugement civil de la question d'état précède l'instruction criminelle sur le délit de suppression d'état ; et le troisième ne juge qu'il n'y
avait pas lieu, dans l'espèce, à l'instruction criminelle, que parce que, de fait, cette voie
n'avait pas été prise pour prouver la suppression
d'état, mais uniquement pour établir la preuve
directe de l'état même.

» Le dernier arrêt que nous avons annoncé, a
été rendu dans des circonstances toutes différentes et parfaitement conformes à celles de la
cause actuelle. En 1784, une demoiselle nommée Sophie, élevée jusqu'alors par un sieur
L'hôpital, intendant de la marquise de la Ferté-
Senneterre, rendit plainte contre lui en suppression d'état. Elle exposait que ce particulier s'é-
tait toujours obstiné à lui cacher le secret de sa
naissance ; que, parvenue à l'âge de vingt ans,
elle l'ignorait encore ; que cependant on ne pouvait douter qu'il n'en fût pleinement instruit ;
que cela résultait de l'éducation brillante qu'il
lui avait fait donner ; et de ce qu'en ce moment,
par une contradiction qui décelait sa mauvaise
foi, il prétendait la réduire au métier de coif-
feuse ou de couturière. Sur cette plainte, permission d'informer ; informations, preuves préparatoires du délit dont est accusé L'hôpital ;
décret d'ajournement personnel converti, faute
de comparution, en décret de prise de corps ;
perquisition dans ses papiers. Là, on trouve
un acte de naissance portant que, le 28 novembre 1763, un enfant a été baptisé à Lyon,
qu'on l'a nommé *Françoise Linette*, et qu'elle
est fille du sieur Mondesir, domicilié à Paris,
et de la dame Sainlin, son épouse. Cet acte de

naissance, par ses rapports avec les faits consignés dans l'information, paraît ne pouvoir être
que celui de la prétendue *Sophie* ; et cette première apparence se fortifie encore par le défaut
de preuve qu'il eût existé en 1763 un sieur *Mondesir* et une dame *Sainlin*, mariés. Bientôt
après, la marquise de la Ferté-Senneterre, indiquée dans l'information comme mère de la
prétendue *Sophie*, est aussi décrétée. Elle appelle de son décret, et L'hôpital se rend également appelant du sien. Tous deux se réunissent
pour demander la nullité de la procédure. Mais
par arrêt du 19 juillet 1786, rendu conformément aux conclusions du ministère public et
après un délibéré, les appellations sont mises
purement et simplement au néant, et il est ordonné *que le procès sera fait et parfait jusqu'à
sentence définitive*.

» Il est donc bien démontré qu'avant le 6
avril 1789, le parlement de Paris avait toujours
jugé que l'action criminelle pour délit de suppression d'état, pouvait être intentée, poursuivie et jugée, non-seulement sans qu'il eût été
préalablement statué par les tribunaux civils sur
la question d'état, mais encore sans que le plaignant rapportât ni preuve ni commencement de
preuve par écrit, de l'état qu'il alléguait avoir
été supprimé.

» Loin de nous la pensée que cette jurisprudence soit préférable à la disposition de l'art. 327
du Code civil, combinée avec toutes les sages
mesures que le nouveau législateur a prises pour
empêcher à l'avenir les suppressions d'état ! Mais
ce qui ne doit pas nous échapper, c'est que, lorsque le corps législatif a décrété cet article, il lui
a été observé par les orateurs du tribunat, que
cet article présentait une innovation. C'est une
réforme (a-t-on dit à sa séance du 2 germinal
au 11) ; *cette réforme était désirable ; elle était
généralement désirée* (et c'est dans cette vue qu')
*après avoir établi que les tribunaux civils sont
seuls compétens pour statuer sur les réclamations
d'état, le projet de loi,* PAR UNE DISPOSITION
CONTRAIRE AU DROIT COMMUN, *mais uniquement
applicable à ce cas et évidemment utile,* dispose *que l'action criminelle contre un délit de
suppression d'état, ne pourra commencer qu'a-
près le jugement définitif de la contestation civile.*

» Ainsi, Messieurs, en prononçant la cassation
de l'arrêt du 6 avril 1786, vous n'avez fait que
rappeler la jurisprudence du parlement de Paris
lui-même à son état primitif ; vous n'avez fait
qu'appliquer littéralement la disposition de la
loi 7, C. *de lege Corneliâ de falsis* ; vous n'avez
fait que venger l'art. 8 du tit. 14 de l'ordonnance
de 1670, de la contravention qu'il avait essuyée
au préjudice de la dame Sirey.

» Mais ici se présente la deuxième question
que nous avons annoncée comme sortant du

premier moyen de cassation des demandeurs, celle de savoir si la dame Sirey a pu, au moyen de la preuve acquise par la voie criminelle de la suppression de son état, faire juger que son état était celui de fille légitime des sieur et dame de Houchin.

» Dans toute affaire criminelle, lorsque le plaignant parvient à faire déclarer que le délit est constant et que l'accusé en est auteur ou complice, le jugement ne doit pas se borner à infliger au coupable la peine établie par la loi pour la vindicte publique; il doit encore condamner celui-ci à réparer le dommage qu'il a causé au plaignant. Ce principe est de tous les temps et de tous les lieux, il est écrit dans les lois anciennes comme dans les lois nouvelles; il ne peut souffrir, il n'a jamais souffert, la moindre contradiction.

» Si donc la dame Sirey, par respect pour sa mère qui se trouvait chargée par les informations d'avoir été l'instigatrice et le principal auteur de la suppression de son état, n'avait pas demandé et obtenu que l'affaire fût renvoyée à l'audience; si, par suite, la procédure eût été réglée à l'extraordinaire, et que la dame de Houchin eût été, en définitive, déclarée coupable de la suppression de l'état de sa fille, nul doute que la dame de Houchin n'eût dû subir envers sa fille la même condamnation civile que Marie Nassier avait subie, le 4 décembre 1638, envers Marie Cognot; nul doute par conséquent qu'elle n'eût dû être condamnée à réparer le tort qu'elle avait fait à sa fille, c'est-à-dire, à la reconnaître, à la traiter filialement.

» Or, ni le renvoi à l'audience, ni la civilisation qui s'en est ensuivie, ni le décès de la dame de Houchin, n'ont pu rien changer aux droits personnels de la dame Sirey. Ce que la dame Sirey eût obtenu par un jugement intervenu sur un procès réglé à l'extraordinaire, elle a dû également l'obtenir par un jugement intervenu sur un procès civilisé. Ce que la dame Sirey eût obtenu contre la dame de Houchin encore vivante, elle doit également l'obtenir contre ses héritiers, contre les possesseurs de ses biens.

» Mais, objecte-t-on, c'est là une fraude à la loi, c'est une contravention indirecte aux dispositions des ordonnances de Blois et de 1667, qui défendent implicitement de prouver la filiation par témoins.

» Est-ce donc bien raisonner que de dire : la loi vous défendait de prouver votre état par témoins; donc vous ne pouvez pas vous servir, pour justifier votre état, de la preuve testimoniale qui résulte de la procédure faite pour en constater la suppression ? C'est comme si l'on disait : vous avez pu rendre plainte en suppression de votre état; les témoins que vous avez appelés dans l'information ont pu déposer de tout ce qui concernait ce délit; mais ils ont dû s'y renfermer strictement; ils n'ont pas dû

révéler à la justice quel était l'état dont on vous avait dépouillée; et peu importe que la révélation de votre état fût inséparablement liée à sa suppression; vos témoins devaient détacher des faits relatifs à celle-ci, les faits relatifs à celle-là; ils ne devaient, ils ne pouvaient pas, dire la vérité toute entière. Comme s'il était permis de diviser ce qui de sa nature est indivisible ! Comme si l'on ne pouvait ajouter foi aux témoignages sous un rapport, et la leur refuser sous un autre ! Comme si enfin il n'était pas de l'essence de toute conviction acquise par la voie criminelle, d'entraîner contre le coupable une condamnation à tous les dommages-intérêts du plaignant !

» Eh ! n'avons-nous pas, dans les jugemens qui se rendent sur les procès criminels en suppression de testamens ou en soustraction de titres de créances, un exemple et en même temps une preuve sensible de la légalité de cette partie de l'arrêt de la cour d'appel de Dijon ?

» Bien certainement, la loi défend de prouver par témoins les dispositions de dernière volonté; cependant si un héritier supprime un testament et qu'il en soit convaincu par une procédure criminelle, il n'en sera pas quitte pour la peine publique déterminée par le Code pénal; le légataire qui aura rendu plainte, obtiendra encore contre lui une condamnation à lui payer son legs.

» Bien certainement, la loi défend de prouver par témoins toute convention dont l'objet excède 150 francs; cependant si mon débiteur m'enlève, par des manœuvres coupables, le titre constitutif de sa dette, non-seulement le ministère public le fera condamner à la peine infligée par la loi à ce genre de délit, mais je le ferai également condamner, en me rendant partie civile, à me payer le montant de l'obligation qu'il m'a soustraite; et c'est ce qu'établissait M. l'avocat-général Joly de Fleury, à l'audience du parlement de Paris du 2 août 1706...... (1). C'est aussi ce qu'a jugé de nos jours un arrêt du parlement de Bordeaux, que Salviat, quest. 14, nous retrace en ces termes : « Le sieur Lacouture porte plainte » devant le lieutenant criminel d'Uzerche, contre » un particulier, sa femme et ses filles, préten- » dant qu'il y avait eu une vente sous seing-privé » d'une forge et d'un étang à lui faite par ce par- » ticulier; que celui-ci avait eu la facilité de » fouiller très-souvent dans ses papiers; que la » femme et les filles de ce particulier venaient » très-souvent dans sa maison pendant un ab- » sence qu'il avait faite : qu'un jour elles avaient » emporté un sac plein desdits papiers, et que » le double de cette vente ayant disparu, ce ne

_____

(1) V. le plaidoyer du 20 fructidor an 12, rapporté à l'article *Suppression de titres.*

» pouvait être que par l'enlèvement qu'en avaient
» fait ces gens intéressés à le détruire. L'informa-
» tion faite , les accusés qui avaient été décré-
» tés , demandèrent à l'audience de la tour-
» nelle , la cassation de la procédure sur.....
» le moyen pris de ce qu'il n'est pas permis
» de prouver par témoins l'existence des con-
» trats qui excèdent la somme de 100 liv. ...
» Le sieur Lacouture répondit que, s'il n'est pas
» permis de prouver l'existence d'un acte pure-
» ment et simplement, la preuve est néanmoins
» reçue lorsqu'on articule , non-seulement l'exis-
» tence , mais encore la perte de l'acte par un cas
» fortuit ou la soustraction et enlèvement par la
» partie contre laquelle on agit , parce que tout
» cela ne tombe pas en convention ; que ce sont
» des faits qui peuvent toujours être prouvés par
» témoins ; que la soustraction ou enlèvement
» d'une pièce sont un dol , un délit , qui , de
» leur nature , sont toujours susceptibles de la
» preuve vocale.... La chambre de la tour-
» nelle ne cassa point la procédure ; bien au con-
» traire, le particulier qui niait la vente des ob-
» jets compris dans le double , fut...... con-
» damné sur cette preuve , à se désister desdits
» objets ».

» Dira-t-on qu'il n'en est pas de la suppression
d'état , comme de la suppression d'un titre de
créance , comme de la suppression d'un testament ?

» Mais d'abord , il n'existe aucune raison de
différence entre ces trois cas : dans le second et
le troisième , il y a , de la part de la loi , une
prohibition formelle de prouver par témoins la
convention et le testament ; comme dans le premier, il y a , de la part de la loi , une prohibition
implicite de prouver par témoins la filiation. Si
donc , dans le second et le troisième , l'effet de
la prohibition cesse quand , par la voie criminelle,
on a établi la suppression du testament ou de la
convention , il doit nécessairement cesser aussi
dans le premier, quand, par la voie criminelle,
on a prouvé la suppression de l'état.

» Ensuite, voulons-nous une assurance positive
qu'il n'y avait en effet, dans notre ancienne législation, aucune différence entre ces trois cas ? écoutons les nouveaux éditeurs de Denizart , au mot
État (question d'.) , §. 5 : « pour poser quelques
» principes sur les cas où, dans les questions
» d'état ; il faut admettre ou rejeter la preuve
» testimoniale , il faut distinguer si l'action est
» intentée au civil ou au criminel. Lorsque l'ac-
» tion est intentée au civil , il faut absolument
» que celui qui demande la preuve testimoniale ,
» rapporte des commencemens de preuve des
» faits dont il demande la permission de faire
» preuve..... En matière criminelle , le com-
» mencement de preuve n'est point nécessaire
» pour faire entendre ses témoins ; il suffit
» que la plainte contienne des faits précis et
» pertinens d'un délit. Ainsi , celui qui n'a au-

» cun commencement de preuve de l'état qu'il
» prétend lui appartenir , peut former sa plainte
» en suppression d'état. S'il articule des faits
» pertinens de la suppression dont il se plaint ,
» il obtiendra , sur sa plainte , la permission
» d'informer , quoiqu'il ne présente aucun com-
» mencement de preuve ; soit par écrit , soit
» résultant de l'ensemble des circonstances de
» la cause.... Lorsque les informations con-
» tiennent la preuve parfaite... que le plai-
» gnant était fils d'un tel ou d'une telle , peut-
» il employer ensuite ces informations comme
» preuve..... pour réclamer au civil son état
» et les biens qui lui appartiennent par suite de
» son état.... ? Il faut distinguer si les deux
» actions , civile et criminelle , sont dirigées
» contre la même personne , ou contre des
» personnes différentes. Lorsque les deux ac-
» tions , criminelle en suppression d'état , civile
» en réclamation d'état et en restitution des
» biens qui doivent être rendus à celui dont
» l'état a été supprimé , sont dirigées contre
» la même personne... , si la preuve est en-
» tièrement acquise au criminel contre l'accusé
» qui a été déclaré et convaincu d'avoir sup-
» primé l'état de fils d'un tel et d'une telle, il
» ne peut manquer d'être condamné à la res-
» titution des biens qui appartiennent au plai-
» gnant par suite de l'état supprimé... Lorsque
» les deux actions , criminelle en suppression
» d'état , et civile en restitution des biens ap-
» partenans au plaignant , à raison de l'état
» supprimé , sont dirigées contre des personnes
» différentes , si la preuve de la suppression
» de l'état de fils d'un tel et d'une telle , est
» entièrement acquise au criminel contre
» l'accusé... , et que l'accusé ait été déclaré
» dûment atteint et convaincu d'avoir enlevé
» au plaignant l'état de fils de tel et d'une telle,
» alors la preuve acquise au criminel , subsiste
» même au civil. Tant que le jugement de con-
» damnation n'est pas détruit , il serait con-
» traire à l'équité de refuser au plaignant les
» biens dont il doit jouir par suite de l'état
» qu'on reconnaît lui avoir été enlevé. Mais
» comme le jugement de condamnation est abso-
» lument étranger au possesseur de biens contre
» lequel on veut s'en servir , il pourra y former
» tierce-opposition ; et établir , soit que l'accusé
» n'a pas enlevé l'état au plaignant , soit , en con-
» venant qu'il lui a enlevé son état , qu'il ne lui
» a pas enlevé l'état adjugé en vertu duquel il
» demande en restitution des biens est formée.
» Le possesseur des biens que le plaignant aurait
» droit de réclamer en vertu de l'état qu'il se
» plaint de lui avoir été enlevé , peut , sans at-
» tendre la fin de la procédure criminelle , y
» intervenir pour défendre ses droits. Au moyen
» de son intervention , fondée sur son intérêt
» visible , il cherchera à établir ou que l'accusé
» n'a pas enlevé l'état du plaignant , ou que ;

» s'il lui a enlevé son état, son véritable état
» n'est pas celui qu'il réclame ».

» Ainsi, Messieurs, d'après cette doctrine, si
les héritiers Roquelaure n'avaient pas été parties
dans le jugement qui a déclaré Jean-Louis Copeaux coupable d'*avoir concouru à la suppression de l'état* de la dame Sirey ; ce jugement n'en
serait pas moins obligatoire pour eux ; il n'en-
trainerait pas moins pour eux l'effet de les contraindre à la restitution des biens qui composent
la succession de la dame de Houchin : seulement
ils pourraient y former une tierce-opposition ;
mais cette tierce-opposition serait jugée sur les
charges du procès criminel, sauf les preuves qu'ils
auraient à y opposer ; elle n'aurait à leur égard
d'autre effet que de remettre en question si Copeaux était coupable ou non. Et si, dans cette
hypo hèse, Copeaux était de nouveau jugé coupable, les héritiers Roquelaure se trouveraient
toujours par le seul effet de la déclaration de
sa culpabilité, dans l'obligation de remettre à la
dame Sirey les biens de sa mère. Or, il s'en faut
beaucoup que les héritiers Roquelaure soient
dans une position aussi avantageuse. Le jugement rendu contre Copeaux, l'a été en même
temps contre eux ; et c'est contradictoirement
avec eux qu'il a déclaré constant en fait, que la
dame de Houchin a été le principal auteur de la
suppression d'état de sa fille. Comment donc
aurait-il pu ne pas les condamner à reconnaître
la dame Sirey pour fille légitime des sieur et
dame de Houchin, et à souffrir de sa part
l'exercice de tous les droits attribués à cette
qualité ?

» Après avoir ainsi justifié dans toutes ses parties, la disposition de l'arrêt de la cour d'appel
de Dijon, qui déclare valable la procédure criminelle en suppression d'état, et qui, du fond
même de cette procédure, tire la conséquence
que la dame Sirey a été illégalement et méchamment dépouillée de son état de fille légitime des
sieur et dame de Houchin ; il nous reste à examiner si, dans sa forme, ce même arrêt n'est pas
susceptible de censure ; car c'est uniquement
sur sa forme que portent les autres moyens de
cassation des demandeurs.

» Et d'abord, en jugeant sur de simples plaidoiries et sans un rapport préalable, la cour
d'appel de Dijon n'a-t-elle pas contrevenu à
l'art. 21 de la loi du 9 octobre 1789 ?

» En vous proposant ce moyen, les demandeurs
ne font que répéter celui que vous présentait
subsidiairement la dame Sirey, le 30 fructidor
an 10, contre l'arrêt de la cour d'appel de Paris,
du 29 floréal précédent ; car la cour d'appel de
Paris avait, comme celle de Dijon, jugé sans
rapport préalable ; et sur ce fondement, la dame
Sirey vous faisait ce dilemme : ou le procès devait devant le tribunal d'appel de Paris, être
considéré comme purement civil ; et dans ce cas,

le jugement que j'attaque doit être cassé, d'après
l'art. 49 de la loi du 27 ventôse an 8, parce qu'il
y est intervenu deux juges qui n'appartenaient
pas à la section saisie de l'affaire, et dont la
présence était inutile pour compléter le tribunal ;
ou le procès doit être considéré comme pouvant
emporter une peine
afflictive ou infamante, comme pouvant emporter une peine
afflictive ou infamante ; et dans ce cas, le jugement doit encore être cassé, d'après l'art. 2 de
la loi du 9 octobre 1789, parce que les juges ont
prononcé sans rapport. — Sur ce dilemme,
Messieurs, nous avons observé qu'il nous paraissait sans réplique ; mais que, dans notre
opinion, c'était le premier membre qui devait
prévaloir ; que l'art. 21 de la loi du 9 octobre
1789 n'était pas applicable à l'espèce ; que les
formalités introduites par cette loi, pour garantir de toute surprise les jugemens rendus en
matière criminelle, ne l'avaient été que pour
les jugemens définitifs de condamnation ou d'absolution ; que par conséquent ces formalités
étaient étrangères aux jugemens qui intervenaient sur des appels de plaintes, et permission
d'informer ou d'autres actes d'instruction ; que
ces jugemens ne pouvant ni condamner ni absoudre, mais seulement confirmer, annuller
ou évoquer, les mêmes précautions n'y étaient
pas aussi nécessaire que s'il se fût agi d'infliger
à un accusé une peine afflictive ou infamante,
ou de décharger d'inculpation important l'une
ou l'autre ; qu'enfin la difficulté, si c'en était
une, se trouvait nettement résolue par l'art. 13
de la loi du 22 avril 1790, portant que celle du
9 octobre 1789 n'aurait *aucune application au
cas où le titre de l'accusation ne pourrait conduire l'accusé à une peine afflictive ou infamante.* Et en effet, Messieurs, par votre arrêt
du 30 fructidor an 10, vous n'avez adopté que
le moyen principal de la dame Sirey ; vous n'a-
vez cassé l'arrêt de la cour d'appel de Paris,
que pour contravention à l'art. 49 de la loi du
27 ventôse an 8, vous avez par conséquent
rejeté à l'avance le moyen que les héritiers Roquelaure, à l'exemple de la dame Sirey, prétendent aujourd'hui tirer du défaut de rapport.

» Ensuite, le juge qui avait été appelé pour
vider le partage survenu le 11 floréal an 12, sur
la question de la validité de la procédure criminelle, a-t-il pu concourir à l'évocation et au
jugement du principal ? Les héritiers Roquelaure soutiennent la négative, et c'est, comme
vous l'avez remarqué, le troisième des huit
moyens de cassation qu'ils ont proposés contre l'arrêt du 7 thermidor. M. Rubat, disent-ils, n'é-
tait que départiteur ; ses attributions ne pouvaient pas avoir plus d'étendue que sa qualité ;
il ne pouvait donc prendre connaissance que de
la question sur laquelle la cour d'appel avait été
partagée, le 11 floréal ; il devait donc se retirer
après le jugement de cette question ; il a donc,

en ne se retirant pas, transgressé la sphère de ses pouvoirs.

» Mais est-il bien vrai qu'en thèse générale, un juge départiteur ne doive, dans un procès chargé de plusieurs questions, connaître que de celle qui a donné lieu au partage ? Une chose très-constante, c'est qu'aucune loi ne s'est expliquée là-dessus : et c'en est déjà assez, pour qu'en cette matière, il ne puisse jamais y avoir ouverture à cassation, soit sous le prétexte que le départiteur se serait retiré, soit sous le prétexte qu'il ne se serait pas retiré, après le jugement de la question partagée.

» Il y a plus : vous avez vous-même adopté, pour le partage des questions qui s'élèvent devant vous, et sur lesquelles il se trouve d'abord égalité de voix dans une section , un mode de procéder qui est absolument contraire au système que l'on vous plaide aujourd'hui.

» Il n'est pas rare de voir dans une des sections de la cour, un partage se former dans une affaire où étaient présentés plusieurs moyens de cassation indépendans les uns des autres, et ne tomber que sur un seul de ces moyens ; cependant jamais on n'a douté que les juges départiteurs ne dussent connaître de l'affaire en entier. Jamais les juges départiteurs n'ont été restreints à opiner sur la seule question qui avait occasionné le partage.

» La cour a même été plus loin encore ; elle a décidé deux fois que les juges départiteurs devaient concourir avec les juges partagés, au jugement des questions qui n'étaient survenues que postérieurement au partage.

» Le 13 pluviôse an 11, sur le rapport fait à la section civile, d'une instance en cassation entre le sieur Guyenot, demandeur, et le sieur Delarue, défaillant, arrêt qui déclare qu'il y a partage. Quelques jours après, le sieur Delarue constitue un avocat, et fait signifier un mémoire par lequel il soutient à la fois, et que le sieur Guyenot doit être déclaré non-recevable dans sa demande en cassation, et que le jugement attaqué par celui-ci a bien jugé. Le 23 du même mois, les cinq juges départiteurs se réunissent dans la chambre du conseil aux magistrats entre lesquels s'était formé le partage ; et là, s'élève la question de savoir par qui devront être jugées les fins de non-recevoir opposées par Delarue à Guyenot, si elles devront être par la section civile seule, ou si les juges départiteurs devront en connaître conjointement avec elle. Après une discussion qui, nous devons le dire, ne fut pas longue, parce qu'on n'y trouva aucune difficulté, il fut unanimement reconnu que les juges départiteurs devaient coopérer au jugement des fins de non-recevoir, comme à celui du fond ; et effectivement ils y prirent part, en entrant tout de suite à l'audience, et les fins de non-recevoir furent plaidées devant eux avec le fond ; et ce fut par un seul arrêt rendu le même jour sur nos

conclusions, que furent rejetées les fins de non-recevoir du sieur Delarue et la demande en cassation du sieur Guyenot.

» Le 1.er germinal an 10, sur une contestation entre le sieur Van Broechen et la compagnie des Charbonniers de Trivières, l'une des sections de la cour d'appel de Bruxelles déclare qu'elle est partagée d'avis, et ordonne que les trois plus anciens juges des autres sections seront appelés pour vider le partage. Le 21 floréal suivant, le sieur Van Broechen récuse le président de cette section, et motive sa récusation sur un fait dont il affirme n'avoir eu connaissance que depuis peu de jours. Le 29 prairial, les juges partagés, à l'exception du président ; et les juges départiteurs prononcent sur cette récusation et la rejettent. Recours en cassation de la part du sieur Van Broechen. Les juges départiteurs, disait-il, n'avaient de mission, et par conséquent de pouvoir, que relativement à l'objet qui avait divisé la section saisie de l'affaire. Ils n'ont donc pas pu concourir au jugement d'une récusation qui était étrangère à cet objet, qui même n'était pas encore proposée, lorsque, sur cet objet, était survenu un partage. Par arrêt du 25 messidor an 11, au rapport de M. Coffinhal, la cour a rejeté la demande en cassation du sieur Van Broechen, « attendu que, lorsque le partage est
» formé, les juges appelés pour départager, sont
» investis, relativement à l'affaire qui en est
» l'objet, des mêmes pouvoirs que les autres
» juges, *tant pour les accessoires et incidens,*
» *que pour le fond* ; que, s'il en était autrement,
» les juges partagés pourraient trouver le moyen
» de revenir indirectement sur le partage, de se
» reconstituer juges exclusifs du différend, et
» d'enlever aux parties le droit qui leur aurait
» été irrévocablement acquis, d'avoir d'autres
» juges que ceux qui avaient déjà émis leur
» opinion ».

» De ces décisions solennelles, il résulte clairement que si, devant la cour d'appel de Dijon, il s'était élevé, postérieurement au partage déclaré le 11 floréal an 12, une question tout-à-fait indépendante de celle qui avait partagé les avis, le juge départiteur aurait pu et dû prendre part à l'arrêt qu'il eût fallu rendre pour la juger. À combien plus forte raison n'a-t-il donc pas pu et dû prendre part au jugement des autres questions qui avaient été agitées, et qui, par leur nature, devaient être jugées en même temps que celle dont il s'était ensuivi un partage ! Car, il est impossible de se le dissimuler, la question de savoir s'il résultait de la procédure criminelle, que l'état de la dame Sirey avait été supprimé, la question de savoir si cet état était celui de fille des sieur et dame de Houchin, la question de savoir si Copeaux devait être condamné à des dommages-intérêts pour avoir privé la dame Sirey de cet état, la question de savoir si l'on devait prononcer tout de suite sur ces trois points en évoquant le principal, la question de savoir si l'arrêt à rendre sur ces trois points, devait être déclaré commun aux héritiers Roquelaure, toutes ces questions avaient la plus intime connexité avec celle de savoir si la procédure criminelle était originairement valable ; elles n'en étaient, à la vérité, que les *accessoires*, mais elles l'étaient nécessairement ; et il existait une telle dépendance entre elles et la validité ou nullité originaire de la procédure criminelle, que la procédure criminelle jugée nulle, elles se résolvaient infailliblement toutes contre la dame Sirey, puisqu'en supposant la nullité de cette procédure, la dame Sirey ne pouvait plus en tirer, ni la preuve de la suppression de son état, ni la preuve que son état eût été celui de fille des sieur et dame de Houchin, ni matière à demande en dommages-intérêts contre Copeaux, ni matière à conclusions quelconques contre les héritiers Roquelaure. Il est vrai que, dans le cas contraire, c'est-à-dire, dans celui où la procédure eût été jugée valable, la dame Sirey pouvait encore succomber sur les questions accessoires ; mais du moins dans ce cas, elle était sûre, par l'effet du partage, d'avoir contre elle quatre voix sur huit : car, bien certainement, les quatre juges qui regardaient la procédure criminelle comme nulle, auraient, sur les questions accessoires, été d'avis que la procédure ne pouvait rien en faveur de la dame Sirey. Ainsi, l'effet du partage se serait, même après le partage vidé sur la question principale, prolongé jusque sur les questions accessoires ; et c'était assurément une raison bien déterminante, pour que le juge départiteur restât en place jusqu'après le jugement de celles-ci. En user autrement, c'eût été exposer la cour d'appel à se trouver encore partagée successivement autant de fois qu'il y avait de questions accessoires à juger ; et c'est assez dire qu'en prévenant un inconvénient aussi bizarre, aussi scandaleux, non-seulement on n'a violé aucune loi, mais on s'est exactement conformé à la saine raison, véritable source de toutes les lois.

» Les demandeurs sont-ils mieux fondés à soutenir que l'arrêt du 7 thermidor contrevient à l'art. 5 du tit. 26 de l'ordonnance de 1670, en ce qu'il évoque le principal ?

» Cet article permet aux cours d'évoquer le principal, toutes les fois qu'en prononçant sur l'appel d'un décret ou d'une sentence interlocutoire, elles trouvent que *la matière est légère et ne mérite pas une ample instruction*. Or, ici, la *matière* était-elle *légère* ? Elle l'était certainement dans le sens de la loi. Sous le rapport de la criminalité, c'est-à-dire, sous le rapport dont s'occupe l'ordonnance, la matière est toujours légère, quand il ne peut pas y intervenir de condamnation à peine afflictive ou infamante. Aussi Muyard de Vouglans, Serpillon, Jousse, tous

les commentateurs, s'accordent-ils uniformément à regarder comme susceptibles d'évocation, tous les procès dans lesquels il ne peut y avoir lieu qu'à des condamnations pécuniaires. D'un autre côté, il appartenait à la conscience des juges de la cour d'appel, de décider si l'affaire ne méritait pas une plus ample instruction : c'était une pure question de fait, et par conséquent une question dont le jugement, quel qu'il fût, ne pouvait jamais donner prise à la cassation. Et d'ailleurs quelles nouvelles lumières aurait-on pu espérer d'une instruction ultérieure ? Le délit de suppression d'état était constant ; et l'homme qui en avait été le principal instrument, Copeaux, avait fait l'aveu de sa culpabilité.

» Mais au moins, disent les demandeurs, (et c'est leur cinquième moyen de cassation). l'arrêt du 7 thermidor contrevient à l'article cité de l'ordonnance de 1670, en ce qu'il évoque le principal, sans faire mention *de la lecture* des charges et informations à l'audience.

» Le succès de ce moyen serait véritablement infaillible, si l'art. 5 du tit. 26 de l'ordonnance de 1670 renfermait textuellement la disposition sur laquelle il est basé. Mais l'article invoqué par les demandeurs, ne s'explique pas, à beaucoup près, comme ils le font parler. Il exige bien que les cours d'appel aient vu les charges et informations pour pouvoir évoquer ; mais il n'exige pas qu'elles déclarent expressément les avoir vues ; il veut seulement qu'elles fassent *mention des charges et informations* ; et l'on sent assez pourquoi il n'en demande pas davantage : c'est qu'aux yeux du législateur, la *mention des charges et informations* de la part d'une cour d'appel, équivaut à l'assertion positive que cette cour les a vues ; c'est que le législateur a pensé que des juges supérieurs ne pourraient pas se permettre de parler des charges et informations, sans en avoir pris connaissance. Or, l'arrêt du 7 thermidor contient-il la *mention expresse des charges et informations* ? Oui, puisqu'il porte, sur la question principale, *que l'information faite à la requête de la dame Sirey, prouve le délit qu'elle avait dénoncé à la justice ; que les interrogatoires de Copeaux et Favin placent cette preuve au dernier degré de l'évidence* ; oui encore ; puisque, sur la troisième question, il considère *qu'il résulte des* CHARGES ET INFORMATIONS, *la preuve évidente et juridique, que la dame de Houchin était enceinte au commencement de l'année* 1761, *qu'elle est accouchée dans la nuit du 8 au 9 mai, etc.* L'arrêt du 7 thermidor remplit donc parfaitement la condition prescrite par l'art. 5 du tit. 26 de l'ordonnance de 1670. — Le cinquième moyen de cassation des demandeurs ne peut donc pas être accueilli.

» Vous porterez sans doute le même jugement sur le sixième, c'est-à-dire, sur celui que les demandeurs font résulter de ce que, selon eux, la cour d'appel de Dijon a eu égard à des dépositions qui étaient nulles dans la forme. Quelles sont ces dispositions ? Ce sont d'abord, disent les demandeurs, celles des témoins qui étant domestiques de la dame de Houchin, n'en avaient pas fait la déclaration avant de déposer. C'est ensuite la seconde déposition faite par Favin, sans assignation préalable. Mais, 1.º vous avez déjà jugé par votre arrêt du 29 prairial an 7, que les dépositions des domestiques de la dame de Houchin étaient valables : *les témoins ouïs dans l'information, avez-vous dit, ont été requis, après la lecture de la plainte, de déclarer s'ils étaient serviteurs ou domestiques des parties, ce qui satisfait à l'ordonnance.* 2.º La seconde déposition de Favin était nulle sans doute, et elle n'eût pas dû, par cette raison, être lue à l'audience de la cour d'appel de Dijon. Mais nous apprenons par les conclusions imprimées du procureur-général de cette cour, que les héritiers Roquelaure avaient eux-mêmes argumenté de cette déposition ; et, comme il l'observait fort judicieusement, il est clair que par là ils avaient rendu à la dame Sirey, le droit de l'invoquer à son tour. Cette déposition devait donc rester au procès, *mais*, comme l'observait encore le même magistrat, *sans préjudice de tous les motifs de suspicion qui pouvaient lui ôter la confiance.*

» Pour septième moyen, les demandeurs vous exposent que l'arrêt du 7 thermidor évoque un principal qui n'existait pas.

» Un principal qui n'existait pas ! Certes, il existait bien au Châtelet, en 1785, un procès entre la dame Sirey, accusatrice, et Copeaux, accusé. La dame Sirey avait bien pris contre Copeaux, après le renvoi de ce procès à l'audience, des conclusions tendantes à ce qu'il fût déclaré convaincu d'avoir supprimé son état de fille légitime des sieur et dame de Houchin, et à ce qu'il fût condamné aux dommages-intérêts résultans de ce délit. Or, ce procès était-il jugé au moment où la cour d'appel de Dijon a rendu son arrêt ! Non. Il existait donc en ce moment un *principal* ; ce n'est donc pas une chimère qu'a évoquée l'arrêt de la cour d'appel de Dijon.

» Et inutilement les demandeurs viennent-ils dire que le principal n'existait pas à leur égard ; qu'il n'y avait donc pas, à leur égard, matière à évocation ; et qu'en évoquant à leur égard, en adjugeant à la dame Sirey, des conclusions qui, entre elle et eux, n'avaient point été l'objet d'une contestation en première instance, la cour d'appel de Dijon a violé l'art. 7 de la loi du 3 brumaire an 2.

» D'abord, ce n'est qu'entre la dame Sirey et Copeaux que le principal est évoqué par l'arrêt

dont il s'agit ; et il ne l'est point par rapport aux demandeurs : seulement le jugement d'évocation est déclaré commun avec eux, et il était bien impossible qu'il ne le fût pas : pourquoi ? parce qu'au moyen de leur appel, les demandeurs étaient intervenus, de leur plein gré, de leur propre mouvement, dans le procès entre Copeaux et la dame Sirey ; parce qu'il est de principe élémentaire, que toute partie qui intervient dans un procès où elle n'est pas en qualité, doit subir le même jugement que la partie originaire avec laquelle elle vient faire cause commune ; parce que ce serait une chose monstrueuse qu'un intervenant ne courût pas la chance d'être condamné, alors qu'il se met sur les rangs pour disputer la palme de la victoire ; parce qu'il est de l'essence de tout jugement, qu'il puisse condamner une partie qu'il a le droit d'absoudre : *Nemo qui comdemnare potest, absolvere non potest,* dit la loi 37, D. *de regulis juris ;* en un mot, parce que tout jugement qu'une partie ne peut pas attaquer par tierce-opposition, a nécessairement contre elle l'autorité de la chose jugée ; et que bien certainement les héritiers Roquelaure ne seraient pas recevables à prendre la voie de la tierce-opposition contre le chef de l'arrêt du 7 thermidor qui, en leur présence et contradictoirement avec eux, a déclaré Copeaux convaincu d'avoir supprimé l'état qui appartenait à la dame Sirey, de fille légitime des sieur et dame de Houchin.

» Ensuite, comment les demandeurs peuvent-ils vous parler ici de la loi du 3 brumaire an 2 ? Comment ne sentent-ils pas qu'ils se sont eux-mêmes rendus non-recevables à réclamer devant vous ? Comment ne sentent-ils pas que cette fin de non-recevoir est le résultat des conclusions qu'ils ont prises, non-seulement au parlement de Paris, mais encore devant la cour d'appel de la même ville, à ce que le principal fût évoqué dans tous ses points ? En effet, Messieurs, devant la cour d'appel de Paris, les héritiers Roquelaure ne demandaient pas seulement que la plainte, la permission d'informer, l'information et toute la procédure criminelle fussent déclarées *nulles et incompétentes ;* ils attaquaient encore l'information comme non probante, ils soutenaient notamment que les dépositions des douze premiers et du quatorzième témoins étaient nulles dans la forme ; et ils finissaient par conclure à ce qu'*évoquant le principal et y faisant droit, la dame Sirey fût déclarée non-recevable dans toutes ses demandes, ou qu'en tout cas elle en fût déboutée ; que les héritiers Roquelaure fussent déchargés de toutes les demandes, fins et conclusions contre eux prises ; et encore, dans ce dernier cas, que la dame Sirey fût condamnée à tous les dépens faits AU CHATELET DE PARIS, au parlement et au tribunal d'appel.* Ainsi, devant la cour d'appel de Paris, les héritiers Roquelaure ont eux-mêmes contrevenu à la loi du 3 brumaire an 2, en prenant des conclusions qu'ils n'avaient pas prises en première instance, et qu'ils n'avaient pas pu y prendre, puisqu'ils n'avaient pas été parties dans la procédure criminelle. — Que serait-il donc arrivé, si la cour d'appel de Paris, au lieu d'annuller la procédure criminelle et de renvoyer là dame Sirey à se pourvoir à fins civiles, avait déclaré la procédure valable, évoqué le principal et adjugé à la dame Sirey toutes ses demandes? Les héritiers Roquelaure auraient-ils été, dans cette hypothèse, recevables à critiquer un pareil jugement, sous le prétexte qu'il eût statué sur des conclusions nouvelles? Non certainement; on leur aurait dit: s'il a été contrevenu à la loi du 3 brumaire an 2, c'est par l'effet de votre propre conduite, c'est vous-même qui avez provoqué la contravention, et nul n'est et ne peut être admis à tirer un moyen de cassation de son fait personnel. Cela est si vrai, que la cour a solemnellement reconnu, par un arrêt du 21 ventôse an 10, rendu à la section civile, au rapport de M. Aumont, qu'un *tribunal saisi de l'appel d'un jugement de compétence,* peut juger le fond, *si les parties se réunissent pour plaider sur le fond* même. Or, ce que vous auriez jugé, Messieurs, dans le cas où le principal eût été évoqué et décidé en faveur de la dame Sirey, par la cour d'appel de Paris. pourquoi ne le jugeriez-vous pas de même aujourd'hui? Serait-ce parce que devant la cour d'appel de Dijon, les héritiers Roquelaure ont rétracté leurs conclusions à fin d'évocation du principal? Mais le pouvaient-ils au préjudice du droit qui était acquis à la dame Sirey, d'être jugée définitivement? Le pouvaient-ils au préjudice du contrat judiciaire qui s'était formé entre elle et eux devant la cour d'appel de Paris? Non, ils ne le pouvaient pas, et vous l'aviez vous-même jugé formellement par votre arrêt du 30 fructidor an 10, en renvoyant *la cause et les parties pardevant le tribunal d'appel séant à Dijon, pour être statué sur les appellations des héritiers Roquelaure* ET SUR LES CONCLUSIONS RESPECTIVES PRISES PAR LES PARTIES. La cour d'appel de Dijon était saisie, par ce renvoi, de la connaissance de deux objets: de l'appel que les héritiers Roquelaure avaient interjeté en 1786, de la procédure criminelle, et des conclusions qu'eux et la dame Sirey avaient respectivement prises avant le jugement de la cour d'appel de Paris; il fallait donc qu'elle statuât sur les deux objets à la fois; il ne dépendait donc pas des héritiers Roquelaure, de restreindre sa compétence, de diminuer les attributions qu'elle tenait de votre autorité; les héritiers Roquelaure ne pouvaient donc pas, en retirant devant elle leurs conclusions à fin d'évocation du principal, l'empêcher ni même la dispenser de statuer sur les conclusions prises à la même fin par la dame Sirey.

» Mais il y a plus: quand même les héritiers Roquelaure n'auraient pas pris devant la cour d'appel de Paris, les conclusions que nous venons de vous retracer, le fait seul de leur intervention spontanée dans le procès de Copeaux, aurait toujours nécessité, dans l'arrêt attaqué, la disposition qui déclare commun avec eux le jugement de l'évocation du principal. Par leur intervention, en effet, ils ne pouvaient pas empêcher que le principal ne fût évoqué entre la dame Sirey et Copeaux: et nous l'avons déjà dit, du moment que le principal était évoqué entre Copeaux et la dame Sirey, il était impossible que le jugement d'évocation ne fût pas commun avec eux; la cour d'appel de Dijon ne l'aurait pas déclaré commun avec eux, qu'il ne l'eût pas moins été de plein droit. En un mot, la déclaration de jugement commun n'est, dans l'arrêt attaqué, qu'un certificat délivré surabondamment à la dame Sirey, pour constater que les héritiers Roquelaure étaient parties dans cet arrêt: car, par cela seul qu'ils y étaient parties, cet arrêt avait contre eux l'autorité de la chose jugée, par cela seul qu'ils y étaient parties, il était jugé avec eux que la dame Sirey avait été méchamment et illégalement dépouillée de son état de fille légitime des sieur et dame de Houchin. Et une fois cette grande base posée, il s'ensuivait naturellement, parlons plus juste, il s'ensuivait nécessairement, et sans même qu'il fût besoin de l'exprimer, que l'acte de naissance de la dame Sirey devait être rectifié, que la dame Sirey devait être reconnue pour fille légitime des sieur et dame de Houchin, qu'elle devait exercer tous les droits attachés à cette qualité.

» Mais, disent les héritiers Roquelaure (et ici leur huitième moyen de cassation vient se lier avec celui que nous discutons actuellement), la cour d'appel de Dijon n'était saisie par les conclusions prises de notre part devant elle, que de la question de savoir si la procédure criminelle était valable; elle ne pouvait donc pas statuer sur la réclamation déjà formée devant elle par la dame Sirey; et elle le pouvait d'autant moins, que la sentence du châtelet, du 3 février 1786, avait, par sa seconde disposition, renvoyé la dame Sirey à se pourvoir à fins civiles contre nous; qu'il n'en avait été appelé, en ce chef, par aucune des parties; que, par conséquent, en ce chef, elle avait acquis l'autorité de la chose jugée; et que, dès-là, il était irrévocablement décidé qu'entre nous et la dame Sirey, la question d'état ne pourrait être agitée que par la voie civile.

» En raisonnant ainsi, les héritiers Roquelaure oublient. comme vous le voyez, les conclusions qu'ils avaient prises devant la cour d'appel de Paris, à fin d'évocation du principal; ils oublient que, par votre arrêt du 30 fructidor an 10, la cour d'appel de Dijon était expressément chargée de prononcer sur ces conclusions, en même temps que sur celles qu'y opposait, de son côté, la dame Sirey; ils oublient, en un mot, que, si leur raisonnement eût été bon devant la cour d'appel de Paris, dans le cas où ils se fussent bornés, devant ce tribunal, à la critique de la procédure criminelle, il a cessé de l'être, et il est devenu non-recevable dans leur bouche, du moment que, devant ce tribunal, ils y ont eu renoncé, en concluant à l'évocation du principal dans tous ses points, puisque le principal étant évoqué dans tous ses points, il ne pouvait plus y avoir aucune suite à donner au second chef de la sentence du 3 février 1786.

» Mais prêtons-nous, pour un instant, à leur illusion; et laissant de côté, tant leurs conclusions à fin d'évocation du principal, que le renvoi ordonné par votre arrêt du 30 fructidor an 10, de ces mêmes conclusions au jugement de la cour d'appel de Dijon; examinons si, ces circonstances à part, l'arrêt de cette cour ne serait pas encore parfaitement régulier; et pour bien fixer là-dessus nos idées, reportons-nous à l'origine de la procédure, et suivons-en les progrès.

» Dans l'origine de la procédure, la dame Sirey y était seule partie; sa plainte articulait une suppression d'état, mais elle n'en indiquait pas les auteurs.

» Par l'information, Copeaux a été prévenu d'avoir pris une part très-active à ce crime, et il a été décrété. Dès ce moment, Copeaux est devenu partie dans la procédure, comme la dame Sirey.

» Copeaux a été interrogé; et par ses interrogatoires combinés avec l'information, la dame de Houchin s'est trouvée prévenue d'avoir été la principale auteur du délit de suppression d'état; la dame Sirey ne voulant pas alors qu'on pût lui reprocher d'avoir dirigé contre sa mère une procédure criminelle, s'est hâtée de conclure au renvoi à l'audience; mais à peine sa demande était-elle formée, que la dame de Houchin est descendue au tombeau.

» Quelques jours après, le 3 octobre 1785, ordonnance du lieutenant criminel qui, adoptant les conclusions de la dame Sirey, renvoie les parties à l'audience.

» Le 4 janvier suivant, la dame Sirey fait assigner à l'audience de la chambre criminelle, Copeaux, la dame de Roquelaure, qu'elle prétend être sa sœur, et le sieur de Roquelaure, son mari; elle conclut contre Copeaux, à ce qu'attendu la preuve résultante de ses interrogatoires et de l'information, qu'elle est fille légitime des sieur et dame de Houchin, et qu'il a le plus coopéré à la suppression de son état, il soit condamné à tels dommages-intérêts qu'il plaira au tribunal de fixer; et contre les sieur et dame de Roquelaure, à ce qu'en lui donnant

acte de la dénonciation qu'elle leur fait de la procédure criminelle, le jugement à intervenir contre Copeaux soit déclaré commun avec eux.

» Vous voyez, Messieurs, que, par ces conclusions, la dame Sirey cherchait à introduire les sieur et dame de Roquelaure dans la procédure criminelle, et à les y rendre parties. Mais quel a été le soit de cette demande? Le 3 février 1786, sentence par défaut de la chambre criminelle du châtelet, qui, à l'égard de Copeaux, convertit l'information en enquête, en lui permettant de faire sa preuve contraire; et à l'égard des sieur et dame de Roquelaure, attendu le décès de la marquise de Houchin, renvoie les parties à se pourvoir à fins civiles. Ainsi, le procès n'est civilisé qu'à l'égard de Copeaux; Copeaux y reste seul partie avec la dame Sirey; et les sieur et dame Roquelaure sont retirés des qualités.

» Que serait-il arrivé, si cette sentence fût demeurée sans appel, et si elle eût reçu son exécution? Le procès criminel civilisé eût été jugé entre la dame Sirey et Copeaux seulement; et il eût pu, il eût dû l'être, sans instruction ultérieure: car, dès le 20 du même mois de février 1786, Copeaux était forclos de la contre-enquête à laquelle il avait été admis, contre-enquête d'ailleurs qui ne pouvait avoir pour lui aucun résultat utile, puisqu'il avait tout avoué dans ses interrogatoires.

» Si donc la sentence du 3 février eût été exécutée, et s'il n'était pas survenu un appel qui eût dessaisi la chambre criminelle du châtelet de la connaissance du procès civilisé, il est indubitable que Copeaux eût été, tout de suite, déclaré convaincu d'avoir supprimé, non-seulement l'état quelconque de la dame Sirey, mais encore et précisément son état de fille légitime des sieur et dame de Houchin.

» Et quel eût été l'effet de ce jugement envers les sieur et dame Roquelaure, dans la cause civile en réclamation d'état? Nous l'avons déjà dit, avec les nouveaux éditeurs de Denizart: ce jugement aurait prouvé contre eux que la dame Sirey était leur sœur et belle-sœur légitime; seulement ils auraient eu, pour lui ôter cet effet, la ressource de la tierce-opposition; mais cette ressource n'eût été rien moins que rassurante pour eux: la condamnation de Copeaux aurait toujours formé, à leur désavantage, un préjugé qu'il leur eût été difficile de vaincre. Ils l'ont senti; et de là, l'appel qu'ils se sont empressés d'interjeter de la sentence du châtelet, du 3 février 1786.

» Il est vrai que leur appel ne portait expressément que sur le chef de cette sentence qui civilisait le procès criminel. Nous voyons même, par leur requête du 3 avril 1789, qu'ils consentaient, en corrigeant leurs précédentes conclusions, que la voie civile fût réservée à la dame Sirey.

» Mais qu'on y prenne bien garde, ils ne consentaient à la réserve de la voie civile en faveur de la dame Sirey, que dans la supposition que la procédure criminelle serait déclarée nulle, et qu'il ne resterait plus de procès entre la dame Sirey et Copeaux : ils étaient donc, par le fait même, appelans de la sentence, en tant qu'elle avait disjoint la cause de Copeaux d'avec la leur; et ils en étaient si bien appelans, que, par toutes leurs conclusions, ils se rendaient parties dans la cause de Copeaux : ce qui était assurément la meilleure manière de prouver qu'ils n'acquiesçaient pas à cette disjonction.

» Quel a donc été, par rapport à cette disjonction, l'effet de leur appel ? Nécessairement il a tenu cette disjonction en suspens; nécessairement il en a résulté que, si la procédure criminelle était annullée, la dame Sirey demeurerait définitivement renvoyée à se pourvoir à fins civiles, pour faire juger sa réclamation d'état; mais que, si la procédure criminelle était reconnue à la fois valable et probante, et si, par suite, la dame Sirey était jugée avoir éprouvé, par le fait de Copeaux, la suppression de son état de fille légitime des sieur et dame de Houchin, ce jugement serait commun aux sieur et dame Roquelaure, et qu'en conséquence le renvoi de la dame Sirey à fins civiles n'aurait plus d'objet.

» Et ce qui achève de prouver que tel était le but direct de l'appel des sieur et dame Roquelaure, c'est que, devant la cour d'appel de Paris, leurs héritiers ont expressément conclu à ce qu'en évoquant le principal, même dans le cas où la procédure criminelle serait jugée valable, cette cour déclarât l'information non-probante, déboutât en conséquence la dame Sirey de toutes ses demandes, et la condamnât même aux dépens faits avec eux au châtelet. — Il est bien impossible, en effet, de concilier de pareilles conclusions avec l'idée que le renvoi à fins civiles prononcé à leur égard par la sentence du 3 février 1786, n'eût essuyé, de leur part, aucune attaque, sinon expresse, du moins implicite. Le renvoi à fins civiles subsistant envers eux, ils n'auraient pas pu conclure à ce que la dame Sirey fût déboutée de sa demande en reconnaissance d'état de fille légitime des sieur et dame de Houchin. Ils ont donc, en concluant ainsi, attaqué le renvoi à fins civiles ; ou, ce qui est la même chose, ils ont, en concluant ainsi, prouvé que les sieur et dame de Roquelaure l'avaient attaqué avant eux.

» On sent, d'après cela, combien est futile le reproche qu'ils font à la cour d'appel de Dijon, d'avoir, en évoquant le principal envers Copeaux, déclaré le jugement d'évocation commun avec eux, sans qu'il y eût eu préalablement, de la part de la dame Sirey, aucun appel de la seconde disposition de la sentence du 3 février 1786, qui la renvoyait à se pourvoir

contre eux par action civile. La dame Sirey n'avait pas appelé de cette disposition ; mais quel besoin avait-elle d'en interjeter appel ? Les héritiers Roquelaure lui en avaient eux-mêmes épargné la peine et les frais, en venant au parlement de Paris, se rendre, de leur propre mouvement, parties au procès dans lequel elle avait voulu les faire figurer devant le châtelet ; et par le fait, elle a bien prouvé qu'à cet égard elle les prenait au mot, puisqu'elle a répété, d'abord devant le parlement de Paris, ensuite devant la cour d'appel de la même ville, et enfin devant la cour d'appel de Dijon, les mêmes conclusions qu'elle avait prises en première instance, par sa requête du 4 janvier 1786, conclusions qui, comme nous l'avons déjà vu, tendaient précisément à faire juger Copeaux coupable d'avoir supprimé son état de fille légitime des sieur et dame de Houchin, et à faire déclarer ce jugement commun avec les héritiers Roquelaure. C'est comme si elle eût dit à ses adversaires : « Vous vous plaignez de ce que » le châtelet n'a pas permis que je vous ren- » disse partie dans le procès qu'il a civilisé entre » Copeaux et moi; et vous y intervenez pour la » défense de vos intérêts, essentiellement liés » au sort de ce procès. Eh bien ! j'y consens : » laissons de côté la disposition de la sentence » qui sépare votre cause de celle de Copeaux ; » plaidons comme si cette disposition n'existait » pas; et que l'on nous juge de la même ma- » nière qu'eût dû le faire le châtelet, si, comme » je le lui avais demandé, il avait joint la cause » de Copeaux à la vôtre ».

» Il est donc évident que la seconde disposition de la sentence du 3 février 1786 ne formait aucun obstacle à ce que la cour d'appel de Dijon déclarât le jugement qu'elle rendait contre Copeaux, commun avec les héritiers Roquelaure. Mais d'après cela, quelle objection peut-il rester aux héritiers Roquelaure contre cette partie de l'arrêt attaqué ?

» Nous l'avons déjà dit, les héritiers Roquelaure étaient intervenus d'eux-mêmes dans le procès civilisé; et ils y étaient si bien intervenus volontairement, que personne ne les avait forcés de s'y rendre parties; car la dame Sirey n'ayant pas appelé de la disposition de la sentence du 3 février 1786, qui la renvoyait à se pourvoir contre eux par action civile et séparée , il ne tenait qu'à eux d'exécuter cette disposition et d'attendre que la dame Sirey exerçât séparément contre eux l'action civile qui lui était réservée. Si donc ils ont pris part au procès civilisé, ils l'ont fait de leur plein gré; ils l'ont fait pour leur propre avantage; ils l'ont fait pour se prémunir contre les suites qu'eût pu avoir à leur égard le jugement de ce procès; et de là suit nécessairement la conséquence, que le jugement de ce procès a dû leur être commun, puisqu'il répugne à toutes les idées reçues, que l'on puisse intervenir dans une contestation judiciaire, sans se soumettre à toutes les chances qu'elle présente.

» Vainement donc les héritiers Roquelaure ont-ils prétendu, devant la cour d'appel de Dijon, qu'ils n'étaient intervenus dans le procès civilisé, que pour en quereller la forme, et que l'on ne pouvait en conséquence le juger avec eux au fond.

» Il ne dépendait pas d'eux de diviser ainsi la contestation à laquelle ils venaient se mêler; il n'était pas en leur pouvoir de critiquer la forme des preuves acquises par la dame Sirey, et de priver la dame Sirey du droit de leur opposer ces preuves, dans le cas arrivé où elles seraient jugées régulières. L'efficacité de ces preuves était essentiellement liée à leur régularité; et du moment que la régularité en était constante, l'efficacité n'en pouvait pas être douteuse.

» Ce n'est pas avec plus de raison que les héritiers Roquelaure viennent vous dire qu'au moins la cour d'appel aurait dû, avant de juger le fond avec eux, les admettre à leur preuve contraire.

» D'abord, ils n'y ont pas conclu devant la cour d'appel; et c'est déjà plus qu'il n'en faut pour qu'ils ne puissent tirer de là aucun moyen de cassation.

» Ensuite, dans l'état où se trouvait l'affaire devant la cour d'appel, toute preuve contraire était non-recevable de leur part. Il résulte en effet des conclusions qu'ils avaient prises devant la cour d'appel de Paris, sur les dépositions des douze premiers et du quatorzième témoins de l'information, que ces dépositions leur étaient parfaitement connues; et c'est un des premiers principes de l'ordre judiciaire en matière de preuves, qu'on ne peut plus être admis à la contre-enquête, lorsqu'une fois on a pris connaissance de l'enquête de sa partie adverse. Il est vrai qu'à côté de ce principe, quelques auteurs, et notamment Jousse, sur le titre 22 de l'ordonnance de 1667, placent une exception en faveur de celui qui intervient dans un procès après que les deux parties originaires ont fait et se sont signifié mutuellement leurs enquêtes, ou après que l'une d'elles en a été forclose. Mais cette exception n'est écrite dans aucune loi, et conséquemment un arrêt qui la rejette, ne peut pas être pour cela sujet à cassation.

» Tout se réunit donc pour établir la parfaite régularité de l'arrêt du 7 thermidor, en tant qu'il évoque le principal, relativement à Copeaux, et qu'il en déclare le jugement commun avec les héritiers Roquelaure. Nous avons d'ailleurs prouvé que cet arrêt a bien jugé en déclarant valable la procédure criminelle instruite sur la plainte de la dame Sirey, et en tirant de cette procédure la preuve que la dame Sirey était fille légitime de la dame de Houchin. Ainsi,

sous tous les rapports, nul doute que cet arrêt ne doive être maintenu.

» Mais l'obligation d'en requérir le maintien n'est pas la seule que notre ministère nous impose; l'ordre public a été offensé sous vos yeux par un mémoire sur lequel le gouvernement nous a expressément chargés d'appeler votre censure. Ce mémoire ou plutôt ce libelle est intitulé : Cour de cassation; précis préparatoire pour les héritiers Roquelaure, demandeurs en cassation, contre la veuve Sirey, se disant née de Houchin, défenderesse. Il n'est sûrement aucun de vous, Messieurs, qui n'en ait pris lecture, et qui n'ait été frappé, soit de l'audace avec laquelle on y compromet les noms les plus respectables, soit de la critique aussi amère qu'indécente qu'on y affiche de vos arrêts des 19 messidor an 6 et 30 fructidor an 10, soit de l'affectation que l'on y met à relever le mérite des juges assurément très-estimables, qui ont opiné en faveur des héritiers Roquelaure, et à avilir par d'injurieuses réticences ceux qui ont voté dans le sens contraire.

» Mais ce qui nous paraît fixer plus particulièrement notre attention, ce sont les sorties scandaleuses auxquelles on ose s'y livrer, nommément contre M. Godinet, en le peignant comme un habitué des lieux consacrés à l'ivresse, lui qui, par la sévérité de ses mœurs, a toujours honoré le caractère dont il est revêtu; contre M. Rubat, en le représentant comme décidé à l'avance contre les héritiers Roquelaure, comme sourd à toutes leurs raisons, comme occupé exclusivement de la lecture d'une gazette, pendant la délibération à laquelle il concourait en qualité de départiteur, lui qui n'est pas moins connu par sa rigide intégrité que par l'étendue de ses connaissances et la justesse de sa logique; enfin, contre le procureur-général de la cour d'appel de Dijon, en le désignant au public comme l'avocat de la dame Sirey, plutôt que comme l'organe d'un ministère essentiellement impartial, lui dont il suffit de lire les conclusions pour demeurer convaincu qu'il n'a pas seulement déployé, dans cette affaire, des talens d'autant plus précieux, qu'ils sont malheureusement devenus plus rares, mais qu'il y a encore apporté ce calme imposant, cette religieuse circonspection qui distinguent le véritable orateur de la loi, et qu'il n'y a montré la chaleur inséparable d'une profonde et intime conviction, qu'après avoir acquis cette conviction même, par la discussion froidement raisonnée de toutes les parties de la cause.

» Que l'auteur de cette diatribe coupable profite du silence de nos lois criminelles sur les injures écrites! Qu'il jouisse de l'impunité dont l'assure l'heureuse impuissance dans laquelle sont aujourd'hui les magistrats de décerner des peines arbitraires! Mais du moins nous remplirons notre devoir en requérant la suppression de son libelle; et vous penserez sans doute, Messieurs, que cette suppression doit être accompagnée de tous les accessoires nécessaires pour donner à la réparation due à des magistrats affreusement calomniés, un éclat et une publicité qui soient, s'il est possible, en proportion avec les outrages qu'ils ont reçus.

» Dans ces circonstances,

» Et attendu, en ce qui concerne l'arrêt du 11 floréal an 12 et celui qui a été rendu à l'audience le 3 messidor suivant, que la règle *in mitiòrem* n'est applicable qu'aux procès criminels qui peuvent amener quelque condamnation pénale contre les prévenus ou accusés; qu'elle ne l'est nullement aux procès originairement criminels, qui ont été civilisés, et dans lesquels la voie criminelle n'a pas été reprise; qu'elle l'est encore moins aux procès criminels dont la civilisation est devenue irrévocable, soit par le décès des prévenus ou accusés, soit par l'effet d'une loi postérieure; que, dans l'espèce dont il s'agit, la civilisation prononcée le 3 février 1786, du procès-criminel instruit sur la plainte de la dame Sirey, n'a jamais été révoquée, et qu'elle ne pouvait plus l'être au moment où la cour d'appel de Dijon a prononcé définitivement, puisque, d'une part, la mort de la dame de Honchin et celle des accusés Copeaux et Favin, et de l'autre, la loi du 18 janvier 1792 formaient un double obstacle à toute espèce de retour à l'action criminelle; qu'ainsi, le procès était alors absolument civil quant à son objet, quoiqu'il demeurât criminel quant à la compétence des juges qui en devaient connaître; .

» Attendu, en ce qui concerne la disposition du même arrêt du 3 messidor an 12, qui nomme pour départiteur le président de la cour de justice criminelle du département de Saône et Loire, que ce magistrat était appelé, par l'ordre du tableau, à vider le partage déclaré par l'arrêt du 11 floréal, et qu'il pouvait y avoir d'autant moins de doute sur la nécessité de l'y appeler en effet, qu'il est constaté par la lettre écrite le 11 floréal même, par la cour d'appel de Dijon au grand juge, ministre de la justice, qu'il ne restait en cette ville ni juge, ni avocat, ni avoué, qui n'eût ouvert extrajudiciairement son avis sur la cause;

» Attendu, en ce qui concerne l'arrêt intervenu le 3 messidor an 12, sur la requête des héritiers Roquelaure, et dans la chambre du conseil, que, quoiqu'il ait été rendu dans une forme contraire à l'art. 14 du tit. 2 de la loi du 24 août 1790, les héritiers Roquelaure sont cependant non-recevables à l'attaquer de ce chef, parce que la disposition qu'il contient, se retrouve littéralement dans l'autre arrêt rendu le même jour à l'audience; et que, conséquemment, à leur égard, l'irrégularité en est couverte et réparée par celui-ci;

» Attendu, en ce qui concerne l'arrêt du 7 messidor qui a rejeté la récusation péremptoire proposée par les héritiers Roquelaure contre le juge départiteur nommé par les deux arrêts du 3 du même mois; que, dans la forme, non-seulement cet arrêt n'est pas critiqué par les héritiers Roquelaure, mais qu'il ne pourrait pas même l'être, pour avoir été rendu dans la chambre du conseil, puisque les récusations appartenant à la discipline intérieure des tribunaux, c'est dans la chambre du conseil que doit être jugée toute récusation même motivée, et à plus forte raison toute récusation péremptoire; que tel est évidemment le vœu de l'ordonnance de 1667, et de la loi du 23 vendémiaire an 4; qu'au fond, ce même arrêt a bien jugé, et parce que le président de la cour de justice criminelle de Saône-et-Loire étant essentiellement membre de la cour d'appel de Dijon, le délai pour le récuser péremptoirement avait expiré en même temps que le délai accordé par l'art. 5 de la loi du 23 vendémiaire an 4, pour récuser péremptoirement les autres juges, c'est-à-dire, le 4 nivôse an 12, les plaidoiries ayant commencé le 8 du même mois ; et parce que les héritiers Roquelaure avaient consommé, le 7 du même mois, dans la personne de M. Godinet, la faculté qu'ils tenaient de la loi, de récuser péremptoirement un seul juge de cette cour;

» Attendu, en ce qui concerne l'arrêt du 9 messidor qui a rejeté la demande des héritiers Roquelaure en sursis à toute plaidoirie ultérieure, jusqu'après le jugement de leur recours en cassation contre les arrêts des 11 floréal, 3 et 7 messidor; que le recours en cassation ne peut arrêter ni suspendre l'exécution des jugemens même définitifs en matière civile, ni celle des jugemens d'instruction en matière criminelle;

» En ce qui concerne l'arrêt du 7 thermidor, attendu, 1.º que les dispositions de l'ordonnance de 1667, prohibitives de la preuve par témoins en choses excédant la somme ou valeur de 100 livres, n'ont jamais été considérées comme formant obstacle à la preuve par témoins des crimes et délits, ni par conséquent comme s'opposant à ce qu'une partie lésée par un crime ou délit, en poursuivît la réparation par la voie criminelle; que la suppression d'état était qualifiée de crime par l'art. 8 du tit. 14 de l'ordonnance de 1670; qu'ainsi, la dame Sirey avait valablement pris la voie criminelle, pour prouver la suppression de son état, et pour en rechercher et faire punir les auteurs; que la chose était d'autant moins susceptible de difficulté dans l'espèce, que la suppression de l'état de la dame Sirey était matériellement prouvée par l'acte même de son inscription sur les registres de naissance de la paroisse de Villeroy; que la question n'en est même plus une pour la cour, puisqu'elle est jugée par ses arrêts des 19 messidor an 6 et

29 prairial an 7; qu'à la vérité, l'art. 327 du Code civil établit en principe que l'action criminelle pour délit de suppression d'état, ne peut être intentée qu'après que la question d'état a été jugée par les tribunaux civils, mais que cette disposition est introductive d'un droit nouveau, et qu'elle ne peut être invoquée contre une procédure criminelle commencée et pleinement instruite long-temps avant sa promulgation; qu'au surplus, la cour d'appel de Dijon ayant jugé en fait, d'après les charges et informations, que la dame Sirey avait été illégalement dépouillée de son état de fille légitime des sieur et dame de Houchin, elle a dû nécessairement le déclarer, et qu'en le déclarant, elle n'a ni contrevenu ni pu contrevenir à aucune loi; attendu 2.° que l'art. 21 de la loi du 9 octobre 1789, concernant l'obligation de ne juger les procès criminels que sur rapport, n'est pas applicable aux procès civilisés; et que cela résulte du texte littéral de l'art. 13 de la loi du 22 avril 1790; attendu 3.° que le juge appelé, le 3 messidor, pour vider le partage survenu le 11 floréal, a dû prendre connaissance, non-seulement de la question sur laquelle le partage avait eu lieu, mais encore de toutes les autres qui y étaient nécessairement connexes, et que l'on n'aurait pu en séparer qu'en exposant à de nouveaux partages qui auraient rendu l'affaire interminable; attendu 4.° que l'arrêt du 7 thermidor fait mention expresse des charges et informations, et que, par là, il remplit littéralement la condition sous laquelle l'art. 5 du tit. 26 de l'ordonnance de 1670 permet aux cours d'évoquer le principal; attendu 5.° que les dépositions arguées de nullité par les demandeurs, ont été jugées légales par l'arrêt de la cour du 26 prairial an 7, sauf celle de Favin sur laquelle cet arrêt n'a pas statué, mais que les demandeurs se sont rendus non-recevables, en s'en prévalant, à faire rejeter du procès; attendu 6.° que la cour d'appel de Dijon n'a pu violer l'art. 5 du tit. 26 de l'ordonnance de 1670, en évoquant le principal envers les héritiers de l'accusé Copeaux; qu'elle en a, au contraire, fait une juste application; puisque, d'une part, la matière était légère, ne pouvant plus y avoir lieu à aucune condamnation pénale; et que, de l'autre, la cause a paru suffisamment instruite aux juges, et qu'en la déclarant telle, ils n'ont fait qu'user du droit qui leur appartenait essentiellement; attendu 7.° qu'en déclarant commun avec les héritiers Roquelaure, le jugement rendu par évocation sur le principal avec les héritiers Copeaux, la cour d'appel de Dijon n'a fait que statuer sur les conclusions prises par les héritiers Roquelaure eux-mêmes et par la dame Sirey devant la cour d'appel de Paris, et que non-seulement elle y était autorisée, mais qu'elle en était expressément chargée par l'arrêt de la cour, du 30 fructidor an 10; qu'en vain, les héritiers Roquelaure avaient-ils retiré devant la cour d'appel de Dijon, leurs conclusions primitives à fin d'évocation du principal; qu'ils n'avaient pu, par là, ni ôter à la dame Sirey le droit qui lui était acquis d'être jugée définitivement par la cour d'appel de Dijon, ni restreindre les attributions que l'arrêt du 30 fructidor an 10 avait déléguées à cette cour; qu'au surplus, l'évocation du principal à l'égard des héritiers Copeaux, entraînait nécessairement la déclaration de jugement commun à l'égard des héritiers Roquelaure; que tel était l'effet inévitable de l'intervention de ceux-ci dans le procès civilisé entre Copeaux et la dame Sirey; que cette intervention ayant été purement volontaire de leur part, il n'avait été en leur pouvoir, ni d'empêcher, par leurs conclusions, que le procès qu'elle avait pour objet, ne fût jugé avec eux en même temps qu'avec les autres parties, ni d'attaquer les preuves qui en résultaient à l'avantage de la dame Sirey, sans courir la chance de voir ces preuves se tourner et faire foi contre eux; que Copeaux s'étant trouvé forclos de toute preuve contraire, au moment où leur intervention avait été formée, la cour d'appel de Dijon a pu, sans violer aucune loi, ne pas les admettre à faire une contre-enquête, surtout dans la circonstance où il était prouvé, par leurs conclusions prises devant la cour d'appel de Paris, qu'ils avaient connaissance des dépositions des témoins ouïs dans l'information; que d'ailleurs ils n'avaient pas même conclu à la contre-enquête devant la cour d'appel de Dijon; attendu 8.° que la disposition de la sentence du 3 février 1786, qui avait renvoyé la dame Sirey à se pourvoir à fins civiles contre les héritiers Roquelaure, était devenue sans objet et comme non-avenue par le fait des héritiers Roquelaure eux-mêmes, puisqu'en intervenant, de leur propre mouvement, dans le procès criminel civilisé, ils avaient évidemment manifesté l'intention de faire prononcer sur leurs intérêts civils, par le même jugement qui statuerait sur le sort de l'accusé Copeaux; que la dame Sirey, loin d'acquiescer à cette partie de la sentence, avait adhéré au parti pris par les héritiers Roquelaure d'en abandonner l'effet, et qu'elle avait cette adhésion, en concluant, comme ils l'avaient fait devant la cour d'appel de Paris, à ce que le jugement à rendre sur leur intervention, fût le même que celui à rendre sur le procès civilisé entre Copeaux et elle; qu'ainsi, l'arrêt dont il s'agit, n'a ni violé ni pu violer l'autorité de la chose jugée;

» Nous estimons qu'il y a lieu de rejeter les demandes des héritiers Roquelaure en cassation des arrêts de la cour d'appel de Dijon des 11 floréal, 3, 7, 9 messidor et 7 thermidor an 12; déclarer les amendes par eux consignées, acquises à la république; faisant droit sur nos conclusions, casser et annuler, pour l'intérêt de la loi

seulement, et pour contravention à l'art. 14 du
tit. 2 de la loi du 24 août 1790, l'arrêt rendu le
3 messidor en la chambre du conseil, sur la requête des héritiers Roquelaure; ordonner qu'à
notre diligence, l'arrêt de cassation à intervenir
sera imprimé et transcrit sur les registres de la
cour d'appel de Dijon; faisant pareillement droit
sur nos conclusions, supprimer comme indécent, calomnieux et contraire au respect dû aux
magistrats, le mémoire intitulé : *Cour de cassation. Précis préparatoire pour les héritiers Roquelaure, demandeurs en cassation, contre la
veuve Sirey, se disant née de Houchin, défenderesse ;* lequel commence par ces mots : *Quand
le sentiment de l'indignation,* finit par ceux-ci,
n'a jamais trahi la vérité, et porte la signature,
Morgan - Béthune, partie, sans nom d'imprimeur; ordonner que l'arrêt à intervenir sera
imprimé et affiché au nombre de 500 exemplaires dans la ville de Paris, et en pareil nombre dans le ressort de la cour d'appel de Dijon ;
et que trois expéditions du même arrêt nous
seront délivrées pour être par nous transmises
à M. Rubat, président de la cour de justice criminelle du département de Saône et Loire; à
M. Godinet, juge en la cour d'appel de Dijon;
et à M. Legoux, procureur-général de la
même cour; le tout aux frais du sieur Morgan,
dont il nous sera délivré exécutoire sur lui,
pour le recouvrement en être fait à notre requête,
poursuite et diligence de l'administration de l'enregistrement et des domaines ».

Sur ces conclusions, arrêt du 19 brumaire
an 13, au rapport de M. Aumont, qui ordonne
qu'il en sera délibéré le 24 du même mois. Le
24, autre arrêt qui continue le délibéré au lendemain. Et le 26, arrêt définitif, par lequel,
« Faisant droit sur le pourvoi formé par les
héritiers Roquelaure, le 3 messidor dernier,
contre l'arrêt de la cour d'appel de Dijon, du
11 floréal an 12, et celui rendu à l'audience de
cette cour, le 3 messidor suivant;
» Attendu que la règle prescrite par l'art. 22
du tit. 25 de l'ordonnance de 1670, n'est applicable qu'aux procès criminels qui peuvent amener quelque condamnation pénale; que, dans
l'état du procès, lorsqu'a été rendu l'arrêt du
11 floréal an 12, il était devenu absolument
civil, quant à son objet, quoiqu'il demeurât
criminel, quant à la compétence des juges qui
en devaient connaître; attendu, en ce qui concerne la disposition du même arrêt du 3 messidor, qui nomme un départiteur, que cette nomination a été régulièrement faite par la cour
d'appel de Dijon;
» Attendu relativement à l'arrêt rendu le
même jour à la chambre du conseil sur la requête des héritiers Roquelaure, que ceux-ci sont
non-recevables et sans intérêt à l'attaquer,
puisque la disposition qu'il contient, a été ré-

gulièrement prononcée à l'audience du même
jour, sur la demande desdits héritiers ; la cour
rejette le pourvoi et condamne les demandeurs
à l'amende par eux consignée.
» Faisant pareillement droit sur le pourvoi
formé par les mêmes héritiers Roquelaure, le
8 thermidor;
» Attendu, en ce qui concerne l'arrêt du
7 messidor, qui a rejeté la récusation péremptoire par eux proposée contre le juge nommé
départiteur, que cette récusation a été légalement rejetée, puisque les héritiers Roquelaure
avaient consommé, dans la personne de M. Godinet, le droit de récusation péremptoire que
leur accordait la loi du 3 vendémiaire an 4;
» Attendu, relativement à l'arrêt du 9 messidor, que cet arrêt a valablement rejeté la
demande en sursis des héritiers Roquelaure,
puisque le recours en cassation ne peut arrêter
ni suspendre l'exécution des jugemens d'instruction ;
» En ce qui concerne l'arrêt du 7 thermidor,
en tant qu'il statue sur les appels principal et
incident des plaintes, permission d'informer, information, etc., et de la disposition de la sentence du 5 février 1786, qui convertit les informations en enquêtes;
» Attendu 1.º que la cour d'appel de Dijon,
en décidant que la dame Sirey avait pu se pourvoir par la voie criminelle, pour raison de la
suppression de son état, avant fait juger la
question d'état par les tribunaux civils, n'a
contrevenu à aucune loi antérieure à la publication du Code civil; que d'ailleurs le principe
adopté à cet égard par ladite cour, avait déjà
été consacré par les deux arrêts de la cour de
cassation des 19 messidor an 6 et 29 prairial an 7,
rendus, le premier, sur le pourvoi de la dame
Sirey, contre l'arrêt du parlement de Paris de
1789; le second, sur l'opposition du mineur
Roquelaure à l'arrêt de cassation de l'an 6;
» Attendu 2.º que l'art. 21 de la loi du 9 octobre 1789, concernant l'obligation de ne juger
les procès criminels que sur rapport, n'est pas
applicable aux procès civilisés;
» Attendu 3.º que le juge appelé, le 3 messidor, pour vider le partage, a dû prendre connaissance, non-seulement de la question sur
laquelle le partage avait eu lieu, mais encore
de toutes les autres qui y étaient nécessairement
connexes, et que l'on aurait pu en séparer sans
s'exposer à de nouveaux partages;
» Attendu 4.º que les nullités proposées par
les héritiers Roquelaure contre les dispositions
des douze premiers et du quatorzième témoins
de l'information, ont été réjetées par l'arrêt du
29 prairial an 7;
» La cour rejette ledit pourvoi, sans néanmoins rien préjuger sur la nullité proposée
contre la seconde déposition du témoin Favin;

» Faisant droit sur le même pourvoi, en tant qu'il porte sur la disposition du même arrêt du 7 thermidor, qui déclare commun avec les héritiers Roquelaure et le préfet du département de l'Oise, le jugement du principal rendu contre les héritiers Copeaux, et sur toutes les dispositions qui en sont la suite;

» Attendu que, sur la demande en déclaration du jugement commun formée par la requête de la dame Sirey, du 4 janvier 1786, les parties ayant été renvoyées à se pourvoir à fins civiles par la seconde disposition de la sentence du 3 février suivant, à laquelle toutes les parties ont acquiescé, et dont les héritiers Roquelaure n'ont abandonné l'effet par aucune des conclusions par eux prises, notamment devant la cour d'appel de Dijon; qu'ainsi, cette cour était incompétente pour statuer comme tribunal criminel, sur cette même demande en déclaration de jugement commun renouvelée devant elle par la dame Sirey, en contravention à l'autorité de la chose jugée et par elle acquiescée;

» D'après ces motifs, et vu l'art. 456, n. 6, du Code du 3 brumaire an 4, et l'art. 5 du tit. 27 de l'ordonnance de 1667, la cour casse et annule lesdites dispositions de l'arrêt du 7 thermidor, rendu par la cour d'appel de Dijon, relativement aux héritiers Roquelaure et au préfet du département de l'Oise, qui se sont pourvus contre cet arrêt, et dans leur intérêt; sauf à la dame Sirey à se pourvoir contre eux ainsi qu'elle avisera, concernant le second chef de la susdite sentence du 3 février 1786, défenses réservées au contraire;

» Ordonne que l'amende consignée sera restituée; compense les dépens faits en la cour entre les parties;

» Faisant droit sur les conclusions du procureur-général, relativement à l'arrêt rendu le 3 messidor an 12, dans la chambre du conseil, et sur requête, par la cour d'appel de Dijon;

» Vu l'art. 14 du tit. 2 de la loi du 24 août 1790;

» La cour casse et annule ledit arrêt dans l'intérêt de la loi; ordonne que le présent arrêt sera, dans toutes les dispositions de cassation qu'il renferme, imprimé et transcrit sur les registres de la cour d'appel de Dijon;

» Et encore faisant droit sur les réquisitions du procureur-général;

» Vu un mémoire imprimé, distribué dans cette cour, intitulé : COUR DE CASSATION. *Précis préparatoire pour les héritiers Roquelaure, demandeurs en cassation, contre la veuve Sirey, se disant née de Houchin, défenderesse;* lequel commence par ces mots, *Quand le sentiment de l'indignation,* et finit par ceux-ci, *n'a jamais trahi la vérité,* et porte la signature *Morgan-Béthune, partie,* sans nom d'avocat ni d'imprimeur;

» Attendu que ce mémoire contient des faits calomnieux, des expressions indécentes, injurieuses à plusieurs magistrats, et attentatoires au respect dû à l'autorité judiciaire;

» La cour le supprime; ordonne qu'aux frais de Morgan, qui l'a signé, le présent arrêt sera imprimé et affiché au nombre de 300 exemplaires dans la ville de Paris, et en pareil nombre dans celle de Dijon ».

§. VI. 1.° *Est-il au pouvoir d'une cour d'appel d'annuller, sur la seule demande d'une des parties en règlement de juges, les procédures faites en matière possessoire devant un tribunal de paix de son ressort, sous le prétexte que l'objet de ces procédures est connexe à une affaire dont elle est saisie ?*

2.° *Peut-elle, sous le même prétexte, évoquer à soi l'action possessoire pendante devant le tribunal de paix ?*

3.° *Peut-elle, en cas de refus du juge de paix d'obtempérer à son arrêt, le condamner personnellement aux dépens, dommages et intérêts ?*

« Le procureur-général expose qu'il est chargé par le gouvernement, de requérir, pour l'intérêt de la loi, l'annullation de deux arrêts de la cour d'appel de Rome, des 14 et 25 novembre 1809.

» Le prince Barberini et Jacques Tornani, son fermier, étaient en instance devant la cour d'appel de Rome, à raison de diverses dégradations que le premier accusait le second d'avoir commises dans les biens dépendans de son bail.

» Il paraît que, pendant le procès, Jacques Tornani a prétendu s'approprier un terrain en vigne et jardin, faisant partie des objets que le prince Barberini lui avait affermés.

» Le prince Barberini, suivant la marche tracée par le tit. 4 du liv. 1 du Code de procédure civile, aux propriétaires troublés dans leur possession, a fait citer Jacques Tornani devant le juge de paix du deuxième arrondissement de Rome, pour voir dire qu'attendu qu'il était en possession depuis une année au moins, à titre non précaire, de la vigne et du jardin usurpés par Jacques Tornani, il y serait maintenu; et que défenses seraient faites à Jacques Tornani, de l'y troubler de nouveau.

» Le 8 novembre 1809, jugement par lequel, avant faire droit sur la demande du prince Barberini, le juge de paix ordonne que la vigne, le jardin et leurs dépendances, contigus à d'autres propriétés du prince Barberini, et tenus de lui à ferme par Jacques Tornani, seront visités, le 21 du même mois, par des experts qui en dresseront un procès-verbal descriptif.

» La veille du jour fixé pour cette visite,

Jacques Tornani fait assigner, à bref délai, le prince Barberini devant la cour d'appel, pour voir déclarer nuls, et la citation que lui a donnée celui-ci devant le juge de paix, et le jugement interlocutoire du 8 novembre qui s'en est ensuivi; ce faisant, voir dire que la connaissance de l'affaire engagée devant le juge de paix, sera dévolue à la cour d'appel, *comme déjà saisie d'une contestation entre les mêmes parties pour dégradations prétendues commises dans la même vigne*.

» Le prince Barberini se présente, le 14, sur cette assignation, et en demande la nullité, avec dépens, dommages et intérêts.

» Le même jour, arrêt par lequel, considérant qu'à la cour d'appel appartient exclusivement le droit de prononcer sur la compétence des juges de paix de son ressort; que ce droit lui est conféré par l'art. 137 de l'arrêté inséré dans le cinquième Bulletin de la *Consulta*, et par l'art. 363 du Code de procédure civile; que les seuls cas exceptés de cette attribution générale, sont ceux où il s'élève des questions de compétence entre des tribunaux de paix ou de première instance, non ressortissans de la même cour d'appel ou entre des cours d'appel; que la réclamation portée par le prince Barberini devant la deuxième justice de paix de Rome, si elle n'est pas identique avec le procès dont la cour d'appel se trouve saisie, est du moins connexe à ce procès, et peut essentiellement influer sur sa décision; qu'ainsi, d'après l'art. 171 du Code de procédure civile, c'est la cour d'appel qui doit en connaître; — La cour se déclare compétente pour prononcer sur l'assignation donnée devant elle par Jacques Tornani au prince Barberini; et y faisant droit, annulle toute la procédure faite à la requête du prince Barberin, devant le juge de paix; ordonne que, sur toutes les contestations relatives à la description, visite et confrontation de la vigne dont il s'agit, les parties procéderont devant la cour, et condamne le prince Barberini aux dépens.

» Cet arrêt n'étant ni levé ni signifié, le prince Barberini n'en va pas moins en avant sur l'exécution du jugement de la justice de paix du 8, et n'en poursuit pas moins sa maintenue dans la possession du terrain qui en forme l'objet.

» Jacques Tornani, de son côté, dénonce ces poursuites à la cour d'appel de Rome, et demande qu'elles soient annullées comme attentatoires à l'autorité de cette cour.

» En conséquence, second arrêt du 25 du même mois, qui, donnant défaut contre le prince Barberini, attendu que la cour a déjà décidé, par son arrêt du 14, que le juge de paix ne devait rien innover dans l'affaire actuelle, concernant la visite, la confrontation et la description de la vigne en litige; que les actes faits et les jugemens rendus depuis cet arrêt, tendent à en enfreindre la substance et en éluder l'effet, casse et annulle ces actes et jugemens, et condamne aux dépens, dommages et intérêts, non-seulement le prince Barberini, mais encore *le juge qui a présidé*, c'est-à-dire, le juge de paix lui-même.

» Tels sont les deux arrêts sur lesquels l'exposant se croit d'autant plus obligé d'appeler la censure de la cour, que c'est le seul moyen de faire rentrer dans la ligne de leurs devoirs, des magistrats qui n'en sont sortis que par un esprit d'indépendance, véritable fléau de l'administration de la justice, et plus à redouter encore dans un pays nouvellement réuni, que partout ailleurs.

» Le premier de ces arrêts est motivé, comme la cour l'a reconnu, sur l'art. 137 de l'arrêté inséré dans le 5.e Bulletin des actes de la *Consulta*, sur l'art. 363 du Code de procédure civile, et sur l'art. 171 du même Code.

» Transcrivons d'abord les deux premiers de ces trois textes.

» *Art. 137 de l'arrêté inséré dans le 5.e Bulletin des actes de la Consulta :* « La cour de cassation » statue, en outre, sur les réglemens de juges, » lorsque le différend est porté par-devant plu- » sieurs tribunaux de première instance, non » ressortissans de la même cour d'appel, ou » lorsque le conflit existe entre plusieurs cours ».

» *Art. 363 du Code de procédure civile* (1) : « Si un différend est porté à deux ou à plusieurs » tribunaux de paix ressortissans du même tri- » bunal, le réglement de juges sera porté à ce » tribunal. Si les tribunaux de paix relèvent de » tribunaux différens, le réglement de juges » sera porté à la cour d'appel. Si ces tribu- » naux ne ressortissent pas à la même cour » d'appel; le réglement sera porté à la cour de ». cassation. ».

» Ces deux textes, qui rentrent absolument l'un dans l'autre et ne font que se répéter mutuellement, ont-ils pu autoriser la cour d'appel de Rome à se constituer juge de la compétence du tribunal de paix, devant lequel le prince Barberini s'était pourvu en complainte?

» Pour qu'ils eussent pu l'y autoriser en effet, deux conditions seraient absolument nécessaires : 1.º il faudrait que le différend porté par le prince Barberini devant le tribunal de paix du deuxième arrondissement de Rome, eût été porté en même temps, par Jacques Tornani, devant un autre tribunal de paix; 2.º il faudrait que le tribunal de paix devant lequel Jacques Tornani se serait pourvu en même temps que le prince Barberini se pourvoyait devant le tribunal de paix du deuxième arrondissement de

_____

(1) Ce Code était alors, ainsi que le Code civil, exécutoire dans les États romains, depuis le 1.er août 1809.

Rome, ne ressortît pas du même tribunal de première instance que celui-ci, et que les tribunaux de première instance dont les deux justices de paix seraient ressorties respectivement, n'eussent eu d'autre supérieur commun que la cour d'appel de Rome.

» Or, ni l'une ni l'autre de ces conditions ne se rencontre ici. Jacques Tornani, assigné en complainte devant le tribunal de paix du deuxième arrondissement de Rome, non-seulement ne s'est pourvu, de son côté, devant aucun autre tribunal de paix, mais n'a pas même décliné le tribunal devant lequel il était assigné. Dès-là, nul prétexte à réglement de juges. Dès-là, incompétence absolue de la cour d'appel de Rome, pour statuer sur la question de savoir si le tribunal de paix, saisi de l'action possessoire du prince Barberini, était ou n'était pas compétent pour en connaître.

» Si Jacques Tornani eût voulu contester régulièrement la compétence de ce tribunal, quelle marche aurait-il dû suivre ?

» D'abord, il eût fallu qu'en comparaissant devant le juge de paix, il déclinât sa juridiction.

» Ensuite, il eût fallu que, débouté de son déclinatoire, il en appelât au tribunal de première instance, lequel y aurait statué souverainement.

» Il n'y a en effet que l'appel comme de juge incompétent, qui puisse dessaisir un tribunal de paix de l'action portée devant lui ; et cet appel ne peut jamais être porté devant une cour ; il ne peut jamais l'être que devant le tribunal de première instance dans le ressort duquel se trouve placé le tribunal de paix.

» C'est donc par le bouleversement le plus monstrueux de tous les principes de l'ordre judiciaire, que la cour d'appel de Rome s'est permis de casser les poursuites faites et les jugemens rendus, dans le tribunal de paix du deuxième arrondissement de cette ville, entre le prince Barberini et Jacques Tornani.

» Et ce qu'il y a de plus inconcevable, c'est qu'en cassant ces procédures et ces jugemens, la cour d'appel de Rome n'a osé nier qu'en thèse générale, le tribunal de paix du deuxième arrondissement de cette ville eût été saisi compétemment de l'action possessoire dont il s'agissait : et il l'était, dans le fait, bien impossible qu'elle le niât. Il était trop évident que l'action dont il s'agissait, était véritablement possessoire ; il était trop évident que les actions possessoires sont, en première instance, de la juridiction exclusive des juges de paix.

» Mais, tout en reconnaissant, au moins par son silence, que le tribunal de paix du deuxième arrondissement de Rome aurait été, par la nature de ses attributions, habile à connaître de l'action du prince Barberini, la cour d'appel de Rome a prétendu que cette action, étant connexe aux contestations qui précédemment avaient été portées devant elle, entre les mêmes parties ; c'était devant elle, et non devant le tribunal de paix, que le prince Barberini avait dû se pourvoir en complainte ; et c'est à ce sujet qu'elle a cité, à l'appui de sa décision, un troisième texte dont il nous reste à parler, savoir, l'art. 171 du Code de procédure civile.

» Cet article, qui est placé sous le titre des *Exceptions*, §. des renvois, vient à la suite des art. 168, 169 et 170, lesquels s'occupent de l'exception déclinatoire, fondée sur l'incompétence du tribunal devant lequel le défendeur est assigné ; et voici ce qu'il porte : « S'il a été formé » précédemment, en un autre tribunal, une » demande pour le même objet, ou si la con- » testation est connexe à une cause déjà pen- » dante en un autre tribunal, le renvoi pourra » être demandé et ordonné ».

» Ainsi, trois sortes de demandes en renvoi peuvent être formées, ou, ce qui est la même chose, trois sortes d'exceptions déclinatoires peuvent être proposées par le défendeur, au moment où il comparaît devant un tribunal de première instance.

» Il peut décliner ce tribunal comme incompétent. Il peut le décliner, parce qu'un autre tribunal est déjà saisi de la contestation. Il peut le décliner, parce qu'il y a connexité entre la demande formée par l'exploit d'ajournement sur lequel il se présente, et une cause déjà pendante devant un autre tribunal.

» Mais, dans chacun de ces trois cas, c'est devant le tribunal où le défendeur est assigné, que celui-ci doit proposer son exception déclinatoire ; et c'est par ce tribunal qu'il y doit être statué : *le renvoi pourra être demandé et ordonné*, dit l'art. 171.

» Mais celui qui est assigné devant un tribunal de première instance, peut-il, au lieu de comparaître et de proposer son exception déclinatoire fondée sur l'une de ces trois causes, s'adresser au tribunal qui lui paraît devoir connaître de l'affaire ?

» Non : car, de deux choses l'une : ou le tribunal auquel il s'adresserait, n'aurait aucun droit de ressort, sur celui devant lequel il est assigné ; ou il en serait le juge immédiatement supérieur.

» Au premier cas, quel prétexte le tribunal à qui s'adresserait le défendeur, imaginerait-il pour dépouiller celui devant lequel le défendeur est assigné ?

» Au second cas, ce tribunal ne pourrait prononcer que comme juge d'appel ; or, il ne peut pas y avoir d'appel, là où il n'y a pas encore de jugement.

» Dans notre espèce, la cour d'appel de Rome n'était pas même le juge immédiatement supérieur du tribunal du deuxième arrondissement de cette ville. Elle n'aurait donc pas pu recevoir l'appel du jugement de ce tribunal qui avait accueilli l'action possessoire du prince Barberini. Et elle s'est permis d'évoquer cette action, c'est-à-dire, de faire ce que même le juge immédiatement supérieur du tribunal de paix n'aurait pu se permettre que dans le cas où il eût prononcé comme juge d'appel, que dans le cas où, en réformant le jugement interlocutoire du tribunal de paix, il eût cru pouvoir vider le fond par un seul et même jugement ! Il est difficile d'imaginer un excès de pouvoir plus fortement caractérisé.

» Qu'une cour puisse, dans certains cas, connaître directement d'une *demande encore vierge*, qui se trouve connexe à la cause dont elle est saisie légalement par la voie d'appel, cela se conçoit.

» Mais qu'elle puisse, sous le prétexte de connexité, évoquer une affaire légalement portée devant un tribunal de première instance ou de paix, et qu'elle le puisse, soit avant que ce tribunal y ait statué, soit après qu'il y a statué, sans qu'il y ait appel de son jugement, c'est ce qui répugne à toutes les idées reçues.

» Qu'on dise donc, tant que l'on voudra, qu'il y avait connexité entre l'affaire dont la cour d'appel de Rome était saisie, de la part du prince Barberini contre Jacques Tornani, son fermier, et l'action possessoire sur laquelle le tribunal de paix avait à prononcer entre les mêmes parties; qu'on dise, tant que l'on voudra, que le jugement de l'action possessoire intentée par le prince Barberini devant le tribunal de paix, pouvait influer sur le jugement de l'action en dégradations, poursuivie par le même devant la cour d'appel de Rome, en ce que si, sur la première action, il eût été jugé que Jacques Tornani était légitime possesseur du terrain que le prince Barberini soutenait n'être tenu par lui qu'à titre de bail, il eût été, par cela même, jugé que la seconde action n'avait plus d'objet quant à ce terrain : il demeurera toujours incontestable que la cour d'appel de Rome n'aurait pu s'emparer de l'action possessoire, qu'autant que cette action eût été portée devant elle par le prince Barberini, ou qu'elle lui eût été renvoyée, soit par le tribunal de paix, soit, sur son refus et en cas d'appel du déni de renvoi, par le tribunal de première instance de Rome.

» Tels sont les vices essentiels et radicaux qui infectent l'arrêt de la cour d'appel de Rome du 14 novembre 1809.

» Celui du 25 du même mois n'est pas moins vicieux, et offre un caractère encore plus marquant d'arbitraire.

» Sous le prétexte que le juge de paix du deuxième arrondissement de Rome avait continué, après l'arrêt du 14, de connaître de l'action possessoire intentée par le prince Barberini, l'arrêt le condamne personnellement aux dommages-intérêts et aux dépens.

» Mais d'abord, le juge de paix n'avait-il pas dû en effet continuer de connaître de cette action, même après l'arrêt du 14 ?

» Pour que l'arrêt du 14 lui eût lié les mains, il eût fallu que cet arrêt eût été produit, soit à son audience, soit à son greffe, par l'une ou l'autre des parties ; et bien certainement il n'avait pas pu l'être, puisque ni l'une ni l'autre des parties ne l'avait encore levé.

» Ensuite, de ce que le juge de paix aurait désobéi sciemment à l'arrêt du 14, s'en serait-il ensuivi, pour la cour d'appel de Rome, le droit de le condamner à des dépens, à des dommages-intérêts ?

» Ce n'est qu'à la suite d'une prise à partie qu'un juge peut être condamné personnellement, soit aux dépens d'un procès dont il a été saisi, soit aux dommages-intérêts résultans de ce procès. Tant qu'il n'a pas été pris à partie, c'est-à-dire, tant qu'il n'a pas été cité par la partie intéressée devant le tribunal compétent, tant qu'il n'a pas été mis, par cette citation, à portée de se défendre, toute espèce de condamnation doit, à son égard, rester en suspens ; et le condamner, sans qu'il ait été entendu ni appelé, ce n'est pas rendre à son préjudice un jugement proprement dit, c'est exercer contre lui un acte du plus déhonté despotisme.

» Mais, du reste, la loi ne permet même pas de prendre arbitrairement un juge à partie. L'art. 510 du Code de procédure civile veut qu'*aucun juge ne puisse être pris à partie, sans permission préalable du tribunal devant lequel la prise à partie sera portée.* L'art. 511 détermine la forme dans laquelle cette permission doit être demandée. L'art. 515 ajoute que, *si la requête tendante à obtenir cette permission, est admise, elle sera signifiée, dans les trois jours, au juge pris à partie, qui sera tenu de fournir ses défenses dans la huitaine.* Enfin, par l'art. 515, il est dit que *la prise à partie sera jugée par une autre section que celle qui l'aura admise ; et que, si la cour d'appel n'est composée que d'une section, le jugement de la prise à partie sera renvoyé à la cour d'appel la plus voisine par la cour de cassation.*

» Et il n'est pas possible de douter que ces dispositions ne soient applicables aux juges de paix, comme aux autres juges. L'art. 509 du Code cité porte, en toutes lettres, que *la prise à partie contre les JUGES DE PAIX, contre les tribunaux de commerce ou de première instance... sera portée à la cour d'appel du ressort.*

» Ainsi, d'une part, la cour d'appel de Rome n'aurait pas pu faire citer devant elle le juge de paix du deuxième arrondissement de cette ville, pour avoir désobéi à son arrêt du 14 novembre, sans rendre, à cet effet, un arrêt formel qui eût autorisé à le prendre à partie.

» D'un autre côté, cet arrêt n'aurait pu avoir aucun résultat, s'il n'eût été signifié au juge de paix.

» Enfin, tous ces préliminaires remplis, le juge de paix n'aurait pas pu être jugé par la section de la cour d'appel de Rome qui eût autorisé sa prise à partie, il n'aurait pu l'être que par l'autre section.

» Eh bien ! la cour d'appel de Rome a méprisé toutes ces règles qui forment la sauvegarde des juges inférieurs ; elle a tout méconnu, elle a tout foulé aux pieds pour ne suivre qu'un instinct aveugle.

» Ce considéré, il plaise à la cour, vu l'art. 80 de la loi du 27 ventôse an 8, les art. 171, 363, 505, 509, 510, 511, 514 et 515 du Code de procédure civile, casser et annuller, dans l'intérêt de la loi seulement et sans préjudice de leur exécution entre les parties intéressées, les arrêts de la cour d'appel de Rome des 14 et 25 novembre 1809, ci-dessus mentionnés, et dont les expéditions sont ci-jointes; et ordonner qu'à la diligence de l'exposant, l'arrêt de cassation à intervenir sera imprimé et transcrit sur les registres de ladite cour.

» Fait au parquet, le 28 mai 1810. *Signé* Merlin.

» Ouï le rapport de M. Botton-Castellamonte, conseiller en la cour, et les conclusions de M. Giraud du Plessis, avocat-général;

» En ce qui concerne l'arrêt du 14 novembre 1809,

» Vu l'art. 80 de la loi du 27 ventôse an 8; les art. 168, 169, 170 et 171 du Code de procédure civile, et l'art. 363 du même Code....;

» Et attendu que le prince Barberini avait porté devant le seul tribunal de paix du second arrondissement de Rome, la complainte qu'il exerçait;

» Que la compétence de ce tribunal ne fut pas contestée devant lui et ne pouvait pas l'être;

» Qu'aucun renvoi à raison de connexité ne lui fut demandé ni prononcé par ce tribunal; et que c'est dans un pareil état de choses, que, par l'arrêt du 14 novembre 1809, la cour d'appel de Rome, qui n'était pas même le juge immédiatement supérieur du tribunal de paix, se permit d'annuller toute la procédure en complainte faite devant ce tribunal et d'évoquer l'affaire;

» D'où il suit que l'arrêt dénoncé a violé les textes de loi précités et commis un excès de pouvoir;

» En ce qui concerne l'arrêt du 25 novembre 1809,

» Attendu qu'en thèse générale, un juge ne peut être condamné personnellement à des dépens ou des dommages-intérêts qu'à la suite d'une prise à partie;

» Attendu que, suivant les art. 505, 509, 510, 511, 514 et 515 du Code de procédure civile, le juge ne peut être condamné, sur la prise à partie, sans avoir, par une citation préalable, été mis à portée de se défendre, et sans le concours de toutes les formalités établies par lesdits articles;

» Attendu que l'arrêt dénoncé a condamné le juge de paix du second arrondissement de Rome aux dépens et aux dommages-intérêts envers Jacques Tornani, sans qu'aucune des formalités susénoncées ait eu lieu, en quoi la cour de Rome a contrevenu aux articles de loi précités et commis un nouvel excès de pouvoir;

» La cour, faisant droit sur le réquisitoire du procureur-général, casse et annulle, dans l'intérêt de la loi, pour excès de pouvoir, et sans préjudice des droits des parties, les arrêts rendus par la cour d'appel de Rome, les 14 et 25 novembre 1809...

» Prononcé à l'audience publique de la cour de cassation, section des requêtes, le 7 juin 1810 ».

§. VII. 1.° *Peut-on, après n'avoir conclu en première instance qu'à la nullité d'un contrat, conclure devant le tribunal d'appel à ce qu'il soit rescindé ?*

2.° *Peut-on, après n'avoir conclu en première instance qu'à la rescision d'un contrat, conclure devant le tribunal d'appel à ce qu'il soit déclaré nul ?*

3.° *Peut-on, après n'avoir conclu en première instance qu'au rachat ou à la rescision d'une vente, conclure devant le tribunal d'appel à ce qu'il soit dit que cette vente n'est qu'une antichrèse déguisée ?*

V. le plaidoyer du 22 mars 1810, rapporté aux mots *Pignoratif (contrat).*

TRIBUNAL DE PREMIÈRE INSTANCE. — §. I. *Quel nombre d'hommes de loi un tribunal de première instance peut-il s'adjoindre pour se completter à l'effet de rendre un jugement ?*

V. l'article *Hommes de loi*, §. 2.

§. II. *Dans quels cas les tribunaux de première instance peuvent-ils juger en dernier ressort ?*

V. les articles *Dernier ressort, Fruits* et *Rente foncière*, §. 16, n. 2.

§. III. *Les tribunaux de première instance peuvent-ils connaître des demandes en nullité de sentences arbitrales ?*

V. l'article *Arbitre*.

§. IV. *Quel est l'effet d'un arrêt qui casse un jugement de première instance, pour avoir été mal à propos rendu en dernier ressort ? Les parties doivent-elles, après un pareil arrêt, se pourvoir à la cour d'appel ? ou doivent-elles retourner devant le tribunal de première instance ?*

V. l'article *Rente foncière*, §. 11.

Au surplus, *V. Hiérarchie judiciaire, Jugement, Jugement de défenses, Tribunal d'appel, Tribunal de commerce* et *Tribunal de police.*

TRIBUNAL DE COMMERCE. — §. I. *Avant le Code de commerce, les juridictions commerciales pouvaient-elles, dans les affaires compliquées, nommer d'office des arbitres pour donner leur avis ?*

V. le plaidoyer et l'arrêt du 23 floréal an 9, rapportés à l'article *Effets publics.*

§. II. 1.º *Avant le Code de commerce, les juges commerciaux pouvaient-ils, lorsqu'ils étaient en nombre suffisant, appeler des suppléans pour concourir avec eux au jugement des affaires ?*

2.º *Un tribunal de commerce viole-t-il la loi qui refuse toute exécution en France aux jugemens rendus en pays étrangers contre des Français, lorsqu'il admet, comme pièce probante, une enquête faite sur des points d'usage, devant des juges étrangers, sans commission préalable de juges nationaux ?*

V. l'article *Suppléant (juge)*, §. 1.

§. III. *Celui qui n'a ni créé, ni endossé, ni accepté une lettre de change, peut-il, sous le prétexte qu'il en doit le montant au tireur, être assigné en garantie du payement de cette traite, devant le tribunal de commerce du domicile de celui-ci ?*

V. l'article *Lettre de change*, §. 4.

§. IV. *Les tribunaux de commerce peuvent-ils, incidemment aux affaires commerciales dont ils sont saisis, connaître des demandes étrangères à leur juridiction, qui sont formées reconventionnellement par les défendeurs ?*

V. le plaidoyer du 29 thermidor an 12, rapporté à l'article *Tribunal correctionnel*, §. 1.

§. V. 1.º *Avant le Code de commerce, l'entrepreneur-général des transports militaires, était-il justiciable des tribunaux de commerce, pour l'exécution des traités qu'il faisait avec des particuliers ?*

2.º *Qu'entend-on par marchand sous le rapport de la juridiction commerciale ? Combien y en a-t-il de sortes ?*

Ces questions sont traitées dans les conclusions suivantes, que j'ai données à l'audience de la section des requêtes, le 23 brumaire an 9, sur la demande en cassation formée par Etienne Muiron, contre un jugement du tribunal civil du département de la Seine, du 29 pluviôse an 8, rendu en faveur du sieur Géhier-Saint-Hylaire, entrepreneur-général des transports militaires.

« Le jugement qui vous est dénoncé, annulle, pour cause d'incompétence absolue, un jugement préparatoire du tribunal de commerce de Paris, qui était intervenu entre le cit. Muiron fils, demandeur en payement du solde des transports qu'il avait effectués pour le compte de la compagnie des entrepreneurs des transports militaires, d'une part ; et le cit. Géhier-Saint-Hylaire, membre de cette compagnie, défendeur, de l'autre.

» Par ce jugement préparatoire, le tribunal de commerce avait ordonné au cit. Géhier-Saint-Hylaire de rétablir entre les mains du cit. Muiron, des pièces dont celui-ci paraissait avoir besoin pour mettre sa demande en règle, et l'avait en outre condamné à une provision de 1500 fr.

» Le cit. Géhier-Saint-Hylaire avait interjeté appel de ce jugement, et il s'était borné, pour tout moyen, à soutenir que n'étant point marchand, et la demande formée à sa charge n'ayant point pour objet un fait de marchandise, le tribunal de commerce n'avait pu prendre connaissance de la contestation.

» La cause portée à l'audience du tribunal civil du département de la Seine, deux questions ont fixé l'attention des juges ; la première, si l'exception d'incompétence pouvait, dans l'espèce, être proposée sur l'appel, ne l'ayant pas été en première instance ; la seconde, si au fond, les entrepreneurs-généraux des transports militaires sont justiciables des tribunaux de commerce.

» Par jugement du 29 pluviôse an 8, le tribunal civil de la Seine, prononçant sur ces deux questions en faveur du cit. Géhier-Saint-Hylaire, a déclaré le jugement du tribunal de commerce nul et incompétemment rendu, et a renvoyé les parties à se pourvoir devant les juges qui en devaient connaître.

» C'est de ce jugement que le cit. Muiron fils demande la cassation ; et il la demande d'abord en vertu de l'art. 6 de la loi du 3 brumaire an 2, qu'il prétend avoir été violé par l'accueil qu'a fait le tribunal de la Seine, à l'appel d'un jugement qui n'était pas définitif.

» Effectivement, on ne peut pas regarder

comme définitif le jugement du tribunal de commerce dont le cit. Géhier-Saint-Hylaire s'était rendu appelant. Mais la disposition de l'art. 6 de la loi du 3 brumaire an 2 s'étend-elle jusqu'aux appels comme de juges incompétens, surtout lorsqu'il s'agit d'une incompétence *ratione materiæ*, ou, ce qui est la même chose, d'une incompétence qui caractérise un véritable excès de pouvoir ?

» Vous savez, C. M., que l'art. 14 de la loi du 2 brumaire an 4 renferme pour le recours en cassation, une disposition absolument semblable à celle qu'on trouve sur l'appel dans l'art. 6 de la loi du 3 brumaire an 2, et que l'un dit du recours en cassation, comme l'autre dit de l'appel, qu'il ne sera ouvert contre les jugemens préparatoires, qu'après le jugement définitif.

» Or, il a été constamment reconnu, et la section criminelle a encore jugé formellement, le 19 floréal dernier, sur nos conclusions, que la règle établie par l'art. 14 de la loi du 2 brumaire an 4, ne s'applique pas au recours en cassation pour cause d'incompétence absolue et d'excès de pouvoir. Comment, d'après cela, pourrait-on appliquer à l'appel comme de juge incompétent *ratione materiæ*, la disposition de l'art. 6 de la loi du 3 brumaire an 2 ? Où la raison est la même, la décision doit aussi l'être.

» Et il ne faut pas s'étonner que les actes contenant excès de pouvoir, ne soient point soumis à la règle générale qui interdit tout recours, soit devant le tribunal de cassation, soit devant les tribunaux d'appel, contre les jugemens préparatoires ou d'instruction. — Rien ne compromet l'harmonie sociale comme les usurpations d'un pouvoir sur un autre. C'est par l'attention réciproque des diverses autorités à ne faire que ce qu'elles doivent et à respecter leurs attributions respectives, que le corps politique se soutient, se meut et garantit la sûreté de tous ses membres. Si une fois elles s'entravent et se heurtent les unes les autres; si le pouvoir judiciaire, par exemple, entreprend d'administrer; si l'administration entreprend de juger; si le juge civil veut connaître des affaires criminelles, et le juge criminel des affaires civiles; si le magistrat inférieur veut s'élever au niveau ou au-dessus du gouvernement; si la force publique prétend donner des ordres, au lieu d'exécuter ceux qu'elle reçoit; alors, plus de constitution, plus d'ordre social, plus de garantie pour les citoyens; et il n'y a plus que le chaos de l'anarchie. Combien donc ne serait-il pas impolitique de temporiser sur la répression des excès de pouvoir ! de quelle urgence n'est-il pas, au contraire, de les faire cesser; à l'instant même où ils sont connus !

» Et tel est précisément le but auquel on atteint, pour l'ordre judiciaire, en soumettant, soit à l'appel, soit au recours en cassation, suivant les circonstances, tout jugement interlocutoire ou d'instruction, qui contient excès

de pouvoir. Par ce moyen, dès qu'un juge est sorti de sa sphère, le tribunal supérieur, si c'est un juge de première instance, ou s'il est lui-même juge supérieur, le tribunal de cassation l'y fait rentrer sur-le-champ; et les attributions de chaque autorité judiciaire reprennent la place que leur a assignée la loi.

» Ecartons donc le premier moyen de cassation du demandeur, et voyons si le deuxième est mieux fondé, c'est-à-dire, s'il est vrai, comme on le prétend, que le tribunal de la Seine, en admettant une exception d'incompétence qui n'avait pas été proposée devant le premier juge, ait contrevenu à l'art. 7 de la même loi du 3 brumaire an 2, suivant lequel *il ne peut être formé en cause d'appel aucune nouvelle demande, et les juges ne peuvent prononcer que sur les demandes formées en première instance.*

» Déjà, sans doute, C. M., vous vous êtes dit à vous-mêmes que, par ces mots, *ne peuvent prononcer que sur les demandes formées en première instance*, la loi fait assez entendre que sa disposition frappe uniquement sur les conclusions qui constituent des demandes proprement dites, qu'elle ne s'étend pas jusqu'aux conclusions prises par les parties contre lesquelles sont formées ces demandes, qu'en un mot elle n'est pas applicable aux exceptions; et que toute exception que ne couvrent pas les défenses au fond, peut être proposée en cause d'appel, quoiqu'elle ne l'ait pas été en première instance.

» Mais l'exception d'incompétence dont il s'agit ici, n'a-t-elle pas été couverte, même devant les premiers juges, par la défense au fond? le demandeur prétend qu'elle l'a été effectivement, et c'est son troisième moyen de cassation, qui consiste à dire que le jugement attaqué n'a pas pu, sans contrevenir à l'art. 5 du tit. 5 et à l'art. 3 du tit. 6 de l'ordonnance de 1667, admettre en cause d'appel un déclinatoire qui, même devant les premiers juges, n'aurait plus été recevable après la contestation en cause.

» Mais ce moyen est évidemment, comme les deux premiers, subordonné à la question de savoir si le tribunal de commerce, était ou n'était pas incompétent *ratione materiæ*.

» Si telle était en effet l'incompétence du tribunal de commerce, nul doute que le cit. Géhier-Saint-Hylaire n'ait pu en exciper même en cause d'appel. Il est bien vrai que, lorsqu'on veut décliner la juridiction d'un juge, à raison de ce qu'on n'est point domicilié dans son ressort, ou de ce qu'on a un privilège pour n'être traduit que devant certains tribunaux, le déclinatoire doit être proposé avant que les défenses sur le fond aient été fournies, et qu'après s'être défendu, après avoir contesté devant le juge, après avoir par conséquent reconnu sa compétence, on n'est plus recevable à demander le renvoi de la cause devant un autre ; et c'est là tout ce que signifient les articles de l'ordonnance de 1667, cités par les demandeurs. Mais le déclinatoire est-il motivé sur la nature de l'affaire en elle-même ? La connaissance de cette affaire est-elle interdite par la loi au juge devant lequel elle est portée ? En un mot, ce juge est-il incompétent *ratione materiæ* ? Par exemple, s'agit-il d'une affaire de police correctionnelle qu'on veut soumettre à un tribunal de simple police ? S'agit-il d'une question de propriété immobilière que l'on a portée devant un tribunal de commerce ? alors, le déclinatoire peut être proposé en tout état de cause, et le demandeur lui-même peut le proposer, parce que l'art. 1 du tit. 6 de l'ordonnance de 1667 déclare nuls les jugemens rendus par des juges dont l'incompétence est absolue, et enjoint même à ces juges de renvoyer d'office ces sortes d'affaires, sous peine d'être pris à partie.

» C'est sur ce fondement que, par votre jugement du 22 prairial an 8, au rapport du cit. Borel, vous avez rejeté la fin de non-recevoir que l'on opposait à la demande en cassation d'un jugement du tribunal civil du département de l'Eure, rendu sur une matière de police correctionnelle, et que l'on fondait sur ce que le demandeur en cassation n'avait point décliné la juridiction de ce tribunal.

» Et si l'on veut une preuve claire et positive que ces principes s'appliquent spécialement aux tribunaux de commerce, on la trouvera dans ce passage de Jousse sur l'art. 14 du tit. 12 de l'ordonnance de 1673. « Il est même défendu » aux juges-consuls de connaître des causes qui » ne sont pas de leur compétence, *dans le cas* » *où les deux parties consentiraient de plaider* » *devant eux* ; et ils doivent alors renvoyer » d'office ces parties devant les juges qui en » doivent connaître. Ainsi jugé par arrêt des » 15 mars 1574, 3 avril et 29 juillet 1565, » rapporté par Chenu, en son recueil de rè- » glement. Autre arrêt du 23 février 1695, » rendu pour Orléans ». Ce dernier arrêt est rapporté dans le Journal des audiences, à l'ordre de sa date : *il enjoint aux juges et consuls de renvoyer les causes qui ne sont pas de leur compétence, devant les juges ordinaires des lieux, encore que le renvoi n'en fût requis.*

» Nous lisons dans la nouvelle édition de Denizart, aux mots *Consuls des marchands*, §. 3, qu'« un autre arrêt du 7 août 1698 » enjoint, ainsi que le précédent, aux consuls » de se dépouiller de la connaissance des affaires » qui ne sont pas de leur compétence, dans le cas » même que les parties ne comparaissent pas, » ou qu'en comparaissant elles ne demandent » pas leur renvoi ». Nous y lisons encore que, par un arrêt du conseil, du 1.er juillet 1724, inséré dans le Code de Louis XV, tome 1, page 160, « il fut fait défense aux juges et

consuls (de Paris), sous peine d'interdiction » et de 3000 livres d'amende, de prononcer, » *même par défaut*, sur les affaires qui ne sont » pas de leur compétence ». Le même recueil nous offre un arrêt rendu au parlement de Paris, le 24 janvier 1733, qui « renouvelle aux » juges et consuls d'Angoulême, l'injonction du » renvoi, même d'office, en cas d'incompétence ». Nous y trouvons enfin un arrêt du même tribunal, du 4 juillet 1760, qui consacre bien authentiquement le principe : « Un cavalier du » guet avait actionné un maréchal qui, par » impéritie, avait blessé son cheval en le fer- » rant. L'affaire avait été portée aux consuls et » y avait été jugée. (Sur l'appel porté à la » grand'chambre), aucune des parties ne se » plaignait de l'incompétence, et on plaidait » la cause au fond. Mais M. l'avocat général Joly- » de-Fleury observa que les consuls étaient in- » compétens pour connaître d'une pareille » affaire; que les juridictions étaient de droit » public, etc.; en conséquence, arrêt qui dé- » clare la sentence des consuls nulle et incom- » pétemment rendue, et renvoie la cause devant » les juges qui en doivent connaître ».

» Il nous serait facile de citer beaucoup d'autres autorités à l'appui de ces arrêts; mais en voilà plus qu'il n'en faut pour établir que l'incompétence des tribunaux de commerce, en tout ce qui n'est pas placé par la loi dans les termes de leur juridiction, une incompétence absolue, une *incompétence ratione materiæ* ; et dès-là, les trois premiers moyens du demandeur viennent tous se fondre dans le quatrième, c'est-à-dire, dans celui qui a pour objet d'établir que les entrepreneurs généraux des transports militaires sont justiciables des tribunaux de commerce, et qu'en jugeant le contraire, le tribunal de la Seine a contrevenu à l'art. 4 du tit. 12 de l'ordonnance de 1673, qui attribue à ces tribunaux la connaissance *des différends pour ventes faites par des marchands, artisans et gens de métier, à fin de revendre ou de travailler à leur profession.*

» Nous avons donc à examiner, non pas précisément si le cit. Saint-Hylaire est marchand, mais si l'objet de la contestation élevée entre lui et le demandeur, est ce que l'ordonnance appelle un fait de marchandise, de négoce, de trafic; car, dit Jousse sur l'art. 1 du tit. 12, la juridiction des tribunaux de commerce *est réelle et non pas personnelle ;* et pour en être justiciable, il ne suffit pas que l'on soit marchand, il faut encore qu'il s'agisse de fait de marchandise ou revente. Ainsi, une contestation entre marchands pour vente de choses qui sont à leur usage personnel, ne serait pas de la compétence des tribunaux de commerce. Ainsi, quand même le cit. Géhier-Saint-Hylaire serait marchand, indépendamment de sa qualité d'entrepreneur général des transports militaires, le tribunal de commerce de Paris n'aurait pas pu se prévaloir de la première de ces deux qualités, pour prendre connaissance d'un différend qui a sa source dans la seconde, si d'ailleurs la seconde n'était pas, sous le rapport judiciaire, de la même nature que la première.

» En un mot, le citoyen Géhier-Saint-Hylaire est-il marchand, par cela seul qu'il est entrepreneur général des transports militaires? Telle est la question qu'il s'agit de décider. Le demandeur soutient l'affirmative; et il la fonde notamment sur la loi du 1.er brumaire an 7, ou plutôt sur le tarif qui y est annexé, et par lequel les *entrepreneurs, fournisseurs et munitionnaires de la république*, sont rangés dans la première classe des individus sujets à la contribution des patentes.

» Mais cette loi, ou, si l'on veut, ce tarif assujettit à la même contribution les notaires, les huissiers, les architectes; et certainement aucune de ces professions ne constitue marchand celui qui l'exerce, aucune ne le rend justiciable des tribunaux de commerce. On ne peut donc tirer aucune induction raisonnable de la loi ni du tarif dont il s'agit; et il faut, pour résoudre notre problême, entrer, pour ainsi dire, dans la substance même, tant de la qualité de marchand que de celle d'entrepreneur général des transports militaires, les soumettre l'une et l'autre à une sorte d'alambic mental, et en comparer les résultats.

» Ce qui constitue la qualité de marchand, c'est l'action d'acheter pour revendre.

» Il y a trois sortes de marchands. Les uns achètent et revendent, sans que la marchandise change entre leurs mains de nature ni de forme: ce sont les *marchands* proprement dits. Les autres achètent les choses dans une forme, et les revendent dans une autre; ainsi, un fabricant achète de la laine, la fait tisser, et la revend convertie en drap; ainsi, un tailleur achète du drap, et le revend en habit; ainsi, un boulanger achète de la farine, et la revend en pain; ainsi, un armurier achète du fer, de l'acier, du bois, et les revend métamorphosés en fusils: ces sortes de marchands s'appellent *manufacturiers*, *artisans*, *gens de métiers*. Ces deux classes de marchands ont cela de commun, qu'elles sont l'une et l'autre justiciables des tribunaux de commerce.

» Il est une troisième espèce d'hommes qui, par ses rapports nécessaires avec les marchands de l'une et de l'autre classe, est également sujette à la juridiction de ces tribunaux: ce sont les commissionnaires, les facteurs, les serviteurs que les marchands, les manufacturiers et les artisans emploient dans leur négoce, manufacture ou métier. Voici ce que porte à ce sujet l'art. 4 de l'édit du mois de novembre 1563, relatif à la juridiction consulaire de Paris, et rendu commun à toutes les autres par l'art. 1 du tit. 12

de l'ordonnance de 1673: « Connaîtront lesdits » juges et consuls de tous procès et différends » qui seront mus entre marchands pour fait de » marchandise seulement, leurs facteurs, servi- » teurs et commettans, tous marchands ». Les art. 4 et 5 du tit. 12 de l'ordonnance de 1673, confirment et développent cette disposition: « Les juges et consuls (dit l'art. 4), connaîtront » des différends pour ventes faites par des mar- » chands, artisans et gens de métier, afin de » revendre ou de travailler à leur profession; » comme à tailleurs d'habits, pour étoffes, » passemens et autres fournitures; boulangers » et pâtissiers, pour blé et farine; maçons, pour » pierres, moëllons et plâtre; charpentiers, » menuisiers, charrons, tonneliers et tourneurs, » pour bois; serruriers, maréchaux, taillandiers » et armuriers, pour fer; plombiers et fontai- » niers, pour plomb; et autres semblables ». L'art. 5 ajoute: « Connaîtront aussi des gages, » salaires et pensions des commissionnaires, » facteurs ou serviteurs des marchands, pour le » fait de trafic seulement ».

» Ainsi, en ce qui concerne la compétence des tribunaux de commerce, la loi considère comme marchands, et celui qui achète purement et simplement pour revendre, et celui qui achète pour travailler et revendre dans une autre forme, et celui qui loue son industrie, soit à l'un pour acheter et revendre purement et simplement, soit à l'autre pour acheter, ou travailler, ou revendre le produit de son travail. Mais là s'arrête la juridiction des tribunaux de commerce; elle ne s'étend pas hors de ces trois classes.

» La qualité de marchand ainsi analysée et définie dans ses rapports avec la compétence des juges commerciaux, tâchons d'analyser et de définir également la qualité d'entrepreneur général des transports militaires.

» L'entrepreneur général des transports militaires est un homme qui, moyennant un salaire déterminé, s'oblige de voiturer aux endroits qui lui sont indiqués par le gouvernement, l'artillerie, les munitions de guerre, les habillemens, les vivres, et généralement tout ce qui concerne le service, l'entretien et la subsistance des armées.

» Cette obligation le constitue-t-elle marchand proprement dit? Non, car il n'achète point pour revendre. Il achète bien, si l'on veut, les voitures, les chevaux, les bateaux, les navires dont il a besoin pour les transports qu'il doit effectuer, mais il ne les revend pas à la république; il ne fait que les lui louer; il n'est à l'égard de la république, que ce qu'est envers moi le propriétaire d'un carrosse de place, qui me le loue à tant par heure, pour me transporter d'un quartier de Paris à l'autre.

» C'est en cela qu'il diffère essentiellement des entrepreneurs généraux, soit des vivres, soit de

l'habillement des troupes. Ceux-ci, non-seulement achètent de divers particuliers les objets qui
forment le matériel de leurs entreprises; mais ils
les revendent encore à la république. Il y a donc
dans leurs opérations achat et revente; il y a,
par conséquent, fait de commerce proprement
dit.

» Au lieu que l'entrepreneur général des transports militaires se boine, soit à acheter, soit à
prendre à louage les instrumens qui servent à
remplir le but de son entreprise; mais encore une
fois, il ne revend rien à l'Etat; l'Etat n'achète
rien de lui; il n'y a entre lui et l'Etat d'autre contrat que celui qu'on appelle en droit *locatio-conductio operarum.*

» Si l'entrepreneur général des transports militaires n'est point marchand proprement dit,
est-il du moins manufacturier, artisan, homme
de métier, travaillant pour revendre dans une
forme ce qu'il a acheté dans une autre? Non encore : car, puisqu'il faut le répéter, il ne revend
rien à l'Etat, de ce qu'il a pu acheter pour se
mettre en état de faire son service.

» Mais enfin n'est-il pas de la troisième classe
dont nous venons de parler, et ne peut-on pas
le considérer comme facteur ou commissionnaire, soit de marchand proprement dit, soit de
manufacturier, soit d'artisan? Pas d'avantage.
L'Etat n'est ni marchand ni manufacturier; ce
n'est ni pour acheter et revendre purement et
simplement, ni pour acheter dans une forme et
revendre dans une autre, qu'il fait transporter
ses effets militaires; c'est uniquement pour le
service et le besoin de ses armées.

» L'entrepreneur général des transports militaires n'appartient donc à aucune des trois classes
d'hommes qui sont, par leur état, et à raison
seulement de leur état, justiciables des tribunaux
de commerce.

» Sans doute, on va dire qu'il ne faut pas,
dans cette affaire, le considérer sous ses rapports
avec le gouvernement, mais uniquement sous
ceux qui, par suite de ses engagemens envers
le gouvernement, se sont établis entre lui et
le cit. Muiron. Et effectivement le cit. Muiron
soutient qu'on ne peut envisager l'entrepreneur
général des transports militaires, que comme
un négociant qui fait un trafic sur les emballages
et les transports, puisqu'il achète les services
des emballeurs, des voituriers, des mariniers,
pour les revendre au gouvernement moyennant
un profit.

» Mais prenons garde à l'abus que l'on fait
ici des mots *acheter* et *revendre.* Les services
ne s'achètent point, ils se louent; on connaît
bien en droit le contrat appelé *locatio-conductio
operarum,* on n'y connaît point celui qu'on
voudrait ici faire appeler *operarum emptio-
venditio;* et la raison en est simple : c'est que le
contrat de vente est essentiellement translatif de

propriété; et que jamais les services purement
industriels d'un homme, ne peuvent devenir la
propriété d'un autre homme. Or, n'oublions pas
que ce qui constitue l'état de marchand, c'est
l'achat fait en vue de la revente, c'est-à-dire,
l'acquisition d'une propriété mobilière, avec
intention de la transférer au premier amateur. La
loi n'a pas dit que celui qui prendrait à louage,
pour louer lui-même à d'autres, serait justiciable
des tribunaux de commerce; elle n'a assujetti à
la juridiction de ces tribunaux, que celui qui
achèterait pour revendre. En un mot, elle exige
pour condition première et fondamentale de leur
compétence; qu'il y ait *fait de marchandise,*
c'est-à-dire, trafic consistant, soit à acheter
et revendre purement et simplement, soit à
acheter dans une forme et revendre dans une
autre. Or, rien de tout cela ne se rencontre dans
un entrepreneur des transports militaires; il n'est
donc pas marchand; il n'est donc pas justiciable
des tribunaux de commerce.

» Mais, dira-t-on, les tribunaux de commerce
connaissent bien des différends qui s'élèvent
entre un entrepreneur général de roulage et
les voituriers qu'il emploie. Pourquoi n'en
serait-il pas de même de ceux qui s'élèvent
entre un entrepreneur général des transports
militaires, et les particuliers, voituriers ou non,
avec lesquels il sous-traite? Pourquoi? parce
qu'il y a entre les uns et les autres une très-
grande différence.

» En effet, dans le premier cas, il y a véritablement *fait de marchandise;* l'entrepreneur
général de roulage est, à ce titre, le *commissionnaire,* le *facteur* du négociant qui le charge
du transport de ses étoffes, de ses denrées, de
ses liqueurs, de ses objets manufacturés; et alors
le voiturier employé par l'entrepreneur général
de roulage, n'est lui-même qu'un sous-commis-
sionnaire, qu'un facteur secondaire de ce même
négociant. Et il est vrai que c'est là l'unique
raison de l'assujettissement, soit de l'entrepreneur général de roulage, soit du roulier même,
à la juridiction des tribunaux de commerce, que
par l'art. 3 du règlement du conseil du 13
août 1669 pour la conservation de Lyon, et par
l'art. 24 de la déclaration du 24 août 1703,
relative à la navigation de la Loire, les voituriers
et mariniers ne sont justiciables de ces tribunaux,
que pour raison du transport des marchandises
et denrées dont font commerce ceux à qui elles
appartiennent.

» En est-il de même de l'entrepreneur général
des transports militaires? Non certainement;
car, encore une fois, il n'est ni le commissionnaire ni le facteur d'un marchand; il n'est
commissionnaire, il n'est facteur que de l'Etat.
Il a bien cela de commun avec l'entrepreneur
général de roulage, que comme lui, il fait par
des voituriers particuliers ce qu'il ne peut pas
faire par lui-même, et que comme lui il loue

les services de ces voituriers; mais il en diffère essentiellement, en ce qu'en louant les services des voituriers particuliers, il ne les emploie pas à un *fait de marchandise*; il ne les loue pas comme commissionnaire, comme facteur de marchand; il ne les loue que parce qu'il a loué lui-même les siens à l'Etat.

» Une comparaison très-simple achèvera de porter la conviction dans tous les esprits. Les juges-consuls ont autrefois prétendu assujettir à leur juridiction les marchés faits entre les entrepreneurs de bâtimens, d'une part, et les maçons, charpentiers, serruriers et autres ouvriers du même genre, de l'autre. On disait en faveur de cette prétention, tout ce qu'allègue aujourd'hui le demandeur, à l'appui de la sienne. L'entrepreneur de bâtimens, disait-on, est un spéculateur qui achète les services du maçon, du charpentier, du serrurier, pour les revendre au propriétaire du terrain sur lequel il s'est obligé d'élever un édifice; il est donc marchand; il est donc justiciable des tribunaux de commerce. Mais on répondait qu'entre le maçon, le charpentier, le serrurier et l'entrepreneur de bâtimens, il n'y a point de contrat de vente, comme il n'y a point de contrat de revente entre l'entrepreneur de bâtimens et le propriétaire du terrain; qu'il n'y a entre les uns et les autres que des contrats de louage; et que le contrat de louage ne peut jamais être de la compétence des juges commerciaux, si ce n'est lorsqu'il a son principe dans un fait de marchandise, c'est-à-dire, lorsqu'il y a louage de services à un marchand pour raison de son commerce. En conséquence, arrêt du parlement de Paris du 28 avril 1575, rapporté par Jousse sur l'art. 5 du tit. 12 de l'ordonnance de 1673, qui défend aux juges-consuls d'Angers de connaître des marchés dont il s'agit.

» Plus récemment encore, les juges-consuls de Paris ont prétendu connaître des demandes formées par les cochers de carrosses de place, en payement des gages et salaires qui leur étaient dus par les propriétaires ou locataires principaux des ces mêmes carrosses. Mais par arrêt rendu à la grande audience du mardi 20 janvier 1756, la sentence des juges commerciaux qui avait rejeté le déclinatoire proposé par les propriétaires, a été déclarée nulle et incompétemment rendue (1).

Vous voyez, C. M., que, par là, il est décidé bien positivement que le simple louage de services qui ne se rapporte pas primitivement à un fait commercial, ne peut jamais être de la compétence des tribunaux de commerce. Et comme, dans l'espèce actuelle, il n'y a ni achat

pour revendre, ni revente effective, ni louage ni sous-louage de services pour fait de commerce, il est clair que le tribunal de la Seine a bien jugé, en déclarant nul et incompétemment rendu le jugement dont le cit. Géhier-Saint-Hylaire s'était rendu appelant.

» Par ces considérations, nous estimons qu'il y a lieu de rejeter la requête en cassation, et de condamner le demandeur à 150 francs d'amende ».

Ces conclusions n'ont pas été suivies. Par arrêt du 23 brumaire an 9, au rapport de M. Lachèze, la requête du sieur Muiron a été admise; et l'affaire portée en conséquence à la section civile, arrêt y est intervenu, le 11 vendémiaire an 10, au rapport de M. Basire, et contre les conclusions de M. Lefessier-Grand-Prey, par lequel,

« Vu l'art. 2 du tit. 12 de la loi du 24 août 1790, et l'art. 4 du tit. 12 de l'ordonnance de 1673;

» Attendu que l'entreprise des transports militaires constitue un trafic auquel les agens de cette entreprise sont employés; que les obligations des entrepreneurs généraux envers le cit. Muiron, leur agent, sont pour le fait de ce trafic; et que, dès-lors, elles sont dans la classe de celles dont la connaissance est attribuée aux tribunaux de commerce; d'où il suit que le jugement attaqué, en prononçant, dans l'espèce, que le tribunal de commerce du département de la Seine n'était point compétent *ratione materiæ*, a contrevenu aux articles précités;

» Le tribunal casse et annulle le jugement rendu par le tribunal civil du département de la Seine..... ».

Le Code de commerce confirme le principe sur lequel est fondé cet arrêt : « La loi (porte-t-il, art. 632), répute actes de commerce.... toute entreprise de manufacture, de commission, de *transport par terre ou par eau* ».

§. VI. 1.° *Avant le Code commercial, les veuves et les héritiers d'un marchand, qui ne continuait pas son négoce, étaient-ils, pour raison de ses dettes commerciales, justiciables des tribunaux de commerce ?*

2.° *Avant le même Code, un tribunal de commerce pouvait-il déclarer exécutoire contre les héritiers d'un marchand, le jugement rendu contre celui-ci ?*

Ces deux questions qui, au premier coup d'œil, paraissent n'en former qu'une, doivent, comme on va le voir, se résoudre par des principes différens.

Louis Chenais, maître des forges à Aron, près Mayenne, avait vendu des fers à Cailletel,

---

(1) Nouvelle édition de Denizart, article *Consuls des marchands*, §. 3, n. 14.

qui en faisait commerce. Cailletel était mort domicilié dans le département du Calvados, et laissant pour héritière une fille en bas âge, dont Costy avait été nommé tuteur.

Le 5 floréal an 11, Chenais à qui Cailletel devait, au moment de son décès, une somme de 276 francs pour solde de ses fournitures, tire cette somme sur Costy, en sa qualité de tuteur; et le même jour il passe sa lettre de change à l'ordre d'Olivier Desmoulins : celui-ci, à défaut de payement, la fait protester, et assigne le tireur en remboursement devant le tribunal civil de Mayenne, son juge domiciliaire, et dans le ressort duquel avait été fournie la marchandise que la traite avait pour objet de faire solder.

Chenais dénonce cette assignation à Costy en sa qualité, et le fait citer devant le même tribunal pour se voir condamner à le garantir. Costy décline, et soutient que n'étant cité devant le tribunal de Mayenne que comme juridiction commerciale, il n'est pas tenu de la reconnaître, attendu que ni lui ni sa mineure ne continuent le commerce de feu Cailletel, et qu'ils ne font ni l'un ni l'autre aucune espèce de négoce.

Sur ce déclinatoire, jugement en dernier ressort du 18 messidor an 11, ainsi conçu :

« Considérant qu'il est constant en fait que la lettre de change du 5 floréal dernier a été tirée sur un curateur d'une mineure dont le père était marchand de fers; que le curateur et la mineure n'ont continué ni l'un ni l'autre les affaires du père décédé ; et qu'ils n'exercent point la profession de marchand ; qu'il est encore constant qu'il n'a été dirigé par Chenais aucune action contre le père de la mineure, pour raison du commerce fait entre eux ;

» Considérant en droit que les juridictions consulaires sont des justices d'attribution ; que, dès-lors, elles ne peuvent connaître que des affaires dont l'édit de 1563 et l'ordonnance de 1673 leur attribuent la connaissance; que, par l'art. 3 de l'édit de 1563, les juges-consuls peuvent connaître des affaires pour lettres de change contre marchands, *leurs veuves marchandes publiques ;* que de cette disposition première, il résulte qu'en comparant les héritiers à la veuve, il faut que les héritiers soient aussi marchands pour être justiciables des tribunaux de commerce ;

» Considérant que, pour qu'il en soit autrement, il faut que l'ordonnance de 1673 déroge aux dispositions de l'édit précité; que l'art. 16 du tit. 12 de cette ordonnance, invoqué par Chenais, loin de déroger à l'art. 3 de l'édit de 1563, renvoie au contraire formellement aux dispositions qu'il contient, ainsi qu'il sera facile de s'en assurer, en comparant ces deux articles ensemble, et en pesant les expressions grammaticales de l'art. 16 du tit. 12 de l'ordonnance de

1673; que cette dernière loi porte : *les veuves et héritiers des marchands, négocians et autres contre lesquels on pourrait se pourvoir pardevant les juges-consuls, y seront assignés en reprise ou par nouvelle action,* etc. ; qu'en pesant et examinant cet article, il faut voir d'abord ce que le législateur se propose; que, depuis l'art. 12 du même titre, il n'est question que du mode de procéder; et non de déterminer une nouvelle-attribution aux juges-consuls ; que cet article ne diffère de l'art. 3 de l'édit de 1563, qu'en ce qu'il parle des héritiers, et que l'autre parle seulement des veuves des marchands ; que c'est par une fausse interprétation et application de l'art. 16, que ses dispositions peuvent avoir fait l'objet d'un doute ; qu'en effet on rapporte les mots *contre lesquels on pourrait se pourvoir,* aux mots *marchands, négocians et autres,* pendant qu'ils n'ont de vrai sens qu'en les rapportant aux mots *les veuves et héritiers;* cet article ne paraît avoir pour but que d'ajouter aux *veuves, les héritiers* des marchands dont l'art. 3 de l'édit de 1563 ne parle point; que, s'il en était autrement, l'art. 16 de l'ordonnance de 1673 rapporterait l'art. 3 de l'édit précité, ce qu'il ne dit pas ; il résulte au contraire des mots *contre lesquels on pourrait se pourvoir,* un renvoi formel aux dispositions de l'édit de création des juges-consuls, art. 3 précité ; or, cet article de l'édit exige que les veuves soient marchandes, pour qu'elles puissent être traduites devant les juges-consuls, à raison des dettes ou obligations de leurs maris; c'est ainsi que Bornier et le commentateur Jousse, sur cet art. 16, l'ont entendu. On a dit mal-à-propos que ce dernier auteur est en contradiction avec lui-même dans ses notes ; car il rapporte l'opinion de Chenu dans son recueil de réglemens, et non la sienne, lorsqu'il dit : *néanmoins s'il s'agit d'une dette qui procède du fait du défunt et qui soit consulaire, il faudra assigner la veuve devant les juges-consuls.* Les auteurs du *Répertoire de jurisprudence* n'ont émis la même-opinion de Chenu sur l'art. 16, que parce qu'ils-ont fait rapporter aux marchands et négocians les mots *contre lesquels,* au lieu de les appliquer aux mots *veuves et héritiers,* dont cet article-paraît s'occuper exclusivement. Il en est de-même de l'opinion de Toubeau. Au surplus, ce qui a paru pour le tribunal une explication bien précise de l'art. 16 de l'ordonnance de 1673, c'est l'arrêt du conseil d'Etat rapporté par les éditeurs du nouveau Denizart, pour la veuve Redon. Car, dans cette espèce, l'arrêt ne peut avoir eu pour cause la circonstance que l'obligation de la veuve Redon était postérieure à la mort de son mari, cette dernière n'ayant contracté que pour son mari ; d'où il résulte que la novation n'avait pu avoir lieu d'après les termes de son obligation. — Enfin, le tribunal a encore considéré que, si les veuves et les héritiers des marchands étaient généralement justiciables des tribunaux de commerce pour les affaires de leurs maris ou auteurs marchands, Jousse, dans sa note 18 sur les actes de puissance publique et de juridiction volontaire, n'aurait pas décidé que, quand il s'agit de faire déclarer exécutoire contre des veuves ou héritiers une sentence rendue par les juges-consuls, sans autre condamnation, cette demande doit être formée devant les juges ordinaires, parce que les juges-consuls *nudam habent notionem*, et que ce n'est qu'accessoirement et par une attribution particulière, que leur sentence emporte exécution contre ceux qui étaient parties en l'instance poursuivie et jugée par eux. — Il a paru encore au tribunal, qu'en admettant que les veuves et héritiers des marchands fussent justiciables des tribunaux de commerce, sans être marchands eux-mêmes, il leur serait infiniment onéreux d'être obligés de plaider à des distances très-éloignées et devant plusieurs tribunaux, pour des lettres de change négociées et protestées, par action en garantie exercée contre eux.

» Par ces motifs, le tribunal (après avoir condamné Chenais à rembourser la lettre de change à Olivier Desmoulins), faisant droit sur le déclinatoire proposé par Costy, se déclare incompétent pour connaître de la demande récursoire de Chenais contre ce dernier..... ».

Chenais se pourvoit en cassation. Le 25 floréal an 12, arrêt de la section des requêtes qui admet son recours.

« L'art. 16 du tit. 12 de l'ordonnance de 1673 (ai-je dit à l'audience de la section civile, le 20 frimaire an 13), a-t-il été violé par le jugement que vous dénonce Louis Chenais? Telle est la seule question que présente à votre examen l'affaire dont vous venez d'entendre le rapport; et pour la résoudre, il importe, avant tout, de bien fixer les principes que l'on doit prendre pour guides dans toutes les contestations relatives à la compétence des tribunaux de commerce.

» Deux élémens doivent concourir à la formation de cette compétence, *la chose* et *les personnes* : *la chose*, il faut que ce soit un fait commercial; *les personnes*, il faut qu'elles soient marchandes.

» Mais, faut-il que les personnes soient marchandes au moment où l'action s'intente en justice? Non : car le marchand qui s'est retiré du négoce, demeure toujours justiciable des tribunaux consulaires, à raison des actes de commerce qu'il a faits, à raison des dettes de commerce qu'il a contractées précédemment. Et de là vient que l'ecclésiastique, l'homme de loi, l'officier de judicature, qui, sans avoir ni boutique ni magasin, ni registres, ont fait en passant des actes de commerce, et qui par là se sont momentanément constitués marchands,

ne laissent pas, pour les contestations auxquelles ces actes peuvent donner lieu, d'être sujets à la juridiction des tribunaux de commerce. C'est ce qu'ont jugé trois arrêts du parlement de Paris des 9 août 1607, 16 juillet 1650 et 5 février 1664, et un autre du grand conseil du 1.er février 1661, cités par Jousse, sur l'art. 1 du tit. 12 de l'ordonnance de 1673. C'est aussi ce que porte textuellement une déclaration du 28 avril 1565, rendue pour la juridiction consulaire de Bordeaux, et rapportée par le même auteur. C'est enfin ce qui fait dire à tous les jurisconsultes qui se sont occupés de la compétence des tribunaux de commerce, que leur juridiction est *réelle et non personnelle.*

» Il ne faut donc pas entendre à la lettre la maxime avancée par le tribunal dont le jugement vous est dénoncé, que les dettes de commerce ne sont de la compétence des juridictions consulaires, que dans le cas où ceux qui les doivent et ceux à qui elles sont dues, sont marchands : elles sont de la compétence de ces juridictions, toutes les fois qu'il y a eu originairement acte de commerce de la part des uns et des autres, toutes les fois que les uns et les autres ont été marchands, ou se sont transitoirement rendus tels au moment où ces dettes ont été contractées.

» Mais si la qualité actuelle de marchand n'est pas nécessaire pour fonder la compétence des juridictions commerciales ; s'il suffit, pour fonder leur compétence, que cette qualité ait existé à l'époque de l'acte de commerce qui donne lieu au litige, par quelle raison, par quel prétexte voudrait-on affranchir de ces juridictions, les veuves et les héritiers d'un marchand à qui l'on vient demander payement d'une dette de commerce contractée par celui-ci? Ils ne continuent pas, dit-on, le négoce du défunt. Mais si le défunt vivait encore, et qu'il eût quitté son négoce, on pourrait le traduire devant les tribunaux de commerce. Le défaut de continuation du négoce du défunt n'est donc pas pour eux un titre d'affranchissement de la juridiction de ces tribunaux.

» Voilà ce que nous dit le bon sens; voilà où nous conduit la saine Logique. Sans doute, s'il était bien évident que la loi voulût le contraire, il faudrait se soumettre à sa volonté. Mais quelle preuve nous donne-t-on de ce qu'on avance à cet égard?

» On cite l'art. 3 de l'édit du mois de novembre de 1563, qui, dit-on, par les termes, *leurs veuves marchandes publiques*, fait clairement entendre que les veuves de marchands non *marchandes publiques*, ne sont pas justiciables des tribunaux de commerce.

» Mais d'abord, est-il bien constant que ces mots, *leurs veuves marchandes publiques*, doivent être lus dans l'édit, tels qu'on vous les présente? On vous les présente comme ne formant qu'un seul contexte, et c'est ainsi en effet qu'on les lit dans plusieurs des collections où cette loi est rapportée. Cependant il est aussi des recueils, même très-anciens, et notamment ceux de Fontanon, tome 1, liv. 2, tit. 10; de Filleau, tome 1, page 413; de Guénois, liv. 4, tit. 12, part. 2, dans lesquels les mots *leurs veuves*, sont séparés par une virgule des mots *marchandes publiques*; et si telle est réellement la leçon originale de la loi, il est évident que la loi, bien loin de favoriser le système du tribunal de Mayence, le détruit et le renverse de fond en comble.

» D'abord les lettres-patentes du 27 mai 1531, relatives à la juridiction consulaire de Toulouse, et qui sont, comme l'édit de 1563, déclarées communes à toutes les juridictions consulaires de France par l'art. 1 du tit. 12 de l'ordonnance de 1673, ces lettres-patentes portent formellement que *iceux prieur et consuls connaîtront et pourront connaître*... ENTRE TOUS GENS DE QUELQUE ÉTAT ET QUALITÉ QU'ILS SOIENT, *des procès et différends*.... *pour raison de toutes choses concernant le fait de marchandise, trafic, commerce et change*. Ces mots, *entre tous gens de quelque état et qualité qu'ils soient*, embrassent évidemment dans leur généralité les veuves communes et les héritiers des marchands; ils prouvent évidemment que, dès qu'il s'agit d'un fait de commerce, on ne doit pas considérer si la partie assignée est personnellement marchande, ou si elle n'est que le successeur d'un marchand; et ce qui achève de démontrer que, par cette loi, les successeurs de marchands qui ne le sont pas eux-mêmes, ne laissent pas d'être assujettis à la juridiction consulaire, c'est le soin qu'a pris le parlement de Toulouse, en enregistrant ces lettres-patentes par arrêt du 8 mars 1532, de déclarer que les prieur et consuls ne pourraient pas prononcer la contrainte par corps *contre les héritiers et successeurs des obligés pour le fait, négociation et trafic des marchandises*.

» En second lieu, par l'art. 16 du tit. 12 de l'ordonnance de 1673, il est dit que *les veuves et héritiers des marchands, négocians et autres contre lesquels on pourrait se pourvoir pardevant les juges et consuls, y seront assignés ou en reprise ou par nouvelle action*. Ainsi, dans tous les cas où le marchand décédé était justiciable des tribunaux de commerce, sa veuve et ses héritiers le sont également. Il n'y a là ni distinction, ni réserve. Et remarquez, Messieurs, que, dans cet article, le législateur a précisé un cas, mais un seul cas, où cesserait la compétence des tribunaux de commerce, à l'égard des veuves et des héritiers: c'est celui où la qualité, soit de veuve commune, soit d'héritier pur et simple ou bénéficiaire, serait contestée: alors, dit la loi, *les parties seront renvoyées par devant les juges ordinaires pour les régler; mais après le jugement de la qualité, elles seront renvoyées pardevant les juges et consuls*. Donc, hors le cas de

contestation sur leurs qualités, les veuves et les héritiers sont tenus de procéder devant le tribunal de commerce. Donc ils sont tenus d'y procéder, soit qu'ils appartiennent, soit qu'ils n'appartiennent pas personnellement à la classe des marchands.

» Et comment le tribunal de Mayence a-t-il pu imaginer que, dans ce même article, les mots *contre lesquels on pourrait se pourvoir pardevant les juges et consuls*, devaient se rapporter, non aux termes *marchands, négocians et autres*, mais aux expressions *veuves et héritiers*? Comment n'a-t-il pas senti que la seule contexture de la loi se refusait à cette interprétation? D'abord, suivant cette interprétation, le sens de l'art. 16 serait que les veuves et les héritiers des marchands, qui sont eux mêmes de la classe commerçante, peuvent être assignés devant les juges-consuls, soit en reprise, lorsqu'il y a eu instance commencée avec leurs auteurs, soit par action nouvelle. Or, peut-on supposer que le législateur eût cru devoir faire pour cela un article exprès de loi? Peut-on se figurer qu'il ait jugé nécessaire d'interposer sa puissance, pour déclarer une chose aussi simple? Ensuite; qui ne voit que, si l'on rapportait aux *veuves et héritiers*, les mots *contre lesquels on pourrait se pourvoir*, il y aurait dans la phrase une faute grammaticale? *Les veuves et héritiers contre lesquels on* POURRAIT *se pourvoir pardevant les juges et consuls*, y SERONT *assignés*: si tel était le langage de la loi, le mot *pourrait* ne se trouverait là que par l'effet d'un solécisme; et ce serait *pourra* qu'il faudrait y substituer, pour rendre la phrase régulière; au lieu qu'en rapportant *aux marchands, négocians et autres*, les mots *contre lesquels on pourrait se pourvoir*, le conditionnel *pourrait* se trouve véritablement à sa place, parce qu'alors le législateur est censé dire: *les veuves et les héritiers des marchands; négocians et autres, contre lesquels, s'ils* VIVAIENT ENCORE, *on pourrait se pourvoir pardevant les juges et consuls, y seront assignés*, etc.

» Mais ce qui doit, à cet égard, lever toute espèce de doute, c'est que, par l'art. 18 de l'édit de février 1715, relatif aux juges et consuls de Lille, le même législateur de qui était émanée l'ordonnance de 1673, a soumis expressément à la juridiction consulaire, même les cessionnaires non marchands de dettes originairement commerciales: « Ils connaîtront (porte » cet article) de tous transports de cédules, » promesses et obligations, ou dettes pour fait » de marchandises, quoique faits par lesdits mar-» chands et négocians à personnes privilégiées » ou autres quelconques non sujettes à la juri-» diction consulaire ». A coup sûr, l'héritier d'un marchand ne peut pas être, à l'égard de la juridiction commerciale, d'une autre condition que son cessionnaire; et puisque le cessionnaire non marchand d'une dette de commerce, est sujet à cette juridiction comme l'était son cédant, il faut bien que l'héritier non marchand y soit également sujet pour les dettes de commerce de la personne à laquelle il a succédé.

» A cette raison déjà si décisive, nous devons ajouter une considération qui nous paraît tranchante. Tout le monde sait que la preuve testimoniale qui, devant les tribunaux ordinaires, n'est permise, en fait de contrats et de payemens, que dans les affaires dont l'objet n'excède pas 150 francs, est, même en fait de payemens et de contrats, admise indéfiniment dans les tribunaux de commerce. Lors donc que deux marchands traitent ensemble pour des valeurs au-dessus de 150 francs ; lorsqu'un marchand paye à un autre marchand une somme supérieure à ce taux, le droit de prouver par témoins, soit la convention, soit le payement, est, par cela seul, irrévocablement acquis à l'un comme à l'autre. Qu'arriverait-il cependant, dans l'opinion du tribunal de Mayenne, si l'un des deux venait à mourir ? Dans ce système, l'héritier du premier mourant ne pourrait être cité, il ne pourrait lui-même citer le survivant, que devant les juges ordinaires ; et par une conséquence inévitable, le traité, le payement ne pourraient être prouvés que par écrit. Ainsi, un traité, un payement qui, à l'époque où ils ont été faits, auraient pu être prouvés par témoins, pourraient, par le seul effet de la mort de l'une des parties, se trouver dénués de toute preuve légale. Ainsi, le décès de l'une des parties changerait, non-seulement l'ordre des juridictions, mais même le fond du droit. Ainsi, le créancier qui aurait pu faire condamner son débiteur à l'aide de la preuve testimoniale, ne pourra pas faire condamner l'héritier de celui-ci. Ainsi, le débiteur qui, du vivant de son créancier, aurait pu, à l'aide de la preuve testimoniale, se faire déclarer pleinement et légitimement libéré, perdra l'effet de sa libération par la mort de son créancier. — C'est assez dire que le système du tribunal de première instance de Mayenne, heurte à la fois et le texte et l'ordonnance de 1673, et les notions les plus simples de l'équité naturelle.

» Mais, dit-on, des arrêts ont accueilli ce système. Distinguons les époques où ces arrêts ont été rendus.

» Ceux du parlement de Paris, du 20 avril 1573 et du mois de mars 1574, sont très-voisins de l'édit de 1563 ; et personne n'ignore que, dans les premiers temps, le parlement de Paris voyait de mauvais œil l'établissement des juridictions consulaires. Il n'est donc pas étonnant qu'il ait alors cherché à restreindre la compétence de ces juridictions, et qu'il se soit aidé pour cela de l'équivoque qui se trouve dans l'édit même. Ces arrêts ne peuvent donc pas faire autorité. Ils le peuvent d'autant moins, qu'ils n'ont pas empê-

ché que le parlement de Rouen ne jugeât le contraire, même avant l'ordonnance de 1673. Brillon, au mot *Consul*, n. 5, rapporte, d'après Basnage, un arrêt de cette cour, du 15 janvier 1669, qui décide que l'*héritier d'un marchand, quoiqu'il ne soit plus de cette profession, est tenu de plaider devant les consuls, pour les effets qui lui sont demandés, résultans des marchandises faites par le défunt.*

» A l'égard de l'arrêt du conseil du 11 novembre 1757, voici dans quels termes il est rapporté dans la nouvelle édition du Recueil de Denizart, article *Consuls des marchands*, §. 3, n. 7 : « On » a plaidé la question de savoir si la veuve d'un » nommé Redou, cloutier à Ussel, qui, depuis » sa viduité, avait discontinué ce commerce, et » avait fait un billet au profit du sieur Duffaud, » marchand de fer, pour restant du prix des » marchandises fournies à son mari, pouvait » être traduite devant les juges et consuls de » Clermont-Ferrand, pour le payement du » montant de son billet. La veuve Redon soute- » nait qu'elle n'était pas consulaire ; elle avait » obtenu un arrêt du parlement de Bordeaux, » le 10 octobre 1747, qui cassait l'assignation » que lui avait fait donner Duffaud, et qui » renvoyait la cause devant le juge d'Ussel. La » veuve avait obtenu sur cela des lettres de ré- » glement de juges ; et par arrêt contradictoire » intervenu au conseil privé, au rapport de » M. Lepileur d'Apligny, le 11 novembre 1757, » il a été décidé qu'il fallait se pourvoir devant » les juges ordinaires, et non devant les con- » suls ». Quel a été le motif de cet arrêt ? nous l'ignorons. Peut-être le conseil a-t-il pensé, bien ou mal, qu'il y avait eu novation entre Duffaud et la veuve de son débiteur. Ce qu'il y a du moins de très-certain, c'est que le parlement de Paris l'avait ainsi jugé précédemment. Écoutons Denizart au mot *Novation*, n. 9 : « La cour a » jugé, par arrêts rendus les 9 mars 1736 et » 5 avril 1737, qu'il y a *novation*, lorsqu'un » marchand prend une obligation d'un autre » marchand auquel il a vendu des marchan- » dises ; et que les consuls sont incompétens » pour en connaître, lors même que le défen- » deur a volontairement procédé devant eux ». A Dieu ne plaise que nous nous rendions les apologistes d'une pareille jurisprudence ! Mais elle existait à l'époque où est intervenu l'arrêt du conseil que l'on nous oppose, et il est sensible qu'elle a pu le motiver. Au surplus, un arrêt isolé et dont on ne connaît même pas bien la véritable espèce, ne peut pas l'emporter sur le texte de la loi. Le texte de la loi, nous l'avons déjà dit, n'admet ni exception ni restriction relativement aux héritiers et aux veuves qui ne continuent pas le négoce du défunt : il les soumet donc par cela seul, comme les héritiers marchands, comme les veuves marchandes, à la juridiction des tribunaux de commerce.

» Et c'est ce que la cour a jugé tout récemment de la manière la plus positive.

» Marc-Louis Lourdet demandait la cassation d'un arrêt de la cour d'appel de Rouen, du 28 brumaire an 10, qui avait décidé que la veuve et les héritiers d'un marchand nommé Leborgne, avaient pu, sur l'assignation qu'il leur avait donnée devant un tribunal ordinaire, en payement de marchandises livrées au défunt, décliner la juridiction de ce tribunal, et demander leur renvoi au tribunal de commerce, quoiqu'ils ne fissent et n'eussent jamais fait personnellement aucun acte de négoce. Il attaquait cet arrêt comme contraire à l'art. 3 de l'édit du mois de novembre 1563, et comme appliquant à faux l'art. 16 du tit. 12 de l'ordonnance du mois de mars 1673. L'art. 3 de l'édit du mois de novembre 1563, disait-il, ne soumet les veuves des marchands à la juridiction commerciale, qu'autant qu'elles sont *marchandes publiques;* et cette disposition doit restreindre celle de l'art. 16 du tit. 12 de l'ordonnance de 1673, qui paraît, à la première vue, rendre indistinctement justiciables des tribunaux de commerce, les veuves et héritiers de ceux contre lesquels on pourrait se pourvoir devant ces tribunaux, s'ils vivaient encore; elle doit la restreindre au cas où ces veuves, ces héritiers sont eux-mêmes marchands; et la nécessité de cette restriction résulte de l'art. 1 du même titre, par lequel l'ordonnance de 1673 ordonne l'exécution de l'édit de 1563 : car vouloir ne pas adapter cette restriction à l'art. 16 de cette ordonnance; ce serait vouloir que cette ordonnance se fût contredite elle-même. D'ailleurs, continuait Marc-Louis Lourdet, il est de principe que la juridiction des tribunaux de commerce est à la fois *personnelle* et *réelle*. Elle est *personnelle*, en ce qu'elle n'atteint que les marchands; elle est *réelle*, en ce qu'elle ne peut s'exercer que sur les objets de négoce ou marchandise. Ainsi, pour fonder leur compétence, il ne suffit pas que la matière soit commerciale, il faut encore que le litige existe entre marchands; et c'est ce que détermine bien clairement l'art. 3 de l'édit de 1563 : *connaîtront lesdits juges et consuls de tous procès et différends qui seront mus entre marchands pour fait de marchandises seulement, leurs veuves marchandes publiques, leurs facteurs, serviteurs et commettans, tous marchands.* Enfin, disait le sieur Lourdet, Bornier, sur l'art. 16 du tit. 12 de l'ordonnance de 1673, n'hésite pas à reconnaître que les veuves et héritiers non marchands ne sont pas justiciables des tribunaux de commerce. Deux arrêts du parlement de Paris, du 20 avril 1573 et du mois de mars 1574, l'ont ainsi jugé; et c'est ce qu'a aussi décidé un arrêt du conseil du 11 novembre 1757, rapporté par Denizart.

» Tels étaient, mot pour mot, les raisonnemens, telles étaient les autorités, sur lesquels le sieur Lourdet fondait sa demande en cassation; et vous voyez, Messieurs, qu'il n'omettait rien, ou presque rien, de ce qu'a employé le tribunal de Mayenne pour justifier le jugement déféré aujourd'hui à votre censure. Mais à ces raisonnemens, à ces autorités, nous avons opposé littéralement tout ce que nous venons de vous répéter; et par arrêt rendu à la section des requêtes, le 25 prairial an 11, au rapport de M. Cassaigne, le recours du sieur Lourdet a été rejeté, « attendu que l'art. 16 du tit. 12 de l'ordonnance de 1673 assujettit formellement à la » juridiction des tribunaux de commerce, les » veuves et héritiers de marchands, pour fait » de marchandises de leur auteur, lors même » qu'ils ne sont pas marchands, que cela résulte » de sa disposition expresse, puisqu'il parle des » veuves et héritiers du marchand contre lequel » on pourrait se pourvoir pardevant ces tribu- » naux, et il ordonne de les y assigner en re- » prise ou par action nouvelle, sans distinguer » s'ils font le commerce ou s'ils ne le font point, » et sans en excepter aucun; que c'est aussi son » intention évidente au fond, puisque, par cette » attribution, il ne fait que consacrer la consé- » quence naturelle du principe constitutif de » ces sortes de juridictions; qu'il est en effet de » principe que la compétence des tribunaux de » commerce dérive de la nature du contrat, » c'est-à-dire, de ce qu'il est fait entre mar- » chands pour fait de commerce; d'où il suit » que la compétence existe du moment où le » contrat est formé, et que son existence étant » acquise, les changemens ultérieurs dans les » personnes elles-mêmes sont indifférens et ne » peuvent la faire cesser; que ce principe lui- » même est si certain, qu'il est consacré par » l'art. 2 du même titre, qui assujettit à la juridic- » tion des tribunaux de commerce, ceux qui si- » gnent des lettres de change quoique non mar- » chands, ou que, depuis lors, ils n'aient plus » fait de commerce; d'où il est évident que » c'est la nature du contrat qui forme essentiel- » lement la compétence, et en effet, s'il en » était autrement, des marchands de mauvaise » foi n'auraient qu'à cesser leur commerce pour » se soustraire à la juridiction de ces tribunaux » et aux preuves vocales qu'ils peuvent seuls » admettre au-dessus de 100 livres, et le but de » ces institutions se trouverait éludé; attendu » que l'art. 3 de l'édit du mois de novembre » 1563 ne dit rien de contraire, en statuant que » les juges et consuls connaîtront des différends » mus entre marchands pour fait de marchan- » dises, et leurs veuves marchandes publiques, » sans faire mention de celles qui ne font point » de commerce; que cet article sainement en- » tendu, ne fait au fond que consacrer le prin- » cipe que c'est la nature du contrat qui cons- » titue la compétence de ces juridictions, et en » déduire la conséquence à l'égard des mar-

» chands et de leurs veuves marchandes publi-
» ques , en leur en faisant l'application ;
» qu'ainsi , loin d'exclure de sa disposition les
» veuves non marchandes, il les comprend évi-
» demment par son principe; et si son silence à
» leur égard laissait quelque chose à désirer
» pour leur en faire l'application, il se trouve
» réparé par la disposition formelle de l'art. 16,
» tit. 12 , de l'ordonnance ci-dessus citée; atten-
» du enfin, que , dans l'espèce , les veuves et
» héritiers Leborgne étaient assignés pour fait
» de marchandise de leur auteur marchand
» avec un autre marchand; que, par suite, en
» les déclarant justiciables des tribunaux de
» commerce , le jugement attaqué n'a fait que
» se conformer exactement à l'art. 16 du tit. 12
» de l'ordonnance de 1673 ».

» A cet arrêt, qui assurément est aussi formel
qu'on peut le désirer, s'en joint un autre qui en
reconnaît et consacre de nouveau les motifs ,
mais qui , en les jugeant inapplicables à l'espèce
qu'il avait pour objet , réfute complettement le
dernier des argumens sur lesquels repose le jugement attaqué aujourd'hui devant vous. Pas-
toureau avait fait assigner les enfans et héritiers
non marchands de Montazand devant le tribunal
de commerce de Limoges , pour voir déclarer
exécutoire contre eux un jugement qu'il y avait
obtenu le 24 pluviôse an 10, et par lequel il avait
fait condamner leur père à lui payer quatre lettres de change , montant ensemble à 4000 fr.
Les héritiers Montazand avaient décliné le tribunal de commerce , et demandé leur renvoi
devant les juges ordinaires ; mais leur déclinatoire avait été rejeté par jugement du 8 fructidor
an 10. Sur l'appel, un arrêt de la cour de Limoges, du 16 nivôse an 11 , avait infirmé ce jugement et accordé le renvoi, attendu, avait-il
dit, que les tribunaux de commerce ne peuvent
connaître de l'exécution de leurs sentences , et
qu'aux juges ordinaires seuls appartient le pouvoir de prononcer sur cette exécution. Pasto-
reau demandait la cassation de cet arrêt, et il
fondait son recours sur l'art. 16 du tit. 12 de
l'ordonnance de 1673, qu'il prétendait avoir été
violé par la cour d'appel de Limoges; mais par
arrêt du 3 brumaire an 12, rendu au rapport
de M. Brillat-Savarin ; « considérant qu'aux
» termes de l'art. 16 du tit. 12 de l'ordonnance
» de 1673 , les tribunaux de commerce ne sont
» compétens vis-à-vis des veuves et héritiers ,
» qu'autant que les marchands qu'ils représen-
» tent , pourraient eux-mêmes y être appelés ;
» que Montazand n'aurait pas pu être traduit
» de nouveau au tribunal de commerce, puis-
» qu'ayant déjà été précédemment condamné ,
» tout était dit à son égard; que la demande à
» fin de déclaration exécutoire n'est autre
» chose que le premier acte pour l'exécution
» du jugement dont la connaissance a toujours
» appartenu aux tribunaux ordinaires »; la sec-

tion des requêtes a rejeté la réclamation de Pas-
toureau , et l'a condamné à l'amende.

» De là , deux conséquences également simples : la première, que , par cet arrêt, comme
par celui du 25 prairial an 11, la cour a décidé
que, dans l'art. 16 du tit. 12 de l'ordonnance
de 1673 , les mots contre lesquels on pourrait
se pourvoir par devant les juges et consuls , ne
se rapportent pas aux veuves et héritiers, mais
bien aux marchands , négocians et autres ; la
seconde, que du principe universellement reconnu , que les tribunaux de commerce ne
peuvent pas déclarer exécutoire contre l'héritier d'un marchand , le jugement qu'ils ont
rendu contre celui-ci , il ne résulte nullement
qu'ils soient incompétens pour statuer sur une
demande formée contre l'héritier non marchand
d'un négociant décédé avant qu'aucun jugement
soit intervenu à sa charge.

» Ainsi, la jurisprudence de la cour est parfaitement d'accord avec les principes que nous
avons eu l'honneur de vous exposer; et par ces
considérations, nous estimons qu'il y a lieu de
casser et annuler le jugement dont il s'agit ».

Arrêt du 20 frimaire an 13, au rapport de
M. Boyer, qui,

« Vu l'art. 16 du tit. 12 de l'ordonnance de
commerce de 1673;

» Et attendu qu'aux termes de cet article,
les héritiers des marchands , encore qu'ils ne
soient pas marchands eux-mêmes, peuvent être
traduits devant les juges de commerce, pour
raison des engagemens souscrits ou des obligations contractées par leurs auteurs, dans tous les
cas où ceux-ci auraient été justiciables de ces
mêmes juges ;

» Que, si quelques commentateurs semblent
avoir émis une opinion différente, en se fondant
sur ces expressions de l'édit du mois de novembre 1563, connaîtront lesdits juges et consuls
de tous procès et différends qui seront ci-après
mus entre marchands, pour fait de marchandise
seulement, leurs veuves, marchandes publiques,
il paraît que cette opinion a pour base l'absence
du signe disjonctif entre les mots, leurs veuves
et marchandes publiques, signe qui manque en
effet dans quelques éditions modernes de l'édit,
quoiqu'il se trouve dans les plus anciens et les
plus authentiques exemplaires de cette loi; mais
qu'au surplus les doutes même qui pourraient
naître du contexte de l'édit de 1563, doivent
s'évanouir à la lecture de l'art. 16 précité de
l'ordonnance de 1673, dont la disposition est
précise et ne présente aucune ambiguité ;

» Attendu d'ailleurs qu'il est de principe en
cette matière, que la compétence des juges de
commerce est spécialement déterminée par la
nature commerciale de la contestation ;

» Attendu, enfin, qu'il est dans l'intérêt même
du commerce, que celui qui, ayant contracté

avec un marchand, a dû compter sur tous les avantages qui peuvent résulter en sa faveur, soit de l'attribution à la juridiction commerciale des contestations auxquelles ce contrat peut donner lieu, soit de la forme de procéder particulière à cette juridiction, ne soit pas privé de ces mêmes avantages par le décès de celui avec qui il a contracté;

» Qu'ainsi, dans l'espèce, la matière de l'action étant telle que le demandeur en cassation aurait été fondé, du vivant de Cailletel, à le traduire devant les juges de commerce, en payement du reliquat de compte dont il s'agit, cette même action a pu être également portée devant les mêmes juges, contre la fille et héritière dudit Cailletel; et qu'en accueillant le déclinatoire proposé par le tuteur de cette dernière, le tribunal de Mayenne a contrevenu à l'art. 16 sus-énoncé de l'ordonnance de 1673;

» Par ces motifs, la cour casse et annulle le jugement rendu par le tribunal d'arrondissement de Mayenne, le 18 messidor an 11....; sur le fond, renvoie les parties devant le même tribunal d'arrondissement jugeant en matière de commerce, pour leur être fait droit, ainsi qu'il appartiendra.... ».

§. VII. *Les tribunaux de commerce peuvent-ils ordonner l'impression et l'affiche de leurs jugemens aux frais de la partie condamnée ?*

V. le plaidoyer et l'arrêt du 4 frimaire an 9, rapportés à l'article *Monnaie décimale.*

§. VIII. *Un tribunal de commerce peut-il statuer en dernier ressort sur la question de savoir s'il y a société entre deux personnes, à l'effet de juger si l'une d'elles est passible d'une dette au-dessous de 1000 francs, contractée par l'autre ? — Le peut-il, lorsque celui des deux associés prétendus qui n'était pas originairement en cause, intervient sur la demande en garantie formée contre lui par son prétendu associé, et prend contre le demandeur originaire des conclusions excédant la somme de 1000 francs, mais étrangère à l'objet de la demande principale ?*

V. l'article *Dernier ressort*, §. 17.

§. IX. *Est-ce de l'autorité des tribunaux de commerce, ou de celle des tribunaux ordinaires, que doivent être vendus les immeubles des négocians faillis ?*

V. l'article *Vente*, §. 8.

§. X. 1.º *La péremption a-t-elle lieu dans les affaires qui sont portées devant les tribunaux de commerce ?*

2.º *Parmi les dispositions du Code de pro-*

cédure civile concernant les tribunaux inférieurs en général, y en a t-il d'autres applicables aux tribunaux de commerce, que celles qui sont comprises dans le tit. 25 du liv. 2 de la première partie de ce Code ?

On apperçoit, du premier coup-d'œil, que ces deux questions n'en font, à proprement parler, qu'une.

En effet, si la forme de procéder dans les tribunaux de commerce, n'est réglée que par le tit. 25 du liv. 2 de la première partie du Code de procédure civile, il est évident que la péremption n'a pas lieu dans les affaires portées devant ces tribunaux.

Et il est d'une égale évidence que l'opinion contraire doit prévaloir, si toutes les règles tracées aux tribunaux inférieurs par les titres généraux du Code de procédure civile, sont applicables aux tribunaux de commerce, en tant qu'elles sympatisent avec l'organisation de ces tribunaux et qu'elles ne sont pas modifiées par les dispositions du tit. 25 du liv. 2 de la première partie qui leur sont spéciales.

Entre ces deux partis, je me suis prononcé pour le second dans des conclusions données à l'audience de la cour de cassation le 28 mars 1815, sur la question de savoir si les affaires commerciales sont soumises, en matière de reddition de comptes, aux dispositions du tit. 4 du liv. 5 du Code de procédure civile; et l'arrêt dont elles ont été suivies, le même jour, a implicitement consacré la même opinion (1).

La question s'est représentée depuis, relativement à la péremption, devant la cour royale de Rouen qui l'a jugée dans le sens contraire.

Le sieur Lettré avait fait citer le sieur Doré devant le tribunal de commerce de Rouen, par trois assignations sous lesquelles il s'était laissé condamner par défaut. Le dernier des trois jugemens était du 25 janvier 1813; et le sieur Lettré ne lui avait donné aucune suite, non plus qu'aux deux précédens.

En mai 1817, le sieur Doré forme, devant le tribunal de commerce, une demande en péremption des trois instances, et la fonde sur l'art. 397 du Code de procédure civile.

Réponse du sieur Lettré que cet article est inapplicable à la procédure commerciale.

Et le tribunal de commerce le juge ainsi, en rejetant la demande en péremption.

Appel de la part du sieur Doré; et le 16 juillet de la même année, arrêt ainsi conçu:

« Vu l'art. 642 du Code de commerce, portant: *la forme de procéder devant les tribunaux de commerce, sera suivie telle qu'elle a été réglée*

_____

(1) *V.* l'article *Compte courant*, §. 2.

par le tit. 25 du liv. 2 de la première partie du Code de procédure ;

» Attendu qu'il n'y a d'exception à cette règle qu'en ce qui concerne les jugemens par défaut auxquels l'art. 543 déclare les art. 156, 158 et 159 du Code de procédure applicables ; qu'ainsi, et hors ce cas, il n'y a rien de commun entre la forme de procéder devant les tribunaux de commerce, et celle de procéder devant les tribunaux ordinaires de première instance ;

» Attendu que le tit. 25 du Code de procédure, sur la forme à suivre dans les tribunaux de commerce, ne contient aucune disposition qui autorise la demande en péremption dans ces juridictions, ou qui leur applique les règles établies au tit. 22 sur les péremptions, lesquelles, par leur nature, prouvent qu'elles n'ont été instituées que pour les matières civiles ;

» La cour met l'appellation au néant.... ».

Il faut convenir que, si cet arrêt était bien d'accord avec la loi, l'on aurait une grande inconséquence à reprocher au législateur. Quel est le but de la péremption ? C'est de mettre un terme aux procédures. Or, quelles sont les procédures à l'accélération desquelles le législateur montre le plus d'intérêt ? Ce sont sans contredit celles qui se font devant les tribunaux de commerce. Tout le tit. 25 du liv. 2 de la première partie du Code dont il s'agit, en contient la preuve. Et cependant le législateur aurait exclu la péremption de ces procédures ! Il l'en aurait exclue, tandis qu'elle avait incontestablement lieu dans les juridictions consulaires (1), qui n'étaient sous un autre nom que ce que les tribunaux de commerce sont aujourd'hui ! Il n'est pas croyable que telle ait été son intention.

Et la section de législation du tribunat le pensait si peu, que, dans l'examen qu'elle a fait des dispositions du tit. 5 du liv. 2 de la première partie du Code de procédure, relatives à la police des audiences, elle a dit en toutes lettres,

comme l'atteste M. *Locré* (1), d'après le procès-verbal même de cette section, « qu'elle ne » croyait pas qu'on eût besoin d'un article par-» ticulier qui rendît ces dispositions communes » aux tribunaux de commerce, attendu que le » titre de la procédure devant ces tribunaux, » ne contient que des règles spéciales ; et qu'ainsi, » les règles générales leur sont applicables ».

Effectivement, si les tribunaux de commerce n'avaient d'autres règles à consulter dans le Code de procédure, que celles qui sont consignées dans le tit. 25 du liv. 2 de la première partie, quelle serait leur boussole pour les récusations, pour les expertises, pour les désistemens, pour les redditions de comptes, pour le serment décisoire ou supplétif, et pour une foule d'autres objets sur lesquels ce titre ne leur prescrit absolument rien ?

Que les tribunaux de commerce ne soient pas soumis aux dispositions du Code de procédure qui, sans être expressément écartées ou modifiées par celles du titre qui leur est propre, sont incompatibles avec leur organisation ou la marche qui leur est tracée par la loi, rien de plus évident.

Ainsi, il n'y a dans les tribunaux de commerce, ni avoués, ni officiers du ministère public, ni instruction par écrit ; et vous conclurez de là avec certitude que l'on ne doit ni ne peut leur appliquer les dispositions du Code de procédure qui sont relatives à l'instruction par écrit, au ministère public, aux avoués.

Mais si vous allez jusqu'à les affranchir des dispositions de ce Code que ne repoussent à leur égard ni l'organisation que la loi leur a donnée, ni la marche qu'elle leur a prescrite, ni les règles particulières qu'elle leur a imposées, vous les plongez dans le chaos, vous les livrez à un arbitraire aussi pénible pour eux qu'effrayant pour les parties. Vous faites même plus : vous violez formellement la loi ; car le liv. 2 de la première partie du Code de procédure civile n'est pas intitulé : *des tribunaux civils de première instance ;* il est intitulé : *des tribunaux inférieurs ;* et cette rubrique est l'ouvrage du législateur lui-même. Or, les tribunaux de commerce sont certainement des *tribunaux inférieurs* comme les tribunaux civils de première instance. Ils sont donc, comme ceux-ci, soumis à toutes les dispositions contenues dans ce livre, auxquelles il n'est pas spécialement dérogé, à leur égard, par celles que renferme le tit. 25.

Et vainement la cour royale de Rouen a-t-elle, dans l'arrêt ci-dessus transcrit, argumenté, en faveur du système contraire, de l'art. 543 du Code de commerce,

---

(1) Voici ce que dit, à ce sujet, M. Menelet, dans son *Traité des péremptions des instances,* §. 15, pag. 37.

« Les péremptions ont aussi lieu aux présidiaux, aux bureaux des finances et aux juges-consuls.

» Quant aux présidiaux, ès-chefs qui se jugent en dernier ressort, on a douté si un procès mis en état par devant eux, se peut périmer, et il a été décidé qu'oui, parce qu'on peut leur faire des sommations en déni de justice : c'est l'avis de Brodeau sur M. Louet, lettre P. somm. 18, n. 2. Il faut appliquer ceci aux bureaux des finances et aux juges-consuls, ès cas où ils peuvent juger sans appel. V. Bodereau sur la coutume du Maine, pag. 617 ».

---

(1) *Esprit du Code de commerce,* tom. 9, pag. 7 et 8.

L'argument serait sans doute concluant, s'il n'y avait rien dans le tit. 25 du liv. 2 de la première partie du Code de procédure, qui exceptât les jugemens des tribunaux de commerce de la disposition des art. 156, 158 et 159 du même Code. Dans cette hypothèse, en effet, on serait fondé à dire qu'en déclarant, par l'art. 543 du Code de commerce, que *néanmoins* (ou, en d'autres termes, nonobstant la disposition de l'article précédent qui veut que « la procédure devant les tribunaux de commerce, soit suivie telle qu'elle a été réglée » par le tit. 25 du liv. 2 de la première partie » du Code de procédure ») *les art. 156, 158 et 159 du même Code relatifs aux jugemens par défaut rendus par les tribunaux inférieurs, se-ront applicables aux jugemens par défaut rendus par les tribunaux de commerce*, le législateur a clairement fait entendre que, sans cette disposition exceptionnelle, les jugemens par défaut des tribunaux de commerce ne seraient pas susceptibles de l'application des art. 156, 158 et 159 du Code de procédure; et que ce n'est qu'en vertu de dispositions spéciales aux tribunaux de commerce, que peuvent leur être appliquées les règles générales de la procédure non rappelées dans le tit. 25 du liv. 2 de la première partie.

Mais reportons-nous à l'art. 436 qui est placé sous ce dernier titre, et nous verrons s'évanouir l'argument sur lequel repose l'arrêt de la cour royale de Rouen. Cet article portait que *l'opposition aux jugemens par défaut des tribunaux de commerce, ne serait plus recevable après la huitaine du jour de la signification ;* et c'était, comme l'on voit, une dérogation bien manifeste à la règle établie par les art. 156, 158 et 159 pour les jugemens par défaut des tribunaux ordinaires. Mais lorsqu'on s'occupa du Code de commerce, on crut devoir faire disparaître cette dérogation; et de là le *néanmoins* par lequel débute l'art. 543 de ce dernier Code. L'objet de ce *néanmoins* n'est donc pas d'établir, relativement aux jugemens par défaut, une exception à la prétendue limitation générale des tribunaux de commerce aux dispositions écrites dans le tit. 25 du liv. 2 de la première partie du Code de procédure, mais uniquement d'effacer de ce dernier titre une disposition qui faisait, pour les jugemens par défaut des tribunaux de commerce, une exception aux règles générales des jugemens par défaut rendus par les tribunaux ordinaires.

TRIBUNAL DE POLICE. — §. I. 1.º *Les tribunaux de police peuvent-ils connaître de la calomnie verbale ?*

2.º *Peuvent-ils, pour injures graves, condamner à une réparation solennelle ?*

V. l'article *Réparation d'injures*, §. 1.

§. II. *Peut-on poursuivre devant le tribunal de police, une voie de fait purement réelle, et contre laquelle l'action possessoire est ouverte ?*

V. l'article *Voie de fait.*

§. III. 1.º *Sous le Code du 3 brumaire an 4, les tribunaux de police pouvaient-ils élever au-dessus de 50 francs, les dommages-intérêts qu'ils étaient autorisés par l'art. 154 de ce Code, à prononcer en dernier ressort au profit des parties plaignantes ?*

2.º *Le tribunal de police qui renvoie le prévenu, sur le fondement qu'il n'y a ni délit ni contravention dans le fait qui lui est imputé, peut-il néanmoins le condamner à des dommages-intérêts ?*

I. Sur la première question, j'ai vu soutenir plusieurs fois la négative. On la fonde sur les art. 9 et 10 du tit. 3 de la loi du 24 août 1790, qui restreignent à cette somme, le droit de juger en dernier ressort qu'ils attribuent aux justices de paix.

Mais tous les raisonnemens que l'on fait à cet égard, viennent échouer contre la disposition générale et indéfinie de l'art. 154 du Code des délits et des peines, qui attribue au tribunal de police, le droit de prononcer *en dernier ressort, par le même jugement, sur les dommages-intérêts prétendus pour raison d'un délit, et sur la peine infligée par la loi.* Il n'y a là ni distinction ni limitation; et certes, il n'est pas permis de distinguer quand la loi ne distingue pas; il n'est pas permis de créer des exceptions là où la loi n'a pas jugé à propos d'en établir.

Et remarquons bien que cette disposition n'est que la conséquence des art. 4, 5, 6 et 8 du même Code : « Tout délit (y est-il dit), donne essentiellement lieu à une action publique; il peut aussi en résulter une action privée ou civile. L'action civile a pour objet de punir les atteintes portées à l'ordre social. L'action publique a pour objet la réparation du dommage que le délit a causé; elle appartient à ceux qui ont souffert ce dommage. *L'action civile peut être poursuivie en même temps et devant les mêmes juges que l'action publique* ».

Il résulte clairement de ces articles, que celui qui, par l'effet d'un délit du ressort du tribunal de police, a souffert un dommage plus ou moins considérable, est en droit de faire citer le délinquant à ce tribunal, pour le faire condamner à l'indemniser. La loi veut donc que le tribunal de police lui adjuge la réparation entière du dommage qu'il a souffert. De quel droit, après cela, viendrait-on dire que, si cette réparation excède 50 francs, le tribunal de police ne pourra pas l'adjuger? De quel droit viendrait-on soutenir que le tribunal de police doit restreindre à 5o francs la réparation d'un dommage qui, dans le fait, s'élève à une plus forte somme? De quel droit viendrait-on tromper la confiance que le demandeur a dû avoir dans la disposition générale et illimitée de la loi, lui qui aurait porté son action devant le tribunal civil, s'il n'avait pas été forcé par cette disposition générale et illimitée, de croire que le tribunal de police pouvait également lui accorder tous les dommages-intérêts qui lui sont dus?

Prenons un exemple dans une espèce qui arrive tous les jours. Je passe dans une rue, portant, ou un habit très-riche, ou un vase d'un grand prix, ou une glace de la plus haute valeur. Un particulier jette sur moi, du haut du premier ou du second étage, quelque chose qui casse mon vase ou ma glace, ou qui gâte mon habit. Je le fais assigner au tribunal de police, en vertu du §. 3 de l'art. 6o5 du Code des délits et des peines. Là, sera-t-il fondé à m'offrir 5o francs pour tous dommages-intérêts, et le tribunal sera-t-il réduit à ne pouvoir pas m'adjuger davantage? Ce serait une véritable dérision. Quoi! ma glace, mon vase, mon habit auraient dû m'être payés à leur véritable valeur, si je m'étais pourvu devant le tribunal civil; et parce que j'ai, sur la loi du législateur, porté mon action devant le tribunal de police, je n'obtiendrai que la moitié, le tiers, le quart, le vingtième de ce qui m'est dû! De pareilles idées sont insoutenables.

Qu'importe que, par la loi du 24 août 1790, les justices de paix soient restreintes, quant au droit de juger en dernier ressort, aux objets ou sommes de la valeur de 5o francs? Il ne s'agit ici ni de la loi du 24 août 1790, qui n'est relative qu'aux tribunaux civils, ni des justices de paix qui ne sont que des tribunaux civils. Il s'agit des tribunaux de police dont la compétence est déterminée par une loi toute différente; il s'agit d'une loi qui attribue indéfiniment aux tribunaux de police, le droit d'adjuger les dommages-intérêts qui peuvent être dus par suite d'un délit; et la question n'est pas de savoir si les tribunaux de police sont composés des mêmes individus que les justices de paix, mais bien de savoir si la volonté arbitraire de l'homme peut limiter les attributions générales et indéfinies dont le législateur a investi les tribunaux de police?

Mais, dit-on, n'est-il pas bien singulier qu'un tribunal de police puisse, en dernier ressort, adjuger des dommages-intérêts qu'un tribunal correctionnel ne pourrait adjuger qu'à la charge de l'appel?

Nous répondrons qu'une singularité n'est pas une raison pour refuser à la loi l'obéissance qui lui est due. Cette prétendue singularité d'ailleurs aurait également lieu dans le système contraire;

car on convient qu'un tribunal de police peut, en matière de dommages-intérêts, juger en dernier ressort jusqu'à 5o francs. Eh bien! un tribunal correctionnel n'a pas même ce pouvoir; et si, par un jugement, il condamne un délinquant à une amende de quatre journées de travail et à six francs de dommages-intérêts, ce jugement sera sujet à l'appel.

Ne nous égarons donc pas ici dans des raisonnemens qui finiraient par nous faire méconnaître la loi dans ses dispositions les plus claires et les plus triviales. Attachons-nous uniquement à la loi, et disons avec elle, que, puisque les tribunaux de police sont investis du droit de prononcer en dernier ressort sur les dommages causés par les délits de leur compétence, ils peuvent et doivent le faire, à quelque somme que se montent ces dommages.

C'est ainsi que l'a constamment jugé la section criminelle de la cour de cassation; et notamment le 26 pluviôse an 12, elle a rejeté, au rapport de M. Basire, le recours d'Ulric Wirtz contre un jugement du tribunal de police du deuxième arrondissement de Bordeaux, du 3o frimaire précédent, qui le condamnait à une amende de la valeur de trois journées de travail, et à mille francs de dommages-intérêts applicables du consentement de la partie plaignante, aux hospices de la commune.

C'est ce qu'a encore jugé l'arrêt du 2 décembre 1808, qui est rapporté au mot *Injure*, §. 2.

Mais on ne pourra plus juger de même sous le Code d'instruction criminelle de 1808. *V.* l'art. 172 de ce Code.

II. Sur la seconde question, *V.* l'article *Réparation civile*, §. 2.

§. IV. 1.º *Les tribunaux de police peuvent-ils dans leurs jugemens, s'écarter des dispositions des réglemens faits par les municipalités dans les matières qui sont du ressort de la police administrative municipale? Peuvent-ils se dispenser d'appliquer les peines de simple police portées par ces réglemens, notamment sous le prétexte qu'ils ont cessé d'être obligatoires, à raison du changement des circonstances qui les ont provoqués?*

2.º *Peuvent-ils s'en dispenser, sous le prétexte de défaut de preuve de contravention à ces réglemens, quoique la contravention soit constatée par un procès-verbal auquel il n'est opposé aucune preuve contraire?*

3.º *Que doivent-ils faire, lorsque ces réglemens ne déterminent aucune peine?*

4.º *Doivent-ils et peuvent-ils appliquer les peines portées par ces réglemens, lorsqu'elles excèdent les termes ordinaires de leur compétence?*

5.º *Doivent-ils et peuvent-ils appliquer les peines portées par les arrêtés des préfets ou des maires, qui sont étrangers à la police municipale administrative ?*

I. « Le procureur-général expose qu'il est parvenu à sa connaissance deux jugemens du tribunal de police du canton de Vitré, département d'Ile et Vilaine, dont la loi et l'ordre public réclament impérieusement la cassation.

» Le 28 brumaire dernier, à trois heures du matin, les nommés Jean Arnoud, François Rossard, Prosper Dagobert, Jean-Baptiste Anlignac fils, Jean-Baptiste Ouffray fils, Jean-Baptiste Prudhomme et Frédéric Perrier, tous domiciliés dans la commune de Vitré, ont été surpris par le commissaire de police du lieu, dans le cabaret tenu par le nommé Papin.

» Cet officier en a sur-le-champ dressé procès-verbal, et les a fait citer tous sept, ainsi que le cabaretier Papin, à l'audience du tribunal de police, du 3 frimaire présent mois, pour s'y voir condamner aux amendes qu'ils avaient encourues, d'après le règlement du maire de la commune, approuvé par le préfet du département, le 10 prairial an 12, lequel porte, entre autres choses, ce qui suit : — « *Art.* 15 Les » maisons publiques de jeu et autres seront fer-» mées, savoir : depuis le 1.er vendémiaire jus-» qu'au 1.er germinal, à neuf heures du soir, et » le reste de l'année à dix heures. Ceux qui, » après ces heures, s'y trouveraient, encourront » les mêmes peines de police que les maîtres de » ces sortes de maisons qui les y souffriraient. — » *Art.* 22. Toute contravention au présent rè-» glement sera punie des peines de simple po-» lice, sans préjudice des dommages-intérêts...».

» A l'audience, les prévenus ont fait l'aveu de leur contravention, et ont seulement cherché à s'excuser par différentes défaites.

» Le juge de paix, de son côté, les a tous reconnus coupables; mais il n'a prononcé d'amende de simple police que contre le cabaretier; et il en a déchargé les sept buveurs, sous le prétexte que le maire et par suite le préfet avaient eu tort, dans la seconde partie de l'art. 15 du règlement, *d'étendre sur les personnes qui se trouveraient dans une maison publique, la peine encourue par les contrevenans à la défense que fait ce même article de vente à boire ou donner à jouer après l'heure à laquelle cette vente ou ce jeu doit cesser;* et que c'était une innovation aux anciens réglemens de police, notamment à ceux des 8 octobre 1780 et 21 mai 1781, qui ne sévissaient en pareil cas que contre les cabaretiers.

» Le 6 frimaire, un procès-verbal semblable à celui du 28 brumaire, a été dressé par le même commissaire de police, contre les nommés Jean Desloudis, Jean-Baptiste Menou-Sergère et Etienne Masson, trouvés à trois heures du ma-

tin, buvant dans le cabaret tenu par la femme Rebillé.

» La femme Rebillé et ces trois particuliers ont été en conséquence cités au tribunal de police, qui par jugement du 10 de ce mois, a pareillement acquitté les trois particuliers et n'a condamné que la cabaretière.

» En prononçant ainsi, le tribunal de police a tout à la fois mal jugé et transgressé les limites de ses pouvoirs.

». Il a mal jugé : car bien que les ordonnances de police de 1780 et 1781, conformes en cela aux arrêts de règlement du ci-devant parlement de Rennes, des 27 juin 1752 et 16 février 1757, insérés dans l'ordre de leurs dates au Journal des audiences de Poullain Duparcq, ne portassent de peines expresses que contre les cabaretiers et maîtres de café qui donneraient à boire à des heures indues, ce n'est pas à dire pour cela que le maire de Vitré et le préfet du département d'Ile et Vilaine n'aient point eu le droit de régler qu'à l'avenir les mêmes peines seraient applicables aux particuliers qui boiraient à des heures indues dans les cafés ou cabarets.

» L'art. 46 du tit. 1 de la loi du 22 juillet 1791, autorise chaque municipalité à faire, sous le nom d'*arrêtés*, et sauf la réformation par l'autorité supérieure, tels réglemens qu'elle juge convenables sur deux sortes d'objet : savoir, « 1.º Lorsqu'il s'agit d'ordonner les précautions » locales sur les objets confiés à sa vigilance et à » son autorité par les art. 3 et 4 du tit. 11 du » décret sur l'organisation judiciaire; 2.º de pu-» blier les lois et réglemens de police ou de » rappeler les citoyens à leur observation ».

» Or, d'une part, l'art. 3 du tit. 11 du décret sur l'organisation judiciaire du 16 août 1790, place parmi *les objets de police confiés à la vigilance et à l'autorité des corps municipaux*, tout ce qui concerne le *maintien du bon ordre dans les endroits où il se fait de grands rassemblemens d'hommes tels que les ..... jeux, cafés et-autres lieux publics;* et par là les municipalités sont évidemment investies du pouvoir, non-seulement d'ordonner que les cafés et les cabarets seront fermés après certaines heures, mais encore de défendre qu'après ces heures aucun particulier n'y entre ou n'y reste.

» D'un autre côté, l'art. 25 de l'ordonnance d'Orléans et l'art. 58 de l'ordonnance de Blois défendent *à tous manans et habitans des villes, bourgades et villages; même à ceux qui sont mariés et ont ménage, d'aller boire ou manger ès-tavernes et cabarets, et aux taverniers et cabaretiers de les y recevoir, à peine* (contre les uns tout aussi bien que contre les autres), *d'amende arbitraire pour la première fois, et de prison pour la seconde.* Le maire de Vitré aurait donc pu, en faisant publier de nouveau les dispositions de ces ordonnances, défendre à tous les particuliers domiciliés dans cette commune, sous peine d'amende, d'aller boire dans les cabarets, à quelque heure que ce fût du jour ou de la nuit. Il a donc bien pu aussi et à plus forte raison ne le leur défendre qu'à certaines heures ; et en restreignant ainsi cette défense, y attacher la peine que-ces ordonnances avaient prononcée indéfiniment. Qui peut le plus, peut nécessairement le moins.

» Le tribunal de police du canton de Vitré a donc mal jugé, et en même temps violé l'art. 46 du tit. 1 de la loi du 22 juillet 1791, en refusant de reconnaître pour obligatoire la seconde partie de l'art. 15 du réglement de police dont il s'agit.

» Mais par là, il est encore tombé dans une infraction bien plus répréhensible. En s'érigeant en juge d'un réglement fait par l'autorité administrative dans une matière qui appartenait essentiellement à la police municipale, il a méprisé et foulé aux pieds l'art. 13 du tit. 2 du décret du 16 août 1790, qui porte : « Les fonc-
» tions judiciaires seront distinctes, et elles de-
» meureront toujours séparées des fonctions ad-
» ministratives : les juges ne pourront........
» troubler, de quelque manière que ce soit, les
» opérations des corps administratifs ». Car c'est bien troubler les opérations d'une municipalité, que de refuser d'appliquer aux contraventions à un réglement de police, les peines de simple police dont il les punit, puisque c'est ôter à ce réglement sa force coactive ; le dépouiller de sa sanction, le paralyser.

» La jurisprudence de la cour est, au reste, fixée imperturbablement sur ce point.

» Le 22 prairial an 11, le maire de la ville de Bruxelles avait fait, pour la police de la boulangerie, un réglement ainsi conçu : « Les bou-
» langers seront classés par numéros d'ordre,
» et devront apposer les numéros qui leur se-
» ront attribués, sur tous les pains qu'ils fabri-
» queront. Tout pain qui sera trouvé sans nu-
» méro, sera confisqué, et le boulanger traduit
» au tribunal de police ».

» Le 20 thermidor suivant, le commissaire de police de la ville trouva dans la boutique du boulanger Decock, sept pains qui y étaient exposés en vente et ne portaient point de numéro. En conséquence, les sept pains furent saisis, et Decock fut cité au tribunal de police.

» Le 6 fructidor de la même année, jugement par lequel ce tribunal se déclare incompétent, « 1.° parce que le délit de police dont il s'a-
» git, n'est pas du nombre de ceux repris dans
» l'art. 605 de la loi du 3 brumaire an 4, ni
» dans celle du 22 juillet 1791 ; 2.° parce que
» l'arrêté du maire, du 22 prairial, ne porte,
» outre la confiscation qui a déjà eu lieu par
» voie de police administrative, aucune mesure
» pénale, et qu'il n'indique aucune ordonnance
» qui soit applicable à l'espèce ».

» Le commissaire de police se pourvoit en cassation ; et le 20 vendémiaire an 12, arrêt au rapport de M. Barris, par lequel, « Vu l'art. 50
» du décret du 14 décembre 1789, qui porte :
» Les fonctions propres au pouvoir municipal...
» sont..... de ..... faire jouir les habitans
» d'une bonne police ; l'art. 2 du tit. 11 de la loi
» du 16-24 août 1790, dont les termes sont :
» Le procureur de la commune poursuivra d'of-
» fice les contrevenans aux lois et aux RÉGLE-
» MENS de police ; l'art. 3 du même titre, ainsi
» conçu : Les objets de police confiés à la vigi-
» lance des corps municipaux, sont..... l'ins-
» pection sur la fidelité du débit des denrées qui
» se vendent au poids.....; l'art. 5 du même
» titre dont la teneur suit : Les contraventions
» à la police ne pourront être punies que de l'une
» de ces deux peines, ou de la condamnation
» à une amende pécuniaire...., ou de l'empri-
» sonnement....; l'art. 600 du Code du 3 bru-
» maire an 4, qui, fixant les peines de police, les
» détermine à une amende de la valeur de trois
» journées de travail, ou à un emprisonnement
» qui n'excède pas trois jours ; vu enfin l'art. 416
» du même Code, qui veut que le tribunal de
» cassation annulle les jugemens, lorsqu'ils
» contiennent, en quelque manière que ce soit,
» excès de pouvoir ; et attendu que le régle-
» ment de police du 22 prairial dernier, publié
» par le maire de Bruxelles, pour assurer la
» fidelité du débit des boulangers, était un
» acte administratif dont l'autorité judiciaire
» devait assurer l'exécution en en punissant les
» contraventions ; que les contraventions aux
» réglemens de police sont en effet soumises
» à des peines par la disposition générale de l'ar-
» ticle 5 du tit. 11 de la loi du 16 août 1790,
» ci-dessus transcrit ; que les tribunaux de po-
» lice saisis de ces contraventions par la pour-
» suite du ministère public, doivent donc les
» punir dans toute l'étendue des dispositions
» pénales qu'ils sont autorisés à prononcer d'a-
» près l'art. 600 du Code du 3 brumaire an 4 ;
» que l'art. 605 du même Code n'est point li-
» mitatif, mais seulement démonstratif, et ne
» déroge point à la disposition générale du sus-
» dit art. 5 du tit. 11 de la loi du 16 août, par
» lequel toute contravention à des réglemens de
» police est déclarée punissable ; que la contra-
» vention à l'arrêté du maire de Bruxelles, du
» 22 prairial, devait donc donner lieu à la pro-
» nonciation des peines de police, quoique cet
» arrêté n'en portât pas expressément la disposi-
» tion ; que le refus de cette prononciation qu'a
» fait le tribunal de police du canton de Bruxel-
» les, est même d'autant plus extraordinaire
» dans l'espèce, que cet arrêté ordonnait que
» les contrevenans seraient traduits devant le
» tribunal de police ; traduction qui ne devait
» avoir pour objet que de faire prononcer par
» ce tribunal, les peines ordonnées par la loi

» contre les violations des réglèmens de police;
» qu'en refusant de prononcer une condam-
» nation contre une contravention à un régle-
» ment de police bien constatée dans le jugement
» même par les procès-verbaux et les déposi-
» tions des témoins, le tribunal de police du
» canton de Bruxelles a donc fait une fausse ap-
» plication de l'art. 605 du Code du 3 brumaire
» an 4; qu'il a violé l'art. 5 du tit. 11 de la loi
» du 16 août 1790 et les art. 600 et 606 du Code
» du 3 brumaire an 4; attendu, en second lieu,
» que ce même tribunal a condamné le com-
» missaire de police; faisant fonctions de mi-
» nistère public, aux dépens condamnation
» qui ne lui était permise par aucune loi; qu'en
» cela, il a commis un excès de pouvoir; —
» D'après ces motifs, le tribunal, pour le main-
» tien des lois et sans préjudice du droit acquis
» à la partie, casse et annulle le jugement rendu
» le 6 fructidor dernier, par le tribunal de po-
» lice du canton de Bruxelles, sur la poursuite
» du commissaire de police demandeur contre le bou-
» langer Decock ».

» Un autre arrêt non moins formel a été,
depuis, rendu dans l'espèce suivante.

» Le 6 vendémiaire an 12, le maire de la
ville de Namur fait publier un arrêté par lequel
il défend aux conducteurs de voitures de monter
sur leurs chevaux en traversant les rues.

» Plusieurs voituriers contreviennent à ce
réglement. Le commissaire de police les fait
citer au tribunal de police du canton de Namur.

» Le 17 pluviôse an 12, jugement qui les met
hors de cause, sous le prétexte que le maire de
Namur n'a pas eu le pouvoir de prendre un
pareil arrêté, et qu'il n'a surtout pas pu le
faire publier, sans l'approbation préalable du
préfet.

» Mais sur le recours du commissaire de police, arrêt du 25 ventôse an 12, au rapport de
M. Liborel, qui, vu l'art. 456 du Code du 3
» brumaire an 4; attendu qu'il n'appartient point
» à la police judiciaire de rendre sans effet les
» arrêtés des maires concernant la police dont
» l'administration leur est confiée; et qu'ainsi,
» le jugement attaqué, en rejetant la demande
» du commissaire du gouvernement près le tri-
» bunal de police du canton de Namur, sur le
» motif que le maire de cette commune n'aurait
» pas pu avoir pris l'arrêté sur lequel cette de-
» mande aurait été fondée, et que cet arrêté
» aurait été illégal, a contrevenu formellement
» audit art. 456 du Code du 3 brumaire an 4,
» ci-dessus cité....; casse et annulle..... ».

» Ce considéré, il plaise à la cour, vu l'art. 88
de la loi du 27 ventôse an 8, et les autres lois
rappelées dans le présent réquisitoire, casser et
annuler, pour l'intérêt de la loi, les jugemens
ci-joints du tribunal de police du canton de
Vitré, des 3 et 10 frimaire présent mois, en

tant qu'ils déchargent des conclusions prises
contre eux par le commissaire de police de la
commune de Vitré, les nommés Jean Arnoud,
François Rossard, Prosper Dagobert, Jean-
Baptiste Antignac fils, Jean-Baptiste Ouffray
fils, Jean-Baptiste Prudhomme, Frédéric Perrier, Jean Desdoutis, Jean-Baptiste Menou-
Sergère et Etienne Masson; et ordonner qu'à la
diligence de l'exposant, l'arrêt à intervenir sera
imprimé et transcrit sur les registres dudit tribunal..... Signé Merlin.

» Ouï le rapport de M. N. J. P. Barris, l'un
des juges......;

» Vu l'art. 3 du tit. 11 du décret du 16 août
1790; l'art. 46 du tit. 1 de la loi du 22 juillet
1791; l'art. 2 du tit. 11 de la même loi du 16
août 1790; l'art. 5 du même titre, et l'art. 600
du Code du 3 brumaire an 4; vu enfin l'art. 13
du tit. 2 de la susdite loi du 16 août 1790;

» Et attendu que, par un arrêté du maire de
la commune de Vitré, approuvé par le préfet
du département, il avait été ordonné que les
maisons publiques de jeux et autres seraient fer-
mées aux heures fixées dans cet arrêté, et que
ceux qui se trouveraient dans ces maisons après
lesdites heures, seraient punis des peines de police, ainsi que les maîtres desdites maisons; que,
d'après les procès-verbaux du commissaire de
police, plusieurs individus avaient été trouvés
dans deux cabarets de Vitré, en contravention
au réglement du maire de cette commune; que
le tribunal de police devait donc leur appliquer
les peines qu'il était autorisé à prononcer; que
ce tribunal s'est néanmoins permis de refuser
l'application de ces peines; qu'en arrêtant ainsi,
par une usurpation de pouvoir manifeste, l'exécution d'un acte administratif, il a aggravé sa
contravention par la censure qu'il n'a pas craint
de faire de cet acte; que l'acquittement par lui
prononcé en faveur des individus qui lui étaient
dénoncés, est une violation des lois ci-dessus
transcrites, et spécialement de l'art. 13 du tit. 2
de la loi du 24 août 1790;

» D'après ces motifs, la cour, faisant droit
au réquisitoire du procureur-général, casse et
annulle, dans l'intérêt de la loi, les jugemens
rendus par le tribunal de police du canton de
Vitré, département d'Ile-et-Vilaine, les 3 et 10
du présent mois, dans les dispositions qui déchargent des conclusions prises contre eux par
le commissaire de police, les nommés Jean Arnoud, François Rossard, Prosper Dagobert,
Jean-Baptiste Antignac fils, Jean-Baptiste Ouffray fils, Jean-Baptiste Prudhomme, Frédéric
Perrier, Jean Desdoutis, Jean-Baptiste Menou-
Sergère et Etienne Masson.....

» Ainsi jugé et prononcé à l'audience de la
cour de cassation, section criminelle, le 30 frimaire an 13.... ».

» Le procureur-général expose qu'il se croit

obligé d'appeler la censure de la cour sur un jugement en dernier ressort qui viole ouvertement la loi.

» Le 9 décembre 1808, le maire de la ville de....., chef-lieu du département de la Vendée, a pris un arrêté par l'art. 1.er duquel « il » est défendu, sous les peines portées par les » lois et les réglemens de police, à tous caba- » retiers, aubergistes et cafetiers, de donner à » boire et à jouer, à qui que ce soit, après 9 » heures du soir, depuis le 1.er octobre jusqu'au » 1.er avril, et après dix heures du soir depuis » le 1.er avril jusqu'au 1.er octobre exclusive- » ment ».

» Au mépris de cet arrêté qui avait été publié dans le temps, qui même avait été republié les 18 décembre 1809, 3 avril et 1.er octobre 1812, le sieur Coutand, cafetier à....; a été trouvé, le 28 novembre 1813, par trois gendarmes qui en ont dressé procès-verbal, donnant à jouer au billard et à boire à plusieurs personnes, après neuf et même dix heures du soir.

» Le sieur Coutand a été, en conséquence, cité, à la requête du ministère public, devant le tribunal de police, où il a soutenu que le fait à lui imputé par le procès-verbal des gendarmes, n'était pas vrai; et qu'en tout cas, il n'était pas défendu.

» Le 18 décembre de la même année, jugement par lequel, « considérant que la matière » dont est question, n'est pas réglée par le Code » pénal; que, d'un autre côté, elle n'est point » régie par les lois et réglemens particuliers; » et que, tout au contraire, s'il en a existé, » ils sont abrogés; qu'il en est de même de » l'arrêté dont on argumente, qui fut pris et » dicté dans des circonstances périlleuses qui » n'existent plus depuis fort long-temps; que, » d'après cela, il n'y a, dans la conduite du sieur » Coutand, ni délit ni contravention de police; » le tribunal, jugeant en dernier ressort, an- » nulle la procédure et renvoie le sieur Cou- » tand absous sans dépens ».

» Ainsi, le tribunal de police de.... a tenu le fait imputé au prévenu pour Constant; mais il l'a jugé non prohibé et non punissable.

» Il lui était cependant bien facile de reconnaître que ce fait portait tous les caractères d'une contravention de police.

» L'art. 3 du tit. 11 de la loi du 24 août 1790 place dans les attributions de la police municipale administrative, *le maintien du bon ordre dans les endroits où il se fait de grands rassemblemens d'hommes, tels que les foires, marchés, réjouissances et cérémonies publiques, spectacles, jeux,* CAFÉS*, églises et autres lieux publics.*

» Et par là, les maires sont clairement autorisés à faire, pour l'ouverture et la fermeture des cafés à certaines heures, les réglemens qui leur paraissent convenables.

» Ces réglemens sont-ils obligatoires pour les tribunaux? Sans doute, puisque l'art. 5 du titre cité veut que ceux qui y contreviennent, soient punis des peines de simple police.

» Les tribunaux peuvent-ils se dispenser d'appliquer les peines de simple police aux infracteurs de ces réglemens, sous le prétexte que, par la cessation des circonstances qui les avaient motivés, ces réglemens ont cessé d'être obligatoires? pas davantage. L'autorité administrative qui a seule le droit de faire ces réglemens, a évidemment aussi le droit exclusif de les rapporter; et tant qu'elle ne les rapporte pas, tant qu'en ne les rapportant pas, elle en juge le maintien utile ou nécessaire, ils conservent toute leur autorité.

» Ici, d'ailleurs, le tribunal de police, a eu d'autant plus de tort de regarder comme abrogé l'arrêté du 9 décembre 1808, que, d'une part, le maire avait fait republier cet arrêté à trois reprises différentes; et que, de l'autre, les motifs d'ordre public qui avaient fait juger cet arrêté nécessaire à une bonne police, n'étaient pas moins impérieux en novembre 1813 qu'en décembre 1808.

» Du reste, on ne peut douter que les réglemens relatifs aux heures où doivent être fermés les cabarets, les cafés et les autres lieux publics, ne soient maintenus par l'art. 484 du Code pénal. Cet article, comme l'a dit l'orateur du gouvernement, M. Réal, en le présentant au corps législatif, le 10 février 1810, a spécialement pour objet de maintenir *les lois et réglemens relatifs.... aux commerces particuliers des* CAFETIERS*, restaurateurs, marchands et débitans des boissons, des cabaretiers et aubergistes...., à la police des cafés.*

» Ce considéré, il plaise à la cour, vu l'art. 442 du Code d'instruction criminelle, l'art. 484 du Code pénal et les art. 3 et 5 du tit. 11 de la loi du 24 août 1790; casser et annuller, dans l'intérêt de la loi et sans préjudice de son exécution entre les parties intéressées, le jugement du tribunal de police de.... ci-dessus mentionné dont expédition est ci-jointe, et ordonner qu'à la diligence de l'exposant, l'arrêt à intervenir sera imprimé et transcrit sur les registres dudit tribunal.

» Fait au parquet, le 26 janvier 1814. *Signé* Merlin.

» Ouï le rapport de M. Rataud, conseiller en la cour;

» Vu l'art. 442 du Code d'instruction criminelle.....;

» Attendu que l'art. 3 du tit. 11 de la loi du 24 août 1790, place dans les attributions de la police municipale administrative le maintien du bon ordre dans les endroits où il se fait de grands rassemblemens d'hommes , et que les cafés y sont nommément désignés;

» Que les maires sont par conséquent autorisés à faire, pour la fermeture des cafés à certaines heures, les réglemens jugés nécessaires;

» Que ces réglemens faits dans l'exercice d'un pouvoir légal , deviennent obligatoires; et que les tribunaux doivent en assurer l'exécution en appliquant les peines de police encourues par ceux qui y contreviennent;

» Que, dans l'espèce, où il existait un arrêté pris par le maire de....., publié le 9 décembre 1808, et republié à trois époques différentes en 1809 et 1812, pour régler l'heure à laquelle les cafés devraient être fermés dans cette ville, sous les peines portées par les lois et réglemens, le tribunal de police qui a reconnu constant en fait que le sieur Coutand, cafetier, ne s'était pas conformé à cette disposition dudit arrêté, ne pouvait se dispenser d'appliquer à la contravention, la peine de police encourue;

» Que cependant, sur le motif que, d'un côté, la matière n'était pas réglée par le nouveau Code pénal, ni régie par des lois particulières qui, s'il en existait, se trouvaient abrogées par ledit Code; et d'un autre côté, que l'arrêté dont il s'agit, avait été pris dans des circonstances périlleuses qui n'existaient plus, le tribunal de police a jugé que ledit Coutand n'avait point commis de contravention, et l'a renvoyé de l'action formée contre lui par le ministère public;

» Mais que la police des cafés a toujours été l'objet de réglemens particuliers qui se trouvent dans la classe de ceux maintenus par la disposition générale de l'art. 484 du Code pénal, comme l'a formellement énoncé l'orateur du gouvernement dans son discours, lors de la présentation de la loi;

» Et que ce n'est point aux tribunaux qu'il peut appartenir de juger si les réglemens de police doivent ou non d'après les circonstances continuer d'être observés; que l'autorité qui a le droit de les faire, a seule le droit de les rapporter ou d'en tolérer l'inexécution; que le maire de..... avait au contraire bien reconnu que le maintien de l'arrêté dont il s'agit, était toujours utile et nécessaire, puisqu'il en avait ordonné une nouvelle publication;

» Que, dans ces circonstances, le tribunal de police a donc violé tout à la fois les dispositions de l'art. 3 du tit. 11 de la loi du 24 août 1790, celles de l'art. 484 du Code pénal, et le réglement de police dont il s'agit;

» Par ces motifs, la cour, faisant droit sur le réquisitoire du procureur-général, casse et annulle dans l'intérêt de la loi, et sans préjudice de son exécution entre les parties intéressées, le jugement rendu par le tribunal de police de....., le 18 décembre dernier.....;

» Ainsi jugé et prononcé à l'audience de la cour de cassation, section criminelle, le 17 février 1814 ».

II. « Le procureur-général expose qu'il se croit obligé, pour l'intérêt de la loi, de requérir la cassation d'un jugement du tribunal de police du canton de Clermont, département de la Meuse.

» Par un arrêté du maire de la ville de Clermont, du 5 pluviôse an 11, « il est fait très-
» expresses défenses à tous les habitans de cette
» commune de mettre aucune paille sur la voie
» publique en aucun temps, ni de fumiers ou
» autres immondices dans les rues de cette ville,
» qui puissent embarrasser la voie publique, ou
» l'obstruer, de quelque manière que ce soit , au
» devant de leurs maisons, granges et écuries,
» et même de laisser aucune voiture, pendant la
» nuit, au-devant des maisons; et dans le cas
» (ajoute le maire), où il arriverait que quelques
» aubergistes soient obligés d'en laisser au-devant
» de leurs maisons, leur enjoignons de mettre
» au-dessus une lanterne allumée, afin d'éviter
» tous accidens ».

» Le 8 janvier dernier, procès-verbal par lequel le maire déclare « qu'après avoir averti,
» par écrit, le sieur Nicolas Lafournière, ca-
» baretier en cette ville , d'ôter les voitures qui
» se trouvent placées devant sa maison, sur le
» trotoir ordinaire, et, de l'autre côté de la
» grande route, des chariots qui se trouvent
» placés devant l'hôtel-de-ville, dont les con-
» ducteurs sont tous logés chez lui; ce qui ré-
» trécit singulièrement la voie publique, et
» met les passans et voyageurs dans le cas
» d'éprouver des accidens, surtout les mili-
» taires; il s'est transporté au-devant de la
» porte dudit Lafournière, et avons reconnu
» (continue cet officier), qu'il ne s'était pas
» mis en devoir de satisfaire à notre invitation;
» et que la route était tellement rétrécie, tant
» par la voiture qui se trouve sur le trotoir
» au-devant de sa porte, que par celles qu'il a
» fait placer de l'autre côté de ladite route,
» au-devant dudit hôtel-de-ville, que les voitures
» et les passans ne peuvent circuler sans courir
» des risques; ce qui est contraire aux lois et
» réglemens de police ».

» D'après ce procès-verbal, le sieur Lafournière a été appelé, sans citation, par l'adjoint du maire, devant le tribunal de police, pour se voir condamner aux peines portées par l'art. 605 du Code des délits et des peines , du 3 brumaire an 4.

» Le 17 du même mois, le sieur Lafournière a comparu et a dit « qu'effectivement il y avait,
» devant sa porte et tout près de sa maison,
» une petite voiture qui devait y passer la nuit,
» appartenant au sieur Périn, marchand forain,
» qui logeait habituellement chez lui; mais que

» cette voiture, qui n'occupait même qu'une
» partie du trotoir le long de sadite maison, et
» ne gênait nullement la voie publique, puisque
» la rue qui est fort large et la distance qu'il y
» avait de ladite voiture à celles placées près la
» maison de ville où jamais les voitures ne
» passent, étaient suffisantes pour laisser un
» libre passage à deux voitures de front ; que
» d'ailleurs il s'était conformé aux régle-
» mens de police et à l'arrêté de la mairie, en
» éclairant la voiture dudit Périn, à l'aide d'une
» chandelle placée dans une lanterne sur une
» fenêtre de la chambre haute de sa maison ;
» qu'enfin, il était le seul de tous les cabare-
» tiers-logeurs de Clermont à qui l'on faisait
» cette difficulté , quoique presque tous se
» trouvassent tous les jours dans le même cas ;
» qu'à l'égard de plusieurs autres charts ou
» charrettes chargés de vins, et qui étaient
» placés le long de ladite maison de ville, il ne
» pouvait en être responsable, attendu qu'ils
» appartenaient à des voituriers étrangers, no-
» tamment de Raricourt, qui étaient, ainsi
» que bien d'autres, dans l'usage, à leur retour
» de champagne, de mettre leursdites voitures
» dans cet emplacement, soit pour débiter leurs
» vins, soit pour les conduire plus loin ; que
» qu'aussitôt leur arrivée à Clermont, ils re-
» conduisaient leurs chevaux chez eux, et ne
» les logeaient nullement chez lui Lafournière,
» ce qui est de notoriété publique ; que, si
» d'ailleurs on élevait le moindre doute à cet
» égard, il offrait d'en administrer la preuve ;
» qu'enfin, il n'est point en son pouvoir d'em-
» pêcher les voituriers étrangers de mettre leurs
» voitures dans cet emplacement ni de les faire
» ôter ; qu'en conséquence, il demandait à être
» renvoyé de la demande contre lui formée par
» le sieur adjoint ».

» L'adjoint a répliqué que le sieur Lafournière
était « en contravention aux réglemens de po-
» lice, ainsi qu'il est constaté par le procès-
» verbal du maire ; que d'ailleurs il n'était
» point aubergiste , n'ayant qu'une patente
» de cabaretier ; et qu'il persistait dans ses
» conclusions ».

» Sur ces débats, le tribunal de police rend,
le même jour 7 janvier, un jugement ainsi
conçu : — « Considérant que ledit Lafournière
» n'obstruait point la voie publique, puisque
» la voiture dont il s'agit, était près de sa
» maison; qu'il s'est d'ailleurs conformé à l'ar-
» rêté de la mairie, du 5 pluviôse an 11, en
» mettant une lumière sur une des croisées de
» sa chambre haute, pour éclairer la voiture
» dont s'agit ; — Considérant qu'il ne peut être
» responsable des autres voitures qui étaient
» placées le long de la maison de ville, puis-
» qu'elles appartenaient à des étrangers ; et
» qu'il n'était pas au pouvoir dudit Lafournière
» de les en empêcher, non plus que de les placer

» ni les conduire ailleurs ; — L'avons renvoyé
» de la demande contre lui formée par ledit
» sieur adjoint ».

» La cour voit que, par ce jugement, le tribunal de police acquitte le sieur Lafournière des
deux contraventions qui lui sont imputées par le
procès-verbal du maire ; — Qu'il l'acquitte de
la première, sur le fondement que la voiture
stationnée près de sa maison, n'obstruait point
la voie publique ; et que d'ailleurs il avait placé,
sur l'une des croisées de sa chambre haute, une
chandelle qui avait suffisamment averti les passans d'y prendre garde ; — Et qu'il l'acquitte de
la seconde, sur le fondement que les voitures
placées près de l'hôtel de ville, appartenaient à
des étrangers.

» Mais il est évident que, sur l'un comme sur
l'autre point, le tribunal de police s'est écarté
de la marche que lui traçaient les lois.

» En effet, 1.° le procès-verbal du maire
atteste que la voiture qui a été trouvée par ce
magistrat, près de la maison du sieur Lafournière, obstruait la voie publique.

» Sans doute, ce procès-verbal ne fait point
foi de son contenu jusqu'à inscription de faux ;
et il peut être débattu par une preuve contraire ;
mais tant qu'une preuve contraire ne l'a point
détruit, il doit faire pleine foi ; et le juge ne
peut, sans violer la loi, regarder comme non
constant le délit qu'il atteste avoir été commis.
C'est ce qu'ont jugé, au sujet d'un procès-verbal
dressé par le commissaire de police de la ville
de Lons-le-Saulnier, un arrêt de cassation, du
17 mai 1808, au rapport de M. Carnot ; et
au sujet d'un procès-verbal dressé par un garde-
champêtre, un autre arrêt de cassation, du 28
août de la même année, au rapport de M. Aumont. (1)

(1) V. le *Répertoire de jurisprudence*, au mot *Procès-verbal*, §. 2, n. 4 ; et §. 7, n. 1.

La même chose a été jugée le 21 décembre 1809, par
un arrêt que le *Bulletin criminel* de la cour de cassation
nous retrace en ces termes :

« La femme Giordana, dite Pistolé, boulangère, avait
contrevenu aux réglemens de police sur le prix et le
poids du pain. Le procès-verbal énonçait la vérification
faite en présence de la prévenue. — Le commissaire de
police, en saisissant le pain, le fit distribuer aux pauvres
et fit citer la prévenue. — Sur sa seule dénégation, et
sans autre preuve, le tribunal de police du canton de
San-Remo la renvoya de la demande. — Sur quoi, la
cour a rendu l'arrêt suivant :

» Oui le rapport de M. Schwendt... ; — Vu l'art. 456,
§. 6, de la loi du 3 brumaire an 4 ; — Considérant que
foi était due au procès-verbal du commissaire de police
sur le délit dont il s'agit, vérifié et constaté en présence
de la prévenue, jusqu'à preuve contraire , et que cette
foi ne pouvait être détruite par la simple dénégation
de la prévenue ; que , sous ce rapport, le jugement
présente un excès de pouvoir ; — La cour casse le juge-

» 2.° L'arrêté du 25 pluviôse an 11 enjoint aux aubergistes de la ville de Clermont, *dans le cas où il arriverait qu'ils fussent obligés de laisser des voitures au-devant de leurs maisons, de mettre AU-DESSUS une lanterne allumée, afin d'éviter tous accidens.*

» Sans contredit, les mots, *au-dessus*, se rapportent, dans cet arrêté, non aux *maisons*, mais aux *voitures*. Le sieur Lafournière ne pouvait donc, même en supposant qu'il eût pu mépriser l'avertissement verbal que le maire lui avait donné de faire retirer la voiture qui était stationnée le long de sa maison, se mettre à l'abri de toute contravention à l'arrêté du 25 pluviôse an 11, qu'en plaçant une lanterne *au-dessus de cette voiture.*

» Or, de son aveu, ce n'était pas *au-dessus de cette voiture*, c'était à la fenêtre de sa maison, qu'il avait placé une lanterne pendant la nuit que cette voiture avait séjourné le long de sa maison même.

» 3.° Le procès-verbal du maire atteste que les propriétaires des voitures placées près l'hôtel de ville, étaient logés dans le cabaret du sieur Lafournière; et de ce que le maire n'a sûrement consigné ce fait dans son procès-verbal, qu'après s'en être assuré par ses propres yeux, il résulte évidemment que le sieur Lafournière était responsable de la contravention que ces voituriers avaient commise à l'arrêté du maire, du 25 pluviôse an 11.

» Ce considéré, il plaise à la cour, vu l'art. 88 de la loi du 27 ventôse an 8, l'art. 13 du tit. 2 de la loi du 24 août 1790, les art. 2, 3 et 5 du tit. 11 de la même loi, et l'art. 600 du Code du 3 brumaire an 4; casser et annuler, dans l'intérêt de la loi seulement, et sans préjudice de son exécution entre les parties intéressées, le jugement du tribunal de police du canton de Clermont, du 17 janvier dernier dont expédition est ci-jointe; et ordonner qu'à la diligence de l'exposant, l'arrêt à intervenir sera imprimé et transcrit sur les registres dudit tribunal ».

» Fait au parquet, le 11 avril 1810. *Signé* Merlin.

» Ouï le rapport de M. Favard de l'Anglade, conseiller, et M. Thuriot, avocat-général;

» Vu l'art. 88 de la loi du 27 ventôse an 8, et l'art. 456, §. 6, de la loi du 3 brumaire an 4.....;

» Attendu qu'il est constaté par un procès-verbal du maire de la ville de Clermont, département de la Meuse, du 8 janvier dernier, 1.° que Lafournière, au mépris d'un réglement municipal de police du 5 pluviôse an 11, avait

---

ment rendu par le tribunal de police du canton de San-Remo, le 11 novembre dernier, au bénéfice de Catherine Giordana, dite Pistolé.... ».

---

placé près de sa maison une voiture qui obstruait le passage de la rue ; 2.° qu'il avait aussi fait placer le long de l'hôtel de ville, des voitures appartenant à des personnes qui logeaient chez lui ;

» Que les faits résultans de ce procès-verbal, pouvaient bien être modifiés par une preuve contraire qui aurait été faite contradictoirement; mais que, jusque là, ils ont dû passer pour constans, sans pouvoir être détruits par une simple dénégation; que, dès-lors, il résultait de ces faits une contravention formelle au réglement de police du 5 pluviôse an 11, laquelle devait être punie conformément à l'art. 600 du Code des délits et des peines ;

» Attendu que, par l'art. 13 du tit. 2 de la loi du 24 août 1790, il est défendu aux juges de troubler, de quelque manière que ce soit, les opérations des corps administratifs; qu'il résulte de cet article que les réglemens administratifs doivent être respectés; qu'ainsi, en disant qu'une chandelle mise sur l'une des croisées de la chambre de Lafournière, remplaçait suffisamment la lanterne allumée que le réglement de police l'obligeait de placer au-dessus de la voiture stationnée, le tribunal a modifié le réglement de police, et a commis par là un excès de pouvoir ;

» Par ces motifs, la cour, faisant droit sur le réquisitoire de M. le procureur-général, casse et annule, pour l'intérêt de la loi, le jugement rendu par le tribunal de police du canton de Clermont du 17 janvier dernier....

» Ainsi jugé et prononcé à l'audience publique de la cour de cassation, section criminelle, le 11 mai 1810 ».

III. La troisième question, déjà préjugée par plusieurs des arrêts rapportés ci-dessus, n. 1, s'est présentée dans une espèce que le Bulletin criminel de la cour de cassation nous retrace en ces termes :

« Un arrêté du maire de Coulommiers défendait le lavage des laines ailleurs que dans les endroits y désignés, sans une autorisation particulière; et il y était porté que les contraventions seraient poursuivies devant les tribunaux compétens. — Le tribunal de police, saisi par la poursuite de l'adjoint contre Louis-Denis Lemaire, a suspendu toute décision, prétendant que l'arrêté ne portant pas fixation de la peine pour la contravention, sa compétence n'était point assurée; et il a en conséquence renvoyé devant le maire pour régler la peine à subir par les contrevenans. — Le tribunal ayant méconnu la loi et ses pouvoirs à l'égard des contraventions aux lois et aux réglemens de police, la cour a rendu (le 7 décembre 1809) l'arrêt suivant :

» Ouï M. Schwendt...; vu l'art. 2, tit. 11, de la loi du 24 août 1790; — Considérant que les contraventions aux réglemens de police sont, par leur nature, du ressort des tribunaux de police ; — Que l'arrêté du maire, du 19 juin dernier, en renvoyant devant les tribunaux compétens, et la poursuite dirigée par l'adjoint du canton, ont saisi le tribunal de police, dont la compétence et le pouvoir étaient réglés par les dispositions des art. 2 et 3 de la loi du 24 août 1790, et l'art. 605, n. 3, de la loi du Code de brumaire an 4 ; — Qu'ainsi, le tribunal eût dû instruire, et, s'il y avait lieu, prononcer les peines de simple police affectées par la loi aux délits de simple police ; — La cour casse... ».

IV. Sur la quatrième et la cinquième question, *V.* l'article *Préfet*, §. 4.

§. V. *Pouvait-on, sous le Code du 3 brumaire an 4, appeler d'un jugement d'un tribunal de police, sous le prétexte qu'il avait statué sur une matière purement civile ?*

V. l'article *Appel*, §. 1, n. 9.

§. VI. 1.º *Un jugement rendu par un tribunal de police, peut-il être déclaré nul, sous le prétexte que la citation a été donnée en vertu d'une cédule du juge ?*

2.º *Devant les tribunaux de police, les prévenus doivent-ils être entendus avant les témoins produits par les parties plaignantes ?*

3.º *Les tribunaux de police sont-ils tenus de citer dans leurs jugemens, les lois en vertu desquelles ils rejettent les reproches proposés contre des témoins ?*

V. le plaidoyer et l'arrêt du 2 décembre 1808, rapportés au mot *Injure*, §. 3.

§. VII. *Les tribunaux de police peuvent-ils, sur la demande d'une partie injuriée, ordonner, non-seulement que leurs jugemens seront imprimés et affichés aux frais de la partie condamnée, mais encore qu'ils seront proclamés par un officier ministériel dans les marchés et autres lieux publics ?*

Cette question, sur laquelle la négative avait déjà été adoptée par l'arrêt du 17 messidor an 8, rapporté aux mots *Réparation d'injures*, §. 1, et par un autre du 18 prairial an 12, qu'on peut voir dans le *Répertoire de jurisprudence*, au mot *Injure*, §. 2, n. 1, s'est représentée depuis dans l'espèce suivante :

« Pierre Motet, cultivateur à Cahagnes, arrondissement de Bayeux, a été condamné par le tribunal de police du canton de Caumont, à l'amende de trois journées de travail, à 100 francs de dommages et intérêts envers le sieur Pagny, notaire, pour injures verbales. — Le tribunal avait ordonné en outre, pour plus amples réparations et sur la demande de ce notaire, que ce

jugement serait imprimé, lu, publié et affiché à la porte de l'auditoire, au marché du lieu et dans les vingt communes du canton, aux frais de Motet. — Le notaire Pagny avait effectivement conclu contre Motet, à ce que le jugement à intervenir fût imprimé, publié et affiché à la porte de l'auditoire, au marché du lieu et dans les vingt communes du canton. — Motet s'est pourvu en cassation ; il appuyait principalement sa demande sur ce que la lecture et la publication faites à la porte extérieure de l'auditoire, au marché du lieu et dans les vingt communes du canton, étaient une peine grave, et sur ce que le juge n'était autorisé à la prononcer par aucune loi. — Il convenait que les tribunaux avaient bien le pouvoir de permettre l'impression et l'affiche de leurs jugemens aux frais des délinquans lorsque cette sorte de publication était demandée pour plus amples réparations. — Mais il soutenait qu'il n'en était pas de même de la lecture par un officier ministériel, de leurs jugemens dans les lieux et places publiques ; que cette sorte de proclamation était une véritable peine qui ne pouvait être ordonnée, même lorsqu'elle aurait été demandée sans excès de pouvoir. — La cour adoptant ce moyen, a rendu (le 7 juillet 1809), l'arrêt dont la teneur suit :

» 'Ouï M. Oudot....; Vu l'art. 456, n. 6, du Code des délits et des peines (du 3 brumaire an 4); attendu que la lecture et la proclamation d'un jugement prononçant une peine, dans les marchés et lieux publics d'une ou de plusieurs communes qu'on pourrait faire avec plus ou moins de solennité, seraient une aggravation de peine qu'aucune loi ne prononce; attendu que les tribunaux ne sont autorisés à faire aucune proclamation hors de l'enceinte du lieu de leurs séances ; attendu que le tribunal de police de Caumont, en ordonnant la lecture et la publication de son jugement à la porte de l'auditoire, au marché du lieu et dans les vingt communes du canton, a commis un excès de pouvoir qu'il est nécessaire de réprimer ; la cour casse et annulle cette disposition seulement du jugement du 26 mai dernier, le surplus dudit jugement devant subsister et être exécuté suivant sa forme et teneur ». (*Bulletin criminel de la cour de cassation*).

§. VIII. *En matière d'injures verbales, les tribunaux de police peuvent-ils, lorsque la partie plaignante n'y conclut pas expressément, et sur les seules conclusions du ministère public, ordonner que leurs jugemens seront imprimés et affichés aux frais de la partie condamnée ?*

J'ai rapporté, dans le *Répertoire de jurisprudence*, au mot *Injure*, §. 2, n. 1, plusieurs arrêts de la cour de cassation qui jugent que

non. En voici encore un du 30 juillet 1807,
qui confirme de plus en plus cette jurisprudence.

« Il s'agissait d'une rixe élevée sur une place
publique, le plaignant *avait borné sa demande
au remboursement des frais ;* le ministère public
avait requis *la peine de trois jours de prison* et
en outre *l'impression du jugement et son affiche.*
— Le tribunal avait condamné Gaspard Giraud
dit Allois, à trois jours de prison et à payer au
sieur Olivier, par forme de dommages-intérêts,
la somme de 6 francs ; il avait ordoné *que son
jugement serait imprimé et affiché au nombre de
cinquante exemplaires,* et avait condamné
Giraud aux dépens liquidés, outre ceux de mise
à exécution dudit jugement, avec défense de
récidiver à l'avenir sous plus grande peine. —
Excès et abus de pouvoirs qui ont été réprimés
par l'arrêt dont la teneur suit :

» Ouï le rapport fait par Jean-Aimé Delacoste.... ; vu l'art. 456 du Code des délits et
des peines (du 3 brumaire an 4), sixième disposition.... ; vu l'art. 600 du même Code.... ;
vu encore l'art. 606 qui, en permettant aux tribunaux de police de graduer les peines selon les
circonstances et le plus ou le moins de gravité
du délit, exige néanmoins qu'elles ne puissent,
en aucun cas, ni être au-dessous d'une aménde
de la valeur d'une journée de travail, ni s'élever
au-dessus de la valeur de trois journées de travail ou de trois jours d'emprisonnement ; — Vu
enfin l'art. 154 du même Code, qui, en attribuant au tribunal de police le droit de prononcer
en dernier ressort, par le même jugement, *sur
les dommages-intérêts et sur la peine infligée
par la loi,* a soin d'ajouter que ces dommages-
intérêts sont ceux qui *sont prétendus par la partie qui se prétend lésée pour raison du délit ;*
— Attendu qu'il résulte de la rédaction même
du jugement attaqué, que la partie qui a présenté la plainte, le sieur Olivier, comme se prétendant lésé par le sieur Giraud, n'avait conclu
contre ce dernier *qu'au payement des frais de
la procédure, sauf au ministère public à prendre
pour la vindicte publique, les conclusions qu'il
aviserait ;* — Que le ministère public avait conclu *à ce que le sieur Giraud fût condamné à
garder prison pendant trois jours, et à ce que le
jugement fût imprimé et affiché, et aux dépens ;*
— Attendu qu'il résulte de tout ce qui vient d'être
dit, ainsi de toutes les pièces citées, le
tribunal de police ne pouvait condamner au
payement d'une indemnité *non réclamée* par
la partie qui se prétendait lésée ; qu'en condamnant le sieur Giraud en 6 francs à titre de
dommages-intérêts qui n'étaient pas requis, il
a commis un excès de pouvoirs et violé les lois
qui ont déterminé son attribution ; qu'en ordonnant que *son jugement serait imprimé et
affiché au nombre de cinquante exemplaires,*
il a, aussi, méconnu et violé lesdites lois ; qu'en
effet, cette ordonnance d'impression et d'affiche

n'a pu être considérée par ce tribunal, que
comme *peine infligée par la loi,* ou comme
faisant partie des *dommages-intérêts ;* sous le
premier point de vue, cette condamnation était,
dans la réalité, une augmentation de peine arbitrairement requise et prononcée contre la défense expressément portée par l'art. 606 ci-dessus
cité ; sous le second, le tribunal ne pouvait
prononcer une impression et une affiche qui
n'étaient pas demandées par la partie lésée à
titre de réparation ; — Par ces motifs, la cour
casse..... ». (*Bulletin criminel de la cour de
cassation*).

§. IX. *Les suppléans des juges de paix peuvent-
ils, en l'absence de ceux-ci, tenir les audiences de police ?*

V. l'article *Suppléant,* §. 2.

§. IX, *bis.* 1.° *Le juge de paix qui, après avoir
entamé une affaire à une audience de police,
en a fait continuer l'instruction à deux audiences suivantes, par un de ses suppléans,
peut-il la décider lui-même à une quatrième
audience ?*

2.° *Les tribunaux de police peuvent-ils
juger d'après des procès-verbaux d'information ? peuvent-ils juger autrement que sur les
dépositions orales des témoins ?*

V. le réquisitoire et l'arrêt du 13 septembre
1811, rapportés aux mots *Ministère public,* §. 5,
n. 2.

§. X. *Les jugemens des tribunaux de paix ont-
ils l'autorité de la chose jugée dans les tribunaux de police ? en conséquence, un tribunal
de police peut-il, sur le seul fondement qu'une
personne a été déclarée coupable d'injures
verbales par un tribunal de paix, et sans
autre preuve, sans même appeler ni entendre
cette personne, la condamner aux peines dont
la loi veut que les auteurs d'injures verbales
soient punis ?*

« Le procureur-général expose qu'il a été,
depuis peu, rendu par le tribunal de police du
canton de Hombourg, département du Mont-
Tonnerre, un jugement qui paraît devoir être
annullé dans l'intérêt de la loi.

» La femme Eisenmann, assistée de son mari,
s'étant pourvue devant le juge de paix, en réparation d'injures verbales qu'elle prétendait avoir
reçues de la femme Feibelmann, jugement est
intervenu, le 20 juin dernier, qui, d'après la
dénégation de celle-ci, a chargé celle-là de la
preuve du fait qu'elle articulait.

» Le 22 du même mois, les parties sont re-
venues à l'audience du juge de paix ; et là, il a
été produit par la femme Eisenmann un témoin

à l'audition duquel la femme Feibelmann s'est opposée.

» Le juge de paix ayant ordonné que ce témoin serait entendu, la femme Feibelmann s'est retirée.

» Le juge de paix, passant outre nonobstant l'absence de cette femme, a reçu la déposition du témoin; et il en est résulté que cette femme avait dit, en présence du témoin même, à la femme Eisenmann : *Vas à la maison, précipiter encore une fois ta servante dans la cave, afin qu'elle se casse le col.*

» Le juge de paix n'a pas douté que ce témoignage ne formât une preuve suffisante du fait dont se plaignait la femme Eisenmann; et que ce fait ne portât le caractère d'une injure.

» Mais par une erreur que la cour a condamnée par plusieurs arrêts, notamment par celui qu'elle a rendu, le 6 décembre 1808, sur le réquisitoire de l'exposant et au rapport de M. Rousseau, il s'est regardé comme incompétent pour prononcer, en qualité de juge civil, sur une plainte d'injures verbales, et il a *renvoyé la cause devant le tribunal de police pour être statué contre la défenderesse ce que de droit.*

» Et le même jour, sans appeler devant lui la femme Feibelmann, sans l'entendre, et sur le seul fondement que, par le jugement de la justice de paix, il était constaté que cette femme s'était rendue coupable d'injures verbales, le tribunal de police, en vertu de l'art. 605 du Code du 3 brumaire an 4, dont il n'a pas rappelé les termes, a condamné cette femme, sur les réquisitions du ministère public, *à un emprisonnement de trois jours, et aux dépens de l'expédition seulement, n'en existant pas d'autres,* au moyen de l'instruction faite devant le juge de paix.

» C'est sur ce jugement non attaqué et au contraire exécuté par la femme Feibelmann, que l'exposant croit devoir provoquer la censure de la cour.

» C'est un principe incontestable que nul ne peut-être condamné, s'il n'a été préalablement entendu ou dûment appelé. Aussi l'art. 162 du Code du 3 brumaire au 4 veut-il, à peine de nullité, que tout prévenu de contravention de police, soit entendu à l'audience du tribunal qui doit le juger.

» Un autre principe non moins constant, est que les jugemens n'ont l'autorité de la chose jugée, qu'en faveur des parties qui les ont obtenus et contre les parties qui les ont condamnées. *Res inter alios judicata aliis nocere neque prodesse potest.* Pour que l'autorité de la chose jugée ait lieu, dit l'art. 1351 du Code civil, *il faut que la demande soit entre les mêmes parties, et formée par elles et contre elles, en la même qualité.*

» Ces deux principes sont également violés par le jugement dont il s'agit.

» D'une part, la femme Feibelmann n'a été ni entendue ni appelée devant le tribunal de police.

» De l'autre, pour la juger coupable et la condamner, sur les réquisitions du ministère public, son seul adversaire, le tribunal de police s'est uniquement fondé sur le jugement que le tribunal de paix avait rendu le même jour entre elle et la femme Eisenmann, dans une instance où le ministère public n'avait ni été ni pu être partie (1).

» Enfin, l'art. 162 du Code du 3 brumaire an 4 veut, à peine de nullité, que les tribunaux de police insèrent dans leurs jugemens les termes des lois pénales dont ils font l'application; et ici, le tribunal de police du canton d'Hombourg a entièrement négligé cette formalité.

» Ce considéré, il plaise à la cour, vu l'art. 88 de la loi du 27 ventôse an 8, l'art. 162 du Code des délits et des peines du 3 brumaire an 4, et l'art. 1351 du Code civil, casser et annuller, dans l'intérêt de la loi, le jugement du tribunal de police du canton de Hombourg, du 22 juin 1810, ci-dessus mentionné, et dont expédition est ci-jointe....

» Fait au parquet, le 19 septembre 1810. *Signé* Merlin.

» Ouï le rapport de M. Favard de Langlade, conseiller, et les conclusions de M. Jourde, avocat-général;

» Vu l'art. 88 de la loi du 27 ventôse an 8, et l'art. 456, §. 2, de la loi du 3 brumaire an 4....;

» Attendu, 1.º que, si le juge de paix de Hombourg devait prononcer en qualité de juge civil sur la plainte en injures verbales dont il avait été saisi à la poursuite de la femme Eisenmann, ce juge avait renvoyé la citation devant le tribunal de police, l'instruction devant ce tribunal devait avoir lieu conformément à l'art. 162 du Code des délits et des peines; que l'instruction faite devant le juge de paix, ne pouvait dispenser le tribunal de police de celle qui lui était ordonnée par l'art. 162 du Code du 3 brumaire an 4; que néanmoins les parties n'ont pas été citées ni les témoins entendus devant le tribunal de police; qu'il en résulte une contravention formelle audit art. 162;

» Attendu, 2.º que le même art. 162 veut, à peine de nullité, que les tribunaux de police insèrent dans leurs jugemens les termes des lois pénales dont ils font l'application, et que le tribunal de police du canton de Hombourg a négligé cette formalité;

_____

(1) *V.* l'article *Cassation*, §. 48; et le *Répertoire de jurisprudence,* aux mots *Chose jugée,* §. 15.

» Par ces motifs, la cour, faisant droit sur le réquisitoire du procureur-général, casse et annulle, pour l'intérêt de la loi, le jugement rendu par le tribunal de police du canton d'Hombourg, du 22 juin 1810....;

» Ainsi jugé et prononcé à l'audience publique de la cour de cassation, section criminelle, le 11 octobre 1810 ».

§. XI. *Les tribunaux de police sont-ils obligés, en prononçant les peines de leur compétence pour des contraventions à des réglemens de police, de citer et transcrire ces réglemens; ou peuvent-ils se contenter de citer et transcrire la loi qui détermine, par une disposition générale, la nature des peines qu'ils peuvent prononcer?*

« Le procureur-général expose que le tribunal de police de la ville de Lisieux, a rendu, le 3 novembre 1809, un jugement qui paraît devoir être annullé dans l'intérêt de la loi.

» Ce jugement commence par déclarer que les nommés Corblin et Talvot, postillons de la poste aux chevaux de la commune d'Etrées, ont *contrevenu aux réglemens de police, en claquant de leurs fouets dans les rues de cette ville, avec une affectation marquée, de manière qu'il y avait à craindre qu'ils ne blessassent les personnes qui étaient sur leur passage, ce qui est arrivé différentes fois.*

» Ensuite, il condamne ces deux postillons, solidairement avec le sieur Chapelain, leur maître, comme responsable de leurs faits, à une amende de la valeur de trois journées de travail; et pour justifier cette condamnation, il cite et transcrit, non les réglemens de police auxquels il leur impute d'avoir contrevenu, mais l'art. 600 du Code des délits et des peines, du 3 brumaire an 4, lequel porte simplement : *Les peines de simple police sont celles qui consistent dans une amende de la valeur de trois journées de travail ou au-dessous, ou dans un emprisonnement qui ne peut excéder trois jours.*

» Par la citation et la transcription de ce texte, le tribunal de police de Lisieux a-t-il rempli l'obligation que lui imposait l'art. 162 du Code du 3 brumaire an 4, d'*insérer dans son jugement les termes de la loi qu'il* appliquait, *à peine de nullité?* Non assurément.

» Pour que l'action de claquer de leurs fouets dans les rues de la ville de Lisieux, pût être imputée à délit aux postillons Corblin et Talvot, il fallait qu'au préalable cette action eût été défendue par une loi ou par un réglement qui en tînt lieu; car, dit l'art. 2 du Code cité, *aucun acte, aucune omission ne peut être réputé délit, s'il n'y a contravention à une loi promulguée antérieurement.*

» Le tribunal de police ne pouvait donc pas,

en déclarant Corblin et Talvot réfractaires aux réglemens de police de la ville de Lisieux, se dispenser de citer ces réglemens et d'en insérer les termes dans son jugement.

» Il devait même faire plus : il devait encore citer et transcrire l'art. 5 du tit. 11 de la loi du 24 août 1790, qui soumet aux peines de simple police toute contravention aux réglemens de police municipale administrative.

» Et ce n'est qu'à la suite de ce texte, qu'il pouvait et devait citer l'art. 600 du Code du 3 brumaire an 4, qui détermine la nature des peines de simple police.

» En se bornant à citer et transcrire ce dernier article, le tribunal de police de Lisieux n'a ni cité ni transcrit les termes de la loi pénale qu'il a appliquée aux postillons Corblin et Talvot; il n'a cité et transcrit que la loi qui définit la peine prononcée par celle dont il a fait l'application.

» C'est comme si une cour de justice criminelle, en condamnant un accusé à la peine des fers, se bornait à citer et transcrire dans son arrêt, l'art. 1 du Code pénal du 25 septembre 1791, portant que *les peines qui seront prononcées contre les accusés trouvés coupables par le jury, sont la peine de mort,* LES FERS, *la réclusion dans la maison de force, la gêne, la détention, la déportation, la dégradation civique, le carcan.*

» Ce considéré, il plaît à la cour, vu l'art. 88 de la loi du 27 ventôse an 8, et l'art. 162 du Code des délits et des peines du 3 brumaire an 4, casser et annuller, dans l'intérêt de la loi, et sans préjudice de son exécution envers les parties intéressées, le jugement du tribunal de police de Lisieux, du 3 novembre 1809, ci-dessus mentionné et dont expédition est ci-jointe.

» Fait au parquet, le 15 septembre 1810. *Signé* Merlin.

» Oui le rapport fait par M. Vasse, conseiller, et M. Jourde, avocat-général, entendu;

» Vu l'art. 88 de la loi du 27 ventôse an 8, et l'art. 162 de la loi du 3 brumaire an 4....;

» Attendu, d'une part, qu'il n'apparaît d'aucun réglement administratif auquel les nommés Corblin et Talvot auraient contrevenu; que, d'autre part, le jugement du tribunal de police de Lisieux ne présente point l'insertion de la loi ou du réglement de police qui autoriserait la condamnation de l'amende qu'il a prononcée; qu'ainsi, ce jugement, sans base légale, contient contravention aux lois et aux formes judiciaires, et excès de pouvoir;

» La cour casse et annulle, dans l'intérêt de la loi seulement, le jugement du tribunal de police de Lisieux, du 3 novembre 1809....

» Ainsi jugé et prononcé à l'audience publique de la cour de cassation, section criminelle, le jeudi 11 octobre 1810 ».

TUTEUR. — §. I. *Lorsqu'un tuteur à qui, par le titre de sa nomination, il est défendu de plaider sans l'avis d'un conseil de tutelle, a plaidé sans cet avis, le jugement qui est intervenu contre son mineur, est-il valable ?*

Voici ce que j'ai dit sur cette question dans le plaidoyer rapporté en partie sous les mots *Action, Actionnaire.* (Il s'agissait, comme on peut se le rappeler, de savoir si le jugement du tribunal civil du département du Lot, rendu le 9 pluviôse an 8, contre les mineurs Sérilly, était valable dans la forme).

« Les demandeurs soutiennent, en troisième lieu, que le jugement est nul, en ce qu'il a été rendu contre le curateur aux causes et le tuteur des mineurs Sérilly, sans qu'il eût été autorisé à défendre à l'appel de Fénis-Saint-Victour, par le conseil de tutelle dont le jugement du tribunal de la Seine, du 24 floréal an 7, avait confirmé la nomination.

» Mais, ne peut-on pas répondre que l'obligation du tuteur de prendre l'avis du conseil de tutelle pour plaider au nom des mineurs, est concentrée entre le tuteur et les mineurs eux-mêmes, et que son seul effet est de rendre le tuteur responsable personnellement envers le mineur, de l'événement des procès qu'il a intentés ou soutenus sans l'avis du conseil de tutelle ?

» Et ce qui nous paraît donner beaucoup de poids à cette réponse, c'est que, de droit commun, la seule qualité de tuteur habilite celui qui en est revêtu, à ester en jugement au nom de ses mineurs ; et qu'ainsi, le tuteur qui défère à l'assignation qu'on lui a donnée devant un tribunal, est, par cela seul, investi, quant à la personne qui l'a lui a fait donner, de la capacité nécessaire pour y défendre.

» Cependant on peut dire aussi que la qualité de tuteur, lorsqu'elle résulte d'un avis de parens confirmé par le juge, est inséparable des modifications que les parens et après eux le juge ont mises aux pouvoirs attachés ordinairement à cette qualité ; qu'il n'en est pas de la tutelle dative et de la tutelle testamentaire, comme de la tutelle légitime ; que celle-ci ne dépendant que de la loi, la loi règle seule les attributions du tuteur à qui elle la confère ; mais que la tutelle dative dépendant entièrement des parens et du juge, comme la tutelle testamentaire dépend entièrement du testateur, c'est aux parens et au juge à déterminer les attributions de l'une, comme c'est au testateur à déterminer les attributions de l'autre ; que, dans l'espèce, si Fénis-Saint-Victour a su que le cit. Mézières était tuteur des mineurs Sérilly, il a dû savoir en même temps que le cit. Mézières n'était pas, en cette qualité, suffisamment autorisé pour ester en jugement ; que, s'il n'a pas eu connais-

Tome VI.

sance de ce dernier point, il ne peut l'imputer qu'à lui-même, puisqu'il devait obliger le cit. Mézières d'exhiber le jugement qui le nommait tuteur, et ne pas croire sur sa parole qu'il le fût réellement ; qu'enfin, il en est du contrat judiciaire qui se forme par la contestation en cause, comme du contrat purement conventionnel ; et qu'à l'un comme à l'autre s'applique la règle de droit, *qui cum alio contrahit debet esse non ignarus conditionis ejus.*

» On objecterait inutilement que le cit. Mézières allègue ici sa propre faute, la faute qu'il a commise en se présentant sur l'assignation de Fénis - Saint - Victour, sans l'autorisation du conseil de tutelle. Ce n'est pas le cit. Mézières, ce sont ses mineurs qui, par son organe, tirent de cette faute un moyen de cassation, et certainement ils y sont recevables. C'est ainsi qu'une communauté d'habitans, qui a plaidé sans y avoir été autorisée par le conseil de préfecture, peut, de ce seul chef, faire casser le jugement rendu contre elle, quoique ses officiers municipaux ne fassent, en proposant devant vous ce défaut d'autorisation, que censurer leur propre ouvrage.

» Ce ne serait pas avec plus de raison que l'on objecterait que les mineurs Sérilly avaient été valablement assignés et mis en cause par Fénis-Saint-Victour, avant que le cit. Mézières fût nommé leur tuteur, sous la condition de ne pouvoir plaider pour eux, sans l'avis du conseil de tutelle. Oui, ils avaient été valablement assignés avant cela, puisqu'ils l'avaient été dans la personne de leur mère et tutrice ; mais ils ne l'avaient été que devant le tribunal de la Corrèze, ils ne l'avaient été que pour le jugement de première instance ; ils ne l'avaient pas été devant le tribunal du Lot, et pour l'instance d'appel ; et certainement il ne serait conforme, ni à la raison, ni aux principes, de vouloir que la validité des procédures faites devant le premier tribunal, dût seule, et de plein droit, couvrir l'irrégularité des procédures faites devant le second.

» Il semble donc constant, au premier aspect, que les mineurs Sérilly n'ont pas été valablement représentés devant le tribunal du Lot, par le cit. Mézières ; qu'en admettant celui-ci à les représenter de fait, le tribunal du Lot a contrevenu au jugement du tribunal de la Seine du 24 floréal an 7 ; qu'ainsi, il y a eu de sa part violation de l'autorité de la chose jugée, et par conséquent contravention à l'art. 5 du tit. 27 de l'ordonnance de 1667.

» Long-temps, C. M., nous avons tenu à cette détermination. Cependant, nous devons le dire, plus nous l'avons méditée, moins elle nous a paru mériter vos suffrages ; et nous avons fini par l'abandonner, précisément par le motif qui d'abord nous avait prévenus en sa faveur.

» Rien de plus juste, en effet, que la comparaison entre la restriction que met le juge à une tutelle dative, et la restriction que met le testateur à une tutelle testamentaire.

» Quel est donc le pouvoir d'un tuteur nommé par un testament, avec la clause qu'il ne pourra plaider où contracter pour son pupille, sans l'aveu d'un conseil désigné par le testateur? Nous l'apprenons par la loi 47, D. *de administratione et periculo tutorum*. Un testateur, dit-elle, avait nommé Titius et Mœvius tuteurs de son fils, et il avait ajouté : « Je veux que tout » se gère par le conseil de mon frère Mœvius, » et que ce qui sera fait autrement, soit nul ». *Titium et Mœvium tutores quis dedit, et cavit : volo et rogo omnia fieri cum Mœvii fratris mei consilio; et quod sine eo fiat, irritum sit.* » Titius n'a pas laissé de poursuivre seul les » débiteurs du pupille, et c'est à lui seul qu'ils » ont payé. Sont-ils valablement libérés? Ils ne » le sont pas, si le testateur avait attribué à » Mœvius le droit d'administrer conjointement » avec Titius. *Titius solus à debitoribus exegit : an liberati essent? Respondit si et administrationem Mœvio dedisset, non rectè solutum* ».

» Il résulte clairement de cette loi, que, pour restreindre, envers des tiers, le pouvoir du tuteur de gérer les affaires du pupille, il ne suffit pas de lui nommer un conseil, sans l'avis duquel il ne puisse rien faire, et que l'intervention de ce conseil n'est indispensablement nécessaire, relativement aux tierces-personnes, que lorsqu'il est en même temps co-tuteur et co-administrateur de la tutelle. C'est la remarque de Godefroy sur la loi citée. *Tutor*, dit-il, *jussit omnia gerere cum alterius, puta Titii, consilio; an præcisè consilio Titii uti debet? Sic sanè, si Titius et officium et administrationem habet, ut hinc colligitur. Quid si Titius non est particeps officii? Necessitate non cogitur ejus consilium sequi; honestius tamen faciet si sequetur.*

» Ce principe, comme l'observe Godefroy, est encore écrit dans la loi 5, §. 8 du même titre. En voici les termes; ils sont précieux. *Pater tutelam filiorum consilio matris geri mandavit, et eo nomine tutores liberavit : non idcircò minùs officium tutorum integrum erit.*

» Ainsi, ce n'est point en nommant un simple conseil de tutelle, que l'on peut restreindre les pouvoirs du tuteur. Les pouvoirs du tuteur sont inhérens à son caractère; ils ne peuvent être modifiés que par un acte qui modifie son caractère même, c'est-à-dire, par un acte qui partage formellement la qualité de tuteur entre deux personnes, avec défense expresse de rien faire autrement que par l'avis l'un de l'autre. Ce cas excepté, les pouvoirs du tuteur restent entiers, nonobstant la nomination d'un conseil de tutelle : *non idcircò minùs tutorum officium integrum erit.*

» Or, nous l'avons déjà dit, ce que les lois décident pour la tutelle testamentaire, l'identité de raison veut qu'on l'applique à la tutelle dative; et l'on sent d'ailleurs que, dans un jugement qui nomme un tuteur, l'indication d'un conseil pour les cas où il s'agira de plaider, ne peut pas avoir d'autre objet que de rendre le tuteur personnellement responsable des frais des procédures dans lesquelles le tuteur se serait engagé au nom du mineur, sans l'avis du conseil de tutelle.

» Nous croyons pouvoir assurer que c'est ainsi qu'on a toujours entendu, dans la ci-devant Normandie, l'art. 22 des placités de 1678, qui porte que, *lors de l'institution de la tutelle, les nominateurs pourront choisir deux ou trois parens du mineur, des avocats ou autres personnes, par l'avis desquelles le tuteur sera obligé de se conduire dans les affaires ordinaires de la tutelle.*

» C'est dans le même sens que l'art. 514 de la coutume de Bretagne a dit : *tuteur et curateur ne doivent intenter procès pour leur mineur, sans conseil; autrement, s'ils succombaient, seront tenus de dédommager le mineur.*

» Et Duparc - Poullain observe, sur cet article, que le jugement rendu contre le tuteur en sa qualité, ne laisse pas d'être exécutoire contre le mineur, sauf son recours contre le tuteur, quoique celui-ci ait plaidé sans l'autorisation d'un conseil.

» C'en est assez pour prouver que le troisième moyen des demandeurs ne peut entraîner l'annulation du jugement du tribunal du Lot, etc. ».

Effectivement, ce moyen a été rejeté unanimement par les juges, tant dans leur délibération du 3 fructidor an 9, lors de laquelle ils ont été partagés sur un autre moyen tiré du fond de la cause, que dans celle du 1.er ventôse an 10, dont le résultat a été, en vuidant le partage, de casser, par le dernier motif, le jugement du tribunal civil du Lot.

§. II. *Avant le Code civil, et depuis la publication de la loi du 17 nivôse an 2, la veuve qui, se trouvant, en pays de droit écrit, chargée de la tutelle de ses enfans, se remariait sans leur avoir fait nommer un nouveau tuteur, encourait-elle l'indignité de leur succéder, en cas qu'ils vinssent à mourir avant elle ?*

V. l'article *Secondes noces*, §. 2.

§. III. 1.° *La disposition de l'art. 472 du Code civil qui annulle tout traité fait entre le tuteur et le mineur devenu majeur, s'il n'a été précédé de la reddition d'un compte détaillé et de la remise des pièces justificatives, est-elle restreinte aux traités qui portent précisément, soit sur le compte de tutelle, soit sur des objets qui doivent y entrer; ou bien est-elle applicable à toutes les conventions qui peuvent intervenir entre un mineur devenu majeur et son ci-devant tuteur ?*

2.º *Cette disposition emporte-t-elle, entre le mineur devenu majeur, et son ci-devant tuteur, la nullité d'un acte par lequel le premier a déclaré au second qu'il acceptait purement et simplement une succession dont l'acceptation ou la répudiation devait entrer dans le compte de tutelle ?*

I. La première question paraît être clairement résolue par le texte même de l'art. 472. En effet, cet article ne fait pas de distinction; il annulle *tout traité* non précédé d'un compte de tutelle; et qui dit *tout*, n'excepte rien. De quel droit ajouterions-nous à la loi une exception que non-seulement elle n'exprime pas, mais qu'elle repousse par la généralité des termes qu'elle emploie ?

Il est vrai que, dans l'art. 2045, placé sous le titre *des transactions*, il est dit que « le tuteur » ne peut transiger avec le mineur devenu » majeur, *sur le compte de tutelle*, que confor- » mément à l'art. 472 du même titre ».

Mais de ce que cet article fait spécialement l'application à la transaction sur le compte de tutelle, de la règle établie par l'art. 472, il ne s'ensuit nullement que cette règle ne soit pas aussi générale que le comportent les termes qui l'énoncent. Il en résulte seulement que, sur la question de savoir si les transactions sont comprises sous les mots *tout traité* employés par l'art. 472, il y a une distinction à faire; que ces mots comprennent la transaction qui peut intervenir entre le tuteur et le mineur devenu majeur, soit sur le compte de tutelle, soit sur des objets qui doivent entrer dans ce compte; mais qu'ils ne comprennent pas les transactions qui peuvent intervenir entre eux sur des contestations étrangères au compte de tutelle, par exemple, sur celles qui se seraient élevées entre eux relativement à la succession d'un de leurs parens communs décédé depuis que le mineur a atteint sa majorité.

On conçoit très-bien pourquoi le législateur excepte de la règle établie par l'art. 472, les transactions étrangères au compte de tutelle : c'est qu'en général, et aux termes de l'art. 2052, *les transactions ont, entre les parties, l'autorité de la chose jugée*; et que, par conséquent, il en doit être d'une transaction passée entre un mineur devenu majeur et son ci-devant tuteur, comme d'un jugement qui aurait été rendu entre eux.

Mais c'est précisément parce que cette raison emporte, par elle-même et généralement, pour les transactions passées entre le tuteur et le mineur devenu majeur, une exception à la règle établie par l'art. 472, que le législateur croit devoir excepter de cette exception la transaction qui a pour objet le compte de tutelle, et le faire rentrer sous l'empire de cette règle.

Si ce n'était point là le véritable motif de l'insertion des mots *sur le compte de tutelle*, dans l'art. 2045, à quels propos ces termes s'y trouveraient-ils plutôt que dans l'art. 472 ? À quel propos le législateur aurait-il embrassé, dans celui-ci, *tout traité* sans distinction; et se serait-il restraint, dans celui-là, à la transaction sur le compte de tutelle ? Il est impossible d'imaginer une autre raison satisfaisante de cette différence d'expressions.

La cour royale de Nismes s'était donc singulièrement méprise, lorsqu'ayant à prononcer, le 15 mars 1816, sur la cession que Marie Roussel, devenue majeure, avait faite à son père de tous ses droits maternels en masse, sans qu'au préalable son père qui avait été son tuteur, lui eût rendu compte de sa tutelle et lui en eût remis les pièces justificatives, elle avait déclaré cette cession valable, « Attendu » qu'il résulte des dispositions combinées des » art. 472 et 2045 du Code civil, qu'il n'y a que » le traité sur l'administration tutélaire qui soit » prohibé entre le tuteur et son pupille, quoi- » que devenu majeur, si ce traité n'est précédé » de la reddition d'un compte détaillé et de la » remise des pièces justificatives, le tout cons- » taté par un récépissé de l'oyant-compte, dix » jours au moins avant le traité ».

Mais cet arrêt était d'autant plus étrange, dans l'espèce sur laquelle il statuait, que la cession faite par Marie Roussel à son père, embrassait, non-seulement tous les immeubles de sa mère, mais encore tous ses meubles dont son père était certainement comptable envers elle; et que cependant, en les lui cédant en masse, Marie Roussel s'était implicitement interdit le droit de lui en demander compte; circonstance qui imprimait nécessairement à cette cession le caractère d'un traité relatif au compte de tutelle.

Aussi cet arrêt a-t-il été cassé le 14 décembre 1818, au rapport de M. Chabot, non d'après la thèse générale que je soutiens ici, parce que la cour de cassation n'a pas eu besoin d'en aborder l'examen, mais d'après la circonstance particulière que je viens de signaler :

« Vu (porte l'arrêt de cassation), l'art. 472 » du Code civil.... ;

» Attendu que, par son contrat de mariage, » du 21 brumaire an 14, Marie Roussel a fait » cession à son père de tous ses droits mater- » nels en masse, de tous les biens qui pouvaient » lui revenir du chef de sa mère, sans aucune » réserve, sans aucune exception ; qu'ainsi, » cette cession générale et illimitée comprenait » tous les meubles, argent, revenus et autres

» effets mobiliers qui devaient entrer dans le
» compte de tutelle dû à Marie Roussel par son
» père; qu'ainsi, elle était, de la part de Marie
» Roussel, une renonciation formelle à exiger
» le compte de tutelle ;

» Que néanmoins l'arrêt attaqué a jugé que
» la cession ne comprenait pas les fruits que le
» père avait perçus pour sa fille, comme tu-
» teur, depuis la promulgation du Code civil,
» jusqu'à la majorité de la fille; et qu'au sur-
» plus, il n'a pas également jugé que les autres
» objets mobiliers qui devaient être portés dans
» le compte de tutelle, n'étaient pas compris
» dans la cession ;

» D'où il suit que ladite cession est réelle-
» ment, au moins sous ce dernier rapport, un
» traité relatif au compte tutélaire; que, dès-
» lors, ce traité étant intervenu entre un tuteur
» et le mineur devenu majeur, avant la reddi-
» tion du compte de tutelle et la remise des
» pièces justificatives, devait être déclaré nul
» aux termes de l'art. 472 du Code civil ; et
» qu'en conséquence, l'arrêt dénoncé a expres-
» sément violé la disposition de cet article, en
» déclarant valable la cession ;

» La cour casse et annulle...... (1) ».

II. La seconde question s'est présentée long-
temps avant le Code civil, et au parlement de
Rouen qui avait, dans l'art. 78 de son arrêt du
7 mars 1673 (2), une règle assez analogue aux
art. 472 et 2045 de ce Code. Écoutons Basnage,
sur l'art. 235 de la coutume de Normandie :

« Cette question s'offrit en la seconde chambre
des enquêtes, à savoir si un mineur pouvait
être restitué contre la qualité d'héritier qu'il
avait prise depuis sa majorité entre son tuteur
et lui, en un temps où ce tuteur ne lui avait
pas rendu compte ?

» Un fils, auquel sa mère et sa tutrice n'avait
pas rendu compte, se déclara héritier de son
père, et prit cette qualité dans plusieurs actes
qu'il fit signifier à sa mère. Durant ce temps,
la mère présenta son compte, qui demeura dix
ans sans être examiné.

» Depuis, le fils qui s'était marié, étant mort,
sa veuve accepta sa succession, et fit procéder
à l'examen du compte présenté par sa belle-
mère ; mais ayant reconnu que la dépense
excédait la recette, elle obtint des lettres de
restitution contre la qualité d'héritier prise par
son mari.

(1) *Journal des audiences de la cour de cassation,*
année 1819, page 180.

(2) « Le tuteur (portait cet article) ne pourra
» transiger avec son pupille, s'il ne lui a présenté le
» compte de son administration et pièces justificatives
» d'icelui, et qu'il n'y ait eu contredits et salvations
» sur ledit compte. »

» Elle en alléguait pour moyen qu'un majeur
est toujours présumé mineur à l'égard de son
tuteur, lorsqu'il n'a point rendu son compte;
qu'un mineur ne peut valablement accepter ou
renoncer à une succession, s'il n'a une parfaite
connaissance de sa valeur, ce qu'il ne peut savoir
que par la reddition de son compte ; que ç'avait
été une surprise de la mère, qui ne l'avait pas
instruit de l'état de cette succession; que le fils
n'avait point mis la main à la chose, et que tout
était entier.

» La mère répondait que cette maxime que
le majeur était toujours réputé mineur à l'égard
de son tuteur, ne s'entendait que des choses qui
regardent son compte, et non point des actes
qui n'en sont point une dépendance, et qui n'y
ont point de connexité, comme l'adition d'hérédité qui regarde principalement les créanciers; qu'il n'était point nécessaire d'avoir mis
la main à la chose pour se rendre héritier ; il
suffit de la volonté, *aditio hereditatis magis est
animi quàm facti;* que le fils n'avait point réclamé contre cette qualité; au contraire, il
avait toujours continué de la prendre, ce qui
rendait sa veuve non-recevable à ses lettres de
restitution.

» Le bailli de Rouen les ayant entérinées, par
arrêt la sentence fut confirmée, sur ce motif
que le fils n'avait pris cette qualité qu'avec sa
mère et tutrice, que le compte n'avait pas été
examiné, et que le fils et sa veuve ne s'étaient
déclarés héritiers que dans un temps que la
tutrice ne demandait pas les mises de son
compte ».

UNION DE CRÉANCIERS. — §. I. 1.° *La
signification au jugement aux syndics ou
directeurs d'une union de créanciers, fait-elle
courir, contre chacun des créanciers-unis, les
délais de l'appel, de la requête civile ou du
recours en cassation dont ce jugement peut être
susceptible ?*

2.° *Les fait-elle courir contre les créanciers
qui n'ont pas accédé au contrat d'union, ou
avec lesquels ce contrat n'a pas été homologué ?*

3.° *Y a-t-il, à cet égard, quelque différence
entre les créanciers - unis d'une succession
bénéficiaire et les créanciers - unis d'une
faillite ?*

4.° *Le contrat d'union passé en justice,
d'après un jugement qui a ordonné aux créanciers de s'unir, oblige-t-il de plein droit les
créanciers qui n'y ont pas paru et n'y ont pas
adhéré depuis ?*

5.° *Les créanciers qui interviennent dans
une instance bénéficiaire, sont-ils, par cela
seul, réputés adhérer au contrat d'union*

qui a été précédemment passé entre les autres ?

Aubry-Lafosse, négociant à Nantes, meurt en l'an 2, laissant une succession obérée.

Le sieur Chenantais et d'autres parens collatéraux se portent héritiers par bénéfice d'inventaire.

La plupart des créanciers s'unissent et nomment des syndics.

Le 25 pluviôse an 7, jugement du tribunal civil du département de la Loire inférieure, qui ordonne aux héritiers bénéficiaires de faire vendre les immeubles de la succession.

Les formalités préliminaires remplies bien ou mal, et le jour de la vente arrivé, l'un des syndics des créanciers-unis s'oppose à l'adjudication, sur le fondement que les *bannies* ou publications n'ont pas été faites conformément à la coutume de Bretagne; et demande le renvoi à un autre jour.

Jugement du 26 prairial an 7, qui rejette cette opposition, et ordonne qu'il sera procédé sur-le-champ à la vente.

Ce jugement est exécuté à l'instant même; et le sieur Chenantais se rend adjudicataire de la plus forte partie des biens.

Le 4 thermidor suivant, signification du jugement d'adjudication aux domiciles des deux syndics.

Le 1.er fructidor suivant, la veuve d'Aubry-Lafosse, qui avait renoncé à la communauté, pour se porter créancière de la succession de son mari, notifie ses titres de créance tant au sieur Chenantais qu'aux syndics, et déclare surenchérir de 4000 francs le prix des biens adjugés le 26 prairial.

Les syndics adhèrent à cette surenchère. Le sieur Chenantais la combat comme inadmissible.

Le 29 floréal an 8, jugement qui prononce en faveur du sieur Chenantais.

Le 15 fructidor suivant, la veuve Aubry-Lafosse appelle de ce jugement et de celui du 26 prairial au 7.

Quelque temps après, les sieurs Houitte, Violette, Questan et Hardy, créanciers de la succession, adhèrent à ce double appel.

La cause portée à la cour de Rennes, le sieur Chenantais soutient 1.º que la veuve Aubry-Lafosse est non-recevable dans son appel du jugement du 26 prairial an 7, parce qu'elle y a acquiescé par sa demande en surenchère; 2.º que les sieurs Houitte, Violette, Questan et Hardy y sont également non-recevables, et parce que ce jugement leur ayant été signifié dans la personne des syndics dès le 4 thermidor an 7, le délai de l'appel a expiré à leur égard le 5 brumaire an 8, et parce que les syndics ayant adhéré à la demande en surenchère de la veuve Aubry-Lafosse, avaient, comme elle, acquiescé à l'ad-

judication dont cette demande supposait nécessairement la validité.

Arrêt de la cour de Rennes, du 4 fructidor an 10, qui déclare Aubry-Lafosse non-recevable; mais qui en même temps rejette les deux fins de non-recevoir opposées aux sieurs Houitte, Violette, Questan et Hardy.

Il rejette la première, « attendu que le jugement du 26 prairial an 7 n'a été signifié qu'aux syndics des créanciers; et que, si des syndics sont établis pour l'intérêt commun d'une union, ce ne peut être pour compromettre les droits personnels de chaque créancier, qui conserve toujours le droit d'appeler d'un jugement qui lui préjudicie, tant qu'il ne lui a pas été signifié à personne ou à domicile. »

Il rejette la seconde, « attendu que les syndics, soit dans un bénéfice d'inventaire, soit dans une cession, ne sont que les mandataires des créanciers, chargés de veiller à la conservation de leurs droits; qu'ils ne peuvent rien faire qui y puisse préjudicier, à moins qu'ils n'y soient spécialement autorisés par leurs commettans.....; que les syndics ne pouvaient adhérer à la demande en surenchère formée par la veuve Aubry, que d'après l'avis et l'autorisation des créanciers; que rien ne constate que les créanciers y aient autorisé leurs syndics; qu'il en résulte que ceux-ci n'ont pu, par une adhésion inconsidérée, nuire aux droits de leurs commettans, ni élever contre eux une fin de non-recevoir contre l'appel du jugement du 26 prairial an 7, en ce qu'il pourrait leur préjudicier ».

En conséquence, faisant droit sur l'appel du jugement du 26 prairial an 7, la cour de Rennes réforme ce jugement et déclare l'adjudication nulle.

Recours en cassation de la part du sieur Chenantais, fondé sur six moyens : contravention à l'art. 15 du tit. 5 de la loi du 24 août 1790, en ce que, dans les qualités de l'arrêt de la cour d'appel de Rennes, ne sont pas compris les syndics des créanciers, qui cependant avaient adhéré à l'appel de la veuve Aubry-Lafosse; contravention à l'art. 14 du même titre de la même loi, en ce qu'on a reçu, de la part des sieurs Houitte, Violette, Questan et Hardy, un appel qu'ils n'avaient interjeté qu'après l'expiration des trois mois accordés par cet article; contravention à l'art. 5 du tit. 27 de l'ordonnance de 1667, en ce qu'on a déclaré le même appel recevable au mépris de l'acquiescement dont avait excipé le sieur Chenantais; contravention à l'art. 7 de la loi du 3 brumaire an 2, en ce qu'il a été prononcé en cause d'appel sur des demandes que les sieurs Houitte, Violette, Questan et Hardy n'avaient ni formées ni pu former en première instance, puisqu'en première instance, ils n'étaient point parties; contravention à l'art. 5 du tit. 5 de l'ordonnance de 1667, et à l'art. 4 de la loi du 4 germinal an 2, en ce qu'on a fait valoir pour les sieurs Houitte,

Violette, Questan et Hardy, contre l'adjudication du 26 prairial an 7, une nullité de forme qui n'avait pas été proposée avant cette adjudication; enfin et au fond, fausse application de l'art. 579 de la coutume de Bretagne.

« De ces six moyens (ai-je dit à l'audience de la section civile, le 11 thermidor an 12), il en est cinq dont le rejet nous paraît ne devoir éprouver aucune espèce de difficulté:

» Le premier, parce que, s'il a été omis de prononcer sur le prétendu appel des syndics, il ne peut résulter de cette omission, qu'une ouverture de requête civile;

» Le troisième, parce que la demande en surenchère n'aurait pu former un véritable acquiescement à l'adjudication, que dans le cas où elle n'eût pas été combattue par le sieur Chenantais, et rejetée par le tribunal civil de la Loire inférieure; rien n'étant plus naturel ni plus juste que de faire rentrer dans leurs droits primitifs après la proscription de cette demande, des parties qui n'avaient renoncé à leurs droits primitifs que dans la confiance que cette demande leur serait adjugée;

» Le quatrième, parce que les sieurs Houitte, Violette et Questan avaient été personnellement parties dans le jugement du 26 prairial an 7; et parce que, quand même ce jugement ne devrait pas être considéré comme rendu avec le sieur Hardy, l'adjudication qu'il prononce étant indivisible, et ne pouvant conséquemment subsister à l'égard du sieur Hardy, tandis qu'elle serait annullée à l'égard des sieurs Houitte, Violette et Questan, l'appel de ceux-ci aurait nécessairement dû profiter à celui-là; et que, par suite, le sieur Hardy n'aurait fait qu'une procédure inutile et surabondante, en se joignant, en cause d'appel, aux sieurs Questan, Houitte et Violette;

» Le cinquième, parce que l'art. 5 du tit. 5, de l'ordonnance de 1667 ne frappe pas de nullité le jugement qui accueille des moyens de forme non proposés *in limine litis*, et parce que l'art. 4 de la loi du 4 germinal an 2 n'étant relatif qu'aux moyens de forme non proposés en cause d'appel, on ne peut pas, à l'effet d'en tirer une ouverture de cassation, l'étendre aux moyens de forme non proposés en première instance;

» Le sixième enfin, parce que, dans le fait, les *bannies* ou publications n'avaient pas été faites par *trois dimanches consécutifs*, puisque, de la seconde à la troisième, il y avait eu un intervalle de plusieurs mois; et que, dans le droit, avoir jugé que l'art. 579 de la coutume de Bretagne entend par *trois dimanches consécutifs*, trois dimanches qui se suivent immédiatement, ce n'est certainement pas avoir jugé contre le texte de cet article.

» Il ne reste donc au sieur Chenantais que son second moyen, c'est-à-dire, celui qu'il

tire de la violation de la règle des trois mois; et ce moyen vous présente la question de savoir si la signification d'un jugement aux syndics ou directeurs d'une union de créanciers, fait courir, contre chacun des créanciers unis, le délai dans lequel ce jugement peut être attaqué, soit par appel, s'il a été rendu en première instance, soit par cassation ou requête civile, s'il a été rendu en dernier ressort.

» Une chose bien constante, c'est qu'en s'unissant et en nommant des syndics ou directeurs, les créanciers d'une faillite ou d'une succession bénéficiaire ou abandonnée confèrent aux syndics ou directeurs qu'ils nomment, le droit de représenter chacun d'eux en justice; que, par là, ils dispensent les tiers qui ont des intérêts à discuter judiciairement avec la masse, de l'obligation de mettre chacun d'eux en cause; que, par là, au contraire, ils imposent à ces tiers l'obligation de ne mettre en cause, de ne reconnaître pour parties adverses, que les directeurs ou syndics dont ils ont fait et dûment notifié le choix.

» Écoutons Dhéricourt, *Traité de la vente des Immeubles par décret*, chapitre dernier, n. 12 : « Pour ce qui est des directeurs ou » syndics des créanciers......, ce ne sont, à » proprement parler, que des créanciers fondés » de la procuration des autres créanciers pour » la gestion et l'administration des biens qui » leur ont été abandonnés. *C'est sous leur nom* » *que se font les actes et les procédures qui* » *concernent les affaires communes.*

» Denizart, au mot *Direction*, n. 10, dit également que, « dans les directions, les syn- » dics et directeurs représentent le corps des » créanciers; ce ne sont que de simples man- » dataires (ajoute-t-il) : ce sont des *procuratores* » *in rem suam;* c'est *en leur nom* que doivent » *être formées toutes les actions qui appartien-* » *nent au corps :* ils ont l'administration des » biens appartenans à la direction; et *ce qui est* » *fait avec eux, est censé fait avec les créanciers,* » sauf à ceux-ci à se faire rendre compte de » l'administration ».

» Les nouveaux éditeurs de la collection de cet écrivain, tiennent le même langage : « Les » directions (disent-ils, article *Direction*, §. 2), » sont des suites presque nécessaires des unions » formées entre les divers créanciers d'un même » débiteur. Les opérations seraient intermina- » bles, s'il fallait, pour leur validité, qu'elles » fussent surveillées par tous les intéressés. Aussi » est-il d'un usage constant, dans tous les » contrats d'union, de nommer des directeurs » *pour agir au nom de tous.* Les directeurs » d'une union (continuent-ils, §. 3), ne doi- » vent pas être considérés comme de simples » mandataires. Choisis constamment dans le » nombre des créanciers, ils peuvent être re- » gardés comme procureurs dans leur propre

» chose. Ce sont des administrateurs personnel-
» lement intéressés aux opérations qui leur sont
» confiées. Mais cet intérêt n'empêche pas qu'ils
» ne représentent le corps de tous les créanciers,
» *et que ce qu'ils font en leur qualité de direc-*
» *teurs, ne soit censé fait au nom de tous* »...

» De là, le pouvoir qu'attribue l'art. 8 de
l'édit de juin 1771, aux syndics des créanciers
unis, de former en leur qualité des oppositions
aux bureaux des hypothèques, et de conserver
par ces oppositions, *les droits desdits créanciers.*

» De là encore, la conséquence nécessaire
que ce qui est jugé avec les syndics, est censé
jugé avec tous les créanciers unis. Un arrêt avait
été rendu en 1675 contre les directeurs des
créanciers unis d'une succession bénéficiaire.
Long-temps après, l'un de ces créanciers,
nommé Lambert, attaqua cet arrêt par tierce-
opposition; mais il y fut déclaré non recevable
par arrêt du grand conseil du 18 août 1736;
et nous trouvons dans le recueil des œuvres de
Cochin, tom. 4, pag. 324, la défense que fit
valoir contre lui ce célèbre orateur : « L'arrêt
» de 1675 (disait-il), est contradictoire avec les
» directeurs des créanciers, et par conséquent,
» avec tous les créanciers unis dans le contrat
» de direction : un créancier particulier n'est
» donc pas recevable à y former opposition;
» *autrement, il n'y aurait plus de sûreté à plaider*
» *avec des directeurs,* et il faudrait mettre en
» cause tous les créanciers particuliers ; *ce qui*
» *est contraire aux règles de l'ordre judiciaire,*
» et ruinerait toutes les autres parties en frais ».

» Remarquons ces termes, *ce qui est contraire*
aux règles de l'ordre judiciaire : il en résulte
bien clairement que, non-seulement on n'est
pas obligé de signifier à chacun des créanciers
unis, les jugemens que l'on a obtenus contre
les directeurs de l'union, mais même qu'on ne
le peut pas.

» C'est effectivement ce que reconnaît une
délibération de la communauté des avocats et
procureurs du parlement de Paris, du 5 juillet
1765, rapportée par Jousse, à la suite de son
commentaire sur l'ordonnance de 1667 : « La
» compagnie (porte-t-elle), après plusieurs as-
» semblées qui avaient pour objet de prendre,
» sous l'autorité de la cour, *en se conformant*
» *à ses arrêts et réglemens,* dont la manuten-
» tion lui est confiée, les mesures qu'elle croirait
» les plus capables d'arrêter le progrès de dif-
» férens abus qu'elle voit s'introduire dans
» l'instruction des affaires, en contravention
» desdits arrêts et réglemens..... a unanime-
» ment arrêté ce qui suit..... *Art.* 31. Que,
» dans les directions, il ne pourra être fait aucune
» signification ni dénonciation aux procureurs
» des créanciers qui auront souscrit le contrat
» d'union et de direction, ou avec lesquels il
» aura été homologué........ ». C'est sur le
même fondement qu'un arrêt de réglement de

la cour des aides de Paris, du 21 juillet 1752,
rapporté par Denizart, au mot *Direction,*
n. 13, a ordonné que, dans toutes les direc-
» tions qui seront poursuivies en la cour, les
» affiches, publications et remises des biens
» qui y seront vendus, ne seront pas signifiées
» aux créanciers qui auront signé le contrat
» de direction, ou avec lesquels ce contrat
» aura été homologué, à peine de nullité
» desdites significations ».

» Mais si le sieur Chenantais n'a pas pu, sans
manquer aux règles de l'ordre judiciaire, faire
signifier à chacun des créanciers unis d'Aubry-
Lafosse, le jugement qu'il avait obtenu le 26
prairial an 7; si, pour se conformer aux règles
de l'ordre judiciaire, il n'a pu le faire signifier
qu'aux syndics nommés par la masse pour la
représenter, bien évidemment la signification
faite à ces syndics, ne peut pas n'être point
considérée comme faite à chacun des créanciers
mêmes. Il serait par trop bizarre que des créanciers pussent regarder comme leur étant étrangère la signification faite à leurs syndics d'un
jugement qui, par cela seul qu'il a été rendu
avec leurs syndics, est censé rendu avec chacun
d'eux. Il serait trop absurde que des syndics
qui représentent tous les créanciers, lorsqu'il
s'agit de faire juger avec eux une contestation,
ne les représentassent plus lorsqu'il serait question de faire exécuter le jugement. Enfin, soutenir le contraire, c'est vouloir retomber dans
tous les inconvéniens que l'on a cherché à
prévenir par l'union des créanciers; c'est dire
à toute partie qui a obtenu un jugement contre
les syndics, qu'elle ne peut assurer ses droits
qu'en ruinant la masse en frais de signification;
c'est plus encore, c'est réduire cette partie à
l'impossible : car s'il y a des créanciers inconnus, avec lesquels le contrat d'union a été
déclaré commun par l'homologation qui en a
été prononcée en justice, comment leur fera-t-on
signifier le jugement que l'on aura fait rendre
avec les directeurs? Et si on ne le peut pas, il
faudra donc que l'on demeure pendant trente
ans exposé aux chances d'un appel, d'une requête civile, d'une demande en cassation?

» Voilà quelles sont les conséquences de
l'arrêt de la cour d'appel de Rennes que vous
dénonce le sieur Chenantais ; et c'est assez dire
que cet arrêt ne peut pas être maintenu, si
des circonstances particulières ne viennent pas
le justifier en le retirant de la thèse générale.
Voyons donc quelles sont les circonstances que
l'on invoque de la part des défendeurs.

» 1.º Il n'en est pas, dit-on, des directeurs
de l'union des créanciers d'une succession acceptée sous bénéfice d'inventaire, comme des
directeurs de l'union des créanciers d'une faillite.
Et ce qui le prouve, c'est que le contrat qui
nomme ceux-ci, peut être homologué avec et

malgré les créanciers refusans; au lieu que le contrat qui nomme les premiers, ne peut jamais obliger que les créanciers dont il porte les signatures libres et volontaires.

» Mais d'abord. il n'est pas vrai que, dans une instance bénéficiaire, il ne puisse jamais y avoir lieu à l'homologation forcée d'un contrat d'union. La loi 7, §. 17 et 19, et la loi 8, D. *de pactis*, prouvent évidemment le contraire, en décidant que, si, pour déterminer un héritier présomptif à accepter purement et simplement la succession qui lui est échue, la majorité des créanciers en somme consent à lui faire une remise, le préteur doit interposer son autorité, pour que la minorité adhère à ce consentement ; *tunc prætoris partes necessariæ sunt, qui decreto suo sequetur majoris partis voluntatem.*

» Ensuite, qu'y a-t il de commun entre le pouvoir représentatif qui est inhérent à la qualité de directeurs d'une union de créanciers, et la faculté ou la puissance de contraindre les créanciers refusans d'entrer dans cette union ? Ce sont là des objets tout-à-fait disparates, et il ne peut y avoir aucune conséquence à tirer de l'un à l'autre; aussi avez-vous remarqué que, dans l'espèce de l'arrêt rendu sur la plaidoirie de Cochin, le 18 août 1736, il s'agissait de l'autorité d'un jugement rendu avec des directeurs d'une union de créanciers dans une instance bénéficiaire, et que ce jugement fut déclaré obligatoire contre chacun des créanciers unis, ni plus ni moins que s'il se fût agi d'une union dans une faillite.

» 2.º Vous supposez, disent encore les défendeurs, que le jugement du 26 prairial an 7 avait été signifié le 4 thermidor suivant aux deux syndics; cependant il ne l'avait été qu'à l'un d'eux, au sieur Garnier-Culmière.

» Nous n'examinerons pas si, en supposant le fait, il pourrait en résulter quelque conséquence propre à justifier l'arrêt attaqué. Mais nous dirons que le fait n'est pas vrai; et quoique nous n'ayons pas sous les yeux l'exploit original de la signification du jugement du 26 prairial an 7, nous n'en sommes pas moins fondés à croire que cette signification a été faite aux deux syndics. Non-seulement l'arrêt attaqué le porte en toutes lettres; non-seulement il y est dit que *le jugement d'adjudication fut notifié le 4 thermidor an 7, aux créanciers en la personne et au domicile des cit. Garnier-Culmière et Dubois-Violet, leurs syndics* ; mais les défendeurs eux mêmes rapportent la copie signifiée de ce jugement *au domicile du cit. Garnier-Culmière, rue Bossuet*, et nous y lisons que la signification en a été faite en même temps *au domicile du cit. Dubois-Violet, rue de la Fosse.*

» 3.º Vous supposez encore, disent les défen-

deurs, que nous avons signé le contrat d'union passé entre la plupart des créanciers de la succession d'Aubry-Lafosse; mais cette supposition est purement gratuite, rien ne la justifie, et il est de fait que le contrat d'union n'a été souscrit par aucun de nous.

» Si cette assertion est exacte, Messieurs, la question qui vous occupe, est toute résolue, ou plutôt elle n'a plus d'objet; car si les sieurs Dubois-Violet et Garnier-Culmière ne sont pas syndics des défendeurs, bien certainement les défendeurs ne sont pas représentés par eux; et conséquemment la signification faite aux uns du jugement du 26 prairial an 7, n'a pas pu faire courir contre les autres le délai de l'appel.

» Toute l'affaire se réduit donc à ce seul point : les défendeurs ont-ils signé le contrat d'union, qui a investi les sieurs Dubois-Violet et Garnier-Culmière de la qualité et des pouvoirs de syndics ?

» Pour l'affirmative, on peut dire que les défendeurs eux-mêmes vous représentent un exploit qui leur a été signifié le 22 prairial an 7, aux domiciles des sieurs Dubois-Violet et Garnier-Culmière, *leurs syndics*, en exécution d'un jugement du 6 floréal précédent, pour comparaître à l'audience du 26 prairial, à l'effet de voir procéder à l'adjudication définitive des biens; et que la preuve qu'ils ont regardé cette signification comme valable à leur égard, qu'ils ont par suite reconnu les sieurs Garnier-Culmière et Dubois-Violet pour leurs syndics, qu'ils ont, par une conséquence nécessaire, avoué par là avoir souscrit l'acte par lequel cette qualité avait été conférée aux sieurs Dubois-Violet et Garnier-Culmière, c'est qu'ils ont comparu, d'après cet exploit, à l'audience du tribunal civil de la Loire inférieure, du 26 prairial an 7, et qu'ils sont compris nommément, comme parties assignées, dans le jugement d'adjudication intervenu à cette audience.

» On peut dire encore que, devant la cour d'appel, les défendeurs n'ont rien dit qui pût élever le plus léger doute sur le fait de leur adhésion personnelle au contrat d'union; que cette cour a motivé son arrêt d'une manière qui paraît supposer qu'ils sont du nombre des créanciers unis dont les sieurs Garnier-Culmière et Dubois-Violet sont les syndics; et qu'ainsi, en cause d'appel, comme en première instance, les sieurs Garnier-Culmière et Dubois-Violet ont constamment passé pour syndics des défendeurs comme des autres créanciers.

» Telles sont, Messieurs, les considérations qui, à l'audience de la section des requêtes, du 29 messidor an 11, nous ont déterminés à requérir l'admission du recours du sieur Chenantais. Mais ces considérations, sans doute assez puissantes et jugées telles par la section des requêtes, pour motiver un arrêt d'admission, le sont-elles assez pour motiver, en définitive, la cassation d'un arrêt ? Nous avons peine à le croire, et nous ne saurions penser que le sieur Chenantais puisse s'en tenir devant vous à de simples présomptions sur un fait aussi important, aussi décisif, tandis qu'il lui était si facile de produire le contrat d'union. D'ailleurs vous venez de l'entendre lui-même ; et il vous a formellement déclaré que, lors de la signature du contrat d'union en l'an 3, les défendeurs n'avaient pas encore paru dans l'instance bénéficiaire, et qu'ils n'y sont intervenus qu'en l'an 6.

» Mais à côté de cette déclaration, le sieur Chenantais a placé l'assertion d'un fait qui, suivant lui, doit tenir lieu de la signature du contrat d'union par les défendeurs. Ce fait est que le contrat d'union a été passé en exécution d'un jugement qui avait ordonné à tous les créanciers de s'unir, qu'il a été passé devant le tribunal de Nantes, et que ce tribunal l'a implicitement homologué par plusieurs jugemens dans les qualités desquels les défendeurs figurent conjointement avec les syndics.

» Il nous semble cependant, Messieurs, que ce fait n'est pas aussi concluant qu'il le paraît au demandeur en cassation. Le jugement qui a ordonné aux créanciers de la succession d'Aubry-Lafosse, a-t-il déclaré que les créanciers non-comparans ou refusans seraient censés adhérer au contrat d'union ? Nullement. Dès-là, quel moyen de regarder les défendeurs comme liés par ce contrat ? Quel moyen de regarder les défendeurs comme représentés à tous effets par les syndics, que les signataires de ce contrat avaient nommés ? Qu'importe, d'après cela, que le contrat d'union ait été passé devant les juges ? Les juges n'ont pas pu, par leur seule présence, imprimer à ce contrat plus d'autorité qu'il n'en aurait eue, s'il eût été rédigé devant notaires. Enfin, de ce que les défendeurs, après la signature du contrat d'union, ont figuré personnellement, avec les syndics, dans les qualités de plusieurs jugemens, peut-on conclure que ces jugemens ont implicitement homologué ce contrat ? Mais si ce contrat eût été obligatoire pour les défendeurs, si les défendeurs avaient été, par l'effet de ce contrat, représentés par les syndics, bien certainement les défendeurs n'auraient eu que faire de paraître en nom dans des instances où les syndics se seraient trouvés parties ; et de ce qu'ils y ont paru en nom conjointement avec les syndics, il nous paraît résulter nécessairement que les syndics ne les représentaient pas.

» Par ces considérations, nous estimons qu'il y a lieu de rejeter la requête en cassation et de condamner le demandeur à l'amende ».

Conformément à ces conclusions, arrêt du 11 thermidor an 12, au rapport de M. Vasse, qui, « Attendu, sur le premier moyen, que les

Tome VI.

syndics des créanciers n'étant point appelans, ils ne devaient pas figurer dans les qualités du jugement attaqué ;

» Attendu, sur le deuxième moyen, que le demandeur n'avait pas prouvé que les défendeurs fussent intervenus au contrat d'union et eussent concouru à la nomination des syndics ; qu'ainsi, la signification faite aux syndics, du jugement du 26 prairial an 7, n'a pu faire courir contre les défendeurs le délai fatal pour en interjeter appel ;

» Sur le troisième moyen, attendu que l'appel de la veuve Aubry et celui des défendeurs étant distincts, les juges d'appel ont pu statuer diversement sur ces appels ; que, d'ailleurs, ce moyen rentre dans le second et se décide par le même principe ;

» Attendu, sur le quatrième moyen, que les défendeurs, créanciers personnels, ayant même intérêt, ont pu ester dans la cause d'appel, dont l'objet était l'annullation de l'adjudication ;

» Et sur la première partie du cinquième moyen, tirée de la loi du 4 germinal an 2, attendu que les dispositions de cette loi sont sans application ; et que les défendeurs n'étant point parties lors de la sentence d'adjudication, du 26 prairial, ont pu proposer devant les juges d'appel leurs griefs de nullité, contre les procédures sur lesquelles l'adjudication était intervenue, en même temps que les autres griefs contre l'adjudication ;

» Sur la seconde partie de ce cinquième et dernier moyen, attendu que les art. 269 et 579 de la coutume locale, ayant prescrit pour la vente des immeubles, trois bannies consécutives, à jours de dimanche (depuis remplacées par les jours de décadi), et les bannies dont il s'agit, présentant de plus longs intervalles, on ne peut pas prétendre que les juges d'appel aient faussement appliqué les dispositions de la coutume ;

» Rejette le pourvoi ». »

§. II. 1.° *Les jugemens rendus avec les syndics d'une union de créanciers, sont-ils passibles de tierce-opposition de la part des créanciers qui n'ont pas accédé au contrat d'union ?*

2.° *Un créancier qui a souscrit un contrat d'union formé pour un objet spécial, est-il lié par un autre contrat d'union formé depuis, en son absence, pour d'autres objets ?*

3.° *Un créancier est-il censé avoir souscrit un contrat d'union, par cela seul qu'il y est dit avoir comparu par le ministère d'un fondé de pouvoir, dont la procuration n'est pas représentée ?*

Le 7 février 1793, contrat notarié par lequel le sieur Depons, demeurant à Dijon, vend au sieur Praire-Neizieux, négociant à St.-Etienne,

71

la terre de Bothéon, située dans le département de la Loire, moyennant la somme de 340,000 livres. Sur cette somme, 30,000 livres sont payées comptant. Quant aux 810,000 livres restantes, l'acquéreur s'oblige de les payer au vendeur ou à ceux de ses créanciers qui se trouveront opposans au sceau des lettres de ratification que le premier sera tenu d'obtenir dans cinq mois, savoir 155,000 livres le 4 juillet prochain, et 155,000 livres le 4 octobre de la même année, le tout sans intérêt.

Le 8 mai 1793, le sieur Praire-Neizieux obtient, sur ce contrat, des lettres de ratification qui sont scellées à la charge de vingt-six oppositions, notamment de celles qui ont été formées par les sieurs Milliard et Rubins.

Le 17 juin suivant, il fait notifier ces oppositions au vendeur, avec sommation de se régler avec les créanciers opposans.

Le 12 juillet, le sieur Ducoudray, un de ces créanciers, assigne le sieur Praire-Neizieux devant le tribunal du district de Montbrison, pour se voir condamner à consigner et faire distribuer le prix de son acquisition.

Le 16 et le 30 août, le sieur Praire-Neizieux assigne lui-même le sieur Depons et tous les créanciers opposans, pour voir dire qu'il sera autorisé à faire la consignation demandée par le sieur Ducoudray, « à la déduction 1.° de la somme de 30,000 livres par lui payée lors du contrat; 2.° le prix d'une année de la ferme des biens vendus, reçue d'avance par le cit. Depons; 3.° de tous ses dépens ».

L'effet de ces assignations est suspendu par un jugement de la commission révolutionnaire de Lyon, qui condamne à mort le sieur Praire-Neizieux, et confisque tous ses biens.

Le 11 floréal an 2, plusieurs créanciers du sieur Depons, parmi lesquels figurent les sieurs Milliard et Rubins, s'assemblent, s'unissent et nomment deux syndics, les sieurs Charbonnel et Buzenet, à l'effet de solliciter auprès de l'administration, conjointement avec leur débiteur, ou le payement du prix de la terre de Bothéon, tel qu'il a été réglé par le contrat du 7 février 1793, ou la nullité de l'estimation qui en a été faite administrativement.

Cette délibération n'a point de suite.

En thermidor an 3, la veuve Praire-Neizieux, réintégrée par la loi du 21 prairial précédent, en qualité de tutrice de son fils mineur, dans la propriété de la terre de Bothéon, reprend l'instance commencée par les assignations des 16 et 30 août 1793, aux fins de la consignation du prix de cette terre.

Le 25 du même mois, jugement par lequel, après avoir indiqué les noms des parties, et rappelé les faits, mais sans poser aucune question, le tribunal du district de Montbrison prononce en ces termes:

« Considérant que l'acquéreur qui ne peut se libérer par l'effet des oppositions formées à la purification de son contrat, est autorisé à demander la consignation du prix de son acquisition pour se mettre à couvert des intérêts;

» Considérant que l'acquéreur qui a obtenu des lettres de ratification, est à l'abri des actions hypothécaires des créanciers de son vendeur, ainsi que des restitutions de fruits qui en sont une suite; que les créanciers n'ont droit que sur le prix de l'immeuble qui en est le représentatif, et sur les intérêts; mais que le prix ainsi que les intérêts, doivent être rapportés en entier pour être employés au payement des créances des légitimes opposans, ou jusqu'à concurrence du montant d'icelles; que l'acquéreur se soumet à ce rapport par l'effet de l'obtention des lettres de purification qui, en le déchargeant des actions hypothécaires, lui impose l'obligation de ce rapport;

» Considérant que l'acquéreur qui a fait des payemens à son vendeur, ne peut en faire la déduction sur le prix de son contrat ni sur les intérêts; qu'il doit les consigner en totalité, sauf à lui à venir à la distribution pour en être payé à son rang, de même que pour les autres créances qui peuvent lui être dues;

» Considérant que les termes et délais accordés par le vendeur à son acquéreur pour sa libération, ne dispensent pas ce dernier des intérêts depuis le jour du contrat lorsque la vente a été purifiée, parce que ces intérêts sont représentatifs des fruits qui appartiendraient aux créanciers, si l'immeuble n'était pas purgé des hypothèques;

» Le tribunal, après avoir émis son opinion à haute voix, prononce par jugement en premier ressort, acte de la comparution du citoyen Gonin-Duvernet, fondé de pouvoir de la demanderesse, de celle du cit. Dulac, fondé de pouvoir du cit. Croizier, l'un des opposans; défaut faute de comparution contre Louis-Henri Depons et contre les autres opposans; et pour le profit, l'instance introduite par la demande formée par feu Claude-Antoine Praire-Neizieux, demeurer pour reprise; les femmes sont autorisées au refus de leurs maris qui restent en cause pour ce qui les concerne; et à défaut par les opposans de s'être réglés entre eux et avec le cit. Depons, relativement aux oppositions formées à la ratification de la vente passée par ce dernier à feu Antoine Praire-Neizieux le 7 février 1793, et à défaut aussi par le cit. Depons d'avoir rapporté main-levée desdites oppositions, *il est permis à la demanderesse de consigner, entre les mains du receveur du district, la somme de 34,000 liv. montant dudit contrat de vente, avec les intérêts de ladite somme depuis le jour dudit acte de vente* à la déduction sur iceux des impositions; quoi faisant, elle sera bien et valablement libérée; sauf à elle à se pourvoir ainsi qu'elle avisera, tant pour le payement des 30,000 liv. qui ont été payées au cit. Depons, que pour les intérêts de cette somme, ainsi que pour ceux des 310,000 liv. restantes depuis l'époque de ladite vente jusqu'aux termes échus qui avaient été accordés par le vendeur à l'acquéreur pour faire son payement, attendu que ce dernier est tenu d'en faire la consignation; et sauf aussi à se pourvoir pour le payement du prix de ferme reçu par le cit. Depons, et dont il est comptable; ledit cit. Depons condamné aux dépens de l'instance qui sont liquidés à la somme de 500 liv., outre le coût et mise d'exécution du présent jugement auxquels il est pareillement condamné, et tous lesquels dépens il est permis à la demanderesse de se retenir sur les deniers qu'elle consignera; acte de la déclaration faite par le cit. Dulac, fondé de pouvoir du cit. Crozier, que son opposition ne tendait qu'au payement de droits féodaux qui ont dû depuis être supprimés, en conséquence main-levée est faite de ladite opposition, les dépens faits à cet égard demeurant compensés.... ».

Le 5 fructidor suivant la veuve Praire Neizieux, agissant toujours en sa qualité de tutrice, fait signifier ce jugement à tous les créanciers opposans, et notamment aux sieurs Milliard et Rubins, aux domiciles élus par eux dans leurs actes d'opposition.

Le 1.er vendémiaire an 4, elle consigne, en exécution de ce jugement, la somme de 374,696l.

Le 7 pluviôse de la même année, elle fait signifier la quittance de consignation à toutes les parties, et notamment aux sieurs Milliard et Rubins.

Le 20 floréal an 6, nouvelle assemblée des créanciers du sieur Depons, convoquée par lui même dans la ville de Dijon.

A cette assemblée comparaissent entre autres, « les sieurs Comperot père, au nom et comme ayant charge du sieur Milliard; et le sieur Jean-Baptiste Charbonnel, au nom et comme ayant charge du sieur Michel Rubins ».

Le sieur Depons demande, par l'organe du sieur Regnat, sont fondé de pouvoir, 1.º que l'ordre de ses créanciers soit arrêté; 2.º que tous se réunissent pour faire annuller, par tous moyens de droit, la consignation faite par la veuve Praire.

Les créanciers, de leur côté, « arrêtent qu'ils s'unissent pour agir en masse, et ne former qu'un seul et même corps; auquel effet ils nomment de nouveau pour commissaires et procureurs spéciaux les sieurs Charbonnel et Buzennet, déjà nommés par leur délibération du 11 floréal an 2, auxquels ils adjoignent le sieur Regnat, choisi par le débiteur lui même. Ils nomment pour conseil M.e Morisot l'aîné, homme de loi à Dijon, et autorisent les commissaires à lui remettre toutes

pièces, mémoires et renseignemens relatifs aux vente et conseing du domaine de Bothéon, à l'effet de remplir l'objet de la seconde proposition faite de la part du débiteur, M. Depons; à faire tous les actes, poursuites et diligences même juridiques qui leur seront indiqués par le conseil; à faire ou faire faire tous les voyages qu'ils aviseront nécessaires pour l'intérêt de la masse, et notamment pour s'assurer de la véritable valeur du domaine de Bothéon; à procéder à l'ordre de collocation en suivant les dates, priviléges et hypothèques de chacun des créanciers; à faire homologuer la présente délibération au tribunal civil du département de la Côte-d'Or ».

Le 20 floréal an 7, le sieur Depons et les syndics nommés par cette délibération, interjettent appel du jugement du 25 thermidor an 3, et font assigner la veuve Praire devant le tribunal civil du département de la haute-Loire, pour voir dire que, sans s'arrêter à ce jugement ni à la consignation faite en conséquence, lesquels seront déclarés nuls, elle sera condamnée à payer en numéraire métallique la somme stipulée par le contrat de vente du 10 février 1793.

Quelque temps après le sieur Depons meurt, et cet événement interrompt les poursuites.

Le sieur Depons fils accepte la succession de son père sous bénéfice d'inventaire, et demande l'envoi en possession des biens de l'hérédité.

Le 14 vendémiaire an 8, troisième assemblée des créanciers, à laquelle ne se trouvent ni le sieur Milliard ni le sieur Rubins. Les créanciers présens y déclarent « s'unir de nouveau, pour agir en masse et ne former qu'un seul et même corps »; et ils choisissent pour syndics les sieurs Regnat et Thetion; « à qui ils donnent pouvoir de conduire, avec toute l'activité possible, le bénéfice d'inventaire, en se réunissant à l'héritier bénéficiaire, et en cas de refus ou difficulté de la part de ce dernier d'agir de concert avec les syndics, de former, pour la sûreté des créanciers, toutes les demandes qu'ils jugeront convenables, selon les circonstances; de poursuivre et solliciter le jugement du procès commencé contre la veuve Praire, de paraître en tous bureaux de conciliation, ainsi que devant tous tribunaux qu'il appartiendra, de compromettre, traiter et transiger sur toutes instances et procès nés et à naître ».

Le 23 pluviôse de la même année, jugement du tribunal civil du département de la Côte-d'Or, qui homologue ce contrat d'union et réserve aux requérans de se pourvoir contre ceux des créanciers qui ne l'ont pas souscrit, à l'effet de le faire déclarer commun avec eux, sauf toutes exceptions au contraire.

Les choses en cet état, les syndics nommés par le contrat d'union du 14 vendémiaire an 8, font assigner le sieur Depons fils, pour voir dire qu'il sera tenu de donner caution; sinon, qu'ils

seront autorisés à régir et administrer tous les
biens de l'hérédité , vendre les immeubles ,
commencer et finir toutes instances, traiter et
transiger. . . .

Le sieur Depons se présente sur cette assignation, conteste les pouvoirs des syndics, et soutient que le contrat d'union du 14 vendémiaire
an 8 est nul, parce qu'il ne contient pas les trois
quarts en somme, et que d'ailleurs , parmi les
créanciers qui ont figuré, il en est plusieurs dont
on ne reconnaît pas les créances.

Le 2 messidor an 8. jugement du tribunal civil
du département de la Côte-d'Or, qui, « attendu
qu'il n'est pas question d'un traité d'atermoiement entre un débiteur et ses créanciers, mais
bien d'un traité entre des créanciers qui, pour
éviter à frais, ne veulent former qu'un seul et
même corps, pour tout ce qui peut être considéré comme intérêts communs contre leur débiteur, ce qui est parfaitement conforme aux
anciens usages de la ci-devant Bourgogne, ainsi
que l'atteste Baunelier, tome 6, page 491; condamne le sieur Depons à fournir, dans quinzaine,
bonne et resséante caution; à défaut, autorise
les créanciers unis à gérer et administrer les biens
meubles et immeubles dépendans de la succession de Louis Henri Depons, à passer baux, faire
les recouvremens, procéder à toutes les ventes,
commencer et finir toutes instances, traiter et
transiger avec les débiteurs de ladite hoirie, et
à faire généralement tous actes d'administration
et d'aliénation nécessaires pour la liquidation
de ladite hoirie, en y appelant les parties intéressées, ou en procédant de leur avis et consentement ».

Le sieur Depons appelle de ce jugement. Deux
arrêts de la cour d'appel de Dijon, des 3 pluviôse
et 5 germinal an 9, le confirment.

Les syndics reprennent les poursuites contre
la veuve Praire, et la font assigner devant la
cour d'appel de Lyon , pour voir prononcer
sur les conclusions prises contre elle devant le
tribunal civil du département de la Haute-
Loire.

Le 7 fructidor an 10, arrêt de cette cour qui,
statuant sur l'appel interjeté par les syndics du
jugement du 25 thermidor an 3 , déclare ce
jugement nul, attendu qu'il n'énonce pas les
questions sur lesquelles il avait à prononcer, et
que, par là, il contrevient à l'art. 15 du tit. 5 de
la loi du 24 août 1790; annulle en conséquence
la consignation faite par la veuve Praire, en
exécution de ce jugement; et avant faire droit
au principal, ordonne que, par experts nommés
par les parties ou d'office, la terre de Bothéon
« sera estimée conformément à la loi du 16 nivôse
an 6.

Le 7 vendémiaire an 11 et les jours suivans,
deux experts nommés, l'un par la veuve Praire,
l'autre par les syndics, procèdent à l'estimation
de la terre de Bothéon; et le 12 nivôse de la
même année, ils dressent un rapport qui fixe
la valeur de cette terre à 62,275 francs 77 centimes.

Le 30 germinal suivant, arrêt de la cour de
Lyon, qui homologue ce rapport et condamne
la veuve Praire, en sa qualité, à en payer
le montant entre les mains des syndics des
créanciers de la succession bénéficiaire du sieur
Depons.

Le 22 frimaire an 12, la veuve Praire, dûment
autorisée à vendre la terre de Bothéon, pour
payer les dettes de son fils mineur, la fait adjuger
aux sieurs Dulac et Graille pour 151,500 francs.

Le 17 prairial an 13, les héritiers du sieur
Milliard, éveillés par la différence qui se trouve
entre ce prix et la somme à laquelle l'expertise
du 12 nivôse an 11 a fixé la valeur de la terre de
Bothéon, appellent du jugement du 25 thermidor
an 3, demandent la nullité de la consignation faite
en conséquence; forment tierce-opposition à
l'arrêt du 30 germinal an 11, et concluent à ce
qu'il soit procédé à une nouvelle estimation de
la terre de Bothéon.

Le 20 mai 1808, le sieur Rubins intervient
dans l'instance, et adhère à la tierce-opposition
des héritiers Milliard. Le 18 juillet suivant, il
fait signifier un appel du jugement du 25 thermidor an 3.

La veuve Praire et le sieur Robert, son second
mari, soutiennent que ces appels, la tierce-
opposition et l'intervention sont non-recevables,
parce que les arrêts des 7 fructidor an 10 et 30
germinal an 11, ayant été rendus avec les syndics des créanciers unis du sieur Depons, sont,
par cela seul, censés avoir été rendus avec les
sieurs Milliard et Rubins.

Par arrêt du 26 août 1808,

« Considérant, en ce qui touche l'appel interjeté du jugement du 25 thermidor an 3, qui a
autorisé la tutrice du mineur Praire à consigner
le prix de la vente de la terre de Bothéon, passée
à défunt Praire, par Louis-Henri Depons, le 7
février 1793, que le jugement est radicalement
nul, attendu qu'il manque d'une des quatre
parties essentielles exigées par la loi du 24 août
1790; ne contenant aucune question de fait ni de
droit; et que, par conséquent, tout ce qui s'en
est ensuivi, est également nul; qu'ainsi, il est
inutile de s'occuper des autres moyens du nullité
qui ont été opposés; qu'on ne peut articuler
aucune fin de non-recevoir contre l'appel de cet
acte improprement qualifié jugement, puisqu'il manque d'une des quatre parties voulues
par la loi;

» Considérant, en ce qui touche les tierces-
oppositions, formées par les héritiers Milliard
et par Michel Rubins à l'arrêt du 30 germinal
an 11, rendu entre la veuve Praire et les syndics
de quelques créanciers unis de Depons; que, par

la délibération du 11 floréal an 2, la seule à laquelle Louis-Vivant Milliard et Michel Rubins aient assisté ou accédé, les créanciers unis ont nommé pour commissaires Charbonnel et Buzennet pour faire les diligences nécessaires pour l'obtention de la main-levée du séquestre mis sur les biens du défunt Praire, et pour procéder à un ordre entre les créanciers unis, suivant leur rang ou privilége, mais qu'il ne leur a été donné aucun pouvoir pour faire procéder à l'estimation des biens vendus par le sieur Depons au sieur Praire, et qu'il ne pouvait même en être question, puisque ces biens n'avaient pas été restitués par la nation ;

» Considérant que la délibération du 20 floréal an 6, où Milliard paraîtrait avoir été représenté par Comperot, et Rubins par Charbonnel, néanmoins sans procuration rapportée, a également rapport à des objets étrangers à l'estimation des biens composant la terre de Bothéon ;

» Considérant que ni Milliard ni Rubins n'ont participé à la délibération du 14 vendémiaire an 8, que, par cet acte, les créanciers présens nomment de nouveaux syndics, les sieurs Thelion et Reguat, et que d'ailleurs les pouvoirs donnés à ces nouveaux syndics ne s'étendent pas à poursuivre l'estimation qui a été par eux provoquée ;

» Considérant enfin, qu'il résulte de tous ces faits que lesdits Milliard et Rubins n'ont été parties ouïes dans l'arrêt du 30 germinal an 11, ni personnellement, ni par de légitimes représentans ; que par conséquent ils sont recevables dans les oppositions qu'ils y ont formées ;

» La cour reçoit les co-héritiers Milliard, ainsi que Rubins, intervenans dans la tierce-opposition par eux formée à l'arrêt du 30 germinal an 11 ; ordonne en conséquence, avant dire droit aux parties, qu'il sera, par un ou trois experts, procédé à une nouvelle estimation de la terre dont il s'agit ; condamne Robert et sa femme, en qualité qu'ils agissent, en tous les dépens faits sur la tierce-opposition seulement, lesquels il leur sera permis de passer dans leur compte tutélaire ; ordonne en outre qu'à défaut par les parties de convenir d'un seul ou de trois experts dans les trois jours de la signification du présent arrêt, les sieurs Ferrand, Riche, juge de paix, et Jouvenel, sont et demeurent nommés d'office pour procéder à ladite estimation ; commet M. Achez, juge en la cour, pour recevoir le serment desdits experts ; réserve les dépens autres que ceux de la tierce-opposition, et seront les amendes restituées ».

Recours en cassation contre cet arrêt, de la part de la veuve Praire et de son second mari. Avant qu'il ait été statué sur ce recours, le mineur Praire est émancipé, et en conséquence, il reprend, sous l'assistance de son curateur, la demande formée en son nom par sa mère et son beau-père.

« Quatre moyens de cassation (ai-je dit à l'audience de la section des requêtes), vous sont proposés dans cette affaire : — 1.º Fausse application de l'art. 15 du tit. 5 de la loi du 24 août 1790, en ce que la cour de Lyon a considéré comme nul le jugement du 25 thermidor an 3, sous le prétexte que les questions à juger n'y avaient pas été posées, quoique, dans la réalité, elles l'eussent été implicitement ; — 2.º Déni de justice, en ce que, tout en considérant le jugement comme nul, la cour de Lyon ne l'a cependant pas annullé, et n'a statué en aucune manière sur l'appel qu'en avaient interjeté les sieurs Milliard et Rubins ; — 3.º Attentat à l'autorité de la chose jugée, et violation de l'art. 1 du tit. 35 de l'ordonnance de 1667, en ce que la cour de Lyon a reçu les sieurs Milliard et Rubins tiers-opposans à un arrêt dans lequel ils avaient été parties par le ministère du sieur Depons, leur débiteur, et des syndics de ses créanciers ; — 4.º Violation de l'art. 322 du Code de procédure civile, en ce que la cour de Lyon a ordonné une deuxième expertise, sans avoir préalablement déclaré insuffisant le rapport de la première, et sans autoriser les nouveaux experts à demander des renseignemens aux experts précédemment nommés.

» Sur le premier moyen ; il se présente une question préalable que le demandeur ne traite que dans la discussion du deuxième, mais qui nous paraît trouver ici sa place : c'est de savoir si l'appel du jugement du 25 thermidor an 3 était encore recevable au moment où les héritiers du sieur Milliard et le sieur Rubins l'avaient interjeté.

» L'affirmative n'est pas douteuse, par rapport aux héritiers du sieur Milliard ; car, d'un côté, leur appel a été interjeté le 17 prairial an 13, et par conséquent dans les dix années de la signification du jugement du 25 thermidor an 3 ; de l'autre, comme vous l'avez jugé le 25 pluviôse an 11, au rapport de M. Rousseau et sur nos conclusions (1), la disposition de l'art. 14 du tit. 5 de la loi du 24 août 1790, qui fixait à trois mois le délai fatal de l'appel, n'avait lieu que pour les jugemens contradictoires ; et le jugement du 25 thermidor an 3 ayant été rendu par défaut contre le sieur Milliard, demeurait nécessairement soumis à la disposition de l'art. 17 du tit. 27 de l'ordonnance de 1667, suivant lequel la faculté d'appeler ne se prescrivait que par le laps de dix années, à compter du jour de la signification des jugemens.

» Quant à l'appel du sieur Rubins, il n'a été interjeté que le 18 juillet 1808 et dès-lors, il

_____

(1) V. l'article Appel, §. 8, n. 5.

» semblerait, au premier coup d'œil, l'avoir été trop tard.

» Il paraît même que c'est pour écarter la fin de non-recevoir que tiraient de là le tuteur et la tutrice du mineur Praire, que la cour de Lyon a dit dans son arrêt, qu'*on ne peut articuler aucune fin de non-recevoir contre l'appel de cet acte improprement qualifié jugement, puisqu'il manque d'une des quatre parties voulues par la loi.*

» Mais nous sommes forcés de reconnaître qu'en mettant ainsi en principe, qu'un jugement nul dans la forme, est susceptible d'appel, même après le délai de la loi, la cour de Lyon est tombée dans une grande erreur; et vous avez vous-mêmes décidé le contraire, le 3 floréal an 13, au rapport de M. Pajon et sur nos conclusions, « attendu (avez-vous dit), » que l'art. 17 du tit. 27 de l'ordonnance de » 1667, en déclarant que les sentences obtien- » dront force de chose jugée après dix ans de » leur signification, s'il n'en a été interjeté » appel dans ce délai, n'a fait aucune distinc- » tion entre celles qu'on attaquerait par voie » de nullité, ou par les moyens du fond (1) ».

» Gardons-nous cependant de conclure de là que l'arrêt de la cour de Lyon doit être cassé. Une raison extrêmement simple se présente pour le faire maintenir, en tant qu'il a, sinon jugé, du moins préjugé, que l'appel du sieur Rubins était encore recevable.

» Le délai de l'appel ne peut courir qu'à la suite d'une signification régulière du jugement qui en est l'objet: or, ici, point de signification valable du jugement du 25 thermidor an 3. Par qui, en effet, ce jugement est-il signifié au sieur Rubins? par un huissier qui se qualifie seulement d'*huissier public*, sans désigner ni le tribunal dans lequel il a été immatriculé, ni celui dans le ressort duquel il exerce ses fonctions; et il est clair qu'un pareil exploit est nul. L'art. 2 du titre 2 de l'ordonnance de 1667, est là-dessus très-formel (2).

» On ne peut donc pas douter que la voie de l'appel ne fût encore ouverte, soit au sieur Rubins, soit aux héritiers du sieur Milliard, lorsqu'ils ont appelé du jugement du 25 thermidor an 3.

» Mais leur appel était-il fondé, ou, en d'autres termes, la cour de Lyon a-t-elle pu déclarer nul le jugement du 25 thermidor an 3, par la seule raison qu'il ne pose pas les questions sur lesquelles il statue?

» Vous le savez, Messieurs, l'art. 15 du tit. 5 de la loi du 24 août 1790, sous l'empire de la-

quelle a été rendu le jugement du 25 thermidor an 3, voulait, non-seulement comme le Code de procédure civile, que chaque jugement contînt l'exposé sommaire des faits, les conclusions des parties et le dispositif, mais encore la position précise des *questions de fait et de droit qui constituaient le procès;* et vous savez aussi que, par l'art. 2 de la loi du 4 germinal an 2, la peine de nullité avait été expressément attachée à l'observation de chacune de ces dispositions.

» Aussi trouvons-nous dans le *Bulletin civil* de la cour, trois arrêts des 22 brumaire an 7, 14 nivôse an 8 et 4 prairial an 9, qui cassent des jugemens en dernier ressort, sur l'unique fondement que les magistrats dont ils étaient l'ouvrage, n'y avaient pas posé les questions de droit et de fait qui constituaient les procès sur lesquels ils avaient prononcé.

» Et inutilement vient-on vous dire que, dans le jugement du 25 thermidor an 3, les questions sur lesquelles les juges avaient à statuer, sortent d'elles-mêmes de l'exposé des faits et des *considérant* qui précèdent le dispositif.

» Cela peut être vrai jusqu'à un certain point, quant à la demande en consignation.

» Mais, sans examiner si, même quant à la demande en consignation, il n'était pas nécessaire de poser littéralement les questions qu'elle offrait à juger; sans examiner si la nécessité de la poser en termes exprès, ne résultait pas de la disposition par laquelle la loi du 24 août 1790 voulait que les questions à juger fussent *posées avec précision;* nous dirons que le jugement du 25 thermidor an 3 a tranché une question sur laquelle ni les *considérant*, ni l'exposé des faits ne fournissent aucune espèce de renseignement: c'est celle de savoir s'il y avait lieu de donner défaut contre le sieur Milliard, contre le sieur Rubins, contre les autres créanciers non comparans et contre le sieur Depons, leur débiteur commun. Assurément pour résoudre cette question, il était nécessaire de savoir si les parties non comparantes avaient été assignées, si elles l'avaient été dans une forme régulière, et si elles l'avaient été à un délai suffisant. Eh bien! le jugement du 25 thermidor est absolument muet sur ces trois points, et cependant il donne défaut contre le sieur Depons et contre tous les créanciers opposans, moins un. Il décide donc, et avec une grande légèreté sans doute, une question majeure, non-seulement sans la poser, mais même sans indiquer aucun des trois élémens essentiels de sa solution. Il viole donc, de la manière la moins excusable, l'art. 15 du tit. 5 de la loi du 24 août 1790: la cour de Lyon a donc fait, en le considérant comme nul, une juste application de cet article.

» Le deuxième moyen du demandeur se réfute en deux mots.

_____

(1) *V.* le *Répertoire de jurisprudence,* au mot *Appel,* sect. 1, §. 5.

(2) *V.* l'article *Assignation,* §. 6.

» Ou la cour de Lyon a implicitement annullé le jugement du 25 thermidor an 3, par cela seul que, dans ses motifs, elle l'a considéré comme nul, et que, dans son dispositif, elle a prononcé comme s'il n'existait plus; ou elle doit être censée avoir absolument omis de s'expliquer sur ce jugement.

» Au premier cas, le reproche de déni de justice tombe de lui-même.

» Au second cas, ce reproche se réduit à dire que la cour de Lyon a omis de prononcer sur l'une des demandes qui lui étaient soumises; et tout le monde sait que, d'une pareille omission, il ne peut résulter qu'une ouverture de requête civile.

» Le troisième moyen ne vous présente aucune difficulté quant au point de droit.

» Il est certain, en effet, que, si, dans l'instance qu'a terminée l'arrêt du 30 germinal an 11, les sieurs Milliard et Rubins ont été représentés, soit par le sieur Depons, leur débiteur, soit par les syndics de ses créanciers unis, la cour de Lyon, en rétractant cet arrêt sur la tierce-opposition qu'ils y ont formée, a violé l'art. 1 du tit. 35 de l'ordonnance de 1667, suivant lequel « les arrêts et jugemens en dernier ressort » ne peuvent être rétractés que par lettres en » forme de requête civile, à l'égard de ceux qui » n'ont été parties ou dûment appelés, et de » leurs héritiers, successeurs ou *ayant-cause* ».

» Mais d'abord, est-il bien vrai que les sieurs Milliard et Rubins aient été représentés dans l'instance dont il s'agit, par le sieur Depons, leur débiteur?

» Comment l'auraient-ils été? D'une part, le sieur Depons n'était point partie dans cette instance, et il était, dès-lors, bien impossible qu'il y représentât personne. D'un autre côté, quand le sieur Depons y aurait été partie, il n'aurait pas encore pu y représenter les sieurs Milliard et Rubins dans la qualité en laquelle ils avaient figuré dans le jugement du 25 thermidor an 3, sur l'appellation duquel a été rendu l'arrêt du 30 germinal an 11; car ce n'était pas comme créanciers purs et simples du sieur Depons, que les sieurs Milliard et Rubins avaient figuré dans ce jugement. Ils y avaient figuré comme créanciers du sieur Depons, opposans au sceau des lettres de ratification obtenues par le sieur Praire, sur le contrat de vente du 10 février 1793, et par conséquent comme devenus créanciers personnels du sieur Praire lui-même, au moyen de ce que ses lettres de ratification avaient été scellées à la charge de leurs oppositions.

» Ensuite, est-il plus exact de dire que, dans la même instance, les sieurs Milliard et Rubins ont été représentés par les syndics des créanciers du sieur Depons?

» L'affirmative est incontestable, si les sieurs Milliard et Rubins ont signé le contrat d'union qui a nommé les syndics, ou s'ils y ont adhéré depuis, ou s'il a été déclaré commun avec eux par un jugement d'homologation; et à cette hypothèse, s'applique, dans toute sa force, un arrêt du grand conseil du 18 août 1736 que Cochin, tome 4, page 314, nous a conservé, comme ayant jugé positivement que l'un des créanciers unis d'une succession bénéficiaire ne peut pas attaquer par tierce-opposition, un jugement rendu avec les directeurs de l'union.

» Mais si les sieurs Milliard et Rubins n'ont pas signé le contrat d'union, s'ils n'y ont pas adhéré depuis, ou s'il n'a pas été homologué avec eux, nul doute qu'ils n'aient pu former tierce-opposition à l'arrêt du 30 germinal an 11, nul doute que leur opposition n'ait dû être accueillie, comme elle l'a été par l'arrêt que vous dénonce le demandeur. C'est ce qui résulte d'un arrêt que la section civile a rendu le 11 thermidor an 12, au rapport de M. Vasse et sur nos conclusions...... (1). Et c'est ce que vous avez jugé vous-mêmes, le 14 mars dernier, en maintenant un arrêt de la cour d'appel d'Amiens, attaqué par la majorité des créanciers du nommé Dhavelui (2).

_____

(1) *V.* le §. précédent.

(2) Le 7 prairial an 13, contrat d'union entre les créanciers de Dhavelui, formant les trois quarts en somme.

Le 11 prairial an 13, jugement du tribunal de première instance d'Amiens, qui homologue provisoirement ce contrat, et permet de poursuivre l'homologation contre les créanciers qui ne l'ont pas signé.

Le sieur Poujol-Davankerque, nommé syndic par ce contrat, poursuit et fait prononcer l'adjudication de divers immeubles du failli.

La dame Devarsy, l'une des créancières de Dhavelui, qui n'a ni adhéré au contrat d'union ni refusé d'y souscrire, forme une tierce-opposition aux jugemens d'adjudication.

Déclarée non-recevable par un jugement du tribunal de première instance d'Amiens, elle en interjette appel. Quelques autres créanciers qui se trouvent dans le même cas, interviennent et appuient son système de défense.

Le 18 mai 1809, arrêt de la cour d'Amiens, qui, « attendu que ni la dame Devarsy ni les créanciers intervenans n'ont adhéré à l'union; que le concordat n'a pas été homologué définitivement, et que l'homologation provisoire ne pouvait confier de pouvoirs aux syndics que pour le recouvrement des créances et l'acquit des dettes »; reçoit les créanciers intervenans parties intervenantes; reçoit pareillement la tierce-opposition de la dame Devarsy, et déclare nulles les adjudications faites à la diligence du sieur Poujol-Davankerque.

Les créanciers unis se pourvoient en cassation contre cet arrêt.

« L'art. 466 du Code de procédure (disent-ils) veut *qu'en cause d'appel, aucune intervention ne soit reçue,*

» Nous n'avons donc également ici qu'une seule chose à examiner : c'est de savoir si les sieurs Milliard et Rubins avaient concouru à la nomination des syndics qui ont figuré dans l'arrêt du 30 germinal an 11.

» Mais sur cette question, qui est toute de fait, que peut-on dire devant vous qui soit dans vos attributions d'apprécier ?

» La cour de Lyon a pu errer dans le jugement de cette question ; mais si effectivement elle a erré en la jugeant, elle n'a du moins contrevenu, elle n'a même pu contrevenir, à

si ce n'est de la part de ceux *qui auraient droit de former tierce-opposition.*

» Et l'art. 474 déclare qu'une partie ne peut former *tierce-opposition* à un jugement, que dans le cas où elle ou ceux qu'elle représente, n'y ont pas été appelés.

» Toutes les fois donc qu'une personne a été appelée en jugement, qu'elle a pu y défendre ou y être défendue, elle ne peut ni former *tierce-opposition*, ni conséquemment *intervenir*, puisque les motifs de l'intervention sont les mêmes que ceux de la tierce-opposition.

» Or, les intervenans, dans l'espèce, étaient-ils dans ce cas ? Avaient-ils été *appelés* ? Avaient-ils été mis à portée de défendre en justice ou d'y être défendus ?

» Assurément ils ont été appelés ; ils ont même été défendus.

» Ou, pour mieux dire, ils étaient *demandeurs* eux-mêmes : c'étaient eux qui ouvraient l'instance, c'étaient eux qui, par l'organe des syndics de la masse, provoquaient les adjudications. — Ils n'y ont pas, il est vrai, figuré en personne ; mais ils y ont été valablement représentés.

» L'effet du concordat avait été de confondre tous les créanciers *en un seul corps.* Ce concordat étant valable par l'assentiment des trois quarts en somme des créanciers, était obligatoire pour tous ; il ne pouvait plus y avoir d'individus séparés ; tous ne pouvaient plus agir que d'après une seule volonté, et par l'intermédiaire du mandataire commun, du syndic.

» La circonstance que les créanciers actuellement dissidens n'ont pas signé le concordat, et que l'homologation n'en a pas été définitivement obtenue contre eux, n'est pas suffisante pour les soustraire à l'empire de cet acte.

» Sous le régime de l'ordonnance de 1673, le concordat n'avait pas besoin d'être homologué définitivement, pour donner au syndic le droit de faire des opérations inattaquables. Ce n'était pas l'homologation qui imposait la loi aux créanciers non signataires ; c'était le concours des trois quarts en somme.

» L'homologation définitive n'était nécessaire qu'en cas d'*opposition ou de refus manifesté* par les créanciers non signataires. L'art. 7 du tit. 11 de l'ordonnance de 1673 y est formel.

» Mais tant que l'opposition ou le refus n'était pas manifesté, il n'y avait pas réellement de dissidence : ceux qui n'avaient pas concouru au concordat, étaient censés l'approuver par leur silence, et toutes les opérations qui se faisaient pendant ce silence, étaient valables et inattaquables.

» Quand la cour d'appel a distingué à ce sujet *le recouvrement des effets et l'acquit des dettes*, des autres

aucune loi ; et vous le savez, Messieurs, pour qu'un jugement soit susceptible de cassation, il ne suffit pas qu'il porte atteinte au droit de la partie qui invoquait une loi, et qui, d'après cette loi, devait triompher ; il faut encore que le juge ait méconnu l'autorité de la loi elle-même ; il faut encore que le juge se soit mis en rebellion contre le législateur : *contrà constitutiones judicatur, cùm de jure constitutionis, non de jure litigatoris pronunciatur*, dit la loi 1, §. 2, D. *quæ sententiæ sine appellatione rescindantur* (1).

objets des délibérations, elle n'a pas saisi le véritable esprit de l'ordonnance.

» Ce que disait l'ordonnance (art. 5), c'est que rien ne pouvait arrêter l'effet des mesures ordonnées *à la pluralité des voix*, pour le recouvrement des effets et l'acquit des dettes ; mais que l'opposition ou le refus de quelques créanciers suspendait l'effet du concordat relativement aux autres objets, jusqu'à ce que l'homologation fût prononcée.

» Mais, encore une fois, le concordat avait toute sa force, tant qu'il n'était pas attaqué par les non signataires.

» Les syndics représentaient ceux-ci, comme ils représentaient ceux qui avaient concouru à l'union.

» Les créanciers non signataires n'ont donc point le droit de revenir, par voie de tierce opposition ou d'intervention, contre les actes qui ont été faits pendant qu'ils ont gardé le silence ».

Par arrêt du 14 mars 1810, au rapport de M. Pajon, et sur les conclusions de M. l'avocat-général Daniels,

« Attendu, 1.° que, d'après la disposition de l'art. 466 du Code de procédure, il suffit, pour avoir droit d'intervenir en cause d'appel, d'avoir celui de former tierce-opposition à l'arrêt à intervenir ;

» Attendu, 2.° que, d'après les dispositions de l'art. 474, toute personne est recevable à former tierce-opposition à un jugement lors duquel elle ni ceux qu'elle représente, n'auraient été appelés ;

» Attendu, 3.° qu'il est formellement reconnu par l'arrêt attaqué, que les intervenans n'avaient point été appelés lors des jugemens qui avaient préparé, consommé ou suivi les adjudications dont ils demandaient la nullité ;

» Attendu, 4.° que cependant le contrat d'union du 7 prairial an 13 n'avait point été homologué avec eux, conformément à la disposition de l'art. 7 du tit. 11 de l'ordonnance de commerce ; et qu'en conséquence le sieur Poujol n'avait point eu de pouvoirs suffisans pour faire procéder auxdites adjudications ;

» D'où il résulte évidemment que l'arrêt attaqué, en recevant lesdits intervenans tiers-opposans auxdits jugemens, et en annullant lesdites adjudications, loin de contrevenir aux lois citées par les demandeurs, n'en a fait qu'une juste application ;

» La cour rejette le pourvoi... ».

Remarquez au surplus que, dans cette espèce, on eût dû juger tout autrement, s'il eût été question d'un contrat d'union formé sous l'empire du Code de commerce. *V.* les art. 523, 524, 527 et 528 de ce Code.

(1) *V.* le *Répertoire de jurisprudence*, aux mots *Substitution fidéicommissaire*, sect. 8, n. 7.

» Vainement objecterait-on que, dans l'affaire sur laquelle est intervenu l'arrêt du 11 thermidor an 12 que nous venons de citer, nous avons nous-mêmes discuté les pièces qui étaient produites par le demandeur en cassation pour établir que la veuve Aubry-la-Fosse, les sieurs Violette, Hardy et Questan, avaient adhéré au contrat d'union dont il s'agissait.

» Pourquoi, dans cette affaire, avons-nous ainsi procédé? C'est parce que la cour de Rennes avait jugé, en point de droit, que les significations faites aux syndics d'une union de créanciers, ne sont pas censées faites à chacun des créanciers unis; c'est parce que son arrêt, insoutenable sous ce rapport, ne pouvait être justifié que par le point de fait qu'elle avait négligé; c'est parce que, dès-lors, il était de notre devoir de discuter ce point de fait.

» Mais ici, la cour de Lyon a rendu, par son arrêt, hommage au principe que celle de Rennes avait méconnu dans le sien. La cour de Lyon est convenue, en point de droit, que le jugement rendu avec les syndics, est censé rendu avec tous les créanciers unis; et elle n'a admis la tierce-opposition des sieurs Milliard et Rubins, que parce qu'il lui a paru que les sieurs Milliard et Rubins n'avaient pris aucune part au contrat qui avait nommé les syndics.

» Nous ne devons donc pas ici nous occuper du point de fait sur lequel, dans l'affaire jugée le 11 thermidor an 12, nous avons cru devoir fixer l'attention de la cour; nous devons donc ici tenir pour constant que les syndics avec lesquels a été rendu l'arrêt du 30 thermidor an 11, ne représentaient, ni le sieur Milliard, ni le sieur Rubins, dans l'instance terminée par cet arrêt.

» Ce n'est pas au surplus qu'on puisse accuser la cour de Lyon d'avoir erré, même en fait, sur ce point important.

» Des trois contrats d'union que le demandeur opposait, devant la cour de Lyon, aux sieurs Milliard et Rubins, et dont il se prévaut encore devant vous, il en est d'abord deux que l'on doit, sans hésiter, mettre à l'écart; ce sont ceux du 11 floréal an 2 et du 14 vendémiaire an 8.

» A la vérité, les sieurs Milliard et Rubins ont signé le 11 floréal an 2; mais quel était l'objet de ce contrat? de poursuivre, soit le mineur Praire en particulier, soit tous les débiteurs du sieur Depons en général? Non: c'était uniquement de solliciter, auprès de l'administration qui, par droit de confiscation, tenait sous sa main toute la fortune du père du mineur Praire, le payement du prix de la terre de Bothéon, ou la nullité de l'estimation qui en avait été faite administrativement; et assurément les syndics nommés par ce contrat, n'ont pas pu s'en faire un titre, après la restitution des biens confisqués, après la réintégration du mineur Praire dans la terre de Bothéon, pour traduire le mineur Praire en justice et plaider contre lui au nom des créanciers du sieur Depons.

» Quant au contrat du 14 vendémiaire an 8, ni le sieur Milliard ni le sieur Rubins n'y sont intervenus; ni le sieur Milliard ni le sieur Rubins n'y ont adhéré; et il n'a été homologué qu'avec ceux qui l'avaient souscrit.

» Reste donc le contrat du 20 floréal an 6; et s'il est vrai, comme il nous paraît qu'on ne peut pas en douter raisonnablement, que, par ce contrat, ceux qui l'ont signé, ont donné aux syndics dont il contient la nomination, tous les pouvoirs nécessaires, non-seulement pour faire annuller la consignation faite en exécution du jugement du 25 thermidor an 3, du prix de la terre de Bothéon, mais encore pour faire payer ce prix en numéraire métallique, et par conséquent pour le faire régler d'après les bases posées par la loi du 16 nivôse an 6; s'il est vrai, en un mot, que la cour de Lyon a trop resserré le sens et l'objet de ce contrat; — Il n'est du moins pas prouvé, et cela suffit pour écarter de l'arrêt de la cour de Lyon jusqu'au simple reproche de mal jugé, il n'est du moins pas prouvé que les sieurs Milliard et Rubins aient été parties dans ce contrat.

» En effet, il est bien dit, dans ce contrat, que les sieurs Comperot et Charbonnel comparaissent, l'un, *au nom et comme ayant charge du sieur Milliard;* l'autre, *au nom et comme ayant charge du sieur Michel Rubins.* Mais où sont les procurations par lesquelles les sieurs Milliard et Rubins ont chargé les sieurs Comperot et Charbonnel de stipuler pour eux dans ce contrat? Non-seulement elles ne sont pas jointes au contrat, mais le contrat n'énonce même pas qu'elles aient été représentées au notaire et que celui-ci les ait vérifiées.

» Dira-t-on que le contrat étant authentique, fait, par cela seul, pleine foi de son contenu; et que, dès-lors, on doit croire jusqu'à inscription de faux, que les sieurs Comperot et Charbonnel étaient porteurs des procurations des sieurs Milliard et Rubins?

» Mais prenons-y garde: les actes authentiques ne font bien foi que de la chose qu'elles ont directement pour objet; *probant rem ipsam,* dit Dumoulin, sur la coutume de Paris, titre des *fiefs,* gl. 1, n. 8. Ainsi, le contrat du 20 floréal an 6 prouve bien que, ce jour-là, les personnes qui y sont dénommées, se sont unies en qualité de créanciers du sieur Depons, et qu'elles ont nommé trois syndics. Mais comme dit encore Dumoulin, au même endroit, n. 10, les actes authentiques ne font pas foi, contre des tiers, des énonciations qu'ils contiennent; et par conséquent le contrat du 20 floréal an 6 ne peut pas prouver, contre les sieurs Milliard et Rubins, qu'ils eussent donné pouvoir aux sieurs Comperot et Charbonnel de les représenter et de stipuler pour eux dans ce contrat. Nous trouvons dans le recueil de Papon, liv. 9, tit. 8, n. 10, un arrêt du parlement de Paris, du 1.er février 1538, prononcé en robes rouges à la pâques suivant, qui *déboute des acquéreurs de la vente à eux faite par un soi-disant procureur, faute d'avoir montré la procuration, nonobstant que la teneur d'icelle fût insérée en ladite vente, à quoi la cour n'eut aucun égard.* Un autre recueil plus récent, nous fournit deux arrêts du parlement de Douay, l'un du 8 mai 1765, l'autre, rendu en révision, chambres assemblées, le 25 novembre 1766, qui, sur la simple dénégation de l'existence de l'original d'une procuration notariée, dont le nommé Théry ne représentait qu'une copie collationnée hors la présence de la partie, ont jugé, sans qu'il y eût aucune inscription de faux, qu'il n'était pas prouvé que cette procuration eût jamais existé (1).

» Et si l'on a ainsi jugé dans deux espèces où la procuration était, soit copiée littéralement dans le contrat, soit représentée en copie collationnée en l'absence du prétendu commettant, à combien plus forte raison doit-on juger de même dans le cas où, comme dans l'espèce actuelle, la procuration n'est qu'énoncée vaguement, où l'énonciation qui en est faite, n'en indique pas même la date, ne désigne pas même l'officier qui l'a reçue ?

» Ce n'est sans doute pas sérieusement que le demandeur cherche ici à se prévaloir du défaut de désaveu des sieurs Comperot et Charbonnel, de la part des sieurs Milliard et Rubins.

» Dans quel cas le défaut de désaveu emporte-t-il, aux yeux de la justice, la preuve qu'il y a eu procuration ? Dans le seul cas où c'est par un officier public, agissant en sa qualité, qu'a été fait l'acte par lequel il est prétendu que cet officier avait une procuration suffisante. Ainsi, un huissier fait des offres dans un exploit; ainsi, un avoué donne un consentement dans un acte de procédure : tant que l'un et l'autre ne sont pas désavoués par la partie au nom de laquelle ils ont exploité ou procédé, tant que le désaveu n'est pas jugé contradictoirement avec eux, l'un et l'autre sont censés n'avoir fait l'offre ou donné le consentement, qu'en vertu de l'ordre exprès de cette partie.

» Mais un simple particulier s'annonce-t-il comme mandataire à l'effet de stipuler dans un contrat au nom d'un tiers ? Il faut que son mandat soit représenté; et s'il ne l'est pas, ce particulier sera censé, sans qu'il soit besoin de désaveu, avoir agi sans pouvoir. Ainsi l'ont jugé les trois arrêts du parlement de Paris et de Douay que nous citions tout à l'heure.

» Enfin, Messieurs, quand nous irions jusqu'à supposer que les sieurs Milliard et Rubins ont eux-mêmes souscrit le contrat du 20 floréal an 6, l'arrêt attaqué par le demandeur n'en aurait pas moins bien jugé; et il y en a une raison très-simple : c'est que les poursuites et les procédures sur lesquelles est intervenu l'arrêt du 30 germinal an 11, n'ont pas été faites par les syndics nommés par le contrat du 20 floréal an 6, c'est-à-dire, par les sieurs Buzennet, Charbonnel et Regnat, mais par les syndics nommés par celui du 14 vendémiaire an 8, c'est-à-dire, par les sieurs Regnat et Thetion; c'est que le sieur Thetion ne pouvait, à l'égard des sieurs Milliard et Rubins, être subrogé aux sieurs Buzennet et Charbonnel, que par un acte souscrit des sieurs Milliard et Rubins eux-mêmes; c'est que les sieurs Milliard et Rubins n'ont pris aucune part au contrat du 14 vendémiaire an 8.

» Du reste, il importe peu que l'arrêt attaqué par le demandeur, n'ait pas été rendu avec le sieur Depons. Qu'était-il besoin en effet de mettre le sieur Depons en cause sur la tierce-opposition formée par les sieurs Milliard et Rubins à l'arrêt du 30 germinal an 11 ? déjà nous avons remarqué que le sieur Depons n'avait pas été partie dans ce dernier arrêt; et sans doute, ce que la cour de Lyon avait jugé sans lui, le 30 germinal an 11, elle a pu le rétracter sans lui le 26 août 1808.

» Nous voici parvenus au quatrième moyen de cassation du demandeur, et c'est peut-être le plus futile de tous.

» Sans contredit, lorsque, dans la même instance sur laquelle il a été fait une expertise et entre les mêmes parties, *les juges ne trouvent point dans le rapport les éclaircissemens suffisans, ils ne peuvent ordonner d'office une expertise nouvelle,* qu'en déclarant l'insuffisance des éclaircissemens contenus dans le rapport de la première; ils ne doivent pas laisser aux parties le choix des nouveaux experts qu'il y a lieu de nommer pour cette nouvelle expertise, il faut qu'ils les nomment eux-mêmes directement; et ces nouveaux experts *peuvent demander aux précédens les renseignemens qu'ils trouveront convenables.* L'art. 322 du Code de procédure est là-dessus très-formel.

» Mais ces dispositions ne sont certainement pas applicables au cas où il s'agit de procéder à une nouvelle expertise avec des parties auxquelles la première expertise est étrangère; elles ne sont pas applicables au cas où la nouvelle expertise est provoquée et ordonnée en conséquence d'une tierce-opposition au jugement rendu sur la première; elles ne sont pas, en un mot, applicables à notre espèce.

» Par ces considérations, nous estimons qu'il y a lieu de rejeter la requête du demandeur, et de le condamner à l'amende de 150 francs ».

---

(1) *V.* le *Répertoire de jurisprudence,* au mot *Preuve,* sect. 2, §. 2, art. 3.

Arrêt du 5 avril 1810, au rapport de M. Minier, par lequel,

« Attendu sur le premier moyen, pris de la fausse application de l'art. 15 du tit. 5 du décret du 24 août 1790, qu'il est constant en fait, ainsi que l'a déclaré la cour d'appel de Lyon, que le jugement rendu le 25 thermidor an 3, par le tribunal de district de Montbrison, manquait d'une des quatre parties essentielles exigées par la loi précitée, puisqu'il ne présentait ni question de fait, ni question de droit à décider, et conséquemment qu'en l'envisageant comme nul sous ce point de vue, la cour d'appel de Lyon n'a pas fait une fausse application de la loi susdatée ;

» Attendu, sur le second moyen, qu'il résulte de l'examen des pièces du procès, que l'appel du jugement du 25 thermidor an 3 était recevable, parce qu'encore qu'il se fût écoulé un très-long temps entre la prononciation de ce jugement et le moment où Rubins et les héritiers Milliard ont interjeté leur appel, on ne pouvait cependant pas leur opposer qu'il eût été tardivement émis, puisqu'il est constant en fait, que la signification qui leur avait été faite de ce jugement, était nulle par le défaut d'observation des formalités prescrites par la loi pour la validité des exploits ;

» Attendu que c'est cet appel qui a mis la cour d'appel de Lyon à portée de reconnaître la nullité du jugement du 25 thermidor an 3 ; qu'en le déclarant recevable, et en reconnaissant de suite la nullité du jugement attaqué, il est vrai de dire que, si cette cour n'a pas textuellement prononcé sur cet appel, elle y a pourtant implicitement statué ; que, dans tous les cas, cette omission de prononciation formelle n'offrirait pas un moyen de cassation, mais seulement un moyen de requête civile ;

» Attendu qu'il résulte de ce qui vient d'être dit, que l'appel de Rubins et des héritiers Milliard a été déclaré recevable ; que la nullité du jugement qu'ils attaquaient, a été reconnue ; et par voie de conséquence, que le déni de justice reproché à la cour d'appel de Lyon, est imaginaire ;

» Attendu, sur le troisième moyen, que cette même cour d'appel ayant reconnu, en fait, que les héritiers Milliard et Rubins n'avaient été ouïs ni personnellement, ni par de légitimes représentans, lors de l'arrêt du 30 germinal an 11, et qu'ils étaient par conséquent recevables dans leur tierce-opposition contre cet arrêt, la cour d'appel de Lyon n'a commis aucun excès de pouvoir, ni violé l'autorité de la chose jugée ;

» Attendu, sur le quatrième moyen, qu'après avoir reconnu la nullité du jugement du 25 thermidor an 3, et de tout ce qui l'avait suivi, et en recevant les héritiers Milliard et Rubins tiers-opposans à l'arrêt du 30 germinal an 11, ho-

mologatif du rapport des experts nommés en l'absence et sans le consentement desdits tiers-opposans, la cour d'appel de Lyon a dû, en remettant, par le fait, les appelans et tiers-opposans dans la même position où ils étaient avant la consignation et la première estimation, ordonner une nouvelle estimation de la terre de Bothéon ; qu'en prononçant ainsi, elle n'a pas violé l'art. 322 du Code de procédure civile qui n'était évidemment point applicable à l'espèce ;

» Par ces motifs, la cour rejette le pourvoi... ».

§. III. *Les syndics d'une union de créanciers ont-ils qualité pour représenter chacun des créanciers unis, dans les contestations relatives à l'ordre du prix des biens ? Les jugemens qui condamnent les syndics, en leur qualité, à payer des créanciers non reconnus par le contrat d'union, sont-ils censés ordonner que ces créanciers seront payés par préférence aux autres ?*

V. le plaidoyer et l'arrêt du 15 décembre 1809, rapportés aux mots *Inscription hypothécaire*, §. 3.

Au surplus, *V.* les articles *Direction de créanciers*, *Faillite*, et *Vente*, §. 8.

USAGE. — §. I. *La contravention à un usage, peut-elle former une ouverture de cassation ?*

V. les articles *Signature*, §. 1 ; et *Testament conjonctif*, §. 2.

§. II. *L'usage peut-il abroger la loi ?*

V. les articles *Opposition aux jugemens par défaut*, §. 57 ; *Révocation de testament*, §. 2 ; et *Société*, §. 1.

§. III. *Est-ce par enquête, ou par acte de notoriété, que doit se faire la preuve d'un usage local ?*

V. l'article *Mariage*, §. 7, n. 1.

USAGE (DROIT D'). — §. I. *La disposition de l'ordonnance des eaux et forêts de 1669, qui supprime les droits d'usage précédemment concédés aux communes dans les forêts de l'Etat, est-elle révoquée par l'art. 8 de la loi du 28 août 1792 ?*

Cette question et quelques autres indiquées sous les mots *Appel*, §. 1, n. 8 ; et §. 8 ; *Arbitres*, §. 8 ; et *Chose jugée*, §. 1 ; ont été portées à la section civile de la cour de cassation, au moyen du recours exercé par le préfet du département du Jura contre un arrêt de la cour d'appel de Besançon, rendu en faveur des communes de Domblans, Voitteur et Blandan. Voici le plaidoyer que j'ai prononcé sur le tout à l'audience du 25 germinal an 10.

« Cette affaire présente à votre examen trois questions bien distinctes, deux de pure forme, et une autre qui tient uniquement au fond de la cause.

» Dans la forme, vous avez à décider, 1.º si l'appel du jugement arbitral du 8 germinal an 2 avait été interjeté en temps utile ; 2.º si le jugement du tribunal du district de Lons-le-Saulnier, du 18 février 1793, formait contre la république une exception de chose jugée.

» Au fond, il s'agit de savoir si les communes de Voitteur, Domblans et Blandan ont pu, nonobstant l'art. 1 du tit. 20 de l'ordonnance de 1669, et sur le fondement de l'art. 8 de la loi du 28 août 1792, se faire réintégrer dans un droit d'usage qui leur avait été anciennement concédé dans la forêt domaniale de Vernois, et obtenir en conséquence, à titre de cantonnement, la propriété d'une portion de cette forêt.

» Les faits qui ont donné lieu à ces trois questions, sont simples.

» Les communes de Voitteur, Domblans et Blandan jouissaient, depuis fort long-temps, d'un droit d'usage, de glandée et de paisson dans la forêt de Vernois, lorsqu'a paru l'ordonnance des eaux et forêts de 1669.

» L'art. 1 du tit. 20 de cette loi est ainsi conçu : *Révoquons et supprimons tous et chacun les droits de chauffage dont nos forêts sont à présent chargées, de quelque nature et condition qu'ils soient.* L'art. 10 ajoute : *Révoquons, éteignons et supprimons tous bois d'usage à bâtir et réparer, pour quelque cause et sous quelque prétexte que la concession en ait été faite, nonobstant toutes confirmations, lettres, titres et possession......*

» D'après ces deux articles, le droit d'usage des trois communes ne pouvait plus être maintenu ; et en effet elles en furent évincées par un arrêt du conseil du 1.er octobre 1743, confirmatif d'un jugement de la chambre de réformation des eaux et forêts de la ci-devant Franche-Comté, du 27 décembre 1727.

» Mais l'art. 8 de la loi du 28 août 1792 ayant réintégré les communes dans les propriétés et droits d'usage dont elles avaient été dépouillées par leurs ci-devant seigneurs, les communes de Voitteur, Domblans et Blandan ont cru pouvoir s'autoriser de cette disposition pour réclamer leur ancien droit d'usage et en demander la conversion en cantonnement.

» Dans cette vue, elles ont présenté à l'administration du département du Jura un mémoire sur lequel il est intervenu, le 19 janvier 1793, un arrêté portant qu'elles *se retireraient* pardevant le tribunal du district de Lons-le-Saulnier, *pour faire valoir leurs droits et faire statuer sur le cantonnement demandé, du consentement du procureur-général syndic autorisé à cet effet, avec déclaration que, lors dudit cantonnement, il leur serait assigné une portion à titre d'indemnité du droit qu'elles ont dans la coupe de quarante huit arpens vingt-huit perches qui s'exploite présentement.*

» D'après cet arrêté, les trois communes ont fait citer le procureur-général syndic devant le tribunal du district de Lons-le-Saulnier, et voici les conclusions qu'elles ont prises : « A ce qu'il » soit dit par le jugement à rendre, que les com- » munautés de Domblans, Blandan et Voitteur, » usagères dans la forêt de Vernois, seraient » cantonnées, quant à leur droit d'usage de » bois mort et mort bois dans ladite forêt, con- » formément au droit qui est acquis par le titre » de 1459, et tous ceux énoncés dans le juge- » ment du 30 décembre 1727, en déclarant que » les droits de pâturage, panage, vive-paisson » et glandée acquis aux demandeurs, resteront » communs dans toute l'étendue de ladite forêt, » comme ils l'étaient par le passé ; et pour être » procédé audit cantonnement, ordonner aux » parties de nommer et convenir d'experts gens » de l'art, sinon il en sera nommé d'office pour » la partie refusante, lesquels seront assermen- » tés et opéreront ensuite à vue des titres des » demandeurs et de l'état des citoyens ayant » droit audit usage, qui leur seront remis ; » comme encore que lesdits experts régleront » qu'elle portion de bois sera assignée aux de- » mandeurs, pour les indemniser des droits » qu'ils ont dans le bois mort et mort bois de la » coupe de quarante-huit arpens vingt-huit » perches qui s'exploite présentement, avec dé- » claration que le tout sera fait à frais communs, » en cas de non contestations ; mais dans le cas » contraire, à ce que le procureur-général syn- » dic soit condamné aux dépens ».

» Vous voyez, C. M., que les communes ne demandaient pas à être réintégrées dans leur droit d'usage ; mais que supposant cette réintégration opérée de plein droit, elles concluaient seulement à ce que le cantonnement qui en devait être la conséquence, leur fût adjugé.

» Il paraît que le procureur-général syndic, docile à la mission qu'il avait reçue des administrateurs du département, n'a élevé là-dessus aucune espèce de contestation.

» Les choses en cet état, le tribunal de Lons-le-Saulnier a rendu le 18 février 1793, un jugement qui mérite toute votre attention. « La » cause portée à l'audience (y est-il dit) et les » parties entendues, il est résulté de leurs dires » et consentemens respectifs, qu'il n'était ques- » tion que d'ordonner une nomination d'experts, » pour faire le cantonnement dont il s'agit, et » fixer l'indemnité réclamée par les communau-

» tés de Voitteur, Domblans et Blandan dans
» la coupe qui s'exploite actuellement; et le tri-
» bunal a pensé qu'il ne pouvait se dispenser
» d'ordonner la nomination d'experts indiquée
» par les parties; en conséquence, il a rendu le
» jugement suivant : — Parties ouïes et les con-
» clusions du commissaire national, le tribu-
» nal......, par jugement en dernier ressort,
» ordonne, avant faire droit, que les parties
» nommeront des experts à l'amiable, sinon il
» en sera nommé d'office pour la partie refu-
» sante, lesquels, après serment prêté, procé-
» deront à vue des titres des demandeurs et
» l'état des citoyens ayant droit audit usage,
» au cantonnement par eux demandé dans la
» forêt de Vernois, et régleront l'indemnité qui
» leur revient à raison du droit de bois mort et
» mort bois qu'ils ont dans la coupe de quarante-
» huit arpens vingt-huit perches qui s'exploite
» actuellement, de laquelle opération lesdits
» experts donneront leur rapport, ensuite du-
» quel il sera par le tribunal statué ce qu'il
» appartiendra, dépens réservés ».

» En exécution de ce jugement, les experts
ont fait un rapport par lequel ils ont fixé le cantonnement de la commune à deux cent treize
arpens, et la cause ayant été ensuite renvoyée
devant des arbitres forcés, conformément à la
loi du 10 juin 1793, il a été rendu, le 8 germinal
an 2, un jugement par lequel ce rapport a été
homologué, sinon du consentement exprès, au
moins sans aucune opposition de la part du procureur syndic.

» Est survenue ensuite la loi du 28 brumaire
an 7 qui, pour remédier aux spoliations que la
république avait éprouvées dans ses propriétés
forestières de la part des communes, a soumis à
la voie d'appel toutes les sentences arbitrales
rendues en cette matière pendant le cours de
l'arbitrage forcé.

» C'était bien le cas, pour l'administration
centrale du département du Jura, de chercher
à réparer, en prenant cette voie, le tort qu'elle
avait causé à la république par son arrêté du
19 janvier 1793; mais l'erreur qui lui avait suggéré cet arrêté, subsistait encore : et elle en a
pris un autre le 6 ventôse an 7, par lequel elle
a déclaré qu'il n'y avait pas lieu d'appeler de la
sentence arbitrale, soit parce que la décision en
était juste, soit parce que le jugement du tribunal de Lons-le-Saulnier, du 18 février 1793, ne
pouvait plus être attaqué.

» Cependant, le ministre des finances à qui
cet arrêté devait être soumis, d'après la loi du
28 brumaire an 7, ne l'a pas approuvé; il a, au
contraire, par une lettre du 14 floréal suivant,
mandé au commissaire du pouvoir exécutif près
l'administration du département, d'interjeter
appel de la sentence arbitrale, et cela, a-t-il
dit, *pour éviter la déchéance.*

» Le 24 du même mois, l'appel a été en effet
interjeté par le commissaire, et poursuivi ensuite par le préfet du département. Vous savez
quelle en a été l'issue. Par jugement du 18 pluviôse an 9, le tribunal d'appel de Besançon a
confirmé purement et simplement la sentence
arbitrale.

» Il l'a confirmée, non par les fins de non-
recevoir dont se prévalent aujourd'hui les trois
communes, et qu'elles n'alléguaient pas même
devant le tribunal d'appel; mais sous le prétexte
que l'art. 8 de la loi du 28 août 1792 a dérogé
aux art. 1 et 10 du tit. 20 de l'ordonnance de
1669, et aboli les jugemens des 30 décembre
1727 et 1.er octobre 1743.

» Que porte donc l'art. 8 de la loi du 28 août
1792? le voici. « Les communes qui justifieront
» avoir anciennement possédé des biens ou droits
» d'usages quelconques dont elles auront été
» dépouillées en tout ou en partie PAR DES CI-
» DEVANT SEIGNEURS, pourront se faire réinté-
» grer dans la possession desdits biens ou droits
» d'usage; nonobstant tous édits, arrêts, juge-
» mens, transactions et possession contrai-
» res..... ».

» Si donc c'est par un ci-devant seigneur, et
en vertu de sa puissance féodale, que les communes de Domblans, Voitteur et Blandan ont
été privées de leur droit d'usage dans la forêt de
Vernois; si c'est en faveur des ci-devant seigneurs qu'ont été faits les art. 1 et 10 du tit. 20
de l'ordonnance de 1669; si c'est en faveur d'un
ci-devant seigneur, considéré comme tel, qu'ont
été rendus les jugemens de 1727 et 1743, nul
doute que le tribunal d'appel de Besançon n'ait
bien jugé en appliquant cet article au droit
d'usage réclamé par les trois communes.

» Mais nul doute aussi que, dans l'hypothèse
contraire, cet article n'ait reçu de la part du tribunal d'appel de Besançon, l'application la plus
fausse; car, comme vous l'avez expressément
énoncé dans les motifs de votre jugement du
23 fructidor an 9, rendu contre la commune de
Joinville, « la loi ci-dessus rapportée ne réin-
» tègre les communes dans la propriété et pos-
» session des biens et droits qu'elles avaient an-
» ciennement possédés, que lorsqu'elles en ont
» été dépouillées par les ci-devant seigneurs;
» elle n'a même anéanti les titres, les transac-
» tions, les jugemens et la possession des ci-
» devant seigneurs, qu'autant qu'ils prennent
» leur source dans la puissance féodale ».

» Or, qu'y a-t-il de commun entre les abus de
la féodalité et la disposition des art. 1 et 10 du
tit. 20 de l'ordonnance de 1669? L'objet de
cette disposition n'est certainement point de favoriser les ci-devant seigneurs; c'est uniquement
de conserver les propriétés publiques. Ce n'est
pas un acte de la puissance féodale, c'est une
loi de grande police, c'est la mesure d'un gouvernement sage et réparateur.

» Dira-t-on que le chef du gouvernement monarchique devait être considéré comme seigneur, relativement aux communes dont, par cette loi, il supprimait les droits d'usage ? Et viendra-t-on, pour appuyer cette objection, vous représenter la royauté comme un *grand fief* ?

» Mais ce serait ressusciter des rêveries qui, depuis plusieurs siècles, sont tombées dans l'oubli le plus profond.

» L'idée d'un fief suppose nécessairement une dépendance, elle suppose nécessairement la subordination d'un feudataire à un suzerain. Comment, d'après cela, avait-on pu, sous les derniers règnes de la seconde race et dans le commencement de la troisième, regarder la royauté comme un *grand fief*? Le roi avait bien des vassaux dont il recevait le serment, à qui il donnait l'investiture, qu'il convoquait, qu'il appelait à ses conseils, et de qui il exigeait différens services. Mais quel était le suzerain du roi lui-même ? c'est Dieu, répondait-on ; car c'est Dieu qui reçoit son serment; c'est Dieu seul qui, par le sacre, lui confère l'autorité de forcer les hommes à être justes ; Dieu seul enfin a droit de punir sa félonie. Sous ce point de vue, les évêques se croyaient les assesseurs de la divinité elle-même, et, comme l'avait dit Charles-le-Chauve, *les trônes de Dieu pour juger les rois*. Comme grands du royaume, comme *fidèles du roi*, ils avaient séance dans son parlement ; ils jugeaient leurs pairs; comme pasteurs, ils étaient les *fidèles de Dieu* ; ils composaient une espèce de cour divine qui jugeait le monarque.

» Ces idées découlaient naturellement du système de féodalité universelle, système accrédité et par l'opinion générale des grands vassaux et du clergé, et par la conduite des rois eux-mêmes. Mais elles se sont dissipées peu à peu, et l'on est enfin revenu au seul et véritable aspect sous lequel la royauté devait être considérée. Qu'est-ce en effet (se sont dit toutes les personnes de bon sens), qu'est-ce qu'un fief qui n'a point de seigneur sur la terre ? C'est, sous une expression différente, la même souveraineté dont Clovis et Charlemagne ont tenu les rênes. Ainsi, que le roi regardât son sceptre comme la source de tous les fiefs de la monarchie, sa couronne comme leur centre, sa dignité royale comme le terme où tous les seigneurs féodaux devaient rapporter leurs hommages ; à la bonne heure. Mais qu'il eût lui-même un suzerain, c'est ce qu'il était impossible de concevoir, et c'est ce qui rendait absurde la dénomination de *grand fief*, que des siècles d'ignorance et d'anarchie avaient attachée à la royauté.

» Ce n'est pas que le roi n'eût aussi, comme tel, des seigneuries qui faisaient partie de ce qu'on appelait le *Domaine de la couronne*.

» Mais, dans ces seigneuries même, il fallait distinguer ce qu'il faisait comme seigneur, d'avec ce qu'il faisait comme représentant héréditaire de la nation, comme législateur, comme monarque ; et sans contredit, c'est comme représentant héréditaire de la nation, c'est comme législateur, c'est comme monarque, et non pas comme seigneur, que, par les art. 1 et 10 du tit. 20 de l'ordonnance de 1669, il a supprimé les droits d'usage des communes dans les forêts domaniales, puisqu'il n'a pas limité cette suppression aux communes qui le reconnaissaient pour seigneur, et qu'il l'a étendue à toutes celles qui le reconnaissaient pour roi.

» Ici, d'ailleurs, on n'a pas prouvé, on n'a pas même osé articuler, que le roi fût seigneur particulier des communes de Voitteur, Domblans et Blandan; et cela seul aurait dû empêcher le tribunal d'appel de Besançon de leur appliquer l'art. 8 de la loi du 28 août 1792.

» Cela seul aussi démontre combien est fausse l'induction que les trois communes prétendent tirer de la loi du 8 août 1793, qui, en interprétant l'art. 12 de la quatrième section de celle du 10 juin précédent, déclare qu'il n'a été, par cet article, *porté aucune atteinte aux droits qui résultent aux communes des dispositions des lois des 25 et 28 août 1792*, RELATIVES AUX DROITS FÉODAUX *et au rétablissement des communes dans les propriétés et droits dont elles ont été dépouillées* PAR L'EFFET DE LA PUISSANCE FÉODALE. Cette loi, en effet, prouve de plus en plus que la répression des abus de la *puissance féodale* a été le seul objet de l'art. 8 de la loi du 28 août 1792, et que l'on ne peut pas regarder comme aboli par cet article, un acte de la puissance législative qui est absolument étranger *aux droits féodaux*. Elle prouve par conséquent, de plus en plus, que, par le jugement dont il s'agit, le tribunal d'appel de Besançon a tout à la fois appliqué faussement ce dernier article et violé les dispositions de l'ordonnance de 1669.

» Mais il nous reste à examiner si les deux fins de non-recevoir que les trois communes invoquent *pour la première fois* devant vous, peuvent couvrir ce double vice du jugement dénoncé.

» Et d'abord le jugement arbitral du 8 germinal an 2 avait-il été attaqué en temps utile par l'État ?

» Vous n'avez pas oublié que l'État n'a appelé de ce jugement que le 24 floréal an 7, et de là les trois communes prétendent inférer que son appel n'était plus recevable.

» Il n'était plus recevable, disent-elles, et parce que la sentence arbitrale du 8 germinal an 2 n'appartenait pas à la classe des jugemens arbitraux contre lesquels la loi du 28 brumaire an 7 avait rouvert la voie d'appel ; et parce qu'en supposant cette sentence comprise dans les dispositions de la loi du 28 brumaire an 7, au moins il n'en avait pas été appelé dans le délai fixé par cette loi.

» Ainsi, cette première fin de non-recevoir des communes, se divise en deux branches; mais, nous devons le dire, elle n'est pas mieux fondée sous un aspect que sous l'autre.

» La loi du 28 brumaire an 7 comprend dans ses dispositions tous *les jugemens arbitraux qui ont adjugé à des communes, la propriété de certaines forêts que la république prétendait nationales, et à l'exploitation desquelles il a été sursis par la loi du 7 brumaire an 3.*

» Or, d'une part, la sentence arbitrale du 8 germinal an 2 avait adjugé aux trois communes ici défenderesses, la propriété de 213 arpens de bois que, non-seulement la république *prétendait*, mais que les trois communes elles-mêmes avouaient être *nationaux*. De l'autre, la loi du 7 brumaire an 3 avait certainement frappé sur cette sentence arbitrale, lorsqu'elle avait dit : *toute exploitation de bois dans lesquels des communes seraient rentrées en vertu de sentences arbitrales, demeurera suspendue jusqu'à ce qu'il en ait été autrement ordonné.* Ainsi, double raison pour que la loi du 28 brumaire an 7 soit applicable à la sentence arbitrale du 8 germinal an 2.

» Qu'importe que cette sentence n'ait pas adjugé aux trois communes les 213 arpens de bois, comme leur propriété primitive, comme leur ayant anciennement appartenu, mais comme devant former, à titre de cantonnement, l'indemnité, l'équivalent de leur ancien droit d'usage ? La loi du 28 brumaire an 7 ne distingue pas : elle est générale, et il ne nous est pas permis de la restreindre par des exceptions arbitraires, encore moins par une exception qui serait souverainement déraisonnable, puisque, spoliation pour spoliation, celle qui s'exerce par la voie du cantonnement appliqué mal-à-propos, n'est pas plus tolérable que celle qui s'exercerait sous d'autres prétextes.

» Si la loi du 28 brumaire an 7 est générale, celle du 7 brumaire an 3, qui en a été le germe, l'est bien davantage ; car elle porte sur *toute exploitation de bois dans lesquels des communes seraient rentrées en vertu de sentences arbitrales,* sans distinguer si c'est comme propriétaires ou à titre d'usagères, que les communes ont été mises en possession de ces bois.

» Il y a plus encore : l'art. 1 de la loi du 10 floréal an 3, en interprétant celle du 7 brumaire précédent, la déclare applicable à toutes les forêts dans la possession desquelles la nation a ou aura quelque intérêt ; et celle ajoute, art. 2, que le comité des finances est autorisé à prononcer sur les réclamations qui seront faites contre les dispositions de la même loi, lorsqu'elles auront pour objet LA PROPRIÉTÉ OU LE DROIT D'USAGE dans les forêts mentionnées au 1.er article ; preuve évidente et sans réplique que la loi du 7 brumaire an 3, et par conséquent celle du 28 brumaire an 7, embrassent dans leurs dispositions les forêts que les communes se sont fait adjuger comme y ayant eu autrefois des droits d'usage, ou, ce qui est la même chose, comme leur ayant autrefois appartenu à titre de propriété partiaire, tout aussi bien que les forêts qu'elles se sont fait adjuger comme leur ayant autrefois appartenu en pleine propriété.

» Il n'y a donc pas la moindre apparence de fondement dans la première branche de la première fin de non-recevoir des trois communes. Quant à la seconde, vous l'avez déjà proscrite par plusieurs jugemens, notamment par celui que vous avez rendu le 4 messidor an 9, au rapport du cit. Henrion et sur nos conclusions, entre la république, demanderesse en cassation d'un jugement du tribunal civil des Vosges, et la commune de Coussey, défenderesse ; et encore par celui qui est intervenu le 14 fructidor suivant, au rapport du même magistrat, contre les communes de Nossoncourt, Menil, Anglemont, Sainte-Barbe, Menarmont et Bazien. Les motifs qui vous ont dicté ces deux jugemens vous sont encore présens, et nous dispensent d'en dire davantage sur ce point.

» Reste la seconde fin de non-recevoir que les trois communes font résulter, du défaut d'appel du jugement du tribunal du district de Lons-le-Saulnier, du 18 février 1793, et de ce que ce jugement avait décidé définitivement que les trois communes devaient être réintégrées dans leur droit d'usage, en vertu de la loi du 28 août 1792.

» Vous avez remarqué, C. M., que le jugement du 18 février 1793 était rendu en dernier ressort, et c'en est assez pour écarter l'objection que l'on cherche à tirer de ce qu'il n'en avait pas été appelé par l'État.

» Il est vrai qu'on peut la faire tomber sur ce que l'État n'en avait pas poursuivi ni obtenu la cassation. Mais à cet égard il se présente plusieurs observations également péremptoires.

» Premièrement, le jugement du 18 février 1793 n'a jamais été signifié à l'État ; et ce qui le prouve, c'est qu'il n'existe aucune trace de signification au bas de l'expédition qu'en représentent les trois communes. Il est vrai que, dans l'arrêté de l'administration centrale du département du Jura, du 6 ventôse an 7, il est-dit que ce jugement a acquis l'autorité de la chose jugée par la signification de plus de trois mois. Mais cette énonciation, qui d'ailleurs ne se réfère à aucune date précise, ne peut par elle-même former pour les trois communes la preuve d'une signification dont l'exploit n'est pas rapporté, encore moins d'une signification qu'elles n'osent pas elles-mêmes articuler avoir été faite. L'administration centrale du Jura n'est dans cet arrêté, à l'égard de l'État, que ce que sont à l'égard d'un propriétaire particulier, ses gens d'affaires, intendans ou conseils, dans les lettres qu'ils lui écrivent, dans les comptes qu'ils lui rendent. Or, si les gens d'affaires d'un particulier lui disaient dans une lettre ou dans un compte rendu, qu'il ne peut plus se pourvoir contre tel jugement, parce qu'il y a plus de trois mois qu'on le lui a signifié, très-certainement, cette lettre, ce compte rendu, venant à tomber entre les mains de la partie adverse, ne pourrait pas dispenser celle-ci de prouver par un exploit en bonne forme, la signification dont elle chercherait à se prévaloir.

» En second lieu, non-seulement le jugement du 18 février 1793 n'avait pas encore été signifié à l'Etat, lorsque le tribunal d'appel de Besançon a prononcé ; mais les trois communes n'ont pas même excipé devant lui, des dispositions de ce jugement. Si elles en avaient excipé, le préfet du département des Vosges aurait pu demander qu'elles le lui signifiassent, et en conséquence requérir un sursis au jugement de la cour d'appel, jusqu'à ce qu'il eût pris les voies de droit pour le faire réformer ; ce qu'il lui eût été d'autant plus facile, qu'on ne voit pas sous quel prétexte le tribunal du district de Lons-le-Saulnier avait pu s'arroger le droit de prononcer en dernier ressort. Mais en n'excipant pas de ce jugement, les communes ont évidemment consenti à ce que la cause d'appel fût jugée comme s'il n'eût pas existé ; et comment, d'après cela, pourraient-elles être aujourd'hui recevables à en exciper pour la première fois, à l'effet de couvrir les vices du jugement principal qu'elles défendent ? S'il était possible, C. M., que vous vous arrêtassiez à cette exception nouvelle, il faudrait du moins faire ce que le tribunal d'appel de Besançon eût dû faire lui-même, si cette exception eût été proposée devant lui ; il faudrait accorder à l'Etat le délai nécessaire pour la combattre, ou, en d'autres termes, surseoir à prononcer jusqu'à ce que l'Etat eût pu poursuivre la cassation du jugement du 18 février 1793.

» Troisièmement enfin, par le compte détaillé que nous vous avons rendu, et des conclusions prises par les trois communes devant le tribunal de Lons-le-Saulnier, et des motifs ainsi que du dispositif du jugement dont elles ont été suivies, vous avez vu que ce jugement n'avait rien décidé sur le fond du droit des parties ; que seulement il avait énoncé un consentement du procureur-général syndic à ce que les trois communes obtinssent un cantonnement représentatif de leur ancien droit d'usage ; mais qu'il n'en avait pas même donné acte aux trois communes.

» Ainsi, d'une part, le consentement du procureur-général syndic n'a pas acquis par l'autorité de la justice, plus de force qu'il n'en avait par lui-même. Or, par lui-même, ce consentement n'a pas pu nuire à l'Etat. Un procureur-général syndic n'a pas pu, par une reconnaissance erronée ou complaisante, priver l'Etat d'une propriété légitime et incontestable ; et c'est ici le cas d'invoquer le principe consacré par l'art. 13 de la loi du 22 novembre 1790, sur la législation domaniale, qu'aucunes fins de non-recevoir ou exceptions, excepté celles résultantes de l'autorité de la chose jugée, ne peuvent couvrir l'irrégularité connue et bien prouvée des aliénations faites sans le consentement de la nation.

» D'un autre côté, il est évident que le jugement du 18 février 1793 ne peut, sous aucun rapport, être considéré comme définitif. Aussi est-il qualifié de jugement purement préparatoire dans la sentence arbitrale du 8 germinal an 2 ; et c'est bien constamment sous le même aspect que l'a considéré le tribunal d'appel de Besançon : témoins les termes dans lesquels il en est rendu compte dans le jugement attaqué : Le jugement en dernier ressort qui intervint le 18 février 1793, supposant le droit d'usage consenti par l'Etat, ordonna, avant faire droit, la nomination d'experts. Cela posé, quel obstacle pouvait faire que le jugement à ce que le tribunal de Besançon prononçât en faveur de l'Etat? Aucun, puisque jamais un jugement purement préparatoire ne peut donner lieu à l'exception de chose jugée ; puisqu'il est de principe qu'un jugement préparatoire peut être rétracté en tout état de cause ; puisque, tous les jours, on voit les tribunaux abandonner en définitive, les enquêtes et les rapports d'experts qu'ils avaient précédemment ordonnés par avant faire droit, et revenir à l'état dans lequel se trouvait la cause avant leurs jugemens préparatoires.

» Tout se réunit donc pour faire proscrire l'exception que les communes défenderesses prétendent tirer ici du jugement du 18 février 1793 ; et par ces considérations, nous estimons qu'il y a lieu de casser et annuler le jugement du tribunal d'appel de Besançon, du 18 pluviôse an 9 ».

Conformément à ces conclusions, arrêt du 25 germinal an 10, au rapport de M. Maleville, qui,

« Vu l'art. 10 du tit. 20 de l'ordonnance des eaux et forêts.... ; vu aussi l'art. 8 de la loi du 28 août 1792.... ;

» Attendu que, par ce dernier article, la loi du 28 août 1792 n'a réintégré les communes que dans la jouissance des biens et droits dont elles avaient été privées par la puissance féodale, et que l'ordonnance de 1669 n'est point un effet de cette puissance, mais au contraire une loi sage et de grande police, nécessitée par l'intérêt urgent de l'Etat, et dont la dégradation actuelle des forêts réclame impérieusement l'exécution ; que c'est donc par une fausse application de la loi de 1792, et une violation manifeste de l'ordonnance des eaux et forêts, que le jugement attaqué a réintégré les communes défenderesses dans le droit d'usage sur la forêt domaniale de Vernois, que l'ordonnance avait aboli;

» Casse et annulle le jugement rendu le 18 pluviôse an 9, par le tribunal d'appel de Besançon; sur le fond, renvoie les parties à se pourvoir devant le tribunal d'appel séant à Lyon, etc. (1) ».

On trouvera sous le mot *Communaux*, trois autres arrêts des 1.er frimaire an 10, 22 floréal suivant et 26 vendémiaire an 12, qui consacrent les mêmes principes.

En voici un plus récent qui juge encore de même.

La commune d'Hayanges était, dès le 13.e siècle, en possession d'un droit d'usage sur les bois seigneuriaux du même lieu; c'est ce qui résulte d'une charte de 1272, par laquelle Théodoric, seigneur d'Hayanges, homme lige de Henri, comte de Luxembourg, reporte à son suzerain la moitié de tous les bois qui lui appartiennent, *mediatetem omnium nemorum meorum*, sauf toutefois le droit d'usage qu'y exercent ses hommes d'Hayanges : *salvo tamen in dictis nemoribus omnibus, usu quem homines de Hayanges in eis habent prout hactenus habere consueverunt,*

On voit, par un jugement du conseil de Luxembourg, du 29 mars 1608, qu'à cette époque les bois d'Hayanges appartenaient en entier au domaine des archiducs Albert et Isabelle, souverains du pays, et que les habitans y jouissaient d'un droit de chauffage, moyennant une redevance annuelle de trois poules par ménage.

En 1643, la commune d'Hayanges passa, avec la prévôté de Thionville, dont elle faisait partie, sous la domination française. La capitulation et des lettres-patentes du mois d'octobre 1657 confirmèrent les habitans de cette prévôté dans tous les droits dont ils avaient joui jusqu'alors.

L'ordonnance des eaux et forêts de 1669 ayant supprimé tous les droits de chauffage précédemment accordés dans les bois de l'Etat, la commune d'Hayanges a, dès-lors, cessé de jouir de celui qu'elle avait précédemment acquis sur les bois de son territoire.

Mais après la publication de la loi du 28 août 1792, elle s'est pourvue, pour s'y faire réintégrer, contre le procureur-général syndic

du département de la Moselle, et elle a obtenu, le 16 février 1793, au tribunal du district de Briey, un jugement conforme à sa demande.

Ce jugement n'a pas été signifié au procureur-général syndic; il ne l'a été qu'au procureur-syndic du district de Briey ; et cependant il a reçu sa pleine exécution.

Le 18 thermidor an 9, le directeur des domaines du département des Forêts a fait sommer le maire de la commune d'Hayanges « d'acquitter les arrérages échus de la rente en poules due à la république, pour le droit d'usage dans lequel cette commune a été réintégrée par jugement du tribunal du district de Briey, du 16 février 1793 ».

Le 20 frimaire an 14, le préfet du département de la Moselle a interjeté appel de ce jugement.

La commune a soutenu que cet appel était à la fois non-recevable et mal fondé : non-recevable, parce que le délai de trois mois fixé par l'art. 14 du tit. 5 de la loi du 24 août 1790, était écoulé depuis plus de treize ans, et parce que le gouvernement avait acquiescé au jugement du 16 février 1793; mal fondé, parce que le jugement du 16 février 1793 n'avait fait qu'une juste application de l'art. 8 de la loi du 28 août 1792.

Le 10 janvier 1809, arrêt de la cour d'appel de Metz, qui réforme le jugement du tribunal de Briey, et déboute la commune de sa demande en réintégrande.

Recours en cassation de la part de la commune. Par arrêt du 17 juillet 1810, au rapport de M. Chabot.

« Attendu...., sur le second moyen, que la signification du jugement de première instance, faite au procureur-syndic du district de Briey, n'était ni régulière ni suffisante pour faire courir le délai de l'appel; et que, d'ailleurs, il n'a été proposé par les demandeurs, avant l'arrêt dénoncé, aucune fin de non-recevoir contre l'appel interjeté par le préfet de la Moselle;

» Sur le troisième moyen, que la loi du 28 août 1792 n'est applicable qu'aux abus de la puissance féodale, et non pas aux actes du pouvoir législatif, et que l'ordonnance de 1669 sur les eaux et forêts, ne contenant pas d'exception, a produit son effet dans tous les pays qui étaient alors sous la domination française;

» La cour rejette le pourvoi... ».

§. II. 1.° *Une transaction par laquelle une commune, pour mettre fin à un procès pendant entre elle et son seigneur, sur la propriété d'un bois dont elle avait constamment l'usage, a consenti que cette propriété fût partagée entre elle et son seigneur, suffit-elle, après qu'une très-longue possession l'a confirmée, pour faire réintégrer la commune, en vertu de*

---

(1) Cet arrêt, comme l'on voit, ne statue pas sur les deux fins de non-recevoir que les communes défenderesses opposaient à l'Etat; mais par cela même qu'il n'y statue pas, il est censé les rejeter, et il les rejette en effet, *formâ negandi.* V. l'article *Appel*, §. 1, n. 8; et §. 8.

l'art. 8 de la loi du 28 août 1792, dans la totalité du bois ?

2.° *De simples présomptions, des expressions équivoques insérées dans la transaction, peuvent-elles autoriser l'application de cet article à la réclamation de la commune ?*

Ces questions et plusieurs autres qui sont indiquées sous les mots *Communaux*, §. 6, et *Commune*, §. 4 et 6, se sont présentées à la cour de cassation dans l'espèce suivante.

Le 20 mai 1583, transaction entre Claude Chardin, seigneur de Bellenod, d'une part, la commune du même lieu, et celle d'Origny, de l'autre, sur un procès pendant aux requêtes du palais de Dijon, et dans lequel Claude Chardin était demandeur par conclusions tendantes à ce que les deux communes fussent tenues de reconnaître dans le terrier qu'il faisait dresser, qu'à lui seul appartenait la propriété des bois et broussailles situés dans le territoire de Bellenod, et que les habitans n'y avaient qu'un droit d'usage.

Le préambule de cette transaction rappelle sommairement les prétentions et les allégations respectives des parties dans le procès qu'elle a pour but de terminer. Claude Chardin, y est-il dit, soutenait « que les bois et broussailles des finages de sa terre de Bellenod et dépendances, et la rivière attenant et traversant lesdits finages, lui appartenaient en tous droits de banalité, comme étant lesdits bois et rivières de son domaine, et èsquels lesdits habitans n'étaient qu'usagers ». Les habitans maintenaient au contraire « que les bois et rivière dont s'agissait, leur appartenaient en tous droits de communauté; qu'en cette forme, ils en avaient gardé la possession, saisine et jouissance, non-seulement par les dernières années, mais de temps immémorial, qui excédait la mémoire des vivans, sans y avoir été troublés ni empêchés, ajoutant que ci-devant les seigneurs avaient eu, dans le même finage et dans une contrée appelée *Genevrois*, des bois de haute-futaie qui pouvaient contenir environ 500 arpens, et dont ils avaient disposé à leur volonté ». Le même préambule ajoute que « les parties disaient et proposaient d'autres allégations, si que, par ce moyen, ils étaient en voie de continuer ledit procès jusqu'à jugement définitif, et supporter grands frais, pour lesquels éviter, et pour le bien et union de paix, elles ont transigé et traité de la manière suivante ».

On convient ensuite que Claude Chardin « aura et prendra, 1.° une contrée de bois appelée *la Culnissière*; 2.° une autre contrée de bois appelée *les Roches des Veaux*; 3.° une portion de la rivière depuis le finage de Saint-Marc jusqu'au lieu nommé *la Fosse*; 4.° le bief du moulin de Veaux appartenant audit seigneur,

depuis le vanage jusqu'au-dessus des écluses appelées *la Fosse aux Veaux*, et le droit et action qui appartenait aux habitans dans l'intérieur de la rivière et au-dessous du moulin; *pour tous lesquels bois et rivières ci-dessus déclarés appartenir audit seigneur, en tous droits de propriété et banalité, unis et ajoutés à son domaine*; lesdits bois de même nature et condition que celui dudit Genevrois; et èsquels bois et rivière lesdits habitans ne pourront prétendre aucun droit pour y couper bois ou pêcher, en quelque manière que soit.... ».

A l'égard des habitans, on stipule d'abord qu'ils auront la faculté de faire pâturer leurs bestiaux, en temps non prohibé, *èsdits bois ci-dessus déclarés*; ensuite, que « nonobstant la banalité de ladite rivière ci-dessus déclarée et limitée appartenante audit seigneur, ils pourront (à l'exception de la pêche qui leur est interdite), user de cette rivière à leur volonté, y passer et repasser à pied en toute saison, y faire laver leurs bestiaux, planter sur ses bords des saules ou de l'osier dont le profit sera pour eux; enfin, que *le surplus desdits bois, broussailles et buissons* qui sont, seront et se trouveront au-dedans desdits finages, quelle qu'en soit la grandeur, beauté, apparence et valeur, ensemble, l'eau de la rivière de tout le restant du contenu ci dessus, *sont, seront et appartiendront auxdits habitans* en tous droits d'usage, de propriété et communauté, pour qu'ils en jouissent comme bon leur semblera, sans que le seigneur puisse jamais y prétendre aucun droit..., et sans que les habitans puissent changer ou muer la nature desdits bois en nature de labour, mais iceux maintenir et conserver en bois pour bâtir et leur servir en leurs autres commodités, et de leurs hoirs et ayant-cause, comme légitimes possesseurs du fonds et très-fonds, et émolumens d'iceux ».

Au moyen de ces conventions, que les parties se garantissent mutuellement, *la main sur l'Évangile*, le procès est éteint et tous les dépens sont compensés.

Cette transaction s'est exécutée paisiblement pendant plus de deux siècles; mais après la publication de la loi du 28 août 1792, les communes de Bellenod et d'Origny ont prétendu rentrer dans les cantons de bois abandonnés par cet acte à Claude Chardin : elles ont, à cet effet, cité les sieurs Damas et Sainte-Maure, possesseurs actuels de ces biens, devant le tribunal civil du département de la Côte d'Or, qui, par jugement du 19 ventôse an 4, a prononcé en faveur des habitans.

Les sieurs Damas et Sainte-Maure ont appelé de ce jugement; mais le 19 messidor an 9, la cour d'appel de Dijon l'a confirmé (on verra bientôt par quels motifs). Recours en cassation.

« Ce recours (ai-je dit à l'audience de la section civile, le 8 messidor an 12), est fondé sur trois moyens : violation de l'art. 1.er de la loi du 29 vendémiaire an 5, en ce que les communes de Bellenod et d'Origny ont plaidé en nom collectif, au lieu de plaider chacune par l'organe de son maire; violation de l'art. 3 de la même loi, ainsi que des art. 54 et 56 de la loi du 14 décembre 1789, en ce que les deux communes ont plaidé en cause d'appel, sans renouvellement de l'autorisation qui leur avait été accordée pour plaider en première instance; violation de l'art. 8 de la loi du 28 août 1792, en ce que le tribunal d'appel de Dijon a réintégré les deux communes dans la propriété de bois qu'elles n'avaient nullement *justifié* leur avoir appartenu avant la transaction par laquelle elles y avaient renoncé, et qui avait été confirmée par une possession de plus de deux cents ans.

» Le premier et le second moyen ont cela de commun, qu'ils tiennent tous deux à la forme de procéder; mais ils diffèrent l'un de l'autre dans un point essentiel.

» Le premier n'attaque le jugement du tribunal d'appel de Dijon, que comme rendu sur des qualités mal posées; le second l'attaque comme rendu en faveur des parties sans qualité.

» Le premier ne porte donc que sur une *nullité relative*, c'est-à-dire, sur une nullité qui a pu être couverte par le silence, et à plus forte raison par l'approbation des cit. Damas et Sainte-Maure.

» Le second, au contraire, porte sur une *nullité absolue*; car il est d'une jurisprudence constante que le défaut d'autorisation vicie absolument les jugemens dans lesquels les communes sont parties, et qu'ils doivent être annullés, lors même qu'ils ont donné gain de cause aux communes non autorisées (1).

» Il nous sera facile, d'après cette distinction, d'apprécier l'un et l'autre moyen.

» Le premier est évidemment non -recevable : non-seulement les cit. Damas et Sainte-Maure ne l'ont pas allégué devant le tribunal d'appel de Dijon, mais ils y ont même renoncé implicitement devant ce tribunal, en faisant signifier, le 9 germinal an 10, des *griefs* intitulés: *contre les communes de Bellenod, et d'Origny, intimées.*

» Le second est recevable, mais est-il fondé, ou ce qui revient au même, la nouvelle autorisation sur le défaut de laquelle il est basé, était-elle nécessaire aux communes de Bellenod et d'Origny pour plaider en cause d'appel? Sur ce point, il y a deux choses à examiner, le fait et le droit.

» Dans le fait, les communes de Bellenod et d'Origny s'étant adressées à l'administration du

district de Châtillon-sur-Seine, pour avoir son avis sur la demande en autorisation qu'elles devaient ensuite soumettre à l'administration du département de la Côte-d'Or, le district estima, le 27 juin 1793, qu'il y avait lieu de les autoriser à faire assigner le cit. Damas au tribunal de Châtillon, et à y plaider jusqu'à jugement définitif, *sauf, en cas d'appel, à se pourvoir pour obtenir, s'il y échéait une nouvelle autorisation*. Le 18 juillet suivant, l'administration du département, vu la loi du 10 juin précédent, qui renvoyait devant des arbitres forcés toutes les demandes de la nature de celle dont il s'agissait, arrêta, *en adoptant l'avis du district*, que les deux communes étaient autorisées à se pourvoir contre le cit. Damas, à la charge de se conformer aux art. 6, 7 et suivans de la cinquième section de la loi citée.

» Dans le droit, il est certain que, par cet arrêté, l'administration du département avait entendu autoriser les deux communes à se faire juger en dernier ressort, puisque les arbitres forcés ne pouvaient rendre que des jugemens sans appel. Et en vain cherche-t-on à argumenter de cette clause de l'arrêté, *en adoptant l'avis du district* : cette clause ne signifie sûrement pas que les deux communes se pourvoir devant le tribunal de Châtillon; elle ne signifie donc pas non plus qu'elles devront requérir une nouvelle autorisation en cas d'appel; elle signifie seulement que l'avis du district est adopté, en tant que le district estimait qu'il y avait lieu d'autoriser les communes à plaider d'une manière quelconque. L'autorisation contenue dans l'arrêté du département, a donc pu servir aux deux communes, non-seulement pour reprendre, devant le tribunal civil du département de la Côte-d'Or, l'instance arbitrale qui n'avait pu être terminée avant l'abolition de l'arbitrage forcé, mais encore pour défendre ensuite devant le tribunal d'appel de Dijon, le jugement qu'elles avaient obtenu du premier de ces tribunaux.

» Et d'ailleurs, aucune loi n'a dit que, pour soutenir en cause d'appel le bien jugé d'une sentence rendue en sa faveur, une commune eût besoin de la même autorisation que pour intenter ou soutenir une action en première instance. . . . . (1).

» On conçoit, d'après cela, ce que voulait dire le district de Châtillon, lorsque, par son avis du 27 juin 1793, il obligeait les communes de Bellenod et d'Origny *à se pourvoir en cas d'appel, pour obtenir, s'il y échéait, une nouvelle autorisation*. Il n'entendait pas, et il ne pouvait pas entendre, que ces communes, en cas d'appel de la part du cit. Damas, fussent tenues de demander une nouvelle autorisation

---

(1) *V.* l'article *Commune*, §. 5.

(1) *V.* l'article *Commune*, §. 6.

dont elles n'avaient pas besoin. Il entendait seulement qu'une nouvelle autorisation serait nécessaire aux deux communes, en cas d'appel de leur part. Mais ce cas possible alors, et qu'il prévoyait, n'est pas arrivé; et dès-là, quand même son avis aurait été, à cet égard, adopté par l'administration du département, le moyen de cassation qu'en tirent les cit. Damas et Sainte-Maure, n'en serait pas mieux fondé.

» Passons à leur troisième moyen, à celui qui porte sur le fond de la cause.

» L'art. 8 de la loi du 28 août 1792 permet aux communes de rentrer, nonobstant toutes les transactions possibles, nonobstant même la possession la plus longue, dans les biens qu'elles *justifieront* leur avoir anciennement appartenu, et dont elles auront été dépouillées par leurs ci-devant seigneurs. Cet article a-t-il reçu, de la part du tribunal d'appel de Dijon, une application exacte aux bois réclamés par les communes de Bellenod et d'Origny ? Voilà toute la question.

» Observons bien que la loi se sert du mot *justifieront*. Il n'y a donc qu'une preuve directe et positive de l'ancienne propriété des communes, qui puisse remplir la condition imposée par la loi. On ne peut donc pas, en cette matière, se contenter de simples présomptions (1); et c'est ce qu'ont décidé notamment trois arrêts de la cour, des 17 prairial an 5, 21 et 22 messidor an 8.

» La commune de Soppocourt avait, en vertu de la loi du 28 août 1792, revendiqué sur François Argenteau, son ci-devant seigneur, un bien prétendu communal qu'il possédait depuis un temps dont rien n'indiquait ni le commencement ni l'origine, et une sentence arbitrale du 13 brumaire an 2 le lui avait adjugé sur le seul fondement que ce bien n'était pas compris dans un dénombrement que le seigneur avait fourni à son suzerain en 1731, de tout le domaine de sa seigneurie. Les arbitres avaient inféré de là que le seigneur ne possédait pas ce bien en 1731, et que ce bien appartenait alors à la commune; mais sur le recours en cassation de François Argenteau, « il a paru au tribunal » (porte l'arrêt du 17 prairial an 5, rendu au » rapport de M. Chabroud, et conformément » aux conclusions de M. Abrial), qu'il y avait » contravention . . . . au huitième article de la » loi du mois d'août 1792, qui n'autorise les » revendications des communes, qu'autant » qu'elles justifient avoir été en possession, et » avoir été dépouillées par l'effet de la puis- » sance féodale, en ce qu'il n'avait pas même » été allégué qu'il y eût une preuve semblable; » et la décision avait été fondée uniquement

» sur ce que l'héritage demandé n'avait pas été » compris dans un dénombrement des biens du » seigneur fait en l'année 1731, en conséquence, » le tribunal casse et annulle la décision ar- » bitrale du 13 brumaire an 2...... ».

» Les deux autres arrêts ont été rendus au profit de la république, contre les communes d'Andolsheim et de Fortschwir.... (1).

» Le sort qu'ont éprouvé par ces trois arrêts les communes de Soppecourt, d'Andolsheim et de Fortschwir, présage assez le sort qui attend les communes d'Origny et de Bellenod, si, comme celles-là, celles-ci n'ont rapporté à l'appui de leur réclamation, que des conjectures d'ancienne propriété, et si, comme l'avaient fait les arbitres et le tribunal civil du Haut-Rhin, le tribunal d'appel de Dijon a jugé que ces conjectures devaient tenir lieu de preuves.

» La transaction du 20 mai 1583 est le seul titre produit par les communes d'Origny et de Bellenod. Or, que voyons-nous dans cette transaction ?

» Le seigneur et les habitans étaient en procès sur le point de savoir à qui appartenaient des bois, des broussailles et une rivière. Le premier soutenait les avoir constamment possédés *en tous droits de banalité, comme étant de son domaine*, à la charge néanmoins du droit d'usage qu'y avaient les habitans; et le sens de ces mots, *en tous droits de banalité*, n'est pas équivoque : les art. 381 et 382 des *cahiers* de Bourgogne, et le chap. 62 des *observations* du président Bouhier, nous apprennent que, dans cette contrée, l'expression *banalité* appliquée aux bois et aux rivières, désigne la faculté qu'a le propriétaire d'en interdire l'usage à tous ceux qui n'y ont pas acquis des droits de servitude, et qu'elle est par conséquent synonyme de *pleine propriété*. Les habitans, de leur côté, alléguaient que ces bois, ces broussailles et cette rivière leur avaient, de temps immémorial, appartenu *en tous droits de communauté ;* et ils se refusaient, sur ce fondement, à passer au terrier du seigneur une reconnaissance de la propriété prétendue par celui-ci, quoique d'ailleurs leur droit d'usage ne fût pas contesté.

» Mais, d'une part comme de l'autre, point de preuve, point de titre justificatif, des allégations avancées et niées avec une égale assurance. Et c'est parce que les deux parties manquaient également de preuves et de titres, qu'elles ont transigé. Comment ont-elles transigé ? en partageant les objets litigieux ; en assignant une partie de ces objets au seigneur, et l'autre aux habitans.

» Les habitans ont-ils été lésés par ce partage ? Ils auraient pu l'être de deux manières. En sup-

---

(1) *V.* le plaidoyer du 22 messidor an 9, rapporté à l'article *Communaux*, §. 9.

(2) *V.* le plaidoyer du 23 ventôse an 10, rapporté à l'article *Communaux*, §. 7.

posant le seigneur propriétaire et les habitans usagers, la transaction devrait être considérée comme un cantonnement; et dans cette hypothèse, le lot des habitans pourrait n'être pas assez fort. En supposant les habitans propriétaires exclusifs, la transaction devrait être considérée, de leur part, comme une aliénation sans cause; et dans ce cas, les habitans seraient lésés du tout au tout.

» De ces deux genres de lésions, les habitans n'ont pas articulé le premier; ainsi, nous ne devons pas nous en occuper. Ils n'ont articulé que le deuxième, et nous avons à examiner si, en effet, les habitans prouvent qu'avant la transaction du 20 mai 1583, ils étaient propriétaires exclusifs.

» Ils ne pourraient, ce semble, le prouver que par des titres antérieurs à cette transaction : car il est bien difficile d'imaginer comment un acte fait pour prévenir un jugement incertain sur la question de savoir à qui du seigneur ou des communes appartenait la propriété, pourrait fournir la preuve que la propriété appartenait aux communes plutôt qu'au seigneur. Les deux parties n'ont transigé en 1583, que parce que la question était douteuse; et si elle l'était avant la transaction, elle n'a pu cesser de l'être depuis.

» C'est cependant dans la transaction elle-même que les communes de Bellenod et d'Origny ont prétendu trouver, et que le tribunal d'appel de Dijon a cru trouver avec elles, les preuves de leur ancienne propriété. Voyons quelles sont ces preuves.

» 1.°, dit-on, il résulte de la transaction, que Claude Chardin était demandeur en reconnaissance de sa prétendue propriété; il n'avait donc ni titre ni possession. Il n'avait point de titre, puisqu'il n'en produisait pas; il n'avait point de possession, puisqu'il demandait une reconnaissance. La transaction prouve donc, par sa propre teneur, que la prétention du seigneur n'avait pas l'ombre de fondement.

» C'est assurément très-mal raisonner. La transaction peut prouver jusqu'à un certain point que le seigneur n'avait point le titre, puisqu'elle n'en fait pas mention; mais à coup sûr, elle ne prouve nullement qu'il ne fût pas en possession de la propriété des bois et la rivière dont il s'agissait; dès qu'il était demandeur en reconnaissance de sa propriété, il fallait bien qu'il fondât sa demande sur quelque chose; et s'il ne la fondait pas sur un titre, il ne pouvait évidemment la fonder que sur la possession.

» Inutile de dire que, s'il avait eu la possession en sa faveur, il n'aurait pas demandé de reconnaissance. Qu'est-ce qui ne sait pas que les seigneurs faisaient reconnaître à leurs terriers, non-seulement les droits qui leur étaient dus, mais encore les biens-fonds qu'ils possédaient paisiblement? Nous en trouvons au surplus la preuve

dans la formule des lettres de terrier qui est imprimée dans la *Pratique des terriers de Freminville*, tom. 1, pag. 70. On voit que ces lettres sont accordées pour *faire et délivrer un ou plusieurs registres et papiers terriers dans lesquels seront transcrits les hommages, aveux et dénombremens, déclarations, cens, rentes, tailles, corvées, et généralement tous les droits et devoirs dus à l'exposant, à cause desdites seigneuries, ET LES CHATEAUX, manoirs, bâtimens, fiefs, arrière-fiefs, seigneuries, domaines, prés, BOIS, vignes, étangs, dixmeries, justices, garennes, ET AUTRES BIENS ET HÉRITAGES ET POSSESSIONS A LUI APPARTENANS, et qui peuvent être envers lui chargés desdits droits et redevances.*

» 2.° Ce qui prouve encore mieux, dit-on encore, que le seigneur n'avait ni titre ni possession, c'est qu'on dit dans la transaction du 20 mai 1583, que les habitans DISAIENT ET MAINTENAIENT, au contraire, que les bois et rivière dont il s'agissait, leur appartenaient en tous droits de communauté, qu'ils en avaient, depuis un temps immémorial, la possession, saisine et jouissance.

» Oui, la transaction énonce que les habitans le disaient et maintenaient; mais énonce-t-elle qu'ils le prouvaient? Non; et bien loin de là, elle constate formellement qu'ils n'en avaient pas la preuve, puisqu'ils ont transigé.

» Mais, objectent les communes, la transaction elle-même prouve que le seigneur n'a rien répondu à ce que nous alléguions à cet égard. Elle prouve donc que notre allégation a été avouée par le seigneur; elle prouve donc que notre allégation était véritable.

» Le seigneur n'a rien répondu! et la transaction le prouve! Mais la transaction énonce formellement que *les parties disaient et proposaient d'autres allégations*. Et qui nous garantira que, parmi ces *autres allégations*, il ne se trouvait point, de la part du seigneur, une dénégation formelle de l'assertion avancée par les communes, qu'elles étaient, de temps immémorial, en possession exclusive de la propriété des bois litigieux? Encore une fois, ce qui prouve invinciblement que le seigneur ne reconnaissait nullement cette prétendue possession immémoriale, ce qui prouve invinciblement que le seigneur opposait à cette prétendue possession des faits assez graves pour rendre incertain le résultat du procès pendant entre les parties, c'est que les parties ont terminé ce procès par une transaction.

» 3.° La transaction porte, dit-on encore, que le seigneur aura et prendra telles contrées de bois, et qu'elles demeureront en *tous droits de propriété et de banalité, unies et ajoutées à son domaine*. Le seigneur n'avait donc rien dans ces contrées avant la transaction; elles ne faisaient donc pas, avant la transaction, partie du domaine seigneurial?

» Vaine, et nous osons le dire, misérable sub
tilité. Qu'ont fait Claude Chardin et les habitans
par la transaction de 1583 ? Ils ont fait entre
eux le partage d'une propriété litigieuse. Eh
bien ! que l'on compulse dans les études des notaires toutes les minutes de partages qui sont en
dépôt ; et nous mettons en fait que, sur cent
actes de cette nature, on n'en trouvera pas dix
dans lesquels, en fixant le lot de chaque co-par-
tageant, il ne soit exprimé qu'il *aura*, *qu'il lui
appartiendra* tel immeuble, telle rente, telle
créance. Et que l'on ne vienne pas insister spécialement sur les termes, *unis et ajoutés en toute
propriété et banalité à son domaine.* Il est sensible
que ces termes n'ont été employés dans l'acte,
que pour affranchir les cantons réservés au
seigneur, du droit que les habitans avaient eu
jusqu'alors d'y prendre tout le bois dont ils
avaient eu besoin, tant pour bâtir que pour
leur chauffage.

» Que dirait d'ailleurs, que jugerait le tribunal d'appel de Dijon lui-même, si aujourd'hui
la régie de l'enregistrement venait demander un
droit de mutation à un particulier qui aurait
fait, avec une commune, un traité semblable à
la transaction du 20 mai 1583 ? Certes, la régie
aurait beau argumenter des mots *aura et prendra*; elle aurait beau soutenir, d'après les expressions *unis et ajoutés à son domaine*, que la
commune a véritablement aliéné des cantons de
bois dont elle avait précédemment la propriété
exclusive, et que le particulier avec qui elle a
transigé, a véritablement acquis des cantons de
bois sur lesquels il n'avait jusqu'alors aucun
droit ; le tribunal d'appel de Dijon repousserait
avec mépris la prétention de la régie, et il ferait
bien.

» Mais, disent les communes de Bellenod et
d'Origny, la transaction ne se borne pas à déclarer que les bois litigieux seront *unis et ajoutés*
au domaine du seigneur; elle déclare encore que
le seigneur et sa femme *prendront, comme ils
prennent par ces présentes, la propriété, saisine
et jouissance desdits bois et rivière, qu'ils feront conserver, garder et défendre contre toutes
personnes, à leurs frais et dépens.*

» Cette clause, qui paraît si décisive aux communes d'Origny et de Bellenod, que fait-elle
autre chose que de répéter en d'autres termes la
disposition de la clause précédente, par laquelle
il est dit que le seigneur *aura et prendra* tels
cantons de bois, et que ces cantons de bois seront *unis et ajoutés à son domaine* ? Et si celle-ci
est insuffisante pour prouver que le seigneur n'é-
tait pas précédemment propriétaire, comment
celle-là pourrait-elle établir une pareille preuve ?
On sent d'ailleurs qu'il y avait, pour le seigneur
de Bellenod, un motif particulier et pressant
d'exiger que cette seconde clause, quoique surabondante, fût insérée dans l'acte. Il ne s'agissait
pas seulement de faire reconnaître sa qualité de

propriétaire, il fallait encore affranchir la partie
de bois dans laquelle cette qualité lui était conservée, du droit d'usage que les habitans y
avaient exercé jusqu'alors. Et pour remplir ce
double objet, il était naturel que l'on stipulât,
non-seulement que la propriété, mais encore que
la *jouissance* exclusive lui seraient réservées
dans cette partie de bois.

» 4.° Et enfin, dit on, *toutes les autres expressions, également équivoques, de la transaction,
celles dont on se sert pour conserver aux habitans le surplus de leurs bois, les moyens auxquels on a eu recours pour les amener à transiger, tout annonce que les communes ont été dépouillées, sans cause légitime, des biens qu'elles
réclament.*

» Si nous lisions un pareil motif dans un de
ces jugemens qui ont été rendus en arbitrage
forcé dans le cours de l'an 2, nous n'en serions
pas étonnés. Le système dominant de la plupart
des arbitres d'alors était de dépouiller *per fas et
nefas* tous les anciens propriétaires; et l'on était,
en général, très-indifférent sur les moyens d'atteindre à ce but. Mais que des juges aussi éclairés que le sont notoirement ceux du tribunal
d'appel de Dijon, se soient permis de raisonner
de la sorte, c'est ce qu'il est bien difficile, nous
ne dirons pas de justifier, mais d'expliquer.

» D'abord, en effet, que résulterait-il de ce
que dans la transaction de 1583, il se trouverait, comme on le prétend, des *expressions équivoques*, que l'on ne désigne cependant pas ?
Il en résulterait tout au plus qu'il est douteux si,
par cette transaction, les communes de Bellenod
et d'Origny, ont sacrifié une portion de bois qui
leur appartenait légitimement, ou si elles n'ont
fait qu'abandonner des prétentions incertaines
sur cette portion, pour conserver le restant. Mais
le seul doute sur ce point est, pour les sieurs
Damas et Saint-Maure, un moyen péremptoire; le seul doute suffit, surtout après une possession aussi longue, pour faire maintenir la
transaction; le seul doute suffit pour écarter l'art.
8 de la loi du 28 août 1792, lequel dispose, non
en faveur des communes qui présentent des réclamations douteuses, mais uniquement en faveur des communes qui appuient leurs réclamations de preuves lumineuses et décisives.

» Et inutilement cherche-t-on à se prévaloir
ici de l'art, 12 de la loi du 28 août 1792... (1).

» En second lieu, quel argument peut-on tirer
des expressions employées dans la transaction,
pour conserver aux habitans le surplus de leurs
bois ? Ces expressions *sont, seront et appartiendront*, ne prouvent certainement pas plus
l'ancienne propriété de la commune, qu'elles
n'établissent de sa part une acquisition nouvelle :

_____

(1) *V.* l'article *Communaux*, §. 9.

en employant à la fois le présent et le futur , elles laissent dans l'incertitude la question de l'ancienne propriété; et nous devons le répéter, dès que, sur la question de l'ancienne propriété, il y a incertitude , la loi du 28 août 1792 elle-même commande le maintien de la transaction.

» Enfin, qu'y a-t-il d'extraordinaire dans *les moyens auxquels on a eu recours pour amener les habitans à transiger ?* Les habitans n'ont été amenés à transiger que par la demande judiciaire formée contre eux par Claude Chardin ; mais cette demande était-elle bien ou mal fondée ? c'est ce que nous ignorons. Nous savons seulement que c'était une voie de droit : et certainement les communes de Bellenod et d'Origny n'auraient pas dû redouter le résultat d'une voie de droit , si leur propriété eût été aussi constante qu'elles l'assurent aujourd'hui. Ce résultat leur a paru alors incertain : elles sont parties de là pour se persuader qu'il était de leur avantage de le prévenir par une transaction; c'est donc de leur part une véritable dérision , que de se présenter aujourd'hui comme n'ayant transigé que par l'effet de la crainte dont la puissance féodale les avait frappés.

» En dernière analyse, les communes de Bellenod et d'Origny n'ont point justifié leur ancienne propriété, et ce n'était qu'en la justifiant qu'elles pouvaient réclamer la loi du 28 août 1792. La loi du 28 août 1792 a donc été violée, en même temps que faussement appliquée, par le tribunal d'appel de Dijon ; et par ces considérations, nous estimons qu'il y a lieu de casser et annuller le jugement dont il s'agit ».

Arrêt du 8 messidor an 12, au rapport de M. Cochard, qui,

« Attendu que les habitans de Bellenod et d'Origny n'ont, en aucune manière , justifié de leur ancienne possession des bois situés sur leur territoire , antérieure à la transaction passée entre eux et leur seigneur, le 20 mai 1583; que cette même transaction ne peut, sous aucun rapport , servir à la preuve et à l'établissement de cette ancienne possession, puisque l'on y voit que ledit seigneur , avec lequel lesdits habitans transigèrent , loin d'en convenir et d'en faire l'aveu , soutenait et maintenait au contraire que la propriété exclusive des bois contentieux lui avait ainsi qu'à ses prédécesseurs, toujours appartenu , sous la charge d'un droit d'usage dont il les reconnaissait affectés envers ces derniers ; que pour justifier leur ancienne possession, il aurait fallu que lesdits habitans s'étayassent de la production de quelques titres antérieurs à ladite transaction , qui les eussent déclarés propriétaires et possesseurs paisibles des mêmes bois ; mais que n'en ayant produit aucuns , et ladite transaction ne pouvant établir en leur faveur une possession légale et non contestée , puisque tout au contraire elle était réclamée par leur dit

ancien seigneur , il est résulté qu'elle n'a statué que sur des faits douteux et incertains , ce qui formait précisément l'objet du litige terminé par cette voie; d'où il suit que la cour d'appel de Dijon , en prenant pour base de sa décision , la même transaction dont il s'agit, et en supposant qu'elle attribuait auxdits habitans une possession antérieure à icelle , a fait une fausse application de l'art. 8 de la loi du 28 août 1792 ;

» Par ces considérations.......casse et annulle....... ».

§. III. 1.° *Dans les ci-devant duchés de Lorraine et de Bar , la concession faite à une commune de l'usage d'un bois , emportait-elle , à raison du droit de tiers-denier auquel cet usage était assujetti envers le concédant, la translation de la propriété du bois même ?*

2.° *Le cantonnement avait-il lieu dans les ci-devant duchés de Lorraine et de Bar avant la loi du 28 août 1792 ? Y a-t-il lieu depuis que cette loi a aboli le droit de tiers-denier non fondé en titre ?*

« Telles sont (ai-je dit à l'audience de la section civile , le 27 nivôse an 12), les questions que présente à votre examen la demande du préfet du département de la Haute-Marne , en cassation du jugement rendu par le tribunal d'appel de Dijon, le 30 nivôse an 11 , au profit de la commune de Saint-Thiébault.

» Dans le fait, le 16 mai 1793 , la commune de Saint-Thiébault , département de la Haute-Marne , fait assigner le procureur-général syndic de ce département au tribunal du district de Bourmont , pour voir dire que, sans s'arrêter à une espèce de jugement arbitral du 19 juin 1513, rendu en faveur de Jean de Serocourt, seigneur d'Islond , ni à un arrêt de cantonnement obtenu au conseil le 28 novembre 1780 , par Jean-Edme Rutan , dernier seigneur du même lieu , actuellement émigré , elle sera réintégrée , en vertu de la loi du 28 août 1792, dans la propriété et possession des cantons de bois appelés *les Charmois , les Avoines* et *les Déserts* , tous situés dans le terroir d'Islond même.

» A l'appui de sa réclamation , elle produit , » 1.° Une requête présentée en 1463 , par les habitans de Saint-Thiébault à René , roi de Sicile , duc de Bar , et contenant que, le 13 novembre de cette année, il leur a accordé *l'usage* que les habitans du village d'Islond, alors détruit et entièrement dépeuplé , avaient autrefois *en ce finage*, tant en bois, *pâturages , qu'autres* usages et pour raison duquel ceux-ci payaient *à la recette du sénéchal de Bourmont, certaines tailles et avoines ;* que cependant le gruyer de Bourmont se refuse à les laisser jouir de l'effet de la concession du prince;

» 2.° Un *décret* du duc René, du 4 février

suivant, qui, statuant sur cette requête, enjoint au gruyer de Bourmont, de laisser jouir les habitans de Saint-Thiébault de *tous les bois et usages* que ce prince leur a concédés, et lui défend de s'y opposer, sous le prétexte que les lettres de concession ne lui ont pas été présentées par les habitans, attendu que les bois dont l'usage leur a été *octroyé*, ne sont pas de *gruerie*, c'est-à-dire, comme l'explique le décret même, de la juridiction du gruyer, mais de celle du sénéchal de Bourmont, qui seul a le droit d'y commettre des sergens *pour garder lesdits bois et usages*, et, en *reporter* les amendes aux officiers de justice de la Saint-Thiébault, lesquels, à leur tour, en rendent compte au sénéchal ;

» 3.º La copie collationnée sur un autre copie certifiée par un seul notaire, d'un acte du 22 janvier 1482 dans l'original duquel celui-ci déclare n'avoir pu déchiffrer quatorze ou quinze lignes, et portant que Claude, duc de Calabre et de Lorraine, seigneur de Saint-Thiébault, *pour et à cause de plusieurs procès à éviter entre les seigneurs et villages contigus au finage de Saint-Thiébault, fait auxdits habitans chartre et franchise de diviser et départir icelui finage de Saint-Thiébault et de leurs bois communaux* ;

» 4.º Un acte passé pardevant notaire, le 16 juin 1491, au sujet d'une contestation qui existait relativement au bois du Charmois, entre les habitans de Saint-Thiébault et ceux d'Islond ;

» 5.º Un acte du 19 août 1501, par lequel Jean de Sérocourt, à qui le duc de Lorraine et de Bar venait de transporter sa seigneurie d'Islond, avec les bois qui en dépendaient, reconnaît, ratifie et approuve la concession du droit d'usage faite aux habitans de Saint Thiébault, par les lettres de René, roi de Sicile et de Bar, du 13 novembre 1463, en réservant à lui et à ses hoirs ou ayant-cause, *les amendes de mésus audit finage* ;

» 6.º Deux autres actes des 15 février 1511 et 20 juin 1513, dont le jugement attaqué et ceux qu'il confirme, ne rappellent ni la teneur ni la substance.

» Le procureur-général syndic oppose à ces titres,

» 1.º Que celui du 22 janvier 1482 n'étant ni en forme probante ni produit en entier, il n'en peut résulter aucune induction en faveur de la commune ; que d'ailleurs il présente un indice frappant de faux, en ce qu'il y est dit que, pour le passer, le duc de Calabre et de Lorraine s'est transporté dans l'étude d'un notaire : ce qui choque toutes les vraisemblances ;

» 2.º Que Jean de Sérocourt et ses successeurs n'ayant possédé la terre d'Islond qu'à titre d'engagement, tous les actes d'une date postérieure à l'engagement même, dont se prévaut la commune, n'ont pu préjudicier au duc de Lorraine et de Bar, ni par conséquent à l'Etat qui le représente ;

» 3.º Que le seul des titres de la commune auquel on doit s'attacher, est le décret de René, roi de Sicile et duc de Bar, de 1463 ; et que de cet acte il résulte clairement que la commune n'a obtenu de René, que la concession d'un droit d'usage.

» Sur ces débats, jugement du 21 mai 1793, par lequel le tribunal du district de Bourmont déclare la commune de Saint-Thiébault propriétaire des bois qu'elle réclame, et ordonne qu'ils lui seront restitués.

» Le 9 octobre suivant, jugement rendu en arbitrage forcé, qui prononçant sur l'appel interjeté du premier par le procureur-général syndic, déclare qu'il a été bien jugé.

» Le 28 ventôse an 8, l'administration centrale du département de la Haute-Marne, délibérant sur ce jugement, en exécution de la loi du 28 brumaire an 7, arrête qu'il en sera appelé au nom de l'Etat.

» L'appel est interjeté en effet, et il est suivi par le préfet qui bientôt vient remplacer l'administration centrale.

» Le 30 nivôse an 11, le tribunal d'appel de Dijon considère « qu'il est inutile de discuter » les titres produits par la commune de Saint-» Thiébault, puisque le préfet du département » de la Haute-Marne convient que c'est celui de » 1464 qui doit servir de base pour le jugement » de la contestation, et qu'il n'en critique point » la validité ; qu'il est formellement énoncé » dans cet acte, que le ci-devant duc de Lorraine » a concédé aux habitans de Saint-Thiébault, le » pâturage et usage des bois du finage d'Islond ; » qu'on ne peut douter en aucune manière que » le droit d'usage, dans les ci-devant provinces » de Lorraine et de Bar, équivalait à la propri-» été, et que les communes à qui il était con-» cédé, en fussent véritablement propriétaires » de ces bois ; et que le seul droit qui restait aux » ducs de Lorraine, consistait dans le tiers-denier » que les habitans étaient obligés de leur payer, » lorsqu'ils faisaient la vente de ces mêmes bois ; » qu'il n'a été rien invoqué à cet égard lors de » la réunion à la France, des provinces de Lor-» raine et de Bar ; — Que le nouvel ordre de » choses n'y a apporté aucun changement ; qu'au » contraire, il l'a entièrement confirmé ; — Qu'il » ne s'agit, pour s'en convaincre, que de recou-» rir aux lois des 28 mars, 27 septembre 1790 » et 28 août 1792... ; que, d'après des disposi-» tions aussi formelles, les premiers juges n'ont » pas pu se dispenser de faire droit sur la récla-» mation de la commune ; qu'on ne peut ad-» mettre la prétention du préfet de la Haute-» Marne, qui consiste à soutenir qu'il faut tou-» jours réformer les jugemens dont est appel, » parce qu'ils avaient réintégré la commune dans » la propriété, au lieu de la réintégrer seu-» lement dans le droit d'usage des bois dont il » s'agit ; que ce serait jouer sur les mots, que

» d'adopter un pareil-système, parce que, d'a-
» près la législation particulière des ci-devant
» provinces de Lorraine et de Bar et la nouvelle
» loi française sur cette matière, les droits d'u-
» sage et de propriété sont la même chose ; que
» cependant la république ne peût être pri-
» vée du droit de réclamer le droit de tiers-
» denier dans le cas où elle justifierait que le
» titre primitif de concession en contient la ré-
» serve ; mais que le titre primitif n'étant point
» représenté, et le tribunal n'étant pas saisi de
» la question, si ce titre peut ou non autoriser
» la république à réclamer le droit de tiers-de-
» nier, il suffit de lui réserver ses actions à cet
» égard ; qu'il n'y aura alors aucun obstacle à
» ce que le tiers-denier puisse être réclamé par
» la nation, dans le cas où elle justifierait de
» l'acte primitif de concession où ce droit se
» trouverait réservé ; qu'ainsi, c'est le cas de
» confirmer purement et simplement les ju-
» gemens dont est appel, en réservant néan-
» moins à la république ses actions pour raison
» du tiers-denier, pour les exercer comme elle
» avisera.... ».
» En conséquence, le tribunal, « sans s'ar-
» rêter à l'appel interjeté par le préfet du dépar-
» tement de la Haute-Marne, au nom de la ré-
» publique, du jugement du tribunal du district
» de Bourmont, du 21 mai 1793, et de la sen-
» tence arbitrale du 9 octobre de la même année,
» dit qu'il a été bien jugé.... ; et néanmoins
» réserve à la république ses actions pour rai-
» son des droits de tiers-denier sur les bois dont
» est question, pour les exercer et faire valoir,
» le cas échéant et conformément aux lois ;
» exceptions contraires pareillement réservées ».
» Ainsi le tribunal d'appel de Dijon a supposé que la commune de Saint-Thiébault n'a-
vait obtenu du duc René, en 1463, que la concession d'un droit d'usage sur les biens réclamés
aujourd'hui par elle ; et d'après cette supposition
qu'il n'est pas du ressort du tribunal de cassation
de discuter, qui d'ailleurs est clairement justifiée
par le titre que la commune elle même avait
produit, il a jugé que la commune était devenue,
en 1463, propriétaire de ces mêmes bois, et
qu'en conséquence elle devait y être réintégrée
en vertu de l'art. 8 de la loi du 28 août 1792.
» Il n'a pas pu sans doute se dissimuler que
cette manière de juger était en opposition diamétrale avec tous les principes du droit commun, suivant lesquels la qualité d'usager, bien
loin de renfermer celle de propriétaire, en est
nécessairement exclusive : res sua nemini servit.
» Il n'a pas pu sans doute se dissimuler que
l'art. 8 de la loi du 28 août 1792 ne réintégrant
les communes que dans les biens et usages dont
elles justifieront avoir été autrefois dépouillées
par leurs ci-devant seigneurs, c'est violer et non
pas appliquer cet article, que de s'en faire un
prétexte pour rendre à une commune des droits

de propriété qu'elle n'a jamais eus, comme ce
serait le violer que de refuser à une commune la
réintégration dans un droit d'usage dont elle
prouverait avoir anciennement joui.
» Mais il a pensé que, dans les ci-devant provinces de Lorraine et de Bar, les mots propriété
et usage étaient synonymes par rapport aux
communes ; que dans ces contrées, concéder un
droit d'usage à une commune dans un bois, c'é-
tait lui concéder la propriété de ce bois ; et que
cela résultait des lois relatives au droit de tiers-
denier.
» Que disent donc ces lois ? Confondent-elles
en effet les bois dont les communes ne sont
qu'usagères, avec ceux dont elles ont la propriété ? Non, et bien loin de là : elles les distinguent formellement les uns d'avec les autres,
elles n'assujettissent que les premiers au droit de
tiers-denier, et elles en affranchissent les seconds.
» C'est ce qu'établit démonstrativement le cit.
Henrion, dans le Répertoire de jurisprudence,
article Tiers-denier. « La plus importante des
» questions que cette matière présente (dit-il),
» est celle de savoir si, dans les provinces de
» Lorraine et de Bar, les seigneurs ont le droit
» de tiers-denier indistinctement sur tous les
» bois des communautés, ou seulement sur ceux
» qu'elles ne possèdent qu'à titre de simple usage.
» Dans l'exposition que nous venons de faire des
» lois de la matière, nous avons fait entrevoir
» que les seigneurs ne peuvent user de cette pré-
» rogative que sur les bois usagers, et non sur
» ceux qui appartiennent propriétairement aux
» communautés. L'importance de cette question
» exige une discussion plus approfondie. Pour
» établir cette vérité, que les seigneurs n'ont
» pas le droit de prendre le tiers-denier sur les bois
» appartenans aux communautés, mais unique-
» ment sur ceux dont elles ne jouissent qu'à
» simple titre d'usage, il ne faut que jeter les
» yeux sur les ordonnances. Celle de 1664 le dit
» expressément : nous lisons dans le préambule,
» qu'elle ne statue que sur les bois donnés par
» nous et nos prédécesseurs dus à titre d'usage
» et d'usufruit seulement. Ce mot usufruit est
» remarquable, il dissipe toute espèce d'équi-
» voque. La précaution que prennent les ré-
» dacteurs de la loi de l'ajouter au mot usage,
» prouve combien ils craignaient que l'on ne
» confondît l'usage avec la propriété. Le dispo-
» sitif de l'ordonnance présente absolument le
» même sens, il porte : Faisons très-expresses
» inhibitions et défenses auxdites communautés
» de prendre ni couper leurs bois taillis que pour
» leur simple usage.... voulons et ordonnons
» que, du prix desdites ventes et fruits DE LEURS
» AUTRES USAGES, le tiers-denier en soit payé,
» par préférence à nos gruyers. Si une loi aussi
» claire avait besoin d'interprétation on la trou-
» verait dans un arrêt du conseil d'État, du 3
» mars 1693, dont voici les termes : Le roi

74

» s'étant fait représenter en son conseil l'ordon-
» nance sur le fait des bois des communautés des
» duchés de Lorraine et de Bar, du 23 mai 1664,
» par laquelle il est fait très-expresses inhibitions
» et défenses aux habitans et communautés, de
» prendre ni couper leurs bois taillis que pour
» leur simple usage..... comme aussi de cou-
» per ni abattre des hautes futaies que pour les
» réparations de leurs édifices publics, ou de
» leurs maisons particulières, s'ILS EN ONT LE
» DROIT. Cet arrêt est, s'il est possible, encore
» plus clair que l'ordonnance. Ces derniers mots,
» s'ils en ont le droit, excluent nécessairement
» toute idée de propriété. En effet, on n'a jamais
» douté que le propriétaire d'un bois n'ait le
» droit d'en couper la futaie. L'arrêt et l'ordon-
» nance ne peuvent donc s'appliquer qu'aux
» bois dont les communes ne jouissent qu'à titre
» d'usage seulement. L'ordonnance de 1707 est
» absolument rédigée dans le même esprit. Celle
» de 1714 renferme exactement les mêmes dis-
» positions. Que les deux précédentes, elle
» ne parle que des bois usagers; ce mot usage y
» est même répété jusqu'à deux fois; elle porte:
» le tiers-denier du prix des bois et AUTRES
» USAGES, sera distrait au profit de nos vas-
» saux. Enfin, si l'on désire une autre preuve
» de cette vérité, on la trouvera dans un avis de
» M. le procureur-général de la chambre des
» comptes de Bar. Consulté en 1771, par l'ad-
» ministration, sur les droits du roi dans les bois
» communaux du duché de Bar, il donna le 6
» juillet de la même année, son avis conçu en
» ces termes : après avoir rapporté l'ordonnance
» de 1664 et le réglement de 1724, voici le rai-
» sonnement qui suit immédiatement : C'est
» des communautés usagères dont le législateur
» entend parler, de celles dont les bois pro-
» viennent du domaine. Il prévoit le cas de la
» vente ; il ne retient alors que le tiers-denier ;
» il reconnaît donc que les deux tiers appar-
» tiennent à ces communautés. Ce texte n'a pas
» besoin de commentaire ; on y voit clairement
» que les lois lorraines sur le tiers-denier n'assu-
» jettissent que les bois usagers, et non ceux
» que les communautés possèdent à titre de pro-
» priété. Ajoutons qu'il n'est pas possible d'in-
» voquer un suffrage plus respectable : c'est
» celui d'un magistrat qui depuis long-tems con-
» sacrait ses veilles à l'étude des lois de sa patrie,
» après avoir déployé de rares talens dans les
» fonctions du barreau, sous les yeux mêmes de
» la cour. Il est donc bien vrai que, dans la
» Lorraine, et conformément aux lois de cette
» province, le tiers-denier n'a lieu que sur les
» bois usagers ; que les communautés sont af-
» franchies de cette servitude pour les bois
» qu'elles possèdent à titre de propriété. Est-il
» même possible que la chose soit autrement ?
» Quelle injustice n'y aurait-il pas qu'un
» seigneur, après avoir aliéné ses bois à titre

» onéreux, eût néanmoins la faculté de prendre
» le tiers du produit de ces mêmes bois ? Ce
» serait avoir tout à la fois le prix et l'objet
» vendu. Il n'y a donc pas le plus léger prétexte
» d'accorder le droit de tiers-denier au seigneur,
» lorsque les bois appartiennent aux habitans à
» titre de propriété; le lui donner, serait vio-
» ler toutes les règles de la justice ».

» Il est donc bien clair qu'avant la révolution, les communes de Lorraine et du Barrois
n'étaient pas assujetties au droit de tiers-denier
pour raison des bois dont elles étaient propriétaires, qu'elles ne l'étaient que pour raison des
bois dont l'usage seulement leur avait été concédé, et que par conséquent, en Lorraine et en
Barrois comme partout ailleurs, une commune
ne devenait pas propriétaire par la seule concession d'un droit d'usage.

» Il est vrai que plusieurs seigneurs s'étaient
mis en possession de percevoir le droit de tiers-
denier, même sur le prix des coupes des bois
dont la propriété appartenait aux communes ;
mais c'était un abus manifeste de la puissance
féodale ; il a été réprimé par l'art. 32 du tit. 2
de la loi du 15 mars 1790 ; et, ce qu'il y a de
plus remarquable, il l'a été d'une manière qui
ne permet plus le moindre doute sur la distinction que l'on doit faire, en Lorraine et en Barrois, entre les communes propriétaires et les communes propriétaires. « Le droit de tiers-denier
» (porte cet article), est aboli dans les pro-
» vinces de Lorraine, de Barrois, du Clermon-
» tois et autres où il pourrait avoir lieu à l'é-
» gard des bois et autres biens qui sont possédés
» en propriété par les communautés ; mais il
» continuera d'être perçu sur le prix des ventes
» des bois et autres biens dont les communautés
» ne sont qu'usagères ».

» On ne peut assurément rien de moins équivoque que cette disposition. Cependant, le croi-
rez-vous ? C'est sur cette disposition elle-même,
combinée avec l'art. 8 de celle du 19-27 septembre 1790, et avec l'art. 2 de celle du 28
août 1792, que le tribunal d'appel de Dijon
s'est fondé pour établir qu'il n'y a, dans les ci-
devant provinces de Lorraine et de Bar, aucune différence entre les communes usagères
et les communes propriétaires.

» Nous n'avons pas besoin de répéter que la
loi du 15 mars 1790 établit, entre les unes et les
autres, la ligne de démarcation la plus saillante :
cela est trop clair pour exiger le moindre développement.

» A l'égard de la loi du 27 septembre de la
même année, voici ce qu'elle porte, art. 8 :
« Il n'est nullement préjudicié, par l'abolition
» du triage, aux actions en cantonnement de la
» part des propriétaires contre les usagers de
» bois, prés, marais et terrains vains ou vagues,
» lesquelles continueront d'être exercées comme
» ci-devant dans les cas de droit ; sauf à se con-

» conformer, pour les ci-devant provinces de
» Lorraine, des trois Evéchés et du Clermon-
» tois , à l'art. 32 du tit. 2 du décret du 15 mars
» dernier ».

» Que résulte-t-il de la deuxième partie de
cet article ? Une seule chose : c'est que le cantonnement n'a pas lieu dans la ci-devant Lorraine, parce qu'il y est remplacé par le droit de
tiers-denier, dont la loi du 15 mars prononce
expressément le maintien à l'égard des bois et
autres biens dont les communautés ne sont qu'usagères; et c'est ce que la loi du 15 mars elle-même
avait déjà déclaré d'une manière bien positive,
en révoquant par la deuxième partie de l'art. 32
du deuxième titre, tous les arrêts du conseil
qui, depuis trente ans, avaient accordé des cantonnemens aux seigneurs de ces contrées, sauf
à ceux-ci à percevoir le droit de tiers-denier.

» A coup sûr, on ne peut pas inférer de là,
que le législateur ait voulu, le 27 septembre
1790, assimiler les communes usagères aux communes propriétaires ; et c'est au contraire une
preuve sans réplique qu'il a entendu conserver,
entre les unes et les autres, la distinction que
les lois précédentes avaient établie.

» Reste l'art. 2 de la loi du 28 août 1792 ; il
est conçu en ces termes : « Les édits, décla-
» rations, arrêts du conseil, lettres-patentes et
» tous les jugemens et actes faits en consé-
» quence, qui, depuis l'année 1669, ont dis-
» trait, sous prétexte de droit de tiers-denier,
» au profit de certains seigneurs des ci-devant
» provinces de Lorraine, de Barrois, de Cler-
» montois et autres où ce droit pourrait avoir
» eu lieu, des portions de bois et autres biens
» dont les communautés jouissent à titre de pro-
» priété ou d'usage, sont également révoqués ;
» et les communautés pourront rentrer dans la
» jouissance desdites portions......; sauf aux
» ci-devant seigneurs à percevoir le droit de
» tiers-denier sur le prix des ventes de bois et
» autres biens dont les communautés ne sont
» qu'usagères, dans le cas où ce droit se trou-
» vera réservé dans le titre primitif de conces-
» sion de l'usage, qui devra être représenté ».

» Cet article n'identifie certainement pas l'u-
sage avec la propriété ; il l'en distingue même
très-formellement par ces mots, à titre de propriété ou d'usage ; et par ceux-ci, dont les communautés ne sont qu'usagères.

» Comment donc le tribunal d'appel de Dijon a-t-il pu voir dans cet article, une confusion de deux droits si clairement, si positivement différenciés ? Il ne l'a pas dit, mais nous
croyons avoir deviné sa pensée ; et voici sans
doute ce qu'il a voulu dire.

» Le cantonnement n'a pas lieu dans les ci-devant provinces de Lorraine et de Bar, le droit
de tiers-denier peut seul y être exercé par le
propriétaire contre la commune usagère : cela
résulte des lois des 15 mars et 27 septembre 1790.

Or, par la loi du 28 août 1792, l'exercice du
droit de tiers-denier est restreint au cas où ce
droit se trouve réservé par le titre primitif de
concession de l'usage. Donc, quand le titre primitif de concession de l'usage ne réserve pas le
droit de tiers-denier, la commune ne doit rien
au propriétaire : donc alors elle jouit de la totalité du produit des bois, comme si elle en avait
eu originairement la propriété en concession :
donc alors il n'y a, entre elle et la commune originairement propriétaire, aucune espèce de différence; donc alors, s'il y a lieu de réintégrer la
commune originairement usagère dans son ancien droit d'usage, on peut, on doit la réintégrer
dans la propriété qu'elle n'avait cependant pas
dans l'origine.

» Voilà, il n'en faut pas douter, comment a
raisonné le tribunal d'appel de Dijon; mais,
nous n'hésitons pas à le dire, ce raisonnement
heurte de front le texte même de la loi du 28
août 1792.

» D'abord, l'art. 8 n'ordonne la réintégration
des communes dans les propriétés qu'elles réclament, que dans le cas où elles justifieront avoir
été anciennement propriétaires.

» Ensuite, l'art. 2 maintient expressément,
par rapport à la Lorraine et au Barrois la distinction entre l'usage et la propriété, entre les
communes qui ne sont qu'usagères et les communes qui sont propriétaires.

» Enfin, ce même art. 2, en abolissant le
droit de tiers-denier non fondé en titre primitif,
ne peut pas avoir rendu illusoire la qualité de
propriétaire, qu'il reconnaît avoir été conservée
par l'auteur de la concession de l'usage ; il ne
peut pas avoir eu l'intention de déroger à ce principe sacré, que la concession du droit d'usage
ne peut jamais rendre inutile à celui qui l'a
faite, la propriété qu'il s'est réservée, principe
qui est écrit si lumineusement dans la loi 13,
§. 1 ; D. communia prædiorum, et que tous les
auteurs qui ont traité du cantonnement, ont répété avec un concert si unanime.

» Ce qui prouve qu'en effet il n'y a pas dérogé, c'est que, par l'art. 5 de la même loi, il
est dit : « Conformément à l'art. 8 du décret
» du 19 septembre 1790, les actions en canton-
» nement continueront d'avoir lieu dans les cas
de droit », c'est-à-dire, dans le cas où il y a concession de l'usage avec réserve de la propriété.

» La disposition de ce dernier article, comme
vous le voyez, est générale; elle n'excepte plus,
comme le faisait le décret du 19 septembre 1790,
les ci-devant provinces de Lorraine et de Bar ;
et pourquoi ne les excepte-t-elle plus ? C'est
parce que le motif de l'exception a cessé par
l'effet de l'art. 2.

» Le décret du 19 septembre 1790 n'avait excepté la Lorraine et le Barrois du droit de cantonnement, que parce que, dans ces contrées,
il était remplacé par celui de tiers-denier : or ;

le droit de tiers-denier est aboli par l'art. 2 de la loi du 28 août 1792; la Lorraine et le Barrois rentrent donc sous l'empire du droit commun; le cantonnement doit donc y avoir lieu désormais comme partout ailleurs.

» A la vérité, il n'aura pas lieu, dans ces contrées, contre les communes que le titre primitif de concession de leur droit d'usage assujettit au droit de tiers-denier ; car le motif de l'exception écrite dans la loi du 27 septembre 1790, subsiste encore à leur égard dans toute sa force.

» Mais si le droit de tiers-denier n'est pas réservé par le titre primitif, point de prétexte pour écarter le cantonnement; et encore une fois, le cantonnement est alors ordonné par la disposition générale et indéfinie de l'art. 5 de la loi du 28 août 1792.

» Il n'est donc pas vrai qu'à défaut de réserve du droit de tiers-denier par le titre primitif de concession de l'usage, le concédant ne puisse exercer aucun droit sur le bien dont il a retenu la propriété : il n'est donc pas vrai que, dans ce cas, la commune usagère doive jouir incommutablement et exclusivement de tous les produits du fonds dont le seul usage lui a été concédé; il n'est donc pas vrai qu'alors la commune usagère puisse se prétendre propriétaire ; le tribunal d'appel de Dijon a donc violé manifestement, et les anciennes lois de la ci-devant Lorraine, et les lois nouvelles dont il a cherché à étayer son système ; et par ces considérations, nous estimons qu'il y a lieu de casser et annuller le jugement attaqué par le préfet du département de la Haute-Marne ».

Arrêt du 27 nivôse an 12, au rapport de M. Babille, qui,

« Vu l'art. 32 du tit. 2 de la loi du 28 mars 1790, et l'art. 2 de la loi du 28 août 1792;

» Et attendu que ces lois ont, pour la ci-devant Lorraine et le ci-devant Barrois, et relativement aux bois qui appartiennent aux communautés d'habitans ou dont elles ne sont qu'usagères, établi une différence très-marquée entre le droit de propriété et le simple droit d'usage, puisqu'au premier cas, elles n'assujettissent les communautés à aucune sorte de droit pour les bois qu'elles vendent ou coupent, tandis qu'au second, elles les soumettent, dans les cas prévus, à un droit de tiers-denier; attendu que, dans l'espèce, le jugement attaqué a confondu le droit de propriété et le droit d'usage, et les a formellement assimilés l'un à l'autre, puisque, supposant que, dans ce pays, le droit d'usage équivaut au droit de propriété, il a adjugé à la commune de Saint-Thiébault, la propriété de ces bois, dont il venait cependant, par une de ses *considérations* et conformément aux propres titres de cette commune, de déclarer qu'elle n'avait que le simple usage ;

» D'où il suit que ce jugement a évidemment violé les lois ci-dessus citées, en confondant ce qu'elles distinguent si bien ;

» Par ces motifs, casse et annulle... »

§. IV. 1.° *Les habitans d'une commune à qui appartient un droit d'usage sur la propriété d'un particulier, peuvent-ils individuellement le réclamer en justice? La commune en corps n'a-t-elle pas seule et exclusivement à eux, qualité pour intenter ou soutenir une action de cette nature, par l'organe de son maire ?*

2.° *Quelle est la nature du droit d'usage qui appartient à une commune sur la deuxième herbe d'un pré tenu, de temps immémorial, en état de clôture? Ce droit est-il aboli par la loi du 28 septembre 1791, sur la police rurale ?*

3.° *Un pareil droit peut-il être établi par la possession immémoriale ? ne peut-il l'être que par titre ?*

V. l'article *Vaine pâture*, §. 2.

§. V. 1.° *Les communes qui, sous l'ancien régime, avaient attaqué par la voie de la cassation, des arrêts du conseil du roi, par lesquels, sur le fondement qu'elles étaient simples usagères, des cantonnemens avaient été ordonnés au profit de leurs seigneurs, peuvent-elles aujourd'hui suivre cette voie devant la cour de cassation ?*

2.° *Peut-on aujourd'hui casser comme incompétemment rendu, un arrêt de l'ancien conseil d'Etat du roi, qui a ordonné un cantonnement au préjudice d'une commune qui se prétendait propriétaire et qu'il a jugée simple usagère ?*

3.° *En prononçant sur la demande en cassation d'un pareil arrêt, la cour de cassation doit-elle avoir égard aux lois portées depuis 1789, en faveur des communes ; ou ne doit-elle considérer que les lois et les maximes qui étaient en vigueur à l'époque où il a été rendu ?*

4.° *Avant la révolution, à qui des communes ou des seigneurs, était, dans le doute, réputée appartenir la propriété des marais et des terres incultes dans lesquelles les premières étaient en possession immémoriale de faire paître leurs bestiaux ?*

5.° *Des titres qui donnent à un ci-devant seigneur la qualité de seigneur tréfoncier d'un marais, prouvent-ils que ce ci-devant seigneur en est propriétaire, à l'exclusion de la commune qui y a fait paître ses bestiaux dans tous les temps ?*

Ces questions se sont présentées à la cour de

cassation, section civile, à l'occasion du recours exercé par les communes de Houtteville et de Liesville, département de la Manche, contre un arrêt du conseil, du 18 avril 1785, rendu contradictoirement entre elles, et les religieux de l'abbaye de Saint-Etienne de Caen, seigneurs de la baronie de Baupte.

« Par cet arrêt (ai-je dit à l'audience du 17 nivôse an 13) l'ancien conseil d'Etat a ordonné, en confirmant l'abbaye de Saint-Etienne dans la propriété du marais de *Liévetot* et du *Perrey*, que les communes de Houtteville et de Liesville seraient mises en possession, par forme de cantonnement, du marais du Perrey, contenant quatre-vingt-onze arpens deux perches, pour en jouir en commun et en toute propriété, sous la directe de l'abbaye, et à la charge de lui payer les redevances accoutumées; et qu'en conséquence, l'abbaye jouirait en toute propriété du marais de Liévetot, lequel demeurerait déchargé de tous droits d'usage, panage et pâturage.

» Les habitans de Houtteville et de Liesville se sont pourvus en cassation contre cet arrêt : ils l'ont attaqué comme rendu incompétemment; et à ce moyen de cassation proprement dit, ils ont ajouté, suivant la faculté que leur en laissait le règlement de 1738, part. 1, tit. 5, art. 24, deux ouvertures de requête civile, qu'ils ont tirées, et de ce qu'ils avaient été condamnés à plus que n'avait demandé l'abbaye, et de ce qu'ils n'avaient pas été valablement défendus au fond.

» Sur cette réclamation, il est intervenu un arrêt du 13 avril 1787, qui a ordonné la communication de leur requête aux religieux de Saint-Etienne; et par là, s'est formée une nouvelle instance qui était encore indécise, lorsqu'est survenue la loi du 1.er décembre 1790, par laquelle le conseil du roi a été supprimé.

» Les communes de Houtteville et de Liesville ont pensé que, d'après les dispositions générales de la loi du 27 avril 1791, sur les affaires qui étaient pendantes au conseil à l'époque de sa suppression, cette instance devait être reportée devant la cour; et dans cette idée, ils ont sollicité et obtenu de la cour même, le 18 frimaire au 7, un arrêt qui leur a permis d'y faire assigner le commissaire du gouvernement près l'administration centrale du département de la Manche, pour y procéder suivant les derniers erremens.

» Cet arrêt a été suivi de deux autres, l'un du 2 fructidor de la même année, qui, avant faire droit, a ordonné que, dans le délai de deux mois, *les demandeurs en cassation produiraient au greffe les titres de propriété qu'ils pouvaient avoir à l'égard des biens litigieux*; l'autre du 14 messidor an 8, qui a continué la cause pour vous être rendu par M. le rapporteur un compte détaillé des titres produits par les communes de Houtteville et de Liesville; et c'est en cet état que cette affaire s'est représentée à votre audience du 20 frimaire dernier.

» Là, une première difficulté s'est offerte à votre examen : elle consistait à savoir si les communes de Houtteville et de Liesville pouvaient encore suivre l'effet de leur recours en cassation; ou si ce recours n'était pas devenu sans objet, depuis que l'art. 9 de la loi du 19 septembre 1790 les avait autorisées à se pourvoir devant les tribunaux de première instance en révision des arrêts de cantonnement prononcés par l'ancien conseil d'Etat.

» Au premier abord, il semblait que les habitans de Houtteville et de Liesville ne dussent pas être admis à vous demander ce qu'ils pouvaient obtenir des tribunaux ordinaires. Mais vous avez considéré que ni la loi du 19 septembre 1790 ni celle du 28 août 1792 n'avaient déclaré non-avenues les demandes en cassation d'arrêts de cantonnement, dont l'ancien conseil s'était trouvé saisi au moment de sa suppression; qu'en ouvrant aux communes une voie nouvelle pour faire réformer ces sortes d'arrêts, ces lois ne leur avaient pas fermé celles qu'elles avaient précédemment prises et pu prendre; que, dès-là, on devait regarder comme encore subsistante devant vous, la demande en cassation formée en 1787, par les communes de Houtteville et de Liesville; que par conséquent rien ne pouvait vous dispenser d'y statuer; qu'à la vérité, la question avait été laissée intacte par vos arrêts des 18 frimaire et 2 fructidor an 7, ainsi que par celui du 14 messidor an 8, lors desquels elle n'avait été ni agitée ni même prévue; mais que du fait même qu'elle n'avait été ni prévue ni agitée lors de ces arrêts, il résultait assez qu'on ne doutait pas, à ces époques, que les communes de Houtteville et de Liesville ne fussent recevables à poursuivre l'effet de leur demande en cassation; et qu'après tout, elles avaient un grand intérêt direct d'obtenir de vous un arrêt qui cassât celui du ci-devant conseil, plutôt que d'être réduites à se pourvoir en révision devant un tribunal de première instance, puisqu'un arrêt de cassation émané de la cour, remettrait tout de suite les choses au même état où elles étaient avant l'arrêt de cantonnement; au lieu qu'un jugement de première instance par lequel l'arrêt de cantonnement serait annulé, pourrait être frappé d'un appel qui en suspendrait l'exécution, et, par là même, reculerait la remise des choses dans leur premier état. En conséquence, par arrêt rendu après un délibéré, le 21 frimaire dernier, vous avez continué la cause à cette audience, pour entendre nos conclusions sur les moyens de cassation proposés par les deux communes.

» Ces moyens, nous l'avons déjà dit, se réduisent à trois : incompétence absolue de l'ancien conseil d'Etat, pour statuer sur l'action en cantonnement dirigée contre les deux communes par l'abbaye de Saint-Etienne de Caen ; ouverture de requête civile résultante de ce qu'il a été plus adjugé à l'abbaye de Saint-Etienne, qu'elle n'avait demandé ; autre ouverture de requête civile motivée sur le défaut de défense suffisante des deux communes.

» Le premier de ces moyens repose principalement sur une assertion qui n'est rien moins qu'exacte : l'ancien conseil, dit-on, était à l'instar de la cour de cassation ; comme elle, il n'avait de pouvoir que pour casser les arrêts des cours supérieures qui violaient les lois de l'Etat ; comme elle, il ne pouvait jamais connaître du fond des affaires.

» En parlant ainsi, les communes de Houtteville et de Liesville vous disent bien plutôt ce qui eût dû être, que ce qui était effectivement. Oui sans doute, il eût été à désirer que le ci-devant conseil n'eût jamais pu s'écarter du cercle dans lequel les lois constitutionnelles de 1791, de l'an 3 et de l'an 8 ont circonscrit les attributions de la cour. Mais qui est-ce qui ignore que le ci-devant conseil était investi d'une autorité infiniment plus étendue..... (1) ?

» Si ce n'est qu'à compter du jour où le décret du 15 octobre 1789 est devenu loi, c'est-à-dire, du 20 août 1790, qu'il a été défendu au ci-devant conseil de connaître du fond des affaires, il est bien évident que jusqu'à ce jour, il avait pu en connaître, et par suite que l'arrêt de cantonnement du 18 avril 1785 ne peut pas être argué d'incompétence.

» Cela est si vrai que les lois des 19 septembre 1790 et 28 août 1792 ne soumettent qu'à une révision, et entendent conséquemment que l'on maintienne, lorsqu'ils sont justes au fond, les arrêts de cantonnement émanés du ci-devant conseil, même dans le cas où, comme ici, la question de propriété ou d'usage n'avait pas été préalablement jugée par les tribunaux ordinaires.

» Et dans le fait, il est de la plus grande notoriété que les actions en cantonnement se portaient presque toujours au ci-devant conseil.

» Le cantonnement (dit M. Henrion, dans ses *Dissertations féodales*, article *Communaux*, §. 16, « est une institution moderne, qui ne remonte pas au-delà du commencement de 18.e » siècle. Cette opération consiste à convertir » l'usage en un droit de propriété sur une partie » des bois, proportionnée aux besoins des usa- » gers : ainsi, le cantonnement est une inter- » vention du titre primitif ; c'est véritablement » un nouveau contrat. Le seigneur ne peut y » être forcé, parce que personne ne peut être

» contraint de renoncer à sa propriété. Mais ce » même seigneur peut le requérir, et le souve- » rain l'ordonner, parce qu'étant le tuteur légal » de toutes les communautés, il peut stipuler » pour elles et contracter en leur nom. De là » s'est introduit *l'usage de porter au conseil les* » *demandes de cette nature ; elles y ont la plus* » *grande faveur ;* et elles en sont dignes.... ».

» Mais, disent les communes de Houtteville et de Liesville, l'art. 10 du tit. 1.er de l'ordonnance du mois d'août 1669 voulait que, *dans les différends de partie à partie, les officiers des eaux et forêts connussent de la propriété des eaux et bois appartenans aux communautés ou particuliers, lorsqu'elle serait nécessairement connexe à un fait de réformation, et visitation.* Ce n'était donc pas au conseil, mais à la maîtrise des eaux et forêts des lieux, que devait être portée la question de propriété qui s'est élevée incidemment à l'action en cantonnement dont il s'agit. — Deux réponses.

» 1.º Une action en cantonnement n'est pas un *fait de réformation* ni *de visitation.* En intentant une action en cantonnement, l'abbaye de Saint-Etienne de Caen n'accusait les communes de Houtteville et de Liesville d'aucun délit, d'aucune entreprise qui exigeât l'intervention des réformateurs des eaux et forêts ; elle convenait que ces communes avaient droit de jouir, comme elles jouissaient depuis un temps immémorial, des marais de Liévetot et de Perrey ; et elle demandait que, pour l'avenir, leur jouissance fût à la fois resserrée dans un espace plus étroit et converti en propriété pleine. Qu'y a-t-il, dans tout cela, qui ait le moindre rapport avec l'art. 10 du tit. 1 de l'ordonnance de 1669 ?

» 2.º Quand même, par cet article ou par tout autre, Louis XIV eût attribué aux maîtrises des eaux et forêts la connaissance exclusive des actions en cantonnement, ce ne serait assurément pas une raison pour casser aujourd'hui, comme incompétemment rendus, tous les arrêts de cantonnement qui, depuis 1700 jusqu'en 1789, ont été prononcés par le ci-devant conseil. Encore une fois, la juridiction du ci-devant conseil embrassait, de fait, toutes les matières ; le roi était toujours le maître de lever et de replacer à de plus grandes distances, les bornes dont il l'avait entourée ; et quelqu'abusif, quelque déplorable que fût un pareil régime, les lois nouvelles, en le faisant cesser, n'ont pas permis que de sa proscription il résultât, pour les arrêts de cantonnement, autre chose qu'une simple faculté de les faire réviser par les juges ordinaires.

» Cette seconde réponse s'applique également à l'art. 22 du tit. 3 de la même ordonnance, aux termes duquel les grands maîtres devaient *régler les partages des eaux, bois, prés,*

---

(1) Ici, j'ai répété des développemens qui se trouvent sur cet objet à l'article *Arrêts du conseil.*

et pâtis communs, tant pour le triage prétendu par les seigneurs , que pour l'usage et la division entre eux et les habitans. Il est d'ailleurs bien évident que, dans cet article, il n'est pas question du cantonnement qui n'était pas encore connu en 1669, mais seulement du triage et de l'aménagement; du triage, pour le cas où le seigneur demandait part aux habitans dans les biens dont il leur avait anciennement concédé la propriété; de l'aménagement, pour les cas où le seigneur n'ayant autrefois concédé aux habitans qu'un droit d'usage, demandait que l'exercice de ce droit fût restreint à une portion déterminée des biens qui en étaient grevés indéfiniment.

» Le second moyen de cassation des communes de Houtteville et de Liesville serait sans contredit inexpugnable, s'il était vrai que, par l'arrêt du 18 avril 1785, les religieux de Saint-Etienne eussent réellement obtenu plus qu'ils n'avaient demandé.

» Mais d'abord, qu'ont demandé les religieux? Ils ont demandé que , par forme de cantonnement, il fût fait, entre eux et les deux communes, un partage des marais de Liévetot et de Perrey; que, dans ce partage, le lot des deux communes fût réglé d'après leurs besoins; que les frais de cette opération fussent supportés par les parties, à proportion des terrains qui écherraient à chacune d'elles.

» Et qu'ont-ils obtenu au-delà, de cette demande? rien. A la vérité, l'arrêt du 18 avril 1785 les déclare propriétaires des marais de Liévetot et de Perrey; mais il ne fait, en cela, que mettre en évidence, la base sur laquelle reposait leur action en cantonnement. Leur action en cantonnement eût été non-recevable , s'ils n'avaient pas été propriétaires ; aussi les communes s'étaient-elles attachées à soutenir qu'ils ne l'étaient pas, comme eux, de leur côté, avaient réuni tous leurs efforts pour prouver qu'ils l'étaient réellement. A la vérité encore , l'arrêt leur adjuge le marais de Liévetot, et ne laisse aux deux communes, pour leur tenir lieu de cantonnement, que le marais connu sous le nom de Perrey. Mais par là même, il décide que le marais connu sous le nom de Perrey suffit aux besoins des deux communes. Cette décision renferme-t-elle un mal-jugé? Nous n'en savons rien; mais une chose bien constante, c'est qu'un mal-jugé en cette partie ne peut pas former une ouverture de cassation; qu'il n'en pourrait résulter qu'un moyen de révision, et que ce moyen ne pourrait être proposé que par la voie indiquée dans les lois des 19 septembre 1790 et 28 août 1792, c'est-à-dire, devant les tribunaux ordinaires. A la vérité, enfin, l'arrêt condamne les habitans de Houtteville et de Liesville aux dépens de l'instance; mais qu'y a-t-il de commun entre les dépens de l'instance et les frais du partage? Sans doute, si, au lieu d'opposer au cantonnement une résistance qui a été jugée mal fondée, les habitans y avaient donné leur acquiescement, il n'y aurait eu à supporter pour eux qu'une portion des frais du partage qui en eût été la suite. Mais, au lieu d'y acquiescer, ils ont soutenu qu'il ne pouvait pas être question de cantonnement; ils ont soutenu que la propriété des marais leur appartenait : et par là , s'est formée une instance dans laquelle ils ont succombé. Assurément les religieux n'avaient pas offert par leur requête, de contribuer aux dépens de cette instance proportionnellement à ce qui leur serait assigné par le partage. L'arrêt n'a donc pas jugé ultrà petita, en condamnant les deux communes aux dépens de cette instance.

» Reste le troisième moyen des communes de Houtteville et de Liesville, celui qui consiste à dire qu'elles ont été mal défendues dans l'instance en cantonnement.

» Pour établir qu'en effet elles ont été mal défendues dans cette instance, les communes de Houtteville et de Liesville produisent quatorze titres qu'elles n'y avaient pas produits, et qui, à les entendre, prouvent clairement qu'à elles seules appartient, de temps immémorial, la propriété des marais de Liévetot et de Perrey.

» A cet égard, il est un principe incontestable: c'est que, pour que le défaut de production de ces titres puisse former, au profit des habitans, une ouverture de requête civile, et par conséquent de cassation, il faut que de ces titres il résulte, en faveur des habitans, des inductions telles que, si elles eussent été proposées avant l'arrêt du 18 avril 1785, elles auraient dû faire rejeter la demande des religieux de Saint-Etienne; car si ces titres sont insignifians, si même il en sort des argumens destructifs de la prétention des deux communes, à coup sûr, les deux communes n'ont aucune raison de se plaindre de ce qu'ils n'ont pas été produits; et de ce qu'ils n'ont pas été produits ; il ne s'ensuit point que les deux communes aient été mal défendues.

» Tel est évidemment le vœu de l'art. 34 du tit. 35 de l'ordonnance de 1667, quand il ouvre aux ecclésiastiques, aux communes et aux mineurs, la voie de la requête civile; s'ils n'ont été défendus, ou s'ils ne l'ont été valablement. Et Jousse en fait expressément la remarque sur ces derniers mots : « c'est-à-dire (ce sont ses » termes), si les principales défenses, de fait » et de droit ont été omises. . . . . . ; en sorte » qu'il paraisse que le défaut des défenses » omises ait donné lieu à ce qui a été jugé, et » qui aurait été autrement jugé, s'ils avaient » été défendus, ou si les défenses eussent été » fournies »: explication d'autant plus juste, d'autant moins susceptible de critique, qu'elle est copiée mot pour mot sur le procès-verbal des conférences tenues pour la rédaction de l'ordonnance de 1667.

» Or, supposons l'instance en cantonnement encore indécise; reportons-nous par la pensée à l'instant où les juges réunis pour rendre l'arrêt du 18 avril 1785, sont sur le point de terminer leur délibération et de prononcer contre les deux communes; et voyons si les deux communes, en produisant tout-à-coup les quatorze titres dont il s'agit, feront changer les opinions déjà préparées contre elles. Voyons si, en produisant ces quatorze titres, elles donneront à leur cause une face nouvelle, si elles lui prêteront des couleurs favorables.

» Dans cet examen, nous ne devons pas nous mettre à demi, nous devons nous mettre tout-à-fait et sans la moindre réserve, à la place des magistrats qui ont rendu l'arrêt attaqué. Nous devons par conséquent faire une abstraction complette de tous les changemens qui sont survenus depuis dans la législation; car si depuis, les lois des 13 avril 1791, 28 août 1792 et 10 juin 1793, ont établi, en faveur des communes, des présomptions de propriété que n'admettaient pas les maximes reçues en 1785, les dispositions de ces lois peuvent bien fournir aux communes la matière d'une nouvelle action à intenter devant les juges ordinaires; mais leur fournir contre un arrêt rendu en 1785 même, un moyen de requête civile ou de cassation, elles ne le peuvent pas. L'autorité législative a pu abolir et rendre sans effet pour l'avenir certains arrêts préjudiciables aux communes; mais elle n'a pas eu le pouvoir de les rendre contraires à des maximes auxquelles ils étaient conformes; elle n'a pas eu le pouvoir de faire dépendre de lois dont ils avaient devancé la publication de plusieurs années, la question de savoir s'ils auraient pu, avant la publication de ces lois, être cassés ou rétractés. Une pareille rétroactivité est hors de la puissance du législateur. Le législateur ne peut pas faire que ce qui a été, n'ait pas été. En un mot, Messieurs, ce n'est pas, à proprement parler, comme cour de cassation, instituée sur les ruines de l'ancien conseil d'État que vous devez juger l'arrêt attaqué par les communes de Houtteville et de Liesville; vous ne devez, vous ne pouvez le juger, que comme eût dû le faire l'ancien conseil d'État lui-même.

» Et c'est assez dire que cet arrêt doit être maintenu, si, par les quatorze titres qu'elles produisent, les deux communes ne prouvent pas clairement qu'elles avaient, avant 1785, la propriété des marais contentieux. Car il ne faut pas s'y méprendre, ce n'était pas aux religieux de Saint-Étienne de Caen à prouver leur qualité de propriétaires: leur qualité de propriétaires était, par une présomption de droit, inhérente à leur qualité de seigneurs; et les

deux communes ne pouvaient être présumées qu'usagères, tant qu'elles n'établissaient pas leur prétendue propriété, soit par des titres formels, soit par des actes de possession véritablement caractéristiques de la propriété même.

» Cela résulte de la maxime constamment admise dans notre ancienne jurisprudence (au moins pour les pays non allodiaux, telle qu'était indubitablement la ci-devant Normandie), que les marais étaient présumés appartenir au seigneur territorial, si le contraire n'était prouvé très-clairement. Par l'effet de la règle, *nulle terre sans seigneur*, c'était de chaque seigneur territorial qu'étaient censées venir toutes les propriétés de son territoire; elles étaient censées n'avoir pu passer en d'autres mains que par inféodation ou accensement: il fallait prouver qu'il s'était dépouillé de celles dont on voulait l'exclure; et cette preuve devait se faire par des titres, ou au moins par des actes de possession légitime et contradictoire, qui s'adaptassent individuellement à chaque partie qu'on voulait soustraire à la loi générale de l'enclave. Voilà quelle était la règle; on la trouve dans tous les anciens jurisconsultes, et elle est inscrite en traits lumineux dans le traité des fiefs de Dumoulin : *teneo*, dit-il, *fundatam esse intentionem domini loci, non solùm in dominio directo, sed etiam in pleno dominio.*

» De là, ce principe consacré par un grand nombre de coutumes, et développé par Varsavaux, dans son *Traité des communes*, page 160, que « la patrimonialité des fiefs renferme et emporte avec soi, au profit du seigneur, les fonds » et la propriété entière et exclusive de toutes » les terres vagues, vacantes et en friche, qui se » trouvent dans l'enclave de la seigneurie; et » par conséquent on ne peut l'en dépouiller, » lorsqu'il ne paraît pas, par les investitures » ou par la coutume du lieu, qu'il les ait transmises en tout ou en partie à ses vassaux ».

» Les marais se rangent, pour ainsi dire, d'eux-mêmes, dans la classe des biens dont parle cet auteur; ils étaient dans l'origine, incorporés au gros du fief; le seigneur n'a donc pu les en détacher que par un accensement ou une concession gratuite. Ce ne sont pas, à la vérité, des terres tout-à-fait inutiles et vagues; ils sont destinés depuis long-temps à la paisson des bestiaux, et les communes s'en servent pour cet objet: mais cet usage est-il une marque de propriété? Non, le seigneur qui l'a accordé ou toléré, ne peut pas avoir entendu s'exproprier totalement: il ne faut pas donner à la cause plus d'étendue que l'effet ne le demande; la seule concession et tolérance de l'usage a pu et dû produire naturellement l'exercice de l'usage même; il n'a pas fallu d'expropriation entière pour y donner lieu; et conséquemment il n'est pas possible d'argumenter de l'exercice de l'usage à la concession de la propriété.

» C'est ce qui a été perpétuellement jugé sous le régime féodal : pour vous en convaincre, nous vous retracerons deux jugemens célèbres ; l'un qui remonte à des temps très-reculés, l'autre qui a été rendu de nos jours.

» Dans l'espèce du premier, il était question de savoir à qui du seigneur ou des habitans de la commune de Haïes, appartenaient certains cantons qui, de temps immémorial, existaient en nature de prés. Pierre de Digny s'en prétendait propriétaire en sa qualité de seigneur ; les habitans soutenaient (nous empruntons les expressions de Beaumanoir, *coutume de Beauvoisis*, chap. 24), qu'ils en avaient *usé et maintenu de si long-temps, comme il pouvait souvenir à mémoire d'homme, et ledit usage était bien connu de messire Pierre*. Le seigneur n'avait point de titres ; toute sa défense consistait à dire qu'il avait *èsdits prés toute justice et toute seigneurie*. La cour de Creil, juge de cette contestation, en sentit toute l'importance ; avant de la décider, elle *prit tous les répis et conseils en moult de lieux*. Enfin, elle prononça que la propriété appartenait à Pierre de Rigny, par cela seul qu'il était seigneur, et que les habitans n'avaient jamais joui comme propriétaires.

» L'autre jugement a été rendu au parlement de Paris, le 22 mai 1781, au sujet des marais du Marquenterre, entre le comte d'Artois et vingt-deux communes du ci-devant Ponthieu qui le reconnaissaient pour seigneur à cause de son apanage. La question était de savoir si les vingt-deux communes étaient propriétaires ou non des marais situés dans les limites de leurs territoires respectifs, et sur lesquels les habitans avaient été de tout temps, et étaient encore, en possession constante et toujours paisible de faire pacager leurs bestiaux. Le comte d'Artois soutenait qu'en sa qualité de seigneur, il avait la grande main et la *propriété générale* des marais, palus et autres terrains de cette espèce, sujets de fait ou de droit aux usages et pâturages des habitans voisins ; que le simple exercice des usages et pâturages ne pouvait jamais acquérir aux habitans la propriété communale du terrain ; qu'il leur fallait, pour s'en prétendre propriétaires, ou des titres positifs, ou une possession établie par des actes extérieurs clairement indicatifs de propriété, et continuée pendant un temps suffisant pour acquérir la propriété par prescription. Par l'arrêt cité, le parlement de Paris adjugea aux habitans les marais qu'ils avaient anciennement défrichés, cultivés ou enclos, déclara le comte d'Artois propriétaire du surplus, et lui donna acte de l'offre qu'il avait faite de délaisser aux communes, par forme de cantonnement, les portions de marais qui seraient jugées nécessaires pour leurs besoins.

» Nous avons déjà insinué que cette jurisprudence devait avoir lieu spécialement en Nor-

Tome VI.

mandie, et la raison que nous en avons donnée est aussi simple que tranchante ; c'est que la coutume de Normandie admettait, ou du moins supposait la règle *nulle terre sans seigneur*, sur laquelle cette jurisprudence était fondée. Cependant nous ne devons pas dissimuler que l'auteur du *Dictionnaire de droit normand*, au mot *Commune*, n, 2, fait, à ce sujet une distinction, que l'on ne trouve nulle autre part. « Ou les seigneurs ». (dit-il) ; dans lesquels sont assises les *communes*, (c'est-à-dire comme il l'explique lui-même, les marais), ont des aveux par lesquels la concession qu'ils en ont faite à leurs vassaux, est constante ; ou les vassaux en jouissent en vertu d'une possession immémoriale sans titre. Au premier cas, *l'usage que les resséans sur le fief ont exercé sur les communes, doit être restreint à l'espèce de jouissance qu'ils en ont eue*..... Mais dans le second cas, la commune est présumée appartenir au roi, et avoir précédé l'inféodation des seigneurs ; présomption d'où il résulte que le feudataire n'a reçu l'investiture de son fief, qu'à la condition de conserver aux vassaux qui en dépendraient, l'usage de la commune, et de ne pouvoir y prendre part que concurremment avec eux. ».

» C'est sans doute sur la deuxième branche de cette doctrine que s'étaient fondés les administrateurs des domaines, pour demander, lors de l'arrêt du 18 avril 1785, que le roi fût déclaré propriétaire des marais de Liévetot et de Perrey. Mais leur demande fût rejetée par cet arrêt même, et vous en voyez clairement la raison. C'est que les habitans reconnaissaient tenir de la concession non gratuite de l'abbaye de Saint-Etienne, les droits qu'ils exerçaient de temps immémorial sur les deux marais. Mais de là même il résulte que la doctrine d'Houard ne peut leur être ici d'aucun secours ; que, bien loin de là, elle s'élève contre eux, et qu'elle fortifie de plus en plus le principe consacré par tous les arrêts rendus sur la matière, qu'en fait de marais, l'usage qu'y ont exercé les habitans, *doit être restreint à la jouissance qu'ils en ont eue*, et ne peut conséquemment pas former pour eux une preuve de propriété.

» Nous avons donc bien raison de dire que, lors de l'arrêt du 18 avril 1785, les religieux de Saint-Etienne n'avaient à prouver ; que la preuve de leur propriété résidait dans leur qualité de seigneurs, et que les habitans devaient être réputés simples usagers, tant qu'ils ne détruiraient pas cette présomption alors légale, par des titres exprès ou par des actes positifs de possession *animo domini*.

» Cette base posée, entrons dans l'examen des titres produits par les communes de Houteville et de Liesville.

» Les deux premiers sont, etc...

» Le 14.e titre, qui en vaut, dit-on, huit autres, est une liasse de huit contrats, par lesquels, dans l'intervalle du 18 août 1631 au 8 février 1643, la commune de Houtteville a vendu à différens particuliers diverses portions des marais contentieux.

» Mais ces contrats, bien loin de prouver que la commune était propriétaire des marais, mettent le dernier trait à la preuve qu'elle n'en était qu'usagère ; et que la propriété en était constamment demeurée à l'abbaye. Tous en effet sont passés du consentement de l'abbaye elle-même, consentement qui, certes, eût été inutile à la commune, consentement que la commune n'eût pas demandé, si l'abbaye n'eût pas été propriétaire.

» Et comment les demandeurs n'ont-ils pas vu que, surtout par deux de ces contrats, par ceux des 22 décembre 1641 et 2 février 1643, il est démontré jusqu'à l'évidence, que c'est effectivement par la seule raison que l'abbaye était propriétaire, que son consentement aux ventes dont il s'agit, a été requis et obtenu.

» Le contrat du 22 décembre 1641 porte: « Fut » présent D. Gilles Poirier, religieux chambrier » de l'abbaye de Saint-Étienne de Caen, prieur » et baron de Baupte, *seigneur tréfoncier des ma-* » *rais et communes de Houtteville*, lequel, sur » les remontrances à lui faites par les communes » et habitans de ladite paroisse de Houtteville et » communiers aux marais et communes d'icelle » paroisse. . . . . » *(Ici l'on rend compte de l'adjudication qui avait été faite quelques jours auparavant, sous son bon plaisir, de 34 verges de marais),* « lesdites communes et pa- » roisses de Houtteville ayant ci-devant requis » et prié le seigneur baron de Baupte, de vouloir » accepter et avoir agréable la vente et aliéna- » tion desdites 34 verges de marais, en consi- » dération de leur pauvreté. . . . , ce que ledit » seigneur baron leur aurait accepté et accordé; » et à ladite vente pour agréable; suivant quoi, » lesdits paroissiens font vente et cession. . . . , » à la charge de faire les droits et devoirs sei- » gneuriaux, et baillera par écrit à ladite ba- » ronnie de Baupte, en la verge de Houtteville, » d'où lesdits marais sont tenus ». — Et quant au contrat du 2 février 1643, il est fait, comme le précédent, « en la présence de noble et réli- » gieuse personne D. Gilles Poirier, chambrier » de l'abbaye de Saint-Étienne de Caen, sei- » gneur tréfoncier dudit marais; lequel, à la » prière de ladite communauté, et en considé- » ration de leur pauvreté et misère, a eu la » présente vente pour agréable et icelle con- » sentie ».

» Ce n'est donc pas simplement comme sei- gneur direct, c'est comme *seigneur tréfoncier* des marais de Houtteville, que le prieur-baron de Baupte a donné les consentemens dont il est ici question; et sans doute on ne niera point que les termes, *seigneur tréfoncier*, ne désignent un seigneur propriétaire du fonds sur lequel il a con-

cédé des droits d'usage. En tout cas, nous avons, pour établir que telle était notamment en Normandie l'acception de ces mots, une autorité bien précise dans le commentaire de Basnage sur l'art. 82 de la coutume de cette contrée. « Il » est arrivé en France (dit ce jurisconsulte), » que plusieurs ducs, comtes et grands seigneurs » ont quelquefois baillé des bois, des landes, des » marais et autres terres vaines et vagues, à con- » dition de les relever d'eux, ou bien *ils en ac-* » *cordaient seulement quelque usage, demeu-* » *rant toujours seigneurs tréfonciers.* Ces diffé- » rentes concessions ont fait que, quand les » seigneurs ont voulu se séparer d'avec leurs » vassaux et partager les communes, on a fait » différence entre les vassaux auxquels la pleine » propriété avait été cédée, et pour ces com- » munes-là, le seigneur peut contraindre ses » vassaux à lui laisser sa part. . . . *Mais à l'égard* » *du seigneur tréfoncier, il peut laisser aux usa-* » *gers une portion compétente et suffisante pour* » *leurs besoins* ». Une autre preuve que *tréfon- cier* est absolument synonyme de *propriétaire*, se trouve en caractères bien lumineux dans l'art. 1.er de la coutume de Touraine: « Le » seigneur qui a basse justice (y est-il dit) peut » connaître en sa cour... des actions réelles » et pétitoires concernant le *tréfonds* ». Et De- laurière, dans son glossaire du droit français, article *Tréfonds*, définit ainsi ce terme : « Tré- » fonds est *ipsum prædium, quod est cujusque* » *proprium. Undè* (continue-t-il), seigneur tré- » foncier de la dixme, de la rente, des cens, » de la justice, de l'héritage dont un autre a » l'usufruit, au style des cours séculières de » Liège, chap. 6, art. 8, chap. 13, art. 20 ; » et souvent ailleurs, le tréfonds est opposé » à au viager, la propriété à l'usufruit ».

» Ainsi, en dernière analyse, des quatorze titres produits par les demandeurs pour prou- ver qu'ils ont été mal défendus lors de l'arrêt du 18 avril 1785, il n'en est pas un seul qui, ou ne soit insignifiant, ou ne justifie complè- tement le contraire de ce que les demandeurs prétendent en induire. . . .

» Par ces considérations, nous estimons qu'il y a lieu de rejeter la requête des demandeurs et de les condamner à l'amende ».

Arrêt du 17 nivôse an 13, au rapport de M. Pajon, qui,

« Attendu 1.° que, d'après un usage constant, le conseil d'État était en possession de con- naître de la matière des cantonnemens, ce qui résulte au moins implicitement des lois mêmes de l'assemblée constituante qui, en lui interdi- sant pour l'avenir la connaissance des affaires contentieuses, n'a point anéanti les arrêts par lui rendus jusqu'à l'époque où elles ont été pu- bliées;

» Attendu 2.° que l'arrêt attaqué n'a point ad- jugé aux religieux de l'abbaye de Saint-Étienne plus qu'ils ne demandaient, puisqu'ils avaient, d'une part, conclu à la maintenue en pleine propriété des marais contentieux, et, de l'autre, à la condamnation des dépens contre les communes demanderesses, en cas de contestation de leur part; d'où il suit que le conseil d'Etat, en adjugeant à ces religieux ces deux chefs de demande, ne leur a pas accordé plus qu'ils n'avaient demandé;

» Attendu 3.° qu'il n'est nullement probable que, quand ces mêmes communes auraient produit au conseil, les quatorze titres qui composent leur nouvelle production, il eût prononcé différemment sur la question de propriété soumise à sa décision, puisqu'ils ne sont pas plus concluans que ceux par elles précédemment produits, et que ceux des religieux suffisaient, au contraire, d'après les dispositions de la coutume de Normandie et la jurisprudence du conseil, pour leur faire adjuger cette propriété; d'où il suit qu'on ne peut dire que, sous ce rapport, ces communes n'aient pas été valablement défendues;

» Déboute lesdites communes de leur demande en cassation contre ledit arrêt du conseil d'Etat du 18 avril 1785, et les condamne à l'amende.... ».

§. VI. *L'usager peut-il devenir propriétaire par le seul effet de la possession?*

V. l'article *Communaux (biens)*, §. 8.

§. VII. 1.° *Le droit d'usage pouvait-il, avant le Code civil, s'acquérir sans titre et par le seul effet de la possession immémoriale, dans les coutumes qui rejetaient toute prescription en matière de servitude?*

2.° *Peut-il s'acquérir de cette manière depuis la promulgation de l'art. 691 de ce Code, qui affranchit de toute prescription les servitudes discontinues?*

Je ne proposerais pas ici ces deux questions qui n'en font qu'une, s'il n'avait été rendu, dans les derniers temps, le 24 avril 1810, un arrêt de la cour de cassation, qui a jugé, en en maintenant un de la cour d'appel de Bourges, du 18 août 1807 qu'un droit d'usage, dans une forêt régie par la coutume de Berry, était suffisamment établi par la possession immémoriale dans laquelle étaient ceux qui le réclamaient, de couper du bois dans cette forêt pour leur chauffage et d'y faire pacager leurs bestiaux, quoique, de son côté, le propriétaire de la forêt se prévalût des art. 1, 2 et 3 du tit. 11 de la coutume qui rejetaient toute prescription en matière de servitude.

J'ai rapporté cet arrêt dans le *Répertoire de Jurisprudence*, au mot usage (droit d'), sect. 2,

§. 1, n.° 6; mais entraîné alors par des occupations toutes plus urgentes les unes que les autres, je n'ai pas eu le temps de l'accompagner des observations dont il est susceptible: je me suis borné à dire, §. 3, que, pour savoir si les communes qui, au moment de la promulgation de l'art. 691 du Code civil, étaient en possession de droits d'usage non fondés en titres, il faut, d'après la disposition de cet article concernant la prescriptibilité ou l'imprescriptibilité antérieures de servitudes discontinues, se reporter à la jurisprudence qui régissait précédemment, en cette matière, les diverses parties du territoire français.

Il s'agit aujourd'hui de justifier cette assertion en répondant aux motifs de l'arrêt de la cour suprême et de celui qu'il confirme.

Ces motifs se réduisent à dire que les droits d'usage ne sont pas des servitudes proprement dites; qu'ainsi, on ne peut pas leur appliquer les dispositions des coutumes qui rejetaient toute servitude non fondée sur un titre; et que, dans le silence de la coutume de Berry sur les effets de la possession en matière d'usage, il n'y a rien de mieux à faire que de s'en rapporter à une coutume voisine, à celle de Nivernais, qui assimile la possession immémoriale à un titre.

Mais sur quoi se fondent ces arrêts pour assurer, comme ils le font, que les droits d'usage dans les forêts d'autrui, ne sont pas des servitudes?

Celui de la cour de cassation n'en donne aucune espèce de raison: il se borne à dire que les art. 1, 2 et 3 du tit. 11 de la coutume de Berry sont étrangers aux droits d'usage dans les bois et forêts; et sans doute, il ne se renferme dans ce laconisme, que parce que celui de la cour d'appel de Bourges auquel il se réfère, entre dans plus de détails.

Voici comment il le rapporte lui-même dans son préambule: « la cour d'appel a considéré » que, suivant la définition généralement reçue » en droit, la servitude est une redevance, » charge ou prestation imposée sur un héri- » tage pour l'usage ou l'utilité d'un autre héri- » tage appartenant à un autre maître; que » l'exercice ne doit jamais tendre à altérer le » fond de l'héritage asservi; qu'un droit d'usage, » au contraire, participe du droit de propriété, » en ce qu'il peut, en certains cas, attaquer la » substance même de l'objet sur lequel il » s'exerce; qu'aussi la plupart des coutumes » qui régissaient la France, admettaient-elles » une distinction entre les servitudes et les » droits d'usage, en établissant des distinctions » particulières à l'un et à l'autre droit; dispo- » sition nouvellement consacrée par les dis- » positions du Code civil, liv. 2, tit. 3 et 4, et » que par conséquent les maximes et le prin- » cipe adoptés en matière de servitudes, ne sont

» pas applicables au droit d'usage....; que, dans
» le silence de la coutume de Berry sur le mode
» d'établir ou de conserver un droit d'usage
» de la nature de celui dont il s'agit dans l'es-
» pèce, on est forcé de recourir aux coutumes
» circonvoisines et de consulter le droit com-
» mun; qu'il en résulte, particulièrement de
» la coutume de Nivernais, art. 9 et 10, au
» titre *des bois et forêts*, que le droit d'usage
» s'établit, ou par titres, ou par jouissance ac-
» compagnée du payement de redevances, ou
» par la seule possession immémoriale ».

Quelle confusion de mots et d'idées! quels paralogismes!

D'abord, où a-t-on pris qu'il est de l'essence
d'une servitude que son *exercice ne tende
jamais à altérer le fond de l'héritage asservi?*
Les lois romaines, nos seuls guides en cette
matière, ne s'expliquent ainsi que par rapport
à la servitude personnelle de l'usufruit: *ususfructus* (dit Justinien dans ses institutes, liv. 2,
tit. 4) *est jus alienis rebus utendi fruendi, SALVA
RERUM SUBSTANTIA.*

Mais si, comme on n'en peut douter, la partie de cette définition qui subordonne le droit
de l'usufruitier à la condition de laisser intacte
la substance de la chose qui s'en trouve grevée,
est commune aux servitudes réelles tout aussi
bien qu'à la servitude personnelle de l'usufruit,
on doit du moins convenir aussi qu'elle doit être
entendue, relativement à celles-là, dans le
même sens qu'elle l'est relativement à celle-ci.

Or, que signifie-t-elle par rapport à l'usufruit? rien autre chose si ce n'est que la jouissance de l'usufruitier n'empêche pas que le
fonds sur lequel il l'exerce, ne continue d'appartenir à celui qui est obligé de souffrir la
servitude. Mais n'en est-il pas de même des servitudes réelles? les servitudes réelles empêchent-elles que le fonds servant ne reste dans
le domaine de celui qui le possède? sans doute,
comme le dit la loi 5, §. 9, D. *de operis novi
nunciatione*, elles diminuent les droits du fonds
servant (1), mais elles ne les anéantissent pas!
Il est au contraire de principe qu'elles ne
peuvent jamais s'exercer au-delà des besoins
de ceux à qui elles appartiennent, et porter atteinte à la propriété foncière. Eh quoi! l'usufruit absorbe tous les produits du fonds, et
cependant il forme, tout le temps qu'il dure,
une servitude proprement dite; et il n'en serait
pas de même d'un droit d'usage qui n'emporte
qu'une faible portion de ces produits!...

Que la durée du droit d'usage, lorsqu'il est
établi pour l'utilité d'un fonds, ne soit pas

limitée à la vie de l'usager, comme l'est celle
de l'usufruit, cela est tout simple : l'usufruit
est attaché à la personne et s'éteint par conséquent avec elle; au lieu que le droit d'usage,
dans les cas dont nous parlons, a tous les caractères d'un droit réel et dure par suite autant
que le fonds auquel il est inhérent. Mais qu'importe cette différence? que fait à la nature
d'un droit, le plus ou le moins de durée qu'il
peut avoir? Temporaire, il forme une servitude temporaire : perpétuel, il forme une servitude perpétuelle. Voilà tout.

Un *droit d'usage*, dit l'arrêt de Bourges,
*participe du droit de propriété, en ce qu'il peut,
en certains cas, attaquer la substance même de
l'objet sur lequel il s'exerce.*

Comment pourrait-il attaquer cette *substance?*
Il ne peut jamais aboutir qu'à une participation plus ou moins étendue aux fruits du fonds;
il ne peut même jamais en absorber la totalité,
à moins que des clauses extraordinaires ne le
fassent dégénérer en usufruit.

Et comment, dès-lors, pourrait-il *participer
du droit de propriété?* Qu'il forme une charge
pour le propriétaire, qu'il altère à son préjudice, les avantages attachés à cette qualité,
cela n'est pas douteux : mais il n'associe pas
l'usager à sa propriété même; partout, au contraire, nous voyons l'usage mis en opposition
avec la propriété. *Le seigneur propriétaire* (dit
l'art. 21 du chap. 17 de la coutume de Nivernais)
*peut vendre.... de son bois usager, à la charge
dudit usage.* Et Coquille, sur le même chapitre,
ajoute : *tant qu'il* (l'usager) *porte la qualité
d'usager, il ne peut acquérir droit de propriétaire.* Le président Bouhier, dans ses savantes
*Observations sur la coutume du duché de Bour-
gogne,* chap. 62, n. 31, distingue avec non moins
de précision la propriété d'avec l'usage : « le
» mot *usage* (dit-il) ne convient point aux héri-
» tages que nous appelons *communaux,* et que
» les habitans possèdent en propriété : il n'est
» applicable qu'au droit qu'on a sur le fonds
» d'autrui, suivant la règle, *res sua nemini
» servit* ».

Les lois nouvelles, bien loin de confondre
plus que ne l'avait fait l'ancienne jurisprudence,
le droit d'usage avec la propriété, le distingue
d'une manière encore plus tranchante, s'il est
possible. Témoins, entre autres, celles qui ont
été rendues en 1790 et 1792, concernant le *droit
de tiers-denier* des ci-devant provinces de Lorraine, du Barrois et du Clermontois.

En vertu de ce droit, les seigneurs étaient,
depuis un temps immémorial, en possession de
prendre le tiers du prix des ventes que les communes faisaient des coupes des bois dont elles
étaient usagères.

Les droits d'usage de ces communes étaient,
comme on le voit, fort étendus, puisqu'il en
résultait pour elles, non-seulement la faculté de

_____

(1) *Cùm quis jus suum deminuit, alterius auxit,
hoc est, servitutem ædibus suis imposuit.* Ce qui fait
dire à Godefroy, dans sa note sur ce texte : *Servitutis
hæc est natura, ut jus prædii servientis minuat.*

couper du bois pour leurs besoins, mais même celle d'en couper pour le livrer au commerce.

Insensiblement quelques seigneurs avaient été plus loin, et s'étaient approprié même le tiers-denier du prix des ventes des bois dont les communes étaient propriétaires. L'art. 32 du tit. 2 de la loi du 28 mars 1790 a fait cesser cette usurpation : « Le droit de tiers-denier (a-t-il dit) » est aboli dans les provinces de Lorraine, du » Barrois, du Clermontois et autres où il pour-» rait avoir lieu, à l'égard des bois et autres » biens qui sont *possédés en propriété par les* » *communautés ;* mais il continuera d'être perçu » sur le prix des ventes des bois et autres biens » *dont les communautés ne sont qu'usagères* ».

Voilà certainement une ligne de démarcation bien clairement tracée entre le droit d'*usage* et la *propriété.*

La loi du 28 août 1792 a fait un pas de plus, et a néanmoins consacré la même distinction entre l'un et l'autre en maintenant, art. 2, l'abolition du droit de tiers-denier sur les bois dont les communes jouissaient *à titre de pro-priété,* elle en a également affranchi les bois dont les communes jouissaient *à titre d'usage ;* « sauf aux ci-devant seigneurs (a-t-elle ajouté) » à percevoir ce droit sur le prix des ventes des » bois et autres biens *dont les communautés ne* » *sont qu'usagères,* dans le cas où ce droit se » trouvera réservé dans le titre primitif de » concession de l'*usage,* qui devra être repré-» senté ».

En attribuant ainsi aux communes, hors le cas qu'elle excepte, la totalité du prix des ventes des bois soumis à leur droit d'usage, cette loi a évidemment converti ce droit en usufruit per-pétuel. Mais par cette conversion, leur droit d'usage les a-t-il constitués propriétaires ? La loi elle-même dit positivement que non : à titre d'usage, dont les communautés ne sont qu'usa-gères : on se rappelle que ce sont les propres termes du législateur.

Cependant une commune a prétendu, quel-ques années après, que, par cela seul que son ci-devant seigneur ne pouvait pas, représenter de titre par lequel, en lui concédant le simple usage de ses bois, il se fût réservé le droit de tiers-denier, elle devait être considérée comme propriétaire, et que l'art. 2 de la loi du 28 août 1792 avait virtuellement substitué en elle cette qualité à celle d'usagère ; et la cour d'appel de Dijon le jugea ainsi par arrêt du 30 nivôse an 11.

Mais cet arrêt a été cassé, le 27 nivôse an 12, « vu l'art. 2 du tit. 32 de la loi du 28 mars 1790 » et l'art. 2 de la loi du 28 août 1792, et at-» tendu que ces lois ont, pour la ci-devant Lor-« raine et le ci-devant Barrois, et relativement » aux bois qui appartiennent aux communautés » d'habitans ou dont elles ne sont qu'usagères,

» établi une *différence très-marquée entre le droit* » *de propriété et le simple droit d'usage* (1) ».

Que faudrait-il pour que le droit d'usage, alors même que, par sa latitude extraordinaire, il dégénère en usufruit perpétuel, *participât,* suivant l'expression de la cour d'appel de Bourges, *du droit de propriété* ? il faudrait qu'il renfer-mât ce qu'on appelait dans l'ancienne jurispru-dence, le *domaine utile.*

Mais le *domaine utile,* qu'était-il dans l'an-cienne jurisprudence ? Ce n'était pas l'opposé de la propriété séparée de l'usufruit, encore moins de la propriété grevée d'un droit d'usage : c'était tout simplement l'opposé du *domaine direct.*

La distinction entre le *domaine direct* et le *domaine utile,* nous était venue des Romains : chez eux le propriétaire d'un fonds stérile le concédait en emphytéose ; et par là, tout en se réservant sur ce fonds un droit de préémi-nence que l'on appelait *domaine direct,* il en transportait le *domaine utile* à son concession-naire ; mais le concessionnaire, pour être réduit au *domaine utile,* n'en était pas moins considéré comme propriétaire. — La loi 12, C. *de fundis patrimonialibus et emphyteuticis,* met en ques-tion si les emphytéotes peuvent affranchir les serfs attachés à la glèbe du fonds qu'ils pos-sèdent comme tels ; et elle répond qu'ils le peuvent, parce qu'ils sont véritablement pro-priétaires; *cùm fundorum domini sint.* — La loi 15, D. *qui satisdare cogantur,* n'est pas moins précise : elle établit d'abord que les possesseurs d'immeubles sont exempts, lorsqu'ils plaident, de la caution *judicatum solvi,* caution à laquelle, comme on le sait, le droit romain n'assujetis-sait pas seulement les étrangers, mais encore les citoyens : *sciendum est possessores immobilium rerum satisdare non compelli.* Elle ajoute que l'on doit, à cet égard, considérer comme pos-sesseur, celui qui possède, en tout ou en partie, soit un domaine rural, soit une propriété foncière dans une ville : *possessor autem is accipiendus est qui in agro vel civitate rem soli possidet aut ex asse aut pro parte.* L'emphytéote, continue-t-elle, est réputé possesseur : *sed et qui vecti-galem, id est emphyteuticum agrum possidet, possessor intelligitur.* Il en est de même, dit-elle encore, de celui qui n'a que la nue propriété d'un fonds : *item qui solam proprietatem habet, possessor intelligitur ;* MAIS LE SIMPLE USUFRUI-TIER NE PEUT PAS ÊTRE RANGÉ SUR CETTE LIGNE : *eum verò qui tantùm usumfructum habet, posses-sorem non esse Ulpianus scripsit.*

Ici revient encore, comme on le voit, la question que nous faisions tout-à-l'heure : si l'usufruitier n'est pas réputé même *possesseur*

(1) *V.* ci-dessus, §. 3....

du fonds, comment le simple usager le serait-il ?
Si le premier n'a sur le fonds dont il jouit pleinement, qu'un droit de servitude, comment le second y aurait-il un droit de propriété ?

Aussi, nous le répétons, l'arrêt de cassation du 27 nivôse an 12 a-t-il jugé *in terminis* que le droit d'usage n'emporte pas la propriété, alors même qu'il absorbe tous les produits du fonds.

Et il est à remarquer que la même chose avait été jugée, long-temps auparavant, par un arrêt rendu le 23 septembre 1581.

Par cet arrêt, « que j'ai vu en original, et qui
» intervint entre le seigneur de Thil-Châtel et
» tous les usagers de la forêt de Velours, dépen-
» dante de ladite seigneurie (dit le président
» Bouhier, à l'endroit cité plus haut, n. 76 et
» suivans), les habitans de Bomberain furent
» confirmés au *plein usage* dans cette forêt,
» et fut ordonné qu'à ceux qui auraient des
» anciennes maisons bâties avant quarante ans,
» et autres bâties depuis sur d'anciens fonde-
» mens, serait délivrée, pour trois droits d'usage
» par eux prétendus, une portion des bois de
» ladite forêt en une pièce.....; dans laquelle
» portion laissée auxdits habitans le seigneur
» ne pourra dorénavant prétendre aucune
» chose, fors la *propriété nue*, avec la chasse,
» justice, amendes, forfaitures et confiscations;
» et lui demeurera le surplus de ladite forêt
» franc et quitte de *tout usage ; charges et*
» *servitudes* quelconques envers lesdits habi-
» tans ».

Objectera-t-on que, dans quelques lois romaines, l'usufruit est appelé *pars dominii*, et que, dès-lors, il n'y a nulle raison pour que la qualification de propriété partiaire ne convienne aussi au droit d'usage?

Mais, comme le remarque Voët, sur le digeste, titre *de usufructu*, n. 3, l'usufruit n'a le caractère de *partie de la propriété* dans les lois qui le lui attribuent, que relativement au propriétaire et lorsqu'il est réuni à la propriété elle même : *totius usufructus est domini pars, vel saltem portionis instar obtinet, ut Papinianus loquitur in lege* 76, §. 2, D. de legatis 2.°, *quoties cum proprietate conjunctus est; qui enim eundem habet cum proprietate conjunctum, plenum dicitur habere dominium, sic ut, ex quo ad proprietatem reversus est, nudæ proprietatis dominus incipit plenam in re habere potestatem.* (§. ult., inst. h. t. 1. 78, D. de jure dotium); *plenum autem illud dominium duabus quasi partibus integrantibus, proprietate scilicet et usufructu, constare evincitur apertè ex lege* 58, D. de verborum obligationibus, *dùm qui usumfructum fundi stipulatur, deindè fundum, similis dicitur ei qui partem fundi stipulatur, deindè totum; quia fundus dari non intelligitur, si ususfructus detrahatur.* Du reste, continue Voët, lorsque l'usufruit est séparé de la propriété, il n'en forme plus une partie, il n'est plus qu'une simple servitude,

contrà si ususfructus à proprietate separationem receperit, NON DOMINII PARS, *sed* SERVITUS *est; id est, seorsim consideratur ut* JUS SERVITUTIS, QUOD.... JURI DOMINII OPPOSITUM *est;* et c'est sur ce fondement, ajoute-t-il, que la loi 25, D. *de verborum significatione,* dit que la propriété d'un héritage nous appartient en totalité, lors même que cet héritage est grevé d'un droit d'usufruit : *rectè dicimus* (ce sont les termes de cette loi) *eum fundum totum nostrum esse, etiam cùm ususfructus alienus est; quia ususfructus* non domini *pars; sed servitus sit, ut via et iter, nec falsò dici totum meum esse cujus non potest ulla pars dici alterius esse.*

Cette doctrine n'est point particulière à Voët : elle est celle de tous les auteurs. Pour ne pas multiplier inutilement les citations, nous nous bornerons à ce que dit Brunemann, sur la loi 4, D. *de usufructu;* et sur la loi 21, D. *de exceptione rei judicatæ.*

Il établit, sur la première, que la plupart des docteurs s'accordent à distinguer deux sortes d'usufruits : l'un qu'ils appellent *causalis,* et qui est celui qui se trouve réuni dans la main du propriétaire, à la nue propriété; l'autre qu'ils qualifient de *formalis,* et qui, séparé de la nue propriété, existe dans les mains d'un autre que le propriétaire; et voici, d'après cela, comment il s'explique sur la seconde : *causalis ususfructus est cum dominio junctus; sed.... ususfructus formalis non est pars dominii.*

A des principes aussi clairs et aussi positifs, on opposerait inutilement l'arrêt que la cour d'appel de Rouen, a rendu le 5 août 1809, entre le domaine public représenté par le préfet du département de la Seine Inférieure et les communes de Bliquetuit. Il est vrai que, d'après un arrêt du conseil du 29 mars 1677, qui, en déclarant le roi propriétaire d'un terrain appelé la *commune du More,* accordait à cette commune le droit d'en percevoir tous les fruits à titre d'usage, cet arrêt *maintient les habitans de Notre-Dame et de saint-Nicolas de Bliquetuit en possession et jouissance du produit ou* DOMAINE UTILE *de la commune du More, aux charges de droit.* Mais cet arrêt a été attaqué par un recours en cassation que la section des requêtes a accueilli avec d'autant moins de difficulté, qu'il était appuyé de l'arrêt cité de la cour de cassation elle-même du 27 nivôse an 12; et la section civile ne l'a rejeté que par un motif qui ne fait que confirmer de plus en plus les principes que nous venons d'invoquer : « attendu (a-t-elle dit
» par son arrêt de rejet du 19 juin 1811) que
» l'arrêt attaqué, en maintenant les habitans
» de Bliquetuit en possession du produit ou
» *domaine utile* de la commune du More,
» n'avait évidemment voulu par ces mots ou
» *domaine utile,* qu'expliquer que c'était seule-
» ment l'usufruit de la terre, c'est-à-dire, le
» droit de prendre les fruits en conséquence de

» la jouissance accordée sans limitation par
» l'arrêt du conseil, du 29 mars 1677; qu'on
» peut d'autant moins appréhender la consé-
» quence de cette expression *domaine utile*,
» que la cour d'appel, par la disposition de
» son arrêt qui précède immédiatement, avait,
» en confirmant le jugement de première ins-
» tance à cet égard, rejeté la prétention de
» propriété des habitans, comme concession-
» naires par acensement ou fieffataires.... ».

Ainsi, la cour de cassation n'a pas hésité à
reconnaître, en 1811, par la manière dont elle
a interprété le mot *domaine utile* improprement
employé dans l'arrêt de la cour d'appel de
Rouen, qu'un droit d'usage, lors même qu'il
enveloppe tous les produits du fonds qui en est
grevé, n'emporte, à aucun égard, la propriété
de ce fonds; et conséquemment elle a elle-même
démenti, par là, l'étrange assertion sur laquelle
il lui était échappé de glisser en 1810, en maintenant l'arrêt de la cour d'appel de Bourges
de 1807, que *le droit d'usage participe du droit
de propriété*.

Elle l'a encore démentie depuis, et plus formellement encore, dans une espèce où l'on
employait, pour établir que le droit d'usage
dans une forêt, n'est pas une servitude, mais
une co-propriété, des argumens peut-être
plus spécieux encore que ceux que je viens de
réfuter.

En 1805, les héritiers du sieur Laboucaye
vendent aux sieurs Brovard frères la terre d'Alligre de laquelle dépendent plusieurs forêts, *à
la charge*, entre autres, *de souffrir toutes servitudes passives, apparentes ou occultes, s'il en
existe aucune*.

Plusieurs années après, diverses communes
réclament un droit de pacage dans les bois
d'Alligre, et rapportent d'anciens titres qui
le leur attribuent, moyennant une redevance
annuelle de sept sous six deniers par écurie.

Les sieurs Brovard, ne pouvant rien opposer
à ces titres, appellent les héritiers Laboucaye
en garantie.

Ceux-ci se présentent, reconnaissent, comme
les frères Brovard, qu'il n'y a rien à opposer à
la demande des communes, mais se retranchent
sur la clause du contrat de vente par laquelle les
acquéreurs se sont chargés de *toutes servitudes
passives, apparentes ou occultes*, clause qu'ils
ont, disent-ils, stipulée parce que ne connaissant
que très-imparfaitement la terre qu'ils vendaient,
ils n'ont pas voulu s'exposer à des actions récur-
soires pour les servitudes dont elle pouvait-être
grevée à leur insu.

Là s'élève la question de savoir si le droit de
pacage réclamé par les habitans, était un droit
de co-propriété ou une servitude.

Les sieurs Brovard soutiennent que c'est un
droit de co-propriété; et en concluent que leur

recours en garantie est à la fois recevable et
fondé.

Jugement qui, en maintenant les communes
dans leur droit de pacage, déclare les frères
Brovard non-recevables dans leur action réces-
soire.

Appel à la cour royale de Riom; et le 14
juin 1815, arrêt qui met l'appellation au néant,
« attendu que, d'après l'art. 688 du Code civil,
» le droit de pacage dont il s'agit, est une ser-
» vitude; que les vendeurs étaient étrangers à
» la terre d'Alligre; qu'ils ignoraient l'existence
» du droit réclamé par les habitans, et qu'on ne
» peut s'empêcher de voir dans la charge qu'ils
» ont imposée par le contrat, l'intention de
» s'affranchir de toute garantie, et de la part
» des acquéreurs, celle de souffrir toutes
» les servitudes passives, de quelque nature
» qu'elles fussent, sans avoir aucun recours à
» exercer ».

Les sieurs Brovard se pourvoient en cassation;
fausse application de l'art. 688 du Code civil, et
violation de l'art. 636 du même Code, combiné
avec le tit. 19 de l'ordonnance des eaux et
forêts de 1669, tels sont leurs moyens.

« Il est bien vrai, disent-ils (comme nous le
voyons dans le *Journal des audiences de la
cour de cassation*, année 1817, pag. 209) que
l'art. 683 du Code civil, en parlant des servitudes discontinues, cite le droit *de pacage*. Mais
il est facile de prouver que cet article ne comprend sous cette dénomination que le droit de
pacage dans les terres labourables ou dans les
prairies, et non le droit de pacage dans les
bois.

» D'abord, il est incontestable que le droit
de faire paître des troupeaux dans une forêt,
comme le droit d'y prendre du bois de chauffage
ou de construction, est un *droit d'usage*. C'est
ce qui résulte de toutes les dispositions du tit. 19
de l'ordonnance de 1669 sur les eaux et forêts;
et loin que cette ordonnance ait été abrogée par
le Code civil, l'art. 636 dispose formellement
que *l'usage des bois et forêts est réglé par des
lois particulières*.

» Maintenant un droit d'usage, et surtout un
droit d'usage dans une forêt, est-il un droit de
co-propriété?

» Il est certain d'abord qu'un droit d'usage
en général, de même qu'un droit d'usufruit,
doit être considéré comme un droit de co-propriété. En effet, s'ils n'étaient pas regardés
comme co-propriétaires, l'usager et l'usufruitier
seraient-ils obligés de supporter, jusqu'à concurrence de leur jouissance, les impôts et les
charges réelles dont les fonds sont grevés? cette
obligation est-elle imposée nulle part au créancier d'une servitude, quelque importante qu'elle
soit?

» Le droit romain mettait, à la vérité, le
droit d'usage au nombre des servitudes. Mais le

Code civil en a disposé autrement : il ne comprend sous cette dénomination que de simples services fonciers, et c'est dans un titre particulier qu'il parle de *l'usufruit, de l'usage et de l'habitation.* Si donc les droits compris sous ce titre, pouvaient ne pas être considérés comme des droits de co-propriété, il serait impossible du moins de les mettre au rang des servitudes, puisque le Code civil en forme une classe de droits distincts et séparés (1).

» En second lieu, un droit d'usage dans une forêt, peut, moins encore qu'aucun autre, être mis au rang des servitudes. En effet, la loi du 28 août 1792 accorde aux usagers, soit qu'il s'agisse d'un droit de pacage ou de chauffage, la faculté de se faire cantonner, c'est-à-dire, d'obliger le débiteur de leur céder en toute propriété une partie de la forêt, en remplacement du droit général qu'ils avaient sur la totalité. Or, n'est-ce pas un droit de co-propriété que celui qui peut être converti en une possession perpétuelle, en une propriété exclusive d'une partie du fonds qui lui est affecté.... ?

» M. le rapporteur (ajoute le *Journal des audiences de la cour de cassation*), après avoir rendu compte des moyens qui viennent d'être exposés, a fait observer que, suivant les meilleurs auteurs anciens et modernes, le droit d'usage dans une forêt était mis au nombre des servitudes; que tel était l'avis de Coquille et de M. le président Bouhier; que, si la loi de 1792 a donné à l'usager le droit de faire convertir l'usage en un droit de co-propriété, c'est par une interversion du titre primitif et en formant un nouveau contrat; mais que, jusqu'à cette interversion, l'usage, tant qu'il existait, portait un caractère inconciliable avec l'idée de propriété ».

Par arrêt du 6 mars 1817, au rapport de M. Rousseau,

« Attendu que, d'après les titres et l'aveu des parties, il s'agissait d'un droit de pacage attaché aux habitations moyennant une redevance de 7 sous 7 deniers par écurie; que la cour royale, qui a en sous les yeux les titres et pièces du procès, a pu, dès-lors, ranger un pareil droit dans la classe des servitudes réelles définies par l'art. 637 du Code civil;

» Attendu que par le contrat de vente, les acquéreurs ont été chargés généralement de toutes servitudes apparentes ou occultes;

» Attendu que, les termes de la loi qui divise les servitudes en apparentes et non apparentes, continues et discontinues, sont des expressions génériques; qu'elles n'ont pu former obstacle à ce que la cour royale ait pu considérer comme étant au nombre des servitudes non apparentes discontinues, l'obligation de souffrir les servitudes occultes, puisque toute servitude non apparente est nécessairement occulte; que, ceci une fois reconnu en droit, la cour royale, en appréciant les termes de l'obligation imposée aux acquéreurs, la bonne foi des vendeurs et l'intention respective des parties lors de la stipulation, a pu légitimement induire de ces différentes circonstances, que les vendeurs étaient fondés à se prévaloir de la déclaration générale portée au contrat de vente, pour repousser l'action récursoire des acquéreurs;

» Par ces motifs, la cour rejette. ... ».

En second lieu, quand il eût été question, dans l'espèce jugée par l'arrêt de la cour d'appel de Bourges, non pas simplement d'un droit d'usage limité au pacage et à la prise du bois nécessaire pour les besoins de l'usager, mais d'un droit d'usage qui, pour nous servir des termes de cet arrêt, eût *attaqué la substance même de l'objet sur lequel il s'exerçait*, ce droit d'usage eût-il cessé, pour cela, d'être une servitude proprement dite; eût-il, pour cela, pris le caractère d'un droit de propriété? non, et en voici une preuve irréfragable.

Tirer d'un fonds le grès, la marne ou le sable qui s'y trouve, c'est certainement *attaquer la substance* de ce fonds : car le grès, la marne, ou le sable qu'on en tire, ne sont pas des fruits de ce fonds : ils n'y renaissent pas, ou du moins il faut, pour les y reproduire, une longue révolution de siècles. Cependant, si j'ai le droit de faire de pareilles extractions de votre héritage pour les besoins du mien, ce droit forme pour moi une servitude réelle : les lois romaines en contiennent des dispositions expresses (1); et je pourrai prétendre que, si j'ai le droit de couper dans votre forêt, pour les besoins de ma maison, une partie du bois qu'elle produit, et qui y repousse à mesure qu'on le coupe, ce droit ne sera pas pour moi une simple servitude, mais qu'il m'associe à votre qualité de propriétaire! peut-on, de bonne foi, se flatter de faire adopter une idée aussi bizarre ?

Au reste, il s'en faut beaucoup que les lois

---

(1) Je reviendrai ci-après, §. 10, sur cet étrange système, et j'y expliquerai comment des droits d'usage concédés même à des communes en nom collectif, forment des servitudes véritablement réelles.

(1) *Neratius dicit ut maximè* CRETÆ EXIMENDÆ SERVITUS *constitui possit, non ultrà posse quàm quatenùs ad eum ipsum fundum opus sit.* Loi 5, § 1, D. de servitutibus prædiorum rusticorum.

Longè recessit ab usufructu jus lapidis EXIMENDI ET ARENÆ FODIENDÆ *ædificandi ejus gratiâ quod in fundo est.... Quid ergò si prædiorum meliorem causam hæc faciant ?* NON EST DUBITANDUM QUIN SERVITUS SIT. Loi 6, §. 1 du même titre.

V. encore ci-après la loi 1, §. 1, du même titre, et le §. 2, Inst. *de servitutibus.*

romaines favorisent tant soit peu cet étrange système : elles le condamnent, au contraire, très-formellement; car en même temps qu'elles déclarent servitude réelle, le droit que j'ai de tirer de votre fonds, soit de la marne, soit de la pierre, soit du sable, pour l'utilité du mien, elles qualifient expressément de même le droit que j'ai de couper du bois dans votre fonds pour en faire les échalas dont j'ai besoin pour mon vignoble (1).

Ce que nous disons du droit de couper du bois dans la forêt d'autrui, toutes les lois, tous les auteurs le disent également du droit d'y mettre des bestiaux en pacage.

On a déjà vu que l'art. 688 du Code civil range expressément le droit de *pacage* parmi les servitudes réelles; et il n'est en cela que l'écho de l'ancienne législation,

Inter rusticorum prædiorum servitutes (dit Justinien dans ses institutes, titre *de servitutibus*, §. 2) *quidam computari rectè putant* JUS PASCENDI *calcis coquendæ, arenæ fodiendæ.*

In rusticis (*servitutibus*) *computanda sunt* JUS PASCENDI, *calcis coquendæ arenæ fodiendæ*, dit également la loi 1, §. 1, D, *de servitutibus prædiorum rusticorum.*

Item (ajoute la loi 3 du même titre), *sic possunt servitutes imponi, ut et boves per quos fundus colitur, in vicino agro pascantur; quam servitutem imponi posse Neratius scribit.*

Aussi Cœpolla, dans son traité de servitutibus, fait-il du droit de pacage la matière du chap. 9 de la partie de cet ouvrage qui a pour objet les servitudes rustiques; aussi l'intitule-t il : *de servitute juris pascendi;* aussi y définit-il ainsi ce droit : *servitus juris pascendi est jus pecoris pascendi in fundo alieno agri mei causâ.*

Mais si le droit de mettre mes bestiaux en pacage dans votre forêt, forme une servitude proprement dite, si c'est d'une servitude proprement dite que porte le caractère le droit que j'ai d'y couper du bois, comment pourrait-on ne pas considérer comme une servitude proprement dite, un *droit d'usage* qui embrasse à la fois l'une et l'autre.

Ecoutons le président Bouhier : après avoir dit, à l'endroit déjà cité, n. 26, que « l'usage » dans les bois d'autrui, consiste au droit » d'y prendre diverses sortes de commodités, » suivant que la chose est réglée par les titres ou » par la possession, savoir, d'y mener pâturer » ses bestiaux, d'y mettre des porcs en paisson » au temps de la glandée, et d'y prendre même » du bois, soit pour brûler, soit pour bâtir, » et l'employer en d'autres nécessités, sur le

» lieu désigné par la concession »; ce magistrat n'hésite pas à ajouter, n.º 27, *qu'il n'y a nul doute que ce ne soit une servitude.*

M. le président Henrion, tient le même langage dans les *dissertations féodales* qu'il a publiées en 1789 : « il s'est trouvé (dit-il, au mot » *communaux*, § 16) des seigneurs assez généreux » pour donner gratuitement, beaucoup d'autres, » se réservant la propriété foncière, se sont » contentés de céder un simple droit d'usage. » Cet usage, loin d'attribuer aux habitans *un* » *droit de propriété*, n'est, au contraire, dans » leurs mains, *qu'une servitude sur le fonds* » *d'autrui.* Quelqu'étendu que soit l'usage, il » n'est pas moins vrai que le seigneur est pro- » priétaire ».

M. Toullier a écrit la même chose, sous l'empire du Code civil, dans son *droit civil français*, tome 3, page 290 : il parle d'abord de l'usage et de l'habitation considérés comme servitudes personnelles; puis, il termine ainsi : « l'usage des bois et forêts est d'une nature différente; c'est une servitude réelle.

Enfin, il n'y a pas jusqu'à la coutume de Nivernais, dont l'arrêt de la cour d'appel de Bourges invoque si mal-à-propos l'autorité, qui ne consacre le même principe. Après avoir dit, ch. 17, art. 9, que le droit d'usage dans les forêts d'autrui, s'acquiert par titre ou par le payement d'une redevance, elle ajoute, a. t. 10 : « la » jouissance *dudit droit de servitude ou usage,* » *par* temps immémorial, *etiam* sans titre ou » payement de redevances, équipolle à titre et » vaut en possessoire et pétitoire ».

Et c'est d'un texte qui qualifie si nettement de *droit de servitude*, celui qui appartient à des usagers dans une forêt, que la cour d'appel de Bourges a prétendu conclure qu'elle ne devait pas appliquer à un droit d'usage qui ne pouvait dépendre que de la coutume de Berry, la régle établie par cette coutume qu'il n'y a point de servitude sans titre !

Il est d'autant plus difficile de concevoir comment un pareil arrêt a pu échapper à la cassation, que la cour suprême avait solennellement proclamé elle-même, par un arrêt de cassation du 5 floréal an 12, *le principe que le droit de couper du bois et de faire paître ses bestiaux dans le fonds d'autrui, est mis au nombre des servitudes* (1).

Et vainement la cour d'appel de Bourges a-t-elle cherché à établir, en invoquant spécialement l'article cité de la coutume de Nivernais, que *la plupart des coutumes qui régissaient la france, admettaient une distinction* (par rapport à la prescriptibilité) *entre les servitudes et les droits d'usage.*

---

(1) *Idem Neratius etiam ut... pedamenta ad vineam ex vicini prædio sumuntur (servitutes), constitui posse scribit.* Loi 3, §. 1, D. *de servitutibus prædiorum rusticorum.*

(1) *V.* le Recueil de M. Sirey, tom. 4, première partie, pag. 251 et 252.

Il y avait effectivement des coutumes qui, sans former, à beaucoup-près, *la pluralité*, et dont le nombre était, au contraire, excessivement restreint, admettaient la prescription immémoriale pour le droit d'usage, quoiqu'elles la rejetassent pour les autres servitudes. Mais elles ne disposaient ainsi que par exception à leur propre principe, que nulle servitude ne pouvait s'établir sans titre; et c'est comme exception à ce principe consigné dans l'art. 2 du chap. 10 de la coutume de Nivernais, que M. Garran de Coulon, dans le *Répertoire de jurisprudence*, au mot *servitude*, § 25, art. 1, présente la disposition de l'art. 10 du chap. 17 de la même coutume.

Mais est-il bien raisonnable de conclure de là que la même exception doit être adaptée à toutes les coutumes qui, à l'instar de celles de Berry, rejettent en termes généraux, toute prescription en matière de servitude? ne sent-on pas, au contraire, que cette exception est trop manifestement en opposition avec les simples lumières de la raison naturelle, pour qu'on ne la renferme pas rigoureusement dans le peu de coutumes où elle est écrite? car il n'en est pas des forêts comme des autres héritages. Dans ceux-ci, le propriétaire est constamment à portée de voir ce qui s'y passe; et lorsque, pendant un espace de temps considérable, il y a laissé exercer une servitude apparente, on doit présumer assez facilement que ce n'a pas été, de sa part, une simple tolérance, mais qu'il n'a fait que céder à la force d'un titre primitif que mille accidens ont pu détruire depuis; au lieu qu'on peut s'introduire, à son insu, dans ses forêts et y couper furtivement du bois pendant plusieurs années, sans qu'il s'en aperçoive, et qu'il est très-possible que l'on masque du prétexte d'une faculté toujours révocable de vaine pâture, le droit de pacage que l'on y exerce même à son vu et su.

Aussi voyons-nous la coutume de Bourgogne déclarer, art. 131, que *l'on ne peut avoir usage au bois et rivière banal d'autrui; ne droit pétitoire ou possessoire, par quelque laps de temps qu'on en ait joui, sans en avoir titre ou payer redevance*; quoique d'ailleurs on ne doutât point dans cette coutume, que les autres servitudes rustiques ne pussent s'acquérir par la seule possession de trente ans (1).

Aussi Dunod, dans son *Traité des prescriptions*, part. 3, chap. 6, dit, immédiatement après avoir remarqué cette particularité de la jurisprudence bourguignone, qu'en général, les *actes d'usage dans les bois et pâturages d'autrui, étant souvent des actes clandestins, on ne doit pas y déférer légèrement pour en former un*

droit; et il cite, à l'appui de ce qu'il avance, Henrys, tome 1, liv. 4, chap. 9, quest. 81; et Valla, *de rebus dubiis*, traité 7.

Aussi les rédacteurs du Code civil ont-ils tellement senti l'inconvenance qu'il y aurait d'assimiler, en fait de prescription, certaines servitudes à celle du droit de pacage (qui n'est, relativement aux forêts, qu'un droit d'usage partiel), qu'en rangeant celui-ci, par l'art. 688, dans la classe des servitudes discontinues, il l'a soumis à la disposition générale de l'art. 691, qui déclare ces sortes de servitudes imprescriptibles, même par la possession immémoriale.

Il est donc clair que l'on devait, dans notre ancien droit coutumier, argumenter *à fortiori* de l'imprescriptibilité des servitudes ordinaires à l'imprescriptibilité du droit d'usage dans les forêts; et que, si quelques coutumes, en admettant la première, rejettaient la seconde, c'était une bizarrerie qui ne pouvait pas faire autorité hors de leur territoire.

Plus vainement dirait-on que, suivant le président Bouhier lui-même, chap. 62, n. 43, *l'usage le plus commun dans le royaume*, était, avant le Code civil, que la servitude consistant à mettre ses bestiaux en pacage et de couper du bois dans la forêt d'autrui, pouvait s'acquérir par *la seule possession immémoriale*.

Sans doute, tel était alors l'usage le plus commun de la France; mais d'où cela venait-il? de ce que les servitudes en général et surtout les servitudes rustiques pouvaient s'acquérir par la prescription dans la plus grande partie du territoire français.

Telle était en effet, la jurisprudence de tous les parlemens et conseils souverains des pays de droit écrit, c'est-à-dire, d'Aix, de Besançon, de Bordeaux, de Colmar, de Dijon (pour les provinces de Bresse, de Bugey, de Gex et de Valromey), de Paris (pour le Lyonnais, le Forez et le Beaujolais); de Pau, de Perpignan et de Toulouse (1).

Les pays coutumiers du ressort du parlement de Paris étaient, à la vérité, régis par des statuts dont un grand nombre rejettait toute prescription en matière de servitude. Mais il y en avait aussi, même dans ce ressort, plusieurs qui l'admettaient, et ces coutumes ne régissaient pas seulement des arrondissemens particuliers, telles que celles des bailliages de Reims, de Mantes, d'Amiens, de Chauny, de Clermont en Clermontois; mais même des provinces entières, telles que celles d'Auvergne, d'Anjou, du grand Perche, d'Artois, du Boulonnois, du Ponthieu, du Vermandois, etc. (2).

_____

(1) Lalaure, *Traité des Servitudes*, liv. 2, chap. 6.

(1) *V.* le *Répertoire de jurisprudence*, au mot *Servitude*.

(2) *Ibid.*

La prescriptibilité des servitudes était aussi admise dans le ressort du parlement de Rennes (1), dans celui du parlement de Metz, dans celui du parlement de Douai (à quelques coutumes locales près), et dans celui du parlement de Nancy. Elle l'était même, comme on l'a vu plus haut, dans les pays coutumiers du ressort du parlement de Dijon.

Il n'est donc pas étonnant que, comme le dit le président Bouhier, l'acquisition des servitudes d'usage dans les forêts par la seule possession immémoriale, fût reconnue, avant le Code civil, dans une grande partie de la France: ce n'était que la conséquence des maximes le plus communément reçues en France par rapport à la prescriptibilité générale des servitudes quelconques.

Mais comme de ce que les servitudes en général étaient prescriptibles, avant le Code civil, dans une grande partie de la France, il ne s'ensuit pas qu'elles le fussent également dans les coutumes qui en rejettaient expressément la prescription; de même aussi de ce que le droit d'usage dans les forêts était prescriptible dans tous les pays où l'étaient les servitudes en général, et même dans quelques-uns de ceux où elles ne l'étaient point, il ne s'ensuit point du tout qu'il le fût également dans les coutumes qui, sans le placer, à cet égard, dans une catégorie spéciale, déclaraient indistinctement toutes les servitudes imprescriptibles.

Eh! pourquoi ne raisonnerions-nous pas en faveur de l'imprescriptibilité locale du droit d'usage, comme l'a fait la cour de cassation, par son arrêt déjà cité, du 5 floréal an 12, en faveur de la prescriptibilité locale de ce même droit? sur quoi s'est-elle fondée, dans cet arrêt, après avoir déclaré que le droit d'usage dans une forêt est une servitude discontinue, pour juger qu'il avait pu s'acquérir en pays de droit écrit par la possession immémoriale? uniquement sur ce que les maximes du droit écrit admettaient la possession immémoriale comme moyen d'acquérir les servitudes discontinues. Elle a donc décidé, par cela même, que la prescriptibilité des servitudes discontinues, en général, devait être la mesure de la prescriptibilité du droit d'usage en particulier. Elle a donc condamné à l'avance l'assertion glissée depuis dans son arrêt du 24 avril 1810, que les dispositions de la coutume de Berry relatives à l'imprescriptibilité des servitudes en général, étaient *étrangères aux droits d'usage dans les bois et forêts.*

Et c'est assez dire que ni cet arrêt ni celui de la cour d'appel de Bourges qu'il maintient, ne peuvent faire jurisprudence.

Et la cour de cassation l'a si bien reconnu elle-même depuis, que, dans un arrêt du 17 mai 1820, rendu au rapport de M. Minier, elle a dit, à propos d'une action possessoire en maintenue dans un droit de pacage et de chauffage prétendu par les frères Jourdan sur les *terres gastes* et collines dépendantes du domaine du sieur Cabasse, qu'il s'agissait, *dans l'espèce, d'une SERVITUDE DISCONTINUE DONT LE CARACTÈRE NE PEUT ÊTRE JUSTIFIÉ QUE PAR DES TITRES,* parce que les titres seuls peuvent faire cesser la *présomption de précaire attachée par la loi à la jouissance d'une servitude discontinue.* (1).

§. VII. L'abolition dont la loi du 17 juillet 1793 a frappé les droits féodaux et censuels, a-t-elle atteint les droits d'usage qui, par leurs titres de concession, ont été attachés, soit à des *fiefs corporels,* tels que des fonds de terre, soit à des fiefs incorporels, telles qu'étaient certaines sergenteries, soit à des tenures censuelles, et qui, par là, se trouvaient, avant la loi dont il s'agit, grevés de services féodaux ou de prestations infectées ou mélangées de féodalité?

Les services féodaux, les prestations féodales ou censuelles dont ces droits d'usage étaient grevés avant la loi du 17 juillet 1793, en formaient originairement le prix et la condition *sine quâ non.* Ceux-là ne subsistent plus; ceux-ci sembleraient donc s'être éteints en même temps.

Telle devrait être en effet la conséquence du principe, que tout contrat synallagmatique est indivisible, et que, du moment qu'il cesse d'être exécuté d'une part, il doit aussi cesser de l'être de l'autre.

Mais tout juste qu'il est, ce principe n'a pas servi de régulateur à la loi du 17 juillet 1793: en brisant les contrats féodaux et censuels au préjudice des ci-devant seigneurs, cette loi les a laissés subsister au profit des feudataires et des censitaires.

Et de là vient qu'encore que l'immeuble, qu'un ci-devant seigneur a concédé autrefois moyennant une rente féodale ou censuelle, soit déchargé de cette rente et ne doive désormais être possédé que comme un bien purement allodial, il n'en continue pas moins d'appartenir au concessionnaire.

Pourrait-il en être autrement d'un droit incorporel que d'une propriété foncière? Non: la raison est la même pour l'un que pour l'autre; et dès-lors, nul prétexte pour établir entre l'un

---

(1) *V.* Poulain Duparc, sur la coutume de Bretagne, art. 292, n. 9.

(1) *Journal des audiences de la cour de cassation,* année 1820, page 458.

et l'autre une différence qui n'est pas plus conforme à l'esprit qu'à la lettre de la loi.

C'est ainsi que, dans l'espèce rapportée aux
mots *rente foncière, rente seigneuriale*, §. 11,
une rente foncière de sa nature que la maison
des Deux-Ponts avait inféodée vers la fin du
seizième siècle à la famille Shawenbourg, a été
jugée par un arrêt de la cour de cassation du
26 pluviôse an 11, n'avoir pas cessé, par son
affranchissement du lien féodal au moyen des
lois de la révolution, d'appartenir à cette dernière famille et de lui être due par les anciens
redevables.

On verra dans le §. suivant, n. 2, qu'un arrêt
de la cour d'appel de Bordeaux, du 31 juillet
1811, l'a ainsi jugé; et que, s'il a été cassé le
26 janvier 1818, ce n'a été que par un motif
qui n'a aucun rapport avec la question actuelle.

§. IX. 1.° *Le propriétaire d'une forêt assujettie
à des droits d'usage, peut-il s'en affranchir
par une possession contraire, et quelle doit
être, à cet effet, la longueur de sa possession ?*

2.° *A-t-il pu s'en affranchir par cette voie,
avant l'abolition du régime féodal, si ces
droits d'usage étaient tenus de lui en fief ?*

3.° *En cas de contestation sur le fait de la
possession contraire aux droits d'usage, pendant le temps nécessaire pour en prescrire
la libération, est-ce au propriétaire à en
faire la preuve directe; ou les usagers sont-
ils tenus de prouver qu'ils ont joui au moins
pendant une partie de ce temps ?*

4.° *Si les usagers sont chargés de cette
preuve, peuvent-ils la faire par témoins, ou
seulement par titres ?*

I. La première question n'est susceptible
d'aucune difficulté. Le président Bouhier se
la propose au n.° 63 du chap. 62 de ses *observations sur la coutume du duché de Bourgogne*,
et voici comment il la résout :

« Il faut se souvenir de ce qui a été dit plus
» haut, que ce *droit est une servitude*. Or, les
» lois ont décidé que *toutes les servitudes* se
» perdent *non utendo* et même par la pres-
» cription de 10 et 20 ans (1); ce qui, dans
» notre coutume, doit être porté à la pres-
» cription trentenaire. Aussi est-ce l'avis de
» ceux qui ont le mieux traité cette matière,
» que tous droits d'usage sont perdus par la
» non-jouissance pendant un si long-temps ».

Le Code civil, art. 706, consacre également
le principe, que *la servitude est éteinte par le
non-usage* pendant un temps déterminé ; mais,

à l'exemple de ce qu'enseigne le président
Bouhier par rapport à la coutume de Bourgogne, il exige, pour cela, que le non-usage
ait duré 30 ans.

Ce n'est donc que par une cessation de jouissance prolongée pendant 30 ans, que les droits
d'usage dans les forêts peuvent aujourd'hui se
prescrire.

Remarquez cependant que, relativement
aux prescriptions de ce genre qui ont été commencées avant la promulgation de l'art. 706 de
ce Code, il faut encore se reporter aux règles
de l'ancienne jurisprudence. Cela résulte de
l'art. 2281. Ainsi, ce n'est que par 40 ans que
ces prescriptions peuvent être complétées en
Normandie; car l'art. 607 de la coutume de
cette province exigeait cet espace de temps
pour *racquérir la liberté*.

II. La seconde question n'est pas plus difficile à résoudre que la première.

Rien de plus trivial dans l'ancienne jurisprudence, que la règle, *le seigneur et le vassal
ne peuvent prescrire l'un contre l'autre*. Mais
quel était le véritable sens de cette règle ?

Nos vieux praticiens la regardèrent long-
temps comme tellement générale, qu'elle excluait, suivant eux, toute prescription entre
le seigneur et le vassal; et cette manière de
l'interpréter avait été, en quelque sorte, consacrée par l'ancienne coutume de Paris, rédigée en 1510 : « le seigneur féodal (y était-il
» dit, art. 7), ne peut acquérir par prescrip-
» tion contre son vassal, ni le vassal contre
» son seigneur, de la chose tenue en fief ».

Vingt ans après, Dumoulin écrivit son traité
des fiefs; et forcé par le texte de la coutume à
respecter cette règle, dont il sentait toute l'absurdité, il s'attacha du moins à la resserrer dans
les bornes les plus étroites.

Mais en 1580, on procéda à la réformation
de cette coutume ; et qu'arriva-t-il ? Écoutons
M. le président Henrion de Pansey, dans ses
dissertations féodales, aux mots *déclaration,
aveux*, §. 16, où il ne fait qu'abréger ce
qu'il avait dit plus au long dans le *Répertoire
de jurisprudence*, au mot *prescription*, sect. 3,
art. 1.er.

« Les magistrats réformateurs, éclairés par
les ouvrages de Dumoulin, franchirent la barrière qu'il avait cru devoir respecter, et subs-
tituèrent à cet art. 7 de l'ancienne coutume,
l'art. 12 de la nouvelle qui réduit cette prohibition à deux cas seulement. En voici les
termes : le seigneur féodal ne peut prescrire,
*contre son vassal, le fief sur lui saisi faute
d'homme....*, ni le vassal la foi qu'il doit à son
seigneur.

« Cet article, comme l'on voit, renferme
deux dispositions très-distinctes, l'une relative
au seigneur, l'autre relative au vassal.

_____

(1) Loi pénultième, C. *de servitutibus et aquâ.*

» *Le seigneur ne peut prescrire contre son* *vassal* : telle était la disposition de l'ancienne coutume. La nouvelle ajoute : *le fief sur lui saisi.* Ainsi, la prohibition de prescrire se réduit, à l'égard du seigneur, au seul cas de la saisie féodale.

» Quant au vassal, on se rappelle que l'ancienne coutume portait en termes généraux : *ni le vassal contre son seigneur.* A ces expressions indéfinies, la nouvelle ajoute : *la foi.* Cette addition, *la foi,* addition évidemment limitative, concentre dans la *foi* seule, dans la seule *dominité,* l'impuissance où le vassal était précédemment de prescrire contre son seigneur.

» Tel est donc aujourd'hui le véritable sens de cette fameuse règle , *le seigneur et le vassal ne prescrivent pas,* etc. Le seigneur ne peut pas prescrire le fief de son vassal, lorsqu'il en jouit à titre de saisie, c'est-à-dire, à titre précaire. Le vassal ne peut pas prescrire la libération de la foi qu'il doit à son seigneur, par quelque espace de temps qu'il ait cessé de la lui rendre. Mais dans tous les autres cas, rien de particulier à la matière féodale. Les lois générales de la prescription conservent tout leur empire ; le seigneur et le vassal peuvent prescrire l'un sur l'autre, de la même manière que deux étrangers pourraient le faire ; conséquemment le vassal peut acquérir, par la prescription, le domaine, le château, les mouvances, le fief entier de son seigneur, *et vice versâ.*

» Mais cette disposition de la coutume de Paris doit-elle être resserrée dans son district, ou formera-t-elle le droit commun? Sans doute elle doit former le droit commun : elle doit être étendue à toutes les coutumes. La raison, c'est que cet art. 112 n'est pas, comme plusieurs autres, le produit des circonstances locales, des usages particuliers à la vicomté de Paris, mais le résultat de longues et sérieuses méditations, en un mot, l'expression des vrais principes ».

Et une preuve frappante, pouvons-nous ajouter de la parfaite conformité de cette disposition aux vrais principes de la matière, c'est qu'on la retrouve dans la coutume de Normandie, qui fut réformée, comme l'on sait, cinq ans après celle de Paris.

L'art. 116 de cette coutume commence par dire que *le vassal ne peut prescrire le droit de foi et hommage dû au seigneur, par quelque temps que ce soit* ; termes qui n'empêchent pas, comme l'on voit, le vassal de prescrire même une partie du domaine de son seigneur, mais seulement de se dégager envers lui, par quelque possession que ce soit, de l'obligation de lui rendre foi et hommage à chaque mutation.

L'art. 117 ajoute : *le seigneur ne peut prescrire les héritages saisis en sa main, ains est tenu les rendre au vassal ou à ses hoirs, toutes les fois qu'ils se présenteront, en faisant leurs*

devoirs, et Basnage fait, sur cet article, une observation qui rentre parfaitement dans la doctrine ci-dessus rappelée de M. Henrion : « la coutume (dit-il) a prudemment ajouté ces » paroles, *les héritages saisis en sa main ;* car » le seigneur pourrait les acquérir par pres- » cription : il n'y a que la foi et hommage qui » soient exceptés par l'article précédent. La » raison décisive de ces articles, est que le » seigneur ayant commencé sa possession par » une saisie féodale, il est présumé l'avoir con- » tinuée en cette seule qualité, *quia nemo pos-* » *sessionis causam sibi mutare potest* ».

Si, comme il résulte de là, le seigneur pouvait, hors le cas de saisie féodale, prescrire les héritages que son vassal tenait de lui, à plus forte raison pouvait-il se libérer par la prescription des servitudes et par conséquent des droits d'usage, qu'il lui avait concédés en fief.

C'est effectivement ce qu'a jugé l'arrêt de la cour de cassation, du 26 janvier 1818, que j'ai annoncé dans le §. précédent.

Par acte du lundi avant la fête de S. Pierre-ès-Liens 1248, le baron de Montignac avait accordé aux frères de Luxé, en reconnaissance des services qu'ils lui avaient rendus, le droit d'acquérir des biens dans sa mouvance, à la charge de les tenir de lui en fief.

Par une seconde clause du même acte, liée avec la première par le mot *item*, il leur avait aussi concédé un droit d'usage dans sa forêt de Boixe, en Augoumois, sans néanmoins exprimer si ce serait également à titre de fief qu'ils jouiraient de ce droit ; mais le doute qui pouvait s'élever à cet égard, paraissait résolu en faveur de la tenure féodale, tant par un titre nouvel de 1299, que par des aveux et dénombremens de 1529, 1638, 1663 et 1684.

En 1805, les descendans des frères de Luxé font assigner le sieur Boucher, propriétaire actuel de la terre de Montignac et de la forêt de Boixe, devant le tribunal de première instance d'Angoulême, pour se voir condamner à les faire jouir du droit d'usage concédé par l'acte de 1248.

A cette demande, le sieur Boucher oppose deux moyens : 1.°, dit-il, le droit que vous réclamez était une prestation féodale ; la loi du 17 juillet 1793 l'a donc anéantie. 2.° Il y a 59 ans que vous ni vos auteurs n'avez joui de ce droit : j'en ai donc prescrit la libération.

Les demandeurs combattent le premier moyen par les raisons exposées dans le §. précédent. Et à l'égard du second, ils soutiennent que la prescription libératoire du droit d'usage qu'ils réclament, n'ayant pas pu courir au profit du sieur Boucher tant qu'a duré le régime féodal, elle ne peut lui être acquise ; puisqu'il ne s'est encore écoulé que 16 années depuis l'abolition de ce régime.

En conséquence, jugement qui condamne le sieur Boucher à faire jouir les demandeurs de leur droit d'usage. Et sur l'appel à la cour de Bordeaux, arrêt confirmatif, du 31 juillet 1811, « Attendu que le droit d'usage dont il s'agit, n'est en soi qu'un droit réel, un service purement foncier; qu'assujetti à un devoir féodal envers le seigneur de Montignac, ce droit ne fut nécessairement possédé que comme un fief servant et passif par ceux à qui il appartient; mais que cette qualité, uniquement relative au service féodal dont il était grevé, ne sert aujourd'hui qu'à faire voir clairement qu'il n'était pas lui-même un droit féodal dans le sens actif, tels que ceux que supprime sans indemnité le décret du 17 juillet 1793 ; que, par l'abolition de la féodalité, le fief dominant ayant disparu, et avec lui la qualité de fief qu'avait eue passivement le droit d'usage, il s'en est suivi que ce droit est demeuré libre et allodial dans les mains du ci-devant vassal, comme si, au lieu d'avoir été concédé à titre de fief, il l'eût été en franc-alleu ; et que tout système contraire à ce résultat, serait en opposition directe avec le vœu des lois qui ont aboli les droits féodaux et maintenu les prestations purement foncières ;

» Attendu que, dans le ressort de la coutume d'Angoulême, dans lequel était située la commune de Montignac, on ne s'écarta jamais de cette maxime du droit commun en matière féodale : *Le seigneur et le vassal ne peuvent prescrire l'un contre l'autre;* que cette imprescriptibilité réciproque y était de principe certain, comme on le voit dans les deux commentaires de cette coutume par Vigier et Souchet, et comme l'ont reconnu les premiers juges ».

Le sieur Boucher se pourvoit en cassation contre cet arrêt, et en attaque le second motif comme violant, par une fausse application de la règle, *le seigneur et le vassal ne peuvent prescrire l'un contre l'autre,* les art. 1 et 2 du ch. 17 de la coutume d'Angoumois, d'après lesquels tous les droits corporels et incorporels étaient prescriptibles par 30 ans, comme ils le sont encore d'après les art. 706 et 2262 du Code civil.

Par l'arrêt cité, rendu au rapport de M. Carnot et après un délibéré,

« Vu les art. 706 et 2262 du Code civil....;

» Et attendu que lesdits articles ne sont pas introductifs d'un droit nouveau, mais simplement déclaratifs d'un droit commun préexistant : d'où suit qu'ils doivent recevoir leur application aux anciennes comme aux nouvelles contestations qui peuvent s'élever sur la matière des prescriptions ;

» Attendu que ces articles ne font aucune distinction, et que les lois antérieures dont ils reproduisent les dispositions, n'en faisaient non plus aucune ; et que, dès-lors, il y a nécessité d'en appliquer rigoureusement les dispositions, dans tous les cas qui n'en sont pas exceptés par des lois *spéciales;*

» Attendu qu'on ne trouve aucune exception à ce principe général dans la coutume d'Angoumois, pour le cas dont il s'agit au procès ; qu'au contraire, la coutume de Paris, réformée en 1580, qui a toujours formé depuis, sur la question, le droit commun de la France, n'a excepté de la prescription que la foi et la jouissance par suite de saisie féodale; que c'est donc sous ce double rapport seulement que l'on peut dire qu'il n'y a pas de prescription possible de seigneur à vassal et de vassal à seigneur ;

» Qu'ainsi, ne s'agissant, dans la cause, ni de foi ni de jouissance des droits réclamés par suite de saisie féodale, ces droits étaient prescriptibles de leur nature, comme toutes les autres propriétés et servitudes; que cependant la cour royale de Bordeaux, considérant lesdits droits comme étant hors de la prescription, les a déclarés imprescriptibles : en quoi, ladite cour a violé ouvertement les art. 706 et 2262 du Code civil ;

» La cour casse et annule.... ».

III. Mais est-ce sur les propriétaires que doit peser la preuve de leur possession de liberté pendant 30 ans ; ou bien n'est-ce pas aux usagers à prouver qu'ils ont exercé leurs droits d'usage, sinon pendant les 30 dernières années sans interruption, au moins pendant un nombre suffisant de ces années mêmes, pour interrompre la prescription par laquelle ils auraient pu les perdre ?

A cet égard, une distinction est nécessaire :

Ou les usagers sont actuellement en possession des droits d'usage que les titres dont ils sont munis, constatent leur avoir autrefois appartenu ; ou ils n'y sont pas.

Au premier cas, les usagers n'ont rien à prouver. Par cela seul qu'ils possèdent actuellement en vertu de titres, ils sont censés avoir possédé depuis que ces titres existent, ou, ce qui revient au même, avoir succédé, en possédant toujours sans interruption, aux anciens possesseurs en faveur desquels ces titres ont été primitivement souscrits. Telle a été la règle dans tous les temps ; et le Code civil la confirme d'une manière bien positive, en disant, art. 2234, que *le possesseur actuel qui prouve avoir possédé anciennement, est présumé avoir possédé dans le temps intermédiaire, sauf la preuve contraire.*

Mais il en est autrement dans le second cas, et cela résulte du même article. Car si, pour être présumé avoir possédé pendant le temps durant lequel il y a doute sur le point de savoir qui possédait, il ne suffit pas de prouver que l'on a possédé à une époque antérieure à ce temps, et s'il faut de plus être *possesseur actuel;* il est bien clair que celui qui n'est pas actuellement possesseur, ne peut pas se prévaloir d'une possession qui remonte au-delà de 30 ans, pour en induire la présomption que sa possession s'est continuée pendant une partie quelconque des 30 dernières années. C'est donc à lui, tout porteur qu'il est d'un titre constatant qu'il a possédé autrefois très-légitimement, à prouver la continuation de sa possession.

C'est sur ce principe qu'est fondée une disposition fort-intéressante du Code civil. Après avoir dit, art. 2262, que « toutes les actions, » tant réelles que personnelles, sont prescrites » par 30 ans, sans que celui qui allègue cette » prescription, soit obligé d'en rapporter un » titre » ; l'art. 2263 ajoute : *Après 28 ans de la date du premier titre, le débiteur d'une rente peut être contraint à fournir à ses frais un titre nouvel à son créancier, ou à ses ayant-cause.*

Pourquoi le créancier est-il ainsi autorisé à se faire fournir un titre nouvel, après 28 ans de la date du premier ? C'est évidemment parce que, sans cette précaution, le débiteur pourrait lui dire deux ans après, lorsqu'il viendrait lui demander le payement de l'année d'arrérages nouvellement échue : « Vous avez bien » un titre contre moi ; mais, de votre aveu, je » suis, au moins depuis un an, en possession » de ne plus payer votre rente. Eh bien ! par » cela seul que j'ai en ma faveur cette posses- » sion depuis un an, je suis présumé l'avoir » également eue pendant les 29 années précé- » dentes ; et si vous prétendez avoir reçu de » moi quelques arrérages pendant ces 29 an- » nées, c'est à vous à en faire la preuve ».

Que répondrait en effet le créancier à cette exception ? dirait-il au débiteur que c'est à lui à prouver le non-payement de sa rente ? Le débiteur lui répliquerait : « Le non-payement » de votre rente est un fait négatif ; et une » négative n'a pas besoin de preuve : elle se » justifie d'elle-même, jusqu'à ce qu'on la dé- » truise par la preuve de l'affirmative contraire. » *Per rerum naturam factum negantis probatio* » *nulla est,* dit la loi 23, C. *de probationibus* ».

Le créancier pourrait donc se trouver fort-embarrassé, s'il ne s'était pas procuré un titre nouvel avant l'expiration des 30 années : ce serait à lui à prouver que sa rente lui a été payée pendant cet espace de temps. A la vérité, il pourrait faire cette preuve par témoins, comme l'a jugé un arrêt du parlement de Paris, du 11 mars 1743, rapporté par Denizart, aux mots *Rente foncière* ; mais on ne trouve pas toujours facilement des témoins pour prouver des payemens qui, la plupart du temps, se font en secret.

Ce sont ces considérations qui ont déterminé l'art. 2263 du Code civil. Témoin ce qui en est dit dans le procès-verbal de la discussion de ce Code : « M. Jollivet dit que les créanciers qui » reçoivent régulièrement leurs arrérages, sont » ordinairement insoucians à l'égard du titre » nouvel ; que cependant cette négligence les » expose à perdre la rente par la prescription ; » Elle paraît en effet acquise contre eux, lors- » qu'ils n'ont pas pris de titre nouvel ; car les » quittances étant entre les mains du débiteur, » ils ne peuvent justifier que la rente leur a été » payée exactement pendant les 30 années an- » térieures (1) ».

Il est donc bien démontré qu'à un titre non appuyé d'une possession actuelle, celui qui prétend s'en être affranchi par une possession contraire, n'a aucune preuve à opposer ; qu'il lui suffit de dire au porteur de ce titre : *vous ne possédez pas actuellement le droit ou la créance que vous venez réclamer. Vous êtes donc présumé ne l'avoir pas possédé pendant les 30 années précédentes. Je suis donc libéré envers vous par la prescription.*

Et dès-là, nul doute que les anciens usagers de forêts qui ne sont pas actuellement en possession des droits qu'ils prouvent par titres leur avoir été anciennement concédés, ne doivent être chargés de la preuve qu'ils ont exercé ces droits à une époque assez récente pour que les propriétaires ne puissent pas dire qu'ils ont cessé pendant 30 ans de les souffrir ; et que, faute par eux de rapporter cette preuve, ils ne doivent être jugés mal fondés dans leurs réclamations.

C'est ce qu'a jugé un arrêt du parlement de Besançon du 7 février 1713, rapporté par *Dunod,* dans son *Traité des prescriptions,* part. 3, chap. 6. Par cet arrêt, dit-il, rendu au profit du marquis de Poitiers, *les abbé et religieux de Rosières* FURENT CHARGÉS DE PROUVER *qu'ils avaient usé dans les 30 ans avant le procès, dans les forêts de la terre de Vadans, des droits de couper du bois* QUI LEUR APPARTENAIT *par d'anciens titres, mais que l'on disait qu'ils avaient perdu* PER NON USUM.

IV. Reste la question de savoir comment les prétendans à des droits d'usage dont ils n'ont pas la possession actuelle, doivent prouver qu'ils les ont exercés dans les 30 dernières années.

A la première vue, il semblerait que cette preuve pût être faite par témoins ; et c'est ce que l'on devrait effectivement décider, si cette preuve ne devait porter que sur des faits qui ne fussent pas de nature à être constatés par écrit.

Mais il faut bien faire attention à une chose : c'est que les droits d'usage dans les forêts, ne

---

(1) *Discussion du Code civil dans le conseil d'État,* tom. 2, pag. 864.

peuvent être exercés qu'après des formalités dont il est indispensable pour ceux qui en jouissent, de prouver par écrit l'accomplissement préalable.

Ainsi, avez-vous dans une forêt un droit d'usage consistant à y prendre du bois de chauffage ou de charpente ? Il faut qu'avant de le couper et de l'enlever, vous vous le fassiez délivrer par le propriétaire ou par ses agens. L'ordonnance de François I.er, du mois de janvier 1529, et l'art. 2 de l'édit de Henri III, du mois de janvier 1583, sont là-dessus très-formels (1). Or, l'on sait assez que ces sortes de délivrances se font toujours par écrit, et qu'elles ne peuvent même pas être faites autrement.

Avez-vous dans une forêt un droit d'usage consistant à y mettre des bestiaux en pâturage ou des porcs en panage ? C'est encore la même chose. Il faut que, chaque année, avant de l'exercer, vous obteniez un acte ou une ordonnance qui vous délivre les cantons de bois où vous pourrez introduire vos bestiaux ou vos porcs, et cela sous peine de confiscation. Les art. 1 et 3 du tit. 19 de l'ordonnance des eaux et forêts de 1669 en contiennent une disposition expresse.

A la vérité, il n'est question dans ce titre que des usagers des forêts de l'Etat. Mais les règles qu'il leur prescrit, n'en sont pas moins communes aux usagers des forêts des particuliers; et cela résulte nécessairement de l'art. 5 du tit. 26 et de l'art. 28 du tit. 32, aux termes desquels tout fait qui est réputé délit dans les unes, l'est également dans les autres, et doit être puni des mêmes peines; car tout délit présuppose une loi à laquelle il a été contrevenu.

Aussi trouvé-je dans un arrêt de la chambre de réformation des eaux et forêts du parlement de Rouen, du 2 août 1687 (dont j'ai sous les yeux une copie imprimée), une disposition qui, en maintenant divers particuliers plaidant contre le duc de Bouillon, propriétaire des forêts dépendantes du comté d'Evreux, dans un *droit de pâturage et panage pour leurs bêtes aumailles et leurs porcs, à autres bêtes, à l'exception des chèvres et bêtes à laine, dans les ventes qui leur seront délivrées par lesdits officiers....., leur fait défenses d'user de leurs privilèges sans au préalable avoir demandé la délivrance, qui leur sera faite par lesdits officiers, selon notre ordonnance et édit portant règlement général pour les eaux et forêts, du mois d'août 1669.*

Il y a même un décret du 17 nivôse an 13, qui déclare expressément les art. 1 et 3 du tit. 19 de l'ordonnance de 1669 applicables aux *bois des communes et des particuliers,* comme à

ceux de l'Etat (1); et c'est ce qu'a formellement jugé un arrêt de la cour de cassation, du 25 mai 1810 (2).

Enfin, avez-vous dans une forêt un droit d'usage consistant à y prendre du bois mort ou du mort-bois? Il faut encore que, chaque année, vous obteniez la délivrance du canton de bois dans lequel vous serez autorisé à l'exercer.

Tel est le vœu d'anciennes ordonnances dont on retrouve des traces dans celle de 1669.

L'art. 5 du tit. 23 porte que « les possesseurs » de bois, sujets à tiers et danger pourront » *prendre par leurs mains* pour leur usage, du » bois des neuf espèces contenues en l'art. 9 de » la chartre normande (c'est-à-dire, du mort- » bois), et le bois mort en cime et racine et gis- » sant ». — Il est évident que cette permission de *prendre* ces sortes des bois par *leurs mains,* n'est accordée aux possesseurs de bois sujets à tiers et danger, qu'en considération de leur qualité de propriétaires; qu'elle forme pour eux un privilège, et que par conséquent elle suppose une règle contraire pour les simples usagers.

L'art. 33 du tit. 27 révoque, quant aux forêts de l'Etat, toutes les concessions précédemment faites des droits d'usage consistans à *prendre* du mort-bois; et comment s'exprime-t-il à cet effet? *Abrogeons:... toutes délivrances d'arbres, perches, mort-bois, sec et vert en estant.* Ces mots *toute délivrance* insinuent bien clairement que ces sortes de droits d'usage ne pouvaient s'exercer dans les forêts de l'Etat, sans délivrance préalable; et cela en vertu d'une règle qui alors même était commune aux forêts des particuliers, lesquelles y sont nécessairement demeurées assujetties par cela seul que les droits d'usage de cette nature y ont été maintenus.

C'est ce qui a été en effet jugé formellement par plusieurs arrêts.

Celui du parlement de Rouen que je viens de citer, maintient les usagers qu'il désigne, « en » leurs droits d'usage, pâturage et ramage dans » les forêts d'Evreux, Beaumont-le-Roger, » Conche et Breteuil, chacun en leur district, » et dans les bois défensables qui leur seront » délivrés par lesdits officiers pour leur chauf- » fage et clôture; lesdits droits consistans au » bois sec, mort, en étant et en gisant, le bois vert en » gisant, rompu, brisé et séparé du tronc, » même le mort-bois, tel qu'il est déclaré en » la chartre normande..... ».

Un arrêt de la chambre des eaux et forêts du parlement de Paris, du 25 janvier 1731, rendu

---

(1) *Répertoire de jurisprudence,* au mot *Usage,* tom. 14, pag. 347 de la 4.e édition.

(1) *Répertoire de jurisprudence,* au mot *Pâturage,* §. 1, n. 3.

(2) *Journal des audiences de la cour de cassation,* année 1815, page 185.

entre le sieur de la Tour du Pin et les cinq paroisses usagères de la forêt de la Ferté, porte *que le bois mort et le mort-bois doit être délivré par le juge dans le canton désigné, sans que les usagers puissent couper aucun mort-bois et ramasser aucun bois mort, qu'au préalable il n'ait été marqué et délivré par le juge* (1).

Un autre arrêt rendu également à Paris, à la table de marbre au souverain, le 8 juillet 1737, après avoir maintenu les habitans de Pressigny dans l'usage de prendre du bois-mort et du mort-bois dans les forêts du seigneur du lieu, ordonne *qu'à cet effet, il sera fait, chaque année, aux habitans de Pressigny, un triage et tranchée par le juge de Pressigny* (2).

Il est donc bien clair que, de tous les droits d'usage qui peuvent être aujourd'hui réclamés sur des forêts, il n'en est pas un seul dont l'exercice ait pu ci-devant avoir lieu légalement, si ce n'est en vertu d'une délivrance expresse, renouvelée chaque année, et consignée chaque année, dans un acte authentique dont une expédition a dû rester entre les mains de l'usager.

Il est par conséquent bien clair que l'usager qui, ne possédant plus aujourd'hui tel droit d'usage, demande à prouver qu'il en a joui dans les 30 dernières années, demande, par cela seul, à prouver qu'il en a obtenu préalablement la délivrance ; car sans délivrance préalable, sa jouissance n'eût été qu'une voie de fait punissable de peines correctionnelles ; et l'on sent assez qu'un délit ne peut jamais être transformé en acte de possession légitime.

Or, cet usager peut-il être admis à prouver par témoins les délivrances qu'il prétend lui avoir été faites depuis 30 ans ?

C'est, en d'autres termes, demander, à l'égard des délivrances qui auraient précédé l'abolition des juridictions des eaux et forêts, et qui toutes auraient eu le caractère d'actes véritablement judiciaires, si les actes judiciaires peuvent être prouvés autrement que par eux-mêmes, c'est-à-dire, par la production qui en est faite, ou en minutes, lorsque l'apport en est ordonné, ou en expéditions, ou en copies authentiques ; question sur l'affirmative de laquelle n'ont qu'une voix tous les auteurs qui l'ont prévue, notamment *Despeisses*, tome 2, *chapitre de la preuve par titres*, n. 8 ; *Boiceau*, dans son *traité de la preuve par témoins*, chap. 10, n. 8 ; et *Danty*, dans ses additions au même ouvrage, n. 62.

C'est, en d'autres termes, demander, à l'égard des délivrances qui seraient postérieures à l'année 1790, si celui qui, non-seulement a pu,

mais a dû, sous des peines correctionnelles, se procurer la preuve par écrit qu'elles ont eu lieu, peut aujourd'hui être admis à en prouver l'existence par témoins ; question qui n'en a jamais été et n'en sera jamais une, d'après l'esprit des ordonnances de Moulins et de 1667, et du Code civil, qui, en prohibant la preuve par témoins de toutes choses dont on a eu le pouvoir de se procurer une preuve par titres, la prohibent à plus forte raison relativement à celles dont on était strictement obligé, dont on ne pouvait impunément se dispenser, de se procurer une preuve de cette dernière espèce.

Et que l'on ne vienne pas ici objecter l'arrêt du parlement de Paris, du 11 mars 1743, cité plus haut, qui a admis le créancier par titre d'une rente foncière à qui l'on opposait la prescription, à prouver par témoins, qu'il en avait reçu des arrérages depuis 30 ans.

Dans cette espèce, le créancier n'avait jamais eu ni pu se procurer de preuves littérales des payemens qu'il soutenait avoir reçus ; car, en les recevant, il avait bien donné des quittances à son débiteur, mais son débiteur ne lui avait pas donné et il n'avait pas été tenu de lui donner des reconnaissances des payemens qu'il lui avait faits. Il fallait donc bien que la justice vînt à son secours, et qu'elle lui appliquât la maxime qu'il y a lieu à la preuve testimoniale, toutes les fois qu'on n'a pas pu se procurer une preuve par écrit.

Ici, au contraire, encore une fois, les anciens usagers des forêts n'ont pas seulement eu le pouvoir de se procurer des preuves littérales des délivrances qui leur auraient été faites depuis 30 ans ; mais c'était pour eux un devoir indispensable.

Et par conséquent autant la preuve par témoins était favorable dans l'espèce de l'arrêt de 1743, autant elle serait ici en opposition avec les premiers principes.

§. X. 1.º *De quelle nature sont les droits d'usage dans les forêts, qui ont été anciennement concédés à des communes ? Sont-ils personnels ou réels ?*

2.º *Les propriétaires forains sont-ils fondés, comme les habitans, à réclamer la jouissance de ces droits ?*

I. Si ces droits étaient personnels, il y a long-temps qu'ils seraient éteints. Car l'usage considéré comme servitude personnelle, a toujours été assimilé à l'usufruit quant à la manière de l'établir et de l'éteindre ; et le Code civil, en disant, art. 625, que *les droits d'usage et d'habitation s'établissent et se perdent de la même manière que l'usufruit*, ne fait que renouveler la disposition expresse du titre *de usu et habitatione* des institutes, et de la loi 3, §. 3, D. *de*

---

(1) *Répertoire de jurisprudence*, à l'endroit cité, page 342.

(2) *Ibid.*

usufructu. Or, on sait qu'avant le Code civil, le droit d'usufruit qui avait été concédé à une commune, ne pouvait durer que cent ans, comme il n'en peut aujourd'hui durer que 30. La loi 56 du titre du digeste que l'on vient de citer, était là-dessus très-positive.

Ce n'est donc pas comme *personnels*, mais uniquement comme *réels*, qu'ont pu être anciennement concédés à des communes, les droits d'usage dont elles jouissent encore actuellement.

Aussi n'est-ce pas aux habitans personnellement, mais à leurs maisons, que ces droits sont censés avoir été concédés; et il le faut bien; car il est de l'essence de toute servitude réelle d'être attachée à une propriété foncière : *ideò autem* (dit le §. 3 du titre *de servitutibus prædiorum*, aux institutes) *hæ servitutes prædiorum appellantur, quoniam sine prædiis constitui non possunt ; nemo enim potest servitutem adquirere urbani vel rustici prædii, nec quicquam debere, nisi qui prædium habet ;* disposition dont on retrouve l'esprit dans cette définition que nous donne des servitudes réelles l'art. 637 du Code civil : « Une servitude est une charge imposée » sur un héritage pour l'usage et l'utilité d'un » héritage appartenant à un autre proprié- » taire ».

Et voilà pourquoi les art. 5 et 14 du tit. 19 de l'ordonnance des eaux et forêts de 1669 qualifient expressément d'*usagères*, les maisons des habitans qui jouissent de pareils droits.

« Les coutumes, franchises, usages, pâturages » et panages (porte le premier) seront réduits » aux fiefs et *maisons usagères seulement*, sui- » vant les états qui en ont été faits par les com- » missaires qui ont travaillé aux réformations; » ou qui seront ci-après dressés par les grands- » maîtres aux maîtrises où il n'y a pas été » pourvu.

» Les habitans des *maisons usagères* (ajoute l'art. 14) jouiront du droit de pâturage et pa- » nage pour les bestiaux de leur nourriture » seulement, et non point pour ceux dont ils » font trafic et commerce, à peine d'amende et » confiscation ».

II. D'après ce principe, notre seconde question va se résoudre d'elle-même.

Dès que le droit d'usage n'est pas attaché à la personne, mais à la chose, il est clair que ce n'est que pour l'utilité de la chose que la personne peut le réclamer.

Et de là il suit tout naturellement que le propriétaire forain d'une maison usagère, ne peut pas par lui-même exercer le droit d'usage qui y est attaché.

Que devient donc ce droit, lorsque le propriétaire d'une maison usagère n'y réside pas? il passe au fermier ou locataire, s'il y en a un; sinon, il reste en suspens. Ecoutons le président Bouhier, chap. 62, n. 29 : « ce droit ne

» peut être exercé que par celui qui réside » dans le lieu pour lequel la concession a été » faite ; et notre parlement (celui de Dijon) » l'a ainsi jugé par un arrêt assez récent, qui » fut donné à la grand'chambre, au rapport » de M. Bouhier de Lantenay, le 22 août 1743, » au profit de François Mammert de Conzié, » seigneur de Pommier, contre Claude-Fran- » çois Favier ; car ce dernier ayant obtenu au » bailliage de Bourg une senteuce qui condam- » nait le sieur de Conzié à faire jouir le sieur » Favier du droit de chauffage dans les bois » de Pommier, accordé à ses auteurs, quoi- » qu'il ne résidât plus sur les lieux, ou à l'en » indemniser; la cour, réformant, déclara » que Favier ne pouvait jouir par lui-même de » ce droit, que lorsqu'il serait sur les lieux, et » en son absence, par un seul cultivateur de » son domaine, résidant dans la maison de » celui à qui le droit avait été concédé ».

USUFRUIT. — §. I. *Quel est l'effet du legs ou de la donation de l'usufruit avec pouvoir d'aliéner ?*

V. l'article *Condition de manbournie*, §. 4.

§. II. *Quel est l'effet du legs ou de la donation de l'usufruit avec charge de rendre la propriété à une ou plusieurs personnes après un temps certain ou indéterminé ?*

V. l'article *Substitution fidéicommissaire*, §. 5, 6 et 7.

§. III. *La simple réserve de l'usufruit dans une institution contractuelle, convertit-elle cette disposition en donation entre-vifs ?*

V. l'article *Institution contractuelle*, §. 2.

§. IV. *Dans quel cas, avant le Code civil, le survivant des époux, dans la coutume du haut-quartier de Gueldres, perdait-il, faute d'inventaire, l'usufruit des propres du premier mourant ?*

V. le plaidoyer et l'arrêt du 10 floréal an 12, rapportés à l'article *Remploi*, §. 4.

§. V. *Les ventes faites à des successibles avec réserve d'usufruit, sous l'empire de la loi du 17 nivôse an 2, sont-elles valables, ou doivent-elles être annulées comme ventes à fonds perdu déguisées ?*

V. l'article *Vente à fonds perdu.*

§. VI. *Les juges de paix peuvent-ils connaître des dégradations commises par un usufruitier pendant sa jouissance, comme de celles que peut commettre un fermier pendant son bail ?*

Le 27 juillet 1807, la veuve Nelle cite devant le juge de paix du canton de la Haie, les sieur et dame Ballais, héritiers du sieur Bougourd, pour se voir condamner à lui payer le montant des dégradations commises par celui-ci dans une maison dont il était usufruitier.

Au lieu de défendre au fond, les sieur et dame Ballais déclinent la juridiction du juge de paix, et soutiennent que l'article cité ne lui attribue la connaissance des dégradations alléguées par le propriétaire, que dans le cas où le propriétaire en accuse ses locataires ou fermiers.

Le juge de paix rejette le déclinatoire, attendu que l'usufruitier jouit à titre précaire comme le fermier; qu'il est, comme le fermier, tenu des dégradations commises dans le cours de sa jouissance; et que, par conséquent, le n.º 4 de l'art. 10 du tit. 3 de la loi du 24 août 1790 est commun à l'un et l'autre.

Sur l'appel, jugement du tribunal civil de l'arrondissement d'Avranches, du 26 avril 1808, qui confirme ce jugement.

Les sieur et dame Ballais se pourvoient en cassation; et le 10 janvier 1810, arrêt, au rapport de M. Carnot, par lequel,

« Vu l'art. 10, tit. 3 de la loi des 16-24 août 1790, et l'art. 3 du Code de procédure civile;

» Et attendu que ce n'a été que par exception à la règle générale, que les articles de lois ci-dessus cités ont attribué compétence au tribunal de paix, pour connaître des dégradations alléguées par le propriétaire contre ses fermiers et locataires, à quelque valeur que sa demande puisse monter; et que l'ordre des juridictions étant de droit public, est improrogeable;

» Attendu qu'en contravention à ce principe, le tribunal de paix du canton de la Haie, par son jugement du 29 juillet 1807, et le tribunal civil d'Avranches, par celui confirmatif du 26 avril 1808, se sont retenu la connaissance de la demande formée par la veuve Nelle, en qualité de propriétaire, contre les réclamans en celle d'usufruitiers, pour cause de prétendues dégradations alléguées par la demanderesse, dans la supposition qu'il y avait même raison de décider à l'égard de l'usufruitier qu'à l'égard des fermiers et locataires;

» Attendu que le tribunal de paix, et sur l'appel de sa sentence, le tribunal civil d'Avranches, n'ont pu le juger de la sorte, sans commettre excès de pouvoir, sans faire fausse application des lois de la matière, et sans violer conséquemment les règles de leur compétence : qu'en effet, la jouissance de l'usufruitier ne se régit pas par les mêmes règles que celle des fermiers et locataires; que, dans le cas de dégradations alléguées par le propriétaire contre ses fermiers et locataires, il n'y a qu'un seul point de fait à examiner et à juger, qui est celui de savoir si les dégradations alléguées existent réellement, ou si elles n'existent pas; qu'il n'en est pas de même, lorsqu'il y a demande de cette nature formée par le propriétaire contre l'usufruitier ou ses locataires; que l'usufruitier peut prétendre qu'en cette qualité, il a eu le droit de jouir comme il l'a fait, ce qui donne nécessairement lieu à l'examen et au jugement d'une question de droit qui soit du domaine de la justice de paix, et qui rentre de droit dans la compétence des tribunaux civils ordinaires; que, d'autre part, l'usufruitier peut avoir des demandes reconventionnelles à former pour cause d'améliorations, ou autres quelconques, sur lesquelles le tribunal de paix n'aurait aucune compétence pour statuer : de sorte que, s'il pouvait se retenir la connaissance de la demande formée sous le rapport des prétendues dégradations alléguées, il en résulterait que les parties, pour raison du même fait, devraient aller plaider simultanément dans deux tribunaux différens;

» Attendu que les lois citées n'ont pas, sans de puissans motifs, restreint la compétence du tribunal de paix aux demandes formées par le propriétaire contre ses fermiers et locataires, au lieu de l'avoir étendue aux usufruitiers et à tous autres qui auraient pu avoir joui de l'immeuble prétendu dégradé; que ces motifs, quels qu'ils soient d'ailleurs, doivent être respectés; que les tribunaux ne doivent pas se croire plus sages que la loi; qu'ils ne peuvent s'attribuer une juridiction que le législateur leur a refusée, en ne la leur accordant pas d'une manière formelle, lorsque cette juridiction leur est interdite par les principes généraux de la matière;

» Par ces motifs, la cour casse et annulle toute la procédure instruite, tant par-devant le tribunal de paix du canton de la Haie, que par-devant le tribunal civil d'Avranches, et spécialement les jugemens des 29 juillet 1807 et 26 avril 1808, pour excès de pouvoir, violation des règles de compétence et violation des lois citées,.... ».

USUFRUIT PATERNEL. — §. I. *Un père peut-il, au préjudice et en fraude de ses créanciers, renoncer à son droit d'usufruit sur les biens de son fils ?*

Cette question et deux autres indiquées sous les mots *Aliénation* et *Renonciation*, se sont présentées à la cour de cassation, section des requêtes, le 23 brumaire an 9, à l'occasion du recours exercé par Benoît Delachal, contre un jugement du tribunal civil du département de la Haute-Loire, rendu en faveur d'Etienne Bourrin.

« Il importe (ai-je dit en concluant sur cette affaire), de bien saisir les faits, tels qu'ils sont constatés par le jugement dont il s'agit.

» Benoît Delachal, encore impubère, avait

recueilli de la succession de son grand-oncle, des biens qui étaient saisis réellement à la requête des créanciers du défunt. Le jeune héritier était sans moyens pour faire cesser les poursuites de cette saisie; mais dans la vue d'obvier aux frais qu'elle aurait occasionnés, Claude Delachal, son père, sollicita Etienne Bourrin d'acheter les immeubles saisis, moyennant la délégation qu'il ferait du prix, tant aux créanciers poursuivans, qu'aux créanciers opposans. Bourrin, pour obliger Delachal père, devint acquéreur de ces immeubles par acte du 29 janvier 1784, moyennant une somme de 1200 fr. que celui-ci délégua aux créanciers de son fils. En conséquence, Bourrin paya aux créanciers de Benoît Delachal, non-seulement le prix dont il était convenu, mais encore des sommes plus considérables. Benoît Delachal ayant atteint l'âge de quatorze ans, son père l'a émancipé dès le surlendemain : le 17 messidor an 2, il a fait, sous l'assistance d'un curateur qu'il s'était fait nommer, assigner Bourrin en déclaration de nullité de la vente du 29 janvier 1784. Le 2 vendémiaire an 4, jugement du tribunal du district de Saint-Etienne, qui déclare la vente nulle; condamne Bourrin à déguerpir les immeubles qui en sont l'objet, à la charge par Benoît Delachal de lui rembourser, suivant ses offres, les sommes qu'il justifiera avoir payées à l'acquit de la succession du grand-oncle; compense les restitutions de fruits depuis la vente jusqu'à l'émancipation, avec les intérêts de ces sommes; et condamne Bourrin à restituer les fruits perçus depuis l'émancipation, à la charge par Benoît Delachal de lui faire raison, à compter de la même époque, des intérêts des sommes payées à l'acquit de la succession.

» Bourrin a formé opposition à ce jugement, et au lieu de s'en tenir à la défense intrinsèque de la vente, il a soutenu que l'émancipation de Benoît Delachal avait été faite par Claude Delachal père, en fraude de ses droits et au préjudice de l'obligation que ce dernier avait contractée de garantir personnellement le contrat de vente. Par jugement du 18 nivôse an 4, le tribunal civil du département de la Loire, devant lequel la contestation avait été portée après la suppression du tribunal de district, a rejeté l'opposition de Bourrin. Appel au tribunal civil de la Haute-Loire; et là, jugement contradictoire du 1.er jour complémentaire de la même année, qui infirme le jugement du tribunal de la Loire, et sans avoir égard à l'émancipation de Benoît Delachal, qu'il juge faite en fraude de Bourrin, décharge quant à présent Bourrin de la demande de Benoît Delachal, sauf à celui-ci à agir ainsi qu'il avisera, lorsqu'il aura atteint sa majorité.

» C'est de ce jugement que Benoît Delachal demande la cassation. Il se fonde sur ce qu'il n'existe, suivant lui, aucune loi d'après laquelle on puisse regarder comme fait en fraude des créanciers d'un père, l'acte par lequel il émancipe son fils et le met par suite en état de jouir lui-même de ses biens personnels.

» Benoît Delachal suppose la vente radicalement nulle; mais il ne prouve point qu'elle le soit en effet. Il suit à cet égard la marche des premiers-juges, on peut même ajouter, et celle du tribunal de la Haute-Loire; car le jugement rendu sur l'appel, paraît supposer également la nullité radicale de la vente, puisqu'il n'est motivé que sur la fraude dont il déclare l'émancipation viciée, et qu'il réserve à Benoît Delachal la faculté d'attaquer la vente de nouveau, lorsque, parvenu à l'âge de majorité, il se trouvera dégagé, par la loi elle-même, des liens de la puissance paternelle.

» C'est cependant une grande erreur de considérer la vente comme nulle en soi.

» N'oublions pas, en effet, qu'elle a été faite en pays de droit écrit, et gardons-nous de confondre les lois de ces contrées avec les maximes de notre droit coutumier.

» Dans nos coutumes, on considère indistinctement comme nulles toutes les aliénations que font les pères des biens de leurs enfans non émancipés, sans y être autorisés par un décret de justice, et sans remplir les autres formalités requises de la part des tuteurs et curateurs.

Mais en pays de droit écrit, le père jouit d'un plus grand pouvoir. Non-seulement il a l'usufruit de tous les biens qui composent le pécule adventice de son fils, mais il peut les aliéner et les hypothéquer sans décret, sans formalités quelconques, pourvu qu'il le fasse au nom de son fils même, et que l'aliénation soit provoquée par des besoins pressans ou sollicitée par une utilité évidente. C'est la disposition expresse de la loi 8, C. *de bonis quæ liberis.* Après avoir établi, dans les trois premiers §., que le père a l'usufruit des biens qui adviennent par succession à son fils non émancipé, cette loi ajoute, §. 4 : mais si, dans la succession dévolue au fils, il se trouve des dettes, comme il est de principe, même dans le droit ancien, qu'il n'y a de biens que ce qui reste après les dettes payées, le père aura la liberté de vendre au nom de son fils, d'abord des meubles, ensuite et à leur défaut, des immeubles, jusqu'à concurrence de ce qui est nécessaire pour acquitter les dettes et empêcher les intérêts de s'accumuler : *Sin autem æs alienum ex defuncti personâ descendit, cùm etiam apud veteres hæc esse substantia intelligatur, quæ post detractum æs alienum supersederit, habeat pater licentiam ex rebus hereditariis, primùm quidem mobilibus, sin autem non sufficiunt, ex immobilibus, sufficientem partem nomine filii venundare, sit illicò reddatur æs alienum, et non usurarum onere prægravetur. Et si le père ne le fait pas, continue la loi, il répondra personnellement des intérêts des dettes de son fils : Quod si pater hoc facere supersederit, ipse usuras, vel ex reditibus vel ex substantiâ suâ, omnimodo dare compellatur.* La loi dit encore que le père doit également vendre les biens de son fils, à concurrence de ce qu'il en faut pour acquitter les legs dont il a été chargé par le défunt à qui il a succédé.

» Le §. 5 de la même loi ajoute que, hors ces cas, le père ne peut pas aliéner les biens du fils qu'il a en sa puissance, sauf que s'il se trouve, soit des meubles, soit des immeubles dont la conservation soit onéreuse à la succession déférée à son fils, il peut, guidé par la piété paternelle, les vendre, afin d'en employer utilement le prix : *Non autem licentia parentibus danda, extrà memoratas causas, res quarum dominium apud eorum posteritatem est, alienare, vel pignori vel hypothecæ titulo dare.... ; exceptis videlicet rebus mobilibus, vel immobilibus illis quæ onerosæ hereditati sunt, vel quocumque modo damnosæ, quas sine periculo vendere patri cùm paternâ pietate licet, ut pretium earum vel in causas hereditarias procedat, vel filio servetur.*

» C'est d'après cette loi que tous les auteurs des pays de droit écrit, qui ont traité des droits du père sur les biens de ses enfans, tiennent pour maxime constante que, dans les cas dont elle parle, il n'a besoin ni de décret de justice ni d'aucune autre formalité pour les aliéner.

» Voici notamment comment s'explique Antoine Favre (qui était, comme vous le savez, premier président du sénat de Chambéry), dans son ouvrage intitulé : *Codex Fabrianus*, liv. 6, tit. 36, déf. 3 : *Non bene tutori comparatur pater in administratione bonorum filii, quamvis uterque sit legitimus administrator. Tutor enim, licet æs alienum urgeat, tamen pupilli rem sine decreto distrahere non potest. Pater potest, sive quia plus juris habet qui non solùm administrator est, sed etiam fructuarius, sive quia multò minùs suspecta patris quàm tutoris fides esse debet.* Ici, l'auteur cite la loi romaine que nous rapportions tout à l'heure; et il ajoute qu'on ne doit cependant pas en croire le père sur parole, relativement à l'existence des dettes urgentes qui le déterminent à vendre. Mais, continue-t-il, lorsqu'il y a vraiment juste cause pour aliéner, *si justa causa subsit*, la raison veut qu'on laisse au père toute l'autorité d'un juge : *ratio nulla est cur ad alienationis vires minorem patris quàm judicis auctoritatem existimare debeamus.* Dans le doute, conclut-il, on ne présume pas que le contrat fait par le père au nom de son fils, lèse ce dernier; et enfin, l'aliénation des biens du fils n'est interdite au père que lorsqu'elle n'est pas motivée par une juste cause : *in dubio non præsumi filium læsum ex contractu quem pater filii nomine init, neque omnem omninò alienationem bonorum filii interdictam patri, sed eam tantùm quæ justam causam non habeat.* Le président

Favre termine par dire que le tribunal dont il était le chef, a consacré tous ces principes par un arrêt du mois de juillet 1588.

» Sur les mêmes principes, dit Dunod, dans son *Traité des prescriptions*, « le parlement de » Franche-Comté, par arrêt rendu en juillet » 1617, débouta Claude et Hugues Robert de » la revendication de leurs biens maternels » que leur père avait aliénés sans décret ni » formalités, et en leur nom, pour payer leurs » dettes ».

» Le même jurisconsulte confirme cette doctrine par l'exception même qu'il y apporte, comme le président Favre : « Quoique le père » (dit-il) soit dispensé des formalités, il n'a pas » pour cela le droit de vendre les biens de ses » enfans sans cause. Ainsi, par arrêt rendu aux » enquêtes, le 3 mars 1725, entre Gaulart et » Reine Pignet, le parlement de Franche-Comté » déclara nulle une vente faite par le père de » ladite Pignet, de ses biens maternels, pour » payer ses dettes, parce qu'il consta qu'il n'y » en avait point de pressantes ».

» Ici, Benoît Delachal ne peut pas faire valoir la même exception. D'une part, il a été forcé de convenir, devant les premiers juges, que son père n'avait vendu ses biens que pour payer les dettes du grand-oncle dont il était héritier; et c'est en rendant hommage à cette vérité, qu'il a offert de rembourser à l'acquéreur les sommes qu'il justifierait avoir payées à l'acquit de la succession de son grand-oncle. D'un autre côté, le jugement rendu sur l'appel, décide, en point de fait, que les dettes du grand-oncle étaient de la plus grande urgence, puisque les biens étaient réellement à la, requête de ses créanciers, et que ne pas faire cesser la saisie réelle, c'eût été laisser accumuler, sans objet et sans utilité, des frais qui devenaient de jour en jour plus considérables. Enfin, ce même jugement ne laisse aucun doute sur l'emploi du prix qu'il constate que le père l'a délégué aux créanciers tant poursuivans qu'opposans, que l'acquéreur l'a versé entre leurs mains, et qu'il a même été obligé, pour dégager tout-à-fait les biens de la saisie réelle, d'y ajouter de son propre argent.

» Ainsi, la vente que le père a faite des biens de son fils, était commandée par la nécessité la plus pressante; et, loin d'excéder les bornes de sa puissance, le père était obligé, sous sa responsabilité personnelle, de faire ce qu'il a fait : *Quod si hoc facere supersederit, ipse usuras ex substantiâ suâ omnimodo dare compellatur.*

» Voilà ce qu'auraient dû voir les juges du tribunal d'appel; voilà ce qui aurait dû déterminer leur jugement. Mais au lieu de se fixer à un motif aussi évidemment péremptoire contre la réclamation sur laquelle ils avaient à statuer, ils se sont fondés, comme vous l'avez vu, sur la nullité de l'émancipation de Benoît Delachal;

et cette nullité, ils l'ont fait résulter du principe établi par les lois romaines, que toute aliénation faite à titre gratuit par un débiteur en fraude de ses créanciers, doit être révoquée, quoique d'ailleurs la personne au profit de laquelle il a ainsi exercé sa libéralité, ne soit pas complice de sa fraude; c'est-à-dire, qu'ils ont considéré l'émancipation précoce de Benoît Delachal, comme un moyen imaginé par le père pour le dépouiller du droit qui lui était acquis de jouir des biens de son fils jusqu'à l'époque légale de la cassation de la puissance paternelle, pour s'en dépouiller en sa faveur et à titre de pure libéralité, pour s'en dépouiller dans la seule vue d'éluder l'obligation qu'il avait personnellement contractée envers Bourrin, de le faire jouir des immeubles qu'il lui avait vendus, et dont Bourrin pouvait au moins suivre l'effet sur l'usufruit, tant que dureraient les droits du père usufruitier.

» C'est cette manière de motiver le jugement du tribunal de la Loire, qui a donné lieu au recours de Benoît Delachal.

» Ce n'est pas, au reste, que ce motif soit dénué de fondement, ni que les raisons par lesquelles le demandeur le combat, soient, à beaucoup près, décisives.

» D'abord, en convenant du principe qu'un débiteur ne peut disposer de ses biens en fraude de ses créanciers, le demandeur prétend que ce principe doit être restreint aux biens personnels du débiteur, et qu'il n'est pas applicable à un droit d'usufruit acquis par l'effet de la puissance paternelle.

» Cependant le §. 15 de la loi 10, D. *quæ in fraudem creditorum*, décide textuellement que les créanciers en fraude desquels leur débiteur a disposé d'un droit d'usufruit, peuvent le répéter par *l'action Pauliane* ou révocatoire : *Per hanc actionem et usufructus exigi potest.*

» Le §. 2 de la loi 1 du même titre va plus loin : il déclare que les termes de l'édit du préteur qui a introduit l'action Pauliane, sont tellement généraux, qu'ils frappent, non-seulement sur les aliénations proprement dites, mais encore sur toute espèce de contrats que le débiteur peut avoir faits en fraude de ses créanciers : *Ait ergò prætor : QUÆ FRAUDATIONIS CAUSA GESTA ERUNT : hæc verba generalia sunt et continent in se omnem omninò in fraudem factam vel alienationem, vel quemcumque contractum.* Ainsi, quel que soit l'acte qui a été fait en fraude des créanciers, il est compris dans cette disposition, car elle est de la plus grande latitude : *Quodcumque igitur fraudis causâ factum est, videtur his verbis revocari, qualecumque fuerit ; nam latè ista verba patent.*

» Les §§. 1 et 2 de la loi 3 du même titre sont encore, s'il est possible, plus positifs ou du moins plus rapprochés de notre espèce. Nous devons, y est-il dit, tenir qu'il y a fraude, non-

seulement lorsque le débiteur a disposé en contractant, mais encore lorsqu'à dessein il s'est laissé condamner par défaut, lorsqu'il a laissé périmer une instance, lorsqu'il a affecté de ne pas poursuivre un débiteur afin de laisser prescrire sa dette, lorsqu'il perd un droit d'usufruit ou une servitude : *Gesta fraudationis causâ accipere debemus, non solùm ea quæ contrahens gesserit aliquis, verùm etiam si forte datâ operâ ad judicium non adfuit, vel litem mori patiatur, vel à debitore non petit ut tempore liberaretur, aut usufructum vel servitutem amittit.* En un mot, celui qui a fait une chose quelconque, à l'effet de cesser de posséder ce qu'il possédait, est compris dans l'édit du préteur : *et qui aliquid facit ut desinat habere quod habet, ad hoc edictum pertinet.*

» Assurément, le père de Benoît Delachal a bien fait en l'émancipant, ce qu'il fallait pour cesser d'avoir ce qu'il avait, *ut desinat habere quod habebat* ; il a bien, en l'émancipant, perdu l'usufruit dont il jouissait sur ses immeubles, *datâ operâ usumfructum amisit.* L'émancipation de son fils est donc soumise à l'action Pauliane, *ad hoc edictum pertinet*, si d'ailleurs elle a été faite en fraude du droit acquis par Bourrin à cet usufruit, pour tout le temps qu'il devait durer : or, sur ce dernier point, qui est purement de fait, le jugement du tribunal de la Haute-Loire décide nettement que c'est en fraude de Bourrin, que c'est dans la coupable intention d'éluder la garantie à laquelle il s'était obligé à son égard, que Delachal père a émancipé son fils, à peine parvenu à l'âge de quatorze ans. Le moyen, après cela, de douter que le jugement, loin d'être en contravention aux lois de la matière, n'a fait qu'en adopter l'esprit et en appliquer littéralement les dispositions ?

» On objecterait en vain que Delachal fils était dans un âge encore trop tendre pour participer à la fraude de son père.

» Sans doute, l'action révocatoire ne peut régulièrement être intentée contre le tiers qui profite de la fraude du débiteur, qu'autant qu'il a su, en traitant avec celui-ci, qu'il agissait au préjudice de ses créanciers. Mais cette règle admet deux exceptions : la première, pour le cas où précisément le tiers au profit duquel le débiteur a disposé ou agi en fraude de ses créanciers, est encore d'un âge à ne pouvoir se rendre complice de cette manœuvre ; la deuxième, pour le cas où ce n'est pas à titre onéreux, mais par pure libéralité, que le tiers a acquis ce que le débiteur a aliéné ou laissé perdre. Écoutons les §§. 10 et 11 de la loi 6 du titre cité : *Si quid cùm pupillo gestum sit in fraudem creditorum, Labeo ait omnimodo revocandum, si fraudati sint creditores ; quia pupilli ignorantia, quæ per ætatem contingit, non debet esse captiosa creditoribus, et ipsi lucrosa ; eoque jure utimur.* Voilà la première exception bien clairement établie. Voici la seconde : *Simili modo dicimus, et si cui donatum est, non esse quœrendum an sciente eo cui donatum, gestum sit, sed hoc tantùm an fraudentur creditores. Nec videtur injuriâ affici is qui ignoravit, cùm lucrum extorqueatur, non damnum infligatur.*

» Mais, dit le demandeur, bien loin que les lois romaines rangent l'émancipation dans la classe des actes qui peuvent être considérés comme passés en fraude des créanciers, elles l'en exceptent formellement : et c'est ce qui résulte de la loi que nous venons de citer : *Simili modo dicendum est, et si filium suum emancipavit ut suo arbitrio adeat hereditatem, cessare hoc edictum.* Certes, continue-t-il, un père qui émancipe son fils pour le rendre capable de recueillir une succession, enlève bien à ses propres créanciers une jouissance qui eût pu devenir pour eux une ressource active; et cependant l'émancipation, dans ce cas, n'est point réputée faite au préjudice des créanciers.

» Le demandeur ne fait pas attention que le texte sur lequel il s'appuie, est motivé par un principe qui n'a rien de commun avec la nature de l'émancipation.

» On sait que la jurisprudence française ne souffre pas qu'un héritier renonce, au préjudice de ses créanciers, à la succession qui lui est échue, et que, lorsqu'il le fait, elle autorise ses créanciers à se faire subroger à ses droits. C'est ce que porte l'art. 278 de la coutume de Normandie, et c'est ce qu'ont jugé cinq arrêts du parlement de Paris, des 28 mars 1589, 27 janvier 1596, 12 juillet 1597, 9 mars 1609 et 29 juillet 1625, rapportés, les uns par Ricard, sur la coutume de Paris, les autres par Brodeau sur Louet.

» Mais les lois romaines en avaient disposé tout autrement; elles ne regardaient pas comme fraudant ses créanciers, le débiteur qui, pour leur faire préjudice, omettait d'acquérir, mais seulement celui qui aliénait ou se dépouillait d'un droit acquis : *Quod autem cùm possit aliquid quœrere, non id agit ut acquirat, ad hoc edictum non pertinet. Pertinet enim edictum ad diminuentes patrimonium suum, non ad eos qui id agunt ne locupletentur.* Ce sont les termes de la loi 6, D. *quœ in fraudem creditorum.*

» De là il suit, dit le §. 2 de la même loi, que celui qui a renoncé à une succession, soit qu'elle lui fût déférée par testament ou qu'il y fût appelé par la loi, n'est point dans le cas de l'action Pauline; car il n'a pas diminué son patrimoine, il a seulement voulu ne pas l'augmenter : *Proindè et qui repudiavit hereditatem, vel legitimam, vel testamentariam, non est in eâ causâ ut huic edicto locum faciat : noluit enim acquirere, non suum proprium patrimonium diminuit.* Et par la même raison, continue le §. 3, c'est-à-dire, le texte même qu'invoque ici le demandeur, par la même raison, il faut dire que s'il a émancipé son fils afin de l'habiliter à appréhender une succession à laquelle il était appelé, il n'y a pas non plus lieu à l'action révocatoire : *Simili modo dicendum est, et si filium suum emancipavit ut suo arbitrio adeat hereditatem, cessare hoc edictum.*

» Ainsi, il est clair que le texte cité par Benoît Delachal, n'est que la conséquence du principe établi par les §. précédens, que l'action révocatoire ne s'étend pas jusqu'à l'omission d'acquérir, et ne frappe point par suite sur la répudiation faite par le débiteur, d'une hérédité qu'un testament ou l'ordre des successions légitimes lui défère.

» Et puisque c'est là le seul motif de ce texte, comme il l'énonce lui-même, il faut nécessairement en conclure, par argument *à contrario*, que l'émancipation est elle-même soumise à l'action révocatoire, lorsqu'elle a pour objet de dépouiller le père, au préjudice et en fraude de ses créanciers, des droits qui lui étaient acquis et dont il jouissait, soit par lui-même, soit par ses cessionnaires, sur les biens de son fils.

» Ainsi se trouve parfaitement justifié le jugement qu'attaque le demandeur. Le seul reproche qu'on puisse lui faire, est de n'avoir pas adopté un motif de plus, celui qui résulte de la validité intrinsèque de la vente faite par Delachal père à Bourrin. Mais ce reproche, ce ne sera point le demandeur qui le lui fera; il n'a, pour le lui faire, ni intérêt ni qualité;

» Et par ces considérations, nous estimons qu'il y a lieu de rejeter la requête et de condamner le demandeur à l'amende de 150 francs ».

Ces conclusions n'ont pas été suivies. Par arrêt du 23 brumaire an 9, au rapport de M. Minier, la requête du demandeur a été admise; mais jusqu'à présent, il n'a été donné aucune suite à cette affaire.

M. Toullier, dans son *Droit civil français*, liv. 3, tit. 3, chap. 3, sect. 6, n. 368, fait à ce sujet des observations que je n'entends pas bien.

Il convient que le *raisonnement* sur lequel je fondais mes conclusions, était « rigoureusement juste *in apibus juris* »; et c'en était assez, ce semble, pour mettre à l'abri de la cassation (qui ne peut jamais être prononcée que *pour contravention expresse à la loi*) le jugement en dernier ressort dont il était question. Cependant il applaudit à l'arrêt par lequel le *pourvoi fut admis*.

« Il s'agissait (ajoute-t-il) d'une émancipation antérieure au Code civil ». — Qu'est-ce que cela fait ? Les lois romaines, il est vrai, différentes en cela du Code civil, limitaient l'action révocatoire des créanciers, aux actes par lesquels le débiteur diminuait son patrimoine; mais je crois avoir prouvé dans les conclusions ci-dessus, que Delachal père avait véritablement

diminué son patrimoine en renonçant, par l'é-
mancipation de son fils, au droit d'usufruit qu'il
avait sur ses biens.

« Nous pensons (continue M. Toullier) que
» l'arrêt eût été cassé, si l'affaire avait été por-
» tée à la section civile » : — Mais je voudrais
bien savoir comment on en eût motivé la cassation, et quelle loi on eût pu citer comme violée
par ce jugement.

Aurait-on dit, avec M. Toullier, « qu'il paraît
» difficile de considérer l'émancipation d'un mi-
» neur comme un acte fait en fraude des créan-
» ciers, et de le soumettre à l'action révocatoire,
» uniquement pour conserver au père un usu-
» fruit vraiment irrégulier, dont l'établissement
» a eu principalement pour but de prévenir les
» procès scandaleux que faisaient naître les
» comptes des revenus entre les pères et leurs
» enfans, et non pas d'enrichir les pères et
» mères, et de donner un nouveau gage à leurs
» créanciers, qui n'ont pas dû compter sur cet
» usufruit, lequel finit, contre les règles ordi-
» naires, par la mort du propriétaire du fonds,
» ou par son émancipation que les créanciers
» ont dû prévoir » ? — Mais, de bonne foi, y
a-t-il là de quoi motiver la cassation d'un arrêt
qui, même sous le Code civil, jugeant en fait
qu'un père n'a émancipé prématurément son fils
que dans la vue de frustrer ses créanciers d'un
droit d'usufruit sur lequel ils pouvaient encore
compter quelques années, déclarerait les créanciers fondés à réclamer cet usufruit jusqu'à la
18.e année révolue du fils ? — Que les considérations mises en avant par M. Toullier, doivent
rendre les magistrats plus difficiles à juger une
pareille émancipation frauduleuse, à la bonne
heure. — Mais qu'elles s'opposent, *sous peine
de cassation*, à ce qu'ils la jugent telle, lorsqu'ils
en trouvent la preuve dans les circonstances de
l'affaire sur laquelle ils prononcent, c'est ce que
je ne conçois pas. — Ce n'est sans doute pas
dans la vue directe de *donner un nouveau gage
aux créanciers* du père, que la loi lui accorde
l'usufruit des biens de ses enfans. Mais il n'en est
pas moins vrai qu'une fois qu'il est saisi de ce
droit, la loi elle-même autorise ses créanciers à
s'en prévaloir, et qu'il ne peut y renoncer *ni
directement ni indirectement à leur préjudice* :
ce sont les termes d'un arrêt de la cour de cassation, du 11 mai 1819, rapporté dans le *Journal des audiences* de cette cour, année 1819,
page 403.

§. II. *L'usufruit paternel est-il sujet à un droit
proportionnel d'enregistrement ?*

V. l'article *Séparation de biens*, §. 6.

§. III. *Le survivant du père et de la mère avait-
il, sous la coutume du chef lieu de Mons, le
droit de jouir, toute sa vie, des biens censuels*

ou mainfermes, *qui échéaient en ligne directe
à ses enfans, pendant qu'ils étaient* en pain,
c'est-à-dire, *non émancipés ?*

J'ai établi la négative, en 1784, dans le
Répertoire de jurisprudence, aux mots Usufruit
paternel, §. 5, n. 5; et depuis, la cour d'appel
de Bruxelles a rendu un arrêt conforme à cette
opinion.

Marie-Joseph Lucas était morte, laissant
deux enfans, Catherine et Desirée, du mariage
qu'elle avait contracté avec Ferdinand Criez.
Son père et sa mère qui lui avaient survécu,
laissèrent, en mourant, divers immeubles situés
à Soignies et régis par la coutume du chef-lieu
de Mons. Catherine et Désirée Criez recueillirent
ces biens, mais comme elles étaient *au pain* de
leur père; celui-ci crut pouvoir s'en approprier
l'usufruit.

Il épousa, quelque temps après, en secondes
noces, Marie-Joseph Bornier; et devenu imbécille, il fut interdit et placé sous la curatelle de
son épouse.

Cependant la Belgique ayant été réunie à la
France, et les lois qui faisaient cesser la puissance paternelle à l'égard des enfans âgés de
vingt-un ans, y ayant été publiées, Jacques
Nollet et Nicolas Vilain, qui avaient épousé
Catherine et Desirée Criez, firent assigner la
curatrice de leur beau-père au tribunal civil de
l'arrondissement de Mons, pour voir dire
qu'elle serait tenue de leur abandonner la jouissance des biens échus à leurs femmes par le
décès de leurs aïeux maternels.

Ils fondaient leur demande sur deux moyens.
Ils soutenaient d'abord que, d'après les dispositions des chartes générales et de la coutume du
chef-lieu de Mons, le père ne pouvait plus,
après l'émancipation de ses enfans, jouir des
mainfermes qui leur étaient échus en ligne directe, pendant qu'ils étaient *en pain*. Ils ajoutaient que d'ailleurs les lois françaises qui avaient
été publiées en Hainaut depuis la mort des aïeux
maternels de leurs épouses, auraient, au besoin,
dérogé, sur ce point, à l'ancienne jurisprudence.

Marie-Joseph Bornier écartait d'abord le second moyen, par le principe que les lois nouvelles ne peuvent pas avoir d'effet rétroactif, et
en faisant observer que si son mari avait été
une fois saisi légalement, pour toute sa vie, de
l'usufruit des biens de ses deux filles, il n'avait
pas pu en être privé par des lois postérieures.

Revenant ensuite au premier moyen de ses adversaires, elle invoquait le répertoire de jurisprudence, à l'endroit indiqué ci-dessus.

Le 23 pluviôse an 10, jugement qui, attendu,
d'une part, la non-rétroactivité des lois nouvelles, et de l'autre, l'usage constant du chef-
lieu de Mons, déboute Nollet et Vilain de leur
demande. Appel de la part de ceux-ci.

La cause portée à l'audience de la cour d'appel de Bruxelles, arrêt qui réduit toute la contestation au point de savoir si l'usage invoqué par Marie-Joseph Bornier, était réellement aussi constant que l'avaient attesté les premiers juges, et charge l'intimée d'en rapporter preuve.

Pour satisfaire à cet interlocutoire, Marie-Joseph Bornier produisit 1.º un arrêt du conseil souverain de Mons qui avait rejeté une réclamation semblable à celle de Nollet et Vilain; 2.º deux jugemens du tribunal civil du département de Jemmapes, qui avaient jugé de même et dont les parties intéressées n'avaient pas osé interjeter appel; 3.º diverses pièces desquelles il résultait que plusieurs pères ou mères survivans jouissaient paisiblement, depuis l'émancipation ou le mariage de leurs enfans, du revenu des mainfermes échues à ceux-ci en ligne directe, pendant qu'ils étaient en pain; 4.º les avis des jurisconsultes les plus recommandables de la ci-devant province de Hainaut.

Noël et Vilain opposèrent à ces productions un arrêt du conseil souverain de Mons, qu'ils présentèrent comme contraire au prétendu usage dont il s'agissait; mais ils insistèrent principalement sur l'injustice et l'illégalité de cet usage.

Le 30 nivôse an 12, arrêt qui confirme le jugement attaqué,

« Attendu que Marie-Joseph Bornier a rapporté deux jugemens rendus en l'an 4, dans des cas identiques, au tribunal civil du département de Jemmapes, fondés sur l'usage, et un arrêt de la cour de Mons, inductif du même usage;

» Attendu qu'elle a joint à ces autorités, l'opinion de plusieurs commentateurs, l'avis de plusieurs jurisconsultes, et des faits existans sur le même usage; — Attendu que l'on trouve dans le *Répertoire universel de jurisprudence*, au mot *Usufruit paternel*, que, dans la partie du Haynaut français régie par les chartes du chef-lieu de Mons, les bailliages, ainsi que le parlement de Flandres, ont décidé la question de la même manière qu'elle l'a été par les jugemens rapportés et par les commentateurs;

» Attendu que de ces diverses autorités il résulte que, tant par induction de l'art. 3 du chap. 36 des chartes du chef-lieu de Mons, de 1534, que des anciennes, il est demeuré constant en Haynaut, que la jouissance des biens échus en ligne directe aux enfans qui sont en pain de leur père ou mère, appartient au survivant des père ou mère, sa vie durant;

» Attendu que les appelans n'ont rien opposé de concluant contre ce point de jurisprudence ».

VACANCES DES TRIBUNAUX. *V.* l'article *Jours fériés*.

VACANS (biens). *Analyse et explication des lois de* 1791, 1792 *et* 1793, *sur les terres vaines et vagues, et sur les biens vacans.*

Tome VI.

V. l'article *Communaux* (*biens*), §. 4; *et le Répertoire de jurisprudence,* aux mots, *terres vaines et vagues.*

VAINE PATURE. — §. I. *Le propriétaire d'un fonds asservi, par titre, à un droit de vaine pâture, peut-il s'en affranchir, en le faisant clorre ?*

« Les faits qui ont donné lieu à cette question (ai-je dit à l'audience de la section des requêtes, le 14 brumaire an 9), sont extrêmement simples.

» D'une part, contrat du 12 messidor an 4, par lequel Madeleine Boutet, femme séparée de biens de Charles Dupuy, négociant à Saumur, acquiert de la république, la propriété d'un corps de biens ci-devant dépendans de l'abbaye de Saint-Florent, et dans lequel sont comprises deux prairies dites de *Chêne-Hûte* et de *Saint-Florent*. Dans ce contrat, stipulation expresse que les biens sont vendus avec leurs servitudes actives et passives, sans aucune garantie à cet égard de la part de la nation.

» D'autre part, la femme Dupuy ayant fait clorre de fossés les deux prairies qu'elle venait d'acquérir, et ayant manifesté l'intention de vouloir par là s'affranchir de la vaine pâture qu'y exerçaient les habitans de la commune de Saint-Martin-des-Rosiers, procès, de la part de ceux-ci, tendant à la maintenue dans leur droit de vaine pâture, après la fauchaison de la première herbe, au comblement des fossés qui y mettaient obstacle, et à l'abattis des arbres que la femme Dupuy avait fait planter.

» A l'appui de ces demandes, production d'une sentence de la prévôté de Saumur du 9 juillet 1688, d'une autre de la sénéchaussée de la même ville du 10 du même mois, d'une troisième de cette même sénéchaussée du 21 février 1761, enfin d'un arrêt du parlement de Paris du 9 août 1762, par lesquels les habitans avaient été maintenus dans le droit et la possession de faire paître leurs bestiaux dans les prairies de Chêne-Hûte et de Saint-Florent, après l'enlèvement de la première herbe.

» Réponse de la femme Dupuy, tirée de la 4.e section du tit. 1 de la loi du 28 septembre 1791, sur la police rurale.

» Jugement du tribunal civil de Maine et Loire, du 26 thermidor an 7, qui, adoptant cette réponse, déclare les habitans non-recevables dans leur demande. Appel de leur part au tribunal civil d'Indre et Loire; et là, jugement du 7 prairial an 8, qui infirme le premier, « maintient les habitans dans le droit et » possession de faire pacager leurs bestiaux » dans les prairies de Chêne-Hûte et de Saint-» Florent, après l'enlèvement de la première » herbe, dans les termes fixés par les sentences

» des 10 juillet 1688 et 21 février 1761 et par » l'arrêt du 9 août 1762; fait défenses à la » cit. Dupuy de les y troubler, ordonne qu'elle » sera tenue de rabattre et combler une partie » des fossés qu'elle a fait creuser pour se clorre; » et de pratiquer des passages à chacune des » issues des prairies, pour y introduire des bes- » tiaux des habitans aux susdites époques......».

» C'est de ce jugement que la dame Dupuy demande la cassation; et elle, la demande, 1.° parce que ce jugement, suivant elle, a été rendu par des juges incompétens; 2.° parce qu'il contrevient à l'art. 6 de la loi du 2 septembre 1792, sur la vente des biens nationaux, d'après lequel les habitans de Saint-Martin étaient déchus de leur droit, faute de l'avoir réclamé avant la vente du fonds; 3.° parce qu'il contrevient à l'art. 2 de la première section de la loi du 28 septembre 1791, sur la police rurale, qui permet au propriétaire de varier à son gré la culture et l'exploitation de ses champs; 4.° parce qu'il contrevient aux articles de la 4.e section de la même loi, qui établissent, en faveur du propriétaire, la liberté de se clorre, nonobstant le droit de vaine pâture; 5.° parce qu'il contrevient aux art. 9 et 10 de la même section, sur les époques où le droit de vaine pâture peut s'exercer dans les fonds qui y sont sujets. Ainsi, cinq moyens de cassation à examiner.

» Et d'abord, devons-nous nous arrêter à celui que la demanderesse tire de la prétendue incompétence des juges qui ont rendu le jugement dont elle se plaint? La demanderesse soutient que le mouvement périodique des juges d'une section à l'autre, ordonné par les lois des 19 vendémiaire an 4 et 10 fructidor an 5, n'avait pas lieu dans le tribunal d'Indre et Loire, lors du jugement qui a été rendu sur l'appel des habitans de Saint-Martin; et de cette assertion qu'elle prétend prouver par un certificat du greffier du tribunal même d'Indre et Loire, elle tire la conséquence qu'à l'époque de ce jugement, la section de laquelle il est émané, n'était pas composée comme elle devait l'être; qu'ainsi, sa composition était illégale, et que par suite, elle n'a pu juger valablement aucune affaire.

» Mais les observations que le cit. rapporteur vous a faites sur ce certificat, démontrent évidemment que la demanderesse se trompe même sur le point de fait qu'elle cherche à établir par cette pièce. Et, à l'égard du point de droit, il est certain que le mouvement des sections n'est qu'un objet de police intérieure et de pure discipline. De quel droit, dès-lors, les parties seraient-elles recevables à examiner s'il a eu lieu ou non, et, dans le cas où il n'aurait pas eu lieu, à s'en faire un moyen de nullité? Deux condamnés à mort et un condamné aux fers ont prétendu avoir ce droit par rapport au tri-

bunal criminel d'Indre et Loire, dans lequel les quatre juges pris dans le tribunal civil, avaient fait le service pendant deux semestres successifs; mais par jugemens des 29 thermidor et 6 fructidor dernier, la section criminelle a rejeté le recours de ces trois condamnés, sur le fondement que l'ordre du service des juges dans les différentes sections ou tribunaux où ils étaient appelés par la loi, appartenait exclusivement à la police intérieure de chaque autorité judiciaire. Et nous n'avons pas besoin d'observer que, si le tribunal de cassation l'a ainsi jugé en matière criminelle où tout est de rigueur, à plus forte raison y a-t-il lieu de croire qu'il jugera de même en matière purement civile.

» Le second moyen de la demanderesse consiste à dire qu'avant le contrat de vente qui lui a été fait par la république, des prairies de Chêne-Hûte et de Saint-Florent, le 12 messidor an 4, la commune de Saint-Martin n'avait pas produit, devant l'administration départementale, les titres de son droit de vaine pâture; et ce fait paraît constant.

» Mais d'abord, la demanderesse ne l'a allégué, ni devant le tribunal de première instance, ni devant le tribunal d'appel.

» Ensuite, quand elle l'aurait articulé, soit devant celui-ci, soit devant celui-là, quel avantage en serait-il résulté pour elle? D'un côté, la loi en forme d'instruction du 6 floréal an 4, d'après laquelle a été passé le contrat de la dame Dupuy, porte que les biens nationaux seront vendus avec leurs servitudes actives et passives; et c'est en effet avec cette clause que la dame Dupuy a acheté les prairies de Chêne-Hûte et de Saint-Florent. D'un autre côté, la loi du 2 septembre 1792 n'est relative qu'aux biens des émigrés; et par l'art. 6 que cite la demanderesse, cette loi ne dit pas un mot qui soit relatif aux servitudes réelles dont ces biens pourraient être grevés; il n'y est question que de créances exigibles ou éventuelles.

» Le troisième moyen de la demanderesse est tiré, comme nous l'avons dit, de l'art. 2 de la première section de la loi du 28 septembre 1791, lequel permet aux propriétaires de varier leur culture et l'exploitation de leurs terres, de conserver à leur gré leurs récoltes et de disposer librement de toutes les productions de leurs propriétés. Cet article, dit la demanderesse, est violé par le jugement du tribunal d'Indre et Loire, puisqu'en m'assujettissant à un usage qui suppose des champs en nature de prairie, il m'empêche de varier mes cultures; puisqu'en m'imposant l'obligation d'enlever la première herbe à une époque déterminée, il me prive de la liberté de conserver à mon gré mes récoltes; puisqu'enfin, en adjugeant à la commune de Saint-Martin la seconde herbe de mes prairies, il m'ôte évidemment le droit de disposer de toutes leurs productions.

» Il est incontestable que le jugement attaqué par la demanderesse, viole, de ces trois manières différentes, l'article qu'elle invoqué, si les habitans de Saint-Martin n'ont pas, sur les prairies, un droit de nature à survivre au moyen qu'ils a pris pour s'en affranchir en les faisant clorre; mais si les habitans ont véritablement ce droit, les trois contraventions s'évanouissent : car l'art. 2 de la première section de la loi du 28 septembre 1791 réserve expressément *le droit d'autrui*, et y subordonne par conséquent l'exercice de la pleine liberté dont il déclare le propriétaire investi.

» Ainsi, le troisième moyen de la demanderesse est par lui-même insignifiant ; et il ne peut acquérir de la consistance, qu'en venant se fondre dans le quatrième, qui est, pour ainsi dire, le siége de toutes difficultés vraiment sérieuses que présente cette affaire.

» Avant de nous livrer à l'examen des articles de la loi de 1791, sur lesquels roule ce quatrième moyen, il ne sera pas inutile de rechercher l'origine de ces articles. Si nous parvenons à la découverte, si nous sommes assez heureux pour reconnaître les divers degrés par lesquels a été peu à peu amenée la législation qu'ils ont établie, il ne nous sera pas difficile d'en saisir le véritable esprit, ou plutôt il sera impossible que nous prenions le change sur cet important objet.

» Commençons par nous former une idée exacte du vain pâturage.

» Il y a, comme on sait, deux sortes de pâtures, les pâtures grasses ou vives, et les vaines pâtures. Les pâtures grasses ou vives sont les marais, les pâtis, les bruyères, les landes, qui appartiennent à des communautés d'habitans, ou qui sont asservis envers elles à un droit d'usage, de manière qu'elles seules peuvent y faire paître leurs bestiaux.

» Les vaines pâtures sont les grands chemins, *les prés après la fauchaison*, les guerêts et terres en friches, les bois de haute-futaie, les bois taillis, après le quatrième ou cinquième bourgeon, et généralement tous les héritages où il n'y a ni semence ni fruits, et qui, par la loi ou l'usage du lieu, ne sont pas en défense. Cette définition de vaines pâtures est tirée du Dictionnaire des arrêts de Brillon, au mot *Pâturage*, n. 6; du commentaire de Lecamus d'Houloave, sur la coutume de Boulonnais, tit. 8, sect. 3; de la coutume de Nivernais, chap. 1, art. 5; de celle de Châlons-sur-Marne, art. 256; et de celle de Troyes, art. 170. Elle est aussi complètement justifiée, en ce qui concerne les prés après la fauchaison de la première herbe, par les coutumes d'Auxerre, art. 263; de Sens, art. 147; et de Melun, art. 302 : voici leurs termes : « Prés fauchés et dont l'herbe ou » foin a été enlevé, sont incontinent réputés » vaines pâtures, sinon qu'ils soient clos et » fermés de haies ou fossés, ou que, d'ancien- » neté, on n'ait accoutumé d'en faire regrain ». Ainsi, nul doute que le pacage exercé par des bestiaux sur une prairie après l'enlèvement de la première herbe, ne porte le caractère de vaine pâture.

» Maintenant qu'elle est la nature du vain pâturage ? Est-il de pure faculté de la part du propriétaire sur l'héritage duquel il s'exerce, ou forme-t-il une servitude ?

» Cette question, considérée d'après les principes du droit naturel et des lois romaines, paraît infiniment simple.

» Suivant ces principes, tout propriétaire est maître de disposer de ses héritages à sa volonté, et nul ne peut y entrer malgré lui. — Ainsi, pour faire pâturer des bestiaux sur l'héritage d'autrui, il faut la permission du propriétaire. Cette permission peut s'accorder de deux manières, à temps et jusqu'à révocation, ou à perpétuité : Au premier cas, le droit de vaine pâture n'est que précaire, et il ne forme de la part du propriétaire qui le souffre, qu'une faculté dont l'exercice est entièrement subordonné à sa volonté. Au second cas, la vaine pâture est une servitude proprement dite. Voilà ce que nous enseignent les lois naturelles et le droit romain.

» Quant à nos usages, il faut d'abord distinguer entre les pays de droit écrit et les pays coutumiers.

» Dans les pays de droit écrit, le vain pâturage est encore ce qu'il était sous les législateurs de Rome, c'est-à-dire, purement précaire, quand rien ne justifie qu'il est dû à titre de servitude.

» A l'égard de nos coutumes, elles se partagent, sur ce point, en plusieurs classes.

» Il en est qui érigent le vain pâturage en servitude générale et proprement dite, de manière que, dans leur territoire, un propriétaire est obligé, malgré soi, de laisser ses héritages ouverts aux bestiaux d'autrui.

» Ainsi, la coutume de Montargis, chap. 4, art. 3, soumet au vain pâturage les *prés en prairies*, après la fauchaison de la première herbe, et déclare qu'on ne peut les clorre au préjudice de ce droit.

» Les coutumes de Lorraine et d'Epinal peuvent se ranger dans la même classe ; car elles ne permettent au propriétaire de clorre ses héritages, pour les soustraire à la vaine pâture, qu'autant qu'ils sont *joignans à cour, jardin et autres héritages fermés*.

» D'autres coutumes, sans faire du vain pâturage une servitude naturelle, obligent le propriétaire de le souffrir aussi long-temps qu'il n'a pas fait clorre ses prés ; telles sont celles d'Auxerre, de Sens et de Melun.

» Il y en a d'autres qui ne permettent là vaine pâture qu'avec le consentement du propriétaire, et qui déclarent, en termes exprès, que la possession de la vaine pâture ne peut pas, à cet égard, tenir lieu de titre pour empêcher le propriétaire de clorre ses héritages ; telles sont celles de Bretagne et de Bergues.

» La coutume de Poitou, art. 193, 195 et 196, porte que les vaines pâtures ne peuvent être mises en défenses, *dans les lieux où les pâturages sont communs ;* et ces termes méritent une attention particulière : ils nous découvrent la source la plus ordinaire du droit de vain pâturage, et la cause pour laquelle il est considéré, en tant de lieux, comme une espèce de servitude légale. Nous l'avons déjà dit, si l'on s'arrête aux principes de la loi naturelle, le droit de vain pâturage est souverainement injuste ; il blesse la distinction des propriétés ; il gêne, il détruit même, la liberté qu'a tout propriétaire de disposer de ses héritages à son gré. Mais l'intérêt réciproque des cultivateurs les a engagés à se faire un sacrifice mutuel de cette liberté ; ils ont, en quelque sorte, associé leurs propriétés respectives ; et ils se sont accordé le droit de faire pacager leurs bestiaux sur les terres les uns des autres, quand elles seraient vides et dépouillées.

» Ces conventions n'ont pas été les mêmes partout : de là, ces différences que nous venons de remarquer entre nos coutumes sur cette matière. Ici, chaque propriétaire, en renonçant à sa liberté naturelle, s'est réservé le droit de la reprendre quand il lui plairait. Là, il a mis à cette réserve des conditions qui en rendent l'exercice moins aisé. Dans un autre endroit, il a fait un sacrifice absolu et sans retour. C'est à l'usage ou à la coutume qu'il est un usage écrit, à marquer quels sont, dans chaque localité, les nuances, l'étendue et les effets de cette association.

» Par ce que nous venons de dire, on comprend aisément ce qu'on doit décider sur la nature du vain pâturage dans les coutumes muettes : c'est uniquement par l'usage établi dans leurs territoires respectifs, qu'il faut se déterminer à cet égard. Aussi en est-il plusieurs dans lesquels le vain pâturage est considéré comme une vraie servitude ; d'autres, au contraire, où il ne forme qu'un droit facultatif et où le propriétaire peut l'empêcher, ici, purement et simplement ; là, en faisant clorre son héritage. C'est ce qui résulte notamment d'un grand nombre d'arrêts intervenus sur cette matière, et qui sont rapportés, les uns par Taisand sur la coutume de Bourgogne, les autres par Dunod dans son *Traité des prescriptions.*

» Mais ce qu'il importe le plus de remarquer ici, c'est la jurisprudence que le parlement de Paris s'était faite à cet égard, pour les coutumes muettes de son ressort ; car c'est dans son ancien ressort que sont situées les prairies dont il est ici question.

» Or, il paraît constant que le parlement de Paris se conformait en tout point au droit romain, c'est-à-dire, qu'il ne considérait le vain pâturage, même fondé sur la possession la plus longue, que comme un droit facultatif et précaire, en sorte que le propriétaire était toujours maître de l'empêcher, soit en faisant clorre son héritage, soit en le mettant en défense de toute autre manière.

» Et cependant si la longue possession avait été précédée, de la part du propriétaire, d'une opposition ou contradiction, nonobstant laquelle le vain pâturage avait continué ; alors, le vain pâturage prenait, même dans la jurisprudence du parlement de Paris, le caractère d'une véritable servitude.

» C'est ce qui résulte de six arrêts des 19 février 1540, 12 mars 1547, 13 mars 1743, 5 août 1741, 9 août 1762 et 18 mai 1767.

» Les quatre premiers sont rapportés par Papon, Lépine de Grainville et Denizart.

» Le cinquième est produit au procès : il a maintenu les habitans de Saint-Martin dans le droit de vaine pâture, sur les prairies de Chêne-Hûte et de Saint-Florent ; et il les y a maintenus sur le fondement de leur possession immémoriale, contre laquelle les religieux propriétaires avaient réclamé en 1688, et qui, à cette dernière époque, avait été confirmée par une sentence de la sénéchaussée de Saumur. Cet arrêt a par conséquent jugé que le droit de vaine pâture exercé par les habitans de Saint-Martin sur les prairies dont il est encore ici question, formait une servitude proprement dite.

» Le sixième arrêt a été, comme le précédent, rendu dans la coutume d'Anjou, et nous en devons la conservation à Lalaure, auteur du *Traité des servitudes réelles.* Le sieur Dubouchet, seigneur de Courtanzé, en Anjou, ayant voulu enclorre un pré de quarante-cinq quartiers dans l'enceinte de sa maison, les particuliers prétendirent l'en empêcher, sous prétexte d'un droit de vaine pâture dont ils étaient en possession. Après quelques procédures, il intervint, au bailliage de Vendôme, le 17 mars 1764, une sentence qui, avant faire droit, ordonna qu'il serait dressé procès-verbal et plan descriptif des lieux, dépens réservés. Appel de la part du sieur Dubouchet. La sentence, disait-il, semble, du premier abord, ne porter préjudice à aucune des parties ; mais dans le fond, l'interlocutoire qu'elle prononce, ne tend qu'à admettre la possession invoquée par les parties adverses. Si les premiers juges avaient pensé qu'il fallût *un titre ou une possession précédée de contradiction* pour acquérir le droit de vaine pâture,

il aurait été fort inutile d'ordonner qu'il serait fait plan et description des lieux. Or, il est certain qu'il faut ou ce titre ou cette possession, pour acquérir le droit de vaine pâture dans une coutume muette, comme l'est celle d'Anjou. Par l'arrêt, la sentence a été infirmée; il a été permis au sieur Dubouchet de clorre son pré, et il a été fait défenses aux habitans d'y mener à l'avenir leurs bestiaux. « Cet arrêt (dit Lalaure), juge
» nettement que le droit de vaine pâture ne
» peut s'acquérir sans titre dans la coutume
» d'Anjou, et que les juges ne doivent pas
» admettre la preuve de la possession articulée
» sur cette matière (lorsqu'elle ne l'est pas
» comme ayant été précédée de contradiction).
» Il juge encore que, dans la coutume d'Anjou,
» il est permis à chacun de se clorre ».

» Nous n'avons rapporté cet arrêt, C. M., que pour faire voir, par son opposition avec celui qui avait été rendu le 9 août 1762, en faveur des habitans de Saint-Martin, que, par ce dernier arrêt, il avait été jugé, de la manière la plus positive, que les habitans de Saint-Martin avaient acquis, par une longue possession, précédée de contradiction et confirmée par sentence, une véritable servitude de vain pâturage sur les prairies de Chêne - Hûte et de Saint-Florent.

» Du reste, en approchant des divers développemens dans lesquels nous venons d'entrer, les art. 3 et 4 de la quatrième section de la loi du 28 septembre 1791, nous voyons clairement quel avantage a procuré cette loi à l'agriculture, soit en abrogeant celles de nos coutumes qui, sans titre ni possession précédée de contradiction, faisaient de la vaine pâture, un droit de servitude d'après lequel le propriétaire ne pouvait clorre ses près ni les mettre en défense, soit en ne maintenant la vaine pâture qu'autant qu'elle serait fondée, ou sur la disposition expresse d'une coutume, ou sur un usage local immémorial, ou sur un titre particulier, c'est-à-dire, qu'autant qu'elle formerait, ou une servitude légale, ou une servitude conventionelle.

» Il n'y a au surplus nul doute que cette même loi ne fasse cesser la servitude légale de la vaine pâture, du moment où le propriétaire veut clorre son héritage; c'est ce qui résulte évidemment de ces termes de l'art. 4 : « Le droit de
» clorre et de déclorre ses héritages résulte es-
» sentiellement de celui de propriété, et ne
» peut être contesté à aucun propriétaire. L'as-
» semblée nationale abroge toutes lois et cou-
» tumes qui peuvent contrarier ce droit ».

» Mais la loi fait-elle également céder la servitude conventionnelle de la vaine pâture, au droit qu'elle rend au propriétaire de clorre ses héritages ? Veut-elle également que de l'exercice du droit de clôture, résulte l'extinction du droit de vain pâturage fondé sur un titre ? C'est ici la grande question du procès. Avant de sonder l'esprit de la loi sur la solution qu'elle doit recevoir, recherchons ce qu'en pensaient les jurisconsultes, ce qu'en jugeaient les arrêts, ce qu'en décidaient quelques lois particulières à certaines provinces, antérieurement à la grande époque où cette loi est venue proclamer les dispositions qui nous régissent actuellement.

» Lorsque les hommes long-temps abrutis par les horreurs de l'ancien régime féodal et par la servitude de la glèbe, commencèrent à secouer leurs chaînes, et que la population, en s'augmentant sur tous les points de l'Europe, commença à demander à la terre et obtint d'elle, à force d'industrie, le surcroît de subsistance qui lui était devenue indispensable, lorsqu'enfin l'agriculture, le premier de tous les arts, commença à convertir les déserts en plaines fécondes, les yeux du propriétaire, jusqu'alors insouciant et inactif, se fixèrent naturellement sur les terres qu'il avait précédemment abandonnées au vain pâturage; et bientôt s'éleva la question de savoir si, dans le cas où il eût lui-même par une convention antérieure, accordé à ce vain pâturage tous les caractères d'une véritable servitude, il lui était libre de s'en affranchir en les défrichant et les faisant clorre.

» La négative se présentait au premier abord sous une apparence très-spécieuse. Les lois romaines, en effet, semblent mettre en principe que le propriétaire d'un fonds servant, ne peut jamais y rien faire qui gêne l'exercice de la servitude. La loi, C. de servitutibus, porte que celui dont la maison est assujettie à la servitude altiùs non tollendi, doit être contraint de démolir tout ce qu'il a construit au préjudice de cet assujettissement. La loi 7 du même titre défend de détourner le cours d'une eau quæ, ex vetere more atque observatione, per certa loca profluens, utilitatem certis fundis, irrigandi causâ, exhibet. Par un autre texte, le §. 1.er de la loi 13, D. communia prediorum, il est dit que celui qui a, par servitude, le droit de tirer des pierres du fonds d'un autre, ne peut en être empêché, par la seule raison que celui-ci aurait besoin de son champ. Enfin, Bouhier, chap. 24, n. 74, rapporte des arrêts des 5 juillet 1580, 6 février 1621, 9 février 1626, 10 mai 1656 et 2 mars 1715, par lesquels il a été jugé que des propriétaires de bois ne pouvaient les essarter ni les mettre en culture, au préjudice des usagers qui avaient le droit d'y prendre de quoi se chauffer et bâtir.

» Mais ne faut-il pas mettre une différence entre les servitudes sur lesquelles portent ces diverses autorités, et celle du vain pâturage ? Celui qui s'est interdit la faculté d'élever sa maison au delà d'une certaine hauteur; celui qui a donné à son voisin le droit de conduire dans son champ des eaux qui prennent leur source dans le sien; celui qui a renoncé, en faveur d'un étranger, à l'exploitation d'une carrière de pierres qui lui appartient; celui qui a accordé à une communauté d'habitans, le droit de prendre dans une forêt dont il est propriétaire, tout le bois dont chacun de ses membres aurait besoin individuellement; toutes ces personnes savaient, en accordant les servitudes dont nous venons de parler, qu'elles diminuaient les droits et les avantages de leur propriété; elles connaissaient toute l'étendue des concessions qu'elles faisaient; par conséquent elles se sont privées du droit de les intervertir dans la suite, par quelque innovation que ce fût, et c'est vraiment à leur égard qu'on peut dire: *quod semel placuit, amplius displicere non potest.*

« Mais un propriétaire qui a donné ou laissé prendre un droit de vaine pâture sur des terres destinées en apparence à demeurer éternellement en nature de prés ou en friche, croyait-il, en établissant ou en tolérant une servitude de cette espèce, renoncer au droit que sa qualité même de propriétaire lui assurait de faire valoir son bien? Entendait-il condamner ses successeurs à laisser dans une perpetuelle inertie la propriété qu'il leur transmettait? Ses concessionnaires eux-mêmes pouvaient-ils avoir l'idée d'un droit aussi exorbitant? Auraient-ils osé seulement lui en faire la demande? et avec quelle indignation ne les aurait-il pas repoussés, s'ils étaient venus lui dire : « Il y aura un temps où le génie, secondé » par des lois bienfaisantes, trouvera le moyen » de tirer des richesses immenses du sein de ces » terres ingrates qui ne produisent aujourd'hui » qu'une herbe faible et languissante; mais en » attendant accordez-nous le droit de faire en-» lever cette herbe par nos bestiaux; et quand » le moment sera venu de tirer parti de votre » propriété, nous vous opposerons vos bienfaits » comme un obstacle invincible au défrichement » que vous voudrez faire ». On sent combien une pareille proposition aurait révolté le propriétaire, combien même elle était loin de l'intention des habitans. D'après cela, s'il est vrai qu'on ne doit pas donner à un contrat plus d'effet et d'étendue que les parties n'ont voulu lui en donner; s'il est vrai que *actus ultrà intentionem agentium operari non debent*, ne doit-on pas restreindre la servitude de vain pâturage au temps où il plaira au propriétaire de laisser ses terres, soit en pré, soit en friche; et ne serait-ce pas une injustice criante de donner effet à ce droit, dans un temps où le propriétaire désirerait mettre son bien en culture?

» C'est effectivement ce qu'ont pensé des auteurs profonds, et ce qu'ont jugé des arrêts solennels.

» Deux jurisconsultes allemands, nommés Camblius et Nowarius, l'un dans ses Questions pratiques *super pragmaticâ baronum*, tom. 2, pag. 75, l'autre dans son Traité *de gravamini-*

bus vassallorum, tom. 1, §. 36, n. 13, soutiennent formellement que la servitude de paisson à laquelle les prés d'un seigneur sont asservis, même par concession expresse ne peut jamais en empêcher le défrichement, par la raison que le seigneur n'est censé l'avoir accordée que *rebus in eodem statu permanentibus*, et pour le temps seulement où il ne jugerait pas à propos de tirer avantage de sa propriété : *quia eò usus concessus quòusque dominus utatur re suâ ad eum statum in quo nunc est destinata.*

» Levest rapporte un ancien arrêt du parlement de Paris qui a confirmé cette doctrine de la manière la plus précise. Des prairies avaient été données au prieur de Saint-Martin de Meaux, à la charge qu'il ne pourrait les clorre ni les fermer, afin que les habitans de la Rochette pussent; suivant l'ancien usage, y faire pacager leurs bestiaux comme ils avaient fait de tout temps. Nonobstant cette clause, qui avait bien créé une servitude de vain pâturage au profit des habitans de la Rochette, le prieur voulut défricher ses prairies. Les habitans s'y opposèrent d'après leur droit de vaine pâturage, fondé sur une possession immémoriale qu'avait confirmée le titre même en vertu duquel le prieuré de Saint-Martin possédait les terres dont il s'agissait. Par l'arrêt qui intervint sur cette contestation, il fut permis au prieur de convertir ses terres en culture; mais il lui fut fait défenses en cas qu'il ne voulût pas les défricher, de les mettre en réserve pour ses propres bestiaux, *Determinatum fuit quòd prior poterat ipsam terram redigere ad agriculturam; stagnum vel vineas ibidem facere, non tamen ipsam poterat claudere pro bosco nutriendo vel pasturagio sibi proprio faciendo; quin ipsi homines, quandò ipsa terra erit vacua, habeant suum pasturagium in eâdem.* Ainsi, l'arrêt, précisément parce que le titre même du prieur lui imposait pour servitude de ne pas clorre ses prairies, lui en défendit la clôture tant qu'il les laisserait en nature de prairies. Mais il lui permit de les mettre à labour ou de les convertir en étang ou en vignoble, nonobstant le droit de vaine pâture auquel elles étaient asservies.

» Bouhier, ch. 62, n. 72, établit formellement qu'il existe une grande différence, relativement à la faculté de défricher, entre le droit de vaine pâture et celui de couper du bois dans une forêt pour son usage; et il cite plusieurs arrêts du parlement de Dijon, qui ont jugé que le droit de vaine pature dans une forêt, n'empêche pas le propriétaire de la défricher, quoique celui d'y couper du bois emporte cette interdiction.

» Voici un arrêt plus récent qui se rapproche davantage de notre espèce, et qui, par la part qu'y a prise le ci-devant conseil d'État, semble avoir été le précurseur de la nouvelle législation que nous avons vue, même avant la révolution, s'établir sur cette matière dans plusieurs parties de la France.

» Le sieur Remy, seigneur de Cantin, avait fait clorre le mont dit *de la Prayelle* dont il était propriétaire, et y avait planté une pépinière d'arbres. Sur les troubles qu'il éprouva de la part des habitans qui y avaient un droit de vain pâturage, il se pourvut au bailliage de Douay. Les habitans se prévalaient de leur possession immémoriale, et d'une sentence du bailliage de Douay même, du 24 mars 1568, qui avait ordonné au seigneur de laisser le mont de la Prayelle *à usage de riez et pâturage, pour, par lesdits manans et habitans, pouvoir y mener paître leurs bestiaux ; quand bon leur semblerait, selon qu'ils avaient fait de tout temps auparavant.* Cette sentence passée en chose jugée et suivie d'une possession constante de la part des habitans, formait certainement un titre aussi sacré que celles de 1688, et de 1761 et l'arrêt de 1762, invoqués ici par les habitans de Saint-Martin. Les habitans de Cantin en inféraient qu'ils avaient un droit de servitude proprement dit sur le terrain contentieux, Cependant, d'après le principe qu'une servitude de vain pâturage ne peut jamais faire obstacle au droit de clorre et de défricher, une sentence du bailliage de Douay, du 11 juillet 1739, maintint et garda le sieur Remy dans la propriété du mont de la prayelle, et dans le droit de jouir de tous les fruits qui en provenaient. Cette sentence fut d'abord infirmée par un arrêt de parlement de Douay du 12 juillet 1742 ; mais cet arrêt fut lui-même infirmé par un autre, rendu en révision, les chambres assemblées, le 19 juillet 1745, qui ordonna l'exécution de la sentence du bailliage, et fut ensuite confirmée au conseil d'Etat, après une instruction contradictoire, le 20 août 1768.

» Il faut convenir cependant que la jurisprudence établie par ces différens jugemens, n'était pas assez constante, et qu'elle était d'ailleurs contredite par un trop grand nombre de coutumes ou d'usages locaux, pour que l'agriculture en retirât tous les avantages qui en auraient dû résulter. Des remontrances furent faites à ce sujet par les administrations de plusieurs provinces, et elles furent écoutées. Des édits donnés en 1766 et les années suivantes, pour les trois évêchés, la Lorraine, la Franche-Comté, la Champagne, le Barrois-Mouvant, le Maconnais, l'Auxerrois, le bailliage de Bar-sur-Seine, la Flandre, le Cambresis et le Hainaut, ont permis, dans ces provinces, la clôture des prés soumis à la servitude du vain pâturage.

» Le dernier de ces édits est du mois de mai 1771; et comme il a servi de type, en cette partie, à la loi du 28 septembre 1791 ; comme c'est sur son modèle qu'a été rédigé le projet de cette loi, nous croyons indispensable de vous en re-

tracer ici le préambule et les principaux articles. — « Les lois que nous avons données jusqu'à » présent, pour rendre aux habitans du plus » grand nombre des provinces la liberté natu- » relle d'enclorre leurs héritages, ont produit » les effets les plus avantageux pour le bien de » l'Etat et l'intérêt particulier de nos sujets. » Plusieurs villes et communautés du Hainaut » nous ayant fait supplier de les faire participer » aux mêmes avantages, nous nous sommes fait » rendre compte de l'état de l'agriculture, tant » dans cette province et pays y réunis, tels » que le pays entre Sambre-et-Meuse et d'Ou- » tre-Meuse, le Cambrésis, la Châtellenie de » Bouchin, Saint-Amand et Mortagne, que dans » la Flandre maritime et la Flandre wallonne; » nous avons remarqué que les terres y sont » cultivées avec soin, et qu'on en tire le meil- » leur parti possible ; que le droit de parcours » y est inconnu dans le plus grand nombre des » paroisses ; que celui de vaine pâture, aux » termes de la plupart des coutumes, n'y a » lieu, que sur les terres qui sont en plein re- » pos ; qu'il est libre de cultiver, comme on » le juge à propos, et que, par un simple si- » gne convenu, on met les terres en défenses » contre le vain pâturage. Nous sommes cepen- » dant informés que le droit de parcours a lieu » dans quelques cantons ; que, dans d'autres » même, on est libre de pratiquer des prairies ar- » tificielles; que les habitans prétendent obliger » ceux qui en ont formé de les abandonner dans » certains temps au vain pâturage ; et qu'il y » a quantité de propriétaires de prairies qui ne » peuvent profiter que de la première herbe, » et qui sont obligés d'abandonner la seconde » aux communautés des lieux; que cette *ser- » vitude* ou co-propriété peut autant procéder de » l'abus de la vaine pâture que d'une possession » légitime. Nous avons cru que, pour encou- » rager d'avantage l'industrie de nos sujets des- » dites provinces du Hainaut et pays réunis, » et de Flandre, nous devions, par une loi » générale et uniforme, faire cesser tous les » obstacles qu'ils peuvent éprouver dans la li- » berté naturelle de jouir de leurs possessions, en » y abolissant tous les abus que le droit de vain » pâturage peut y avoir introduits, *sans porter » atteinte néanmoins aux droits de propriété lé- » gitime des communautés.* A ces causes...... » *Art. 1.* Nous permettons à tous propriétaires, » cultivateurs et autres sujets du Hainaut et » pays y réunis, et de la Flandre wallonne et » maritime, de clorre les terres, prés et champs, » et généralement tous les héritages, de quelque » nature qu'ils soient, qui leur appartiennent » ou qu'ils cultivent, en telle quantité qu'ils » jugeront à propos, soit par des fossés, haies » vives ou sèches, ou de telle autre manière » que ce soit. - *Art. 2.* Les terrains ainsi enclos » ne pourront être assujettis à l'avenir, et tant

» qu'ils resteront en état de clôture, au parcours,
» ni ouverts à la pâture d'autres bestiaux que
» de ceux à qui lesdits terrains appartien-
» dront ou seront affermés, même après leur
» récolte, dans le temps qu'ils seraient sans
» productions ou reposans ; *interprétant à cet*
» *effet toutes lois , coutumes , usages et régle-*
» *mens au contraire , et y dérogeant même en*
» *tant que de besoin.* — *Art.* 6. Dans les paroisses
» où l'universalité des prairies , comme dans
» celles où partie seulement desdites prairies ,
» deviennent communes à tous les habitans, soit
» immédiatement après la récolte de la pre-
» mière herbe, soit dans tout autre temps limi-
» té, il sera libre à tout propriétaire ou fermier
» de faire clorre le tout ou partie de celles qui
» leur appartiennent , pour les améliorer et les
» changer de culture, en la forme et manière
» prescrite par les articles 1 et 2 de notre pré-
» sent édit. — *Art.* 7. N'entendons cependant ,
» par les dispositions de l'article précédent,
» nuire ni préjudicier aux droits qu'aucunes
» desdites communautés pourraient avoir *à la*
» *propriété desdites prairies*, et qu'elles seraient
» en état de justifier *par des titres valables.* —
» *Art.* 8. Interdisons tout parcours réciproque
» de bestiaux et de troupeaux entre les com-
» munautés voisines et adjacentes de nosdits
» pays de Hainaut et pays y réunis et de Flandre,
» voulons que ce droit de parcours les uns sur
» les autres, soit et demeure aboli, comme
» nous l'abolissons par le présent édit ».

» Vous voyez clairement, C. M., dans quel
esprit a été rédigée cette loi.

» D'abord, dans le préambule, le législateur
annonce que la vaine pâture peut s'exercer à
titre de *servitude* ou à titre de *co-propriété* ; et
en exprimant l'intention d'abolir, dans le cas de
clôture des héritages, la vaine pâture exercée à
titre de servitude, il manifeste celle de respecter , même dans ce cas, la vaine pâture que des
communes se trouveraient exercer sur des prairies dont elles seraient co-propriétaires.

» Venant ensuite au dispositif, il permet à
tout propriétaire de clorre ses héritages, de
quelque nature qu'ils soient, une fois clos, il
les affranchit de la servitude de vain pâturage ;
et remarquez bien qu'il ne fait aucune distinction, à cet égard , entre la servitude légale ou
de simple usage, et la servitude purement conventionnelle.

» Il les en affranchit pour tout le temps qu'ils
resteront en état de clôture; et ce qui prouve
qu'en disposant ainsi, il ne croit pas déroger à
l'ancienne jurisprudence, mais seulement confirmer celle des jugemens que nous retracions
tout-à-l'heure, c'est qu'il déclare interpréter
dans le sens de sa disposition, *toutes lois , cou-*
tumes , usages et réglemens qui pourraient y
paraître contraires; c'est qu'il *n'y déroge qu'en-*
tant que de besoin.

» Mais jusque-là, il ne s'est occupé que du
vain pâturage exercé à titre de servitude, soit
conventionnelle, soit légale; il est informé qu'il
existe des communautés d'habitans dont le droit
de vaine pâture sur les secondes herbes résulte
de ce qu'elles sont co-propriétaires du fonds
même des prairies, conjointement avec les particuliers qui en récoltent les premières herbes ;
et que c'est par des actes exprès que ces particuliers et ces communes sont autrefois convenus
de partager ainsi la jouissance de leur propriété
indivise. Or, que fait-il à cet égard ? il déclare
que ces communes ne pourront pas être privées,
par la clôture des prairies, du droit de co-propriété qu'elles y ont, et qu'elles les pourront justifier par des titres valables. C'est qu'en effet , il
faut mettre une grande différence entre la servitude et la co-propriété. Le législateur peut,
pour l'utilité publique, abolir une servitude
même conventionnelle, surtout pour un cas auquel il est évident qu'elle ne s'est pas étendue l'intention des parties en la stipulant; mais le droit
de co-propriété est toujours au-dessus de la
puissance législative.

» Tel est, C. M., le résumé des dispositions
de l'édit de mai 1771, lequel n'est , au surplus,
que l'écho des édits qui, pour d'autres provinces , l'avaient précédé, sur la même matière,
depuis 1766.

» Voyons à présent en quoi il a été imité ou
copié par la quatrième section de la loi du
28 septembre 1791; et n'oublions pas que les auteurs de cette loi l'ont faite, l'édit sous les yeux.

» La loi commence par où finissait l'édit : elle
abolit, art. 2, la SERVITUDE *réciproque de pa-*
roisse à paroisse, connue sous le nom de par-
cours, et qui entraîne avec elle le droit de vaine
pâture ; et néanmoins elle ordonne que cette *ser-*
vitude, lorsqu'elle *sera fondée sur un titre ou*
sur une possession autorisée par les lois et les
coutumes, continuera provisoirement d'avoir lieu,
AVEC LES RESTRICTIONS DÉTERMINÉES A LA PRÉ-
SENTE SECTION.

» Arrêtons-nous à cette première disposition : presque tous les termes en sont précieux ,
parce qu'ils manifestent presque tous l'esprit
dans lequel le législateur va s'expliquer par l'article suivant.

» D'abord, la loi abolit la *servitude* du parcours, c'est-à-dire, la servitude de vain pâturage, qui s'exerce réciproquement d'un territoire à l'autre ; et observons bien qu'elle se sert
du mot *servitude.* Ainsi, il n'est , ni au-dessus de
la puissance, ni hors de l'intention de la loi ,
d'abolir une servitude réelle, lorsque cette abolition est commandée par l'utilité publique, et
notamment par l'avantage de l'agriculture.

» Ensuite, la loi fait une exception, mais seulement une exception *provisoire*, en faveur de
la servitude de vaine pâture avec parcours, qui
se trouvera fondée, ou sur un titre, ou sur une

possession légale, c'est-à-dire, sans doute, sur une possession précédée de contradiction ; laquelle suppose toujours un titre. Elle veut que, dans l'un et l'autre cas, cette servitude continue *provisoirement* ; et que signifie ce mot *provisoirement* ? Il signifie que la loi se réserve d'abolir même la servitude fondée sur un titre ou sur une possession qui suppose un titre ; il confirme par conséquent, même pour la servitude conventionnelle, le principe déjà établi, qu'un droit de servitude peut, pour le bien général, être aboli par la puissance législative.

» Enfin, la loi déclare ne maintenir, même provisoirement, la servitude conventionnelle de vaine pâture avec parcours, que sous les restrictions déterminées dans les articles suivans ; et nous verrons tout à l'heure qu'au nombre de ces restrictions, se trouve celle de la cessation de la servitude, du moment que le propriétaire fait clorre son héritage. Donc la loi peut faire céder, comme dans cet article elle fait céder en effet, à la faveur de la clôture, le droit résultant pour une commune, d'une servitude fondée sur titre.

» Dans l'art. 3, la loi s'occupe du droit de vaine pâture, soit séparé, soit accompagné de la servitude de parcours ; mais elle ne s'en occupe que relativement aux habitans de la paroisse ou commune dans laquelle sont situés les biens qui y sont sujets ; et c'est en quoi cet article diffère du précédent, dans lequel le droit de vaine pâture est considéré comme accessoire à celui du parcours exercé réciproquement d'une commune à l'autre. Or, comment est conçu l'art. 3 ? « Le droit de vaine pâture dans » une paroisse, accompagné ou non de la ser- » vitude du parcours, ne pourra exister que » dans les lieux où il est fondé sur un titre par- » ticulier, ou autorisé par la loi ou par un usage » local immémorial, et à la charge que la vaine » pâture n'y sera exercée que conformément » aux règles et usages locaux, qui ne contrarie- » ront point les réserves portées dans les ar- » ticles suivans de la présente section »

Ici, nous l'avons déjà observé, la loi maintient la servitude conventionnelle comme la servitude légale de vaine pâturage, établie au profit d'une paroisse ou commune ; mais remarquons bien cette explication décisive, elle ne la maintient qu'à la charge que son exercice *ne contrariera point les réserves portées dans les articles suivans*, et nous allons voir quelles sont ces réserves.

» Art. 4. *Le droit de clorre et de déclorre ses héritages, résulte essentiellement de celui de propriété, et ne peut être contesté à aucun propriétaire. L'assemblée nationale abroge toutes lois et coutumes qui peuvent contrarier ce droit.* Voilà la première réserve que la loi met au maintien de la servitude, soit conventionnelle, soit légale, de vaine pâture ; et certes on ne

dira pas que les termes dans lesquels cette réserve est exprimée, ne soient pas assez caractéristiques pour exclure toute exception : *Le droit de clorre et de déclorre résulte* ESSENTIELLEMENT *de celui de propriété* ; donc il est de l'essence du droit de propriété, d'entraîner celui de clorre et de déclorre ; donc il n'y aurait plus de propriété, si le droit de clorre et de déclorre en était séparé ; donc pour que la servitude même conventionnelle de vaine pâture fît obstacle au droit de clorre, il faudrait qu'elle emportât l'extinction de la propriété ; donc, puisqu'il est généralement reconnu qu'on peut être propriétaire d'un fonds et être en même temps assujetti à la servitude de vaine pâture, il faut nécessairement dire que la servitude de vaine pâture ne peut pas empêcher l'exercice du droit de clorre, puisqu'encore une fois le droit de clorre est *essentiellement* lié au droit de propriété, et qu'il n'y aurait plus de droit de propriété, là où le droit de clorre n'existerait pas.

» Mais la loi ne se borne point là ; elle ajoute que le droit de clorre *ne peut être contesté à* AU- CUN *propriétaire.* — *A aucun propriétaire* ! Assurément, de la manière dont est conçu l'article précédent, on ne peut pas douter qu'en rédigeant celui-ci, le législateur ne fût encore plein de l'idée que, s'il y a des propriétaires entièrement libres, il en est aussi un grand nombre d'autres qui sont asservis à des droits de vaine pâture fondés, ou sur des titres particuliers, ou sur des coutumes, ou sur des usages immémoriaux ; et cependant ici, en parlant du droit de clorre, il repousse toute espèce de distinction, il déclare, de la manière la plus positive et la plus générale, qu'*aucun* propriétaire ne peut être gêné dans l'exercice de ce droit ; et de là, la conséquence nécessaire que le propriétaire dont le fonds est asservi par un titre particulier au droit de vaine pâture, peut, nonobstant ce titre, clorre son héritage, comme le peut celui dont l'asservissement n'est que l'effet de la coutume ou de l'usage, comme le peut celui qui ne reconnaît aucune sorte d'avertissement.

» Mais ici, l'on fait une objection, et l'on dit : la loi, dans cet article, n'abroge que *les lois et coutumes* qui peuvent contrarier le droit de clorre ; elle n'abroge donc pas les titres qui sont contraires à ce droit ; elle veut donc que la servitude de vaine pâture fondée sur titre, l'emporte sur le droit de clorre.

» Mauvais raisonnement : car, d'un côté, quelles sont les *lois* qui contrarient le droit de clorre ? Il existe bien des *coutumes* qui le contrarient ; mais de *lois* proprement dites, de *lois* émanées, soit de l'ancien gouvernement, soit de l'assemblée nationale elle-même, il n'en existe pas une seule. Qu'a donc entendu le législateur, quand il a abrogé, non-seulement les *coutumes*, mais encore les *lois* qui pourraient se trouver contraires au droit de clorre ? il n'a pu évidemment avoir en vue que les lois romaines qui, sans parler spécialement du droit de vaine pâture, établissent en principe général que le propriétaire d'un fonds assujetti à une servitude réelle, ne peut rien faire qui nuise à l'exercice de cette servitude ; et comme les lois romaines soumettent à ce principe les servitudes fondées sur titres, aussi bien que les servitudes acquises par simple possession, il est clair, plus clair que le jour, qu'en abrogeant les *lois* qui peuvent contrarier le droit de clorre, l'assemblée constituante a entendu que les servitudes même conventionnelles ne pourraient pas empêcher l'exercice de ce droit.

» Et au surplus, si cette seconde partie de l'art. 4 présentait quelque doute ou quelque ambiguité, quel commentaire que celui qui résulte de la première partie de ce même article ! Quelle est l'objection qui puisse tenir contre ces deux dispositions si absolues, si générales, si exclusives de toute restriction : *le droit de clorre tient* ESSENTIELLEMENT *à celui de propriété; il ne peut être contesté à* AUCUN *propriétaire ?*

» Et ce qui achève de porter la démonstration jusqu'au plus haut degré d'évidence, c'est que l'article qui s'exprime ainsi, fait immédiatement suite à l'art. 3, par lequel le droit de vaine pâture fondé sur titre, n'a été maintenu qu'à la charge que son exercice ne *contrarierait point les réserves portées dans les articles suivans;* car, bien certainement, l'une de ces réserves est le droit de clorre, que le premier des articles suivans déclare faire essentiellement partie de la propriété; ainsi, l'art. 3 bien entendu ne signifie pas autre chose, si ce n'est que la servitude, même conventionnelle, de vaine pâture, ne pourra contrarier le droit de clorre.

» Mais voici quelque chose de plus évident encore : ce que la loi dit implicitement par les art. 3 et 4, ce que le bon sens nous force de conclure de ces deux articles réunis, l'art. 5 va le dire en termes formels : « Le droit de parcours et le droit simple de vaine pâture ne » pourront, *en aucun cas,* empêcher les pro- » priétaires de clorre leurs héritages, et tout le » temps qu'un héritage sera clos de la manière » qui sera déterminée par l'article suivant, il » ne pourra être assujetti ni à l'un, ni à l'autre » droit ci-dessus ».

» Ici assurément, il n'y a plus la moindre prise à une objection quelconque. *En aucun cas,* c'est-à-dire, soit que le droit de parcours et celui de vaine pâture soient fondés sur un titre particulier, ou sur une possession légalement autorisée, ou sur une coutume expresse, ni l'un ni l'autre droit ne peuvent empêcher l'exercice du droit de clorre, et l'un et l'autre sommeillent tant que la clôture subsiste.

» Oserait-on dire que ce n'est point là le sens des mots *en aucun cas ?* Mais que l'on en indique donc un autre ; et si on ne le peut pas, si la généralité de ces termes, si leur tournure impérative s'oppose à toute espèce de distinction, de restriction et d'exception, que l'on convienne donc que la loi ne les a employés que pour assurer, de la manière la plus positive, au droit de clorre, toute la prépondérance qu'elle avait déjà, par l'article précédent, voulu lui donner sur la servitude, même conventionnelle, soit de parcours, soit de vain pâturage.

» Mais si l'art. 5 fait taire toutes les objections, l'art. 11 va les faire renaître. Voici dans quels termes il est conçu : « Le droit dont jouit » tout propriétaire de clorre ses héritages, a » lieu même par rapport aux prairies, dans les » paroisses où, sans titre de propriété, et seu- » lement par l'usage, elles deviennent com- » munes à tous les habitans, soit immédiatement » après la récolte de la première herbe, soit » dans tout autre temps déterminé ». Il résulte, dit-on, de cet article, que la faculté de clorre peut bien l'emporter sur le droit des habitans aux secondes herbes d'une prairie, lorsque ce droit est uniquement fondé sur l'usage, mais non pas lorsqu'il est fondé sur un titre particulier. Donc le droit de vaine pâture, qui n'est que celui de faire paître les secondes herbes, empêche la faculté de clorre lorsqu'il forme une servitude conventionnelle proprement dite.

» Cet argument, qui a servi de base au jugement dont la dame Dupuy vous demande la cassation, n'a pas même, nous osons le dire, le mérite d'être spécieux ; et l'article sur lequel on l'appuie, loin de le justifier, suffit seul pour pulvériser entièrement.

» Remarquons d'abord que, si l'article 11 disait effectivement ce que lui fait dire le tribunal d'Indre et Loire, il serait en opposition manifeste avec les art. 3 et 4, et principalement avec l'art. 5, qui, encore une fois, par les mots *en aucun cas,* exclut, relativement au droit de clorre, toute distinction entre la servitude conventionnelle, et la servitude légale ou simplement possessoire, de vain pâturage.

» Observons ensuite, et c'est ici le point capital, observons que, dans l'art. 11, il n'est plus question de la servitude de vain pâturage ; à quel propos, en effet, la loi y serait-elle revenue dans cet article ? Elle avait tout dit sur cette matière par les art. 3, 4 et 5 ; et il serait absurde de supposer qu'elle s'en fût encore occupée dans l'art. 11; il le serait surtout de supposer qu'elle n'en eût reparlé dans cet article, que pour détruire ce qu'elle avait établi par les articles précédens.

» De quoi s'agit-il donc dans l'art. 11 ? Il s'agit uniquement de la vaine pâture, considérée comme dérivant de la co-propriété.

» Déjà nous avons vu l'édit de mai 1771 annoncer, dans son préambule, que la vaine pâture peut s'exercer à titre de *servitude* ou à titre de *co-propriété*; et nous l'avons vu également, dans son dispositif, abolir, en cas de clôture, le droit de vaine pâture exercé à titre de servitude; mais le conserver, nonobstant la clôture, lorsque la commune qui l'exerce, ne le fait que comme co-propriétaire du fonds. Eh bien! la loi du 28 septembre 1791 suit absolument la même marche, elle adopte absolument les mêmes dispositions. Elle a parlé, dans les art. 3, 4 et 5, du droit de vaine pâture, considéré comme *servitude*; et elle y a déclaré formellement qu'il doit céder à la faculté de clorre, qui est essentiellement liée à la qualité de propriétaire. Maintenant, dans l'art. 11, elle considère le droit de vaine pâture comme un droit de co-propriété; et toujours d'accord avec l'édit qu'elle a pris pour modèle, elle déclare que, si les habitans ne fondent leur droit à la communion des secondes herbes que sur leur usage, ils ne peuvent pas empêcher le propriétaire de clorre; mais qu'il en est autrement, s'ils produisent des *titres de propriété*. Ces mots *titres de propriété* sont écrits en toutes lettres dans l'art. 11, et assurément ils ne sont ni obscurs ni équivoques. Il a plu au tribunal d'Indre-et-Loire de les traduire par *titres de servitude*; mais, vous le savez, C. M., rien n'est plus opposé que les idées de *servitude* et de *propriété*; et quand les lois romaines ne nous auraient pas appris que *res sua nemini servit*, le bon sens nous dirait assez que le propriétaire ne peut pas avoir une servitude sur son propre fonds; et que celui qui a une servitude, ne peut pas être propriétaire du fonds qui y est assujetti. En deux mots, l'art. 11 de la loi du 28 septembre 1791 n'est que le résumé exact des art. 6 et 7 de l'édit du mois de mai 1771. Ce que ces deux derniers articles avaient dit en assez longues phrases, la loi de 1791 l'a dit en termes plus serrés, plus précis; mais elle n'a ni ajouté ni retranché à leurs dispositions; et de l'une comme de l'autre loi, en cette partie, il résulte seulement qu'une commune co-propriétaire d'une prairie par indivis avec un particulier, ne peut pas être privé de sa co-propriété par la clôture que ferait celui-ci du fonds; mais qu'il faut, pour cela, qu'elle justifie sa co-propriété par des titres valables.

» A présent, que nous reste-t-il à faire? Une seule chose: c'est d'examiner si c'est à titre de propriété ou à titre de servitude, que les habitans de Saint-Martin prétendent jouir des secondes herbes des prairies de Chêne-Hûte et de St.-Florent. Or, sur ce point, nulle difficulté. Les habitans de St. Martin n'ont jamais réclamé qu'un droit de servitude sur ces prairies; mais il y a mieux: il est jugé, et irrévocablement

jugé, qu'ils n'y ont rien de plus. La sentence du 21 février 1761, confirmée par l'arrêt du 9 août 1762, les maintient *dans le droit et possession d'envoyer leurs bestiaux pâturer dans les prairies dépendantes du prieuré de Chêne-Hûte et de Saint-Florent, cinq jours après que le* PROPRIÉTAIRE *ou fermier aura commencé à faucher;* elle juge, par conséquent, que la propriété de ces prairies n'appartient, en aucune manière, aux habitans. C'est aussi ce que décide même le jugement du tribunal d'Indre-et-Loire; après avoir passé en revue les titres produits par les habitans, il en conclut que le droit de pacage, dans lequel ces titres les maintiennent sur les prés dont il s'agit, *est une servitude sur ces mêmes prés*. De là, une conséquence aussi simple qu'infaillible; c'est que, d'une part, le tribunal d'Indre et Loire a fait une fausse application de l'art. 11 de la loi du 28 septembre 1791, puisque cet article ne parle pas de titres de servitude, mais de titres de propriété; et que, d'un autre côté, il a encore violé les art. 3, 4 et 5 de la même loi, puisque ces articles déclarent formellement le droit de vaine pâture, même conventionnel, suspendu par le fait de l'exercice que fait le propriétaire du droit de clorre son héritage. Dès-là, par une conséquence ultérieure, nécessité de casser le jugement du tribunal d'Indre et Loire.

» Nous croyons, d'après cela, pouvoir nous dispenser d'entrer dans la discussion du dernier moyen de la dame Dupuy. Et d'ailleurs, il n'y a nulle apparence que vous puissiez l'adopter. La prétendue contravention à l'art. 10 de la loi de 1791, qui défend l'exercice de la vaine pâture, *tant que la première herbe ne sera pas récoltée*, s'évanouit à la seule lecture du jugement du tribunal d'Indre et Loire, puisqu'il y est dit formellement que les habitans ne pourront faire pacager leurs bestiaux dans les prairies litigieuses, *qu'après l'enlèvement de la première herbe*. Il ajoute, à la vérité, que l'enlèvement de la première herbe sera fait dans les termes fixés par les jugemens de 1688, 1761 et 1762; mais il ne dit pas expressément que, si après ces termes, la première herbe n'est pas enlevée, le pacage ne laissera pas d'avoir lieu; et dès-là, on ne peut pas l'accuser d'une contravention expresse à la loi, seul cas où, selon l'art. 66 de l'acte constitutionnel, il puisse y avoir ouverture à cassation. Mais, du reste, la dame Dupuy n'a pas besoin de ce moyen subsidiaire pour faire accueillir sa demande.

» Et par ces considérations, nous estimons qu'il y a lieu d'admettre la requête ».

Ces conclusions ont été adoptées, sans aucune difficulté, par arrêt du 14 brumaire an 9, au rapport de M. Boyer.

Mais l'affaire portée à la section civile, il y est intervenu, le 14 fructidor an 9, au rapport de M. Cochart, et contre l'avis de plusieurs magistrats, ainsi que contre les conclusions de M. Lefessier-Grandprey, un arrêt par lequel,

« Attendu, 1.º que les sentences et arrêts produits sont des titres contradictoires entre les habitans de la commune de St.-Martin de la Place, canton de Rosière, d'une part, et les ci-devant religieux bénédictins de l'abbaye de St.-Florent, de l'autre; qu'ils sont suffisans pour justifier légalement de la propriété du droit de parcours exercé, depuis un temps immémorial, par lesdits habitans, sur les cantons de prairies qui en font l'objet; que ce droit de parcours ainsi qualifié, ne peut être considéré comme un simple droit facultatif de vaine pâture, seul abrogé par la loi du 6 octobre 1791, puisqu'il réunit, au contraire, tous les caractères d'une servitude réelle proprement dite;

» D'où il suit que lesdits habitans se trouvent dans l'exception portée par l'art. 11 de la quatrième section de ladite loi, qui maintient les droits de parcours fondés sur titre; et qu'en leur appliquant ladite exception, le tribunal d'appel n'a pu contrevenir à aucune loi;

» Attendu, 2.º que toutes les servitudes actives et passives dont peuvent être affectés les domaines nationaux, sont maintenus par la loi du 6 floréal an 4; et que d'ailleurs, par la vente faite par l'administration départementale de Maine et Loire à la cit. Dupuy, demanderesse en cassation, les biens par elle acquis, dont les prés litigieux font partie, lui ont été vendus tels et de la manière dont en jouissaient les fermiers, ainsi que ceux dont ils procédaient, et à la charge de souffrir l'exercice de toutes les servitudes passives dont ils pouvaient être grevés; d'où il suit qu'elle a connu ou dû connaître la servitude de parcours dont il s'agit;

» Le tribunal rejette la demande en cassation.... ».

V. le Répertoire de jurisprudence, aux mots Vaine pâture, §. 1, art. 2, n. 2.

§. II. 1.º Peut-on considérer comme un droit de vaine pâture, le droit de faire pacager la seconde herbe d'un pré?

2.º Le peut-on lorsque le pré sur la seconde herbe duquel s'exerce le droit de pacage, a été clos de temps immémorial?

3.º La loi du 28 septembre 1791, sur la police rurale, abolit-elle le droit de pacager la seconde herbe d'un pré qui, depuis un temps immémorial, est en état de clôture?

4.º Les habitans d'une commune à qui appartient un pareil droit, peuvent-ils individuellement le réclamer en justice? La commune en corps n'a-t-elle pas seule qualité pour intenter ou soutenir une action de cette nature, par l'organe de son maire?

D'un domaine ci-devant seigneurial, appartenant au sieur Defougières, dépend une prairie appelée la Châtre. Cette prairie qui, de temps immémorial, a été close de toutes parts, est divisée par un ruisseau, en deux parties, que l'on nomme la grande et la petite Prade.

Non loin de là se trouve un moulin aussi appartenant au sieur Defougières, et auquel, par droit de banalité, les habitans de la commune du Soleil étaient, avant la révolution, tenus de conduire leurs grains.

En revanche, ces habitans étaient en possession immémoriale de faire pacager leurs bestiaux dans la grande et la petite Prade, après la fauchaison de la première herbe.

Le sieur Defougières a prétendu, dans le procès dont il va être parlé, que les habitans ne devaient cet avantage qu'à sa pure tolérance, et qu'il ne les en avait laissés jouir qu'en considération de la banalité à laquelle ils étaient assujettis. Mais rien, à cet égard, n'a justifié ses assertions.

Ce qu'il y a de certain, c'est que les habitans ont continué, après la suppression de la banalité, de faire pacager leurs bestiaux dans la grande et la petite Prade; et qu'ils l'ont même fait tout le temps que les biens du sieur Defougières ont été séquestrés, par suite de l'émigration de quelques-uns de ses enfans.

Le 6 germinal an 6, l'administration du département de l'Indre a pris un arrêté par lequel les biens du sieur Defougières ont été, sur la demande, partagés entre la république et lui.

La grande Prade est tombée dans le lot du sieur Defougières. La petite Prade et le moulin sont tombés dans celui de la république, laquelle, en conséquence, les a mis en vente par affiches.

Le 8 messidor an 6, veille du jour fixé par les affiches pour l'adjudication définitive, les habitans ont présenté à l'administration du département de l'Indre, une pétition tendante à ce que la petite Prade ne fût aliénée qu'à la charge de leur droit de pacage.

Le lendemain, arrêté qui les déclare non-recevables pour n'avoir pas réclamé plutôt, et non fondés, attendu qu'ils ne rapportent aucun titre.

Le même jour, la petite Prade et le moulin sont adjugés au sieur Defougières, sans énonciation du droit prétendu par les habitans, et seulement avec la clause ordinaire de, souffrir toutes les servitudes dont ces biens pouvaient être grevés.

Les habitans n'en continuant pas moins de faire pacager leurs bestiaux dans la petite Prade, le sieur Defougières les a fait assigner au tribunal civil du département de l'Indre, qui, par jugement contradictoire du 17 messidor an 7, leur a fait défenses de récidiver.

Ce jugement a été signifié à la commune, le 7 thermidor suivant; et la commune n'en a pas appelé.

Mais comme il ne prononçait que sur la *petite Prade*, les habitans ont continué leur pacage sur la *grande Prade*.

De là une nouvelle assignation, de la part du sieur Defougières, pour les en empêcher. Une instance s'est liée sur cet objet au tribunal civil de l'arrondissement du Blanc, et il s'y est agi de savoir 1.° si l'arrêté du 9 messidor an 6 et le jugement du 17 messidor an 7 avaient décidé la question pour la *grande Prade* comme pour la *petite Prade*; 2.° si, en faisant abstraction de cet arrêté et de ce jugement, la question ne devait pas être jugée de nouveau pour la *grande Prade*, comme elle l'avait été pour la *petite*.

Le 5 thermidor an 9, jugement qui déclare le sieur Defougières non-recevable et non fondé dans sa demande. Appel.

Le 15 germinal an 10, la cour de Bourges confirme ce jugement,

« Attendu que le jugement du 17 messidor an 7 n'est relatif qu'à la *petite Prade*; que cette prairie est nommément exprimée dans les actes de l'instruction sur laquelle il est intervenu; que la difficulté sur la *grande Prade* n'a rien de commun avec l'autre; qu'ainsi, les deux jugemens ayant statué sur deux objets différens, il n'y a entre eux nulle contrariété; qu'il a été articulé par les intimés et non dénié par les appelans, que la prairie de la *grande Prade* porte *revive* ou *regain*; que les autres prairies deviennent, après la fauchaison, des lieux de vaine pâture, mais que, dans la première la seconde herbe forme une véritable récolte qu'on peut faucher ou faire pacager;

» Que d'ailleurs il est avoué par toutes les parties, que le pré de la *grande Prade* est clos de toutes parts;

» Qu'enfin, aux termes de la coutume de Poitou, dans laquelle cette prairie est située, les prés sont défensables depuis le 2 mars jusqu'au 28 septembre, et qu'il a été articulé par les intimés et non dénié par l'appelant, qu'ils étaient en possession d'y envoyer leurs bestiaux immédiatement après la fauchaison, c'est-à-dire le 1.er juillet;

» Qu'il résulte de ces diverses considérations, que le droit réclamé par les habitans sur la *grande Prade*, n'est pas un simple droit de vaine pâture, une servitude de tolérance, mais une propriété positive, qui constitue tous les genres de propriété, peut s'établir par la possession; et que, dans l'espèce, la possession immémoriale des habitans n'est pas déniée. »

Le sieur Defougières se pourvoit en cassation; il meurt pendant l'instance, sa veuve et ses enfans la reprennent et proposent cinq moyens; 1.° excès de pouvoir, en ce que la cour d'appel a accordé aux habitans qui ne demandaient que la maintenue dans la *possession* et jouissance de la seconde herbe, la maintenue dans la propriété et jouissance du même objet; 2.° vice dans la manière de prononcer, en ce que la cour d'appel a débouté purement et simplement le sieur Defougières, de toutes ses demandes qui embrassaient la *petite* comme la *grande Prade*, tandis que les habitans, par leurs défenses, convenaient avoir perdu tous leurs droits sur la première; 3.° contravention à l'arrêté de l'administration du département de l'Indre du 9 messidor an 6; 4.° violation de l'autorité de la chose jugée, acquise, par le défaut d'appel dans le délai fatal, au jugement du 17 messidor an 7; 5.° violation des articles de la loi du 28 septembre 1791, relatifs au droit de vaine pâture.

« Le premier de ces moyens, dis-je à l'audience de la section civile, le 1 nivôse an 13, s'il était aussi bien fondé qu'il est peu, ne vous présenterait qu'une ouverture de requête civile; puisqu'il se réduit à reprocher à la cour d'appel de Bourges, d'avoir adjugé aux habitans du Soleil, plus qu'ils ne demandaient.

» Le second moyen n'indique aucune loi à laquelle la cour d'appel de Bourges ait contrevenu en prononçant une fin de non-recevoir, et c'est assez dire qu'il n'en peut pas résulter une ouverture de cassation. Il est d'ailleurs bien démontré, par les détails dans lesquels est entré là-dessus M. le rapporteur, que l'arrêt attaqué ne maintient les habitans du Soleil que dans leur droit de pacage sur la seconde herbe de la *grande Prade*.

» Le troisième et le quatrième moyen n'en forment à proprement parler, qu'un seul; du moins le succès de l'un et de l'autre est absolument subordonné à une même et même question; celle de savoir si les décisions rendues en l'an 6 par l'autorité administrative et l'an 7 par le pouvoir judiciaire, relativement à la *petite Prade*, sont de plein droit communes à la *grande Prade*; et si, en conséquence, la cour d'appel de Bourges n'a pu, relativement à celle-ci, s'écarter de ces décisions, sans d'une part, entreprendre sur l'autorité administrative, et de l'autre, violer la chose jugée.

» Il est constant que les moyens des habitans étaient, dans la *grande Prade*, les mêmes que pour la *petite*; et que, si dans l'arrêté du 9 messidor an 6 et du jugement du 17 messidor an 7, il eût été question de la première comme de la seconde, il eût été impossible de prononcer sur l'une autrement que sur l'autre. Il y avait donc, dans l'instance relative à la *grande Prade*, ce que les lois romaines appellent *eadem causa petendi*, que dans la contestation relative à la *petite Prade.* Il y avait aussi identité parfaite de parties , puisque , dans l'une comme dans l'autre , c'était la commune qui réclamait un droit de pacage , et le sieur Defougières qui le lui contestait.

» Mais pour qu'un jugement rendu dans une instance , produise dans une autre l'exception de chose jugée , il ne suffit pas qu'il y ait , dans les deux instances , identité de parties et de titres , il faut encore qu'il y ait identité d'objets. *Cùm quæritur* (disent les lois 12 , 13 et 14, *de exceptione rei judicatæ*, au digeste), *hæc exceptio noceat nec ne , inspiciendum est an idem corpus sit , quantitas eadem , idem jus ; et an eadem causa petendi , et eadem conditio personarum ; quæ nisi omnia concurrant , alia res est.* Ici , nul doute qu'il n'y ait à la fois *eadem causâ petendi* et *eadem conditio personarum ;* mais il n'y a pas *idem corpus.* Dès-là , il manque une des trois conditions requises pour former l'exception de chose jugée , *omnia non concurrunt ;* l'exception de chose jugée ne peut donc pas avoir lieu ; la cour d'appel n'a donc violé , ni la loi qui défend aux juges de rétracter les décisions des corps administratifs , ni l'art. 5 du tit. 27 de l'ordonnance de 1667 ; vous ne pouvez donc vous arrêter ni au troisième ni au quatrième moyen de cassation des veuve et héritiers Defougières. Vous ne ferez d'ailleurs , en les rejetant , que vous conformer à votre propre jurisprudence ; car , le 30 germinal an 11 , au rapport de M. Rousseau , vous avez décidé *in terminis* , entre le sieur Sancgon , les héritiers Meulan et la dame Lafage , qu'un jugement rendu en dernier ressort sur les intérêts d'une portion d'une créance , n'a pas , à l'égard des intérêts et du capital de l'autre portion , et entre les mêmes parties , l'autorité de la chose jugée ; et vous l'avez ainsi décidé sur le fondement que ce n'était pas *EADEM RES* (1).

» Le cinquième moyen porte tout entier sur le fond de la cause. Les demandeurs soutiennent que , pour maintenir les habitans du Soleil dans leur droit de pacage , la cour d'appel de Bourges a mal à propos distingué le droit de vaine pâture d'avec le droit de pacager la seconde herbe d'un pré ; qu'elle a confondu toutes les notions , en métamorphosant le possesseur d'un simple droit de pacage sur cette seconde herbe , en co-propriétaire du fond ; qu'en conséquence , elle a fait une fausse application de l'art. 11 , et violé l'art. 5 de la quatrième section du tit. 1 de la loi du 28 septembre 1791 , sur la police rurale.

» Nous pensons en effet , avec les demandeurs , qu'en thèse générale , le droit de pacager la seconde herbe d'un pré constitue véritablement un droit de vaine pâture ; et nous avons , pour le prouver , des autorités qui nous paraissent sans réplique.

» La coutume de Melun , art. 302 , s'exprime ainsi : « Prés fauchés et dont l'herbe ou foin ont » été enlevés , sont réputés vaine pâture , sinon » qu'ils sont clos ou fermés de haies ou fossés, » ou que d'ancienneté on n'ait accoutumé en faire » regain ». Les coutumes d'Auxerre , art. 163 , et de Sens , art. 147 , disent mot pour mot la même chose ; et la conséquence qui résulte de leurs dispositions , est évidente : c'est que les prés qu'elles assujettissent à la vaine pâture , sont soumis à ce droit immédiatement après la récolte de la première herbe.

» L'édit du mois de mai 1771 , rendu pour le ressort du ci-devant parlement de Douay , et qui a servi de modèle , en cette partie , aux rédacteurs de la loi du 28 septembre 1791 , nous présente absolument la même idée : « Nous nous » sommes fait rendre compte (porte-t-il) , de l'état » de l'agriculture dans ces provinces... ; nous » avons remarqué que le droit de parcours y est » inconnu dans le plus grand nombre des paroisses ; que celui de vaine pâture , aux termes de » la plupart des coutumes , n'y a lieu que sur les » terres qui sont en plein repos ; c'est que l'état » de cultiver comme on le juge à propos , et que , » par un simple signe convenu , on met les terres » en défense contre le vain pâturage. Nous sommes cependant informés que le droit de parcours a lieu dans quelques cantons ; que , dans » d'autres même où il est libre de pratiquer des » prairies artificielles , les habitans prétendent » obliger ceux qui en ont formé , de les abandonner dans certains temps , au vain pâturage ; et » qu'il y a quantité de propriétaires qui ne peuvent profiter que de la première herbe , et » qui sont obligés d'abandonner aux communautés des lieux ; que cette *servitude ou co-» propriété* peut autant procéder de l'abus de » vaine pâture , que d'une possession légitime ». En conséquence , établissant une différence aussi juste que politique , entre le droit de pacager la seconde herbe à titre de vaine pâture , qu'il appelle *servitude* , et le droit de la pacager à titre de *co-propriété* , la loi maintient celui-ci et abolit celui-là.

» L'art. 196 de la coutume de Poitou , que la cour d'appel de Bourges a cité pour justifier sa distinction entre le droit de vaine pâture et le droit de pacager la seconde herbe , bien loin de la justifier en effet , la détruit complettement , et forme une autorité de plus en faveur de la parfaite assimilation de ces deux droits , dans les cas où ils ne sont pas prouvés être l'exercice d'un droit de co-propriété. *Prés gaignaux et de regain* (ce sont les termes de cette loi municipale) , *sont défensables dès la fête de la Purification Notre-Dame* (2 février), *jusqu'à la fête Saint-Michel* (28 septembre); *et ceux qui ne sont*

_____

(1) *V.* l'article *Chose jugée,* §. 5.

*point gaignaux, dès le premier jour de mars,
jusqu'à ce que l'herbe soit fauchée et emmenée.*
Quels sont les prés que la coutume désigne par
l'épithète *gaignaux ?* Brodeau, sur l'art. 202 de
la coutume de Touraine, qui emploie la même
expression, dit que les prés *gaignaux sont ceux
qui rapportent du regain;* et l'art. 196 de la coutume de Poitou fait lui-même entendre bien clairement qu'il lui donne la même signification,
puisque, dans sa seconde partie, il qualifie simplement de *gaignaux,* les prés que, dans la première, il appelle *gaignaux et de regain.* — Or,
cet article reconnaît qu'il y a des prés, et ce
sont les *non-gaignaux,* qui ne sont *défensables*
que jusqu'à la coupe et l'enlèvement de la première herbe. Il reconnaît donc que la seconde
herbe peut être l'objet d'un vain pâturage. Il
reconnaît donc que ce n'est pas seulement après
la coupe et l'enlèvement de la seconde herbe,
qu'il peut y avoir lieu à l'exercice du droit de
vaine pâture.

» D'un autre côté, il est écrit en toutes lettres
dans l'édit du mois de mai 1771, que le droit de
pacager la seconde herbe, n'emporte point par
soi la co-propriété du fonds qui la produit ; et
que ce droit est présumé n'être qu'une servitude
de vain pâturage, à moins que le contraire ne
soit prouvé par titres (*voyez le §. précédent*);
qu'en conséquence, il doit, hors ce cas d'exception, cesser du moment que le propriétaire veut
clorre son fonds. Et ce que dit, à cet égard,
l'édit du mois de mai 1771, pour le ressort du
ci-devant parlement de Douay, l'art. 11 de la
4.e section du tit. 1 de la loi du 28 septembre
1791 le dit pour tout le territoire de la France.

» Il n'est donc pas douteux qu'en thèse générale, c'est-à-dire, abstraction faite de la circonstance que le pré dont il est ici question, était
clos avant la loi du 28 septembre 1791, l'arrêt de
la cour d'appel de Bourges ne dût être cassé
comme contraire à l'art. 4 de cette loi.

» Mais le fait de la clôture de ce pré avant la
loi du 28 septembre 1791, ce fait reconnu par les
demandeurs eux-mêmes, ce fait que l'arrêt attaqué constate d'ailleurs authentiquement et qu'il
présente comme existant depuis un temps immémorial, ce fait ne place-t-il pas le pré litigieux
dans une espèce particulière, n'élève-t-il pas un
obstacle à l'application que les demandeurs prétendent faire ici des dispositions de cette loi ?

» Cette loi abolit incontestablement le droit
de vain pâturage, du moment où le propriétaire
fait clorre son pré. Mais aussi ce n'est que le
droit de vain pâturage qu'elle abolit en ce cas.

» Si donc le droit qu'exerce une commune
sur un pré, ne peut pas être qualifié de vain
pâturage, lorsqu'elle l'exerce sur un pré clos et
fermé, bien sûrement ce droit n'est pas aboli
par la loi du 28 septembre 1791; et s'il n'est
pas aboli par cette loi, il est nécessairement
maintenu.

» Or, peut-on qualifier de vain pâturage, le
droit de pacager la seconde herbe d'un pré clos
et fermé ? Les coutumes d'Auxerre, de Sens et
de Melun dont nous avons cité les dispositions,
établissent clairement la négative : elles déclarent, il est vrai, *vains pâturages,* les prés fauchés, et dont on n'a pas *d'ancienneté accoutumé faire regain* ; mais elles en exceptent
formellement le cas où ces prés seraient clos
ou fermés de haies ou fossés.

» C'est bien, sans doute, un droit de pâturage,
que le droit de pacager la seconde herbe d'un
pré clos et fermé; mais ce n'est pas un droit de
vain pâturage; et encore une fois, il n'y a que
le droit de vain pâturage d'aboli par la loi du
28 septembre 1791.

» Cette loi d'ailleurs ne l'abolit que pour encourager la clôture des prés. Mais quand la clôture se trouve toute faite, quand elle a précédé
la loi elle-même, le motif de la loi cesse; le
droit de pâturage doit donc subsister.

» Nous disons que le motif de la loi cesse en
ce cas, et cette vérité deviendra encore plus
sensible, si l'on fait attention à l'extrême différence qu'il y a entre le droit de pâturage dans
un pré ouvert et les autres servitudes réelles.

» Le propriétaire d'une forêt qui a concédé à
une commune le droit d'y prendre du bois pour
son usage, aurait beau clorre cette forêt, la commune n'en continuerait pas moins d'y exercer
ce droit. Le propriétaire d'un champ qui m'aurait concédé le droit de tirer d'une fontaine qui
y existe, l'eau nécessaire à l'irrigation de mon
pré adjacent à sa terre, aurait beau entourer ce
champ d'une haie, d'un fossé ou d'un mur, il
ne me priverait pas pour cela de mon droit. Et
au contraire, si, après avoir concédé un droit de
vaine pâture sur mes propriétés ouvertes, il me
plaît de les clorre, votre droit cessera à l'instant
même.

» D'où vient cette différence ? C'est que, dans
les deux premiers cas, le propriétaire est censé
avoir connu, en grevant son fonds d'une servitude, toute l'étendue du sacrifice qu'il faisait,
c'est que, dans ces deux cas, il est censé avoir
voulu faire véritablement un sacrifice. — Au
lieu que, dans le troisième, je suis censé ne vous
avoir accordé le droit de vaine pâture sur mes
propriétés ouvertes, que parce qu'elles ne m'é-
taient d'aucune utilité aux époques où ce droit
devait s'y exercer ; je suis censé ne vous l'avoir
accordé que parce qu'au moment de la concession, je ne prévoyais pas qu'il arriverait un jour,
où éclairée par les leçons de l'expérience et par
les méditations du génie, l'agriculture parviendrait à fructifier, pendant le temps destiné à
l'exercice de la vaine pâture, des terrains que je
regardais alors comme devant rester perpétuellement infructueux pendant tout ce temps ; je
suis censé ne vous l'avoir accordé, que parce

qu'alors je croyais réellement ne me priver d'aucun des avantages de ma propriété.

» Mais si c'est sur un fonds clos et fermé, que je vous ai fait la concession d'un droit de pâturage; si c'est sur un pré qui, par sa clôture, était dès-lors susceptible de me produire un regain, bien sûrement j'ai su, en vous le concédant; tout ce à quoi je m'engageais pour l'avenir; j'ai su que j'aliénais à votre profit le regain qu'il m'eût été libre de me réserver; je ne peux donc aujourd'hui réclamer la maxime, *actus ultrà intentionem agentium operari non debent*. Et autant la loi a été juste et sage en me dégageant, au moyen d'une clôture que je pourrais faire, du droit de vaine pâture que je vous avais donné sur mon fonds, quand il était ouvert, autant elle eût été inique et attentatoire à la propriété, si, sans frais, sans dépense de ma part, elle eût étendu cet affranchissement jusqu'aux terres qui s'étaient trouvées closes au moment de ma concession.

» En deux mots, la loi ne fait cesser le droit de pâturage que sur les prés ouverts et en cas de clôture de ces prés. Elle le maintient donc sur les prés non ouverts; elle le maintient donc sur les prés dont la clôture a devancé sa promulgation.

» Et vainement, dans la cause actuelle, cherche-t-on à vous citant l'art. 186 de la coutume de Paris, à vous présenter le droit de pacage dont il s'agit, comme une servitude qui n'a pu s'établir sans titre.

» L'art. 186 de la coutume de Paris n'a jamais fait loi que dans son propre territoire. Il a pu être sans doute, et il a été fréquemment, invoqué comme raison écrite dans les coutumes muettes sur la prescriptibilité des servitudes. Mais d'abord, du seul fait que cet article n'aurait, dans la coutume de Poitou, que l'autorité de la raison écrite, il résulterait déjà suffisamment qu'il ne pourrait pas fournir aux demandeurs une ouverture de cassation. Ensuite, il n'est pas même vrai que cet article ait été, comme raison écrite, étendu dans toute sa latitude, à la coutume de Poitou. Bien loin de là, Boucheul, sur l'art. 372 de cette dernière coutume, n. 180, enseigne, comme une chose constante, que, dans son territoire, la jurisprudence n'a, au défaut de loi locale, appliqué qu'aux servitudes exercées clandestinement, la disposition de l'art. 186 de la coutume de Paris; mais que, *quant aux servitudes apparentes; et qu'on peut juger par leur qualité être aussi anciennes, une possession immémoriale les devrait faire recevoir sans aucun titre, non-seulement parce qu'un si long temps le fait présumer perdu, mais encore parce qu'il équipolle à un véritable titre, VICEM CONSTITUTI OBTINET.* — Enfin, raison écrite pour raison écrite, la cour d'appel de Bourges a pu incontestablement préférer celle que lui présentèrent les lois romaines, à celle

que lui offrait la coutume de Paris : or, que, dans le droit romain, les servitudes puissent, sans titre, s'acquérir par la simple prescription, et surtout par la prescription immémoriale, c'est une vérité si notoire, si triviale, que nous croirions faire le plus étrange abus des momens de votre audience, si nous nous arrêtions à vous en retracer les innombrables preuves (1).

» Et d'ailleurs, ne perdons pas de vue qu'il s'agit ici d'un droit de pacage exercé, de temps immémorial, sur un pré constamment tenu en état de clôture, c'est-à-dire, sur un pré que le propriétaire s'est perpétuellement efforcé de mettre à l'abri de l'exercice de ce droit, sur un pré où ce droit n'a pu s'établir que par l'effet d'une lutte entre le propriétaire et les usagers. Or, même dans les coutumes où la servitude d'usage ne pouvait s'acquérir sans titre, on a toujours reconnu qu'elle pouvait s'y prescrire du jour où il y avait eu contradiction. Par exemple, l'art. 2 du tit. 13 de la coutume de Bourgogne porte que *l'on ne peut avoir usage en bois d'autrui ni droit pétitoire ou possessoire, par quelque laps de temps que ce soit, sans en avoir titre ou payer redevance;* et là-dessus, le président Bouhier, tom. 2, pag. 384, observe « qu'il y a pourtant un cas où ce droit d'usage » peut être acquis par la prescription même » trentenaire. C'est (ajoute-t-il), quand elle a » couru *à die contradictionis;* car, comme disent » nos auteurs, par ce moyen, la possession de » liberté est intervertie; et la possession de ser- » vitude d'usage légitimement commencée. La » cour (le parlement de Dijon) le jugea ainsi » par un arrêt du 3 février 1625, rapporté par » Chevanes sur l'art. 2 du tit. 13 de notre » coutume ».

» Ainsi, nul doute qu'avant la loi du 28 septembre 1791, le droit de pacage des habitans de la commune du Soleil, sur la seconde herbe de la *grande Prade*, ne fût légitimement établi et ne formât pour eux une servitude véritable. Or, encore une fois, la loi du 28 septembre 1791 n'a permis aux propriétaires de s'affranchir de ces sortes de servitudes, par la clôture de leurs héritages, que dans le cas où ces sortes de servitudes s'exerçaient sur des terrains ouverts et à titre de vaine pâture; elle n'a pas voulu que des terrains déjà clos à l'époque de sa promulgation, fussent, par le seul effet de leur clôture, déchargés des droits de pacage auxquels ils étaient soumis.

» Le cinquième moyen de cassation des demandeurs ne mérite donc pas plus d'égards que les quatre premiers. Mais en vous proposant de les rejeter tous, nous devons examiner si l'arrêt contre lequel ils sont dirigés, ne donne pas prise

_____

(1) *V.* l'article *Servitude*, §. 2.

à la cassation par un côté que les demandeurs n'ont pas apperçu.

» Quelle est la matière du procès qui a divisé les parties devant le tribunal de première instance du Blanc et devant la cour d'appel de Bourges ? C'est un droit que les habitans de la commune du Soleil ont réclamé, *non ut singuli*, *sed ut universi*, c'est-à-dire, non comme la propriété individuelle de chacun d'eux, non comme une chose dont chacun d'eux fût maître de disposer à son gré, non comme une chose dont chacun d'eux pût continuer de jouir après qu'il aurait transféré son domicile dans une commune étrangère, mais comme un droit appartenant à l'être moral que l'on appelle la *commune du Soleil*, mais comme un droit véritablement communal.

» Or, ces habitans pouvaient-ils, comme ils l'ont fait, plaider individuellement sur ce droit ? Pouvaient-ils individuellement exercer une action qui n'appartenait qu'à la commune ? La loi du 29 vendémiaire an 5 décide clairement que non : « Le droit de suivre les actions qui inté- » ressent uniquement les communes (porte-t- » elle, art. 1.er), est confié aux agens desdites » communes, et à leur défaut, à leurs adjoints ». Et elle ajoute, art. 3, que « les agens des com- » munes (représentés aujourd'hui par les » maires), ne pourront suivre aucune action » devant les autorités constituées, sans y être » préalablement autorisés par l'administration » centrale du département », représentée maintenant, en cette partie, par le conseil de préfecture.

» Inutile d'objecter que l'action dont il s'agit, n'intéresse pas uniquement la commune du Soleil, que chacun de ses membres y est personnellement intéressé, et que certains auteurs, notamment les nouveaux éditeurs de Denizart, aux mots *Communauté d'habitans*, regardent chaque habitant en particulier comme habile à poursuivre, pour son compte personnel, les actions tendantes à recouvrer ou conserver des biens communaux. Cette objection trouve sa réponse dans un arrêt que vous avez récemment rendu sur une espèce qui, à cet égard, est parfaitement semblable à celle-ci.

» Le 25 vendémiaire an 9, Louis Maertens et Marc Saclens, agissant tant pour eux-mêmes qu'au nom et comme fondé de pouvoirs des autres habitans et *commun peuple* du ci-devant pays de Winendaele, font assigner le sieur Croeser devant le juge de paix du canton de Pitens, pour voir dire que mal à propos il les a troublés dans leur possession annale de faire paître leurs bestiaux dans la bruyère *Het Vrygwadt*, d'y prendre de l'eau, d'y couper de l'herbe, d'y extraire de la tourbe, d'y rouir du lin ; et qu'ils seront maintenus dans cette possession avec dommages-intérêts et dépens.

» Le sieur Croeser comparaît sur cette ci-

tation, et propose ses moyens de défense, sans exciper du défaut de qualité des demandeurs. Le 5 frimaire suivant, sentence qui adjuge à ceux-ci leurs conclusions.

» Appel au tribunal civil de l'arrondissement de Bruges ; où, mieux avisé, le sieur Croeser soutient que Louis Maertens, Marc Saclens et leurs commettans sont sans qualité pour agir au nom du *commun peuple* de Winendaele.

» Les intimés répondent que, le droit dans lequel ils demandent à être maintenus, est, à la vérité, commun à tous les habitans, mais qu'il est aussi et par cela même particulier à chacun d'eux, et qu'ils plaident, non pas *ut universi*, mais *ut singuli*. Cette réponse est accueillie par le tribunal de Bruges, et en conséquence, jugement du 7 nivôse an 10, portant qu'il a été bien jugé par le tribunal de paix de Pitens.

» Le sieur Croeser se pourvoit en cassation ; et le 29 frimaire an 12, arrêt au rapport de M. Ruperou, par lequel, — « Vu les art. 1 et » 2, sect. 1.re, de la loi du 10 juin 1793 ; » vu pareillement la loi du 29 vendémiaire an 5, » art. 1, 2 et 3 ; — Attendu qu'en droit, il ré- » sulte de l'art. 2 de la loi du 10 juin 1793, que » les habitans du canton appelé le *pays de* » *Winendaele*, peuvent former une commune, » encore bien que ce pays soit situé dans le » ressort de deux municipalités distinctes et » séparées ; attendu qu'en fait, tant par la sen- » tence du conseil de Gand du 27 juillet 1706, » et la transaction du 14 juillet 1791, produite » par les défendeurs eux-mêmes, dans lesquelles » les citoyens de ce pays sont qualifiés de *ma-* » *nans communs*, de *communs habitans du pays* » *de Winendaele*, que par les autres pièces du » procès dans lesquelles Louis Maertens et Marc » Saclens se disent agir au nom du *commun* » *peuple*, il est établi, non-seulement que la » réunion de ces habitans forme une commune, » mais encore que c'est à titre de droit com- » munal, et au nom de la communauté entière, » qu'il a été formé action en complainte et » réintégrande contre le dit Croeser ; attendu » enfin que cette action qui, d'après les dispo- » sitions de la loi du 29 vendémiaire an 5, ne » pouvait être intentée et poursuivie que par » un agent public, et avec l'autorisation préa- » lable de l'autorité administrative supérieure, » l'a été sans aucune autorisation, par deux des » habitans, ne paraissant revêtus d'aucun ca- » ractère public, comme fondés de pouvoirs » des autres habitans et *commun peuple* du pays » de Winendaele ; ce qui est une contravention » manifeste à cette loi du 29 vendémiaire an 5 ; » par ces motifs, le tribunal casse et annulle le » jugement du tribunal d'arrondissement de » Bruges, du 7 nivôse an 10 (1) ».

_____

(1) Cette question est discutée plus au long dans un

» D'après un arrêt aussi formel, il ne nous est pas permis de douter que vous ne vous empressiez de casser également l'arrêt de la cour d'appel de Bourges qui vous est déféré, et c'est à quoi nous concluons. Mais ne devez-vous pas vous borner à le casser pour l'intérêt de la loi? Ne le devez-vous pas surtout dans la double circonstance où les demandeurs n'attaquent point cet arrêt par le défaut de qualités de leurs adversaires, et que, dans tout le cours de la procédure, ils ont gardé, sur ce défaut de qualité, le silence le plus absolu. C'est sur quoi nous ne pouvons que nous en rapporter à votre prudence. Nous observerons seulement que, si vous vous déterminez à prononcer dans l'intérêt des demandeurs, une cassation dont ils pourraient paraître à la rigueur ne devoir pas profiter, il nous semblerait au moins juste de compenser les dépens ».

plaidoyer du 2 janvier 1812, rapporté dans le *Répertoire de jurisprudence*, aux mots *Vaine pâture*, §. 5.

Mais les principes qui y sont établis, et l'arrêt de la cour de cassation du même jour, qui les a consacrés, ne sont-ils pas ébranlés par l'arrêt que la même cour a rendu depuis dans l'espèce rapportée au mot *Servitude*, §. 5, n. 3?

Dans cette espèce, le tribunal civil de Dijon avait spécialement annullé le jugement de la justice de paix de Genlis, du 1.er mai 1817, en ce qu'il avait ordonné la mise en cause de la commune de Fauverney, comme si le sieur Mairet, simple habitant de cette commune, n'eût pas eu qualité pour défendre seul à l'action en complainte de la dame Ternier; tandis que cette demande n'était dirigée que contre lui *ut-singulus*; et l'arrêt de la cour de cassation, du 2 février 1820, a maintenu ce jugement, « attendu que le droit de passage » en question était présenté comme appartenant aux » habitans de la commune de Fauverney *ut singulis*, » et non pas *ut universis*, il pouvait être individuel- » lement défendu par chacun d'eux ».

D'où vient cette différence entre la réclamation d'un droit de passage ou de chemin, et celle d'un droit de pâturage?

Elle vient sans doute de la différence qu'il y a entre ces deux droits.

Un droit de pâturage appartient à une commune, ne peut être exercé que par les habitans et en leur qualité d'habitans. A la vérité, chacun d'eux l'exerce individuellement : mais il ne l'exerce que comme un droit communal ; or, il est de principe que les actions relatives aux droits communaux, ne peuvent être intentées et soutenues que par les maires. Il en est tout autrement du droit de passage ou de chemin qu'une commune a acquis sur le fonds d'un particulier. En acquérant ce droit, elle n'a pas seulement stipulé pour ses membres : elle a stipulé pour les habitans des communes voisines, même pour les habitans des communes éloignées, en un mot, pour tous ceux que leurs relations avec ses membres pourraient attirer dans son territoire. Ce droit n'est donc pas *communal*, mais *public*; et dès-là, nulle raison pour que le premier venu à qui on en conteste l'exercice, ne puisse le réclamer devant les tribunaux compétens.

Arrêt du 10 nivôse an 13, au rapport de M. Bailly, qui casse purement et simplement celui de la cour d'appel de Bourges, pour contravention à la loi du 29 vendémiaire an 5. Voici comment il est conçu :

« Vu les art. 1 et 2 de la sect. 1 de la loi du 10 juin 1793; vu pareillement la loi du 29 vendémiaire an 5, art. 1, 2 et 3;

» Considérant, *en droit*, qu'il résulte de ces lois que les habitans du village dit *le Soleil*, peuvent former une commune; et que ne formassent-ils qu'une section de commune, le droit de suivre les actions qui intéressent cette section de commune, serait attribué au magistrat préposé à l'administration de ses biens, qui lui-même ne pourrait exercer ce droit sans une autorisation légale de l'autorité qui a remplacé l'administration centrale du département ;

» Considérant, *en fait*, que les défendeurs, non-seulement ont figuré en la cause, sous la dénomination collective de *Bernu, Hivernat*, etc., et autres composant la communauté du village dit *le Soleil*; mais encore ont réclamé le droit de seconde herbe dit s'agit, comme étant un droit commun aux dénommés en la cause, et à leurs cohabitans; et que c'est à ce titre de droit commun à tous les habitans de ce village, que la propriété et jouissance de la seconde herbe de la prairie de la *grande Prade*, a été adjugée par le jugement du 15 germinal an 10, confirmatif de celui de première instance, sans qu'il y ait eu d'autorisation préalable obtenue de l'autorité qui représente l'adminis'tration centrale du département de l'Indre : ce qui est contraire à ladite loi du 29 vendémiaire an 5;

» Par ces motifs, la cour casse et annulle, pour contravention à cette même loi, ledit jugement du tribunal d'appel de Bourges, du 15 germinal an 10..... ».

VELLÉIEN (sénatus-consulte). — §. I.
Avant le Code civil, le sénatus-consulte velléien pouvait il, dans les contrées où il était encore en usage, être opposé par une mère au cautionnement qu'elle avait subi au greffe d'un tribunal de commerce, pour tirer son fils de prison ?

« Les cit. Renard et Lenormand (ai-je dit à l'audience de la section des requêtes de la cour de cassation, le 2 nivôse an 9), vous demandent l'annullation d'un jugement du tribunal de Caen, du 11 messidor an 8, confirmatif de celui du tribunal civil du département du Calvados, du 15 ventôse précédent, qui déclare nul, comme contraire au sénatus-consulte velléien, l'acte que la veuve et la fille Paysant avaient passé au greffe du tribunal de commerce de Caen, le 2 frimaire an 6, et par lequel, pour faire mettre en liberté le cit. Paysant, fils de l'une et frère de l'autre, emprisonné pour dettes, s'étaient rendus cautions solidaires envers les demandeurs, de ce qu'il se trouverait leur devoir, d'après le compte à régler entre eux.

» Les demandeurs soutiennent que ce jugement viole à la fois les dispositions du droit écrit, relatives au sénatus-consulte velléïen, et l'autorité de la chose jugée.

» Ils n'expliquent pas en quoi les dispositions du droit romain sont, suivant eux, violées par ce jugement; et nous ne croyons pas, dans le fait, qu'il en existe une seule à laquelle on puisse dire qu'il ait contrevenu.

» Que le sénatus-consulte velléïen fasse encore loi dans la ci-devant Normandie, comme il le fait encore dans les pays de droit écrit, autres que ceux qui ressortissaient ci-devant aux parlemens de Paris, de Dijon et de Besançon, c'est ce qui ne peut être révoqué en doute.

» Ce sénatus-consulte fut, comme l'on sait, abrogé par un édit du mois d'août 1606, qu'enregistrèrent, à diverses époques, les parlemens de Paris, de Dijon, de Rennes et de Besançon.

» Mais le parlement de Rouen n'ayant jamais enregistré cet édit, son ressort est demeuré assujetti, en cette matière, aux dispositions du droit romain. C'est ce qu'atteste Bérault, sur l'art. 5 8 de la coutume de Normandie, où il rapporte quatre arrêts des 6 juillet 1565, 6 novembre 1600, 18 mars 1601 et 17 janvier 1614, qui l'ont ainsi jugé. Basnage, sur les art. 538 et 597, en cite deux autres des 3 août 1660 et 23 août 1683, qui ont même décidé qu'en Normandie, les femmes ne peuvent pas renoncer au bénéfice du sénatus-consulte velléïen. Froland, dans son recueil d'arrêts, tom. 1, pag. 687, en rapporte six qui ont jugé de même, et qu'il date des 8 août 1671, 6 juillet 1677, 21 août 1692, 4 mars 1693, 18 août 1703 et 20 mai 1716.

» Ces arrêts décident même qu'il n'y a, à cet égard, aucune distinction à faire entre la femme mariée et la femme veuve ou fille, entre la femme sous puissance de mari et la femme séparée de biens, entre la femme qui a obtenu des lettres de rescision contre son cautionnement, et sa femme qui, sans lettres de rescision, en demande purement et simplement la nullité.

» Houard confirme cette doctrine dans son *Dictionnaire de droit normand*; voici ce qu'il dit au mot *Femme* : « Le privilége des femmes » en cette province est tel que, même après les » dix ans, leurs héritiers peuvent faire annuller » les actes de cautionnement qu'elles ont faits ; » et ce, sans recourir aux lettres de restitution ». Et il rapporte un arrêt du 17 décembre 1722, qui, sans avoir égard aux lettres de rescision prises par un héritier contre le cautionnement de sa mère, antérieur de plus de dix ans à son décès, lettres dont il déclara que cet héritier n'avait pas besoin, annulla le cautionnement et déchargea l'héritier.

» Maintenant, quelles seraient les dispositions du droit romain qu'aurait pu violer le jugement du tribunal d'appel de Caen, en appliquant le sénatus-consulte velléïen au cautionnement passé, le 2 frimaire an 6, par la veuve et la fille Paysant, au greffe du tribunal de commerce de la même ville ?

» Serait-ce parce que ce cautionnement avait pour objet de faire rendre la liberté à Jacques Paysant fils, emprisonné pour dettes ?

» Mais les lois romaines ne contiennent pas un mot d'où l'on puisse induire qu'en pareil cas, les cautionnemens des femmes soient exceptés du sénatus-consulte velléïen.

» La loi pénultième, D. *ad senatus consultum velleïanum*, décide bien que, si une femme s'est rendue caution pour l'affranchissement d'un esclave, et que cet esclave ait été affranchi sur la foi de son cautionnement, elle ne pourra plus par la suite invoquer le sénatus-consulte velléïen, pour se dispenser de faire honneur à la dette qu'elle a cautionnée. Que l'on infère de là, comme l'a fait l'ordonnance de la marine de 1681, qu'une femme s'oblige valablement pour tirer son mari de l'état d'esclavage dans lequel le tiennent des barbaresques, à la bonne heure. Mais quel rapport y a-t-il entre cette espèce et celle dont il s'agit? On ne peut certainement pas mettre sur la même ligne la faveur de l'affranchissement d'un esclave, et celle de l'élargissement d'un prisonnier pour dettes.

» Qu'importe que le ci-devant parlement de Toulouse ait abusé de cette loi, pour juger valable le cautionnement par lequel une femme s'obligeait pour procurer la liberté à son mari, à son fils ou à son père, constitués prisonniers pour dettes civiles? Les arrêts du ci-devant parlement de Toulouse n'étaient pas des lois pour la ci-devant Normandie; et si le parlement de Toulouse se permettait d'étendre jusqu'à ce point la loi romaine que nous venons de citer, ce n'est certainement pas une raison pour pouvoir accuser le tribunal d'appel de Caen d'avoir violé cette même loi, en ne l'appliquant point à un cas pour lequel elle n'a pas été faite. Remarquez d'ailleurs, que cette jurisprudence du parlement de Toulouse était si peu raisonnée, qu'on la restreignait aux femmes, soit de ce qu'on appelait alors *gentilshommes*, soit de magistrats, d'avocats exerçant la profession, de notaires, d'anciens officiers municipaux; en sorte que, même au parlement de Toulouse, le cautionnement dont il est ici question, aurait été déclaré nul, puisque la veuve et la fille Paysant ne tiennent en aucune manière à ces diverses classes. Remarquez encore, avec les auteurs de la dernière édition de Denizart, au mot *Caution*, que l'art. 541 *de la coutume de Normandie ne permet pas aux femmes de vendre leurs biens pour rédimer leurs maris de prison, lorsqu'ils y sont pour dettes civiles , et* (que suivant les mêmes auteurs) *c'est une conséquence qu'elles ne peuvent alors les cautionner.*

» Mais, objectaient les demandeurs devant les premiers juges, il s'agit ici d'un cautionnement judiciaire; or, les cautionnemens judiciaires ne sont pas soumis au sénatus-consulte velléien.

» D'abord, ce n'est que par l'effet d'une équivoque que l'on peut appeler *judiciaire*, le cautionnement des veuve et fille Paysant; car ce n'est pas de la forme extérieure d'un acte, que dépend la question de savoir s'il appartient à la classe des cautionnemens judiciaires, ou à celle des cautionnemens conventionnels. Sans doute, le cautionnement de la veuve et de la fille Paysant a été reçu au greffe du tribunal de commerce de Caen ; mais que peut-on conclure de là ? C'est que le greffier du tribunal de commerce de Caen a entrepris, en le recevant, sur les attributions des notaires: car rien ne l'autorisait à recevoir un cautionnement qui n'était point ordonné par un jugement préalable , puisque les cautions judiciaires ne doivent , suivant les art. 2. et 4 du tit. 28 de l'ordonnance de 1667, faire leurs soumissions au greffe, qu'après avoir été présentées et agrées, en exécution du jugement qui chargeait la partie de les fournir.

» Mais quand il s'agirait ici d'un cautionnement judiciaire, où est la loi qui l'excepterait du sénatus-consulte velléien ? Nous savons bien que Papon et Despeisses rapportent deux anciens arrêts, l'un de Paris, l'autre de Toulouse, qui jugent que le sénatus-consulte velléien ne peut pas être invoqué par la femme qui, pour habiliter un étranger à plaider en demandant devant un tribunal français, a souscrit en sa faveur le cautionnement *judicatum solvi.* Mais encore une fois, juger contre de pareils arrêts, ce n'est pas juger contre les lois; c'est au contraire se conformer aux lois que ces arrêts ont enfreintes arbitrairement.

» Les demandeurs ont encore prétendu devant les premiers juges, que, par une jurisprudence particulière à la ci-devant Normandie, et qu'ils présentaient comme une modification du sénatus-consulte velléien, le cautionnement d'une mère pour son fils était considéré comme un avancement d'hoirie qu'elle lui faisait, et qu'il devait avoir son exécution comme tel.

» Effectivement, nous trouvons dans le *Traité des hypothèques* de Basnage, part. 2, chap. 2, deux arrêts qui le jugent ainsi; il ne sera pas inutile de mettre vos yeux sur les termes dans lesquels ils sont rapportés : « Quoi-
» que les femmes soient incapables de caution-
» ner , et qu'en Normandie, nous gardions exac-
» tement en leur faveur le sénatus-consulte vel-
» léien, et qu'elles ne puissent renoncer à ce

» bénéfice, nous exceptons néanmoins de cette
» règle générale, le cautionnement fait par la
» mère en faveur de son fils, soit que la mère soit
» intervenue *pour lui avoir une charge,* ou *pour*
» *quelque autre cause.* L'on considère ces actes,
» non point comme une fidéjussion, mais plutôt
» comme une donation et un avancement de
» succession. Cela fut jugé de la sorte le 19 mars
» 1644. La veuve de Deplanes, receveur des con-
» signations, avait cautionné, conjointement avec
» son mari, son fils sorti d'un autre mariage,
» pour une rente de 400 livres. Après la mort
» de son mari, à la succession duquel elle renon-
» ça, elle soutenait que son intervention était
» nulle, vu sa qualité de femme et la prohibition
» faite aux femmes de cautionner; mais on lui ob-
» jecta qu'en cautionnant son fils, elle n'était pas
» réputée s'obliger pour un autre, *non alienam*
» *obligationem in se susceperat,* qui est l'effet
» du cautionnement, *sed potiùs negotium suum*
» *gesserat;* ce n'était qu'une anticipation de la
» succession et une portion de son bien, dont
» elle avait fait un avancement. La même chose
» fut encore jugée en la grand'chambre, le 19
» février 1658, contre une mère qui avait cau-
» tionné son fils pour le prix d'un office ».

» Ainsi s'explique Basnage; mais d'abord, il ne s'agit pas ici, comme l'a très-bien remarqué le tribunal civil du Calvados, d'un cautionnement pour une somme déterminée, et que l'on puisse dire ne pas excéder la part de Paysant fils dans la succession future de sa mère, il s'agit d'un cautionnement pour tout ce que Paysant fils se trouvera devoir à ses créanciers, d'après le compte à régler entre eux, c'est-à-dire, d'un cautionnement qui peut absorber toute la fortune de la mère, et la réduire à l'indigence la plus affreuse. Assurément, ce n'est point à de pareils engagemens que peuvent s'appliquer , soit les deux arrêts cités par Basnage, soit la jurisprudence qu'ils ont établie, s'il en faut croire les demandeurs.

» Ensuite, quand cette prétendue jurisprudence pourrait s'adapter à notre espèce, qu'en pourrait-on conclure contre le jugement dont il est ici question ? Ce jugement serait, si l'on veut, en opposition avec deux arrêts du parlement de Rouen; mais il serait d'accord avec les véritables et pures dispositions du sénatus-consulte velléien, que la ci-devant Normandie a constamment reconnues pour loi; et certes, jamais un jugement calqué sur le texte précis d'une loi, ne sera cassé sous prétexte qu'il est en discordance avec un ou deux jugemens rendus entre d'autres parties.

» Il nous reste à examiner si , comme le prétendent les demandeurs , ce jugement porte atteinte à l'autorité de la chose jugée.

» L'affirmative paraît, à la première vue, incontestable.

» En effet, la veuve et la fille Paysant

ayant passé au greffe du tribunal de commerce de Caen, le 2 frimaire an 6, l'acte de cautionnement dont il s'agit, il est intervenu, le 6 du même mois, dans le tribunal de commerce lui-même, un jugement conçu en ces termes : « Les cit. Renard et Lenormand, demandeurs, contre le cit. Paysant l'aîné, la veuve Paysant, Paysant le jeune, et la cit. Paysant, fille majeure. Parties ouïes, le tribunal a accordé acte aux cit. Renard et Lenormand de la lecture de l'acte de cautionnement déposé au greffe le 2 de ce mois, par lequel la cit. Paysant mère, Paysant le jeune, et la cit. Paysant sœur, se sont rendus cautions solidaires de Jacques Paysant l'aîné; ordonne que ledit acte de cautionnement sera exécuté selon sa forme et teneur ».

» Ce n'est là sans doute qu'une homologation de l'acte de cautionnement ; mais cette homologation est un véritable jugement, puisqu'elle est prononcée par un tribunal, parties ouïes, et qu'elle ordonne l'exécution de l'acte qu'elle a pour objet. Or, ce jugement n'a jamais été réformé, il subsiste donc encore dans toute sa force.

» Il est vrai que la veuve et la fille Paysant en avaient appelé pendant les plaidoiries sur l'appel du jugement du tribunal civil du Calvados.

» Il est vrai aussi qu'elles en avaient appelé en temps utile, puisque la signification ne leur en avait été faite que le 9 prairial an 8, c'est-à-dire, long-temps après le jugement du tribunal civil du Calvados.

» Mais enfin, le tribunal de Caen n'a pas jugé à propos de statuer sur cet appel incident; et soit qu'il ne l'ait pas considéré comme nécessaire, soit par tout autre motif, il s'est borné à confirmer purement et simplement le jugement du tribunal civil du Calvados.

» Il n'y a là, sans doute, qu'une omission de pure forme ; car l'infirmation du jugement du tribunal de commerce, du 6 frimaire an 6, ne pouvait pas éprouver la plus légère difficulté, soit parce qu'au fond ce jugement n'avait pu valider un acte de cautionnement radicalement nul, soit parce que ce jugement était lui-même nul du chef d'incompétence, la veuve et la fille Paysant n'étant pas marchandes, et ne pouvant par conséquent reconnaître valablement la juridiction d'un tribunal de commerce.

» Mais, quoique de pure forme, cette omission n'en existe pas moins; et il reste toujours qu'en confirmant le jugement du tribunal civil du Calvados, sans infirmer celui du tribunal de commerce de Caen, le tribunal d'appel a annulé un cautionnement dont le tribunal de commerce avait ordonné l'exécution. Dès-là, il semble qu'il y a véritablement contravention à l'autorité de la chose jugée.

» Prenons garde cependant à cette conséquence; en examinant les choses de plus près, il sera bien difficile de ne pas la trouver vicieuse.

» D'abord, le jugement du tribunal de commerce, du 6 frimaire an 6, n'est pas passé en chose jugée, puisque la veuve et la fille Paysant en ont appelé un mois au plus après la signification qui leur en avait été faite. Il ne peut donc pas y avoir ici contrariété à l'autorité de la chose jugée. Il pourrait tout au plus y avoir contrariété entre un jugement soumis à l'appel et un jugement rendu en dernier ressort. Et cette contrariété, d'où proviendrait-elle? Uniquement de ce que le tribunal d'appel de Caen n'a pas statué sur l'appel incident que la veuve Paysant et sa fille avaient interjeté du jugement du tribunal de commerce. Le véritable vice du jugement du tribunal d'appel serait donc, tout au plus, d'avoir omis de prononcer sur l'un des chefs des demandes des parties; et ce vice, s'il existe réellement, ne pourrait donner ouverture qu'à la requête civile.

» Nous disons, s'il existe réellement; car il résulte d'une circonstance dont nous n'avons pas encore parlé et qui est pourtant bien essentielle, que le jugement du tribunal de commerce, du 6 frimaire an 6, était anéanti de plein droit, même long-temps avant la signification qu'en ont faite les demandeurs, et à plus forte raison avant l'appel qu'en ont interjeté la veuve Paysant et sa fille.

» Cette circonstance est que Paysant fils aîné ayant, après sa mise en liberté provisoire, interjeté appel des jugemens du tribunal de commerce, en exécution desquels il avait été constitué prisonnier, il est intervenu sur cet appel, le 24 ventôse an 7, un jugement dont nous ne voyons pas clairement quel a été le dispositif, mais qui du moins a décidé que son emprisonnement était illégal, pour avoir été pratiqué avant que les jugemens du tribunal de commerce fussent devenus exécutoires contre lui, tant par le laps des huit jours avant lesquels il lui était défendu d'en appeler, que par le fournissement de la caution qui est toujours nécessaire pour exécuter un jugement nonobstant l'appel.

» Ce fait important est en partie consigné dans l'un des motifs du jugement du tribunal civil du Calvados, que confirme le jugement attaqué : « Considérant (y est-il dit), qu'on ne pourrait pas dire avec exactitude, que, sans l'intercession de la veuve Paysant, son fils n'eût pu recouvrer sa liberté, puisqu'il est constant qu'il avait été précipitamment emprisonné, sans qu'on eût fourni la caution qu'exigeait la loi, pour l'exécution provisoire des jugemens rendus contre lui et qui n'avaient pas été acquiescés, comme cela a été jugé depuis sur son appel ». Il est dit, dans un autre endroit, que l'emprisonnement avait été pratiqué le cinquième jour après la prononciation du jugement qui l'autorisait; et nous voyons dans le jugement attaqué, que c'est le 24 ventôse an 7 qu'a été rendu, sur l'appel de Paysant fils, le jugement dont parle le tribunal civil du Calvados, dans le *considérant* que nous venons de mettre sous vos yeux. — Or, si, par ce jugement, il a été décidé que l'emprisonnement de Paysant fils était illégal, n'a-t-il pas été, par cela seul, décidé que rien de ce qui avait été consenti pour faire cesser cet emprisonnement, ne pouvait subsister? Le jugement du 24 ventôse an 7 ayant, en déclarant l'emprisonnement illégal, anéanti la cause du cautionnement et de son homologation, n'a-t-il pas de plein droit anéanti et le cautionnement et le jugement qui l'avait homologué?

» Rendons ceci plus sensible par un exemple. Un étranger se présente comme demandeur dans une juridiction nationale de première instance. On lui demande la caution *judicatum solvi*; un jugement ordonne qu'il la fournira. Je me rends caution pour lui; à cet effet, je fais ma soumission au greffe de payer les dépens et dommages-intérêts auxquels il pourra être condamné par le tribunal saisi de sa demande; et il intervient, en ma présence et de mon consentement, un jugement qui homologue mon cautionnement. L'affaire s'instruit au principal, et il en résulte un jugement qui rejette la demande de celui que j'ai cautionné, et le condamne à des dépens, dommages et intérêts. Il en appelle, et le juge supérieur infirme le jugement de première instance. Son adversaire pourra-t-il, nonobstant le jugement rendu sur l'appel, faire exécuter contre moi la condamnation de dépens, dommages et intérêts prononcée par le premier juge, sous prétexte que je n'ai ni appelé ni obtenu la réformation du jugement qui a homologué mon cautionnement? Non certes; et s'il en fait la tentative, je lui opposerai victorieusement que ce dernier jugement a été détruit de plein droit par celui du tribunal d'appel qui a jugé que mon cautionné ne devait point de dépens ni de dommages-intérêts.

» Voilà donc une hypothèse où, sans aucune difficulté, un jugement d'homologation de cautionnement tombe de lui-même, sans qu'il soit besoin de le faire infirmer par le juge supérieur. Et pourquoi n'en serait-il pas de même dans l'espèce actuelle? Le cautionnement de la veuve Paysant et de sa fille n'avait été fourni et homologué, que pour faire cesser un emprisonnement que l'on croyait légal; mais par la suite, l'illégalité de cet emprisonnement a été reconnue et déclarée par un jugement en dernier ressort; le cautionnement et son homologation n'ont donc plus eu de cause; l'effet en a donc cessé de plein droit.

» Par ces considérations, nous estimons qu'il y a lieu de rejeter la demande en cassation, et de condamner les demandeurs à l'amende ».

Ainsi jugé le 2 nivôse an 9, au rapport de M. Barris,

« Attendu, sur le premier moyen de cassation proposé par le demandeur, que le jugement du tribunal de commerce, en date du 6 frimaire an 6, n'a fait qu'ordonner l'exécution d'un acte de cautionnement convenu entre les parties; que ce jugement purement de forme, ne contient point de disposition judiciaire; que l'exécution qu'il a ordonnée, a été essentiellement subordonnée à la validité de l'acte à laquelle elle se référait, et sur laquelle il n'avait point été contesté devant le tribunal; que cet acte de cautionnement ayant été attaqué devant les tribunaux ordinaires, par le bénéfice de la restitution et par l'application du sénatus-consulte velléien, et ayant été annullé par ces tribunaux sur ces exceptions, les jugemens d'annullation ont porté sur une contestation qui n'avait point été agitée au tribunal de commerce et qui avait été élevée en temps utile; que, dès-lors, ces jugemens n'ont pu être en contradiction avec la force de la chose jugée;

» Sur le second moyen, qu'à l'égard de la veuve Paysant, ainsi qu'à l'égard de sa fille, le jugement attaqué n'a fait que prononcer l'application d'une loi romaine qui faisait partie des lois municipales maintenues en Normandie, puisque l'édit de 1606 n'avait point reçu d'enregistrement au ci-devant parlement de cette ci-devant province, que si, dans l'espèce, et vis-à-vis la veuve Paysant, le jugement attaqué s'était éloigné de la disposition de quelques arrêts, il n'en aurait pas moins exécuté la loi dans sa pureté;

» Que, sous aucun rapport conséquemment, il n'y a eu de contravention à la loi ».

§. II. *Dans les départemens qui ressortissaient ci-devant au parlement de Bordeaux, la veuve qui, avant la publication du Code civil, et antérieurement à sa renonciation à la société d'acquêts, s'est obligée comme associée aux acquêts de son mari, peut-elle, après avoir renoncé, et en vertu du sénatus-consulte velléien, se faire décharger de ses obligations?*

V. l'article *Société d'acquêts.*

§. III. *Avant le Code civil, la femme mariée et domiciliée en Normandie, pouvait-elle, en cautionnant son mari, affecter à son cautionnement les immeubles qu'elle possédait dans l'un des pays où le sénatus-consulte velléien avait été abrogé par l'édit de 1606?*

2.º *Avant le Code civil, la femme mariée en Normandie, mais domiciliée dans un pays où le sénatus-consulte velléien avait été abrogé par l'édit de 1606, pouvait-elle, en cautionnant son mari, affecter à son cautionnement les immeubles qu'elle possédait dans ce pays ? Pouvait-elle y affecter les immeubles qu'elle possédait en Normandie même ?*

3.º La femme mariée en Normandie avant le Code civil, et encore domiciliée dans la même contrée, peut-elle, depuis la promulgation du Code civil, cautionner son mari, et affecter à son cautionnement des immeubles qu'elle s'est constitués en dot, et qui sont situés dans un pays où le sénatus-consulte velléien avait été abrogé par l'édit de 1606 ?

En 1789, mariage entre Henri Lejeune, tanneur, et Marie-Anne Molle, tous deux domiciliés à Nonancourt, commune de la ci-devant Normandie.

Le 29 frimaire an 13, acte notarié par lequel la dame Lejeune reconnaît, tant en son nom personnel que comme fondée de pouvoir de son mari, et sous son autorisation, devoir au sieur Levacher la somme de 4,385 francs pour vente et livraison d'écorces, que celui-ci a faite à Henri Lejeune en ventôse an 10 ; promet, conjointement et solidairement avec son mari, de payer cette somme au sieur Levacher, à sa première réquisition ; et affecte spécialement à sa dette une maison qu'elle possède à Nonancourt.

Le 16 messidor an 13, autre acte par lequel Henri Lejeune et sa femme, duement autorisée de lui, affectent spécialement à la même dette la ferme de Cocherel appartenant à celle-ci, et située dans l'enclave de la ci-devant coutume de Dreux.

Le sieur Levacher prend inscription sur cette ferme ; et le 19 février 1806, faute de payement de sa créance, il fait faire aux sieur et dame Lejeune un commandement à fin d'expropriation forcée de l'immeuble sur lequel porte son inscription.

Le 13 mars suivant, la dame Lejeune obtient du tribunal civil de l'arrondissement d'Evreux, un jugement qui l'autorise à poursuivre sa séparation de biens, et à faire tous les actes conservatoires pour la sûreté de ses droits.

Le 5 avril de la même année, elle fait citer le sieur Levacher devant le même tribunal pour voir dire que les obligations contractées par elle, pour le compte de son mari, les 29 frimaire et 16 messidor an 13, seront déclarées nulles ; que l'inscription prise en conséquence par le sieur Levacher sur la ferme de Cocherel, sera rayée, et que le commandement du 19 février sera déclaré comme non-avenu.

A l'appui de ces conclusions, elle emploie quatre moyens : « 1.º (dit-elle), Les obligations sont nulles, parce qu'elles n'ont point de cause qui me soit personnelle. 2.º La poursuite en expropriation forcée porte à faux ; la ferme qui en est l'objet, est substituée au profit de mes enfans ; je n'en ai que l'usufruit. 3.º Je suis femme normande ; le sénatus-consulte velléien m'a protégée et rendue incapable de m'obliger pour mon mari. 4.º Enfin, aux termes de la coutume de Normandie, je ne pouvais ni aliéner ni hypothéquer mes biens dotaux : cette inaliénabilité a été maintenue par l'art. 1554 du Code civil ».

Le sieur Levacher comparaît et répond : « La dette de votre mari est une cause suffisante et légitime de votre obligation personnelle et solidaire. Les substitutions ont été abolies par la loi du 14 novembre 1792 ; le grevé qui jouissait ou qui avait droit de jouir, au moment de l'abolition, est devenu propriétaire incommutable ; il a été affranchi de l'obligation de restituer aux appelés. D'ailleurs l'usufruit que vous reconnaissez vous appartenir, est susceptible d'être vendu par expropriation forcée. Vous ne pouvez invoquer le sénatus-consulte velléien, il était aboli par le Code civil, lorsque vous avez souscrit les obligations et consenti l'hypothèque ; c'était un statut personnel, étranger au mariage et à ses conditions civiles ; cela est si vrai qu'il était en vigueur en Normandie pour toutes les personnes du sexe, les filles, les veuves, comme pour les femmes mariées. Les dispositions de la coutume de Normandie sur les biens dotaux des femmes, n'ont de force que relativement aux biens situés dans l'étendue de cette coutume. La ferme dont l'expropriation est poursuivie, est située dans la coutume de Dreux, où la femme peut, comme dans celle de Paris, hypothéquer, aliéner ses immeubles avec le consentement et l'autorisation de son mari ».

Le 19 août 1806, jugement qui, « sans s'arrêter aux moyens de nullité proposés par la dame Lejeune contre les deux actes des 29 frimaire et 16 messidor an 13, non plus qu'à son opposition à la sommation préparatoire du 19 février dernier, desquels elle est déboutée, ordonne que lesdits actes seront exécutés, et qu'il sera passé outre aux poursuites et diligences à fin d'expropriation forcée des biens désignés au commandement signifié à la requête du sieur Levacher ».

La dame Lejeune appelle de ce jugement, et reproduit les moyens qu'elle a inutilement fait valoir devant les premiers juges.

La cause portée à l'audience de la cour de Rouen, M. Fouquet, procureur-général, établit, « Sur le premier moyen de l'appelante, que les obligations dont il s'agit, n'étaient autre chose, à l'égard de la dame Lejeune, qu'un cautionnement solidaire ; et que, sous ce rapport, elles sont suffisamment causées ;

» Sur le second moyen, que le sénatus-consulte velléien, maintenu en Normandie jusqu'à la publication du nouveau Code, était un statut purement personnel ; qu'il ne se rapportait d'ailleurs, ni aux conventions matrimoniales, ni aux droits respectifs des époux, puisqu'il comprenait également les filles, les femmes et les veuves, et qu'il leur interdisait le cautionnement en faveur de qui que ce fût ; qu'ainsi, n'étant relatif qu'à la capacité de la personne, comme le statut concernant la minorité, il se trouvait, lors des obligations qui ont été contractées par la dame Lejeune, nécessairement aboli par les dispositions du Code civil ; et que, d'autre part, le statut réel concernant les biens situés sous la coutume de Dreux, et subsistant lors du mariage, ne s'opposait, en aucune manière, à ce qu'ils pussent être aliénés ou hypothéqués du consentement de la femme ou du mari, que les biens situés sous la même coutume de Dreux, pouvaient être des biens dotaux, mais qu'ils ne furent en aucun temps assujétis à aucun régime dotal ni à aucun statut réel qui en empêchassent ou en restreignissent l'aliénation ;

» Sur le troisième moyen, que, suivant les décrets des 25 octobre et 14 novembre 1792, comme suivant le 52.ᵉ article de la loi du 22 ventôse de l'an 2, la substitution faite au profit des enfans de l'appelante, se trouve éteinte et abolie ; que d'ailleurs l'appelante ne siste point au procès au nom et comme tutrice de ses enfans, ni avec la délibération qui serait nécessaire à cet effet ; qu'il n'est question, dans l'état actuel de ce procès, que de l'effet et de la validité des obligations qu'elle a souscrites ».

En conséquence, M. le procureur-général estime qu'il y a lieu de mettre l'appellation au néant.

Mais par arrêt du 4 février 1808,

« Vu que les obligations dont il s'agit, ont été faites sous l'empire du Code civil ;

» Vu qu'en réglant les droits de la femme Lejeune d'après la législation nouvelle, ses biens valablement constitués dotaux par son contrat de mariage, sont déclarés inaliénables ;

» Vu qu'en déterminant le mode d'après lequel les biens des femmes seront à l'avenir constitués dotaux, le Code civil n'a pas ôté la qualité de biens dotaux à ceux valablement constitués tels d'après les lois alors existantes ; et que, sans aucune restriction, il déclare inaliénables les biens dotaux des femmes ;

» Vu enfin que l'art. 1554 ainsi conçu : *Les immeubles constitués en dot ne peuvent être aliénés ou hypothéqués pendant le mariage, ni par le mari, ni par la femme, ni par les deux conjointement, sauf les exceptions suivantes,* ne fait que rendre commun à tout l'empire ce principe, que *les biens des femmes, valablement constitués dotaux, sont inaliénables ;*

» Vu qu'il est reconnu par le sieur Levacher, que les obligations de la dame Lejeune ne sont, de sa part, qu'un véritable cautionnement ;

» Vu qu'avant les lois nouvelles, une femme normande mariée en Normandie, en même temps qu'elle pouvait, du consentement de son mari, aliéner ses biens situés à Paris ou sous l'empire de la coutume de Dreux, ne pouvait faire cette aliénation par la voie du cautionnement ;

» Vu qu'il faut nécessairement que les droits des femmes se déterminent, ou d'après le droit ancien qui avait réglé leur contrat de mariage, ou d'après le droit nouveau, qui se trouverait pour elles substitué au droit ancien ;

» La cour.... dit qu'il a été mal jugé, bien appelé ; corrigeant et réformant, dit à tort les poursuites en expropriation commencées par le sieur Levacher ; déclare les actes dont il s'agit, sans exécution sur les biens dotaux de la dame Lejeune, et condamne le sieur Levacher aux dépens.... ».

Le sieur Levacher se pourvoit en cassation contre cet arrêt, et le dénonce comme contraire, et à l'art. 55 de la coutume de Dreux, et aux art. 217, 1428, 1535, 1538 et 1554 du Code civil.

« La question que présente à votre examen l'affaire qui vous occupe en ce moment (ai-je dit à l'audience de la section civile, le 27 août 1810), nous paraît devoir se réduire à ces trois points : — L'acte par lequel la dame Lejeune, en se portant caution de son mari, a hypothéqué spécialement en faveur du sieur Levacher, la ferme qu'elle possède dans le territoire de la ci-devant coutume de Dreux, serait-il valable, s'il avait été passé avant le Code civil ? — Si, dans cette hypothèse, on devait le considérer comme nul, quelle serait la cause de sa nullité ? — Le Code civil a-t-il, à cet égard, changé quelque chose à l'ancien droit ? et cet acte qui, passé sous l'ancien droit, eût été nul, n'est-il pas valable à raison de sa postériorité au Code civil ?

» Sur le premier point, il est une vérité constante : c'est que l'art. 55 de la coutume de Dreux permettait à la dame Lejeune d'aliéner incommutablement la ferme de Cocherel, avec l'autorisation de son mari : *le mari*, portait-elle, *a le gouvernement et administration des héritages et possessions de sa femme, le mariage durant, sans toutefois qu'il puisse vendre et aliéner les héritages de sadite femme, sans son congé et consentement.*

» Et il n'importe que la dame Lejeune eût été mariée et qu'elle fût domiciliée dans la coutume de Normandie, dont les art. 539, 540 et 542 ne permettaient à la femme d'aliéner ses immeubles avec l'autorisation de son mari, qu'à la charge de pouvoir un jour en faire révoquer l'aliénation, si les biens du mari ne suffisaient pas pour lui en procurer le remploi. — Cette disposition de la coutume de Normandie ne formait pas un statut personnel pour la femme; elle ne s'étendait pas aux biens que la femme normande pouvait posséder hors du territoire de cette coutume; elle ne formait qu'un statut réel, et par conséquent, un statut qui, non-seulement n'affectait que les biens situés en Normandie même, mais les affectait en quelque lieu que la femme eût été mariée, en quelque lieu que fût son domicile.

» Ce n'est pas que Dumoulin n'ait soutenu le contraire dans son Traité *de statutis*, qui fait partie de son Commentaire sur le 1.er titre du 1.er livre du Code de Justinien.

» Suivant lui, la femme normande peut, en vertu de sa coutume, révoquer les aliénations qu'elle a faites avec l'autorisation de son mari, en quelque pays que soient situés les biens qu'elle a vendus : *Consuetudo Normanniæ quòd uxor vendens heredium viro auctore, vel cum eo; possit revocáre post mortem viri, habet locum in subditis, non solùm pro bonis sitis in Neustriâ, sed etiam ubique, sive Parisiis, sive Lugduni, vel etiam in Germaniâ sita sint.*

» Et réciproquement la femme mariée et domiciliée à Paris ou dans tout autre lieu étranger au statut normand; ne peut pas révoquer les aliénations qu'elle a faites en Normandie : *secùs in uxore civis parisiensis, vel alterius loci, quia etiam pro prædiis sitis in Neustriâ statutum locum non haberet, etiamsi contractus ibi fieret.*

» Mais l'opinion de ce grand jurisconsulte a été universellement rejetée.

» Basnage, sur l'art. 539 de la coutume de Normandie, prouve, par le texte même de cette loi, que ce n'est point par suite de la capacité ou de l'incapacité de la femme, que cette loi lui accorde l'action révocatoire dont il s'agit; qu'elle ne la lui accorde que par une précaution conservatoire, dont les biens qu'elle régit, forment l'unique objet; et que, par conséquent, cette action est nécessairement limitée aux biens normands. « Par l'art. 538 (dit-il), la coutume » déclare les femmes capables de contracter, » pourvu que ce soit du consentement de leurs » maris; et cette disposition concernant la per-» sonne (forme un statut personnel). Par les » art. 539 et 540, elle prescrit les conditions » sous lesquelles elle leur permet la vente de » leurs propres : *si les biens de la femme sont* » *aliénés*, elle en aura récompense sur les biens » de son mari; et où elle ne pourrait en avoir » récompense, elle peut s'adresser sur les déten-» teurs de ses biens; et ce sont là des dispositions » réelles ». L'auteur ajoute que le parlement de Rouen l'a ainsi jugé par un arrêt du 20 décembre 1617, rapporté dans le Commentaire de Bérault,

Tome VI.

sur l'art. 538, et par deux autres des 9 mars 1679 et 18 juin 1682, dont il retrace lui-même les espèces.

» Froland, dans ses *Mémoires concernant la qualité des statuts*, page 1014, nous apprend que telle était également la jurisprudence du parlement de Paris. « On a demandé (dit-il), » une infinité de fois, si la femme domiciliée » à Paris, qui pouvait engager, par des con-» trats par elle faits conjointement avec son » mari, les immeubles qu'elle avait sous la cou-» tume de Paris et autres semblables, avait la » même faculté par rapport à ceux qu'elle pos-» sédait en Normandie; et le parlement de » Paris, s'appuyant sur les art. 539 et 540 de » la coutume de cette province, qu'il a regar-» dés comme des statuts réels, a perpétuelle-» ment jugé qu'elle ne l'avait pas. C'est la » décision précise des arrêts de Fiesque, de » Flavacourt, de Béthune-d'Orval, et d'une » infinité d'autres qui n'ont point eu égard à la » loi du domicile, et qui, au contraire, ont fait » valoir celle de la situation des biens ».

» Le même auteur, pages 1047 et suivantes, rend un compte fort détaillé d'une conférence tenue à la bibliothèque des avocats au parlement de Paris, en présence de M. l'avocat-général Lamoignon, le 31 décembre 1718, et dont le résultat fut « que la femme domiciliée en Nor-» mandie ne pouvait inquiéter les acquéreurs » de ses biens aliénés par elle et son époux, » sous la coutume de Paris; et que la femme » qui avait son domicile à Paris, était bien » fondée à exercer l'action subsidiaire que la » coutume de Normandie lui déférait pour les » biens situés dans son ressort, quand ceux de » son mari n'étaient pas suffisans pour lui donner » sa récompense ».

» Il revient encore sur la question dans ses *Mémoires sur le sénatus-consulte velléien*, part. 2, ch. 3; et il rapporte dans le plus grand détail, six arrêts du parlement de Paris, des 6 septembre 1664, 7 septembre 1685, 13 août 1686, 4 septembre 1688, 20 juin 1689 et 26 août 1700, qui jugent uniformément pour la réalité du statut résultant des art. 539 et 540 de la coutume de Normandie.

» Mais de ce que la dame Lejeune aurait pu, avec l'autorisation de son mari, aliéner incommutablement l'immeuble qu'elle possédait sous la coutume de Dreux, s'ensuit-il qu'elle ait également pu l'hypothéquer?

» Pour une dette qui lui eût été personnelle, oui : pour une dette qui lui eût été étrangère, et par forme de cautionnement, non?

» Pourquoi cette différence? C'est que le sénatus-consulte velléien, qui déclarait nuls les cautionnemens des femmes, était dans toute sa vigueur en Normandie; et que l'incapacité qu'il imprimait aux femmes normandes, ne seporter cautions, formait pour celles-ci un statut personnel qui les snivait partout. « Le sénatus- consulte velléïen (dit Boullenois dans sa 6.ᵉ *ques- tion sur les démissions de biens*, page 87), met dans la femme une incapacité de s'ebliger pour autrui; et cette incapacité est person- nelle et fait que la femme est hors d'état de former aucun cautionnement qui puisse être exécuté sur quelques immeubles que ce soit, dans quelques lieux qu'ils soient situés ».

» C'est ce qu'ont en effet jugé une foule d'ar- rêts, tant du parlement de Rouen que du parle- ment de Paris..... (1).

» Il est donc bien clair qu'avant l'abrogation du sénatus-consulte velléïen prononcée par le Code civil, la dame Lejeune, qui était do- miciliée dans un pays gouverné par ce sénatus- consulte, aurait été incapable d'hypothéquer à une dette qui lui était étrangère, à une dette qui ne concernait que son mari, les immeubles qu'elle possédait sous la coutume de Dieux, quoique d'ailleurs elle eût pu les hypothéquer à une dette qui lui eût été personnelle, quoique d'ailleurs elle eût pu les aliéner pour son propre compte.

» Mais, d'où serait venue, à cet égard, son incapacité? Aurait-elle eu sa source dans son état de femme mariée, ou seulement dans son sexe? C'est le deuxième point dont nous nous sommes proposé l'examen; et là-dessus nulle difficulté.

» L'empereur Auguste et après lui l'empereur Claude avaient d'abord, par des édits particu- liers aux femmes mariées, déclaré nulles les obli- gations qu'elles contracteraient pour cautionner leurs maris : *Et primò quidem temporibus divi Augusti, mox deindè Claudii, edictis eorum erat interdictum ne fœminæ pro viris suis inter- cederent.* Ce sont les termes de la loi 2, D. *ad senatus-consultum velleïanum.* Mais, dans la suite, le sénatus-consulte velléïen étendit la disposition de ces édits à toutes les femmes, ma- riées ou non : *Posteà* (dit le §. 1 de la loi citée), *factum est senatus-consultum quo plenissimè fœ- minis subventum est.*

» Et c'est avec cette extension, c'est dans toute sa généralité, que Justinien nous a trans- mis ce sénatus-consulte, en l'insérant dans son corps de droit. Seulement il a établi, dans une exception par laquelle il l'a modifié, une dif- férence entre les cautionnemens que les femmes souscriraient pour leurs maris, et ceux qu'elles souscriraient pour des étrangers. Par la loi 22, C. *ad senatus-consultum velleïanum*, il a or- donné que la femme qui, deux ans après avoir souscrit un cautionnement, le renouvellerait ou

le ratifierait, serait censée avoir valablement renoncé au bénéfice du sénatus-consulte, et ne pourrait plus en exciper; et par le ch. 8 de la novelle 134 dont on retrouve la substance dans l'authentique *si qua mulier*, sous le même titre, il a déclaré que la disposition de cette loi ne pourrait pas être appliquée aux cautionnemens que les femmes mariées souscriraient pour leurs époux.

» Mais cette différence, uniquement relative à l'une des exceptions qui, dans le dernier état de la législation romaine. limitaient l'application du sénatus-consulte velléïen, ne changeait rien, en ce qui concernait les femmes mariées et dans leurs rapports avec leurs maris, à la nature de l'incapacité résultant de ce sénatus-consulte : elle ne faisait, à cet égard, qu'affranchir la femme qui cautionnait son mari, d'une fin de non-recevoir qu'elle eût pu encourir dans le cas où elle eût cautionné toute autre personne ; elle ne faisait que replacer la femme qui cau- tionnait son mari, dans tous les droits que lui avait attribués le sénatusconsulte pour le cas où elle eût cautionné, soit son mari, soit un étran- ger; et il est toujours demeuré constant que l'incapacité de la femme de cautionner même son mari, dérivait, non de sa qualité de femme mariée, mais seulement de son sexe.

» Cette observation nous conduit naturelle- ment à une conséquence qui est ici d'une im- portance extrême : c'est que l'incapacité que le sénatus-consulte velléïen imprimait à une femme mariée et domiciliée en Normandie, de cau- tionner, soit son mari, soit un étranger, n'avait rien de commun avec celle que lui imprimaient la coutume de cette province et le droit com- mun des pays coutumiers, de contracter, même pour ses propres affaires, sans l'autorisation de son mari.

» En effet, l'incapacité dans laquelle était la femme normande, comme la femme parisienne, de contracter, même pour ses propres affaires, sans l'autorisation de son mari, formait son état matrimonial, ou, si l'on veut, il en était le résul- tat nécessaire. Ce n'était pas comme femme, ce n'était pas à raison de son sexe, c'était comme femme mariée, c'était à raison de son mariage, qu'elle était frappée de cette incapacité.

» Aussi, pour savoir si une femme était frap- pée de cette incapacité, ne consultait-on que la loi du domicile matrimonial. Aussi une femme mariée sous la coutume de Paris ou sous celle de Normandie, aurait-elle porté cette incapacité dans tous les pays où, par la suite, elle eût pu transférer son domicile, même dans ceux où cette incapacité n'aurait pas été admise par leurs lois. Aussi cette incapacité était-elle, pour la femme qui l'avait une fois encourue en se mariant sous une coutume où elle était écrite, une chaîne qu'elle traînait partout pendant toute la durée de son mariage.

---

(1) *V.* le *Répertoire de jurisprudence*, au mot *Séna- tus-consulte velleïen*, §. 2, n. 1.

» Et c'est sur ce fondement que, par arrêt du 19 janvier 1807, au rapport de M. Oudot, en prononçant sur la demande en cassation d'un arrêt de la cour d'appel de Dijon, qui avait jugé qu'Elisabeth Belot, mariée à Dijon même, n'avait pas pu tester sans l'autorisation de son mari, quoiqu'à l'époque de son testament comme à celle de son décès, elle eût transféré son domicile à Lyon, vous avez rejeté cette demande, « attendu qu'Elisabeth Belot avait été
» mariée sous l'empire de la coutume de Bour-
» gogne, qui interdisait aux femmes de dispo-
» ser, soit entre-vifs, soit à cause de mort, sans
» l'autorisation de leurs maris; que la sépara-
» tion de cette femme d'avec son mari, et la fixa-
» tion qu'elle avait faite à Lyon de son domicile,
» n'avaient pu la soustraire à l'empire du statut
» personnel, qui avait fixé irrévocablement
» pendant la durée du mariage, son incapacité
» de disposer sans autorisation ».

» Mais il en était tout autrement de l'incapacité de s'obliger pour autrui, qui résultait du sénatus-consulte velléien; cette incapacité ne tenait nullement à l'état matrimonial de la femme; elle affectait la fille et la veuve comme la femme mariée; et si la femme mariée en était frappée, ce n'était pas à raison de son mariage, c'était uniquement à raison de son sexe.

» De là vient que la femme mariée sous la coutume de Paris, où le sénatus-consulte velléien avait été abrogé par l'édit de 1606, devenait sujette à ce sénatus-consulte, dès qu'elle transférait son domicile en Normandie; et c'est ce qu'ont jugé, comme l'atteste Froland dans ses *Mémoires sur le sénatus-consulte velléien*, part. 1, ch. 12, deux arrêts du parlement de Paris des 30 juillet 1687 et 22 juin 1714.

» De là vient également que la femme mariée en Normandie, cessait d'être sujette au sénatus-consulte velléien, dès qu'elle transférait son domicile dans la coutume de Paris ou dans toute autre semblable.

» Il y a plus : si, après avoir demeuré quelque temps dans une coutume où le sénatus-consulte velléien n'avait pas lieu, et y avoir souscrit un cautionnement, la femme mariée en Normandie retournait en Normandie même, son cautionnement, valable dans son origine, conservait tout son effet. — « Cela fut ainsi jugé (dit encore
» Froland, ch. 13), par l'arrêt du mois d'août
» 1704, rendu en la 3.ᵉ chambre des enquêtes
» du parlement de Paris, au rapport de M. l'abbé
» Mainguy : voici quelle en était l'espèce. —
» En l'année 1630, Jean de Beaulieu, baron de
» Becthomas, épousa demoiselle Marguerite du
» Bosc, qui lui apporta en mariage une somme
» qu'il constitua et consigna sur tous ses biens,
» suivant l'usage de Normandie, d'où l'un et
» l'autre étaient originaires; le contrat de ma-
» riage fut fait au Pont-de-l'Arche le 11 février

» de ladite année 1630, pardevant Roussel,
» notaire en cette ville; le mari possédait plu-
» sieurs terres situées sous différentes coutumes;
» celle d'Apremont sous la coutume de Mantes,
» celle de Richebourg sous la coutume de Mont-
» fort-Lamaury, et celle de Becthomas sise en
» Normandie ; la dot fut *consignée* sur tous ses
» biens, et la consignation fut particulièrement
» et spécialement faite sur la terre de Becth-
» mas. — Depuis la célébration du mariage, le
» mari et la femme eurent leur domicile en
» cette terre pendant plusieurs années ; ensuite
» de quoi, ils allèrent demeurer sur celle de
» Richebourg située sous la coutume de Mont-
» fort, et pendant ce séjour, qui fut de quel-
» ques années seulement, ils passèrent un con-
» trat de constitution de 333 liv. 6 s. 8 d. au
» profit du sieur Bridou; et peu de temps
» après, ils s'en retournèrent en Normandie.
» — Le mari mourut en 1664 ou 1665, et laissa
» des enfans à la dame son épouse, qui ne dé-
» céda qu'en 1681. — Les biens qu'il possédait,
» s'étant trouvés chargés de dettes, furent saisis
» réellement; la terre de Richebourg fut enve-
» loppée dans la saisie réelle, vendue et adjugée
» moyennant la somme de 95,000 liv. ; l'ordre
» fait en la première chambre des requêtes du
» palais le 13 mars 1703; et par la sentence, il
» paraît que les créanciers de Marguerite du
» Bosc, dame de Becthomas, la firent colloquer,
» comme exerçant son droit, pour une somme
» très-considérable qui lui était due sur la suc-
» cession de son mari, pour le principal et les
» arrérages de sa dot, et pour son douaire en
» hypothèque du 11 février 1630. — Le 22 dé-
» cembre suivant, on fit le sous-ordre de cette
» somme entre les créanciers opposans; et pour
» lors, le sieur Bridou, qui était le créancier des
» 333 l. 6 s. 8 d. de rente, où la dame de Bec-
» thomas s'était obligée en 1637, dans le temps
» qu'elle demeurait à Richebourg, voulut être
» payé du principal et des arrérages. — Quelques
» personnes qui se trouvèrent intéressées à con-
» tester cette dette, prétendirent que l'obliga-
» tion de ladite dame était nulle, qu'elle était
» originaire de Normandie, que son contrat de
» mariage y avait été fait, qu'elle y avait été
» mariée, que sa demeure à Richebourg n'avait
» été qu'un domicile passager, qu'auparavant
» elle et son mari demeuraient en Normandie ;
» que depuis ils s'y en étaient retournés ; qu'elle
» y était morte, que sa succession y était ou-
» verte, et qu'ainsi il fallait la considérer comme
» une femme de Normandie sujette aux lois de
» la province, incapable de s'obliger pour ou
» conjointement avec son mari, et que son in-
» capacité l'avait toujours accompagnée en
» quelque endroit qu'elle fût allée demeurer.
» — Quant au sieur Bridou, il prétendit que le
» domicile à Richebourg était suffisamment
» justifié par les actes qu'il avait rapportés; et

» que, par une suite nécessaire, la dame de Bec-
» thomas avait pu s'obliger, nonobstant la cou-
» tume du lieu où elle avait pris naissance, et
» où son contrat de mariage avait été passé; ce
» qui fut ainsi jugé le 22 décembre 1703, au rap-
» port de M. d'Epinois. — Il y eut appel de
» cette sentence au parlement où le procès fut
» conclu et distribué à M. Mainguy, conseiller
» en la 3.ᵉ chambre des enquêtes, au rapport
» duquel la sentence fut confirmée le 2 août
» 1704... — Il est de ma connaissance, ou du
» moins j'ouis dire en ce temps-là, que messieurs
» de la troisième chambre des enquêtes se trou-
» vèrent au nombre de dix-sept lorsqu'on jugea
» ce procès; qu'on y agita deux questions, savoir,
» celle du domicile, et celle de la validité de
» l'obligation; que l'une et l'autre furent dis-
» cutées avec beaucoup de chaleur et d'atten-
» tion; et qu'après un long examen, toutes les
» voix se réunirent et se déterminèrent en fa-
» veur du créancier. — Cette décision fut suivie
» par la sentence rendue en la première chambre
» des requêtes du palais le 4 avril 1707, au
» rapport de M. le Vayer, et dont j'ai parlé dans
» les deux chapitres précédens ».

» Voilà des preuves bien claires que l'incapacité de s'obliger pour autrui, que le sénatus-consulte velléien imprimait en Normandie,
aux femmes mariées comme aux filles et aux
veuves qui avaient leur domicile dans cette
contrée, était absolument étrangère à l'état matrimonial, et indépendant du statut qui régissait cet état.

» Mais ce qui le démontre encore mieux,
c'est que, même dans le cas où une femme
s'était mariée en Normandie avec la clause expresse qu'elle ne pourrait pas s'obliger pour
son mari, cette stipulation n'empêchait pas que,
si elle venait à transférer son domicile dans un
pays non-sujet au sénatus-consulte velléien,
l'obligation qu'elle contractait pour son mari
dans son nouveau domicile, ne fût valable.
Ecoutons encore Froland, à l'endroit que nous
venons de citer : « Il ne faut pas mettre une
» clause de cette nature au nombre de celles
» que nous appelons vulgairement *conventions*
» *de mariage ;* ces sortes de pactions sont celles
» qui regardent respectivement les conjoints,
» les droits que l'un peut avoir sur la succes-
» sion de l'autre, les avantages qu'ils se sont
» faits mutuellement, la manière dont leurs
» meubles et leurs conquêts doivent être par-
» tagés entre eux, ou pour mieux dire, entre
» les représentans du prédécédé et le survi-
» vant; mais elles ne s'appliquent point à d'au-
» tres personnes étrangères au contrat. — La
» clause d'un contrat de mariage qui porterait
» que les effets de la communauté des conjoints
» seraient partagés d'une certaine manière entre
» leurs représentans, ne pourrait donner at-
» teinte aux dispositions de la coutume suivant

» laquelle le partage devrait en être fait; ni
» faire aucun préjudice aux héritiers, il faut
» dire la même chose de la clause portant qu'il
» ne sera point permis à la femme de s'obliger ;
» cette stipulation ne regarde point, à propre-
» ment parler, les conjoints; elle intéresse seu-
» lement les personnes avec qui l'on pourra
» contracter, qui sont des personnes étrangères
» au contrat; et par conséquent il est vrai de
» dire qu'il ne faut point la considérer comme
» une convention de mariage. — Disons plus,
» disons que la clause si ordinaire et si com-
» mune aux contrats de mariage qui se font à
» Paris, portant que les conjoints entendent ré-
» gler toutes leurs conventions par la coutume
» de Paris, qu'ils se soumettent à ses seules
» dispositions, et qu'ils dérogent expressément
» à toutes coutumes contraires, n'exclut point
» le droit de viduité que les art. 332, 358 et
» 384 de la coutume de Normandie donnent au
» mari sur les biens qui appartenaient à sa
» femme, tant qu'il ne se remarie point; le
» droit qu'il a, suivant l'art. 331 de la même
» coutume, de jouir par usufruit sa vie durant
» de la part que son épouse avait dans les con-
» quêts aux termes de l'art. 329, encore bien
» qu'il se remarie; la faculté que lui et ses hé-
» ritiers ont de retirer dans trois ans, à compter
» du jour qu'elle est décédée, cette part qui
» lui appartenait en propriété dans les conquêts
» en payant le prix qu'elle a coûté avec les
» augmentations, ainsi qu'il est porté dans
» l'art. 332; le droit de puissance paternelle
» déféré au père par la coutume de Poitou,
» art. 310, 312, 313, 315, 316 et 317; ni les
» avantages que certaines coutumes du royaume
» donnent au survivant des conjoints sur les
» meubles et les conquêts. — C'est ce qui a été
» autrefois jugé, pour M. le prince de Condé
» qui avait épousé dame Marie de Clèves,
» comtesse d'Eu; pour M. le duc d'Orléans,
» père de feu mademoiselle de Montpensier;
» pour M. Turgot, conseiller d'état ; pour
» M. de Seignelay, secrétaire d'état; pour M. de
» Bailleul, président à mortier au parlement
» de Paris; pour le sieur Bence, secrétaire du
» roi; pour le sieur Latour, lieutenant général
» d'Andely; et pour M. de Lesseville, président
» en la 5.ᵉ chambre des enquêtes. — Il faut
» pourtant convenir que ces droits qui regar-
» dent, en quelque façon, les conjoints mêmes,
» ont bien plus l'air et l'apparence de pactions
» de mariage que la clause qui ôte à la femme
» la faculté de s'obliger, par la raison que ceux
» qu'elle intéresse, sont, comme on a déjà dit,
» des personnes étrangères au contrat; en sorte
» que, si la soumission parfaite à la coutume
» de Paris, avec dérogation à toute autre, ne
» peut empêcher le survivant des conjoints de re-
» cueillir lesdits droits, qui du moins paraissent
» être des suites et des dépendances des cou-

» ventions arrêtées entre eux et leurs familles, » l'autre clause, à bien plus forte raison, ne » saurait nuire aux créanciers avec qui la femme » a contracté, ni arrêter le cours et l'effet de » ses obligations ».

» Il est donc bien constant que si, avant le Code civil, la dame Lejeune était, par son domicile en Normandie, incapable de cautionner son mari et d'hypothéquer à son cautionnement, même un immeuble qu'elle possédait sous la coutume de Dreux, du moins son incapacité ne tenait point à son état de femme mariée, ne dérivait point de son mariage, et n'avait d'autre source que la faveur accordée à son sexe par le sénatus-consulte velléien.

» Ces bases posées, notre troisième question va, pour ainsi dire, se résoudre d'elle même.

» Que le sénatus-consulte velléien soit abrogé par le Code civil, c'est ce qui ne peut pas faire la matière du plus léger doute.

» Il ne l'est pas, à la vérité, comme le prétend le demandeur, par l'art. 217 de ce Code, qui, se bornant à dire que la femme mariée ne peut pas contracter sans l'autorisation de son mari, et ne déterminant pas quelles sortes de contrats la femme peut ou ne peut pas faire avec cette autorisation, ne s'applique évidemment qu'aux contrats dont la femme serait capable par elle-même, si elle n'était pas mariée ; mais il l'est par l'art. 1123 qui reconnaît *toute personne habile à contracter, si elle n'en est déclarée incapable par la loi ;* il l'est par l'art. 1125, suivant lequel la femme mariée ne peut, *pour cause d'incapacité, attaquer ces engagemens que dans les cas prévus par la loi ;* il l'est surtout, d'après ces deux articles, par le silence que garde le titre *du cautionnement* sur le sénatus-consulte velléien, et par la déclaration contenue dans l'art. 7 de la loi du 30 ventôse an 12, qu'à compter du jour où les diverses parties du Code civil ont été exécutoires, toutes les dispositions du droit romain concernant les *matières qui sont l'objet de ce Code,* ont cessé de faire loi.

» Quel a été l'effet de cette abrogation, par rapport aux veuves qui étaient nées et domiciliées dans la ci-devant Normandie, à l'époque où elle a été prononcée ? Sans contredit, ces filles, ces veuves ont perdu le privilège que leur avait accordé le sénatus-consulte velléien ; elles sont devenues capables de souscrire des cautionnemens ; et les cautionnemens qu'elles souscrivent aujourd'hui, les obligent ni plus ni moins que si le sénatus-consulte velléien n'eût jamais existé.

» Mais si les filles, si les veuves nées sous le sénatus-consulte velléien, sont aujourd'hui capables de cautionner, comment les femmes mariées sous le même sénatus-consulte, pourraient-elles en être encore incapables ?

» Pour qu'elles le fussent encore, il faudrait que leur mariage eût produit, dans leur per-

sonne, relativement à la capacité de cautionner, un changement quelconque ; il faudrait que, de capables de cautionner qu'elles eussent été avant de se marier, elles en fussent devenues incapables en se mariant ; il faudrait que l'incapacité de cautionner eût été, dans leur personne, l'effet de leur mariage.

» Mais nous venons de voir que, relativement à la capacité de cautionner, le mariage d'une femme normande, sous le sénatus-consulte velléien, ne changeait rien à son état ; que la femme normande était privée de cette capacité, non par son mariage, mais par son sexe ; qu'incapable de cautionner dès sa naissance, si elle conservait son incapacité pendant son mariage, elle la conservait aussi pendant sa viduité, et que conséquemment ce n'était pas comme femme mariée, mais uniquement comme femme qu'elle la conservait.

» Dès-là, nulle différence entre les filles ou veuves nées et domiciliées dans la ci-devant Normandie au moment de l'abrogation du sénatus-consulte velléien, et les femmes qui étaient mariées dans le même pays à la même époque. Dès-là, nécessité de reconnaître qu'à cette époque, celles-ci sont devenues, comme celles-là, habiles à cautionner.

» Si, avant l'abrogation générale du sénatus-consulte velléien, la dame Lejeune avait transféré son domicile sous la coutume de Dreux où ce sénatus-consulte était déjà abrogé depuis 1606, à coup sûr elle aurait pu y souscrire un cautionnement ; elle aurait pu affecter à ce cautionnement les biens qu'elle possédait sous cette coutume : les arrêts que nous citions tout à l'heure d'après Froland, ne laissent là-dessus aucune ombre de difficulté.

» Eh bien ! ce qu'eût fait, dans cette hypothèse, le changement de domicile de la dame Lejeune, le Code civil l'a fait dans l'espèce qui se présente. La capacité de cautionner que la dame Lejeune eût trouvée dans la coutume de Dreux, en y transférant son domicile, le Code civil la lui a portée dans la coutume qu'elle a conservé en Normandie. La dame Lejeune, tout en continuant de demeurer en Normandie, est donc devenue capable de cautionner, par l'effet du Code civil, comme elle le fût devenue, avant le Code civil, par la translation de son domicile dans la coutume de Dreux.

» Voilà des vérités claires, palpables, marquées au coin de l'évidence. Comment est-il donc possible que la cour de Rouen les ait méconnues ? Il faut l'entendre elle-même dans les motifs de son arrêt.

» Après avoir énoncé que *les obligations dont il s'agit, ont été faites sous l'empire du Code civil,* elle établit *qu'en réglant les droits de la femme Lejeune d'après la législation nouvelle, ses biens valablement constitués dotaux par son*

*contrat de mariage, sont déclarés inaliénables;
qu'en déterminant le mode d'après lequel les
biens des femmes seront à l'avenir constitués dotaux, le Code civil n'a pas ôté les qualités des
biens dotaux à ceux valablement constitués tels
d'après les lois alors existantes; et que, sans
aucune restriction, il déclare inaliénables les
biens dotaux des femmes; enfin, que l'art. 1554,
en déclarant que les immeubles constitués en dot,
ne peuvent pas être aliénés ou hypothéqués pendant le mariage, ni par le mari, ni par la femme,
ni par les deux conjointement, ne fait que rendre
commun à tout l'empire, ce principe, que les
biens des femmes valablement constitués dotaux,
sont inaliénables.*

» Ainsi, suivant la cour de Rouen, la ferme
de Cocherel que la dame Lejeune avait portée
en mariage à son époux, et qu'elle s'était par là
constituée en dot, est devenue, par l'effet du
Code civil, absolument inaliénable entre ses
mains. Avant le Code civil, la dame Lejeune
eût pu aliéner la ferme de Cocherel (nous l'avons
démontré, en discutant notre première question); mais le Code civil l'en a rendu incapable,
parce qu'il a voulu que les immeubles constitués
en dot, ne pussent être aliénés ou hypothéqués
pendant le mariage, ni par le mari, ni par la
femme, ni par les deux conjointement.

» Dès-lors, rien de plus indifférent ici que
l'abrogation du sénatus-consulte velléien. La
dame Lejeune a pu cautionner son mari, à la
bonne heure; mais elle n'a pas pu hypothéquer
à son cautionnement un immeuble qu'elle possédait comme dotal; elle n'a pas pu y affecter
un immeuble qui, par cela seul qu'elle le possédait comme dotal, était frappé pour elle d'une
inaliénabilité absolue.

» C'est sans doute une étrange idée que celle
de vouloir rendre dotaux et inaliénables, par
l'effet du Code civil, des biens qui, avant ce
Code, n'étaient ni l'un ni l'autre.

» *La loi ne dispose que pour l'avenir; elle n'a
point d'effet rétroactif*: tels sont les termes de
l'art. 2 du Code civil.

» Le Code civil n'a donc pas rendu dotaux
des biens qui ne l'étaient point avant lui; il n'a
donc pas rendu inaliénables, de la part des
femmes mariées au moment de sa promulgation, des biens qui, avant sa promulgation,
étaient susceptibles d'aliénation de la part de
ces femmes.

» Que la dame Lejeune ait apporté la ferme
de Cocherel en mariage, qu'elle ait déclaré par
son contrat de mariage se constituer la ferme de
Cocherel en dot, nous devons le croire, puisque
la cour de Rouen l'affirme, et que c'est un fait
dont la discussion ne nous est pas permise.

» Mais que la ferme de Cocherel tienne à la
dame Lejeune nature d'un *bien dotal*, en prenant ces mots dans le sens du Code civil, c'est

ce que nous ne pouvons pas accorder à la cour
de Rouen.

» La dame Lejeune ne s'est sans doute pas
mariée *sous le régime de la communauté*; elle
s'est mariée dans la coutume de Normandie; et
l'art. 389 de cette coutume s'opposait à ce qu'il
y eût communauté entre elle et son mari.

» Mais s'ensuit-il de là qu'elle se soit mariée
sous le régime dotal? s'en-uit-il de là qu'elle
possède comme *dotale* et *inaliénable*, la ferme
de Cocherel qu'elle s'est constituée en dot? Non
certainement.

» Mariée avant le Code civil, dans une coutume qui excluait la communauté, la dame Lejeune est de la même condition que si elle s'était
mariée depuis le Code civil, avec la clause qu'il
n'y aurait point de communauté entre elle et
son mari.

» Or, l'art. 1392 du Code civil porte que « la
» simple stipulation que la femme se constitue
» ou qu'il lui est constitué des biens en dot, ne
» suffit pas pour soumettre ces biens au régime
» dotal, s'il n'y a dans le contrat de mariage
» une déclaration expresse à cet égard; (et que)
» la soumission du régime dotal ne résulte pas
» non plus de la simple déclaration faite par les
» époux qu'ils se marient sans communauté,
» ou qu'ils sont séparés de biens ».

» L'art. 1535 va plus loin: il déclare que *les
immeubles constitués en dot dans le cas* d'exclusion de la communauté, avec pouvoir à la femme
d'en toucher annuellement une partie des revenus, sur ses simples quittances, *ne sont point
inaliénables*, sauf qu'*ils ne peuvent être aliénés
sans le consentement du mari.*

» La dame Lejeune, si elle s'était mariée sous
le Code civil, avec exclusion de communauté,
pourrait donc aliéner ou hypothéquer, de l'autorisation de son mari, les biens qu'elle possède
dans le ressort de la ci-devant coutume de
Dreux. Comment donc pourrait-elle, sous le
prétexte qu'elle a été mariée avant le Code civil,
avec exclusion de communauté, n'avoir pas conservé la faculté d'aliéner ou d'hypothéquer les
mêmes biens?

» Dira-t-on qu'en se mariant avant le Code
civil, dans la coutume de Normandie, elle est
censée s'être mariée, non-seulement avec exclusion de communauté, mais encore sous le régime dotal?

» Qu'elle se soit mariée sous le régime dotal
normand, nous en conviendrons. Mais qu'elle
soit par là censée s'être mariée sous le régime
dotal du Code civil, c'est ce qu'il nous est impossible d'admettre.

» La femme mariée sous le régime dotal du
Code civil, n'a, ni actuellement, ni en expectative, aucune part, soit dans les meubles de son
mari, soit dans les acquisitions qu'il peut faire
pendant le mariage, elle n'a que le droit de se
faire restituer sa dot après que le mariage sera

dissous; elle ne peut même répéter aucune portion des fruits qui en sont échus avant cette époque; et réciproquement, le mari n'a rien, ni actuellement, ni en expectative, sur les biens de la femme que celle-ci ne s'est pas constitués en dot; et tout ce qui échoit pendant le mariage, soit en meubles, soit en immeubles, à la femme qui ne s'est pas constitué en dot à la universalité de ses biens présens et à venir, tient à la femme nature de paraphernal.

» En est-il de même de la femme mariée sous le régime dotal normand? non, et il s'en faut beaucoup : la coutume de Normandie, tout en excluant la communauté, donne à la femme et même au mari, des droits qui approchent si près de ceux d'époux communs en biens, qu'un avocat célèbre de l'ancien barreau de Rouen, M.ᵉ Ducastel, a soutenu dans un ouvrage sur la *communauté*, que, dans cette province, *les conjoints par mariage sont communs en biens meubles et conquêts immeubles* : et quoique sa doctrine ait été solidement réfutée, en 1771, par M.ᵉ Duval-Dubarey, elle n'en prouve pas moins qu'il n'y a nulle espèce d'analogie entre les droits de la femme mariée suivant le statut normand, et la femme mariée sous le régime dotal du Code civil.

» En effet, l'art. 290 de la coutume porte que « les meubles échus à la femme constant le » mariage, appartiennent au mari, à la charge » d'en employer la moitié en héritages ou rentes, » pour tenir le nom, côté et ligne de la femme ». — Suivant l'art. 391 « avant la mort de la » femme séparée, quant aux biens, d'avec son » mari, ses meubles appartiennent à ses enfans; » et si elle n'en a, ils doivent être employés à » la nourriture du mari et acquit de ses dettes ». — L'art. 392 ajoute que « après la mort du mari, » la femme a le tiers aux meubles, s'il y a en- » fans vivans de son mari, en contribuant aux » dettes pour sa part, hormis les frais de funé- » railles et les legs testamentaires : et s'il n'y en » a point, elle y a la moitié aux charges par- » dessus ». — Enfin, à l'égard des immeubles acquis pendant le mariage, l'art. 331 dit que « la femme, après la mort de son mari, a la » moitié en propriété des conquêts faits en bour- » gage; et quant aux conquêts faits hors bour- » gage, la femme a la moitié en propriété au » bailliage de Gisors, et en usufruit au bailliage » de Caux, et le tiers par usufruit aux autres » bailliages et vicomtés ».

» Ainsi, nulle parité entre le régime dotal normand et le régime dotal du Code civil ; et par conséquent nulle possibilité d'assimiler à la femme mariée sous le régime dotal du Code civil, la femme mariée sous le régime dotal normand.

» Que l'on dise que la femme mariée en Normandie avant le Code civil, conserve, sous ce Code, l'état et les droits que son mariage lui avait donnés, cela se concevra, ce sera même une conséquence nécessaire du principe que le Code civil ne rétroagit point.

» Que de là on infère que cette femme ne peut encore aujourd'hui aliéner ses immeubles normands, qu'avec la réserve du recours subsidiaire sur les acquéreurs, en cas d'insuffisance des biens du mari pour son remploi, cela se concevra encore ; c'est même ce que la cour de Rouen a jugé, le 10 juin 1809, en faveur de la dame Gazier contre les sieur et dame Piel ; et nous conviendrons qu'à cet égard, elle a très bien jugé.

» Mais que l'on aille jusqu'à soutenir que la femme mariée en Normandie avant le Code civil, est devenue, par la puissance de ce Code, incapable d'aliéner les immeubles qu'elle possède hors de la Normandie, et qui précédemment étaient aliénables de sa part ; c'est ce qui répugne à tous les principes, c'est ce que condamne formellement l'art. 2 du Code civil lui-même.

» Le Code civil frapperait donc d'une inaliénabilité absolue, dans les mains de la femme mariée avant sa promulgation, les immeubles normands que la coutume permet cependant à la femme d'aliéner, sauf son recours éventuel contre les acquéreurs ! Cette femme pourrait donc, après la dissolution de son mariage, ou du moins après sa séparation de biens, déposséder les acquéreurs, sans avoir préalablement discuté les biens de son mari !

» Ce n'est pas tout. Si le régime dotal du Code civil avait, de plein droit, remplacé le régime dotal normand, deux époux mariés en Normandie avant le Code civil, ne pourraient donc plus exercer sur leurs biens respectifs, les droits que leur confèrent les art. 331, 290, 391 et 392 de la coutume ! Le mari ne serait donc plus propriétaire des meubles qui échoient à la femme pendant le mariage, à la charge d'en employer la moitié à son profit ! La femme n'aurait donc plus, après la mort de son mari, les parts que lui accorde la coutume dans ses meubles et dans ses conquêts ! Le Code civil aurait donc, par la plus choquante rétroactivité, détruit tous les avantages sous la foi desquels tant de mariages avaient été contractés avant sa promulgation !

» Ce sont là, il faut en convenir, de grandes injustices; tranchons le mot, ce sont là de grandes absurdités; et vous ne laisserez sûrement pas subsister un arrêt qui amène nécessairement des résultats aussi extraordinaires.

» Mais continuons l'examen des motifs de la cour de Rouen.

» *Il est reconnu*, dit-elle, *par le sieur Levacher*, *que les obligations de la dame Lejeune ne sont, de sa part, qu'un véritable cautionnement.* Rien de plus vrai.

» *Avant les lois nouvelles, une femme normande, mariée en Normandie, en même temps qu'elle pouvait, du consentement de son mari, aliéner ses biens situés à Paris, ou sous la coutume de Dreux, ne pouvait faire cette aliénation par la voie du cautionnement.* — Cela est encore parfaitement exact; mais il faut y ajouter un mot : c'est que l'incapacité dans laquelle le statut personnel du sénatus-consulte velléien mettait la femme d'aliéner, par la voie du cautionnement, ses biens de Paris ou de Dreux, a été abolie par le Code civil; et ce mot est décisif pour la cassation de l'arrêt de la cour de Rouen.

» *Il faut nécessairement que les droits des femmes se déterminent, ou par le droit ancien qui avait réglé leur contrat de mariage, ou d'après le droit nouveau qui se trouverait pour elles substitué au droit ancien.* — Pure équivoque, vaine confusion de mots.

» Ce n'était point par suite de son mariage, ce n'était point comme ayant réglé ses droits nuptiaux, que le droit ancien déclarait la dame Lejeune incapable de cautionner son mari et d'hypothéquer à son cautionnement les immeubles qu'elle possédait dans la coutume de Dreux.

» Le droit ancien ne l'en déclarait incapable qu'à raison de son sexe; cette incapacité, il la lui avait imprimée dès le moment de sa naissance; il la lui avait imprimée, nous l'avons déjà dit plusieurs fois, non parce qu'elle était mariée, mais parce qu'elle était femme.

» Et le droit nouveau, en abolissant cette incapacité, habile à cautionner pour l'avenir, la dame Lejeune qui jusque-là en avait été incapable, n'a rien substitué, en cette partie, au droit ancien, dont la dame Lejeune puisse se prévaloir : il n'y a point substitué l'incapacité d'aliéner des immeubles que le droit ancien ne réputait ni dotaux dans le sens du nouveau droit, ni par conséquent inaliénables.

» Par ces considérations, nous estimons qu'il y a lieu de casser et annuller l'arrêt dont il s'agit ».

Arrêt du 27 août 1810, au rapport de M. Leger-Verdigny, par lequel,

« Vu les art. 2, 1123 et 1125 du Code civil; l'art. 7 de la loi du 30 ventôse an 12, et l'art. 55 de la coutume de Dreux.....;

» Considérant 1.° que le sénatus-consulte velléien était un statut purement *personnel* et indépendant des conventions matrimoniales; que l'incapacité dont il frappait indistinctement les filles, femmes mariées ou veuves, a été levée par le Code civil;

» Qu'en effet, le chap. 1.er du tit. 14 qui définit le cautionnement, n'a adopté, dans aucune de ses dispositions, la prohibition de cautionner faite aux personnes du sexe par le sénatus-consulte velléien; que l'art. 1123 confère au con-

traire à toute personne, sans aucune exception, le droit de s'obliger, de contracter; et l'art. 1125 ne permet à la femme mariée de pouvoir attaquer ses engagemens pour cause d'incapacité, que dans les cas prévus; que les lois romaines, ordonnances, statuts ou coutumes en opposition aux dispositions du Code, ont été expressément abrogées par l'art. 7 de la loi du 30 ventôse an 12; enfin, que le cautionnement dont il s'agit, a été consenti depuis la promulgation du Code civil; 2.° que la disposition de la coutume de Normandie qui défendait aux femmes d'aliéner et d'hypothéquer leurs biens, était un *statut réel*, qui n'avait d'empire que sur les immeubles situés dans l'enclave de cette coutume; que, dans l'espèce, la ferme de Cocherel affectée au payement de la créance, était régie par la coutume de Dreux; que l'art. 55 de cette coutume donnait à la dame Lejeune la faculté d'hypothéquer ses immeubles, avec le consentement de son mari;

» Considérant enfin que l'art. 1554 du Code civil, relatif à l'inaliénabilité des biens dotaux, étant introductif d'un droit nouveau, n'a pu être appliqué sans donner à la loi un effet rétroactif réprouvé expressément par l'art. 2 du Code civil;

» Par ces motifs, la cour casse et annulle, pour contravention aux art. 1123, 1125, et à l'art. 55 de la coutume de Dreux, et pour fausse application de l'art. 1554 du Code civil et violation de l'art. 2 dudit Code, et de l'art. 7 de la loi du 30 ventôse an 12, l'arrêt rendu par la cour d'appel de Rouen.... ».

VENTE. — §. I. *L'acquéreur qui, par son contrat de vente, s'est chargé d'acquitter une dette de son vendeur, peut-il être dégrevé de cette obligation par celui-ci, et sans le concours du créancier indiqué ?*

V. l'article *Stipulation pour autrui.*

§. II. *Les tribunaux peuvent-ils aujourd'hui prononcer sur une demande en payement du prix de droits féodaux vendus avant la révolution, lorsque l'acquéreur vient à la fois, et soutenir que ces droits n'appartenaient pas à son vendeur lors de la vente, et prouver que quelques-uns des redevables en avaient contesté la légitimité avant que les lois nouvelles les eussent abolis ?*

L'affirmative ne peut, d'après les principes du droit commun, éprouver la plus légère contradiction.

D'abord, en effet, il est évident que l'acquéreur ne peut pas s'exempter du payement du prix, par la seule allégation du fait que les droits féodaux supprimés dans sa main, n'appartenaient pas à son vendeur.

Car, de deux choses l'une : ou il avait été

troublé par un tiers dans la propriété de ces droits avant leur abolition, ou il ne l'avait pas été.

S'il n'y avait pas été troublé, il est non-recevable à faire juger la question de propriété ou non-propriété de son vendeur; ou du moins il ne pourrait y être reçu, qu'en prouvant que son vendeur savait, en lui vendant des droits supprimés depuis, que ces droits ne lui appartenaient pas. C'est ce qui résulte de la loi 26, C. *de evictionibus*, au Code : *si quis tibi servum vendidit, postquàm is rebus humanis exemptus est, cùm evictionis periculum finitum sit, à te conveniri non potest.* La loi 21, D. *de evictionibus,* dit également : *si servus venditus decesserit antequàm evincatur, stipulatio non committitur : quia nemo eum evincit, sed factum humanæ sortis; de dolo tamen poterit agi, si dolus intercesserit.* Ainsi, dans ce cas, nul doute que l'acquéreur ne doive être condamné au payement du prix des droits supprimés depuis l'acquisition qu'il en a faite. C'est la conséquence nécessaire de la règle établie par la loi 8, D. *de periculo et commodo rei venditæ;* par le §. 3, Inst. *de emptione et venditione,* et par la loi 11, D. *de evictionibus,* qu'une fois le contrat de vente signé, la chose vendue est aux risques de l'acheteur, qu'elle périt pour son compte, et qu'il en doit le prix comme si elle existait encore. C'est d'ailleurs ce que la cour de cassation a jugé, de la manière la plus formelle, en cassant, par arrêt du 20 fructidor an 10, au rapport de M. Oudot, un jugement du tribunal civil du département du Puy-de-Dôme, du 8 nivôse an 8, qui avait déchargé les héritiers Dufayet-Delatour de l'action intentée contre eux par François Ferrières-Sauvebœuf, en payement de droits féodaux qu'il avait vendus à leur auteur par contrat du 31 octobre 1788.

Si l'acquéreur a été troublé par un tiers avant l'abolition des droits dont on lui demande maintenant le prix, il faut encore distinguer : ou immédiatement après le trouble, il a exercé son recours en garantie contre le vendeur, ou il ne l'a pas fait.

S'il ne l'a pas fait, et si les titres relatifs aux droits abolis, n'existent plus, son vendeur pourra lui dire : vous ne m'avez pas mis en cause, dans le temps où j'aurais pu vous défendre; je n'ai plus aujourd'hui les moyens que j'avais alors pour justifier ma qualité de propriétaire au moment de la vente; vous venez donc trop tard me contester cette qualité; vous êtes donc non-recevable à me la contester; vous devez donc me payer comme si je prouvais avoir été propriétaire des droits que je vous ai vendus.

Si au contraire il a exercé son recours en garantie contre son vendeur avant l'abolition des droits, si par là il a mis son vendeur à portée de faire valoir les titres qui existaient encore, et de faire cesser le trouble, en prouvant sa propriété; qu'est-ce qui pourrait empêcher qu'on ne jugeât actuellement, dans l'intérêt du vendeur et de l'acquéreur, à qui les droits appartenaient au moment de la vente? Qu'est-ce qui pourrait empêcher qu'en conséquence, on ne condamnât l'acquéreur au payement du prix, si les droits étaient jugés avoir appartenu au vendeur; et qu'on ne l'en déchargeât, avec dommages-intérêts, dans l'hypothèse opposée? Le seul obstacle que l'on pût y trouver, serait l'anéantissement des titres; mais le vendeur pourrait-il s'en faire un moyen? Non certes. Il ne tenait qu'à lui de faire juger le procès, avant que les titres fussent anéantis; les retards qu'il y a mis, ne peuvent pas lui servir d'excuse. Il a dû faire cesser le trouble pendant qu'il avait sous la main tous les actes propres à le conduire à ce but; s'il ne l'a pas fait, il ne peut l'imputer qu'à sa négligence; et sa négligence ne peut pas priver son acquéreur de l'avantage d'un recours exercé en temps utile.

C'est d'après les mêmes distinctions et les mêmes principes, que doit être résolue la seconde branche de notre question; car tout ce que nous venons de dire du cas où l'acquéreur assigne en payement du prix de droits féodaux vendus avant la révolution, vient soutenir que ces droits appartenaient, lors de la vente, à un autre que son vendeur, s'applique naturellement au cas où l'acquéreur veut soutenir que ces droits n'étaient pas dus par les personnes ou les biens que le contrat lui indiquait comme en étant grevés.

Si les redevables de ces droits les ont payés jusqu'au moment de leur abolition, l'acquéreur est évidemment non-recevable à venir aujourd'hui prétendre que ces droits n'étaient pas dus, d'après les lois qui étaient en vigueur à l'époque de la vente.

Si les redevables ont refusé les droits avant leur abolition, et que, sur leur refus, l'acquéreur les ait poursuivis, sans mettre le vendeur en cause, l'acquéreur est également non-recevable à recourir aujourd'hui contre le vendeur, à moins qu'il ne lui représente tous les titres qui auraient pu, avant 1789, être employés dans le procès principal.

Mais si, dans la même hypothèse, le vendeur a été mis en cause, rien n'empêche qu'aujourd'hui on ne juge entre lui et l'acquéreur, si les droits étaient ou n'étaient pas dus légitimement avant que la loi en eût prononcé l'abolition; rien n'empêche par conséquent que, si les droits sont jugés avoir été dus, on ne condamne l'acquéreur à en payer le prix, et que, dans le cas contraire, on ne l'en décharge avec dommages-intérêts.

Enfin, s'il n'y a eu refus et contestation que de la part de quelques-uns des redevables, et que le vendeur ait été mis en cause avant l'abolition des droits, c'est sans doute au vendeur à

Tome VI. 82

prouver aujourd'hui que les droits contestés étaient légitimement dus au moment de la vente; mais s'il ne le prouve pas, quelle sera la conséquence de ce défaut de preuve ? Faudra-t-il déclarer la vente nulle pour le tout, décharger l'acquéreur du prix intégral, et lui adjuger des dommages-intérêts? Ce serait une grande erreur. L'acquéreur n'ayant été troublé que dans la jouissance d'une partie de son acquisition, et ayant joui paisiblement du surplus, ne peut évidemment faire supporter au vendeur que la perte de la partie dans laquelle il a été troublé; la portion dont il a joui paisiblement, est demeurée à son compte, et c'est pour son compte qu'elle a péri.

Ainsi, à ne consulter, sur la question qui nous occupe, que les principes du droit commun, il est clair que l'abolition des droits féodaux ne formerait pas un obstacle à ce qu'on la jugeât dans tous ses chefs.

Mais l'art. 12 de la loi du 25 août 1792 n'a-t-il pas, à cet égard, enchéri sur les principes du droit commun ?

Cet article est ainsi conçu : « tous procès intentés et non décidés par jugement en dernier ressort, relativement à tous droits féodaux ou censuels, fixes et casuels, abolis sans indemnité, soit par les lois antérieures, soit par le présent décret, demeurent éteints, et les dépens resteront compensés ». Il semblerait, d'après une disposition aussi générale, qu'il fût désormais impossible de faire juger aucun procès dans lequel il serait question, soit directement, soit indirectement, de droits féodaux ou censuels. Cependant ne nous arrêtons pas à l'écorce des mots, pénétrons jusqu'à la substance de la disposition elle-même, et bientôt nous demeurerons convaincus que, toute générale qu'elle paraît, elle ne peut s'entendre que des procès entre les ci-devant seigneurs et leurs anciens vassaux ou censitaires.

L'article dont il s'agit, n'est, s'il est permis de nous exprimer ainsi, qu'une édition nouvelle et augmentée de l'art. 34 du tit. 2 de la loi du 15 mars 1790, qui portait : « tous procès intentés et non décidés par jugement en dernier ressort, avant les époques fixées par l'article précédent, relativement à des droits abolis par le présent décret, ne pourront être jugés que pour les frais des procédures faites *et les arrérages échus* antérieurement à ces époques ». Ces termes, *et les arrérages échus*, annoncent clairement que l'article dont ils font partie, ne se réfèrent qu'aux contestations dans lesquelles un seigneur réclamait contre le refus qu'on lui faisait d'un droit féodal, et demandait par suite que le refusant fût condamné à lui payer les arrérages échus depuis le dernier payement. A la vérité, la loi du 25 août 1792, en abolissant de nouveau ces contestations, a défendu de les juger pour les arrérages et pour les frais, comme

pour le fond du droit; et c'est en quoi elle a ajouté à celle du 15 mars 1790. Mais il reste toujours que la loi du 15 mars 1790 a été le prototype de celle du 25 août 1792; et de là, la conséquence nécessaire que la loi du 25 août 1792 n'a eu en vue que le genre de procès dont s'était occupée celle du 15 mars 1790, c'est-à-dire, les procès entre les seigneurs et leurs anciens redevables.

Cela est si vrai que, lorsqu'on a voulu, depuis le 25 août 1792, appliquer à d'autres personnes que les seigneurs et leurs anciens redevables, l'abolition des procès relatifs aux droits féodaux et censuels prononcée par la loi faite à cette époque, on s'est vu obligé de rendre une loi nouvelle; et c'est à cette opinion, qui nous donne la juste mesure de l'art. 12 de la loi du 25 août 1792, que l'on doit la loi du 9 septembre suivant, par laquelle ont été abolis tous les procès nés et à naître entre les commissaires à terrier et les notaires ou huissiers, relativement aux traités qu'ils avaient passés, les uns avec les autres, pour la reconnaissance et le recouvrement de droits féodaux.

Mais en étendant ainsi la loi du 25 août 1792, la loi du 9 septembre suivant n'a pas été au-delà du but qu'elle s'était proposée : elle n'a pas aboli les autres procès dans lesquels il serait question de droits féodaux entre des personnes qui ne seraient ni seigneurs, d'une part, ni vassaux ou censitaires, de l'autre; et dès qu'elle ne les a pas abolis, elle les a laissé subsister.

Aussi l'art. 3 de la loi du 17 juillet 1793 a-t-il déclaré, en éteignant les procès relatifs aux droits féodaux conservés jusqu'alors, et abolis pour la première fois à cette époque, qu'il les éteignait tant sur *le fond* que *sur les arrérages*, *sans répétition de frais de la part d'aucune des parties*, expressions qui manifestement ne peuvent s'adapter qu'aux procès entre les anciens propriétaires et les anciens redevables des droits supprimés.

Aussi la loi du 9 frimaire an 2 déclare-t-elle que, « par les lois des 25 août 1792 et 17 juillet 1793, il n'est porté aucun préjudice à l'action que tout ci-devant débiteur solidaire de droits féodaux, peut avoir contre son co-obligé, pour se faire rembourser la part qu'il a payée pour lui ».

Aussi, par l'art. 2 de la loi du 28 nivôse de la même année, est-il dit que, parmi les procès abolis par la loi du 25 août 1792, « ne sont pas compris les procès intentés par des ci-devant fermiers, pour restitution des pots-de-vin qu'ils ont avancés ou des fermages qu'ils ont payés, à raison de droits qui leur étaient affermés et dont ils n'ont pu jouir, attendu leur abolition ».

Aussi la cour de cassation a-t-elle jugé, le 7 frimaire an 12, au rapport de M. Zangiacomi, en rejetant le recours du sieur Papinaud contre un jugement du tribunal de première instance de Barbesieux, que les notaires peuvent encore aujourd'hui exiger, des ci-devant censitaires, les frais des reconnaissances censuelles qu'ils ont passées sous le régime féodal, et au coût desquelles ceux-ci étaient originairement tenus (1).

Aussi la même cour a-t-elle, par arrêt du 3 ventôse suivant, au rapport de M. Babille, cassé un arrêt de la cour d'appel de Paris, qui avait déclaré éteinte et abolie une action d'une nature bien analogue à celle qui nous occupe ici. L'espèce de cet arrêt est remarquable.

Le 15 mars 1772, le sieur Grassin vend au sieur Polisse la seigneurie de Thionville, avec tous les droits féodaux qui en dépendent et que le contrat spécifie. Bientôt après, la plupart de ces droits sont contestés à l'acquéreur par l'ordre de Malte et par le duc de Luynes. L'acquéreur appelle en garantie son vendeur, et conclut à ce qu'il soit tenu de l'indemniser en cas d'éviction.

Le 4 mai 1773, il intervient, au parlement de Paris, un arrêt qui autorise le sieur Polisse à retenir 15,000 liv. sur le prix de la vente, *jusqu'au jugement du fond des contestations*.

Le procès était encore indécis, lorsque parurent les lois des 15 mars 1790, 25 août 1792 et 17 juillet 1793, qui supprimèrent successivement tous les droits litigieux.

En brumaire an 9, la veuve de Grassin, vendeur, se pourvoit contre Polisse en payement de cette somme de 15,000 livres. Polisse oppose à cette demande la disposition des lois citées, qui déclare éteints tous les procès relatifs aux droits féodaux.

Par une distinction assez bizarre, le tribunal de première instance de Mantes déclare en effet éteinte l'action de Polisse en indemnité; mais il fait droit sur la demande de la veuve Grassin en payement des 15,000 livres, et il condamne Polisse à payer cette somme.

Polisse appelle; et après avoir succombé le 18 ventôse an 10, devant la cour de Paris, il prend la voie de cassation.

Par l'arrêt cité, il a été prononcé en ces termes:

« Vu l'art. 12 de la loi du 25 août 1792, et les art. 1 et 3 de celle du 17 juillet 1793;

» Et attendu qu'il s'agissait, dans l'instance, d'une action en garantie dérivant d'un contrat de vente du 15 mars 1772, antérieur de plus de vingt ans à la suppression, sans indemnité, des droits ci-devant féodaux; action motivée sur ce que le vendeur n'avait point livré à son acquéreur tous les droits qu'il lui avait vendus avec sa terre de Thionville;

» Attendu que cette action est fondée sur les lois, notamment sur l'action *ex empto*, qui

obligent le vendeur à défendre son acquéreur de tous troubles et évictions, surtout quand, comme dans l'espèce, ils proviennent de son fait.

» Attendu qu'une semblable action n'est point du nombre de celles dont les lois des 25 août 1792 et 17 juillet 1793 prononce l'extinction, encore bien qu'elle soit relative à des droits ci-devant féodaux.

» D'où il suit que le jugement attaqué a fait une fausse application de ces lois;

» Le tribunal casse et annulle...... ».

Il est donc bien constant que la loi du 25 août 1792 n'a aboli, en fait de procès relatifs aux droits féodaux, que ceux qui s'étaient élevés ou pouvaient s'élever par la suite entre les ci-devant seigneurs et personnes grevées ou prétendues grevées de ces droits.

Dès-là, nul doute que le prix d'une vente de droits féodaux, antérieure à leur abolition, ne soit encore exigible; nul doute, par conséquent, que le payement de ce prix ne puisse encore être poursuivi devant les tribunaux.

V. le *Répertoire de jurisprudence*, au mot *Vente*, §. 5.

§. III. *L'acquéreur d'un immeuble par contrat passé avant l'abolition du régime féodal, peut-il se dispenser d'en payer le prix convenu, sous le prétexte que, par le contrat, il a été chargé en outre d'acquitter une rente féodale dont cet immeuble se trouvait alors grevé?*

Le 19 mai 1779, Louis Simon acquiert du sieur Desparre 533 sétérées de bois, moyennant une redevance d'un quintal de blé par chaque sétérée, emportant lods et ventes et d'autres droits seigneuriaux.

Le 20 septembre 1784, il vend à Armand Giraud, 8 sétérées de ce bois, moyennant la somme de 576 livres, payable dans deux ans, et sous la condition de supporter, à raison de ces 8 sétérées, la redevance et les autres droits seigneuriaux dus au sieur Desparre.

En 1807, les sieurs Forgeret et Peyrot, héritiers pour un huitième de Louis Simon, font assigner Armand Giraud devant le juge de paix du canton de St-Peris, pour se voir condamner au payement de leur part de la somme de 576 liv. qu'il s'était obligé de payer, et qu'il n'avait pas payée à leur auteur.

Armand Giraud répond que l'acte du 20 septembre 1784, contenant une énonciation de droits féodaux supprimés par les lois postérieures, toutes les obligations stipulées par le même acte, doivent être considérées comme entachées de féodalité, et par conséquent comme abolies.

_____

(1) *V.* l'article *Notaire*, §. 3.

Le juge de paix rejette cette exception et condamne Armand Giraud.

Sur l'appel de celui-ci, jugement du tribunal civil de Valence, du 20 juillet 1807, qui accueille l'exception d'Armand Giraud, et déboute les sieurs Forgeret et Peyrot.

Mais ceux-ci se pourvoient en cassation, et par arrêt du 26 février 1810, au rapport de M. Audier-Massillon,

« Vu les art. 1 et 2 de la loi du 17 juillet 1793, et le décret d'ordre du jour du 2 octobre de la même année ;

» Attendu que l'acte du 20 septembre 1784, dont les héritiers Simon demandent l'exécution, n'est qu'une cession ou une vente à prix fixe d'un fonds grevé d'une redevance féodale précédemment établie envers un ci-devant seigneur; que cet acte ne contient, ni une inféodation, ni un acensement, ni l'établissement d'aucun droit seigneurial; que jusqu'à la suppression des droits féodaux, les emphytéotes qui vendaient les fonds grevés de droits seigneuriaux, étaient obligés d'en faire mention dans l'acte ; que, si on étendait à de pareils actes les lois et les décrets qui ont prononcé la suppression des redevances mélangées de féodalité, il n'est aucun acte de vente de bien roturier, passé dans les pays où tous les biens étaient chargés de quelque droit seigneurial, qui ne fût compris dans la suppression ; que le décret du 2 octobre 1793, qui comprend dans la suppression les redevances foncières qui se trouvent établies par des actes contenant concession primitive de fonds à titre d'inféodation ou d'acensement, ne peut s'appliquer à un acte qui ne contient l'établissement d'aucun droit seigneurial ; que le décret du 23 avril 1807 n'a rien ajouté aux suppressions portées par les lois de 1793, et que sa disposition s'applique à des redevances qui étaient renfermées dans un titre constitutif de droits féodaux; d'où il suit qu'en déclarant que le prix de la vente portée par l'acte susdit du 20 septembre 1784, se trouve compris dans la suppression prononcée par les lois susdites, le tribunal de Valence a fait une fausse application du décret du 2 octobre 1793, et a violé l'art. 2 de la loi du 17 juillet même année ;

» La cour casse et annulle le jugement rendu en dernier ressort par le tribunal de l'arrondissement de Valence, département de l'Isère, le 20 juillet 1807.... ».

V. l'arrêt du 5 du même mois, qui est rapporté en note à l'article *Rente foncière*, §. 14, n. 1.

§. IV. *Peut-on considérer comme cessionnaire de droits successifs, le cohéritier à qui des personnes tierces ont vendu leur portion dans un bien particulier dépendant de la succession? — Si la portion vendue était litigieuse entre les vendeurs, l'acquéreur et ses cohéritiers,* ceux-ci peuvent-ils forcer celui-là de rapporter à la masse le bénéfice de son acquisition, en lui remboursant, chacun pour sa part héréditaire, le prix qu'il en a payé?

V. l'article *Droits successifs*, §. 1.

§. V. *Les effets publics sont-ils susceptibles de vente à terme? — En quel cas des effets publics sont-ils censés vendus à terme?*

V. l'article *Effets publics.*

§. VI. *Y a-t-il lieu à garantie, lorsque le jugement d'éviction rendu au profit d'une commune qui aurait pu être motivé sur un vice inhérent à la chose vendue, et antérieur au contrat de vente, l'a été sur une loi survenue postérieurement à ce même contrat? — Y a-t-il lieu à garantie, lorsqu'un corps d'héritage a été vendu sans garantie de mesure, et que l'acquéreur a été évincé d'une partie de ce bien, sur le fondement que son vendeur n'en était pas propriétaire?*

V. l'article *Fait du souverain*, §. 1.

§. VII. *La transcription de la procuration déposée en minute chez un notaire, en vertu de laquelle a été passé un contrat de vente, est-elle indispensablement nécessaire pour valider la transcription de ce contrat?*

V. l'article *Transcription au bureau des hypothèques*, §. 3.

§. VIII. *Est-ce de l'autorité des tribunaux ordinaires, ou de celle des tribunaux de commerce, que doivent être vendus les immeubles des négocians faillis?*

« Le procureur-général expose qu'il est chargé par le gouvernement de requérir dans l'intérêt de la loi et pour excès de pouvoir, la cassation d'un jugement du tribunal de commerce d'Amiens.

» Le 22 septembre 1809, les syndics de la faillite de Jean-François Tabarh, duement autorisés par le juge-commissaire à la même faillite ont présenté à ce tribunal une requête tendante à ce qu'il fût ordonné qu'il serait procédé, soit devant un membre du tribunal même, qui serait commis à cet effet, soit devant un notaire qui serait désigné, à la vente d'une maison faisant partie de l'actif du failli.

» Le 8 octobre suivant, il est intervenu, sur cette requête, un jugement par lequel, « Attendu que l'art. 564 du Code de commerce » ordonne aux syndics de l'union de procéder, » sous l'autorisation du commissaire, à la vente » des immeubles du failli, suivant les formes » prescrites par le Code civil, pour la vente

» des biens des mineurs; — Attendu que l'art.
» 528 dudit Code de commerce ordonne que la
» vente des immeubles du failli doit se faire sous
» l'autorisation du commissaire; — Attendu qu'il
» résulte de ces deux articles, que cette vente
» doit incontestablement se faire devant le tri-
» bunal de commerce, mais à la charge par lui
» de suivre les formes prescrites par le Code
» civil, pour la vente des biens des mineurs;
» et qu'en vain viendrait-on dire que l'indica-
» tion des formes a entraîné celle du tribunal
» civil pour connaître de la matière. En effet,
» il n'est pas possible que le juge-commissaire
» puisse autoriser et surveiller une vente qui
» se ferait devant un autre tribunal que celui
» dont il est membre. Il n'est pas possible da-
» vantage que le tribunal civil puisse ordonner
» une vente, et par suite rendre dans l'espèce
» un jugement d'ordre et distribution qui l'obli-
» gerait à prendre connaissance de la procédure
» préexistante, et à la reviser en quelque sorte,
» quoique la communication des pièces n'ait pas
» été prévue par le Code. Peut-être cette partie
» de la loi se trouve-t-elle en contact avec la
» législation civile comme dans beaucoup d'au-
» tres parties dudit Code; mais le législateur a
» nécessairement considéré la matière comme
» indivisible de sa nature; et comme, dans les
» causes mixtes, c'est l'objet le plus grave qui
» entraîne celui qui l'est moins, le législateur
» a voulu, et il était juste de déférer la con-
» naissance de la vente des immeubles aux tri-
» bunaux de commerce saisis, dès le principe, de
» l'administration, direction et liquidation de
» la faillite. Au surplus, s'il pouvait y avoir en-
» core du doute sur l'interprétation des art. 528
» et 564 du Code, les discours des orateurs du
» gouvernement lèveraient à cet égard toutes
» difficultés. En effet, M. le conseiller-d'Etat de
» Ségur dit : S'il n'y a pas de concordat, les
» créanciers nomment des syndics qui, sous la
» surveillance du commissaire et l'autorité du
» tribunal, font une liquidation prompte et des
» répartitions égales. Ailleurs encore le même
» orateur dit : Si le traité n'a pas lieu, les
» créanciers formeront un contrat d'union, et
» nommeront des syndics définitifs chargés, sous
» la surveillance du commissaire et l'autorité du
» tribunal, de rectifier le bilan, d'administrer
» la faillite, de percevoir, de vendre et de pro-
» céder à la liquidation de la masse, selon
» l'ordre des diverses espèces de créances. En
» considérant avec attention ces passages du
» discours de l'orateur du gouvernement, d'a-
» bord, le soin avec lequel il a réuni l'un près
» de l'autre, les mots le commissaire et le tri-
» bunal, qu'il ne peut et ne veut séparer; en-
» suite dans le second passage, le résumé des
» attributions accordées au commissaire et au
» tribunal, dans lequel on remarque, à côté du
» droit de vendre, le droit de rectifier le bilan,

» d'administrer la faillite, et de percevoir, trois
» derniers objets dont personne ne contestera,
» sans doute, la connaissance au tribunal de
» commerce; tout prouve que les juridictions
» commerciales doivent être saisies de la vente
» des immeubles des faillis. En effet, on re-
» marque que c'est le même tribunal qui a le
» droit de rectifier le bilan et de vendre. Or,
» s'il est prouvé que c'est le tribunal de com-
» merce qui doit rectifier le bilan, comme
» il n'y a pas de doute, il s'ensuivra nécessai-
» rement que c'est aussi le tribunal de com-
» merce auquel est déférée l'attribution de
» vendre. Ecoutons encore le conseiller d'Etat
» Treilhard. Il dit : On vendra sous l'autorisa-
» tion du commissaire, et avec les formes pres-
» crites par le Code civil pour la vente des biens
» des mineurs; c'est assez vous dire qu'il y aura
» célérité et économie dans une opération jadis
» si lente et si dispendieuse. Dans un autre dis-
» cours, le tribun Tarrible dit : Les immeubles
» étaient des objets plus précieux; leur vente
» exigeait plus de solennité; le projet lui ap-
» plique les formes déterminées par les Codes
» actuels pour la vente des biens des mineurs.
» Pas de doute que le Code n'a voulu déter-
» miner que la forme à suivre, et non le tribunal
» civil qui devrait en connaître. Il aurait fallu le
» désigner explicitement pour ôter la connais-
» sance de cette matière aux tribunaux de com-
» merce. En vain, viendrait-on objecter que
» le titre qui règle la compétence des tribunaux
» de commerce, n'y a pas compris la vente des
» immeubles. On répondra que le législateur
» n'a voulu qu'indiquer dans ce titre les points
» les plus marquans, les grands cadres de la
» législation, et que, par cette raison, il n'a
» pas répété minutieusement que le Code de
» commerce attribuait aux tribunaux de com-
» merce la connaissance de la vente des biens
» meubles, des discussions à raison des privi-
» léges et hypothèques, des ordres et distribu-
» tion, du règlement du droit des femmes, des
» nantissemens, des créances sur gages, des
» cautionnemens, de l'aliénation des droits liti-
» gieux appartenans au failli considéré comme
» mineur, etc., etc., en matière de faillite,
» bien que cela soit incontestable d'après le sens
» précis et l'esprit du Code de commerce. D'ail-
» leurs, en accordant au commerce le droit
» tant sollicité par lui d'être jugé par ses pairs,
» surtout en matière de faillite, le gouverne-
» ment n'a pas eu certainement l'intention de
» syncoper pour ainsi dire, cette faveur, en
» livrant de nouveau les liquidations à des
» hommes qui trouvaient leur intérêt à les éter-
» niser, (Discours de M. de Ségur) : — Attendu
» que l'art. 528 ordonnant aux syndics repré-
» sentant la masse des créanciers, de poursuivre
» la vente en vertu du contrat d'union et sans
» autres titres authentiques, il paraît constant

» que le législateur a regardé le contrat d'union
» comme un titre exécutoire, même sans ho-
» mologation, d'autant que l'art. 524 rappelle
» l'homologation pour le concordat comme une
» condition absolue et positive, ce dont la loi
» ne parle pas pour le contrat d'union ; —
» Attendu que l'art. 955 du Code de procédure
» abandonne à la sagesse du tribunal le choix
» d'un ou trois experts, suivant que l'impor-
» tance des biens paraîtra l'exiger ; — Attendu
» que, vu le peu d'importance de l'objet à
» vendre, un seul expert paraît suffisant ; —
» Attendu que, pour éviter aux acquéreurs les
» frais d'avoués, suivant l'art. 965 du Code de
» procédure ; il serait plus convenable de com-
» mettre un notaire pour la réception des en-
» chères ; — Le tribunal ordonne que le con-
» trat d'union des créanciers de Tabarh sortira
» son plein et entier effet, sans qu'il soit besoin
» d'homologation, ainsi qu'il appert de l'art. 528
» du Code de commerce ; nomme le sieur Bour-
» don, agent d'affaires, demeurant à Amiens,
» à l'effet de procéder comme expert, confor-
» mément aux lois, à l'estimation des immeu-
» bles ci-dessous désignés ;..., ce fait, ordonne
» que, conformément à l'art. 459 du Code civil,
» et sur l'estimation de l'expert, les enchères
» seront publiquement ouvertes, en présence
» des syndics de l'union, devant le sieur Jan-
» vier, notaire, que nous commettons à cet effet.
» Ordonne en outre que M. Debray l'aîné, juge-
» commissaire en la faillite, recevra le serment
» du sieur Bourdon, expert ; ordonne que le
» cahier des charges rédigé par le notaire, sera
» soumis au *visa* du commissaire ; ordonne aussi
» que toutes les affiches seront apposées en
» nombre suffisant dans les endroits déterminés
» par le Code de procédure, et autres lieux,
» et autant de fois que la loi l'indique ; et, pour
» le surplus, charge expressément le juge-
» commissaire de veiller à l'exacte observance
» des formalités voulues par les art. 955 et sui-
» vans du titre de la vente des biens immeubles
» au Code de procédure ».

» Deux des créanciers de la faillite ont interjeté appel de ce jugement, *comme ayant été
incompétemment rendu.*

» Mais l'affaire portée à l'audience de la cour
d'Amiens, ils se sont désistés de leur appel.

» Cependant le ministère public a cru devoir
requérir qu'il y fût statué sur ses conclusions ;
et qu'en conséquence, le jugement du tribunal
de commerce fût déclaré nul, avec « défenses
» aux syndics de procéder à la vente des im-
» meubles du failli, ailleurs que par-devant le
» tribunal civil d'Amiens, ou par-devant le
» notaire qu'il croirait devoir indiquer.

» Ces réquisitions, qui tendaient à faire réprimer un excès de pouvoir, en renfermaient
elles-mêmes un très-caractérisé ; car le ministère

public ne peut régulièrement, dans les matières
civiles, que donner son avis ; il ne peut agir, à
défaut des parties *intéressées*, que dans un petit
nombre de cas déterminés par la loi ; et parmi
ces cas, ne se trouve pas celui dans lequel était
placée l'affaire dont il est question, par le désistement de l'appel du jugement du tribunal de
commerce.

» Aussi la cour d'Amiens s'est-elle bornée à
rendre, le 4 juillet 1810, un arrêt ainsi conçu :
— « Attendu que.... l'appel.... interjeté du
» jugement rendu par le tribunal de commerce
» d'Amiens, le 24 octobre 1809, est (par l'effet
» du désistement qui en a été donné), à consi-
» dérer comme s'il n'avait pas existé ; qu'il n'y
» a plus de cause ; et que, la cour, ainsi des-
» saisie, ne peut plus statuer en aucune ma-
» nière, sur le mérite dudit jugement, qui de-
» meure inattaqué dans la forme de droit ; —
» Attendu cependant qu'une cour supérieure,
» appelée par la loi à réformer les atteintes qui
» lui sont portées par les tribunaux de première
» instance de son ressort, lorsqu'elles lui sont
» dénoncées d'une manière légale, mais empê-
» chée d'exercer ce pouvoir par le désistement
» de la partie appelante, ne peut rester témoin
» passive de celles qui sont parvenues à sa con-
» naissance, incidemment à l'appel dont elle a
» été dessaisie, et qui motivaient ledit appel ;
» —Attendu qu'il importe à l'ordre établi pour
» les juridictions, de ne pas laisser subsister et
» propager, à la faveur d'un désistement ob-
» tenu à la veille de l'audience, après avoir
» désintéressé les appelans, les erreurs que pa-
» raît contenir le jugement du tribunal de com-
» merce d'Amiens susdaté ; mais qu'à la cour
» de cassation seule appartient de casser ou
» annuler ce jugement, abstraction faite de
» l'intérêt privé, s'il lui paraît, en effet, con-
» traire à la loi, et tendre à intervertir l'ordre
» des juridictions, non-seulement pour le cas
» dont il s'agit, mais encore pour d'autres re-
» pris dans les motifs dudit jugement ; et que
» pour cet effet, il doit en être donné connais-
» sance de la manière indiquée par l'art. 25 de
» la loi du 1.er décembre 1790 ; — La cour
» donne acte au procureur-général de son ré-
» quisitoire, et se déclarant incompétente pour
» y statuer, ordonne que la cause d'entre les
» parties de Laurendeau et de Morgan sera
» rayée du rôle ; au surplus, charge le procu-
» reur-général de transmettre, dans le plus bref
» délai, au procureur-général près la cour de
» cassation, l'expédition du jugement rendu
» par le tribunal de commerce d'Amiens, sur
» la requête des parties de Morgan, le 24 oc-
» tobre 1809, pour, par ce magistrat, prendre
» sur ledit jugement tel parti qu'il avisera bon
» être ».

» En exécution de cet arrêt, le jugement du

24 octobre 1809 a été adressé à l'exposant par le procureur-général de la cour d'Amiens.

» Mais ce jugement n'ayant été rendu qu'à la charge de l'appel, l'exposant n'a pas pu, de son chef, en requérir la cassation ; l'art. 88 de la loi du 27 ventôse an 8 ne lui ouvrant cette voie que contre les jugemens en dernier ressort.

» L'exposant l'a donc transmis au grand-juge, ministre de la justice, avec prière d'examiner s'il y avait lieu de le dénoncer, par ordre du gouvernement, à la section des requêtes, conformément à l'art. 80 de la même loi.

» Et le grand-juge le lui a renvoyé le 24 août dernier, pour en poursuivre la cassation : « Je » crois (a-t-il ajouté), que cette cassation ne » doit pas souffrir de difficulté, et que vous ne » balancerez pas à la requérir ».

» En effet, les tribunaux de commerce ne sont que des tribunaux d'exception ; et leur juridiction n'est qu'un démembrement de celle des tribunaux ordinaires. Ils ne peuvent donc connaître que des matières dont les tribunaux ordinaires sont dessaisis par une loi expresse. Les tribunaux ordinaires conservent donc la connaissance de toutes les matières que la loi n'a pas, par une disposition spéciale, rangées sous la juridiction des tribunaux de commerce.

» Or, y a-t-il, soit dans le Code de commerce, soit dans toute autre loi, quelque disposition qui charge les tribunaux de commerce de la vente des immeubles des négocians faillis ?

» Non, et bien loin de là : il y en a une qui veut positivement qu'il ne puisse être procédé à ces sortes de ventes, que de l'autorité des tribunaux civils d'arrondissement. *Les syndics de l'union* (porte l'art. 564 du Code de commerce), *procéderont, sous l'autorisation du commissaire, à la vente des immeubles, suivant les formes prescrites pour la vente des biens des mineurs ;* formes que l'art. 459 du Code détermine en ces termes : *la vente se fera publiquement aux enchères qui seront reçues par un membre du tribunal civil, ou par un notaire à ce commis, et à la suite de trois affiches.*

» Objecter, comme on le fait dans le jugement du 24 octobre 1809, qu'en se référant ainsi aux formes prescrites pour la vente des biens des mineurs, l'art. 564 du Code de commerce *n'a voulu que déterminer la forme à suivre pour la vente des immeubles des faillis, et non le tribunal qui devrait en connaître,* c'est oublier que, de toutes les formes constitutives d'un acte public, la principale et celle qu'il est le plus intéressant de régler, c'est la compétence des magistrats ou officiers qui doivent intervenir dans cet acte ; c'est oublier par conséquent que, dans l'article cité, la désignation du tribunal qui doit procéder à la vente, soit par le ministère d'un de ses membres, soit par celui d'un notaire de son choix, tient essentiellement à la forme de la vente elle-même ; c'est, par une conséquence

ultérieure, restreindre arbitrairement une disposition qui, par sa généralité, exclut toute exception et toute réserve.

» Remarquons d'ailleurs que l'art. 564 du Code de commerce se réfère indéfiniment aux formes prescrites pour la vente des biens des mineurs. Or, ces formes ne sont pas seulement réglées par l'art. 459 du Code civil ; elles le sont encore, et avec beaucoup plus de développemens, par les art. 955 à 965 du Code de procédure. Il faut donc, dans la vente des immeubles d'un failli, observer toutes les formes prescrites par les art. 955 à 965 du Code de procédure, comme toutes celles qui sont prescrites par l'art. 459 du Code civil, pour la vente des biens des mineurs. Il faut donc y observer notamment la disposition de l'art. 962 du Code de procédure, qui veut que copie des placards annonçant la vente des biens des mineurs soit insérée dans un journal, conformément à l'art. 683, c'est-à-dire, avec la désignation de *l'avoué* du poursuivant. Il faut donc y observer également la disposition de l'art. 965 du même Code, qui veut que les enchères soient reçues conformément aux art. 701 et suivans, c'est-à-dire, *par le ministère d'avoués.* Eh ! comment observerait-on ces deux dispositions dans un tribunal de commerce, où il n'existe pas d'avoués, où même le ministère des avoués est absolument interdit ?

» Qu'importe, au surplus, que l'art. 564 du Code de commerce ne permette aux syndics de l'union de faire procéder à la vente des immeubles, que sous *l'autorisation du commissaire* pris dans le tribunal de commerce ?

» Un tuteur aussi ne peut faire vendre les immeubles de son mineur que sous l'autorisation d'un conseil de famille. En est-il moins obligé de les faire vendre devant un membre du tribunal civil ordinaire, ou devant un notaire commis par ce tribunal ?

» Qu'importe encore que, par l'art. 528 du même Code, il soit dit que les *syndics poursuivront, en vertu du contrat d'union, et sans autres titres authentiques, la vente des immeubles du failli, celle de ses marchandises et effets mobiliers, et la liquidation de ses dettes actives et passives ; le tout, sous la surveillance du commissaire, et sans qu'il soit besoin d'appeler le failli ?*

» Quel est, par rapport à la vente des immeubles du failli, l'effet de la surveillance attribuée au commissaire ? C'est, suivant l'art. 564, la nécessité de l'autorisation du commissaire, pour qu'il puisse être procédé à cette vente, pour que les syndics puissent requérir le tribunal civil de commettre un juge ou un notaire devant lequel les enchères soient reçues. C'est encore, suivant l'art. 964 du Code de procédure, que, *si, au jour indiqué pour l'adjudication, les enchères ne s'élèvent pas au prix de l'estimation, le tribunal civil* pourra ordonner, sur une nouvelle autorisation du commissaire (tenant lieu à cet égard, d'*un nouvel avis de parens*, requis par cet article lorsqu'il s'agit de biens de mineurs), *que l'immeuble sera adjugé au plus offrant, même au-dessous de l'estimation.*

» L'art. 528 du Code de commerce ne prouve donc pas plus que l'art. 564 du même Code, en faveur de l'opinion adoptée par le jugement du 24 octobre 1089.

» Ce considéré, il plaît à la cour, vu l'art. 80 de la loi du 27 ventôse an 8, l'art. 564 du Code de commerce, l'art. 459 du Code civil, et les art. 962 et 965 du Code de procédure civile, casser et annuller, dans l'intérêt de la loi, et sans préjudice de son exécution à l'égard des parties intéressées, le jugement du tribunal de commerce d'Amiens du 24 octobre 1809, ci-dessus mentionné, et dont expédition est ci-jointe; et ordonner qu'à la diligence de l'exposant, l'arrêt à intervenir sera imprimé et transcrit sur les registres dudit tribunal.

» Fait au parquet, le 20 septembre 1810. *Signé* Merlin.

» Ouï le rapport de M. Oudart, conseiller; — La cour, vu l'art. 564 du Code de commerce et l'art. 459 du Code civil....;

» Attendu que le Code de commerce ni aucune autre loi ne chargent les tribunaux de commerce de la vente des immeubles des débiteurs faillis; que l'art. 564 du Code de commerce porte que cette vente sera faite suivant les formes prescrites pour la vente des biens des mineurs; que, suivant l'art. 459 du Code civil, la vente des immeubles des mineurs doit se faire aux enchères qui seront reçues par un membre du tribunal de première instance, ou par un notaire à ce commis; que l'une des principales formes d'un acte public est la compétence des magistrats ou officiers qui doivent y intervenir;

» Attendu enfin que, suivant les art. 707 et 965 du Code de procédure, les enchères doivent être faites par le ministère d'avoués, et qu'il n'existe point d'avoués au tribunal de commerce;

» La cour casse, pour excès de pouvoir, dans l'intérêt de la loi, et sans préjudice de l'exécution à l'égard des parties intéressées, le jugement du tribunal de commerce d'Amiens du 24 octobre 1809; ordonne qu'à la diligence de M. le procureur-général près la cour, le présent arrêt sera imprimé et transcrit sur le registre dudit tribunal.

» Ainsi jugé et prononcé à l'audience publique de la cour de cassation, section des requêtes, le 3 octobre 1810 ».

§. IX. *De quel jour a couru la prescription de l'action de l'acquéreur en délivrance d'un immeuble qui lui a été vendu en pays de nantissement avant l'abolition du régime féodal,* mais dont la vente n'a été RÉALISÉE que par la transcription introduite par la loi du 27 septembre 1790?

V. l'article *Nantissement*, §. 4.

§. X. *Comment doit être entendu l'art. 1601 du Code civil, portant que « tout pacte obscur ou » ambigu s'interprète contre le vendeur »? En résulte-t-il que, dans l'interprétation des clauses obscures ou ambigues d'un contrat de vente, on ne doit avoir égard à aucune des règles générales que prescrivent, pour l'interprétation des conventions, les art. 1156 et suivans du Code civil?*

Il est certain que l'art. 1601 établit, pour l'interprétation du contrat de vente, une règle tout-à-fait spéciale à ce contrat.

Mais jusqu'à quel point cette règle déroge-t-elle à celles qui sont communes aux autres contrats?

Pour nous fixer là-dessus, il faut bien faire attention à la construction de l'art. 1601.

Cet article commence par dire que *le vendeur est tenu d'expliquer clairement ce à quoi il s'oblige.* Puis, il ajoute : *tout pacte obscur ou ambigu s'interprète contre le vendeur.*

Il est clair que ces deux dispositions se réfèrent l'une à l'autre, et qu'elles se réduisent toutes deux à celle-ci : *tout pacte qui détermine d'une manière obscure ou ambigue, ce à quoi le vendeur s'oblige, doit être interprété contre le vendeur.*

Or, par cette disposition, l'art. 1601 déroge-t-il à toutes les règles générales de l'interprétation des contrats que nous trouvons dans la sect. 5 du chap. 3 du tit. 3 du liv. 3 du Code civil?

» Non : il ne déroge qu'à l'art. 1162, suivant lequel, dans les autres contrats, « la convention » s'interprète, dans le doute, contre celui qui » a stipulé, et en faveur de celui qui a contracté » l'obligation »

Et comme l'art. 1162 ne dispose ainsi que pour le cas où manquent les autres moyens d'interprétation qui sont déterminés par les articles dont il est précédé et suivi, il est clair que ceux-ci conservent toute leur autorité sur le contrat de vente, comme sur les autres contrats; ou, en d'autres termes, que l'art. 1601 n'a d'autre objet que de faire interpréter contre le vendeur, tout pacte obscur ou ambigu dont l'obscurité ne peut être éclaircie ou l'ambiguité résolue par aucun des moyens d'interprétation autres que celui dont il est question dans l'art. 1162.

Supposons, par exemple, que, par un acte sous seing-privé passé dans mon domicile à Épernay, je vous vende, à vous qui demeurez à

Paris, telle quantité de vin de ce canton à tant la pinte ; et qu'il s'élève, entre vous et moi, des difficultés sur l'ancienne mesure de ce nom à laquelle j'ai entendu me référer; serez-vous fondé à prétendre que ce n'est pas l'ancienne pinte d'Épernay, mais l'ancienne pinte de Paris, qui, par hasard, se trouve plus grande, que j'ai prise pour règle; et pourrez-vous m'opposer, à cet effet, l'art. 1601 du Code civil?

Bien évidemment non; et je vous opposerai victorieusement à mon tour l'art. 1159 qui veut que « ce qui est ambigu, s'interprète par ce » qui est d'usage dans le pays où le contrat est » passé ».

Faut-il une preuve sans réplique que l'art. 1601 ne peut pas être pris pour guide, soit dans ce cas, soit dans tout autre soumis à l'une des règles d'interprétation fixées par les art. 1156, 1157, 1158, 1159, 1160, 1161, 1163 et 1164? la voici.

L'art. 1601 n'est que l'écho littéral de la loi 172, D. de regulis juris; de la loi 21, D. de contrahendâ emptione; et de la loi 39, D. de pactis, lesquelles disaient également, la première : in contrahendâ emptione, ambiguum pactum contrà venditorem interpretandum est ; la seconde : Labeo scripsit obscuritatem pacti nocere debere potiùs venditori qui id dixerit, quia potuit, re integrâ, apertiùs dicere ; la troisième : veteribus placuit pactionem obscuram vel ambiguam venditori nocere, in cujus potestate fuit legem apertiùs conscribere.

Dès-là, nul doute que l'art. 1601 du Code civil ne peut pas avoir un sens plus étendu que n'en avaient les trois lois romaines qui lui ont servi de modèle.

Or, ces trois lois, on ne les appliquait bien certainement, dans le droit romain, qu'aux pactes obscurs ou ambigus des contrats de vente, qui, s'ils avaient été insérés dans d'autres conventions, auraient eu pour seule règle d'interprétation, le principe que, dans le doute, il faut se décider contre celui qui a stipulé et en faveur de celui qui s'est obligé : elles étaient constamment regardées comme inapplicables aux pactes obscurs ou ambigus dont l'interprétation était réglée par d'autres principes.

Et c'est ce que remarque fort judicieusement Cujas dans ses quœstiones Papinianeœ, col. 109. Il demande laquelle de ces deux règles on doit suivre dans l'interprétation d'un contrat de vente, ou de celle qui est écrite dans la loi 114, D. de regulis juris, que, dans le doute, il faut s'attacher à ce qu'il y a de plus vraisemblable et de plus conforme à l'usage, ou de celle qui se trouve dans la loi 39, D. de pactis, que, dans le doute, il faut se décider contre le vendeur; et sa réponse est que l'on ne doit décider contre le vendeur d'après la seconde règle, que lorsque les circonstances n'offrent pas matière à l'application de la première : observandœ sunt duœ

regulœ, quarum prior hœc est ; ut id œstimetur quod magis verisimile est egisse inter se contrahentes : posterior regula quœ priori succedit, hœc est, si verisimile nullum extat, ut tunc pronunciemus contra venditorem. Non utimur hâc secundâ regulâ, nisi cùm prior deficit.

Le président Favre dit absolument la même chose dans ses rationalia sur la loi 39, D. de pactis (1).

VENTE A FONDS PERDU.

Les ventes faites à des successibles, avec réserve d'usufruit, sous l'empire de la loi du 17 nivôse an 2, sont-elles valables ou doivent-elles être annullées comme ventes à fonds perdu déguisées ?

Les faits qui ont donné lieu à cette question, sont consignés dans le plaidoyer du 22 frimaire an 9, rapporté à l'article Appel, §. 1, n. 6.

Après la cassation prononcée le 23 frimaire an 10, du jugement du tribunal civil du département du Calvados, qui avait déclaré Vincent Dumont non-recevable à appeler du jugement du tribunal civil du département de la Seine inférieure, du 18 nivôse an 8, par lequel le contrat de vente du 7 nivôse an 6 avait été annullé, et les parties renvoyées à une autre audience, pour plaider sur la prétendue simulation du prix énoncé dans cet acte comme payé comptant, la cause a été reportée à la cour d'appel de Rouen; et là, par arrêt du 6 messidor an 10, il a été prononcé en ces termes : «Vu ce qui résulte de l'art. 26 de la loi du 17 nivôse an 2; considérant que le contrat de vente dont il s'agit, contient une disposition aléatoire, dans la réserve d'usufruit faite par la venderesse pendant sa vie; que, par cette disposition, le contrat participe de la nature d'un contrat de vente à fonds perdu, auquel s'applique l'article ci-dessus; le tribunal dit que, par le jugement dont est appel, il a été bien jugé, mal appelé, au chef qui annulle le contrat de vente dont il s'agit; ordonne qu'en ce chef, il sortira son plein et entier effet; et quant au chef relatif au remboursement des 10,000 francs, renvoie les parties à procéder devant le tribunal auquel la connaissance en appartient.....

Recours en cassation de la part de Vincent Dumont.

Qu'entend-on par vendre à fonds perdu? (ai-je dit à l'audience de la section civile)? C'est

_____

(1) Illud planè verum est non statim faciendam esse interpretationem contra venditorem, sed ità demùm si nihil sit quod meliùs dici possit, id est, si neque probari possit quid actum fuerit, neque verisimiliter conjici. Certior enim et prior et generalior illa regula est ; in obscuris inspiciendum esse quod verisimile est, aut quod plerumque fieri solet.

à ce peu de mots que se réduit. la question sur laquelle vous avez à prononcer.

» On appelle fonds perdu (dit le Dictionnaire de l'académie française., article Fonds), une somme d'argent employée de telle sorte, que celui auquel elle appartenait, s'est dépouillé entièrement de son principal, et ne s'en est réservé qu'un revenu sa vie durant. Ainsi, vendre à fonds perdu, c'est vendre moyennant un prix dont, par le contrat même, on aliène le capital, pour en recevoir un intérêt purement viager. Vendre à fonds perdu, c'est donc vendre à la charge d'une rente viagère. On ne peut donc pas dire que ce soit vendre à fonds perdu, que de vendre avec réserve d'usufruit, moyennant une somme que l'on reçoit comptant. Où serait alors, en effet, le fonds perdu? Consisterait-il dans la somme que l'on reçoit? Mais cette somme, on ne l'aliène pas, on ne la convertit pas en un intérêt à vie. Consisterait-il dans l'usufruit que l'on réserve? Mais, par cela même qu'on le réserve, il est clair qu'on ne le vend pas. Que vend-on donc en ce cas? On vend la nue propriété, et rien de plus. Mais, pour que la nue propriété pût être censée vendue à fonds perdu, il faudrait que le prix en fût aliéné par le contrat; il faudrait que, par le contrat, ce prix fût échangé contre une rente viagère. Or, dans cette espèce, le contrat ne porte pas aliénation du prix de la nue propriété; le contrat ne substitue pas à l'obligation de payer le prix de la nue propriété, l'obligation d'en payer la rente, tant que vivra la venderesse. Il n'y a donc pas, il ne peut donc y avoir là, de vente à fonds perdu.

» Mais, a dit le tribunal d'appel de Rouen, la réserve de l'usufruit, stipulée par la venderesse, présente une disposition aléatoire; et par cette disposition, le contrat participe de la vente à fonds perdu.

» Raisonner ainsi, c'est évidemment ajouter à l'art. 26 de la loi du 17 nivôse an 2. Cet article ne prohibe pas, entre successibles, toutes les ventes qui offrent quelque chose d'aléatoire; il ne vous défend pas de vendre à votre héritier présomptif ce que le droit romain appelle jactus retis; il ne vous défend pas de vendre à votre héritier présomptif un navire que vous avez dans des mers lointaines, où il est exposé à tous les hasards des élémens et de la guerre; il ne vous défend pas de faire à votre héritier une vente subordonnée à une condition absolument casuelle; il ne vous défend pas de régler le prix de ces sortes de ventes, sur les risques que court votre héritier présomptif en traitant ainsi avec vous; il vous défend seulement de lui vendre à fonds perdu. Donc, annuller une vente qui n'est pas à fonds perdu, sous le prétexte qu'elle offre quelque chose d'aléatoire, c'est ajouter à la loi. C'est trop peu dire: annuller une pareille vente, c'est violer la loi elle-même; car, dit l'art. 55

du décret du 22 ventôse an 2, interprétatif de l'art. 26 de la loi du 17 nivôse précédent, la loi valide ce qu'elle n'annulle pas.

» Et remarquez, C. M., que, dans notre espèce, la vente faite à Vincent Dumont, n'a pas été annullée comme simulée, comme énonçant un prix qui aurait pu n'avoir pas été payé réellement; elle n'a été annullée que parce qu'elle contenait réserve d'usufruit; et cela est si vrai, que, par le même jugement qui en prononce l'annullation, les parties sont renvoyées à plaider sur la prétendue simulation du prix. Donc, encore une fois, le tribunal d'appel de Rouen a violé, par ce jugement, la défense que lui faisait l'art. 55 du décret du 22 ventôse, d'étendre au-delà de ses termes l'art. 26 de la loi du 17 nivôse an 2.

» Déjà, comme vous l'a fait observer Vincent Dumont, un jugement semblable a été annullé par le tribunal de cassation; voici dans quelles circonstances il avait été rendu. Nous les avons extraites de la minute du jugement de cassation même.

» Le 10 fructidor an 2, vente par Anne Vigouroux, veuve Foubouisse-Baylé, à Louis-Joseph Deblanque, d'une métairie dont la venderesse se réserve l'usufruit. Le prix de cette vente est porté à 20,000 livres, dont 13,000 livres payées comptant, et 7,000 compensées avec l'usufruit réservé par la venderesse. Le 26 du même mois, Anne Vigouroux vend encore au même particulier mais sans réserve d'usufruit, une maison avec les meubles et effets y existans, et divers autres immeubles. Anne Vigouroux meurt quelques mois après ces deux contrats. La femme de l'acquéreur était une de ses héritières présomptives; et sur ce fondement, ses cohéritiers attaquent la vente du 10 fructidor, comme équipollente à une vente à fonds perdu. Le 21 thermidor an 3, sentence arbitrale, qui, après un partage d'opinions, déclare cette vente nulle, par le motif qu'elle était faite à fonds perdu, en faveur du mari d'une des successibles de la veuve Foubouisse. Recours en cassation de la part du cit. Deblanque; et le 24 frimaire an 5 jugement qui, —
« Vu l'art. 26 de la loi du 17 nivôse an 2...; et
» attendu, dans l'espèce, 1.º que la vente du 10
» fructidor an 2, n'était point une vente à
» fonds perdu, puisque la venderesse en a reçu
» le prix dont elle a donné quittance par le
» contrat même, sous la déduction seulement
» d'une somme qui représentait l'usufruit par
» elle réservé; 2.º que, dans le cas même où
» cette vente eût été faite à fonds perdu, elle
» ne pouvait être annullée que pour la moitié
» revenant à Marie-Anne Sarrazin, femme Deblanque, successible de la veuve Foubouisse,
» et devait être maintenue pour la moitié acquise par Deblanque, lequel n'était pas successible de la venderesse, et ne se trouvait

» par conséquent point dans le cas de la prohi-
» bition prononcée par la loi ; de tout quoi il
» résulte que, sous les deux rapports ci-dessus,
» il y a eu contravention expresse et fausse ap-
» plication de l'art. 26 de la loi citée ; casse et
» annulle le jugement arbitral du 21 thermidor
» an 3 ».

» Par ce jugement, C. M., vous avez dicté à
l'avance celui qu'il s'agit de rendre en ce moment.
Nous estimons, en conséquence, qu'il y a lieu
de casser et annuller le jugement du 6 messidor
an 10 ».

Conformément à ces conclusions, arrêt du
23 brumaire an 12, au rapport de M. Riolz,
qui,

« Vu l'art. 26 de la loi du 17 nivôse an 2,
et l'art. 55 de la loi du 22 ventôse suivant ;

» Attendu que le jugement attaqué n'a pris
pour base, ni lésion, ni défaut de payement,
ni aucun des vices qui peuvent faire annuller les
contrats, mais a seulement jugé, en point de
droit, que la réserve d'usufruit dans un contrat
de vente, est une disposition aléatoire qui fait
participer le contrat de la nature d'un contrat
de vente à fonds perdu ;

» Attendu que le contrat dont il s'agit au
procès, ne présente aucune trace de fonds perdu, puisque la nue propriété, seul et unique
objet aliéné par ce contrat, est vendue pour un
prix fixe payé comptant ;

» D'où il suit que le jugement attaqué a faussement appliqué l'art. 26 de la loi du 17 nivôse
an 2, et violé l'art. 55 de celle du 22 ventôse
suivant ;

» Casse et annulle.... ».

VENTE PUBLIQUE DE MEUBLES. — §. I.

*Y a-t-il contravention à la loi du 28 ventôse
an 9, lorsque des particuliers, non pourvus
de commissions de courtiers de commerce, di-
rigent une vente publique de meubles, à laquelle il est procédé, ostensiblement et en leur
présence, par un huissier ?*

Le 27 fructidor an 10, procès-verbal du commissaire de police d'Anvers, qui constate, qu'informé des affiches imprimées, qu'une vente
de vins devait être faite par l'huissier Dejoug,
sous la direction des ci-devant courtiers de commerce Corthals, Landaens et Offermans, il s'est
rendu au local indiqué pour cette vente ; que
la séance a duré depuis trois heures jusqu'à
six ; que, pendant sa durée, il a *vu et entendu
Landaens recevoir des mains de l'huissier Dejoug les conditions de la vente, après avoir demandé qu'on donnât l'ordre de les lire article
par article, désigner les lots, fixer les enchères,
tenir note des prix, donner tous ordres convenables au tonnelier ; en un mot, diriger la vente
en son entier, et faire toutes fonctions de cour-*

*tiers, d'usage en pareil cas ; qu'il a également
vu Offermans tenir note, sans rien dire, du
montant des enchères.*

Sur le vu de ce procès-verbal, le commissaire
du gouvernement près le tribunal de première
instance fait citer Corthals, Landaens et Offermans, à l'audience correctionnelle, pour se voi
condamner aux amendes portées par l'art. 8 de
la loi du 28 ventôse an 9 : et il produit à l'appui
de ses poursuites, 1.° une lettre circulaire imprimée, par laquelle le propriétaire des vins
indique la vente publique qui s'en fera par
l'huissier Dejoug, *sous la direction des courtiers Landaens, Corthals et Offermans ;* 2.° une
affiche annonçant cette vente, *sous la direction
de Corthals, Offermans et Landaens ;* 3.° un
certificat de l'huissier Dejoug, attestant que,
dans la séance du 27 fructidor an 9, il n'a été
vendu aucune pièce de vin, et que, pour cette
raison, il n'en a pas été dressé procès-verbal.

La cause portée à l'audience, le commissaire
du gouvernement conclut à la décharge de Jean
Corthals, parce que, bien que compris dans la
lettre circulaire et dans l'affiche, il lui paraît
n'avoir pris aucune part à l'opération.

Le 5 vendémiaire an 11, jugement qui condamne les trois prévenus solidairement aux
peines prononcées par la loi, attendu que,
n'ayant réclamé ni contre l'affiche ni contre
la lettre circulaire, et n'ayant pas demandé
que l'imprimeur fût mis en cause pour le désavouer, ils sont tous trois censés avoir autorisé
l'impression de l'une et de l'autre ; qu'il est
prouvé, par le procès-verbal du commissaire de
police, que Landaens et Offermans ont assisté à
la vente, et y ont respectivement opéré ; que
leurs opérations ne pouvaient être que des actes
de courtage de commerce, puisque rien de ce
qui avait été mis en vente, n'a été adjugé par
l'huissier.

Sur l'appel, jugement du tribunal criminel du
département des Deux-Nèthes, du 27 frimaire
an 12, qui réforme pour mal jugé au fond, et
acquitte les trois prévenus, sur le fondement.

Que le procès-verbal du commissaire de
police ne dénonce ni Offermans ni Corthals ;

Que le premier s'était borné, pendant la
vente, à tenir des notes, sans rien dire ;

Que le second n'y avait point paru ; en ce
qui concerne Landaens, qu'à la vérité, la loi
du 28 ventôse an 9 détermine les droits et les
fonctions des agens de change et des courtiers
qui seront nommés par le gouvernement ; que
l'art. 8 de la même loi prononce des peines contre *tous autres individus* qui usurperaient ces
droits et ces fonctions ; que l'arrêté des consuls
du 27 prairial an 10 déclare ces peines applicables à toute personne, autre que les agens de
change et les courtiers nommés par le gouvernement, qui s'immiscerait dans leurs fonctions ;

mais que rien ne prouve que Landaens s'y soit immiscé ;

Qu'il s'agit d'une vente publique, qui, d'après les lois des 26 juillet 1790, 17 septembre 1793 et l'art. 1 de l'arrêté du directoire exécutif, du 12 fructidor an 4, ne pouvait pas être faite par un courtier, mais seulement par un notaire, greffier ou huissier;

Que jamais une pareille vente ne peut être considérée comme une négociation de change ou de commerce;

Que si, aux termes de l'art. 7 de la loi du 26 ventôse an 9, les courtiers doivent *justifier la vérité et le taux des négociations et achats*, cela ne peut s'entendre que des ventes faites de particulier à particulier, puisque l'art. 4 de l'arrêté du 27 prairial an 10 permet aux particuliers eux-mêmes de faire ces ventes; et que la vérité et le taux des ventes publiques ne peuvent être justifiées que par les notaires, greffiers et huissiers; que la vente dont il est question, a été faite par un huissier ;

Qu'ainsi, Landaens ne peut avoir encouru aucune peine, soit pour y avoir assisté, soit pour l'avoir dirigée en ce qui concernait le numérotage et la classification des marchandises, soit, pour avoir tenu note des prix sur des feuilles volantes.

Le commissaire du gouvernement près le tribunal criminel du département des Deux-Nèthes, se pourvoit en cassation; et le 13 ventôse an 11, arrêt de la section criminelle, au rapport de M. Borel, qui,

« Vu les art. 7 et 11 de la loi du 28 ventôse an 9, et l'art. 4 du réglement du gouvernement, du 27 prairial an 10;

» Attendu que la loi, en établissant des courtiers de commerce et leur attribuant des fonctions exclusives, relativement aux négociations et ventes de marchandises, soit dans l'intérieur, soit à l'extérieur de la bourse, a placé nécessairement au nombre de ces fonctions tous les actes de courtage qui peuvent, sous le titre de *direction* ou autre, accompagner les ventes de marchandises, soit publiques, soit privées ;

» Attendu que les numérotages et tenue de carnets ou notes des enchères et tous autres actes des directions de ventes de marchandises, à l'exception des adjudications, ne sont pas attribués aux huissiers, greffiers et notaires par les lois des 26 juillet et 17 septembre 1793, et par l'arrêté du directoire exécutif du 12 fructidor an 4, relatifs aux ventes des meubles; qu'ainsi, tous lesdits actes qui caractérisent une entremise entre les marchands et les acheteurs, font partie des fonctions des courtiers de commerce ; que l'assertion exprimée au jugement du tribunal criminel du département des Deux-Nèthes, du 27 frimaire dernier, est en opposition directe avec les articles sus-relatés des lois et réglemens relatifs aux agens de change et

courtiers de commerce, spécialement avec la disposition qui défend à toute personne non pourvue de commission de courtier, de s'immiscer, en façon quelconque et sous quelque prétexte que ce puisse être, dans les fonctions de courtier de commerce;

» Attendu que la fausse application des lois sus-datées relatives aux ventes publiques et au ministère des huissiers, est plus marquée à l'égard d'une vente qui, quoique commencée d'une manière publique, n'a pas été consommée par procès-verbal d'adjudication ; que l'intervention, dans une opération de cette nature, de personnes annoncées sous la qualité de *directeurs de la vente*, et tenant des carnets ou notes des prix, établit, d'une manière bien précise, la prévention d'un exercice frauduleux des fonctions de courtier; que le tribunal criminel des Deux-Nèthes, en refusant d'attribuer ce caractère à la prévention résultante du procès-verbal du 27 fructidor an 10, a contrevenu formellement aux dispositions des lois sus-relatées;

» Casse et annulle le jugement rendu par le tribunal criminel du département des Deux-Nèthes........, et renvoie, pour statuer sur l'appel du jugement du tribunal de première instance d'Anvers, devant le tribunal criminel du département de la Dyle. »

Le 8 messidor an 11, le tribunal criminel du département de la Dyle, « considérant qu'il n'est nullement vérifié au procès que les appelans se seraient immiscés dans les fonctions d'agent de change et de courtier de commerce, telles qu'elles sont désignées dans la loi qui les établit, admet la requête d'appel, annulle le jugement *à quo*, et décharge les appelans de l'action intentée contre eux ».

Nouveau recours en cassation de la part du commissaire du gouvernement près ce tribunal, et en conséquence l'affaire est portée devant les sections réunies.

« L'affaire qui reparaît devant vous (ai-je dit à l'audience du 29 ventôse an 12), est infiniment simple. Il s'agit de savoir si la loi du 28 ventôse an 9 a été violée par le jugement que vous dénonce le commissaire du gouvernement près le tribunal criminel du département de la Dyle.

» Ce jugement n'a pas décidé, en point de fait, que les ex-courtiers Landaens, Offermans et Corthals n'avaient pris aucune part aux actes de courtage dont il était question au procès; il n'aurait même pas pu le décider ainsi, surtout à l'égard de Landaens et d'Offermans, sans contredire formellement le procès-verbal du commissaire de police d'Anvers, qui, n'étant pas combattu par une preuve contraire, devait faire pleine foi de son contenu ; mais il a décidé que les actes de courtage imputés à Landaens,

Offermans et Corthals, n'étaient point des fonctions de courtiers de commerce, et qu'en les faisant, ils n'avaient pas contrevenu à la loi du 28 ventôse an 9. Nous n'avons donc ici qu'une chose à faire : c'est de comparer les fonctions dont la loi du 29 ventôse interdit l'exercice à toute personne non pourvue d'une commission de courtier, avec les fonctions que Landaens, Offermans et Corthals sont prévenus d'avoir exercées postérieurement à la publication de cette loi.

» L'art. 7 de la loi du 28 ventôse an 9 attribue aux courtiers de commerce qui seront nommés en vertu d'une disposition précédente de la même loi, *le droit exclusif d'en exercer la profession, de constater le cours des marchandises, matières d'or et d'argent, et de justifier devant les tribunaux ou arbitres, la vérité et le taux des négociations et achats.* L'art. 8 détermine la peine qu'encourront ceux qui, n'étant pas nommés par le gouvernement, se permettraient *d'exercer les fonctions de courtier.* L'art. 11 ajoute que *le gouvernement fera, pour l'exécution de la présente loi, les réglemens qui seront nécessaires.* Enfin, par l'art. 4 de l'arrêté du gouvernement du 27 prairial an 10, *il est défendu à toutes personnes, autres que celles nommées par le gouvernement, de s'immiscer en façon quelconque et sous quelque prétexte que ce puisse être, dans les fonctions de courtiers de commerce, soit à l'intérieur, soit à l'extérieur de la bourse.*

» Ainsi, depuis que des courtiers en titre sont établis à Anvers, les cit. Landaens, Offermans et Corthals n'ont pu *en exercer la profession;* ils n'ont pu s'entremettre dans aucune négociation, dans aucune vente; ils n'ont pu coter le cours d'aucune marchandise; ils n'ont pu intervenir dans aucune opération de commerce, ni en tenir des notes; ils n'ont pu, en un mot, *s'immiscer, en façon quelconque, dans les fonctions de courtiers;* et la loi a proscrit d'avance tous les prétextes qu'ils pourraient employer pour usurper impunément ces fonctions: *sous quelque prétexte que ce puisse être,* a-t-elle dit.

» Maintenant que nous connaissons bien ce qu'il leur était défendu de faire, voyons ce qu'ils ont fait réellement.

» Ils ont été annoncés au public par une lettre circulaire, comme devant, en qualité de *courtiers,* diriger une vente publique de 312 pièces de vins nouvellement arrivées au port d'Anvers. Une affiche a confirmé cette annonce; et sans leur donner expressément, comme la lettre circulaire, le titre de *courtiers,* elle a suffisamment prévenu le public qu'ils en feraient les fonctions dans la vente indiquée, puisqu'elle portait en toutes lettres que cette vente se ferait *sous leur direction.*

» Ont-ils pu ignorer cette affiche, cet avis circulaire? non. Les ont-ils désavoués? pas davantage. Qu'ont-ils donc fait, ou du moins qu'ont fait deux d'entre eux, Landaens et Offermans? Ils ont fait ce que la lettre circulaire, ce que l'affiche, avaient annoncé qu'ils feraient; ils ont dirigé la vente des 312 pièces de vins; tous deux en tenant note des prix, et l'un d'eux spécialement en faisant lire les conditions, en désignant les lots, en fixant les enchères, en donnant au tonnelier tous les ordres convenables.

» Si ce ne sont pas là des fonctions de courtiers, que l'on nous dise donc en quoi les fonctions de courtier consistent. N'est-il pas évident qu'en agissant ainsi, ils se sont placés entre le vendeur et les acheteurs, pour faciliter à l'un ses ventes, et aux autres leurs achats? N'est-il pas évident que le vendeur n'a vendu et que les acheteurs n'ont acheté que par leur entremise? N'est-il pas évident, dès-lors, qu'il y a eu, de leur part, acte de courtage et fonctions de courtiers?

» Mais, dit-on, c'est par un huissier qu'il a été procédé à la vente; ils n'ont donc pas pu en être les entremetteurs.

» C'est par un huissier qu'il a été procédé à la vente! Mais l'huissier n'a rien vendu; il l'atteste lui-même; et ce qui justifie authentiquement son assertion, c'est qu'il n'existe, de sa part, aucun procès-verbal de vente. L'huissier n'était donc, dans cette opération, qu'un personnage aposté tout exprès pour masquer la contravention que commettaient bien sciemment les prévenus. L'intervention de l'huissier dans cette opération, ne fait donc qu'aggraver le tort des prévenus, en y ajoutant un caractère de fraude.

» Par ces considérations, nous estimons qu'il y a lieu de casser et annuler le jugement du tribunal criminel du département de la Dyle, du 8 thermidor an 11..... »

Arrêt du 29 ventôse an 12, au rapport de M. Seignette, qui,

« Vu les art. 7 et 8 de la loi du 28 ventôse an 9......; vu l'art. 4 de l'arrêté des consuls du 27 prairial an 10....;

» Attendu qu'il est constaté, par procès-verbal du 27 frimaire an 10, dressé par un commissaire de police d'Anvers, qu'il y a eu entremise entre le vendeur et l'acheteur pour l'opération de la vente de pièces de vins; ce qui est s'immiscer dans les fonctions de courtiers de commerce;

» Que le tribunal criminel de la Dyle, en décidant indistinctement pour les trois appelans, Corthals, Landaens et Offermans, *qu'il n'est nullement justifié que les appelans se soient immiscés dans les fonctions de courtiers de commerce, telles qu'elles sont désignées par la loi,* a fait une fausse application des art. 7 et 8 de la loi du 28 ventôse an 11; et de l'art. 4 de l'arrêté des consuls du 27 prairial an 10, ci-dessus transcrites;

» Casse le jugement du tribunal criminel de la Dyle du 8 messidor an 11..... ».

§. II. *Le droit proportionnel d'enregistrement au-quel donnent lieu les divers articles qui com-posent un procès verbal de vente publique de meubles dont le prix n'est pas payé comptant, doit-il étre perçu sur chaque article séparé, et abstraction faite de ceux qui le précèdent et le suivent, ou ne doit-il l'être que sur le montant des sommes que contient cumulative-ment le procès-verbal ?*

L'intérêt de cette question dérive de l'art. 6 de la loi du 22 frimaire an 7, lequel porte que *le moindre droit à percevoir sur un acte donnant lieu au droit proportionnel, et sur une mutation de biens par décès, sera du montant de la qua-tité sous laquelle chaque acte ou mutation se trouve classé dans les art. 68 et 69.*

Il résulte de cette disposition, que le droit proportionnel des ventes publiques de meubles, étant fixé par le n. 1 du §. 4 de l'art. 69, à *deux francs par cent francs*, il est dû deux francs pour toute vente de cette espèce, quand même le prix ne s'en élèverait, par exemple, qu'à cinq francs.

La question proposée se réduit donc à savoir si, lorsqu'un procès-verbal de vente publique de meubles contient vingt articles de 5 francs chacun, il est dû pour chacun un droit de 2 francs, ce qui porterait la totalité de la per-ception à 40 francs, ou s'il n'est dû que 2 francs pour le tout.

Entre ces deux partis, la raison et l'équité veulent certainement que l'on préfère le second. A quel propos en effet des meubles vendus en vingt lots séparés, rapporteraient-ils un droit vingt fois plus fort que s'ils étaient vendus en une seule masse ?

Ce vœu de la raison et de l'équité a été entendu par le législateur. L'art. 6 de la loi du 22 plu-viôse an 7 porte que « le droit d'enregistrement sera perçu sur le *montant des sommes que con-tiendra cumulativement le procès-verbal* des séances à enregistrer dans le délai prescrit par la loi sur l'enregistrement ».

Il semble qu'une disposition aussi claire, aussi précise, aussi générale, ne peut laisser prise à aucune difficulté.

Cependant on a prétendu qu'elle devait être restreinte aux procès-verbaux contenant plu-sieurs articles de ventes faites au comptant, et que tout procès-verbal contenant plusieurs ar-ticles de ventes faites à crédit, devait, pour chacun de ces articles, un droit de 2 francs.

A la vérité, a-t-on dit, cette distinction n'est pas écrite dans l'art. 6 de la loi du 22 pluviôse

an 7; mais elle résulte de la nécessité de con-cilier cet article avec le 11.e de la loi du 22 fri-maire précédent, suivant lequel, « lorsque, dans un acte quelconque, soit civil, soit judi-ciaire ou extrajudiciaire, il y a plusieurs dis-positions indépendantes ou ne dérivant pas nécessairement les unes des autres, il est dû, pour chacune d'elles, et selon son espèce, un droit particulier ». Il est évident, a-t-on ajouté, que ces deux articles se contrediraient mutuel-lement, si l'on ne restreignait pas celui de la loi du 22 pluviôse aux ventes faites au comp-tant, et si l'on ne soumettait pas à celui de la loi du 22 frimaire, les ventes faites à crédit.

Mais y a-t-on fait bien attention ?

Sans doute, l'art. 6 de la loi du 22 pluviôse contredit l'art. 11 de la loi du 22 frimaire.

Mais que doit-on conclure de là? Rien autre chose, sinon que l'un déroge à l'autre; et elle n'y déroge pas seulement par la règle *posterio-res constitutiones tempore po iores sint his quæ ipsas præcesserunt* (1), elle y déroge encore par la raison que la loi du 22 frimaire est com-mune à toutes les matières possibles du droit d'enregistrement, et que la loi du 22 pluviôse est une loi spéciale pour les ventes publiques de meubles; car (dit la loi 80, D. *de regulis ju-ris*, *in toto jure generi per speciem derogatur*, *et illud potissimum habetur quod ad speciem direc-tum est.*

Remarquons d'ailleurs qu'on ne parvient même pas, en restreignant la loi du 22 pluviôse aux ventes faites au comptant, à la concilier avec la loi du 22 frimaire. L'art. 11 de la loi du 22 frimaire n'est pas limité aux dispositions dont le prix n'est pas payé comptant. Il com-prend toutes *les dispositions indépendantes ou qui ne dérivent pas les unes des autres;* et il les assujettit chacune à un droit séparé, soit que le prix en ait été payé comptant, soit que, pour le payement de ce prix, il ait été accordé des termes plus ou moins longs.

Vainement donc, pour concilier l'art. 6 de la loi du 22 pluviôse, avec l'art. 11 de la loi du 22 frimaire, le restreindrait-on aux ventes faites au comptant; les deux articles seraient toujours, quant à ces ventes, inconciliables l'un avec l'au-tre; et l'art. 6 de la loi du 22 pluviôse dérogerait toujours à l'art. 11 de la loi du 22 frimaire.

Le système de restriction de l'art. 6 de la loi du 22 pluviôse, n'atteint donc pas le but que l'on met en avant pour soutenir ce système. Ce système est donc inadmissible.

Aussi la cour de cassation l'a-t-elle proscrit, le 5 février 1810, par un arrêt ainsi conçu:

« Le sieur Gosselin, notaire à Fruges, ayant procédé, le 9 mars 1808, à la vente aux enchères

_____

(i) Loi 4, D. *de constitutionibus principum.*

et par petits lots de la coupe d'arbres épars sur différentes portions de terre appartenantes au sieur Sénéchal, les droits d'enregistrement de cette vente furent liquidés par le receveur, et acquittés par ce notaire sur chaque article séparément.

» Le sieur Gosselin soutenant que les droits devaient être liquidés cumulativement sur le montant total de la vente, conformément à l'art. 6 de la loi du 22 pluviôse an 7, et que, sur ce pied, il se trouverait avoir avancé et payé 7 fr. 4 cent. de trop, fit assigner l'administration de l'enregistrement et des domaines pour la faire condamner à lui restituer cette somme.

» L'administration observa que la perception, telle qu'elle avait été faite, était régulière et juste; mais que, s'il y avait lieu à quelque restitution, le sieur Gosselin était non-recevable à la demander; que la loi du 22 frimaire an 7 n'accordait aux notaires qui avaient fait l'avance des droits, qu'un recours sur les parties.

» Là-dessus, le tribunal de première instance de Montreuil-sur-Mer rendit, le 25 juillet 1808, jugement par lequel il décida que les notaires étant responsables des droits d'enregistrement des actes qu'ils reçoivent, ont, par suite, le droit de réclamer la restitution des sommes par eux payées de trop; que, dans l'espèce, les droits d'enregistrement devaient être liquidés cumulativement sur le montant total de la vente conformément à l'art. 6 de la loi du 22 pluviôse an 7. En conséquence, sans s'arrêter à la fin de non-recevoir opposée par l'administration, le tribunal la condamna à restituer au sieur Gosselin, la somme de 7 francs 4 centimes dont il s'agit.

» C'est de ce jugement que l'administration demandait la cassation par deux moyens.

» Elle disait, premièrement, qu'en rejetant la fin de non-recevoir par elle proposée, le jugement avait donné à la loi du 22 frimaire an 7, une extension qu'elle ne comporte pas; que l'art. 35 de cette loi donne aux notaires leur recours contre les parties pour le remboursement des droits qu'ils ont avancés; et l'art. 61, qui fixe les délais dans lesquels les restitutions doivent être demandées, ne désigne que les parties et ne fait aucune mention des officiers publics.

» Elle soutenait, en second lieu, que l'art. 6 de la loi du 22 pluviôse an 7 était inapplicable à l'espèce; que, de sa combinaison avec l'art. 11 de la loi du 22 frimaire an 7, il résultait qu'il n'avait pour objet que les ventes faites au comptant et non celles faites à termes; que, dans l'espèce, il s'agissait d'une vente à terme; qu'il fallait conséquemment liquider les droits sur chaque article séparément, conformément à l'art. 11 de la loi du 22 frimaire an 7.

» Le sieur Gosselin répondait que, d'après les tit. 5 et 6 de la loi du 22 frimaire an 7, les notaires sont responsables de l'acquit des droits;

et, d'après l'art. 28, nul ne peut atténuer ni différer le payement sous prétexte de contestation sur la quotité, ni pour quelque autre motif que ce soit, sauf à se pourvoir en restitution, s'il y a lieu; qu'il suit de là que les notaires qui ont fait l'avance des droits, sont recevables à réclamer la restitution du trop perçu;

» Qu'au fond, l'art. 6 de la loi du 22 pluviôse an 7 ne fait aucune distinction des ventes aux enchères d'effets mobiliers faites à terme, de celles au comptant; qu'il veut généralement et sans exception, que le droit d'enregistrement soit perçu sur le montant des sommes que contiendra cumulativement le procès-verbal des séances à enregistrer dans le délai prescrit par la loi sur l'enregistrement; qu'il comprend par conséquent les ventes faites à terme, comme celles au comptant; qu'il a eu pour objet de réduire à une juste modération les droits dus pour ces sortes de ventes; et que conséquemment l'art. 11 de la loi du 22 frimaire an 7 n'est pas applicable.

» Sur quoi, oui le rapport de M. Cassaigne, l'un des juges, et les conclusions de M. Jourde, substitut du procureur-général;

» Attendu qu'en décidant, soit que le notaire Gosselin avait qualité pour exercer l'action en restitution de la somme dont il s'agit, soit que cette action était bien fondée, le jugement dénoncé n'a fait qu'une juste application de la loi,

» La cour rejette le pourvoi....... »

VÉRIFICATION D'ÉCRITURE. §. I. *Lorsque, sur une accusation de faux intentée contre le porteur d'un billet sous seing-privé, le jury a déclaré qu'il n'était pas constant que ce billet fût faux, le porteur peut-il, en vertu du jugement d'absolution qui s'en est ensuivi, exiger le payement de l'obligation, soit de la personne de qui il la prétend signée, soit de ses héritiers, sans qu'au préalable la signature ait été reconnue ou vérifiée?*

V. l'article *Faux*, §. 5.

§. II. *En matière civile, les rapports d'experts sur la vérité ou la fausseté d'une pièce, lient-ils absolument les juges?*

Jauety, dans son recueil d'arrêts du parlement de Provence, tom. 3, §. 2, rapporte, comme ayant jugé pour l'affirmative, un arrêt de cette cour, du 10 février 1779.

Mais on voit, en examinant les circonstances de la cause sur laquelle a été rendu cet arrêt, qu'il a pu être déterminé par d'autres motifs, notamment par les preuves qui existaient au fond, de la vérité de la pièce contre laquelle réclamait la partie qu'il a condamnée:

Une chose du moins bien certaine; c'est qu'il n'y avait rien de solide à répondre aux argumens que faisait valoir cette partie sur la question de droit.

« Pourquoi (disait-elle), et à quelles fins est commis l'expert? Est-ce pour juger? est-ce pour tirer les inductions des faits? est-ce, au contraire, seulement pour décrire, pour déclarer ce qu'il voit? Doit-il se borner à dire : *les lettres d'un tel corps d'écriture sont faites de telle ou telle manière?* Peut-il conclure de cette première observation, et sur des conjectures, que c'est un tel ou un tel qui a écrit la pièce? Cette question ne peut faire la matière d'un doute raisonnable.

» Les experts sont les juges de la question de fait, lorsqu'il s'agit de la vérification d'une chose qui ne peut être éclaircie que par la pratique journalière de l'art qu'ils exercent; ils font preuve de l'état d'une chose, de la même manière que les témoins font preuve de la vérité d'une action passée.

» Quel était le fait que les experts devaient vérifier dans leur rapport? L'état de l'écriture des pièces. Ils devaient dire : il y a dans les pièces comparées telle ressemblance, telle différence; les liaisons des unes sont faites de telle façon, et celles des autres de telle manière différente. Les unes sont coulantes, aisées; les autres forcées, faites lentement et avec affectation. Voilà l'opération des experts.

» Mais il faut laisser au juge la question de savoir si de telle ou telle différence ou de telle conformité on peut conclure, on peut juger que c'est un tel qui a signé et écrit le billet. Ce n'est plus un fait, ce n'est plus une opération expérimentale, c'est un jugement qu'il y a à porter; ce sont des raisonnemens qu'il y a à faire; et dès-lors, le juge seul est personne capable de décider. Le juge ne commet à l'expert que ce qu'il ne peut pas faire lui-même. Il faut un usage habituel pour découvrir les différences souvent si difficiles à saisir dans les écritures : mais ces différences une fois fixées et décrites, les conséquences que l'on en peut tirer, sont l'office du juge; lui seul peut s'en occuper.

» C'est ainsi que s'explique Bornier, pag. 74 : « Les experts (dit-il), regardent les écritures et » jugent entre eux, selon leur art, si le seing est » semblable et fait des mêmes lettres, traits et » caractères desquels sont composés les seings » produits pour faire comparaison des autres; » et s'il résulte de la relation que ce soient les » seings de celui qui les avait déniés, il doit être » condamné ».

» Danty, dans son *Traité de la preuve par témoins*, pag. 619, dit la même chose : « Il y a une » grande différence entre déclarer qu'une telle » écriture ressemble à telle autre, ou qu'elle en » diffère, ou déclarer que telle écriture est l'ou- » vrage d'un tel. Dans une déclaration, l'expert » dit ce qu'il voit; dans l'autre, il déclare ce » qu'il ne fait que croire par conjecture : dans » l'une, il fait l'expert; dans l'autre, il fait le » juge ».

Ces principes ont été depuis consacrés par un arrêt de la cour de cassation. Voici le fait :

Par un arrêté de compte du 14 juillet 1772, François Barthélemy s'était reconnu reliquataire envers Andreau père, d'une somme de 376 livres. En 1791, sentence qui condamne Barthélemy au payement de cette somme. En conséquence, saisie-réelle d'un immeuble appartenant à Barthélemy, et interposition de décret. Sur le point d'être exproprié, François Barthélemy et Jean Terrasson, à titre de Marie-Félicité Barthélemy, sa femme, excipent d'une prétendue quittance d'Andreau père, postérieure à la sentence de 1781; et concluent à la nullité de la saisie réelle. Andreau fils soutient que cette quittance est fausse, et de là s'ensuit une procédure en vérification d'écriture. Des experts sont nommés de part et d'autre : leur rapport est trouvé insuffisant; le tribunal civil du département de la Drôme en ordonne un nouveau, et admet de plus Barthélemy et Terrasson à la preuve de certains faits. Sur le vu du second rapport, jugement qui, moyennant l'affirmation de Barthélemy et Terrasson sur la sincérité de la quittance, déboute Andreau fils de sa demande en nullité de la saisie-réelle. Appel de la part d'Andreau fils.

Le 4 floréal an 9, arrêt par lequel les magistrats de la cour d'appel de Grenoble, tirant des deux rapports et des enquêtes, des inductions toutes différentes de celles qu'en avait fait sortir les premiers juges, et considérant que, par la comparaison qu'ils ont faite des différentes pièces convenues pour en servir, ils se sont convaincus que la prétendue quittance n'avait été ni écrite ni signée par Andreau fils, réforment le jugement de première instance, et ordonnent que les poursuites d'Andreau fils seront continuées.

Barthélemy et Terrasson se pourvoient en cassation. Ils soutiennent que les juges d'appel se sont arrogé, en comparant eux-mêmes les écritures, une mission que la loi ne délègue qu'aux experts, et qu'ils ont par là violé l'art. 8 du tit. 12 de l'ordonnance de 1667, et l'art. 8 de l'édit de 1684.

Mais par arrêt contradictoire du 16 thermidor an 10, au rapport de M. Rousseau, la section civile rejette leur demande, « attendu qu'il conste par le jugement attaqué, que le tribunal n'a point substitué ses propres lumières à celles des experts, pour décider de la vérité de la pièce dont la vérification avait été ordonnée; que les juges ont recouru aux moyens prescrits par les ordonnances et édits pour s'aider des lumières des gens de l'art et de leurs observations, que les tribunaux ont au surplus le droit d'apprécier; que le tribunal d'appel a tiré de l'ensemble des rapports et des dépositions des témoins, la conséquence que la quittance produite n'était pas d'Andreau père; et qu'aucune loi enfin n'empêche les juges de joindre l'expression de leur conviction particulière à celle des gens de l'art qu'ils ont consultés ».

V. le *Répertoire de jurisprudence*, aux mots *Succession future* (*pacte sur une*).

VIABILITÉ D'UN ENFANT. *V.* l'article *Vie.*

VIDUITÉ. *Effets de la condition de ne pas se remarier, insérée dans un testament ou dans une donation.*

V. l'article *Condition*, §. 1.

VIE. La vie qui, dans l'ordre de la nature, est le bien le plus précieux de l'homme, est souvent, dans les tribunaux, un objet de discorde et de querelles, par les difficultés qu'on éprouve lorsqu'il s'agit de la constater.

Un enfant naît; mais à peine a-t-il reçu les impressions de la lumière, qu'on le trouve mort. Cet enfant doit-il, par rapport aux intérêts de ceux qui lui survivent, être considéré comme ayant vécu, et à quelles marques peut-on distinguer s'il est né vivant ou non? Première difficulté.

Un homme a disparu de son pays: on ignore s'il jouit de la vie, ou s'il est mort. Cependant, il lui échoit une succession, ou il lui est dû une rente viagère. Pour recueillir cette succession, pour percevoir cette rente de son chef, est-on obligé de prouver qu'il est vivant; ou bien est-ce à celui qui veut l'exclure du droit de succéder, ou qui refuse le payement de la rente, à prouver qu'il n'existe plus? Seconde difficulté. — Discutons-la, ainsi que la première, avec tout le soin que mérite une matière aussi intéressante.

§. I. *Des signes auxquels on peut reconnaître si un enfant qui naît, est vivant ou mort. — De la preuve de ces signes. — Des effets de la vie momentanée d'un enfant.*

I. Lorsqu'on entend crier un enfant, au moment de sa naissance, sa vie n'est pas douteuse; ce signe est infaillible; mais est-il le seul auquel on puisse s'en rapporter? Quelques-uns soutinrent l'affirmative du temps de Justinien; ce législateur condamna leur opinion, et décida que, pour qu'un enfant mort peu de temps après sa naissance, fût réputé avoir vécu, il n'était pas nécessaire qu'il eût jeté des cris. *Si posthumus* (dit la loi 3, C. *de posthumis*), *in hunc quidem orbem devolutus est, voce autem non emissâ ab hâc luce substractus est, dubitabatur si is posthumus ruptum facere testamentum posset ; Dumque Fabiani existimabant si vivus natus esset, etsi vocem non emisit, rumpi testamentum .... eorum etiam laudamus sententiam*

et sancimus si vivus perfectè natus est, licet illicò postquàm in terrâ cecidit vel in manibus obstetricis decessit; nihilhominùs testamentum rumpi, hoc tantùm modo requirendo, si vivus ad orbem totus processit.

Desjaunaux, tom. 2, §. 192, rapporte un arrêt du parlement de Flandre, qui est conforme à cette décision. Un chirurgien avait tiré un enfant des flancs de sa mère par l'opération césarienne; il l'avait baptisé sous condition, et l'avait ensuite plongé dans un chaudron rempli d'eau tiède. Ayant alors appliqué le doigt sur la région du cœur, il avait senti le battement pendant environ un quart-d'heure. Ceux qui avaient intérêt que cet enfant fût né mort, soutenaient qu'on n'en prouvait la vie que par des indices très-fautifs, incertains, et qui avaient peut-être leur cause dans la chaleur de l'eau où l'enfant avait été mis en naissant. Les juges voulurent éclairer leur religion sur la qualité des signes de vie indiqués par le chirurgien; ils nommèrent d'office trois médecins pour donner leur avis. Ceux-ci convinrent unanimement que, s'il était vrai qu'on eût senti le cœur battre pendant un demi-quart d'heure, c'était une marque infaillible que l'enfant avait eu vie. Et le parlement de Flandre le jugea ainsi par arrêt du 2 décembre 1697.

On peut voir dans le *Dictionnaire de droit normand*, article *Viduité*, un arrêt semblable, rendu au parlement de Rouen, le 20 février 1734.

Mais ces arrêts n'ont-ils pas été trop loin? N'ont-ils pas fait une application abusive du principe établi par la loi 3, C. *de posthumis*?

C'est certainement une erreur de considérer comme signe de vie, toute espèce de mouvement dans le corps d'un enfant qui naît.

On a jugé quelquefois dans les tribunaux (dit à ce sujet un médecin justement célèbre, M. Alphonse Leroi, dans une note qu'il m'a remise le 12 germinal an 12), qu'un enfant venu à terme avait vécu, parce que la sage-femme attestait que l'enfant avait agité ses membres, même sa poitrine, qu'elle avait vu de petites respirations et des soupirs, et senti les pulsations du cœur et des artères. Mais tous ces mouvemens ne peuvent constituer véritablement la vie acquise hors du sein de sa mère. L'enfant nouvellement venu au monde et non encore séparé de sa mère, a quelquefois des mouvemens convulsifs; et, s'il est très-faible, il a quelquefois des respirations incomplètes, accompagnées de soupirs : un tel enfant, selon moi, n'a point acquis ses droits civils, parce qu'il n'a pas respiré complettement; et que c'est une respiration complette qui acquiert à l'enfant sa vie propre et indépendante de celle de sa mère. Hyppocrate prescrit de ne pas couper le cordon ombilical, tant que l'enfant n'a pas respiré complettement et crié. Par la respiration complette, la circulation du sang s'établit dans le poumon; alors, il puise dans l'air le principe d'une vie qui lui devient propre; il vit de la vie commune, différente de celle qu'il avait dans le sein de sa mère, où il ne respire pas, et où le sang ne circulant pas dans son poumon, il vit en commun avec sa mère. Mais dès qu'un enfant a respiré complettement, il a vécu de sa vie propre dans l'air et à la lumière; et devant la loi, il a vécu civilement. C'est donc la respiration, mais la respiration complette, qui constitue la vie. Les pulsations, les mouvemens des membres, de simples soupirs, effets de respirations incomplettes, n'acquièrent pas la vie civile à un enfant; et les mouvemens des membres, du diaphragme, des artères, peuvent durer, sans la vie complette, jusqu'à une et deux heures ».

II. Mais la preuve des signes de vie, quels qu'ils soient, n'est pas toujours aisée à faire. L'ancien coutumier de Normandie voulait qu'elle se fît par le témoignage des voisins : *Si l'on nie* (portait-il) *que l'enfant n'eût onques vie, il soit enquis par les gens du voisiné où le mari dit que l'enfant est né.* C'est que, chez les anciens Normands, les accouchemens étaient, en quelque sorte, publics; plusieurs témoins y étaient appelés; et pour parer à toute méprise de leur part, il devait toujours y avoir trois lumières dans l'appartement.

Selon nos usages actuels, les accoucheurs, les sages-femmes et les autres personnes, s'il s'en trouve, qui ont été présentes à un accouchement, doivent faire pleine foi dans ce qu'ils attestent touchant les signes de vie de l'enfant, parce qu'ils sont en cela témoins nécessaires.

On ne rejette même pas, en cette matière, une déposition qui est absolument isolée. Dans les règles ordinaires, elle devrait être nulle : *unus testis, nullus testis.* Mais en appliquant ici ce principe, on réduirait souvent les parties à l'impossible.

Aussi trouvons-nous dans le *Dictionnaire de droit normand,* au mot *Viduité,* un arrêt du parlement de Rouen du 10 mai 1759, qui juge « que la déposition d'une sage-femme, jointe à l'acte d'inhumation, est suffisante pour prouver qu'un enfant est né vif, à l'effet d'acquérir au père le droit de viduité. Dans le fait, toutes les présomptions se réunissaient pour la vie de l'enfant; il était à terme, par un accouchement ordinaire : c'était à celui qui prétendait que l'enfant était venu mort au monde, à l'établir ».

III. La vie momentanée d'un enfant, lorsque sa mère meurt avant lui, produit presque toujours de grands effets dans sa famille. Tantôt elle dérange l'ordre des successions *ab intestat,* tantôt elle rompt un testament, tantôt elle opère la révocation d'une donation entre-vifs; quelquefois aussi, avant le Code civil, et lors même que l'enfant mourait avant sa mère, elle produisait, en faveur du survivant des époux, un droit de *viduité* ou d'*entravestissement de sang* (1).

Mais, pour que la vie momentanée d'un enfant opère tous ces effets, il faut que l'enfant, lorsqu'il vient au monde, soit viable. Cette maxime déjà reçue dans notre ancienne législation (2), a été consacrée par l'art. 725 du Code civil, aux termes duquel *l'enfant qui n'est pas né viable, est incapable de succéder.*

De là, naissent des questions fort importantes; et d'abord, quel espace de temps faut-il entre la conception et la naissance, pour que l'enfant soit censé *viable?* L'ancienne jurisprudence exigeait au moins cent quatre-vingt-deux jours (3). Le Code civil, en décidant, art. 312, que *l'enfant né le cent quatre-vingtième jour du mariage,* peut être désavoué par le mari, fait entendre très-clairement que l'on doit regarder comme viable l'enfant qui naît le cent quatre-vingt-unième jour de sa conception.

Mais comment prouver qu'un enfant qui a respiré complettement pendant quelques heures, et qui est mort ensuite, avait atteint, en naissant, le terme de la viabilité?

Un premier point bien constant, c'est que la preuve de sa viabilité légale ne résulte pas nécessairement de celle de sa respiration complette pendant un temps quelconque.

« La nature (dit M. Alphonse Leroy, dans la note citée plus haut), décide autrement que la loi sur la viabilité de l'enfant. L'enfant ne peut respirer complettement et continuer de vivre, que lorsque l'organe respiratoire est formé : or, cet organe n'est formé qu'à quatre mois et demi; et depuis quatre mois et demi jusqu'à neuf mois, le poumon, en se développant, acquiert les forces de résistance nécessaires à ses fonctions. Ainsi, la nature met la moitié de la gestation à la formation du poumon, et l'autre moitié à le fortifier. Un enfant peut donc, à cinq mois, respirer, et même continuer de vivre, ce qui exige, à la vérité, des soins extraordinaires. Pour moi, j'ai fait vivre deux jumeaux venus à quatre mois et trois semaines, et l'un d'eux a vécu vingt-quatre heures. L'enfant est donc viable à cinq mois, aux yeux de la médecine; mais la loi ne l'a reconnu viable qu'à six mois; elle a très-sagement pris le temps moyen entre la formation et l'acquisition des forces nécessaires à une fonction pour laquelle la nature en

---

(1) *V.* ces mots dans le *Répertoire de jurisprudence.*

(2) *V.* le *Répertoire de jurisprudence,* aux mots *Héritier,* sect. 6, §. 8; et *Légitimité,* sect. 2, §. 1.

(3) *V.* le *Répertoire de jurisprudence,* aux endroits cités.

donne à neuf mois de plus que suffisantes. Ainsi, la loi n'exige pas le superflu de ces forces, mais seulement celles acquises à six mois, qui peuvent alors suffire ».

Une autre vérité bien constante, c'est que la médecine a des moyens de discerner si un enfant qui meurt peu après sa naissance, a plus ou moins de cent quatre-vingts jours.

» Le cœur de l'embryon (dit encore M. Alphonse Leroy), n'a, dans le principe, qu'un seul ventricule ; ce n'est que peu après que le second se forme, et que le cœur se sépare par une cloison percée d'un trou qui se rétrécit et se ferme après la naissance. Ce trou, nommé botal, donne de moins en moins passage d'un ventricule à l'autre ; tellement qu'à la naissance, il ne laisse passer de l'un à l'autre que très-peu de sang. Mais à proportion que de l'époque de la naissance on remonte vers celle de la conception, ce trou s'élargit au point que les deux ventricules, peu après la conception, n'en font qu'un. Ainsi, par l'inspection du cœur et des progrès de son organisation, on peut, à quelques jours près, assigner l'âge d'un enfant qui aurait respiré, et serait mort avant terme, et prononcer s'il avait les six mois exigés par la loi. Mais dans ce cas, il faut des anatomistes experts en ce genre de recherches ».

Mais si d'enfant a été inhumé, sans que les hommes de l'art eussent constaté l'état de son cœur et le progrès de son organisation, et si l'on n'est plus à temps pour réparer, en l'exhumant, un oubli aussi grave, que doit-on décider à l'égard de sa viabilité ou non viabilité ?

Dans cette hypothèse, les moyens physiques d'éclairer la justice manquent absolument. En vain, consulterait-on des médecins, des chirurgiens, des anatomistes, ils ne pourraient que répondre : l'enfant a vécu, puisqu'il a respiré complètement ; mais avait-il atteint le cent quatre-vingt-unième jour de sa conception ? Nous n'avons aucune donnée pour le savoir.

Il faut donc alors en revenir aux principes généraux, et dire : tout individu qui meurt, est présumé avoir vécu capable des effets civils. L'incapacité ne se présume pas ; elle forme une exception au droit commun des hommes ; c'est, par conséquent, sur celui qui s'en prévaut, que doit en retomber la preuve ; et par conséquent encore, à défaut de preuve de la non viabilité d'un enfant, la présomption légale est qu'il était né viable.

Supposons un enfant mort après son père, dans les circonstances dont nous parlons. La mère survivante soutient qu'il a succédé à son père, décédé avant lui. Que peut-on opposer à sa réclamation ?

Pour succéder, dit l'art. 725 du Code civil, il faut exister à l'instant de l'ouverture de la succession. Or, dans notre hypothèse, l'enfant existait au moment du décès de son père ;

il était conçu ; et aux yeux de la loi, la conception a, en faveur de l'enfant, tous les effets de la naissance. L'enfant a donc succédé à son père, même avant que d'être né.

A la vérité, la succession lui aurait échappé, ou plutôt il serait censé n'avoir jamais succédé, s'il était mort dans le sein de sa mère. Mais une fois sorti vivant du sein qui l'a conçu, il est héritier et il meurt héritier, à moins qu'on ne prouve qu'il n'est pas né viable.

L'article cité place sur la même ligne, quant à l'incapacité de succéder, celui qui n'est pas né viable, et celui qui est mort civilement. Or, si l'on prétendait qu'un homme mort à trente ou quarante ans, avait encouru, avant son décès, la mort civile, et que, par suite, il n'avait pas succédé à un de ses parens décédé immédiatement avant lui, à coup sûr il faudrait en rapporter la preuve ; et si on ne le prouvait pas, le prétendu mort civilement serait jugé avoir valablement succédé. Il en doit donc être de même de l'enfant qui a vécu, et que l'on prétend néanmoins n'être pas né viable ; c'est à celui qui se fait une exception de sa non viabilité, à la prouver : Reus excipiendo fit actor.

Il n'est pas besoin sans doute d'avertir que cette décision serait inapplicable au cas où, au moment de la naissance de l'enfant, il n'y aurait pas encore six mois qu'eût été contracté le mariage dont on le prétendrait issu. Alors, en effet, l'enfant viable ou non, ne pourrait pas succéder au mari de sa mère : il ne le pourrait pas non viable ; l'art. 725 du Code s'y opposerait : viable, il ne le pourrait pas davantage, parce qu'aux termes de l'art. 312, le mari de sa mère ne serait pas obligé, s'il vivait encore, de le reconnaître pour son fils.

Il en serait de même dans ce cas, si la question de la viabilité était élevée par un tiers, au profit duquel aurait été faite une disposition dont la naissance de l'enfant serait la condition. L'honneur de la mère se trouverait alors en opposition avec les droits de ce tiers ; et la morale publique exigerait que l'on présumât que l'enfant n'est pas né viable.

Il en serait encore de même dans cette espèce. Un mari revient des Indes : cent quatre-vingt-un jours après, sa femme accouche à son insu ; on l'enterre, et on tait au mari sa naissance comme sa mort. L'une et l'autre cependant se découvrent. Le mari rend plainte en adultère, et il fait ce raisonnement : l'enfant a vécu, donc ma femme a trahi ses premiers devoirs. — Le crime ne se présumant pas, l'intérêt de la femme doit faire décider contre la viabilité de l'enfant.

§. II. Lorsqu'on ignore si un homme du chef duquel il y a des droits à exercer, est encore en vie, ou s'il est décédé ; sur qui doit tomber la preuve de sa vie ou de sa mort ?

Lorsqu'il s'agit de recueillir une succession, c'est à celui qui a intérêt de faire déclarer héritière une personne dont l'existence est révoquée en doute, à prouver que cette personne est encore en vie. C'est ce que j'ai établi dans le *Repertoire de jurisprudence*, à l'article *Héritier*, sect. 6, §. 9; et sous le mot *Légitime*, sect. 3, §. 1. C'est aussi ce que décide expressément l'art. 135 du Code civil.

Quand il est question de recevoir une rente viagère due à un absent, est-ce sur la personne qui prétend se la faire payer, comme exerçant les droits du créancier, que doit tomber la preuve de l'existence de celui-ci? L'affirmative ne souffre aucune difficulté par rapport aux rentes dues par l'Etat: elle est établie par plusieurs lois expresses.

Mais en est-il de même, lorsque c'est un particulier qui est débiteur de la rente viagère? Cette question a été agitée en 1782 au parlement de Lorraine. Voici les faits qui y ont donné lieu.

Le 30 novembre 1777, la veuve Cheneau, de Nancy, prit la fuite, laissant derrière elle plus de deux cent mille livres de dettes. Jamais banqueroute n'avait porté un plus grand caractère de fraude. Le vœu général de ses créanciers fut d'implorer contre elle la rigueur des lois. Pour les calmer, Rutant, son gendre, leur délivra un acte du 30 avril 1774, par lequel il avait constitué à leur débitrice une rente viagère de 3,000 liv.; il leur présenta cet acte comme une ressource certaine, et leur fit entrevoir que la jouissance d'une pension de mille écus adoucirait leur position; enfin, il épuisa tout pour les conduire à épargner à sa famille une tache aussi humiliante que celle dont ils pouvaient la flétrir. La commisération à ses charmes, les créanciers se rendirent.

Il y avait eu des saisies entre les mains de Rutant; dès qu'il leur assigné en déclaration, il signifia l'acte dont on vient de parler; et d'après ses offres bien absolues et non conditionnelles, une sentence du 15 septembre 1780 a autorisé les créanciers à toucher les pensions échues et à échoir, jusqu'à l'extinction de leurs créances.

Rutant a pleinement acquiescé à cette sentence, et payé, sans certificat de vie, les mille écus qui n'étaient que la représentation de différens usufruits appartenant à la veuve Cheneau. Mais le 15 avril 1781, il a subitement changé, et il a répondu qu'il ne payerait qu'autant qu'il lui serait justifié que sa belle-mère vivait encore.

Assigné, il s'est défendu, et son exception a été accueillie par une sentence dont les créanciers ont interjeté appel.

« Rutant (disaient ceux-ci) ne doit pas à une morte, nous en convenons, et ce n'est pas là

le problème; si la mort était constante, s'élèverait-il une difficulté? Mais la question porte sur l'existence du fait même. La débitrice n'est-elle plus, ou vit-elle encore? voilà le point à fixer. Admettons que, sur cet objet, l'incertitude nous environne, présumera-t-on en faveur de la mort, plutôt que pour la vie? Enfin, qui de nous en doit la preuve?

» Lorsqu'un créancier a présenté son titre, il a tout prouvé; c'est au débiteur, qui maintient que ce titre est détruit et la créance acquittée, à en fournir la preuve.

» Nous avons un titre contre vous; justifiez-nous donc qu'il est éteint; il ne peut mourir seul, et c'est à vous à établir l'exception qui l'anéantit. C'est à vous à prouver que vous ne devez plus. Vous avez besoin d'une quittance, où est-elle? Si la vie est un fait, la mort en est un aussi. Pour vivre, il ne faut qu'être aujourd'hui ce qu'on était hier; pour mourir, il faut changer d'état, ou plutôt le perdre; toujours la présomption est pour la vie: et l'être qui n'a pas encore atteint les jours de la vieillesse, est censé vivre; la loi même suppose que le temps le conduira au bout de la plus longue carrière que la nature ait accordé à l'homme.

» Dans le vrai, le terme de cent années ne prouve pas même certainement la mort de l'absent; tous les jours, les papiers publics parlent de gens dont l'existence s'est portée plus loin. Il est très-prouvé que, dans le siècle dernier, l'Angleterre a vu des hommes chargés de cent cinquante ans; plus d'un habitant du nord arrive à cent, et franchit ce prétendu terme de la vie. Ainsi, tout autorise la présomption de la loi; et elle a toujours été si religieusement suivie, que Lebrun cite un arrêt du 7 juillet 16 9, qui a décidé qu'un nommé Joseph Tillement, étant parti pour un long voyage, quoique depuis seize ans il n'eût pas donné la plus petite preuve de son existence, était cependant réputé avoir succédé à sa mère, qui n'avait fermé les yeux que quatorze ans après le départ de son fils; et les créanciers de ce dernier partageaient sa succession avec ses cohéritiers.

» La pension est viagère, répondrez-vous, et il faut vivre pour en jouir; mais pour hériter, il faut vivre aussi, et les morts ne succèdent pas: si donc les créanciers de l'absent recueillent une succession de son chef, c'est qu'il est présumé vivant. De l'opinion contraire, il suivrait que, par une convention faite avec le pensionnaire et son débiteur, il serait très-facile de se jouer des créanciers qui, par là, se trouveraient à la merci de l'un et de l'autre.

» Si Cheneau jouissait encore de la vie, qu'il se présentât à son curé, pour en obtenir la bénédiction nuptiale, et que ce pasteur lui demandât où est l'extrait mortuaire de son épouse, serait-il reçu à lui dire : *Prouvez-moi qu'elle vit, sinon mariez-moi à l'instant.* Le curé pour éviter une discussion, ne lui opposerait qu'un sourire, ou il lui répondrait : *La raison seule enseigne que, dès que vous êtes sans extrait mortuaire et sans preuve quelconque qu'elle ait cessé d'être, on ne peut pas la réputer morte, et la loi suppose que la nature lui accordera cent années de vie.* Pourquoi la dame Cheneau qui, dans ce cas, serait présumée jouir de toute son existence, serait-elle censée, dans l'autre, l'avoir perdue ?

» Les créanciers d'un absent, au profit duquel s'ouvre une succession, ne sont nullement tenus de prouver qu'il respire encore pour s'en emparer ; il leur suffit de justifier qu'il n'avait pas atteint le moment où la loi le présume sous la tombe, y eût-il nombre d'années qu'il a disparu. Si maintenant notre débitrice recueillait une succession, ne serions-nous pas fondés, la loi à la main, à nous en saisir, à moins que vous n'apportassiez un acte irréprochable en la personne, qui fît taire la présomption de la loi ? Or, si la loi présume que l'absent existe pendant un siècle, lorsqu'il s'agit de recueillir une succession, fût-elle d'un million, ne doit-elle pas le présumer, lorsqu'il est question de toucher une pension, une rente ? Dans une de ces conjonctures, il s'agit d'un fonds, et dans l'autre d'un fruit. Enfin, chez nous, le curateur en titre jouit pendant dix ans de la succession échue à l'absent, et rien ne peut l'en dépouiller ; ce terme révolu, les parens n'obtiennent la jouissance provisionnelle, que parce que nul n'a intérêt à la leur disputer ; et s'il se rencontre des créanciers, dès l'instant de l'ouverture de la succession, ils sont saisis et les parens écartés.

» Qui sommes-nous (continuaient toujours les créanciers) ? l'absent même ; toutes ses actions sont à nous, et nous sommes à lui. Vous, débiteur, ou pour parler plus exactement, vous héritier, ne pouvez prétendre être libéré qu'autant que l'absent n'est plus : donc, tant que vous n'avez point justifié sa mort, vous demeurez son obligé ; ce n'est que sur son tombeau que peut-être écrite votre libération ; ainsi, montrez-nous où repose sa cendre, ou payez.

» En nous signifiant que vous étiez prêt à payer, en le déclarant à l'audience, sans y attacher la condition que nous étions dans l'impuissance de remplir ; c'était donc une déclaration dérisoire et vaine que vous faisiez, et dont l'objet unique était de ne pas vous mettre en contradiction avec les circonstances ; vous avez plié sous le joug du moment, pour le secouer ensuite, en nous réduisant à lutter contre l'impossible.

» Car, quel est l'être que vous nous condamnez à découvrir ? Une femme dont toute la vie a été tissue de souplesses, qui toujours a su prendre la physionomie de l'événement ; une femme qui depuis la mort de son mari, a été connue par plus d'un genre d'adresse, ou plutôt qui réunit toutes les espèces d'industrie ; qui, dans le même instant, s'agite, se plie en sens contraires, et subit, à la fois, toutes les formes possibles ; une femme qui nécessairement cherche à échapper à tous les regards, parce qu'elle porte un front déshonoré. Vous exigez que nous vous représentions un certificat de vie, signé d'elle : 1.° elle a changé de nom ; 2.° elle peut refuser de signer ; sûrement elle le fera, et nous voilà payés.

» Sans cesse elle craindra qu'en nous laissant arriver jusqu'au point qu'elle habite, elle ne compromette sa liberté, et peut-être quelque chose de plus. Que lui fait que nos créances soient acquittées ou non ? L'état où elle est, abaisse l'ame, et y éteint le sentiment de l'honnête et du juste ; elle est à la discrétion du moment, et n'a plus qu'un calcul, c'est d'éluder et de tromper nos recherches. Vous voulez donc nous faire courir à un but qui recule sans cesse ? Et vous nous dites : *Voilà un Protée, soyez des Ulysses.* Telle est notre ressource.

» Quand nous frapperions aux portes de la vérité, peut-être en avez-vous la clef ; vous étiez saisi d'une lettre de cachet contre votre belle-mère, et rien n'a encore détruit une idée qui s'est présentée à nous : c'est que vous la tenez, et qu'elle est sous votre main ; que vous ne nous avez offert les 30,000 livres, que pour éteindre la première fermentation, et qu'il entrait dans votre projet de nous les refuser au bout de très-peu d'années...

» Il est un autre raisonnement que l'on rencontre plutôt qu'on ne le cherche : c'est que la banqueroute une fois ouverte, nous étions saisis de droit, de la pension ; les actions rescindantes et rescisoires de notre débitrice, reposaient dans notre main. Si vous aviez exigé de nous un certificat de vie, quel besoin avions-nous de vos offres ? Ainsi, pour leur donner un sens équitable, il faut en conclure que vous vous êtes engagé à nous compter annuellement cette somme, pendant la durée ordinaire de la vie de l'homme pour faire cesser nos poursuites, en adoucissant nos maux.

» Vous vous êtes dit : lorsque j'ai fait une pension de mille écus à ma belle-mère, je me suis arrangé pour vingt à vingt-cinq ans de vie ; ce terme-là est entré dans ma spéculation ; je vais donc compter à ses créanciers, ce que je croyais lui compter à elle-même.

» Quand on jette un coup d'œil désintéressé et tranquille sur les circonstances, il demeure prouvé que cela a été ainsi ; autrement, qu'avez-vous donc voulu faire ? Votre objet a-t-il été de contracter un engagement imposteur, pour endormir notre indignation, laisser éteindre nos preuves, et ensuite secouer froidement vos liens ?

» Que cette pensée est loin de mon ame, vous écrierez-vous ! Nous le croyons très-volontiers; mais suffit-il ici de défendre vos intentions et de nous en offrir le tribut ? N'est-il pas des occasions où il est même inutile de jurer ? Les vrais sermens sont les faits. En dernier terme, votre but est de ne pas nous payer ; cependant si la veuve Cheneau est morte, vous pourez aisément en avoir la preuve ; vous étiez à la suite de sa marche, et nous l'ignorions; nous sommes sans rapports avec elle, et vous en aviez certainement de très-intimes ; sans injustice, on peut présumer que vous en avez reçu et que vous en recevez des lettres, tandis que nulle correspondance n'a existé entre elle et nous ; quelle étrange différence dans nos positions ! Ajoutons enfin que nous sommes presque tous dans une situation très-étroite, et vous dans un état voisin de l'opulence, et que la grande partie de vos jouissances vient de notre débitrice dont vous tenez toute la fortune : la probité la plus pure aurait-elle donc aussi ses sophismes et ses erreurs?....

» Nulle comparaison à établir entre la rente dont il s'agit, et celles qui sont dues par l'Etat. 1.° Le gouvernement est le maître d'apposer aux pensions qu'il donne, aux rentes qu'il crée, telle condition qu'il veut, et d'y attacher l'exécution de son engagement ; c'est une charge de la rente ou du bienfait ; à l'instant du contrat, le créancier se soumet à la remplir, et elle est entièrement en son pouvoir. 2.° Celui qui ne se présente pas pour toucher, est censé abandonner ou n'être plus ; et dans cette position, on peut dire à son mandataire : « Justifiez que vous l'êtes encore ». 3.° Il a fallu que le législateur donnât une loi, il n'y en avait donc pas. Or, y en a-t-il une pour les particuliers ? ou celle-là est-elle déclarée commune avec eux ? Non. Quand elle l'aurait été, elle serait indifférente à l'espèce. C'est une très-petite entrave pour les pensionnaires et les rentiers, de faire attester qu'ils vivent, et de le signer ; il s'agit d'eux, et non d'un tiers dont la découverte est à peu près impossible.

» Qu'aujourd'hui l'un de nous dénonce la veuve Cheneau comme banqueroutière, et qu'on l'assigne à cri public, pourriez-vous arrêter la procédure, en disant au dénonciateur : *Prouvez-moi qu'elle vit? Ne* vous répondrait-il pas : *Etablissez qu'elle est morte; elle avait encore beaucoup de jours à espérer : montrez-moi que la nature ne l'en a laissée jouir?*

» Nous avons vingt ans pour la poursuivre ; et pendant tout ce temps, elle peut être condamnée comme vivante; vous devez donc l'être à payer, jusqu'à ce que la preuve de sa mort soit apportée. Comment pourrait-il sortir du même tribunal, entre les mêmes parties, une sentence qui la condamnerait au criminel, comme vivante, et vous renverrait au civil, parce qu'il ne serait pas justifié qu'elle l'est ? Après le jugement même qui l'aurait décidé ainsi, rien ne nous empêcherait de la poursuivre comme vivante, malgré l'extrême faveur de l'absolution. Quoi ! la loi qui a tout fait pour l'accusé, qui veut que vingt ans suffisent pour éteindre son crime, ne le présume cependant pas mort ; elle laisse aux intéressés l'action criminelle contre lui, et vous voulez qu'elle les prive de l'action civile ! Vous voulez qu'elle fasse plus pour votre fortune que pour votre honneur !

» Enfin, ou l'on décidera d'après la loi, ou ce sera l'équité seule qui prononcera, ou l'on partira des calculs de probabilité. — Si vous êtes jugé d'après la loi, elle ne répute l'absent mort, que lorsqu'elle est sûre qu'il a parcouru un siècle entier. Ici, vous donnez pour morte, une personne à peine absente depuis quatre années. — Voulez-vous que ce ne soit pas la règle étroite, mais l'équité qui vous juge ? Comment apprécier votre procédé ? Vous demandez qu'il vous soit permis de dépouiller de trop malheureux créanciers; vous essayez de leur enlever les débris de leur gage, leur unique et dernière ressource ! — Adoptez-vous les calculs de probabilité ? Ouvrez Buffon, et il vous rappellera qu'en ces pages le suivant : votre belle-mère peut encore se promettre quinze ou vingt ans de vie. L'idée de ce beau génie est que, si elle a cinquante ans, on le suppose, il y a cent contre un à parier, qu'elle ira à soixante-cinq ou soixante-dix. Sur quel fondement prétendez-vous donc resserrer sa carrière ? Et lorsque les chances sont égales, d'après quels principes voulez-vous qu'on vous avantage dans le pari ?

» Si votre fortune et celle de vos enfans venaient à s'embarrasser et à périr dans vos mains, et que tout à coup cette prétendue morte rouvrît les yeux, quelle serait notre ressource ? Et ce n'est pas une hypothèse vaine : le chapitre des événemens n'est pas petit; tous les jours, les maisons les plus solides s'ébranlent, les meilleurs administrateurs font des fautes ou essuient des revers ; si quelquefois la fortune est un bienfait du hasard, sa perte en est aussi l'ouvrage. Quand nous n'aurions à vous présenter que des conjectures, qui font la nuance entre la fable et la vérité, encore la provision nous appartiendrait-elle. Elle est due au titre, et toutes les présomptions sont en faveur de la vie.

» Rien ne nous dit que votre belle-mère n'existe plus, pas même vous, dans vos réponses à la justice. Interrogé *quelles preuves il a de la prétendue mort de la veuve Cheneau, a répondu qu'il n'a jamais dit avoir aucune preuve de la mort de la dame Cheneau.* Et vous ajoutez ensuite : *le répondant persiste à dire qu'il ignore si elle existe ou non.*

» L'intérêt est, à quelques égards, comme

la modestie; quand il a fait un aveu, il faut le prendre au mot. Vous ignorez la mort, il ne vous est pas possible de la prouver; mais cette impossibilité que vous avouez encore dans d'autres réponses, ne naîtrait-elle pas de la certitude de la vie? 1.º Peut-être nous cachez-vous notre débitrice; s'il n'est pas permis de l'assurer, au moins rien ne nous défend de le présumer, puisque vous y avez un intérêt qui n'est pas médiocre; 2.º Vous étiez saisi d'une lettre de cachet; il fallait ou en user, ou nous la remettre, et nous vous dirions maintenant où elle respire; 3.º Quelle est la cause de la pension? c'est l'existence de l'usufruit qui lui appartenait dans tous les acquêts; son mari, en périssant, l'en avait dépouillée, et il ne le pouvait pas... Sans l'arrangement fait entre elle et vous, il subsisterait cet usufruit, et ne serions-nous pas très-fondées à vous dire : *prouvez qu'il a cessé, ou laissez-nous jouir* »?

Telle est la défense ingénieuse qu'a employée M. Prugnon, avocat au parlement de Lorraine, pour les créanciers de la veuve Cheneau. Mais on peut dire, comme on l'observait pour Rutant, qu'il avait élevé un édifice très-brillant sur des fondemens très-peu solides.

« On regrette (ajoutait le défenseur de celui-ci), de voir tant de talens mis en usage, pour défendre un système que les tribunaux ne peuvent pas adopter.

» La libération d'une dette est toujours regardée d'un œil favorable; elle la présume, même quand le titre qui en fait la base, n'est pas représenté. La liberté est toujours respectée; et les présomptions suffisent pour rompre les liens dont on veut l'enchaîner, s'ils ne sont fabriqués par des titres solides, auxquels le temps n'a pas porté atteinte. La justice s'en rapporte même, en plusieurs circonstances, au serment de celui qu'on veut faire réputer débiteur.

» Celui qui aspire à mettre des entraves à la liberté d'un autre, doit donc rapporter le titre sur lequel il fonde sa prétention.

» Une rente viagère est, sans doute, une dette respectable; elle est destinée à fournir des alimens à celui au profit duquel elle a été créée; mais n'ayant d'autre base que la nécessité de ces alimens, elle cesse d'exister dès que la vie qu'il fallait soutenir, est éteinte par le trépas. La vie du rentier est donc le titre unique qui rend la rente viagère exigible. C'est donc à lui à prouver l'existence de ce titre, dont l'extinction opère la libération du débiteur : il n'est pas dû d'alimens à une personne qui a cessé de vivre; et ce n'est qu'en prouvant que l'on vit encore, que ce qui est nécessaire au soutien de la vie, peut être exigé.

» Lorsqu'il s'agit de la succession d'un absent, on le suppose vivant pendant quelque temps, il

est vrai; et l'on prend des précautions pour lui conserver ses propriétés qu'il recouvre, s'il réparaît dans sa patrie, même avec tous les fruits échus pendant son absence. C'est que l'intérêt public exige que les propriétés ne restent point vacantes, et ne retombent point dans le chaos du droit naturel.

» Le même avantage est réservé au rentier viager. Le débiteur, tant qu'il ne voit pas la preuve de la vie de son rentier, confond les arrérages de cette rente avec les propres revenus qui en étaient grevés. Mais si ce rentier réparaît, il exige et obtient la restitution des arrérages qui, pendant son silence, s'étaient accumulés dans la main de son débiteur.

» Quand il s'agit de mariage, on ne suppose, il est vrai, la mort du conjoint absent, qu'au moment où, en cas qu'il vécût, il aurait atteint sa centième année. Mais la religion et les lois civiles ont tant d'éloignement pour la bigamie, et redoutent si fort les désordres qui en pourraient résulter, qu'elles ont cru devoir prendre toutes les précautions possibles, pour en préserver ceux que l'ignorance même pourrait induire à commettre ce crime. Mais cette précaution ne peut engendrer aucun inconvénient préjudiciable à l'ordre public; elle en prévient, au contraire, de très-grands. Il n'y a donc point d'induction à tirer de ces deux cas au créancier d'une rente viagère, absent ».

En effet, par arrêt du 3 novembre 1782, le parlement de Nancy a confirmé la sentence dont les créanciers étaient appelans, et a, par conséquent, jugé que c'était à eux à rapporter la preuve que la rentière, dont ils prétendaient exercer les droits, était encore vivante.

VISA. — §. I. *Le* visa *du directeur du jury était-il nécessaire, d'après les dispositions du Code des délits et des peines, du 3 brumaire an 4, pour saisir le tribunal correctionnel de la connaissance, soit d'un délit poursuivi d'office par le ministère public, soit d'un délit forestier poursuivi par l'inspecteur des forêts? Etait-il nécessaire en matière de douanes?*

V. l'article *Directeur du jury*, §. 1.

§. II. 1.º *En matière de douanes, l'affirmation d'un procès-verbal, reçu par le juge de paix, et signé de lui, peut-elle tenir lieu du visa exigé par la loi, dans les lieux où il n'y a pas de bureau d'enregistrement?*

2.º *Les jours fériés sont-ils compris dans le délai fixé par la loi, pour faire revêtir de ce visa les procès-verbaux de douaniers?*

V. l'article *Douanes*, §. 6.

VOIE DE FAIT. — §. I. *Une voie de fait purement réelle et dont la réparation pourrait être poursuivie par l'action possessoire, peut-elle donner lieu à une procédure devant le tribunal de police?*

Cette question s'est présentée à l'audience de la cour de cassation, section criminelle, le 18 messidor an 8. Voici les conclusions que j'ai données sur l'affaire qui en était l'objet.

« Jean Gaudner vous demande la cassation d'un jugement du tribunal de police du canton de la Poutraye, département du Haut-Rhin (du 28 pluviôse an 8), qui le condamne à trois jours d'emprisonnement, à 25 francs de dommages-intérêts envers le cit. Muller, et aux dépens.

» Pour se faire une idée exacte de ses moyens de cassation, il est essentiel de bien connaître les faits.

» Jean Gaudner s'est rendu acquéreur, en 1791, d'une scierie dépendante de la ci-devant abbaye de Pairis, et contiguë à l'enclos de cette abbaye, qui a été acquis vers le même temps par le cit. Muller. Il paraît que, de temps immemorial, les eaux qui servaient à l'exploitation de la scierie, se tiraient principalement d'un ruisseau provenant du *lac noir*, et que l'abbaye tirait également de ce ruisseau les eaux qui lui étaient nécessaires dans son enclos. Des contestations s'élevèrent en 1792, au sujet de ces eaux, entre l'acquéreur de la scierie (Jean Gaudner), et l'acquéreur de l'enclos de l'abbaye, le cit. Muller. Par jugement du 31 juillet 1792, rendu à la justice de paix du canton, sur l'action possessoire intentée par le cit. Muller, il fut réglé que celui-ci ne pouvait pas prétendre à une portion d'eau excédant les besoins de sa maison, et que le cit. Gaudner pouvait disposer du surplus pour l'exploitation de sa scierie. Ce jugement ne fut attaqué ni par l'une ni par l'autre des parties; ainsi, il demeura irrévocablement jugé que le cit. Muller avait droit, jusqu'à la concurrence des besoins de sa maison, à l'usage des eaux qui provenaient du *lac noir*.

» Le 25 nivôse dernier, le garde forestier de la commune fit rapport au greffe du tribunal de police du canton de Poutraye, que le même jour le cit. Gaudner avait fait détourner les eaux qui coulaient précédemment dans l'abbaye de Pairis, et en avait fait mettre le canal à sec, pour les conduire, par un autre canal, dans celui de sa scierie. Le 18 pluviôse suivant, le cit. Muller fit citer le cit. Gaudner au tribunal de police, en concluant à ce qu'il lui fût donné acte de ce qu'il prenait cette entreprise pour trouble de la possession et jouissance où il était, depuis l'an et jour, des eaux du ruisseau provenant du *lac noir*, et à ce qu'en conséquence

le cit. Gaudner fût condamné à 25 francs de dommages-intérêts et aux dépens. Sur cette citation, les parties comparurent avec le commissaire du gouvernement, à l'audience du 28 pluviôse; et le cit. Gaudner y conclut, après avoir exposé ses défenses et exceptions, *dans lesquelles il reconnaissait le droit et la possession du cit. Muller*, à ce que la cause fût renvoyée devant les juges compétens.

» Le jugement ne nous en apprend pas davantage à cet égard. Le cit. Gaudner prétend néanmoins, dans son mémoire en cassation, avoir conclu subsidiairement à ce qu'il lui fût permis de prouver qu'il n'avait rien fait de contraire au jugement du 31 mai 1792, qu'il n'avait point détourné les eaux nécessaires à la maison du cit. Muller, et qu'il était faux que celui-ci en eût manqué un seul instant. Mais il n'existe aucune preuve que ces conclusions subsidiaires aient été prises en effet; et le jugement du 28 pluviôse, quoique d'ailleurs rédigé avec beaucoup de soin et d'intelligence, ne relate, de la part du cit. Gaudner, qu'une demande en renvoi fondée sur l'incompétence dont il arguait le tribunal de police.

» Le tribunal de police l'a débouté de cette demande, par le motif que, d'après la chose jugée en 1792, il n'était plus et ne pouvait plus être question de décider si le cit. Muller avait droit à la jouissance des eaux dont il s'agissait; que le cit. Gaudner reconnaissait lui-même le droit et la possession du cit. Muller; et qu'ainsi, il n'y avait à statuer que sur la voie de fait commise par le cit. Gaudner, et constatée par le rapport du garde forestier.

» Passant ensuite au jugement du fond, le tribunal a condamné le cit. Gaudner, sur les conclusions du cit. Muller, à 25 francs de dommages-intérêts, avec dépens; et sur celles du commissaire du gouvernement, à trois jours d'emprisonnement, en conformité des art. 600 et 605 du Code des délits et des peines. C'est contre ce jugement que le cit. Gaudner s'est pourvu en cassation.

» Il soutient d'abord que le tribunal de police était incompétent, et il part, pour le prouver, de deux points : l'un, que les conclusions du cit. Muller ne caractérisaient qu'une action possessoire; l'autre, que la loi du 24 août 1790, sur l'organisation judiciaire, attribue la connaissance des actions possessoires en première instance, aux juges de paix et à leurs assesseurs, considérés comme juges civils; ce qui leur ôte, suivant lui, le droit d'en connaître comme juges de police.

» Ce premier moyen serait en effet inexpugnable, si, à l'audience du tribunal de police, le cit. Gaudner eût contesté au cit. Muller, le droit dans lequel celui-ci se prétendait troublé; car il est universellement reconnu que, toutes les fois que, dans les causes portées aux tribunaux de police, il s'élève quelque question incidente de propriété ou de possession, ils doivent s'abstenir d'en connaître, et renvoyer les parties devant les juges ordinaires. La raison en est bien simple : c'est que les tribunaux de police ne peuvent prendre connaissance que des délits classés dans le cercle de leurs attributions, et qu'ils ne peuvent pas juger qu'il y ait délit, de la part d'une partie assignée, qui prétend n'avoir fait qu'user de son droit de possession ou de propriété.

» Mais, dans l'espèce, le cit. Gaudner a reconnu formellement à l'audience du tribunal de police, le droit et même la possession du cit. Muller; le jugement en fait foi, et le cit. Gaudner en convient lui-même dans son mémoire. Il n'y avait donc pas de question de propriété ni de possession à juger, et d'ailleurs tout avait été irrévocablement jugé le 31 mai 1792. Ainsi, il ne s'agissait plus que de savoir si le fait affirmé par le rapport du garde forestier, était vrai et s'il portait le caractère d'un délit : deux questions qui certainement n'excédaient pas les bornes de la compétence du tribunal de police.

» Qu'importe que les conclusions du cit. Muller caractérisent une action possessoire, et que la connaissance des actions possessoires soit attribuée par la loi du 24 août 1790, aux justices de paix ? La loi du 24 août 1790 n'a certainement pas dérogé à l'art. 2 du tit. 18 de l'ordonnance de 1667, qui laisse le choix à *celui qui a été dépossédé par violence ou voie de fait, de demander la réintégrande par action civile et ordinaire, ou extraordinairement par action criminelle.* La seule chose qu'ait dit et voulu dire la loi du 24 août 1790, c'est que, lorsqu'une action possessoire sera intentée par la voie civile et ordinaire, elle sera portée en première instance devant la justice de paix. Du reste, elle laisse entier le droit du possesseur spolié, d'intenter son action possessoire par la voie extraordinaire et criminelle. Ainsi, il a été bien libre au cit. Muller de s'adresser au tribunal de police plutôt qu'à la justice de paix, comme en général il est libre, aux termes de l'art. 8 du Code des délits et des peines, du 3 brumaire an 4, à tout individu qui se trouve lésé par un délit quelconque, d'en poursuivre la réparation pardevant le juge criminel ou pardevant le juge civil.

» Le second moyen du cit. Gaudner est déjà écarté par l'exposé que nous avons fait de la procédure. Le cit. Gaudner se plaint de ce que le tribunal de police ne l'a pas admis à faire preuve, ainsi qu'il y concluait, dit-il, subsidiairement, de la fausseté du fait consigné dans le rapport du garde forestier. Comme nous l'avons déjà observé, il n'existe aucune trace de ces prétendues conclusions subsidiaires ; rien ne prouve, rien ne peut faire présumer qu'elles aient été prises ; et d'ailleurs ce n'est pas ainsi qu'il eût fallu procéder, si réellement le cit. Gaudner eût eu envie de combattre le rapport du garde forestier par une preuve contraire : il eût fallu, aux termes de l'art. 162 du Code, qu'il eût produit ses témoins à l'audience même à laquelle il était cité.

» Pour troisième moyen, le cit. Gaudner prétend qu'il y a dans le jugement du 28 pluviôse, fausse application du §. 8 de l'art. 605 du Code des délits et des peines ; d'abord, parce qu'il n'y avait eu de sa part aucune *voie de fait*; ensuite, parce que les *voies de fait* dont parle la loi, sont celles qui s'exercent sur les personnes, et non celles qui peuvent s'exercer sur les choses.

» Il serait bien difficile de concevoir comment le cit. Gaudner pourrait n'avoir pas commis une *voie de fait*, en agissant comme le rapport du garde forestier prouve qu'il a réellement agi. Qu'est-ce qu'une *voie de fait* ? C'est en général tout acte par lequel on exerce, de son autorité privée, des prétentions ou des droits contraires aux droits ou aux prétentions d'autrui. Il ne faut pas confondre la *violence* avec la *voie de fait*. Jousse, dans son commentaire sur l'ordonnance de 1667, tit. 18, art. 2, observe, sur ces mots, *dépossédé par violence ou voie de fait*, que la *violence suppose de la résistance*, ce que ne suppose pas la voie de fait. Ainsi, toute violence est voie de fait, mais toute voie de fait n'est pas violence. Ici, il n'y a point eu de violence de la part du cit. Gaudner; il n'a pas pu même y en avoir, puisqu'il n'a éprouvé aucune résistance de la part de son voisin, et qu'il n'a pas eu besoin par conséquent, pour faire ce qu'il a fait, de le repousser, de le forcer, de l'intimider par la force. Mais certainement il y a eu voie de fait, puisque c'est de son autorité privée qu'il a détourné des eaux dont un jugement confirmé par une possession subséquente de huit années, assurait le droit et l'usage au cit. Muller. Et nous devons ajouter que, s'il y a eu voie de fait, il y a eu délit ou même faute punissable; car troubler ou déposséder, par voie de fait, celui qui possède publiquement, depuis l'an et jour, c'est contrevenir à l'une des règles fondamentales de l'ordre public; et cette contravention prend un caractère bien plus grave encore, lorsqu'elle est commise au mépris de l'autorité de la chose jugée. Il serait donc bien étonnant que la loi eût oublié d'infliger une peine quelconque à un pareil délit; mais il s'en faut bien que nous ayons ce reproche à lui faire. L'ordonnance de 1667, tit. 18, art. 6, allait jusqu'à obliger les juges civils devant lesquels on s'était pourvu au possessoire pour voie de fait, de condamner l'auteur de la voie de fait à l'amende. Aujourd'hui les juges civils n'ont plus ce pouvoir, mais il existe encore tout entier dans les tribunaux de police; et l'art. 605 du Code des délits et des peines veut expressément que, pour voies de fait, ils puissent condamner, non seulement à l'amende de la valeur de trois journées de travail, mais aussi à l'emprisonnement de trois jours.

» Du reste, prétendre, comme le fait le cit. Gaudner, que la loi ne parle, dans cet article, que des *voies de fait* qui ont lieu dans les *rixes*, c'est vouloir restreindre arbitrairement une disposition qui, par sa nature et par la nécessité des choses, est générale. Nous disons *par sa nature*, parce que le mot *voie de fait* s'applique, par lui-même, à toute espèce d'attentat sur les biens comme sur les personnes ; nous ajoutons, *par la nécessité des choses*, parce qu'il faut bien supposer que le législateur n'a pas voulu laisser impunies des actions qui attaquent l'ordre social, en substituant la force individuelle à l'exercice de l'autorité publique.

» Il est bien clair, au surplus, que la loi n'a pas seulement en vue les *voies de fait* qui ont lieu dans les *rixes*, puisqu'elle énonce séparément les *rixes* et les *voies de fait* : « les auteurs » de *rixes*, attroupemens injurieux ou nocturnes, voies de fait et violences légères, pourvu » qu'ils n'aient blessé ni frappé personne ». Comme il y a toujours et nécessairement voie de fait, quand il y a rixe, il est évident que, dans le système du cit. Gaudner, il eût été inutile, après avoir parlé des *rixes*, de parler en outre des voies de fait ; et que, si la loi a parlé des unes après des autres, c'est qu'elle a eu l'intention de punir les voies de fait simples, comme les voies de fait accompagnées de rixes.

» Ce n'est pas avec plus de fondement, que le cit. Gaudner argumente de ces mots, *pourvu qu'ils n'aient blessé ni frappé personne* : cette restriction n'a été mise dans la loi que pour réserver au jugement des tribunaux correctionnels, et par conséquent punir de peines plus fortes, les voies de fait et les violences qui s'exerceraient sur les personnes, soit par des blessures, soit seulement par des coups ; et il serait souverainement déraisonnable de conclure de là, que les voies de fait exercées sur les choses, ne fussent pas soumises à la disposition de cet article. En deux mots, la loi veut que les voies de fait soient punies de peines de simple police ; elle ne distingue pas entre les voies de fait exercées sur les choses, et les voies de fait exercées sur les personnes ; seulement elle ajoute que, lorsqu'elles seront exercées sur les personnes, avec des violences suivies de blessures ou de coups, il y aura lieu à des peines plus graves : ainsi, ce cas excepté, les peines de simple police s'appliquent aussi bien aux voies de fait réelles qu'aux voies de fait personnelles ; et c'est ainsi que vous l'avez jugé le 15 prairial dernier, au rapport du cit. Schwendt, et sur nos conclusions, en cassant un jugement du tribunal de police du canton de Chastel-Censoir, département de l'Yonne.

» En résumant, C. M., vous voyez que le tribunal de police a prononcé compétemment ; qu'il n'a commis dans l'instruction aucune irrégularité, qu'il a appliqué exactement la loi ; nous estimons, en conséquence, qu'il y a lieu de rejeter la demande en cassation et de condamner le cit. Gaudner à l'amende ».

Conformément à ces conclusions, arrêt du 18 messidor an 8, au rapport de M. Vallée, par lequel,

« Considérant, sur le premier moyen, que la possession des eaux du ruisseau avait été jugée entre les parties, et qu'il ne pouvait être question dans le cas particulier, que du fait par lequel Müller se plaignait d'avoir été privé de l'eau dont il devait jouir ;

» Sur le second moyen, que c'était au réclamant de produire les témoins à l'audience, s'il prétendait justifier que le cit. Müller avait joui de l'eau nécessaire pour le besoin de sa maison, ainsi qu'il en doit jouir, ce qu'il n'a pas fait ;

» Sur le troisième moyen, que le tribunal de police n'ayant à juger qu'une voie de fait, il a fait une juste application de la loi ;

» Le tribunal rejette le pourvoi du cit. Gaudner...... ».

V. le *Répertoire de jurisprudence* aux mots *Questions préjudicielles*, n. 7-3.°

VOITURE (LETTRE DE). — §. I. 1.° *Les lettres de voiture sont-elles sujettes au timbre ?*

2.° *Peuvent-elles être saisies à défaut de timbre, quand on ne les produit devant aucune autorité, devant aucun officier public ?*

Ces deux questions sont traitées dans le plaidoyer suivant, que j'ai prononcé à l'audience de la section civile de la cour de cassation, le 13 messidor an 9.

« La régie de l'enregistrement s'est pourvue devant le tribunal civil de l'arrondissement de Lyon, pour faire condamner les cit. Jacquier, père et fils, négocians, à l'amende portée par l'art. 9 de la loi du 9 vendémiaire an 6, à raison d'une lettre de voiture sur papier libre, qui avait été trouvée, signée d'eux, entre les mains d'un voiturier. Les cit. Jacquier, père et fils, n'ont pas nié le fait ; et ils ne pouvaient pas le nier, puisque la lettre de voiture était représentée par la régie. Mais ils ont prétendu que l'action intentée contre eux manquait de base, sous le prétexte que le procès-verbal du *visiteur*, qui constatait la saisie de la lettre de voiture entre les mains de leur voiturier, n'avait pas été revêtu de la formalité de l'affirmation. Et le tribunal de Lyon a adopté cette défense, en renvoyant, par son jugement du 22 messidor an 8, les soit. Jacquier, père et fils, de la demande de la régie.

» La régie se pourvoit en cassation de ce jugement; et nous devons nous hâter de dire qu'elle y est incontestablement fondée, s'il n'y a ici à considérer que le motif qui a déterminé les juges».

Après avoir détruit ce motif par les développemens rappelés à l'article *Procès-verbal*, §. 1, j'ai ajouté :

« Sur le point de savoir si les cit. Jacquier, père et fils, étaient ou n'étaient pas en contravention aux lois sur le timbre, il y a trois lois différentes à consulter : celle du 9 vendémiaire an 6, celle du 13 brumaire an 7 et celle du 6 prairial suivant.

» Les art. 56 et 60 de la première de ces lois ne permettent pas de douter que les lettres de voiture ne soient indispensablement soumises au timbre ; et que tout négociant qui en remet une à un voiturier, sur papier libre, ne soit sujet à l'amende. L'art. 56 porte : « Les lettres de voiture, les connaissemens, chartes-parties et » polices d'assurance, les cartes à jouer, les » journaux, gazettes, feuilles périodiques ou » papiers-nouvelles, les feuilles de papier de » musique, toutes les affiches, autres que celles » d'actes émanés d'autorité publique, quels que » soient leur nature et leur objet, seront assu- » jettis au timbre fixe ou de dimension ». Et l'art. 60 ajoute : « Ceux qui auront répandu des » journaux ou papiers-nouvelles, et autres » objets compris dans l'art. 56 ci-dessus, et » apposé ou fait apposer des affiches, sans avoir » fait timbrer leur papier, seront condamnés à » une amende de cent francs pour chaque con- » travention ; les objets soustraits aux droits, » seront lacérés ». Ces dispositions sont claires ; les commenter, serait les obscurcir : mais sont-elles encore en vigueur?

» L'art. 22 de la loi du 13 brumaire an 7 porte : « Toutes lois et dispositions d'autres lois » sur le timbre des actes civils et judiciaires, » et des registres, sont et demeurent abrogées » pour l'avenir ».

» Ainsi, d'après cette loi, les art. 56 et 60, décrétés le 9 vendémiaire an 6, ne font plus loi par eux-mêmes pour les lettres de voiture. Mais cette même loi ne les a-t-elle pas refondus dans ses propres dispositions?

» Il est certain que les lettres de voiture sont comprises dans l'art. 12, par lequel « sont assu- » jettis au droit du timbre, établi en raison de » la dimension, tous les papiers à employer » pour les actes et écritures, soit publics, soit » privés, savoir : 1.º les actes des notaires..., » ceux des huissiers......., les actes et procès- » verbaux des gardes....., les actes et jugemens » de la justice de paix......., les actes entre » particuliers sous signature-privée......, *et* » *généralement tous actes et écritures, extraits,*

» *copies et expéditions, soit publics, soit privés,* » *devant ou pouvant faire titre, ou être produits* » *pour obligation, décharge, justification, de-* » *mande ou défense.....*; 2.º les registres des » administrations centrales et municipales (te- » nus pour objets qui leur sont particuliers...., » les répertoires de leurs secrétaires, ceux des » notaires, huissiers, et autres officiers minis- » tériels ; ceux des receveurs des droits et re- » venus des communes ; ceux des fermiers des » postes et messageries ; ceux des compagnies, » etc. »

» Avant d'aller plus loin, convenons d'une vérité qui est d'une grande importance : c'est que la loi assujettit les lettres de voiture au timbre, par cela seul qu'elle y assujettit *tous* *actes et écritures, soit publics, soit privés, devant* *ou pouvant faire titre, ou être produits pour* *obligation, décharge, justification, demande ou* *défense.*

» Mais, dit-on, ces actes ne sont soumis au timbre que pour le cas où ils sont produits en justice.

» S'il en était ainsi, des actes mentionnés dans cet alinéa de l'article, il en serait donc de même des autres actes et des registres dont le même article présente la nomenclature ! Il fau- drait donc dire la même chose des actes des notaires, de leurs protocoles, des registres, des receveurs des droits et revenus communaux, de ceux des fermiers des postes et messageries, etc. ! car la loi, dans cet article, met sur la même ligne tous les actes, toutes les écritures dont elle contient l'énumération ; et si cette consé- quence est fausse, si elle est absurde, le prin- cipe ne peut pas être vrai.

» Mais avançons, la loi elle-même lèvera tous les doutes ; l'art. 16 porte : « Sont exempts du » droit et de la formalité du timbre (tels et tels » actes publics)..... les doubles, autres que » celui du comptable, de chaque compte de » rentes ou gestion *particulière et privée*......, » toutes quittances entre particuliers, pour » créances en sommes non excédant 10 fr.... ». Ainsi, voilà deux espèces d'actes sous seing- privé, que la loi affranchit du timbre.

» Passons maintenant à l'art. 30 : « Les écri- » tures privées qui auraient été faites sur papier » non timbré, sans contravention aux lois du » timbre, quoique non comprises nommément » dans les exceptions, ne pourront être pro- » duites en justice sans avoir été soumises au » timbre extraordinaire ou au *visa pour timbre,* » à peine d'une amende de 30 francs, outre le » droit de timbre ». Il résulte évidemment de cet article, qu'il est des écritures privées qui, quoique non comprises nommément dans les exceptions déterminées par l'art. 16, ne sont pas sujettes au timbre : quelles sont ces écri- tures privées ? La loi ne le dit pas ; mais à coup sûr, elles ne peuvent pas être du genre de

celles qu'énumère et que caractérise l'art. 12 :
car la loi ne peut pas dire à la fois, qu'elles
sont sujettes au timbre, et qu'elles en sont
exemptes.

» Et ce qui prouve invinciblement que l'art.
12, en assujettissant au timbre les écritures privées dont il parle, n'a pas entendu les y assujettir seulement dans le cas où elles seraient
produites en justice, c'est que l'art. 30 y assujettit, dans ce cas même, les écritures privées
qui, par leur nature, en sont exemptes. Nous
ne saurions trop, C. M., appeler votre attention
sur cette disposition de la loi, elle est véritablement décisive.

» Mais, au surplus, s'il pouvait rester là-
dessus le moindre doute, la troisième loi dont
il nous reste à vous entretenir, celle du 6 prairial an 7, l'aurait bientôt dissipé.

» Cette loi n'a pas, comme son titre paraît
du premier abord l'annoncer, pour objet principal le timbre des avis imprimés ; elle roule
aussi sur le timbre des feuilles de supplément
des journaux, sur le timbre des connaissemens
et chartes-parties, sur le timbre des polices d'assurance, sur le timbre des billets et obligations
non négociables, sur le timbre des mandats à
termes ou de place en place, enfin, sur le timbre
des lettres de voiture. Et d'ailleurs, pour connaître l'objet d'une loi, ce n'est jamais à son
titre qu'il faut s'attacher. Le titre d'une loi n'est
point l'ouvrage du législateur : les lois se dé-
crètent sans titre, et le titre que chacune d'elles
porte dans le Bulletin, n'y a été mis que par le
directeur de l'imprimerie nationale, sous l'inspection du ministre de la justice. C'est un point
de fait dont la certitude ne saurait être contestée.

» Au surplus, que porte la loi dont il s'agit ?
— « Art. 1. Les avis imprimés, quel qu'en soit
» l'objet, qui se crient et se distribuent dans les
» rues et lieux publics, ou que l'on fait circuler
» de toute autre manière, seront assujettis au
» droit de timbre, à l'exception des adresses
» contenant la simple indication de domicile ou
» le simple avis de changement. — 2. Le droit
» établi par l'article précédent, sera de cinq
» centimes pour la feuille d'impression ordi-
» naire au-dessous de trente décimètres carrés,
» de trois centimes pour la demi-feuille et au-
» dessous, de huit centimes pour la feuille de
» trente décimètres carrés et au-dessus, et de
» quatre centimes pour la demi-feuille, sans
» qu'en aucun cas le droit puisse être moindre
» de trois centimes pour chaque annonce ou
» avis. — 3. Les feuilles de supplément jointes
» aux journaux et papiers-nouvelles, payeront
» le droit de timbre comme les journaux mêmes,
» et selon le tarif porté en la loi du 9 vendé-
» miaire an 6. — 4. Les contraventions aux dis-
» positions de la présente seront punies, indé-
» pendamment de la restitution des droits frau-

dés, d'une amende de 25 francs pour la pre-
» mière fois, de 50 francs pour la seconde, et de
» 100 francs pour chacune des autres récidives.
» — 5. Les lettres de voiture, connaissemens,
» chartes-parties et polices d'assurance, seront
» inscrits à l'avenir sur du papier du timbre d'un
» franc. — 6. A compter de la publication de la
» présente, les billets et obligations non négo-
» ciables, et les mandats à terme ou de place
» en place, ne pourront être faits que sur pa-
» pier du timbre proportionnel, comme il en
» est usé pour les billets à ordre, lettres de
» change et autres effets négociables, sous la
» même peine. — 7. La loi du 9 vendémiaire
» an 6 continuera d'être exécutée, selon sa
» forme et teneur, dans toutes les dispositions
» auxquelles il n'est pas expressément dérogé
» par la présente ».

» Ce dernier article, C. M., vous paraîtra
certainement décisif. Le préambule de la loi
avait annoncé que l'intention du législateur était
d'élever les revenus publics au niveau des besoins nés de la guerre ; et c'est pour mettre le
couronnement aux dispositions faites dans cette
vue, par les six premiers articles, que le septième remet en vigueur toutes les dispositions
de la loi du 9 vendémiaire an 6, relatives au
timbre, quoique la loi du 13 brumaire an 7
n'en eût conservé expressément que celles qui
portaient sur les journaux, sur les feuilles de
papier-musique, sur les affiches et sur les cartes
à jouer.

» Dès-là, plus de doute sur l'assujettissement
absolu des lettres de voiture au timbre ; et par
ces considérations, nous estimons qu'il y a lieu
de casser et annuller le jugement dont il s'a-
git...... ».

Conformément à ces conclusions, arrêt du
13 messidor an 9, au rapport de M. Audier
Massillon, qui,

« Vu les art. 56 et 60 de la loi du 9 vendémiaire an 6, l'art. 12 de la loi du 13 brumaire
an 7, les art. 4 et 5 de la loi du 6 prairial
an 7...... ;

» Attendu qu'il résulte des lois ci-dessus rapportées, que les lettres de voiture sont soumises
au droit de timbre ;

» D'où il suit que le tribunal civil du département du Rhône, en rejetant la demande des
régisseurs des droits de timbre et d'enregistrement, et en décidant que le procès-verbal de la
contravention commise par les cit. Jacquier,
ne devait faire aucune foi en justice, pour n'a-
voir pas été affirmé au désir de la loi du 14
fructidor an 3, a fait une fausse application de
cette loi, et a contrevenu expressément aux
art. 56 et 60 de celle du 9 vendémiaire an 6,
à l'art. 12 de celle du 13 brumaire an 7, et aux
art. 4 et 5 de celle du 6 prairial an 7 ;

» Casse et annulle...... »

Il a été rendu deux arrêts semblables, les 2 brumaire et 21 germinal an 10, ils sont rapportés à l'article *Procès-verbal*, §. 1.

Voyez encore sur cette question le décret du 16 messidor an 13, concernant la vérification du papier sur lequel sont écrites les lettres de voiture, chartes - parties, etc.; le décret du 3 janvier 1809, concernant le timbre des voitures; et le paragraphe suivant.

§. II. *Le négociant sur le voiturier duquel a été saisie une lettre de voiture sur papier libre, peut-il éluder la peine de sa contravention, en représentant un double timbré de cette lettre de voiture ?*

Sur cette question portée, le 21 pluviôse an 9, à l'audience de la cour de cassation, section des requêtes, j'ai donné les conclusions suivantes :

« Cette affaire a quelque analogie avec celle qui vient de vous occuper (1).

» Il y est encore question d'une lettre de voiture sur papier libre, saisie entre les mains d'un voiturier, qui la tenait des cit. Bimar et Glaize, dont elle portait également les signatures.

» Les cit. Bimar et Glaize n'ont pas pu, comme dans l'affaire précédente, se retrancher sur le défaut d'affirmation du procès-verbal de la saisie; car dans cette espèce, le procès-verbal avait été affirmé le lendemain de la saisie, devant le juge de paix. Mais ils ont prétendu que la lettre de voiture saisie sur leur voiturier, n'était pas sujette au timbre.

» Comment donc ont-ils cherché à justifier cette prétention ? Ont-ils nié que les lettres de voiture en général fussent assujetties au timbre, par les lois des 9 vendémiaire an 6 et 6 prairial an 7 ? Non, ils voyaient trop clairement qu'une pareille défaite ne tiendrait ni contre l'art. 56 de l'une, ni contre l'art. 5 de l'autre.

» Qu'ont-ils donc imaginé ? Ils se sont avisés de dire que la lettre de voiture signée d'eux, qui avait été trouvée sur leur voiturier, n'était que le double d'une autre lettre de voiture signée des cit. Felelman, Vezet, Levat et compagnie, négocians à Montpellier, et par laquelle ceux-ci envoyaient à leur correspondant à Versoix, les mêmes objets qui se trouvaient relatés dans la lettre de voiture saisie; et le tribunal civil de Montpellier, adoptant, sur leur parole, une allégation aussi peu d'accord avec les usages du commerce, et par conséquent aussi dénuée de vraisemblance, a, par ce seul motif, déchargé

les cit. Bimard et Glaize des demandes de la régie.

» C'est ce jugement que la régie vous défère en ce moment ; et nous osons dire qu'il n'en est peut-être pas encore passé sous vos yeux, un seul aussi étrange, aussi évidemment marqué au coin de l'envie la plus décidée d'absoudre tous les fraudeurs des droits du trésor public.

» Un fait constaté par le procès-verbal de la saisie, et que n'ont pas nié les cit. Bimar et Glaize, c'est que leur voiturier était porteur de la lettre de voiture signée d'eux. Un autre fait qui résulte du même acte, c'est que ce voiturier n'était point porteur de la prétendue lettre de voiture, signée des cit. Felelman, Verzet, Levat et compagnie, car, s'il en eût été muni, et si elle lui eût été remise pour satisfaire à la loi, il l'aurait représentée; et non-seulement il ne l'a point fait, mais, sur l'interpellation du préposé de la régie, *pourquoi, au mépris des lois, il était porteur d'une lettre de voiture non timbrée*, il a répondu simplement que, *n'étant que conducteur, il les recevait comme on les lui donnait ;* ce qui prouve bien qu'il n'en avait point d'autre, et surtout qu'il n'en avait point qui fût timbrée, et qui portât sur les mêmes objets que la lettre de voiture dont on faisait la saisie entre ses mains. Cela posé, en fallait-il davantage pour condamner les cit. Bimard et Glaize ?

» Qu'entend-on par une lettre de voiture ? C'est une lettre ouverte, qui contient un état des choses qu'un voiturier dénommé est chargé de conduire à la personne à laquelle elles sont envoyées. Et quel est l'objet de cette lettre ? C'est de procurer au voiturier le moyen de faire sur sa route les déclarations que la loi ou la police peuvent exiger de lui, relativement à la nature du chargement; c'est de constater ses engagemens envers la personne à laquelle son chargement est destiné; c'est aussi de déterminer le salaire qui lui sera dû à son arrivée. Il faut donc que la lettre de voiture soit remise au voiturier, et qu'il en soit porteur. Il n'y a donc véritablement de lettres de voiture, que celles dont les voituriers se trouvent munis sur leur route. Dès-là, qu'est-ce qu'a entendu la loi, quand elle a assujetti au timbre les lettres de voiture ? Bien évidemment elle a entendu frapper de cette sujétion les lettres de voiture remises aux voituriers, les lettres de voiture dont les voituriers sont porteurs. Sans doute, il est bien libre au propriétaire, ou même au commissionnaire-chargeur, de retenir par-devers soi un double de la lettre de voiture qu'il remet au voiturier; mais ce n'est point ce double qui constitue, aux yeux de la loi, la lettre de voiture; la loi ne reconnaît pour lettre de voiture, que celle qui est entre les mains du voiturier.

» Comment donc le timbre apposé sur le double de la lettre de voiture, resté entre les

---

(1) C'était celle qui depuis a été jugée définitivement à la section civile, le 21 germinal an 10, et dont il est parlé sous le mot *Procès-verbal*, §. 1.

mains du chargeur, pourrait-il dispenser de cette formalité la lettre de voiture remise au voiturier? D'un côté, ce n'est pas le double resté entre les mains du chargeur, que la loi assujettit au timbre; et il est évident que le timbre apposé sur un acte qui n'y est pas sujet, ne peut pas en exempter un autre acte que la loi y a soumis. D'un autre côté, et ceci est plus péremptoire encore, si l'on admettait un pareil système, jamais les contraventions à la loi sur le timbre ne pourraient être réprimées; car, dès que le chargeur apprendrait la saisie faite sur son voiturier, d'une lettre de voiture non timbrée, il se hâterait d'en transcrire le contenu sur du papier frappé du timbre destiné à ces sortes d'actes; il donnerait à cette transcription, la même date qu'à la lettre de voiture saisie; ensuite, il la présenterait comme le double originaire de la lettre de voiture sur papier libre, dont son voiturier aurait été trouvé porteur; — Et voilà précisément ce qu'ont fait, dans la cause actuelle, les cit. Bimard et Glaize, sauf que, plus adroits encore, ils ont fait faire par des tiers qu'ils ont, à tort ou à raison, qualifiés de propriétaires des objets chargés, le prétendu double de la lettre de voiture saisie sur leur voiturier.

» Par ces considérations, nous estimons qu'il y a lieu d'admettre la requête de la régie de l'enregistrement ».

Ces conclusions ont été adoptées par arrêt du 21 pluviôse an 9, au rapport de M. Barris; et l'affaire portée en conséquence à la section civile, arrêt y est intervenu, le 2 brumaire an 10, au rapport de M. Riolz, par lequel « le tribunal, considérant que les lois sur le timbre des lettres de voiture, s'appliquent évidemment et nécessairement aux lettres de voiture trouvées sur les voituriers, et portant sur la marchandise dont ils sont chargés; casse et annule le jugement du tribunal civil de Montpellier, du 4 frimaire an 9, pour contravention aux lois sur le timbre, notamment à l'art. 5 de celle du 6 prairial an 7.... ».

VOITURIER. — §. I. *Lorsqu'un voiturier, à son arrivée dans le lieu où il doit, suivant sa lettre de voiture, remettre les paquets ou ballots dont il est chargé, ne trouve pas les personnes à qui ils sont adressés, et qu'en effet ils n'y ont point de domicile ou magasin connu, est-il obligé de faire dresser, pour sa décharge, un procès-verbal de perquisition; ou suffit-il qu'il les dépose au bureau des marchands du lieu?*

Cette question a été agitée dans une espèce rapportée à l'article *Commissionnaire*, et jugée par arrêt du parlement de Douay, du 8 juin 1785.

Avant la sentence du 13 mars 1784, dont nous avons parlé en rendant compte de cette espèce, les juges-consuls de Lille en avaient rendu une autre, le 22 décembre 1783, par laquelle ils avaient chargé Piedoye de prouver que, lors de l'arrivée des marchandises dont il s'agissait, en la ville de Brest, il avait été dressé procès-verbal de la perquisition des personnes de Rhoner et Riscoff. Piedoye a appelé de cette sentence en même temps que de la définitive; et il a soutenu qu'en prouvant, comme il offrait de le faire, que Rhoner et Riscoff avaient quitté, à l'époque en question, leur domicile et leur maison de commerce à Brest, il devait être pleinement déchargé.

A quoi étais-je tenu (disait-il), soit par moi-même, soit par mes préposés? A transporter les marchandises à Brest? Je l'ai fait. A les déposer au domicile de Rhoner et Riscoff? J'ai cherché à le faire; mais cela m'a été impossible par le fait même de Rhoner et Riscoff, qui avaient quitté leur maison de commerce, sans en prévenir leurs correspondans. Que peut-on donc reprocher à mes voituriers? De n'avoir pas fait dresser un procès-verbal de perquisition? Mais où est la loi qui le leur ordonnait? Il n'en existe point; et vous voulez que des gens simples et grossiers, soient plus sages, plus prévoyans, plus scrupuleux que le législateur lui-même! Il y a mieux: quand il existerait une loi pour la formalité dont vous me reprochez l'omission, elle ne serait nécessaire que dans le cas où les personnes à qui sont adressés les objets confiés au voiturier, se trouveraient vraiment dans le lieu indiqué: alors, sans doute, on pourrait dire que, si le voiturier avait fait une perquisition régulière et juridique de ces personnes, il aurait découvert leur domicile et rempli sa commission. Mais lorsqu'elles n'y sont pas, comme toute la diligence possible du voiturier ne servirait de rien, l'omission d'un procès-verbal ne fait non plus aucun tort; et dès-là, il n'est point en faute. C'est à peu près le cas d'un protêt de lettre-de-change: le néglige-t-on, le fait-on à tard, quand il y a des fonds au lieu où la traite doit être acquittée, le porteur paye sa négligence par la perte de toute action récursoire? Ne se trouve-t-il, au contraire, ni fonds, ni provision pour acquitter la lettre, la négligence du porteur n'a point nui, et il a conservé son recours comme s'il avait fait le protêt à temps?

Sur ces raisons, arrêt du 13 avril 1785, par lequel le parlement de Douay, avant faire droit sur l'appel des deux sentences, a chargé Piedoye et les voituriers de prouver que Rhoner et Riscoff n'avaient plus de domicile ni de maison de commerce à Brest, lors de l'arrivée des marchandises en cette ville, dépens réservés.

Il est sensible, par le préjugé résultant de cet arrêt, que, si Piedoye eût pu faire la preuve qu'il lui imposait, il n'aurait pas essuyé en définitive la condamnation dont il a été rendu compte sous le mot *Commissionnaire*.

§. II. *Lorsqu'un voiturier a détérioré, par sa faute, des marchandises ou d'autres objets, en est-il quitte en payant le déchet qu'il leur a fait éprouver, ou peut-on le forcer de les prendre à son compte, et d'en payer la valeur ?*

Cette question s'étant présentée au présidial de Moulins, les juges de ce siége ont décidé que Louis Moine, voiturier, qui s'était chargé d'un ballot de draps pour le sieur Campanel, reprendrait les pièces tachées et gatées par son fait, et qu'il en payerait la valeur sur le pied de la facture.

Sur l'appel interjeté au parlement de Paris, par Louis Moine, un arrêt interlocutoire a ordonné une nouvelle visite des draps dont il était question.

Les experts ont dit dans leur rapport, que les draps étaient tachés et délustrés en plusieurs endroits, que l'une des pièces annoncées dans la facture, de couleur maron-pourpré, leur avait paru brun-vif; qu'une autre pièce n'avait ni plomb ni étiquette; et au surplus, que les défectuosités provenant du fait du voiturier : enfin, ils ont déclaré qu'après avoir mesuré dans chaque pièce, toutes les parties qui s'étaient trouvées défectueuses, ils estimaient à 89 liv. 15 sous le déchet sur la vente de ces parties.

En conséquence de ce rapport l'appelant a offert de payer la somme de 89 liv. 15 sous., et comptait être quitte.

L'intimé a soutenu, de son côté, que les pièces de drap avaient été mouillées en plusieurs endroits, de manière que, dans chaque pièce, on trouvait des parties qui étaient restées tachées; que ces défectuosités, répandues par place, rendaient les pièces d'un prix très-inférieur, et que Campanel serait exposé à les garder long-temps dans son magasin; que, s'il parvenait à les vendre, ce ne serait qu'à une perte très-notable. Ces considérations, ajoutait l'intimé, sont suffisantes pour faire condamner Louis Moine à se charger des marchandises, et à payer la somme de 805 livres qui en forme le prix, suivant la facture.

Par arrêt du 28 septembre 1779, le sentence du présidial de Moulins a été confirmée.

VOL. — §. I. *Peut-on poursuivre criminellement contre une femme le vol qu'elle a fait à son mari ? Le peut-on contre ses complices ?*

Le 23 thermidor an 4, le tribunal criminel du département du Doubs a écrit au ministre de la justice, que « Bronchveig, juif d'origine, avait porté plainte contre *sa femme et complices*, à l'occasion d'un vol avec effraction intérieure ; qui avait soustrait de son domicile ses effets les plus précieux, des bijoux, de l'argent, des montres et autres marchandises de son commerce ; que l'instruction de la procédure avait désigné sa femme, sa servante et un suisse, qui tous étaient évadés ; que le jury d'accusation avait déclaré qu'il y avait lieu à accusation contre ces trois individus ; que pendant que le tribunal criminel s'occupait de leur contumace, Bronchveig lui avait écrit qu'il pardonnait à sa femme à cause de sa grande jeunesse, qu'en le volant, elle s'était volée elle-même, parce que tout était commun entre eux ; et qu'il priait qu'on ne fit plus de poursuites contre elle ».

Le tribunal a rappelé, à ce sujet, le principe établi par le droit romain, que *toute action fameuse*, même *pour vol*, est interdite entre époux ; et que la plainte du mari, en pareil cas, ne peut être reçue contre les complices.

Il a observé que le Code pénal ne faisait acception de personne, lorsqu'il punissait le vol; mais qu'il était douteux si de son silence sur ce cas particulier, on pouvait conclure que la femme dût être punie comme coupable de vol, lors surtout que le mari lui pardonnait ; et il a demandé si l'on ne pourrait pas proposer au jury de jugement la question relative à l'excuse.

Mais de là même (a-t-il ajouté) naît un autre doute. Si, après avoir excusé la femme, le jury ne regardait que comme son complice le particulier qui a soustrait et emporté avec elle les effets les plus précieux du mari, quelle peine pourrait-on lui appliquer ?

« Ces deux questions (a répondu le ministre de la justice, le 10 fructidor an 4), paraissent devoir se résoudre par le même principe.

» Le vol n'est défini, ni par le Code pénal décrété le 25 septembre 1791, ni par le Code des délits et des peines du 3 brumaire dernier, ni par aucune autre loi émanée des assemblées nationales de France; il faut donc, pour en trouver la définition, remonter aux lois antérieures, et spécialement à ce qu'on appelle, dans votre département le *droit écrit*; car le décret de la convention nationale, du 21 septembre 1792, veut *que, jusqu'à ce qu'il ait été autrement ordonné, les lois non abrogées soient provisoirement exécutées.*

» Or, les lois romaines déclarent positivement que l'enlèvement fait par une femme à son mari, des effets qui appartiennent à celui-ci ne peut pas être considéré comme un *vol*.

» Si ce n'est pas un *vol* on ne peut donc pas y appliquer les dispositions du Code pénal relatives à cette espèce de délit.

» On ne peut donc pas dire qu'il y ait eu contre la femme prévention de crime emportant peine afflictive ou infamante.

» On ne peut donc regarder comme valable, ni le mandat d'arrêt décerné contre elle par le juge de paix, ni l'acte d'accusation dressé en conséquence par le directeur du jury, ni la déclaration du jury qui admet l'accusation portée contre elle, ni l'ordonnance de prise de corps qui s'en est ensuivie.

» Il y a donc lieu d'annuller le tout, ainsi que le prescrit l'art. 327 du Code des délits et des peines, du 3 brumaire an 4; et il ne peut pas conséquemment être question de traduire la femme devant le jury de jugement, encore moins de faire décider si elle est excusable ou non.

» A l'égard des deux particuliers qui sont accusés d'avoir coopéré avec elle à l'enlèvement des effets de son mari, nul doute qu'ils ne doivent être mis en jugement, puisqu'ils sont fugitifs, jugés par coutumace. Les lois romaines qualifient de *vol* la part qu'ils sont prévenus d'avoir prise à cet enlèvement; et, encore une fois, nous ne pouvons, sur la définition du vol, que nous en rapporter aux anciennes lois.

» Mais il y a, sur ce point, une distinction importante et qui a toujours été faite en pareille circonstance, ainsi que l'établissait d'Aguesseau, lors d'un arrêt du 19 avril 1698, rapporté au Journal des audiences dans l'ordre de sa date.

» Ou ceux qui ont pris part à l'enlèvement dont il s'agit, seront convaincus de l'avoir fait pour leur profit particulier, ou ils ne le seront pas.

» Dans le premier cas, ils doivent être punis, non comme complices, mais comme auteurs d'un vol.

» Dans le second cas, aucune peine ne peut leur être infligée, parce qu'il ne peut pas y avoir de complice proprement dit, là où, par la nature même du fait, il n'y a point de principal coupable; et qu'aider à commettre une action qui n'est pas un crime, aux yeux de la loi, dans son auteur, ne peut pas être un délit punissable.

» Mais dans cette même hypothèse, il doit être réservé au mari un recours civil en dommages-intérêts contre les deux co-accusés de sa femme ».

Ces principes ont été confirmés, le 6 pluviôse an 10, par un arrêt de la cour de cassation, section criminelle, ainsi conçu :

Le commissaire du gouvernement près le tribunal de cassation expose, que le 16 ventôse an 6, il a été commis un vol considérable, avec effraction intérieure, dans la maison du cit. Sicard, habitant d'Alby.

» Sa femme est prévenue de ce vol : Deux autres femmes, nommées Françoise Augusty et Rose Loubel, et Bénoît Delrieu, perruquier, ont été prévenus de complicité, comme ayant recélé les effets volés.

» La procédure a été instruite devant le directeur du jury de l'arrondissement d'Alby.

» Ce directeur a rendu, le 15 messidor an 9, une ordonnance dans laquelle il reconnaît que le vol est de nature à emporter peine afflictive, mais il y établit une distinction contraire aux principes généraux et au Code pénal.

» Il n'a traduit devant le jury d'accusation que les trois prévenus de complicité; et ses motifs pour en excepter la femme Sicard, ont été que les lois anciennes et nouvelles n'admettent point la poursuite criminelle à raison d'un vol fait par une femme à son mari et *vice versâ*.

» Il est vrai que, par la loi 17, C. *de furtis*, l'action pénale pour vol était refusée au mari et à la femme l'un contre l'autre; et l'usage en France, avant les lois nouvelles, était aussi de ne leur ouvrir que la voie civile.

» C'était seulement en cas de récélé des biens de la communauté ou de la succession d'un époux prédécédé, que ses héritiers avaient le droit de poursuivre criminellement l'époux survivant et spoliateur.

» Le motif de cette différence se trouve dans la loi romaine déjà citée : *Constante matrimonio neutri eorum neque pœnalis neque famosa datur actio. Lex enim tam atrocem actionem dare in personam itâ sibi conjunctam erubuit.*

» Le lien conjugal étant rompu par la mort, il n'y avait plus le même motif de refuser l'action criminelle aux héritiers du prédécédé.

» Or, dans l'espèce actuelle, l'action n'est point intentée par le mari contre la femme : c'est à la diligence du ministère public qui ne doit considérer que la répression des délits. Le mari n'est point partie plaignante; et d'ailleurs on doit même observer que les lois nouvelles ne faisaient point cette distinction, et dérogeant, par des dispositions expresses, aux lois anciennes, le directeur du jury ne devait pas contrevenir aux lois existantes.

» S'il y avait eu lieu, dans ces circonstances, au renvoi à fins civiles, ce n'était point au directeur du jury à le prononcer : le tribunal criminel eût été seul compétent à cet égard, en cas d'accusation admise.

» Le directeur du jury devait renvoyer la femme avec les trois autres prévenus devant le jury d'accusation. Il y a eu, de sa part, excès de pouvoir, et son ordonnance du 15 messidor an 9 doit être annullée..... Fait au parquet le 1.er nivôse an 10. *Signé* Bigot Préameneu.

Ouï le rapport de Durand Borel, l'un des juges.... ;

» Attendu sur le premier moyen proposé par le commissaire du gouvernement, que le silence du ministère public, dans le cas de soustraction d'effets dans la maison commune par l'un des deux époux, est commandé par des considérations morales, par le respect dû aux liens du mariage, et qu'il est conforme aux principes renfermés dans plusieurs lois romaines; que particulièrement ces motifs sont exprimés dans les lois 17 et 22, C. de *furtis* où l'on lit : *Maritus,* propter pudorem matrimonii , non furti , sed rerum amotarum actionem habet ; et dans la loi première , D. de actione rerum amotarum , qui s'exprime en ces termes : rerum amotarum judicium singulare introductum est adversùs eam quæ uxor fuit : quia non placuit cùm eà furti agere posse , quibusdam existimantibus ne quidem furtum eam facere. ... . Et dans la loi 22 , au même titre : Nam in honorem matrimonii turpis actio adversùs uxorem negatur ; que ces motifs fondés sur la nature du fait lui-même et sur l'honneur du mariage , repoussent également et l'action privée et l'action publique ; que depuis que cette action a été introduite en France à l'égard du vol , un grand nombre de décisions judiciaires ont appliqué les lois romaines susénoncées , soit dans le cas de l'exercice de l'action de la part du mari , soit à l'égard du ministère public ;

» Attendu que ces lois romaines ont conservé tout leur empire , quant aux dispositions que les lois françaises n'ont pas abrogées , dans les pays surtout qui sont encore régis par le droit écrit , et que telle est la position du département du Tarn ; que l'abrogation desdites lois ne résulte formellement d'aucune des dispositions des lois relatives à la nouvelle procédure criminelle ; que l'obligation prescrite par le Code des délits et des peines aux fonctionnaires spécialement établis pour l'exercice de l'action publique , de poursuivre tous les crimes , ne s'applique pas au cas proposé , puisque les distinctions admises par les lois romaines , font sortir le fait de la soustraction commise par une femme dans la maison commune , de la classe des délits prévus par le Code. .... ;

» Le tribunal rejette le pourvoi du commissaire du gouvernement ».

V. Le Répertoire de jurisprudence , au mot Vol, sect. 2, §. 4 , Recélé , n.º 1; et Vol, sect. 2, §. 4 ; art. 2 , n.º 1.

§. II. Peut-on considérer comme fait avec escalade , un vol commis au moyen de l'introduction de son auteur dans un terrain dont la clôture a pu être franchie sans échelles, sans instrument étranger , sans effort personnel extraordinaire ?

« Le procureur - général expose qu'il existe entre le tribunal correctionnel de l'arrondissement d'Amiens , et le directeur du jury du même arrondissement , un conflit sur lequel il est nécessaire que la cour interpose l'autorité dont elle est investie par la loi.

» Le 22 mai 1809, procès-verbal du commissaire de police de la ville d'Amiens, qui énonce « que , vers le minuit, le sieur Godebert, mar-» chand de poteries , ayant un étalage de ses » marchandises sur la place, au - devant de sa

Tome VI.

» maison , apperçut un individu de sa chambre » haute , lequel était occupé à prendre des po-» teries ; que Godebert ouvrit la croisée et cria : » Veux-tu t'en aller, voleur? qu'aussitôt , il » descendit de sa chambre et fut arrêter le par-» ticulier, qui était encore dans l'encadrement » qui servait de fermeture auxdites marchan-» dises ; que Delattre (c'était le nom de ce » particulier), lui lança un coup de poing , en » disant : Lâche-moi , ou je te donne des coups » de couteau ; que , sur ces cris et débats, sur-» vint le sieur Bécu qui donna main-forte au » sieur Godebert , et que tous deux conduisi-» rent Delattre au corps-de-garde ».

» Le lendemain , le magistrat de sûreté décerne un mandat de dépôt contre Delattre.

» Le 27 du même mois, plusieurs témoins sont entendus par le directeur du jury ; et il résulte notamment de leurs dépositions , que la tentative de vol dont est prévenu Delattre , a été commise dans un étalage de poteries que le sieur Godebert a au - devant de sa maison ; que « cet étalage qui entoure sa marchandise , est » en planches, à trois pieds de hauteur sur » autant de largeur ».

» Les choses en cet état, s'élève la question de savoir si la tentative de vol doit être considérée comme faite à l'aide d'une escalade, et en conséquence poursuivie au grand criminel ; ou s'il y a lieu de la ranger simplement dans la classe des vols d'effets exposés à la foi publique, et en conséquence de la poursuivre correctionnellement, aux termes de l'art. 11 de la loi du 25 frimaire an 8.

» De ces deux partis, le magistrat de sûreté adopte le second par ses réquisitions du 2 juin, « attendu qu'on ne peut considérer comme une » tentative de vol qui aurait été commise à » l'aide d'une escalade, le fait dont il s'agit, en » ce que les objets que le prévenu se propo-» sait de voler, n'étaient pas dans un lieu clos et » fermé ; mais seulement exposés sur la foi pu-» blique , sur une place de cette ville, dans » une enceinte dont la clôture n'avait que d'envi-» ron trois pieds de hauteur, clôture qu'il était » facile de franchir ; ce qui rend le délit dans » la classe des vols compris dans l'art. 11 de la » loi du 25 frimaire an 8 ».

» Le directeur du jury se range également à cette opinion ; et par ordonnance du 7 juin, renvoie Delattre à l'audience du tribunal correctionnel.

» Mais par jugement du 14 du même mois , après avoir entendu le prévenu et les témoins , « attendu qu'il est constant que l'encadrement » placé sur la place du marché aux fleurs , ren-» ferme des poteries appartenant au sieur Go-» debert ; qu'il résulte du procès-verbal du » commissaire de police , ainsi que des décla-» rations uniformes des sieurs Bécu et Godebert,

» que Delattre a été trouvé par ledit Godebert
» cherchant à voler des poteries dans l'encadre-
» ment dont il s'agit; et qu'il n'a pu s'y intro-
» duire qu'à l'aide d'escalade....; attendu d'ail-
» leurs que la connaissance des tentatives de
» vol avec escalade, n'appartient qu'aux cours
» de justice criminelle, le tribunal se déclare
» incompétent, et ordonne en conséquence que
» les pièces de la procédure seront renvoyées
» au magistrat de sûreté, pour requérir l'ins-
» truction conformément à la loi ».

» A la vue de ce jugement, le magistrat de
sûreté voulant vérifier de plus près la nature du
délit imputé à Delattre, se transporte, le 13
juillet, sur le lieu où il a été commis « où étant
» (est-il dit dans son procès-verbal du même
» jour), nous avons trouvé Louis Godebert qui
» occupe ce local pour y étaler et y déposer
» jour et nuit les poteries dont il fait le com-
» merce; nous l'avons interpellé de clorre son
» enceinte, comme il est dans l'usage de le faire
» pour la nuit; à quoi ayant aussitôt obtem-
» péré, nous avons reconnu, 1.º, que le lieu où
» ces poteries sont et demeurent exposées,
» n'est point un terrain particulier clos et fer-
» mé, mais une place publique de cette ville;
» 2.º que l'enceinte que l'on désigne comme
» clôture, est composée de deux feuillets de
» bois blanc très-étroits, cloués sur des pieux
» d'environ vingt pouces de haut, plantés entre
» les pavés, et qui présentent une défense de
» dix-huit pouces, qui n'est propre qu'à contenir
» les poteries et à les empêcher d'être brisées
» par les animaux ou par les passans qui, pen-
» dant les nuits obscures, pourraient s'y porter
» involontairement; 3.º que cette faible en-
» ceinte, qui ne ferme même pas tout le terrain
» qui forme un carré long, est suppléée aux
» quatre coins par des tables dont, pendant le
» jour, servent d'étalage, et qui ont environ
» trois pieds de haut; elles sont là fixées et
» clouées avec les feuillets dont nous venons
» de parler; 4.º qu'il n'y a ni porte ni barrière;
» que seulement, pour les nuits, on adapte à
» l'enceinte et à volonté une espèce de toit
» formé de légers feuillets de bois blanc à
» claire voie, qui posé d'un côté sûr cette
» ceinte où il est contenu par quelques cro-
» chets de fer pour empêcher l'écartement, et
» d'autre côté, dans l'intérieur de l'enceinte,
» sur des morceaux de bois de deux pieds et
» demi de haut, plantés entre les pavés pour
» soutenir cette espèce de couvercle sous lequel
» on ne place que la grosse poterie qui ne peut
» point passer entre les feuillets qui ne sont
» espacés entre eux que de deux à trois pouces;
» 5.º que cet appareil, qui se déplace tous les
» jours, sans qu'on y emploie un seul clou, se
» pose et se retire avec une égale facilité; et que
» le sieur Godebert, quoiqu'âgé et peu in-
» gambe, le franchit, notamment tous les ma-

» tins, sans la moindre difficulté, pour mettre
» sa marchandise à découvert; 6.º que le toit
» de feuillets ne règne que d'environ deux
» pieds sur les bords de l'enceinte, et laisse
» tout le centre découvert. ».

» D'après ces renseignemens, le magistrat de
sûreté, « considérant que l'arrangement (dé-
» crit dans son procès-verbal), ne peut être
» regardé comme une véritable clôture, telle
» que la définit l'art. 6 de la sect. 1
» du Code rural, la seule loi qui ait déterminé
» jusqu'à présent, ce qu'on doit regarder
» comme clôture pouvant donner lieu à une
» escalade »; déclare, par ses réquisitions du 14
juillet, persister dans celles du 2 juin.

» Et le directeur du jury, adoptant les motifs du magistrat de sûreté, rend, le même jour,
une ordonnance portant, « qu'il n'y a pas lieu de
» rédiger un acte d'accusation dans l'affaire dont
» il s'agit, et de procéder comme il est indiqué
» par le tribunal correctionnel par son juge-
» ment du 14 juin dernier ».

» Voilà comment s'est formé le conflit que
l'exposant soumet à la cour; et sans doute la
cour ne trouvera aucune difficulté à le vider
conformément à l'opinion du directeur du jury.

» Qu'est-ce qu'une *escalade?* c'est, en prenant
ce nom dans son sens littéral, l'action d'entrer
dans un terrain clos et fermé, en franchissant,
à l'aide d'une échelle, le mur, la porte, le toit
ou toute autre clôture qui le ferme.—Il ne peut
donc pas y avoir d'escalade proprement dite, là
où il n'y a pas d'emploi d'échelle; car le mot
escalade est dérivé du latin *scala*, dont l'expression française *échelle* n'est que la traduction; et de là vient que, dans le Dictionnaire de
l'académie française, les mots *escalader une
maison, une muraille*, sont présentés comme
synonymes de ceux-ci, *monter avec des échelles
dans une maison, par-dessus une muraille*.

» Il est vrai que l'usage a un peu étendu la
signification du mot *escalade;* mais même dans
l'extension qu'il lui a donnée, on reconnaît
toujours l'origine de ce mot.

» Ainsi, il y a escalade dans le sens de la loi,
toutes les fois qu'une clôture est franchie à l'aide
de moyens qui équipollent à une échelle ou en
tiennent lieu; et l'on dit qu'un homme a esca-
ladé une maison ou un mur, lorsqu'il a pénétré
dans la maison à l'aide de crochets, de cordes
ou de tout autre instrument, lorsqu'il a franchi
un mur en s'élevant de lui-même au-dessus, par
un mouvement extraordinaire de son corps.
— Et c'est sur ce fondement qu'un arrêt de la
cour, du 26 décembre 1807, a cassé, au rapport
de M. Vasse, et sur les conclusions de M. Daniels,
un arrêt de la cour de justice criminelle de Parme,
du 27 octobre précédent, qui n'avait *prononcé
qu'une peine correctionnelle contre un vol qu'elle
déclarait avoir été fait EN GRIMPANT sur un
mur.*

» Mais il ne peut pas y avoir d'escalade de la part d'un homme qui, pour franchir une clôture, n'a eu besoin, ni d'instrumens étrangers, ni d'effort personnel, pour s'élever au-dessus du rez-de-terre; et c'est ce qui arrive toutes les fois que la hauteur de la clôture qu'il franchit, n'excède pas la portée d'une enjambée naturelle.

» Aussi voyons-nous que les lois ne considèrent comme clôture véritable, que celle qui est assez haute pour qu'on ne puisse la franchir qu'en s'élevant de terre avec effort. La loi du 28 septembre 1791, sur la police rurale, tit. 1, sect. 4, après avoir dit, art. 5, que *tout le temps qu'un héritage sera clos, il ne pourra être assujetti aux droits de parcours et de vaine-pâture*, ajoute, art. 6 : « l'héritage sera réputé
» clos, lorsqu'il sera entouré d'un mur de quatre
» pieds de hauteur, avec barrière ou porte, ou
» lorsqu'il sera exactement fermé de palissades
» ou de treillages, ou d'une haie vive ou d'une
» haie sèche, ou de toute autre manière de
» faire les haies en usage dans chaque localité,
» ou enfin d'un fossé de quatre pieds de large
» au moins à l'ouverture, et de deux pieds de
» profondeur ».

» Ces notions posées, il ne s'agit plus que de savoir si, pour s'introduire dans l'emplacement où le sieur Godebert étale des poteries au-devant de sa maison, Delattre a eu besoin, soit d'une échelle, soit de tout autre instrument, soit d'un effort personnel extraordinaire.

» Or, la négative est clairement établie, et par les informations, et par le procès-verbal du magistrat de sûreté.

» Donc point d'escalade. Donc la tentative de vol dont est prévenu Delattre, ne peut être envisagée que comme un délit correctionnel.

» Ce considéré, il plaise à la cour, vu l'art. 65 de la loi constitutionnel du 22 frimaire an 8, et procédant par réglement de juges, ordonner, sans avoir égard au jugement du tribunal correctionnel de l'arrondissement d'Amiens, du 14 juin dernier, que les ordonnances du directeur du jury du même arrondissement, du 7 du même mois et du 14 juillet suivant, seront exécutées selon leur forme et teneur.

» Fait au parquet, le 25 septembre 1809. Signé Merlin.

» Ouï le rapport de M. Borel...;

» Attendu qu'à défaut d'appel du jugement du tribunal correctionnel susdaté, l'existence de deux réglemens de compétence opposés entre eux et rendus par des autorités indépendantes l'une de l'autre, rend l'intervention d'un réglement de juges nécessaire;

» Attendu que le caractère de l'escalade est l'emploi des moyens ou efforts extraordinaires pour vaincre l'obstacle opposé par une clôture; que ce caractère ne se rencontre pas dans les faits sur lesquels porte la prévention du délit dont est prévenu Antoine Delattre;

» La cour, statuant par voie de réglement de juges, sans avoir égard au jugement rendu le 14 juin dernier par le tribunal de première instance d'Amiens, section correctionnelle, lequel est déclaré nul et comme non-avenu, ordonne que les ordonnances du directeur du jury de ladite ville des 7 et 14 juillet dernier, seront exécutées; et en conséquence, renvoie Antoine Delattre devant le tribunal de première instance d'Amiens, section correctionnelle.

» Ainsi jugé... à l'audience.... de la section des requêtes de la cour de cassation, le 12 octobre 1809 ».

V. l'art. 397 du Code pénal de 1810.

§. III. *La peine portée par une loi contre l'auteur d'un vol qu'il a commis en faisant usage des armes dont il était porteur, est-elle applicable à celui qui, s'étant introduit dans une maison, a mis le couteau sur la gorge à l'habitant de cette maison, pour le forcer à lui indiquer le lieu où était déposé son argent?*

« Le procureur-général exposé que la cour de justice criminelle du département de Trasimène, a rendu, le 16 mars dernier, un arrêt qui viole ouvertement la loi, et qui, pour n'avoir pas été attaqué dans le délai fatal par le procureur-général de cette cour, n'en doit pas moins être annulé dans l'intérêt de la loi elle-même.

» Par cet arrêt, les nommés Auge et Jacques Peverini, frères, et Charles Delgreco, dit Caprino, sont déclarés convaincus, « de s'être in-
» troduits par violence, avec une autre per-
» sonne, vers une heure de la nuit du 20 oc-
» tobre 1808, dans la maison d'habitation de
» l'archiprêtre Piersimoni, tenant à l'église
» paroissiale de Cabara, canton de Brevato, ar-
» rondissement de Todi, portant tous des armes
» à feu; d'y avoir lié Ignace Churlino, valet,
» et Antoine Piersimoni, neveu de l'archi-
» prêtre; d'avoir enfermé les susnommés, ainsi
» qu'Ignace Antoine, archiprêtre, un autre de
» ses neveux et sa servante, dans une chambre
» dont un des accusés gardait la porte les armes
» à la main, pendant que les autres fouillaient
» la maison; d'avoir, un des accusés, menacé
» l'archiprêtre, *en lui mettant le couteau sur la
» gorge*, pour savoir où était son argent; et en
» outre d'avoir volé, au préjudice de l'archi-
» prêtre, divers objets et effets montant en
» tout à la valeur de 394 écus ». En conséquence, le même arrêt les déclare « coupables
» de vol à main armée, avec violence envers les
» personnes, par plusieurs, de nuit, et dans
» l'intérieur d'une maison habitée ».

» Passant ensuite à l'application de la peine, l'arrêt considère que, d'après l'art. 90 des *bandi generali* du pape Benoît XIV, du 8 novembre 1754, sous l'empire desquels a été commis le vol dont les accusés sont convaincus, les accusés devraient être punis de mort. Telle est, en effet, la peine que cet article inflige à « celui » qui dérobera avec menaces et violence de » quelque sorte, même sous le prétexte de de- » mander gracieusement, ou en endormant » avec de l'opium, hors des chemins publics, » tant en campagne que dans les lieux murés, » de l'argent, des ferrures, ou telle autre chose » de la valeur de plus de cinq écus ».

» Mais, d'un autre côté, l'arrêt considère aussi que, par les art. 1, 2 et 3 de la sect. 2 du tit. 2 de la deuxième partie du Code pénal du 25 septembre 1791, le vol dont les accusés sont convaincus, n'est puni que de la peine des fers.

» Et comme le dernier article du même Code, porte que, *pour tout fait antérieur à sa publication, si le fait est qualifié crime par les lois anciennes et par le présent décret, l'accusé qui aura été déclaré coupable, sera puni des peines portées au présent Code*, la cour de justice criminelle du département de Trasimène ne condamne les accusés qu'à la peine de vingt-quatre années de fers.

» Cette condamnation serait parfaitement en harmonie avec la loi, si les dispositions des art. 1, 2 et 3 de la sect. 2 du tit. 2 de la deuxième partie du Code pénal du 25 septembre 1791, n'avaient pas été modifiées par d'autres dispositions législatives plus récentes, et publiées, avant ou après ce Code, dans le département de Trasimène. Or, il est certain qu'elles l'ont été.

» L'exposant n'entend pas se prévaloir ici des art. 8 et 29 de la loi du 18 pluviôse an 9, qui punissent de mort *les vols dans les campagnes et dans les habitations et bâtimens de campagne....., lorsque le crime aura été commis avec port d'armes et par une réunion de deux personnes au moins*. Car bien qu'il soit constant en fait, et même prouvé par un certificat ci-joint du préfet du département de Trasimène, que la maison de l'archiprêtre Piersimoni est située à la campagne, il suffit que cette circonstance n'ait pas été énoncée dans l'acte d'accusation, pour que la cour de justice criminelle ait pu se dispenser d'en faire mention dans son arrêt, et par suite d'infliger aux accusés la peine portée par les deux articles cités de la loi dont il s'agit.

» Mais une loi que cette cour n'a pas pu se dispenser d'appliquer, parce qu'elle avait été publiée dans le département de Trasimène avant l'arrêt dénoncé par l'exposant, c'est celle du 26 floréal an 5, dont voici les termes : « Les crimes » mentionnés aux art. 2 et 3 de la sect. 2 du » tit. 2 de la part. 2 du Code pénal..., seront » punis de mort, s'ils sont accompagnés de » l'une des circonstances suivantes : 1.º si les » coupables se sont introduits dans la maison » par la force des armes. 2.º *s'ils ont fait usage* » *de leurs armes dans l'intérieur de la maison*

» *contre ceux qui s'y trouvaient ;* 3.º si les vio- » lences exercées sur ceux qui se trouvaient » dans la maison, ont laissé des traces, telles » que blessures, brûlures ou contusions. — La » peine de mort aura lieu contre tous ces cou- » pables, quand même tous n'auraient pas été » trouvés munis d'armes ».

» Des trois circonstances exigées par cette loi, pour que le vol commis avec violence envers les personnes, dans l'intérieur d'une maison, doive être puni de mort, il y en a une qui évidemment se rencontrait dans l'espèce dont il est ici question; c'est la seconde : *s'ils ont fait usage de leurs armes, dans l'intérieur de la maison, contre ceux qui s'y trouvaient.*

» En effet, il est reconnu par l'arrêt de la cour de justice criminelle, que l'un des accusés a menacé l'archiprêtre, EN LUI METTANT LE COU-TEAU SUR LA GORGE, *pour savoir où était son argent ;* et assurément un couteau est une arme dans le sens de la loi; et assurément mettre une arme sur la gorge de quelqu'un, dans l'intérieur d'une maison en le menaçant de le tuer s'il n'indique pas le lieu où son argent est caché, c'est bien faire *usage de cette arme* contre la personne ainsi menacée.

» Ce considéré, il plaise à la cour, vu l'art. 88 de la loi du 27 ventôse an 8, l'art. 90 des *bandi generali* du pape Benoît XIV, du 8 novembre 1754, le dernier article du Code pénal du 25 septembre 1791, et la loi du 26 floréal an 5; casser et annuller, dans l'intérêt de la loi et sans préjudice de son exécution à l'égard des condamnés, l'arrêt de la cour de justice criminelle du département de Trasimène, du 26 mars dernier, dont expédition est ci-jointe; et ordonner qu'à la diligence de l'exposant l'arrêt à intervenir sera imprimé et transcrit sur les registres de ladite cour.

» Fait au parquet, le 25 avril 1810. *Signé* Merlin.

» Ouï le rapport de M. Rataud, conseiller, et M. Lecoutour, avocat-général;

» Vu l'art. 88 de la loi du 27 ventôse an 8....; l'art. 90 des bans-généraux du pape Benoît XIV...; le dernier article du Code pénal du 25 septembre 1791....; la loi du 26 floréal an 5...;

» Vu enfin l'art. 456 du Code des délits et des peines...;

» Et attendu que la cour de justice criminelle a reconnu et déclaré, en fait, que les nommés Ange et Jacques Peverini, frères, et Charles Delgreco, dit Caprino, s'étaient introduits par violence, avec une autre personne, vers une heure de la nuit du 20 octobre 1808, dans la maison d'habitation de l'archiprêtre, Piersimoni, portant tous des armes à feu; qu'après avoir lié le valet et le neveu de l'archiprêtre, et les avoir enfermés dans une chambre dont un des accusés gardait la porte les armes à la main, un autre des accusés avait menacé l'archiprêtre, en lui mettant le couteau sur la gorge, pour savoir où était son argent, et qu'ils avaient volé divers objets et effets, montant en tout à la valeur de 394 écus;

» Que ce crime était punissable de la peine de mort, d'après la disposition de l'art. 90 des bans-généraux du pape Benoît XIV;

» Mais que la cour de justice criminelle, s'attachant aux seules dispositions des art. 2 et 3 de la sect. 2 du tit. 2 du Code pénal, et se fondant sur la disposition du dernier article du même Code, n'a prononcé cependant contre les coupables que la peine de 24 années de fers;

» Que cette condamnation serait parfaitement conforme à la loi, si les art. 2 et 3 du Code pénal qui ont été appliqués, devaient encore recevoir leur exécution d'une manière générale et absolue; mais qu'ils ont été modifiés par la loi du 26 floréal an 5, publiée dans le département de Trasimène, comme le Code pénal, avant l'arrêt dont il s'agit;

» Que cette dernière loi porte formellement que, dans les cas prévus par les art. 2 et 3 du Code pénal, si les coupables ont fait usage de leurs armes dans l'intérieur de la maison, contre ceux qui s'y trouvaient, ils seront punis de mort;

» Qu'ainsi le crime dont lesdits Peverini et Delgreco ont été déclarés convaincus, ayant été commis avec cette circonstance, la cour de justice criminelle ne pouvait se dispenser de prononcer la peine portée tant par ladite loi que par les bans-généraux; et qu'en se bornant à prononcer la peine de 24 années de fers, elle a fait une fausse application des art. 2 et 3 du Code pénal;

» Par ces motifs, la cour, faisant droit sur le réquisitoire du procureur-général, casse et annule, dans l'intérêt de la loi, et sans préjudice de l'exécution à l'égard des condamnés, l'arrêt rendu par la cour de justice criminelle du département de Trasimène, le 16 mars dernier....;

» Ainsi jugé et prononcé à l'audience publique de la cour de cassation, section criminelle, le 18 mai 1810 ».

§. IV. *Y a-t-il vol dans le fait de l'acheteur qui enlève furtivement la chose qu'on lui a vendue, mais qu'il devait, d'après les conditions de la vente, laisser en la possession du vendeur, à titre de gage, jusqu'après le payement du prix ?*

Il est certain que l'acheteur est devenu propriétaire, à l'instant même où la vente a été arrêtée entre lui et le vendeur. L'art. 1583 du Code civil est là-dessus très-formel.

La question revient donc, en d'autres termes,

à celle de savoir si l'on peut qualifier de vol et punir comme tel, la soustraction que fait un débiteur à son créancier de la chose qu'il lui a donnée en gage.

Les lois romaines ne laissaient aucun doute sur l'affirmative (1); mais, comme je l'ai établi dans le *Répertoire de jurisprudence*, au mot *Vol*, sect. 1, n. 4, leur disposition sur ce point, déjà abrogée depuis long-temps par un usage contraire tant en France que dans les Pays-Bas, ne peut pas s'accorder avec le texte de l'art. 379 du Code pénal de 1810, ni avec les inductions qui résultent de plusieurs autres articles du même Code; et deux arrêts de la cour de cassation, des 29 octobre 1812 et 19 mai 1813 ont levé là-dessus toute difficulté: le premier, en cassant sur mes conclusions, un arrêt de la cour de Bruxelles qui avait ordonné des poursuites criminelles contre un débiteur prévenu d'avoir enlevé ses meubles au gardien apposé à la saisie qu'en avait faite un de ses créanciers; le second, en maintenant un arrêt de la cour de Rennes qui avait jugé qu'un pareil enlèvement ne constituait pas un vol.

La question s'est cependant représentée dans la Belgique depuis les événemens qui ont séparé ce pays de la France; et un arrêt de la cour d'assises de Mons, du 4 septembre 1818, revenant à l'opinion que la cour de Bruxelles avait adoptée en 1812, a condamné Pierre Baudson à la peine du vol simple déterminée par l'art. 401 du Code pénal, pour avoir soustrait à un particulier des bottes de lin qu'il avait achetées de lui, et qu'il lui avait laissées en gage par une clause expresse du contrat, jusqu'au moment où il lui en payerait le prix.

Mais Baudson s'est pourvu en cassation devant la cour supérieure de justice de Bruxelles; et le 17 novembre 1818, après un long délibéré en la chambre du conseil, il est intervenu un arrêt ainsi conçu:

« Attendu qu'il est déclaré par la cour d'assises de la province de Hainaut, que l'accusé *n'est pas coupable d'avoir volé la propriété des bottes de lin*, mais qu'il avait *frauduleusement soustrait lesdites bottes de lin servant de gage à son vendeur;*

» Attendu que, d'après la définition du vol contenu dans l'art. 379 du Code pénal, afin qu'il pût y avoir vol, il faudrait que l'accusé eût soustrait frauduleusement *une chose qui ne lui appartenait pas*, tandis qu'il résulte de la déclaration de la cour, que les bottes de lin étaient la propriété de l'accusé;

» Par ces motifs, la cour, M. Spruyt, avocat-général entendu dans ses conclusions, casse l'arrêt

(1) *V.* la loi 12, §. 2; la loi 15, §. 1; la loi 66, la loi 79 et la loi 87, D. *de furtis*; et le §. 10, aux Institutes, *de obligationibus quæ ex delicto.*

de la cour d'assises de Mons, en date du 4 septembre 1818 ; renvoie l'affaire et l'accusé par-devant la cour d'assises de la province du Brabant méridional, pour statuer par suite de la déclaration donnée par la cour d'assises du Hainault.....

M. l'avocat-général Spruyt avait conclu au rejet de la demande en cassation ; et il ne sera pas inutile de placer ici la substance de ses conclusions (telle que nous l'a conservée l'auteur de la *Jurisprudence de la cour supérieure de Bruxelles*, année 1818, tome 1, page 184) ; en y ajoutant les notes auxquelles donnent lieu les diverses assertions qui s'y trouvent.

« En point de fait, il résulte de la déclaration » de la cour d'assises, que le lin soustrait frau- » duleusement par le réclamant, était le gage » de son vendeur. Cette soustraction fraudu- » leuse constitue-t-elle un vol, sous l'empire » du Code pénal actuel ? Si l'on ne consulte » que les règles de la justice naturelle et les » lumières de la saine raison, l'on conviendra » sans difficulté que celui qui, par une sous- » traction frauduleuse, a privé un autre d'un » droit légitimement acquis, est aussi pervers, » et conséquemment aussi coupable que celui » qui enlève une chose corporelle ». — Je n'ai pas besoin de faire observer que cette consi- dération ne doit être ici d'aucun poids. En fait de peines, ce n'est pas à ce que le législateur aurait dû vouloir, qu'il faut s'attacher, mais uniquement à ce qu'il a expressément voulu ; et qu'il n'y a plus de liberté civile, si l'on dévie tant soit peu de ce principe sacré.

« Tel était le sentiment unanime des juris- » consultes romains. Les compilateurs du Di- » geste et des instituts ont érigé cette opinion » en loi ». — Oui, mais ils définissaient le vol autrement que ne le fait notre Code pénal. Il y a vol, disaient-ils, toutes les fois qu'il y a maniement frauduleux, soit d'une chose, soit de son simple usage ou de sa simple possession : *Furtum est contrectatio fraudulosa, lucri fa- ciendi gratiâ, vel ipsius rei, vel etiam usûs ejus possessionisve* (§. 1, *de obligationibus quæ ex delicto*, aux institutes) ; au lieu que l'art. 379 du Code pénal ne reconnaît pour coupable de vol que celui qui *soustrait frau- leusement une chose qui ne lui appartient pas*.

« S'il faut en croire Vinnius, Tulden, Serres » et de Ferrière, il semblerait que, dans nos » mœurs, les caractères du vol ont été infi- » niment plus circonscrits que chez les Romains. » Ces auteurs attestent, entre autres, que selon » nos usages, le débiteur qui enlève à son » créancier le gage qu'il lui avait remis, ne se » rend pas coupable de vol. Cependant d'autres » jurisconsultes modernes qui ont mis les lois » romaines en rapport avec nos usages, ne font » pas cette distinction entre l'une et l'autre » jurisprudence, relativement au débiteur qui

» enlève le gage de son créancier ». — Ici M. l'avocat-général cite entre autres , Groene- weghen et Voët. Mais que disent ces auteurs ? le premier, dans son Traité *de legibus abro- gatis*, sur le §. 1 du titre des institutes, *de obli- gationibus quæ ex delicto*, dit que , dans nos mœurs, il n'y a point d'action publique, mais seulement une action civile, ouverte contre le créancier qui s'approprie l'usage de la chose qu'on lui a engagée, contre le dépositaire qui s'approprie l'usage de la chose qu'on lui a donnée en dépôt, ni contre le commodataire qui use de la chose qu'on lui a prêtée autrement qu'on ne le lui a permis en la lui prêtant. Il ne parle pas, comme l'on voit , du débiteur qui enlève à son créancier la chose qu'il lui a donnée en gage. Mais il n'en établit pas moins que, dans nos mœurs, la soustraction frauduleuse de l'u- sage ou de la possession de la chose d'autrui, n'est plus assimilée, comme dans le droit ro- main, à la soustraction frauduleuse de cette chose même ; et dès-lors, ce qu'il dit ne s'ap- plique-t-il pas de soi-même à l'enlèvement que fait un débiteur à son créancier de la chose qu'il lui a donnée en gage ? Telle est encore bien plus évidemment la pensée de Voët, lorsque (sur le Digeste, titre *De furtis*, n. 15) , il répète ce qu'avait dit Groeneweghen ; et qu'après avoir parlé du créancier engagiste , du dépositaire et du commodataire qui ne sous- traient que l'usage de la possession de ce qui leur a été donné en gage, en dépôt ou en prêt, il ajoute : *ac si quis alius his similis sit*, termes sous lesquels est évidemment compris le dé- biteur qui soustrait à son créancier la possession de la chose qu'il lui avait engagée.

« Quoi qu'il en soit de notre jurisprudence » ancienne, attachons-nous au Code pénal qui » nous régit. L'art. 379 définit le vol en ces » termes : *quiconque a soustrait frauduleusement » une chose qui ne lui appartient pas*, est cou- » pable de vol. Cette définition est la même que » celle du jurisconsulte Paul, dans son Recueil » de Sentences, liv. 2, tit. 31, §. 1 : *Fur est » qui dolo malo rem alienam contrectat*. Gaïus, » dans ses institutes, avait donné la même défi- » nition : *Qui REM ALIENAM, invito qut nesciente » DOMINO, contingit vel tollere aut de loco mo- » vere præsumit, furtum facit* ». — Ni les *Ins- titutes* de Gaïus, ni les *Sentences* de Paul n'ont jamais eu force de loi ; et c'est très-douteux que , si le droit romain s'en fût tenu à leurs définitions, il eût jamais appliqué les peines du vol au débiteur qui soustrait à son créancier la chose qu'il lui a donnée en gage. Ce qu'il y a de certain, c'est que Paul lui-même avait donné, dans un autre de ses écrits d'où a été extraite la loi 1.re, §. 3, D. *De furtis*, une définition beaucoup plus large au vol : *Furtum est* (avait-il dit) *contrectatio rei fraudulosa, lucri faciendi gratiâ, vel ipsius rei , vel etiam usûs ejus possessionisée*; termes que Justinien a copiés littéralement dans ses instituts.

« La difficulté qui nous occupe, a son siège » dans le mot *chose*, *res*. Que faut-il entendre » par ce mot? exprime-t-il exclusivement une » chose *corporelle*? Les premiers élémens du » droit nous apprennent que le mot *chose* est » générique; qu'il est le genre de deux espèces, » savoir, les *choses corporelles* et les *choses in-* » *corporelles*; et voilà pourquoi les juriscon- » sultes romains ne faisaient aucune difficulté » de qualifier vol la soustraction d'une *chose in-* » *corporelle*, c'est-à-dire, d'un *droit*; car remar- » quez bien que la définition du vol donnée par » la loi 1, §. 3, *D. de furtis*, est de Paul, et que » par conséquent, Celse, Marcellus, Scévola, » Gaïus et autres, qui avaient écrit long-temps » avant ce jurisconsulte, n'ont pu fonder leur » doctrine sur sa définition. Ils la fondaient sur » les caractères naturels du vol et sur l'accep- » tion juridique des mots *chose d'autrui* ». — Je serais bien curieux de savoir quels sont les textes du droit romain, empruntés de ces juris-consultes, dans lesquels la soustraction fraudu-leuse de choses *incorporelles*, de simples *droits*, est qualifiée de vol. Que l'on y qualifie de vol, ce que les lois romaines appellent *contrectatio usûs possessionisve rei*, je le conçois; mais ce maniement, quel en est l'objet? est-ce quelque chose d'*incorporel*? est-ce un *droit*? Non, c'est de la matière toute pure; il est même impossible que ce soit autre chose: la *contrectatio* est un acte physique; elle ne peut donc s'exercer que sur un objet matériel. — Ainsi, que mon dé-biteur m'enlève frauduleusement un acte sous seing-privé par lequel il a reconnu ma créance, sur quoi s'exerce sa *contrectatio*? ce n'est pas sur ma créance, elle n'en est pas susceptible: c'est uniquement sur mon titre qui est bien une chose corporelle. — Et par la même raison, que fait mon débiteur, lorsqu'il m'enlève la chose qu'il m'avait engagée? m'enlève-t-il mon droit incor-porel appelé *gage*? Non, il ne fait que déplacer sa propre chose; et en la déplaçant, il n'anéan-tit pas le gage dont elle est affectée, pas plus qu'en m'enlevant le titre de ma créance, il n'a-néantit ma créance elle-même. Sans doute, si je ne parviens pas à me ressaisir de la chose enga-gée, je serai frustré de mon gage, comme je se-rai frustré de ma créance, si je ne peux pas re-couvrer le titre qui la constate, ou y suppléer par d'autres preuves; mais il n'en est pas moins vrai que la soustraction de la chose engagée ne constitue pas plus l'anéantissement de mon gage, que la soustraction de mon titre ne constitue l'anéantissement de ma créance; il n'en est pas moins vrai conséquemment que la soustraction de la chose engagée n'est pas la soustraction d'une chose *incorporelle*. — Maintenant, pour-quoi la soustraction que me fait mon débiteur, du titre récognitif de ma créance, est-elle punie

comme vol par le Code pénal actuel? Parce que ce titre m'appartient; parce qu'en me l'enle-vant, mon débiteur *soustrait une chose qui ne lui appartient pas*. — Pourquoi la soustraction que me fait mon débiteur de la chose qu'il m'avait donnée en gage, aurait-elle été de même punie comme vol par les lois romaines? Parce qu'en m'enlevant cette chose, mon débiteur ne m'en-lève, à la vérité, que ce qui lui appartient, mais qu'il m'en ôte la *possession*, et que, dans le droit romain, il y a vol, non-seulement lors-qu'on soustrait la chose d'autrui dans le dessein de se l'approprier, mais encore lorsque, sans toucher à la propriété, on n'enlève que la pos-session. — Et pourquoi, au contraire, une sous-traction de cette nature n'est-elle plus considé-rée comme vol par notre Code pénal? Parce que notre Code pénal ne reconnaît pour voleur, que celui qui *soustrait frauduleusement une chose qui ne lui appartient pas*; et que, marchant sur les traces de la jurisprudence moderne qui avait beaucoup resserré la définition du vol, il ne fait pas porter la peine de ce délit sur la soustraction de la simple possession ou du simple usage.

« D'ailleurs, nous venons de voir que Paul » lui-même a donné dans les *Sentences*, une » autre définition du vol conforme à celle de » Gaïus. Là, il dit que le vol est *la soustraction* » *frauduleuse de la chose d'autrui*, sans ajouter: » *ou de l'usage ou de la possession*; pourquoi? » Parce que le terme générique *chose* dit tout ». — La preuve que ce mot ne dit pas tout, c'est que, des deux définitions de Paul, l'empereur Justinien n'a adopté, dans ses Instituts, que celle qui, sans se borner à l'emploi de ce mot, y ajoutait: *aut usûs ejus possessionisve*; c'est que, profondément pénétré de l'indispensable nécessité où est un législateur de dire clairement dans ses lois pénales tout ce qu'il y veut dire, il a cru devoir rejeter celle de ces deux définitions qui, ne portant que sur la soustraction de la *chose*, lui a, par cela seul, paru trop vague pour pouvoir comprendre la soustraction, soit de la possession, soit de l'usage seulement.

« Ces observations répondent à l'objection » qui a été tirée de ce que l'art. 379 du Code » pénal exige, pour qu'il y ait vol, que la sous- » traction frauduleuse ait pour objet la chose » d'autrui ». — Cette réponse n'est-elle pas ré-futée à l'avance par ce que nous venons de dire sur ces *observations*? Encore une fois, on ne peut pas séparer dans les lois romaines, telles qu'elles ont été mises en ordre et sanctionnées par Justinien, la disposition qui qualifie de vol la soustraction que le débiteur fait à son créan-cier de la chose qu'il lui a donnée en gage, d'avec la définition que ces lois elles-mêmes nous donnent du vol en général.

« Non, sans doute, on ne peut voler sa propre » chose; mais un débiteur qui soustrait le gage » de son créancier, n'enlève-t-il pas la chose

» d'autrui? N'enlève-t-il pas le droit de gage et
» tous ses effets? *ex eo porrò quod dictum , fur-*
» *tum in alienis rebus committi, sequitur nemi-*
» *nem rei suæ propriæ posse furtum facere, nisi*
» *respectu juris quod alius in re nostrâ habet,*
» *et quatenùs illa nostra non est,* dit Voët,
» titre *de furtis,* n. 411 ». — Oui, Voët s'explique
ainsi sous le n. 4; mais pourquoi? Parce qu'il
s'y renferme dans les dispositions du droit romain, et dans les conséquences qui résultent de
leur définition du vol, *contrectatio fraudulosa
vel ipsius rei aut usûs ejus possessionisve.* Mais
passez au n. 15, et vous y verrez que, ne s'occupant plus que de la jurisprudence moderne, il
atteste que les peines du vol n'atteignent pas la
soustraction frauduleuse du seul usage ou de la
seule possession d'une chose. — Au surplus, j'ai
déjà dit, et Voët ne dit pas le contraire; que le
droit de gage n'est pas susceptible d'*enlèvement;*
qu'on ne peut, ni toucher avec la main, ni par
conséquent déplacer, un droit purement incorporel; et que, si la perte du droit de gage peut
résulter et résulte souvent du fait de l'enlèvement de la chose engagée, ce n'est pourtant pas
une raison pour étendre, dans une loi pénale
(c'est-à-dire, dans une loi qui doit essentiellement être resserrée dans l'acception rigoureuse
de ses termes), l'expression d'un acte purement
matériel aux conséquences métaphysiques que
cet acte peut entraîner.

« Il n'y aurait nulle difficulté, si le Code pénal
» avait défini le vol : *la soustraction frauduleuse*
» *d'une chose corporelle ou incorporelle appar-*
» *tenant à autrui.* Or, n'est-ce pas un principe
» élémentaire que, lorsque la loi énonce le
» genre, elle énonce nécessairement les es-
» pèces ». — Il est inutile de répéter que des
choses *incorporelles* ne sont pas susceptibles de
déplacement ni par conséquent de soustraction.
Mais, dès-lors, qu'eût été, dans l'art. 379 du Code
pénal, l'addition des mots *corporelle* ou *incorporelle?* Rien que ce que les Anglais appellent un
non-sense. Et qu'eût-il donc fallu pour que cet
article pût s'appliquer à la soustraction faite par
le débiteur à son créancier de la chose qu'il lui
a précédemment engagée? Il eût fallu qu'il eût
déclaré coupable du vol, non-seulement celui
qui soustrait frauduleusement la chose d'autrui,
mais encore celui qui soustrait sa propre chose
en fraude du droit qu'y ont des tiers.

« Au surplus, à quel résultat incohérent et
» bizarre ne mènerait pas le système du récla-
» mant? Ainsi donc il sera permis d'enlever un
» gage de 100,000 francs, tandis que la loi pu-
» nira celui qui aura soustrait une pièce de
» 10 sous ! Ainsi donc, pour échapper à la
» peine du vol, il suffira d'ajouter la fourberie à
» l'audace, en achetant par feinte l'objet qu'on
» enlèvera lorsque le marché sera conclu ! Tel
» ne saurait être le sens de la loi ». — Je com-
prendrais ce langage dans la bouche d'un légis-

lateur occupé de la révision du Code pénal et
s'étonnant qu'on y ait omis une disposition
pleine de sagesse des lois romaines. Mais un
magistrat ne doit voir dans les lois pénales que
ce qui y est littéralement écrit. Quelle distance de
l'inconvénient de laisser impuni un fait répréhensible qu'elles ont trop négligé, à celui d'introduire l'arbitraire dans leur interprétation !

VUE. *V. Servitude,* §. 3.

WISSEMBOURG (statut du mundat de). —
§. I. *La disposition du statut du mundat de
Wissembourg, qui frappe de dévolution au
profit des enfans du premier mariage, les
biens dont l'époux survivant s'est trouvé saisi
au moment où il est devenu veuf, a-t-elle été
abolie par la loi du 8 avril 1791, par celle
du 18 vendémiaire an 2, et par celle du 17
nivôse suivant? L'a-t-elle été au préjudice des
enfans en faveur desquels les biens étaient
déjà dévolus à l'époque de la publication de
ces lois?*

« Le procureur-général expose qu'il est
parvenu à sa connaissance un arrêt de la cour
d'appel de Colmar, du 11 prairial an 10, qui,
par une fausse application de l'art. 12 de la loi
du 3 vendémiaire an 4 et de l'art. 1 de la loi
du 18 pluviôse an 5, viole ouvertement les dispositions de l'art. 1 de la loi du 8 avril 1791, du
décret du 18 vendémiaire an 2, et de l'art. 61
de la loi du 17 nivôse suivant.

» Le statut du *mundat* ou territoire de Wissembourg, porte que, « si l'un des conjoints dé-
» cède et laisse des enfans légitimes, alors la
» propriété de tous les biens-fonds ou des capi-
» taux placés comme biens-fonds, que ces deux
» conjoints ont possédés propriétairement pen-
» dant leur mariage, tant de ceux provenans
» du survivant que de ceux provenans du pré-
» décédé, est entièrement dévolue aux enfans
» existans; *de manière que le conjoint survivant
» ne peut en rien aliéner ni charger, sans
» dispense particulière du juge, et hors le cas
» d'extrême nécessité;* ledit survivant devant
» se contenter de *l'usufruit viager;* néanmoins
» tout le mobilier lui appartient en propriété,
» comme il est dit ci-dessus ».

» Le même statut ajoute que, « lorsque le
» survivant a déjà survécu et hérité de ses père
» et mère, soit avant, soit pendant le mariage,
» tous les biens-fonds hérités desdits père et
» mère, ainsi que les siens propres, restent aux
» enfans du premier lit seuls, et les enfans pro-
» venans des mariages subséquens, n'ont rien à
» y prétendre, à cause de la *dévolution* usitée
» dans le mundat, quoiqu'ils aient tous le même
» père, et qu'ils aient eu les mêmes grand-père
» et grand-mère ».

» On voit, par ces articles, que le statut du mundat de Wissembourg, en admettant la *dévolution*, à l'exemple des coutumes du Hainaut, d'une partie du Brabant et du Limbourg, lui attribuait les deux effets qu'elle produisait dans ces coutumes, c'est-à-dire, 1.° qu'à la mort d'un mari ou d'une femme laissant des enfans, l'époux survivant perdait la faculté d'aliéner ses propres biens-fonds; 2.° que, lorsqu'il venait lui-même à décéder après un second mariage dont il lui était né d'autres enfans, ce n'était pas à ses enfans des deux lits, mais seulement à ceux du premier, qu'étaient déférés les biens-fonds dont il avait eu la propriété pleine et libre avant la mort de son premier époux (1).

» De ces deux effets de la dévolution, l'art. 1 de la loi du 8 avril 1791 a expressément détruit le second, en abrogeant, par son 3.e paragraphe, *les dispositions des coutumes qui, dans le partage des biens, tant meubles qu'immeubles, d'un même père ou d'une même mère, d'un même aïeul ou d'une même aïeule, établissent des différences entre les enfans nés de divers mariages.*

» Des doutes se sont élevés, après la publication de cette loi, sur l'application qu'elle devait avoir dans le mundat de Wissembourg. On prétendait, d'une part, que sa disposition ne concernait pas les coutumes de dévolution; qu'elle les laissait intactes, ou que du moins, si elle les abrogeait, ce ne pouvait être que pour les biens non encore dévolus à l'époque de sa promulgation; et qu'elle était sans force relativement aux biens qui, à l'époque de sa promulgation, se trouvaient déjà frappés de dévolution au profit des enfans qui avaient perdu, soit leur père, soit leur mère. On soutenait, d'un autre côté, que la loi était générale, qu'elle abolissait les coutumes de dévolution, comme tous les statuts qui, sous d'autres prétextes, avaient établi des différences quelconques entre les enfans qu'un même père ou une même mère avaient eus de divers mariages; et que leur abolition devait opérer son effet, même sur les biens déjà dévolus au moment où la loi qui la prononçait, avait été publiée, et qui, pour être *dévolus* (c'est-à-dire affectés), aux enfans du mariage pendant lequel ils avaient appartenu à l'époux survivant, n'avaient pas cessé, pour cela, d'appartenir à celui-ci; et que la dévolution n'avait formé pour ces enfans qu'une expectative statutaire, à laquelle la nouvelle loi avait pu et voulu déroger.

» Ces raisons respectives ont été présentées au tribunal du district de Wissembourg, qui en a référé à la Convention nationale par l'organe du magistrat chargé près de lui des fonctions du ministère public; et le 18 vendémiaire an 2, il a été rendu, sur le rapport du comité de législation, un décret par lequel, « considérant que la » 3.e partie de l'art. 1 de la loi du 8 avril 1791 » a été spécialement faite pour abolir les coutumes de dévolution, et que les effets de cette » loi doivent avoir lieu sur les biens meubles et » immeubles qui, à l'époque de sa publication, » étaient frappés de dévolution dans la main de » l'époux survivant avec enfans; (la Convention » nationale) passe à l'ordre du jour ».

» Par ce décret, il est nettement décidé que le deuxième effet de la dévolution a été aboli par la loi du 8 avril 1791, et qu'il l'a été même à l'égard des biens qui étaient déjà dévolus à l'époque de la publication de cette loi.

» Mais on le voit clairement, ce décret va plus loin encore : il décide aussi que le premier effet de la dévolution a été abrogé, dès la même époque, par rapport aux biens qui alors se trouvaient dévolus, et que par conséquent, dès la même époque, les veufs avec enfans ont recouvré sur ceux de leurs biens qui alors se trouvaient dévolus, le droit d'aliéner et de disposer, qui forme le plus bel attribut de la propriété; car il résulte évidemment de sa disposition, que les biens qui alors se trouvaient dévolus, ont, dès ce moment, cessé de l'être; et l'on sent qu'ils n'ont pas pu cesser d'être dévolus, sans cesser en même temps d'être inaliénables de la part du père ou de la mère survivant. Pourquoi, en effet, le veuf avec enfans ne pouvait-il pas aliéner? Par la seule raison que ses biens étaient *dévolus*; et c'est ce que la coutume de Wissembourg expliquait elle-même avec la plus grande précision, quand elle disait : *la propriété...... est entièrement dévolue aux enfans existans, DE MANIÈRE QUE le conjoint ne peut en rien aliéner ni charger......* Ainsi, le législateur ne pouvait pas supprimer la dévolution, sans rendre à l'époux survivant sa pleine liberté. Or, qu'il ait supprimé la dévolution par la loi du 8 avril 1791, c'est ce que déclare formellement le décret du 18 vendémiaire an 2 : cette loi, porte-t-il, *a été spécialement faite pour abolir les coutumes de dévolution;* on ne peut assurément rien de plus positif.

» Mais, au surplus, si le décret eût laissé là-dessus quelques incertitudes, elles auraient été pleinement fixées par l'art. 61 de la loi du 17 nivôse an 2, puisque cet article a expressément aboli tous les statuts particuliers *relatifs à la transmission des biens par succession*. Il est vrai que la dévolution n'était pas, à proprement parler, une succession anticipée; mais elle ne laissait pas d'en avoir quelques effets. En détachant de la propriété des biens de leur père ou mère le droit d'aliéner, en les déclarant *dévolus* à leur profit, elle les leur transmettait de son vivant en expectative, et ce genre de transmission est évidemment abrogé par l'article dont il s'agit. La chose est si peu douteuse, que,

(1) *V.* l'article *Dévolution coutumière.*
Tome VI.

par un arrêt de la cour, du 18 messidor an 11, rendu à la section des requêtes, au rapport de M. Oudot, et confirmatif d'un jugement du tribunal d'appel de Liége, du 14 messidor an 10, il a été décidé que Marie-Elisabeth Remy avait perdu, par la publication de la loi du 17 nivôse an 2, faite dans le ci-devant Limbourg, en frimaire an 4, tous ses droits de dévolution dans les biens de son père décédé le 28 pluviôse an 5, plus d'un mois avant la publication des lois des 8 avril 1791 et 18 vendémiaire an 2 (1).

» Ainsi, nul doute que, dans le mundat de Wissembourg, comme dans tous les autres pays de dévolution, les veufs avec enfans ne soient redevenus, soit par la loi du 8 avril 1791, soit par le décret du 18 vendémiaire an 2, soit par la loi du 17 nivôse suivant, maîtres d'aliéner et d'hypothéquer leurs biens, comme ils l'étaient avant la mort de leurs époux.

» Et qu'on ne dise pas que ces lois ont rétroagi sur le passé, en abolissant un droit de dévolution qui était acquis, avant leur promulgation, aux enfans dont le père ou la mère était mort précédemment ; qu'on ne dise pas en conséquence que leurs dispositions ont été révoquées par l'art. 12 de la loi du 3 vendémiaire an 4. Le droit de dévolution n'était qu'une expectative éventuelle ; l'effet en était subordonné à la survie des enfans à leur père ou mère dernier vivant ; il n'a donc pas fallu de disposition rétroactive pour abolir ce droit, non-seulement au préjudice des enfans qui, à l'époque de la promulgation des lois citées, avaient encore leur père et leur mère, mais même au préjudice des enfans qui, à cette époque, avaient perdu l'un des auteurs de leurs jours. La cour n'a pas perdu de vue les arrêts qu'elle a rendus les 29 messidor, 4 thermidor et 2 fructidor an 12, sur le tiers-coutumier de la ci-devant Normandie (2) ; les principes qui les ont dictés, reçoivent l'application la plus exacte et la plus directe à la dévolution.

» Le contraire a cependant été jugé par l'arrêt que l'exposant dénonce à la cour. Voici les faits.

» Jean-Georges Hubert, aubergiste à Wissembourg, avait épousé Marie-Jeanne Zoeger, et n'avait fait aucun contrat de mariage ; elle mourut en 1761, laissant un fils nommé Jean-Adam. Le 7 mai de la même année, il fut fait un inventaire de tous les biens qui avaient appartenu aux deux époux ; et il y fut déclaré que, conformément au statut, le père survivant n'aurait *que la jouissance* de ces biens, *sa vie durant.*

» Quelque temps après, Jean-Georges Hubert

s'est remarié ; et plusieurs enfans sont nés de cette seconde union.

» Le 28 décembre 1779, il a marié son fils Jean-Adam, et il a *déclaré*, par le contrat de mariage, *que les apports de son fils consistaient dans tous les biens-fonds décrits dans l'inventaire de 1761* (ce sont les propres termes de l'arrêt dont il s'agit) ; et il a été en même temps stipulé que *la future épouse*, en cas de *prédécès de son mari, aurait la jouissance viagère des mêmes biens dévolus.*

» Au commencement de l'an 8, Jean-Georges Hubert a mis en vente quelques-uns de ces biens, et il s'y est fait autoriser, on ne sait pourquoi (l'arrêt dont il sera bientôt parlé, n'en retrace point le motif), par un avis de parens du 27 germinal de la même année. Le 21 floréal suivant, Jean-Adam Huber, son fils, prétendant que son père n'avait pas le droit de disposer de ses biens dévolus, lui a fait signifier un acte par lequel il protestait contre toute aliénation qu'il pourrait en faire.

» Vers le même temps, la deuxième femme de Jean-Georges Huber est venue à mourir ; et le 4 messidor suivant, il a été procédé à l'inventaire des biens des deux époux. Jean-Adam Huber fils y a fait remarquer qu'on n'y retrouvait pas certaines parties des biens-fonds qui avaient été portés comme dévolus dans celui de 1761 ; et concluant de là que son père les avait vendus, il s'est réservé tous ses droits à cet égard.

» Dès le 22 prairial précédent, Jean-Adam Huber avait paru avec son père devant le bureau de paix pour se concilier mutuellement sur la demande que celui-ci annonçait vouloir former afin d'être déclaré propriétaire libre des biens énoncés dans l'inventaire de 1761 comme dévolus. A défaut de conciliation, l'affaire a été portée devant le tribunal civil de l'arrondissement de Wissembourg, qui, par jugement du 23 ventôse an 9, *sans avoir égard aux prétentions du défendeur* (Jean-Adam Huber fils), *à la propriété des biens du demandeur* (Jean-Georges Hubert père), *statuant sur les conclusions de ce dernier, déboute le défendeur de son opposition à l'exécution de la délibération de famille du 27 germinal an 8.*

» Jean-Adam Huber fils a appelé de ce jugement, et son défenseur a conclu à ce qu'il plût à la cour d'appel de Colmar « dire qu'il avait été
» mal jugé, bien appelé, émendant, sans s'arrê-
» ter à la demande principale de laquelle l'intimé
» serait débouté, recevoir l'appelant opposant à
» la vente des biens-fonds spécifiés en l'inven-
» taire des 6 et 7 mai 1761 ; ayant égard à l'op-
» position, faire défenses à l'intimé de procéder
» à la vente desdits biens, dans la propriété des-
» quels l'appelant sera maintenu en vertu de
» l'inventaire de 1761 et de son contrat de ma-
» riage du 28 décembre 1779, sauf la jouissance

_____

(1) *V.* l'article *Dévolution coutumière*, §. 2.
(2) *V.* l'article *Tiers-coutumier.*

» de l'intimé; et condamner ce dernier aux dé-
» pens des causes principale et d'appel, sauf à
» l'appelant ses droits et actions par rapport aux
» biens déjà vendus ». Jean-Georges Hubert
père, de son côté, a conclu à la confirmation
pure et simple du jugement du tribunal de Wissembourg.

» La cour d'appel de Colmar, après avoir entendu les débats sur ces conclusions respectives,
a posé d'une manière qu'il importe de bien remarquer, les questions auxquelles ils lui ont
paru se réduire. « Ils présentent (a-t-elle dit), à
» examiner, 1.º si la coutume de dévolution sous
» l'empire de laquelle est décédée Marie-Anne
» Zoeger, autrice de l'appelant, a investi ce der-
» nier d'un droit réel effectif et irrévocable; 2.º si
» les lois des 8 avril 1791 et 18 vendémiaire an 2,
» qui ont aboli la dévolution, contiennent un effet
» rétroactif au cas particulier; 3.º si cet effet ré-
» troactif a été révoqué par des lois postérieures ».
On voit que la cour d'appel de Colmar ne pose
aucune question sur la prétention que l'appelant
annonçait, par ses conclusions, vouloir élever
à la propriété actuelle des biens dévolus de son
père, en vertu de l'inventaire de 1761 et de son
contrat de mariage de 1779. Et pourquoi ne
pose-t-elle point de question à ce sujet? C'est,
sans doute, parce que l'appelant avait reconnu
dans sa plaidoirie, que l'inventaire et son contrat de mariage n'ajoutaient rien aux droits qu'il
tenait de la coutume, qu'ils n'en changeaient pas
la nature, et surtout que, par le second de ces
actes, il ne lui avait pas été fait, soit une donation entre vifs, soit un abandonnement quelconque des biens dévolus, soit même une institution contractuelle dans ces biens; et effectivement,
on va voir que la cour d'appel de Colmar l'a ainsi
jugé elle-même.

» Voici comment elle a résolu les trois questions qu'elle avait posées : « Considérant, sur la
» première, que si Marie-Anne Zoeger, en se
» mariant, eût stipulé, dans un contrat prélimi-
» naire, qu'elle entendait que ses conditions ci-
» viles fussent réglées par le statut de la dévolu-
» tion, ou qu'on eût transcrit littéralement les
» articles de la coutume dans ce contrat, il n'est
» pas douteux que ce contrat de mariage n'eût
» été envisagé comme une institution contrac-
» tuelle irrévocable. Or, au cas particulier, la
» coutume supplée à l'absence d'un contrat, les
» effets en doivent être les mêmes, et l'on peut
» dire que les articles de la coutume de dévolu-
» tion sont autant de stipulations sans lesquelles
» l'autrice de l'appelant n'aurait point contracté
» son mariage; la dévolution a été ouverte à la
» mort de Marie-Anne Zoeger; dès ce moment,
» l'appelant a acquis la nue-propriété des im-
» meubles dévolus, comme l'intimé en a obtenu
» la jouissance viagère et la propriété des deux
» tiers du mobilier; si la propriété de ces im-
» meubles est, de sa nature, flottante, éventuelle

» et sujette à retour, il est cependant incontes-
» table que l'appelant avait acquis un droit ac-
» tuel et effectif, celui de pouvoir s'opposer à
» la vente des biens dévolus, hors les cas pré-
» vus par la coutume; c'est de ce dernier droit
» qu'il a usé dans l'espèce de la cause, et le seul
» qui donne lieu à la contestation; — Considé-
» rant sur la seconde question, que l'on trouve
» la définition de la rétroactivité dans le discours
» du ministre de la justice, inséré en l'arrêté du
» directoire du 12 ventôse an 5, où il dit : la loi
» ne rétrograde que quand elle ravit des droits
» acquis. Or, dès 1761, l'appelant avait acquis
» le droit de s'opposer à toute aliénation illégale
» des biens dévolus : les lois de 1791 et de l'an 2
» lui ravissaient ce droit; donc ces lois con-
» tiennent un effet rétroactif au regard de l'ap-
» pelant; — Considérant, sur la troisième ques-
» tion, qu'il paraît véritablement que la loi du
» 3 vendémiaire an 4 a principalement pour
» objet d'abolir l'effet rétroactif des lois des 5 et
» 12 brumaire et 17 nivôse an 2, parce qu'elles
» formaient le sujet particulier de réclamations
» journalières; mais le législateur a étendu sa
» prévoyance au-delà de ces lois. L'art. 12 de
» ladite loi du 3 vendémiaire an 4 porte que la
» loi du 5 brumaire, celle du 17 nivôse, en ce
» qu'il n'y est point dérogé, celle du 7 mars 1793,
» sur les dispositions en ligne directe, ET TOUTES
» LOIS ANTÉRIEURES non abrogées, relatives aux
» divers modes de transmission des biens, auront
» leur exécution, CHACUNE A COMPTER DU JOUR
» DE SA PUBLICATION; qu'on ne peut se dissimu-
» ler, d'après la teneur de cet article, que les
» lois du 8 avril 1791 et du 18 vendémiaire an 2
» n'aient été comprises sous la dénomination de
» toutes lois antérieures; que, s'il pouvait rester
» le moindre doute à cet égard, il se dissiperait
» à la lecture du premier article de la loi du
» 18 pluviôse an 5...; — Considérant enfin que
» l'appelant, ayant bien actuellement le droit
» acquis de s'opposer à la vente des biens dévo-
» lus, ne peut encore demander, comme il le
» fait, la maintenue en une propriété qui est
» flottante : c'est donc le cas de prononcer par
» un ayant aucunement égard, et par un quant
» à présent, sur les autres chefs de ses conclu-
» sions, puisqu'il est des cas où un conjoint
» survivant peut être autorisé à vendre des im-
» meubles dévolus; — Par ces motifs, le tribu-
» nal.... dit qu'il a été mal jugé; émendant,
» sans s'arrêter à la demande principale, de la-
» quelle il déboute l'intimé quant à présent, re-
» çoit l'appelant, quant à présent aussi, oppo-
» sant à la vente des biens-fonds spécifiés en
» l'inventaire des 6 et 7 mai 1761; ayant aucu-
» nement égard à l'opposition, et y faisant droit,
» fait défenses, quant à présent, à l'intimé de
» procéder à la vente desdits biens, dans la pro-
» priété nue et éventuelle desquels l'appelant
» est maintenu en vertu de l'inventaire de 1761,

» sauf la jouissance de l'intimé; les dépens de la
» cause principale et d'appel compensés, sauf
» tous autres droits et actions respectifs ».

» Tels sont les motifs et les dispositions de
l'arrêt que le procureur - général croit devoir
dénoncer à la cour suprême : tout y est, pour
ainsi dire, marqué au coin de l'erreur.

» Il n'est pas nécessaire, sans doute, de prouver ici que l'on ne peut pas, en faveur des enfans, assimiler à des conventions matrimoniales
écrites, les statuts et les coutumes sous l'empire
desquels leurs pères et mères se sont mariés;
cette maxime a été mise dans le plus grand jour
et solennellement consacrée par les arrêts de la
cour, des 29 messidor, 4 thermidor et 2 fructidor an 12, relatifs au droit de tiers-coutumier
dans la ci-devant Normandie. (1).

» Mais de cette maxime et des arrêts qui lui
ont imprimé le caractère d'une vérité irréfragable, il résulte évidemment que, tant que ne
sont pas ouverts, par la mort des pères et des
mères, les droits que les statuts et les coutumes
donnent sur leurs biens à leurs enfans, ces droits
peuvent, sans rétroactivité, être abolis par des
lois nouvelles. Il en résulte, par conséquent, que
les lois des 8 avril 1791, 18 vendémiaire et
17 nivôse an 2 n'avaient pas rétroagi, quand
elles avaient abrogé les coutumes de dévolution.
Et par conséquent encore, il en résulte que
l'abrogation des coutumes de dévolution, prononcée par ces lois, n'a pas été rapportée par
l'art. 12 de la loi du 3 vendémiaire an 4.

» Prétendre, comme l'a fait la cour d'appel
de Colmar, qu'avant ces lois, et dans l'espèce
dont il s'agit, la propriété des biens de Jean-
Georges Huber père, avait été transmise à Jean-
Adam Huber fils, c'est méconnaître à la fois la
nature de la dévolution en général, et les dispositions que renferme sur ce droit le statut du
mundat de Wissembourg.

» Stockmans dans son Traité *de jure devolutionis*, établit le caractère d'une vérité irréfragable, il résulte évidemment que la dévolution
n'est pas une succession anticipée, mais seulement une destination légale de la succession future du père ou mère aux enfans qu'il a eus de son
mariage. Il justifie cette définition par toutes les
autorités possibles, et il en conclut que le veuf
avec enfans ne cesse pas d'être propriétaire de
ses biens dévolus, mais que la propriété qu'il en
conserve n'est plus libre entre ses mains, qu'elle
est *bridée* en faveur de ses enfans, qu'elle forme
pour lui ce que les jurisconsultes appellent *dominium vinculatum*.

» Le statut du mundat de Wissembourg
donne-t-il un autre caractère à la dévolution?
Attribue-t-il à la dévolution l'effet de transmettre
aux enfans, du vivant de leur père ou mère

veuf, la propriété des biens qu'il possédait
avant la dissolution de son mariage ? Non, il
dit seulement que cette propriété est *dévolue
aux enfans*; et il est évident que, si elle ne leur
est que dévolue, elle ne leur est pas transmise
actuellement.

» L'exposant a déjà observé que, par l'arrêt
de la cour du 18 messidor an 11, rendu dans la
coutume de Limbourg, il a été jugé que la dévolution n'avait pas rendu Marie-Élisabeth Remy
propriétaire des immeubles de son père, devenu
veuf avant la réunion de ce pays à la France;
et qu'en conséquence, Marie-Élisabeth Remy
ne pouvait pas, par droit de dévolution, réclamer ces immeubles dans la succession de son
père, mort après la publication de la loi du 17
nivôse an 2. Eh bien ! la coutume de Limbourg,
chap. 3, tit. 11, semble n'être, sur la dévolution,
que l'écho du statut de Wissembourg. Elle déclare, par un premier article, que le père ou la
mère venant à mourir, *les biens du survivant
sont dévolus aux communs enfans, sans qu'il
puisse aliéner ni charger directement ou indirectement les biens tellement dévolus*. Elle ajoute,
art. 3, *qu'un des enfans venant à mourir avant
le survivant, est réputé une fleur sans fruit, et
comme s'il n'avait oncques été*; et qu'en conséquence, les dispositions qu'il a pu faire des biens
dévolus, *viennent à s'évanouir, pour n'avoir
pas attendu l'échéance*. Elle dit encore, art. 4,
*que le survivant venant à survivre tous ses en-
fans, est maître de son bien, comme s'il n'aurait oncques été attaché au droit de dévolution*.
Enfin, par l'art. 6, elle permet à l'époux survivant qui se trouve dans le besoin, *de vendre ou
charger des biens dévolus, après s'y être fait autoriser par le juge*. Et de toutes ces dispositions,
la cour a inféré par son arrêt, du 18 messidor
an 11, *que la dévolution, telle qu'elle est établie
dans la coutume de Limbourg, par les art. 1,
3, 4 et 6, chap. 3, tit. 11, de cette coutume, ne
donnait qu'un droit d'expectative aux enfans
sur les biens dévolus; que ce droit n'expropriait
pas l'époux survivant, et que les enfans n'étaient
investis de la propriété de ces biens que par le
décès du survivant de leurs père et mère*.

» Or, comme la coutume de Limbourg, le
statut du mundat de Wissembourg dit que, par
la mort du père ou de la mère, la propriété des
biens du survivant est *dévolue* à leurs enfans
communs. Comme la coutume de Limbourg, ce
statut dit que, par suite de la dévolution (*de
manière que*), le conjoint survivant ne peut rien
aliéner ni charger. Comme la coutume de Limbourg, ce statut dit que le survivant peut néanmoins charger ou aliéner les biens dévolus, par
dispense particulière du juge, et dans *le cas d'extrême nécessité*. Il reconnaît donc, comme la
coutume de Limbourg, que le survivant n'est
pas exproprié par la dévolution.

» Il ajoute, à la vérité, ce que ne fait pas la

---

(1) *V.* l'article *Tiers-coutumier*.

coutumé de Limbourg, que *le survivant doit se contenter de l'usufruit viager;* mais aussi la coutume de Limbourg dit, ce que ne fait pas le statut de Wissembourg, que les aliénations faites par l'enfant, du vivant de son père ou de sa mère grevé de dévolution, *viennent à s'évanouir par son prédécès, pour n'avoir pas attendu l'échéance;* ce qui paraît supposer que, du vivant de son père ou de sa mère, l'enfant peut aliéner, sauf l'ouverture de la dévolution dont les biens sont frappés à son profit : ce qui, conséquemment, semble accorder à l'enfant plus de droit dans le Limbourg, qu'il n'en a dans le mundat de Wissembourg. Cependant, malgré cette disposition, la cour a jugé que, dans le Limbourg, l'enfant n'était saisi de rien, tant que vivait son père ou sa mère. Elle a donc jugé qu'il ne fallait pas, en cette matière, s'attacher à quelques expressions impropres échappées à la coutume. — Et pourquoi ne jugerait-on pas de même, relativement à cette phrase du statut de Wissembourg : *le survivant doit se contenter de l'usufruit viager?* N'est-il pas évident que, par cette phrase, le statut n'a pas voulu exproprier l'époux survivant, mais seulement lui faire entendre que, *hors le cas d'extrême nécessité,* où il pourrait user de son droit de propriétaire, il devait jouir comme un simple usufruitier? L'art. 399 de la coutume de Normandie disait aussi que le père n'avait, pendant sa vie, que la *jouissance usufruitière* des biens qui devaient, à sa mort, composer le douaire de ses enfans : en a-t-il été moins reconnu de tous les temps, en a-t-il été moins jugé par la cour, que le douaire ou tiers-coutumier des enfans ne leur était acquis qu'à la mort de leur père?

» Le système adopté par la cour d'appel de Colmar, est d'autant moins tolérable, que, par la manière dont elle a prononcé, non-seulement Jean-Georges Hubert est privé du droit d'aliéner, de son vivant, les biens qui ont été dévolus à son fils en 1761, mais encore que Jean-Adam Hubert est dès à présent *maintenu dans la propriété nue et éventuelle* de ces biens, *sauf la jouissance du père;* en sorte que, nonobstant l'art. 1 de la loi du 8 avril 1791, les enfans du second mariage de Jean-Georges Huber, ne prendront aucune part dans ces mêmes biens.

» Ce considéré, il plaise à la cour, vu l'art. 88 de la loi du 27 ventôse an 8, les dispositions du statut du mundat de Wissembourg, ci-jointes par extrait authentique, par l'art. 1 de la loi du 8 avril 1791, le décret du 18 vendémiaire an 2, l'art. 61 de la loi du 17 nivôse de la même année, l'art. 12 de la loi du 3 vendémiaire an 4, et l'art. 1 de la loi du 18 pluviôse an 5 ; casser et annuller, pour l'intérêt de la loi, l'arrêt de la cour d'appel de Colmar, du 11 prairial an 10, ci-joint en copie signifiée; et ordonner qu'à la diligence de l'exposant, l'arrêt à intervenir sera imprimé et transcrit sur les registres de ladite cour d'appel.

» Fait au parquet, le 21 brumaire an 13. *Signé* Merlin ».

Ce réquisitoire ayant été rapporté à l'audience de la section civile, le 10 nivôse an 13, j'ai cru devoir y ajouter les développemens qui suivent :

« Le réquisitoire sur lequel vous avez à statuer, intéresse une portion assez considérable du peuple français. La dévolution, avant la publication de la loi du 8 avril 1791, n'était pas seulement reçue dans le mundat de Wissembourg; elle l'était encore dans plusieurs autres parties de l'Alsace, dans le Hainaut, dans le Namurois, dans le pays de Liége, dans le Brabant, dans le Limbourg, dans la Gueldres, dans les coutumes d'Arras, de Bapaume et du pays de Lallœu, locales de celle d'Artois, enfin dans quelques cantons des nouveaux départemens de la rive gauche du Rhin.

» Il s'agit donc de savoir si, dans toutes ces contrées, la loi du 8 avril 1791, et par suite celle du 18 vendémiaire an 2, ont aboli la dévolution au préjudice des enfans qui, au moment de la publication de ces lois, avaient déjà perdu l'un des auteurs de leurs jours, et par conséquent, au préjudice des enfans à qui étaient déjà dévolus les biens du survivant, quoique les effets de cette dévolution ne fussent pas encore ouverts en leur faveur.

» L'arrêt que nous attaquons, prononce pour la négative; et nous ne craignons point de dire que ne pas l'annuller, ce serait vouloir renverser toutes les transactions, tous les partages, tous les actes de famille, qui se sont faits, depuis la publication de ces lois, dans toutes celles de ces contrées où la publication en est déjà assez ancienne pour que l'on ait eu le temps de s'y familiariser, notamment à Arras, à Bapaume, dans le pays de Lallœu, dans le Hainaut, dans le Namurois, dans le Brabant, dans le pays de Liége, dans le Limbourg, dans la Gueldres, où chaque jour on agit, on contracte, dans la ferme et universelle persuasion que les biens précédemment frappés de dévolution, en sont actuellement affranchis.

» C'est donc au nom du repos de toutes les familles de ces diverses contrées, que nous venons vous demander la cassation de l'arrêt dont il s'agit.

» Car, sans doute, il vous paraîtra évident que cet arrêt ne peut être justifié par des motifs étrangers à ceux qui en précèdent le dispositif, c'est-à-dire, par la double circonstance que, dans l'inventaire fait en 1761, après la mort de la première femme de Jean-Georges Hubert, il était énoncé que celui-ci ne conserverait, sur les biens litigieux, qu'un droit d'*usufruit, sa vie durant;* et que dans le contrat de mariage de Jean-Adam Hubert fils, passé en 1779, il était stipulé que son apport consistait *dans les biens-fonds décrits en l'inventaire de* 1761 ; et que, dans le cas où il mourrait avant son père, sa future épouse, si elle le survivait, aurait *la jouissance viagère des mêmes biens dévolus.*

» L'arrêt lui-même a jugé que ni l'une ni l'autre circonstance ne devaient être prises en considération dans la cause ; et nous ne pouvons pas l'accuser d'avoir mal jugé à cet égard, puisqué nous n'avons sous les yeux ni l'inventaire de 1761, ni le contrat de mariage de 1779, pièces sans lesquelles il serait impossible de décider si, par leur teneur, il a été ajouté des dispositions contractuelles aux dispositions statutaires, si, par leur teneur, la coutume a été transformée en contrat.

» On sent d'ailleurs que l'inventaire fait en 1761, ne pouvait pas avoir pour objet d'innover aux droits respectifs du père et du fils, résultans de la coutume. Son seul objet était la description des biens dévolus : cette description était nécessaire pour la conservation des droits du fils ; mais elle ne pouvait pas changer la nature de ces droits. La nature de ces droits n'aurait pu être changée que par un acte translatif de propriété, et l'inventaire de 1761 n'avait ni ne pouvait avoir ce caractère.

» Il n'importe donc que, dans l'inventaire, il ait été énoncé que Jean-Georges Hubert aurait, sa vie durant, l'usufruit des biens dévolus. Cette énonciation copiée sur le texte même de la coutume, n'a rien ajouté à ce texte : elle ne peut avoir dans l'inventaire, que le même sens qu'elle a dans le statut ; et par conséquent, si, dans le statut, le mot *usufruit* est employé improprement, s'il n'y est pas exclusif de la propriété dans la personne du père, il est impossible que, dans l'inventaire, il soit employé dans sa signification propre, et il est impossible qu'il y soit incompatible avec l'idée que le père n'a pas cessé d'être propriétaire des biens frappés de dévolution.

» A l'égard du contrat de mariage de 1779, il aurait pu, à la vérité, changer la nature des droits du fils dans les biens dévolus ; le père aurait pu, dès à présent, se dessaisir de la propriété de ces biens en faveur de son fils et la lui transmettre incommutablement. Mais l'a-t-il fait ? La négative nous paraît incontestable, à en juger par les termes du contrat de mariage rappelés dans l'arrêt de la cour d'appel de Colmar. Que résulte-t-il, en effet, de ces termes ? Que le père a déclaré que l'apport de son fils consistait *dans les biens-fonds décrits en l'inventaire de* 1761 : ce qui signifie seulement qu'il ne donne actuellement rien à son fils, et que son fils a pour toute fortune l'expectative de recueillir ces biens-fonds après sa mort, s'il lui survit. — Et il est si vrai que le père n'a pas entendu, par là, se dessaisir actuellement des biens dévolus en faveur de son fils, que, par un autre article du contrat de mariage, on a cru nécessaire de stipuler qu'en cas de prédécès de son fils, la future épouse aurait *la jouissance viagère des mêmes biens dévolus,* stipulation qui aurait été inutile, qui n'aurait formé qu'un vrai pléonasme, si le fils eût été dès-lors propriétaire, puisque, dans cette hypothèse, le statut municipal eût assuré à sa veuve l'usufruit de tous ses biens.

» Enfin, tout ce qu'on pourrait, dans le sens le plus favorable au fils, inférer du contrat de mariage, ce serait une institution contractuelle dans les biens dévolus. Mais qu'est-ce qu'une institution contractuelle ? Ce n'est pas une donation actuelle, ce n'est qu'une promesse de succession, ce n'est qu'un testament irrévocable ; et il est universellement reconnu que l'auteur d'une institution contractuelle conserve le droit d'aliéner ses biens à titre onéreux et sans fraude.

» Ainsi, par ce que nous connaissons des clauses de l'inventaire de 1761 et du contrat de mariage de 1779, nous sommes en état d'affirmer que la cour d'appel de Colmar a très-bien jugé en ne s'arrêtant ni à l'un ni à l'autre acte, et en prononçant, d'après les seules dispositions du statut municipal, sur la contestation qui était soumise à son examen.

» Et si à cette considération déjà si décisive, vous ajoutez que nous ne requérons la cassation de l'arrêt de cette cour, que dans l'intérêt de la loi, vous sentirez sans doute de plus en plus la nécessité de vous en tenir aux motifs consignés dans cet arrêt, de ne juger que ces seuls motifs, et de prévenir, par une cassation solennelle, les erreurs dans lesquelles ils pourraient entraîner de nouveau la cour d'appel de Colmar, et qui ne manqueraient pas d'être partagées par les cours d'appel de Trèves, de Liége, de Bruxelles et de Douay, dans les questions de la même nature qu'elles auraient à juger par la suite.

» Nous devons donc le répéter avec une pleine confiance : le repos des familles dans les ci-devant provinces d'Artois, de Hainaut, de Namur, de Brabant, de Liége, de Limbourg et de Gueldres, sollicite auprès de vous la cassation de l'arrêt que nous vous dénonçons, parce que, si cet arrêt était maintenu, il faudrait inévitablement en conclure que, dans toutes ces ci-devant provinces, les lois des 8 avril 1791 et 18 vendémiaire an 2 ont été jusqu'à présent appliquées à faux ; que, dans toutes ces ci-devant provinces, on les a jusqu'à présent regardées mal à propos comme applicables aux biens qui étaient déjà frappés de dévolution au moment où elles ont été publiées ; que, dans toutes ces ci-devant provinces, c'est par erreur que jusqu'à présent on n'a pas considéré ces lois comme rétroactives à cet égard, et par conséquent comme rapportées par l'art. 12 de la loi du 3 vendémiaire an 4.

» Eh ! comment la cour d'appel de Colmar a-t-elle pu voir dans l'art. 12 de la loi du 3 vendémiaire an 4, l'abrogation de ce qu'elle a appelé l'effet rétroactif des lois des 8 avril 1791 et 18 vendémiaire an 2 ? Commençons par examiner la question par rapport aux coutumes de dévolution en général ; nous nous attacherons ensuite spécialement au statut du mundat de Wissembourg.

» Qu'est-ce que la dévolution ? C'est, répond Stockmans dans son Traité *de jure devolutionis*, ch. 1, n. 9, un lien dont la coutume, par l'effet de la dissolution d'un mariage, enchaîne les biens immeubles du survivant des époux, afin qu'il ne puisse les aliéner en aucune manière, et qu'il les conserve entiers à ses enfans du même lit ; en sorte qu'ils y succèdent eux ou leurs enfans, en cas qu'ils survivent à leur père ou mère dernier vivant, à l'exclusion des enfans que celui-ci peut avoir d'un mariage ultérieur : *vinculum quod per dissolutionem matrimonii consuetudo injicit bonis immobilibus superstitis conjugis, ne ea ullo modo alienet, sed integra conservet ejusdem matrimonii liberis, ut in ea succedere possint, si parenti suo superfuerint, vel ipsi, vel qui ab ipsis nati fuerint, exclusis liberis secundi vel ulterioris thori.*

» Quelques-uns, continue Stockmans, appellent la dévolution une espèce de succession anticipée, *speciem anticipatæ successionis.* D'autres la définissent une succession commencée, qui se parfait par la mort de l'époux survivant, *inchoatam successionem quæ perficitur morte superstitis conjugis.* Mais ces manières de parler que l'on emprunte des lois romaines, où il est question de donations en avancement d'hoiries faites à l'héritier présomptif, lequel, par ce moyen, acquiert du vivant du donateur, la propriété des choses qui en sont l'objet ; ces manières de parler ne conviennent nullement à la dévolution qui n'ôte au survivant des époux, ni la propriété réelle et radicale, ni la possession, ni l'usufruit des biens qu'elle affecte, et qui ne place sur la tête des enfans qu'une sorte de propriété nue, purement civile, absolument fictive, conditionnelle, et qui, dans l'exacte vérité, n'est pour eux autre chose, que l'assurance d'être un jour propriétaires, s'ils survivent au dernier vivant des époux : *quòd secus est in devolutione, ubi usufructus et possessio cùm naturali ac radicali dominio manet apud superstitem conjugem, liberis autem acquiritur quædam nuda, civilis, ficta et sub conditione proprietas, quæ re ipsâ nihil aliud est quàm securitas habendi, si parenti suo supervivant.*

» Stockmans revient encore sur cette matière dans le chap. 5, et il indique les nombreuses différences qui existent entre la succession et la dévolution.

» La succession, dit-il, a pour objet les biens d'une personne morte ; la dévolution n'affecte que les biens des personnes encore vivantes : *devolutio est bonorum viventis, successio est bonorum defuncti.*

» La succession qui est déférée par la loi, transmet purement et simplement la propriété des biens ; le droit qu'elle confère à l'héritier, est à l'abri de tous les événemens postérieurs, une fois acquis, il est incommutable : *Successio quæ à jure defertur bonorum defuncti pura est sine die et conditione ; et firmum statim jus tribuit non vacillans à futuro aliquo eventu.* La dévolution, au contraire, est toujours conditionnelle ; elle est toujours liée à la condition de la survie des enfans à leur père ou mère ; et tant que cette condition n'est pas accomplie, les enfans n'ont aucun droit certain : *Contrà devolutio semper conditionalis est, SI SUPERVIXERINT LIBERI PARENTI SUO ; et donec evenerit hæc conditio, nihil certi juris liberis competit.*

» Les enfans qui succèdent à leur père, sont, par cela seul, assujettis à toutes les charges de son hérédité. Il en est autrement des enfans qui ne sont que dévolutionnaires ; ils ne peuvent, en cette qualité, être poursuivis personnellement pour les charges de la succession ni pour les dettes de l'époux survivant : *filii succedentes parentibus suis tenentur ad onera hereditaria, liberi devolutarii non obstringuntur ullis oneribus aut æri alieno superstitis.*

» A ces trois différences qui sont, comme vous le voyez, Messieurs, extrêmement frappantes, Stockmans en ajoute cinq autres qui sont également caractéristiques, mais qu'il serait trop long de vous retracer ; et il en déduit une neuvième qu'il exprime en ces termes : *Postremò devolutio est remedium comparatum ad conservandam legitimam successionem, non est verò ipsamet successio.*

» Assurément, si la dévolution n'est pas une succession anticipée, si elle n'est qu'un remède imaginé par les coutumes pour conserver aux enfans la succession de leur père ou mère, si elle ne les investit d'aucun droit actuel, si elle ne leur donne qu'une espérance, qu'une expectative subordonnée à une condition incertaine, la loi du 8 avril 1791 a pu, sans rétroactivité, l'abolir au désavantage des enfans qui, avant sa publication, avaient perdu l'un des auteurs de leurs jours ; comme la loi du 17 nivôse an 2 a pu, sans rétroactivité, abolir le tiers-coutumier de Normandie au désavantage des enfans nés de mariages antérieurs à sa publication. De même en effet qu'aux termes de l'art. 399 de la coutume de Normandie, le tiers des enfans leur est *acquis du jour des épousailles*, en ce sens, qu'à compter de ce jour, les biens composant le tiers-coutumier, ne peuvent être aliénés ni hypothéqués au préjudice du droit qu'ils ont de les recueillir en cas qu'ils survivent à leur père et renoncent à sa succession ; de même aussi la dévolution est acquise aux enfans, du jour où les enfans perdent, soit leur père, soit leur mère, en ce sens, qu'à compter de ce jour, l'époux survivant ne peut plus aliéner ni hypothéquer aucun des biens dont il est alors possesseur, au préjudice du droit qu'ont ses enfans de les appréhender par préciput après sa mort, en cas qu'ils lui survivent ; et de même que le tiers-coutumier n'est considéré que comme un droit successif, parce qu'il ne s'ouvre réellement qu'avec la succession de laquelle il doit se détacher, de même aussi ce n'est que comme un droit successif que l'on peut considérer la dévolution, puisqu'elle ne s'ouvre également qu'avec la succession sur laquelle doivent se prélever les biens qu'elle affecte.

»Et dans le fait, c'est tellement comme un droit successif que la considère la loi du 8 avril 1791, qu'après l'avoir abolie par la troisième partie de son premier article, elle ordonne, art. 4, que *les dispositions de l'art. 1 auront leur effet dans toutes les successions qui s'ouvriront après la publication du présent décret.*

» Cette loi n'a donc pas rétroagi, elle n'a donc disposé que pour l'avenir, quand elle a abrogé les coutumes de dévolution. Et après tout, nous n'avions pas besoin, pour établir une vérité aussi simple, d'entrer dans de si longs détails ; nous aurions pu nous borner à vous dire : La loi du 8 avril 1791 est émanée de l'assemblée constituante, et jamais aucun vice de rétroactivité n'a souillé les décrets de cette assemblée.

» Aussi, lorsqu'on proposa à la Convention nationale la question de savoir si, dans les successions ouvertes sous les coutumes de dévolution, depuis la publication de la loi du 8 avril 1791, les enfans dont le père était déjà veuf à cette époque, pouvaient encore prétendre par préciput aux biens dont il était saisi au moment de la mort de leur mère, la Convention nationale n'hésita-t-elle point à répondre par le décret du 28 vendémiaire an 2, rendu au rapport de celui des membres de son comité de législation qui avait été, dans l'assemblée constituante, le rédacteur de la loi du 8 avril 1791 elle-même, *que la troisième partie de l'art. 1 de cette loi avait été spécialement faite pour abolir les coutumes de dévolution, et que les effets de cette même loi devaient avoir lieu sur les biens meubles et immeubles qui, à l'époque de sa publication, étaient frappés de dévolution dans la main de l'époux survivant avec enfans.*

» Et remarquez, Messieurs, qu'à l'époque où ce décret fut rendu, c'est-à-dire, le 18 vendémiaire an 2, la Convention nationale ne pensait pas encore à faire rétroagir les lois qu'elle préparait sur les successions. Cette idée n'avait pas encore été émise dans son enceinte ; elle

ne le fut pour la première fois qu'au commencement du mois de brumaire suivant, et si elle triompha, ce ne fut du moins qu'après la plus forte résistance qu'y opposèrent les membres du comité de législation, notamment M. Cambacérès et le rédacteur du décret du 18 vendémiaire.

» Remarquez encore que ce décret a toujours été si peu considéré comme rétroactif, que le gouvernement n'a pas hésité à le faire publier dans la Belgique, plus d'un an après y avoir fait publier la loi du 3 vendémiaire an 4, qui abolissait toutes les dispositions rétroactives des lois antérieures, concernant les transmissions de biens ; car la loi du 3 vendémiaire an 4 y a été publiée dès les premiers jours de frimaire de la même année ; et ce n'est qu'en pluviôse an 5, qu'a été ordonnée la publication de la loi du 8 avril 1791 et du décret du 18 vendémiaire an 2. Assurément cette loi et ce décret froissaient, dans ce pays, les intérêts d'un très-grand nombre d'enfans au profit desquels la dévolution avait jusqu'alors tenu enchaînés dans les mains de leurs pères, les biens dont ceux-ci s'étaient trouvés possesseurs au moment de la mort de leurs mères. Cependant aucune réclamation ne s'est élevée de leur part contre la publication de l'une et de l'autre, et l'une et l'autre y ont reçu leur pleine exécution : ce qui certainement ne serait pas arrivé, ce que certainement le corps législatif n'aurait pas souffert, s'il y avait eu, dans l'une et dans l'autre, l'ombre la plus légère de rétroactivité.

» Mais dit la cour d'appel de Colmar, il y a rétroactivité dans toute loi qui ravit des droits précédemment acquis. Or, avant la loi du 8 avril 1791 et le décret du 18 vendémiaire an 2, les enfans dont le père était veuf, avaient le droit de s'opposer à l'aliénation des biens dévolus ; donc, en leur ôtant ce droit, la loi du 8 avril 1791 et le décret du 18 vendémiaire an 2 ont rétroagi sur le passé.

» C'est comme si l'on disait : avant la loi du 17 nivôse an 2, dans la coutume d'Artois et dans la plupart de celles de Flandre, nul ne pouvait, hors le cas de nécessité, aliéner ses biens propres, soit paternels, soit maternels, sans le consentement de ses héritiers présomptifs ; donc la loi du 17 nivôse an 2 a privé les héritiers présomptifs du droit de rentrer dans les propres de leur ligne, qui seraient aliénés à l'avenir sans leur consentement ; donc elle est rétroactive à cet égard ; donc elle est, à cet égard, abrogée par la loi du 3 vendémiaire an 4.

» Rien ne serait assurément plus absurde qu'un pareil raisonnement : celui de la cour d'appel de Colmar n'en est que le pendant, et c'est assez dire qu'il ne mérite aucune espèce de considération.

» L'inaliénabilité des biens frappés de dévolution, n'était pas absolue, et ne formait pas pour les enfans un droit acquis; elle n'était introduite que comme moyen d'assurer à ces enfans la succession des biens dévolus; la loi a donc pu, sans vice de rétroactivité, l'abolir en faveur des pères veufs encore vivans, comme la loi peut, sans vice de rétroactivité, régler les successions non encore ouvertes; et ici se place, comme d'elle-même, cette observation déjà citée de Stockmans, que les effets de la dévolution sont essentiellement subordonnés à la survie des enfans à leur père : que cette survie en est la condition *sine quâ non*; et que tant que cette condition n'est pas remplie, la dévolution ne confère aux enfans aucun droit certain : *et donec evenerit hæc conditio, nihil certi juris liberis competit.*

» Mais le statut du mundat de Wissembourg ne contient-il pas des dispositions particulières sur le droit de dévolution ? N'attribue-t-il pas à ce droit un caractère et des effets qu'il n'a pas ailleurs ? En un mot, la dévolution n'est-elle pas, dans le mundat de Wissembourg, une véritable succession anticipée, n'y opère-t-elle pas une transmission actuelle des biens ?

» Deux raisons paraissent, au premier abord, militer pour l'affirmative : la première, c'est que la coutume, en parlant de la dévolution, l'applique aux biens de l'époux prédécédé, comme aux biens de l'époux survivant; et qu'on ne peut pas raisonnablement, en ce qui concerne ceux-ci, donner à l'expression *dévolue*, un sens différent de celui qu'elle a incontestablement par rapport à ceux-là; la deuxième, c'est que la coutume ne se borne pas à dire que, par la mort de l'un des époux, la propriété de leurs biens est dévolue à leurs enfans, mais qu'elle ajoute, en termes exprès, que le survivant doit *se contenter de l'usufruit viager.* Mais vous allez voir, Messieurs, que l'une et l'autre raison sont également frivoles.

» Et d'abord, la cour d'appel de Colmar reconnaît elle-même, dans l'arrêt dont il est question, que, dans la main des enfans dévolutionnaires, la propriété des biens du survivant des époux *est de sa nature, flottante, incertaine et sujette à retour.* Il n'en est donc pas des biens du survivant comme des biens du prédécédé; car très-certainement la propriété des biens du prédécédé est incommutablement acquise aux enfans. Ces mots, *la propriété est dévolue*, n'ont donc pas, dans la coutume, le même sens pour les biens du survivant, que pour les biens du prédécédé; ils expriment donc, pour les uns, une idée toute différente de celle qu'ils désignent pour les autres. Il est donc naturel, parlons plus juste, il est donc nécessaire, d'y attacher pour les uns l'idée d'une succession, et pour les autres celle d'une simple réserve, d'une simple affectation.

» Et il ne faut pas s'étonner que le même terme *dévolu* change ainsi de signification, suivant la différence des objets auxquels il s'applique. Ce n'est que la suite de la règle qui veut que le sens des mots soit toujours déterminé par la nature des choses à la désignation desquelles ils sont employés : *verba semper debent intelligi secundùm subjectam materiam.*

» La coutume de Namur nous offre, sur la dévolution, un article construit de même que celui du statut de Wissembourg, que nous examinons ici; c'est le 79.ᵉ : « Quand deux » conjoints (y est-il dit) apporteront biens réels » en mariage, et l'un desdits conjoints termine » vie par mort, délaissant enfans procréés » d'eux la propriété des biens succédera et se » dévolvera; par et incontinent ledit trépas ad- » venu, auxdits enfans, sauf au survivant son » usufruit en iceux ». S'il fallait prendre cette disposition à la lettre, il en résulterait évidemment que les biens apportés en mariage par l'époux survivant, cessent d'être à lui, lui appartenir dès l'instant où il devient veuf; et qu'il n'y conserve, comme sur les biens apportés en mariage par l'époux prédécédé, qu'un simple droit d'usufruit. Cependant il est certain que jamais on n'a ainsi entendu l'article dont il s'agit; et que jamais la dévolution n'y a été considérée, relativement aux biens du survivant des époux, que comme une réserve qui lui en interdit l'aliénation au préjudice de ses enfans, et assure à ceux-ci le droit de les prendre hors part dans sa succession, quand elle vient à s'ouvrir. C'est ce que nous avons eu plusieurs fois l'occasion de vérifier, en prenant connaissance, avant 1789, de divers procès élevés dans la partie du territoire de cette coutume qui ressortissait au parlement de Douay (1).

» La coutume de Louvain dit également, titre *des successions*, art. 11, que, par la mort de l'un des époux, la propriété de tous les immeubles de l'un et de l'autre *est dévolue et*

(1) J'ai appris depuis qu'à Namur même, on pensait là-dessus tout autrement que dans la partie française du territoire de cette coutume; et aujourd'hui encore, personne n'y doute que la dévolution namuroise, à la différence de la dévolution liégeoise, n'ait eu, tant qu'elle n'a pas été abolie par les lois nouvelles, tous les effets d'une véritable succession. Mais je doute que cette opinion, si elle était discutée mûrement dans une cour supérieure, résistât aux raisons qui la combattent. Elle n'a évidemment sa source que dans une mauvaise interprétation des termes de la coutume, *succédera et dévolvera*. Ces termes, on les applique *simultanément* aux biens de l'époux survivant et à ceux de l'époux prédécédé; tandis que, d'après la règle, *verba debent semper intelligi secundùm subjectam materiam*, on devait, en leur donnant un sens *distributif*, appliquer le mot *succédera* aux biens de l'époux prédécédé, et le mot *dévolvera* aux biens de l'époux survivant.

échoit à leurs enfans communs : *de proprieteyt van alle erf goederen van beyde de gehoude devolveert ende versterft*, termes flamands que Stockmans, chap. 5, traduit en latin par ceux-ci : *proprietas omnium immobilium utriusque conjugis devolvitur et obvenit morte.* Cependant on n'a jamais douté, dans la coutume de Louvain, que le survivant des époux ne conservât la propriété de ses biens personnels, et que les effets de la dévolution n'y fussent bornés, comme partout ailleurs, à l'incapacité de l'époux survivant de les aliéner, et au droit exclusif qu'avaient les enfans du premier lit d'y succéder après sa mort. En effet, comme le dit Wames, célèbre professeur de l'université de Louvain (*sixième centurie civile, conseil* 58, n.° 1.), pour donner un autre sens à la coutume, en ce qui concerne les biens de l'époux survivant, il faudrait supposer que la coutume ouvre la succession d'un homme avant sa mort, *quod superviventis aliqua sit successio ;* ce qui est aussi absurde que contraire aux principes du droit : *juris ratio non patitur, nec in sensum hominis cadit.* Il faut donc reconnaître (ajoute-t-il), qu'en introduisant cette dévolution de propriété, la coutume n'a pas entendu établir un mode de succession, mais seulement enchaîner les biens dévolus dans la main du survivant: *hujusmodi consuetudinaria devolutio proprietatis, non est successio, sed vinculum tantùm quod superstiti injicitur, et quo bona etiam afficiuntur, ne liberâ voluntate superstitis alienari vel pignori dari possint.* C'est ainsi, dit encore Wames, qu'aux termes de la loi. *Fœminæ*, de la loi *Generaliter*, et de la loi. *Hâc edictali*, C. *de secundis nuptiis*, l'époux survivant perd, en se remariant, le droit d'aliéner au préjudice des enfans de son premier mariage, ceux des biens du prédécédé qui lui sont advenus par droit de survie, sans que pour cela ces biens cessent de lui appartenir : *nec caret hæc res exemplo : nam jure scripto proditum est, conjugem superstitem, ex morte alterius per pactum lucrantem omnem vel partem dotis aut donationis propter nuptias, si convolet ad secundas nuptias, cogi ut hòc lucrum liberis primi matrimonii servet....; quo tamen vinculo propriè dici non potest quod superstes desinat esse proprietarius eorumdem bonorum ex lucro dotali vel donatione propter nuptias acquisitorum, ità ut moriente superstite conjuge hujusmodi lucrum dicatur liberis primi matrimonii obvenire ex morte superstitis, non primi decedentis.*

»Ce n'est pas avec plus de fondement que l'on oppose le texte du statut de Wissembourg, qui obligent l'époux survivant *de se contenter de l'usufruit viager des biens dévolus.* Il n'est presque point de coutume de dévolution qui ne dise la même chose ; et il n'en est pas une seule dans laquelle ces termes aient jamais été entendus dans leur sens littéral. *Non sic inhæ-*

rendum est, dit Stockmans, chap. 5, *verbôrum formulis ut recedatur à mente et sententiâ consuetudinis : malè interpretatur legem qui verba legis amplexus, contrà legis nititur voluntatem.* Quel a été l'objet des coutumes, quand elles ont introduit la dévolution ? Elles n'en ont pas eu d'autre, répond Stockmans, que de veiller aux intérêts des enfans; et leur procurer la certitude de succéder aux biens de leur père ou mère veuf, en empêchant celui-ci de les en priver, soit à l'occasion d'un deuxième mariage qu'il pourrait contracter, soit par les dissipations auxquelles il pourrait se livrer dans la vie célibataire : *Scopus introductæ devolutionis non alius est quàm prospicere liberis, eosque certos reddere de successione bonorum parentis superstitis ; ne forte, occasione secundarum nuptiarum aut vagæ libertatis vitæ cœlibis iisdem priventur.* Pour atteindre à ce but, il suffisait. aux coutumes de dire que la propriété des immeubles du père veuf était *bridée* ; c'est en effet de cette expression que se sont servies quelques-unes ; et si les nôtres s'en étaient également contentées, elles auraient évité bien des contestations : *ad hunc verò effectum sufficiebat dicere proprietatem bonorum parentis* FRENATAM *esse dissoluto matrimonio ; quâ formulâ quam alicubi usurpari accepi, si contentæ fuissent etiam consuetudines nostræ, poteramus multas controversias compendii facere.* Mais les compilateurs de nos coutumes ont mieux aimé emprunter du vulgaire sa manière de s'énoncer ; et on sait que le vulgaire appelle *usufruitiers* les propriétaires à qui il est défendu d'aliéner, comme il appelle *propriétaires* ceux à qui des biens sont destinés après la mort de la personne qui en jouit : *sed compilatores consuetudinum cum vulgo loqui maluerunt, qui solet proprietarios quibus interdicta alienatio est* USUFRUCTARIOS VOCARE, *et eos* PROPRIETARIOS *quibus res post mortem illius qui fruitur, destinantur.* Tous les jours, par exemple, nous voyons des testateurs de la classe du peuple qui, voulant grever leurs enfans d'une substitution fidéicommissaire, déclarant qu'ils ne seront qu'usufruitiers de leurs biens, et qu'après leur mort la propriété passera à leur descendance : *quotidie videmus à popularibus nostris quibus animus est fideicommissum ordinare, ità concipi testamentum, ut filios quos fideicommisso gravare volunt, dicant bonorum suorum fore usufructarios durante vitâ, eorum verò liberis ac posteritati dicunt se proprietatem relinquere.* Et ce n'est pas seulement la partie la moins éclairée du peuple qui emploie ces élocutions impropres; elles sont également en usage parmi les notaires, les procureurs et les autres praticiens. Mais tous les jours aussi nous donnons à ces dispositions l'effet de fidéicommiss véritables; tous les jours, nous considérons comme propriétaires pendant leur vie, les enfans que leurs pères n'ont appelés expressément qu'à un usufruit; et c'est ainsi que je l'ai vu juger, par arrêt contradictoire, à la cour souveraine féodale de Brabant : *Neque sola plebecula sic loquitur, sed etiam tabelliones, procuratores et alii pragmatici; et hæc testamenta in dies pro fideicommissis accipimus, voluntatem scilicet magis respicientes quàm verborum corticem; et filios quidem habemus pro heredibus fiduciariis seu gravatis fideicommisso, atque ità pro proprietariis ad tempus; eos verò quibus proprietas relinquitur pro fideicommissariis ac substitutis obliquá substitutione; et sic aliquandò memini judicatum, etc.* Nous ne devons donc pas nous arrêter aux argumens que les hommes à formules et les éplucheurs de syllabes cherchent à tirer de quelques expressions de nos coutumes, pour en induire que la dévolution fait cesser la propriété du père veuf, et ne lui laisse qu'un droit d'usufruit : *Quæ in contrarium ex verbis consuetudinum adducentur à formulariis et aucupibus syllabarum parùm moramur.* —Ainsi parle Stockmans.

» Le même auteur, chap. 7, nous retrace un arrêt qui consacre sa doctrine de la manière la plus positive et la plus solennelle.

» La coutume de la *cour féodale souveraine de Brabant*, porte, art. 2, que, « si le mari ou
» la femme qui ont des enfans, vient à mourir,
» la propriété des fiefs provenans du côté du
» survivant, vient à dévolver à l'enfant ou en-
» fans, par la séparation du lit, et le survivant
» se retient seulement l'usufruit héréditaire des
» fiefs. Laquelle propriété (continue l'art. 23),
» vient de rechef à dévolver, par la mort du
» ou des fils, à ses ou leurs enfans, et, iceux
» défaillans, à leurs frères ou sœurs. Et en cas
» (ajoute l'art. 24), que tels fils ou petits-fils
» viennent à mourir sans laisser enfans légiti-
» mes, telle propriété retourne de rechef au
» père, aïeul ou bisaïeul, qui avaient autrefois
» la pleine propriété ». Une mère de cinq enfans, propriétaire de plusieurs fiefs régis par ces dispositions, était devenue veuve : pendant sa viduité, l'aîné de ses enfans vint à mourir; bientôt après, elle mourut elle-même. Question de savoir si celui de ses enfans à qui elle avait survécu, avait transmis aux autres sa part dans les biens frappés de dévolution à leur profit commun, et par conséquent si cette part devait être divisée entre eux suivant la règle propre aux successions collatérales; ou si les autres enfans devaient prendre cette part dans la succession de leur mère, et par conséquent la partager suivant la règle propre aux successions directes. La cause portée à la cour féodale de Brabant, arrêt du 17 juin 1639, qui juge de toutes voix, *devolutionem non esse habendam pro successione, nec proprietatem bonorum devolutorum verè pervenisse ad liberos vivente conjuge superstite; successionem tantùm fieri tunc cùm moritur superstes; verba consuetudinum quæ liberos vocant*

proprietarios bonorum devolutorum, impropriè esse accipienda de proprietate in spe ac sub conditione; aliquo liberorum moriente, non fieri locum successioni laterali; usumfructum quem retinet superstes in bonis devolutis, causalem esse, non formalem; devolutionis vim in eo consistere ut bona superstitis conserventur pro legitimâ successione, non ut ordo succedendi perturbetur.

» Les commentateurs de la coutume de Liége nous offrent absolument la même doctrine... (1).

» Il est donc bien constant que, dans les coutumes de dévolution, le survivant des époux n'est pas réduit à la qualité d'usufruitier de ses propres biens; que, quoique ces coutumes semblent ne lui en laisser réellement que l'usufruit, elles ne lui en ôtent néanmoins pas le domaine foncier; et qu'en ne le lui ôtant pas, elles le lui conservent.

» Dès-là, point d'induction à tirer, en faveur de l'arrêt attaqué, des termes du statut du mundat de Wissembourg, qui bornent à un *usufruit viager* les droits de l'époux survivant (ce qui tranche toute difficulté, c'est que, par le décret du 18 vendémiaire an 2, il est formellement déclaré que l'époux survivant a été affranchi par la loi du 8 avril 1791, de la dévolution dont le grevait ce statut; c'est qu'il n'y a rien de rétroactif dans ce décret, et que par conséquent son autorité est encore aujourd'hui la même qu'avant la publication de la loi du 3 vendémiaire an 4.

» Par ces considérations, nous persistons dans les fins de notre réquisitoire du 21 brumaire dernier ».

Arrêt du 10 nivôse an 13, au rapport de M. Gandon, qui,

« Vu le §. 3 de l'art. 1 de la loi du 8 avril 1791, et le décret du 18 vendémiaire an 2;

» Considérant que la dévolution, telle qu'elle est établie par le statut du mundat de Wissembourg, n'expropriait pas l'époux survivant des biens dont il était propriétaire lors de la dissolution de son mariage; que, si les enfans acquéraient, par les effets de la dévolution, une expectative de ces biens tellement fondée, qu'elle eût pu leur donner le droit de s'opposer aux ventes que l'époux survivant eût voulu en faire, dans d'autres cas que ceux dans lesquels le statut lui en permettait l'aliénation, cette expectative n'était cependant pas la propriété; que celle-ci restait essentiellement dans les mains de l'époux survivant, qui pouvait l'aliéner dans certains cas, et qui n'était point censé acquérir, lorsque, par le décès de ses enfans, sa propriété redevenait libre du lien opéré par la dévolution; que,

---

(1) *V.* les articles *Dévolution coutumière*, §. 1, et *En*-
registrement, §. 5.

semblable au fidéicommis, la dévolution n'empêchait pas que le grevé fût seul propriétaire; que, comme les appelés à recueillir un fidéicommis, les enfans n'avaient qu'une expectative subordonnée à la condition qu'ils survivraient leur auteur grevé de dévolution; qu'en abolissant cette expectative, en statuant sur le mode de transmission de la propriété des biens des père et mère grevés de dévolution, la loi n'a point rétroagi, puisque cette transmission était encore à opérer; que tel est l'esprit de l'art. 1 de la loi du 18 pluviôse an 5, qui, en ne maintenant que les avantages *légitimement stipulés* en faveur des successibles, exclut nécessairement les avantages qu'établissent les statuts sous lesquels le mariage avait été contracté; que telle est la conséquence de la loi du 3 vendémiaire an 4, qui, en ordonnant l'exécution de la loi du 17 nivôse an 2, à compter du jour de sa promulgation, a nécessairement aboli, au préjudice des enfans nés de mariages antérieurement contractés, tous les avantages qu'ils avaient pu exercer d'après les statuts municipaux;

» Considérant enfin que toutes ces dispositions législatives dérivent du principe que les transmissions de biens laissées sous la puissance de la loi, doivent se régler suivant la loi en vigueur au moment où s'opèrent les transmissions;

» De tout quoi il résulte que l'arrêt dénoncé a violé les lois des 8 avril 1791 et 18 vendémiaire an 2, en les écartant comme lois rétroactives, et qu'il a fait une fausse application de l'art. 12 de la loi du 3 vendémiaire an 4.....;

» Casse et annulle, dans l'intérêt de la loi, et sans préjudice aux droits qui peuvent être acquis aux parties, l'arrêt rendu par la cour d'appel séant à Colmar, le 11 prairial an 10... ».

§. II. *Y a-t-il, à cet égard, quelque différence entre le statut de la ville de Kaysersberg et celui du mundat de Wissembourg?*

Pour se former une juste idée de ce qu'on appelle, en matière de dévolution, *le statut de Kaysersberg*, il faut d'abord connaître celui de la ville de Colmar.

Le voici, tel qu'il est traduit de l'allemand en français et imprimé dans le recueil d'arrêts du conseil souverain d'Alsace, que l'on attribue au premier président de Corberon, tome 3, à la date du 18 mai 1744.

« Tit. 26, art. 1. Comme nous et nos bourgeois avons été jusqu'ici maintenus dans nos exécutions et coutumes par les empereurs, et que nous avons tenu pour un usage constant, dans les cas où il n'est intervenu entre les conjoints aucun pacte ni convention, qu'arrivant la disso-

lution du mariage par le décès de l'un d'eux, tous les immeubles et biens sortans nature d'immeubles, soit dans le ban de notre ville ou hors icelui, de telle portée qu'ils soient, considérables ou modiques, sont, suivant notre jurisprudence, dévolus propriétairement aux enfans, avec réserve toutefois de l'usufruit au profit du survivant jusqu'à sa mort, à moins qu'il ne s'en rende indigne en tombant en quelques fautes qui seront ci-après mentionnées.

» Art. 7. En cas que l'un des enfans au profit desquels les biens sont dévolus quant à la propriété, vienne à décéder sans enfans, lesdits biens ainsi dévolus retombent à son père ou à sa mère ».

Après avoir transcrit en entier le statut de Colmar, l'auteur cité ajoute:

« Les villes de Munster, Kaysersberg et Turkheim ont adopté les statuts de Colmar, excepté que Kaysersberg y a changé deux articles:

» L'un, qu'après le décès des conjoints, la propriété des immeubles étant dévolue aux enfans, et l'un d'eux venant à mourir, la propriété de la portion de cet enfant décédé n'advient pas au père ni à la mère tant qu'il y a des enfans du même lit, mais ses droits accroissent à ses frères et sœurs;

» L'autre, qu'à Kaysersberg, les frères Germains excluent les consanguins et utérins; au lieu qu'à Colmar, les unilatéraux concourent avec les bilatéraux ».

L'origine de l'extension du statut de Colmar à la ville de Kaysersberg et des dérogations qui y ont été faites pour cette ville, remonte à des temps fort anciens.

Une charte de 1293, publiée par Schœplin, dans son *Alsatia illustrata*, n. 798, confère à cette ville *jura, libertates et* CONSUETUDINES *quibus cives Columbarienses gaudent et utuntur.*

Une autre charte de 1347, que l'on trouve dans le *Code municipal d'Alsace*, ouvrage du premier président de Corberon qui est resté manuscrit, assure également aux habitans de Kaysersberg *jura, libertates et gratias quibus cives Columbarienses gaudent*, mais en ajoutant: *si quas etiam bonas et laudabiles consuetudines in consuetudinem decrevistis, præsentis scripti patrocinio perpetuò valituras nostrâ auctoritate confirmamus.*

C'est d'après ces données, qu'il a toujours passé pour constant au conseil souverain de Colmar et à la cour royale qui le remplace, que le statut de la ville de Colmar était commun à celle de Kaysersberg, sauf quelques exceptions.

Ces notions présupposées, voici une espèce dans laquelle s'est présentée la question qui fait la matière de ce paragraphe.

Le 25 août 1788, contrat de mariage sous seing-privé entre Antoine Beck et Ursule Pfannemüller, tous deux domiciliés à Kaysersberg, par lequel ils stipulent que leur *communauté* sera réglée par le statut de cette ville.

Le 18 germinal an 11, mort d'Antoine Beck, laissant plusieurs enfans.

Le 8 janvier 1806, sa veuve se remarie au sieur Gœpfert.

Le 30 novembre 1808, inventaire de la communauté qui a existé entre la dame Gœpfert et feu Antoine Beck, son premier mari.

En 1812, la dame Gœpfert meurt laissant plusieurs enfans de son second lit.

Question de savoir à qui appartiennent les immeubles dont elle et son premier mari s'étaient trouvés saisis au moment où elle était devenue veuve?

Les enfans Beck les réclament en totalité, attendu, disent-ils, que le statut de Kaysersberg sous l'empire duquel leurs père et mère se sont mariés et dont ils ont adopté les dispositions par leur contrat de mariage, défère aux enfans, dès l'instant du décès du premier mourant des époux, l'universalité des immeubles qui, en ce moment, appartiennent à l'un et à l'autre, sauf l'usufruit qu'il en réserve au survivant; et que, par l'effet du concours de ce statut avec les conventions matrimoniales de leurs père et mère, ils sont censés avoir été saisis de tous ces immeubles, comme donataires entre-vifs, dès le jour du mariage dont ils sont issus.

A cette étrange prétention les enfans du second lit opposent que le droit de dévolution établi par le statut de Kaysersberg, est abrogé par la loi du 8 avril 1791, par le décret du 18 vendémiaire an 2, par la loi du 17 nivôse suivant; qu'en effet, il ne présente évidemment qu'un mode de succéder incompatible avec l'exécution de ces lois; que d'ailleurs le contrat de mariage sous seing-privé dont se prévalent les enfans du premier lit, porte bien la date du 25 août 1788, mais que rien ne garantit la vérité de cette date; qu'il n'en a acquis une certaine qu'en nivôse an 5, par la mort d'un des témoins; et qu'il ne peut, dès-lors, être d'aucune considération dans la cause.

Le 23 mars 1813, jugement du tribunal de première instance de Colmar qui met hors de cour sur la demande des enfans du premier lit,

« Attendu que les lois du 8 avril 1791 et du 18 vendémiaire an 2 ont décidé expressément que les biens meubles et immeubles qui, à l'époque de la publication desdites lois, étaient frappés de dévolution dans la main de l'un des époux survivant, doivent être régis par les lois générales des successions;

» Que d'ailleurs les conventions matrimoniales ne règlent que les droits des époux entre eux, et nullement ceux des enfans qui, n'ayant pas été parties au contrat, ne peuvent en faire dériver aucun droit qui leur soit personnel; qu'elles peuvent encore bien moins régler le droit de succession des enfans à naître; d'où il suit que les demandeurs ne peuvent tirer aucun avantage du contrat de mariage de feu leur père;

« Qu'en écartant ainsi le statut local et le contrat de mariage qui le rappelle, les parties se trouvent dans les termes du droit commun qui repousse les conclusions des demandeurs ».

Appel, de la part des enfans du premier lit; et le 20 août 1814, arrêt ainsi conçu :

à Considérant que, d'après le statut de la ville de Kaysersberg, que les conjoints Beck, auteurs des appelans, ont, par une clause expresse, stipulé devoir régir leur contrat de mariage du 25 août 1788, *tous les immeubles et biens sortans nature d'immeubles, soit dans le ban de la ville, soit hors d'icelui, sont dévolus propriétairement aux enfans, avec réserve toutefois de l'usufruit au survivant jusqu'à sa mort ;* que ce droit de dévolution ainsi stipulé contractuellement, est acquis aux enfans du jour du mariage; que ce n'est pas à titre de succession qu'ils en recueillent l'effet, mais bien à titre de pacte matrimonial et de communauté; qu'à la vérité, le statut réservant aux conjoints la faculté d'aliéner tout ou partie de leurs immeubles, lesdits conjoints peuvent paralyser l'effet du droit de dévolution; mais que cette faculté ne peut être considérée que comme une réserve, une condition qui ne change pas la nature du droit en lui-même, et ne transforme pas en droit de succession ce qui, d'après le texte comme d'après l'esprit du statut, est une véritable donation contractuelle en faveur des enfans à naître, ou plutôt une stipulation de communauté; qu'en d'autres termes, ce droit de dévolution n'est autre chose qu'une donation des biens présens et à venir, faite par contrat de mariage en faveur des enfans à naître, avec réserve d'aliéner et d'hypothéquer, donation qui, d'après l'ordonnance de 1731, n'était permise que par contrat de mariage; que cette espèce de donation participe à la fois, et de la donation entre-vifs, à cause de la saisine conditionnelle, et de la donation à cause de mort, quant à l'époque à laquelle le droit est ouvert ou recueilli; que ce serait une grave erreur de la considérer comme une donation à cause de mort toujours révocable de sa nature; qu'elle est, au contraire, une convention matrimoniale, réglementaire de la société de tous biens stipulée; *que surtout elle ne pouvait être révoquée que par le consentement formel des deux conjoints ;* qu'ainsi, son caractère essentiellement prédominant est celui de la donation entre-vifs, de l'institution contractuelle qui, par suite de la faveur des contrats de mariage, peut porter sur les biens présens et sur les biens à venir, et être affranchie de la règle générale qui veut que *donner et retenir ne vaut*;

» Considérant qu'en appréciant sous un autre rapport plus particulièrement l'effet de la disposition du statut, ou remarque qu'il offre essentiellement une convention de communauté indivisible en elle-même, et en quelque sorte tripartite, puisqu'il décide que le survivant des conjoints n'aura que l'usufruit des propres et acquêts respectifs, et que les enfans en auront la nue propriété; que, dès que l'on admet, d'après l'évidence et le texte de la loi, que ce statut n'a pas cessé de régir la communauté des conjoints Beck, il faut admettre, comme conséquence nécessaire, qu'il a eu la même force et le même effet à l'égard des enfans; que, d'après ce statut, les droits de la femme Beck, survivante, tant sur ses propres et acquêts que sur ceux de son mari, se réduisant au simple usufruit de la totalité de ce qui existait alors, comme la nue propriété ne pouvait pas être incertaine, qu'elle ne pouvait pas non plus, par l'effet du statut, appartenir au survivant, elle appartenait, par cela même et essentiellement, aux enfans; qu'il est impossible de concevoir un autre mode d'exécution, puisqu'il faudrait décider, ou que l'épouse survivante a eu la pleine propriété du tout, ou qu'elle n'a conservé que la pleine propriété de la moitié et l'usufruit de l'autre; ce qui serait également contraire au pacte matrimonial et au statut qui cependant régit essentiellement la communauté, et qui oblige invariablement les conjoints.

» D'ailleurs, le statut de Kaysersberg ne doit pas être rangé dans la classe de ceux qui attribuent des parts inégales aux enfans d'un même lit, et que les lois de 1793 et de l'an 2 ont eu spécialement et uniquement en vue; il donne, au contraire, un droit et une part égale à chaque enfant vivant à l'époque du prédécès de l'un des conjoints; il lui assure, il l'en saisit par le contrat de mariage même, il dessaisit le conjoint survivant de tout droit à la nue propriété, et il lui donne en échange l'usufruit des biens du conjoint décédé; ce qui présente un pacte aléatoire réciproque et surtout très-licite. Enfin, l'épouse survivante, qui convole en secondes noces, ne peut transmettre à ses enfans du second lit, que ce dont elle est propriétaire; et elle ne peut par conséquent leur transmettre un droit quelconque sur la nue propriété des immeubles de la première communauté, puisqu'elle s'en est dessaisie elle-même conventionnellement et éventuellement par son premier contrat de mariage, puisqu'elle a exécuté ce contrat, et que même elle a reçu le prix de ce qui pouvait lui appartenir originairement de son chef, en percevant l'usufruit de la totalité des biens de cette communauté, et en en recevant tout le mobilier en pleine propriété; que, si elle a conservé ce mobilier, si elle a fait des écono-

mies sur l'usufruit, les enfans du second lit y ont un droit, et pourraient percevoir, par le fait, bien au-delà de ce qu'ils auraient eu, si la communauté mobilière et immobilière eût été partagée également et en pleine propriété et usufruit, entre le survivant et ses enfans;

» Considérant que les lois de l'an 2 et de l'an 5, concernant les successions, loin d'avoir porté aucune atteinte aux donations contractuelles, en ont, au contraire, formellement maintenu l'effet; que l'art. 13 de la loi du 17 nivôse an 2 maintient, par une disposition expresse, à l'égard des conjoints, les statuts et coutumes établis dans certains lieux; qu'il en est de même, à bien plus forte raison, lorsque, comme dans l'espèce, les conjoints ont, par une clause expresse, stipulé que tel statut municipal réglerait leur communauté; que, dès-lors, ce statut ainsi obligatoire pour les conjoints, l'est par cela même pour les enfans, puisqu'il est indivisible dans ses dispositions comme dans son exécution; qu'il est, non une loi de succession, mais une loi de communauté; que l'art. 1.er de la loi du 18 pluviôse an 5 est plus positif encore, puisque sa disposition est générique, qu'elle n'est pas restreinte aux seuls conjoints, et qu'elle maintient nommément les avantages, prélèvemens, préciputs, *institutions contractuelles* et autres donations *irrévocables de leur nature*, *légitimement stipulées* en ligne directe avant la publication de la loi du 7 mars 1793;

» Considérant qu'il importe peu que le contrat de mariage du 25 août 1788 ait été fait sous seing-privé, et qu'il n'ait acquis date certaine qu'au mois de nivôse an 5, par le décès de l'un des témoins qui l'ont signé; que cette forme de contrat de mariage alors autorisée par l'usage dans la ci-devant province d'Alsace, la même validité et produit identiquement le même effet que si le contrat était notarié; que ces actes ne pouvaient pas facilement être altérés, puisqu'ils étaient revêtus de la signature non-seulement des conjoints, mais encore de celles des principaux membres des familles respectives; qu'ensuite les conjoints qui, par la loi municipale, avaient alors la faculté de changer à leur gré leur contrat de mariage, n'avaient aucun intérêt d'altérer ou d'antidater leur contrat de mariage; qu'enfin, ce qui lève toute équivoque possible, c'est qu'en mettant de côté ce contrat de mariage du 25 août 1788, le droit de dévolution réclamé n'en serait pas moins acquis aux appelans, par l'effet du statut local qui régissait essentiellement les conjoints, à défaut de contrat de mariage ou de convention contraire.

» Par ces motifs, la cour..... met l'appellation et ce dont est appel au néant; émendant, faisant droit sur la demande formée en première instance, condamne les intimés à se désister et déguerpir de tous les immeubles existans au moment du décès d'Antoine Beck, tant en apports, héritages et acquêts provenans de ce dernier et d'Ursule Pfannemüller, sa femme...., à la restitution des fruits depuis le décès de ladite Ursule Pfannemüller, à dire de trois experts..... (1).

Que serait devenu cet arrêt, si les enfans du second lit l'eussent attaqué par la voie de cassation ? je ne crains pas de dire qu'il eût été cassé.

Suivant le statut de Kaysersberg, il s'établissait entre les époux, par le fait seul du mariage, une communauté universelle qui embrassait tous leurs immeubles actuels, aussi bien que ceux qu'ils pourraient acquérir jusqu'à la mort de l'un d'eux, et tous leurs effets mobiliers.

Ils conservaient, jusqu'à la mort de l'un d'eux, la pleine liberté de disposer de leurs immeubles ni plus ni moins que de leurs meubles.

Et dès-là, il est clair qu'ils en demeuraient propriétaires jusqu'à cette époque.

Mais à cette époque, les immeubles de l'un et de l'autre étaient *dévolus propriétairement* aux enfans issus de leur mariage, et le survivant ne retenait que l'*usufruit* tant des immeubles du prédécédé que des siens propres.

Cependant l'arrêt semblerait faire entendre, par son premier *considérant*, que la *dévolution* s'opérait *propriétairement* en faveur des enfans, dès le jour même du mariage; mais comment accorder cela avec la faculté d'aliéner que les époux conservaient tant qu'ils vivaient tous deux? Peut-on concevoir la faculté d'aliéner, là où n'existe pas le plein droit de propriété, droit qui n'est, suivant la définition qu'en donne l'art. 544 du Code civil, que celui d'*user et de disposer de la manière la plus absolue* (2)? ce qui tranche d'ailleurs toute difficulté sur ce point, c'est que l'arrêt lui-même dit que le statut *dessaisit le conjoint survivant de tout droit à la nue propriété, et lui donne en échange l'usufruit des biens du prédécédé*; ce qui présente un contrat aléatoire réciproque. Il est impossible de reconnaître plus clairement que les époux n'étaient pas dessaisis, par le statut, de la propriété de leurs immeubles dès le jour même du mariage; et que ce n'était qu'aux décès de l'un d'eux, que leurs immeubles étaient *dévolus propriétairement* à leurs enfans.

A la vérité, l'expectative de cette dévolution était formée dès le jour même du mariage; car il y avait, dès ce jour, certitude que l'un des époux mourrait avant l'autre. Mais cette expectative était-elle tellement assurée que l'on pût, dès-lors, la regarder comme un droit actuellement acquis aux enfans à naître? non, car l'arrêt lui-même nous apprend *qu'elle pouvait être révoquée par le consentement formel des deux époux*; et tel était d'ailleurs le droit commun des pays de dévolution (1).

D'après cela, comment l'arrêt peut-il se soutenir? qu'on l'apprécie par la seule teneur du statut, ou par la combinaison du statut avec le contrat de mariage du 25 août 1788, il n'importe : dans l'un comme dans l'autre cas, il n'offre qu'un tissu de paralogismes.

Si l'on s'attache uniquement au statut, on y trouvera, suivant l'arrêt, une donation entre-vifs que la loi fait aux enfans, dès le jour même du mariage, de tous les biens dont le père et mère seront saisis au décès du premier mourant, ou tout au moins une institution contractuelle dans ces biens; et cette donation entre-vifs, cette institution contractuelle est expressément maintenue par l'art. 1.ᵉʳ de la loi du 18 pluviôse an 5; elle l'est d'ailleurs virtuellement par l'art. 13 de la loi du 17 nivôse an 2;

Mais 1.° que porte l'art. 1.ᵉʳ de la loi du 18 pluviôse an 5? Il maintient *les avantages, préciputs, institutions contractuelles et autres dispositions irrévocables de leur nature, légitimement stipulées, en ligne directe, avant la loi du 7 mars 1793.* — Mais, d'une part, peut-on sérieusement regarder comme *avantages légitimement stipulés* au profit des enfans d'un premier lit et à l'exclusion de ceux du deuxième, ceux qui n'étaient établis que par les dispositions des coutumes ou des statuts? Peut-on sérieusement soutenir que les pères et mères, en se mariant sans contrat de mariage, étaient censés faire une donation à leurs enfans à naître, de ce que promettaient à ceux-ci les statuts et coutumes sous l'empire desquels ils se mariaient? J'ai démontré que non dans le plaidoyer du 29 messidor an 12, rapporté aux mots *Tiers-coutumier.* — D'un autre côté, les dispositions du statut de Kaysersberg étaient-elles *irrévocables de leur nature*? La cour royale de Colmar convient elle-même que non; son arrêt dit, en toutes lettres, qu'elles pouvaient être *révoquées par le consentement formel des deux époux.*

2.° L'art. 13 de la loi du 17 nivôse an 2 est-il mieux appliqué par l'arrêt à la disposition du statut de Kaysersberg qui concerne les enfans? Comment la prétendue donation, comment la prétendue institution contractuelle que l'arrêt fait résulter de celle-ci, serait elle maintenue virtuellement par celui-là? C'est, dit l'arrêt, parce que cet article *maintient, par une disposition expresse, à l'égard des conjoints, les statuts et coutumes établis dans certains lieux,*

---

(1) *Jurisprudence de la cour de cassation*, année 1815, part. 2, pag. 161.

(2) *V.* l'article *Condition de manbournie*, §. 4.

(1) *V.* le *Répertoire de jurisprudence*, aux mots *Dévolution coutumière*, §. 2, n. 13.

et qu'il ne peut pas les maintenir à l'égard des époux , sans les maintenir aussi à l'égard des enfans.

Quoi ! en maintenant *les* AVANTAGES *singuliers ou réciproques stipulés entre les époux encore existans . . . , ou établis en certains lieux par les coutumes , statuts ou usages,* l'art. 13 de la loi du 17 nivôse an 2 aurait maintenu le statut de Kaysersberg , à l'égard des sieurs et dame Beck , en tant qu'il frappait de dévolution , au profit de leurs enfans , les immeubles qu'ils possédaient au moment de la dissolution de leur mariage ! Etait-ce donc un avantage que cette dévolution pour la veuve Beck ? Etait-ce pour la favoriser que le statut la privait du droit de disposer de ses propres biens ?

Et quand nous passerions l'éponge sur cette étrange assertion , la conséquence qu'en tire l'arrêt , serait-elle plus juste ? Le statut , dit-il , est *indivisible dans sa disposition comme dans son exécution.* Mais ce sont là des mots , et rien de plus. Qu'y a-t-il de commun entre les droits de survie des époux sur les biens l'un de l'autre , et les droits des enfans sur les biens de leur père et mère ? Et où a-t-on pris que la loi ne peut pas disposer des uns , sans que sa disposition réfléchisse sur les autres ? L'art. 397 de la coutume de Normandie assignait à la femme pour douaire, *l'usufruit des choses immeubles dont le mari était saisi lors des épousailles , et de ce qui lui était depuis échu constant le mariage en ligne directe ;* et l'art. 399 ajoutait : *la propriété du tiers de l'immeuble destiné par la coutume pour le douaire de la femme , est acquise aux enfans du jour des épousailles.* Eh bien ! de ces deux articles , le premier a été maintenu , en faveur des femmes mariées avant la loi du 17 nivôse an 2 , par l'art. 13 de cette loi. Résulte-t-il de là que l'art. 13 de cette loi a également maintenu le second en faveur des enfans nés de mariages contractés précédemment ? Non certes ; et c'est ce qu'ont formellement décidé plusieurs arrêts de la cour de cassation rapportés sous les mots *Tiers-coutumier.*

Vainement au surplus l'arrêt dit-il que , dès que l'on admet que le statut de Kaysersberg n'a pas cessé de régir la communauté des conjoints Beck , il faut admettre comme conséquence nécessaire qu'il a eu la même force et le même effet à l'égard des enfans , puisque les droits de la femme survivante étant réduits à un simple usufruit, il fallait bien que la propriété qui ne pouvait pas demeurer incertaine , se fixât , à l'instant même , sur la tête des enfans.

En quel sens le statut de Kaysersberg n'a-t-il pas cessé de régir la communauté des conjoints *Beck ?* En ce sens , et en ce sens seulement , que tous les immeubles apportés en mariage et acquis du vivant des deux époux , ont continué , jus-

qu'au décès du premier mourant , d'être communs entre eux ; mais non pas en ce sens que la dévolution aurait continué , après les lois des 8 avril 1791 et 18 vendémiaire an 2 , d'affecter la part de la femme survivante dans ces immeubles. Eh ! comment en effet n'aurait-elle pas cessé , dès-lors , de les affecter ? la dévolution établie par ce statut , était-elle d'une autre nature que la dévolution du Brabant , que la dévolution du Hainaut , que la dévolution de Limbourg , que la dévolution du pays de Liége ? Oui , répondra-t-on sans doute , et la preuve en est dans les mots *dévolus propriétairement* que ce statut employait , et qui ne pouvaient désigner qu'une translation actuelle de propriété. Mais ces expressions ne sont évidemment que les synonymes de celles qui se trouvaient dans les textes des coutumes de Louvain et de la cour féodale du Brabant rapportés dans le §. précédent. Or , reportez-vous à ce qu'enseignaient Wamès et Stockmans , à ce que jugeait le conseil souverain de Brabant , par rapport à la dévolution de ces coutumes ; et prononcez.

Enfin , que peut-on répondre à ce §. de l'art. 1er de la loi du 8 avril 1791 , que le décret du 18 vendémiaire an 2 déclare formellement avoir eu pour objet direct l'abolition des statuts de dévolution : *les dispositions des coutumes qui , dans le partage des biens tant meubles qu'immeubles d'un même père ou d'une même mère , établissent des différences entre les enfans nés de divers mariages , sont abrogées ?* Et que dit l'arrêt pour un texte aussi précis , aussi formel , avec le parti qu'il prend d'attribuer aux enfans du premier lit d'Ursule Pfannemüller , la totalité des immeubles que cette femme possédait lors du décès de son premier mari , et d'en exclure absolument les enfans de son second mariage ? Ce qu'il dit ? Pas un mot. Mais il laisse de côté ce texte , et , y substituant des lois qui n'ont aucun rapport avec la question , il affirme que *le statut de Kaysersberg ne doit pas être rangé dans la classe de ceux qui attribuent des parts inégales aux enfans D'UN MÊME LIT, et que les lois de* 1792 *et de l'an* 2 *ont eu spécialement et uniquement en vue.* Et un pareil arrêt aurait échappé à la cassation , s'il eût été attaqué par cette voie ? Cela est impossible.

Veut-on maintenant combiner le contrat de mariage du 25 août 1788 avec le statut de Kaysersberg ? Nous arriverons toujours au même résultat.

Que ce contrat , quoique sous seing-privé , ait dû , d'après les anciens usages d'Alsace , faire foi de sa date à raison du grand nombre de signatures dont il pouvait être revêtu , cela ne serait pas étonnant. La cour royale de Colmar n'aurait fait , en le jugeant ainsi , que ce que la cour de cassation avait fait elle-même pour les contrats de mariage passés sous seing-privé en Normandie avant le Code civil (1).

Mais ce n'était pas tout que ce contrat eût une date certaine. Il restait encore à savoir s'il contenait, au profit des enfans du premier lit, une donation, et surtout une donation *irrévocable de sa nature* (on se rappelle que ces termes sont précisément ceux de l'art. 1.er de la loi du 18 pluviôse an 5), des avantages que le statut de dévolution leur conférait sur leurs frères utérins.

Or, 1.° ce contrat ne contenait, de la part des époux, qu'un réglement de *communauté*; ce n'était que pour *leur communauté* que les époux s'étaient, par ce contrat, référés au statut de Kaysersberg. Les époux n'avaient, par ce contrat, rien promis, rien donné aux enfans à naître de leur union. Prétendre que la donation de tous leurs immeubles présens et à venir, était

renfermée implicitement dans le réglement de leur communauté, c'est un système que j'ai déjà détruit; et d'ailleurs ne sait-on pas que nul n'est censé donner, s'il ne le déclare en termes exprès, et qu'une donation ne se présume jamais?

2.° Quand nous irions jusqu'à supposer cette prétendue donation écrite textuellement dans le contrat de mariage du 25 août 1788, en résulterait-il qu'elle serait maintenue par l'art. 1.er de la loi du 18 pluviôse an 5? Non. Cet article ne maintient en faveur d'enfans au préjudice d'autres enfans, que *les dispositions irrévocables de leur nature qui ont été légitimement stipulées avant la loi du 7 mars 1793.* Or, l'arrêt nous apprend lui-même qu'à l'époque où ce contrat a été passé, et pendant tout le temps qui a précédé les lois nouvelles, *les conjoints avaient, par la loi municipale, la faculté de changer à leur gré leur contrat de mariage.*

L'arrêt est donc insoutenable sous tous les rapports.

(1) *V.* le *Répertoire de jurisprudence*, au mot *Date*, n. 6.

FIN.

TABLE

DES ARTICLES CONTENUS DANS CE VOLUME.

ᘉᘉᘉᘉᘉᘉᘉᘉᘉᘉᘉᘉᘉᘉᘉᘉ

SOCIÉTÉ.............................. Page 1
SOCIÉTÉ D'ACQUÊTS.................... 21
SŒUR................................ 27
SOLDE............................... 28
SOLIDARITÉ.......................... ibid.
SOMMATION........................... 30
SOUSTRACTION DE TITRES.............. ibid.
SPOLIATION.......................... ibid.
STIPULATION POUR AUTRUI............. ibid.
SUBROGATION......................... 38
SUBSTITUTION FIDÉICOMMISSAIRE....... 48
SUCCESSIBLE......................... 118
SUCCESSION.......................... ibid.
SUCCESSION FUTURE (PACTE SUR UNE).... 157
SUCCESSION VACANTE.................. 162
SUICIDE............................. 180
SUISSE.............................. 183
SUPPLÉANT (Juge).................... ibid.
SUPPOSITION D'ÉTAT.................. 188
SUPPRESSION DE DÉPÔT................ 189
SUPPRESSION D'ÉTAT.................. ibid.
SUPPRESSION DE TITRES............... 190
SURENCHÈRE.......................... 203
SURCHARGE........................... ibid.
SURVEILLANCE........................ ibid.
SUSPENSION D'UN FONCTIONNAIRE PUBLIC.. ibid.
SUSPICION LÉGITIME.................. 204
SYNDIC DE CRÉANCIERS................ 206
TABLEAU DES INTERDITS............... ibid.
TAILLE.............................. 213
TAILLE A VOLONTÉ.................... ibid.
TASQUE.............................. ibid.
TAXE DE DÉPENS...................... ibid.
TAXE D'ENTRETIEN DES ROUTES......... 214
TÉMOIN.............................. 218
TENTATIVE DE CRIME.................. 226
TERRAGE............................. ibid.
TERRES VAINES ET VAGUES............. 255
TERRIER............................. ibid.
TESTAMENT........................... ibid.
TESTAMENT CONJONCTIF................ 372
TIERCE (Droit de).................. 387
TIERCE-OPPOSITION................... ibid.
TIERS............................... ibid.
TIERS-COUTUMIER..................... 392
TIERS-DENIER........................ 413

TIERS-EXPERT........................ Page 420
TIERS-RAISIN (Droit de)............ ibid.
TIMBRE.............................. ibid.
TITRE............................... 421
TITRE RÉCOGNITIF.................... ibid.
TRADITION........................... ibid.
TRANSACTION......................... ibid.
TRANSCRIPTION AU BUREAU DES HYPOTHÈQUES. 422
TRANSFERT........................... 434
TRANSIT............................. 442
TRANSLATION DE PRISONNIERS.......... ibid.
TRANSPORT (Cession et).............. ibid.
TRANSPORTS MILITAIRES............... 450
TRÉFONCIER.......................... ibid.
TRIAGE.............................. ibid.
TRIBUNAL CIVIL...................... 472
TRIBUNAL CORRECTIONNEL.............. ibid.
TRIBUNAL D'APPEL.................... 478
TRIBUNAL DE PREMIÈRE INSTANCE....... 525
TRIBUNAL DE COMMERCE................ 526
TRIBUNAL DE POLICE.................. 540
TUTEUR.............................. 553
UNION DE CRÉANCIERS................. 556
USAGE............................... 571
USAGE (Droit d')................... ibid.
USUFRUIT............................ 610
USUFRUIT PATERNEL................... 611
VACANCES DES TRIBUNAUX.............. 617
VACANS (Biens)..................... ibid.
VAINE PATURE........................ ibid.
VELLÉIEN (Sénatus-consulte)......... 634
VENTE............................... 648
VENTE A FONDS PERDU................. 657
VENTE PUBLIQUE DE MEUBLES........... 659
VÉRIFICATION D'ÉCRITURE............. 663
VIABILITÉ D'UN ENFANT............... 665
VIDUITÉ............................. ibid.
VIE................................. ibid.
VISA................................ 671
VOIE DE FAIT........................ 672
VOITURE (Lettre de)............... 674
VOITURIER........................... 678
VOL................................. 679
VUE................................. 688
WISSEMBOURG (Statut du Mundat de)... 688

Fin de la Table du sixième et dernier Volume.

www.ingramcontent.com/pod-product-compliance
Lightning Source LLC
Chambersburg PA
CBHW061956220326
41599CB00015BA/2016